Mayer/Haarmeyer/Hillebrand/Kleinert • Handbuch Wirtschaftsprüfungsexamen

Handbuch Wirtschaftsprüfungsexamen

Wirtschaftsrecht

Von

StB Prof. Dr. iur. Volker Mayer
Professur für Bürgerliches Recht, Handels-, Bilanz- und Steuerrecht an der TH Köln

Prof. Dr. iur. Hans Haarmeyer
vorm. Inhaber der Professur für Wirtschafts- und Insolvenzrecht der HS Koblenz

Dipl. Kfm. Christoph Hillebrand
Wirtschaftsprüfer und Steuerberater

Prof. Dr. iur. Ursula Kleinert
Professorin für Kapitalmarktrecht, Bürgerliches Recht, Bankrecht und Compliance
an der TH Köln

2., völlig neu bearbeitete und erweiterte Auflage

CFM C.F. Müller

Prof. Dr. iur. Volker Mayer (Autor der Kapitel §§ 1-6, 8 und 10) ist Rechtsanwalt und Steuerberater; seit 2009 Inhaber der Professur für Bürgerliches Recht, Handels-, Bilanz- und Steuerrecht an der TH Köln und dortiger Programmverantwortlicher für die Masterstudiengänge „Wirtschaftsprüfung, Steuern, Recht und Finanzen (LL.M./M.Sc.)" sowie „Steuerrecht und Steuerlehre (LL.M.)", die das Wirtschaftsprüferexamen integrieren bzw. auf das Steuerberaterexamen vorbereiten.

Prof. Dr. iur. Hans Haarmeyer (Autor des Kapitels § 9), Diplom-Betriebswirt; von 1980 bis 2000 als Richter u.a. in Insolvenzsachen tätig; von 2000 bis 2013 Inhaber einer Professur für Wirtschafts- und Insolvenzrecht der Hochschule Koblenz, RheinAhrCampus Remagen; Leitender Direktor des Deutschen Instituts für angewandtes Insolvenzrecht (DIAI), Direktor des Rheinland-Pfälzischen Zentrums für Insolvenzrecht und Sanierungspraxis (ZEFIS), Schriftleiter der Zeitschrift für das gesamte Insolvenzrecht (ZInsO) und Herausgeber des Magazins für Transformation und Turnaround „return".

Diplom-Kaufmann Christoph Hillebrand (Autor des Kapitels § 9), Wirtschaftsprüfer und Steuerberater; Fachberater für Restrukturierung und Unternehmensplanung (DStV e.V.) und öffentlich bestellter und vereidigter Sachverständiger für Insolvenzuntersuchungen; Autor zahlreicher Fachpublikationen zu Sanierung und Insolvenz sowie Rechnungslegung und Beratung in der Unternehmenskrise.

Prof. Dr. iur. Ursula Kleinert (Autorin der Kapitel §§ 7 und 10) ist seit 2013 Inhaberin der Professur für Kapitalmarktrecht, Bürgerliches Recht und Bankrecht sowie Compliance an der TH Köln und war zuvor als Rechtsanwältin in Frankfurt am Main und als Senior Compliance Officer bei der WestLB AG in Düsseldorf tätig. Sie ist Mitglied der Prüfungskommission für Wirtschaftsprüfer und der Prüfungskommission für die Eignungsprüfung als Wirtschaftsprüfer bei der Wirtschaftsprüferkammer sowie Autorin zahlreicher Fachpublikationen zum Kapitalmarktrecht.

Bibliografische Information der Deutschen Nationalbibliothek
Die Deutsche Nationalbibliothek verzeichnet diese Publikation in der Deutschen Nationalbibliografie; detaillierte bibliografische Daten sind im Internet über <http://dnb.d-nb.de> abrufbar.

ISBN 978-3-8114-4941-1

E-Mail: kundenservice@cfmueller.de
Telefon: +49 6221 1859 599
Telefax: +49 6221 1859 598

www.cfmueller.de
www.cfmueller-campus.de

Satz: Typoscript GmbH, München
Druck: Westermann Druck GmbH, Zwickau

Vorwort

Das vorliegende Handbuch bietet für das Prüfungsgebiet Wirtschaftsrecht des Wirtschaftsprüfungsexamens eine in sich geschlossene Darstellung, die inhaltlich und nach den erforderlichen Kompetenzausprägungen auf die Prüfungen des WP-Examens oder die sie vertretenden Prüfungsleistungen in den darauf ausgerichteten Studiengängen vorbereitet. Es dient gleichermaßen als Nachschlagewerk für den zugelassenen Wirtschaftsprüfer speziell im Hinblick auf die juristischen Fachfragen in der Praxis der Wirtschaftsprüfung. In erster Auflage ist das Werk zweibändig im Kohlhammer-Verlag erschienen. Kapitel zum Gesellschafts-, Kapitalmarkt- und Europarecht sind in der 2. Auflage erstmals aufgenommen worden.

Mit dieser zweiten, völlig neu bearbeiteten und um die bislang fehlenden Teile erweiterten Auflage ist die Idee einer geschlossenen und vollständigen Darstellung des Wirtschaftsrechts nun vollendet. Die Möglichkeit nach §§ 8a, 13b Wirtschaftsprüferordnung zur Ersetzung von Prüfungen im Wirtschaftsprüfungsexamen durch erbrachte Studienleistungen in einschlägigen, besonders akkreditierten Studiengängen erfreut sich großer Beliebtheit. Zwar hat die aktuelle Modularisierung des WP-Examens den klassischen Weg zum Examen aus der reinen Berufspraxis heraus vereinfacht. Die Bedeutung eines fundierten wissenschaftlichen Studiums der relevanten Fachgebiete hat dadurch aber keineswegs verloren, wie die konstant hohen Bewerberzahlen für die vorgehaltenen Studienplätze zeigen. Der berufliche Erfolg der Absolventen sowie das Interesse der Arbeitgeber an Kooperationen mit den Hochschulen in entsprechenden Studiengängen bestätigt diesen Befund. Vor allem aber ist zu betonen, dass es sich bei aller Ausrichtung an den Erfordernissen des WP-Examens nicht um berufsständisches Spezialwissen handelt, sondern um eine Ausbildung, welche die gesamte Breite des Finanzbereichs von Unternehmen abdeckt. Das hier abgebildete Wirtschaftsrecht wird nicht nur in den Rechtsabteilungen benötigt, sondern ist zuallererst Grundlage vieler Betriebsfunktionen (Einkauf, Verkauf, Finanz- und Steuerabteilungen, Rechnungswesen, Personal, Marketing etc.). Das gerade erklärt den Erfolg der einschlägigen Studiengänge und ihrer Absolventen, denen dieses Werk dient.

Es ist weiterhin Handbuch für die Praxis *und* Lehrbuch für die einschlägigen Studiengänge (§§ 8a bzw. 13b WPO). Vor allem den Studierenden muss dringend ans Herz gelegt werden, alle zitierten Vorschriften unbedingt und stets parallel nachzuschlagen und zu lesen. Ziel des Studiums kann nicht ein Auswendiglernen sein, sondern das Verständnis des Rechts als Wissenschaft und die Fähigkeit selbstständig wissenschaftlich zu arbeiten.

Die Autoren freuen sich sehr, dass das gesamte Werk nun in einem Band vorgelegt werden kann und danken dem C.F. Müller Verlag für die hervorragende Unterstützung bei seiner Entstehung.

Anregungen aus dem Kreis der Leser heißen die Autoren gerne per E-Mail an Volker.Mayer@TH-Koeln.de willkommen.

Köln und Bonn, September 2020

Volker Mayer
Hans Haarmeyer
Christoph Hillebrand
Ursula Kleinert

Inhalts- und Autorenübersicht

Inhaltsverzeichnis

Abkürzungsverzeichnis

a.a.O.	am angegebenen Ort
a.A.	anderer Ansicht
a.E.	am Ende
AEUV	Vertrag über die Arbeitsweise der Europäischen Union (Konsolidierte Fassung bekanntgemacht im ABl. EG Nr. C 115 vom 9.5.2008, S. 47)
a.F.	alte Fassung
Abs.	Absatz
AGB	Allgemeine Geschäftsbedingungen
AGG	Allgemeines Gleichbehandlungsgesetz v. 14.8.2006 (BGBl. I S. 1897)
AktG	Aktiengesetz v. 6.9.1965 (BGBl. I S. 1089)
Alt.	Alternative
Anm.	Anmerkung ArbZG Arbeitszeitgesetz v. 6.6.1994 (BGBl. I S. 1170)
AT	allgemeiner Teil
Aufl.	Auflage
B2B	Business to Business; Verhältnis zwischen Unternehmern
B2C	Business to Customer; Unternehmer-Verbraucher-Verhältnis
BB	Betriebs-Berater (Zeitschrift)
BAG	Bundesarbeitsgericht
BauFordSiG	Bauforderungssicherungsgesetz v. 1.6.1909 (RGBl. I S. 449)
BEEG	Bundeselterngeld- u. Elternzeitgesetz v. 5.12.2006 (BGBl. I S. 2748)
Bek.	Bekanntmachung
Beschl.	Beschluss
bestr.	bestritten
betr.	betreffend
BetrVG	Betriebsverfassungsgesetz in der Bek. v. 25.9.2001 (BGBl. I S. 2518)
BFH (E)	Bundesfinanzhof (Entscheidungen)
BGB	Bürgerliches Gesetzbuch v. 18.8.1896 (RGBl. S. 195)
BGBl.	Bundesgesetzblatt
BGH	Bundesgerichtshof
BGH (Z)	Entscheidungen des Bundesgerichtshofs in Zivilsachen
BImSchG	Gesetz zum Schutz vor schädlichen Umwelteinwirkungen durch Luftverunreinigungen, Geräusche, Erschütterungen und ähnliche Vorgänge v. 17.5.2013 (BGBl. I S. 1274)
BMF	Bundesministerium der Finanzen
BRAO	Bundesrechtsanwaltsordnung v. 1.8.1959 (BGBl. I S. 565)
BStBl.	Bundessteuerblatt
BT	besonderer Teil
BUrlG	Bundesurlaubsgesetz v. 8.1.1963 (BGBl. I S. 2)
BVerfG (E)	Bundesverfassungsgericht (amtliche Sammlung)
c.i.c.	culpa in contrahendo
CISG (UN-Kaufrecht)	Convention on Contracts for the International Sale of Goods (Übereinkommen der Vereinten Nationen über Verträge über den internationalen Warenkauf v. 11.4.1980)
DB	Der Betrieb (Zeitschrift)
DepotG	Depotgesetz v. 11.1.1995 (BGBl. I S. 34)

EBV	Eigentümer-Besitzer-Verhältnis
EGBGB	Einführungsgesetz zum Bürgerlichen Gesetzbuche v. 21.9.1994 (BGBl. I S. 2494, ber. 1997 S. 1061)
EntgFG	Entgeltfortzahlungsgesetz v. 26.5.1994 (BGBl. I S. 1014)
ErbbauRG	Gesetz über das Erbbaurecht v. 15.1.1919 (RGBl. I S. 72, ber. S. 122)
EStG	Einkommensteuergesetz in der Bek. v. 8.10.2009 (BGBl. I S. 3366, ber. 3862)
ESUG	Gesetz zur weiteren Erleichterung der Sanierung von Unternehmen v. 7.12.2011 (BGBl. I S. 2582, ber. S. 2800)
EuGH	Gerichtshof der Europäischen Gemeinschaft
EuErbVO	Verordnung (EU) Nr. 650/2012 des Europäischen Parlaments und des Rates vom 4.7.2012 über die Zuständigkeit, das anzuwendende Recht, die Anerkennung und Vollstreckung von Entscheidungen und die Annahme und Vollstreckung öffentlicher Urkunden in Erbsachen sowie zur Einführung eines Europäischen Nachlasszeugnisses
EuInsVO	Verordnung (EG) Nr. 1346/2000 des Rates v. 29.5.2000 über Insolvenzverfahren
EuUntVO	Verordnung (EG) Nr. 4/2009 des Europäischen Parlaments und des Rates vom 18.12.2008 über die Zuständigkeit, das anwendbare Recht, die Anerkennung und Vollstreckung von Entscheidungen und die Zusammenarbeit in Unterhaltssachen
EuZW	Europ. Zeitschrift für Wirtschaftsrecht
f.	folgend(e/er/es)
ff.	folgende
Fn.	Fußnote
frz.	französisch
GBO	Grundbuchordnung v. 26.5.1994 (BGBl. I S. 1114)
GbR	Gesellschaft bürgerlichen Rechts
GG	Grundgesetz für die Bundesrepublik Deutschland v. 23.5.1949 (BGBl. S. 1)
ggf.	gegebenenfalls
GmbHG	Gesetz betr. der Gesellschaften mit beschränkter Haftung in der Bek. v. 20.5.1898 (RGBl. 369)
GmbHR	GmbH-Rundschau (Zeitschrift)
GoA	Geschäftsführung ohne Auftrag
h.M.	herrschende Meinung
HS.	Halbsatz
HGB	Handelsgesetzbuch v. 10.5.1887 (RGBl. S. 219)
i.d.F.	in der Fassung/Form
i.d.R.	in der Regel
IDW	Institut der Wirtschaftsprüfer
i.e.	id est
i.S.d.	im Sinne der/des
i.S.v.	im Sinne von
i.V.m.	in Verbindung mit
InsbürO	Zeitschrift für die Insolvenzpraxis
InsO	Insolvenzordnung v. 5.10.1994 (BGBl. I S. 2866)

JZ	Juristenzeitung
KAPOVAZ	Kapazitätsorientierte variable Arbeitszeit
KG	Kommanditgesellschaft
KSchG	Kündigungsschutzgesetz in der Bek. v. 25.8.1969 (BGBl. I S. 1317)
lt.	laut
m.N.	mit Nachweisen
m.w.N	mit weiteren Nachweisen
MaBV	Makler- und Bauträgerverordnung i. d. Bek. v. 7.11.1990 (BGBl. I S. 2479)
MuSchG	Mutterschutzgesetz in der Bek. v. 17.1.1997 (BGBl. I S. 22)
n.F.	neue Fassung
NachwG	Nachweisgesetz v. 20.7.1995 (BGBl. I S. 946)
NJW	Neue Juristische Wochenschrift (Zeitschrift)
NZA	Neue Zeitschrift für Arbeits- und Sozialrecht
NZI	Neue Zeitschrift für Insolvenz- und Sanierungsrecht
OHG	Offene Handelsgesellschaft
RdF	Recht der Finanzinstrumente (Zeitschrift)
RGBl.	Reichsgesetzblatt
Rn.	Randnummer
Rom I-VO	Verordnung (EG) Nr. 593/2008 des Europäischen Parlaments und des Rates vom 17.6.2008 über das auf vertragliche Schuldverhältnisse anzuwendende Recht
Rom II-VO	Verordnung (EG) Nr. 864/2007 des Europäischen Parlaments und des Rates vom 11.7.2007 über das auf außervertragliche Schuldverhältnisse anzuwendende Recht
Rom III-VO	Verordnung (EU) Nr. 1259/2010 des Europäischen Parlaments und des Rates vom 20.12.2010 zur Durchführung einer Verstärkten Zusammenarbeit im Bereich des auf die Ehescheidung und Trennung ohne Auflösung des Ehebandes anzuwendenden Rechts
Rspr.	Rechtsprechung
RVG	Gesetz über die Vergütung der Rechtsanwältinnen und Rechtsanwälte v. 5.5.2004 (BGBl. I S. 788)
S.	Satz
sc.	scilicet (dt.: ergänze)
SGB V	Sozialgesetzbuch – Fünftes Buch – Gesetzliche Krankenversicherung v. 22.12.1988 (BGBl. I S. 2477)
SGB IX	Sozialgesetzbuch Neuntes Buch – Rehabilitation und Teilhabe behinderter Menschen v. 19.6.2001 (BGBl. I S. 1046)
SGB XI	Sozialgesetzbuch – Elftes Buch – Soziale Pflegeversicherung v. 26.5.1994 (BGBl. I S. 1014)
str.	streitig
TVG	Tarifvertragsgesetz in der Bek. 25.8.1969 (BGBl. I S. 1323)
TzBfG	Teilzeit- und Befristungsgesetz v. 21.12.2000 (BGBl. I S. 1966)

u.Ä.	und Ähnlich(e/es)
UN-Kaufrecht (CISG)	Übereinkommen der Vereinten Nationen über Verträge über den internationalen Warenkauf v. 11.4.1980 (UN-Kaufrecht)
u.U.	unter Umständen
Urt.	Urteil
UStG	Umsatzsteuergesetz in der Bek. 22.12.2014 (BGBl. I S. 2417)
UWG	Gesetz gegen den unlauteren Wettbewerb in der Bek. v. 3.7.2004 (BGBl. I S. 1414)
vgl.	vergleiche
WechselG	Wechselgesetz v. 21.6.1933
WEG	Wohnungseigentumsgesetz v. 15.3.1951 (BGBl. I S. 175)
WiPrPrüfV	Wirtschaftsprüferprüfungsverordnung vom 20. Juli 2004 (BGBl. I S. 1707) zuletzt geändert durch die Zweite Verordnung zur Änderung der Wirtschaftsprüferprüfungsverordnung vom 6. Februar 2019 (BGBl. I S. 78)
WPAnrV	Wirtschaftsprüfungsexamens-Anrechnungsverordnung vom 27. Mai 2005 (BGBl. I S. 1520), zuletzt geändert durch Artikel 4 der Verordnung vom 28. April 2016 (BGBl. I S. 1046)
WpHG	Wertpapierhandelsgesetz i. d. Bek. v. 9.9.1998 (BGBl. I S. 2708)
WPO	Wirtschaftsprüferordnung
ZInsO	Zeitschrift für das gesamte Insolvenz- und Sanierungsrecht
ZIP	Zeitschrift für Wirtschaftsrecht (Zeitschrift)
ZPO	Zivilprozessordnung in der Fassung der Bekanntmachung v. 5.12.2005 (BGBl. I S. 3202, ber. 2006 S. 431, 2007 S. 1781)
z.T.	zum Teil
ZVG	Gesetz über die Zwangsversteigerung und die Zwangsverwaltung v. 20.5.1898 (RGBl. I S. 369, 713)

Literaturverzeichnis

Assmann, Heinz-Dieter/ Schneider, Uwe H./Mülbert, Peter	Wertpapierhandelsrecht, Kommentar, 7. Aufl. 2019
Assmann, Heinz-Dieter/ Schütze, Rolf A./Buck-Heeb, Petra	Handbuch des Kapitalanlagerechts, 5. Aufl. 2020
Basinski, Anne/Hillebrand, Christoph/Lambrecht, Martin	Handbuch der Insolvenzrechnungslegung, 2. Aufl., 2018
Bauer, Joachim	Die GmbH in der Krise, Rechts- und Haftungsfragen der Unternehmenssanierung, Insolvenzgesellschaftsrecht,
Baums, Theodor	Recht der Unternehmensfinanzierung, 2017
Baur, Jürgen F./Stürner, Rolf	Sachenrecht, 18. Aufl. 2009
Beck'scher Bilanz-Kommentar	12. Aufl. 2020
Beck'sches Handbuch der GmbH	5. Aufl. 2015
Bendel, Daniel/Demary, Markus/Voigtländer, Michael	Entwicklung der Unternehmensfinanzierung in Deutschland, Institut der deutschen Wirtschaft, IW-Trends 1.2016
Bieber, Roland/Epiney, Astrid/Haag, Marcel	Die Europäische Union, 13. Aufl. 2018
Bork, Reinhard/Gehrlein, Markus	Aktuelle Probleme der Insolvenzanfechtung, 14. Aufl. 2018
Buck-Heeb, Petra	Kapitalmarktrecht, 10. Aufl. 2019
Beuthien, Volker/Fuchs, Maximilian/Roth, Herbert (Hrsg.)	Perspektive des Privatrechts am Anfang des 21. Jahrhunderts, Festschrift für Dieter Medicus zum 80. Geburtstag am 9. Mai 2009, 1. Aufl. 2009
Brehm, Wolfgang/Berger, Christian	Sachenrecht, 3. Aufl. 2014
Borchardt, Klaus-Dieter	Rechtliche Grundlagen der Europäischen Union, 7. Aufl. 2020
Brauner, Detlef Jürgen (Hrsg.)	Verkürzung des WP-Examens nach § 8a und § 13b WPO, 9. Aufl. 2019
Brox, Hans/Rüthers, Bernd/ Henssler, Martin	Arbeitsrecht, 19. Aufl. 2016
Brünkmans, Christian/Thole, Christoph	Handbuch Insolvenzplan, 2. Aufl. 2020
Buchalik, Robert/Haarmeyer, Hans	Der vorläufige Gläubigerausschuss, Leitfaden, 3. Aufl. 2019
Buchalik, Robert/Hiebert, Olaf	Insolvenzanfechtung, 1. Aufl. 2017

Buth, Andrea K./Hermanns, Michael	Restrukturierung, Sanierung Insolvenz, 4. Aufl. 2014
Eckardt, Bernd/Mayer, Volker/van Zwoll, Christiane	Der Geschäftsführer der GmbH, 2. Aufl. 2014
Emmerich, Volker	BGB – Schuldrecht Besonderer Teil, 15. Aufl. 2018
Fischer, Kristian/Fetzer, Thomas	Europarecht, 12. Aufl. 2019
Frind, Frank	Praxishandbuch Privatinsolvenz, 2. Aufl. 2017
Götting, Horst-Peter/Schertz, Christian/Seitz, Walter (Hrsg.)	Handbuch des Persönlichkeitsrechts, 2. Aufl. 2019
Grunewald, Barbara	Bürgerliches Recht, 9. Aufl. 2014
Graf-Schlicker, Marie Luise (Hrsg.)	InsO, 5. Aufl. 2019
Haarmeyer, Hans/Frind, Frank	Insolvenzrecht, 5. Aufl. 2018
Haarmeyer, Hans/Huber, Michael/Schmittmann, Jens M.	Praxis der Insolvenzanfechtung, 4. Aufl. 2020
Haarmeyer, Hans/Mock, Sebastian	InsVV, Kommentar, 6. Aufl. 2019
Haarmeyer, Hans/Wutzke, Wolfgang/Förster, Karsten	Insolvenzordnung InsO/EGInsO, 1995
Haarmeyer, Hans/Wutzke, Wolfgang/Förster, Karsten	Handbuch zur Insolvenzordnung InsO/EGInsO, 3. Aufl. 2001
Häberle, Peter/Kotzur, Markus	Europäische Verfassungslehre, 8. Aufl. 2016.
Hakenberg, Waltraud	Europarecht, 8. Aufl. 2018
Haltern, Ulrich	Europarecht Band I: Europäisches Verfassungsrecht, Band II: Rule of Law – Verbunddogmatik – Grundrechte, 3. Aufl. 2017
Hanten, Mathias/Sacarcelik, Osman	Zivilrechtliche Einordnung von Kryptowährungen und ICO-Token und ihre Folgen, RdF 2019, 124.
Haratsch, Andreas/Koenig, Christian/Pechstein, Matthias	Europarecht, 12. Aufl. 2020
Heckelmann, Martin	Zulässigkeit und Handhabung von Smart Contracts, NJW 2018, 504.
Heidelberger Kommentar InsO	Kayser, Godehard/Thole, Christoph (Hrsg.), 10. Aufl. 2020
Herdegen, Matthias	Europarecht, 21. Aufl. 2019
Heyn, Michaela	Vergütungsanträge nach der InsVV, 2. Aufl. 2012
Hobe, Stephan/Fremuth, Michael Lysander	Europarecht, 10. Aufl. 2020
Kindhäuser, Urs/Neumann, Ulfrid/Paeffgen, Hans-Ullrich	Strafgesetzbuch, Kommentar, 5. Aufl. 2017
Kleinert, Ursula/Mayer, Volker	Elektronische Wertpapiere und Krypto-Token, EuZW 2019, 857.

Klöhn, Lars/Büttner, Siegfried Finanzjournalismus und neues Marktmissbrauchsrecht, WM 2016, 2241

Kübler, Bruno M. (Hrsg.) HRI – Handbuch Restrukturierung in der Insolvenz, 3. Aufl. 2018

Kümpel, Siegfried/Wittig, Arne Bank- und Kapitalmarktrecht, 4. Aufl. 2010

Langenbucher, Katja Aktien- und Kapitalmarktrecht, 4. Aufl. 2017

Lissner, Stefan (Hrsg.) Handbuch Insolvenzrecht, 2017

Lorenz, Stephan Zur Abgrenzung von Wertpapierrechtsstatut und Wertpapiersachstatut im internationalen Wertpapierrecht, NJW 1995, 176

Mayer, Volker/Gries, Julia Geldwerter Vorteil und Arbeitnehmerhaftung bei der Berufshaftpflichtversicherung, NWB 2015, 1699

Mayer, Volker/Oesterwinter, Petra Die BGB-Klausur – eine Schreibwerkstatt, 2. Aufl. 2017

Medicus, Dieter/Petersen, Jens Bürgerliches Recht, 27. Aufl. 2019 (zitiert als *Medicus/Petersen*, BR)

Mohrbutter, Harro/ Ringstmeier, Andreas Handbuch der Insolvenzverwaltung, 9. Aufl. 2015

Möslein, Florian Smart Contracts im Zivil- und Handelsrecht, ZHR 2019, 254

Müller, Rainer Krisenmanagement in der Unternehmung, 2. Aufl. 1986

Münchener Kommentar zum AktG Band 3, 4. Aufl. 2018; Band 4, 4. Aufl. 2016

Münchener Kommentar zur InsO Band 1 – 3, 4. Aufl. 2019

Niering, Christoph/ Hillebrand, Christoph Wege durch die Unternehmenskrise, 4. Aufl. 2020

Oppermann, Thomas/Classen, Claus Dieter/Nettesheim, Martin Europarecht, 8. Aufl. 2018

Ott, Hans (Hrsg.) Steuergestaltung bei der Unternehmensnachfolge, Loseblattsammlung, Stand: Dezember 2019

Palandt Bürgerliches Gesetzbuch, 79. Aufl. 2020

Pape, Gerhard/Uhländer, Christoph (Hrsg.) NWB-Kommentar zum Insolvenzrecht

Poelzig, Dörte Kapitalmarktrecht, 2017

Preis, Ulrich Arbeitsrecht, 5. Aufl. 2017

Reinhard, Barbara Die Pflicht zur Unterrichtung über wirtschaftliche Folgen eines Betriebsübergangs – ein weites Feld, NZA 2009, 63

Schmidt, Andreas (Hrsg.) Hamburger Kommentar zur InsO, 7. Aufl. 2019

Schmidt, Karsten (Hrsg.) Kommentar zur Insolvenzordnung, 19. Aufl. 2017

ders. Gesellschaftsrecht, 4. Auflage 2002

ders. Handelsrecht, 6. Aufl. 2014

Scholl, Bernd/Siekmann, Freya Carolin	Rechtsgeschäftliche Probleme im Übernahmerecht, BKR 2013, 316
Schroeder, Werner	Grundkurs Europarecht, 6. Auf. 2019
Streinz, Rudolf	Europarecht, 11. Aufl. 2019
ders.	EUV/AEUV Kommentar, 3. Aufl. 2018
Thole, Christoph	Gesellschaftsrechtliche Maßnahmen in der Insolvenz, 3. Aufl. 2020
Uhlenbruck, Wilhelm/Hirte, Heribert/Vallender, Heinz (Hrsg.)	Insolvenzordnung, Kommentar 15. Aufl., Bd. 1 und 2 2019/2020
Winnefeld, Robert	Bilanz-Handbuch, 5. Aufl. 2015

§ 1 Vorbemerkung

Volker Mayer

Übersicht

A. Wirtschaftsrecht im Wirtschaftsprüfungsexamens

Inhaltlich richtet sich dieses Werk entsprechend seiner im Titel ausgedrückten Widmung **1** nach dem Prüfungsgebiet Wirtschaftsrecht im Wirtschaftsprüfungsexamen entsprechend § 4 Wirtschaftsprüferprüfungsverordnung (WiPrPrüfV; Stand vom 6. Februar 2019). Es sind dies laut Referenzrahmen folgende funktionsbezogene Kompetenzen:

Erläuterung der Skalierung: **A = Grundwissen** **B = Verständnis** **C = Anwendung** **D = Analyse** **E = Synthese** **F = Bewertung**	**Zugangsprüfung Master-Studium**	**Master-abschluss/ WP Examen**
Wirtschaftsrecht		
1. Grundzüge des Bürgerlichen Rechts, insb. Recht der Schuldverhältnisse und Sachenrecht, Grundzüge des Arbeitsrechts	C	F
Grundzüge des internationalen Privatrechts, insb. Recht der Schuldverhältnisse und Sachenrecht	A	D
2. Handelsrecht, insb. Handelsstand und -geschäfte einschließlich internationalem Kaufrecht	C	F
3. Gesellschaftsrecht (Personengesellschaften und Kapitalgesellschaften, Recht der verbundenen Unternehmen), Corporate Governance und Grundzüge des Kapitalmarktrechts	B	F
4. Umwandlungsrecht	A	F
5. Grundzüge des Insolvenzrechts	A	F
6. Grundzüge des Europarechts	A	D

2 Die Darstellung enthält hinsichtlich der funktionsbezogenen Kompetenzen sechs **Kompetenzausprägungen**, die jeweils am Ende der Lernphase vorliegen sollen.

- **A Grundwissen:** Studierende kennen die wesentlichen Definitionen und können die herrschende Meinung wiedergeben.
- **B Verständnis:** Studierende können das Wissen ordnen und es systematisch wiedergeben. Probleme werden erkannt.
- **C Anwendung:** Studierende können das erworbene Wissen anwenden und eigene Berechnungen sowie Interpretationen erstellen. Einzelfälle können angemessen gelöst werden; die Ergebnisse können ausgewertet werden.
- **D Analyse:** Studierende können komplexe Problemstellungen erkennen und auf Basis der erworbenen Erfahrung analysieren.
- **E Synthese:** Studierende können korrigierend in Prozesse eingreifen, neue Vorgehensweisen entwickeln und Verbesserungsvorschläge unterbreiten. Dazu gehört auch die Fähigkeit, die eigene Leistung angemessen darzustellen und lösungsorientiert weiterzuentwickeln.
- **F Bewertung:** Studierende können Werturteile abgeben, Vergleiche heranziehen und richtige Schlussfolgerungen ziehen. Sie können Prognosen erstellen und die eigenen Aussagen rechtfertigen.

3 Die von der Wirtschaftsprüferkammer veröffentlichten Klausuren des Prüfungsgebietes Wirtschaftsrecht wurden für dieses Handbuch ausgewertet.

Ziel des Handbuches ist es, die Kompetenz zu fachlicher Synthese und zur Bewertung von Lösungsmöglichkeiten durch Verknüpfung der Inhalte untereinander und mit den Vorgaben aus anderen betrieblichen Unternehmensfunktionen zu fördern. Die Darstellung erfolgt weitgehend anhand von Problemstellungen aus ganz unterschiedlichen Unternehmenszusammenhängen. Dadurch kann der Stoff gerade auch im Hinblick auf die wirtschaftliche Bedeutung nicht zuletzt im Rechnungswesen und in der Besteuerung behandelt werden.

Großer Wert wird schließlich auf Gestaltungsmöglichkeiten gelegt. Und zwar nicht durch bloßes Nebeneinanderstellen von Alternativen, sondern dadurch, dass herausgearbeitet wird, von welchen Tatsachen und wirtschaftlichen Zielen ihre Bewertung abhängt. Die Arbeit am (wirtschaftlichen) Sachverhalt, die Tatsachenermittlung und die Feststellung des wirtschaftlich Gewollten, ist mindestens ebenso wichtig, wie die darauf aufbauende Rechtsanwendung und Rechtsgestaltung.

B. Warum Recht im Wirtschaftsprüfungsexamen?

4 Bürgerliches Recht und Handelsrecht bilden die Grundlage des Wirtschaftsprüfungsauftrages. Der einem externen Wirtschaftsprüfer erteilte **Prüfungsauftrag** ist regelmäßig ein **Geschäftsbesorgungsvertrag** mit Werkvertragscharakter. Er wird zudem meist ausgeformt durch Allgemeine Geschäftsbedingungen (AGB), die aber in besonderer Weise zum Vertragsinhalt gemacht werden müssen und einer strengen AGB-Inhaltskontrolle unterliegen. Aus diesem Schuldverhältnis haftet der Prüfer für Pflichtverletzungen durch ihn selbst oder seine Erfüllungsgehilfen (§§ 276, 278 BGB). Von großer Bedeutung ist, inwieweit ein Prüfungs- oder ähnlicher Vertrag, z.B. auf Erteilung einer Auskunft oder Erstattung eines Gutachtens, vertragliche Schutzwirkung zugunsten Dritter haben kann,

die sich auf das Testat verlassen und ggf. den Wirtschaftsprüfer für fehlerhafte Feststellungen in Haftung nehmen können. Hinzu kommt die Deliktshaftung nach §§ 823 ff. BGB. Daneben tritt bei Pflichtprüfung als zentrale Haftungsnorm § 323 HGB. Im Rahmen einer Prospektbeurteilung greift die Prospekthaftung.

5

§ 2 Abs. 1 WPO ⇨	Vorbehaltsaufgaben (Auswahl) • Jahresabschlussprüfung (§ 316 Abs. 1 und 2 AktG i.V.m. § 319 HGB) • Unternehmensvertragsprüfung (§§ 293b ff. AktG i.V.m. § 319 HGB) • Eingliederungsprüfung (§ 320 Abs. 3 S. 1 AktG i.V.m. § 319 HGB) • Angemessenheitsprüfung beim Squeeze-Out (§ 327c Abs. 2 S. 2 AktG i.V.m. § 319 HGB) • Umwandlungsprüfung (§§ 9, 125, 176 UmwG: § 11 UmwG i.V.m. § 319 HGB) • Gründungsprüfung (§ 33 Abs. 2 AktG) • Nachgründungsprüfung (§ 52 Abs. 4 AktG) • Sonderprüfungen (§ 142 AktG) • Sacheinlageprüfung (§§ 183 Abs. 3, 183a Abs. 3 AktG)
§ 2 Abs. 2 WPO ⇨	• Unbeschränkte (geschäftsmäßige) Hilfestellung in Steuersachen
§ 2 Abs. 3 WPO ⇨	Sonstige betriebswirtschaftliche Prüfungen/Leistungen, z.B.: • Unterschlagungsprüfung • Beratung in wirtschaftlichen Angelegenheiten • Sachverständiger für z.B. Unternehmensbewertung • Fairness Opinions

Schaubild: Aufgaben von Wirtschaftsprüfern

Die Vorbehaltsaufgaben von Wirtschaftsprüfern setzen ebenfalls vertiefte *handels- und gesellschaftsrechtliche Kenntnisse*, einschließlich des Umwandlungsrechts voraus. Nur so können gesellschaftsrechtliche Strukturmaßnahmen überhaupt fachlich geprüft werden; darauf wird in den Kapiteln zum Gesellschaftsrecht und Kapitalmarktrecht näher einzugehen sein.

Am Beispiel des nach den Grundsätzen ordnungsgemäßer Buchführung zu erstellenden Jahresabschlusses (§§ 242 ff. HGB) wird aber deutlich, dass Ersteller wie Prüfer in der Lage sein müssen, Geschäftsvorfälle (Handelsgeschäfte) als solche – auch juristisch – ebenso beurteilen zu können wie die Wirksamkeit daraus entstandener Forderungen und Verbindlichkeiten, Rechte und Pflichten nach ihren jeweiligen *zivil- und handelsrechtlichen Grundlagen.*

Das zu bilanzierende Vermögen (§ 247 HGB) des Kaufmanns machen denn auch nicht einfachhin Wirtschaftsgüter (Maschinen, Fahrzeuge etc.) aus, sondern vielmehr etwa das an ihnen bestehende rechtliche oder wirtschaftliche Eigentum, wobei letzteres oftmals auf der Einräumung von z.B. Nutzungsrechten aus dem *Bereich des Schuld- oder Sachenrechts* beruht.

Es leuchtet ohne Weiteres ein, dass § 252 Abs. 1 Nr. 2 HGB zum Ansatz von Fortführungswerten in der Bilanz mit dem Hinweis auf womöglich entgegenstehende tatsächliche oder rechtliche Gegebenheiten unmittelbar ins *Insolvenzrecht*, auf Insolvenzgründe und Antragspflicht nach § 15a InsO verweist. Das muss seit Neuestem der Steuerberater ggf. bei der Aufstellung eines Jahresabschlusses bedenken (BGH, Urteil vom 26.1.2017

– IX ZR 285/14, BGHZ 213, 374), vor allem aber der Abschlussprüfer in seinem Testat beurteilen, widrigenfalls **Haftungsinanspruchnahmen** drohen.

6 Wirtschaftsprüfern und Steuerberatern eröffnen sich aufgrund ihrer vielfältig rechtlich durchdrungenen Qualifizierung aber auch **zusätzliche Betätigungsfelder**. Für den Berufsstand der Wirtschaftsprüfer wie auch der Steuerberater von Bedeutung ist insb. die Regelung des § 5 Rechtsdienstleistungsgesetzes (RDG), der sich mit der Erbringung von Rechtsdienstleistungen im Zusammenhang mit anderen Tätigkeiten beschäftigt. Das Vorliegen einer danach zulässigen Nebenleistung ist nach ihrem Inhalt, Umfang und sachlichen Zusammenhang mit der Haupttätigkeit unter Berücksichtigung der für die Haupttätigkeit erforderlichen Rechtskenntnisse zu beurteilen. Ganz wesentlich ist also, dass WP und StB ein durch staatliches Berufsexamen belegtes fundiertes Wissen **im Bilanzrecht, Wirtschaftsrecht und Steuerrecht** vorweisen können.

Hinsichtlich treuhänderischer Tätigkeiten i.S.v. § 2 Abs. 3 Nr. 3 WPO sind etwa der Abschluss von Geschäftsbesorgungsverträgen zum Erwerb von Grundstücken und Immobilienfonds sowie Treuhandabreden zum Zahlungsverkehr zulässige Rechtsdienstleistungen.

Vor allem ist jedoch die Erledigung von Rechtsangelegenheiten innerhalb verbundener Unternehmen i.S.d. § 15 AktG aus dem Anwendungsbereich des RDG von vornherein ausgenommen, ohne dass es darauf ankommt, ob sie eine erlaubte Nebenleistung darstellt. Aufgrund des Zusammenhangs mit der Konzernbilanzierung und der steuerlichen Organschaft, steht Wirtschaftsprüfern und Steuerberatern damit die Beratung im faktischen wie im Vertragskonzern offen.[1]

Wirtschaftsprüfer verfügen zudem über die Befugnis zur unbeschränkten Hilfeleistung in Steuersachen nach § 2 Abs. 2 WPO, §§ 3 Nr. 1, 12 StBerG. Die Steuerberatung wiederum kann als Teil der Rechtsberatung angesehen werden. Zulässige Rechtsberatung ist damit jede Darlegung von zivilrechtlichen Grundlagen, soweit sie zur steuerlichen Beratung notwendig sind, sowie die Lieferung von Tatsachenmaterial und Einschätzung zum wirtschaftlichen Stand des Mandanten. Dadurch sind aber auch Vertragsentwürfe für Standardverträge durch Wirtschaftsprüfer und Steuerberater durch das RDG legitimiert.

C. Wirtschaftsrechtliche Aufgaben des Wirtschaftsprüfers

7 **Vertiefte gesellschafts- und kapitalmarktrechtliche Kenntnisse** einschließlich solcher des Konzern- und Umwandlungsrechts als Teile des Gesellschaftsrechts sind für den (angehenden) **Wirtschaftsprüfer** besonders wichtig. Beide Rechtsgebiete bilden zusammen mit dem **Handelsrecht** und dem **Bürgerlichen Recht** die **Grundlage seiner Berufstätigkeit**. Unverzichtbar sind ebenso insolvenzrechtliche Kenntnisse etwa in Bilanzierungsfragen.

1 Welche z.T. auch versteckten Risiken im Konzernrecht lauern und wie wichtig im Beratungsgeschäft eine präzise, abschließende Ausgestaltung des Beratervertrages ist, zeigt das Beispiel der *Sanierungsberatung* eines ehem. großen Handelskonzerns durch eine Wirtschaftsprüfungsgesellschaft im Urteil des OLG Frankfurt/M. vom 17.1.2018 – 4 U 4/17, ZIP 2018, 488.

I. Identifikation und Beantwortung von Rechtsfragen

Insb. die gesetzlichen Prüfungen nach § 2 Abs. 1 WPO beschränken sich nicht auf rein betriebswirtschaftliche Fragestellungen. Vielmehr muss der WP in diesen Fällen **rechtliche Problemstellungen erkennen** können und sodann selbst oder durch Hinzuziehung von Fachleuten **zutreffend beurteilen**. 8

1. Beispiel Umwandlungsprüfung

§ 9 Abs. 2 UmwG formuliert als Aufgabe einer Verschmelzungsprüfung an den WP: *„Soweit in diesem Gesetz vorgeschrieben, ist der Verschmelzungsvertrag oder sein Entwurf durch einen oder mehrere sachverständige Prüfer (Verschmelzungsprüfer) zu prüfen"*. 9

Es handelt sich also um eine **Vertragsprüfung** und der Inhalt des Verschmelzungsvertrages ist zu beurteilen. Zu seinem Inhalt (vgl. § 5 UmwG) gehört gem. Abs. 1 Nr. 3 z.B. das Umtauschverhältnis der Anteile, was (dem WP vielleicht eher vertraute) Unternehmensbewertungen der beteiligten Rechtsträger einschließt. Aber bereits hier sind die Ausnahmen von der Notwendigkeit der Unternehmensbewertung in § 5 Abs. 2 UmwG oder sogar von der Verschmelzungsprüfung im Ganzen (§§ 9 Abs. 3, 8 Abs. 3 UmwG) zu erkennen. Dazu muss aber der **Ablaufplan von Umwandlungen** bekannt sein. Gleiches gilt etwa im Hinblick auf die zu prüfenden Folgen für das Gewinnbezugsrecht (§ 5 Abs. 1 Nr. 5 UmwG) oder den Verschmelzungsstichtag (Nr. 6). 10

Hinzu kommt, dass zum Inhalt eines Verschmelzungs- bzw. jedes Umwandlungsvertrages auch z.B. *„die Folgen der Verschmelzung für die Arbeitnehmer und ihre Vertretungen sowie die insoweit vorgesehenen Maßnahmen"* (Nr. 9) gehören, so dass **individual- und kollektivarbeitsrechtliche Fragen** zu beantworten bzw. zu prüfen sind. Handelt es sich stattdessen um eine Spaltung, sind zusätzlich z.B. *„die genaue Bezeichnung und Aufteilung der Gegenstände des Aktiv- und Passivvermögens, die an jeden der übernehmenden Rechtsträger übertragen werden, sowie der übergehenden Betriebe und Betriebsteile unter Zuordnung zu den übernehmenden Rechtsträgern"* (§ 126 Abs. 1 Nr. 9 UmwG) zu beurteilen. Dem liegen schuldrechtliche Grundsätze der **Haftung für Verbindlichkeiten** (vgl. § 133 UmwG) zugrunde. 11

2. Beispiel Jahresabschlussprüfung

Gleiches gilt für die Jahresabschlussprüfung, als alle dort einfließenden Veränderungen des Vermögensbestands nicht nur rechnerisch, sondern auch sachlich richtig sein müssen. Der **rechtlichen Beurteilung** im Rahmen der Jahresabschlussprüfung unterliegen damit nicht nur die Ordnungsgemäßheit der Buchführung und damit der zutreffende Ansatz und die Bewertung einzelner Geschäftsvorfälle aus **Handelsgeschäften** (vgl. § 238 Abs. 1 HGB). Betroffen sind vielmehr auch z.B. **alle gesellschaftsrechtlichen Maßnahmen** des entsprechenden Wirtschaftsjahres. Kapitalerhöhungen, Verschmelzungen oder Spaltungen unterliegen deshalb nicht nur u.U. einer besonderen Prüfungspflicht, sondern wirken sich ebenso auf den Jahresabschluss aus und sind auch im Rahmen der „normalen" Jahresabschlussprüfung zu begutachten. 12

3. Beispiel WpHG-Prüfung

13 Bei der Prüfung nach § 89 WpHG ist festzustellen, ob Wertpapierdienstleistungsunternehmen ihre Dienstleistungen ordnungsgemäß entsprechend den Regelungen des Wertpapierhandelsgesetzes erbringen. Das erfordert neben dem Verständnis für die Geschäftstätigkeiten selbst deren Subsumtion unter den rechtlichen Regelungsrahmen, wofür insb. Kenntnisse von Gesetzesauslegung und der Verwaltungspraxis der Aufsichtsbehörden vonnöten sind.

II. Vertiefte Kenntnisse höchster Kompetenzstufe

14 Zu Recht verlangen das Wirtschaftsprüfungsexamen und der auf der Grundlage der WPAnrV verbindlich erklärte Referenzrahmen vom 29.11.2016 für die Anerkennung von Studiengängen (§ 8a WPO) und die Anrechnung von Prüfungsleistungen (§ 13b WPO) in den insoweit berührten Rechtsgebieten – qualitativ – eine Kompetenzausprägung der sechsten und damit höchsten Stufe **„Bewertung"**: *„Studierende können Werturteile abgeben, Vergleiche heranziehen und richtige Schlussfolgerungen ziehen, sie können Prognosen erstellen und die eigenen Aussagen rechtfertigen".* Diese qualitative Kompetenz darf sich lt. Referenzrahmen insb. im Gesellschafts-, Konzern- und Umwandlungsrecht, aber auch in weiten Teilen des Handelsrechts nicht nur auf den Gesetzeswortlaut beziehen, sondern muss – in der Tiefe – seine gesamte **Auslegung durch Rechtsprechung und Schrifttum** umfassen.[2]

15 Als eines von vielen Beispielen mag hierfür die Kapitalerhöhung unter Ausschluss des Bezugsrechts der bisherigen Aktionäre herhalten. § 186 Abs. 4 S. 2 AktG verlangt allein die Angabe (irgend)eines Grundes für den Bezugsrechtsausschluss. Erst das Bundesverfassungsgericht und der Bundesgerichtshof haben in der Wirkung des Bezugsrechtsausschlusses (Verwässerung der Stimmrechte etc.) einen schwerwiegenden Eingriff in die Rechtsstellung der Aktionäre erkannt und dafür praeter legem, außerhalb des Gesetzestextes, eine Rechtfertigung aus dem Gesellschaftsinteresse gefordert (vgl. Rn. 1756 und 1999). Diese im Wege der Anfechtungsklage judikable Einschränkung dient dem **verfassungsrechtlich geforderten Minderheitenschutz**.

Kapitalerhöhung mit Bezugsrechtsausschluss (§ 186 Abs. 3, 4 AktG)

1. Expliziter Ausschluss der übrigen Aktionäre (Abs. 3 S. 1)
2. ¾-Mehrheit bei der Beschlussfassung erforderlich (Abs. 3 S. 2)
3. Bekanntmachung der Ausschließungsabsicht mit Veröffentlichung der Bekanntmachung der Einladung zur Hauptversammlung (Abs. 4 S. 1)

2 Der Referenzrahmen formuliert etwas unglücklich: „Vertiefte Kenntnisse setzen über das Gesetzesrecht hinaus die Kenntnis der – v.a. höchstrichterlichen – Rechtsprechung und des Meinungsstandes im rechtswissenschaftlichen Schrifttum voraus". Gesetzesrecht und Rechtsprechung wie auch das wissenschaftliche Schrifttum stehen nach Art. 20 Abs. 3 GG aber in keinem Verhältnis der Komplementarität oder gar des Gegensatzes. „Recht" ist nicht in erster Linie der Buchstabe des Gesetzes, sondern sein (durch Auslegung ermittelter) Bedeutungsgehalt. „Remota itaque iustitia quid sunt regna nisi magna latrocinia?" (Hl. Augustinus v. Hippo, De civitate dei, IV, 4, 1; in Übersetzung durch Papst Benedikt XVI in seiner Rede vor dem Deutschen Bundestag am 22.9.2011: „Nimm das Recht weg – was ist dann ein Staat noch anderes als eine große Räuberbande".

4. Berichtspflicht des Vorstands
   a) Begründung für Bezugsrechtsausschluss (Abs. 4 S. 2 HS. 1),
   b) Ausgabebetrag erforderlich (HS. 2)
   c) Umfassend und konkret
5. Materielle Voraussetzung: sachliche Rechtfertigung (Rechtsprechung)
   a) Gesellschaftsinteresse
   b) Geeignetheit und Erforderlichkeit
   c) Verhältnismäßigkeit
   d) **oder** zumindest in Publikumsgesellschaft statt a) – c): § 186 Abs. 3 S. 4 AktG

1. Beispiel Fairness Opinion und Transaktionsberatung

Rechtsfragen stellen sich dem WP auch im Zusammenhang mit wichtigen Leistungen im Bereich der **Corporate Governance**. Die **Business Judgement Rule** auferlegt Vorstand und Aufsichtsrat (Organmitglieder) Sorgfaltspflichten gegenüber der Gesellschaft und den Anteilseignern (§§ 93, 116 AktG). 16

§ 93 Abs. 1 S. 2 AktG verlangt, dass *„das Vorstandsmitglied bei einer unternehmerischen Entscheidung vernünftigerweise annehmen durfte, auf der Grundlage angemessener Information zum Wohle der Gesellschaft zu handeln"*.

Von den Organen wird damit (negativ) ein Handeln ohne Sonderinteressen und ohne sachfremde Einflüsse verlangt, das (positiv) dem Wohle der Gesellschaft dient. Dafür müssen sie belegen können, dass unternehmerische Entscheidungsfindungen auf angemessenen Informationen und sorgfältiger Abwägung aller berührten Belange beruhen. Und sie haben die Entscheidungsgrundlagen zu dokumentieren.

Ein Bestandteil der Dokumentation ist bei wesentlichen unternehmerischen Initiativen nahezu immer mindestens eine, meist aber zwei von Vorstand und Aufsichtsrat getrennt beauftragte Fairness Opinions. Das sind Stellungnahmen eines unparteiischen Dritten zur Beurteilung der unternehmerischen Initiative als (zusätzlicher) Beleg für die Erfüllung der Sorgfaltspflichten der Organmitglieder. Gegenstände können z.B. die finanzielle Angemessenheit von Transaktionspreisen bei Akquisitionen oder Desinvestitionen sein, ebenso die angemessenen Beteiligungs- und Stimmverhältnisse bei einem Joint-Venture oder die Auswirkungen etwa auf die Arbeitsplatzsicherheit (best owner-Konzept). 17

Die prognostische Validität einer Fairness Opinion wie jeder zukunftsgerichteten (Unternehmens-) Bewertung folgt aber nicht allein aus der – in tatsächlicher Hinsicht einzig möglichen – vergangenheitsbezogenen Betrachtung. Soll die künftige Entwicklung nicht bloße Wahrsagerei oder einfach Ausdruck einer Hoffnung sein, muss sie auf konkreten Kausalketten aufbauen, deren Einflussfaktoren im sinnvollerweise steuerbaren Umfang u.a. durch Sollensvorschriften, also durch vertragliche Vereinbarungen sichergestellt werden müssen. Beispielhaft seien **Financial Covenants** (Eigenkapitalquote, Verschuldungsgrad, Kapitaldienstdeckungsgrad etc.), **Non-Financial Covenants** zur Krisenvorsorge (einschließlich der Sicherstellung regelmäßiger und rechtzeitiger Informationen von Partnern) und **Corporate Financial Covenants** genannt. Zu ihnen rechnen z.B. von Partnern zu erklärende Verfügungsbeschränkungen über wesentliche Vermögenspositionen wie Beteiligungen („disposals"); Versicherungen des ordnungsgemäßen Geschäfts- 18 gangs („ordinary conduct of business") und über die Einhaltung aller Gesetze und Vorschriften („representations and warranties").

19 Solche Vertragsklauseln bauen zwar auf betriebswirtschaftlichen Kennzahlen auf, sind aber in erster Linie **schuldrechtliche, dingliche und gesellschaftsrechtliche Vereinbarungen**, die auf Zulässigkeit, Wirkung, Umgehungsschutz und Rechtsfolgen eines Verstoßes zu beurteilen sind. Nur wenn der WP solche Klauseln richtig zu deuten weiß und sie ggf. auch vorschlagen kann, ist er fachlich in der Lage, eine Fairness Opinion zu erstellen. Gleiches gilt natürlich noch mehr für jede Transaktionsberatung bei Mergers & Akquisitions (M&A) und bei Transaction Services.

2. Beispiel Prospektrecht

20 Wirtschaftsprüfer sind regelmäßig als Berater bei der Konzeption von Wertpapieremissionen und/oder in die Abfassung von in diesem Zusammenhang erforderlichen Wertpapier- oder anderen Prospekten eingebunden. Sie werden zudem als Prospektgutachter tätig. Und schließlich sind geprüfte Jahresabschlüsse und ggf. Bestätigungsvermerke notwendige Prospektbestandteile. Diese Tätigkeiten erfordern u.a. fundierte Kenntnisse des Prospektrechts betreffend Verfahren, inhaltlichen Anforderungen etc. einschließlich der dazu ergangenen Rechtsprechung zur Prospekthaftung.

Sowohl die **Prüfungstätigkeit** wie die **Beratungstätigkeit** eines Wirtschaftsprüfers beruht in weiten Teilen also auf Rechtsanwendung, sei es die **rechtliche Beurteilung** bereits abgeschlossener Vorgänge oder die **rechtliche Gestaltungsberatung**.

§ 2 Vertragsordnung des Bürgerlichen Rechts und des Handelsrechts

Volker Mayer

Übersicht

A. Grundsätze

Bürgerliches Recht ist nicht gleich BGB, Handelsrecht ist nicht gleich HGB. Zum einen treten jeweils weitere Gesetze und ungeschriebene Grundsätze hinzu, etwa im Arbeitsrecht, bei Handelsbräuchen. Zum anderen enthalten BGB und HGB teils Vorschriften öffentlich-rechtlichen Charakters wie vielfach im Mietrecht oder etwa das Firmenrecht. Der eher konturlose Begriff **Wirtschaftsrecht** vereint all das und umfasst auch weitere Rechtsgebiete wie das Gesellschaftsrecht, Insolvenzrecht, Kapitalmarktrecht. 21

Es geht nachfolgend also nicht darum, das BGB oder HGB oder später Spezialgesetze (GmbHG, AktG oder InsO etc.) darzustellen, sondern das Wirtschaftsrecht abzubilden – und zwar aus der **Perspektive der Rechtsanwendung**, nicht der wissenschaftlichen Lehre. Ziel ist, **für die Praxis relevante Zusammenhänge** herauszuarbeiten, nicht Bedeutung und Dynamik einzelner Materien gerecht zu werden. Charakteristika des Handelsrechts wie Einfachheit, Schnelligkeit, Rechtsklarheit, Publizität und Vertrauensschutz aber auch der Statusbegriff des Kaufmanns, der Kaufmann ist und bleibt, auch wenn er vielleicht gerade einen Verbrauchervertrag abschließt, interessieren hier deshalb nicht als solche, sondern nur im konkreten Normenzusammenhang: Für bestimmte Geschäfte gelten besondere Regelungen je danach, wer an ihnen beteiligt ist. Verständlich werden soll das ausgehend von konkreten **Lebenstypen von Geschäften**, nach denen die nachfolgende Darstellung aufgebaut ist.[1]

An erster Stelle stehen nicht nur gesetzessystematisch die **vertraglichen Schuldverhältnisse** des BGB, ergänzt durch solche des HGB („Handelsgeschäfte"). Sie sind gerichtet auf die **Beschaffung von Waren oder (Dienst-)Leistungen** – zumeist – gegen Bezahlung. Die Beschaffung kann sich auf **Warenumsatzgeschäfte** beziehen und ist dann meist Kauf-, Tausch- oder Schenkungsvertrag, sie kann sich stattdessen auch auf **Überlassungsgeschäfte auf Zeit** beziehen und ist dann Miete, Pacht, Leihe oder Darlehen. Schließlich kann sie sich auf die **Beschaffung von Arbeitsleistung bzw. Herstellung** beziehen, die sich in einer zweckgerichteten Leistung erschöpfen kann (Dienstvertrag) oder auf die Beschaffung eines Arbeitsergebnisses bezieht (Werkvertrag). 22

Diese Vertragsverhältnisse einschließlich ihrer Unterarten und Kombinationen entstehen aus dem freiwillig gegebenen Erfüllungsversprechen der charakteristischen Hauptleistung (bei gegenseitigen Verträgen vice versa auch der Gegenleistung). Sie erschöpfen sich darin jedoch nicht, sondern enthalten ergänzend weitere selbstständige Nebenleistungspflichten und unselbstständige Schutzpflichten, die ebenfalls dem Interessenausgleich der den Vertrag schließenden Parteien dienen. Dieser Katalog von Pflichten

1 Der *Verfasser* meint, mit diesen Lebenstypen auch der Kritik an einer Marginalisierung des Handelsrechts (*K. Schmidt*, Handelsrecht § 1 Rn. 12, § 2 Rn. 50) begegnen zu können, die gerade an einer Integration des Sonderprivatrechts der Kaufleute in das BGB ansetzt.

bestimmt das dem Schuldner abverlangte, von ihm versprochene Verhalten (*Primäransprüche*), dem im Falle von (Leistungs-)Störungen die Voraussetzungen entsprechen, unter denen dann sog. *Sekundäransprüche* geltend gemacht werden können (lies § 241 Abs. 1)[2].

Merke: Forderungsrechte entstehen kraft eines Schuldverhältnisses (§ 241 Abs. 1) und nicht aus einem Vertrag (Rechtsgeschäft). Der Vertrag(sschluss), also das Rechtsgeschäft, ist vielmehr eine Art und Weise, wie ein solches – nämlich dann sog. rechtsgeschäftliches/vertragliches – Schuldverhältnis entsteht (im Unterschied zu den gesetzlichen Schuldverhältnissen, welche durch Gesetz entstehen); **„Vertrag" ist dabei nur die auf Konsens beruhende Abschlusstechnik**.

23 Das Forderungsrecht (§ 241 Abs. 1) ist die sog. **Anspruchsgrundlage** im Sinne einer prozessualen Klageform[3] (vgl. Legaldefinition des Anspruchs in § 194 Abs. 1); BGB und HGB stellen einen Vorrat typisierter Forderungsrechte, also Klageformen, bereit (z.B. § 433), die ein Schuldverhältnis voraussetzen.[4] Die Klageform (Anspruchsgrundlage) bestimmt, „was genau" gefordert werden kann (z.B. „Übergabe und Übereignung der Kaufsache als Erfüllung des kaufrechtlichen Schuldverhältnisses" nach § 433 Abs. 1).

24 Vertragliche Schuldverhältnisse (z.B. der „Kauf") werden durch (zumeist zweiseitigen) verpflichtenden Vertrag (besser: Vertragsschluss; z.B. den „Kaufvertrag") *begründet*: Der Vertrag ist strenggenommen nämlich nicht gleich dem Schuldverhältnis, sondern bezeichnet die Abschlusstechnik durch übereinstimmende Willenserklärungen (lies § 311 Abs. 1: das vertragliche Schuldverhältnis kommt durch Vertrag zustande). Konstitutiv für das Schuldverhältnis ist das **Verpflichtungselement;** es unterscheidet das Schuldverhältnis von der *Verfügung* – nämlich über ein Recht –, die tatbestandlich ebenfalls einen, dann allerdings *dinglichen* (im Unterschied zum verpflichtenden) Vertrag voraussetzt. Verfügungen finden sich mehrheitlich im Sachenrecht (§§ 929 S. 1, 873 Abs. 1 etc. – der dingliche Vertrag wird dort Einigung bzw. Auflassung genannt), aber auch im Schuldrecht (§ 387 – Aufrechnung, § 397 – Erlass und § 398 – Abtretung). Verfügungen erzeugen kein Schuldverhältnis, sondern bewirken eine Rechtsänderung (z.B. Eigentumswechsel, Forderungsübergang), für welche vielmehr ein Schuldverhältnis und damit ein verpflichtender Vertrag der finale Rechtsgrund ist. So setzt etwa der Kauf mit der aus ihm folgenden Pflicht zur Übereignung der Kaufsache den Rechtsgrund für die diese Forderung erfüllende Übereignung.

Vertragliche Verpflichtung und sie erfüllende Verfügung können zeitlich zusammenfallen, etwa beim Hand- und Barkauf am Marktstand oder Zeitungskiosk, dagegen schon nicht mehr beim Zeitungsabonnement und regelmäßig auch nicht beim Erwerb eines Neuwagens, wenn Bestellung (Kauf) und Auslieferung Monate auseinanderliegen können. Was in den zuerst genannten Fällen vielleicht gekünstelt wirkt, leuchtet in den anderen ohne Weiteres ein: Der Erwerbs*grund*, also das schuldrechtliche Verpflichtungsgeschäft (Kauf, Werkvertrag, Darlehen etc.), und der Erwerb an sich, also die Verfügung (Zahlung des Kaufpreises, Übereignung der Kaufsache oder Werkleistung, Valutierung des Darlehens etc.), sind rechtlich strikt zu trennen (**Trennungsprinzip**). Mängel des

---

2 §§ ohne Angabe eines Gesetzes sind in diesem Abschnitt immer solche des BGB.

3 Der Begriff „Klageform" (lat. actio) ist plastischer als der des „Anspruchs"; nur wer ein entsprechendes Formular, eine Formel für eben sein konkretes Anliegen hatte, konnte damit bei Gericht obsiegen. Was bei diesen Formularprozessen eher Prozessrecht war, gilt heute mehr materiell-rechtlich.

4 Es gibt aber nicht nur schuldrechtliche Ansprüche, sondern auch dingliche, etwa § 985 BGB als Anspruch aus dem Eigentum. Ebenso existieren gesellschaftsrechtliche, familien- und erbrechtliche Ansprüche etc.

einen sind, von Ausnahmen abgesehen, dann konsequenterweise ohne Belang für den anderen (**Abstraktionsprinzip**).

Zu den durch Vertrag begründeten Rechtsverhältnissen gehört auch die Gesellschaft. Hierbei vereinigen sich gleichgerichtete Interessen in einem Gesellschaftszweck, der zu einer Vergemeinschaftung des Handelns verpflichtet. Die Gesellschaft entsteht zwar als schuldrechtlicher Zusammenschluss, bildet jedoch mit wachsender unternehmerischer Aufgabe auch juristisch ein Sondervermögen, dem jedenfalls Teilrechtsfähigkeit zuerkannt werden muss (vgl. § 124 Abs. 2, 129 Abs. 4 HGB); darin unterscheidet sich die unternehmenstragende Gesellschaft dann vom Schuldverhältnis. Die körperschaftliche Organisation der Kapitalgesellschaften bringt sodann die völlige Ablösung des Kollektivs (Gesamthand) vom Verbandsvermögen, dessen Träger die Kapitalgesellschaft ist. Der Charakter als „juristische Person" zeigt sich im Wegfall einer persönlichen Haftung und der Alleinhaftung des gebildeten Sondervermögens. Man spricht daher bei der Gründung von Gesellschaften mit zumindest Teilrechtsfähigkeit und ähnlichen Maßnahmen des Gesellschaftsrechts von einem **Organisationsakt**, der aber wesensmäßig jedenfalls auch ein Vertragsschluss ist.

I. Verpflichtungselement Willenserklärung

Die Einigung über einen Schuldvertrag ist nach § 311 Abs. 1 bindend.[5] Die Vorstufe dieser Einigung ist das als Willenserklärung ausgestaltete Angebot zum Vertragsschluss, das jedenfalls für die Zeitspanne, während der es angenommen werden kann, ähnliche Bindungswirkung hat (§§ 145–148; so sind z.B. Put-/Call-Optionen rechtlich schlicht Angebote mit Laufzeit-Bindungsfristen)[6]. Erst eine **inhaltliche Übereinstimmung („Einigung") von Antrag und Annahme** bringt den **Vertragsschluss** zustande. Diese Kongruenz wird durch Auslegung beider Willenserklärungen ermittelt, wofür der jeweilige Empfängerhorizont maßgeblich ist. **25**

Diese an einem verständigen Empfänger orientierte Auslegung setzt naturgemäß den vorherigen Zugang der jeweiligen Willenserklärung voraus (§ 130).[7] Bei Erklärungen

---

5 *„Pacta sunt servanda"*, **Vertragsbindung/-treue** ist die Legitimität des BGB. Die Verpflichtungswirkung entsteht dabei aufgrund der personalen Bindung aus dem hingegebenen Versprechen, vgl. § 145, als technische Vorstufe des Vertrages; das kaufmännische „do ut des", der Austauschgedanke also, gibt daher bloß die (nur prozessual wirkende) Einrede nach §§ 320–322. Umgekehrt sind Rechtsordnungen mit Geringachtung von Verträgen ebenso wie z.B. auch verbraucherschützende Widerrufsrechte (vgl. §§ 312 ff.) eher utilitaristisch motiviert und Spiegelbild gesellschaftlicher Gegenmodelle zur kontinental-europäischen Rechtstradition; auch die engl. **Consideration-Lehre**, wonach eine angemessene Gegenleistung konstitutiv für eine Verpflichtung ist, ist im Grunde ökonomisch motiviert.
Sehr subtil, aber deutlich, ist das BGB in seiner Grundstruktur keineswegs laizistisch, wenn es als Geltungsgrund von Forderungsrechten das in der Person des Nächsten gerechtfertigte Vertrauen erkennt und darin den Vorzug unbedingter Rechtssicherheit verwirklicht sieht (und nicht im ökonomischen Vorteil). Hierin liegt eine christliche Offenbarungswahrheit, vgl. Guardini, Unterscheidung des Christlichen, Band 1: Aus dem Bereich der Philosophie (3. Aufl. 1994), S. 48 (Fn. 4), 70 ff., 108, 128 ff. „Tu regere imperio populos, Romane, memento" (*Vergil,* Aeneis, 6. Gesang, Verse 847–854) ist der auf dieser Personalität aufbauende literarische Ausdruck einer (politischen) europäischen Idee, welche in der Herrschaft eines solchen Rechts begründet liegt.

6 Palandt/*Ellenberger*, Einf. v. § 145 Rn. 23, Palandt/*Grüneberg*, § 311b Rn. 11; dort auch zur Auswirkung auf eine Formbedürftigkeit und zur alternativen Gestaltung über aufschiebend bedingte Verträge.

7 Anschauliche Beispiele bei *Grunewald*, BR § 1 Rn. 12.

gegenüber Abwesenden (etwa durch Brief) genügt dabei das Eingelangen in den Machtbereich (Briefkasten, Mailbox, Faxspeicher) mit der Folge der Zugangsfiktion auf denjenigen Zeitpunkt, wann regelmäßig mit der Kenntnisnahme gerechnet werden kann (während der Geschäftszeiten bzw. übliche Leerungszeit eines privaten Hausbriefkastens).

Die Zugangsfiktion gilt auch während Abwesenheit des Empfängers (etwa im Urlaub), allerdings darf ein Absender (z.B. Arbeitgeber hinsichtlich Kündigung) das nicht bewusst ausnutzen. Ihm gegenüber gilt der Zugang erst nach Rückkehr als bewirkt. Erreicht eine Erklärung den Empfänger dagegen gar nicht (ist er etwa unbekannt verzogen oder verweigert er die Annahme), gilt die Zugangsfiktion auf den ersten erfolglosen Zustellversuch nur, wenn der Empfänger aufgrund (vor-)vertraglicher Bindung mit einem Zugang rechnen musste und der Absender alles Zumutbare unternimmt, um den Empfänger doch noch zu erreichen (Wiederholungsversuch, Adressermittlung). Eine Willenserklärung, die einem Geschäftsunfähigen (vgl. § 104) gegenüber abgegeben wird, wird nicht wirksam, bevor sie nicht dem gesetzlichen Vertreter zugeht (§ 131 Abs. 1). Steht die Vertretung eines Kindes den Eltern gemeinsam zu, so genügt die Abgabe gegenüber einem Elternteil (§ 1629 Abs. 1 S. 2). Für den Zugang bei beschränkt Geschäftsfähigen gilt dasselbe, sofern die zugehende Willenserklärung ihm nicht lediglich rechtlich vorteilhaft ist oder der gesetzliche Vertreter in sie eingewilligt hatte (§ 131 Abs. 2).

26 Die so zugegangene Willenserklärung ist zur Ermittlung ihres Inhalts auszulegen (§ 133). Beim gesprochenen Wort kann folglich nur das wirklich Gesagte zugehen. Bei Hörfehlern fehlt es daran und deshalb an der Wirksamkeit dieser Willenserklärung überhaupt, weshalb insoweit nachfolgend gar kein Vertrag zustande kommen kann, gleichwie der Versender eine allfällige Reaktion des Adressaten deutet.[8]

Die **Auslegung** der beiden Willenserklärungen (Angebot und Annahme) entscheidet hernach, ob der Vertragsschluss an offenem Dissens (§ 155) gescheitert oder aber mit welchem kongruenten Inhalt (sog. Geschäftswille) er zustande gekommen ist. Die Auslegung und damit den Vertragsinhalt bestimmende Mängel in der Willensäußerung (Schreib- und Fehler im sprachlichen Ausdruck, § 119 Abs. 1), ebenso Mängel in der vorausliegenden Willensbildung (Eigenschaftsirrtum, § 119 Abs. 2, und Täuschung, Drohung, § 123) hindern also gerade nicht den Vertragsschluss, sondern geben dem Betroffenen lediglich die befristete Möglichkeit der Anfechtung von Willenserklärung und damit Rechtsgeschäft (§ 142 Abs. 1).[9] Beides wird durch wirksame Anfechtung rückwirkend nichtig und das Rechtsgeschäft verliert entsprechend seine Eigenschaft als Rechtsgrund für die darauf bezogenen Erfüllungshandlungen (Rückabwicklung nach Bereicherungsrecht). Auch die Anfechtung selbst ist wiederum eine (einseitige empfangsbedürftige) Willenserklärung.

Die sog. **ergänzende Vertragsauslegung** hilft, während der Vertragsabwicklung auftauchende Lücken in der Vereinbarung zu füllen, soweit nicht bereits das dispositive Gesetzesrecht Streitfragen klärt. Maßgeblich ist dann, worauf sich die Partner redlicherweise hätten einlassen müssen, wenn der Regelungsbedarf bereits bei den Vertragsverhandlungen erkannt worden wäre.[10]

---

8 A.A. aus Gründen des Verkehrsschutzes vertretbar: äußere Wahrnehmung genügt, vgl. Palandt/*Ellenberger*, § 130 Rn. 14.

9 Anschauliche Beispiele und Abgrenzungen bei *Grunewald*, BR § 3 passim. Zum **Kalkulationsirrtum** vgl. Rn. 289.

10 Dadurch können extensiv Gewährleistungsrechte (etwa beim Weiterverkauf durch Abtretung der Rechte des Zwischenerwerbers) begründet oder restriktiv Sicherheiten geltungserhaltend in ihrem Gegenstand eingeschränkt werden können (lesenswerter Fall zu Brauereidarlehen bei BGH NJW 2013, 678), vgl. Beispiele bei *Grunewald*, BR § 3 Rn. 9, § 6 Rn. 8 und § 38 Rn. 8.

II. Abschlusstechnik („Der Vertragsschluss")

Das Schuldgeschäft ist bestimmt durch die Wechselseitigkeit (mindestens) zweier zugangsbedürftiger Willenserklärungen der Parteien, §§ 241, 145 ff., 130: Angebot (§ 145) und Annahme müssen zugehen (§ 130). Erst mit dem letzten Akt ist der Vertrag geschlossen, soweit die Willenserklärungen jeweils selbst wirksam sind (§ 105 ff., 116 ff.) und sich inhaltlich decken (§ 155). Die inhaltliche Übereinstimmung muss sich dabei jedenfalls auf die vertragswesentlichen Gegenstände (essentialia negotii; mindestens also Beteiligte, Leistung und Gegenleistung) beziehen. Beim offenen (§ 154) und versteckten Dissens (§ 155) fehlt es deshalb *am Vertragsschluss*. 27

Leitbild ist der inhaltlich vollständige, auf einen konkreten **Vertragsschluss** zielende Antrag, der mit bloßem „Ja" angenommen werden kann. Dagegen entwickeln sich Schuldgeschäfte vielfach erst aus fortschreitenden Verhandlungen mit Verständigungen nur über Zwischenergebnisse. Besonders im Massengeschäft, in Prospekten, Supermärkten etc. steht chronologisch zu Beginn meist nur eine Aufforderung zur Abgabe eines Angebots (**invitatio ad offerendum, Warenanpreisung**) an die Allgemeinheit, welche selbst kein bindendes Angebot ist (es fehlt der sog. **Rechtsbindungswille**), sondern worauf der (Kauf-)Interessent seinerseits mittels bindenden Angebots reagieren mag. § 150 Abs. 2 trägt dann dem **Prozess des Aushandelns** Rechnung. Und bevor keine vollständige Einigung über alle von den Beteiligten für relevant gehaltenen Punkte erzielt wurde, bleiben auch die vorläufigen Verhandlungsergebnisse unverbindlich (lies § 154 Abs. 1); eine verabredete Schriftformklausel („dieser Vertrag bedarf der Schriftform") hindert eine Wirksamkeit bis zur originalen Unterschrift durch alle Parteien (§§ 154 Abs. 2, 126 Abs. 1, 2).

Möglich sind auch aufschiebend (§ 166 Abs. 1) und auflösend (§ 166 Abs. 2) bedingte Willenserklärungen, also Angebote bzw. Annahmeerklärungen, deren Wirksamkeit vom Eintritt oder Ausbleiben bestimmter Umstände abhängig gemacht wird (z.B. einer positiven Bauvoranfrage für das zu erwerbende Grundstück als Kaufbedingung; ebenso die beim dinglichen Vertrag des § 929 S. 1 die aufschiebend bedingt erklärte Einigung, die einen Eigentumsvorbehalt bewirken kann, bis der Kaufpreis gezahlt wird). Andererseits kann durch Bestimmung einer beliebigen Annahmefrist (§ 148) dem möglichen Vertragspartner eine Überlegungsfrist eingeräumt werden (so bei der Kauf-/Verkaufs-*Option*).

Als Gestaltungselemente funktionieren Bedingungen nur nach dem Alles oder Nichts-Prinzip. Flexible Reaktionsmöglichkeit, z.B. geringfügige Abweichungen doch zu akzeptieren, wären nur als neuer (Änderungs-) Vertrag möglich und daher z.B. bei Grundstückskaufverträgen wiederum formbedürftig (§§ 311b Abs. 1, 128); zeitlich auf ein Ereignis abgestimmte befristete[11] Rücktrittsrechte oder die Gewährung von Optionsrechten sind daher vertragsgestalterisch zumeist vorteilhafter. In bestimmten Fällen sind Bedingungen auch unzulässig, vgl. §§ 925 Abs. 2; 1311 S. 2.

1. Besonderheiten beim Vertragsschluss

Ein Großteil von Vertragsschlüssen vollzieht sich auf Seiten des Annehmenden oder auch auf beiden Seiten mittels **konkludenten Handelns**. Solches Handeln hat ohne 28

11 Zu Befristungen vgl. § 163; dabei ist eine Forderung bzw. das vertraglich vereinbarte Gestaltungsrecht (z.B. ein „freier" Rücktritt) nur befristet ausübbar. Unterscheide das von der Annahmefrist bei Willenserklärungen (z.B. Option), die das Zustandekommen des Vertragsschlusses betrifft (§§ 148 ff.).

Weiteres Erklärungswert (stummes Nehmen einer Zeitung am Kiosk oder das Auflegen der Ware an der Supermarktkasse, ebenso das Betanken des Fahrzeugs an der Tankstelle mit Selbstbedienung; die funktionierende Zapfsäule ist das Angebot[12]). Diese Erklärung geht dabei auch ohne Weiteres zu. Von der Notwendigkeit des Zugangs der Annahmeerklärung trifft § 151 die Ausnahme, dass die Annahme*erklärung*, nicht aber die Annahme selbst, entbehrlich sein kann (stillschweigende Annahme, etwa durch Eintragung im Bestellbuch des Hotels).

Davon zu unterscheiden sind die wenigen Fälle des gesetzlich zugelassenen Vertragsschlusses, bei denen es an jeglicher Erklärungshandlung fehlt (**Schweigen als Zustimmung**); so gem. § 613a Abs. 4 beim Betriebsübergang und nach § 1943 HS. 2 die Erbschaftsannahme durch Verstreichenlassen der Ausschlagungsfrist; ebenso die seltenen Fälle von §§ 416 Abs. 1 S. 2, 455 S. 2, 516 Abs. 2 S. 2. Darüber hinaus ist es eine restriktiv zu handhabende Frage des Einzelfalls, ob ein **Vertragsschluss durch bloßes Schweigen** als angenommen gelten muss, wenn z.B. eine Seite, das Ergebnis von Vorverhandlungen zusammenfassend, dieses der anderen in der erkennbaren Erwartung der Zustimmung anträgt.[13]

a) Handelsverkehr

29 Weitergehend fingiert § 362 Abs. 1 HGB (nur!) die Annahme eines *Geschäftsbesorgungsvertrages* durch einen *Kaufmann* (§ 1 HGB) im Rahmen einer bestehenden Geschäftsverbindung oder eines vorherigen Anerbietens.[14] Dies gilt damit *nicht* für den Handelskauf, sondern z.B. für Kommissionsverträge (§ 383 HGB), wobei gerade nur deren Treuhandcharakter die Vorschrift rechtfertigt. Ähnlich gilt nach §§ 75h, 91a HGB das Schweigen des unberechtigt Vertretenen als Genehmigung (anders nach BGB: § 177 Abs. 2 S. 2).

30 **Kaufmann** i.S.d. § 1 HGB ist („*Ist-Kaufmann*"), wer ein Handelsgewerbe betreibt. Als Handelsgewerbe gilt grundsätzlich jeder *Gewerbebetrieb*, also nicht nur der Handelssektor (Definition entsprechend § 15 Abs. 2 S. 1 EStG). Wer allerdings für seinen Gewerbebetrieb keinen in kaufmännischer Weise eingerichteten Geschäftsbetrieb benötigt, gilt nicht als Kaufmann, sondern als **Kleingewerbetreibender** (§ 1 Abs. 2 HGB), so wohl meist der Einzelunternehmer.

Er kann die Kaufmannseigenschaft jedoch gem. § 2 HGB durch freiwillige Eintragung seiner Firma (vgl. § 17 HGB) in das Handelsregister erwerben (Kaufmann kraft Eintragung im Handelsregister, e.K.; „*Kann-Kaufmann*"). Die Eintragung im Handelsregister hat dabei – im Gegensatz zur Eintragung eines Ist-Kaufmanns, zu der auch dieser gem. § 29 HGB verpflichtet ist – konstitutive, d.h. rechtsbegründende Wirkung. Besonderheiten gelten für Land- und Forstwirte (§ 3 HGB).

Schließlich sind nach § 6 Abs. 1 HGB **Handelsgesellschaften** bereits kraft Rechtsform Kaufleute („*Form-Kaufmann*") und zwar unabhängig davon, ob sie ein Handelsgewerbe

---

12 Und zwar je nach Organisation ein Angebot des Tankstelleninhabers im eigenen Namen und für eigene Rechnung (so als freier *Zwischenhändler*), im eigenen Namen aber für fremde Lieferanten-Rechnung (dann als *Kommissionär*) oder im Namen der Mineralölgesellschaft (als deren *Handelsvertreter*).

13 Nachw. einer großzügigeren Rechtsprechung bei *K. Schmidt*, Handelsrecht § 19 Rn. 26 a.E.

14 *K. Schmidt,* Handelsrecht § 19 Rn. 26 ff., 42 ff., der eindrucksvoll erläutert, dass auch diese Vorschrift am Verschuldensprinzip festhält, aber es sich aufgrund der arbeitsteiligen Organisation um ein „Verschulden des Unternehmens", nicht notwendig ein persönliches des Unternehmensträgers handelt; für den Tatbestand des § 362 HGB genügt i.S.e. Risikozurechnung der Zugang des Angebots „im Unternehmen", das (!) sodann „schuldhaft" nicht absagt (Rn. 58, 59).

betreiben. Als Handelsgesellschaften werden bestimmt: die Aktiengesellschaft (in § 3 Abs. 1 AktG), die Gesellschaft mit beschränkter Haftung (in § 13 Abs. 3 GmbHG), die Kommanditgesellschaft auf Aktien (in §§ 278 Abs. 3, 3 Abs. 1 AktG), die eingetragene Genossenschaft (in § 17 Abs. 2 GenG), die Europäische Genossenschaft (in § 3 SCEAG), die Europäische wirtschaftliche Interessenvereinigung (in § 1 HS. 2 EWIVAG). **Personenhandelsgesellschaften** wie die offene Handelsgesellschaft oder die Kommanditgesellschaft besitzen Kaufmannseigenschaft, da sie nach §§ 105 Abs. 1, 161 Abs. 2 HGB ein Handelsgewerbe betreiben (als Ist-Kaufmann also) oder sonst gem. § 105 Abs. 2 HGB im Handelsregister eingetragen sein müssen (kleingewerbliche und vermögensverwaltende OHG/KG als Kann-Kaufmann also; anderenfalls Gesellschaft bürgerlichen Rechts)[15]. Komplementäre (Vollhafter) von OHG/KG werden ebenfalls als Kaufleute behandelt, weil sie quasi das Geschäft betreiben, nicht aber Geschäftsführer und Vorstände von Körperschaften.

Bedeutung hat die Kaufmannseigenschaft insb. für: 31

- das Führen einer Firma (§ 17 HGB),
- die Erteilung handelsrechtlicher Vollmachten (§§ 48 bis 58 HGB),
- die handelsrechtliche Buchführungspflicht (§§ 238 ff. HGB),
- die Beachtung spezieller Vorschriften zu kaufmännischen Handelsgeschäften (§§ 343 bis 475h HGB) wie z.B. der Untersuchungs- und Rügeobliegenheit in beiderseitigen Handelskäufen (§ 377 HGB) und das kaufmännische Bestätigungsschreiben.

b) Kaufmännisches Bestätigungsschreiben

Unter Kaufleuten wie auch unter sonstigen Unternehmern[16] kann überdies das Schweigen auf schriftliche Auftragsbestätigungen als Zustimmung zu Inhalt und Abschluss eines Vertragsverhältnisses gelten. Voraussetzung[17] sind vorausgegangene, nur mündlich geführte Vertragsverhandlungen, von denen der Versender des Bestätigungsschreibens redlicherweise annimmt, dass sie zum Geschäftsabschluss geführt haben. Die daraufhin von ihm gefertigte Auftragsbestätigung muss zum Ausdruck bringen, dass sie nur der Dokumentation dieser bereits gefassten Vereinbarung dienen soll. Widerspricht der Empfänger sodann nicht unverzüglich (Legaldefinition in § 121 Abs. 1 S. 1), gelten sowohl der niedergeschriebene Inhalt wie auch der Geschäftsabschluss selbst entsprechend dem („echten“) Bestätigungsschreiben als verbindlich getroffen. Diese quasigesetzliche, nämlich gewohnheitsrechtliche Rechtsfolge ist (deshalb)[18] auch nicht durch Irrtumsanfechtung zu beseitigen. 32

Zulässig ist weiterhin, dass erst durch ein Bestätigungsschreiben branchenübliche AGB (z.B. hinsichtlich Eigentumsvorbehalts oder Transportkosten in typischen Verkäufer-AGB oder die Einräumung einer Weiterveräußerungsbefugnis nach § 185 Abs. 1 BGB als sog. verlängerter Eigentumsvorbehalt in Käufer-AGB) einbezogen werden (vgl.

---

15 Nach h.M. schließen § 105 Abs. 1 und 2 HGB nicht lückenlos aneinander mit der Folge, dass etwa Freiberufler-Personengesellschaften als zu Unrecht eingetragen nicht Formkaufleute, sondern Scheinkaufleute nach § 5 HGB sind, vgl. Darstellung bei *K. Schmidt,* Handelsrecht § 10 Rn. 20 ff.

16 Auch unternehmerisch tätige Freiberufler, *K. Schmidt,* Handelsrecht § 19 Rn. 76, 80–83.

17 Im Einzelnen vgl. *Medicus/Petersen,* Bürgerliches Recht Rn. 59 ff.; *K. Schmidt,* Handelsrecht § 19 Rn. 66 ff.

18 Vgl. *K. Schmidt,* Handelsrecht § 19 Rn. 67, 135 f. (Irrtum über Rechtsfolgen, nämlich des Schweigens, ist unbeachtlich).

§§ 310 Abs. 1 S. 1, 305 Abs. 2).[19] Kein kaufm. Bestätigungsschreiben ist dagegen eine als „Auftragsbestätigung" etc. bezeichnete Annahme einer zuvor eingegangenen Bestellung; sie hat ggf. die Wirkung des Vertragsschlusses oder des § 150 Abs. 2; gegenüber dem echten Bestätigungsschreiben fehlen vorausgegangene Verhandlungen und die Absicht zur Dokumentation getroffener Abreden.

Prüfungsschema Kaufmännisches Bestätigungsschreiben

1. Persönlicher Anwendungsbereich
   a) Empfänger ist Kaufmann oder nimmt wie ein Kaufmann am Handelsleben teil
   b) Absender ist zumindest unternehmerisch geschäftserfahren
2. Sachliche Voraussetzungen
   a) Handelsgeschäft i.S.d. §§ 343 f. HGB
   b) Mündliche Vertragsverhandlungen sind vorausgegangen
   c) Endgültige und eindeutige Bestätigung eines zumindest aus Absendersicht bereits erfolgten Vertragsschlusses
   d) Wiedergabe des wesentlichen Inhalts der Vertragsverhandlungen
   e) Redlichkeit des Absenders hinsichtlich des Inhalts
   f) Absendung des KBS unmittelbar nach Vertragsverhandlungen
   g) Zugang beim Empfänger
   h) Kein unverzüglicher (vgl. § 121 Abs. 1) Widerspruch des Empfängers
3. Rechtsfolge: Inhalt des kaufm. Bestätigungsschreibens gilt als vereinbart

2. Stellvertretung

a) Allgemeines

33 Es entspricht der arbeitsteiligen Wirtschaft und ist in Fällen fehlender Handlungsfähigkeit (z.B. von Kapitalgesellschaften) unumgänglich, dass Willenserklärungen beim Vertragsschluss (aber auch Gestaltungserklärungen wie z.B. die Kündigung etc.) nicht von demjenigen abgegeben werden, der von den Rechtsfolgen betroffen sein soll. Es handelt dann ein Vertreter, die Vertragswirkungen treten aber für und gegen den Vertretenen ein. Solche Stellvertretung ist meist Aktivvertretung und Passivvertretung zugleich, in dem der Vertreter die eine Willenserklärung abgibt und bei zweiseitigen Verträgen die korrespondierende andere als Empfangsvertreter entgegennimmt. Stellvertreter können auch auf beiden Seiten eines Vertragsschlusses stehen.

Beispiel: Der „kleine" Angestellte, der zu gelegentlichen Besorgungen für den Unternehmensträger geschickt wird (§ 164 Abs. 1); der Prokurist, der das Handelsgeschäft weitgehend selbstständig führt (§§ 48 f. HGB mit § 164 Abs. 1 BGB); die Organe von Kapitalgesellschaften, ohne welche diese gar nicht handlungsfähig wären (§ 35 Abs. 1 GmbHG, § 78 Abs. 1 S. 1 AktG); Eltern für ihre Kinder (§§ 1626 Abs. 1, 1629 Abs. 1).

34 Die **Zurechnung fremder Willenserklärungen** erfolgt stets über §§ 164 ff., gleich, ob die Vertretungsmacht nach BGB oder HGB erteilt wurde oder eine organschaftliche ist. Gem. § 164 Abs. 1 gibt der Vertreter eine eigene Willenserklärung ab (im Unterschied zum Boten, der eine fremde überbringt), die ausdrücklich oder nach den Umständen im

19 *K. Schmidt,* Handelsrecht § 19 Rn. 93, 96 zur Abgrenzung zwischen zulässiger Ergänzung einerseits und dem Einwand gravierender Abweichungen andererseits (Rn. 111 ff.); zur Behandlung sich kreuzender Bestätigungsschreiben und widersprechender AGB (Rn. 115 ff.).

Namen des Vertretenen erfolgen und schließlich inhaltlich von der Vertretungsmacht gedeckt sein muss, welche der Vertretene dem Vertreter erteilt hatte. Wesentliche Elemente der Zurechnung fremder Willenserklärungen sind damit der Offenkundigkeitsgrundsatz und die Vertretungsmacht.

Aufgrund der eigenen Willenserklärung des Vertreters kommt es ganz selbstverständlich für die Geschäftsfähigkeit (vgl. § 165, wonach aber auch beschränkt Geschäftsfähige als Vertreter handeln können – sie haben dadurch ja keine Nachteile) und für Willensmängel (so § 166 Abs. 1) auf die Person des Vertreters an.

Beispiel: Die Warenauspreisung im Supermarkt ist keine Willenserklärung (nur invitatio ad offerendum); tippt später eine Kassiererin (Vertreterin des Inhabers) einen falsch ausgezeichneten Preis in die Kasse ein, kommt der Kauf zu diesem Preis zustande. Irrtumsanfechtung ist nicht möglich, denn die Kassiererin irrte nicht, sondern wollte den etikettierten Preis abziehen und ein eventueller Irrtum in der Person des Inhabers als Vertretenem wäre unerheblich (§ 166 Abs. 1). Säße der Inhaber selbst an der Kasse würde vergleichbares gelten. Auch er irrte nicht beim Scan (= Abgabe der Willenserklärung, vgl. § 119 Abs. 1), sondern vorher, bei der Auspreisung.

b) Offenkundigkeitsgrundsatz

Dem Geschäftspartner muss deutlich sein, in wen er sein Vertrauen mit dem Schuldgeschäft setzt. Dem ist genügt, wenn die Umstände zweifelsfrei sind, wie etwa bei **unternehmensbezogenen Geschäften**. Je nach ihrem inneren und äußeren Zusammenhang sollen sie erkennbar den Unternehmensträger (Inhaber) berechtigen und verpflichten, nicht den Handelnden (z.B. telefonische Bestellung durch einen bekannten Einkäufer). Wie hierbei die Person des beabsichtigten Vertragspartners klar ist, kommt es in einer anderen Fallgruppe, den Bargeschäften des täglichen Lebens, darauf ausnahmsweise erst gar nicht an (z.B. Geschäfte im Supermarkt). 35

Wirtschaftliche Bedeutung kann die Vertretung und damit das **„Geschäft für wen es angeht"** auch auf der sachenrechtlichen Ebene beim *dinglichen* Vertrag bekommen, also etwa der Einigung nach § 929 S. 1. Allerdings muss für den Eigentumserwerb des Vertretenen unmittelbaren vom Veräußerer noch der Besitzerwerb des Vertretenen an der beweglichen Sache hinzukommen (nämlich z.B. durch Besitzmittlungsverhältnis, § 868, oder Besitzdienerschaft, § 855, des Vertreters). Bedeutsam ist diese Eigentumsfrage etwa für die Erstreckung von Pfandrechten des Vermieters, § 562, oder von Grundschuld und Hypothek, § 1120. Vergleichbare Fragen ergeben sich im Sachenrecht bei den Vorschriften zur dinglichen Surrogation, etwa §§ 949 S. 2, 3; 175; 1247 S. 2; 1287 bzw. im Erbrecht, §§ 2019; 2041; 2111, ähnlich schließlich bei § 1646.

Von ihrer Wirkung gehört auch die Vorschrift des § 1357 hierher (ehem. sog. Schlüsselgewalt), wonach sich Eheleute bei Geschäften zur angemessenen Deckung des Lebensbedarfs stets wechselseitig mitverpflichten (Gesamtschuld, §§ 427, 421) und mitberechtigen (Gesamtgläubiger, §§ 1357 Abs. 1 S. 2, 428[20]).

c) Vertretungsmacht nach BGB

Jedes Vertreterhandeln vermag Rechtswirkungen für und gegen den Vertretenen nur zu zeitigen, wenn der Vertreter hierfür vom Vertretenen ermächtigt war, §§ 164 Abs. 1, 177 36

20 Zur Problematik vgl. *Medicus/Petersen*, BR Rn. 89 a.E.

Abs. 1.[21] Vertretungsmacht ist der Oberbegriff. Vollmacht ist die durch Rechtsgeschäft erteilte Vertretungsmacht (§ 166 Abs. 2, egal ob für konkrete Willenserklärungen, so bei § 164 Abs. 1, oder für bestimmte Geschäftsvorfälle ausgesprochen, so bei §§ 49–56 HGB) im Unterschied zur gesetzlichen Vertretungsmacht (z.B. § 1629 Abs. 1 S. 1) oder organschaftlichen.

Überschreitet der Vertreter bewusst oder versehentlich den Ermächtigungsumfang, so berechtigt und verpflichtet das derart abgeschlossene Geschäft nicht den Hintermann (vgl. § 177 Abs. 2), vielmehr haftet der vermeintliche Vertreter selbst (vgl. § 179). Die genaue Bestimmung des Umfangs der Vertretungsmacht entscheidet also über die rechtsgeschäftlichen Wirkungen im Außenverhältnis und ist somit Maßstab für Verlässlichkeit im Geschäftsverkehr.

Es gilt im BGB: Das **rechtliche Können** (also die wirksame Zurechnung des Vertreterhandelns im Außenverhältnis mit einem Dritten) hängt ab vom **rechtlichen Dürfen** (also dem Innenverhältnis zwischen Vollmachtgeber und Vertreter).

d) Vertretungsmacht nach HGB: Prokura, Handlungsvollmacht

37 Im Handels- und Gesellschaftsrecht[22] ist Vertreterhandeln von Gesetzes wegen aus Verkehrsschutzgründen weitgehend typisiert und überdies im Außenverhältnis teils unbeschränkbar, so gem. §§ 49 f. HGB für die Prokura (sie *„ermächtigt zu allen Arten von (...) Geschäften und Rechtshandlungen, die der Betrieb (irgend)eines Handelsgewerbes mit sich bringt“*); für § 54 HGB mit den verschiedenen Formen der Handlungsvollmacht (*„alle Geschäfte und Rechtshandlungen, die der Betrieb eines derartigen Handelsgewerbes (...) gewöhnlich mit sich bringt“*), gilt dies eingeschränkt nur im Rahmen des Vertrauensschutzes (§ 54 Abs. 3 HGB). Handlungsvollmacht hat daher stets die Kassiererin im Supermarkt, *solange* sie an der Kasse sitzt, über §§ 55 Abs. 1, 91 Abs. 1 HGB aber auch alle Handelsvertreter, sofern sie überhaupt Abschlussvertreter und nicht nur Vermittler sind. § 56 HGB hat beim Ladenangestellten die gleiche Funktion wie § 54 HGB, lediglich mit viel geringerer Reichweite.

Diese Typisierung des Umfangs der Vertretungsmacht schützt den Vertragspartner und somit den Handelsverkehr an sich im Vertrauen auf die Gültigkeit eines Rechtsgeschäfts. Das **rechtliche Können (Außenverhältnis)** ist im HGB vom **rechtlichen Dürfen (Innenverhältnis)** unabhängig.

Sehr umfassend ist auch die **Vertretungsbefugnis von Organen** von Gesellschaften. Es sind dies der **Geschäftsführer** der GmbH, § 35 Abs. 1 GmbHG, der **Vorstand** der Aktiengesellschaft, § 78 Abs. 1 AktG, oder die Komplementäre einer OHG bzw. KG, §§ 125 f. HGB (für die KG über §§ 161 Abs. 2, 170 HGB). Hierbei sind alle im Gesetz nicht ausdrücklich genannten Beschränkungen des Umfangs der Vertretungsmacht Dritten gegenüber unwirksam, vgl. § 37 GmbHG, § 78 Abs. 1 AktG, § 126 Abs. 2 HGB. (Z.B. betragsmäßige) Einschränkungen, die sich aus dem Anstellungsvertrag des Organs oder dem Gesellschaftsvertrag ergeben können, binden also nur im Innenverhältnis von Organ und Gesellschaft. Bei Verstößen ist das Rechtsgeschäft wirksam, das

---

21 Die Ermächtigung bedarf grundsätzlich nicht der Form des Rechtsgeschäfts, zu dessen Abschluss sie erteilt wird, vgl. § 167 Abs. 2; Ausnahmen gelten u.a. nach § 492 Abs. 4 bei Verbraucherdarlehen, nach § 2 Abs. 2 GmbHG und §§ 134 Abs. 3, 135 AktG sowie für unwiderrufliche Vollmachten zur Übernahme einer Bürgschaft und zum Abschluss von Grundstückskaufverträgen, vgl. Palandt/*Ellenberger,* § 167 Rn. 2. Noch weitergehender, nämlich auch für die einfache Bürgenvollmacht, *Grunewald,* BR § 5 Rn. 8.

22 *K. Schmidt,* Handelsrecht § 16 passim.

handelnde Organ macht sich gegenüber seiner Gesellschaft schadensersatzpflichtig. Der Geschäftsführer sollte deshalb in solchen Fällen das Rechtsgeschäft ausdrücklich nur vorbehaltlich der Zustimmung etwa von Aufsichtsrat oder Gesellschafterversammlung („**Gremienvorbehalt**"), in Form einer aufschiebenden Bedingung nach § 161 Abs. 1, schließen.

Im Handels- und Gesellschaftsrecht sind einschränkend v.a. die **Gesamtvertretung** möglich, § 125 Abs. 2 HGB, oder sogar der gesetzlich vorgesehene, aber durch Gesellschaftsvertrag abänderbare Regelfall, § 35 Abs. 2 GmbHG, § 78 Abs. 2 AktG. Das **Prinzip der Selbstorganschaft**[23] lässt bei Fehlen oder Ausscheiden des letzten weiteren gesamtvertretungsberechtigten Organmitglieds die Einzelvertretungsbefugnis des Verbleibenden wieder aufleben. Eine organschaftliche Vertretung einer Gesellschaft ist dadurch stets sichergestellt (vgl. auch § 35 Abs. 1 S. 2 GmbHG zur Führungslosigkeit). Daneben beschränken sog. **Grundlagengeschäfte**, die das Unternehmen selbst zum Gegenstand haben und deshalb zwingend den Gesellschaftern vorbehalten bleiben müssen, den Umfang der organschaftlichen Vertretungsmacht. Tätigt ein organschaftlicher Vertreter dennoch solche Geschäfte, sind diese gem. § 177 Abs. 1 BGB schwebend unwirksam, allerdings meist ohne dass der Vertragspartner deswegen den Organvertreter belangen könnte (vgl. § 179 Abs. 3).

e) Grenzen jeder Vertretungsmacht

Schließlich wird jede Vertretungsmacht beschränkt durch das **Verbot des kollusiven Handelns** von Vertreter und Geschäftspartner zum Nachteil des Vertretenen und des **offenkundigen Missbrauchs der Vertretungsmacht** durch den Vertreter.[24] § 181 verbietet **Insichgeschäfte des Vertreters**.[25] 38

f) Widerruf der Vollmacht

Die Vertretungsbefugnis endet grundsätzlich durch ihren Widerruf.[26] Fälle organschaftlicher Vertretung enden üblicherweise durch das Ausscheiden aus dem Organ als solches. Hinsichtlich der handels- und gesellschaftsrechtlichen Vollmachten und Organstellungen ist zum Schutz des Vertragspartners § 15 HGB zu beachten, soweit die Handelsregisterlage nicht mit der wirklichen Rechtslage übereinstimmt; außerdem §§ 674 und 729 BGB, die das einer erteilten Vollmacht zugrundeliegende Rechtsverhältnis (Geschäftsführungsbefugnis aus Auftrag oder Gesellschaft) und damit gem. § 169 auch seine Vollmacht fortbestehen lassen, solange der Vertreter von ihrem Erlöschen nicht weiß oder wissen müsste. § 169 schützt damit den Vertreter im Hinblick auf § 179 Abs. 2. 39

g) Duldungs- und Anscheinsvollmacht

Auch ohne Erteilung einer Vollmacht kann das Handeln eines angemaßten Vertreters Rechtsfolgen für den so Vertretenen haben: wenn er weiß, dass ein anderer für ihn handelt und er dessen Auftreten bewusst duldet, sog. Duldungsvollmacht. Die bewusste Duldung kann dabei als konkludente Vollmachtskundgabe nach §§ 171, 172 behandelt werden. Der Vertretene ist damit an das Rechtsgeschäft aus dem Vertreterhandeln gebunden. 40

Um eine Anscheinsvollmacht handelt es sich, wenn der Vertretene das Auftreten des anderen nicht kennt, bei pflichtgemäßer Sorgfalt aber hätte kennen und verhindern kön-

---

23 Vgl. *K. Schmidt,* Handelsrecht § 16 Rn. 5.

24 Systematisch *Medicus/Petersen,* BR Rn. 116 ff.

25 Problemstellungen bei *Medicus/Petersen,* BR Rn. 112 ff.

26 Besonderheiten gelten für die nach außen kundgemachte Vollmachtserteilung nach §§ 170–173.

nen. Ein solcher Fahrlässigkeitsvorwurf kann nur dann Bestand haben, wenn rechtlich ein bestimmtes Verhalten erwartbar gewesen wäre und der Dritte redlicherweise darauf vertrauen durfte (vgl. § 54 Abs. 3 HGB analog). Damit steht die Anscheinsvollmacht einem Verschulden bei Vertragsverhandlungen nahe, was sich aus gewisser Häufigkeit und Dauer des unbefugten Vertreterhandelns oder der Aufsichtspflicht über den Handelnden (z.B. elterliche Sorge) ergeben kann. Die Haftung des nur aus Anscheinsvollmacht Vertretenen wäre dann meist nur auf Ersatz des Vertrauensschadens (sog. negatives Interesse) gem. §§ 280 Abs. 1, 311 Abs. 2 und 3 beschränkt und ggf. wegen Mitverschuldens nach § 254 zu kürzen.[27]

h) Vollmacht und Publizität des Handelsregisters

41 Noch weitergehend schützt § 15 Abs. 1 und Abs. 3 HGB den Rechtsschein des Handelsregisters. Zugunsten eines redlichen Dritten *gilt* ein unrichtiger Registerinhalt (Abs. 3) genauso, wie eine nicht eingetragene Tatsache ihm gegenüber als inexistent gilt (Abs. 1). Eine zu Unrecht eingetragene Vertretungsmacht gilt damit genauso als wirksam erteilt, wie ein nicht eingetragener Entzug einer Vertretungsmacht als nicht erfolgt gilt.

Einem redlichen Dritten entgegengehalten werden kann ebenfalls nur eine Registereintragung (Abs. 2).

Beispiel: Das Auftreten eines falschen Prokuristen mag also trotz Widerspruchs zur Registerlage dennoch nicht unter § 15 Abs. 2 HGB fallen, wenn nämlich Prokura wirksam erteilt gewesen war (jedoch ohne die – bloß deklaratorische, vgl. § 53 HGB – Eintragung im Handelsregister), späterhin dann widerrufen und der Widerruf (an sich verständlich aber rechtsirrig, ebenfalls) nicht eingetragen wurde; der Widerruf ist selbstständig eintragungspflichtig und gilt also über § 15 Abs. 1 HGB als nicht erfolgt. Die fehlende Voreintragung spielt keine Rolle, insb. nicht über § 15 Abs. 2 HGB; auf die wahre Rechtslage (hier die zwischenzeitlich erteilte Prokura) kann sich selbstverständlich jeder Dritte jederzeit berufen.[28]

3. Prüfungsschema zum Vertragsschluss

42 Zustandekommen des Vertrags durch Angebot und Annahme (§§ 145 ff.)

I. Angebot (alle essentialia negotii; Antwort könnte schlichtes „Ja" sein)
1. Tatbestand einer Willenserklärung
   a) Abgrenzung zur invitatio ad offerendum
   b) Geschäftsfähigkeit des Erklärenden, § 105; §§ 106 ff.
   c) Ggf. wirksame Stellvertretung, § 164 Abs. 1

27 Zur Unterscheidung vgl. *Medicus/Petersen,* BR Rn. 98 ff., 118. Nur im kaufmännischen Verkehr hat der Rechtsschein die Wirkung einer willensgleichen Verpflichtung und kann bereits die bloße Erwartungshaltung an ein Verhalten Bindungswirkung haben; das ist ein spieltheoretisches (nur ökonomisch relevantes), kein personales Vertrauen, wie es das BGB für Willensbindungen voraussetzt.

28 Deshalb ist die sog. **„Rosinentheorie"** kein Eklektizismus, schon gar nicht von Sachverhaltsvarianten, aber auch nicht von Rechtsfolgen, sondern Folge mehrfacher Auswirkungen einer Tatsache in unterschiedlichen Tatbeständen. Während einmal die Berufung auf einen Rechtsscheintatbestand (meist fehlende Löschung eines Prokuristen bzw. Komplementärs im Hinblick auf deren Vertretungsmacht bzw. Haftung nach § 128 HGB) dem Anspruchsteller günstig sein mag, kann er in anderer Hinsicht den identischen Sachverhalt nach der wahren Rechtslage (Haftung nach § 179 BGB; Alleinvertretungsmacht des zurückgebliebenen einzigen Organs aus Selbstorganschaft) behandeln, die in einem Rechtsstaat immer gilt; vgl. *K. Schmidt,* Handelsrecht § 14 Rn. 49–67 mit Fallbeispielen.

2. Wirksamwerden durch Zugang (§ 130 Abs. 1 S. 1); ggf. wirksame Empfangsvertretung
3. Kein Erlöschen des Angebots gem. §§ 145 a.E., 146 ff., 153 a.E.
4. Kein vorheriger oder gleichzeitiger Zugang eines Widerrufs (§ 130 Abs. 1 S. 2 BGB)

II. Annahme
1. Tatbestand einer Willenserklärung
   a) Geschäftsfähigkeit des Erklärenden
   b) Ggf. wirksame Stellvertretung, § 164 Abs. 1
   c) Ausnahmen z.B. § 362 HGB
2. Wirksamwerden durch Zugang (Ausnahme § 151); ggf. wirksame Empfangsvertretung
3. Inhaltliche Übereinstimmung ggf. Auslegung, §§ 133, 157
   a) Übereinstimmung im Willen („falsa demonstratio non nocet") oder
   b) Übereinstimmung in den Erklärungen (Auslegung nach §§ 133, 157)
   c) Bei Änderungswünschen § 150 Abs. 2

III. Rechtsfolge, § 311 Abs. 1
1. Vertragliches Schuldverhältnis
2. Ggf. Anfechtbarkeit

4. Geschäftsfähigkeit

Die **Geschäftsfähigkeit** ist die Befähigung, selbstständig wirksam Rechtsgeschäfte vornehmen zu können (§§ 104, 105). Abzugrenzen ist die Geschäftsfähigkeit von der Rechtsfähigkeit, Deliktsfähigkeit, und Verschuldensfähigkeit. 43

Die **Rechtsfähigkeit** ist die Fähigkeit, Träger von Rechten und Pflichten zu sein. Sie beginnt gem. § 1 mit der Vollendung der Geburt und endet gem. § 1922 Abs. 1 mit dem Tod.

Die **Deliktsfähigkeit** ist die Fähigkeit, eine zum Schadenersatz verpflichtende unerlaubte Handlung zu begehen. Minderjährige sind nach § 828 Abs. 1 bis zur Vollendung des siebten Lebensjahrs nicht deliktisch verantwortlich. Bei nicht vorsätzlich herbeigeführten Unfällen mit einem Kraftfahrzeug, einer Schienenbahn oder einer Schwebebahn, beginnt die Deliktsfähigkeit erst mit Vollendung des zehnten Lebensjahrs. Im Übrigen sind Personen zwischen sieben und achtzehn Jahren gem. § 828 Abs. 3 beschränkt deliktsfähig. Eine Haftung tritt nur dann ein, wenn bei der Begehung der Pflichtverletzung die zur Erkenntnis der Verantwortlichkeit notwendige Einsicht vorgelegen hat.

Verschuldensfähigkeit ist die Fähigkeit, die zivilrechtlichen Konsequenzen eines Verhaltens zu tragen. Das BGB definiert den Begriff des Verschuldens nicht. Nach der Verweisung in § 276 Abs. 1 S. 2 finden die §§ 827, 828 Anwendung.

a) Geschäftsunfähigkeit

Geschäftsunfähig ist, wer noch nicht das siebente Lebensjahr vollendet hat, § 104 Nr. 1, oder nicht nur vorübergehend, also dauerhaft bzw. längerfristig in seiner Geistestätigkeit gestört ist (Nr. 2). Gem. § 105 Abs. 1 ist die Willenserklärung eines Geschäftsunfähigen nichtig. Diese Rechtsfolge bleibt auch bestehen, wenn die rechtlichen Auswirkungen 44 lediglich vorteilhaft sind (§ 107 bezieht sich nur auf beschränkt geschäftsfähige Minderjährige). Für einen Geschäftsunfähigen hat regelmäßig ein gesetzlicher Vertreter (die Eltern gem. §§ 1626 Abs. 1, 1629 Abs. 1 oder ein Betreuer, § 1902) zu handeln.

Nur *vorübergehend* Geistesgestörte (z.B. im Alkoholrausch) sind nicht geschäftsunfähig. Gem. § 105 Abs. 2 ist für die Dauer der Störung die Vornahme wirksamer Rechtsgeschäfte aber ebenso ausgeschlossen.

Sind die Voraussetzungen des § 105a zur Integration geistig Behinderter gegeben, können die Geschäfte des täglichen Lebens (Lebensmitteleinkauf; Friseurbesuch; Straßenbahnfahrt), die ein *volljähriger Geschäftsunfähiger* (nur § 104 Nr. 2, nicht auch § 105 Abs. 2) vornimmt, wirksam sein. Der Alkoholkauf eines krankhaft Abhängigen oder der Erwerb von fünf Wintermänteln auch bei unterschiedlichen Verkäufern bleiben aber unwirksam („Gefahr für Person oder Vermögen") und es ist irrelevant, ob der Geschäftspartner dies erkennen konnte.

b) Beschränkte Geschäftsfähigkeit

45 Gem. § 106 sind Minderjährige vom vollendeten siebten bis zum vollendeten 18. Lebensjahr beschränkt geschäftsfähig. Beschränkt geschäftsfähige Minderjährige können im Einverständnis mit den gesetzlichen Vertretern (§§ 1626 Abs. 1, 1629 Abs. 1) selbstständig rechtsgeschäftlich handeln. Ihre Geschäftsfähigkeit bestimmt sich nach §§ 107–113.

46 **aa) Insb. lediglich rechtlich vorteilhafte Rechtsgeschäfte.** Nach § 107 kann ein Minderjähriger ein Rechtsgeschäft auch ohne die Zustimmung seines gesetzlichen Vertreters wirksam abschließen, wenn es ihm lediglich einen rechtlichen Vorteil bringt. Darunter sind nur solche Rechtsgeschäfte zu fassen, die für den Minderjährigen keine unmittelbaren Pflichten begründen. Eine bloß wirtschaftliche Vorteilhaftigkeit, etwa aufgrund eines verhandelten geringen Einkaufspreises, genügt nicht, § 107.

Zu differenzieren sind in diesem Zusammenhang Verpflichtungs- und Verfügungsgeschäfte. Synallagmatische Verträge wie Kauf, Tausch, Miete, verzinsliches Darlehen können nie lediglich rechtlich vorteilhaft sein, da sie stets die Pflicht zur Gegenleistung beinhalten. Für die meisten nicht synallagmatischen Schuldverhältnisse gilt grundsätzlich dasselbe. Ferner begründen auch bloße Nebenpflichten wie z.B. die Rückgabe bei der Leihe, §§ 598, 604 Abs. 1, eine Verpflichtung. Im Schuldrecht gilt die Schenkung an den Minderjährigen (auch soweit Gegenleistungen nur aus dem Geschenk zu erbringen sind, vgl. § 525 – Schenkung unter Auflage), § 516, sowie der Bürgschaftsvertrag zugunsten des minderjährigen Gläubigers, §§ 765 ff., als rechtlich vorteilhaft.

Der dingliche Erwerb von unbelastetem Eigentum und von unbelasteten Rechten ist grundsätzlich rechtlich vorteilhaft. Der Minderjährige kann die entsprechenden Verfügungen wirksam vornehmen, auch wenn das zugrundeliegende Verpflichtungsgeschäft (z.B. der Kaufvertrag) wegen seiner rechtlichen Nachteilhaftigkeit unwirksam ist (Trennungs- und Abstraktionsprinzip).

47 **bb) Insb. rechtlich neutrale Geschäfte.** Diese Fallkonstellation beschreibt Geschäfte, in denen der beschränkt Geschäftsfähige über einen Gegenstand verfügt, der im Eigentum eines Dritten steht. Diese neutralen Geschäfte werden von der ganz h.M. unter den Anwendungsbereich des § 107 gestellt. Der Minderjährige soll hier nicht schutzbedürftig sein, denn sein Vermögen wird überhaupt nicht tangiert. Diese Annahme wird im

Schrifttum durch den Rechtsgedanken des § 165 belegt. Umstritten ist in diesem Zusammenhang, ob der Dritte gutgläubig Eigentum an der durch den nichtberechtigten Minderjährigen veräußerten Sache erlangen kann. Die h.M. lässt einen gutgläubigen Erwerb zu. Die Minderheitsmeinung wendet dagegen ein, dass die §§ 932 ff. den Erwerber lediglich so stellen wollen, wie er stünde, wenn seine Vorstellungen richtig wären. In diesem Fall wäre der Minderjährige dann Eigentümer und könnte aufgrund von § 107 die dingliche Einigung gerade nicht wirksam erklären. Daraus folgt, dass gerade aus der Nichtberechtigung erst die Möglichkeit des gutgläubigen Erwerbs eröffnet würde. Aufgrund dessen sollten die §§ 929, 932 ff. in derartigen Fallkonstellationen teleologisch reduziert werden.

cc) Insb. Vertretung ohne Vertretungsmacht des beschränkt Geschäftsfähigen. Wenn der Minderjährige ohne Vertretungsmacht handelt oder eine ihm übertragene Vertretungsmacht (vgl. § 165) überschreitet, haftet er ohne die Zustimmung des gesetzlichen Vertreters nicht als Vertreter ohne Vertretungsmacht, § 179 Abs. 3 S. 2. Der Geschäftspartner kann genausowenig auf die Vollmacht eines Minderjährigen vertrauen, wie er ansonsten auf die Geschäftsfähigkeit seines Vertragspartners vertrauen darf. **48**

dd) Insb. Rechtsgeschäfte mit Einwilligung. Beschränkt geschäftsfähige Minderjährige können nach § 107 mit Einwilligung der gesetzlichen Vertreter selbstständig rechtsgeschäftlich handeln. Zur vorherigen Zustimmung (Einwilligung gem. § 182) berechtigt sind die gesetzlichen Vertreter, grundsätzlich die Eltern gemeinschaftlich, §§ 1626 Abs. 1, 1629 Abs. 1. Die Zustimmung ist eine formfreie (§ 182 Abs. 2) empfangsbedürftige Willenserklärung. Die Erklärung hat entweder gegenüber dem Minderjährigen oder gegenüber seinem Vertragspartner zu erfolgen (§ 182 Abs. 1). Ferner ist auch eine Generaleinwilligung zu einem Kreis bestimmter noch nicht individualisierter Geschäfte möglich, z.B. die Einwilligung in den Abschluss aller im Zusammenhang mit einer Urlaubsreise erforderlichen Rechtsgeschäfte. Die Generaleinwilligung ist allerdings im Hinblick auf den Minderjährigenschutz eng auszulegen und darf nicht zu einer partiellen Geschäftsfähigkeit führen; auch dürfen nicht die Grenzen der §§ 112, 113 überschritten werden. **49**

ee) Insb. teilweise unbeschränkte Geschäftsfähigkeit. Gem. §§ 112, 113 sind beschränkt Geschäftsfähige für bestimmte Geschäfte als voll geschäftsfähig anzusehen. Für diese Fälle bedarf es einer besonderen Ermächtigung durch den gesetzlichen Vertreter beziehungsweise durch das Familiengericht. Es sind dies der selbstständige Betrieb eines Erwerbsgeschäfts, § 112, oder ein Dienst- oder Arbeitsverhältnis, § 113. **50**

ff) Insb. Rechtsgeschäfte, die der Minderjährige mit seinem Taschengeld erfüllt. Der sog. Taschengeldparagraf (§ 110) ist eine Vorschrift, nach der ein von einem Minderjährigen ohne die erforderliche Zustimmung des gesetzlichen Vertreters geschlossener Vertrag wirksam ist, wenn der Minderjährige die vertragsgemäße Leistung mit eigenen Mitteln bewirkt. Nach der herrschenden Meinung ist § 110 eine Auslegungsregel zu § 107. Mit der Überlassung von Mitteln durch den gesetzlichen Vertreter an den Minderjährigen erteilt dieser dadurch konkludent die Einwilligung zur Vornahme des Rechtsgeschäfts. Voraussetzung für die Rechtsfolge des § 110 und damit die rückwirkende Wirksamkeit ist, dass der Minderjährige die Verpflichtung aus dem Geschäft *tatsächlich bewirkt* hat. Solange der Minderjährige z.B. den Kaufpreis nicht gezahlt hat, besteht eine schwebende Unwirksamkeit des Vertrages, der dann von der Zustimmung der gesetzlichen Vertreter abhängt. **51**

52 **gg) Insb. nachträgliche Zustimmung (Genehmigung).** Schließt der Minderjährige einen nicht lediglich rechtlich vorteilhaften zwei- oder mehrseitigen Vertrag ohne die erforderliche Einwilligung des gesetzlichen Vertreters, ist dieser Vertrag *schwebend* unwirksam, § 108 Abs. 1 (einseitige Rechtsgeschäfte des Minderjährigen, etwa eine Kündigung durch ihn, sind nach § 111 von vornherein unwirksam). Die gesetzlichen Vertreter sind völlig frei zu genehmigen (dann Wirksamkeit gem. § 184 Abs. 1) oder die Genehmigung zu verweigern, womit der Vertrag endgültig unwirksam wird. Der Geschäftspartner kann sie nach § 108 Abs. 2 zur Erklärung auffordern, welche sodann binnen zwei Wochen nach Empfang der Aufforderung abgegeben werden kann; mit Fristablauf gilt sie als endgültig verweigert (Schweigen gilt als Ablehnung). Alternativ kann der Dritte seinerseits nach § 109 Abs. 1 widerrufen, sofern keine Einschränkungen nach Abs. 2 vorliegen. Soweit ein vom Minderjährigen geschlossener Vertrag an seinem 18. Geburtstag noch schwebend unwirksam ist, kann auch der dann Volljährige selbst die Genehmigung erteilen, vgl. § 108 Abs. 3, ist darin aber ebenfalls völlig frei; eine fortgesetzte Benutzung des Vertragsgegenstands über den Eintritt der Volljährigkeit hinaus stellt regelmäßig eine konkludente Genehmigung dar.

5. Zustandekommen von AGB-Verträgen

53 Besonderheiten ergeben sich, wenn ein Vertrag einseitig durch standardisierte Inhalte (sofern sie rechtliche Regelungen enthalten!) ergänzt werden soll, die nicht lediglich das Gesetzesrecht wiederholen (vgl. § 307 Abs. 3). Häufiger Gegenstand solcher Klauseln sind z.B. Zahlungsfristen, Vorbehalte zu Material- oder Farbabweichungen, der Vorbehalt einer Selbstbelieferung, sei es als Rücktrittsvorbehalt oder auflösende Bedingung, aber auch Haftungsfreizeichnungen und Verjährungsfristen.

a) Bedeutung, Begriff und Abgrenzung zum Individualvertrag

54 Allgemeine Geschäftsbedingungen sind in § 305 Abs. 1 definiert. Es sind alle für eine Vielzahl von Verträgen vorformulierten Vertragsbedingungen, die eine Vertragspartei (Verwender) der anderen Vertragspartei bei Abschluss des Vertrages stellt. Die Verwendung Allgemeiner Geschäftsbedingungen erleichtert und beschleunigt den Abschluss von Standardverträgen und passt sie an die besonderen Bedürfnisse des Verwenders an.

Es ist im Verhältnis B2C (Unternehmer zu Verbraucher) unerheblich, ob der Verwender selbst oder ein Dritter, etwa ein Notar, die Vertragsbedingungen in den Vertragstext einbringt (vgl. §§ 310 Abs. 3 Nr. 1, 305 Abs. 1 S. 3). Ebenso ist nicht erforderlich, dass die Allgemeinen Geschäftsbedingungen bereits zuvor verwendet wurden. Vielmehr genügt die Absicht, sie mehrfach zu verwenden und selbst dies ist bei B2C Geschäften entbehrlich (vgl. § 310 Abs. 3 Nr. 2).

§ 305b gibt im Einzelnen ausgehandelten Klauseln den Vorrang vor Allgemeinen Geschäftsbedingungen (so geht z.B. eine spätere mündliche Abrede als konkludenter Änderungsvertrag einer Schriftformklausel in AGB vor). Solche Individualabreden setzen die ernsthafte Möglichkeit der anderen Vertragspartei zu einer inhaltlichen Änderung der Bestimmung voraus.[29]

29 Vgl. BGHZ 104, 232, 236.

Schließlich gehen Unklarheiten bei der **Auslegung von AGB** nach § 305c Abs. 2 zu Lasten des Verwenders (verbraucherfreundliche Auslegung): Auszugehen ist vom Wortlaut jeder einzelnen Klausel, dem bei Missverständlichkeiten über seine Reichweite oder Bedeutung die für den Verwendungsgegner *nachteiligste* Auslegung beizumessen und anhand dieser sodann die Inhaltskontrolle nach §§ 307–309 durchzuführen ist.[30]

b) Einbeziehung von AGB

Die Einbeziehung von AGB setzt nach § 305 Abs. 2 den ausdrücklichen Hinweis im Zeitpunkt des Vertragsschlusses und zwar nicht nur auf ihre Geltung, sondern auf ihren Inhalt voraus. Nur in Ausnahmefällen genügt ein deutlich sichtbarer Aushang am Ort des Vertragsabschlusses (z.B. bei der Parkhausbenutzung). Der bloße Abdruck Allgemeiner Geschäftsbedingungen auf der Rückseite eines Vertragsangebotes ohne ausdrücklichen Hinweis oberhalb der Unterschrift genügt zur Einbeziehung in den Vertrag ebenso wenig, wie ein Hinweis nach Vertragsschluss auf der Rechnung, einem Lieferschein oder der Eintrittskarte.[31] **55**

Schließlich sind sog. überraschende Klauseln in den AGB, die nicht übersichtlich dargestellt und mühelos lesbar sind, oder einzelne versteckte (etwa im konkreten Zusammenhang ganz untypische oder unter irreführender Überschrift abgedruckte) Klauseln unbeachtlich, vgl. § 305c. Trotz einseitiger Stellung von AGB muss der Vertragspartner also durch den Abschluss des Vertrags mindestens konkludent sein Einverständnis mit ihnen und ihrer Geltung zu verstehen geben; diesem Zweck dienen die §§ 305 Abs. 2 bis 305c.

Im unternehmerischen Geschäftsverkehr ist § 305 Abs. 2 durch § 310 Abs. 1 S. 1 ausgeschlossen. Nach allgemeinen rechtsgeschäftlichen Regeln genügt damit jede konkludente Verständigung über die Einbeziehung solcher Inhalte, etwa durch einen bloßen Hinweis darauf, dass einem Angebot die eigenen Allgemeinen Geschäftsbedingungen zugrunde liegen. Eine Beifügung ist dann entbehrlich. Bei branchenüblichen AGB kann ein Handelsbrauch zur Einbeziehung standardisierter AGB bestehen, der dann sogar jeden Hinweis auf deren Geltung entbehrlich macht (z.B. die Allgemeinen Deutschen Spediteur-Bedingungen, ADSp, die Vertragsbedingungen für den Güterkraftverkehrs- und Logistikunternehmer, VBGL).[32]

c) Inhaltskontrolle

Der einseitigen Gestaltungsmacht des Verwenders werden Grenzen durch bestimmte Klauselverbote in §§ 307–309 gesetzt. Dadurch soll im Einzelfall ein zugunsten des Verwenders wirkendes einseitiges Abbedingen bestimmter gesetzlicher Regeln vermieden werden. Spezielle Klauselverbote enthalten die §§ 309, 308 und § 307 Abs. 1, 2 (als Generalklauseln). **56**

---

30 Z.B. bedeutet die Verkürzung der Verjährung von Gewährleistungsrechten stets zugleich deren zeitabhängigen Ausschluss (vgl. § 308 Nr. 8b aa); eine allgemein gefasste Formulierung zum Haftungsausschluss betrifft auch Folgeschäden aus der Verletzung von Leben, Körper oder Gesundheit (vgl. § 309 Nr. 7a). „Parken auf eigene Gefahr"-Schilder eines Supermarktes verstoßen gegen § 309 Nr. 7b, weil sie auch grobe Fahrlässigkeit etwa durch herabfallende Warenstapel umfassen würden. Die häufige Klausel in Gaststätten, Theatern etc. „Für Garderobe wird nicht gehaftet" ist dagegen insoweit unproblematisch, weil für die abgegebenen Kleidungsstücke kein anderes als das Verlustrisiko erwachsen kann.

31 Besonderheiten gelten hinsichtlich eines Eigentumsvorbehalts in AGB, als dieser stets den fehlenden Einigungswillen zur Übereignung dokumentiert und daher seine Wirkung nicht von einer schuldrechtlichen Vereinbarung abhängt, vgl. Palandt/*Grüneberg,* § 305 Rn. 55.

32 Vgl. BGH NJW 1985, 2411, 2412; BGHZ 96, 136 = NJW 1986, 1434.

Die in § 309 BGB genannten Klauseln „ohne Wertungsmöglichkeit“ sind ohne Weiteres immer unwirksam, wohingegen die in § 308 BGB genannten Klauseln „mit Wertungsmöglichkeit“ nur dann unwirksam sind, wenn sie im konkreten Einzelfall zu einer unangemessenen Benachteiligung führen; dafür verwendet § 308 unbestimmte Rechtsbegriffe wie z.B. *„unangemessen lange“ (Nr. 1–2), „ohne sachlich gerechtfertigten (...) Grund“* (Nr. 3).

Im unternehmerischen Geschäftsverkehr gelten die §§ 308 f. nicht, vgl. § 310 Abs. 1 S. 1; lediglich § 308 Nr. 1a und 1b bleiben anwendbar. Eine Inhaltskontrolle erfolgt bei B2B Geschäften im Übrigen nur nach § 307 Abs. 1, 2, wofür die §§ 308 f. immerhin Fingerzeige geben können. Dabei sind insb. auch die Wertungen des HGB heranzuziehen.

Sind danach Klauseln in Allgemeinen Geschäftsbedingungen nicht nach § 308 oder § 309 unwirksam, verbietet § 307 solche Bedingungen, die *„den Vertragspartner des Verwenders entgegen den Geboten von Treu und Glauben unangemessen benachteiligen“*. Solches wird nach § 307 Abs. 2 vermutet, wenn eine Bestimmung *„mit den wesentlichen Grundgedanken der gesetzlichen Regelung, von der abgewichen wird, nicht zu vereinbaren ist“* (Nr. 1) oder *„wesentliche Rechte oder Pflichten, die sich aus der Natur des Vertrages ergeben, so einschränkt, dass die Erreichung des Vertragszwecks gefährdet ist“* (Nr. 2).

d) Nichtigkeit von Klauseln

57 Nicht einbezogene oder unwirksame Klauseln sind nach § 306 Abs. 1 nichtig, während der Vertrag im Übrigen, wie auch ggf. davon nicht betroffene weitere AGB-Klauseln, wirksam bleiben (umgekehrte Vermutungsregelung als in §§ 154 Abs. 1 S. 1, 139; Ausnahme in § 306 Abs. 3). Für die unwirksamen oder nicht einbezogenen Klauseln bleibt es bei der Geltung des dispositiven Gesetzesrechts (vgl. § 306 Abs. 2). Möglich ist zwar ggf. eine ergänzende Vertragsauslegung (BGHZ 90, 69), die jedoch nicht dazu führen darf, unwirksame Klauseln in einem gerade noch billigenswerten Umfang zu retten **(Verbot „geltungserhaltender Reduktion“)**.

Weitere Nichtigkeitsgründe bleiben unberührt. So ist insb. die Vorschrift des § 276 Abs. 3 zu beachten, wonach die Haftung für Vorsatz niemals im Voraus ausgeschlossen werden kann. Beim **Verbrauchsgüterkauf** gem. § 474 verbietet § 476 Abs. 1 jede dem Verbraucher nachteilige Abweichung von der gesetzlichen Mangelhaftung einschließlich einer Verkürzung der Verjährung jenseits der Mindestdauer in § 476 Abs. 2. Diese Nichtigkeitsgründe überschneiden sich mit § 309 Nr. 7 und Nr. 8 lit. b; die Wirksamkeit von Klauseln entscheidet sich nach der restriktivsten Regelung (beachte aber § 475 Abs. 3: Restriktionen des Anspruchs auf Schadensersatz bei Mängeln richten sich nur nach AGB-Recht). In **Verbraucherverträgen** i.S.d. § 312 sind Entgeltklauseln nach § 312a Abs. 2–5 nur eingeschränkt wirksam; alle Abweichungen von den Vorschriften der Verbraucherverträge (§§ 312–312j) zum Nachteil von Verbrauchern und Kunden sind nach § 312k unwirksam.

e) Besonderheiten kollidierender AGB; einseitiger Eigentumsvorbehalt

58 Verweisen, wie oftmals zwischen Unternehmen (B2B), beide Seiten auf je ihre AGB und wird ein inhaltlicher Widerspruch nicht beseitigt, werden nach dem Prinzip der

Kongruenzgeltung nur die übereinstimmenden Klauseln Vertragsbestandteil.[33] Bezüglich der anderen Klauseln ist dann auf dispositives Gesetzesrecht zurückzugreifen. Hinsichtlich eines **einseitigen Eigentumsvorbehalts** in AGB gelten Besonderheiten, als dieser den fehlenden Einigungswillen zur Übereignung dokumentiert (und zwar unabhängig von der Zulässigkeit der Klausel) und damit den Eigentumsübergang hindert. So ist z.B. gegenüber Verbrauchern nur der einfache EV zulässig (bedingt auf die Kaufpreiszahlung), nicht aber ein erweiterter (Kontokorrent- oder Konzernvorbehalt; Verstoß gegen § 307 Abs. 1, 2). Der Veräußerer ist in einem solchen Fall zwar zur Übereignung nach Kaufpreiszahlung verpflichtet, seine Einigung i.S.d. § 929 S. 1 fehlt dennoch und kann in eine bloße Warenübersendung eben nicht hineingelesen werden, solange noch anderweitige Verbindlichkeiten bestehen.

f) Besonderheiten des kaufmännischen Bestätigungsschreibens

Im kaufmännischen Bestätigungsschreiben ist der erstmalige Verweis auf AGB wirksam, wenn ihre Geltung keine so schwerwiegende Abweichung vom zuvor Besprochenen bedeutet, dass redlicherweise nicht mit dem Einverständnis des Empfängers gerechnet werden kann. So können z.B. (nachträgliche) Spesenklauseln für die Kosten von Warenlieferungen auferlegt werden, was der Geschäftspartner nur durch unverzüglichen Widerspruch und auch nur dann vermeiden kann, wenn nicht ihre Geltung aufgrund eines nach § 310 Abs. 1 S. 1 genügenden Hinweises im Telefonat oder auch ohne solchen Hinweis aufgrund eines Handelsbrauchs bereits vereinbart gewesen war. 59

Im Falle fernmündlich geschlossener Verträge können ansonsten AGB nur durch Verlesen oder vorheriges Zusenden der AGB einbezogen werden. Der Vertragspartner hat auch die Möglichkeit, auf die Kenntnisnahme zu verzichten; alternativ kann eine aufschiebende Bedingung vereinbart werden, dass der Vertragspartner die ihm zu übermittelnden AGB genehmige.

g) Besonderheiten im Transportrecht, E-Commerce und Versicherungsrecht

Generell gelten im Handelsrecht Restriktionen für AGB-Regelungen gem. §§ 449 (Fracht), 452d (multimodaler Transport) und 466 (Spedition) HGB. Nach §§ 449 Abs. 2 Nr. 1, 466 Abs. 2 Nr. 1 HGB sind Haftungsbeschränkungen in AGB für die vom Frachtführer oder Spediteur bei Verlust oder Beschädigung des Gutes zu leistende Entschädigung nur wirksam, wenn sie drucktechnisch besonders hervorgehoben sind; diese sind dann auch im B2B-Geschäft trotz § 310 Abs. 1 S. 1 zu übermitteln. 60

Beim E-Commerce-Geschäft nach § 312i Abs. 1 Nr. 4 ist der Unternehmer verpflichtet, jedem Vertragspartner, also trotz § 310 Abs. 1 S. 1 auch im B2B-Geschäft, die Möglichkeit zu verschaffen, die AGB beim Vertragsabschluss abrufen und speichern zu können. Gleiches gilt im Versicherungsvertragsrecht nach § 7 Abs. 1 VVG. Insoweit genügt der bloße Hinweis auf die Geltung nicht.

---

33 Dies soll insb. dann gelten, wenn die andere Seite sog. Abwehrklauseln verwendet, vgl. Palandt/*Grüneberg*, § 305 Rn. 54. Vertragsgestalterisch sollte deshalb standardmäßig in den eigenen AGB die Geltung von AGB des Vertragspartners ausdrücklich ausgeschlossen werden.

6. Verbraucherverträge

61 Verbraucherverträge regelt das Zivilrecht erst seit 1985. Damit werden eine stetig wachsende Zahl EU-Richtlinien in deutsches Recht umgesetzt, die Verbraucherrechte im europäischen Binnenmarkt unter ganz verschiedenen Blickwinkeln vereinheitlichen („harmonisieren"). Gemeinsam ist ihnen nur, dass es sich um B2C-Geschäfte handelt (Definition in § 310 Abs. 3), also zwischen Unternehmer und Verbraucher (§§ 13, 14). Solche allgemeinen Verbraucherverträge bilden auch die Grundlage der Verbraucherdarlehensverträge (vgl. §§ 491 ff.), Finanzierungshilfen (vgl. §§ 506 ff.), Ratenliefergeschäfte (vgl. § 510) und des Verbrauchsgüterkaufs (vgl. §§ 474 ff.) zwischen Verbrauchern und Unternehmern, für welche aber ergänzende Sondervorschriften bestehen; vergleichbar Darlehensvermittlungsverträge für Verbraucherdarlehen (§§ 655a–e) und der Verbraucherbauvertrag (§§ 650i–n; teilweise analog auf den Bauträgervertrag anwendbar, § 650u). So wurden als Verbraucherrechte insb. das **Widerrufsrecht** (§ 355) geschaffen, unabhängig davon **Gewährleistungsrechte beim Verbrauchsgüterkauf** erweitert oder zuletzt die Rechtsstellung von Verbrauchern bei Verbraucherbauverträgen gestärkt.

a) Verbraucherbegriff

62 § 13 definiert für eine Vielzahl von Vorschriften des BGB, wer als Verbraucher zu gelten hat. Richtigerweise geht es nicht um eine Spezies Mensch, sondern um konkrete Geschäfte, die als **Verbrauchergeschäfte** anzusehen ist. Es sind solche, die überwiegend privaten (bzw. nicht überwiegend unternehmerischen oder selbstständigen) Zwecken dienen. **Existenzgründer** bzw. genauer: Geschäft im Zuge der Aufnahme einer gewerblichen oder selbstständigen beruflichen Tätigkeit fallen nicht unter den Verbraucherbegriff des § 13. Allerdings werden einzelne Geschäfte von Existenzgründern doch wieder verbraucherschützenden Rechten unterstellt (z.B. in § 513 für Finanzierungen). Komplementär dazu weist § 14 dem Unternehmerbegriff Geschäfte in Ausübung einer gewerblichen oder selbstständigen beruflichen Tätigkeit zu.

b) Verbraucherverträge und besondere Vertriebsformen

63 § 312 Abs. 1 legt einleitend den **Anwendungsbereich** und verschiedene allgemeine Grundsätze von Verbraucherverträgen fest. §§ 312a–h sind auf Verbraucherverträge (vgl. § 310 Abs. 3, nämlich solchen zwischen Verbrauchern und Unternehmern) anwendbar, welche entgeltlich erfolgen.

§ 312 Abs. 2–6 enthält dann (allgemeine) **Sonderregeln zu bestimmten Arten von Verbraucherverträgen**, die aus dem Sachzusammenhang folgen. Z.B. sind bei notariell beurkundeten Verträgen (§ 312 Abs. 2 Nr. 1) weitergehende Informationspflichten entbehrlich, weil bereits der Notar zur Belehrung verpflichtet ist und ein Widerrufsrecht nicht zur wirtschaftlichen Bedeutung solcher Verträge passte; §§ 312a–h finden deshalb regelmäßig keine Anwendung. Ähnliches gilt für (ärztliche) Behandlungsverträge nach Nr. 7, bei denen Aufklärungspflichten ebenfalls gesondert in § 630c und §§ 630e–g geregelt sind. § 312 Abs. 3–6 nimmt weiterhin auch bestimmte Geschäftsgegenstände teilweise aus. Auch Wohnungsmietverträge (§ 312 Abs. 4) und Verträge über Pflegeleistungen (Abs. 3) fallen mit einigen Ausnahmen ebenfalls unter die Verbraucherverträge.

Nach §§ 312a–k werden mehrere **allgemeine Regelungen für jeweils besondere *Vertriebsformen*** zum Abschluss von Verbraucherverträgen (§§ 312 Abs. 1, 310 Abs. 3) aufgestellt. Es sind dies Offenlegungspflichten bei Telefonanrufen (§ 312a Abs. 1) und im stehenden Handel (§ 312a Abs. 2), wobei für Fernabsatzverträge, im Reisegewerbe bei außerhalb von Geschäftsräumen geschlossenen Verträgen und bei Finanzdienstleistungen strengere Sonderregelungen Vorrang haben. § 312a Abs. 3–6 schränkt Vereinbarungen über Nebenentgelte (z.B. Lieferspesen, Kosten des Zahlungsverkehrs oder einer „Hotline" etc.) ein.

§§ 312b–g **definieren** zuerst zwei Vertriebsformen, nämlich die **außerhalb von Geschäftsräumen geschlossenen Verträge** (hier sog. *„Haustürgeschäfte"*, vgl. § 312b) und die **Fernabsatzverträge** (vgl. § 312c). Für beide werden den Unternehmern sodann jeweils unterschiedlich weitgehende Informations- (§ 312d–e) und Dokumentationspflichten (§ 312f) auferlegt, während Verbrauchern einheitlich ein Widerrufsrecht (§ 312g) eingeräumt wird. Daran schließen sich Besonderheiten des E-Commerce in §§ 312i–j an. § 312k verbietet sodann jedes für den Verbraucher nachteilige Abweichen von den Vorschriften der §§ 312–312k.

Das **Widerrufsrecht** aus § 312g Abs. 1 gilt für außerhalb von Geschäftsräumen geschlossene Verträge (Haustürgeschäfte) und für Fernabsatzverträge. **Ausnahmen** bestehen nach § 312g Abs. 2 Nr. 1–13 für einige Sonderfälle, etwa für auf Wunsch des Verbrauchers individualisierte oder untrennbar mit anderen Gütern vermischte Waren, also beispielsweise digitale Inhalte auf Datenträgern. § 312g Abs. 3 räumt schließlich den Widerrufsrechten aus §§ 495, 506 und 512 (Verbraucherdarlehen, Finanzierungshilfen bzw. Teilzahlungsverträge und Ratenlieferverträge) den Vorrang ein.

c) Widerrufsrecht bei Verbraucherverträgen

Die Ausübung eines in § 312g (für besondere Vertriebsformen) oder in §§ 495, 506 und 512 (Verbraucherdarlehen u.ä.) sowie in § 650l (beim Verbraucherbauvertrag) eingeräumten Widerrufsrechts und die Rechtsfolgen solchen Widerrufs werden in §§ 355–361 in 16 Paragrafen eigenständig geregelt und entsprechen seit 2014 nicht mehr den Rücktrittsfolgen. 64

aa) Widerruf. Gem. § 355 Abs. 1 sind nach einem Widerruf weder Verbraucher noch Unternehmer an ihre ursprünglichen Willenserklärungen gebunden. Der Widerruf bedarf keiner Begründung, bloßes Zurücksenden der Ware reicht jedoch nicht aus. Die Frist für den Widerruf beträgt 14 Tage (§ 355 Abs. 2 S. 1) und beginnt regelmäßig mit Erhalt der Ware (§ 356 Abs. 2). Bei fehlender oder unrichtiger Belehrung über das Widerrufsrecht, kann es nach § 356 Abs. 3 S. 2 bis zwölf Monate und 14 Tage nach Vertragsschluss ausgeübt werden, bei Finanzdienstleistungsverträgen sogar unbefristet. Belehrung und Widerruf bedürfen der Textform (vgl. § 126b). 65

bb) Rückabwicklung. Für die Rückabwicklung sieht § 357 Abs. 1 vor, dass die empfangenen Leistungen spätestens nach 14 Tagen zurück zu gewähren sind und (Abs. 2) die ursprünglichen Lieferkosten nach der angebotenen günstigsten Versandart ersetzt werden müssen (weshalb im E-Commerce dem Käufer oft auch eine an sich völlig unrealistische „kostenlose" Abholvariante angeboten wird). Rücksendekosten trägt nach § 357 Abs. 6 der Verbraucher (Hinweis erforderlich), der Unternehmer jedoch die Transportgefahr bei der Rücksendung. Rückzahlung des Kaufpreises kann der Verbraucher wegen § 357 Abs. 4 erst nach Rücksendung der Ware beanspruchen. 66

Dem Verbraucher zurechenbare Wertminderungen der Ware unterliegen nach § 357 Abs. 7 einer verschuldensunabhängigen Wertersatzpflicht des Verbrauchers.

Ist eine gelieferte Ware mangelhaft und kann der Verbraucher Rechte aus § 437 geltend machen, sind für ihn Rücktritt und Schadensersatz ggf. rechnerisch günstiger als ein parallel noch offener Widerruf.[34]

d) Beispiele

67 Ein Verbrauchervertrag, der eine entgeltliche Leistung zum Gegenstand hat und zu dessen Abschluss der Verbraucher durch mündliche Verhandlungen im Bereich einer Privatwohnung bestimmt worden ist (Haustürgeschäft, vgl. §§ 312 Abs. 4, 312b), ist auch dann gegeben, wenn ein gewerblicher Vermieter einen Wohnungsmieter an der Wohnungstüre eine Modernisierungsvereinbarung mit Mieterhöhung unterschreiben lässt[35].

Standardisierte Mieterhöhungsverlangen gewerblicher Großvermieter, die eine auf die Versendung ausgerichtete Software verwenden, bei der sich lediglich der Name des Mieters, die Wohnungsbezeichnung, die Fläche der Wohnung und die Angaben zur Miete einfügen ließen, nutzen damit systematisch Techniken der Fernkommunikation. Es liegt also ein Fernabsatzvertrag i.S.d. §§ 312 Abs. 4, 312c auch dann vor, wenn diese Daten in ein nach dem äußeren Anschein individualisiertes Anschreiben einfließen, das mit Briefpost versandt wird. Allerdings soll der Widerruf einer gem. § 558b Abs. 1 erklärten Zustimmung des Mieters zu einem – im Rahmen der sog. Vergleichsmiete berechtigten – Mieterhöhungsverlangen des Vermieters nach §§ 558 Abs. 1, 558a Abs. 1 vom Anwendungsbereich des § 312 Abs. 4 S. 1 nicht erfasst sein. Die dafür vorgeschriebene Textform und die Kenntnis des Mieters von den Umständen erfordern nicht den Schutz vor Überraschung[36].

III. Schuldverhältnisse

68 Für die rechtsgeschäftliche Begründung und Gestaltung von Schuldverhältnissen verlangt das BGB einen Vertrag „zwischen den Beteiligten“ (§ 311 Abs. 1). Ausnahmen hierzu bestehen nur, *„soweit nicht das Gesetz ein anderes vorschreibt“*. Das BGB will im Regelfall also keine Verpflichtungserklärung ohne Mitwirkung des Vertragspartners anerkennen. Dieses **Vertragsprinzip** ist bei gegenseitigen Verträgen wie dem Kaufvertrag einleuchtend. Es gilt jedoch auch für einseitig verpflichtende Verträge wie den Erlass (§ 397) oder die Bürgschaftserklärung (§ 765), welche ebenfalls einer Annahme

34 Die vergleichbare frühere Problematik hinsichtlich der erst seit 2001 durch Einführung des § 325 kombinierbaren Rücktrittsfolgen und des Schadensersatzes besteht nun zwischen Widerruf und Schadensersatz. Dieses Alternativverhältnis von entweder *Vernichtung* des Schuldverhältnisses (durch Widerruf oder bis 2001 durch seine Wandlung als Gewährleistungsrecht) oder Schadensersatz *auf Basis* der Pflichten eines dann aber notwendigerweise *fortbestehenden* Schuldverhältnisses ist formal zwingend und konnte im Hinblick auf § 325 nur dadurch vermieden werden, dass das jetzt als Rücktritt (§ 437 Nr. 2) ausgestaltete Recht des Käufers bei Mängeln den zugrundeliegenden Vertrag nicht mehr vernichtet, sondern in das Rückgewährschuldverhältnis nach § 346 umändert (zuvor hatte die Wandlung für das vernichtete Schuldverhältnis lediglich auf die Rechtsfolgen des Rücktritts verwiesen). Beim Widerruf nach Verbraucherrecht soll aber gerade kein schuldrechtliches Band mehr bestehenbleiben, deshalb passt hierbei § 325 nicht.

35 BGH NJW 2017, 2823.

36 BGH NJW 2019, 303.

des Vertragspartners bedürfen (sie kommen zustande durch Erlassvertrag, Bürgschaftsvertrag, Schenkungsvertrag).

Soweit der Vertrag („sich vertragen") damit die subjektiven Vorstellungen der Beteiligten betrifft, bedarf es für deren Feststellung jedoch objektiver, äußerer Tatbestände i.S. eines **Vertrauensprinzips** (Auslegung nach dem objektiven Empfängerhorizont).

Besonders ersichtlich wird das bei den wenigen einseitigen Rechtsgeschäften, welche durch strenge Form verkörpert sein müssen: das Stiftungsgeschäft (§ 81), das Inhaberpapier (§ 794), die Auslobung (§ 657) und die letztwillige Verfügung (Testament, §§ 2229 ff.).

Verträge, als deren Beispiel hier der Kaufvertrag steht, und alle anderen mehrseitigen Rechtsgeschäfte können zumeist auf bestimmte Formen der verpflichtenden Erklärung verzichten. Die Äußerung des Geschäftswillens ist für den Inhalt des Vertrags maßgeblich.[37] Ausnahmen bestehen für einige besondere Geschäftsvorfälle, z.B. bei Grundstücken, §§ 311b, 128, und die Bürgschaftserklärung, § 766 (mit Rückausnahme als Handelsgeschäft, § 350 HGB).

Die Vertragsordnung drückt sich in Schuldgeschäften aus, also in **Verpflichtungsgeschäften**, welche gegenseitige Verpflichtungen i.S.v. §§ 320 ff. schaffen (Forderungen), aber selbst noch keine Veränderung der Herrschaftslage etwa zu Besitzrechten, Eigentumsrechten, Forderungsinhaberschaft etc. bewirken. Die Verträge schaffen eine Ordnung „nur" von freiwillig übernommenen Pflichten, welche final auf die Erfüllung und Befriedigung bestimmter Bedürfnisse der Beteiligten gerichtet sind. Ihr Zweck wird erst mit der nachfolgenden vertrags*gemäßen* Erfüllung (vgl. §§ 362 ff.) erreicht (durch **Verfügungsgeschäfte**). Das kann im sachenrechtlichen Übereignungsakt (z.B. § 929; bei Rechten im Übertragungsakt, z.B. Abtretung, § 398) sein, je nach Pflichtinhalt auch schlicht im geschuldeten Verhalten (einem Tun oder Unterlassen) einerseits, und der Erbringung der versprochenen Gegenleistung andererseits. **Die „Vertragsordnung" gliedert sich sodann nach dem Schuldinhalt, also danach, was und wie zu erfüllen ist** (Kauf als Austauschschuldverhältnis; Miete als Überlassungsschuldverhältnis etc.). Zustande kommen diese vertraglichen Schuldverhältnisse dabei immer durch Vertragsschluss. 69

IV. Prüfungsschema zu Ansprüchen aus vertraglichen Schuldverhältnissen

I. Feststellung des Schuldverhältnisses 70
1. Wirksames Zustandekommen durch Vertragsschluss (z.B. Kauf)
2. Keine rechtshindernden Einwendungen
3. Beispiele:
   - Formnichtigkeit, § 125
   - Gesetzesverstoß, Sittenwidrigkeit, §§ 134, 138
   - § 306 Abs. 1 (AGB-Inhaltskontrolle, §§ 307–309)

37 Hierauf beruht ggf. die rechtsgestaltende Anfechtung wegen Irrtum, Täuschung und Drohung.

II. Forderungsrecht kraft des Schuldverhältnisses im Sinne einer Klagebefugnis (den Anspruch tragende Form)
1. Erfüllungsklage (z.B. § 433 Abs. 1 auf Übergabe und Übereignung)
2. Sekundäre Klagen (z.B. Gewährleistung, § 437)

III. Anspruch nicht untergegangen
1. Rechtsvernichtende Einwendungen
2. Beispiele:
- Erfüllung, §§ 362 ff.
- Aufrechnung, § 389
- Rücktritt, § 346 (oder Widerruf bei Verbrauchervertrag, § 355)
- Unmöglichkeit, § 275
- Anfechtung, § 142 Abs. 1 (mit §§ 119, 121 oder §§ 123, 124)
- Aktiver/passiver Inhaberwechsel (z.B. §§ 398; 566; 613a)
- § 313; 242

IV. Anspruch durchsetzbar
1. Rechtshemmende Einreden (nur wenn erhoben!)
2. Verjährung, §§ 195 ff., 214 Abs. 1
3. Einrede des nichterfüllten Vertrages, § 320
4. Zurückbehaltungsrecht, § 273

V. Kleine juristische Arbeitstechnik

71 Alles Recht ist (nur) eine *Sollens*-Ordnung und zumeist auf die Leistungsfähigkeit des Verpflichteten (mit Ausnahmen z.T. im Sachenrecht) und mit nur ganz wenigen Ausnahmen auf seine Leistungsbereitschaft angewiesen, die ggf. nur mit gerichtlicher Hilfe ersetzt werden kann. Eine *Ordnung* ist es für die Rechtsgemeinschaft, weil Rechte und Pflichten als Konditionalsätze statuiert sind (nach dem Motto: *„Wenn ..., dann ...“*) und sich deshalb als Rechtsfolge aus einem festgelegten Tatbestand ergeben.

Für den Bereich der hier darzustellenden Vertrags- oder Ausgleichsordnung bedeutet das, dass alle in einem Rechtsverhältnis begründeten Pflichten, seien sie primärer oder sekundärer Natur, auf ein *konkretes Begehren* gerichtet sind, das als Rechtsfolge zu benennen ist. Dieses rechtliche Ziel, die Rechtsfolge, kann also erreicht werden, wenn ihre Voraussetzungen gegeben sind, sie also aus einem Rechtsverhältnis, konkret: aus einem Schuldverhältnis, abzuleiten ist.

72 Diese Rechtsfolge lautet sowohl klausurmäßig wie auch in einem Gutachten z.B. „auf Zahlung von 500 € *als* Kaufpreis nach § 433 Abs. 2“ oder „*als* Schadensersatz nach § 823 Abs. 1“ oder „*als* Herausgabe des Erlangten nach § 816 Abs. 1 S. 1“. Veräußert nun etwa ein Dieb die gestohlene Sache an einen unbekannten Dritten für den angemessenen Preis von 500 €, kann der bestohlene Eigentümer vom Dieb 500 € „aus“ mehreren „Anspruchsgrundlagen“ verlangen (besser: aufgrund mehrerer durch einen Sachverhalt verwirklichter Rechtsverhältnisse, nämlich „*als* Schadensersatz nach §§ 823 Abs. 1 und 992“ (außerdem nach §§ 823 Abs. 2 BGB, 242 Abs. 1 StGB), weil das der Wert der Sache ist, die nun weg ist, und zugleich „*als* Erlös nach § 816 Abs. 1 S. 1“, weil das der erzielte Kaufpreis ist. Er bekommt den Betrag aber doch nur einmal – weshalb die For-

mulierung „aus § 823 Abs. 1" und „aus § 816 Abs. 1 S. 1" etc. an sich genauso falsch, jedenfalls irreführend ist, wie diejenige eines „Anspruchs auf *Schadensersatz*" zumindest unvollständig ist, denn die Berechnung des Schadensbetrags nach §§ 249 ff. gehört auch zur Rechtsfolge und ist nicht immer so einfach wie in diesem Beispiel.

Eine Pflicht kann genauso z.B. „auf *Übereignung und Übergabe* des Pkw Marke (...), Modell (...), Fahrgestellnummer (...) *wegen* Kaufs *nach* § 433 Abs. 1" oder „*nach* §§ 812 Abs. 1 S. 1 Alt. 1, 818 Abs. 1" lauten, vielleicht vereinfachend auch „auf *Herausgabe* des Pkw (...) *nach* §§ (...)", **nicht** aber als „Anspruch *auf den Pkw* (...) nach §§ (...)". Es macht einen erheblichen Unterschied, ob man *Eigentümer* eines Pkw werden will (erstmaliger Eigentümer, weil man den Wagen gekauft hat, oder wieder Eigentümer des eigentlich veräußerten und schon weggegebenen Wagens als Rückabwicklung eines nichtigen Kaufs oder weil der Käufer nicht bezahlt), oder ob man nur Besitzer des Pkw werden will, den man gemietet hat oder der einem gestohlen wurde.

Eigentum als umfassendes Vollrecht wird (sachenrechtlich) nach §§ 929 ff. bzw. 873, 925 übertragen, der bloße Besitz dagegen nach §§ 854 Abs. 1, 868 bereits durch Erlangung der tatsächlichen Sachherrschaft. Der Anspruchsteller muss sich daher entscheiden und auf das eine oder andere Begehren klagen, je nach dem Inhalt des Schuldverhältnisses. Nur dann und vorausgesetzt, das behauptete Recht besteht auch wirksam, kann ein Gericht ihm solches zusprechen.

Hierin liegt eine Fehlerquelle infolge mangelnder Differenzierung nach dem Inhalt des **73**
Rechtsverhältnisses. Sowohl die Kaufpreisforderung wie der Schadensersatzanspruch und die Pflicht zur Herausgabe des Erlangten nach Bereicherungsrecht gehen *auf Übereignung* einer bestimmten Geldsumme oder anderer Gegenstände. Schlichte körperliche Übergabe würden die rechtliche Güterzuordnung nicht ändern, was aber gerade Funktion dieser Ansprüche ist, nämlich den beabsichtigten bzw. rechtmäßigen Zustand der Eigentumslage (wieder)herzustellen.

Wenn alles Erforderliche zu übertragen ist, muss zuerst festgestellt werden, ob dazu auch das Eigentum gehört. Dass dennoch bei Geld die Ansprüche schlicht „auf Zahlung" formuliert werden (können), liegt allein an der unterschiedlichen prozessrechtlichen Durchsetzung. Während *Geldschulden* nach §§ 802a ff. ZPO beim Schuldner durch Pfändung, also vereinfacht ausgedrückt durch Wegnahme, realisiert werden, müssen andere *Übereignungshandlungen* von ihm *erwirkt* werden, vgl. §§ 883 ff. ZPO. Dazu muss das konkrete Begehren des Klägers als solches beantragt (und im Urteil antragsgemäß tituliert) worden sein. Was deshalb bei Geld (ausnahmsweise) recht undifferenziert als Anspruch formuliert werden kann, *muss* bei allen anderen Gegenständen nach der genauen Form der geschuldeten Pflicht (*Übergabe und Übereignung* oder nur *Herausgabe des Besitzes*) unterschieden werden. Leider beginnt die juristische Ausbildung jedoch meist mit Beispielen zum Kaufpreisanspruch und erhebt somit die Ausnahme (nämlich die Undifferenziertheit bei der Zahlung) zum vermeintlichen Standard.

Ziele und Inhalte eines Begehrens (die gewünschten Rechtsfolgen) müssen aus einem rechtlichen Verhältnis abgeleitet werden. Für ein solches vertragliches Rechtsverhältnis (vgl. die Vertragsordnung) oder ein gesetzliches Rechtsverhältnis (vgl. die Ausgleichsordnung) muss also zuerst festgestellt werden, dass es wirksam bestehe. Erst dann kann das Forderungsrecht des Einen (oder nennen Sie es die Pflicht des Anderen, beides ist dasselbe) konkret benannt werden. Dieser Feststellung von Rechtsverhältnis und damit

Forderung, nämlich nach ihren tatbestandlichen Voraussetzungen, dient die juristische Arbeitstechnik (Subsumtion). **Subsumtion** führt einen Lebenssachverhalt „unter" die rechtlichen Voraussetzungen z.B. einer begehrten Forderung und prüft, ob diese erfüllt sind. Das bedingt, dass zuerst die rechtlichen Voraussetzungen klar **definiert** werden. Erst anschließend kann ermittelt werden, ob sie gegeben sind, und dann kann das gewünschte Ergebnis festgestellt werden.

Formulierungsbeispiel: Fiktiver Sachverhalt ist hier z.B. das Zurücklegenlassen eines Bekleidungsstücks in einer Boutique, um es später „abzuholen"; der Verkäufer durfte das als „ich kaufe" verstehen, während der Käufer vielleicht nur eine unverbindliche „Reservierung" gemeint haben könnte.

A könnte von B Zahlung von 500 € als Kaufpreis nach § 433 Abs. 2 beanspruchen. Dazu müsste ein wirksamer Kauf zwischen A und B vorliegen und der Käufer dürfte seine Zahlungspflicht noch nicht erfüllt haben. Ein Kauf ist ein vertragliches Austauschschuldverhältnis, bei welchem sich der Verkäufer zur Übergabe und Übereignung der Kaufsache gegen Zahlung des Kaufpreises durch den Käufer verpflichtet. Fraglich ist, ob sich A und B hierauf geeinigt haben und diese Einigung wirksam ist. Eine solche Einigung setzt voraus, dass (...). Dazu müsste B (...). Allerdings hatte er lediglich (...). Entscheidend ist aber nicht (...), sondern (...). Damit genügt die Erklärung des B den Voraussetzungen. Da weitere Hinderungsgründe nicht ersichtlich sind, ist das Zahlungsverlangen des A berechtigt.

74 Das hier darzustellende materielle Recht gewinnt seine volle Funktion freilich erst in der vorausschauenden gestalterischen Rechtsanwendung.

Bei Übereignungs- und bei Zahlungsforderungen (nach § 433, ebenso aber nach Bereicherungsrecht etc.) sollte regelmäßig daran gedacht werden, auch die Gegenleistung anbieten zu müssen (§ 320 Abs. 1) sonst ist der Anspruch nicht durchsetzbar; A hätte im vorigen Beispiel die Einrede des nichterfüllten Vertrages, weil er nur Zug-um-Zug gegen Bereitstellung der Ware zahlen muss. Das setzt sich in einer Klageschrift fort, als dort dann idealerweise der Leistungsantrag mit der Feststellung des Gläubigerverzugs hinsichtlich der Annahme einer allfälligen *Gegenleistung* verbunden werden sollte (§§ 322 Abs. 3, 274 Abs. 2, 298), um vollstreckungsrechtlich überhaupt Erfolg haben zu können (vgl. §§ 894 S. 2, 726 Abs. 2 ZPO).

Ähnlich sollte zumindest in der Praxis überlegt werden, einen Anspruch auf Herausgabe (oder Übereignung) einer Sache mit einer Fristsetzung zur Herausgabe zu verbinden (im Hinblick auf den dann an seine Stelle tretenden Schadensersatzanspruch wegen Nichterfüllung, § 281 Abs. 1 S. 1), um dem Schuldner nicht wegen des geschuldeten Gegenstands „ewig hinterherlaufen zu müssen". Noch wichtiger ist das spätestens im Klageverfahren, den Antrag auf Herausgabe ggf. mit einer Fristsetzung und einem Schadensersatzantrag für den Fall der Nichtherausgabe (als „unechter" Hilfsantrag) zu verbinden.

Beide Beispiele sollen andeuten, dass Die beiden zuletzt angedeuteten prozessualen Ergänzungen beruhen schlicht auf den zum relevanten Basiswissen gehörenden Einwendungen bzw. Gestaltungsrechten.

B. Austauschschuldverhältnisse

75 Vom Schuldinhalt her differenziert das BGB nach der **charakteristischen Hauptleistung**. Diese kann gerichtet sein auf Güterumsatz (Kauf) oder auf Überlassung zu Gebrauch oder Nutzung (Miete und Pacht). Des Weiteren können Arbeitsleistung und Herstellung eines Werks geschuldet sein, die je nach näherer Konkretisierung Dienst-, Werk- oder Werklieferungsvertrag sind. Daneben existieren Aufnahmeverträge (Verwah-

rung). Bedeutsam sind schließlich Kredit- und Kreditsicherheitenverträge (Darlehen, Bürgschaft und das Wertpapierrecht). Erwähnenswert sind schließlich noch klarstellende Verträge (Schuldanerkenntnis und Kontokorrentverhältnis). Schließlich regelt das BGB bei den Verträgen auch die Gesellschaft bürgerlichen Rechts. Nochmals zu erwähnen ist, dass diese Verträge im Wesentlichen nur **Planungscharakter** haben, also Umsatz, Werkerstellung oder z.B. die Inanspruchnahme einer Kreditsicherheit stets davon abhängen, dass zu der vertraglich geschaffenen Verpflichtung auch die **Leistungsfähigkeit** und **Leistungsbereitschaft** des Verpflichteten hinzutreten müssen. Der Güterumsatz selbst ist erst die (sachenrechtliche, manchmal nur tatsächliche) Erfüllung des Schuldgeschäfts und von diesem strikt zu trennen.

Nicht jedes gesellschaftliche, persönliche Versprechen begründet notwendigerweise ein vertragliches Schuldverhältnis.[38] Außerrechtliche **Gefälligkeitsverhältnisse** (z.B. auf etwas oder jemanden aufzupassen, ihn im Auto mitzunehmen, etwas nutzen zu dürfen etc.) entstehen, wenn mind. einem der Partner der sog. **Rechtsbindungswille** fehlt und dies dem anderen erkennbar ist (etwa aufgrund der Lebensumstände unter Freunden, geringer wirtschaftlicher Bedeutung, offenzuhaltender privater Planung). Hier entsteht dann **kein Erfüllungsanspruch** (wie sonst etwa aus Verwahrung, Dienstleistung, Leihe etc. als rechtsverbindlichen Schuldverhältnissen). *Allenfalls* ist an vertrags*ähnliche* **Schutzpflichten** (vgl. §§ 311 Abs. 2 Nr. 3, 241 Abs. 2, 280 Abs. 1) zu denken,[39] etwa dass der Versprechende ggf. zu angemessener Zeit vorher absagen und ansonsten den anderen stellen muss, als hätte er rechtzeitig umplanen können (Ersatz des sog. *negativen Interesses*: nur vermeidbare Mehrkosten, nicht der Kosten der anderweitigen Erfüllung an sich); indes können **Aufklärungspflichten** über gefahrträchtige Besonderheiten der „geliehenen" Sache (korrekt: gefälligkeitshalber überlassenen Sache; denn Leihe ist ein Schuldverhältnis, § 598) haftbar machen.

Wird ein Gefälligkeitsverhältnis durchgeführt, greifen **auch keine vertraglichen Haftungsmilderungen** (vgl. §§ 521, 599, 690). Es bleibt beim Maßstab objektiver Fahrlässigkeit (§ 276 Abs. 1) der deliktischen (ggf. auch der vorvertraglichen, § 280 Abs. 1) Schadensersatzpflicht (§§ 823 ff.; wenn nicht sogar Gefährdungstatbestände greifen wie z.B. § 833 S. 1 beim Überlassen eines Reitpferdes). Das bloße Gefälligkeitsverhältnis begründet also einerseits *keine Leistungspflichten*, kann aber andererseits zu einer *strengeren* Deliktshaftung führen als ein vergleichbares Schuldverhältnis.[40]

Umgekehrt kann im Gefälligkeitsverhältnis z.B. mangels rechtsverbindlicher Leihe auch nicht gegen das Verbot der Weitergabe einer Leihsache (§ 603 S. 2) verstoßen werden. Wird eine geliehene Sache unerlaubt vom Entleiher weitergegeben, haftet der Entleiher verschuldensunabhängig für Schäden durch den Dritten. Für die Schadenszurechnung genügt nämlich schon der haftungsbegründende Vertragsverstoß nach § 603 S. 2 i.V.m. §§ 280 Abs. 1, 276 Abs. 1. Der „Gefälligkeitsentleiher" hat dagegen nur Verschulden zu vertreten (für ihn ist eben nicht „eine strengere Haftung bestimmt" i.S.v. § 276 Abs. 1).

---

38 Der vielzitierte „Pillenfall" von BGHZ 97, 372 (Familienplanung mittels Kontrazeptiva begründet bei einseitigem „Verstoß" durch heimliches Absetzen der „Pille" keine juristisch greifbare Haftung) wird sich in Konsequenz fortschreitender Legitimation sog. „reproduktiver Gesundheit" einer Neubewertung stellen müssen (zuerst wahrscheinlich im umgekehrten Geschlechterverhältnis); der Unterschied zwischen Legitimation und Legitimität staatlicher Gesellschaftspolitik könnte ein weiteres Mal greifbar werden.

39 Umstritten, vgl. Argumentation und Beispiel bei *Medicus/Petersen,* BR Rn. 367–372a.

40 **Beispiel:** zur Haftung für jede leicht-fahrlässig versäumte Aufklärung über das Reitverhalten eines gefälligkeitshalber überlassenen Reitpferds bei *Grunewald,* BR § 4 Rn. 5. Im Falle (vertraglicher) unentgeltlicher Leihe hätte § 599 auch die deliktische Haftung des Verleihers auf Vorsatz und grobe Fahrlässigkeit begrenzt. Bedenke die vergleichbare Unfallhaftung gegenüber Trampern (Mitnehmen von Anhaltern im Auto).

I. Kauf

76 Der Kauf dient dem Umsatz von handelbaren Vermögensgegenständen. Es sind reine Liefergeschäfte, ohne spezifisch persönliche Leistungspflichten. Der Kauf unterscheidet sich von insb. Überlassungs- sowie Dienst- und Werkverträgen deshalb darin, dass es auf die Person des Vertragspartners – abgesehen von seiner Kreditwürdigkeit – weniger ankommt, als auf die Qualität der Ware.

Kaufgeschäfte reichen von privaten Kleinstumsätzen, bei denen sich etwa Nachbarn etwas „abkaufen“,[41] bis zum Großumsatz. Sein wirtschaftlicher Schwerpunkt liegt als Warenumschlagsgeschäft im Handelsrecht. Für alle Formen gelten die §§ 433 ff. gleichermaßen, allerdings als dispositives Recht, also durch gemeinsame Abrede der Parteien jederzeit änderbar und anders gestaltbar. Ergänzende Vorschriften gelten für den **Handelskauf**, §§ 373–382 HGB. Im BGB werden alle Erscheinungsformen des Kaufs und alle Kaufobjekte weitgehend einheitlich behandelt, mit nur geringfügigen Unterschieden in einzelnen Beziehungen. Auch hierbei erschwert die stark systematisierende und schulmäßige Darstellung des BGB Verständnis und Anwendung der Regelungen auf konkrete Erscheinungsformen der Kaufgeschäfte.

1. Kaufobjekte

77 Das Umsatzgeschäft des Kaufs besteht im Austausch von Gütern und Geld,[42] meist zur Befriedung wirtschaftlicher Bedürfnisse. Der Grundtyp ist der Warenaustausch, auf den der Kauf von Rechten, insb. also von Wertpapieren, verweist (§ 453 Abs. 1). Nicht dazu gehört also der „Kauf“ von Fahrkarten und Eintrittskarten, welche vielmehr sog. Inhaberzeichen für die Rechte aus einem Werkvertrag sind. Software kann Kaufgegenstand sein (meist bei Standardsoftware),[43] je nach Inhalt der Pflichten aber auch Gegenstand eines Werkvertrags (individuelle Programmierung) oder der Pacht (als Lizenzvertrag).

Kauf ist z.B. auch der Grundstückskauf (§ 311b Abs. 1), Erbschaftskauf (§ 2371), Pfandverkauf (§§ 1233 ff., 1273) und der Verkauf eines GmbH-Anteils (§ 15 GmbHG). Auch Sach- und Rechtsgesamtheiten wie z.B. ein Unternehmen, eine Arztpraxis oder die angefallene Erbschaft (§ 2371) sind mögliche Kaufobjekte. Stets umfasst der Vertrag die Gesamtheit der organisierten Vermögenswerte einschließlich immaterieller Güter wie Firma, Kundenbeziehungen oder Goodwill.[44] Erst bei der Erfüllung des Schuldgeschäfts, also im Hinblick auf die *Verfügungsgeschäfte*, müssen die Einzelteile solcher Entitäten jedes für sich und entsprechend seiner Rechtsnatur unterschiedlich übertragen werden.

41 Sofern nicht bloß **Gefälligkeitsverhältnis**, was trotz vermeintlichen Entgelts (oft wohl eher Auslagenersatz) anzunehmen sein kann. Gewährleistungsrechte hat der Gefälligkeitskäufer dann keine eigenen. Für eine Abtretung von Mängelrechten an ihn aufgrund ergänzender Vertragsauslegung (wie beim Weiterverkauf sonst die Regel) wäre kein Raum. Es bliebe allein eine *Drittschadensliquidation* durch den Erstkäufer.

42 Eine typische Internet-Auktion ist keine Versteigerung (vgl. § 156), sondern Kauf, vgl. Palandt/*Ellenberger,* § 156 Rn. 3.

43 Und zwar ggf. bereits des Datenträgers, sonst als Rechtskauf (z.B. Domain-Adresse, Benutzerkonto bei Online-Spielen; vgl. Palandt/*Weidenkaff,* § 433 Rn. 9 und § 453 Rn. 8 f.

44 Vgl. § 453 Abs. 1: sonstige Gegenstände. Der Energielieferungsvertrag, der auf die Bereitstellung einer bestimmten Netzspannung und nicht auf körperliche Sachen (§ 90) oder Gegenstände gerichtet ist (physikalisch liegt hier anders als z.B. bei Licht sicher keine Materie vor), wird nach h.M. dennoch als Kauf behandelt.

Verkäuflich sind nicht nur vorhandene Objekte, sondern auch erst zu beschaffende, wie fremde Sachen oder Rechte oder die künftige Produktion. Bei nicht vorrätiger Ware ist sodann der Kaufvertrag insb. vom Werklieferungsvertrag (§ 651) zu unterscheiden, wobei sich die daran anschließenden Problemstellungen weithin gleichen. Ist dagegen die künftige Sache erst durch Ausbeutung zu schaffen, die der Erwerber selbst übernehmen soll (Auskiesung, Ernte), handelt es sich dagegen um Pacht, nicht um Kauf.

Das Kaufrecht als Umsatzgeschäft muss sich insoweit mit vier Problemkreisen befassen: 1. Inhalt und Umfang der Primärpflichten (insb. der primären Hauptpflichten); 2. Gewährleistungspflichten des Verkäufers bei Mängeln; 3. Gefahrtragung in der Zeit zwischen Abschluss und Erfüllung des Kaufvertrags; 4. Erwerbsnebenkosten.

2. Hauptpflichten

Der Kaufvertrag entsteht durch übereinstimmende Willenserklärungen und begründet **78** **Hauptpflichten** in Form der **primären** Pflichten auf Erfüllung des Versprochenen (einschließlich ggf. der Nacherfüllung), aber auch in Gestalt der **sekundären** gesetzlich festgelegten Pflichten im Falle seiner mangelhaften Erfüllung: auf Rücktritt, Minderung oder Schadensersatz, vgl. § 437. Die Sekundärpflichten folgen aus der Störung von Primärpflichten und treten dann an deren Stelle (z.B. Schadensersatz *statt* der Leistung aus §§ 280 Abs. 3, 281) oder auch *neben* sie (z.B. als Anspruch auf Ersatz des Verzugsschadens nach §§ 280 Abs. 2, 286). Beide Arten von Pflichten sind streng zu trennen, weil das Versprochene ohne Weiteres, Sekundärpflichten jedoch erst auf Nachfristsetzung oder bei Vertretenmüssen zu erfüllen sind.

Primärpflichten sind zuerst die für den Vertragstyp charakteristischen Hauptpflichten, aber genauso Nebenleistungspflichten und Schutzpflichten. Die *Hauptpflichten* des Verkäufers ergeben sich daraus, dass das Kaufobjekt dem Käufer nicht nur vorübergehend, sondern auf Dauer und zu vollem Recht verschafft werden soll. Bei körperlichen Kaufobjekten sind daher der Besitz und das Eigentumsrecht zu verschaffen. *Nebenleistungspflichten* dienen begleitend dazu der Vorbereitung, Durchführung und Sicherung der Hauptleistung. *Schutzpflichten* verlangen dagegen eine Rücksichtnahme außerhalb des eigentlichen Vertragszwecks auf (sonstige) Rechte, Rechtsgüter und Interessen des jeweils anderen Teils (vgl. § 241 Abs. 2).

Der Verkäufer schuldet Übergabe und Übereignung, § 433 Abs. 1 S. 1; die Pflicht zur Besitzverschaffung durch Übergabe hat indes im Hinblick auf die sachenrechtlichen Vorschriften zum Vollzug der Übereignung (vgl. § 929 S. 1: Übergabe oder – i.V.m. §§ 930, 931 – Übergabesurrogate), oft keine selbstständige Bedeutung.

Übergabe und Übereignung können jedoch vorübergehend auch getrennte Wege gehen, so bei Veräußerung einer vermieteten Sache (z.B. Grundstückskaufvertrag über Mietshäuser), weshalb im Kaufvertrag dann zwingend ein Hinweis erforderlich ist, dass die *Übergabe* nur durch Abtretung des aus dem Mietverhältnis mit dem Dritten folgenden Herausgabeanspruchs erfolge (für Wohnraummiete besorgt bereits der Grundsatz „Kauf bricht nicht Miete" diesen Rechtsübergang, vgl. § 566 Abs. 1); das folgt nicht erst aus § 931 (danach ist Übertragung des mittelbaren Besitzes einer beweglichen Sache auch für den *Eigentumserwerb* nötig), sondern bereits aus der obligatorischen Verschaffungspflicht am Besitz.

Der andere – umgekehrte – Fall ist der des Eigentumsvorbehaltskaufs (§ 449 Abs. 1), wobei Verschaffung des unmittelbaren Besitzes durch Übergabe, aber nur die aufschiebend auf die Kaufpreiszahlung bedingte Übereignung geschuldet wird; durch solche Abrede kann zwar Übergabe der Sache, jedoch noch nicht Übertragung des Eigentums als Vollrecht verlangt werden.

79 Der Verkäufer einer Forderung (§ 453) schuldet als Erfüllung die Abtretung der Forderung, was nochmals durch Abschluss eines – nun verfügenden – Vertrags zu erfolgen hat (§ 398).

Beim Kauf sonstiger Rechte schuldet der Verkäufer nach Form und Inhalt entsprechend der für sie geltenden besonderen Vorschriften etwa des UrhG, GmbHG. Besonderheiten der Verkäuferpflichten können aus §§ 448, 475g, 524 HGB hinsichtlich der Pflicht zur Begebung von Traditionspapieren, insb. Orderpapieren folgen, die sich etwa in Bezug auf § 931 auswirken (vgl. Rn. 1193 ff.).

Hauptpflicht des Käufers ist nach § 433 Abs. 2 die Zahlung des vereinbarten Kaufpreises und die Abnahme der gekauften Sache. Die Zahlungspflicht ist regelmäßig eine Geldschuld und als solche eine modifizierte Schickschuld (§ 270 Abs. 1). Mangels anderer Vereinbarung gilt für sie ebenso wie für die Hauptpflicht des Verkäufers die sofortige Fälligkeit (vgl. § 271 Abs. 1). Darin zeigt sich das **Gegenseitigkeitsverhältnis der wechselseitigen Hauptpflichten (Synallagma)**, welches mangels ausdrücklich vereinbarter Vorleistungspflichten der einen oder anderen Vertragspartei vom Grundsatz des Bargeschäfts ausgeht (§ 320 Abs. 1 S. 1).

Dies führt allerdings nur bei beiderseitigen Handelsgeschäften dazu, dass eine Verzinsung der Kaufpreisforderung bereits ab Fälligkeit der Kaufpreisforderung geschuldet wird (§ 353 HGB). Die Abnahmepflicht des Käufers (vgl. § 433 Abs. 2) ist als Käuferpflicht scheinbar parallel zur Hauptpflicht des Verkäufers auf Besitzverschaffung. Beim privaten Verkäufer wird aber ohne explizite Vereinbarung einer Abnahmepflicht und mangels anderweitiger konkreter Umstände regelmäßig nicht von einer selbstständigen Klagbarkeit auszugehen sein. Die Folgen des *Annahmeverzugs* des Käufers erschöpfen sich dann in den §§ 300 ff. und dort insb. im vorgezogenen Gefahrübergang. Lediglich beim Handelskauf enthält § 373 HGB darüber hinausgehende Folgen des Gläubigerverzugs betreffend die Abnahmeverpflichtung. Diese Vorschriften gelten gem. §§ 343, 345 HGB allerdings gegenüber jedem Käufer, der Vertragspartner eines Kaufmanns ist, also auch dem privaten.

3. Nebenleistungspflichten

80 Nebenpflichten werden (hier) verstanden als Neben*leistungs*pflichten, die zur Erreichung des Vertragszwecks notwendig den Hauptpflichten beitreten müssen, ohne dass ihre Erfüllung das eigentliche Ziel des Vertrages darstellt. Nebenleistungspflichten erweitern den Vertragsinhalt und sind daher als primäre Pflichten selbstständig einklagbar; anders gebieten Nebenpflichten als bloße Verhaltens- oder Rücksichtspflichten keine zusätzliche Leistung, sondern ergänzen vielmehr die Hauptleistung und sichern den Leistungserfolg; sie sind dann nicht selbstständig einklagbar.[45]

Rechtliche Relevanz hat überhaupt nur die Grenzziehung der Klagbarkeit. Klagbare Leistungspflichten außerhalb der Hauptpflichten sind etwa die Kosten der Übergabe der Kaufsache (§ 448) oder öffentlicher Lasten (§ 436 Abs. 1: z.B. haben kommunale Erschließungskosten für beschlossene, aber noch nicht ausgeführte, für bautechnisch

45 Soweit *Medicus/Petersen,* BR Rn. 207, darauf hinweisen, dass auch Schutzpflichten jedenfalls, wenn sie einmal verletzt wurden und Wiederholungsgefahr bestehe, klagbar seien, ist das keine primärrechtliche Erfüllungs-, sondern eine sekundärrechtliche (vorbeugende) Schadensersatzklage; selbstverständlich sind Schutz-, Treupflichten echte Pflichten und ist ihre Verletzung bewehrt (§§ 280 Abs. 1, 241 Abs. 2).

begonnene und v.a. für bereits abgeschlossene, aber bisweilen nach vielen Jahren noch nicht abgerechnete Straßen- oder Kanalbaumaßnahmen beim Grundstückskauf erhebliches und oft verstecktes, vertraglich gestaltbares Kostenpotenzial). Ebenfalls selbstständig klagbar ist die Beschaffenheits- oder Haltbarkeitsgarantie (§ 443). Und schließlich eine vereinbarte Montage oder bei zur Montage bestimmten Sachen die Beifügung einer korrekten und verständlichen Montageanleitung (§ 434 Abs. 2). Weitere Leistungspflichten können von den Parteien beliebig vereinbart werden oder sich aus dem Vertragszweck ergeben, etwa die Einweisung des Käufers in den Gebrauch einer gekauften Maschine oder die einmalige Wartung nach einer Anlaufphase (soweit diese Zusatzleistung das Gesamtbild der Hauptleistung jedenfalls kaum verändert; sonst sog. gemischter Vertrag aus Kauf mit Dienst- oder Werkelementen).

4. Unterscheidung

Die Hauptpflichten charakterisieren den Vertragstyp. Der (formalistische) Leistungsaustausch genügt allein meist noch nicht zur Erreichung des dem Schuldverhältnis zugrundeliegenden Vertragszwecks. Zur Erfüllung der nach den konkreten Umständen berechtigten Erwartungen des Gläubigers und soweit diese dem Schuldner bekannt sind oder sein müssten, erweitern Nebenleistungspflichten die vertraglichen Leistungsgebote.[46] Auch diese Pflichten sind als primäre selbstständig einklagbar, allerdings nicht für den Vertragstyp charakteristisch (z.B. die Schlüsselübergabe bei Mietbeginn und -ende oder die Montagepflicht eines gelieferten Schrankes eines konventionellen Einrichtungsgeschäfts). 81

Diese Einteilung ist praktisch wichtig, indem der Gläubiger echte **(Neben-)Leistungspflichten selbstständig einklagen** kann. Überdies gibt ihm die Einrede des nichterfüllten Vertrags gem. § 320 Abs. 1 insoweit ein **Zurückbehaltungsrecht** an seiner geschuldeten Gegenleistung, jedenfalls sobald er mit dieser nicht seinerseits vorleistungspflichtig ist (vgl. § 321). Außerdem führen nur Mängel in der Erfüllung von Leistungspflichten (Schlechtleistung) zu Gewährleistungsansprüchen, welche wiederum zuerst auf Nacherfüllung gerichtet sind, §§ 437 Nr. 1, 439, und insoweit das Zurückbehaltungsrecht des § 320 Abs. 1 verlängern.

5. Schutzpflichten

Neben diesen Haupt- und Neben*leistungs*pflichten bestehen im Rahmen des Schuldverhältnisses, aufgrund Auslegung nach § 157 und aus Treu und Glauben (§ 242) eine Vielzahl von (sog. **Neben-, Schutz- und Treu-)Pflichten**, die unselbstständig und also nicht als solche einklagbar sind. Sie erweitern nicht die Leistungsgebote, sondern ergänzen die Hauptleistung. Sie können (umgangssprachlich) durchaus in einer „Leistung" bestehen, etwa Auskunfts-, Beratungs-, Verpackungs- oder Versicherungspflichten, ohne dass diese Pflichten aber durch Erfüllungsklage aus dem Vertrag oder mittels Gewährleistungsfolgen erreicht werden könnten. Obwohl auf die Hauptleistung bezogen, stehen sie nicht im Gegenseitigkeitsverhältnis (Synallagma) und ihr Versäumnis macht die eigentliche Leistung nicht mangelhaft. Die Pflichten schützen „nur" das *Integritätsinteresse*. 82

---

46 So z.B. § 402 im Anschluss an die Erfüllung eines Forderungskaufs als gesetzliche Nebenleistungspflicht.

Beispiel: Die mangelhafte Verpackung etwa beim Versendungskauf (§ 447) an einen Verbraucher bleibt folgenlos, wenn die Ware dennoch unversehrt ankommt.[47] Führt sie zu einem Transportschaden, so war die Kaufsache im Zeitpunkt des Gefahrübergangs, nämlich bei Übergabe an die Transportperson, dennoch mangelfrei (§ 434); Rechte des Käufers bestehen aber auf Schadensersatz gem. §§ 280 Abs. 1, 241 Abs. 2. Gleiches gilt zu geschuldeten Hinweisen zu Wartung und Pflege etc.

83 Die Abgrenzung kann nur im Einzelfall anhand des konkreten Vertragszwecks erfolgen. So ist die Verpackungspflicht gegenüber einem gewerblichen Wiederverkäufer sicher synallagmatische Nebenleistungspflicht; ihr Versäumnis führt dann an sich bereits zur Mangelhaftigkeit (unabhängig von Transportschäden).

Beispiel: Schuldet ein Küchenfachgeschäft anders als beim bloßen Abverkauf regelmäßig und auch ohne besonderes Entgelt sowohl eine Gestaltungsberatung wie das Einmessen des Raumes, dann im Hinblick auf die erkennbare und berechtigte Erwartungshaltung auf eine passgenaue, subjektiv wohlgefällige und arbeitsökonomisch sinnvolle Küche. Fehlende Passung ist dabei ein Sachmangel, das Einmessen des Raumes hierfür lediglich notwendiges Hilfsmittel, selbst aber keine klagbare Pflicht. Die Gestaltungsberatung dagegen ist Nebenleistungspflicht und steht als solche im Gegenseitigkeitsverhältnis, weil selbst eine bedürfnisgerechte Küche berechtigte Fragen zu Alternativen und des Geschmacks jedenfalls nicht ausschließt.

84 Schutzpflichten bestehen auch außerhalb des eigentlichen Vertragszwecks; so die aus § 242 abgeleiteten und in § 241 Abs. 2 ausdrücklich benannten Rücksichtspflichten, die auf eine durch den Schutz des Vertragspartners gebotene Fürsorge gerichtet sind. Der Umfang solcher Fürsorgepflichten ergibt sich wiederum aus dem Vertragszweck, insb. der persönlichen Enge der schuldrechtlichen Bindung und ist ein anderer, je danach, ob es sich um einen alltäglichen Supermarkteinkauf, den Erwerb von Haute Couture in einer exklusiven Boutique oder von Medikamenten in der Apotheke handelt. Während der Supermarkt sich auf den Schutz vor herabfallenden Gegenständen und Sturzgefahren beschränken kann, mag man beim Erwerb von Luxusgütern von einer darauf spezialisierten Boutique durchaus erwarten, vor einem Fehlkauf auch insoweit gewarnt zu werden, als individuelle Umstände für die Nutzungsmöglichkeiten berücksichtigt werden (bei außergewöhnlichen Pflanzen auch z.B. hinsichtlich der Standort- und Pflegeanforderungen) oder der Apotheker auf Risiken und Nebenwirkungen ebenfalls ungefragt hinweisen muss.

Beachte: Die fehlende Eignung des Kleidungsstücks für einen dem Verkäufer konkret angegebenen Anlass ist hingegen die Verletzung einer echten Nebenleistungspflicht jedes Bekleidungsfachgeschäfts und damit ein Sachmangel (selbstredend nicht so beim Textil-Discounter), etwa wenn ein Hochzeitsgast mit der dafür zu erwerbenden Robe erkennbar Gefahr läuft, einer Braut „die Show zu stehlen".[48]

---

47 Lehrreich *Medicus/Petersen,* BR Rn. 209: Waren Verpackungskosten gesondert zu berechnen, gilt das Synallagma auch für eine solche bloße Schutzpflicht und es ist nur der tatsächliche Aufwand zu erstatten. Allerdings wäre zu überlegen, insoweit ein Handeln auf fremde Rechnung (Abrede analog § 670) anzunehmen, was dann mit einem Gegenseitigkeitsverhältnis wiederum doch nichts zu tun hätte.

48 Hier zeigen sich rechtliche Folgen gesellschaftlichen Wandels von Anschauungen; je liberaler z.B. Gepflogenheiten in der Bekleidung („die Mode") gehandhabt werden, umso seltener kann eine mängelrelevante (Neben-)Leistungspflicht zu konkreter Beratung angenommen werden. Beratungspflichten sinken zu Schutzpflichten herab, die lediglich noch Bedeutung für einen – dann ebenso liberalen – Fahrlässigkeitsmaßstab haben. Dies trägt sicherlich der Privatautonomie Rechnung, geht aber andererseits mit einer Tendenz zu verallgemeinernden evidenzbasierten Verhaltensvorschriften einher (Umweltstandards, Qualitätsmanagement-Standards etc.), die wiederum verschuldensunabhängige Verantwortlichkeiten zeitigen, dann aber nicht mehr beschränkt auf Gewährleistung, sondern auf umfassenden vertraglichen und deliktischen Schadensersatz. Insgesamt tendiert damit das Schuldrecht nicht zu mehr Privatautonomie, sondern zeitgeistkonform zu vermeintlicher Objektivierung im Sinne einer „political correctness".

6. Culpa in Contrahendo

Bei Verletzung solcher Schutz- oder Fürsorgepflichten aus Schuldverhältnissen richtet sich die Haftung nach § 280 Abs. 1 auf Ersatz des hierdurch schuldhaft verursachten Schadens (z.B. hinsichtlich herabfallender Gegenstände oder Rutschgefahren im Supermarkt auch ohne Vertragsschluss als vorvertragliche Pflichtverletzung über § 311 Abs. 2; ähnlich Probefahrten vor einem Pkw-Kauf). Verliert dadurch auch die Hauptleistung ausnahmsweise ihr Interesse, kann gem. § 282 sogar Schadensersatz statt der (ganzen) Leistung verlangt werden. **85**

7. Prüfungsschema zum Schadensersatz neben der Leistung, § 280 Abs. 1 (culpa in contrahendo oder Nebenpflichtverletzung)

I. Anspruchsvoraussetzungen **86**

1. Schuldverhältnis
   a) Vertragliches oder gesetzliches Schuldverhältnis, § 311 Abs. 1
   b) Oder als c.i.c bei vorvertraglichem Schuldverhältnis, § 311 Abs. 2
      – Nr. 1: Vertragsverhandlungen
      – Nr. 2: Vertragsanbahnung
      – Nr. 3: ähnliche geschäftliche Kontakte
   c) Oder Eigenhaftung eines Dritten, § 311 Abs. 3
      – Inanspruchnahme *besonderen* persönlichen Vertrauens (mehr als *Vertrag mit Schutzwirkung für Dritte)*
      – besonderes wirtschaftliches Eigeninteresse (z.B. Strohmanngeschäfte; mittelbare Stellvertretung)
2. (Neben-)Pflichtverletzung
   a) Verletzung von Nebenpflichten (§ 241 Abs. 2)
      – Schutz-, Aufklärungs-, Verkehrssicherungspflichten
      – Grundloser Abbruch von Vertragsverhandlungen
   b) Achtung: Verletzung von Leistungspflichten nur hinsichtlich von Mangel*folge*schäden (Besonderheiten bei Kauf- und Werkverträgen).
3. Vermutetes Verschulden, § 280 Abs. 1 S. 2

II. Rechtsfolgen

1. Schadensersatz neben der Leistung
2. Evtl. parallel Aufwendungsersatz, § 284

III. Keine Verjährung (§§ 195, 199 Abs. 1, beachte § 199 Abs. 3 Nr. 1, Abs. 2)

8. Rechtsfolgen

Diese Einteilung dient zuerst dazu nachzuvollziehen, was die Vertragschließenden sich von dem Kauf als Planungsgeschäft und vor allem sodann gegenseitig versprochen haben. Dies ist maßgeblich für die berechtigte Erwartung des jeweils anderen **(Äquivalenzinteresse)**. Daran richten sich die Voraussetzungen der Haftung des Versprechenden aus. Sowohl die inhaltliche Bestimmung der übernommenen Verpflichtungen an sich als auch ihre Einteilung als echte (Neben-)Leistungs- oder begleitende Schutzpflicht ist des- **87** halb im Zweifel durch Vertragsauslegung vorzunehmen.[49] (Erst) Anschließend können die Voraussetzungen für Störungen in diesem Pflichtenverhältnis und Rechtsfolgen bestimmt werden. Die Primärpflichten gehen dann aufgrund ihrer Störungen in unterschiedliche Sekundärpflichten über.[50]

Solche Pflichtverletzungen sind als Unmöglichkeit, Verzögerung oder Schlechterfüllung einer bestehenden (Neben-) Leistungspflicht (**Leistungsstörungen**) oder als allgemeine Verletzung einer Schutzpflicht denkbar. Obwohl das BGB mittlerweile das Ziel einer einheitlichen Sekundärhaftung verfolgt (§§ 280 ff.), kommt es nicht umhin, eine besondere Sach- und Rechtsmängelhaftung für die Schlechterfüllung einer Hauptleistung als besonderes Leistungsstörungsrecht bei bestimmten Vertragstypen (insb. Kauf, Werkvertrag, Mietvertrag und Reisevertrag) selbstständig zu regeln. Das besondere Gewährleistungsrecht bei Kauf-, Werk-, Miet- und Reisemängeln berücksichtigt die besondere Interessenverteilung bei diesen Schuldverhältnissen.

9. Sachmängelhaftung beim Kauf

88 Der Verkäufer ist zur Leistung mangelfreier Ware verpflichtet. Mit Lieferung des als gekauft identifizierten Gegenstands (Stückschuld) oder Aussonderung und Lieferung (vgl. § 243 Abs. 2) eines nur der Gattung nach geschuldeten Gegenstands (Gattungsschuld) ist zunächst die Verkäuferpflicht erfüllt; es obliegt nun dem Käufer, Schlechterfüllung geltend zu machen. Der Verkäufer ist nicht im Verzug. Vielmehr ist es nunmehr am Käufer zu entscheiden, ob er mit der Qualität, Menge etc. (vgl. § 434) zufrieden ist. Liegt ein Sachmangel vor, gibt das BGB dem Käufer bestimmte und nur diese Rechtsbehelfe, für deren Geltendmachung ihm Ausschlussfristen gesetzt werden.

10. Nacherfüllungsverlangen

89 An erster Stelle steht das Wiederaufleben des aus dem Schuldverhältnis bereits anfänglich erwachsenen Erfüllungsanspruchs. Mit Lieferung der mangelhaften Sache hat der Verkäufer eben nicht das „Geschuldete" geleistet. Er muss sich erneut um das „Erbringen" der Leistung bis zum Erfolgseintritt bemühen, jedenfalls soweit ihm das etwa durch Reparatur oder Ersatzlieferung möglich ist. Aus diesem Grund stehen die weiteren Gewährleistungsrechte in § 437 Nr. 2, 3 grundsätzlich unter dem Vorbehalt einer Nachfristsetzung betreffend die zuvor zu verlangende Nacherfüllung (vgl. § 440). Der Verkäufer erhält dadurch eine „zweite Chance", die Vertragsdurchführung zu „retten".[51] Erst wenn diese ohne zureichenden Grund verweigert wurde oder (nach regelmäßig zu duldenden zwei Versuchen, § 440 S. 2) als fehlgeschlagen gilt, oder aber wenn die Nacherfüllung unmöglich ist, stehen die eigentlichen Gewährleistungsrechte dem Käufer zur Verfügung.[52]

---

49 Hier Klarheit zu schaffen ist bei wirtschaftlich bedeutenden Geschäften bereits eine wesentliche Aufgabe der Vertragsgestaltung.

50 Dort setzen sich die Abgrenzungsprobleme im Hinblick auf Haftungsprivilegierungen und Verjährungsfristen fort, vgl. *Medicus/Petersen,* BR Rn. 209a/b.

51 Daraus rechtfertigt sich auch das sog. Einheitskonzept bei Mehrfachmängeln, wonach nicht jeweils eigenständige Nachfristen etc. zu setzen sind: die Kaufsache funktioniert, taugt etc. ganz oder gar nicht; vgl. *Medicus/Petersen,* BR Rn. 282.

52 Verspätete Nacherfüllung und ihre Folgen, vgl. *Medicus/Petersen,* BR Rn. 283.

a) Wahlrecht des Käufers

Der Käufer hat nach §§ 437 Nr. 1, 439 die freie Wahl zwischen Reparatur und Ersatzlieferung, kann aber aus v.a. ökonomischen Gründen auch auf eine Nacherfüllungsart verwiesen sein (§ 439 Abs. 4). Bei Ersatzlieferung ist die mangelhafte Sache zurück zu übereignen (§§ 439 Abs. 5, 346 ff.); Nutzungsersatz ist nicht geschuldet, der Käufer hatte ja von Anfang an ein Nutzungsrecht (str., vgl. auch § 475 Abs. 3). Verbleibt nach Reparatur ein von vornherein erkennbar nicht zu beseitigender Mangel (etwa ein sog. *merkantiler Minderwert* einer „nur" reparierten Sache), ist dieser *zusätzlich* über die Minderung auszugleichen; erweist sich die Reparatur lediglich als ungenügend, ist sie zu wiederholen bis sie als fehlgeschlagen (vgl. § 440 S. 2) oder undurchführbar gelten kann. **90**

Der Verkäufer darf einen Mangel nicht (unbemerkt) einfach beseitigen und den Käufer damit auf diese Art der Nachbesserung festlegen (Aufspielen neuer Software in einem Pkw[53].

Ein Recht des Käufers zur **Selbstvornahme und Aufwendungsersatz** (wie etwa nach §§ 536a Abs. 2 Nr. 1, 637) existiert nicht. Lässt der Käufer die Sache vielmehr vorschnell selbst anderweitig reparieren, verliert er alle Gewährleistungsrechte gegen den Verkäufer, dem er dadurch dessen Nacherfüllung unmöglich macht (vgl. § 275 Abs. 1); entsprechende Kosten könnten erst als Schadensersatz nach §§ 437 Nr. 3, 440 liquidiert werden (vgl. § 249 Abs. 2 S. 1; Voraussetzung dafür wäre aber ein vom Verkäufer verschuldeter Mangel, § 280 Abs. 1 S. 2).[54]

Zwecks allfälliger Reparatur muss der Käufer die Sache jedenfalls dann zum Verkäufer verbringen und anschließend wieder abholen, wenn dafür ein Werkstattaufenthalt erforderlich ist;[55] anfallende Transport- und Reparaturkosten hat stets der Verkäufer zu tragen (§§ 439 Abs. 2, 269 Abs. 3).

Problematisch sind sog. **Einbaufälle**, wenn also die mangelhafte Kaufsache vor Entdeckung des Mangels bereits verbaut wurde (z.B. Dachziegel eingedeckt, Parkettstäbchen verlegt). Es geht dann um Kosten für Ausbau, Abtransport der mangelhaften und Wiedereinbau der mangelfreien Sache. Seit 2018 bestimmt hierfür § 439 Abs. 3 einen – verschuldensunabhängigen – **Aufwendungsersatzanspruch** des Käufers. Hat der Käufer

- eine neu hergestellte mangelhafte Kaufsache
- gemäß ihrer Art und ihrem Verwendungszweck
- in eine andere Sache eingebaut oder an eine andere Sache angebracht,[56]

ist der Verkäufer im Rahmen der Nacherfüllung (d.h. der Nachbesserung oder der Ersatzlieferung) verpflichtet, dem Käufer die erforderlichen Aufwendungen für das Entfernen der mangelhaften Sache und den Einbau oder das Anbringen der nachgebesserten oder gelieferten mangelfreien Sache zu ersetzen. Dieser Anspruch ist insofern bemerkenswert, als er einen Schaden ersetzt, ohne dafür die Voraussetzungen nach §§ 437 Nr. 3, 280 ff., insb. also §§ 280 Abs. 1 S. 2, 276, zu verlangen. Der „normale" Verkäufer ist nämlich bloß **Lieferant**; ihn trifft für den Mangel meist gar kein Sorgfaltspflichtver-

53 Vgl. BGH NJW 2019, 292.

54 A.A.: § 326 Abs. 2 S. 2 analog; Nachweise bei *Medicus/Petersen,* BR Rn. 290.

55 Zum Nacherfüllungsort vgl. *Medicus/Petersen,* BR Rn. 291c.

56 Offen: Gilt das auch für auf-/zusammenzubauende Sachen, im Fall von aufgebrachten Beschichtungen, Lacken oder Farben etc.?

stoß, also keine Schadensersatzpflicht; Schuld ist meist allein der **Hersteller**, der aber nicht der Verkäufer ist und deshalb selbst keine Gewährleistung schuldet. Auch ist das Herstellerverschulden dem Verkäufer nicht gem. § 278 zurechenbar, weil er sich des Herstellers eben nicht „zur Erfüllung *seiner Verbindlichkeit* bedient“; der Verkäufer schuldet die Herstellung nicht.

In einem zweiten Schritt wälzt § 445a das wirtschaftliche Risiko entlang der Lieferkette zurück auf den/die Vor-Lieferanten (als **Regresskette** letztlich auf den unternehmerisch tätigen Hersteller, vgl. § 445a Abs. 3). Es handelt sich um einen selbstständigen Regressanspruch des Verkäufers.

b) Weiterveräußerte Sache

91 Ist eine mangelhafte Sache vom Käufer bereits weiterveräußert worden, so ist dadurch im Verhältnis zwischen Erstverkäufer und -käufer Nacherfüllung unmöglich gemacht und deshalb Rücktritt ausgeschlossen (vgl. §§ 326 Abs. 5, 323 Abs. 6), solange nicht korrespondierend das zweite Kaufverhältnis abgewickelt wird. Möglich bleiben nur die Abtretung der Gewährleistungsansprüche aus dem ersten Kaufverhältnis an den Zweiterwerber oder Drittschadensliquidation.[57]

Eine Regresskette („Durchreichen“ des Gewährleistungsverlangens des Letzterwerbers an den ersten Verkäufer) wird nur im Rahmen von § 445a sichergestellt. Beim Verbrauchsgüterkauf (§ 474) sind dafür dann noch Modifikationen gem. § 478 zu beachten.

11. Sachmangel

92 Die Verletzung des Äquivalenzinteresses bezeichnet § 434 als Sachmangel (IST-Beschaffenheit SOLL-Beschaffenheit). Idealtypisch hierfür ist das Fehlen einer ausdrücklich vereinbarten Beschaffenheit (vgl. § 434 Abs. 1 S. 1; nach S. 2 rechnen etwa auch Werbeaussagen dazu). Dem steht die fehlende Eignung für die Erreichung des mit dem Vertrag beiderseits angestrebten ferneren Leistungserfolgs gleich (vgl. § 434 Abs. 1 S. 2 Nr. 1). Erst zuletzt und nur hilfsweise ist die gewöhnliche Eignung und Beschaffenheit maßgeblich (vgl. § 434 Abs. 1 S. 2 Nr. 2).

Nur insoweit sind Kategorien wie diejenige der „mittleren Art und Güte“ bei der Konkretisierung von Gattungsschulden (vgl. § 243 Abs. 1) maßgeblich. Ein abstrakter Durchschnittsmaßstab gilt, wo der Vertrag keine konkreten individuellen Hinweise zu Verwendungszweck, Beschaffenheit etc. gibt. Beschaffenheitsvereinbarungen können ausdrücklich formuliert sein, aber sich auch konkludent im Preis ausdrücken.

Mängel sind außerdem Fehler in einer beim Kauf als Nebenleistung vereinbarten Montage (§ 434 Abs. 2 S. 1) oder die fehlerhafte Montageanleitung (§ 434 Abs. 2 S. 2) sowie Falschlieferungen und Mengenabweichungen (§ 434 Abs. 3: Zuweniglieferung; zur Zuviellieferung vgl. dagegen Rn. 653).

12. Gefahrübergang

93 Der Sachmangel ist demnach also kein Wesensmerkmal der Sache, sondern er verweist auf die **Nichterfüllung** eines ganz bestimmten Versprechens einer konkreten oder abstrakten Eigenschaft, welche der Sache anhaften soll. Da jedes Gut aber für den Inha-

57 Beispiele bei *Grunewald,* BR § 3 Rn. 9, § 6 Rn. 8 und § 38 Rn. 8.

ber das Risiko seines Fortbestands und seiner gleichbleibenden Güte trägt, bedarf es für die Gewährleistungshaftung eines zeitlichen Moments, auf den sich das Versprechen des Verkäufers bezieht. Mängel, die erst später entstehen, etwa nach der Ingebrauchnahme durch den Käufer, können ihm nicht mehr angelastet werden, es sei denn, dass deren Ursache zu einer Zeit gesetzt worden war, während welcher der Verkäufer dieses Risiko noch zu tragen hatte.

Die zeitliche Abgrenzung des Risikos ist insb. deshalb notwendig, weil in Folge des Trennungsprinzips, dem das BGB folgt, schuldrechtlicher Kaufabschluss, Besitzübergang und Eigentumserwerb regelmäßig auseinanderfallen. § 446 S. 1 wählt hier eine Art Mittelweg und lässt die **Übergabe** der verkauften Sache maßgebend sein (geschuldet ist gem. § 433 Abs. 1 S. 1 Übergabe und Übereignung). Der Übergabe gleichgestellt wird insoweit der **Annahmeverzug** des Käufers (§§ 446 S. 3, 300 Abs. 2). Soweit die Vertragsparteien keine abweichende Risikoverteilung getroffen haben, ist der Käufer in seinem garantierten Interesse an vertragsgemäßer Sachqualität so lange schutzwürdig, bis die Ware in tatsächlicher Hinsicht aus dem Vermögen des Verkäufers in das seinige übergeht. Ab diesem Zeitpunkt muss er auf sie aufpassen, kann ihre Menge nachzählen (vgl. § 434 Abs. 3) oder sie handelsrechtlich prüfen und rügen (vgl. § 377 Abs. 1 HGB, widrigenfalls als Folge dieser Obliegenheitsverletzung unter Kaufleuten ein Gewährleistungsverlust eintritt, § 377 Abs. 2 HGB: *„gilt die Ware als genehmigt"*).[58]

Gefahrübergang meint also die **Preisgefahr**. Die Risikoabgrenzung des § 446 ist jedoch nicht in allen Fällen interessengerecht. Sie passt regelmäßig für Hol- und Bringschulden (vgl. § 269 Abs. 1). Gerade im Hinblick auf das Transportrisiko im Zusammenhang mit der Übergabe kann auch ein sog. **Distanzkauf (Schickschulden)** vereinbart werden, wonach der Verkäufer die Versendung an den Wohnsitz des Käufers auf dessen Verlangen hin schuldet, die Lieferung aber nicht auf seine Gefahr erfolgen soll. Wurde eine solche Vereinbarung getroffen, spricht § 447 Abs. 1 vom Versendungskauf und lässt die Gefahr bereits mit Übergabe an die Transportperson (Spediteur gem. § 453 HGB, Frachtführer gem. § 407 HGB etc.) und damit bereits vor Übergabe an den Käufer übergehen.[59] Distanz- bzw. Versendungskauf beruht deshalb auf einer **Risikoklausel**. Ob eine solche gewollt ist, unterliegt der Vertragsauslegung.

Kein Versendungskauf, sondern Bringschuld liegt vor, wenn auch die Montage beim Kunden geschuldet wird, die z.B. durch die Möbelspedition miterledigt wird; anderes kann auch nicht durch AGB vereinbart werden.[60] Im Handelsverkehr verwandte Klauseln wie „ab Lager", „ab Werk" oder „frei Haus" etc. sind meist keine Risikoklauseln, sondern bloße Spesenklauseln, welche nur die Tragung der Transportkosten, nicht des Transportrisikos regeln. Beides darf nicht verwechselt werden (vgl. § 269 Abs. 3). Im **E-Commerce** wie im gesamten Versandhandel ist es typischerweise Aufgabe des Verkäufers, die Versendung der Kaufsache – auf eigene oder fremde Kosten – zu veranlassen, es handelt sich deshalb regelmäßig um einen Versendungskauf. Es kann dahinstehen, ob Käufern optional die Abholung der Ware ermöglicht wird, die Bestellung des

58 Beispiel bei *Grunewald,* BR § 32 Rn. 4.

59 Beim **Versendungskauf (Schickschuld)** findet der Gefahrenübergang mit der Auslieferung an die Transportperson, Frachtführer oder der sonst zur Ausführung der Versendung bestimmten Person (§ 447 Abs. 1) statt. Obwohl dem Käufer das wirtschaftliche Eigentum noch nicht verschafft wurde, realisiert der Verkäufer bereits die Forderung und den Gewinn. Beim Überseehandel geht diese Preisgefahr vertragsgemäß oft mit der Überschreitung der Reling des Schiffes bzw. Verbringung an Bord des Schiffes im Verschiffungshafen auf den Schuldner über (sog. FOB- oder CIF-Klauseln). Für Bilanzierungszwecke ist der genaue Tag ggf. zu schätzen, vgl. *Beck'scher Bilanz-Kommentar,* § 247 HGB Rn. 82.

60 BGH NJW 2014, 454 = ZIP 2014, 328.

Käufers enthält ggf. die schlüssige Erklärung, dass die Kaufsache ihm geliefert werden solle. Gem. § 447 trägt damit der Käufer das Versandrisiko; wichtige **Ausnahme**[61] ist der **Verbrauchsgüterkauf**, bei dem § 447 durch § 475 Abs. 2 für den Normalfall ausgeschlossen ist, also trotz Versendungskaufs der Verkäufer das Versandrisiko trägt.

Beim Versandhandel liegt infolge der AGB bisweilen auch **Kauf auf Probe** vor (vgl. § 454), so dass Gefahrübergang dann sowieso erst mit Billigung eintritt (vgl. § 455).[62]

Beispiel: Wird eine Warensendung bei hilfsbereiten Nachbarn des Empfängers abgegeben, fällt deren Unachtsamkeit in das Versandrisiko. Trägt dieses beim Versendungskauf wegen § 447 der Käufer, muss er unter allem Umständen den Kaufpreis bezahlen (vgl. § 326 Abs. 1, Abs. 2) und kann Zug um Zug Abtretung von schuldrechtlichen und deliktischen Ansprüchen des Verkäufers gegen den Transporteur bzw. die Nachbarn (!) verlangen (Paketannahme begründet ein Auftragsverhältnis zwischen Paketdienst und Nachbar, § 662, mit Haftung gegenüber dem Auftraggeber, also Paketdienst, nach § 280 Abs. 1), vgl. §§ 320 Abs. 1, 285 (Fall der Drittschadensliquidation). Der Erwerber ist meist nämlich noch nicht Eigentümer (obwohl der Verkäufer bereits erfüllt hat, § 447). Die Übergabe der Kaufsache an die Transportperson, geschweige denn an die Nachbarn, ist unabhängig von der Anwendbarkeit von § 446 (bei Beförderungspflicht des Verkäufers) oder § 447 (bei Distanzkauf und Beförderung auf Verlangen des Kunden) im Regelfall nicht dergestalt als Besitzkonstitut vereinbart, dass der Verkäufer den Eigentumsübergang auf den Käufer nach §§ 929 S. 1, 930 herbeiführen dürfte; geschuldet wird Übereignung nach § 929 S. 1. – Eine andere Vereinbarung ist im Kaufvertrag denkbar, etwa wenn der Käufer bereits vor Ort bezahlt hätte; danach wäre der Erwerber dann bereits Eigentümer, obwohl der Verkäufer ggf. nach § 946 während eines von ihm noch geschuldeten Transports weiterhin die Preisgefahr trüge (Transportschäden blieben – deshalb – nach § 434 Abs. 1 S. 1 der Mängelgewährleistung unterstellt).

Bei einem Versendungskauf nach bereits erfolgter Übereignung fielen Erfüllung und Übergang der Preisgefahr zusammen, wodurch die Drittschadensliquidation in dieser Fallgestaltung z.T. entbehrlich würde, weil der Erwerber zumindest eigene Deliktsansprüche wegen Eigentumsverletzung gegen den Transporteuer bzw. die hilfsbereiten Nachbarn(!) geltend machen könnte.

13. Besonderheiten beim Verbrauchsgüterkauf

94 Zugunsten des Käufers greifen, sofern er Verbraucher (vgl. § 13) ist und ein Verbrauchsgüterkauf (vgl. § 474 Abs. 1) vorliegt, insoweit zwei Besonderheiten. Danach ist die Verlagerung des **Transportrisikos** beim Versendungskauf auf ihn unzulässig (vgl. § 475 Abs. 2, wonach § 447 im Normalfall nicht anzuwenden ist). Zum anderen erfährt der Verbraucher eine **Beweislastumkehr** dahin, dass beim Auftreten eines Sachmangels innerhalb von sechs Monaten seit Gefahrübergang widerleglich vermutet wird, dass die Sache bereits bei Gefahrübergang mangelhaft war (vgl. § 477). Ist also nicht erweislich, ob die Ursache eines Sachmangels bereits bei Gefahrübergang gesetzt war, so geht diese sog. Beweisfälligkeit des Käufers entgegen den allgemeinen Vorschriften beim Verbrauchsgüterkauf nicht zu Lasten seiner Gewährleistungsrechte.

Nach § 478 Abs. 1, Abs. 3 gilt das Recht des Verbrauchsgüterkaufs bei neuhergestellten Sachen auch in der gesamten vorangegangenen Lieferkette vom Hersteller bis zum Letztverkäufer und verdrängt die dort sonst regelmäßig geltenden Vorschriften des Han-

61 Beim **handelsrechtlichen Frachtgeschäft** nach § 407 HGB ist die Gefahrverteilung bereits deshalb eine andere, weil dort der Empfänger nach § 421 Abs. 1 S. 2 HS 1 HGB **eigene** Gewährleistungsrechte gegen den Frachtführer geltend machen kann **(Vertrag zugunsten Dritter)**.

62 Z.B. www.zalon.de/terms Ziff. 4.2-4.5 und 10.1. Das Widerrufsrecht nach §§ 312c Abs. 1, 312g Abs. 1, 355 Abs. 2 S. 2 beginnt dabei auch erst mit Billigung (Vertragsschluss), so dass hier ggf. unterschiedliche Vorgehensweisen abzuwägen sein können.

delskaufs **(Regresskette)**; insb. setzt sich auch dort die Beweislastumkehr des § 477 fort. Für Nacherfüllungs- und alle Gewährleistungsrechte seines Käufers kann der Verkäufer bei seinem Lieferanten ohne Fristsetzungen Regress nehmen; § 445a. Für die Verjährungsfristen der §§ 438, 476 Abs. 2 gelten nach § 445b Abs. 2, 3 Ablaufhemmungen in der gesamten Lieferkette. Allerdings bleiben die Rügeobliegenheiten des § 377 HGB in der Lieferkette bestehen (§ 478 Abs. 4).[63]

14. Haftung für Rechtsmängel

Parallel zu Sachmängeln gestaltet sich die Gewährleistung für Rechtsmängel. Solange der Gegenstand nicht frei von fremden Rechten verschafft ist, ist nicht erfüllt (vgl. §§ 435 S. 1, 433 Abs. 1 S. 2). Die primäre Erfüllungspflicht ist also noch offen, solange keine Lastenfreiheit besteht.[64] Hat der Käufer die Kaufsache angenommen, richtet sich sein Erfüllungsanspruch nach §§ 437 ff. Neben dinglichen Lasten können Rechtsmängel auch etwa dem Käufer gegenüber wirkende schuldrechtliche Ansprüche (etwa zu übernehmende Mietverhältnisse, vgl. § 566 Abs. 1, und bestimmte Einreden Dritter, vgl. § 986 Abs. 2) sein. **95**

15. Rechte des Käufers bei Mängeln

Parallel zur vorausgegangenen Bestimmung der vertraglichen Haupt- und Nebenleistungspflichten anhand des Äquivalenzinteresses gibt das Ausbleiben dessen, was zuvor das Forderungsrecht aus dem Schuldverhältnis war, nun die Gewährleistungsrechte als **sekundäre Rechtsbehelfe** (das Nacherfüllungsverlangen ist kein nachrangiger Rechtsbehelf, sondern die Fortsetzung der ursprünglichen Erfüllungsklage). Als besonderes Gewährleistungsrecht des Käufers existiert lediglich noch seine Befugnis zur Herabsetzung des Kaufpreises (Minderung gem. § 441). Ansonsten hat der Käufer die **allgemeinen Leistungsstörungsrechte**, deren Geltendmachung an die Interessenlage beim Kaufvertrag lediglich angepasst wird. Es sind dies die Rückgängigmachung des Kaufvertrags (Rücktritt, § 437 Nr. 2), und bei Verschulden des Verkäufers (vgl. § 280 Abs. 1 S. 2 als negatives Tatbestandsmerkmal) statt Rücktritt und Minderung Schadensersatz, § 437 Nr. 3. **96**

Die Systematik der Rechtsbehelfe schützt das Äquivalenzinteresse der Parteien aus dem Kaufvertrag. Mit einer mangelhaften Leistung kann der Verkäufer seine Leistungspflichten zunächst einmal nicht erfüllen. Wie bereits festgestellt, bleibt dem Käufer die ursprüngliche Erfüllungsklage erhalten (§§ 437 Nr. 1, 439: Nacherfüllungsverlangen). Lediglich im Falle der Unmöglichkeit der Nacherfüllung bedarf es dieses Verweises nicht, weil eine darauf gerichtete Nachfristsetzung als sinnlos von vornherein nicht ver-

---

63 Die **Direktlieferung an den Endkunden** ändert also nichts an der Rügeobliegenheit in vorausliegenden Verhältnissen. Liefert der Hersteller auf Wunsch des Händlers direkt an den Endkunden, muss der Händler sicherstellen, dass der Endkunde ihn so rechtzeitig über einen Mangel der Ware unterrichtet, dass der Händler seinerseits gegenüber dem Hersteller seiner Rügeobliegenheit nach § 377 HGB nachkommen kann; vgl. *K. Schmidt,* Handelsrecht § 29 Rn. 95 ff., 106 ff.; OLG Köln NJW-RR 2015, 859.

64 Zum Problem bei Nichtverschaffung des Eigentums (z.B. infolge § 935) vgl. Palandt/*Weidenkaff,* § 435 Rn. 8 (kein Mangel, sondern Nichterfüllung); *Grunewald,* BR § 15 Rn. 5 will auf die Nichtverschaffung des Eigentums § 438 analog anwenden; eher liegt wohl meist subjektive Unmöglichkeit vor, so dass Rechte aus §§ 275 Abs. 1, Abs. 4, 283, 280 Abs. 1 bestehen (Verschulden?), auf die § 195 anzuwenden wäre, vgl. auch Palandt/*Weidenkaff,* § 433 Rn. 12; beim Rechtskauf noch eindeutiger *ders.,* § 453 Rn. 20a.

langt wird. Das ist der Unterschied in den Verweis in § 437 Nr. 2 (Rücktritt/Minderung) auf §§ 323 bzw. 326 Abs. 5 und in § 437 Nr. 3 (Schadensersatz) auf §§ 280, 281 einerseits bzw. §§ 283 und 311a andererseits.

Rücktrittsvoraussetzung ist außer im Fall der Unmöglichkeit der Nacherfüllung (§§ 437 Nr. 2, 326 Abs. 5), ihrem Fehlschlagen, ihrer ernsthaften und endgültigen Verweigerung oder ihrer Unzumutbarkeit (§§ 437 Nr. 2, 440) eine vergebliche (Nach-)Fristsetzung zur Nacherfüllung. Gleiches gilt nach §§ 437 Nr. 2, 441 („statt zurückzutreten") für die Minderung.

Die Voraussetzungen für Minderung/Rücktritt und **Schadensersatz statt der Leistung** unterscheiden sich nur durch das Verschuldenserfordernis beim Schadensersatz (alle Verweise enden bei § 280 Abs. 1 S. 2). Seit 2014 unterscheiden sich zudem hinsichtlich einer Entbehrlichkeit der Nachfristsetzung § 323 Abs. 2 und § 281 Abs. 2 darin, dass zum **sofortigen Rücktritt** nach § 323 Abs. 2 Nr. 3 bei Schlechterfüllung eine Interessenabwägung ermächtigen kann, während bei Ausbleiben der Leistung allein die strengere Bestimmung zum relativen Fixgeschäft (Nr. 2) gilt; hingegen ist **sofortiger Schadensersatz statt der Leistung** (§ 281 Abs. 2) weiterhin immer nur eine Frage der Interessenabwägung, gleichwie bei Nicht- oder Schlechtlieferung. D.h. bei ausbleibender Lieferung mag also nun Schadensersatz in bestimmten Fällen schneller erreichbar sein als Rücktritt, was wenig sinnvoll ist, weil Schadensersatz *statt* der Leistung ja auch auf die Rücktrittsfolgen hinausläuft.

Steht danach fest, dass der Kaufvertrag nicht mehr ordnungsgemäß durchgeführt werden kann, wird der im Äquivalenzinteresse ausgedrückte Ausgleich von Leistung und Preis nach Wahl des Käufers entweder dadurch hergestellt, dass er die mangelhafte Kaufsache behält, dafür jedoch nur einen entsprechend herabgesetzten Preis bezahlen muss, oder dass er von der Durchführung des Kaufvertrages gänzlich absieht und den Kaufgegenstand gegen Erstattung des Preises zurückgibt. Geringfügige Mängel (Reparaturkosten von 5–10 % des Kaufpreises) haben in Konsequenz des Äquivalenzprinzips nur eingeschränkte Rechtsfolgen: Minderung (§ 441 Abs. 1 S. 2) und Schadensersatz neben der Leistung (§§ 283 S. 2, 281 Abs. 1 S. 3, ebenso § 311a Abs. 2 S. 3, schließen den großen Schadensersatz aus; §§ 326 Abs. 5 HS. 2, 323 Abs. 5 S. 2 den Rücktritt).

16. Minderung

97 Minderung heißt nach § 441 Abs. 3 verhältnismäßige Herabsetzung des Kaufpreises entsprechend dem geringeren Wert der mangelhaften Kaufsache. Nicht der objektive Minderwert wird vom bezahlten Preis abgezogen, sondern die prozentuale Wertdifferenz zwischen mangelfreier und mangelhafter Ware wird auf den vereinbarten Preis übertragen, so dass ein vom entdeckten Fehler unabhängig zu hoch oder zu niedrig bezahlter Preis in demselben Verhältnis bestehenbleibt. Ein in Ansehung des Preises vom Käufer geschlossenes „gutes Geschäft" kann dieser sich trotz des Mangels erhalten, allerdings reduziert sich der absolute Betrag der Unterbezahlung (und umgekehrt bei Überbezahlung der Ware). Die Herabsetzung erfolgt nach der **Formel**: alter Preis zu neuem Preis wie Wert der mangelfreien Sache zum Wert der mangelhaften Ware. Der neue Preis ermittelt sich durch entsprechende Auflösung der Formel.

Insb. für den Fall der Unterbezahlung der Ware („Schnäppchen") sei an dieser Stelle nochmals darauf hingewiesen, dass der den Sachmangel erst bestimmende, vertraglich vorausgesetzte Verwendungszweck (vgl. § 434 Abs. 1 S. 2 Nr. 1) durchaus auch im Preis seinen Ausdruck gefunden haben kann („B-Ware"). Es läge dann bereits kein Mangel vor und wäre kein Raum für Gewährleistungsrechte. Ein günstiger Preis allein lässt jedoch keinesfalls auf die Vereinbarung minderer Qualität schließen, unter Umständen jedoch schon darauf, ob etwa ein Kunstgegenstand eben nicht als echt oder ein Tier nur als Liebhabertier und nicht zu Zuchtzwecken veräußert wurde.

17. Rücktritt

Das andere aus dem Äquivalenzinteresse folgende Recht des Käufers ist der bei allen Leistungsstörungen gesetzlich gewährte Rücktritt, neben § 437 Nr. 2 vgl. auch §§ 323, 324 i.V.m. 346 ff. Mit dem Rücktritt wird der Kaufvertrag so beseitigt, dass anstelle der synallagmatischen Leistungspflichten (vgl. §§ 320 ff.) ein **nicht-synallagmatisches gesetzliches Schuldverhältnis auf Rückgabe** besteht. Die bereits erfolgten Übertragungsakte und Übereignungen sind dadurch also nicht automatisch hinfällig, sondern sie müssen durch Rückgabe und Rückübereignung erst noch rückgängig gemacht werden. Sachenrechtlich muss somit ein erneuter derivativer Rechtserwerb, diesmal des Verkäufers vom Käufer, stattfinden. Der Rückgabeanspruch ist dort zu erfüllen, wo sich die Ware bei Erklärung des Rücktritts vertragsgemäß befindet. Neben der Rückgewähr der empfangenen Leistungen (zumeist Rückgabe und Rückübereignung, vgl. § 346 Abs. 1) hat der Käufer auch die gezogenen Nutzungen herauszugeben. Ist die Rückgewähr nicht oder (jedenfalls im ursprünglichen Zustand) nicht mehr möglich, hat der Schuldner statt dessen Wertersatz zu leisten (vgl. § 346 Abs. 2). Die Pflicht zum Wertersatz entfällt jedoch gem. § 346 Abs. 3 in den meisten Fällen eines adäquaten Umgangs des Käufers mit der Sache während der Zeit seines Besitzes. Auch soweit danach kein Wertersatz geschuldet wird, ist eine verbleibende Bereicherung (**Nutzungsvorteile**) und damit insb. die Ersparnis anderweitiger Aufwendungen, nach Bereicherungsrecht zu ersetzen (vgl. § 346 Abs. 4 mit Verweis vor allem auf die Leistungskondiktion des § 812 Abs. 1 S. 1 Alt. 1). **98**

Beispiel: Solche Nutzungsvorteile sind etwa die Wegstreckenentschädigung eines zwischenzeitlich gefahrenen Pkw, zwischenzeitliche Mieteinnahmen aus der Sache oder sonstige Erträge (vgl. § 99); beim Verbrauchsgüterkauf ist Nutzungsersatz durch § 475 Abs. 3 ausgeschlossen.

Aufgrund des nicht einzuhalten vermochten Versprechens des Verkäufers auf Lieferung des Kaufgegenstands bietet das Rücktrittsrecht dem Käufer die Möglichkeit, den beiderseitigen Leistungsaustausch rückabzuwickeln und schützt ihn davor, aus seinem übrigen Vermögen etwas hinzusetzen zu müssen, was nicht an Vorteil ihm zugeflossen ist. Umgekehrt wird auch der Verkäufer geschützt, in dem er allenfalls damit rechnen muss, nicht den vollen ursprünglichen Wert zurückerstattet zu bekommen, aber gleichfalls nichts aus seinem übrigen Vermögen hinzusetzen muss; dies müsste er nur bei Verschulden in Bezug auf den Mangel im Wege des Schadensersatzes.

Rücktritt und Minderung beseitigen das Missverhältnis zwischen Sachwert und Preis. Der Käufer kann jedoch – schon wegen des Sachmangels allein – noch weiteren Schaden haben (Verdienstausfall, Klagen seiner eigenen Kunden). Der Schadensersatz orientiert sich deshalb am Erfüllungsinteresse.

18. Prüfungsschema zu Forderungsrechten nach Rücktritt

99
I. Anwendbarkeit des Rücktrittsrechts
1. Ausübung eines gesetzlichen oder vertraglichen Rücktrittsrechts
2. Rechtsfolgenverweis, z.B. bei Minderung in §§ 441 Abs. 4 (Kauf), § 638 Abs. 4 (Werkvertrag), §§ 651d, e (Reisevertrag); bei Mietminderung dagegen Bereicherungsrecht

II. Rückgewähr, §§ 346 Abs. 1, 348
1. Rückgewähr der empfangenen Leistungen
2. Herausgabe der gezogenen Nutzungen
   a) Früchte (§ 99), Gebrauchsvorteile (§ 100)
   b) Ersatz schuldhaft nicht gezogener Nutzungen, § 347 Abs. 1

III. Nachrangig Wertersatz
1. Herausgabe nach Natur des Erlangten nicht möglich (z.B. Gebrauchsvorteile/ erbrachte Dienstleistung)
2. Verbrauch, Veräußerung, Belastung, Verarbeitung oder Umgestaltung des Gegenstandes
3. § 346 Abs. 2 S. 2: Berechnung des Wertersatzes nach vereinbarter Gegenleistung
4. Ausschluss der Wertersatzpflicht, § 346 Abs. 2

IV. Schadensersatz, §§ 346 Abs. 4, 280 ff.
1. Pflichtverletzungen nach Rücktrittserklärung nur hins. Pflichten aus dem Rückgewährschuldverhältnis
2. Pflichtverletzungen vor Rücktrittserklärung aber nach Kenntnis des Rücktrittsgrundes, §§ 346 Abs. 4, 280 Abs. 1, 241 Abs. 2

V. Verwendungsersatz des Rücktrittsschuldners, §§ 347 Abs. 2 S. 1
1. Notwendige Verwendungen
2. Gegenstand zurückgegeben oder Wertersatz geleistet oder Wertersatzanspruch ausgeschlossen

VI. Aufwendungskondiktion des Rücktrittsschuldners, §§ 347 Abs. 2 S. 2
1. Sonstige Aufwendungen des Rücktrittsschuldners
2. Bereicherung des Rücktrittsgläubigers
3. Rechtsfolgenverweis auf Bereicherungsrecht, §§ 818 ff.

19. Schadensersatz

100 Nicht mehr das Äquivalenz-, sondern das Integritätsinteresse des Käufers ist verletzt, wenn er über den Mangel der Kaufsache hinausgehende Nachteile erleidet. Diese Unterscheidung ist bedeutsam, denn während der Verkäufer eine bestimmte, zumindest objektiv als üblich zu bezeichnende Beschaffenheit der Kaufsache versprochen, also die Gewähr für die Mangelfreiheit übernommen hat, fehlt es an dieser Gewährträgerschaft für das Erreichen etwaiger fernerer Vertragszwecke und Interessen, welche der Käufer mit dem Erwerb verbunden hatte.

Der Verkäufer haftet für Schäden des Käufers im Bereich seines Integritätsinteresses (sog. Mangelfolgeschäden) nur, wenn ein **gesonderter Zurechnungsgrund** (Verantwortlichkeit) vorliegt. Hierfür verweist § 437 Nr. 3 über die §§ 281, 283 und 311a ebenso wie über § 284 auf das Verschuldenserfordernis der §§ 280 Abs. 1 S. 2, 276 Abs. 1 (**„zu vertreten“**).

Dem steht nach § 276 Abs. 1 S. 1 a.E. ein Garantieversprechen (vgl. § 443 Abs. 1: *„zusätzlich zu der gesetzlichen Mängelhaftung"*) gerade in Bezug auf die ferneren Vertragszwecke gleich (früher: sog. zugesicherte Eigenschaften; seit 2014: Garantie, *„die Sache auszutauschen, nachzubessern oder in ihrem Zusammenhang Dienstleistungen zu erbringen, falls die Sache nicht diejenige Beschaffenheit aufweist oder andere als die Mängelfreiheit betreffende Anforderungen nicht erfüllt"*). Die **Garantie** ist verschuldensunabhängige Einstandspflicht für das Integritätsinteresse (die gesetzliche Gewährleistung ist hingegen die verschuldensunabhängige Einstandspflicht nur für das Äquivalenzinteresse).

Ohne zusätzliche Garantie wird dem Käufer Schadensersatz nur zugebilligt, wenn der Verkäufer nicht nur seine Gewähr auf mangelfreie Lieferung schlicht gebrochen, sondern sie **schuldhaft** verletzt hat. Dies ist dann eine Frage des Sorgfaltsmaßstabs, den der Verkäufer nach den Umständen des konkreten Geschäfts an die Kaufsache, ihre Obhut oder ihre Kontrolle zu legen hat. Anders als beim Schadensersatz gem. § 823 Abs. 1 steht hier nicht der Rechtsgüterschutz des Käufers (Verletzung einer jedermann treffenden Verhaltensnorm aus dem objektiven Zuweisungsgehalt eines Rechts) in Rede, vielmehr ist der Kaufgegenstand im Zeitpunkt der schuldhaften Pflichtverletzung zumeist noch im Eigentum des Verkäufers. Die verletzte Pflicht kann vielmehr nur eine schuldrechtliche sein. Sie kann je nach Einzelfall des Kaufverhältnisses ganz unterschiedliche Anforderungen stellen. Ein verkauftes Fahrrad ist bis zum Gefahrübergang gegen Diebstahl zu sichern; je nach Örtlichkeit und Typ mag das Speichenschloss genügen, oder ist es an eine Verankerung anzuketten. Beim Verkauf von Baumaterial im Baumarkt mag allenfalls eine stichprobenartige Kontrollpflicht des Verkäufers hinsichtlich der Qualität bestehen. Von einem Fachhändler wird etwa beim Gebrauchtwagenverkauf eine eingehende Sichtkontrolle erwartet.

Nur in einer solchen ***weitergehenden*** **Pflicht** kann ein Verschulden (korrekter: ein ***Vertretenmüssen***, nämlich einer ***Pflicht*****verletzung**) begründet sein und nur in diesem Rahmen haftet der Verkäufer für die Vernachlässigung der verkehrsüblichen Sorgfalt (vgl. § 276 Abs. 2), auch durch seine Erfüllungsgehilfen (vgl. 278).

Die *Beschaffungspflicht* eines Gattungsschuldners ist dabei zwar Primärpflicht, hat aber nicht die Konsequenz des § 276 Abs. 1 a.E. auf Ebene der Sekundäransprüche. Anders als beim Werkliefervertrag (vgl. § 650 S. 1) ist die **Herstellungspflicht keine Nebenpflicht des Kaufvertrags**, so dass ein Herstellerverschulden dem Verkäufer als (Zwischen-)Händler nicht anzulasten ist, auch nicht über § 278. Lag eine Beeinträchtigung der Kaufsache bereits im Zeitpunkt des Vertragsschlusses vor, so kann ein Verschulden des Verkäufers nur in einer Verletzung etwaiger Kontrollpflichten über seine eigene ordnungsgemäße Lieferfähigkeit liegen; eine solche ist im Massengeschäft sicher zu verneinen. Dafür aber seit 2019 nun die §§ 445a/b, vgl. oben Rn. 94.

D.h. auch, dass es bei **nicht behebbaren** Mängeln auf den Zeitpunkt ankommt, in dem der Mangel eingetreten ist. Lag der Mangel bereits bei Kaufabschluss vor, sind etwaige Kontroll-, Prüfpflichten schadensersatzbegründend (Hätte der Verkäufer den Mangel *kennen* müssen?), bei später entstehenden Mängeln dagegen Obhutspflichten (Hätte er ihn *verhindern* müssen?); parallel zur anfänglichen Unmöglichkeit, vgl. in § 311a Abs. 2 S. 2). Bei **behebbaren** Mängeln gilt Selbiges. Allerdings tritt bei behebbaren Mängeln im Zeitpunkt des Gefahrübergangs die Beseitigungspflicht (§ 439) als Quelle von Pflichtverletzungen hinzu. Letzteres wirkt sich jedenfalls mit dem Nacherfüllungsverlangen (bzw. mit Ablauf der für die Nacherfüllung angemessenen Frist) dahin aus, dass der Verkäufer ab dann verschuldensunabhängig haftet (§ 276 Abs. 1 a.E.; er hat eine Einstandspflicht für die Lieferung einer mangelfreien Sache mit Kaufabschluss übernommen); aber bereits das Nacherfüllungsverlangen genügt als Mahnung der originären Lieferpflicht einer mangelfreien Sache und führt zur Verzugshaftung ab diesem Zeitpunkt (§§ 280 Abs. 2, 286, 287).

Beispiel: Ein Betriebsausfallschaden infolge Lieferung einer mangelhaften Sache ist nach § 437 Nr. 3, 280 Abs. 1 bewehrt (Schadensersatz „neben" der Leistung; nur soweit er noch kompensierbar wäre, ist er solcher „statt" der Leistung). Insoweit ist § 440 zu beachten sowie das Verschuldenserfordernis. Kommt der Verkäufer sodann durch solche Mahnung in Verzug, kann der Käufer einen nachfolgenden Betriebsausfallschaden alternativ darauf stützen (§§ 437 Nr. 1, 439, 280 Abs. 2, 286; dazu sogleich unter Verzugsfolgen). Problematisch ist aber der „erste" Betriebsausfallschaden zwischen Ablieferung und Nacherfüllungsverlangen. Dieser scheitert als Mangelrecht und als Verzugsfolge am fehlenden Nacherfüllungsverlangen (Mahnung); er wäre daher nur als Nebenpflichtverletzung nach § 280 Abs. 1 zu ersetzen; dazu fehlt aber wohl regelmäßig eine verletzte Pflicht.[65]

20. Prüfungsschema zum Schadensersatz wegen Mangelschäden, § 437 Nr. 3 (Kauf) bzw. § 634 Nr. 4 (Werkvertrag)

101 **I. Anspruchsvoraussetzungen**
1. Wirksamer Kauf- bzw. Werkvertrag
2. Mangel (§ 434 bzw. § 633) bei Gefahrübergang
3. Nacherfüllung unmöglich, fehlgeschlagen oder verweigert, § 440 bzw. § 636
   a) an der Nacherfüllung nicht gehindert, § 320
   b) Fruchtloser Ablauf einer angemessenen Frist zur Nacherfüllung, § 281 Abs. 1 S. 1
   c) **Oder** Entbehrlichkeit der Fristsetzung, vgl. §§ 440 bzw. 636: Nacherfüllung fehlgeschlagen, verweigert, unzumutbar oder unmöglich (entbehrlich auch beim Unternehmerregress, § 445a)
4. Verschuldensvermutung, § 280 Abs. 1 S. 2 (in Bezug auf Unmöglichkeit, Fehlschlagen etc. der Nacherfüllung)

II. Kein Gewährleistungsausschluss (z.B. § 377 Abs. 2 HGB; § 640 Abs. 3 bei vorbehaltloser Abnahme

III. Zulässige Berechnungsart als:
1. Schadensersatz statt der Leistung, §§ 437 Nr. 3, 281 Abs. 1 S. 1, 280 Abs. 1, Abs. 3
2. Schadensersatz neben der Leistung, §§ 437 Nr. 3, 280 Abs. 1; parallel Aufwendungsersatz möglich, § 284

IV. Keine Verjährung (§ 438 bzw. § 634a; ggf. §§ 309 Nr. 7, Nr. 8b ff., 307, 476 Abs. 2)

65 Soweit diese in der unbefugten Lieferung einer mangelhaften Sache liegen soll, ist dieses aber doch nur dann kausal, wenn der Nutzungsausfall ohne jede Lieferung vermieden worden wäre, nicht aber, wenn sie als mangelfreie vonnöten war; sonst liegt der Schwerpunkt des Vorwurfs im Unterlassen ordnungsgemäßer Erfüllung und wäre mit dem Mangelschaden deckungsgleich, nicht aber sonstige Pflichtverletzung (sonstige Pflichtverletzung wäre gegeben, wenn z.B. eine gekaufte Software nicht nur nicht funktioniert, sondern zusätzlich noch einen Virus überträgt, der erst die Anlage abstürzen lässt); anders *Medicus/Petersen,* BR Rn. 299; *Herb. Roth,* FS Medicus (2009), S. 371, 378.

21. Arten des Schadensersatzes

Je nach Art des beim Käufer eingetretenen Schadens stehen ihm **drei Berechnungsweisen** zur Verfügung. Es sind dies der Schadensersatz **statt der Leistung**, der Schadensersatz **neben der Leistung** und der **Aufwendungsersatz**. 102

Mit dem Schadensersatz statt der Leistung kann der Käufer solche Schäden liquidieren, die entfallen wären, wenn der Verkäufer im Zeitpunkt des Schadensersatzverlangens noch ordnungsgemäß erfüllt hätte. Schadensersatz neben der Leistung betrifft hingegen Schadenspositionen, die bei entsprechender Nacherfüllung bereits nicht mehr entfallen wären und die deshalb nicht alternativ zur Leistung (nicht „statt"), sondern („neben") kumulativ zur Leistung, also zur Vertragserfüllung beansprucht werden können.

Entgangener Gewinn (vgl. § 252) kann Schadensersatz statt der Leistung sein, wenn die Weiterveräußerungsmöglichkeit nach Ablauf der Nachfrist zur ordnungsgemäßen Erfüllung noch fortbesteht, und Schadensersatz neben der Leistung, wenn sie bereits vorher weggefallen war.[66] Die Kosten eines **Deckungskaufs** sind, soweit dieser nur zur vorübergehenden Überbrückung dient, Schadensersatz neben der Leistung, beim dauerhaften Deckungskauf Schadensersatz statt der Leistung.

Schadensersatz statt der Leistung setzt deshalb regelmäßig eine Nachfristsetzung voraus (vgl. § 281 Abs. 1), die nur ausnahmsweise (vgl. § 281 Abs. 2) und v.a. bei Unmöglichkeit der Nacherfüllung (vgl. § 283) entbehrlich ist. Schadensersatz neben der Leistung (vgl. § 280 Abs. 1) bedarf zu seiner Geltendmachung keiner Nachfristsetzung, weil diese Schadenspositionen gerade unabhängig von einer Nacherfüllung entstehen.

Diese Unterscheidung ist im Hinblick auf den Ersatz vergeblicher Aufwendungen (vgl. § 284) relevant. Das sog. Frustrationsinteresse („frustrierte Aufwendungen") kann der Käufer nur alternativ zum Schadensersatz statt der Leistung, ohne Weiteres jedoch ergänzend zum Schadensersatz neben der Leistung geltend machen (anders z.T. nach der Rentabilitätsvermutung[67]).

Beispiel nach BGHZ 163, 381 ff.: Der Käufer eines Fahrzeugs tritt nach fehlgeschlagener Mangelbeseitigung vom Kaufvertrag zurück. Er verlangt nun Ersatz seiner Gutachterkosten zur Mangelfeststellung, der Zulassungs- und Überführungskosten sowie von Kosten für von ihm nachträglich eingebauter Zusatzausstattung.

Nach § 325 kann der Käufer stets neben dem Rücktritt (hier gem. §§ 440, 323 Abs. 1, 346 ff.) zusätzlich Schadensersatz verlangen. Für Letzteren muss er sich je nach Art seiner Schadenspositionen für die lukrativste Berechnungsweise entscheiden. Die Gutachterkosten zur Mängelfeststellung sind als Schadensersatz neben der Leistung zu qualifizieren, weil sie auch bei erfolgreicher Nacherfüllung entstanden wären. Daneben ist nach § 284 Aufwendungsersatz möglich. Aufwendungen sind freiwillig erbrachte Vermögensopfer, worunter die geltend gemachten Kosten gefasst werden können. Das Schadensersatzverlangen ist deshalb insges. berechtigt. Weiterhin könnte der

---

66 Z.T. bestritten, weil oftmals zufällige Abfolge, weshalb entgangener Gewinn stets solcher statt der Leistung sein soll; im Hinblick auf getätigte Aufwendungen für die Weiterveräußerungsmöglichkeit kann daraus ein erheblicher Unterschied erwachsen, weil solche über den entgangenen Gewinn amortisieren und nur nach § 284 mit solchem „neben" der Leistung kombiniert werden könnten; daraus stünde sich ein derart verhinderter Wiederverkäufer sogar besser als bei rechtzeitiger Erfüllung. Allerdings sollen solche kommerziellen Aufwendungen jedenfalls stets eine Art rechnerischen Mindestschaden darstellen, welcher gar nicht über gesondert § 284 liquidiert werden müsse (sog. Rentabilitätsvermutung), vgl. *Grunewald*, BR § 33 Rn. 18. Danach wäre für die hiesige Problematik die Mehrzahl der störenden Zufallsergebnisse beseitigt.

67 Beispiel bei *Grunewald*, BR § 33 Rn. 18.

Käufer einen Nutzungsausfallschaden für die Zeit bis zur Rücktrittserklärung geltend machen (nach dem Kommerzialisierungsgedanken stellt die bloße Nutzungsmöglichkeit eines PKW einen Vermögenswert dar, der hier infolge des Mangels wegfällt). Auch dieser Schaden wäre nicht rückwirkend durch Nacherfüllung weggefallen und somit *neben* der Leistung geltend zu machen.

Nutzungsausfallschaden für Zeiten nach der Rücktrittserklärung, etwa bis ein adäquater Ersatzwagen gefunden werden konnte (aber Schadensminderungspflicht gem. § 254 Abs. 2 zu beachten) und ein allfälliger Mehrpreis für den Ersatzwagen fielen zwar ebenfalls unter die Schadensersatzpflicht des Verkäufers, wären jedoch als Schadensersatz statt der Leistung (§§ 437 Nr. 3, 280 Abs. 1, Abs. 3, 281 Abs. 1 S. 1) nicht mit den zuvor benannten Schadensersatzansprüchen kombinierbar. Der Käufer müsste sich also entscheiden (vertretbar erscheint nach der sog. Rentabilitätsvermutung, die Zulassungskosten alternativ auch als Schadensersatz statt der Leistung zu qualifizieren). Die Berechnungsweisen stehen also nebeneinander und schließen sich (nur) teilweise aus.

22. Besonderheiten des Gewährleistungsrechts

103 Mit Ausnahme des zusätzlichen Minderungsrechts greifen die Gewährleistungsrechte auf das **allgemeine Leistungsstörungsrecht** zurück. Die Besonderheiten im Zusammenhang mit der Vorschrift des § 437 liegen deshalb nur in der konditionalen Anbindung an die fortbestehende Erfüllungsklage (Nacherfüllung), ausgedrückt durch § 440, wodurch eine evtl. sonst erforderliche Nachfristsetzung modifiziert wird. Außerdem wird das *Kapitalrisiko* für den Wert der Kaufsache zwischen Verkäufer und Käufer durch die Festlegung auf den Gefahrübergang (§§ 434 Abs. 1 S. 1, 446 f.) in zeitlicher Hinsicht abgegrenzt.

„Nachträgliche" Mängel unterfallen deshalb nicht dem Gewährleistungsrecht – unabhängig, ob der Käufer sie verursacht hat (anders nur, wenn sie auf einen Instruktionsfehler oder einer fehlerhaften Montageanleitung beruhen, vgl. § 434 Abs. 2 S. 2) oder ob sie bei der Nacherfüllung vom Verkäufer zugefügt werden. Im letzten Fall haftet der Verkäufer wegen Schutzpflichtverletzung gem. §§ 280 Abs. 1, 241 Abs. 2 zwar durchaus auch auf Schadensersatz neben der Leistung; ein Rücktrittsrecht hat der Käufer jedoch nur unter der engeren Vorschrift des § 324 und er kann deshalb auch nur unter dieser Voraussetzung, nämlich der Unzumutbarkeit der erneuten Annahme der „verschlimmbesserten" Sache, auf Schadensersatz statt der Leistung gem. §§ 280 Abs. 1, Abs. 3, 282, übergehen.[68]

23. Ausschlussgründe der Mängelansprüche

104 Alle Rechte des Käufers wegen eines Mangels sind ausgeschlossen, wenn er bereits bei Vertragsschluss[69] den Mangel **kennt**, dann bedarf der Käufer keines Schutzes (§ 442 Abs. 1). Vielmehr ist der Verkäufer vor Übervorteilung zu schützen. Kannte der Käufer den Mangel bei Vertragsschluss zwar nicht, hätte ihn aber bei Anwendung zumutbarer Sorgfalt erkennen müssen, so gilt dasselbe, außer der Verkäufer hätte den Mangel arglistig verschwiegen oder eine Garantie für die Beschaffenheit der Sache übernommen (§ 442 Abs. 1 S. 2). Dieser Ausschlusstatbestand setzt aber eine Obliegenheit des Käufers zur Ankaufsuntersuchung bei Vertragsschluss voraus (wie z.B. beim Unternehmenskauf eine Due Diligence durchzuführen und wenn dann dabei leicht erkennbare Probleme

68 A.A. *Emmerich,* Schuldrecht BT Rn. 28: durch § 437 Nr. 3 gleichgestellt; so auch Palandt/*Weidenkaff,* § 437 Rn. 35 a.E. m.w.N.

69 Wie wenig genau bisweilen Allgemeiner Teil und Besonderes Schuldrecht aufeinander abgestimmt sind, zeigt sich z.B., wenn Angebot und Annahme zeitlich auseinanderliegen.

übersehen würden), deren gröbliche Verletzung erst zum Rechtsverlust führt. Das bewusste Annehmen einer gelieferten mangelhaften Kaufsache bedeutet keine Genehmigung (**anders** ist das beim **Werkvertrag**, vgl. § 640 Abs. 2; beachte weiterhin die **Rügeobliegenheit des § 377 Abs. 2 beim Handelskauf**).

Auf einen Mangel kann sich der Käufer schließlich dann nicht berufen, wenn er durch einen vereinbarten Haftungsausschluss auf entsprechende Rechte verzichtet hat und der Verkäufer seinerseits den Mangel nicht arglistig verschwiegen oder eine Garantie für die Beschaffenheit der Sache übernommen hat (§ 444).[70] Die Vereinbarung eines Haftungsausschlusses ist allerdings beim Verbrauchsgüterkauf gem. § 475 Abs. 1 S. 1 an sich schon nicht wirksam.[71]

24. Ausschlussfristen der Mängelansprüche, Verjährung

Es liegt im Interesse des Verkäufers, nach angemessener Zeit endgültig zu wissen, ob das **105**
Geschäft als abgewickelt betrachtet werden kann. Nacherfüllung und Gewährleistungsansprüche können deshalb regelmäßig nach zwei Jahren, bei Bauwerken nach fünf Jahren und bei Mängeln in einem dinglichen Recht nach dreißig Jahren ab der Ablieferung der Sache nicht mehr erhoben werden (§ 438 – „Verjährung"). Dass dies für Rücktritt und Minderung in § 438 Abs. 4, 5 über den Verweis auf § 218 umständlich an die Verjährung des Nacherfüllungsanspruchs gekoppelt ist, liegt lediglich darin, dass Gestaltungsrechte nicht wie Ansprüche (vgl. Wortlaut von § 194 Abs. 1) der Verjährung unterliegen, sondern durch Fristablauf (oder ggf. Verwirkung) erlöschen. In der Sache handelt es sich insges. schlechthin um Ausschlussfristen für die Rechtsbehelfe des Käufers.

Diese an sich rein prozessuale Wirkung der Verjährung im BGB zeigt sich nunmehr auch in § 215, wenn dort die Aufrechnung (vgl. § 387 und entgegen § 390) und die Geltendmachung eines Zurückbehaltungsrechts (vgl. § 273 bzw. § 322) mit einer verjährten Forderung gerade nicht versagt sind.

25. Nicht leistungsbezogene Schadensersatzansprüche

Die Gewährleistungsnormen sind nach dem Gefahrübergang maßgeblich nur für solche **106**
Ansprüche, die auf dem objektiven Tatbestand der Schlechterfüllung beruhen. Sie schließen eine weitergehende Haftung für schuldhafte Vertragsverletzungen nicht aus, wie bereits § 437 Nr. 3 zeigt. Trotzdem beschränkt sich die Geltung des Gewährleistungsrechts auf Mängel in der Hauptleistung und bei Neben*leistungs*pflichten. Nur für deren Erfüllung hat der Verkäufer eine Einstandspflicht, eine Gewähr, übernommen; nur diese Pflichten gehen auf Erfüllung.

Die Haftung aus schuldhafter Pflichtverletzung von **Neben-, Schutz-, Treupflichten** besteht unbeschränkt neben den Gewährleistungspflichten. Der Rechtsbehelf hierzu folgt aus §§ 280 Abs. 1, 241 Abs. 2 als Schadensersatz neben der Leistung und nur ausnahmsweise aus §§ 280 Abs. 1, Abs. 3, 282 bei Unzumutbarkeit der Leistung infolge der Nebenpflichtverletzung.

---

70 Beschaffenheitsvereinbarungen nach § 434 Abs. 1 gehen zumindest einem pauschalen Haftungsausschluss ebenfalls vor, vgl. Beispiel bei *Grunewald,* BR § 15 Rn. 12.

71 Zur Umgehungsproblematik bei „Agentur"-Geschäften *Grunewald,* BR § 15 Rn. 28 (meist liegt dabei aber wohl eher ein Handelsmakler-Geschäft vor, für das Gleiches gelten muss).

Der Anspruch ergibt sich hierbei also nicht über § 437 Nr. 3, sondern unmittelbar aus § 280, weil ein Sachmangel (§ 434) bei der Nebenpflichtverletzung gerade nicht vorliegt und die Beschränkung des § 440 nicht passt, weil gerade keine (leistungsbezogene) Erfüllungsklage in Bezug auf Nebenpflichten gegeben ist. Im Zusammenhang damit sind auch die Ausschlussfristen der Verjährung gem. § 438 nicht anzuwenden.[72]

Beispiele solcher Neben- und Treupflichten sind auf Seiten des Verkäufers je nach Umständen und Kaufgegenstand Anzeige-, Mitteilungs- und Aufklärungspflichten, die für den Werterhalt der Sache beim Käufer dienlich sind, ebenso bestimmte Obhutspflichten, etwa zur Aufbewahrung einer Kaufsache auch nach Annahmeverzug des Käufers, ggf. auch Mitwirkungspflichten zur Unterstützung des Käufers (wobei eine notwendige Einweisung des Käufers in eine komplexe Maschine eher eine Nebenleistungspflicht darstellen würde).

Nebenpflichten können auch auf Seiten des Käufers bestehen, etwa Warnpflichten zu besonderen Umständen oder Gefahren bei einer verkäuferseits geschuldeten Anlieferung.

a) Konkurrenzen

107 Soweit man die Abnahmepflicht des Käufers trotz § 433 Abs. 2 und jedenfalls außerhalb von Handelsgeschäften nur als Nebenpflicht einordnen wird, gehören Kosten der verzögerten Abnahme (z.B. für die Aufbewahrung, die nochmalige Andienung etc.) ebenfalls hierher (§§ 280 Abs. 1, 241 Abs. 2). § 304 ist im Gläubigerverzug dann allerdings eine vorrangige Ersatznorm, die zudem auf ein Verschuldenserfordernis verzichtet (in Frage käme insoweit schließlich auch Schadensersatz aus Verzug: §§ 280 Abs. 2, 286, würde aber das Bestehen einer Nebenleistungspflicht voraussetzen und wäre dann parallele Anspruchsgrundlage zu § 304).

Beim Handelskauf hat der Verkäufer im Annahmeverzug des Käufers zusätzliche Rechte auf Hinterlegung und Weiterveräußerung der Kaufsache, §§ 373 f. HGB.

b) Verschulden

108 Der Schadensersatz wegen Nebenpflichtverletzung setzt schuldhaftes Verletzungshandeln voraus, wobei es sich um eine prozessuale Beweislastumkehr zu Lasten des Verpflichteten handelt (vgl. §§ 280 Abs. 1 S. 2 mit 276, 278). Der dem Verkäufer bzw. Käufer angesonnene Sorgfaltsmaßstab ergibt sich wiederum nur aus den konkreten Umständen des jeweiligen Kaufverhältnisses.

26. Prüfungsschema zu Schadensersatz neben der Leistung wegen Mangelfolgeschäden beim Kauf- und Werkvertrag, § 437 Nr. 3 bzw. § 634 Nr. 4 mit § 280 Abs. 1

109 **I. Anspruchsvoraussetzungen**

1. Wirksamer Kauf- bzw. Werkvertrag
2. Mangel (§ 434 bzw. § 633) bei Gefahrübergang
3. Verschuldensvermutung, § 280 Abs. 1 S. 2 (verschuldeter Mangel)
4. Kein wirksamer Gewährleistungsausschluss
   Achtung: Wegen §§ 475 Abs. 3, 478 Abs. 4 S. 2 nur nach AGB-Recht

72 Plastisches Beispiel zur Abgrenzung, *Medicus/Petersen,* BR Rn. 306.

II. (Sekundäre) Klagebefugnis auf:
1. Schadensersatzneben der Leistung: Ersatz von mangelbedingten Schäden an anderen Rechtsgütern (weder Verzögerungsschaden noch Schadensersatz statt der Leistung)
2. Evtl. parallel Aufwendungsersatz, § 284

III. Keine Verjährung
(§ 438 bzw. § 634a; ggf. §§ 309 Nr. 7, Nr. 8b ff., 307, 475 Abs. 3)

27. Allgemeines Leistungsstörungsrecht: Unmöglichkeit, Verzug

Aus dem Kauf als Schuldverhältnis entstehen, wie gesehen, primäre Leistungspflichten, **110** Haupt- und Nebenleistungspflichten. Diese sind im Wesentlichen auf Übergabe und Übereignung des Kaufgegenstands gerichtet. Gegenstand des *Gewährleistungsrechts* ist die Schlechtleistung durch Lieferung einer Kaufsache, die keine dem Vertragszweck entsprechende Beschaffenheit aufweist. Auch insoweit hat der Verkäufer als Leistungsschuldner die ihm obliegende Leistung nicht vertragsgemäß erbracht. Den Mängelrechten des Käufers liegt die gesetzliche Wertung zugrunde, ob der Verkäufer in Ansehung der Schlechtleistung weiterhin korrekt leisten kann bzw. muss (Nacherfüllung), wie der Käufer auf das ggf. gestörte Preis-/Leistungsverhältnis reagieren kann (Rücktritt, Minderung – also eine Wertung zum weiteren Schicksal der Gegenleistung) und schließlich die Möglichkeit, unter bestimmten weiteren Voraussetzungen auch einen darüber hinausgehenden Schaden geltend machen zu können.

Neben der Schlechtleistung (Mängel) können Leistungsstörungen auch darin liegen, dass eine geschuldete Leistung aus den unterschiedlichsten Gründen erst gar nicht erbracht werden kann **(Unmöglichkeit der Leistung)** oder dass sie verspätet erbracht wird **(Verzug)**. Auch hierbei bedarf es der nämlichen Bestimmung, ob die Leistungspflicht fortbestehe, sodann welches Schicksal die vereinbarte Pflicht zur Gegenleistung nehmen solle und inwieweit Schäden zu ersetzen sein sollen, die aus der Disposition mit der gestörten Leistung entstanden sind. Die Regelungen sind dabei ganz parallel zu den bei der Schlechtleistung.

28. Unmöglichkeit der Leistung

Von vornherein einleuchtend ist die Regelung in § 275 Abs. 1, dass eine jedenfalls dem **111** Schuldner unmögliche Leistung (der Gesetzeswortlaut *„für den Schuldner oder für jedermann"* ist grammatikalisch zweifelhaft und ein Pleonasmus) nicht gefordert werden kann. Der Kaufvertrag als Schuldverhältnis bleibt bestehen, nur die einzelne Leistungspflicht entfällt. Solche Unmöglichkeit kann physikalischer (Kauf eines perpetuum mobile) oder rechtlicher (Verkauf eines Mondgrundstücks) Art sein. Unmöglichkeit liegt wertungsmäßig auch vor, wenn der Verkäufer einen Aufwand tragen müsste, der ohne Verhältnis zum Sachinteresse des Erwerbers stünde (vgl. § 275 Abs. 2, etwa wenn ein verkaufter Ring noch dem Verkäufer im Meer untergeht; die Bergung stünde meist in keinem Verhältnis zum Wert des Ringes). Gleiches gilt für Fälle persönlicher Unmöglichkeit, welche jedoch nur im Arbeits- und Dienstvertrag bedeutsam sind, weil der Kauf als Liefergeschäft gerade keine persönliche Leistungserbringung voraussetzt.

Ist ein Schuldverhältnis auf eine **Beschaffungspflicht** des Verkäufers gerichtet, so kann dieser sich gerade nicht etwa auf rechtliche Unmöglichkeit mangels seines Eigentums am Kaufgegenstand berufen: Die Unmöglichkeit muss gerade die konkrete geschuldete Leistung betreffen. Diese beschränkt sich bei der Stückschuld von Anfang an auf einen konkreten Gegenstand, dessen Zerstörung oder Verlust zur Unmöglichkeit führt. Bei der *Gattungsschuld* (§ 243 Abs. 1) liegt Unmöglichkeit hingegen nur vor, wenn entweder die Gattung untergeht (bestimmte Waren unterliegen plötzlich insges. einer Zwangsbewirtschaftung) oder sich die Leistungspflicht durch *Konkretisierung* (§ 243 Abs. 2) auf ein bestimmtes Stück beschränkt hat und dieses nicht mehr geliefert werden kann. Neben qualitativen Aspekten (mittlere Art und Güte) setzt Konkretisierung unterschiedliche weitere Leistungshandlungen je nach Art der Schuld voraus, so das Bereitstellen eines individuellen Stücks bei der Holschuld, die Übergabe an die Transportperson bei der Schickschuld oder, im Falle einer Bringschuld, die tatsächliche Anlieferung am Ort des Käufers. Je danach, zu welchem Zeitpunkt die Störung eintritt, kann und muss der Verkäufer noch aus der Gattung leisten.[73]

a) Abgrenzung zur Geschäftsgrundlage[74]

112 Keine Unmöglichkeit liegt bei Leistungserschwernissen vor, wenn eine Partei gerade dieses Risiko (z.B. Beschaffungsrisiko, Risiko der Geldwertstabilität etc.) ganz konkret übernommen hatte; sie muss dann den „Verlustauftrag" durchführen. Ohne solche Gewährsübernahme und betrifft eine schwerwiegende Störung die beiderseitig vorgestellte Kalkulationsgrundlage, gehen die Grundsätze der Geschäftsgrundlage ebenfalls der Unmöglichkeit vor und es findet eine (Preis-)Anpassung, vgl. § 313 Abs. 1, statt oder es besteht ein Rücktrittsrecht, vgl. § 313 Abs. 2 (z.B. geschuldetes Freischleppen eines Schiffes, wenn dieses zuvor aus eigener Kraft freikommt; Fenstermiete für die Dauer eines vor dem Gebäude angekündigten Konzerts, wenn dieses abgesagt wird). Für Unmöglichkeit bleibt in solchen Fällen nur Raum, wenn der über die bloße Leistungshandlung hinausgehende Erfolg (ausnahmsweise) Vertragsinhalt geworden ist. Oftmals wird jedoch trotz Störung im Ablauf weder Wegfall der Geschäftsgrundlage noch Unmöglichkeit vorliegen, nämlich wenn und weil der Zweck bloßes Motiv war (so die ausfallende Hochzeit hinsichtlich des bestellten Kleids oder Essens; die abgesagte Gewerbemesse für das gebuchte Hotelzimmer).

b) Gegenleistungsgefahr

113 Unmöglichkeit verändert den Inhalt des Schuldverhältnisses und lässt die betroffene Leistungspflicht entfallen. Dies spiegelt sich aufgrund des Synallagma beim gegenseitigen Vertrag in der Gegenleistungspflicht (§§ 275 Abs. 4, 326 Abs. 1). Auch diese entfällt entweder ganz oder jedenfalls teilweise. Es gilt der Grundsatz: **Ohne Leistung keine Gegenleistung**.

Eine **Ausnahme** hiervon macht § 326 Abs. 2 für den Fall, dass gerade der Käufer als Gläubiger der Leistung des Verkäufers für deren Unmöglichkeit verantwortlich ist. Solche *Verantwortlichkeit des Käufers* kann sich aus seinem direkten schädigenden Einwirken auf den Kaufgegenstand noch beim Verkäufer ergeben, aber auch aus der Verletzung

73 So auch bei Wiederaufhebung der Konkretisierung, vgl. Beispiel bei *Grunewald,* BR § 24 Rn. 7 f.

74 Vgl. *Medicus/Petersen,* BR Rn. 156 ff.

von Neben- bzw. Treupflichten, etwa wenn der Käufer den Verkäufer vor besonderen Risiken bei der Anlieferung zu warnen versäumt. Die Pflicht zur Gegenleistung bleibt außerdem erhalten, wenn die Unmöglichkeit *während des Gläubigerverzugs* (§§ 293 ff.) eintritt (z.B. der Käufer beim verabredeten Liefertermin nicht angetroffen wird und der Verkäufer bei der Rückfahrt einen Unfall erleidet, wobei der Kaufgegenstand zerstört wird) und der Verkäufer als Schuldner den zur Unmöglichkeit führenden Umstand nicht zu vertreten hat. Ob insoweit der Verkäufer als Schuldner etwa die Zerstörung durch den Unfall zu vertreten hat, richtet sich gem. § 300 Abs. 1: grob fahrlässige Verursachung.

Soweit die Gegenleistung nach § 326 entfällt, hat der Käufer dennoch die Möglichkeit, diese zu erbringen und dafür nach §§ 326 Abs. 3, 285 allfällige Ersatzansprüche oder sonstige Ersatzleistungen, die der Verkäufer aus der Unmöglichkeit zieht (etwa Ansprüche gegen den Dieb oder Versicherungsleistungen) zu beanspruchen; ggf. wird dies ergänzt um die Möglichkeit zur Minderung (vgl. § 326 Abs. 3). Hatte der Käufer die Gegenleistung bereits erbracht und ist die Pflicht zur Gegenleistung wegen der Unmöglichkeit entfallen, so kann diese auch gem. §§ 326 Abs. 4, 346 ff. zurückgefordert werden.

§ 275 betrifft die *Leistungsgefahr*, nämlich eine Leistung – ggf. nochmals – erbringen zu müssen; **§ 326** knüpft daran an, regelt aber die **Preisgefahr (Gegenleistungsgefahr)** und zwar in sächlicher Hinsicht, also die Gegenleistung mit oder ohne Leistungserbringung fordern zu können. 114

Ähnlich, aber in zeitlicher Hinsicht, grenzen in diesem Zusammenhang auch §§ 446, 447 die Preisgefahr ab: Bloß liegt im Fall des § 447 gar keine Unmöglichkeit vor, sondern die Leistung ist bereits erbracht und lediglich tritt der Erfolg nicht ein (deshalb verweist § 326 Abs. 2 nicht auf § 447: § 447 ist keine Ausnahme zu § 326 Abs. 1, sondern lässt parallel zur Unmöglichkeit oder zum Rücktritt die Gegenleistung entfallen).[75]

c) Ergänzend: Rücktritt bei Unmöglichkeit

Für das Verständnis hilfreich ist § 326 Abs. 5. Da ein Schuldverhältnis wie der Kauf zumeist nicht nur aus einer Leistungspflicht besteht, sondern Nebenleistungspflichten hinzutreten und es ohne Weiteres möglich ist, dass nur eine der mehreren Leistungen unmöglich wird, würde der Verkäufer nur von dieser gem. § 275 Abs. 1 bis 3 befreit, müsste die anderen also weiterhin erbringen. Dies hätte aber v.a. zur Folge, dass auch die Gegenleistung noch teilweise geschuldet würde (vgl. § 326 Abs. 1 S. 1 HS. 2). Hier hat nun der Käufer ein Rücktrittsrecht in entsprechender Anwendung des § 323, sofern diese Restleistungen – wie wohl zumeist – für ihn ohne Interesse sind (vgl. § 323 Abs. 5). Erst der Rücktritt wandelt dann das ganze Schuldverhältnis; die Unmöglichkeit betrifft nur einen einzelnen Leistungsaspekt, der Verkäufer als Schuldner der Sachleistung soll aber die gesamte Preisgefahr tragen. 115

75 Vgl. Beispiel bei *Grunewald,* BR § 24 Rn. 6, wenn es dort zuerst heißt, es sei alles Erforderliche getan, dann aber, es könne nicht mehr geliefert werden; vielmehr war doch schon geleistet, § 447 betrifft die Preisgefahr bei Unmöglichkeit des Erfolgs – nicht der Leistung, sondern *trotz* Leistung. Nur § 275 bezieht sich auf die Leistungsgefahr.

29. Verzug des Schuldners

116 Die dritte Möglichkeit der Leistungsstörung ist die **Säumnis des Schuldners** mit seiner Leistung. Dies mag die verspätete Lieferung durch den Verkäufer betreffen,[76] genauso wie die verspätete Zahlung des Kaufpreises durch den Käufer. **Ausgeschlossen ist Verzug lediglich bei Fällen der Unmöglichkeit**, welche die jeweilige Leistungspflicht entfallen lassen. Charakteristikum des Verzugs ist, dass dem Gläubiger die Leistungsklage unverändert zu Gebote steht, insb. Fälligkeit der Leistung (§ 271) eingetreten ist. Hierbei stellen sich für den Gläubiger Fragen nach dem Ersatz eventueller Schäden aus der Überfälligkeit (bei einer Geldschuld jedenfalls aus der Verzinsung) und der Notwendigkeit, auf die Erbringung weiter zuwarten zu müssen, um dann auf die Gegenleistung verpflichtet zu sein – oder sich vom Vertrag lösen und anderweitig eindecken zu können.

30. Voraussetzungen des Verzugs

117 Leistungsverzug des Schuldners ist nicht schon jede *Verspätung*. Vielmehr muss der Gläubiger mit seiner Erfüllungsklage durchdringen können, insb. also seine Folgerung vollgültig entstanden, fällig und frei von Einreden sein. Denn solange der Leistungsschuldner ein Leistungsverweigerungsrecht hat und davon berechtigt Gebrauch macht, ist er nicht säumig (z.B. Zurückbehaltungsrechte gem. §§ 320, 273). § 286 Abs. 1 verlangt *zudem*, dass der Gläubiger die Leistungsklage auch erhebt oder dem Schuldner jedenfalls die Möglichkeit dazu androht (sog. Mahnung), zumindest in dem er auf die Fälligkeit der Leistung gesondert hinweist.

118 Der Schuldner gerät also nicht ohne Weiteres in Verzug und der Gläubiger kann aus der bloßen Fälligkeit der Leistung eben gerade nur diese und nichts darüber hinaus verlangen; weitergehende Rechtsbehelfe setzen **Überfälligkeit** voraus (arg. e § 286 Abs. 2).

Verzug (wie Unmöglichkeit) betrifft nur die einzelne Leistungspflicht. Bei gegenseitigen Verträgen mit Vorleistungspflicht einer Partei kann die andere mit ihrer Leistung einstweilen nicht in Verzug geraten, sondern hat die Einrede des § 320 Abs. 1 S. 1. Regelfall ist dagegen heute die (freiwillige, durch bargeldlosen Zahlungsverkehr technisch bedingte) Vorleistung einer Partei und der erst durch Mahnung (oder nach § 286 Abs. 2) begründete Schuldnerverzug der anderen.

Für die praktische Relevanz einer Vorleistungspflicht sei an das kleine Beispiel in der juristischen Arbeitstechnik in der Einleitung erinnert, Rn. 71, 73. Was materiell-rechtlich eher farblos als Einrede der Zug-um-Zug-Leistung (§§ 320, 322) dasteht, die durch Feststellung von Annahmeverzug (§ 298) überwindbar ist, muss prozessual von vornherein als negatives Tatbestandsmerkmal mitbedacht und klageweise mit geltend gemacht werden, anderenfalls ist der Anspruch nicht durchsetzbar, also der vor Gericht erstrittene Titel so nicht vollstreckbar und damit erstmal wertlos.

a) Besondere Tatbestände

119 Wie die **Mahnung** des Schuldners durch den Gläubiger jenen darauf hinweisen soll, dass seine Leistung nunmehr ernsthaft erwartet wird und widrigenfalls weitergehende Rechtsbehelfe drohen, so können besondere Abreden im Kaufvertrag oder andere Umstände diese Funktion gleichfalls erfüllen. Dies sind insb. die in § 286 Abs. 2 benannten Fälle der **Entbehrlichkeit einer Mahnung**, v.a. die nach kalendermäßigem

76 Auch die Verspätung der Mangelfreiheit der Lieferung, weshalb Nutzungsausfall während der Dauer einer Nacherfüllung ersatzfähig sind (z.B. Betriebsausfallschaden, Mietwagenkosten).

Datum bestimmte Leistungszeit. Dazu gehört auch der Fall, dass der Schuldner bereits von sich aus seine Leistung auf einen späteren Termin nach Fälligkeit ankündigt (sog. Selbstmahnung).

Der Schuldner einer Entgeltforderung kommt nach § 286 Abs. 3 überdies nach Ablauf von dreißig Tagen nach Fälligkeit und Zugang einer Rechnung automatisch in Verzug. Gegenüber einem *Verbraucher* gilt dies allerdings nur, wenn in der Rechnung hierauf hingewiesen wurde (§ 286 Abs. 3 S. 2). Kann der Zugang der Rechnung überdies nicht bewiesen werden und bestreitet der (juristisch versierte) Schuldner ihren Erhalt, so tritt der Empfang der Gegenleistung für den Beginn der Dreißigtagefrist an ihre Stelle; dies gilt allerdings wiederum nicht gegenüber Verbrauchern (vgl. § 286 Abs. 3 S. 2). Da der **Zugang** einer Rechnung normalerweise praktisch kaum je beweisbar sein wird, hat diese Form der Verzugsbegründung gegenüber Verbrauchern wenig Bedeutung.

b) Verschulden

§ 286 Abs. 4 macht den Verzugseintritt überdies von einem Vertretenmüssen des Schuldners (vgl. §§ 276, 278) abhängig, wobei es sich um ein negatives Tatbestandsmerkmal und einen möglichen Entlastungsbeweis handelt. Solche Fälle sind denkbar selten und mögen in der unverschuldeten Unkenntnis der Gläubigeradresse liegen, also etwa bei fehlerhaften Angaben durch den Gläubiger zu seiner Kontoverbindung oder bei unvorhersehbarer Materialverknappung auf den zumutbar erreichbaren Märkten oder bei nicht kalkulierbaren und vom Schuldner nicht verursachten Transportproblemen (unverschuldeter Unfall, gänzlich unerwartete Verkehrsbehinderungen oder behördliche Maßnahmen). Lediglich individuelle finanzielle Liquiditätsschwierigkeiten, gleich aus welchen Gründen, gehören jedenfalls nicht dazu (*als Gattungsschuld* gilt nach h.M. ganz liberalistisch: *Geld hat man zu haben*). **120**

31. Verzugsfolgen

Sind die Voraussetzungen des Schuldnerverzugs gegeben, so kann der Gläubiger den **Verzögerungsschaden** als **Schadensersatz neben der Leistung** (vgl. §§ 280 Abs. 1, Abs. 2, 286) ersetzt verlangen. **Daneben**, aber erst *nach* einer (etwa bereits im Mahnschreiben) gesetzten angemessenen *Nachfrist* zur Leistungserbringung, kann der Gläubiger auch vom Vertrag **zurücktreten** (vgl. § 323). Den sodann **in Folge des Rücktritts** und des daraus folgenden endgültigen Ausbleibens der Leistung entstehenden Schaden kann der Gläubiger **als Schadensersatz statt der Leistung** (vgl. §§ 325, 281, 280 Abs. 1) **ergänzend** liquidieren. **121**

Die Unterscheidung von Schadensersatz neben bzw. statt der Leistung ist identisch zu der beim Gewährleistungsrecht des Käufers dargestellten. Kosten, die auch bei überfälliger Leistungserbringung im Zeitpunkt der Rücktrittserklärung nicht entfallen wären (z.B. für vorübergehende Ersatzbeschaffungen, Zinsverlust) sind Schadensersatz neben der Leistung; Kosten eines endgültigen Deckungsgeschäfts Schadensersatz statt der Leistung. Der einmal entstandene Anspruch auf Verzögerungsschaden neben der Leistung wird durch den nachfolgenden Rücktritt und das Verlangen auf Schadensersatz statt der Leistung nicht ausgeschlossen oder konsumiert, sondern bleibt daneben bestehen.

Dies gilt auch für den Verzugsschaden als spezielle Form des Schadensersatzes neben der Leistung im Zusammenhang mit dem Gewährleistungsrecht. Zwar kann der Käufer wegen des Sachmangels nur entweder Schadensersatz statt Leistung (vgl. §§ 437 Nr. 3, 440, 281 bzw. 283 oder 311a) oder solchen neben der Leistung (vgl. §§ 437 Nr. 3, 440, 280, ggf. kombiniert mit dem Ersatz vergeblicher Aufwendungen nach § 284) verlangen. Dies schließt jedoch nicht aus, *außerhalb* von § 437 Nr. 3, nämlich den Verzögerungsschaden für die Zeit während des Fortbestehens der Leistungspflicht, also während des Laufs der Nacherfüllungspflicht, zu beanspruchen. Der Verzögerungsschaden beruht nicht auf der Schlechterfüllung, sondern auf dem Verzug mit der Erfüllung, welche spätestens mit Ablieferung der mangelhaften Sache fällig geworden und durch das ausdrückliche Nacherfüllungsverlangen (vgl. §§ 437 Nr. 1, 439) in diesem Sinne angemahnt worden war. Solches gilt z.B. für den Betriebsausfallschaden ab diesem Zeitpunkt (vgl. zum Betriebsausfallschaden bereits oben Rn. 100 a.E.).

Kein Verzugsschaden sind damit die Kosten der Erstmahnung des Schuldners. Sie begründet erst den Verzug und entsteht nicht in seiner Folge. Erst Inkasso- und Anwaltskosten *nach Zugang der Mahnung* und damit Verzugsbegründung können als Schadenspositionen abgerechnet werden. **Mindestschaden** im Verzug mit Geldschulden sind gesetzliche Verzugszinsen gem. § 288 mit unterschiedlicher Höhe gegenüber Verbrauchern (Abs. 1) und Unternehmern (Abs. 2). Beim beiderseitigen Handelskauf können bereits Fälligkeitszinsen nach §§ 353, 352 Abs. 2 HGB beansprucht werden.

32. Besondere Rechtsfolgen, Fixgeschäfte

122 Für das **Rücktrittsrecht des Gläubigers** der fälligen und nicht notwendig überfälligen Leistung ist eine Fristsetzung ausnahmsweise beim sog. **relativen Fixgeschäft** entbehrlich (vgl. § 323 Abs. 2 Nr. 2; *„relativ“*, weil eine verspätete Erfüllung nicht absolut ausgeschlossen wird). Ein solches liegt vor, wenn die Parteien nicht nur den Leistungszeitpunkt vertraglich vereinbart haben, sondern es muss hinzukommen, dass der Liefertermin „nach einer Mitteilung des Gläubigers an den Schuldner vor Vertragsschluss oder auf Grund anderer den Vertragsabschluss begleitenden Umstände für den Gläubiger wesentlich ist“, der Vertrag also erkennbar mit der Einhaltung dieser Lieferzeit „steht und fällt“.

Beispiel: Bestellt ein Einzelhändler 1000 Stück Schokoladennikoläuse und wird Lieferung bis spätestens am 31.10. vereinbart, so ist ersichtlich, dass diese für das Vorweihnachtsgeschäft benötigt werden und eine spätere Lieferung nicht mehr von Interesse ist. Der Rücktritt ist ohne Fristsetzung möglich.

123 Beim relativen Fixgeschäft des BGB hat der Käufer damit die Möglichkeit des Rücktritts ohne Fristsetzung; Schadensersatz richtet sich indes weiterhin nach §§ 281, 280 Abs. 1 und 3: Nachfristsetzung bleibt dafür erforderlich; also: **sofortiger Rücktritt aber kein sofortiger Schadensersatz**.

Das (ebenfalls relative) **handelsrechtliche Fixgeschäft des § 376 HGB** geht in den Rechtsfolgen weiter. Der Handelskäufer hat mit Ablauf der als fix vereinbarten Lieferzeit (nur und sogar) das Recht zum **sofortigen Rücktritt** und zusätzlich, *„falls der Schuldner im Verzug ist“* (d.h. im Unterschied zu § 281 Abs. 1 S. 1 auch *insoweit* ohne Nachfrist; denn Verzug liegt nach § 286 Abs. 2 beim Fixgeschäft nahezu stets vor), **sofortigem Schadensersatz statt der Leistung**. Wollte sich ein Handelskäufer allerdings statt dessen die Erfüllungsklage erhalten, müsste er diese unverzüglich und ausdrücklich beanspruchen (§ 376 Abs. 1 S. 2 HGB). Im Handelsverkehr sind zur Verdeutlichung sog. „Fixklauseln“ üblich (z.B. „Lieferung fix am 31.10.“, ebenso „genau“, „präzise“ oder „spätestens“). § 376 HGB ist immer schon dann anwendbar, wenn auch nur ein Kaufmann beteiligt ist (§ 345 HGB). Dass bspw. ein Einzelhändler nur kleingewerblicher und nicht im Handelsregister eingetragener „Minderkaufmann", vgl. §§ 1 Abs. 2, 2 HGB, sein dürfte, hindert die Anwendbarkeit von § 376 HGB nicht, wenn der Verkäufer Kaufmann ist (etwa als GmbH Formkaufmann gem. § 6 HGB i.V.m. § 13 Abs. 2 GmbHG oder als oHG/KG gem. §§ 105 Abs. 2, 161 Abs. 2 HGB).

Der Käufer kann sich bei beiden Formen des relativen Fixgeschäfts jedoch erst um einen **Deckungskauf** kümmern, wenn er zuerst den *Zugang seiner Rücktrittserklärung* sichergestellt hat, um nicht eine inzwischen vom Verkäufer doch noch angebotene Leistung annehmen und bezahlen zu müssen (kein Widerspruch zu § 376 Abs. 1 S. 2 HGB: Er kann die Leistung ggf. nicht verlangen, muss sie aber annehmen).[77] **124**

Anders ist das nur bei dem seltenen **absoluten Fixgeschäft**, wobei die Leistung nach dem Fälligkeitstermin erkennbar keinerlei Sinn mehr hat und einen anderen Charakter annähme (**Beispiel:** Kauf eines Messestandes auf den Veranstaltungstermin). Der Anwendungsbereich des absoluten Fixgeschäfts liegt im Wesentlichen bei der Arbeitsleistung von Arbeitnehmern, die mit Verstreichen der regulären Arbeitszeit nicht mehr nachholbar ist; hierfür privilegieren §§ 615 f. den Arbeitnehmer gegenüber den ansonsten geltenden Vorschriften v.a. des § 326 Abs. 1 und 2. Ähnliches gilt für die Gebrauchsüberlassung bei der Miete, vgl. die dortigen Sonderregelungen in §§ 536 Abs. 3, 537 Abs. 2 und 543 Abs. 2 S. 1 Nr. 2.

II. Sonderformen des Kaufs

Der Kauf ist das Geschäft des Warenumschlags. Er tritt in verschiedenen Lebensformen auf, von denen hier die Zusendung einer Ansichtssendung, der Vorkauf, der Eigentumsvorbehaltskauf und der Handelskauf (vgl. §§ 373 bis 382 HGB) dargestellt werden sollen. Teilzahlungsgeschäfte und der Verbrauchsgüterkauf werden dagegen nicht gesondert, sondern im jeweiligen Sachzusammenhang ihrer Besonderheiten behandelt.[78] **125**

1. Vorvertragliches Schuldverhältnis

Der Kaufinteressent kann die Überlassung einer Warenauswahl erbitten, die regelmäßig noch keinerlei Abschluss darstellt, sondern nur ein Angebot ohne Kaufverpflichtung ist. Jede Gefahr der Verschlechterung oder des Verlusts (Preisrisiko) bleibt beim Verkäufer. Der Käufer haftet lediglich im Rahmen eines vorvertraglichen Schuldverhältnisses nach §§ 311 Abs. 2, 241 Abs. 2, 280 Abs. 1, 276 bzw. 278 für ein Verschulden seiner selbst oder seiner Erfüllungsgehilfen hinsichtlich einer Verletzung von Sorgfaltspflichten bei der Verwahrung, Erprobung und Rücksendung. Geschuldet wird eine normale Verkehrssorgfalt; eine Haftungsbeschränkung auf eigenübliche Sorgfalt nach § 690 greift nicht, da kein unentgeltliches Verwahrungsverhältnis vorliegt. **126**

---

77 Offenbar will *Grunewald,* BR § 10 Rn. 20 ein Deckungsgeschäft gerade als Begründung für die Entbehrlichkeit einer Nachfrist nach § 281 Abs. 2 heranziehen. Das müsste wegen des identischen Wortlauts in § 286 Abs. 2 Nr. 4 für sofortigen Verzug und § 323 Abs. 2 Nr. 3 für sofortigen Rücktritt dann gleichermaßen gelten. Dadurch werden m.E. Rechtsfolgen und Voraussetzungen von Leistungsstörungsrechten vertauscht.

78 Systematische Darstellungen bei *Medicus/Petersen,* BR Rn. 324–345; *Emmerich,* Schuldrecht BT, § 6 Rn. 1–10, § 8 Rn. 23–26.

Lediglich sofern es sich um die Lieferung unbestellter Sachen durch einen Unternehmer an einen Verbraucher handelt, bestehen keinerlei Sorgfaltspflichten seitens des Empfängers und mithin keine Haftung für Beschädigung oder Verlust (vgl. § 241a Abs. 1). Das bedeutet jedoch nicht, dass die unbestellte Leistung zugeeignet werden dürfte (etwa als Kaufangebot unbestellt zugesandter Wein getrunken). Solches wäre u.U. die schlüssige Annahme des Angebots und der Abschluss eines Kaufvertrags (anders nur, wenn etwa eine Probierpackung bestimmungsgemäß zur Verkostung und damit als Schenkung geliefert wird).[79]

127 Hieraus wird deutlich, dass bereits vor Begründung des eigentlichen Schuldverhältnisses durch die Anbahnung eines **Geschäftskontaktes** oder die Aufnahme von Vertragsverhandlungen ein vorvertragliches Schuldverhältnis begründet wird, welches zwar keinerlei Haupt- und Nebenleistungspflichten entstehen lässt, wohl aber Nebenpflichten in Form von Treupflichten gem. §§ 241 Abs. 2, 311 Abs. 2 (sog. Haftung für Verschulden bei Vertragsschluss oder **culpa in contrahendo**).

128 Der Fall liegt gleich bei jedem dem Publikumsverkehr geöffneten **Geschäftslokal** hinsichtlich der Haftung des Geschäftsinhabers für die Verkehrssicherheit seiner Kunden mit dem Betreten des Lokals. Kommen diese durch unerwartet rutschige Böden zu Fall oder werden durch herabfallende Gegenstände aus Hochregalen verletzt, bestehen vertragsähnliche Schadensersatzansprüche für Nachlässigkeiten des Personals als Erfüllungsgehilfen des Inhabers, §§ 280 Abs. 1, 311 Abs. 2, 241 Abs. 2, ohne dass es auf den Abschluss eines Kaufvertrags ankäme. Gleiches gilt für die Probefahrt vor einem Autokauf, wobei insoweit eine Haftungsbeschränkung des Probefahrers für die Verursachung von Unfallschäden am Probefahrzeug auf grobe Fahrlässigkeit greift (weil der Wagen ihm unbekannt ist, v.a. aber weil die Probefahrt rechtlich eher das Interesse des Verkäufers ist, vgl. § 442 Abs. 1).

129 Diese Haftung hat nichts mit der Figur der Warenanpreisung (invitatio ad offerendum) zu tun, welche eine Abgrenzung zum Angebot als Willenserklärung bei Zustandekommen eines Kaufvertrages ist. Sie besagt nur, dass es bei Warenauslagen und -inseraten am Rechtsbindungswillen fehlt und vielmehr der Kaufinteressent aufgefordert ist, seinerseits ein Angebot zu den inserierten Bedingungen abzugeben. Das vorvertragliche Schuldverhältnis (culpa in contrahendo) ist hingegen lediglich eine Haftungsfigur für Schadensersatzansprüche aus der schuldhaften Verletzung von Nebenpflichten im Zusammenhang mit einer Vertragsanbahnung.

2. Vorkauf

130 Das *Vor*kaufsrecht ist das Recht zum Eintritt in Bestimmungen eines anderweitigen *Ver*kaufsvertrags (vgl. § 463). Der Vorkaufsberechtigte hat ein Eintrittsrecht gegenüber dem Vorkaufsverpflichteten, sobald dieser mit einem Dritten einen Kaufvertrag über den Gegenstand des Vorkaufs schließt. Er kann dabei nicht verlangen, dass der Vorkaufsverpflichtete überhaupt verkaufe. Umgekehrt besteht auch keine Eintrittspflicht des Vorkaufsberechtigten in einen Drittverkauf, etwa wenn ihm die Bedingungen ungünstig erscheinen. Der Vorkauf ist also ein latentes Optionsverhältnis, das in §§ 463 ff. näher ausgestaltet ist.

79 Wohl folgerichtiger, weil interessenkonformer und weniger begriffsjuristisch, *Grunewald,* BR § 2 Rn. 5: wenn schon keinerlei Sorgfaltspflicht, dann ist jedwede „Vernichtung" zulässig.

Als **Schuldverhältnis** besteht der Verkauf nach §§ 463 ff. nur gegenüber dem einen Vorkaufsverpflichteten und damit nur für einen, nämlich den ersten Verkaufsfall (einen zweiten Vorkaufsfall gegen diesen Vorkaufsverpflichteten wird es nicht geben, weil der einzige Verpflichtete das Eigentum durch den ausgeführten ersten Verkaufsfall verliert).

Außerhalb der gesetzlichen Bestimmungen ist für den Vorkaufsverpflichteten wichtig, im Kaufvertrag mit dem Dritten auf die Möglichkeit der Ausübung des Vorkaufsrechts durch den Vorkaufsberechtigten hinzuweisen und diesen Eintritt als auflösende Bedingung (vgl. § 158 Abs. 2) oder als vertragliches Rücktrittsrecht des Verkäufers (vgl. § 346 Abs. 1) zu vereinbaren. Anderenfalls liefe der Verkäufer Gefahr, sowohl dem Dritten als auch dem Vorkaufsberechtigten bei dessen Eintritt auf Erfüllung zu haften, was jedenfalls gegenüber dem einen oder dem anderen zu einer Haftung auf Schadensersatz statt der Leistung führen müsste. § 465 steht nur vordergründig seinem Wortlaut nach gegen diese Bedingung und den Rücktrittsvorbehalt, verbietet beide aber gerade nicht *als Folge* des Eintritts des Vorkaufsverpflichteten, sondern nur, soweit sie *zur Verhinderung* des Eintritts dienen sollen.

Näheres zum schuldrechtlichen wie zum dinglichen Vorkauf unter Rn. 1396. Das **dingliche Vorkaufsrecht** (§ 1094) stellt eine Belastung eines Grundstücks dar, die nicht nur gegen den durch die vertragliche Einräumung vorkaufsbelasteten, derzeitigen Eigentümer wirkt, sondern gegen jeden, auch künftigen Eigentümer. Der dingliche Vorkauf kann daher auch für mehrere oder alle künftigen Vorkaufsfälle eingeräumt werden.

3. Eigentumsvorbehaltskauf

a) Vereinbarung

Der Eigentumsvorbehalt ist eine dingliche Sicherung des Verkäufers im Hinblick auf **131**
eine beim Kauf vereinbarte oder auch freiwillige Vorleistungspflicht. Schuldet bzw. erbringt der Verkäufer die Übergabe bereits vor Kaufpreiszahlung (z.B. beim Abzahlungsgeschäft nach §§ 506 Abs. 1, Abs. 3, 507 ff.), kann die **Übertragung des Eigentums von der vollständigen Zahlung abhängig** gemacht werden, vgl. § 449 Abs. 1: die zur Übereignung nach §§ 929 ff. erforderliche dingliche Einigung wird unter der **aufschiebenden Bedingung** vollständiger Kaufpreiszahlung erklärt, § 158 Abs. 1, der Erwerber erhält dadurch ein sog. Anwartschaftsrecht, das mit Bedingungseintritt zum Eigentum erstarkt.[80] Der Eigentumsvorbehalt ist an sich gar keine Sonderform des Kaufs (schuldrechtlich), sondern vielmehr ein Aufschub der *Erfüllung* des Kaufes (dinglich).

Die schuldrechtliche Abrede des Eigentumsvorbehalts ist lediglich eine Auslegungsregel in Bezug auf die dingliche Einigung, auf deren nur bedingtes Angebot es für die Sicherungswirkung allein ankommt; möglich ist deshalb meist auch ein „nachträglicher", beim Kauf nicht vereinbarter Eigentumsvorbehalt, indem der Veräußerer zwar die Sache übergibt, aber vor Kaufpreiszahlung ausdrücklich noch nicht das Eigentum überträgt (arg. §§ 320, 322 – außer es wurde Ratenzahlung zugestanden, dann wäre der Veräußerer vorleistungspflichtig und das Eigentum könnte nach § 894 ZPO erzwungen werden). Der Eigentumsvorbehalt kann also vom Veräußerer auch einseitig erklärt werden; er überträgt das Eigentum schlicht nur aufschiebend bedingt auf die Kaufpreiszahlung. Vgl. Rn. 58 hinsichtlich AGB-Klauseln zum Eigentumsvorbehalt.

---

80 Der unter Eigentumsvorbehalt erwerbende Käufer bilanziert deshalb den Vermögensgegenstand und macht handels- und steuerrechtlich die Abschreibungen geltend, vgl. *Beck'scher Bilanz-Kommentar*, § 246 HGB Rn. 19.

b) Wirkung

132 Seine Auswirkung ist damit überwiegend dinglicher Art,[81] insoweit als der Erwerber als noch Nichteigentümer über den Gegenstand einstweilen nur eingeschränkt verfügen darf und kann, umgekehrt der Veräußerer nach § 161 gleichfalls verfügungsbeschränkt ist; allerdings ist gutgläubiger Erwerb eines Dritten sowohl vom Erwerber, meist über §§ 932 oder 933,[82] als auch vom Veräußerer über §§ 161 Abs. 3, 931, 934 Alt. 1 möglich, auch im letzteren Fall aber analog § 936 Abs. 3 erst mit Übergabe der Sache.[83]

Gegenüber Zwischenhändlern wird vom Veräußerer zumeist zusätzlich eine **Verfügungsbefugnis nach §§ 185 Abs. 1** eingeräumt – gegen parallele Vorausabtretung des künftigen Kaufpreisanspruchs aus der so zulässigen Weiterveräußerung (sog. **verlängerter Eigentumsvorbehalt**).[84]

c) Ausübung

133 § 449 Abs. 2 stellt klar, dass der Erwerber mit Übergabe der Kaufsache ein Recht zum Besitz im Sinne der §§ 985, 986 erlangt und (etwa bei Zahlungsverzug) zur Herausgabe erst nach Rücktritt durch den Veräußerer (vgl. § 323 Abs. 1, 2: Nachfristsetzung) verpflichtet ist.

Dieses Rücktrittsrecht ist beim Teilzahlungsgeschäft gegenüber Verbrauchern durch §§ 508 S. 1, 498 S. 1 eingeschränkt (Verzug mit mind. zwei Raten und zweiwöchige Nachfrist).

d) Prüfungsschema zum Eigentumsvorbehalt

134 **I. Definition, § 449 Abs. 1:** Übereignung einer Kaufsache unter der aufschiebenden Bedingung der Einigung bis zur vollständigen Kaufpreiszahlung, §§ 929 S. 1, 158 Abs. 1

II. Vereinbarung

1. Individualvertraglich (§ 449 Abs. 1 als Auslegungsregel) oder
2. Einseitig durch bedingte Übereignung oder
3. Allgemeine Geschäftsbedingung
   a) Wirksamkeit der AGB; §§ 305 ff.; sonst auch
   b) „Nachträglicher“ EV bei Lieferung (z.B. als Vorbehalt in der Begleitrechnung)

81 Und insolvenzrechtlicher, da der Verkäufer, wenn die Vorbehaltsware selbst nicht mehr aussonderbar in der Insolvenzmasse ist, nach §§ 48, 55 Abs. 1 Nr. 1, 3 InsO Ersatzaussonderung als Masseverbindlichkeit fordern kann, während sein Kaufpreisanspruch als bloße Insolvenzforderung zur Tabelle anzumelden wäre.

82 Beispiel zu § 930 bei *Medicus/Petersen,* BR Rn. 559; Möglich ist auch ein Fall der §§ 931, 934, vgl. *Medicus/Petersen,* BR Rn. 558 (Nebenbesitz).

83 Hier liegt ein Folgeproblem der vom BGB an sich nicht vorgesehenen Anerkennung des Anwartschaftsrechts; geht man mit der heute ganz h.M. von der dinglichen Wirkung des Anwartschaftsrechts aus, gilt für den gutgläubigen Erwerb eines Dritten strenggenommen nicht mehr § 161 Abs. 3, sondern § 936 (konkret meist §§ 934 Alt. 1, 936 Abs. 3). Ein Beispiel hierzu bei *Medicus/Petersen,* BR Rn. 462. Vgl. auch die Darstellung zum Anwartschaftsrecht als sonstigem Recht i.S.d. § 823 Abs. 1 (nachfolgend Fn. 83 zu Rn. 744).

84 Dazu *Grunewald,* BR Rn. 9 ff.; Beispiel zum Zusammentreffen mit einer Globalzession, a.a.O., Rn. 14.

III. Arten des Eigentumsvorbehalts
1. Einfacher Eigentumsvorbehalt
   a) Verkäufer ist gem. §§ 433, 449 Abs. 1 nur zur bedingten Übereignung der Kaufsache verpflichtet.
   b) Übereignung unter der aufschiebenden Bedingung vollständiger Kaufpreiszahlung vermutet, §§ 929, 158 Abs. 1
2. Erweiterter Eigentumsvorbehalt
   a) Bedingung erweitert um Erfüllung weiterer Forderungen
   b) z.B. Kontokorrentvorbehalt; Konzernvorbehalt (aber § 449 Abs. 3)
3. Verlängerter Eigentumsvorbehalt
   a) Wie einfacher Eigentumsvorbehalt, aber mit:
   b) Weiterveräußerungsbefugnis im gewöhnlichen Geschäftsverkehr, § 185 Abs. 1, (widerruflich, § 183), diese wiederum:
   c) Unter aufschiebender Bedingung wirksamer Vorausabtretung der Forderungen aus Weiterveräußerung, aber mit:
   d) Einziehungsbefugnis des EV-Käufers, §§ 362 Abs. 2, 185 Abs. 1
4. Verlängerter Eigentumsvorbehalt mit Verarbeitungsklausel
   a) Falls EV-Käufer Kaufgegenstand verarbeiten will, Vereinbarung einer Verarbeitungsklausel „für den EV-Verkäufer“ (vgl. § 950, als sog. verlängerte Werkbank) oder
   b) Antezipierte Sicherungsübereignung der neu hergestellten Sache, §§ 929, 930.

IV. Dingliche Rechtsfolge
Käufer erwirbt Anwartschaftsrecht (vgl. § 986)

4. Handelskauf

Der Handelskauf ist Kauf nach § 433 BGB. Aufgrund der Zugehörigkeit zum Geschäftsbetrieb mindestens eines Kaufmanns folgt ein gesteigertes Bedürfnis nach schneller und sicherer Abwicklung. Die Vorschriften der §§ 373–381 HGB ergänzen hierzu das bürgerliche Recht. Das BGB und die Bestimmungen zum Kauf bleiben subsidiär anwendbar. Die handelsrechtlichen Kaufvorschriften gelten für den Kauf von Waren und Wertpapieren (§§ 373 ff. HGB), für den Werklieferungsvertrag (§ 381 Abs. 2 HGB, § 650 BGB) und den Tausch (§ 480 BGB). **135**

Voraussetzung ist die Beteiligung von Kaufleuten an den Rechtsgeschäften, wobei das HGB zwischen einseitigem und beiderseitigem Handelsgeschäft unterscheidet (vgl. § 345 HGB). Die Kaufmannseigenschaft richtet sich nach §§ 1 ff. HGB. Handelsgeschäfte sind sodann „alle Geschäfte eines Kaufmanns, die zum Betrieb seines Handelsgewerbes gehören“ (§§ 343 f. HGB).

Wesentliche Besonderheiten des Handelskaufs betreffen z.B. das Fixgeschäft (§ 376 HGB), den Annahmeverzug des Käufers (§ 373 HGB[85]) und das sogleich darzustellende Gewährleistungsrecht (§ 377 HGB). Weiterhin gelten die auf alle Handelsgeschäfte bezogenen Sonderregelungen, vgl. §§ 346–372 HGB. Bereits hingewiesen wurde auf die

85 Bilanziell ist damit dann die Kaufpreisforderung realisiert; allerdings nicht, wenn der Annahmeverzug zweifelhaft ist, vgl. BFH, BStBl II 1987, 797 und Beck‘scher Bilanz-Kommentar, § 247 HGB Rn. 85.

Bedeutung des sog. kaufmännischen Bestätigungsschreibens für Inhalt und Abschluss beiderseitiger Handelsgeschäfte.

5. Gewährleistungsrecht beim beiderseitigen Handelskauf

136 Grundsätzlich stehen dem Käufer auch im Handelsrecht bei Sachmängeln die Mängelrechte aus § 437 BGB zu. Trifft ihn allerdings eine Untersuchungs- und Rügeobliegenheit gem. § 377 HGB und verletzt er diese, so gilt die Ware nach § 377 Abs. 2 HGB als **genehmigt** und der **Käufer verliert seine Gewährleistungsansprüche**.[86]

Nach § 377 Abs. 1 HGB gilt: *„Ist der Kauf für beide Teile ein Handelsgeschäft, so hat der Käufer die Ware unverzüglich nach der Ablieferung durch den Verkäufer, soweit dies nach ordnungsmäßigem Geschäftsgang tunlich ist, zu untersuchen und, wenn sich ein Mangel zeigt, dem Verkäufer unverzüglich Anzeige zu machen".* Der Verkäufer soll schnellstmögliche Sicherheit dahin erlangen, ob das Geschäft[87] endgültig erledigt ist oder berechtigte Einwände erhoben werden können.[88] Dazu hat der Käufer *erkennbare* Qualitäts- und Quantitätsdefizite sowie eine eventuelle Falschlieferung (sog. Aliud) schnellstens („unverzüglich", vgl. Legaldefinition in § 121 Abs. 1 S. 1 BGB) zu rügen, wessen er sich nur durch eine möglichst exakte Fehlerbeschreibung entledigen kann. Gleiches gilt *hinsichtlich zunächst nicht erkennbarer Mängel*, sobald sie sich späterhin zeigen, also erkennbar werden (§ 377 Abs. 3 HGB).

Die vorausgesetzte **Untersuchung** ist dabei nicht logisches Hilfsmittel, sondern vielmehr der **Maßstab der Sorgfaltspflicht** des Käufers, nämlich soweit im „ordnungsmäßigem Geschäftsgang tunlich"[89] – hinsichtlich Zeitpunkt und Umfang (etwa bezüglich der Anzahl von Stichproben in Abhängigkeit von Warenmenge und -wert). **Qualitätssicherungsvereinbarungen** und **Just-in-time-Lieferklauseln** enthalten zugleich einen Verzicht auf die Untersuchungslast des Erwerbers.[90]

Die **Rüge ist** keine Nebenpflicht, sondern dient nur der Rechtswahrung des Käufers in seinem eigenen Interesse (daher sog. **Obliegenheit**). Ihre rechtliche Qualität ist keine einer Willenserklärung, sondern einer rechtsgeschäftsähnlichen (einseitigen *empfangsbedürftigen*) Handlung, das Zugangsrisiko trägt der Käufer. Auf die Rüge sind die Vorschriften über Willenserklärungen jedoch, soweit passend, entsprechend anwendbar, etwa hinsichtlich Erklärung, Zugang und damit v.a. ggf. erforderlicher *aktiver Vertretung des Käufers bei der Rüge* (vgl. auch § 174 BGB) und *passiver des Verkäufers* als ihr Empfänger, wobei beiderseits die funktionale Zuständigkeit im Unternehmen und nicht eine formale Vertretungsmacht entscheidend sind. Vgl. dazu Fn. 14 zu Rn. 29. Inhaltlich muss die Rüge den Mangel bezeichnen. Sie darf einerseits nicht ganz unsubstantiiert sein, braucht aber andererseits den Mangel auch nicht präzise und fachkundig zu beschreiben (Angabe der Symptomatik genügt).

---

86 Auch hinsichtlich Mangelfolgeschäden, Beispiel bei *Medicus/Petersen,* BR Rn. 316; konkurrierende Deliktsansprüche und Schadensersatz aus Nebenpflichtverletzungen bleiben erhalten, BGHZ 101, 337; 66, 208.

87 Bei Dauerlieferungen, berechtigten Teillieferungen etc. ist regelmäßig jede Lieferung zu untersuchen.

88 Dabei ist der Ausschlusstatbestand der Arglist in § 377 Abs. 5 HGB zu beachten, wobei die wissentliche Lieferung von für den Käufer nicht brauchbarer Ware als Täuschung genügen kann, vgl. *K. Schmidt,* Handelsrecht § 29 Rn. 68 ff.

89 Zum Problem beim Leasing mit Direktlieferung an den Leasingnehmer als Dritten, *Medicus/Petersen,* BR Rn. 323.

90 Die Klauseln verschieben die gesetzestypischen Verkäufer- und Käuferpflichten; Zur Zulässigkeit in Käufer-AGB vgl. *K. Schmidt,* Handelsrecht § 29 Rn. 27 ff., 129. Werden Fehler erkannt, bleibt dennoch eine frühestmögliche Warnpflicht des Erwerbers zum Schutz des Verkäufers.

6. Unternehmenskauf – Asset und Share Deal, Haftung

Das Unternehmen ist eine Sachgesamtheit von Sachen, Rechten und immateriellen Gütern wie dem Kundenstamm etc., die einem Rechtsträger zugeordnet sind. Der Erwerb eines Unternehmens kann im Wege des **Asset Deals** erfolgen, bei welchem **das Betriebsvermögen dem Unternehmensträger abgekauft** wird oder es können die **Anteile am Unternehmensträger selbst**, sofern er juristische Person oder Personengesellschaft[91] ist, erworben werden (Beteiligungskauf, sog. **Share Deal**). Von der *kaufrechtlichen Gewährleistung* her werden beide Varianten weitgehend gleich behandelt – sofern (nahezu) alle Kapitalanteile übertragen werden, während der *Übertragungsakt dinglich* notwendigerweise unterschiedlich erfolgen muss, nämlich nach den für die Einzelwirtschaftsgüter geltenden Bestimmungen einerseits bzw. als Abtretung der Anteile (z.B. § 15 Abs. 3–5 GmbHG für Geschäftsanteile an einer GmbH und nach Wertpapierrecht bei Aktien, § 929 S. 1 BGB).[92] **137**

a) Unternehmenskauf als Asset Deal

Der Asset Deal kann unproblematisch als **Kauf eines „sonstigen Gegenstands“** nach § 453 Abs. 1 Alt. 2 gelten. Für das Vorliegen eines Mangels ist im Sinne einer Gesamtbetrachtung zu prüfen, ob der Mangel eines einzelnen Gegenstandes die Tauglichkeit des gesamten Unternehmens beeinträchtigt, also „dessen wirtschaftliches Gefüge erschüttert“. Das Erfordernis des „Durchschlagens“ stellt sicher, dass der Mangel des Einzelgegenstandes in Bezug auf das Gesamtunternehmen zu würdigen ist. **138**

b) Unternehmenskauf als Share Deal

Die Einordnung eines Unternehmenskaufs durch Share Deal ist dagegen umstritten. Zu unterscheiden sind Rechtskauf nach § 453 Abs. 1 Alt. 1 und Kauf eines „sonstigen Gegenstandes“ nach § 453 Abs. 1 Alt. 2. Erworben werden bei Kapitalgesellschaften Geschäftsanteile z.B. an der GmbH als subjektives Recht der Mitgliedschaft. Das spräche auf den ersten Blick für Rechtskauf (so zutreffend z.B. für Kauf eines Splitteranteils; kleinerer Aktienpakete). **139**

Beim Rechtskauf bestünde grundsätzlich nur eine Haftung für die sog. Verität (nicht auch für die Bonität), also nur für das vertragsgemäße Bestehen des Rechts. Damit wäre eine Haftung des Verkäufers auf die tatsächlich erfolgte Ausgabe der Anteile sowie das unbeschränkte Bestehen des daran gebundenen Stimmrechts beschränkt, ohne Rücksicht auf den inneren Wert der Kapitalanteile. Für sonstige Zusicherungen bliebe nur die Haftung aus culpa in contrahendo nach §§ 280 Abs. 1, 311 Abs. 2 BGB.

Der „Unternehmenskauf“ erschöpft sich jedoch nicht im Erwerb einer Summe von Anteilen, wie auch keine Identität des Unternehmens mit dem Anteils-Recht besteht. Das deuten bereits die für große Aktienpakete bezahlten „Paketzuschläge“ an.

Der **Unternehmenskauf** in der Form eines **Share Deal**, jedenfalls wenn **nahezu alle Anteile des Unternehmensträgers** veräußert werden, bildet vielmehr eine eigene Kate-

91 Die Abtretung von Anteilen an unternehmenstragenden GbRs ist entgegen dem Wortlaut von § 719 inzwischen anerkannt; solche Abtretung betrifft das Mitgliedschaftsrecht und nicht eigentlich den „Anteil am Gesellschaftsvermögen“, der nur der bilanzielle Ausdruck des Mitgliedschaftsrechts ist (das Gesellschaftsvermögen gehört allein der Gesellschaft; nicht anteilig den Gesellschaftern). Vgl. Rn. 1569.

92 *V. Mayer,* Der Unternehmenskauf, in Ott (Hrsg.), Steuergestaltung, Ziff. 3/1, insbes. 3/1.2.3.

gorie eines Kaufgegenstandes und ist daher ein **Kauf eines „sonstigen Gegenstands“ gem. § 453 Abs. 1 Alt. 2 BGB** (gleich ob als Asset Deal oder Share Deal). Für die Mängelgewährleistung gelten daher §§ 434 ff. nur entsprechend.

Soweit Minderheitsgesellschafter verbleiben, kann ein solcher Unternehmenskauf dagegen nicht ohne Weiteres angenommen werden. Der BGH verlangt „nahezu 100 % der Kapitalanteile“ und lehnte die Anwendung auf einen Anteilsverkauf von 60 % ab, bejahte sie hingegen bei Verbleiben einer Minderheitsbeteiligung von nur 0,25 %. Vertretbar sollte sein, bereits bei Übertragung einer satzungsändernden Mehrheit gem. § 53 Abs. 2 GmbHG, also ab 75 % der Stimmanteile, von einem „Unternehmenskauf“ auszugehen.[93]

c) Gewährleistung

140 Die kaufrechtlichen Mängelrechte beim „Unternehmenskauf“ (Asset wie Share Deal) bestehen wie stets hinsichtlich **Rechtsmängeln** (z.B. in Bezug auf das Stimmrecht der Anteile), aber auch für **Sachmängel**. Dies allerdings nicht für die Mangelfreiheit aller einzelnen Gegenstände des Unternehmens, *soweit nicht für bestimmte einzelne Wirtschaftsgüter eine besondere Beschaffenheitsvereinbarung getroffen wurde*. Gegenstand der Gewährleistung beim Unternehmenskauf ist ansonsten das Unternehmen an sich, also die *Gesamtheit* von Sachen, Rechten und sonstigen Immaterialgütern als Wirtschaftseinheit. Ein Mangel besteht danach jedenfalls, soweit eine mehr als nur unerhebliche Wertminderung vorliegt, die eine Erschütterung der wirtschaftlichen Grundlagen *des Unternehmens* bedeutet.

Eine weitere beachtliche Einschränkung gilt zumindest für das Rücktrittsrecht gem. § 323 Abs. 5 S. 2, während der Nacherfüllungsanspruch nach §§ 437 Nr. 1, 439 ebenso wie der Schadensersatzanspruch nach §§ 437 Nr. 3, 281 bzw. 280 keine Schwelle einer Unbeachtlichkeit kennen (soweit § 439 Abs. 4 die Nacherfüllung wegen Unverhältnismäßigkeit ausschließt, bliebe der Verkäufer indes nicht von seiner Gewährleistung frei, sondern haftete unmittelbar (§ 440) auf die Käuferrechte der Minderung, des Rücktritts oder Schadensersatzes).

Besondere Probleme werfen in der Praxis ausbleibende Gewinne des erworbenen Unternehmens auf. Soweit bestimmte Ertragsgrößen nicht garantiert sind, gehen die Parteien im Zweifel auf Grundlage der Jahresabschlüsse der Vorjahre prognostisch von einer linearen Entwicklung aus. Soweit sich dies nicht erfüllt, mag das aus Umständen resultieren, die erst nach dem Gefahrübergang begründet wurden. Die Ertragskraft des Unternehmens war dann zumindest im Zeitpunkt des **Closing** (Übertragungsstichtag der Anteile) wohl noch vorhanden. Ein Rechtsmangel liegt dagegen vor, wenn die innerbe-

93 Es gilt ein **institutioneller Unternehmensbegriff**, für den die Innehabung des (alleinigen) wirtschaftlichen Eigentums maßgeblich ist, nicht aber bereits die Möglichkeit zur Ausübung der Leitungsmacht und zur marktstrategischen Planung genügt (so hingegen beim *funktionalen Unternehmensbegriff* der Betriebswirtschaftslehre oder vergleichbar beim *teleologischen Unternehmensbegriff* des Konzernrechts, § 17 AktG), vgl. *V. Mayer*, Der Unternehmenskauf, in Ott (Hrsg.), Steuergestaltung, Ziff. 3/1.3.2.3. Der institutionelle Unternehmensbegriff ist beim Unternehmenskauf bedingt durch das Trennungsprinzip zwischen Schuld- und Sachenrecht. *Unternehmens*kauf ist nur *derjenige* Kauf i.S.d. § 453 Abs. 1 Alt. 2, der auf das *wirtschaftliche* Alleineigentum zielt und sich *darin* vom bloßen Rechtskauf von Anteilen nach § 453 Abs. 1 Alt. 1 unterscheidet; beim Rechtskauf wäre das Erfordernis von „nahezu 100 %“ der Anteile für die entsprechende Anwendung des Gewährleistungsrechts nicht zu rechtfertigen; vgl. auch BGHZ 138, 195, 204.

trieblichen oder betriebsbezogenen Grundlagen der Prognose falsch waren, etwa die Jahresabschlüsse unzutreffend aufgestellt, tatsächlich nicht vorhandenes Anlage- oder Umlaufvermögen vorgetäuscht wurde oder für den Verkäufer absehbar war, dass bestimmte Umsatzträger künftig wegfallen würden und dies in Planungsrechnungen nicht angemessen berücksichtigt worden war; nur *insoweit* wäre Raum für Nacherfüllung bzw. Gewährleistung. Soweit Ertragseinbußen auf Schäden an Einzelgegenständen zurückzuführen sind und diese bereits vor der Übertragung der Anteile eingetreten waren, lag bei Gefahrübergang ein relevanter Mangel dann vor, weil diese für das Unternehmen als Wirtschaftseinheit für die Ertragsaussichten Bedeutung haben.[94]

d) Vertragsgestaltung

Es bestehen danach eine unklare Rechtslage bei einem Anteilserwerb unter 100 % und Interpretationsspielräume hinsichtlich Share wie Asset Deal bezüglich des Mangelbegriffs, der ein „Durchschlagen" auf das Gesamtunternehmen voraussetzt. Überdies wirken sich Bilanzierungswahlrechte und Einschätzungsspielräume auf die Bewertungsgrundlagen für die künftige Ertragskraft des Unternehmens aus. Hierbei ist es Aufgabe der Vertragsgestaltung, den Parteiwillen zum Ausdruck zu bringen (insb. z.B. im Hinblick auf sog. **earn-out-Klauseln**). Dies erfolgt (etwa auch im Hinblick auf § 442) durch umfassende und detailliert zu dokumentierende Informationen vor Kaufabschluss (sog. Due Diligence) sowie durch umfassende **Garantien und Haftungsausschlüsse** (sog. Disclosures, Caps und De-minimis Regelungen) im Unternehmenskaufvertrag.[95] **141**

e) Haftung bei Firmenfortführung (§ 25 HGB)

Hat sich der Erwerber eines Handelsgeschäftes dazu entschlossen, das Unternehmen unter der bisherigen Firma fortzuführen, dann muss er haftungsrechtliche Vorschriften berücksichtigen, die in den §§ 25 bis 27 HGB eine grundsätzlich umfassende Haftung des Firmenfortführers für alle im Betrieb des Geschäfts begründeten Schulden des früheren Inhabers (Rechtsträgers) vorsehen. Der Erwerber kann also für Verbindlichkeiten in Anspruch genommen werden, die weit vor dem Rechtsträgerwechsel begründet wurden und von deren Existenz der Erwerber/Erbe möglicherweise keine Kenntnis hat (die also insb. nicht im Kaufpreis berücksichtigt und „übernommen" wurden). **142**

§ 25 Abs. 1 S. 1 HGB erlegt eine (Mit-) **Haftung des Erwerbers** auf, sofern es sich um ein vollkaufmännisches (oder ein gem. §§ 2 ff. HGB eingetragenes minderkaufmännisches) Handelsgeschäft handelt, wobei es allein darauf ankommt, dass tatsächlich ein Wechsel des Unternehmensträgers stattgefunden hat. Lediglich bei einem Erwerb direkt vom Insolvenzverwalter ist § 25 Abs. 1 HGB nicht anwendbar, da andernfalls ein Unternehmen in der Insolvenz nicht veräußert werden könnte. Eine den Haftungstatbestand

94 Zu beachten sind daran anschließende weitere Fragen zur Anfechtbarkeit des Vertrags insb. nach § 123 (§ 119 Abs. 2 wird durch das Gewährleistungsrecht weitgehend verdrängt) und im Anschluss daran möglicherweise zur Figur der faktischen Gesellschaft, sofern der Unternehmenskauf einen Eintritt in eine Personengesellschaft betrifft, die dann trotz ggf. wirksamer Anfechtung für die Vergangenheit in Kraft bleibt (beim Share Deal in Bezug auf Kapitalgesellschaften können sich solche Probleme kaum ergeben). Schadensersatzansprüche bestehen regelmäßig nach § 826 (§ 823 Abs. 1 ist regelmäßig nicht einschlägig, weil Mängel das vertragliche Äquivalenzinteresse und nicht das deliktische Integritätsinteresse verletzen), in Extremfällen auch nach § 823 Abs. 2 BGB, § 15a InsO wegen Insolvenzverschleppung.

95 Vgl. Darstellung und Beispiele *V. Mayer,* Der Unternehmenskauf, in Ott (Hrsg.), Steuergestaltung, Ziff. 3/1, insbes. 3/1.5.10.

auslösende Fortführung des Handelsgeschäfts unter der bisherigen Firma durch den Erwerber liegt schon dann vor, wenn er das Handelsgeschäft im wesentlichen Bestand oder seinem Kern fortführt; auch die Fortführung der bisherigen Firma verlangt keine buchstabengetreue Übernahme, sondern es genügt die Fortführung im Kern.

Aufgrund der Tatbestandsmerkmale ist deutlich, dass die Haftung grundsätzlich den Erwerb eines Unternehmens durch **Asset-deal** betrifft. (Wird eine *Gesellschaft* durch *Share-deal* erworben, bleibt diese selbst Rechtsträger des Unternehmens; ein neu eintretender Gesellschafter haftet ggf. gem. §§ 128, 130 HGB für Altschulden der Gesellschaft.)

§ 25 Abs. 1 S. 1 HGB begründet einen **gesetzlichen Schuldbeitritt**, so dass der Erwerber – neben dem früheren Inhaber, dessen rechtsgeschäftliche Schuld dann aber wegen seines Ausscheidens auf fünf Jahre begrenzt wird (vgl. § 26 Abs. 1 HGB) – für alle im Betrieb begründeten Altverbindlichkeiten haftet (nicht für private Schulden des früheren Inhabers). Die Haftung gem. § 25 Abs. 1 S. 1 HGB kann durch Eintragung eines Haftungsausschlusses im Handelsregister ausgeschlossen werden (§ 25 Abs. 2 HGB).

143 Nach § 25 Abs. 1 S. 2 HGB *gelten* umgekehrt **Forderungen** den Schuldnern des Unternehmens gegenüber als auf den Erwerber übergegangen, wenn der Erwerber das Handelsgeschäft – für S. 2 aber zwingend – mit *Einwilligung des bisherigen Inhabers* unter der bisherigen Firma mit oder ohne Anführung eines Nachfolgezusatzes fortführt.

§ 25 Abs. 1 S. 2 HGB ist eine **Schuldnerschutznorm**, die an die Unternehmenskontinuität nach außen anknüpft; sie führt nur zum Freiwerden des eigentlich an einen Nicht-Gläubiger leistenden Schuldners (Gläubiger ist und bleibt der frühere Rechtsträger, sofern die Forderung nicht abgetreten wurde). § 25 Abs. 1 S. 2 HGB führt *nicht* etwa zu einem (gesetzlichen) Forderungsübergang und gibt dem neuen Inhaber daher kein Forderungsrecht.

Der interne Ausgleich zwischen Veräußerer und Erwerber muss anhand des Unternehmenskaufvertrages erfolgen; schweigt dieser, bleibt § 816 Abs. 2 BGB (Leistung an einen Nichtberechtigten, die – wegen § 25 Abs. 1 S. 2 HGB – dem Berechtigten gegenüber wirksam ist).

7. Factoring und Forfaitierung

144 Geschäftsmodelle des **Forderungs-(ver-)kaufs** sind Factoring und Forfaitierung, die diesen bankentypischen Dienstleistungs- und Kreditelementen verbinden. Der Factor, meist ein Kreditinstitut, nimmt Forderungen seines Kunden herein und schreibt ihm den Gegenwert abzüglich eines Disagios (Abschlags) sofort gut. Es handelt sich aus Bankensicht um ein Diskontgeschäft, das dem Kunden Liquidität verschafft (Finanzierungsfunktion) und ihn der Mühen des Forderungseinzugs enthebt (Dienstleistungsfunktion). Ähnlich kauft ein Forfaiteur Forderungen aus einem (meist internationalen) Liefergeschäft auf (bzw. die über die Forderung ausgestellten Wertpapiere) und wickelt den Forderungseinzug ab. Beim Factoring werden die gattungsmäßig bestimmten Forderungen (bei der Fortaitierung nur bereits entstandene Forderungen als Speziesschuld) auf den Forderungskäufer übertragen (Gegenstand im WP-Examen 2017/II).[96]

---

96 Da bei echten Factoring/Forfaitierung der Factor das Ausfallrisiko übernimmt, liegt auch das **wirtschaftliche Eigentum** beim Factoring-(Forfaitierungs-)Unternehmen. Damit ist die Forderung bei diesem zu bilanzieren und nicht mehr beim Verkäufer, vgl. Beck'scher Bilanz-Kommentar, § 247 HGB Rn. 112. Beim unechten Factoring bzw. der unechten Forfaitierung bleibt aufgrund vertraglicher Abrede das Ausfallrisiko beim Verkäufer, der die Forderung entsprechend in seiner Bilanz behält, a.a.O. Rn. 113.

Beim **echten Factoring** übernimmt die Factor-Bank auch das Risiko des Forderungsausfalls (Delkrederefunktion). Es liegt dann **Rechtskauf** vor, bei dem der Factor-Kunde nur für Verität (den Bestand), nicht aber Bonität der Forderung haftet. Ebenso bei der **echten Forfaitierung**. Der „echte" Factoringvertrag ist ein Forderungskaufvertrag, bei dem sich der Verkäufer gem. §§ 453 Abs. 1, 433 Abs. 1 verpflichtet, dem Factor die verkaufte Forderung (durch Abtretung) zu verschaffen. Für die Bonität haftet der Verkäufer nicht, da diese weder einen Sach- noch Rechtsmangel der Forderung darstellt. Dies unterscheidet das „echte" Factoring vom „unechten" Factoring, bei dem der Zedent das Ausfallrisiko wegen fehlender Bonität des Schuldners übernimmt. Der vom Factor für die Forderung gezahlte Betrag steht dem Zedenten also nicht dauerhaft zu, sondern nur in Höhe des aus der Forderung realisierten Erlöses.

Das **unechte Factoring** bzw. die unechte Forfaitierung sind hingegen eher Kreditgeschäft (ähnlich dem Darlehn) und Leistung erfüllungshalber (der Forderung) als Darlehensrückführung. Fällt die abgetretene Forderung später ganz oder teilweise aus, belastet der Factor beim unechten Factoring (ebenso der Forfaiteur bei der unechten Forfaitierung) dem Kunden den Nennbetrag der Forderung bzw. die Differenz daher zurück.

III. Tausch und Inzahlungnahme

1. Rechtsnatur

Tausch ist der Umsatz von Sachwerten oder Rechten ohne Zwischenschaltung von Geld. **145**
Auf ihn findet Kaufrecht entsprechende Anwendung (vgl. § 480). Beim Tausch hat jeder Vertragsteil die Stellung eines Verkäufers, haftet also für Rechts- und Sachmängel seiner vertraglichen Tauschleistung. Eine Minderung kann dann z.B. durch Mengenabzug erfolgen oder durch ergänzende Tauschzugabe (ggf. auch in Geld) des jeweils einen oder anderen Teils durchgeführt werden.

Kein Tausch liegt vor, wenn zwei selbstständige Kaufverträge miteinander gekoppelt werden. Davon ist auszugehen, wenn für die jeweilige Sachleistung jeder Seite eine getrennt abzurechnende Preiszahlung vereinbart wird, auch und gerade wenn beide Kaufverträge in wechselseitiger Abhängigkeit durch Vereinbarung eines wechselseitigen Synallagma oder Bedingungszusammenhangs verbunden sind. Schuldhafte Vereitelung (§ 437 Nr. 3) des einen Geschäfts gibt Anspruch auf das Erfüllungsinteresse oder Rücktritt auch vom anderen (als Schadensersatz). Ebenso erlaubt auch die unverschuldete Unmöglichkeit der einen Abwicklung den Rücktritt von dem als Gegenleistung gedachten Kauf gem. § 326. Die auf unverschuldeten Sachmängeln im einen Vertragsverhältnis beruhende (bloße) Gewährleistung wirkt sich bei derart gekoppelten Kaufverträgen allerdings nicht auf den anderen aus (etwa beim Rücktritt nach §§ 437 Nr. 2, 440 mit 323 bzw. 326 Abs. 5), da kein Sachtausch vorliegt.

2. Inzahlungnahme gebrauchter Sachen

Insb. im Handel mit Kraftfahrzeugen wird die **Inzahlungnahme** einer gebrauchten **146**
Sache beim Neukauf in der Absicht vereinbart, die finanzielle Belastung des Käufers zu begrenzen und ihm das Absatzrisiko der gebrauchten Sache zu nehmen. Der meist gewerbliche Verkäufer handelt dabei im eigenen Umsatzinteresse und sieht möglicherweise noch eine Gewinnchance im Weiterverkauf etwa des Gebrauchtwagens.

Für die Inzahlungnahme wird dabei lediglich eine Preisangabe gemacht, die nicht eine eigenständige Kaufpreiszahlung darstellt. Es liegen keine gekoppelten selbstständigen Kaufverträge vor. Die Problematik liegt aus Käufersicht darin, inwieweit Probleme der Inzahlunggabe die Gültigkeit des Neukaufs unberührt lassen und damit zu erhöhtem **Liquiditätsbedarf** führen. Problematisch sind unter diesem Gesichtspunkt die Unmöglichkeit der Inzahlunggabe etwa durch Zerstörung seines Gebrauchtwagens vor der Ablieferung oder dessen Mangelhaftigkeit durch altersuntypisch hohen Verschleiß oder fehlerhafte Angaben zu seiner Beschreibung (tatsächliche Laufleistung, Unfallfreiheit).

Wird der Neuwagenkauf somit rechtlich als einheitlicher aber gemischter Vertrag aus Kauf mit Tauschanteil (entsprechend der Preisangabe für die Inzahlungnahme) behandelt, so führt die zerstörungsbedingte Unmöglichkeit des Tauschanteils nach §§ 275 Abs. 1, Abs. 4, 326 Abs. 1 auch zum Wegfall des Neuwagengeschäfts (kein Fall des § 323 Abs. 4, weil der Käufer insoweit die Unmöglichkeit als Schuldner, nicht als Gläubiger zu verantworten hat). Schadensersatz statt der Leistung (vgl. § 283 S. 1) schuldet der Neuwagenkäufer zudem jedenfalls bei von ihm unverschuldetem Unfall nicht.[97]

Im Gewährleistungsfall der in Zahlung gegebenen Sache strahlen Rücktritt oder Minderung des Verkäufers (vgl. § 437 Nr. 2) auf den ganzen Vertrag aus, so dass eine Finanzierungslücke nur im Falle der Minderung und begrenzt auf den mangelbedingten Minderwert entstehen kann. Nach BGHZ 83, 334 ff. können solche „Verschleißmängel“ abbedungen sein (ggf. dahingehende ergänzende Vertragsauslegung), so dass hierfür ein stillschweigender Haftungsausschluss als vereinbart gilt.

Für den Käufer ungünstiger wäre eine Gestaltung der Inzahlunggabe *als Ersetzungsbefugnis*, wonach der Verkäufer die gebrauchte Sache im Umfang ihrer Preisangabe an Erfüllungs statt annehmen muss (vgl. § 364 Abs. 1). Hierbei hätte Unmöglichkeit und Gewährleistung hinsichtlich der Inzahlunggabe nur ihren Wegfall zur Folge (vgl. § 365) und führte zur vollen Unterdeckung in Höhe der Preisangabe der Inzahlunggabe. Die Rechtsprechung tendiert allerdings zu dieser Auslegung (vgl. BGHZ 175, 286 für einen ähnlichen Fall).

Als vertragsgestalterische Variante wird teilweise vorgeschlagen, dass der Verkäufer sich lediglich dazu verpflichtet, den Verkauf des Gebrauchtwagens an einen Dritten namens des Neuwagenkäufers vorzunehmen und ihm einen bestimmten Mindestpreis garantiert (als Agent in Anlehnung an § 84 HGB), wobei diese Vereinbarung nur aus wichtigem Grund kündbar sein solle. Hierdurch könnten ggf. die §§ 474 ff. gegenüber einem Weiterverkauf umgangen werden. Ein weitreichender Haftungsausschluss gegenüber dem Dritten wäre dadurch möglich, die Eigenhaftung des Agenten als Abschlussvertreter dürfte diesen Vorteil jedoch weitgehend verbrauchen (vgl. §§ 311 Abs. 3, 241 Abs. 2, 280 Abs. 1).

IV. Schenkung

147 Die landläufige Form der Schenkung ist der einzig verbliebene Realvertrag des BGB (als Handschenkung gem. § 516 Abs. 1). Die Handschenkung ist sowohl Schuldverhältnis als auch gleichzeitig (dingliches) Erfüllungsgeschäft. Schenkungsversprechen und sein Vollzug fallen zeitlich zusammen. Die Verfügung ist zwar unentgeltlich, aber sie erfolgt nicht ohne Schuldgrund (sonst wäre sie als ungerechtfertigte Bereicherung zurückzufordern). Eher ausnahmsweise kann eine schenkweise Leistung für die Zukunft

97 Wie hier *Medicus/Petersen*, BR Rn. 756.

versprochen werden, ohne sie sogleich zu vollziehen. Ein solches Schenkungsversprechen bedarf der strengen Form (vgl. §§ 518 Abs. 1, 128). Der Mangel der Form führt nach § 125 zur Nichtigkeit, kann aber durch die Bewirkung der versprochenen Leistung geheilt werden (vgl. § 518 Abs. 2).

1. Schenkungstatbestände

Die Schenkung ist ein zweiseitiger Vertrag und bedarf der Annahme (vgl. § 516 Abs. 2). **148**
Beschränkt Geschäftsfähige können eine Schenkung annehmen, soweit diese lediglich rechtlich vorteilhaft ist (vgl. §§ 106 f.), was bei Schenkung einer vermieteten Immobilie im Hinblick auf § 566 Abs. 1 nicht gegeben ist. Inhalt der Schenkung ist nur eine Zuwendung aus einem Vermögen, die zu einem Vermögensabgang einerseits und einem Vermögenszugang andererseits führen muss. Das setzt voraus, dass Gegenstand einer Schenkung nur eine abgrenzbare und messbare Vermögenssubstanz sein kann.

Das Unterlassen künftigen Erwerbs (vgl. § 517) ist mangels Vermögensabgangs ebensowenig eine Zuwendung wie der Verzicht auf bedingte Rechte (z.B. Verzicht auf noch nicht entstandene Gewinnbezugsrechte aus einem Gesellschaftsverhältnis; deshalb hängt auch die steuerliche Anerkennung der sog. **disquotalen Gewinnausschüttung** u.a. davon ab, dass sie *vor Beginn des Wirtschaftsjahres* vereinbart wurde; anderenfalls läge Schenkung eines entstandenen Anspruchs vor). Bloß betagte Ansprüche, deren Fälligkeit also noch aussteht (ratierliche Zinsen oder der unterjährige Verzicht auf bereits entstandene Gewinnbezugsrechte), sind hingegen tauglicher Schenkungsgegenstand. Mangels substantiellen Charakters gehört der **bloße Vermögensgebrauch** (etwa aus Darlehen, Leihe) ebensowenig zum Vermögen wie die eigene Arbeitsleistung (etwa beim Auftrag), so dass insoweit keine Schenkung vorliegen kann (anders bei der zur Fruchtziehung berechtigenden Pacht, deren unentgeltliche Variante Schenkung der Früchte ist). Deshalb ist auch gesellschaftsrechtlich keine **Nutzungseinlage** in ein Gesellschaftsvermögen möglich.

Schließlich setzt Schenkung weiterhin voraus, dass eine solche Zuwendung nach ihrer Zweckbestimmung objektiv unentgeltlich sein muss. Keine Schenkung ist deshalb eine freiwillige Leistung, die jedoch in rechtlichem Zusammenhang mit einer Gegenleistung steht (z.B. Trinkgelder).

2. Abgrenzungsfragen[98]

Schenkung setzt die Zuwendung einer **Vermögenssubstanz** voraus. Unwesentlich ist, ob **149**
der Vermögenswert dem Bedachten unmittelbar oder auf dem Weg über einen Dritten zugewendet wird. Befriedigt der Schenker einen Gläubiger des Schuldners, liegt Schenkung (nur) dem Befreiten, nicht dem Gläubiger gegenüber vor. Auch die Abgabe eines Bürgschaftsversprechens gegenüber einem Gläubiger kann Schenkung des Bürgen an den Schuldnern sein. Allerdings nimmt die Rechtsprechung Schenkung nur dann an, wenn der Bürge auf seinen Rückgriff (vgl. § 774) gegen den Schuldner verzichtet und damit sicherstellt, dass dessen Vermögensmehrung dauerhaft ist. Soweit die Bürgschaftserklärung in der Form des § 766 dem Gläubiger gegenüber noch nicht abgegeben wird, bedarf das Schenkungsversprechen der Form des § 518 (im Regelfall ist Rechtsgrund für die Übernahme einer Bürgschaftserklärung jedoch formfreier Auftrag, § 662, oder, soweit eine Gegenleistung etwa bankmäßig in Form von Avalzinsen vereinbart wird, entgeltliche Geschäftsbesorgung nach § 675).

98 Die Differenzierung ist hier insb. im Hinblick auf die unterschiedlichen Wege allfälliger Rückabwicklung gewählt und soll mehr noch deren Verständnis vertiefen.

Schenkung ist nur die **unentgeltliche** Zuwendung. Unentgeltlichkeit liegt auch noch vor, wenn zwar keine synallagmatische Gegenleistung vereinbart, bei der Zuwendung allerdings doch eine Erwartung ausgedrückt und damit ein bestimmter Geschäftszweck verfolgt wird.

a) Vorweggenommene Erbfolge

150 Keine Schenkung liegt deshalb bei vorweggenommener Erbfolge mittels sog. „Übergabeverträge" dann vor, wenn die Zuwendung um einer vollwertigen Gegenleistung Willen versprochen wird;[99] so ist eine Haus- oder Hofübergabe zu Lebzeiten gegen Gewährung von persönlicher Betreuung, Verköstigung und Pflege nicht Schenkung, sondern Verkauf mit anderstypischer Gegenleistung aus Miete, Dienstvertrag etc. (sog. gekoppelter Vertrag); bei Leistungsstörungen gelten die §§ 320 ff. Unterschreitet die Gegenleistung den Wert des Übergabevertrags allerdings deutlich, liegt unbeschadet der gekoppelten Gegenleistung in Höhe der Wertdifferenz eine „gemischte Schenkung" vor; Schenkung unter Auflage liegt vor, wenn z.B. Altenteilsrechte *aus dem Ertrag* des Zuwendungsgegenstandes zu erbringen sind; dazu sogleich.

b) Belohnende „Schenkung"

151 Keine Unentgeltlichkeit und deshalb *keine Schenkung* liegt vor, wenn die Zuwendung, sei es auch auf freiwilliger Basis, bereits geleistete oder noch zu leistende Dienste *entgelten* soll (zusätzliches Urlaubsgeld, Weihnachtsgeld u.a. **Gratifikationen im Arbeitsverhältnis**) oder erlittene Nachteile ausgleichen soll (so die meisten Zuwendungen unter Ehegatten, etwa zur gemeinsamen Altersvorsorge).

Auch sog. „**unbenannte Zuwendungen**" **zwischen Ehegatten**, deren Zweck und Geschäftsgrundlage der Fortbestand der Ehe bildet, sind *keine Schenkungen*, weil der Schenker davon ausgeht, der Gegenstand werde ihm letztlich nicht verlorengehen, sondern im Rahmen der Lebensgemeinschaft weiterhin zugute kommen.

Rückforderungen bei späterem Scheitern der Ehe oder Auflösung des Arbeitsverhältnisses sind nach dem Recht dieser Schuldverhältnisse zu beurteilen; im gesetzlichen Güterstand ist etwa der Zugewinnausgleich nach §§ 1363, 1371 ff. abschließend.[100]

c) Schenkung unter Auflage

152 Schenkung ist grundsätzlich ein fremdnütziges Geschäft. Das schließt aber eine Zweckbindung in der Weise nicht aus, dass der Beschenkte mit der Schenkung auch eine entsprechende Verpflichtung zu ihrer Verwendung als Nebenpflicht übernimmt. Der Schenker hat dann einen Anspruch auf Vollziehung der Auflage. Bei deren Ausbleiben wird ein Rücktrittsrecht gewährt (vgl. §§ 527 Abs. 1, 323: ggf. Nachfristsetzung erforderlich), obwohl insoweit bloß eine Nebenpflicht verletzt wurde (weshalb der Rücktritt ansonsten nur eingeschränkt nach § 324 zulässig wäre). Aus § 527 folgt jedenfalls auch, dass in

---

99 Vgl. zu den steuerlichen Auswirkungen die sog. **Gesamtplanrechtsprechung** des BFH BB 2015, 368; BFH DStR 2012, 2118. Dazu Nichtanwendungserlass des BMF, Schreiben vom 12.9.2013, BStBl. I 2013, S. 1164.

100 Beispiel und Abgrenzungen vgl. *Medicus/Petersen,* BR Rn. 379; Nachweise der aktuellen Rechtsprechung bei *Emmerich,* Schuldrecht BT, § 6 Rn. 52. Geschenke der Schwiegereltern (z.B. Grundstücksübertragungen) sind dagegen Schenkungen; bei Scheitern der Ehe bestehen Ansprüche nach § 313 (Geschäftsgrundlage), vgl. BGH NJW 2015, 1014.

diesem Sinne beauflagt nur werden kann, was einen Vermögensaufwand des Beschenkten erfordert (vgl. auch § 526). Die Abgrenzung der Schenkung unter Auflage zur entgeltlichen Zuwendung liegt dann darin, dass bei jener die Zuwendung selbst der Vollziehung der Auflage dienen soll und der Beschenkte zur Leistung gerade mittels der Zuwendung verpflichtet werden soll, während bei der entgeltlichen Zuwendung die Gegenleistung für die Zuwendung aus dem Vermögen des Empfängers zu erbringen ist.

Eine Schenkung unter Auflage (vgl. §§ 525 ff.) ist im Zweifel anzunehmen, wenn die Gegenleistung aus dem Wert des Geschenks erbracht werden soll. Die Erbringung der Auflage durch den Beschenkten ist zwar rücktrittsbewehrt, richtet sich von den Rechtsfolgen aber nach Bereicherungsrecht und belässt dem Beschenkten außerdem den Mehrwert der Zuwendung (vgl. §§ 527 Abs. 1, 323 i.V.m. 818 ff.).

Beispiel: Landwirtschaftliche Hofübergabe gegen Altenteilsrechte, die *aus dem Ertrag* des Hofes bestritten werden, wie der Gewährung von Butter, Milch, Fleisch und Einräumung eines Wohnrechts auf Lebenszeit, vgl. § 526.

d) Bedingte Schenkung

Immer noch unentgeltliche Schenkung, aber mit noch stärkerer Verknüpfung mit der damit verfolgten Erwartung ist die bedingte Schenkung. Hierbei kann entweder der obligatorische Schenkungsvertrag unter auflösender Bedingung (vgl. § 158 Abs. 2) geschlossen sein, so dass die Rückforderung bei enttäuschter Erwartung mit der Leistungskondiktion nach § 812 Abs. 1 S. 2 Alt. 1 (condictio ob causam finitam) erfolgt. Statt der auflösenden Bedingung kann auch eine vertragliche Pflicht zur Rückgewähr für diesen Fall vereinbart sein. Ergänzend kann schließlich auch das dingliche Vollzugsgeschäft auflösend bedingt sein, so dass die Rückforderung dann durch Vindikation (vgl. §§ 985, 894; beachte aber § 925 Abs. 2) erfolgen kann. **153**

e) Zweckschenkung

Bei der „Zweckschenkung“ legt der Schenker einseitig, aber dem Beschenkten ersichtlich, die Erreichung eines speziellen Zwecks fest (z.B. beim Verlobungsring die spätere Heirat), der deshalb nicht Nebenbestimmung, sondern Grund (causa) der Zuwendung ist. Es geht hierbei regelmäßig nicht um eine Vermögensleistung des Empfängers (sonst eher Auflage), der auch nicht verpflichtet ist, auf die Erreichung des Zwecks hinzuarbeiten. **154**

Fehlt es an einer formalen Bedingung des schuldrechtlichen Grundgeschäfts (liegt also keine „bedingte Schenkung vor), etwa weil der Schenker im Vertrauen auf die Zweckerreichung diese für unnötig oder unangemessen hielt und konnte die erstrebte „Gegenleistung“ als nicht-vermögensrechtliche formal nicht beauflagt werden (Abgrenzung zur Schenkung unter Auflage), ist der Beschenkte zur Rückabwicklung mittels Leistungskondiktion nach § 812 Abs. 1 S. 2 Alt. 2 (als condictio ob rem) verpflichtet, wenn die Nichterreichbarkeit des Zwecks feststeht (z.B. also bei Entlobung). Allerdings ist es denkbar, dass der beabsichtigte Zweck nur ganz untergeordnete Bedeutung hatte und hierauf keine Rückforderung gestützt werden kann (vgl. § 534).

f) Gemischte Schenkung

Eine Schenkung als unentgeltliche dauernde Vermögenszuwendung kann Bestandteil jedes Vertrages sein, wenn sich die Beteiligten darüber einig sind, dass die Leistung des **155**

Zuwendenden teils entgeltlich und **teils unentgeltlich** erfolgen soll. **Voraussetzung** ist der beim Vertragsabschluss zum Ausdruck gekommene Schenkungszweck, die **Freigiebigkeit**.

Beispiel: Gemischte Schenkung ist der Verkauf zum Freundschaftspreis, wenn beide Vertragspartner dies so verstehen, also nicht der „Schnäppchen-Kauf"; ebenso die gemischte Leihe, z.B. bei der verbilligten Vermietung an Angehörige zum Erhalt des vollen steuerlichen Werbungskostenabzugs nach § 21 Abs. 2 EStG.

Die rechtliche Behandlung, insb. die Anwendbarkeit des Schenkungsrechts hinsichtlich Rückforderung und Widerruf auch hinsichtlich des entgeltlichen Anteils, ist umstritten. Eine einheitliche Anwendung von Schenkungsrecht oder dem Recht des entgeltlichen Vertrags scheidet aus. Vielmehr muss der Parteiwille ergeben, inwieweit die als in „halb geschenkt" gedachte Leistung einheitlich gültig oder hinfällig sein soll und vor allem, inwieweit etwa das kaufrechtliche Element auch ohne die Schenkung Bestand haben soll. Gewährleistungsrecht wird nur auf den entgeltlichen Anteil anwendbar sein; ob bei Wahl des Rücktritts der schenkweise Anteil bestehenbleiben soll, bedarf der ergänzenden Vertragsauslegung. Umgekehrt darf der Schenker nach den §§ 528, 530 (wegen Verarmung des Schenkers oder groben Undanks) nur den Wert des unentgeltlichen Teils seiner Leistung zurückverlangen, also regelmäßig insoweit Zuzahlung beanspruchen; Rückforderung des Gegenstands der gemischten Schenkung wird nur bei Überwiegen des unentgeltlichen Teils in Frage kommen und dann auch nur Zug um Zug gegen Erstattung der Gegenleistung.

3. Verpflichtung und Haftung des Schenkers

156 Vollzug der Schenkung als Handschenkung i.S.d. § 516 oder zur Heilung eines Formmangels gem. § 518 Abs. 2 ist nur die dauerhafte Vermögensmehrung. Beim schenkweisen Schuldanerkenntnis (vgl. §§ 780 f.) genügt nicht die Hingabe desselben, sondern erst die Valuta-Leistung (vgl. § 518 Abs. 1 S. 2).[101]

Ist die Schenkung wirksam, bleibt die Erfüllungshaftung des Schenkers jedoch gemildert und aufgrund der Unentgeltlichkeit treffen ihn weder der Sorgfaltsmaßstab noch die Garantiepflichten eines Verkäufers. So beschränkt sich jedes Vertretenmüssen des Schenkers auf Vorsatz und grobe Fahrlässigkeit (vgl. § 521), sind Verzugszinsen ausgeschlossen (vgl. § 522) und die Haftung für Rechts- und Sachmängel auf den Fall arglistigen Verschweigens beschränkt (vgl. §§ 523 Abs. 1 und 524 Abs. 1), und selbst dann ist die Haftung auf das Erfüllungsinteresse noch eingeschränkt (vgl. §§ 523 Abs. 2 bzw. 524 Abs. 2).

Die Haftungsmilderung nach § 521 kann auch auf Neben- oder Treupflichten (vgl. § 241 Abs. 2) Anwendung finden, soweit diese in engem Zusammenhang mit Leistungspflichten stehen. Sie erstreckt sich auch auf konkurrierende Deliktsansprüche; so im Fall BGHZ 93, 23, 27 ff., wo eine Haftung des Schenkers für die nur leicht fahrlässig versäumte Aufklärung über bestimmte Gefahren verschenkten Viehfutters abgelehnt wurde. Für leistungsferne Nebenpflichten wie den Schutz des sonstigen Vermögens des Beschenkten, gilt die Haftungsmilderung nicht.

---

101 Offen ist, ob dies auch für die schenkweise Hingabe von Wechsel und Scheck gilt, wobei jedenfalls das Akzept des Bezogenen genügen muss und es nicht auf die erlangte Valuta durch Weiterbegebung oder Diskontierung ankommen kann.

4. Schenkung auf den Todesfall

Die Schenkung auf den Todesfall (vgl. § 2301) ist eine Form vorweggenommener Erbfolge und ein Schenkungsversprechen unter Bedingung, dass der Beschenkte den Schenker überlebt. Sie setzt eine gültige letztwillige Verfügung in Form des Erbvertrages (vgl. §§ 2276 Abs. 1, 2231 ff.) oder jedenfalls eines Vermächtnisses in der Form des eigenhändigen Testaments (vgl. § 2247) voraus. § 2301 Abs. 1 S. 1 ist in erster Linie eine Verschärfung gegenüber der Schenkungsform. **157**

a) Vollzug unter Lebenden

Nur bei Vollzug der Schenkung noch unter Lebenden soll Schenkungs- und nicht Erbrecht Anwendung finden (vgl. § 2301 Abs. 2). Das ist nur der Fall, wenn noch der Erblasser selbst und nicht erst sein Erbe das Vermögensopfer bringt. Maßgeblich ist der Zeitpunkt der Vollendung des sachenrechtlichen Übertragungsakts (Übereignung, Forderungsabtretung). **158**

Die bloße Erteilung einer Vollmacht zur Verfügung über ein schenkungshalber versprochenes Bankguthaben ist danach kein Vollzug nach § 2301 Abs. 2; ebensowenig die Aussendung eines Boten zur Überbringung der Abtretungserklärung. Nach dem Eintritt des Erbfalls können Bevollmächtigter und Bote die Schenkung in diesem Sinne nicht mehr für den Erblasser wirksam vollziehen. Gleiches gilt für die Einrichtung eines Sparbuchs auf den Namen eines Dritten: Das Sparbuch begründet keine Inhaberschaft an der Forderung, sondern ist lediglich Legitimationspapier (vgl. § 808). Dem Beschenkten muss also noch zu Lebzeiten des Schenkers das Forderungsrecht gegen die Bank durch Abtretung formal übertragen worden sein, sei es auch, dass dieses erst auf den Todesfall hin soll ausgeübt werden dürfen.

b) Vollzug durch Zuwendung eines Forderungsrechts (§ 331)

Die Vorschrift des § 2301 Abs. 2, die auf den lebzeitigen sachenrechtlichen Vollzug abstellt, wird nach h.M. insoweit ergänzt durch § 331 Abs. 1, wonach es genügt, dass dem Beschenkten noch zu Lebzeiten des Erblassers ein schuldrechtliches Forderungsrecht gegen einen Dritten zugewendet wird. Der Vertrag zugunsten Dritter (vgl. §§ 328 ff.) genügt dabei als causa der Zuwendung, es bedarf dann keiner zusätzlichen Schenkung mehr, wodurch Formfragen hinfällig werden. Beauftragt nun ein Erblasser für die Zeit nach seinem Tod seine Bank zu einer Gutschrift an den Beschenkten, ist entsprechend auch die Zuwendung nach § 331 Abs. 1 ohne erbrechtliche Form wirksam und kondiktionsfest.[102] Während also § 2301 Abs. 2 den **Liquiditätsabfluss** beim Erblasser noch zu Lebzeiten voraussetzt (buchhalterisch als **Bilanzverkürzung** abzubilden), genügt **nach § 331** die Zuwendung eines Forderungsrechts (entsprechend ein Passivtausch) und zwar sogar erst mit dem Tod, was dann noch **nicht** einmal eine bilanzielle **159**

102 Str., einschränkend BGH NJW 1975, 382: kausale Schenkung nötig, die aber mit der Gutschrift durch die Bank als Vertreterin oder Botin des Erblassers konkludent miterklärt werden kann, auch noch postmortal, §§ 130 Abs. 2, 153; jedes solches Schenkungsangebot ist für die Erben bis zum Zeitpunkt des § 130 Abs. 1 S. 2 widerruflich. Die Erben können den Abfluss nach der BGH-Rechtsprechung daher verhindern, sofern sie schneller sind, als die Gutschrift durch die Bank erfolgt.

Vermögensminderung zu Lebzeiten bedeutet. Nach der wirtschaftlichen Bedeutung der Vorgänge ist diese Unterscheidung kaum gerechtfertigt.[103]

C. Überlassungsschuldverhältnisse

160 **Zur Abgrenzung**: Sachen, seltener auch Rechte, können einem anderen in der Weise (sachenrechtlich) überlassen werden, dass dieser nur bestimmte Vorteile, Nutzungen oder Gebrauchsmöglichkeiten davon haben, nicht aber die vollen Verfügungsrechte, z.B. das Eigentum, erhalten soll. Solche Berechtigungen können unter Ausschluss des Eigentümers von diesem durch Einräumung dinglicher Rechte (z.B. Nießbrauch, Erbbaurecht) zugewendet oder umgekehrt bei einer Vollrechtsübertragung vorbehalten werden (z.B. Vorbehaltsnießbrauch). Sie sind dann Bestandteil und Erfüllung eines meist auf Gütersatz gerichteten Schuldverhältnisses, das Rechtsgrund für die dingliche Übertragung ist (*Schenkung* einer Immobilie an die Kinder unter Vorbehalt des Nießbrauchs durch die Eltern; *Rechtskaufs* des Erbbaurechts durch einen Bauwilligen). *In diesen Fällen* geht der **schuldrechtliche Vertrag** selbst also nicht auf die Gebrauchsüberlassung, sondern auf *Übertragung*, nämlich nur des – oder umgekehrt, unter Vorbehalt des – beschränkten dinglichen Rechts.

161 **Gebrauchsüberlassungsverträge** im hiesigen Sinne sind hingegen solche Vereinbarungen eines **Schuldverhältnisses**, *kraft dessen* der Nichteigentümer zum Besitz und zum vertraglichen Gebrauch oder auch zur Fruchtziehung, d.h. zur Auswertung der Sache dem Eigentümer gegenüber befugt sein soll (und nicht kraft eines ihm übertragenen beschränkten dinglichen Rechts). Bloße Gebrauchsüberlassung ist, wenn gegen Entgelt vereinbart, Miete (vgl. §§ 535 ff.), oder, wenn unentgeltlich, Leihe (vgl. §§ 598 ff.). Der zur Fruchtziehung berechtigende entgeltliche Vertrag ist Pacht (vgl. §§ 581 ff.). Der Berechtigte hat ein **rein schuldrechtliches Forderungsrecht auf die Gebrauchsgewährung** gegenüber seinem Vertragspartner. Und erst die vollzogene Gebrauchsüberlassung macht den Berechtigten dann zum Besitzer, begründet gegen den Eigentumsherausgabeanspruch ein Recht zum Besitz (§ 986) und verschafft ihm in Form der Besitzklagen eine sachenrechtlich gegenüber jedermann geschützte Stellung (vgl. §§ 858 ff.).

Der aus dem Gebrauchsüberlassungsvertrag Verpflichtete (z.B. Vermieter) wird durch die Besitzüberlassung mittelbarer Besitzer (vgl. § 868), behält aber seine sachenrechtliche Stellung als Eigentümer im Verhältnis zu Dritten unbeschränkt. Er kann die Sache weiterhin frei übereignen, der Erwerber wird allerdings im Rahmen von **§ 986 Abs. 2** von den schuldrechtlichen Ansprüchen des Gebrauchsberechtigten (Mieter) belastet (beachte: § 986 Abs. 2 beschränkt sich auf Veräußerungen nach § 931, folglich auf Fahrnis; insoweit ist dann auch kein gutgläubiger lastenfreier Erwerb möglich, vgl. §§ 936 Abs. 3, 931, 934).

---

103 § 2301 entstammt germanischer Treuhand und *wirkte dinglich* als dort zulässige obligatorische (schuldrechtliche) Eigentumsbeschränkung des Treugebers (Erblassers), die zur Umgehung der früheren deutschrechtlichen Unzulässigkeit testamentarischer Erbeinsetzungen genutzt wurde, indem ein zwischengeschalteter Treuhänder die Übertragung an den Bedachten gewährleistete. §§ 328 ff. liegt dagegen der romanistische Typenzwang zugrunde, wonach nur parallele Forderungszuständigkeiten möglich sind, die sich nicht wechselseitig „abschwächen". Wenn für § 2301 Abs. 2 ein (heute dingliches) Vermögensopfer bereits zu Lebzeiten vom Erblasser gefordert wird, soll das ein „Aushöhlen" des Erbrechts verhindern (romanistische Denkweise), ist aber in dieser Strenge unhistorisch (nach seiner deutsch-rechtlichen Herkunft).

Für Liegenschaften gilt die fortwirkende Bindung eines Erwerbers nur im Rahmen von **§§ 566 Abs. 1** i.V.m. 578 bzw. 581 Abs. 2 „*Kauf bricht nicht Miete und Pacht*"; ergänzt um §§ 567–567b).

Die schuldrechtliche Natur von Miete, Pacht und Leihe schafft **vier typische Problemkreise**. 162

Zuerst die **Erfüllungsproblematik**: Der versprochene Gegenstand muss dem Berechtigten im vertraglichen Umfang verschafft und zum vertragsgemäßen Gebrauch überlassen werden (vgl. §§ 535, 581, 598). Das setzt i.d.R. die Besitzübertragung und die Schaffung der tatsächlichen Verhältnisse für die Gebrauchstauglichkeit voraus. Beides sind die charakteristischen Hauptpflichten, deren zu vertretende Verletzung Leistungsstörung (Schlechtleistung, Verzug oder Unmöglichkeit) ist.

Im Unterschied zu den Umsatzverträgen bringt die Zeitdauer, für welche der vertragsmäßige Gebrauch fortgesetzt überlassen bleiben muss, zusätzliche Probleme der **Gefahrtragung und Gewährleistung** über diejenigen bei Beginn der Überlassung hinaus. Die Primärpflicht des Vermieters hinsichtlich der Gebrauchstauglichkeit ist eine fortgesetzte, auf Erhaltung derselben und auch künftige Beseitigung allfälliger Beeinträchtigungen gerichtete, woran sich die Tragung der Preisgefahr während der Unbrauchbarkeit (vgl. § 536 ebenso wie § 555a) und die Mängelhaftung (vgl. §§ 536 ff.) ausrichten muss. Besitzübergang und nachfolgende Obhut des Berechtigten bedingen jedoch auch **Obhuts- und Sorgfaltspflichten des Gebrauchsberechtigten** (vgl. § 536c). Andererseits wird auch die Regelung seiner Aufwandspflichten und seines **Verwendungsersatzes** notwendig (vgl. §§ 539). 163

Der Charakter von Überlassungsverträgen als Dauerschuldverhältnis wirkt sich auch auf die Gegenleistung aus, die regelmäßig in gleichen Zeitabschnitten fällig wird. Hieran knüpfen die Bestimmungen über Fälligkeit, Verzugsfolgen und Einwendungen an (vgl. §§ 556b Abs. 1, 537 Abs. 2), aber auch solche, welche die Möglichkeiten der Vorausverfügung und der Aufrechnung mit Rücksicht auf den Schutz der Gläubiger des Vermieters bzw. Verpächters begrenzen (vgl. §§ 566b–d) und zur schriftlichen Dokumentation zwingen (§§ 550, 126, was auch für jede spätere Änderung gilt[104]). 164

Insb. bei der Wohnraummiete treten sodann Schutzinteressen des Berechtigten hinzu, welche ein umfangreiches Mieterschutzrecht geschaffen haben, wodurch das schuldrechtliche Nutzungsrecht in den Anwendungsbereich des Eigentumsgrundrechts (Art. 14 GG) einbezogen wurde.[105]

I. Miete

Miete ist wie Pacht ein gegenseitiger Vertrag mit synallagmatischen Hauptpflichten, die auf die zeitliche Gebrauchsüberlassung einer Sache nebst der Gewährung des ungestörten Mietgebrauchs gegen Zahlung des vereinbarten Mietzinses (vgl. § 535) gerichtet sind. Betreffend die Hauptpflichten ist die Miete analog zum Kaufrecht aufgebaut. Anders als dort sind jedoch umfangreiche Treu- und Fürsorgepflichten sowie ein durch 165

104 Praxisprobleme daraus nachgewiesen bei *Emmerich,* Schuldrecht BT § 7 Rn. 14.

105 Darstellung und Kritik bei *Emmerich,* Schuldrecht BT § 7 Rn. 9 m.w.N.

die Obhut bedingter Gemeinschaftsgedanke weit charakteristischer. **Gegenstand der Miete** können nach BGB nur Sachen (vgl. §§ 90 ff.) sein, aber nur solche, die gebrauchsfähig sind. Dem Verbrauch unterliegende Sachen können weder vermietet noch verliehen werden. Auch Rechte können nicht „gebraucht", sondern nur genutzt werden und deshalb nur Gegenstand eines Pachtvertrags sein (so z.B. Lizenzverträge über geistiges Eigentum).

Beispiel: Die Überlassung einer Kiesgrube zur Auskiesung ist Pacht. Die Überlassung von Reklameflächen ist dann Miete, wenn dem Verpflichteten keine weiteren Dienste aufgebürdet werden: Die Reklame auf Taxis ist gemischter Vertrag mit Elementen des Dienstvertrags, nämlich der Pflicht, die Wagen auch fahren zu lassen. Ein Bankschließfach wird gemietet, soweit die Bank keine zusätzliche Verwahrungs- und Sorgfaltspflicht übernimmt. Gleiches gilt für die Benutzung einer Tiefgarage ebenso, wie für den privatrechtlich ausgestalteten Eintritt in eine öffentliche Badeanstalt.

166 Nur die **Pacht** berechtigt zum Fruchtbezug (Rechts- bzw. Sachfrüchte). Nicht jedes Erschließen von Erwerbsquellen mit Hilfe vermieteter Sachen ist Pacht, vielmehr nur dann, wenn die Einnahmen durch die Einrichtungen und Konzessionen der Sache erzielt werden (die Überlassung einer Gaststätte mit entsprechender Einrichtung und Getränkebezugsverträgen ist Pacht, die Überlassung einer Eisfläche an den Eishockeyverein hingegen Miete, weil erst der Verein darauf eine gewinnbringende Tätigkeit entfaltet).

167 Gelegentlich sind auch **Miet- und Werkvertrag abzugrenzen**. Ist ein Fahrzeug vermietet, trägt der Mieter alle Risiken außer der Fahrbereitschaft an sich. Bei Vermietung mit Fahrer ist dessen Verfügbarkeit Teil der Mietleistung, nicht eigenes werk- oder dienstvertragliches Element. Hingegen ist der Beförderungsvertrag insges. Werkvertrag.

Der Mietvertrag ist Schuldvertrag. Erst seine Erfüllung seitens des Vermieters schafft darüber hinaus noch ein Besitzverhältnis mit sachenrechtlicher Wirkung (vgl. §§ 858 ff.).

Beispiel: Der stets als Miete ausgestaltete Schwimmbadbesuch[106] gibt hinsichtlich der rechtmäßig in Besitz genommenen Umkleidekabine und des Garderobenschranks Besitzabwehrklagen gegen jedermann.

168 Auch **ohne gültigen Mietvertrag** kann ein tatsächlich erfolgtes Überlassungs- und Besitzverhältnis Anerkennung finden (z.B. bei fehlender Geschäftsfähigkeit etc.); ebenso nachdem die Mietzeit abgelaufen ist (sog. Lehre vom „fehlerhaften Vertrag" sowie die Fiktion eines unbefristeten Fortsetzungsvertrags in § 545). Eine bereicherungsrechtliche Rückabwicklung würde in solchen Fällen erhebliche Schwierigkeiten bereiten, weshalb die Fehlerhaftigkeit nur für die Zukunft durch (dann regelmäßige aber nicht rückwirkende) Anfechtung oder, sofern die Nichtigkeit auf einem entsprechenden wichtigen Grund beruht, durch außerordentliche Kündigung geltend gemacht werden kann. Für die vergangene Zeit des faktischen Vollzugs bleibt die Pflicht zur Gegenleistung bestehen (vgl. § 546a Abs. 1).

106 Alternative ist ein öffentlich-rechtliches Benutzungsverhältnis, das nur bei, heute aufgrund kommunaler Aufgabenprivatisierungen sicher seltenen, hoheitlich betriebenen Bädern möglich und auch dort nicht zwingend wäre.

1. Vertragspflichten des Vermieters

a) Hauptpflicht

169 Hauptpflicht ist neben der Verschaffung der Mietsache, den vertragsgemäßen Gebrauch für die Dauer der Mietzeit zu ermöglichen. Hierzu kann je nach Umständen auch Zubehör gehören. Die Überlassung kann zum Alleingebrauch oder zum Mitgebrauch geschuldet werden. Auch die Erhaltung der Mietsache in gebrauchsfähigem Zustand ist Hauptpflicht und die eigentliche Dauerleistung des Vermieters, für die er die Sachgefahr trägt.

Verlangt der Mieter von seinem Vermieter die Beseitigung permanenter Ruhestörung etwa in Folge eines Gaststättenbetriebs, so ist dies kein *Gewährleistungs*verlangen (so nur etwa eine Mietminderung, § 536) und keine Frage der Zurechenbarkeit wegen etwaigen Verschuldens des Vermieters, sondern der Anspruch auf Erfüllung der primären Hauptpflicht (vgl. § 535; anders als beim Gewährleistungsverlangen greift hiergegen nicht der Ausschlussgrund des § 536b, Kenntnis des Mieters bei Vertragsschluss, sondern ist es Auslegungsfrage, ob die Störungsquelle nach dem Vertragsinhalt als dem Mieter von Anfang an bekannt hingenommen werden muss, §§ 133, 157, 242, 311, 535[107]).

Das bedeutet ferner, dass der Vermieter die normalen Erhaltungskosten und die Lasten der Mietsache zu tragen hat (vgl. § 538) und dass er dem Mieter zur Erhaltung der Sache notwendige Aufwendungen ersetzen muss (vgl. §§ 536a Abs. 2, 539 Abs. 1).[108]

Unbeschadet dessen ist es übliche Vertragspraxis, derartige „Schönheitsreparaturen" dem Mieter auch durch Allgemeine Geschäftsbedingungen zu überantworten (Grenze sind §§ 307 Abs. 2, 535 Abs. 1 S. 2, weshalb starre Renovierungsfristen mangels Orientierung am wirklichen Erhaltungsbedarf unzulässig sind[109]).

b) Nebenleistungspflichten

170 Nebenleistungspflichten des Vermieters begleiten dessen Hauptpflichten. Hierzu können Einweisungen in die Bedienung der Mietsache, die Übergabe des Fahrzeugscheins bei Kraftfahrzeugen, je nach Vertrag und Verkehrssitte die Bewachung eines Grundstücks, ebenso Instandhaltung und Beleuchtung von Zuwegungen gehören, wie die Nichtaufnahme eines dem Geschäftszweck bei der Ladenmiete störenden Konkurrenzbetriebs oder auch die Duldung von Telekommunikationseinrichtungen (etwa zum Satellitenempfang, sofern ausnahmsweise anderweitige Empfangsmöglichkeiten nach den konkreten Umständen nicht genügen). Gleiches gilt für die sog. Barrierefreiheit nach § 554a.

---

107 Z.B. bei Neuvermietung einer Mietwohnung am Brüsseler Platz in Köln. Gleichermaßen ergibt die Auslegung einen Konkurrenzschutz des gewerblichen Mieters gegen die Einmietung konkurrierender Betriebe beim selben Vermieter; die räumliche Reichweite ist Auslegungsfrage.

108 Zu unterscheiden sind Mietereinbauten und Mieterumbauten. Das sind solche Baumaßnahmen, die der Mieter eines Gebäudes oder Gebäudeteils auf seine Rechnung an dem gemieteten Gebäude oder Gebäudeteil vornimmt, wenn die Aufwendungen des Mieters nicht Erhaltungsaufwand sind. Regelmäßig liegt ein vorübergehender Einbau vor, weil die Nutzungsdauer der Baumaßnahme kürzer ist als die voraussichtliche Mietzeit oder der Mieter verpflichtet ist, am Ende der Mietzeit die Baumaßnahme wieder zu beseitigen und deshalb das wirtschaftliche Eigentum beim Mieter verbleibt, dem in diesen Fällen die ausschließliche Gebrauchsbefugnis zusteht. Gleiches gilt, wenn der Mieter bei Beendigung des Mietverhältnisses einen Entschädigungsanspruch in Höhe des Restwerts der Einbauten hat, vgl. *Beck'scher Bilanz-Kommentar,* § 253 HGB Rn. 424 f., 428. Zur steuerlichen Behandlung vgl. in dieser Reihenfolge R 7.1 Abs. 4 EStR, H 7.1 [Scheinbestandteil] EStH sodann R 7.1 Abs. 3 und Abs. 6 EStR.

109 Details bei *Emmerich,* Schuldrecht BT § 7 Rn. 37.

c) Vertrag mit Schutzwirkungen für Dritte

171 In den Kreis der durch die Nebenleistungspflichten geschützten Personen gehören neben den Mietern auch deren in der Wohnung dauerhaft wohnende Angehörige. Diese Dritten haben kein eigenes Forderungsrecht (kein primäres Leistungsrecht, weil nicht selbst Vertragspartner), können jedoch vertragliche Schadensersatzansprüche aus Pflichtverletzungen (**Sekundäransprüche**) betreffend ihre Person geltend machen. Dies *gilt nicht* für Besucher oder andere Passanten; solchen gegenüber haftet der Vermieter nicht auch vertraglich, sondern nur deliktisch. Voraussetzung dieser Einbeziehung Dritter in die Schutzpflichten sind eine derjenigen des Gläubigers (hier: des Mieters) vergleichbare (dauerhafte) **Leistungsnähe** des Dritten, ein anzuerkennendes **Gläubigerinteresse** an der Einbeziehung des konkreten Dritten (dem er Schutz und Fürsorge zu gewährleisten hat)[110] und die **Erkennbarkeit** dieses Interesses für den Schuldner (Vermieter) bei Vertragsabschluss. Schließlich ist diese Haftungsfigur subsidiär zu anderweitigen vertraglichen Ansprüchen des Dritten aus dem Schadensereignis.[111]

2. Pflichten des Mieters

a) Hauptpflicht

172 Hauptpflichten des Mieters sind die Zahlung des Mietzinses (vgl. §§ 535 Abs. 2, 556b Abs. 1) und bei entsprechender Vereinbarung auch die zusätzliche Zahlung der Betriebskosten (vgl. § 556; ansonsten geht das BGB von einer Bruttomiete aus). Die Höhe des Mietzinses kann sich dabei durch Mieterhöhungen während des Mietverhältnisses verändern (vgl. §§ 557–561). Während bislang die sog. Vergleichsmiete für ein Erhöhungsverlangen begrenzend wirkte (vgl. §§ 558a–e), muss sich seit 2015 auch die Vereinbarung bei Neuvermietung u.U. hieran orientieren (§ 556d, sog. Mietpreisbremse). Mängel der Mietsache, die den vertragsgemäßen Gebrauch einschränken, führen (anders als nach § 441 beim Kauf) automatisch zu einer Mietminderung[112] (vgl. § 536; Rückforderung von Überzahlungen nach Bereicherungsrecht, arg. § 556b Abs. 2[113]). Nicht die einmalige Überlassung, sondern die dauerhafte Erhaltung der Mietsache ist synallagmatische Hauptpflicht zum Entgelt des Mieters. Hingegen ändert eine persönliche Verhinderung des Mieters (Krankheit, Freiheitsstrafe, berufliche Versetzung etc.) an der Zahlungspflicht nichts (vgl. § 537).

b) Obhutspflichten

173 Neben der Mietzahlungspflicht hat der Mieter auch Obhutspflichten, mit der Mietsache nur vertragsgemäß umzugehen und Gefahren abzuwenden. Insb. ist dem Mieter eine Gebrauchsüberlassung an Dritte (vgl. § 540) verwehrt[114] und es ist der Mieter verpflich-

110 Früher plastisch sog. „Wohl und Wehe"-Rechtsprechung; heute etwas großzügigere Einbeziehung und Bestimmung des Personenkreises im Wege der Auslegung des Vertrages, ob die Vertragsparteien zugunsten bestimmter Dritten eine Schutzpflicht begründen wollten.

111 Darstellung bei *Medicus/Petersen,* BR Rn. 844–846a.

112 Parallel gewähren sie ein Zurückbehaltungsrecht an der Miete wegen Nichterfüllung der Primärpflicht, vgl. BGH, Urt. v. 17.6.2015 – VIII ZR 19/15: Obergrenze ist der drei- bis fünffache Wert der angemessenen Minderung bzw. des angemessenen Zurückbehaltungsrechts oder das entsprechende Vielfache der Beseitigungskosten. Im Zweifel ist dem Mieter eine Klage zuzumuten; übermäßige Minderungen können einen Kündigungsgrund darstellen.

113 Lehrreicher Fall bei *Grunewald,* BR § 17 Rn. 4.

114 Probleme der Untermiete vgl. *Emmerich,* Schuldrecht BT § 7 Rn. 21–26.

tet, während der Mietzeit auftretende Mängel und erforderlich werdende Schutzmaßnahmen dem Vermieter unverzüglich anzuzeigen (vgl. § 536c Abs. 1). Obwohl es sich dabei um grundsätzliche Pflichten des Mieters handelt, stehen diese nicht im Gegenseitigkeitsverhältnis, sind also keine Hauptpflichten des Mieters, deretwegen an der Vermieterleistung ein Zurückbehaltungsrecht (vgl. § 320) begründet wäre. Dies gilt auch für die weitere Pflicht des Mieters auf Rückgabe der Mietsache nach Beendigung des Mietverhältnisses (vgl. § 546).

Gibt der Wohnraummieter die Mietsache danach verspätet zurück, schuldet er nach § 546a Abs. 1 die vereinbarte Miete für diese Zeit weiter; darüber hinausgehenden Schadensersatz (z.B. weil der Vermieter gegenüber nachfolgenden Mietern in Haftung gerät) jedoch nur bei Verschulden (vgl. §§ 546a Abs. 2, 571). 174

Die Unterscheidung zwischen Nebenleistungspflichten und Nebenpflichten ist hier insoweit unerheblich, als der Vermieter gegen fortgesetzten vertragswidrigen Gebrauch der Mietsache nach § 541 eine Unterlassungsklage hat. Schadensersatzansprüche des Vermieters aus der Verletzung dieser Nebenpflichten bestehen sodann nach § 536c Abs. 2 S. 1 ebenso, wie das Gestaltungsrecht auf außerordentliche fristlose Kündigung aus wichtigem Grund nach § 543 Abs. 2, 3. 175

Eine Pflicht zum Mietgebrauch, also zur Nutzung besteht regelmäßig nicht, kann sich jedoch aus der Natur der Mietsache ergeben (Bewegung des gemieteten Reitpferds) oder aus Vereinbarung (etwa bei Gewerberäumen zur Erhaltung des Rufs des Geschäftslokals und der Laufkundschaft). Insoweit gehört die dann ausnahmsweise bestehende Gebrauchspflicht zum vertragsgemäßen Mietgebrauch.

Der Mieter einer Wohnung kann nach § 553 u.U. die Zustimmung des Vermieters zur (nur) teilweisen Untervermietung an einen Dritten verlangen. Im Übrigen kann jeder Mieter bei Verweigerung einer vollständigen oder teilweisen Untervermietung außerordentlich mit gesetzlicher Frist kündigen (§§ 540 Abs. 1 S. 2), sofern nicht in der Person des Dritten hinreichende Versagungsgründe liegen.

c) Gesamtschuld

Schließlich können mehrere Mitvermieter ebenso wie mehrere Mitmieter (diese meist in Form der Gesellschaft bürgerlichen Rechts) als Gesamtschuldner verpflichtet (vgl. § 427) und hinsichtlich ihrer Forderungsrechte dann als Gläubigergemeinschaft (vgl. § 432) berechtigt sein. Alle Ansprüche stehen ihnen dann gemeinschaftlich zu, also Kündigung und andere Akte (z.B. Nebenkostenabrechnungen) müssen gemeinschaftlich erfolgen. Fällige Ansprüche kann zwar jeder einklagen, jedoch nur als Gesamtleistung an alle. Insb. müssen Gestaltungsakte wie die Kündigung von allen Mitmietern (bzw. allen Mitvermietern) gemeinsam erklärt und an alle Mitvermieter (bzw. im umgekehrten Fall an alle Mitmieter) zugehen, um wirksam zu sein; die Erteilung von Erklärungs- und Empfangsvollmachten ist möglich und sollte etwa bei **studentischen Wohngemeinschaften** wegen der Fluktuationsgefahr bereits im Mietvertrag vereinbart werden. 176

3. Gefahrtragung und Mängelhaftung

Die Tragung der Leistungsgefahr (Kapitalrisiko) einerseits und der Preisgefahr (Gegenleistungsgefahr) ist stets Ausdruck einer Risikoverteilung im Schuldverhältnis, die sich nach den wechselseitigen Leistungsinteressen richtet. Gegenstände der Risikoverteilung sind dabei stets nur die unverschuldete Verschlechterung wie der zufällige Untergang. 177

So trägt der Vermieter die Leistungsgefahr für die Verschaffung der Mietsache bis zur Besitzeinweisung des Mieters. Anschließend geht sie auf diesen über, wie sich in § 536c zeigt. Für die dauerhafte Erhaltung der Gebrauchstauglichkeit bleibt die Leistungsgefahr hingegen beim Vermieter, der die – durch den vertragsgemäßen Gebrauch bedingte – Sach- und Erneuerungsgefahr (zur üblichen abweichenden Vereinbarung über Schönheitsreparaturen s. bereits oben Rn. 169) und damit die Preisgefahr permanent trägt.

Beispiel: Auch bei zeitweiser Unbenutzbarkeit einer vermieteten Wohnung oder eines vermieteten Hotelzimmers (z.B. bei behördlichen Evakuierungsmaßnahmen infolge eines Bombenfundes) wird der Mieter anteilig von der Mietzahlung befreit, soweit es sich nicht um eine nach Mietdauer verhältnismäßige Geringfügigkeit handelt (vgl. §§ 320 Abs. 2 bzw. 536 Abs. 1 S. 3).

178 Gefahrtragung und Gewährleistungsrechte gleichen jedoch wie stets nur das **Äquivalenzinteresse** von Leistung und Gegenleistung aus. **Schadensersatzansprüche** stehen dem Mieter nur zu, wenn den Vermieter über seine bestehende Pflicht hinaus eine Verantwortlichkeit trifft. Nur Letztere rechtfertigt, aus seinem Vermögen über die Erhaltungskosten hinaus etwas zusetzen zu müssen. Gem. § 536a kann diese Verantwortlichkeit darin liegen, dass der Mietmangel bereits bei Vertragsschluss vorlag (anfänglicher Mangel). In diesem Fall hätte der Vermieter im eigenen Interesse nicht vermieten dürfen. Für später auftretende Mietmängel kann die Verantwortlichkeit sodann darin liegen, dass der Vermieter mit ihrer Beseitigung in Verzug kommt. Dies setzt wiederum die Mängelanzeige des Mieters (§ 536c Abs. 1) voraus, bei deren Unterbleiben der Mieter des Schadensersatzanspruchs verlustig geht (§ 536c Abs. 2 S. 2 Nr. 2).

179 Die Gütegefahr ist stets Ausgangspunkt für die Gewährleistungspflicht. Aufgrund des Dauerelements in der Erfüllung führen Fehler der Mietsache, die den vertragsmäßigen Gebrauch aufheben oder mindern, stets zu einer Nichterfüllung der Hauptpflicht für die schon verflossene Mietzeit. Nacherfüllung wäre unmöglich (absolutes Fixgeschäft). Da die Tragung der Gütegefahr nicht mit der Überlassung der Mietsache endet, ist die Mängelhaftung des Vermieters strenggenommen stets Hauptpflicht nicht Gewährleistung.

Aufgrund der dauerhaften Tragung der Erhaltungsgefahr durch den Vermieter folgt hinsichtlich der dem Mieter möglichen Mietminderung nach § 536, dass diese als Zurückbehaltungsrecht nach § 320 unmittelbar aus dem Synallagma folgt und zugleich Gewährleistungsrecht ist. Beides muss daher gleichbehandelt werden; ein Nacherfüllungsverlangen für das Gewährleistungsrecht ist nicht erforderlich, da die Erhaltungsleistung nicht nachholbar ist, sondern immer wieder neu geschuldet wird; umgekehrt erstreckt sich § 536c Abs. 2 S. 2 Nr. 1 als Ausschlussgrund und Ausdruck der Obhutspflicht des Mieters auch auf das Zurückbehaltungsrecht nach § 320.

Die Ausgestaltung der Rechtsbehelfe des Mieters in §§ 536 ff. ist (deshalb) rücksichtlich einiger Besonderheiten aufgrund des Dauerschuldcharakters der Miete den Käuferrechten nachgebildet. Dies bedeutet dann auch, dass in ihrem Anwendungsbereich und mithin ab Überlassung der Mietsache an den Mieter die Anwendung der §§ 320 ff. ausgeschlossen sein soll (Vorrang der speziellen Regelung vor der allgemeinen).

4. Mängelhaftung im Einzelnen

180 Mietmangel ist jeder Fehler der Mietsache, der den vertragsgemäßen Gebrauch aufhebt oder mindert. Rechtsmängel sind nur insoweit von Interesse, als dem Mieter der Mietgebrauch entzogen werden kann (§ 536 Abs. 3). Die Mietminderung (§ 536) entspricht der (teilweisen) Befreiung von der Mietzahlungspflicht während der Dauer solcher Mängel vom Zeitpunkt ihres Auftretens an. Im Unterschied zum Kaufrecht (dort § 441 Abs. 1 S. 1) bedarf die Mietminderung keiner Erklärung, sondern besteht während der Dauer solcher Mängel von Gesetzes wegen (Folge aus dem hier verletzten Synallagma).[115] Sie ist dennoch, wie jene Einrede, nur Rechtsbehelf des sekundären Gewährleistungsrechts, weshalb der Mieter beweisbelastet ist (Folge seiner Obhut). Hierzu gehört die Darlegung und der Beweis des die Gebrauchstauglichkeit einschränkenden Mangels und der unverzüglichen Anzeige desselben, ebenso wie die Darlegung der Unkenntnis vom Mangel bei Vertragsschluss bzw. des Vorbehalts dieser Rechte bei Annahme der erkennbar mangelhaften Sache (vgl. § 536b).

Die Geltendmachung der fristlosen Kündigung (§ 543) setzt eine erhebliche Behinderung oder Vorenthaltung des Gebrauchs (deutlich §§ 543 Abs. 2 S. 1 Nr. 1, 569 Abs. 1) voraus. Sie ist regelmäßig erst zulässig, nachdem der Vermieter eine ihm vom Mieter gesetzte angemessene Frist zur Mängelbeseitigung hat verstreichen lassen (vgl. § 543 Abs. 3, auch zu Ausnahmen). Ein Verschulden des Vermieters ist nicht erforderlich, der Rechtsbehelf schließt an die dauerhafte Hauptpflicht des Vermieters an, deren Erbringung mit Vertragsschluss garantiert wurde.

Die Kündigung ist dennoch als Gewährleistungsrecht ausgestaltet und verdrängt damit § 323 Abs. 5 vollständig, ist also keine spezielle Verzugsfolge. Daraus leiten sich die zu § 536 vergleichbaren Voraussetzungen ab (vgl. § 543 Abs. 4 S. 1). Lediglich für die Rechtzeitigkeit der erstmaligen Überlassung der Mietsache und die rechtzeitige Abhilfe auf die Aufforderung zur („Nach")-Erfüllung hin trägt der Vermieter die Beweislast (§ 543 Abs. 4, 2). Dies rechtfertigt sich im ersten Fall daraus, dass hier die Überlassungspflicht und deshalb der Vollzug des Vertrages überhaupt betroffen ist (Verdrängung der §§ 320 ff. hinsichtlich der Erhaltungspflicht ist erst ab Überlassung auch materiell gerechtfertigt).

Das Kündigungsrecht schließt nicht aus, dass Schadensersatz oder Mietminderung für **181** die bis dahin in Kauf genommenen Mängel zusätzlich geltend gemacht wird. Anders als der Rücktritt bewirkt die Kündigung nicht die rückwirkende Auflösung. Zweifelhaft ist, ob auch noch solche Schäden liquidiert werden können, die erst nach Wirksamkeit der Kündigung auftreten. Insoweit muss jedenfalls der Rechtsgedanke des § 325 aufgrund der Ähnlichkeit von Rücktritt und Kündigung zur Anwendung kommen, der sowohl Schadensersatz neben der Leistung, als eben auch Schadensersatz statt der Leistung neben Rücktritt (und Kündigung) nicht ausschließt.

Beispiel: Von daher können auch bei wirksamer Kündigung Umzugskosten und Mehraufwendung für eine Ersatzanmietung geltend gemacht werden; über § 284 außerdem durch mangelbedingte Kündigung nutzlos gewordene Aufwendungen für eigene (unzureichende) Versuche zur Mangelbeseitigung und für sonstige Investitionen zum Herrichten der Räume.

Der Schadensersatzanspruch des Mieters geht auf das Erfüllungsinteresse (§ 536a **182** Abs. 1). Er besteht als Garantiehaftung, wenn der Mangel schon bei Vertragsschluss vorhanden war ohne Rücksicht auf ein Verschulden. Bei später auftretenden Mängeln, wenn diese vom Vermieter zu vertreten sind oder der Vermieter mit der Beseitigung des Mangels in Verzug gesetzt worden war. Dies greift die Risikoverteilung im Schuldverhältnis auf, wonach der Vermieter zwar dauerhaft den vertragsgemäßen Gebrauch versprochen hat, hierfür jedoch nur die Preisgefahr, also das Äquivalenzinteresse trägt.

---

115 Überzahlungen können mit der condictio indebiti zurückverlangt werden (s. Rn. 652) bzw. mit der folgenden Mietzahlung verrechnet werden.

Auf den Schadensersatzanspruch des Mieters finden die Ausschlussgründe von § 536b und § 536c ebenfalls Anwendung.

Zuletzt hat der Mieter ein Selbsthilferecht zur Mangelbeseitigung (§§ 536a Abs. 2, 539 Abs. 1) als Fall der Geschäftsführung ohne Auftrag, wenn der Vermieter mit der Mangelbeseitigung in Verzug gerät oder sofortige Mangelbeseitigung zur Sacherhaltung aufgrund der Obhutspflicht notwendig ist. Der Ausschlussgrund des § 536b bei bestimmten Fällen der Kenntnis des Mieters vom Mangel ist hierauf ebenfalls anzuwenden, während § 536c im Selbsthilferecht bereits aufgeht.

5. Prüfungsschema zum Schadensersatzanspruch, § 536a

183

I. Wirksamer Mietvertrag, § 535 (ggf. §§ 566, 563)
II. Mangel der Mietsache
(abzugrenzen gegen Erfüllungsklage auf primäre Hauptpflicht)
III. Kein Gewährleistungsausschluss, vgl. §§ 536b, c oder d
IV. Besondere Voraussetzungen nach § 536a
1. Garantiehaftung des Vermieters für anfängliche Mängel
2. Bei später auftretenden Mängeln Verschulden oder Verzug mit Beseitigung erforderlich.

V. Keine Verjährung

6. Weitere Besonderheiten

184 Beim Verkauf der Mietsache ordnet § 566 Abs. 1 einen **Vertragsübergang** auf den Erwerber an („**Kauf bricht nicht Miete**"). Diese Vorschrift dient dem Besitzschutz des Mieters, wie er bei beweglichen Sachen durch die Vorschrift des § 986 Abs. 2 bereits besteht. Die Sonderregelung des Mietrechts reicht aber insoweit weiter, als hier das mietrechtliche Schuldverhältnis insges. eine Belastung des Eigentums ist, ohne dass dies wie in §§ 986 Abs. 2, 931 aus dem Rechtsgedanken des § 404 gerechtfertigt werden könnte. Einzelheiten hierzu und die Reichweite der Haftungen sind in §§ 566 Abs. 2 und ff. geregelt. Der Erwerber wird insoweit geschützt, als Vorauszahlungen der Miete nach §§ 566b und sonstige rechtsgeschäftliche Abmachungen bezüglich der Miete (§§ 566c und d) ihm gegenüber weitestgehend unwirksam sind. § 566 ist auf die Wohnraummiete und über § 578 auf jede Grundstücks- und Raummiete sowie die Schiffsmiete nach § 578a anwendbar, nicht aber auf die Miete beweglicher Sachen.

185 Umgekehrt haben bestimmte nahestehende Personen des Mieters bei dessen Tod ein Eintrittsrecht in den Wohnraummietvertrag (§§ 563 ff.), soweit sie in häuslicher Gemeinschaft mit ihm in den Mieträumen gelebt haben (vgl. auch Anspruch auf deren Aufnahme nach § 553 als Ausnahme zu § 540 im Wohnraummietrecht). Soweit sie bereits Mitmieter waren, besteht ein Recht auf Fortsetzung des Mietverhältnisses. Hierdurch wird die erhöhte persönliche und soziale Bedeutung der Wohnraummiete für den Mieter und seine Angehörigen anerkannt. Aus ähnlichen Erwägungen können Wohnraummieter u.U. eine Fortsetzung des Mietverhältnisses nach §§ 574 ff. wegen unzumutbarer Kündigungsfolgen verlangen (beachte hierbei auch § 545 für alle Mietverhältnisse). Zahlreiche weitere Besonderheiten des sozialen Wohnraummietrechts (vgl. §§ 555a ff.; 556 ff.; 557 ff.; 573 ff.; 575 f.) bleiben hier unberücksichtigt.

7. Vermieterpfandrecht

Zur Sicherung des Vermieters besteht an den in die Mieträume eingebrachten Sachen des Mieters ein Pfandrecht (§§ 562 ff. und § 578 Abs. 1).[116] Das Pfandrecht setzt Eigentum, zumindest Miteigentum oder Gesamthandseigentum des Mieters am Pfandgegenstand voraus, wobei es genügt, wenn solches bei Einbringung in die Mieträume bestanden hatte (gutgläubiger Erwerb eines Pfandrechts an mieterfremden Sachen ist ausgeschlossen, §§ 1257, 1205, 1207). Bei Ehegatten gilt die Vermutung des § 1362. Im Zeitpunkt der Geltendmachung des Pfandrechts sind nach Zwangsvollstreckungsrecht unpfändbare Sachen (vgl. § 562 Abs. 1 S. 2 BGB mit § 811 ZPO) ausgenommen.[117] Das Pfandrecht besteht für alle Haupt- und Nebenforderungen aus dem Mietvertrag sowie für alle Entschädigungsansprüche aus einer Verletzung der vertraglichen Haupt- und Nebenpflichten. Allerdings bestehen Beschränkungen hinsichtlich künftiger Forderungen (§ 562 Abs. 2) ebenso wie hinsichtlich der Miete für vergangene Zeiträume (§ 562d). §§ 562 ff. sind auf die Wohnraummiete und über § 578 auf jede Grundstücks- und Raummiete sowie die Schiffsmiete nach § 578a anwendbar. 186

Das Pfandrecht gibt dem Vermieter die Befugnis, die Wegschaffung der ihm unterliegenden Gegenstände zu verhindern und für bereits entfernte Gegenstände Rückschaffung zu verlangen (§§ 562a f.). Die Verwertung des Pfands zur Befriedigung erfolgt, sofern der Vermieter ausnahmsweise Besitz an der Pfandsache erlangt hat, nach den Regeln des Pfandverkaufs für Besitzpfandrechte (§§ 1257, 1228, 1233 ff.). Beim regelmäßig besitzlosen Vermieterpfandrecht muss dieser zuvor einen vollstreckbaren Titel auf Herausgabe des Pfandgegenstands zum Zweck des Verkaufs erlangen (vgl. § 562c), um es dann nach den Regeln des Besitzpfandrechts zu verwerten. Im Falle der Pfändung desselben Gegenstandes von dritter Seite kann der Vermieter vorzugsweise Befriedigung aus dem Erlös (§ 805 ZPO; ähnlich das Absonderungsrecht in der Insolvenz, § 50 InsO) verlangen und soweit der Erlös bereits ausgekehrt ist, bereicherungsrechtliche Ansprüche gegen den Dritten aus der Eingriffskondiktion (§ 816 oder § 812 Abs. 1 S. 1 Alt. 2) geltend machen.

8. Beendigung des Mietvertrags

Als Dauerschuldverhältnis kann der Mietvertrag auf bestimmte Zeit befristet sein und endet dann automatisch (§ 542 Abs. 1), was allerdings für Wohnraummietverhältnisse nur eingeschränkt möglich ist (§ 575). Im Übrigen endet der Mietvertrag sofern nicht durch die außerordentliche fristlose Kündigung (§§ 543, 569) entweder durch ordentliche Kündigung (§§ 542 Abs. 1, 573c), wobei die ordentliche Kündigung des Vermieters dadurch eingeschränkt ist, dass ein berechtigtes Interesse an der Beendigung vorliegen muss (§§ 573 f.).[118] Bei befristeten Mietverhältnissen (und bei unbefristeten mit zulässigerweise für eine bestimmte Zeit ausgeschlossenem Kündigungsrecht, vgl. § 573d) kommt außerdem die außerordentliche fristgebundene Kündigung als vorzeitiger Beendigungsgrund in Betracht (§§ 542 Abs. 2 Nr. 1, 575a). Eine außerordentliche fristgebundene Kündigung kommt für den Mieter insb. in Betracht bei Verweigerung der Untervermietung (§ 540 187

116 In der Praxis wichtiger ist die Sicherheitsleistung des Mieters (Kaution), vgl. § 551, die beim Vermieter Treuhandvermögen ist; beachte auch die Kündigungsmöglichkeit in § 569 Abs. 2a wegen Kautionsverzugs des Mieters und die Haftung bei Vertragsübernahme in § 566a.

117 Beachte in der Räumungsvollstreckung dazu auch § 885a ZPO.

118 **Praxistip**: Ist der Mieter der Höhe nach mit mind. zwei Monatsraten in Verzug, kann der Vermieter aus diesem Grund außerordentlich fristlos nach § 543 Abs. 2 Nr. 3 kündigen (mit dem „Risiko“ der Unwirksamkeit der Kündigung nach § 569 Abs. 3) und sollte deshalb die Kündigung zugleich hilfsweise als ordentliche aussprechen, wozu der Zahlungsverzug nach § 573 Abs. 2 Nr. 1 gleichfalls genügt; jedenfalls diese bliebe wirksam.

Abs. 1 S. 2), bei Mieterhöhungen (§§ 558 f.) und im Falle von Modernisierungsmaßnahmen (§ 555e); außerdem für Erben und Vermieter beim Tod des Mieters (§ 564 S. 2) und für den Vermieter der Erwerb durch Zwangsversteigerung (§ 57a ZVG).

Die gesetzliche Kündigungsfrist sowie die Frist zur Ausübung des Kündigungsrechts sind in § 573c bestimmt, insb. unterscheidet sich dabei die Dauer der Kündigungsfrist für Mieter und Vermieter.

II. Leasing

1. Operating-Leasing

188 Das Leasing ist eine vornehmlich steuer- und bilanzrechtlich getriebene Verbindung von Elementen des Kaufs und der Miete. Der Leasinganteil daran ist rechtlich gesehen Miete (steuerlich erfolgt der Betriebsausgabenabzug[119]). Als Operating-Leasing hat es zumeist entweder eine vereinbarte kurze Laufzeit (Anschaffung neuer Firmenfahrzeuge alle zwei bis drei Jahre) oder wird auf unbestimmte Zeit geschlossen und ist für den Leasingnehmer entsprechend kündbar. Wesentliche Anreize stehen wohl im Zusammenhang mit **Bilanzkennzahlen**, indem entgegen einer Darlehensschuld **keine Verbindlichkeit** für die Leasingkosten **passiviert** wird (Leasingraten sind Aufwand), wodurch der Fremdkapitalanteil niedriger ist; zudem wird **kein (auch kein wirtschaftliches) Eigentum** am Leasingobjekt beim Leasingnehmer **aktiviert**, wodurch das Verhältnis von Sachanlage- zu Umlaufvermögen verbessert wird. Beispiel ist das „sale and lease back" von Immobilien im Hinblick auf unternehmerische Infrastrukturanpassungen an sich verändernde Produktionsauslastungen.

2. Finanzierungsleasing

189 Demgegenüber ist das Finanzierungsleasing eine Form der Finanzierungshilfe, meist des finanzierten Teilzahlungsgeschäfts (vgl. § 506 Abs. 2).[120] Leasingtypisch ist, dass der Leasingnehmer lediglich in Vertragsbeziehung zum Leasinggeber steht, der wiederum bei einem Dritten (Hersteller) als Käufer den Leasinggegenstand erwirbt (freilich nach Vorgaben und Auswahl des Leasingnehmers). Das Verhältnis zwischen Leasinggeber und Leasingnehmer entspricht rechtlich daher wiederum einem Mietverhältnis.[121]

---

119 Maßgeblich sind für die steuerliche Behandlung die Leasingerlasse, welche auch der handelsrechtlichen Rechnungslegung zugrunde gelegt werden. Es sind dies: Schreiben betr. ertragsteuerliche Behandlung von Leasing-Verträgen über bewegliche Wirtschaftsgüter (BMF v. 19.4.1971, IV B/2 S 2170 – 31/71), BStBl. II S. 264; Schreiben betr. ertragsteuerliche Behandlung von Finanzierungs-Leasing-Verträgen über unbewegliche Wirtschaftsgüter (BMF v. 21.3.1972, BMWF F/IV B 2-S 2170-11/72), BStBl. I S. 188; Schreiben betr. steuerrechtliche Zurechnung des Leasing-Gegenstandes bei Teilamortisations-Leasing-Verträgen über bewegliche Wirtschaftsgüter (BMF v. 22.12.1975, BMF IV B 2 – S 2170 – 161/75), DB 1976 S. 172.

120 Aufgrund der Leasingerlasse wird zwar in der Praxis des Finance-Leasing zwischen **Voll- und Teilamortisationsverträgen** unterschieden, deren jeweilige Ausgestaltung strikt vorgegeben ist, *wirtschaftlich* gehen beide aber immer auf volle Amortisation der Investitionen des LG. Bei der „Teilamortisation" wird dem LN das **Risiko des Restwertes** überantwortet und meist hat der LG ein **Andienungsrecht**, wonach der LN den Gegenstand zum vorher festgelegten rechnerischen „Restwert" ankaufen muss.

121 Rechtsprechungsnachweise bei *Emmerich,* Schuldrecht BT § 8 Rn. 7.

a) Rechtliche Gestaltungen

Die mietrechtliche Gewährleistung nach den §§ 536 ff. wird aber nahezu immer formularmäßig ausgeschlossen. Dafür tritt der Leasinggeber (LG) dem -nehmer (LN) die ihm gegenüber dem Lieferanten zustehenden Gewährleistungsrechte aus den §§ 434 ff. (umfassend, unbedingt und vorbehaltlos) ab. Der formularmäßige Ausschluss der mietrechtlichen Gewährleistung nach §§ 536 ff. ist auch dann zulässig, wenn der LN Verbraucher ist; dass dadurch die verbraucherschützenden Vorschriften des Verbrauchsgüterkaufs nach §§ 474 ff. nicht zugunsten des LN eingreifen, ist kein Umgehungsgeschäft i.S.d. § 475 Abs. 1 S. 2. Gefährlich, aber zulässig ist, dass dadurch die handelsrechtliche Rügeobliegenheit des § 377 HGB über die Abtretung den LN trifft, wenn die Sache direkt an ihn geliefert wird und zwar auch dann, wenn er im Unterschied zum LG kein Kaufmann ist. Der LN ist damit umfassend auf die ihm allein überlassene Durchsetzung der kaufrechtlichen Gewährleistung gegenüber dem Lieferanten verwiesen und kann die so erstrittenen Rechtsfolgen (etwa Rücktritt oder Minderung nach § 437 Nr. 2) ggf. dem LG nach § 313 als Wegfall der Geschäftsgrundlage des Leasingvertrags entgegensetzen. Der formularmäßige Ausschluss der §§ 536 ff. ist wegen § 307 Abs. 1 S. 1 allerdings unwirksam, wenn die kaufrechtlichen Gewährleistungsrechte ihrerseits zwischen Lieferanten und LG wirksam ausgeschlossen sind.[122] **190**

Das entspricht im Ergebnis der Vorgehensweise beim Abzahlungs- (jetzt sog. Teilzahlungs-)geschäft als entgeltlicher Finanzierungshilfe (§ 506 Abs. 1, 3). Zwar hat dort der Abzahlungskäufer – anders als beim Leasing – unmittelbar zwei Verträge geschlossen, nämlich den Finanzierungs- und den Kaufvertrag, wobei es unerheblich ist, ob der Finanzierungspartner mit dem Lieferanten (wie zumeist) personenverschieden ist oder (selten) identisch. Gem. § 358 Abs. 3 S. 1 handelt es sich dort bei beiden Verträgen um ein verbundenes Geschäft (Voraussetzung: wirtschaftliche Einheit, vgl. S. 2 der Vorschrift) mit der Folge, dass der Abzahlungskäufer (im Ergebnis wie der Leasingnehmer) Einwendungen aus dem Kauf (Gewährleistung) auch dem finanzierenden Kreditgeber (Bank) entgegensetzen kann (§ 359 Abs. 1; vgl. insoweit auch Abs. 1 S. 3).[123] Außerdem kann der Käufer nach Rücktritt vom Abzahlungskauf die Rückforderung bereits gezahlter Tilgungsraten von der Bank verlangen (§ 358 Abs. 4 S. 5 entspricht dabei § 813 Abs. 1).[124]

b) Bilanzierung

Der Leasingnehmer hat den Leasinggegenstand mit seinen Anschaffungs- oder Herstellungskosten zu aktivieren. Als solche gelten die Anschaffungs- oder Herstellungskosten des Leasinggebers, die der Berechnung der Leasingraten zugrunde gelegt worden sind, zuzüglich etwaiger weiterer Kosten, die nicht in den Leasing-Raten enthalten sind. Dem Leasingnehmer steht die Abschreibung nach der betriebsgewöhnlichen Nutzungsdauer des Leasing-Gegenstandes zu. In Höhe der aktivierten Anschaffungskosten oder Herstellungskosten mit Ausnahme der nicht in den Leasing-Raten berücksichtigten Anschaf- **191**

122 Zusammenfassendes Beispiel bei *Grunewald,* BR § 19 Rn. 7–9. Die Direktlieferung an den Endkunden ändert nichts an der Rügeobliegenheit nach § 377 Abs. 2 HGB in vorausliegenden Verhältnissen, vgl. *K. Schmidt,* Handelsrecht § 29 Rn. 95 ff., 106 ff.

123 Ausnahme sind finanzierte Immobilienkäufe, vgl. § 358 Abs. 3 S. 3, bei denen die Bank regelmäßig nicht für Mängel des von dritter Seite gelieferten Grundstücks haftet (so bereits zuvor BGHZ 150, 248).

124 *Emmerich,* Schuldrecht BT § 7 Rn. 13 will zumindest § 360 (zusammenhängende Verträge) auf das Leasing anwenden.

fungs- oder Herstellungskosten des Leasingnehmers ist eine Verbindlichkeit gegenüber dem Leasing-Geber zu passivieren. Die Leasing-Raten sind in einen Zins- und Kostenanteil sowie einen Tilgungsanteil aufzuteilen. Bei der Aufteilung ist zu berücksichtigen, dass sich infolge der laufenden Tilgung der Zinsanteil verringert und der Tilgungsanteil entsprechend erhöht. Der Zins- und Kostenanteil stellt eine sofort abzugsfähige Betriebsausgabe dar, während der andere Teil der Leasing-Rate als Tilgung der Kaufpreisschuld erfolgsneutral zu behandeln ist.[125]

III. Pacht

192 Pacht ist die entgeltliche Gebrauchsüberlassung zur ordnungsgemäßen Ziehung der Früchte des überlassenen Gegenstands. Der Pachtvertrag ist ein gegenseitiger Vertrag, durch den der Verpächter sich verpflichtet, dem Pächter gegen regelmäßiges Entgelt nicht nur den Besitz des Pachtobjekts zu gewähren, sondern ihm auch die Aneignung der nach den Regeln ordnungsgemäßer Wirtschaft gezogenen Erträge zu gestatten (§ 581 Abs. 1 S. 1).

Es handelt sich um ein lediglich schuldrechtliches Aneignungsrecht, auf das nicht § 954, sondern § 956 Abs. 1 anwendbar ist, was solange keinen Unterschied macht, als der Pächter sich im Besitz der Sache befindet und daher mit der Trennung Eigentum an den Früchten erwirbt, ohne dass der Verpächter dies durch Widerruf der Gestattung verhindern könnte. Der Verpächter schuldet nur Überlassung und Gestattung (z.B. zur Auskiesung), also insb. nicht die Lieferung (sonst handelt es sich um Kauf der vom Eigentümer zu ziehenden Früchte und nicht um Pacht).

193 Objekte des Pachtrechts können alle Früchte einer Sache oder eines Rechts sein. Das sind die Erzeugnisse einer Sache oder die aus der Substanzverwertung zu gewinnende Ausbeute (§ 99 Abs. 1) ebenso wie Erträge aus einem Recht (§ 99 Abs. 2). Rechtsfrüchte sind Einnahmen aus der Verwertung geistigen Eigentums (Urheber- und Patentrechte etc.), aus Gewerberechten, aber auch aus Aneignungsrechten (Berg-, Jagd-, Fischereirechte) und aus allen sonstigen Rechten (Grund- und persönliche Dienstbarkeiten, Geschäftsanteilen an Kapitalgesellschaften); schließlich auch Erträge, welche aus der Untervermietung, Weiterverpachtung oder Unterlizenzerteilung etc. erzielt werden (§ 99 Abs. 3).

194 Gegenstand eines Pachtvertrags können also nur solche Objekte sein, die Früchte i.S.d. § 99 als Ertrag zu bringen vermögen. Bloße Vorteile aus dem Gebrauch einer Sache (vgl. Abgrenzung in § 100) genügen nicht, wohl aber die Möglichkeit, durch die Arbeit des Pächters *vermittels* des Pachtobjekts Erträge zu erzielen (Abgrenzung zur Miete). So ist die *Mietsache* bei der Raummiete *nicht Mittel* des Gewerbes, *sondern nur Ort* der Berufsausübung (wie z.B. Praxisräume eines Arztes), während der Pächter jedenfalls nach dem äußeren Bild eine konzessionierte Gaststätte oder Spielhalle „fortführt“ – weshalb ihn ggf. auch die Haftung für Verbindlichkeiten des früheren Geschäftsinhabers **(§ 25 HGB)** trifft, nicht aber einen reinen Nachmieter.

125 Vgl. BMF vom 19.4.1971 – IV B/2-S 2170-31/71, BStBl. II S. 264.

1. Charakterisierung des Schuldverhältnisses

Haupt- und Nebenpflichten des Pachtvertrages entsprechen mit Ausnahme der ergänzenden Gestattung zur Aneignung der Früchte denen des Mietvertrags. Dies gilt insb. für die Pflicht des Verpächters zur Überlassung und Erhaltung der Pachtsache in dem zum vertragsgemäßen Gebrauch und Fruchtgenuss tauglichen Zustand (§§ 581 Abs. 2, 535). Hieran knüpft auch die Pflicht zur ungeminderten Pachtzahlung an. **195**

Nach § 582 obliegt die Erhaltung des (als Mittel der Betätigung des Pächters dienenden, also auszubeutenden) Inventars der Pachtsache dem Pächter. Geschäftsrisiken, die über den Zustand der Sache hinausgehen, liegen sowieso allein beim Pächter. Es ist das **Sachrisiko des Verpächters** vom **Ertragsrisiko des Pächters** zu unterscheiden:

Fremde Eingriffe oder Naturereignisse haben auf den Pachtvertrag keinen Einfluss, solange die Pachtsache selbst noch „tauglich" bleibt; Missernten durch Hochwasser oder Hagelschäden muss der Pächter ohne Kürzung der Pachtsumme hinnehmen, soweit dadurch nicht die Bodennutzung grundsätzlich und nachhaltig, etwa durch Verschlammung, beeinträchtigt wird.[126] Dies gilt auch für sich verändernde Passantenströme und die Entwicklung von Stadtteilen in ihren Auswirkungen auf den Geschäftsumsatz – und zwar nicht nur im Falle vorübergehender Baustellen, sondern auch bei dauerhaften Entwicklungen.

Die Übernahme des Ertragsrisikos durch den Pächter ist dabei lediglich typisch. Abweichende Gefahrverteilungen sind ohne Weiteres durch Vertrag möglich, etwa die Vereinbarung einer umsatzabhängigen Pacht (sog. „partiarisches Rechtsverhältnis"). Hierdurch wird der Verpächter nicht zur Förderung oder sonstigen Mitwirkung an der Fruchtziehung verpflichtet, sondern er nimmt nur am Ertragsrisiko teil (bei Pflicht zur Förderung vielmehr Gesellschaft nach § 705). Bei solcher Gestaltung trifft sodann den Pächter eine Nebenpflicht zur ordnungsgemäßen Wirtschaft und Fruchtziehung, deren Verletzung Schadensersatzansprüche nach § 280 Abs. 1 und einen Grund zur fristlosen Kündigung entsprechend § 543 zeitigen.

Die Nebenpflichten des Pachtvertrags entsprechen gleichfalls denen des Mietrechts, so besteht insb. auch die Obhutspflicht des Verpächters entsprechend § 536c. Nebenpflichten etwa zur tatsächlichen Benutzung der Pachtsache sind häufiger anzunehmen (vgl. §§ 590 Abs. 1, 590a; dem entspricht der Aufwendungsersatzanspruch nach §§ 590b, 591 Abs. 1 und 2). **196**

Da die Pacht gerade auf Fruchtziehung vermittels des Pachtobjekts gerichtet ist, bedarf die grundsätzlich dem Verpächter obliegende Erhaltungspflicht einer weiteren Differenzierung, soweit landwirtschaftlich oder gewerblich genutzte Grundstücke mit betriebszugehörigem Inventar (Mobiliar, Maschinen, Vieh etc.) verpachtet werden. Das mitverpachtete Inventar muss nicht nur erhalten, sondern auch erneuert und ersetzt werden. Die Erhaltungspflicht des Pächters (§ 582 Abs. 1, ggf. ergänzt in § 586 Abs. 1) umfasst auch die Ersatzbeschaffung und Erneuerung im Rahmen der betriebsgewöhnlichen Nutzung. Lediglich der unerwartete Abgang, also Zufallsverluste, treffen den Verpächter (§ 582 Abs. 2 S. 1) als dessen Sachrisiko. Hierin liegt ein Unterschied zu § 538, wonach Abnutzungsschäden aus dem normalen Gebrauch nicht vom Mieter zu vertreten sind. Dies rechtfertigt sich dadurch, dass der Pächter hinsichtlich des Inventars dieses nicht nur gebraucht, sondern damit arbeitet, worin eine sehr viel weitergehende Beanspruchung liegt. Für die Pachtsache selbst bleibt es hingegen bei § 538. **197**

---

126 Anders beim Landpachtvertrag, vgl. § 593 als Sonderregelung zur Geschäftsgrundlage.

Hinsichtlich des mitverpachteten Inventars können die Parteien auch eine Globalübernahme „zum Schätzwert" vereinbaren. Dadurch übernimmt der Pächter jegliches Erhaltungsrisiko hierfür, also auch die Gefahr betriebsfremder Zufallsschäden (vgl. § 582a). Der Verpächter hat dann nicht lediglich einen schuldrechtlichen Anspruch aus der Nebenleistungspflicht auf Nachbeschaffung von Fehlstücken und Übereignung der Ersatzstücke, sondern es findet dingliche Surrogation statt (§ 582a Abs. 2). Die Ersatzstücke gehen mit Einverleibung in das Inventar in das Eigentum des Verpächters über. Die hierdurch entstehende Wertdifferenz des bei Pachtende abzuliefernden Inventars (§ 582a Abs. 1) hat der Verpächter bei der Rückgewähr in Geld auszugleichen (§ 582a Abs. 3). Die Globalübernahme ist demnach also keine Veräußerung an den Pächter mit Rückerwerb, sondern lediglich ein Rechnungsposten.

Soweit der Pächter außerhalb seines Erhaltungsrisikos Investitionen in das Inventar tätigt oder er einen Anspruch auf den Schätzwert bei Rückgewähr des Inventars hat, steht ihm ein gesetzliches Pfandrecht für seine Forderungen gegen den Verpächter bezogen auf das mitverpachtete Inventar an diesem zu (§ 583 Abs. 1).

2. Beendigung des Pachtvertrags

198 Für die Kündigung des Pachtvertrages, soweit dieser nicht sowieso befristet ist, gilt Mietrecht (§ 581 Abs. 2), allerdings mit deutlichen Abweichungen. So bestimmt § 584 eine Kündigungsfrist von einem halben Jahr zum Jahresende, die auch für die außerordentliche Kündigung mit gesetzlicher Frist gilt (§ 584 Abs. 2). Insb. beim Landpachtvertrag bestehen überdies Besonderheiten zum Zustand der zurückzugebenden Pachtsache (§§ 596 ff.). Verspätete Rückgabe der Pachtsache führt entgegen § 545 nicht zur stillschweigenden Verlängerung des Vertragsverhältnisses. Parallel zu § 546a schuldet der Pächter bei verspäteter Rückgabe die Zahlung eines Jahrespachtanteils, der die Nutzungen und Nutzungsmöglichkeiten gerade dieser Periode berücksichtigt (§ 584b; anders beim Landpachtvertrag, der nur einen zeitabhängigen Pachtanteil bestimmt, § 597).

IV. Leihe

199 Leihe ist die der Miete entsprechende unentgeltliche Gebrauchsüberlassung. Wie bei dieser, so können auch hier nur Sachen, dazu gehören auch Liegenschaften, nicht Rechte verliehen werden und zwar solche Sachen, die nicht zum Verbrauch, sondern nur zum Gebrauch bestimmt sind (§ 598); Rechte können nicht gebraucht, sondern nur genutzt werden (vgl. § 100). Die Leihe ist gekennzeichnet durch die Obhuts- und Erhaltungspflicht sowie die Rückgabepflicht des Entleihers (§§ 601, 604). Bei der Leihe bezieht sich die Rückgabepflicht auf die Identität der geliehenen Sache.

1. Abgrenzungen

200 Umgangssprachlich häufig als Leihe bezeichnete Rechtsgeschäfte sind rechtlich Miete (z.B. Leihwagen, Bücherleihe, Garderobenverleih), weil und soweit es sich nicht um unentgeltliche, sondern um entgeltliche Gebrauchsüberlassung gegen „Leihgebühr" handelt. Umgekehrt beruhen die meisten alltäglichen unentgeltlichen Überlassungen gar nicht auf einem rechtsgeschäftlichen Vertrag, sondern sind reine Gefälligkeitshandlungen ohne Verpflichtungswillen[127]. Schließlich stellen Gebrauchsüberlassungen oftmals

127 Keine Leihe ist die Aufnahme eines nichtehelichen Lebensgefährten in die Wohnung; Indiz für die Leihe wäre, dass die Gebrauchsmöglichkeit zwar meist jederzeit (vgl. § 604 Abs. 3), aber nicht willkürlich entzogen werden können soll, vgl. Palandt/*Weidenkaff*, Einf. vor § 598 Rn. 7.

Mittel oder Vorbereitungshandlung zum Abschluss eines entgeltlichen Vertrags dar und unterliegen dann als Nebenleistungen den Regelungen und Haftungsmaßstäben des angestrebten Vertrags (so etwa zurückzugebende Transportpalletten, Kisten oder Mehrwegflaschen). Die Vergünstigungen der unentgeltlichen Vertragstypen entfallen dann von vornherein.

Soweit die körperlich identische Rückgabe nach der vertraglich vorgesehenen bzw. der gewöhnlichen Art des Gebrauchs nicht möglich sein würde, liegt bei der Überlassung vertretbarer Sachen nicht Leihe vor, sondern Sachdarlehen (§ 607, etwa bei nachbarschaftlichem Aushelfen mit Lebensmitteln, sofern allerdings nicht vielmehr ein Gefälligkeitsverhältnis ohne verbindliche Rückübereignungspflicht oder Schenkung anzunehmen ist); auch Geld wird nicht verliehen, sondern als Gelddarlehen ausgereicht (§§ 488 ff.).

„Pfandflaschen" sind kein gesetzliches Pfandrecht (vgl. §§ 1204 ff.) mit einem Geldpfand zur Sicherung des Rückgabe- oder Rückübereignungsanspruchs des Getränkelieferanten auf die Flaschen, sonst müsste der konkrete Pfandgläubiger die individualisierten Pfandmünzen und nicht nur deren Wert zurückgeben, was in jeder Hinsicht nicht gewollt sein kann; eine unentgeltliche Leihe bezüglich der Flaschen liegt umgekehrt nicht im Interesse des Kunden, der für Verschlechterungen haftete. Vielmehr handelt es sich bezüglich einer Rückgabepflicht der Verpackung um eine kaufrechtliche Nebenabrede: Bei besonders wertvollen Transportverpackungen, etwa Paletten, die dem Kunden zudem nur zu Besitz überlassen werden, besteht eine schuld- und sachenrechtliche Rückgabepflicht; bei „Pfandflaschen" im Massengeschäft erfolgt dagegen eine Übereignung an den Kunden, verbunden mit der Abrede, sie zu einem Betrag in Höhe des „Flaschenpfands" selbst oder durch entsprechend ausgelobte Rücknahmestellen zurück zu erwerben.[128]

Die Leihe ist ein zweiseitiges Schuldverhältnis mit nur einer Hauptpflicht, nämlich auf **201**
Gestattung des Gebrauchs für die vereinbarte Zeit oder bis zur wirksamen Kündigung (§§ 598, 604 Abs. 3). Leihe ist damit die unentgeltliche Gebrauchsüberlassung allein im Interesse des Entleihers (umgekehrte Interessenlage zur Verwahrung, vgl. §§ 688, 700).

Leihe bewirkt keinerlei Sachenrechtserwerb, insb. ist sie nicht auf Übertragung des **202**
Eigentums gerichtet. Es wechselt nur der unmittelbare Besitz (vgl. § 868). Das Leihverhältnis kommt aber nicht erst mit der Hingabe der Sache, sondern mit der Vereinbarung hierüber zustande (Konsensualvertrag), was nicht ausschließt, dass die Vereinbarung gerade mit und in der Hingabe der Sache getroffen wird (sog. Handleihe). Je danach ist die Klage aus dem Leihverhältnis auf „Gestattung" des Gebrauchs und ggf. „Überlassung" der Sache gerichtet. Die Formulierung in § 598 ist noch an der Realvertragstheorie ausgerichtet.

Aus der einseitigen Interessenlage zugunsten des Entleihers folgen dessen Obhutspflichten als Nebenleistungspflichten. Diese sind auf Erhaltung der Leihsache (§ 601), ihren schonenden und nur vertragsmäßigen Gebrauch (§§ 602 f.) und auf ihre termingemäße Rückgabe (§ 604) gerichtet.

---

128 *Medicus/Petersen,* BR Rn. 534a; bilanziell handelt es sich beim **Pfandsystem** um ein sog. **unechtes Pensionsgeschäft**, § 340b Abs. 3 HGB, da der Pensionsnehmer berechtigt ist, die vereinbarten Vermögensgegenstände wieder zurück zu übertragen. Der Pensionsgeber muss die Vermögensgegenstände zurückkaufen, sofern der Pensionsnehmer sie verkaufen will. Der Pensionsgeber kann also nicht die Verfügungen des Pensionsnehmers über den Pensionsgegenstand ausschließen. Der Pensionsgegenstand ist daher dem Pensionsnehmer zuzurechnen und von ihm zu bilanzieren, es sei denn, dass der Rücknahmepreis im Zeitpunkt der Übertragung so hoch ist, dass die Rückübertragung von vornherein klar ist, vgl. Beck'scher Bilanz-Kommentar, § 246 HGB Rn. 22.

2. Risikoabgrenzung und Haftung

203 Der Entleiher trägt das volle Erhaltungsrisiko und hat für erforderliche Kosten aufzukommen (§ 601). Als Folge der Unentgeltlichkeit leistet der Verleiher keine Mängelgewähr, vielmehr trifft ihn (wie einen Schenker) lediglich eine Schadenshaftung und zwar auch nur für arglistig verschwiegene Fehler (§ 600) und bei Leistungsstörungen nur für Vorsatz und grobe Fahrlässigkeit (§ 599 i.V.m. §§ 276, 278).

a) Verwendungen

204 Zu weiteren Verwendungen über die Erhaltungskosten hinaus ist der Entleiher aufgrund seiner Obhutspflicht im Interesse des Verleihers verpflichtet, wenn Eile geboten ist (etwa bei Unglücksfällen). Seine Erstattungsansprüche richten sich dann nach denen eines Geschäftsführers ohne Auftrag (§§ 601 Abs. 2, 683). Anders als dem Mieter (vgl. § 570) steht dem Entleiher wegen des Verwendungsersatzes ein Zurückbehaltungsrecht (§ 273) zu. Verschlechterungen der geliehenen Sache durch den vertragsmäßigen Gebrauch hat der Entleiher nicht zu verantworten (§ 602); im Übrigen haftet er für jedes Verschulden (nicht aber für Zufall). Die kurze Verjährung der Ersatzansprüche des Verleihers wegen Verschlechterung der Sache einerseits und des Entleihers auf Verwendungsersatz andererseits (§ 606) entsprechen der Regelung im Mietrecht (vgl. § 548) und sollen schnell Klarheit schaffen.

b) Beendigung und Rückforderung

205 Dem unentgeltlichen und altruistischen Charakter der Leihe entspricht das **jederzeitige Kündigungs- und Rückforderungsrecht** des Verleihers bei unvorhergesehenem Eigenbedarf (§ 605 Nr. 1). Bei nicht festgelegter Leihdauer kann der Verleiher die Sache zurückfordern, wenn ihr vorausgesetzter Gebrauch beendet ist oder beendet sein könnte (§ 604 Abs. 2). Ist kein bestimmter Gebrauchszweck vereinbart, ist die Sache jederzeit zurückforderbar (§ 604 Abs. 3). Dieser vertragliche Rückgabeanspruch wirkt auch gegen einen Dritten, dem der Entleiher den Gebrauch berechtigt oder unberechtigt überlassen hatte, ohne dass der Dritte ansonsten durch den Vertrag gebunden wäre (§ 604 Abs. 4, vgl. auch zur Miete § 546 Abs. 2).

206 Die gesetzliche Terminologie in § 604 ist dabei uneinheitlich, weil es sich nur in § 604 Abs. 1 um die **bloße Rückgabe** nach Ende der Leihzeit handelt, in den Fällen der §§ 604 Abs. 2, Abs. 3 und 605 handelt es sich vielmehr um ein **Kündigungsrecht** des Verleihers als Beendigungstatbestand und erst **nachfolgend** auch um die **Rückgabepflicht**. Die Verjährungsvorschrift des § 604 Abs. 5 ist deshalb überflüssig.

D. Verträge auf Arbeitsleistung und Herstellung

207 Die Arbeitsleistung ist in irgendeiner Form Grundlage nahezu aller Rechtsverhältnisse. Wenn in den Umsatzverträgen (Kauf etc.) hauptsächlich eine Ware geschuldet wird, so ist diese zumeist jedenfalls auch ein Produkt einer Arbeitsleistung. Die Produktion selbst und mithin das darin liegende Risiko ist jedoch nicht Gegenstand dieser Schuldverhältnisse und damit niemals rechtliche Verantwortlichkeit etwa von Verkäufer oder Käufer. Im Dienstvertrag und im Werkvertrag ist die Arbeitsleistung dagegen unmittel-

barer Leistungsgegenstand. Im Dienstvertrag wird der Arbeitseinsatz als solcher entgolten (§ 611), im Werkvertrag der Arbeitserfolg, der in der „Herstellung oder Veränderung einer Sache" bestehen kann oder auch ein anderer „durch Arbeit oder Dienstleistung herbeizuführender Erfolg" sein kann (§ 631).

Im Dienst- und Werkvertrag wird nicht die Verschaffung oder Überlassung bestimmter durch den Produktionsprozess hervorgebrachter Güter versprochen, sondern der Einsatz der gesamten zu der geforderten Arbeitsleistung benötigten körperlichen und geistigen Kräfte, seien es handwerkliche, wissenschaftliche, künstlerische Fertigkeiten oder ggf. auch innere Einstellungen. Die Arbeitsleistung ist über ihre mechanische Seite hinaus Gegenstand dieser Schuldverhältnisse in Form einer Persönlichkeitsbindung. **208**

Die Persönlichkeitsbindung ist je nach Leistungsinhalt unterschiedlich stark. Entscheidend ist weniger, ob die Vertragspflicht mehr auf die Arbeitsleistung als solche oder den Arbeitserfolg gerichtet ist, sondern die Art und Weise der geschuldeten Erbringung und des Gegenstands der Leistung. Sie zeigt sich allgemein in der „Höchstpersönlichkeit" jeder Dienstleistung (§ 613, beim Auftrag § 664 Abs. 1 S. 1) und ist auch beim Werkvertrag offensichtlich, wenn es etwa beim Operationsvertrag um Einsatzbereitschaft und Vertrauen geht.

Dem BGB liegt dabei die Vorstellung zugrunde, dass entweder die Arbeitskraft (Dienstvertrag) oder ihr Wert (Werkvertrag) gedungen, also gegen Entgelt „gemietet" werden. Dienstvertrag und Werkvertrag sind unabhängig von der Persönlichkeitsbindung Austauschverträge mit im Gegenseitigkeitsverhältnis (Synallagma) stehenden Hauptpflichten. Die Vorschriften der §§ 320 ff. finden Anwendung. Die *Persönlichkeits- und Sozialbindung* dieser Verträge kommt in *Nebenleistungspflichten* (vgl. §§ 617 ff.), in umfassenden *Treupflichten* und in der Verteilung von Leistungs- und Entgeltgefahr (vgl. § 616) ebenso zum Ausdruck, wie in den Besonderheiten des *Kündigungsschutzes* v.a. bei Arbeitsverträgen. **209**

I. Abgrenzungen

Arbeitsleistungen können sich mit allen Vertragstypen verbinden; etwa indem solche Elemente als selbstständige Teile gekoppelt werden, so dass jedes weiterhin nach dem Recht seines Vertragstyps zu behandeln ist (gekoppelte Verträge), oder aber indem unterschiedliche Elemente untrennbar verbunden werden (gemischte Verträge); Letzteres etwa bei der Gestellung eines Mietwagens mit Chauffeur, wo es Aufgabe der Vertragsauslegung ist, das überwiegende Interesse eines Vertragstyps festzustellen und die Risikoverteilung ggf. sachgerecht zu modifizieren. Möglich ist zuletzt, dass die Arbeitsleistung nur eine untergeordnete Nebenleistung im Rahmen eines Hauptschuldverhältnisses ist (etwa ein Concierge-Service als Bestandteil des Mietvertrags in einer exklusiven Wohnanlage); hier gilt dann ausschließlich das Recht des Hauptvertrages, im Beispiel also Mietrecht; ähnlich ist beim Möbel- oder Küchenkauf vorkonfektionierter Modelle die ggf. ergänzend zu bezahlende Montage nach Kaufrecht zu behandeln (vgl. sogar ausdrücklich § 434 Abs. 2). **210**

Beispiel: Signifikante Tätigkeitspflichten im Zusammenhang mit einer Vereinsmitgliedschaft (etwa als Teil der Beitragsplicht, vgl. § 58 Nr. 2 BGB) oder von Eltern im Zusammenhang mit einer privatrechtlichen Kinderbetreuung sind, wenn nicht aufgrund untergeordneter Bedeutung nur Nebenpflichten (so regelmäßig für die Arbeitsstunden der Eltern in privaten Kindergärten etc.), als gemischte Verträge zu behandeln und können deshalb je nach Schwerpunkt arbeitsrechtlichen Charakter annehmen (insb. bei Umgehungstatbeständen).

1. Dienst- und Werkverhältnis

211 Schwierig kann die Abgrenzung von Dienstvertrag und Werkvertrag sein. Beide sind in gewissem Sinn auf Arbeitsleistung gerichtet. Auch beim Werkvertrag wird nicht ein künftiges Produkt verkauft, sondern es wird die Herstellung selbst geschuldet, die zu einem Werk oder anderen Erfolg führen muss. Auch beim Dienstvertrag besteht die Leistungspflicht nicht nur im Abdienen der Arbeitszeit, sondern es wird eine zweckentsprechende Arbeitsleistung im Hinblick auf ein erwartetes oder auch vereinbartes Ergebnis geschuldet.

Problematisch ist die **Begriffsbestimmung des Erfolgs**; im engen Sinn des unmittelbaren Arbeitserfolgs wird er auch beim Dienstvertrag geschuldet, der sich nicht in subjektiver Mühewaltung erschöpft. Im finalen Sinn des Leistungsberechtigten verstanden, liegt der Erfolg jedoch meist auch beim Werkvertrag außerhalb dessen, was sinnvollerweise Vertragsgegenstand sein kann (z.B. das „Lob der geladenen Gäste" als „Fernziel" eines vom Gastgeber bei einem Veranstalter auszurichten bestellten Festaktes; „Heilung" als nicht beherrschbares Fernziel ärztlicher Tätigkeit). So ist es zuerst Aufgabe der Parteivereinbarung, dann der Vertragsauslegung, festzustellen, welcher Art die Leistungspflicht ist und ob diese stärker vom Arbeitseinsatz (dann Dienstvertrag) oder vom Arbeitserfolg (dann Werkvertrag) geprägt ist.[129]

212 Letztlich geht es nicht um eine willkürliche Bestimmung von Pflichten, sondern um berechtigte Erwartungen und erwartbare Möglichkeiten, die in der Macht des Verpflichteten liegen müssen. Das **Leistungsinteresse** drückt sich in einer **Risikoverteilung** aus, aus welcher nur die Leistungspflichten bestimmt werden können.

Der Dienstnehmer arbeitet auf fremdes Risiko, insofern er keine Unternehmergefahr trägt. Der **Werkunternehmer** arbeitet mit eigenen Betriebsmitteln (sächlichen Einrichtungen, Fachkenntnissen, Personal etc.) an einer ihm in **sein Unternehmerrisiko** gestellten *Aufgabe*, die er also *zu lösen garantiert*. Unproblematisch ist dies beim Handwerker, Bau- oder Transportunternehmer, aber auch bei der Erstattung eines Gutachtens durch einen Wissenschaftler oder Planfertigung eines Architekten. Auch der operative Eingriff eines Chirurgen ist üblicherweise durch die beiderseitige Erwartung eines herbeizuführenden Erfolgs (Entfernung von Gewebe, Einsetzen einer Prothese etc., meist nicht aber einer ferneren „Heilung") charakterisiert. Bei anderen Arten der Behandlung durch frei praktizierende Ärzte lassen sich hingegen zumeist kaum realistische Erfolge garantieren (allenfalls noch bei reiner Diagnostik oder reiner Apparatemedizin) und ein Versprechen auf Heilung liegt von vornherein außerhalb menschlicher Möglichkeiten.

Lediglich als Indizien mögen schließlich die Lohnarten dienen, weil auch beim Dienstvertrag neben dem Zeitlohn Akkordlohn vereinbart werden kann, wie das Honorar für das Werk eines Unternehmers nach Zeitaufwand vergütet werden kann. Gleiches gilt für die unbestimmte Dauer der Leistung, weil auch Arbeitsverträge projektbezogen befristet abgeschlossen werden können, wie Werkverträge die „laufende" Wartung einer Anlage bis zur Kündigung zum Gegenstand haben können.

---

129 Für Forschungsleistungen vgl. BGH NJW 2002, 3323; für Kartenlegen und Wahrsagerei vgl. BGHZ 188, 71 = NJW 2011, 756: Wissenschaftliche Unmöglichkeit und Absurdität stehen dem Vertragschluss nicht entgegen (ggf. § 138 bei Ausnützen psychischer Zwangslagen). Ggf. entfällt aber die Gegenleistung wegen Unmöglichkeit der Leistung (vgl. §§ 275 Abs. 1, 4, 326), wobei wiederum lt. BGH möglich sei, dass § 326 stillschweigend abbedungen wurde (ergänzende Vertragsauslegung); so z.B. bei Wahrsagerei. Im Übrigen steht § 814 einer Rückforderung von im voraus bezahltem Entgelt entgegen.

2. Geschäftsbesorgungen

Dienst- oder Werkverträge besonderer Art liegen vor, wenn ihr Inhalt *keine Festlegung im Einzelnen umgrenzbarer Leistungspflichten im Voraus* ermöglicht. Dies gilt etwa für Vorstände und Geschäftsführer von Kapitalgesellschaften, auch für die forensische Tätigkeit von Anwälten. Unbeschadet einer vereinbarten Vergütungspflicht steht diese nicht im Gegenseitigkeitsverhältnis zur Dienst- oder Werkleistung. Der besonderen Art der **erwarteten Initiative und Fürsorge** wegen werden solche Schuldverhältnisse weitgehend dem Recht des Auftrags unterstellt (§ 675 i.V.m. §§ 663, 665 ff.). Es handelt sich um einen eigenen Typus der fremdnützigen Treuhandverhältnisse. So ist der angestellte Vorstand vielmehr verpflichtet, die Arbeitgeberfunktion wahrzunehmen, wie der beauftrage Rechtsanwalt bei der Prozessführung zugleich auch Organ der Rechtspflege (§ 1 BRAO) ist. Dieser Typus findet nur Anwendung, wenn der Leistungsgegenstand in einer **Geschäftsbesorgung** besteht, was jedenfalls bei ärztlichen Behandlungsverträgen (kein „Geschäft") ausscheidet. 213

3. Unentgeltliche Verträge, Gefälligkeitsverhältnisse und familiäre Verpflichtungen

Dienst- und Werkleistungen können auch *unentgeltlich* versprochen werden und fallen dann *nicht* unter §§ 611, 631; insoweit besteht eine Gesetzeslücke, die nur teilweise in entsprechender Anwendung des Auftragsrechts aufgrund der dortigen Unentgeltlichkeit geschlossen werden kann (die Treuhandelemente des Auftrags fehlen). Die z.T. heute noch übliche ärztliche Behandlung von Berufskollegen ohne Honorar erfolgt dagegen nicht unentgeltlich, sondern aufgrund Dienstvertrags unter gleichzeitigem Verzicht auf das Entgelt.[130] 214

Häusliche und geschäftliche Arbeitsleistungen aufgrund gesetzlicher und familiärer Verpflichtung (vgl. § 1619) beruhen ebenfalls nicht auf Dienst- oder Werkvertrag. Der Abschluss eines solchen ist dennoch möglich und etwa auch steuerlich anzuerkennen, wenn Inhalt und Vollzug fremdüblich sind. Davon unabhängig finden auch auf alle unentgeltlichen Arbeitsleistungen öffentlich-rechtliche Bestimmung des Arbeitsschutzes und der Sozialversicherungspflicht Anwendung. Fällt das familienrechtliche Band weg und wird die Arbeitsleistung trotzdem fortgesetzt, begründet dies dann den entgeltlichen Vertrag.

Voraussetzung ist jedoch stets ein Rechtsbindungswille: **Gefälligkeitsverhältnisse** sind *keine unentgeltlichen*, sondern *freiwillige* Leistungen.

II. Dienst- und Arbeitsvertrag

Auch der Arbeitsvertrag ist auf die Erbringung einer Arbeitsleistung gerichtet und gehört damit zu den Dienstverträgen. Er unterscheidet sich vom Leitbild der §§ 611 ff. darin, dass der Arbeitnehmer keine selbstständige, sondern eine abhängige, eingegliederte Arbeit leistet. Er ist in eine fremde Betriebsorganisation eingegliedert. Dieser Aspekt **organisatorischer Eingliederung** ist das Kennzeichen sog. **abhängiger Arbeit** und betrifft sowohl das Zustandekommen des Arbeitsvertrags, als auch die Art und Weise seiner Durchführung. Der Arbeitnehmer ist weisungsgebunden, auch wenn er hin- 215

130 Vgl. BGH NJW 1977, 2120.

sichtlich der Ausführung nach der Art seiner Tätigkeit und seiner Stellung im Betrieb relative Selbstständigkeit genießt und Eigenverantwortlichkeit schuldet (angestellter Assistenzarzt oder Filmregisseur, Syndikusanwalt, -steuerberater); das gilt unabhängig davon, dass solche Tätigkeiten klassischerweise zu den freien Berufen rechnen mögen.

Lediglich die **Anstellungsverträge von Organmitgliedern** juristischer Personen sind stets unabhängige Dienstverträge, die zudem aufgrund des Treuhandverhältnisses den Charakter von Geschäftsbesorgungsverträgen haben;[131] die notwendige Beachtung von *Arbeitnehmerschutzgesetzen* etwa im Bereich von Kündigungsausschlüssen (z.B. MuSchG, KSchG) und gem. AGG ist dadurch bei Nichtgesellschafter-Geschäftsführern wegen ihrer Kontrolle durch Gesellschafterversammlung bzw. Aufsichtsrat jedoch nicht ausgeschlossen.[132]

1. Abschluss und Inhalt des Dienstvertrags

a) Freier Dienstvertrag

216 Der freie Dienstvertrag ist ein formfreier Konsensualvertrag, der durch übereinstimmende Willenserklärungen nach den Regeln des Rechtsgeschäfts (§§ 116 ff., 145 ff., 104 ff.) abgeschlossen wird. Nichtigkeits- und Anfechtungsgründe sind die gleichen, wie bei jedem Schuldvertrag, wobei die persönlichen Eigenschaften aufgrund der personenrechtlichen Elemente besonderes Gewicht haben. Überdies gelten die Grundsätze des „fehlerhaften Rechtsgeschäfts", sobald das Dauerschuldverhältnis *in Vollzug gesetzt* wurde; Nichtigkeits- und Anfechtungsfolgen wirken nur für die Zukunft, nicht auch auf den Vertragsschluss zurück.

217 Für die Anfechtung nach § 119 Abs. 2 sind insb. auch verkehrswesentliche Eigenschaften der Person maßgeblich (körperliche Gebrechen, fachliche Unfähigkeit, mangelnde Vertrauenswürdigkeit), allerdings nicht mehr, wenn sich der Dienstnehmer trotz der angeblichen Mängel schon längere Zeit bewährt hat[133]; überdies kann die Irrtumsanfechtung nur unverzüglich nach Entdeckung der Gründe erfolgen. Für die Anfechtung wegen arglistiger Täuschung (§ 123 Abs. 1) genügt nicht bereits jedes Verschweigen eines verkehrswesentlichen Umstands (z.B. einschlägige Vorstrafen, fehlende berufsqualifizierende Abschlüsse), vielmehr muss nach objektiver Interessenlage eine Offenbarungspflicht bestehen, also insb. der Zusammenhang mit der konkret geschuldeten Tätigkeit gegeben sein;[134] hierzu rechnen auch sog. **unzulässige Fragen im Bewerbungsgespräch**, auf welche zum Schutz vor Diskriminierung nicht wahrheitsgemäß geantwortet zu werden braucht (z.B. nach der Familienplanung, Schwangerschaften, bereits im Bundeszentralregister gelöschte Vorstrafen).[135]

Nach tatsächlichem Beginn des Dienstverhältnisses wird das Anfechtungsrecht zumindest in seiner Wirkung durch die Möglichkeit der fristlosen Kündigung verdrängt (Wirkung nur für die Zukunft); zwar ist nicht jeder Irrtum über eine verkehrswesentliche

---

131 Ein paralleles, dann während der Dauer der Organbestellung meist ruhendes Arbeitsverhältnis ist möglich, vgl. Palandt/*Weidenkaff,* Einf. vor § 611 Rn. 23.

132 BGH ZIP 2019, 960; EuGH ZIP 2015, 2340; vgl. auch BGH NJW 2012, 2346 = NZA 2012, 797; Auslöser war die „Danosa-Entscheidung" EuGH NJW 2011, 2343 = NZA 2011, 143 = ZIP 2010, 2414; vgl. ausführlich *Eckardt/Mayer/van Zwoll,* Der Geschäftsführer, Kap. C IV 4.3.

133 Palandt/*Weidenkaff,* § 611 Rn. 9.

134 Palandt/*Weidenkaff,* § 611 Rn. 7; *Brox/Rüthers/Henssler,* Arbeitsrecht Rn. 165.

135 Palandt/*Weidenkaff,* § 611 Rn. 6; *Brox/Rüthers/Henssler,* Arbeitsrecht Rn. 166 ff.

Eigenschaft ein für die fristlose Kündigung hinreichender wichtiger Grund (vgl. § 626), die Praxisrelevanz dieses Unterschieds ist jedoch gering.

b) Besonderheiten im Arbeitsvertrag

Für den Inhalt des Arbeitsverhältnisses sind weit mehr zwingende gesetzliche Bestimmungen maßgeblich. So hat das Allgemeine Gleichbehandlungsgesetz wegen §§ 2 Abs. 1 und 6–18 AGG seinen ganz überwiegenden sachlichen Anwendungsbereich im Arbeitsrecht (Verbot von Diskriminierungen aufgrund bestimmter personenbezogener Merkmale); außerdem exemplarisch NachweisG für den Formzwang bei Arbeitsverträgen, ArbZeitG für den zeitlichen Rahmen der Tätigkeit, TZBefrG für die zulässige Abweichungen von der unbefristeten Vollzeitanstellung, BUrlG für das Recht auf bezahlte Freistellungen, § 81 Abs. 2 SGB IX zum Verbot der Benachteiligung Schwerbehinderter, die Beteiligung des Betriebsrats nach § 99 Abs. 1 BetrVG bei Einstellungen und nach § 102 BetrVG als formale Kündigungsvoraussetzung, KSchG, MuSchG etc. Zudem gehen tarifvertragliche Regelungen und Betriebsvereinbarungen dem Arbeitsvertrag vor (Ausnahme: Günstigkeitsprinzip, vgl. § 4 Abs. 3 TVG). 218

Das Tarifvertragsrecht unterscheidet hinsichtlich von *„Rechtsnormen, die den Inhalt, den Abschluss und die Beendigung von Arbeitsverhältnissen sowie betriebliche und betriebsverfassungsrechtlicheBetriebsverfassungsrechtFragen ordnen"* (vgl. § 1 Abs. 1 TVG) als normativen Teil dementsprechend Inhaltnormen, Abschluss- und Beendigungsnormen, Betriebsnormen und betriebsverfassungsrechtliche Normen.

2. Hauptpflichten

a) Leistung der versprochenen Dienste

Die Leistungspflicht des Dienstnehmers richtet sich in erster Linie nach dem Vertrag (§ 611 Abs. 1, 2). Einzelheiten der zu leistenden Dienste bestimmen sich nach dem Leistungszweck. 219

Die Erfüllung der Dienstpflicht wird „im Zweifel" höchst persönlich geschuldet (§ 613 S. 1). Dies gilt umgekehrt auch in Bezug auf den Dienstberechtigten (§ 613 S. 2), was durch die Regelungen zum Betriebsübergang (§ 613a) jedenfalls für betriebsgebundene Arbeitnehmer weitgehend bedeutungslos wird (der Arbeitnehmer hat zwar ein Widerspruchsrecht gegen den Betriebsübergang, § 613a Abs. 6, muss dann jedoch mit der betriebsbedingten Kündigung in Folge des Wegfalls seines Arbeitsplatzes beim bisherigen Arbeitgeber rechnen; dem steht § 613a Abs. 4 nicht entgegen).

Innerhalb des Rahmens der vertraglich festgelegten Dienstleistung steht dem Dienstherrn das Weisungs- und Direktionsrecht zu (vgl. § 315). Das kann Ziel, Mittel und Reihenfolge der Arbeit betreffen. Bei abhängiger Arbeit kann auch ein vorübergehender oder ständiger Arbeitsplatzwechsel angeordnet werden, soweit sich dies im Rahmen vom Dienstnehmer aufzubringender Fähigkeiten und Anstrengungen hält. 220

Möglich ist eine Versetzung, also die Zuweisung einer andersartigen, fachgleichen Tätigkeit, etwa in einer anderen Betriebsabteilung, ebenso wie die örtliche Umsetzung an eine andere Betriebsstätte, soweit dem nicht die ausdrückliche Vereinbarung eines Dienstortes entgegensteht. Soweit dem Arbeitnehmer andere als die vereinbarten Dienste zugewiesen werden sollen (etwa im Rahmen einer Beförderung) setzt dies einen Änderungsvertrag voraus, der auch konkludent geschlossen werden kann. Der Entzug etwa einer derart auf Dauer zugewiesenen Leitungsfunktion muss deshalb umgekehrt 221 die Voraussetzungen einer Änderungskündigung erfüllen,[136] soweit sie nicht einvernehmlich erfolgt. Gleiches gilt für die Zuweisung jeder Tätigkeit, für die der Beschäftigte nicht angestellt wurde.

222 Der Dienstverpflichtete ist zu einer zweckentsprechenden Arbeitsleistung im Hinblick auf einen Arbeitserfolg verpflichtet, der jedoch (anders als beim Werkvertrag) nicht in sein Risiko fällt. Hierzu gehört auch die Pflicht zur **Verschaffung des Arbeitsprodukts** an den Dienstherrn (Arbeitgeber). Jedenfalls bei abhängiger Arbeit ist allerdings davon auszugehen, dass Herstellung und Verarbeitung durch den Dienstverpflichteten unmittelbar für den Unternehmer erfolgt (sog. Herstellerklausel, vgl. § 950). Dieser wird mithin unmittelbar Eigentümer etwaiger Arbeitsprodukte.

Überdies ist regelmäßig nur der Arbeitgeber der Besitzer von Arbeitsprodukten und der Arbeitnehmer lediglich sein Besitzdiener (§ 855), einer Übertragungshandlung bedarf es daher nicht.

Das gilt etwa auch für landwirtschaftliche Erntehelfer. Eigentum aller Erzeugnisse einer Sache, auch bei der Urproduktion, fallen unmittelbar mit der Trennung in das Eigentum des Eigentümers der Sache (§ 953), ggf. des Pächters (§ 956).

223 Die Schlechtleistung der geschuldeten Dienste bzw. Arbeit führt zu **keiner Gewährleistungspflicht** (anders als bei Kauf oder Werkverhältnis), als Rechtsfolge kommt nur Schadensersatz bei schuldhafter Pflichtverletzung (vgl. §§ 280, 281) in Betracht; für Minderung (etwa nach §§ 326 Abs. 1 S. 1 HS. 2, 441 Abs. 3 ist bei Qualitätsdefiziten anders als bei quantitativen Teilleistungen (nach h.M.) kein Raum. Zumeist ist die (jedenfalls die abhängige, betrieblich eingegliederte) Dienstleistung zudem zeitabhängig geschuldet **(absolutes Fixgeschäft)** und damit nicht nachholbar, sondern wird mit Zeitablauf unmöglich (§ 275); die Rechtsfolgen richten sich daher (§ 275 Abs. 4) auf Schadensersatz nach § 283, der Entgeltanspruch nach § 326 Abs. 1, 2; bei Fernbleiben/Verspätung des Arbeitnehmers ist eine Lohnkürzung also grundsätzlich möglich.

b) Vergütung

224 Das Dienstleistungsentgelt ist wesentlicher Bestandteil des Vertragsverhältnisses. Fehlende Einigung über das Entgelt würde den Vertrag wegen Dissenses nichtig machen (§§ 154, 155). Dem beugt § 612 mit der Fiktion vor, dass bei Diensten, die „den Umständen nach" nur als entgeltliche erwartet werden konnten, die übliche Vergütung als stillschweigend vereinbart gilt. § 612 betrifft lediglich die Entgeltlichkeit an sich und deren Höhe. Voraussetzung hierfür ist, dass überhaupt ein wirksamer Vertrag zustande gekommen war, der ohne diese Entgelt-Fiktion ggf. unentgeltlicher Auftrag (§§ 662 ff.) wäre. § 612 grenzt damit nicht zum Gefälligkeitsverhältnis ab, sondern *setzt den rechtsgeschäftlichen Tatbestand voraus* und lässt auch Anfechtungsrechte unberührt. Geheilt wird nur der Dissens über Entgeltlichkeit und Entgelthöhe. Insb. familienrechtliche Pflichten zur unentgeltlichen Dienstleistung (§ 1619) gehen jedoch vor.

225 Die Vergütung ist, wenn sie als Zeitlohn vereinbart ist, nachschüssig fällig, der Dienstnehmer also vorleistungspflichtig. Möglich ist auch die Vereinbarung von Akkordlohn, der sich nach der erbrachten Arbeitsleistung bemisst, ohne dadurch einen Werkvertrag zu schaffen. Auch in diesem Fall ist der Arbeitnehmer logischerweise vorleistungs-

136 Zur Änderungskündigung vgl. §§ 1, 2 KSchG; *Brox/Rüthers/Henssler,* Arbeitsrecht Rn. 556 ff.

pflichtig. Während bei freien Dienstverträgen jede Form der Vergütung, also auch Naturallohn möglich ist, besteht der Arbeitslohn stets in Geld (§ 107 GewO; beachte auch das Mindestlohngesetz vom 11.8.2014 (BGBl. I S. 1348).

Teilweise werden unterschiedliche Abrechnungsformen der Vergütung vereinbart. Das 13. Monatsgehalt ist ebenso wie Weihnachts- oder zusätzliches Urlaubsgeld (zu unterscheiden vom Urlaubsentgelt gem. § 11 BUrlG) normaler Zeitlohn mit Fälligkeit nach Zeitablauf. Leistungsprämien sind ein Zusatzentgelt nach den Grundsätzen des Akkordlohns und, soweit vertraglich vereinbart, normale Lohnbestandteile. Gleiches gilt für nach dem Unternehmenserfolg bemessene Tantiemezusagen, die vor allem bei leitenden Angestellten üblich sind, und für Provisionen, etwa aufgrund §§ 65 i.V.m. 87 ff. HGB bei angestellten Handelsvertretern (sog. Handlungsreisenden, vgl. §§ 59 ff. HGB). 226

c) Arbeitsrechtliche Besonderheiten

Gratifikationen, auch freiwillig gezahlte, an Arbeitnehmer für geleistete oder noch zu leistende Dienste sind stets Lohnbestandteil (und somit nicht Schenkung). Ein Anspruch darauf kann aufgrund (tarif- oder einzel-)vertraglicher Vereinbarung oder aufgrund des Vertrauensschutzes bei freiwilliger, aber mindestens dreimaliger vorbehaltloser Gewährung durch den Arbeitgeber (betriebliche Übung) bestehen.[137] Ihre Bemessung und der Empfängerkreis müssen sich bei ihrer Vereinbarung wie bei freiwilliger Zahlung nach betrieblicher Gerechtigkeit und dem Gleichbehandlungsgrundsatz aller Arbeitnehmer orientieren,[138] Differenzierungen sachgerecht sein. 227

Weihnachtsgeld wird z.B. (auch) für geleistete Dienste zuerkannt, weshalb der volle Bezug zulässigerweise zumeist vom ganzjährigen Bestehen eines ungekündigten Arbeitsverhältnisses bis zu einem Stichtag abhängig gemacht wird. Auch vereinbarte oder auferlegte Rückzahlungspflichten bei künftigem Ausscheiden müssen dem Zweck der Gratifikation entsprechen. So ist bei Treueprämien, welche eine Bindung für die Zukunft bezwecken, eine begrenzte Rückforderungsmöglichkeit in Abhängigkeit von der Höhe der Treueprämie zur monatlichen Vergütung und dem Ausscheidenszeitpunkt angemessen. Scheidet ein Arbeitnehmer zum 31.3. des Folgejahrs einer gezahlten Weihnachtsgratifikation aus, kann diese in voller Höhe verfallen, bei besonders hohen Beträgen von weit über einem Monatsgehalt auch bis 30.9. Auch der Ausschluss von Beschäftigten in bereits gekündigtem Arbeitsverhältnis von der Gewährung von Treueprämien ist sachgerecht.[139]

3. Gefahrtragung

Dienstleistung und Entgeltzahlung stehen im Gegenseitigkeitsverhältnis. Die Abhängigkeit der Dienstleistung von den durch den Dienstherrn zu schaffenden Voraussetzungen bedingen dabei aber ebenso Abweichungen von der allgemeinen Regelung der Leistungsstörungen bei gegenseitigen Verträgen wie das ausgeprägte personenrechtliche Element. 228

137 Vgl. *Brox/Rüthers/Henssler,* Arbeitsrecht Rn. 281 ff., 137 ff.

138 Dazu *Brox/Rüthers/Henssler,* Arbeitsrecht Rn. 322 ff.; zu Tantiemen ausführlich *Eckardt/Mayer/van Zwoll,* Der Geschäftsführer, Kap. C III 4.2.

139 Einzelheiten bei *Brox/Rüthers/Henssler,* Arbeitsrecht Rn. 281 ff.

a) Leistungsgefahr

229 Die Leistungsgefahr trifft notwendig den Gläubiger. Sie bedeutet, Nachteile tragen zu müssen, die daraus entstehen, dass die Leistung aus Gründen, die kein Teil zu vertreten hat (Zufall), nicht erbracht werden kann. In solchen Fällen wird der Schuldner frei von seiner Leistungspflicht, und zwar nicht nur bei subjektiver oder objektiver Unmöglichkeit, sondern auch bei Unzumutbarkeit (vgl. §§ 275 Abs. 3 i.V.m. 613 S. 1).

Beispiel: Die angestellte Schauspielerin muss bei akut lebensbedrohlicher Erkrankung ihres Kindes nicht auftreten, § 275 Abs. 3. Damit ist über ihren Entgeltanspruch für die Fehlzeiten jedoch nichts ausgesagt; diesen regeln §§ 326, 615, 616. In der Belassung der Vergütung liegt eine Absicherung von Dienstnehmern gegenüber werkvertraglich Verpflichteten.

Besonderheiten des Arbeitsverhältnisses betreffen vielmehr die Entgelt-, also die Vergütungsgefahr. Die generelle Lösung, dass bei Freiwerden des Schuldners von seiner Leistungspflicht auch der Gläubiger von der Gegenleistung frei werde (§ 326 Abs. 1), widerspricht der Interessenlage beim Dienstvertrag in mehrfacher Hinsicht.

b) Betriebsrisiko

230 So trägt der Dienstherr die Entgeltgefahr insb. aus dem Gesichtspunkt des Betriebsrisikos (vgl. § 615 S. 3). Dies stellt eine Form der Erfüllungsbehinderung dar, in der der Schuldner von sich aus leistungsbereit und leistungsfähig und der Gläubiger auch bereit ist, die Leistung entgegen zu nehmen, die Arbeitsvorrichtungen, die zu ihrer Erbringung notwendig sind, eine Benutzung jedoch nicht zulassen. Hier liegt kein Fall des Annahmeverzugs vor (§ 293), weil der Arbeitnehmer die geschuldete Leistung bereits nicht zweckentsprechend anbieten kann (vgl. § 294). Die Tragung der Vergütungsgefahr muss in solchen Fällen nach objektiven Verantwortungsbereichen abgegrenzt werden.

231 Es sind dies namentlich Fälle der Störung in der Rohstoff- oder Energieversorgung. Zum Unternehmerrisiko gehören auch Störungen aus typischen Natureinwirkungen, wie z.B. durch steigendes Grundwasser in Folge anhaltender Regengüsse bei Bauarbeiten. Auch gezielte ordnungsbehördliche Eingriffe belassen dem Arbeitnehmer das Recht auf Vergütung.

Allgemeine Risiken wie Bahnstreiks, Verkehrsstauungen oder wetterbedingte Unterbrechungen von Verkehrsverbindungen, die den Arbeitnehmer auf seinem Weg zur Arbeit treffen, gehören hingegen ebensowenig zum Betriebsrisiko wie Folgen von Terroreinwirkungen.

Die Teilnahme an **rechtmäßigen Arbeitsniederlegungen** suspendiert die beiderseitigen Hauptleistungspflichten des Arbeitsverhältnisses (Ausnahme: Einteilung zu Notdienstarbeiten), bei Teilnahme an **rechtswidrigen Streiks** entfällt der Lohnanspruch nach § 326 Abs. 1. Arbeitswillige Arbeitnehmer verlieren ebenfalls die Lohnansprüche, soweit ihre Arbeitsleistung aufgrund eines rechtmäßigen oder -widrigen Streiks nicht sinnvoll möglich ist („kampfparitätisch" begründete Ausnahme zu § 615 S. 3 i.V.m. den Grundsätzen der Betriebsrisikolehre); Gleiches gilt bei sog. Fernwirkungen von Streiks, die von einer anderen Produktionsstufe auch außerhalb des eigenen Unternehmens oder einer anderen Betriebsabteilung desselben Unternehmens ausgehend, den konkreten Arbeitsplatz betreffen (Einschränkung des BAG: Fernwirkung muss typischerweise Einfluss auf den Verlauf des Arbeitskampfes haben, also nur solidarische Risikotragung etwa aufgrund Betriebszugehörigkeit zum selben Arbeitgeberverband oder Konzern, Vorbildcharakter eines zu erstreikenden Tarifvertrags).

In Fällen des Betriebsrisikos behält der Dienstverpflichte seinen Vergütungsanspruch, muss sich jedoch dasjenige anrechnen lassen, was er an (Wege- etc.)Kosten erspart oder anderweitig erwirbt oder zumutbar erwerben könnte (§ 615 S. 3). Die Anrechnungspflicht wird bei betriebsgebundenen Arbeitnehmern kaum nennenswert zur Anwendung kommen können. **232**

Konsequenter Ausdruck dieser Risikoverteilung ist auch eine § 326 Abs. 2 ergänzende Besonderheit in § 615 für die Leistungsgefahr im Annahmeverzug (vgl. § 293) des Dienstberechtigten. Da der Dienstvertrag die zeitliche Verwertung der Arbeitskraft regelt, ist ein Nachholen stets ausgeschlossen. Der Arbeitnehmer schuldet keinen nachholbaren Erfolg, sondern den Einsatz von Zeit und könnte in der Folgeperiode bereits eine weitere Vergütung erwerben. Mit Zeitablauf tritt deshalb Unmöglichkeit ein (absolutes Fixgeschäft). Für diesen Fall belässt § 615 dem Arbeitnehmer die Vergütung (**Annahmeverzugslohn**). Der Dienstverpflichtete hätte keinen Schadensersatzanspruch gegen den Arbeitgeber im unverschuldeten Annahmeverzug (etwa auf entgangenen Gewinn/Lohn, vgl. §§ 281 Abs. 1, 2, 280 Abs. 1, 252); der Annahmeverzug braucht, anders als der Schuldnerverzug (vgl. § 286 Abs. 4) nicht notwendig auf einem Verschulden zu beruhen (etwa wenn eine echte Mitwirkungshandlung des Dienstherrn geschuldet und unterblieben wäre). **233**

Relevant ist das z.B., wenn der vom Arbeitgeber gekündigte Arbeitnehmer nach Ablauf der Kündigungsfrist (verständlicherweise) nicht weiterbeschäftigt wird, aber ein parallel angestrengter Kündigungsschutzprozesses später die Unwirksamkeit der Kündigung feststellt; hatte hier der Arbeitnehmer seine Arbeitskraft nach den §§ 294–297 ordnungsgemäß angeboten, behält er wegen § 615 S. 1 den Entgeltanspruch, während Schadensersatz auf den Lohn voraussetzte, dass der Arbeitgeber durch die unwirksame Kündigung zugleich eine Vertragsverletzung beging; und § 326 Abs. 2 S. 1 Alt. 2 passt nicht, weil kein ursächlicher „Umstand" eintritt. **234**

Beachte: Tarifverträge enthalten oft zweistufige Ausschlussfristen zur Geltendmachung von (Entgelt-)Ansprüchen, wonach es erforderlich ist, diese binnen sehr kurzer Fristen zunächst schriftlich (erste Stufe), dann gerichtlich (zweite Stufe) geltend zu machen. Für auflaufende Ansprüche auf Annahmeverzugslohn während Kündigungsschutzklagen ist es seit der Rechtsprechung des Bundesarbeitsgerichts (Urteil vom 19.9.2012 – 5 AZR 627/11) dabei nicht (mehr) erforderlich, die Bestandsklage fortwährend um solche Vergütungsansprüche zu erweitern.

Hierher gehört auch die Möglichkeit der Arbeitszeitflexibilisierung zugunsten des Arbeitgebers durch Vereinbarung von „Arbeit auf Abruf" (insb. im Einzelhandel und für Aushilfen), vgl. § 12 TzBfG, wonach im Vergütungsinteresse des Arbeitnehmers im Zweifel eine Arbeitszeit von mindestens zehn Stunden in Blöcken zu je mindestens drei Stunden abzurufen sind (sog. kapazitätsorientierte variable Arbeitszeit – KAPOVAZ). Nicht abgerufene Zeiten sind in diesem Umfang sowohl nach § 615 wie meist auch aus § 281 Abs. 1 dennoch zu vergüten.

Die wichtigste Vergünstigung gegenüber § 326 gewährt § 616. Hiernach trägt der Arbeitgeber das alltägliche Risiko kürzerer Verhinderung des Arbeitnehmers durch einen in dessen Person liegenden Grund, den er nicht verschuldet hat. **235**

Diese für alle Dienstverpflichteten geltende Vorschrift wird für den Krankheitsfall von Arbeitnehmern in § 3 Abs. 1 **Entgeltfortzahlungsgesetz** (EFZG) auf eine Sechswochenfrist je Erkrankung erweitert (die Sechswochenfrist gilt bei mehrfachen, einander folgenden unterschiedlichen Erkrankungen, sog. **Folgeerkrankungen**, jeweils gesondert; bei Rückfall in dieselbe Erkrankung, sog. **Fortsetzungserkrankung**, ist nach § 3 Abs. 1 S. 2 EFZG die Frequenz entscheidend; anschließend Anspruch auf Krankengeld gem. § 44 SGB V).

Kleinbetriebe (bis i.d.R. 30 Arbeitnehmer) werden seitens der gesetzlichen Krankenkassen durch eine Erstattung der Aufwendungen für die Entgeltfortzahlung gem. **Aufwendungsausgleichsgesetz** (AAG) wieder entlastet.

Beispiel: Neben Krankheiten und Unfall (eigenen und die naher Angehöriger) gilt § 616 auch für Arbeitsverhinderungen durch religiöse Feste, die nicht bereits als gesetzliche Feiertage unter das EFZG fallen (vgl. Feiertagsregelungen), aber auch für die Sakramentenspendung an Angehörige: eigene Hochzeit oder die von Kindern, Firmungen, goldene Hochzeit der Eltern. *Allgemeine* Hinderungsgründe (z.B. witterungsbedingte Verkehrsbeeinträchtigungen, Bahnstreiks) liegen nicht „in der Person" des Schuldners, so dass insb. Wegezeiten zur Arbeit *dessen* Risiko bleiben. Überdies darf die Verhinderung nur verhältnismäßig kurz sein und entfällt bei längerer Ausdehnung ganz und nicht nur anteilig (anders das EFZG).

§ 616 entlastet ggf. auch einen dritten Schädiger vom Ersatz eines Verdienstausfallschadens, während § 6 Abs. 1 EFZG einen **gesetzlichen Forderungsübergang für Schadensersatzansprüche** des Arbeitnehmers im Zusammenhang mit der Arbeitsunfähigkeit anordnet und damit dem Arbeitgeber den Regress für die Lohnfortzahlung beim Schädiger ermöglicht.

Ergänzend greifen **sozialrechtliche Lohnersatzleistungen**: Krankengeld bei Erkrankung eines Kindes, vgl. § 45 SGB V; ähnliche Sonderregelung nach § 2 des Pflegezeitgesetzes, wofür seit dem 1.1.2015 während der kurzzeitigen Arbeitsverhinderung Anspruch gegen die Sozialkassen auf Pflegeunterstützungsgeld nach § 44a Abs. 3 SGB XI besteht.

c) Grundsätze des innerbetrieblichen Schadensausgleichs

236 Soweit Arbeitnehmer Schäden verursachen, sind sie neben direkten Ansprüchen des Geschädigten aus Delikt (vgl. §§ 823, 826) ggf. auch vertraglichen Haftungs- und Regressansprüchen ihres Arbeitgebers (als direkt Geschädigtem bzw. als einem dritten Geschädigtem aus Vertrag, § 31 oder § 831 Verantwortlichem) auf Schadensersatzanspruch gem. §§ 280 Abs. 1, 619a ausgesetzt, soweit der Haftungsfall aus einer Pflichtverletzung aus dem Arbeitsverhältnis resultiert, die der Arbeitnehmer nachweislich (§ 280 Abs. 1 S. 2 gilt über § 619a im Dienst- und Arbeitsrecht nicht) zu vertreten hat (§ 276). Bei der vertraglichen wie der deliktischen Arbeitnehmerhaftung greifen allerdings besondere Haftungsmilderungen in entsprechender Anwendung des § 254. Dieser sog. innerbetriebliche Schadensausgleich ist vom Gedanken der Verantwortung des Arbeitgebers für die Organisation des Betriebes und die Gestaltung der Arbeitsbedingungen sowie des darin liegenden Betriebsrisikos beherrscht.

Für die Anwendung der Grundsätze über die Beschränkung der Arbeitnehmerhaftung kommt es entgegen früher nicht darauf an, ob die Arbeit gefahrgeneigt ist. Die Haftungsmilderung greift für alle Arbeiten, die durch den Betrieb veranlasst sind und auf Grund eines Arbeitsverhältnisses geleistet werden; aus § 276 Abs. 1 S. 1 folgt nichts anderes.[140]

---

140 Vgl. *Brox/Rüthers/Henssler,* Arbeitsrecht Rn. 243 ff.; *Preis,* Arbeitsrecht, § 54 passim; vgl. dazu *V. Mayer/Gries*, NWB 2015, 1699.

Die konkrete Verteilung des Schadens zwischen Arbeitnehmer und Arbeitgeber ist anhand einer Abwägung zu ermitteln, für die das maßgebliche Kriterium der **Grad des Verschuldens** ist, das dem Arbeitnehmer zur Last fällt. Bei Vorsatz hat der Arbeitnehmer den Schaden stets, bei grober Fahrlässigkeit i.d.R. allein zu tragen, bei leichter Fahrlässigkeit trägt ihn in voller Höhe der Arbeitgeber; bei normaler bzw. mittlerer Fahrlässigkeit führt der innerbetriebliche Schadensaugleich zur anteilmäßigen Haftung des Arbeitnehmers. 237

Die quotale Schadensteilung bei mittlerer Fahrlässigkeit[141] richtet sich insb. in Ansehung von Schadensanlass und Schadensfolgen nach Billigkeits- und Zumutbarkeitsgesichtspunkten. Maßgeblich sind z.B. die Höhe des Schadens, ein vom Arbeitgeber einkalkuliertes oder durch Versicherung deckbares Risiko, die Stellung des Arbeitnehmers im Betrieb und die Höhe des Arbeitsentgelts, in dem möglicherweise eine Risikoprämie enthalten ist.[142] Schließlich ist in diesem Rahmen auch die Gefahrgeneigtheit der Arbeit von Bedeutung,[143] nicht dagegen schlechthin die wirtschaftliche Leistungsfähigkeit des Arbeitnehmers.[144] 238

Über § 670 analog gilt der innerbetriebliche Schadensausgleich schließlich auch für eigene **Vermögensaufwendungen des Arbeitnehmers** im Zusammenhang mit seiner Arbeitnehmereigenschaft, etwa beim Arbeitsunfall selbst erlittene Schäden,[145] und soweit der Arbeitnehmer direkten **Haftungsansprüchen von dritten Geschädigten** ausgesetzt ist. Im Umfang der Freizeichnung gegenüber dem Arbeitgeber nach diesen Grundsätzen können Arbeitnehmer von ihm hierfür Aufwendungsersatz analog §§ 667, 670 bzw. über § 257 entsprechende Freistellung verlangen. 239

4. Fürsorgepflichten

Aus der Persönlichkeitsbindung in der geschuldeten Dienstleistung folgen beiderseitige Nebenleistungspflichten, die selbstständig einklagbar sind.[146] Hierzu gehörten auf Seiten des Dienstherrn insb. sachliche Fürsorgepflichten hinsichtlich Krankenfürsorge (§ 617) und Arbeitssicherheit (§ 618) ebenso wie der Mindest-Urlaubsanspruch von 20 Arbeitstagen gem. § 3 BUrlG (24 Werktage einschl. der Samstage, vgl. § 3 Abs. 2 BUrlG) bzw. darüber hinausgehender vertraglicher Regelungen. 240

Nebenleistungspflichten bestehen auch in persönlichen Fürsorgepflichten, etwa der Pflicht zur Gewährung angemessener Zeit zur anderweitigen Stellensuche (§ 629) und der Zeugnispflicht (§ 630). Die (einfache) Zeugnispflicht betrifft stets Gegenstand und Dauer des Dienstverhältnisses, *auf Verlangen* auch die Leistungen und die persönliche Führung (sog. qualifiziertes Zeugnis); sie greift ihrem Wesen nach jedoch nur für abhängige Arbeitsverhältnisse mit Unterordnungscharakter, nicht für freie Dienstverträge. Das Zeugnis muss vollständig und ausgewogen sein, Bewertungen *wohlwollend positiv*, aber der Wahrheit entsprechend. Begehrt der Arbeitnehmer ein besseres Zeugnis als „befriedigend" (Standardformulierung: „stets zur Zufriedenheit"), so ist er für die Voraussetzungen darlegungs- und beweisbelastet.[147] 241

141 BAG NJW 1998, 1810 = NZA 1998, 310.
142 BAG NJW 1988, 2820 = NZA 1988, 584.
143 BAG NJW 1995, 3204 = NZA 1995, 565.
144 BGHZ 16, 111 = NJW 1955, 458.
145 BAG NJW 2011, 1247 = NZA 2011, 406.
146 Zur Problematik des Whistleblowing durch Arbeitnehmer vgl. *Brox/Rüthers/Henssler,* Arbeitsrecht Rn. 229 ff.
147 Palandt/*Weidenkaff,* § 630 Rn. 3; zuletzt BAG NJW 2015, 1128.

242 Zur persönlichen Fürsorgepflicht gehört auch die Beschäftigungspflicht während der Dauer des Dienstverhältnisses. Eine Freistellung von der Arbeit (unter Beibehaltung der Bezüge) ist deshalb nur zulässig, wenn eine Interessenabwägung die überwiegende Unzumutbarkeit für den Arbeitgeber gegenüber den persönlichen und beruflichen Interessen des Mitarbeiters an der tatsächlichen Beschäftigung ergibt.

Die Beschäftigungspflicht geht dabei über die Tragung des Entgeltrisikos beim Annahmeverzug hinaus und erhält dem Dienstverpflichteten jenseits der Vergütung auch den beruflichen und sozialen Achtungsanspruch aus der Arbeit.

5. Beendigung des Dienstverhältnisses

243 Das Dienstverhältnis ist ein Dauerschuldverhältnis und endet automatisch mit Ablauf der Zeit, für die es eingegangen ist (§ 620 Abs. 1), ansonsten mit Erledigung der Aufgabe, zum Zweck deren Erledigung es eigegangen war (§ 620 Abs. 2 HS. 1), aufgrund des höchstpersönlichen Charakters der Dienstverpflichtung auch mit dem Tod des Arbeitnehmers (vgl. § 613 S. 1), im Übrigen und regelmäßig aber durch ordentliche Kündigung (§ 620 Abs. 2 HS. 2).

Bei der ordentlichen Kündigung sind freie Dienstverträge und Arbeitsverhältnisse grundsätzlich zu unterscheiden. Während bereits die Kündigungsfrist bei freien Dienstverhältnissen nach dem Zeitraum bemessen ist, für den die Vergütung geschuldet wird (vgl. § 621 Nr. 1–4) und, wenn die Vergütung nicht nach Zeitabschnitten bemessen ist, jederzeit, bzw. wenn es die hauptsächliche Erwerbstätigkeit darstellt, mit einer Frist von zwei Wochen möglich ist, richten sich für **Arbeitgeberkündigungen** die **Kündigungsfristen** bei Arbeitsverhältnissen[148] nach § 622 und verlängern sich mit der Dauer des Arbeitsverhältnisses von einem Kalendermonat auf bis zu sieben Kalendermonate bei Kündigung durch den Arbeitgeber (§ 622 Abs. 2).[149] Der Arbeitnehmer kann stets mit einer Frist von vier Wochen zur Mitte oder zum Ende eines Kalendermonats kündigen (§ 622 Abs. 1).

Das **Erreichen des gesetzlichen Renteneintrittsalters** führt nur dann zu einem automatischen Ende des Arbeitsverhältnisses, wenn eine entsprechende Klausel im Arbeitsvertrag (oder einem einschlägigen Tarifvertrag) vereinbart wurde. Ansonsten liegt die Entscheidung beim Arbeitnehmer, ob und wie lange er zusätzlich zu seinem Rentenanspruch weiterarbeiten und Gehalt beziehen oder lieber kündigen will. Der Arbeitgeber hat darauf bezogen kein Kündigungsrecht (vgl. BAG NJW 2016, 268).

a) Probearbeitsverhältnis

244 Während einer vereinbarten Probezeit ist beiderseits eine jederzeitige Kündigung mit eine Frist von zwei Wochen möglich (§ 622 Abs. 3). Letzteres aber nur bei **unbefristeter Probezeit**, die auf längstens sechs Monate vereinbart werden darf und dann automatisch in ein unbefristetes Arbeitsverhältnis übergeht. Ist die **Probezeit als befristetes Arbeitsverhältnis** vereinbart, endet dieses Probearbeitsverhältnis mit Fristablauf,

---

148 Das gilt analog auch für Organmitglieder (Ausnahme: beherrschender Gesellschafter-Geschäftsführer einer GmbH), vgl. Palandt/*Weidenkaff,* § 622 Rn. 4, obwohl auf diese im Übrigen das Recht der freien Dienstverhältnisse anzuwenden ist.

149 In der Insolvenz durch § 113 InsO verdrängt, wonach überdies die ordentliche Kündigung mit der dort kürzeren Frist auch bei befristeten Arbeitsverhältnissen zulässig ist; das KSchG bleibt in der Insolvenz anwendbar.

ohne dass eine ordentliche Kündigung auf einen früheren Zeitpunkt möglich wäre (§ 620 Abs. 1, 2 gilt dann auch hierfür).

b) Kündigungsschutzgesetz

Für Arbeitsverhältnisse gilt ergänzend das Kündigungsschutzgesetz (KSchG). Wesentlicher Inhalt des KSchG ist die Beschränkung der arbeitgeberseitigen Kündigung durch das Erfordernis einer sozialen Rechtfertigung (vgl. §§ 1 Abs. 1 KSchG); sozial gerechtfertigt können nach § 1 Abs. 2 KSchG nur betriebsbedingte Kündigungen, verhaltensbedingte Kündigungen und personenbedingte Kündigungen sein. Diese Einschränkung des freien Kündigungsrechts des Arbeitgebers ist erst nach einer Karenzzeit von sechs Monaten (§ 1 Abs. 1 KSchG) auf Beschäftigungsverhältnisse in Betrieben mit mehr als zehn (Vollzeitäquivalent) beschäftigten Mitarbeitern (ohne die zur Berufsausbildung beschäftigten) anzuwenden (§ 23 Abs. 1 S. 3 KSchG; zugunsten langjähriger Mitarbeiter von vor 2004 gilt als Bestandsschutz eine auf nur fünf vollzeitäquivalente Beschäftigte begrenzte strengere Kleinbetriebsklausel). **245**

c) Kündigungsgründe nach KSchG

Dabei ist eine Kündigung dann betriebsbedingt, wenn der konkrete Arbeitsplatz in Folge einer nachvollziehbaren unternehmerischen Entscheidung des Arbeitgebers wegfällt und dem damit einhergehenden geringeren Personalbedarf durch Kündigung einer entsprechenden Anzahl von Arbeitsverhältnissen nach den Kriterien der Sozialauswahl unter mehreren vergleichbar qualifizierten Arbeitnehmern (Bildung einer Vergleichsgruppe aus fachlich und rechtlich austauschbar verwendbaren Arbeitnehmern nötig) entsprochen wird. Die Auswahl der zu Kündigenden muss innerhalb der Vergleichsgruppe nach Kriterien aus den jeweiligen Arbeitsverhältnissen selbst (Beschäftigungsdauer, Erfahrung etc.), aber auch nach sozialen Belangen (Unterhaltspflichten, finanziellen Verbindlichkeiten im privaten Bereich etc.) erfolgen und ist mittels eines angemessenen Punkteschema nachprüfbar darzustellen. Nach § 613a Abs. 4 berechtigt ein Betriebsübergang auf einen Erwerber nicht zur betriebsbedingten Kündigung (wohl aber z.B. ein sog. Erwerberkonzept zur Umstrukturierung, das dann seinerseits die Voraussetzungen der betriebsbedingten Kündigung erfüllen muss). **246**

Die **personenbedingte Kündigung** beruht auf Umständen in der Person des Arbeitnehmers, die seine Möglichkeiten begrenzen, die geschuldete Arbeitsleistung nach Art und Menge in einem Umfang zu erbringen, der nach objektiven Kriterien durchschnittlich zu erwarten wäre (Kurzformel: „*Arbeitnehmer kann nicht, wollte aber, wenn er könnte*“). Dieser Kündigungsgrund setzt neben einem entsprechenden objektivierbaren Vergleichswert für die durchschnittliche Arbeitseffizienz an einem Arbeitsplatz (z.B. Soll-Vorgabe von Taktzeiten) und der Dokumentation der Ist-Leistung auch voraus, dass dem Arbeitnehmer zuvor **erfolglos** in angemessenem Umfang Möglichkeiten zur Leistungssteigerung etwa durch **Weiterqualifizierung** eröffnet wurden.[150] Hierher rechnen auch **krankheitsbedingte Kündigungen**, die zulässig sind, wenn eine **negative Gesundheitsprognose** besteht, die mit erheblichen Beeinträchtigungen betrieblicher Interessen rechnen lässt und daraus eine dem Arbeitgeber unzumutbare Belastung zu erwarten ist. **247**

---

150 Ultima-ratio-Prinzip für die Kündigung; das Qualifizierungsangebot erfüllt damit eine vergleichbare Funktion wie die Abmahnung. Vgl. zu sog. Low Performern: *Preis,* Arbeitsrecht § 26 IX 1.

248 Die **verhaltensbedingte Kündigung** (Kurzformel: *„Arbeitnehmer will nicht, könnte aber, wenn er wollte“*) beruht schließlich darauf, dass der Arbeitnehmer infolge seines von ihm willentlich steuerbaren Verhaltens den berechtigt an ihn gestellten Erwartungen nicht entspricht (etwa unentschuldigte Fehlzeiten, fehlende Leistungsbereitschaft bei ausreichender Leistungsfähigkeit,[151] strafbare Verhaltensweisen etc.). *Soweit* das inkriminierte Verhalten *nicht* den **Vertrauensbereich** betrifft und ein weiteres Festhalten für den Arbeitgeber unzumutbar macht (so aber z.B. Diebstahl im Cent-Bereich; bei langjähriger vertrauensvoller Zusammenarbeit aber jedenfalls ein Diebstahl über drei €)[152], setzt die verhaltensbedingte Kündigung eine vorherige **Abmahnung** voraus, die dem Arbeitnehmer die Notwendigkeit vor Augen führt, das Verhaltensdefizit abzustellen, und ihm Gelegenheit zur künftig ordnungsgemäßen Leistungserbringung gibt. Erst im *Wiederholungsfall* **und** bei entsprechender *Schwere des Verhaltensverstoßes* ist dann die verhaltensbedingte Kündigung zulässig und wirksam. Die Berechtigung der Abmahnung für die erste Tat ist in diesem Zusammenhang inzident zu prüfen und festzustellen, so dass isolierter Rechtsschutz gegen eine Abmahnung zwar möglich, aber regelmäßig nicht notwendig ist.

d) Allgemeine Ausschlussfrist bei Kündigungen

249 Zudem enthält das KSchG in §§ 4–7 eine Ausschlussfrist für die Geltendmachung von Unwirksamkeitsgründen durch Arbeitnehmer für die Kündigung aller Arbeitsverhältnisse (**unabhängig vom** persönlichen und sachlichen **Anwendungsbereich des KSchG**, vgl. § 23 Abs. 1 S. 2, 3 KSchG).[153]

Alle Unwirksamkeitsgründe einer Kündigung sind von der Klagefrist als Ausschlussfrist von drei Wochen ab Erhalt der schriftlichen Kündigung umfasst, während der der Arbeitnehmer durch Klage zum Arbeitsgericht (§ 4 S. 1 KSchG) die Feststellung des ungekündigten Fortbestehens des Arbeitsverhältnisses verlangen muss, widrigenfalls eine Unwirksamkeit der Kündigung darauf gestützt werden kann (Ausnahme: §§ 125 bzw. 111 und 131 sowie §§ 17, 25 KSchG); so etwa eine fehlende Betriebsratsanhörung zur Kündigung (vgl. § 102 BetrVG), das Kündigungsverbot während der Schwangerschaft (vgl. § 9 MuSchG) und der Elternzeit (vgl. § 18 BEEG) oder gegenüber Schwerbehinderten (vgl. §§ 85, 91 SGB IX). Die Einwendung der fehlenden sozialen Rechtfertigung einer Kündigung ist ebenfalls an die Klagefrist geknüpft.

e) Außerordentliche Kündigung

250 Stets möglich ist die außerordentliche Kündigung als Mittel zur vorzeitigen Beendigung eines Dienstverhältnisses von jeder Seite (vgl. § 626). Sie tritt an die Stelle des Rücktritts vom gegenseitigen Vertrag bei Leistungsstörungen außerhalb von Dauerschuldverhältnissen, geht aber über diesen hinaus. Sie ist nicht nur bei Vertragsverletzungen gege-

---

151 Der Arbeitnehmer muss tun, was er soll, so gut er kann, vgl. BAG NJW 2004, 2545. Individuell geringere Leistungskapazitäten können danach keine verhaltensbedingte, wohl aber eine personenbedingte Kündigung rechtfertigen.

152 BAG NJW 2017, 843: auch eine allein auf *begründeten* Verdacht installierte heimliche (ggf. mit Zustimmung des Betriebsrats) Videoaufzeichnung durch den Arbeitgeber ist zur Ermittlung einer solchen Tat zulässig.

153 Also ohne Beschränkung durch Kleinbetriebsklausel oder Karenzzeit und zwar für alle Arten von Kündigung und ohne Beschränkung auf bestimmte Unwirksamkeitsgründe, vgl. §§ 23 Abs. 1, 13 Abs. 1 und 3, 7 KSchG.

ben, sondern an das Vorliegen eines „wichtigen Grundes" gebunden, welcher dem Kündigenden die Fortsetzung des Dienstverhältnisses unzumutbar macht, sei es auch nur bis zum Auslauf der normalen Kündigungsfrist. Die außerordentliche Kündigung nach § 626 ist ohne eine Einhaltung einer Frist möglich; zur Fälligkeit einer Teilvergütung bis zum Beendigungszeitpunkt und von Schadensersatz für entgangene Vergütungsansprüche vgl. § 628.

Anerkannte **wichtige Gründe** sind insb. schwerwiegende Störungen im Leistungsverhältnis, etwa bewusste Leistungsverweigerung (auch „Androhung" künftiger Erkrankungen, eigenmächtiger Urlaubsantritt), aber auch Störungen von Nebenpflichten wie der Störungen des Betriebsfriedens (vgl. § 104 BetrVG), Tätlichkeiten oder bedeutende Beleidigungen auch zwischen Betriebsangehörigen, Annahme von Schmiergeld, Vermögensstraftaten auch bei ganz geringfügigem Wert etc.; zulässig ist in engen Grenzen auch eine sog. Druckkündigung auf Druck der Belegschaft oder der Kundschaft. 251

Jede außerordentliche Kündigung kann nur **innerhalb von zwei Wochen ab Kenntnis** vom zugrundeliegenden Sachverhalt erfolgen; der Kündigungsgrund muss (erst) auf Verlangen des Gekündigten mitgeteilt werden (vgl. § 626 Abs. 2). 252

Die Geltendmachung eines fehlenden wichtigen Grundes oder des verspäteten Ausspruchs der Kündigung muss arbeitnehmerseits stets innerhalb der Klagefrist des KSchG erfolgen, §§ 7, 13 KSchG.

6. Prüfungsschema zur Kündigungsschutzklage

253

I. Zulässigkeit der Klage
1. Rechtsweg zu den Arbeitsgerichten
   a) § 2 Abs. 1 Nr. 3b ArbGG
   b) Sonderregeln gem. § 5 Abs. 1 S. 2 und 3, Abs. 3 ArbGG
2. Statthaftigkeit der Kündigungsschutzklage, § 4 KSchG
   a) Anwendbarkeit des KSchG, § 23 KSchG
      §§ 4–7 KSchG gelten auch in Kleinbetrieben, § 23 Abs. 1 S. 2 und 3 KSchG
   b) Klageart
      – Feststellungsklage
      – Klageantrag: *„festzustellen, dass das Arbeitsverhältnis nicht durch Kündigung vom … aufgelöst wurde."*

II. Begründetheit der Klage
1. Wirksames Arbeitsverhältnis
2. Keine wirksame Kündigung z.B. wegen
   a) Formfehler (z.B. § 102 BetrVG)
   b) Kündigungsgrund ist zwingend erforderlich, liegt aber nicht vor
   c) Wichtiger Grund bei § 626 fehlt
   d) Fehlende soziale Rechtfertigung bei § 1 Abs. 1 KSchG
   e) Sonstige Ausschlussgründe, z.B. § 613a Abs. 4 S. 1
      und jeweils:
   f) Keine Heilung durch Versäumnis der Klagefrist, §§ 7, 4 KSchG (Dreiwochenfrist ab Zugang der Kündigung)

7. Betriebsübergang, § 613a

254 § 613a ist im Jahre 1972 in Kraft getreten und seither im BGB verankert. 1980 wurde die Norm im Rahmen der Umsetzung der EG-Richtlinie 77/187/EWG modifiziert. 2001 erfolgte die bislang letzte Änderung durch Umsetzung der EG-Richtlinie 2001/23/EG zur Angleichung der Rechtsvorschriften der Mitgliedstaaten über die Wahrung von Ansprüchen der Arbeitnehmer beim Übergang von Unternehmen, Betrieben oder Unternehmens- oder Betriebsteilen. Für die Auslegung der in der Richtlinie aufgeführten Vorgaben ist der Europäische Gerichtshof maßgeblich verantwortlich. Die Rechtsprechung des Europäischen Organs sowie des Bundesarbeitsgerichts sind daher von erheblicher Bedeutung für die Interpretation des § 613a.

a) Schutzzweck von § 613a

255 Die Regelung der Norm verfolgt im Einzelnen drei verschiedene Zwecke (so BAG NZA 1991, 63), nämlich den Schutz des bestehenden Arbeitsverhältnisses, die Sicherung der Kontinuität des Betriebsrats und den Eintritt des Erwerbers in die arbeitsrechtlichen Rechte und Pflichten des Veräußerers.

b) Übergang eines Betriebs oder eines Betriebsteils

256 Gem. § 613a Abs. 1 tritt der Erwerber eines Betriebs oder Betriebsteils in die Rechte und Pflichten aus den im Zeitpunkt des Übergangs bestehenden Arbeitsverhältnissen ein. Die Norm dient dem Schutz des Arbeitnehmers und kann nicht im Wege einer Vereinbarung zwischen Veräußerer und Erwerber abbedungen werden. Aus Gründen des Arbeitnehmerschutzes ist der Begriff des Betriebs, der nicht legal definiert ist, weit auszulegen als eine organisatorische Einheit, innerhalb derer der Inhaber mit Hilfe von sachlichen und immateriellen Mitteln bestimmte arbeitstechnische Zwecke unmittelbar fortgesetzt verfolgt (betriebliche Organisation und Leitungsmacht). Ein Betriebsteil ist eine organisatorische Einheit eines Betriebs, mit der bestimmte arbeitstechnische Zwecke selbstständig verfolgt werden (z.B. Vertrieb und Kundendienst einer Produktionsfirma).

257 Der Betriebsübergang setzt nicht die Übertragung aller Wirtschaftsgüter voraus. In Anlehnung an die Definition des Betriebs ist ein Übergang zu bejahen, wenn **wesentliche Betriebsmittel** übergehen, mittels derer der Erwerber bestimmte arbeitstechnische Zwecke verfolgen kann (BAG NZA 2011, 197). Die Prüfung, ob ein Betrieb übergeht, erfolgt im Wege der Gesamtbetrachtung. Hier ist **zwischen Produktionsbetrieben und (Dienstleistungs-) Betrieben**, die sich im Wesentlichen durch die menschliche Arbeitskraft definieren, **zu differenzieren**. Im Rahmen der Übertragung von Produktionsbetrieben ist die Übernahme materieller Betriebsmittel relevant, bei Handels- und Dienstleistungsbetrieben hingegen die Übernahme immaterieller Betriebsmittel wie Kundendaten, Geschäftsbeziehungen, fachliches „Know How" (BAG DB 2014, 848).

Bei Betrieben, deren wirtschaftlicher Erfolg hauptsächlich in der menschlichen Arbeitskraft begründet ist, kann bereits die Übernahme von Personal aus wesentlichen Schlüsselpositionen eine wirtschaftliche Einheit darstellen und damit die Voraussetzungen eines Betriebsübergangs erfüllen (BAG BB 2014, 61).

258 Eine **bloße Funktionsnachfolge**, also die Übernahme bestimmter Aufgaben z.B. als Subunternehmer oder im Wege der Substitution durch ein neues Unternehmen, erfüllt nach der heute h.M. nicht den Tatbestand des § 613a BGB. Anders aber, wenn zusätzlich

zur Überleitung eines Auftrags die Betriebsmittel des bisherigen Inhabers übernommen werden. Ob dabei die Betriebsmittel eigenwirtschaftlich genutzt werden und die Arbeitnehmer übernommen werden, ist für die Annahme eines Betriebsübergangs nicht relevant.[154] Nach der aktuellen Judikatur von BAG und EuGH ist die Beibehaltung der **wirtschaftlichen Identität des Betriebes** zwingende Bedingung eines Betriebsübergangs. Ein Betriebsteilübergang liegt dabei jedoch nur vor, wenn die übergegangenen Betriebsmittel bzw. Arbeitnehmer auch innerhalb des Veräußererbetriebs eine *abgrenzbare organisatorische Einheit* dargestellt hatten. Zu der Annahme eines Betriebsteilübergangs genügt es dann, wenn der Erwerber die *funktionelle Verknüpfung* zwischen den übertragenen Produktionsfaktoren bestehen lässt und so einer gleichartigen wirtschaftlichen Tätigkeit nachgehen kann.[155]

c) Rechtsgeschäftlicher Betriebsübergang

§ 613a gilt nur für einen Betriebsübergang, bei dem der Erwerber den Betrieb **aufgrund eines Rechtsgeschäfts** übernimmt. Die Wirksamkeit des Rechtsgeschäfts ist nicht Bedingung; es gelten die Grundsätze des fehlerhaften Vertrags. § 613a ist ein Auffangtatbestand und erfasst alle Fälle der rechtsgeschäftlichen Betriebsnachfolge. Das gilt auch für Fälle der Gesamtrechtsnachfolge wie z.B. Umwandlungsvorgänge, etwa die **Verschmelzung**; ebenso die **Anwachsung** bei Personengesellschaften gem. § 738 Abs. 1; diese haben zwar gesetzliche Rechtsfolgen, beruhen aber auf rechtsgeschäftlichen Vereinbarungen (Verschmelzungsvertrag; Austrittsvereinbarung).[156] Das Rechtsgeschäft muss nicht zwingend zwischen dem Betriebsinhaber und dem Erwerber geschlossen werden. Ferner muss der Erwerber auch nicht Eigentümer des Betriebes werden. Betriebliche Organisation und Leitungsmacht gehen auch im Falle der **Verpachtung** des Betriebes über. 259

Eine Anwendung des § 613a auf einen gesetzlichen Betriebsübergang ist ausgeschlossen.

Kein Betriebsübergang i.S.d. § 613a ist der Wechsel von Gesellschaftern einer Personenhandelsgesellschaft. Die gem. § 124 Abs. 1 HGB teilrechtsfähige Gesellschaft bleibt als Arbeitgeber bestehen. Ebenso verhält es sich bei der Gesellschaft bürgerlichen Rechts als Außengesellschaft, die einer Personengesellschaft entsprechende Teilrechtsfähigkeit besitzt.

d) Widerspruchsrecht des Arbeitnehmers, Unterrichtungspflicht

Der Eintritt des Erwerbers in die bestehenden Arbeitsverhältnisse setzt nicht die Zustimmung des betroffenen Arbeitnehmers voraus. Nach § 613a Abs. 6 hat der Arbeitnehmer aber das Recht, innerhalb eines Monats nach Unterrichtung über den Betriebsübergang (vgl. § 613a Abs. 5) schriftlich einen Widerspruch zu erklären. Die Monatsfrist des § 613a Abs. 6 beginnt erst nach formal und inhaltlich fehlerfreier Unterrichtung zu laufen; auf Kausalität des Unterrichtungsfehlers für die Widerspruchsentscheidung des Arbeitnehmers kommt es nicht an. Der Widerspruch ist gegenüber dem bisherigen Arbeitgeber als auch gegenüber dem Erwerber des Betriebs möglich. Widerspricht der Arbeitnehmer, bleibt sein bisheriges Arbeitsverhältnis mit dem Betriebsveräußerer 260

154 EuGH Slg. 2005, I-11237 = NJW 2006, 889 = ZIP 2006, 95.
155 EuGH NJW 2011, 1793 = ZIP 2011, 488.
156 BAG NZA 2012, 267; zur Anwachsung BAG NZA 2008, 815.

bestehen. Dieser kann sodann, wenn die entsprechenden Voraussetzungen vorliegen, wegen Wegfalls des Arbeitsplatzes betriebsbedingt kündigen.

Bei Betriebsübergängen mit der Rechtsfolge des **Erlöschens des früheren Rechtsträgers** (vgl. § 20 Abs. 1 Nr. 2 UmwG; ebso bei der Anwachsung einer Personengesellschaft an einen Gesellschafter gem. § 738 Abs. 1 S. 1) entsteht kein Widerspruchsrecht. Die betroffenen Arbeitnehmer haben stattdessen (nur) ein außerordentliches Kündigungsrecht gem. § 626 (BAG NZA 2008, 815).

261 Die Unterrichtung des Arbeitnehmers nach § 613a Abs. 5 muss neben der Art des rechtsgeschäftlichen Übergangs (z.B. Kauf, Pacht, Verschmelzung) auch die unternehmerischen Gründe und Motive des Erwerbers umfassen, um die Auswirkungen des Betriebsübergangs auf den konkreten Arbeitsplatz abschätzen zu können. Den von der Rechtsprechung gestellten Anforderungen ist in der Praxis kaum zu entsprechen, weshalb das Widerspruchsrecht regelmäßig unbegrenzt fortbesteht. Die wirtschaftlichen Risiken liegen für den Erwerber in der möglichen Abwanderung wichtiger Arbeitnehmer, vor allem aber für den Veräußerer in der unabsehbaren Belastung mit ggf. jahrelangem Annahmeverzugslohn und den Kosten eventueller Altersversorgung.[157]

8. Rechtsfolgen des Betriebsübergangs

a) Eintritt des neuen Betriebsinhabers

262 Der Erwerber tritt in die Rechte und Pflichten aus den zum Zeitpunkt des Übergangs bestehenden Arbeitsverhältnissen ein (§ 613a Abs. 1 S. 1). Das gilt auch hinsichtlich tarifvertraglicher Vorschriften und Betriebsvereinbarungen. Diese werden Inhalt des Arbeitsvertrages zwischen dem Arbeitnehmer und dem neuen Arbeitgeber und gelten durch den einzelnen Arbeitsvertrag weiter (Sätze 2 bis 4).

b) Gesamtschuldnerische Haftung

263 Der bisherige Arbeitgeber haftet nach § 613a Abs. 2 gesamtschuldnerisch neben dem neuen Erwerber für Verpflichtungen, insb. also Lohnansprüche, die vor dem Zeitpunkt des Übergangs entstanden sind und vor Ablauf von einem Jahr nach diesem Zeitpunkt fällig werden.

c) Kündigungsverbot

264 Die Rechtsfolge des § 613a Abs. 1 S. 1, der Übergang des Arbeitsverhältnisses, darf nicht umgangen werden. Der Betriebsübergang *an sich* darf daher kein Kündigungsgrund sein (§ 613a Abs. 4). Eine Unwirksamkeit der Kündigung ist demnach zu bejahen, wenn der Grund hauptsächlich durch den Wechsel des Betriebsleiters bedingt ist.

Zulässig ist aber ein sog. **Erwerberkonzept** etwa zur Sanierung, auf Basis dessen auch der Veräußerer noch vor dem Betriebsübergang nach den allgemeinen Vorschriften betriebsbedingt kündigen kann.

157 Für die **Wirtschaftsprüfung** relevante Darstellung und Problematik bei *Reinhard*, NZA 2009, 63; *Rieble*, NZA 2004, 1; Beispiele zur Verwirkung des Widerspruchsrechts in BAG NZA 2009, 1149; NZA 2008, 1294; NZA 2010, 761.

d) Einzelfragen

Gem. § 613a Abs. 1 S. 1 gehen die bestehenden Arbeitsverhältnisse mit allen Rechten und Pflichten auf den Erwerber über. Diese Verpflichtung umfasst auch die betriebliche Altersversorgung. Eine Abschaffung der Altersversorgung im Wege des Betriebsübergangs ist nicht möglich. Ein Ausschluss oder Verbleib der betrieblichen Altersvorsorge beim Veräußerer würde eine Umgehung des § 613a darstellen. **265**

Geht der Betrieb nach der Eröffnung des **Insolvenzverfahrens** über, haftet der neue Erwerber für die zur Zeit der Insolvenzeröffnung bereits entstandenen Arbeitnehmeransprüche weder über § 613a noch über § 25 HGB (zur Europarechtskonformität dieser Rechtsprechung im Hinblick auf bereits erworbene Versorgungsanwartschaften einer Betriebsrente, vgl. aktuell BAG, Vorlagebeschlüsse vom 16. Oktober 2018 – 3 AZR 139/17 (A); 3 AZR 878/16 (A)). Die Verteilungsgrundsätze des Insolvenzverfahrens haben hier bislang den Vorrang. § 613a findet jedoch uneingeschränkt Anwendung auf Ansprüche, die nach Insolvenzeröffnung durch Fortführung des Betriebes entstanden sind.

III. Höhere Dienste

Neben dem freien Dienstverhältnis und den Arbeitsverhältnissen erfährt eine dritte Gruppe von Dienstverhältnissen eine abweichende Behandlung hinsichtlich des **Kündigungsschutzes**. Es sind dies Verträge zur Übertragung sog. Dienste höherer Art, die aufgrund besonderen Vertrauens übertragen zu werden pflegen, *sofern* der Verpflichtete dabei *kein dauerndes Dienstverhältnis mit festen Bezügen*, insb. kein Arbeitsverhältnis, eingeht. Die Anknüpfung erfolgt nicht an die Selbstständigkeit und Originalität der Leistung, sondern an die Person des Verpflichteten, die in ihrer sozialen Stellung aufgrund bestimmter Vorbildung und kraft gesellschaftlicher Position über den weiteren Kreis der Angestellten herausragt. **266**

Für diese Personengruppe gilt beiderseits eine jederzeitige Kündigungsmöglichkeit ohne Wahrung einer Frist (vgl. §§ 627 Abs. 1, 626 Abs. 1, auch ohne dass es eines Kündigungsgrundes bedürfte). Lediglich der Dienstverpflichtete darf nicht *zur Unzeit* kündigen, sondern muss dem Dienstberechtigten die alternative Beschaffung der Dienste ermöglichen.

§ 627 bezieht sich heute etwa noch auf (ärztliche) Behandlungsverträge (vgl. §§ 630a, 630b) und Verträge über laufende Beratung etwa in Rechts- und Steuerangelegenheiten, soweit diese **dem Dienstvertragsrecht unterfallen**, also nicht auf Herstellung eines Werkes gerichtet sind; ebenso auf Nachhilfelehrer.

Die Folge ist, dass vereinbarte Termine auch kurzfristig abgesagt werden können, ohne dass eine Vergütungspflicht oder eine Schadensersatzpflicht etwa daraus folgte, dass ein „Leerlauf" entsteht, weil die Termine nicht mehr anderweitig vergeben werden können (anders im Falle des § 628 Abs. 2). § 627 ist abdingbar, allerdings nicht durch einseitige Bestimmung, sondern nur durch beiderseitige Abrede. Mit der nach §§ 626 oder 627 wirksamen fristlosen Kündigung des Dienstberechtigten wird eine den bisherigen Leistungen entsprechende Teilvergütung fällig (differenzierend nach der Nützlichkeit der Teilleistung für den Besteller § 628 Abs. 1 S. 2).

War der Termin hingegen **im Rahmen eines Werkvertrags** vereinbart (z.B. Erstellung einer Steuererklärung, eines Vertragsentwurfs oder Erstattung eines Gutachtens), so besteht zwar ebenfalls ein jederzeitiges Kündigungsrecht des Bestellers nach § 649, jedoch behält der Unternehmer die vereinbarte Vergütung und muss sich lediglich dasjenige anrechnen lassen, was er an Aufwendungen erspart oder anderweitig an Einkünften erzielt oder erzielen könnte.

IV. Behandlungsvertrag

267 Das Patientenrechtegesetz von 2013 hat die ärztliche und nicht ärztliche medizinische Behandlung von Patienten dem Dienstvertragsrecht unterstellt (§ 630b) und in inhaltlicher Übernahme der bestehenden Rechtsprechung Nebenleistungspflichten, insb. Informations-, Aufklärungs- und Dokumentationspflichten (§§ 630c, 630e–630g) bestimmt. Ebenso wurde die bereits aus deliktischen Gründen zur Rechtfertigung von Eingriffen erforderliche Einwilligung als Nebenpflicht aufgestellt (§ 630d) und Beweislastfragen bei Behandlungsfehlern (vgl. § 630h) geregelt.

268 Die zivilrechtliche Bedeutung der Vorschriften geht mit Ausnahme etwa des umfassenden Einsichtsrechts der Patienten in die Behandlungsakte (nämlich auch hinsichtlich der bislang nach § 810 ausgenommenen, weil nur an Kollegen gerichteten Arztbriefe, vgl. § 630g) überwiegend in der Deliktshaftung auf.[158]

§ 630b begründet schon im Hinblick auf die dem Patienten günstigere Haftung bei Werkmängeln keinen schuldrechtlichen Typenzwang, wonach ein Behandlungs*werk*vertrag (etwa über einen beherrschbaren prothetischen Erfolg) ausgeschlossen wäre. Umgekehrt besteht damit auch das für sog. höhere Dienste geltende jederzeitige Kündigungsrecht des Patienten (§§ 630b i.V.m. 627 Abs. 1) nicht in allen Fällen zwingend, sondern nur, wo der Behandler kein (stückkostenbezogenes) Investierungsrisiko trägt, das über die Teilvergütung nach § 628 Abs. 1 nicht ausgeglichen werden könnte (ein solches Investierungsrisiko besteht aber z.B. für Radionuklide mit kurzer Halbwertszeit für die nuklearmedizinische Bildgebung).

Über § 630b gilt auch der Grundsatz der höchstpersönlichen Pflicht zur Leistungserbringung (§ 613). Allerdings ist der in §§ 630a ff. genannte „Behandler" der Vertragspartner des Patienten (also meist eine Gemeinschaftspraxis GbR, ein Medizinisches Versorgungszentrum GmbH oder ein Krankenhaus als Aktiengesellschaft oder Körperschaft des öffentlichen Rechts). Vom „Behandler" ist daher meist *der tatsächlich behandelnde Arzt* zu unterscheiden, wobei letzterer im Behandlungsvertrag durchaus bestimmt werden kann als sog. Wahlarzt. Bei Beauftragung von Gemeinschaftspraxen in der Rechtsform einer GbR nach § 705 sind regelmäßig, aber nicht notwendig (arg. e. § 8 Abs. 2 PartG), alle Gesellschafter zur Behandlung berechtigt und verpflichtet.

Der Einschaltung von Erfüllungsgehilfen (vgl. § 278) steht die Höchstpersönlichkeit von vornherein nicht entgegen.

V. Werkvertrag

269 Werkvertrag ist der gegenseitige Vertrag, durch den sich ein „Unternehmer" dem „Besteller" zur Herstellung eines bestimmten Arbeitsergebnisses gegen die vereinbarte Vergütung verpflichtet (§ 631 Abs. 1). Geschuldet ist hier der in einem Ergebnis manifestierte Arbeitswert, nicht die Arbeit als solche.

270 Der Werkvertrag zielt auf den Absatz von Arbeitsprodukten körperlicher und nicht körperlicher Art. Je nach Gegenstand der Vereinbarung tritt mehr das Element des Waren-

158 So *Emmerich,* Schuldrecht BT §§ 9 Rn. 36; 21 Rn. 10 ff.

umsatzes eines herzustellenden Produkts (Werklieferungsvertrag mit Parallelen zum Kaufrecht) hervor oder aber der Leistungsaspekt mit persönlichem Einsatz (so etwa beim Arzt, Architekten und Künstler). Hierdurch besteht die Notwendigkeit zur Abgrenzung zwischen Werkvertrag, Kauf- und Dienstvertrag.

Zahlreiche Erscheinungsformen des Werkvertrags sind durch **gesetzliche Sonderregelungen** bestimmt (z.B. der Reisevertrag in §§ 651a ff., der Transportvertrag über Güterbeförderungen in §§ 407 ff. HGB, der Personenbeförderungsvertrag je nach Art des Verkehrsmittels im Personenbeförderungsgesetz, Allgemeinen Eisenbahngesetz, Luftverkehrsgesetz oder Binnenschifffahrtsgesetz, der Verlagsvertrag in § 1 Verlagsgesetz); wesentliche Inhalte des Bauvertrags sind in Form spezieller Allgemeiner Geschäftsbedingungen, der VOB/B, geregelt, die in den Werkvertrag einbezogen werden können.[159] „Den“ Werkvertrag als Einheitsschuldverhältnis kann es aufgrund der erheblichen Eigenarten der einzelnen Lebenstypen nicht geben, vielmehr muss gerade hier eine je individuelle Risikoabgrenzung mit daraus zu folgenden Regelungen zur Gefahrtragung und der Bestimmung von Leistungs- und Nebenpflichten erfolgen (z.B. über die Abnahmepflicht).

1. Abgrenzungen

Unterschiedliche Bestimmungen enthält das BGB nur zur Abgrenzung des **Werklieferungsvertrags** (§ 650 n.F.) und des (entgeltlichen) **Geschäftsbesorgungsvertrags** (§ 675). 271

Ist eine „Lieferung“ des Unternehmers Gegenstand der Bestellung, handelt es sich um einen Werklieferungsvertrag (§ 650 n.F.), auf den Kaufrecht anzuwenden ist; das ist regelmäßig der Fall, wenn das Bestellte vom Unternehmer aus seinem eigenen oder aus selbstbeschafftem Material gefertigt und daher dem Besteller übereignet werden muss; diese Leistung bleibt dem Werkvertrag allerdings teilweise unterstellt, wenn sie die Anfertigung von Einzelstücken als Speziesschuld betrifft (Sonderanfertigung; nicht vertretbare Sachen, vgl. umgekehrt § 91), vgl. § 650 S. 3: *„(...)§§ 642, 643, 645, 648 und 649 mit der Maßgabe anzuwenden, dass an die Stelle der Abnahme der nach den §§ 446 und 447 maßgebliche Zeitpunkt tritt“.* Werkvertrag ist daher die Herstellung ohne Lieferung, meist weil das bestellte Arbeitsergebnis aus dem Material des Bestellers erfolgt; überdies sofern der Arbeitswert gar nicht in ein sächlich-gegenständliches Produkt mündet (auch die professionelle Aufführung eines Konzerts ist Werkvertrag).

Abzugrenzen sind Kauf-, Werk- und Werklieferungsverhältnis. Die Bestellung von **Waren ab Lager** ist ein reines Umsatzgeschäft, gerichtet auf die Lieferung und Übereignung, und damit Kauf. Gleiches gilt, wenn der Gegenstand zwar nicht vorrätig ist, jedoch nicht eigens für den Besteller (Käufer), sondern ohnehin produziert wird, also **keine spezifische Herstellungspflicht** bestehen soll (z.B. Exemplar eines Buches der anstehenden Neuauflage, einer Kiste Wein aus der Ernte des folgenden Jahres, des ersten oder nächsten Fohlens einer Stute etc.). Um einen reinen Kaufcharakter handelt es sich auch, wenn Gegenstand des Umsatzgeschäftes neue **serienmäßig hergestellte Waren** sind, die entsprechend der **Kundenspezifizierung** lediglich nach Katalog gefer- 272

159 Zur Einbeziehung von AGB vgl. § 305 Abs. 2, wobei (nur) in B2B-Geschäften die Möglichkeit körperlicher Kenntnisnahme verzichtbar ist und der bloße Hinweis auf die Geltung genügt (§ 310 Abs. 1 S. 1). Sodann soll nur eine unveränderte und komplette Einbeziehung der VOB/B nicht der Inhaltskontrolle nach § 307 Abs. 1, 2 unterliegen, so § 310 Abs. 1 S. 3.

tigt werden (z.B. Neuwagenkauf eines Pkw mit optionaler Wahl von Motorisierung, Lackierung, Innenausstattung etc.).

Hingegen ist die Bestellung individuell zu fertigender, also nicht vertretbarer beweglicher Sachen **Werklieferungsvertrag** mit abgeschwächtem Kaufcharakter, vgl. § 650 S. 3 (so die Herstellung einer kundenspezifischen Maschine, eines Maßanzugs durch einen Schneider oder die Bestellung einer anzumessenden Prothese). Das Interesse des Bestellers geht bei diesen Vertragstypen stets und ganz wesentlich jedenfalls auch *auf die Lieferung und Übereignung des Vertragsgegenstands*. Allenfalls hat die Mitwirkungshandlung des Bestellers im Rahmen seiner Wahlmöglichkeiten werkvertraglichen Charakter.

273 Nur wo Übergabe und Übereignung ganz hinter den eigentlichen Fertigungsvorgang zurücktreten, bleibt Raum für den Werkvertrag. **Werkverhältnisse** liegen danach vor, wo gar **keine neue Sache** geschaffen wird (z.B. Reparaturarbeiten und zwar auch dann, wenn dabei in erheblichem Umfang Ersatzteile verbaut werden müssen, jedenfalls solange der Reparaturzweck im Vordergrund steht), ebenso wo der Schwerpunkt des vertraglichen Interesses ganz maßgeblich und nahezu ausschließlich von einer Montageleistung geprägt ist (Maßanfertigung einer Einbauküche durch einen Schreiner im Gegensatz zum Werklieferungs- oder Kaufvertrag über eine Einbauküche, die im Wesentlichen aus der individuellen Kombination von Serienprodukten besteht). Außerdem handelt es sich um Werkverträge, wo aufgrund der sachenrechtlichen Vorschriften der §§ 946 ff. zum **gesetzlichen Eigentumserwerb** das Eigentum originär beim Besteller entsteht und somit aus diesem Grund das Interesse des Bestellers auf den Herstellungsvorgang beschränkt ist (z.B. beim Bauvertrag mit einem Bauunternehmer über die Errichtung eines individuell geplanten Gebäudes im Hinblick auf §§ 946, 94 Abs. 1 S. 1; hingegen kann der Erwerb einer schlüsselfertigen Eigentumswohnung vom Bauträger nach Kaufrecht zu behandeln sein, selbst wenn der Erwerber auf Grundriss und Ausstattung Einfluss nehmen konnte[160]).

274 Dem Werkvertragsrecht unterstellt sind danach alle Erscheinungsformen, die auf Herstellung, Montage etc. gerichtet sind und bei denen der Aspekt der Lieferung, insb. der rechtsgeschäftlichen Eigentumsverschaffung (§§ 929 ff.) wertmäßig (z.B. der Sachwert ist deutlich geringer als der Arbeitswert der Montage) oder aufgrund gesetzlichen Eigentumsübergangs (§§ 946 ff.) zurücktritt.

Eine Abgrenzung des Werkvertrags zur **Miete** kann notwendig werden, wenn neben der Überlassung eines Transportmittels, einer Anlage etc. weiterhin eine Arbeitsleistung vereinbart wird. Miete liegt vor, wenn die zusätzliche Werkleistung gegenüber der mietweisen Überlassung von untergeordneter Bedeutung ist, diese etwa nur unterstützt (Gestellung von Bedienungspersonal bei Maschinenmiete, Bewachungspflichten etc.). Umgekehrt ist das Element der Werkleistung für den Vertragstyp entscheidend, wenn etwa die Überlassung eines Sitzplatzes beim Theaterbesuch nur untergeordneter Nebeninhalt ist. Beide Elemente können auch als gleichwertig gekoppelt und dann selbstständig zu behandeln sein (Buchung einer Schiffskabine, eines Schlafwagenabteils etc.). Die Bestellung eines Taxis zum Flughafen etc. zielt auf eine Werkleistung, soweit es um die Verbringung an einen bestimmten Ort geht oder die Leistung nach Route abgerechnet wird (anders die – mietweise – Gestellung einer Limousine mit Chauffeur für eine bestimmte Zeitdauer; vgl. die frühere Bezeichnung für Taxis als „Mietdroschke“).

---

160 Jedenfalls für Fälle, in denen das Objekt bei Vertragsschluss bereits vollständig fertiggestellt war; sonst wären Mängel am Grundstück nach Kaufrecht, Baumängel dagegen nach Werkrecht zu behandeln. Umstritten, vgl. Palandt/*Sprau*, Vorb vor § 633 Rn. 3.

2. Geschäftsbesorgungsverträge

Auch der Geschäftsbesorgungsvertrag nach § 675 kann ein Dienst- oder Werkvertrag sein. So schuldet der forensisch tätige Rechtsanwalt, die Bank, der Hausverwalter oder der Schiedsrichter im Sport wie beim privaten Schiedsgericht einen bestimmten Arbeitserfolg im Sinne der Erledigung einer sachlich abgegrenzten Arbeit. Die Verfolgung dieser Aufgaben hängt indes stark von der **Entfaltung eigener Initiative**, von der **Fürsorge und Integrität des Mandatsträgers** ab. Er muss stets in der Lage sein, im Interesse des Auftraggebers Entscheidungen zu treffen, die nicht zuvor sachlich festgelegt worden sein können (hinsichtlich Prozessstrategie, Sicherung von Kursgewinnen bei der Verwaltung von Aktiendepots, Angebotseinholung und Überwachung von Handwerkern etc.). Hierbei wird nicht die Herstellung eines abgegrenzten Werks, sondern die – durchaus aber *ergebnisorientierte*[161] – Besorgung eines Geschäfts erwartet. 275

3. Werkleistung

Gegenstand eines Werkvertrags ist danach die Schaffung eines **Arbeitsergebnisses**, wobei die Durchführung der Arbeit sachlich festgelegt und nicht wesentlich auf eine Lieferung gerichtet ist. Es kann sich um ein verkörpertes oder ein nicht verkörpertes Arbeitsergebnis handeln. Gegenständlich ist es etwa bei der Überführung einer Sache auf eine höhere Produktionsstufe etwa im Rahmen der Lohnveredelung (ggf. mit sog. Verarbeitungsklausel im Hinblick auf § 950; ansonsten eher Kaufcharakter nach § 650 S. 1); Werkrecht gilt auch für das Ausbesserungswerk, also zumeist handwerklich ausgeführte Reparaturen. Auch das nicht verkörperte Werk kann handwerklicher Natur sein, so die Arbeit des Friseurs oder eines Reinigungsunternehmens. Häufig fallen hierunter die Leistungen freier Berufe (Planungsleistungen des Architekten, konzeptionelle Arbeiten des Unternehmensberaters); ebenso künstlerische und sportliche Darbietungen (Konzertaufführungen, Tanzvorführungen, Sportveranstaltungen), bei denen der Veranstalter Werkschuldner des Publikums ist (die Ausführenden und Mitwirkenden stehen zumeist in einem Dienst- oder Arbeitsverhältnis zum Veranstalter). 276

Zahlreiche nicht verkörperte Werkleistungen unterliegen dabei dem Handelsrecht (insb. Transport-, Beförderungs- und Lagergeschäfte, vgl. §§ 407–475h HGB).

4. Risikoabgrenzung

Die Eigenart des Werkverhältnisses liegt darin, dass der Unternehmer mit eigenen Betriebsmitteln, seien es Werkseinrichtungen oder Fachkenntnisse, die Durchführung von Arbeiten schuldet und dabei ein Unternehmerrisiko in Form einer „Ergebnis-Garantie" übernimmt. Dies umfasst nicht nur die Tragung der Leistungs- und Preisgefahr entsprechend zu den Umsatzgeschäften, sondern ein darüber hinausgehendes **Investierungsrisiko**, nämlich die Tragung aller betrieblichen Kosten des Leistungsprozesses: Das Gesetz kennt hier nur Unternehmerrisiko und -gewinn, keinen gesonderten Aufwendungsersatz (Ausnahme: § 645). 277

Der Unternehmer trägt in Zusammenhang mit der Herstellungsgefahr nur *nicht* diejenige Gefahr, die von dem bestellerseits gelieferten Stoff (Stoffgefahr) ausgeht (§ 644 278

161 Geschuldeter Erfolg des Prozessanwalts ist jedoch nicht das Obsiegen im Streitverfahren, sondern das *professionelle Betreiben des Geschäfts* auf Basis aktueller Rechtsprechungslinien, aktive Wahrnehmung notwendiger Termine etc.

Abs. 1 S. 3). Dazu befreit § 645 Abs. 1 S. 1 den Unternehmer in diesem Umfang schon vor der Abnahme von der Preisgefahr (nach Arbeitsfortschritt) und gewährt einen Auslagenersatz. Das Investierungsrisiko ist damit aber nicht beendet, der Unternehmer bleibt vielmehr aufgrund der diesbezüglichen Garantie zur Herstellung des vollständigen mängelfreien Werks verpflichtet (Ausnahme: vgl. § 275 Abs. 1–3, § 635 Abs. 3).

5. Haupt- und Nebenleistungspflichten

279 Die Hauptpflichten des Werkvertrags sind synallagmatisch verbunden (§§ 320 ff.). Es bestehen jedoch beiderseits erforderliche Mitwirkungshandlungen. Je nach Gegenstand der Werkleistung haben Fürsorge- und Treupflichten eine erhöhte Bedeutung. Auch beim Werkvertrag macht sich verschiedentlich das Dauer-Element der Arbeitsleistungsverträge bemerkbar (Anspruch auf Teilvergütung, §§ 641, 645; Kündigungsrecht, §§ 649 f.).

Hauptpflicht des **Unternehmers** ist die termingerechte Herstellung des vereinbarten Werkes (§ 631 Abs. 1). Für die geschuldete Beschaffenheit des Werks gilt Entsprechendes wie beim Kauf. Bei Mängeln des Werks (vgl. § 633, die Regelung stimmt mit der in § 434 überein) bleibt der Erfüllungsanspruch des Bestellers bestehen, der sodann Nacherfüllung verlangen kann und muss (§§ 634 Nr. 1, 635). Im Falle einer Terminüberschreitung für die Ablieferung des Werks bleibt es bei den allgemeinen Vorschriften (Verzug gem. §§ 280 Abs. 2, 286 mit der Folge von Schadensersatz neben der Leistung; Rücktrittsmöglichkeit nach § 323).

Der Unternehmer garantiert die Werkleistung einschließlich der vereinbarten Beschaffenheit und Eigenschaften; er ist vorleistungspflichtig. Diese Erfüllungspflicht besteht unverändert fort, bis das Werk als vertragsgemäße Erfüllung „abgenommen" ist (§ 640). Der Unternehmer ist daher auf eine Mitwirkung des Bestellers angewiesen, zu welcher dieser entsprechend verpflichtet ist (Abnahmepflicht, vgl. § 640 Abs. 1 S. 1).

a) Höchstpersönlichkeit, Substitution

280 Eine Pflicht auf höchstpersönliche Herstellung des Werks ist – anders als beim Dienstvertrag (vgl. § 613) oder dem treuhänderischen Auftrag (Auslegungsregel in § 664 Abs. 1 S. 1) – aus der beiderseitigen Interessenlage nicht grundsätzlich abzuleiten und deshalb nicht im Gesetz geregelt. Das schließt eine entsprechende (auch konkludente) Annahme einer persönlich zu erbringenden Hauptpflicht nicht aus (vgl. §§ 157, 133; während ein erkrankter Schauspieler in einer Theateraufführung durch einen Vertreter ersetzt werden kann, scheidet das bei einem Konzert hinsichtlich eines Star-Solisten wohl zumeist aus: seinetwegen „kauften" die Besucher die Tickets). Auch eine Höchstpersönlichkeit steht der Einschaltung von Erfüllungsgehilfen (vgl. § 278) von vornherein nicht entgegen.

281 Erfolgt die Ausführung bei höchstpersönlicher Leistungspflicht dennoch durch einen Substituten und entspricht dies nicht ausnahmsweise doch dem hypothetischen Willen des Gläubigers (etwa aufgrund unvorhersehbar eingetretener Eilbedürftigkeit) so ist die *unzulässige Substitution kein Mangel* in der Leistung, sondern *Nichterfüllung*. In der Folge besteht der ursprüngliche Erfüllungsanspruch fort, wird aber regelmäßig und durch die unzulässige Substitution verschuldet, unmöglich geworden sein (Zeitablauf oder Wegfall des Leistungssubstrats, weil der Erfolg ja anderweitig erzielt wurde). Ein Entgelt für die nichterfüllte höchstpersönliche Durchführung kann sodann wegen

Unmöglichkeit nicht verlangt werden (vgl. § 326 Abs. 2) und die substituierte Leistung erfolgte ohne Rechtsgrundlage, so dass für sie Bereicherungsrecht gilt (beachte aber § 814 als Ausschlussgrund).

b) Abnahme

Die Abnahmepflicht des Bestellers ist selbstständig klagbare Nebenleistungspflicht. Die Abnahme hat eine Doppelnatur. Sie ist einerseits die tatsächliche Besitzergreifung am Werk (schlichtes *An*nehmen), soweit dies seiner Beschaffenheit nach möglich ist, also insb. bei einem gegenständlichen Werk, und führt danach zur **Entlastung des Unternehmers** von der Sach- und Preisgefahr (vgl. § 644 Abs. 1 S. 1). Andererseits gehört zur *Ab*nahme auch die rechtsgeschäftliche Erklärung über die Vertragsgemäßheit der vollendeten Leistung. Diese Zweiaktigkeit berechtigt zu einer je nach Umständen mehr oder weniger weitgehenden Prüfung und erfordert damit zumeist eine je nach Komplexität der Prüfung längere Zeitspanne – *nach* deren rügelosem Ablauf das angenommene Werk stillschweigend als gebilligt *gilt*. **282**

Soweit das Werk nicht gegenständlich ist und die Abnahme daher nicht tunlich, tritt die Vollendung mit gleicher Wirkung an die Stelle der Abnahme (§ 646).

Die Abnahmeerklärung hat Quittungswirkung und schließt im Umfang der Bekanntheit von Mängeln sowohl das Nacherfüllungsverlangen als auch alle Gewährleistungsrechte, nicht aber Schadensersatz, aus (**Rügeobliegenheit** nach § 640 Abs. 2; die Parallelvorschrift zum Kauf in § 464 a.F. ist 2001 weggefallen). **283**

Weitergehend, nämlich auf Untersuchung gerichtet, ist die Rügeobliegenheit beim handelsrechtlichen Werklieferungsvertrag über Sonderanfertigungen (vgl. §§ 377, 381 Abs. 2 HGB).

Die Pflicht zur Abnahme stellt *keine Untersuchungslast* des Bestellers auf, der sich nur positive Kenntnis des Mangels, nicht aber Fahrlässigkeit bei der Nichtentdeckung eines Mangels anlässlich einer Besichtigung, oder gar vorhalten lassen muss, die Sache ohne Besichtigung abgenommen zu haben, obgleich bei derartigen Objekten die Umstände des Falls zu einer Besichtigung oder Erkundigung Anlass gegeben hätten. Die Abnahme ist insb. auch keine Annahme an Erfüllungs statt.

Die Abnahme ist damit der Zeitpunkt des Leistungsaustauschs, in welchem mangels anderer Abrede die Vergütung fällig wird (§ 641 Abs. 1 S. 1, Abs. 2; Entsprechendes gilt bei abschnittsweiser Abnahme, § 641 Abs. 1 S. 2). Bei einem gegenständlichen Werk ist mithin die Lieferung eines untauglichen Ergebnisses keine Vertragserfüllung; der Besteller braucht es nicht abzunehmen und zu bezahlen, ihm bleibt die Einrede des nichterfüllten Vertrags (§ 320; § 322 gilt aufgrund der Vorleistungspflicht des Unternehmers nicht, eine Zahlungsklage des Unternehmers wird als „derzeit nicht fällig" abgewiesen).

c) Vergütung

Hauptpflicht des **Bestellers** ist die Entrichtung der vereinbarten Vergütung (Werklohn). *Bis zur Abnahme* kann er nach § 320 die Zahlung ganz verweigern und gerät nicht in Annahmeverzug (vgl. §§ 266, 297; anders im Falle nur ganz geringfügiger Mängel, vgl. § 640 Abs. 1 S. 2); *nach Abnahme* gilt § 641 Abs. 3 i.V.m. § 322 – der Besteller darf regelmäßig nur noch den doppelten Betrag der Kosten zur Mangelbeseitigung einbehalten (ggf. Verurteilung des Bestellers auf Zahlung Zug um Zug gegen Mangelbeseitigung). **284**

285 Verweigert der Besteller die Abnahme des Werks zu Unrecht, gerät er dadurch in **Annahmeverzug**. Dieser bewirkt ebenfalls den Übergang der Preisgefahr (§ 644 Abs. 1 S. 2), wie eine Haftungserleichterung des Unternehmers (§ 300 Abs. 1). Sie begründet außerdem die Klage des Unternehmers auf Zahlung Zug um Zug gegen Übernahme des Werks und bei entsprechendem Rechtsschutzbedürfnis auch die isolierte Klage auf Abnahme.

Im Übrigen kann der Unternehmer nach § 640 Abs. 1 S. 3 eine Abnahmefiktion durch entsprechende Fristsetzung bewirken.

286 Eine Vergütungspflicht gilt wie beim Dienstvertrag (§ 612) auch hier als nach den Umständen stillschweigend vereinbart (§ 632). Die Vergütung ist bei Abnahme des Werks bzw. nach seiner Fertigstellung zu entrichten (§ 641 Abs. 1 S. 1) und von diesem Zeitpunkt an zu verzinsen (§ 641 Abs. 4). Bei abschnittsweise fertigzustellenden, zumeist größeren Werken gilt gleiches mit Bezug auf die einzelnen Teile (§ 641 Abs. 1 S. 2).

d) Preisänderungen, Kalkulationsirrtum

287 Lohn- und Preiserhöhungen während der Herstellungsphase berechtigen den Unternehmer nicht zur Anpassung der Vergütung, solange dies nicht gesondert vereinbart ist (durch sog. Gleitklausel). Das volle Risiko der Preisgestaltung trägt der Unternehmer im Übrigen bei Vereinbarung eines Festpreises und bei garantierten Kostenvoranschlägen.

Im Regelfall ist ein Kostenvoranschlag nur Abschlussgrundlage. Hier muss der Unternehmer die Überschreitung anzeigen und der Besteller hat dann die Möglichkeit fristlos zu kündigen und braucht nur das Erstellte zu vergüten und etwaige weitere Aufwendungen zu ersetzen (§ 649).

288 Für die Umsatzsteuer gilt im Falle von Änderungen des Steuersatzes Vergleichbares. Nach § 27 Abs. 1 UStG sind Änderungen des UStG regelmäßig mit dem Inkrafttreten auf alle danach ausgeführten Umsätze anzuwenden. Soweit danach *steuerlich* der geänderte Steuersatz noch nicht anzuwenden ist, kann der Unternehmer vom Leistungsempfänger (§ 29 UStG) *zivilrechtlich* einen angemessenen Ausgleich der Mehrbelastung für Erhöhungen des Umsatzsteuersatzes verlangen, wenn der zugrundeliegende Vertrag mindestens vier Monate vor der Steuersatzerhöhung abgeschlossen wurde.

289 Ein sog. **Kalkulationsirrtum** betrifft hingegen Fehler der Berechnungsgrundlage bei Vertragsschluss. Seine Behandlung hängt zuerst davon ab, ob die Berechnungsgrundlage überhaupt Vertragsbestandteil wurde (so zumeist nur bei *offengelegter* Kalkulation); ein unmittelbar daraus erkennbarer *Rechenfehler* im Hinblick auf die Angebotssumme ist dann unbeachtlich (falsa demonstratio non nocet).

Schwieriger sind Fehler z.B. in den zugrunde gelegten Mengen, Maßen und Einzelpreisen der Kalkulation, soweit sie nicht aus sich heraus, etwa durch Addition, feststellbar sind. Die Vertragsauslegung ergibt dann regelmäßig eine vereinbarte Geltung der aufgeführten Endsumme oder entsprechender Zwischensumme. Erst daran schließt sich eine eventuelle Anfechtungsmöglichkeit an (zur **Anfechtung** vgl. Rn. 26). Die Anfechtbarkeit wurde früher stets bejaht, wenn die fehlerhafte Kalkulation offengelegt war, also der sachlich richtige Preis durch Austausch der Variablen auch von Externen errechnet werden konnte. Dies wird inzwischen weitgehend abgelehnt. Statt Anfechtung stehen dem Unternehmer heute allenfalls und nur ausnahmsweise Schadensersatzansprüche aus culpa in contrahendo (§§ 280 Abs. 1, 311 Abs. 2 i.V.m. § 249) zu Gebote, sofern der Besteller hinsichtlich des Fehlers arglistig war, ansonsten nur das Recht auf Vertragsanpassung nach den (engen) Grundsätzen der Geschäftsgrundlage (vgl. § 313) oder in ganz engen Grenzen die Einrede unzulässiger Rechtsausübung nach § 242.[162]

e) Abschlagszahlungen nach § 632a

Der Unternehmer kann von dem Besteller bereits vor Abnahme Abschlagszahlungen verlangen, *soweit* der Besteller durch eine vertragsgemäß erbrachte Leistung einen **Wertzuwachs** bereits erlangt hat (§ 632a Abs. 1 S. 1), etwa durch gesetzlichen Eigentumserwerb (§§ 946 ff.). Ein Wertzuwachs liegt nur dann vor, wenn die erbrachte Leistung für den Besteller bereits **selbstständig nutzbar** ist (etwa indem das Aufsetzen durch einen Folgeunternehmer möglich ist). **290**

Wegen unwesentlicher Mängel kann die Abschlagszahlung nicht verweigert werden, der Besteller kann jedoch einen angemessenen Betrag zur Beseitigung eines Mangels in Abzug bringen; angemessen ist i.d.R. das Doppelte der für die Beseitigung des Mangels erforderlichen Kosten (vgl. §§ 632a Abs. 1 S. 2 und 3, 641 Abs. 3).

Für **Verbraucherbauverträge** gelten weitere Einschränkungen für Abschlagszahlungen (vgl. § 650m; früher § 632a Abs. 3 a.F.), ähnlich nach §§ 650q/v. Insb. muss dem Verbraucher im Rahmen des (Abschlags-) Zahlungsplans stets ein mind. 10%-iger Gewährleistungseinbehalt verbleiben (§ 650m Abs. 1); Zusätzlich eine Vertragserfüllungssicherheit in Höhe von 5 % der vereinbarten Gesamtvergütung. § 650m ist gem. § 650o zwingend, also durch Individualvereinbarung nicht abdingbar.

6. Mitwirkungspflichten des Bestellers

Den Besteller treffen außerdem je nach Art der Werkleistung Mitwirkungspflichten. So kann er den zur Herstellung erforderlichen (Bau)Plan oder Stoff bereitzustellen haben oder auch sich selbst zur Vornahme der Werkleistung zu verfügen haben (nach dem Behandlungsraum, zur Anprobe etc.). **291**

Hier begründen Pflichtverletzungen des Bestellers nicht lediglich die Folgen des **Annahmeverzugs** (§ 300 Abs. 1), zusätzlich erhält der Werkunternehmer einen **Entschädigungsanspruch** (§ 642), der über den Ersatz von Mehraufwendungen (§ 304) hinausgeht.

Zudem kann der Unternehmer bei unterlassener Mitwirkung **außerordentlich kündigen**, in dem er eine angemessene Frist zur Nachholung bestimmt und diese mit der Kündigungserklärung für den Fall des fruchtlosen Verstreichens verbindet (§ 643). Der Vertrag gilt dann mit fruchtlosem Fristablauf als aufgehoben (S. 2). In diesem Fall kann der Unternehmer nach § 645 Abs. 1 neben vollem Auslagenersatz auch eine **Teilvergütung** beanspruchen; bei Verschulden des Bestellers bleibt darüber hinaus dessen Haftung auf das Erfüllungsinteresse bestehen (§ 645 Abs. 2).

Parallel bleibt dem Unternehmer die Möglichkeit zum **Rücktritt** nach § 324, welche im **292**
Falle der Unzumutbarkeit des weiteren Festhaltens am Vertrag die Fristsetzung entbehr-

---

162 BGH NJW 2015, 1513 (zur Bindung an ein fehlerhaftes Angebot bei öffentlichem Vergabeverfahren); grundlegend BGHZ 139, 177 = NJW 1998, 3192.

lich macht. Das Recht zum **Schadensersatz** besteht dann nach § 325 i.V.m. § 282. Zwar ist die Mitwirkungspflicht des Bestellers keine Leistungsverpflichtung und das Unterlassen der Mitwirkung führt daher keinesfalls zur Anwendbarkeit des allgemeinen Leistungsstörungsrechts. Dies hindert jedoch nicht die Qualifizierung als Nebenpflicht.

7. Nebenpflichten

293 Sachbezogene Nebenpflichten im Hinblick auf den Vertragszweck ergeben sich beiderseits, so etwa Obhutspflichten für gelieferte Stoffe, Geheimhaltungspflichten sowie persönliche Fürsorgepflichten in entsprechender Anwendung des § 618, soweit wechselseitig Räumlichkeiten und Vorrichtungen zugänglich gemacht werden.

Dies kann auch gegenüber bestimmten Dritten gelten **(Vertrag mit Schutzwirkung für Dritte)**.[163]

8. Gefahrtragung

294 Der Unternehmer gibt eine **Herstellungsgarantie**. Er trägt nicht nur die Leistungsgefahr und wird hiervon nur durch völlig unvorhersehbare Umstände außerhalb der von ihm zu vertretenden Hindernisse frei, sondern er trägt auch das **Beschaffungsrisiko**. Unmöglichkeit ist danach bei der Gattungsschuld von vornherein kaum (nur bei Untergang der Gattung) und auch bei der Stückschuld nur beschränkt auf die genannte enge Ausnahme vom Betriebsrisiko gegeben.

295 Zudem trägt der Unternehmer die Preis- oder **Entgeltgefahr** nicht nur bis zur Vollendung des Werks (§ 646), sondern im Rahmen seiner Vorleistungspflicht bis zur Abnahme (§ 644 Abs. 1 S. 1). Kommt der Besteller mit der Abnahme in Annahmeverzug, gehen Leistungsgefahr für das insoweit bereits hergestellte Werk und Preisgefahr auf ihn über (§ 644 Abs. 1 S. 2). Die Vergütungsgefahr bei **Versendungsgeschäften** ist in § 644 Abs. 2 durch Verweisung auf § 447 entsprechend zum Distanzkauf ausgestaltet.

Die **Gefahrtragung** betrifft wie stets nur die Frage der Leistungs- und Vergütungspflicht bei beiderseits unverschuldeten Leistungsstörungen. Ist die Störung durch eine Vertragspartei zu vertreten, gelten die allgemeinen Regeln der Leistungsstörung (Schadensersatz nach §§ 280 ff. i.V.m. §§ 276, 278 bzw. Vergütungspflicht im Rahmen von § 326 Abs. 2); darauf weist § 645 Abs. 2 hin.

Das vom Unternehmer übernommene **Beschaffungsrisiko** ist durch sein Betriebsrisiko begrenzt. Misslingt die Herstellung in Folge eines Ereignisses, das nach der dem Vertrag zugrundeliegenden Interessenlage in die Sphäre des Bestellers fällt, so behält der Unternehmer doch den Anspruch auf Werklohn (das Risiko wetterbedingter Undurchführbarkeit eines Open-Air-Konzerts ist danach billigerweise auf beide Parteien zu verteilen, als es bis zum Beginn der Veranstaltung den Unternehmer, danach den Besucher belastet; die Absage einer Opernaufführung wegen Erkrankung von Mitwirkenden fällt hingegen in die Sphäre des Veranstalters).

296 Die Vergütungsgefahr für Störungen infolge des vom Besteller gelieferten Stoffes oder dessen erteilter Weisungen fallen in die Sphäre des Bestellers selbst (so die ausdrückliche Regelung in § 645 Abs. 1). Dies entspricht, ohne dass es jedoch auf ein Verschulden ankäme, dem Schadensersatz neben der Leistung (§ 280 Abs. 1), weil die Bestellung des Stoffes durch den Besteller auch eine Nebenpflicht darstellt; beide Ansprüche werden regelmäßig parallel bestehen.

---

163 Seine Voraussetzungen wurden im Zusammenhang mit der Miete dargestellt; lehrreiches Beispiel bei *Grunewald*, BR § 18 Rn. 14.

Die **Verantwortlichkeit des Bestellers für seinen Stoff** führt also nicht nur zum Verlust desselben, sondern zur Ersatzpflicht für Aufwendungen und zumindest einer entsprechenden Teilvergütung, bei Verschulden des Bestellers auch des ganzen Unternehmergewinns. **297**

Insb. Instruktionsfehler des Bestellers können den Unternehmer jedoch nur entlasten, wenn er seine *bessere Fachkenntnisse* rechtzeitig angewandt und angezeigte **Aufklärungen und Warnungen** gegeben hatte. Auch auf die Eignung des beigestellten Stoffs kann sich der Werkunternehmer nicht ohne Weiteres verlassen; vielmehr obliegen ihm je nach Umständen des Einzelfalls sachliche Vorsichtsmaßnahmen, bevor er mit seinem Gewerk darauf aufsetzt. Der Besteller ist trotz fehlerhafter Stoffe bzw. Instruktionen nur insoweit verantwortlich, als deren Auswirkungen bei der im Einzelfall **vom Unternehmer zu erwartenden Umsicht** nicht hätten begrenzt werden müssen.

Ohne zureichenden Stoff liegt, wenn dessen Beistellung dem Besteller obliegt und nicht mehr nachholbar ist, u.U. Unmöglichkeit der Unternehmerleistung vor. Insoweit trägt *der Besteller* das Vergütungsrisiko nach § 326 Abs. 2, was der Regelung in § 648 S. 1 zur freien Kündigung des Bestellers entspricht.

9. Mängelhaftung

Infolge der vom Unternehmer gegebenen Herstellungsgarantie für das fehlerfreie Werk, haftet dieser auf eine vom Verschulden unabhängige Gewährleistung für die entsprechende Erfüllung. Diese knüpft **parallel zur Regelung beim Kauf** an das Vorliegen eines Sach- oder Rechtsmangels an (§ 633; die Vorschrift ist nach einem parallelen Schema zu § 434 aufgebaut). § 633 Abs. 2 BGB stellt – wie beim Kauf – eine Rangfolge in der Beurteilung des Sachmangels auf, nach der zunächst zu prüfen ist, ob das Werk die vereinbarte Beschaffenheit hat (S. 1). Soweit die Beschaffenheit nicht vereinbart ist, ist das Werk frei von Sachmängeln, wenn es sich für die nach dem Vertrag vorausgesetzte (S. 2 Nr. 1), sonst für die gewöhnliche Verwendung eignet und eine Beschaffenheit aufweist, die bei Werken der gleichen Art üblich ist und die der Besteller nach der Art des Werks erwarten kann (S. 2 Nr. 2). **298**

Die Bestellerrechte bei Werkmängeln bestehen mit geringfügiger Ergänzung (vgl. §§ 634 Nr. 2, 637) parallel zu denen eines Käufers.

a) Erweiterungen durch Pflicht zu Warnhinweisen

Im Vordergrund des Interesses der Parteien an der Beschaffenheit steht die Vereinbarung zur **Funktionstauglichkeit** des Werkes. Eine Vereinbarung der jeweiligen Leistung bzw. der Ausführungsart, wie sie sich z.B. in Leistungsverzeichnissen oder sonstigen Leistungsbeschreibungen dokumentiert, ist nicht allein Grundlage für die Beurteilung, inwieweit die vereinbarte Beschaffenheit eingehalten ist. Eine Leistung des Unternehmers ist *nicht* als mangelfrei nach § 633 Abs. 2 S. 1 einzuordnen, wenn die im Vertrag vorgesehene Leistung oder Ausführungsart nicht geeignet ist, ein funktionstaugliches Werk zu errichten. Soweit ein Mangel nicht in das Betriebsrisiko des Unternehmers fällt (vgl. Rn. 278 bereits zur „Stoffgefahr"), obliegen ihm trotzdem je nach Umständen eine Prüf- und Hinweispflicht für Risiken aus der Sphäre Dritter und des Bestellers selbst. **299**

Nur durch entsprechende **Hinweise an den Besteller** kann sich der Unternehmer dann von der Mängelgewährleistung entlasten.

Entscheidend ist, zu welchem **Zeitpunkt** der Unternehmer Anlass für entsprechende Hinweise gehabt hatte: bereits bei Vertragsschluss oder erst später. Der Besteller muss diejenigen Nachteile hinnehmen, die dadurch entstehen, dass er den Unternehmer zu einem Zeitpunkt beauftragt hat, in dem er noch nicht sicher sein kann, dass er die Vorleistung in geeigneter Weise zur Verfügung stellen kann. Dieses Risiko trägt der Unternehmer grundsätzlich nicht, er muss dann nur rechtzeitig auf Beistellung geeigneter Vorleistungen/Stoffe drängen. Eine andere Beurteilung ist geboten, wenn der Unternehmer **bereits bei Vertragsschluss** die Ungeeignetheit der Vorleistung hätte erkennen können. In diesen Fällen kann die Verletzung einer vorvertraglichen Aufklärungspflicht vorliegen. Der sich daraus ergebende Schadensersatzanspruch kann dazu führen, dass der Besteller so gestellt wird, als wäre der Vertrag nicht geschlossen worden (§§ 280 Abs. 1, 311 Abs. 2; Culpa in Contrahendo).

Beispiel (nach BGH NJW 2008, 511; vgl. auch NJW 2013, 1431): Ein technisch nicht funktionierendes Werk (in der zugrundeliegenden Entscheidung eine an sich voll funktionsfähig erstellte Anlage zur Wärmeerzeugung, deren Wirkungsgrad aber von ausreichender Auslastung abhängig ist, die vom Besteller nicht erreicht werden konnte) ist mangelhaft, *es sei denn*, die konkrete Problematik beruht auf einer *bewussten Risikoübernahme durch den Besteller* (ggf. nach geschuldeten Warnhinweisen des Unternehmers) oder fällt von vornherein in das *Bestellerrisiko*.

Liegt danach bei Funktionsstörungen zumeist ein Mangel vor (etwa wegen vom Unternehmer versäumter Warnhinweise), braucht der Unternehmer die erforderlichen Beseitigungskosten/Mehrkosten dennoch nicht zu tragen, wenn sie auch bei genügender Warnung angefallen wären (sog. Sowieso-Kosten) und der Besteller sie also hätte übernehmen müssen, wollte er am Vertrag festhalten.

Weigert sich der Besteller zur Beistellung geeigneter Stoffe, um die Funktionsfähigkeit zu erreichen, liegt Unmöglichkeit vor und der Unternehmer hat Anspruch auf Vergütung nach § 326 Abs. 2 S. 1; damit würde so gestellt, als hätte der Besteller bei einem rechtzeitigen Hinweis von der weiteren Durchführung des Vertrages wegen der Ungeeignetheit seiner Vorleistung Abstand genommen, dem Unternehmer also nach § 648 S. 1 gekündigt. In diesem Fall hätte der Unternehmer nämlich einen Anspruch auf die vertragliche Vergütung nach § 648 S. 2 gehabt.

Anders aber, wenn der Unternehmer bereits bei Vertragsschluss hätte erkennen müssen, dass der Besteller mit dem Werk nicht zurechtkommen würde. Dann hätte der Besteller die Möglichkeit zum Rücktritt nach § 634 Nr. 3 i.V.m. §§ 326 Abs. 5, 323 und könnte daneben (§ 325) noch Schadensersatz wegen vorvertraglicher Pflichtverletzung für etwaige vergebliche Aufwendungen verlangen.

b) Rechte des Bestellers bei Mängeln

300 Der Besteller hat zuerst und wie im Kaufrecht auch die Erfüllungsklage aus dem Schuldverhältnis, die – prinzipiell unbeschadet einer Abnahme (§ 640) – als **Nacherfüllungsanspruch** fortbesteht (Ausschlusswirkung der Verjährung nach § 634a). Die **Abnahme** führt allerdings zur Konkretisierung der Schuld auf das begonnene Werk und damit zum *Übergang der Preisgefahr*, des Weiteren zur *Umkehr der Beweislast* für Leistungsstörungen zu Lasten des Bestellers. Die vorbehaltlose Abnahme bewirkt zudem eine *Genehmigungsfiktion* nach § 640 Abs. 2 für dem Besteller bekannte Mängel.

Gleich, ob der Besteller das angebotene Werk abnimmt oder nicht, obliegt ihm, die Beseitigung allfälliger festgestellter Mängel vom Unternehmer zu verlangen (die Nacherfüllung ist nicht nur Pflicht des Unternehmers, sondern auch dessen Recht) und hierfür eine angemessene Nachfrist zu setzen (§§ 634 Nr. 1, 635). Insoweit ist es dann Sache des Unternehmers zu entscheiden, das Werk nachzubessern oder ein neues Werk herzustellen (vgl. § 635 Abs. 1, insoweit anders als § 439 Abs. 1).

Nach Ablauf der aus eben diesem Grund zu setzenden *Nachfrist* kann der Besteller, anstatt zu den Gewährleistungsrechten überzugehen, nach §§ 634 Nr. 2, 637 den Mangel durch **Selbstvornahme** beseitigen oder beseitigen lassen und den Werkunternehmer auf die damit verbundenen Kosten in Anspruch nehmen. Die Selbstvornahme zielt auf die *geschuldete Herstellung* des Werks (darin begründet sich der Unterschied zum Kaufrecht) und dient noch nicht dem Ausgleich von mangelbedingtem Marktwert und vereinbartem Preis, wie es Aufgabe der weiteren Rechtsbehelfe ist. 301

Die eigentlichen Rechtsbehelfe der Gewährleistung sind sodann parallel zum Kauf **Rücktritt** und **Minderung** sowie **Schadensersatz** (§ 634 Nr. 3, 4). Ihre Geltendmachung hängt von der *Fruchtlosigkeit des (Nach)Erfüllungsanspruchs* ab (daher in § 634 Nr. 3, 4 der Verweis auf § 636), die sich aus endgültigem Fehlschlagen oder der Verweigerung der (Nach)Erfüllung, ihrer Unmöglichkeit oder ihrer Unzumutbarkeit für den Besteller wie aus dem Ablauf einer zu ihrer Vornahme gesetzten Frist von angemessener Länge ergeben kann. 302

Für den in § 634 Nr. 3 geregelten Rücktritt und die Minderung (§ 638 BGB) gelten dieselben Grundsätze wie im Kaufrecht. So verhält es sich auch mit dem Schadens- und Aufwendungsersatz (§ 634 Nr. 4).

Die Grenzen des (Nach)Erfüllungsanspruchs bei mangelhaft angebotenem Werk (vgl. § 636), die dem Besteller den Übergang zu den Gewährleistungsrechtsbehelfen unmittelbar erlauben, entsprechen denjenigen beim Kauf (dort § 440). In der Praxis können sich je nach der Natur der Leistung Fälle von Unmöglichkeit der Nacherfüllung oder ihrer Unzumutbarkeit vermehrt ergeben, so besonders bei nichtkörperlichen Werken (denkbar etwa bei einer fehlerhaften Operation oder Konzertaufführung, einem fehlerhaften Haarschnitt eines Friseurs). 303

10. Prüfungsschema zur Nacherfüllung, §§ 634 Nr. 1, 635

I. Allgemeine Voraussetzungen der Nacherfüllung 304

1. Wirksamer Werkvertrag
2. Sach- oder Rechtsmangel, § 633; ggf. auch wegen fehlender Warnhinweise
3. Bei Gefahrübergang:
   - grundsätzlich mit Abnahme, § 644
   - Vollendung statt Abnahme, § 646
   - Abnahmefiktion nach Abnahmefrist, § 640 Abs. 1 S. 3
   - Abnahmeverzug des Bestellers, § 644 S. 2
   - Gefahrenübergang bei Versendung des Werkes, §§ 644 Abs. 2, 447

II. Kein Gewährleistungsausschluss

1. Vertraglicher Gewährleistungsausschluss, § 639 (aber ggf. §§ 650 S. 1, 476 Abs. 1)
2. Gewährleistungsausschluss durch AGB (aber § 309 Nr. 8b aa–ff)
3. Vorbehaltlose Annahme trotz Kenntnis, § 640 Abs. 2 (anders § 650 S. 2)

III. Spezielle Voraussetzungen der Nacherfüllung
1. Wahlrecht des Werkunternehmers Neuherstellung oder Reparatur
2. Möglichkeit der Nacherfüllung (§ 275 Abs. 1); Unmöglichkeit nur, wenn beide Arten der Nacherfüllung unmöglich sind.
3. Kein Leistungsverweigerungsrecht des Werkunternehmers
   a) § 635 Abs. 1: Unverhältnismäßigkeit der Kosten beider Nacherfüllungsvarianten (wie § 439 Abs. 4);
   b) § 275 Abs. 2 bei grobem Missverhältnis zwischen Nacherfüllungsaufwand und Leistungsinteresse des Bestellers;
   c) § 275 Abs. 3

IV. (Sekundäre) Klagebefugnis auf:
1. Neuherstellung oder Mangelbeseitigung; Kosten: § 635 Abs. 2
2. Selbstvornahme, § 637; Vorschuss nach § 637 Abs. 3
3. Rückgewähr des mangelhaften Werkes, §§ 635 Abs. 4, 346 ff.
4. Herausgabe gezogener Nutzen, §§ 635 Abs. 4, 346 Abs. 1
5. Rücktritt, Minderung oder Schadensersatz nur über § 636

11. Verjährung

305 Wirkung der Abnahme (§ 640) ist der Beginn der Verjährung als Ausschlussfrist für sämtliche Rechtsbehelfe einschließlich der Erfüllungsklage (vgl. § 634a). Aufbau der Vorschrift und Länge der Fristen entsprechen § 438.

12. Vorzeitige Kündigung

a) Freies Kündigungsrecht des Bestellers

306 Der Vertragszweck des Werkvertrags ist erst mit dem Austausch von Werk und Vergütung erreicht. In § 648 anerkennt das BGB ein kaufmännisches Moment darin, dass das Interesse des Unternehmers hauptsächlich ein kommerzielles, finanzielles ist. Der Besteller mag daher jederzeit durch Kündigung auf die weitere Herstellung des Werks verzichten, **schuldet aber weiterhin das vereinbarte Entgelt**, vermindert nur um **ersparte Aufwendungen** und **anderweitige Einkünfte** des Unternehmers, die dieser durch die mit der Kündigung zusätzlich frei werdenden Kapazitäten erzielt oder jedenfalls erzielen müsste (**Vermutungsregelung** zur Vermeidung erheblicher praktischer Schwierigkeiten in der Kalkulation der ersparten weiteren Aufwendungen in § 648 S. 3).

Das Kündigungsrecht des Bestellers ist somit ein nach Zeitpunkt und Voraussetzungen freies (vergleichbar dem des Dienstberechtigten bei sog. höheren Diensten, § 627 Abs. 1, aber mit schärferer Rechtsfolge als dieses, vgl. dort § 628 Abs. 1 S. 1, wonach nur Teilvergütung geschuldet wird). Der Unterschied zu §§ 627 Abs. 1, 628 Abs. 1 S. 1 ist dadurch gerechtfertigt, dass die dem Leitbild der sog. höheren Dienste zugrundeliegende besondere soziale und Vertrauensstellung des Dienstverpflichteten einem dem Handelsrecht vergleichbarem kommerziellem Interesse des Werkunternehmers in Bezug auf seine Tätigkeit gerade entgegensteht (inwieweit dieses Standesdenken der sozialen Wirklichkeit entspricht, sei dahingestellt, weil sowohl freies Kündigungsrecht wie Vergütungsregelung im Dienst- wie im Werkvertragsrecht vertraglich abweichend geregelt werden können).

§ 648 (§ 649 a.F.) ist nicht auf Werkverträge anwendbar, die den Charakter eines Dauerschuldverhältnisses haben, so z.B. ein „Internet-System-Vertrag" zur Registrierung einer Domain nebst Programmierung und dem „Hosten" einer Internetpräsenz, der auf eine Laufzeit von 36 Monaten abgeschlossen wird (vgl. BGHZ 188, 149); gleiches gilt für Bauträgerverträge (BGHZ 96, 275). Für solche bleibt es bei der außerordentlichen Kündigung aus wichtigem Grund (§ 314).

b) Kündigung aus wichtigem Grund

Seit dem Jahr 2018 sieht § 648a **für alle Werkverträge** ein beiderseitiges Kündigungsrecht aus wichtigem Grund ohne Einhaltung einer Kündigungsfrist vor. Wann ein wichtiger Grund vorliegt, definiert § 648a Abs. 1 S. 2 in Anlehnung an § 314 Abs. 1. Das außerordentliche Kündigungsrecht nach § 314 galt bereits zuvor auch für Werkverträge, setzte aber ein Dauerschuldverhältnis voraus **307**

Nach § 648a Abs. 2 kann die Kündigung auch „auf einen abgrenzbaren Teil des geschuldeten Werks" beschränkt werden. Es braucht sich dabei nicht – wie in § 8 Abs. 3 VOB/B – um einen „in sich abgeschlossenen Teil" des Werks zu handeln, sondern es reicht aus, dass die Vertragspartner eine Abgrenzung zwischen den kündigungsbedingt nicht mehr geschuldeten und den noch zu erbringenden Leistungen vornehmen können und der Unternehmer in der Leistungsausführung nicht beeinträchtigt wird.

Durch den Verweis in § 648a Abs. 3 auf § 314 Abs. 2 und 3 wird klargestellt, dass die Kündigung aus wichtigem Grund **innerhalb einer angemessenen Frist** erfolgen muss, nachdem der Kündigende vom Kündigungsgrund Kenntnis erlangt hatte.

Eine wirksame Kündigung ist zudem grundsätzlich erst nach erfolgloser **Abmahnung** möglich, außer besondere Gründe rechtfertigen unter Abwägung der wechselseitigen Interessen eine sofortige Kündigung oder es liegen die Fälle des § 323 Abs. 2 Nr. 1 und 2 vor.

§ 648a Abs. 4 bestimmt, dass jeder Vertragspartner nach Kündigung eine „gemeinsame Feststellung des Leistungsstands" verlangen kann. Verweigert der andere die Mitwirkung oder bleibt er einem vereinbarten oder einseitig mit angemessener Frist bestimmten Termin unentschuldigt fern, trifft ihn die **Beweislast** für den Leistungsstand zum Zeitpunkt der Kündigung.

Ist die Kündigung aus wichtigem Grund wirksam, erhält der Unternehmer gem. § 648a Abs. 5 die **vereinbarte Vergütung** nur für den bis zur Kündigung **erbrachten Teil seiner Leistung**, und zwar auch dann, wenn der Besteller den Kündigungsgrund zu vertreten hat. Dem Unternehmer kann dann aber nach § 648a Abs. 6 ein **Schadensersatz-** oder **Entschädigungsanspruch** (z.B. § 642) zustehen.

Für **Bauverträge** schränkt § 650h ein, dass diese nur schriftlich gekündigt werden können. Auf **Bauträgerverträge** ist § 648a nicht anwendbar (§ 650u Abs. 2), weil insb. das Teilkündigungsrecht nicht passt (der Besteller könnte die bau-/werk-vertragliche Bauträgerleistung kündigen aber dennoch auf der Übereignung des Grundstücks bestehen). Den Rückgriff auf § 314 zur a.o. Kündigung des gesamten Vertrages schließt das aber nicht aus. Gleiches gilt für „Internet-System-Verträge".

c) Überschreiten eines unverbindlichen Kostenvoranschlags

308 Aufgrund anders gelagerter Interessen sind die Rechtsfolgen der vorzeitigen Kündigung jedoch abweichend bestimmt, wenn der Besteller zur Kündigung dadurch veranlasst ist, dass ein (**unverbindlicher**) **Kostenvoranschlag** des Unternehmers überschritten zu werden droht (§ 649 Abs. 1). In diesem Fall muss sich der Unternehmer auf den Teilvergütungsanspruch und den Auslagenersatz beschränken. Der Kostenvoranschlag stellt die gemeinsam vorgestellte Rentabilitätsbasis des Geschäfts dar und ist somit ein **besonderer Fall der Störung der Geschäftsgrundlage** nach § 313 – anders beim von § 649 nicht gemeinten *verbindlichen* Kostenvoranschlag (Festpreisvertrag), bei dem der Unternehmer das *Rentabilitätsrisiko* übernimmt. Der unverbindliche Kostenvoranschlag des § 649 ist (im Unterschied zum bloßen Angebot) durchaus insoweit bindend, dass er nicht ohne Weiteres überschritten werden darf. Der Unternehmer verspricht aber nicht die Herstellung zum vorangeschlagenen Preis, komme, was da wolle.

d) Verletzung von Mitwirkungshandlungen

309 Ein Kündigungsrecht des Unternehmers folgt umgekehrt aus der Verletzung von Mitwirkungspflichten durch den Besteller (z.B. Bereitstellung erforderlicher Pläne oder Stoffe des Bestellers, persönliche Verfügung zu einer Anprobe etc.), sofern der Unternehmer dem Besteller zur Nachholung eine **angemessene Frist mit Kündigungsandrohung** gesetzt hat (§ 643). Der Unternehmer behält hierbei nur einen Anspruch auf entsprechende **Teilvergütung und Auslagenersatz** (§ 645 Abs. 1 S. 2).

Insofern kann sich der Besteller u.U. besserstellen, wenn er anstatt sein freies Kündigungsrecht nach § 649 auszuüben, ggf. vielmehr durch Unterlassen einer erforderlichen Mitwirkung den Unternehmer zur Kündigung „zwingt" und dadurch nur Teilvergütung, statt anderenfalls die volle Vergütung schuldet; er muss jedoch bedenken, dass insoweit ergänzend die Folge aus § 642 eintritt, nämlich Annahmeverzug (§§ 300 ff.) unter Anspruch des Unternehmers auf eine „angemessene Entschädigung" für die Dauer des Verzugs (§ 642 Abs. 2) sowie Übergang der Preisgefahr nach § 326 Abs. 2 S. 1 HS. 2 und S. 2.

Schließlich folgt ein weiteres praxisrelevantes Kündigungsrecht des Unternehmers aus § 650f Abs. 5, wenn der Besteller den Anspruch auf Stellung von Sicherheiten nicht erfüllt (dazu sogleich).

13. Unternehmerpfandrecht, Bauhandwerkersicherungen

310 Zum Ausgleich der **Vorleistungspflicht des Werkunternehmers** bis zur Abnahme des Werks erhält er für sämtliche Vertragsansprüche ein gesetzliches Pfandrecht an den von ihm hergestellten oder ausgebesserten beweglichen Sachen des Bestellers, wenn sie bei der Herstellung oder zum Zweck der Ausbesserung in seinem Besitz gelangt sind (§ 647). Das Pfandrecht erlischt durch Rückgabe des Pfands (§ 1253) oder – bestimmungsgemäß durch Auslösen – mit der Forderung, für die es besteht (§ 1252). Die Verwertung erfolgt nach den Regeln des Pfandverkaufs (vgl. § 1233) regelmäßig durch Androhung (§ 1234) und Versteigerung (§ 1235 ff.).

Dieses Pfandrecht kann lt. BGH **nicht** nach § 1207 **gutgläubig** an den vom Besteller übergebenen, aber im Eigentum eines Dritten stehenden Sachen erworben werden (str.); Schulbeispiel ist die Reparatur eines Pkw auf Bestellung eines Nichteigentümers hin, etwa eines Erwerbers bei noch bestehendem Eigentumsvorbehalt.[164] Hier soll der Unternehmer zwar kein Pfandrecht, jedoch für das Reparaturentgelt, als sei es Verwendungsersatz, die Einrede aus §§ 1000, 1002 dem wahren Eigentümer gegen dessen Anspruch aus § 985 entgegensetzen können (obwohl Verwender hier allein der Besteller ist, auf dessen – ggf. eben unbezahlte – Rechnung die Reparatur erfolgt; ebenso, wie die Reparatur auch bereicherungsrechtlich keine Leistung des Unternehmers an den Eigentümer wäre).

Zumindest dann, wenn der Vorbehaltskäufer dem Eigentümer vertraglich aus dem Kauf nötigenfalls zur Reparatur verpflichtet ist, liegt näher, eine Einwilligung „in die Situation", in der das gesetzliche Pfandrecht des Werkunternehmers entsteht, anzunehmen und damit das Pfandrecht analog §§ 183, 185 als von dieser Verfügungsbefugnis gedeckt anzusehen (der Besteller verügt indes strenggenommen nicht, das Pfandrecht entsteht ja – wenn überhaupt – von Gesetzes wegen; nicht dagegen kann eine rechtlich nämlich nicht existente *Verpflichtungsermächtigung* in Bezug auf die Tragung der Reparaturkosten weiterhelfen). Zwar besteht das gesetzliche Pfandrecht nach § 647 ohne Weiteres jedenfalls am *Anwartschaftsrecht* des Vorbehaltskäufers, erlischt in dessen Säumnis aber mit diesem, sobald der Verkäufer nach § 455 Abs. 2 zurücktritt.

Vertragsgestalterisch liegt die Lösung in der Vereinbarung eines parallelen rechtsgeschäftlichen Pfandrechts durch AGB im Rahmen des Werkstattvertrags, das nach §§ 1257, 1207, 932 ohne Weiteres gutgläubig erworben werden kann – wobei der erforderliche gute Glaube des Unternehmers für den Pfandrechtserwerb mangels Anhaltspunkten für eine Nichtberechtigung nicht zwingend die Vorlage der Fahrzeugpapiere voraussetzt; insofern ist die Praxis der Werkstätten, zumeist den Fahrzeugschein einzuverlangen, ggf. sogar schädlich, wenn dort nämlich ein Dritter als Halter eingetragen ist.

Bauunternehmern und Bauhandwerkern (einschließlich Bau-Nebengewerbe) gewährt § 650e anstelle des Fahrnis-Pfandrechts einen Anspruch auf Eintragung einer **Sicherungshypothek** für die Vergütung für bereits erbrachte Leistungen.

Außerdem können sie eine **Sicherheitsleistung** von zehn Prozent der (soweit noch nicht bezahlt) gesamten vereinbarten Brutto-Auftragssumme verlangen (§ 650f Abs. 1), die üblicherweise durch Bankbürgschaft zu erbringen ist (§ 650f Abs. 2). Eine doppelte Besicherung ist aber ausgeschlossen (Abs. 4). Erbringt der Besteller die Sicherheitsleistung nicht, kann der Unternehmer nach fruchtloser Fristsetzung die weitere Leistung bis auf weiteres verweigern oder fristlos kündigen und die volle Vergütung abzüglich ersparter Aufwendungen verlangen (§ 650f Abs. 5 entspricht in den Rechtsfolgen dem freien Kündigungsrecht des Bestellers nach § 648; s. Rn. 306).

Das Verlangen nach Sicherheitsleistung wurde in der Praxis meist eher als **Druckmittel** des Bauunternehmers in einem anderweitigen Streit über die Bauausführung gegen den Bauherrn eingesetzt. Die Begrenzung auf 10% der Auftragssumme seit dem Jahr 2018 nimmt dem Besteller den hohen Liquiditätsdruck aus der Stellung der Sicherheit und entspricht auch viel besser der durch üblicherweise vereinbarte Zahlungspläne und das Recht auf Abschlagszahlungen (§ 632a) deutlich reduzierten Vorleistungspflicht des Bauunternehmers.

Gegenüber Verbrauchern (**Verbraucherbauverträge** i.S.d. § 650i) ist ein Verlangen nach Sicherheitsleistung seit dem Jahr 2018 nicht mehr gesetzlich vorgesehen (§ 650f Abs. 6). Allerdings können durch Individualvereinbarung von Verbrauchern trotzdem Sicherheitsleistungen verlangt werden (§ 650f Abs. 7 bezieht Abs. 6 nicht ein), die dann sogar höher vereinbart werden können, als die gesetzliche (vgl. Begrenzung in § 650m Abs. 4).

---

164 *Medicus/Petersen,* BR Rn. 588 ff.

Umgekehrt sichert das BauFordSiG in § 1 den Besteller der Herstellung eines Baus oder eines Umbaus, der zum Zweck der Bestreitung der entsprechenden Baukosten sog. Baugeld, insb. Abschlagszahlungen, an einen Generalunternehmer oder Bauträger zahlt. Ist der Besteller hierbei nicht Eigentümer des Baugrundstücks, sondern soll dies erst nach Herstellung übereignet bekommen (vgl. im einzelnen § 1 Abs. 3 BauFordSiG), so darf solches Baugeld nur zweckentsprechend, insb. für Nachunternehmer verwendet werden (§ 1 Abs. 1 BauFordSiG), widrigenfalls sich der Baugeldempfänger strafbar macht (§ 2 BauFordSiG i.V.m. § 15 StGB).

Einem ähnlichen Schutz dient auch die Makler- und Bauträgerverordnung: Nach § 4 MaBV dürfen Vorauszahlungen nur im Zusammenhang mit dem Bauvorhaben verwendet werden. Für sie sind nach § 2 MaBV Bankbürgschaften zu stellen, im Übrigen sind Gelder auf Treuhandkonten zu verwahren (§§ 6 f. MaBV). Bauträger dürfen nach § 3 MaBV Vorauszahlungen nur unter bestimmten Voraussetzungen und in begrenztem Umfang entgegennehmen.

Eine **Vertragserfüllungsbürgschaft vom Unternehmer** sieht nur § 650m Abs. 2 für Besteller als Verbraucher im **Verbraucherbauvertrag** vor (ebenso gem. §§ 650p/u für Verbraucherarchitekten- und -bauträgerverträge).

VI. Werklieferungsvertrag

311 Vielfach enthalten Umsatzgeschäfte (i.e. Kauf) werkvertragliche Elemente. Soweit Letztere für den Leistungscharakter von nur untergeordneter Bedeutung sind und es sich also um eine Zusatzleistung handelt, die das Gesamtbild der Hauptleistung kaum verändert, bestimmt die Hauptleistung den Vertragstyp (so etwa bei Kauf mit Montage als Nebenleistungspflicht, vgl. § 434 Abs. 2). Um gar keine Kombination von Leistungselementen handelt es sich beim bloßen Beschaffungskauf nicht vorrätiger Waren. Auch wenn der Käufer Ware nur aus eigener Produktion des Verkäufers wünscht, so verpflichtet sich der Lieferant nur, eine gewünschte Qualität zu besorgen, dies eben aus einer „beschränkten Gattung", nämlich dem künftigen Vorrat. Paradigma ist die Bestellung von Katalogware; daran ändert auch eine mögliche Spezifikation nach Kundenwunsch (Ausstattungsdetails, Farbe etc.) nichts, weil beiderseits kein „Herstellungsinteresse" besteht.

Beispiel: Der Neuwagenkäufer sieht die Produktion seines Pkw trotz aller Zusatzausstattungen eher als Hindernis eines früheren Auslieferungstermins denn als bedeutsamen Vertragsinhalt. Anders wird dies erst, wenn der Gegenstand wesentliche Merkmale von Einzigartigkeit aufweisen und insoweit erst für ihn geschaffen werden soll (Einzelfertigung, Maßanfertigung).

312 Tritt das **„Herstellungsinteresse"** zum **„Beschaffungsinteresse"** (Übergabe und Übereignung) des reinen Kauftypus hinzu und ist nicht nur von ganz untergeordneter Bedeutung, so unterstellt § 650 diesen Typus (sog. „Werklieferungsvertrag") ebenfalls allein dem Kaufrecht, aber ordnet in S. 3 und nur bei der **Herstellung nicht vertretbarer Sachen** (also *begrenzt auf Sonderanfertigungen*) zusätzlich die Geltung bestimmter Vorschriften des Werkvertragsrechts an. Dies jedoch nur, soweit sich Besonderheiten aus *Mitwirkungspflichten* des Bestellers (§§ 642, 643) oder der *Bereitstellung* seines Stoffes (§ 645) ergeben, oder ihm die vorzeitigen *Kündigungsrechte* der §§ 648, 649 gegeben werden.

Beispiel: Hat ein Nachunternehmer sich dem Generalunternehmer eines Bauvertrags zur Lieferung nebst Einbau von Fenstern verpflichtet, so hat der Generalunternehmer keinerlei kauftypisches Leistungsinteresse an der Lieferung, weil die Fenster ihm zu keinem Zeitpunkt übergeben und übereignet, sondern mit Einbau sogleich wesentlicher Bestandteil (§ 94) des Grundstücks des

Bauherrn werden. Es bleibt das reine Herstellungsinteresse des Generalunternehmers am Einbau (**reiner Werkvertrag**); Gleiches gilt für prothetische Leistungen des Zahnarztes gegenüber dem Patienten, eine Beschaffung von Zahngold ist demgegenüber von untergeordneter Bedeutung (und auch kein treuhänderischer Auftrag). Auch die Herstellung einer maßgefertigten Einbauküche durch den Schreiner ist Werkvertrag, weil unabhängig vom Eigentumsübergang die Lieferung ganz hinter die Errichtung und Einpassung zurücktritt (eine solche Spezialanfertigung wird auch bei nachträglicher Einfügung als wesentlicher Bestandteil erachtet mit der Folge der §§ 946, 94; vorkonfektionierte Systemküchen werden hingegen mit Einbau Zubehör, § 97 Abs. 1, und sind deshalb nach §§ 929 ff. zu übereignen).

Die Bestellung einer Systemküche, von Systemmöbeln etc. ist **reiner Kaufvertrag** (trotz ggf. Montagepflichten); werden darüber hinaus aber individuelle Anpassungen handwerklicher Art erforderlich (nicht bloß im Rahmen von Montagearbeiten), handelt es sich um einen **Werklieferungsvertrag** über wohl meist *vertretbare Sachen* (vgl. § 91, weil die Einzelteile aus Wangen, Regalböden etc. ohne Weiteres an Dritte weiterveräußert werden können). Auf einen solchen Werklieferungsvertrag findet nach § 651 S. 1 *nur Kaufrecht* Anwendung. Es steht der *Handelswert* des Produkts im Vordergrund (wie dafür meist auch keine Arbeitsstunden gesondert abgerechnet werden). Geht die Bestellung hingegen auf **nicht vertretbare Sachen** (Maßanzug, Portraiterstellung), so tritt neben den *Handelswert* des Produkts der *Arbeitswert* des Unternehmers. Auf einen solchen Werklieferungsvertrag ist nach § 651 S. 1 zwar ebenfalls Kaufrecht anwendbar, § 651 S. 3 ordnet aber ergänzend die Vorschriften des Werkvertragsrechts betreffend die Mitwirkungshandlungen des Bestellers (§§ 642, 643) und seines vorzeitigen Kündigungsrechts (§§ 648, 649) an; der Besteller kann also bis zur Vollendung der Maßarbeit noch kündigen, schuldet aber zumindest einen Teil der Vergütung. Der Besteller ist außerdem für von ihm zu liefernde Stoffe (§ 645) verantwortlich. Der Übergang der Preisgefahr richtet sich insoweit nicht nach der Abnahme, sondern gem. § 650 S. 2 nach dem in §§ 446, 447 bestimmten Zeitpunkt.

E. Treuhandverhältnisse auf Arbeitsleistung und Herstellung

Den bisher zugrunde gelegten Verträgen lagen **sachlich fest umschriebene Hauptpflichten** („Festleistungen“) zugrunde, so etwa bei den Umsatzgeschäften die Lieferung eines individuellen oder jedenfalls gattungsmäßig beschriebenen Stücks; der Verkäufer ist dabei hinsichtlich der Interessenwahrnehmung für den Käufer nicht nur allgemein durch den Inhalt des Schuldverhältnisses, sondern in den relevanten Bereichen auch durch normierte Erwartungshaltungen (vgl. § 243 Abs. 1) bestimmt und hat darüber hinaus den vom Käufer mit dem Vertrag angestrebten ferneren Erfolg jenseits des reinen Lieferinteresses lediglich als allgemeine Nebenpflicht (vgl. § 242) zu beachten. Der Kaufvertrag setzt damit typischerweise weder Initiative noch Fürsorge des Verkäufers jenseits des sachlich festgelegten Vertragszwecks voraus. Ähnliches gilt für die Überlassungsverträge. Bei Verträgen auf Arbeitsleistung (Dienstvertrag) oder Arbeitserfolg (Werkvertrag) sind die Hauptpflichten zumeist ebenfalls sachlich festgelegt, werden aber jedenfalls durch gegenseitige Fürsorgepflichten als Nebenpflichten ergänzt. So liegen die Pflichten beim abhängigen Arbeitsvertrag sachlich klar und werden im erforderlichen Umfang durch arbeitgeberseitige Weisungen (vgl. § 315) im Hinblick auf den Vertragszweck konkretisiert. Gleiches gilt im Regelfall für die Herstellung eines Werks und hierbei umso mehr, als es sich um gegenständlich verkörperte Werkleistungen handelt. 313

I. Überblick

1. Interessenwahrnehmung im fremden Rechts- und Wirtschaftskreis

314 Bei Anstellungsverträgen mit Organmitgliedern juristischer Personen verkehren sich die Verhältnisse augenscheinlich; obgleich in dieser Funktion möglicherweise sogar arbeitsvertraglich gebunden (vgl. Danosa Entscheidung des EuGH[165]), üben sie **Arbeitgeberfunktion** aus und sind weniger Weisungsempfänger (vgl. allerdings etwa §§ 45 f. GmbHG mit weitreichenden Befugnissen der Gesellschafter; ganz anders § 76 Abs. 1 AktG), als vielmehr selber weisungsbefugt und zur Führung des Unternehmens verpflichtet. Auch bei Werkverträgen, insb. solchen auf nicht verkörperte Werkleistung, wie etwa die auf Beschaffung von Gütern und Dienstleistungen durch einen Agenten gerichteten, hängen in der Durchführung von der **Initiative, Fürsorge und Pflichtauffassung** des Werkunternehmers ab, ohne dass eine sachlich festgelegte Beschreibung im vorhinein möglich wäre (der Einkauf oder Verkauf soll „bestens" erfolgen). Die wichtigsten solcher Fälle sind handelsrechtlicher Natur, wie **Kommission**, **Spedition** (im Unterschied zum bloßen Frachtvertrag). Diese Form der **treuhänderischen Geschäftsbesorgung** ist aber auch charakteristisch für die Tätigkeit des Rechtsanwalts bei der Prozessführung, der Bank bei der Vermögensverwaltung oder der Begleitung von Unternehmenstransaktionen, der Tätigkeit des Hausverwalters und des Schiedsrichters. Auch diese schulden zwar die sachlich abgegrenzte Durchführung einer Arbeit, sind dabei aber nicht sachlich festgelegt, sondern im Interesse des Mandanten selbstständig.

315 Das **Treuhandverhältnis** betrifft das „**Innenverhältnis**" zum Treugeber, also des Geschäftsführers zur Gesellschaft, des Rechtsanwalts zum Mandanten etc.; davon zu trennen ist das „Außenverhältnis", nämlich die Vertretungs- und ggf. Verfügungsmacht gegenüber Dritten (vgl. deutlich § 37 Abs. 1 GmbHG im Unterschied zu § 37 Abs. 2 GmbHG).

Geschäftsführungsmaßnahme ist die Bestimmung der (Unternehmens-, Prozess-) Strategie oder die Entscheidung, dass eine unternehmerische, rechtsgeschäftliche, personalpolitische etc. Maßnahme erfolgen solle. Dagegen sind der Abschluss von Verträgen zur Umsetzung, die Abgabe von Erklärungen mit Außenwirkungen (Kauf-, Arbeitsverträge etc., aber auch Insolvenzanmeldung nach § 15 InsO oder Klageerhebung vgl. §§ 80, 81 ZPO etc.) *Vertretung*.

Vor allem im Handelsrecht sind Geschäftsführungsbefugnis und Vertretungsmacht dessen unbeschadet zwar automatisch gekoppelt, aber nicht vermischt (vgl. z.B. im Gesellschaftsrecht die organschaftliche Vertretungsmacht nach § 26 BGB; §§ 114 ff., 125 Abs. 1 HGB; § 35 Abs. 1 GmbHG; § 78 Abs. 1 AktG; im Vertragsrecht nur in § 91 HGB; vgl. überdies etwa §§ 1626, 1629 im Eltern-Kind-Verhältnis, § 1793 für den Betreuer), in allen anderen Fällen bedarf die Vertretungsmacht einer zusätzlichen rechtsgeschäftlichen Einräumung.

2. Unterschied zu sachlich festgelegten Aufgaben

316 Verträgen mit Treuhandbindung ist die treuhänderische Interessenwahrnehmung eigen. Diese besteht in der selbstständigen Aufgabenverfolgung, in Eigeninitiative, Fürsorge

165 EuGH NJW 2011, 2343 = NZA 2011, 143 = ZIP 2010, 2414.

und einer Pflichtauffassung im Interesse des Bestellers. Die Treuepflicht, Fürsorge etc. ist dabei aber nicht Nebenpflicht (wie durchaus bei Kauf-, Dienst-, Arbeits- oder Werkverträgen mit sachlich genau festgelegter Aufgabenwaltung), sondern Hauptpflicht. Vertragsinhalt ist, ein übertragenes Geschäft zu besorgen (vgl. §§ 675 Abs. 1, 662). Die Treuhandbindung überlagert den gesamten Vertragsinhalt und bedingt eine eigene Vertragsstruktur mit wesentlichen Unterschieden zum Typus des sachlich festgelegten Austauschvertrags.

3. Begriff der Geschäftsbesorgung

Geschäftsbesorgung ist jede (selbstständige) Tätigkeit **wirtschaftlicher Art** zur Wahrnehmung **fremder Vermögensinteressen**. Nicht darunter fallen bloßes Dulden oder Unterlassen, ebensowenig rein mechanische Handreichungen. Tatsächliche oder rechtsähnliche Handlungen können hingegen ebenso Gegenstand von Geschäftsbesorgungen sein, wie die Vornahme von Rechtsgeschäften. Nicht der technische Begriff des „Geschäfts" ist dabei entscheidend, sondern die *Art der Interessenwahrnehmung*. Der Ausführende hat nach innen und außen **für die Interessen des Geschäftsherrn einzutreten**. Treuhänderische Geschäftsbesorgung bedeutet, dass sich der Beauftragte vorbehaltlos mit dem Interessenstandpunkt seines Mandanten identifiziert, wobei die Rechtsordnung, insb. normierte Standespflichten (etwa bei Anwälten) und die guten Sitten einen Rahmen vorgeben. Der Beauftragte hat in jeder Lage die Absichten und Interessen seines Geschäftsherrn wahrzunehmen. 317

4. Interessenlage der Treuhandverhältnisse

Kennzeichnend für die Geschäftsbesorgung ist deshalb allein die Interessenlage. Geschuldet ist nicht eine zeitlich oder wertmäßig abgegrenzte „Festleistung", sondern ein Tätigwerden entsprechend dem Willen und dem Interesse des Geschäftsherrn in dessen Rechts- und Wirtschaftskreis. 318

Das Treuhandelement bedingt einerseits, dass die **Wirkungen aus dem Geschäft ausschließlich den Geschäftsherrn treffen**, in dessen Rechts- und Wirtschaftskreis sie erzeugt werden, er trägt die Leistungsgefahr also bereits von Anfang an. Damit korrespondiert die enge Interessenbindung, aus der **besondere Sorgfaltspflichten des Geschäftsführers** folgen. Seine strenge Bindung drückt sich in den §§ 664, 665, 671–674 besonders aus. Die Schutzwürdigkeit des Beauftragten tritt dahinter zurück. Der Geschäftsführer kann sich nicht auf etwaig fehlende Instruktionen hinausreden, sondern schuldet eigeninitiativ das Betreiben des Geschäfts entsprechend der Absichten und Interessen seines Geschäftsherrn; was ihn selbstverständlich gerade nicht von der laufenden Rückbindung an den Mandanten entbindet (§ 665).

Die Pflicht zur Geschäftsbesorgung betrifft das Verhältnis von Geschäftsführer (Mandatar) und Geschäftsherrn (Mandant), also das sog. *Innenverhältnis*. Gerichtet ist die Geschäftsführung jedoch auf die Entfaltung einer Tätigkeit gegenüber Dritten, also im sog. *Außenverhältnis*. Der Verpflichtung im Innenverhältnis muss deshalb die Einräumung einer Rechtsstellung im Außenverhältnis entsprechen, die den Geschäftsführer zum wirksamen Handeln ermächtigt. Ist die Tätigkeit mit dem Abschluss von Rechtsgeschäften oder der Abgabe von Willenserklärungen oder der Vornahme rechtsgeschäftsähnlicher Handlungen im Namen des Mandanten verbunden, wird dies zumeist eine Vollmacht (vgl. §§ 164 Abs. 1, 180 S. 2) und für allfällige Vollzugsgeschäfte die Einräumung einer sachenrechtlichen Ermächtigung (vgl. § 185 Abs. 1) sein. Noch einen Schritt weiter als eine Ermächtigung gehen insb. die fiduziarische Überlassung von Rechten, insb. im Zusammenhang mit der **Verwaltungstreuhand**, aber auch die **mittelbare Stellvertretung**.

Der organschaftliche Geschäftsführer muss Arbeitsverträge mit den Belegschaftsmitgliedern schließen und kündigen können, ebenso Umsatzgeschäfte mit Lieferanten und Abnehmern und muss in Erfüllung dieser Verträge das Eigentum an Gütern empfangen und übertragen können etc. Eben diese **„überschießenden" Möglichkeiten durch die Abstraktheit der Vertretungsmacht** (bei der rechtsgeschäftlichen Vollmacht nach § 164 Abs. 1 fehlt diese weitgehend, **bei Prokura** und Handlungsvollmacht und noch mehr der **Vertretungsmacht als Organ** wird sie besonders deutlich) **ist der besondere Gegenstand der treuhänderischen Bindung im Innenverhältnis**.

Das Gewicht der internen Bindung durch den Geschäftsbesorgungsvertrag steigt, je weitergehender der Geschäftsführer in den Rechts- und Wirtschaftskreis seines Auftraggebers einzugreifen vermag und dabei nur durch Selbstbeschränkung und die Pflichtauffassung im Interesse des Auftraggebers in der Durchführung des erteilten Mandats geleitet und begrenzt wird.

319 Die Treuhandbindung als Hauptpflicht eines Vertrags ist ein *sozialer* Leistungsinhalt, der eine besonders enge *Persönlichkeitsbindung* erfordert. Ähnlich dem Dienstvertragsrecht gehören hierzu je nach Gegenstand des Geschäfts die **Höchstpersönlichkeit** der Durchführung, stets die Möglichkeit zum **freien Widerruf** sowie **Weisungsrechte** (vgl. §§ 664, 665, 671–674). Die Geschäftsbesorgung steht im Unterschied zum reinen Dienst- und Werkvertrag aufgrund des Fehlens fest bestimmter Größen der auszutauschenden Leistungen **nicht in einem synallagmatischen Verhältnis**, so dass auf sie die §§ 320 ff. keine Anwendung finden. Trotz Entgeltlichkeit steht dem Geschäftsführer also bei Zahlungsverzug nicht ohne Weiteres das Zurückbehaltungsrecht an seiner Tätigkeit zu.

Der besonderen Interessenlage aus der Tätigkeit im fremden Rechts- und Wirtschaftskreis folgen überdies sachliche Fürsorgepflichten, die auf *Seiten des Beauftragten* in **Auskunfts-, Rechenschafts- und Herausgabepflichten** (vgl. §§ 666, 667) bestehen, auf *Seiten des Geschäftsherrn* im **Aufwendungsersatz und** in der **Vorschusspflicht** (§§ 669, 670).

5. Systematik

320 Das BGB ist gerade hinsichtlich der Einordnung der Treuhand wenig lebensnah und verwischt die Unterschiede verschiedener Lebenstypen, die sich kaum klar abgrenzbar unter die gesetzlichen Vertragsformen bringen lassen. Außerdem ist die Regelungsdichte umgekehrt proportional zur Häufigkeit der Erscheinungsformen.

Praktische Bedeutung hat vorwiegend die **entgeltliche Geschäftsbesorgung** nach § 675 Abs. 1. Hierunter fallen all diejenigen Dienst- oder Werkverträge, deren Durchführung nicht sachlich abgegrenzt ist, bei denen also keine zeitliche oder wertmäßig abgegrenzte Festleistung geschuldet wird. Es handelt sich um einen entgeltlichen Dienst- oder Werkvertrag, dessen charakteristische Hauptpflicht (auf Leistung oder Arbeitswert) noch der Konkretisierung durch den Beauftragten im Rahmen der Treubindung bedarf.

a) Grundtatbestand

In § 675 Abs. 1 wird deshalb das Recht des Dienst- oder Werkverhältnisses durch die Geltung der Vorschriften der §§ 663, 665 bis 670, 672 bis 674, ggf. auch § 671 Abs. 2 ergänzt. Es wird also auf das Recht des Auftrags verwiesen. Der **Auftrag** nach §§ 662 ff. übernimmt insofern die Stellung **als Grundtypus eines Treuhandverhältnisses**. Allerdings durchmischt das BGB diese Stellung, in dem sie durch das weitere Ordnungselement der Unentgeltlichkeit überlagert wird. Beide Prinzipien bedingen sich nicht, sondern stehen unabhängig nebeneinander. Ursprung dieser Vermischung ist das historische Missverständnis, dass Treuhandverträge stets unentgeltlich zu sein hätten („mandatum est nihil nisi gratuitum"), während gar nicht das Entgeltversprechen jemals gegen die Treuhandbindung stand. Lediglich schließt das in der Treuhandbindung liegende besondere Personenelement auf Seiten des Beauftragten das Gegenseitigkeitsverhältnis (also die synallagmatische Verknüpfung i.S.d. §§ 320 ff.) aus; verkürzt ausgedrückt: Vertrauen, Treue und Treubindung sind nicht käuflich, dürfen aber ohne Weiteres belohnt und entgolten werden. **321**

Durch die geforderte Unentgeltlichkeit haben die §§ 662 als Schuldtypus in der Rechtswirklichkeit keine eigenständige Bedeutung, sondern nur eine im Rahmen der Verweisung durch § 675 Abs. 1. Lediglich die Vorschriften der §§ 667 und 670 machen eine Ausnahme als Auffangtatbestände für Herausgabe- und Verwendungsersatzpflichten.

b) Gefälligkeitsverhältnisse

Die geringere Bedeutung des reinen Auftrags (§ 662) folgt schließlich auch daraus, dass unentgeltliche Besorgungen oft fest umgrenzte Leistungen betreffen, die also gar keine Treubindung als Hauptpflicht enthalten (sondern sachliche und persönliche Fürsorgepflichten allenfalls als Nebenpflichten). Vor allem aber fehlt im Zusammenhang mit der Unentgeltlichkeit meist ganz ein rechtsgeschäftlicher Charakter. Die Abgrenzung soll (ganz technisch auf dem Boden der Rechtsgeschäftslehre) danach erfolgen, ob sich die Partner rechtsgeschäftlich binden wollten (Rechtsbindungswille als Voraussetzung einer Willenserklärung; auch der Auftrag kann nur als Vertrag zustande kommen, vgl. § 662). Bloße Gefälligkeitsverhältnisse sind danach kein Rechtsgeschäft also auch kein Auftrag; **Unentgeltlichkeit** kann einen **Hinweis auf Unverbindlichkeit** geben. **322**

Die Abgrenzung zwischen Gefälligkeit oder Geschäftsbesorgung betrifft gesellschaftliches Entgegenkommen, wie die nicht-professionelle Obhut etwa über Kinder, Mitfahrgelegenheit für Anhalter, die Zusage über das Ausfüllen des Lottoscheins bei Tippgemeinschaften, kann aber auch die berufliche Ebene betreffen, z.B. die Gestellung eines Aushilfsfahrers durch einen befreundeten Busunternehmer bei Personalengpässen, die freundschaftlich-kollegiale und deshalb unentgeltliche Erstattung eines Gutachtens zwischen Rechtsanwälten. **323**

Die Frage der Zuerkennung von Rechtsfolgen bei Gefälligkeiten kann dabei nicht nur aus der Nähe zum Auftrag, sondern auch zu anderen Typenverträgen erfolgen; etwa zur Leihe bei der Überlassung eines Fahrzeugs oder zur Verwahrung bei Garderoben in Gaststätten. Indizielle Bedeutung für den rechtsgeschäftlichen Charakter hat die **wirtschaftliche Bedeutung der Angelegenheit** für den Auftraggeber und das mit der Durchführung **verbundene Risiko und seine Beherrschbarkeit** für den Beauftragten; maßgeblich sind auch die Umstände des Zustandekommens (etwa die Bitte des Mitbe- **324** wohners einer studentischen Wohngemeinschaft, ihm benötigte Lebensmittel aus der Stadt mitzubringen, ist ausnahmsweise verbindlicher Auftrag, wenn der Mitbewohner sich krankheitsbedingt erkennbar darauf verlassen muss und der Angesprochene die Erfüllung der „Bitte" zugesagt hat).

325 Während das **Gefälligkeitsverhältnis** charakteristischer Weise gerade **keinen Erfüllungsanspruch** gibt, können **dennoch Haftungsfolgen** aus ihm erwachsen; so Schadensersatzansprüche bei „Kündigung" zur Unzeit analog § 671 Abs. 2 S. 2 (willkürliches Aussetzen eines Beifahrers auf freier Strecke) oder (diametral entgegen § 675 Abs. 2) aus einem außerhalb schuldrechtlicher Kundenbeziehungen gegebenen beruflich-fachlichen Rat in wirtschaftlichen Angelegenheiten, wenn der Beratene erkennbar danach vermögensmäßig disponiert.

Ausgeschlossen sind bei der Gefälligkeit jedoch konkret-rechtsgeschäftliche **Pflichten**. Beispiel ist das Verbot der Unter„vermietung" bei der *vertraglichen* unentgeltlichen Leihe durch § 603 S. 2, dessen Verletzung dann nach § 280 Abs. 1 für jeden folgenden Zufallsschaden haftbar machte (ähnlich das Verbot der Substitution, § 664 Abs. 1 S. 1).

Ausgeschlossen sind bei der Gefälligkeit aber ebenso auch konkret-rechtsgeschäftliche **Haftungsprivilegierungen** (z.B. aus §§ 521, 599, 690 auf grobe Fahrlässigkeit bei unentgeltlichen *Verträgen*): Bei der Gefälligkeit bleibt es nach Grund und Umfang bei der deliktischen Haftung nach §§ 823 ff., 276. D.h., der *Verleiher* eines Pferdes haftet für dessen Ungestüm nur bei grober Pflichtverletzung hinsichtlich notwendiger Vorsichtsmaßnahmen, dagegen der es *aus Gefälligkeit Überlassende* bereits bei jeder Erkennbarkeit eines drohenden Schadens für den Reiter.

326 Eine Zwitterstellung hat die **Lottotippgemeinschaft**, die zwar Pflichten auf Beitragszahlung und Verteilung vereinnahmter Gewinne begründet, nicht aber eine Haftung des geschäftsführenden Mitspielers bei versäumter Abgabe des Spielscheins auf den darauf entfallenden Gewinn. Eine Verabredung über Empfängnisverhütung in einer Ehe oder Partnerschaft hat dagegen keinerlei (haftungs-)rechtliche Bedeutung (auch nicht im Hinblick auf § 826). Schließlich ist die Probefahrt vor einem Autokauf allein nach den Grundsätzen der culpa in contrahendo (vgl. §§ 311 Abs. 2, 280 Abs. 1) zu beurteilen, wobei eine Haftungsbeschränkung des Probefahrers für Unfallschäden am Probefahrzeug auf grobe Fahrlässigkeit greift.

II. Entgeltliche Geschäftsbesorgung

1. Lebenstypen

327 Geschäftsbesorgungen nach § 675 Abs. 1 sind **alle Verwaltungen an fremdem Vermögen**. Typische Beispiele sind aus dem **Dienstvertragsrecht** die Tätigkeit von Organmitgliedern juristischer Personen, die laufende Beratung durch Rechtsanwälte und Steuerberater, aus dem **Werkvertragsrecht** etwa die anwaltliche Rechtsvertretung in einer konkreten Angelegenheit, ebenso bei Steuerberatern und Wirtschaftsprüfern (z.B. Erstellung oder Prüfung des Jahresabschlusses; Buchführung), aber auch die Tätigkeit von Aufsichtsratsmitgliedern. Geschäftsbesorgungen sind auch Verträge im Giro- und Inkassoverkehr, insb. für sog. Zahlungsdienste (vgl. §§ 675c–676c; etwa der Girovertrag mit einer Bank nach § 675f Abs. 2).

Beispiele: Die implantologische Leistung des Zahnarztes ist reiner Werkvertrag auch wenn die dabei von ihm zu verantwortenden und dem Patienten weiterzubelastenden Material- und Laborkosten seines Zahntechnikers noch so sehr die Honorarhöhe bestimmen und deshalb wichtiges Patienteninteresse sind; dieser wirtschaftliche Aspekt tritt dennoch als treugebundene Nebenpflicht nach den Parteianschauungen hinter die medizinische Werkleistung zurück. Für die Abrechnung z.B. des beschafften Zahngoldes – aber eben nur insoweit – gelten die betreffenden Auftragsnormen, insb. die §§ 665–670.

Dagegen wird ein bauleitender Architekt (Verantwortung für Rechnungsprüfung und -freigabe, Qualitätskontrolle der Bauleistungen, Sicherung von Rechten bei Mängeln etc.) aufgrund Geschäftsbesorgungsvertrags tätig.

2. Haupt- und Nebenleistungspflichten

Kennzeichnend für die Treuhandbindung ist die Verpflichtung, übernommene Geschäfte in eigener Initiative und mit Pflichtauffassung im Interesse des Auftraggebers durchzuführen. Dies bedingt insb. Auskunfts-, Rechenschafts- und Herausgabepflichten (vgl. §§ 666, 667). **328**

a) Herausgabepflicht

Der Geschäftsführer wird auf Rechnung des Geschäftsherrn tätig und hat diesem alle ihm zur Auftragserledigung überlassenen Mittel zurückzugeben und außerdem alles, was er „aus der Geschäftsbesorgung erlangt", abzuführen. Beides gehört zur Herausgabepflicht nach § 667. Umfasst ist alles, was in einem inneren Zusammenhang mit der Geschäftsführung zugeflossen ist, unabhängig davon, ob der zuwendende Dritte von der Herausgabe an den Geschäftsherrn ausging oder sogar umgekehrt sie ausschließen wollte (etwa Sonderprovisionen, Schmiergelder, aber auch alle Aufmerksamkeiten und Arbeitshilfen). **329**

Das Erlangte ist nicht nur gegenständlich, sondern **hinsichtlich der vollen erlangten Rechtsmacht** herauszugeben, was eine Pflicht zur Übereignung von erlangtem Eigentum, Übertragung eingeräumten Besitzes oder Abtretung von Forderungen und Rechten nach den jeweils geltenden Vorschriften umfasst. **330**

Der **Inhalt der Herausgabepflicht** hängt dabei maßgeblich davon ab, wie sich der **Treuhänder im Außenverhältnis geriert**: Soweit der Treuhänder nach außen (selten) als Bote oder (zumeist) *bei offener Treuhand ausdrücklich als Vertreter* des Geschäftsherrn aufgetreten war, liegt bereits unmittelbarer Rechtserwerb des Geschäftsherrn vor, so dass sich die Herausgabe allenfalls auf Besitzherrschaft beschränken wird. *Bei verdeckter Treuhand* (Strohmanngeschäfte) tritt der Geschäftsführer gegenüber Dritten im eigenen Namen auf mit der Folge eigenen Rechtserwerbs und hierauf bezogener Übertragungspflicht an den Geschäftsherrn (also Übereignung bzw. Abtretung geschuldet); für letzteren Fall kann etwa bereits mit Auftragserteilung ein antezipiertes Besitzkonstitut (§§ 930, 868) vereinbart oder als Insichkonstitut (§§ 181, 930) geschlossen werden (sofern es sich nicht sowieso um ein sog. „Geschäft für den, den es angeht", handelt). Das Geschäftsbesorgungs-, also das Innenverhältnis bestimmt, dass alles Erlangte herauszugeben ist; was und wie etwas erlangt wird und damit in der Folge der Inhalt der Herausgabepflicht, richtet sich nach dem Außenverhältnis.

Die Gütegefahr hinsichtlich des Erlangten (das Kapitalrisiko) und die Leistungsgefahr für zufälligen Untergang trägt der Geschäftsherr, auf dessen Rechnung die Geschäfts- **331** führung erfolgt. Der Geschäftsführer übernimmt für das Erlangte keine Garantie, sondern haftet nur verschuldensabhängig nach §§ 280 ff., insb. also bei Verzug (vgl. §§ 280 Abs. 2, 286, insb. 287).

Besonderheiten gelten ggf. aufgrund eines parallelen Besitzkonstituts (vgl. z.B. bei der Kommission die Verwahrungshaftung nach § 930 BGB) und hinsichtlich der Wertverschaffungspflicht bei Geld.

332 Die Herausgabepflicht eines Treuhänders kann aus anderen Vorschriften noch weitergehend sein. So stellen sich im Giroverkehr mit Banken hinsichtlich Gutschriften auf debitorischen Konten ihres Kunden zusätzliche Probleme insolvenzrechtlicher aber auch bereicherungsrechtlicher Art. Durch die Gutschrift erreicht die Bank eine Verminderung des Schuldsaldos ihres Kunden und bedient damit letztlich nur eigene Forderungen (vgl. §§ 129, 131 Abs. 1 Nr. 1 InsO). Die Vorteile als Zahlstelle ihres Kunden darf die Bank auch nicht nutzen, um eine ansonsten sittenwidrige Globalzession zu umgehen; während eine Globalzession zu Ansprüchen im eigenen Interesse der Bank als Gläubigerin führt, vereinnahmt sie als Zahlstelle Treuhandgelder. Zurückweisungsrechte des Kunden gegen die Gutschrift auf einem (debitorischen) Konto bestehen allgemein jedoch nur gegen Fehlbuchungen (nicht zu beanspruchende Beträge oder Buchungen auf einem anderen als dem angegebenen Empfängerkonto; oder wenn der Zahlende bewusst zu Gunsten der Bank gehandelt hat[166].

Die für organschaftliche Geschäftsführer geltenden haftungsbewehrten Verbote der Masseschmälerung in der Liquiditätskrise, vgl. § 64 GmbHG; §§ 92 Abs. 2, 93 Abs. 2, 3 Nr. 6 AktG; §§ 130a Abs. 2, 177a HGB, die durch solche Saldierungen der Bank verletzt würden, zwingen ihn deshalb, im Valutaverhältnis mit dem Zahlungspflichtigen den Geldeingang auf einem Habenkonto sicherzustellen (das aufgrund des AGB Pfandrechts der Banken überdies nicht bei einer Gläubigerbank eingerichtet werden darf, vgl. Nr. 14.1 und .2 AGB Banken, Nr. 21.1 und .3 AGB Sparkassen).

333 Die Herausgabepflicht umfasst schließlich auch alle Früchte, insb. Zinsen aus dem Erlangten, soweit sie dem Geschäftsführer zufließen (vgl. etwa § 668). Hinsichtlich der Rechtsform der Herausgabe sind für Sachfrüchte die §§ 953 ff. i.V.m. 99 Abs. 1 zu beachten, hinsichtlich der Zinsen als Früchte von Rechten (§ 99 Abs. 2) hingegen wieder das Auftreten des Geschäftsführers im Außenverhältnis bei der Fruchtziehung.

Die **Pflicht zur Rechenschaftslegung** (§ 666) sichert dem Geschäftsherrn den Anspruch auf das Erlangte. Rechenschaftslegung ist deshalb selbstständig klagbare Nebenleistungspflicht und prozessual im Rahmen der Stufenklage (vgl. § 254 ZPO) geltend zu machen.

b) Aufwendungsersatz (§§ 675 Abs. 1, 670)

334 Die Lasten der Geschäftsbesorgung werden dem Geschäftsherrn komplementär zur Zuweisung der Vorteile übergewälzt, auf dessen Rechnung sie übernommen wurden. Die Erstattungspflicht umfasst entsprechend alle Aufwendungen, die der Geschäftsführer *„zum Zweck der Ausführung des Auftrags“* gemacht hat, sofern er sie *„den Umständen nach für erforderlich halten“* durfte (§ 670). Aufwendungen sind dabei jede freiwillige Aufopferung von Vermögenswerten zum Zweck der Durchführung der Geschäftsbe-

166 Vgl. BGH, Beschl. v. 9.7.2015 – IX ZR 207/13 in ZIP 31/2015 S. VI Nr. 229.

sorgung oder als deren notwendige Folge. Für objektiv erforderliche Aufwendungen kann bereits ein Vorschuss verlangt werden (§ 669).

Ausgeschlossen sind damit mangels freiwilliger Aufopferung **Zufallsschäden**, welche nicht dem spezifischen Gefahrenkreis der konkreten Geschäftsführung zurechnen, sondern vielmehr **allgemeines Lebensrisiko** darstellen (z.B. allgemeine Wegeunfälle). Der Aufwandscharakter von Schäden aus der **Realisierung der spezifischen Gefahr eines Geschäfts** wird hingegen durch die Fiktion gedeckt, die Freiwilligkeit liege schon in der bewussten Übernahme der Gefahrenlage. 335

Hinsichtlich des Umfangs dessen, was der Geschäftsführer an Aufwendungen für erforderlich halten durfte, ist auch § 665 zu beachten, wonach ggf. Weisungen des Geschäftsherrn, soweit tunlich, einzuholen sind. **Übertriebene Aufwendungen** kann der Geschäftsführer ggf. nur über die Leistungskondiktionen (insbes. die condictio indebiti, vgl. § 812 Abs. 1 S. 1 Alt. 1) erstattet verlangen und zwar nur, soweit dem Geschäftsherrn in Folge dessen ein Vorteil erwachsen und verblieben ist (vgl. § 818 Abs. 3). Für **von der Rechtsordnung missbilligte Aufwendungen** (für Bestechungsgelder, Schmiergelder) wird unabhängig von ihrer Nützlichkeit nur ganz ausnahmsweise (ggf. abweichende Landessitten) Ersatz verlangt werden können (Ähnliches gilt hinsichtlich der Kondiktionssperre des § 817 S. 2). 336

Für typische Geschäftsbesorgungsverträge gelten spezielle **Sonderregelungen** zum Auslagenersatz; so für Rechtsanwälte (Rechtsanwaltsvergütungsgesetz, Anlage 1 zu § 2 Abs. 2 – Vergütungsverzeichnis Teil 7; § 46 RVG), für Gesellschafter einer GbR/oHG/KG (§ 110 HGB), für Handelsvertreter (§ 87d HGB) und für den Kommissionär (§ 396 Abs. 2 HGB). 337

c) Insb. Aufwendungsersatz bei Banküberweisungen

Der einzelne Zahlungsauftrag („Überweisung“) im Giroverhältnis mit einer Bank (vgl. heute nach § 675f Abs. 2 sog. Zahlungsdienste-Rahmenvertrag) ist eine (unselbstständige) Weisung nach § 665 (vgl. § 675u Abs. 3: *„Übermittlung eines Geldbetrags“*). Führt die Bank im Kundenauftrag eine „Überweisung“ aus, steht ihr ein entsprechender Aufwendungsersatz nach § 670 in Höhe des Überweisungsbetrags zu (ggf. ergänzend zu einer vereinbarten Überweisungsgebühr, § 675f Abs. 4), welchen die Bank in die laufende Rechnung nach § 355 Abs. 1 HGB einstellt (als Kontobewegung) und beim Rechnungsabschluss periodisch saldiert; da für das Einlagengeschäft der Bank § 700 gilt und sie Eigentum an den hereingenommenen Kundengeldern erwirbt, tätigt die Bank Zahlungsaufträge ihrer Kunden notwendig stets aus eigenen Mitteln (deshalb ist überhaupt Aufwendungsersatz erforderlich). Fehlerhaft oder irrtümlich, etwa nach wirksamem Widerruf ausgeführte Zahlungsaufträge geben deshalb keinen Aufwendungsersatzanspruch nach § 670, weil die Bank solche Aufwendungen nicht „für erforderlich halten“ durfte (vgl. auch § 675u S. 1). 338

Das Kontokorrent ist lediglich eine laufende Rechnung (quasi ein Merkzettel) und nur der Saldo am Ende der vereinbarten Rechnungsperiode wird verbindlich (§ 355 HGB) als abstraktes Schuldversprechen/-anerkenntnis (Anspruch aus der Gutschrift, §§ 780–782). Der Kontoinhaber wird deshalb weder durch irgendeine Buchung der Bank noch durch das Einstellen einer Verbindlichkeit im Kontokorrent („Belastung auf seinem Konto“), sondern erst durch das Anerkenntnis des Rechnungsabschlusses belastet (vgl. 339

Nr. 7 Abs. 2 Nr. 4 AGB-Banken und Nr. 7 Abs. 3 Nr. 5 AGB-Sparkassen, wonach mangels Widerspruchs ein Anerkenntnisvertrag zustande kommt); vor dem Rechnungsabschluss ändert sich die Rechtsnatur der in das Kontokorrent eingestellten einzelnen Forderungen nicht, so dass ein unberechtigter, weil nicht bestehender Aufwendungsersatz trotz der etwa im (unverbindlichen) Tageskontoauszug ersichtlichen Kontobelastung für den Kontoinhaber keine Vermögensminderung bedeutet. Auch die Pflicht zur Wiedergutschrift von Fehlbuchungen beim Kunden nach § 675u S. 2 revidiert nicht schlichte falsche Tageskontoauszüge, sondern überwindet ein versehentliches rechtsgeschäftliches Anerkenntnis des Saldos aus dem Rechnungsabschluss und hat erst hierfür wirkliche Bedeutung. Den Kunden trifft allerdings aus der Treuhandabrede eine Nebenpflicht, auf vermeintliche Falschbuchungen jederzeit sofort hinzuweisen.

d) Verhältnis der Hauptpflichten

340 Herausgabepflicht nach §§ 675 Abs. 1, 667 und Aufwendungsersatz nach §§ 675 Abs. 1, 670 stehen trotz scheinbarer Gegenseitigkeit in **keinem synallagmatischen Verhältnis** nach §§ 320 ff. Die Ansprüche sind also nicht *„Zug um Zug"* (§ 322) zu erfüllen; es besteht lediglich beiderseits das allgemeine Zurückbehaltungsrecht der eigenen Leistung nach § 273, solange fällige eigene Ansprüche nicht erfüllt werden. Hierbei handelt es sich jedoch lediglich um eine prozessuale Einrede, welche bis zu ihrer Erhebung insb. nicht Verzug mit der eigenen Leistung ausschließt.

§ 675 verweist sodann zwar nicht auf § 664, allerdings gilt für die darin geregelte **Höchstpersönlichkeit** der Leistung ohnedies entweder Dienst- (also insoweit § 613) oder Werkvertragsrecht, wonach sich Höchstpersönlichkeit als Hauptpflicht aus dem Zweck und den Umständen der Werkleistung ergeben kann. Bei verbotener Substitution wäre die geschuldete Leistung dann im Zweifel nicht mangelhaft, sondern gar nicht erbracht (Ausgleichsansprüche für die „alius-Leistung" des unbefugten Substituten ggf. nach §§ 812 ff.).

e) Informationspflicht und Weisungen

341 Die **Treubindung** verlangt, dass der beauftragte Geschäftsführer ständig mit dem Auftraggeber zusammenwirkt, die jeweils notwendigen Instruktionen einholt, neue Informationen weitergibt und auf Verlangen, spätestens bei Beendigung seiner Tätigkeit, Rechenschaft ablegt (§ 666). Der Geschäftsführer ist zur Befolgung der jeweils aktuellen Weisungen des Geschäftsherrn verpflichtet, dessen Interessen er zu wahren hat. Diese Form der **Weisungsgebundenheit** unterscheidet sich wesentlich von der des abhängigen Arbeitnehmers oder des Verrichtungsgehilfen (§ 831), als die Treuhandbindung und die davon umfasste Initiative den Geschäftsführer nicht nur berechtigt, sondern ggf. *auch verpflichtet, von Weisungen abzuweichen*, wenn das den Intentionen des Geschäftsherrn (besser) entspricht; vgl. den Wortlaut des § 665 S. 1, der den Aspekt der Pflicht zur Abweichung von Weisungen allerdings verschweigt. Stets ist der Geschäftsführer bei erforderlichem Abweichen von Weisungen und bei veränderter Sachlage zur Information des Geschäftsherrn verpflichtet und ihm ist geboten, neue Instruktionen (nur) soweit tunlich abzuwarten (vgl. § 665 S. 2). Gerade im Fehlen von Weisungen und in der geschuldeten Notwendigkeit der Abweichung von Weisungen zeigt sich die Treuhandstellung.

3. Nebenpflichten

Wer zur Besorgung bestimmter Geschäfte öffentlich bestellt ist oder sich dazu öffentlich erboten hat, darf auf entsprechende Anträge hin nicht schweigen, sondern ist eine Erklärung schuldig, wenn er eine solche Geschäftsführung ablehnen will (vgl. § 663). Es handelt sich um einen Sonderfall zu § 311 Abs. 2 mit der dortigen Rechtsfolge auf Ersatz des Vertrauensschadens (negatives Interesse). Ein weitergehender Schaden etwa aus schuldhafter Verzögerung der Ablehnungserklärung steht dem Auftraggeber nur in besonders bestimmten Fällen, z.B. gegenüber Rechtsanwälten und Wirtschaftsprüfern zu (vgl. etwa § 44 BRAO; § 51 WPO für den Wirtschaftsprüfer). 342

Der Geschäftsbesorgungsvertrag entsteht als Konsensualvertrag mit Zugang der Annahmeerklärung, was auch durch schlüssiges Verhalten erfolgen kann; § 151 (Verzicht auf den Zugang, nicht aber auf die Annahme) ist anwendbar. Nach § 362 Abs. 1 HGB bedeutet **Schweigen eines Kaufmanns auf einen Geschäftsbesorgungsantrag** allerdings doch eine Fiktion der Vertragsannahme; das ist kein Kontrahierungszwang, aber der Kommissionär etc. ist ggf. zur Ablehnung gezwungen.

Schließlich ist der Geschäftsführer verpflichtet, die ihm aufgetragenen Geschäfte mit der nach § 276 geschuldeten **Sorgfalt** auszuführen. Insoweit gilt Dienst- bzw. Werkvertragsrecht. Der Treuhandcharakter bedingt dabei besondere Sorgfaltspflichten je nach Gegenstand des Geschäfts. Das Treuhandelement wird durch den Untreue-Tatbestand (§ 266 StGB) bewehrt.

4. Anwendung von Dienst- oder Werkvertragsrecht

Gewährleistungspflichten entsprechen denen beim zugrundeliegenden Dienstvertrag bzw. Werkvertrag. Für die Kündigung bleiben Dienst- und Werkvertragsnormen maßgebend, bei der Kündigung aus wichtigem Grund ist die Rücksichtspflicht des § 671 Abs. 2 zu beachten. 343

III. Auftrag

Der Auftrag stellt gesetzessystematisch die **Grundform des unentgeltlichen Besorgungsvertrags** dar. Gem. § 662 kann Gegenstand eines Auftrags ebenfalls jedoch nur die Besorgung eines Geschäfts sein. 344

Der „Auftrag" ist also keinesfalls mit dem gleichlautenden Begriff der **Handelssprache** für jedwede Bestellungen (besser dafür: Antrag, Angebot oder Bestellung), noch dem der **Alltagssprache** deckungsgleich, der jede einseitige Weisung darunter fasst (etwa auch bei der Abgabe schriftlicher Willenserklärungen die **Unterzeichnung „im Auftrag"**, die auf schlichte Botenstellung hindeutet).

Umgekehrt folgt aus der gegenüber § 675 fehlenden Bindung an konkrete Austauschverträge eine Offenheit für die Anwendung auf die **Besorgung jedweder fremdnütziger Angelegenheiten**; dennoch muss das „Geschäft" so **komplex** sein, dass seine Durchführung eigene Initiative überhaupt zulässt (die Übernahme an sich scheidet als Kriterium aus, weil sie gerade nicht auf Eigeninitiative, sondern Vertrag beruht).

Beispiele: Reine Zeit- und Herstellungsleistungen, die mangels Entgeltlichkeit nicht den Austauschverträgen unterfallen, haben nur dann Auftragscharakter, wenn jedenfalls gewisse Treuhandelemente vorhanden sind (so etwa die Nachsendung der Post – Zuverlässigkeit im Hinblick auf Fristläufe eingehender Steuerbescheide etc. erwartet; die Betreuung der Wohnung während Urlaubsabwesenheiten – als Obhut über Vermögen; die Mitfahrgelegenheiten unter Arbeitskollegen), jedoch nur soweit es sich nicht um außerrechtliche Gefälligkeiten ohne verpflichtenden Charakter handelt (Abgrenzung von **Gefälligkeitsverhältnissen** etwa in der Mitnahme von Anhaltern).

345 Auftragsrecht findet deshalb auch auf die für den Treunehmer **eigennützige Sicherungstreuhand** Anwendung. Solchen rechtsgeschäftlichen Treuhandverhältnissen liegt die Übertragung von Vermögensgegenständen (Sicherungsübereignung) vom Treugeber auf den Treuhänder oder die Einräumung einer Rechtsmacht (Vollmacht oder sachenrechtliche Verfügungsermächtigung; z.B. Inkassozession) zugrunde, wobei dieser in der Ausübung der sich daraus im Außenverhältnis zu Dritten ergebenden Befugnisse durch Zweckabreden (Sicherungszweck) im Innenverhältnis beschränkt ist.

Solche Sicherungstreuhand sind der Eigentumsvorbehalt, die Sicherungsübereignung, die Sicherungszession und die Sicherungsgrundschuld, aber auch Sicherheitenpoolverträge; allerdings werden solche Treuhandverhältnisse zumeist auf Grundlage ausführlicher eigenständiger rechtsgeschäftlicher Regelungen begründet, so dass die §§ 662 ff. nur hilfsweise zur Anwendung gelangen.

1. Interessenlage

346 Auftrag und Geschäftsbesorgungsverhältnis des § 675 entsprechen sich darin, dass sozialer Leistungsinhalt wesentlich der **Persönlichkeitseinsatz** des Beauftragten ist. Das Treuhandelement bedingt einerseits, dass die Wirkungen aus dem Auftragsverhältnis ausschließlich den Geschäftsherrn treffen, in dessen Rechts- und Wirtschaftskreis sie erzeugt werden. Die Leistungsgefahr trägt also bereits anfänglich der Auftraggeber. Damit korrespondiert die enge Interessenbindung, aus der besondere Sorgfaltspflichten des Beauftragten folgen. Seine strenge Bindung drückt sich in den §§ 664, 665, 671–674 besonders aus. Die Schutzwürdigkeit des Beauftragten tritt dahinter zurück.

2. Hauptpflichten

347 Der Auftrag ist **Konsensualvertrag**, der sich von bloßer Hilfsbereitschaft freundschaftlicher oder nachbarlicher Art darin unterscheidet, dass der Beauftragte seine Bereitschaft zur Übernahme vertraglicher Verantwortung zu erkennen gibt oder ihm jedenfalls nach den Umständen, insb. den betroffenen Interessen des Geschäftsherrn erkennbar sein muss, dass sein Verhalten, seine Reaktionen oder Äußerungen auf entsprechende Ansinnen oder Bitten als Übernahme der vertraglichen **Einstandspflicht** verstanden werden. Abgrenzungsschwierigkeiten entstehen bisweilen daraus, dass manche äußeren Erscheinungsformen solcher Tätigkeiten nur durch Interpretation des Zusammenhangs und ihres Gegenstands dahin verstanden werden können, dass bezogen auf sie eine Rechtspflicht übernommen werden solle.

Dies war beim Geschäftsbesorgungsvertrag weniger kritisch, als dort Werk- und Dienstleistungen gegenständlich sind und mithin der Geschäftscharakter mit Vermögensbezug zumeist feststeht. Je mehr v.a. durch die Rechtsprechung der Tendenz nachgegeben wird, die Geschäftsbesorgung im Rahmen von § 662 sehr weitgehend auf alle unentgeltlichen Tätigkeitsverträge auszuweiten – dies letztlich nur im Hinblick auf den Aufwendungsersatz nach § 670 – verwischen die Grenzen zwischen Rechtsgeschäft und Gefälligkeit.

a) Herausgabe

Der Auftrag ist auf (einseitigen, weil unentgeltlich zu erbringenden) Leistungsaustausch gerichtet. **Hauptpflicht** ist allein das **Tätigwerden des Beauftragten im fremden Interessenkreis**. Dies bedingt ergänzende Regelungen zur Zuweisung von Vorteilen und Lasten aus der Tätigkeit an den Geschäftsherrn. Dazu dient zuerst die Herausgabepflicht nach § 667, welche durch die Rechenschaftslegung nach § 666 gesichert ist. Sie umfasst alles „aus der Geschäftsbesorgung" Erlangte. Dabei genügt jeder innere Zusammenhang. **348**

Herauszugeben sind sowohl die vom Geschäftsherrn **überlassenen Gegenstände** wie auch alles **Hinzuerworbene**, also von Dritten Übergebene. Dies können Gegenstände einschließlich Geld und Rechte, etwa Forderungen, sein. **349**

Die geschuldete Rechtsform der Herausgabe (z.B. Übereignung oder nur Besitzübertragung) richtet sich nach der erlangten Rechtsposition und daher, **wie der Beauftragte im Außenverhältnis aufgetreten war**. Auf die Ausführungen zum parallelen Problem beim Geschäftsbesorgungsvertrag wird verwiesen.

b) Aufwendungsersatz

Komplementär ist die Erstattungspflicht für die zur Geschäftsbesorgung einzusetzenden Mittel (§ 670). Deren Umfang ist zuerst **objektiv durch das Interesse des Geschäftsherrn** bestimmt, so dann aber um die **subjektive Einschätzung des Beauftragten** über die Erforderlichkeit ergänzt, wobei hier aus der engen Pflichtenbindung an das Interesse des Geschäftsherrn ein *besonderer Sorgfaltsmaßstab* anzulegen ist. Ergänzt wird dies um die Vorschusspflicht (§ 669). **350**

Der Begriff der Aufwendungen wird dabei weit verstanden und geht über den planmäßigen Einsatz von Mitteln hinaus. Einbezogen sind auch solche **Zufallsschäden**, die adäquate Folge einer bewussten Übernahme einer Gefahrenlage sind (nicht aber Schäden aufgrund des **allgemeinen Lebensrisikos**). Dies kann bis zum Einsatz des Lebens als „Aufwendung" gehen, der dann auch (Auslegungsfrage) den Unterhaltsschaden der Angehörigen in entsprechender Anwendung der §§ 844, 845 in die Ersatzpflicht mit einbezieht (als sog. Vertrag mit Schutzwirkung für Dritte).

Die Erstattungspflicht nach § 670 ist die einzige gesetzliche Befugnis auf Ersatz für willentlich in Anspruch genommene fremde Aufwendungen. Ihre materielle Substanz bzw. ihr **Gerechtigkeitsgehalt** wird nicht speziell durch die Treuhandstruktur des Auftrags bedingt, sondern entspricht einer verständlichen Erwartungshaltung im Zusammenhang persönlicher oder sachlicher Fürsorge. Die Rechtsprechung leitet deswegen aus § 670 einen **allgemeinen Grundsatz zum Ersatz von Aufwendungen ab, die im Fremdinteresse getätigt wurden**. **351**

Beispiel: Etwa für Reisekosten des Stellenbewerbers zu einem Vorstellungsgespräch, sofern nicht die Erstattung in der Einladung ausdrücklich ausgeschlossen wurde. § 670 gibt dem Bürgen einen Ersatzanspruch im Innenverhältnis, wenn die Stellung der Sicherheit vom Auftraggeber (i.e. zumeist der Schuldner) veranlasst war; parallel dazu die cessio legis des § 774 Abs. 1 i.V.m. der zu sichernden Hauptforderung.

Entsprechend anwendbar ist § 670 durch Verweisung in § 683 S. 1 (Geschäftsführer ohne Auftrag), auf den geschäftsführenden Gesellschafter nach § 713 (zu Verein und Stiftung, vgl. §§ 27 Abs. 3, 48 Abs. 2, 86).

c) Substitution

352 Das Auftragsverhältnis ist im Zweifel ein **höchstpersönliches Vertrauensverhältnis**. Danach ist weder der Erfüllungsanspruch des Geschäftsherrn auf Besorgung des Geschäfts noch die Ausführung durch den Beauftragten jeweils übertragbar (§ 664 Abs. 1 S. 1 und Abs. 2). Gemeint ist dabei die sog. „**Substitution**", bei welcher eigenmächtig ein Substitut untergeschoben wird, der den Auftrag **in eigener Verantwortung** durchführen soll. Substitution ist *keine Schuldübernahme*; Während §§ 414 f. die Schuldübernahme von der Gläubigerzustimmung abhängig machen, betrifft die Substitution das Bewirken der Leistung durch Dritte i.S.d. § 267 Abs. 1. Das *Substitutionsverhältnis entsteht meist nicht mit dem Auftraggeber*, sondern mit dem Erst-Beauftragten und ist insofern dann ein **Unterauftragsverhältnis**, aber gerichtet auf eigenverantwortliche Leistung des Substituten als Dritter direkt an den Auftraggeber.

Kein Dritter (Substitut) ist der **Erfüllungsgehilfe** (§ 278; vgl. § 664 Abs 1 S. 3), gleichviel ob dieser bei der Geschäftsführung nach außen als Vertreter des Beauftragten oder sein Unterbeauftragter (auch gegenüber dem Geschäftsherrn) auftreten mag (denn durch den Vertreter handelt der Vertretene, durch den Delegierten der Delegatar – nur der Substitut handelt ausschließlich eigenverantwortlich). Inwieweit bei der „im Zweifel" verbotenen Substitution im Einzelfall auch Delegationen untersagt sind, bleibt Gegenstand der Vertragsauslegung.

353 Ist die **Substitution (ausnahmsweise) gestattet**, kann der Beauftragte die Ausführung des Auftrags ggf. auch mit Vollmacht des Auftraggebers in dessen Namen übertragen und ist dann selbst von der Geschäftsführung befreit; alternativ und wohl meist erteilt er aber einen Unterauftrag an den Substituten – zur *eigenverantwortlichen Leistung* als Dritter direkt an den Auftraggeber. Er selbst haftet in beiden Fällen nur noch für ein **Verschulden bei der Übertragung** (als für Auswahl des Substituten, notwendige Instruktion des Substituten etc.).

Im Übrigen haftet der Substitut, nämlich für eigenes Fehlverhalten gegenüber dem zuerst Beauftragten als seinem Vertragspartner des Unterauftrages (meist Verschulden erforderlich; vgl. aber § 280 Abs. 1 S. 2). Der Erst-Beauftragte kann aber beim Substituten dabei auch den Schaden des Eigentümers geltend machen (sog. **Drittschadensliquidation** in der Fallgruppe der mittelbaren Stellvertretung). Außerdem ist er dem Auftraggeber zur Abtretung von Ersatzansprüchen gegen den Substituten nach § 670 verpflichtet.

War die **Substitution nicht gestattet**, haftet der zuerst Beauftragte dagegen für jeden adäquat durch den unbefugten Substituten verursachten Schaden, ohne dass es auf Vorhersehbarkeit oder ein Verschulden des Substituten ankommt (Haftung für „Zufall"; seine Pflichtverletzung lag bereits in der unzulässigen Substitution, nicht erst im schadensauslösenden Fehlverhalten des Substituten). Im übrigen haftet der Substitut – wie stets – aus schuldhafter Pflichtverletzung, wobei eine vertragliche Haftung hier nur zum zuerst Beauftragten in Frage kommt.

d) Haftung

354 Der Beauftragte ist verpflichtet, die ihm aufgetragenen Geschäfte mit der nach § 276 geschuldeten Sorgfalt auszuführen. **Trotz Unentgeltlichkeit** haftet der Beauftragte für **jede Fahrlässigkeit** (§§ 521, 599, 690 sind nicht entsprechend anwendbar), vielmehr verlangt die treuhänderische Tätigkeit in fremdem Rechts- und Wirtschaftskreis sogar besondere Sorgfaltswaltung.

Lediglich ausnahmsweise kann bei einem Auftrag **zur Abwendung einer dringenden Gefahr** § 680 analog heranzuziehen sein (Beschränkung auf Vorsatz und grobe Fahrlässigkeit).

e) Weisungsgebundenheit

Zu der aus der Treubindung des Auftrags folgenden Pflicht zur Zusammenwirkung mit dem Auftraggeber und zur Befolgung von dessen Weisungen gilt Entsprechendes wie bei § 675. Das betrifft auch die Verpflichtung, notfalls von Weisungen abzuweichen, rechtzeitig neue Instruktionen einzuholen und hierzu den Geschäftsherrn angemessen zu informieren. **355**

3. Beendigung des Auftragsverhältnisses

Der Auftrag ist als Vertrauensverhältnis jederzeit beidseitig lösbar (§ 671 Abs. 1). Die Kündigung durch den Beauftragten darf dabei nicht „zur Unzeit" erfolgen, widrigenfalls er sich schadensersatzpflichtig macht (§ 671 Abs. 2). **356**

Der Auftrag erlischt überdies infolge der höchstpersönlichen Leistungspflicht beim **Tod des Beauftragten** (§ 673 S. 1), wobei der **Erbe zur Anzeige und Notgeschäftsführung verpflichtet** bleibt.

Umgekehrt führt der Tod des Auftraggebers nicht zum Erlöschen, sondern es ist der Auftrag für die Erben fortzuführen (§ 672 S. 1). Dieser Unterschied ist inkonsequent, steht zur Disposition der Vertragsparteien, ist aber wohl aus praktischen Gründen gerechtfertigt (vgl. parallele Regelung zur Prokura in § 53 Abs. 3 HGB); der Beauftragte wüsste zumeist nicht sofort um den Eintritt des Beendigungstatbestands und wäre u.U. auf den ihm ungünstigeren Ausgleich nach § 684 gegenüber den Erben verwiesen.

IV. Besondere Treuhandverhältnisse des HGB

Die **Wahrnehmung der Interessen eines anderen als Hauptpflicht** und nicht bloß Nebenpflicht ist typisierendes Merkmal verschiedener weiterer vertraglicher Rechtsverhältnisse, die ihre Ausprägung insb. im HGB gefunden haben. Hierzu gehören der **Handelsvertretervertrag** (§§ 84 ff. HGB), der (Handels-)**Maklervertrag** (§§ 93 ff. HGB bzw. §§ 652 ff. BGB) und das **Kommissionsgeschäft** (§§ 383 ff. HGB), aber auch das Speditionsgeschäft (§§ 453 ff. HGB). Es handelt sich um Geschäftsbesorgungen i.S.d. § 675 BGB mit speziell geregelten Rechten und Pflichten der Beteiligten, die nach § 675 Abs. 1 durch Verweisung auf das Auftragsrecht ergänzt werden und schließlich je nach konkreter Ausgestaltung Züge des Dienst- oder Werkvertragsrechts tragen. **357**

Trotz ihrer Stellung im HGB und irreführender Bezeichnungen (Handelsvertreter als **„kaufmännisches Hilfspersonal"** oder das Kommissionsgeschäft als **„kaufmännisches Hilfsgeschäft"**[167]) handelt es sich nicht um Gegenstände des Innenrechts (im Sinne eines betrieblichen Organisationsrechts), wie die Überschrift des Ersten Buchs des HGB („Handelsstand") für Handelsvertreter und Handelsmakler nahezulegen scheint, sondern um **unternehmerische Schuldverhältnisse**, bei denen sich selbstständige Gewerbetrei- **358**

167 So bereits die Etymologie des Begriffs, vgl. frz. commis = Gehilfe, Beauftragter.

bende als Vertragspartner gegenüber stehen (**Außenrecht**), wenngleich sie im Hinblick auf den eigentlichen Lieferungs- bzw. Leistungsvorgang (das Ausführungsgeschäft) mit einem Dritten das Innenverhältnis zum Unternehmer betreffen.[168]

Irreführend sind deshalb auch die Formulierungen etwa in § 84 Abs. 1 HGB *(„Handelsvertreter ist, wer .... “)*, in § 383 Abs. 1 (*„Kommissionär ist, wer.... “*) etc., als dort nicht ein besonderer Kaufmannstyp oder Beruf bestimmt wird, der Träger eines diesbezüglichen Unternehmens (einer Handelsvertretung, eines Kommissionshauses) wäre; angesprochen sind **gewerbliche Geschäftsbesorgungsverhältnisse**, die je nach angelegter Dauer, dem Grad der wechselseitigen Abhängigkeit und dem wesensmäßigen Erfordernis besonderer Vertragspartner (bei sog. beiderseitigen Handelsgeschäften) einen angemessenen Interessenausgleich schaffen sollen. Es handelt sich um treugebundene Dauer(dienst)leistungen, so insb. Agenturvertrag und Handelsvertreter, bzw. um treugebundene Erfolgs(werk)leistungen, so insb. Maklervertrag, Kommission und Spedition.

V. Handelsvertreter

359 *„Handelsvertreter ist, wer als selbstständiger Gewerbetreibender ständig damit betraut ist, für einen anderen Unternehmer Geschäfte zu vermitteln oder in dessen Namen abzuschließen“* (§ 84 Abs. 1 S. 1 HGB). Deutlicher sagt § 85 HGB, dass es sich hierbei um ein **zweiseitiges Handelsvertreter*verhältnis*** handelt, wenn dort bestimmt ist, dass jeder Teil verlangen kann, dass *„der Inhalt des Vertrages sowie spätere Vereinbarungen zu dem Vertrag“* schriftlich niederzulegen sind. Handelsvertreterrecht ist daher immer dann anzuwenden, wenn ein den §§ 84 ff. HGB entsprechendes **Dauerschuldverhältnis** besteht. Der Handelsvertreter ist solcher jedenfalls (ggf. nur) in Bezug auf das Verhältnis zu diesem einen Patron, im Übrigen mag er selbstständiger Gewerbetreibender gleich welcher Branche sein.

1. Lebenstypen

360 Der Handelsvertreter ist Dienstleister für Umsatzgeschäfte von Unternehmen, **Absatzvermittler**. Typischerweise tritt er als Warenvertreter oder Versicherungsvertreter auf (§ 92 HGB), aber auch als Agent im Bereich der Kunst, als Event-Agentur, Konzertagentur etc. Aber auch Reisebüros, Tankstellen und manche Autohäuser (insb. Mercedes-Händler) sind Handelsvertreter und die mit den Kunden abgeschlossenen Verträge lauten auf das andere Unternehmen (die Mineralölgesellschaft, den darbietenden Künstler selbst, den Hersteller oder Reiseveranstalter, das Versicherungsunternehmen oder die Bausparkasse etc.). Handelsvertreterverhältnisse sind damit eine bestimmte **Form organisierter Vertriebsnetze**, nämlich mittels selbstständiger Unternehmer (zumeist) mit Vollmacht zum Abschluss im Namen des dahinterstehenden Unternehmens, für das sie dauerhaft tätig sind.

Der Vertrieb über Handelsvertretungen kann über mehrere Stufen von Generalvertretungen und Untervertretungen weiter untergliedert sein (vgl. § 84 Abs. 3 HGB).

---

168 Grundlegend zum Handelsrecht als „Außenprivatrecht der Unternehmen“ *K. Schmidt,* Handelsrecht § 25 Rn. 1–10.

Beispiele: Ebenfalls Handelsvertreter sind die Ein-Firmen-Vertreter (vgl. § 92a HGB), die eine arbeitnehmerähnliche Stellung haben (vgl. § 5 Abs. 3 ArbGG) und deshalb sozial besonders schutzbedürftig sind. Schließlich können Handelsvertreter auch nur im Nebenberuf tätig sein (vgl. § 92b HGB), was vor allem bei Versicherungs- und Bausparkassenvertretern (§ 92b Abs. 4 HGB) vorkommt.

Sog. **Handlungsreisende** sind hingegen gar **nicht selbstständig** (vgl. § 84 Abs. 2 HGB) und damit angestellte **Handlungsgehilfen** („Commis-Voyageurs"), nicht Handelsvertreter.

In der Akquise von Umsatzgeschäften eingesetzte **„freie Mitarbeiter"** sind regelmäßig (soweit nicht vielmehr nach § 7 Abs. 1 S. 2 SGB IV *Scheinselbstständigkeit* vorliegt, vgl. § 84 Abs. 2 HGB) Handelsvertreter, z.B. eines Immobilienmaklers – was v.a. im Hinblick auf § 89b HGB gravierende Folgen im Fall der Trennung haben kann.

2. Begriff des Handelsvertreters

Handelsvertreter kann nur sein, wer selbstständiger Gewerbetreibender ist. Als solche 361 kommen Unternehmer in Betracht, die als Kaufmann ein Handelsgewerbe (§ 1 Abs. 2 HGB) betreiben, aber auch Kleingewebetreibende („Minderkaufmann") ohne Eintragung im Handelsregister (§§ 84 Abs. 4, 1 Abs. 2 und § 2 HGB). Dazu gehören auch Handelsgesellschaften (§ 6 HGB), die ebenfalls Handelsvertreter sein können.

Den **Gegensatz** bilden Angestellte, also Arbeitnehmer (§ 84 Abs. 2 HGB). Abgrenzungsmerkmal ist die Selbstständigkeit im Sinne persönlicher Freiheit zur Gestaltung der Arbeitszeit und des Arbeitspensums (§ 84 Abs. 1 S. 2 HGB) im Unterschied zur Weisungsgebundenheit hinsichtlich Art und Weise, Zeit und Dauer sowie Ort der Dienstleistung und der betrieblichen Eingliederung bei Arbeitnehmern. Die Arbeitnehmereigenschaft schließt ein Handelsvertreterverhältnis mit diesem Prinzipal (Arbeitgeber) aus.[169]

Auch selbstständige Handelsvertreter haben Weisungen des Unternehmers (vgl. § 665), in dessen Vertriebsorganisation sie eingebunden sind, Folge zu leisten; diese **Formen von Weisungsgebundenheit und Eingliederung** betreffen die treuhänderische Interessenwahrnehmung, also die Ausrichtung der Tätigkeit, und sind eine substantiell **andere als diejenige von Arbeitnehmern**, welche für ihre Tätigkeit initial auf Weisung und Eingliederung angewiesen sind.

Nicht maßgeblich ist die wirtschaftliche Unabhängigkeit des Handelsvertreters, vgl. die arbeitnehmerähnlichen Handelsvertreter (§§ 5 Abs. 3 ArbGG, 92a HGB). Handelsgesellschaften (§ 6 HGB) sind stets selbstständig i.S.v. § 84 Abs. 1 HGB und zwar auch dann, wenn sie als Tochterunternehmen in das Vertriebssystem ihres Mutterunternehmens eingeordnet und damit gesellschaftsrechtlich abhängiges Unternehmen (§ 17 AktG) sind. Konzernstruktur und Handelsvertreterverhältnis überlagern sich dann.

a) Vermittlung oder Abschluss von Geschäften

Der Handelsvertreter kann Vermittlungs- oder Abschlussvertreter sein. **Vermittlung** 362 bedeutet, Geschäftsabschlüsse dadurch zu fördern, dass auf Dritte als potentielle Kunden **fördernd eingewirkt** wird. Vermittlung i.S.v. § 84 Abs. 1 S. 1 HGB geht über den *bloßen Nachweis* der Gelegenheit zu einem Vertragsschluss (vgl. Nachweismakler, § 652) hinaus.

Beispiel: Kein Handelsvertreterverhältnis liegt deshalb in der bloßen Befassung mit Kundenbetreuung, Werbung und Public Relations. Pharmavertreter in Arztpraxen beraten über Vorteile neuer Medikamente, welche die Ärzte verordnen mögen, und sind deshalb ebenso wenig Handels-

169 Abgrenzungsprobleme bei *K. Schmidt,* Handelsrecht § 27 Rn. 14 ff.

vertreter wie derjenige „Agent" eines Künstlers, der für ihn lediglich Termine vereinbart, ohne ihn zu vermarkten (i.e. Verhandlung von Konzertauftritten etc.).

363 Gleiches gilt für den **Abschlussvertreter**, der lediglich **zusätzlich bevollmächtigt** ist, den Vertragsschluss mit dem Dritten im Namen des Unternehmers zu vollziehen. Er hat dann zugleich **Handlungsvollmacht** (vgl. § 91 Abs. 1 HGB) mit entsprechend gesetzlich umschriebenem Umfang (§§ 55 Abs. 1, 54 HGB).

Beachte: § 91 Abs. 1 HGB fingiert die Handlungsvollmacht ausdrücklich auch auf die Erteilung durch einen Nichtkaufmann (notwendige Konsequenz aus § 84 Abs. 1 S. 1 HGB: Prinzipal kann jeder „Unternehmer" sein ohne Einschränkung auf Kaufleute, vgl. dagegen §§ 54 Abs. 1, 1 Abs. 2 HGB: „Handelsgewerbe").

Beispiel: Das Tankstellennetz einer Mineralölgesellschaft, das mit Handelsvertretern aufgebaut wird, funktioniert praktisch nur mit Abschlussvertretern, wo hingegen Versicherungsagenturen wohl immer nur Vermittlungsvertreter sind und die Kundenverträge „in der Zentrale" gezeichnet werden.

364 Wer *im eigenen Namen* für einen anderen Unternehmer Geschäfte abschließt, ist also nicht Handelsvertreter, sondern u.U. *Kommissionär* oder *Eigenhändler*. Dessen unbeschadet kann ein Vertriebsunternehmen im Verhältnis zum einen Unternehmer **als Handelsvertreter** (also in dessen Namen), zu einem anderen Unternehmer oder aber auch zum gleichen Unternehmer parallel etwa **als Kommissionär** (im eigenen Namen für fremde Rechnung, vgl. § 343 Abs. 1 HGB) tätig sein; es liegen dann voneinander zu trennende **parallele Rechtsverhältnisse** vor.

365 Die Erteilung der Vollmacht kann schon im Handelsvertretervertrag liegen und konkludent erfolgen. Geschäftsabschlüsse, die der Handelsvertreter **ohne oder unter Überschreitung einer Vollmacht** tätigt, gelten nach § 91a HGB als **genehmigt**, wenn der Unternehmer sie nach Bekanntwerden nicht unverzüglich dem Dritten gegenüber ablehnt (umgekehrte Regelung zu § 177 BGB).

b) Art der Geschäfte

366 Der Gegenstand der vom Handelsvertreter vermittelten Geschäfte ist gesetzlich nicht beschränkt. In Betracht kommen neben dem Warenumsatz (Einkauf und Verkauf) vor allem Überlassungsverträge (z.B. Leasingverträge, Lizenzverträge als Form der Rechtspacht), Dienstverträge (Telefondienste) und Werkverträge (Transportverträge, Reiseleistungen) oder Versicherungsverträge.

Beispiel: Kein Geschäft ist hingegen die Platzierung von Werbung des Unternehmers, weil sie den Vertrieb nur vorbereitet. Hingegen kann der Anzeigenvertrieb für einen Zeitungsverlag Gegenstand eines Handelsvertreterverhältnisses sein. Dienstleister für die Verwertung von Warenbeständen im Zusammenhang mit der Abwicklung von (insolventen) Unternehmen, dienen nicht dem *Betrieb* des zu liquidierenden Unternehmens und sind nicht Handelsvertreter desselben.

c) Prinzipal

367 Der Handelsvertreter entfaltet seine Tätigkeit „für einen anderen Unternehmer" (vgl. § 84 Abs. 1 S. 1 HGB); gemeint ist der Rechtsträger eines anderen Unternehmens, dem die vermittelten Geschäfte rechtlich zugeordnet werden und in dessen Namen der Handelsvertreter im Fall des Abschlussvertreters auftritt. Denkbar sind vor allem Gewerbetreibende unabhängig von ihrer Kaufmannseigenschaft (vgl. § 91 Abs. 1 HGB), aber

auch freiberuflich tätige Schriftsteller und Künstler, die sich durch einen Agenten (Impresario oder Galeristen) vermarkten lassen.

d) Ständige Betrauung

Im Unterschied zum nur punktuell beauftragten Handelsmakler (§ 93 HGB) muss der Handelsvertreter „ständig betraut" sein, es muss also ein Dauerschuldverhältnis vorliegen, das ihn in das Vertriebssystem des Unternehmers einbindet. Entscheidend ist, dass sich der Handelsvertreter um eine unbestimmte Vielzahl von Abschlüssen bemühen muss. **368**

Kein Handelsvertreter ist deshalb eine „freie" Agentur, die lediglich auf **Einzelaufträge** von Unternehmern hin tätig wird (dann auf Basis von § 675, ggf. auch als Makler). Mehrstufige Handelsvertreterverhältnisse stehen der ständigen Betrauung nicht entgegen, so dass ein Handelsvertreter (Generalvertreter) seinerseits wiederum Handelsvertreter einsetzen kann (vgl. § 84 Abs. 3 HGB). **369**

3. Zustandekommen des Handelsvertreterverhältnisses

Das Handelsvertreterverhältnis ist vom Gesetz als **Zweipersonenverhältnis** zwischen dem Handelsvertreter und seinem Auftraggeber, dem „Unternehmer", ausgestaltet und **aufgrund der Treuhandstruktur nicht synallagmatisch**. Das Zustandekommen des Handelsvertretervertrags ist vom Abschluss der durch den Handelsvertreter vermittelten Verträge zu unterscheiden. Er kann formlos geschlossen werden. Lediglich die Übernahme des sog. Delkredere (§ 86b Abs. 1 HGB) oder eines nachvertraglichen Wettbewerbsverbots (§ 90a Abs. 1 S. 1 HGB) bedarf der Schriftform. Bei einvernehmlichen Vermittlungstätigkeiten einer Partei kann der Vertrag stillschweigend geschlossen sein. **370**

Hersteller und Fachhändler können bei sehr lockerer Verbindung zuerst einen bloßen Rahmenvertrag ohne wechselseitige Rechtspflichten schließen; je enger die Verbindung wird, desto mehr mag die einzelne Verkaufsleistung hinter die dauerhafte Vermittlung der Produkte zurücktreten und das Verhältnis Dienstleistungscharakter annehmen. Handelt der Fachhändler dann nicht (z.B. als Vertragshändler oder im Franchisesystem) im eigenen Namen und für eigene Rechnung, sondern **vermittelt er die Kundenverträge etwa nach Katalog direkt mit dem Hersteller** (oder handelt sogar als Vertreter in dessen Namen), kommt *Handelsvertreterrecht* zur Anwendung. **371**

Das kann auch dann gelten, wenn der **Fachhändler als Kommissionsagent** zwar im eigenen Namen aber auf Rechnung des Herstellers Verkäufe tätigt (vgl. §§ 383, 406 HGB), dazu aber **als Vertriebsmittler „ständig betraut"** ist und deshalb eine **Zwischenstellung** zwischen dem Kommissionär und dem Handelsvertreter einnimmt.[170]

4. Hauptpflichten des Handelsvertreters

a) Dienstvertragliche Bemühenspflicht

Der Handelsvertreter hat sich nach § 86 Abs. 1 HGB um die Vermittlung bzw. den Abschluss von Geschäften zu bemühen, also **professionelle Anstrengungen** in diese Richtung zu entfalten. Im **Unterschied zum Handelsmakler** (§ 93 Abs. 1 HGB, ebenso **372**

170 Dazu *K. Schmidt,* Handelsrecht § 28 Rn. 9 f.

zum Zivilmakler, § 652 BGB), den keine **Tätigkeitspflicht** trifft, übernimmt der Handelsvertreter eine dienstvertragliche Bemühenspflicht als Kehrseite seiner ständigen Betrauung. Der Handelsvertreter hat das Interesse des Unternehmers wahrzunehmen (§ 86 Abs. 1 HGB), insb. das Vertriebsinteresse und ist im Rahmen seines Dauerschuldverhältnisses gerade damit „ständig betraut" (§ 84 Abs. 1 HGB).

b) Interessenwahrung

373 Ihn trifft darüber hinaus eine allgemeine Interessenwahrungspflicht,[171] die sich auf seine gesamte Tätigkeit erstreckt und z.B. auf Wahrung von Geschäfts- und Betriebsgeheimnissen des Unternehmers gerichtet ist und über die Beendigung des Handelsvertreterverhältnisses hinaus reicht (vgl. § 90 HGB).

Nach § 86 Abs. 2 HGB hat der Handelsvertreter alle erforderlichen **Nachrichten und Auskünfte** zu geben. Die Benachrichtigungspflicht betrifft insb. seine Vermittlungstätigkeit, also die Abschlussbereitschaft eines Dritten und von ihm getätigte Geschäftsabschlüsse. Er ist verpflichtet, über den Stand seiner Bemühungen und die Aussicht auf Abschlüsse auf Verlangen ebenso Auskunft zu geben, wie über Einzelheiten seiner Tätigkeit, angewandte Werbemethoden, vorbereitende Abreden, aber auch die Annahme von Schmiergeldern ebenso wie über relevante eigene Krankheiten.

Art, Inhalt und Häufigkeit der Berichte bestimmen sich nach dem objektiven Interesse des Unternehmers von Fall zu Fall, u.U. können, etwa bei Umsatzrückgang, wöchentliche **Kundenbesuchsberichte** verlangt werden. Es gilt subsidiär § 666, wobei eine Rechenschaftspflicht aufgrund des Handelns in fremdem Namen wohl mehrheitlich unnötig sein wird (vielmehr umgekehrt, vgl. § 87c HGB im Hinblick auf Provisionsansprüche).

374 Das Handelsvertreterverhältnis ist eine treugebundene Geschäftsbesorgung, bei der die Information des Geschäftsherrn und das Befolgen seiner Weisungen (§ 665) für die Interessenwahrnehmung wesensnotwendig sind. Diese Pflicht kann deshalb durch Vertrag konkretisiert und erweitert, nicht aber ausgeschlossen werden (vgl. auch § 86 Abs. 4 HGB).

375 Verstöße gegen diese Pflichten machen **schadensersatzpflichtig** (§ 280 Abs. 1 BGB) und berechtigen ggf. zur **außerordentlichen Kündigung** des Handelsvertretervertrages (§ 89a HGB).

Eine **Einstandspflicht** für die Erfüllung der Verbindlichkeiten aus vermittelten oder abgeschlossenen Verträgen **(Delkredere)** trägt der Handelsvertreter nur bei besonderer Vereinbarung nach § 86b HGB und nur gegen zusätzliche Vergütung (Delkredereprovision).

c) Wettbewerbsverbot

376 In rechtlicher Hinsicht ist eine Tätigkeit für Konkurrenzunternehmen danach zu unterscheiden, ob diese während der Vertragslaufzeit oder nachvertraglich erfolgen soll. Aus der Pflicht zur treugebundenen Interessenwahrung, insb. der Förderung der Vertriebsinteressen des Unternehmers, ist dem Handelsvertreter die **Vermittlung von Konkurrenzprodukten innerhalb seines Sortiments untersagt**. Zwar gilt für ihn nicht § 60 HGB (Wettbewerbsverbot für angestellte Handlungsgehilfen), der dort die Treupflicht

---

171 Vgl. *K. Schmidt,* Handelsrecht § 27 Rn. 39 ff.

als bloße Nebenpflicht konkretisierende Rechtsgedanke trifft auf ihn aber umso mehr zu, als hier die **Treupflicht eine Hauptpflicht** ist.[172]

Er wird dadurch nicht zum Ein-Firmen-Vertreter i.S.d. § 92a HGB, sondern ist **nur hinsichtlich Substitutionsgütern** in seinem Sortiment beschränkt (etwa im Vertrieb von Weinen hinsichtlich benachbarter Anbaugebiete). Dies gilt gleichermaßen für anderweitige Gewerbebetriebe des Handelsvertreters (Bsp.: Betreibt der Handelsvertreter eine Markentankstelle, gilt das Wettbewerbsverbot für Schmierstoffe anderer Hersteller auch für eine von ihm rechtlich verselbstständigt betriebene Autowerkstatt; Ausnahmen können sich dort jedoch daraus ergeben, dass Motorenhersteller die Verwendung bestimmter Markenöle empfehlen und Werkstattkunden darauf beharren könnten). 377

Mit der Vertragsbeendigung fällt auch die Pflicht zur Interessenwahrung weg und mit ihr das Wettbewerbsverbot. Ein **nachvertragliches** kann nur unter den Voraussetzungen des § 90a HGB in schriftlicher Form vereinbart werden. Dazu gehören die zeitliche Begrenzung auf maximal zwei Jahre und die räumliche und gegenständliche auf den früheren vertraglichen Tätigkeitsbereich des Handelsvertreters, der dafür dann eine Karenzentschädigung fordern kann. 378

d) Folgen von Wettbewerbsverstößen

Wettbewerbsverstöße sind Pflichtverletzungen, die zum **Schadensersatz** (§§ 281, 280 BGB) verpflichten. Eine Pflicht zur Herausgabe der dadurch vertragswidrig erlangten **Provisionen** besteht aber nicht (§ 61 Abs. 1 HS. 2 HGB ist nicht anwendbar), auch nicht nach §§ 675, 667 BGB, denn der Zusammenhang mit der geschuldeten Geschäftsbesorgung fehlt gerade. Der Handelsvertreter ist in Folge dessen nach § 86 Abs. 2 HGB zur Offenlegung der unzulässig für einen Konkurrenten vermittelten Geschäfte, *nicht aber der dabei verdienten Provisionen* verpflichtet. Daneben ist der Wettbewerbsverstoß ein wichtiger Grund für die **außerordentliche Kündigung** (§ 89a HGB). 379

5. Hauptpflichten des Unternehmers

a) Provision

Der Handelsvertreter ist gegen Entgelt tätig. Die Provision setzt voraus, dass ein provisionspflichtiges (Ausführungs-) Geschäft mit einem Dritten wirksam und endgültig zustande gekommen ist und der Handelsvertreter hierfür mitursächlich war (vgl. § 87 Abs. 1 HGB).[173] Beim Bezirks- oder Kundenkreisvertreter genügt bereits, dass die Geschäfte mit Personen zustande gekommen sind, die dem entsprechenden Bezirk oder Kundenkreis angehören (§ 87 Abs. 2 HGB). 380

Abreden wie „Kundenschutz", „Bezirksschutz" oder „Projektschutz" ersparen dem Handelsvertreter also den Nachweis seiner irgendwie gearteten **Mitursächlichkeit** für das Zustandekommen des Abschlusses; dies insb. in Fällen, in denen Kunden direkt beim Unternehmer kaufen, zuvor aber eine Beratung durch den Handelsvertreter in Anspruch genommen haben können – oder eben auch nicht.

Eigenbestellungen des Handelsvertreters sind grundsätzlich nicht provisionspflichtig.

172 Beispiele bei *K. Schmidt,* Handelsrecht § 27 Rn. 43 ff.
173 Grenzfälle bei *K. Schmidt,* Handelsrecht § 27 Rn. 57 f.

381 Der Provisionsanspruch setzt sodann weiterhin die Ausführung des abgeschlossenen Geschäfts mit dem Dritten voraus (§ 87a HGB). Zuvor handelt es sich um eine in der Bilanz nicht aktivierungsfähige Anwartschaft unter aufschiebender Bedingung. Maßgeblich ist die Ausführung durch den Unternehmer (zum Provisionsanspruch trotz Nichtleistung des Unternehmers, vgl. § 87a Abs. 3 HGB: Kundenreklamationen).

Steht fest, dass der Dritte nicht leistet, so entfällt der Anspruch auf Provision; bereits empfangene Beträge sind zurück zu gewähren (§ 87a Abs. 2: als *auflösende Bedingung*. Beachte aber § 87a Abs. 3 HGB falls der Dritte etwa berechtigte Qualitätsmängel reklamiert).

Die **Höhe der Provision** richtet sich nach § 87b HGB. Die Pflicht zur Rechnungslegung des Unternehmers zur **Provisionsermittlung** folgt aus § 87c HGB. Die Provision deckt grundsätzlich den **Aufwendungsersatzanspruch** aus §§ 675, 670 BGB mit ab (§ 87d HGB).

Die Provision steht in keinem synallagmatischen Verhältnis zur Tätigkeitspflicht des Handelsvertreters. §§ 320 ff. BGB sind nicht anwendbar, so dass der Anspruch etwa eines Bezirksvertreters auch bei seiner vertragswidrigen Untätigkeit nicht entfällt. Möglich bleibt die Aufrechnung (§ 387 BGB) mit etwaigen Schadensersatzansprüchen (bei verschuldeter Untätigkeit, §§ 281, 283 BGB). Umgekehrt darf der Handelsvertreter im Streit um Provisionsansprüche die Vertretung für diesen Unternehmer auch nicht „einschlafen“ lassen.

b) Treupflichten

382 Der Unternehmer hat den Handelsvertreter bei der Ausübung seiner Tätigkeit zu unterstützen, die erforderlichen Unterlagen zur Verfügung zu stellen und die erforderlichen Nachrichten zu geben (§ 86a Abs. 1, 2 HGB); diese Nebenleistungspflicht ist klagbar.

6. Nebenpflichten

383 Insb. darf der Unternehmer im Umkehrschluss zu § 87a Abs. 3 HGB **vermittelte Geschäfte nicht** ohne sachgerechte Gründe **ablehnen** und ist informationspflichtig, wenn er den Absatz in einem bestimmten Gebiet einschränken möchte. Schadensersatz wegen **Nebenpflichtverletzung** kann der Handelsvertreter etwa auch bei sorgfaltswidrig vom Unternehmer verursachter schlechter Warenqualität verlangen, wenn Nachbestellungen deshalb ausbleiben. Für die mangelbedingt rückabzuwickelnden Geschäfte bleibt dem Handelsvertreter dagegen der Provisionsanspruch erhalten (vgl. § 87a Abs. 3 HGB).

7. Vertragsbeendigung und Ausgleichsanspruch

384 Das Handelsvertreterverhältnis endet, sofern es nicht auf bestimmte Zeit eingegangen wurde, durch Aufhebungsvertrag oder durch ordentliche (§ 89 HGB) oder außerordentliche (§ 89a HGB) Kündigung. Die gesetzlichen Kündigungsfristen sind in § 89 HGB bestimmt.

a) Recht zur außerordentlichen Kündigung

385 Sie setzt einen wichtigen Grund voraus und muss binnen angemessener Zeit ausgesprochen werden (§ 89a Abs. 1 HGB).[174] Sie muss also ohne treuwidrige Verzögerung ausge-

---

174 Einzelheiten und Beispiele bei *K. Schmidt,* Handelsrecht § 27 Rn. 65 ff.

übt werden, wobei die strenge Zweiwochenfrist gem. § 626 Abs. 2 BGB nicht gilt. Vorausgehende **Abmahnungen** sind nur bei besonders schwerwiegenden Vertragsverletzungen und bei Verletzungen im Vertrauensbereich entbehrlich. Weitere Voraussetzung der außerordentlichen Kündigung ist die **eigene Vertragstreue** des Kündigenden. Eine ungerechtfertigte fristlose Kündigung kann eine Treupflichtverletzung mit Schadensersatzfolgen sein.

Beispiel: Fristlose Kündigung *durch den Handelsvertreter* ist etwa gerechtfertigt bei fortgesetzt mangelhafter Beschaffenheit der vom Unternehmer zu liefernden Ware, bei ungerechtfertigter Verletzung eines Alleinvertriebsrechts oder willkürlicher Verschlechterung des Produktimages (fraglich bei „Schockwerbung", für die jedenfalls ein Anspruch auf Schadensersatz nicht besteht, weil die Art und Weise der Geschäftsführung des Unternehmers vom Handelsvertreter hinzunehmen ist).

Umgekehrt kann *der Unternehmer fristlos kündigen*, wenn seine berechtigten Weisungen nicht befolgt werden, z.B. bei nachhaltigen Wettbewerbsverstößen oder bei ungenehmigtem Verkauf auf Kredit. Auch das Ausscheiden eines wichtigen Mitarbeiters beim Handelsvertreter kann ebenso Kündigungsgrund sein, wie eine nachhaltige Erkrankung des Handelsvertreters (Unterschied zum Arbeitsrecht). Der erhebliche Verdacht pflichtwidrigen Verhaltens des Handelsvertreters kann ausreichend sein.

Die **Insolvenz des Unternehmers** führt nach § 116 InsO automatisch zum Erlöschen der Geschäftsbesorgungsverhältnisse, so auch des Handelsvertreterverhältnisses (bei **Insolvenz des Handelsvertreters** kann der Unternehmer dagegen außerordentlich kündigen, vgl. § 89a HGB).

Der Vertrag endet mit dem Tod des Handelsvertreters (§ 673 BGB; bei Tod des Unternehmers gilt § 672 BGB).

b) Ausgleichsanspruch

Die finanziellen Folgen der Beendigung ergeben sich aus § 87 Abs. 3 HGB (Überhang- **386**
provisionen) und aus § 89b HGB (Ausgleichsanspruch). **Überhangprovisionen** stehen dem Handelsvertreter für Abschlüsse nach Vertragsende zu, wenn er diese entweder noch vermittelt hatte oder jedenfalls so vorbereitet, dass der Abschluss überwiegend auf seine Tätigkeit zurückzuführen ist (§ 87 Abs. 3 Nr. 1 Fall 1 und Fall 2 HGB) und innerhalb einer angemessenen Frist nach Beendigung des Handelsvertreterverhältnisses zustande kommt; Gleiches gilt für Abschlüsse, wenn das Angebot des Dritten noch vor Vertragsende dem Handelsvertreter oder dem Unternehmer zugegangen ist (§ 87 Abs. 3 Nr. 2 HGB).

Der **Ausgleichsanspruch**[175] soll hingegen den Wert des Kundenstamms abgelten, den **387**
der Handelsvertreter geschaffen hatte. Nach § 89b Abs. 1 HGB kann der Handelsvertreter nach Beendigung des Vertragsverhältnisses einen angemessenen Ausgleich verlangen, wenn und soweit der Unternehmer aus der Geschäftsverbindung mit neuen Kunden, die der Handelsvertreter geworben hat, auch nach Beendigung des Vertragsverhältnisses erhebliche Vorteile hat. Der Ausgleichsanspruch ist gem. § 89b Abs. 2 HGB durch die Höhe einer durchschnittlichen Jahresprovision gedeckelt. Einzelheiten sind stark umstritten.

175 Ausführlich *K. Schmidt,* Handelsrecht § 27 Rn. 69–99.

c) Voraussetzungen des Ausgleichsanspruchs

388 Der Werbung von Neukunden steht die wesentliche Steigerung des Umsatzes mit Bestandskunden gleich (§ 89b Abs. 1 S. 2 HGB). Berücksichtigungsfähig sind weiterhin **nur Stammkunden**; bei Tankstellenpächtern wird das bei jährlich viermaligem Besuch der Tankstelle bereits als erfüllt angesehen (und der Kundenstamm sodann aus Kreditkartenzahlungen hochgerechnet). Bei langlebigen Gütern (Automobile etc.) entscheidet die Aussicht auf Folgeaufträge, wobei es beim Verkauf von Neuwagen an Leasinggesellschaften nicht auf die Anwerbung neuer Leasinggesellschaften ankommen soll, sondern die Anwerbung neuer Leasingnehmer ausreichend ist.

389 Der Höhe nach muss der Ausgleich zu den Vorteilen des Unternehmers aus dem geschaffenen Kundenstamm angemessen sein. Die Bemessung erfolgt auf der Grundlage der bisherigen Bruttoprovisionen. Der Anspruch ist durch Billigkeitserwägungen begrenzt (§ 89b Abs. 1 Nr. 2 HGB).

390 Der Ausgleichsanspruch ist nicht ausgeschlossen, wenn der Handelsvertreter wegen zu hoher Betriebskosten keinen Gewinn erwirtschaftet hatte (Bruttoprovision ist maßgeblich). Ersparte Aufwendungen sind bei der Bemessung aber im Rahmen der Billigkeit berücksichtigungsfähig.

391 Schließlich ist der Ausgleichsanspruch in den Fällen des § 89b Abs. 3 HGB ausgeschlossen, also etwa wenn der Handelsvertreter das Vertragsverhältnis seinerseits gekündigt hat oder er aufgrund schuldhaften Verhaltens zur Kündigung des Unternehmers Anlass gegeben hatte. Kein Ausgleichsanspruch besteht außerdem dann, wenn die Handelsvertretung einvernehmlich auf einen Dritten übertragen wird.

Insb. § 89b Abs. 3 Nr. 2 HGB wird von der Rechtsprechung eng ausgelegt und findet keine Anwendung, wenn der Handelsvertreter zwar einen wichtigen Grund für die fristlose Kündigung durch den Unternehmer gesetzt hatte, dem Ausspruch der Kündigung aber etwa durch Selbstmord noch „zuvorgekommen" ist. Diese Umstände sollen dann nur im Rahmen der Billigkeitsprüfung nach § 89b Abs. 1 HGB anspruchsmindernd, aber nicht ansspruchsausschließend berücksichtigt werden können.[176]

392 Der Anspruch kann nicht im Voraus ausgeschlossen und auch nicht eingeschränkt werden (§ 89b Abs. 4 HGB). Zulässig sind (frühestens) Vereinbarungen, die gleichzeitig mit der – nicht bloß künftigen – Beendigung des Handelsvertreterverhältnisses getroffen werden. Eine Vereinbarung zum Ausgleichsanspruch muss also mit dem rechtlichen **Beendigungszeitpunkt** des Handelsvertreterverhältnisses zusammenfallen oder ihr nachfolgen.[177]

393 Sofern das Handelsvertreterverhältnis nicht jedenfalls tatsächlich bereits beendet ist, kommt es ganz formalistisch auf das vereinbarte **Datum des Vertragsendes** an, vor dem alle Abgeltungsvereinbarungen unwirksam sind. **Beachte:** Bei Vertragsbeendigung und Abfindungsvereinbarung **in einer Urkunde**, muss deshalb zwingend die **sofortige, taggleiche Beendigung** vereinbart worden sein; zulässig ist aber auch die Vereinbarung einer schuldrechtlich auf ein früheres Datum zurückwirkenden Vertragsbeendigung (was dann auch Auswirkungen auf Überhangprovisionen nach § 87 Abs. 3 HGB haben kann, sofern diese nicht sowieso vereinbarungsgemäß mit abgegolten werden).

---

176 Vgl. dazu *K. Schmidt,* Handelsrecht § 27 Rn. 81 ff.
177 Vgl. dazu *K. Schmidt,* Handelsrecht § 27 Rn. 95 ff.

Ausgleichsansprüche können nur innerhalb Jahresfrist nach Beendigung des Vertragsverhältnisses geltend gemacht werden (§ 89b Abs. 4 S. 2 HGB). 394

Ausgeschlossen ist der Ausgleichsanspruch des § 89b HGB bei solchen Handelsvertretern, die diese Tätigkeit *tatsächlich nur* im Nebenberuf ausüben, und auch nur dann, wenn sie zusätzlich im Vertrag als „**Handelsvertreter im Nebenberuf**" bezeichnet sind (§ 92b Abs. 2 HGB; durch bloßes Herabrutschen in die Nebenerwerbstätigkeit kann also etwa ein Ausgleichsanspruch nicht verlorengehen). Für diese Gruppe gelten weitere Sonderregelungen zur erleichterten Kündigung (§ 92b Abs. 1 S. 2 HGB).

8. Untervertretungsverhältnisse

Nach § 84 Abs. 3 HGB kann ein Handelsvertreter seinerseits Untervertretungen begründen (**echte Untervertretung**). Für diese stellen sich besondere Rechtsprobleme bezüglich der Fälligkeit der Provision, des Vertreterhandelns des Untervertreters und seines Ausgleichsanspruchs.[178] Von der echten Untervertretung zu unterscheiden ist die „**unechte**" **Untervertretung**, bei der alle Handelsvertreter vertraglich direkt mit dem einen Unternehmer verbunden sind, der nur über die Delegation seines Weisungsrechts (§ 665) abgestufte Berichtsstrukturen schafft. 395

a) Provision des Untervertreters

Bei echten Untervertretungsverhältnissen (§ 84 Abs. 3 HGB) besteht der Provisionsanspruch gegenüber dem Hauptvertreter, der seinerseits insoweit vom Unternehmer abhängig ist und die Provision (nach Abzug seines Anteils) nur durchleitet. Der Untervertreter kann seine Provision deshalb vom Hauptvertreter erst verlangen, wenn dieser sie seinerseits vom Unternehmer erhalten hat. Der Hauptvertreter trägt also insb. nicht das Insolvenzrisiko, muss seinerseits den Provisionsanspruch aber im Interesse des Untervertreters treupflichtkonform verfolgen. 396

b) Vertretungsmacht des Untervertreters

§§ 55 Abs. 1, 54 Abs. 1 HGB, ggf. über die Fiktion des § 91 HGB, sind auf den Untervertreter in der Weise anzuwenden, dass es stets um die Vertretung desjenigen Unternehmers (Prinzipal) geht, in dessen Dienst die gesamte Vertriebsorganisation steht, und **(zwingend) nicht um ein Auftreten im Namen des Hauptvertreters** (sonst würde dieser zum *Kommissionär*). Es handelt sich um einen Fall der **Untervollmacht**, die gleichwohl offengelegt werden oder verdeckt bleiben kann, aber **zwingend im Namen des Prinzipals** ausgeübt wird. 397

Exkurs: Keine Untervollmacht, sondern eine Kette jeweils eigenständiger Vertretungsmacht liegt z.B. im Fall der GmbH & Co. KG zugrunde, wenn dort die Vertretung der KG (im Namen der KG) durch die Komplementär-GmbH erfolgt (vgl. §§ 161 Abs. 2, 125 HGB) und diese wiederum (im Namen der GmbH) durch den GmbH-Geschäftsführer vertreten wird (vgl. § 35 Abs. 1 GmbHG).

c) Ausgleichsanspruch beim Untervertretungsverhältnis

Bei der echten wie der unechten Untervertretung stellt sich das Problem der Zuordnung des Kundenkreises zum Haupt- oder Untervertreter. 398

178 Vgl. dazu *K. Schmidt,* Handelsrecht § 27 Rn. 100 ff.

Da die unechte Untervertretung jedoch keine rechtliche (bloß eine betrieblich-organisatorische) Zwischenstufe kennt, sind die bei Kündigung eines Handelsvertreterverhältnisses mit diesem in der Berichtsstruktur zusammenhängenden „Haupt"- oder „Unter"-Vertreter nicht als Handelsvertreter betroffen, sondern bloß hinsichtlich einer organisationsrechtlichen Abrede; nur aus dieser kann deshalb auch ein eventueller „Ausgleichsanspruch" abgeleitet werden. Eine Abfindung des „Hauptvertreters" in Bezug auf „seine" Untervertreter kann damit ohne Rücksicht auf § 89b Abs. 4 HGB im Rahmen seiner Beauftragung frei bestimmt werden.

399 Endet dagegen bei der echten Untervertretung das Hauptvertretungsverhältnis mit dem Prinzipal, so liquidiert der Hauptvertreter den Ausgleichsanspruch des gesamten Stammes, also einschließlich seiner Untervertreter, die insoweit ihren Kundenstamm zwangsläufig ebenfalls verlieren. Es handelt sich um ein Binnenproblem zwischen Haupt- und Untervertreter; die Beendigung einer Hauptvertretung ist stets auch zumindest eine Teilbeendigung (je nach Anzahl der Prinzipale) des Untervertretungsverhältnisses, und zwar nicht nur in tatsächlicher, sondern auch rechtlicher Hinsicht, denn der Hauptbevollmächtigte muss nicht nur die Untervollmacht widerrufen, sondern auch den auf diesen Prinzipal bezogenen Vermittlungsauftrag kündigen. Damit hat der Untervertreter einen eigenen gesetzlichen Ausgleichsanspruch gegen den Hauptvertreter, den dieser (wie im Übrigen stets) statt in Geld in Form angemessener anderweitiger Abfindung erfüllen kann. Denkbar sind etwa kompensatorische neue Unter-Vermittlungsaufträge eines neuen Prinzipals, wenn diese hinreichend werthaltig und konkret sind. Widrigenfalls handelt der Hauptvertreter pflichtwidrig und setzt einen Grund für die Kündigung des Untervertretungsverhältnisses im Ganzen. Bei der echten Untervertretung können die Verteilung des Ausgleichsanspruchs und die Gestattung einer bestimmten Kompensationsmöglichkeit wegen § 89b Abs. 4 HGB nicht im Voraus geregelt werden (jede Vereinbarung wäre geeignet, den Anspruch unzulässig zu beschränken).

VI. Treugebundene Erfolgsleistungen – Überblick

400 Treugebundene Geschäftsbesorgungsverhältnisse können, wie beim Handelsvertretervertrag, auf einen Dienstvertrag aufbauen und eine ständige Betreuungspflicht für einen bestimmten Geschäftsherrn schaffen. Sie können jedoch auch von Fall zu Fall, entsprechend einem Werkvertrag, begründet werden, so dass jeweils nur eine in sich abgeschlossene Geschäftsbesorgung übernommen wird. Solche Erfolgsleistungen mit Treuhandbindung liegen dem Kommissionsvertrag (§ 383 HGB), dem Speditionsvertrag (§ 453 HGB), aber auch dem Maklervertrag des BGB (§ 652) und dem Handelsmaklervertrag (§ 93 HGB) zugrunde.

VII. Zivilmakler- und Handelsmaklervertrag

1. Lebenstypen

401 **Handelsmakler** ist nach § 93 HGB, wer gewerbsmäßig für andere Personen die Vermittlung von Verträgen über Anschaffung oder Veräußerung von Waren oder Wertpapieren, über Versicherungen, Güterbeförderungen, Schiffsmiete oder sonstige Gegenstände des Handelsverkehrs übernimmt. Zu Letzteren gehören alle handelbaren Wirtschaftsgüter, etwa Kredite und Finanzanlagen, aber auch Filmaufführungs- und Fernsehübertragungsrechte. Handelsmakler können also Gebrauchtwagenhändler sein, die ständig im Namen wechselnder Kunden Fahrzeuge verkaufen, aber auch Versicherungsmakler, Finanzmakler und insoweit insb. die investitionsbegleitenden Investmentbanken und Vermittler im Logistikbereich, etwa für Fracht- und Charterverträge, schließlich Börsenmakler (§ 27 BörsG).

Zivilmakler sind die Vermittler von solchen Verträgen, die nicht unter § 93 HGB fallen. **402** Im Wesentlichen bleiben damit die Vermittlung von Grundstücksgeschäften und Mietverträgen durch Immobilienmakler und von Dienstleistungen außerhalb des Transportgewerbes, wie etwa die Stellenvermittlung durch „Headhunter", die Vermittler des Transfers von Sportlern oder Künstlern (durch sog. „Impresarios"), **soweit** diese **nicht** als Agenten **dauerhaft betraut** sind.

Stets Zivilmakler ist schließlich der **bloße Nachweismakler** gleich welcher Verträge, der diese also nicht abschlussreif aushandelt („vermittelt"; so der sog. Abschlussmakler), sondern nur Interessenten zusammenführt.

2. Interessenlage beim Zivil- und Handelsmakler

Die Maklertätigkeit ist streng erfolgsbezogen auf das Zustandekommen des vermittelten **403** oder nachgewiesenen Geschäfts, wodurch erst der Provisionsanspruch (§ 652 Abs. 1 S. 1) wirksam wird. **Makler** sind selbst **zumeist Kaufleute** (vgl. § 1 Abs. 2 HGB) und als solche etwa zum Führen von Handelsbüchern verpflichtet. Ob sie **im konkreten Fall als Zivil- oder Handelsmakler** tätig werden, hängt ausschließlich vom **Gegenstand ihres Auftrags** ab. Alle Maklerverträge erfüllen die Voraussetzungen des § 652, aber manche zusätzlich auch diejenigen des § 93 HGB. Ob Letzteres der Fall ist und damit ein Handelsmaklervertrag vorliegt, **entscheidet sich also** von Fall zu Fall bzw. **von Auftrag zu Auftrag**.[179]

Je nachdem, ob der Makler im Einzelfall als Handels- oder Zivilmakler tätig wird, hat er jedoch eine ganz unterschiedliche Funktion zu erfüllen: Der **Zivilmakler** ist nach der Vorstellung des BGB – und mangels anderweitiger Vereinbarung mit seinem Auftraggeber – ausschließlich dessen Interessenvertreter und *darf* deshalb *nicht auch für die andere Partei tätig werden* (§ 654). Der **Handelsmakler** ist nach dem Leitbild des HGB *hingegen ein objektiver und neutraler Vermittler* zwischen den Parteien des von ihm zu vermittelnden Vertrages; er haftet beiden Parteien (vgl. § 98 HGB) und kann seine *Provision regelmäßig von beiden zur Hälfte* beanspruchen (vgl. § 99 HGB).

3. Haupt- und Nebenpflichten

a) Provisionspflicht

Durch den Maklervertrag verpflichtet sich der Auftraggeber für den Fall eines **404** Geschäftsabschlusses, der durch vertragsgemäße Tätigkeit des Maklers (Nachweis oder Vermittlung) zustande kam, einen vereinbarten (vgl. § 653) Maklerlohn zu zahlen. Dieser Lohn ist nicht bereits mit der Vermittlung oder dem Nachweis geeigneter Kunden verdient, sondern als „Provision" erst mit dem Geschäftsabschluss. Dabei ist der Auftraggeber völlig frei, ob er den Vertrag mit dem Kunden abschließen und so von der Leistung des Maklers Gebrauch machen will, was dann erst zu dessen Provisionsan-

179 *K. Schmidt,* Handelsrecht § 26 Rn. 1 ff.

spruch führt. Die Vergütungspflicht steht also unter einer **Potestativbedingung** (der Auftraggeber hat es allein in der Hand, ob sie eintritt); der Makler trägt für den Erfolg seiner Bemühungen die Entgeltgefahr. Auch seine Aufwendungen kann der Makler nur ersetzt verlangen, wenn dies (zusätzlich) vereinbart ist (§ 652 Abs. 2), dann aber unabhängig vom Anfall der Provision.

405 Dem entspricht, dass **umgekehrt auch der Makler nicht verpflichtet** ist, **sich** um Nachweis oder Vermittlung irgendwie **zu bemühen**. Er kann eine Vielzahl paralleler Aufträge annehmen und trotzdem seine Zeit nur dort investieren, wo es ihm gerade lukrativ erscheint.

Der Maklervertrag kann allerdings durch ausdrückliche oder konkludente Vereinbarung Dienstvertragscharakter annehmen, insb. durch einen sog. **Alleinauftrag**, wodurch sich der Makler zum Tätigwerden verpflichtet und entsprechende professionelle Anstrengungen schuldet. An der **Abschlussfreiheit des Auftraggebers** und damit an der Tragung der Entgeltgefahr ändert dies nichts. Möglich ist aber, korrespondierend zur Dienstpflicht des Maklers auch die Provisionszahlungspflicht statt unter die gesetzliche Potestativbedingung unter eine *objektive* Bedingung zu stellen, etwa dergestalt, dass der Auftraggeber einen nachgewiesenen oder vermittelten Vertrag schließen bzw. jedenfalls die hierfür vereinbarte Provision zahlen müsse, wenn nicht etwa im Zusammenhang mit der anderen Vertragspartei gewichtige Hinderungsgründe vorliegen (i.e. fehlende Kreditwürdigkeit, drohender Imageschaden, entgegenstehende Konkurrenzschutzklauseln aus anderweitigen Rechtsverhältnissen etc.).

b) Treuhandbindung des Maklers

406 Unbeschadet fehlender Tätigkeitsverpflichtung übernimmt der Makler mit Abschluss des Maklervertrags je danach, ob er Vermittlung (Abschlussmakler) oder nur Nachweis geschäftlicher Gelegenheiten schuldet, Treupflichten in Form etwa von Beratungs-, stets von Interessenwahrungs- und Verschwiegenheitspflichten. Die Treupflicht ist Hauptpflicht und durch Verwirkung des Provisionsanspruchs sanktioniert (vgl. § 654).

407 Das in § 654 aufgestellte Verbot der **Doppeltätigkeit** des Maklers gilt selbstverständlich nicht im Fall von Handelsmaklerverträgen, die gerade auf einen Interessenausgleich durch den Makler zwischen den Parteien des zu vermittelnden Vertrages gerichtet sind (vgl. § 99 HGB). Gleiches gilt für einen Zivilmakler, wenn ihm durch Vereinbarung die Vermittlung für beide Teile (also die Doppelmaklertätigkeit) erlaubt ist. Auch er hat dann wie ein Handelsmakler die Interessen beider Parteien wahrzunehmen und miteinander zu vereinbaren. Zulässig ist entgegen dem Wortlaut des § 654 ohne besonderen Hinweis auch, wenn der Zivilmakler für beide Seiten oder zumindest für die eine Seite **nur als Nachweismakler tätig** ist; hier ist eine **Interessenkollision** trotz Doppeltätigkeit **ausgeschlossen**. Gleiches gilt unabhängig von jeder – auch vermittelnden – Doppeltätigkeit, wenn der Makler jedenfalls nur von einer Seite Provision erhalten soll; Einschränkungen gelten aber für Vertrauensmakler (bei Alleinauftrag als Abschlussmakler oder zusätzlichem Beratungsvertrag).

408 Soweit der Makler das **vermittelte Geschäft** über den Abschluss hinaus (im künftigen Provisionsinteresse) **weiterhin betreuen will**, wie bei Versicherungsmaklern oder Investmentbanken üblich bzw. sogar geschuldet[180], ist dies nur dann unproblematisch,

180 Eine umfassende (Nach-) Betreuungspflicht der Versicherungsmakler wird von der h.M. aufgrund des Geschäftsbesorgungscharakters (§ 675) der Makelei bejaht, vgl. BGHZ 94, 356. Als Vorfrage einer steuerlichen Rückstellung vgl. BFHE 246, 45 = BStBl II 2014, 675 und 919; ebso BFH, Urt. v. 13.07.2017 – IV R 34/14.

wenn er ausschließlich Interessenvertreter der davon begünstigten einen Partei war und ist. – Bei den als Handelsmakler an sich auf beiderseitigen Interessenausgleich verpflichteten Versicherungsmaklern hat sich deshalb die *offengelegte* Praxis herausgebildet, in ihrer Tätigkeit nur als Makler des Versicherungsnehmers aufzutreten. Damit sind die §§ 98 f. HGB ebenfalls abbedungen, allerdings kann die Versicherung dem Makler gegenüber ohne Weiteres die Provisionspflicht übernehmen – und tut dies meist. Auch Investmentbanken, eigentlich Handelsmakler und damit auf beiderseitigen Ausgleich angelegt, entscheiden sich aus diesem Grund (Folgegeschäft), als Makler nur des Käufer- oder Verkäuferunternehmens aufzutreten.

§ 654 führt stets dann zur Verwirkung des Lohnanspruchs, wenn der Makler mit einer Partei des zu vermittelnden oder nachzuweisenden Geschäfts verflochten ist; **von der Maklertätigkeit ausgeschlossen** sind deshalb verbundene Unternehmen (vgl. § 15 AktG) oder Handelsvertreter einer Partei, genauso wie nahestehende Personen (der Kreis des § 138 InsO ist auch hier sachgerecht), unabhängig davon, wer sie beauftragt und auf wen die Zahlungspflicht vertraglich abgewälzt wurde. **409**

Beispiel für die Trennung zwischen Versicherungsvertretung und -maklertätigkeit vgl. § 34d GewO und § 59 Abs. 3 VVG: Versicherungsvertreter lassen daher Neukunden manchmal zusätzlich noch einen Maklervertrag mit einem „hauseigenen" Versicherungsmakler unterschreiben, der dann die weitere Betreuung für deren noch längerfristig bestehende Altverträge übernehmen und ggf. künftig Provisionen erzielen kann.

Der Provisionsanspruch des Maklers kann im abzuschließenden Geschäft durch entsprechende Vereinbarung auf die andere Vertragspartei abgewälzt werden (als Vertrag zugunsten Dritter, vgl. § 328). Alternativ kann der Makler (jedenfalls bei Nachfrageüberhängen am Markt) in Absprache mit seinem Auftraggeber den Nachweis des Interessenten von *dessen* Provisionszusage abhängig machen. Beide Wege schließt § 2 Abs. 1a Wohnungsvermittlungsgesetz bei der Wohnungsvermietung durch das sog. **Bestellerprinzip** aus). **410**

c) Treupflichten des Auftraggebers

Auch den Auftraggeber treffen Treupflichten, die jedoch nur den Charakter von Nebenpflichten haben. Insoweit gilt das für den Geschäftsherrn im Zusammenhang mit Geschäftsbesorgungsverhältnissen Gesagte. Er muss dem Makler von einem getätigten Abschluss ebenso Nachricht geben, wie auch, wenn er beabsichtigt, von den Leistungen des Maklers keinen Gebrauch mehr zu machen. Ebenso muss er unverzüglich geltend machen, wenn ein vom Makler nachgewiesener Interessent bereits vorbekannt war und für den Abschluss mit diesem kein Maklerlohn gezahlt werden soll. **411**

d) Maklertätigkeit

Der Maklervertrag ist Konsensualvertrag und kommt mit Auftragserteilung und Annahme zustande, wenngleich der Makler damit nicht zur Tätigkeit verpflichtet ist. Die Treupflicht aus dem Auftragsverhältnis verpflichtet den Makler bereits ab Vertragsschluss zur Interessenwahrung, insb. hinsichtlich einer den Wert des Objekts beeinflussenden Bewerbung. Umgekehrt verpflichtet sich der Auftraggeber bereits mit Abschluss des Maklervertrags zur Zahlung des Maklerlohns, jedoch nur unter der aufschiebenden Potestativbedingung, dass er nach freiem Ermessen von der Maklerleistung tatsächlich Gebrauch macht (vgl. § 652 Abs. 1). **412**

413 Während die Tätigkeit des **Handelsmaklers** (vgl. § 93 HGB) stets in der **Vermittlung** des abzuschließenden Geschäfts besteht, was ein Einwirken auf die Parteien zur Förderung der Abschlussbereitschaft und ein inhaltliches Bemühen um den Interessenausgleich verlangt, genügt für den **Zivilmakler** *je nach Vereinbarung* ggf. auch der bloße *Nachweis* von Interessenten (§ 652).

Ist Vermittlung geschuldet (sog. **Abschlussmakler**), muss für die Vergütungspflicht der zu vermittelnde Vertrag das Ergebnis der Maklerleistung sein, bloße Kausalität allein genügt nicht (anders beim Nachweismakler).

414 Für den Handelsmakler als per definitionem Abschlussmakler genügt also bloße Nachweistätigkeit nicht, soll sich seine Tätigkeit jedoch darin erschöpfen, ist es ihm unbenommen, einen entsprechenden Vertrag nach § 652 Abs. 1 abzuschließen. Der „Handelsmakler" ist in diesem Fall dann eben Zivilmakler, weil nicht alle Voraussetzungen des § 93 HGB erfüllt sind.

Weder Handels- noch Zivilmakler haben eine gesetzliche Vollmacht zum Abschluss des zu vermittelnden Vertrags. Die Erteilung von Vertretungsmacht im Maklervertrag ist dagegen jedenfalls insoweit ohne Weiteres möglich, als der Makler nur im Dienst und Interesse einer Partei tätig wird, was insb. beim Handelsmakler deutlich gemacht werden müsste.

e) Schlussnote

415 Die Schlussnote nach § 94 HGB ist einerseits bloßes Beweismittel für Abschluss und Inhalt des vermittelten Geschäfts (vgl. § 416 ZPO) zugunsten der Parteien, ohne jedoch für Zustandekommen und Wirksamkeit des vermittelten Geschäfts konstitutiv zu sein. Andererseits dient die Schlussnote dem Makler zum Nachweis seiner Vermittlungstätigkeit und damit seines Provisionsanspruchs.

f) Haftung

416 Aus dem Maklervertrag wird wie stets für Vertragsverletzungen gehaftet (§§ 280 ff.). Für Treupflichtverletzungen haftet der Makler überdies durch Verwirkung seines Provisionsanspruchs (§ 654). Der Handelsmakler haftet darüber hinaus auch der anderen Partei, mit welcher er das gegenständliche Geschäft zu vermitteln begann oder vermittelt hat aus Vertrag (vgl. § 98 HGB), obwohl mit ihr der Maklervertrag gar nicht geschlossen wurde. Nach § 95 Abs. 1 HGB führt die Annahme der Schlussnote durch eine Partei bereits dann zu einer Bindung, wenn sich der Handelsmakler die Bezeichnung der anderen Partei vorbehalten hat. Unterbleibt später die Bezeichnung einer geeigneten Partei, so ist der Handelsmakler aufgrund Vertragsverletzung zum Selbsteintritt verpflichtet (§ 95 Abs. 3 HGB). Es handelt sich um eine gesetzliche Haftung, die jedoch nicht nur zu einer Schadensersatzpflicht auf das Erfüllungsinteresse gerichtet ist, vielmehr wird der Makler wie ein Vertragspartner allen in der Schlussnote bestimmten Regelungen auf Erfüllung unterworfen.

4. Alleinauftrag

417 Der den Makler zur Tätigkeit verpflichtende **Alleinauftrag (Maklerdienstvertrag)** schließt die parallele Beauftragung anderer Makler durch den Auftraggeber aus; er kann noch weitergehend in der Weise geschlossen werden, dass auch dem Auftraggeber ein eigeninitiativer Geschäftsabschluss untersagt wird **(qualifizierter Alleinauftrag)**.

Verstöße des Auftraggebers gegen den Alleinauftrag geben dem Makler nicht den Provisionsanspruch, sondern einen Anspruch auf Schadensersatz, der davon abhängt, dass der Makler nachweisen kann, seinerseits einen Abschluss erfolgreich vermittelt oder nachgewiesen haben zu können (für Makler deshalb **empfehlenswert**: sog. *Verfallklausel* für die automatische Fälligkeit der Provision bei Drittabschlüssen). Alleinaufträge von Maklern können durch allgemeine Geschäftsbedingungen begründet werden, sofern dies nicht versteckt erfolgt (sonst überraschende Klausel, vgl. § 305c).

Der Alleinauftrag könnte einseitig jederzeit ordentlich gekündigt werden, weshalb er **stets befristet abgeschlossen** wird, wobei das Überschreiten einer angemessenen Vertragsdauer (bei Grundstücksveräußerung etwa ein Jahr) die jederzeitige Kündbarkeit wiederaufleben lässt. Längere Laufzeiten sind bei Vertrauensmaklern möglich, i.e. wenn sich der Alleinauftrag auf Vermittlungstätigkeit und nicht bloßen Nachweis bezieht oder ein ergänzender Beratungsvertrag besteht. **418**

VIII. Kommission

Kommissionär ist nach § 383 HGB, „*wer es gewerbsmäßig übernimmt, Waren oder Wertpapiere für Rechnungen eines anderen (des Kommittenten) im eigenen Namen zu kaufen und zu verkaufen*“. Erweitert wird dies auf **alle Gegenstände eines Handelskaufs** (vgl. § 406 Abs. 2 HGB in Entsprechung zu § 381 Abs. 2 HGB hinsichtlich von Werklieferungsverträgen auch über nicht vertretbare bewegliche Sachen). **419**

Über Gegenstände des Handelskaufs hinaus ist Kommissionsrecht die **Grundlage für alle Geschäfte**, die ein Kaufmann **in eigenem Namen aber für fremde Rechnung** übernimmt (vgl. § 406 Abs. 1 S. 1 HGB). Dass das HGB dabei nicht den „Beruf“ des Kommissionärs als Kaufmannstyp, sondern ein Rechtsverhältnis, nämlich das Kommissionsgeschäft, regelt, zeigt sich in der Klarstellung in § 406 Abs. 1 S. 2 HGB; das Kommissionsgeschäft ist ein typisierter Geschäftsbesorgungsvertrag (vgl. § 675 BGB) eines Kaufmanns (§ 1 Abs. 2 HGB), der im eigenen Namen für Rechnung eines anderen (sog. *mittelbare Stellvertretung*; pejorativ: *Strohmanngeschäfte*) ausführt.[181]

1. Lebenstypen

Kommissionsgeschäfte begegnen heute als Regelfall des Wertpapierhandels der Banken („Effektenkommission“) sowie im Kunst- und Antiquitätenhandel. Kommissionsgeschäfte sind regelmäßig auch die Masseverwertung in Insolvenzverfahren durch entsprechende Verwertungsgesellschaften (z.B. als „Sonderverkauf aus Insolvenzmasse“), aber auch die Verkaufstätigkeiten professioneller Flohmarkthändler, die zumeist gar nicht das Kapital hätten, die dargebotenen Gegenstände zuerst selbst zu erwerben und als Eigenhändler weiter zu veräußern.[182] **420**

181 Wird eine **Privatperson** „in Kommission“ tätig, handelt es sich um entgeltliche Geschäftsbesorgung nach § 675 BGB, wobei die §§ 383 ff. HGB „Fingerzeige“ für den Vertragsinhalt geben können, so *K. Schmidt,* Handelsrecht § 31 Rn. 19. Zur parallelen Problematik der Grenze zum gewerblichen Handel im Umsatzsteuerrecht, vgl. BFH BStBl. II 2012, 634 (Ebay-Shop).

182 Der Kommittent bilanziert bei der Verkaufskommission weiterhin das Kommissiongut. Bei Verkauf der Ware durch den Kommissionär entsteht auf Seiten des Kommittenten eine aktivierungspflichtige Forderung gegenüber dem Kommissionär und beim Kommissionär eine aktivierungspflichtige Forderung gegenüber dem Erwerber des Kommissionsgutes. Der Kommissionär hat des Weiteren eine Verbindlichkeit gegenüber dem Kommittenten zu passivieren („Gegenstück“ zur Forderung des Kommittenten), vgl. Beck‘scher Bilanz-Kommentar, § 246 HGB Rn. 22.

Verkaufskommission ist insofern eine **Alternative zum verlängerten Eigentumsvorbehalt**; der Einzelhandel bezieht weiter zu veräußernde Waren wegen sonst zu hoher Kapitalbindung oftmals nicht sofort zu Eigentum, sondern verabredet eine Stundung des Kaufpreises gegenüber dem Lieferanten unter Vorbehalt des Lieferanteneigentums (vgl. § 449 Abs. 1; der Händler erlangt ein Anwartschaftsrecht auf das Eigentum); verbunden wird dies mit der sachenrechtlichen Weiterveräußerungsbefugnis nach § 185 Abs. 1 und einer Vorausabtretung des Kaufpreisanspruchs des Einzelhändlers gegenüber seinem Kunden an den Lieferanten. Der Einzelhändler veräußert dann ebenfalls im eigenen Namen weiter, jedoch auf eigene Rechnung.

Wesentliche rechtliche Unterschiede zur Kommission sind die fehlende Treuhandschaft und der Zwischenerwerb des Einzelhändlers, der (mindestens für eine sog. „juristische Sekunde") Durchgangseigentum erwirbt, indem sein Anwartschaftsrecht aus seinem Eigentumsvorbehalts-Einkauf mit Valutierung der im Voraus abgetretenen Kaufpreisforderung aus dem Weiterverkauf zum Vollrecht erstarkt – gewöhnlich just im Moment der Übereignung an den Endkunden (beim Bargeschäft).[183]

421 Auf Kommissionsrecht können weiterhin vielfältige Formen des Dienstleistungsgewerbes gegründet werden, die eine sehr enge wirtschaftliche Führung ermöglichen sollen. Dies gilt etwa für **Franchisesysteme** bei Hotelketten, Pkw-Vermietungsketten oder Gastronomieketten, die vor Ort von jeweils selbstständigen Unternehmern geführt werden (im eigenen Namen), sofern unmittelbar die Umsatzerlöse dem Franchisegeber zugerechnet werden sollen (also auf seine Rechnung als Kommittent).[184]

Regelfall des **Franchise** ist zwar eine auf Vertragshändler (ein auf Dauer an eine Marke gebundener Eigenhändler) gegründete Struktur, bei der der Franchisenehmer im eigenen Namen und auf eigene Rechnung handelt. Das **Kommissionsmodell** kann sich aber insb. in Fällen notwendiger Überlassung wertvollerer Wirtschaftsgüter empfehlen, mittels welcher der Franchisenehmer seine Dienstleistung an den Kunden erst erbringen kann (z.B. Vermietung von Kopiergeräten durch Serviceunternehmen, welche die Geräte ihrerseits nicht zuerst selbst erwerben oder pachten und deshalb eine Dienstleistung sowohl für ihre Kunden wie auch für den Franchisegeber erbringen).

2. Interessenlage

422 Das Kommissionsgeschäft ist ein Geschäftsbesorgungsvertrag (§ 675 BGB) und begründet ein für seine Dauer bestehendes Treuhandverhältnis. Über den beabsichtigten Leistungsaustausch aus dem kommissionsweisen Abschluss von Kaufverträgen oder anderen Geschäften (§§ 383, 406 Abs. 1 S. 1 HGB) – nämlich Herausgabe des Erlöses (§ 384 Abs. 2 HGB) gegen Zahlung der dadurch verdienten Provision (§§ 396, 354 Abs. 1 HGB) – hinaus, ist das Kommissionsgeschäft auf die Wahrnehmung der Interessen des Kommittenten (§ 384 Abs. 1 HGB) als Hauptpflicht des Kommissionärs gerichtet.

Die treuhänderische Geschäftsbesorgung liegt darin, dass der Kommissionär **beim Ausführungsgeschäft** zwar im eigenen Namen handelt, jedoch für Rechnung des Kommittenten, also **als mittelbarer Stellvertreter**. Dadurch wird der Kommittent nicht im Außenverhältnis – also nicht gegenüber dem Kunden aus dem Ausführungsgeschäft (so dagegen beim Handelsvertreter, der in offener Stellvertretung handelt) – berechtigt und verpflichtet, wohl aber durch die wirtschaftliche Zuhaltung des Geschäfts im Innenverhältnis zum Kommissionär. Im Unterschied zur offenen Stellvertretung (vgl. § 164 Abs. 1 BGB) ist **nur der Kommissionär Partner des Ausführungsgeschäfts** mit dem

183 Beim verlängerten Eigentumsvorbehalt bilanziert der Vorbehaltskäufer das Vorbehaltsgut, bei der Kommission dagegen der Kommittent; vgl. Beck'scher Bilanz-Kommentar, § 246 HGB Rn. 19 bzw. 22.

184 Beispiel bei *K. Schmidt,* Handelsrecht § 31 Rn. 14 f.

Kunden. Der **Kommittent** erlangt den Erlös aus dem Ausführungsgeschäft deshalb nur aus abgeleitetem Recht des Kommissionärs (**durch Abtretung**, vgl. § 392 Abs. 1 HGB).

Beispiel: Anschaulich am Beispiel der schlichten **Warenverkaufskommission**, kommt der Kaufvertrag zwischen dem Kommissionär „im eigenen Namen" und dem Kunden zustande und ist zwischen diesen beiden zu erfüllen. Forderungen aus einem solchen Geschäft, das der Kommissionär abgeschlossen hat, also z.B. den Zahlungsanspruch, kann der Kommittent dem Kunden als Schuldner gegenüber erst nach der Abtretung durch den Kommissionär geltend machen (vgl. § 392 Abs. 1 HGB). Zu dieser Abtretung ist der Kommissionär entsprechend verpflichtet (vgl. § 384 Abs. 2 a.E. HGB). Bei der Erfüllung des Kaufvertrags verfügt sodann der Kommissionär über die für ihn fremde Sache des Kommittenten als Nichteigentümer, aber Verfügungsberechtigter (vgl. § 185 Abs. 1 BGB), was auf Seiten des Kunden zum Erwerb vom (Verfügungs-) Berechtigten führt. Umgekehrt vereinnahmt der Kommissionär den Kaufpreis entweder noch als selbst Forderungsinhaber oder, nach Abtretung an den Kommittenten, mit auftragsmäßiger Einziehungsbefugnis (ebenfalls gem. § 185 Abs. 1 BGB), wiederum verbunden mit der Herausgabepflicht auf das Erlangte (§ 384 Abs. 2 a.E. HGB und §§ 675 Abs. 1, 667 BGB).

Während die Erfüllungshandlungen, also die dingliche Erfüllung des Ausführungsgeschäfts auf Grundlage von Verfügungsberechtigungen des Kommissionärs (§ 185 Abs. 1 BGB) erfolgen, der damit – treuhänderisch – über fremdes Vermögen, nämlich des Kommittenten, verfügt, handelt der Kommissionär auf der schuldrechtlichen Seite des Ausführungsgeschäfts, also hier etwa beim Abschluss des Verkaufsvertrags mit dem Kunden, als sog. mittelbarer Stellvertreter. In beiderlei Hinsicht ist die treuhänderische Interessenwahrnehmung geschuldet und auf die möglichste Höhe der schuldrechtlichen Forderung und einwandfreie Bonität des Kunden gerichtet, sodann aber auch etwa auf schleunige Abtretung sowie anschließend auf umgehende Einziehung der Kaufpreisforderung beim Kunden und ebensolche Auskehr an den Kommittenten.

Ob ein **Kommissionsgeschäft** (§ 383 HGB) oder ein Handelskauf mit einem Zwischen- 423
händler (Eigenhändler) getätigt wird, – also eine Ware fest verkauft oder nur „in Kommission gegeben" ist, – entscheidet sich danach, ob die Parteien die **Ware „zurückgehen" lassen wollen, wenn** z.B. ein genannter Preis als Preislimit nicht gehalten werden kann oder innerhalb einer bestimmten Frist **kein Ausführungsgeschäft** mit einem Dritten **zustande kommt**.[185] Anderenfalls kann fester Kauf auch dann vorliegen, wenn kein fester Preis bestimmt war, aber der Zwischenmann die Sache zu einem (als solchem bezeichneten) Mindestpreis übernahm mit der Zusage, einen eventuellen Mehrerlös mit dem Verkäufer abzurechnen.

3. Ausführungsgeschäft

Das **Kommissionsverhältnis** ist **vom Ausführungsgeschäft zu unterscheiden**. Das 424
Ausführungsgeschäft verbindet den Kommissionär mit dem dritten Geschäftspartner. Er handelt dabei (zwingend, widrigenfalls Kommissionsrecht keine Anwendung findet)[186] im eigenen Namen (Abgrenzung zum Handelsvertreter), aber auf fremde Rechnung

185 Vgl. *K. Schmidt*, Handelsrecht § 31 Rn. 32 ff.; das Merkmal des „Handelns auf fremde Rechnung" sei bisweilen „trügerisch" und „wertausfüllungsbedürftig"; umgekehrt wird beim Vertragshändler die Frage gestellt, „wieviel eigentlich mit dem Schlagwort vom ‚Handeln auf eigene Rechnung, noch gesagt" sei (*ders.*, Handelsrecht § 28 Rn. 12). Maßgeblich ist für die Normanwendung im Grunde die Interessenlage und mit ihr der Grad der Treuhandschaft im fremden Rechts- und Interessenkreis.

186 Nach Art. L 132-1 Abs. 2 des frz. Code de commerce (Art. 94 S. 2 a.F.) kann der Kommissionär im fremden Namen handeln und wird dann nach Auftragsrecht behandelt (vgl. Art. 1984 ff. Code civil); hierin zeigt sich entwicklungsgeschichtlich das gesetzgeberische Bedenken gegen eine strikte Trennung von Innenverhältnis (i.e. Auftrag) und Außenverhältnis (i.e. Stellvertretung). Mittelbarer Stellvertretung („Strohmanngeschäften") haftet der Charakter des **„Scheingeschäfts"** an – ein Rechtsgefühl, das heutigen Studierenden noch zur Fehlerquelle gereicht; vgl. Beispiel bei *Medicus/Petersen*, BR Rn. 126.

(Abgrenzung zum Eigenhändler, der echter Zwischenhändler ist und Geschäftsabschlüsse im eigenen Namen und auf eigene Rechnung tätigt).

Rechte und Pflichten aus dem Ausführungsverhältnis des Kommissionärs mit dem Dritten erwachsen also nur zwischen diesen beiden. Der Kommittent ist unbeteiligt und kann Forderungen gegen Dritte erst nach Abtretung durch den Kommissionär geltend machen (vgl. § 392 Abs. 1 HGB). Das Kommissionsverhältnis wirkt sich nur mittelbar auf das Ausführungsgeschäft aus, nämlich in dem sich der Kommissionär entsprechend verhält. Abgrenzungsschwierigkeiten entstehen, sobald das Ausführungsgeschäft in schuldrechtlicher und dinglicher Hinsicht nicht eindeutig ist.

a) Handeln in eigenem Namen

425 Das Ausführungsgeschäft bei der Kommission muss **zwingend im eigenen Namen des Kommissionärs** erfolgen, was im Hinblick auf das Offenkundigkeitsprinzip des § 164 Abs. 1 BGB regelmäßig gegen die offene Stellvertretung abgegrenzt werden kann. Unklarheiten aufgrund des sog. „Geschäfts, für wen es angeht“, werden sich kaum je stellen.

b) Für Rechnung des Kommittenten

426 Die wirtschaftliche Zuhaltung an den Kommittenten ist das Treuhandelement und grenzt das Ausführungsgeschäft eines Kommissionärs von seinen Eigengeschäften, etwa als Zwischenhändler ab. Während **im Falle eines Zwischenhändlers** eine Vertrags-/Lieferkette von einander nachfolgenden Kaufverträgen vorliegt, die auch sachenrechtlich mit Durchgangserwerb beim Zwischenhändler vollzogen werden (seltene Ausnahmen im Grundstückshandel aufgrund der Transaktionskosten),[187] gibt es bei der Kommission nur *ein* Liefer- bzw. Leistungsgeschäft, welches durch das Kommissionsverhältnis überlagert und dem Kommittenten wirtschaftlich zugerechnet wird.

Beispiel: Werden Antiquitäten oder Kunstgegenstände in ein Versteigerungshaus eingeliefert und dort in einer Auktion oder im Freiverkauf veräußert, liegen Kommissionsverhältnis und Ausführungsgeschäft offen dar und sind überdies wohl gut dokumentiert (Einlieferungsbedingungen, Versteigerungsbedingungen etc.).

Übernimmt hingegen etwa eine Bank auf fernmündlichen Auftrag ihres Depot-Kunden den Erwerb oder die Veräußerung von Wertpapieren zum Tageskurs (Festpreisgeschäft), so ist ohne Weiteres nicht zu erkennen, ob die Bank als Zwischen-/Eigenhändler oder Kommissionär handeln soll, handeln will und handelt (vgl. aber §§ 83 Abs. 2, 2 Abs. 8 Nrn. 1, 2c WpHG und § 31 DepotG).

Die gleiche Problematik kann in einer **Vielzahl von Fällen des Vertriebs** etwa über den Fachhandel, aber auch bei Überlassungsdienstleistungen (z.B. Vermietung von Maschinen) gleichermaßen auftreten, wenn die Verhältnisse zwischen den Beteiligten nicht zweifelsfrei geklärt wurden. Normalerweise macht es denn (auch umsatzsteuerlich, vgl. § 3 Abs. 3 UStG) keinen Unterschied, ob der Mittelsmann seinen identischen **Gewinn** *als Eigenhändler aus der Handelsspanne* zwischen Einkaufs- und Verkaufspreis zieht oder *als Kommissionär vom Kundenpreis eine Provision einbehalten* darf.

---

187 **Probleme** ergeben sich daraus insb. **für die Rückabwicklung** bei nichtigen Grundgeschäften, die aber trotz sachenrechtlichen Direkterwerbs dem Geheißerwerb mit Durchgangseigentum beim Zwischenmann gleichgestellt werden; vgl. dazu BGHZ 36, 30, 32; 37, 363, 368, offen gelassen in NJW 1989, 2879, der gelegentlich dann eine Direktkondiktion zulässt. Vgl. unter Rn. 635 f.

Auch die Kapitalbindung ist beim Zwischenhändler (Eigenhändler) nicht zwingend eine größere als die des Kommissionärs, da auch jener Lieferantenkredit durch eine Fälligkeitsabrede beim Einkaufsgeschäft auf den Zeitpunkt der Weiterveräußerung in Anspruch nehmen kann (dinglich gesichert dann meist durch sog. verlängerten Eigentumsvorbehalt). Ob der **einvernehmlich spätere Geldfluss** *auf einer Fälligkeitsabrede* oder *auf dem Kommissionsverhältnis* beruht, ist selbstverständlich kein taugliches Abgrenzungskriterium für das Handeln auf eigene oder fremde Rechnung, sondern dessen rechtliche Konsequenz.

4. Risikotragung

Die **Abgrenzung** der Vertrags- und Lieferkette **des Eigenhändlers vom Kommissionsverhältnis** ist, wenngleich nicht bei insges. störungsfreiem Ablauf, so doch für die Tragung des **Veräußerungsrisikos**, des **Insolvenzrisikos** und der Gütegefahr (**Sachgefahr**) für den Geschäftsgegenstand maßgeblich, welche der Kommittent trägt (das ist gemeint mit dem Handeln auf *seine Rechnung*). 427

Der Kommissionär kann im Falle ausbleibenden oder in Folge zufälligen Untergangs scheiternden (vgl. im Verhältnis zum Erwerber § 326 Abs. 1 BGB) Ausführungsgeschäfts das Kommissionsgut (oder was davon übrig ist) an den Kommittenten zurückgeben (Kündigung gem. §§ 675 Abs. 1 a.E., 671 Abs. 2 BGB). Soweit den Kommissionär kein Verschuldensvorwurf hinsichtlich der Erfolglosigkeit oder der ungenügenden Sicherung vor Verlust und Beschädigung (vgl. § 390 HGB) trifft und deshalb keine Schadensersatzpflicht besteht, verliert der Kommissionär nur den Provisionsanspruch.[188]

Der Eigenhändler hingegen hätte das Umsatzrisiko zu tragen und schuldete Erfüllung seines mit dem „Auftraggeber" geschlossenen Umsatzgeschäfts.

Die Problematik ist bei der Verkaufs- und Einkaufskommission eine nämliche. Der Zwischenhändler (**Eigenhändler**) könnte dieses **wirtschaftliche Risiko** nur durch die zusätzliche Abrede eines sog. **Konditionsgeschäfts** auf seinen „Auftraggeber" abwälzen, in dem er den Umsatzvertrag unter die **Bedingung der Weiterveräußerung** bzw. den **Vorbehalt der Selbstbelieferung** stellt und so den Bestand der einzelnen Glieder der Vertragskette in wechselseitige Abhängigkeit bringt.[189]

Weiterhin wird der Kommittent als Geschäftsherr durch § 392 Abs. 2 HGB in der Einzel- oder Gesamtvollstreckung (Insolvenz) in das Vermögen des Kommissionärs geschützt.[190] Die kommissionsweise erlangte Kaufpreisforderung (bei der Verkaufskommission) bzw. den Übereignungsanspruch (bei der Einkaufskommission) muss der Kommissionär dem Kommittenten zwar jeweils erst gesondert rechtsgeschäftlich übertragen (vgl. § 384 Abs. 2 a.E. HGB), sie *gelten* jedoch gegenüber Gläubigern des Kommissionärs *schon zuvor als auf den Kommittenten übergegangen* und sind damit vor solchen Pfändungen geschützt.

Nach dem Wortlaut von § 392 Abs. 2 HGB ist dieser **Vollstreckungsschutz** auf **„Forderungen" aus dem Ausführungsgeschäft** bezogen, was **nicht den Erlös aus der Einziehung solcher Forderungen** durch den Kommissionär, also etwa den *vereinnahmten Kaufpreis* bei der Verkaufskommission bzw. das *erworbene Eigentum* bei der Einkaufs- 428

188 Auferlegung einer (verschuldensunabhängigen) Einstandspflicht des Kommissionärs für Warenschwund ist deshalb nicht durch AGB möglich (Verstoß gegen §§ 307 Abs. 1, 2 Nr. 1, 310 Abs. 1 BGB), vgl. *K. Schmidt,* Handelsrecht § 31 Rn. 41 m.N.

189 Vgl. *K. Schmidt,* Handelsrecht § 31 Rn. 43.

190 Abtretung der Kaufpreisforderung oder Aufrechnung durch den Kommissionär schaffen vergleichbare Interessenlagen des Kommittenten, vgl. *K. Schmidt,* Handelsrecht § 31 Rn. 129 ff.

kommission umfasst. Dies ist insofern sinnwidrig, als dieser gleich wie zuvor die Forderung Treuhandvermögen und damit gleichermaßen schutzbedürftig ist.[191] Unproblematisch ist, wenn der Erlös auf ein Treuhandkonto des Kommissionärs geflossen ist und es sich deshalb wiederum um eine Forderung handelt, die kommissionsähnlichen Charakter hat (§ 406 Abs. 1 HGB). In allen anderen Fällen stellt sich neben der prinzipiellen Erstreckung des Vollstreckungsschutzes auf den Erlös (z.B. im Rahmen der Ersatzaussonderung nach § 48 InsO) die weitere Frage, ob dieser überhaupt noch – unterscheidbar – im Vermögen des Kommissionärs vorhanden ist, um geschützt werden zu können. Dies wird nur bei der Einkaufskommission für die Waren angenommen werden können (das Kommissionsgut bei der Verkaufskommission steht von vornherein noch im Eigentum des Kommittenten und ist umfassend geschützt), während vereinnahmtes Geld in der Kasse oder auf einem eigenen Konto des Verkaufs-Kommissionärs nicht mehr gegenständlich, allenfalls wertmäßig unterscheidbar ist (jedenfalls nach Quote); jede Feststellung und Verteilung von Quoten zur Gläubigerbefriedigung wird dann aber einem Insolvenzverfahren überlassen bleiben müssen.

5. Treupflichten

429 Der Kommissionär hat aufgrund dieser Risikolage und seiner Treuhandstellung die Pflicht, vereinnahmte Gelder aus kommissionsweisen Veräußerungsgeschäften bis zur Auskehr an den Kommittenten auf **Treuhandkonten** zu verwahren[192] (vgl. zur ähnlichen Problematik ausdrücklich die Verpflichtung zur Führung von Anderkonten durch Rechtsanwälte nach § 43a V BRAO).

Das Eigentum an für den Kommittenten erworbenen Waren ist diesem gleichfalls bereits im Erwerbszeitpunkt durch sog. **Insichkonstitut** nach §§ 181, 930 BGB zu übertragen (Kenntlichmachung mit dem Namen des Kommittenten erforderlich; vgl. auch § 18 Abs. 1, 3 DepotG); allerdings erfolgt die Eigentumsübertragung mit Durchgangseigentum des Kommissionärs für eine „juristische Sekunde" (was zwar wegen § 97 Abs. 2 S. 1 BGB nicht dazu führt, dass die Waren in der Beschlagnahme aufgrund Grundschuld oder Hypothek auf dem Grundstück des Kommissionshauses verhaftet wären, vgl. §§ 1120 f. BGB, wohl aber von einem zuvor erfolgten *Insolvenzbeschlag*, vgl. §§ 21 Abs. 2 Nr. 2 bzw. 80 f. InsO oder mit einem *Vermieterpfandrecht* belastet sein können, vgl. §§ 562 ff. BGB). Alternativ kann bereits im Kommissionsauftrag ein **antezipiertes Besitzkonstitut** nach §§ 929, 930 BGB vereinbart werden, was jedoch am Durchgangseigentum des Kommissionärs nichts ändert.

430 Von dem **Besitzkonstitut der Verwahrung** des gekauften oder zu verkaufenden Kommissionsguts gehen auch die §§ 389 und 390 HGB aus. Nach § 390 HGB haftet der Kommissionär für das Verwahrgut, soweit er sich nicht entlasten kann, was nur bei bestehender Verwahrpflicht Sinn hat und nach § 389 HGB kann er die Verwahrung bei Säumnis des Kommittenten mit der Verfügung über die Sache durch Hinterlegung ggf. beenden. Bei der Einkaufskommission ist deshalb vom sofortigen (aber dennoch vom

---

191 Umstritten; dazu *K. Schmidt,* Handelsrecht § 31 Rn. 121 ff., insbes. Rn. 138.
192 *K. Schmidt*, Handelsrecht § 31 Rn. 140.

Kommissionär derivativen) Eigentumserwerb des Kommittenten durch Insichkonstitut jedenfalls dann auszugehen, wenn die Verwahrung am konkreten Stück auch kenntlich ist.[193]

6. Drittschadensliquidation (Fallgruppe)

Schließlich führt das Kommissionsverhältnis zur sog. Drittschadensliquidation (in der Fallgruppe der mittelbaren Stellvertretung; vgl. im Übrigen die Fallgruppen der obligatorischen Gefahrentlastung nach § 447 BGB und der Obhutsfälle). **431**

Wird bei der Einkaufskommission das Ausführungsgeschäft durch den Dritten als Verkäufer derart gestört, dass er Schadensersatz – z.B. für Mangelfolgeschäden (vgl. etwa § 437 Nr. 3) – leisten muss oder zerstört etwa ein beliebiger anderer den für den Kommittenten erworbenen Gegenstand beim Kommissionär vor dessen Übereignung an den Kommittenten, so ist Anspruchsinhaber des Schadensersatzes der Kommissionär als Vertragspartner des Verkäufers bzw. als Verletzter (zuerst erwirbt der Kommissionär Eigentum). Er hätte jedoch zumeist wirtschaftlich gar keinen Schaden, weil es sich bei ihm um **Treugut** handelt und soweit **dessen Sachgefahr der Kommittent trägt** (beachte aber § 390 HGB). Dieser wiederum hätte zwar den Schaden, jedoch ist er nicht Anspruchsinhaber des Schadensersatzanspruchs (weil nicht Vertragspartner des Ausführungsgeschäfts bzw. noch nicht Eigentümer im Schadenszeitpunkt).

Aufgrund dieser **typischen Schadensverlagerung** kann und muss der Kommissionär in solchen Fällen nicht nur seinen eigenen, sondern auch den Schaden des Kommittenten liquidieren können und den Ersatz ihm herausgeben (nach § 384 Abs. 2 HGB, ebenso nach § 285 BGB).

Anders bei einem **Händler**, der auf den Ersatz seines Schadens, ggf. einschließlich des ihm entgangenen Gewinns (§ 252 BGB) beschränkt ist. Ein eventuell viel höherer Schaden seines Kunden kann dagegen *nur ausnahmsweise als sog. Regressschaden* liquidiert werden, soweit eine eigene Haftung des Händlers infolge dieser Umstände gegeben sein sollte. Hatte der Kunde die von einem Dritten zerstörte Ware etwa beim Händler gekauft aber noch nicht zu Besitz und Eigentum erhalten (sonst eigener Eigentumsschaden bzw. wiederum Drittschadensliquidation, nämlich in der Fallgruppe der Obhut – Verwahrung – über fremdes Eigentum) und entgeht dem Kunden dadurch eine Gewinnchance im Zusammenhang mit der gekauften Ware, so haftet der Händler z.B. bei ungenügender Obhut dem Kunden aus Nebenpflichtverletzung und Unmöglichkeit, was zumindest einen mutwillig handelnden Dritten nicht nach § 254 BGB entlastet und auch noch adäquat kausale Haftungsfolge (vgl. § 823 Abs. 1 BGB) ist. *Nota bene:* Ein leicht fahrlässiger Zwischenhändler ist u.U. also für den Endkunden vorteilhafter als ein korrekt sorgfältiger.

7. Weisungsrecht des Kommittenten und Zurückweisungsrecht

Der Kommittent als Geschäftsherr ist befugt, die treuhänderischen Pflichten des Kommissionärs durch Weisungen zu konkretisieren, soweit sie sich im Rahmen des nach dem Kommissionsverhältnis Zumutbaren halten (vgl. § 665 BGB). Unzumutbare Weisungen sind unverbindlich. Verstößt der Kommissionär gegen berechtigte Weisungen, kann der **432**

193 Der Kommissionär aktiviert mit Ausführung der Einkaufskommission nur eine Forderung gegenüber dem Kommittenten und passiviert eine Verbindlichkeit aus dem Kaufvertrag gegenüber dem Dritten (sofern nicht bar bezahlt). Der Kommittent aktiviert die Ware frühestens dann, wenn die Verfügungsgewalt oder Gefahr an dem Gut auf den Kommissionär übergeht – und damit mittelbar auf den Kommittenten, vgl. Beck'scher Bilanz-Kommentar, § 246 HGB Rn. 23; der Kommittent ist stets zumindest wirtschaftlicher Eigentümer, ggf. (beim Insichkonstitut) auch rechtlicher.

Kommittent das Ausführungsgeschäft zurückweisen, weiterhin die vertrags- und weisungsgerechte Ausführung des Kommissionsauftrags verlangen und, soweit ein Schaden entstanden ist, dessen Ersatz neben der Leistung geltend machen (vgl. § 385 Abs. 1 HGB). Die Zurückweisung ist nicht fristgebunden, steht aber jeglicher Annahme der Erfüllung aus dem weisungswidrigen Ausführungsgeschäft entgegen, anderenfalls dieses als genehmigt gilt.

Lediglich bei Verletzung von Preissetzungen (vgl. § 386 Abs. 1 HGB) muss der Kommittent das Ausführungsgeschäft unverzüglich (vgl. § 121 Abs. 1 BGB) zurückweisen, wenn er auf ein besseres Geschäft vertrauen möchte. Allerdings sind Preissetzungen nur verbindlich, wenn sie vertraglich vorbehalten wurden, nicht als generelles Weisungsrecht. Preisabweichungen zu Gunsten des Kommittenten sind stets zulässig und diesem zuzurechnen (vgl. § 387 HGB).

8. Haftung im Kommissionsverhältnis

433 Das Kommissionsverhältnis ist ein Geschäftsbesorgungsverhältnis (§ 675 Abs. 1) mit der Folge der wechselseitigen Haftung für **Pflichtverletzungen** nach §§ 280 ff. BGB, einschließlich solcher durch Erfüllungsgehilfen (§ 278 BGB). Der Kommissionär übernimmt dabei als Inhalt seiner geschuldeten Geschäftsbesorgung, die Kommission auszuführen, wodurch er jedoch nicht dem Kommittenten gegenüber für die Erfüllung des Ausführungsgeschäfts haftbar werden würde. Der **Kommissionär haftet** deshalb **nicht für den Dritten als Vertragspartner des Ausführungsgeschäfts**, auch nicht über § 278 BGB; der Kommissionär schuldet nicht das Ausführungsgeschäft, sondern ein professionelles Bemühen um den Abschluss eines solchen und das Obwalten kaufmännischer Sorgfalt (vgl. §§ 390, 347 HGB) zur Wahrung des Kommittenteninteresses.

Der Kommissionär haftet deshalb außer im Falle vertraglicher Übernahme etwa durch Bürgschaft (vgl. §§ 765 ff. BGB) oder Vereinbarung einer Delkrederehaftung (vgl. § 394 HGB) nur im Falle interessenwidriger Sorgfaltspflichtverletzungen. Insoweit wird dem Kommittenten die Erfüllungsklage aus dem Ausführungsgeschäft gegen den Kommissionär insb. im Fall des unbefugten Verkaufs auf Kredit (vgl. § 393 Abs. 3 HGB) und der Säumnis mit der Benennung des Dritten bei der Ausführungsanzeige (vgl. § 384 Abs. 3 HGB) gewährt.

434 Im Fall der sog. **Selbsthaftung des Kommissionärs** nach § 384 Abs. 3 HGB hat der Kommittent die Wahl, sich den Dritten nachträglich namhaft machen zu lassen und Erfüllung von diesem zu verlangen oder den Kommissionär in Anspruch zu nehmen. Die Selbsthaftung tritt sehr formalistisch ein, wenn die Benennung des Dritten nicht spätestens gleichzeitig mit der Ausführungsanzeige erfolgt. Diese Selbsthaftung des Kommissionärs ergänzt die (abdingbare) Fiktion in § 405 Abs. 1 HGB, dass eine Ausführungsanzeige ohne ausdrückliche Erklärung des **Selbsteintritts** als Ausführungsgeschäft mit einem Dritten zu verstehen sei – für das aber dann die Selbsthaftung und das Wahlrecht des Kommittenten gelten.

435 Der Selbsteintritt des Kommissionärs (vgl. §§ 400 ff. HGB) ermöglicht ihm unter engen Voraussetzungen die Übernahme des Ausführungsgeschäfts *auf eigene Rechnung*, wodurch er sich jedoch in einen Interessenkonflikt zum Kommittenten setzt.[194] Von

194 Darstellung bei *K. Schmidt,* Handelsrecht § 31 Rn. 148 ff.

mehreren gleichartigen Geschäftsvorfällen könnte der Kommissionär für die vorteilhafteren den Selbsteintritt erklären und dem Kommittenten als Dritten im Nachhinein denjenigen Vertragspartner des anderen Geschäfts namhaft machen. § 384 HGB versucht, diesen sog. **Kursschnitt** zu verhindern. Die Selbsthaftung gilt deshalb auch in Fällen unwirksamen Selbsteintritts, welcher mangels anderweitiger Regelung im Kommissionsvertrag überdies einen amtlich festgestellten Börsen- oder Marktpreis voraussetzt (vgl. § 400 Abs. 1 HGB).

IX. Besondere Vertriebsverhältnisse

Gesetzlich nicht geregelt sind verschiedene Erscheinungsformen des Vertriebs, die Elemente von Handelsvertretung und Kommission vermischen (der Kommissionsagent) oder jedenfalls enthalten (der Vertragshändler und das Franchising, für die beide die ständige Betrauung charakteristisch ist). **436**

1. Vertragshändler

a) Abgrenzung

Der Vertragshändler ist Eigenhändler, also selbstständiger Zwischenhändler beim Vertrieb von Waren. Er veräußert im eigenen Namen und für eigene Rechnung, was er zuvor seinerseits gekauft hat. Beim Vertragshändler steht dabei im Gegensatz zu anderen Eigenhändlern ein (oder auch mehrere) bestimmter Markenvertrieb im Vordergrund, dergestalt, dass er damit ständig betraut ist. Insoweit ist der Vertragshändler dem Handelsvertreter vergleichbar, als beide damit beauftragt sind, neben der reinen Umsatztätigkeit in dem ihnen zugewiesenen Bereich den Absatz und den Bekanntheitsgrad des Herstellers oder seiner Marke zu fördern. Der Wareneinkauf ist Teil einer Geschäftsbesorgung, nämlich als Dienstleister im Vertriebssystem eines Herstellers. **437**

Sind das Vertreterhandeln des Handelsvertreters und die selbstständigen Einkaufs- und Verkaufsverträge des Vertragshändlers rechtskonstruktiv grundlegend verschieden, so handelt es sich doch zuerst nur um einen formalen Unterschied, der lediglich eine Annäherung an ein wirtschaftlich gewolltes Ergebnis von unterschiedlichen Richtungen aus bedeutet. Zwingend verschieden sind formal die Parteien der Vertragsverhältnisse und die Vertragstypen. Der Kunde des Handelsvertreters kauft direkt beim Hersteller, dessen Vertreter dieser ist. Der Kunde des Vertragshändlers kauft von diesem. Das Geschäftsbesorgungsverhältnis des Handelsvertreters mit seinem Unternehmer ist reines Handelsvertreterverhältnis, dasjenige des Vertragshändlers ist gesetzlich nicht speziell normiert und jedenfalls durch kaufrechtliche Elemente ergänzt.[195] **438**

Beispiel: Die Mehrzahl der deutschen Premiumhersteller von Automobilen organisiert den Vertrieb über Autohäuser als **„Markenhändler"**, ein Hersteller hingegen großteils als „Markenvertretung" (Mercedes Werksvertretung). Der Unterschied wird kaum wahrgenommen, zeigt sich aber in den dezenten Begriffsunterschieden deutlich. Was aus Kundensicht dabei eigentlich fundamen-

195 Bei nicht schriftlich dokumentierten Geschäften können die Rechtsnatur der Geschäftsbeziehungen und damit die rechtlich beteiligten Vertragspartner(!) z.T. völlig im Unklaren bleiben. Ein Köbes in Düsseldorfer oder Kölner Brauhäusern ebenso wie ein Fahrradhändler können Handelsvertreter, Kommissionäre oder Eigen- bzw. Vertragshändler sein, der Köbes auch schlicht Arbeitnehmer (so heute zumeist; traditionell waren Köbesse eher Vertragshändler). Wer ist Vertragspartner, wer haftet dem Gast, Kunden?

tale Fragen bei der Vornahme von Kundendienst oder Gewährleistungsrechten zeitigt (nur wer bei einer (unselbstständigen) Hersteller-„Niederlassung“ oder einem Handelsvertreter gekauft hatte, kann bei jedem Vertreter oder beim Hersteller selbst seine Rechte geltend machen, anderenfalls an sich nur beim konkreten Händler-Verkäufer, wird über Herstellergarantien und interne Abreden in den Vertragshändler-Verträgen vollständig kompensiert. Genausowenig unterscheiden sich die unterschiedlichen Arten von Autohäusern hinsichtlich der jeweiligen Markenpflege (Verwendung des Markenlogos, Corporate Identity, bis hin zu vereinheitlichter Innen-/Architektur und der oktroyierten Vorhaltung bestimmter Ausstellungsstücke oder dem Angebot an Kundendienstleistungen).

439 Relevanz hat die Unterscheidung deshalb vor allem im Kartellrecht,[196] etwa hinsichtlich der Zulässigkeit von Preisbindungen, von Verboten des Verkaufs an Wiederverkäufer zur Vermeidung internen Wettbewerbs und von Versuchen der Bindung von Kunden an Markenwerkstätten. Artikel 101 AEUV und § 1 GWB verbieten den Herstellern, unbeschadet bestimmter geregelter Freistellungen in § 2 Abs. 1 GWB, die Konditionenbestimmung über sog. Markt- oder Wirtschaftsstufen hinweg. Ohne dass dies nur formal an der zivilrechtlichen Konstruktion festgemacht werden könnte, rücken doch Handelsvertreter, die üblicherweise kein Absatzrisiko tragen, näher in die Richtung einer einheitlichen Wirtschaftsstufe mit dem Hersteller (vgl. etwa EuG in der Rechtssache „Daimler-Chrysler/Kommission“)[197], während typische Eigenhändler eine separate Wirtschaftsstufe darstellen.[198]

b) Rechte und Pflichten der Parteien

440 Die Rechte und Pflichten der Parteien des Vertragshändlerverhältnisses sind neben denjenigen des Kaufrechts solche aus § 675 BGB,[199] also insb. das Weisungsrecht des Herstellers (vgl. §§ 675 Abs. 1, 665) und die Informationspflichten des Händlers (vgl. §§ 675 Abs. 1, 666). Der Hersteller muss dem Vertragshändler in gewissen Grenzen auch eine Vertriebsunterstützung gewähren (ähnlich der für Handelsvertreter nach § 86a HGB).

Wie der Vertragshändler verpflichtet sein kann, sich auf eigene Rechnung einen Warenvorrat zuzulegen, mag in Einzelfällen insoweit auch eine Zurücknahmepflicht des Herstellers greifen, wenn die Vorräte etwa wegen Beendigung des Vertragshändlerverhältnisses unverkäuflich werden und dem Vertragshändler hierbei kein vorwerfbares Verhalten anzulasten ist.

2. Franchiseverhältnis

441 Franchising ist kein Rechtsbegriff, sondern ein Phänomen der Betriebspraxis, das unterschiedlich ausgestaltet sein kann.[200] Beim Franchising wird eine Kette autorisierter, rechtlich selbstständiger Unternehmer von einem Franchisegeber ständig damit betraut, bestimmte Waren oder Dienstleistungen in einem einheitlichen Erscheinungsbild am Markt anzubieten. Noch viel weitergehender als etwa beim Vertragshändler tritt beim Franchising eine gemeinsame Handelsbezeichnung, zumeist eine Marke, nicht nur neben die Firma der Franchisenehmer, sondern – jedenfalls vertriebsbezogen – ganz an deren Stelle.

196 Vgl. *K. Schmidt,* Handelsrecht § 28 Rn. 14 ff.
197 EuG, Slg. 2005 II – 3319.
198 Ausführlich *K. Schmidt,* Handelsrecht § 27 Rn. 23 ff.
199 Vgl. zur Rechtsnatur des Vertragshändlervertrags *K. Schmidt,* Handelsrecht § 28 Rn. 12 m.w.N.
200 Darstellung bei *K. Schmidt,* Handelsrecht § 28 Rn. 22–40.

Beispiel: Diese Struktur bietet sich an für die dezentrale Herstellung und Abfüllung eines weltweit angebotenen Getränks, dem überall eine identische Rezeptur zugrunde liegt, ebenso für Restaurantketten mit stets identischem Angebot von Speisen und Getränken, die aus strengstens festgelegten Zutaten in überall identischen Fertigungsprozessen (bis hin zu den exakt einzuhaltenden Gartemperaturen) hergestellt und mit überall gleichem Erscheinungsbild (von der Verpackung über die Gastronomieeinrichtung bis zur Architektur der Gebäude) angeboten werden. Weitere Beispiele sind Drogeriemarktketten, Baumarkt-, Autoteile- und Werkstattketten, Weindepots ebenso wie Reisebüro- und Hotelketten u.v.m.

Dies ist auch der Hintergrund für die ungeheure Dichte der „Filialnetze" von Handy-Shops. Es handelt sich ganz überwiegend um selbstständige Unternehmer, der Netzbetreiber trägt kein Investitionsrisiko. Auch die Versprechungen der Verkäufer zur Netzqualität (des Empfangs), zu vertraglicher Flexibilität etc. binden ihn nicht, denn in Bezug auf den Mobilfunkvertrag sind die Shops nur Nachweismakler, der Vertragsschluss erfolgt durch den namensgebenden Konzern selbst.

Im Außenverhältnis handelt jeder Franchisenehmer, gleich einem Vertragshändler oder Kommissionär, im eigenen Namen. Charakteristisch für das Franchise ist allerdings – in einem gewissen Widerspruch dazu – das (scheinbare) Auftreten aller Franchisees unter einem gemeinsamen firmen- bzw. markenähnlichen Handelsnamen. 442

a) Abgrenzung

Zumindest bei oberflächlicher Betrachtung ist die Unterscheidung eines selbstständigen Franchisenehmers von einer unselbstständigen Filiale (Betriebsstätte) gezielt verschleiert und vielfach sind Vertriebssysteme derselben Marke an unterschiedlichen Standorten auch rechtlich entsprechend unterschiedlich organisiert. Der Hinweis auf die Franchise-Partnerschaft findet sich im Kundenverkehr, wenn überhaupt, an eher versteckter Stelle. Hierin liegt der Unterschied im Marketing zum Vertragshändler, der seine eigene Firma (etwa als Autohaus) parallel zur Handelsbezeichnung der vertriebenen Waren und Dienstleistungen (etwa der Automobilmarke) führt. 443

Im extremen Fall des vollständigen Zurücktretens des Franchisenehmers im Kundenverkehr müsste sein Handeln als unternehmensbezogenes Geschäft des Franchisegebers verstanden werden, auf den der Franchisenehmer deutlich, wenn auch nicht firmenmäßig, hinweist (verbunden mit einer Anscheinsvollmacht). Der Franchisenehmer wäre in der Konsequenz nur ein (unselbstständiger) Buchungskreis des Vertretenen. Dies ist nicht gewollt, was vom Rechtsverkehr akzeptiert wird, weshalb aber zumeist an versteckter Stelle doch hingewiesen wird: *„all (e.g. restaurants) are individually owned and operated by independent franchisees"*. 444

b) Rechtsverhältnis

Franchising ist ein Geschäftsbesorgungsverhältnis nach § 675 BGB, das überwiegend Dienstleistungselemente in beide Richtungen umfasst. Während der Franchisenehmer den Absatz unter Herausstellung des gemeinsamen Handelsnamens zu fördern übernimmt, versteht es der Franchisegeber als seine Dienstleistung, ein vorfabriziertes Betriebsführungs- und Marketingkonzept zur Verfügung zu stellen und dessen Umsetzung zu unterstützen und zu überwachen (Know-how Transfer). Die Markenführung durch den Franchisenehmer erfolgt über einen Lizenzvertrag in der schuldrechtlichen Form der Rechtspacht. Dazu kommen individuell unterschiedliche, für das konkrete Franchiseverhältnis aber bedeutsame Elemente des Kaufs, des Dienst-, Werkvertrags, 445 der Pacht oder Miete, je nachdem, welche Unternehmensfunktionen vereinheitlicht werden sollen. Das reicht von vorgeschriebenen Bezugsadressen des Wareneinkaufs bei Restaurantketten bis zur Wahrnehmung einzelner Geschäftsführungsbefugnisse des Franchisenehmers durch den Franchisegeber im Rahmen von sog. Managementverträgen etwa in der Führung von Hotelbetrieben als Hotelkette. Stets bleibt die rechtliche Selbstständigkeit des Franchisenehmers formal gewahrt, der Franchisegeber übernimmt in keinem Fall die Unternehmensträgerschaft.

c) Problemstellungen

446 Der weitrechende Einfluss des Franchisegebers hat auch **gesellschaftsrechtliche Folgen**. So wird als Franchisenehmer stets nur eine Personengesellschaft (typisch wohl als GmbH & Co. KG) oder eine natürliche Person infrage kommen. Im Aktienrecht würden sich Probleme des (faktischen) Konzerns sowie einer Haftung des Franchisegebers nach § 117 Abs. 1 AktG stellen, im Recht der GmbH solche des existenzvernichtenden Eingriffs bei kompensationslosen Eingriffen und Verursachung der Insolvenz (vgl. § 826 BGB).

Im Übrigen ist eine Ausgewogenheit der wechselseitigen Verpflichtungen über die AGB-Kontrolle (vgl. §§ 310 Abs. 1, 307 BGB) und im Einzelfall über § 138 BGB und § 242 BGB in äußersten Grenzen sicherzustellen.

447 Das Entgelt, das der Franchisegeber erhält, ist so variantenreich wie seine beizustellenden Leistungen. Regelmäßig wird der Know-how Transfer und die Befugnis zur Markenführung durch einen vom Franchisenehmer abzuführenden Prozentsatz vom Umsatz entgolten. Hinzukommen jedoch Gewinnanteile aus der Preiskalkulation für Wareneinkaufspflichten des Franchisenehmers und seine Verpflichtung zur Inanspruchnahme von (Management-)Dienstleistungen etc., welche entweder direkt gegenüber dem Franchisegeber bestehen oder zumeist gegenüber (abhängigen) Beteiligungsgesellschaften des Franchisegebers. Schließlich erfolgt vielfach auch eine Weiterbelastung zentraler Kosten etwa für Werbung in Form einer pauschalisierten Umlage auf die Franchisenehmer.

d) Analoge Anwendung von Handelsvertreterrecht

448 Weder das Vertragshändlerverhältnis, noch dasjenige mit Kommissionsagenten oder Franchisenehmern erfüllt die besonderen Voraussetzungen des Schutzes aus den Treuverpflichtungen nach den §§ 84 ff. HGB. Vergleichbar besteht in allen Fällen jedoch eine ständige Betrauung mit dem Absatz von Waren und Dienstleistungen für den Prinzipal (anders beim Kommissionär, der nach dem Vorstellungsbild der §§ 383 f. HGB nur von Fall zu Fall tätig wird, aber dessen unbeschadet auch in einer ständigen Absatzbeziehung zum Kommittenten stehen und dann zur terminologischen Abgrenzung als Kommissions*agent* bezeichnet werden kann). Unterschiede bestehen zuerst im Handeln in eigenem oder fremdem Namen.

Unmittelbar aus dem hier allen gemeinsamen Geschäftsbesorgungsverhältnis (vgl. § 675 Abs. 1 BGB) folgen die als Konkretisierung der Interessenwahrungs- und Informationspflichten bzw. Weisungsrechten (vgl. §§ 665 f. BGB) vertypten Unterstützungspflichten (vgl. § 86a HGB) und Verschwiegenheitspflichten (vgl. § 90 HGB). Aus dem Dauerschuldcharakter des in der ständigen Betrauung liegenden Dienstleistungsverhältnisses folgt ohne Weiteres die in § 86 HGB etwa konkretisierte Tätigkeitsverpflichtung ebenso wie die daraus folgende Schutzbedürftigkeit hinsichtlich nachvertraglicher Wettbewerbsverbote (vgl. § 90a HGB). Die Regelungen dieser Vorschriften gelten deshalb in allen diesen Fällen gleichermaßen.

Eine Analogie zum Ausgleichsanspruch des Handelsvertreters nach § 89b HGB ist dagegen umstritten, weil infolge unterschiedlichen Verständnisses seiner Voraussetzungen und seines Schutzguts eine Vergleichbarkeit mit den Umständen der anderen Rechtsverhältnisse unterschiedlich beurteilt werden kann.[201] Das betrifft zum einen die durch die sog. Sogwirkung einer Marke gewonnenen Kunden, welche den ausgleichspflichtigen, nämlich vom Geschäftsbesorger aktiv geworbenen Kunden gegenübergestellt werden; zum anderen die Frage, ob die nach Beendigung des Geschäftsbesorgungsverhältnisses für die Ausgleichspflicht notwendigerweise erforderliche Ziehung weiteren Vorteils aus diesem Kundenkreis durch den Geschäftsherrn eine rechtliche oder wenigstens tatsächliche Übertragung des Kundenstamms erfordert; hier sind die gesetzlichen Formulierungen noch stark von der Vorstellung eines Handlungsreisenden mit eigener Kundendatei geleitet. Je weitergehender Letzterer nur als historische Versinnbildlichung jeden Vertriebs verstanden wird und je mehr die konkrete Vertriebs*präsenz*, letztlich also auch die zufällige Abschlussgelegenheit für die Kaufentscheidung für maßgeblich erachtet wird, bieten sich Anhaltspunkte für vergleichbare Interessenlagen und damit die analoge Anwendung. **449**

Einzelheiten sind umstritten, und es findet sich eine vielfältige, eher kasuistische Rechtsprechung. Vereinheitlichende Aussagen werden zudem erschwert durch die Vielgestaltigkeit der Vertragshändler- und Franchiseverhältnisse, die als Begrifflichkeiten der Betriebspraxis schwerlich mit generalisierten Rechtsfolgen verbunden werden können. Soweit etwa der Automobilvertrieb einzelner Marken vorwiegend über eigene Niederlassungen und im Übrigen Handelsvertreter, der Vertrieb anderer Marken über eigene Niederlassungen und Vertragshändler kombiniert wird, ohne dass dies bei den Autohäusern erkennbare operative Unterschiede zeitigen würde, wäre eine diametral gegensätzliche Handhabung des Ausgleichsanspruchs in dieser Branche nur schwer einzusehen.

Das Franchising, das aufgrund ausschließlicher Herausstellung der gemeinsamen Marke Anlass zur Diskussion über die Zurechnung der von den Franchisees geschlossenen Verträge zum Franchisor geben kann und bejahendenfalls damit zum Handelsvertretersystem würde, charakterisiert umgekehrt eine strikte **Vermeidungsstrategie im Hinblick auf Abfindungsansprüche** nach § 89b HGB. Insb. das vereinheitlichte Erscheinungsbild aller Franchisenehmer unter dem überall identischen Handelsnamen der Kette und die Zentralisierung der Werbung beim Franchisegeber führen dazu, dass Kunden verstärkt durch die sog. **Sogwirkung der Marke** gewonnen werden, was die Franchisenehmer durch die pauschalisierte Umlage der Kosten des Marketings sogar noch selbst finanzieren. Eine entsprechende Anwendung des Ausgleichsanspruchs muss zumindest in den Fällen bejaht werden, in denen Franchisenehmer und ebenso etwa Vertragshändler eine Kundendatei führen und die Daten daraus dem Franchisegeber zugänglich machen müssen, sei es während oder erst mit Beendigung der Vertriebsbeziehung.[202] Je geringer aber der Umfang des individuellen Service und des persönlichen Vertrauensverhältnisses des Kunden zu einem konkreten Franchisenehmer ist, desto weniger wird der Kundenstamm des Einzelnen seinen Geschäftsbemühungen zuzurechnen sein. Etwa bei bekannten Hotel- oder Restaurantketten liegt der Geschäftserfolg des Franchisenehmers wesentlich im Erkennen und in der Nutzung vorhandener

---

201 Ausführlich *K. Schmidt,* Handelsrecht § 28 Rn. 45–62.

202 Zur Bedeutung der Überlassung eines Kundenstamms für die Rechtsprechung, vgl. *K. Schmidt,* Handelsrecht § 28 Rn. 47 ff., der dagegen auf eine Kontinuität der wirtschaftlichen Zuordnung eines Kundenstammes zum Hersteller abstellt, welche auf den Vertriebler zurückzuführen ist (Rn. 47, 59 ff.), was auch unter dem Gesichtspunkt der Sogwirkung der Marke erfüllt sei (Rn. 61).

örtlicher Publikumsströme der markentypischen Zielgruppe. Er beutet die Möglichkeiten der Lizenz damit sinnvoll aus, schafft aber selbst keinen bleibenden Mehrwert. Diese Situation ist mit der des Handelsvertreters nicht vergleichbar, sondern erschöpft sich insoweit in der Rechtspacht.[203]

F. Aufnahmeverhältnisse

I. Verwahrung

450 Das Verwahrungsverhältnis hat eine äußere Ähnlichkeit mit Miete und Leihe, in dem gleichermaßen eine Sache in fremden Gewahrsam übergeben wird. Hieraus folgen stets Obhutspflichten. Bei Miete und Leihe erfolgt die Übergabe jedoch im Interesse des Gebrauchs des überlassenen Objekts, wofür *der Übernehmer ein Entgelt bezahlt*, die Obhut ist dort nur Nebenpflicht.

Bei den Verwahrungsverhältnissen liegt das eigentliche **Leistungsinteresse** beim Überlasser der Sache, und zwar gerade in der **Obhut** über diese, hier als Hauptpflicht. Demgemäß *zahlt er als „Hinterleger" eine „Verwahrungsgebühr" oder ein Lagergeld* für die sichere und pflegliche Verwahrung. Schuldinhalt des Verwahrungsverhältnisses ist nach § 688 die Obhut, die sich nicht allein in der Unterbringung der Sache erschöpft; vielmehr gehört auch die **notwendige sichernde und schützende Tätigkeit des Verwahrers** dazu. Wie weit dieses im Einzelfall geht, ist abhängig vom Gegenstand und den Umständen und durch Vertragsauslegung zu ermitteln.

Beispiele: Das Einstellen von Pferden in Boxen eines Reiterhofs ist Verwahrung und nicht nur Miete, wenn zumindest auch das Misten, Tränken und Füttern geschuldet wird; bloßes Weiden kann pachtähnlichen Charakter haben. Sind Bewegen, Putzen, Hege und Pflege eines zu betreuenden Pensionstiers vereinbart, spricht das für Verwahrung. Die Verwahrung von Pelzbekleidung während des Sommers bei einem Kürschner wird regelmäßig auch Pflege und Instandhaltung umfassen.

451 Obhut bedeutet die Übernahme der Verantwortung für eine Sache, die dazu dergestalt übergeben werden muss, dass der Hinterleger seine Sachherrschaft ganz aufgibt. Verwahrung in diesem Sinne ist deshalb nur an beweglichen Sachen möglich, nicht an Grundstücken und nicht an Rechten.

Beispiele: Obhut und Verwahrung gehen über bloße Bewachung hinaus. Schließfachmiete bei einer Bank ist keine Verwahrung, ebensowenig das Einstellen eines Pkw auf einen bewachten Parkplatz; in diesen Fällen ist die Bewachung, so sie denn überhaupt geschuldet wird, dienst- oder werkvertragliches Element eines gemischten Vertrags, der wesentlich Miete ist. Die Aufbewahrung von Sachen i.S.e. Verwahrungsverhältnisses kann auch Nebenleistung in einem Schuldverhältnis sein, so etwa im Rahmen der als Mietverhältnis einzuordnenden Benutzung eines öffentlichen Schwimmbades. Gleiches gilt auch bei Dienst- oder Werkverträgen, wenn dort Besucher gezwungen werden, ihre Garderobe so abzulegen, dass sie diese nicht selbst im Blick behalten können (Gaststätten, Theater, Bibliotheken etc.). Verwahrung als Nebenleistung entsteht auch hinsichtlich der überlassenen Einlagen beim Geschäftsbesorgungsvertrag einer Bank oder des überlassenen Stoffes beim Werklieferungsvertrag.

---

203 Zu bedenken bleibt dennoch, dass die Franchisees jedenfalls in ihrer Summe „die Marke" erst bilden (nach Bekanntheitsgrad und damit Wert) und somit das Franchising **produktivgenossenschaftliche** Züge trägt. Genau solche Beiträge zur Marktposition will § 89b HGB als **Konkretisierung der kommutativen (also der ausgleichenden Vertrags-) Gerechtigkeit** entgelten.

1. Entgeltliche und unentgeltliche Verwahrung

Die Grundfigur des Verwahrungsverhältnisses in den §§ 688 ff. ist doppelt ausgebildet, nämlich als entgeltlicher und damit gegenseitiger Vertrag mit dann normaler Sorgfaltshaftung entsprechend § 276; andererseits auch als unentgeltliche Verwahrung mit entsprechend gemilderter Haftung (vgl. § 690). Zur Abgrenzung stellt § 689 eine den §§ 612, 632 vergleichbare Regel auf. **452**

Entgeltliche Verwahrung ist etwa das **handelsrechtliche Lagergeschäft** (§§ 467–475h **453**
HGB).

Zur entgeltlichen Verwahrung gehören auch die meisten Verwahrungsverhältnisse als Nebenleistungen, bei denen die Verwahrung zwar nicht speziell entgolten wird, aber in einem unmittelbaren Zusammenhang mit einem entgeltlichen Vertrag steht, so in Gaststätten oder Theatern etwa *bei Benutzungszwang* von Garderoben, die für den Nutzer während seines Aufenthalts nicht einsehbar sind; *bloßes Bereithalten* einer Ablagemöglichkeit bedeutet jedoch nicht, Obhut über die abgelegten Sachen übernehmen zu wollen.

Unentgeltliche Verwahrung ist abzugrenzen zum **Gefälligkeitsverhältnis**, so etwa bei nachbarlicher Erlaubnis zum Abstellen von Gegenständen im fremden Kellerraum, wobei gerade dieses Beispiel für die **Existenz von Nebenpflichten auch außerhalb vertraglicher Bindungen** spricht, etwa hinsichtlich eines notwendigen Zusperrens der Kellertüre, das ansonsten im Belieben des Eigentümers steht. Dagegen liegt bei Zwang zur Garderobenbenutzung in Gaststätte oder Museum und fehlender Einsehbarkeit für den Gast während des Aufenthalts Verwahrung vor und nicht Gefälligkeit.

2. Fürsorgepflichten, Substitution

Die Obhut der Verwahrung erzeugt sachliche Fürsorgepflichten, die jedoch *keine treugebundene Geschäftsbesorgung* sind, wenngleich der Verwahrer verpflichtet sein kann, freie Entscheidungen in Bezug auf die Ordnungsgemäßheit der Aufbewahrung zu treffen (vgl. etwa §§ 691, 692 und den Anspruch auf Ersatz für solche Aufwendungen, § 693). Solche Nebenpflichten folgen lediglich aus der Gefahrenverteilung im Verwahrungsverhältnis, wonach der zufällige Untergang des Verwahrungsguts stets den Hintermann trifft; Zufall setzt zur Abgrenzung vom Verschulden aber die Definition von Pflichten voraus (vgl. § 276 Abs. 2). **454**

§ 691 S. 1 und 2 (Hinterlegung bei Dritten) entspricht der Substitution beim Auftrag nach § 664 Abs. 1 S. 1 und 2, Rechte und Haftung sind deshalb hier wie dort parallel – bei zugelassener Substitution haftet der Verwahrer nur für Auswahlverschulden, nicht aber für den Substituten, bei unzulässiger Substitution haftet er hingegen sogar für Zufall (anders bei gewerblicher Lagerung, bei der für das Verschulden des Dritten als Erfüllungsgehilfe auch bei zugelassener Dritteinlagerung gehaftet wird, vgl. §§ 472 Abs. 2, 475 S. 2 HGB). S. zur Bedeutung dieses Unterschieds für die Drittschadensliquidation (sog. Obhutsfälle) sogleich. **455**

Umgekehrt haftet der Hinterleger wegen Verletzung seiner besonderen Fürsorgepflicht, wenn von der hinterlegten Sache eine unerkennbare Gefahr für den Verwahrer ausgeht, vor der er ihn hätte warnen müssen (vgl. § 694). **456**

3. Haftung

457 Der Verwahrer haftet nach den §§ 280 ff., 823 sowohl für die Beschädigung der Sache als auch für – schuldhafte – Unmöglichkeit der Rückgabe (die eigentliche Sach- und Bestandsgefahr bleibt beim Hinterleger). Es gilt die Umkehr der Beweislast nach § 280 Abs. 1 S. 2; für die Erfüllungsgehilfen haftet der Verwahrer über § 278. Grundsätzlich hat der Verwahrer das Verwahrungsgut vor schädigenden Einflüssen zu bewahren und im Schadensfall auch die Rettung zu versuchen, soweit dies angemessen ist.

Bei der unentgeltlichen Verwahrung (vgl. § 690) haftet der Verwahrer insoweit nur für die Anwendung eigenüblicher Sorgfalt. Ihn trifft dann auch kein Vorwurf daraus, dass er eigenes, auch wertloses Gut bei Rettungsbemühungen dem Verwahrungsgut vorzieht.

4. Verwahrung als Dauerschuldverhältnis

458 Der Verwahrungsvertrag hat Dauerschuldcharakter. Deshalb entspricht es der Interessenlage, dass der Hinterleger die verwahrte Sache jederzeit zurückfordern kann, auch wenn für die Verwahrung eine feste Verwahrungszeit bestimmt war (vgl. § 695). Umgekehrt kann der Verwahrer jederzeitige Rücknahme verlangen, bei vereinbarter fester Verwahrungszeit jedenfalls unter der Voraussetzung des wichtigen Grundes (vgl. § 696). Die Rückgabe ist nach § 697 Holschuld.

II. Sonderformen des Verwahrungsgeschäfts

1. Hinterlegungsdarlehen

459 Praktisch wichtige Sonderform der Verwahrung ist die sog. unregelmäßige Verwahrung (§ 700), etwa hinsichtlich der Guthaben auf dem normalen „Bankkonto". Ein *solcher* Verwahrer erhält die hinterlegte Sache nicht zur Obhut, sondern zu Eigentum und schuldet die Rückgewähr von Sachen gleicher Art, Güte und Menge als Nebenleistungspflicht. Diese Form setzt deshalb als Gegenstand zwingend vertretbare Sachen (vgl. § 91) voraus, ist umgekehrt aber auch erforderlich, weil solche (z.B. Bargeld) aufgrund der §§ 946 f. regelmäßig von Gesetzes wegen in das (Mit-)Eigentum des Empfängers übergehen, der sie nur so (in seiner Kasse etwa) sinnvoll verwahren kann und insb. *darf*. Die Nähe zur Verwahrung ergibt sich daraus, dass die Rückgabe jederzeit verlangt werden kann (§§ 700 Abs. 1 S. 3, 695 bzw. 697); im Übrigen soll nach § 700 Abs. 1 S. 1 Darlehensrecht gelten (eben mit Ausnahme der dort der Rückgewähr notwendig vorausgehenden Kündigung, vgl. §§ 488 Abs. 3, 608 Abs. 1).

460 Der Kündigungsverzicht ist entgegen der Formulierung in § 700 Abs. 1 S. 3 nicht eigentlich Rechtsfolge der Abgrenzung zum Darlehen, sondern Ausdruck der Interessenlage bei der irregulären Verwahrung; der Empfänger darf mit der Einlage wirtschaften, kann aber nicht wirklich mit ihr disponieren. Maßgeblich sind deshalb die Parteiinteressen und die beiderseitige Vorstellung über eine jederzeitige Verfügbarkeit. Soll der Empfänger mit der eingelegten Sache disponieren können und wird deshalb eine Rückzahlung an eine Kündigungsfrist gebunden oder für bestimmte Zeit ausgeschlossen (z.B. als Festgeldanlage für eine bestimmte Laufzeit), liegt nicht unregelmäßige Verwahrung, sondern Darlehen vor. Die nach § 695 unbeachtliche Bestimmung einer Verwahrungsdauer widerspricht dem nicht, sondern dient nur dem Interesse des Hinterlegers, bis dahin mit sicherer Verwahrung rechnen zu *dürfen*, aber nicht auch zu müssen.

Der Empfänger will zwischenzeitlich aber bei der unregelmäßigen Verwahrung dennoch die Sache verbrauchen, also mit dem eingelegten Geld wirtschaften können; der Unterschied zur regulären Verwahrung besteht deshalb darin, dass es der besonderen Interessenlage bei der irregulären Verwahrung entspricht, dass die Sach- und Bestandsgefahr vom Verwahrer getragen wird – sie mit der Aneignungshandlung auf ihn übergeht. Darin liegt die charakteristische Vergleichbarkeit zum Darlehen. § 700 Abs. 1 S. 1 und 2 stellt deshalb nur klar, dass die *zugelassene* Aneignungshandlung maßgeblich ist, die aber in zeitlicher Hinsicht eben auch erst im Verbrauch liegen kann. Hierin liegt der Unterschied zur bloßen Pflicht zur Verzinsung nach § 698. **461**

2. Lagergeschäft

Das HGB ergänzt in §§ 467 ff. HGB ein gewerbliches Verwahrungsgeschäft über ein Gut, wobei über § 688 BGB hinaus lediglich Entgeltlichkeit und die Zugehörigkeit zu einem Gewerbebetrieb auf Seiten des Lagerhalters (vgl. § 467 Abs. 3 S. 2 HGB; Kaufmannseigenschaft ist nicht notwendig) vorausgesetzt wird; nicht lagerfähig, aber tauglicher Gegenstand der Verwahrung sind außerhalb abgeschlossener Behältnisse (Aquarien etc.) lebende Tiere (keine *Güter*, aber wie Sachen zu behandeln, vgl. § 90a BGB). **462**

Soweit dabei nicht Allgemeine Geschäftsbedingungen vorgehen, etwa eine Lagerordnung des Lagerhalters oder die Allgemeinen Deutschen Spediteurbedingungen (ADSp.) oder die Allgemeinen Bedingungen des Deutschen Möbeltransports, bestehen Besonderheiten im Hinblick auf die eventuelle Kündigungsfrist des § 473 HGB, die Ausschlussfrist für vertragliche und alle konkurrierenden Ansprüche des Einlagerers nach §§ 475a, 439 HGB und auf das gesetzliche Besitzpfandrecht des Lagerhalters nach § 475b HGB. Ist der Einlagerer Verbraucher, gelten ihm gegenüber besondere Nebenpflichten nach § 468 Abs. 2 HGB und eine Haftungsprivilegierung nach § 468 Abs. 4 HGB.

a) Haftung

Die Regelung in §§ 472 Abs. 2, 475 S. 2 HGB bestimmen eine Haftung des Lagerhalters im Falle der Einlagerung des ihm anvertrauten Guts bei einem Dritten für dessen Verschulden nach § 278 BGB und schließen dadurch die freizeichnenden Wirkungen der Substitution auch bei berechtigter Dritteinlagerung aus; der Lagerhalter hat deshalb, nämlich aufgrund seiner verbleibenden eigenen Haftung (wie bei der unzulässigen Substitution), ein Interesse, bei Beschädigungshandlungen des Dritten als Obhutspflichtigem auch den Schaden des Eigentümers zu liquidieren (Drittschadensliquidation in der Fallgruppe der Obhut für fremde Sachen). **463**

Nach BGH (Urt. v. 10.5.1984 – I ZR 52/82, NJW 1985, 2411, 2412) kann der berechtigte Besitzer einer Sache (z.B. ein Verwahrer), der diese einem anderen zur Obhut überlässt, den Schaden des Eigentümers liquidieren, der diesem aus ihrer Beschädigung durch den Obhutspflichtigen entsteht. Das ist zwar insoweit umstritten, als dem Eigentümer gegen den Schädiger ein eigener Anspruch nach §§ 823 ff. zusteht und für solche deliktischen Ansprüche eine andere Beweislastverteilung gilt als für vertragliche (vgl. § 280 Abs. 1 S. 2). Allerdings könnte der Lagerhalter den Ersatzanspruch des Eigentümers als Regressschaden sowieso dem Dritten entgegensetzen und jedenfalls analog § 257 von ihm Freistellung verlangen, weshalb der Weg über die Drittschadensliquidation aus prozessökonomischen Gründen vorzugswürdig ist.

Beispiel: Lagert ein Lagerhalter (vgl. § 467 HGB) das übernommene Gut bei einem Dritten ein, wo es beschädigt wird, haftet der Lagerhalter nach § 475 HGB weiterhin dem Einlagerer (anders als sonst bei berechtigter Substitution z.B. nach § 664 Abs. 1 S. 2). Während der Lagerhalter bei *unbefugter* Dritt-Einlagerung *für Zufall* haftet, hat § 475 S. 2 HGB die Bedeutung, die volle Haftung des Lagerhalters (aber nur) für *schuldhafte* Pflichtverletzungen des Substituten auch bei *berechtigter* Substitution zu statuieren. Ein Regressanspruch des Lagerhalters gegen den Dritten folgt dann entweder aus eigenem Recht aufgrund des Unter-Lagervertrags (wenn im eigenen Namen geschlossen) oder aus dem verletzten Eigentumsrecht des Einlagerers, das im Rahmen der Drittschadensliquidation liquidiert wird. Sein Regress setzt stets Verschulden des Dritten voraus.

b) Lagerschein, sachenrechtliche Besonderheiten

464 Der nach § 475c HGB auszustellende Lagerschein (Wirkungen nach §§ 475d–f HGB) ist im Falle, dass er nach § 363 HGB **als Orderlagerschein** ausgestellt wird, **zugleich Traditionspapier bei Verfügungen über das Lagergut** (vgl. § 475g HGB sowie die Übersicht zu den Wertpapieren in Rn. 503 und zu den dinglichen Wirkungen in Rn. 1193).

465 Bei der einverständlichen Sammellagerung nach § 469 HGB entsteht überdies Miteigentum der Einlagerer (§§ 948, 947 BGB), die – anders als im Fall des § 700 BGB – nicht lediglich einen schuldrechtlichen, sondern damit auch einen dinglichen Anspruch erhalten; bei der unbefugten Sammellagerung entsteht das gesetzliche Miteigentum durch die Vermischung aber ebenso. Der Lagerhalter erhält – nur bei der zugelassenen – Sammellagerung von Gesetzes wegen ein Verfügungsrecht gem. § 185 BGB über die jeweiligen Anteile zur Rückgewähr an die Einlagerer (obwohl und weil er damit in das Miteigentum der anderen eingreift, vgl. **§ 469 Abs. 3 HGB**). Liefert der Lagerhalter einen Anteil zu Alleineigentum an einen Nicht-Miteigentümer aus (den er etwa versehentlich für den Erwerber der eingelagerten Güter hält), so darf der Empfänger auf die Verfügungsbefugnis des Lagerhalters vertrauen und erwirbt dann gutgläubig (Allein-) Eigentum gem. **§ 366 HGB**.

G. Kredit- und Kreditsicherungsverhältnisse

I. Darlehen

466 Das Darlehen ist Teil des Kreditverkehrs, der wie der Zahlungsverkehr rechtstatsächlich dem Bankrecht zuzurechnen ist. Diese Materie ist im BGB nur unsystematisch geregelt. So finden sich **Geld- und Sachdarlehen getrennt** in §§ 488–512 einerseits, in §§ 607–609 andererseits, die Bürgschaft in §§ 765–778, das Schuldversprechen in §§ 780–782, die Anweisung in §§ 783–792, die Schuldverschreibung auf den Inhaber in §§ 793–808. Verschiedene Zahlungsdienste sind schließlich in §§ 675c–676c genannt. Einzelheiten müssen den Darstellungen des Bank- und des Wertpapierrechts überlassen bleiben.

1. Lebenstypen

467 Das Darlehen ist die Grundform des Kreditaufnahmevertrags und reicht vom kurzfristigen Überbrückungskredit über den Betriebsmittelkredit hin zu langfristigen Baudarlehen und schließlich Unternehmens- und Staatsanleihen. Gemeinsam ist diesen das Nutzungsinteresse des Kreditnehmers, dem ein unterschiedlich ausgeprägtes Anlageinteresse des Kreditgebers gegenübersteht.

Kein Darlehen, sondern Verwahrung nach § 700 sind deshalb die Sichteinlagen bei Banken. Auch die Einräumung eines Zahlungsziels ist kein Darlehen. Dieses setzt einen selbstständigen Rechtsgrund voraus, das Fremdkapital für bestimmte Zeit behalten und nutzen zu dürfen. Dazu bedarf es eines zusätzlichen Rechtsgeschäfts, das über die bloße Vorleistungspflicht hinausgeht, wenngleich es in wirtschaftlichem Zusammenhang mit einem bestehenden Schuldverhältnis stehen kann. 468

Kein Darlehen sind die sog. **Finanzierungshilfen** nach §§ 506 ff., bei denen ein entgeltlicher Zahlungsaufschub etwa im Rahmen eines Umsatzgeschäfts oder eine sonstige entgeltliche Finanzierungshilfe, insb. Finanzierungsleasingverträge, gewährt werden. Sie sind Zusatzleistungen bei Schuldverhältnissen, die sich nach den Vorschriften etwa über Kauf, Miete, Dienst- oder Werkvertrag richten. Solche Formen der „Kreditgewährung" werden, sofern sie Verbraucherverträge sind, lediglich zusätzlich den Formvorschriften und Schutzrechten unterstellt, die auch bei Verbraucherdarlehen gelten (so verweist § 506 Abs. 1 auf den Einwendungsdurchgriff der §§ 358 f. und die Informations- und Widerrufsrechte etc. der §§ 491a ff.). 469

Geschäftszweck des Darlehens ist die „Kreditaufnahme", die mehr ist als bloße „Kreditgewährung", indem sie rechtlich von einem schon bestehenden (Kauf- etc.) Vertrag unabhängig ist. Dessen unbeschadet kann beim Darlehen ein konkreter Verwendungszweck durch Vereinbarung oder als formale Bedingung bestimmt werden (z.B. Baudarlehen).

Vorauszahlungen auf eine künftig fällige Schuld (Gehaltsvorschüsse) sind danach aber kein Darlehen.

2. Interessenlage

Darlehen ist nur die Überlassung von Kapital zur Nutzung auf Zeit. Dabei kann es sich um **Geld** (§§ 488 ff.) oder andere **vertretbare Sachen** (§§ 607 ff.) handeln. Es handelt sich um eine Form der Gebrauchsüberlassung, die im Unterschied zur Miete oder Leihe auf Verbrauch des Kapitals gerichtet ist. Daher muss der Gegenstand des Darlehens in das Eigentum des Kreditnehmers übergehen. Dieser trägt damit ab Überlassung jede Sach-, Erhaltungs- und Gütegefahr, gleichwie und weil er Eigentümer ist. Nach Ablauf der Kreditzeit sind (notwendig) andere, gleichartige und gleichwertige Sachen in gleicher Menge zurückzugeben. 470

Der **Rückgabeanspruch** ist neben dem **Zinsanspruch** alles, was der Darlehensgeber behält. Es handelt sich um einen lediglich schuldrechtlichen Anspruch, dessen Schicksal von der Leistungsfähigkeit und -bereitschaft des Schuldners abhängig ist, woraus sich ein weiteres Bedürfnis nach Sicherheiten ergibt. 471

Rechtlich ist der Anspruch auf Rückgabe des Kapitals der Abwicklungsanspruch nach beendeter Gebrauchsüberlassung (ähnlich der Miete oder Leihe). Er ist kein Erfüllungsanspruch, sondern korrigiert die tatsächliche Vermögensverschiebung. Er ist deshalb *sowohl vertraglicher Anspruch* als auch *bereicherungsrechtlicher*. Nach regulärem Ende der Kreditlaufzeit ist der Leistungszweck beendet (vgl. § 812 Abs. 1 S. 2 Alt. 1), bei Nichtigkeit des Darlehensvertrags fehlt der Leistungszweck bereits anfänglich (vgl. § 812 Abs. 1 S. 1 Alt. 1); auch bei nichtigem Darlehen darf der Kreditnehmer das Kapital nicht endgültig behalten. Das gilt auch bei Sittenwidrigkeit, als der Zweck der Leistung i.S.d. § 817 (nur) die zeitgebundene Überlassung und nicht die Übereignung als solche (sondern diese nur als Mittel) war. § 817 S. 2 ersetzt bei beiderseitiger Sittenwidrigkeit den Rechtsgrund der Leistung damit nur bis zum Ende der vereinbarten Laufzeit, nicht auf Dauer (vgl. Rn. 665).

3. Darlehensverhältnis

472 Der Darlehensvertrag kommt nach den allgemeinen Vorschriften über Willenserklärungen zustande. Die Überlassung des Kapitals ist Erfüllungshandlung hinsichtlich der Überlassungspflicht, begründet aber auch erst das eigentliche Darlehensverhältnis. Das Darlehen kann entgeltlich oder unentgeltlich (zinslos) gegeben werden (vgl. § 488 Abs. 1 S. 2 bzw. 609). Das entgeltliche Darlehen ist ein gegenseitiger Vertrag, bei dem der Zins die Gegenleistung für die Kapitalüberlassung auf Zeit ist. §§ 320 ff. sind anwendbar. Beim unentgeltlichen Darlehen trifft nur den Kreditgeber eine Hauptpflicht, nämlich auf Verschaffung der Valuta.

Anders als bei Miete, Verwahrung etc. bestehen keine fortgesetzt zu beachtenden Obhutspflichten im Sinne eines Dauerschuldverhältnisses. Der Darleiher hat mit der Übereignung erfüllt, der Darlehensnehmer schuldet nur die Zinsleistung, trägt jedoch die Sachgefahr als Eigentümer selbst. Die Belassung des Kapitals bis zur Kündigungsmöglichkeit ist im Unterscheid zur Miete, Leihe oder Verwahrung keine Dauerpflicht, vielmehr genügt es, dass die Rückforderungsklage für die Dauer des Schuldverhältnisses nicht gegeben ist. Das gilt parallel für den Bestand des Leistungszwecks als Rechtsgrund im Rahmen der Bereicherungsklage, und der zum Eigentümer gewordene Darlehensnehmer bedarf einer Einrede nach § 986 von vornherein nicht.

473 Die Hauptpflicht des Darlehensgebers ist die Verschaffung des Kapitals, die erst mit Valutierung erfüllt ist. Valutaverschaffung setzt Übereignung voraus. Bei Einschaltung eines Mittelsmanns auf Seiten des Darlehensnehmers muss regelmäßig (Empfangs)Vollmacht vorliegen, anderenfalls der Kreditnehmer insb. dann das Darlehen nicht empfängt, wenn der Mittelsmann das Kapital nicht an ihn weiterreicht (etwa es veruntreut oder auch mit eigenen Forderungen gegen den Darlehensnehmer aufrechnet). Für den gutgläubigen Eigentumserwerb des Darlehensnehmers gilt § 935 (bei Empfangsvertretung ggf. § 166).

Bei Banküberweisung von Gelddarlehen entscheidet die Gutschrift auf dem Empfängerkonto. Wird die Überweisung durch Hingabe eines Wechsels (oder Schecks) als Kreditmittel ersetzt, geschieht dies regelmäßig nur erfüllungshalber, respektive darlehenshalber (vgl. § 364 Abs. 2).

474 Die Darlehenshingabe kann auch in der bloßen Vereinbarung liegen, dass eine bereits bestehende Schuld (von Geld oder vertretbaren Sachen) künftig als Darlehen fortbestehen solle. Entsprechend dem Rechtsgedanken des § 364 Abs. 2 führt dieses Vereinbarungsdarlehen nicht zum Erlöschen der ursprünglichen Forderung nebst entsprechender Sicherheiten und Einreden. Diese früher in § 607 Abs. 2 a.F. gesondert bestimmte Fiktion der Darlehenshingabe bleibt für die nunmehr von vornherein als Konsensualverträge ausgestalteten Geld- (§ 488) und Sachdarlehen (§ 607) fortbestehen.

4. Beendigung und Darlehensrückgabe

475 Die Rückübereignung oder Rückzahlung der Darlehensvaluta ist nicht Hauptpflicht, aber vertragswesentlicher Bestandteil des Darlehens. Zurückzugeben sind den hingegebenen gleichartige und gleichwertige Sachen, so dass die Entwertungsgefahr aus gefallenem Markt- oder Kurswert den Darleiher, das Teuerungs- bzw. Deflationsrisiko den Darlehensnehmer trifft. Voraussetzung des vertraglichen Rückgabeanspruchs ist neben

dem wirksamen Darlehensvertrag die vorausgegangene Valutierung, also die Entstehung des Darlehensverhältnisses als solches.[204]

476 Die Rückgabepflicht ist entweder eine bedingte, weil Kündigung voraussetzende, oder betagte Forderung, so bei fester Laufzeit. Soweit es auf eine **Kündigung** ankommt, ist diese beim Sachdarlehen beiderseits jederzeit möglich (§ 608 Abs. 2), beim Gelddarlehen mit einer Kündigungsfrist von drei Monaten (§ 488 Abs. 3; in Bezug auf die Vereinbarung kürzerer Fristen beachte gegenüber Verbrauchern § 499 Abs. 1), beim unentgeltlichen Gelddarlehen für den Darlehensnehmer auch ohne Kündigungsfrist jederzeit (§ 488 Abs. 3 S. 3). Beim Verbraucherdarlehen ohne feste Laufzeit besteht das jederzeitige Kündigungsrecht des Verbrauchers auch beim verzinslichen Darlehen (§ 500 Abs. 1). Die Möglichkeit der ordentlichen Kündigung in den übrigen Fällen des entgeltlichen Darlehens ohne feste Laufzeit ist in § 489 bestimmt und von einer eventuellen Zinsbindung abhängig.

477 Ein **außerordentliches Kündigungsrecht** wegen Vorliegens eines wichtigen Grundes besteht beim Gelddarlehen etwa nach § 490 als Folge der Verschlechterung der Vermögensverhältnisse des Darlehensnehmers oder der von ihm gestellten Sicherheiten (§ 490 Abs. 1). Ein weiterer wichtiger Kündigungsgrund ist der wiederholte Verzug des Darlehensnehmers mit Zins- und Tilgungsraten (§§ 490 Abs. 3, 314), beim Verbraucherdarlehen muss der Rückstand mindestens zwei Teilzahlungen betreffen und mit zweiwöchiger Frist angemahnt worden sein (vgl. § 498 S. 1).

II. Anweisung

478 Die Anweisung ist ein Mittel indirekter Kredit- oder Barzuwendung, wobei der Aussteller eine Person oder Kasse, deren Gläubiger der Aussteller ist, anweist („Bezogener"), statt an ihn nunmehr an seinen Gläubiger als Anweisungsempfänger („Remittent") zu zahlen. Dies geschieht durch Aushändigung einer Urkunde, in der der Bezogene zur Leistung an den Dritten angewiesen wird, welcher die Leistung sodann (nach Annahme durch den Bezogenen) im eigenen Namen einfordern kann und wodurch der Bezogene an ihn mit befreiender Wirkung leisten kann (§ 783). Vorausgesetzt sind damit zwei Rechtsverhältnisse, nämlich das sog. Valutaverhältnis zwischen Aussteller und Remittent, deswegen die Anweisung begeben wird, und das sog. Deckungsverhältnis zwischen Aussteller und Bezogenem als Grund für die Befolgung der Anweisung.

479 Die Anweisung unterscheidet sich damit von der Banküberweisung darin, dass Letztere eine Weisung unmittelbar an die Bank, jene eine Ermächtigung ist, die dem gewünschten Zahlungsempfänger ausgehändigt wird. Sie ist auch kein Auftrag bzw. kein Geschäftsbesorgungsvertrag, weil der Angewiesene gerade im eigenen Namen eine eigene Schuld begleichen soll. Die Anweisung ist damit Grundform von Wechsel und Scheck. In der Form des Schecks dient sie der Begleichung eigener Schulden durch abgekürzte Zahlung aus anderweitigen Guthaben. In der Form des Wechsels kann Kredit dadurch verschafft werden, dass eigene Ansprüche auf Valutierung von Kreditverhältnissen als Darlehenshingabe faktisch umgeleitet werden.

---

204 Die Valutierung des Darlehens ist bei klageweiser Geltendmachung des Rückzahlungsanspruchs bereits für die Schlüssigkeit der Klage darzutun.

480 Die Anweisung muss zu ihrer Gültigkeit lediglich bestimmte formale Merkmale aufweisen, bedarf aber selbst keines Rechtsgrundes. Valuta- und Deckungsverhältnis sind lediglich die wirtschaftliche Basis aber nicht Gültigkeitsvoraussetzung.

481 Mängel im Valuta- oder Deckungsverhältnis sind bereicherungsrechtlich zu korrigieren. Als bloß abstrakte Ermächtigung ist die Anweisung bis zur Bewirkung der Leistung durch den Bezogenen jederzeit frei widerruflich (§ 790). Als (verschriftlichte) Willenserklärung setzt sie Geschäftsfähigkeit voraus.

1. Anweisung als Grundform

482 Beispiel einer Anweisung ist der (echte)[205] Lieferschein, mittels welchem der Einlagerer den Lagerhalter zur Abgabe bezeichneter Waren an den Anweisungsempfänger anweist; Ähnliches gilt auch für den Lagerschein (vgl. §§ 475c, d HGB), allerdings weist dort der Lagerhalter sich selbst zur Aushändigung an.

Die Bedeutung des Lagerscheins liegt aber ganz anders als diejenige von Anweisung oder Lieferschein in der Eigenschaft als Traditionspapier, vgl. § 475g HGB, welche hierfür ergänzend voraussetzt, dass der Lagerschein nach § 475d Abs. 3 Nr. 1 oder Nr. 2 als Inhaberpapier oder Orderpapier ausgestellt wurde; daraus folgt dann eine besondere Übertragbarkeit unter erhöhtem Verkehrsschutz (z.B. Ermöglichung gutgläubigen Erwerbs auch abhandengekommener Inhaberpapiere, vgl. § 935 Abs. 2, bzw. nach § 365 Abs. 1 HGB, Art. 16 Abs. 2 WG des Orderpapiers) des „an Order gestellten“ Papiers.[206] Die Anweisung nach BGB kennt dagegen keine Orderklausel, wohl aber die handelsrechtliche Anweisung nach § 363 Abs. 1 S. 1 HGB („wenn sie an Order lauten“).[207]

a) Leistungspflicht

483 Der Angewiesene (Bezogene) wird erst durch seine Annahme (§ 784 Abs. 1) zur Leistung verpflichtet. Die Annahme ist gleichfalls ein abstrakt gültiger Formalakt (§ 784 Abs. 2 S. 1). Nimmt der Bezogene die Anweisung an, kann er der Zahlung an den Remittenten Einreden aus dem Valutaverhältnis nicht entgegen setzen; er begibt sich also eventueller Zurückbehaltungsrechte etc. In Fällen ungestörten Deckungsverhältnisses, z.B. aufgrund Girovertrags mit der angewiesenen Bank, ist der Angewiesene zwar zur *Zahlung* an den Dritten (Remittenten) jedenfalls bereits dem Anweisenden gegenüber verpflichtet, nicht aber zur *Annahme* einer Anweisung, § 787 Abs. 2.[208]

b) Rechtswirkungen

484 Die Annahme ist ein Formalakt aus schriftlicher Annahmeerklärung und Begebung der Urkunde an den Empfänger (§ 784 Abs. 2).

---

205 **Anders** die ebenfalls häufig so bezeichnete **Warenbegleitdokumentation**, die lediglich Informationszwecken dient und als Quittungsvordruck dienen kann, jedoch keine Wertpapiereigenschaft besitzt.

206 Nur der Orderlagerschein hat solche Traditionsfunktion; Lagerscheine können auch als lediglich Rektapapiere ausgestellt werden und genießen dann keinen Verkehrsschutz, allenfalls den Ausschluss von Einwendungen in den Grenzen des § 405 BGB.

207 Vgl. *K. Schmidt,* Handelsrecht § 24 Rn. 18 ff.; zu den sachenrechtlichen Konsequenzen vgl. Rn. 1192 ff.

208 **„Anweisung auf Schuld“** befreit den Angewiesenen von einer bestehenden Verbindlichkeit gegenüber dem Anweisenden aus dem Deckungsverhältnis; die **„Anweisung auf Kredit“** verpflichtet hingegen den Anweisenden auf Ersatz der Aufwendungen des Angewiesenen (vgl. § 670).

485 Ohne bzw. vor Annahme ist der Bezogene im Regelfall aufgrund Geschäftsbesorgungsvertrags nur dem Aussteller verpflichtet, auf die Anweisung hin und insoweit auch an den Dritten zu zahlen. Dies folgt aus der Kontoeröffnung, welche die Einlösung z.B. von Schecks umfasst, sofern diese vom Aussteller ordnungsgemäß ausgefüllt sind und Deckung vorhanden ist, sei es aus Guthaben, sei es aus Kreditgewährung (§§ 675, 675f Abs. 3 S. 2). Dies bezeichnet man als das sog. Deckungsverhältnis. Die Zahlung an den Dritten unternimmt der Bezogene entsprechend als Erfüllung seiner Pflicht aus diesem Deckungsverhältnis (er „*leistet*" an den Aussteller, wo er an den Dritten „*zahlt*"). Bedeutung hat dies für die Rückabwicklung im Falle von Mängeln im Deckungs- oder Valutaverhältnis. Die Leistungskondiktion (§ 812 Abs. 1 S. 1 Alt. 1) hat die Bank (Bezogene) nur gegen den Aussteller. Gegen den Dritten bliebe ihr allenfalls die Kondiktion wegen Bereicherung in sonstiger Weise (§ 812 Abs. 1 S. 1 Alt. 2); allerdings scheitert diese am Vorrang der Leistungskondiktion, weil aus Sicht des Zahlungsempfängers (Dritten) zwar keine Leistung der Bank, wohl aber des Ausstellers, nämlich aufgrund des Deckungsverhältnisses, vorliegt. Für ihn ist die Bank nur Zahlstelle seines Schuldners, mit dem allein er abzurechnen hat. Der Anweisungsempfänger (Remittent) hat die Forderung (aus der Annahme) „durch Leistung" des Anweisenden erworben und nicht „in sonstiger Weise". Ausnahmen bestehen nur im Hinblick auf § 822 und bei Anweisungen von Geschäftsunfähigen oder gefälschten Anweisungen.

486 Wie der Anspruch des Remittenten erst aus der Annahme entsteht, braucht der Angewiesene nur gegen Aushändigung der von ihm angenommenen Anweisung an ihn zu leisten (§ 785). Der Urkundsbesitz ist dann Quittung für die Zahlung und dient zugleich gegenüber dem Aussteller als Nachweis der Legitimation zur Leistung auf dessen Rechnung. Ist die angenommene Anweisung abhandengekommen, so muss der Angewiesene, wenn er überhaupt zahlt, nach § 371 S. 2 vorgehen und Zug um Zug Bestätigung verlangen, dass die Schuld aus der Anweisung erloschen sei.

c) Übertragung

487 Die Anweisung kann vom Empfänger jederzeit durch schriftliche Erklärung und Aushändigung der Urkunde auf einen Dritten übertragen werden (§ 792 Abs. 1). Der Anweisende kann die Übertragung ausschließen (§ 792 Abs. 2). Die Übertragung der Anweisung unterscheidet sich danach, ob der Angewiesene sie bereits angenommen hatte. Nur in diesem Fall ist der Anweisungsempfänger Inhaber einer Forderung, nämlich aus der Annahme. Die Übertragung der Anweisung erfolgt dann nach den für die Abtretung einer Forderung geltenden Vorschriften (§ 792 Abs. 3 S. 2).

488 Vor Annahme scheidet eine Abtretung folglich aus. Wenn § 792 Abs. 1 S. 1 a.E. dennoch eine Übertragung vorsieht, handelt es sich um eine Substitution.[209] Der Remittent stellt mit der Übertragung dem dritten Empfänger eine erneute Anweisung auf denselben Bezogenen aus, dem dadurch eine weitere Ermächtigung zur Zahlung nunmehr an den Ersatzmann erteilt wird. Die Forderung entsteht dann erst mit Annahme durch den Bezogenen gegenüber dem Dritten (vgl. § 792 Abs. 3 S. 1), was im Unterschied zur Forderungsabtretung (vgl. § 404) zum Verlust von Einwendungen führt.

---

209 Übertragung der Einziehungsermächtigung, Palandt/*Sprau*, § 792 Rn. 1.

d) Erlöschen

489 Die Anweisung erlischt mit Erbringung der angewiesenen Leistung. Vor ihrer Annahme und Ausfolgung der angewiesenen Leistung[210] kann die Anweisung vom Aussteller jederzeit frei widerrufen werden (§ 790). Dieser Widerruf ist beim Scheck als Sonderform der Anweisung ausgeschlossen (Art. 32 ScheckG), allerdings besteht der uneingeschränkte Handelsbrauch zur Beachtung jedes Scheckwiderrufs durch stillschweigendes Abbedingen von Art. 32 ScheckG. Tod und Eintritt der Geschäftsunfähigkeit eines der Beteiligten bringen die Anweisung nicht zum Erlöschen (§ 791).

e) Anweisung an einen Kaufmann

490 Die **handelsrechtliche Anweisung**, vgl. §§ 363–365 HGB, setzt Kaufmannseigenschaft des Angewiesenen voraus und darf in ihrer Wirkung nicht von einer zu erbringenden Gegenleistung abhängig gemacht sein. Sie kann auch an (eigene) Order gestellt werden. Besondere Formen der Anweisung sind sodann Scheck und Wechsel, für welche besondere Regelungen im ScheckG und WG gelten.

f) Akkreditiv

491 Das Akkreditiv ist keine Anweisung und kein Wertpapier, sondern dient der Zahlungssicherung, zumeist im internationalen Warenverkehr zwischen Exporteur und Importeur. Dabei beauftragt ein Käufer eine Bank zu einer Auszahlung unter bestimmten formalen Voraussetzungen (z.B. Vorlage von Lieferdokumenten beim sog. Dokumentenakkreditiv). Die Bank eröffnet das Akkreditiv sodann gegenüber dem Verkäufer durch ein (ggf. entsprechend bedingtes) abstraktes Zahlungsversprechen – zumeist durch Zwischenschaltung einer Korrespondenzbank im Land des Zahlungsempfängers. Der Verkäufer erhält eine Sicherheit im Hinblick auf seine Vorleistungspflicht.

2. Wechsel als Wertpapier

492 Das Wesen der Anweisung ist die Doppelermächtigung. Der Bezogene (die Bank) wird ermächtigt, die angewiesene Summe im eigenen Namen an den Remittenten auszuzahlen und der Remittent wird ermächtigt, die Zahlung im eigenen Namen vom Bezogenen anzunehmen. Eine Verpflichtung des Bezogenen auf Auszahlung an den Remittenten entsteht dadurch noch nicht. Erst die **Annahme** schafft den **Verpflichtungsgrund**. Bedeutung hat dies vor allem für den **dadurch eintretenden Ausschluss von Einwendungen**. Der Angewiesene kann nach Annahme Einwendungen aus seinem etwaigen Rechtsverhältnis zum Aussteller dem Empfänger der Anweisung nicht mehr entgegensetzen (§ 784 Abs. 1 HS. 2). Die Verpflichtung aus der angenommenen Anweisung ist eine *abstrakte*. Dies spiegelt sich in der Übertragung der Anweisung (§ 792) wieder.

Wird die bereits angenommene Anweisung nach den Regeln der **Abtretung** (§§ 792 Abs. 3 S. 2, 398) übertragen, so geht die (abstrakte) Forderung mit allen gegen sie gerichteten (selbstverständlich nicht denjenigen aus dem Grundverhältnis, die durch § 784 Abs. 1 HS. 2 abgeschnitten sind) **Einwendungen nach Zessionsrecht** auf den

---

210 Widerruf scheidet aus, wenn der Angewiesene vor Annahme der Anweisung bereits an den Dritten geleistet hätte, wozu er durch die Anweisung jederzeit berechtigt, bloß hier nicht verpflichtet war, vgl. Palandt/*Sprau,* § 790 Rn. 5; die noch nicht angenommene Anweisung entspricht insoweit einer Weisung nach § 665.

neuen Empfänger (Zessionar) über. Erst wenn der Bezogene (erneut) gegenüber Letzterem annimmt, werden wiederum die Einwendungen auch aus dem Verhältnis zum vorangehenden Anweisungsempfänger ausgeschlossen.

Die **Bedeutung von Wertpapieren** liegt nun darin, dass die Urkunde (das Wertpapier) aus sich selbst heraus (konstitutiv) einen klagbaren Anspruch (wechselrechtliche Verpflichtung) schafft, der *in der Hand des berechtigten Inhabers* **von Einreden aus (allen) früheren Kausalverhältnissen (Valuta- und Deckungsverhältnisse) unabhängig** ist. Diese Funktion übernimmt für den Wechsel Art. 17 WG. Dadurch verbessert sich die Umlauffähigkeit erheblich. Hinzu kommt, dass beim Wechsel jeder Inhaber, der den Wechsel weiter überträgt, sich ebenfalls zur Zahlung verpflichtet (Art. 15 Abs. 1 WG, sog. Garantiefunktion). Da auch auf diese Verpflichtung der Einwendungsausschluss nach Art. 17 WG anzuwenden ist, erhöht sich die Kreditwürdigkeit des Wechsels beim Umlauf durch jede Übertragung. Diese konstitutive Wirkung des Wertpapiers als Urkunde führt sodann dazu, dass strenge Formalanforderungen an die Erstellung und Übertragung des Wechsels gestellt werden und seine Übertragung sich nicht nach der zugrundeliegenden Forderung richtet, sondern das Eigentum am Papier der Urkunde maßgeblich ist.

3. Entstehung der Wechselobligation

Die Wechselschuld ist Skripturschuld. Ihre Gültigkeit setzt die Entsprechung mit den Formalien des Art. 1 WG voraus (vgl. Art. 2 Abs. 1 WG). Durch die Ausstellung des Wechsels wird der Bezogene zunächst nur ermächtigt, an den im Wechsel bezeichneten Remittenten zu zahlen (und diese Zahlung als Leistung im Deckungsverhältnis mit dem Aussteller zu verrechnen). Eine wechselmäßige Verpflichtung entsteht erst durch die Annahme (Wechselakzept, vgl. Art. 28 Abs. 1 WG). 493

Die Annahmeerklärung ist dabei nicht an den Aussteller, sondern an den Remittenten gerichtet. Sobald der Remittent den Wechsel erlangt und dabei (konkludent) die Annahmeerklärung des Bezogenen annimmt, kommt zwischen beiden ein wechselmäßiger Verpflichtungsvertrag zustande. Dadurch wird eine selbstständige Wechselverbindlichkeit begründet, die vom Grundverhältnis und entsprechenden Einreden unabhängig (abstrakt) ist. So kann der Bezogene („Akzeptant") nach erklärter Annahme („Akzept") gegenüber dem Remittenten keine Einreden aus dem Grundverhältnis zum Aussteller erheben (z.B. Erfüllung nach § 362), es sei denn, dass der Remittent beim Erwerb des Wechsels bewusst zum Nachteil des Schuldners gehandelt hat (vgl. Art. 17 WG). Noch weitergehender setzt die abstrakte Annahmeerklärung auf dem Wechsel einen Rechtsschein dergestalt, dass auch sie selbst und damit also den abstrakten Verpflichtungsvertrag treffende Einreden ausgeschlossen sind (so die herrschende Rechtsscheintheorie); stets vorausgesetzt, dass der Anspruchsteller diesbezüglich gutgläubig ist (z.B. Irrtum, Täuschung, Drohung, vgl. Rn. 497).

4. Übertragung des Wechsels

Anspruchsteller aus dem Wechsel als Wertpapier kann nur der berechtigte Inhaber sein. Maßgeblich hierfür ist das Eigentum an der Urkunde selbst, das nach §§ 929 ff. übertragen wird. Dies gilt für die Übertragung an den Remittenten gleich wie für spätere Abtretungen. Während der Remittent notwendigerweise bereits auf der Urkunde 494 vermerkt sein muss, setzt die weitere Übertragung ein sog. **Indossament** (Art. 11 ff. WG) voraus. Dieses hat die Bestimmung zum Inhalt, dass nunmehr an den Indossatar gezahlt werden solle.

a) Übertragungsvertrag und Verpflichtungsvertrag

495 Hierbei sind nun zwei vertragliche Vorgänge streng zu unterscheiden: Einerseits der sachenrechtliche *Übertragungsvertrag* (§ 929 S. 1), andererseits der durch Wechselakzept bzw. für die weiteren Übertragungen durch Indossament gegenüber dem Empfänger angebotene wechselmäßige *Verpflichtungsvertrag*. Für die Geltendmachung des Wechselanspruchs ist allein das wirksam erlangte Eigentum – damit der sachenrechtliche Übertragungsvertrag – maßgeblich. Erleichterung bietet die widerlegliche Vermutung zu Gunsten des Besitzers des Wechsels, sofern er formell durch eine ununterbrochene Kette von Indossamenten namentlich (aber auch durch Blankoindossamente) legitimiert ist (Art. 16 Abs. 1 WG). Außerdem hindert es den Eigentumserwerb eines Gutgläubigen nicht, wenn der Wechsel zuvor „irgendwie abhanden gekommen" ist (Art. 16 Abs. 2 WG).

Damit ist der gutgläubige Erwerb des Wechsels und mithin des daraus folgenden Anspruchs sehr weitgehend möglich. Damit steht allerdings noch nicht fest, dass der Eigentümer des Wechsels gleichzeitig eine Wechselforderung auch gegen alle diejenigen erlangt hat, deren Unterschriften der Wechsel aufweist. Vielmehr muss die wechselmäßige Verpflichtung jedes Einzelnen festgestellt werden. Diese wiederum richtet sich allein nach dem Verpflichtungsvertrag des jeweils in Anspruch zu Nehmenden. Hierfür gilt dann der bereits erwähnte Art. 17 WG zum Ausschluss persönlicher Einreden gegenüber früheren Wechselinhabern sowie der Ausschluss von Einwendungen auf der Grundlage der Rechtsscheintheorie (vgl. den Beispielsfall in Rn. 499).

b) Einreden aus dem Grundgeschäft

496 Art. 17 WG schneidet aufgrund der abstrakten Natur des Wechselverpflichtungsvertrags alle Einreden aus der Nichtigkeit des Grundgeschäfts (Bereicherungseinrede) und seiner Umwandlung in ein Rückschaffungsverhältnis (durch Rücktritt gem. § 346 Abs. 1 BGB) gegenüber all denjenigen Wechselinhabern ab, denen gegenüber die Einreden aus dem Grundverhältnis nicht unmittelbar bestehen. Geschützt werden also der Zweiterwerber und weitere spätere Erwerber.

Beispiel: Der Wechsel hat Kreditfunktion und wird ausgestellt, akzeptiert und übertragen zur Erfüllung von Forderungen, etwa auf Auszahlung eines Darlehens. In diesem Grundverhältnis erfolgt auch die Abrechnung der späteren Auszahlung an einen Dritten. Läge insoweit eine Forderungsabtretung (§ 398) vor, könnten dem Abtretungsempfänger als neuem Gläubiger Einwendungen des Schuldners nach §§ 404–407 entgegengesetzt werden. Dies könnten z.B. Zurückbehaltungsrechte, Bereicherungseinreden, Stundung, Aufrechnung sein. Art. 17 WG schneidet diese ab und schafft so die Abstraktheit des Wechsels. Das Gläubigerrecht ist grundsätzlich durch nichts anderes begrenzt als durch den Inhalt der Urkunde selbst. Der Inhaber muss darüber hinaus nur mit denjenigen Einreden rechnen, die gerade gegen ihn persönlich bestehen.

c) Mängel im Übertragungs- oder Verpflichtungsvertrag

497 Die wechselmäßige Verpflichtung ist nicht nur von Einwendungen aus den Grundverhältnissen früherer Inhaber unabhängig, sondern es werden auch alle Entstehungsmängel und Mängel der wechselmäßigen Übertragungsverträge dadurch geheilt, dass die

Urkunde selbst einen Rechtsschein begründet, der zu Gunsten gutgläubiger späterer Nehmer rechtserzeugend wird (Rechtsscheintheorie). Geschützt ist nur der redliche rechtsgeschäftliche Zweiterwerber und auch dies nur, soweit der Rechtsschein demjenigen, der ihn gesetzt hat, rechtlich zurechenbar ist.

Geschäftsunfähigen oder beschränkt Geschäftsfähigen ohne die erforderliche Zustimmung ist der durch ihre Beteiligung gesetzte Rechtsschein nicht zurechenbar. Der Schutz durch die §§ 104 ff. geht dem Schutzinteresse des Wechselverkehrs vor. Gleiches gilt bei Fälschung einer Unterschrift und Verfälschungen im Text des Wechsel (vgl. Art. 69 WG). Schließlich wird auch der vollmachtlos Vertretende nur verpflichtet, wenn er zumindest den Anschein einer Vollmacht gesetzt hat (vgl. § 177). Auch in diesen Fällen heilt zwar Art. 16 Abs. 2 WG den wechselrechtlichen Übertragungsvertrag, nicht aber entsteht eine wechselmäßige Verpflichtung.

Hinsichtlich anderer Mängel des Verpflichtungsvertrags tritt hingegen durch redlichen Zweiterwerb Heilung ein (vgl. Rn. 492 a.E.).

Ist der Wechsel abhanden gekommen, fehlt es auch am Verpflichtungsvertrag; Gleiches **498** gilt, wenn ein solcher durch Täuschung oder Drohung oder in anderer Weise sittenwidrig zustande gekommen war. Die wechselmäßige Verpflichtung kann überdies zwar wirksam entstanden, aber inzwischen durch Erfüllung oder Aufrechnung erloschen sein. Der Dieb, Täuschende oder Drohende etc. wird zwar selbst nicht Gläubiger, kann aber seinem redlichen rechtsgeschäftlichen Nachfolger das Vollrecht verschaffen (und zwar die formelle Legitimation über Art. 16 Abs. 2 WG und die Gläubigerschaft aufgrund des Rechtsscheins).

Einwendungen, die sich aus dem Inhalt der Urkunde selbst ergeben, schließen auch die Verpflichtung gegenüber einem Gutgläubigen aus (z.B. die Klausel „ohne obligo“, vgl. Art. 15 Abs. 1 WG).

d) Wechselverpflichtung

Aus dem Wechsel verpflichtet sind nach Maßgabe des Vorstehenden der Akzeptant **499** (Art. 28 WG), der den Wechsel angenommen hat, sodann der Aussteller (Art. 9 WG) und jeder Indossant (Art. 15 WG). Soweit der Akzeptant den Wechsel bei Verfall nicht bezahlt, stehen dem Inhaber gegen den Indossanten, den Aussteller und evtl. weitere Wechselverpflichtete Rückgriffsansprüche zu (vgl. Art. 43), die dann jedoch einen rechtzeitig eingelegten Protest voraussetzen. Die notwendigen Formalien des Protests ergeben sich aus Art. 79 ff. WG.

Beispiel (Ausgangsfall): A (Aussteller) hat eine Wette mit der minderjährigen R (Remittent) verloren und stellt aus Geldnot einen eigenen Wechsel (sog. Solawechsel, vgl. Art. 3 Abs. 2, 75 ff. WG: „auf den Aussteller selbst gezogen“) über die Wettsumme aus, den er an R begibt. Diese indossiert den Wechsel an ihre Mitbewohnerin I (Indossant), der sie gleichfalls Geld für einen von I übernommenen Wocheneinkauf ihrer studentischen Wohngemeinschaft schuldet. Ansprüche der I gegen A und R?

1. Ansprüche der I gegen A: I könnte gegen A wechselrechtliche Ansprüche nach Art. 78 Abs. 1, 28 WG haben, sofern ein formgültiger Wechsel vorliegt, sie Eigentümerin der Urkunde ist (Recht *am* Papier) und keine Einwendungen gegen das Recht *aus* dem Papier durchgreifen. **a)** Die zwingend notwendigen Bestandteile des Solawechsels ergeben sich aus Art. 75 f. WG (des – auf einen anderen – gezogenen Wechsels aus Art. 1–10 WG); im Zweifel handelt es sich um einen Sichtwechsel (Art. 75 Nr. 3, 76 Abs. 2 WG), der bei Vorlage fällig ist (Art. 33 Abs. 1, 34 Abs. 1 S. 1 WG). Davon ist hier auszugehen. **b)** I gilt jedenfalls als Eigentümerin der Urkunde, wenn sie durch eine ununterbrochene Reihe von Indossamenten legitimiert ist (widerlegliche Vermutung nach Art. 16 Abs. 1 WG), außer, ihr kann die fehlende materielle Berechtigung am Wechsel nachgewiesen werden. Die Voraussetzungen des Art. 16 Abs. 1 WG sind hier erfüllt. I konnte aber materiell nicht Eigentümerin der Urkunde werden. Sie leitet ihr Eigentum von R ab, die trotz Minderjährigkeit zwar selbst Eigentümerin von A werden konnte (vgl. § 107: lediglich rechtlich vorteilhafter Eigentumserwerb der R, vgl. dazu Rn. 46). Für die Weiterübereignung durch R an I greift § 107 dann allerdings nicht und der Eigentumserwerb der I (der sog. Übereignungs- oder Begebungsvertrag nach § 929 S. 1) ist nach § 108 schwebend unwirksam. Ohne Berechtigung der I am Wechsel hat sie aber keine wechselrechtlichen Ansprüche (vgl. dazu Rn. 493).

2. Ansprüche der I gegen R: I könnte möglicherweise Zahlung von R beanspruchen. a) I hätte *wechselrechtliche* Ansprüche nach Art. 77 Abs. 1, 15 Abs. 1 (Garantiefunktion des Indossaments, vgl. Rn. 499), wenn der wechselrechtliche Hauptschuldner, beim Solawechsel also mangels eines Akzeptanten der A nach Art. 77, 43 WG, bei Fälligkeit nicht gezahlt hätte und das durch förmliche Protesturkunde nach Art. 44 Abs. 1, 79 ff. WG bewiesen würde. Allerdings besteht die Garantiefunktion nur gegenüber einem berechtigten Inhaber, was die I nicht ist, wie bereits festgestellt (die Vermutung des Art. 16 Abs. 1 ist widerlegt worden). – b) I hat aber eine *schuldrechtliche* Forderung gegen die R aus §§ 670, 662 aus dem Einkauf. Zwar wird die Minderjährige durch § 108 geschützt, allerdings ist davon auszugehen, dass sie den eigenen Hausstand in der Wohngemeinschaft berechtigt begründet hatte und ihre Eltern in alle damit zusammenhängenden Rechtsgeschäft im Voraus generell eingewilligt haben (dazu Rn. 49; alternativ: § 812 Abs. 1 S. 1 Alt. 1).

Abwandlung des Ausgangsfalls: Was, wenn I die R gutgläubig für volljährig gehalten hatte?

1. Ansprüche der I gegen A: I könnte gegen A dann doch, nämlich gutgläubig, *wechselrechtliche* Ansprüche nach Art. 78 Abs. 1, 28 WG kraft Rechtsscheins erworben haben. Ein formgültiger Wechsel liegt vor, die I müsste Eigentümerin der Urkunde geworden sein (Recht *am* Papier) und es dürften keine Einwendungen gegen das Recht *aus* dem Papier durchgreifen. **a)** Gegenüber dem Ausgangsfall (Ziff. 1b im Ausgangsfall) könnte I Berechtigte an der Wechselurkunde geworden sein, weil die Widerlegung der Vermutung aus Art. 16 Abs. 1 WG jetzt durch Abs. 2 ausgeschlossen ist (gutgläubiger Erwerb des Rechts am Papier). Zwar schließt Art. 16 Abs. 2 WG nach seinem Wortlaut nur Einwendungen aus dem Abhandenkommen der Urkunde aus, allerdings wird die Vorschrift nach einhelliger Meinung auf alle Übertragungshindernisse erstreckt (Schutz der Transportfunktion des Indossaments, vgl. Rn. 497). Damit *gilt* I für die Geltendmachung der Art. 78 Abs. 1, 28 WG als Eigentümerin des Wechsels (obwohl R das Eigentum an sie sachenrechtlich nicht verloren hat). **b)** Daran schließt sich jedoch die Frage an, ob ihr auch das Recht *aus* dem Papier zusteht. Dem Wechsel liegt eine an sich unwirksame Wettschuld zugrunde (vgl. § 762 Abs. 2: „Wettschulden sind Ehrenschulden" und können nicht eingeklagt werden; was allerdings auf sie gezahlt wurde, kann auch nicht zurückgefordert werden). Allerdings schließt Art. 17 WG alle Einwendungen aus dem Grundverhältnis aus. Das ergibt sich zwar nicht aus dem Wortlaut, der sich nur auf persönliche Einwendungen bezieht, aber wiederum aus Gesichtspunkten des Verkehrsschutzes (gutgläubiger Erwerb des Rechts aus dem Papier; vgl. dazu Rn. 496). Damit kann I gegen A aus dem Wechsel vorgehen.

2. Ansprüche der I gegen R: a) Im Verhältnis I gegen R ändern Art. 16 Abs. 2 und 17 an den fehlenden *wechselrechtlichen* Ansprüchen nichts (vgl. Ziff. 2a des Ausgangsfalls). Die Rechtsscheintatbestände können zwar sowohl den (sachenrechtlichen) Übertragungs-/Begebungsvertrag als – jedenfalls beim gutgläubigen Zweiterwerb – auch den wechselrechtlichen Verpflichtungsvertrag durch das Indossament (vgl. Art. 15 Abs. 1 WG und dazu Rn. 498) heilen. Die Garantiefunktion des Indossaments wirkt jedoch trotz Art. 17 WG niemals gegen Minderjährige – hier zeigt sich die Bedeutung der Trennung von Übertragungsvertrag und Verpflichtungsvertrag (vgl. Rn. 495, 497). **b)** Da I nun aber wechselrechtliche Ansprüche gegen A hat, wird man hinsichtlich der *schuldrechtlichen* Forderung gegen R (Ziff. 2b des Ausgangsfalls) davon ausgehen müssen, dass durch den erfüllungshalber (vgl. § 364 Abs. 2) von R an I begebenen Wechsel implizit eine Abrede dahin getroffen wurde, dass die I vorrangig gegen A vorzugehen habe. Die Forderung gegen R aus §§ 670, 662 ist damit einstweilen einredebehaftet bis feststeht, dass A nicht leisten wird.

5. Wertpapiere – Übersicht

Wertpapiere sind **Urkunden**, ohne deren Innehabung ein darin **verbrieftes Recht** nicht geltend gemacht werden kann. 500

Sie können u.a. danach unterschieden werden, wie der Berechtigte aus dem Wertpapier bestimmt wird. Während die Anweisung (vgl. § 783) den Berechtigten namentlich benennt und nur ihn zur Geltendmachung des Anspruchs befugt, mit der Folge, dass ein Rechtsnachfolger hierzu nur nach Abtretung des Anspruchs mit allen Einwendungen (vgl. § 404 und soweit nicht § 405 greift) die Gläubigerstellung erwirbt (sog. **Namens- oder Rektapapier**),[211] ist der Wechsel ein sog. **Orderpapier**. Solche werden auf einen ebenfalls namentlich bezeichneten Berechtigten „oder an dessen Order" ausgestellt und sodann durch Übergabe der Urkunde unter Indossierung durch den Nachmann übertragen, was zum weitgehenden Ausschluss von Einwendungen führt. Eine dritte Begebungsform von Wertpapieren sind schließlich die **Inhaberpapiere**. Bei diesen verspricht der Aussteller die Leistung dem jeweiligen Inhaber des Papiers. Ihre sachenrechtliche Übertragung zieht ohne Weiteres den Übergang des darin verbrieften Rechts nach sich. In Inhaberpapieren wird das verbriefte Recht zur beweglichen Sache, was die Übertragbarkeit erleichtert, umgekehrt jedoch die Gefahr des Verlusts (z.B. durch Diebstahl, gutgläubigen Erwerb, vgl. § 935 Abs. 2) erhöht.

a) Einteilung von Wertpapieren

501

Art des verbrieften Rechts	**Wirtschaftliche Zwecke**	**Art, wie der Berechtigte aus dem Wertpapier bestimmt wird**
– Mitgliedschaftsrechte (z.B. bei Aktien) – Sachenrechte (Belastungen an Grundstücken, z.B. Hypotheken-, Grundschuldbrief) – Forderungsrechte (z.B. Geldforderung bei Sparbuch, Anleihe) – Optionsrechte (z.B. Optionsschein als derivatives Finanzinstrument)	– Zahlungsmittel (Scheck) – Kreditmittel (Wechsel) – Förderung des Güterumlaufs (Traditionspapiere des HGB: Lager-, Ladeschein, Konnossement) – Kapitalaufbringung und Kapitalanlage (z.B. Aktien; festverzinsliche Anleihen)	– Inhaberpapiere – Orderpapiere – Rektapapiere

b) Arten von Wertpapieren

Die Unterscheidung der Wertpapiere in Rekta-(Namens)Papiere, Orderpapiere und Inhaberpapiere betrifft nicht die Art des in ihnen verbrieften Rechts. Dieses kann ein Mitgliedschaftsrecht sein (z.B. Namensaktien, Inhaberaktien), ein dingliches Recht, vornehmlich ein solches an einem Grundstück (z.B. Grundschuldbrief, vgl. §§ 1153 Abs. 1, 502

211 Eine Ausnahme bilden Hypotheken-, Grundschuld- und Rentenschuldbriefe, bei denen sich der gutgläubige Erwerb der gesicherten Forderung nach § 1157 S. 2 richtet (anders nur wieder bei der Sicherungsgrundschuld, vgl. § 1192 Abs. 1a S. 2).

1154 Abs. 1, 1192 Abs. 1, oder als Inhabergrundschuld nach § 1195) oder, wie bei Anweisung, Wechsel und Inhaberschuldverschreibung, ein Forderungsrecht sein.[212] Die §§ 793 ff. regeln daher die besonderen schuldrechtlichen Verhältnisse aus solchen Inhaberpapieren, die Forderungsrechte verbriefen.

Beispiele sind: Bundesschatzbriefe, Pfandbriefe, Investmentanteilsscheine, soweit sie auf den Inhaber und nicht auf den Namen lauten, Unternehmensanleihen, Aktienanleihen.

Das Inhaberpapier verpflichtet zur Leistung an den befugten Inhaber, berechtigt jedoch auch zur Leistung an jeden Inhaber, insb. auch an einen nicht zur Verfügung berechtigten Inhaber (§ 793 Abs. 1 S. 2). Außerdem ermöglichen Order- und Inhaberpapiere den gutgläubigen Forderungserwerb (§§ 932, 935 Abs. 2).

c) Übersicht zu den Arten von Wertpapieren

503

	Inhaberpapiere	**Orderpapiere**	**Rektapapiere**
Legitimation durch…	Vorlage des Papiers durch jeden Inhaber ohne Nachweis seiner materiellen Berechtigung	Vorlage des Papiers durch den Indossatar ohne Nachweis seiner materiellen Berechtigung	Vorlage des Papiers durch den im Papier Bezeichneten ohne Nachweis seiner materiellen Berechtigung
Übertragung	Übertragung des Wertpapiers als solches nach §§ 929, 932, 935 Abs. 2 *„Das Recht aus dem Papier folgt dem Recht am Papier“*	Durch Indossament, § 365 Abs. 1 HGB mit Art. 13 Abs. 1 WG (so auch § 68 Abs. 1 S. 2 AktG): Je nach Wertpapier und Umfang des Indossaments ggf. Transport-, Garantie-, Legitimationsfunktion	Übertragung entsprechend der Art des verbrieften Rechts: §§ 398 ff., 413 mit 952 Abs. 2 *„Das Recht am Papier folgt dem Recht aus dem Papier“*

Beispiele	– Inhaberschuldverschreibung, § 793
	– Inhaberzeichen, § 807
	– Inhaberaktien, § 10 Abs. 1 AktG
	– Inhaberscheck, Art. 5 Abs. 1 ScheckG
	– Scheck mit Überbringerklausel, Art. 5 Abs. 2 ScheckG
		– Geborene Orderpapiere:
		  – Wechsel, Art. 11 WG
		  – Namensscheck, Art. 14 ScheckG
		  – Namensaktie, §§ 10, 68 Abs. 1 S. 1 AktG
		– Gekorene Orderpapiere: die sechs kaufmännischen Orderpapiere, § 363 HGB
			– Hypotheken-, Grund- und Rentenschuldbrief, §§ 1116, 1192, 1199
			– Anweisung, §§ 783 ff.
			– Sparbuch

212 Damit ist jedoch nicht ausgesagt, dass im Umkehrschluss jedes Recht in jeder der drei Formen verkörpert werden könnte.

d) Inhaberschuldverschreibung und Inhaberpapiere allgemein

Der Emittent einer Schuldverschreibung beschafft sich dadurch zumeist Geld, ohne einen Kredit aufnehmen zu müssen. Der Gläubiger erhält eine verzinsliche Geldanlage. Beispiele für Schuldverschreibungen sind öffentliche Anleihen staatliche Stellen (z.B. Bundesschatzbriefe), aber auch Bankschuldverschreibungen oder Pfandbriefe von Banken und Sparkassen. Industrieunternehmen bieten Industrieobligationen (Unternehmensanleihen) an. Zu Gunsten des Inhabers der Schuldverschreibung wird vermutet, dass er der Berechtigte ist (§ 793 Abs. 1 S. 1). Bestreitet der Schuldner die Berechtigung des Inhabers, so trifft die Beweislast den Schuldner **(Inhaberlegitimation)**. Die Legitimation des Inhabers führt auch dazu, dass er zu Gunsten des Schuldners als der Berechtigte gilt **(Liberationswirkung)**. Der Schuldner kann also an den Inhaber mit befreiender Wirkung auch dann leisten, wenn der Inhaber gar nicht Eigentümer oder Verfügungsberechtigter geworden ist (§§ 793 Abs. 1 S. 2, 797 S. 2). Beim Wechsel folgt dies aus Art. 40 Abs. 3 S. 1 WG. **504**

Mängel in der Entstehung der Wertpapierschuld sowie persönliche Einreden des Schuldners gegen frühere Inhaber werden durch § 796 ausgeschlossen **(Einwendungsausschluss)**. Der redliche rechtsgeschäftliche Zweiterwerber wird geschützt. Dies gilt auch für Mängel in der Begebung der Inhaberschuldverschreibung (vgl. § 794 Abs. 1), anerkanntermaßen aber auch insoweit nur zu Gunsten des redlichen rechtsgeschäftlichen Erwerbers. Dem Dieb, wie auch einem unredlichen Erwerber gegenüber ist der Aussteller trotz § 794 nicht verpflichtet, sondern nur – in seinem eigenen Interesse, nämlich nicht nochmals bezahlen zu müssen – zur befreienden Leistung berechtigt (Legitimationswirkung). **505**

Die Einschränkungen der Rechtsscheintheorie hinsichtlich der Zurechenbarkeit von Mängeln in der ersten Begebung durch den Aussteller gelten auch hier; der Einwand der Fälschung oder Geschäftsunfähigkeit bzw. der fehlenden Zustimmung bei beschränkter Geschäftsfähigkeit kann deshalb jedem späteren Erwerber, nicht nur dem insoweit bösgläubigen entgegengehalten werden. Hingegen können die Anfechtung wegen Willensmängeln, fehlende Vertretungsmacht oder die Nichtigkeit wegen Täuschung und Drohung dem gutgläubigen Inhaber wegen des mit der Ausstellung der Urkunde gesetzten Rechtsscheins nicht entgegen gehalten werden. **506**

e) Inhalt und Form der Inhaberschuldverschreibung; digitale Wertpapiere (Token)

Gegenstand der Schuldverschreibung kann jede Art von Leistung sein. Sie können auf feste Geldsummen lauten und haben dann geldähnlichen Charakter. Soweit solche Anleihen börsenfähig sein sollen, bedarf es der Zulassung nach §§ 32 bzw. 37 BörsenG. Im Übrigen stellen auch Gewinnanteilscheine und Lotterielose Inhaberschuldverschreibungen dar. Als zivilrechtliches Wertpapier muss es sich zwingend um eine schriftlich ausgestellte Urkunde handeln (Ausnahme sind nur Bundesanleihen, die in einem digitalen Bundesschuldbuch geführt werden können, § 5 Bundesschuldenwesengesetz – BSchuWG). Die notwendige Form der Urkunde kann in dieser selbst vorgeschrieben werden. Insb. genügen faksimilierte Unterschriften. **507**

Einen Paradigmenwechsel kündigt der am 11.8.2020 von den Bundesministerien der Finanzen und der Justiz und für Verbraucherschutz veröffentlichte Referentenentwurf **508**

„Gesetz zur Einführung von elektronischen Wertpapieren" an. Elektronische Fremdkapital-Wertpapiere, also im ersten Schritt nur Inhaberschuldverschreibungen, sollen – ähnlich wie Bundesschuldverschreibungen – durch Eintragung in einem digitalen Register entstehen können. Beabsichtigt ist damit eine Verkörperung von Rechten in sog. Security Token[213] statt in Urkunden. Token sind individualisierte und durch eine Art Quersummenbildung unabänderliche Einträge auf einer sog. Blockchain und damit Einträgen in einem Register vergleichbar „registriert".

509 Noch weitergehend geht das Eckpunktepapier perspektivisch davon aus, dass **elektronische Wertpapiere** kraft gesetzlicher Fiktion als Sachen anerkannt werden könnten, so dass zivilrechtliche Vorschriften zur Eigentumsübertragung Anwendung finden könnten. In jedem Falle solle es aber eigenständige Regelungen zum Erwerb, Übertragung und Gutglaubensschutz von elektronischen Wertpapieren geben. In Zukunft seien dann die Kernfunktionen des Wertpapiers (Legitimationsfunktion, Erfüllungswirkung, Übertragungsfunktion) statt durch die Verbriefung in einer Urkunde durch die Eintragung im einem Register sichergestellt. Die digitale Registerführung sei allerdings nur dann möglich, wenn die Eintragung auf der Blockchain auch tatsächlich die Feststellung des Inhabers (Authentizität) und die Unverfälschtheit des Wertpapiers (Integrität) ermögliche. Dies setze hohe Anforderungen an die Verlässlichkeit und Richtigkeit der Registerführung voraus, die daher staatlich oder unter staatlicher Obhut erfolgen solle.

f) Vinkulierung

510 Die Inhaberschuldverschreibung kann durch Rektavermerk des Ausstellers in ein Namenspapier umgewandelt werden (vgl. § 806). Damit wird das Wertpapier für die Zukunft zum Namenspapier, dessen weitere Übertragung sich nach §§ 398, 404 f. richtet. Eine Legitimationswirkung für den Inhaber entfällt dann (vgl. § 808 Abs. 1 S. 2). Bestehen bleibt die Möglichkeit der befreienden Zahlung an den Inhaber (vgl. § 808 Abs. 1 S. 1).

6. Kleinurkunden

511 Neben den (echten) Wertpapieren, i.e. Rekta(Namens-)papiere, Orderpapiere und Inhaberpapiere, bedient sich der Wirtschaftsverkehr zahlreicher Kleinurkunden, die lediglich gewisse Ähnlichkeiten mit den Wertpapieren aufweisen.

a) Kontroll- oder Ausweiszeichen

512 Hierzu gehören insb. Garderobenmarken, Reparaturscheine. Weder verkörpern sie in sachenrechtlicher Weise das zugrundeliegende Recht, das also nicht durch Übertragung dieses Papiers weitergegeben werden kann, noch ist ihre Innehabung oder ihr Vorzeigen für die Rechtsausübung erforderlich. Zwar dienen sie als Beweismittel für die Legitimation ihres Inhabers, ohne jedoch dass der Aussteller ohne Weiteres durch Leistung an den Inhaber befreit wird. Solche Ausweiszeichen schaffen lediglich eine widerlegliche

---

213 **Security** (engl.: Wertpapier) stehen in funktionaler Abgrenzung zu **Utility Token**, die keine Verkörperung von Rechten sind, sondern Funktionen auf der Blockchain haben (als Zugangsschlüssel oder um Transaktionsgebühren zu bezahlen, auch für Abstimmungen). Ein Token kommt in der Regel ohne eigene Blockchain aus, sondern baut vielmehr auf ein vorhandenes Protokoll bzw. vorhandene Blockchain (wie Ethereum oder NEO) auf. Anders **Kryptowährungen** wie der Bitcoin und Ether, die ihre eigene Blockchain haben, auf denen die „Coins" basieren und definiert werden.

Vermutung für die Berechtigung des Vorzeigenden. Leistet der Aussteller an einen nicht berechtigten Inhaber (gibt z.B. die Wäscherei ein Kleidungsstück an den Finder eines verlorenen Abholscheins) und zwar ohne Anwendung der je nach Umständen *erforderlichen Sorgfalt*, haftet er dem wahren Rechteinhaber aus dem zugrundeliegenden Schuldverhältnis (zumeist dann wohl nach §§ 283, 275 Abs. 1).

b) Inhabermarken, -zeichen

Hierzu gehören (noch nicht entwertete) Fahrkarten, Briefmarken oder Biermarken. Sie sind nach der Verkehrsanschauung so zu verstehen, dass der Aussteller an jeden Inhaber leisten darf und auch leisten muss (vgl. §§ 807, 793 Abs. 1). Sie führen ebenfalls zum Ausschluss von Einwendungen gegen frühere Inhaber und solchen aus Mängeln in der Begebung zu Gunsten der gutgläubigen rechtsgeschäftlichen Zweiterwerber (vgl. §§ 807, 794, 796). **513**

Inhaberzeichen ermöglichen eine Forderungsübertragung nach Sachenrecht, ebenso wie den gutgläubigen Erwerb an der zugrunde liegenden Forderung.

c) Legitimationspapiere

Solche sind das Sparbuch, aber auch Leihhausscheine, Versicherungsscheine und Abonnementskarten. Sie entsprechen den Ausweispapieren darin, dass sie keine sachenrechtliche Wertverkörperung sind. Ihre Übertragung richtet sich allein nach der Natur des verbrieften Rechts. Das Eigentum am Legitimationspapier folgt dem dann ohne zusätzlichen Übertragungsakt nach (vgl. § 952). **514**

Der Aussteller ist zur Leistung an den Inhaber zwar nicht verpflichtet, aber ohne weitere Nachprüfung berechtigt (so § 808). Er haftet dem wahren Berechtigten jedoch aus Verletzung von Treupflichten aus dem Grundverhältnis nach §§ 280 Abs. 1, 241 Abs. 2, wenn er die Legitimationswirkung allzu sorglos zugrunde legt.

Die Einordnung als Ausweiszeichen, Inhaberzeichen oder Legitimationspapier richtet sich im Einzelfall und mangels typischer Eigenart nach dem Verpflichtungswillen des Ausstellers (dann Inhaberpapier) und danach, ob er eine qualifizierte Legitimationswirkung (dann Inhaberzeichen, Legitimationspapiere) wollte.

7. Schuldanerkenntnis

Schuldversprechen (vgl. § 780) und Schuldanerkenntnis (vgl. § 781) sind rein **schuldrechtliche Verpflichtungsverträge** (beide Formen sind inhaltlich identisch, bloß aus unterschiedlicher Sicht beschrieben), die als abstrakte und als deklaratorische vereinbart werden können (ein nur einseitiges, nicht vertragliches Anerkenntnis wäre ohne Verpflichtungswillen, weil das BGB im Schuldrecht mit ganz wenigen Ausnahmen nur vertragliche Bindungen anerkennt). **515**

Das **abstrakte Schuldanerkenntnis** schafft dabei einen zusätzlichen Rechtsgrund, so dass die versprochene Leistung unabhängig vom ursprünglichen Rechtsgrund (Darlehen, Schadensersatzverpflichtung etc.) allein bereits aufgrund des Anerkenntnisses verlangt werden kann. Soweit sich später herausstellen sollte, dass der ursprüngliche Rechtsgrund gar nicht bestanden hatte oder zuvor weggefallen war, bleibt das abstrakte Schuldanerkenntnis trotzdem wirksam, ist aber kondizierbar (§ 812 Abs. 1 S. 1 Alt. 1).

Letztlich bewirkt das abstrakte Schuldanerkenntnis damit (nur) eine **Umkehr der Beweislast** für das Bestehen des zugrundeliegenden Rechtsgrunds. Dem Gläubiger soll dadurch die Rechtsverfolgung erleichtert werden, indem er aufgrund eines neuen Anspruchs von seiner prozessualen Darlegungs- und Beweispflicht hinsichtlich seines alten Anspruchs befreit wird (z.B. als Voraussetzung für die Gewährung einer weiteren Stundung).

516 Das **konkrete bzw. deklaratorische Schuldanerkenntnis** bestätigt hingegen den Forderungsbestand auf Basis des ursprünglichen schuldrechtlichen Rechtsgrundes. Es schafft kein neues Forderungsrecht, seine Wirkung ist die eines **Verzichts auf bis dahin bestehende Einwendungen und Einreden**. Insofern ist dieses ggf. auch nicht kondizierbar und rechtlich „gefährlicher" als das abstrakte.

517 Vom deklaratorischen Schuldanerkenntnis ist auszugehen, wenn der ursprüngliche Rechtsgrund explizit oder nach den Umständen in Bezug genommen wird (etwa bei einem Anerkenntnis einer Verkehrsunfallverursachung: Es stellt die Alleinschuld des Anerkennenden außer Streit). Dementsprechend braucht es auch nicht auf eine konkrete Summe zu lauten, welche sich sowieso aus dem ursprünglichen Rechtsgrund (z.B. Haftung nach § 823 Abs. 1 und nach §§ 7, 18 StVG, je i.V.m. §§ 249 ff.) ergeben muss.

Anders ist dies beim abstrakten Schuldanerkenntnis, das einen selbstständigen Schuldgrund schafft. Es muss deshalb ähnlich einem Vertrag die wesentlichen Elemente des geschaffenen Rechts enthalten, insb. die Art und Höhe der Forderung, wobei Umstände außerhalb der Urkunde zu ihrer Auslegung selbstverständlich herangezogen werden können. Die Höhe der Forderung ist insoweit wesentlicher Inhalt eines abstrakten Anerkenntnisses.

518 Ein deklaratorisches Anerkenntnis setzt zusätzlich voraus, dass die Vertragsparteien das Schuldverhältnis ganz oder teilweise dem **Streit oder der Ungewissheit der Parteien entziehen** wollten und sich dahingehend einigten. Eine generelle Vermutung dafür besteht nicht und ist nur gerechtfertigt, wenn die Beteiligten unter den konkreten Umständen einen besonderen Anlass *aufgrund eines Streits* oder zumindest einer (ggf. einseitigen, aber dem anderen notwendig bekannten) Ungewissheit über das Bestehen der Schuld oder über einzelne rechtliche Punkte hatten.

519 Insoweit ist anerkannt, dass die Prüfung einer Rechnung, die Bezahlung einer Rechnung oder auch die Bezahlung nach Prüfung für sich genommen nicht erlauben, ein deklaratorisches Schuldanerkenntnis anzunehmen. Der Umstand, dass eine Rechnung vorbehaltlos beglichen wird, enthält über seinen Charakter als Erfüllungshandlung hinaus keine Aussage des Schuldners, zugleich den Bestand der erfüllten Forderung insges. oder in einzelnen Beziehungen außer Streit stellen zu wollen. Die Abrechnung einer Leistung, eines Aufwands oder die Vornahme einer geforderten Zahlung ebenso wie die angebotene Entgegennahme eines Geldbetrags stellen für sich genommen kein deklaratorisches (bestätigendes) Schuldanerkenntnis dar, etwa des Inhalts, dass im Falle eines Rechenfehlers ein Mehr nicht verlangt werden könnte oder der Zahlbetrag als zutreffend vereinbart gelten würde (deshalb ist in solchen Fällen auch nichts anzufechten, anders als im Falle des Kalkulationsirrtums, vgl. Rn. 26).

Das Anerkenntnis erfordert stets das Vorliegen weiterer Umstände, die geeignet sind, eine derartige Wertung zu tragen. Es handelt sich ansonsten um eine reine Wissenserklärung ohne rechtsgeschäftlichen Bindungswillen.

Darin liegt eine Nähe des Anerkenntnisses zum **Vergleich** (Vergleichsvertrag nach § 779 Abs. 1). Auch diesem ist eine **Streitbeilegung** oder eine Beseitigung einer Ungewissheit eigentümlich. Anders als das Schuldanerkenntnis setzt der Vergleich jedoch zusätzlich zwingend ein **gegenseitiges Nachgeben** (beide Seiten müssen nachgeben) voraus. Aus diesem Grund ist ein Vergleichsvertrag formlos gültig, vertragliches Anerkenntnis und Schuldversprechen (als nur einseitig verpflichtend) bedürfen dagegen der Schriftform (vgl. § 126). **520**

III. Kreditsicherheiten

1. Überblick

Die zur Absicherung von Krediten gewährten Sicherheiten sind **Personalsicherheiten** **521** oder **Realsicherheiten**. Bei ersteren kann der Gläubiger auf das gesamte Vermögen einer weiteren natürlichen oder juristischen Person neben der des Schuldners zurückgreifen (der **Sicherungsgeber haftet persönlich**). Sachsicherheiten wie z.B. Sicherungseigentum, Mobiliar- oder Grundpfandrechte, geben dem Gläubiger die Möglichkeit einer Befriedigung aus einem dinglichen Recht des Schuldners oder eines anderen Sicherungsgebers (nur **dingliche Haftung mit der gestellten Sicherheit**), und zwar als eine gegenüber konkurrierenden Gläubigern bevorzugte Zugriffsmöglichkeit.

§ 232 Abs. 2 gibt der Stellung von Sachsicherheiten den Vorzug, vgl. auch §§ 273 Abs. 3 S. 2, 1218.

2. Akzessorische, abstrakte und fiduziarische Sicherheiten

Die meisten gesetzlichen Sicherheiten sind vollkommenen abhängig von der zu sichern- **522** den Forderung, deren rechtliches Schicksal sie weithin teilen (sog. **akzessorische Sicherungsrechte**, z.B. Bürgschaft, Pfandrecht, Hypothek).

Grundschulden sind dagegen in ihrem Bestand davon unabhängig und *lediglich schuldrechtlich* durch eine sog. Sicherungs- bzw. Zweckabrede mit der Forderung verknüpft (sog. **abstraktes Sicherungsrecht**). Die Sicherungsabrede verpflichtet den Gläubiger, von der Sicherheit nur im Rahmen des Sicherungszwecks Gebrauch zu machen und gibt bei dessen Erlöschen durch Tilgung einen vertraglichen Rückgewähranspruch (unwirksame Zweckerklärungen machen die abstrakte Sicherheit kondizierbar).

Die Wirtschaftspraxis hat zudem **fiduziarische** (treuhänderisch gebundene) **Sicherheiten** entwickelt (Sicherungsübereignung, Sicherungszession), die dem Gläubiger einen „Überschuss an Rechtsmacht" geben, indem sie das Vollrecht übertragen; sie umgehen damit die Nachteile des eigentlich ausreichenden Pfandrechts, das an Fahrnis jedoch die Sachübergabe voraussetzt (vgl. § 1205 Abs. 1), und dadurch dem Sicherungsgeber die Bewirtschaftung etwa als Betriebsmittel entzieht. Vergleichbar setzt das Pfandrecht an Forderungen (z.B. aus Lieferungen und Leistungen) die Offenlegung gegenüber dem Gläubiger, etwa den Kunden voraus. Aufgrund der Vollrechtsübertragung sind auch die fiduziarischen Sicherheiten notwendigerweise **abstrakt**.

Anders als akzessorische Sicherungsrechte bleiben **abstrakte Sicherheiten** beim Gläu- **523** biger bestehen, wenn **die zu sichernde Forderung nicht entsteht oder wegfällt, getilgt**

wird; die zusätzliche **Sicherungsabrede** bildet hierbei den **Rechtsgrund** für die Bestellung z.B. der Grundschuld, die (Sicherungs-)Übereignung oder Abtretung.

Die Sicherungsabrede ist nach Tilgung auch der Rechtsgrund für den Anspruch auf Rückübertragung der nicht mehr benötigten Sicherheit. Der bei abstrakten Sicherheiten daher regelmäßig allein **schuldrechtliche Rückgewähranspruch** des Sicherungsgebers birgt die Möglichkeit und Gefahr, die Sicherheit trotz und unabhängig von der Tilgung der Forderung weiter zu übertragen, sei es durch den Sicherungsnehmer zu seiner Refinanzierung bei Dritten (vgl. dagegen Schutzvorschrift in § 1192 Abs. 1a), aber auch nach ihrer ordnungsgemäßen Rückgabe an den Sicherungsgeber durch ihn für eine neue Kreditaufnahme.

Lediglich über eine auflösende Bedingung im Bestellungsakt (konstruktiv vergleichbar dem Eigentumsvorbehalt) können auch abstrakte Sicherheiten dinglich derart mit der besicherten Forderung verknüpft werden, dass sie bei Wegfall des Sicherungszecks automatisch an den Sicherungsgeber zurückzufallen (geringe praktische Relevanz; vgl. unter Rn. 1366).

IV. Bürgschaft

1. Lebenstypen

524 Verbraucherkredite werden meist mangels ansonsten zur Verfügung stehender realer Vermögenswerte durch nahestehende Personen des Schuldners, Ehegatten und Verwandte, als Bürgen besichert. Bürgschaften von Geschäftsführern oder Gesellschaftern für Kredite an ihre Unternehmen dienen neben dem möglichen Zugriff auf deren private Vermögen auch der Bindung an das Unternehmen und stellen das Interesse des Bürgen an einer ordnungsgemäßen Rückzahlung des Kredits sicher.[214] Als Avalkredite werden Bankbürgschaften bezeichnet; sie bieten Gläubigern v.a. in der Baubranche (vgl. z.B. §§ 650f Abs. 2, 650m Abs. 3 BGB, § 2 MaBV) und Investitionsgüterindustrie zuverlässige Sicherheit; mit der Verpflichtung zur Zahlung auf erstes Anfordern können sie bei Auslandsgeschäften das Akkreditiv ersetzen.

Steuer- und Zollbürgschaften kommen z.B.in der Zigarettenindustrie eine wichtige Rolle bei Stundungen zu, wenn gesetzlich beabsichtigt ist, die Tabaksteuer vom Produzenten oder Importeur als Steuerschuldner auf den Verbraucher als Steuerträger über zu wälzen. Spediteure haben als Haftungsschuldner durch eine Bank Zollbürgschaften bei der Zollabfertigung für ihre Kunden zu stellen, vgl. § 41 Zollgesetz (sog. Zollgutversand), bis zur vollständigen und ordnungsgemäßen Wiedergestellung des Zollgutes bei der Empfangszollstelle. Schließlich macht § 709 ZPO die vorläufige Vollstreckbarkeit aus den meisten noch nicht rechtskräftigen Urteilen von der Stellung von Sicherheiten

---

214 Die Bürgschaft des **Gesellschafters einer Personengesellschaft** z.B. gegenüber der Hausbank oder Lieferanten der Gesellschaft hat trotz seiner sowieso bestehenden persönlichen Haftung (vgl. §§ 128 HGB, 735 BGB) eine wichtige **Bedeutung im Hinblick auf eine eventuelle Insolvenz**; akzessorische Haftungsschuldner wie z.B. Bürgen werden durch einen Insolvenzplan nicht befreit. Auch die Forderungszuständigkeit des Insolvenzverwalters nach § 93 InsO gilt nicht für die Bürgenhaftung, sondern nur für eine gesetzliche akzessorische Haftung. Gegen einen Bürgen kann der Gläubiger also trotz Insolvenz des Schuldners weiterhin vorgehen (so z.B. für den Steuergläubiger BGHZ 151, 245 = NJW 2002, 2718 m.w.N.).

abhängig, als welche meist Bankbürgschaften bestimmt werden; ebenso gibt § 711 bei den ohne Sicherheitsleistung vollstreckbaren Urteilen abgestufte Abwendungsbefugnisse durch solche Sicherheitsleistungen.

2. Zustandekommen

Die Bürgschaft entsteht durch **einseitig verpflichtenden Vertrag zwischen Bürgen und Gläubiger**, also ohne Beteiligung des Schuldners, worin sich der Bürge dem Gläubiger verpflichtet, für die Erfüllung einer Verbindlichkeit dessen Schuldners einzustehen (vgl. § 765 Abs. 1). Die Bürgschaft soll eine fremde Schuld stützen; dem Gläubiger stehen sodann zwei Forderungen zu: die zu sichernde gegen seinen Schuldner und die mit der Bürgschaft begründete, gegen den Bürgen gerichtete. 525

Dem **Rechtsverhältnis zwischen Hauptschuldner und Bürge** (warum verbürgt sich der Bürge für den Schuldner?) liegt meist ein Geschäftsbesorgungsvertrag oder Auftrag zugrunde.

§ 766 verlangt zwingend die schriftliche Erteilung (vgl. § 126) – nur einseitig – der Bürgschaftserklärung, die sonst gem. § 125 S. 1 nichtig ist;[215] Erteilung in elektronischer Form ist ausgeschlossen (§§ 766 S. 2, 126a). Die Warnfunktion des Schriftformzwangs ist nur erfüllt, wenn die Namen von Bürgen, Gläubiger und Schuldner, der Betrag der zu sichernden Forderung und die eindeutige Erklärung des Bürgen, hiermit für die Erfüllung der Verbindlichkeit einstehen zu wollen, umfasst sind; **Blankobürgschaften**, bei denen der Bürge einen anderen mündlich ermächtigt, Teile der Bürgschaftsurkunde selbst auszufüllen, z.B.die Höhe der Schuld einzutragen, sind deshalb (Schriftform bezieht sich auf alle wesentlichen Inhalte) – außerhalb von § 350 HGB – nichtig.[216] 526

Die Bürgschaftsurkunde muss als schriftliche Willenserklärung dem Gläubiger im Original zugehen (vgl. § 130 Abs. 1) und von ihm angenommen werden (vgl. § 151).

Bürgschaften von **Kaufleuten**, die zum Betriebe ihres Handelsgewerbes gehören (vgl. §§ 343 ff. HGB) sind nach § 350 HGB formfrei; Kaufmann ist regelmäßig nur der Rechtsträger eines Unternehmens (vgl. §§ 1, 6 HGB), nicht aber ein Organmitglied (nur für den Komplementär einer oHG mehrheitlich anders).

Eine Bürgschaft kann auch künftige oder bedingte Verbindlichkeiten sichern (§ 765 Abs. 2). Formularklauseln, mit denen sich ein Bürge – außerhalb von § 350 HGB – ohne Weiteres auf alle bestehenden und künftigen Forderungen bankenmäßiger Geschäftsverbindungen des Schuldners mit dem Gläubiger verbürgt, verstoßen aber gegen §§ 305 ff. Außerdem ist eine Klausel überraschend i.S.v. § 305c Abs. 1, wenn sie über den Anlass einer Verbürgung hinausreicht.[217] Ist der genaue Sicherungszweck für den Bürgen nicht transparent, verstößt auch dies gegen § 307 Abs. 1. Kann der Bürge etwa als Geschäftsführer der Hauptschuldnerin allerdings Einfluss auf die Begründung künftiger Verbindlichkeiten und damit auf die Entwicklung seiner Haftung nehmen, gilt ein anderer Maßstab.

---

215 Zur Problematik der Schriftform einer Vollmachtserteilung zum Abschluss eines Bürgschaftsvertrags vgl. den Fall bei *Grunewald,* BR § 5 Rn. 8

216 Vgl. BGH NJW 1996, 1467.

217 Vgl. BGHZ 126, 174 = NJW 1994, 2145.

a) Sittenwidrigkeit

527 Sittenwidrig nach § 138 sind Bürgschaften einkommens- und vermögensloser Familienangehöriger des Schuldners. Solche werden vielfach auf familiären Druck hin übernommen, wobei die verbürgte Schuld die Leistungsfähigkeit des Bürgen häufig krass übersteigt. Ein krasses Missverhältnis besteht, wenn die pfändbaren Einkünfte des Bürgen nicht ausreichen, in fünf Jahren ein Viertel der Hauptsumme abzudecken[218] und der Gläubiger insoweit mangelnde Geschäftserfahrenheit oder emotionale Verbundenheit des Bürgen in anstößiger Weise ausgenutzt hat.[219] Kann der Bürge voraussichtlich nicht einmal die vereinbarte Zinslast aus dem pfändbaren Anteil seines Vermögens und seines laufenden Einkommens tragen, wird vermutet, dass die Übernahme bloß aus emotionaler Verbundenheit erfolgt war, woran, wenn der Gläubiger die Vermutung nicht widerlegen kann, die weitere Vermutung knüpft, dass der Gläubiger die emotionale Zwangslage in sittenwidriger Weise ausgenutzt hat.

528 Keine Sittenwidrigkeit besteht bei wirtschaftlichem Eigeninteresse des Bürgen, geldwerten Vorteilen aus der Kreditgewährung, wie z.B. im Falle von Bürgschaften von Geschäftsführern oder Gesellschaftern einer GmbH;[220] bloße, auch leitende Mitarbeit des bürgenden Ehegatten im kreditierten Unternehmen genügt nicht. Bürgschaften vermögensloser Ehepartnern sind überdies zulässig zur Vorbeugung gegen Vermögensverschiebungen an ihn, wenn dieser begrenzte Haftungszweck in der Bürgschaft ausdrücklich vermerkt ist.

b) Akzessorietät

529 Nach § 767 ist der jeweilige **Bestand der Hauptforderung** für die Bürgenschuld maßgeblich. Beide tragen dasselbe rechtliche Schicksal. Valutiert die Hauptschuld durch Tilgung ganz oder teilweise nicht mehr, ist sie nichtig oder sonst erloschen, so gilt dies auch für die Bürgschaft.[221]

Aufgrund der Akzessorietät kann der Bürge nach § 768 außerdem alle **Einreden des Hauptschuldners** als eigene seiner Inanspruchnahme entgegensetzen (i.e. Einrede aus §§ 320, 821 oder 214, aus Stundung etc.); ausgeschlossen sind lediglich solche, die dem Bürgschaftszweck widersprechen, wie die Beschränkung der Erbenhaftung, vgl. § 768 Abs. 1 S. 2, oder Festlegungen im Rahmen eines Insolvenzplanes, auf den sich der Bürge nach § 254 Abs. 2 InsO nicht berufen kann.

530 Die Ausübung von **Gestaltungsrechten** des Schuldners ist dem Bürgen verwehrt; über Gewährleistungsrechte entscheidet nur der Schuldner. § 770 gibt ihm lediglich ein vorläufiges Leistungsverweigerungsrecht, solange der Schuldner die Hauptforderung durch Anfechtung oder Aufrechnung zu Fall bringen kann; nur dieses besteht auch, solange der Schuldner (etwa aufgrund seiner Mängelrechte oder nach § 323) zurücktreten oder mindern kann.

---

218 Vgl. BGH NJW 1997, 3372; BGH NJW 2000, 1182.
219 Vgl. BGH NJW, 1997, 3372.
220 Vgl. BGH NJW 2002, 1337, 1338 f.
221 Durch Abtretung der Hauptforderung geht die Bürgschaft auf den Zessionar mit über, § 401; zur Bedeutung eines „Abtretungsverbots der Bürgschaft" s. den Fall bei *Grunewald,* BR § 38 Rn. 4 (Kommanditgesellschaft als Sicherheitenpool).

Originär eigene Einreden des Bürgen (Aufrechnung mit eigenen Forderungen gegen den Gläubiger, Anfechtbarkeit der Bürgschaft etc.) stehen dem Bürgen ohne Weiteres zu; der Irrtum über die Bonität des Schuldners gibt dem Bürgen selbstverständlich kein Anfechtungsrecht, solche ist das ureigene Risiko des Bürgen und keine Eigenschaft der Bürgschaft. **531**

Als Einreden des Bürgen werden im BGB besonders erwähnt der Zeitablauf, bei einer nur auf bestimmte Zeit übernommenen Bürgschaft (vgl. § 777) und der **Verzicht** des Gläubigers **auf andere Sicherheiten**, soweit der Bürge aus den aufgegebenen Sicherheiten im Wege des Regresses hätte Ersatz verlangen können (vgl. § 776).[222]

c) Einrede der Vorausklage

Der Bürge haftet **nicht neben** dem, **sondern für den Schuldner** und kann die Befriedigung des Gläubigers verweigern, solange dieser nicht ohne Erfolg eine Zwangsvollstreckung gegen den Hauptschuldner versucht hat (sog. Einrede der Vorausklage nach § 771). Sie ist ausgeschlossen, wenn sich der Bürge **selbstschuldnerisch verbürgt** hat (– so regelmäßig in der Praxis –), über das Vermögen des Hauptschuldners das Insolvenzverfahren eröffnet ist oder die Zwangsvollstreckung in das Vermögen des Schuldners nicht zur Befriedigung des Gläubigers führen wird (vgl. § 773); schließlich stets bei der Bürgschaft als Handelsgeschäft (vgl. § 349 HGB). **532**

d) Rückgriffs- und Befreiungsansprüche des Bürgen

Aus dem **Innenverhältnis zum Schuldner** folgt regelmäßig ein Erstattungsanspruch aus § 670 BGB; die Bitte um Übernahme einer Bürgschaft begründet ein **Auftragsverhältnis** oder eine **Geschäftsbesorgung**. **533**

Davon unabhängig gibt das Gesetz einen Rückgriffsanspruch in Gestalt der Subrogation der abgelösten Forderung (z.B.des Darlehensrückzahlungsanspruchs des Gläubigers) durch den **gesetzlichen Forderungsübergang** auf den Bürgen gem. § 774 Abs. 1.

§ 774 hat **wirtschaftlich nur** Bedeutung im Hinblick auf §§ 412, 401 zur **Überleitung weiterer bestellter Sicherheiten** für die vom Bürgen getilgte Hauptforderung (z.B. Hypotheken, Pfandrechte, weitere Bürgschaften) auf ihn; der Bürge wird damit gegenüber anderen Sicherungsgebern begünstigt. **534**

Gegenüber Mitbürgen geht die Hauptforderung jedoch von vornherein nur insoweit auf den in Anspruch Genommenen unter ihnen über, als das deren Innenverhältnis entspricht, vgl. §§ 774 Abs. 2, 769, 426 (Mitbürgen gleichgestellt sind Hypothekare und Verpfänder, vgl. §§ 1143 bzw. 1225, für die § 774 Abs. 2 analog gilt).

3. Besondere Bürgschaftsarten

Bei der **selbstschuldnerischen Bürgschaft** verzichtet der Bürge auf die Einrede der Vorausklage (vgl. § 771). Die Bürgschaft auf erstes Anfordern geht noch weiter und hebt die Akzessorietät insoweit auf, als sich der Bürge verpflichtet, stets unabhängig von Einwendungen oder Einreden unverzüglich zu zahlen; der Bürge wird damit für bestehende Einwendungen auf die Rückforderungsklage verwiesen. **535**

222 Einreden können sich auch aus der Geschäftsgrundlage (§ 313) oder Pflichtverletzungen des Gläubigers ergeben, vgl. dazu Fall bei *Grunewald,* BR § 38 Rn. 10.

536 Eine **Bürgschaft auf Zeit** lässt den Bürgen freiwerden, wenn der Gläubiger die Hauptforderung nicht zeitnah einzieht, vgl. § 777; außerhalb von § 777 kann sich der Bürge nicht dagegen wehren, dass der Gläubiger gerade im Hinblick auf die Bürgschaft mit der Einziehung solange zuwartet, bis sein Schuldner irgendwann in Vermögensverfall gerät.

537 **Rückbürgschaften** sichern einen Bürgen für den Fall seiner Inanspruchnahme im Hinblick auf die Regressansprüche gegen den Schuldner ab; sie werden zwischen dem Rückbürgen und dem Bürgen geschlossen. § 774 Abs. 1 S. 1 gilt hinsichtlich der ursprünglichen Hauptforderung nicht auch für den Rückbürgen, da dieser sich nicht auf diese, sondern lediglich auf die Regressansprüche der Bürgen verpflichtet hat.

538 Ein **Kreditauftrag** liegt vor, wenn jemand einen Anderen (beispielsweise eine Bank) beauftragt, im eigenen Namen und auf eigene Rechnung einem Dritten einen Kredit zu gewähren; der Auftraggeber haftet dann als Bürge für die aus der Kreditgewährung entstandenen Verbindlichkeiten des Dritten (vgl. § 778). Der Kreditauftrag ergänzt das Auftragsrecht gem. §§ 662 ff. Er ist formlos gültig. Anders als die Bürgschaft verpflichtet der Kreditauftrag den Beauftragten zur Kreditgewährung.

539 **Patronatserklärungen** sind Aussagen regelmäßig einer Konzernleitungsgesellschaft von gesellschaftsrechtlichen Konzernen, die ankündigt *oder* verspricht, dafür Sorge zu tragen, dass ihre Beteiligungsgesellschaft Kreditverbindlichkeiten gegenüber Dritten erfüllen kann.

Sog. **weichen** Patronatserklärungen fehlt dabei ein Rechtsbindungswille des Patrons, der damit lediglich seinen guten Ruf einsetzt. Dem stehen sog. **harte** Patronatserklärungen (Ausstattungsgarantien) gegenüber, bei denen die Obergesellschaft sich verpflichtet, ein Konzernunternehmen so auszustatten, dass dieses tatsächlich in der Lage sein wird, seinen fälligen Verbindlichkeiten nachzukommen. Auch verbindliche Patronatserklärungen geben aber weder der Tochtergesellschaft noch dem Kreditgläubiger (arg. e § 329) ein Forderungsrecht, sondern führen ggf. nur zu vertraglichen Schadensersatzansprüchen wegen Nichterfüllung der finanziellen Ausstattungspflicht (vgl. § 280 Abs. 1). Klagberechtigt ist dann der zu sichernde Kreditgeber. Bilanzrechtlich handelt es sich um Eventualverbindlichkeiten, die, solange ihr Eintritt nicht ernsthaft droht (vgl. § 249 Abs. 1 S. 1 HGB), weder aktiviert noch passiviert werden können, noch zu werden brauchen (vgl. §§ 251, 268 Abs. 7 HGB).

§ 3 Ausgleichsordnung

Volker Mayer

Übersicht

Das Schuldrecht ist Teil des Vermögensrechts und regelt innerhalb dessen in erster Linie den Güterverkehr, also den (vertraglichen) Güterumsatz. Das ist in der im vorangegangenen Teil behandelten **Vertragsordnung** etwa der Anspruch auf Erwerb oder Überlassung von Gütern, wobei diese nicht nur als Vermögenswerte zu verstehen sind, sondern als jedwedes schutzwürdiges Interesse, auf dessen Erfüllung hin eine Vereinbarung gerichtet ist. Daraus wird ersichtlich, dass das Schuldrecht die Aufgabe hat, die (relativ, weil zwischen Parteien **durch subjektiven Willen begründete**) berechtigte **Erwartung** eines bestimmten Verhaltens, die Erfüllung eines Versprechens **zu schützen**. Diese Erwartungen formuliert das Schuldrecht in Risikoabgrenzungen und entsprechenden Pflichten, deren Entstehungstatbestände, Maßstäbe und Abwicklung bestimmt werden. **540**

Dieser bisher behandelten Vertragsordnung stellt das Schuldrecht eine **Ausgleichsordnung** zur Seite. Auch sie regelt Entstehungstatbestände, Maßstäbe und Abwicklung berechtigter Erwartungen an bestimmte Verhaltensweisen. Es geht auch bei der Ausgleichsordnung nicht um Besitzstandswahrung oder Herrschaftsrechte (solches wird Aufgabe des Sachenrechts sein), sondern gleichfalls um schuldrechtliche Rechte und Pflichten, die ihren **Entstehungsgrund** jedoch nicht in einem Vertrag bzw. also einem Rechtsgeschäft haben, sondern **in objektiven Interessen** und einem dazu bestehenden Widerspruch (sog. gesetzliche Schuldverhältnisse). **541**

Dass eine erworbene Ware mangelhaft ist, widerspricht keinem objektiven Interesse, weil es keinen objektiven Normalzustand gibt, wie generell Waren zu sein hätten, sondern nur eine subjektive vertragliche Erwartungshaltung; ein Mangel ist deshalb gar kein Zustand der Sache, sondern eine Pflichtenkollision, für welche eine Seite die Gewähr trägt und weshalb nunmehr ggf. modifiziert erfüllt werden muss. *Diesem* Ziel dienen auch Minderung und Schadensersatz neben der Leistung, also neben der Erfüllung.

Historisch war deshalb der Schadensersatz *statt* der Leistung im BGB nur stark eingeschränkt zulässig; er bezieht sich auf eine objektive Sachlage, ebenso, wie ein Rücktritt die Erfüllungsgewähr beseitigt. Ursprünglich war deshalb im Gewährleistungsrecht auch kein Rücktritt vorgesehen, sondern die „Wandlung" des Schuldverhältnisses, nämlich die Rückführung der subjektiven auf die objektive Interessenlage und erst anschließend deren Ausgleich durch Rücktritt. Konsequent galt deshalb der Rücktritt als Sonderfall des Bereicherungsrechts.[1]

Auch die Ausgleichsordnung, also die gesetzlichen Schuldverhältnisse, sind **Teil der Güterverkehrsordnung** des Schuldrechts. Nur sind die darin zusammengefassten Interessen nicht auf ein vertragliches Versprechen gegründet, dessen Erfüllung erwartet würde, also nicht auf eine zukünftige Güterverschiebung gerichtet, sondern vielmehr **auf Ausgleich** im Hinblick auf einen bereits eingetretenen Vermögenszustand oder auf eine **bereits eingetretene Güter- oder Vermögensverschiebung**. **542**

Es handelt sich im Einzelnen um Ausgleichsansprüche im Rahmen des **Beteiligungsausgleichs**, also mehrerer Beteiligter an einem Recht oder einer Mehrheit von Rechten (die Rechtsgemeinschaft, §§ 741 ff.); Ausgleichsansprüche im Rahmen des **Aufwendungsausgleichs** für fremdnützige Vermögensverschiebungen (die Geschäftsführung ohne Auftrag, §§ 677 ff.); Ausgleichsansprüche im Rahmen des **Bereicherungsausgleichs** wegen unrechtmäßiger, nämlich rechtsgrundloser Innehabung oder Nutzung von Gütern (die ungerechtfertigte Bereicherung, §§ 812 ff.); schließlich um Ausgleichsansprüche im Rahmen des **deliktischen Schadensausgleichs** wegen der Verletzung von Rechten und Rechtsgütern (unerlaubte Handlungen, §§ 823 ff.).

1 Zu den Unterschieden von Bereicherungs- und Rücktrittsrecht: *Medicus/Petersen,* BR Rn. 660 ff.

Das gesetzliche Schuldverhältnis besteht daher nicht aufgrund z.B. des Anspruchs „aus § 823 Abs. 1", sondern aufgrund einer freiwilligen Verletzung einer für alle geltenden Verhaltenspflicht („Friedenspflicht"), welche durch den Tatbestand dieser Deliktsnorm (objektiv) aufgestellt wird und wofür dann auf die Schadensklage verwiesen wird; deren Inhalt regelt dann auch gar nicht die Norm selbst, sondern die §§ 249 ff. Selbstverständlich kann die verletzte Friedenspflicht zugleich mit einer vertraglichen Nebenpflicht deckungsgleich sein, so dass dann für denselben Sachverhalt in §§ 280 Abs. 1, 241 Abs. 2 auch die vertragliche Schadensklage gegeben sein würde, welche sich gleichfalls nach §§ 249 ff. richtete.

Auch im Bereicherungsrecht ist nicht z.B. der Anspruch „aus § 812 Abs. 1" das gesetzliche Schuldverhältnis, sondern ein Zustand einer Bereicherung, für den es (nicht nur subjektiv zwischen zwei Personen, sondern) objektiv keine Rechtfertigung gibt, sei es, weil er aufgrund fehlgeschlagener Leistung oder sonst im Widerspruch zum Zuweisungsgehalt an dem Vermögenswert eingetreten ist. §§ 812 ff. sind wiederum nur die Klageformen aufgrund des bereicherungsrechtlichen Schuldverhältnisses, das darin als Anspruchsvoraussetzung mit den einzelnen Tatbestandsmerkmalen normiert ist.

A. Beteiligungsausgleich

543 Die Berechtigung an Aktiva kann einer Personenmehrheit auf Gläubigerseite ebenso zustehen, wie die passivische Verpflichtung eine Personenmehrheit auf Schuldnerseite betreffen kann. In jedem Falle solcher Personenmehrheit stellen sich zumindest Fragen nach der Art der Beteiligung des Einzelnen an Forderung und Schuld, also nach der **Art der Haftung**, dem **Umfang des Verfügungsrechts**, der **Wechselwirkung** einredebegründender Tatsachen und der **Empfangszuständigkeit** für Tilgungsleistungen.

Die mehrfache Berechtigung oder Verpflichtung kann als **Teilschuldverhältnis**, als **Gesamtschuldverhältnis**, als (schlichte) **Rechtsgemeinschaft** oder als **Gesamthand** bestehen; nur bei der Gesamthand (Zweckgemeinschaft, also Gesellschaft) kann schließlich ein (gemeinschaftliches gebundenes) Sondervermögen neben denjenigen (freien) Vermögen der beteiligten Gesellschafter entstehen.[2]

Bei der Teilschuld zerfällt eine Forderung entsprechend der Zahl der Teilgläubiger oder Teilschuldner in entsprechende Teilforderungen. Das Teilschuldverhältnis an einer Forderung oder Verbindlichkeit setzt deren Teilbarkeit voraus (vgl. § 420). Teilbarkeit ist dabei nicht lediglich Ausdruck einer Zählbarkeit, sondern ein *Rechtsbegriff*, der nach dem Zweck der Schuld und der *zugrundeliegenden Interessenlage* von den Rechtsfolgen her zu bestimmen ist. Das Teilschuldverhältnis ist eine einfache Personenmehrheit mit nur losen Verbindungen, die untereinander keines Ausgleichsanspruchs bedarf.

Beispiele: Eine Geldschuld ist technisch stets in Teilbeträge zerlegbar, wird dadurch aber u.U. in der Durchsetzung unsicherer und damit wirtschaftlich weniger wert, wenn jeder Teilschuldner nur auf seine Quote haftet, weshalb teilweise Ausfälle möglich sind. Eine Schadensersatzschuld oder die Ersatzpflicht auf Surrogate (vgl. § 281) ist deshalb, wenngleich auf Geldersatz gerichtet, im Rechtsinne *keine* teilbare Leistung.[3]

---

2 Das **Sondervermögen** ist ein Kriterium zur Abgrenzung der Außen- von einer Innengesellschaft, woraus dann (jedenfalls bei der unternehmenstragenden GbR, bei oHG und KG) die Zuerkennung einer **Teilrechtsfähigkeit** mit der Anerkennung eigener Rechte und Pflichten folgt.

3 Ausnahmen sind Fälle der „**gestörten Gesamtschuld**", bei welcher unterschiedliche Schädiger dem Geschädigten in *unterschiedlichem Umfang* haften. § 840 passt dafür im Ergebnis nicht, weil sonst der eigentlich privilegiert haftende Schädiger über den *Gesamtschuldausgleich* u.U. doch gleich den anderen behandelt würde. Jedenfalls im Zusammenhang mit der **Haftungsfreistellung eines Arbeitgebers** bei Arbeitsunfällen (§ 104 SGB VII) sollen Teilschulden vorliegen, so dass jeder Schädiger nur entsprechend seiner Haftpflicht (nach Umfang und Höhe) belangt werden kann. Vgl. Beispiel bei *Medicus/Petersen,* BR Rn. 934.

Verpflichtungen mehrerer (z.B. Verkäufer oder Vermieter), die auf eine unteilbare Leistung (etwa Übereignung oder Überlassung einer Sache) gehen, sind bereits ihrer Natur nach keine Teilschulden. Solche Verbindlichkeiten, ebenso wie die aus rechtlichen Gründen nicht teilbaren Leistungen, erklärt § 431 für Gesamtschulden; im umgekehrten Fall, also der Mehrheit von Gläubigern auf eine unteilbare Leistung, gibt § 432 jedem von ihnen zumindest den eigenen Anspruch, Leistung an alle gemeinschaftlich zu verlangen. So haftet eine Erbengemeinschaft (vgl. §§ 2032 ff.) für Nachlassverbindlichkeiten bis zur Teilung gesamtschuldnerisch (vgl. §§ 2058, 421), nach der Teilung haftet jeder Miterbe als Teilschuldner (vgl. §§ 2060, 420).

I. Gesamtschuldverhältnis

Anders liegt die Interessenlage, wenn sich mehrere gemeinsam (nicht „gemeinschaftlich", das wäre Gesamthand), etwa durch einen schuldrechtlichen Vertrag, den sie zusammen als Partei geschlossen haben, verpflichten (vgl. § 427). Der Gläubiger kann sich dann an jeden der mehreren Mitschuldner ganz oder teilweise halten, dessen Leistung auch für die Übrigen tilgend wirkt. 544

Dies findet seine Entsprechung umgekehrt in der **Gesamtgläubigerschaft** (vgl. § 428), bei der jeder Mitgläubiger die Leistung auf die Gesamtforderung *an sich allein* verlangen kann und deren Erfüllung durch den Schuldner auch gegenüber den anderen Gläubigern befreiend wirkt. Obwohl die allgemeinere Vorschrift und damit systematisch nachrangig, wird dennoch ganz überwiegend *vielmehr § 432* zur Anwendung kommen, wonach ein Schuldner an mehrere Gläubiger nur *gemeinschaftlich* leisten und jeder der Gläubiger nur Leistung an alle Mitgläubiger fordern darf (zur gesamten Hand). Im Hinblick auf die Erfüllungswirkung ist daher als **Aufgabe der Vertragsgestaltung** bei Gläubigermehrheit für den Schuldner aus Gründen der Praktikabilität die vertragliche Bestimmung eines Empfangsbevollmächtigten unter den Gläubigern oder die Angabe *einer* Bankverbindung für seine Leistung im Vertrag selbst von herausragender rechtlicher, nicht bloß praktischer Bedeutung.[4]

Die Bedeutung des Gesamtschuldverhältnisses liegt in der Mehrheit von Schuldnern, denen die gemeinsame Schuld doch je in voller Höhe obliegt. Die gemeinsame *eine* Verpflichtung besteht deshalb in einer den mehreren Schuldnern entsprechenden Vielzahl inhaltsgleicher Schulden, die nur in der Erfüllungswirkung und in gewissen Einreden voneinander abhängen, aber jeweils auf die volle Höhe der gemeinsamen Verpflichtung lauten. Der Gläubiger kann seine Forderung also parallel mehrfach beitreiben (auch gerichtlich titulieren lassen und vollstrecken) und erst seine volle Befriedigung bringt alle parallelen Verbindlichkeiten zum Erlöschen (Vollstreckungsschutz dann nach §§ 767, 769 ZPO). 545

1. Lebenstypen

Typische Fälle der Gesamtschuld sind neben der **vertraglichen Schuldnermehrheit** (z.B. mehrere Käufer oder Mieter einer Sache im Hinblick auf die Entgeltverpflichtung) auch das Verhältnis unter **Mitbürgen** (vgl. § 769) und mehrerer **Deliktsschädiger** untereinander.[5] Zur Gesamtschuld führen insb. §§ 25 Abs. 1 S. 1, 27 Abs. 1 S. 1 und § 28 546

4 Allerdings kann § 432 auch aufgrund gesetzlicher Anordnung greifen, vgl. § 1281 im Verhältnis von Pfandgläubiger und Eigentümer bei Zerstörung des Pfands durch Dritte; ebenso nach BGHZ 114, 161, 165 analog im Verhältnis von Vorbehaltsverkäufer und Vorbehaltskäufer bei Zerstörung des Vorbehaltsguts durch Dritte für die jeweiligen Ansprüche aus § 823 Abs. 1.

5 Zu besonderen Problemen dabei vgl. *Medicus/Petersen*, BR Rn. 928–938.

Abs. 1 S. 1 HGB in den Fällen des Unternehmenserwerbs unter Lebenden, durch Erben oder durch Einbringung in eine Personengesellschaft.[6]

Ähnliches gilt für die persönliche Haftung des Gesellschafters einer **Personenhandelsgesellschaft** (vgl. §§ 128, 161 Abs. 2 HGB) neben der Gesellschaftsschuld und die Solidarhaftung der Geschäftsführer auf die Erstattung verbotener Einlagenrückgewähr (vgl. § 31 Abs. 4 GmbHG) oder für sonstige Sorgfaltspflichtverletzungen (vgl. § 43 Abs. 2 GmbHG). Dies gilt auch für die Handelndenhaftung von Mitgliedern eines nichtrechtsfähigen Vereins neben diesem (vgl. § 54 S. 2).

In den Fällen von § 54 S. 2 BGB und § 128 HGB handelt es sich um eine *akzessorische* Haftung für eine fremde Verbindlichkeit, die neben den „eigentlich" Verpflichteten tritt, weshalb der Gesamtschuldcharakter umstritten ist. Auswirkungen hat die Akzessorietät im Hinblick auf den internen Ausgleich zwischen Schuldner und Haftendem (vgl. § 426 bzw. § 774 Abs. 1 im Unterschied zu Abs. 2). Insofern sollte in diesen Fällen verdeutlichend formuliert werden: *„als wären sie Gesamtschuldner"*.

Das gilt auch für die Bürgenverpflichtung nach § 765 neben dem Dritten (Hauptschuldner), wobei hier nochmals Besonderheiten bestehen. Diese folgen aus dem Sicherungszweck der Bürgschaft und versagen dem Bürgen die Ausübung von Gestaltungsrechten des Hauptschuldners und schränken hierauf gestützte vorläufige Leistungsverweigerungsrechte (vgl. § 770) ein (im Unterschied zur Interessenlage in den anderen Fällen akzessorischer Haftung soll der Bürge die Hauptschuld stützen und sie nicht vielmehr stürzen).[7]

2. Gesamtwirkung oder Einzelwirkung einzelner Schuldveränderungen auf das Gesamtschuldverhältnis

547 Gesamtwirkung für alle Gesamtschuldner hat die Befriedigung des Gläubigers durch Erfüllung oder Erfüllungssurrogate (vgl. § 422 Abs. 1) und die Gefahrentlastung der Schuldner durch Annahmeverzug des Gläubigers (vgl. §§ 424, 300). Außerdem wirkt der Erlass gegenüber einem der Schuldner zugleich für alle befreiend, wenn die Parteien des Erlassvertrages dies wollten (vgl. § 423).

548 Alle anderen Tatsachen und Einreden wirken hingegen nur in der Person desjenigen Schuldners, in dem sie vorliegen. Das entspricht der Konstruktion der Gesamtschuld als eine Mehrzahl inhaltsgleicher Verbindlichkeiten auf die volle Höhe der gemeinsamen Schuld. § 425 stellt entsprechend die ausschließlich persönliche Wirkung be- und entlastender Tatsachen im Übrigen als Regel auf:

Mehrere Käufer oder Mieter können als Gläubiger wohl meist *gemeinschaftlich* (vgl. § 432 statt § 428) Lieferung oder Überlassung verlangen, sie schulden das Entgelt als Kaufpreis oder Mietzins hingegen gesamtschuldnerisch („gemeinsam", vgl. §§ 427, 421 ff.).

Eine Kündigung, die nur gegen einen von mehreren gemeinschaftlichen Mietern (oder Vermietern) erklärt wird, wirkt nur in seiner Person, d.h. sie kann das zugrundeliegende Schuldverhältnis nicht zu Lasten des oder der anderen Beteiligten umgestalten – sie wirkt daher vielmehr gar nicht: Eine wirksame Beendigungskündigung muss stets alle

6 Die Reichweite dieser Vorschriften (Anwendung auf nichtkaufmännische Unternehmen, Notwendigkeit der Firmenfortführung) und schließlich die rechtliche Qualität des Forderungsübergangs sind umstritten; vgl. dazu *K. Schmidt,* Handelsrecht § 7 Rn. 63 ff. und vorliegend die Hinweise in Fn. 71 f. zu Rn. 698.

7 Einen interessanten Fall des Zusammentreffens von Bürgschaft und Gesamthand zeigen *Medicus/Petersen,* BR Rn. 942.

gemeinschaftlichen Gläubiger betreffen (seien sie hinsichtlich der Zahlungspflicht auch Gesamtschuldner) und deshalb auch gegenüber allen erklärt werden und ihnen zugehen. – Wechselseitige Empfangsvollmachten bestehen nur bei gesonderter Erteilung (als wichtiges Element der Vertragsgestaltung), etwa im Mietvertrag, und es muss dann in der Kündigung zum Ausdruck gebracht werden, dass sie gegenüber dem Erklärungsempfänger *zugleich* auch für die von ihm Vertretenen gelten soll. Für eine sinnvolle Einzelwirkung von Kündigungen nach § 425 Abs. 2 bleibt deshalb nur die Fälligkeitskündigung etwa beim Darlehensverhältnis, mittels derer die Darlehensforderung nur gegenüber jedem Darlehensnehmer gesondert fällig gestellt werden kann; ansonsten hat § 425 Abs. 2 v.a. Bedeutung im Zusammenhang mit der Verjährung.

Wie für die Beendigungskündigung, gilt auch für das Rücktrittsrecht (etwa gem. §§ 323 ff.) **549**
eine Unteilbarkeit in dem Sinne, dass es bei Beteiligung mehrerer nur von allen und gegen alle ausgeübt werden kann (so ausdrücklich § 351[8]).[9]

3. Ausgleichsanspruch im Gesamtschuldverhältnis

Gesamtschuldner und Gesamtgläubiger stehen **nicht nur als lose Personenmehrheit** **550**
nebeneinander, sondern sind zumindest durch die wechselseitige Erfüllungswirkung ihrer gleichgerichteten Verbindlichkeiten oder Forderungsrechte, zumeist jedoch darüber hinaus auch durch ein **gemeinsames Schuldverhältnis**, welchem die gemeinsamen Verbindlichkeiten oder Forderungen entstammen, verbunden. Erst dieses Schuldverhältnis im Innenverhältnis rechtfertigt die vereinfachte Abwicklung und die Verminderung des Beitreibungsrisikos des Gläubigers dadurch, dass die Leistung durch einen Schuldner oder an einen Gläubiger die volle Befreiungswirkung für und gegen alle Beteiligte zur Folge hat.

Umgekehrt bestimmt dann dieses *innere* Schuldverhältnis und nicht die tatsächliche Inanspruchnahme im Außenverhältnis die *richtige Lastenverteilung* (Ausgleichspflicht) zwischen Gesamtschuldnern untereinander.

Die Ausgleichspflicht besteht also entweder durch ein dem Gesamtschuldverhältnis **551**
zugrundeliegendes gemeinsames Schuldverhältnis der Gesamtschuldner oder, soweit ein solches fehlt, aufgrund der vom Gesetz angeordneten Solidarhaftung aus der Gesamtschuld selbst. § 426 Abs. 1 gibt einen **gesetzlichen Regressanspruch** (Parallelnorm des Haben-Ausgleichs unter Gesamtgläubigern ist § 430) nur für Fälle, in denen *kein* vorrangiges schuldrechtliches Band besteht.

In den Fällen, dass ein **einheitliches, gemeinsames Schuldverhältnis** der Gesamtschuldner **existiert** (vgl. z.B. § 427), folgt die **Ausgleichungspflicht** nach Grund und Höhe **unmittelbar aus diesem**. Insoweit wird § 426 Abs. 1 abgewandelt, als dessen Vermutung entfällt und Ausgleichspflicht und -umfang sich nach dem Innenverhältnis der Gesamtschuldner richten.[10]

8 Für den **Rücktrittsgrund** genügt es stets, wenn er in der Person eines Gesamtschuldners vorliegt. § 351 ist abdingbar und dann könnte jeder einzelne das Rücktrittsrecht allein und mit Wirkung zugleich für alle anderen ausüben.

9 Gleiches gilt für die Minderung nach §§ 441 Abs. 2, 638 Abs. 2; im Fall des Wiederkaufsrechts (vgl. § 461) und v. a. des Vorkaufsrechts (vgl. § 472) kann das Recht zwar auch nur von allen mit Wirkung für alle ausgeübt werden, allerdings besteht jeweils nach S. 2 die Möglichkeit eines Rechtsübergangs auf die Ausübungswilligen allein.

10 Hierin liegen oftmals Fälle der „gestörten“ Gesamtschuld begründet; Beispiele bei *Medicus/Petersen,* BR Rn. 928–938.

Beispiele: Besteht etwa ein **Gesellschaftsverhältnis**, ist die *gesamtschuldnerische* Ausgleichspflicht eines aus § 128 HGB für eine Gesellschaftsschuld persönlich in Anspruch genommenen Teilhabers *gegen seine Mitgesellschafter* **subsidiär zu seinem Ersatzanspruch** aus dem Gesellschaftsvermögen (arg. § 707 BGB; vgl. auch § 110 HGB). Erst wenn das Gesellschaftsvermögen insuffizient ist, kann Ausgleichung von den Mitgesellschaftern etwa nach §§ 110, 128 HGB verlangt werden und das zudem der Höhe nach nur entsprechend den Anteilen am Gesellschaftsverhältnis, wobei der ausgleichsberechtigte Teilhaber selbstverständlich seinen eigenen Verlustanteil zuerst noch in Abzug bringen muss; das gilt auch im Rahmen der Nachhaftung gem. § 160 HGB.

Ausnahmsweise vollen Ausgleich kann jedoch ein bereits ausgeschiedener Gesellschafter verlangen, der einem Gesellschaftsgläubiger für eine Neuverbindlichkeit lediglich wegen der negativen Publizitätswirkung des Handelsregisters (vgl. § 15 Abs. 1 HGB; weil und wenn sein Ausscheiden entgegen § 143 Abs. 2 HGB nicht im Handelsregister eingetragen wurde) haftet.

Sind Gesamtschuldner durch **Auftrag** oder **Geschäftsbesorgungsvertrag** verbunden, kann der gesamtschuldnerisch haftende Geschäftsführer beim Geschäftsherrn vollen Regress nehmen (vgl. § 670).

552 Liegt der Gesamtschuld ein einheitliches **gesetzliches Schuldverhältnis** zugrunde,[11] etwa ein gemeinsam begangenes Delikt nach §§ 840 Abs. 1, 823 ff. oder 831 ff., so richtet sich der **Ausgleichsanspruch nach diesem** und hat seine Grundlage etwa in § 840 Abs. 2, 3.

Andere Beispiele sind § 2063 Abs. 2 für Miterben als Gesamtschuldner (vgl. § 2058) und – bei allen Formen der deliktischen Fremdhaftung als Aufsichtspflichtiger neben dem Täter selbst – der Grundsatz, dass im Innenverhältnis gegen ihn regelmäßig voller Regress genommen werden kann.

Zu einem eigenen Ausgleichsanspruch (analog § 670) führt auch der sog. **innerbetriebliche Schadensausgleich**, als der **Arbeitnehmer** nach dem Grad seines Verschuldens eine **Haftungsprivilegierung** zu Lasten des Arbeitgebers genießt und in diesem Umfang für selbst erlittene Schäden bei jenem Regress nehmen bzw. für drohende Haftungsschäden Freistellung verlangen kann.[12]

Keinesfalls kann also für den Gesamtschuldausgleich nach § 426 Abs. 1 „schlicht" auf das Bestehen einer Gesamtschuld nach § 421 rekurriert werden.

553 Der Ausgleichsanspruch nach § 426 Abs. 1 S. 1 oder aus dem sonstigen gemeinsamen Schuldverhältnis führt seinerseits zu einem der seltenen Fälle der Teilschuld (vgl. § 420). Bei Ausfall eines Ausgleichspflichtigen wird dessen Anteil auf die übrigen Gesamtschuldner nach deren Haftungsquoten anteilig umgelegt (vgl. § 426 Abs. 1 S. 2; aber trotz des missverständlichen Wortlauts erfolgt die Umlage einschließlich des Ausgleichsberechtigten selbst, der den Ausfall – verständlicherweise – nicht ganz auf seine Regressschuldner abwälzen kann).

---

11 Die Zahlung eines Verpflichteten soll dabei nach RGZ 82, 206, 214–216 (Brand des Fuldaer Doms) ein gesetzliches Schuldverhältnis der GoA zu einem anderen Verpflichteten auch erst schaffen und darüber eine Ausgleichspflicht begründen können (§§ 683, 677, 670). Das wird von *Medicus/Petersen,* BR Rn. 415, zurecht bestritten, weil es vorliegend erkennbar am Interesse des vermeintlichen Geschäftsherrn fehlen müsste (dessen Schuld gerade nicht, etwa nach § 267, getilgt würde). Auch ein Ausgleich nach §§ 684 S. 1, 818 besteht nicht, weil der Schadensersatzanspruch des Geschäftsherrn nicht etwa durch Restitution des Geschädigten wegfiele; vielmehr muss der Empfänger das Geld schlicht zurückzahlen – vgl. dazu Rn. 640, 648).

12 Vgl. *Preis,* Arbeitsrecht, § 54. Vgl. dazu auch Rn. 208–211.

4. Forderungsübergang nach § 426 Abs. 2

Soweit ein Gesamtschuldner den Gläubiger befriedigt und von den übrigen Schuldnern Ausgleichung verlangen kann (etwa nach § 426 Abs. 1 S. 1 oder aufgrund des inneren Schuldverhältnisses), geht *die von ihm getilgte Forderung des Gläubigers* gegen die übrigen Schuldner auf ihn über (so § 426 Abs. 2). Damit erwirbt der Ausgleichsberechtigte im gleichen Umfang seines Ausgleichsanspruchs eine **zweite Möglichkeit des Regresses** gegen die übrigen ausgleichspflichtigen Gesamtschuldner **(Anspruchskonkurrenz)**. Die übergehende Forderung kann jedoch durch die Einzelwirkung entlastender Tatsachen zu Gunsten einzelner Gesamtgläubiger (vgl. § 425) „weniger wert" sein[13] als der Ausgleichsanspruch nach § 426 Abs. 1 oder derjenige aus dem daneben bereits anderweitig vorhandenen Innenverhältnis; Einschränkungen der übergegangenen Forderung lassen die Ausgleichspflicht dabei unberührt. Die **Bedeutung** dieser cessio legis in § 426 Abs. 2 liegt deshalb vielmehr im **Übergang hierfür bestellter Sicherheiten**, der an den gesetzlichen Forderungsübergang *anknüpft* (vgl. §§ 412, 401).[14] 554

Ob solche Sicherheiten sodann für die *gesamte übergegangene Forderung* bestellt wurden oder vielmehr *nur für die Leistung eines einzelnen* Gesamtschuldners (was nur denkbar ist, wenn die Gesamtschuldner aus verschiedenen Rechtsverhältnissen auf die ganze Schuld haften, etwa als Hauptschuldner und als Bürge), kann nur im Einzelfall beantwortet werden; sicherte sie nur die Tilgungsleistung eines einzelnen, ist diese Sicherheit auf den Ausgleichsanspruch nicht anwendbar sein (Fälle der sog. **„scheinbaren" Gesamtschuld**).[15]

II. Rechtsgemeinschaft

Während dem Gesamtschuldverhältnis eine gemeinsame Verbindlichkeit oder Forderung zugrunde liegt (*Haftungsausgleich*), die mehrere Schuldner je getrennt zu leisten verpflichtet (oder mehrere Gläubiger zu fordern berechtigt) sind, ist das Recht bei der Rechtsgemeinschaft ein **gemeinschaftliches** *(Beteiligungsausgleich)*, nicht nur gemeinsames. Zwar steht einem jeden Gemeinschafter intern ein rechnerischer Anteil daran zu, über den er auch frei verfügen kann (§ 747 S. 1), die Geltendmachung des Rechts kann aber nur gemeinschaftlich erfolgen (§ 747 S. 2). Kennzeichnend für diese Form der (schlichten) Rechtsgemeinschaft ist also die **(nur) ideelle Quotengemeinschaft an einem Einzelgegenstand**, der nur **ein Recht** (i.e. natürlich auch das Eigentums- oder Besitz*recht*) oder eine Mehrheit von Rechten sein kann, nicht aber die Sache an sich (vgl. § 741; eine *Regelung* als Sollens-Ordnung kann stets nur auf Rechte und Pflichten – auch solchen *an* Sachen – bezogen sein; Sachen selbst hingegen *sind*, als Seins-Ordnung). Meist bestehen Rechtsgemeinschaften an dinglichen Rechten selten sind Forderungsrechte Gegenstand einer Gemeinschaft (dazu sogleich). 555

1. Abgrenzung

Die Rechtsgemeinschaft ist anders als das Gesamtschuldverhältnis **nicht lediglich** eine **Personenmehrheit**, sondern ein Zusammenschluss, eine **Personenverbindung**. 556

---

13 Auch aus prozessualen Gründen der Rechtskraft (§ 325 Abs. 1 ZPO), vgl. Beispiel bei *Medicus/Petersen,* BR Rn. 909.

14 Dieses Ziel verfolgt auch die dem Verlustausgleich dienende Sonderregelung des § 255; soweit Gesamtschuld vorliegt, geht § 426 Abs. 2 stets vor. § 255 betrifft nur Fälle **nicht gleichstufiger Verpflichtung**.

15 Beispiele bei *Medicus/Petersen,* BR Rn. 415 (Brand des Fuldaer Doms) und 942.

Einen **noch höheren Organisationgrad** eines Zusammenschlusses mehrerer Personen schafft dann nur die **Personengesellschaft**; sie ist eine Zweckgemeinschaft und hat als Außengesellschaft eigenes Gesellschaftsvermögen, für welches nicht mehr die Gesellschafter, sondern die Gesellschaft zuständig ist (Bildung von Gesellschaftsvermögen, vgl. §§ 705, 718). Zum verselbstständigten Gesamthandsvermögen können dann Aktiva und auch Passiva gehören. Jeder Teilhaber ist an den Einzelgegenständen des Gesellschaftsvermögens weder berechtigt, noch aus ihnen verpflichtet (allerdings besteht eine akzessorische Haftung aller Gesellschafter für die Gesellschaftsverbindlichkeiten analog §§ 128 ff. HGB, die dadurch als Gesamtschuldner neben die Gesellschaft treten); der Gesellschafter besitzt (nur) ein Mitgliedschaftsrecht am Verband (Geschäftsanteil), dessen materieller Ausdruck der Kapitalanteil ist, der seinerseits nur ein rechnerischer Ausdruck der Höhe der Einlage im Gesellschaftsvermögen darstellt.[16]

557 Eine Zwischenstellung nimmt die **Erbengemeinschaft** (vgl. § 2032) ein. Sie vereinigt Elemente der Gesamthand und der Gemeinschaft. Verwaltet werden nicht einzelne Rechte, sondern ein gesamtes Vermögen. Dieses ist kein Zweckvermögen, vergleichbar etwa dem Gesellschaftsvermögen, weshalb es keine eigene Verwaltungs- und Prozesszuständigkeit wie jenes hat. Das ist auch nicht erforderlich, denn der gemeinschaftliche Zweck bzw. das Ziel der Erbengemeinschaft ist lediglich auf Auseinandersetzung gerichtet (vgl. §§ 2042 ff.). Es handelt sich also nicht um die Führung von Geschäften (vgl. § 709 für die Gesellschaft), sondern bloße (vorwiegend werterhaltende) Verwaltung (so § 2038 Abs. 1 mit entsprechenden Verweisungen in Abs. 2). Da es sich bei dem Nachlass jedoch um ein ganzes Vermögen handelt, bestehen keine Anteile an Einzelgegenständen (missverständlich § 2033 Abs. 2; über solche kann nicht nur nicht verfügt werden, vielmehr existieren sie gar nicht). Der Nachlass ist deshalb *gesamthänderisch gebundenes Sondervermögen* mit Aktiva und Passiva.

558 Die **Rechtsgemeinschaft** besteht also ***an*** **gemeinschaftlichen Rechten** und enthält als **gesetzliches Schuldverhältnis** die Regelung der Rechte und Pflichten der Teilhaber aus ihrer Beteiligung im Außen- und im Innenverhältnis. Die schuldrechtlichen Regelungen der §§ 741 ff. dienen dem *Individualschutz der Beteiligten* in der **Erhaltung** des gemeinsamen Vermögenswertes und in der **Auseinandersetzung**.

Beispiele: Das BGB regelt nicht die Entstehung der Gemeinschaft, sondern knüpft deren Regelungen an einen Zustand, nämlich denjenigen eines gemeinschaftlichen Rechts, an (§ 741). Die Gemeinschaft kann daher vertraglich oder aufgrund Gesetzes entstehen. Beispiele sind die Praxisgemeinschaft etwa von Ärzten, Rechts- oder Steuerberatern (im Unterschied zur *Gemeinschaftspraxis* oder Sozietät, welche Gesellschaft ist, weil zum Zweck der gemeinschaftlichen Berufsausübung gegründet, was über die gemeinsame Innehabung von Betriebsmitteln hinausgeht); die Praxisgemeinschaft erschöpft sich im gemeinsamen Recht etwa an den Räumlichkeiten und der Arbeitsleistung der Beschäftigten, wodurch das zugrundeliegende Ziel z.B. der Kostenersparnis bereits erreicht oder die Möglichkeit der effizienteren Auslastung der Berufsträger bereits geschaffen ist.

Eine Rechtsgemeinschaft entsteht außerdem z.B. durch gemeinsame Erfindung (vgl. § 6 S. 2 PatentG – wohingegen § 8 Abs. 2 UrhG die Miturheberschaft zur Gesamthand erklärt und eine Verwertungsgemeinschaft begründet, auf welche dann die §§ 709, 714 anzuwenden sind; diese

16 Vgl. *K. Schmidt,* Gesellschaftsrecht § 47 Abs. 3. Nur die festen Kapitalanteile (meist Kapitalkonto I jedes Gesellschafters; nur dieses meinen die §§ 121, 122, 155 HGB) geben Auskunft über die (relativen) Beteiligungsverhältnisse, während die variablen Konten (z.B. Kapitalkonto II im Hinblick auf § 120 Abs. 2 HGB) lediglich eine Aussage zur (absoluten) Wertdifferenz der jeweiligen Einlagen ausdrücken.

Ausgestaltung ist aufgrund § 8 Abs. 2 UrhG zwar rechtlich, nicht jedoch sachlogisch zwingend, weshalb die erzielten Verwertungserlöse nicht zwingend der Gesamthand, sondern nach § 7 Urheberrechtswahrnehmungsgesetz genauso wie bei der Rechtsgemeinschaft nach § 743 Abs. 1 jedem Miturheber anteilig zustehen können).

Schließlich führt jedes **Miteigentum** zur Rechtsgemeinschaft (etwa aufgrund §§ 947 f.). §§ 1008 ff. bestimmen dafür die *sachenrechtliche* Ordnung des Miteigentums, also den *Gegenstand* dieses gemeinsamen Rechts, während die Rechtsgemeinschaft die *Beteiligungsrechte* hieran regelt.

Die Ausgestaltung der Rechtsgemeinschaft nach §§ 741 ff. ist nur eine zu **ideellen Bruchteilen**. Die Beteiligung an gemeinschaftlichen Rechten (einschließlich seiner Bestandteile und Früchte) ist ***keine reale*** **Teilberechtigung**, sondern eine rein rechnerische Quote am ganzen Recht. **559**

Darin unterscheidet sich die Gemeinschaft von der Gesellschaft, bei der der Vermögensanteil jedes Gesellschafters ein mitgliedschaftlicher Beteiligungswert am Gesamtvermögen ist und den Gesellschaftern Bruchteile an den einzelnen Gegenständen des Gesellschaftsvermögens gerade nicht zustehen, auch keine ideellen Bruchteile.

Eine Besonderheit stellt – sachenrechtlich – das sog. **Sondereigentum** (Wohnungs- und Teileigentum nach § 1 Abs. 2, 3 WEG) dar, als dieses das Miteigentum nach § 1008 BGB beschränkt und v.a. abweichend von § 93 BGB eingeräumt wird (vgl. §§ 2, 3 WEG). Dem folgt die Regelung der gemeinschaftlichen Beteiligungsrechte notwendigerweise, als insoweit doch eine reale Berechtigung besteht (so § 13 Abs. 1 WEG als Ausnahme vom allgemeinen Grundsatz in § 10 Abs. 1 WEG). **560**

Forderungsrechte sind nur ausnahmsweise Gegenstand der Gemeinschaft nach §§ 741 ff. Sie sind entweder (wenn dem Schuldner zumutbar, rechtlich) teilbar mit der gesetzlichen Folge der Teilgläubigerschaft (§ 420), anderenfalls begründen sie Gesamtgläubigerschaft (§§ 428 ff.), am weitaus häufigsten werden sie aber vielmehr wie Gesamthandsforderungen zu behandeln sein (vgl. § 432 Abs. 1). **561**

Solche Forderungszuständigkeiten gehen der Gemeinschaft vor (vgl. § 741). Gemeinschaftliche Forderungen i.S.d. § 754 können daher nur solche sein, die Teil oder Surrogat eines in Gemeinschaft stehenden anderen Vermögensrechts sind.

Beispiel: Vermieten Miteigentümer einer Sache diese gemeinsam, so handeln sie bei der Vermietung als Rechtsgemeinschaft. Den monatlichen Mietzins ziehen sie aber wie eine Gesamthandsforderung nach § 432 ein, die Einnahmen werden wiederum gemeinschaftliches Vermögen. Die Nutzungsüberlassung schulden sie als Gesamtschuldner (§ 421), sind sich untereinander dabei jedoch zur anteiligen Tragung allfälliger Kosten verpflichtet (vgl. § 748).

Soweit Auslagen eines Teilhabers nicht ersetzt wurden und soweit die Teilhaber gegenüber Dritten als Gesamtschuldner (vgl. § 421) für Verbindlichkeiten aus der Verwaltung des Gemeinschaftsguts haften, sind diese schließlich bei der Aufhebung der Gemeinschaft aus dem gemeinschaftlichen Gegenstand zu berichtigen, der zu diesem Zweck ggf. zu verkaufen ist (vgl. §§ 755 Abs. 1, 3 und 756). Eine von vornherein auf nur anteilige Außenhaftung angelegte Regelung enthält allerdings § 10 Abs. 8 WEG. **562**

2. Verwaltung des Gemeinschaftsguts

563 Die Verwaltung ist vom Gesetz nicht organisiert, sondern muss grundsätzlich von allen Mitberechtigten gemeinsam geführt werden (so § 744 Abs. 1):

Mit *Stimmenmehrheit* kann eine **organisierte Verwaltung** und eine **Benutzungsordnung** beschlossen werden (vgl. § 745 Abs. 1); **wesentliche Veränderungen** bedürfen jedoch stets der *Einstimmigkeit*, wie z.B.das Nutzungsrecht eines Teilhabers nur mit dessen Zustimmung beschränkt werden kann (vgl. § 745 Abs. 3; z.B. sog. bauliche Veränderungen am Gemeinschaftseigentum einer Wohnungseigentümergemeinschaft, vgl. § 22 Abs. 1 WEG).

Ist keine organisierte Verwaltung beschlossen, findet sich also keine Mehrheit, kann jeder Teilhaber eine **angemessene Verwaltung und Benutzung** verlangen, also auf Zustimmung zu entsprechenden Vorschlägen klagen (vgl. § 745 Abs. 2; so auch § 21 Abs. 3, 4 WEG).

564 Das **Mehrheitsprinzip** des § 745 beruht auf dem *Gemeinschaftsgedanken*, der von einem fortgesetzten gemeinsamen Erhaltungs- und Verwertungsinteresse ausgeht. Je mehr die *Möglichkeit einer Interessengegensätzlichkeit* in einem Gemeinschaftsverhältnis angelegt ist, eines umso stärkeren *Ausbaus der Verwaltungsseite* bedarf es. Ein solcher Ausbau des Organisationsgrads der Gemeinschaft durch organisierte Verwaltung spiegelt denn auch weniger die Teilhaberechte wieder, sondern baut sie zu einer *mehr mitgliedschaftlichen Stellung* um. An die Stelle der Interessengeleitetheit tritt eine *Zweckunterwerfung*; das Mehrheitsprinzip muss umso mehr durch *Treupflichten* ergänzt werden.

Beispielhaft ist die Stellung des Verwalters einer Wohnungseigentümergemeinschaft (vgl. §§ 20 Abs. 1, 26 ff. WEG), dessen – gesetzlich festgelegte – Verwaltungsbefugnisse von der Eigentümerversammlung auch einstimmig nicht beschnitten werden können; die Eigentümer beschließen zwar über die Instandhaltungsmaßnahmen und wählen insoweit zwischen eingeholten Angeboten aus, die Auftragsvergabe an die ausführenden Handwerker etc. obliegt – wenn ein solcher bestellt ist – jedoch zwingend allein dem Verwalter.

565 Ein Selbsthilferecht, das einer Art **Notgeschäftsführung** entspricht, gibt § 744 Abs. 2 für die zur Erhaltung des Gemeinschaftsguts notwendigen Maßnahmen (so z.B. auch § 21 Abs. 2 WEG).

Vertretungsmacht für die anderen Gemeinschafter ist vom Selbsthilferecht *nicht* umfasst, sondern müsste von diesen gesondert erteilt werden (und die Gemeinschaft als solche kann mangels rechtlicher Verselbstständigung von vornherein nicht vertreten werden). Entsprechend bestimmt § 748 eine schuldrechtliche Lasten- und Kostentragung jedes Gemeinschafters gegenüber den anderen nach dem Verhältnis seines Anteils.

3. Anteilsübertragung

566 Jeder Teilhaber kann seinen (z.B. Miteigentums-) Anteil veräußern oder belasten. Nur die Verfügung über den gemeinschaftlichen Gegenstand an sich ist den Teilhabern nur gemeinschaftlich möglich (vgl. § 747). Insoweit zieht § 747 also die Grenzen der Verfügungsmacht jedes Teilhabers hinsichtlich der Sache selbst. Fehlende Verfügungsmacht kann nur nach den Gutglaubensvorschriften der §§ 932 ff., 892 f. überwunden werden, also nur, soweit Gegenstand der Gemeinschaft und damit der Verfügung eine bewegliche Sache bzw. ein Grundstück ist (also etwa das Eigentum). Ansonsten ist eine Einzelverfügung nur mit Zustimmung aller übrigen nach § 185 wirksam.

4. Auseinandersetzung

a) Aufhebung der Gemeinschaft

Jeder Teilhaber kann jederzeit die Aufhebung der Gemeinschaft verlangen (§ 749 Abs. 1; nicht so bei der Wohnungseigentümergemeinschaft, § 11 WEG). Die Aufhebung muss also einverständlich, nämlich durch Vertrag erfolgen. Der Aufhebungsanspruch ist unverjährbar (§ 758). Allerdings kann die Aufhebung vertraglich ausgeschlossen oder an Kündigungsfristen gebunden werden (§ 751). Eine Aufhebung aus wichtigem Grund bzw. ein Recht auf außerordentliche fristlose Kündigung, wenn die Aufhebung an eine vorausgehende Kündigung gebunden ist, kann jedoch nicht ausgeschlossen werden (vgl. § 749 Abs. 2, 3). **567**

Von der **Aufhebung** der Gemeinschaft ist die sie vollziehende **Auseinandersetzung** zu unterscheiden. Kommt die einvernehmliche Aufhebung der Gemeinschaft nicht zustande, braucht der sie verlangende Teilhaber jedoch nicht zuerst hierauf und womöglich auf Zustimmung zu einzelnen Maßnahmen der Auseinandersetzung zu klagen, sondern muss unmittelbar in die Einwilligung zu einem von ihm vorzulegenden Teilungsvorschlag klagen, der so konkret gefasst sein muss, dass er Inhalt des Leistungsurteils und damit vollstreckbar ist.

b) Auseinandersetzung

Das Gemeinschaftsgut wird durch Teilung in Natur auseinandergesetzt, sofern dies möglich ist (vgl. § 752), sonst durch Verkauf und Erlösteilung nach den Vorschriften über den Pfandverkauf, bei Grundstücken durch Zwangsversteigerung und Erlösteilung (vgl. § 753 Abs. 1). **568**

Erfolgt die Teilung in Natur, so haften die übrigen Teilhaber für Sach- und Rechtsmängel der einem Beteiligten zugeteilten Gegenstände anteilig nach Kaufrecht (vgl. § 757). Gemeinschaftliche Forderungen sind zum Zweck der Auseinandersetzung beim Schuldner einzuziehen, ihr Verkauf ist nur ausnahmsweise zulässig, etwa mangels Fälligkeit (vgl. § 754).

B. Aufwendungsausgleich

Ein bloßer Haftungsausgleich, insb. derjenige nach § 426 bei gesamtschuldnerischer Mitverpflichtung genügte, als zwischen den Beteiligten keinerlei weitere Verbindung bestand. Auch soweit die Gesamtschuld der mehreren aus einem einheitlichen Schuldverhältnis entstanden war, erschöpfte sich die Gemeinsamkeit in der Mitverpflichtung. **569**

Anderer Art ist der Beteiligungsausgleich, der auf dem Vorhandensein eines gemeinschaftlichen Rechts beruht und eine anteilige Lasten- und Kostentragung (vgl. § 748) nebst Regelungen des Innenverhältnisses hinsichtlich Verwaltung und Aufhebung aufstellt. Über das bloße Haftungsinteresse hinaus besteht ein gemeinsames Erhaltungs- und Verwaltungsinteresse, eine Gemeinschaft also.

Die nun zu behandelnden weiteren Ausgleichsmodi sind nun solche des **Interessengegensatzes**, jedenfalls eines latenten, aufgrund Fehlens von Gemeinschaft oder gemeinsamer Mitverpflichtung. Die hierauf abstellenden **gesetzlichen Schuldverhältnisse** gewähren einen **Aufwendungsersatz für fremde Geschäftsführung**, einen **Bereicherungsausgleich** und eine **Schadenshaftung wegen unerlaubter Handlung** und Betriebsgefahr.

I. Geschäftsführung ohne Auftrag – Überblick

570 Eine Geschäftsführung ohne Auftrag (kurz: GoA) liegt vor, wenn jemand ein fremdes Geschäft willentlich für einen andern besorgt, ohne von ihm beauftragt oder ihm gegenüber sonst dazu berechtigt zu sein (§ 677). Die **Ausgleichsfunktion** der GoA ist wesentlich **auf Erstattung** des bewusst in fremdem Interesse Aufgewendeten gerichtet. Allerdings haftet der Geschäftsführer ohne Auftrag auch **für Schadensfolgen** aus seiner *unerbetenen* Einmischung.

571 Der GoA liegt **typischerweise** der Aufwendungsersatz an einen *spontanen Helfer* zugrunde, wenn dieser objektiv und nach seiner Willensrichtung (Fremdgeschäftsführungswille) als Treuhänder fremder Interessen gehandelt hat (vgl. §§ 677, 683). Diese Erstattungspflicht des Geschäftsherrn stellt maßgeblich auf die Willensbildung *des Geschäftsführers* ab, so dass § 683 alle Aufwendungen als ausgleichsfähig anerkennt, die bewusst für den Geschäftsherrn gemacht wurden, sofern sie seinem Interesse „mit der Rücksicht auf (seinen) wirklichen oder mutmaßlichen Willen" entsprachen.

Ob der Geschäftsherr einen realen Vorteil daraus ziehen konnte, ist unmaßgeblich.

572 § 683 hat damit – innerhalb seines subjektiv geprägten Tatbestandsrahmens – eine **Auffangfunktion** für Aufwendungsersatz, wo es an einer effektiven und noch vorhandenen **Bereicherung** (vgl. § 818) **beim Geschäftsherrn** vielleicht **fehlt** und die Aufwendungen auch **nicht für den Erhalt fremden Eigentums notwendig** waren (vgl. §§ 994 ff.). Der altruistische Helfer bliebe in diesen Fällen sonst auf seinen Kosten sitzen.

573 Die Übereinstimmung der Geschäftsführung mit dem Interesse und „wirklichen oder mutmaßlichen Willen" des Geschäftsherrn ist das Risiko des Geschäftsführers (§§ 678–680), der **bei fehlender Übereinstimmung** nicht nur auf lediglich die *Abschöpfung* eventueller Bereicherung des Geschäftsherrn verwiesen wird (§ 684), sondern umgekehrt ihm auf Schadenshaftung für *Übernahmeverschulden* (nach § 678) und *Ausführungsverschulden* (§§ 677 i.V.m. 280 Abs. 1; nur bei der Notgeschäftsführung auf vorsätzliche oder grob fahrlässige Verkennung eingeschränkt, vgl. § 680) verpflichtet wird.

Daneben tritt stets eine Herausgabepflicht auf das Erlangte (§ 681 i.V.m. § 667).

574 Das **gesetzliche Schuldverhältnis der GoA** entsteht *aus tatsächlichem Handeln* (*Realakt*); es schafft einen Ausgleich für **fremdnützige Aufwendungen aus der anzuerkennenden Initiative hilfsbereiter Menschen** einerseits und einen **Schutz vor unerwünschter Einmischung** und aufdringlicher Bevormundung andererseits. Da der Geschäftsführer hierbei auftragslos handelt, kommt es auf *seine* Willensrichtung an.

Das von ihm je nach konkreten Umständen in unterschiedlich hohem Ausmaß zu tragende Risiko der Konvergenz mit dem Willen und Interesse des Geschäftsherrn kommt sodann erst hinsichtlich des Umfangs der wechselseitigen Rechte und Pflichten, also auf der Rechtsfolgenseite, zum Tragen.

Auch die sog. **unberechtigte GoA** (vgl. § 684 S. 1) ist echte Geschäftsführung in fremder Angelegenheit, wenngleich ihre **Übernahme** zum Willen des Geschäftsherrn im Widerspruch stand (und dieser auch nicht nach § 679 unbeachtlich wäre, noch sie von ihm nachträglich genehmigt würde);[17] der Geschäftsführer kann deshalb Ausgleichsansprüche nur nach Bereicherungsrecht (Rechtsfolgenverweisung) geltend machen und muss seinerseits für alle Schäden unabhängig von einem Ausführungsverschulden haften (vgl. § 678), sofern er bei der Übernahme *Anhaltspunkte für den gegenteiligen Willen* des Geschäftsherrn hätte erkennen können (diese Haftung wegen Übernahmeverschuldens ist nach h.M. bei vermeintlicher Notgeschäftsführung durch § 680 eingeschränkt, obwohl der Wortlaut dieser Vorschrift nur auf Ausführungs-, nicht auch auf Übernahmeverschulden hindeutet).

Auftragslose Geschäftsführung ist die (treuhänderische) Besorgung eines Geschäfts im weitesten Sinne, das dem Geschäftsführer fremd ist, weil es der *Sorge eines anderen obliegt* und *nicht eigentliche Rechtspflicht des Handelnden* ist, der es jedoch *bewusst* „für einen anderen" besorgt, ohne dabei die konkrete Person des Geschäftsherrn im Blick haben zu müssen. 575

Dieser **Fremdgeschäftsführungswille** ist die Rechtfertigung für das gesetzliche Schuldverhältnis, das sodann Rechtsgrund im Sinn des Bereicherungsrechts (vgl. § 812 Abs. 1) ist und zwar auch dann, wenn die Geschäftsführung dem Geschäftsherrn unerwünscht war (unberechtigte GoA, vgl. § 684) und – nur – für die Rechtsfolgen auf diejenigen des Bereicherungsrechts verweist. 576

1. Keine GoA: Irrtümliche Eigengeschäftsführung

Kein Fall der GoA ist die sog. **unechte Geschäftsführung**, wenn jemand ein fremdes Geschäft in der Meinung besorgt, dass es sein eigenes sei (§ 687 Abs. 1). Fehlt dem Handelnden hierbei das Bewusstsein, „für einen anderen" zu handeln und liegt deshalb **keinerlei Treuhandelement** seinem Tun zugrunde, so haftet er wie jeder beliebige Dritte, nämlich für Verschulden (vgl. §§ 987–992 sowie §§ 823 ff. bzw. nach § 993) und kann seinerseits Aufwendungsersatz lediglich nach Bereicherungsrecht erlangen. 577

Betroffen ist der Fall des Fehlens jedes Bewusstseins einer Fremdgeschäftsführung (z.B. Weiterveräußerung abhanden gekommener Sachen durch einen redlichen Erwerber, der sich also über sein fehlendes Eigentum – vgl. § 935 – im Rechtsirrtum befindet).

Anders verhält es sich, wenn der Geschäftsführer irrig von einem **„auch fremden" Geschäft** und damit von einem *auch* eigenen ausgeht (Rechtsirrtum über seine eigene Verpflichtung zum Handeln im fremden Sorgekreis), etwa wenn sich jemand zur Abwendung einer Gefahr für fremde Sachen verpflichtet hält; hierbei **fehlt nicht das Bewusstsein der Fremdsorge**, geirrt wird über die „Auftragslosigkeit", was der GoA nicht entgegensteht.[18]

2. Keine GoA: Angemaßte Eigengeschäftsführung

Eine andere Zielsetzung hat demgegenüber § 687 Abs. 2, der dem Schutz des Geschäftsherrn im Falle **bewusst angemaßter Einmischung** in seinen Rechtskreis dient. Hier irrt 578

---

17 Die Genehmigung nach § 684 S. 2 macht die Geschäftsführung zur berechtigten; sie wirkt nur im Rahmen der GoA, also im Innenverhältnis zum Geschäftsführer und nicht (automatisch) zugleich im Außenverhältnis gegenüber einem Verfügungsempfänger; erst wenn der Geschäftsherr das Erlangte vom Geschäftsführer herausverlangt (vgl. §§ 684 S. 1, 683 S. 1, 667) gilt dies entsprechend wie bei § 816 Abs. 1, 2 als Genehmigung einer allfälligen Verfügung i.S.d. § 185 Abs. 2 im Verhältnis zum Dritten; vgl. Palandt/*Sprau*, § 684 Rn. 2.

18 Weitere Beispiele zu irrigen Verpflichtungen aus dem Familienrecht bei *Medicus/Petersen*, BR Rn. 946 a.E., wobei dort vom Geschäftsführer kein *auch eigenes*, sondern – von ihm irrig – ein nur eigenes Geschäft angenommen wurde, weshalb dort § 687 Abs. 1 die GoA ausschließt (missverständlich ist a.a.O. die Formulierung „sich selbst für in erster Linie verpflichtet hält").

der Geschäftsführer nicht, sondern beutet bewusst fremde Rechte als eigenes Geschäft aus, hat also ein gegenüber der echten Geschäftsführung nicht nur irrtümlich anderes, sondern diametral gegensätzliches Bewusstsein.

Dem Geschäftsherrn steht deliktischer Schadensersatz gegen den unredlichen Geschäftsführer zu (vgl. ggf. auch § 992 und § 848);[19] § 687 Abs. 2 gibt ihm aber ein **Wahlrecht**, sich alternativ das Ergebnis aus der angemaßten Einmischung nutzbar zu machen und es abzuschöpfen; er schuldet dann jedoch Aufwendungsersatz nach Bereicherungsrecht. Bedeutsam kann dieses Wahlrecht meist nur im Hinblick auf eine zu beanspruchende Rechnungslegung (§§ 687 Abs. 2, 681, 667, 666) als Voraussetzung für einen bestimmten Klagantrag sein (vgl. § 253 Abs. 2 Nr. 2 ZPO).

Die Ausübung des Wahlrechts ist keine Genehmigung i.S.d. § 684 S. 2 (denn im Fall des § 687 Abs. 2 fehlt es von vornherein an jeder GoA);[20] auch **im Außenverhältnis** stellt sie noch **keine Genehmigung der Verfügung** des dazu nichtberechtigten Geschäftsführers i.S.d. § 185 Abs. 2 dar. Erst das ggf. darauffolgende Herausgabeverlangen wäre eine Genehmigung i.S.d. § 185 Abs. 2.

3. Anspruchskonkurrenzen

579 Jede **echte GoA**, sei sie in objektiver und subjektiver Hinsicht gegenüber dem Geschäftsherrn **berechtigt** (§§ 683, 677) **oder unberechtigt** (§ 684) begründet ein gesetzliches Schuldverhältnis, das **dem Bereicherungsausgleich** dadurch **vorgeht**, dass es einen **Rechtsgrund** für den Leistungsaustausch oder Eingriff darstellt; in § 684 S. 1 wird dementsprechend nur auf die Rechtsfolgen des Bereicherungsrechts (§§ 818 ff.) verwiesen. Das gilt nicht hinsichtlich der unechten Geschäftsführung, also der irrtümlichen oder gar angemaßten Eigengeschäftsführung (§ 687 Abs. 1, 2), wobei es sich in § 687 Abs. 2 für den Fall der Ausübung des Wahlrechts über § 684 S. 1 dennoch gleichermaßen um einen Rechtsfolgenverweis auf den Bereicherungsausgleich handelt.

580 **Nur die echte, berechtigte GoA** (§§ 683, 677) gibt dem Geschäftsführer sodann einen **Rechtfertigungsgrund** für sein Handeln, das deshalb dann **nicht rechtswidrig** i.S.d. §§ 823 ff. ist. Sowohl die echte, aber unberechtigte GoA wie die irrige oder angemaßte Eigengeschäftsführung sind hingegen ein rechtswidriger Eingriff, der zum Schadensersatz in Folge Übernahmeverschuldens verpflichtet, ohne dass sonstiges Verschulden dem Geschäftsführer müsste zur Last gelegt werden können (Haftung nach § 678 und parallel §§ 823 ff.), das damit insb. späteres Ausführungsverschulden entbehrlich macht.

Bei der **echten, berechtigten GoA** (§§ 683, 677) können *Schadensersatzansprüche nur aus Ausführungsverschulden* (§§ 677, 280 Abs. 1 oder §§ 681, 281 Abs. 1, 280 Abs. 1 bzw. aus Verzug nach §§ 681, 286, 280 Abs. 2) entstehen.

581 Ansprüche nach §§ 987 ff. als **sachenrechtlicher Aufwendungsersatz** zwischen Eigentümer und Besitzer sind nicht im Willen zur treuhänderischen Geschäftsführung begründet, sondern stellen davon unabhängig eine gesetzliche Abgrenzung von Risiko und Nutzen dar. Entsprechende Erstattungsansprüche stehen deshalb – bei Vorliegen ihrer Voraussetzungen – in echter Anspruchskonkurrenz mit denen nach §§ 683, 684, 687.

Zu beachten ist aber, dass es sich um *rechtmäßigen* Besitz handelt, wenn seine *Ergreifung eine berechtigte GoA* darstellt; es fehlt damit an der sog. Vindikationslage nach §§ 985, 986. Der Anwendungsbereich der §§ 987 ff. ist dann nicht eröffnet.

19 Zu den unterschiedlichen Voraussetzungen vgl. Beispiel bei *Medicus/Petersen,* BR Rn. 417.
20 Palandt/*Sprau,* § 687 Rn. 4.

II. Fallgruppen der Geschäftsführung ohne Auftrag

Das gesetzliche Schuldverhältnis der GoA nach § 677 entsteht nur, wenn ein objektiv oder zumindest subjektiv fremdes Geschäft „für einen anderen" besorgt wird, ohne dass hierzu eine Beauftragung seitens des Geschäftsherrn bestanden hätte; nur die „echte" GoA rechnet hierher (unabhängig, ob ihre Rechtsfolgen sich nach der berechtigten oder unberechtigten Übernahme richten; vgl. §§ 683, 684). Fälle nach § 687 sind keine GoA. **582**

1. Fremdheit des Geschäfts

Der Begriff des „Geschäfts" ist weit auszulegen und umfasst alle rechtsgeschäftlichen und tatsächlichen Handlungen. **583**

Während bei §§ 662, 675 erforderlich ist, dass der Gegenstand überhaupt Spielräume für die eigene Entschließung des Geschäftsherrn ermöglicht, welche erst Raum für das Treuhandelement – nämlich bei der Auftragsdurchführung – geben, liegt dieses bei § 677 bereits in der eigenen Initiative des Geschäftsführers hinsichtlich der Übernahme, zu der gerade keine vertragliche Verpflichtung besteht.

Dieses Geschäft muss sodann objektiv oder doch subjektiv fremd sein. **Objektiv fremd** ist ein Geschäft, das jedenfalls teilweise im fremden Pflichten- oder Interessenkreis liegt; dabei genügt ein sog. auch fremdes Geschäft, das zugleich im Interessenkreis des Geschäftsführers liegt (z.B. Löschen eines Brandes in der Nachbarwohnung, um gleichzeitig das Übergreifen auf die eigene zu verhindern). Fremdes Geschäft kann auch ein solches sein, dessen Widmung zum Interessenkreis des Geschäftsherrn erst durch die Bestimmung des Geschäftsführers („**subjektiv fremd**") erfolgt (z.B. Kauf eines Gegenstands, *um* ihn für einen anderen „zu sichern", dessen Interesse hieran dem Geschäftsführer bekannt war). **584**

2. Fremdgeschäftsführungswille

Der Geschäftsführer muss **bewusst** für einen anderen gehandelt haben. Dies setzt **Kenntnis** von der Fremdheit des Geschäfts (sonst § 687 Abs. 1) und den **Willen** voraus, dieses Geschäft *für einen anderen* zu tätigen (sonst § 687 Abs. 2). **585**

Solange keine gegenteiligen Anhaltspunkte nach außen in Erscheinung treten, kann von der Kenntnis der Fremdheit auf den Fremdgeschäftsführungswillen des Handelnden geschlossen werden. Lediglich *für das nur subjektiv fremde Geschäft* muss der Fremdgeschäftsführungswille nach außen hinreichend **feststellbar** sein (die Beweislast liegt beim Geschäftsführer).

Der **Fremdgeschäftsführungswille** wird in folgenden Grenzfällen überwiegend bejaht:[21] **586**

Der Handelnde erfüllt **zugleich eine eigene Vertragspflicht**, die er gegenüber einem Dritten eingegangen war. Z.B. der Abschleppunternehmer ist mittels Werkvertrags durch die Polizei zum Umsetzen eines unberechtigt geparkten Fahrzeugs verpflichtet, erfüllt damit aber zugleich ein Geschäft des Störers. In diesen Fällen tritt der Aufwendungsersatzanspruch nach §§ 683, 677 *neben das vertragliche Entgelt* mit dem Dritten.

---

21 Vgl. auch Beispiel bei *Grunewald,* BR § 27 Rn. 8.

Schließt *allerdings* ein Krankenhaus den Behandlungsvertrag, §§ 630a–h, nicht mit dem Patienten selbst, dessen Geschäft damit auch geführt wird, sondern einem Dritten (etwa seinen Eltern im eigenen Namen), besteht das *vertragliche* Schuldverhältnis allerdings mit dem nach Wertungsgesichtspunkten *Letztverantwortlichen*, hier also mit den Unterhaltspflichtigen; ist deren Kostentragungspflicht bekannt, so wäre der abweichende Wille, nämlich das Geschäft doch für den Patienten (ohne Auftrag) führen zu wollen, widersprüchlich. Aufgabe der Vorschriften zur GoA ist nicht, die Auswahl (etwa des zahlungskräftigsten Interessenten an der Geschäftsführungsmaßnahme) als Schuldner zu ermöglichen.

587 **Keinen** rechtlich anzuerkennenden **Fremdgeschäftsführungswillen** hat,[22] wer Vorbereitungen und insoweit Aufwendungen im Hinblick auf einen **von ihm erhofften Vertragsschluss** mit dem vermeintlichen Geschäftsherrn tätigt. Der *gewerbliche Erbensucher* z.B. ermittelt auf eigenes Risiko unbekannte Erben, denen er sodann sein Wissen um ihre Erbschaft (als Geschäftsbesorgungsvertrag nach § 675 Abs. 1) andienen zu können erhofft. Lehnen diese ab, können aufgrund überlassener Vorab-Information die Erbschaft aber selbst herausfinden und antreten, so schulden sie keinen Aufwendungsersatz aus GoA; anderenfalls wäre in solchen Fällen die Abschlussfreiheit von Verträgen durch gezielt gestreute Informationen ohne Not eingeschränkt. Der Erbensucher hat in diesem Fall aus demselben Grund auch keine Ansprüche nach §§ 687 Abs. 2, 684 S. 1, sondern vielmehr ein eigenes Geschäft auf eigenes Risiko geführt.

588 Nicht immer ganz widerspruchsfrei hierzu soll die **GoA anwendbar** sein, wenn der Handelnde zwar meinte, eine *eigene* Vertragspflicht gegenüber dem Nutznießer seiner Dienste zu erfüllen, sich späterhin aber die Nichtigkeit desselben herausstellt (z.B. ein Architekt mit der Planfertigung durch **unerkannt nichtigen Vertrag** vom Grundstückseigentümer beauftragt wurde, der nach Fertigstellung der Pläne die Bezahlung aufgrund inzwischen entdeckten Nichtigkeitsgrundes verweigert). Hier bestehen Ansprüche aus **GoA** ggf. **neben** solchen aus **§ 812 Abs. 1 S. 1 Alt. 1**, was für den Geschäftsführer vorteilhaft ist, falls der Bauherr von der Baumaßnahme absehen will und sich deshalb auf Entreicherung nach § 818 Abs. 3 berufen könnte.

3. Ohne Auftrag oder sonstige Berechtigung

589 Besteht bereits ein Schuldverhältnis zwischen Geschäftsführer und Geschäftsherrn, so richtet sich der Ausgleich zwischen beiden nach diesem, ohne dass für das (weitere) gesetzliche Schuldverhältnis der GoA Raum wäre. Dies betrifft sowohl die vertraglich geschuldete Vergütung als auch Aufwendungsersatz für im Rahmen des Schuldverhältnisses miterledigte Aufgaben im Interesse der anderen Partei.

590 Nichtige Verträge (z.B. Verstoß gegen ein gesetzliches Verbot, vgl. § 135) können eine echte (regelmäßig berechtigte) GoA anwendbar sein lassen (s.o.; die exakte Unterscheidung solcher Umstände soll erst im Zusammenhang mit den Mehrpersonenverhältnissen beim Bereicherungsausgleich erfolgen; Rn. 637 ff.).

Wird die Nichtigkeit eines tatsächlich vollzogenen Rechtsgeschäfts (z.B. ein Gesellschaftsverhältnis oder ein Arbeitsvertrag) jedoch aufgrund erheblicher Schwierigkeiten

22 Keinen Fremdgeschäftsführungswillen hat der Bürge; er zahlt auf seine eigene Bürgenschuld. So unter Hinweis auf den unklaren Wortlaut des § 766 S. 3 *Medicus/Petersen,* BR Rn. 945.

der Rückabwicklung nur für die Zukunft anerkannt (sog. *faktisches* oder **fehlerhaftes Rechtsverhältnis**), bleibt es als Rechtsgrund des bisherigen Handelns des (faktischen) Geschäftsführers bestehen und eine GoA muss regelmäßig ausscheiden.

Vorrangige und die GoA ausschließende **Ansprüche auf Ersatz von Aufwendungen** **591** enthalten etwa § 304 zu Gunsten eines Leistungsschuldners für Mehraufwendungen im Annahmeverzug des Gläubigers, § 536a zu Gunsten des Mieters im Verzug des Vermieters, § 539 für gestatte Mietereinbauten, § 284 zu Gunsten jedes Sachleistungsgläubigers an Stelle eines ihm zugewiesenen Schadensersatzanspruchs statt der Leistung (z.B. des Käufers aus § 437 Nr. 3 bei anfänglicher oder nachträglicher Unmöglichkeit einer Mangelbeseitigung oder sonstiger wesentlicher Pflichtverletzung), § 445a Abs. 1 zu Gunsten von Zwischenhändlern im Regress innerhalb einer Lieferkette, außerdem § 634 Nr. 2 zu Gunsten des Bestellers einer Werklieferung für die Kosten berechtigter Selbstvornahme der Mangelbeseitigung, § 651c Abs. 3 S. 1 zu Gunsten des Reisenden für die Beseitigung von Reisemängeln nach fruchtloser Fristsetzung an den Reiseveranstalter für dessen Abhilfemaßnahmen, schließlich § 670 bzw. §§ 675 Abs. 1, 670 in Auftrags- und Geschäftsbesorgungsangelegenheiten oder § 693 zu Gunsten des Verwahrers und §§ 713, 670 für den geschäftsführenden Gesellschafter einer Gesellschaft bürgerlichen Rechts.

Gleichermaßen vorrangig zur GoA sind **Ausgleichsansprüche** aus Mitverpflichtung **592** mehrerer Personen, soweit diese einen **Forderungsübergang** (cessio legis) **an den Leistenden** vorsehen: So der *Haftungsausgleich* in § 426 Abs. 1 mit Forderungsübergang in Abs. 2 und der *Rückgriffsanspruch* des leistenden Bürgen gegen den Hauptschuldner nach § 774 Abs. 2, ebenso im Falle der Ablösung einer Schuld durch den schuldnerverschiedenen Eigentümer eines mit einem *Grundpfandrecht* zu Gunsten des befriedigten Gläubigers belasteten Grundstücks, § 1143, oder parallel für den *schuldnerverschiedenen Verpfänder*, § 1225, sowie für jeden ablöseberechtigten Dritten in Zwangsvollstreckungen, § 268 Abs. 3.

Schließlich ist insb. bei Versicherungsleistungen der Anspruch auf Abtretung von Ersatzansprüchen nach § 255 zu beachten. So gehen insb. nach **§ 6 Abs. 1 EntgFG** bzw. **§ 86 Abs. 1 VVG** Ersatzansprüche gegen einen etwaigen Schädiger auf denjenigen Über, der die Entgeltfortzahlung bzw. die Versicherungsleistung erbracht hat, also auf Arbeitgeber bzw. Versicherer.

4. Unberechtigte Geschäftsführung

Um echte GoA und damit ein gesetzliches Schuldverhältnis handelt es sich auch, wenn **593** der Geschäftsführer erkennen musste, dass die *„Übernahme der Geschäftsführung mit dem wirklichen oder mutmaßlichen Willen des Geschäftsherrn im Widerspruch“* stand (vgl. § 678). Vorausgesetzt ist wie bei der berechtigten GoA die Führung eines fremden Geschäfts mit Fremdgeschäftsführungswillen. War die Geschäftsführung für den Geschäftsführer dabei aber erkennbar dem Geschäftsherrn unwillkommen, so hätte sich der Geschäftsführer der Übernahme enthalten müssen (bis zur Grenze des § 679). Handelte er doch, sei es nur aus Unbedachtheit, dann auf eigene Gefahr. § 678 legt ihm eine Zufallshaftung für alle nachteiligen Wirkungen seines Handelns auf.

a) Haftung nach § 678

594 In Fällen des § 678 ist der Aufwendungsersatz nach § 683 stets ausgeschlossen und der Geschäftsführer auf § 684 verwiesen. Zwar wäre ein Fall des objektiven Interesses trotz entgegenstehenden subjektiven Willens des Geschäftsherrn abstrakt denkbar, was aber außerhalb der Fälle von § 683 S. 2 (§ 679) praktisch nicht wirklich vorkommen kann:

Unnötige Rettungsaktionen in Verkennung einer gar nicht gegebenen Notsituation (etwa bloß, weil ein Bergsteiger zur verabredeten Zeit nicht zurückgekehrt ist) sind keine GoA. Anders wäre das im Beispiel des nicht zurückgekehrten Bergsteigers bei einem Wettereinbruch mit dann objektiver Gefahrenlage, und zwar, selbst wenn der Bergsteiger den Abstieg noch alleine schafft; aber dann entsprach die Rettung auch seinem *mutmaßlichen* Willen, da er sich dessen nicht sicher sein konnte.

b) Unbeachtlichkeit entgegenstehenden Willens nach § 679

595 § 679 enthält eine **Einschränkung** der Vorzugsstellung, die § 678 der persönlichen **Interesseneinschätzung des Geschäftsherrn** zubilligt, soweit die Geschäftsführung nämlich im öffentlichen Interesse liegt. Dadurch wird das Risiko der Zufallshaftung des unbedachten Übernehmers der Geschäftsführung gemildert, soweit die Initiative um ihrer selbst willen schutzbedürftig ist.Trotz einer Unbeachtlichkeit des entgegenstehenden Willens nach § 679 liegt nicht stets ein Fall des § 683 (also berechtigte GoA) vor; vielmehr müsste die Geschäftsführung dafür *zusätzlich* dem (objektiven) Interesse des Geschäftsherrn entsprechen (was aber wohl häufig parallel einhergeht). Während also **§§ 678 und 684 direkt korrelieren**, ist das **im umgekehrten Fall des § 679** *nicht* zwangsläufig in Bezug auf § 683 der Fall.[23]

Umstritten ist schließlich, ob ein Geschäftsführer im Fall des § 679 Vertretungsmacht im Außenverhältnis hat.[24]

5. Prüfungsschema zum Schadensersatz, § 678

596

I. Anspruchsvoraussetzungen	
Unberechtigte GoA	**Angemaßte Eigen-GF, § 687 Abs. 2**
1. Fremdes Geschäft 2. Fremdgeschäftsführungswille des Geschäftsführers; sonst §§ 687 Abs. 2, 678. 3. Ohne Auftrag 4. Übernahme *widerspricht* objektiv dem tatsächlichen oder mutmaßlichen Willen des Geschäftsherrn; Ausnahme § 679 5. Übernahmeverschulden; beachte aber § 680	1. Fremdes Geschäft 2. Kenntnis des Geschäftsführers von der Fremdheit – positive Kenntnis erforderlich – sonst irrtümliche Eigengeschäftsführung, § 687 Abs. 1 mit Verweis auf §§ 812 ff., 823 ff. 3. Eigengeschäftsführungswille 4. Keine Berechtigung des Geschäftsführers zur Geschäftsführung

23 Palandt/*Sprau (2020)*, § 679 Rn. 1.

24 Palandt/*Ellenberger (2020)*, § 177 Rn. 4; systematisch stellte das eine Durchbrechung von Innen- und Außenverhältnis dar.

II. Forderungsrechte aus der GoA bzw. Eigengeschäftsführung

1. Schadensersatz, § 678 (kein Ausführungsverschulden nötig!) und außerdem:
2. Auskunft gem. §§ 687 Abs. 2, 681, 666 sowie
3. Herausgabe des Erlangten nach:

Bereicherungsrecht, vgl. § 684 S. 1; *alternativ* § 667 nur nach Genehmigung, vgl. § 684 S. 2, 683 S. 1 und 681.	a) §§ 687 Abs. 2, 681, 667 b) dann aber Anspruch des Geschäftsführers nach §§ 687 Abs. 2 S. 2, 684 S. 1, 812 ff. (Rechtsfolgenverweis)

III. Keine Verjährung

6. Rettende Geschäftsbesorgung

Eine allgemeine **Haftungserleichterung** auf Vorsatz und grobe Fahrlässigkeit wird dem Geschäftsführer beim Handeln zur Gefahrenabwehr zugestanden (vgl. § 680). Sprachlich betrifft diese Privilegierung zuerst die **Haftung bei der Durchführung** der Geschäftsführung (§§ 677, 280 Abs. 1), sofern nur bei der Übernahme die Gefahrenabwehr bezweckt wurde. 597

Sodann muss dies bei entsprechender Zielsetzung jedoch auch für ein **Übernahmeverschulden** gelten, so dass § 680 auch eine *Ausnahme zur Haftung nach § 678* darstellt.

Beispiele: Wer einen Selbstmörder rettet, darf den entgegenstehenden Willen wegen § 679 überwinden und wird hinsichtlich der Mittelwahl zur Rettung, also bei der *Durchführung*, nach § 680 in der Schadenshaftung begünstigt.

Aber auch wer einen Fahruntüchtigen vom Führen seines Fahrzeugs dadurch abbringen will, dass vielmehr er dieses steuert, obgleich er ebenfalls unzulässig alkoholisiert ist, handelt zwar ersichtlich gegen zumindest den mutmaßlichen Willen des anderen (auch der Fahruntüchtige möchte – nüchtern betrachtet – nicht von einem anderen Fahruntüchtigen chauffiert werden); dieses *Übernahmeverschulden* (§ 678) wird dem Helfer nach § 680 nicht zur Last gelegt, sofern es nicht auf grober Fahrlässigkeit (Verkennung naheliegender Alternativen wie die Verfügbarkeit von Taxis in Innenstädten etc.) beruht. Bei einem nachfolgenden Verkehrsunfall wird der Fahrer in der Haftung für Verletzungs- und Beschädigungsfolgen gegenüber diesem Beifahrer durch § 680 also sowohl hinsichtlich der Zufallshaftung aufgrund eines Übernahmeverschuldens, vgl. § 678, als auch für ein etwaiges Ausführungsverschulden während der Trunkenheitsfahrt (Haftung u.a. nach §§ 677, 280 Abs. 1) privilegiert (er hat nur Vorsatz und grobe Fahrlässigkeit zu vertreten).[25]

7. Pflichten des Geschäftsführers

Die Hauptpflicht des Geschäftsführers ist die treuhänderische Führung des einmal übernommenen Geschäfts *(„wie das Interesse des Geschäftsherrn mit Rücksicht auf dessen wirklichen oder mutmaßlichen Willen es erfordert“*, § 677). D.h., zwar ist er *weder* zur Übernahme der Geschäftsführung verpflichtet (anders etwa im Falle der allgemeinen Hilfeleistungspflicht gem. § 323c StGB), *noch* ist ihm die jederzeitige Beendigung der- 598

25 Die Problematik der nicht anerkennenswerten „individuellen Sorglosigkeit im Straßenverkehr“ stellt sich hierbei nicht wie etwa hinsichtlich §§ 690, 708, 1359, 1604; allerdings finden auch diese Haftungsprivilegien ihre Grenze in der groben Fahrlässigkeit (vgl. § 277), so dass entweder hier wie dort zumindest diese Grenze greifen oder gleichermaßen nicht greifen müsste. Diese Konsequenz wurde, soweit ersichtlich, bislang nicht gezogen; vgl. *Medicus/Petersen,* BR Rn. 930 zur Unbeachtlichkeit von eigenüblicher Sorgfalt im Straßenverkehr bzw. a.a.O. Rn. 433 a.E. zur Anwendbarkeit des § 680 im Straßenverkehr.

selben, außer zur Unzeit, versagt; *was* er jedoch im fremden Interessenkreis tut, muss treuhänderisch mit Rücksicht auf Wille und Interesse des Betroffenen erfolgen.

599 Der Treuhandcharakter zwingt den Geschäftsführer zur Ausrichtung nach der subjektiven und zumindest mutmaßlichen Absicht des Geschäftsherrn, wo eine solche erkennbar ist. In eindeutigen Fällen ist die Pflichtenlage derjenigen nach § 675 vergleichbar, anderenfalls ist der Geschäftsführer wie ein weisungsfreier Beauftragter zu behandeln, der sich an einer (nach dem erwünschten Nutzen objektivierbaren) Interessenlage auszurichten hat. In Streitfällen ist dies im Nachhinein – und zwar aus Sicht des Geschäftsherrn – zu beurteilen, dem zu dienen die Geschäftsführung beabsichtigte. Die Grenze zieht § 679 für die Beachtlichkeit eines entgegenstehenden Willens des Geschäftsherrn bei einer Geschäftsführung im öffentlichen Interesse (z.B. Rettung aus Suizidversuch).

a) Gefahrtragung

600 Das Risiko ungewollter bzw. interessenwidriger *Ausübung* der berechtigt übernommenen Geschäftsführung (bei unberechtigter *Übernahme* gilt die Zufallshaftung nach § 678) trägt der Geschäftsführer nach einem objektiv-subjektiven Maßstab. Das gilt sowohl für den **Aufwendungsersatz** (§§ 683, 677, 670) als auch für seine **Schadenshaftung** (§§ 677, 280 Abs. 1). Ersetzt werden ihm nur diejenigen Aufwendungen, *„die er den Umständen nach für erforderlich halten darf"* (vgl. § 670). Gleiches gilt für die Feststellung des „mutmaßlichen" Willens, sonst des Interesses des Geschäftsherrn hinsichtlich der Art und Weise der Führung des Geschäfts. Nebst einer Entschuldbarkeit seines Irrtums in der Auslegung entsprechender Indizien belastet ihre falsche Deutung den Geschäftsführer dann nicht, wenn der Geschäftsherr dazu (objektiv) die Gefahr gesetzt hatte.

601 Erwirbt beispielsweise der Geschäftsführer einen vom Geschäftsherrn seit Längerem gesuchten Gegenstand für ihn, hatte dieser sich aber zufällig unmittelbar davor seinerseits damit eindecken können, so handelt es sich um ein Problem der **Bestimmung des mutmaßlichen Willens des Geschäftsherrn** bei der *Übernahme* der Geschäftsführung. Diese Mutmaßung soll nach h.M. allein nach **objektiver Beurteilung** der Umstände bestimmt werden, während für den mutmaßlichen Willen hinsichtlich der *Durchführung*, also etwa in Bezug auf die Höhe des tolerierten Kaufpreises, jedenfalls ein zurechenbar vom Geschäftsherrn **gesetzter Anschein beachtlich** sein soll. Dies soll aus dem sprachlichen Unterschied in § 683 S. 1 (Komplementarität von Interesse *„und"* Willen betreffs Berechtigung zur Übernahme der GoA) und § 677 (das Interesse eingeschränkt durch *„Rücksicht"* auf den Willen entscheidet über die korrekte Durchführung der GoA) folgen – jedenfalls sofern das Interesse rein objektiv verstanden wird. – Dadurch erhebt aber, wie im Beispiel, die ggf. vom Zufall abhängige Berechtigung zur Übernahme der GoA – unpassend zum Gedanken der Fremdnützigkeit jeder Geschäftsführung – den tatsächlichen Aufwendungsgenuss beim Geschäftsherrn zum Maßstab der Ausgleichspflicht. Systematisch zutreffender wäre, das objektive Interesse des Geschäftsherrn seinerseits zweckgebunden, und zwar vom Geschäftsherrn her, aber *nach allen ihm zurechenbaren Umständen* aufzufassen; denn der Fremdgeschäftsführungswille unterscheidet die GoA von den sonst in Betracht kommenden Kondiktionsansprüchen, für die allein die Sicht des Bereicherten maßgeblich ist. Es sollte also für § 683 S. 1 darauf ankommen, ob der Geschäftsführer *davon ausgehen durfte*, dass der „Wunsch" nach dem Gesuchten noch aktuell gewesen wäre.

b) Haftung des Geschäftsführers

Fällt bereits **bei der Übernahme** der Geschäftsführung dem Handelnden ein Verschulden in der Verkennung von Willen oder Interesse des Geschäftsherrn zur Last (leichteste Fahrlässigkeit genügt, vgl. § 276 Abs. 2), haftet er für alle, auch zufälligen Folgen seiner Geschäftsführung (vgl. § 678). War dagegen die Übernahme der Geschäftsführung berechtigt, ist der Geschäftsführer für die schädigenden Folgen seines Handelns insoweit verantwortlich, als ihn ein Ausführungsverschulden trifft (wiederum § 276 Abs. 2); die GoA ist ein gesetzliches Schuldverhältnis, für das eine Haftung für schuldhafte Pflichtverletzungen nach § 280 Abs. 1 besteht. **602**

Lediglich bei Notgeschäftsführung greift die Haftungsprivilegierung des § 680; nach § 682 haftet ein beschränkt geschäftsfähiger Geschäftsführer zudem nur nach den Vorschriften über den Schadensersatz wegen unerlaubter Handlungen (§§ 823 ff., insb. §§ 828 f.) und über die Herausgabe einer ungerechtfertigten Bereicherung (§§ 812 ff.). **603**

c) Anzeige- und Informationspflicht

Aufgrund des Treuhandcharakters der GoA bestimmt § 681 S. 1 eine Verpflichtung des Geschäftsführers, die Übernahme der Besorgung dem Geschäftsherrn alsbald anzuzeigen und seine weitere Entschließung abzuwarten, soweit dies gefahrlos möglich ist. Im Übrigen verweist § 681 S. 2 auf die §§ 666 ff., also insb. auf die Pflicht zur Herausgabe alles Erlangten nebst hierzu erforderlicher Rechenschaftslegung. **604**

d) Abgrenzung zur Haftung bei angemaßter Eigengeschäftsführung (§ 687 Abs. 2)

Die unerlaubte Behandlung fremder Angelegenheiten als eigene begründet, wie bereits dargestellt, nicht das gesetzliche Schuldverhältnis der GoA. Sie führt vielmehr zur vollen deliktischen Schadenshaftung des Handelnden. § 687 Abs. 2 gibt dem Geschäftsherrn jedoch das Recht, alle Ansprüche aus berechtigter GoA geltend zu machen – ohne dadurch zugleich die *Übernahme* der Geschäftsführung zu genehmigen. Vielmehr wird der Geschäftsherr dann seinerseits wie im Fall der unberechtigten GoA behandelt und schuldet nach § 684 S. 1 lediglich die Herausgabe noch vorhandener Bereicherung. **605**

In seinem **Verlangen nach Herausgabe** des Erlangten vom Geschäftsführer liegt jedoch konsequenterweise eine Genehmigung aller Verfügungen des Geschäftsführers nach § 185 Abs. 2.

Diese Vorgehensweise des Geschäftsherrn führt im Falle von Verfügungen des Geschäftsführers über Sachen oder Rechte hinsichtlich der Herausgabepflichten zum gleichen Ergebnis wie ein Kondiktionsverlangen nach § 816 Abs. 1, sofern mit der h.M. letzterer Anspruch auch die Herausgabe eines über dem Wert der verfügten Sache liegenden Gewinns (commmodum ex negotiatione) umfasst. Gleiches gilt im Falle des Forderungseinzugs im Hinblick auf § 816 Abs. 2.

Zusätzlich geben §§ 687 Abs. 2, 681, 666 jedoch auch einen Anspruch auf Rechnungslegung, was im Bereich des gewerblichen Rechtsschutzes, etwa bei Urheberrechtsverletzungen, für eine erst dadurch überhaupt ermöglichte Feststellung des herauszugebenden Gewinns erforderlich sein kann.

Bedeutung kann auch die Zufallshaftung des § 678 im Rahmen der Ersatzansprüche haben, als diese über § 848 dadurch hinausgeht, dass sie nicht nur die unerlaubte Sachentziehung betrifft.

8. Ansprüche des Geschäftsführers

a) Erstattungsansprüche

606 § 683 gibt dem Geschäftsführer im Fall der berechtigten Übernahme den Anspruch auf **Ersatz seiner Aufwendungen** nach § 670; dies gilt auch, wenn die Übernahme der Geschäftsführung zwar gegen den Willen des Geschäftsherrn erfolgte, dieser aber nach § 679 unbeachtlich ist (vgl. § 683 S. 2). Der Anspruch besteht außerdem im Falle der unberechtigten Übernahme der Geschäftsführung, sofern der Geschäftsherr sie genehmigt (vgl. § 684 S. 2).

Der Aufwendungsersatz umfasst eine **Tätigkeitsvergütung** des Geschäftsführers (nur), wenn er im Rahmen seines Berufs oder Gewerbes gehandelt hat (in entsprechender Anwendung von § 1835 Abs. 3). Dies ist schon deshalb zutreffend, weil dieser sich derweil um anderweitiges Berufseinkommen gebracht hat (z.B. beim Einsatz von Baumaschinen für Rettungsmaßnahmen).[26]

607 Auch **eigene Schäden** des Geschäftsführers können als Aufwendungen ersatzfähig sein, nämlich sofern sich in der Schädigung das **typische Risiko** der übernommenen Geschäftsführung realisiert hat. Anderes gilt für Schäden, die lediglich dem **allgemeinen Lebensrisiko** zuzurechnen sind, ohne dass die vorgenommene Geschäftsführungsmaßnahme das Risiko erhöht hätte. Im Rahmen der danach ersatzfähigen Schäden kann eine Kürzung des Ausgleichsanspruchs nach dem Rechtsgedanken des § 254 (Mitverschulden) in Betracht kommen, allerdings ist jedenfalls bei Rettungsmaßnahmen wiederum die Wertung des § 680 zu berücksichtigen, wonach dem Geschäftsführer nur grobe Fahrlässigkeit und Vorsatz zur Last gelegt werden können.

608 Der Vermögensschaden, der etwa risikotypisch aus einer Unfallverletzung des Geschäftsführers im Rahmen einer rettenden Geschäftsbesorgung erwächst, ist ersatzfähiger Aufopferungsschaden (z.B. durch Absturz eines Mitglieds der Bergwacht bei einer Rettungsaktion aus Bergnot). Hierzu zählen bei tödlicher Unfallverletzung des auftragslosen Retters – anders als im Fall vertraglich verabredeter Geschäftsführung (z.B. beim gebuchten Bergführer, wenn dieser bei der Rettung eines Mitglieds seiner Bergsteigergruppe verunglückt) – *allerdings nicht* Aufwendungen und **Unterhaltsschäden von Angehörigen** des zu Tode gekommenen Retters; während beim beauftragten Nothelfer eine Haftungserstreckung analog §§ 844 f. mittels eines Vertrags zugunsten Dritter durch ergänzende Vertragsauslegung möglich ist, scheidet solches bei der Geschäftsführung *ohne* Auftrag aus (ergänzende Vertragsauslegung setzt einen Vertrag voraus und für eine direkte Anwendung von §§ 844 f. mangelt es an einem Delikt).[27]

b) Bereicherungsansprüche

609 Handelt der Geschäftsführer zwar mit Fremdgeschäftsführungswillen, ist die Übernahme der Geschäftsführung dem Geschäftsherrn jedoch unwillkommen und steht gegen sein Interesse (zur Problematik von Interesse und mutmaßlichem Willen s.o. Rn. 593), so richtetet sich der **wechselseitige Ausgleich** zwischen Geschäftsführer und Geschäftsherrn nach Bereicherungsrecht. Dies ist für die Herausgabe dessen, was der

26 Vgl. das Beispiel bei *Medicus/Petersen,* BR Rn. 427 ff., 430; umgekehrt kommt einem solchen professionellen Nothelfer das Haftungsprivileg des § 680 nicht zugute, vgl. Palandt/*Sprau* (2020), §§ 680 Rn. 1 und 683 Rn. 8.

27 A.A., nämlich analoge Anwendung, *Medicus/Petersen,* BR Rn. 428 a.E. unter Hinweis auf eine h.M.; wie hier Palandt/*Sprau (2020),* § 845 Rn. 3.

Geschäftsherr aus der Tätigkeit des Geschäftsführers erlangt hat, in § 684 S. 1 bestimmt;[28] umgekehrt unterliegt *auch der Geschäftsführer* in solchen Fällen der Eingriffskondiktion (§ 812 Abs. 1 S. 1 Alt. 2) hinsichtlich des mit Mitteln und auf Kosten des Geschäftsherrn Erlangten.

Der Geschäftsherr hat allerdings nach § 684 S. 2 die Möglichkeit, die **Geschäftsführung nachträglich** (vgl. § 184) zu **genehmigen**,[29] die dadurch zur berechtigten GoA wird (Rechtsfolgenverweisung auf §§ 683, 677). Geht man allerdings zurecht davon aus, dass auch die unberechtigte GoA ein gesetzliches Schuldverhältnis und etwa § 681 auch auf sie anwendbar ist, hat diese Wahlmöglichkeit *für den Geschäftsherrn keinen Vorteil* und damit jedenfalls praktisch keinen Anwendungsbereich. 610

c) Außenverhältnis bei der GoA

Die **GoA** ist ein gesetzliches Schuldverhältnis nur zwischen Geschäftsführer und Geschäftsherrn. Sie betrifft lediglich das **Innenverhältnis**. Davon zu trennen ist die Frage nach der Wirksamkeit etwaiger Rechtsakte des Geschäftsführers im Verhältnis zu Dritten. Dies richtet sich allein nach der Verfügungsmacht des Geschäftsführers (vgl. § 185), welche auch im Falle berechtigter und also willenskonformer Geschäftsführung nur aus gesonderter Erteilung durch den Geschäftsherrn folgt. 611

Verfügungen des Geschäftsführers werden deshalb in aller Regel nur durch nachträgliche Genehmigung (vgl. § 185 Abs. 2) berechtigt sein. Diese **Genehmigung** liegt regelmäßig im Herausgabeverlangen des Geschäftsherrn auf den Veräußerungserlös als notwendige Konsequenz (so anerkannt im Fall des § 816 Abs. 1 und auf den Herausgabeanspruch nach §§ 681, 667 übertragbar; umstritten). Einen Anspruch auf Genehmigung seiner Verfügungen hat der Geschäftsführer jedoch grundsätzlich nicht. 612

Gleiches gilt in Bezug auf die **rechtsgeschäftliche Vertretung des Geschäftsherrn**, zu der es dem Geschäftsführer stets an der **Vertretungsmacht fehlt**, sofern diese vom Geschäftsherrn nicht gesondert erteilt würde. Der Geschäftsführer kann ohne Weiteres nur **im eigenen Namen** handeln, wenngleich aufgrund berechtigter Übernahme und seines Geschäftsführungswillens **auf Rechnung des Geschäftsherrn**, von dem er Aufwendungsersatz und Freistellung (§§ 683, 670, 257) zu beanspruchen hat. 613

d) Schenkungsabsicht

Hatte der Geschäftsführer nach außen erkennbar nicht die Absicht, Aufwendungsersatzansprüche geltend zu machen, so sind ihm diese endgültig versagt (vgl. § 685 Abs. 1). Eine Vermutung für Schenkungsabsicht besteht nicht, sondern muss sich ausdrücklich oder aus den Umständen ergeben; auch bei Verwandtenhilfe, etwa dem Ausbau eines Hauses, das den Schwiegereltern gehört, ist der Aufwendungsersatz nicht von vornherein ausgeschlossen. 614

---

28 Das ist ein Rechtsfolgenverweis, weil die GoA alle Voraussetzungen bereits bestimmt, und anderenfalls Leistungen des Geschäftsführers an den Geschäftsherrn stets wegen § 814 (Kenntnis der Nichtschuld) ausgeschlossen wären – bei der GoA besteht ja gerade keine Pflicht zur Übernahme.

29 Keine Genehmigung i.S.d. § 185 Abs. 2; diese erst, wenn der Erlös herausverlangt wird, vgl. § 816 Abs. 1, 2; § 684 S. 2 betrifft nur das **Innenverhältnis**, § 185 dagegen das **Außenverhältnis** zu Dritten, vgl. Palandt/*Sprau* (2020), § 684 Rn. 2.

9. Prüfungsschema zum Aufwendungsersatz des Geschäftsführers, §§ 683, 677, 670

615 **I. Anspruchsvoraussetzungen**
1. Fremdes Geschäft
   a) Objektiv fremdes Geschäft
   b) Auch fremdes Geschäft
   c) Neutrales Geschäft
2. Fremdgeschäftsführungswille
   a) Vermutung
   b) Beim neutralen Geschäft ist erkennbarer Fremdgeschäftsführungswille erforderlich
3. Ohne Auftrag oder sonstige Berechtigung
4. Voraussetzungen des § 683 S. 1
   a) Übernahme im Interesse des Geschäftsherrn und
   b) Übernahme entspricht Willen des Geschäftsherrn (Ausnahme: S. 2 mit § 679) oder
   c) Genehmigung der Geschäftsführung durch den Geschäftsherrn, § 684 S. 2 (beachte: anderenfalls nur Rechtsfolgenverweis auf Bereicherungsrecht).

II. Forderungsrechte aus der GoA
1. Ersatz der erforderlichen Aufwendungen, § 670
2. Schadensersatz, § 670 analog (soweit aus spezifischen Risiken)
3. Tätigkeitsvergütung nur in Ausnahmefällen

III. Keine Verjährung

C. Bereicherungsausgleich

616 Die Bereicherungshaftung ist ein Ausgleichsverhältnis auf Rückgabe unberechtigten Empfangs. Sie richtet sich auf **Herausgabe objektiv unberechtigt erworbener Vorteile**. Subjektive Elemente etwa des Verschuldens sind für ihre Begründung unerheblich. Die Bereicherungshaftung soll eine Güterlage ausgleichen, welche durch ungerechtfertigte Vermögensverschiebung entstanden ist. Im Gegensatz zur Deliktshaftung und dem Schadensausgleich handelt es sich bei der Bereicherungshaftung nicht um Rechtsgüterschutz, sondern um den Ausgleich eines geschaffenen, aber durch nichts gerechtfertigten Zustands auf Seiten des Bereicherten. **Ausgeglichen** wird also **nicht ein** dem Geschädigten widerfahrenes **Unrecht**, **sondern das weder** durch **gesetzliche** noch wirksame **rechtsgeschäftliche** Zuweisung **gerechtfertigte Behalten** von Gütern durch den Empfänger.

Es handelt sich um **notwendige technische Korrekturregeln in Folge des Trennungs-/Abstraktionsprinzips** im Verhältnis von Schuld- und Sachenrecht im BGB: Wer eine fremde Leistung erhalten oder fremdes Gut für sich verwertet hat, genießt einen rechtlichen[30] oder jedenfalls tatsächlichen Vorteil, der, sofern er unverdient oder unberechtigt ist, schuldrechtlich rückabgewickelt oder ausgeglichen werden muss:

30 Meist Eigentum und/oder Besitz, vgl. §§ 946 ff. zum gesetzlichen Eigentumsübergang bei Verbindung, Vermischung oder Verarbeitung; §§ 953 ff. für den Eigentumserwerb an Früchten; aber auch z.B. eine Forderung aufgrund einer Gutschrift oder Befreiung von einer Verbindlichkeit.

Der **Kondiktionsschuldner** übt z.B. Besitz am Bereicherungsgegenstand zu Recht aus; er ist auch sein **rechtmäßiger Eigentümer** etc. Das Besitz- oder Eigentumsrecht ist „lediglich“ **nicht gerechtfertigt**. Deshalb kondizieren die §§ 812 dieses Recht; der Bereicherungsschuldner **schuldet** die **Rückübereignung**, Rückübertragung des Rechts (**nicht bloß Rückgabe** der Sache).[31]

Der Bereicherungsausgleich ist ein **schuldrechtlicher**; er greift bei Fehlen eines gültigen Erwerbs*grundes*[32] (i.e. schuldrechtliche Causa) für einen Rechtserwerb, gleich wie diese Bereicherung durch einen Rechtsakt (i.e. eine wirksam hingegebene Leistung) oder „anderweitig“ (also durch schlicht tatsächliche Umstände zu Lasten eines anderen) erfolgt ist. Seine Einzeltatbestände **gewähren einen Leistungsanspruch** – also zumeist eine Klage auf Rückübertragung – der sodann der Erfüllung bedarf, um die gerechte Güterlage (wieder)herzustellen. **617**

Die ungerechtfertigte Bereicherung ist nicht in erster Linie wegen der schuldrechtlichen Wirkung ihrer Herausgabeklagen ein **gesetzliches Schuldverhältnis**, sondern wegen des durch die Bereicherung geschaffenen, *ungerechtfertigten aber rechtmäßigen Rechtszustands*, der eben nur schuldrechtlich ausgeglichen werden kann. Insoweit bestehen *aufgrund dieses Zustands* durchaus Gefahrtragungsregeln (§§ 818 Abs. 4, 819) mit Haftungsfolgen. **618**

Es handelt sich sodann um eine **Vielzahl voneinander unabhängiger Rückforderungsklagen**, die zu einem Wunsch nach einem einheitlichen Grundtatbestand aller Konditionsansprüche („die ungerechtfertigte Bereicherung nach § 812“) führen, den es jedoch so nicht gibt.

Bereicherungsklagen einerseits und die einzelnen Nutzungs- bzw. Verwendungsklagen im Eigentümer-Besitzer-Verhältnis, die ihrerseits den Charakter von Besitzschutzklagen haben (Überschrift von Titel 4 des BGB: *„Ansprüche aus dem Eigentum“*), andererseits sind (damit) keine sich funktional überschneidenden Kreise etwa zum Schutz von Eigentum oder Besitz, die sich gegenseitig ausschließen könnten (und – etwa in Bezug auf die Formen der Eingriffs- oder Verwendungskondiktionen des § 816 Abs. 1 und selten des § 812 Abs. 1 S. 1 Alt. 2 – nur als Rechtsfortwirkung der Vindikationslage bei Veräußerung, Verbrauch oder Verarbeitung der zu vindizierenden Sache ausnahmsweise doch wieder nebeneinander anwendbar sein sollen).[33] Ihre einzelnen Voraussetzungen und Zielsetzungen sind vielmehr voneinander unabhängig: Das **Bereicherungsrecht** setzt am fehlenden Erwerbsgrund, also der *Berechtigung des Übertragungsaktes* an, dessen Fehlen einem Behaltendürfen des Erlangten entgegensteht; das **Eigentümer-Besitzer-Verhältnis** dagegen – insoweit eher ähnlich der deliktischen Erfolgshaftung – schafft einen Ausgleich für das *Risiko ausbleibenden Enderfolges einer Güterübertra-* **619**

---

31 Dagegen zwingen **§§ 985, 986** den unrechtmäßigen Besitzer zur Herausgabe der Sache (Vindikation) im Sinne **bloßer Rückgabe**, weil er **gerade kein** Besitz- bzw. **Eigentumsrecht** hat. Das BGB sagt beide Male „**Herausgabe**“, meint aber gänzlich unterschiedliche Vorgänge; vgl. dazu bereits die Hinweise in der juristischen Arbeitstechnik am Ende der Einleitung Rn. 73.

32 Es fehlt nicht am wirksamen (dinglichen) Erwerbsakt, also nicht z.B. am Übereignungstatbestand.

33 Übersicht bei *Medicus/Petersen,* BR Rn. 597 ff. (Bereicherungsrecht anwendbar bei Nutzungen im Hinblick auf § 988, bei Verbrauch und Veräußerung im Hinblick auf § 993 Abs. 1 a.E.), nach Rn. 715 ff. gilt im Übrigen ein Vorrang der §§ 987 ff. hinsichtlich von Nutzungsersatz vor Eingriffskondiktionen (so auch h.M.), nicht aber gegenüber der Leistungskondiktion hinsichtlich Nutzungsersatz (Rn. 600) und generell nicht im umgekehrten Verhältnis, also betreffend Verwendungen, vgl. a.a.O. Rn. 894 (für Leistungskondiktionen) und Rn. 896–898 (für Eingriffskondiktionen).

gung und zwar (in Richtung des Eigentümers nur) im Hinblick auf § 1000 zur Vermeidung endgültigen Besitzverlusts des Eigentümers (zur umstrittenen Problematik v.a. betreffs § 988 vgl. Rn. 1046, 1073).

620 Die Bereicherungshaftung entsteht grundsätzlich nur zwischen den an der Vermögensverschiebung direkt Beteiligten, also dem Leistenden oder in sonstiger Weise Entreicherten und dem so Bereicherten. Nur bei schenkweiser Verfügung kann auch ein Dritter, bei dem der Bereicherungsgegenstand angelangt ist, die Herausgabe schulden (vgl. §§ 816 Abs. 1 S. 2 und 822 als eigenständige Kondiktionsklagen gegen den Dritten).

I. Bereicherungstatbestände – Überblick

621 Eine Generalklausel der Bereicherungshaftung existiert im BGB nicht. Vielmehr werden verschiedene Erscheinungsformen als Einzeltatbestände geregelt und auch das ohne systematische Ordnung. Verständnis und Anwendung des Bereicherungsrechts kann nur nach Aufgliederung in Sachgruppen erfolgen, die zuerst Leistungs- und Nichtleistungskondiktionen unterscheiden muss.[34]

II. Leistungskondiktionen

622 Bereits § 812 Abs. 1 S. 1 Alt. 1 und Abs. 1 S. 2 bringt verschiedene Einzeltatbestände der Leistungskondiktionen. Hinzu treten weitere Tatbestände in § 817 S. 1 und § 822.

Die **Unterscheidung der Kondiktionsformen** ist im Hinblick auf unterschiedliche **Ausschlusstatbestände** (vgl. §§ 814, 815, 817 S. 2) und für die **Haftungsverschärfung** (vgl. §§ 819 Abs. 2, 820) wichtig, welche nur die Leistungskondiktionen betreffen. Hauptfall ist unter diesen die condictio indebiti des § 812 Abs. 1 S. 1 Alt. 1; wesentliche Bestimmungsmerkmale sind die Vermögensmehrung „durch die Leistung eines Anderen“, welche „ohne rechtlichen Grund“ erfolgte.

Ausgehend von der Korrekturfunktion des Bereicherungsrechts, nämlich das Behalten des in diesem Fall durch Leistung, aber unverdient erlangten Vermögensvorteils als unrechtmäßigen Zustand abzuwenden, müssen beide Merkmale einen aufeinander bezogenen Inhalt haben. Dieser liegt im Zuwendungszweck: „Leistung“ bedeutet die Verfolgung dieses Zwecks, sein Fehlen macht sie rechtsgrundlos.

1. Zuwendungszweck

623 Zuwendungen können im Rechtsverkehr nur begrenzte Zwecksetzungen haben. Wesentlicher Beispielsfall ist die **Erfüllung einer Verpflichtung,** welche als gesetzliche oder rechtsgeschäftliche bestehen mag. In seltenen Fällen kann der Zuwendungszweck auch gerade in der Begründung einer solchen schuldrechtlichen Verpflichtung bestehen, mit ihr zusammenfallen, so etwa bei der Handschenkung, im Fall des § 518 Abs. 2 oder bei der Geschäftsführung ohne Auftrag. Schließlich kann die Zuwendung die Herbeiführung eines Erfolges bezwecken, der in einem bestimmten Verhalten des Empfängers liegt (etwa Zahlung einer Angebotssumme statt nur ihrer mündlichen Nennung, um den Emp-

34 Dogmatik und Kritik bei *Medicus/Petersen,* BR Rn. 664 f. m.w.N.

fänger zum Abschluss eines entsprechenden Kaufvertrages über einen verhandelten Gegenstand zu veranlassen: „er wird dazu nicht nein sagen können").

624 Der mit der Zuwendung verfolgte Zweck kann sodann erreicht oder verfehlt werden oder späterhin wegfallen. Aufgrund ihrer Finalität rechtfertigt die Zuwendung die Vermögensverschiebung nur, wenn der Zuwendungszweck erreicht wird. Die **Verfehlung des Zuwendungszwecks oder sein Wegfall lassen das Behalten des durch solche Leistung Erlangten hingegen ungerechtfertigt sein**.

2. Mangel des Rechtsgrundes

625 Im praktisch wichtigsten Beispielsfall des **§ 812 Abs. 1 S. 1 Alt. 1** besteht der Zuwendungszweck in der Erfüllung einer Verbindlichkeit aus einem vorangegangenen Verpflichtungsgeschäft. Er wird von vornherein **verfehlt**, wenn das zugrundeliegende Verhältnis gar nicht besteht (z.B. Nichtigkeit wegen Dissenses, vgl. §§ 154 f., oder wegen §§ 134 oder 138) oder trotz seines Bestehens ausnahmsweise dennoch nicht seine Erfüllung eintritt (z.B. Ablehnung einer erfüllungshalber, vgl. § 363, oder an Erfüllungs statt, vgl. § 364 Abs. 1, zugewendeten Leistung).

Der Zuwendungszweck **fällt** sodann **weg**, wenn das entstandene Schuldverhältnis etwa durch Anfechtung nach § 142 Abs. 1 oder durch Eintritt einer auflösenden Bedingung, § 158 Abs. 2, **rückwirkend** erlischt. Der Wegfall des Zuwendungszwecks gibt dem Leistenden die Kondiktion nach **§ 812 Abs. 1 S. 2 Alt. 1**.

626 Der Rechtsgrund fehlt ebenfalls, wenn der Zuwendungszweck in der Herbeiführung eines in einem bestimmten Verhalten des Empfängers liegenden Erfolgs bestehen soll, sobald als sicher gelten kann, dass der Empfänger die bezweckte Handlung oder Unterlassung nicht vornehmen wird oder kann. Dieser Bereicherungstatbestand ist in **§ 812 Abs. 1 S. 2 Alt. 2** geregelt.

„Rechtlicher Grund" (Causa) ist, vereinfacht formuliert, schlicht das zugrundeliegende Rechtsverhältnis, dessentwegen die Leistung erfolgte. Fehlt es oder fällt es später weg, wurde rechtsgrundlos geleistet.

So besehen stellt § 812 Abs. 1 S. 2 Alt. 2 an sich gar keinen zusätzlichen Kondiktionstatbestand auf (das ein Behalten rechtfertigende Schuldverhältnis soll durch die Zuwendung erst geschaffen werden, weshalb sie selbst ja notwendigerweise rechtsgrundlos erfolgte), sondern anerkennt vielmehr *umgekehrt* einen ggf. eintretenden Zuwendungs*erfolg*, wenn nämlich der Empfänger sich bestimmungs- und erwartungsgemäß verhält; die Leistung soll **dann nicht zurückgefordert werden** können – was § 812 Abs. 1 S. 2 Alt. 2 durch den Umkehrschluss der (nur) andernfalls gegebenen Bereicherungsklage zum Ausdruck bringt.

627 Aus der Bedeutung des Zuwendungszwecks als Rechtsgrund rechtfertigen sich sowohl die Sonderform der Leistungskondiktion in § 817 S. 1, als auch die Ausschlussgründe in Fällen mangelnder Schutzwürdigkeit des Leistenden (vgl. §§ 814, 815, 817 S. 2). Leistungszwecke, welche gegen **gesetzliche Verbote** oder die guten Sitten verstoßen, können keinen Rechtsgrund für ein Behalten der Zuwendung schaffen und zwar auch und gerade dann nicht, wenn der mit ihnen beabsichtigte Erfolg eingetreten ist (vgl. § 817 S. 1).

Umgekehrt ist **dem Leistenden** jede Kondiktion zu versagen, wenn ihm **gleichfalls ein Gesetzes- oder Sittenverstoß** zur Last fällt (vgl. § 817 S. 2) oder er **trotz Kenntnis seiner Nichtschuld** oder der anfänglichen Unmöglichkeit des Erfolgseintritts dennoch einen solchen Zuwendungszweck setzt (vgl. §§ 814,[35] 815).

3. Abgrenzung zum Wegfall der Geschäftsgrundlage

628 Nach § 313 Abs. 1 sind die Regeln über die Störung der Geschäftsgrundlage nur (subsidiär) anwendbar, soweit einer Partei das Festhalten an einem Geschäft nach den Umständen des Einzelfalls, „insb. der vertraglichen oder gesetzlichen Risikoverteilung" unzumutbar ist. Das betrifft wesentlich Fälle der *Äquivalenzstörung*, nämlich das beim Vertragsschluss beiderseits vorgestellte, wirtschaftlich angemessene Verhältnis des Leistungsaustauschs. Die Geschäftsgrundlage liegt dem Schuldverhältnis *voraus*, wohingegen der Leistungszweck als Rechtsgrund der Leistungskondiktionen den Inhalt des Rechtsgeschäfts betrifft. Das gilt auch, wenn die Leistung wie im Fall des § 812 Abs. 1 S. 2 Alt. 2 auf die Begründung des Rechtsgeschäfts gerichtet ist. Die Grundsätze der Geschäftsgrundlage sind deshalb **vorrangig zum Bereicherungsausgleich** anzuwenden: **Vertragsanpassung**, also z.B. eine Nachzahlungspflicht (vgl. § 313 Abs. 1) oder **Rücktritt** (vgl. § 313 Abs. 2) **gehen der Kondiktion des bereits Geleisteten vor**.

4. Leistungsbegriff

629 Wenn nach hiesigem Verständnis die Leistungskondiktionen das Behaltendürfen einer Vermögensmehrung vom Eintritt eines Zuwendungszwecks abhängig machen, liegt es nahe, die entsprechende Zwecksetzung mit der Zuwendung an sich zu verbinden. **„Leistung"** i.S.d. §§ 812 ff. ist demnach (nur) **die bewusste und zweckgerichtete Mehrung fremden Vermögens** (sog. finaler Leistungsbegriff).

630 Damit ist die **Abgrenzung** zu den Fällen der **Nichtleistungskondiktionen** in doppelter Hinsicht möglich; zuerst von der Seite des Leistenden her, indem sowohl durch Naturereignisse vollzogene Güterverschiebungen ausgeschieden werden wie auch solche, die ohne das Bewusstsein einer Vermögensverschiebung erfolgen (z.B. Einsatz von Mitteln zu Gunsten eines anderen in der irrigen Meinung, es seien dessen eigene). Zum anderen ist die Abgrenzung aus Sicht des Bereicherten ermöglicht, dem aus einem **objektiv anzuerkennenden Anschein eines Zuwendungszwecks** hinsichtlich einer bei ihm eintretenden Vermögensmehrung der Rückschluss auf das Vorliegen einer Leistung zugegeben werden kann.

a) Leistungsverhältnis

631 Neben ihren Tatbeständen ist für die Leistungskondiktionen als Rückforderungsklagen auch die Bestimmung der Parteien wichtig, zwischen denen die Rückforderung zu erfolgen hat. Dies ist mit „Leistungsverhältnis" gemeint und § 812 Abs. 1 S. 1 bestimmt, dass *„wer durch die Leistungen eines Anderen (...), ihm zur Herausgabe verpflichtet (ist)"*. Stellt nach dem bisher Gesagten der Zuwendungszweck den Rechtsgrund für das Behaltendürfen dar und liegt nach dem finalen Leistungsbegriff eine Leistung nur vor, wenn sie eben diesen Zuwendungszweck setzt, so folgt daraus, dass die Parteien der Leistungskondiktionen durch eben den Zuwendungszweck bestimmt werden.

---

35 Der Ausschlusstatbestand des § 814 ist nicht auf die Kondiktion des § 817 S. 1 anwendbar, vielmehr greift diese Kondiktion gerade in Fällen, wenn § 814 die condictio indebiti ausschließt, Palandt/*Sprau,* § 814 Rn. 2.

Soweit Zuwendungszweck (wie zumeist) die Erfüllung einer Verbindlichkeit ist, **braucht der Gläubiger** (etwa als Zahlungsempfänger) **Leistungskondiktionen nur seitens seines Schuldners zu gewärtigen**, unabhängig davon, wer (vgl. etwa bei § 267 die Leistung auf fremde Schuld) die Zahlung ausgeführt hat.[36] Das ist für den Gläubiger wichtig, weil er bei der Rückforderung durch den Schuldner alle Rechte aus dem zugrundeliegenden Schuldverhältnis *entgegensetzen* kann (z.B. Einrede des Zurückbehaltungsrechts nach § 273: Erweist sich das Grundverhältnis als nichtig, hat möglicherweise der Leistungsgläubiger die Gegenleistung seinerseits bereits erbracht und kann sodann auch diese zurückfordern);[37] zum anderen wird der Gläubiger so *vor Einwendungen eines Dritten geschützt*, die den Grund für seine Zahlung auf eine fremde Schuld des eigentlich Verpflichteten betreffen (keine exceptio ex iure tertii).[38] **632**

b) Bereicherung

Jede Bereicherungsklage setzt schließlich im Tatbestand voraus, dass der Kondiktionsschuldner „**etwas erlangt**" hat, also bei ihm eine Vermögensmehrung eingetreten ist. Gegenstand der Bereicherung kann – **aktivisch** – der Zugang eines Vermögensrechts (Eigentum, Besitz, Forderungsrecht etc.)[39], – **passivisch** – die Minderung einer Verbindlichkeit sein (Befreiung eines Schuldners von seiner Verbindlichkeit durch deren Tilgung von dritter Seite), genauso aber *auch die Ersparnis anderenfalls getätigter Aufwendungen* (etwa weil die in Anspruch genommenen Dienste etc. am Markt nicht unentgeltlich verfügbar sind und er sie auf alle Fälle nachgefragt hätte). **633**

III. Mehrpersonenverhältnisse in der Leistungskondiktion

Aus dem soeben dargestellten Leistungsbegriff heraus muss sich eine Klärung der berechtigten Rückabwicklungsmöglichkeiten auch für die Fälle ergeben, in denen mehr als zwei Personen beteiligt sind. **634**

Beispiel: Es sind dies etwa Fälle der **Zahlung einer Schuld durch einen Dritten** (vgl. § 267); ebenfalls geht es um den **Einbau** (vgl. § 946) oder die **Verarbeitung** (vgl. § 950) **fremder Sachen** zu Gunsten eines Dritten:

Baut z.B. ein Bauhandwerker die durch ihn vom Baustofflieferanten bezogenen, ihm noch nicht übereigneten Fensterelemente im Neubau des Bauherrn ein, mit der Folge, dass diese wesentliche Bestandteile seines Grundstücks werden (vgl. § 94 Abs. 2); ebenso Fälle der Berichtigung einer Forderung durch den Schuldner nicht an seinen ursprünglichen Gläubiger, sondern an einen Neugläubiger nach Abtretung (§ 398) durch den Altgläubiger oder nach Pfändung und Überweisung der Forderung (§§ 829, 835 ZPO) beim Altgläubiger, wenn sich die Zession oder Pfändung als unwirksam oder die abgetretene und beglichene Forderung gegen den Schuldner als unerkannt nichtig erweisen.

---

36 Vgl. im Einzelnen zu den Mehrpersonenverhältnissen Rn. 634 ff.

37 Hieran schließen sich im Falle einseitiger Entreicherung Probleme aufgrund des ursprünglichen Synallagma an, die mit der sog. Saldotheorie erfasst werden; dazu Rn. 717.

38 Einzelheiten und Beispiele bei *Medicus/Petersen,* BR Rn. 666 f.

39 Nicht aber eine Sache; wie auch bilanziell im Vermögensvergleich nicht der Vermögensgegenstand oder das Wirtschaftsgut erfasst werden, sondern die Berechtigung daran, was sich z.B. in der Problematik des wirtschaftlichen Eigentums zeigt.

Kann in solchen Fällen derjenige, welcher die Vermögenseinbuße erlitten hat (vorwiegend also der Zahlende oder das Eigentum am verbauten Material verlierende Lieferant), *Bereicherungsausgleich von demjenigen fordern, bei dem die verschobenen Güter sich nun befinden?* – Das ist nach dem Leistungszweck fraglich, denn eben diese Beiden, Verlierender und Empfänger, sind *nicht* durch ein zugrundeliegendes Schuldverhältnis verbunden, sondern „Dritte". Wirtschaftliche Bedeutung hat die Frage nach dem Bereicherungsausgleich *in diesem „Dritt-Verhältnis"*, wenn die zugrundeliegende Schuld, auf welche im einen Fall von dritter Seite gezahlt worden war, gar nicht wirksam bestand, oder sie aber – wie vielleicht im Beispiel des Baustofflieferanten der Kaufpreisanspruch gegenüber dem Bauhandwerker – zumindest nicht realisierbar ist, weil der inzwischen insolvent ist. Im ersten Fall fragt sich dann, wem von Beiden die Summe zurückzuzahlen ist, ohne dass der andere sie nochmals erstattet verlangen könnte; im anderen, nicht weniger bedeutsam, ob überhaupt Geld für das verlorene Eigentum fließt.

635 In Mehrpersonenverhältnissen, in der einfachen Form als **Dreiecksverhältnis** vorstellbar, besteht die Schwierigkeit des Bereicherungsausgleichs darin, dass der Zahlende, Liefernde oder sonst seine Vermögenswerte Einsetzende dies – im Regelfall – nicht im Hinblick auf eine geschäftliche Verbindung mit dem Empfänger tut, sondern dazu durch ein bestehendes oder erwartetes Grundverhältnis mit einem anderen, einem Gläubiger nämlich motiviert wurde, dem er etwas schuldet (das sog. **Deckungsverhältnis**). Der Deckungsgläubiger veranlaßte ihn zu dieser Vermögensübertragung an den tatsächlichen Empfänger, weil er seinerseits diesem etwas schuldete (sog. Valutaverhältnis). So sollten im Ergebnis mit einer Geld- oder Sach-Bewegung z.B. gleich zwei Verbindlichkeiten auf einmal in diesem Dreieck getilgt werden.

636 **Nicht** hierher gehören **Fälle des Vertreterhandelns** (vgl. § 164) oder der Einschaltung von Besitzdienern (vgl. § 855), deren Handeln oder Empfangnahme dem damit eigentlich Gemeinten zugerechnet werden; nach der Wertung der §§ 177, 179 liegt das umgekehrte Risiko vollmachtlosen Vertreterhandelns allein beim Vertragspartner, der zu seiner eigenen Sicherheit sich durch Rückfrage bei dem angeblich Vertretenen informieren könnte.[40]

Wohl aber entstehen Dreiecksverhältnisse etwa bei der **abgekürzten Lieferung im Streckengeschäft**, wenn die Lieferung nicht an den eigenen Abnehmer als Wiederverkäufer, sondern direkt an dessen Kunden erfolgt (Übereignung durch sog. Geheißerwerb, vgl. auch §§ 930, 868 und Rn. 1120 ff.); ebenso bei **Zahlung an den Zessionar auf eine abgetretene Forderung**.

1. Grundsätzliche Erwägungen und Parallelität zur Geschäftsführung ohne Auftrag

637 Bereicherungsrechtlich interessant sind diese Konstellationen, wenn nun die vorgestellten Tilgungswirkungen dieser einen Vermögensverschiebung nicht erreicht werden, weil entweder das Deckungs- oder das Valutaverhältnis (oder beide) unwirksam sind.

Zutreffende und angemessene Lösungen zum Ausgleich derart fehlgeschlagener Vermögensverschiebungen in solchen Konstellationen lassen sich mit denselben Erwägungen finden, welche bereits die Finalität des Leistungsbegriffs begründet haben. Maßgeblich

40 Umstritten, vgl. BGHZ 36, 30 (Idealheimfall), der allein vom Empfängerhorizont des Empfängers der Lieferung her entscheidet, unabhängig davon, ob dieser eine vollmachtlose Bestellung für den Empfänger vorausging und der Empfänger ggf. noch gar nicht an den als falsus procurator auftretenden Bauhandwerker gezahlt hat.

ist, dass ein bestehender *Zuwendungszweck* Rechtsgrund für das *Behaltendürfen* einer erlangten Rechtsposition in demjenigen Zwei-Personen-Verhältnis darstellt, auf das er zielt. Wird hierbei erinnert, dass der Zuwendungszweck in der Erfüllung oder Begründung eines Schuldverhältnisses oder der Herbeiführung einer konkreten Handlung zu Gunsten einer Person liegt und hierauf und damit auf ein dementsprechendes Behaltendürfen *das Vertrauen des Empfängers gründet*, so muss gelten:

Der **objektive Empfängerhorizont** entscheidet über die Qualifizierung einer Vermögensmehrung als „Leistung" und damit über die Konstellation der Parteien dieses Leistungsverhältnisses. Kondiktionen anderer Beteiligter („Dritter") sind damit ausgeschlossen. Ein **Leistungserwerb** kann **nur durch Leistungskondiktion** und damit **nur vom Leistenden** kondiziert werden. (Nicht vergessen werden dürfen hierbei zwar die vorrangigen Tatbestände der Ausnahmevorschriften in den §§ 816 Abs. 1 S. 1 und 816 Abs. 2, die einen Bereicherungsausgleich eines Leistungserwerbs in Mehrpersonenverhältnissen außerhalb von Leistungsbeziehungen ermöglichen; aber dazu später unter Rn. 678 ff.).

Die Problemstellungen der verschiedenen Lebenstypen des Mehrpersonenverhältnisses **638** lassen sich parallel zur Geschäftsführung ohne Auftrag einteilen, die systematisch letztlich nichts anderes als ein Unterfall des Bereicherungsrechts ist, der bestimmte Geschäftsführer privilegiert. Geschäftsführungsgegenstand und Zuwendungszweck des bereicherungsrechtlichen Leistungsbegriffs decken sich in der Tilgung fremder Schuld: Die freiwillige Übernahme der Treuhandschaft (quasi der Geschäftsführung) setzt den Zuwendungszweck als Leistung. *Dieser Gesichtspunkt macht dann deutlich, dass im Dreiecksverhältnis durchaus möglich ist, den Leistungszweck gegenüber dem Einen zu setzen, gerade indem die Vermögensverschiebung an den anderen erfolgt.*

Dies soll nun an verschiedenen Fallkonstellationen verdeutlicht werden.

2. Ausgleich ohne eigenes Forderungsrecht des Empfängers gegen den Dritten

Erste Konstellation sind die sog. **Überweisungsfälle**, die **abgekürzte Lieferung im** **639** **Streckengeschäft** (Leistungskette) ebenso wie die Einbaufälle der §§ 946, 94 Abs. 2 oder der **unechte Vertrag zu Gunsten Dritter**.

Beispiele: Führt die Bank eine ihrem Girokunden zurechenbare **Überweisung** aus, erfüllt sie ausschließlich eine Verpflichtung aus ihrem Geschäftsbesorgungsvertrag mit diesem (vgl. §§ 675 Abs. 1, 665 bzw. § 675c ff. – sog. **Deckungsverhältnis**), dem wiederum die beim Empfänger vorzunehmende Gutschrift als Leistung allein im sog. **Valutaverhältnis** zwischen ihm (dem Auftraggeber der Überweisung) und dem Empfänger zuzurechnen ist (der Überweisung liegt im Valutaverhältnis z.B. eine Kaufpreiszahlung zugrunde).

Gleiches gilt für die einem Bauhandwerker etwa aufgrund seines Einkaufs (i.e. sein Deckungsverhältnis mit dem Baustofflieferanten) zurechenbare **Lieferung** von Baumaterial durch diesen Baustofflieferanten (als Dritten) unmittelbar auf die Baustelle beim Bauherrn; der Bauherr darf von einer Leistung seines Bauhandwerkers ausgehen, dem er nicht nur den Arbeitslohn, sondern auch die Materialkosten der Werkleistung schuldet (Valutaverhältnis).

In diesen Fällen bestehen **Leistungsverhältnisse** je parallel zu Valuta- und Deckungs- **640** verhältnis, also der unmittelbaren **schuldrechtlichen Beziehung** zwischen dem Empfänger der Zahlung, Lieferung etc. und seinem Schuldner einerseits (Valutaverhältnis); der zahlende, liefernde etc. Dritte andererseits hat nur im Deckungsverhältnis, also *gegenüber seinem Vertragspartner*, im Rechtssinne *geleistet*.

Bei **Nichtigkeitsgründen** im einen oder anderen oder in beiden Verhältnissen erfolgt eine Rückabwicklung also *jeweils nur in dem nichtigen Leistungsverhältnis* (unabhängig davon, dass der Gegenstand der Leistung faktisch bei einem anderen Empfänger gelandet ist). Die Direktkondiktion zwischen Bank bzw. Lieferant und tatsächlichem Empfänger ist im vorgenannten Beispiel damit ausgeschlossen (mit Ausnahme von § 822, wenn also im Valutaverhältnis eine unentgeltliche Zuwendung vorliegen sollte).

Diesen Überweisungs-/Liefer-Fällen ist gemeinsam, dass der Schuldner (durch einen Überweisungsauftrag an die Bank, seine Bestellung bei Lieferanten etc.) den Dritten erkennbar dazu veranlasst hat, an ihn zu leisten, und zwar indem an seiner Statt *(für ihn!)* an seinen Gläubiger (Empfänger) gezahlt bzw. geliefert werden sollte. Damit wurde der Zuwendungszweck je parallel zu den zu erfüllenden Schuldverhältnissen gesetzt. Dieser kann sich späterhin auch nicht mehr dadurch ändern, dass neue Umstände oder Erkenntnisse hinzutreten, wie etwa Widerruf oder Änderung des Überweisungsauftrags,[41] Anfechtung der Bestellung oder auch gar bloßer Forderungsausfall mit dem Kaufpreis oder Aufwendungsersatz im Deckungsverhältnis.[42]

Die Zahlung oder Lieferung eines Dritten *zur Tilgung fremder Verbindlichkeiten* ist ein fremdes Geschäft, das der Dritte insoweit „für einen Schuldner", also mit Fremdgeschäftsführungswillen ausgeführt hat, und zwar übernommen auf Basis eines Auftrags, einer Nebenabrede beim Kauf etc. Fällt solcher Auftrag etc. später weg, stehen Ausgleichsansprüche des Dritten nach § 683 – oder bei anfänglicher Verkennung etwa eines Widerrufs nach § 684 – neben solchen aus Leistungskondiktionen, aber je zwischen denselben Personen. Die Treuhandschaft ist und bleibt der Zuwendungszweck.

Ausnahmsweise anders sind diese Vorgänge zu beurteilen, wenn die Zwecksetzung des Schuldners in seinem *Valutaverhältnis* zu seinem Gläubiger *oder* die Veranlassung des Dritten zu dessen Zwecksetzung gegenüber dem Schuldner im *Deckungsverhältnis* nach dem objektiven Empfängerhorizont auf keiner billigenswerten Willensentschließung beruhen: **Minderjährigkeit** des Schuldners oder des Dritten, **Abhandenkommen** des Materials beim Lieferanten statt Lieferung durch ihn, Ausspähen von Bankdaten und Fälschung von Überweisungsaufträgen (Phishing) u.Ä. Es fehlt dann jedenfalls an einer Zwecksetzung jeweils in *diesem* Verhältnis.[43] Hier tritt keine Tilgungswirkung einer Fremdverbindlichkeit ein; der Minderjährige kann genausowenig eine Tilgung vornehmen wie erbitten; auch der Bauhandwerker könnte mit durch ihn gestohlenem Material (wegen § 935) nicht erfüllen; bei gefälschten Überweisungsaufträgen ist eine Tilgung schließlich mangels Verbindlichkeit nicht gewollt (es geht eher um „Diebstahl", korrekt: Betrug). Der Dritte kann dann direkt beim Empfänger kondizieren: Ohne hypothetische Tilgungswirkung für den Schuldner liegt kein Geschäft für ihn vor, also keine Leistung in *diesem* (Deckungs-) Verhältnis.[44] Damit kann aber auch der Leistungsempfänger nicht davon ausgehen, dass eben dieser, sein Schuldner durch den Dritten an ihn geleistet habe und er deshalb nur seine Leistungskondiktion befürchten müsste. Der Empfänger ist also in diesen Ausnahmefällen im Verhältnis zum Dritten nicht schutzwürdig.

3. Ausgleich bei vermeintlichem eigenem Forderungsrecht des Empfängers gegen den Dritten

641 Zweite Konstellation sind Fälle der Nichtigkeit eines **echten Vertrags zugunsten Dritter** (vgl. § 328), einer **Forderungszession** (vgl. § 398) oder **Forderungspfändung** (§§ 829, 835 ZPO) sowie einer angenommenen **echten Anweisung** (vgl. §§ 783 ff.). – In

41 Etwas anderes kann sich in diesem Zusammenhang durch die Vorschrift des § 675u ergeben, vgl. dazu *Medicus/Petersen,* BR Rn. 677a; *Emmerich,* Schuldrecht BT § 18 Rn. 11.
42 Vgl. *Medicus/Petersen,* BR Rn. 669–673, 675 f.
43 Vgl. *Medicus/Petersen,* BR Rn. 677.
44 Vgl. dazu bereits im Zusammenhang mit der GoA (Fuldaer Dombrand) unter Hinweis auf *Medicus/Petersen,* BR Rn. 415.

diesen Beispielen konnte der Empfänger den Gegenstand vom leistenden Dritten nämlich durchaus fordern (aus abgetretenem fremden oder zugewandtem Recht).

Ist der Zahlende, Leistende sowohl seinem Vertragspartner gegenüber (Versprechensempfänger oder Zedent, Schuldner des Valutaverhältnisses) als auch dem Empfänger (Zessionar bzw. Gläubiger) zur Leistung verpflichtet, so beim echten Vertrag zugunsten des Empfängers, kann nur der Grad der Schutzwürdigkeit, insb. des Empfängers, über das bereicherungsrechtlich *maßgebliche* Leistungsverhältnis entscheiden. Der Empfänger hat ein eigenes Forderungsrecht und tritt dem Verpflichteten auch mit eigenem Leistungsanspruch entgegen. Ganz deutlich erbringt der Leistende beim **echten Vertrag zugunsten Dritter** die bedungene Leistung *sowohl* gegenüber seinem Versprechensempfänger *als auch* gegenüber dem mit eigenem Forderungsrecht ausgestatteten Empfänger („Dritter" im Wortlaut des § 328). 642

Beim echten Vertrag zugunsten Dritter will der leistende Dritte allerdings wohl hauptsächlich wegen seines Schuldverhältnisses mit dem Versprechensempfänger die Schuld an den Begünstigten erbringen, zudem stellt § 334 den Empfänger (dort als „Dritter" bezeichnet) in der Schutzwürdigkeit zurück (quasi-akzessorische Berechtigung – jedoch dispositiv). Schließlich wird beim Vertrag zugunsten Dritter oftmals eine unentgeltliche Zuwendung im Valutaverhältnis vorliegen, so dass § 822 den Empfänger gleichfalls schutzlos stellt (ihm bleibt nur der Entreicherungseinwand, § 818 Abs. 3).[45]

Beispiel: Die mitreisende Ehefrau des im eigenen Namen eine Pauschalreise für zwei Personen Buchenden hat einen eigenen Anspruch auf die Reiseteilnahme und bestellt Inklusivleistungen im Restaurant, an der Bar etc. nicht „für meinen Mann, aber an mich", sondern für sich. Hätte nun der Ehemann durch Betrügereien die Reise hinter ihrem Rücken erschlichen und hätte der Veranstalter wirksam angefochten, hielte sie auch als juristischer Laie ihm bei Bekanntwerden ohne Weiteres vor, „dabei mit drinzuhängen" – und zwar auch noch, wenn der Schwindel erst nach Reiserückkehr aufflöge und das auch nicht aufgrund eines allgemeinen Bewusstseins zu § 822: Sie hat vielmehr selbst die Reiseleistung abgefordert und erhalten und ist damit Bereicherungsschuldnerin.[46]

Nach einer **Zession** oder Pfändung mit Überweisung von Forderungen zahlt der Drittschuldner nicht mehr an seinen ursprünglichen Gläubiger (Zedent im Falle der Abtretung), sondern an dessen Gläubiger aus dem Valutaverhältnis (Zessionar bzw. Pfändungsgläubiger), der sich die Forderung gegen den Drittschuldner von seinem Schuldner hat abtreten oder sie bei ihm pfänden lassen. Der Dritte als Zahlender erfüllt deshalb eine **eigene Verpflichtung gegen den Zessionar** aus dem Forderungsübergang, geht jedoch noch immer **(auch)** davon aus, dass es sich inhaltlich um die **Schuld aus seinem Verhältnis zum Zedenten (Deckungsverhältnis)** handele (die frühere h.M. ging in diesem Zusammenhang sogar vom Zwischenerwerb des vom Schuldner an den Zessionar Geleisteten durch den Zedenten aus). 643

Im Falle der **Forderungspfändung und -abtretung** wird man aus Gründen der Schutzwürdigkeit des Empfängers davon ausgehen müssen, dass alle *späterhin* (nach Leistungserbringung) auftretenden – auch solche mit Rückwirkung („ex tunc") wie die Anfechtung – Nichtigkeitsprobleme im Deckungsverhältnis den Zessionar (Empfänger) 644

45 Vgl. *Medicus/Petersen,* BR Rn. 681 ff., 685a ff.

46 Allerdings können hier Abgrenzungsprobleme entstehen, so, wenn sie die Reise aufgrund einer anderweitigen Meinungsverschiedenheit mit ihrem Ehemann bewusst verfallen lässt. „Zweckrichtung" der Leistung maßgeblich, vgl. *Medicus/Petersen,* BR Rn. 683.

„nichts angehen“ und deshalb allein zwischen Drittschuldner und Zedent, also im Deckungsverhältnis, zu regeln sein werden.[47]

War die **Abtretung** oder Pfändung dagegen schon **anfänglich unwirksam**, bestanden für den Drittschuldner (Zahlenden) weder ein Recht noch eine Pflicht gegenüber dem Empfänger (er war schlicht der „Falsche“), so dass schon deswegen keine Tilgung im Deckungsverhältnis eintreten konnte.[48] Daher wiederum: Ohne hypothetische Tilgungswirkung für den Zedenten liegt in der Zahlung durch den Drittschuldner kein Geschäft für ihn vor, also keine Leistung im (Deckungs-) Verhältnis. Ohne eine solche hat aber auch der Zedent nicht etwa durch den Dritten an den Zessionar geleistet. Also kann der Drittschuldner direkt beim Zedenten kondizieren. –

Allerdings geben ihm §§ 409 BGB bzw. 836 Abs. 2 ZPO hier ein Wahlrecht, sich dennoch auf eine Tilgungswirkung gegenüber dem Altgläubiger zu berufen (**Schuldnerschutz** mit Ausgleich dann nur im Valutaverhältnis: § 816 Abs. 2 BGB), er erscheint am schutzwürdigsten; nutzt er das Wahlrecht nicht, gilt für den Empfänger: „wie gewonnen, so zerronnen“.

Existierte nun bereits die abgetretene, gepfändete oder versprochene Leistung gar nicht, gehen auch in diesem Fall **Abtretung oder Pfändung der nicht existenten Forderung ins Leere**.[49] Ein Unterschied zur sonst unwirksamen Abtretung oder Pfändung besteht nicht; der Dritte leistete an den Scheinzessionar – und das Wahlrecht nach §§ 409 BGB, 836 Abs. 2 ZPO vermag hierbei nichts anderes, als das bereicherungsrechtliche Rückgewährverhältnis zu bestimmen.

Anders allerdings, wenn die abgetretene Forderung bloß *nicht valutiert*, aber immerhin ein Rahmenvertrag im Deckungsverhältnis besteht.

645 Für Zessionsfälle besteht danach der Grundsatz, wonach bei jedenfalls *auch* unwirksamer Zession im Valutaverhältnis, dieser Defekt maßgeblich bleibt und der Drittschuldner direkt beim Empfänger kondizieren kann, ganz gleich, ob auch das Deckungsverhältnis mangelhaft ist[50] (und ggf. die Unwirksamkeit der Zession sogar daraus resultiert, dass keine abzutretende Forderung existiert).

Vergleichbar lassen sich die sog. **Versicherungsfälle** lösen: Ist der Versicherungsvertrag (Deckungsverhältnis) von vornherein unwirksam, fehlt es *auch* im Valutaverhältnis (etwa zwi-

---

47 A.A. *Medicus/Petersen,* BR Rn. 685a (Direktkondiktion; entgegen BGH, der wie hier vertreten entscheidet).

48 H.M., vgl. dazu *Medicus/Petersen,* BR Rn. 685.

49 *Medicus/Petersen,* BR Rn. 685 bezeichnet „diesen Fall [sc. also von BGHZ 113, 62, 69 f] gleich mitentschieden“ und zwar zugunsten der Direktkondiktion (also wie hier vertreten); allerdings bestand in dem Beispiel a.a.O. die der Abtretung zugrundeliegende Forderung nach hiesiger Auffassung durchaus (nicht das Versicherungsverhältnis fehlte, sondern nur der Versicherungsfall war nicht eingetreten, was aber dennoch einen Anspruch des Versicherungsnehmers auf Prüfung der Eintrittspflicht bedeutet; nur *das* kann auch gemeint sein „mit der hier an sich wirksamen Zession nach § 398 S.2“, vgl. a.a.O. Rn. 685a, beide Fälle gleichen sich darin). Die Verschiedenheit der Fälle liegt auch nicht im Versicherungsrecht, als es vorliegend lediglich um einen Freistellungsanspruch im Deckungsverhältnis nach § 100 VVG und nicht etwa um eine Pflichtversicherung (dann §§ 115, 117 VVG mit Vergleichbarkeit zu den Fällen des § 328, bei denen anerkanntermaßen die Kondiktion direkt gegen den Dritten zulässig ist, an dessen Stelle dann hier der vierte Zessionar getreten wäre) geht. Ein Unterschied von BGHZ 113, 62, 69 f. zur hiesigen Auffassung existiert aber gar nicht im Ergebnis, vielmehr ist nur fraglich, ob der als bloßes obiter dictum herangezogene Fall wirklich vorgelegen hatte; dagegen spricht auch, dass der Widerspruch zu BGHZ 105, 365 (a.a.O. Rn. 685a) unerwähnt blieb.

50 Wie hier *Emmerich,* Schuldrecht BT § 18 Rn. 17; lediglich die **Fälle der echten (angenommenen) Anweisung**, vgl. § 783, sind anders zu behandeln, wenn man davon ausgeht, dass solche Anweisung **den Dritten** (dann auch bereicherungsrechtlich) **nur begünstigen** will. Vgl. so auch *Medicus/Petersen,* BR Rn. 679 m.w.N. Dann fehlt der maßgebliche Treuhandgedanke.

schen Schädiger und Geschädigtem) an einer wirksamen Überleitung des (nicht bestehenden) Anspruchs auf die Versicherungsleistung, gleich ob als Zession oder Direktanspruch ausgestaltet; der vom Versicherungsnehmer verschiedene Empfänger der irrig gezahlten Versicherungssumme (z.B. der Geschädigte bei der Haftpflichtversicherung, sonst die begünstigte Person der Lebensversicherung oder ein Zessionar) ist – mangels der Überleitung, Zession etc. – nicht schutzwürdig, er ist mit der Leistungskondiktion als Direktkondiktion des Versicherers belastet. Anders liegt es dagegen, wenn zwar Versicherungsschutz besteht, das schädigende Ereignis nur keinen Versicherungsfall ausgelöst hatte (z.B. der Versicherer bei Brandstiftung oder Suizid leistungsfrei bleibt), dann besteht zumindest ein Anspruch gerichtet auf Prüfung des Versicherungsfalles durch den Versicherer, der abgetreten werden konnte. Den Leistungszweck an den Empfänger hat also der Versicherungsnehmer gesetzt. Zahlt nun die Versicherung den Schaden aufgrund eigener und später revidierter Einschätzung zum Versicherungsfall (zuerst) dennoch und zwar an den vom Versicherungsnehmer personenverschiedenen Geschädigten aus, dann bleibt dieser Mangel im Zusammenhang mit dem Versicherungsverhältnis. Eine Direktkondiktion war und bleibt ausgeschlossen. So besagt § 117 VVG für Pflichtversicherungen ausdrücklich, dass der Anspruch des Versicherungsnehmers trotz Leistungsfreiheit des Versicherers gleichwohl zugunsten des Geschädigten („in Ansehung seiner Person") bestehenbleibt. Es handelt sich um eine technische Anerkennung der Zweckbindung der Leistung und in § 117 VVG zusätzlich um eine Schadloshaltung des Geschädigten (unbeschadet des inzwischen obsoleten § 158c Abs. 6 a.F.).

Damit ist auch eine Parallelität zur Leistungskette gegeben, wenn dort die Direktkondiktion ausgeschlossen ist wegen der Geheiß-Unterwerfung des Liefernden oder Zahlenden unter den Schuldner, dem deshalb die Güterbewegung an den Empfänger als Tilgungsleistung zugerechnet wird (der Handelnde ist sein Geschäftsführer); bei der Lieferkette oder bei Überweisungsfällen entscheidet also die Frage nach dem zurechenbaren Geheiß oder Überweisungsauftrag zwischen den Parteien des Deckungsverhältnisses. **646**

Bei Zession erfüllungshalber wird dieser Geschäftsführungsauftrag an den Dritten zwischen den Parteien des Valutaverhältnisses begründet, also entscheidet die im Valutaverhältnis wirksame Abtretung oder Überweisung der Forderung; vollstreckungsrechtliche Pfändung mit Überweisung zur Einziehung hat schließlich identische Wirkung wie die Zession und ist wie diese zu behandeln. – Fehlt die Überleitung der Einzugsberechtigung an den Empfänger von Anfang an, tritt keine Tilgungswirkung für den Schuldner ein; es wird nicht *sein* Geschäft geführt. Soll trotzdem der Empfänger Vorteile aus dem Empfang haben, wäre das nur durch Abtretung seiner Forderung gegen seinen Schuldner an dessen Schuldner, nämlich den tatsächlich zahlenden oder liefernden Dritten möglich, der sodann aufrechnen könnte und das daraus Erlangte demjenigen zuhalten müsste, der bereits tatsächlich Empfänger geworden ist. Damit wäre der Dritte aber Geschäftsführer nicht des „Schuldners" (seines Gläubigers im Deckungsverhältnis), sondern des Empfängers und diese Geschäftsführung wäre wieder die Zwecksetzung, der Leistungszweck – im direkten Verhältnis des Dritten zum Empfänger. Das gilt gleichermaßen in Überweisungsfällen und der Lieferkette, wenn dort jede Schuldner-Zurechnung der Weisung fehlt.[51]

Wird eine Zession oder Pfändung dagegen nachträglich aufgehoben oder ändern sich später die Werthöhen der verschiedenen Verbindlichkeiten, war – davon unberührt – bei tatsächlicher Übernahme der Geschäftsführung für den Schuldner die Tilgung dessen Geschäft, als ein dem Dritten fremdes; je danach, wie der Dritte das anschließend hinzutretende Problem hätte voraussehen

51 Genauso fehlte im Fall RGZ 60, 24 (Postanweisungsfall, vgl. *Medicus/Petersen,* BR Rn. 678) nicht die wirksame, zurechenbare Anweisung des untreuen Schalterbeamten, sondern lediglich die Valuta im Deckungsverhältnis.

müssen, kann er Ausgleich nach § 683 oder § 684 verlangen – vom Schuldner, seinem Geschäftsherrn, an den er geleistet hatte (das bestätigen § 409 BGB, § 836 Abs. 2 ZPO).

Vorrangig zu beachten sind selbstverständlich Ausgleichspflichten etwa aus § 426, die u.U. daraus folgen, dass zahlender Dritter und Schuldner des Empfängers Gesamtschuldner sind.

4. Zusammenfassung

647 Zu unterscheiden sind zuerst Zahlungen bzw. Lieferungen des Dritten ohne Veranlassung durch den Schuldner. Der Dritte hat hier bei objektiver Betrachtung nicht auf Geheiß seines Vertragspartners an den Empfänger gezahlt oder geliefert hat. Hierher rechnen Fälle des Fehlens jeder dem Schuldner zurechenbaren Anweisung oder Überweisung (etwa wegen Minderjährigkeit) ebenso wie die Einbaufälle hinsichtlich dem Dritten abhanden gekommenen Materials (das etwa der Bauhandwerker als Schuldner beim Lieferanten nicht bestellt sondern gestohlen hatte). Vergleichbar sind sodann auch Zessions- und Pfändungsfälle einer von Anfang an nicht existenten Forderung; auch bei diesen hat der Schuldner, etwa als Zedent, zwar einen Anlass für die Vermögensverschiebung gesetzt, der Dritte hat jedoch nicht deswegen, sondern aufgrund eigenen Irrtums über seine Zahlungspflicht überhaupt gezahlt (objektiv bestand keine Verpflichtung gegenüber dem Schuldner); dass das Leistungsverhältnis dadurch nicht zum (verhinderten) Zedenten entsteht, folgt daraus, dass seine Schuld beim „Zessionar" mangels wirksamer Zession nicht getilgt werden konnte.

648 Beispielhaft lässt sich das an der Zahlung auf fremde Schuld (§ 267) verdeutlichen. Erweist sich die nach § 267 zu tilgende Forderung aus dem Valutaverhältnis des Schuldners zum Empfänger als unwirksam, hat der Zahlende als Leistender die Leistungskondiktion als Direktkondiktion gegen den Empfänger.[52] Gleiches gilt etwa bei schlichter Personenverwechslung durch den Dritten bei seiner Zahlung an den vermeintlichen Gläubiger. Die Zahlung hat keine Tilgungswirkung für den (nur vermeintlichen) Schuldner und ist also nicht sein Geschäft. Zudem wird der Empfänger zumeist auch subjektiv erkennen können, dass die Zahlung wohl keine Leistung seines Schuldners ist, und ist in keiner Weise schutzwürdig. Im Grundfall gilt für den Empfänger: „Wie gewonnen, so zerronnen".

649 Anders verhält sich dies, soweit der zahlende Dritte durch die Tilgung der fremden Schuld zum Ausdruck gebracht hat, dem – vermeintlichen – Schuldner den Betrag auf jeden Fall schenken zu wollen. Hiermit vergleichbar ist die (ggf. irrige) Annahme des Bestehens eines Ablösungsrechts des Zahlenden, etwa §§ 268, 1142, 1150 etc. oder des Bestehens einer persönlichen Schuld des Dritten, wo nur dingliche Haftung vorliegt, wie beim schuldnerverschiedenen Eigentümer des mit einem Grundpfandrecht belasteten Grundstücks; jeweils sollte dem (vermeintlichen oder echten) Schuldner – erkennbar – etwas zugewandt werden, sei es nur ein Bereicherungsanspruch gegen den Empfänger.[53]

Darin sind diese Fälle irriger Annahme eines Ablöserechts zu denen anfänglich fehlender Zession oder Pfändung der Schuldnerforderung gegen den Dritten zugunsten des Empfängers verschieden. Zwar meint auch der Drittschuldner, seine Leistungspflicht im Deckungsverhältnis erfüllen zu wollen, aber das ist nicht der mit § 267 identische Ver-

---

52 BGHZ 113, 62, 69 f. und h.M.
53 Vgl. *Medicus/Petersen,* BR Rn. 684.

gleichsgegenstand. Die *von Anfang an fehlende* Zession an sich schafft bereits die zu § 267 vergleichbare Situation und führt zur Direktkondiktion als Leistungskondiktion; in solchen Fällen der Lieferkette oder solchen Zessionsfällen etc. will der zahlende Dritte dem Schuldner nicht auf alle Fälle etwas zuwenden, sondern muss exakt erfüllen und zwar nicht ggf. mit einem erfüllungshalber geschaffenen Bereicherungsanspruch gegen den (falschen) Empfänger. In der Terminologie der GoA gesprochen läge ein objektiv-neutrales Geschäft vor, wobei der Fremdgeschäftsführungswillen, nämlich gerade die Zuwendungsabsicht fehlte. Diese Zuwendungsabsicht oder die Ablöserechte sind dagegen schwerwiegende Ausnahmefälle und machen das neutrale zum subjektiv-fremden Geschäft und damit zur Leistungszuwendung.

5. Verfügung eines Nichtberechtigten

Eine Ausnahme vom Grundsatz, dass Geleistetes nur im Leistungsverhältnis und nur mit den Leistungskondiktionen herausverlangt werden kann, enthalten §§ 816 Abs. 1 S. 1 und 816 Abs. 2 (vgl. dazu Rn. 691 ff.). 650

Im Unterschied zu den bisherigen Fallgruppen handelt es sich um eine Eingriffskondiktion, weshalb ihre Darstellung im dortigen Zusammenhang erfolgt; dazu gehören dann die sog. Einbaufälle, welche ganz parallel zu behandeln sind, allerdings die ggf. zugestandene Direktkondiktion (z.B. bei abhanden gekommenem Material) zumeist und aufgrund des gesetzlichen statt rechtsgeschäftlichen Eigentumsübergangs als Eingriffskondiktion greift (a.A. auch als Leistungskondiktion).

Während auch der Ausgleich nach §§ 816 Abs. 1 S. 1 und 816 Abs. 2 noch im Deckungsverhältnis erfolgt, gewähren darüber hinaus die §§ 816 Abs. 1 S. 2 und 822 die Direktkondiktion als Durchgriff gegen den Letztempfänger, allerdings nur unter der Voraussetzung, dass dieser nach dem Valutaverhältnis eine unentgeltliche Zuwendung erhielt.

IV. Erscheinungsformen der Leistungskondiktionen

Die Hauptfälle der Leistungskondiktionen regelt das BGB in § 812 Abs. 1 S. 1 Alt. 1 (condictio indebiti) und § 812 Abs. 1 S. 2 Alt. 1 (condictio ob causam finitam). Die condictio indebiti erfährt in § 813 Abs. 1 S. 1 sodann noch eine Erweiterung ihres Anwendungsbereichs. 651

Weitere Bereicherungsklagen, bei denen jedoch im Unterschied zu den vorgenannten nicht die Nichtschuld, sondern der Nichteintritt bzw. der Sittenverstoß des Leistungszwecks maßgeblich sind, enthalten § 812 Abs. 1 S. 2 Alt. 2 (condictio ob rem) und § 817 S. 1 (condictio ob turpem vel iniustam causam).

1. Condictio indebiti

Anwendungsfall ist die **Leistung zur Erfüllung einer nicht bestehenden Verbindlichkeit**. Der Bereicherungsanspruch ist nach **§ 812 Abs. 1 S. 1 Alt. 1** gegeben, wenn jemand *„durch die Leistung eines anderen etwas ohne rechtlichen Grund erlangt“*. Jener ist sodann (nur!) diesem zur Herausgabe verpflichtet. 652

a) Fehlender Rechtsgrund

653 Die Nichtschuld kann auf einem **nicht wirksam begründeten Rechtsverhältnis** beruhen (etwa wegen §§ 138, 134 oder 154) oder auf rückwirkender **Anfechtung** des Rechtsgeschäfts (vgl. § 142 Abs. 1) aufgrund eines Anfechtungsgrundes (vgl. §§ 119, 123, 120). Hierher gehören auch Auszahlungen aus dem Stammkapital, § 30 GmbHG (vgl. Rn. 1775).

Eine **Überschneidung zum Gewährleistungsrecht** im Kauf- oder Werkverhältnis gibt es nur im Grenzbereich, nämlich der Zuviellieferung und der Lieferung einer anderen als der geschuldeten Sache (vgl. § 434 Abs. 3, was deshalb an sich nur nach den §§ 437 f. zu korrigieren wäre), sofern die tatsächliche Lieferung *wertvoller* ist als die geschuldete (und der Empfänger deshalb wirtschaftlich keinen Grund zu einem entsprechenden Vorgehen hat; die Bereicherungsklage hilft hier dem Verkäufer); Gleiches gilt für § 633 Abs. 2 und 3.[54]

Klarstellend ist darauf hinzuweisen, dass die **Rückgewähr** wechselseitig empfangener Leistungen **nach** Ausübung eines (gesetzlichen oder vertraglichen) **Rücktrittsrechts ausschließlich nach §§ 346 ff.** erfolgt. Der Rücktritt (vgl. §§ 323 ff., 437 Nr. 2, 634 Nr. 3 etc.) lässt das ursprüngliche Schuldverhältnis als Rückabwicklungsverhältnis fortbestehen. Die ausgetauschten Leistungen sind und waren deshalb mit Rechtsgrund erfolgt.

Gleiches gilt im Falle der **Ausübung eines Widerrufsrechts** im Rahmen von Verbraucherverträgen (vgl. §§ 355, 356, 357 Abs. 1 S. 1, 312g Abs. 1, 312b bei Haustürgeschäften; §§ 355, 506 Abs. 1, 495 Abs. 1 bei Teilzahlungsgeschäften; § 485 mit §§ 356a, 357b, 360 Abs. 1 S. 3 bei Teilzeit-Wohnrechteverträgen; §§ 355, 356b, 495 bei Verbraucherdarlehen), wofür ebenfalls ein Rückabwicklungsschuldverhältnis (§§ 355 ff.) und nicht Nichtigkeit angeordnet ist.

b) Erweiterung durch § 813

654 § 813 regelt einen Sonderfall der Kondiktion wegen Nichtschuld. Hiernach kann das zum Zweck der Erfüllung einer Verbindlichkeit Geleistete auch dann kondiziert werden, wenn die Schuld durch eine dauernde (peremptorische) Einrede für den Gläubiger **nicht durchsetzbar** war.

Beispiele: Anwendungsfälle sind die Einrede aus § 821, aus unerlaubter Handlung (vgl. § 853), erbrechtliche Einreden (etwa §§ 2083, 2345 oder 1166) sowie allgemein die Arglisteinrede und die Einrede treuwidrigen Verhaltens (vgl. § 242). Bei Leistung auf eine verjährte Forderung ist dagegen kein bereicherungsrechtlicher Rückgewähranspruch eröffnet (vgl. § 813 Abs. 1 S. 2 i.V.m. § 214 Abs. 2).

655 Keine Kondiktion geben lediglich vorübergehende (dilatorische) Einreden (etwa aus §§ 320, 273, die Stundungseinrede oder diejenige des § 770); sie begründen also keinen Rückforderungsanspruch. Gleiches gilt bei vorzeitiger Erfüllung einer betagten Verbindlichkeit (§ 813 Abs. 2).

---

54 *Emmerich,* Schuldrecht BT § 4 Rn. 32; hierher gehören auch die versehentliche Zuvielzahlung (soweit nicht z.B. §§ 441 Abs. 4, 638 Abs. 4 im Zusammenhang mit der Minderung auf § 346 Abs. 1 verweisen), vgl. a.a.O. § 16 Rn. 22, die versehentliche Lieferung eines anderen als des geschuldeten Gegenstands (vgl. §§ 434 Abs. 3, 633 Abs. 2 S. 3) und Lieferungen an eine falsche Person (vgl. § 241a Abs. 2).

Leistung in Verkennung einer Anfechtungs- oder Aufrechnungslage geben ebenfalls keinen Rückforderungsanspruch nach § 813, weil die Schuld in diesen Fällen durchaus bestanden hatte und erst durch Anfechtung oder Aufrechnung erloschen wäre bzw. im Falle der Anfechtung ggf. auch noch innerhalb offener Anfechtungsfrist erlöschen könnte. 656

c) Ausschlusstatbestand nach § 814

In zwei Fällen ist der Leistende nicht schutzwürdig, weshalb § 814 die condictio indebiti ausschließt. Es ist dies die Kondiktionssperre in Folge positiver Kenntnis des Leistenden vom Fehlen des Rechtsgrundes (oder auch der die Durchsetzung der Schuld dauernd hindernden Einrede i.S.d. § 813). 657

Im Falle des Vertreterhandelns ist auf die Kenntnis des Vertreters abzustellen (vgl. § 166 Abs. 1 analog).

Ebenfalls keine Rückforderung ist möglich bei Leistungen aufgrund sittlicher Pflicht oder einer auf den Anstand zu nehmenden Rücksicht. Der Schuldner, der sich lediglich unsicher ist, hat keine positive Kenntnis. Leistet der Schuldner trotz besserer Kenntnis unter dem Druck drohender Zwangsvollstreckung, soll die Rückforderung ebenfalls nicht ausgeschlossen sein. In Zweifelsfällen ist es für den Schuldner jedenfalls zweckmäßig, einen „Vorbehalt“ in Form auflösender Bedingung bei seiner Zahlung zu erklären. Durch ausdrücklichen Vorbehalt wird die Kondiktionssperre des § 814 ausgeschlossen. 658

2. Prüfungsschema zur Leistungskondiktion, § 812 Abs. 1 S. 1 Alt. 1

659

I. Voraussetzungen
1. (Kondiktionsschuldner hat) Etwas erlangt
2. Durch Leistung (des Kondiktionsgläubigers)
3. Ohne rechtlichen Grund

II. Kein Ausschluss
1. § 814
2. § 817 S. 2

III. Rechtsfolgen, §§ 818 ff.

3. Condictio ob causam finitam

Eine Unterart der condictio indebiti ist die condictio ob causam finitam des § 812 Abs. 1 S. 2 Alt. 1. Sie stellt das Fehlen eines Rechtsgrundes bei der Leistung seinem **nachträglichen Wegfall** gleich. 660

Beispiel: Die Herausgabepflicht besteht danach etwa beim Eintritt einer auflösenden Bedingung (vgl. § 158 Abs. 2) oder bei einverständlicher Vertragsaufhebung (i.e. Änderungsvertrag nach § 311 Abs. 1) und zwar hinsichtlich der bereits erbrachten Vorleistungen für Zeiträume nach dem dadurch bestimmten Beendigungstermin des Rechtsgeschäfts (regelmäßig Beendigung ex nunc). Ob auch der Fall der (rückwirkenden) Anfechtung (vgl. § 142 Abs. 1) nach der condictio ob causam finitam (also als nachträglicher Wegfall des Rechtsgrundes) oder nach der condictio indebiti (wegen der Wirkung ex tunc) behandelt wird, kann dahinstehen.

Zu beachten sind **vorrangige Sonderregelungen** etwa für die Herausgabepflicht des Beschenkten nach Widerruf der Schenkung wegen groben Undanks (§§ 530, 531 Abs. 2). Ebenso die wenig relevanten Fälle der §§ 337 Abs. 2, 371 und parallel 1144.

4. Condictio ob rem

661 Es handelt sich um eine Leistungskondiktion wegen *Zweckverfehlung*, die nach § 812 Abs. 1 S. 2 Alt. 2 gegeben ist, wenn *„der mit einer Leistung nach dem Inhalt des Rechtsgeschäfts bezweckte Erfolg nicht eintritt"*. Dieser „Erfolg" ist nicht etwa die verfehlte Erfüllungswirkung einer Leistung an sich, weil für diesen Fall bereits der Rechtsgrund der Leistung fehlte und die **condictio indebiti** gegeben wäre. Auch kann kein irgendwie gearteter, über den Anspruch auf die Gegenleistung hinausgehender Erfolg Vertragsinhalt sein, bei dem die Leistung zwar dem Rechtsgrund entsprechen würde, aber dennoch zurückgefordert werden könnte; entsprechende Vorstellungen müssten, um justitiabel zu sein, als Bedingung formuliert oder zumindest interpretiert werden können (dann aber vielmehr die **Condictio ob causam finitam**). Im Übrigen ist die Tauglichkeit einer Leistung eine Frage der Leistungsbeschreibung und damit des **Gewährleistungsrechts**. Soweit dem Geschäftsinhalt vorausliegende Vorstellungen über Wertverhältnisse von Leistung und Gegenleistung sich durch nachfolgende Umstände nicht mehr aufrechterhalten lassen, greift im Übrigen die Lehre von der **Geschäftsgrundlage** (vgl. § 313 Abs. 1, 2).

662 Die *Zweckverfehlungskondiktion* hat damit nur zum Gegenstand, dass eine Leistung einverständlich zum Zweck der Herbeiführung eines bestimmten in einem Verhalten des Empfängers liegenden Erfolgs bewirkt wird, dieses Verhalten dann aber ausbleibt. Aber auch insoweit ist für die Anwendbarkeit der condictio ob rem entscheidend, dass der Leistende trotz einvernehmlicher Annahme seiner Leistung keinen Anspruch auf das erwartete Verhalten erworben hätte, den er anderenfalls durchsetzen müsste und seine Leistung jedenfalls nicht nach Bereicherungsrecht zurückverlangen könnte.

Beispiele: Anwendungsfälle der condictio ob rem[55] sind etwa die absichtsvolle Leistung eines anderen als des geschuldeten Gegenstands in der Erwartung ihrer Annahme erfüllungshalber oder an Erfüllungs statt (vgl. §§ 363 ff.). Ebenso Vorleistungen auf einen noch nicht geschlossenen Vertrag in der Erwartung, dadurch den Vertragsabschluss selbst befördern zu können. Schließlich sollen auch sog. Zweckschenkungen hierunter fallen.

663 Parallel zum **Ausschluss** der condictio indebiti durch § 814 schließt § 815 die condictio ob rem ebenfalls unter dem Blickwinkel der Schutzunwürdigkeit des Leistenden aus, wenn dieser bei seiner Leistung positiv gewusst hatte, dass der spezielle Zuwendungszweck objektiv nicht erreichbar war oder, wenn er die Zweckerreichung später selbst treuwidrig verhindert.

5. Condictio ob turpem vel iniustam causam

664 Diese **Sonderform einer Leistungskondiktion** greift nach § 817 S. 1, wenn der Zweck einer Leistung so bestimmt war, dass **(nur) der Empfänger** durch die Annahme der Leistung **gegen ein gesetzliches Verbot** oder gegen die guten Sitten **verstoßen** hat. Ihr Anwendungsbereich ist gering, weil in solchen Fällen **zumeist auch Nichtigkeit des Grundgeschäfts** nach §§ 134 oder 138 eingetreten ist und daher bereits die **condictio indebiti greift**. § 817 S. 1 ergänzt insoweit die condictio indebiti, als im Einzelfall ein Verstoß gegen ein gesetzliches Verbot oder die guten Sitten nicht zur Nichtigkeit des Grundgeschäfts führen, und ergänzt insofern die condictio ob rem, als einer entsprechenden Zweckerreichung die rechtfertigende Bedeutung für das Behaltendürfen der Leistung genommen wird.

---

55 Vgl. Darstellung von Beispielen bei *Emmerich,* Schuldrecht BT § 16 Rn. 29 ff.

Beispiele: Diese Auffangwirkung kommt insb. dort zum Tragen, wo die Rückforderung nach der condictio indebiti wegen positiver Kenntnis der Nichtschuld (vgl. § 814) ausgeschlossen ist, also etwa hinsichtlich von mittels Erpressung o.Ä. erreichten Leistungen (als solche erkannte, aber dennoch bezahlte Wucherzinsen für in einer Notlage benötigte Darlehen). Genannt wird verschiedentlich auch die Zahlung von Lehrgeld entgegen § 12 Abs. 2 BBiG oder die Zahlung von Erpressungsgeldern zur Abwendung anderenfalls angedrohter Strafanzeigen.

a) Ausschlusstatbestand des § 817 S. 2

Nach § 817 S. 2 ist die Rückforderung **ausgeschlossen**, wenn (neben dem Empfänger) dem **Leistenden „gleichfalls"** ein **Gesetzes- oder Sittenverstoß** zur Last fällt. Stellen sich *beide* Parteien derart außerhalb des Gesetzes, soll ihnen jedenfalls der Rechtschutz insoweit verweigert werden. 665

Beispiele für § 817 S. 2 sind etwa verbotene Schmiergeldzahlungen, **Ämterkauf oder Darlehen für verbotene Glückspiele.**[56] Bei solchen oder etwa wucherischen Darlehen soll allerdings die **Darlehensvaluta** selbst dennoch **nicht** beim Empfänger verbleiben,[57] was angesichts des beiderseitigen Sittenverstoßes eine einseitige Übervorteilung bedeutete, sondern **nur die vorzeitige Rückforderung soll ausgeschlossen werden** (da selbstverständlich auch die Vereinbarung der Laufzeit eines sittenwidrigen Darlehens unwirksam ist, handelt es sich um einen zugrunde gelegten unverbindlichen Fälligkeitstermin). Überdies soll das Darlehen nach der Rechtsprechung bis zu diesem unverbindlichen Fälligkeitstermin *zinslos* sein (umstritten), so dass ein zuerst *überhöhter Zins in sein Gegenteil umschlägt.*[58] Für dennoch gezahlte Zinsen gilt dann die condictio indebiti, ggf. mit dem Ausschlussgrund des § 814, oder wiederum § 817 S. 1 für die Rückforderungsklage.

b) Weitergehender Anwendungsbereich des § 817 S. 2

Nach seinem Wortlaut bezieht sich § 817 S. 2 lediglich auf die Kondiktion nach S. 1.[59] Darüber hinaus soll der Ausschlussgrund auch auf die condictio ob rem (Zweckverfehlungskondiktion) anzuwenden sein, wenn also das erstrebte Verhalten ein sittenwidriges sein würde. Dabei genügt es, dass allein dem Leistenden der Sittenverstoß zur Last fällt. Der Sittenverstoß allein durch den Leistenden genügt im Übrigen stets zur Anwendung von § 817 S. 2 (so fällt bei Bewucherung oder Monopolmissbrauch der Sittenverstoß zumeist nur dem Leistenden zur Last). 666

§ 817 S. 2 enthält zudem die Einschränkung, *„dass die Leistung in der Eingehung einer Verbindlichkeit bestand"*. Dadurch bleibt die Leistungskondiktion also unberührt, wenn der sittenwidrig Leistende noch gar keine Güter zuwendet, sondern eine solche Zuwendung (als Vorstufe) lediglich verspricht (vgl. § 780). Im Ergebnis verbleiben also sittenwidrig zugewendete Güter beim ebenfalls kriminellen Empfänger (Kondiktionsausschluss), ein ihm gegebenes sittenwidriges Versprechen kann aber kondiziert werden. Hier soll der Sittenverstoß nicht mit Hilfe des Bereicherungsrechts vertieft werden, in dem dieses Leistungsversprechen dann durchsetzbar wäre.

---

56 Ausführliche Darstellung bei *Grunewald,* BR § 29 Rn. 9.

57 Anders bei den Glückspieldarlehen, soweit der Darlehensnehmer den Betrag verspielt hat.

58 Allerdings nicht in allen Fällen, vgl. Beispiel bei *Medicus/Petersen,* BR Rn. 698: Ein sittenwidrig gepachtetes Bordell soll nicht wegen § 817 S. 2 mit noch größerem Gewinn betrieben werden können.

59 Außerdem ist § 817 S. 2 auf parallele Ausgleichsansprüche der GoA und des Deliktsrechts, insbes. § 826 anwendbar (h.M.), nicht jedoch auf solche nach §§ 985 ff., vgl. dazu näher *Emmerich,* Schuldrecht BT § 16 Rn. 37 ff.; *Medicus/Petersen,* BR Rn. 697.

6. Bereicherungseinrede

667 Die Bereicherungsklagen wegen Nichtschuld der Leistung sind in erster Linie als Leistungsansprüche auf Herausgabe des Erlangten in Höhe der noch vorhandenen Bereicherung (vgl. §§ 818 Abs. 3 und 4, 819) gerichtet. Das Risiko inzwischen eintretender Entreicherung des Herausgabeschuldners trägt damit der Gläubiger. Soweit Leistungen noch nicht erbracht worden sind, braucht der (ehemals) Verpflichtete in Folge des Wegfalls des Rechtsgrundes seinerseits keine Leistungsklage zu befürchten.

Anders nur, wenn das unwirksam gewordene Schuldverhältnis zuvor durch eine **abstrakte Verpflichtungserklärung** *bestätigt* worden war, also insb. ein abstraktes Schuldanerkenntnis (§ 781) oder eine Stipulation (§ 780) erteilt worden war, könnte der Gläubiger trotz Nichtigkeit des Schuldverhältnisses aus diesem (hiervon „abstrakten") Schuldgrund dennoch die Leistung fordern, welche er allerdings sodann in Folge umgekehrter Bereicherungsklage zurückgeben müsste. Dadurch würde dem Kondiktionsgläubiger aufgrund nur formaler Leistungspflicht ohne Not das Entreicherungs- wie das Insolvenzrisiko aufgebürdet. Dies zu vermeiden ist er berechtigt, die **Kondiktionsklage bereits zur Verteidigung** gegen das Leistungsverlangen, nämlich **als Einrede**, zu erheben (vgl. § 821).

Beispiel solcher abstrakten Verpflichtung ist die **Gutschrift** eines Zahlungseingangs auf dem Tagesauszug eines Bankkontos; diese hat zwar nach der Kontokorrentabrede keine Novationswirkung, gestattet aber dem Kunden die Verfügung über die Valuta. Handelt es sich nun um eine Fehlbuchung, darf die Bank zwar eine Korrekturbuchung vornehmen, welcher der Kunde aber u.U. widersprechen kann (vgl. dazu Nr. 8.1 AGB Banken), so dass die Bank die Bereicherungsklage erheben muss.

Durch § 821 wird nun vermieden, dass der Kunde solche Verzögerung nutzen könnte, um mit der ihm nicht zustehenden Valuta „zu verschwinden". In der Praxis schreiben Banken typischerweise unsichere Zahlungseingänge aber von vornherein nur „**Eingang vorbehalten**" (E.v.), also unter auflösender Bedingung gut. Sie greifen damit zeitlich dem § 821 nochmals vor.

668 Die Bereicherungseinrede kann aus diesem Rechtsgedanken in allen Fällen erhoben werden, in denen das zu Leistende umgehend zurückgefordert werden könnte (Grundsatz des dolo agit, qui petit, quod restituere oportet eundem) und hindert dann die Durchsetzbarkeit des Leistungsanspruchs.

V. Nichtleistungskondiktionen, allgemeine Eingriffskondiktion

669 Vermögensmehrungen können außer auf Leistungen auch *„in sonstiger Weise"* entstehen, z.B. als Folge normalen Wirtschaftens, durch allgemeine wirtschaftliche, politische etc. Umstände, durch Naturereignisse etc. Solche Bereicherungen können in der Schaffung neuer Güter liegen oder ebenso in einer Umverteilung *(„auf Kosten"* eines Anderen), ohne dass diese Unterscheidung notwendigerweise etwas über die Rechtfertigung der Bereicherung aussagte (etwa Vorteile aufgrund besonderen Verhandlungsgeschicks). Erst wenn Vorteile unbefugt erlangt werden, soll der dadurch Benachteiligte Ausgleichsansprüche erhalten.

„Auf Kosten" eines anderen ist danach nur erlangt, was **dessen absolut geschützte Rechtssphäre** beeinträchtigt. Maßgeblich ist nicht die tatsächliche Vermögensminderung, sondern das Betroffensein eines zu definierenden Schutzbereichs.

Rechtsgrundlosigkeit meint sodann die *Verletzung dieses spezifischen Schutzbereichs* und wird zumeist definiert als **Widerspruch zum Zuweisungsgehalt** eines Rechts. Damit ist klargestellt, dass die verletzte Rechtsposition gerade vor *solchen* Eingriffen muss schützen wollen.

Keinen Zuweisungsgehalt hat etwa ein Rechtsreflex; solche Schutznormen mögen dem allgemeinen Interesse dienen (Verschwiegenheitspflichten von Ärzten, Rechtsanwälten etc., auch Verkehrssicherungspflichten), wovon der Einzelne durchaus profitieren soll (was sich in einer deliktischen Haftung für Verstöße auswirkt), nicht jedoch schützen diese Pflichten ein besonders anerkanntes Interesse des Verletzten, der etwa dann den Erlös oder Gewinn aus der Rechtsverletzung vom Täter heraus verlangen könnte. Auch sog. **absolute Rechte** enthalten nicht stets einen umfassenden Zuweisungsgehalt, sondern nur, wo sie **hinreichend konkret** sind (z.B. das *Recht am eigenen Bild* als konkrete Ausformung des *allgemeinen Persönlichkeitsrechts*); nur in Fällen der Verletzung konkreter Schutzbereiche gibt die Eingriffskondiktion die Möglichkeit zur Gewinnabschöpfung im Falle unbefugter Nutzung. 670

Beispiele: Konkret genug sind auch **Immaterialgüterrechte**, **nicht** aber das **Recht am „eingerichteten und ausgeübten Gewerbebetrieb"** und auch nicht schlichte Wettbewerbsverstöße nach UWG.

Die Verletzung eines **Alleinvertriebsrechts** führt ebenfalls **nicht** zu Kondiktionsansprüchen des Vertrieblers (Handelsvertreter oder Franchisenehmer), weil es *kein absolutes Recht* ist, sondern ein *schuldrechtliches* aus dem Lizenzvertrag (Rechtspacht), es muss daher über den Lizenzgeber ausgeglichen werden, dessen Stammrecht zumeist die Eingriffskondiktion gegen Eingriffe eröffnet.

Eine Haftung aus § 812 Abs. 1 S. 1 Alt. 2 für Eigentumsverletzungen greift etwa bei der gegenüber Gesetz oder Vereinbarung höheren als erlaubten **Benutzung fremder Grundstücke**, z.B. dem unberechtigten Parken oder dem über die vereinbarten Maße hinausgehenden Abbau von Bodenschätzen (z.B. Auskiesung) oder dem Abgraben von Grundwasser. Auch wer es duldet, dass seine Gäste oder Bauhandwerker ein Nachbargrundstück mitbenutzen oder beschädigen, haftet auf die Herausgabe des unmittelbar daraus gezogenen Vorteils bzw. dadurch anderweitig ersparter Mehraufwendungen (etwa weil hohe Kosten für einen Schwerlastkran erspart werden, indem Maschinen über das Nachbargrundstück bewegt werden).

Eine **parallele Deliktshaftung** auf Ersatz des angerichteten Schadens (vgl. §§ 823 ff.) ist hiervon unberührt, als der gezogene Vorteil über den angerichteten Schaden hinausgehen kann.

Schuldrechtliche Forderungen sind relative Rechte *ohne* Zuweisungsgehalt, für die allenfalls die Bereicherungshaftung aus § 816 Abs. 2 (unberechtigter Forderungseinzug durch Dritten) maßgebend ist.

1. Rechtsgrundlosigkeit

Während das Tatbestandsmerkmal „auf Kosten" auf die *Notwendigkeit* des Bestehens eines *individualisierten Schutzbereichs* hinweist, meint „ohne Rechtsgrund" im Zusammenhang der Nichtleistungskondiktionen *dessen Verletzung*, also den Widerspruch zum Zuweisungsgehalt des Rechts. Die Verletzung des Rechts als Merkmal der Rechtsgrundlosigkeit also bestimmt damit die **Parteien des Eingriffsverhältnisses**, zwischen denen der Bereicherungsausgleich (nur) erfolgen kann. 671

Das Bereicherungsrecht gleicht Vermögensverschiebungen aus, soweit **das Behalten der Vermögensmehrung beim Empfänger unrechtmäßig und deshalb nicht gerechtfertigt** wäre. Rechtlicher Grund für das Behaltendürfen von etwas Erlangtem meint deshalb nicht die Art des Erwerbs an sich (Rechtsgüterschutz vor Verlust oder Diebstahl ist Aufgabe des Deliktsrechts der §§ 823 ff.). Der **Rechtsgrund fehlt nur**, wenn die Verletzung des Rechts gerade darin besteht, dass dieser **konkrete Vermögensvorteil nicht diesem Empfänger**, der ihn nun innehat, **gebührt**, sondern dem Entreicherten.

Beispiele: Die Verletzung des Rechts am eigenen Bild für Zwecke einer Produktreklame ermöglicht dem Verletzten daher **keine Gewinnabschöpfung** eines noch so nachgewiesenen Werbeerfolgs, sondern nur einen Ausgleich im Umfang des üblicherweise aufzuwendenden **Entgelts für eine vergleichbare Nutzungslizenz**.

2. Prüfungsschema zur allgemeinen Eingriffskondiktion, § 812 Abs. 1 S. 1 Alt. 2

672 **I. Etwas erlangt (Kondiktionsschuldner)**

II. In sonstiger Weise ohne rechtlichen Grund

1. Nicht durch irgendjemandes Leistung (Vorrang der Leistungskondiktion); und
2. Fallgruppen der Nichtleistungskondiktionen
   a) *Eingriffskondiktion.* Eingriff in den Zuweisungsgehalt eines fremden Rechts oder einer fremden Rechtsposition
   b) *Verwendungskondiktion.* Verwendungen auf fremde Sachen (soweit nicht Vorrang der §§ 994 ff.)
   c) *Rückgriffskondiktion.* Tilgung fremder Schulden, § 267

III. Auf dessen Kosten (Kondiktionsgläubiger)

3. Mehrpersonenverhältnisse in den Nichtleistungskondiktionen

673 Gelegentlich treten Fallgestaltungen auf, in denen der Bereicherte den Vermögensvorteil durch Leistung seines Vertragspartners erlangt hat, *zugleich* aber (nämlich aufgrund des Fehlverhaltens dieses Vertragspartners) dieser Erwerb in den *Zuweisungsgehalt des Rechts eines Dritten eingreift*.

a) Bereicherungsrechtliche Behandlung

674 Beispiele sind sog. **Einbaufälle**, in welchen der Bauherr hinsichtlich des Baumaterials von einer Leistung seines Vertragspartners, des Bauhandwerkers, ausgehen darf, tatsächlich jedoch sich der Eigentumsübergang nach §§ 946, 94 Abs. 2 durch Verbindung mit dem Grundstück vollzieht. Meist geht nämlich keine Übereignung nach §§ 929 ff. voraus, vielmehr lässt der Bauhandwerker anliefern (oder liefert auch selbst an) und verbaut das Material, welches ggf. noch im Eigentum des Baustoffhändlers steht (Eigentumsvorbehalt). Der Erwerb solcher *wesentlichen Bestandteile* (vgl. § 94 Abs. 2; z.B. Bodenfließen) geschieht jedenfalls im Verhältnis zum Baustofflieferanten **rechtsgrundlos**, wenn die Materialien ihm vom Bauhandwerker gestohlen worden waren oder dieser sich jedenfalls über die Voraussetzungen seiner Weiterveräußerungsbefugnis aufgrund eines verlängerten Eigentumsvorbehalts hinweggesetzt hatte. Dann gebührt dem Bauherrn der Vorteil aus dem Eigentumserwerb auch nicht aus abgeleitetem Recht seines Vertragspartners.[60]

---

60 Vgl. *Medicus/Petersen,* BR Rn. 728 f.

675 Es könnte sich nach den Darstellungen oben nur bei **Abhandenkommen** (vgl. § 935) und dann mangels dem Bauhandwerker zurechenbarer Veranlassung der Lieferung des Baustofflieferanten objektiv betrachtet um eine direkte Leistung des Lieferanten an den Letztempfänger handeln. Soweit der Rechtsübergang mit der Lieferung rechtsgeschäftlich vollzogen wäre, hätte der Lieferant also die Direktkondiktion als condictio indebiti gegen den Bauherrn und ein Konkurrenzverhältnis zwischen Leistungs- und Nichtleistungskondiktionen existierte nicht.

Dieses Ergebnis lässt sich auch sachenrechtlich begründen, denn der Handwerker wäre wegen § 935 nicht in der Lage, dem Bauherrn das Eigentum am Material durch rechtsgeschäftliche Verfügung zu verschaffen (also zu leisten); gutgläubiger Erwerb abhandengekommener Sachen ist nicht möglich).

Erfolgt der Eigentumswechsel (wie wohl zumeist in den Einbaufällen) dagegen durch **Verbindung mit dem Grundstück** nach den §§ 946 ff., also durch tatsächliches Handeln (Einbau) und damit *ohne jede Zwecksetzung* (deshalb ganz *ohne Leistung*), sieht sich der Bauherr der Eingriffskondiktion des Lieferanten ausgesetzt (§§ 951 Abs. 1, 812 Abs. 1 S. 1 Alt. 2). Ihm kann er dann den an den Bauhandwerker gezahlten Materialwert als Teil des Werklohns nicht entgegensetzen.

Zwar muss er keine konkurrierenden Herausgabeansprüche fürchten, der Bauhandwerker hat ja keine Kondiktion gegen den Bauherrn (der Werkvertrag ist Rechtsgrund in diesem Verhältnis). Aber der Bauherr zahlt ggf. doppelt: Vom Handwerker wird er nichts zurückbekommen und der Lieferant kann den Materialwert kondizieren.

676 Betrachten wir nun die Einbau- oder Verarbeitungsfälle, in denen das Vormaterial dem früheren Eigentümer **nicht abhandengekommen** ist. Hätte hier der Bauherr das Eigentum (gutgläubig) durch Verfügung des Bauhandwerkers erworben (also durch dessen *Leistung*), müsste er vor Ansprüchen des früheren Eigentümers im Hinblick auf den gezahlten Kaufpreis geschützt werden. Dies wäre er aufgrund des Vorrangs der Leistungs- vor der Eingriffskondiktion (so BGH; vgl. dazu auch Rn. 632, 637), aber auch, weil das „in Verkehr bringen“ durch Verausfolgung an den Verarbeiter (Bauhandwerker etc.) eine Leistung an diesen darstellte und dadurch der *Zuweisungsgehalt* des früheren Eigentumsrechts *insoweit gar nicht mehr verletzt werden konnte.*[61] Es läge vielmehr eine Lieferkette und in Folge eine bereicherungsrechtliche Abwicklung nur innerhalb von Valuta- und Deckungsverhältnissen vor.

Nicht anders ist dies **ohne vorherige rechtsgeschäftliche Übereignung** durch den Verarbeitenden (Bauhandwerker etc.) an den Letztempfänger (Bauherrn). Zwar fehlt es dann bei diesem am *Leistungserwerb* (vielmehr gesetzlicher Eigentumserwerb), er hätte aber dennoch keine Ansprüche des früheren Eigentümers (Baustofflieferanten) zu befürchten, weil **im Deckungsverhältnis** (von Lieferant zu Bauhandwerker) nach wie vor eine Leistung durch in Verkehr bringen liegt (selbst wenn die Anlieferung direkt an die Baustelle folgte, so doch für und an den Bauhandwerker), *wodurch der Zuweisungsgehalt des Eigentums nicht mehr verletzt werden konnte*; eine Eingriffskondiktion

61 Das gilt auch bei Überschreiten der Weiterveräußerungsbefugnis, bei Unterschlagung durch einen Besitzmittler etc., Täuschung oder Drohung. Lediglich vis absoluta führt zu § 935, vgl. Palandt/*Bassenge,* § 935 Rn. 5, 7 ff.

des früheren Eigentümers wäre ausgeschlossen.[62] Ihm stehen nur Ansprüche gegen verarbeitenden Bauhandwerker zu (ggf. aus Vertrag, aus unerlaubter Handlung und aus § 816 Abs. 1 S. 1 analog).

b) Anspruchskonkurrenzen zu §§ 987 ff.

677 Ist der Kondiktionsschuldner durch die Leistung einer Sache an ihn oder den Eingriff in fremden Zuweisungsgehalt nicht Eigentümer geworden, dann besteht außerdem die Vindikationslage der §§ 985, 986. Diese *schützt* den redlichen Besitzer durch § 993 Abs. 1 HS. 2 vor **Nutzungs- und Schadensersatz,** *schneidet* ihm *umgekehrt* aber auch die **Erstattung von Aufwendungen** auf die Sache durch § 997 Abs. 2 a.E. weitgehend ab.

Wie bei der Leistungskondiktion ist auch hinsichtlich der Eingriffskondiktion umstritten, ob sie dennoch parallel zu den §§ 987 ff. anwendbar sein soll: Aufwendungen des (unrechtmäßigen) Besitzers auf die fremde Sache (z.B. Errichtung eines Gebäudes auf fremdem Grund) sind regelmäßig Gegenstand der Leistungskondiktionen. Aber der Zuwendungszweck an den Eigentümer kann auch fehlen (z.B. Neulackierung eines gestohlenen Pkw durch den Dieb), weshalb dann die Nichtleistungskondiktionen greifen. deren. In die umgekehrte Richtung geht es andererseits um die Abgeltung von gezogenen Nutzungen, aber auch einen Sachverbrauch.

Im Ergebnis wird eine Eingriffskondiktion jedenfalls zur Erstattung von Sachverarbeitungen (über § 951 Abs. 1) und zur Abgeltung eines Sachverbrauchs durch den Besitzer überwiegend und mit unterschiedlicher Begründung bejaht; Einzelheiten werden im Zusammenhang mit dem Eigentümer-Besitzer-Verhältnis dargestellt (Rn. 1100, 1218 ff.).[63]

4. Eingriffskondiktion in Folge der Verfügung eines Nichtberechtigten

678 Nach § 816 Abs. 1 S. 1 ist ein Nichtberechtigter, der **wirksam** (*gegenüber einem Dritten*) über einen fremden Gegenstand verfügt hat (**dingliche Verfügung**, die z.B. dem Dritten den *gutgläubigen Erwerb des Eigentums ermöglicht* hat), dem Berechtigten zur Herausgabe des Erlangten verpflichtet. Bei unentgeltlicher Verfügung trifft die Herausgabepflicht stattdessen den Dritten (§ 816 Abs. 1 S. 2; für andere Bereicherungsvorgänge als durch sachenrechtliche Verfügung enthält § 822 eine vergleichbare Regelung).

Besteht die Verfügung im **wirksamen Forderungseinzug** als Scheingläubiger (*von einem Dritten*, der also an „den Falschen" zahlt, was nur tilgungswirksam aufgrund von Schuldnerschutzvorschriften sein kann), besteht seine Herausgabepflicht nach § 816 Abs. 2. §§ 816 Abs. 1 S. 1 und 816 Abs. 2 begründen eine Ausnahme zur gesetzlichen Ablehnung einer *allgemeinen Versionsklage gegen einen jedweden Begünstigten* (actio de in rem verso). Durch das Fehlen einer solchen Versionsklage wird grundsätzlich der Leistungsempfänger vor Einwendungen Dritter (exceptiones ex iure tertii) geschützt. Er muss hinsichtlich eines Leistungsempfanges nur die Leistungskondiktion seines Leistenden befürchten, demgegenüber er eine eventuell erbrachte Gegenleistung aufrechnen

---

62 Vgl. *Medicus/Petersen,* BR Rn. 729.

63 Übersicht bei *Medicus/Petersen,* BR Rn. 597 ff.; nach Rn. 715 ff. soll im Übrigen ein Vorrang der §§ 987 ff. hinsichtlich von Nutzungsersatz vor Eingriffskondiktionen (so auch h.M.), nicht aber gegenüber Leistungskondiktionen hinsichtlich Nutzungsersatz (Rn. 600) und generell nicht im umgekehrten Verhältnis, also die §§ 994 ff. betreffend Verwendungen gelten, vgl. a.a.O. Rn. 894 (für Leistungskondiktionen) und Rn. 896–898 (für Eingriffskondiktionen) – unter Hinweis auf abweichende h.M.

kann. Im Fall der §§ 816 Abs. 1 S. 1 und 816 Abs. 2 geht nun als Ausnahme dazu die besondere Schutzwürdigkeit des ursprünglich Berechtigten vor. Er, der den Rechtsverlust Erleidende, soll nicht allein auf (schuldrechtlichen oder deliktischen) Regress gegen den verfügenden Nichtberechtigten verwiesen sein, sondern von ihm das (durch Leistung! des Verfügungsgegners) erlangte Surrogat herausverlangen können. Sein Leistungserwerb bedarf keines Schutzes. Er ist daher Einwendungen sowohl seines Verfügungsgegners („Dritten") als auch des den Rechtsverlust Erleidenden ausgesetzt.

Nur § 816 Abs. 1 S. 2 setzt auch den Dritten aufgrund verminderter Schutzwürdigkeit als Beschenkter dem Risiko von Einwendungen mehrerer Personen aus, nämlich eben des ursprünglich dinglich Berechtigten.

a) Entgeltliche Verfügungen nach § 816 Abs. 1 S. 1

Wer über einen Gegenstand als (dinglich) Nichtberechtigter wirksam und entgeltlich **679** verfügt, schuldet dem Berechtigten die Herausgabe des daraus Erlangten (§ 816 Abs. 1 S. 1). Damit wird ein Interessenausgleich geschaffen zwischen dem Schutz des gutgläubigen Erwerbs einerseits und den Interessen des Berechtigten, der sein Recht verliert, andererseits. § 816 Abs. 1 S. 1 knüpft also an **Fälle** an, in denen ein Dritter im Vertrauen auf den Rechtsschein gegen Entgelt ein Recht von einem Nichtberechtigten wirksam gutgläubig erworben hat, etwa (für Fahrnis) nach §§ 932 ff., 1032, 1207 f. BGB oder des erweiterten Schutzes **des gutgläubigen Erwerbs** nach § 366 HGB; (für Liegenschaften) nach §§ 892, 1138, 1155 oder 1192; (hinsichtlich Nachlassgegenständen allgemein) nach §§ 2366, 2368 Abs. 3, 2370.

Der hiernach dinglich Verfügende hat das Erlangte herauszugeben, gleich ob er redlich **680** oder unredlich war bei der Verfügung. Soweit er schuldhaft handelte, besteht gegen ihn möglicherweise parallel auch ein Schadensersatzanspruch aus § 823 (evtl. sogar § 826), wahlweise auch aus §§ 687 Abs. 2, 678 bzw. ein Herausgabeanspruch aus § 687 Abs. 2 i.V.m. §§ 681 S. 2, 667.

Berechtigter und damit Gläubiger des Herausgabeanspruchs nach § 816 Abs. 1 S. 1 ist **681** derjenige, der zur Verfügung (dinglich) befugt gewesen wäre und nach den Vorschriften zum Schutz gutgläubigen Erwerbs durch die Verfügung in seinen Rechten beeinträchtigt wird.

b) Erlangtes

Herauszugeben ist der erzielte Preis. Ist dieser niedriger als der eigentliche Sachwert, so **682** kann der Berechtigte die Differenz nur nach Deliktsrecht (für Schadensersatz vgl. auch die §§ 818 Abs. 4, 819 Abs. 1, die über § 292 Abs. 1 auf die §§ 989, 990 verweisen) oder ggf. über § 687 Abs. 2 ersetzt verlangen.

Umstritten ist hingegen, ob ein gegenüber dem Sachwert erzielter höherer Preis auch hinsichtlich des Gewinnanteils herauszugeben ist, der letztlich auf dem Verhandlungsgeschick des Nichtberechtigten beruht. Die weitaus h.M. bejaht dies aufgrund des eindeutigen Wortlauts in § 816 Abs. 1 S. 1 (**„das Erlangte"**, also alles).[64] Nach Sinn und Zweck der Vorschrift ist dies nicht zwingend, weil es sich tatbestandlich nicht um treuhänderische Geschäftsführung auf Rechnung des Berechtigten handelt und der Umfang der

64 *Medicus/Petersen,* BR Rn. 721.

Herausgabepflicht bei den Leistungskondiktionen und der allgemeinen Eingriffskondiktion durch die Vorschrift des § 818 Abs. 1 stets eine **Gewinnhaftung** ausschließen, jedenfalls soweit der Gewinn nicht auf gezogenen Nutzungen beruht.[65]

Einen möglicherweise zuvor an einen Dritten gezahlten Kaufpreis darf der verfügende Nichtberechtigte von seiner Herausgabepflicht nicht in Abzug bringen (er ist eben mehrfachen Einwendungen ausgesetzt). Insoweit muss er sich ggf. mit seinem Verkäufer nach den Vorschriften der Rechtsmängelhaftung beim Kauf (vgl. §§ 433, 435, 437) auseinandersetzen.[66]

683 Bei Verfügungen durch einen Kommissionär als Nichtberechtigtem ist konsequent zu beachten, dass er allenfalls den Provisionsanteil aus seiner Verfügung *selbst* erlangt, der Rest ist Treuhandvermögen des Kommittenten, das er nach Abführung an diesen nicht (nochmals) dem früheren Eigentümer über § 816 Abs. 1 S. 1 herauszugeben braucht.

Beispiel:[67] Veräußert ein Kommissionär eine (wie stets) fremde bewegliche Sache, die ihm jedoch seinerseits von einem Nichtberechtigten eingeliefert worden war, erlangt ein gutgläubiger Erwerber (vgl. §§ 929 S. 1, 932 BGB, § 366 HGB) Eigentum, sofern die Sache nicht abhanden gekommen war (vgl. § 935). Verfügender ist hier der Kommissionär (arg. e. § 392 Abs. 1 HGB, so dass der sein Eigentum am Kommissionsgut verlierende Berechtigte Herausgabe des Kaufpreisanteils (unter Abzug der Provision) aus § 816 Abs. 1 S. 1 verlangen kann (soweit nicht diese bereits an den Kommittenten abgeführt worden war, vgl. § 818 Abs. 3). Dieser Erlös ist Treuhandvermögen im Rahmen der Kommission. Der Provisionsanteil ist davon nicht umfasst, sondern steht dem Kommissionär als dinglicher gesicherter Anspruch zu (vgl. §§ 397, 366 Abs. 3 HGB) und hätte vor Durchführung des Kommissionsverkaufs auch dem Berechtigten entgegengehalten werden können (vgl. § 986 BGB).

Der (dinglich nicht berechtigte) Kommittent hat einen an ihn ausgekehrten Erlös nach § 822 an den Berechtigten herauszugeben. Der Anspruch ist nicht zugleich aus § 816 Abs. 2 begründet, weil die Erlösforderung nach § 364 Abs. 2 HGB durchaus dem Kommittenten als Vertragspartner zusteht (wenngleich der Kommissionär sie nicht erfüllen dürfte, wenn ihm die wahren Eigentumsverhältnisse zur Kenntnis gelangten). Der Kommittent haftet auch nicht nach § 816 Abs. 1 S. 1, weil er selbst keine dingliche Verfügung getroffen hatte, sondern der Kommissionär (a.A. vertretbar aufgrund „wirtschaftlicher" Betrachtungsweise, arg. e. § 392 Abs. 2 HGB).

c) Anwendungsbereich

684 § 816 Abs. 1 S. 1 setzt eine **wirksame** (und **entgeltliche**) **Verfügung eines Nichtberechtigten** voraus. Die Wirksamkeit folgt stets nur aus den bereits genannten **Gutglaubensvorschriften**, insb. §§ 932 ff. BGB, § 366 HGB (bei Fahrnis); §§ 892, 1138, 1192 BGB (bei Liegenschaften).

685 Umstritten ist die Anwendung der Kondiktion auf Fälle des Rechtsverlustes kraft Gesetzes, also durch **Verbindung, Vermischung oder Verarbeitung** (vgl. §§ 946 ff.). Dabei liegt dem gesetzlichen Rechtserwerb im Regelfall keine rechtsgeschäftliche Verfügung voraus, die Interessenlage der Beteiligten ist dennoch vergleichbar.

65 Vgl. *Medicus/Petersen,* BR Rn. 722 f, mit der Begründung, dass das Erlangte strenggenommen gar nicht der Erlös sei, sondern die Befreiung von der Verbindlichkeit aus dem zugrundeliegenden Schuldverhältnis, also meist dem Verkauf; mangels dessen Ersatzfähigkeit sei nach § 818 Abs. 2 Wertersatz zu leisten.

66 Vgl. *Medicus/Petersen,* BR Rn. 725.

67 Beispiel nach *K. Schmidt,* Handelsrecht Rn. 106–115.

Wurde der ursprüngliche Eigentümer bestohlen (Anwendungsbereich von § 935 Abs. 1), würde der rechtsgeschäftliche Erwerb scheitern, der gesetzliche nach §§ 946 ff. ist jedoch wirksam. Der Rechtserwerber („Dritte") ist nicht schutzwürdiger als im Falle der (unwirksamen) Verfügung, so dass gegen ihn die allgemeine Eingriffskondiktion aus § 812 Abs. 1 S. 1 Alt. 2 als Direktkondiktion greift; Gleiches muss gelten, wenn zwar kein Abhandenkommen beim ursprünglichen Eigentümer vorliegt, der nach §§ 946 ff. Erwerbende jedoch bösgläubig war; auch insoweit scheiterte der fiktive rechtsgeschäftliche Gutglaubenserwerb. Für diese Fälle stellt sich die Frage nach § 816 Abs. 1 S. 1 noch nicht.

Wäre jedoch eine den Tatbeständen der §§ 946 ff. vorausgehende (fiktive) rechtsgeschäftliche Verfügung wirksam (handelt es sich also um **keine abhanden gekommene Sache**), so ist der Erwerber gleichermaßen schutzwürdig, ob eine solche vorausliegt oder nicht. Deshalb muss die Eingriffskondiktion als Direktkondiktion gegen ihn ausgeschlossen sein (wegen in Verkehr Bringens durch den früheren Eigentümer ist der Zuweisungsgehalt seines Rechts nicht mehr verletzbar; alternativ: Vorrang der „fiktiven" Leistungs- vor der Eingriffskondiktion). Stattdessen muss hier der ursprüngliche Eigentümer gegen den zwar nicht Verfügenden, aber durch Verbindung, Vermischung oder Verarbeitung den Rechtsübergang Bewirkenden (z.B. Bauhandwerker) analog § 816 Abs. 1 S. 1 das hierfür erzielte Entgelt herausverlangen können. **686**

Ebenfalls umstritten ist eine Analogie zu § 816 Abs. 1 S. 1 im Fall unberechtigter Vermietung oder Verpachtung fremder Sachen. Die Rechtsprechung lehnt solches mangels einer dinglichen Verfügung in dem reinen Schuldgeschäft ab. Soweit hier der Mieter als Leistungsempfänger schutzwürdig ist, stellt sich die Interessenlage hinsichtlich des Gebrauchswerts der Mietsache durchaus zu derjenigen des § 816 Abs. 1 S. 1 vergleichbar dar. Danach könnte der Eigentümer vom unbefugten Vermieter den erzielten Mietzins heraus verlangen; anders muss dies allerdings sein, wenn es sich lediglich um unbefugte Untervermietung handelt; bei dieser wäre der Gebrauchswert dem Hauptmieter überlassen, der ggf. zwar sein Mietrecht überschreitet, was dann aber sachnäher zu einer mietrechtlichen statt bereicherungsrechtlichen Haftung führen müsste. Soweit der Eigentümer keinerlei Veranlassung zu der unberechtigten Vermietung gegeben hat (insb. also nicht nur unberechtigte Untervermietung vorliegt), ist vielmehr zu erwägen, dass der Mieter keineswegs auf eine Leistung seines (unberechtigten) Vermieters vertrauen könne und deshalb er in solchen Fällen der allgemeinen Eingriffskondiktion ausgesetzt ist (vergleichbar den Überweisungsfällen ohne jeden zurechenbaren Überweisungsauftrag; allerdings wird es an jeder Handlung des Eigentümers fehlen, weshalb seine Direktkondiktion keine Leistungskondiktion wäre).[68] **687**

Die **Verfügung eines Nichtberechtigten** über ein dingliches Recht kann ganz ausnahmsweise auch in der Übertragung einer fremden Forderung liegen; so bei der hypothekarisch gesicherten Forderung, welche nach Tilgung zur Eigentümerhypothek (§ 1163 Abs. 1) wird. Soweit es sich um eine Buchhypothek (vgl. § 1116 Abs. 2) handelt und eine Umschreibung auf den Eigentümer nach Tilgung unterbleibt, kann der ehemals und **688**

68 Dagegen *Medicus/Petersen,* BR Rn. 715 ff. wegen des Vorrangs der §§ 987 ff. hinsichtlich von Nutzungsersatz vor Eingriffskondiktionen (so auch h.M.), wobei solcher Vorrang nicht gegenüber Leistungskondiktionen auf Nutzungsersatz (Rn. 600) und generell nicht im umgekehrten Verhältnis, also betreffend Verwendungen gelten soll, vgl. a.a.O. Rn. 894 (für Leistungskondiktionen) und Rn. 896–898 (für Eingriffskondiktionen).

nach Tilgung nicht mehr berechtigte Hypothekengläubiger nach §§ 1138, 892 durch Verfügung über seine getilgte und mithin nicht mehr bestehende Forderung dennoch bewirken, dass ein gutgläubiger Dritter Forderung und Hypothek erwirbt; ansonsten ist der **gutgläubige Erwerb von Forderungen** jedoch **ausgeschlossen**, weil es an vergleichbaren Vorschriften ähnlich §§ 932 ff. BGB, § 366 HGB für die Abtretung nach § 398 fehlt.

689 Ist die Verfügung des Nichtberechtigten nicht bereits **durch Gutglaubensvorschriften wirksam**, kann der (noch immer) Berechtigte ihr **durch nachträgliche Genehmigung zur Wirksamkeit** verhelfen (vgl. § 185 Abs. 2 HS. 1).

Durch solche Genehmigung begibt sich der Berechtigte zwar der Möglichkeit, den Gegenstand der Verfügung von demjenigen zu vindizieren, bei dem er sich befindet (Rechtsverlust ist mangels wirksamer Verfügung ja noch nicht eingetreten). Durch gezielte Genehmigung einer einzelnen Verfügung hat der Berechtigte v.a. **bei Veräußerungsketten** jedoch die Möglichkeit, auf denjenigen von mehreren hintereinander verfügenden Nichtberechtigten mit der höchsten Bonität oder (v.a. wenn der Gegenstand mehrere Wirtschaftsstufen durchlaufen hat) mit der höchsten Kaufpreisforderung etc. zuzugreifen, also den höchstmöglichen Herausgabeanspruch zu wählen.

Solcher Mehrerlös kommt nicht nur durch größeres Verhandlungsgeschick, sondern ggf. auch durch inzwischen getätigte Verwendungen (Sachverarbeitung) durch einen der Zwischenbesitzer zustande. Soweit von ihm dann Herausgabe der Gegenleistungsforderung aus der Weiterveräußerung aufgrund nachträglicher Genehmigung nach § 816 Abs. 1 S. 1 verlangt werden kann, wird er um den Wert dieser Verwendungen gebracht, die dem Berechtigten andererseits unverdient zufallen. Die Rechtsprechung akzeptiert dieses Zufallsergebnis bis zu den Grenzen grober Unbilligkeit (vgl. § 242).

Hiergegen wird seitens der Literatur dem zur Erlösherausgabe verpflichteten Verwender ein Gegenanspruch zugestanden; dieser wird zumeist auf eine sog. Verwendungskondiktion gestützt (Darstellung erfolgt im Zusammenhang mit dem Eigentümer-Besitzer-Verhältnis, vgl. Rn. 1072).

d) Anspruchskonkurrenz zu §§ 987 ff.

690 § 993 Abs. 1 a.E. schützt zwar den nichtberechtigten aber redlichen Besitzer fremder Fahrnis, dies jedoch nur vor dem Anspruch auf Ersatz von Nutzungen und Schäden. Die Veräußerung der fremden Sache ist qualitativ etwas anderes als ihre Nutzung, weshalb § 816 Abs. 1 S. 1 ohne Weiteres neben dem Eigentümer-Besitzer-Verhältnis insoweit anwendbar ist.

e) Unentgeltliche Verfügung eines Nichtberechtigten, § 816 Abs. 1 S. 2

691 Ist die Verfügung eines Nichtberechtigten wirksam und zudem unentgeltlich erfolgt, so ist der Rechtserwerber dem Berechtigten zur Herausgabe des Erlangten aus § 816 Abs. 1 S. 2 verpflichtet. Der Erwerber erlangt durch gutgläubigen Erwerb stets eine gesicherte Rechtsposition; aufgrund der Unentgeltlichkeit ist er gegenüber dem früheren Eigentümer jedoch schutzlos gestellt. In Fällen der Unentgeltlichkeit hätte der Herausgabeanspruch gegen den Verfügenden auch keinen Sinn. Unentgeltlichkeit bedeutet hier dasselbe wie bei der Schenkung. Maßgebend ist der Rechtsbegriff, so dass freiwillige Zusatzleistungen zu einer vereinbarten Gegenleistung keine unentgeltliche Verfügung über diese Gegenstände darstellen.

§ 816 Abs. 1 S. 2 betrifft nur unentgeltliche Verfügungen. Diesen stehen rechtsgrundlose Verfügungen *nicht* gleich. 692

Solche Erwägungen werden einerseits durch eine vermeintliche Präjudizierung aufgrund der von der Rechtsprechung in § 988 angenommenen Gleichstellung von Unentgeltlichkeit und Rechtsgrundlosigkeit befördert, welche dort einen notwendigen Ausgleich zur grundsätzlichen Ablehnung der parallelen Anwendung des Bereicherungsrechts im Eigentümer-Besitzer-Verhältnis durch die Rechtsprechung darstellt (was anderenfalls zu dem sinnlosen Ergebnis führte, dass ein entgeltlich aber rechtsgrundlos besitzender Eigentümer nach §§ 812 Abs. 1 S. 1 Alt. 1, 818 Abs. 1 alle Nutzungen herausgeben müsste – hier fehlte jede Vindikationslage –, nicht so jedoch ein (lediglich) Besitzender, der wegen Nichtigkeit der dinglichen Rechtsübertragung nicht Eigentümer geworden ist, vgl. § 993 Abs. 1 HS. 2). Zum anderen würde die Gleichsetzung von unentgeltlicher Verfügung mit rechtsgrundloser in § 816 Abs. 1 S. 2 eine Art „Umweg" ersparen, als der ursprüngliche Eigentümer sein Eigentum direkt beim Letztempfänger kondizieren könnte, statt anderenfalls über § 816 Abs. 1 vom Nichtberechtigten Herausgabe des Erlangten, nämlich dessen Kondiktionsanspruch gegen den Empfänger aus seiner rechtsgrundlosen Leistung (§ 812 Abs. 1 S. 1 Alt. 1) verlangen zu müssen (sog. „Einheitskondiktion" statt der „Doppelkondiktion"). Jedoch würden gerade dadurch unzulässigerweise Einwendungen des Erwerbers gegen seinen Veräußerer, etwa hinsichtlich der Gegenleistung, abgeschnitten.

f) Leistung an einen Nichtberechtigten, § 816 Abs. 2

Ebenfalls ein Sonderfall der Eingriffskondiktion ist der, dass ein **Schuldner ausnahmsweise mit befreiender Wirkung an einen (nichtberechtigten) Dritten leistet.** Der wahre Gläubiger verliert ggf. durch gesetzliche Schuldnerschutzbestimmungen seine Forderung und kann stattdessen aus § 816 Abs. 2 die Leistung vom Nichtberechtigten kondizieren, der sie rechtsgrundlos beim Schuldner eingezogen hat. 693

Leistet der Schuldner hingegen an einen *Dritten als Zahlstelle seines Gläubigers* (etwa die kontoführende Bank) ist dies kein Fall des § 816 Abs. 2, sondern eine Leistung unmittelbar an den (richtigen) Gläubiger. Schreibt die Bank den Zahlungseingang einem debitorischen Konto ihres Kunden gut, kann – etwa im Falle dessen späterer Insolvenz – von der Bank jedenfalls nach Bereicherungsrecht nicht Herausgabe des Erlangten verlangt werden. 694

Treuhänderisches Inkasso ist ebenfalls kein Bewirken einer Leistung an einen Nichtberechtigten i.S.d. § 816 Abs. 2.

g) Anwendungsbereich des § 816 Abs. 2

§ 816 Abs. 2 betrifft jede dem Berechtigten gegenüber wirksame Erfüllung einer Forderung durch Leistung an einen Dritten. Neben dem Forderungseinzug rechnet jede Annahme einer Leistung oder Gegenleistung aus einem Schuldverhältnis dazu; so etwa auch das Bewirken einer Dienstleistung an einen Dritten, sofern nur dem wahren Gläubiger gegenüber wirksam. 695

Die **Wirksamkeit** solcher Leistung kann sich wie im Fall des § 816 Abs. 1 S. 1 gleichermaßen **aus Schuldnerschutzbestimmungen** wie aus einer **nachträglichen Genehmigung** des wirklichen Gläubigers ergeben. 696

Schuldnerschützend wirken insb. die §§ 407–409. Dies gilt für Leistungen an einen Zedenten in Unkenntnis, dass er die Forderung abgetreten hatte (§ 407); ebenso Leistungen an einen späteren Zessionar einer Forderung, welche der bisherige Gläubiger mehrfach abgetreten hat (vgl. § 408) – und wovon stets nur die erste Abtretung wirksam gewesen sein konnte, weil gutgläubiger Erwerb einer Forderung rechtlich nicht möglich ist; schließlich auch Leistungen an einen Scheingläubiger aufgrund einer unrichtigen Abtretungsanzeige (vgl. § 409).

Ist die Leistung an den Nichtberechtigten nicht bereits durch Schuldnerschutzbestimmungen wirksam, kann der wirkliche Gläubiger die Leistung an ihn nachträglich genehmigen und so ihre Herausgabe von ihm verlangen; dies folgt bereits aus §§ 362 Abs. 2, 185 Abs. 2 HS. 1.

697 Schulbeispiel für § 407 ist die wirksame Zahlung des Kaufpreises an den Verkäufer, welcher über die Kaufsache nur aufgrund **verlängerten Eigentumsvorbehalts** verfügen dürfte (vgl. § 185 Abs. 1) und hierzu die aus der Weiterveräußerung entstehende Gegenleistungsforderung bereits im Voraus an seinen Eigentumsvorbehalts-Verkäufer abgetreten hatte; zwar wird ihm zugleich wiederum eine Einzugsermächtigung für diese Forderung erteilt worden sein (ebenfalls nach § 185), diese kann jedoch inzwischen vom Zessionar widerrufen worden oder durch Eintritt einer auflösenden Bedingung erloschen sein – weil z.B. beschränkt auf „ordnungsgemäßen Geschäftsgang“, der Händler dagegen zur Abwendung einer Liquiditätskrise einen Räumungsverkauf durchführt. Der *wirtschaftliche* Wert des Herausgabeanspruchs, zumal neben dem ohnehin bestehenden Kaufpreisanspruch, mag in diesem Beispiel dahinstehen.

698 Ebenfalls hierher gehört nach sehr gesetzespositivistisch argumentierender und durch Vertragsgestaltung zu überholender h.M. **§ 25 Abs. 1 S. 2 HGB** (und parallel § 28 Abs. 1 S. 2 HGB), wonach die in einem Handelsgeschäft[69] begründeten Forderungen des früheren Inhabers im Falle der Übertragung des Unternehmens als auf den Erwerber übergegangen gelten, sofern dieser einverständlich mit dem früheren Inhaber die Firma fortführt. § 25 HGB betrifft folglich nur Einzelunternehmen (bei Handelsgesellschaften besteht die Forderung unabhängig von der Gesellschafterstruktur stets nur bei dieser); zudem wird in solchen Fällen der Unternehmenskaufvertrag regelmäßig eine Zession solcher Außenstände ausdrücklich oder konkludent enthalten, wodurch der Nachfolger beim Forderungseinzug Berechtigter wäre.[70]

Gleiches gilt in Bezug auf § 28 Abs. 1 S. 2 HGB, wobei es sich um den Fall der Gründung einer Personen(handels)gesellschaft handelt.[71]

---

69 Oder schlicht in jedem Ein-Mann-Unternehmen? Vgl. Fn. 71.

70 *K. Schmidt,* Handelsrecht § 7 Rn. 63 ff. geht – entgegen der h.M. – bei §§ 25 Abs. 1 S. 1, 28 Abs. 1 S. 1 HGB sogar umgekehrt von einem gesetzlich unterstellten Forderungsübergang aus, den die Beteiligten nach Abs. 2 der Vorschriften ggf. ausschließen müssten. Damit wäre für § 816 Abs. 2 so oder so kein Raum mehr. Lebensnäher ist diese Auffassung unbeschadet des exakten Gesetzeswortlauts (nur *„den Schuldnern gegenüber“* und nur *„gelten“*) auf jeden Fall.

71 Inwieweit bei §§ 25, 28 HGB überhaupt Kaufmannseigenschaft vorausgesetzt ist oder die Vorschriften auf jedes auch nichtkaufmännische Unternehmen anzuwenden sind, ist umstritten und ist Ausgangspunkt der zuvor angedeuteten Streitfrage; wo es keine Firma mehr geben muss, fällt die Firmenfortführung als „Träger der Vermutung“ für den Übergang von Forderungen und Verbindlichkeiten weg; geht es dann aber um Unternehmens- statt um Firmenkontinuität, gehörten die Rechte und Pflichten zu diesem und werden dem (jeweils aktuellen) Inhaber schlicht „zugewiesen“.

5. Prüfungsschema zur Eingriffskondiktion in Folge der Verfügung eines Nichtberechtigten, § 816 Abs. 1

699

I. Voraussetzungen
1. Dingliche Verfügung
2. Fehlende Berechtigung des Verfügenden
3. Verfügung ist dem Berechtigten gegenüber wirksam
   a) Gutgläubiger Erwerb, §§ 932 ff. bzw. § 892
   b) Nachträgliche Genehmigung, § 185 Abs. 2

II. Rechtsfolge
1. Herausgabe des „durch die Verfügung" Erlangten
2. Kein Wegfall der Bereicherung, § 818 Abs. 3

III. Mögliche weitere Ansprüche
1. Herausgabeansprüche
   a) § 285 Abs. 1
   b) §§ 687 Abs. 2, 681, 667
2. Schadensersatzansprüche
   a) § 823 Abs. 1
   b) §§ 989, 990
   c) §§ 678, 687 Abs. 2

6. Prüfungsschema zur Nichtleistungskondiktion gegenüber Leistungsempfänger, § 816 Abs. 2

700

I. Leistung

II. An einen Nichtberechtigten

III. Wirksamkeit gegenüber dem Berechtigten
1. Grundsätzlich keine Tilgungswirkung
2. Aber ausnahmsweise Wirksamkeit, z.B. §§ 407 f; § 185 Abs. 2

7. Unentgeltliche Verfügung eines berechtigten Bereicherungsschuldners, § 822

701 Eine Einbeziehung Dritter in den Bereicherungsausgleich bewirkt § 822 durch Gewährung einer gesonderten Eingriffskondiktion gegen einen unentgeltlichen Erwerber desjenigen Gegenstands, der beim Vormann zu kondizieren gewesen wäre.

702 Die Interessenlage ist zu der in § 816 Abs. 1 S. 2 vergleichbar, allerdings geht es bei § 822 nicht um die Verfügung über das dem Berechtigten zustehende Recht selbst, sondern um jede zur Entreicherung (vgl. § 818 Abs. 3) führende Weggabe des Kondiktionsgegenstands. Während § 816 Abs. 1 S. 2 die Kondiktion in sachenrechtlicher Weise auf den wegverfügten Vermögensgegenstand selbst richtet (der Dritte ist insofern nicht Unbeteiligter, als er den dem ursprünglichen Inhaber gehörenden Gegenstand inne hat), führt § 822 zu einer Art Verdinglichung des Bereicherungsanspruchs: Eine bestehende Leistungs- oder Eingriffskondiktion wird auf denjenigen erstreckt, dem vom Kondiktionsschulder das Erlangte unentgeltlich zugewendet worden ist, wenn dies bei jenem zur Entreicherung führt.

703 Voraussetzung für § 822 ist das Erlöschen des Bereicherungsanspruchs gegen den unentgeltlich Verfügenden durch Wegfall der Bereicherung bei ihm (vgl. § 818 Abs. 3). Maßgeblich ist der Wegfall der Bereicherung nach § 818 Abs. 3, der nicht nur dann eintritt, wenn das Erlangte körperlich selbst unentgeltlich wegegeben wird, sondern auch im Falle der Verfügung über ein Surrogat (ist z.B. der Kondiktionsanspruch auf Herausgabe einer erlangten Kaufpreisforderung, vgl. § 816 Abs. 1 S. 1, oder auf Wertersatz in Geld, vgl. § 818 Abs. 2, gerichtet, so genügt es für § 822, wenn nicht das Geld selbst, sondern ein damit zuerst erworbener Gegenstand weiter verschenkt wird).

Beispiel: Kein Wegfall der Bereicherung tritt nach §§ 819 Abs. 1, 818 Abs. 4 in Fällen der Unredlichkeit des Verfügenden ein, dem die Berufung auf solchen Wegfall versagt ist. Vielmehr verwandelt sich der Bereicherungsanspruch in einen Schadensersatzanspruch (§§ 819 Abs. 1, 818 Abs. 4, 292 Abs. 1, 989, 990 Abs. 1). Der beschenkte Dritte wird daher nicht in den Bereicherungsausgleich einbezogen. Dies kann unbillig erscheinen, wenn der so zum Schadensersatz Verpflichtete etwa illiquide oder nicht auffindbar ist. Hat z.B. ein Dieb von gestohlenem Geld Schmuck erworben (herauszugeben nach § 816 Abs. 1 S. 1 wegen §§ 932, 935 Abs. 2) und diesen dann verschenkt, tritt keine Entreicherung ein, so dass sich der Bestohlene weiterhin an ihn halten kann und muss, was auch immer dieser Anspruch wirtschaftlich wert sein mag; hätte der Dieb das Geld selbst verschenkt, haftete der Beschenkte nach § 816 Abs. 1 S. 2 auf Herausgabe.

8. Verwendungskondiktion

704 § 812 Abs. 1 S. 1 Alt. 2 schafft einen Bereicherungsausgleich nicht nur für die Fälle der Eingriffskondiktion, sondern jeder Bereicherung „in sonstiger Weise", also anders als durch Leistung. Als solche Nichtleistungskondiktion kommt eine Verwendungskondiktion in Betracht für Verwendungen, die jemand ohne Verpflichtung hierzu und aus seinem eigenen Vermögen auf fremde Sachen macht, ohne dass darin eine bewusste Leistung an den Eigentümer oder aber eine sonstige Veranlassung durch diesen (etwa als Eingriff) vorläge.

Beispiel: Es handelt sich zumeist um Fälle von Irrtum oder Anmaßung: Z.B. wenn jemand irrtümlich eigene Crèmes oder Parfüms zur Körperpflege eines anderen verwendet, weil er meint, es handele sich um dessen Flacons oder Tiegel; Vergleichbares gilt, repariert ein Dieb den gestohlenen Pkw.

705 Häufig wird in Verwendungsfällen eine bewusste Leistung des Verwendenden an den bereicherten Eigentümer vorliegen (nicht so aber beim Dieb als Eigenbesitzer, vgl. § 872), dann haben die Leistungskondiktionen Vorrang, sofern nicht die Leistung gar im Rahmen eines (wirksamen) Schuldverhältnisses erfolgt ist und hiernach abzurechnen (vgl. etwa für die Miete §§ 536a Abs. 2, 539).

Zumindest parallel, nach Ansicht der Rechtsprechung als speziellere Vorschriften, kommen regelmäßig Ansprüche aus Geschäftsführung ohne Auftrag (§§ 677, 683, 684) oder aus §§ 994 ff. in Betracht. Schließlich können Verwendungen oftmals bereits die Tatbestände von Verbindung, Vermischung oder Verarbeitung (§§ 946 ff.) erfüllen, so dass Ausgleichsansprüche bereits über § 951 Abs. 1 bestehen werden.

Eine Darstellung erfolgt deshalb im entsprechenden Sachzusammenhang des Eigentümer-Besitzer-Verhältnisses (Rn. 1099 ff.).

9. Rückgriffskondiktion

Tilgt jemand, ohne hierzu dem Schuldner gegenüber berechtigt oder verpflichtet zu sein, „versehentlich" dessen Verbindlichkeiten (vgl. § 267) ist eine Rückgriffskondiktion gegen den Schuldner für den Regress des an den tatsächlichen Empfänger Leistenden zu erwägen. 706

Zumeist werden speziellere Ausgleichsansprüche Vorrang haben: § 268 Abs. 2 oder Gesamtschuldnerausgleich nach § 426; ebenso die berechtigte Geschäftsführung ohne Auftrag für den Schuldner (§§ 677, 683, 670). Bei unberechtigter GoA verweist § 684 ohnehin auf das Bereicherungsrecht.

Als **Beispiele** der Rückgriffskondiktion verbleiben danach die Beseitigung von Eigentumsstörungen durch den Eigentümer selbst anstelle des Störers, die Reparatur eines Fahrzeugs durch eine Werkstatt anstelle des ersatzpflichtigen Schädigers oder die Beseitigung von Mängeln an Bauwerken durch einen Bauträger anstelle des in erster Linie gewährleistungspflichtigen Bauhandwerkers.

Die Rückgriffskondiktion ist im Zusammenhang mit der Darstellung der bereicherungsrechtlichen Behandlung von Mehrpersonenverhältnissen zu sehen. Bestand die getilgte fremde Schuld, wird regelmäßig das Innenverhältnis zwischen Leistendem und Schuldner für die Regressfrage maßgeblich sein, ohne dass es des Bereicherungsausgleichs bedürfte. Bestand die zu tilgen beabsichtigte fremde Schuld hingegen nicht, wird nach hiesiger Darstellung regelmäßig die Direktkondiktion gegen den Zahlungsempfänger als Leistungskondiktion bestehen, der dann der Vorrang gebührt. 707

VI. Inhalt und Umfang des Bereicherungsausgleichs

Alle Kondiktionen sind auf Herausgabe des „Erlangten" gerichtet und haben damit den konkreten Bereicherungsgegenstand zum Inhalt. Eine (notwendige) Ausnahme als Wertersatzanspruch nur in Geld enthält § 951. Inhalt und Umfang des Bereicherungsausgleichs ist geregelt in § 818 zusammen mit den §§ 819–822, und zwar für alle Kondiktionsformen einheitlich. 708

1. Herausgabe des Erlangten

Die Herausgabepflicht umfasst zuerst dasjenige, was rechtsgrundlos geleistet oder als unbefugter Eingriff durch Verletzung des Zuweisungsgehalts eines Rechts erlangt worden ist. Die Herausgabe richtet sich sodann nach der Art des Bereicherungsgegenstandes und ist, wo es möglich ist, in Natur geschuldet (etwa Rückübereignung nach §§ 925, 929; Rückgabe des Besitzes nach § 854). Eine Wertersatzpflicht des Bereicherungsschuldners tritt lediglich und erst dann ein, wenn die Restitution in Natur nicht möglich ist (vgl. § 818 Abs. 2). 709

Der Ersatzanspruch in Natur erstreckt sich vorrangig gegenüber dem Wertersatz auch auf Herausgabe desjenigen, was „als Ersatz für die Zerstörung, Beschädigung oder Entziehung des erlangten Gegenstands" erworben wurde. Solche Surrogate repräsentieren den Herausgabegegenstand immer noch wertmäßig im Vermögen des Kondiktionsschuldners.

Surrogat einer herauszugebenden Forderung ist etwa die auf sie eingezogene Leistung, bei einem Pfandrecht der Erlös aus der Pfandverwertung, bei einem Lotterielos der Gewinn. Hat ein Dieb vom gestohlenen Geld Gegenstände erworben, gelten nach h.M. auch diese als Surrogate.

§ 818 Abs. 1 erweitert außerdem den Umfang des Herausgabeanspruchs auf die „gezogenen Nutzungen" (vgl. § 100). Hierzu gehören alle Gebrauchsvorteile, die Früchte einer Sache oder eines Rechts. Nutzungen umfassen aber auch den Gewinn eines rechtsgrundlos erlangten Unternehmens (jedenfalls soweit solche Gewinne nicht ausschließlich auf persönlicher Leistung und Fähigkeit des Kondiktionsschuldners beruhen).

Beispiel: Keine Nutzungen sind aber etwa der Werbeerfolg aus der Verletzung eines Urheberrechts oder Rechts am eigenen Bild zu Werbezwecken.

2. Wertersatz

710 Soweit die auf Herausgabe des Erlangten, Nutzungen und Surrogate gerichtete primäre Leistungspflicht nicht mehr erfüllt werden kann (oder im Fall des § 951 unmittelbar als Inhalt der Herausgabepflicht), schuldet der Bereicherte Wertersatz (§ 818 Abs. 2). Objektive Unmöglichkeit und Unvermögen des Schuldners werden gleichgesetzt, so dass der Bereicherte nicht verpflichtet wäre, einen veräußerten Bereicherungsgegenstand zurück zu erwerben. Auch schuldet er nicht Herausgabe eines Veräußerungserlöses für den Kondiktionsgegenstand, sondern Wertersatz (die Veräußerung des – ja nur schuldrechtlich – herauszugebenden Bereicherungsgegenstands ist kein Fall des § 816 Abs. 1; der Kondiktionsschuldner handelt sachenrechtlich als Inhaber dieses Rechts. Nur wenn im Zusammenhang damit über ein ganz anderes Recht verfügt wird, kann § 816 Abs. 1 anwendbar sein, also wenn etwa der allein kondizierbare Besitz bei unwirksamer Miete oder Verwahrung als Träger des Rechtsscheins für den gutgläubigen Eigentumserwerb eines Dritten dient).

711 Regelmäßig ist vom objektiven Wert auszugehen, also dem Verkehrswert des jeweils Erlangten, z.B. der Dienstleistungen, Gebrauchsvorteile oder des fremden Rechts. Bei Verletzung von Immaterialgüterrechten wird deshalb die „übliche" Lizenzgebühr als Wertersatz geschuldet. Irrelevant ist, ob der Bereicherungsschuldner das verletzte Recht gar nicht in diesem Umfang gebrauchen wollte oder er günstigere Alternativen gewählt hätte, wenn er gewusst hätte, dass die Inanspruchnahme etwas kosten solle.

712 **Aufgedrängte Bereicherungen**, insb. also Aufwendungen, welche der Empfänger so nicht gemacht hätte, sind ausnahmsweise nur nach dem subjektiven Wert zu ersetzen. Dieses Problem stellt sich regelmäßig eher im Zusammenhang mit Gegenansprüchen des herausgabepflichtigen Kondiktionsschuldners, nämlich hinsichtlich der auf den Kondiktionsgegenstand getätigten Aufwendungen und betrifft damit den Wegfall der Bereicherung nach § 818 Abs. 3.

3. Wegfall der Bereicherung

713 Nach § 818 Abs. 3 wird der Kondiktionsschuldner in seiner Haftung privilegiert, indem er Herausgabe und Wertersatz nicht zu leisten braucht, soweit er nicht mehr bereichert ist. Entlastet wird nur der gutgläubige Bereicherungsschuldner, der auf die Beständigkeit seines (unerkannt rechtsgrundlosen) Erwerbs vertrauen durfte. Erst bei positiver Kenntnis von der Rechtsgrundlosigkeit des Erwerbs treten Schadensersatzansprüche an die Stelle der Kondiktionsschuld (vgl. §§ 818 Abs. 4, 819 bzw. 820).

a) Entreicherung

§ 818 Abs. 3 greift nicht nur dann ein, wenn das Erlangte ganz oder teilweise ersatzlos weggefallen ist, sondern auch bei anfänglichem Fehlen einer Bereicherung (sog. aufgedrängte Bereicherung). Entreicherung tritt damit ein, wenn der Kondiktionsgegenstand beschädigt oder zerstört wurde (ein evtl. Ersatz oder Ersatzanspruch gegen Dritte stellt jedoch ein Surrogat i.S.d. § 818 Abs. 1 dar, so dass insoweit keine Entreicherung eingetreten wäre; vgl. auch den Rechtsgedanken in § 285). Auch der Verbrauch des Kondiktionsgegenstands (etwa von Geld) durch den Bereicherungsschuldner kann zu seiner Entreicherung führen. **714**

Keine Entreicherung tritt ein, wenn die Wertminderung oder der Verbrauch mit dem Nutzungsvorteil des Kondiktionsgegenstands identisch ist. Dann tritt die Wertersatzpflicht nach § 818 Abs. 2 ein. Der Werteverzehr (etwa durch bestimmungsgemäßen Einsatz einer rechtsgrundlos übereigneten Maschine) ist vielmehr der Maßstab für die Höhe des Wertersatzes. Der Verbrauch von Geld dient oftmals dem Erwerb sodann herauszugebender Surrogate. Jedoch auch bei reinen Konsumausgaben ist der unmittelbar in Geld ausgedrückte Wert gerade der herauszugebende Gebrauchsvorteil. Entreicherung tritt beim Werteverzehr oder Verbrauch deshalb nur ein, wenn dadurch gerade nicht der unmittelbar verkörperte Gebrauchsnutzen sich realisiert, sondern die Vernichtung entweder nicht bestimmungsgemäß ist oder auch durch bestimmungsgemäßen Verbrauch dennoch keine Aufwendungen erspart wurden. **715**

Zur Entreicherung rechnen auch unmittelbar mit dem Bereicherungsvorgang entstandene Nachteile, wie Vertragskosten und Aufwendungen für Maßnahmen, die den Gebrauch der Sache ermöglichten (Transportkosten, Versicherungsprämien), ebenso Verwendungen zum Erhalt, zur Wiederherstellung oder Verbesserung der Sache; Maßstab ist, dass sich darin gerade das später enttäuschte Vertrauen auf das Behaltendürfen ausdrückt. Solche Kosten sind mit der Kondiktion dem Bereicherungsschuldner zu erstatten. Keine Entreicherung liegt in Gebrauchsaufwendungen und Schäden durch den Kondiktionsgegenstand. **716**

§ 818 Abs. 3 gibt keinen selbstständigen Gegenanspruch, sondern ermöglicht nur den Abzug oder das Entgegensetzen gegen die Herausgabepflicht. Ein eigenständiger Anspruch etwa aus Verwendungskondiktion setzte zusätzlich eine Bereicherung des Kondiktionsgläubigers durch diese Aufwendungen nach Rückerhalt des Kondiktionsgegenstands voraus. Schäden, welche dem Bereicherten durch die herauszugebende Sache widerfahren sind, kann er nur nach v.a. Deliktsrecht liquidieren, nicht jedoch über § 818 Abs. 3.

b) Ausgleich von Vor- und Nachteilen bei gegenseitigen Verträgen (Saldotheorie)

Bei der bereicherungsrechtlichen Rückabwicklung nichtiger zweiseitiger Schuldverhältnisse entstehen regelmäßig Kondiktionen in beide Richtungen des ursprünglichen Austauschs von Leistung und Gegenleistung. Ein Wegfall der Bereicherung betrifft strenggenommen stets nur die Rückabwicklung der einen oder anderen Leistung, während der gegengerichtete Kondiktionsanspruch fortbesteht. Damit trüge der Kondiktionsgläubiger der Sachleistung regelmäßig einseitig ein erhöhtes Risiko, mit seinem Kondiktionsanspruch auszufallen und dennoch etwa zur Rückzahlung des Kaufpreises verpflichtet zu bleiben. Dies wird durch Übertragung des synallagmatischen Verhältnisses des dem ursprünglichen Leistungsaustausch vermeintlich (weil nichtig) zugrundeliegenden Schuldverhältnisses vermieden (sog. faktisches Synallagma), indem der Wert einer eige- **717** nen Entreicherung zum Abzugsposten des eigenen Bereicherungsanspruchs wird. Jede Partei kann danach nur so viel zurückverlangen, wie sie ihrerseits zurückgewähren kann. Damit trägt in diesen Fällen jeder das Risiko eigener Entreicherung im Ergebnis selbst.[72]

718 Die so umschriebene Saldotheorie greift nicht nur bei beiderseits ausgeführten gegenseitigen Verträgen, sondern gleichermaßen, wenn einseitig eine vereinbarte Vorleistungspflicht ausgeführt worden war. Umstritten ist die Anwendung auf lediglich einseitig ausgeführte Verträge *ohne* Vorleistungspflicht.[73]

Einschränkungen dieser Risikozuteilung durch die Saldotheorie für die je eigene Entreicherung müssen allerdings dort greifen, wo diese wertungsmäßig in den Verantwortungsbereich der anderen Partei fallen (z.B. Zerstörung des rechtsgrundlos geleisteten Pkw in Folge eines Sachmangels desselben); insoweit geht die Risikoverteilung entsprechend § 346 Abs. 3 Nr. 2 aufgrund der Vergleichbarkeit von Rücktritt und Nichtigkeit hinsichtlich der Rückabwicklung vor. Auch mag eine Partei weniger schutzwürdig sein, etwa weil sie betrügerisch den Vertragsschluss erschlichen hatte, der gerade deshalb angefochten werden konnte; jedenfalls für eine adäquat mit dem Nichtigkeitsgrund verbundene Entreicherung muss der Betrüger allein verantwortlich bleiben (und der Betrogene kann trotz eigener Entreicherung seine Gegenleistung kondizieren). Schließlich sind beteiligte Minderjährige nicht in die Saldierung einzubeziehen.

719 Im Rahmen der Saldotheorie ist z.T. auch der Tatbestand der Entreicherung enger zu ziehen, insoweit als nur solche Aufwendungen zu berücksichtigen sind, die auf Gesetz (vgl. § 448 Abs. 1) oder Vereinbarung beruhen, nicht aber solche im eigenen Interesse, wie z.B. Transportkosten der Abholung nur, sofern diese nicht einseitig im eigenen Interesse aufgewendet wurden (vgl. § 269).

Beispiel: Bei Hol- oder Schickschulden bleiben Transportkosten stets beim Käufer hängen, der also auch bei Nichtigkeit wegen ihres Ersatzes kein Zurückbehaltungsrecht am herauszugebenden Kaufgegenstand geltend machen kann.

---

72 Vgl. *Medicus/Petersen,* BR Rn. 224 ff.

73 Vgl. *Medicus/Petersen,* BR Rn. 226 ff.; der in dieser Erweiterung eine nicht existente „Gegenleistungskondiktion" sieht. Eine solche erscheint zwar ökonomisch durchaus nicht unbillig, wenn die Betrachtung auf den (mit dem nichtigen Vertrag beabsichtigten) Wertausgleich gelegt wird. Die Gegenleistung ist danach als „consideration" eine Art Bedingung des Geschäfts und das wirtschaftliche Risiko, sie erbringen zu müssen, trifft den Erwerber aufgrund des Empfangs der Leistung. Diese Überlegung überantwortet dem Gegenleistungsschuldner die Sachgefahr zusätzlich zu seinem Gegenleistungsrisiko, was ihm sonst nach § 326 Abs. 2 nur im Rahmen des Annahmeverzugs, vgl. § 300, (oder beim Distanzkauf, vgl. § 447) und im Rahmen des § 346 Abs. 2 in Rückabwicklungsschuldverhältnissen zugemutet wird – dort aufgrund eines vereinbarten und durchgeführten Synallagma. Ein solches gilt im Bereicherungsrecht nicht; es mag bei faktisch gleichmäßigem Leistungsaustausch eine Risikogemeinschaft vergleichbarer Wirkung angenommen werden, aus (jedenfalls freiwilliger) Vorleistung folgt eine solche oder gar die synallagmatische Verknüpfung jedoch gerade nicht. Nicht der ökonomische Wert rechtfertigt das vertragliche Schuldverhältnis des bürgerlichen Rechts, sondern die personale Bindung des Vertrags; sie fehlt bei Nichtigkeit und mit ihr das Synallagma.
Der Bereicherungsschuldner durfte zwar sicher nie davon ausgehen, die Sache ohne Erbringung einer Gegenleistung zu behalten, aber darum geht es dann ja auch nicht (dieses Scheinargument verdeckt lediglich die dahinterstehende Umwertung von Grundsätzen der Rechtsgeschäftslehre (dazu bereits oben Fn. 5 zu Rn. 25). Im Handelsrecht mögen solche Überlegungen eher eine normative Berechtigung haben (vgl. oben Fn. 27 zu Rn. 40).

c) Verschärfte Bereicherungshaftung

Entreicherung tritt nach § 818 Abs. 3 auch ein, wenn der Entreicherte sie absichtlich herbeigeführt hatte. Das wäre jedoch unbillig, wenn er dabei nicht von einer Selbstschädigung ausgehen konnte, weil er auf die Rechtsbeständigkeit seines Erwerbs nicht vertrauen durfte. Eine danach von ihm verschuldete Entreicherung führt zur Schadensersatzpflicht (§§ 292 Abs. 1, 989, 990 Abs. 1). Tatbestandlich tritt die Haftungsverschärfung ein, wenn der Bereicherungsschuldner den Mangel des rechtlichen Grundes seines Empfangs kennt (§ 819 Abs. 1), in den Fällen des § 817 S. 1, sofern dem Empfänger der Gesetzes- oder Sittenverstoß bewusst war (§ 819 Abs. 2) oder im Fall der Kondiktion wegen Zweckverfehlung, wenn die Zweckerreichung von vornherein objektiv unsicher war und sich beide Parteien hierüber klargewesen sind (§ 820 Abs. 1 S. 1), und ebenso im Fall der Kondiktion wegen späteren Wegfalls des Rechtsgrundes (und generell bei Leistungen unter Vorbehalt) mit dieser Möglichkeit gerechnet wurde (§ 820 Abs. 1 S. 2); zuletzt auch ab Rechtshängigkeit des Bereicherungsanspruchs (§ 818 Abs. 4). **720**

§§ 819 und 820 Abs. 1 verweisen auf § 818 Abs. 4 mit der dort bestimmten Haftung *„nach den allgemeinen Vorschriften"*, also nach § 292. Damit trägt der Bereicherungsgläubiger sodann lediglich das Risiko zufälligen Untergangs oder zufälliger Verschlechterung der herauszugebenden Sache (Verschuldenshaftung des Bereicherten nach §§ 292, 989, 990 Abs. 1). Der Höhe nach haftet der Bereicherte jedoch nur bis zum Wert des erlangten Bereicherungsgegenstands, denn nur der Wegfall der Bereicherung soll kompensiert, keine darüber hinausgehende Ersatzpflicht begründet werden. **721**

Minderjährigen Bereicherungsschuldnern ist solche Berufung auf ihre Entreicherung nur in den Grenzen ihrer Einsichtsfähigkeit entsprechend § 828 verwehrt. **722**

Beispiel: Bucht ein Minderjähriger ohne Wissen seiner Eltern einen Flug, den er mit Erspartem bezahlt (kein Fall des § 110), ist dieser nach § 812 Abs. 1 S. 1 Alt. 1 rückabzuwickeln. Hätten seine Eltern den Flug niemals konsentiert, hat der Minderjährige durch den Hinflug eigentlich keine Aufwendungen erspart und ist also erst gar nicht bereichert (bloß irgendwo zu sein, ist kein Vermögenswert; Wertersatz nach § 818 Abs. 2 kommt dann mangels Wert der Bereicherung konsequenterweise auch nicht in Betracht). Wäre er allerdings durch den Flug bereichert, könnte er sich je nach Alter und Einsichtsfähigkeit (vgl. § 828) nicht auf Entreicherung berufen (vgl. §§ 818 Abs. 4, 819 Abs. 1), etwa, weil er sofort zurückgeholt wurde. Diese Haftungsverschärfung soll sodann nach der Rechtsprechung bereits die Berufung darauf versagen, dass keine Aufwendungen erspart worden seien, also eine Bereicherung nicht nachträglich weggefallen, sondern bereits anfänglich nicht vorhanden gewesen sei.[74] – Konsequenter wäre statt des Bereicherungsausgleichs ein Schadensersatzanspruch der Fluggesellschaft, welche für den einzelnen Passagier zwar vielleicht keine Stückkosten und so besehen eigentlich keinen Schaden hat; sieht man die Beförderungsleistung jedoch als kommerzialisiert an, wäre der übliche Flugpreis als Mindestschaden anzuerkennen. Für den Rückflug gilt schließlich: Befördert die Fluggesellschaft den minderjährigen blinden Passagier zurück, erfüllt sie damit auch das Geschäft seiner Eltern und hat jedenfalls auch Fremdgeschäftsführungswillen (Ausgleich nach §§ 683, 679, 677), selbst wenn sie nach internationalem Recht zur Rückbeförderung verpflichtet ist.

74 Vgl. *Medicus/Petersen,* BR Rn. 176.

D. Außervertraglicher Schadensausgleich – Überblick

723 Während der Aufwendungsausgleich der Geschäftsführung ohne Auftrag sich wesentlich nach dem objektiven Interesse an freiwilligem Vermögenseinsatz bemisst und die Bereicherungshaftung einen ungerechtfertigten Vermögenszuwachs ausgleicht, dient der Schadensausgleich der **Überwälzung eingetretener Vermögensminderungen**. Der Blick richtet sich dabei auf das **Interesse des Geschädigten**.

Schadensausgleich kennt auch das Vertragsrecht (vgl. §§ 280 ff.) wegen der Verletzung von Pflichten aus Schuldverhältnissen (Erfüllungs– und Treupflichten). Geschützt wird dadurch das *Erfüllungsinteresse*, auf welches allein alle vertraglichen Pflichten nach ihrem Zweck ausgerichtet sind. Deshalb haftet dort der Verpflichtete auch für jede schuldhafte Schädigung seiner Vertragspartner durch seine Erfüllungsgehilfen (vgl. § 278).

Der **deliktische Schadensausgleich** richtet sich demgegenüber nach einer **allgemeinen Ordnung des Güter- und Friedensschutzes**, die dadurch gestört wird, dass der Einzelne seine Rechtsgrenzen überschreitet und Rücksichtspflichten verletzt. Geschützt ist deshalb das **Integritätsinteresse**. Dem entspricht auch die als Verursachungshaftung mit Entlastungsmöglichkeit ausgestattete Verantwortlichkeit für Verrichtungsgehilfen (vgl. § 831).

Gelegentliche Versuche, die Deliktshaftung auf eine Art (gesellschafts-)vertragliche Vereinbarung zur allseitigen Rücksichtnahme zurückzuführen, verdecken dabei wesentliche Folgen der Zweiteilung in vertragliche Schadenshaftung und Deliktshaftung im Hinblick auf Rechtswidrigkeits- und Schadensfragen.[75] Allerdings dienen zahlreiche Rechtsfiguren ausschließlich dazu, vertragliche Haftungsgrundsätze zur Anwendung zu bringen (so etwa die Vorschrift des § 311 Abs. 2; der Vertrag mit Schutzwirkung für Dritte und die Drittschadensliquidation).[76]

E. Unerlaubte Handlungen

724 Unerlaubte Handlungen begründen ein **gesetzliches Schuldverhältnis** mit der Pflicht zum Schadensausgleich und der Gewährung der vorbeugenden Unterlassungsklage. Es handelt sich um die rechtswidrige und schuldhafte Verletzung fremder Rechtsgüter. Das Deliktsrecht des BGB will damit Schäden „aus Unrecht" restituieren und führt dazu konsequent das Verschuldensprinzip durch (Ausnahmen nur aus Billigkeitsgründen, § 829, und hinsichtlich des Risikos durch Luxustiere, § 833 S. 1; außerdem stark eingeschränkt durch die Vermutung bestehender Schuld und deren Kausalität für den Schaden v.a. durch Verrichtungsgehilfen, § 831).

---

75 Solche Versuche sind Ausfluss einer ökonomischen Theorie des Rechts. Richtig daran ist nur, dass auch dem Deliktsrecht die oft als Vertragsgerechtigkeit bezeichnete *ausgleichende* Gerechtigkeit („iustitia commutativa") zugrunde liegt. Das besagt aber noch nichts über ihren Bezugsgegenstand, der hier der Ausgleich einer *allgemeinen Pflicht* (gerichtet auf Schutz), im Schuldrecht dagegen einer besonderen, *relativen Pflicht* (auf Erfüllung) ist.
Die ausgleichende Gerechtigkeit unterscheidet zwischen
a) „austauschender Gerechtigkeit" (iustitia commutativa i.e.S.) in freiwilligen Vertragsbeziehungen und
b) „wiederherstellende oder korrektive Gerechtigkeit" (iustitia regulativa sive correctiva) in unfreiwilligen Verkehrsbeziehungen (z.B. unerlaubten Handlungen).

76 Beispiel dazu bei *Grunewald,* BR § 18 Rn. 26.

Das **Verschuldensprinzip** vermeidet dadurch eine jeder menschlichen Handlungsfreiheit *widersprechende* Erfolgshaftung bzw. rein objektive Verursachungshaftung.

Schäden „aus Unglück" gehören damit zum allgemeinen Lebensrisiko, für das niemand haftet. Sie sind nur mittels des Sozial- und Versicherungsrechts regulierbar.

Lediglich bestimmte Sondergesetze schaffen zusätzlich einen **deliktischen Ausgleich von Unglücksschäden** nach dem Prinzip der verteilenden Gerechtigkeit („iustitia distributiva"), soweit sie als Folge bestimmter, sozial gebilligter Gefährdungen durch nicht voll beherrschbare Risiken eintreten (etwa das Produkthaftpflichtgesetz – ProdHaftG, das Straßenverkehrsgesetz – StVG). Dadurch wird eine Einstandspflicht desjenigen geschaffen, der im Allgemeininteresse erlaubte besondere Gefahrenquellen zum eigenen Nutzen eröffnet. Am Unglück trifft niemanden eine besondere Schuld, weshalb sich die Zurechnung einer Schädigung allein nach den Sicherheitserwartungen der beteiligten Verkehrskreise, angemessenen Möglichkeiten der Vorkehrung etc. richten kann.

Dieser Gedanke der Einstandspflicht bei Gefährdungstatbeständen als soziale Aufgabe **725**
der ausgleichenden Gerechtigkeit wird schließlich über die Gleichstellung von positivem Tun und **Unterlassen** für die Zurechnung einer Schädigung nach § 823 übertragen. Je umfassender eine **Pflicht zur generellen Gefahrenvorbeugung** angesonnen wird, desto weiter reicht die Haftung für entsprechendes Unterlassen.

Diesem Ansatz ist immanent, dass die zur Schadenvermeidung notwendigen (richtiger: notwendig gewesenen, aber eben versäumten) Vorkehrungen erst im Rückblick bestimmt werden (können), wodurch weniger der schuldhafte Verstoß gegen eine Verhaltensnorm, als bereits mindere Phantasie[77] „bestraft" wird (Vorhersehbarkeit ist irrelevant).

Solche sog. **Verkehrssicherungspflichten** bzw. sog. **Organisationsverschulden** führen **726**
zu einer erheblichen Haftungserweiterung, sowohl bei Rechtsträgern von Unternehmen (etwa im Krankenhausbereich), als auch bei deren Leitungspersonal[78] und zwar auch für das Versagen von Mitarbeitern, dem nicht durch objektiv genügende Überwachung, Arbeitsanweisungen oder geeignete Personalschlüssel vorgebeugt worden sei (Verdrängung von § 831 mit dem dort möglichen Entlastungsbeweis). Dazu ausführlich ab Rn. 779.

Zur Bejahung einer Schadenshaftung durch Unterlassen ist dabei sehr sorgfältig die **haftungsbegründende Kausalität** zu prüfen, ob also die verletzte Vorsorgepflicht gerade **vor *solchen* Folgen oder Entwicklungen schützen** sollte, wie sie nun eingetreten sind.

I. Rechtswidrigkeit und Erfolgsunrecht

Dem Schadensausgleich liegt die Zurechnung eines missbilligten Erfolgs an ein **727**
bestimmtes ursächliches Verhalten zugrunde, sofern dieses Verhalten rechtswidrig ist, also gegen ein *allgemein* geschütztes (und *nicht* nur wie beim vertraglichen Schadensausgleich *vereinbartes*) Interesse verstößt. Solcher Schutz von Interessen erfolgt durch

77 Aufgrund der nach § 276 Abs. 2 auf objektive Sorgfaltspflichtwidrigkeit reduzierten Verschuldenszurechnung haftet der Unterlassende nicht nur bei bewusster Risikobereitschaft oder Gleichgültigkeit gegenüber dem Risiko (beides wäre noch vorsätzliches Unterlassen); **unbewusste Fahrlässigkeit** genügt, weshalb es bei Abweichungen im vorgestellten Kausalverlauf **nicht** wie im Strafrecht auf **Vorhersehbarkeit** für den Täter ankommt, sondern entsprechende **Irrtümer unerheblich** sind.

78 Vgl. BGH NJW 2012, 1237 und 3439 zur Geschäftsführerhaftung aus § 823 Abs. 1.

Zuteilungsnormen bzw. Verhaltenspflichten. Soweit diese aus absolut geschützten Rechten und Rechtsgütern folgen, führen sie typischerweise zum Unrechtsurteil über ein sie beeinträchtigendes Handeln (Kurzformel: **Die Tatbestandsmäßigkeit indiziert die Rechtswidrigkeit**). Das folgt aus ihrer konkreten gesetzlichen Festlegung und wird nur im Einzelfall aufgehoben, wenn andere Rechte kollidieren (sog. Rechtfertigungsgründe). Die Unrechtsindikation ist **Ausdruck eines Vorrangs bestimmter Schutzobjekte**, den allein *natürliche Rechte* haben und das im rechtstaatlichen Regelfall auch nur, soweit sie konkret gesetzlich festgelegt sind.[79]

728 **Daran fehlt es** z.B. für das Recht am eingerichteten und ausgeübten Gewerbebetrieb (dazu ausführlich Rn. 745), bei dem das **Unwerturteil** eine **Interessenabwägung verlangt**. Das gilt auch hinsichtlich der Verletzung von Verkehrssicherungspflichten durch Unterlassen (z.B. Organisationsverschulden).[80]

Fehlt die Indikationswirkung des Erfolgsunrechts, gründet sich die Schadenshaftung auf Handlungsunrecht und die Rechtswidrigkeit muss positiv anhand eines konkreten Pflichtenverstoßes festgestellt werden. Diese Pflicht muss sodann wiederum eine objektiv geltende, nicht bloß vertragliche sein (Sozialzweck), zusätzlich auch dem Schutz dieses Klägers dienen (Individualzweck) und zudem gerade die angeblich verabsäumte Maßnahme verlangt haben (haftungsbegründende Kausalität).

II. Verschulden

729 Auf das strenge Verschuldensprinzip der deliktischen Unrechtshaftung wurde bereits hingewiesen. Mit Ausnahme weniger Deliktstatbestände genügt **jede Fahrlässigkeit** im Sinne **rein objektiver Vorhersehbarkeit** (vgl. § 276 Abs. 2) bei individuell gegebener **Zurechnungsfähigkeit des Schädigers** (vgl. §§ 827, 828); subjektive Schuldelemente (sc. ein Wollen, Billigen etc.) sind also irrelevant. Gehaftet wird bereits *für jeden nicht ganz abwegigen Kausalverlauf*.

Eine Korrektur erfolgt im Rahmen des haftungsbegründenden Kausalitätserfordernisses dadurch, dass die verletzte Pflicht gerade im Hinblick auf die konkrete unerlaubte Handlung ein anderes Verhalten abverlangt haben müsste.

Einer Abkehr vom Erfolgsunrecht im Hinblick auf nicht-vorsätzliche Beeinträchtigungen von Rechtsgütern bedarf es nicht; dem Waffenschmied verbietet das *juristische* Tötungsverbot nicht den Produktionsvorgang, selbst wenn Waffen letztlich an den meisten Tötungsdelikten beteiligt sind und deshalb eine hohe Wahrscheinlichkeit für solchen Verlauf spricht. Wohl aber haftet er z.B. für ihre Abgabe an zwielichtige Gestalten. Insges. liegt die Bedeutung des Unterschieds der Unrechtslehren nur im Bereich der Irrtümer.

---

79 Vertiefend *Messner,* Naturrecht Kap. 42 III. Das Naturrecht geht davon aus, dass der Staat von Voraussetzungen lebt, die er nicht selbst garantieren kann (so Ernst-Wolfgang Böckenförde). Das Recht muss der personalen Natur des Menschen dienen (nicht nur der Gemeinschaft oder gesellschaftspolitischen Interessen) und kann auch als Mehrheitsentscheidung nicht dazu in Widerspruch treten.

80 Alternativ wird die Interessenabwägung nicht im Rahmen der Rechtswidrigkeit (Unwerturteil) vorgenommen, sondern ein **Rechtfertigungsgrund des verkehrsrichtigen Verhaltens** postuliert. Das steht von der Argumentationsrichtung her allerdings in Widerspruch zu den (jedenfalls naturrechtlichen) Zwecken des Rechts (i.e. Individual-, Sozial- und Kulturzwecke): „richtiges" Verhalten wäre dann nur gerechtfertigt, wodurch ein vorläufiges Unwerturteil erst wieder aufgehoben werden müsste. Ein Rechtsstaat muss aber (außerhalb des Schutzes konkreter, vorrangiger natürlicher Rechte) im vorhinein sagen, welches Verhalten er fordert.

III. Grundtatbestand in § 823 Abs. 1

Das BGB bestimmt keine deliktische Generalklausel eines neminem laedere (es besteht also **kein** allgemeines Verletzungsverbot), sondern bildet Einzeltatbestände des Schadensausgleichs. Hierunter steht die **Verletzung absolut geschützter Rechtsgüter** (§ 823 Abs. 1) an erster Stelle, gefolgt von einer „kleinen Generalklausel" in § 823 Abs. 2 mit Verweis auf Schutzgesetze. Beide Normen sind tatbestandlich eng auf eine *objektiv geschützte* Interessenlage des Geschädigten begrenzt, für deren Verletzung jedoch jedes Verschulden (vgl. § 276 Abs. 1, 2) verantwortlich macht. 730

Die Verletzung allgemeiner *Vermögens*interessen führt hingegen nur nach § 826 zur deliktischen Schadenshaftung (vgl. Rn. 773); dabei handelt es sich um eine Generalklausel, die jedoch dadurch eingeschränkt wird, dass nur die vorsätzliche und sittenwidrige Schädigung umfasst ist, also eine gesinnungsmäßige Missbilligung von Ziel und Mittel hinzutreten muss.

1. Objektiver Tatbestand

§ 823 Abs. 1 stellt bestimmte Rechtsgüter (Leben, Körper, Gesundheit und Freiheit) sowie das absolut geschützte Eigentums- „oder ein sonstiges" Recht voran. 731

Die herausgehobene Stellung haben diese aber nicht, weil sie subjektive Recht des Geschädigten sind, das zwar auch, sondern vielmehr ist ihr Individual- um einen ***Sozialzweck*** (als Teil einer Güter- und Friedensordnung) ergänzt, woraus korrespondierende Verhaltens*pflichten* für jedermann resultieren. Es handelt sich *deshalb* um **absolute Rechte** bzw. Rechtsgüter. Nur das erlaubt, das Unrechtsurteil über ein entgegengesetztes Verhalten zu sprechen. Und weil sie unmittelbar den Persönlichkeitskern des Menschen betreffen und daher sehr konkret faßbar sind, indiziert bereits der Verletzungserfolg das Unrecht einer dorthin führenden Handlung.

a) Leben, Körper, Gesundheit

Geschützt wird die äußere und funktionelle Integrität eines Menschen. Die Infektion mit einer Krankheit genügt, unabhängig von ihrem Ausbrechen. Leid und Trauer, etwa in Zusammenhang mit sog. Schockschäden naher Angehöriger von Unfallopfern, lösen eine Ersatzpflicht nur aus, wenn sie ausnahmsweise Krankheitswert haben. Nicht vom Schutzzweck der Norm umfasst ist eine sog. Rentenneurose („Flucht in eine Krankheit"). 732

Die Erwähnung der Tötung (im Schutzgut Leben) in § 823 Abs. 1 hat schadensrechtlich nur Bedeutung im Hinblick auf §§ 844 f. für den Unterhaltsschaden von Hinterbliebenen, wofür die Erfüllung des objektiven Tatbestands genügt; Unterhaltsschäden können dabei mit eigenen Ansprüchen des Getöteten aus Körperverletzung, die zum Tod führt, („vergebliche" Arztkosten, Schmerzensgeld) in der Person des Erben (§ 1922) zusammentreffen.

Besondere, die Verletzung oder ihre Schwere begünstigende Prädispositionen des Opfers (also z.B. seine besondere Gebrechlichkeit bei der sog. „Glasknochen-Krankheit" oder der Transport zerbrechlichen Gutes im Kofferraum des Verkehrsunfallopfers) sind das Risiko des Handelnden (des Täters also). 733

In sog. **Herausforderungsfällen** umfasst die Kausalität einer Tat auch Schädigungen Dritter, welche dem Opfer zu Hilfe kommen oder den Täter ergreifen wollen und dabei zu Schaden kommen (Unfälle des Notarztwagens oder Verletzungen eines Polizisten bei der direkten Täternachfolge); der dritte Geschädigte muss allerdings nachvollziehbar gehandelt haben.[81] Von der Kausalität umfasst sind weiterhin auch (v.a. Eigentums-)-Schäden durch Dritte, die sich die Situation des Opfers zunutze machen. Dies jedoch nur, wenn die Vortat die Wehrlosigkeit zumindest begünstigt hatte oder die weitere Schädigung (ggf. auch der Rechtsgüter eines Dritten) in den Schutzbereich der zuerst verletzten Verhaltensnorm rechnet.

Beispiel: Als Verletzungsfolge wird das Opfer durch Dritte bestohlen; gerät bei einem Verkehrsunfall ein nachfolgendes Fahrzeug ins Schleudern und kommen dabei weitere Personen zu Schaden.

b) Insb.: Sportverletzungen

734 Eine Einschränkung erfährt die Haftung von Teilnehmern an sportlichen Wettkämpfen dahin, dass Verletzungen anderer insoweit *nicht rechtswidrig* sind, als sie trotz Beachtung der Wettkampf- und Spielregeln sowie des Fairnessgebots entstanden sind (vergleichbar zu Rechtfertigungsgründen). Jedenfalls bei besonders gefahrträchtigen Sportarten (Fußball, Boxen oder Autorennen) sollen auch leichtere Regelüberschreitungen nicht rechtswidrig sein, sondern als übliches Risiko bekannt und billigend in Kauf genommen worden sein.

c) Insb.: Arzthaftung

735 Ärztliche Heileingriffe sind tatbestandlich Körperverletzungen und nur dann nicht *rechtswidrig*, wenn sie durch eine wirksame Einwilligung des Patienten gedeckt sind (vgl. § 630d). Der Arzt ist deshalb aufgrund des Behandlungsvertrages und aus deliktischen Gründen vor Behandlungsbeginn zur ordnungsgemäßen Aufklärung des Patienten gehalten (vgl. § 630e): Aus vertraglichen Treuhandaspekten ist der Arzt zur Aufklärung über seine Diagnose und die Therapiemöglichkeiten verpflichtet (vgl. §§ 675, 665 f.), haftungsrechtlich (also hinsichtlich § 280 Abs. 1 ebenso wie § 823 Abs. 1, 2) relevant und in § 630e geregelt ist hingegen nur die *Risikoaufklärung* im Interesse der Wahrung des Selbstbestimmungsrechts des Patienten. Erfolgt *diese* nicht ordnungsgemäß und vollständig, ist eine daraufhin erteilte Einwilligung des Patienten in die Behandlung unwirksam und damit nicht geeignet, die Rechtswidrigkeit des Eingriffs auszuschließen (nur eine ohne Fehler in der Willensbildung erteilte Einwilligung schließt die Rechtswidrigkeit aus).

736 Unabhängig von der Einwilligung haftet der Arzt für Behandlungsfehler. Geschuldet ist eine Behandlung nach den jeweils aktuellen fachwissenschaftlichen Standards (vgl. §§ 630a Abs. 2, 276 Abs. 2) und zwar von der Befunderhebung über die Diagnose und Indikation bis zur lege artis durchgeführten Therapie, wobei sich der Arzt dabei stets auf sein Fachgebiet zu beschränken und ggf. Ärzte anderer Fachrichtungen hinzuzuziehen hat. Jeder einzelne Verstoß insoweit ist ein Behandlungsfehler, der den Arzt für alle darauf zurückzuführenden (Kausalität) Gesundheitsschäden ersatzpflichtig macht.

Eigentliche Schwierigkeit der Arzthaftung ist die Feststellung des Vorliegens und der Kausalität eines Behandlungsfehlers. Entscheidungsgrundlagen, Ursachenverläufe und Heilungsaussichten lassen sich im Nachhinein kaum präzise rekonstruieren. § 630h geht daher den Weg, das Arzthaf-

---

81 Vgl. Beispiele bei *Medicus/Petersen,* BR Rn. 653 f; die Herausforderung deckt auch eine Selbstschädigung des Herausgeforderten, jedoch nur, soweit dessen Motiv, die Herausforderung anzunehmen, billigenswert war (nicht also haftet der eine dem anderen bei gemeinsam geplantem kriminellem Tun für dessen Verletzungsfolgen).

tungsrecht über die Verteilung der Beweislast zu regeln. Alle Abweichungen von erwartbaren Regelverläufen im Zusammenhang mit der Behandlung führen zur Vermutung, dass ein Behandlungsfehler des Arztes vorliege, dem diesen zu widerlegen obliegt. Handelt es sich um einen groben Behandlungsfehler (vgl. § 630h Abs. 5 S. 1), wird außerdem die Kausalität für die eingetretenen Schäden vermutet, sofern eine solche zumindest grundsätzlich als möglich erscheint, so dass der Arzt dann den Entlastungsbeweis antreten muss. Neben allen fachlichen Schwierigkeiten der Heilbehandlung sind deshalb Verstöße gegen die umfassende Dokumentationspflicht eine wesentliche Haftungsquelle.

d) Freiheit

Als Verletzung der Freiheit kommen insb. Beeinträchtigungen der körperlichen Bewegungsfreiheit sowie die Nötigung zu einer Handlung durch Drohung, Zwang oder Täuschung in Betracht. 737

e) Eigentum

Der Umfang des Eigentumsrechts ist in § 903 bestimmt. Das Eigentum wird geschützt vor Verletzungen der Sachsubstanz, vor Belastungen sowie vor Beeinträchtigung der Gebrauchsmöglichkeiten. 738

Beispiel: Die Sachsubstanz ist verletzt durch Entziehung, Beschädigung oder Zerstörung der Sache, während etwa die Veräußerung einer Sache an einen Gutgläubigen ebenso wie die Belastung mit Rechten zugunsten Gutgläubiger (vgl. §§ 892 f., 932, 936) Beeinträchtigungen des Eigentumsrechts darstellen. Gebrauchsbeeinträchtigungen liegen im Ausschluss des Eigentümers von der Nutzung seiner Sache für eine nicht nur unwesentliche Zeitdauer (z.B. Zuparken einer Garagenausfahrt oder eines auf einem Parkplatz abgestellten Fahrzeugs, auch wenn dieses seinerseits dort zu Unrecht abgestellt wurde; Einsperren eines Schiffs in einem Hafen durch eine umgestürzte Ufermauer. Keine Eigentumsbeeinträchtigung an einem Fahrzeug liegt jedoch vor, wenn diesem das Erreichen eines bestimmten Zieles unmöglich gemacht wird, solange es im Übrigen bestimmungsgemäß genutzt werden kann).

Keine Eigentumsverletzung liegt in der Lieferung eines defekten Kaufgegenstands oder Werks selbst. Geschädigt wird insoweit das Äquivalenzinteresse des Vertragspartners (Ausgleich im Rahmen des Gewährleistungsrechts), nicht aber sein Integritätsinteresse, also der Bestand seines Eigentums; anders hinsichtlich Mangelfolgeschäden an Leib, Leben oder *anderen* (bereits vorhandenen) Eigentumsobjekten, für welche eine vertragliche und deliktische Haftung parallel in Betracht kommt. Das Deliktsrecht schützt nur den *Bestand* an Rechtsgütern. 739

Schwierigkeiten bereitet die Abgrenzung bei sog. **Weiterfresserschäden**:[82] Betrifft der Mangel einer Kaufsache ein abgegrenztes Bauteil und führt dessen Funktionsausfall zur Zerstörung der ganzen Sache, so soll insoweit doch eine Eigentumsverletzung vorliegen: Das technisch selbstständige, mangelhafte Bauteil gilt als nicht „stoffgleich" mit dem Kaufgegenstand insges.. Solches soll gelten für den Defekt eines eingebauten Schwimmschalters zur Notabschaltung einer gekauften Anlage bei Flüssigkeitsmangel, für einen defekten Gaszug oder die bereits bei Übergabe unzulässige Bereifung eines gekauften Pkw, in Folge dessen die Kaufsache bei ihrer jeweiligen Benutzung zerstört wurde; – neben solcher Anerkennung des Weiterfresserschadens als Eigentumsverletzung ist für den Schadensersatz dabei selbstverständlich zusätzlich ein Verschulden, 740

82 Beispiele bei *Medicus/Petersen,* BR Rn. 650b, 650i.

etwa infolge Verletzung einer Pflicht des gewerblichen Verkäufers zur Sichtkontrolle vonnöten. Bedeutung hat die deliktische Haftung zugunsten des Käufers insb. im Hinblick auf Beweiserleichterungen im Zusammenhang mit der sog. deliktischen Produzentenhaftung nach § 823 Abs. 1.

f) Sperrwirkung von § 993 Abs. 1 a.E. bei Eigentumsverletzungen

741 Bei Eigentumsverletzungen ist der Vorrang von § 993 Abs. 1 a.E. zu beachten (sog. Sperrwirkung des Eigentümer-Besitzer-Verhältnisses), wodurch ein redlicher aber unrechtmäßiger Besitzer gegenüber Deliktsansprüchen des Eigentümers privilegiert wird.

742 Ist der Eigentumserwerb an einer übergebenen Sache gescheitert (z.B. auch gutgläubiger Erwerb vom nichtberechtigt Verfügenden infolge § 935 Abs. 1), haftet der verhinderte aber nichtsahnende Erwerber als redlicher Eigenbesitzer dem wahren Eigentümer nicht auf deliktischen Schadensersatz für seinen wie auch immer gearteten Umgang mit dieser Sache (z.B. Zerstörung). Ein Ausgleich für Sachschäden vollzieht sich zwischen diesen beiden dann ausschließlich nach §§ 987 ff. und ggf. Bereicherungsrecht. Gleiches gilt für einen redlichen unrechtmäßigen Fremdbesitzer (z.B. bei nichtigem Mietvertrag der überlassenen Wohnung), sieht man von dem sog. Fremdbesitzerexzess ab (Einzelheiten s. Darstellung zum Sachenrecht in Rn. 1061).

g) Sonstige Rechte

743 Als Schutzgut nennt § 823 Abs. 1 neben dem Eigentum noch „ein sonstiges Recht", das eigentumsähnlich sein muss (§ 823 Abs. 1 schützt als „Recht" nur das Eigentum, die übrigen Schutzgüter sind Rechts- oder Lebensgüter, keine Rechte; sollte das sonstige Recht ein beliebiges und ggf. auch schuldrechtliches Forderungsrecht sein, wäre die Aufzählung des Eigentums entbehrlich gewesen); Forderungen und das Vermögen als solches sind damit nicht durch § 823 Abs. 1 geschützt.

744 Anerkannt sind insb. die beschränkt dinglichen Rechte einschließlich der Grundpfandrechte, Anwartschaften des Vorbehaltskäufers[83], Immaterialgüterrechte und Mitgliedschaftsrechte etwa an Kapitalgesellschaften, das Besitzrecht des Mieters sowie einzelne Familienrechte, etwa das Recht der elterlichen Sorge (§§ 1626, 1632) oder der sog. räumlich-gegenständliche Bereich der Ehe (nicht der Ehebruch als solcher gibt delikti-

83 Die Anerkennung des Anwartschaftsrechts im Rahmen von § 823 Abs. 1 kann erhebliche Probleme zeitigen, etwa bei der Pfändung und Versteigerung des Vorbehaltsguts durch einen Gläubiger des Vorbehaltsverkäufers, vgl. BGHZ 55, 20, 31 f. Der Sicherungsnehmer (hier: Pfändungspfandgläubiger) unterfällt einer im Voraus kaum erkennbaren Schadensersatzpflicht gegenüber einem Dritten (dem Vorbehaltskäufer), wodurch ihm jede Sicherheit zerstört wird und die Mobiliarzwangsvollstreckung illusorisch wird. Abgrenzungsschwierigkeiten bestehen noch vermehrt dann, wenn das Anwartschaftsrecht z.B. durch Zerstörung der Vorbehaltsware vernichtet wird; dann konkurrieren Schadensersatzansprüche nach § 823 Abs. 1 des (Noch-)Eigentümers mit denen des Anwartschaftsberechtigten, während „eigentlich" im Hinblick auf Letzteren (nur) die kaufrechtliche Erfüllung gefährdet bzw. unmöglich gemacht wurde (auch mit vollständiger Zahlung kann er ja nun nicht mehr Eigentümer werden, weil die Sache zerstört ist), was er nach § 437 Nr. 2, 3 allein beim Verkäufer geltend machen müsste. BGHZ 114, 161, 165 nimmt hier gemeinschaftliche Gläubigerschaft nach §§ 1281 S. 1, 432 Abs. 1 analog an.

sche Unterlassungs- und Beseitigungsansprüche,[84] wohl aber die Aufnahme des Dritten in die Ehewohnung). Sonstige Rechte sind ferner gesetzlich anerkannte Ausprägungen des Persönlichkeitsrechts wie das Namensrecht (§ 12 BGB), die Firma (§ 17 HGB), das Markenrecht (§§ 5, 15 MarkenG), das Recht am eigenen Bild (§§ 22 ff. KUG) und das Urheberpersönlichkeitsrecht (§§ 12 ff. UrhRG), schließlich das Recht am eingerichteten und ausgeübten Gewerbebetrieb.

h) Insb.: Recht am eingerichteten und ausgeübten Gewerbebetrieb

Der Gewerbebetrieb ist eine Gesamtheit von Sachen und Rechten, dessen Wert über die **745** Summe der Sachwerte regelmäßig hinausgeht und durch Chancen und Risiken am Markt bestimmt wird. Als solcher genießt er den Schutz der Art. 12, 14 GG. Der Abwehr von Eingriffen dienen zuerst die wettbewerbsrechtliche Generalklausel in § 3 UWG sowie weitere Spezialtatbestände in § 4 Nr. 8 und § 9 UWG, § 33 GWB. Gegen Kreditgefährdung durch unwahre Tatsachenbehauptungen schützt § 824, gegen jede vorsätzliche sittenwidrige Schädigung § 826; soweit besondere Schutzgesetze verletzt werden auch § 823 Abs. 2. Das „sonstige Recht" am Gewerbebetrieb (§ 823 Abs. 1) hat hierzu nur subsidiären Auffangcharakter.

Das gilt erst recht gegenüber (echten) **Eigentumsverletzungen** an Betriebsmitteln. Eine **746** solche kann auch ohne direkten Eingriff in die Substanz erfolgen, wenn durch rechtswidriges Handeln (mittelbar) die Sachsubstanz oder ihre Benutzbarkeit beeinträchtigt wird und die verletzte Verhaltensnorm jedenfalls auch gerade diesem Schutz dient. So z.B. die Störung der betrieblichen Stromzufuhr hinsichtlich des Verderbens zu bebrütender Eier oder zu kühlender Lebensmittel, soweit diese darauf beruht. Keine Eigentumsverletzung des Betriebs*grundstücks* liegt mangels Zurechnungszusammenhangs aber in der Verursachung einer Verkehrsstauung durch einen Unfall auf einer Zufahrtsstraße.

Das subsidiäre Recht am Gewerbebetrieb schützt sodann die Vermögens*gesamtheit* von **747** Unternehmen (nicht einzelne Bestandteile) gegen **betriebsbezogene Eingriffe**. Solche sind (nur) tatbestandlich, wenn sie sich gegen den betrieblichen Organismus oder die unternehmerische Entscheidungsfreiheit richten und nicht lediglich vom Gewerbebetrieb ohne Weiteres ablösbare Rechte oder Rechtsgüter betreffen.[85]

Beispiele: Verletzungen einzelner Belegschaftsmitglieder oder Betriebsmittel sind nur dann spezifisch, wenn gerade durch deren Funktion der Betrieb als Ganzes beeinträchtigt wird. Hierzu haben sich Fallgruppen herausgebildet: schädigende Werturteile, **Boykotte** und Blockaden, etwa durch **rechtswidrige Streiks**. Besondere Bedeutung hat die **unberechtigte Schutzrechtsverwarnung**: Jemand behauptet die Verletzung eines ihm zustehenden Schutzrechts an geistigem Eigentum und veranlasst dadurch eine Produktionsstillegung, wobei sich später herausstellt, dass das Patent, Geschmacksmuster etc. tatsächlich gar nicht verletzt war (keine Erstreckung dieser Fallgruppe auf unberechtigte *wettbewerbsrechtliche* Unterlassungsbegehren).[86]

---

84 Umstritten im Hinblick auf eine Ersatzpflicht des beteiligten Dritten und seine Haftung auf das Abwicklungsinteresse, was im Hinblick darauf konsequent wäre, als das Institut der Ehe auch rechtlich gerade nicht nur ein Vertrag ist, vgl. Art. 6 Abs. 1 GG, wenngleich das Scheidungsrecht und die gerichtliche Praxis es inzwischen so behandeln. Dementsprechend lehnt der BGH auch die Haftung des Dritten ab, vgl. bei *Medicus/Petersen,* BR Rn. 616 ff. Für **Kindesunterhalt des Scheinvaters** soll allerdings der Bereicherungsausgleich gegen das Kind bestehen (dieses dürfte aber meist entreichert sein); zugunsten des Scheinvaters vgl. jetzt die **Legalzession** nach §§ 1607 Abs. 3 S. 1 (ggf. über § 1615l Abs. 3 S. 1).

85 Beispiele bei *Medicus/Petersen,* BR Rn. 611 ff.

86 Vgl. *Medicus/Petersen,* BR Rn. 614 m.w.N.; allerdings können die Wettbewerbsvorschriften Schutzgesetze i.S.d. § 823 Abs. 2 sein. Eine spezialgesetzliche Schadensersatzpflicht enthält § 9 UWG.

Betriebsbezogene Eingriffe können auch in der Veröffentlichung negativer **Testurteile** von Produkttestern liegen, welche aber jedenfalls dann nicht *rechtswidrig* sind, wenn die Untersuchung neutral, objektiv und sachkundig erfolgt ist (bei unwahren Tatsachenbehauptungen, nicht aber bei Werturteilen, gilt vorrangig § 824).

Ist die **Zuwegung zu einem Werk** (z.B. einer Mühle) in Folge des Verschuldens eines Wegeunterhaltspflichtigen nicht nutzbar (Leerlaufen eines Flussarms – sog. Fleet),[87] so ist das dadurch bedingte „*Aussperren*" der (Wasser-)Fahrzeuge eines dorthin beliefernden Transportunternehmers kein Eingriff in *dessen* Fuhrbetrieb (hinsichtlich der dadurch ausgesperrten Fahrzeuge liegt ebenfalls keine Eigentumsverletzung vor, wohl aber hinsichtlich etwaiger Eingesperrter, weil Letztere jeglicher Gebrauchsmöglichkeit entbehren). In den **Werksbetrieb**, also im Beispiel die zu beliefernde Mühle, wird durch Verletzung der Wegeunterhaltspflicht jedoch *betriebsbezogen eingegriffen.*

748 Die **Rechtswidrigkeit betriebsbezogener Eingriffe** wird durch sie nicht bereits indiziert, sondern muss durch Abwägung der widerstreitenden Interessen besonders begründet werden (der Unternehmensschutz ist gegenüber den expliziten Schutzgütern des § 823 Abs. 1 nicht als konkrete Verhaltenspflicht gesetzlich im Detail festgelegt).

i) Insb.: Allgemeines Persönlichkeitsrecht

749 Neben seinen speziellen Ausprägungen im Namensrecht und dem Recht am eigenen Bild hat das allgemeine Persönlichkeitsrecht insb. für den Schutz der Ehre einer Person, aber auch als Unternehmerpersönlichkeitsrecht[88] Bedeutung als „sonstiges Recht" i.S.d. § 823 Abs. 1. Vorrangig sind jedoch auch hier spezielle Schutzgesetze des StGB im Rahmen des § 823 Abs. 2 sowie §§ 824, 826 zu beachten.

Bei natürlichen Personen wird sodann begrifflich zwischen der **Intim-, Privat- und Individualsphäre unterschieden**, wobei erstere die innere Gefühls- und Gedankenwelt umfasst, die Privatsphäre vornehmlich den familiär-häuslichen Bereich, Letztere das öffentliche, berufliche etc. Wirken der Person. Geschützt sind alle drei Sphären (bei juristischen Personen nur die Individualsphäre), wobei ein **abgestuftes Schutzkonzept hinsichtlich der Rechtswidrigkeit** entwickelt wurde, insb. hinsichtlich der Veröffentlichungen über **Personen der Zeitgeschichte**. Dabei bedürfen insb. Bildberichterstattungen über das Privatleben Prominenter einer besonders sensiblen Interessenabwägung. Bei Wortberichterstattungen jedenfalls über wahre Tatsachen ist der Schutz der Privatsphäre durch legitime öffentliche Interessen bereits deutlich eingeschränkt. Nur begrenzt zulässig sind dagegen Verdachtsberichterstattungen und die ungeprüfte Weitergabe von Berichten Anderer, während unwahre Tatsachenberichte stets rechtswidrig sind.

750 **Großzügiger** wird die Zulässigkeit von Werturteilen und sonstigen **Meinungsäußerungen** gesehen, für welche insb. Art. 5 Abs. 1 GG im Einzelfall den Ausschlag geben kann (die Meinungsfreiheit schützt durchaus aus Tatsachenbehauptungen, insoweit deren Auswahl und Darstellung ebenfalls wertenden Charakter hat). Mit unterschiedlicher Schwerpunktsetzung ist die Persönlichkeitsverletzung deshalb stets durch Interessenabwägung zwischen Art. 1 und 2 GG einerseits und Art. 5 Abs. 1 GG, einschließlich der Pressefreiheit, andererseits zu begründen.

---

87 Fall bei *Medicus/Petersen,* BR Rn. 613.
88 *Götting/Schertz/Seitz,* HdB Persönlichkeitsrecht, § 19 Rn. 49 ff.

Filmische Dokumentationen einer Rundfunkanstalt mit versteckter Kamera **zur Aufdeckung von Missständen** im Arbeitsprozess eines Unternehmens sind nur dann zulässig, wenn die aufzunehmenden Verhältnisse entweder illegale Zustände darstellen oder sehr gravierend sind; zusätzlich müssen die Aufnahmen zur Aufdeckung erforderlich sein.[89] **751**

2. Verkehrspflichten und Produkthaftung

Die Verletzung der in den Schutzgütern des § 823 Abs. 1 liegenden Zuweisungs- und Verhaltenspflichten wird demjenigen zugerechnet, der **durch seine Handlung** hierfür eine Ursache gesetzt hat. Das gilt gleichermaßen, ob das Handeln in einem **Tun oder Unterlassen**, nämlich insb. von Schutzvorkehrungen, liegt. Ein bloßes **Unterlassen** hat dabei eine dem Tun vergleichbare Qualität (*nur*), wenn zusätzlich eine **Rechtspflicht zum Handeln** gegenüber dem Verletzten bestanden hatte. **752**

Die **Abgrenzung** positiven Tuns zum Unterlassen erfolgt nach dem Schwerpunkt der Vorwerfbarkeit; der Abbruch eigener Rettungsmaßnahmen ist etwa ein Tun, wenn die Rettungshandlung bereits eine realisierbare Rettungsmöglichkeit geschaffen hatte (z.B. Zurückziehen eines für den Ertrinkenden erreichbar ausgeworfenen Rettungsrings). Das Abschalten lebenserhaltender Apparaturen ist jedenfalls durch einen zur Behandlung verpflichteten Arzt als Unterlassung zu qualifizieren, nicht aber als Tun, weil ein Nicht-Anschalten dem gleichstünde. **753**

Die Handlungspflicht hat beim Unterlassen eine doppelte Funktion und bestimmt durch ihren Schutzzweck die im Rahmen der haftungsbegründenden Kausalität überhaupt nur relevante Person und die Unterlassungsmaßnahme; andererseits begründet sie die Rechtswidrigkeit des Unterlassens (beides wird zumeist auf eine einheitliche Funktion entweder bei der kausalen Zurechnung oder der Rechtswidrigkeit zusammengeführt).[90]

Eine **Rechtspflicht zum Handeln** besteht entweder aus einer unmittelbar auf das Recht in der verletzten Person bezogenen (**Beschützergarant**) oder aus der Verantwortlichkeit für eine Gefahrenquelle (**Überwachungsgarant**). **754**

---

89 *Götting/Schertz/Seitz,* HdB Persönlichkeitsrecht, § 19 Rn. 52, 56 ff.; z.B. der Fall Daimler vs. SWR des OLG Stuttgart (Urt. v. 8.7.2015 – 4 U 182/14): Zwar verstießen die **versteckten Filmaufnahmen** zur Dokumentation verbilligt beschäftigter Leiharbeiter gegen das Unternehmerpersönlichkeitsrecht sowie das Hausrecht des Autobauers und seien deshalb rechtswidrig, die Ausstrahlung des Materials sei aber durch die Pressefreiheit und das darin begründete Anliegen der Aufdeckung erheblicher Missstände (Titel: „Hungerlohn am Fließband") gedeckt und damit rechtmäßig. Unter diesem Aspekt wären wohl auch die heimlichen Filmaufnahmen in der sog. Ibiza-Affäre (2019) des damaligen österreichischen Vizekanzlers Strache – nach dt. Recht – gerechtfertigt gewesen.

90 Vgl. *Medicus/Petersen,* BR Rn. 642 f; insb. zur Feststellung der Rechtswidrigkeit wird dort mit der h.M. nach unmittelbaren und mittelbaren Verletzungshandlungen unterschieden und für Letztere die Unrechtsindikation abgelehnt; dies soll unabhängig von der Begehungsform (Tun oder Unterlassen) gelten. Die Schwierigkeit liegt bloß darin, dass nahezu immer weitere Ursachen den Erfolg einer Tat mit herbeigeführt haben (fast jedes Opfer läuft gewissermaßen auch „in das Messer hinein"). Die Schwierigkeiten jeder Unterscheidung sehend, erscheint die Ableitung des Unrechts je nach der Konkretheit der verletzten Pflicht vorzugswürdig. Mangels mehrheitlich konkreter Unterlassungspflichten verlagert sich dadurch die Problematik auf die *Begehungsform*: Schaltet ein Arzt lebenserhaltende Apparate ab oder nicht (wieder) an, hätte er dennoch eine allgemeine *konkrete* Standespflicht zur Lebenserhaltung verletzt, wofür er sich nur anhand z.B. einer Patientenverfügung *rechtfertigen* kann, vgl. §§ 1901a ff. (ohne solche konkrete Pflicht müsste man – umgekehrt – ihm bei Zweifeln ob des Patientenwillens nachweisen, dass keine Patientenverfügung existierte; im ersten Fall haftete er dann wegen eines Erlaubnistatbestandsirrtums ggf. für Fahrlässigkeit, im anderen gar nicht).

Beschützergaranten können aus natürlicher Verbundenheit (etwa von Ehegatten, vgl. § 1353, elterlicher Sorge, vgl. §§ 1626 ff. oder u.U. sonst enger persönlicher Beziehung) oder aus tatsächlicher Gewährübernahme (z.B. Gefahrengemeinschaft einer Bergsteigergruppe) oder aus Vertrag (z.B. Babysitting; Badeaufsicht/Schwimmmeister) erwachsen. Die Stellung als Überwachungsgarant folgt aus vorangegangenem gefährdendem Tun (Ingerenz) oder aus Zustandshaftung, für die sich verschiedene Fallgruppen herausgebildet haben.

a) Anerkannte Verkehrspflichten

755 Folgende Verkehrssicherungspflichten sind danach anerkannt: die Eröffnung eines Verkehrs auf einem Grundstück oder in einem Gebäude für die gefahrlose bestimmungsgemäße Nutzung, insb. in Bezug auf den zu erwartenden Zustand der Verkehrsflächen; der Betrieb eines Schwimmbades oder Kinderspielplatzes auch für alle zumutbaren Vorkehrungen gegen die besonderen Risiken solcher Anlagen; in Bezug auf Gehwege insb. für Winterdienst und die Beseitigung unfallträchtiger Verunreinigungen. Solche Verkehrspflichten treffen zuerst den Betreiber, der die Unterhaltspflichten jedoch durch Vertrag auf andere überwälzen kann, so dass etwa hinsichtlich der Gehwegreinigung schließlich regelmäßig die Garantenstellung bei den Mietern liegt.

756 Verkehrspflichten entstehen auch aus der Herrschaft über gefährliche Sachen, wozu auch die Vorsorge gegen unbefugte Benutzung etwa eines Kraftfahrzeugs und insb. von Schusswaffen gehört. Ähnlich haftet, wer einen gefährlichen Beruf ausübt im besonderen Maße für die Sicherheit der Allgemeinheit. Dies betrifft etwa Ärzte im Umgang (Lagerung, Entsorgung, etc.) mit Medikamenten und Spritzen, Architekten hinsichtlich der Unfallverhütung durch geeignete Bauwerksplanungen und die Kontrolle der Bauausführung im Rahmen ihres Auftrags.

b) Produzentenhaftung nach § 823 Abs. 1

757 Die Produzentenhaftung ist eine Figur der Rechtsprechung, wodurch Gefahren (nur) für die in § 823 Abs. 1 benannten Schutzgüter, v.a. solchen aus der Massenproduktion von Gütern, an den Hersteller angebunden werden, indem ihm besondere Verkehrssicherungspflichten auferlegt werden. Diese sind sedes materiae und werden durch Beweislastregeln in ihrer praktischen Bedeutung verstärkt.

758 Die Produzentenhaftung aufgrund solcher Verkehrssicherungspflichten füllt eine ansonsten bestehende Haftungslücke aus. Ein Käufer kann etwaige solche Schäden mangels Verschuldens des Händlers als sein Verkäufer kaum als vertragliche Gewährleistung geltend machen (vgl. § 437 Nr. 3), zumal solche Ansprüche meist schnell verjähren (vgl. §§ 438 Abs. 1 Nr. 3, 475 Abs. 2 bzw. 309 Nr. 8 b ff.); insb. ist der Hersteller nicht Erfüllungsgehilfe (§ 278) des Verkäufers, der eben gerade nicht die Herstellung, sondern nur Übergabe und Übereignung schuldet. Vertragliche Ansprüche gegen den Hersteller eines schädigenden Produkts bestehen nur ausnahmsweise, etwa im Falle einer von ihm erklärten Garantie (vgl. § 443 Abs. 1). Schließlich ist der Kunde auch nicht in eine Schutzwirkung des Vertragsverhältnisses zwischen Hersteller und Händler einbezogen und eine Drittschadensliquidation scheidet mangels Zufälligkeit der Schadensverlagerung ebenfalls aus.

Herstellerspezifische Verkehrssicherungspflichten lassen sich in vier zu vermeidende Gefahrenquellen einteilen und betreffen deshalb die Pflicht zur Vermeidung von Konstruktionsfehlern (fehlerfreie Entwicklung), Fabrikationsfehlern (fehlerfreier Produktionsprozess), Instruktionsfehlern (risikolose Benutzungsmöglichkeit durch Betriebsanleitungen und Warnhinweise) und eine Produktbeobachtungspflicht (etwa hinsichtlich Neben- und Wechselwirkungen mit anderen Produkten). **759**

c) Fallgruppen der Produzentenhaftung

Konstruktionsfehler liegen vor, wenn alle Produkte einer bestimmten Serie ein Sicherheitsdefizit gegenüber den vorherrschenden und technisch möglichen Sicherheitserwartungen des entsprechenden Nutzerkreises haben. Nicht die Gefährlichkeit an sich, sondern das objektive Fehlen einer allgemein für erforderlich gehaltenen Sicherheit des Produkts ist ausschlaggebend (Vergleich mit dem generellen Grad der Sicherungstechnik von Substitutionsgütern). **760**

Fabrikationsfehler entstehen hingegen durch menschliches oder technisches Versagen im Herstellungsprozess und hängen deshalb meist nur einzelnen Produkten einer Serie an (Verunreinigungen, Materialfehler). Sofern trotz aller erforderlichen Sicherungsmaßnahmen Fabrikationsfehler *unvermeidlich* sind (sog. **Ausreißer**), liegt zwar eine Verletzung der Verkehrssicherungspflicht des Herstellers vor, mangels Fahrlässigkeit (vgl. § 276 Abs. 2) scheidet eine deliktische Haftung dennoch aus.

Instruktionspflichten dienen schließlich der Vermeidung von Gefahren aus der Verwendung, wobei auch ein naheliegender Fehlgebrauch vom Hersteller einzukalkulieren ist.

Die **Produktbeobachtungspflicht** setzt nach dem Inverkehrbringen des Produkts an und verpflichtet den Hersteller, dieses betreffende Erkenntnisse aus der Praxis ebenso wie entsprechende Fortschritte in Wissenschaft und Technik zu verfolgen und ggf. darauf zu reagieren (etwa durch Rückrufaktionen, ergänzende Warnhinweise gegenüber festzustellenden Einsatzbereichen bis hin zur Umstellung der künftigen Produktion). Die Produktbeobachtungspflicht zwingt zwar auch zu nachträglichen Sicherheitshinweisen, nicht jedoch zur Nachrüstung oder Reparatur des Produkts auf Kosten des Herstellers; die Mangelfreiheit und Benutzbarkeit eines Produkts an sich ist ausschließlich Sache des Gewährleistungsrechts (Äquivalenzinteresse).

Instruktionsfehler wurden bejaht bei fehlender Warnung vor „Dauernuckeln" im Hinblick auf das Kariesrisiko durch gezuckerte Kindergetränke; ebenso mangels Erkennbarkeit der Gefahrenquelle in einem Papierreißwolf mit entsprechend großem Einführungsschlitz bei fehlendem Hinweis, Kinder davon fernzuhalten (Piktogramm auf dem Gerät selbst erforderlich, nicht nur in der Betriebsanleitung, damit nicht nur Besitzer mit „Hauskindern" die Gefahr beim Aufstellen des Geräts gewärtigen, sondern auch kinderlose Besitzer das Risiko für externe „Besuchskinder" fortwährend realisieren); das ist auch der Grund für entsprechende Hinweise aller Arten auf Sprayflaschen. Als allgemein bekannte Gefahren sind Hinweise auf die Gefährlichkeit von Alkohol und Nikotin jedenfalls nicht aus deliktsrechtlichen Gründen erforderlich. **761**

d) Beweislastverteilung bei Produzentenhaftung

762 Besonderheiten gelten im Rahmen der Produzentenhaftung für die Verteilung der Beweislast bei Fabrikations- und Konstruktionsfehlern.[91] Der Geschädigte hat kaum Einblick in den Herstellungsvorgang und könnte selbst gegenüber Kleinbetrieben kaum je die objektive Vorhersehbarkeit von Fehlern aus dem Entwicklungs- oder Herstellungsvorgang (als Voraussetzung der Fahrlässigkeit nach § 276 Abs. 2) beweisen. Aus diesem Grund genügt es, wenn der Geschädigte den **objektiven Mangel** des Produkts sowie seine **Herkunft** aus dem Organisations- und Gefahrenbereich des Herstellers (etwa durch Ausschluss anderer denkbarer Ursachen) belegen kann. Der Hersteller muss dann umgekehrt den Entlastungsbeweis für sein **fehlendes Verschulden** erbringen.

Die Beweislast für den **Schaden** und die **Kausalität** zwischen dem Fehler und dem eingetretenen Schaden bleibt sodann wieder beim Geschädigten.

763 Den Entlastungsbeweis für Ausreißer erbringt der Hersteller, in dem er alle erforderlichen und zumutbaren Vorkehrungen, Kontrollen etc. getroffen und dokumentiert hatte, die jeweils denkbaren Fehler*quellen* in seinem Organisationsbereich auszuschließen; für danach verbleibende „unvermeidbare“ Fehler haftet er sodann mangels Verschuldens nicht deliktisch.

e) Delegation

764 Hersteller und damit Deliktsschuldner ist nicht lediglich der Rechtsträger des Produktionsunternehmens, sondern sind auch jedenfalls zur Vermeidung entsprechender Produktionsrisiken speziell verantwortliche Führungs- und Fachkräfte; eine persönliche Deliktshaftung des Geschäftsführers folgt jedoch nicht bereits allein aus der Organstellung heraus. Verkehrssicherungspflichten können, wie stets, durch klare und eindeutige Absprachen auf Dritte übertragen werden, welche dann das Haftungsrisiko übernehmen, es bleiben jedoch in jedem Fall Überwachungs- und Kontrollpflichten hinsichtlich der Pflichterfüllung durch die Delegaten beim Deleganten zurück. Insoweit betrifft die Produzentenhaftung nicht nur Großunternehmen, sondern auch Handwerksbetriebe wie Bäcker oder Gastwirte, nicht jedoch Importeure und Lieferanten (umstritten; a.A. § 4 Abs. 3 ProdHaftG analog).

Der Hersteller des Endprodukts ist für die Auswahl von Vorprodukten und deren Zusammenbau in dem fertigen Produkt verantwortlich, die Zulieferer nur für die von ihnen gelieferten Teile (umstritten).

3. Prüfungsschema Schadensersatz, § 823 Abs. 1

765 **I. Tatbestand**

1. Unerlaubte Handlung
   a) Leben, Körper, Gesundheit, Freiheit, Eigentum (ggf. Weiterfresserschäden): stets allgemeine Verhaltenspflicht verletzt
   b) Sonstige absolute Rechte (nicht das Vermögen), insb. berechtigter Besitz, Allgemeines Persönlichkeitsrecht, Recht am eingerichteten und ausgeübten Gewerbebetrieb: Allgemeine Verhaltenspflicht muss festgestellt werden.

91 Vgl. Hochzeitsessensfall, *Grunewald,* BR § 32 Rn. 11; *Medicus/Petersen,* BR Rn. 650h.

c) durch zurechenbares Handeln (insb. Schutzzweck der verletzten Verhaltenspflicht)
oder
d) durch Unterlassen trotz Garantenstellung (zusätzliche Verkehrssicherungspflicht erforderlich)

2. Rechtswidrigkeit
   a) Erfolgsunrecht (Rechtswidrigkeit indiziert, außer Rechtfertigungsgründe liegen vor)
   b) Handlungsunrecht (Rechtswidrigkeit der Pflichtverletzung muss nachgewiesen werden können)
   c) Beispiele für Rechtfertigungsgründe
      – Notwehr und Notstand, §§ 227–229, 858 f., 904, 906 ff.
      – Wahrnehmung berechtigter Interessen
      – Meinungsfreiheit, Pressefreiheit, Wissenschaftsfreiheit
      – Verkehrsrichtiges Verhalten
      – Einwilligung
      – Ärztliche Heileingriffe nur nach Risikoaufklärung
      – Besonderheiten beim Sport
3. Verschulden
   a) Verschuldensfähigkeit, §§ 827, 828 (beachte § 828 für Minderjährigenhaftung)
   b) Objektive Sorgfaltsverletzung genügt, § 276 Abs. 2
   c) Oder Billigkeitshaftung, § 829

II. Rechtsfolgen
– Allgemeines Schadensrecht, §§ 249 ff.
– Besonderheiten nach §§ 842 ff.

III. Keine Verjährung

IV. Haftung nach dem Produkthaftungsgesetz

1. Voraussetzungen und Rechtsfolgen

Neben der Produzentenhaftung nach § 823 Abs. 1 kommt eine Ersatzpflicht für fehlerhafte Produkte nach § 1 Abs. 1 Produkthaftungsgesetz (ProdHaftG) in Betracht. Es handelt sich um eine **verschuldensunabhängige Gefährdungshaftung** des Herstellers, welche jedoch neben **Personenschäden** auf Schäden an **Sachen** beschränkt ist, die für den **privaten Ge- oder Verbrauch** bestimmt sind (§ 1 Abs. 1 S. 2 ProdHaftG). **766**

Voraussetzungen der Haftung nach § 1 ProdHaftG sind eine **Rechtsgutsverletzung** i.S.d. § 1 Abs. 1 ProdHaftG, die im Zusammenhang mit einem **Produkt** i.S.d. § 2 ProdHaftG steht, dem ein **Produktfehler** (§ 3 ProdHaftG) anhaftet, und dass dieser Fehler für die Rechtsgutsverletzung **kausal** ist. **767**

Als **Rechtsfolge** haftet der Hersteller (vgl. § 4 ProdHaftG), sofern keine Ausschlussgründe nach § 1 Abs. 2, 3 ProdHaftG vorliegen, auf Ersatz derjenigen Nachteile, die durch den Tod oder die Körperverletzung sowie die Beschädigung bzw. Zerstörung privater Sachen entstanden sind. Schadensersatzansprüche im Falle der Tötung eines Menschen richten sich nach §§ 7, 9 ProdHaftG, im Falle der Körperverletzung nach §§ 8, 9 ProdHaftG, wobei der Höchstbetrag beschränkt ist (§ 10 ProdHaftG); nach § 8 S. 2 ProdHaftG besteht auch ein Schmerzensgeldanspruch. Ein Selbstbehalt des Geschädigten ist bei Sachschäden in § 11 ProdHaftG bestimmt. Mehrere Ersatzpflichtige haften gesamtschuldnerisch (vgl. § 5 ProdHaftG). Bei Mitverursachung des Schadens richtet sich der Haftungsumfang des Herstellers nach § 6 ProdHaftG.

768 Als **Produktfehler** kommen Fabrikations-, Konstruktions- und Instruktionsfehler vor, die sich wie die vergleichbaren Verkehrssicherungspflichten im Falle der Produzentenhaftung nach § 823 Abs. 1 nach den berechtigten Sicherheitserwartungen richten. Anders als nach § 823 Abs. 1 bestimmt sich der Produktfehler i.S.d. § 3 ProdHaftG ausschließlich nach dem **Zeitpunkt des Inverkehrbringens** des Produkts. Eine *Produktbeobachtungspflicht* kennt das ProdHaftG damit *nicht*. Hierfür bleibt es bei der Haftung nach § 823 Abs. 1.

Der Herstellerbegriff des § 4 ProdHaftG ist insofern weiter als nach § 823 Abs. 1, als auch Importeure und Lieferanten umfasst sind (vgl. § 4 Abs. 2, 3 ProdHaftG). Anders als für die Eigentumsverletzung nach § 823 Abs. 1, kommen für die Haftung nach § 1 Abs. 1 ProdHaftG sog. Weiterfresserschäden nicht in Betracht („andere Sache" beschädigt).[92]

769 Die **Beweislastverteilung** richtet sich nach § 1 Abs. 4 ProdHaftG. Der Geschädigte muss danach alle Anspruchsvoraussetzungen, der Hersteller das Vorliegen von Ausschlussgründen des § 1 Abs. 2, 3 ProdHaftG dartun. Die Produkthaftung erlischt zehn Jahre nach dem Inverkehrbringen eines Produkts (§ 13 ProdHaftG), die Verjährung eines Anspruchs richtet sich nach § 12 ProdHaftG, für beide ist der Hersteller beweisbelastet.

2. Prüfungsschema Schadensersatz nach § 1 Abs. 1 ProdHaftG

770

I. Anwendbarkeit des ProdHaftG; §§ 16, 19 ProdHaftG

II. Voraussetzungen

1. Rechtsgutsverletzung, § 1 Abs. 1 ProdHaftG
   a) Leben, Körper, Gesundheit
   b) Sachbeschädigung gem. § 1 Abs. 1 S. 2 ProdHaftG (andere Sache als das fehlerhafte Produkt; zum privaten Gebrauch bestimmt; vom Geschädigten hauptsächlich privat genutzt)
2. Verursacht durch Produktfehler
   a) Produkt, § 2 ProdHaftG
   b) Fehler, § 3 ProdHaftG (herstellerspezifische Verkehrssicherheitspflicht verletzt durch Konstruktions-, Fabrikations- oder Instruktionsfehler)
   c) Kausalität des Produktfehlers für die Rechtsgutverletzung
3. Hersteller und Gleichgestellte, § 4 ProdHaftG
4. Kein Haftungsausschluss, § 1 Abs. 2, 3 ProdHaftG, z.B.
   a) Produkt nicht durch Hersteller in Verkehr gebracht
   b) Fehlerfreiheit des Produkts bei Inverkehrbringen oder Fehler nicht erkennbar
   c) Nichtkommerzielle Herstellung oder Vertrieb

---

92 Vgl. *Medicus/Petersen,* BR Rn. 650.

d) Fehler beruht auf zwingender Rechtsvorschrift
e) Kein Haftungsausschluss nach § 14 ProdHaftG

III. Rechtsfolgen
1. Allgemeines Schadensrecht, §§ 249 ff. BGB
2. Einschränkungen bei Körperverletzung, §§ 8–10 ProdHaftG, und Tötung, § 7 ProdHaftG; Selbstbeteiligung bei Sachschäden, § 11 ProdHaftG
3. Mitverschulden, § 6 ProdHaftG

IV. Verjährung, §§ 12 f. ProdHaftG

V. Grundtatbestand des § 823 Abs. 2

Nach § 823 Abs. 2 S. 1 macht sich schadensersatzpflichtig, wer gegen ein den Schutz 771 eines anderen bezweckendes Gesetz verstößt. Eigenständige Bedeutung hat diese umfassende Formulierung hinsichtlich solcher **Schutzgesetze**, welche bereits die **bloße Gefährdung von Rechtsgütern verbieten** und Schäden bereits aus der Gefährdungslage entstanden sind, insb. aber soweit Schutzgesetze auch das von § 823 Abs. 1 nicht erfasste **Vermögen schützen**.

§ 823 Abs. 2 sanktioniert allein die Verletzung sog. Schutzgesetze. Solche sind nur gegeben, soweit Vorschriften nicht lediglich eine objektive Ordnung bestimmen, sondern auch dem Schutz bestimmter Personen und ihrer Rechtsgüter dienen wollen (Individualzweck), der Geschädigte zu diesem Personenkreis rechnet und gerade der eingetretene Verletzungserfolg vom Schutzgesetz verhindert werden sollte (Schutzzweck der Norm).

Ersatzfähig sind sodann nur diejenigen Schäden, die (unmittelbar oder mittelbar) aus der Verletzung des geschützten Rechtsguts entstanden sind, nicht jedoch allgemeine Vermögensschäden im Zusammenhang mit dem Schadensereignis.

Beispiel: Zu der unermesslichen Zahl von Schutzgesetzen gehören zuvorderst die strafrechtlichen Delikte gegen die Person und Vermögensdelikte. Die Verkehrsregeln der StVO haben den Charakter als Schutzgesetze, soweit sie auch dem Schutz Einzelner gegen bestimmte Gefährdungen im Straßenverkehr dienen; Schutzgesetz ist weiterhin die Insolvenzantragspflicht (§ 15a InsO). *Verneint* wurde die Schutzgesetzeigenschaft etwa für die Urkundenfälschung (§ 267 StGB), für die auch anlegerschützenden §§ 31 ff. WpHG und die Unfallverhütungsvorschriften der Berufsgenossenschaften.

§ 823 Abs. 2 S. 2 fordert zur Deliktshaftung **Verschulden** auch dann, wenn die Schutz- 772 norm verschuldensunabhängig verwirklicht werden kann. In diesem Fall sowie generell, soweit Fahrlässigkeit nach einem Schutzgesetz ausreicht, gilt der Maßstab des § 276 Abs. 2, wonach **objektive Vorhersehbarkeit genügt**. Jedes Verschulden muss sich nur auf die Schutzgesetzverletzung selbst, nicht auch auf die dadurch verursachten Schäden beziehen.

VI. Haftung für vorsätzliche sittenwidrige Schädigung nach § 826

§ 826 ist eine deliktische Generalklausel zum Ersatz jeglicher Schäden aufgrund einer 773 **gesinnungsmäßig missbilligten Handlungsweise**, sofern der Täter mit mindestens **bedingtem Vorsatz** handelte.

Die **Sittenwidrigkeit** einer Handlung kann aus dem verfolgten Ziel, dem Mittel zur Erreichung eines (auch erlaubten) Ziels oder aus dem groben Missverhältnis von an sich je erlaubtem Ziel und Mittel ergeben: Zum Schadensersatz verpflichtet damit eine Handlungsweise, die zwar an sich erlaubt wäre, im konkreten Zusammenhang aber nur dazu dient, andere zu schädigen (unzulässige Rechtsausübung). Gleiches gilt, wenn an sich zulässige eigene Interessen so verfolgt werden, dass andere dadurch in nicht hinzunehmender Weise geschädigt werden; dadurch wird jedoch nicht jede Suche nach eigenem Vorteil zu Lasten anderer inkriminiert, sondern nur eine besonders rücksichtslose.

774 Die Handlungsweise muss **vorsätzlich**, nicht unbedingt absichtsvoll erfolgen. Der Vorsatz muss nicht das rechtliche Werturteil der Sittenwidrigkeit, wohl aber die solches Werturteil begründenden Tatumstände umfassen, welche der Täter zumindest billigend in Kauf nehmen muss. Außerdem muss sich bei § 826 der Vorsatz – anders als bei den anderen Haftungstatbeständen – auch auf den Schaden als Handlungserfolg beziehen und der Täter muss einen Schaden dieser Art wenn schon nicht verwirklichen wollen, so doch billigend in Kauf genommen haben.

Der eingetretene Schaden gehört ausnahmsweise zum Unrechtstatbestand selbst. Ersatzfähig ist dabei ausnahmslos jeder Vermögensschaden.

Die Verletzung bestimmter Rechtsgüter (vgl. etwa § 823 Abs. 1) oder Verhaltensnormen ist nicht erforderlich, vielmehr können auch isoliert genommen zulässige Handlungen die Schadensersatzpflicht auslösen, wenn es sich um eine unzulässige Rechtsausübung handelt. Die Ersatzfähigkeit eines Schadens ist, wie stets im Deliktsrecht, nicht auf einen korrespondierenden Vorteil des Schädigers beschränkt.

775 Für die Anwendung von § 826 haben sich **Fallgruppen** herausgebildet. Zentrale Fallgruppe ist die Täuschung Dritter mit Schädigungsvorsatz, etwa durch Vorspiegelung von Gewinnmöglichkeiten gegenüber Anlegern am Kapitalmarkt oder die leichtfertige und gewissenlose Erstattung falscher Gutachten durch Sachverständige (die Haftung gerichtlich bestellter Sachverständiger nach § 839a geht in subjektiver Hinsicht weiter, als dort grobe Fahrlässigkeit genügt, die zudem nicht auch auf den Schadenseintritt gerichtet sein muss). Sittenwidrig ist außerdem die Verleitung anderer zum Vertragsbruch gegenüber ihren Gläubigern, sofern dies z.B. unter Übernahme etwaiger Ersatzpflichten aus dem Vertragsbruch geschieht. Schließlich ist der bewusste Missbrauch formaler Rechtsstellungen sittenwidrig, also etwa die Vollstreckung aus erschlichenen Urteilen.

VII. Haftung für Verrichtungsgehilfen nach § 831

776 Nach § 831 Abs. 1 S. 1 ist, wer einen anderen zu einer Verrichtung bestellt (den sog. Verrichtungsgehilfen), zum Ersatz des Schadens verpflichtet, den dieser Verrichtungsgehilfe in Ausführung der Verrichtung einem Dritten widerrechtlich zufügt.

Dadurch wird eine Haftung für **vermutetes eigenes Verschulden des Geschäftsherrn** in *Auswahl* oder *Anleitung* des Verrichtungsgehilfen begründet. Ein etwaiges *Verschulden des Gehilfen* ist für diesen Anspruch *irrelevant* (begründet jedoch ggf. eine Eigenhaftung des Gehilfen nach § 823 Abs. 1 etc.).

Dem Geschäftsherrn ist gegen die Vermutung seines Auswahl- oder Überwachungsverschuldens der **Entlastungsbeweis** eröffnet (§ 831 Abs. 1 S. 2), dass er bei der Auswahl des Verrichtungsgehilfen, bei der Beschaffung der nötigen Vorrichtungen oder Gerätschaften und bei der Anleitung der Verrichtungen die im Verkehr erforderliche Sorgfalt beobachtet habe, oder dass der Schaden auch bei Anwendung dieser Sorgfalt entstanden sei.

Darin unterscheidet sich diese **selbstständige Haftungsnorm** von der bloßen Zurechnungsnorm für fremdes Verschulden in § 278 für die vertragliche Schadenshaftung. *Schuldfähig* (vgl. §§ 827, 828) muss bei der Haftung für fremdes Verschulden der Handelnde, *in § 831* hingegen der *Haftende* sein.

1. Tatbestand

§ 831 S. 1 knüpft an die anderen Deliktstatbestände des BGB an und spricht eine Haftung des Geschäftsherrn aus, wenn sein Verrichtungsgehilfe den **objektiven Tatbestand einer unerlaubten Handlung** im Zusammenhang mit der ihm übertragenen Verrichtung erfüllt. Voraussetzung ist also (nur) die Verwirklichung des äußeren Tatbestands einer unerlaubten Handlung i.S.d. §§ 823–826. *Schuldhaftes Handeln* des Täters selbst ist *nicht erforderlich* (sofern es nicht ausnahmsweise bereits zum Deliktstatbestand gehört, wie bei § 826 und in vielen Fällen von Schutzgesetzen des § 823 Abs. 2). **777**

Der handelnde Täter muss **Verrichtungsgehilfe** sein, wofür genügt, dass der Geschäftsherr ihn entgeltlich oder unentgeltlich mit einer tatsächlichen oder rechtsgeschäftlichen Tätigkeit in der Weise betraut hat, dass der Gehilfe *weisungsabhängig* ist und seine Tätigkeit nach Zeit und Umständen vom Geschäftsherrn bestimmt ist und jederzeit beschränkt oder entzogen werden kann (Regelfall ist die Arbeitnehmereigenschaft des Gehilfen). Den *Gegensatz* bildet die Einschaltung selbstständiger *Subunternehmer*, für welche nicht nach § 831 gehaftet wird (wohl aber ggf. vertraglich über § 278).

Hinzukommen muss, dass der Verrichtungsgehilfe die unerlaubte Handlung gerade **„in Ausführung" der ihm übertragenen Verrichtungen** vorgenommen hat. Erforderlich ist ein äußerer und innerer Zusammenhang mit der übertragenen Tätigkeit. Das ist stets dann der Fall, wenn sich ein Risiko verwirklicht, dessen Vermeidung zu den spezifischen Sorgfaltspflichten der bestellten Verrichtung gehört; Verkehrsstraftaten eines Berufsfahrers oder Vermögensdelikte eines angestellten Vermögensberaters gehören dazu. Den *Gegensatz* bilden Straftaten nur *gelegentlich* der Verrichtung, so etwa der Diebstahl durch einen Malergesellen in der anzustreichenden Wohnung (anders aber eine von ihm beim Hantieren verursachte Sachbeschädigung).

2. Entlastungsbeweis

§ 831 S. 1 ist (eigentlich, weil unvollkommen) eine Risikohaftung des Unternehmers (Haftung für sein Betriebsrisiko; ähnlich der noch weitergehenden kaufmännischen „Leutehaftung" nach § 428 HGB), dem nicht einmal eine objektiv sorgfaltswidrige Missachtung von Verkehrspflichten nachgewiesen werden muss (solches wäre im Fall seines eigenen Unterlassens nach § 823 Abs. 1 erforderlich), sondern der vielmehr seinerseits deren sorgfältige Beobachtung nachweisen muss. Damit ist formal einem Verschuldensgrundsatz genügt und sind *unvorhersehbare Schädigungen* von der Haftung ausgenommen. Letztlich zwingt dieser Entlastungsbeweis zu einer **Objektivierung von Auswahl-, Anleitungs-, Fortbildungs- und Überwachungsprozessen** hinsichtlich eigener Arbeitnehmer und insb. zu entsprechender bürokratischer **Dokumentation**. **778**

a) Problem des Organisationsgrads

779 Der höhere Organisationsgrad erleichtert damit die Exkulpation (sog. dezentralisierter Entlastungsbeweis: man hat ja „Stellen" eingerichtet und ihnen die Verantwortung übertragen). Hiervon ausgehend erklärt sich die Entwicklung weitgehender Organisationpflichten für bestimmte Tätigkeiten und Berufe als Verkehrspflichten i.S.d. § 823 Abs. 1 zur Gefahrenvermeidung; so die Produzentenhaftung, weitgehende Sicherungspflichten der Organisatoren von Massenveranstaltungen, Überwachungspflichten von Reiseveranstaltern hinsichtlich der Verkehrssicherheit ihrer Vertragshotels, aber auch von Architekten zur Vorsorge gegen mögliche Baumängel und der Inhaber von Kfz-Reparaturwerkstätten zur Vermeidung aller möglichen Verkehrsrisiken durch Arbeitsfehler. Die Entlastungsmöglichkeit durch den Organisationsgrad (§ 831 S. 2) wird kompensiert durch einen Zwang zur **Prozessorganisation**; deren Verletzung ist dann das eigene **Organisationsverschulden** des Unternehmers (Haftung des Rechtsträgers **nach § 823 Abs. 1**).

b) Organhaftung als Außenhaftung von Geschäftsführern[93]

780 Eine Garantenstellung für die Einhaltung ebendieser Verkehrspflichten führt zudem zu einer Außenhaftung der Geschäftsleiter solcher Organisationseinheiten. Zwar lehnt die Rechtsprechung eine Garantenstellung allein aus der Organmitgliedschaft ab und verlangt für die Haftung als Teilnehmer im Grundsatz eine *positive Kenntnis* des jeweiligen Organmitglieds von den Pflichtversäumnissen ressortzuständiger Kollegen[94] – jedenfalls bei reinen Vermögenstaten (anders möglicherweise in Bezug auf deliktisch geschützte Rechtsgüter).[95] Insb. in einer angespannten wirtschaftlichen Situation kommt bei für das Unternehmen besonders wichtigen Einzelsachverhalten auch den einzelnen **Aufsichtsratsmitgliedern** eine aktive **Aufklärungspflicht** zu, aus der sich eine persönliche Haftung ergeben kann.[96]

781 Die Organhaftung von Geschäftsleitern und Unternehmensträgern auf Basis von Verkehrssicherungspflichten im objektiven Deliktstatbestand führt letztlich dazu, dass haftungsrechtlich nur ein (in der Praxis nahezu nicht denkbarer) Tatbestandsirrtum entlastend wirkte; welche Handlung, welches Tun oder Unterlassen, verboten gewesen sei, wird stets erst im Nachhinein objektiv festgestellt werden können. Darin liegt eine weitgehende Abschwächung des Verschuldensgrundsatzes hin zur **Verursachungshaftung** mit einem faktischen Zwang zur **unternehmerischen Risikoaversion** und **größtmöglicher Absicherung** durch externe Beratung.

VIII. Die sonstigen Deliktstatbestände (Überblick)

782 Haftung für fremde Unrechtshandlungen, Haftung für Organe und Amtshaftung. §§ 31, 89 bestimmen eine **Haftung des Rechtsträgers von Unternehmen** (Körperschaften) und des Staates für in der Person ihrer verfassungsmäßigen Vertreter (Organe) verwirklichte Schadensersatzpflichten. Es handelt sich nicht wie bei § 831 um vermutetes eigenes Verschulden für unerlaubte Handlungen anderer, sondern um eine **Haftungsüberleitung**, die an die bestehende volle Haftung des Organvertreters anknüpft.

93 BGHZ 194, 26 = NJW 2012, 3439 = ZIP 2012, 1552; BGH ZIP 2012, 723; BGH BB 2007, 1243.
94 Vgl. BGH ZIP 2012, 2302 = DB 2012, 2628.
95 Vgl. BGHZ 109, 171 = NJW 1990, 454 = BB 1990, 16.
96 Vgl. OLG Stuttgart ZIP 2012, 625.

1. Staatshaftung

Ähnliches gilt bei der **Staatshaftung für Amtspflichtverletzungen der Beamten** nach Art. 34 GG. Bei der Staatshaftung ist deshalb zwischen dem **Fiskalbereich** (im Rahmen wirtschaftlicher Staatstätigkeit, wie z.B. dem Einkauf von Büromaterial durch ein Finanzamt, greift nur die Eigenhaftung des Beamten nach § 839 und je nach seiner Stellung die Haftungsüberleitung auf den Staat nach §§ 31, 89) einerseits und **hoheitlicher Tätigkeit** („*eigene*" Staatshaftung durch Überleitung der Eigenhaftung des Beamten aus § 839 durch Art. 34 GG) andererseits, zu unterscheiden. **783**

In beiden Fällen ist die Subsidiaritätsklausel im § 839 Abs. 1 S. 2 zu beachten, welche an sich nur gerechtfertigt ist, um den Beamten vor Eigenhaftung zu schützen, welche bei Überleitung auf den Staat allerdings auch diesem zugute kommt; (nur) insoweit tendiert die Rechtsprechung dazu, diese zumindest bei schlicht hoheitlichem Handeln (z.B. Straßenverwaltung) nicht anzuwenden.

2. Gebäudehaftpflicht nach §§ 836–838

Besondere Haftungstatbestände für die **Verletzung von Verkehrssicherungspflichten** regelt das BGB hinsichtlich Körper- und Sachschäden in Folge des Einsturzes von Gebäuden oder sonstigen Werken, die mit einem Grundstück verbunden sind (Zäune, Gerüste etc.). Gehaftet wird nur für Einsturz oder Ablösung von Teilen hiervon, sofern dies Folge fehlerhafter Errichtung oder mangelhafter Unterhaltung ist und sich im Schaden gerade die typische Gefahr des Einsturzes oder der Ablösung von Teilen eines Gebäudes verwirklicht hat (Gefahr, von herabfallenden Steinen erschlagen zu werden, nicht aber die Unfallgefahr daraus, dass sie – längere Zeit – auf der Straße liegenbleiben). **784**

Die Haftung trifft zuerst den Eigenbesitzer des Grundstücks (§ 836 Abs. 3). Steht der unmittelbare Besitz am Gebäude jedoch einem anderen zu (Mieter, Pächter, Nießbraucher oder Erbbauberechtigter), so haftet dieser (§ 837) und zwar anstelle des Besitzers des Grundstücks. Neben Grundstücks- oder Gebäudebesitzern trifft die Haftung auch denjenigen, der die Unterhaltung des Gebäudes übernommen hat, sei es durch Vertrag oder in Folge eines Nutzungsrechts.

Die Haftung gründet auf vermutetem Verschulden, so dass es Sache desjenigen ist, der auf eine solche Haftung in Anspruch genommen wird, nachzuweisen, dass er das Gebäude oder Werk ordnungsgemäß errichtet bzw. unterhalten hat.

3. Kreditgefährdung nach § 824

Schadensersatzpflichtig macht sich, wer schuldhaft eine unrichtige Tatsache behauptet oder verbreitet, die geeignet ist, den Kredit eines anderen zu gefährden oder sonstige Nachteile für dessen Erwerb oder Fortkommen herbeizuführen (§ 824 Abs. 1). Die Vorschrift hat allein Bedeutung für fahrlässiges Handeln (für vorsätzliche Verleumdung wird bereits nach § 187 StGB, § 823 Abs. 2 gehaftet). Der Schutz bezieht sich nur auf unrichtige Tatsachenbehauptungen; das sind solche Äußerungen, die jedenfalls hinsichtlich ihres überwiegenden Inhalts auf den objektiven Wahrheitsgehalt hin gerichtlich überprüft werden können. Den Gegensatz bilden Werturteile, welche ein Meinen oder Dafürhalten zum Gegenstand haben. Die unrichtigen Tatsachen müssen sich außerdem gerade mit dem Geschädigten befassen, wozu auch seine Beziehungen zu seiner Umwelt gehören (so z.B. die Aussage, der Finanzsektor sei nicht mehr bereit, einem bestimmten **785**

Unternehmen Kredit zu gewähren). Die Tatsache muss unwahr sein, die Beweislast obliegt dem Geschädigten (misslingt der Beweis der Unwahrheit, bleibt die Haftung für üble Nachrede nach § 186 StGB, § 823 Abs. 2). Die Haftung ist bei fahrlässigem Handeln allerdings ausgeschlossen, wenn der Äußernde oder der Empfänger der Mitteilung an ihr ein berechtigtes Interesse hat (§ 824 Abs. 2).

4. Tatbestände der Gefährdungshaftung

786 Gefährdungshaftung ist eine Haftung, die weder Rechtswidrigkeit noch Verschulden voraussetzt. Beispiel für diesen Deliktstyp ist die Halterhaftung für sog. Luxustiere (§ 833 S. 1); realisiert sich die spezifische Tiergefahr, besteht die Ersatzpflicht ohne Weiteres. Gefährdungshaftung ist auch die Produzentenhaftung nach dem ProdHaftG. Für technische Gefahrenlagen aus dem Betrieb eines Pkw (vgl. § 7 StVG) u.a. existieren besondere Tatbestände der Gefährdungshaftung; zu erwähnen ist neben dem Eisenbahnbetriebsunternehmer die Haftung des Inhabers von Energieanlagen und -leitungen (§§ 1, 2 HaftPflG), für Flugzeuge (§§ 33 ff. LuftVG), Atomanlagen (§§ 25 ff. AtomG) sowie für Inhaber und Betreiber bestimmter Anlagen zum Gewässerschutz (§ 89 Abs. 2 WHG) und zum Schutz gegen Körper- und Sachschäden durch Umwelteinwirkungen (§ 1 UmweltHG).

IX. Deliktische Haftung mehrerer Personen

787 Sind mehrere Personen an einem Delikt als Schädiger beteiligt, sind oftmals die einzelnen Tatbeiträge oder die Kausalität des einen oder anderen Tatbeitrags im Nachhinein nicht mehr feststellbar.

Wirken mehrere an einer unerlaubten Handlung als **Mittäter, Anstifter oder Gehilfen** bewusst zusammen, wird jeder Tatbeitrag des einen jedem anderen als dessen eigene Verletzungshandlung zugerechnet (§ 830 Abs. 1 S. 1, Abs. 2).[97] Umfang und Kausalität des jeweiligen Tatbeitrags sind damit irrelevant. Die Zurechnung beruht auf dem jeweiligen *Willen zur Teilnahme*, weshalb Mittäter und Gehilfen zumindest grobe *Kenntnis der Umstände der Haupttat* haben müssen. Aus der Notwendigkeit des bewussten Zusammenwirkens folgt außerdem, dass stets *bei allen Beteiligten Vorsatz* hinsichtlich der Rechtsgutsverletzung vorliegen muss (keine fahrlässige Mittäterschaft denkbar).

788 Anders ist dies bei **Nebentätern**, welche jeder für sich den vollen Haftungstatbestand erfüllen, für diese ist die Zurechnung nach § 830 nicht erforderlich, vielmehr haftet jeder für seinen Tatbeitrag unabhängig von anderen.[98] Umgekehrt können sich Nebentäter nicht dadurch entlasten, dass die Rechtsgutsverletzung auch ohne ihren Tatbeitrag dennoch eingetreten sei, weil das Handeln des anderen gleichfalls bereits genügt hätte (Unbeachtlichkeit eines hypothetischen Kausalverlaufs).[99]

---

97 Zu Täterschaft und Teilnahme vgl. *Emmerich,* Schuldrecht BT § 26 Rn. 2 ff.

98 So kann eine zweite Schädigung eines Unfallopfers dem Erstschädiger zurechenbar sein (Adäquanz), etwa bei Kettenunfällen, vgl. *Medicus/Petersen,* BR Rn. 792a; Näheres bei *Emmerich,* Schuldrecht BT § 26 Rn. 5 ff.

99 Generell zur nur eingeschränkten Beachtlichkeit hypothetischer Kausalität vgl. *Medicus/Petersen,* BR Rn. 848 ff.

Im Rahmen des § 830 Abs. 1 S. 2 genügt sogar eine **alternative Kausalität**; dies betrifft Nebentäterschaften, bei denen mehrere parallel und jeder für sich den vollen Haftungstatbestand erfüllt hat, aber die Kausalität nicht mehr zugeordnet werden kann, obwohl und gerade weil jeder Tatbeitrag ursächlich gewesen sein kann.[100]

Im **Innenverhältnis** haften mehrere nach § 830 nebeneinander bzw. miteinander für einen Schaden verantwortliche Personen als Gesamtschuldner (vgl. § 840 Abs. 1; Fälle der „gestörten“ Gesamtschuld regelt § 840 Abs. 2, 3).[101]

F. Allgemeines Schadensrecht

Steht die Ersatzpflicht für einen Schaden – gleichwie nach der Vertragsordnung oder der **789**
Ausgleichsordnung des BGB – fest, so richten sich die *Rechtsfolgen*, also die Berechnung des Schadens auf Seiten des Ersatzberechtigten, der Zusammenhang zwischen dem eingetretenen Schaden und der Rechtsgutsverletzung (haftungsausfüllende Kausalität) und die Art und Weise des Ersatzes nach den §§ 249–253. Diese bestimmen nicht den Grund, sondern Art, Inhalt und Umfang einer *anderweitig angeordneten* Schadensersatzpflicht. Das allgemeine Schadensrecht begründet keinen Anspruch, sondern bestimmt nur die Rechtsfolgen.

I. Umfang der Schadensersatzpflicht

Der ersatzfähige Schaden bemisst sich zuerst danach, welchen Güterbestand der **790**
Geschädigte – in Bezug auf die Schutzgüter[102] – ohne die Tathandlung des Schädigers hätte (Differenzhypothese). Hinsichtlich des hypothetischen (pflichtkonformen) Kausalverlaufs als Schadensmaßstab ergeben sich Unterschiede je nach Art der versäumten Pflicht.

1. Integritätsinteresse

Die im **Deliktsrecht** geschützten Rücksichtspflichten dienen der Erhaltung eines Güter- **791**
bestands (**Integritätsinteresse**), so dass insoweit namentlich Substanzschäden umfasst sind.

Forderungsrechte des Schuldrechts sind dagegen auf Erfüllung gerichtet, so dass der Schadensersatz (Schadensersatz statt der Leistung oder neben der Leistung) den Geschä-

---

100 Wo Schäden bereits einem Beteiligten zurechenbar sind, bleibt daher für § 830 Abs. 1 S. 2 kein Raum, vgl. Fall zur sog. Grohnde-Entscheidung des BGH bei *Medicus/Petersen,* BR Rn. 792; zur alternativen Täterschaft vgl. *Emmerich,* Schuldrecht BT § 26 Rn. 8 ff.

101 Vgl. *Emmerich,* Schuldrecht BT § 26 Rn. 14.

102 Beim **vertraglichen** Schadensersatz **neben der Leistung** in Bezug auf die durch Nacherfüllung nicht mehr entfallenden Vermögensschäden; beim Schadensersatz **statt der Leistung** auf die bei noch erfolgender Leistung hypothetisch noch wegfallenden Vermögensschäden; schließlich etwa bei **deliktischem Schadensersatz** in Bezug auf alle mit den jeweiligen absoluten Rechtsgütern bzw. schutzgesetzlichen Positionen zusammenhängenden Nachteile. Auf der **Rechtsfolgenseite** sind also **auch bloße Vermögensschäden relevant**. Die **Differenzierung erfolgt auf der Tatbestandsseite**, welche beim vertraglichen Schadensersatz eine vertragliche Pflichtverletzung, beim deliktischen die Verletzung bestimmter geschützter Rechtsgüter voraussetzt, um erst und nur dann die weiten Rechtsfolgen zu eröffnen.

digten so zu stellen hat, wie er bei ordnungsgemäßer Erfüllung stünde (sog. **positives Interesse, Erfüllungs– bzw. Äquivalenzinteresse**). Ausnahmsweise ist nach der Vertragsordnung nur das sog. negative Interesse (**Vertrauensinteresse**) geschützt, der Geschädigte also zu stellen, als hätte er sich auf einen Vertrag gar nicht eingelassen, sondern sogleich anders disponiert (vgl. etwa §§ 122 Abs. 1, 179 Abs. 2).

In Einzelfällen besteht ein Schaden auch dort, wo dieser durch soziale Sicherungssysteme kompensiert wird (so der Verdienstausfallschaden durch § 6 EFZG, Heilbehandlungskosten durch die gesetzliche Krankenversicherung oder allgemein versicherte Schäden im Rahmen einer bestehenden Schadensversicherung). Hier sollen die Sozialsysteme nicht den Schädiger entlasten, der vielmehr insoweit dem Arbeitgeber, Sozialversicherungsträger oder Versicherer auf Regress haftet (gesetzlicher Forderungsübergang nach § 6 EFZG, § 116 SGB X, § 86 Abs. 1 VVG).

2. Vorteilsausgleichung

792 Im Schadensumfang ist auch zu berücksichtigen, wenn dem Geschädigten aus dem Schadensereignis Vorteile entstanden sind. Dies betrifft im Wesentlichen ersparte Aufwendungen (ersparte häusliche Verpflegungskosten während einer stationären Heilbehandlung). Gleicht der Geschädigte hingegen ersatzfähige Nachteile durch eigene Tätigkeiten aus (wird z.B. der Verdienstausfall eines Selbstständigen durch eigene Mehrarbeit nach Rekonvaleszenz oder durch solche etwa eines Compagnons (Mitgesellschafter, Co-Geschäftsführer oder auch durch eine Verdienstausfallversicherung kompensiert) und gehen solche Anstrengungen über eine allfällige Schadensminderungspflicht (§ 254 Abs. 2 S. 1) hinaus, mindern diese Vorteile die Ersatzpflicht des Schädigers nicht. Gleiches gilt für dem Kläger in Folge einer Verletzung zufließende Unterhaltsleistungen (vgl. § 843 Abs. 4).[103]

Vorteilsausgleichung ist auch der Abzug nach dem **Grundsatz „neu für alt"**, wenn eine zerstörte Sache durch eine neue, höherwertige ersetzt werden muss.

II. Schadenszurechnung, Kausalität

793 Ersatzfähig ist ein eingetretener Schaden nur insoweit, als ein Zusammenhang mit der Rechtsgutsverletzung bzw. im Fall des vertraglichen Schadensersatzanspruchs mit der Forderungsverletzung besteht **(haftungsausfüllende Kausalität)**. Die haftungsausfüllende Kausalität gibt die *Indikation für den Schadensumfang*. Dieser Zusammenhang ist zu unterscheiden von demjenigen zwischen der Verletzungshandlung und der Rechtsguts- bzw. Forderungsverletzung **(haftungsbegründende Kausalität)**, welche die Indikation für die Person des ersatzpflichtigen *Schädigers* gibt. Beide Fragen richten sich jedoch gleichermaßen nach denselben wertenden Feststellungen, so dass ihnen zumeist parallele Überlegungen zugrunde liegen.

794 Hinzuweisen ist insb., dass eingetretene Nachteile nicht deswegen ersatzlos blieben, weil sie anderenfalls auch durch ein weiteres Schadensereignis eingetreten wären (sog. **hypothetische oder überholende Kausalität** – es entlastet den Betrüger nicht, dass sonst ein anderer bereits zur Missetat bereitgestanden hätte). Träte allerdings die Reserveursache

103 Fallgruppen ohne Vorteilsanrechnung vgl. *Medicus/Petersen,* BR Rn. 856 ff.

(die Erstschädigung weggedacht) nicht von außen an das Rechtsgut heran, sondern ist die zweite Ursache im geschädigten Objekt bereits angelegt, beschädigt der Erstschädiger z.B. eine bereits defiziente Sache, die deswegen ohnehin bald funktionsunfähig geworden wäre, tritt zwar seine Ersatzpflicht ein, jedoch nur im Umfang des geminderten Werts des defekten Objekts.

Bedeutung hat die haftungsausfüllende Kausalität deshalb insb. im Hinblick auf die nicht anerkannte Haftung für Renten- und Begehrensneurosen; umgekehrt für die ggf. mögliche Berufung auf rechtmäßiges Alternativverhalten, dass also eine Schädigung und zwar durch den Schädiger auch dann eingetreten wäre, hätte dieser sich hinsichtlich des vorgeworfenen Pflichtenverstoßes korrekt verhalten. **795**

Beispiel: Beim **Ladendiebstahl** hat der ertappte Ladendieb daher auch eine Fangprämie an einen vom Warenhaus engagierten Detektiv zu erstatten, sofern diese in angemessener Höhe durch öffentliche Auslobung im Lokal für jedermann ersichtlich war. Sie wurde von ihm kausal ausgelöst. Das gilt nicht aber für allgemeine Überwachungskosten (die nämlich auch ohne den konkreten Diebstahl angefallen wären).

III. Schadensausgleich nach §§ 249–253

Für die Art und Weise, wie ein Schaden auszugleichen ist, sehen die §§ 249 ff. zwei unterschiedliche Ausgleichsmöglichkeiten vor, Naturalrestitution (vgl. § 249) oder Geldentschädigung (vgl. § 251). Letztere kommt jedoch nur in Betracht, soweit erstere, also die Herstellung des tatsächlichen Zustands, der ohne das Schadensereignis bestünde, nicht möglich oder nicht ausreichend ist. Nur Geldentschädigung ist allerdings hinsichtlich immaterieller Schäden und auch nur in gesetzlich besonders bezeichneten Fällen zu beanspruchen (§ 253 Abs. 1). **796**

1. Naturalrestitution

Der Schädiger schuldet die tatsächliche körperliche Beseitigung des Schadens (Naturalrestitution). Diese kann in den Fällen der §§ 249 Abs. 2 und 250 auch dadurch verlangt werden, dass der Schädiger die Aufwendungen für die Herstellung zu tragen hat; *solcher* Geldersatz ist dennoch am Herstellungsinteresse orientiert und *nicht* Wertausgleich i.S.d. § 251. **797**

Besonderheiten bestehen hinsichtlich der Geldforderung nach § 249 Abs. 2 bei **Kfz-Schäden**. Hier ist unter ganz engen Voraussetzungen statt der Durchführung einer zur Herstellung erforderlichen Reparatur ggf. die Anschaffung eines Neuwagens zulässig (sog. **Schadensregulierung auf Neuwertbasis**) wie alternativ auch die Abrechnung erforderlicher Reparaturkosten, ohne dass selbige durchgeführt würde (**Abrechnung auf Netto-Reparaturkosten- oder Gutachtenbasis**; exklusive der Umsatzsteuer). Ersteres schützt eine besondere Neuwagenaffinität, die zweite Möglichkeit ist Ausfluss der freien Vermögensdisposition des Geschädigten, der sein Fahrzeug nur in geringerem Umfang oder geringerer Qualität wieder herstellen lassen will (und den Unfall wirtschaftlich wie eine Art Teilveräußerung betrachtet; jedenfalls soweit das zugrunde gelegte Gutachten nicht, aus welchen Gründen auch immer, schlicht überhöht ist).

Hinsichtlich der Reparaturkosten (gleich ob die Reparatur durchgeführt wird oder nur als Abrechnungsbasis dient) ist das Wirtschaftlichkeitsgebot als Ausfluss der Schadens- **798** minderungspflicht nach § 254 Abs. 2 S. 1 a.E. zu berücksichtigen. Liegt ein Reparaturaufwand über 130 % der Wiederbeschaffungskosten (sog. **wirtschaftlicher Totalschaden**), kann der Geschädigte nur diese ersetzt verlangen. Einen Reparaturaufwand zwischen 100 % und 130 % der Wiederbeschaffungskosten kann der Geschädigte ersetzt verlangen, jedoch nicht auf Gutachtenbasis. Ergänzend zu den Reparaturkosten verbleibt jedenfalls bei Pkw ein über § 251 ersatzfähiger sog. **merkantiler Minderwert** eines reparierten Unfallwagens (der den Charakter einer von der Rechtsprechung beförderten Begehrensneurose hat).

799 Gutachterkosten zur Schadensfeststellung sind nach § 249 Abs. 2 zu ersetzen. Solche sind auch neben (vertraglichem) Schadensersatz statt der Leistung erstattungsfähig und fallen nicht unter die Inkompatibilität nach § 284.

2. Wertausgleich durch Geldersatz

800 Reine Geldentschädigung ist nach §§ 251–253 nur eingeschränkt zu fordern. Im Wesentlichen geht es um den Ersatz von Nutzungswerten, soweit diese unabhängig von der Wiederherstellung der tatsächlichen Substanz eines verletzten Gutes eine eigenständige wirtschaftliche Bedeutung haben (sog. **Kommerzialisierung**).

a) Fehlgeschlagene (frustrierte) Aufwendungen

801 Grundsätzlich nicht zum Schadensumfang gehören Investitionen, die für den Geschädigten aufgrund der zum Schadensersatz verpflichtenden Handlung des Schädigers nutzlos geworden sind (ein Urlaub kann infolge einer Körperverletzung nicht angetreten werden und verfällt); anders nur, wenn der Schädiger gerade im Hinblick auf solche Aufwendungen besondere Pflichten übernommen hatte (im letzten Beispiel also etwa bei einer vom Reiseveranstalter zu verantwortenden Körperverletzung) *oder* bestimmte erkaufte Nutzungen oder Nutzungsmöglichkeiten einen allgemein anerkannten finanziellen Wert verkörpern (sog. Kommerzialisierung).[104]

802 Anerkannt ist dies etwa für den Nutzungsausfall von **Kraftfahrzeugen** während der Reparaturdauer, etwa auch durch Anmietung eines Ersatzwagens (problemlos nur nach dem „Normaltarif", nicht ohne Weiteres nach einem teureren „Unfallersatztarif", vgl. § 251 Abs. 2 S. 1). Beispielhaft ist auch der rein emotional zu begründende sog. merkantile Minderwert technisch vollständig reparierter Pkw zu nennen.

Kommerzialisierung gilt etwa auch für infolge einer Schädigung vertanen **Urlaub von Arbeitnehmern** (nicht z.B. von Studenten), sofern der Erholungswert schädigungsbedingt verloren ist (z.B. durch Krankenhausaufenthalt statt Badeurlaub, nicht aber bei erzwungener Änderung des Reiseziels). Bei schädigungsbedingtem **Ausfall von Gewerbetreibenden und Selbstständigen** sind stets die Kosten eines tatsächlich beschäftigten Vertreters ersatzfähig.

Andere immaterielle, also nicht konkret bezifferbare Schäden können jedenfalls bei deliktischem Schadensersatz nur über die Bemessung eines *Schmerzensgeldes* (vgl. § 253 Abs. 2) berücksichtigt werden. Besonderheiten gelten für den Ersatz vertanen Urlaubs im Zusammenhang mit einem Reisevertrag (vgl. § 651f). Grundsätzlich sind

---

104 Zur Kommerzialisierung von Reisen, Pkw-Nutzung, Freizeit und Urlaub vgl. *Medicus/Petersen,* BR Rn. 822–830.

jedoch fehlgeschlagene (frustrierte) Aufwendungen des Geschädigten, die für ihn infolge des schädigenden Ereignisses nutzlos wurden, nicht ersatzfähig. Besondere Schwierigkeiten bestehen unter dem Stichwort „Kind als Schaden?", etwa im Hinblick auf den Unterhaltsschaden bei fehlgeschlagener Sterilisation, für den nach der Rechtsprechung Geldentschädigung gefordert werden kann.

b) Entgangener Gewinn

Ersatzfähig ist auch entgangener Gewinn (vgl. § 252). An sich ist dies selbstverständlich, so dass die Bedeutung dieser Vorschrift in der Beweiserleichterung nach S. 2 liegt; ist dargetan, dass überhaupt ein Gewinn entgangen ist, kann dessen Höhe jedenfalls in unternehmerischem Zusammenhang abstrakt danach berechnet werden, was „wahrscheinlich" verdient worden wäre ohne das Schadensereignis. Im Deliktsrecht finden sich hierzu ergänzende Vorschriften in den §§ 842, 843. **803**

c) Schmerzensgeld

Schmerzensgeld kann nach § 253 Abs. 2 in den dort genannten Fällen beansprucht werden. Es dient zuerst dem Ausgleich für erlittene Schmerzen, indem es den „Kauf" von Lebensqualität ermöglichen soll, in besonders schwerwiegenden Fällen kommt auch eine Genugtuungsfunktion in Betracht. Zu berücksichtigen sind bei seiner Bemessung in erster Linie Art, Schwere und Dauer der Verletzungen, die wirtschaftliche Leistungsfähigkeit des Schädigers so wie das Ausmaß seiner Schuld. **804**

IV. Unterlassungs- und Beseitigungsanspruch

Deliktischer wie vertraglicher Schadensersatz dient zumeist der Beseitigung von Schadensfolgen. Dies bedeutet jedoch nicht, dass eine etwa **erkennbar drohende Gefahr** hingenommen und der Schadenseintritt abgewartet werden müsste. Im vertraglichen Schuldrecht ergibt sich das hinsichtlich der Leistungspflichten schon daraus, dass dort die Erfüllungsklage möglich ist. Auch nach §§ 12, 862 und 1004 stehen den Betroffenen vorbeugende Klagen zum Schutz von Eigentum, Besitz und Namensrecht zu. Kraft Gewohnheitsrechts besteht ein Unterlassungs- und Beseitigungsanspruch darüber hinaus generell bei allen Eingriffen in deliktisch geschützte Rechtsgüter und Rechte, insb. also in den Fällen von § 823 Abs. 1, 2. **805**

Voraussetzung ist, dass ein **rechtswidriger Eingriff droht**. Solches Drohen kann zumeist aus bereits vorausgegangener Schädigung abgeleitet werden (sofern keine besonderen Umstände die konkrete Wiederholung gänzlich unwahrscheinlich werden lassen), es genügt jedoch auch eine konkrete Erstbegehungsgefahr.[105] Verschulden des Störers ist naturgemäß (mangels Tat) nicht erforderlich.

Häufiger Anwendungsfall sind etwa wettbewerbsrechtliche Unterlassungsklagen, insb. nach § 8 UWG. Die Wiederholungsgefahr kann (nur) durch Abgabe einer **strafbewehrten Unterlassungserklärung** mit der Verpflichtung zur Zahlung einer in angemessener Höhe bestimmten Vertragsstrafe für jeden Fall der Zuwiderhandlung gegen die Unterlas-

105 Vgl. *Medicus/Petersen,* BR Rn. 628; das gilt auch zum Zweck der individuellen Vorbeugung des Gefährdeten gegen ihm drohende Straftaten.

sungspflicht ausgeschaltet werden; erst die Strafbewehrung zeigt die Ernsthaftigkeit des Unterlaasungsversprechens und beseitigt gerade dadurch die Wiederholungsgefahr.

806 Die strafbewehrte Unterlassungs– und Verpflichtungserklärung braucht kein Schuldeingeständnis einer mutmaßlich vorausgegangenen Verletzung zu enthalten und kann vorsorglich abgegeben werden, sofern insb. das Strafzahlungsversprechen verbindlich ist. Anwaltskosten, die zu seiner Abgabe durch den Störer erforderlich werden, sind ebenfalls ersatzfähig. Dies gilt bei mehreren Verletzten, wie etwa von Mitbewerbern im Wettbewerbsrecht, hinsichtlich jedes Verlangenden, jedoch nur bis zur erstmaligen Abgabe und damit Beseitigung einer Wiederholungsgefahr automatisch auch gegenüber den anderen.

807 Der Beseitigungsanspruch schließlich dient nicht der Vermeidung künftiger Verletzungen und hat auch nicht die Aufgabe eines Schadensersatzes, sondern soll eine aus dem früheren Eingriff herrührende Quelle weiterer Störungen beseitigen.[106] Seine wichtigste Erscheinungsform ist der Widerrufsanspruch gegenüber unzutreffenden Tatsachenbehauptungen (insb. im Presserecht).[107]

---

106 Vgl. *Medicus/Petersen,* BR Rn. 629.

107 Z.B. BGH NJW 2004, 1034 = MDR 2004, 572 (zur Suggestivfrage „Udo Jürgens – Im Bett mit Caroline?“); die Gegendarstellung ist dabei die mildeste Form des Beseitigungsanspruchs.

§ 4 Sachenrecht

Volker Mayer

Übersicht

A. Grundlagen

I. Begriff und Überblick: „das Sachenrecht“

808 „Sachenrecht“ trifft den Inhalt dieses Abschnitts nur zum Teil. Der überwiegende Umfang widmet sich den **Verfügungsgeschäften**, also zumeist dinglichen Verträgen[1]. Dazu gehören v.a. die **Übereignungstatbestände** (§§ 929 ff. und § 873) und der gutgläubige Erwerb des Eigentums (§§ 932 ff. und § 892). Ebenso gehören dazu die Einräumung und die Übertragung von Nutzungs- und Verwertungsrechten an beweglichen und unbeweglichen Sachen. Verfügungsgeschäfte sind (wie vertragliche Schuldverhältnisse) einfach Rechtsgeschäfte. Dazu gehört auch die **Abtretung von Forderungen**. Sodann behandelt dieser Band einige **gesetzliche Schuldverhältnisse**, die nämlich durch die Einräumung von **Nutzungs- und Verwertungsrechten an Sachen** geschaffen werden. Alles das ist strenggenommen kein Sachenrecht, vielmehr handelt es sich um Rechtsgeschäfte und allgemeines Schuldrecht.

809 **Sachenrecht** sind dann nur die **Befugnisse und Ansprüche**, die den Inhalt **des Eigentums** und **der dinglichen Verwertungs- und Nutzungsrechte** (als sog. beschränkte dingliche Rechte) bilden. Dazu gehören insb. die §§ 985 ff., welche nicht nur betreffend das Eigentum gelten, sondern durch zahlreiche Verweisungen auch weitgehend für die übrigen dinglichen Rechte. Aber auch darauf ist vielfach Schuldrecht anwendbar.

810 Nachfolgend werden, eingebettet in ein grundsätzliches Verständnis von Vermögensrechten, zuerst die verfügenden Rechtsgeschäfte und damit die Übertragung aller Vermögenspositionen nebeneinandergestellt. Daran schließt sich die Erläuterung derjenigen **Sachen und Sachbestandteile an, *an denen* überhaupt dingliche Rechte** (Sachenrechte) bestehen können, gefolgt von den ***Inhalten* dieser Sachenrechte** (Eigentum und davon abgespaltene beschränkte dingliche Rechte). Die jeweiligen Erwerbs- und Übertragungsmöglichkeiten stehen sodann wieder damit im Zusammenhang (Verfügungsgeschäfte und der gesetzliche Erwerb).

811 Die **sachenrechtlichen Wertpapiere** sind Teil der Verfügungsgeschäfte: Traditionspapiere schaffen zusätzliche Übertragungstatbestände für die ihnen zugrundeliegenden Waren.

1 *„Vertrag“* meint die Abschlusstechnik durch übereinstimmende Willenserklärungen. *„Dinglich“*, dass der Konsens auf die Begründung, Änderung oder Übertragung von Rechten an Sachen gerichtet ist (nicht auf ein Schuldverhältnis; es geht nicht um eine Verpflichtung zu einer Leistung, sondern um deren Bewirkung).

II. Bedeutung einer Eigentumsordnung

Die **Freiheit der Person** liegt als tragende (vor-rechtliche) Entscheidung dem Bürgerlichen Gesetz zugrunde. Eine wesentliche Ausprägung ist die Freiheit des Wirtschaftens, die nach dem Verständnis der Gesetzesverfasser insb. im freien Handel mit Gütern bestand. Handel braucht neben seiner Möglichkeit zu freier Betätigung (in der Vertragsfreiheit einschließlich der Klagbarkeit vereinbarter Forderungen und Pflichten) Sicherheit in Bezug auf den Vermögensbestand als Grundlage und Ziel jedes Wirtschaftens. **812**

Das vorliegend darzustellende *zivilrechtliche* Eigentum ist lediglich ein Ausschnitt dessen, was Grund und Zweck von „Privateigentum" ist. Individualzweck des Privateigentums ist die individuelle Sicherheit in der Vorsorge für die Zukunft, Eigenverantwortung und die Möglichkeit **freier Lebensentfaltung des Einzelnen**, wozu auch das Recht auf Vererbung und die Gewährleistung von Schadensersatz im Falle widerrechtlicher Eigentumsverletzung gehört. Privateigentum ist zugleich Teil der **Friedensordnung einer Gesellschaft**, als es die Disposition über Konsum- wie Produktionseigentum regelt. Als **Sozialzweck** führt es zu einer besseren Auswertung der verfügbaren Güter, die über das Interesse am selbst zu verantwortenden Fruchtgenuss gesteuert wird. Jede legitime Rechtsordnung muss deshalb eine Privateigentumsordnung vorsehen. Privateigentum ist eine Forderung aus der Natur der individuellen menschlichen Person und zugleich der Natur der Gesellschaft. Die Ausgestaltung ist dennoch stets eine zeitgebundene Erscheinung der politischen, gesellschaftlichen und wirtschaftlichen Zustände: Privateigentum führt zu einer Gliederung der Gesellschaft, etwa als Voraussetzung eines freien Marktes. Die Marktfreiheit ist ein Mittel der Sicherung sozialer Freiheit der menschlichen Person als Marktteilnehmer – im Unterschied zur Abhängigkeit von staatlicher Zuteilung. **813**

Die zivilrechtliche Ausgestaltung des Eigentums als Rechtsinstitut des BGB und die Möglichkeit der Abspaltung bestimmter beschränkter dinglicher Sachenrechte daraus beruhen auf einem liberalen Begriff bürgerlicher Freiheit. Sie berücksichtigt (nur) die Freiheit, Eigentum zu erwerben und damit zu wirtschaften und ergänzt die Vertragsfreiheit des Schuldrechts und die Freiheit zu erben und zu vererben (Erbrecht).[2]

III. Sachenrechtliche Ordnung des Bürgerlichen Gesetzbuchs

Das „Sachenrecht", wesentlich im dritten Buch des BGB geregelt, beschreibt, welche **Vermögenspositionen gegenüber jedermann Schutz genießen**. Dazu muss es vom Inhalt der zu schützenden Vermögensrechte ausgehen und festlegen, an welchen Gegenständen entsprechende Rechte überhaupt bestehen können und wie diese begründet und übertragen werden. Im Unterschied zu den schuldrechtlichen Vermögenspositionen, die inhaltlich weitgehend der Beliebigkeit der Beteiligten unterliegen und entsprechend nur zwischen den Vereinbarenden klagbar sind, kennzeichnet das Sachenrecht feststehende Inhalte und Formen, um Geltung gegenüber jedermann beanspruchen zu können. **814**

Sachenrechtliche Rechte (und ggf. korrespondierende Pflichten eines Anderen) müssen für alle in gleicher Weise unabhängig von der einzelnen Willensbetätigung gelten, nur **815**

2 Zum Ganzen *Brehm/Berger*, Sachenrecht, § 5 passim. Dieses Lehrbuch muss zugleich für jede weiterführende Beschäftigung mit dem Sachenrecht nahegelegt werden. Umfassende und verständliche Erklärungen anhand ausführlich dargestellter Fälle bieten weiterhin *Baur/Stürner*, Sachenrecht.

dann sind ein allgemeines Erkennen und damit ein Schutz gegenüber jedermann möglich. **Gegenstand des Sachrechts sind nicht die Sachen als körperliche Gegenstände (§ 90), sondern die an ihnen bestehenden rechtlichen Verhältnisse.** Solche sachenrechtlichen Verhältnisse sind inhaltlich durch die Sachen und was man mit ihnen tun kann, bedingt.

816 Das Eigentumsrecht ist das umfassende Recht an einer Sache (§ 903). Es ist ein natürliches Recht, dessen Inhalt empirisch erfahrbar und feststellbar ist. Davon abgespalten kennt das BGB zahlreiche weitere sog. beschränkte dingliche Rechte an einer Sache, die wahrnehmbar konturierte Teilinhalte des Eigentumsrechts umfassen (Nutzungsrechte, Sicherungs- bzw. Verwertungsrechte und Aneignungsrechte). Schließlich werden auch an die schlichte Innehabung einer Sache, den Besitz, (Abwehr)Rechte geknüpft.

Beispiele: So hat der Mieter nach Überlassung der Mietsache sachenrechtlich das gegenüber jedermann wirkende Besitzrecht an ihr (vgl. die Besitzschutzansprüche der §§ 858 ff.), und kann sich Besitzstörungen und Besitzentziehungen unmittelbar gegen den Störer erwehren, etwa wenn ihm die Ausübung der Sachherrschaft durch **Auswechseln der Schließzylinder** an seiner Wohnungstür vereitelt wird. Auch Immissionen von Nachbarn, wie etwa Lärm oder eindringender **Zigarettenqualm**, können ihn in der Innehabung der Sache stören und ihm einen Beseitigungsanspruch gegen die Nachbarn geben (§ 861).

Soweit dagegen „nur" sein Mietrecht verletzt, nicht aber zugleich die Sachherrschaft eingeschränkt wird, kann sich der Mieter gegen solche Störungen zivilrechtlich nur im Verhältnis zu seinem Vermieter zur Wehr setzen (unbeschadet evtl. daneben bestehender ordnungsrechtlicher Möglichkeiten des Öffentlichen Rechts). Dazu gehört etwa die Anbringung belästigender **Überwachungskameras** (außerhalb der Mietwohnung) durch Nachbarn, wobei insoweit parallel ein Beseitigungsanspruch gegen die Photographen nach § 823 Abs. 1 wegen Persönlichkeitsverletzung gegeben sein kann. Gleiches gilt z.B. hinsichtlich der **Sperre der Strom-, Wasser- und Wärmezufuhr** durch Versorgungsunternehmen bzw. durch eine Eigentümergemeinschaft; nicht der Besitz, sondern die Gebrauchstauglichkeit wird dadurch eingeschränkt, die aber nur der Vermieter sicherzustellen schuldet (eine Versorgungssperre kann natürlich auch eine rein schuldrechtliche Angelegenheit zwischen Mieter und Versorger sein).

IV. Inhalt der Sachenrechte

817 Inhalt der Sachenrechte sind daher – abstrakt gesprochen[3] – dingliche rechtliche Verhältnisse an dinglichen Rechtsgegenständen. *Dingliche rechtliche Verhältnisse* bestehen im Unterschied zu (schuldrechtlichen) *persönlichen* rechtlichen Verhältnissen **an** Objekten, denen solche Objekt-Eigenschaft sachenrechtlich zuerkannt ist und die damit zu *dinglichen* Rechtsgegenständen werden. Daraus ergibt sich zugleich, dass sie stets nur **an einem** – konkreten, bestimmten und einzelnen – dinglichen Rechtsgegenstand bestehen können (Bestimmtheitsgrundsatz). Schuldrechtliche Verhältnisse können dagegen in Bezug auf jedwedes Interesse als Rechtsgegenstand begründet werden. Da Schuldverhältnisse auf beliebige Objekte bezogen werden können und nicht an ihnen bestehen – sondern in Bezug auf sie – bringt die Rechtswirklichkeit beständig neue Gegenstände schuldrechtlicher Verhältnisse hervor, etwa neue Vertriebsformen wie das Franchising, „Sharing"-Modelle für die Nutzung von Fahrzeugen oder Ferienimmobilien durch meh-

3 Das **Wirtschaftsprüfungsexamen** verlangt zuweilen auch grundsätzliche Erörterungen von Rechtsfragen und Rechtsinstituten ohne unmittelbaren Bezug zur Lösung von Fällen. Betreffend die Inhalte von Sachenrechten vgl. z.B. im Termin 2009/I die Aufgabe 2.

rere Berechtigte, und lässt im Rahmen der Privatautonomie Vertragsgestaltungen zu. **Dingliche Verhältnisse** können dagegen sowohl **ihrem Inhalt nach, wie hinsichtlich ihrer Objekte**, **nur** in den **gesetzlichen Formen** begründet werden.

Beispiel: Grundsätzlich hat der Eigentümer etwa einer Kiesgrube gem. § 903 selbst das Gebrauchsrecht, darf sie also ausbeuten. Aber er kann es auch durch Einräumung eines Nießbrauchs nach § 1030 mit dinglicher Wirkung übertragen. Dann wird der Erwerber des beschränkten dinglichen Rechts Inhaber des entsprechenden Nießbrauchs mit dem (dinglichen) Recht, auf fremdem Grund Früchte zu ziehen, also den Kies auszubeuten.

Rechtlich ausgeschlossen wäre, ein „Schürfrecht" als Reallast einzuräumen. Nach § 1105 ist für die Reallast kennzeichnend, dass an den Berechtigten wiederkehrende Leistungen aus dem Grundstück zu entrichten sind, es sich also um ein Lieferungsrecht handelt. Inhalt einer Reallast kann also nur sein, dass sich der Eigentümer verpflichtet, die Auskiesung selbst vorzunehmen. Er „schuldet" dabei nicht wie im Fall einer vertraglichen Pflicht, vielmehr haftet das Grundstück (und damit jeder künftige Eigentümer gleichermaßen). Gerade das erklärt, weshalb das Sachenrecht, hier die Reallast, einer individuellen Gestaltung nicht zugänglich ist.

Der Kiesabbau könnte schuldrechtlich als Pacht gestattet werden. Das Pachtrecht bestünde wegen §§ 566, 578 Abs. 1, 581 Abs. 2 ebenfalls gegenüber einem neuen Eigentümer fort. Allerdings hätte der Ersteher des Grundstücks aus einer Zwangsvollstreckung (§ 57a ZVG) oder der Erwerber bei Veräußerung durch einen Insolvenzverwalter (§ 111 InsO) ein Sonderkündigungsrecht. Der Pächter wäre also nicht gegen einen Vermögensverfall des Verpächters geschützt. Ein Nießbraucher dagegen schon, weil der Nießbrauch *das Grundstück belastet*, wohingegen sich die Pacht auf das Grundstück bezieht und nur den Vertragspartner belastet.

Dabei kann das Gesetz den Kreis dinglicher Rechtsgegenstände insofern erweitern, als **818** Sachenrechte an **unkörperlichen** und damit nicht sinnlich wahrnehmbaren **Gegenständen** zugelassen werden (z.B. dingliche Verwertungsrechte wie Nießbrauch oder Pfandrecht an schuldrechtlichen Forderungen). So kündigt das am 7. März 2019 von den Bundesministerien der Finanzen und der Justiz und für Verbraucherschutz veröffentlichte Eckpunktepapier *„Eckpunkte für die regulatorische Behandlung von elektronischen Wertpapieren und Krypto-Token – Digitale Innovationen ermöglichen – Anlegerschutz gewährleisten"* an, dass **elektronische Wertpapiere** (sog. Security Token) kraft gesetzlicher Fiktion als Sachen anerkannt werden könnten, so dass zivilrechtliche Vorschriften zur Eigentumsübertragung Anwendung finden könnten (neben eigenständigen Regelungen zum Erwerb, Übertragung und Gutglaubensschutz von elektronischen Wertpapieren).

V. Sachenrecht als Teil des Vermögensrechts

Das Sachenrecht ist Teil des bürgerlichen **Vermögensrechts**. Vermögen kann z.B. in **819** Form von Herrschaftsrechten an Sachen (Eigentum), als Inhaber von Forderungen, in Beteiligungen an Gesellschaften, als Inhaber von Immaterialgüterrechten (Patenten, Urheberrechten, Gebrauchs- und Geschmacksmustern) oder in Mitgliedschaftsrechten bestehen. Dem Vermögensrecht steht das **Personenrecht** gegenüber, welches die Sorge für das Wohl eines anderen Menschen zum Inhalt hat (vgl. z.B. die elterliche Sorge für die Person und das Vermögen des Kindes, §§ 1626, 1629).

Die personenrechtliche Sorge ist umfassend, aber der Verpflichtete weitgehend frei, wie und mit welcher Perspektive für den Sorgeberechtigten er diesem personenrechtlichen Verhältnis genügt. Jedes *Vermögensrecht* hat dagegen *einen konkret bestimmten Erfolg zum Inhalt*, der ein subjektives Recht (Anspruch), eine Pflicht oder eine Beschränkung bzw. Belastung sein kann.

Beispiel: Nach § 903 kann der Eigentümer mit der Sache nach Belieben verfahren und andere von Einwirkung ausschließen (soweit nicht Gesetz oder Rechte Dritter entgegenstehen). § 1204 berechtigt einen Pfandgläubiger, bei Fälligkeit der Forderung Befriedigung aus der Sache zu suchen. Nach § 1191 kann der Grundschuldgläubiger eine bestimmte Geldsumme aus dem Grundstück fordern, d.h. das Grundstück haftet dafür, dass eine bestimmte Geldsumme gezahlt werde (§§ 1192, 1147).

820 Das **Vermögensrecht kann ein schuldrechtliches**, nämlich aus einem Verpflichtungsvertrag bestehendes sein und ist dann stets ein relatives, nur dem Vertragspartner gegenüber bestehendes oder eben ein dingliches, sachenrechtliches. Das **dingliche Vermögensrecht** kann sowohl *relative Wirkung nur gegenüber bestimmten Personen* haben, so z.B. die dinglichen Ansprüche aus dem Eigentum, vgl. § 985 oder §§ 987 ff., es wirkt jedoch *zumeist gegenüber jedermann, also absolut*.

821 Sachenrechte bestehen *an* einem Rechtsgegenstand und wirken daher im Gegensatz zum Schuldrecht regelmäßig auch gegen einen **Sonderrechtsnachfolger** in diesen Gegenstand (z.B. das dingliche Vorkaufsrecht, wenn es für mehrere oder für alle Vorkaufsfälle bestellt wird, §§ 1094 Abs. 1, 1097 HS. 2) im Unterschied zum schuldrechtlichen Vorkauf nach §§ 463 ff.; vgl. auch §§ 883 Abs. 2, 913 Abs. 1).

822 Wie bereits in der Einleitung dargelegt, sind Gegenstand des Sachenrechts dingliche rechtliche Verhältnisse an einem dinglichen Rechtsgegenstand. Als **Grundbegriffe des Sachenrechts** sind deshalb nachfolgend die **dinglichen Rechtsgegenstände** und sodann vor allem die Gliederung der **an ihnen bestehenden dinglichen Rechte** darzustellen. Der Hauptteil widmet sich sodann Inhalt und Wirkungen sowie Begründung, Übertragung und Beendigung dinglicher rechtlicher Verhältnisse, also von Sachenrechten.

Vermögensrechte des Schuldrechts und des Sachenrechts sind übertragbar. Ausnahmen bestehen hier wie dort aus einer höchstpersönlichen Bindung der Rechte, wie etwa im Sachenrecht für den Nießbrauch (vgl. § 1059 S. 1) und die beschränkte persönliche Dienstbarkeit (vgl. § 1092 Abs. 1 S. 1).

§ 137 S. 1 schließt ein vertragliches Veräußerungsverbot („Veräußerung" ist die Übertragung des Eigentums durch Verfügungsgeschäft) ausdrücklich aus und S. 2 der Vorschrift beschränkt einen solchen Willen auf das schuldrechtliche Innenverhältnis der Parteien. Sie können lediglich eine Bindung in Gestalt der Treuhand wirksam vereinbaren (vgl. Sicherungseigentum).

VI. Grundsätze des Sachenrechts

823 Im **Schuldrecht** besteht – anders als im Sachenrecht – *Privatautonomie*. Erscheinungsform ist die *Vertragsfreiheit*. Solche besteht als *Abschlussfreiheit*, nämlich der Befugnis, Verpflichtungsgeschäfte mit einer sich dazu anbietenden anderen Person nach freiem Belieben zu vereinbaren oder nicht zu vereinbaren. Ausnahmen hierzu bilden seltene Kontrahierungszwänge, die vornehmlich im Interesse öffentlicher Daseinsvorsorge spezialgesetzlich angeordnet sind, ebenso Diskriminierungsverbote, wie das vor allem im Arbeitsrecht geltende allgemeine Gleichbehandlungsgesetz (AGG), wodurch bei Nichtabschluss von Schuldverträgen, wenn der Weigerung diskriminierende Motive zugrunde liegen, jedenfalls Schadensersatzpflichten begründet werden. Schuldrechtliche Vertragsfreiheit bedeutet darüber hinaus auch *inhaltliche Gestaltungsfreiheit.* Sowohl die zu übernehmenden Rechte und Pflichten eines Schuldverhältnisses wie auch die Gegenstände, auf welche diese sich beziehen, können die Vertragspartner im Verpflichtungsvertrag nach freiem Belieben bestimmen. Sie können selbstverständlich auch noch nicht vorhandene, nämlich herzustellende Gewerke, genauso aber auch noch gar nicht erfundene Gegenstände und selbst die Entwicklung noch nicht dagewesener Ideen zum Inhalt von Verpflichtungsverträgen (etwa in der Auftragsforschung entsprechender Institute) machen. Gewisse Grenzen vor allem aus systemimmanenten Gründen setzt die Rechtsordnung etwa bei Sittenwidrigkeit (vgl. § 138), beim Verstoß gegen gesetzliche Verbote (vgl. § 134). Möglich ist damit die Gestaltung auch gänzlich *neuer Vertragstypen des Verpflichtungsgeschäfts*, wie sich z.B. an den im Teil 1 erwähnten neuartigen Netzverträgen im Vertriebsrecht zeigt.[4] Schließlich gehört auch die weitgehende *Formfreiheit* von Schuldverträgen hierher.

1. Typenzwang und numerus clausus

Das **Sachenrecht** schränkt im Interesse einer eindeutigen Vermögenszuordnung die **824**
Möglichkeit ein, andere sachenrechtliche „Typen" zu erfinden.

Beispiele: An einem Kfz kann keine Hypothek (§ 1113 Abs. 1: ein besitzloses Pfandrecht an einem Grundstück) errichtet werden. Zwar spräche technisch nichts dagegen (vgl. Fahrzeughypothek nach ital. Recht). Allerdings hält das BGB die Ersichtlichkeit dinglicher Rechte wegen ihrer Geltung gegenüber jedermann für angemessen und lässt daher an Mobilien nur Faustpfandrechte zu (vgl. § 1205 Abs. 1: Übergabe erforderlich).

Ein Ausweg war die Anerkennung der *Sicherungsübereignung* (im Wege des § 930) als Ersatz für die Mobiliarhypothek. Sie beruht auf einer pragmatischen Idee: Wenn der Sicherungsgeber als Eigentümer des Pkw kein Verwertungsrecht ohne Besitzübertragung bestellen kann, dann überträgt er stattdessen das Eigentum (und damit automatisch die Verwertungsbefugnis), behält sich aber das Nutzungsrecht (in Form des Besitzes) zurück.

Sachenrechte unterliegen einem **Typenzwang** und sog. numerus clausus. Der Inhalt der **825**
einzelnen Sachenrechtsverhältnisse und die Sachenrechtsgegenstände, an denen sie bestehen, sind vorgegeben und stehen nicht zur Disposition, damit auch die Zahl ihrer Möglichkeiten.[5] Das Eigentumsrecht als umfassendes und grundlegendes Sachenrecht hat den in § 903 bestimmten weitreichenden Inhalt, nämlich mit seinem Gegenstand nach Belieben zu verfahren und andere von jeder Einwirkung auszuschließen. An Inhalt und Umfang des Eigentumsrechts als solchem kann es deshalb weder Beschränkungen noch Belastungen (mit dinglicher Wirkung) geben, vielmehr wird das Eigentumsrecht nur durch andere typisierte sachenrechtliche Verhältnisse am Eigentumsobjekt, also z.B. durch dingliche Belastungen an der im Eigentum stehenden Sache, beschränkt.

---

4 Schuldverträge sind auch über unmögliche Leistungen möglich, die jedenfalls jeder Wissenschaftlichkeit zuwiderlaufen; so z.B. über Kartenlegen und Hellseherei. Während normalerweise die Unmöglichkeit nach § 326 Abs. 1 regelmäßig zum Wegfall der Vergütungspflicht führt, soll in Fällen dieser Art § 326 Abs. 1 abbedungen sein, vgl. BGHZ 188, 71 = NJW 2011, 756. Das „Medium" kann daher das vereinbarte Entgelt beanspruchen, sofern der Vertrag nicht wegen Sittenwidrigkeit (Ausnutzen einer psychischen Notlage) nichtig ist.

5 Die Form- und Vertragsfreiheit im **Immaterialgüterrecht** bewirkt, dass in diesem Bereich dingliche Rechte ohne zusätzliche Anforderungen entstehen können, z.B. als dingliche (Film- etc.) Lizenzen, BGHZ 185, 291 (Rn. 29). Die Bedeutung liegt dort v. a. im Aussonderungsrecht (§ 47 InsO) in der Insolvenz des Lizenzgebers.

Schuldrechtliche „Belastungen" des Eigentums, z.B. Mietrechte oder Treuhandabreden, können bei Verstößen zwar (schuldrechtliche) Schadensersatzansprüche auslösen, hindern den Eigentümer jedoch (dinglich) nicht an der umfassenden Ausübung seines Eigentumsrechts – selbstverständlich können zum Schutz bestimmter Schuldrechte korrespondierende Sachenrechte bestellt werden.

Beispiel: Wird dem Mieter die angemietete Wohnung überlassen, begründet dies sein Besitzrecht (vgl. §§ 854 ff.) an der gemieteten Sache. Als sachenrechtlicher Besitzer kann der Mieter auch dem Eigentümer mit einem Sachenrecht entgegentreten. Er tut das dann jedoch nicht eigentlich „als Mieter", sondern als (mietrechtlich berechtigter) Besitzer, etwa gegen besonders rabiate Vermieter.

In der **Verdinglichung schuldrechtlicher Forderungen** liegt auch die Bedeutung etwa einer Vormerkung (vgl. § 883 Abs. 1). Sie ist eine Belastung an einer Sache dergestalt, dass eine schuldrechtlich z.B. durch Kauf begründete Forderung in Bezug auf das Grundstück (z.B. auf Übereignung) *verdinglicht* wird, also mit diesem Inhalt ein Sachenrechtsverhältnis am Grundstück begründet wird. Eine nun dieses Sachenrecht beeinträchtigende anderweitigen Verfügung des Eigentümers wäre dem dinglich gesicherten Käufer gegenüber unwirksam (§ 883 Abs. 2). Die Berechtigung oder Sicherung „des Käufers" als Vormerkungsberechtigter ist keine schuldrechtliche, sondern eine gesondert hinzutretende typisierte sachenrechtliche.

826 Wo eine solche (inhaltlich passende) Type fehlt, kann diese von den Beteiligten aber nicht neu geschaffen werden. Relevant ist das auch für spätere Übertragungen etwa in der **Unternehmensnachfolge**.

Beispiel: Ein Grundstück kann in der Weise belastet werden, dass jemand daran ein Sachenrecht erhält und „das Grundstück in einzelnen Beziehungen benutzen darf" (Dienstbarkeit), also z.B. dort einen Strom- oder Funkmasten unterhalten, einen Parkplatz oder ein Gewerbe betreiben darf. Dies kann (1) „zu Gunsten des jeweiligen Eigentümers eines anderen Grundstücks" (vgl. § 1018) oder (2) zu Gunsten einer beliebigen, konkret zu benennenden Person erfolgen (vgl. § 1090 Abs. 1).

Im Fall (2) wäre die sog. **beschränkte persönliche Dienstbarkeit** nach § 1092 Abs. 1 S. 1 „nicht übertragbar". Sie ist personengebunden, so dass sie nur *indirekt* durch Share Deal übertragen werden kann, wenn sie zugunsten einer juristischen Person bestellt wurde (*sie bleibt „bei dieser" bestehen*). Ist Begünstigter ein Einzelunternehmer, scheidet der Share Deal am selbst nicht rechtsfähigen Einzelunternehmen aus.[6]

Aber auch die **Grunddienstbarkeit** als Möglichkeit (1) ist ausschließlich an ein herrschendes Grundstück gebunden, nicht an ein darauf betriebenes Unternehmen. Eine *sachenrechtliche* Gestaltung im Hinblick auf eine Unternehmensveräußerung ist deshalb auch bei der Grunddienstbarkeit weder als Share Deal noch als Asset Deal möglich, solange nicht das herrschende Grundstück mitübertragen wird *(die Grunddienstbarkeit bleibt „bei diesem" bestehen)*.

2. Bestimmtheitsgrundsatz

827 Neben dem Typenzwang besteht als weiterer der Bestimmtheitsgrundsatz des Sachenrechts (Spezialitätsgrundsatz). Nicht lediglich sind die dinglichen Rechte inhaltlich beschränkt, sondern können solche dinglichen Rechte auch nur an bestimmten *einzelnen* Sachen bzw. Rechtsgegenständen bestehen. So kann Eigentum nach § 903 nur an *„einer* Sache" bestehen, was *gegenständlich* (vgl. Definition des Begriffs der Sache in § 90)

6 Nicht ausgeschlossen sind Übertragungen im Wege der **Gesamtrechtsnachfolge**. So bliebe auch dem Einzelkaufmann z.B. die **Ausgliederung** (vgl. § 124 2. Fall UmwG) auf eine juristische Person unter Zuordnung der beschränkten persönlichen Dienstbarkeit und anschließende Veräußerung deren Anteile.

und *zahlmäßig* zu nehmen ist. Bedeutung hat der Grundsatz der Spezialität für die Rechtsträgerschaft und damit für (sachenrechtliche) Verfügungsgeschäfte, insb. sog. **Raumsicherungsvereinbarungen**, **Globalzessionen** und allgemein die Übereignung von Sachgesamtheiten: die betroffenen einzelnen Gegenstände müssen identifizierbar sein.

Beispiel: Sachenrechtlich gibt es kein Eigentum **„am Unternehmen"**, sondern nur je Eigentum des Betriebsinhabers (als Rechtsträger) an den einzelnen Bestandteilen des Anlage- und Umlaufvermögens, und auch das nur, soweit es sich dabei um jeweils einzelne Sachen handelt. Als Wirtschaftsgüter bilanzierte immaterielle Vermögensgegenstände wie Goodwill, Patente, Lizenzen oder Forderungen etc. sind nicht eigentumsfähig. Die Lizenz ist schuldrechtliche Rechtspacht, der Berechtigte deshalb (nur obligatorischer) Forderungsinhaber. Der Patentinhaber hat ein patentrechtliches Verwertungsrecht, in Bezug auf welches Dritte wiederum Lizenzrechte erwerben können. Der Goodwill ist schließlich überhaupt kein Recht, sondern rechnerischer Ausdruck eines Vermögenswerts, nämlich des Überwerts der Unternehmensgesamtheit über die bilanzierungsfähigen Einzelteile hinaus, etwa durch langfristige Kundenverträge, besondere Reputation etc. Als solchem liegen ihm schuldrechtliche Rechtsverhältnisse etwa zu den Lieferanten, Abnehmern oder Arbeitnehmern als wertbegründende Faktoren ebenso zugrunde, wie etwa auch absolute Rechte (das Unternehmerpersönlichkeitsrecht und das Namensrecht, die nach § 823 Abs. 1 geschützt sind), aber keine gesonderten, des Eigentums fähigen Sachen. Der Betriebsinhaber, der auch eine Personen- oder Kapitalgesellschaft sein kann, kann (schuldrechtlich) das Unternehmen als vielgliedrige Einheit verkaufen (**Unternehmenskauf** gem. § 453 Abs. 1 Alt. 2 als „sonstigen" Gegenstand). Die Übertragung der einzelnen Bestandteile muss jedoch jeweils gesondert und nach den unterschiedlichen, jeweils für sie geltenden Vorschriften erfolgen. Jedes Grundstück und jede bewegliche Sache muss je einzeln nach §§ 873 Abs. 1, 925 bzw. nach §§ 929 ff. gesondert (speziell) übereignet werden. Immaterielle Rechte müssen nach den für sie gelten Vorschriften übertragen werden. In der praktischen Durchführung schließt das selbstverständlich nicht aus, gleichartige Gegenstände in Listen zusammen zu fassen, sie ggf. nach Gesamtgewicht oder genauem und *äußerlich erkennbar abgegrenztem* Lagerort etc. zu spezifizieren – der jeweils einzelne erfasste Gegenstand muss objektiv konkret als zugehörig feststellbar und bestimmt sein.

3. (Keine) Sachenrechtsgrundsätze: Absolutheit, Abstraktheit und Publizität

a) Absolutheit

Die Absolutheit (Wirkung gegenüber jedermann) ist kein Wesensmerkmal des gesamten **828**
Sachenrechts als gesetzliche Materie, wohl aber sind die dinglichen rechtlichen Verhältnisse (*die einzelnen Sachenrechte*) absolut.

Sachenrechte bestehen *an* Sachen und begründen eine Befugnis (**Herrschaftsmacht**) des Berechtigten zum Umgang mit der Sache nach dem Inhalt des Sachenrechts. Eigentum, Besitz und auch beschränkte dingliche Rechte an Sachen wirken danach *gegen jedermann (absolute Rechte).*

Zu ihrem Schutz gibt das Gesetz dem Berechtigten sodann besondere Rechtsbehelfe, z.B. die Besitzschutzklagen der §§ 858 ff. oder die „Ansprüche aus dem Eigentum" der §§ 985 f. und §§ 987 ff. Solche **dinglichen Ansprüche** bzw. Klagebefugnisse haben keine selbstständige Bedeutung, sie begründen kein gesetzliches Schuldverhältnis, sondern haben Bedeutung nur zum Schutz des jeweiligen dinglichen rechtlichen Verhältnisses. Ihrem Grunde nach gehören sie zum „Sachenrecht", denn die Einzeltatbestände knüpfen jeweils an ein Sachenrecht an, zu welchem dann ein weiteres Tatbestandselement hinzutreten muss. Sie sind dagegen ihrem Inhalt nach wie persönliche, schuldrechtliche Ansprüche, weil sie sich *nur gegen den richten*, der ihren Tatbestand verwirklicht hat. Sie hängen nicht am dinglichen Rechtsgegenstand, sondern sind in diesem Sinne *relativ*, nicht absolut.

b) Abstraktionsprinzip

829 Das Abstraktionsprinzip ist ebenfalls kein Wesensmerkmal des gesamten Sachenrechts, wohl aber sind die Verfügungsgeschäfte abstrakt wirksam. Abstraktheit bezeichnet die rechtliche **Trennung** des dinglichen Rechtsgeschäfts **vom zugrundeliegenden, kausalen Rechtsgeschäft als Erwerbsgrund**. Das Abstraktionsprinzip begründet lediglich die Wirksamkeit des Verfügungsgeschäfts unabhängig vom Bestehen oder Fortbestand eines schuldrechtlichen Verpflichtungsgeschäfts. „Abstrakt" ist daher nur der sachenrechtliche *Erwerbsvorgang*, nicht das Sachenrecht als solches.

Beispiel: Das dingliche Erwerbsgeschäft bedarf eines Rechtsgrundes (Erwerbsgrundes), ist in seiner Wirksamkeit aber nicht davon abhängig; ohne Rechtsgrund ist es wirksam, aber sein Erfolg kondizierbar (§ 812 Abs. 1 S. 1 Alt. 1). Das gilt gleichermaßen für die Zession von Forderungen (vgl. § 398) und die Übertragung anderer Rechte (vgl. § 413), weshalb auch diese Übertragungsgeschäfte nachfolgend bei den dinglichen Rechtsgeschäften behandelt werden.[7] Die „Abstraktheit" kann danach aber nicht als allgemeiner Grundsatz „des Sachenrechts" aufgestellt werden.

c) Publizität

830 Ähnliches gilt für die Publizität. Die Wirksamkeit sachenrechtlicher Übertragungsvorgänge hängt sehr weitgehend von Publizitätsakten wie der Übergabe der Sache (vgl. § 929 S. 1) oder Eintragung im Grundbuch (vgl. § 873 Abs. 1) ab. Sachenrechtliche Verhältnisse an sich, nämlich das Eigentumsrecht, das Besitzrecht oder beschränkte dingliche Rechte sind nicht sichtbar. Auch die den Besitz begründende Innehabung der tatsächlichen Sachherrschaft (vgl. § 854 Abs. 1) oder die zum Erwerb des Liegenschaftseigentums erforderliche Eintragung im Grundbuch begründen keine Publizität des gehaltenen oder eingetragenen Sachenrechts, sondern einen **Rechtsschein** (vgl. §§ 932 ff., 892 f.) bzw. eine prozessuale **Vermutungswirkung** (vgl. §§ 1006, 891).

Wichtiges Beispiel: Ein dingliches Recht an einem Grundstück geht allein durch die *Löschung im Grundbuch* nicht unter, wenn die materiell-rechtlichen Voraussetzungen des § 875 für das Erlöschen des Rechts nicht vorliegen. Wird ein bestehendes Recht zu Unrecht im Grundbuch gelöscht, bleibt es gleichwohl – außerhalb des Grundbuchs – bestehen, der Berechtigte hat einen Anspruch auf Grundbuchberichtigung, also auf Rückgängigmachung der Löschung (§ 894). Das ist schlichte Wiedereintragung, nicht Neuschaffung. Der „Buchbesitz" (Eintrag im Grundbuch) ist zwar notwendige Entstehungsvoraussetzung des Grundstücksrechts, nicht aber für den Fortbestand notwendig. – Vergleichbar verliert der Bestohlene durch den Diebstahl nicht sein Eigentum, sondern bloß den Besitz und kann Herausgabe nach § 985 (Wiedereinräumung des Besitzes) verlangen.

Das gilt auch für den *Erwerb etwa des Grundeigentums*, §§ 873 Abs. 1, 925 Abs. 1. Ist die dingliche Einigung (Auflassung) *unwirksam* (z.B. nach Anfechtung oder wegen Minderjährigkeit des Veräußerers), erfolgt *trotz Eintragung* als neuer Eigentümer in Wahrheit keine Rechtsänderung (*kein Erwerb des Grundeigentums*). Vielmehr wird das Grundbuch unrichtig, weil der Eingetragene gar nicht Eigentümer ist.

---

7 Abstrakt sind auch Schuldanerkenntnis und Schuldversprechen (§§ 780, 781), die angenommene Anweisung (§ 784) sowie Wechsel- und Scheckverpflichtung. Die Abstraktheit betrifft bei diesen *die Eingehung* der *schuldrechtlichen* Verpflichtung an sich (d.h. man sieht ihnen ihren tieferen Grund nicht an). Anderen Schuldpflichten wie z.B. Kauf ist dagegen ein „Haben-Wollen" immanent (kausale Schuldverhältnisse). **Kausale Rechtsverhältnisse sind anfechtbar**, wenn der immanente Grund fehlt; **abstrakte Geschäfte** sind bei fehlendem Grund **kondizierbar**.

Die **Publizität schützt** (also nur) **denjenigen**, der **mit einem Eingetragenen Geschäfte betreffend das eingetragene Recht** macht (ermöglicht also z.B. gutgläubigen lastenfreien Erwerb).

B. Verfügungsgeschäfte

Die Verfügungsbefugnis ist eine gesetzliche Erweiterung des natürlichen Inhalts sachenrechtlicher Befugnisse. Der Eigentümer einer Sache darf mit dieser nach Belieben verfahren (§ 903), er hat aber auch die Macht, sie zu *veräußern*. Die Veräußerung betrifft nicht eigentlich die Sache selbst, sondern das an ihr bestehende sachenrechtliche Eigentumsrecht, welches auf diesem Weg übertragen wird. Alle beschränkten dinglichen Rechte werden einheitlich als Belastungen und inhaltliche Beschränkungen des Eigentumsrechts behandelt, auch wenn sie etwa wie das dingliche Vorkaufsrecht nur die Verfügungsbefugnis des Eigentümers einschränken oder wie das Pfandrecht auch eine auf den Eintritt des Sicherungsfalls bedingte Verfügungsbefugnis des Pfandgläubigers enthalten. **831**

Die Verfügungsmöglichkeit über ein Sachenrecht ist damit zugleich Inhalt dieses Sachenrechts: zum Eigentumsrecht etwa gehört gesetzlich seine Übertragbarkeit (vgl. dazu später unter Rn. 983).

I. Prüfungsschema: Rechtsgeschäftlicher Eigentumserwerb an beweglichen Sachen

1. Einigung gem. § 929 S. 1 **832**
2. Übergabe (§ 929) oder Surrogat (§§ 930 bzw. 931)
3. Berechtigung, ggf. Heilung gem. §§ 932 ff.

II. Prüfungsschema: Rechtsgeschäftlicher Eigentumserwerb an Grundstücken

1. „Auflassung“ (§§ 873 Abs. 1, 925 Abs. 1 S. 1) **833**
2. Eintragung ins Grundbuch gem. § 873 Abs. 1
3. Berechtigung, ggf. Heilung gem. § 892 Abs. 1 S. 1

III. Inhalt von Verfügungsgeschäften allgemein

Verfügung ist jede unmittelbare Einwirkung auf ein rechtliches Verhältnis durch Übertragung, Belastung, Aufhebung oder Änderung seines Inhalts. Gegenstand der Verfügung kann ein dingliches rechtliches Verhältnis (also ein Sachenrecht), aber auch ein Recht aus einem Schuldverhältnis (z.B. eine Forderung) sein. **834**

Beispiele einer **Übertragung** sind die Übereignung einer Sache im Hinblick auf das übergehende Eigentumsrecht oder eine Forderungsabtretung hinsichtlich der Inhaberschaft. **Belastungen** können z.B. die Bestellung eines Pfandrechts an einer Sache oder einer Forderung, die Bestellung einer Hypothek oder einer Grundschuld sein. **Aufgehoben** wird ein Recht z.B. bei Vereinbarung eines (vertraglichen) Erlasses, dagegen durch eine (einseitige empfangsbedürftige) Verzichtserklärung nur, wenn dadurch keine Interessen des anderen am Fortbestehen berührt sind.[8] Eine **Änderung** eines Rechts ist z.B. das Entstehen einer Eigentümergrundschuld aus Hypothek oder Fremdgrundschuld (vgl. §§ 1168 bzw. 1163 Abs. 1 S. 2, 1177) oder die freie Umwandlung zwischen Grundschuld und Hypothek (§ 1198 BGB).

Beachte: *Keine* unmittelbare verfügende Rechtsänderung ist dagegen die Umschaffung etwa einer Kaufpreisschuld in ein Darlehen (Novation). Diese betrifft nicht den Inhalt eines Rechts, sondern den des Rechtsgeschäfts und ist deshalb ihrerseits Schuldgeschäft („*Änderungsvertrag*“).

IV. Verfügung als Inhalt eines Rechtsgeschäfts („dinglicher Vertrag“)

835 Das **Verfügungsgeschäft** ist ein (zweiseitiges vertragliches oder bisweilen auch ein einseitiges) Rechtsgeschäft. Das Verfügungs*objekt* kann gleichermaßen ein dingliches oder ein schuldrechtliches Recht sein. Weil die Verfügung unmittelbar rechtsändernd wirkt (und nicht bloß zu etwas verpflichtet), wird das Verfügungsgeschäft oft als **dingliches Rechtsgeschäft** bzw. **dinglicher Vertrag** bezeichnet. Das gilt unabhängig davon, ob das Verfügungsgeschäft auf eine Verfügung über ein Recht *an einer Sache* gerichtet ist (z.B. Übereignung), oder auf eine Verfügung über eine (schuldrechtliche) Forderung (z.B. Abtretung).

836 Eine Verfügung ist ein Rechtsgeschäft, das die **Rechtslage an einer Sache oder einer Forderung** unmittelbar **ändert (Aufhebung, Übertragung, Belastung, Inhaltsänderung)**. Eine solche rechtsgeschäftliche Übertragung oder Belastung eines Rechts setzt meist einen Vertrag voraus (vgl. für Verfügungen über das Eigentum §§ 873 bzw. 929).[9] Während der schuldrechtliche Vertrag das Schuldverhältnis und damit Forderungsrechte und Pflichten zwischen den an ihm Beteiligten begründet, hat der dingliche Vertrag zum Inhalt, bestehende Rechte zu übertragen. Vereinfacht ausgedrückt begründet das Schuldgeschäft ein Sollen, das Verfügungsgeschäft schafft Fakten. Der Kunstgriff des BGB besteht dann darin, dass beides durch Vertrag geschieht.

837 Für das BGB hat ein Rechtsgeschäft und damit der „Vertrag“ als zweiseitiges Rechtsgeschäft (vgl. §§ 145 ff.) selbst keinerlei eigenständigen materiellen Gehalt. Für Verpflichtungsvertrag und Verfügungsvertrag gelten dieselben Vorschriften über Rechtsgeschäfte,

---

8 Ein Verzicht des Gläubigers auf Hypothek oder Grundschuld (§ 1168) führt nicht zu ihrer Aufhebung, sondern zu einer Änderung, nämlich ihrem Übergang auf den Eigentümer des belasteten Grundstücks. Gleiches gilt für den Erlass einer hypothekarisch gesicherten Forderung (§§ 1163 Abs. 1 S. 2, 1177). Die Grundpfandrechte geben eine bevorzugte Befriedigungsmöglichkeit am Grundstück (in einer chronologisch begründeten Rangfolge) und bisher nachrangige Gläubiger würden durch die Aufhebung des vorrangigen Rechts begünstigt. Die entstehende Eigentümergrundschuld wahrt das Eigentümerinteresse, die Vorzugsposition einem dritten Gläubiger weitergeben zu können.

9 Es gibt auch **einseitige Verfügungsgeschäfte**, nämlich die Aufhebung beschränkter dinglicher Rechte an Grundstücken (§ 875 Abs. 1) und die Dereliktion von Grundstücken (§ 928 Abs. 1). Ebenso die Aufgabe eines Pfandrechts, § 1255 Abs. 1 oder der Verzicht auf ein dingliches oder obligatorisches Recht. Zur besseren Übersichtlichkeit der Darstellung wird vorliegend im Wesentlichen von Verfügungsgeschäften als Verträgen (zweiseitigen Rechtsgeschäften) gehandelt. Soweit Verfügungen durch einseitiges Rechtsgeschäft möglich sind, gilt dafür das hier gesagte gleichermaßen.

also etwa **Geschäftsfähigkeit** nach §§ 104 ff., über Willenserklärungen nach §§ 116 ff., über das **Zustandekommen** des Vertrags nach §§ 145 ff., über **Bedingungen** nach §§ 158 ff., über **Vertretung** nach § 164 ff. und über ggf. erforderliche Einwilligungen und Genehmigungen nach §§ 182 ff. Der „Vertrag" ist nach BGB ein lediglich konstruktives, technisches Instrument, um Rechtswirkungen hervorzurufen. Schuldgeschäft (Kauf, Dienstverhältnis etc.) oder Verfügungsgeschäft ist erst der *übereinstimmende Inhalt der für den Vertragsschluss erforderlichen Willenserklärungen.*

Beispiel: Kaufvertrag ist ein Vertrag, wenn übereinstimmender Inhalt der Willenserklärungen die essentialia negotii eines Kaufs sind. Klarer wäre, gar nicht vom „Kaufvertrag" zu reden, sondern vom „Kauf" als Verpflichtungsgeschäft. Nur der *Abschluss* des Kaufs erfolgt technisch durch einen Vertrag, richtiger: Vertragsschluss (Willensübereinstimmung), der inhaltlich eben auf Kauf gerichtet ist.

Ein Verfügungsgeschäft („dinglicher Vertrag") liegt vor, wenn übereinstimmender Inhalt der Willenserklärungen eine entsprechende Rechtsänderung ist, etwa die Übertragung des Eigentums an einer Sache, der Inhaberschaft an einem Forderungsrecht, oder die Bestellung eines Pfandrechts an einer Sache etc. ist. Vgl. dazu ausführlich *Mayer/Oesterwinter (2017),* Die BGB-Klausur – eine Schreibwerkstatt, Rn. 53 ff., 83 ff.

V. Trennungs- und Abstraktionsprinzip

Obwohl zumindest beim Bar- oder Handkauf die Begründung des Schuldverhältnisses **838** mit der Übereignung der Kaufsache und der Bezahlung des Kaufpreises äußerlich meist in einheitlichen Handlungen zusammenfällt, handelt es sich um zwei unterschiedliche Ebenen von Rechtsgeschäften, nämlich des **schuldrechtlichen Verpflichtungsgeschäfts** (z.B. Kauf) und der **dinglichen Übereignungstatbestände** hinsichtlich des Kaufgegenstands und des Entgelts.

Trennungsprinzip bedeutet, dass das schuldrechtliche Verpflichtungsgeschäft als reines Planungsgeschäft sowie das weitere Rechtsgeschäft, das die Rechtszuständigkeit ändert, in zwei rechtlich voneinander getrennten Akten, also in selbstständigen Rechtsgeschäften erfolgen. Nur das zweite Rechtsgeschäft bildet eine Verfügung.

Verfügungsgeschäfte (dingliche Rechtsgeschäfte) erlangen sodann weiterhin Rechtswirksamkeit unabhängig von der Rechtswirksamkeit der schuldrechtlichen Lage bzw. der Verpflichtungsgeschäfte (sog. *Abstraktionsprinzip*). Das *Fehlen eines Kausalgeschäfts,* also des Rechtsgrundes eines Verfügungsgeschäfts lässt die Rechtswirksamkeit des Verfügungsgeschäfts unberührt (gibt also *keinen Anfechtungsgrund*), macht das übertragene Recht jedoch *kondizierbar* (§ 812 Abs. 1 S. 1 Alt. 1).[10]

Beispiel: Der Einräumung des Auskiesungsrechts im vorangehenden Nießbrauchbeispiel liegt schuldrechtlich z.B. ein Kauf (Rechtskauf nach § 453) zugrunde. Aus diesem hätte der Eigentümer dann auch einen Entgeltanspruch. Ist der Kauf nach § 142 Abs. 1 anfechtbar, etwa weil sich eine

10 Die Leistungskondiktion macht lediglich die Folgen fehlender oder weggefallener Kausalgeschäfte rückgängig. Sie ist erforderlich, weil die Ebenen getrennt werden.

Seite über die Mächtigkeit der kiestragenden Schichten geirrt hatte (§ 119 Abs. 2)[11], bleibt der Nießbrauch davon unbeschadet bestehen (*Abstraktionsprinzip*), der Nießbraucher schuldet jedoch *bereicherungsrechtlich* Aufhebung des Nießbrauchs (durch Klärung nach § 875 Abs. 1) und Wertersatz für bereits ausgebeutete Mengen.[12]

839 Zur Verdeutlichung soll das **Prüfungsschema zur Leistungskondiktion beim Erwerb dinglicher Rechte** (§ 812 Abs. 1 S. 1 Alt. 1) darauf bezogen werden:[13]

1. Etwas erlangt (= wirksam gewordene *dingliche* Rechtsänderung)
2. Durch Leistung (= durch abstrakt gültiges *dingliches* Rechtsgeschäft)
3. Ohne Rechtsgrund (= fehlender *schuldrechtlicher* Erwerbsgrund)

1. Vorteil des Abstraktionsprinzips

840 Vorteil des deutschen Abstraktionsprinzips ist der bessere **Verkehrsschutz**, weil Mängel im Schuldgeschäft das Verfügungsgeschäft und damit die dingliche Rechtslage unberührt lassen, also z.B. der Erwerber einer Sache Eigentümer werden konnte und Eigentümer bleibt, auch wenn der zugrundeliegende Kaufvertrag sich als nichtig herausstellt. Zwar ist er dann seinem Verkäufer zur Rückübereignung nach Bereicherungsrecht (Condictio indebiti, § 812 Abs. 1 S. 1 1. Alt) verpflichtet, kann jedoch bis zum Vollzug der Rückübereignung über die Sache als dinglich Berechtigter weiterverfügen **(„Zwischenverfügung")**: Ein von ihm erwerbender Dritter erlangt das Eigentum also nicht nur aufgrund guten Glaubens und muss sich deshalb nicht etwa vorhalten lassen, er habe die zweifelhaften Umstände des Erwerbs seines Verkäufers kennen müssen und sei deswegen womöglich gar nicht gutgläubig gewesen. Solcher Verkehrsschutz zugunsten Dritter geht zwar zu Lasten des Erstverkäufers, der aber immerhin die Initiative für das in Verkehr bringen der Sache ergriffen hatte.

Bedeutung hat das **Abstraktionsprinzip** bei Wirksamkeitsmängeln des schuldrechtlichen Grundgeschäfts für die dingliche Zugehörigkeit zur **Insolvenzmasse** des Erwerbers statt des ursprünglichen Veräußerers; ebenso für zulässige **Zwangsvollstreckungsmaßnahmen** der Gläubiger des Erwerbers. Eine **zwischenzeitliche Weiterveräußerung**

---

11 Problematisch ist dabei bereits, ob Grundstückseigenschaften zugleich solche des Nutzungsrechts sind **(mittelbare Eigenschaft)**. Regelmäßig ist § 119 Abs. 2 auf mittelbare Eigenschaften nicht anzuwenden (z.B. beim Kauf einer Aktie im Verhältnis zu Umständen des Unternehmens selbst). Eine abweichende Behandlung ist aber gerechtfertigt, weil der Nießbrauch zum Besitz des Grundstücks berechtigt.
Wäre die Schürfmenge mit der Nießbrauchbestellung genau festgelegt worden, handelte es sich bei geringerer Ausbeute allerdings um einen **Sachmangel** des Grundstücks, auf den auch beim Rechtskauf § 434 direkt anwendbar wäre. Das Gewährleistungsrecht ginge der Anwendung von § 119 Abs. 2 wiederum vor. Ein „Mehr" an Abbaumenge dürfte der Nießbraucher schlicht nicht fördern.
Schließlich muss geklärt werden, dass nicht gerade die anfechtende Partei das **wirtschaftliche Risiko nach dem Inhalt des Schuldverhältnisses tragen** sollte, was durchaus sachgerecht sein könnte; Die entsprechende Eigenschaft wäre dann als Gegenstand des Rechtsgeschäfts ausgeschaltet worden und hätte hierdurch den Charakter einer Eigenschaft im Sinn von § 119 Abs. 2 verloren. Handelte es sich zuletzt um einen **beiderseitigen Irrtum**, ginge wiederum **§ 313 (Geschäftsgrundlage)** der Anfechtung vor.

12 Die Herausgabepflicht umfasst nach §§ 812 Abs. 1 S. 1 Alt. 1, 818 Abs. 1 auch den geförderten Kies als gezogene Nutzungen (§§ 100, 99 Abs. 1) und, soweit dieser bereits veräußert wurde, Wertersatz, § 818 Abs. 2. Es handelte sich bei Veräußerung nicht um einen Fall nach § 816 Abs. 1, weil der Nießbraucher nach § 954 Eigentümer des gehobenen Kieses wird und als Berechtigter darüber verfügt hätte.

13 Der Anwendungsbereich der Leistungskondiktion wegen Nichtschuld (condictio indebiti) ist weiter. Es genügt jeder gegenstandsbezogene Vermögensvorteil. Auch der Leistungsbegriff geht über das dingliche Rechtsgeschäft hinaus und umfasst auch rein tatsächliche Handlungen (vgl. oben Rn. 623, 630).

durch den Erwerber an einen Dritten ist aufgrund des Abstraktionsprinzips Erwerb vom Berechtigten (zwar schuldet der Erst-Erwerber Rückübereignung nach § 812 Abs. 1 S. 1, aber das gerade, weil er *wirksam* Eigentum erlangt hat).

Es handelt sich um eine formelhafte, aber gerade dadurch verhältnismäßig *sichere Konstruktion*, die jedoch nicht ausnahmslos gilt (z.B. Problematik des sog. **Doppelmangels**[14]) und in ihrem *Gerechtigkeitsgehalt ambivalent* ist, weil sie eben auch einem bösgläubigen Dritten den endgültigen Eigentumserwerb zu Lasten des Rückübertragungsanspruchs des Bereicherungsgläubigers ermöglicht: weil er vom Berechtigten erwirbt, ist Gutgläubigkeit nicht vonnöten. **841**

Andere Rechtsordnungen kennen demgegenüber nur den Schuldvertrag und legen diesem stattdessen translatorische (das Vollrecht übertragende, dingliche) Wirkung bei (kein Trennungsprinzip). In solchen Rechtsordnungen geht also das Eigentum bereits durch den Kaufvertrag über, als Erfüllung des Kaufs wird lediglich noch die Besitzübergabe geschuldet. Erst recht gilt außerhalb Deutschlands das Abstraktionsprinzip in kaum einem anderen Land und selbst wenn wie etwa in Österreich das Trennungsprinzip zwischen Verpflichtungsgeschäft und Verfügungsgeschäft gesetzlich bestimmt ist, hängt dort dennoch die Wirksamkeit des sachenrechtlichen Verfügungsgeschäfts durch gesetzlich begründeten Bedingungszusammenhang (sog. Kausalprinzip im Unterschied zum Abstraktionsprinzip) von der Gültigkeit des schuldrechtlichen Verpflichtungsgeschäfts ab.

2. Ausnahmen vom Abstraktionsprinzip

a) Geschäftseinheit

Unrichtig wäre, vorschnell eine Geschäftseinheit zwischen Grund- und Verfügungsgeschäft anzunehmen. Die Geschäftseinheit würde bei *Mängeln im Grundgeschäft* zur Gesamtnichtigkeit nach § 139 führen. Korrekturvorschrift des Abstraktionsprinzips ist das Bereicherungsrecht, insb. die Rückübereignung nach § 812 Abs. 1 S. 1 Alt. 1 (Normalfall aufgrund des Abstraktionsprinzips). **842**

Die wirtschaftliche Bedeutung diskutierter Ausnahmen mit Anwendung des § 139 (Geschäftseinheit von Schuld- und Sachenrecht) ist denkbar gering. Auch beim Hand- oder Barkauf sind obligatorisches und dingliches Rechtsgeschäft juristisch zu trennen.[15] – Ein (sogar eher umgekehrter) Bedingungszusammenhang besteht regelmäßig an der Ladentheke. Der Kauf ist aufschiebend bedingt durch das Erfüllungsgeschäft, weshalb die Kassiererin so bereitwillig eine Ware vor dem Bezahlen wieder ausbucht.

---

14 Doppelmangel oder Fehleridentität bezeichnet Unwirksamkeitsgründe, die sowohl das schuldrechtliche Grundgeschäft als auch das Erfüllungsgeschäft, also die dingliche Verfügung, betreffen: Minderjährigkeit, § 104; Wucher, § 138 Abs. 2 (Arg.: „versprechen oder *gewähren* lässt" bezieht die dingliche Verfügung mit ein); sonstige Sittenwidrigkeit (§ 138 Abs. 1) nur, wenn auch das dingliche Geschäft nach Motiv und Zweck sittenwidrig ist. Außerdem kann durch Vereinbarung im Rahmen der dinglichen Einigung ein Bedingungszusammenhang mit dem Grundgeschäft hergestellt werden (§ 158), wonach die Rechtswirksamkeit des Verfügungsgeschäfts von derjenigen des Grundgeschäfts abhängt (Ausnahme: § 925 Abs. 2).

15 Dieser Gedanke liegt auch der condictio ob rem, § 812 Abs. 1 S. 2 Alt. 2, zugrunde (vgl. oben Rn. 661).

b) Fehleridentität

843 Anders ist das u.U. in den Wucherfällen (vgl. Rn. 841 (mit Fn. 14), 1144 zum **Doppelmangel**) und für die Möglichkeit eines ausdrücklich **vereinbarten Bedingungszusammenhangs** (vgl. auch Rn. 844 und 1111 zum Eigentumsvorbehalt). Sittenwidrigkeit beim Kauf oder Darlehen (z.B. wegen Einbeziehung vermögensloser Angehöriger) betrifft jedenfalls zuerst nur das Schuldgeschäft und dabei die Vereinbarung der Gegenleistung, nicht aber automatisch auch die (an sich wertneutrale) Erfüllung.

Wichtiger Anwendungsfall der Fehleridentität ist dagegen die *anfängliche Übersicherung* eines Kreditgebers. Wenn bereits bei Vertragsschluss gewiss ist, dass im Verwertungsfall ein auffälliges Missverhältnis zwischen realisierbarem Wert der Sicherheit und gesicherter Forderung bestehen wird, ist nach der Rechtsprechung nicht nur die schuldrechtliche Sicherungsabrede z.B. im Darlehensvertrag[16], sondern auch die Verfügung z.B. durch Sicherungszession oder Sicherungsübereignung unwirksam.

3. Durchbrechungen des Abstraktionsprinzips

a) Bedingungszusammenhang

844 Eine Durchbrechung des Abstraktionsprinzips ist durch Bestimmung eines Bedingungszusammenhangs möglich. Die Parteien können vereinbaren, dass die Wirkung des dinglichen Geschäfts nur eintreten soll, wenn das Verpflichtungsgeschäft wirksam ist und fortbesteht. So kann z.B. bei der Sicherungsübereignung durch eine auflösende Bedingung eine Bindung an die zugrundeliegende Sicherungsabrede hergestellt werden, wodurch eine Sicherheit bei Beendigung des Sicherungszwecks automatisch in das Eigentum des Sicherungsgebers zurückfällt; auf demselben Prinzip beruht auch der Eigentumsvorbehalt mit der (aufschiebenden) Bedingung der Erbringung der Gegenleistung. Das Sachenrecht wird durch die ausdrückliche Vereinbarung einer solchen Bedingung (vgl. § 158)[17] zum verbundenen Geschäft mit dem Schuldrecht (vgl. § 139).

Der sachenrechtliche Abstraktionsgrundsatz wird durch solchen Bedingungszusammenhang zur Disposition der Parteien gestellt. Eine lediglich stillschweigende Vereinbarung, auf die z.B. im Wege der ergänzenden Vertragsauslegung geschlossen werden könnte, ist damit in aller Regel unvereinbar (zur Bedeutung des Bedingungszusammenhangs vgl. besonders die Sicherungszweckerklärungen bei der nur treuhänderischen Sicherungszession und Sicherungsübereignung im Hinblick auf eine zu sichernde schuldrechtliche Forderung: automatischer Rückfall des Sicherungsguts in das Eigentum des Sicherungsgebers nach Beendigung des Treuhandverhältnisses?).

---

16 Rechtsgrund der Bestellung von Sicherheiten ist nicht das besicherte Schuldverhältnis, sondern eine (meist damit verbundene, zusätzliche) Vereinbarung über die Besicherung (sog. Sicherungsabrede mit Sicherungszweckerklärung). Das Darlehen ist ein Schuldverhältnis nur über die Kapitalüberlassung auf Zeit, mit der Sicherungsabrede besteht nur eine Geschäftseinheit i.S.d. § 139. Fehleridentität besteht zwischen der Sicherungsabrede und der Bestellung der Sicherheit (Verfügung)! Ob damit auch das Darlehen nichtig ist, hängt von § 139 ab (vgl. so dann § 817 S. 2 analog).

17 Auf solche Bedingungen sind die §§ 158 ff. jedenfalls analog anzuwenden, als „Bedingung" nur ein zukünftiges ungewisses Ereignis ist. Die Wirksamkeit des Verpflichtungsgeschäfts liegt strenggenommen zeitlich parallel, meist sogar voraus. Im Fall der auflösend bedingten Sicherungsübereignung/-zession und des Eigentumsvorbehalts ist der maßgebliche Umstand (die Beendigung des Sicherungszwecks bzw. die Erbringung der Gegenleistung) dagegen zukünftig und gewissermaßen ungewiss.

Beispiel: Der Sicherungsgeber kann zum Schutz seines „wirtschaftlichen Eigentums" die Sicherungsübereignung (konkret die dingliche Einigung i.S.d. § 929 S. 1) unter der auflösenden Bedingung des Wegfalls des Sicherungszwecks erklären (vgl. § 158 Abs. 2). Dadurch fällt das Sicherungseigentum mit dem Bedingungseintritt automatisch an den Sicherungsgeber zurück. Sog. *Zwischenverfügungen* des Sicherungsnehmers, welche die von der Bedingung abhängige Wirkung vereiteln oder beeinträchtigen würden, sind dann (sachenrechtlich) ausnahmsweise unwirksam (vgl. § 161 Abs. 2) und der Dritte wäre auf gutgläubigen Erwerb verwiesen (vgl. § 161 Abs. 3). § 161 Abs. 3 verweist dann auf eine „entsprechende Anwendung" der Vorschriften zum Erwerb vom Nichtberechtigten; zumeist sind in Fällen dieser Art §§ 931, 934 Alt. 1 analog einschlägig (weil das Sicherungsgut bei der Sicherungsübereignung beim Sicherungsgeber bleibt, der zwischenverfügende Sicherungsnehmer also nicht unmittelbaren Besitz übertragen kann). Erforderlich ist guter Glaube hinsichtlich der Verfügungsmacht, nicht hinsichtlich des sachenrechtlich im Verfügungszeitpunkt (bis zum Bedingungseintritt ja noch) bestehenden Eigentums (daher die „entsprechende Anwendung").

b) Zweckgebundenheit einer Verfügungsermächtigung

Eine weitere Durchbrechung erfährt der Abstraktionsgrundsatz durch die Zulassung *zweckgebundener* Verfügungsermächtigungen nach § 185. Nach § 185 kann ein *Nichteigentümer* über eine ihm fremde Sache oder Forderung sachenrechtlich wirksam verfügen, wenn ihm dies vom Verfügungsbefugten, also regelmäßig dem Eigentümer einer Sache oder Inhaber einer Forderung, zugestanden wird. Der so Ermächtigte verfügt dann *als sachenrechtlich Berechtigter.* **845**

Es handelt sich nach § 185 nicht um eine Vertretungsmacht zum Abschluss des sachenrechtlichen Rechtsgeschäfts namens des Eigentümers oder Inhabers, sondern um eine Ermächtigung zur Verfügung im eigenen Namen mit eigener (Verfügungs-)Berechtigung (als mittelbarer Stellvertreter).

Die Verfügungsbefugnis kann zudem an bestimmte inhaltliche Anforderungen in Bezug auf das schuldrechtliche Rechtsgeschäft geknüpft werden, das dem (auf der Grundlage der Verfügungsermächtigung) zu tätigenden sachenrechtlichen Übertragungsgeschäft zugrunde liegt: So ist die Weiterv**eräußerungsbefugnis des Vorbehaltskäufers beim verlängerten Eigentumsvorbehalt** (vgl. dazu Rn. 132) daran gebunden, dass er die Vorbehaltsware *„im Rahmen des ordnungsgemäßen Geschäftsgangs"* weiterverkauft. Wird die Vorbehaltsware im Preis verschleudert, ist die darauf bezogene Übereignung nicht von der Verfügungsermächtigung erfasst und der dritte Erwerber kann nur gutgläubig Eigentum erwerben. **846**

VI. Verfügungsgeschäfte über Forderungen – Überblick

Forderungen sind die Inhalte eines **persönlichen Rechts auf Leistung** gegen einen bestimmten Schuldner. Die Leistungspflicht ist *nicht wie im Sachenrecht Folge einer dinglichen Rechtslage* (etwa zwischen Eigentümer und Besitzer), sondern davon unabhängige *Folge eines Schuldgrundes* (etwa eines vertraglichen oder gesetzlichen Schuldverhältnisses). Forderungen haben lediglich Wirkungen zwischen den Beteiligten, nicht gegenüber jedermann (relative Rechte). Diese Relativität obligatorischer Rechte hindert den Gläubiger aber nicht daran, sie auf einen neuen Gläubiger übertragen zu können (etwa den Entgeltanspruch des Vermieters an eine Bank als Sicherheit für ein Darlehen **847**

abzutreten). Insoweit wird das Forderungsrecht wie ein „Vollrecht" behandelt. Das Forderungsrecht wird vom Schuldverhältnis, kraft dessen es besteht, abgespalten und handelbar, ohne deswegen jedoch zum absoluten Recht zu werden.

Forderungen werden in verschiedener Hinsicht bisweilen wie dingliche Rechtsgegenstände behandelt. Zwar sind schuldrechtliche Forderungen keine Sachen (vgl. § 90), gleichwohl können sie dingliche Rechtsgegenstände und damit Objekte dinglicher Verhältnisse sein. Das BGB anerkennt das etwa für das Pfandrecht an Rechten allgemein (vgl. §§ 1273 ff.), insb. das Pfandrecht auch an einer Forderung (vgl. §§ 1279 ff.), und ebenso für den Nießbrauch an Rechten (vgl. §§ 1068 ff.), insb. den Nießbrauch auch an einer Forderung (vgl. § 1074) ohne Weiteres.

848 Der *Vermögenswert* der Leistungsansprüche aus Schuldverhältnissen (§ 241 Abs. 1) ist auch der Grund für die (anders als in älteren Rechtsordnungen) beliebige Übertragbarkeit und Verpfändbarkeit solcher Forderungen nach §§ 398 ff. Forderungen gleichen den dinglichen Rechtsgegenständen sodann nicht nur in der *Übertragbarkeit*, sondern auch in der *Art und Weise der Übertragung*. Auch die **Forderungsabtretung** ist ein **Verfügungsgeschäft** und erfolgt als selbstständiges dingliches Rechtsgeschäft (Trennungs-/Abstraktionsprinzip). Nur, weil die *gesetzliche Systematik* nach den Objekten der Übertragung unterscheidet, ist die Zession in §§ 398 ff. im Zweiten Buch des BGB „Schuldrecht", die Übereignung von Sachen dagegen im Dritten Buch des BGB „Sachenrecht" abgebildet; beides sind indes Verfügungsgeschäfte.

849 Das sog. Trennungsprinzip gilt auch für die Abtretung, als z.B. der Verkauf einer Forderung (als schuldrechtlicher Rechtsgrund) von ihrer Übertragung (also dem dinglichen Verfügungsgeschäft) rechtlich getrennt ist. Auch die Wirksamkeit von Verpflichtungs- und Verfügungsgeschäft bedingt sich nicht gegenseitig (Abstraktionsprinzip), gleich ob es sich um das rechtsgrundlos übertragene Eigentum oder die rechtsgrundlos übertragene Forderung handelt.

1. Exkurs: Forderungen

850 Forderungen und schuldrechtliche Pflichten entstehen kraft von Schuldverhältnissen (vgl. § 241 Abs. 1). Die Sachenrechte und damit dingliche Rechtspflichten unterscheiden sich von Schuldverhältnissen und damit von Forderungen darin, dass sie an einen dinglichen Rechtsgegenstand gebunden, auf diesen beschränkt und von ihm abhängig sind. Sachenrechte bestehen daher absolut und setzen sich gegenüber jedermann durch. Schuldrechtlichen Verhältnissen und damit Forderungen fehlt diese Bindung an einen dinglichen Gegenstand. Sie erhalten ihre Legitimation allein aus dem Bestehen zwischen (vertraglich oder gesetzlich) bestimmten Personen.

851 Unbeschadet dieser Relativität, also ihrem Bestehen nur in Beziehung zweier oder mehrerer bestimmter Personen, behandelt das BGB Forderungen in verschiedener Hinsicht durchaus wie einen dinglichen Rechtsgegenstand.[18] Die Inhaberschaft einer Forderung

18 Die Übertragung von Forderungsrechten liegt – entsprechend der Unterscheidung des Trennungsprinzips zwischen verpflichtendem Schuldgeschäft und dinglichem Vollzugsgeschäft – auf der Ebene des verfügenden Rechtsgeschäfts. Die sog. absolute (gegen jedermann gerichtete) Wirkung von Befugnissen aus sachenrechtlichen Verhältnissen steht mit der Übertragbarkeit in keinem Zusammenhang. Die Unterscheidung in § 137 S. 1 (vertragliche **Veräußerungsverbote** über Sachenrechte sind auf der Ebene des Verfügungsgeschäfts unwirksam) gegenüber § 399 Alt. 2 (vertragliche **Abtretungsverbote** über Forderungsrechte sind wirksam) ist nicht in der absoluten oder relativen Wirkung des zu übertragenden Rechts begründet, sondern im (Nicht-)Bestehen persönlicher Bindung aus dem Recht (daher die kaufmännische Ausnahme in § 354a Abs. 1 HGB).

ist dennoch nicht „Eigentum", weil das Eigentum in der Ausschlusswirkung gegenüber jedermann (§ 903) einen begriffsnotwendigen Bestandteil hat, der an Forderungen nicht denkbar ist. So bestehen Forderungen nur relativ, also zwischen den am Schuldverhältnis Beteiligten (oder einem Einzelrechtsnachfolger aufgrund Abtretung). Außerdem steht die freie inhaltliche Gestaltbarkeit einer allgemeinen Anerkennung entgegen (Typenzwang und numerus clausus sind bereits praktisch notwendige Voraussetzung einer absoluten Wirkung).

2. Arten von Verfügungen über Forderungen

Als Vermögensrecht sind Forderungen jedoch nach denselben Grundsätzen wie das Eigentumsrecht *übertragbar*. Verfügungen über Forderungen sind: **852**
- die Aufrechnung (§§ 387 ff.),
- der Erlass (§ 397 – besser: Erlassvertrag),
- die Abtretung (§§ 398 ff. – besser: Abtretungsvertrag) und
- die befreiende Schuldübernahme (§§ 414 ff.).

Eine „Vertragsübernahme", also die Übernahme von Schuldverhältnissen als Ganzes durch Verfügungsgeschäft sieht das BGB dagegen nicht vor, sondern nur die Abtretung von Forderungen *aus* Schuldverhältnissen und sonstigen Einzelrechten (vgl. §§ 398, 413) sowie die Übernahme von Schulden (vgl. §§ 414 ff.). Schuldrechtlich (als Verpflichtungsgeschäft) liegt der Vertragsübernahme ein atypischer Kauf zugrunde (§ 453 Abs. 1), der durch einzelne Abtretungen erfüllt wird (§§ 433 Abs. 1, 362 Abs. 1, 398). **853**

Beispiel: Lässt der Forderungsverkäufer nach erfolgter Abtretung doch an sich selbst erfüllen, haftet der dem Zessionar nach § 280 Abs. 1 wegen Verletzung *nachvertraglicher Pflichten* aus dem **Forderungsverkauf** (erfüllt hatte er ja bereits durch die Abtretung!); außerdem nach §§ 687 Abs. 2, 667, 681 S. 2 auf Herausgabe des erlangten Vermögensvorteils; nach § 816 Abs. 2, weil der Schuldner entweder nach § 407 oder nach §§ 409, 185 Abs. 2, 362 Abs. 2 freigeworden ist.

In § 566 (Kauf bricht nicht Miete), §§ 563 ff. (Eintritt in ein Mietverhältnis) und § 1251 Abs. 2 für das Pfandrecht bestehen einzelne Fälle gesetzlicher Vertragsübernahme. Auch §§ 25, 28 HGB können als Form der Vertragsübernahme verstanden werden (vgl. Rn. 698).

VII. Schuldübernahme als Verfügungsgeschäft

Beispiel: Wer ein Unternehmen im Wege des Asset Deals oder ein Grundstück erwirbt, wird die darin begründeten bzw. die auf der erworbenen Sache lastenden Verbindlichkeiten des Veräußerers gegenüber einem dritten Gläubiger unter Anrechnung auf den Kaufpreis übernehmen. Der Käufer braucht insoweit keine Barmittel aufzubringen, sondern tritt in die Ratenzahlungsvereinbarung ein, während dem Gläubiger die zugrundeliegende Kreditbasis ebenfalls erhalten bleibt. **854**

1. Schuldübernahme als Verfügungsgeschäft

Die (passivische) Schuldübernahme (wirtschaftlich das Gegenstück zur aktivischen Forderungsabtretung) erfolgt durch **dinglichen (!) Vertrag zwischen dem Übernehmer und dem Gläubiger** (Zuwendungsverhältnis). Der Gläubiger verfügt über seine Forderung mit der unmittelbar rechtsändernden Wirkung, „dass der Dritte an die Stelle des **855** bisherigen Schuldners tritt“ (§ 414). Der bisherige Schuldner wirkt nicht mit,[19] die Verfügungsmacht über die Forderung als Vermögensgegenstand hat allein der Gläubiger.

856 Nach § 415 Abs. 1 kann die Schuldübernahme – eben weil sie eine dingliche Verfügung ist – auch zwischen dem Übernehmer und dem bisherigen Schuldner vollzogen werden. Der Schuldner verfügt dann als Nichtberechtigter und die Wirksamkeit hängt von der Genehmigung des Gläubigers ab.[20]

Beispiel: Bei mehreren hintereinander folgenden Schuldübernahmevereinbarungen jeweils von einem (dazu nicht berechtigten) Schuldner auf den nächsten u.s.w. nach § 415 Abs. 1 kann der Gläubiger allerdings (im Unterschied zu den Fällen nach § 816 Abs. 1 S. 1) nur die in einer solchen Reihe *letzte Verfügung genehmigen*, nicht aber eine beliebige frühere. Ein solcher Handel mit Passiva ist dem Wechselrecht vorbehalten, so dass außerhalb von Wechselverbindlichkeiten eine mehrfache Übertragung einer Schuld nur nach § 414 wirksam werden kann.

857 Der Übernehmer verspricht dem Gläubiger keine neue Verpflichtung. Der (abstrakten) Schuldübernahme[21] liegt zwar ein schuldrechtlicher Rechtsgrund zugrunde. Diese auf die Schuldübernahme gerichtete Verpflichtung besteht aber zwischen Alt- und Neuschuldner. § 415 Abs. 3 weist daraufhin, dass *aus diesem* Rechtsgrund der bisherige Schuldner vom Übernehmer im Zweifel jedenfalls Freistellung verlangen kann. Mängel oder die Nichtigkeit des schuldvertraglichen Rechtsgrundes können nach § 417 Abs. 2 jedoch nicht gegen die (ihrerseits wirksame) Schuldübernahme geltend gemacht werden. Die bereicherungsrechtliche Rückabwicklung einer Schuldübernahme erfolgt also immer „über‘s Eck“ und damit den Altschuldner. Das ist konsequent zum schuldrechtlichen Rechtsgrundverhältnis.

Beispiel: Irrt der Übernehmer über die Höhe der übernommenen Verbindlichkeit, hat das keine Auswirkungen auf die (abstrakte) Schuldübernahme, sondern nur auf die der Übernahme zugrundeliegende Verpflichtung (nicht die Verpflichtung aus der Übernahme, sondern die Verpflichtung zur Schuldübernahme). Dieses Rechtsgrundverhältnis des Übernehmers besteht stets gegenüber dem Altschuldner und kann z.B. Darlehen, Schenkung oder eine Tilgungsvereinbarung hinsichtlich einer bereits bestehenden Schuld im Deckungsverhältnis sein.

858 Mit Vollendung des Verfügungsvertrags wird der Altschuldner von seiner Verpflichtung frei und der Neuschuldner tritt an seine Stelle. Nach § 417 Abs. 1 S. 1 hat der Neuschuldner alle **Einwendungen** *seines Rechtsvorgängers* mit Ausnahme der Aufrechnungsmöglichkeit (vgl. § 417 Abs. 1 S. 2). *Eigene Einwendungen* des Neuschuldners können aus einem persönlichen Rechtsverhältnis zwischen ihm und dem Gläubiger folgen oder auch aus Mängeln der Übertragungsverfügung selbst, nicht jedoch aus Mängeln des der Schuldübernahme im Verhältnis zum Altschuldner zugrundeliegenden Rechtsverhältnisses mit dem Altschuldner (vgl. § 417 Abs. 2).

---

19 § 414 macht durch den Begriff „Eintritt“ deutlich, dass der Altschuldner zwar von der bisherigen Verpflichtung befreit wird, es sich jedoch nicht um einen schuldrechtlichen Erlassvertrag nach § 397 handelt, der zwischen ihm und seinem Gläubiger zu vereinbaren wäre.

20 Die Bedeutung der Schuldübernahme nach § 415 durch Verfügung eines Nichtberechtigten liegt vielmehr in der dadurch eröffneten Möglichkeit, dass § 416 Abs. 1 für die Übernahme einer Hypothekenschuld die Genehmigung des Gläubigers im Falle seines Schweigens auf eine entsprechende Mitteilung fingieren kann.

21 Zu unterscheiden von Schuldanerkenntnis und Schuldversprechen (§§ 780, 781), welche ebenfalls abstrakt sind, aber eine Verpflichtung im Zweipersonenverhältnis originär begründen.

Der Übernehmer ist Rechtsnachfolger des Altschuldners, jedoch nur in die einzelne Verbindlichkeit, nicht in das Schuldverhältnis als Ganzes, weshalb gesetzliche **Gestaltungsrechte**, etwa aufgrund von Gewährleistungsrechten, **nicht** übergehen.

2. Schuldrechtliche Formen der Übernahme von Verpflichtungen eines Dritten

Andere Formen der Übernahme von Verpflichtungen eines Dritten aus bestehenden Schuldverhältnissen sind ausschließlich **schuldrechtlicher Natur**: **859**

a) Erfüllungsübernahme

So ist durch Verpflichtungsvertrag gegenüber einem Schuldner die sog. *Erfüllungsübernahme* ohne Gläubigermitwirkung möglich und führt gem. § 329 nur zu einem Anspruch des Schuldners auf Befreiung, nicht zu einem Anspruch des Gläubigers. **860**

b) Schuldbeitritt

Eine darüber hinausgehende Wirkung hat der sog. *Schuldbeitritt* (Mitübernahme der Schuld), wodurch zu Gunsten des Gläubigers ein zusätzliches Forderungsrecht gegen den Beitretenden begründen wird. Auch hierbei bedarf es nicht der Mitwirkung des Gläubigers. Über dessen Forderung wird durch den Schuldbeitritt nicht verfügt.[22] **861**

c) Garantievertrag

Schließlich ist ein sog. *Garantievertrag* möglich, durch welchen der Dritte unabhängig von der Person des Schuldners oder dessen Leistungspflicht einen bestimmten Erfolg herzustellen oder bestimmte Risiken zu übernehmen verspricht. Die Garantie (Garantievertrag)[23] hat einen selbstständigen Inhalt, der unabhängig von demjenigen des Schuldverhältnisses ist, in dessen Zusammenhang sie erklärt wurde (vgl. z.B. die Herstellergarantie beim Kauf (§ 443)). **862**

VIII. Forderungsabtretung (Zession) als Verfügungsgeschäft

Noch häufiger als für die Schuldübernahme besteht ein wirtschaftliches Bedürfnis nach der Übertragbarkeit von Forderungen.[24] Der Abtretung einer Einzelforderung aus einem Schuldverhältnis kann z.B., sofern es sich um einen Herausgabeanspruch handelt (vgl. § 868), eine Übereignungswirkung nach § 931 betreffend die herauszugebende bewegliche Sache zukommen. **863**

---

22 Der Schuldbeitritt führt im **Unterschied** etwa zur **Bürgschaft** zu einem Gesamtschuldverhältnis, nicht zu akzessorischer Haftung. Schuldbeitritt ist ebensowenig wie die Schuldübernahme formbedürftig (anders die Bürgschaftserklärung, § 766). Schuldbeitritt und -übernahme nehmen auch nicht an einem eventuellen Formzwang des betroffenen Schuldverhältnisses teil (eine Ausnahme muss für Fälle gelten, die § 492 als Verbraucherdarlehensverträge entsprechen).

23 Die Garantie ist ein Vertrag, keine einseitige Zusage, und bedarf der Annahme durch den Begünstigten. Meist wird auf den Zugang der Annahmeerklärung nach § 151 verzichtet werden. Konkludenter Inhalt des Garantievertrags wird regelmäßig die *vorrangige Inanspruchnahme der Garantieleistung* vor der Geltendmachung der Forderung aus dem Schuldverhältnis durch den Gläubiger sein.

24 Die Forderungsabtretung steht paradigmatisch für die Übertragung sämtlicher übertragbarer Rechte durch den Gläubiger (vgl. § 413).

1. Cessio legis

864 Forderungsübergänge ohne Verfügungsgeschäft können durch gesetzliche Anordnung erfolgen (sog. cessio legis). Wegen § 412 gelten auch hierfür die §§ 398 ff. Wichtig ist v.a. der Übergang von Sicherheiten (§§ 401, 412).

Beispiele gesetzlicher Forderungsübergänge:[25] Wichtig sind für deliktische Schadensersatzforderungen § 67 VVG (cessio legis an den Versicherer) und § 6 EFZG (an den Arbeitgeber aufgrund dessen Lohnfortzahlung im Krankheitsfall). Der ursprünglich Geschädigte verliert durch die Ersatzleistungen seines Versicherers oder des Arbeitgebers den Anspruch gegen den Schädiger.

2. Rechtsgeschäftliche Zession

865 Obwohl persönlicher Leistungsanspruch, ist nach BGB die Einzelforderung regelmäßig aus dem Schuldverhältnis herauslösbar, d.h. abtretbar, verpfändbar und pfändbar (vgl. §§ 398 ff., 1279 ff. BGB; §§ 850, 850a ff., 851 ZPO). Unmittelbar einsichtig ist das für Geldforderungen, die dadurch einen Umlaufwert erhalten, diskontiert oder als Sicherheit zediert werden können (während das Schuldverhältnis im Übrigen zwischen seinen Vertragspartnern bestehenbleibt, die sich jenseits der abgetretenen Einzelforderung für Sachmängel, Treupflichtverletzungen etc. verantwortlich bleiben).

866 Die abgetretene Forderung scheidet mit dem Inhalt aus dem Schuldverhältnis aus, den sie im Zeitpunkt ihrer Abtretung hatte. Der Schuldner behält seine bereits begründeten Einreden (vgl. § 404) und kann sogar später noch neue Aufrechnungslagen schaffen (§ 406). Für die Forderung bestellte Sicherheiten gehen mit der Abtretung (oder cessio legis) ebenfalls über (§ 401 Abs. 1) und ggf. ihr Rang in der Zwangsvollstreckung oder Insolvenz (§ 401 Abs. 2) bleibt erhalten. Im Übrigen aber geht das abgetretene subjektive Recht künftig eigene Wege, unabhängig vom Schicksal des Schuldverhältnisses im Übrigen.

867 Forderungsabtretung bedeutet rechtsgeschäftliche Einzelnachfolge (Singularsukzession) in einen Leistungsanspruch (§§ 398 ff). Das abgetretene Recht, bleibt trotz des Subjektwechsels nach seinem Inhalt gleich. §§ 398 ff sehen **keinen gutgläubigen Erwerb** vor.[26] Diese Regeln werden in § 413 als maßgebend bestimmt für alle übertragbaren Rechte, die nicht abweichenden Formvorschriften folgen (so v.a. dingliche Rechte und Wertpapierrechte).

---

25 Eine cessio legis als **Regressmöglichkeit** enthalten § 426 Abs. 2 (unter Gesamtschuldnern), § 774 Abs. 1 (für den Bürgen), § 1143 Abs. 1 (für den Hypothekenschuldner), § 1607 Abs. 3 (für den Unterhaltsleistenden).

26 Diese Identität des übertragenen Rechts kennzeichnet jeden rechtsgeschäftlichen Rechtserwerb; niemand kann mehr an Rechtsinhalt übertragen, als er selbst besitzt. **Gutgläubiger Forderungserwerb** ist nur im Wechselrecht nach §§ 16, 17 WechselG möglich. Zu Besonderheiten im Hypothekenrecht s. dort (Rn. 1347).

a) Abtretungsvertrag

Nach § 398 vollzieht sich die Forderungsabtretung durch formlosen[27] (dinglichen) Vertrag zwischen Abtretendem (sog. Zedent) und Abtretungsempfänger (sog. Zessionar), ohne dass eine Mitwirkung oder auch nur Kenntnis des Schuldners von der Abtretung erforderlich wäre. Als Verfügungsgeschäft ist die Abtretung unabhängig von der Gültigkeit ihres Grundgeschäfts wirksam (Rechtsgrund können z.B. Forderungskauf, Sicherungsvereinbarung sein), sie ist aber ggf. kondizierbar. Mit dem Abschluss des Abtretungsvertrags als Verfügungsgeschäft tritt der neue Gläubiger nach § 398 S. 2 an die Stelle des bisherigen. Eine **„Zweitabtretung“** ist dem bisherigen Gläubiger folglich nicht möglich; er ist nicht mehr Verfügungsberechtigter (beachte aber die reine Schuldnerschutzvorschrift in § 408). **868**

b) Abtretungsausschlüsse

Abtretbar ist jede Forderung, sofern die Abtretung nicht (ausnahmsweise) nach §§ 399, 400 oder nach ihrem Inhalt oder nach dem Rechtsverhältnis, dem sie entstammt, ausgeschlossen ist. Bei einer teilbaren Forderung kann auch eine Teilforderung Gegenstand der Abtretung sein (nicht abtretbar sind unselbstständige Rechnungsposten im Kontokorrent nach § 355 HGB). Zulässig ist auch die Vorausabtretung künftiger Forderungen, sofern die Entstehung der Forderung zur Zeit der Abtretung jedenfalls möglich erscheint. **869**

Nicht abtretbar sind Forderungen, deren **Abtretbarkeit** dinglich wirksam **ausgeschlossen wurde** (§ 399 Fall 2), sofern also nicht ausnahmsweise ein nur schuldrechtlich wirkendes Verbot auferlegt werden sollte. Grund für ein Abtretungsverbot (oft in AGB von Unternehmen) ist meist das Interesse an der Klarheit und Übersichtlichkeit der Vertragsabwicklung.

Zu beachten ist aber die **Rückausnahme** zu § 399 Fall 2 BGB **in § 354a Abs. 1 S. 1 HGB**. Im Fall von **Geldforderungen zwischen Kaufleuten** bestimmt § 354a Abs. 1 HGB, dass trotz der Vereinbarung eines Abtretungsverbots die Abtretung der Forderung an einen Dritten wirksam ist. Die Vorschrift ermöglicht insb. das *Factoring* mit gewerblichen Forderungen. Der Schuldner kann aber selbst bei Kenntnis der Abtretung mit befreiender Wirkung trotzdem auch an den Zedenten leisten (S. 2). **870**

Ebenfalls nicht abtretbar sind Forderungen, welche unter eine **Kontokorrentabrede** fallen. Die Einzelforderungen des Kontokorrents verlieren nach § 355 Abs. 1 HGB ihre Selbstständigkeit (sind „gelähmt“); nur die Forderung auf den Überschuss aus dem Rechnungsabschluss am Ende der (vereinbarten) Rechnungsperiode – Saldoanspruch – ist abtretbar (Gegenstand der Wirtschaftsprüfungsexamen 2007/II und 2011/I). **871**

Auch höchstpersönliche Leistungsansprüche sind (naturgemäß) nicht abtretbar.

---

27 Besonderheiten bestehen bei **Verbriefung einer Forderung in einem Wertpapier**. Diese entzieht zwar nicht die freie Abtretbarkeit, die Forderung verliert jedoch den wertpapierrechtlichen Charakter und Schutz, wenn die *wertpapiermäßige Form* der Übertragung, z.B. bei Orderpapieren durch Indossament, nicht eingehalten wird. Als Besonderheit ist **bei Traditionspapieren** die Abtretung des in ihnen verkörperten Herausgabeanspruchs nur noch unter Papierübergabe möglich (**Sperrwirkung**). Im Falle der hypothekarisch gesicherten Forderung besteht ebenfalls kein Abtretungsverbot, vielmehr bestimmten §§ 1153 Abs. 2, 1154 eine *Formbindung* der Abtretung.

Nach § 717 betrifft dies außerdem **Ansprüche von Gesellschaftern aus dem Gesellschaftsverhältnis**, soweit es sich nicht um Aufwendungsersatz, den Gewinnanteil oder ein Auseinandersetzungsguthaben handelt.

Nicht übertragbar sind zudem etwa das Vorkaufsrecht (vgl. § 473) und der **Nießbrauch** (vgl. § 1059).

Ist eine Forderung nicht abtretbar und wird sie, ohne dass eine Ausnahme von der Nichtabtretbarkeit eingreifen würde (z.B. § 354a HGB), dennoch abgetreten, wird der Abtretungsempfänger (Zedent, Factor) nicht Inhaber der Forderung. Möglicherweise kann er die Forderung aber in gewillkürter Prozeßstandschaft für den Abtretenden (Zessionars) im eigenen Namen geltend machen (sog. **Inkassozession**; **Einziehungsermächtigung**; vgl. nachf. Rn. 882). Im Falle der Unübertragbarkeit eines vermögensrechtlichen Anspruchs ist eine Einziehungsermächtigung sogar grundsätzlich wirksam (BGHZ 68, 118, 125), es sei denn, das Abtretungsverbot ist nach seinem Zweck dahin auszulegen, dass die Geltendmachung der Forderung durch einen Dritten ausnahmslos ausgeschlossen sein soll.

c) Bestimmtheitserfordernis

872 Als (dinglicher) Verfügungsvertrag muss der Gegenstand der Abtretung bestimmt oder zumindest aus sich selbst heraus bestimmbar sein. Die Abtretung mehrerer (sei es bereits entstandener oder künftiger) Forderungen ist unproblematisch. Es steht dem Bestimmtheitsgrundsatz nicht entgegen, dass im Zeitpunkt der Abtretungserklärung die Person des zukünftigen Schuldners noch nicht bezeichnet werden kann. Eine Abtretung genügt dem Bestimmtheitserfordernis, wenn die abzutretenden Forderungen spätestens zum Zeitpunkt ihrer Entstehung bestimmbar sind.

Erfolgt die Zession einer Forderungsmehrheit jedoch „*bis zur Höhe*“ eines bestimmten Betrags, bleibt unklar, welche konkreten Einzelforderungen jeweils nachrücken sollen, sofern sie nicht in klarer zeitlicher Abfolge nacheinander entstehen.

Die Abtretung *„aller Forderungen“* aus bestimmten Geschäftsvorfällen (sog. Globalzession) ist demgegenüber hinreichend bestimmt, läuft aber Gefahr, wegen *Übersicherung* gegen §§ 138, 307 zu verstoßen (vgl. dazu Rn. 1144, 1366, 1379).

d) Vorausabtretung

873 Im Fall der Vorausabtretung künftiger Forderung erwirbt der Abtretungsempfänger diese (erst) mit ihrer Entstehung, regelmäßig dann aber direkt, also ohne Durchgangserwerb des Zedenten („keine logische Sekunde“, vgl. dazu Rn. 984).[28]

Beispiele: Obwohl eine im Voraus abgetretene Forderung unmittelbar beim Zessionar entsteht, gehen wirksame *Abtretungsverbote* hinsichtlich einer solchen Forderung, die zwischen Zedent und Drittschuldner vereinbart worden waren, dennoch vor. Dieser Vorrang gilt auch für eine Kontokorrentabrede (§ 355 HGB). Solche Forderungen sind also auch *nicht im Voraus abtretbar.*

---

28 Die abgetretene künftige Forderung entsteht also unmittelbar in der Person des Abtretungsempfängers (Zessionars). Bei der Vorauszession tritt Durchgangserwerb nach h.M. nur in einer sehr speziellen Fallgestaltung ein, vgl. Palandt/*Grüneberg*, § 398 Rn. 12. Die sachlich vergleichbare Übertragung künftig zu beschaffenden Eigentums durch antizipiertes Besitzkonstitut (§§ 929 S. 1, 930) führt dagegen zum Durchgangserwerb des Zwischenmanns (h.M.); vgl. Rn. 1129.

Auch vom *Factoring* (Kauf und Vorauszession aller künftigen Forderungen aus bestimmten Geschäftsvorfällen) sind nicht abtretbare oder durch Kontokorrent gelähmte Forderungen ausgeschlossen (Beispiel aus Wirtschaftsprüfungsexamen 2007/II).

Treffen mehrere jeweils für sich wirksame Abtretungsvereinbarungen über dieselbe Forderung zusammen, gilt der **Prioritätsgrundsatz**. Alle späteren Abtretungen gehen also ins Leere (zum Schuldnerschutz nach § 408 s. Rn. 880). **874**

Einen **insolvenzrechtlichen Schutz** hat der **Voraus-Zessionar** wegen § 91 InsO erst, sobald die künftige Forderung bei ihm zum Anwartschaftsrecht erstarkt ist. Weitergehender ist sein Schutz insolvenzrechtlich in Bezug auf die Vorausabtretung von Mietforderungen (§ 110 InsO) und Arbeitseinkommen (§ 114 InsO).[29] **875**

Beispiel: Ob der Zessionar durch die Vorausabtretung künftiger Forderungen bereits ein Anwartschaftsrecht erwirbt, hängt davon ab, dass die Forderung eine betagte ist, also eine bereits entstandene, aber noch nicht fällige (vgl. § 271). Dagegen entstehen *befristete*, z.B. Mietforderungen, erst zu Beginn der jeweiligen Periode, für die sie zu entrichten sind. Künftige Mietforderungen sind meist aufschiebend befristete Forderungen, weil etwa zwischenzeitliche Kündigungsmöglichkeiten bestehen. Anders ist dies etwa bei der Vorausabtretung von Leasingraten aus einer fest vereinbarten Grundmietzeit (dann betagte Forderung).

Bei der Vorausabtretung künftiger Verkaufserlöse beim **verlängerten Eigentumsvorbehalt** wird die Rechtsgrundlage der abgetretenen künftigen Forderungen erst mit dem Veräußerungsgeschäft an einen Dritten gelegt. Im Zeitpunkt der Abtretung fehlte diese meistens noch. Insolvenzfest ist die Vorausabtretung nach § 91 Abs. 1 InsO nur, wenn die abgetretene Forderung bereits vor Insolvenzeröffnung über das Vermögen des Zedenten entstanden ist (z.B. durch Weiterveräußerung der Vorbehaltsware auf Kredit). Das damit entstehende Anwartschaftsrecht des Vorbehaltsverkäufers als Zessionar der Kaufpreisforderung gibt ihm ein Recht auf abgesonderte Befriedigung nach § 51 Nr. 1 InsO. Dieses Absonderungsrecht setzt sich nicht (str.) im Wege der dinglichen Surrogation gem. § 1247 S. 2 am Erlös aus der Einziehung der Forderung fort, vielmehr gibt § 48 InsO analog ein Ersatz-Absonderungsrecht (beachte aber S. 2!).

e) Kollision von Abtretungsverbot und Vorauszession

Das vertragliche Abtretungsverbot liegt im Hinblick auf § 409 Abs. 1 im Interesse des Schuldners an einer vereinfachten Kreditorenbuchhaltung. Allerdings bergen Abtretungsverbote auch gravierende Gefahren für den Schuldner. **876**

Beispiel: Durch ein Abtretungsverbot auf die Kaufpreisforderung beim Einkauf (auf Ziel) von typischer Vorbehaltsware von einem Händler, der diese aus Eigentumsvorbehaltskäufen bezogen hatte, riskiert der Käufer das Scheitern seines Eigentumserwerbs. Die im verlängerten Eigentumsvorbehalt begründete Verfügungsbefugnis des weiterveräußernden Händlers nach § 185 Abs. 1 besteht regelmäßig nur gegen Vorausabtretung der Erlösforderungen. Sie erlischt dann durch ein Abtretungsverbot im Weiterverkauf. Der Zweitkäufer wäre auf gutgläubigen Erwerb (§§ 366 HGB, 932 BGB) angewiesen. Er muss sich jedoch vorhalten lassen, bei der Vereinbarung eines Abtretungsverbots genau diese Vorauszession des Händlers an den ursprünglichen Vorbehaltsverkäufer im Blick gehabt zu haben und dann umgekehrt nicht mehr auf die Veräußerungsbefugnis des Händlers vertraut haben zu dürfen. – Allerdings mag in solchen Fällen wiederum § 354a HGB

---

29 § 110 Abs. 1 InsO *beschränkt nicht* die Wirksamkeit von Vorausverfügungen über Mietforderungen, sondern verdrängt ebenso wie auch § 114 Abs. 1 InsO in seinem Anwendungsbereich § 91 InsO. §§ 110 Abs. 1, 114 Abs. 1 InsO begründen daher die Wirksamkeit einer Vorausabtretung, auch wenn diese nach der allgemeinen, die Masse schützenden Vorschrift des § 91 InsO unwirksam wäre.
Ist daher die Vorausverfügung des Schuldner für die Zeit nach Insolvenzeröffnung bereits nach den §§ 81, 91 Abs. 1 InsO wirksam, ist für eine Anwendung von § 110 InsO kein Raum.

greifen, wonach das Abtretungsverbot unter Kaufleuten unwirksam ist. Das hätte dann auch Auswirkungen auf den (dann doch regulären; § 185 Abs. 1) Eigentumserwerb.

f) Prüfungsschema: Forderungsabtretung (Zession), § 398

877

1.	Vertrag (Angebot und Annahme!) gem. § 398 S. 1
2.	Kein Abtretungsverbot (vgl. §§ 398 f.; beachte aber: § 354a HGB)
3.	Berechtigung des Zedenten (beachte: kein gutgläubiger Erwerb möglich!)

3. Schuldnerschutz bei der Abtretung

878 Durch Abtretungen erhöht sich für den Schuldner die Gefahr der Leistung an einen Nichtgläubiger (Nicht-mehr-Gläubiger), die ohne besondere Schuldnerschutzregeln keine schuldbefreiende Wirkung hätte (vgl. § 362: Erfüllung tritt nur ein bei Leistung „an den Gläubiger" oder einen Empfangsberechtigten).

a) § 407 BGB, § 354a Abs. 1 S. 2 HGB

879 Schutzwürdig ist der Schuldner in zwei Richtungen. Da die Abtretung ohne Mitwirkung des Schuldners, sogar ohne seine Kenntnis wirksam ist, mag er in Unkenntnis der Abtretung an den alten Gläubiger leisten. Deshalb bestimmt § 407 Abs. 1, dass Leistungen an den Altgläubiger sowie mit diesem geschlossene Rechtsgeschäfte über die Forderung zu Lasten des Abtretungsempfängers wirken. Der in Unkenntnis an den falschen, nämlich früheren Gläubiger leistende Schuldner wird nach § 407 Abs. 1 also dennoch frei.

Noch weitergehend gibt § 354a Abs. 1 S. 2 HGB dem Schuldner sogar ein Wahlrecht, auch bewusst an den früheren und damit „falschen" Gläubiger zu leisten. Dem neuen Gläubiger hilft also auch eine Offenlegung der Zession zuverlässig nur, wenn der Schuldner sie genehmigt.

b) §§ 409, 408

880 Der Schuldner mag andererseits auch deshalb an einen Scheingläubiger leisten, weil eine ihm angezeigte Abtretung gar nicht erfolgt oder aus rechtlichen Gründen unwirksam ist. In solchen Fällen legitimieren §§ 409, 408 den Schuldner zu Leistungen an den vermeintlichen Abtretungsempfänger und zu Rechtsgeschäften mit diesem über die Forderung.

§ 409 Abs. 1 schützt den Schuldner dabei uneingeschränkt, wenn der wahre Gläubiger ihm die unwirksame oder fehlende Abtretung angezeigt hatte. Demgegenüber liegt § 408 der Sachverhalt zugrunde, dass der ursprüngliche Gläubiger die Forderung (durch stille, also nicht offen gelegte) Zession abgetreten hatte und anschließend versucht, sie nochmals an einen anderen Empfänger abzutreten (was unwirksam ist, weil er aufgrund der Erstabtretung nicht mehr Forderungsinhaber ist) und dem Schuldner nunmehr nur die (unwirksame) zweite Abtretung mitgeteilt wird. Da diese Mitteilung kaum je durch den wahren Gläubiger erfolgen wird, wäre der Schuldner nicht durch § 409 geschützt; er darf aber nach § 408 auch z.B. seinem früheren, ursprünglichen Gläubiger solange vertrauen, als er zumindest keine Kenntnis von der wahren Rechtslage, nämlich der wirksamen ersten Abtretung hat. Insoweit ist der Schutz durch § 408 gegenüber dem aus § 409 in subjektiver Hinsicht eingeschränkt.

c) § 25 Abs. 1 S. 2 HGB

§ 25 Abs. 1 S. 2 HGB schützt schließlich denjenigen Schuldner, der seine Schuld gegenüber einem Unternehmen begleicht. Unabhängig von einem Wechsel des Rechtsträgers (z.B. Veräußerung eines Einzelunternehmens), kann er stets mit befreiender Wirkung an den Erwerber bezahlen. Strittig ist, ob § 25 HGB eine Vertragsübernahme bewirkt (so K. Schmidt) oder (nach h.M.) lediglich die Erfüllungswirkung der Zahlung an einen vermeintlichen Zessionar bewirkt (vgl. oben Rn. 698; je danach ist dann ein Ausgleich zwischen beiden Forderungsprätendenten nach § 816 Abs. 2 gegeben – so die h.M. – oder ausgeschlossen). 881

4. Rechtsgrund von Zessionen

a) Allgemein

Die Forderungsabtretung kann die Erfüllung eines Forderungskaufs sein (zum sog. Factoring vgl. Rn. 144). 882

Häufig liegen der Zession Treuhandvereinbarungen zugrunde. Dies können auf Vermögensverwaltung gerichtete Geschäftsbesorgungsverträge sein (vgl. dazu Rn. 313 ff.), ebenso aber auch bei der Inkassozession und der Einziehungsermächtigung.[30] Es handelt sich dabei um sog. uneigennützige oder **Verwaltungstreuhand**.

b) Insb. Sicherungszession

Schließlich kann Rechtsgrund der Abtretung auch eine Sicherungsvereinbarung sein (sog. eigennützige oder **Sicherungstreuhand**). Auch sie bestimmt nur das Innenverhältnis zwischen Sicherungsgeber und Sicherungsnehmer nach dem vereinbarten Sicherungszweck. Im Außenverhältnis zum Schuldner handelt es sich um eine Abtretung der Forderung und damit Übertragung der Gläubigerstellung auf den Sicherungsnehmer, meist ohne Offenlegung gegenüber dem Schuldner (sog. stille Zession). In diesem Zusammenhang erhält der Sicherungsgeber regelmäßig eine Einziehungsermächtigung für die von ihm abgetretene Forderung (ansonsten greift für Zahlungen an ihn der Schuldnerschutz nach § 407). 883

Die Sicherungszession wird später gemeinsam mit der Sicherungsübereignung dargestellt (vgl. Rn. 1363 ff.).

C. Dingliche Rechtsgegenstände

Sachenrechte können nur an (*je einzelnen*; so der Bestimmtheitsgrundsatz) *dinglichen Rechtsgegenständen* bestehen. Dinglicher Rechtsgegenstand kann eine Sache (vgl. § 90), ein Bestandteil einer Sache, sofern dieser Gegenstand besonderer Rechte sein kann (anders nämlich sog. wesentliche Bestandteile, vgl. §§ 93–95) oder ein sonstiger Gegen- 884

---

30 Die **Einziehungsermächtigung** wird aus § 185 Abs. 1 hergeleitet und überträgt nur die Befugnis, die Forderung im eigenen Namen geltend zu machen, ohne die Forderung und damit die Gläubigerstellung zu übertragen. Bei der **Inkassozession** wird ein vergleichbarer Zweck der Einziehung einer Forderung und Abführung des Erlöses an den Zedenten verfolgt, der Inkassozessionar erhält hierzu jedoch die Gläubigerstellung. Neben prozessualen Unterschieden ist relevant, dass nur der Inkassozessionar die Forderung weiter abtreten *kann* (ob er das *darf*, richtet sich nach der Inkasso-/Treuhandabrede im Innenverhältnis).

stand sein, der hinsichtlich der Begründung von Sachenrechten an ihm vom Gesetz *wie eine Sache behandelt* wird.

Letzterer Fall trifft teilweise auf das (schuldrechtliche) Forderungsrecht zu, als dieses Gegenstand eines Nießbrauchs (vgl. § 1074) oder eines Pfandrechts (vgl. § 1279) sein kann. Abzuwarten bleibt, inwieweit der Gesetzgeber eine solche Fiktion für Kryptowährungen oder Security Token einführen wird, um diese handelbar zumachen (vgl. Rn. 818).

I. Sachen

885 Bedeutendste Objekte des Sachenrechts sind Sachen. Sachen sind nach § 90 körperliche Gegenstände, sowohl bewegliche (auch Fahrnis, Mobilien genannt) als auch unbewegliche (synonym: Liegenschaften, Immobilien). Der Begriff der Sache ist im Sachenrecht enger, als etwa in § 433.

1. Körperlichkeit als Wesensmerkmal

886 Körperlichkeit setzt sinnlich wahrnehmbare Konturen und damit eine räumlich abgrenzbare physische Natur voraus. Gase und Flüssigkeiten sind daher ebenfalls Sachen, jedoch nur sofern sie in Behältnissen einheitlich begrenzt sind (Luft im Autoreifen ist eine Sache und ihr Entweichenlassen eine Sachbeschädigung, auch wenn dies ohne Zerstechen des Reifens, sondern über das Ventil erfolgt; die Luft der Atmosphäre oder das Wasser des Meeres sind dagegen keine Sachen). Eine Sache existiert nur als Einheit, welche jedoch auch bei einem auseinandergenommenen Schrank noch besteht, solange die Einzelteile weiterhin aufeinander bezogen sind. Die notwendige Begrenztheit folgt bei Grundstücken durch die katasteramtliche Vermessung.[31]

Körperlichkeit als Begriffsmerkmal der Sache setzt Selbstständigkeit voraus. Abgetrennte Körperteile wie gespendetes Blut, abgeschnittene Haare aber auch abgetrennte Teile eines geschlachteten Tieres sind selbstständige Gegenstände und damit Sachen. Umgekehrt verliert die in den menschlichen Körper eingefügte Prothese ihre Selbstständigkeit.

Beispiele: Der **lebende Mensch** ist keine Sache, sondern ein körperlich-geistiges Wesen. Erst der Leichnam ist eine Sache, in Bezug auf welche jedoch Besonderheiten wie das postmortale Persönlichkeitsrecht gelten. Körperlichkeit fehlt auch Computerprogrammen, die als solche (nur) Gegenstand des Urheberrechts (vgl. §§ 64 ff. UrhG) sind. Sachqualität hat dagegen der **beschriebene Datenträger**, dessen Bestandteil ein auf ihm **gespeichertes Computerprogramm** ist: Löschen einer Festplatte ist deshalb Sachbeschädigung der Festplatte selbst – anders als beim platt gemachten Reifen, bei dem die gefasste Luft eine eigenständige Sache zusätzlich zum Reifen darstellt.

Tiere werden nach § 90a nicht zu den Sachen gerechnet, unterliegen aber vorbehaltlich von Sondervorschriften den Vorschriften des Sachenrechts; so ist Eigentum an Tieren möglich, vgl. §§ 903 S. 2, 960 ff. Sondervorschriften für Tiere bestehen aber in § 251 Abs. 2 S. 2 BGB, §§ 765a Abs. 1 S. 3 und 811c ZPO im Hinblick auf den Tierschutzgedanken (vgl. Art. 20a GG).

---

31 Grundbucheintragung ist aufgrund § 3 Abs. 2 GBO nicht begriffsbestimmend.

2. Arten von Sachen

Sachen können sowohl **bewegliche (Mobilien, Fahrnis)** wie auch **unbewegliche (Immobilien, Grundstücke)** sein. Zu den Grundstücken rechnen nach § 905 auch jeweils der Raum über der Erdoberfläche und der Erdkörper unter der Erdoberfläche. 887

Eine Besonderheit stellt das **Erbbaurecht** dar, das nach § 11 Abs. 1 S. 1 ErbbauRG wie unbewegliche Sachen behandelt wird. Das Erbbaurecht ist das Recht des Erbbauberechtigten, auf oder unter der Oberfläche eines Grundstücks ein Bauwerk zu haben (vgl. § 1 Abs. 1 ErbbauRG). Das aufgrund des Erbbaurechts errichtete Bauwerk gilt deshalb als wesentlicher Bestandteil *des Erbbaurechts* nicht des Grundstücks (vgl. § 12 Abs. 1 S. 1 ErbbauRG, § 95 Abs. 1 S. 2). Vergleichbares gilt für andere grundstücksgleiche Rechte nach Landesrecht (vgl. Art. 66 EGBGB für das Deich- und Sielrecht, Art. 67 EGBGB für das Bergrecht, Art. 68 EGBGB für Abbaurechte).

Auch **Sondereigentum** an einzelnen Wohnungen eines Gebäudes verbunden mit dem Miteigentumsanteil an dem gemeinschaftlichen Eigentum (sog. Wohnungseigentum nach § 1 Abs. 2 WEG) wird nach §§ 3 Abs. 1, 8 Abs. 1 WEG ebenfalls wie eine unbewegliche Sache behandelt.

Beispiel: Leitungs- und Wegerechte können daher als Grunddienstbarkeit (§ 1018) auch zugunsten des jeweiligen Erbbauberechtigten bestellt werden: das Erbbaurecht ist das „herrschende Grundstück", der Erbbauberechtigte sein „Eigentümer". Die Grunddienstbarkeit ist dann ein Bestandteil nach § 96 des Erbbaurechts, nicht des Grundstücks.[32]

§ 91 unterscheidet weiterhin **vertretbare** und **nicht vertretbare Sachen**. Vertretbar sind solche, die im Verkehr nach Maß, Zahl oder Gewicht bestimmt werden, also z.B. Serienprodukte, aber auch eine Volumeneinheit eines bestimmten Weins, eine Stückzahl Äpfel, – im Unterschied zur individuellen Bestimmung nicht vertretbarer Sachen (z.B. Gebrauchtwaren, Maßanfertigungen). 888

Damit nicht deckungsgleich ist die Unterscheidung von *Stück- und Gattungsschulden*. Diese sind Begrifflichkeiten des Schuldrechts und definieren in bestimmter Hinsicht den Umfang einer Lieferverpflichtung (vgl. § 243). Vertretbarkeit ist dagegen ein Begriff des Sachenrechts und somit objektiv bestimmt.

Verweise auf § 91 enthalten die §§ 607 Abs. 1, 651, 700, 706 Abs. 2 und 783.

§ 92 unterscheidet sodann verbrauchbare und nicht verbrauchbare Sachen. Verbrauch meint nach § 92 Abs. 1 den bestimmungsgemäßen Gebrauch zum Verbrauch (z.B. bei Lebensmitteln, Brennstoffen) oder zur Veräußerung (Inhaberpapiere, blankoindossierte Orderpapiere, Handelsware); ergänzend bestimmt § 92 Abs. 2 alle körperlichen Gegenstände eines Umlaufvermögens zu verbrauchbaren Sachen. 889

Die Verbrauchbarkeit von Sachen hat Bedeutung für die §§ 706 Abs. 2, 1067, 1814 S. 2, 2116 Abs. 1 S. 2, 2325 Abs. 2 S. 1. Sie liegt etwa beim Nießbrauch darin, dass der Nießbraucher nach § 1067 Eigentümer der verbrauchbaren Sachen wird und später für sie

---

32 **Erlischt das Erbbaurecht**, stellt sich die Frage nach dem Schicksal des dinglichen Rechts. § 12 Abs. 3 ErbbauRG bestimmt, dass die **Bestandteile des Erbbaurechts** mit dem Erlöschen des Erbbaurechts Bestandteile *des Erbbaugrundstücks* werden. BGHZ 192, 335 = NJW-RR 2012, S. 845 versteht § 12 Abs. 3 ErbbauRG so, dass sich die Vorschrift nicht nur auf die in Abs. 2 genannten körperlichen wesentlichen Bestandteile, also die Bauwerke bezieht, sondern auch auf z.B. Wegedienstbarkeiten. Ob das für alle subjektiv-dinglichen Rechte nach § 96 gilt, ist umstritten.

lediglich Wertersatz zu leisten hat. Nicht verbrauchbare Sachen müsste er dagegen körperlich zurückgeben und widrigenfalls Schadensersatz leisten.

II. Sachbestandteile

1. Keine Sache ist der Bestandteil

890 **Bestandteile** einer Sache sind solche Gegenstände, die zusammen mit anderen die **Einheit einer Sache** bilden. Nur diese Einheit ist dann ein selbstständiger körperlicher Gegenstand, also eine Sache. Die Sachbestandteile werden dadurch unselbstständig und sind dann nicht mehr sonderrechtsfähig. Die höhere Einheit kann absichtsvoll oder zufällig, durch Menschenhand oder natürlich entstehen. Die (höhere) Einheit der aus mehreren (unselbstständigen) Bestandteilen gebildeten Sache beruht auf einer auf Dauer angelegten Bestimmung zur einheitlichen Verwendung (z.B. als Flugzeug oder Gebäude, deren dauerhaft eingefügte Teile keine eigene Sachqualität mehr haben).

Die körperlich einheitliche Sache unterscheidet sich von der *bloßen Zusammensetzung einer Sachgesamtheit* oder eines *Sachinbegriffs* (vgl. ein *Unternehmen*, welches zwar betrieblich und auch schuldrechtlich eine Einheit darstellen kann, das aber *keine sachenrechtliche Einheit* bildet). Nur das Schuldrecht fasst demgegenüber auch Sachgesamtheiten als Kaufgegenstand unter den (weiter gefassten) Begriff der Sache in § 433.

2. Ausnahme: Verbindung zu vorübergehendem Zweck

891 Eine Verbindung oder Einfügung nur zu vorübergehenden Zwecken, schafft keine Einheit einer (neuen) Sache und belässt den einzelnen Teilen ihre rechtliche Selbstständigkeit (§ 95 Abs. 1 S. 1 und Abs. 2). Der Scheinbestandteil bleibt also selbst Sache. Dazu zählen z.B. das am Kfz befestigte Reserverad oder Mietereinbauten in einem Gebäude, wenn diese nur für die Dauer des Mietverhältnisses eingefügt werden. Solche sog. **Scheinbestandteile** sind also gar keine Bestandteile, sondern bilden eine *Sachgesamtheit* mit der verbundenen Hauptsache, welcher sie ggf. nach §§ 97 f. *als Zubehör* dienen mögen.

3. Ausnahme: Verbindung in Ausübung eines dinglichen Rechts

892 Ebenfalls keine Bestandteile eines Grundstücks sind nach § 95 Abs. 1 S. 2 solche Gebäude und anderen Werke, die „in Ausübung eines dinglichen Rechts an einem fremden Grundstück von dem Berechtigten" mit dem Grundstück verbunden werden. Versorgungsleitungen (z.B. Strom- und Gasleitungen, Kanalisation), die aufgrund einer beschränkt persönlichen Dienstbarkeit (vgl. § 1090) oder einer Grunddienstbarkeit (vgl. § 1018) verlegt oder errichtet werden, bleiben also bewegliche Sachen und zwar auch dann, wenn das dingliche Recht später wegfällt.

Dieselben Leitungen aber, wenn der Eigentümer sie herstellt, werden Bestandteile des Grundstücks und sind damit unselbstständig.

4. Ausnahme: nichtwesentlicher Bestandteil

Bestandteile einer Sache können nach §§ 93 f. *wesentliche* Bestandteile oder nichtwesentliche sein. Beide Vorschriften scheinen nach ihrem Wortlaut die Eigenschaft als wesentliche Bestandteile zu definieren und daran die rechtliche Unselbstständigkeit zu knüpfen. Bei genauer Betrachtung nehmen diese Vorschriften jedoch umgekehrt bestimmte („**nichtwesentliche**") **Bestandteile** aus der Sacheinheit aus und geben diesen ausnahmsweise doch **rechtliche Selbstständigkeit.**[33] Solche ausnahmsweise Objekteigenschaft bestimmen die §§ 93 f. sodann sinnigerweise nicht nach der Wesentlichkeit der Bestandteile für das Wesen der Sache (denn als Bestandteil der Sacheinheit ist der Bestandteil natürlich wesentlich). Entscheidend ist seine *zerstörungsfreie Abtrennbarkeit als eingefügter Teil* (und solches selbstverständlich auch aus dem Blickwinkel der übrigen Bestandteile der Sache, aber eben nicht aus dem Blickwinkelt des Wesens der Sache selbst). 893

Beispiele: Dass der Antriebsmotor eines Pkw kein „wesentlicher Bestandteil" nach § 93 ist, hängt nicht vom Wesen des Pkw oder der Bedeutung der Motorisierung für die Eigenschaft als Kraftfahrzeug ab. Entscheidend ist, ob die Bestandteile eines Pkw, also der Motor einerseits, verbleibendes Chassis, Aufbauten etc. andererseits nach der Trennung vom Motor noch *ihrem* Wesen gemäß verwendet werden können. Jedenfalls bei Serienmodellen spricht wohl nichts dagegen, zumal solche Karosserien durchaus als „Auto ohne Motor" gehandelt werden und ohne Weiteres Austauschmotoren eingebaut werden können.

Anders ist das z.B. hinsichtlich der Textseite eines Manuskripts oder Buchs, die auf den inhaltlichen Zusammenhang wesensnotwendig angewiesen ist, ebenso hinsichtlich des Futters einer Jacke und zwar unabhängig davon, ob dieses fest vernäht oder herausnehmbar ist; seine Verwendbarkeit hängt jedenfalls von dieser Jacke, jedenfalls diesem Modell ab und ist normalerweise keine selbstständige.

Die Vorschrift des § 94 zu den wesentlichen Bestandteilen eines Grundstücks oder 894
Gebäudes ist derjenigen in § 93 zu beweglichen Sachen vergleichbar. Aufgrund des Wesens des Eigentums als ausschließliches und uneingeschränktes Herrschaftsrecht ist ein vom Grundeigentum getrenntes Gebäudeeigentum schlicht nicht denkbar (vgl. § 94 Abs. 1 S. 1), außer das Gebäude ist nur zu einem vorübergehenden Zweck mit dem Grund und Boden verbunden und also Scheinbestandteil nach § 95 Abs. 1 S. 1. Gleiches gilt für Mauern oder Versorgungsleitungen. Wesentliche Bestandteile eines Gebäudes sind deshalb stets zugleich solche des Grundstücks, so also z.B. Fußböden, Fahrstühle, das Dach.

Nach § 94 Abs. 2 gehören die *zur Herstellung eines Gebäudes eingefügten* Sachen stets zu den wesentlichen Bestandteilen desselben, was nur insoweit die Regelung in § 94 Abs. 1 S. 1 ergänzt, als damit auch nicht fest verbundene, sondern nur *lose eingefügte Bauteile* ihre rechtliche Selbstständigkeit verlieren (z.B. Fensterflügel, Klappläden an Fenstern und Türblätter). – Beleuchtungskörper (Lampen), Wasch- und Spülmaschinen sowie übliche Einbauküchen fallen jedoch nicht unter § 94 Abs. 2, sondern sind selbstständige bewegliche Sachen und rechnen ggf. zum Zubehör (vgl. § 97).

33 Der andere Regelungsinhalt wäre auch unsinnig, denn was grundsätzlich zum Wesen einer Sache gehört, wird durch eben dieses Wesen bestimmt und bedarf dazu keiner Rechtsvorschrift. Lediglich wenn ein natürlicher Zustand rechtlich anders bewertet werden soll, also ein (unselbstständiger) Sachbestandteil ausnahmsweise als selbstständig behandelt werden soll, muss ihm diese Eigenschaft eines tauglichen Rechtsobjekts zuerkannt werden.

Produktionsmaschinen eines Fabrikgebäudes können deshalb wesentlicher Bestandteil des Gebäudes nach § 94 Abs. 1 sein, wenn sie mit ihm dauerhaft fest verbunden sind oder nach § 94 Abs. 2, wenn entweder die Maschine dem Gebäude oder das Gebäude der Maschine individuell angepasst ist.[34]

Eine Ausnahme zu § 94 Abs. 1 S. 1 enthält § 95 Abs. 1 S. 2 für solche Verbindungen mit einem Grundstück, welche in Ausübung eines dinglichen Rechts an einem fremden Grundstück erfolgen (s. vor).

895 Das Fehlen rechtlicher Selbstständigkeit, also insb. die dadurch fehlende Eigentumsfähigkeit wesentlicher Bestandteile hat v.a. *wirtschaftliche Bedeutung* und zwar weniger im Zusammenhang mit der Trennung als *im Zusammenhang mit der Verbindung der Teile*.

Bei der Verbindung beweglicher Sachen als wesentliche Bestandteile einer daraus entstehenden neuen einheitlichen Sache nach § 947 geht das Eigentum an den Bestandteilen unter und es entstehet Miteigentum nach den Wertverhältnissen (vgl. § 947 Abs. 1) oder der Eigentümer desjenigen Bestandteils, der als Hauptsache der neuen Sache anzusehen ist, erwirbt Alleineigentum (Abs. 2). Die Verbindung einer beweglichen Sache mit einem Grundstück oder darauf aufstehenden Gebäude dergestalt, dass sie dessen wesentlicher Bestandteil wird, führt ebenfalls zum Eigentumsverlust an der beweglichen Sache; das Eigentum am Grundstück erstreckt sich sodann auch auf diesen verbundenen Bestandteil (vgl. § 946). Für den unter *Eigentumsvorbehalt* liefernden Verkäufer eines Austauschmotors oder einer Einbauküche hängt das zurückbehaltene Sicherungseigentum also davon ab, dass die Sache nicht wesentlicher Bestandteil wird. Vergleichbar stellt sich die Frage, ob an bestimmten Teilen gesonderte Sicherungsrechte eingeräumt werden können.

896 Die wirtschaftliche Bedeutung sollte allerdings nicht dazu verführen, eine sog. „wirtschaftliche Betrachtungsweise“ zur Bestimmung wesentlicher Bestandteile anzulegen. Gegenstand einer wirtschaftlichen Erkenntnismethode kann nur ein wirtschaftlicher Sachverhalt sein. Die Frage der Eigenschaft als wesentlicher Bestandteil ist eine rechtliche. Da der Rechtsbegriff an die (seinsmäßige) Sacheinheit anknüpft, kommt es auf das an, was begrifflich als Sache gefasst wird. Maßgeblich ist eine (höhere) Einheit der Sache, welche die Bestandteile integriert. Diese Einheit folgt aus der Bestimmung der Sache zur einheitlichen Verwendung auf Dauer, wodurch die Bausteine dieser Sache zu (unselbstständigen) Bestandteilen werden (ausgenommen deshalb Scheinbestandteile nach § 95). Erst hiernach kommt es auf die Möglichkeit zur Auflösung dieser Einheit im Sinne der Unterscheidung wesentlicher und nichtwesentlicher Bestandteile an, welche über die Eigentumsfähigkeit entscheidet.

Beispiel: Der (Austausch-)Motor ist zur einheitlichen Verwendung als Pkw auf Dauer bestimmt und damit (unselbstständiger) Bestandteil des Pkw. Dennoch wird er als selbstständiges Eigentumsobjekt rechtlich behandelt, weil er zerstörungsfrei ausgebaut werden kann und somit Bestandteil, aber nicht wesentlicher Bestandteil des Pkw ist. Am Beispiel der Selbstbedienungstankstelle wird das besonders deutlich. Mit Befüllung des Pkw-Tanks verliert der bisherige Eigentümer dieses eigentlich durch Vermischung nach §§ 947 Abs. 2, 948. Das getankte Benzin ist nicht mehr konkret identifizierbar (lediglich mengenmäßig). Es ist deshalb sachlich untrennbar. Trotzdem soll

---

34 Vgl. dazu auch Rn. 271, 311 f. Es handelt sich um die gleiche Unterscheidung wie zwischen Kauf bzw. Werklieferungsvertrag einer „üblichen“ Einbauküche und einer auf werkvertraglicher Basis hergestellten Sonderanfertigung eines Küchenschreiners.

ein Eigentumserwerb nach h.M. erst nach Bezahlung eintreten, da konkludent ein Eigentumsvorbehalt vereinbart sei. Eigentlich läuft ein solcher leer, weil er keinen dinglichen Gegenstand mehr hat. Hier wird der Sachbegriff hinsichtlich der Trennbarkeit quantitativ aufgelöst – wirtschaftlich einsichtig, aber begrifflich kaum haltbar.

III. Zubehör

Zubehör ist nach § 97 Abs. 1 eine bewegliche Sache, die ohne Bestandteil einer anderen Sache (Hauptsache) zu sein, dem wirtschaftlichen Zweck dieser Hauptsache zu dienen bestimmt ist und hierzu in einem räumlichen Verhältnis zu ihr steht. Hauptsache und Zubehör sind eine Sachgesamtheit (sie bilden keine Einheit, die Eigenschaft als Zubehör schließt logisch diejenige als Bestandteil aus und umgekehrt); die Sachgesamtheit wird dadurch hergestellt, dass eine bewegliche Sache einer anderen (beweglichen oder immobilen) Sache mit dem Zweck zugeordnet wird, dieser zu dienen und hierfür ein entsprechendes räumliches Verhältnis hergestellt wird. 897

Die Zubehöreigenschaft entsteht durch tatsächliches Handeln, unbeschadet, ob der Handelnde hierbei berechtigt ist oder nicht.

Beispiele: Zubehörstücke sind z.B. das hierzu dauernd bestimmte Reserverad eines Pkw, die („normale“) Einbauküche und Gaststätteneinrichtungen, ebenso mobile Reinigungsmaschinen einer Autowaschanlage (dauerhaft fest verankerte wären jedoch Bestandteile), der Maschinen- und **Fuhrpark eines Produktionsbetriebs**.

Dagegen dient der **Fuhrpark eines Speditions- und Transportunternehmens** nicht einer Hauptsache (das Unternehmen selbst ist keine Sache) und auch nicht dem Betriebsgrundstück, sondern sind bestimmungsgemäß dauerhaft unterwegs (und dienen nicht wie beim Produktions-/Handelsunternehmen dem Zu-/Abtransport zum Grundstück).

Das auf dem Grundstück einer Baustelle gelagerte **Baumaterial** ist bestimmt, nach § 94 Abs. 2 wesentlicher Bestandteil des zu errichtenden Gebäudes zu werden, „dient“ aber bereits zuvor dem Grundstück im Hinblick auf das spätere Gebäude.[35]

Die Zubehöreigenschaft bestimmt sich für alle Sachen ausschließlich nach § 97 Abs. 1 S. 1, Abs. 2. Dagegen enthalten § 97 Abs. 1 S. 2 und § 98 lediglich Beweislastregeln; soll „gewerbliches und landwirtschaftliches Inventar“, das nach § 98 typischerweise als Zubehör gilt, aufgrund besonderer Umstände (ausnahmsweise) kein Zubehör sein, muss derjenige, welcher sich auf sie beruft, diese Ausschlussgründe darlegen und beweisen. 898

Die rechtliche Bedeutung des Zubehörs liegt in der Erstreckung schuldrechtlicher und sachenrechtlicher Rechte, die in Bezug auf die Hauptsache bestehen, auf Zubehörstücke. Nach § 311c erstreckt sich die schuldrechtliche Verpflichtung zur Veräußerung oder Belastung einer Sache „im Zweifel auch auf das Zubehör der Sache“. Korrespondierend erstreckt sich sachenrechtlich (§ 926 Abs. 1 S. 2) die Einräumung des Eigentums an 899

35 Nach BGHZ 58, 309, 312 handelt es sich um Zubehör, weil so „dem wirtschaftlichen Gesichtspunkt besser Rechnung getragen wird, dass (…) Baumaterialien auch schon vor dem Einbau mit dem Grundstück einen einheitlichen wirtschaftlichen Wert bilden können“. Das ist ein Zirkelschluss, denn erst was als Bestandteil oder Zubehör zum Grundstück rechnet, erhöhte dessen Wert – als Folge, nicht als Voraussetzung. Geparkte Pkw des Unternehmers erhöhen nicht automatisch den Wert des Firmenparkplatzes, erst ihre Bestimmung als Firmenfahrzeug etwa durch Nutzungseinlage in das Betriebsvermögen. Dann ist ein Direktionswagen aber gleichermaßen dienendes Mittel eines Betriebsgrundstücks, wie Baumaterial für ein Baugrundstück (str.). Nur hat das nichts mit „wirtschaftlichen Gesichtspunkten“ zu tun.

einem Grundstück oder eines beschränkten dinglichen Rechts an einem Grundstück „im Zweifel" gleichfalls auf das Zubehör (aber nur sofern es dem Grundeigentümer gehört; sonst gelten §§ 932 ff., 926 Abs. 2!). Solches bestimmen §§ 926 Abs. 1, 1031 (für den Nießbrauch an Grundstücken), § 1062 (im Hinblick auf die Aufhebung des Nießbrauchs am Grundstück), § 1093 (für das Wohnungsrecht durch Verweisung auf § 1031), § 1096 (für das dingliche Vorkaufsrecht), §§ 1120 und 1192 (für den Hypotheken- und Grundschuldbeschlag) und 1200 Abs. 1 HS. 2 (für die Rentenschuld durch Verweisung auf § 1192).

Beispiele zur wirtschaftlichen Bedeutung: Hierin liegt eine wichtige Aufgabe der Vertragsgestaltung, etwa beim Gebrauchtwagenverkauf klarzustellen, ob der in der Garage neben dem Fahrzeug lagernde zusätzliche Satz Winterreifen wirklich im Preis inbegriffen ist (so § 311c) oder gesondert veräußert werden soll.

Sachenrechtlich droht die Entwertung von **Mobiliarsicherheiten**, weil Zubehör, also meist ein Großteil aller Produktionsmittel und Betriebsausstattungen, zum Haftungsverbund eventueller Grundschulden am Betriebsgrundstück gehören. Das Verwertungsrecht aus der Grundschuld bezieht sich nicht nur auf das Grundstück, sondern u.a. auch auf das Zubehör, soweit es im Eigentum des Grundstückseigentümers steht (vgl. § 1120). Zubehör scheidet also als Sicherungsmittel aus. Dazu gehört auch das Anwartschaftsrecht an Zubehör, das unter Eigentumsvorbehalt erworben wurde.

Zu überraschenden Ergebnissen kann das für **Betriebsmittelkreditgeber** führen, die gerade *Zubehörstücke finanzieren.* Diese müssen sicherstellen, das Anwartschaftsrecht des Käufers vor der Verbringung auf das Betriebsgrundstück als Sicherheit übertragen zu bekommen, anderenfalls es mit dem Grundpfandrecht belastet wäre. Diese Belastung setzte sich nach Zahlung des Kaufpreises am Eigentum fort. Der Kreditgeber des Zubehörs würde also den Sicherheitenwert des Grundpfandgläubigers erhöhen, statt selbst eine Sicherheit zu haben (vgl. das Beispiel zur Autowaschanlage Rn. 1414).

Auch der **unter Eigentumsvorbehalt liefernde Baustoffhändler** verliert seine Sicherheit womöglich nicht erst mit dem Einbau (als dann wesentliche Bestandteile; vgl. §§ 946, 94). Bereits mit Lieferung auf die Baustelle muss er befürchten, dass die Zubehöreigenschaft seines Materials zum Baugrundstück sich dahin auswirkt, dass eine Zwangsversteigerung des Grundstücks dieses mitumfasst, § 55 Abs. 2 ZVG, sofern der Bauherr daran jedenfalls Besitz erworben hätte (nach § 854 Abs. 2 jedenfalls dann konkludent, wenn bereits Teile probeverbaut wurden; so BGHZ 58, 309, 314). Der Lieferant muss also seinen fortbestehenden Besitzwillen etwa durch Einschließen kundtun.

IV. Nutzungen von Sachen und Rechten

900 Nutzungen sind Vorteile aus einer Sache, mit deren Ziehen die Sache nicht verbraucht wird. Als solche kommen Früchte und Gebrauchsvorteile in Betracht (vgl. § 100). Nutzungen können auch aus einem Recht erzielt werden.

1. Früchte

901 Früchte einer Sache oder eines Rechts sind Vorteile, die gemäß der Natur der Sache oder der Bestimmung der Sache bzw. des Rechts *unmittelbar* erzielt werden (unmittelbare Sachfrüchte, § 99 Abs. 1, und unmittelbare Rechtsfrüchte, § 99 Abs. 2) oder die *mittelbar aufgrund eines Rechtsverhältnisses* in Bezug auf die Sache oder das Recht erzielt werden (mittelbare Sach- und Rechtsfrüchte, § 99 Abs. 3).

Unmittelbare Sachfrüchte sind also z.B. die natürlichen Erzeugnisse wie das Kalb oder die Milch einer Kuh (nicht aber deren Fleisch), Kartoffeln, Bäume oder das Quellwasser sind solche eines Grundstücks, die gewonnenen Steine diejenigen eines Steinbruchs und der Apfel ist eine unmittelbare Frucht des Apfelbaums. Dass die Kuh gedeckt und gemolken, Bäume gepflanzt, Steine gebrochen und Äpfel geerntet werden müssen, ändert nichts an der bestimmungsgemäßen Entstehung solcher Früchte aus der Sache (auch wenn diese dabei aufgebraucht, nicht aber, wenn sie dabei zerstört würde). Durch die notwendigen Handlungen und weitere Bedingungen des Wachstums und Abbaus der Früchte wird die (fruchtbringende) Sache nicht nur als Hilfsmittel gebraucht.

Beispiel: Das Abbruchmaterial eines Hauses ist hingegen ein getrennter Bestandteil des Grundstücks, nicht seine Frucht, das eingeschlagene Holz keine Frucht des Baums, wohl aber des Waldgrundstücks; das Entgelt einer Taxifahrt ist keine Frucht des Taxis, welches nur als Hilfsmittel der menschlichen Handlung des Taxifahrers gebraucht wird.

Unmittelbare Rechtsfrüchte sind die bestimmungsgemäßen Erträge eines schuldrechtlichen oder beschränkten dinglichen Rechts. Unmittelbare Rechtsfrüchte des Nießbrauchs- oder Pachtrechts sind die erzielte Ernte und der Pachtzins (Pachtzinsen sind zugleich mittelbare Sachfrüchte der Pachtsache); beim Darlehen (nur) die Darlehenszinsen.

2. Mittelbare Sach- oder Rechtsfrüchte

Mittelbare Sach- oder Rechtsfrüchte sind solche aufgrund eines entgeltlichen Nutzungs- **902** rechts an einer Sache oder einem Recht erzielte. So sind Pachtentgelte (auch) mittelbare Früchte der Pachtsache oder des verpachteten Rechts (etwa des durch Lizenzvertrag als Rechtspacht übertragenen Urheberrechts an einem Computerprogramm). Da ein Recht am Eigentum nicht möglich ist, sondern ein Recht stets unmittelbar an der Sache besteht (es gibt keine „Eigentumsbeschränkungen", sondern nur beschränkte dingliche Rechte an der Sache selbst), folgen aus der Eigentumsüberlassung niemals *mittelbare* Sachfrüchte (Darlehenszinsen sind deshalb nicht *mittelbare* Früchte des nach §§ 488, 607 zu Eigentum zu überlassenden Kapitals oder anderen Gegenstands).

3. Gebrauchsvorteile

Neben Früchten werden unter Nutzungen auch Gebrauchsvorteile einer Sache oder eines **903** Rechts verstanden. Gebrauchsvorteile werden realisiert aus der Benutzung eines Gegenstands als Hilfsmittel menschlicher Arbeit oder sonstiger Handlung: Der Eishockeyclub hat deshalb einen Gebrauchsvorteil aus der ihm überlassenen Arena, zieht aus ihr durch das Spiel jedoch keine Früchte; ebenso der Selbstfahrer eines Pkw. Das tatsächliche Gebrauchmachen, also die Realisation, das „Ziehen", ist sodann für den Gebrauchsvorteil nicht maßgeblich, sondern lediglich die aus der Sache folgende Möglichkeit dazu. Gebrauchsvorteile eines Rechts sind kaum denkbar. Aus diesem Grund ist eine Lizenz Rechtspacht und (praktisch) niemals Miete.

4. Bedeutung

Die rechtliche Bedeutung der Nutzungen ergibt sich aus der Abgrenzung zwischen Miete **904** und Pacht (vgl. §§ 535, 581) und für den Eigentumserwerb an unmittelbaren Sachfrüchten (vgl. §§ 953 ff. etwa i.V.m. §§ 1030, 1039 Abs. 1 S. 1 für den Nießbraucher).

Eine weitere Frage ist, wem Nutzungen gebühren, also herauszugeben oder zu ersetzen sind (vgl. dazu § 595 für die Landpacht, § 818 Abs. 1 für den Bereicherungsausgleich, §§ 987 ff. für die Herausgabepflicht des unberechtigten Eigenbesitzers, § 1039 Abs. 1

S. 2 für Übermaßfrüchte des Nießbrauchers oder § 1120 für den Haftungsverbund von Hypothek und Grundschuld). Die Verteilung von Früchten im Hinblick auf eine zeitliche Abgrenzung ist in § 101 bestimmt, der Ersatz von Gewinnungskosten von Früchten im Falle der Herausgabepflicht nicht gebührender Früchte regelt § 102.

Das Nutzungsrecht, also v.a. das Recht zum unmittelbaren Sachgenuss ist neben dem Verwertungsrecht und dem Erwerbsrecht einer der möglichen Inhalte beschränkter dinglicher Rechte (Belastungen).

D. Arten von Sachenrechten

905 Sachenrechte sind die dinglichen rechtlichen Verhältnisse, die an Sachen und anderen dinglichen Rechtsgegenständen bestehen. Da Sachenrechte an einem dinglichen Rechtsgegenstand bestehen, können sie unbeschränkt sein (im Gegensatz zu schuldrechtlichen Forderungen, welche zwar auf dingliche Rechtsgegenstände gerichtet sein können, jedoch stets eine mehr oder weniger weitreichende Persönlichkeitsbindung des Verpflichteten enthalten und durch seine Personenwürde begrenzt sind).

I. Inhalte rechtlicher Verhältnisse an Sachen

906 Wenn man von Sachenrechten spricht, ist zuerst an **subjektive dingliche Rechte** zu denken; sie unterscheiden sich in vorläufige (z.B. der Besitz aber auch der Bucheintrag als Berechtigter im Grundbuch – beides mal bestehe er zu Recht oder zu Unrecht) und in endgültige (Eigentum und beschränkte dingliche Rechte bzw. Belastungen wie Pfandrechte, Dienstbarkeiten). Daneben bestehen aber auch **dingliche Rechtspflichten**, also eine dingliche Schuld (z.B. die nur dingliche Leistungspflicht aus einer Reallast nach § 1105 Abs. 1). Weiterhin gibt es **dingliche Ausschlussgründe** (z.B. eine Vormerkung, vgl. § 883) und **zusammengesetzte dingliche rechtliche Verhältnisse** wie die Hypothek. Die Hypothek besteht aus einem dinglichen Kapitalanspruch, vgl. § 1113 Abs. 1, Nebenansprüchen auf Zinsen und Kosten, vgl. §§ 1118 f., 1146, dem absoluten Ausschlussgrund gegen jedermann, der den Grundstückswert des Hypothekengrundstücks gefährdet, vgl. §§ 1133 ff., und dem dinglichen Befriedigungsrecht, §§ 1141 Abs. 1, 1147. Zuletzt existiert als Sachenrecht mit dem in der Rentenschuld enthaltenen Rentenrechtsverhältnis (vgl. § 1199 Abs. 1) auch ein **dingliches Rechtsverhältnis**.

1. Dinglich gebundene Rechte

907 Die *Dinglichkeit* der Sachenrechte besagt nichts über ihr absolutes Bestehen (also gegenüber jedermann) oder relatives Bestehen (also gegenüber nur einem bestimmten Verpflichteten). Dinglichkeit drückt aus, dass solche Ansprüche, Schulden und die anderen sachenrechtlichen Verhältnisse *an einen dinglichen Rechtsgegenstand gebunden*, auf diesen beschränkt und in ihrem Existieren und Inhalt unmittelbar von ihm abhängig sind. Daraus folgt nicht, dass Sachenrechte stets absolute Rechte in dem Sinne wären, dass sie auf ihren Gegenstand bezogene Befugnisse gegen jedermann geben würden (so wohl z.B. das Eigentumsrecht). Das Eigentumsrecht ist das absolute Recht an einer Sache, jede über diese Sache mögliche Entscheidung zu treffen und umzusetzen. Alle anderen absoluten Sachenrechte (beschränkt dinglichen Rechte, Belastungen) sind „Abzweigungen" aus dem Eigentum des Inhalts, der dem jeweiligen beschränkten dinglichen Recht vom Gesetz her entspricht (Typenzwang). So hat der Nießbraucher (nur, aber gegenüber jedermann) das

Recht, den Gegenstand des Nießbrauchs zu besitzen und umfassend zu nutzen (vgl. § 1030 Abs. 1), der Pfandgläubiger, das Pfand zur Sicherung einer Forderung zu besitzen und aus ihm durch Verkauf Befriedigung zu suchen (vgl. §§ 1204 ff.).

2. Relative Sachenrechte

Sachenrechte können aber auch relative, also nur gegen eine bestimmte Person gerichtete Rechte sein. So gibt es neben den absoluten auch relative subjektive Rechte, nämlich (stets relative) Ansprüche wie den dinglichen Herausgabeanspruch nach § 985, der sich nur gegen den konkreten Besitzer richten kann, oder das Zurückbehaltungsrecht des Besitzers nach § 1000. Auch manche Ausschlussverhältnisse sind relative. So beschränken die Ausschlussverhältnisse der Berechtigten aus Dienstbarkeiten (vgl. §§ 1018, 1090 Abs. 1) nur den jeweiligen Eigentümer des Grundstücks: *dieser* darf aufgrund der Dienstbarkeit z.B. bestimmte Handlungen auf seinem Grundstück nicht vornehmen. **908**

Das relative Bestehen nur zwischen bestimmten Personen bedeutet jedoch nicht, dass sie – vergleichbar den relativen schuldrechtlichen Forderungsrechten – auf einem (dann dinglichen) Rechtsverhältnis beruhen müssten. Eine **sachenrechtliche Leistungspflicht (Schuldigkeit)** ist **Folge einer dinglichen Rechtslage** (z.B. zwischen Eigentümer und Besitzer einer Sache) und **nicht** wie im Schuldrecht Folge **eines Schuldgrundes** (z.B. eines vertraglichen Versprechens). Der Anspruchsinhaber ist daher nicht Gläubiger einer Forderung gegen einen Schuldner, sondern *Inhaber* eines (ggf. beschränkten) *dinglichen Rechts*, welches sich gegen den in seinen Rechten damit Belasteten richtet. **909**

Während die Parteien des Schuldrechts eine vereinbarte Leistung „fordern dürfen", ist der Inhaber eines Sachenrechts unmittelbar „berechtigt" an einem bestimmten Gegenstand, was er einem anderen gegenüber durchsetzen, geltend machen kann. Deshalb verlangt der Vindikationskläger (§ 985) Herausgabe der Sache (sein Eigentum setzt sich durch) und muss nicht wie der Kondiktionskläger aus § 812 Abs. 1 S. 1 (Rück-)Übertragung des Eigentums oder Besitzes fordern.

Beispiel: Zwar besteht z.B. bei den **Dienstbarkeiten** ein gesetzliches Schuldverhältnis nach §§ 1020–1023 zwischen Berechtigtem und Verpflichtetem über die Art und Weise ihrer Ausübung. Das Benutzungsrecht aus der Dienstbarkeit beruht aber nicht auf diesem gesetzlichen Schuldverhältnis, sondern umgekehrt erzeugt gerade die dingliche Benutzungsmöglichkeit die Pflicht zur schonenden Ausübung.

Gleiches gilt beim **Nießbrauch**.[36] Neben dem Nießbrauch als dinglichem Recht besteht ein gesetzliches Schuldverhältnis zwischen dem jeweiligen Eigentümer und dem Nießbraucher mit dem Inhalt nach §§ 1034–1039, 1041–1047, 1049–1055, 1056. Für Pflichtverletzungen daraus gilt § 280, das Verschulden richtet sich nach §§ 276, 278.

Auch der relative dingliche Herausgabeanspruch und die korrespondierende Herausgabepflicht nach §§ 985, 986 (sog. **Vindikation**) entstehen nicht aus einem dinglichen Rechtsverhältnis; Der Herausgabeanspruch ist Inhalt des Eigentums.

Die (relativen) *dinglichen Ansprüche* entstehen aus Beeinträchtigungen des Eigentums oder Beeinträchtigungen der aus dem Eigentum „abgespaltenen" (beschränkten) dinglichen Rechte (Dienstbarkeiten, Nießbrauch, Pfandrechte einschließlich der Grundpfand- **910**

36 Nur im Fall der **Rentenschuld** entstehen die relativen dinglichen Rechte und Pflichten aus dem in der Rentenschuld enthaltenen dinglichen Rechts*verhältnis* (vgl. § 1199 Abs. 1), sind also nicht bereits Inhalt der Rentenschuld als dinglichem Recht.

rechte wie Grundschuld und Hypothek). Sie dienen dem Schutz und der Verwirklichung der jeweiligen dinglichen Rechte, aus denen sie folgen. Dazu gehören z.B. Ansprüche des Besitzers nach §§ 858–864, 867 und 869, aber auch der Herausgabeanspruch nach § 1007, Ansprüche des Grundstückseigentümers nach §§ 894–896 und §§ 907–909 oder auch §§ 917–920, gleichermaßen die Ansprüche aus dem Eigentum (§§ 985 ff.). Nießbraucher, Dienstbarkeitsberechtigte oder Pfandgläubiger haben im Umfang ihres (beschränkten) Sachenrechts dieselben dinglichen Ansprüche gegenüber einem Störer, wie der Eigentümer sie hätte (vgl. §§ 1027, 1029 bzw. 1065). „Ansprüche" sind also stets relative Rechte.

II. Überblick

911 Die Sachenrechte sind nun im Einzelnen darzustellen.

1. Besitz und Eigentum als Ordnungsgrundlagen

912 Aus funktionaler Sicht bilden der Besitz (§§ 854 ff.) als vorläufiges Sachenrecht und das Eigentum (§§ 903 ff.) als endgültiges Sachenrecht die Grundlagen der Ordnung von Herrschaftsbefugnissen über dingliche Rechtsgegenstände. Besitz im Rechtssinne sind nicht die Vermögensgegenstände selbst (so umgangssprachlich „mein Besitz"), sondern meint deren *Innehaben als bloßes Faktum* (auch der Dieb erlangt Besitz an der gestohlenen Sache). An das Innehaben knüpfen die §§ 854 ff. ein sachenrechtliches Verhältnis an, welches dem Besitzer *Schutzrechte* gibt, die jedoch nur vorläufig sein können, weil sich ein besseres Recht eines anderen dagegen durchsetzen muss, wie das dem Dieb zuerkannte Besitzrecht augenfällig macht.

Der Besitzschutz dient deshalb letztlich weniger dem Besitzer, als mehr dem *Schutz der Rechtsordnung* gegen unerwünschte Formen der Selbstjustiz. So darf der Bestohlene zwar dem Dieb die Beute gewaltsam wieder abnehmen, jedoch nur, wenn er den Täter auf frischer Tat betroffen oder ihn vom Tatort weg verfolgt hat (vgl. § 859 Abs. 2). Konnte der Dieb die Beute erst einmal sichern, hat er, der Dieb, Besitzschutzrechte auch gegen sein Opfer. Der Bestohlene wird dadurch auf den Rechtsweg bzw. die Hilfe von Strafverfolgungsorganen verwiesen (Gewaltmonopol des Staates).

Die Schutzfunktion des Besitzes begründet weiterhin eine prozessrechtliche **Vermutung** zu Gunsten des Besitzers, dass er, sofern anderes nicht bewiesen werden kann, zugleich der (endgültig berechtigte) Eigentümer sei (vgl. §§ 1006, 891).

Die praktisch wichtigste Funktion des Besitzes ist jedoch seine **Erwerbsfunktion** als Mittel zur Übertragung oder Begründung dinglicher Rechte: Dingliche Rechte einschließlich des Eigentums bedürfen zu ihrer Begründung oder Übertragung der Einräumung des Besitzes (vgl. § 929 für das Fahrniseigentum, § 1205 für das Faustpfandrecht oder § 873 für das Eigentum und andere dinglichen Rechte an Liegenschaften).

Mit der Erwerbsfunktion verbunden, begründet der Besitz sodann einen **Rechtsschein** (vgl. §§ 932 ff., 892, 893), welcher den dinglichen Rechtserwerb auch vom Nichtberechtigten ermöglicht, so der Nichtberechtigte dem gutgläubigen Erwerber Besitz am Verfügungsgegenstand einräumt.

2. Eigentum als Vollrecht und beschränkte dingliche Rechte (Belastungen)

Die eigentlichen Sachenrechte sind sodann entweder das Eigentum oder beschränkte **913**
Sachenrechte (beschränkte dingliche Rechte, Belastungen). Das Eigentum ist das umfassendste Herrschaftsrecht, das an einer Sache möglich ist; die beschränkten Sachenrechte sind Abzweigungen, Abspaltungen aus dem Eigentum und geben nur die Befugnis zu einer Teilbeherrschung. Zur Verfügungsgewalt des Eigentümers zählen der Gebrauch oder Verbrauch der Eigentumssache und die Nutzung z.B. im Rahmen des Wirtschaftsprozesses zur Herstellung von Gütern oder Erstellung von Dienstleistungen zur erwerbswirtschaftlichen Verwendung. Dazu gehört auch das Recht auf die Früchte der Eigentumssache als Eigentumseinkommen. Schließlich hat der Eigentümer das Recht zur Veräußerung.

3. Systematik der dinglichen Rechte

914

Besitz, Eigentum	**Beschränkte dingliche Rechte** (numerus clausus der Sachenrechte und Typenzwang)		
I. Besitz 1. Arten 2. „Buchbesitz“ 3. Funktionen 4. Recht zum Besitz 5. Besitzschutzklagen 6. Erwerb II. Eigentum 1. Inhalt 2. Klage-befugnisse 3. Erwerb a) Derivativ (dingliches Rechtsgeschäft) b) Originär (§ 946)	Nutzungsrechte	Sicherungs- und Verwertungsrechte (Pfandrechte)	Erwerbsrechte
	I. Nießbrauch (§ 1030) volles Nutzungsrecht II. Grunddienstbarkeit (§ 1018) Beschränktes, zugunsten eines anderen Grundstücks bestehendes Nutzungsrecht an einem Grundstück III. Beschränkte persönliche Dienstbarkeit (§ 1090) Beschränktes zugunsten einer bestimmten Person bestehendes Nutzungsrecht an einem Grundstück IV. Nutzpfandrecht (§ 1213; Fahrnis) bzw. Verbindung von Hypothek und Nießbrauch (bei Grundstücken)	I. Grundpfandrechte 1. Hypothek (§ 1113) 2. Grundschuld (§ 1191) 3. Reallast (§ 1105) II. an Fahrnis 1. Pfandrecht (§ 1204) 2. „Atypisch“ a) Sicherungsübereignung (ersetzt Faustpfand) b) Sicherungsabtretung einer Forderung (ersetzt Verpfändung der Forderung) c) Eigentumsvorbehalt (§ 449)	I. Anwartschaftsrecht 1. Arten a) des Käufers beim Eigentumsvorbehalt (§ 449) b) des Hypothekars (vor Valutierung der gesicherten Forderung) c) Auflassungsanwartschaft 2. Inhalt 3. Übertragung II. Dingliches Vorkaufsrecht (§ 1094) III. Vormerkung (§ 883): Sicherung eines Anspruchs auf dingliche Rechtsänderung

4. Sachenrecht und wirtschaftliche Bedeutung

915 Die *wirtschaftliche* Bedeutung der Sachenrechte lässt sich nicht nur aus dem BGB ableiten. Vielmehr sind zahlreiche öffentlich-rechtliche Belastungen zu beachten, welche Nutzungen beschränkten (z.B. das Wasserhaushaltsgesetz, das Bundesberggesetz, das Immissionsschutz- und allgemeine Umweltschutzgesetze) oder an anderen, wie etwa den Übertragungstatbeständen ansetzen (z.B. das Grunderwerbsteuergesetz)[37].

Zum anderen drängt der technologische Wandel das Sachenrecht zurück, je weiter die **Digitalisierung** in vielfältige Wirtschafts- und Lebensbereiche vordringt. Für E-Books richtet sich die Verfügungs- und Nutzungsbefugnis wie auch der Besitz daran nicht nach Sachenrecht, sondern nach den Geschäftsbedingungen zumeist multinationaler Konzerne, die durch Sperrung des Benutzerkontos den Verlust der gesamten digitalen Benutzerbibliotheken bewirken können. Eine vergleichbare Aushöhlung des Eigentums betrifft beginnend mit Mobiltelefonen über Pkw bis zu Flugzeugen und industriellen Großanlagen deren Abhängigkeit von Betriebssoftware.

Für ihre Benutzbarkeit und Übertragung verlieren der materielle Besitz und damit das Sachenrecht zunehmend Bedeutung zugunsten der Ausgestaltung von Nutzungsverträgen und des Rechtehandels. Greifbar ist das im Pkw an der Bedeutung des Bordcomputers, der GPS-Navigation bis künftig hin zu Selbstfahrfunktionen. Die Nutzungsmöglichkeit als Pkw kann im Hinblick auf erforderliche Aktualisierungen oder den Schutz personenbezogener Nutzungsdaten maßgeblich von einem schuldrechtlichen Lizenzgeber abhängen, der meist nicht einmal mit dem Pkw-Hersteller identisch ist. Das zivilrechtliche Eigentum z.B. am selbstfahrenden Auto verliert spätestens im Zeitalter von „Big Data" an wirtschaftlicher Bedeutung.

So kann ein sich selbst vollziehender **„Smart Contract"** über eine automatische Wegfahrsperre (Starter Interrupt Device) das Leasingfahrzeug blockieren, wenn z.B. Verzug mit einer Leasingrate besteht (verbotene Eigenmacht bejahend *Möslein*, Smart Contracts im Zivil- und Handelsrecht, ZHR 2019, 254, 280f.: das ursprünglich gegebene Einverständnis mit dieser Selbstexekutionsfunktion müsste im Moment des Vollzugs noch aktuell sein, um den Tatbestand der Besitzstörung auszuschließen).

III. Besitzrecht

916 **Besitz** ist nach BGB ein absolutes[38] dingliches Recht, das „durch die Erlangung der tatsächlichen Gewalt über die Sache erworben" wird (vgl. § 854 Abs. 1). Besitz gründet also in der körperlichen Innehabung (sog. **Sachherrschaft**). Dem Besitz liegt damit eine reale Tatsache in der Natur zugrunde (z.B. das Stehen auf einem Grundstück, der Brief im Briefkasten, das visuelle Entdecken eines Fundes).

---

37 Illustrativer Fall zur Lenkungswirkung des Steuerrechts vgl. Bundesfinanzhof in BFHE 241, 49 = BStBl II 2013, 635. Zur Vermeidung von Grunderwerbsteuer erfolgte die Übertragung von Hochhäusern nicht auf sachenrechtlichem Weg, sondern gesellschaftsrechtlich durch Ringbeteiligungen an Immobiliengesellschaften.

38 Als „sonstiges Recht" i.S.d. § 823 Abs. 1 ist jedoch nur der **berechtigte Besitz** geschützt (erforderlich dafür ist ein **Recht zum Besitz**).

Der (juristische) Besitz ist aber als rechtliches Verhältnis ausgestaltet: es ist gegen Eingriffe Nichtberechtigter geschützt (vgl. §§ 858 ff.), kann übertragen (vgl. § 854 Abs. 2) und vererbt (vgl. § 857) werden; Besitz hat weiterhin eine **Erwerbsfunktion** für die Erlangung des Eigentums (vgl. § 929 S. 1), ist **Träger eines Rechtsschein** für den gutgläubigen Erwerb nach § 932 und begründet schließlich eine **Eigentumsvermutung** (vgl. § 1006).

Damit aber *aus einer Tatsache ein Recht folgen* kann, muss in ihr eine regelhafte (d.h. einer Regel gehorchenden) Ordnung liegen. Diese Ordnung muss sodann durch interpretative menschliche Vernunft erkannt werden. Ohne dass § 854 Abs. 1 solches ausdrücklich benennt, besteht Besitz als Sachenrecht nur im Umfang, wie einerseits Sitte bzw. Verkehrsanschauung solches anerkennen und – damit korrespondierend – andererseits ein zumindest allgemein gefasster Entschluss zur tatsächlichen Besitzergreifung seitens des Besitzers feststellbar ist. **917**

Beispiele: Besitz besteht an der gekauften oder angemieteten Wohnung (vgl. § 865)[39], sobald die Zugangsschlüssel dauerhaft und nicht nur für eine Besichtigung ausgehändigt wurden. Besitz hat auch der Haus*besetzer*, der, obgleich seinerseits durch verbotene Eigenmacht (§ 858 Abs. 1) erlangt, in dieser Position jedenfalls gegenüber Dritten geschützt ist. Er ist vorläufig sogar gegenüber dem eigentlich Berechtigten geschützt, sofern dieser nicht sofortige Besitzkehr vollzieht (§ 859 Abs. 3). Auch der illegale Hausbesetzer kann sich also gegen störenden Lärm aus der Nachbarschaft, gegen Einbrecher etc. erwehren (vgl. § 858 Abs. 1).

Der Mieter eines Bankschließfachs hat Besitz am Inhalt des Safes, ein Hausbewohner am Inhalt des von ihm aufgehängten Briefkastens, nicht jedoch an den im Hausflur jedenfalls einer größeren Wohneinheit abgelegten Postsendungen. Der Schwimmbadbesucher ist Besitzer der von ihm genutzten Umkleidekabine und seines belegten Spinds.

Das morgendliche Reservieren einer Liege am Hotelpool lediglich mittels eines Hotelhandtuchs (ohne unmittelbare persönliche Benutzung) führt hingegen ebensowenig zu Besitz, wie im Restaurant das vom Gast aufgenommene Besteck, die besetzte Parkbank oder der Sitzplatz in der Straßenbahn. Der Erlangung unmittelbaren Besitzes z.B. an einem Abschnitt eines frei zugänglichen Strandes dienen die dafür aufgestellten Hinweisschilder und Absperrungen von Nutzungsberechtigten.

Geht ein Portemonnaie **verloren** (i.e. Besitzverlust, wofür z.B. bloß vorübergehend fehlender Sichtkontakte nicht genügt), wird es **nicht unbedingt besitzlos**: es mag nämlich ein sozialadäquater allgemeiner Besitzbegründungswille bei demjenigen bestehen, der Besitzer des *Fundortes* ist (str., ob zusätzlich Ergreifen durch ihn oder einen Besitzdiener erforderlich ist): so z.B. bei Betreibern von Verkehrsgesellschaften (vgl. § 978), Inhabern von Restaurants, Supermärkten oder bei der Verwaltung eines Parks hinsichtlich liegengelassener Gegenstände. Das Verlieren in der Straßenbahn, im Supermarkt etc. bewirkt also einen Besitzwechsel und die „Fundsache" kann deshalb im Rechtssinne von Dritten gar nicht „gefunden" (vgl. §§ 965 ff.) werden.

1. Abgrenzung: Recht zum Besitz

Vom Besitz (Besitzrecht) zu unterscheiden ist das ***Recht zum Besitz***. Das Recht zum Besitz gibt dem Besitz eine zusätzliche besondere Qualität, nämlich Herausgabeansprüche anderer wie z.B. des Eigentümers abwehren zu können; es begründet ein **Ausschlussverhältnis** (vgl. § 986 Abs. 1 S. 1). Das Recht zum Besitz kann seinerseits ein dingliches (z.B. § 1036 Abs. 1 des Nießbrauchers) oder schuldrechtliches (z.B. des Käufers unter Eigentumsvorbehalt, des Mieters oder Pächters) sein. Es macht den Besitzer zum ***berechtigten*** **Besitzer** (als solcher ist er auch nach § 823 Abs. 1 geschützt). **918**

39 § 865 (Teilbesitz an realen Sachteilen) ist eine Ausnahme zu §§ 93, 94. An wesentlichen Bestandteilen einer Sache könnte anderenfalls kein getrennter Besitz bestehen.

2. Arten des Besitzes

919 Besitz wird durch Sachherrschaft, tatsächliche Gewalt, begründet, § 854 Abs. 1. Sachherrschaft ist, wie gesehen, ein (interpretierter) Rechtsbegriff, kein sichtbarer Naturzustand. Dies ermöglicht rechtlich verschiedene Arten des Besitzes, welche sich nicht notwendigerweise äußerlich unterscheiden lassen.

a) Unmittelbarer und mittelbarer Besitz

920 So kann ein Besitzer den Besitz einem Oberbesitzer vermitteln (als sog. **Besitzmittlungsverhältnis**). Der Besitzmittler ist dann unmittelbarer, der Oberbesitzer mittelbarer Besitzer. So vermittelt z.B. der Mieter den Besitz dem Eigentümer, beide sind Besitzer. Mittelbarer Besitzer ist, wer einen **gültigen Herausgabeanspruch** hat (vgl. § 868: als Mieter, Verwahrer, Nießbraucher etc.), mag dieser auch bedingt (so beim Eigentumsvorbehaltsverkäufer, vgl. § 449 Abs. 2) oder noch nicht fällig sein (so der Herausgabeanspruch gegen den Mieter während der laufenden Mietzeit, vgl. § 546 Abs. 1). Das Besitzmittlungsverhältnis kann auch ein nichtiges sein, weil und sofern der Herausgabeanspruch dann zwar nicht auf dem Schuldverhältnis oder dem beschränkten dinglichen Recht beruht, stattdessen aber *auf Bereicherungsrecht* (vgl. §§ 812 ff.), *unerlaubter Handlung* (vgl. §§ 823 ff.), ggf. auch Geschäftsführung ohne Auftrag. Erst wo jeder Herausgabeanspruch fehlt, besteht kein mittelbarer Besitz.

Beispiel: Der **durch Erbschein** (lediglich formal) **legitimierte Scheinerbe** (vgl. §§ 2366 f.), dem in Wahrheit kein Erbrecht zusteht, ist nicht mittelbarer Besitzer vom Erblasser vermieteter Nachlassgegenstände. Der Scheinerbe kann aufgrund des Rechtsscheins aus dem Erbschein den Herausgabeanspruch gegen den Mieter zwar geltend machen und der Mieter gibt also mit befreiender Wirkung gegenüber dem wahren Erben den Nachlassgegenstand an den Scheinerben heraus.[40] Die bloß formale Legitimation zum Herausgabeverlangen ersetzt jedoch den Anspruch nicht materiell-rechtlich im Hinblick auf § 870. Bedeutung hat das etwa für die Übereignung mittels Besitzkonstituts nach §§ 931, 934; gutgläubiger Erwerb vom Scheinerben ist nach § 2366 möglich, während er nach §§ 931, 934 Alt. 2 entsprechend eingeschränkt ist.

Gleiches gilt bei einem **Order- oder Inhaberpapier** in Bezug auf denjenigen, der es vorzulegen imstande ist (formale Legitimationswirkung, vgl. § 796). Handelt es sich bei dem Order- oder Inhaberpapier zugleich um ein Traditionspapier, also ein Wertpapier, das einen Herausgabeanspruch verkörpert, z.B. das handelsrechtliche Konnossement (§ 524 HGB), kann der unmittelbare Besitzer des Papiers über die darin verbriefte Ware wirksam verfügen (z.B. § 519 HGB) und wird im Hinblick auf Übereignungen wie ein unmittelbarer Besitzer der verbrieften Ware selbst behandelt. – **Fehlt ihm aber die *Berechtigung* zum Besitz an einem solchen Wertpapier**, dann hat er nicht darin den mittelbaren Besitz *an der Ware*: Er mag den Herausgabeanspruch wertpapierrechtlich wirksam geltend machen können (beim Inhaberpapier wegen § 796; beim Orderpapier nach §§ 364 Abs. 2 HGB, 16 WechselG), ist aber materiell-rechtlich nicht Inhaber eines Herausgabeanspruchs. Gutgläubiger Erwerb von ihm wäre außerhalb des Wertpapierrechts nur durch Übergabe der Sache nach §§ 929 S. 1, 932 oder §§ 929 S. 1, 931, 934 2. Fall möglich.

Vgl. zum Wertpapierrecht ausf. im Beispiel unter Rn. 1201.

921 **aa) Abgestimmtes Konzept des Besitzschutzes.** Verbotene Eigenmacht kann sich zwar begrifflich nur gegen den unmittelbaren Besitzer richten, jedoch dürfen sich sowohl dieser als auch der mittelbare Besitzer gleichermaßen ihrer erwehren (vgl. § 869, der über seinen Wortlaut hinaus auf das Selbsthilferecht nach § 859 zu erstrecken ist).

40 § 816 Abs. 2 bestimmt dann die Herausgabepflicht des Scheinerben gegenüber dem wahren Erben.

Der Besitzmittler (z.B. Mieter, Nießbraucher) schützt als unmittelbarer Besitzer sein Nutzungs- oder Sicherungsinteresse, der mittelbare Besitzer sein Vermögensinteresse.

bb) Mittel vereinfachter Formen der Übereignung. Weiterhin ermöglicht die Unterscheidung (un-)mittelbaren Besitzes vereinfachte Eigentumsübertragungen. Nach **§ 929 S. 2** wird der Erwerb von Fahrnis (bewegliche Sachen) durch einen diese bereits besitzenden Erwerber (z.B. also durch den bisherigen Entleiher, Pfandrechtsgläubiger) durch bloße dingliche Einigung und damit ohne Hin- und Herreichen der Sache ermöglicht (sog. brevi manu traditio). 922

Aber auch umgekehrt braucht ein Veräußerer, der die Sache nach ihrer Übereignung weiterhin nutzen möchte, nach **§§ 929 S. 1, 930** – neben der dinglichen Einigung über den Eigentumsübergang – mit dem Erwerber lediglich ein Besitzmittlungsverhältnis (z.B. als künftiger Entleiher, Mieter) zu begründen; auch das wiederum statt der Übergabe der Sache an den Erwerber und anschließender mietweiser Rückgabe.

Drittens ermöglicht die Figur des mittelbaren Besitzes den Eigentumswechsel, wenn die Sache bei einem Dritten als unmittelbarem Besitzer liegt. So kann der bisherige Eigentümer nach **§§ 929 S. 1, 931** den Herausgabeanspruch gegen den Dritten aus dem Rechtsverhältnis, aufgrund dessen der Dritte die Sache in Händen hält, dem Erwerber abtreten (sog. longa manu traditio). Hierdurch wird ebenfalls die mehrfache Verschaffung der Ware vermieden.

b) Alleinbesitz und Mitbesitz

Das Besitzrecht ermöglicht die Unterscheidung, ob der Besitzer allein oder mit einem oder mehreren anderen gemeinsam (sog. Mitbesitz) die Sachherrschaft ausübt (z.B. weil mehrere Mitbewohner eine Wohnung gemeinsam nutzen, ein Tresor nur mit unterschiedlichen Schlüsseln zweier Personen geöffnet werden kann; ebenso der Mitbesitz von Ehegatten am Hausrat). Im Rechtssinne ist jeder Mitbesitzer somit (auch) Besitzer z.B. des Tresors, obwohl er von außen gesehen diesen aufgrund der doppelten Sicherung als Sache an sich allein gar nicht beherrschen und bedienen kann. 923

aa) Besitzschutzrechte von Mitbesitzern. Im Verhältnis der Mitbesitzer untereinander sind die Besitzschutzrechte der §§ 858 ff. eingeschränkt, soweit es sich „um die Grenzen des den Einzelnen zustehenden Gebrauchs handelt“ (vgl. § 866). Mitbesitzer dürfen sich also nur gegen ihren völligen Ausschluss vom Besitz durch einen anderen Mitbesitzer gewaltsam erwehren: etwa, wenn in einem Mietshaus eine Partei das Schloss der gemeinsamen Waschküche austauscht, um die anderen auszuschließen. Den Streit um den individuellen Waschtag und die Benutzungszeiten der gemeinsamen Waschmaschine müssen sie dagegen auf dem Rechtsweg und nach dem ggf. zwischen ihnen bestehenden schuldrechtlichen Verhältnis klären. Fehlen schuldrechtliche (oder personenrechtliche, wie sie zwischen Ehegatten bestehen) Regelungen im Verhältnis der Mitbesitzer, ist eine befriedigende Abgrenzung rechtlich kaum zu erreichen (hierin liegt die Bedeutung etwa der Hausordnung durch den gemeinsamen Vermieter). In Wohnungseigentumsgemeinschaften kann ein Gericht rechtsgestaltend eingreifen (§ 43 WEG). 924

Beispiel: Soll ein Pkw von mehreren angeschafft werden, lassen sich die notwendigerweise flexiblen Zeitkorridore für die laufende Benutzung durch jeden von ihnen kaum verbindlich im Voraus regeln. Mangels anderer Vereinbarungen bilden Mitbesitzer (Miteigentümer nach Bruchteilen sowieso) eine Rechtsgemeinschaft (§§ 741 ff.) und müssen die Verwaltung und Benutzung nach §§ 744, 745 ggf. durch Mehrheitsbeschlüsse regeln. Wirtschaftlich befriedigend ist die Nutzung auch über mitgliedschaftliche Ausgestaltungen der Gemeinschaft, vgl. Rn. 564 (organisierte Verwaltung), kaum zu regeln. Neben seinen meist größeren finanziellen Ressourcen scheint sich auch deshalb (?) beim **„Sharing"** nur die auf Miete basierende gewerbliche Steuerung zu verbreiten.[41]

925 **bb) Mitbesitz in der Übereignung.** Mitbesitz des Veräußerers neben einem anderen ist bei der Übereignung beweglicher Sachen von Bedeutung. Ein Veräußerer darf bei Eigentumsübertragung nach § 929 S. 1 nämlich „nicht mehr den geringsten Rest eines Besitzes" behalten. Besteht (nur) Mitbesitz des veräußernden Alleineigentümers, genügt seine Übertragung an den Erwerber zum vollständigen Eigentumswechsel nach § 929 S. 1, ist aber auch erforderlich.

Ein Eigentumsübergang nach § 929 S. 1 findet dagegen nicht statt, wenn *der Veräußerer* Mitbesitz oder aber mittelbaren Besitz behält. Fortbestehender (Mit-)Besitz des Veräußerers ist unschädlich nur bei Übereignung einer Sache nach §§ 929 S. 1, 930 oder wenn lediglich Miteigentum übertragen werden soll (nach § 929 S. 1 oder ggf. nach S. 2). Will z.B. ein gemeinsam mit dem Erwerber mitbesitzende Eigentümer den Mitbesitz behalten, kann er nach § 929 S. 2 – nur – Miteigentum übertragen (Alleineigentum nur nach §§ 929 S. 1, 930).

Beispiel: Stellt die Freundin ihrem Partner zum Geburtstag ein Auto vor die Türe („für Dich") und behält sie den Zweitschlüssel erkennbar zurück, etwa damit beide mit dem Wagen fahren können, so geht der Beschenkte in Bezug auf das Eigentum leer aus, was sich bemerkbar macht, wenn sie z.B. nach der Trennung den Pkw zurecht mitnimmt. Denn unabhängig davon, ob in der Schlüsselübergabe eine dingliche Einigung gesehen werden kann, fehlt es an der Übergabe des Fahrzeugs oder einem Übergabesurrogat. Die Mitbenutzungsabsicht begründet Mitbesitz, der für eine Übereignung des Fahrzeugs nach § 929 S. 1 schädlich ist. Ein Besitzmittlungsverhältnis – und damit eine mögliche Übereignung nach §§ 929 S. 1, 930 – wäre nur vereinbart, wenn die Schenkerin im Hinblick auf den Zweitschlüssel „um Erlaubnis gefragt" hätte: „Ich darf aber auch einmal damit fahren, oder?" Oder wenn der Ersatzschlüssel lediglich für den Verlustfall verwahrt werden sollte. Miteigentum sollte durch die Einräumung von Mitbesitz schließlich kaum übertragen werden, wenn von „dem Auto" die Rede war. Mangels anderweitiger Anhaltspunkte besteht das Geschenk (damit nur) in einer Nutzungsüberlassung (auf Widerruf); wegen §§ 516, 518 auch schuldrechtlich (die Schenkung wurde ja dinglich, wie festgestellt, nicht vollzogen und der Formmangel also nicht geheilt).

c) Eigenbesitz und Fremdbesitz

926 Besitz kann nach der Willensrichtung des Besitzers in Eigenbesitz und Fremdbesitz unterschieden werden. Eigenbesitzer ist, wer (berechtigt oder unberechtigt) „eine Sache als ihm gehörend besitzt" (vgl. § 872). Fremdbesitzer ist demnach, wer nicht als Eigentümer, sondern bewusst als Inhaber eines beschränkten dinglichen, eines obligatorischen oder sonstigen Rechts besitzt (der Dieb ist stets Eigenbesitzer; der Mieter Fremdbesitzer, kann sich aber durch Unterschlagung der Mietsache zum Eigenbesitzer aufschwingen). Fremdbesitz tritt stets im Zusammenhang mit mittelbarem Besitz (oder Mitbesitz) auf,

---

41 Bei einer Fahrzeugdichte in Deutschland von 692 Kfz je 1.000 Einwohner (lt. Kraftfahrtbundesamt bezogen auf 1.1.2019) kommt statistisch auf jeden der 40 Mio. Führerscheininhaber rd. 1,4 Kfz. Noch deutlicher ist das Potenzial, stellt man die zugelassenen 47 Mio. Pkw den 18 Mio. Inhabern der Fahrerlaubnisklasse für Pkw gegenüber (2,6 Pkw je Pkw-Führerscheininhaber). Die für die uneingeschränkte Mobilität notwendige Steuerung der Verfügbarkeit nach Zeit und Ort lässt sich natürlich nicht allein mit rechtlichen Möglichkeiten erreichen.

wobei der oberste mittelbare Besitzer regelmäßig der Eigenbesitzer ist (z.B. der Vermieter-Eigentümer als mittelbarer Eigenbesitzer gegenüber dem Mieter als unmittelbarem Fremdbesitzer). Bedeutung hat der Eigenbesitz für die Ersitzung nach § 937; ebenso für die Eigentumsvermutung nach § 1006, die nur zugunsten dessen gilt, der im Zeitpunkt seines Besitzerwerbs Eigenbesitzer wurde.

d) Besitzdienerschaft

Beim Besitzdiener wird der Unterschied zwischen Besitz und (dem äußerlich feststellbaren Anschein) der Ausübung der tatsächlichen Gewalt an einer Sache besonders augenfällig. Der Besitzdiener übt zwar die Herrschaft über eine Sache aus, dies jedoch insofern „für einen anderen", als „er den sich auf die Sache beziehenden Weisungen des Anderen Folge zu leisten hat" – besser: Folge *leistet* – (vgl. § 855). Der Besitzdiener ist damit nicht Besitzer, vielmehr ist nur der Weisungsgeber unmittelbarer Besitzer der Sache. **927**

Beispiele: Besitzdiener sind z.B. Handlungsgehilfen (vgl. § 59 HGB; im Unterschied zu selbstständigen Handelsvertretern nach § 84 HGB) in Bezug auf ihnen überlassene Musterkollektionen. Gleiches gilt für Ladenangestellte in Bezug auf die Auslagen und das Lager, für angestellte Fernfahrer hinsichtlich des dem Arbeitgeber gehörenden Lkw und der Ladung, für Polizisten hinsichtlich der Dienstwaffe, für den Hotelier hinsichtlich der für den Gast verwahrten Zimmerschlüssel, aber auch für Filialleiter hinsichtlich der für die Hauptstelle verwahrten Gegenstände. Minderjährige Kinder sind in Bezug auf Wohnung und Hausrat Besitzdiener und zwar unabhängig davon, ob die Kinder ggf. sogar Eigentümer der Sachen oder des Grundstücks sind.

Besitzdiener haben in Konsequenz keine eigenen Besitzschutzrechte zur Verteidigung der ihrer weisungsgebundenen Herrschaft unterliegenden Sachen, sie sind jedoch durch § 860 zur Ausübung der dem Besitzherrn zustehenden Selbsthilferechte der §§ 859 ff. befugt, die sie deshalb aber nur in dessen Interesse und nicht gegen ihn verüben dürfen. Dieselbe Befugnis ergibt sich (meist schuldrechtlich) bereits aus der Weisungsunterworfenheit, aus welcher Besitzdiener (etwa als Arbeitnehmer) auch zum Schutz des Besitzrechts des Weisungsgebers angehalten sind. **928**

aa) Besitzdienerschaft und Stellvertretung. Der Besitzdiener ist im Hinblick auf den durch ihn vermittelten unmittelbaren Besitz einem Stellvertreter in der Abgabe oder Empfangnahme von Willenserklärungen funktional vergleichbar. Wenngleich beides **rechtlich strikt getrennt** werden muss, treffen Besitzdiener und Stellvertreter bei Verkehrsgeschäften des Warenaustauschs oftmals in einer Person zusammen. **929**

So gibt etwa der Kassierer an der Supermarktkasse die Willenserklärung zur *dinglichen Einigung über den Eigentumsübergang* nach § 929 S. 1 **als Stellvertreter**[42] ab (und nimmt die korrespondierende Willenserklärung als Empfangsvertreter an). **Als Besitzdiener** *übergibt* er anschließend die zu übereignende bewegliche Sache im Rahmen seiner Weisungsunterworfenheit, wodurch der *unmittelbare Besitz* des Erwerbers begründet wird.

42 Zugleich schließt er aufgrund seiner Vollmacht, als Kassierer regelmäßig Art-Handlungsvollmacht nach § 54 HGB, den Kaufvertrag mit dem Kunden. Es handelt sich um eine Vollmacht, die je nach Inhalt ihrer Erteilung zu verschiedenen Arten von Geschäften, nämlich schuldrechtlichem Kauf und dinglicher Einigung, ermächtigt.

930 **bb) Besitzdienerschaft bei Veräußerungen.** Eine besondere Problematik kann aus der Besitzdienerschaft nach § 855 bei der Übereignung insofern entstehen, als ein Veräußerer zwar seine direkte Sachherrschaft zu übertragen scheint, mangels Entlassung seines Besitzdieners aus dem Weisungsverhältnis aber rechtlich, nämlich durch diesen vermittelt, doch weiterhin unmittelbarer Besitzer bleibt. Eine Übereignung nach § 929 S. 1 scheitert in diesem Fall mangels vollständiger Besitzaufgabe.

Beispiel: Schenkt der Onkel seinem noch studierenden Neffen die Bibliothek seiner Wirtschaftsprüferkanzlei und übergibt er ihm seinen Büroschlüssel zwecks Abholung und Abtransport der Bücher[43], so wird der Neffe im Zeitpunkt der Schlüsselübergabe nur Eigentümer der Bibliothek, wenn es sich um den einzigen bekanntermaßen existierenden Schlüssel handelt. Behält der Onkel seinerseits einen Schlüssel, erlangt der Neffe erst Eigentum an den Büchern, wenn er diese tatsächlich an sich nimmt (zuvor liegt nur Übertragung von Mitbesitz neben dem anderen Schlüsselinhaber vor und genügt für die Übereignung nach § 929 S. 1 nicht, s. bereits Beispiel in Rn. 925). Gleiches gilt aber, wenn z.B. die Bürovorsteherin des Onkels einen Zweitschlüssel hat, denn auch diese übt für ihren Chef den unmittelbaren (Mit-)Besitz am Inventar aus: Aufgrund ihres Schlüsselbesitzes ist sie Besitzdienerin im Organisationsbereich des Besitzherrn, also in Bezug auf die Kanzlei und das dortige Inventar.

Mangels Eigentumsübertragung liegt auch schuldrechtlich keine sog. Handschenkung vor, weshalb bereits die Schenkung schwebend unwirksam ist (Heilung erst gem. § 518 Abs. 2). Stirbt nun der Onkel vor dem dinglichen Vollzug der Schenkung (also vor Abtransport der Bücher), gehen sowohl Besitz (vgl. § 857) wie auch die Wirkung der erteilten Zustimmung zur Aneignung auf seine Erben über (§ 1922). Diese können die Gestattung der Aneignung gegenüber dem Neffen noch bis zum Abtransport widerrufen. Der Neffe ginge dann leer aus.

Beachte: Ein sofort wirksamer Eigentumswechsel wäre dagegen nach §§ 929 S. 1, 930 durch die Vereinbarung eines Besitzmittlungsverhältnisses zwischen Onkel und Neffen zu erreichen gewesen. Dazu hätte neben der Schenkung (schuldrechtlicher Vertrag) und der Einigung über den Eigentumswechsel (dinglicher Vertrag) zur Begründung eines Besitzmittlungsverhältnisses als Übergabesurrogat ein weiterer Vertrag (z.B. vorübergehende Verwahrung durch den Schenker bis zur Abholung) geschlossen werden müssen. Ggf. kann die Verwahrung konkludent aus dem Zusammenhang gefolgert werden. Alternativ könnte der Schenker eine Übereignung nach § 929 S. 1 vollziehen, indem er die Besitzdienerin zur Herausgabe der Bücher an den Neffen anweist und so die Besitzdienerschaft beendet. In der Entlassung der Besitzdienerin in Bezug auf diese Inventarstücke vollzöge sich der sofortige Besitzwechsel.[44]

931 Gibt ein Besitzdiener die seiner Gewalt unterliegende Sache ohne Weisung des Besitzherrn an einen Dritten weiter oder eignet er sich diese selbst an, so liegt darin ein Abhandenkommen beim Berechtigten. Gutgläubiger Erwerb vom Nichtberechtigten ist deshalb wegen § 935 vom Besitzdiener ausgeschlossen.

e) Organbesitz

932 Der sog. Organbesitz juristischer Personen, der durch ihre Organe ausgeübt wird, ist im Verhältnis von Besitzherrn zu Besitzdiener in seinen Wirkungen ähnlich, Organmitglieder sind dennoch keine Besitzdiener i.S.d. § 855. Es fehlt an einem Weisungsverhältnis,

---

43 Es handelt sich um eine Besitzübertragung nach § 854 Abs. 2, die neben der Schlüsselübergabe eine rechtsgeschäftliche Einigung (Abholerlaubnis) erfordert.

44 Der Erwerber erlangte unmittelbaren Besitz, weil die Besitzdienerin ab sofort für ihn besitzen würde. Damit wäre die Übereignung nach § 929 S. 1 vollzogen und ein Formmangel der Schenkung geheilt (§ 518 Abs. 2). Dass er die Bücher noch nicht in Händen hielte, spielte keine Rolle. Auch nicht, dass die Bürovorsteherin es sich zwischenzeitlich wieder anders überlegen könnte: entscheidend ist *punktuell der Moment des Besitzerwerbs*.

vielmehr üben sie selbst Weisungsbefugnis für die Gesellschaft aus (das Anstellungsverhältnis eines Organs ist gerade deshalb Treuhandverhältnis). Für die Gesellschaft bürgerlichen Rechts gilt gleiches, sofern sie Außengesellschaft ist, jedenfalls unternehmenstragende. Dagegen sind bei der (nicht rechtsfähigen) Erbengemeinschaft nur die Erben Besitzer.

f) Erbenbesitz

Eine Besonderheit bildet schließlich der Erbenbesitz. Der Erbe tritt mit dem Erbfall in die Besitzstellung des Erblassers ein, die an dessen Art der Sachherrschaft geknüpft war (vgl. § 857). Das ist unabhängig davon, ob der Erbe selbst Sachherrschaft hat und haben will. Der Eintritt in die (tatsächliche) Besitzstellung des Erblassers (als Eigen- oder Fremdbesitzer, mittelbarer oder unmittelbarer, Allein- oder Mitbesitzer) ist von der Gesamtrechtsnachfolge des Erben zu unterscheiden. § 857 ermöglicht einen völlig „vergeistigten" Besitz des Erben, der ihm die Besitzschutzrechte (vgl. § 859 ff.) für die Erbschaftsgegenstände gibt (die Erbschaft wäre je nach tatsächlichen Verhältnissen sonst womöglich besitzlos).[45] § 857 überantwortet einem Erben umgekehrt auch Verkehrssicherungsrechte nach §§ 836 f. **933**

Da ein Nachlass aufgrund des Erbenbesitzes nicht besitzlos wird, scheidet ein Erwerb vom Nichtberechtigten insoweit aus, als Nachlassgegenstände, welche ein Nichterbe an sich nimmt und veräußert, dem wahren Erben abhanden gekommen sind (vgl. § 935). Gutgläubiger Erwerb ist in solchen Fällen nur nach § 2366 möglich, wenn der Nichterbe durch Erbschein (wenn auch zu Unrecht) ausgewiesen ist (sog. Scheinerbe), vgl. Rn. 920.[46] **934**

3. Begründung, Übertragung und Verlust des Besitzes

a) Unmittelbarer Besitz

Der unmittelbare Besitz wird durch Erlangung der tatsächlichen Sachherrschaft begründet. Solche Ergreifung erfolgt nicht durch Willenserklärung im Sinne der Rechtsgeschäftslehre, sondern setzt nur – aber immerhin – eine bewusste Entschließung des Besitzergreifenden voraus, die auf Besitzbegründung gerichtet ist. Solcher Entschluss kann generalisierender Art sein und muss sich dann nicht am individuellen Stück aktualisieren. **935**

Beispiele: Anbringung eines Haus-Briefkastens; das gilt aber dennoch und deshalb nur für bestimmungsgemäße Sendungen, nicht für postalische Irrläufer oder unbefugt von Dritten eingeworfene Sachen, an denen dann zwar Gewahrsam, jedoch kein Besitz besteht). Weitere Beispiele betreffen alle Gegenstände in einer Wohnung oder einem Behördengebäude, aber auch in Bussen und Zügen einer Verkehrsgesellschaft (§ 978).

---

45 Keine Auswirkung hat § 857 im **Strafrecht**: Diebstahl (§ 242 StGB) setzt tatbestandlich Gewahrsamsbruch und damit ein räumliches Näheverhältnis des Besitzers voraus. Auch die Stellung des Besitzherrn gegenüber dem Besitzdiener ist *strafrechtlich* nur dann Gewahrsam, wenn solche räumliche Nähe des Besitzherrn zur Sache besteht. Eine Hausangestellte begeht deshalb bei der Aneignung ihrer Obhut unterliegender Sachen Diebstahl, der reisende Handlungsgehilfe, gleichfalls Besitzdiener, jedoch Unterschlagung.

46 Einen anderen Inhalt und eine andere Bedeutung hat der Erbschaftsbesitz (§ 2018), der dadurch entsteht, dass jemand aufgrund eines in Wirklichkeit nicht bestehenden Erbrechts etwas aus der Erbschaft erlangt und aufgrund dessen dem wahren Erben zur Herausgabe verpflichtet ist und haftet.

936 *Geschäftsfähigkeit* ist dementsprechend nicht erforderlich, jedoch das *Bewusstsein* der Handlung und die grundsätzliche Einsicht in ihre Bedeutung (der Schlafende und das Neugeborene mögen reflexhaft etwas ergreifen, erst das Schulkind kann unmittelbaren Besitz an seinen Alltagsgegenständen begründen, wobei es zumeist aber eher Besitzdiener seiner Eltern sein wird).

937 Besitz wird meist durch Übertragung vom bisherigen Besitzer erlangt (derivativer Erwerb).[47] Dies kann in Einzelrechtsnachfolge geschehen oder in Gesamtrechtsnachfolge.[48] Die Einzelnachfolge in den unmittelbaren Besitz kann auf körperlicher Übergabe der Sache beruhen, § 854 Abs. 1. Für den erforderlichen Besitzbegründungswillen gilt das zuvor gesagte und zwar auf Seiten des Erwerbers wie des Veräußerers des Besitzes, so dass ein einsichtsfähiges Kind unabhängig von seiner nur beschränkten Geschäftsfähigkeit Besitz ebenso ergreifen wie übergeben kann; eine von ihm übergebene Sache ist dem Minderjährigen, der selbst *Besitzer* ist, *nicht* i.S.d. **§ 935 abhanden gekommen**. Der Besitzerwerb nach § 854 Abs. 1 ist ein Realakt.

Gibt ein Minderjähriger dagegen *als Besitzdiener* seiner Eltern eine Sache unbefugt weg, kommt sie den Eltern als Besitzer durchaus abhanden i.S.d. § 935

938 **aa) Ausnahme: durch bloße Einigung nach § 854 Abs. 2.** Wenn der Erwerber sich die Gewalt über die Sache selbst verschaffen kann, genügt nach § 854 Abs. 2 zum Besitzübergang ausnahmsweise eine bloße Einigung mit dem bisherigen Besitzer. Typisches Beispiel hierfür ist die Übergabe der Schlüssel zu einer Wohnung oder zu eingeschlossenen Waren, wodurch allein die Gewalt über das Grundstück oder die Waren und damit der unmittelbare Besitz hieran noch nicht erworben werden, sondern der Erwerber nur in die Lage versetzt wird, die Gewalt auszuüben.[49]

Beispiel: Ist der Erwerber zur Ausübung der Herrschaftsgewalt ohne Besitzeinweisung (also ohne Übergabe der Sache) aufgrund der tatsächlichen Umstände in der Lage, genügt nach § 854 Abs. 2 ein (dinglicher) Vertrag des Inhalts, dass der Besitz übergehe, also der Erwerber sich selbst die Sache nehmen dürfe. So z.B. hinsichtlich offenliegender Grundstücke ohne Umfriedung oder von im Wald lagerndem Holzeinschlag, bei dem die „Abfuhrerlaubnis“ (als zweiseitiges Rechtsgeschäft) den Besitzerwerb nach § 854 Abs. 2 vollzieht (das Gesetz will den Beteiligten schlicht den gemeinsamen Weg „bei Wind und Wetter“ ersparen). – Nicht hiermit zu verwechseln ist die Übereignung beweglicher Sachen durch bloße Einigung nach § 929 S. 2 in Fällen, in denen der Erwerber bereits Besitzer ist: etwa bei Veräußerung an einen Mieter. § 854 Abs. 2 betrifft eine Form des Besitzerwerbs, § 929 S. 2 setzt ihn als bereits erfolgt voraus.

939 **bb) Durch Besitzdiener.** Erwerb des *unmittelbaren Besitzes* kann ohne Weiteres durch Einschaltung eines Besitzdieners (vgl. § 855) erfolgen, an den die Sache ausgehändigt wird. Dagegen ist Stellvertretung im rechtsgeschäftlichen Sinne im Fall des § 854 Abs. 2

47 Nota bene: Beim Kauf hat die *schuldrechtliche Pflicht* zur Besitzübertragung (§ 433 Abs. 1) regelmäßig *eigenständige* Bedeutung (nur) in Bezug auf Liegenschaften, weil deren Übereignung nach §§ 873 Abs. 1, 925 nicht die Besitzübertragung *sowieso* voraussetzt; anders dagegen §§ 929 ff.: Beim Kauf von Mobilien ist Besitzübertragung bereits für den Eigentumswechsel geschuldet und also nicht selbstständig daneben.

48 Beispiel für Gesamtrechtsnachfolge ist § 857 durch Erbfolge und Eintritt in konkrete Besitzstellung des Erblassers.

49 Kein Fall des § 854 Abs. 2 ist der Besitzübertrag auf den bisherigen Besitzdiener, welcher nicht nur „in der Lage ist, die Gewalt über die Sache auszuüben“, sondern nach § 855 die tatsächliche Gewalt über eine Sache bereits ausübt, allerdings „für einen anderen“. Zur **Besitzübertragung auf den bisherigen Besitzdiener** genügt deshalb der (nicht rechtsgeschäftliche) Entschluss zur Besitzergreifung – und damit der Besitz nicht fehlerhaft ist, der parallele Entschluss des bisherigen Besitzherrn zur Besitzübertragung.

möglich, weil diese Form des Besitzerwerbs rechtsgeschäftlichen Charakter hat. Im Übrigen ist (rechtsgeschäftliche) Stellvertretung nur bei der Begründung des mittelbaren Besitzes durch rechtsgeschäftliche Vereinbarung eines Besitzmittlungsverhältnisses (vgl. § 868) und bei der Übertragung des mittelbaren Besitzes durch Abtretung des Herausgabeanspruchs (vgl. § 870) denkbar.

b) Mittelbarer Besitz

Der *mittelbare Besitz* wird begründet durch Schaffung eines sog. Besitzmittlungsverhält- 940
nisses i.S.d. § 868: z.B. Nießbrauch, Pfandrecht, Pacht, Miete oder Verwahrung. Weitere wichtige Fälle[50] sind der Eigentumsvorbehaltsverkauf, Sicherungsübereignungen, die Verkaufskommission sowie Lager-, Fracht- und Speditionsgeschäfte. Besitzmittlungsverhältnis ist aber auch der Verkaufsauftrag und die auftragslose Geschäftsführung im Hinblick auf den Herausgabeanspruch nach § 667.[51] Entscheidend ist der gültige Herausgabeanspruch des mittelbaren Besitzers gegenüber dem Besitzmittler. So wird ein unmittelbarer zum mittelbaren Besitzer, in dem er einem anderen den unmittelbaren Besitz im Rahmen z.B. einer Vermietung oder Pfandgabe überträgt, aber auch umgekehrt in dem der Vermieter von seinem Vermieterpfandrecht (vgl. § 562) Gebrauch macht und die verstrickten Sachen in Besitz nimmt (vgl. § 562b Abs. 1 S. 2). Umgekehrt kann ein unmittelbarer Besitzer auch Besitzmittler werden, so z.B. bei der Sicherungsübereignung nach § 930, bei der der Sicherungsgeber die Sache in seinem unmittelbaren Besitz behält und als unmittelbarer Fremdbesitzer den Besitz dem Sicherungsnehmer als mittelbarem Eigenbesitzer vermittelt.

Die Übertragung mittelbaren Besitzes erfolgt durch Abtretung des besitzmittelnden Her- 941
ausgabeanspruchs (vgl. § 870). Die Person des Besitzmittlers als unmittelbarer Besitzer ist hierin in keiner Weise eingebunden und besitzt deshalb künftig ggf. für einen (neuen) mittelbaren Besitzer, ggf. auch ohne diesen zu kennen. Solche Übertragung des mittelbaren Besitzes erfolgt rein rechtsgeschäftlich durch Forderungsabtretung nach § 398.

aa) Besonderheiten des Wertpapierrechts. Lade-, Lagerschein und Konnossement 942
als kaufmännische Wertpapiere nach § 363 HGB verbriefen den Herausgabeanspruch auf die gelagerten, transportierten oder verschifften Güter und vermitteln damit den Besitz (daher sog. **Traditionspapiere**; vgl. §§ 448, 475g oder 524 HGB).

Sind sie an Order gestellt (vgl. § 363 Abs. 2 HGB), können sie durch Indossament übertragen werden; diese wertpapiermäßige Übertragung (vgl. §§ 364 f. HGB) überträgt den *Herausgabeanspruch* und damit den *mittelbaren Besitz* nach § 870. Das Indossament umfasst zu seiner Wirksamkeit einen gültigen Begebungs- (Übertragungs)Vertrag.

Fehlt es an diesem (in Folge mangelnder Geschäftsfähigkeit oder späterer wirksamer Anfechtung nach § 142), erlangt der Indossatar (Erwerber) zwar den – natürlich kondi-

50 Außerdem existieren **gesetzliche Besitzmittlungsverhältnisse** wie die elterliche Gewalt (§§ 1626, 1629: Eltern schenken ihren minderjährigen Kindern das Fahrrad nach §§ 518 Abs. 2, 930); ebenso die eheliche Lebensgemeinschaft etc. (stets Mitbesitz am Hausrat und an der Ehewohnung).

51 **Einkaufskommission** und **Erwerbsauftrag** genauso wie der Erwerb einer Sache als **auftragslose Geschäftsführung** führen dagegen nicht automatisch zum mittelbaren Besitz des Kommittenten bzw. Geschäftsherrn. Vielmehr ist ihm der Kommissionär bzw. Geschäftsführer *schuldrechtlich zur (Weiter-) Übertragung* von Besitz und Eigentum verpflichtet (möglich ist aber die Vereinbarung eines *antizipierten Besitzkonstituts* mit vorweggenommener dinglicher Einigung).

zierbaren – Besitz am Papier, der ihm die Legitimation für den wertpapierrechtlich verkörperten Herausgabeanspruch verschafft, er erlangt jedoch keinen mittelbaren Besitz an der Ware.

Derart als Nichtberechtigter ohne mittelbaren Besitz kann der Erwerber die Ware nach BGB (nur) nach §§ 931, 934 Alt. 2 weiterveräußern. – *Allerdings* hätte der Erwerber hier ja Besitz am indossierten Traditionspapier. Dann steht seine (wirksame) (Weiter-) *Indossierung mit Papierübereignung* an einen Dritten nach §§ 448, 475g oder 524 HGB (jeweils S. 2) „der Übergabe" und also der Verschaffung unmittelbaren Besitzes an der Ware gleich, so dass in dieser wertpapierrechtlichen Form auch dem nur formal Legitimierten eine Weiterverfügung (wie nach §§ 929, 932, 935 Abs. 1) möglich wäre **(Verkehrsschutz des an Order gestellten Traditionspapiers)**. Vgl. nachf. Rn. 1191; ebenfalls bereits Beispiel Rn. 920.

943 **bb) Erwerb/Übertragung mittelbaren Besitzes durch Stellvertreter.** Als rechtsgeschäftliche Übertragung kann der mittelbare Besitz mittels Stellvertreter erworben werden; in fremden Namen und mit Vertretungsmacht handelnd erwirbt der Vertreter den mittelbaren Besitz nicht selbst, sondern dem Vertretenen (z.B. als Vertreter des Zessionars bei der Abtretung des Herausgabeanspruchs oder des Verpfänders bei der Pfandgabe einer Sache).

Beispiel: Der Vertreter kann zugleich selbst unmittelbarer Besitzer und also der Besitzmittler sein. So z.B. bei der Veräußerung von vermietetem Wohnungseigentum, wenn der Mieter die Auflassung an den Erwerber (vgl. §§ 873 Abs. 1, 925) im Beurkundungstermin als Vertreter des vielleicht entfernt wohnenden Erwerbers annimmt, der hierzu dann nicht eigens anzureisen braucht; Vertreter kann aber auch ein Besitzdiener (§ 855) sein.

944 Beim Erwerb des mittelbaren Besitzes durch Einschaltung eines Dritten dürfen jedoch nicht Vollmacht („Innenverhältnis") und Auftrag („Außenverhältnis") verwechselt werden. Wird ein selbstständiger Handelsvertreter (§ 84 Abs. 1 HGB) als **Einkaufsvertreter** beauftragt und soll er den Kaufgegenstand gleich selbst entgegennehmen, so handelt er bei der dinglichen Einigung zum Eigentumserwerb nach § 929 S. 1 als Vertreter des Erwerbers. Nicht aber beim Besitzerwerb: zwar wird der Erwerber *mittelbarer* Besitzer, dies aber aufgrund des im Handelsvertreterverhältnis liegenden entgeltlichen Geschäftsbesorgungsverhältnisses mit dem *darin* begründeten Herausgabeanspruch nach §§ 675, 667 (der Handelsvertreter nimmt insoweit gerade *nicht vertretungsweise* einen Herausgabeanspruch des Veräußerers an, sondern begründet vielmehr einen solchen erst und gerade durch die auftragsgemäße Warenannahme durch Insichkonstitut oder antizipiertes Besitzkonstitut).

4. Beendigung des Besitzes

945 Der Verlust des Besitzes vollzieht sich beim unmittelbaren Besitz, indem die tatsächliche Sachherrschaft verlorengeht (vgl. § 856). Geschieht solches unfreiwillig (z.B. die verlorene Sache, das entlaufene Tier, aber auch durch Diebstahl genauso, wie durch die Unterschlagung durch einen Besitzdiener), ist die Sache i.S.d. § 935 abhanden gekommen. Gutgläubiger Erwerb des Eigentums hieran scheidet dann aus (vgl. auch §§ 1007 Abs. 2, 1006 Abs. 1 S. 2). Eine Sache kann dem unmittelbaren Besitzer auch abhanden kommen, obwohl im selben Vorgang die Begründung mittelbaren Besitzes liegt: so, wenn ein Mieter die ihm noch nicht übergebene Sache dem Vermieter gegen dessen

Willen entwindet. Unterschlägt der Mieter die Sache nachfolgend durch Veräußerung an einen Gutgläubigen, so scheidet gutgläubiger Erwerb deswegen aus; der Vermieter hat die Vindikation nach § 985 und die Klage aus § 1007 Abs. 2.

Der mittelbare Besitz endet, wenn das Besitzmittlungsverhältnis wegfällt. Das ist der Fall, wenn die Sache dem unmittelbaren Besitzer abhanden kommt oder dieser den unmittelbaren Besitz aufgibt oder einem Dritten überträgt, ohne dass dieser Dritte einen Herausgabeanspruch gegen den bisherigen Oberbesitzer anerkennen würde.[52] Bei freiwilliger Aufgabe des unmittelbaren Besitzes durch den Besitzmittler unter Beendigung jedes Besitzmittlungsverhältnisses liegt für den mittelbaren Besitzer kein Abhandenkommen der Sache vor, selbst wenn er z.B. mit der Unterschlagung durch Veräußerung nicht einverstanden war (anders ist die Unterschlagung durch einen Besitzdiener aber Abhandenkommen). Schließlich kann der mittelbare Besitz des Oberbesitzers ohne gleichzeitigen Verlust des unmittelbaren Besitzes beim Besitzmittler verlorengehen, nämlich indem der Besitzmittler die Sache unterschlägt, um sie als Eigenbesitzer zu behalten (z.B. der Mieter gibt die Mietsache wahrheitswidrig als verloren aus oder nutzt die Unkenntnis des Erben vom mittelbaren Erbenbesitz nach § 857 aus und unterdrückt die Sache). **946**

5. Besitzwirkungen

Besitz bzw. das Besitzrecht ist das an einer Sache bestehende, also dingliche Recht gegenüber jedermann (absolutes Recht), das – automatisch – mit der Sachherrschaft verbunden und inhaltlich durch diese begrenzt ist. Besitz berechtigt dementsprechend zu jedem Umgang mit seinem Gegenstand, an dem es besteht, soweit solcher Umgang dem Innehaben entspricht. Regelmäßig bedeutet Besitz also das Recht zum funktionsadäquaten Gebrauch und zwar – und das ist der eigentliche Regelungszweck[53] – unter Ausschluss anderer, soweit diesen nicht ebenfalls ein Besitzrecht (Mitbesitz, mittelbarer Besitz etc.) oder ein anderes besonderes Recht zur Einwirkung (als Rechtfertigungsgrund) zusteht. Besitzschutz ist damit Teil einer allgemeinen Friedensordnung. Sie verweist jeden, der einen faktischen Besitzstand verändern möchte, auf den Rechtsweg und wehrt so Selbsthilfe, Selbstjustiz ab. **947**

---

52 Bei berechtigter oder unberechtigter **Untervermietung** anerkennt der Untermieter dagegen den Oberbesitz. Daher bleibt der bisherige erststufige mittelbare Besitz bestehen und wird lediglich zum höherstufig mittelbaren Besitz; der Hauptmieter wird erststufig mittelbarer Fremdbesitzer, der Vermieter zweitstufig mittelbarer Eigenbesitzer.

53 Vereinfacht formuliert: Besitz darf, was Besitz kann ohne aufzuhören, Besitz zu sein. Zerstörung oder Weitergabe der Sache etwa gehören nicht dazu, weil das dem Innehaben als Tatsache zuwiderliefe. Das ist als direkte rechtliche Aussage wenig originell und führt sogar in die Irre. Denn solches „Dürfen" als vorläufige *Befugnis zu eigenem Tun* ist von ganz anderen, vorrangigen Rechten und Pflichten überlagert, die etwa gegenüber dem Eigentümer bestehen (entscheidend für den einzelnen Besitzer ist letztlich sein sog. *Recht zum Besitz*, als Eigentümer oder Mieter etc.).
Beim Besitzrecht ist vielmehr die darin liegende Negation die eigentliche Kernaussage: ohne Besitz besteht keine *Befugnis* **an** der Sache. Auch das ist wieder genauso irreführend, denn keine Befugnis meint auch hier nicht das Fehlen klagbarer Rechte **auf** Besitz. Solche können durchaus bestehen: z.B. als bestohlener Eigentümer (§ 985), als früherer Besitzer (§ 1006) oder aus einem Schuldverhältnis. Aber eben nur als Klagemöglichkeit, als Anspruch und nicht als Befugnis *an* der Sache.
Erst deshalb, weil nicht jeder, der ein Recht zu haben meint, eine Sache einfach ergreifen darf, hat der tatsächliche Besitz eine Aussagekraft und ist keine bloß zufällige Momentaufnahme. Daher sind *weitergehende* Rechtsfolgen, nämlich die *Besitzwirkungen*, möglich.

a) Rechtsscheinwirkung und Vermutungswirkung

948 Daraus folgen eine Rechtsscheinwirkung und eine prozessuale Vermutungswirkung des Besitzes. Der Besitz begründet einen Rechtsschein für die Verfügungsbefugnis seines Inhabers über das Besitzobjekt (vgl. §§ 932 ff., 892, 893 – „Erwerbsfunktion")[54] und eine prozessrechtliche Vermutung (vgl. §§ 1006, 891) für das „bessere" Recht des fehlerfrei Besitzenden als mutmaßlichem Eigentümer (Eigenbesitzer).[55] Das ist die eigentliche rechtliche Bedeutung des Besitzschutzes (dazu sogleich ausf. unter Rn. 957 ff.: Rechtswirkungen des Besitzes in Bezug auf das Eigentum).

b) Abwehr verbotener Eigenmacht

949 Besitzschutz setzt bei der Abwehr verbotener Eigenmacht (vgl. § 859) an. Dem Besitzer werden dafür in engen Grenzen ein sofortiges Gewaltrecht (vgl. § 859; so auch dem Besitzdiener, vgl. § 860) und daneben Klagerechte (vgl. §§ 861, 862 und den „Abholanspruch" nach § 867) gegeben. Dass damit auch unberechtigter Besitz etwa eines Diebes gegen Dritte geschützt und so seine Besitzlage als unberechtigter Eigenbesitzer in gewisser Weise stabilisiert wird, nützt letztlich dem wahren Berechtigten (im Hinblick auf das Auffinden und die Beweislage). Dass auch der Berechtigte Selbsthilfe gegen den Dieb nur „sofort" (vgl. § 859 Abs. 2, 3) verüben darf, gewährleistet einen Rechtsfrieden.

950 **aa) Besitzschutzklagen.** Praktische Bedeutung haben die Besitzschutzklagen nicht. Sie konkurrieren weitgehend mit den Schadensersatz-, Unterlassungs- und Beseitigungsklagen des § 823 Abs. 1, die den (jedenfalls berechtigten) Besitz als „sonstiges Recht" gleichermaßen gegen verbotene Eigenmacht schützen. Wie sich deshalb Mieter und Pächter zum Schutz des ihnen *überlassenen* Besitzes (nicht ihres vertraglichen Forderungsrechts auf Besitzeinräumung!) auf § 823 Abs. 1 stützen können, gilt dies umso mehr für Besitzer, welche aufgrund eines dinglichen Rechts zum Besitz besitzen (Nießbraucher, Pfandgläubiger oder gar der Eigentümer).

951 Zwar vereinfacht und beschleunigt § 863 possessorische (Besitzschutz-) Klagen, indem (petitorische)[56] Einwendungen des Störers, also solche aus seinem (eventuell besseren) *Recht zum Besitz*, ausgeschlossen werden. Dadurch soll – vorläufig – die frühere, der verbotenen Eigenmacht vorangegangene Besitzlage wiederhergestellt werden. Auch der besser Berechtigte soll die Besitzlage eben nicht durch Selbsthilfe verändern können,

---

54 Dazu gehört auch die Legitimationskraft für die **befreiende Leistung von Schadensersatz an den Besitzer** der betroffenen Sache (**§ 851**).

55 Die Vermutung ist eine rein prozessuale Beweislastverteilung, sie hat keinerlei Einfluss auf die Wirksamkeit eines (z.B. gutgläubigen) Erwerbs. Ohne die Vermutungswirkung müsste jeder Erwerber für eine lückenlose Dokumentation der **Eigentumskette** zurück bis zur Entstehung der Sache und ihrem ersten Eigentümer sorgen. § 1006 Abs. 2 lässt dagegen den Nachweis genügen, dass der direkte Veräußerer seinerseits schlicht im Besitz der Sache war (sie also übergeben konnte). Es ist dann Sache einer interessierten anderen Partei, diese Rechtsstellung des Eigenbesitzers zu widerlegen. Die entscheidende Frage ist, wem eine Nichterweislichkeit zum Nachteil gereicht.

56 **Petitorisch** bedeutet, dass das bessere *Recht zum Besitz*, etwa das Eigentum, zugleich bindend festgestellt wird und damit eine endgültige Streiterledigung erfolgt. **Possessorisch** meint hingegen nur die Ausrichtung nach der *faktischen Besitzlage* und schafft damit nur eine vorläufige, aber schnelle Klärung – bis zum petitorischen Prozess.

sondern hätte ggf. Herausgabeklage erheben müssen (etwa der Vermieter einen Mieter also nicht eigenhändig auf die Straße setzen darf). Aber auch diese Sanktion ist praktisch wenig bedeutsam.[57]

Beispiel: § 863 bestimmt, dass die (freilich ggf. nur vorläufigen) Besitzschutzrechte unabhängig vom Recht zum Besitz und deshalb u.U. auch gegenüber einem an sich besser Berechtigten bestehen (auch der Bestohlene darf, wenn er nicht die sofortige Besitzkehr vermag, das Diebesgut *später* nicht durch Selbstjustiz beim Täter zurückholen).

Bedeutung verbleibt der **verbotenen Eigenmacht** als Gegenstand des Besitzschutzes nach § 823 Abs. 1 und des Gewaltrechts (Selbsthilferecht des Besitzers) nach § 859.[58] Verbotene Eigenmacht ist die widerrechtliche Besitzentziehung oder Besitzstörung (vgl. § 858 Abs. 1). Geschützt ist nur der unmittelbare Besitz, nicht ein eventuelles Besitzmittlungsverhältnis. Der mittelbare Besitzer kann nach § 869 zwar ebenfalls rückführende (rekuperatorische) Maßnahmen ergreifen, jedoch nicht wegen Verletzung seines mittelbaren, sondern nur wegen verbotener Eigenmacht gegenüber dem unmittelbaren Besitz. Insofern kann der mittelbare Besitzer seinerseits verbotene Eigenmacht gegenüber dem unmittelbaren, nicht aber umgekehrt der unmittelbare Besitzer verbotene Eigenmacht gegenüber dem mittelbaren Besitzer verüben. Unterschlägt der Besitzmittler z.B. die Mietsache, kann sich der mittelbare Besitzer (Vermieter) dessen „nur" petitorisch aufgrund des Besitzmittlungsverhältnisses oder ggf. seines Eigentums nach §§ 985, 823 Abs. 1 erwehren. **952**

Besitzentziehung und -störung unterscheiden sich darin, ob der Täter für sich selbst Besitz begründet (dann insoweit Entziehung) oder er ohne Begründung eigenen Besitzes den Besitzer an der Besitzausübung hindert, sei es selbst oder ihm zurechenbar durch Dritte (ein Vermieter ist ebenfalls Störer hinsichtlich ruhestörenden Lärms seiner Mieter gegenüber Nachbarn). Die gerichtliche Geltendmachung unberechtigter Ansprüche, ortsübliche Immissionen (vgl. § 906), werden diese auch als noch so störend empfunden, oder durch die Rechtsordnung gestattete Beeinträchtigungen[59] sind niemals verbotene Eigenmacht. Soweit der unmittelbare Besitzer mit Eingriffen einverstanden ist („natürlicher" Wille genügt hier ebenso wie für Besitzbegründung und –übertragung), liegt ebenfalls keine verbotene Eigenmacht vor. Bedeutsam ist dies insb. für die Besitzwehr oder Besitzkehr durch den mittelbaren Besitzer nach § 869, mit welcher er sich nicht in Widerspruch zum Willen des unmittelbaren Besitzers setzen darf (und zwar auch dann nicht, wenn der unmittelbare Besitzer gegen die Vorschriften des Besitzmittlungsverhältnisses verstoßen sollte, z.B. unberechtigte Überlassung oder Untervermietung einer Wohnung durch den Mieter an Dritte). **953**

57 Einerseits kann ein Besitzer ohne gültiges Recht zum Besitz statt durch Selbsthilfe oftmals prozessual im Wege der **einstweiligen Verfügung** (vgl. § 940 ZPO) und gestützt auf den obligatorischen Herausgabeanspruch oder die Vindikationslage ebenso schnell entsetzt werden (aber: Mieterschutz durch § 940a ZPO). – Andererseits kann umgekehrt in den relevanten Fällen ein durch verbotene Eigenmacht exmittierter Besitzer, gestützt auf diese Verletzung des Besitzes (§ 823 Abs. 1), vorläufige Wiedereinräumung des Besitzes ebenfalls über § 940 ZPO erzwingen.

58 Nach § 859 darf ein Stellplatzinhaber einen Fremdparker abschleppen lassen, während er nach § 823 Abs. 1 oder § 1004 Abs. 1 S. 2 ansonsten nur gerichtlich auf Unterlassung vorgehen könnte (und dabei meist chancenlos wäre, weil die erforderliche Wiederholungsgefahr selten eine wirklich *konkrete* sein wird).

59 Z.B. Notwehr und Selbsthilfe nach §§ 227 ff., Vollstreckungsmaßnahmen nach der ZPO. Die Irreführung staatlicher Organe zur Einwirkung auf fremde Sachen kann verbotene Eigenmacht sein.

954 **bb) Gewaltrechte.** Gegen verbotene Eigenmacht hat das Opfer sofortige Gewaltrechte während der noch andauernden Störung (vgl. § 859 Abs. 1). Bei Besitzentziehung bestehen diese auch gegen den auf frischer Tat betroffenen oder verfolgten Täter im Falle der Wegnahme einer beweglichen Sache (vgl. § 859 Abs. 2) und sofort nach der Entziehung von Grundbesitz gegen den Besetzer (vgl. § 859 Abs. 3). Durch Besitzentziehung erlangt der Täter tatsächliche Sachherrschaft und damit Besitz nach § 854 Abs. 1. Der so erlangte Besitz ist nach § 858 Abs. 2 S. 1 fehlerhaft. Bedeutung hat die Fehlerhaftigkeit des Besitzes nur gegenüber dem Opfer (relative Fehlerhaftigkeit). Nur das Opfer (und für es ggf. ein Besitzdiener, § 860, oder ein mittelbarer Besitzer, § 869) hat die Gewaltrechte. Dritten gegenüber ist die Fehlerhaftigkeit des Besitzes insoweit unerheblich (jedoch Möglichkeit der Nothilfe nach § 227 Abs. 2 Alt. 2 auch zu Gunsten fremder Vermögensrechte, die durch Selbsthilfe nach § 229 ausgeübt werden kann, wenn staatliche Hilfe nicht rechtzeitig zu erlangen, aber sofortiges Eingreifen geboten ist). Nach fruchtlosem Verstreichen der Ausübungsfrist für die Gewaltrechte stehen dem Opfer sodann die besonderen possessorischen Besitzschutzklagen der §§ 861, 862 zu Gebote, die wiederum an eine Jahresfrist nach der verbotenen Eigenmacht gebunden sind (vgl. § 864 Abs. 1).

955 Umgekehrt trifft die Fehlerhaftigkeit des Besitzes nicht den Täter der verbotenen Eigenmacht, sondern stets auch seinen Gesamtrechtsnachfolger (z.B. dem Erben des Täters), aber auch einen Einzelrechtsnachfolger, der von der Fehlerhaftigkeit wusste (vgl. § 858 Abs. 2 S. 2, und für die Gewaltrechte nochmals ausdrücklich in § 859 Abs. 4).

956 Besonderheiten des Selbsthilferechts bestehen unter Mitbesitzern, die nach § 866 keine Gewaltrechte und auch keine Besitzschutzklagen untereinander hinsichtlich der Grenzen ihres jeweiligen Gebrauchsrechts haben (Notwehr und Selbsthilfe nach §§ 227, 229 sind im Rahmen ihrer Voraussetzungen dadurch nicht beschränkt).

6. Rechtswirkungen des Besitzes in Bezug auf das Eigentum

957 Der Besitz an einer beweglichen Sache begründet einen Rechtsschein für das Eigentumsrecht des Besitzers an dieser Sache. Der Rechtsschein hat bei beweglichen Sachen Bedeutung für den gutgläubigen Erwerb des Eigentums nach §§ 932 ff., den gutgläubigen Erwerb des Nießbrauchs (vgl. § 1032) und den gutgläubigen Erwerb eines Pfandrechts nach § 1207.

a) Eigentumsvermutung

958 Fahrnisbesitz begründet außerdem eine prozessual wirkende Vermutung für das Eigentumsrecht des Besitzers. Nach § 1006 gilt der Besitzer einer beweglichen Sache als deren Eigentümer (Abs. 1), ein früherer Besitzer als Eigentümer während der Dauer seines Besitzes (Abs. 2). Vermutet wird jeweils nur, dass *beim Besitzerwerb* zugleich Eigentum erlangt worden sei (der Gesetzeswortlaut ist insoweit missverständlich), nicht aber für die Behauptung, das Eigentum erst später nach Besitzerlangung erworben zu haben. Die Vermutung gilt nicht gegenüber einem früheren Besitzer, dem die Sache abhanden gekommen ist (vgl. § 1006 Abs. 1 S. 2).[60]

60 „Es sei denn, dass es sich um Geld oder Inhaberpapiere handelt". Dazu rechnen auch blanko indossierte Orderpapiere (vgl. Parallelnorm in § 1362 Abs. 1 S. 3), nicht jedoch sog. Rektapapiere, welche nach § 952 dem Inhaber des verbrieften Rechts gehören und bei denen deshalb der Erwerb des Rechts nachzuweisen ist.

Die praktische Bedeutung der Eigentumsvermutung liegt darin, dass die **eigene Eigentümerstellung** (bzw. nach §§ 1065, 1227 gleichermaßen diejenige als Nießbrauchs- oder Pfandbesitzer) bereits dann **ausreichend dargetan** ist, wenn nur (von interessierter Seite unwiderlegt) die **Begründung von *Eigenbesitz* im Zeitpunkt des Besitzerwerbs** *behauptet* wird und er beweisen kann, überhaupt Besitz erlangt zu haben. Das entbindet insb. davon, das Eigentumsrecht aller derjenigen selbst beweisen zu müssen, von denen es chronologisch auf den jetzigen Eigentümer überkommen sein soll (ansonsten müsste jeder Eigentümer eine Sammlung aller historischer Eigentumsurkunden früherer Berechtigter anlegen). Vielmehr ist es Sache eines aus dem Eigentum (oder Nießbrauchs- bzw. Pfandrecht) Beklagten, den Nachweis zu führen, dass der jetzige Kläger (Anspruchsinhaber) aufgrund fehlender historischer Erwerbstatsachen trotz seines Eigenbesitzes nicht Eigentümer geworden sein könne. **959**

Beispiel: Geht z.B. der nach § 985 vindikationsbeklagte Besitzer einer Sache davon aus, diese nicht an den aktuellen Kläger, sondern an einen von dessen Vor-Eigentümern herausgeben zu müssen, muss der *Vindikationskläger* lediglich früheren (und anfänglichen) Eigenbesitz behaupten und sodann (neben dem früheren eigenen Besitzwerber) *beweisen*, dass der aktuelle Besitzer, also der Beklagte, *kein Eigentum* erworben oder solches wieder verloren hätte (weil zu dessen Gunsten ja ebenfalls § 1006 streitet, sofern nicht der Ausschlusstatbestand des § 1006 Abs. 1 S. 2 hinsichtlich abhanden gekommener Sachen greift)[61].

Dabei kennt der Kläger die Umstände der Überlassung der zu vindizierenden Sache durch ihn an den Beklagten bzw. des Verlusts im Falle des Abhandenkommens regelmäßig recht genau (und ha daher eine Chance, sie zu beweisen), weshalb diese Beweislastverteilung des § 1006 als Eigentumsschutz sehr effektiv ist.

Im Hinblick auf Schadensersatzklagen nach § 823 Abs. 1 bedeutet die Vermutung des § 1006 dementsprechend gleichermaßen, dass der Geschädigte nur die Tatsache seines Besitzes beweisen und ursprünglichen Eigenbesitz behaupten muss, nicht aber sein Eigentum darzutun braucht. **960**

Weiter geht die Vermutung nicht, insb. hat sie keine schuldrechtliche Wirkung. § 1006 überwindet selbstverständlich keinen Rechtsmangel im Zusammenhang mit einer (obligatorischen) Verpflichtung zur Eigentumsverschaffung etwa an einen Käufer; bloße Besitzverschaffung unter Hinweis auf eine daran geknüpfte Vermutung genügt nach § 433 Abs. 1 nicht. Auch (im Rahmen von § 816 Abs. 2) legitimiert § 1006 den Empfänger einer dem Eigentümer geschuldeten Leistung nicht gegenüber dem Leistenden, als eine Leistung an den Nichtberechtigten (Besitzer) dem berechtigten Eigentümer wirksam wäre.

Allerdings können Leistungen an den Besitzer, die in Wahrheit dem Eigentümer geschuldet werden, nach § 851 wirksam sein, so für Schadensersatzleistungen an einen nichtberechtigten Besitzer. Gleiches gilt nach § 1058 für das Verhältnis zwischen Nießbraucher und Besteller des Nießbrauchs.[62]

---

61 Das Verlangen auf **Erlösherausgabe nach § 816 Abs. 1** (z.B. im Rahmen der Genehmigung der Veräußerung gestohlener Sachen) bedarf dementsprechend nur des Beweises hinsichtlich des früheren Besitzes plus entweder des Diebstahls (§ 1006 Abs. 1 S. 2) oder des fehlenden Eigentumserwerbs des verfügenden Nichtberechtigten (§ 1006 Abs. 1 S. 1).

62 Eine prozessual wirkende Eigentumsfiktion enthält schließlich § 1148 für den sich aus Hypothek oder Grundschuld befriedigenden Gläubiger. Für die Duldungsklage nach § 1147 gilt ein zu Unrecht eingetragener Buchbesitzer eines Grundstücks stets als passivlegitimiert.

961 § 1006 gilt nicht *gegen* den Besitzer. Soll ein Anspruch gegen den Eigentümer als solchen erhoben werden (z.B. auf Verwendungsersatz nach §§ 994, 1001), ist dessen Eigentum und nicht nur dessen Besitz darzutun. § 1006 vermutet hier nicht das Eigentum des Besitzers als Anspruchsgegner.

b) Herausgabeansprüche aus früherem Fahrnisbesitz

962 Das Verlangen auf Herausgabe einer Sache zu Besitz wird (außerhalb der vernachlässigbaren vorläufigen Besitzschutzrechte) regelmäßig auf dingliche Rechte wie das Eigentum (vgl. §§ 985, 986), ggf. auch Nießbrauch oder Pfandrecht oder auf obligatorische Rechte wie das Mietrecht oder, dann zusammen mit dem Übereignungsanspruch, auf Kauf gegründet sein.

963 § 1007 stellt ergänzend ein Recht zum Besitz und damit einen Herausgabeanspruch daneben, die sich nicht auf Eigentum oder ein beschränktes dingliches Recht oder auf ein Schuldverhältnis stützen, sondern nur auf den *früheren* Besitz an einer beweglichen Sache. Es ist ein Recht zum Besitz aus (früherem) Besitz, das demjenigen zusteht, der den Besitz gutgläubig erworben und unfreiwillig verloren hatte (vgl. § 1007 Abs. 1). Diese Wiedereinräumung kann vom aktuellen Besitzer verlangt werden, wenn dieser entweder beim Erwerb bösgläubig war (so § 1007 Abs. 1) oder wenn die Sache abhanden gekommen war (dann § 1007 Abs. 2, wenn der frühere Besitzer die Sache also nicht nur unfreiwillig verloren hat, sondern sie ihm z.B. gestohlen worden oder verlorengegangen ist).

964 Der Zweck des § 1007 liegt darin, dem früheren Besitzer einen Herausgabeanspruch auch dann zu ermöglichen, wenn die Eigentumslage ungeklärt ist und ihm der Beweis seines Eigentums – trotz der Vermutung des § 1006, welche zudem eher für den aktuellen Besitzer spricht – nicht gelingt.

c) Prüfungsschema zu § 1007 Abs. 1 bzw. § 1007 Abs. 2 (zwei unterschiedliche petitorische Klagen)

965

1. Bewegliche Sache
2. Anspruchsteller war (früherer) Besitzer
3. Anspruchsgegner ist (gegenwärtiger) Besitzer
4. **Entweder**
der gegenwärtige Besitzer war beim Erwerb des Besitzes bösgläubig (so für Klage aus § 1007 Abs. 1)
oder
die Sache ist dem Anspruchsteller abhanden gekommen (Klage aus § 1007 Abs. 2)
5. Gegenwärtiger Besitzer hat kein Recht zum Besitz (vgl. §§ 1007 Abs. 3 S. 2 mit 986 Abs. 1)
6. Verneinung der Ausschlusstatbestände in § 1007 Abs. 3;
im Fall des § 1007 Abs. 2 (auch) der darin genannten Ausschlüsse

966 Der Anspruch aus früherem Besitz nach § 1007 konkurriert mit dem Herausgabeanspruch aus Eigentum nach §§ 985, 986, wobei es sich für den Kläger empfiehlt, sich auf sein Eigentum und parallel auf seinen älteren Besitz zu berufen, wodurch ein Streit über das Eigentum abgeschnitten und regelmäßig eine Beweiserhebung hierüber entbehrlich wird.

Anspruchsziel von § 1007 ist, wie bei § 985, die Herausgabe der Sache selbst sowie die Herausgabe von Nutzungen und ggf. die Leistung von Schadensersatz nach den für den Vindikationsbeklagten geltenden Regeln der §§ 987–993 (§ 1007 Abs. 3 S. 2).

Einschränkend ist für die Nutzungsherausgabe und den Schadensersatz nach § 1007 Abs. 3 S. 2 zu bedenken, dass diese Vorschrift nur auf das Recht zum Besitz gerichtet ist und deshalb der Schadensersatz nach §§ 1007 mit 989, 990 sich nicht nach dem Eigentum bemisst, sondern nur nach dem Wert des Sachbesitzes.

Auch kann nach § 1007 mit §§ 987 f. nicht Übereignung von Nutzungen, sondern nur deren *Herausgabe zu Besitz* verlangt werden. Das Eigentum an den vom Besitzer gezogenen Nutzungen ist nach §§ 953 ff., insb. § 955 Abs. 3 zu beurteilen. Das ist zwar bei der direkten Anwendung der §§ 987, 988 nicht anders, kann dort aber aufgrund der notwendigerweise vorhandenen breiteren Tatsachenbasis zur Feststellung der Vindikationslage stets mitentschieden und deshalb ggf. die Übereignung von Nutzungen zugestanden werden; nicht so aber bezogen auf die nur an der Besitzlage orientierte Tatsachenbasis zu § 1007.

7. „Buchbesitz"

Besitz ist die tatsächliche Sachherschafft über Sachen, also Fahrnis (die ich in Händen halte) und Liegenschaften (der Grund, auf dem ich stehe, den ich bewirtschafte). Der possessorische Schutz (vorläufiger Besitzschutz) gegen verbotene Eigenmacht besteht daher zu Gunsten des Besitzers einer beweglichen Sache wie eines Grundstücks gleichermaßen (vgl. §§ 858–862). Sachbesitz, auch am Grundstück, ermöglicht rein tatsächlich die Nutzung. 967

„Buchbesitz", also die Eintragung im Grundbuch ändert phänomenologisch in der Welt dagegen nichts, außer auf dem (regelmäßig heute elektronischen) Grundbuchblatt. **„Buchbesitz" ist** deshalb **kein Besitz**. Der Ausdruck kann aber die **rechtlichen Besitzwirkungen** kategorisieren.

a) Wirkungen des Grundbucheintrags

Alle an den Fahrnisbesitz geknüpften Wirkungen setzen im Grundstücksrecht den Eintrag im Grundbuch voraus. Die Übergabe bzw. der Besitz entfaltet bei Grundstücken keinen Rechtsschein. **Rechtsscheinwirkung** und **Vermutungswirkung** ergeben sich **aufgrund der Grundbuch-Eintragung**. 968

So genügt für den Eigentumserwerb durch Ersitzung nach § 937 an beweglichen Sachen der Eigenbesitz, während nach § 900 an Grundstücken nur Buchersitzung möglich ist, wozu (neben Eigenbesitz) die Eintragung als Eigentümer des Grundstücks im Grundbuch erforderlich ist. 969

Wie der Fahrnisbesitz nach § 1006 eine Vermutung für das Eigentum begründet, schafft im Liegenschaftsrecht allein der entsprechende **Bucheintrag** eine **Vermutung für das Eigentum oder sonstige dingliche Rechte** (§ 891) des Eingetragenen. Begründet der Fahrnisbesitz einen Rechtsschein und wird deshalb derjenige, der auf das Eigentum des Besitzers einer beweglichen Sache vertraut, nach §§ 932 ff., 851 geschützt, so gilt das in Bezug auf Grundstücke für den Bucheintrag (vgl. §§ 892, 893) als Rechtsscheinträger. 970

Der **Grundbucheintrag** dient schließlich – wie der Besitz bei der Übertragung beweglicher Sachen – als **Mittel zur Übertragung oder Begründung dinglicher Rechte** (vgl. § 873 einerseits und §§ 929, 1205 bzw. 1032 andererseits). 971

b) Herausgabe des „Buchbesitzes"

972 Die besitzgleichen Wirkungen des Bucheintrags finden eine Entsprechung in der Berichtigung der Besitzlage. Wie rechtsgrundlos geleisteter Besitz **kondizierbar** ist (z.B. § 812 Abs. 1 S. 1 Alt. 1 für die Rückgabe einer überlassenen Mietsache bei nichtigem Mietvertrag), gilt dies auch in Bezug auf den rechtsgrundlos bewilligten Bucheintrag. Die Kondiktion ist ein Recht des Leistenden und **geleistet wurde mit der Eintragungsbewilligung** gleichsam **der Buchbesitz**. Die Kondiktion verlangt – schuldrechtlich – nach Erteilung einer Berichtigungsbewilligung.

973 Weiterhin besteht vergleichbar dem Herausgabeverlangen des Eigentümers einer beweglichen oder unbeweglichen Sache gegen den Sachbesitzer (Vindikation des § 985), ein **Anspruch auf Grundbuchberichtigung aus § 894**. Der Grundstückseigentümer (oder ein sonstiger Rechtsinhaber) kann von dem zu Unrecht im Grundbuch eingetragenen Zustimmung zur Berichtigung der Buchposition verlangen. § 894 gibt die Klagberechtigung u.a. demjenigen, der „von einer nicht bestehenden Belastung (...) beeinträchtigt ist".

Die bloße Eintragung im Grundbuch macht also nicht zum Eigentümer oder sonst zum Inhaber des eingetragenen Rechts (es besteht trotzdem nicht), aber sie „beeinträchtigt". Gleiches gilt umgekehrt: die bloße Löschung im Grundbuch hat keine materiell-rechtliche Auswirkung auf die gelöschte Rechtsposition (der zu Unrecht gelöschte Eigentümer bleibt wahrer Eigentümer). Dennoch *scheint* nun ein anderer (der frühere Eigentümer oder ein neu Eingetragener) Berechtigter zu sein. Dieser *Anschein* wird im Wege des *§ 894 richtiggestellt.*

Es genügt also die grundbuchmäßige Richtigstellung, eines dinglichen Rechtsgeschäfts zwecks Wiedereinräumung des beeinträchtigten Rechts bedarf es nicht (es scheint ja nur beeinträchtigt zu sein).

c) Prüfungsschema zu § 894 BGB (Grundbuchberichtigungsanspruch)

974

1.	Grundbuch unrichtig in Ansehung eines dinglichen Rechts
2.	Aktivlegitimation des Anspruchstellers = materielle Berechtigung
3.	Passivlegitimation des Anspruchsgegners = Innehaben der Buchposition

975 Hat ein fälschlich im Grundbuch als Eigentümer eingetragener „Buchbesitzer" bösgläubig dingliche Verfügungen über das Grundstück vorgenommenen (z.B. Veräußerung oder Hypothekenbestellung), sind diese wegen der Rechtscheinsregelung in § 892 dem wahren Eigentümer gegenüber wirksam, sofern der Dritte die Unrichtigkeit des Grundbuchs nicht kannte (**gutgläubiger Erwerb** des Dritten vom nichtberechtigten „Buchbesitzer"). Der „Buchbesitzer" schuldet dann **Schadensersatz** nach §§ 989 ff.

d) Grundbuchsystem

976 Das Grundbuch ist ein staatliches Register, das sichere Auskunft über die Rechtsverhältnisse an Grundstücken geben soll.

977 Hinsichtlich der dinglichen Rechte gilt die Vermutung der Richtigkeit des Grundbuchs. Ein eingetragenes Recht gilt gem. § 891 Abs. 1 als bestehend (sog. positive Publizität),

ein gelöschtes Recht gilt gem. § 891 Abs. 2 als nicht bestehend (sog. negative Publizität). Die Bedeutung entspricht § 1006 für Fahrnis und entbindet davon, die Entwicklung der Eigentums-/Rechtslage bis zum frühesten Eigentümer beweisen zu müssen.

§ 879 Abs. 1 regelt sodann den **Rang nach dem Prioritätsprinzip der Eintragung** für den Fall, dass mehrere Rechte in derselben Abteilung eingetragen werden. § 880 Abs. 1 regelt die nachträgliche rechtsgeschäftliche **Rangänderung** und § 881 Abs. 1 den **Rangvorbehalt**. Der Rang von Grundstücksrechten hat theoretisch wie praktisch vornehmlich Bedeutung bei den Grundpfandrechten, welche Kredite sichern.[63] **978**

Das formelle Grundbuchrecht ist in der Grundbuchordnung (GBO) geregelt. Das Grundbuch wird bei den Amtsgerichten geführt (§ 1 Abs. 1 GBO). Gem. § 3 Abs. 1 GBO wird für jedes Grundstück ein Grundbuchblatt geführt. Im Bestandverzeichnis sind alle tatsächlichen Angaben enthalten, die das Grundstück in seiner räumlichen Lage und Größe umschreiben (das sog. Kataster). Für die Rechtseintragungen sind drei Abteilungen vorhanden. In der **ersten Abteilung** werden der jeweilige Eigentümer des Grundstücks sowie die Erwerbsgründe festgehalten. In der **dritten Abteilung** finden sich die so genannten Grundpfandrechte, Hypotheken, Grund- und Rentenschulden. Die **zweite Abteilung** enthält alle übrigen eintragungsfähigen Tatsachen (Dienstbarkeiten, Vorkaufsrechte, Nießbrauch, Vormerkungen etc., auch Insolvenz- und Zwangsversteigerungsvermerke). **979**

Eintragungen erfolgen grundsätzlich nur auf Antrag desjenigen, der von der Eintragung betroffen wird (§ 13 Abs. 1 S. 1 GBO) und nur, nach seiner Eintragungsbewilligung (formelles Konsensprinzip, § 19 GBO, Ausnahmen §§ 20, 29 GBO). Eintragungen müssen chronologisch in der Reihenfolge des Eingangs beim Grundbuchamt erfolgen (§§ 17, 45 GBO), woraus sich dann die Rangfolge des § 879 Abs. 1 ergibt. **980**

Beispiel: Trägt das Grundbuchamt Grundstücksbelastungen fälschlich in einer vom Antragseingang abweichenden Abfolge ein, wirkt sich das auf den Rang der beschränkten dinglichen Rechte nach § 879 Abs. 1 (und damit auf den wirtschaftlichen Wert im Sicherungsfall) aus. Das Grundbuch ist dadurch nicht unrichtig i.S.d. § 894, denn es gibt ja zutreffend die Eintragungsreihenfolge wieder. Umstritten ist, ob der so Geschädigte Berichtigung bzw. Regress vom Begünstigten nach der allgemeinen Eingriffskondiktion (§ 812 Abs. 1 S. 1 Alt. 2) verlangen kann (eine Leistung an ihn liegt insoweit nicht vor). Rechtsprechung und h.M. lehnen das aus Gründen der Verkehrssicherheit ab; ein Vertrauen auf eine bestimmte Rangstelle besteht damit erst nach Eintragung.

Dies ist schwer einzusehen: § 879 Abs. 1 S. 1 betrifft allein die Entstehung eines Ranges eines eingetragenen Rechts. Damit ist nicht bestimmt, ob dieser Rang auf einem Rechtsgrund beruht oder anderenfalls zwischen den Beteiligten bereicherungsrechtliche Ausgleichsansprüche entstehen können.

---

63 Nach § 44 Abs. 1 ZVG sind in das in der **Zwangsversteigerung** zuzulassende **geringste Gebot** die dem Anspruch des betreibenden Gläubigers *vorgehenden* Rechte aufzunehmen; das sind zunächst die in § 10 Abs. 1 Nr. 1–3 ZVG aufgeführten, sodann aber die dinglichen Rechte, die nach § 10 Abs. 1 Nr. 4 ZVG zu befriedigen sind. Maßgebend ist das materiell-rechtliche Rangverhältnis nach § 11 Abs. 1 ZVG, worüber die Reihenfolge der Grundbucheintragung nach § 879 Abs. 1 S. 1 entscheidet.

8. „Rechtsbesitz“

981 Besitz ist stets (nur) Sachbesitz (§ 854 ff.). An Rechten kann es daher keinen Besitz geben. Auch die Innehabung beschränkter dinglicher Rechte ist nicht Besitz.

Die Inhaberschaft eines dinglichen Rechts kann allerdings, wie beim Nießbrauch oder dem Pfandrecht, **mit der Sachherrschaft an seinem Gegenstand verbunden** sein (ebenso das Wohnungsrecht nach § 1093), so dass der Nießbraucher, Pfandgläubiger und der Wohnungsberechtigte Besitz, d.h. Besitzschutzrechte haben. Rechtsinhaberschaft kann außerdem, wie im Fall des Erbbaurechts wegen § 11 ErbbauRG, wie Grundeigentum zu behandeln und damit zur Sache erklärt sein.

982 Kein Sachbesitz besteht danach bei Grunddienstbarkeiten (vgl. § 1018) und beschränkt persönlichen Dienstbarkeiten (vgl. § 1090) oder etwa an dinglichen Belastungen (Hypothek, Grundschuld, allgemein für Reallasten). Allerdings erklären **§§ 1029, 1090** die **Grunddienstbarkeit** und die **beschränkt persönliche Dienstbarkeit** gleichsam zum **Gegenstand eines Besitzrechts** wie an einer Sache mit der Folge, dass „die für den Besitzschutz geltenden Vorschriften entsprechende Anwendung“ finden.

Beispiel: Die Entstehung solchen sog. Rechtsbesitzes an Grunddienstbarkeiten und beschränkten persönlichen Dienstbarkeiten setzt die Eintragung im Grundbuch, sei sie zu Recht oder zu Unrecht erfolgt, und ihre Ausübung (innerhalb von Jahresfrist vor der Störung; sei es durch den Inhaber der Dienstbarkeit oder durch einen Dritten in irgendeiner Beziehung zur Benutzung des herrschenden Grundstücks) voraus. An eben diesen Tatbestand knüpft sodann § 900 Abs. 2 S. 1 Alt. 2 zugleich die Möglichkeit der Buchersitzung der Dienstbarkeit (für den Fall, dass diese zu Unrecht eingetragen worden sei).

IV. Eigentum

1. Doppelte Zuständigkeit des Eigentümers

983 Eigentum ist nach BGB ein absolutes dingliches Recht an einer Sache (oder an einem nichtwesentlichen Sachbestandteil) mit dem Inhalt einer umfassenden Berechtigung an ihr. Dazu gehört die Zuständigkeit zu jeder möglichen Einwirkung auf die Sache (vgl. § 903: „mit der Sache nach Belieben verfahren“, sie also zu gebrauchen oder verbrauchen, zu erhalten oder zu zerstören). Zum Eigentum gehört aber ebenso die Verfügungsberechtigung und mit ihr die Verfügungsmacht über das Eigentumsrecht selbst.

984 Beide Zuständigkeiten haben unterschiedliche Gegenstände: Erstere die Sache, auf die eingewirkt werden kann; Zweitere das Eigentumsrecht an dieser Sache. Beide Zuständigkeiten sind aber Inhalt desselben dinglichen Rechts.

Beispiel: Deshalb führt eine rechtsgeschäftliche Übertragung des Eigentums „im Voraus“, noch bevor der Veräußerer es seinerseits erworben hat (zum **antizipierten Besitzkonstitut** vgl. nachfolgend Rn. 1129), zu **Durchgangseigentum** bei ihm (für eine sog. juristische Sekunde). Der Eigentümer verfügt aus dem Eigentumsrecht heraus und muss es dazu erworben haben.

Demgegenüber führt die **Vorausabtretung eines Forderungsrechts** (vgl. dazu bereits oben unter Rn. 873) zum **unmittelbaren Erwerb beim Zessionar** (ohne durchgangsweise Inhaberschaft des vorausverfügenden Zedenten). Die Verfügungsbefugnis über eine Forderung ist nicht Inhalt der Forderung selbst, sondern hat ihren Entstehungsgrund in dem Schuldverhältnis, kraft dessen auch die Forderung besteht. Sie ist also Inhalt einer gegenüber ihrem Gegenstand „höheren“ Ebene. Der Zedent verfügt aus dem Schuldverhältnis heraus, nicht erst aus der Forderung, weshalb er sie nicht seinerseits erst erworben haben muss.

Durch das Ineinssetzen dieser beiden Zuständigkeiten im BGB können dingliche Ansprüche gegen den Eigentümer, die eine Verfügung über das Eigentumsrecht zum Gegenstand haben, z.B. ein dingliches Vorkaufsrecht (§ 1094), als Belastungen und damit als *inhaltliche* Beschränkungen *des Eigentumsrechts* aufgefasst werden. Eigentlich wären sie Beschränkungen des Eigentümers, über sein Eigentumsrecht zu verfügen und beschränkten die Verfügungsmacht, nicht das Herrschaftsrecht an der Sache. Aber das hieße, eine höhere Ebene als das Sacheigentum anzuerkennen. In der doppelten Zuständigkeit als Inhalt des einheitlichen, umfassenden Eigentumsbegriffs sieht das liberale BGB den Inbegriff bürgerlicher Freiheit und Selbstbestimmung. 985

Inkurs: Bei den beiden unterschiedlichen Zuständigkeiten setzt die Unterscheidung von Ober- und Nutzungseigentum im österr. ABGB an, die historisch auch Grundlage des mittelalterlichen Lehnswesens war und deshalb vom BGB abgelehnt wird. Aus diesem Grund ist im BGB auch z.B. der Nießbrauch auf den Tod des Nießbrauchers befristet und nicht vererblich (vgl. § 1061 S. 1) und in Konsequenz auch nicht übertragbar (vgl. § 1059). Es soll eine dauerhafte Trennung des Nutzungsrechts an der Sache, das der Nießbrauch nach § 1030 zum Inhalt hat, von der sonst nur verbleibenden Verfügungsbefugnis des Eigentümers ausgeschlossen werden. 986

Begrifflich ist die Sache selbst nicht identisch mit dem Eigentum (unsauber die Formulierung in § 1 Abs. 5 WEG). Deshalb kann sich „Herausgabe der Sache“ in bloßer Besitzübertragung erschöpfen (so für § 985) oder je nach rechtlichen Verhältnissen *auch* zur Übertragung des Eigentums verpflichten (so u.U. in den Fällen der Leistungs- und Eingriffskondiktionen nach § 812).[64] Bei der Herausgabe von Nutzungen nach §§ 987 f. liegen die Dinge genauso, je danach wer das Eigentum etwa nach § 955 an Früchten erworben hat. 987

Das Eigentum ist ein absolutes Recht, als es gegenüber jedermann mit gleichem Inhalt besteht. Der Eigentümer einer Sache „kann“ damit nicht eigentlich „andere von jeder Einwirkung ausschließen“ (§ 903 S. 1), vielmehr *sind* alle anderen von solchen mit dem Eigentum kollidierenden Einwirkungen rechtlich ausgeschlossen, es sei denn sie wären ihnen wirksam gestattet worden. Als derart umfassende Herrschaft über eine Sache kann es neben dem Eigentumsrecht kein gleiches oder höheres Recht geben, weshalb keine Rechte am Eigentum oder Belastungen des Eigentums existieren. Belastungen, wie z.B. dingliche Nutzungsrechte, werden nach BGB *stets unmittelbar an der Sache begründet.*[65] 988

Der Inhalt des Eigentums ist damit der Disposition des Eigentümers entzogen. Dieser kann nur die im Gesetz in beschränkter Zahl (numerus clausus) vorgesehenen Arten beschränkter dinglicher Rechte an einer Sache begründen (vgl. auch § 137: keine rechtsgeschäftlichen Verfügungsbeschränkungen mit dinglicher Wirkung möglich). 989

---

64 Vgl. juristische Arbeitstechnik in Rn. 71 ff.

65 Konsequenterweise werden z.B. der Nießbrauch am Anteil eines Miteigentümers nach § 1066 oder ein Pfandrecht daran nach § 1258 wie Sachnießbrauch bzw. das Pfandrecht an einer Sache behandelt. Keine Besonderheit ist auch die Hypothek an einem solchen Bruchteil nach § 1114. Sie ist auf Befriedigung des Gläubigers aus dem Grundstück gerichtet (vgl. § 1147) und die Zwangsvollstreckung in den Miteigentumsanteil wird nach § 864 Abs. 2 gleich der in das Grundstück behandelt, erfolgt also ggf. durch Teilungsversteigerung gem. §§ 180 ff. ZVG.

2. Verfassungsrechtliches Eigentum

990 Einen anderen Eigentumsbegriff als das BGB verwendet die Institutsgarantie des Art. 14 GG. Sie geht von einem *funktionalen*[66] Verständnis aus und schützt einerseits auch Forderungsrechte, Immaterialgüterrechte oder Unternehmen als Sach- und Rechtsgesamtheiten und das Vermögen als Ganzes. Art. 14 GG umfasst deshalb andererseits auch Restitutionsansprüche wegen der Verletzung oder Beeinträchtigung des Eigentums (z.B. auf Schadensersatz). Schließlich kennt das verfassungsrechtliche Eigentum im Unterschied zum BGB drittens auch Eigentumspflichten (vgl. Art. 14 Abs. 2 GG).

Das BGB definiert Eigentum als Zuständigkeit im Sinne einer Freiheit in der Ausübung von Einwirkungs- und Verfügungsbefugnissen. Damit ist zugleich eine rechtliche Pflicht aus dem bürgerlichen Eigentum unvereinbar, weil man nur entweder frei oder gebunden sein kann.

3. Enteignung, ausgleichspflichtige Inhalts- und Schrankenbestimmungen und enteignungsgleicher bzw. enteignender Eingriff

991 Wenngleich auf Grundlage des verfassungsrechtlichen Eigentumsbegriffs in Art. 14 GG ergangen, gilt für das bürgerliche Eigentum ebenso, dass rechtswidrige Störungen primär abzuwehren und erst sekundär daraus folgende Schäden ersetzt zu verlangen sind. Gegenüber öffentlich-rechtlichem Handeln ist ein „Dulden und Liquidieren“ unzulässig.

992 Das individuelle Eigentum ist durch die Möglichkeit rechtmäßiger entschädigungspflichtiger **Enteignungen** (Art. 14 Abs. 3 GG) als zielgerichtete Eingriffe zur staatlichen Güterbeschaffung begrenzt. Gleichermaßen kann der Gesetzgeber durch **Inhalts- und Schrankenbestimmungen** (Art. 14 Abs. 1 S. 2 GG) allgemein Eigentumsrechte ausgestalten und muss dabei nur unverhältnismäßige Belastungen ausgleichen. Dazu muss der inhaltsbestimmende Gesetzgeber erstens Vorkehrungen treffen, besonders schwere Belastungen zuverlässig zu vermeiden und zweitens für unvermeidbare nach Grund und Höhe eine Ausgleichspflicht regeln. Drittens muss die auf solcher Grundlage handelnde Exekutive die Entschädigung im Einzelfall rechtsschutzfähig durch Verwaltungsakt festsetzen.

993 „Überschreitet der Gesetzgeber bei der **Bestimmung von Inhalt und Schranken des Eigentums** die dargelegten Grenzen, so ist die gesetzliche Regelung *unwirksam* (BVerfGE 52, 1, 27 f.), hierauf gestützte Beschränkungen oder Belastungen sind rechtswidrig und können bzw. müssen im Wege des Primärrechtsschutzes abgewehrt werden. Zu einem Entschädigungsanspruch führen sie von Verfassungs wegen nicht“ (vgl. BVerfGE 58, 300, 320).

994 Schließlich bleiben für öffentlich-rechtliche Entschädigungen wegen Eigentumsverletzungen vor allem die **faktischen Eingriffe** in das Eigentum durch *hoheitliche* (nicht also durch verwaltungsprivatrechtliche) Realakte, ungewollte (nicht finale) Nebenfolgen einer Enteignung und der rechtswidrige Vollzug verfassungsgemäßer Gesetze.

---

66 Eine andere Frage ist, *worin* das GG die Funktion des weiten Eigentumsgrundrechts sieht. Ein von seiner Funktion her bestimmter Begriff ist je nach Bezugsrahmen, wechselnden Anschauungen und geschichtlichen, sozialen etc. Verhältnissen wandelbar. Auch der enge bürgerliche Eigentumsbegriff ist keineswegs ohne Funktion, sondern vielmehr ganz (liberal) auf den Individualnutzen festgelegt. Darin unterscheidet sich das Sachenrecht vom Schuldrecht, welches jedenfalls etwas „kollektivistischer“ bzw. für Sozial- und Kulturzwecke des Menschen offener ist. Überblick über die rechtsphilosophischen Grundlagen bei *Messner*, Naturrecht, Teil III, S. 190–417.

Hierfür gewährt die Rechtsprechung einen **Anspruch aus enteignungsgleichem Eingriff** analog §§ 74, 75 der Einleitung zum Preußischen Allgemeinen Landrecht (1794), sofern sich das *Sonderopfer* des Betroffenen bereits aus der *Rechtswidrigkeit* der ursächlichen Maßnahme ergibt.

Anderenfalls kann eine **Entschädigung aus (rechtmäßigem) enteignendem Eingriff** erfolgen, sofern ein Sonderopfer entsprechend der Grenze des § 906 positiv festgestellt wird. Danach sind wesentliche, ortsübliche oder im überwiegenden öffentlichen Interesse liegende, unvermeidbare Beeinträchtigungen entschädigungspflichtig (vgl. § 906 Abs. 2 S. 1). Voller Schadensersatz kann aber nicht verlangt werden, nur angemessener Ausgleich des Sonderopfers.[67]

4. Inhalt des zivilrechtlichen Eigentums – nur negative Abgrenzung

Sieht man von einer einseitigen Häufung bodenrechtlicher Sondergesetze (z.B. Grundstücksverkehrs G, LandpachtverkehrsG, HöfeO) v.a. zum Schutz land- und forstwirtschaftlichen Grundeigentums ab, ist das Eigentum an allen Sacharten, also Mobilien und Immobilien, inhaltsgleich; Unterschiede ergeben sich lediglich aus der Natur des Gegenstands, so insb. beim Grundstückseigentum in Hinblick auf die §§ 905–924. Wie diese, grenzen auch die allen Sacharten gemeinsamen Vorschriften den **Inhalt** des Eigentums **negativ** ab, so das Schikaneverbot (vgl. § 226), Notwehr, Notstand und Nothilfe (vgl. §§ 227–229, 904). Definiert werden dem Eigentümer verbotene Herrschaftsausübungen oder einem anderen als dem Eigentümer gestattete Einwirkungen. **995**

a) Nachbarrecht

Das Nebeneinander fremder Grundstücke verlangt gegenseitige Rücksichtnahmen sowohl in der Benutzung durch den Eigentümer wie in der Ausschließung des Nachbarn. **996**

aa) Nachbarrechtliche Haftung. Während für von Grundstücken und Gebäuden ausgehende Schäden neben § 823 Abs. 1 und 2 der jeweilige Besitzer oder Unterhaltspflichtige nach §§ 836–838 gegenüber jedermann eine Ersatzpflicht aus Gefährdungshaftung hat, kann ein Nachbareigentümer nach § 908 bereits bei drohender Gefahr nötige Vorkehrung verlangen. **997**

bb) Nachbarrechtliche Duldungs- und Ausschließungsbefugnisse. Nach § 906 sind unwägbare, flüchtige Stoffe (Imponderabilien) unter bestimmten Voraussetzungen zu dulden, sei es dass diese eine nur unwesentliche Beeinträchtigung darstellen (vgl. Abs. 1) oder sie ortsüblich sind (Abs. 2). Daraus folgt auch, dass körperliche Einwirkungen etwa durch Flüssigkeiten oder bedeutendere Festkörper stets verboten sind, rein immaterielle (z.B. optische, ästhetische oder sittliche) hingegen nie. Einschränkungen hinsichtlich Licht, Luft und Sonne durch Nachbarbebauung oder Bepflanzungen sind nach Bauordnungsrecht der Länder öffentlich-rechtlich durch einzuhaltende Grenzabstände begrenzt. Entsprechende Vorschriften haben nachbarrechtliche Wirkung und begründen privatrechtliche Beseitigungsansprüche (etwa nach § 823 Abs. 2). Außerhalb der Verletzung dieser nachbarrechtlichen Vorschriften ist gegen Verschattungen, die Verbauung der Aussicht etc. *aus dem eigenen* Eigentumsrecht nicht anzukommen.[68] **998**

---

67 Seit 2002 ist gem. § 40 Abs. 2 S. 1 HS. 2 VwGO der Verwaltungsrechtsweg eröffnet. Für die Enteignungsentschädigung nach Art. 14 Abs. 3 S. 4 GG dagegen der Rechtsweg zu den Zivilgerichten.

68 Grenzen bestehen erst, wo die Nutzung eines Grundstücks durch Einwirkungen vom Nachbargrundstück her unmöglich gemacht würde.

Weitergehender Schutz wäre nur durch Dienstbarkeiten am Nachbargrundstück möglich, jedoch müssen diese vom Eigentümer des damit belasteten Grundstücks bewilligt werden.

Beispiele: Eine Besonderheit bildet die **immissionsschutzrechtliche Genehmigung** gem. § 6 Abs. 1 BImSchG, mit deren Erteilung zugleich nachbarrechtliche Beseitigungs- und Unterlassungsansprüche auch aus § 906 beschränkt werden. Der durch den Betrieb der genehmigten Anlage beeinträchtigte Nachbar kann die Einstellung des Betriebs nicht mehr verlangen (vgl. § 14 BImSchG) und ist auf Schadensersatz gegen den Betreiber beschränkt bzw. kann verlangen, dass durch nachträgliche Anordnungen Schutzmaßnahmen getroffen werden (vgl. §§ 17, 5 BImSchG, z.B. Erhöhung von Schornsteinen, Einbau von Rußfiltern).

Noch weitergehend ist die Wirkung von **Planfeststellungsverfahren**, die ebenfalls **privatrechtsgestaltende Wirkung** haben (§ 75 Abs. 2 S. 1 VwVfG des Bundes und der Länder), so z.B. für Beeinträchtigungen durch Windparks, Flughäfen, Abfalldeponien und durch Stromtrassen.

999 **cc) Nachbarrechtliches Gemeinschaftsverhältnis.** Einerseits eine Duldungspflicht, umgekehrt aber in seltenen Ausnahmefällen auch Handlungs- bzw. Unterlassungsansprüche zwischen „Nachbarn" (im weiteren Sinne) können nach Treu und Glauben (§ 242) aus dem sog. nachbarlichen Gemeinschaftsverhältnis folgen. Dieses (umstrittene) Rechtsinstitut wurde von der Rechtsprechung als Ausdruck der besonderen nachbarlichen Nähebeziehung entwickelt, um in zwingenden Ausnahmefällen (eigentlich) bestehende Rechte auszuschließen bzw. zu beschränken oder zu begründen und dadurch dem notwendigen Zusammenleben und einer daraus folgenden (gesteigerten) Pflicht zu gegenseitiger Rücksichtnahme Rechnung zu tragen (vgl. BGH NJW-RR 2012, 1160).

Zumindest hat derjenige, der sich in eine („situationsbelastete") Nachbarschaft begibt und dabei die bereits bestehenden und nunmehr abzuwehrenden Beeinträchtigungen kannte oder (grob) fahrlässig nicht kannte, diese Immissionen zu dulden. Vorausgesetzt ist, dass der Störer sicherstellt, dass geltende Immissionsrichtwerte eingehalten werden. In einem solchen Fall habe der Eigentümer die Beeinträchtigungen „sehenden Auges" in Kauf genommen; er hätte dann entweder vom Zuzug Abstand nehmen oder eigene Vorkehrungen treffen müssen.

1000 Keinesfalls ist das nachbarrechtliche Gemeinschaftsverhältnis ein Schuldverhältnis. Die Abwehransprüche der §§ 905 ff. sind vielmehr dingliche aus dem Eigentum, ihre Verletzung ist ggf. deliktisch zu restituieren.

1001 Unzulässig sind sodann nach § 909 Vertiefungen, welche die Stabilität des Nachbargrundstücks gefährden. Besonders geregelt sind der Überhang von Wurzeln und Zweigen (vgl. § 910) und der Überfall von Früchten, die als Früchte des Grundstücks gelten, auf dem sie landen (vgl. § 911 mit Eigentumserwerb nach §§ 953 ff.: nur das Fallobst, nicht überhängende, gepflückte oder herabgeschüttelte Früchte).

1002 **dd) Überbau (§ 912).** Nach § 912 kann der Überbau des Eigentümers eines Grundstücks auf das Nachbargrundstück vom Nachbareigentümer zu dulden sein, nämlich dann, wenn dem Überbauenden weder Vorsatz noch grobe Fahrlässigkeit zur Last fällt und ferner der beeinträchtigte Grundeigentümer der Grenzüberschreitung nicht sofort widersprochen hat. Der Duldungspflichtige ist sodann durch eine angemessene Geldrente zu entschädigen. Duldungspflichtiger Überbau können nur bautechnisch einheitliche Gebäude in geschlossener Bauweise sein (z.B. nicht Carport, Einfriedungsmauer, vorgebaute Pergola), jedoch unabhängig davon, ob sich der Überbau ebenerdig, im Luftraum (z.B. Dachtraufe) oder unterhalb der Erdoberfläche (z.B. Fundamente, Tiefgarage) befindet.

Der Wortlaut des § 912 geht von Personenverschiedenheit im Zeitpunkt des Überbauens und von anfänglich getrennten Grundstücken aus. Dagegen wendet die heute h.M. die Vorschrift auch auf Fälle des sog. Eigengrenzüberbaus an, in welchen zur Zeit des Überbaus beide betroffenen Grundstücke im Eigentum derselben Person standen und erst anschließend das beeinträchtigte Grundstück veräußert oder zwangsversteigert wird; ebenso auf eine nachträgliche Grundstücksteilung.

Beispiel: Das gilt sogar für die Einräumung von Sondereigentum nach WEG an einem Tiefgaragenstellplatz, wenn sich eine Tiefgarage über zwei Grundstücke erstreckt, sich die Eigentümergemeinschaft, zu der die Tiefgarage gehört, jedoch nur auf eines der Grundstücke bezieht, der Stellplatz jedoch auf dem anderen Grundstück gelegen ist. Wird letzteres etwa durch den Bauträger veräußert oder zwangsversteigert, hat der (neue) Eigentümer den bestehenden Überbau zu dulden, was im Hinblick auf die beim Erwerb vorhandene Bausubstanz für ihn weniger überraschend sein dürfte, als vielmehr die Rentenpflicht der vermeintlich durch ihr Sondereigentum gesicherten „überbauenden" Eigentümergemeinschaft.

Überbau kann auch eine Grunddienstbarkeit betreffen. In analoger Anwendung von **1003**
§ 912 wird eine Duldungspflicht z.B. dem Berechtigten eines Überfahrtsrechts zugemutet, das in der Breite oder Höhe durch den Eigentümer des dienenden Grundstücks beeinträchtigt, „überbaut" wird. Hierbei wird gar kein anderes Grundstück körperlich betroffen, sondern nur das Recht des Eigentümers des herrschenden Grundstücks aus dem beschränkten dinglichen Recht. Der „Überbau" bleibt gänzlich auf dem anderen Grundstück.

Auch die Verletzung von Grenzabständen der Landesbauordnungen durch einen Grundstückseigentümer soll entsprechend § 912 vom Nachbareigentümer gegen Geldrente zu dulden sein.

Beispiel: Die Überdehnung der Vorschrift führt zu kuriosen Fällen. Der ohne ausreichende Sicherungsmaßnahmen durchgeführte Abriss eines Gebäudes in einer Reihenbebauung, in dessen Folge sich die Grenzmauer des Nachbargebäudes in die geschaffene Baulücke hineinneigt, löst zwar eine Schadensersatzpflicht des Bauherrn des Abrisses aus, gleichzeitig jedoch auch eine Geldrente des Eigentümers des „Überbaus" für die dadurch möglicherweise deutlich geringere zu erreichende Geschossflächenzahl des geplanten Neubaus auf dem Abrissgrundstück. Zwar fällt diese Geldrente ohne Weiteres in die Schadensersatzpflicht des Bauherrn des Abrisses, gerät dessen Grundstück jedoch etwa aufgrund finanzieller Schwierigkeiten in die Zwangsversteigerung, mag der wirtschaftliche Wert der Schadensersatzforderung bei ihm nicht mehr zu realisieren sein, die Überbaurente wird dem neuen Eigentümer jedoch dessen unbeschadet geschuldet.

Ein Verzicht auf die Überbaurente (z.B. im Fall des Eigengrenzüberbaus oder der Ver- **1004**
einbarung mit dem Nachbarn) wirkt nur schuldrechtlich zwischen den Parteien des Verzichtsvertrags, nicht zu Lasten des Erwerbers des beeinträchtigten Grundstücks; aufgrund der dinglichen Wirkung der Schuld nach § 913 Abs. 1 lebt sie trotz Verzichts nach Veräußerung eines der beteiligten Grundstücke wieder auf.

Ein wirksamer Verzicht, der nicht nur zwischen den Parteien wirken soll, erfordert vielmehr die dingliche Aufhebung des Rentenrechts im Wege der §§ 875, 876 S. 2 mit Eintragung im Grundbuch des mit der Rente belasteten Grundstücks (vgl. § 914 Abs. 2 S. 2).

1005 **ee) Notweg.** Auf einem ähnlichen Rechtsgedanken beruht das Notwegerecht der §§ 917, 918. Fehlt einem Grundstück „die zur ordnungsmäßigen Benutzung notwendige Verbindung mit einem öffentlichen Weg“ (vgl. § 917 Abs. 1), so haben die Nachbarn die Benutzung ihrer Grundstücke zur Herstellung der erforderlichen Verbindung auf Verlangen und gegen eine Geldrente zu dulden. Einschränkend selbstverständlich nur, wenn dieser Zugangsmangel nicht darauf beruht, dass der Eigentümer selbst eine bisherige Verbindung „durch eine willkürliche Handlung“ aufhebt.

Zu denken ist für das Notwegerecht v.a. an Hinterliegergrundstücke, technisch anders nicht herstellbare Kabel- oder Kanalführungen sowie an auch nur vorübergehend unverschuldet nicht benutzbare Zuwegungen etwa in Folge Überschwemmungen. Das Notwegerecht kann auch durch eine Nutzungsänderung des berechtigten Grundstücks entstehen oder seiner Art nach verändert werden (Zufahrt für Lkw statt nur Fußweg).

Kein Notwegerecht hat der Eigentümer, der sich die notwendige Verbindung zum öffentlichen Weg selbst verbaut hat und nunmehr von dort z.B. nicht mehr hinter sein Gebäude, seine Garage etc. gelangen kann. Das Notwegerecht dient gerade nicht der optimalen Nutzung eines Grundstücks zu Lasten des Nachbarn, sondern der Behebung unvermeidbarer Not.

Beispiel: Besteht kein Notwegerecht kann im Falle gegenwärtiger Gefahr und eines unverhältnismäßig großen drohenden Schadens ein Benutzungsrecht aus der Regelung betreffend den Notstand in § 904 hervorgehen. So etwa, wenn seit Jahrzehnten über fremden Grund geführte Erschließungen plötzlich ohne gravierenden bautechnischen Grund beanstandet werden und nur mit unverhältnismäßigem Kostenaufwand anders geführt werden könnten (ggf. auch Schikaneverbot, § 226); die Abwägung kann jedoch anders ausfallen, wenn eine konkretisierte eigene Baumaßnahme auf dem so benutzten Grundstück verhindert oder wesentlich verteuert würde.

1006 Zu gemeinsamen Grenzeinrichtungen und Grenzbäumen (vgl. §§ 921–923). Zur Unverjährbarkeit nachbarrechtlicher Ansprüche (vgl. § 924).

b) Miteigentum und Gesamthandseigentum

1007 An einem Eigentumsrecht können mehrere beteiligt sein und zwar (nur) dergestalt, dass ihnen eine rein rechnerische Rechtsquote (zu ½, zu etc.) am betreffenden Gegenstand (also am Ganzen) zusteht, vgl. § 1008. Das **Miteigentum nach Bruchteilen** ist die sachenrechtliche Ordnung der „Gemeinschaft“ wie die Regelungen in den §§ 741–758 die schuldrechtliche Ordnung im Innen- und Außenverhältnis bestimmen. Das Miteigentum besteht am ungeteilten Gegenstand (pro indiviso), aber doch ideell, nämlich nach Quoten festgelegt und frei verfügbar. So kann nach § 1011 jeder Miteigentümer „die Ansprüche aus dem Eigentum Dritten gegenüber in Ansehung der ganzen Sache geltend machen, den Anspruch auf Herausgabe jedoch nur (sc. an alle fordern)“.

1008 Jedem Miteigentümer steht, soweit in ihrem Verhältnis nichts anderes geregelt ist, Mitbesitz an der Sache zu; beim Herausgabeverlangen gegen Dritte nach § 985 kann er sich deshalb – statt nach §§ 1011, 432 vorzugehen (Vindikation der ganzen Sache) – auch auf Verschaffung nur seines Mitbesitzes beschränken (Vindikation seines quotalen Anteils).

Beispiel: Regelmäßig Fälle solchen Miteigentums sind der gemeinsame Erwerb eines Grundstücks oder einer beweglichen Sache etwa durch Eheleute oder als gemeinsame Kapitalanlage. Eine besondere Form des Miteigentums nach Bruchteilen ist das Wohnungseigentum an einem Grundstück, als dieses mit dem Sondereigentum an einer aufstehenden Wohnung verbunden ist.

Nach WEG findet eine gegenständliche Trennung an sich wesentlicher Bestandteile statt, an denen paralleles Alleineigentum besteht, während bestimmte Gebäudeteile und das Grundstück gemeinschaftliches Eigentum nach Bruchteilen bleiben.

Kein Miteigentum ist das sog. **Gesamthandseigentum**, das Bedeutung heute lediglich bei der Erbengemeinschaft nach § 2032 hat. Das BGB verwendet diesen Begriff zurecht nicht, sondern spricht von „gemeinschaftlichem Vermögen“, das nur im Zusammenhang einer Vermögensmasse möglich ist, die den Gesamthändern gemeinschaftlich (i.e. zur gesamten Hand) zusteht. Die sachenrechtliche Berechtigung an den einzelnen Rechtsgegenständen ist durch die Beteiligung an dem Vermögen vermittelt. In Bezug auf das gesamthänderisch gebundene Vermögen als Ganzes und seine einzelnen sachlichen Bestandteile können die Gesamthänder nur gemeinschaftlich und einmütig verfügen (vgl. z.B. § 2040 Abs. 1). Der Einzelne hat lediglich einen Anteil am Gesamthandsvermögen inne und kann nur über diesen Anteil verfügen. Der Miterbe kann nach § 2033 Abs. 1 S. 1, wenngleich durch ein gesetzliches Vorkaufsrecht der übrigen Gesamthänder beschränkt (vgl. z.B. § 2034 Abs. 1), über seinen Erbteil verfügen. Vor Auseinandersetzung der Gesamthand (vgl. z.B. § 2042 Abs. 1), also der Aufhebung der Erbengemeinschaft, kann der einzelne Miterbe nicht über „seinen Anteil an den einzelnen Vermögensgegenständen“ verfügen (§ 2033 Abs. 2). **1009**

Kein Gesamthandsvermögen stellt trotz des entsprechenden Wortlauts in § 718 Abs. 1 das ***Gesellschaftsvermögen*** der Personengesellschaften, i.e. Gesellschaft bürgerlichen Rechts, offene Handelsgesellschaft (vgl. Verweisung in § 105 Abs. 3 HGB), Kommanditgesellschaft (vgl. Verweisung in § 161 Abs. 2 HGB) und Partnerschaftsgesellschaft (vgl. Verweisung in § 6 Abs. 3 PartGG), dar. Vielmehr ist seit Anerkennung auch der Gesellschaft bürgerlichen Rechts als teilrechtsfähig die Gesellschaft selbst Trägerin ihres Vermögens und damit Eigentümerin der darin zusammengefassten Rechtsgegenstände. **1010**

Der einzelne Gesellschafter besitzt somit weder einen Anteil am Gesellschaftsvermögen als Ganzem noch an den einzelnen dazu gehörenden Gegenständen und kann *deshalb* „nicht über seinen Anteil an dem Gesellschaftsvermögen und an den einzelnen dazu gehörenden Gegenständen verfügen“ (vgl. Wortlaut des § 719 Abs. 1). Das Recht des Gesellschafters ist die *Mitgliedschaft* in der Personengesellschaft, er ist Rechtsträger der Mitgliedschaft und *diese ist Verfügungsgegenstand* beim Wechsel von Beteiligungsverhältnissen. Der „Anteil“ am Gesellschaftsvermögen einer Personengesellschaft ist bloß materieller Ausdruck der Mitgliedschaft und als solcher (nur) ein *in Zahlen ausgedrückter Wertanteil* des einzelnen Gesellschafters.

An- und Abwachsung beim Austritt bzw. Eintritt eines Gesellschafters (vgl. § 738 Abs. 1 S. 1) bedeutet deshalb keinen Rechtsübergang auf die übrigen Gesellschafter oder von ihnen. Vielmehr ist und war nur die Gesellschaft selbst Trägerin des Vermögens und bleibt dies im Falle ihres Fortbestehens unabhängig vom Gesellschafterbestand. Lediglich die *mitgliedschaftlichen Beteiligungswerte* im neu zusammengesetzten Gesellschafterbestand ändern sich (etwa vorstellbar als „Umbuchung“, jedoch nicht nur des Kapitalkontos, sondern des gesamten Anteilswerts). **1011**

Gesellschafts- bzw. Gesamthandsvermögen schließen also die Verfügung eines einzelnen Mitberechtigten über seinen Anteil an der Sache von vornherein aus. Vertragsgestalterisch bewirkt der Erwerb einer Sache „in Gesellschaft bürgerlichen Rechts“ damit ein dingliches Veräußerungsverbot (begrenzt durch die ihrerseits gestaltbaren Kündigungsrechte der Gesellschafter (§§ 723, 724). **1012**

Bei Miteigentum kann dagegen jeder Miteigentümer über seinen Bruchteil verfügen (§ 747 S. 1), was wegen § 137 S. 1 nicht mit dinglicher Wirkung ausgeschlossen werden kann.[69]

Beispiel: Der Grundstückserwerb durch eine „Ehegatten-GbR" schließt beispielsweise aus, dass ein Ehegatte seine Hälfte einem ehestörenden Dritten überträgt, was er bei schlichtem Miteigentum könnte.

c) Sicherungseigentum und wirtschaftliches Eigentum

1013 Sicherungseigentum ist kein Eigentumsrecht besonderer Art, sondern kennzeichnet ein *schuldrechtliches Sicherungsverhältnis*, nach dessen Inhalt der Eigentümer das Eigentumsrecht nur zur Befriedigung wegen eines ihm zustehenden Forderungsrechts auszuüben berechtigt ist. Es handelt sich (nach außen hin) um sachenrechtlich unbeschränktes Eigentum, dessen Ausübung schuldrechtlich (und damit nur relativ, im Verhältnis zum Vertragspartner des Sicherungsverhältnisses) einem bestimmten Zweck, nämlich dem **Sicherungszweck**, unterzuordnen ist.

1014 **aa) Eigennützige Treuhand.** Solche Form interner Bindung ist Inhalt eigennütziger Treuhand, bei welcher der Sicherungsnehmer als Treuhänder das Eigentum in seinem eigenen Interesse im Hinblick auf einen möglichen Sicherungsfall übertragen bekommt. Erfüllt der das Eigentum als Sicherheit stellende Treugeber seine Verpflichtungen aus dem parallelen Forderungsrecht, wegen dessen Befriedigung das Sicherungsverhältnis eingegangen worden ist, nicht, tritt der Sicherungsfall ein.

Der Sicherungsnehmer darf dann das Eigentumsrecht (dem Sicherungsgeber gegenüber rechtmäßig) ausüben und sich wegen des gesicherten Forderungsrechts aus dem Verkaufserlös der Sache befriedigen oder – je nach Inhalt des Sicherungsverhältnisses – auch das Sicherungsgut selbst behalten (Verfallabrede).

Beispiel: des Sicherungseigentums ist die Übereignung von Maschinen oder Vorräten an eine Bank zur Besicherung der Rückzahlung eines Betriebsmittelkredits. Hierbei wie meist erfolgt die Sicherungsübereignung durch Vereinbarung eines **Besitzkonstituts** nach §§ 929 S. 1, 930, indem der Sicherungsgeber ein Nutzungsrecht und dazu den unmittelbaren Besitz am Sicherungsgut behält. Endet der Sicherungszweck durch ordnungsgemäße Darlehenstilgung, ist die Bank als Sicherungsnehmerin aus dem Sicherungsverhältnis schuldrechtlich zur Rückübereignung des Sicherungsguts verpflichtet. Jede anderweitige Verfügung darüber wäre eine haftungsbegründende Verletzung des Sicherungsverhältnisses (vgl. §§ 280 ff., ggf. 826). Ein Dritter hätte jedoch von der Sicherungsnehmerin als vom (sachenrechtlich) Berechtigten erworben (meist nach den §§ 929 S. 1, 931 durch Abtretung des Herausgabeanspruchs des Sicherungsnehmers als mittelbarem Besitzer), weshalb etwaige Kenntnis des Erwerbers vom Verstoß der veräußernden Bank gegen die Sicherungsabrede unschädlich wäre (kein Fall des gutgläubigen Erwerbs über § 934).

1015 Während das BGB den **Sicherungsnehmer** als (nur im Innenverhältnis zum Sicherungsgeber gebundenen) **Voll-Eigentümer** behandelt, knüpfen das *Bilanz– und Steuerrecht* hieran den Begriff des *„wirtschaftlichen Eigentümers"*, dem für wesentliche Teile der wirtschaftlichen Nutzungsdauer eines Vermögensgegenstandes Besitz, Gefahr, Nutzungen und Lasten zustehen. Entscheidend für die *bilanzielle* Zuordnung ist, wer über das Verwertungsrecht (durch Nutzung und/oder Weiterveräußerung) verfügt, wem die

---

69 Zum Ursprung des diametralen Gegensatzes zwischen § 137 S. 1 und § 399 Alt. 2 vgl. bereits oben Rn. 851 (Fn. 18). Eine Vinkulierung von Miteigentum nach §§ 413, 399 Alt. 2, indem für die Gemeinschaftsanteile ein Abtretungsverbot vereinbart wird, lehnt die h.M. ab.

Chancen und Risiken aus der laufenden Nutzung oder Veräußerung zustehen und wer Wertsteigerungen und Wertminderungen – einschließlich der Gefahr des zufälligen Untergangs – zu tragen hat.[70]

bb) Sicherungseigentum in Insolvenz und Zwangsvollstreckung. Die treuhänderische Bindung des Sicherungseigentums wird in der *Insolvenz des Sicherungseigentümers* (Sicherungsnehmer) geschützt, indem der Sicherungsgeber *Aussonderung* des Gegenstands (vgl. § 47 InsO: die Treuhand ist ein persönliches Recht, aufgrund dessen das Treugut *wirtschaftlich* nicht zum Vermögen des Treuhänders gehört) verlangen kann, wenn er die gesicherte Forderung begleicht oder der vereinbarte Sicherungszwecks anderweitig entfallen ist. Pfändet ein Gläubiger des Sicherungsnehmers die zur Sicherung übereignete Sache, ist der Sicherungsgeber trotz seines nur schuldrechtlichen Rückübereignungsanspruchs durch § 771 ZPO geschützt. **1016**

Im umgekehrten Fall der *Insolvenz des Sicherungsgebers* hat der Sicherungseigentümer seinerseits nur ein Recht auf *abgesonderte Befriedigung* aus dem Verwertungserlös der Sache (§ 51 Nr. 1 InsO), womit der auf Befriedigung gerichtete Sicherungszweck bereits erreicht ist.[71] **1017**

Er ist damit nicht, wie ungesicherte Gläubiger, auf die bloße Insolvenzquote verwiesen. Obwohl Eigentümer, muss sich der Sicherungsnehmer im Unterschied zu aussonderungsberechtigten Gläubigern (vgl. § 47 InsO) jedoch mit der Höhe des Verwertungserlöses aus dem Sicherungsgut begnügen, den der Insolvenzverwalter in Ausübung seines weitgehend freien Ermessens erzielt (vgl. § 166 Abs. 1 InsO).[72] Zudem fallen darauf noch vier Prozent als Verwaltungskostenpauschale (vgl. § 171 Abs. 1 InsO) und weitere fünf Prozent als Verwertungskostenpauschale (vgl. § 171 Abs. 2 InsO) an. Im Fall einer Zwangsvollstreckung in das Sicherungsgut durch Gläubiger des Sicherungsgebers hat der Sicherungsnehmer als Eigentümer die Interventionsklage nach § 771 ZPO.

5. Wirkungen des Eigentumsrechts

Als umfassende Herrschaftsbefugnis über eine Sache enthält das Eigentumsrecht nicht nur die Gewähr für jede mögliche Entscheidung über die Sache, sondern bewirkt auch den Ausschluss jedes anderen von einer solchen Entscheidungsmöglichkeit. Jede zuwiderlaufende Handlung eines anderen ist dem Eigentümer gegenüber rechtswidrig, sofern sie nicht durch ein besonderes Recht des Handelnden gerechtfertigt ist. Als solche **1018**

70 Beck'scher Bilanz-Kommentar, § 246 HGB Rn. 6; für den Fall der Sicherungsabtretung einer Forderung a.a.O. § 247 HGB Rn. 112.

71 Eigentumsvorbehalt (vgl. dazu Rn. 1368) und Sicherungseigentum werden also in der Insolvenz des Schuldners unterschiedlich behandelt. Diese unterschiedliche Wirkung für den gesicherten Gläubiger ist rechtspolitisch umstritten.

72 Gem. § 166 Abs. 1 InsO ist der Insolvenzverwalter berechtigt, alle mit Rechten auf abgesonderte Befriedigung belasteten beweglichen Sachen, die er nach der Übernahme der Insolvenzmasse (§ 148 Abs. 1 InsO) sowie gegebenenfalls nach erzwungener Herausgabe des Gegenstandes (§ 148 Abs. 2 InsO) *in Besitz hat*, freihändig zu verwerten. Eine Forderung, die der Schuldner zur Sicherheit abgetreten hat, darf der Insolvenzverwalter einziehen oder in anderer Weise verwerten (§ 166 Abs. 2 InsO). Bei Immobilien kann er zu diesem Zweck beim zuständigen Gericht die Zwangsverwaltung oder -versteigerung beantragen (§ 165 InsO). Die Verwertung gepfändeter oder verpfändeter Forderungen ist Sache des Gläubigers (§ 166 Abs. 2 i.V.m. § 173 Abs. 1 InsO). Die Sicherungsabtretung sonstiger Rechte (z.B. Mitgliedschaftsrechte, gewerbliche Schutzrechte) ist wie die von beweglichen Sachen zu behandeln und gibt dem Verwalter und nicht dem Gläubiger das Verwertungsrecht.

rechtswidrigen Handlungen eines anderen kommen die Entziehung oder Vorenthaltung des Besitzes (vgl. §§ 985, 986) und Beeinträchtigungen in anderer Weise (vgl. § 1004 Abs. 1) in Betracht.

1019 Jede **Besitzstörung** ist zugleich die Verletzung des Eigentumsrechts, sei es, dass der Eigentümer oder ein Dritter unmittelbarer Besitzer ist, denn das Eigentumsrecht enthält das absolute dingliche Recht zum Besitz. Jede nicht von einem dinglichen oder schuldrechtlichen Recht zum Besitz (z.B. als beschränktes dingliches Recht eines Nießbrauchers oder als persönliches Recht eines Mieters) gedeckte Einwirkung auf die Sache verletzt das Recht zum Besitz eines anderen und damit das Eigentumsrecht.

Eine Eigentumsverletzung begeht auch der Besitzer, der sein **Recht zum Besitz überschreitet**. Das z.B., indem er sich die Sache selbst zu Eigentum anmaßt, sie also unterschlägt (§ 246 Abs. 2 StGB), oder körperlich in einer Weise auf sie einwirkt, die von seiner Berechtigung nicht umfasst ist. Gleiches gilt für jede Anmaßung des Eigentumsrechts, eines Rechts zum Besitz und jede körperliche Einwirkung durch einen Dritten (sofern dieser nicht durch das Notstandsrecht nach §§ 904, 228 oder durch Notwehr nach § 227 oder ein sonst rechtmäßig abgeleitetes Recht zum Besitz, z.B. bei erlaubter Untermiete, gedeckt ist).

1020 Während §§ 861, 862 das Besitzrecht und damit einen bloß faktischen Zustand (und daher auch nur vorläufig) schützen, betrifft der **petitorische Eigentumsschutz** den Inhalt des Eigentumsrechts und damit das Recht zum Besitz. §§ 985, 986 und 1004 stellen die materiell-rechtlich zutreffende Rechtslage her, der (possessorische) Besitzschutz hingegen nur formal einen Zustand vor verbotener Eigenmacht.

a) Vindikation (§§ 985, 986)

1021 Die *rei vindicatio* (*lat.* für „die Sache als Eigentum beanspruchen") ist der dingliche Anspruch des Eigentümers gegen den Besitzer auf Herausgabe des Besitzes. Der Anspruch steht dem *Eigentümer einer beweglichen Sache* wie dem *Grundstückseigentümer*, dem Allein- wie dem Miteigentümer (vgl. § 1011) stets zu, wenn er nicht unmittelbar und allein zugleich Besitzer der Sache ist.

1022 Die Vindikationsklage kann gegen jeden Besitzer gerichtet werden. **Gegen den unmittelbaren Besitzer** lautet sie auf Übertragung des unmittelbaren Besitzes auf den Eigentümer. Leitet der unmittelbare Besitzer seinen Besitz von einem mittelbaren Besitzer her, der dem Eigentümer gegenüber zum Besitz, aber nicht zu dessen Überlassung an einen Dritten, berechtigt ist (wie z.B. bei unberechtigter Untervermietung), lautet die Klage auf Herausgabe an den mittelbaren Besitzer und nur ausnahmsweise, an den Eigentümer (vgl. § 986 Abs. 1 S. 2). Gleiches gilt gegenüber einem unmittelbaren Besitzer, der sein Besitzrecht zwar nicht von einem mittelbaren Besitzer ableitet, sondern es von einem Besitzvorgänger übertragen erhielt, wenn der Besitzvorgänger nach wie vor ein Recht zum Besitz gegen über dem Eigentümer hat. Das kann der Fall sein, wenn er sein Recht zum Besitz nicht wirksam auf den unmittelbaren Besitzer übertrug. wie z.B. bei der fehlgeschlagenen Veräußerung eines Pfandes vom Pfandgläubiger auf den Erwerber.

1023 Ist die Herausgabeklage **gegen den mittelbaren Besitzer** gerichtet, dann nur auf Übertragung des mittelbaren Besitzes auf den Eigentümer. Zu übertragen ist ihm dann der

Herausgabeanspruch aus dem Besitzmittlungsverhältnis des mittelbaren Besitzers gegen den Inhaber der Sache (ggf. im Wege der Zwangsvollstreckung durch Pfändung und Überweisung nach § 886 ZPO).

Aktivlegitimiert, also Anspruchsinhaber der Vindikation, ist der Eigentümer. Die **Eigentümerstellung** wird beim Grundeigentümer nach § 891 **vermutet**, wenn er als solcher im Grundbuch eingetragen ist, beim Fahrniseigentümer nach § 1006 Abs. 1, wenn er mittelbarer Besitzer ist oder den Besitz unfreiwillig verloren hat (vgl. oben Rn. 957 bzw. 968). 1024

Der Vindikationskläger kann anders als der Herausgabekläger aus einem Schuldverhältnis nicht durch die Bestimmung einer Leistungsfrist nach § 281 Abs. 1 S. 1 auf Schadensersatz „statt der Leistung" übergehen, denn das Vindikationsverhältnis zwischen Eigentümer und Besitzer ist kein Schuldverhältnis, sondern Inhalt des Eigentumsrechts (vgl. zu solcher Liquidation des Herausgabeanspruchs Teil 1 Rn. 100 und 121). Zu Schadensersatzansprüchen des Eigentümers vgl. insb. §§ 989 ff. (nachfolgend unter Rn. 1088 ff.). 1025

aa) Verteidigungsmöglichkeiten des beklagten Besitzers. Der Herausgabeanspruch des Eigentümers ist in den zwei Fällen des § 986 ausgeschlossen (Kontravindikation).[73] 1026

Der Besitzer braucht danach die Sache *(Fahrnis oder Grundstück)* nicht herauszugeben, (1) „wenn er oder der mittelbare Besitzer, von dem er sein Recht zum Besitz ableitet, dem Eigentümer gegenüber zum Besitz berechtigt ist" (§ 986 Abs. 1 S. 1).

(Nur) Die Vindikation *beweglicher Sachen* ist gleichfalls ausgeschlossen, wenn (2) dem Besitzer der beweglichen Sache gegenüber einem früheren Eigentümer ein *schuldrechtliches* Recht zum Besitz zustand und das Eigentum nach § 931 durch Abtretung des Anspruchs auf Herausgabe auf einen neuen Eigentümer übergegangen ist, § 986 Abs. 2. 1027

Ein *dingliches* Recht zum Besitz wäre in diesem Fall bereits wegen § 936 Abs. 3 auch durch gutgläubigen Erwerb nicht entfallen, solange der zum Besitz Berechtigte irgendeine Form des Besitzes, also unmittelbaren oder mittelbaren, behielte (insoweit ist also kein gutgläubiger lastenfreier Eigentumserwerb möglich).

Über den Wortlaut von § 986 Abs. 2 hinaus setzt sich ein schuldrechtliches Recht zum Besitz auch bei Veräußerung einer beweglichen Sache durch den nicht unmittelbar besitzenden Eigentümer nach § 930 gegenüber dem Erwerber fort. Das gilt z.B., wenn die bisherige Fahrnismiete oder –leihe derart in eine Untermiete oder Unterleihe umgewandelt wird, dass der bisherige Eigentümer-Vermieter zum Zweck der Veräußerung ein entsprechendes Besitzkonstitut mit dem Erwerber abschließt und dadurch zum mittelbaren Fremdbesitzer (als Obermieter etc.) wird. § 986 Abs. 2 findet zum Schutz des schuldrechtlichen Rechts zum Besitz eines Dritten über seinen Wortlaut („veräußert") hinaus entsprechende Anwendung bei der Bestellung von Nießbrauch oder Pfandrecht durch Übertragung nur des mittelbaren Besitzes nach §§ 1032 bzw. 1205 Abs. 2. Auch hierbei würde parallel ein *dingliches* Recht zum Besitz des besitzenden Dritten nicht wegerwor-

73 Entgegen dem Wortlaut von § 986 Abs. 1 S. 1 ist die Vindikation nicht bloß einredebehaftet, was einen Unterschied in der Darlegungslast im Prozess bedeutet; vgl. den besseren Wortlaut in § 1004 Abs. 2. *Exkurs:* **Einwendungen** sind Gegenrechte, die den Bestand des Rechts als solchen betreffen. Sie lassen entweder das Recht bzw. den Anspruch nicht zur Entstehung gelangen (§§ 134, 138, 106 ff.) oder sie vernichten ihn (§§ 362, 462 etc.). Sie sind von Amts wegen bei Gericht zu berücksichtigen. **Einreden** sind Gegenrechte, die der in Anspruch Genommene geltend machen muss. Sie lassen den Bestand des Rechts bzw. des Anspruchs unberührt, hemmen aber seine Durchsetzung entweder auf Dauer (peremptorische Einreden, z.B. Verjährung) oder vorübergehend (dilatorische Einreden, z.B. Stundung, § 320).

ben, solange der Dritte Besitzer bleibt (vgl. §§ 1032 S. 2, 1208 S. 2 mit Verweisen auf § 936 analog).

1028 **Beispiel:** Die Kontravindikation des Besitzers kann auf einem *dinglichen* Recht zum Besitz, etwa als Pfandgläubiger oder Nießbraucher, beruhen und setzt sich dann unabhängig von § 986 Abs. 2 stets gegen den Erwerber fort, sofern es nicht nach § 936 durch gutgläubigen lastenfreien Erwerb wegfällt.

Ein nur *obligatorisches* Recht zum Besitz (etwa aus Miete oder auch aus Kauf, wenn zwar Übergabe, aber noch keine Übereignung an den Käufer erfolgt ist) wirkt dagegen stets nur zwischen den Parteien dieses Schuldverhältnisses und braucht daher vom Erwerber nicht erst gutgläubig wegerworben zu werden. Nur für ein solches ist § 986 Abs. 2 also konstitutiv; für dingliche Rechte zum Besitz genügt § 936 (Fall des § 986 Abs. 1 S. 1).

§ 986 hat als Einwendung deshalb Ausnahmecharakter: Ein nach § 986 zu berücksichtigendes obligatorisches Recht zum Besitz könnte das Eigentumsrecht und damit auch die Vindikation eigentlich nicht beschränken, vgl. Rn. 1027.

1029 Eine der Vorschrift des § 986 Abs. 2 vergleichbare Regelung zu Gunsten des Besitzers eines *Grundstücks* enthalten nur § 566 (Kauf bricht nicht Miete und Pacht) sowie §§ 57 ff. ZVG im Falle der Zwangsversteigerung.

1030 Die Verteidigung des Besitzers gegen die Vindikation kann schließlich auch auf einem **Zurückbehaltungsrecht** gegenüber dem Eigentümer nach § 273 Abs. 2 oder nach § 1000, beides nämlich wegen eines Gegenanspruchs auf Verwendungsersatz, beruhen. Insoweit hätte der Besitzer zwar kein Recht zum Besitz und wäre die Vindikation des Eigentümers deshalb auch nicht ausgeschlossen. Sie ist aber einredebehaftet. Kein Zurückbehaltungsrecht steht wegen § 570 allerdings einem herausgabepflichtigen Mieter zu.

1031 **bb) Konkurrenzen.** Neben dem Anspruch aus §§ 985, 986 steht dem Eigentümer oftmals ein weiterer Herausgabeanspruch zu, sei es aufgrund eines anderen sachenrechtlichen Verhältnisses (vgl. z.B. §§ 1055, 1223 Abs. 1), oder aus einem Schuldverhältnis (vgl. z.B. §§ 546, 581 Abs. 2, 604 oder Sicherungsabrede[74]), wenn die Besitzberechtigung des Besitzers aus einem solchen Verhältnis beendet ist. Bedeutung hat das v.a. im Hinblick auf **Schadensersatz bei Unmöglichkeit der Herausgabe** (vgl. Rn. 1036).

Bereits hingewiesen wurde schließlich auf die Konkurrenz zu den beiden Herausgabeansprüchen nach § 1007 Abs. 1 bzw. 2.

1032 Liegen die Voraussetzungen vor,[75] mag der Eigentümer parallel zur Vindikation den Besitz auch **kondizieren** können, sofern er durch eine rechtsgrundlose Leistung des Eigentümers dem Besitzer übertragen worden war (Fall der Leistungskondiktion) oder in sonstiger Weise auf Kosten des Eigentümers rechtsgrundlos erlangt wurde, ohne dass darin eine Leistung irgend jemandes gesehen werden müsste (Fall der Eingriffskondiktion).

---

74 Die Begründung beschränkter dinglicher Rechte erfolgt stets im Hinblick auf ein schuldrechtliches Kausalgeschäft. Zumeist ist es eine Sicherungsabrede als Schuldverhältnis eigener Art (Kausalgeschäft kann aber auch Auftrag oder Schenkung sein), das eine Rückgabepflicht für den Wegfall des Sicherungszwecks enthält. Sie tritt ggf. neben die sachenrechtliche Rückgabepflicht und neben die Vindikation.

75 Bei Nichtigkeit des zugrundeliegenden Kausalgeschäfts, z.B. also hinsichtlich der Leistungen an einen Minderjährigen oder nach Anfechtung. Im Fall der Sittenwidrigkeit ist ggf. § 817 zu beachten.

Beispiel: Wurde eine Sache unter **Eigentumsvorbehalt** veräußert (vgl. §§ 449 Abs. 1 i.V.m. 929 S. 1, 158 Abs. 1) und ist der Verkäufer wirksam vom Vertrag nach § 449 Abs. 2 **zurückgetreten** (z.B. wegen Zahlungsverzugs nach § 323), entstehen parallele Ansprüche auf Herausgabe der Sache (dinglich) nach § 985 und (schuldrechtlich) nach § 346 Abs. 1.

Gegen den Dieb einer Sache kann der Eigentümer Herausgabe neben § 985 zugleich nach §§ 823, 826 jeweils mit § 249 als Naturalrestitution ebenso verlangen wie nach § 812 Abs. 1 S. 1 Alt. 2 und nach § 861.

Veräußert der Dieb die gestohlene Sache weiter (§ 935 Abs. 1 verhindert gutgläubigen Erwerb), trifft den **redlichen Erwerber** nur die Vindikation (§§ 985, 986). Greift zu seinen Gunsten anschließend ein **gesetzlicher Eigentumsübergang** (z.B. wegen Verarbeitung, § 950), scheidet die Vindikation nachfolgend ebenfalls aus. Schadensersatzansprüche wegen der Verarbeitung (§§ 989, 990 bzw. § 992 oder §§ 823, 993 Abs. 1 HS. 2) oder Nutzungsersatzansprüche (§§ 987, 990) scheiden wegen Gutgläubigkeit aus. An die Stelle des Eigentums tritt daher hier die Eingriffskondiktion nach §§ 951, 812 Abs. 1 S. 1 Alt. 2 Der Vorrang der Leistungskondiktion (wegen des Leistungserwerbs der unverarbeiteten Sache vom Dieb) gilt nur für den Vorteil, der durch Leistung erlangt ist. Der Dieb leistete aber nur den Besitz, nicht das Eigentum (wegen § 935). Das Eigentum folgt erst aus der Verarbeitung.[76]

cc) Rechtsnatur des Vindikationsanspruchs. Der Herausgabeanspruch des Eigentümers gegen den Besitzer (§§ 985, 986), ebenso die Folgeansprüche auf Nutzungs-, Verwendungs- und Schadensersatz (vgl. § 987, 988, 993 ff. und 989 ff.)[77] wie der Unterlassungsanspruch nach § 1004 sind **keine Leistungsansprüche** in dem Sinne, dass sie Ausdruck selbstständiger Pflichten eines Schuld-/Rechtsverhältnisses wären. Sie sind vielmehr **bloße Klagebefugnisse**, die den Inhalt des Eigentums als absolutes Recht schützen. 1033

Entsprechend der Überschrift des vierten Titels des dritten Buchs des BGB „Ansprüche aus dem Eigentum" folgen sie aus dem dinglichen Rechtsbestand, nämlich dem Eigentum, selbst. Allerdings setzt auch hier der Sprachgebrauch des BGB materiellen Anspruch und Klagerecht gleich, weil der Begriff des Anspruchs unabhängig davon gebraucht wird, ob von Rechtsinhalt oder nur von Rechtsschutz die Rede ist.

Der Herausgabeanspruch der §§ 985, 986 und der Unterlassungsanspruch nach § 1004 haben dabei keine Eigenbedeutung, weil sie keinen vermögensrechtlichen Inhalt haben, der als kaufmännischer Aktivposten gebucht werden könnte. Sie sind bloßes Klagerecht. Daher sind diese „Ansprüche" auch **nicht abtretbar**.

Der Herausgabeanspruch nach § 985 ist nach diesen Erläuterungen bloße Vindikationsklage ohne selbstständigen vermögensrechtlichen Inhalt neben dem Eigentumsrecht. Er ist ein dinglicher Anspruch, weil in seinem Bestehen an die Sache (an die Innehabung durch den Besitzer) gebunden und von ihr nicht ablösbar. Der Herausgabeanspruch aus §§ 985, 986 ist dabei zwar relativ und besteht nur gegenüber eben dem einen Sachbesitzer – wie jedes Recht einen Verpflichteten voraussetzt. 1034

Die **Bestimmungen des allgemeinen Schuldrechts** sind auf den dinglichen Anspruch **nicht anzuwenden**, so dass seine Abtretung (etwa als Übergabesurrogat i.S.d. § 931) ebenso ausscheidet, wie ein Erlass nach § 397. 1035

---

76 Sog. Jungbullen-Fall von BGHZ 55, 176. Davon abweichend die bereicherungsrechtliche Sicht in BGHZ 40, 272 (Einbaufall). Zur Problematik vgl. oben Rn. 650, Rn. 675.

77 Umstritten. Die §§ 987 ff. sind nach ihrem Inhalt jedenfalls zumeist obligatorische Ansprüche, also auf Übertragung (Übereignung gezogener Nutzungen oder Zahlung von Schadens-/Nutzungs- und Verwendungsersatz) gerichtet.

Eine **unwirksame Abtretung des Vindikationsanspruchs** kann dessen ungeachtet dahingehend verstanden werden, dass **parallele Herausgabeansprüche** z.B. aus einem Besitzmittlungsverhältnis oder nach Bereicherungs- oder Deliktsrecht zugleich mit **abgetreten** werden und auf diese Weise die Übereignung der Sache nach § 931 erfolgt.

1036 Etwaige Unmöglichkeit des Herausgabeanspruchs zeitigt keine Rechtsfolgen nach §§ 280 ff., sondern allein nach §§ 989 ff. Das gilt insb. hinsichtlich der Nichtanwendbarkeit des Surrogatanspruchs nach § 285.

Beispiele: Zum Beispiel steht eine **Kaufpreisforderung aus der Weiterveräußerung der Sache** durch den Vindikationsbesitzer dem Eigentümer nur unter den Voraussetzungen des **§ 816 Abs. 1** zu. § 816 Abs. 1 greift, wenn entweder der Erwerber gutgläubig Eigentum erwirbt (und damit die Vindikationslage erlischt) oder anderenfalls der bisherige Eigentümer eine unwirksame Verfügung nach § 185 Abs. 2 S. 1 Alt. 1 genehmigt. Anderenfalls wäre der bisherige Eigentümer auf Schadensersatz nach den Vorschriften der §§ 989–993 verwiesen.

Hatten allerdings **parallel schuldrechtliche Herausgabeansprüche** bestanden (etwa aus Leihe, § 604 Abs. 1, weil der Eigentümer die Sache dem Besitzer geliehen hatte), kann aufgrund Unmöglichkeit von *deren* Rückgabe auch **§ 285** im Hinblick auf die **Kaufpreisforderung** anwendbar sein.

Gleiches gilt hinsichtlich einer beim Vindikationsbeklagten an die Stelle der nicht mehr herauszugebenden Sache getretenen persönlichen Versicherungsforderung. – Vereinnahmt der Besitzer als Nichteigentümer dagegen eine objektbezogene (und damit dem Eigentümer zustehende) **Ersatzleistung** für die Zerstörung oder Beschädigung durch einen Dritten, kann der bisherige Eigentümer insoweit regelmäßig bereits nach **§ 816 Abs. 2** Herausgabe verlangen, weil der zum Schadensersatz Verpflichtete *nach § 851 mit befreiender Wirkung* an den Besitzer leisten konnte.

b) Unterlassungs- und Beseitigungsanspruch des § 1004

1037 Die negatorische (abwehrende) Klagebefugnis (sog. Eigentumsfreiheitsanspruch) nach § 1004 steht dem Eigentümer einer Sache gegen denjenigen zu, der das Eigentum in anderer Weise als durch Besitzentziehung oder -vorenthaltung stört. Die Störereigenschaft setzt kein schuldhaftes Handeln voraus, so dass auch wer ohne Fahrlässigkeit sich berechtigt glaubt, Störer sein kann.[78]

Der Beseitigungsanspruch verlangt dabei, dass eine Störung im Zeitpunkt der Klage noch **fortwirkt** (z.B. der illegal errichtete und nicht zu duldende Grenzbau), **anderenfalls** es sich vielmehr um **Schadensersatz** handelte, der nicht nach § 1004 zu erreichen ist. So ist z.B. die Störung bei vollendeter Sachbeschädigung abgeschlossen und die Folgenbeseitigung daher nach §§ 823 Abs. 1, 249 zu suchen.

Beispiele: Der Störer kann sich nach h.M. seiner Verantwortlichkeit nicht dadurch entziehen, dass er im Falle einer von seinen Vermögensrechten ausgehenden Störung fremden Eigentums diese einfach aufgibt. Die Störereigenschaft desjenigen, der **Müll auf einem fremden Grundstück** ablagert, wird nicht dadurch beseitigt, dass er das Eigentum daran aufgibt und Beseitigung von ihm sodann nur noch verschuldensabhängig als Schadensersatz gefordert werden könnte. Ist

---

78 Störer ist auch der sog. Zustandsstörer aufgrund der Verantwortlichkeit für eine die Störung verursachende Sache etwa als Eigentümer oder Besitzer (z.B. der Inhaber eines Gartenteichs für das Konzert der Frösche). Eine notwendige Begrenzung der Zustandsverantwortlichkeit aus § 1004 (vergleichbar im Polizei- und Ordnungsrecht) ist stark umstritten. Beispiele: Haftung des (unwissenden) Eigentümers eines erworbenen, altlastenverseuchten Grundstücks für Sanierungskosten in Höhe eines Vielfachen des Grundstückswerts? Oder für Naturereignisse, die von seinem Grundstück ausgehen (Steinschlag, Samenflug, Ungezieferbefall)? Vgl. Palandt/*Herrler* (2020), § 1004 Rn. 19 ff. m.w.N.

Öl von einem **abgestellten Fahrzeug** ausgelaufen, schulden der Fahrer, der Halter und ein ggf. abweichender Fahrzeugeigentümer Beseitigung der Kontamination ebenfalls verschuldensunabhängig nach § 1004, obwohl von Besitz oder Eigentum am versickerten Öl kaum noch die Rede sein könnte.

Wer eine **Überschwemmung verursacht**, haftet jedenfalls auch auf Beseitigung des Wassers, ggf. auch durch erforderliche Bautrocknung, ohne Rücksicht auf sein Verschulden. *Folgeschäden*, die nicht durch bloße Trocknung zu beseitigen sind, können dagegen nur nach § 823 Abs. 1 ersetzt verlangt werden.[79]

Der Beseitigungsanspruch gegen den Störer wird ergänzt durch Unterlassungsanspruch künftiger Störungen, sofern solche begründet zu fürchten sind (vgl. § 1004 Abs. 1 S. 2). Eine solche Wiederholungsgefahr ist gegeben, wenn Tatsachen vorliegen, die die Vorbereitung und die Absicht eines solchen Eingriffs mit Sicherheit erkennen lassen. Die Darlegungslast des Klägers wird aber von der Rechtsprechung tendenziell in einen Entlastungsbeweis des früheren Störers umgedeutet. Er muss begründen, weshalb eine Wiederholung der Störung nicht zu erwarten sei. § 1004 Abs. 1 S. 2 gibt darüber hinaus einen Unterlassungsanspruch, wenn eine erstmalige Beeinträchtigung des Eigentumsrechts durch eine störende Handlung eines anderen droht. **1038**

Während § 1004 nach seinem Wortlaut nur das Eigentum schützt, gilt dies **durch Verweisung** in den § 1027 für die **Grunddienstbarkeit**, in § 1065 **für den Nießbrauch** und in § 1227 auch **für das Pfandrecht**. **1039**

Darüber hinaus wird § 1004 **als quasi-negatorischer Anspruch auf alle absoluten Rechte** (vgl. § 823 Abs. 1) sowie durch Schutzgesetz bestimmten Rechte (vgl. § 823 Abs. 2) entsprechend angewandt, sofern für solche Rechte keine besonderen Ansprüche auf Beseitigung von Beeinträchtigungen geregelt sind. Zu den durch § 1004 geschützten Rechten gehören z.B. das Recht auf Leben, auf körperliche Unversehrtheit, die Entschließungsfreiheit, die Intimsphäre, das Recht am eigenen Bild, das Ehrenrecht; anderweitig geschützt sind hingegen das Namensrecht (§ 12), spezialgesetzlich das Urheberrecht, das Wettbewerbsrecht etc.

Der Beseitigungsanspruch aus § 1004 Abs. 1 S. 1 wird durch Leistungsurteil durchgesetzt, das nach §§ 887 f. ZPO vollstreckt wird. Behebt der Eigentümer die Störung selbst, kann er die anfallenden Kosten als notwendige Aufwendungen im Rahmen einer Geschäftsführung ohne Auftrag (vgl. §§ 677, 683, 670) oder mit der Leistungskondiktion (vgl. §§ 812 Abs. 1 S. 1 Alt. 1, 818 Abs. 2: Befreiung von einer Verbindlichkeit) vom Störer ersetzt verlangen. **1040**

Eine verzögerliche Beseitigung nach § 1004 führt nicht zu Schadensersatzansprüchen. Die Beseitigung ist **keine schuldrechtliche Leistungspflicht**, weshalb **Verzug nicht möglich** ist. **1041**

c) „Eigentümer-Besitzer-Verhältnis" – Überblick

§§ 987 ff. sind Folgeansprüche (nur) der Vindikation der §§ 985, 986, die sie tatbestandlich stets voraussetzen. Sie enthalten sodann Regelungen zum Anspruch des Eigentümers einer Sache auf Nutzungen und Schadensersatz sowie zu den Rechten des Besit- **1042**

79 Der Eigentümer kann im Umfang seines Beseitigungsanspruchs die Störungsquelle auch selbst beseitigen (z.B. den kontaminierten Boden selbst austauschen bzw. austauschen lassen). **Aufwendungsersatz** kann er aus GoA nach §§ 683 S. 1, 677, 670 bzw. §§ 684, 812 verlangen.

zers aus Verwendungen auf die Sache. Das BGB schweigt sich darüber aus, ob diese Vorschriften sodann ein gesetzliches Schuldverhältnis zwischen Eigentümer und unrechtmäßigem Besitzer konstituieren (dies will der vom Gesetz jedoch nicht verwandte Begriff des Eigentümer-Besitzer-Verhältnisses implizieren) oder es sich lediglich um einzelne Klagebefugnisse „aus dem Eigentum" (so die gesetzliche Überschrift) handelt. Je danach richtet sich die Reichweite der sog. Sperrwirkung in § 993 Abs. 1 HS. 2. Die Vorschrift schließt insb. die Anwendung der §§ 823 ff., 812 ff. bei Bestehen der Vindikationslage aus und privilegiert den redlichen unrechtmäßigen Besitzer.

1043 **aa) Rechtsnatur.** Die Folgeansprüche der §§ 987 ff. sind Folge einer dinglichen Rechtslage, nämlich zwischen Eigentümer und Besitzer. Vom historischen Ursprung her handelte es sich lediglich um begleitende Inhalte des Vindikationsanspruchs (rei vindicatio cum omni causa: Herausgabe der Sache mit allem, was daran hängt).

1044 Im Unterschied zu §§ 985, 1004 sind die §§ 987 ff. dennoch wie materielle (nicht gänzlich wie schuldrechtliche) Ansprüche, nämlich mit zusätzlichem vermögensrechtlichem Inhalt, konstruiert. Ihnen liegen zwar keine selbstständigen Pflichten zugrunde, aber doch aus dem Eigentum folgende Verhaltenspflichten (des Besitzers). Die schuldhafte Verletzung dieser Verhaltenspflichten (so im Fall der §§ 989, 990 und 992) oder eine rein ökonomische Abwägung von Risiko und Nutzen aus ihnen (so in den Fällen der §§ 987, 988 und 993 ff.) begründen dann jeweils vermögensrechtliche Leistungspflichten. Das Eigentum wird dabei *ähnlich sonst dem Schuldverhältnis* hinsichtlich der darin enthaltenen Verhaltenspflichten als gemeinsame Anspruchsgrundlage behandelt, die jeweils um weitere Tatbestandselemente ergänzt wird. Ein einheitliches Schuldverhältnis als gemeinsamer Schuldgrund der §§ 987 ff. fehlt aber. Es handelt sich deshalb ihrem Grund nach um dingliche Einzeltatbestände.

Ihrem Inhalt nach sind sie durchaus obligatorische Ansprüche (ähnlich wie Leistungspflichten) und das BGB behandelt technisch alle Leistungspflichten nach schuldrechtlichen Grundsätzen. Das bedeutet allerdings nicht, dass alle schuldrechtlichen Vorschriften der §§ 241 ff. darauf anwendbar wären. Der dingliche Anspruch ist nur eine den Rechtsschutz tragende Form im Sinne bloßer Klagebefugnis – ohne zugleich Schuldverhältnis zu sein.

Soweit Ansprüche *nach §§ 987 ff.* entstanden sind, sind sie vom Eigentumsrecht weitgehend verselbstständigt, etwa selbstständig abtretbar und pfändbar, jedoch ohne schuldrechtlichen Forderungen deswegen völlig gleich gestellt zu werden. Der dingliche Charakter der Vindikation bleibt bestehen, wenn an seine Stelle Ersatzansprüche als Leistungspflichten auf Schadensersatz, Nutzungsherausgabe etc. nach §§ 987 ff. getreten sind.

1045 **bb) Konkurrenzen – Problemaufriss.** In der Reichweite dieser Gleichstellung liegt der Grund der Konkurrenzproblematik der §§ 987 ff. insb. zum Bereicherungs- und Deliktsrecht. Werden §§ 987 ff. wie obligatorische Ansprüche aufgefasst, ist neben ihrem Anwendungsbereich zum Schutz des unberechtigten, redlichen Besitzers etwa der Rückgriff auf weitergehenden Nutzungsersatz im Rahmen einer Leistungskondiktion ausgeschlossen.

Im Falle ihres Verständnisses als bloße Klagebefugnisse könnte in ihnen dagegen nur insoweit eine abschließende Regelung gesehen werden, als ihr Klagegegenstand reicht:

Dann weist § 993 Abs. 1 a.E. dem unrechtmäßigen aber redlichen Besitzer zwar die Nutzungsbefugnis an der fremden Sache zu, die damit nicht „auf Kosten“ des Eigentümers im Sinne der Eingriffskondiktion ausgeübt wird. Nutzungsersatz als Folge der Leistungskondiktion, soweit die Sache vom Eigentümer diesem Besitzer geleistet worden war, wäre durch ein Konkurrenzverhältnis hingegen nicht ausgeschlossen.

Unterschiede bestehen insoweit im Wesentlichen nur *beim rechtsgrundlosen Erwerb* **1046** vom Eigentümer und *beim Erwerb vom Nichtberechtigten*, also im Dreipersonenverhältnis. Entsprechend der gesetzlichen Regelung im Sachenrecht (und nicht bei den gesetzlichen Schuldverhältnissen) wird vorliegend zwar die gemeinsame Struktur dieser und der schuldrechtlichen Ansprüche herausgestellt, jedoch ohne die Konsequenz eines entsprechenden Schuldverhältnisses aus der Vindikation zu ziehen; entsprechende Unterschiede werden jeweils im Sachzusammenhang erörtert.

cc) Inhalte des Eigentümer-Besitzer-Verhältnisses. Die Klagerechte des Eigentümer- **1047** Besitzer-Verhältnisses führen zu einer Privilegierung des redlichen Vindikationsbesitzers. Er darf im guten Glauben an sein – tatsächlich allerdings nicht bestehendes – Besitzrecht mit der Sache so verfahren, wie es ihm nach dem (vermeintlichen) Besitzrecht zugestanden hätte. Der redliche Eigenbesitzer, etwa als Erwerber einer (z.B. nach § 935) nichtigen Übereignung soll nicht mehr und nicht weniger Risiken tragen, als wäre er Eigentümer geworden; der redliche Fremdbesitzer (z.B. als Mieter bei unerkannt nichtigem Mietvertrag) entsprechend.

Beispiel: Der Erwerber im Großhandel oder einem Abholmarkt, dem der dortige Lagerist (als Besitzdiener i.S.d. § 855) an der Warenausgabe die falschen Produkte aushändigt (z.B. durch Verwechslung der Artikelnummer gegenüber der Lieferbegleitdokumentation), erlangt daran kein Eigentum nach § 929 S. 1. Die Übergabe der falschen Sache ist von der dinglichen Einigung nicht gedeckt.

Existierten die §§ 987 ff. nicht, sähe die wechselseitige Haftung folgendermaßen aus:

(1) Hätte der Empfänger die Verwechslung seinerseits erkennen können (z.B. als gewerblicher Facheinkäufer), war aber abgelenkt oder unaufmerksam, haftete er auch wegen leicht fahrlässiger *Eigentumsverletzung* nach § 823 Abs. 1 (und begeht überdies verbotene Eigenmacht), wenn er die Waren mitnimmt. Er haftete damit z.B. für adäquat auf der Rechtsgutverletzung beruhende Verschlechterungen dieser Sachen (etwa nachfolgende Transportschäden), ohne dass es auf ein zusätzliches Verschulden diesbezüglich nach § 823 Abs. 1 ankäme. Ihm fiele auch der *zufällige Untergang der Sache* etwa durch Diebstahl oder Zerstörung durch einen mutwillig handelnden Dritten nach § 848 zur Last.

Die Sache ist dem Großhändler abhanden gekommen (§ 935), so dass der Käufer auch nicht gutgläubig Eigentum erwerben konnte und er hat sich der Sache – wie festgestellt – durch unerlaubte Handlung bemächtigt. Eine derart strenge Haftung erscheint aber unangemessen, weil der Erwerber sich – unbeschadet seiner Nachlässigkeit hinsichtlich einer Warenkontrolle – als Eigentümer und damit Eigenbesitzer fühlen konnte und das Risiko von Verschlechterungen und Untergang nach eigenem, freiem Ermessen hinnehmen, vergrößern oder verkleinern durfte.

(2) Auch *Früchte aus der Sache*, etwa der Mietzins aus zwischenzeitlicher Vermietung der Sache (vgl. § 99 Abs. 3) und sonst erlangte Gebrauchsvorteile aus der Benutzung der Sache (vgl. § 100 Alt. 2) müsste ein solcher Erwerber nach den allgemeinen Vorschriften der §§ 812 Abs. 1 S. 1 Alt. 2, 818 Abs. 1 und Abs. 2 herausgeben, obwohl er darüber möglicherweise gar nicht besonders Buch geführt hat (etwa bei Einsatz im Rahmen seines allgemeinen Betriebsablaufs).

(3) Umgekehrt könnte der so *verhinderte Erwerber* seinerseits die auf die Sache gemachten *Verwendungen* nach Bereicherungsrecht ersetzt verlangen. Es handelte sich um eine sog. Verwendungskondiktion des § 812 Abs. 1 S. 1 Alt. 2; es liegt keine „Leistung" an den Eigentümer vor, weil der Verwender nicht bewusst und zweckgerichtet dessen Vermögen mehren wollte, sondern in eigener Angelegenheit tätig zu werden meinte. Der Ersatzanspruch bestünde ohne Rücksicht auf eine verbliebene Werterhöhung (§ 818 Abs. 3) als Abzugsposten gegen seine Inanspruchnahme auf Herausgabe der Sache (so die sog. Saldotheorie). Dadurch verlagerte sich das Risiko wirtschaftlich sinnloser Fehlinvestitionen („Luxusverwendungen") auf den Noch-Eigentümer, obwohl der Eigenbesitzer als Verwender auf eigene Rechnung zu handeln meinte.[80]

1048 §§ 987 ff. schaffen nun aber für solche Fälle des redlichen (aber unrechtmäßigen) Vindikationsbesitzers *erstens* einen am typischen Risiko des vermeintlichen Besitzrechts orientierten und damit vereinfachten Ausgleich von Aufwendungen und Nutzungen (v.a. solange die Maßnahmen nicht die herauszugebende Sachsubstanz verletzen oder verändern) und stellen *zweitens* einen solchen Besitzer von Schadensersatzansprüchen frei (vgl. § 993 Abs. 1 HS. 2).

1049 Es handelt sich um Folgeansprüche der §§ 985, 986.

Die *Vindikationslage ist stets tatbestandliche Voraussetzung*, weshalb **rechtmäßige Fremdbesitzer**, deren Recht zum Besitz den Herausgabeanspruch des Eigentümers hindert, **ausschließlich** nach dem zwischen ihnen bestehenden rechtlichen Verhältnissen (**vertragliches oder gesetzliches Schuldverhältnis**) haften (vgl. § 986). So z.B. bei bestehendem wirksamen Mietvertrag mit dem Eigentümer, aber auch mit einem seinerseits besitzberechtigten Dritten und zwar wegen § 986 Abs. 1 S. 2 HS. 1. auch bei dem Eigentümer gegenüber unbefugter Besitzüberlassung durch den Dritten, etwa unberechtigter, aber dennoch wirksamer Untervermietung durch den Dritten.

1050 §§ 987 ff. sind auf Eigentumsverletzungen beliebiger Dritter, die nicht Besitzer sind, nicht anwendbar (weil insoweit keine Vindikationslage besteht).

d) Gemeinsamkeiten in den Anwendungsbereichen der §§ 987 ff.

1051 **aa) Sachlicher Anwendungsbereich.** Gemeinsame Voraussetzung der §§ 987 ff. ist das **Bestehen der Vindikationslage**, die durch den Herausgabeanspruch des Eigentümers gegen einen Besitzer ohne Recht zum Besitz nach §§ 985, 986 bestimmt ist. Das steht zwar nicht im Gesetz, ergibt sich aber daraus, dass bei bestehendem Recht zum Besitz jede Unterscheidung nach der subjektiven Qualität des Besitzerwerbs (gut-, bösgläubig, deliktisch) sinnlos wäre.

1052 Kraft Verweisung in den §§ 1065, 1227 gelten die §§ 987 ff. bei Beeinträchtigungen des Rechts eines Nießbrauchberechtigten oder eines Pfandgläubigers; nach § 1007 Abs. 3 S. 2 außerdem im Verhältnis eines früheren Besitzers zu einem Nachfolger im Besitz, wenn dieser den Mangel eines Rechts zum Besitz jenem gegenüber kannte oder die

80 „Notwendige" Verwendungen zum Erhalt der Sache entsprächen wohl dem tatsächlichen oder mutmaßlichen Willen des Noch-Eigentümers. Allerdings sind bei Verwendungen aufgrund eines unerkannt nichtigen Vertrags die §§ 683 S. 1, 677, 670 durch § 687 Abs. 1 ausgeschlossen (fehlender Fremdgeschäftsführungswille). Korrespondierendes würde für die Herausgabepflicht nach §§ 681, 667 betreffend alle Nutzungen (Früchte und Gebrauchsvorteile) gelten. Ohne §§ 994 ff. wäre der Verwender auf die Verwendungskondiktion beschränkt.- Nota bene: Die *berechtigte* GoA gibt ein Recht zum Besitz (§ 986) und schließt die §§ 987 ff. und 994 ff. damit aus. Allerdings geben für diesen Fall die §§ 683 bzw. 684 Aufwendungsersatzansprüche.

Sache jenem abhanden gekommen war. Außerdem verweisen die §§ 818 Abs. 4, 819 Abs. 1 durch die Bezugnahme auf die „allgemeinen Vorschriften" und damit § 292 ebenfalls auf §§ 987 ff. Dadurch wird auch der **bösgläubige oder verklagte Bereicherungsschuldner** wie ein unrechtmäßiger Besitzer behandelt, *obwohl er entsprechend dem Abstraktionsprinzip* trotz nichtigen Kausalgeschäfts ggf. dennoch etwa durch Leistung *Eigentümer geworden* ist. Die Vindikation besteht insoweit gerade nicht, die Rückabwicklung erfolgt nach Bereicherungsrecht, die §§ 987 ff. finden jedoch *entsprechende* Anwendung.

bb) Zeitlicher Anwendungsbereich. Der sachliche Anwendungsbereich muss im Zeit- **1053**
punkt des die jeweilige Klagebefugnis aus §§ 987 ff. auslösenden Ereignisses, also der Ziehung von Nutzungen, der Schädigung oder Vornahme von Verwendungen, vorliegen. Der berechtigte Besitzer (vgl. § 986) haftet im Rahmen seines Schuldverhältnisses, ggf. auch deliktisch, jedoch nicht nach §§ 987 ff.: Der rechtmäßige Mieter hat den gewöhnlichen Mietgebrauch mit der Miete entgolten und haftet für Verschlechterungen der Mietsache nach §§ 280 ff., 538, 548, was sich auch auf die Haftung nach § 823 Abs. 1 auswirkt. Aufwendungsersatz kann der Mieter im laufenden Mietverhältnis nach § 539 erlangen, nicht aber nach §§ 994 ff.

Beispiel: Nach BGHZ 34, 122 soll u.U. ein Fremdbesitzer Verwendungen auf die Sache *aus der Zeit des Bestehens* seines Rechts zum Besitz nach dessen Beendigung dennoch auch gem. §§ 994–1003 vom Eigentümer ersetzt verlangen können. So z.B. der ein Fahrzeug reparierende Werkunternehmer, der von einem Eigentumsvorbehaltskäufer dieses Pkw beauftragt worden war und damit ein von diesem abgeleitetes Recht zum Besitz für die Reparaturdauer erwarb, aber mit Rücktritt des Veräußerers nach § 449 Abs. 2, etwa in Folge Zahlungsverzugs des Eigentumsvorbehaltskäufers, zum unrechtmäßigen Besitzer wird. Wie der Auftraggeber das Recht zum Besitz durch den Rücktritt verliert, so auch der Werkunternehmer sein von ihm abgeleitetes Recht zum Besitz. Mangels eines Werkunternehmerpfandrechts (vgl. § 647; zur Problematik des gutgläubigen Erwerbs eines solchen s. Rn. 310) kann der Eigentümer sodann das Fahrzeug vindizieren.

Dieser Vindikation soll der Werkunternehmer die Reparaturkosten entgegensetzen können, unabhängig davon, dass im Zeitpunkt ihrer Entstehung keine Vindikationslage gegeben war und deshalb strenggenommen nur Werklohnansprüche gegen den Auftraggeber bestanden hätten. Insoweit ist dem BGH zwar zuzugeben, dass der Eigentümer den wirtschaftlichen Nutzen zieht, als er anderenfalls z.B. ein verunfalltes, unrepariertes Fahrzeug zurückbekommen hätte. Aber außer, dass eine wirtschaftliche Betrachtungsweise methodologisch nicht zur Auslegung rechtlicher Fragestellungen zulässig ist, stand der Eigentümer dem Wert der Verwendungen[81] entgegen der Ansicht des BGH auch gar nicht näher, sondern war gegenüber dem gemeinsamen Schuldner lediglich besser gesichert als der Werkunternehmer. Im Ergebnis ist deshalb die Ausweitung des zeitlichen Anwendungsbereichs auf eine erst im Zeitpunkt des Herausgabeverlangens bestehende Vindikation abzulehnen.[82]

Mit *Beendigung eines schuldrechtlichen oder dinglichen Rechts zum Besitz* entsteht eine **1054**
Vindikationslage. § 985 konkurriert insoweit mit etwaigen vertraglichen Rückabwicklungsregeln (z.B. § 546). Auf *danach* eintretende Ereignisse sind die §§ 987 ff. anwendbar, soweit nicht den speziellen Fall regelnde und damit vorrangige Vorschriften bestehen; so z.B. § 546a oder § 280 für Fälle, dass der Mieter die Mietsache verspätet zurückgibt oder sie nach Ablauf der Mietzeit beschädigt. Hiergegen kann er nicht den Ausschluss einer

81 Es ist bereits fraglich, ob der Werkunternehmer überhaupt Verwender hinsichtlich der Reparatur ist, als er diese als „Lohnfertiger" des Vorbehaltskäufers vornimmt, weshalb eher dieser Verwender wäre.

82 Ausführlich *Medicus/Petersen*, BR Rn. 587–594.

Schadensersatzpflicht durch § 993 Abs. 1 HS. 2 einwenden, etwa mit der Begründung, er habe den Ablauf der Mietzeit allenfalls leicht fahrlässig übersehen und sei deshalb jetzt unrechtmäßiger aber redlicher Besitzer und müsse als solcher nicht haften. Umgekehrt gilt hierfür die kurze Verjährung des § 548.

1055 Fällt ein *Recht zum Besitz* etwa durch *Anfechtung des ihm zugrundeliegenden Vertrags* nach § 142 Abs. 1 *rückwirkend* weg, folgt daraus eine von Anfang an bestehende Vindikationslage, so dass die §§ 987 ff. bereits anfänglich anwendbar sind. Für die Kenntnis des Besitzers vom Mangel seines Rechts zum Besitz gilt § 142 Abs. 2, wonach es auf die Kenntnis von der Anfechtbarkeit ankommt.

1056 **cc) Persönlicher Anwendungsbereich.** §§ 987 ff. unterscheiden verschiedene Arten des Besitzers. Sie privilegieren den unrechtmäßigen Besitzer, der hinsichtlich seines Rechts zum Besitz redlich ist (vgl. § 993 Abs. 1 HS. 2). Dem redlichen stellen sie den unredlichen Besitzer (vgl. so §§ 990 Abs. 1 i.V.m. 987 bzw. 989 bzw. 994 Abs. 2) oder auf Herausgabe verklagten (so vgl. §§ 987, 989, 994 Abs. 2) und den im Verzug mit der Sachherausgabe befindlichen Besitzer (vgl. § 990 Abs. 2) gegenüber.

Besonderes gilt für denjenigen, der den Besitz *unentgeltlich* erlangt hat. Eine darüber hinausgehende Haftung trifft schließlich den *deliktischen Besitzer* (vgl. §§ 992, 1000 S. 2).[83]

1057 **(1) Deliktischer Besitzer.** Deliktischer Besitzer ist, wer sich den Besitz durch verbotene Eigenmacht oder durch eine Straftat verschafft hat (vgl. § 992). Im Fall der Besitzverschaffung durch unerlaubte Handlung (Straftat) haftet er nach § 848 stets für jede nachfolgend zufällig (verschuldens**un**abhängig) eintretende Verschlechterung oder Unmöglichkeit der Herausgabe der Sache (insoweit also strenger als der nur bösgläubige Besitzer, der nur verschuldensabhängig haftet, vgl. § 989). Noch weitergehender haftet der Deliktsbesitzer unter den Voraussetzungen der §§ 992, 823 ff. (verschuldensabhängig) insb. für den Vorenthaltungsschaden, also Schäden, die dem Eigentümer als Folge davon entstehen, dass ihm die Sache nicht zur Verfügung steht, dies jedoch nur, sofern die Eigentumsverletzung schuldhaft verursacht wurde. Dazu gehört auch der Ersatz aller nicht gezogenen Nutzungen, welche der Eigentümer (im Gegensatz zum Fall des § 987 Abs. 2 auch unabhängig von den Regeln einer ordnungsmäßigen Wirtschaft) gezogen hätte.

1058 Die Voraussetzungen der §§ 992, 823 liegen im Fall der Besitzverschaffung durch Straftat begriffsnotwendig stets vor[84], sind aber im Falle verbotener Eigenmacht (vgl. § 858

---

83 Beim Besitzerwerb unter **Einschaltung eines Besitzdieners** auf Erwerberseite schließt sich im Fall, dass auf Erwerberseite guter Glaube maßgeblich ist (z.B. nach § 990 für die Haftung des nichtberechtigten Besitzers), die Frage an, ob auf die *Person des Besitzdieners* oder des *Besitzherrn* abzustellen sei.
Für die Gutgläubigkeit im Zusammenhang mit einem **rechtsgeschäftlichen Eigentumserwerb** ist dabei § 166 anzuwenden, wonach es grundsätzlich auf die Kenntnis des Vertreters (Abs. 1) und nur ausnahmsweise auf die Person des Vertretenen (Abs. 2) ankommt. Ob dies **auch im Rahmen von § 990** gilt oder insoweit § 831 anzuwenden ist (weil ein deliktsähnlicher Charakter von § 990 mehr im Vordergrund steht als die Ähnlichkeit zur Stellvertretung) ist umstritten; für die Haftung des Besitzherrn für seinen Besitzdiener **beim deliktischen Besitzerwerb nach § 992** gilt jedenfalls § 831.

84 Ginge man an dieser Stelle von einem gesetzlichen Schuldverhältnis zwischen Eigentümer und deliktischem Besitzer aufgrund des § 992 aus, läge eine Haftungsverschärfung auch im Wegfall der Exkulpationsmöglichkeit des § 831, als der Besitzer *dann* für das Verschulden Dritter im Rahmen von §§ 823 ff. nach § 278 einzustehen hätte!

Abs. 1) nicht notwendigerweise bereits durch die Besitzverschaffung gegeben. Bezüglich seiner Gegenansprüche auf Verwendungsersatz steht der deliktische Besitzer dem bösgläubigen gleich (vgl. § 994 Abs. 2).

(2) Redlicher Besitzer. Redlicher Besitzer ist, wer beim Erwerb seines Besitzes in gutem Glauben an ein (vermeintliches) Recht zum Besitz ist (Umkehrschluss aus § 990 Abs. 1 S. 1). Die Formulierung gleicht der in § 932 (vgl. die Legaldefinition in § 932 Abs. 2), bezieht sich dort aber auf das Eigentum des Veräußerers, für den Haftungsausschluss in § 993 Abs. 1 HS. 2 jedoch auf das durch den Besitzer erlangte eigene (schuldrechtliche oder dingliche) Rechte zum Besitz. Unredlich ist danach erst, wer beim Besitzerwerb weiß oder in Folge grober Fahrlässigkeit[85] nicht weiß, dass er nicht zum Besitz berechtigt ist; ebenso wer nachträglich positive Kenntnis hiervon erlangt (vgl. § 990 Abs. 1 S. 2: nachträgliche auch grobe Fahrlässigkeit reicht insoweit nicht). **1059**

Beispiel: Erwirbt ein Besitzmittler (vgl. § 868) die tatsächliche Gewalt über eine Sache, können sich die Nutzungs- und Schadensersatzansprüche der §§ 987 ff. dann sowohl gegen den unmittelbaren wie gegen den mittelbaren Besitzer richten. Die Zurechnung der Kenntnis bzw. grob fahrlässigen Unkenntnis beim Besitzerwerb an den mittelbaren Besitzer erfolgt analog § 166.[86] Gleiches gilt beim Erwerb durch Besitzdiener (vgl. § 855). Von solcher Wissenszurechnung unabhängig, schadet dem Besitzherrn bzw. mittelbaren Besitzer eigene Bösgläubigkeit nach dem Wortlaut des § 990 Abs. 1 stets.

Für den Besitzerwerb durch Minderjährige genügt ein natürlicher, nicht-rechtsgeschäftlicher Besitzwille. Unredlichkeit des Minderjährigen im Anwendungsbereich der §§ 987 ff. setzt jedoch analog § 828 die Einsichtsfähigkeit in die fehlende Besitzberechtigung und deren Bedeutung voraus, so dass es besonders bei Kindern auf die Kenntnis der gesetzlichen Vertreter ankommt. Ausschließlich deren Kenntnisstand soll maßgeblich sein bei der Rückabwicklung von nach §§ 107 ff. unwirksamen Verträgen, weil nur so die Schutzwirkung des Minderjährigenrechts auch im Rahmen einer dabei bestehenden Vindikationslage erreicht werden kann.

Der redliche Besitzer haftet sodann weder auf Schadensersatz wegen Verschlechterung der Sache oder Unmöglichkeit der Herausgabe, noch muss er im Rahmen ordnungsgemäßer Wirtschaft gezogene Nutzungen herausgeben (vgl. § 993 Abs. 1 HS. 2); lediglich Übermaßfrüchte hat er herauszugeben (vgl. § 993 Abs. 1 HS. 1) und auch das nur, soweit er durch sie noch bereichert ist. Weitergehend ist er zur Herausgabe von Nutzungen nur verpflichtet, wenn er das vermeintliche Besitzrecht zudem unentgeltlich erlangt hätte (vgl. § 988).[87] **1060**

---

85 Grobe Fahrlässigkeit beim Besitzerwerb liegt vor, wenn sich ein redlich Denkender der Überzeugung seiner Nichtberechtigung nach der Art und Weise seiner Aufklärung über die Umstände, die zum Mangel seines Rechts führten, nicht verschließen würde, vgl. BGHZ 32, 76, 92.

86 Begrenzt auf die Schadenshaftung nach § 990, nicht aber für die Nutzungsherausgabe nach §§ 987, 990, soll die Wissenszurechnung nach a.A. aufgrund Analogie zu § 831 statt zu § 166 eine Exkulpationsmöglichkeit vorsehen, was aufgrund der Deliktsähnlichkeit der §§ 990, 989 durchaus sogar naheliegender ist. Davon zwingend zu unterscheiden ist ebenfalls die Frage eventueller Verschuldenszurechnung für die Haftungsbegründung nach § 989 bzw. §§ 989, 990. Vgl. Rn. 1056 (Fn. 83).

87 Wenn nach Auffassung der st. Rspr. der *rechtsgrundlose* Besitz dem unentgeltlichen nach § 988 gleichgestellt sein soll, verschlechtert dies nur scheinbar die Stellung eines redlichen Besitzers, der insoweit bei Nichtigkeit eines seinem (vermeintlichen) Recht zum Besitz zugrundeliegenden Schuldverhältnisses auf Herausgabe *aller* noch vorhandenen Nutzungen haftet. Vielmehr haftete der rechtsgrundlose Besitzer anderenfalls schlicht *unmittelbar nach Bereicherungsrecht*, weil das „Eigentümer-Besitzer-Verhältnis" nach dieser Auffassung nicht rundweg jeden redlichen Besitzer privilegieren will, sondern nur im Rahmen der tatbestandlichen Klagebefugnisse. Das schließt parallele oder auch überschneidende Rechtsbehelfe anderer Tatbestände nicht aus, so z.B. die Rückabwicklung fehlgeschlagener Schuldverhältnisse nach Bereicherungsrecht in Form der Leistungskondiktionen (anders jedoch hinsichtlich der Eingriffskondiktionen aufgrund deren zu § 990 vergleichbaren deliktsähnlichen Charakters). Vgl. dazu sogleich Rn. 1073 f., 1083.

1061 Eine Ausnahme von der Sperrwirkung des § 993 Abs. 1 a.E. besteht beim sog. *Fremdbesitzerexzess*. Überschreitet der gutgläubige unrechtmäßige Fremdbesitzer sein vermeintliches Besitzrecht, so greifen die allgemeinen Vorschriften, v.a. § 823 Abs. 1. Wer z.B. als Mieter schädigende Handlungen in Bezug auf die Mietsache nicht vornehmen dürfte, kann auch bei nichtigem Mietvertrag und Vindikationslage insoweit nicht haftungsfrei sein.

1062 Umgekehrt kann der redliche Besitzer stets notwendige, also zum Erhalt der Sache erforderlichen Verwendungen ersetzt verlangen (vgl. § 994 Abs. 1 S. 1; lediglich jedoch nicht die gewöhnlichen Erhaltungskosten für die Zeit, für welche ihm die – der ordnungsgemäßen Wirtschaft entsprechenden – Nutzungen verbleiben. Insoweit findet eine pauschale Verrechnung von Gesetzes wegen statt). Ebenfalls werden dem redlichen Besitzer alle nützlichen, also wertsteigernden Verwendungen ersetzt, § 996.

1063 **(3) Bösgläubiger Besitzer.** Bösgläubiger Besitzer ist entsprechend, wer bei Besitzerwerb nicht in gutem Glauben hinsichtlich seines Rechts zum Besitz war (vgl. § 990 Abs. 1 S. 1: bereits grobe Fahrlässigkeit schadet in Anlehnung an § 932 Abs. 2) oder wer späterhin hierüber positive Kenntnis erlangte.

1064 Als bösgläubiger Besitzer gilt nach der sog. **Aufschwungtheorie des BGH** auch derjenige, der ursprünglich als (rechtmäßiger) Fremdbesitzer einer Sache sich plötzlich als Eigenbesitzer geriert. Typischerweise liegt dabei eine veruntreuende Unterschlagung (§ 246 Abs. 2 StGB) vor, indem z.B. ein Entleiher die geliehene Sache unberechtigt an einen gutgläubigen Dritten veräußert. Er haftet ab diesem Zeitpunkt wie ein bei Besitzerwerb bösgläubiger Besitzer. Zwar geht § 990 Abs. 1 beim Besitzerwerb von der erstmaligen Begründung von Besitz aus, wegen des qualitativen Unterschieds zwischen dem zuerst begründeten Fremd- und dem anschließend angemaßten Eigenbesitz steht dieser Vorgang jedoch gleich.

Beispiel: Veräußert ein Entleiher die geliehene Sache unberechtigt an einen gutgläubigen Dritten, kann dieser nach §§ 929 S. 1, 932 Eigentum erwerben (es liegt kein Abhandenkommen beim Eigentümer nach § 935 vor). Neben Schadensersatz nach §§ 990 Abs. 1, 989 (arg.: Aufschwung zum bösgläubigen Eigenbesitzer) bestehen parallele Ansprüche gegen den Entleiher nach §§ 280 Abs. 1, 3, 283 S. 1, 604 Abs. 1 (Schadensersatz statt der Rückgabe); nach §§ 285 Abs. 1, 604 Abs. 1 (Surrogatanspruch); nach §§ 687 Abs. 2 S. 1, 678 und §§ 687 Abs. 2 S. 1, 681 S. 2, 667 Alt. 2 (Schadensersatz bzw. Herausgabe des Erlangen aus der Eigengeschäftsführung); nach §§ 992 Alt. 2, 823 Abs. 1 sowie 823 Abs. 2 und 826; nach § 816 Abs. 1 (vgl. Rn. 689). Die Begründung der Aufschwungtheorie beruht auf einem bloßen Begriffsargument. Nach § 854 ist Besitz (Eigen- wie Fremdbesitz) die tatsächliche Innehabung der Sache, eine anschließende nochmalige Ergreifung des Besitzes durch den bereits (Fremd)Besitzenden ist damit an sich unvereinbar.

1065 Der bösgläubige Besitzer wird durch § 990 Abs. 1 S. 1 dem auf Herausgabe der Sache verklagten Besitzer (vgl. §§ 987, 989) gleichgestellt. Er hat deshalb wie dieser alle tatsächlich gezogenen Nutzungen unabhängig davon herauszugeben, ob er insoweit noch bereichert ist (der redliche Besitzer nach § 993 hingegen nur die Übermaßfrüchte und auch diese nur, soweit er noch bereichert ist), außerdem nach § 987 Abs. 2 schuldhaft nicht gezogene Nutzungen. Er haftet außerdem wie der Prozessbesitzer nach § 989 für schuldhafte Verschlechterung und schuldhaften Untergang der Sache auf Schadensersatz. Darüber hinaus haftet der bösgläubige Besitzer (nur) im Falle seines Verzugs mit der Herausgabe der Sache nach § 990 Abs. 2 für jeden darauf beruhenden Schaden des Eigentümers, insb. (über § 987 Abs. 2 hinaus) auf schuld*los* nicht gezogene Nutzungen, die aber der Eigentümer hätte ziehen können (vgl. §§ 280 Abs. 1, 2, 286). Außerdem trifft dem bösgläubigen Besitzer im Verzug die Zufallshaftung nach § 287 S. 2.[88]

Umgekehrt kann der bösgläubige wie der Prozessbesitzer (nur) seine notwendigen Verwendungen ersetzt verlangen (§ 994 Abs. 2) und auch dies nur nach den Vorschriften der Geschäftsführung ohne Auftrag. Es handelt sich um eine partielle Rechtsgrundverweisung; der für die Geschäftsführung ohne Auftrag konstitutive Fremdgeschäftsführungswille fehlt in den Fällen des § 994 Abs. 2 stets. Einschlägig sind bei *berechtigter* Geschäftsführung ohne Auftrag § 683 S. 1 oder §§ 683 S. 2, 679; § 683 S. 1 ggf. auch infolge Genehmigung über § 684 S. 2. Für notwendige Verwendungen, die dem wirklichen oder mutmaßlichen Willen des Eigentümers widersprachen (*unberechtigte* Geschäftsführung ohne Auftrag), gelten dagegen §§ 684 S. 1 mit §§ 812 ff., insb. 818 Abs. 3. Verwendungen, die zum Erhalt der Sache nicht objektiv erforderlich waren, aber dennoch wertsteigernd wirken (sog. nützliche Verwendungen, vgl. § 996) kann der bösgläubige Besitzer gar nicht ersetzt verlangen. **1066**

e) Anspruch des Eigentümers auf Nutzungen

aa) Vorbemerkung. Die Darstellung der nachfolgenden Anspruchsgrundlagen systematisiert nach Inhalten, was vorstehend anhand der Qualitäten des Besitzes (persönlicher Anwendungsbereich) erläutert worden war. **1067**

bb) Nutzungsersatz des unredlichen Besitzers (§§ 987, 990). Der unredliche Besitzer haftet dem Eigentümer einer Sache für alle Nutzungen, die er während des Bestehens einer Vindikationslage zieht oder zu ziehen schuldhaft unterlässt, §§ 990 Abs. 1, 987. Unredlich ist der unrechtmäßige Besitzer, der beim Besitzerwerb seinen Mangel im Recht zum Besitz kannte oder ihn von Anfang an grob fahrlässig verkannt hat. Gleiches gilt für den, der erst nach Besitzerwerb von seinem Mangel im Recht zum Besitz in einer Weise erfuhr, dass „ein redlich Denkender, der vom Gedanken an den eigenen Vorteil nicht beeinflusst ist, sich der Überzeugung seiner Nichtberechtigung nicht verschließen würde" (BGHZ 32, 76, 92). Der bösgläubige Besitzer weiß oder müsste jedenfalls wissen, dass er (mit ziemlicher Sicherheit) fremdes Gut bewirtschaftet, weshalb ihn eine gesteigerte Verantwortung gegenüber dem Eigentümer trifft. Sein Verschulden ist nicht nur „gegen sich selbst" gerichtet, sondern darf ihm als solches gegen einen anderen angerechnet werden. Er wirtschaftet faktisch als Treuhänder auf fremde Rechnung. **1068**

---

88 Zu beachten ist, dass ein unrechtmäßiger Besitzer zwar durch Mahnung in Verzug kommt, dadurch jedoch nicht notwendig zugleich bösgläubig hinsichtlich seines Besitzrechts wird; die Bösgläubigkeit bestimmt sich nach § 990 Abs. 1 und ist zusätzlich erforderlich (h.M.). Jedenfalls für den bösgläubigen Besitzer ist in § 990 Abs. 2 enthalten, dass eine dingliche Verpflichtung bzw. ein dinglicher Anspruch eines anderen ebenso wie schuldrechtliche durch Verschulden verletzbar sind und daraus persönliche (schuldrechtliche) Ersatzpflichten entstehen können.
Je danach, wie allgemein diese Vorschrift verstanden wird, kommt darin die Anerkennung des EBV als gesetzliches Schuldverhältnis zum Ausdruck. Das spräche dagegen, die Folgeansprüche im Sinne von bloßen Klagebefugnissen aus schuldhafter Rechtsverletzung bzw. gesetzlicher Risikoabwägung zu bezeichnen (wie wir es hier tun). Allerdings wäre aus Sicht eines schuldrechtlich verstandenen EBV die Beschränkung auf den bösgläubigen Besitzer nach § 990 Abs. 1 inkonsequent.

Beispiel: Die Pflicht zur „Herausgabe“ passt wörtlich nur auf die gezogenen und noch unverbraucht vorhandenen Früchte der Sache und entspricht für Sachfrüchte dem Anspruch aus § 985. Eigenständige Bedeutung hat die Vorschrift der §§ 990 Abs. 1, 987 v.a. für *Rechtsfrüchte* (Einnahmen aus Vermietung oder Verpachtung der Sache durch den Besitzer). Außerdem greift die Anspruchsgrundlage für *verbrauchte* oder *schuldhaft nicht gezogene Früchte* und die nach § 100 ebenfalls zu den Nutzungen gehörenden *Gebrauchsvorteile* (z.B. aus der Benutzung der Gegenstände außerhalb wirtschaftlicher Zwecke oder als Hilfsmittel im Arbeitsprozess), die aufgrund §§ 990 Abs. 1, 987 und entgegen dem Wortlaut „Herausgabe“ nach ihrem Wert zu vergüten sind.

Im Fall des Verbrauchs von *Sachfrüchten* durch den bösgläubigen Besitzer liegt zudem meist eine Eigentumsverletzung vor, für die er auch nach §§ 989, 990 schadensersatzpflichtig ist, sofern der Verbrauch seinerseits schuldhaft, zumindest leicht fahrlässig, war und er also das fremde Eigentum hätte kennen müssen. Verschulden fehlt z.B. bei zufälligem Untergang und entschuldbarem Rechtsirrtum über das Eigentum an Früchten. Das Eigentum an den Sachfrüchten richtet sich dabei nach §§ 953 ff. Danach hätte ein im Zeitpunkt der Trennung der Früchte (noch) gutgläubiger Eigenbesitzer Eigentum nach § 955 erworben ebenso, wie ein Fremdbesitzer im Falle persönlicher Aneignungsgestattung nach § 956 (z.B. als Pächter). Die Unwirksamkeit eines solchen Pachtvertrags beseitigt dabei die Aneignungsgestattung als Verfügungsgeschäft nach h.M. nicht von selbst, sondern gibt dem Verpächter-Eigentümer im Regelfall lediglich ein Widerrufsrecht.

Darüber hinaus ist der unredliche Besitzer nur bei Verzug für den zufälligen Untergang gezogener Früchte auf Schadensersatz haftbar (vgl. §§ 990 Abs. 2, 287 S. 2).

1069 **cc) Nutzungsersatzanspruch gegen den redlichen Besitzer nach Eintritt der Rechtshängigkeit (§ 987).** Dem bösgläubigen Besitzer wird der redliche, aber auf Herausgabe verklagte Besitzer hinsichtlich Herausgabe und Wertersatz für Nutzungen gleichgestellt. Eine Schadensersatzpflicht wie eine Verzugshaftung tritt durch die Rechtshängigkeit des Herausgabeanspruchs nicht (automatisch) auch ein, weil der in Bezug auf sein vermeintliches Besitzrecht bislang Redliche wegen bloßer Klageerhebung noch nicht zu umgekehrter Gewissheit gelangen muss (letztlich eine Frage der Qualität des Tatsachenvortrags der Klagebegründung). Die treuhänderische Wertersatz- und Herausgabepflicht hinsichtlich gezogener und (nach § 987 Abs. 2) schuldhaft nicht gezogener Nutzungen rechtfertigt sich gegenüber dem Prozessbesitzer jedoch daraus, dass dieser jedenfalls ab Rechtshängigkeit mit dem Fehlen seines Rechts zum Besitz in formalisierter Weise rechnen musste.

Beispiel: „Herausgabe“ von Sachfrüchten umfasst gegenüber dem redlichen (verklagten) Besitzer nicht nur die Besitzübertragung, sondern die Übereignung, da der gutgläubige Eigenbesitzer nach § 955 Abs. 1 ebenso wie der gutgläubige Erwerber eines dinglichen Nutzungsrechts (Nießbrauch nach § 1030 Abs. 1 oder Nutzungspfand nach § 1213) nach § 955 Abs. 2 das Eigentum an Sachfrüchten erlangt.

1070 **dd) Prüfungsschema: Nutzungsersatz gem. §§ 987 Abs. 1, 990 Abs. 1.**

1.	Vindikationslage zur Zeit der Nutzungsziehung
2.	Nutzungsziehung gem. § 100 BGB i.V.m. § 99 BGB
3.	Rechtshängigkeit (§§ 253, 261 ZPO) oder Bösgläubigkeit (Bezugspunkt der Bösgläubigkeit = eigenes Recht zum Besitz)
4.	Kein Dreipersonenverhältnis i.S.d. § 991 Abs. 1 (§ 991 Abs. 1 sonst vorrangig)

ee) Prüfungsschema: Nutzungsersatz gem. §§ 987 Abs. 2. 1071

1.	Vindikationslage zur Zeit der Nutzungsziehung
2.	Rechtshängigkeit (§§ 253, 261 ZPO)
3.	*Keine* Nutzungsziehung (§§ 100, 99) nach den Regeln einer ordnungsmäßigen Wirtschaft trotz Möglichkeit dazu
4.	Verschulden

ff) Nutzungsersatz des redlichen unentgeltlichen Besitzers vor Rechtshängigkeit des Eigentumsanspruchs (§ 988). Der unrechtmäßige aber redliche Besitzer wird in den §§ 987 ff. privilegiert. Soweit er den Besitz unentgeltlich erlangt hatte und ein Recht zum Besitz auch nicht gutgläubig erwerben konnte (vgl. §§ 932 ff., 935), muss er die tatsächlich gezogenen Nutzungen (Früchte und Gebrauchsvorteile, § 100) nur nach Bereicherungsrecht herausgeben oder ersetzen (vgl. § 988). Es handelt sich um eine Rechtsfolgenverweisung, die den Ausgleich darauf begrenzt, dass der Besitzer um den Wert der Nutzungen noch bereichert ist (vgl. § 818 Abs. 3). Eine verschärfte Haftung nach §§ 818 Abs. 4, 819 ist aufgrund seiner Redlichkeit kaum denkbar, allenfalls in den Ausnahmefällen nach § 819 Abs. 2. – § 988 ist dabei eine konsequente Ergänzung zu § 816 Abs. 1 S. 2, wonach der unentgeltliche Erwerber-Eigentümer dem früheren Eigentümer gutgläubig erworbenes Eigentum einschließlich gezogener Nutzungen (vgl. § 818 Abs. 1 Alt. 1) herausgeben muss. 1072

In Anwendung der sog. **Saldotheorie** kann der nach § 988 ersatzpflichtige unentgeltliche redliche Besitzer dabei seine Aufwendungen als eigene Entreicherung von dem gegen ihn gerichteten Bereicherungsanspruch in Abzug bringen (vgl. dazu Rn. 717–719). Insoweit sind dann auch nach den §§ 994 nicht ersatzfähige Verwendungen abzugsfähig und zwar ohne Rücksicht auf das ansonsten nach § 1001 bestehende Erfordernis, dass der Eigentümer die Sache zurückerlangt oder die Verwendungen genehmigt hätte.

Gleiches soll nach § 988 auch für den „rechtsgrundlosen“ redlichen Besitzer gelten, wenn nämlich dem Besitzer nicht nur sachenrechtlich ein Recht zum Besitz gegenüber dem Eigentümer von vornherein fehlt (Vindikationslage der §§ 985, 986), sondern auch das der Besitzeinräumung zugrundeliegende schuldrechtliche Kausalgeschäft unwirksam ist. 1073

Beispiel: Eigentümer E leiht dem L eine Sache, die L an den redlichen M weitervermietet. Ist der Mietvertrag unwirksam, fragt sich, ob E von M Nutzungen ersetzt verlangen kann, § 988.

M ist hier unrechtmäßiger Besitzer, weil L zur Überlassung an M nicht berechtigt war (§ 603 S. 2) und M deshalb kein gegenüber E wirksames Recht zum Besitz erwerben konnte. Als redlicher Besitzer ist M durch § 993 Abs. 1 HS. 2 geschützt. Ausnahmen bestehen lediglich nach § 991 Abs. 2, 989 für Beschädigungen und nach § 998 für Nutzungen. Allerdings erlangte M den Besitz nicht unentgeltlich, sondern beabsichtigte, an L Miete zu zahlen. Aus der Nichtigkeit des Mietvertrags folgt kein Wille zur Unentgeltlichkeit, lediglich fallen die Mieten weg. M bräuchte die Nutzungen (Gebrauchsvorteile) daher E weder herauszugeben, noch zu vergüten. Vielmehr müsste M nach §§ 812 Abs. 1 S. 1 Alt. 1, 818 Abs. 1 Alt. 1 dem L solche Nutzungen ersetzen. L wiederum haftete dem E (zur bereicherungsrechtlichen Haftung insoweit vgl. Rn. 687). – Ein Durchgriff des E gegen L analog § 988 hätte hier nur hinsichtlich des sonst von E zu tragenden Insolvenzrisikos bei L Vorteile.

1074 Anders sieht das im **Zwei-Personen-Verhältnis** aus.

Beispiel: Veräußert E an K und ist nur der Kaufvertrag unwirksam, sind die ausgetauschten Leistungen samt gezogener Nutzungen zu kondizieren. Hatte E die Sache aber bereits K übergeben, aber (noch) nicht wirksam übereignet, wird K gegenüber E wiederum durch § 993 Abs. 1 S. 1 privilegiert. Schließt das auch den Bereicherungsausgleich aus, schuldete er danach gar keine Nutzungsvergütung. Dieses unbefriedigende Ergebnis ist nun parallel zum vorangegangenen Beispiel entweder durch Rückgriff auf die Leistungskondiktion zu korrigieren, die nach hiesiger Ansicht stets von der Sperrwirkung unberührt bleibt (vgl. Rn. 703). Oder man nimmt mit der st. Rspr. eine Regelungslücke an, zu der die Sperrwirkung in § 993 Abs. 1 HS. 2 führt, wenn sie auch die Leistungskondiktion betreffen soll. Diese Regelungslücke würde dann die Analogie zu § 988 rechtfertigen.

Eine **gänzlich andere Lösung** schlagen *Brehm/Berger*, Sachenrecht Ziff. 8.31–33 vor und wenden weder die condictio indebiti noch § 988 analog an. Vielmehr soll der redliche Besitzer stets alle Nutzungen behalten dürfen (Ausnahme nur § 988 für den unentgeltlichen Besitzerwerb). Das Missverhältnis zum ersten Beispiel oben wird vielmehr dadurch aufgelöst, dass § 818 Abs. 1 Alt. 1 weithin unangewendet bleiben solle. Soweit das anhand eines Vergleichs mit dem Erwerb einer abhanden gekommenen Sache vom Nichtberechtigten bei zudem (Abweichung vom sog. Jungbullenfall, s. Rn. 1032) nichtigem Kaufvertrag begründet wird, ist diese Lösung auch zur hiesigen Ansicht konsequent, weil insoweit eine Direktkondiktion als Eingriffskondiktion an § 993 Abs. 1 HS. 2 scheitert (Nutzungen sind dem redlichen Besitzer zugewiesen und nicht „auf Kosten" des Eigentümers erlangt).

Durchgängig identische Lösungen für alle Fallgestaltungen des „rechtsgrundlosen" Besitzes werden einzig mit der Analogie zu § 988 erreicht, die ggf. mit der Leistungskondiktion des Eigentümers konkurriert.[89]

1075 **gg) Prüfungsschema: Nutzungsersatz gem. §§ 988, 812 ff.**

1. Vindikationslage zur Zeit der Nutzungsziehung
2. Nutzungsziehung gem. §§ 100, 99
3. Keine Bösgläubigkeit/keine Rechtshängigkeit (sonst §§ 987, 990 Abs. 1)
4. Unentgeltliche Besitzerlangung (beachte: Gleichstellung des rechtsgrundlosen Erwerbs (h.M.))
5. Rechtsfolgenverweisung auf §§ 812, 818

1076 **hh) Anspruch auf Übermaßfrüchte gegen den redlichen entgeltlichen und unverklagten Besitzer (§ 993 Abs. 1).** Greift keine der schärferen Haftungsvorschriften der §§ 987, 988 oder 990 i.V.m. § 987, darf der hinsichtlich seines Rechts zum Besitz redliche Besitzer die vor der Rechtshängigkeit des Herausgabeanspruchs gezogenen Nutzungen ersatzlos behalten, sofern sie den Regeln einer ordnungsmäßigen Wirtschaft ent-

---

89 Eine andere Frage ist, was der gesetzgeberischen Intention am besten entspräche. Das Eigentümer-Besitzer-Verhältnis ist nur unzureichend mit dem Bereicherungsrecht harmonisiert. Geht man davon aus, dass das BGB tendenziell Kontrakteinkommen und damit ggf. die Rückabwicklung über Bereicherungsrecht privilegiert, treten möglicherweise bereits Eigentumseinkommen und damit die §§ 987 ff. hinter die Leistungskondiktionen zurück. Unternehmenseinkommen aus dem Ziehen von Nutzungen ist dann jedenfalls nicht in besonderer Weise schutzwürdig.
Brehm/Berger a.a.O. Ziff. 8.33 führen für die entgegengesetzte Ansicht u.a. ökonomische Aspekte an: Nutzungsersatz und davon absetzbare Aufwendungen müssten sich aus Amortisationsüberlegungen meist ausgleichen; Rechnungslegung darüber sei deshalb unwirtschaftlich und führe sogar zu Fehlallokationen. Das ist ohne weiteres einsichtig und dürfte auch die gesetzgeberische Überlegung gewesen sein. Die Harmonisierung dieser Lösung mit dem Bereicherungsrecht (§ 818 Abs. 1 1. Fall) ist aber aufwendig.

sprechen. Dies gilt auch dann, wenn sie noch unverbraucht vorhanden sind. Lediglich darüberhinausgehend gezogene „Übermaßfrüchte“ sind als ungerechtfertigte Bereicherung herauszugeben (vgl. § 993 Abs. 1).

ii) Haftung des deliktischen Besitzers nach § 992. Der Deliktsbesitz folgt, wie bereits erörtert, aus den Umständen des Besitzerwerbs, so dass ein solcher Besitzer hinsichtlich seines Besitzrechts zwar wohl meist unredlich sein wird, u.U. aber doch auch redlich sein kann. Wer sich z.B. im Vertrauen auf ein gültiges Testament, das sich erst später als nichtig herausstellt, als vermeintlicher Erbe in den Besitz des Nachlasses setzt, begeht dem wahren Erben gegenüber verbotene Eigenmacht (vgl. zum Erbenbesitz Rn. 933), ist selbst aber durchaus redlich. **1077**

Der Deliktsbesitzer haftet auf Nutzungen nach §§ 823 ff., die er selbst gezogen hat oder hätte ziehen können sowie solche, die der Eigentümer ohne die Entziehung der Sache gezogen hätte (z.B. Mieteinnahmen, die der gewerblich tätige Eigentümer hätte erzielen können, der Besitzer etwa mangels entsprechender Geschäftsverbindungen aber nicht). Während § 987 lediglich eine Rechtsfolgenverweisung auf Bereicherungsrecht enthält, handelt es sich in § 992 beim Verweis auf das Recht der unerlaubten Handlungen um einen solchen auch auf die Deliktsvoraussetzungen (Rechtsgrundverweis). Dies deswegen, um denjenigen zu schützen, der schuldlos verbotene Eigenmacht beging und deshalb nicht nach §§ 823 ff. haften soll, sofern ihm nicht zusätzlich doch ein Verschulden vorwerfbar ist. Solches Verschulden muss sich auf die verbotene Eigenmacht beziehen.[90] **1078**

jj) Ausnahme: Eingeschränkte Haftung des bösgläubigen Besitzmittlers (§ 991 Abs. 1). Richtet sich der Nutzungsersatz gegen einen Besitzmittler (z.B. ein Kommissionär), so haftet dieser trotz, dass er selbst eventuell unredlich ist (weil er die wahre Provenienz des Kommissionsguts und die Umstände des Besitzverlusts beim Eigentümer kennt), dem Eigentümer nicht weitergehender, als sein Oberbesitzer (Kommittent). Ist also der mittelbare Besitzer redlich und unverklagt, haftet auch der unredliche Besitzmittler nur nach § 993 Abs. 1 HS. 2 Dass dadurch der bösgläubige unmittelbare Besitzer von der Redlichkeit des anderen profitiert, für den er den Besitz ausübt, dient nicht seinem Schutz, sondern dem des Oberbesitzers. Dieser wäre ansonsten ggf. Regressansprüchen des Besitzmittlers aus dem zwischen ihnen bestehenden Schuldverhältnis ausgesetzt. Der redliche Oberbesitzer hätte einen Nachteil daraus, dass er die zu vindizierende Sache einem unredlichen Besitzmittler überlässt, obwohl er als redlicher Besitzer an seine freie Rechtsmacht glauben durfte. **1079**

Ist das Besitzmittlungsverhältnis jedoch ein Mietverhältnis, schließen § 536b Sätze 1, 2 entsprechende Regressansprüche des bösgläubigen Mieters aufgrund der §§ 536, 536a aus, so dass in diesem Fall, ebenso wie aufgrund § 581 Abs. 2 im Fall der Pacht, § 991 Abs. 1 doch nicht zur Anwendung kommt (*Rückausnahme*). **1080**

---

90 Und nicht etwa auf die Sachnutzung, die bei Redlichkeit in Bezug auf den Eigenbesitz insoweit gar nicht pflichtwidrig sein kann. Der Eigenbesitzer darf gerade von seinem freien Umgang mit der Sache ausgehen (§ 903).

1081 **kk) Prüfungsschema: Nutzungsersatz gem. § 991 Abs. 1 (Dreipersonenverhältnis).**

1.	Vindikationslage zur Zeit der Nutzungsziehung
2.	Nutzungsziehung gem. §§ 100, 99
3.	Bösgläubigkeit/Rechtshängigkeit bzgl. Anspruchsgegner **(unmittelbarer Besitzer)**
4.	Anspruchsgegner steht in mittelbarem Besitzverhältnis als Besitzmittler a) Besitzmittlungsverhältnis b) Fremdbesitzerwille des Besitzmittlers c) Herausgabeanspruch des mittelbaren Besitzers
5.	Bösgläubigkeit/Rechtshängigkeit **auch bzgl. mittelbarer Besitzer**

f) Anspruch des Eigentümers auf Schadensersatz

1082 Vergleichbar zur Herausgabe der Nutzungen sind die Klagebefugnisse auf Schadensersatz aufgebaut.

1083 **aa) Sperrwirkung des § 993 Abs. 1 HS. 2.** § 993 Abs. 1 HS. 2 schließt eine Schadenshaftung des redlichen Besitzers vor Rechtshängigkeit des Herausgabeanspruchs hinsichtlich einer Beschädigung oder Zerstörung der Sache aus. Von diesem Ausschluss nicht umfasst sind sonstige Eingriffe in die *Substanz* der Sache, so deren *Verbrauch, Verarbeitung* oder *Veräußerung*. In diesen Fällen muss auch der redliche Besitzer das Erlangte nach § 812 Abs. 1 S. 1 Alt. 2 (bei Verarbeitung über die Verweisung in § 951 Abs. 1) oder (bei wirksamer Veräußerung) nach § 816 Abs. 1 S. 1 herausgeben bzw. schuldet er Wertersatz nach § 818 Abs. 2 Alt. 2 (damit korrespondiert die Pflicht zur Herausgabe von Übermaßfrüchten in § 993 Abs. 1 HS. 1).

Beachte: Die Problematik solcher Fälle liegt sodann im Bereicherungsrecht bei Mehrpersonenverhältnissen und zwar im Hinblick auf eine erbrachte Gegenleistung. Im Zwei-Personen-Verhältnis stehen sich auch in der Rückabwicklung Bereicherung durch die Sachleistung und erbrachte Gegenleistung stets verrechenbar gegenüber. Umgekehrt scheiden Bereicherungsansprüche von vornherein aus, soweit der Verarbeitende oder Verbrauchende die fremde Sache von einem Zwischenmann gutgläubig erworben hatte (Kondiktionsfestigkeit des gutgläubigen Erwerbs).

Ist also Verarbeitender nicht derjenige, der seinen Besitz unmittelbar vom Eigentümer ableitet, sondern ein Dritter (z.B. sog. Jungbullen-Fall, s. Rn. 1032), und erwirbt der Dritte aufgrund der Verarbeitung das Eigentum (sog. Einbaufälle, vgl. Rn. 674 ff.), ist die Eingriffskondiktion des verlierenden Eigentümers ausgeschlossen, weil sich der Vorgang nach §§ 946 oder 950 als (fiktive) Leistung des Zwischenmannes darstellt. Begründung ist der Vorrang der Leistungskondiktion (bzw. dass der Erwerb dann nicht „auf Kosten" des früheren Eigentümers erfolgte, der die Sache vielmehr „in Verkehr gebracht" hatte, vgl. Rn. 676). Regelmäßig wird ein solches Leistungsverhältnis sogar nur zu verneinen sein, wenn die Sache dem früheren Eigentümer abhanden gekommen war (oben Rn. 675: Eigentum hätte wegen § 935 auch nicht *rechtsgeschäftlich geleistet* werden können). Anderenfalls geht dann der frühere Eigentümer gegenüber dem Erwerber aus der Verarbeitung leer aus. – Diese Konsequenz vermeidet BGHZ 40, 272 (Direktkondiktion), indem für die Einbaufälle eine Leistung des früheren Eigentümers direkt an den Dritten, also den Erwerber aus der Verarbeitung, angenommen wird (arg.: Verarbeitung erst ermöglicht durch Lieferung) und außerdem für § 951 auch eine Verweisung auf die Leistungskondiktionen bestehen soll.

Trotz Vindikationslage gehen also § 816 (bei ***Veräußerung***), die Eingriffskondiktion (mit § 818 Abs. 2) bei **Verbrauch** und (über § 951 auch) bei **Verarbeitung** der Sache der Sperrwirkung vor. Das Eigentümer-Besitzer-Verhältnis ist insoweit nicht abschließend, weil Einwirkungen auf die Sachsubstanz dort nicht privilegiert werden.

bb) Schadensersatz des redlichen Fremdbesitzers nach §§ 991 Abs. 2, 989. Ist der redliche Besitzer Fremdbesitzer, gilt seine Privilegierung in Schadensfällen nur, soweit er sich im Rahmen seines vermeintlichen Besitzrechts hält (beim Eigenbesitzer ist dies notwendigerweise stets der Fall, da er vermeinen darf, mit der Sache nach Belieben verfahren zu können). § 993 Abs. 1 HS. 2 wird deshalb durch § 991 Abs. 2 dahin eingeschränkt, dass der Fremdbesitzer dem Eigentümer stets insoweit haftbar ist, wie er einem Dritten, dem er den Besitz vermittelt, haftet. Der redliche Mieter vom dazu unberechtigten Nichteigentümer z.B., der den vertragsgemäßen Gebrauch der Mietsache überschreitet, haftet nicht nur seinem Vermieter, sondern nach §§ 991 Abs. 2, 989 gleichermaßen auch dem ihm unbekannten Eigentümer. – Nota bene: Ersetzt er nun entsprechende Schäden seinem Vermieter, wird er dadurch analog § 851 auch gegenüber dem Eigentümer frei. Dieser kann seinerseits die Beträge nach § 816 Abs. 2 vom nichtberechtigten Vermieter herausverlangen, unbeschadet ggf. weiterer Ansprüchen gegen diesen nach §§ 987 ff. 1084

cc) Prüfungsschema: Schadensersatz gem. §§ 991 Abs. 2, 989. 1085

I. Vindikationslage zur Zeit des schädigenden Ereignisses
II. Gutgläubigkeit bei Besitzerwerb
III. Verschlechterung/Unmöglichkeit der Herausgabe wie in § 989
IV. Schaden
V. Haftung des Besitzers gegenüber einem mittelbaren Besitzer
1. Bestehen eines mittelbaren Besitzverhältnisses
   a) Besitzmittlungsverhältnis
   b) Fremdbesitzerwille des Besitzmittlers
   c) Herausgabeanspruch des mittelbaren Besitzers
2. Haftungsanspruch des mittelbaren Besitzers gegen Besitzer
   Beachte: Haftungsprivilegierungen, z.B. §§ 599, 690 i.V.m. § 277

dd) Sog. Fremdbesitzerexzess. Über § 991 Abs. 2 hinaus haftet auch der redliche Fremdbesitzer im Exzess bei unwirksamen Besitzmittlungsverhältnis und zwar davon unabhängig, ob er den exzessiv gebrauchten Besitz vermeintlich dem Eigentümer oder einem Dritten vermittelt. Schädigt z.B. ein Nießbraucher oder Mieter die ihm überlassene Sache, ist er dem Eigentümer nach § 823 Abs. 1 und zugleich wegen Verletzung schuldrechtlicher Pflichten (auch der Nießbrauch begründet ein gesetzliches Schuldverhältnis zwischen Eigentümer und Nießbraucher) nach § 280 Abs. 1 haftbar. Sind sodann Nießbrauch bzw. Miete unwirksam und der Besitzer deshalb ein unrechtmäßiger (vgl. §§ 985, 986) muss die Haftung aus § 823 Abs. 1 trotz der Sperrwirkung des § 993 Abs. 1 HS. 2 greifen, obwohl das Gesetz diesen Fall übersehen hat. Diese Schadenshaftung besteht nach §§ 823 Abs. 1, 991 Abs. 2 analog. Denn wären Miete oder Nießbrauch wirksam, aber mit einem nichtberechtigten Nichteigentümer geschlossen, wäre der Mieter bzw. Nießbraucher ebenfalls unrechtmäßiger Besitzer, hafte aber dem wahren Eigentümer trotz Redlichkeit für Besitzexzesse nach § 991 Abs. 2. Die Haftung tragen aber auch §§ 989, 990. Denn hinsichtlich des Exzesses ist auch der ansonsten redliche unrechtmäßige Besitzer gleichsam bösgläubig (Ähnlichkeit zum „Aufschwungbesitz“). 1086

1087 **ee) Schadensersatz des Prozessbesitzers (§ 989).** Nach § 989 haftet sodann der redliche Besitzer mit Eintritt der Rechtshängigkeit des Herausgabeanspruchs für jede von ihm verschuldete Verschlechterung der Sache oder Unmöglichkeit ihrer Herausgabe; leichte Fahrlässigkeit genügt, vgl. § 276.

1088 **ff) Schadensersatz des bösgläubigen Besitzers (§§ 989, 990 Abs. 1).** Nach § 990 haftet der bösgläubige Besitzer gleichermaßen wie der redliche verklagte Besitzer.[91]

Gerät er darüber hinaus mit der Herausgabe der Sache in Verzug, so haftet er zusätzlich für alle darauf beruhenden Verzugsschäden, also auch zufällige, sofern sie die Sache nicht auch beim Eigentümer getroffen hätten, verschuldensunabhängig nach §§ 990 Abs. 2, 287 S. 2.

1089 **gg) Prüfungsschema: Schadensersatz gem. §§ 989, 990 Abs. 1.**

1. Vindikationslage zur Zeit des schädigenden Ereignisses
2. Rechtshängigkeit (§§ 253, 261 ZPO) oder Bösgläubigkeit (Bezugspunkt der Bösgläubigkeit = eigenes Recht zum Besitz)
Beachte: unterschiedliche Zeitpunkte in § 990 Abs. 1 S. 1 (es gilt § 932 Abs. 2 analog) und in § 990 Abs. 1 S. 2 (nur positive Kenntnis schadet)
(str.: Zurechnung der Bösgläubigkeit eines Besitzdieners, § 831 oder § 166)
3. Verschlechterung, Untergang oder sonstige Unmöglichkeit der Herausgabe der Sache
4. Verschulden
5. Schaden

1090 **hh) Schadensersatz des Deliktsbesitzers (§ 992).** Der (redliche oder bösgläubige) Besitzer, der den Besitz durch strafbare Handlung oder verbotene Eigenmacht (sc. insoweit einschränkend nur, wenn dies zugleich schuldhaft begangen worden war)[92] erlangt hat, haftet nach § 992 für alle Schadensfolgen nach Deliktsrecht.

Damit findet insb. § 848 Anwendung, wonach der deliktische Besitzer auch für zufällige Beschädigungen und den zufälligen Untergang der Sache haftet.

1091 **ii) Prüfungsschema: Schadensersatz gem. §§ 992, 823.**

I. Vindikationslage zur Zeit des schädigenden Ereignisses
II. Erlangung des Besitzes durch
1. eine Straftat, oder
2. (sc. *schuldhaft begangene*) verbotene Eigenmacht
III. Rechtsfolge: Rechtsgrundverweisung auf § 823 ff.

---

91 Vgl. außerdem zur Aufschwungtheorie des BGH Rn. 1064.
92 Vgl. oben Rn. 1058.

g) Rechte des Besitzers aus Verwendungen

Verwendungen sind Aufwendungen, die die Sache wiederherstellen, erhalten oder verbessern.[93] Die §§ 994 ff. zum Verwendungsersatz verfolgen im Gegensatz zum Bereicherungsrecht nicht den Regelungszweck, Vermögensvorteile beim Eigentümer abzuschöpfen, sondern wälzen beim Besitzer in Folge der Verwendungen eingetretene Vermögensnachteile auf den Eigentümer ab. Jedenfalls der redliche Eigenbesitzer soll mit der Vindikation keine Vermögensnachteile erleiden. **1092**

Für den unberechtigten Fremdbesitzer, sei er auch redlich, gilt das jedoch nur mit den Einschränkungen, die dem vermeintlichen Besitzrecht entsprechen: Einschränkungen im vertraglichen Verwendungsersatz des Mieters nach § 539, des Pfandgläubigers nach § 1216, ebenso des Nießbrauchers nach § 1049 durch den Verweis auf das Recht der Geschäftsführung ohne Auftrag (vgl. §§ 683 oder 684 sowie die Pflicht zur endgültigen Lastentragung des Nießbrauchers nach § 1049) beschränken deshalb auch den Verwendungsersatz eines entsprechenden unrechtmäßigen Besitzers. Unter dieser Prämisse sind für jeden Besitzer die notwendigen Verwendungen im Rahmen von § 994 und für den redlichen Besitzer zusätzlich die nützlichen Verwendungen nach § 946 ersatzfähig. Im Übrigen, also für sog. Luxusverwendungen sowie die nützlichen Verwendungen des bösgläubigen Besitzers, besteht nur das Wegnahmerecht in § 997. **1093**

Die Klagebefugnisse auf Verwendungsersatz stehen dem unrechtmäßigen Besitzer nur zu, wenn der Eigentümer die Sache wiedererlangt oder die Verwendungen genehmigt (vgl. § 1001 S. 1). Der Eigentümer wird sodann durch § 1001 S. 2 geschützt, indem er seine Haftung auf Verwendungsersatz auf die zu vindizierende Sache dadurch beschränken kann, dass er sie mit befreiender Wirkung dem Besitzer zurückgibt. Die Haftungsbeschränkung auf die Sache wird allerdings durch die Genehmigung der Verwendungen (vgl. dazu auch § 1001 S. 3) ausgeschlossen.

aa) Ersatz notwendiger Verwendungen. § 994 Abs. 1 gibt jedem (unrechtmäßigen, vgl. §§ 985, 986)[94] Besitzer den Ersatzanspruch für notwendige Verwendungen; das sind solche, die zur Erhaltung und ordnungsgemäßen Bewirtschaftung der Sache erforderlich sind (z.B. Erhaltungsaufwand, Wiederherstellungskosten bei Zerstörung; aber auch juristisch notwendige Verwendungen, vgl. § 995, wie die Zahlung von Hypothekenzinsen oder – öffentlich rechtlichen – Anliegerbeiträgen zu kommunalen Erschließungskosten). **1094**

Ausgenommen sind nach §§ 994 Abs. 1 S. 2 die gewöhnlichen Erhaltungskosten der Sache (regelmäßige Wirtschaftskosten, welche üblicherweise aus den – ebenfalls verbleibenden, vgl. § 993 Abs. 1 HS. 1 – Nutzungen bestritten werden, ebenso nach § 995 S. 2 vergleichbare „laufende" Lasten.

---

93 Der zum Erwerb der Sache gezahlte Kaufpreis ist keine Verwendung. Umstritten ist, ob zum Begriff des Verwenders gehört, diese auf eigene Rechnung durchzuführen und zu steuern, oder ob auch Auftragsarbeiten dazugezählt werden müssen (so die wohl h.M.).

94 Dabei soll es genügen, dass die Vindikationslage im Zeitpunkt des Herausgabeverlangens besteht, also nicht zwingend bereits bei Vornahme der Verwendung (vgl. dazu bereits Rn. 1053 im Hinblick auf Verwendungen des Werkunternehmers).

1095 **bb) Prüfungsschema: Verwendungsersatz gem. § 994 Abs. 1.**

1.	Vindikationslage zur Zeit der Verwendung (lt. BGH genügt auch zur Zeit der Geltendmachung des Verwendungsersatzes)
2.	Tätigen von notwendigen Verwendungen (ggf. durch Rechtsvorgänger (§ 999) **Ausnahme**: gewöhnlichen Erhaltungskosten (§ 994 Abs. 1 S. 2
3.	Keine Bösgläubigkeit/keine Rechtshängigkeit
4.	Kein Erlöschen gem. § 1002

1096 Während der redliche unverklagte Besitzer notwendige Verwendungen ohne weitere Voraussetzungen geltend machen kann, gilt dies für den bösgläubigen und den auf Herausgabe verklagten Besitzer nach § 994 Abs. 2 nur mit den Einschränkungen aus dem Recht der Geschäftsführung ohne Auftrag (vgl. also entweder nach §§ 683, 677, 670 oder §§ 684 S. 1, 818 ff.). Weitere Einschränkungen etwa für den deliktischen Besitzer bestehen nicht, weshalb dieser je nach seiner (selten) Redlichkeit (denkbar eigentlich nur als Erbschaftsbesitzer, der unerkannt gar nicht Erbe ist, die Erbschaft aber in Besitz genommen hat, vgl. § 2018) Erstattungsansprüche hat oder bei Bösgläubigkeit nicht hat.

1097 **cc) Schema: Verwendungsersatz gem. §§ 994 Abs. 2, 683, 670.**

1.	Vindikationslage zur Zeit der Verwendung
2.	Tätigen von notwendigen Verwendungen
3.	Bösgläubigkeit oder Rechtshängigkeit
4.	Rechtsfolge: (Teil-)Rechtsgrundverweisung auf §§ 677 ff. BGB (mit Ausnahme des Fremdgeschäftsführungswillens GoA prüfen) a) Verwendung auf eine fremde Sache als fremdes Geschäft gem. § 677 b) Ohne Auftrag c) Wirklicher/mutmaßlicher Wille des Eigentümers Im Einklang mit wirklichem, hilfsweise im Einklang mit mutmaßlichem Willen des Eigentümers (gefolgert aus dessen objektiven Interesse), § 683 S. 1

1098 **dd) Ersatz nützlicher Verwendungen.** Nach § 996 sind „andere als notwendige Verwendungen" nur insoweit ersatzfähig, als „der Wert der Sache durch sie noch zu der Zeit erhöht ist, zu welcher der Eigentümer die Sache wiedererlangt".[95] Das betrifft nur sog. **nützliche** Verwendungen, die überhaupt **wertsteigernd** sind (Abgrenzung gegenüber sog. Luxusaufwendungen ohne Wertsteigerung). Eine Erstattung nützlicher Verwendungen kann nur der redliche unverklagte Besitzer beanspruchen.

Umstritten ist der Umfang nützlicher Verwendungen im Hinblick auf solche Aufwendungen, die den Wert der Sache dadurch erhöhen, dass sie die bisherige Bewirtschaftungsweise oder den Verwendungszweck der Sache verändern (z.B. Errichtung eines Gebäudes auf dem herauszugebenden Grundstück); Problem des sog. weiten Verwendungsbegriffs.

95 Der Wegfall der Wertsteigerung ist jedoch irrelevant, wenn sich der Eigentümer analog § 300 Abs. 1 im Annahmeverzug mit der Rücknahme befindet.

Entgegen dem auf den (wirtschaftlichen) „Wert der Sache“ bezogenen Wortlaut des § 996 geht die Rechtsprechung von einem *engen Verwendungsbegriff* aus, der den Besitzer bei Zweckänderungen der Sache sodann auf das bloße Wegnahmerecht nach § 997 verweist. Dadurch soll der Eigentümer vor meist besonders hohen Ersatzansprüchen geschützt werden. Der enge Verwendungsbegriff *korrespondiert mit* der ganz einhelligen Meinung zum (in die umgekehrte Richtung gehenden) *Nutzungsersatz*, von dem **Substanzveränderungen** (Verarbeitung, Veräußerung, Verbrauch) gleichfalls ausgenommen sind. Logisch zwingend ist solche Parallelität jedoch nicht. 1099

Beachte: Streng genommen ist es unzutreffend, vom engen oder weiten Verwendungsbegriff zu sprechen, vielmehr handelt es sich um einen engen oder weiten Begriff der *Nützlichkeit* von Verwendungen. Entstanden ist der weite Verwendungsbegriff im Zusammenhang mit dem außerhalb der §§ 994 ff. auch von der st. Rspr. (entgegen zu den §§ 987 ff.) anerkannten Bereicherungsausgleich für Verwendungen.[96]

Mangels einer vergleichbaren Sperrwirkung wie für Nutzungen und Schadensersatz (in § 993 Abs. 1 HS. 2) existiert nach allgemeiner Meinung **keine Ausschließlichkeit des Vindikationsausgleichs für Verwendungen**. Je enger deshalb der Anwendungsbereich der §§ 994 ff. gefasst ist, desto weitergehender kann der (sogar unredliche) Besitzer Aufwendungen *kondizieren* (und ist dabei nicht auf die enge Geltendmachung nach § 1001 verwiesen). Außerhalb der Verwendungen im engeren Sinne bliebe danach dem Besitzer die Verwendungskondiktion (vgl. Rn. 705) mit einer lediglich durch den *Wegfall der Bereicherung* und durch die *Grundsätze der aufgedrängten Bereicherung* (vgl. Rn. 713) begrenzten Haftung des Eigentümers ohne die Möglichkeit der Haftungsbegrenzung auf die Sache (so nur § 1001). Sachlich geht es dabei zumeist um (den Nutzungszweck ändernde) Baumaßnahmen auf Grundstücken, die der Vindikation unterliegen. Die Konsequenz der weitgehend unbeschränkten Bereicherungshaftung des vindikationsberechtigten Eigentümers zieht allerdings die Rechtsprechung nicht (mehr) in allen Fällen.[97]

Unabhängig von solcher Einordnung ist vorrangig zu beachten, dass Verwendungen im weiten Sinne bei beweglichen Sachen nach § 950 u.U. zu einem gesetzlichen Eigentumserwerb des dann nicht mehr vindikationspflichtigen Besitzers führen können. Das betrifft solche Umgestaltung, die eine neue Sache schafft, als sog. Verarbeitung. Bestimmte zweckändernde Verwendungen vermögen also die Vindikationslage zu beenden. Statt Aufwendungsersatz (nach dem weiten Verwendungsbegriff) verlangen zu können, ist der Verarbeiter dann seinerseits nach §§ 951 Abs. 1, 812 Abs. 1 S. 1 Alt. 2 für den gesetzlichen Eigentumsübergang ersatzpflichtig. Wer dem engen Verwendungsbegriff folgt, müsste das im Rahmen des Wegnahmerechts nach § 997 beachten. 1100

ee) Prüfungsschema: Verwendungsersatz gem. § 996. 1101

1. Vindikationslage zur Zeit der Verwendung
2. Tätigen von **nützlichen** Verwendungen
3. Keine Bösgläubigkeit des Verwenders/keine Rechtshängigkeit
4. Werterhöhung im Zeitpunkt der Wiedererlangung durch Eigentümer

ff) Wegnahmerecht (§ 997). Das Wegnahmerecht des § 997 betrifft alle vom (unrechtmäßigen) Besitzer mit der herausgebenden Sache verbundenen Bestandteile. Sind solche Bestandteile keine wesentlichen, hat der verbindende Besitzer seinerseits bereits die 1102

96 Vgl. dazu Beispiele bei *Medicus/Petersen*, BR Rn. 898–900.
97 Beispiele bei *Medicus/Petersen*, BR Rn. 899.

Vindikation, als er Eigentümer der Bestandteile geblieben ist. § 997 gibt das Wegnahmerecht vielmehr für Fälle, wenn die verbundene Einrichtung wesentlicher Bestandteil geworden ist. Gemeint sind sog. Luxusaufwendungen, die technisch nur wegnehmbar sind, wenn es sich um verbundene (wesentliche) Bestandteile handelt, nicht aber z.B. im Falle einer (nicht werterhöhenden) Umarbeitung der Sache. § 997 ist somit eine Art Auffangnorm für alle Verwendungen auf eine Sache und das Wegnahmerecht kann vom Besitzer auch alternativ zu einem bestehenden Ersatzanspruch nach §§ 994 ff. ausgeübt werden. Ausgeschlossen ist das Wegnahmerecht in den Fällen des § 997 Abs. 2.

1103 **gg) Durchsetzung des Verwendungsersatzes.** Die Verwendungsersatzansprüche geben dem Besitzer (sofern er nicht das Wegnahmerecht des § 997 ausübt) lediglich ein Zurückbehaltungsrecht an der Sache nach § 1000 und erst dann einen (vollgültigen) Ersatzanspruch, wenn der Eigentümer die Sache wiedererlangt oder die Verwendungen genehmigt (vgl. § 1001 S. 1). Nach § 1002 erlöschen die Ersatzansprüche innerhalb eines Monats nach Herausgabe einer beweglichen Sache, bei einem Grundstück nach sechs Monaten, wenn nicht vorher die gerichtliche Geltendmachung erfolgt oder der Eigentümer die Verwendungen genehmigt. Macht der Eigentümer von der Möglichkeit seiner Haftungsbeschränkung auf die Sache Gebrauch, indem er sie entweder nicht zurücknimmt oder gem. § 1001 S. 2 wieder herausgibt, kann sich der Besitzer entsprechend den Regelungen zum Pfandverkauf aus der Sache befriedigen (vgl. § 1003).

Beachte: Bei einem Besitzerwechsel während der Vindikation kann der neue Besitzer auch Verwendungen seines Rechtsvorgängers geltend machen (vgl. § 999 Abs. 1). Wechselt die Person des Eigentümers, gehen dagegen bereits entstandene Nebenansprüche auf Nutzungs- und Schadensersatz nicht auf den Erwerber über, was jedenfalls insoweit konsequent ist, als die §§ 987 ff. als persönliche Ansprüche aus einem gesetzlichen Schuldverhältnis verstanden werden. Für die Passivseite sieht § 999 Abs. 2 demgegenüber eine Verpflichtung eines neuen Eigentümers auch hinsichtlich früherer Verwendungen vor, was im Hinblick darauf notwendig ist, als Erstattungsansprüche erst mit der Herausgabe an den Eigentümer geltend gemacht werden können, was gegenüber einem früheren Eigentümer ggf. nicht mehr möglich wäre.

6. Erwerb und Übertragung von Eigentum – Überblick

1104 Eigentum, und zwar Grundeigentum wie Fahrniseigentum, wird erworben durch

- Rechtsgeschäftliche Übertragung bestehenden Eigentums;
- Gesamtrechtsnachfolge, insb. Erbfolge;
- Dingliche Surrogation;

und nur Fahrniseigentum außerdem durch

- Verbindung, Vermischung, Verarbeitung;
- Trennung oder gestattete Besitzergreifung (§§ 953–957 für Früchte).

1105 Daneben bestehen weitere Tatbestände, z.B. der Ersitzung oder der Aneignung herrenloser Mobilien und Immobilien, beim Fund verlorener (dadurch besitzloser, aber nicht herrenlos gewordener) beweglicher Sachen sowie durch hoheitliche Akte (z.B. der Zwangsversteigerung, der Enteignung oder der Einziehung im Strafprozess).

Nachfolgend werden im Wesentlichen nur der rechtsgeschäftliche Eigentumserwerb und der gesetzliche durch Verbindung, Vermischung oder Verarbeitung näher dargestellt.

7. Übereignung

Die rechtsgeschäftliche Übertragung des Eigentums ist stets **zweiaktig**. **1106**

Für Grundstücke verlangt § 873 die *Einigung* des Eigentümers und des Erwerbers über den Rechtsübergang und die *Eintragung* des Rechtsübergangs im Grundbuch. Die Übereignung von Fahrnis geschieht nach § 929 S. 1 in vergleichbarer Weise durch *Einigung* zwischen Eigentümer und Erwerber **und** *Übergabe* der (beweglichen) Sache (bzw. statt der Übergabe vermittels eines Übergabesurrogats: Besitzkonstitut und Anspruchsabtretung).

Beide Akte sind jeweils Teil des (dinglichen) Verfügungstatbestandes. Die Verfügung **1107** (Übereignung) ist nur wirksam, wenn beide Bestandteile *wirksam* und *inhaltlich übereinstimmend* vollzogen sind.

Außerdem muss der Verfügende (der Veräußerer) im Zeitpunkt der Einigung und der **1108** Eintragung bzw. Übergabe **verfügungsbefugt** ist (anderenfalls ggf. gutgläubiger Erwerb). Eine gewisse Ausnahme enthält § 878 während des Laufs des Eintragungsverfahrens beim Grundbuchamt, wonach eintretende Verfügungs*beschränkungen*, nicht aber der vollständige Verlust der Verfügungsbefugnis, unschädlich sind, wenn zuvor die Einigung bindend geworden und ein Eintragungsantrag gestellt worden war. Unter diesen Voraussetzungen hindern z.B. Verfügungsbeschränkungen im Insolvenzeröffnungsverfahren (vgl. § 21 Abs. 2 Nr. 2 InsO) und im eröffneten Insolvenzverfahren (vgl. § 80 Abs. 1 InsO) die Eintragung der Rechtsänderung nicht. Für bewegliche Sachen bedarf es einer solchen Ausnahme nicht und gibt es sie auch nicht in vergleichbarer Weise.

a) Erstes Tatbestandselement: Einigung als dingliches Rechtsgeschäft

Die Einigung ist ein dingliches Rechtsgeschäft **(Verfügungsvertrag)**, dessen Inhalt (im **1109** Unterschied zum – schuldrechtlichen – Verpflichtungsvertrag) unmittelbar die Rechtsänderung selbst ist. Die Einigung ist deshalb in dem Sinne abstrakt, dass sie nur die Verfügungswirkungen, aber keinen Zweck enthält, also nicht wie die schuldrechtliche Verpflichtung „kraft eines Schuldverhältnisses" (vgl. § 241 Abs. 1 S. 1) also aus Kauf oder Darlehen etc. entsteht und bei Unwirksamkeit eines solchen Kausalverhältnisses entfiele. Der Zweck der (abstrakten) Verfügung liegt außerhalb ihrer selbst, ist die rechtliche causa und sein Fehlen macht die Verfügung kondizierbar (regelmäßig als condictio indebiti).[98]

Stets ist Vertretung (vgl. §§ 164 ff.) bei der Einigung möglich.

aa) Form der Einigung. Während die Einigung beim Fahrniserwerb formlos möglich **1110** ist, verlangt § 925 Abs. 1 für die Übereignung von Liegenschaften notarielle Beurkundung der Einigung (vgl. § 128 oder im Falle eines Prozessvergleichs § 127a). Außerdem bezeichnet § 925 Abs. 1 die auf den Eigentumswechsel an Grundstücken gerichtete Einigung (rechtlich völlig bedeutungslos) mit dem historischen Begriff der Auflassung.

bb) Bedingte Einigung, insb. Eigentumsvorbehalt. Für das Zustandekommen der **1111** Einigung gelten die Vorschriften des Allgemeinen Teils des BGB, die Einigung kann daher *bedingt* (vgl. § 158; anders aber für Grundstücke: § 925 Abs. 2) oder *befristet* (vgl. § 163; anders § 925 Abs. 2) geschlossen werden.

---

98 Rechtsgrundlosigkeit des abstrakten Geschäfts (Verfügung) führt zur Kondiktion. Dieselbe Problematik beim kausalen Geschäft (Verpflichtung), das also seinen Zweck in sich selbst trägt und nicht außerhalb seiner selbst, unterfällt den Irrtümern.

1112 Die unter aufschiebender Bedingung (z.B. vollständiger Kaufpreiszahlung) abgegebene Willenserklärung des Verfügenden bei der Übereignung führt zum sog. Eigentumsvorbehalt (vgl. § 449 Abs. 1) und bewirkt, dass trotz erfolgender Übergabe der beweglichen Sache bzw. Eintragung des Eigentumsübergangs am Grundstück im Grundbuch das *Verfügungsgeschäft insges. (schwebend) unwirksam* ist. Der Erwerber wird also noch nicht Eigentümer. Erst mit Bedingungseintritt wird die zuvor erklärte dingliche Einigung wirksam und führt zusammen mit der bereits erfolgten Übergabe bzw. dem Grundbucheintrag zum vollendeten, wirksamen Verfügungsgeschäft. Bei Grundstücksgeschäften ist die Einigung unter einer Bedingung oder Zeitbestimmung dagegen unwirksam (§ 925 Abs. 2).

Vor Bedingungseintritt hat der Erwerber einer beweglichen Sache durch die Sachübergabe nur Besitz erlangt (zu seinem Anwartschaftsrecht s. sogleich). Solcher Besitz des Vorbehaltskäufers begründet nur einen Rechtsschein (seines vermeintlichen Eigentums) und führt bei entsprechendem gutem Glauben eines dritten Erwerbers im Fall der Weiterveräußerung durch den Vorbehaltskäufer zum Gutglaubenserwerb des Eigentums (§§ 932 ff.).

1113 **cc) Anwartschaftsrecht.** Die bloße Einigung, sei sie unbedingt oder nur bedingt wirksam, begründet noch keine Anwartschaft des Erwerbers und gibt ihm kein Recht, Übergabe bzw. Eintragung im Grundbuch zu verlangen. Die Einigung hat keinerlei Verpflichtungswirkungen, sondern ist nur Teil des Verfügungsgeschäfts. Das sog. Anwartschaftsrecht des Erwerbers beim Eigentumsvorbehalt entsteht erst und nur, wenn der gesamte Verfügungstatbestand vollendet ist, also Einigung und Übergabe bzw. Grundbucheintragung erfolgt sind (sofern nicht statt Letzterer bereits einer der Ausnahmetatbestände des § 873 Abs. 2 greift) und lediglich noch der allein vom Erwerber abhängige Bedingungseintritt (z.B. vollständige Kaufpreiszahlung) aussteht.[99]

1114 **dd) Statt bedingter Grundstücksverfügungen – Auflassungsvormerkung.** § 925 Abs. 2 verbietet Bedingungen und Zeitbestimmungen der Einigung bei der Grundstücksübereignung. Da nach dem Grundbuchverfahrensrecht, § 20 GBO, auch die (allein noch nicht zum Eigentumswechsel führende!) Eigentumsumschreibung nur erfolgen darf, wenn eine vollwirksame Einigung vorliegt, ist der Eigentumsvorbehalt beim Erwerb von Liegenschaftseigentum unzulässig. Unzulässig ist damit z.B. auch eine dinglich wirkende Rückfallklausel als auflösende Bedingung.[100]

Beispiel: Bekommen Kinder ein Grundstück (z.B. in vorweggenommener Erbfolge aus steuerlichen Gründen) geschenkt, wünschen die Schenker oftmals eine Rückfallklausel für den Fall späterer Scheidung der Beschenkten. Damit soll vermieden werden, dass das Grundstück womöglich „aus der Familienvermögen ausscheidet“. Die auflösend bedingte Grundstücksschenkung ist rechtlich ausgeschlossen (§ 925 Abs. 2). Aber es liegt dem Bedürfnis nach bedingtem oder befristetem Verfügungsgeschäft stets ein ebensolches *obligatorisches* Forderungs- oder Rückforderungsrecht (als Rechtsgrund) zugrunde. *Dieses* kann über eine Vormerkung (**Auflassungs- bzw. Rückauflassungsvormerkung**), vgl. § 883 Abs. 1 S. 2, wirksam gesichert werden. Aufgrund der **rangwahrenden Wirkung** der Vormerkung (§ 883 Abs. 3) sind spätere Verfügungen über das Grundstück dem wirtschaftlichen Ziel des Vermögenserhalts der Familie gegenüber wirkungslos.

---

99 Wirtschaftliches Eigentum an Grundstücken kann jedoch auch ohne Auflassung übergehen (BFH/NV 1988, 86). So bereits im vertraglich bestimmten Zeitpunkt, wenn Besitz, Gefahr, Nutzen und Lasten auf den Erwerber übergehen, BFHE 202, 320 = BStBl II 2003, 751; BFHE 166, 49 = BStBl II 1992, 182.

100 Unwirksam ist daher auch eine Auflassung in einem gerichtlichen Widerrufsvergleich (aufschiebende Bedingung).

Die **Auflassungsvormerkung ersetzt** auch den **Eigentumsvorbehalt bei Grundstücksgeschäften**, notwendig z.B. bis zur Bewilligung und Auszahlung eines Finanzierungskredits.[101] So kann dem Vorbehaltskäufer bis zur Kaufpreiszahlung vorerst eine Vormerkung zur Sicherung seines Rechts auf Auflassung bewilligt werden. Er ist dann noch nicht Eigentümer, der Verkäufer kann aber seinerseits den späteren Vollzug nicht mehr einseitig verhindern.

b) Zweites Tatbestandselement: Besitzverschaffung

aa) Bei Grundstücksübereignung – Grundbucheintragung als Buchbesitz. Die Eintragung des Eigentumswechsels im Grundbuch ist ein Akt der freiwilligen Gerichtsbarkeit, der zwingendes Element des Verfügungstatbestandes und damit Wirkungsvoraussetzung des dinglichen Rechtsgeschäfts über Grundstücke ist (vgl. § 873). Die *Eintragung an sich* hat aber *keine rechtsgestaltende Wirkung*, etwa dass allein durch sie die Rechtsänderung (konstitutiv) einträte. Fehlt es vielmehr an einer inhaltlich korrespondierenden Einigung, wird das Grundbuch durch die (fehlerhafte) Eintragung schlicht unrichtig, weshalb in diesem Fall nach § 894 Berichtigung des Grundbuchs verlangt werden kann. 1115

Inkurs: § 894 entspricht nicht der Kondiktion verlorenen Eigentums, vielmehr ist das Eigentum durch die unrichtige Eintragung gar nicht berührt worden. Die Grundberichtigungsklage steht vielmehr der Vindikation (vgl. § 985) gleich; die Stellung des zu Unrecht Eingetragenen (der teils auch als Buchbesitzer oder Bucheigentümer bezeichnet wird) entspricht der des unrechtmäßigen Besitzers. Auf ihn sind die §§ 987 ff. anwendbar (jedenfalls sofern nicht davon unabhängig ein Recht zum Besitz i.S.d. § 986 beansprucht werden kann). Parallel zu § 894 können zudem Berichtigungsansprüche nach Bereicherungsrecht (sofern auf der Grundlage eines nichtigen schuldrechtlichen Kausalgeschäfts ausnahmsweise nur der Buchbesitz geleistet worden ist) oder nach §§ 823, 249 bestehen (sofern der Buchbesitz durch Delikt erlangt wurde; § 992 ist anwendbar).

bb) Bei Übereignung beweglicher Sachen – Übergabe und Surrogate. Der rechtsgeschäftliche Erwerb von Fahrniseigentum verlangt *neben der Einigung* über den Rechtsübergang mit dem dinglich Berechtigten die *Besitzverschaffung durch Übergabe* der beweglichen Sache (vgl. § 929) oder mittels eines rechtsgeschäftlichen *Übergabeersatzes*. 1116

Übergabeersatz kann (1) die Vereinbarung eines Besitzkonstituts nach § 930 oder (2) die Abtretung eines bestehenden Herausgabeanspruchs nach § 931 sein. Übergabe bzw. Übergabesurrogat dienen der für den Eigentumswechsel notwendigen Besitzverschaffung an den Erwerber, sei es dass er unmittelbarer oder mittelbarer Besitzer werde.

Bei der rechtsgeschäftlichen Übertragung von Fahrniseigentum sind deshalb **mehrere Übereignungstatbestände** zu unterscheiden.

---

101 Mit der **Auflassungsvormerkung** erlangt der Käufer regelmäßig bereits das **wirtschaftliche Eigentum**, BFHE 199, 266 = BStBl II 2002, 692.

8. Prüfungsschema zum Eigentumserwerb an beweglichen Sachen (§§ 929 ff.)

1117 **I. Einigung (§ 929 S. 1)**

1. Einigung über den Eigentumswechsel (dingliches Rechtsgeschäft)

a) Einigung unmittelbar zwischen Veräußerer und Erwerber
   – möglich auch antizipierte Einigung –

b) oder Einigung mittels wirksamer Vertretung (einseitig oder beidseits)
   – bei *mittelbarer* Stellvertretung auf *Erwerber*seite möglich:
     – Geschäft für wen es angeht (**Folge:** *Direkt*erwerb)
     – Insichgeschäft, § 181 (**Folge:** *Durchgangs*erwerb)
     – antizipierte Einigung zw. Erwerber und mittelbarem Vertreter (**Folge:** *Durchgangs*erwerb)

c) auch möglich als konkludente Einigung
   – durch Übergabe der Sache
   – durch Abnahme einer tatsächlich angebotenen Sache (z.B. in Automaten)

2. Inhalt der Einigung

a) Rechtsänderung an konkret bestimmten Sachen (Bestimmungsgrundsatz)

b) Bedingte oder befristete Einigung (z.B. bei Eigentumsvorbehalt, § 449 Abs. 1)

c) nur ausnahmsweise: Verbindung von Grundgeschäft und dinglicher Einigung (Geschäftseinheit gem. § 139)

3. Keine Unwirksamkeits- bzw. Nichtigkeitsgründe

a) Mangelnde Geschäftsfähigkeit (§§ 104 ff.)

b) Anfechtung (§ 142)

c) Verstoß gegen ein Verbotsgesetz, § 134 (z.B. Waffen, Drogen)

4. Kein Widerruf der Einigung bis zur Vollendung des Rechtserwerbs (Einigsein)

– antizipierte Einigung ist bis zur Übergabe der Sache widerrufbar (Umkehrschluss aus § 873 Abs. 2)

II. Übergabe (1.) oder Übergabe*surrogat* (3., 4.)

1. Übergabe gem. § 929 S. 1

a) Besitzerwerb auf Erwerberseite
   – Erwerber wird selbst **unmittelbarer Besitzer** durch Erlangung der Sachherrschaft (§ 854 Abs. 1) (oder durch Vereinbarung, § 854 Abs. 2) oder **Besitzdiener** des Erwerbers (§ 855) erlangt tatsächliche Sachherrschaft
   – Erwerber wird **mittelbarer Besitzer** durch Vereinbarung eines Besitzkonstitutes (§ 868) mit einem Dritten (Veräußerer; sonst nur Veräußerung nach §§ 929, 930 möglich).
   – Besitz wird auf **Geheiß** des Erwerbers an einen Dritten übertragen

b) Auf Veranlassung des Veräußerers zum Zwecke der Eigentumsübertragung

c) Vollständiger Besitzverlust auf Veräußererseite
   – Veräußerer gibt eigene Sachherrschaft auf
   – Besitzdiener des Veräußerers gibt Sachherrschaft mit dessen Einverständnis auf
   – Besitzmittler des Veräußerers übergibt die Sache an Erwerber
   – Besitzmittler des Veräußerers schließt mit Erwerber neues Besitzmittlungsverhältnis und beendet dadurch dasjenige mit dem Veräußerer

2. Übereignung „kurzer Hand" gem. § 929 S. 2
3. Vereinbarung eines Besitzkonstitutes (§ 930)
a) Veräußerer muss Besitzer sein (mittelbarer/unmittelbarer oder Mitbesitzer)
b) Besitzmittlungsverhältnisses zwischen Veräußerer und Erwerber
- Rechtsgeschäftliches Besitzmittlungsverhältnis (auch antizipiert)
- auch z.B. ehelicher Lebensgemeinschaft (§ 1353) oder elterlicher Vermögenssorge (§ 1626)

4. Abtretung des Herausgabeanspruchs (§ 931)
a) Veräußerer ist mittelbarer Besitzer
b) Dritter ist mittelbarer oder unmittelbarer Besitzer
c) Abtretung des Herausgabeanspruchs gem. § 870

III. Berechtigung des Veräußerers
1. Verfügungsbefugter Eigentümer
Verfügungsbefugnis *fehlt* im Fall von
- Verfügungen in Schwebezeit vor Bedingungseintritt (§ 161 Abs. 1)
- Insolvenzverwaltung (§ 81 Abs. 1 InsO)
- behördlichem oder gesetzlichem Verfügungsverbot (§§ 135, 136)
- Ehegatten bei Verfügungen über das Vermögen im Ganzen oder Haushaltsgegenständen (§§ 1365, 1369)
- Nachlassverwaltung (§ 1984 Abs. 1)
- Testamentsvollstreckung (§ 2211)
- Eintritt des Nacherbfalls (§ 2140 Abs. 1)

2. Kraft Gesetzes verfügungsbefugter Nichteigentümer
- Insolvenzverwalter (§ 80 Abs. 1 InsO)
- Pfandgläubiger bei Verwertung (§§ 1204 Abs. 1, 1228 Abs. 2)
- Nachlassverwalter (§ 1985 Abs. 1)
- Testamentsvollstrecker (§ 2205)

3. Kraft Einwilligung verfügungsbefugter Nichteigentümer
gem. § 185 Abs. 1 zur Verfügung Ermächtigter (nur – vorherige – Einwilligung).

Beachte: Die – nachträgliche – Genehmigung, § 185 Abs. 2, führt nicht (rückwirkend) zum Erwerb vom Berechtigten, vielmehr gelten §§ 932 ff., 935. Sie bewirkt, dass eine nach §§ 932 ff., 935 zunächst unwirksame Verfügung *des Nichtberechtigten* wirksam wird. Die Unterscheidung ist für die *daran anschließende* Anwendung des § 816 Abs. 1 (Surrogatanspruch bei Verfügung eines Nichtberechtigten) entscheidend.

a) Übereignungstatbestand (§ 929 S. 1)

Die Übereignung von Fahrnis geschieht durch Übergabe der Sache und Einigung des dinglich Berechtigten mit dem Erwerber über den Eigentumsübergang (§ 929 S. 1). Die Vorschrift enthält damit den Grundtatbestand jeder Übertragung. **1118**

aa) Übergabe. Ihr liegt die Verschaffung des unmittelbaren Besitzes an den Erwerber zugrunde (vgl. § 854). Solche Besitzeinräumung ist regelmäßig Realakt aus körperlichem Übergeben und Übernehmen der Sache (§ 854 Abs. 1). Die Besitzeinräumung kann ausnahmsweise durch (eine weitere, hierauf bezogene) Einigung erfolgen, wenn **1119**

der Erwerber bereits ohne Weiteres zur Gewaltausübung imstande ist (z.B. frei im Wald liegendes Holz) (§ 854 Abs. 2).

1120 **bb) Übergabe durch einen Dritten.** Der Veräußerer muss für die Eigentumsübertragung nach § 929 S. 1 dem Erwerber den *unmittelbaren* Besitz verschaffen. Dazu muss der Veräußerer nicht selbst unmittelbarer oder auch nur mittelbarer Besitzer sein, vielmehr genügt, dass auf sein Geheiß der Besitzmittler oder sonst der unmittelbare Besitzer die Sache als Geheißperson dem Erwerber aushändigt (sog. **Geheißerwerb** aufgrund Übergabe der Sache **durch** einen Dritten).

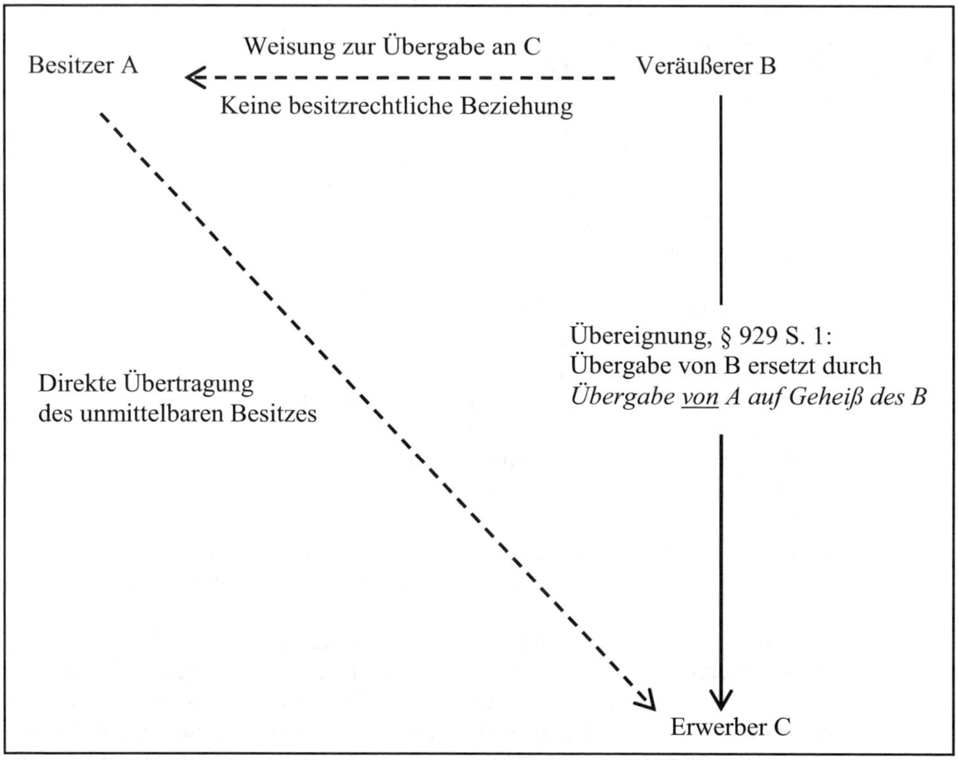

1121 **cc) Übergabe der Sache an einen Dritten.** Die Verschaffung des unmittelbaren Besitzes an den Erwerber braucht sodann nicht dergestalt zu erfolgen, dass dieser den unmittelbaren Besitz selbst erlangt, um Eigentümer nach § 929 zu werden. Vielmehr genügt auch auf Erwerberseite, dass der unmittelbare Besitz auf sein Geheiß die Sache einem Besitzmittler des Erwerbers oder einem beliebigen Dritten ausgehändigt wird, an den sie zu übergeben der Erwerber geheißen hat (sog. **Geheißerwerb** aufgrund Übergabe **an** einen Dritten).[102]

102 Der Geheißerwerb war Gegenstand im Wirtschaftsprüfungsexamen 2014/I.

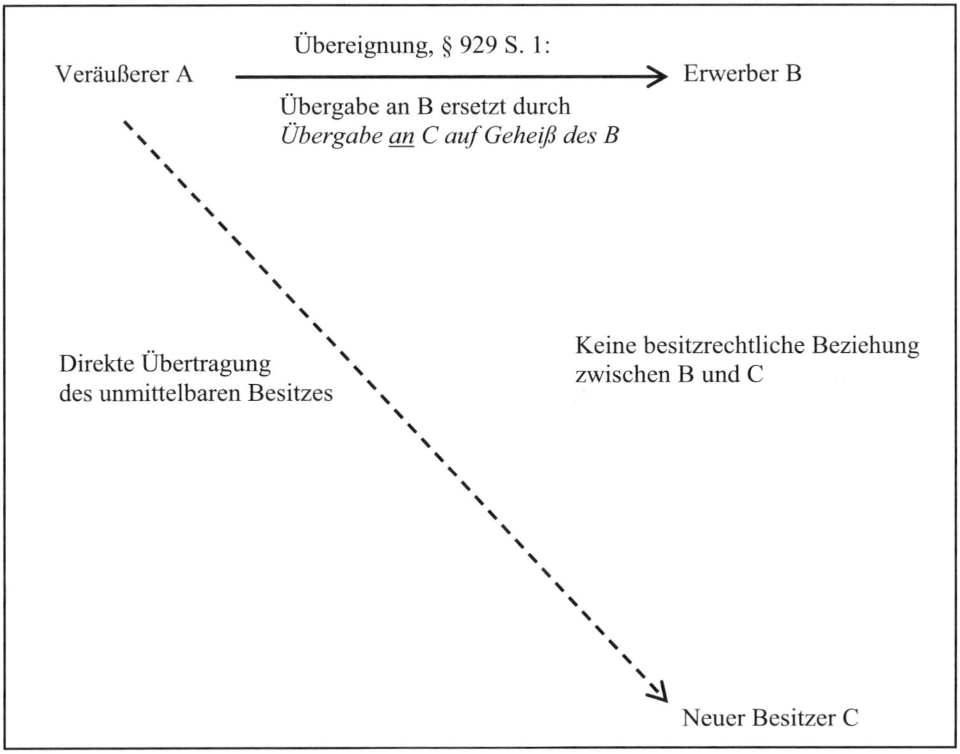

dd) Doppelter Geheißerwerb. Der Geheißerwerb taucht praktisch besonders häufig in einer kombinierten Form (doppelter Geheißerwerb) als sog. abgekürzte Lieferkette oder Streckengeschäft auf. 1122

Beispiel: Während *schuldrechtlich* ein Hersteller (in der Skizze: A) seinen Vertriebsweg über einen Großhändler B (als Eigenhändler, nicht als Handelsvertreter) organisiert und dieser an den Einzelhändler C weiterverkauft, erfolgt zwar die Auslieferung und damit die Übertragung des unmittelbaren Besitzes der Ware unmittelbar vom Hersteller A an den Einzelhändler C. Dennoch sind parallel zu den beiden Kaufverträgen auch die Übereignungen „über Eck", also mit Zwischeneigentum des Großhändlers, gewollt – z.B. weil dieser mit dem Einzelhändler einen Eigentumsvorbehalt vereinbart hat und der Hersteller den notwendigen Inhalt der dinglichen Einigungserklärung mit letzterem nicht kennt.

Besonders auch im **Internethandel** kann es sinnvoll sein, Streckengeschäfte durchzuführen. Die Bestellungen, die im Online-Shop eingegeben werden, können automatisch an den Hersteller oder Großhändler weitergeleitet werden, der diese bearbeitet und ausführt. Durch die unmittelbare Bestellübermittlung und den Direktversand entsteht ein Zeitgewinn. Der Endkunde zahlt an den Händler, dieser rechnet mit dem tatsächlichen Lieferer ab. Dadurch vermeidet der Online-Shop auch die Kapitalbindung in einem eigenen Lager.

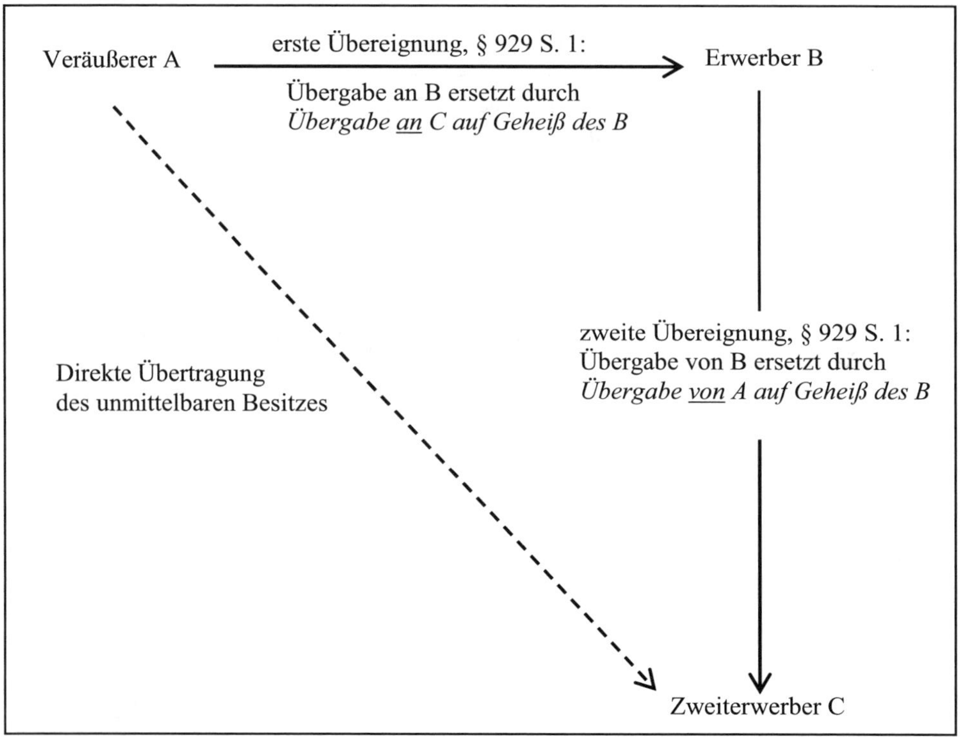

1123 **ee) Einigsein im Zeitpunkt der Übergabe.** Einigung („und beide darüber einig sind") und Übergabe müssen inhaltlich und zeitlich aufeinander bezogen sein.

Besteht Einigkeit über den Eigentumsübergang, wird die Sache jedoch nicht zugleich, sondern erst später übergeben, muss die Einigung inhaltlich unverändert dann noch Bestand haben (sog. Einigsein). Eine inzwischen erfolgte **Willensänderung** des Übergebers, nur „leihweise", also nur zu Besitz und nicht mehr, wie vielleicht ursprünglich geplant, schenkweise zu Eigentum zu übergeben, genügt dann nicht und der Empfänger wäre nicht Eigentümer geworden. Maßgeblich ist nur das *dingliche* Rechtsgeschäft, nicht das obligatorische. Gleichwohl ist nach allgemeinen Grundsätzen der Rechtsgeschäftslehre Erkennbarkeit solcher Willensänderung hinsichtlich des dinglichen Vertrags nach dem objektiven Empfängerhorizont erforderlich.

Also: Die **dingliche Einigung** ist zwar ein dinglicher Vertrag, allerdings **fehlt** ihm **jede Verpflichtungs- und damit auch Bindungswirkung** für die Zukunft. Die Einigung hat nur *punktuelle* Wirkung, sofort eine Rechtsänderung auszulösen, und auch das nur dann, wenn dafür alle anderen Voraussetzungen ebenfalls vorliegen.

b) Übereignungstatbestand (§ 929 S. 2)

1124 Im chronologisch umgekehrten Fall einer der Besitzerlangung nachfolgenden Einigung geht das Eigentum mit dieser über (vgl. § 929 S. 2). Solche *brevi manu traditio* ist keine Ausnahme zu S. 1, sondern in erster Linie Zulässigkeit beliebiger Reihenfolge von Einigung und Übergabe, sofern nur der Erwerber *noch und bereits* Besitzer ist.

Es genügt dabei (parallel zum Begriff der Übergabe nach § 929 S. 1) mittelbarer Besitz des Erwerbers, sofern nur nicht der Veräußerer der Besitzmittler ist.

Beispiel für einen Anwendungsfall des § 929 S. 2 ist der Eigentumserwerb durch einen Mieter oder Entleiher, v.a. aber die **Rückübereignung von Sicherungseigentum** nach Beendigung des Sicherungszwecks.

c) Übergabesurrogate: Besitzkonstitut und Anspruchsabtretung

Unbeschadet erforderlicher Einigung über den Eigentumsübergang kann die *Übergabe* **1125** durch Verschaffung unmittelbaren Besitzes an den Erwerber (so nach § 929 S. 1) dadurch ersetzt werden, dass der Erwerber vielmehr den mittelbaren Besitz erlangt. Das Bürgerliche Gesetz stellt dafür zwei Möglichkeiten bereit. Zum einen kann mittelbarer Besitz durch Vereinbarung eines Besitzmittlungsverhältnisses (oder „Besitzkonstitut", vgl. § 868) zwischen Veräußerer und Erwerber neu begründet werden (Übergabesurrogat nach § 930). Zum anderen kann bereits bestehender mittelbarer Besitz des Veräußerer mit einem Dritten als Besitzmittler durch Abtretung des daraus folgenden Herausgabeanspruchs dem Erwerber übertragen werden (Übergabesurrogat nach § 931). In beiden Fällen bleibt die Sache unbewegt dort, wo sie sich befindet, so dass der bisherige unmittelbare Besitzer (i.e. der Veräußerer im Fall des § 930; der Dritte im Fall des § 931) sie fortgesetzt nutzen oder im Lager behalten kann, obgleich die Person des Eigentümers wechselt.

aa) Übergabesurrogat: Besitzkonstitut (§ 930). Die rechtsgeschäftliche Übereignung **1126** einer beweglichen Sache ist auch durch Einigung und Vereinbarung eines Besitzkonstituts zwischen Veräußerer und Erwerber möglich (§§ 929 S. 1, 930). Der Veräußerer braucht sich im Fall des § 930 nicht jeden Besitzes zu entäußern, sondern behält den unmittelbaren Sachbesitz.

Übergabesurrogat i.S.d. § 930 ist das den mittelbaren Besitz begründende Besitzkonsti- **1127** tut nach § 868. Erforderlich ist ein **konkretes Besitzmittlungsverhältnis**, es genügt nicht lediglich eine bloße Erklärung eines Veräußerers, „künftig für den Erwerber besitzen" zu wollen. Das Besitzmittlungsverhältnis entsteht regelmäßig durch Vertragsschluss. Erforderlich ist ein konkreter Inhalt mit einem Herausgabeanspruch, sei es *schuldrechtlich* als Miet-, Verwahrungs-, Leihverhältnis etc., sei es *sachenrechtlich* als Pfandverhältnis u.ä.

Beispiel: Hauptanwendungsfall ist die sog. **Sicherungsübereignung**. Dabei werden (unentbehrliche) Betriebsmittel oder auch das Warenlager einem Gläubiger einerseits übereignet und gleichzeitig zur weiteren Nutzung von ihm zurückgemietet oder zurückgeliehen. Andererseits soll der so gesicherte Gläubiger das übertragene Eigentum (nur) im sog. Sicherungsfall, wenn also die besicherte Forderung notleidend würde, wirtschaftlich verwerten dürfen. Der Gläubiger ist zwar formal rechtlicher Eigentümer, aber schuldrechtlich darin beschränkt, über die Sache zu verfügen, also die Eigentümerposition auszuüben; sog. eigennützige Treuhand (zur Sicherungsübereignung sogleich Rn. 1133 und zum Sicherungseigentum Rn. 1363). Dieses Besitzmittlungsverhältnis wird durch eine sog. **Sicherungsabrede** geschaffen, durch welche der Sicherungsgeber z.B. einer Bank einen Pkw *als Sicherheit* übereignet. Darin müssen – neben der Pflicht zur Sicherungsübereignung selbst – inhaltlich konkret genug insb. die Benutzungsrechte und Verwahrpflichten des Sicherungsgebers und ein Herausgabeanspruch des Sicherungsnehmers bezeichnet werden (ausdrücklich oder konkludent).

1128 Der Vertrag kann konkludent geschlossen werden, die Vorschriften des Allgemeinen Teils (z.B. betreffend Willenserklärungen, Geschäftsfähigkeit, Stellvertretung) sind anzuwenden. Die rechtliche Wirksamkeit des Besitzmittlungsverhältnisses ist nicht entscheidend (vgl. Rn. 920), soweit nur ein schuldrechtlicher (Ersatz-) Herausgabeanspruch (z.B. § 812, § 985 oder §§ 681 i.V.m. 667) und Fremdbesitz des unmittelbaren Besitzers vorliegen:

Beispiel: Das Besitzmittlungsverhältnis begründet den Fremdbesitz des unmittelbaren Besitzers nur, wenn es wirksam ist (z.B. als Erwerbsauftrag im Hinblick auf § 667). Ist es unwirksam oder fehlt es, kann ein anderes an seine Stelle treten, etwa aus Geschäftsführung ohne Auftrag (Herausgabeanspruch nach §§ 681, 667). Auch die GoA ist ein taugliches Besitzmittlungsverhältnis – sofern sie wirksam ist (die Fälle des § 687 sind keine GoA, vgl. Rn. 577 f., 605). Bevor Fremdbesitz durch einen *bereicherungsrechtlichen* Herausgabeanspruch vermittelt werden kann, muss der mittelbare Besitz aber rechtlich wirksam begründet worden sein. Erst alle späteren Änderungen im Besitzmittlungsverhältnis sind für die einmal erfolgte Begründung mittelbaren Besitzes unerheblich: wenn Besitz besteht, besteht er, bis er sachenrechtlich beendet wird (sei es durch Eigenbesitz begründende Unterschlagung der Sache durch den Fremdbesitzer; vgl. zur sog. Aufschwungtheorie Rn. 1064). Eine „spätere" Nichtigkeit des Besitzmittlungsverhältnisses durch rückwirkende Anfechtung ist also gleichermaßen mit guten Gründen rechtlich für die erfolgte Besitzbegründung irrelevant. Allerdings heißt das, dass auch für den Erwerb mittelbaren Besitzes der „natürliche Besitzbegründungswille" ausreichen müsse. – Genügt der „natürliche Besitzbegründungswille", kann diesen auch ein bereits anfänglich nichtiges Besitzmittlungsverhältnis erfüllen (z.B. ein sittenwidriges nach § 138).[103] *Deshalb* kann gesagt werden, dass auch das unwirksame Besitzmittlungsverhältnis die Übereignung ermöglicht.

1129 **(1) Antizipiertes Besitzkonstitut.** Erweiterte Gestaltungsmöglichkeiten bestehen in der Vorausvereinbarung einer erst künftig wirksamen Übereignung durch antizipiertes (vorweggenommenes) Besitzkonstitut, etwa im Hinblick auf eine zuerst noch erforderliche Selbstbelieferung, wenn z.B. der Gläubiger gerade diesen Ersterwerb finanzieren und der finanzierte Gegenstand dann zugleich ihm als Sicherheit dienen soll.

Das antizipierte Konstitut ist die vorweggenommene Vereinbarung eines Besitzmittlungsverhältnisses für solche Sachen, die erst künftig angeschafft werden. Die Vereinbarung ist nach § 163 auf den Zeitpunkt betagt, an welchem der Veräußerer unmittelbaren oder mittelbaren Besitz an solchen Sachen erwerben sollte. Das antizipierte Konstitut hat die Wirkung, dass ein in diesem Zeitpunkt erworbenes Eigentumsrecht ohne Weiteres und unmittelbar sofort auf den anderen weiterübertragen wird. Anwendungsfall ist z.B. die Sicherungsübereignung eines Warenlagers mit wechselndem Bestand im Hinblick auf die künftig hinzuzufügenden Sachen, die dann ebenfalls dem Sicherungsnehmer (automatisch) sicherungsübereignet sein sollen.

Beispiel: Unternehmer S übereignet seiner Bank G das – räumlich zwingend exakt zu lokalisierende (Bestimmtheitsgrundsatz) – Warenlager als Sicherheit für einen Betriebsmittelkredit. Für Produktion und Verkauf muss S fortgesetzt Teile aus „seinem" nun fremden Lagerbestand entnehmen können, wozu G ihn „im normalen Geschäftsgang" ermächtigt (Verfügungsbefugnis gem. § 185 Abs. 1). Umgekehrt wird G wollen, dass die dafür „neu auf Lager gekommenen" Sachen ebenfalls als Sicherheit dienen – und zwar ohne dass dazu künftig jeweils eine gesonderte Übereignung vonnöten sein soll. – Das antizipierte Konstitut hat damit den Inhalt, den § 1048 Abs. 1 S. 2 für den besonderen Fall des Nießbrauchs als dingliche Surrogation von Gesetzes wegen bestimmt. Was im Fall des Nießbrauchs an einem Grundstück als Inventar von vornherein gegen-

103 Die stets verlangten *konkreten* Pflichten eines Besitzmittlungsverhältnisses (oben Rn. 920, 1127 ff.) sind dann ebenfalls in einen ziemlich naturalistischen Bereich verwiesen.

ständlich hinreichend bestimmt ist, muss in Bezug auf ein Warenlager z.B. in den der Sicherungsabrede beizufügenden Lageplänen räumlich genau gekennzeichnet werden.

Der Erwerb auch durch antizipiertes Besitzkonstitut ist ein solcher nach §§ 929 S. 1, 930, wenn gerade *der Veräußerer* Besitzmittler des Erwerbers ist (vgl. bereits Rn. 1129 ff.). Tritt dagegen ein *Besitzmittler auf Erwerberseite* auf, der nicht der Veräußerer ist, erfolgt der Eigentumserwerb nach § 929 S. 1. 1130

Beispiel: Der Erwerb einer Sache durch einen kaufmännischen **Einkaufsvertreter** (offene Stellvertretung, vgl. §§ 84 Abs. 1, 91 Abs. 1, 54 f. HGB) erfolgt regelmäßig durch *antizipiertes Konstitut.* Besitzkonstitut ist hierbei der dem Handelsvertreterverhältnis zugrundeliegende Geschäftsbesorgungsvertrag (Erwerbsauftrag) mit der konkludenten Absprache, dass der Handelsvertreter zeitgleich mit Erwerb des unmittelbaren Besitzes diesen seinem Prinzipal vermittelt. Damit der Prinzipal das Eigentum erwirbt, erklärt zudem der Handelsvertreter die dingliche Einigung mit dem Veräußerer als Stellvertreter des Prinzipals. Der Handelsvertreter ist also beim Erwerb *parallel* rechtsgeschäftlicher Vertreter in der dinglichen Einigungserklärung *und* sachenrechtlich (schon vorweggenommener) Besitzmittler seines Prinzipals. Der Prinzipal erwirbt direkt vom Veräußerer nach §§ 929 S. 1(!).[104]

Handelt nun statt des Einkaufsvertreters ein **Einkaufskommissionär**, kann der Besitzerwerb des Kommittenten gleichfalls mittels des auch in diesem Auftragsverhältnis zu antizipierenden Besitzkonstituts erfolgen. Mangels Stellvertretung des Kommittenten bei der dinglichen Einigung durch den Kommissionär im Vollzug des Ausführungsgeschäfts mit dem Dritten (vgl. § 383 HGB: sog. mittelbare Stellvertretung) liegen dann aber *zwei Übereignungen nacheinander* vor:

Der Kommissionär erwirbt zuerst selbst Eigentum nach § 929 S. 1 vom Veräußerer. Er erklärt nämlich die dingliche Einigung mit dem Dritten in seinem eigenen Namen.[105] Anschließend erfolgt die Weiterübereignung an den Kommittenten. Dafür haben sich Kommittent und Kommissionär entweder bereits in der Vergangenheit vorsorglich dinglich geeinigt (antizipierte dingliche Einigung) oder der Kommissionär erklärt diese zweite dingliche Einigung mit sich selbst zugleich als Vertreter des Kommittenten (als sog. Insichgeschäft gem. § 181) oder beide erklären die dingliche Einigung irgendwann später. – Der Kommittent erlangt das Eigentum jedenfalls nicht unmittelbar vom dritten Veräußerer, sondern vom Kommissionär und zwar von ihm nach §§ 929 S. 1, 930. Der Kommissionär wird zwischenzeitlich für (mindestens) eine sog. juristische Sekunde Eigentümer (Zwischenerwerb). Die Besitzlage ist gegenüber der eines Einkaufsvertreters identisch, auch der Kommissionär ist von Anfang an Besitzmittler des Kommittenten. Da aber Besitzmittler nun zugleich der Veräußerer (in der zweiten Übereignung) ist, handelt es sich dabei um den Übereignungstatbestand des § 930.

(2) Insichkonstitut. Möglich ist auch die Übereignung mittels Besitzkonstituts, das durch Selbstkontrahieren des Veräußerer (vgl. § 181) geschlossen wird, der zugleich als Vertreter des Erwerbers bevollmächtigt wurde, sog. Insichkonstitut. 1131

---

104 Nicht nach §§ 929 S. 1, 930, weil das Besitzmittlungsverhältnis nicht mit dem Veräußerer besteht. Der Veräußerer ist in diesem Beispiel der Dritte und er gibt vielmehr jeden Besitz auf, was der „Übergabe" nach § 929 S. 1 entspricht. Der Erwerb gestaltete sich zwischen Veräußerer und Erwerber ebenfalls nach § 929 S. 1, wenn der Einkäufer nur Besitzdiener wäre.

105 Denkbar ist auch hier die direkte Vertretung des Kommittenten beim Erwerb vom Veräußerer durch das sog. *Geschäft für wen es angeht* betreffend die dingliche Einigung. Dann handelte es sich nicht um echte Kommission und sachenrechtlich um eine Übereignung nach § 929 S. 1, nicht nach § 930, weil die Einräumung mittelbaren Besitzes als Übergabe an den Kommittenten als Erwerber genügt, sofern nur nicht der Veräußerer der Besitzmittler ist (nur *das* wäre der Fall des § 930).

1132 **(3) Rechtsfolge bei Veräußerungsketten: Durchgangseigentum.** Der Erwerb nach § 930 hat v.a. im Mehrpersonenverhältnis die Bedeutung, dass der Mittelsmann (z.B. Kommissionär) dabei Durchgangseigentum erwirbt und dieses bei ihm in den Haftungsverband eines Vermieterpfandrechts, einer Hypothek oder Grundschuld (vgl. § 1120)[106] fallen oder der Zwangsvollstreckung unterliegen kann.[107]

1133 **bb) Insb.: Sicherungsübereignung (§ 930).** Bei der Sicherungsübereignung überträgt der Schuldner einer Forderung seinem Gläubiger eine Sache zu vollem Eigentum mit der zusätzlichen Abrede, dass der Gläubiger über die Sache nicht verfügen dürfe und sie nach Schuldtilgung zurück zu übereignen habe (fiduziarisches oder Treuhandeigentum). Der Sicherungsnehmer wird formal Volleigentümer und erlangt damit sachenrechtlich uneingeschränkte Befugnisse in Bezug auf den Sicherungsgegenstand, während er sich schuldrechtlich verpflichtet, im Innenverhältnis das Eigentum nur im Sinne eines pfandähnlichen Verwertungsrechts auszuüben. Ihm ist v.a. die freie Weiterveräußerung untersagt, sie ist ihm aber im Außenverhältnis ohne Weiteres möglich und ein Dritter würde von ihm stets als vom (sachenrechtlich) Berechtigen erwerben (das Veräußerungsverbot wirkt nur schuldrechtlich, vgl. § 137).

1134 Der Sicherungseigentümer muss den Sicherungsgegenstand nach Wegfall des Sicherungszwecks nicht nur zurückgeben (also einen mittelbaren Besitz beenden), sondern (– bei unbedingter Sicherungsübereignung –) zurück*übereignen* (nach § 929 S. 2).

1135 **(1) Bestandteile der Sicherungsübereignung.** Es sind vier Rechtsgeschäfte zu unterscheiden:

- ein Schuldverhältnis, kraft dessen die zu besichernde Forderung besteht, z.B. der Rückzahlungsanspruch aus Darlehen (§ 488 Abs. 1 S. 2);
- die rechtsgeschäftliche Übereignung gem. §§ 929, 930. Neben die dingliche Einigung (§ 929 S. 1) tritt nicht die Übergabe, sondern als Übergabesurrogat ein Besitzmittlungsverhältnis, das u.a. in der Sicherungsabrede verabredet ist (Sicherungsvertrag zur Begründung eines eigennützigen Treuhandverhältnisses und des Besitzmittlungsverhältnisses);[108]
- die Rückübereignung nach Wegfall des Sicherungszwecks.

1136 Die Sicherungsübereignung ist der Bestellung eines Pfandrechts nach § 1204 ähnlich, gibt jedoch nicht wie dieses nur ein Recht zum Besitz (das nach § 1252 mit Wegfall des Sicherungszwecks erlischt, woraufhin das Pfand gem. § 1223 Abs. 1 ebenso wie nach §§ 985, 986 zurück zu geben ist), sondern *überträgt das Vollrecht (ist also Übereignung)*. Während beim Pfandrecht der Besteller unmittelbaren Besitz nicht zurück**be**halten (vgl. § 1205) und nicht zurück**er**halten (vgl. § 1253) darf, ermöglicht die Sicherungsübereignung nach § 930 genau dieses. Der Sicherungsgeber bleibt unmittelbarer Besitzer. Der

---

106 Sofern Zubehör nach §§ 97, 98, was z.B. bei Kommissionsgut nicht gegeben ist, weil dieses nicht dem Grundstück des Kommissionärs dient.

107 Besonderheiten gelten für **Sicherungseigentum in der Insolvenz und Zwangsvollstreckung**; vgl. dazu Rn. 1364.

108 Die Sicherungsabrede (synonym: der Sicherungsvertrag) ist zugleich der Rechtsgrund der Sicherungs*übereignung*. Deshalb ist bei nichtiger Sicherungsabrede das geleistete Sicherungseigentum nach § 812 Abs. 1 S. 1 1. Alt zu kondizieren. Dagegen ist nach Wegfall des Sicherungszwecks (durch Tilgung der gesicherten Forderung) der Sicherungsgegenstand zurück zu übereignen (als Pflicht, die ebenfalls in der Sicherungsabrede begründet ist). Eine Ausnahme besteht lediglich im seltenen Fall der auflösend bedingten Sicherungsübereignung, bei der das Eigentum automatisch zurückfällt.

Gläubiger als Sicherungsnehmer wird nur mittelbarer Eigentümer, während der Schuldner als Sicherungsgeber ihm den Besitz vermittelt und deshalb mit dem Sicherungsgut weiterhin wirtschaften kann.

Beispiel: Ein Transportunternehmen kann das Eigentum am Lkw als Sicherheit geben, dabei jedoch nicht auf den unmittelbaren Besitz (Nutzungsmöglichkeit) verzichten, ohne dass der Betrieb stillstehen müsste. Umgekehrt hätte etwa eine Bank als Sicherungsnehmer mit den Fahrzeugen nur die Last und Kosten der Verwahrung. Darin liegt der Vorteil der Sicherungsübereignung gegenüber der Verpfändung.

(2) Tatbestand der Sicherungsübereignung. Für die Sicherungsübereignung durch Besitzkonstitut nach § 929, 930 gelten keine Besonderheiten. Das Besitzmittlungsverhältnis ist meist kein in § 868 typisiertes, sondern besteht in vereinbarten Sorgfalts- und Erhaltungspflichten des die Sache weiterhin unmittelbar besitzenden Sicherungsgebers. 1137

Die nach § 929 S. 1 erforderliche Einigung über den Eigentumswechsel kann im Interesse des Sicherungsgebers auf den Wegfall des Sicherungszwecks auflösend bedingt erklärt werden; in der Vertragspraxis wird die Einigung formularmäßig wohl immer unbedingt erklärt.

Die (praktisch seltene) *auflösend bedingte Sicherungsübereignung* erfolgt unter auflösender Bedingung der dinglichen Einigung auf den Wegfall des Sicherungszwecks. Bei Bedingungseintritt fällt dadurch rückwirkend die Einigungserklärung weg, was zum Wegfall der Sicherungsübereignung und damit automatisch zum Rückfall des Eigentums führt. Der Sicherungsgeber erhält also nicht nur einen schuldrechtlichen Rückgewähranspruch gegen den Sicherungsnehmer aus dem Besitzmittlungsverhältnis. Bewirkt wird vielmehr ein dinglicher Rückfall des Eigentums im Fall, dass der Sicherungszweck durch Tilgung der gesicherten Forderung endgültig wegfällt. 1138

Das unter der auflösenden Bedingung vorgenommene Rechtsgeschäft ist die dingliche Einigung des Sicherungsgebers mit dem Sicherungsnehmer, nicht das Besitzmittlungsverhältnis zwischen beiden. Das Besitzmittlungsverhältnis wird unbedingt geschlossen und hat nur punktuelle Bedeutung für die Übereignung nach § 930 als Übergabesurrogat im Zeitpunkt der Erlangung des mittelbaren Besitzes durch den Erwerber. Spätere Änderungen im Besitzmittlungsverhältnis haben sachenrechtlich keine Rückwirkung. Selbstverständlich wird auch die kausale (schuldrechtliche, als Rechtsgrund dienende) Sicherungszweckabrede zwischen beiden unbedingt geschlossen.

(3) Rückfall oder Rückübereignung. Der automatische Rückfall des Eigentums durch von Beginn an auflösend bedingte Übereignung an den Sicherungsnehmer verhindert eine zwischenzeitliche (absprachewidrige) freie Weiterveräußerung durch den Sicherungsgeber an einen Dritten (vgl. § 161 Abs. 2). Der Dritte kann dann ggf. nur gutgläubig Eigentum erwerben (§ 161 Abs. 3). Vgl. dazu Rn. 844. 1139

Während im Fall auflösend bedingter Einigung das Sicherungseigentum mit Ablösung der zu sichernden Forderung automatisch zurückfiele, ist anderenfalls eine Rückübereignung (durch bloße Einigung gem. § 929 S. 2) erforderlich.[109] Bedeutung hat der

109 Einigung und Besitzmittlungsverhältnis müssen sich auf **hinreichend bestimmte Stücke** beziehen. Bei der sog. **Raumsicherungsübereignung** etwa eines ganzen Warenlagers kann dies durch Kennzeichnung abgeschlossener Räume auf einem beizufügenden Gebäudegrundriss oder durch dauerhafte Bodenmarkierungen zur Abtrennung eines dann so zu beschreibenden Teils etwa einer größeren Halle erfolgen.

Unterschied hauptsächlich hinsichtlich eventueller Zwischenverfügungen des Sicherungsnehmers (s. Rn. 844).

1140 **(4) Anwartschaftsrecht in der Sicherungsübereignung.** Zur Sicherheit wird im Normalfall das Eigentumsrecht als Vollrecht des Sicherungsgebers übertragen. Gehört eine Sache bei der Sicherungsübereignung noch nicht dem unmittelbar besitzenden Sicherungsgeber, sondern ist dieser z.B. Vorbehaltskäufer, geht (nur) sein bereits bestehendes Anwartschaftsrecht auf den Sicherungsnehmer über. Gutgläubiger voller Eigentumserwerb durch den Sicherungsnehmer wäre nur nach § 933 und daher erst mit Übergabe des unmittelbaren Besitzes als Rechtscheinträger an ihn möglich.

1141 Komplizierter ist der Fall, dass umgekehrt ein Sicherungsgeber zwar Eigentümer ist (z.B. als Vorbehalts**ver**käufer), sein Eigentum aber mit einem Anwartschaftsrecht (des Vorbehaltskäufers aufgrund der aufschiebenden Bedingung) belastet ist. Zwar erwirbt der Dritte vom sachenrechtlich berechtigten Eigentümer. Wegen § 161 Abs. 1 mit Abs. 3 kommt dennoch nur gutgläubiger Erwerb des Sicherungseigentums beim Dritten in Betracht.[110]

Da sowohl Vorbehaltsverkäufer wie Sicherungseigentümer regelmäßig nur mittelbaren Besitz haben, wird die Übereignung an einen Dritten mittels Abtretung des Herausgabeanspruchs nach § 931 als Übergabesurrogat erfolgen. Der gutgläubige Erwerb richtet sich also nach § 934 1. Fall (mittelbarer Eigenbesitz liegt ja vor) und wäre mit der Abtretung wirksam, aber wegen § 936 Abs. 3 belastet mit dem fortbestehenden Anwartschaftsrecht in der Person des unmittelbaren Besitzers (und damit wirtschaftlich wertlos). – Zwar könnte die Übereignung theoretisch auch durch Besitzkonstitut erfolgen, indem dem Dritten zweitstufig mittelbarer Besitz eingeräumt würde. Gutgläubiger Erwerb erfolgte dann nach § 933 und damit erst durch Übergabe der Sache.

1142 **(5) Rechtsgrund der Sicherungsübereignung.** Die Sicherungsübereignung ist ein vom Rechtsgrund unabhängig wirksames **(abstraktes) Verfügungsgeschäft**.[111] **Rechtsgrund** der Sicherungsübereignung ist der **schuldrechtliche Sicherungsvertrag**, der sowohl die Pflicht zur Bestellung der Sicherheit sowie eine *Sicherungszweckvereinbarung* enthält, welche die Pflicht des Sicherungsnehmers zur Rückübereignung nach Beendigung des Sicherungszwecks begründet.[112]

Ist der **Sicherungsvertrag** als Rechtsgrund dagegen **nichtig** (z.B. wegen anfänglicher Übersicherung), kann der Sicherungsgeber das davon unabhängig wirksam übertragene Sicherungseigentum kondizieren (vgl. § 812 Abs. 1 S. 1 Alt. 1).

---

110 Gleiches gilt, wenn die Sicherungsübereignung durch den Inhaber eines seinerseits nur auflösend bedingten Sicherungseigentums erfolgt, der zu seiner eigenen Refinanzierung das Sicherungsgut unberechtigt sicherungshalber an einen Dritten weiterveräußert. Nach § 161 Abs. 2 mit Abs. 3 wird ebenfalls das Anwartschaftsrecht des ersten Sicherungsgebers geschützt.

111 Möglich ist die Verbindung von Rechtsgrund und dinglicher Einigung durch eine aufschiebende bzw. auflösende Bedingung (vgl. § 158). Solche Bedingung macht die Verfügung in ihrer Wirksamkeit vom Grundgeschäft abhängig und führt ggf. zu einem automatischen Rückfall nach Beendigung des Grundgeschäfts.

112 Die **Rückübereignungspflicht** nach **Beendigung des Sicherungszwecks** gilt auch ohne ausdrückliche Formulierung im Sicherungsvertrag aufgrund der Auslegung des vereinbarten Sicherungszwecks; sie entfällt bei bedingungsmäßiger Verknüpfung der Sicherungsübereignung mit dem Sicherungszweck aufgrund des dann automatischen Rückfalls des Eigentums.

Der Sicherungsvertrag bzw. die Vereinbarung über den Sicherungszweck enthalten zugleich die für das konkrete Besitzmittlungsverhältnis notwendigen Sorgfalts- und Erhaltenspflichten des Sicherungsgebers als Besitzmittler. Bei Nichtigkeit des Sicherungsvertrages fällt nicht notwendig auch das Besitzmittlungsverhältnis weg; vielmehr genügt jeder an seine Stelle tretende Herausgabeanspruch des mittelbaren Besitzers (Sicherungsnehmers), sofern jedenfalls der unmittelbare Besitzer (Sicherungsgeber) diesen anerkennt (s. Rn. 920, 940). 1143

Die Sicherungszweckvereinbarung im Sicherungsvertrag begründet ein Verhältnis eigennütziger Treuhandschaft des Sicherungsnehmers. 1144

Die damit *geschuldete Rücksicht* auf die Interessen des Sicherungsgebers begründet eine Sittenwidrigkeit (vgl. § 138) des Sicherungsvertrags wegen **anfänglicher Übersicherung**, sofern der Vertragspartner dadurch geknebelt oder andere Gläubiger gefährdet werden. Diese Nichtigkeit nach § 138 erstreckt sich dann regelmäßig auch auf die Sicherungsübereignung selbst (sog. Doppelmangel), weil es gerade der Zweck der – an sich vom Rechtsgrund abstrakten – Verfügung ist, in diesem Fall die Knebelung oder Gläubigergefährdung herbeizuführen.

Sofern eine **Übersicherung erst nachträglich** entsteht (etwa durch sukzessive Tilgung der zu sichernden Forderung), folgt aus dem Treuhandverhältnis eine *obligatorische* Pflicht zur Freigabe von Sicherheiten (obligatorisch heißt: durch Rückübereignung zu erfüllen). Aufgrund Bewertungsunsicherheiten und des Verwertungsrisikos entsteht eine nachträgliche Freigabepflicht regelmäßig erst ab einem Wert des Sicherungsguts von mehr als der anderthalbfachen Valuta der gesicherten Forderung.[113] 1145

cc) Übergabesurrogat: Abtretung des Herausgabeanspruchs (§ 931). Befindet sich die zu übereignende Sache im Besitz eines Dritten, kann der neben der dinglichen Einigung tatbestandliche Übergabeakt nach § 931 durch die Abtretung des gegen diesen Dritten gerichteten Herausgabeanspruchs ersetzt werden. 1146

Beispiel: Ist die zu veräußernde Sache etwa bei einem Lagerhalter eingelagert, braucht sie dort nicht körperlich herausgeholt zu werden, sondern es genügt die Abtretung des Herausgabeanspruchs gegen den Lagerhalter (§ 473 Abs. 1 HGB). Die Sache bleibt unbewegt im Lager des unmittelbaren Besitzers. Genauso, wenn der Lagerhalter die Sache wiederum seinerseits bei einem Dritten eingelagert hätte (§ 472 Abs. 2 HGB): der Veräußerer wäre in diesem Fall zweitstufiger mittelbarer Besitzer, sein herausgabepflichtiger Besitzmittler, der Lagerhalter, erststufiger mittelbarer Besitzer. Das Gut bliebe beim Dritten; abzutreten wäre unverändert der Herausgabeanspruch gegen den Lagerhalter[114]. Lagert dagegen der dazu ermächtigte Lagerhalter das Gut beim Dritten im Wege der *Substitution* ein (vgl. dazu Rn. 352 ff.), besteht das Besitzmittlungsverhältnis unmittelbar zwischen dem Dritten und dem Einlagerer. Der Besitz wird dann durch den Herausgabeanspruch in diesem Verhältnis vermittelt, *er* ist für die Übereignung an einen unbeteiligten Erwerber abzutreten.

113 Zur Sittenwidrigkeit von Sicherungsübereignungen ausführlich BGH ZIP 2016, 1058.

114 Der Veräußerer muss auch nach § 931 sich vollständig seines Besitzes, hier also seines mittelbaren Besitzes, entledigen. Und zwar mag er als zweitstufig mittelbarer Besitzer auch einen Herausgabeanspruch gegen den unmittelbaren Besitzer haben (z.B. als Vermieter nach § 546 Abs. 2 gegen den Untermieter seines Mieters), aber nicht dieser vermittelt ihm den Besitz. Abzutreten ist nach § 931 der Anspruch gegen den (direkten) Besitzmittler des Veräußerers (und nur dieser Anspruch), weil er nur damit seinen (mittelbaren) Besitz überträgt.

1147 Für die Abtretung gilt § 870. Abzutreten ist der Herausgabeanspruch aus dem Besitzmittlungsverhältnis nach § 868. Der Vindikationsanspruch (§ 985) ist nicht (selbstständig) abtretbar, sondern geht *in Folge* des Eigentumsübergangs auf den Erwerber über.

d) Erwerb von Fahrniseigentum vom Verfügungsberechtigten (§ 185 Abs. 1)

1148 Für bewegliche Sachen setzen §§ 929–931 ausdrücklich voraus, dass die dingliche Einigung zwischen dem Eigentümer und dem Erwerber erklärt wird und zudem der Eigentümer als Eigenbesitzer diesen Eigenbesitz, sei es unmittelbarer oder mittelbarer Eigenbesitz, vollständig dem Erwerber überträgt. Nur der Eigentümer selbst ist Berechtigter zur Verfügung über sein Eigentumsrecht. Für ihn kann auch ein Vertreter handeln (vom Handeln eines Verfügungsberechtigten strikt zu unterscheiden).

Beachte:. §§ 929–931 sind unmittelbar auf das **Handeln *eines Vertreters*** des Eigentümers bei der dinglichen Einigung anzuwenden (§ 164 Abs. 1: Handeln in Vollmacht wirkt für und gegen den Vertretenen). Vertritt der Vertreter den Eigentümer, handelt es sich um Erwerb von diesem.

Fehlt die notwendige *Vertretungsmacht*, ist die Einigung bis zur Genehmigung durch den Eigentümer schwebend unwirksam (§ 177 Abs. 1) und wird mit Versagung der Genehmigung endgültig unwirksam, so dass gar kein Übereignungstatbestand erfüllt ist. Soweit der Vertreter ohne Vertretungsmacht nach § 179 „zur Erfüllung" haftet (sog. Eigengeschäft des Vertreters), ist auch das kein (etwa gutgläubiger) Erwerb vom Vertreter als Nichtberechtigten, sondern bloße Haftung.[115]

1149 **aa)** § 185 Abs. 1 ermöglicht sodann die Eigentumsübertragung nach §§ 929–931 vom Nichteigentümer, wenn dieser (vom Eigentümer legitimiert) Verfügungsbefugnis hat. Ein Nichteigentümer ist – trotzdem – (dinglich!) Berechtigter nach § 185 Abs. 1, wenn **der Eigentümer** nach § 182 **im Voraus zugestimmt** hat („Zustimmung" nennt das BGB die vorherige Einwilligung). Der Erwerber erwirbt in den Fällen des § 185 Abs. 1 vom dinglich Berechtigten (z.B. beim Erwerb vom Kommissionär (vgl. § 383 HGB)). Dieser handelt *im eigenen Namen* (das ist der *Unterschied zum Vertreterhandeln*).

Beispiel: Beim **verlängerten Eigentumsvorbehalt** ermächtigt (§§ 185 Abs. 1, 182) der Vorbehaltsverkäufer den Vorbehaltskäufer zur Weiterveräußerung der Kaufsache an einen Dritten. Die Verfügungsermächtigung wird regelmäßig zweckgebunden erklärt (vgl. dazu Rn. 845), dass die Weiterveräußerung im normalen Geschäftsgang (keine Verschleuderung) erfolge und die Kaufpreisforderung entsprechend einer Vorauszession auch wirklich beim Vorbehaltsverkäufer entstehe (also kein Abtretungsverbot im Geschäft mit dem Dritten wirksam ist, § 399 BGB; beachte § 354a HGB). Der Dritte erwirbt vom Berechtigten (sofern die Bedingungen erfüllt sind), aber *nicht* vom Eigentümer (es findet keine Vertretung statt).

1150 **bb)** Die Einwilligung des Berechtigten ist eine einseitige empfangsbedürftige Willenserklärung und Wirksamkeitsvoraussetzung (Rechtsbedingung) des Geschäfts, auf das sie sich bezieht. Die Einwilligung ist ihrerseits abstrakt wirksam, also unabhängig vom Grund, warum sie erteilt wurde, sofern kein Bedingungszusammenhang hergestellt wurde (so aber meist beim verlängerten Eigentumsvorbehalt).[116]

---

115 Allerdings wird für das Handelsrecht aufgrund **§ 366 HGB** zum Teil vertreten, dass die Möglichkeit gutgläubigen Eigentumserwerbs (Verfügungsgeschäft) **auch ein Vertreterhandeln bei der dinglichen Einigung umfasse** und überdies einen kausalen gesetzlichen Erwerbsgrund (neben dem dann ja wohl ebenfalls vollmachtlosen und damit unwirksamen Schuldgeschäft) schaffe, widrigenfalls eine Kondiktion im Raum stünde. Vgl. *K. Schmidt*, Handelsrecht § 23 Rn. 33–40.

116 Darüber hinaus gelten für die Einwilligung nach § 185 Abs. 1 die Grundsätze der Anscheins- und Duldungsvollmacht entsprechend. Auf eine schriftliche, aber inzwischen widerrufene dingliche Ermächtigung kann außerdem § 172 Abs. 2 analog angewandt werden.

cc) Eine erst **spätere Genehmigung** der Verfügung des Nichtberechtigten nach §§ 185 Abs. 2, 184 („Genehmigung" nennt das BGB die nachträgliche Einwilligung) steht der vorherigen Einwilligung gleich und führt ebenfalls zum wirksamen Eigentumswechsel (sofern nicht bereits zuvor gutgläubiger Erwerb des Dritten eingetreten war).[117] **1151**

In der Folge muss allerdings der Eigentümer, der der Veräußerung (*im Voraus*) *zugestimmt* hatte, allein mit dem Ermächtigten auf Grundlage z.B. des zugrundeliegenden Vorbehaltskaufs, eines Veräußerungsauftrags o.Ä. abrechnen.

Eine erst nachträgliche Einräumung der Verfügungsbefugnis wie der wirksame gutgläubige Erwerb des Dritten führen dagegen zum **Ausgleichsanspruch** nach **§ 816 Abs. 1** (zum Aufbauschema zu § 816 Abs. 1 vgl. Rn. 699). Bedeutsam ist das insb. im Falle mehrerer hintereinander folgender unwirksamer Veräußerungen (z.B. einer abhanden gekommenen Sache, § 935), bei welcher der Noch-Eigentümer dann diejenige zur Genehmigung auswählen kann, welche den wirtschaftlich höchsten Ausgleichsanspruch gibt (vgl. Rn. 689).

dd) Ohne wirksame Verfügungsbefugnis des Veräußerers und wenn dabei der Erwerber weiß, dass der Verfügende nicht der Eigentümer ist (sonst gelten § 932 ff. direkt!), wird auch der gute **Glaube des Erwerbers *an eine Verfügungsbefugnis*** aus § 185 Abs. 1 im Fall der Veräußerung „durch einen Kaufmann im Betrieb seines Handelsgewerbes" in **§ 366 Abs. 1 HGB** geschützt. **1152**

§ 366 HGB erweitert den Anwendungsbereich des Gutglaubenserwerbs nach § 932 ff. (beide Vorschriften sind deshalb zusammen zu zitieren; § 366 HGB ist selbst kein eigener Heilungstatbestand, sondern *ersetzt nur den Bezugsgegenstand des guten Glaubens*!). Praktisch kommt § 366 HGB nur bei Veräußerungen nach § 929 S. 1 und damit im Rahmen von § 932 Abs. 1 zum Tragen (beim Erwerb von Kommissions- oder von Eigentumsvorbehaltsware).

Beispiel: Liefert ein unbefugter Dritter eine ihm fremde Sache in ein Kommissionshaus zum Verkauf ein, leitet der Kommissionär trotz Nichtberechtigung des Kommittenten einen **gutgläubigen Erwerb** nach §§ 366 HGB, 932 BGB analog ein (sofern keine abhanden gekommene Sache (§ 935)). Ein Erwerber weiß zwar regelmäßig, dass die Veräußerung „in Kommission" erfolgt, hält den Kommissionär jedoch für verfügungsbefugt. Zwar konnte der selbst nichtberechtigte Kommittent dem Kommissionär keine wirksame Verfügungsbefugnis einräumen, dieser Mangel wird bei einem anschließenden Verkehrsgeschäft aber durch den darauf bezogenen guten Glauben des Erwerbers geheilt.

Zur Folgeproblematik der Herausgabe des **Verkaufserlöses** an den verlierenden Eigentümer (§ 816 Abs. 1 S. 1 gegenüber dem Kommissionär; gegenüber dem Kommittenten, soweit ihm dem Kommissionär weitergeleitet, § 822), vgl. dieses Beispiel in Rn. 683; dort auch der Hinweis auf eine Erlösherausgabe als Surrogatanspruch nach § 285, falls der Kommittent zuvor dem verlierenden Eigentümer aus einem Schuldverhältnis auf die Sache rückgabepflichtig war (z.B. aus Leihe, § 604) und die Rückgabe infolge des gutgläubigen Erwerbs nunmehr unmöglich geworden ist. Beachte: § 285 ist jedoch nicht auf die Vindikation anwendbar (s. Rn. 699).

§ 366 Abs. 1 HGB verweist also auf die entsprechend modifiziert anzuwendenden Vorschriften zum gutgläubigen Erwerb nach §§ 932 ff. Daneben bleiben die Tatbestände des Gutglaubenserwerbs vom Nichtberechtigten in §§ 932–934 auch direkt anwendbar. Sie setzen den guten Glauben des Erwerbers *an das Eigentum* des Veräußerers voraus (wenn der Erwerber z.B. den vom Nichteigentümer beauftragten Verkaufs-Kommissionär ohne grobe Fahrlässigkeit für den Eigentümer hält). **1153**

---

117 Gleiches gilt, wenn sog. Konfusion eintritt, also der nichtberechtigt Verfügende den Gegenstand nachträglich vom Berechtigten erwirbt oder der Berechtigte den Nichtberechtigten später beerbt und für die Nachlassverbindlichkeiten unbeschränkt haftet (vgl. § 185 Abs. 2 S. 1 Alt. 2 und 3).

e) Systematik des gutgläubigen Erwerbs vom Nichtberechtigten und paralleler Gutglaubenstatbestände[118]

1154 **aa)** Allen dinglichen Rechtsänderungen, die durch rechtsgeschäftliche Übertragung vollzogen werden, liegt der allgemeine Satz zugrunde, dass niemand mehr an Rechtsmacht verschaffen kann, als er selbst hat. Fehlt ein Tatbestandselement eines Rechtsgeschäfts, etwa die Berechtigung als Inhaber des veräußerten Rechts, tritt dessen Wirkung nicht ein.

Beachte: Die Eigentumsübertragung an Fahrnis nach §§ 929–932 und an Grundstücken nach §§ 873, 925 setzt deshalb *Verfügungsberechtigung* des Veräußerers, also bestehendes Eigentum oder jedenfalls Zustimmung des Eigentümers (§ 185) voraus. Das gilt immer auch für die Einräumung beschränkter dinglicher Rechte an beweglichen Sachen (z.B. Umkehrschluss aus § 1207 beim Pfandrecht) und an Liegenschaften (§ 873). Aber auch die *Abtretung/Übertragung dinglicher und obligatorischer Rechte* (z.B. nach § 398 bzw. § 413; die Übertragung beschränkter dinglicher Rechte an Grundstücken nach § 873, ebenso ihre Löschung nach § 875) ist nur durch den Inhaber oder einen sonstigen Berechtigten wirksam. Schließlich setzt auch die Annahme als Erfüllung einer Forderung (§ 362) entsprechende Rechtsmacht voraus und wirksames Vertreterhandeln ist nur mit hinreichender Vertretungsmacht möglich. Die gesetzlichen Tatbestände der Verfügungsgeschäfte und der anderen Rechtsausübungen brauchen dieses Tatbestandsmerkmal nicht ausdrücklich zu bestimmen, es folgt vielmehr aus dem Inhalt der Verfügungsberechtigung bzw. des Rechts unmittelbar (wenn sowieso jeder verfügen, abtreten oder Leistungen fordern dürfte, bräuchte es des Erwerbs der Rechte nicht).

1155 Gesetzliche Vorschriften können Ausnahmeregelungen vorsehen („Heilung“), die dem Verkehrsschutz dienen. Das Fehlen eines bestimmten Tatbestandselements kann durch das Vorhandensein eines bestimmten anderen geheilt werden (vgl. § 518 Abs. 2: ihr Vollzug heilt die formunwirksame Schenkung).

Die **Heilung fehlender dinglicher Berechtigung in Verfügungstatbeständen** ist von Gesetzes wegen dahin eingeschränkt, dass das ersatzweise Tatbestandsmerkmal *nur einen Rechtsschein* für das Bestehen des fehlenden Tatbestandsmerkmals *begründet* und der Begünstigte vielmehr in seinem **guten Glauben an das Vorhandensein des fehlenden Tatbestandsmerkmals** (z.B. als Eigentümer) geschützt wird. Es wird beim gutgläubigen Erwerb also nicht eine rechtliche Voraussetzung durch eine andere ersetzt, sondern ein Umstand bestimmt, der die notwendige Redlichkeit des Erwerbers **objektiv „rechtfertigt“**. Redlichkeit und Rechtsscheinträger zusammen führen dann den Verfügungserfolg herbei.

1156 **bb)** Voraussetzung der Heilung ist stets das Vorliegen eines **Verkehrsgeschäfts** (also eine *rechtsgeschäftliche* Übertragung). Verkehrsgeschäft meint dabei die rechtsgeschäftliche Verfügung durch denjenigen, auf den sich der Rechtsschein bezieht. Bei der Veräußerung einer beweglichen Sache erklärt der Veräußerer (zumeist stillschweigend) sein eigenes Eigentumsrecht mit, worauf sich sodann der gute Glaube des Erwerbers bezieht – und erst beziehen kann:

Fehlt das Eigentum an einer beweglichen Sache beim Veräußerer in den Fällen der §§ 929–931, ist eine Heilung *dieses Mangels* nach §§ 932–934 durch guten Glauben an das Eigentum aufgrund eines jeweils korrespondierend bestimmten Rechtsscheinträgers (z.B. unmittelbarer Besitz des Veräußerers) möglich. Das gilt erweiternd hinsichtlich

118 Die Gutglaubenstatbestände waren Gegenstand im Wirtschaftsprüfungsexamen 2014/II.

der fehlenden Verfügungsbefugnis (§ 185 Abs. 1) eines Nichteigentümers im Rahmen von § 366 Abs. 1 HGB.

Ganz parallel dazu ist die Gutglaubensvorschrift zur Heilung des rechtsgeschäftlichen Erwerbs von Grundstücken aufgebaut:

Fehlendes Eigentum im Fall des §§ 873, 925 Abs. 1 bei Veräußerung von Grundstücken wird nach § 892 geheilt durch guten Glauben an das Eigentum aufgrund der Eintragung des Verfügenden im Grundbuch (also seines „Buchbesitzes").

Im Zusammenhang mit Verfügungsgeschäften können – die Beispiele verallgemeinernd – als Tatbestandsmerkmale nur fehlen: 1157

- die **Verfügungsberechtigung** des Verfügenden;
- das **vermögensrechtliche Verhältnis** (i.e. das dingliche oder obligatorische Recht, also der Gegenstand der Verfügung selbst), auf das durch ein Verfügungsgeschäft eingewirkt werden soll (i.e. das abgetreten, übertragen, gelöscht oder erfüllt werden soll); und zwar mag es entweder gar nicht existieren oder es steht dem Verfügenden die Rechtsmacht (Inhaberschaft) dazu nicht zu;
- die **Vertretungsmacht** des für einen anderen Handelnden (beim Vertreterhandeln im Rahmen eines Verfügungsgeschäfts ist Verfügender der Vertretene; z.B. im Fall der Vertretung bei der dinglichen Einigung).

Das nach den jeweiligen Gutglaubensvorschriften ersetzbare Tatbestandsmerkmal sowie der es ersetzende Rechtsscheinträger und mit ihm der Inhalt des darauf bezogenen heilenden guten Glaubens sind je nach Sachzusammenhang verschieden. *Außerhalb bestehender gesetzlicher Sonderregelungen gibt es keine Heilung durch guten Glauben.* 1158

cc) Die **Heilungsvorschriften** sind – anschließend an das jeweilige fehlende Tatbestandsmerkmal – tatbestandlich immer parallel aufgebaut: 1159

- Vorliegen eines **Verkehrsgeschäfts**, also eine (meist nur implizite) rechtsgeschäftliche Erklärung des Betroffenen (des Verfügenden, Einräumenden, Übertragenden oder Annehmenden), dass er befugt sei, die damit zusammenhängende Rechtswirkung hervorzurufen,
- **Guter Glaube** des anderen Beteiligten an das ordnungsgemäße Vorhandensein des in Wahrheit fehlenden Tatbestandselements und
- Vorliegen eines anderen Tatbestandselements als **Träger des Rechtsscheins für das fehlende Element**.

Es handelt sich um die nachfolgenden **Gutglaubenstatbestände**. 1160

(1) Betreffend die **Verfügung über das Eigentum** und ebenso betreffend den **Ersterwerb**, also die Begründung bzw. erstmalige Einräumung, beschränkter dinglicher Rechte:

- Die eingangs genannten Vorschriften der §§ 932–934 betreffend den Erwerb des *Eigentums an beweglichen* und § 892 betreffend den Erwerb des *Eigentums unbeweglichen Sachen* von Nichteigentümer,[119]
- Die Heilung fehlender Verfügungsmacht im Fall des § 873 bei der Einräumung *beschränkter dinglicher Rechte an Grundstücken* ebenfalls durch § 892,

119 Der gutgläubige Eigentumserwerb vom Pfandgläubiger im Verwertungsfall des Pfands nach § 1044 gehört ebenfalls hierher.

- Die Einräumung *beschränkter dinglicher Rechte an Fahrnis* bei fehlender Verfügungsmacht ist in §§ 1207 für das Pfandrecht, in § 1032 für den Nießbrauch an beweglichen Sachen unter Verweisung auf diejenigen Heilungsvorschriften der §§ 932 ff. bestimmt, welche für die Bestellung des Rechts nach der dabei jeweils nur zulässigen Art der Besitzübertragung relevant werden können.
- Für die Wirkung des Erbscheins vgl. §§ 2366, 2367.

1161 (2) Betreffend das Einwirken auf fremde rechtliche Verhältnisse und den **gutgläubigen Zweiterwerb** solcher rechtlichen Verhältnisse (also die Übertragung bereits begründeter Rechte, ihre Löschung, den **lastenfreien Erwerb** oder ihre Tilgung).

Bei beweglichen Sachen:

- der gutgläubige *lastenfreie* Erwerb, also das „Wegerwerben" zu Gunsten Dritter bestehender dinglicher Belastungen an einer beweglichen Sache, die jemand *vom Berechtigten* erwirbt (§ 936).

  Anmerkung: Hierbei fehlt zwar auf den ersten Blick kein Tatbestandsmerkmal, vielmehr steht ein dingliches Recht eines Dritten dem uneingeschränkten Erfolg des Verfügungsgeschäfts entgegen. Der verfügende Sacheigentümer ist aber zur *Aufhebung der Belastung* nicht verfügungsbefugt, wirkt jedoch durch seine Verfügung mit genau dieser Folge auf das fremde Recht ein. Bezugsgegenstand des guten Glaubens ist daher die *Lastenfreiheit* der Sache. Tatbestandlich wird der gutgläubige lastenfreie Erwerb durch § 936 Abs. 1 Sätze 2 und 3 genauso behandelt, wie der Erwerb des Eigentums vom Nichtberechtigten (Ausnahme: § 936 Abs. 3 verlangt entgegen § 934 1. Fall auch insoweit die strengeren Voraussetzungen des § 934 2. Fall).
- Einschränkend zum lastenfreien Erwerb wird gutgläubig nur der Vorrang erworben beim Erwerb von (vorübergehender) Sicherung dienenden beschränkten dinglichen Rechten in ihrem Verhältnis zu bereits bestehenden beschränkten dinglichen Rechten an Fahrnis (§ 1208 beim Pfandrecht, § 1032 beim Nießbrauch). Tritt der Sicherungsfall nicht ein, treten diese dann wieder an ihre frühere Rangstelle.

1162 **Bei Grundstücken:**

- Heilung fehlender Verfügungsbefugnis über *bestehende* (es geht um Zweiterwerb, nicht um ihre erstmalige Begründung) beschränkte dingliche Rechte an Grundstücken nach § 893 für Einwirkungen auf sie z.B. durch Aufhebung (§ 875), Inhaltsänderung (§ 877) oder Rangänderung (§ 880) in Rechtsgeschäften mit Dritten (zu deren verbesserter Sicherung).
- Gutgläubiger *lastenfreier* Eigentumserwerb ist im Grundstücksrecht nach § 892 unter den gleichen Voraussetzungen wie der gutgläubige Eigentumserwerb im Übrigen möglich. Einer gesonderten Parallelvorschrift zu § 936 bedarf es nicht, weil die dort geregelten Fälle der verschiedenen Erwerbstatbestände (durch Besitzsurrogate) im Grundstücksrecht von vornherein nicht auftreten können. § 892 kann deshalb den gutgläubigen Eigentumserwerb und den gutgläubigen lastenfreien Erwerb in einem Paragrafen regeln, der insoweit zwei sachlich getrennte Vorschriften enthält.

1163 **Besonderheiten im Hypothekenrecht:**

- Heilung von Mängeln bei der rechtsgeschäftlichen Verfügung über Hypotheken wegen fehlender Verfügungsmacht oder -mangels dann Bestehens einer eingetragenen Hypothek – solcher Umstände, die auf die zugrundeliegende Forderung zurückzuführen sind, durch Verweisungen auf die §§ 891–899 in §§ 1138, 1155 (gutgläubiger Zweiterwerb).

- Zugleich können schuldrechtliche (nach § 1138) und dingliche (nach § 1157 S. 2) Einreden des Grundstückseigentümers gegen die Hypothek gutgläubig *wegerworben* werden.
- Die Heilung fehlender Rechtsmacht für die Annahme von Tilgungsleistungen (analog zu §§ 406–408) wird durch § 1158 auf die dort genannten künftigen Nebenleistungen von Hypotheken erstreckt (was notwendig ist, weil diese nach § 873 übertragen werden; während in den Fällen rückständiger Nebenleistungen (§ 1159) die §§ 406–408 sowieso gelten, weil dort die Abtretung nach § 398 erfolgt).
- Nach § 1192 Abs. 1 werden auch die Heilungstatbestände für Verfügungen über Hypotheken insoweit auf **Grundschulden** erstreckt, als sie nicht speziell die Akzessorietät der Hypothek betreffen. Der gutgläubige Zweiterwerb einer Grundschuld, die dem Übertragenden nicht zusteht, ist möglich. Gleichermaßen können nach § 1157 dingliche Einreden des Eigentümers gutgläubig wegerworben werden. Lediglich für die Sicherungsgrundschuld schließt § 1192 Abs. 1a S. 1 HS. 2 den Einredeverlust aus.

Vergleichbar wirkende **Gutglaubensvorschriften** bestehen auch **bei weiteren Rechtsgeschäften**: 1164

- bei nichtexistierender Vertretungsmacht eines Vertreters nach §§ 170–173 beim Abschluss schuldrechtlicher und dinglicher Rechtsgeschäfte. Inwieweit darüber hinaus vollmachtloses Vertreterhandeln eines Kaufmanns bei der dinglichen Einigung aufgrund von § 366 Abs. 1 HGB geheilt werden kann, ist umstritten.[120]
- Gleichermaßen aufgebaut sind §§ 407–409, welche die ausnahmsweise dem wahren Berechtigten gegenüber befreiende Leistung eines Schuldners an einen Nichtberechtigten bestimmen. Es fehlt die Rechtsmacht zur Annahme der Erfüllung nach § 362 (ähnlich der fehlenden Verfügungsmacht). Sie wird durch den Rechtsschein einer Abtretung ersetzt.

dd) „Guter Glaube“ ist je nach gesetzlicher Vorschrift entweder **jedes Nichtwissen** des fehlenden Tatbestandselements (so z.B. in § 892 Abs. 1) oder *nur* das **nicht auf grober Fahrlässigkeit beruhende Nichtwissen** (so z.B. nach § 932 Abs. 2) oder sogar *nur* jedes **nicht schon auf leichtester Fahrlässigkeit beruhende Nichtwissen** (so z.B. nach § 173).[121] 1165

---

120 Umstritten ist, inwieweit durch § 366 HGB auch ein Vertreterhandeln bei der dinglichen Einigung („im fremden Namen“, §§ 929, 164) geschützt wird, vgl. *K. Schmidt*, Handelsrecht § 23 Rn. 33–40.
Daran schließt die weitere Frage an, ob durch § 366 HGB zudem ein kausaler, gesetzlicher Erwerbsgrund geschaffen wird. Denn an der Vollmachtlosigkeit eines Vertreterhandelns scheitert nicht nur das Verfügungsgeschäft, sondern ebenso das Verpflichtungsgeschäft. Der gutgläubige Erwerb wäre in diesem Fall durch den vollmachtlos Vertretenen zu kondizieren. §§ 177, 179 allein helfen nicht, weil dadurch zwar der Vertreter ohne Vertretungsmacht schuldrechtlich auf Erfüllung haftet, er aber nicht Leistender hinsichtlich der Eigentumsübertragung war (dingliche Einigung im fremden Namen). Mangels Leistungsverhältnisses wäre die Eingriffskondiktion des vertretenen Eigentümers nicht gehindert. § 366 HGB müsste vielmehr auch einen gesetzlichen Behaltensgrund im Verhältnis zum vertretenen Eigentümer schaffen (falls dieser nicht nach §§ 177, 185 genehmigt).

121 Beim Besitzerwerb unter Einschaltung eines Besitzdieners auf Erwerberseite schließt sich im Fall, dass auf Erwerberseite guter Glaube maßgeblich ist (z.B. nach § 932 für den Eigentumserwerb von Nichtberechtigten oder nach § 990 für die Haftung des nichtberechtigten Besitzers), die Frage an, ob auf die Person des Besitzdieners oder des Besitzherrn abzustellen sei. Für die Gutgläubigkeit im Zusammenhang mit dem rechtsgeschäftlichen Eigentumserwerb ist dabei § 166 anzuwenden, wonach es grundsätzlich auf die Kenntnis des Vertreters (Abs. 1) und nur ausnahmsweise auf die Person des Vertretenen (Abs. 2) ankommt. Ob dies auch im Rahmen von § 990 gilt oder insoweit § 831 anzuwenden ist (weil ein deliktsähnlicher Charakter von § 990 mehr im Vordergrund steht als die Ähnlichkeit zur Stellvertretung) ist umstritten; für die Haftung des Besitzherrn für seinen Besitzdiener beim deliktischen Besitzerwerb nach § 992 gilt jedenfalls § 831.

Beachte: Fahrlässigkeit ist keine a priori wahrnehmbare Tatsache, sondern nach § 276 Abs. 2 **eine Frage des Pflichtenmaßstabs** im Einzelfall. Fehlt Gutgläubigkeit z.B. nach § 932 Abs. 2 bei grob fahrlässiger Unkenntnis (des fehlenden Eigentums), entscheidet *das Bestehen und die Reichweite* einer konkreten **Nachforschungspflicht** zur Sachverhaltsaufklärung. *Sie* ist „die im Verkehr erforderliche Sorgfalt" (§ 276 Abs. 2). *Ihretwegen* kann ein Verhalten sorgfalts*widrig* sein (also fahrlässig) oder grob sorgfaltswidrig (grob fahrlässig). Die Nachforschungspflicht im Einzelfall zu begründen ist die eigentliche juristische Aufgabe.

Beispiele (Wirtschaftsprüfungsexamen 2014/I): Wer im Internet *Neuware mit unsicherer Provenienz zu deutlich verbilligten Preisen* erwirbt, läuft nicht nur Gefahr, Hehlerei zu begehen, sondern ist auch nicht gutgläubig hinsichtlich des Eigentums des Veräußerers. Seine Nachforschungspflicht ist zwar keine schuldrechtliche, aber doch eine aus dem Eigentum des wahren Berechtigten folgende. Das Eigentum umfasst einen Ausschließungsgrund und zwingt andere zu besonderer Rücksicht. „Unterpreisige Neuware" muss schon stutzig machen, stammt sie zudem aus dubioser Quelle, verschließt sich der Erwerber geradezu gegen den Verdacht, dass es „nicht mit rechten Dingen zugehen" könnte; das ist grob fahrlässige Unkenntnis ggf. fehlenden Veräußerer-Eigentums.

Wer einen *Neuwagen* aus der Hand eines *autorisierten Markenhändlers* erwirbt, darf von dessen Eigentum ausgehen, selbst wenn ihm der Fahrzeugbrief (Zulassungsbescheinigung II) nicht vorgelegt wird. Dem *Gebrauchtwagen*käufer auf einem *zwielichtigen „Automarkt"* gereichte solches Verhalten dagegen zum Vorwurf krimineller Leichtfertigkeit.

f) Gutgläubiger Erwerb von Liegenschaftseigentum und Rechten an Grundstücken

1166 Erwirbt jemand ein Grundstück von einem Nichteigentümer, fehlt die in § 873 vorausgesetzte Berechtigung. Ist der Nichteigentümer aber als Eigentümer im Grundbuch eingetragen (sog. Buchbesitz oder Bucheigentum), so kann der Erwerber dennoch Eigentum erlangen, vorausgesetzt, dass es sich um ein Rechtsgeschäft zwischen dem Bucheigentümer und dem Erwerber handelt (Verkehrsgeschäft) und der Erwerber die Unrichtigkeit des Grundbuchs zu dem nach § 892 Abs. 2 relevanten Zeitpunkt nicht kennt. Maßgeblich ist die Gutgläubigkeit hinsichtlich des fehlenden Eigentums bei Stellung des Eintragungsantrags oder, wenn die nach § 873 erforderliche Einigung („Auflassung") erst später zustande kommt, dieser Zeitpunkt. Außerdem darf im maßgeblichen Zeitpunkt gegen die Richtigkeit des Grundbuchs in dieser Hinsicht kein Widerspruch (vgl. § 899) eingetragen worden sein.

Rechtsscheinträger ist das **unwidersprochene Grundbuch** (§ 891).

1167 Gleiches gilt, wenn der Veräußerer zwar Eigentümer ist, ihm die Verfügungsbefugnis zu Gunsten eines bestimmten anderen (z.B. des Insolvenzverwalters gem. §§ 21 Abs. 2 S. 1 Nr. 2, 80 Abs. 1 InsO) entzogen, diese Entziehung aber aus dem Grundbuch nicht ersichtlich ist (vgl. § 892 Abs. 1 S. 2).

1168 Die Grundbuchfähigkeit der Gesellschaft bürgerlichen Rechts (GbR) ist seit BGH NJW 2009, 594, anerkannt. *Sie* wird als Eigentümerin eines Grundstücks oder sonst daran dinglich Berechtigte im Grundbuch eingetragen. Zwar sind gem. § 47 Abs. 2 S. 1 GBO auch deren Gesellschafter im Grundbuch einzutragen, sie sind jedoch nicht die Eigentümer. Erst § 899a erstreckt den Schutz des guten Glaubens an die Verfügungsbefugnis des „Buchbesitzers" auf die – gemeinschaftliche – Vertretungsbefugnis der im Grundbuch *als Gesellschafter der GbR Eingetragenen* (vgl. §§ 892, 893), so dass immerhin, aber auch nur diese, einen gutgläubigen Erwerb ermöglichen können. Und zwar in Fällen, dass entweder die GbR an sich zuunrecht eingetragen worden wäre oder sich inzwischen deren Gesellschafterbestand geändert hätte.

Gegenstand des guten Glaubens ist die **Richtigkeit des Grundbuchinhalts** im Hinblick auf die rechtsgeschäftliche Verfügung; Einsichtnahme in das Grundbuch durch den Erwerber ist nicht erforderlich. Auf das Nichtbestehen **anderer Mängel des Verfügungsgeschäfts**[122] bezieht sich der gute Glauben **nicht**, und natürlich erst recht auch nicht auf die Wirksamkeit des schuldrechtlichen Rechtsgrundes. **1169**

§ 892 heilt gleichermaßen den Erwerb beschränkter dinglicher Rechte, sei es die **erstmalige Begründung** durch den vermeintlichen Eigentümer oder ihre **Übertragung** durch den vermeintlichen Inhaber eines solchen beschränkten dinglichen Rechts. **1170**

Für andere dingliche Rechtsgeschäfte als die Begründung oder Übertragung von Grundstücksrechten gilt nicht § 892, sondern § 893 Alt. 2. § 893 Alt. 2 betrifft z.B. die Aufhebung (vgl. § 875) und eine inhaltliche Änderung (vgl. § 877) beschränkter dinglicher Rechte, ebenso eine Kündigung eines dinglichen Rechts (vgl. z.B. § 1193) und andere dinglich wirkende Gestaltungsrechte. Für die befreiende Wirkung von Leistungen aus einem dinglichen Verhältnis an einem Grundstück, die an den im Grundbuch Eingetragenen erbracht werden (z.B. die Zahlung von Hypothekenzinsen an den eingetragenen Inhaber einer Hypothek) gilt schließlich die Gutglaubensvorschrift in § 893 Alt. 1.

g) Prüfungsschema: Gutgläubiger Erwerb von Grundstücksrechten

1171

I. Einigung gem. § 873 Abs. 1 (beim Grundstückserwerb: Auflassung gem. § 925 Abs. 1 S. 1)
II. Eintragung gem. § 873 Abs. 1
III. Überwindung der Nichtberechtigung gem. § 892 Abs. 1 S. 1 (fehlendes Eigentum), wenn:
1. Rechtgeschäft in Form eines Verkehrsgeschäfts
2. Unrichtigkeit des Grundbuchs und Veräußerer dadurch legitimiert
3. Keine positive Kenntnis des Erwerbers; beachte § 892 Abs. 2
4. Kein Widerspruch (§ 899) eingetragen

h) Gutgläubiger Erwerb von Fahrniseigentum vom Nichtberechtigten

Beim gutgläubigen Erwerb beweglicher Sachen unterscheidet das BGB **abhanden gekommene** und andere **Sachen**. Abgesehen von Ausnahmetatbeständen ist bei abhanden gekommenen Sachen ein Eigentumserwerb auch des redlichen Erwerbers ausgeschlossen **(§ 935)**. **1172**

Kein Abhandenkommen liegt bei in Folge Irrtums, Betrugs oder einfachen Zwangs aus dem Besitz entlassenen Sachen vor. Auch nicht bei Unterschlagung durch einen Besitzmittler (anders die vom *Besitzdiener* unterschlagenen Sachen, vgl. Rn. 931). § 935 Abs. 1 S. 2 stellt klar, dass die freiwillig vom Besitzmittler weggegebene Sache nicht als dem mittelbaren Besitzer abhanden gekommen gelten kann. Beim Weggeben einer Sache durch beschränkt Geschäftsfähige, sofern diese überhaupt Besitz begründen können (s. Rn. 936), dürfte für die *Freiwilligkeit* der Besitzbeendigung keine Besonderheit gelten, gleichwohl stellt die h.M. stattdessen auf ihre Urteilsfähigkeit ab. **1173**

---

122 Die **Heilung betrifft nur relative Verfügungsbeschränkungen**, nicht auch für und gegen jedermann wirkende, *absolute*; diese sind *nicht eintragungsfähig* und damit *nicht Gegenstand guten Glaubens* (z.B. das Verfügungsverbot eines Ehegatten über sein Vermögen im Ganzen in § 1365).

1174 **Ausnahmsweise** kann an bestimmten abhanden gekommenen Sachen dennoch gutgläubig Eigentum erworben werden. Es sind dies nach § 935 Abs. 2 *Geld* und *Inhaberpapiere* sowie im Wege bestimmter Formen öffentlicher Versteigerung veräußerte Sachen, an denen der gutgläubige Ersteher das Eigentum erlangt, trotzdem sie abhanden gekommen sein mögen. Eine **Rückausnahme** vom gutgläubigen Erwerb abhanden gekommener Inhaberpapiere nach § 935 Abs. 2 enthält § 367 Abs. 1 HGB.

1175 Für *Orderpapiere*, wie die in § 363 HGB genannten, gilt über die Verweisung in § 365 Abs. 1 HGB nach Art. 16 Abs. 2 WechselG Vergleichbares, sei die Urkunde abhanden gekommen oder nicht. Ebenso für Wechsel und Schecks Voraussetzung ist eine ununterbrochene Kette von Indossamenten nach Art. 16 Abs. 1 WechselG und ohne grobe Fahrlässigkeit guter Glaube des Erwerbers an die Berechtigung des an ihn übertragenden Inhabers. Die Rückausnahme in § 367 Abs. 1 S. 3 HGB bezieht sich nur auf ganz bestimmte und zudem blankoindossierte Orderpapiere.

1176 Bricht der Eigentümer den Gewahrsam eines Besitzmittlers, so schließt das den Eigentumserwerb eines Dritten nicht aus, der davon unbeschadet vom Eigentümer (als dem dinglich Berechtigten) erwirbt. Hatte der Besitzmittler nicht nur ein schuldrechtliches, sondern ein beschränktes dingliches Recht zum Besitz, bleibt dieses allerdings auch dem dritten Erwerber gegenüber bestehen (gutgläubig – *lastenfreier* – Erwerb *nach § 936* scheitert, weil die Sache dem aus solcher Belastung der veräußerten Sache berechtigten Besitzmittler insoweit doch abhanden gekommen ist. Der Dritte wird zwar Eigentümer, aber belastet mit dem dinglichen Recht des Besitzmittlers.

i) Tatbestände des Gutglaubenserwerbs bei beweglichen Sachen

1177 Das Eigentum an einer beweglichen Sache kann vom Eigentümer auf den Erwerber auch dann übergehen, wenn ein Nichteigentümer als Veräußerer darüber verfügt (vgl. §§ 932–934). Voraussetzung ist, dass der gutgläubige Erwerb dieser beweglichen Sache nicht nach § 935 ausgeschlossen ist und ein Verkehrsgeschäft, also eine rechtsgeschäftliche Übereignung nach §§ 929–931 vorliegt.

1178 Durch §§ 932–934 kann (nur)[123] das für die Wirksamkeit der einzelnen Übereignungstatbestände der §§ 929–931 **fehlende** Tatbestandselement des **Eigentums des Veräußerers** (beachte die Erweiterung in § 366 HGB) durch ein anderes ersetzt werden, das einen Rechtsschein für das Bestehen des fehlenden Tatbestandselements begründet.

1179 **aa) §§ 932 und 933: Gutgläubiger Erwerb durch Übergabe.** Solchen Rechtsschein des Eigentums begründet im Fall der Übereignung nach §§ 929 S. 1 bzw. 930 die **Übergabe der Sache** zwischen Veräußerer und Erwerber (§§ 932 Abs. 1 S. 1 bzw. 933). Die körperliche Übergabe gehört bei § 929 S. 1 sowieso zum Übereignungstatbestand und muss daher nur für einen gutgläubigen Erwerb in den Fällen mit Besitzkonstitut nach §§ 930, 933 ggf. zusätzlich hinzutreten.

Es gilt dabei das zu § 929 S. 1 bereits Gesagte, wonach zur Übergabe der Sache an den Erwerber auch die Übergabe an einen Besitzmittler des Erwerbers genügt, sofern dieser

123 **Fehlt** dagegen vielmehr **dem Eigentümer die Verfügungsbefugnis** über sein Eigentum (z.B. Verfügungsverbote in der Insolvenz nach §§ 21 Abs. 2 Nr. 2 und 80 Abs. 1, 81 Abs. 1 S. 1 InsO), ist dieser Mangel nur aufgrund entsprechender Heilungsvorschrift im dortigen Sachzusammenhang überwindbar (vgl. z.B. § 81 Abs. 1 S. 2 InsO; Die Formulierung „unberührt bleiben“ ist darin schief, gemeint ist eine *analoge Anwendung*).

nur nicht der Veräußerer selbst ist (*vollständige Besitzaufgabe auf Veräußererseite nötig*). Der Rechtsschein in §§ 932, 933 begründet sich darauf, dass die **Übergabe** an den Erwerber oder seinen Besitzmittler **gerade durch den Veräußerer** – oder jedenfalls *auf dessen Geheiß* hin – erfolgte.

Strittig ist, ob der **gutgläubige Geheißerwerb** vom Nichtberechtigten möglich ist, wenn dieser die Übergabe *durch* einen Dritten veranlasst, aber der Dritte aus seiner Sicht den Besitz gar nicht auf den Geheiß hin, sondern aufgrund Täuschung oder Irrtums überträgt. Z.B., weil der Dritte (der dann meist der Eigentümer ist und den ihn Anheißenden für einen Vermittler hält) davon ausgeht, ein eigenes Verkaufsgeschäft zu vollziehen und den Kaufpreis vom Empfänger der Lieferung einziehen zu können; oder, weil er meint, nur „zur Ansicht", nicht zu Eigentum des Empfängers zu liefern. Während *Medicus/Petersen*, BR Rn. 564 verlangen, dass die Geheißunterwerfung als Rechtsscheinträger fehlerfrei sein müsse, genügt der h.M. der gute Glaube an den Rechtsscheinträger. Der Rechtsscheinträger heilt das fehlende Tatbestandselement des Eigentums, wenn der Erwerber in Bezug auf das Eigentum gutgläubig ist. Die maßgebliche Frage ist hier daher, was genau Rechtsscheinträger ist: der *objektive Anschein der Geheißunterwerfung aus Empfängersicht* (so der BGH und die h.M.) oder der subjektive Wille zur Geheißunterwerfung. Verkehrsschutz und Erkennbarkeit sprechen für die h.M., aber mangels gesetzlicher Regelung des Geheißerwerbs wäre der Schutz des Berechtigten durch restriktive Auslegung der Heilungsvorschrift dogmatisch „klassischer".

bb) § 932 Abs. 1 S. 2: Ebenfalls durch Übergabe. Parallel dazu gründet der Rechtsschein des Eigentums im Fall der Übereignung nach § 929 S. 2 ebenfalls darauf, dass der Erwerber den Besitz *vom Veräußerer* erlangt hatte (§ 932 Abs. 1 S. 2). Nach § 929 S. 2 muss der Erwerber nicht notwendig unmittelbaren Besitz erhalten, sondern es reicht mittelbarer Besitz, sofern Besitzmittler wiederum nur nicht der Veräußerer ist (also durch Übergabe an einen anderen Besitzmittler des Erwerbers). Der Rechtsschein in § 932 Abs. 1 S. 2 begründet sich deshalb allein darauf, dass die **Übergabe an den Erwerber oder seinen Besitzmittler gerade durch den Veräußerer** – oder jedenfalls auf dessen Geheiß hin – erfolgte. 1180

cc) § 934. Den Rechtsschein des Eigentums begründet im Fall der Übereignung durch Abtretung des gegen den unmittelbaren Besitzer gerichteten Herausgabeanspruchs (§ 931), dass 1181

- wirksam bestehender mittelbarer Besitz vom Veräußerer auf den Erwerber übertragen wird (§ 934 Alt. 1)
- *oder*, falls der Veräußerer auch nicht mittelbarer Besitzer ist, der Erwerber von dem Dritten als unmittelbarem Besitzer (unmittelbaren oder mittelbaren) Besitz erlangt (§ 934 Alt. 2).

(1) § 934 1. Fall: Besitzberechtigter Veräußerer. Im 1. Fall des § 934 muss der eigentumsmäßig **nichtberechtigte** Veräußerer **immerhin besitzberechtigt** sein. 1182

Beispiel: Der Einlagerer von Ware übereignet diese unter Belassung im Lager durch die Abtretung des tatsächlich bestehenden Anspruchs aus § 473 HGB. Stammt die Ware aus einem noch unbezahlten Eigentumsvorbehaltskauf, wird der Einlagerer regelmäßig verfügungsberechtigt nach § 185 Abs. 1 sein (verlängerter Eigentumsvorbehalt). Ist der Eigentumsvorbehalt endgültig gescheitert (vgl. § 449 Abs. 2: nach berechtigtem Rücktritt des Vorbehaltsverkäufers), handelt der Einlagerer bei der Verfügung über das Eigentum als Nichtberechtigter. Aufgrund seines dennoch *bestehenden mittelbaren Besitzes* (weil er einen Herausgabeanspruch gegen den Lagerhalter hat, also ein Besitzmittlungsverhältnis zwischen Einlagerer und Lagerhalter! besteht) erlangt der Erwerber von ihm Eigentum gutgläubig nach §§ 929 S. 1, 931, 934 1. Fall.

1183 Voraussetzung ist das Bestehen mittelbaren Besitzes des Veräußerers, also eines **wirksamen Herausgabeanspruchs** kraft eines Besitzmittlungsverhältnisses als Mittel der Eigentumsübertragung.

Fortsetzung des Beispiels[124]**:** Im vorigen Beispiel könnte der Lagerhalter, um seine Vergütung fürchtend, die Ware als vorgeblicher Eigentümer durch (veruntreuende) Unterschlagung (§ 246 StGB) oder als Pfand (vgl. §§ 475b Abs. 1, 366 Abs. 3 HGB), aber – hier unterstellt vielleicht etwas voreilig und deshalb – unrechtmäßig (§§ 1243 Abs. 1) und zwar mittels Vereinbarung eines weiteren Lagerverhältnisses als Besitzkonstitut einem anderen weiterveräußert haben.

Der Erwerber erlangt daraus Eigentum gutgläubig nach §§ 929 S. 1, 930, 933 (bzw. ggf. nach §§ 1244 mit 933 analog) – *aber erst mit Übergabe an ihn.* Solange die Ware noch im Lager bleibt, vermittelt der Lagerhalter den Besitz nun scheinbar an zwei Einlagerer. Der zweite Lagervertrag führt zwar vorerst nicht zum Eigentumswechsel (wegen § 933), ist aber dennoch wirksam (soweit nicht Geschäftseinheit von Veräußerungsgeschäft und Besitzmittlungsverhältnis nach § 139 angenommen wird). Nach h.M. weicht in einem solchen Fall die Besitzlage von den Besitzmittlungsverhältnissen ab: der erste Einlagerer verliert (von ihm sogar unbemerkt) den mittelbaren Besitz, der zweite erlangt ihn.[125] Daran änderte sich sogar dann nichts, wenn der Lagerhalter dem ersten gegenüber nach wie vor wahrheitswidrig die Einlagerung für ihn bestätigte.

Veräußerte nun der erste Einlagerer (wie im vorigen Beispiel) unter Abtretung des Herausgabeanspruchs gegen den Lagerhalter (§ 931), läge nicht mehr der Fall des §§ 929 S. 1, 931, 934 1. Fall, sondern des § 934 2. Fall vor. Der Herausgabeanspruch vermittelte *ihm* nicht mehr den Besitz. Dafür könnte nun allerdings der zweite Einlagerer, der zwar mittelbarer Besitzer, aber nicht Eigentümer geworden ist, durch Abtretung seines Herausgabeanspruchs gegen den Lagerhalter nach §§ 929 S. 1, 931, 934 1. Fall weiterveräußern.

Beachte (Wertpapierrecht): Hat der erste Einlagerer einen Lagerschein (§ 475b HGB), könnte er *erstens* den Herausgabeanspruch in allen Fällen nur unter Übergabe desselben wirksam abtreten. Handelte es sich um einen an Order gestellten Lagerschein (§ 363 Abs. 2 HGB) und verfügte er darüber wertpapiermäßig durch Indossierung (§ 364 HGB), würde sich diese Form *zweitens* ohne Rücksicht auf den Besitzmittlungswille des Lagerhalters durchsetzen und gutgläubigen Eigentumserwerb nach §§ 365 Abs. 1 HGB, 16 WechselG ermöglichen (dazu nachf. Rn. 1197, 1200).

1184 **(2) § 934 2. Fall: Nicht-besitzberechtigter Veräußerer, aber Übergabe.** Dagegen liegt dem 2. Fall des § 934 der Sachverhalt zugrunde, dass der Veräußerer noch nicht einmal besitzberechtigt ist, z.B. bei gelagertem Gut er also weder Eigentümer noch wenigstens der Einlagerer oder dessen Rechtsnachfolger ist. (Vgl. dazu das Fortsetzungsbeispiel in der vorigen Randnummer und nachf. Rn. 1201).

1185 In all diesen Fällen tritt Heilung dabei nur ein, wenn der Erwerber das fehlende Eigentumsrecht des Veräußerers nicht wenigstens grob fahrlässig verkannt hat. Maßgeblich für die Gutgläubigkeit des Erwerbers ist (parallel zu § 892 Abs. 2) die Zeit der Übergabe, respektive der sonstigen Besitzerlangung (so in § 932 Abs. 1 S. 2), jedoch, wenn die dingliche Einigung zwischen Veräußerer und Erwerber erst nach dem Besitzübergang erfolgt, dieser Zeitpunkt (so in §§ 932 Abs. 1 S. 1, 933 und 934).

---

124 Nach BGHZ 50, 45 (Fräsmaschinenfall).

125 Maßgeblich ist der **Besitzmittlungswille des unmittelbaren Besitzers**, nicht das schuldrechtliche Rechtsverhältnis. Anderenfalls müsste sog. **Nebenbesitz** zweier paralleler mittelbarer Besitzer angenommen werden. Im Unterschied zum (gemeinsamen) Mitbesitz kennt das BGB aber keinen Nebenbesitz (so die h.M.).

j) Exkurs: Kondiktionsfestigkeit des gutgläubigen Erwerbs

Gutgläubig erlangtes Eigentum kann nicht vom verlierenden (früheren) Eigentümer kondiziert werden. Eine *Leistungskondiktion* des verlierenden Eigentümers gegen den Erwerber scheidet aus, weil ihm gegenüber gerade nicht der Eigentümer, sondern ein nichtberechtigter Dritter „geleistet" und den Zuwendungszweck gesetzt hat (vgl. Rn. 623, 632). Die allgemeine *Eingriffskondiktion* scheidet zwischen diesen beiden ebenfalls aus, weil der „Eingriff" auf Kosten des verlierenden Eigentümers durch den nichtberechtigten Dritten erfolgte und nicht durch den Erwerber; es liegt eine Leistung an ihn vor (Vorrang der Leistungskondiktion)[126]. Der Nichtberechtigte hat den gutgläubigen Erwerb eingeleitet, nämlich durch seine Verfügung über fremdes Eigentum. Konsequent gibt § 816 Abs. 1 dem früheren Eigentümer deshalb die Bereicherungsklage gegen den nichtberechtigten Dritten (vgl. Rn. 679 f.; auch zu weiteren parallelen Anspruchsgrundlagen). 1186

k) Gutgläubig lastenfreier Erwerb von Fahrniseigentum

Nach § 936 Abs. 1, 2 können **dingliche Belastungen** an einer Sache **gutgläubig „wegerworben"** werden, wenn der Erwerber das Eigentum an der Sache erlangt, sei es *vom Eigentümer* nach §§ 929–931 oder *durch Verkehrsgeschäft vom Nichteigentümer* nach §§ 932–934 (bzw. § 935 Abs. 2). Die dafür nach § 936 Abs. 1 vorausgesetzte Besitzerlangung entspricht exakt den Voraussetzungen des gutgläubigen Erwerbs des Eigentums nach §§ 932–934. 1187

In den **Fällen gutgläubigen Eigentumserwerbs** an beweglichen Sachen tritt deshalb **stets zugleich Lastenfreiheit** nach § 936 ein. Eigenständige Bedeutung hat § 936 daher nur beim *Eigentumserwerb vom Berechtigten.*

Beispiel: Übereignet jemand eigene Einrichtungsgegenstände, die mit einem Vermieterpfandrecht belastet sind, zur Sicherheit (§ 930) einem Gläubiger, erwirbt der Sicherungsnehmer nur *belastetes* Sicherungseigentum. Nach § 936 Abs. 1 S. 3 setzt gutgläubiger lastenfreier Erwerb die *Übergabe* voraus. Wäre der Sicherungsgeber Nichteigentümer gewesen, hätte überhaupt der gutgläubige Erwerb des Sicherungseigentums nach § 933 Übergabe vorausgesetzt.

Eine **konsequente Einschränkung** der gutgläubigen Lastenfreiheit enthält § 936 Abs. 3 für Übereignungen nach §§ 931, 934. Erfolgen diese unter Abtretung eines Herausgabeanspruchs und damit ohne Mitwirkung des aus einem belastenden dinglichen Verhältnis Berechtigten, bezieht sich der Rechtsschein des Herausgabeanspruchs aus einem Besitzmittlungsverhältnis zwar auf das Eigentum des Zedenten, nicht aber auf eventuelle neben dem Eigentum bestehende dingliche Belastungen. – Erst wenn der daraus Berechtigte diese beendet oder zu beenden scheint, kann der Erwerber auf ihr Nichtbestehen vertrauen. 1188

Beachte: Solange z.B. der **Vorbehaltskäufer** die Sache innehat, kann der Vorbehaltsverkäufer nicht durch Abtretung seines (auf den Rücktritt nach § 449 Abs. 2 bedingten) Herausgabeanspruchs einen gutgläubig-lastenfreien Erwerb einleiten und so das Anwartschaftsrecht und damit die Erwerbsmöglichkeit des Vorbehaltskäufer vernichten. Zwar ermöglicht § 161 Abs. 3 eine gutgläubig wirksame Zwischenverfügung (s. Rn. 844). Allerdings beschränkt § 936 auch dabei die Lastenfreiheit. Gilt nun das Anwartschaftsrecht mit der ganz h.M. als dingliche Belastung, setzt es

126 Im Verhältnis zum Nichtberechtigten kann der gutgläubige Erwerber deshalb durchaus aufgrund Leistungskondiktion zur Rückübereignung verpflichtet sein. Bloß besteht *in diesem Verhältnis* regelmäßig ein Rechtsgrund (z.B. wirksamer Kauf), weshalb diese Leistung *nicht rechtsgrundlos* war.

sich in einem solchen Sachverhalt gegenüber einem Erwerber nach § 931 fort: §§ 161 Abs. 3, 936 Abs. 1 S. 3 und Abs. 3. Der Erwerber erlangt aufgrund der Abtretung zwar mittelbaren Besitz, was für § 936 Abs. 1 S. 3 genügen würde. Da aber der *Vorbehaltskäufer unmittelbaren Besitz behält*, schließt § 936 Abs. 3 die gutgläubige Lastenfreiheit aus. Infolgedessen braucht er die Vorbehaltsware dem neuen Eigentümer auch nicht herauszugeben (§ 986 Abs. 2). – Daran soll sich sogar dann nichts ändern, wenn der Anwartschaftsberechtigte die Vorbehaltsware z.B. zur Reparatur später zurückgeben würde; für § 936 Abs. 3 soll auch der mittelbare Besitz des Berechtigten ausreichend sein.[127]

l) Wertpapiere im Sachenrecht[128] – Überblick

1189 Wertpapiere verkörpern ein Recht und dienen dem Nachweis der Inhaberschaft an diesem Recht. Zur Geltendmachung des Rechts ist stets die Vorlegung der Urkunde erforderlich.

1190 **aa) Einteilung.** Sie können in Gruppen eingeteilt werden, die sich u.a. nach der **Art des verkörperten Rechts** unterscheiden. *Sachenrechtliche* Papiere sind dabei insb. solche Wertpapiere, die einen Herausgabeanspruch verkörpern (sog. Traditionspapiere) im Gegensatz zu Mitgliedschaftspapieren (z.B. Aktien) oder forderungsrechtlichen Papieren (z.B. Wechsel gem. Art. 11 Abs. 1 WG).

Die Einteilung der Gruppen kann sich auch nach dem **Verhältnis zwischen dem verkörperten Recht und dem Wertpapier** richten und ist dann bedeutsam für die Voraussetzungen zur Übertragung. Hierbei wird unterscheiden zwischen Wertpapieren öffentlichen Glaubens (Inhaberpapiere und Orderpapiere als Wertpapiere im engeren Sinn) und Wertpapieren im nur weiteren Sinne (Namens(Rekta)papiere). Nur Inhaber- und Orderpapiere ermöglichen eine *wertpapiermäßige Übereignung* des Papiers als Sache und in dessen Folge des verkörperten Rechts (nach § 929 S. 1, ggf. durch zusätzliches Indossament, § 364 Abs. 1 HGB). Rektapapiere dagegen werden über die Abtretung des verkörperten Rechts übertragen (z.B. §§ 398, 413), dem das Eigentum am Papier folgt (§ 952 Abs. 2).[129]

1191 **bb) „Sachenrechtliche Wertpapiere".** Gegenstand der hiesigen sachenrechtlichen Darstellung sind nur die **Traditionspapiere** und zwar in ihrer Form als **Inhaber- oder als Orderpapier**. Als Traditionspapiere haben sie Bedeutung für die Verfügung über die Güter, die dem verkörperten Herausgabeanspruch gegenständlich sind („Tradition" ist synonym für Übertragung, Verfügung). Als Orderpapier bzw. Inhaberpapier bestimmen sie die zulässige Art und Weise der Verfügung über das (in ihnen verkörperte) Recht aus dem Papier. Ein **an Order gestelltes Traditionspapier** ermöglicht also die *Übereignung einer Sache* **durch** *Übergabe und Übereignung des Wertpapiers* – gleichsam als vergegenständlichte Abtretung des Herausgabeanspruchs.

---

127 Bei früherer Rückgabe hätte der Vorbehaltsverkäufer allerdings wohl kaum nach § 931, sondern eher nach § 929 S. 1 verfügt und das Anwartschaftsrecht damit nach § 936 Abs. 1 S. 1 beseitigen können; vgl. Rn. 1406.

128 Die Neufassung des Kompetenzrahmens gemäß § 4 Abs. 1 der Wirtschaftsprüfungsexamens-Anrechnungsverordnung (WPAnrV) vom 29.11.2016 nennt das Wertpapierrecht (außerhalb des Kapitalmarktrechts) nicht als Prüfungsgegenstand des Wirtschaftsprüfungsexamens; anders die bislang fortgeltende Konkretisierung des § 4 Wirtschaftsprüferprüfungsverordnung – WiPrPrüfV vom 1.1.2008).
Das Wertpapierrecht (am Beispiel von Genussscheinen, vgl. § 221 AktG) war Gegenstand des Wirtschaftsprüfungsexamens im Termin 2015/II.

129 Das gilt entsprechend für Fahrzeugpapiere.

Zu den **Traditionspapieren** gehören **Konnossement** (vgl. §§ 513 ff., 524 HGB) und **Ladeschein** (vgl. §§ 444 ff. HGB), welche den Anspruch auf Herausgabe beförderter Güter gegen den Verfrachter bzw. Frachtführer verbriefen. Außerdem der **Lagerschein** (vgl. §§ 475c ff. HGB), der den Herausgabeanspruch gegen einen Lagerhalter verbrieft. **1192**

Orderpapier werden Konnossement, Lade- und Lagerschein erst *durch entsprechende Orderklausel nach § 363 Abs. 2 HGB*, deshalb sog. gekorene Orderpapiere.

Sie können auch auf „den Inhaber", meint: jeden Inhaber, lauten (als Inhaberpapiere). Ohne Orderklausel oder Inhabervermerk handelt es sich um Rektapapiere (Namenspapiere). Ebenso bei sog. Vinkulierung (vgl. Rn. 510).

Beachte: Der Begriff *Orderpapier* hat Bedeutung für die Verfügung über das Recht aus dem Papier, nämlich eingeschränkt mittels zusätzlichem Begebungsvermerk (Indossament). Die Bedeutung des *Traditionspapiers* liegt dagegen darin, dass die Übergabe der Urkunde, welche einen Herausgabeanspruch verbrieft, dieselben Wirkungen hat wie die Übergabe der Sache selbst. Nach §§ 448, 475g, 524 HGB handelt es sich seit der Reform im Jahr 2013 um Traditionspapiere auch dann, wenn sie nicht gem. § 363 Abs. 2 HGB an Order lauten. Bloß können Traditionspapiere in Form von Rekta-(Namens)papieren nicht wertpapierrechtlich „übertragen" werden i.S.d. Satzes 2 der §§ 448, 475g, 524 HGB.

m) Übereignung mittels Traditionspapiers

Die Veräußerung beweglicher Sachen durch Begebung von Inhaber- bzw. Orderpapieren hat das Papier zum Gegenstand der Übertragung, jedoch mit dem alleinigen Ziel der Übertragung des im Papier verkörperten Rechts, beim Traditionspapier also des Herausgabeanspruchs. Das Traditionspapier als Inhaber- oder Orderpapier *ermöglicht dem mittelbaren Besitzer* eine Übertragung des Eigentums (oder anderer dinglicher Rechte an der Sache) *in einer sachenrechtlichen Form wie als unmittelbarer Besitzer.* **1193**

Die **wertpapiermäßige Übereignung** steht somit neben § 931 und bildet aus der Perspektive der §§ 929 ff. einen weiteren **Übereignungstatbestand** mittels eines **spezifisch handelsrechtlichen Übergabesurrogats**. Es handelt sich um eine Übereignung der eingelagerten, verfrachteten oder transportierten Sache *wie* nach §§ 929, ggf. 932, aber durch Übertragung lediglich mittelbaren Besitzes (das unmittelbar übergebene Traditionspapier verkörpert den Herausgabeanspruch und damit den mittelbaren Besitz der Sache). **1194**

aa) Durch Übertragung des Wertpapiers. Wertpapiere im engeren Sinne werden sachenrechtlich wie eine bewegliche Sache behandelt und können deshalb nach § 929 übereignet werden.[130] Das in ihnen verkörperte Recht steht dann dem Erwerber als Eigentümer des Papiers zu. Bei Wertpapieren i. e. S., also Inhaber- und Orderpapieren, steht das Eigentum am Papier und das darin verbriefte Recht also notwendig derselben Person zu. **1195**

Für *Inhaberpapiere* (und also für die darin verbrieften Rechte) gelten die §§ 929 und 932 einschränkungslos (es gilt: **„das Recht aus dem Papier folgt dem Recht am Papier"**).

130 Die **Papierübergabe** ihrerseits kann **nicht durch die Übergabesurrogate der §§ 930, 931** ersetzt werden. Die Papierübereignung ist nur Mittel der Übereignung des Gutes und ihrerseits Surrogat. Das Papier ist nicht das Ziel der Übereignung.

Für *Orderpapiere* (und also das darin verbriefte Recht) gelten ebenfalls die §§ 929 und 932 im Hinblick auf Einigung über den Eigentumsübergang und Übergabe des Papiers, *zusätzlich* muss jedoch ein Begebungsvermerk (*das Indossament nach § 364 Abs. 1 HGB*) auf dem Papier angebracht werden.

1196 § 448 HGB für die Traditionswirkung des Ladescheins, § 475g HGB parallel beim Lagerschein und § 524 HGB beim Konnossement bestimmen, dass die „Begebung" oder „Übertragung" des Wertpapiers für die Übereignung des eingelagerten, geladenen oder verschifften Gutes „dieselben Wirkungen wie die Übergabe des Gutes" hat. Die wertpapiermäßige Übereignung des Papiers nach § 929 (als eine besondere Form der Verschaffung von faktisch nur mittelbarem Besitz am Gut) *repräsentiert* die körperliche Übergabe des Guts und wirkt also *wie* Verschaffung unmittelbaren Besitzes.

Das gilt auch für den Erwerb beschränkter dinglicher Rechten an dem Gut (z.B. Pfandrecht, Nießbrauch).[131]

1197 **bb) Legitimationswirkung. Auswirkungen** hat dieser Unterschied auf den **gutgläubigen Erwerb vom Nichtberechtigten**. Gutgläubigkeit des Erwerbers vorausgesetzt, genügt die übereignende Übergabe eines *Inhaberpapiers*, *ganz gleich durch wen* (vgl. § 935 Abs. 2, sofern keiner der Ausnahmetatbestände in § 367 Abs. 1 HGB vorliegt).

Gleiches gilt in Bezug auf ein *Orderpapier*, sofern eine *lückenlose Kette von Indossamenten* nach § 365 Abs. 1 HGB (mit Verweis auf Art. 40 Abs. 3 S. 2 WechselG – als Parallelvorschrift zu § 935 Abs. 2) bis zum Letztverfügenden gegeben ist. Der gutgläubige Papiererwerb umfasst dann (definitionsgemäß) den Erwerb der Sache selbst.[132]

1198 Vergleichbare Auswirkungen bestehen für den Ausschluss von Einwendungen, soweit sie nicht aus der Urkunde ersichtlich sind und die bei bloßer Abtretung dem Zessionar gegenüber fortbestünden (§ 404). Die wertpapiermäßige Übertragung von Orderpapieren schneidet Einwendungen gegen den verkörperten Anspruch dagegen ab (§ 364 Abs. 1 HGB mit Verweis auf Art. 17 WechselG); gleiches bei Inhaberpapieren (§ 796).

1199 **cc) Ausnahmen.** Die Gleichsetzung von Papier mit dem Gut endet nach h.M.[133], wo die **Erlangung des Besitzes am Gut selbst ausgeschlossen** wäre (z.B. bei wegen Diebstahls oder Untergangs gar nicht mehr vorhandenen Gütern; das Traditionspapier ist dadurch faktisch und eben auch rechtlich wertlos geworden).

Gleiches gilt, wenn der **Eigentumserwerb am übergebenen Gut selbst ausgeschlossen** wäre (z.B. der gutgläubige Erwerb abhanden gekommener Sachen wegen § 935 Abs. 1). Hierüber kann auch das (seinerseits nicht abhanden gekommene) Traditionspapier nicht hinweghelfen. Wie die Übergabe der abhanden gekommenen Sache selbst keinen gutgläubigen Erwerb ermöglicht, sowenig auch die ihr gleichgestellte wertpapiermäßige Übereignung des Inhaber- oder Orderpapiers. Der Schutz des wahren Eigentümers einer

131 Handelt es sich also nicht um die Übereignung des Traditionspapiers und damit des verbrieften Gutes, sondern um eine Verpfändung, wird das Pfand nach § 1205 Abs. 1 wie durch Übergabe der Sache bestellt und bedarf nicht der Verpfändungsanzeige nach § 1205 Abs. 2, weil nur mittelbarer Besitz verschafft worden wäre.

132 Das ist im Ergebnis unstreitig. Die Meinungen unterscheiden sich bloß darin, ob das Sacheigentum damit auch *wie* nach § 929 erworben wurde oder doch eher wie nach § 931. Jedenfalls genügt für den gutgläubigen Erwerb auch nach den restriktiveren §§ 931, 934, dass der gutgläubige Erwerber „den Besitz der Sache vom Dritten" erlangt. Der Sache steht aber das Orderpapier bzw. Inhaberpapier gleich.

133 Einzelheiten bei *K. Schmidt*, Handelsrecht § 23 Rn. 21–33.

abhanden gekommenen Sache durch **§ 935 Abs. 1** gegen die Gefahr gutgläubigen Eigentumserwerbs **setzt sich auch gegen die wertpapierrechtliche Übereignung durch**.

Das ist kein Widerspruch zu § 935 Abs. 2 bzw. § 365 Abs. 1 HGB, Art. 40 Abs. 3 S. 2 WechselG; diese Vorschriften betreffen **umgekehrt das abhanden gekommene Wertpapier** und ermöglichen gutgläubigen Erwerb *daran* (und infolge dessen am verkörperten Gut), jedoch *nicht an abhanden gekommenen Gütern*. **1200**

Beispiel: Händler H erwirbt vom Eigentümer E Ware unter einfachem Eigentumsvorbehalt und lagert diese bei L ein, der dem H über die Herausgabepflicht einen Lagerschein (vgl. § 475c HGB) ausstellt, welcher auf ihn, H, „oder an seine Order" (vgl. § 363 Abs. 2 HGB) lautet. Übereignet H die Ware nun durch Einigung und *Übergabe des indossierten Orderlagerscheins* an den (gutgläubigen) K, erfolgt diese nach § 929 S. 1 mit „denselben Wirkungen" wie eine Übergabe der Sache (§ 475g HGB). Für den gutgläubigen Erwerb des K (Eigentümer war noch E) ist, wenn der Wortlaut des § 475g HGB entscheidend sein soll, § 932 maßgeblich; wird hingegen in der Begebung von Traditionspapieren ein Übergabesurrogat eigener Art gesehen, das dann der Abtretung des Herausgabeanspruchs nach § 931 näher steht, wäre nach §§ 931, 934 zu entscheiden. Beide Male wäre vorliegend für den guten Glauben des K an das vermeintliche Eigentum des H der Zeitpunkt der Übertragung des Orderlagerscheins maßgeblich; spätere besserer Kenntnis des K, auch noch vor Empfangnahme der Ware, wäre unschädlich. *Ohne Wertpapier* hätte H zur Übereignung lediglich den Herausgabeanspruch gegen L als Übergabesurrogat an K abtreten können (§§ 929 S. 1, 931). K hätte dabei von H als Nichtberechtigtem nur nach § 934 Eigentum erworben, wobei hier der Tatbestand von § 934 Fall 1 gegeben wäre, weil H jedenfalls mittelbarer Besitzer war, und K gleichfalls „mit der Abtretung des Anspruchs" Eigentümer geworden wäre.

Einen deutlichen Unterschied macht die wertpapiermäßige Übereignung, wenn der Herausgabeanspruch gar nicht gegeben wäre **(Tatbestand des § 934 Fall 2)**. *Ohne z.B. Orderlagerschein* erfolgte der gutgläubige Erwerb erst mit Aushändigung der Sache selbst. Die **wertpapiermäßige Übereignung** wäre dagegen auch jetzt mit *Übergabe des Wertpapiers* vollendet. **1201**

Beispiel: Händler H lagert Ware beim gewerblichen Lagerhalter L ein. H verfügt sodann über das eingelagerte Gut unter **Abtretung des Herausgabeanspruchs** an K (§§ 929 S. 1, 931), dem er es verkauft hat. K veräußert es anschließend auf gleiche Weise weiter an seinen Abnehmer A. Die Ware bleibt dabei bei L im Lager.Wird nun „das Geschäft" zwischen H und K von H wegen arglistiger Täuschung durch K wirksam angefochten, fehlt es materiell-rechtlich an jedem Herausgabeanspruch des K gegen L: denn K wurde (durch die Anfechtung *rückwirkend*) nicht Eigentümer des eingelagerten Gutes und auch nicht Inhaber des Herausgabeanspruchs gegen L. Für Anfechtungen nach § 123 ist allgemein anerkannt, dass zugleich schuldrechtliches Verpflichtungsgeschäft und auch dingliches Verfügungsgeschäft nichtig sind (sog. **Doppelmangel**, s. Rn. 841). Das betrifft vorliegend die dingliche Einigung (§ 929 S. 1) und die Abtretung des Herausgabeanspruchs (§§ 473 Abs. 1 HGB, 398 BGB). Der nachfolgende Eigentumserwerb des A kann daher nur nach §§ 929 S. 1, 931, 934 Fall 2 erfolgen und wäre erst mit Herausgabe der Sache durch L an A vollendet.

Hat in diesem Beispiel aber L dem H einen **Orderlagerschein** ausstellt und **übergibt H den indossierten Lagerschein** an seinen Kunden K, der ihn an A **weiterindossiert**, wird A gem. §§ 929 S. 1, 932 gutgläubig[134] Eigentümer des Wertpapiers und wegen § 475g HGB damit des eingelagerten Gutes. Dies (wie) nach §§ 929 S. 1, 932, weil jetzt die Papierübergabe die Herausgabe der Sache an A repräsentiert (§ 364 Abs. 2 HGB, 16 Abs. 1 WechselG).

dd) Sachübereignungen ohne das Traditionspapier? Umstritten ist in diesem Zusammenhang, ob statt über das z.B. an Order gestellte Traditionspapier auch noch **1202**

134 Die Anfechtung betrifft wegen des Doppelmangels (Fall des § 123) hier neben dem Kauf auch (dinglich) den Begebungsvertrag des Lagerscheins.

über das verbriefte Recht bzw. über das ihm zugrundeliegende Gut – ohne Übertragung des Wertpapiers – verfügt werden könne.

Nach ganz überwiegender Ansicht soll außerhalb der Möglichkeiten durch wertpapiermäßige Übertragung des Papiers nur eine solche Veräußerung zulässig sein, die auf der Verschaffung des *unmittelbaren Besitzes der Sache* beruht, also nach § 929 erfolgt (ebenso durch Vereinbarung eines Besitzmittlungsverhältnisses mit dem unmittelbaren Besitzer nach § 930). – Im Übrigen ist dann *weder die Abtretung des Herausgabeanspruchs* aus dem Traditionspapier ohne Übergabe des Papiers, noch die *Abtretung des Herausgabeanspruchs* aus dem Handelsgeschäft *ohne Übergabe des* diesen verkörpernden *Wertpapiers* wirksam. Sobald also z.B. ein Orderpapier über den Herausgabeanspruch ausgestellt wurde, **sperrt** dieses eine **„papierlose" Übereignung** der Sache nach § 931 und damit insoweit den gutgläubigen Erwerb nach § 931, 934.[135]

Beispiel: Hat der unmittelbare Besitzer einer Sache ein Traditionspapier (Ladeschein, Lagerschein oder Konnossement) ausgestellt, so verkörpert dieses den Herausgabeanspruch nach Ansicht des BGH in untrennbarer Weise, weshalb *ohne gleichzeitige Übergabe des Papiers* jede **Abtretung unwirksam** ist.[136] Ohne Papierübergabe ist auch kein gutgläubiger Erwerb möglich; § 934 schützt nicht den guten Glauben daran, dass kein Traditionspapier ausgestellt worden sei.

1203 (Nur) die Verfügungsmöglichkeit über solches Gut nach § 929 S. 1 *durch körperliche Übergabe des Gutes* selbst oder nach §§ 929 S. 1, 930 durch weiteres Besitzkonstitut bleibt davon unbenommen.

Beispiele: (1) Der untreue Lagerhalter (Nichteigentümer) kann also *unabhängig vom ausgestellten Lagerschein* einem Dritten den gutgläubigen Erwerb nach §§ 929 S. 1, 932 ermöglichen (alternativ auch nach §§ 929 S. 1, 930, 933 – *aber erst mit Übergabe*, vgl. § 933). Solange das Gut im Lager bleibt, erwirbt der Dritte dabei noch kein Eigentum.

Im Fall einer Verfügung an den Dritten mittels eines weiteren Lagerverhältnisses (Fall des § 930), beendet der Lagerhalter immerhin das Besitzmittlungsverhältnis zum ursprünglichen Einlagerer (da Nebenbesitz nicht existiert, vgl. Rn. 1183 (Fn. 125)).

(2) Beendete nun der Lagerhalter auf diese Weise (durch zweites Lagerverhältnis) das erste Besitzmittlungsverhältnis und war sodann zusätzlich auch der ursprüngliche Einlagerer Nichteigentümer (z.B. als Vorbehaltskäufer), wird der Vorteil des Orderlagerscheins deutlich. Der ursprüngliche Einlagerer kann nämlich die beim Lagerhalter eingelagerte Sache außerhalb des Wertpapierrechts nur noch nach §§ 929 S. 1, 931, 934 2. Fall (!) veräußern, was mangels Besitzverschaffung scheitern würde. Wurde ihm aber ein Orderlagerscheins über die eingelagerte Sache ausgestellt, könnte sein Abnehmer wegen § 475g HGB gutgläubig Eigentum erwerben auch ohne *Sach*übergabe.[137] Sobald allerdings der Lagerhalter das Gut einem Dritten herausgibt (also aufgrund des zweiten Lagerverhältnisses), *verliert* der *Orderlagerschein* des ursprünglichen Einlagerers seine *Traditionswirkung*. Denn auch der wertpapiermäßig verkörperte Herausgabeanspruch hängt existenziell davon ab, dass der Verpflichtete Besitz hat (s. Rn. 1190).

---

135 Inwieweit eine Verbriefung des Herausgabeanspruchs in Form eines Rektapapiers diese Sperrwirkung hat, ist unklar; vgl. *K. Schmidt*, Handelsrecht § 24 Rn. 39–41 (auch für andere Rektapapiere, die nicht Traditionspapiere sind).

136 Indossierung des Orderpapiers ist bei der *nicht*-wertpapiermäßigen Übereignung der Sache nach §§ 929, 931 nicht erforderlich (wohl aber bei der rein wertpapierrechtlichen Übereignung nach §§ 448, 475g, 524 HGB, im Falle, dass die Traditionspapiere als Orderpapiere i.S.d. § 363 Abs. 2 HGB ausgestellt worden waren (vgl. § 364 Abs. 1)).

137 Beispiel nach *K. Schmidt*, Handelsrecht § 24 Rn. 33.

9. Nichtrechtsgeschäftlicher Erwerb des Eigentums

Die §§ 946–950 bewirken die Entstehung des Eigentumsrechts an beweglichen Sachen **1204** durch ihre **Verbindung** oder **Vermischung** mit einer anderen Sache oder durch **Verarbeitung** beweglicher Sachen, aus denen eine neue Sache hergestellt wird. Der durch den korrespondierenden Rechtsverlust benachteiligte frühere Eigentümer wird durch einen schuldrechtlichen Ersatzanspruch in Geld nach § 951 entschädigt.

Ebenfalls einen gesetzlichen Eigentumserwerb sehen die §§ 953–957 im Zusammen- **1205** hang mit der **Fruchtziehung** aus einer Sache oder **Trennung** von Bestandteilen einer Sache an solchen Erzeugnissen oder getrennten Bestandteilen vor.

Weiterhin führt die **Ersitzung** nach §§ 937–945 zum gesetzlichen Erwerb des Eigentumsrechts, was lediglich noch Bedeutung hat, wenn gutgläubiger Erwerb von Fahrnis ausgeschlossen ist (also v.a. bei abhanden gekommenen beweglichen Sachen wegen § 935).

Schließlich besteht nach §§ 958–964 ein **Aneignungsrecht** an herrenlosen beweglichen Sachen sowie u.U. ein gesetzlicher Eigentumserwerb des Finders nach §§ 965 ff.

Ein gesetzlicher Eigentumserwerb an Grundstücken findet durch **Buchersitzung** nach **1206** § 900 statt. Wer im Grundbuch zu Unrecht als Eigentümer eingetragen ist (sog. Buchbesitz oder Bucheigentum), erwirbt nach 30-jährigem Eigenbesitz das Eigentum an dem Grundstück. Anders, als bei der Mobiliarersitzung ist hierfür guter Glaube nicht erforderlich.

a) Eigentumserwerb an einer beweglichen Sache durch deren Verbindung mit einem Grundstück

Nach § 946 erstreckt sich das Eigentum an einem Grundstück auch auf eine Sache, die **1207** mit dem Grundstück fest verbunden wird. Nach § 93 können wesentliche Bestandteile einer Sache „nicht Gegenstand besonderer Rechte sein". Wird eine bewegliche Sache derart mit einem Grundstück verbunden, dass sie dessen wesentlicher Bestandteil wird (vgl. § 94), so erstrecken sich das Eigentumsrecht am Grundstück und die am Grundstück bestehenden dinglichen Rechte kraft Gesetzes auf den hinzukommenden wesentlichen Bestandteil (§§ 946, 949 S. 3, 93). Alle früheren Rechte an der verbundenen beweglichen Sache erlöschen (§ 949 S. 1).

Wie, wodurch oder durch wen die Verbindung hergestellt wird, ist für den gesetzlichen Eigentumsübergang belanglos. Exemplarisch für solche Verbindung steht der Einbau von Baustoffen durch Bauhandwerker in Gebäuden.[138]

b) Eigentumserwerb an einer beweglichen Sache durch Verbindung mit einer anderen beweglichen Sache

aa) Bewegliche Sachen können miteinander verbunden werden. Wird dadurch eine **1208** **neue bewegliche Sache hergestellt**, dann spricht das Gesetz von **Verarbeitung** (vgl.

138 Der zivilrechtliche Eigentumswechsel gilt etwa für technische Anlagen und Maschinen, die auf einem fremden Betriebsgrundstück fest installiert werden. Da jedoch das Betriebsunternehmen sie für den betrieblichen Produktionsprozess nutzt, verbleibt das **wirtschaftliche Eigentum** bei ihm. Die Vermögensgegenstände werden von ihm, nicht vom rechtlichen Eigentümer bilanziert, Beck'scher Bilanz-Kommentar § 247 HGB Rn. 461, 480 bis 482.

§ 950). Werden bewegliche Sachen dagegen miteinander zu *wesentlichen Bestandteilen einer einheitlichen Sache* **verbunden**, die nach Art oder Gattung begrifflich keine neue Sache ist, so werden die bisherigen Eigentümer Miteigentümer dieser Sache nach den Verhältnissen des Wertes der verbundenen Bestandteile (vgl. § 947 Abs. 1). Sofern **eine der verbundenen Sachen als Hauptsache** anzusehen ist, erwirbt ihr Eigentümer das Alleineigentum (vgl. § 947 Abs. 2).

Beispiele der Verbindung einer Sache mit einer anderen beweglichen Hauptsache ist das Einfügen von Baumaterialien in ein Gebäude, das seinerseits nur Scheinbestandteil eines Grundstücks ist (§ 95; anderenfalls Fall des § 946) oder das Aufkleben eines Plakats auf einer Plakattafel.

1209 **bb)** Voraussetzung des Eigentumserwerbs nach § 947 ist die **Verbindung als wesentliche Bestandteile** i.S.d. § 93 (also z.B. nicht beim Einbau eines Austauschmotors in ein Kfz). Erst wenn die verbundene Sache überhaupt *wesentlicher Bestandteil* einer *einheitlichen Sache* geworden ist, unterscheidet § 947 zwischen dem Erwerb des Alleineigentums des Eigentümers der Hauptsache und dem Erwerb von Miteigentum der bisherigen Eigentümer.

Hauptsache ist dabei ein Bestandteil, der für das Wesen der einheitlichen Sache bestimmend ist (so die bedruckten Seiten eines Buchs im Unterschied zum nebensächlichen Einband). Hauptsache ist ein Bestandteil, der nicht fehlen könnte, ohne dass das Wesen der Sache dadurch beeinträchtigt würde. Das *Gehäuse einer Maschine* ist z.B. *Nebensache*, wenn es nur zur Zierde ist, dagegen *gleichberechtigter Bestandteil*, wenn es eine wichtige Sicherheitsvorkehrung ist und ggf. sogar *Hauptsache*, wenn es die Apparatur überhaupt zusammenhält.

1210 **cc)** § 948 erstreckt die Vorschrift des § 947 auf die **Vermischung oder Vermengung beweglicher Sachen**, wenn ihre **Trennung unmöglich** oder mit unverhältnismäßigen Kosten verbunden ist (z.B. Benzin mehrerer Eigentümer im Tankwagen, Münzen in der Kasse, Wertpapiere im Sammeldepot). Von *Vermischung* wird bei flüssigen und gasförmigen, von *Vermengung* bei festen Körpern gesprochen. Für die Entstehung von Alleineigentum beim Eigentümer des Hauptbestandteils ist v.a. das *mengenmäßige Übergewicht* maßgeblich (§ 947 Abs. 2) (wechselnder Kassenbestand als Hauptsache hinsichtlich einkassiertem fremdem Geld).

c) Eigentumserwerb an einer durch Verarbeitung oder Umbildung hergestellten neuen beweglichen Sache

1211 Der Hersteller einer neuen beweglichen Sache durch Verarbeitung oder Umbildung erwirbt nach § 950 Abs. 1 S. 1 das Eigentumsrecht an ihr, sofern nicht der Wert der Verarbeitung, also der geschaffene Mehrwert, erheblich geringer ist als der Wert der verarbeiteten Stoffe:

1212 **aa)** Eine bewegliche Sache ist eine *neue*, wenn sie wesentliche andere Eigenschaften hat, als ihre *Ausgangsbestandteile* (sog. Stoffe). Die neue Sache kann dabei hergestellt werden, indem mehrere Sachen zu einer einzigen **vereinigt** werden oder eine bislang einheitliche Sache in selbstständige Bestandteile als neue Sachen **zerlegt** wird. Eine neue Sache kann auf jeder Produktionsstufe entstehen.

Die Beispiele in § 950 Abs. 1 S. 2 verdeutlichen die notwendige Wesensänderung des Stoffes, als durch Schreiben ein Blatt Papier zur Urkunde oder Buchseite wird, durch

Zeichnen oder Malen ein Kunstwerk entsteht (im Unterschied zu bloßem Beschmieren einer Leinwand oder auch Anstreichen einer Wand, die nämlich keine Wesensänderung herbeiführen).

§ 950 dient keinem Interessenausgleich zwischen dem Eigentum an Produktionsmitteln und der Arbeit, sondern ist eine notwendige Vorschrift zur Regelung des Eigentumsrechts an einer neu entstandenen Sache.

bb) Die *Herstellung* der neuen Sache muss mittels Verarbeitung oder Umbildung **1213**
erfolgen, also **durch Aufwendung von Arbeit**. Mangels Rechtsgeschäftlichkeit setzt solche Arbeit keine Geschäftsfähigkeit voraus und ermöglicht auch kein Vertreterhandeln. Zum Begriff des Herstellens gehört allerdings die *Entscheidung* über die Art und Weise der Ausführung der dafür aufgewendeten Arbeit und die *Planung* des Erfolgseintritts im Arbeitsprodukt. Hersteller i.S.d. § 950 ist der Rechtsträger des Produktionsbetriebs, der den Arbeitsablauf *organisiert*, das erwünschte Arbeitsprodukt vorgibt und das *Absatzrisiko* trägt. Der Arbeitnehmer ist im Hinblick auf seine abhängige Arbeitsleistung ebensowenig Hersteller wie der selbstständige Lohnfertiger.

cc) Die „Herstellung des versprochenen Werkes" (§ 631) beim *Werkvertrag* bedeutet **1214**
Herstellung für den Besteller. Der Werkunternehmer trägt zwar das Produktionsrisiko und schuldet sein Fachwissen bei der Ausführung. Er trägt jedoch kein *Absatzrisiko* und bestimmt auch nicht *Aussehen und Gestalt des Produkts*. Hersteller ist deshalb der Besteller.[139]

Schuldrechtliche Abreden über die Zuweisung des Herstellungsergebnisses an einen **1215**
anderen als den Hersteller (sog. **Verarbeitungsklauseln**) widersprechen an sich dem Inhalt des § 950, wenn sie nicht die Risikotragung bei Produktion und Absatz verändern. Dennoch akzeptiert die Rechtsprechung die **Vereinbarung eines** (wirtschaftlich gar nicht gegebenen) **Lohnfertigungsverhältnisses**.[140]

Beispiel einer Verarbeitungsklausel (nach BGHZ 79, 16): „Be- oder Verarbeitung der *Vorbehaltsware* erfolgt im Auftrag des Verkäufers und zwar unentgeltlich sowie ohne Verpflichtung für diesen [sc. aber] derart, dass der *Verkäufer als Hersteller gem. § 950* anzusehen ist".

Streng genommen ist ein Auftrag zwar unentgeltlich, aber als Verpflichtungsvertrag eben nicht ohne Verpflichtung des Auftraggebers denkbar. Dass damit der **Aufwendungsersatz** für die Herstellungskosten nach § 670 **abbedungen** wird, zeigt eigentlich, dass gerade keine *Risikotragung* des „Auftraggebers" gewollt ist. Trotzdem ist die Klausel nach h.M. wirksam.

Die Bedeutung solcher Klauseln liegt ausschließlich im **Erhalt von Vorbehalts- oder** **1216**
Sicherungseigentum eines Kreditgebers, das sich unmittelbar an der neuen Sache fortsetzen soll. Anderenfalls entstünde das Eigentum an der neu hergestellten Sache beim Kreditnehmer als eigentlichem Hersteller und würde dort u.U. von einem Insolvenz- oder Hypothekenbeschlag umfasst oder gepfändet werden können.[141] Den Eigentumswechsel könnte etwa der Vorbehaltsverkäufer auch nicht durch Verarbeitungsverbote

139 Aufgrund eines **Werkvertrags** hergestellte neue Sachen fallen also nach § 950 in das Eigentum des Bestellers; deshalb folgt aus § 631 keine Übereignungspflicht des Unternehmers, sondern hat dieser vielmehr ein Pfandrecht gem. § 647. Für den **Werklieferungsvertrag** kann aus § 651 S. 1 kein Umkehrschluss gezogen werden. Bei diesem verdrängt das kaufrechtliche Beschaffungsinteresse das Herstellungsmoment (vgl. Rn. 312).

140 Ausf. *Medicus/Petersen*, BR Rn. 515–519.

141 Eine schuldrechtliche Rückübereignungspflicht der neuen Sache auch unter antizipierter Einigung führte zum Durchgangserwerb des Hersteller-Schuldners und damit zu dem Risiko des Verlusts von Sicherheiten.

zuverlässig verhindern. Solche hätten keine dingliche Wirkung. Und verarbeitete der Vorbehaltskäufer absprachewidrig, wären Ersatzansprüche aus §§ 280 ff. und 823 wiederum nur einfache Insolvenzforderungen.

Beispiel: V liefert dem K Material unter Eigentumsvorbehalt und beide vereinbaren, dass V als Eigentümer auch als Hersteller gem. § 950 gelten soll (vgl. obige Klausel nach BGHZ 79, 16), was ja möglich sein soll:

- Entweder man lässt die Vereinbarung über die Herstellereigenschaft zu, weil man in § 950 eine *dispositive Norm* sieht. V erlangt dann aufgrund vereinbarter Herstellereigenschaft gem. § 950 originär Eigentum an der neuen Sache.
- Hält man § 950 dagegen mit der h.M. für *zwingendes Recht*, wäre die Verarbeitungsklausel als Umgehung unwirksam. Der Wille der Beteiligten könnte dann *nur als antizipierte Übereignung* (dingliche Einigung mit antizipiertem Besitzkonstitut nach § 930) ausgelegt werden. Dabei erwürbe K dann allerdings als arbeitsmäßiger Hersteller zuerst Eigentum gem. § 950, verlöre es aber wegen der antizipierten Übereignung sofort an V (*Durchgangserwerb* des K für eine sog. juristische Sekunde, vgl. Rn. 1132).
- Die Rechtsprechung geht dagegen (nur) für Verarbeitungsklauseln einen Zwischenweg und kommt zum vereinbarungsmäßigen originären Eigentumserwerb des V, weil sie die Wahrung des zwingenden Charakters der Norm *im Übrigen* genügen lässt und der „Eröffnung von wirtschaftlich gebotenen Handlungsspielräumen" im speziellen Fall Vorrang gibt.

1217 **dd)** Als weitere Voraussetzung für den Eigentumsübergang auf den Hersteller setzt § 950 den **Wert der Verarbeitung** in das **Verhältnis zum Wert aller Stoffe**, aus denen die neue Sache hergestellt ist. Maßgeblich ist nicht, dass der Verkehrswert der neuen Sache nicht erheblich geringer sein darf, als der Wert ihrer Vorprodukte und Zutaten, sondern vielmehr muss der Verarbeitungswert diese Voraussetzung erfüllen. Verarbeitungswert ist die Differenz zwischen dem (Verkehrs-)Wert der neuen Sache und demjenigen der dafür verarbeiteten Stoffe (Verarbeitungswert ist also der geschaffene *Mehrwert*).[142]

d) Ausgleichsansprüche des Benachteiligten für den Rechtsverlust

1218 Nach § 951 Abs. 1 S. 1 hat derjenige, der sein Eigentumsrecht oder ein sonstiges dingliches Recht aufgrund der §§ 946–950 verliert, Anspruch auf Bereicherungsausgleich gegenüber dem, zu dessen Gunsten die Rechtsänderung eintritt.

Nach § 951 Abs. 2 S. 1 können ihm auch Ansprüche auf Schadensausgleich und Ersatz von Verwendungen oder ein Wegnahmerecht zustehen. Alle Ausgleichs- und Ersatzansprüche sind auf Wertersatz in Geld beschränkt (vgl. § 951 Abs. 1 S. 2).

1219 **aa) Anspruch auf Herausgabe einer ungerechtfertigten Bereicherung nach §§ 812 Abs. 1 S. 1 Alt. 2, 951 Abs. 1 S. 1 (Rechtsfortsetzungsanspruch).** § 951 Abs. 1 S. 1 stellt klar, dass der gesetzliche Eigentumserwerb nach § 946 *kein Rechtsgrund* i.S.d. Bereicherungsrechts ist. §§ 812 ff. sollen nicht ausgeschlossen sein. Ein Bereicherungstatbestand muss also vollständig vorliegen und geprüft werden.

Außerdem wird die Rechtsfolge modifiziert, die *statt auf Herausgabe* **auf Geldersatz** gerichtet ist (vgl. § 818 Abs. 2).

---

142 Als Richtwert muss die Verarbeitung zu **mehr als 60 %-iger Wertschöpfung** führen. Anders formuliert, muss der Verarbeitungswert mehr als 60 % des Stoffwerts betragen. Das entspricht einem > **1,60-fachen Wert des Endprodukts** gegenüber den eingesetzten Stoffen.

bb) Parallelität zur Kondiktionsfestigkeit des gutgläubigen Erwerbs. In einem reinen **Zwei-Personen-Verhältnis** kann zwischen dem, der den Rechtsverlust erleidet, und dem Begünstigten (so § 951 Abs. 1 S. 1) ein Leistungsverhältnis oder ein Eingriffsverhältnis bestehen, je danach, wie der Ausgangsstoff zum Begünstigten gelangt ist. 1220

In einem **Drei-Personen-Verhältnis** ist aber zusätzlich möglich, dass die verarbeiteten Stoffe dem Begünstigten von einem Dritten geleistet wurden oder mit ihm jedenfalls ein darauf bezogenes Leistungsverhältnis besteht (z.B. die „Einbaufälle“: der begünstigte Bauherr geht von einer vertraglichen Leistung seines Bauhandwerkers aus). Soweit das mit einem Dritten bestehende Leistungsverhältnis reicht, darf der Begünstigte keiner Leistungs- oder Eingriffskondiktion desjenigen ausgesetzt sein, der den Rechtsverlust erleidet (dazu ausführlich Rn. 673 ff.).

Das entspricht allgemeinem Bereicherungsrecht, wenn man § 951 Abs. 1 S. 1 *lediglich die soeben genannte Klarstellung* entnimmt, dass *Bereicherungsrecht schlicht nicht ausgeschlossen* ist.[143]

Der aus §§ 946 ff. **Begünstigte** haftet im *Drei-Personen-Verhältnis* also **dem Rechtsverlierer** nach § 951 Abs. 1 S. 1 in Verbindung mit § 812 Abs. 1 S. 1 Alt. 2 – und damit nur, soweit die Bereicherung *abhanden gekommene Sachen betrifft* (ansonsten liegt eine – fiktive – Leistung des Dritten vor bzw. ist durch das Inverkehrbringen kein Zuweisungsgehalt verletzt; vgl. Rn. 676 und oben zum Jungbullenfall Rn. 1032). 1221

Deshalb muss im Drei-Personen-Verhältnis unabhängig von § 951 auch **der Verarbeitende** (z.B. der einbauende Bauhandwerker, der aus der Verbindung mit dem Grundstück selbst gar nicht durch den gesetzlichen Eigentumserwerb begünstigt wird) dem **früheren Eigentümer** (Rechtsverlierer) nach § 816 Abs. 1 S. 1 haften – obgleich der gesetzliche Eigentumsübergang etwa durch Verarbeitung strenggenommen nicht das Resultat einer „Verfügung“ ist, sondern Realhandlung (vgl. Rn. 686).

cc) Konkurrenzverhältnis zu §§ 994 ff. Der Bau auf fremdem Grund oder die Reparatur einer fremden Sache z.B. bei einem fremden Pkw durch Einfügen von Ersatzteilen oder Neulackierung führen zum Eigentumserwerb des ursprünglichen Eigentümers des Grundstücks bzw. der reparierten Hauptsache auch hinsichtlich der mit ihr verbundenen Sachen (vgl. §§ 946, 947 Abs. 2). 1222

Erleidet dabei derjenige auch den Rechtsverlust, der den Tatbestand der §§ 946 oder 947 Abs. 2 verwirklicht, etwa, weil er selbst eigenes Material verbaut oder als Besteller die Maßnahme bezahlt, konkurriert seine Verwendungskondiktion aus §§ 951 Abs. 1, 812 Abs. 1 S. 1 Alt. 2[144] mit den Verwendungsersatzklagen aus §§ 994 ff.

---

143 Nach h.M. enthält § 951 Abs. 1 S. 1 dagegen eine Rechtsgrundverweisung als Direktkondiktion, die immer nur eine Eingriffskondiktion (ggf. als Verwendungskondiktion, wenn der Verwender den Rechtsverlust selbst erleidet) sein kann. Für die h.M. hat § 951 Abs. 1 S. 1 also Bedeutung im Drei-Personen-Verhältnis. Soweit zwischen Rechtsverlierer und Begünstigtem ein Leistungsverhältnis besteht, erfolgt der Bereicherungsausgleich unmittelbar nach § 812 Abs. 1 S. 1 Alt. 1. Zum ganzen *Medicus/Petersen*, BR Rn. 892–897.

144 Die Verwendungskondiktion (vgl. Rn. 704) ist eine Nichtleistungskondiktion. Für eine Leistungskondiktion ist in Verwendungsfällen nur selten Raum, weil nur der unrechtmäßige Fremdbesitzer eine bewusste Mehrung fremden Vermögens erstrebt und damit im Rechtssinne leistet, während der redliche wie der unredliche Eigenbesitzer (z.B. der Dieb) dieses gerade nicht beabsichtigen.

Beispiele: Ein Dieb, der den gestohlenen Pkw repariert oder neu lackiert; ebenso der Verlobte, der auf dem Grundstück seines künftigen Schwiegervaters baut und nach Auflösung des Verlöbnisses entschädigt zu werden sucht.

1223 Gewichtige Unterschiede bestehen für den *unredlichen* Besitzer (vgl. § 990 Abs. 1: grobe Fahrlässigkeit bei Besitzerwerb genügt). Er kann nach § 994 Abs. 2 (ebenso nach § 850) nur den Ersatz notwendiger Verwendungen verlangen und ist im Übrigen auf das wirtschaftlich meist wertlose Wegnahmerecht nach § 997 verwiesen. Das Bereicherungsrecht kennt solche Einschränkungen dagegen nicht (allenfalls den Einwand aufgedrängter Bereicherung, vgl. Rn. 714).

1224 Dieses Verhältnis von § 951 zu den §§ 994 ff. bestimmen BGH und h.M. zu Gunsten des Sachenrechts: **§§ 994 ff.** sollen danach eine **abschließende Regelung für alle Aufwendungen** bei Vorliegen einer **Vindikationslage** bilden; die Unterscheidung eines engen oder weiten Verwendungsbegriffs soll dabei unerheblich sein. Auch wenn den Zustand einer Sache verändernde Aufwendungen (z.B. die Bebauung eines Grundstücks) nach dem engen Verwendungsbegriff der Rechtsprechung von vornherein nicht unter §§ 994 ff. fallen, soll dies trotzdem zum vollständigen Ausschluss von Bereicherungsklagen führen.

Diese Rücksicht auf den Eigentümer **stellt besitzende Verwender schlechter als nicht besitzende**; letztere sind – mangels Vindikation – durch die §§ 994 ff. nicht beschränkt und können Verwendungsersatz nach Bereicherungsrecht verlangen.

Zum Gleichlauf wird deshalb auch dem nach § 951 ersatzpflichtigen Eigentümer zugebilligt, einerseits einen gegen den Verwender evtl. bestehenden Beseitigungsanspruch nach §§ 823 Abs. 1, 989, 990 oder nach § 1004 der Verwendungskondiktion einredeweise entgegenzuhalten. Andererseits soll auch der Bereicherungsausgleich auf Verwendungen nach § 1001 S. 2 durch Gestattung der Wegnahme abgewendet werden können.

e) Wegnahmerecht

1225 § 951 Abs. 2 stellt klar, dass ein bestehendes Recht zur Wegnahme einer Einrichtung unberührt bleibt (gerichtet auf Wiederherstellung des alten Zustands (§ 258)), obwohl nach § 951 Abs. 1 S. 2 die Wiederherstellung des früheren Zustandes ausgeschlossen ist. Wegnahmerechte gewährt das BGB etwa in §§ 539 Abs. 2, 581 Abs. 2, 601 Abs. 2 S. 2, 1049 Abs. 2, 1093 Abs. 1 S. 2, 1216 S. 2, 2125 Abs. 2. Wie der Herausgabeanspruch des § 951 Abs. 1 im Falle bestehender vertraglicher Vereinbarungen nicht anwendbar ist (die Bereicherung ist dann nicht rechtsgrundlos), so belässt § 951 Abs. 2 jedenfalls ein aus einem anderen Rechtsverhältnis gegebenes (also nicht-bereicherungsrechtliches) Wegnahmerecht.

Das Wegnahmerecht hinsichtlich seiner zum wesentlichen Bestandteil einer anderen Sache gewordenen Sache hat der Besitzer nach § 951 Abs. 2 S. 2 auch dann, wenn nicht er selbst, sondern ein Dritter die Verbindung bewirkt hat (vgl. sonst § 997 Abs. 1 S. 1). Umstritten ist, ob das Wegnahmerecht noch weitergehender auch einem Nichtbesitzer zustehen soll bzw. ihm entgegengehalten werden kann.[145]

145 Vgl. Beispiel bei *Medicus/Petersen*, BR Rn. 904.

V. Beschränkte dingliche Rechte – Überblick

Inhalt des Eigentums als dingliches Vollrecht ist v.a. die gegenüber jedermann wirkende Befugnis, die Sache zu nutzen und sie durch Veräußerung (oder als Vorstufe dazu sie durch Hingabe als Sicherheit) zu verwerten. Nutzungs- und Verwertungsbefugnisse kann der Eigentümer auch Dritten einräumen. **1226**

So erhält ein Mieter oder Pächter **schuldrechtlich** ein **Nutzungsrecht** und einem Kreditgeber kann versprochen werden, dass er eine Sache **verwerten** dürfe, wenn das gewährte Darlehen notleidend werden sollte. Das schuldrechtliche Versprechen genießt jedoch **keinen Schutz gegen Dritte** (ausnahmsweise mag lediglich aus dem Deliktsrecht § 826 anwendbar sein). Es setzt sich auch nicht gegenüber einem **Wechsel in der Eigentümerstellung** durch (Ausnahme: § 566; dagegen schützt § 986 Abs. 2 wiederum nur das Schuldrecht des als Besitzer auch dinglich Berechtigten). Ein schuldrechtliches Forderungsrecht kann den Gläubiger **in Zwangsvollstreckung und Insolvenz des Eigentümers** auch nicht gegenüber konkurrierenden Gläubigern privilegieren.

Aus diesen Gründen besteht ein Bedürfnis, Nutzungs- und Verwertungsbefugnisse des Eigentümers *mit dinglicher Wirkung* abzuspalten und Dritten *sachenrechtlich* übertragen zu können.

1. Überblick dingliche Nutzungsrechte

Dingliche Nutzungsrechte fasst das BGB unter dem Abschnitt **Dienstbarkeiten** zusammen. Das umfassendste Nutzungsrecht ist der *Nießbrauch* (vgl. §§ 1030 ff.) mit der Befugnis, „die Nutzungen der Sache zu ziehen" (§ 1030). Die dadurch beim Eigentümer allein verbleibende Veräußerungsbefugnis ist für die Dauer des Nießbrauchs wirtschaftlich weitgehend wertlos. Deshalb schließt § 1059 ein dauerhaftes Auseinanderfallen von Verfügungs- und Nutzungsbefugnis aus, indem der Nießbrauch unübertragbar, außerdem auch unvererblich (§ 1061) ist. **1227**

Im Unterschied dazu gewähren die *Grunddienstbarkeit* (§§ 1018 ff.) und die *beschränkte persönliche Dienstbarkeit* (§§ 1090 ff.) lediglich einzelne Nutzungsbefugnisse (ausschließlich an Grundstücken) und zwar zu Gunsten des jeweiligen Eigentümers eines anderen Grundstücks, so die Grunddienstbarkeit, bzw. zu Gunsten einer bestimmten Person, so bei der beschränkten persönlichen Dienstbarkeit. Eine besondere Form letzterer ist das *Wohnungsrecht* (§ 1093) mit der Befugnis, ein Gebäude oder einen Teil eines Gebäudes unter Ausschluss des Eigentümers als Wohnung zu benutzen.

2. Überblick dingliche Verwertungsrechte

Dingliche Verwertungsrechte räumen einem Nichteigentümer die Befugnis zur Verfügung über eine Sache ein, insb. diese zu veräußern und sich aus dem Erlös wegen eines Anspruchs zu befriedigen. Das BGB unterscheidet dabei zwischen dem **Pfandrecht an beweglichen Sachen** (§§ 1204 ff.) und Pfandrechten an Grundstücken. **Grundpfandrechte** sind in der Form der *Hypothek* (§§ 1113 ff.), *Grundschuld* (§§ 1191 ff.) sowie der *Rentenschuld* (§§ 1199 ff.) und der *Reallast* (§§ 1105 ff.) möglich. **1228**

Fahrnispfand und Hypothek sind dabei in ihrem Bestand von einer zu sichernden Forderung abhängig (sog. Akzessorietät) und deshalb zusammengesetzte rechtliche Verhältnisse, bei denen das (dingliche) Nebenrecht von der schuldrechtlichen Forderung als Hauptrecht abhängig ist (§§ 1113, 1204).

Die weiteren Grundpfandrechte sind demgegenüber abstrakt. Sie sind von einer zu sichernden Forderung unabhängig begründbar und beständig und können deshalb isoliert (von einer zu sichernden Forderung) übertragen werden.

3. Überblick dingliche Erwerbsrechte

1229 Dingliche Erwerbsrechte bezeichnen die Befugnis, dass Eigentumsrecht oder ein anderes beschränktes dingliches Recht durch eigenes Verhalten (im Unterschied zu einem dinglichen Anspruch auf Leistung) zu erwerben. Hierzu kann das **Anwartschaftsrecht** gezählt werden, das entsteht, wenn die Verwirklichung eines mehraktigen Erwerbstatbestands eines dinglichen Rechts außer vom Erwerber selbst nicht mehr verhindert werden kann. Relevant ist allein das Anwartschaftsrecht auf das Eigentum etwa beim Erwerb mittels Eigentumsvorbehaltskaufs. Erwerbsrecht ist außerdem das Aneignungsrecht hinsichtlich herrenloser Sachen (§§ 958 ff.).

Dinglichen Erwerbsrechten sind nach ihrer Funktion das **dingliche Vorkaufsrecht** (§§ 1094 ff.) und die **Vormerkung** (§§ 883 ff.) vergleichbar, wenngleich diese keinen Sachenrechtserwerb in alleiniger Abhängigkeit vom Berechtigten ermöglichen.

VI. Dingliche Nutzungsrechte

1230 Nießbrauch, Grunddienstbarkeit, beschränkt persönliche Dienstbarkeit und das Erbbaurecht sind dinglich wirkende Dauerbelastungen einer Sache, welche dem Berechtigten ein subjektiv-dingliches Recht zu ihrer Nutzung geben. Sie bestehen unmittelbar an der belasteten Sache und sind – bildlich gesprochen – Abspaltungen aus dem Eigentumsrecht.

1. Nießbrauch

1231 Der Nießbrauch ist nach § 1030 eine Belastung einer Sache mit dem Inhalt, alle **Nutzungen der Sache ziehen zu können**. Hierzu gehört der Gebrauch (§ 100) die Ziehung von Sachfrüchten (§ 99 Abs. 1) und von Rechtsfrüchten, also die Erwirtschaftung von Erträgen vermöge eines Rechtsverhältnisses in Bezug auf die Sache (§ 99 Abs. 3), **insb. durch Vermietung und Verpachtung der Sache** (§ 1056).

Beispiele: Der **Vorbehaltsnießbrauch** ist ein Mittel der Gestaltung der vorweggenommenen Erbfolge. Das Eigentum wird übertragen, die Einkünfte aus der Sache verbleiben aber beim Übertragenden, der sich den Nießbrauch vorbehält.[146] Der sog. **Lizenzsicherungsnießbrauch** diente der insolvenzrechtlichen Absicherung einer ansonsten bloß schuldrechtlichen Wirkung der Lizenz als Rechtspacht im Hinblick auf § 103 InsO dienen. Seit BGHZ 185, 191 haben die Parteien des Lizenzvertrags jedenfalls im Anwendungsbereich des UrhG aber die Möglichkeit, einfache und ausschließliche Lizenzen bereits mit dinglicher Wirkung zu vereinbaren. Ein Aussonderungsrecht (§ 47 InsO) besteht dann im Fall der Insolvenz des Lizenzgebers auch ohne Nießbrauch.

---

146 Vorbehaltsnießbrauch bei Übertragung eines Gewerbebetriebes führt beim Übertragenden *nicht* zur *Betriebsaufgabe*; vielmehr ist er als Pächter aufgrund des Nießbrauchsvorbehalts weiterhin gewerblich tätig. Daher **scheidet steuerlich** die **Buchwertübertragung** nach § 6 Abs. 3 EStG **aus** (vgl. BFHE 257, 227 = NJW 2017, 2140; jedenfalls für Nießbrauchsvorbehalts an der einzigen Betriebsgrundlage) und ist zudem die **Tarifermäßigung** gem. §§ 16, 34 Abs. 3 EStG auf den daraus dann folgenden **Entnahmegewinn** ebenfalls **fraglich**, weil auch sie die Betriebsaufgabe voraussetzt (BFH a.a.O.). Anderes gilt bei land- und forstwirtschaftlichen Betrieben (BFH a.a.O. m.w.N.).

a) Inhaltliche Beschränkungen

Das umfassende Nutzungsrecht des Nießbrauchers ist dadurch eingeschränkt, dass ihm der Zugriff auf die **Substanz der Sache** nicht erlaubt ist (§§ 1036 Abs. 2, 1037 Abs. 1).[147] Zieht der Nießbraucher dennoch sog. *Übermaßfrüchte*, erwirbt er daran zwar Eigentum (§ 1039 Abs. 1 S. 1). § 1039 Abs. 1 ist also weitergehender als § 954, wonach eigenmächtiger Eigentumserwerb nur bei Gutgläubigkeit hinsichtlich des Umfangs des nur schuldrechtlichen Nutzungsrechts nach § 955 Abs. 2 möglich wäre. Der übermäßige Nießbraucher hat jedoch dem Eigentümer den Wert der Übermaßfrüchte nach S. 2 der Vorschrift zu ersetzen. 1232

Verschuldensabhängig bestehen parallele Schadensersatzansprüche nach § 280 Abs. 1 wegen Verletzung des Nießbrauchs als gesetzliches Schuldverhältnis, dazu sogleich Rn. 1242) und nach § 823 Abs. 1 (Eigentumsverletzung; nicht dagegen § 993 HS. 1, denn der Nießbraucher ist berechtigter Besitzer, es besteht keine Vindikation).

Zu **Verfügungen** über den belasteten Gegenstand ist der Nießbraucher auch für die Zeit des Nießbrauchs nicht berechtigt. Eine Verfügungsermächtigung (§ 185 Abs. 1) kann nicht zum Inhalt des Nießbrauchs gemacht werden. 1233

Beispiel: Soll etwa einem überlebenden Ehegatten von Todes wegen der Nießbrauch z.B. an der Ehewohnung oder am Vermögen insges. zugewandt werden und soll er dabei zugleich über die Sache verfügen dürfen, ist dies rechtlich nicht möglich. – Erreicht werden kann eine solche *Aushöhlung des Erbrechts* anderer Erbberechtigter (z.B. Kinder) nur über entweder ein sog. Berliner Testament (§ 2269 Abs. 1), bei dem die anderen Erbberechtigten Schlusserben sind. Alternativ wäre die Einsetzung der anderen Erbberechtigten als Nacherben nach dem Ehegatten und die Befreiung des Ehegatten im Hinblick auf §§ 2112, 2136 (der überlebende Ehegatte ist dann sog. befreiter Vorerbe). Beidesmal können die Kinder hiergegen dann einen Pflichtteilsanspruch geltend machen: als Schlusserben des Letztversterbenden nach § 2303 Abs. 1 (weil nach dem Erstversterbenden enterbt); als Nacherben nach § 2306 Abs. 2.

Der Nießbrauch ist durch Ausschluss einzelner Nutzungen inhaltlich **beschränkbar** (§ 1030 Abs. 2).

b) Nießbrauchgegenstände

Der Nießbrauch kann nicht nur an Sachen bestellt werden, sondern nach §§ 1068, 1069 Abs. 2 auch an (übertragbaren) Rechten, also an dinglichen wie an persönlichen rechtlichen Verhältnissen. 1234

Bedeutsam ist der *Nießbrauch an einer Grundschuld* im Hinblick auf die dinglichen Zinsen nach §§ 1192 Abs. 2, 1115 Abs. 1 HS. 2; ebenso *an einem Forderungsrecht* im Hinblick auf Nutzungen aus der zu fordernden Leistung oder auf Zinsen auf die Forderung. Der *Nießbrauch an einer Aktie* oder sonst einem übertragbaren Gesellschaftsanteil gibt dem Nießbraucher das darauf entfallende Gewinnbezugsrecht.[148] Nach wohl h.M.

---

147 Die Ausbeute von Bodenschätzen wie z.B. der Kiesabbau ist bei entsprechender Zwecksetzung für das Grundstück **zulässige Fruchtziehung**, während die gewerbliche Nutzung eines bislang Wohnzwecken dienenden Gebäudes eine **unzulässige Nutzungsänderung** darstellte.

148 Das gilt nicht ohne Weiteres für das Mitgliedschaftsrecht an Personengesellschaften. Obwohl nach heute h.M. § 719 (jedenfalls bei unternehmenstragenden Gesamthandschaften) nicht der Übertragbarkeit des Gesellschaftsanteils entgegensteht (so seit 2001 BGHZ 146, 341), kann es sich wegen § 717 S. 1 **nur** um Nießbrauch **an vermögensrechtlichen Ansprüchen** handeln (§ 717 S. 2).

hat der Gesellschaftsnießbraucher auch das Stimmrecht aus dem Mitgliedschaftsrecht (außer im Hinblick auf Grundlagengeschäfte).[149]

c) Nießbrauch an einem Vermögen

1235 Der Nießbrauch kann stets nur an einem individuellen Rechtsgegenstand bestellt werden (vgl. § 1085 S. 1; Bestimmtheitsgrundsatz). Nießbrauch „an dem Vermögen einer Person" ist deshalb nur an den dazu gehörenden Gegenständen möglich. Stellen die Gegenstände, an denen jeweils ein Nießbrauch bestellt ist, im wesentlich das gesamte (Aktiv-)Vermögen einer Person dar, haften die so belasteten Gegenstände auch beim Nießbraucher weiterhin für bestimmte, bei Bestellung des Nießbrauchs vorhandene **Verbindlichkeiten des Bestellers** (vgl. §§ 1086–1088). Dadurch wird bewirkt, dass der Besteller sein Vermögen dem Zugriff seiner bereits vorhandenen Gläubiger nicht durch Einräumung von Nießbrauchen entziehen kann.

„Nießbrauch an einem Vermögen" bezeichnet deshalb nur die **dingliche**[150] **Haftung des Nießbrauchers** in solchen Fällen, ansonsten aber keine Besonderheit eines solchen Nießbrauchs.

Ist ein *Unternehmen* im nießbrauchsbelasteten Vermögen, ist parallel die Haftung aus § 25 HGB einschlägig.

d) Gesetzliches Schuldverhältnis zwischen Nießbraucher und Eigentümer

1236 Kraft Gesetzes entsteht ein Schuldverhältnis zwischen Nießbraucher und Eigentümer, das dingliche und persönliche Rechte und Pflichten zum Gegenstand hat.

1237 **aa)** Als dingliche, also auf den Gegenstand des Nießbrauchs bezogene Pflichten schuldet der Nießbraucher „die Erhaltung der Sache in ihrem wirtschaftlichen Bestand". *Reparaturen* gehören dazu nur, „als sie zu der gewöhnlichen Unterhaltung der Sache gehören" (§ 1041), also nur der Nutzungsdauer entsprechende Verschleißreparaturen. *Bloße Abnutzungen* „durch die ordnungsgemäße Ausübung des Nießbrauchs" braucht er dagegen nicht zu ersetzen (§ 1050), also insb. die gezogenen Nutzungen nicht zu vergüten. Umstände, welche *außergewöhnliche Maßnahmen* erforderlich machen, braucht der Nießbraucher nur anzuzeigen (§ 1042). Erforderliche außergewöhnliche Ausbesserungen und Erneuerungen durch den Eigentümer hat der Nießbraucher zu dulden. Der Nießbraucher an einem Grundstück muss auch dafür nötige Substanzveränderungen hinnehmen (z.B. Neueindeckung eines undichten Daches; Einbau/Austausch einer Zentralheizung), soweit sie nicht sein Recht auf die Nutzungen schmälern (§ 1044); bessert er das Grundstück selbst aus, ist auch er zu notwendigen Substanzeingriffen befugt (§ 1043).

Darüber hinaus trifft den Nießbraucher im Rahmen des üblichen eine Pflicht zur *Versicherung* (§ 1045), nämlich Sachversicherungen (z.B. Gebäudeversicherung) und zwar für fremde Rechnung (nicht die Prämien, die muss der Nießbraucher tragen, sondern in

149 So zuletzt wohl OLG Oldenburg ZIP 2015, 1173, das den Nießbrauch an einem Kommanditanteil dementsprechend für im Handelsregister eintragungsfähig hält.

150 Palandt/*Bassenge*, § 1088 BGB Rn. 1 geht von persönlicher Haftung des Nießbrauchers mit seinem ganzen Vermögen aufgrund eines gesetzlichen Schuldbeitritts aus. Zu solcher Begünstigung von Gläubigern besteht kein Grund; wenn § 1088 Abs. 1 davon spricht, Leistungen „von dem Nießbraucher verlangen" zu können, so doch nur hinsichtlich dessen, was dem Nießbraucher an Nutzungen zusteht, aber dem Gläubiger gebühren soll.

Bezug auf den Versicherungsschutz; denn die Sachsubstanz gehört ja dem Eigentümer). Im Versicherungsfall setzt sich der Nießbrauch an der Versicherungsleistung fort (§ 1046 Abs. 1), sofern diese nicht zur Wiederherstellung oder Ersatzbeschaffung verwendet wird (§ 1046 Abs. 2). Eine Gebäudehaftpflichtversicherung braucht der Nießbraucher eines Grundstücks auf eigene Rechnung (Haftung gegenüber Dritten gem. § 838).

Laufende Lasten der belasteten Sache hat der Nießbraucher nach § 1047 zu tragen.

bb) Die negatorische Klage des Eigentümers aus § 1004 besteht gegenüber dem Nießbraucher nur nach vorangegangener erfolgloser Abmahnung (§ 1053). Dafür kann der Eigentümer bereits bei Besorgnis unbefugten Gebrauchs vom Nießbraucher Sicherheitsleistung verlangen (§ 1051) und unter den weitergehenden Voraussetzungen des § 1052, „dass die Ausübung des Nießbrauchs für Rechnung des Nießbrauchers“ einem gerichtlichen Verwalter übertragen wird. **1238**

cc) Nach Beendigung des Nießbrauchs schuldet der Nießbraucher die Rückgabe der Sache nach § 1055. Außerdem ist er als Besitzer dem Eigentümer nach §§ 985, 986 herausgabepflichtig. Schuldrechtlich ist der Übermaßfrüchte ziehende Nießbraucher auch zum Ersatz des Werts dieser Übermaßfrüchte verpflichtet; Der Betrag ist vorrangig zur Wiederherstellung der Sache zu verwenden (§ 1039 Abs. 1 Sätze 2, 3, Abs. 2). Soweit er dafür nicht vonnöten ist, ist eine verbleibende Zahlungsschuld bis zur Beendigung des Nießbrauchs zinslos gestundet (Abs. 1 S. 1). Davon unabhängig können *verschuldensabhängige Schadensersatzansprüche* gegen den Nießbraucher nach §§ 280 Abs. 1, 1030 wegen Überschreitens des Nutzungsrechts und nach § 823 Abs. 1 bestehen. **1239**

Ist ein Grundstück samt Inventar Gegenstand des Nießbrauchs, so schuldet der Nießbraucher Ersatzbeschaffung regulär abgängiger Inventarstücke. Der vom Nießbraucher derart beschaffte und der Sache hinzugefügte Ersatz geht unmittelbar in das Eigentum desjenigen über, welchem das Inventar gehört (dingliche Surrogation (vgl. § 1048 Abs. 1 S. 2)). **1240**

Beispiel: Beim **Unternehmensnießbrauch** (vgl. § 1085 BGB und § 22 Abs. 2 HGB) bleibt das **Anlagevermögen** im Eigentum des Nießbrauchbestellers. § 1048 ist über die Grundstücke hinaus auf das Inventar von Sachgesamtheiten, wie eines Unternehmens, entsprechend anwendbar. Allerdings bezieht sich die Substanzerhaltungspflicht dann nicht auf einzelne Wirtschaftsgüter, sondern auf das Unternehmen als Ganzes. Der Nießbraucher ist deshalb durchaus befugt, hinsichtlich einzelner Geschäftsbereiche die Entscheidung als „Non-current Assets Held for Sale and Discontinued Operations“ (vgl. IFRS 5) zu treffen und muss Veräußerungserlöse aber reinvestieren oder zur Schuldentilgung nutzen.

Wertersatz schuldet der Nießbraucher **verbrauchbarer Sachen** nach § 1067. Da verbrauchbare Sachen nur verbraucht, nicht genutzt werden können, ist Nießbrauch an ihnen nicht möglich. Ein dennoch bestellter Nießbrauch bewirkt deshalb einen Eigentumswechsel kraft Gesetzes (§ 1067) und eine schuldrechtliche Forderung des Nießbrauchbestellers gegen den Nießbraucher auf Wertersatz bei Beendigung des Nießbrauchs. **1241**

Beispiel: Das **Umlaufvermögen** geht beim Unternehmensnießbrauch (§ 1085) entsprechend § 1067 in das Eigentum des Nießbrauchers über. Bei Nießbrauchsende besteht aufgrund der besonderen Interessenlage und unter Anrechnung auf den Wertersatz eine Pflicht zur Rückübertragung solcher Bestandteile des Umlaufvermögens, die für die Unternehmensfortführung notwendig sind. Während sich § 1067 nur auf das Eigentum an Sachen bezieht, gilt das entsprechend für andere Wirtschaftsgüter im Umlaufvermögen.

1242 Bei Verletzung der Pflichten des gesetzlichen Schuldverhältnisses haftet der Nießbraucher gem. §§ 280 ff. Verletzt er schuldhaft das Eigentumsrecht, schuldet er Schadensersatz auch nach § 823 Abs. 1.

1243 Verwendungen auf die Sache, zu denen der Nießbraucher nicht verpflichtet ist, hat der Eigentümer nach den Vorschriften über die Geschäftsführung ohne Auftrag zu ersetzen (vgl. § 1049 Abs. 1), alternativ hat der Nießbraucher ein Wegnahmerecht (Abs. 2). Schadenersatzansprüche des Eigentümers wegen Veränderungen oder Verschlechterungen der Sache nach §§ 280, 823 und die Rechte des Nießbrauchers nach § 1049 verjähren in sechs Monaten (vgl. § 1057).

Wurde der Nießbrauch durch einen Nichteigentümer bestellt oder veräußert der bestellende Eigentümer den Nießbrauchsgegenstand später, gilt zu Gunsten des gutgläubigen Nießbrauchers stets der Besteller als Eigentümer (vgl. § 1058). Leistungen an den Besteller und Vereinbarungen mit ihm gelten danach auch für das gesetzliche Schuldverhältnis mit dem Eigentümer.

e) Nießbrauch an Rechten und an Wertpapieren

1244 Besteht der Nießbrauch an einem Recht, richtet sich sein Inhalt nach den Nutzungen, die an dem belasteten Recht möglich sind. Handelt es sich bei dem Recht um eine unverzinsliche Forderung, so ist der Nießbraucher zur Einziehung berechtigt und verpflichtet (§ 1074), er erwirbt am Leistungsgegenstand jedoch wiederum nur den Nießbrauch (vgl. § 1075 Abs. 1). Handelt es sich bei dem Recht um eine verzinsliche Forderung, gelten §§ 1076 ff. Der Leistungsgegenstand kann dann nur vom Nießbraucher und Gläubiger gemeinsam eingezogen werden (§ 1077). Beide sind sodann einander nach § 1079 verpflichtet, das Kapital erneut zinsbringend anzulegen. Eigentümer des Kapitals wird auch insoweit der Gläubiger, während der Nießbraucher entsprechend § 1075 Abs. 1 den Nießbrauch daran erwirbt.

1245 Handelt es sich bei dem mit einem Nießbrauch belasteten Recht um Wertpapierrechte in Form eines Inhaberpapiers oder eines blankoindossierten Orderpapiers, so bestimmt § 1081 Abs. 1, dass der Nießbraucher ein Recht zum Besitz nur an den zu dem Papier gehörenden Zins-, Renten- oder Gewinnanteilsscheinen (als Nutzungen des Wertpapiers) zusteht. Das Recht zum Besitz des Wertpapiers selbst und des zu ihm gehörenden Erneuerungsscheins (als Stammrecht) steht dagegen Nießbraucher und Eigentümer nur gemeinschaftlich zu. Wertpapier und Erneuerungsschein sind daher ggf. zu hinterlegen (§ 1082). Dementsprechend können Nießbraucher und Eigentümer die Rechte am Papier und aus dem Papier (anders als etwa die Zinsenansprüche) nur gemeinschaftlich ausüben. Sie sind nach § 1083 schuldrechtlich verpflichtet, hierfür zusammen zu wirken.

Beachte: Trotz § 1077 Abs. 1 S. 1 kann der Schuldner aufgrund der Legitimations- und Liberationswirkung der Wertpapiere mit befreiender Wirkung stets auch an denjenigen allein leisten, der ihm das Papier vorlegt (vgl. z.B. § 793 Abs. 1 S. 2).

1246 Handelt es sich bei dem Wertpapier dagegen um eine verbrauchbare Sache, wird der Nießbraucher Eigentümer und hat nach Beendigung des Nießbrauchs den Wert zu ersetzen (vgl. §§ 1084, 1067). *Verbrauchbare Wertpapiere* sind z.B. solche im Umlaufvermögen eines Unternehmens gehaltenen (weil zur Veräußerung bestimmt, § 92 Abs. 2), ebenso Geldscheine.

f) Entstehung und Beendigung des Nießbrauchs

Die Bestellung des Nießbrauchs richtet sich nach den Tatbeständen, die für *Verfügungen* über den jeweiligen Gegenstand gelten.[151] 1247

aa) Der **Nießbrauch an einem Grundstück** wird *entsprechend* den §§ 873 ff. bestellt, gutgläubiger Erwerb ist *entsprechend* § 892 möglich. 1248

Der Nießbrauch **an einer beweglichen Sache** wird *entsprechend* den §§ 929–931 bestellt (§ 1032). Für den gutgläubigen Erwerb des Nießbrauchs gelten die §§ 932–935 entsprechend. Ein an der Sache bereits bestehendes Recht eines Dritten tritt *entsprechend* § 936 hinter den Nießbrauch zurück, wenn der Nießbraucher in Bezug auf die Belastung gutgläubig war (§ 1032 S. 2 HS. 2).

Nießbrauch an einem Recht wird nach den für die Übertragung des Rechts geltenden Vorschriften bestellt (§ 1069 Abs. 1); für den Nießbrauch an einem Gesellschaftsanteil einer GmbH also *entsprechend* § 15 Abs. 3 GmbHG durch notariell beurkundete Einigungserklärung, der Nießbrauch an einer hypothekarisch gesicherten Forderung nach § 1154 Abs. 1 und der Nießbrauch **an einer Forderung** *entsprechend* § 398. Da die Bestellung des Nießbrauchs an einer Forderung ebenso wenig wie die Forderungsabtretung der Anzeige an den Schuldner bedarf, gelten die Schuldnerschutzvorschriften der §§ 404 ff. entsprechend auch bei der Nießbrauchbestellung (§ 1070). 1249

bb) Der Nießbrauch ist nach § 1059 S. 1 **nicht übertragbar** (und deshalb auch nicht mit einem Nießbrauch oder Pfandrecht belastbar (vgl. §§ 1069 Abs. 2, 1274 Abs. 2). Möglich ist nach § 1059 S. 2 die **Überlassung der Ausübung** an einen anderen. Dieser wird nicht selbst Nießbraucher, sondern leitet seine Rechtstellung allein vom Nießbraucher ab; er hat insoweit ein Recht zum Besitz nach § 986 Abs. 1 S. 1 Fall 2 und erwirbt Eigentum an Sachfrüchten nach § 956 Abs. 2. Das Ausübungsrecht endet nach § 1061 mit dem Nießbrauch. 1250

Beispiel: Der Nießbraucher kann die Sache dadurch nutzen, dass er sie einem Dritten vermietet (§ 1056), oder er kann ihm die Ausübung am Nießbrauch überlassen (§ 1059 S. 2). Der Dritte ist beidesmal nur schuldrechtlich berechtigt. Während § 1061 der Ausübungsüberlassung ein sofortiges Ende setzt, sobald der Nießbrauch endet, bestünde ein Mietverhältnis fort. Nach §§ 1056, 566 tritt der Grundstückseigentümer automatisch in das vollzogene Mietverhältnis ein und hat nur ein außerordentliches Kündigungsrecht nach § 1056 Abs. 2, 3. Der Mieter steht also regelmäßig besser als ein Ausübungsberechtigter.

Durch § 1059a wird die **Umstrukturierung juristischer Personen** und rechtsfähiger Personengesellschaften ermöglicht, ohne dass daraus die Konsequenz der Beendigung eines Nießbrauchs nach § 1061 S. 2 folgt. Zwar kann damit entgegen der eigentlichen Intention das Eigentum dauerhaft in die *Nutzungsbefugnis* und die *Verfügungsbefugnis* getrennt werden und ist eine begrenzte Übertragbarkeit des Nießbrauchs gegeben, dies allerdings nur bezogen auf eine *Unternehmensidentität* (vgl. § 1059b). 1251

cc) Der **Nießbrauch erlischt** mit dem Tod des Nießbrauchers oder, wenn dieser eine juristische Person ist, mit deren Beendigung (§ 1061). Ebenso erlischt der Nießbrauch durch rechtsgeschäftliche Aufhebung (§§ 1064, 875; 1062). 1252

---

151 Die tatbestandliche dingliche Einigung hat dabei nicht die Übereignung der Sache bzw. Abtretung des Vollrechts zum Inhalt, sondern die Bestellung des Nießbrauchs; es handelt sich deshalb um eine entsprechende Anwendung.

Weitere sachenrechtliche Beendigungstatbestände sind der Eintritt einer auflösenden Bedingung oder eines Endtermins (§§ 158 Abs. 2, 163)[152], der lastenfreie gesetzliche *Eigentumserwerb des Verarbeiters* der mit einem Nießbrauch belasteten Sache (vgl. § 950 Abs. 2) sowie der gutgläubige lastenfreie Erwerb des Eigentumsrechts durch einen Dritten (§ 936)[153]. Der Nießbrauch an einer beweglichen Sache erlischt außerdem nach § 1063 Abs. 1, wenn er mit dem Eigentumsrecht in derselben Personen zusammentrifft (sog. Konsolidation).[154]

Beachte: Vergleichbares gilt für die Beendigung des Nießbrauchs an Rechten (§ 1068 Abs. 2, 1061 sowie §§ 1072 mit 1063, 1064). Der Nießbrauch am Recht endet außerdem mit dem Wegfall des belasteten Rechts, zur rechtsgeschäftlichen Aufhebung bedarf es allerdings der Zustimmung des Nießbrauchers (§ 1071).

2. Dienstbarkeiten

1253 Eine Dienstbarkeit ist eine dingliche **Belastung eines Grundstücks** mit dem Inhalt, dieses in einzelnen Beziehungen benutzen zu können (vgl. §§ 1018, 1090 Abs. 1). Inhalt einer Dienstbarkeit ist im Wesentlichen ein **Nutzungsrecht**.

Der aus der Dienstbarkeit Begünstigte kann entweder ein absolutes dingliches Recht haben, das belastete Grundstück in einer bestimmten Weise zu nutzen (**Benutzungsdienstbarkeit**, § 1018 Alt. 1). Beispiel ist das Wegerecht.

Oder es kann durch die Dienstbarkeit eine im Inhalt des Eigentumsrechts an dem belasteten Grundstück enthaltene Befugnis dem Begünstigten gegenüber ausgeschlossen sein (**Unterlassungsdienstbarkeit**, § 1018 Alt. 2). Beispiel ist eine private Baubeschränkung zur Sicherung der Aussicht vom begünstigten Grundstück aus oder ein Verbot des Betriebs eines bestimmten Gewerbes auf dem belasteten Grundstück.

Drittens kann die Dienstbarkeit ein Ausschlussgrund für Abwehrrechte sein, die im Eigentumsrecht an dem belasteten Grundstück begründet sind (**Ausschluss von Abwehrrechten**, § 1018 3. Alt.). Beispiel ist die vereinbarte Duldung von Immissionen auf dem belasteten Grundstück.

Aus einer Dienstbarkeit kann also ein dingliches Recht zur Benutzung, eine dingliche Verpflichtung zur Unterlassung einer Handlung oder ein Ausschlussgrund gegeben sein.

1254 Die vom Begünstigten zu beanspruchenden Benutzungen oder die vom verpflichteten Grundstückseigentümer zu unterlassenden Befugnisse sowie die ausgeschlossenen Abwehrrechte müssen *konkret einzeln* als Inhalt der Dienstbarkeit bezeichnet sein. Hierin liegt der **Unterschied zum** ***umfassenderen*** **Nießbrauch**. Gegenstand der Dienstbarkeit können nicht „alle" Nutzungen des belasteten Grundstücks sein, weil nur der Nießbrauch das dingliche Recht gibt, den Eigentümer von jeder Nutzung vollständig auszuschließen.

---

152 Bedingungsfeindlich ist nach § 925 Abs. 2 nur die Einigung zur Übertragung von Grundstückseigentum (Auflassung), nicht aber jede Einigung i.S.d. § 873.

153 Gleiches gilt im Falle der Ersitzung nach § 945.

154 § 1063 Abs. 2 vermeidet, dass etwaige weitere, gleich- oder nachrangige Rechte anderer daraus einen Vorteil ziehen könnten, als ihnen die Sache insoweit nunmehr ohne die Nießbrauchbelastung zu Gebote stünde. Grundstücksrechte erlöschen nach § 889 dagegen durch Konsolidation von vornherein nicht.

Eine dingliche Verpflichtung aus einer Dienstbarkeit kann sich dabei nur auf den (**jeweiligen) Eigentümer des belasteten Grundstücks** beziehen. Der **Verpflichtete** aus der Dienstbarkeit ist also nur durch sein Eigentumsrecht am belasteten Grundstück (dinglich) bestimmt, mit Veräußerung endet diese Pflicht (ggf. nicht aber eine parallele schuldrechtliche Verpflichtung, welche durch die Dienstbarkeit gesichert werden sollte). 1255

Die dingliche Verpflichtung aus einer Dienstbarkeit kann *nur eine Unterlassung, nicht aber ein positives Tun* zum Gegenstand haben. Auch die Benutzungsdienstbarkeit verpflichtet den Eigentümer des belasteten Grundstücks nur dazu, solche Benutzung, das Betreten seines Grundstücks etc. hinzunehmen. Dingliche Ansprüche auf Vornahme von Handlungen können nicht durch Dienstbarkeit, sondern nur durch Reallast begründet werden (§§ 1105 ff.). 1256

Erst recht kann der aus der Dienstbarkeit *Begünstigte* nicht mit dinglicher Wirkung etwa zur Zahlung eines „Entgelts" verpflichtet werden (*indirekt* aber doch, s. sogleich). Eine Dienstbarkeit ist eine *dingliche Belastung nur eines Grundstücks* und kein Austauschverhältnis.

Davon unberührt ist die Zulässigkeit der Bestimmung von **Handlungspflichten als bloße Nebenpflichten** einer Dienstbarkeit, namentlich zur Unterhaltung einer Anlage auf dem belasteten Grundstück (vgl. §§ 1021 f.).

a) Rechtsgrund von Dienstbarkeiten

Der Erwerb der Grunddienstbarkeit, also die Belastung eines Grundstücks mit einem entsprechenden Recht (§§ 1018, 1090 Abs. 1 verweisen auf § 873), ist wie die Begründung und Übertragung jeden Sachenrechts in dem Sinne abstrakt, dass er eines (schuldrechtlichen) Rechtsgrundes bedarf, dessen Erfüllungsgeschäft er ist. Rechtsgrund einer Dienstbarkeit kann z.B. Kauf oder Schenkung sein aber auch die *Sicherung eines schuldrechtlichen Nutzungsrechts* aus Pacht, Miete etc. Rechtsgrund der Dienstbarkeit ist im Sicherungsfall dann aber nicht das schuldrechtliche Austauschverhältnis, dessen Inhalt durch die Dienstbarkeit verdinglicht wird, sondern eine Sicherungsabrede (die Dienstbarkeit erfüllt nicht das Pachtrecht auf Nutzung, sondern den Anspruch auf Bestellung einer Dienstbarkeit! Das Nutzungsrecht wird nur durch Gestattung der Nutzung erfüllt.). 1257

Liegt daher dem Erwerb einer Dienstbarkeit ein Dauerschuldverhältnis mit wiederkehrenden Entgelten zu Grunde (z.B. eine Pacht und soll die Benutzungsdienstbarkeit das Recht des Pächters dinglich sichern), ist es nur möglich, die Bestellung der Dienstbarkeit (vgl. § 873) unter der auflösenden Bedingung der Nichtzahlung (vgl. § 158 Abs. 2) vorzunehmen. Der Verpächter hat dadurch kein dingliches Recht auf Pachtzahlung, aber der Zahlungsausfall wäre ein Beendigungstatbestand der Dienstbarkeit (wie zugleich ein Kündigungsgrund des Pachtverhältnisses). 1258

Die Wirkung wäre also allenfalls eine mittelbare und sie ist v.a. bedeutsam, wenn die Dienstbarkeit gerade nicht durch ein Sicherungsverhältnis mit einem entgeltlichen Grundgeschäft verbunden ist. Durch die auflösende Bedingung der Nichtzahlung eines bestimmten Geldbetrages zu bestimmten Terminen kann also *indirekt* eine dinglich gesicherte **Zahlungspflicht des Begünstigten** hergestellt werden (sonst verliert er die Dienstbarkeit).

Beachte: Bedeutung hat die Dienstbarkeit wie alle beschränkten dinglichen Rechte nicht in erster Linie zwischen Berechtigtem und Besteller. In diesem Verhältnis geben sie dem Berechtigten zwar eine direkte Zugriffsmöglichkeit auf die belastete Sache (z.B. eben zur Benutzung), statt erst auf Erfüllung des Rechts klagen zu müssen. Der dinglich Berechtigte hat etwa die Besitzschutzrechte als Selbsthilfe (im Übrigen vgl. §§ 1027, 1004), während der schuldrechtliche Gläubiger nur ein Forderungsrecht hat.

Bedeutsamer sind die beschränkten dinglichen Rechte **gegenüber Dritten**, wozu auch **Einzelrechtsnachfolger** in das Eigentumsrecht am Grundstück zählen. Diese treten in die schuldrechtliche Verpflichtung normalerweise nicht ein, ihnen gegenüber hätte der Forderungsgläubiger keinen Anspruch (außer sie übernehmen die Pflicht im Vertrag mit dem Veräußerer). Besteht hingegen eine dingliche Belastung des erworbenen Gegenstands, setzt sich diese gegenüber dem neuen Eigentümer fort (*Ausnahme* nur der *gutgläubige lastenfreie Erwerb*, § 936 bzw. § 892 Abs. 1 S. 1). In diesem Verhältnis wirkt dann auch die mittelbare Verpflichtungswirkung einer auflösenden Zahlungsbedingung zugunsten des Erwerbers des mit der Dienstbarkeit belasteten Grundstücks. Ansonsten ist die auflösende Bedingung eines dinglichen Rechts nur eine Vollzugsform der Rückabwicklung nach Beendigung eines Grundgeschäfts (vgl. beim Sicherungseigentum), die dann nicht schuldrechtlich, sondern dinglich und damit „automatisch" erfolgt. Wird einem säumigen Pächter gekündigt, folgte ansonsten zugleich aus dem *Sicherungsverhältnis* eine vertragliche Pflicht zur *Aufhebung* der sicherungsweise bestellten Dienstbarkeit (in der Form des § 875).

b) Inhalte von Dienstbarkeiten

1259 Gegenstand des absoluten dinglichen Rechts aus einer Benutzungsdienstbarkeit (vgl. § 1018 Alt. 1) sind etwa Wege-, Überfahrts- oder Wasserleitungsrechte, ebenso die Ausbeutung von Bodenschätzen aber auch die dingliche *Sicherung* eines Miet- oder Pachtverhältnisses, wodurch der Berechtigte die Gebrauchsüberlassung unabhängig vom Bestand des Mietverhältnisses verlangen kann.[155]

1260 Unterlassungsdienstbarkeiten (vgl. § 1018 Alt. 2) sind ein Ausschlussverhältnis hinsichtlich einzelner Tätigkeiten auf dem Grundstück, zu denen der Eigentümer anderenfalls berechtigt wäre, wie z.B. die Errichtung eines Gebäudes, das Verbauen einer Aussicht, das Betreiben eines (immissionsintensiven, eine Konkurrenz darstellenden etc.) Gewerbes.

Beispiele: Gegenstand einer Unterlassungsdienstbarkeit kann eine **Wettbewerbsbeschränkung** sein, etwa ein Konkurrenzunternehmen auf dem Grundstück nicht zu betreiben.

Unzulässig ist es dagegen, auf einem Grundstück etwa den *Vertrieb bestimmter Produktmarken* durch Dienstbarkeit zu *untersagen* und den Eigentümer dadurch mit dinglicher Wirkung (indirekt) auf den Bezug einer einzelnen Marke oder von einem bestimmten Lieferanten festzulegen. Denn der Ausschluss gewisser Handlungen „auf dem Grundstück" kann zwar den Betrieb einer Gaststätte oder einer Tankstelle betreffen, Bezugsverhältnisse zu Lieferanten oder der Vertrieb bestimmter Marken bilden aber *keinen eigenständigen Art- oder Gattungsbegriff von Handlungen*. Sie sind deshalb keine ausschließbaren Handlungen, sondern lediglich Bezugsgegenstand einer bestimmten Geschäftstätigkeit, welche vielmehr ihrerseits Handlung ist.

1261 Benutzungs- und Unterlassungsdienstbarkeit lassen sich zu einem ausschließlichen Recht des Begünstigten zu einer bestimmten Nutzungsart am Grundstück *verbinden*, indem der Begünstige zu einer bestimmten Nutzungsweise berechtigt ist (z.B. Auskiesung, Holzeinschlag) und dieselbe zudem dem Eigentümer untersagt wird.

155 Die Vereinbarung zur Bestellung einer **Mietsicherungsdienstbarkeit** ist vertragsgestalterisch sinnvoll im Fall hoher Investitionen des Mieters in die Mietsache zum Schutz vor Sonderkündigungsrechten in der Zwangsversteigerung (vgl. § 57a ZVG) oder der Insolvenz (vgl. § 111 InsO). Inhalt der Dienstbarkeit wird nur das Nutzungsrecht, nicht aber die sonstigen mietvertraglichen Abreden.

Eine Dienstbarkeit zum Ausschluss von Abwehrrechten (vgl. § 1018 3. Alt.) schließt im Unterschied zur Unterlassungsdienstbarkeit nicht Befugnisse aus, die Inhalt des Eigentumsrechts sind, sondern bestimmte *rechtliche Wirkungen* des Eigentumsrechts (z.B. Klagebefugnisse des § 1004, den Rechtfertigungsgrund des § 906, Rechte nach §§ 907 ff. auf ein Notwegerecht). 1262

Beachte: Der Ausschluss *schuldrechtlicher Ansprüche*, z.B. auf Schadensersatz, kann nicht Inhalt einer (Ausschluss-) Dienstbarkeit sein, weil diese (nur) eine dingliche Belastung eines Grundstücks ist. *Schadensersatzpflichten* können ggf. jedoch in ihrer Entstehung tatbestandlich vermieden werden, wenn die sie auslösende Handlung zum Inhalt einer Benutzungsdienstbarkeit (nach § 1018 Alt. 1) gemacht werden kann. Der Handelnde verletzt dann kein fremdes Recht. Die benutzende Einwirkung auf ein fremdes Grundstück aufgrund einer Dienstbarkeit ist nicht lediglich gerechtfertigt, sondern das Eigentumsrecht ist in diesem Aspekt dem Dienstbarkeitsberechtigten gegenüber beschränkt. Beschränkte dingliche Rechte sind Abschichtungen des Eigentums und insofern „Teilübertragungen" von Eigentumsbefugnissen und Eigentumswirkungen.

c) Arten der Dienstbarkeit (Grund- bzw. beschränkte persönliche Dienstbarkeit)

Im Unterschied zum Nießbrauch kann eine Dienstbarkeit **nur an Grundstücken und grundstücksgleichen Rechten** bestellt werden. Dienstbarkeiten sind dingliche Nutzungsrechte an dem belasteten Grundstück. 1263

Die *Grunddienstbarkeit* (§§ 1018–1029) steht dem jeweiligen Inhaber eines anderen („herrschenden") Grundstücks zu; sie lastet auf dem „dienenden" Grundstück (und belastet dessen jeweiligen Eigentümer). Sie ist nach § 96 wesentlicher Bestandteil des „herrschenden" Grundstücks, besteht also zu Gunsten des jeweiligen Eigentümers dieses Grundstücks.

Die *beschränkte persönliche Dienstbarkeit* (§§ 1090–1093) ist nicht Bestandteil eines anderen Grundstücks, sondern besteht zu Gunsten einer bestimmten Person, lastet aber gleichfalls auf einem „dienenden" Grundstück (und belastet dessen jeweiligen Eigentümer).

aa) Grunddienstbarkeiten. Die Grunddienstbarkeit erweitert die Befugnisse des Eigentümers des herrschenden Grundstücks gegenüber demjenigen des dienenden – und zwar unabhängig von künftigen Eigentumswechseln. Voraussetzung ist, dass die *Grunddienstbarkeit* der Benutzung des herrschenden Grundstücks einen „Vorteil bietet" (vgl. § 1019 S. 1), ohne solchen sie nicht entsteht und mit dessen Wegfall sie erlischt. Eine nur einem konkreten Eigentümer individuell nützliche Benutzungsmöglichkeit genügt nicht, die Grunddienstbarkeit muss dem herrschenden Grundstück vorteilhaft sein. 1264

Eine *wettbewerbsbeschränkende* Dienstbarkeit ist als Grunddienstbarkeit nur möglich, wenn das *herrschende Grundstück* für die gegenständliche Geschäftstätigkeit *speziell und dauerhaft eingerichtet* ist bzw. werden soll und kann. Dies ist in Bezug auf reine Handelsgeschäfte, Büro- oder einfache Lagertätigkeiten oftmals nicht der Fall (anders hinsichtlich Produktionsstätten). Der Vorteil ist dann nicht allgemein grundstücksbezogen, sondern nur auf den aktuellen Nutzer bezogen. Ein solches Wettbewerbsverbot könnte ggf. nur als beschränkte persönliche Dienstbarkeit bestellt werden, nicht als Grunddienstbarkeit.

bb) Beschränkte persönliche Dienstbarkeit. Während bei der Grunddienstbarkeit der *jeweilige* Eigentümer (also insb. auch jeder Rechtsnachfolger) des herrschenden Grundstücks Inhaber der Dienstbarkeit ist, besteht die beschränkte persönliche Dienstbarkeit nur zu Gunsten einer bestimmten Person. Wie der Nießbrauch ist sie nicht vererblich 1265 (vgl. §§ 1090 Abs. 2, 1061) und nach § 1092 Abs. 1 nicht übertragbar (Ausnahmen gelten zu Gunsten von Gesellschaften für Infrastruktureinrichtungen, vgl. § 1092 Abs. 3).

1266 Ein besonderer Vorteil aus der beschränkten persönlichen Dienstbarkeit ist anders als nach § 1019 nicht erforderlich, sondern liegt bereits im subjektiv-dinglichen Recht des Begünstigten. Dieser braucht nicht Eigentümer eines anderen Grundstücks zu sein, weshalb diese Art Dienstbarkeit insb. **für Versorgungsunternehmen** relevant ist (vgl. Beispiele in § 1092 Abs. 3). Eine beschränkte persönliche Dienstbarkeit kann z.B. *als Benutzungsdienstbarkeit* für Leitungen auf dem dienenden Grundstück, zusätzlich *als Unterlassungsdienstbarkeit* hinsichtlich der Nähe und Höhe von künftigen Bauwerken und Bewuchs auf demselben Grundstück bestellt werden. Sinnvollerweise kann sie ggf. durch eine *Ausschlussdienstbarkeit* zum Ausschluss von Abwehrrechten etwa gegen (grenzabstandsverletzende) Oberleitungen auf einem Nachbargrundstück ergänzt werden.

d) Persönliche Pflichten und Rechte des Begünstigten gegenüber dem Eigentümer (Begleitschuldverhältnis)

1267 Die Dienstbarkeit ist für das dienende Grundstück schonend auszuüben (§§ 1020, 1090 Abs. 2). Die Vorschrift begründet ein gesetzliches Schuldverhältnis zwischen dem jeweiligen Eigentümer des dienenden Grundstücks und dem Begünstigten, sei es der jeweilige Eigentümer des herrschenden Grundstücks bei der Grunddienstbarkeit oder des persönlich Begünstigten bei der beschränkten persönlichen Dienstbarkeit. § 1023 enthält mit dem schuldrechtlichen Recht des belasteten Eigentümers, eine Verlegung der Ausübung der Dienstbarkeit zu verlangen, wenn sie ihn auf einem bestimmten Grundstücksteil übermäßig beschwert, eine Konkretisierung dieser Pflichten. Entsprechend bestimmen §§ 1021 f. Unterhaltungspflichten der Beteiligten.

1268 Bei Verletzung entsprechender Pflichten des gesetzlichen Begleitschuldverhältnisses entstehen Schadensersatzansprüche nach § 280.

Ansprüche nach §§ 823 Abs. 1 und 1004 setzen demgegenüber eine Verletzung des Eigentumsrechts oder der Dienstbarkeit voraus, der Verstoß gegen das Begleitschuldverhältnis ist hierfür als solcher nicht tatbestandsmäßig.

Beispiel: Die Verletzung von Unterhaltungspflichten nach § 1021 oder § 1022 (z.B. Verkehrssicherungspflichten) ist ebenso schuldrechtlich zu restituieren, wie die Unterhaltungspflichten nur schuldrechtlich bestehen oder vereinbart sind. Allerdings können die Pflichten auch zum Inhalt der Dienstbarkeit gemacht (als Nebenpflichten etwa einer Benutzungsdienstbarkeit) und im Grundbuch eingetragen werden. Ihre Verletzung ist dann die eines dinglichen Rechts, des Eigentums bzw. im umgekehrten Fall der Dienstbarkeit und – auch – nach §§ 823 Abs. 1 und 1004 tatbestandsmäßig.

1269 Besondere Bedeutung hat die **Pflicht zur schonenden Ausübung** bei der Grunddienstbarkeit. Art und Weise und Bedarf ihrer Ausübung, insb. der auf ewige Zeiten angelegten Grunddienstbarkeit, wird sich im Laufe der Zeit ändern. So z.B., wenn ein Wegerecht bestellt wurde, um Kunden die Zufahrt zu einem kleinen Ladengeschäft zu ermöglichen, welches nach Jahrzehnten ggf. zu einem Einkaufszentrum mit vielfacher Besucherfrequenz angewachsen ist. Oder zugunsten eines landwirtschaftlichen Grundstücks, wenn dort eine Intensivierung der Nutzung oder eine Umstellung auf eine andere Nutzung erfolgt und Auswirkungen auf die Frequenz der Zufahrten bestehen.

Maßgeblich ist dann einerseits, was ortsüblich ist, andererseits, was bei Bestellung der Dienstbarkeit voraussehbar war. Zur Vermeidung sonst fast unausweichlicher Streitigkeiten über die Grenzen einer der Art nach gleichbleibenden Benutzung des herrschenden Grundstücks, ist bei der Bestellung der Dienstbarkeit vertragsgestalterisch auch Art und Maß ihrer Ausübung möglichst eindeutig festzulegen und im Grundbuch einzutragen.

Beispiel: Eine **Garagenüberfahrt** zugunsten eines Nachbargrundstücks kann auf den Umfang festgelegt werden, der für eine Pkw-Einzelgarage in privater, nicht gewerblicher Nutzung üblich ist, um zu verhindern, dass daraus irgendwann eine Tiefgaragenzufahrt für ein Mehrfamilienhaus mit einer Vielzahl von Stellplätzen oder die Einfahrt zu einer Taxi- oder Omnibus-Remise werden kann. Die später auf dem herrschenden Grundstück einziehende Wohngemeinschaft aus vielleicht einem Dutzend Personen mit nur einem Auto, das andauernd von einem anderen genutzt wird, wäre aber auch damit genauso wenig verhindert, wie der Liebhaber eines röhrenden Sportwagens.

e) Dingliche Wirkungen der Dienstbarkeiten

Dem Schutz der Dienstbarkeiten dienen die §§ 1027–1029. Anders als z.B. §§ 1065, 1270
1227 gibt § 1027 dem Berechtigten aus einer Dienstbarkeit nicht die Vindikation nach §§ 985 ff., sondern nur die negatorische Klage nach § 1004. Das Gesetz geht davon aus, dass der Berechtigte keinen Besitz am dienenden Grundstück hat (anders der Nießbraucher (vgl. § 1036) und der Pfandgläubiger (vgl. § 1205).

Ist Gegenstand des dinglichen Rechts aus einer Dienstbarkeit der Betrieb einer Anlage 1271
auf dem belasteten Grundstück, hat der Berechtigte daher dann doch Besitz. Solcher Besitz muss entweder ebenfalls entsprechend § 1004 klagbar sein oder das Verlangen nach Herausgabe des Besitzes an diesen Anlagen sowie von Nutzungen und Schadensersatz muss gegen einen Störer analog §§ 985, 987 ff. trotz und neben § 1027 möglich sein.

f) Dingliche Wohnungsrechte

Das dingliche Wohnungsrecht ist eine beschränkte persönliche Dienstbarkeit des Inhalts, 1272
ein Gebäude oder einen Teil eines Gebäudes unter Ausschluss des Eigentümers als Wohnung zu benutzen (vgl. § 1093 Abs. 1 S. 1).

Auf es finden aufgrund der sachlichen Nähe bestimmte Vorschriften für den Nießbrauch Anwendung (vgl. § 1093 Abs. 1 S. 2). Das betrifft insb. das Recht zum Besitz des Wohnungsberechtigten (daher die Verweise etwa auf §§ 1036, 1037 Abs. 1, 1044) und die damit zusammenhängende Übergabe an ihn (so die verwiesenen §§ 1034, 1042). Die ebenfalls verwiesenen §§ 1031 und 1062, 1041, 1049, 1050, 1057 ergänzen das Eigentümer-Besitzer-Verhältnis in schuldrechtsähnlicher Weise.

Der Wohnungsberechtigte ist anders als ein Nießbraucher jedoch nicht zu jeder möglichen Nutzung des belasteten Grundstücks, sondern nur zum Wohnen befugt (vgl. § 1093 Abs. 2).

Dauerwohnrecht nach § 31 Abs. 1 Wohnungseigentumsgesetz (WEG) und Dauernut- 1273
zungsrecht (§ 31 Abs. 2 WEG) sind ebenfalls beschränkte persönliche Dienstbarkeiten. Sie können jedoch weitergehende Nutzungsrechte beinhalten (vgl. §§ 33 Abs. 4 Nr. 1, 37 WEG), insb. das Recht zur Vermietung, welches zwar ein Nießbraucher hätte, nicht aber ein Wohnungsberechtigter nach § 1093 (außer es wäre ihm nach § 1092 Abs. 1 S. 2 gesondert gestattet worden).

Vertragsgestalterisch interessant sind **Kombinationen** von Sicherungsrechten. Übertragen Eltern in vorweggenommener Erbfolge z.B. das Ferienhaus auf Sylt zur Nutzung steuerlicher Freibeträge nach § 16 ErbStG auf die Kinder, wollen sich aber die künftigen Erträge aus Vermietungen und auch die Eigennutzung vorbehalten, erreichen Sie das nur über einen umfassenden **Nießbrauch** (Vorbehaltsnießbrauch). Soll die Übertragung zugleich dem Vollstreckungsschutz gegen künftige unternehmerische Risiken bei den Eltern dienen (im Insolvenzfall ist das Kindesvermögen ja nicht betroffen), schadet der Nießbrauch, weil er seinerseits bei den Eltern pfändbar wäre. Nur das **Wohnungsrecht** nach § 1093 ist unpfändbar, sofern es als unübertragbar ausgestaltet wird (§§ 857 Abs. 3 ZPO, 1092 Abs. 1 S. 2), allerdings erlaubt es den Eltern keine Vermietung.

Obwohl nun das Wohnungsrecht im viel umfassenderen Nießbrauch inhaltlich ganz aufgeht, kann aus Gründen des Vollstreckungsschutzes die gleichzeitige Eintragung eines *vorrangigen* Wohnungsrechts zusammen mit einem dazu nachrangigen Nießbrauch für den/dieselben Begünstigten sinnvoll sein, um das Grundstück für Gläubiger weitgehend wertlos zu machen und es im Fall einer Zwangsvollstreckung weit „unter Wert" durch die Kinder ersteigern zu können (vgl. LG Frankfurt/O., Urt. v. 4.2.2010 – 19 T 40/10).

VII. Sicherungs- und Verwertungsrechte

1274 Ein beschränktes dingliches Recht kann zum Inhalt haben, dass der Berechtigte (den Rechts-) Gegenstand, an dem es besteht, verwerten und sich selbst aus dem Erlös wegen anderweitig bestehender Forderungen befriedigen darf.[156] Solche Verwertungs- und Selbstbefriedigungsbefugnisse dienen der **Kreditsicherung**. Sie einräumen dem Gläubiger einen *Vorrang* hinsichtlich des Erlöses aus ihrem Gegenstand in der Zwangsvollstreckung und Insolvenz (§ 49 InsO) ein. Außerdem gewährleisten sie den *Zugriff auf den Vermögensgegenstand* auch noch nach seinem eventuellen *Ausscheiden* aus dem Schuldnervermögen: als dingliche Rechte bestehen sie am Gegenstand selbst und *gehen mit diesem über*. Solche dinglichen Rechte können unmittelbar **an** einer **beweglichen oder unbeweglichen Sache** oder an einem sonstigen **dinglichen Rechtsgegenstand**, etwa einem Nießbrauch, einer Grundschuld oder auch an einer Forderung, bestehen.

1275 Eine Verwertungsbefugnis ist stets auch ein sicherungsrechtliches Verhältnis, das (überhaupt nur) wegen eines Forderungsrechts besteht (**akzessorische Sicherheit**) **oder** jedenfalls dessen Ausübung schuldrechtlich an ein solches Forderungsrecht gebunden ist (**abstrakte Sicherheit**). Die rechtliche (und damit auch die wirtschaftliche) Bedeutung sicherungsrechtlicher Verwertungsbefugnisse liegt darin, dass sie dem Gläubiger die Befriedigung aus einer Sache etc. als ein *Recht zu einem eigenen Verhalten* geben, wenn der Sicherungsfall tatbestandlich eingetreten ist.[157]

1276 Sicherungsrechtliche Verwertungsbefugnisse sind das Pfandrecht an beweglichen Sachen (§§ 1204 ff.) und Pfandrechte an Grundstücken in Form der Hypothek, Grundschuld und Rentenschuld (§§ 1113 ff.).

---

156 Ein Überblick über alle Kreditsicherungsmittel (auch die des Schuldrechts, vgl. Rn. 466 ff.) war Gegenstand der Wirtschaftsprüfungsexamen 2006/II und 2011/II.

157 Im Schuldrecht haben eine **ähnliche Wirkung** das Selbsthilferecht (§ 229), Zurückbehaltungsrechte (§§ 273, 320) und die Aufrechnungsbefugnis (§ 387). Im Übrigen bleibt dem Forderungsgläubiger nur die Erfüllungsklage mit anschließender Durchsetzung in der Zwangsvollstreckung (§§ 803 ff. ZPO) bzw. die Anmeldung der Forderung zur Tabelle in der Gesamtvollstreckung (§§ 174 ff. InsO).

Fahrnispfand und **Hypothek** sind dabei *akzessorische*, **Grund- und Rentenschuld** *abstrakte* Sicherheiten.

(Grundsätzlich abstrakte) Sicherungs- und Verwertungsbefugnisse geben schließlich auch die gesetzlich nicht geregelten eigennützigen Treuhandverhältnisse der **Sicherungsübereignung**, **Sicherungsabtretung** einer Forderung und des in § 449 bestimmten **Eigentumsvorbehalts**.

Eine Besonderheit ist die **Reallast** (§§ 1105 ff.), die wiederkehrende dingliche Leistungs- **1277**
ansprüche gegen einen Grundstückseigentümer erst begründet (also nicht schuldrechtliche Forderungen sichert). Die Reallast ist ein dingliches Rechtsverhältnis (vergleichbar zu § 241 Abs. 1), kraft dessen (dingliche) Ansprüche entstehen. Die Reallast gibt bei Fälligkeit eines solchen dinglichen Anspruchs dann zugleich eine Verwertungsbefugnis aus dem Grundstück (als Recht zur Selbstbefriedigung im Unterschied zu schuldrechtlichen Forderungsrechten). Sie ist damit nicht akzessorisch. Die Reallast kann Gegenleistung z.B. einer vorweggenommenen Erbfolge, insb. im Falle einer Hofübergabe, sein (vgl. Rn. 150). Sie kann insofern aber auch neben inhaltlich identische, bereits schuldrechtlich verpflichtende Gegenleistungen aus dem Übergabevertrag treten, für die sie dann einen zweiten Rechtsgrund bildet, der wirtschaftlich Bedeutung jedenfalls sicherungshalber hat; rechtlich handelte es sich um schlichte Anspruchskonkurrenz.

1. Pfandrechte

Ein Pfandrecht ist eine akzessorische dingliche Belastung, die den Inhalt hat, zur Siche- **1278**
rung eines Forderungsrechts aus dem Pfandgegenstand durch Verkauf Befriedigung zu suchen. Das Pfandrecht enthält hierzu eine Verkaufsberechtigung hinsichtlich des Pfandgegenstands und eine Aneignungsberechtigung hinsichtlich des Verkaufserlöses, soweit dieser dem Pfandgläubiger als Befriedigung der gesicherten Forderung zusteht. Als akzessorische Belastung ist das Pfandrecht stets auf das Bestehen des zu sichernden Forderungsrechts bedingt, entsteht also nicht ohne dieses und fällt mit diesem weg. Die Verkaufsberechtigung ist überdies durch den Eintritt der Pfandreife (§ 1228 Abs. 2 S. 1: Fälligkeit der gesicherten Forderung) aufschiebend bedingt.

Ein Pfandrecht kann an einer Sache bestellt werden (§ 1204) und hat dann zusätzlich ein **1279**
Recht zum Besitz an der Pfandsache zum Inhalt (vgl. §§ 1205, 1206, 1215, 1223). Möglich ist auch ein Pfandrecht an einem Recht (§ 1273 Abs. 1). Das gepfändete Recht kann jedes übertragbare Recht sein, insb. ein dingliches Recht, aber auch ein Forderungsrecht (§ 1279) bzw. eine Grund- oder Rentenschuld sein (§ 1291) und auch echte Wertpapiere (Inhaber- und Orderpapiere, weil diese als solche übertragbar sind) können verpfändet werden (§§ 1292 ff.).

a) Pfandrechte an Sachen

Gegenstand eines Pfandrechts an Sachen können (einzeln zu bestimmende) bewegliche **1280**
Sachen sein (§ 1204 Abs. 1).

Wie alle beschränkten dinglichen Rechte besteht es an der Sache selbst, nicht am Eigentumsrecht. Belastungen des Eigentumsrechts sind rechtlich nicht möglich und daher stets solche an der Sache selbst. Nach § 1258 kann jedoch ein Miteigentumsanteil an einer beweglichen Sache verpfändet werden, ebenso nach ganz h.M. ein Anwartschaftsrecht.

1281 Die im Pfandrecht enthaltenen Befugnisse sind aus dem Eigentumsrecht abgespalten und beschränken dieses entsprechend. Der Eigentümer hat gegen den Pfandgläubiger kein Recht zum Besitz und keine Vindikationsklage nach §§ 985, 986. Die rechtsgeschäftliche *Übertragung des Eigentumsrechts* ist dem Eigentümer unbeschadet des bestehenden Pfandrechts möglich. Das Pfandrecht besteht an der Sache fort, gleich wem diese zu Eigentum gehört. Ein *lastenfreier Eigentumserwerb* ist einem auch gutgläubigen Erwerber nur bei Erlangung des unmittelbaren Besitzes möglich (§ 936 Abs. 3).

1282 **aa)** Das Pfandrecht ist eine akzessorische Sicherheit. Es sichert die Erfüllung eines Forderungsrechts, das eine Geldzahlung zum Gegenstand haben oder jedenfalls in eine Geldzahlungspflicht übergehen können muss (§ 1228 Abs. 2 S. 2), etwa auf Schadensersatz nach §§ 280 ff. Besichert ist nur Geld für Geld, nämlich die in Geld umwandelbare und damit messbare Forderung durch den Verkaufserlös aus dem Pfand. Anderenfalls hätte das Pfandrecht den Charakter einer Strafe (Vertragsstrafe) oder eines Zwangsmittels; es ist aber Sicherungsmittel (vgl. auch sogleich zu § 1210 Abs. 1 S. 1). Deshalb ist auch eine sog. *Verfallvereinbarung* unzulässig (§ 1229).

Beispiel: Ein Pfand kann neben dem zu erfüllenden Forderungsrecht auch für ein Strafversprechen und/oder einen pauschalisierten Schadensersatz für den Fall der Säumnis oder des Ausfalls der Forderungserfüllung gegeben werden und sichert so auch diese Geldansprüche des Gläubigers. Aber es ist nicht selbst die Strafe.

1283 Das Pfandrecht kann auch für mehrere Forderungsrechte bestellt werden, auch alternative, wie z.B. für einen Darlehensrückzahlungsanspruch und zugleich für den eventuellen Bereicherungsanspruch im Falle der Unwirksamkeit des Darlehensvertrags. Voraussetzung ist, dass sich die Verpfändung auf die Besicherung beider Ansprüche bezieht, was vertragsgestalterisch sicherzustellen und sinnvoll ist. Pfandgläubiger kann nur der persönliche Gläubiger des gesicherten Forderungsrechts sein. Der persönliche Schuldner darf aber auch eine fremde Sache verpfänden (§ 1210 Abs. 1 S. 2), wobei der Besteller des Pfandrechts sogar weder mit dem persönlichen Schuldner noch mit dem Eigentümer der Pfandsache identisch sein muss (vgl. § 1211 Abs. 2).

1284 Die Akzessorietät des Pfandrechts bedeutet, dass es in Entstehung, Umfang und Durchsetzbarkeit, Untergang sowie in der Rechtsinhaberschaft unmittelbar vom gesicherten Forderungsrecht abhängig ist: Das Pfand haftet betragsmäßig nur entsprechend der Höhe der Forderung (§ 1210 Abs. 1 S. 1). Das Pfandrecht erlischt schließlich als akzessorisches Recht mit der Forderung, für die es bestellt wurde (§ 1252). Das Pfandrecht ist auch nicht ohne die Forderung übertragbar (§ 1250 Abs. 1 S. 2) und geht mit Übertragung der Forderung automatisch auf den neuen Gläubiger mit über (§§ 401, 1250).

1285 **bb)** Einreden gegen die gesicherte Forderung können aufgrund der Akzessorietät der Verpfänder wie der Eigentümer des Pfandgegenstands dem Pfandgläubiger nach § 1211 auch dann entgegenhalten, wenn sie nicht zugleich der persönliche Schuldner sind (nur diesem steht ja die Einrede eigentlich zu). Gegen das Pfandrecht bestehen deshalb jeweils auch die nach § 770 einem Bürgen zustehenden Einreden der Anfechtbarkeit und der Aufrechenbarkeit der gesicherten Forderung, die hier wie dort auch nicht durch einen Verzicht des persönlichen Schuldners verlorengehen. Ausgenommen sind entsprechend dem Sicherungscharakter die Einrede der Verjährung (§ 216 Abs. 1) und der beschränkten Erbenhaftung (§ 1211 Abs. 1 S. 2). Zu beachten ist, dass die Geltendmachung solcher Einreden nicht, wie üblich, in Form eines Leistungsverweigerungsrechts, sondern nur durch gerichtliche Klage oder Antrag auf Erlass einer einstweiligen Verfügung möglich ist. Denn das Pfandrecht gibt keinen Leistungsanspruch, der verweigert werden könnte, sondern dem Pfandgläubiger ein Recht zum eigenen Handeln.

Die Akzessorietät ist bei der Entstehung des Pfandrechts insofern gelockert, als dieses **1286** auch für eine künftige oder bedingte Forderung bestellt werden kann (§ 1204 Abs. 2). Die Bedeutung eines solchen uneigentlichen Pfandrechts liegt (nur) in der Rangsicherung nach § 1209, als es insoweit auf den früheren Zeitpunkt der Verpfändung und nicht auf den späteren der Valutierung der gesicherten Forderung ankommt. Eine Verwertungsbefugnis als Inhalt des Pfandrechts entsteht auch in solchen Fällen erst mit dem Forderungsrecht.

cc) Nicht auf der Akzessorietät beruhen, aber dem Verpfänder oder Eigentümer der **1287** Pfandsache zustehen können auch *dingliche* Einwendungen gegen das Pfandrecht selbst. So z.B. die *rechtshindernden* Einwendungen wegen Nichtentstehung mangels wirksamer dinglicher Einigung über die Verpfändung (vgl. § 1205 Abs. 1 S. 1 HS. 2) oder wegen Erlöschen des Pfandrechts durch Anfechtung (vgl. § 142: die dingliche Einigung ist Rechtsgeschäft und kann der Anfechtung nach §§ 119 ff. unterliegen). Ebenso *rechtsvernichtende* dingliche Einwendungen wie die Beendigung des Pfandrechts durch Rückgabe der Pfandsache (§ 1253).

b) Verkaufsberechtigung nach Pfandreife nach §§ 1228, 1233 ff.

Mit Fälligkeit des gesicherten Forderungsrechts (§ 1228 Abs. 2 S. 1), ggf. weiterhin auf- **1288** schiebend bedingt durch den Übergang der Forderung in eine Geldforderung (§ 1228 Abs. 2 S. 2), hat der Pfandgläubiger die dingliche Verfügungsberechtigung zur Übereignung der Pfandsache nach § 929 ff.

Der Pfandgläubiger veräußert im eigenen Namen, aber auf fremde Rechnung, nämlich **1289** des Verpfänders. Der Erlös tritt durch dingliche Surrogation an die Stelle des Pfandes, das Eigentumsrecht am Erlös erwirbt direkt der bisherige Eigentümer der Pfandsache.[158] Der Pfandgläubiger hat sodann die dingliche Berechtigung, sich den Erlös aus dem Pfand anzueignen, soweit er ihm „zu seiner Befriedigung gebührt“ (Aneignungsberechtigung); er erhält den Erlös also vom bisherigen Pfandeigentümer, nicht vom Pfanderwerber.

Der Verkauf des Pfands hat zu erfolgen entweder im Wege öffentlicher Versteigerung **1290** (§§ 1233 Abs. 1, 1235 Abs. 1, 383 Abs. 3) bzw. ausnahmsweise durch freihändigen Verkauf statt öffentlicher Versteigerung, falls das Pfand einen Börsen- oder Marktpreis hat (§§ 1233 Abs. 1, 1235 Abs. 2). Neben dieser Möglichkeit des Pfandverkaufs ohne Vollstreckungstitel kann der Pfandgläubiger den Pfandverkauf „auch nach den für den Verkauf einer gepfändeten Sache geltenden Vorschriften bewirken lassen“, also analog §§ 814 ff. ZPO; es handelt sich dennoch nicht um eine Verwertung im Wege der Zwangsvollstreckung, sondern nur nach dortigen Vorschriften der ZPO durch den Gerichtsvollzieher.[159]

---

158 Das folgt in entsprechender Anwendung aus § 1219 Abs. 2 S. 1 und wird in § 1247 vorausgesetzt. § 1247 S. 2, wonach der Erlös nur „im Übrigen“ an die Stelle des Pfandes tritt, betrifft allein den Fall unberechtigter, aber aufgrund Gutgläubigkeit des Erwerbers dennoch wirksamer Pfandveräußerung.

159 Erforderlich ist ein auf diese Verwertung lautender *dinglicher* Titel des Pfandgläubigers *aufgrund des Pfandrechts*. Unbenommen ist dem Gläubiger schließlich eine Zwangsvollstreckung wegen der gesicherten Forderung aufgrund eines gegen seinen Schuldner erwirkten persönlichen Titels in dessen gesamtes Vermögen, einschließlich des Pfandgegenstands (beachte insoweit § 777 ZPO).

Beachte: Dieser etwas kompliziert anmutende Pfandverkauf schützt sowohl Erwerber wie Pfandeigentümer. Der Erwerber beim Pfandverkauf schließt den Kaufvertrag mit dem Pfandgläubiger. Forderungsrechte (Gewährleistung etc.) bestehen nur zwischen diesen. Der Erwerber leistet den Kaufpreis sodann an den Pfandgläubiger, von dem er ggf. bereicherungsrechtlich (etwa nach Anfechtung mittels Leistungskondiktion wegen Nichtschuld) Rückzahlung verlangen kann. Damit ist das Vertrauen des Erwerbers in seinen Vertragspartner geschützt. Der bisherige Pfandeigentümer wird ebenfalls geschützt. Der Erlös aus dem Pfand fällt direkt in sein Eigentum (wiederum in entsprechender Höhe mit dem Pfandrecht belastet). Der *Pfandgläubiger* hätte im Fall, dass er vor Pfandreife oder sonst nach § 1243 unrechtmäßig verfügt hätte, dagegen kein Aneignungsrecht am Geld. Deshalb würde sich in diesem Fall das Pfandrecht auch nicht am Erlös fortsetzen (folgt aus § 1247). Ob der *Erwerber* im Falle unrechtmäßigen Pfandverkaufs (vgl. § 1243) Eigentum nach §§ 932 ff. erwirbt, hängt davon ab, ob er den Pfandveräußerer gutgläubig für einen Pfandgläubiger und die Veräußerung für rechtmäßig i.S.d. § 1243 halten kann (§ 1244; vgl. § 932 Abs. 2). Er kann dann *auch an abhanden gekommenen Sachen gutgläubig Eigentum erwerben*, § 935 ist über § 1244 *nicht* anwendbar.[160]

c) Berechtigung zum Notverkauf nach §§ 1219 ff.

1291 Drohen der Verderb oder eine wesentliche Wertminderung des Pfandes, muss der Pfandgläubiger die entsprechende Veräußerung (ggf. mit Fristsetzung) androhen. Macht der Verpfänder von seinem Austauschrecht (§ 1218) dann keinen Gebrauch, hat der Pfandgläubiger bereits jetzt die dingliche Befugnis zur öffentlichen Versteigerung (vgl. §§ 1219, 1220, 383) oder zum freihändigen Verkauf, sofern das Pfand einen Börsen- oder Marktpreis hat (vgl. §§ 1221, 1219, 1220).

1292 Ein solcher Verkauf dient nicht der Verwertung und Selbstbefriedigung, sondern *nur der Ersetzung des Pfands* durch den Erlös daraus. § 1219 Abs. 2 S. 1 bestimmt daher eine *dingliche Surrogation*, der Pfandgläubiger erwirbt das Pfandrecht an dem erlösten Geld. Sein dingliches Aneignungsrecht richtet sich wiederum nach § 1228 (ohne dass dann allerdings nochmals ein Pfandverkauf nötig oder möglich wäre).

d) Rechtswirkungen der Pfandveräußerung

1293 Die Veräußerung des Pfandes erfolgt *schuldrechtlich* durch Kaufvertrag bzw. bei Versteigerung durch Zuschlagserteilung, die Übertragung des Eigentumsrechts als *dingliches Erfüllungsgeschäft* nach §§ 929 ff. zwischen dem Pfandgläubiger und dem Erwerber.

Ist diese Veräußerung rechtmäßig, erlangt der Erwerber nach § 1242 die gleichen Rechte, wie wenn er die Sache vom Eigentümer erworben hätte. § 935 ist daher nicht anwendbar; der Erwerber erlangt lastenfreies Eigentum bereits nach § 1242 Abs. 2, im Übrigen bei Gutgläubigkeit gem. § 936.

1294 Die Veräußerung ist rechtmäßig, wenn sie nicht wegen Verstoßes gegen die in § 1243 Abs. 1 bezeichneten Vorschriften verstößt (Pfandreife nach § 1228 Abs. 2, Verkauf nicht entgegen § 1230 S. 2, Wahrung der Versteigerungsform der §§ 1235, 1237 S. 1 und Erzielung mindestens des Metallwerts bei Gold und Silber gem. § 1240). Die Einhaltung der weitergehenden Ordnungsvorschriften der §§ 1234–1240 ist für die Rechtmäßigkeit der Veräußerung nicht vorausgesetzt, sondern führt lediglich zur Schadensersatzpflicht des Pfandgläubigers nach § 1243 Abs. 2.

160 Wird das Pfand durch den Pfandgläubiger gar nicht *„als Pfand"* veräußert, sondern wie durch den Eigentümer, gelten die § 932 ff., einschließlich § 935 unmittelbar. § 366 HGB ist beim Pfandverkauf nie anzuwenden.

Die *rechtswidrige Veräußerung* nach § 1243 Abs. 1 bewirkt dagegen *nicht* die Rechtswirkungen der rechtmäßigen Pfandveräußerung nach § 1242. Ist die (rechtswidrige) Pfandveräußerung nicht anderweitig nach § 1233 Abs. 2 wirksam, bleibt die dingliche Rechtslage unverändert – vorbehaltlich eines gutgläubigen Erwerbs nach § 1244. **1295**

Durch gutgläubigen Erwerb vom Pfandgläubiger (§ 1244) erlangt der Erwerber trotz rechtswidriger Veräußerung dennoch lastenfreies Eigentum entsprechend § 1242, wenn die Veräußerung *als Pfand nach den zur Pfandveräußerung bestimmten Vorschriften* (zumindest) der §§ 1233 Abs. 2, 1235 oder 1240 Abs. 2 erfolgt ist. § 935 ist auch hier nicht analog anwendbar (vgl. Verweisungen in § 1244). **1296**

Beachte: Der Erlös aus der Veräußerung an einen gutgläubigen Erwerber nach § 1244 tritt ebenfalls durch dingliche Surrogation an die Stelle des Pfands (§ 1247 S. 2), jedoch nur hinsichtlich des Eigentumsrechts des bisherigen *Pfandeigentümers*, das sich am Erlös fortsetzt. Die Heilung des rechtswidrigen Pfandverkaufs durch guten Glauben macht diesen nicht rechtmäßig, weshalb dem diesen betreibenden *Pfandgläubiger* der Erlös nicht zusteht und er auch kein Pfandrecht und damit *kein Aneignungsrecht am Erlös* erwirbt. Vielmehr behält der Pfandgläubiger seine insoweit nunmehr ungesicherte Forderung.

e) Bestellung des Pfandrechts

Das Pfandrecht wird rechtsgeschäftlich durch *Einigung* zwischen dem Gläubiger eines Forderungsrechts und dem Verpfänder über die Bestellung eines Pfandrechts an der konkreten Sache wegen dieses *Forderungsrechts* für den Gläubiger und *Übertragung von Besitz* an dieser Sache wirksam bestellt (§§ 1204, 1205), sofern der Verpfänder über diese Sache verfügungsberechtigt ist. Die Pfandrechtsbestellung entspricht der Übertragung des Eigentums nach §§ 929 und 931, allerdings ohne die Möglichkeit der Vereinbarung eines Besitzkonstituts; wird mittelbarer Besitz durch Abtretung des Herausgabeanspruchs gegen einen Besitzmittler nach § 870 übertragen, genügt dies nach § 1205 Abs. 2, sofern die Verpfändung dem Besitzmittler angezeigt wird. **1297**

Ist der **Verpfänder nicht der Eigentümer** und auch nicht dinglich verfügungsberechtigt (vgl. § 185), ist Heilung durch gutgläubigen Erwerb nach § 1207 möglich (sog. gutgläubiger „**Ersterwerb**"). Die Tatbestände entsprechen denen der §§ 932, 934 und 935. Nicht heilbar ist das Fehlen anderer Tatbestandselemente eines Verpfändungsgeschäfts, insb. eines (gegenwärtigen oder künftigen, unbedingten oder bedingten) Forderungsrechts; ohne zu sichernde Forderung ist die Verpfändung stets unwirksam (es fehlt eine gesetzliche Heilungsvorschrift). **1298**

Beispiel: Wird die dem Juwelier E gestohlene Uhr dem G von S für seine Schuld verpfändet und vom gutgläubigen K ersteigert, erlangt K Eigentum (§§ 1244, 932; § 935 ist nicht anzuwenden) an der Uhr. Der Pfandgläubiger G erlangt Eigentum am Erlös daraus nur, soweit ihm dieser gebührt (§ 1247 S. 1). Das setzt ursprünglich wirksame Verpfändung voraus. Allerdings kann an einer abhanden gekommenen Sache ein Nichtberechtigter kein wirksames Pfand bestellen (§§ 1205 Abs. 1, 1207, 932, 935 Abs. 1). Der Erlös gebührt daher nicht dem G. Aufgrund der dinglichen Surrogation (§ 1247 S. 2) wird also E Eigentümer des Erlöses.

Fehlt es dagegen *bei einer ansonsten rechtmäßigen Verpfändung* an der **zu sichernden Forderung** (z.B. auf Darlehensrückzahlung), ist etwa der Darlehensvertrag aufgrund Anfechtung nichtig, scheitert das Pfandrecht zwar grundsätzlich ebenfalls. Ein gutgläubiger Forderungserwerb ist für das Mobiliarpfand gesetzlich nicht vorgesehen (vergleichbare Vorschriften wie nach § 1138 zum gutgläubigen Forderungserwerb bei der **1299**

Übertragung einer eingetragenen Hypothek oder nach § 1157 zum einredefreien Erwerb fehlen hier). Nach BGH (NJW 1968, 1134) sichert das Pfandrecht jedoch auch eine *Rückzahlungsforderung aus § 812 Abs. 1 S. 1 Alt. 1* Damit wäre eine Verpfändung doch noch wirksam.

f) Übertragung und Beendigung des Pfandrechts

1300 Als akzessorisches Recht geht das Pfandrecht **mit der Abtretung des gesicherten Forderungsrechts** (§ 398) stets („automatisch") auf den neuen Gläubiger über (§§ 1250 Abs. 1 S. 1, 401 Abs. 1). Gleiches gilt für jeden, auch gesetzlich angeordnetem Übergang der gesicherten Forderung (§ 412). Eine isolierte Übertragung des Pfandrechts unabhängig vom Forderungsrecht, für das es besteht, ist aufgrund seiner Akzessorietät nicht möglich (§ 1250 Abs. 1 S. 2). Nach § 1251 Abs. 1 kann der neue Pfandgläubiger vom bisherigen die Herausgabe des Pfandgegenstandes verlangen.

Beachte: Übertragung des Pfandrechts (sog. **„Zweiterwerb"**) kann aufgrund der Akzessorietät (nur) mit der Abtretung der gesicherten Forderung (§ 1250 Abs. 1) erfolgen. Besteht bei einer Forderungsabtretung kein wirksam bestelltes Pfandrecht (z.B. weil gar keines bestellt wurde; oder weil eines an einer abhanden gekommenen Sache bestellt wurde (vgl. § 1207), kann der Zessionar auch gutgläubig kein Pfandrecht erwerben (*kein gutgläubiger „Zweiterwerb"*). Es fehlt hierfür an einer Heilungsvorschrift.

g) Erlöschen des Pfands

1301 Das Pfandrecht endet mit der *Erfüllung* des gesicherten Forderungsrechts (§ 1252) oder mit der Veräußerung der Pfandsache durch wirksamen Pfandverkauf nach §§ 1242, 1244 (also durch *Verwertung*). Es endet außerdem mit *Untergang* der Pfandsache, mit *Trennung* vom gesicherten Forderungsrecht (§ 1250 Abs. 2) oder *Rückgabe* der Pfandsache durch den Pfandgläubiger an den Verpfänder oder Eigentümer (§ 1253). Der Pfandgläubiger kann auch einseitig auf das Pfand *verzichten* (§ 1255). Schließlich führt der *lastenfreie Eigentumserwerb* eines Dritten etwa aufgrund der §§ 946 ff., 955 ff. oder des § 936 ebenso zum Erlöschen des Pfandrechts wie der Eintritt einer *auflösenden Bedingung* (§ 158 Abs. 2) oder eines Endzeitpunkts bei *befristeter Bestellung*.

h) Pfandablösung

1302 Ist der Verpfänder nicht zugleich der persönliche Schuldner, und befriedigt dieser Verpfänder den Pfandgläubiger, so bewirken §§ 1225, 1224 einen gesetzlichen Übergang des gesicherten Forderungsrechts und mit diesem des Pfandrechts nach §§ 412, 401. In der Folge hat der Verpfänder als neuer Pfandgläubiger einen Herausgabeanspruch nach §§ 1227, 985. Ein Ablösungsrecht steht auch einem personenverschiedenen Eigentümer des Pfandes zu (§ 1249 S. 2). Der gesetzliche Forderungsübergang erfolgt auch auf ihn, sein Herausgabeanspruch besteht sodann unmittelbar nach § 985.

Beispiel: Löst ein Verpfänder, der nicht auch Schuldner der gesicherten Forderung ist, seine als Pfand gegebene Sache beim Gläubiger aus, so bewirken §§ 1225, 1224 durch den Forderungsübergang ihm eine Regressmöglichkeit. Das Pfandrecht geht als fortbestehende Sicherheit für diesen Regress nach §§ 412, 401 dabei nur über, wenn der Verpfänder nicht zugleich der Eigentümer ist. Der Fall ist dann dem des § 1249 S. 2 identisch. Ein daraufhin übergehendes Pfandrecht an der eigenen Sache hat aber wirtschaftlich nur Sinn, wenn anderenfalls nachrangige Belastungen an der Sache im Rang aufrücken würden. Deshalb ordnet § 1256 Abs. 1 S. 1 als Regelfall in dieser Konstellation das Erlöschen des Pfandrechts an und lässt es nur ausnahmsweise als fortbestehend gelten (Fiktion in § 1256 Abs. 2).

i) Gesetzliches Pfandrecht

Für ein kraft Gesetzes entstandenes Pfandrecht gelten die Vorschriften über das durch Rechtsgeschäft bestellte Pfandrecht entsprechend (§ 1257). Gesetzliche Pfandrechte sind das **Vermieterpfandrecht** nach §§ 562 ff. (anwendbar auch über §§ 578 sowie 581 Abs. 2 und 592), das Pfandrecht **des Pächters** nach § 583, das **Unternehmerpfandrecht** beim Werkvertrag nach § 647 und dasjenige **des Gastwirts** nach § 704. 1303

Besonderheiten bestehen, als zu ihrer Begründung (anders als nach § 1205) teilweise keine Besitzeinräumung erforderlich ist und **besitzlose Pfandrechte** dementsprechend auch kein Recht zum Besitz gewähren. Lediglich das gesetzliche Pfandrecht des Werkunternehmers (§ 647) und des Pächters (§ 583) setzen Besitz des Pfandgläubigers voraus. 1304

Gutgläubiger (Erst-) Erwerb gesetzlicher Pfandrechte ist im BGB **nicht** vorgesehen, weil sich die Heilung gerade auf die dingliche Verfügungsbefugnis als Tatbestandselement eines dinglichen Rechtsgeschäfts bezieht, während gesetzliche Pfandrechte aufgrund eines *nichtrechtsgeschäftlichen*, gesetzmäßigen Tatbestands entstehen (also technisch „ohne Verfügung"). Konsequenterweise ordnet § 1257 die Anwendung der Vorschriften über das rechtsgeschäftliche Pfandrecht nur auf ein *bereits entstandenes* gesetzliches Pfandrecht an. 1305

Für die gesetzlichen Besitzpfandrechte (also §§ 647 und 583) wird diese Beschränkung des gutgläubigen Erwerbs in der Literatur teils bestritten (und die analoge Anwendung von § 1207 befürwortet).[161]

Eine **Ausnahme** macht **§ 366 Abs. 3 HGB** hinsichtlich der gesetzlichen Pfandrechte u.a. des **Kommissionärs** (§§ 397, 404 HGB), des **Frachtführers** (§ 440 HGB), des **Lagerhalters** (§ 475b HGB) und des **Spediteurs** (§ 464 HGB). Der gutgläubige Erwerb dieser Pfandrechte ist *auch an schuldnerfremden Sachen* entsprechend wie die rechtsgeschäftliche Verpfändung durch einen Nichtberechtigten möglich (vgl. dazu Rn. 1298). Der gute Glaube des Pfandrechtserwerbers braucht sich dabei nicht auf das Eigentum seines Schuldners zu beziehen. Es genügt, wenn er diesen für *verfügungsbefugt* zur kommissionsweisen Einlieferung, zur Verfrachtung bzw. Einlagerung etc. hielt. 1306

Auf das **Werkunternehmerpfandrecht** ist § 366 Abs. 3 HGB nicht anwendbar, weil dieses nach § 647 BGB nur an „Sachen des Bestellers" entstehen kann.

Wenn § 366 Abs. 3 HGB den gutgläubigen Erwerb gesetzlicher Pfandrechte in bestimmten Fällen jedenfalls für möglich hält, scheint allerdings der Unterschied zwischen rechtsgeschäftlichen und gesetzlichen Pfandrechten doch nicht unüberwindbar. Die Besitzeinräumung an den etwaigen Pfandgläubiger steht bei gesetzlichen (Besitz)Pfandrechten aus Sicht jedenfalls des HGB der rechtsgeschäftlichen Verfügung in der Verpfändung insoweit gleich. Wird dies als Regel interpretiert, kann auch im Rahmen von § 1257 die analoge Anwendung von §§ 1207 und 185 begründet werden. So für das Werkunternehmerpfandrecht z.B. einer Autowerkstatt für die Reparaturkosten, wenn der Auftraggeber nicht der Fahrzeugeigentümer ist.[162]

§ 366 Abs. 3 S. 2 HGB schließt den gutgläubigen Pfandrechtserwerb wegen sog. inkonnexer Forderungen (vgl. §§ 397 S. 2, 440 Abs. 1 S. 2, 464 S. 2 und 475b Abs. 1 S. 2 HGB: aus anderen Rechtsgeschäften der Parteien) aus. 1307

---

161 Mangels *Verfügungsgeschäft* ist auf gesetzliche Pfandrechte auch § 185 unanwendbar (str.).

162 Vgl. dazu Rn. 186 und insb. Rn. 310; dort auch zu vertragsgestalterisch möglichen Lösungen. Ausf. und im Hinblick auf § 366 Abs. 3 HGB *K. Schmidt*, Handelsrecht § 23 Rn. 26–32.

j) Pfändungspfandrecht

1308 Das Pfändungspfandrecht ist ein verfahrensrechtliches Pfandrecht der Zwangsvollstreckung wegen einer Geldforderung in das bewegliche Vermögen des Schuldners. Es wird nach den Vorschriften der §§ 803 ff. ZPO hergestellt und ausgeübt. Die Herstellung erfolgt mittels Pfändung durch den Gerichtsvollzieher. Diese Pfändung hat, sofern keine wesentlichen Verfahrensvorschriften verletzt wurden, verfahrensrechtliche und materiell-rechtliche Wirkung. Verfahrensrechtliche Wirkung ist die sog. Verstrickung (vgl. § 136 StGB). Die materiell-rechtliche Wirkung ist nach § 804 Abs. 1 ZPO das Pfändungspfandrecht, welches im Verhältnis zu anderen Gläubigern dieselben Wirkungen wie ein rechtsgeschäftlich bestelltes Pfandrecht hat (§ 804 Abs. 2 ZPO).

1309 Die Verwertung der Pfandsache erfolgt im Wege amtlicher öffentlicher Versteigerung (§§ 816 ff. ZPO). Der *Eigentumserwerb* des Erstehers beruht nach h.M. (nur) auf der öffentlich-rechtlichen Verstrickung (Beschlagnahme). Das *Aneignungsrecht* des Gläubigers aus dem Erlös zu seiner Befriedigung hängt dagegen von der Wirksamkeit des privatrechtlich angesehenen (§ 804 Abs. 2 ZPO) Pfändungspfandrechts ab. Hierfür ist neben der Verstrickung das materiell-rechtliche Bestehen der Forderung, derentwegen die Zwangsvollstreckung betrieben wird (vgl. §§ 1210, 1252) ebenso vorausgesetzt, wie es sich wegen § 1207, 935 nicht um eine abhanden gekommene Sache handeln darf. Umstritten ist allerdings, inwieweit das Pfändungspfandrecht nicht doch ein öffentlichrechtliches ist oder die §§ 1204, 1210 ff., insb. §§ 1244, 1247 (nachrangig) neben §§ 803 ff. ZPO anwendbar sind.

k) Pfandrechte an Rechten

1310 Gegenstand eines Pfandrechts kann auch ein Recht sein (§ 1273 Abs. 1). Voraussetzung ist seine Übertragbarkeit, anderenfalls weder die Bestellung (vgl. § 1274 Abs. 2) noch die Verwertung durch Einziehung durch den Pfandgläubiger (vgl. § 1282) möglich wären. Gegenstand eines Pfandrechts können daher ein Forderungsrecht (vgl. §§ 398, 399), auch ein hypothekarisch gesichertes Forderungsrecht (vgl. § 1154), eine Grundschuld aber auch ein Forderungsrecht aus einem Wertpapier oder ein übertragbares Immaterialgüterrecht sein. Übertragbar und damit pfändbar sind auch die den Wert eines Mitgliedschaftsrechts verkörpernden Vermögensgegenstände wie z.B. GmbH-Anteile (vgl. § 15 Abs. 1 GmbHG), Aktien (vgl. § 68 AktG) sowie Gesamthandsanteile, insb. Anteile an Personengesellschaften, soweit nicht der Gesellschaftsvertrag die Übertragbarkeit ausschließt.

1311 Auf das Pfandrecht an Rechten finden nach § 1273 Abs. 2 S. 1 die Vorschriften über die Verpfändung von Sachen entsprechende Anwendung, soweit in den §§ 1273 ff. keine abweichenden Bestimmungen getroffen wurden. Sonderfall des Pfandrechts an Rechten ist nach §§ 1280–1290 das Pfandrecht an einer Forderung.

1312 Die Verpfändung von Orderpapieren einschließlich eines Wechsels erfolgt nach § 1292, Inhaberpapiere werden hingegen wie bewegliche Sachen verpfändet (§ 1293).

1313 Inhaltliche Unterschiede des Pfandrechts an einem Recht zu dem an einer beweglichen Sache bestehen darin, dass das Pfandrecht an einem Recht kein Recht zum Besitz gibt und geben kann, weil es Besitz an einem Recht nicht gibt. Die Befriedigung folgt sodann nicht durch Pfandverkauf, sondern nach § 1277 nur aufgrund eines vollstreckbaren Titels nach den für die Zwangsvollstreckung geltenden Vorschriften. Der erforderliche Vollstreckungstitel muss dabei gegen den Inhaber des mit dem Pfandrecht belasteten Rechts vollstreckbar sein (Vollstreckung dann regelmäßig durch Überweisung zur Einziehung, vgl. §§ 835 ff. ZPO).

Handelt es sich um ein Pfandrecht an einer Forderung, erfasst dieses nicht die ganze Valuta, sondern nur im Umfang des Betrags des gesicherten Forderungsrechts. Der Pfandgläubiger kann sodann nach Überweisung der verpfändeten Forderung je nach ihrem Inhalt auf Zahlung oder Herausgabe der geschuldeten Sache klagen und erwirbt an dem geschuldeten Geld oder anderen Gegenstand wiederum ein Pfandrecht. Die Verwertung *dieses* Pfandrechts erfolgt dann nach den Vorschriften des Pfandrechts an beweglichen Sachen, bei Geld unmittelbar durch Aneignung, anderenfalls durch Pfandverkauf. **1314**

Bedeutung hat das Pfandrecht an Rechten v.a. im Rahmen der Nr. 14 AGB-Banken für Kontensperren.[163] Im Hinblick auf die in § 1280 als Wirksamkeitsvoraussetzung bestimmte Verpfändungsanzeige gegenüber dem Schuldner der zu verpfändenden Forderung hat die Sicherungsabtretung, die als stille Zession zulässig ist (§ 398), die Verpfändung ansonsten praktisch verdrängt. **1315**

2. Hypothek, Grund- und Rentenschuld, Reallast

Hypothek, Grund- und Rentenschuld sowie die Reallast sind „Grundpfandrechte". Es handelt sich um dingliche Belastungen eines Grundstücks mit dem hauptsächlichen Inhalt, im Wege der Zwangsvollstreckung Befriedigung aus dem Grundstück suchen zu können (§§ 1147, 1192 Abs. 1, 1200 Abs. 1). **1316**

Nur die **Hypothek** ist ein *akzessorisches* Sicherungsrecht, das nur zur Befriedigung wegen eines dem Hypothekengläubiger zustehenden Forderungsrechts bestehen kann (§ 1113 Abs. 1). **Grund-, Rentenschuld und Reallast** sind hingegen *abstrakte* Belastungen eines Grundstücks, die der Erfüllung eines außerhalb ihrer selbst liegenden Verpflichtungsvertrags (als Erwerbsgrund) vereinbart werden. Dieser Erwerbsgrund ist bei der Grundschuld und der Rentenschuld zumeist ebenfalls eine *Sicherungsvereinbarung* wegen eines Forderungsrechts (z.B. sog. *Sicherungsgrundschuld*, vgl. § 1192 Abs. 1a). Praktisch relevant v.a. im Fall der Reallast kann diese jedoch ebensogut auch unmittelbar als Gegenleistung in einem Schuldverhältnis (z.B. als Industrie-Reallast oder bei der Hofübergabe in vorweggenommener Erbfolge) vereinbart werden. **1317**

Die Grundpfandrechte gewähren – oder setzen ihn jedenfalls voraus – einen dinglichen Leistungsanspruch auf einen Geldbetrag, den der Eigentümer *aus seinem Grundstück* „schuldet". Besonders deutlich ist dies bei der (ungebräuchlichen) Rentenschuld, die ein Rentenrechtsverhältnis mit dem Inhalt enthält, in regelmäßig wiederkehrenden Terminen Rentenansprüche entstehen zu lassen, die „aus dem Grundstück" zahlbar sind. Eine *persönliche* Haftung des Grundstückseigentümers mit seinem sonstigen Vermögen folgt daraus gerade *nicht* (arg.: § 1108 ordnet eine solche persönliche Haftung neben der dinglichen Schuld für die Reallast gesondert an). **1318**

---

163 Aufgrund dieses Pfandrechts dürfen Banken Kontensperren verhängen, wenn sie Kreditausfälle ihres Kunden befürchten. Dies auch bereits im Hinblick auf noch nicht fällige Rückzahlungsansprüche, weil der Pfandgläubiger nach § 1281 bereits vor Pfandreife Leistung an ihn und den Gläubiger gemeinschaftlich verlangen kann.

a) Hypothek

1319 Die Hypothek hat nach § 1113 Abs. 1 den Inhalt, „dass an denjenigen, zu dessen Gunsten die Belastung erfolgt, eine bestimmte Geldsumme zur Befriedigung wegen einer ihm zustehenden Forderung aus dem Grundstück zu zahlen ist". Im Unterschied zum Pfandrecht (§ 1204 Abs. 1) scheint das Gesetz von einer dinglichen, in der Haftung auf das Grundstück begrenzten, Leistungspflicht des Eigentümers des mit der Hypothek belasteten Grundstücks auszugehen.[164]

1320 Durch die Hypothek kann ein Forderungsrecht auf Zahlung einer bestimmten Geldsumme gesichert werden, wie umgekehrt eine Hypothek ohne ein zu sicherndes Forderungsrecht nicht begründet werden kann (*Akzessorietät* (vgl. § 1113)). Die Akzessorietät ist dadurch gelockert, dass auch ein künftiges, sei es ein noch nicht fälliges oder ein solches Forderungsrecht, das erst begründet werden soll, ebenso ein bedingtes genügen. Dementsprechend kann das Forderungsrecht nicht ohne die Hypothek und diese nicht ohne jenes übertragen werden (§ 1153 Abs. 2). Die Hypothek ist derart mit dem Forderungsrecht untrennbar verbunden, dass ihre Existenz, ihr Inhalt und Umfang unmittelbar vom Bestand des Forderungsrechts abhängen. Einreden gegen die Forderung bestehen nach § 1137 ebenso gegen die Hypothek und im Falle, dass die zu sichernde Forderung nicht entsteht oder später erlischt, erwirbt der Grundstückseigentümer nach § 1163 Abs. 1 die Hypothek, die sich (mangels Forderungsrecht) dabei in eine Eigentümergrundschuld umwandelt (§ 1177).

1321 Die Hypothek enthält *kein Recht zum Besitz* des Grundstücks und berechtigt auch nicht, auf dieses einzuwirken oder dessen Nutzungen zu ziehen. Die Nutzungs- und die Verfügungsbefugnisse stehen dem Eigentümer zu, der das Grundstück jederzeit veräußern oder – nachrangig zur Hypothek – belasten darf und kann (§ 1136)[165]. Der Erwerber erwirbt das Grundstück belastet mit der Hypothek.

1322 Inhalt der Hypothek ist jedoch, dass der Eigentümer und jeder Dritte mit Handlungen ausgeschlossen ist, durch die „eine die Sicherheit der Hypothek gefährdende Verschlechterung des Grundstücks zu besorgen ist" (§§ 1133–1135).

b) Grundschuld

1323 Eine Grundschuld ist eine dingliche Belastung eines Grundstücks mit dem nach § 1191 Abs. 1 gleiche Inhalt wie die Hypothek mit dem Unterschied, dass die Belastung aus der Grundschuld nicht zur Befriedigung wegen einer Forderung besteht. Eine Grundschuld ist also *nicht* akzessorisch.

1324 **aa)** Das schließt jedoch nicht aus, dass sie nach dem Inhalt einer (nur schuldrechtlichen, als Rechtsgrund für die Bestellung bestehenden) Sicherungsvereinbarung zur Sicherung eines Forderungsrechts bestehen kann (als sog. *Sicherungsgrundschuld*).

---

164 Das Bestehen dieses Leistungsanspruchs ist umstritten und wird von der h.M. abgelehnt; als Sicherungsrecht mit dem Inhalt, aus dem Grundstück Befriedigung im Wege der Zwangsvollstreckung zu suchen, bedarf es des dinglichen Leistungsanspruchs gegen den Eigentümer nicht. Dem Verständnis des dinglichen Zinsanspruchs (§ 1119), des Anspruchs auf Verzugszinsen gegen den Eigentümer aus der Hypothek (§ 1146), und der unmittelbar gegen die Hypothek bestehenden Einreden (§ 1157), entspricht die Annahme eines dinglichen Kapitalanspruchs aber durchaus.

165 Das gilt nicht mehr, sobald das Grundstück zu Gunsten des Hypothekengläubigers beschlagnahmt ist (§ 1147 BGB, §§ 20, 23, 148 ZVG).

Auch eine Sicherungsgrundschuld bleibt in ihrer abstrakten Existenz und ihrem abstrakten Inhalt und Umfang vom jeweiligen Bestand einer solchen Forderung unabhängig, ist allerdings ggf. rückforderbar.

Beachte: Auch die Sicherungsgrundschuld ist eine abstrakte dingliche Belastung. Entsteht die zu sichernde Forderung nicht oder erlischt sie später etwa durch Tilgung, besteht die Sicherungsgrundschuld dessen unbeschadet fort. Ihr *Rechtsgrund* ist die Sicherungsabrede, nicht die gesicherte Forderung. Der Sicherungsgeber kann mangels Schuld aber vom Grundschuldgläubiger *aus der Sicherungsvereinbarung* die Rückübertragung der Grundschuld verlangen (ebenso der schuldnerverschiedene Grundstückseigentümer aufgrund § 1192 Abs. 1a). – Anders *im Falle nichtiger Sicherungsvereinbarung* (z.B. wegen anfänglicher Übersicherung). Dann wäre die Sicherungsgrundschuld ohne Rechtsgrund bestellt und mit der *Leistungskondiktion* wegen Nichtschuld zu kondizieren.

Systematisch ist die Grundschuld das gegenüber der Hypothek allgemeinere rechtliche Verhältnis, so dass in § 1192 Abs. 1 auf die Vorschriften über die Hypothek verwiesen werden kann, „soweit sich nicht daraus ein anderes ergibt, das die Grundschuld nicht eine Forderung voraussetzt". **1325**

bb) Weitere Ausnahmen bestehen für die dem Grundstückseigentümer selbst zustehende sog. *Eigentümergrundschuld* (§§ 1196 Abs. 1, 1177). Diese hat einstweilen nicht den Inhalt einer Grundschuld, sondern dient lediglich der *Rangwahrung* gegenüber nachrangigen oder später zu bestellenden Belastungen am Grundstück. Aus ihr kann der Eigentümer nicht im Wege der Zwangsvollstreckung Befriedigung suchen (§ 1197 Abs. 1). Sie wird aber von einer Zwangsvollstreckung in das Grundstück nicht erfasst, weil sie ein separates Vermögensrecht des Eigentümers ist.[166] **1326**

c) Rentenschuld

Die Rentenschuld ist nach § 1199 Abs. 1 eine dingliche Belastung eines Grundstücks mit dem Inhalt, nicht nur ein Recht zur Befriedigung wegen einer nach dem Inhalt der Belastung bestimmten Geldsumme zu gewähren, sondern mit dem zusätzlichen Inhalt eines Rechtsverhältnisses, welches Ansprüche in regelmäßig wiederkehrenden Terminen überhaupt erst bewirkt (dingliche Rentenansprüche). **1327**

Die Rentenschuld hat *kein Stammrecht* zum Inhalt, dessen Nutzungen die Rentenansprüche (wie etwa bei Zinsen) wären. Darin unterscheidet sich die Rentenschuld vom abstrakten Leibrentenverhältnis nach §§ 759 ff. Aus diesem Grund setzt die wirksame Bestellung der Rentenschuld die Bestimmung und Eintragung des Betrags eines Ablösungsrechts voraus (§ 1199 Abs. 2: im Falle eines bestehenden Stammrechts wäre dessen Wert maßgeblich und ggf. durch Diskontierung zu ermitteln). Die Ablösungssumme ist hingegen kein Kapitalanspruch. Die Rentenschuld ist als Rechtsverhältnis auch kündbar (§ 1202), denn die Renten sind keine Zinszahlungsansprüche.

---

166 Die **Eigentümergrundschuld** kann nur aufgrund eines persönlichen Titels gegen den Eigentümer gepfändet und einem Gläubiger überwiesen werden, bei dem sie dann wie eine (echte Fremd-) Grundschuld wirkt. Für den **Insolvenzverwalter** über das Vermögen des Eigentümer-Gläubigers gilt die Einschränkung durch § 1197 Abs. 1 allerdings nicht (§ 165 InsO). Nachrangige Grundpfandgläubiger können nach § 1179a jedoch Aufhebung solcher Eigentümerrechte verlangen.

d) Haftungsverband für Hypothek, Grund- oder Rentenschuld

1328 Die Grundpfandrechte umfassen nach § 1120 alle *Bestandteile des Grundstücks* einschließlich der nach § 96 mit dem Eigentumsrecht am Grundstück verbundenen Rechte (z.B. Grunddienstbarkeiten an einem anderen Grundstück). Die Haftung setzt sich auch nach der Trennung eines Bestandteils vom Grundstück an den dadurch entstehenden neuen beweglichen Sachen fort (z.B. bei Rodung eines Waldgrundstücks also am Holz). Dabei sind solche Sachfrüchte des Grundstücks ausgenommen, an denen nach §§ 954–957 *ein anderer* Eigentum erwirbt, z.B. der normale Holzeinschlag des Pächters oder eines Nießbrauchers eines waldwirtschaftlich genutzten Grundstücks.

1329 Die Haftung erstreckt sich auch auf *Grundstückszubehör* i.S.d. §§ 97 f.[167], soweit es im Zeitpunkt der Entstehung von Hypothek, Grund- oder Rentenschuld dem Grundstückseigentümer gehört hatte oder er danach Eigentum erlangt hat (§ 1120). Eine Enthaftung solcher Zubehörstücke findet (immerhin) statt, wenn die Zubehöreigenschaft in den Grenzen einer ordnungsgemäßen Wirtschaft beendet wird (§ 1122 Abs. 2) oder Zubehör veräußert *und* vom Grundstück entfernt wird (§ 1121 Abs. 1).

1330 Mit Beschlagnahme[168] des Grundstücks im Rahmen der Verwertung zur Befriedigung des Grundpfandgläubigers durch Zwangsvollstreckung (§ 1147) verliert der Eigentümer die Verfügungsbefugnis auch über das Zubehör. Gutgläubiger lastenfreier Erwerb haftenden Zubehörs durch einen Dritten und damit Enthaftung ist dann nur nach §§ 936, 135 Abs. 2, 136 möglich.

Beispiele: (1) Erfolgt die Veräußerung (Übereignung an den Dritten) erst nach Entfernung des Zubehörs und nach Beschlagnahme des Grundstücks oder auch nach Beschlagnahme des Grundstücks und daran anschließender Entfernung, genügt Gutgläubigkeit des Erwerbers nur im Zeitpunkt der Veräußerung.

(2) Folgt hingegen die Entfernung der Veräußerung nach und ist im Zeitpunkt der Entfernung das Grundstück bereits beschlagnahmt, muss der Erwerber jedenfalls *auch* im Zeitpunkt der Entfernung noch gutgläubig sein (§ 1121 Abs. 1 S. 1 mit §§ 936, 135 Abs. 2, 136).

Vgl. hierzu die Beispiele zum Zubehör unter Rn. 897.

1331 Die Hypothekenhaftung erstreckt sich auch auf Miet- und Pachtforderungen für das Grundstück (§§ 1123 Abs. 1, 99 Abs. 3). Für die Enthaftung gilt § 1124 Abs. 1, 3 mit der zeitlichen Begrenzung nach Abs. 2. Gleiches gilt auch für die Aufrechnung des Mieters oder Pächters gegen seinen Vermieter bzw. Verpächter nach § 1125. Die Hypothekenhaftung erstreckt sich sodann auch auf wiederkehrende Leistungen, die mit dem Eigentum am Grundstück verbunden sind (vgl. § 1126) und auf Versicherungsforderungen (vgl. §§ 1127–1130). Gleiches gilt jeweils für Grund- und Rentenschulden.

e) Bestellung einer Hypothek

1332 **aa)** Die Hypothek entsteht rechtsgeschäftlich wie jede Belastung eines Grundstücks nach §§ 873, 1113 durch Einigung über ihre Bestellung *und* Eintragung mit dem gesetzlich dafür vorgeschriebenen Inhalt, vorausgesetzt, der Besteller ist verfügungsberechtigt

---

167 Zubehör muss *dem Grundstück dienen*; nicht nur einem darauf beliebig betriebenen Unternehmen (außer das Grundstück ist für dieses Unternehmen besonders eingerichtet, z.B. errichtete Autowaschanlage).

168 Als Beschlagnahme gilt nach §§ 20 Abs. 1, 146 Abs. 1, 148 ZVG die gerichtliche Anordnung der Zwangsversteigerung bzw. Zwangsverwaltung zugunsten eines Gläubigers.

über das zu belastende Grundstück. Für die Hypothek und ebenso die Grund- und Rentenschuld ist zusätzlich nach § 1116 Abs. 2 der Ausschluss der Erteilung eines Hypothekenbriefs (bzw. Grundschuld- bzw. Rentenschuldbrief) zu vereinbaren und im Grundbuch einzutragen (sog. **Buchhypothek**).

Ist die Erteilung des Hypothekenbriefs nicht ausgeschlossen, ist die Übergabe des Briefs nach § 1117 Abs. 1 S. 1 oder ein Übergabesurrogat (§ 1117 Abs. 1 S. 2 mit §§ 929 S. 2 oder 930 oder 931) oder eine Aushändigungsvereinbarung über den Brief (§ 1117 Abs. 2) als zusätzliche Wirksamkeitsvoraussetzung erforderlich (sog. **Briefhypothek**).

Inhalt der dinglichen Einigung muss die Bestellung der Hypothek für den Gläubiger in Höhe einer bestimmten Geldsumme wegen einer dem Gläubiger zustehenden Forderung sein und der Geldbetrag des gesicherten Forderungsrechts muss nach § 1115 Abs. 1 in das Grundbuch eingetragen werden. Der Grundstückseigentümer muss nicht der Schuldner des Forderungsrechts sein. Auch muss der Besteller der Hypothek nicht der Eigentümer sein, es genügt eine Verfügungsberechtigung nach § 185. Wohl aber müssen Forderungs- und Hypothekengläubiger eine Person sein. **1333**

bb) Statt der Hypothek für den Gläubiger entsteht (zunächst) eine Eigentümergrundschuld, wenn das zu sichernde Forderungsrecht auch als bedingtes oder befristetes noch gar nicht entstanden ist (vgl. §§ 1163 Abs. 1 S. 1, 1177 Abs. 1 S. 1). Bei einer Briefhypothek gilt das auch mangels wirksamer Briefübergabe oder entsprechenden Übergabesurrogats nach § 1117 (vgl. §§ 1163 Abs. 2, 1177 Abs. 1 S. 1). **1334**

aa) Gutgläubiger (Erst-)Erwerb einer Hypothek ist nach § 892 vom Buchbesitzer (auch als Bucheigentümer bezeichnet) des zu belastenden Grundstücks möglich. Mängel im Inhalt der dinglichen Einigung oder Mängel hinsichtlich der notwendigen Eintragung der Hypothek im Grundbuch sind nicht durch guten Glauben des Erwerbers heilbar. **1335**

dd) Prüfungsschema: Ersterwerb der Hypothek: **1336**

1. Bestehen einer zu sichernden Forderung (§ 1113 Abs. 1)
2. Einigung (§§ 1113 Abs. 1, 873 Abs. 1)
3. Eintragung (§§ 873 Abs. 1, 1115 Abs. 1)
4. Briefübergabe (§ 1117 Abs. 1 S. 1 BGB), bzw. Ausschluss der Brieferteilung (§ 1116 Abs. 2 S. 1)
5. Berechtigung, bzw. Heilung der Nichtberechtigung gem. § 892

f) Bestellung einer Grund- oder Rentenschuld

Grund- und Rentenschuld werden wegen §§ 1192 Abs. 1 bzw. 1199 wie eine Hypothek bestellt, wobei sich Unterschiede nur daraus ergeben, dass Grund- und Rentenschuld nicht akzessorisch sind. Ihr Inhaber braucht daher nicht Gläubiger eines Forderungsrechts zu sein. Weder muss, noch kann die dingliche Einigung auf die Bestellung wegen eines Forderungsrechts Bezug nehmen, noch ist der Geldbetrag eines Forderungsrechts im Grundbuch einzutragen. Dies wird ersetzt durch die Einigung und Eintragung eines dinglich geschuldeten Geldbetrags der Grundschuld selbst. Bei der Rentenschuld erfolgen stattdessen eine Einigung über einen Geldbetrag der regelmäßig an wiederkehrenden Terminen zu zahlen ist sowie über eine Ablösesumme und die Eintragung dieser Angaben im Grundbuch. **1337**

g) Befriedigung des Hypothekengläubigers aus dem Grundstück

1338 Wird die der Hypothek zugrundeliegende Forderung abredegemäß getilgt, erwirbt der Eigentümer die Hypothek (§ 1163 Abs. 1 S. 2, 1177 Abs. 1 S. 1). Unter Befriedigung aus dem Grundstück versteht das Gesetz demgegenüber die Realisierung der dinglichen Schuld, die nicht (auch) zur Tilgung der gesicherten Forderung führt. Die Befriedigung aus dem Grundstück kann erfolgen:

- durch Zahlungen auf das dingliche Recht durch den Grundstückseigentümer oder einen Dritten (§ 1181 Abs. 1, 3),
- durch Ersatzleistungen des Gebäudeversicherers nach § 1128 Abs. 3,
- durch die Übertragung des Eigentums an dem Grundstück an den Hypothekengläubiger oder eine nach Pfandreife vereinbarte freihändige Veräußerung des Grundstücks (vgl. § 1149),
- durch die Ausübung eines Ablösungsrechts eines Dritten in Bezug auf die Hypothek (§ 1150) und schließlich
- durch die Befriedigung im Wege der Zwangsvollstreckung (§ 1147).

h) Prüfungsschema: Anspruch des Hypothekeninhabers auf Befriedigung durch Zwangsvollstreckung (§ 1147)

1339 **Aktivlegitimation:** Inhaber einer wirksam bestellten Hypothek

Passivlegitimation: Eigentümer des Grundstücks

1. Bestehen einer zu sichernden Forderung (§ 1113 Abs. 1)
2. Einigung über die Hypothekenbestellung (§§ 873 Abs. 1, 1113 Abs. 1)
3. Eintragung der Hypothek ins Grundbuch (§§ 873 Abs. 1, 1115 Abs. 1)
4. Einigsein im Zeitpunkt der Eintragung (§ 873 Abs. 2)
5. Berechtigung desjenigen, der die Hypothek bestellt
6. Übergabe des Hypothekenbriefes (§§ 1116 Abs. 1, 1117 Abs. 1) **oder** Einigung über Ausschließung der Erteilung eines Hypothekenbriefes sowie entsprechende Eintragung ins Grundbuch (§ 1116 Abs. 2 S. 1, 3)

1340 Missverständlich formuliert § 1181 Abs. 1 allgemein als Folge der Befriedigung des Hypothekengläubigers „aus dem Grundstück" das Erlöschen der Hypothek.

Demgegenüber sehen bereits §§ 1163 Abs. 1 S. 2, 1177 Abs. 1 S. 1 im Fall der Tilgung der gesicherten persönlichen Schuld stattdessen die *Entstehung einer Eigentümergrundschuld* vor; insoweit liegt regelmäßig allerdings keine Zahlung „aus dem Grundstück", sondern aus dem freien Cash-Flow des kreditierten Schuldners vor.

Aber auch die *Zahlung des schuldnerverschiedenen Eigentümers* bewirkt nach §§ 1143 Abs. 1 S. 1, 401, 412 den Übergang des (schuldrechtlichen) Forderungsrechts und mit diesem der Hypothek auf ihn. Gleiches gilt bei Zahlung durch einen ablösungsberechtigten Dritten (§§ 268 Abs. 3 S. 1, 401, 1150). § 1181 betrifft deshalb zuvorderst die Befriedigung nach § 1147.

1341 § 1181 gilt überdies beim *gutgläubigen rechtsgeschäftlichen Zweiterwerb* einer *nicht-forderungsbekleideten Hypothek* (§§ 1138 bzw. 1155, 892), wenn der Eigentümer oder ein ablösungsberechtigter Dritter eine solche Hypothek bezahlt. In Folge des nur eingetragenen, aber nicht existenten Forderungsrechts, welches mit einer (deshalb allerdings unwirksamen) Hypothek gesichert zu sein scheint, kann anders als in den Fällen der § 1143 bzw. §§ 1150, 268 Abs. 3 hier keine Forderung übergehen, so dass auch kein Raum für den Übergang der Hypothek nach § 401 ist. Zwar wird gutgläubig die Hypothek erworben (dazu sogleich Rn. 1347), damit aber nur der dingliche Zahlungsanspruch, nicht auch ein schuldrechtlicher aus der Forderung. Wo keine Forderung besteht, kann auch keine auf den Zahlenden übergehen und daher auch keine Hypothek ihr nach § 401 nachfolgen.

i) Übertragung „der Hypothek"

Als akzessorische Belastung kann eine Hypothek nur mit Abtretung oder gesetzlichem Übergang des gesicherten Forderungsrechts übertragen werden (§§ 1153, 401); präzise sollte von der **Übertragung der hypothekarisch gesicherten Forderung** gesprochen werden. **1342**

Diese geschieht nach §§ 1154, 398 in besonderer Form (Schriftform bzw. Grundbucheintragung). Der dingliche Abtretungsvertrag zur Übertragung des gesicherten Forderungsrechts muss im Falle der *Briefhypothek* hinsichtlich der Abtretungserklärung des Gläubigers (nicht notwendig auch der Annahmeerklärung des Erwerbers) in schriftlicher Form und unter Übergabe des Hypothekenbriefs erfolgen (§§ 1154 Abs. 1 S. 1, 1117 Abs. 1).[169] **1343**

Wurde die Erteilung eines Hypothekenbriefs ausgeschlossen (vgl. § 1116 Abs. 2 S. 1 – sog. *Buchhypothek*), bedarf die Einigung zwischen Gläubiger und Erwerber über die Abtretung der Eintragung im Grundbuch (§§ 1154 Abs. 3, 873, 878). Die Eintragung der Einigung ersetzt nach § 1154 Abs. 2 die Schriftform der Abtretungserklärung auch im Falle der Briefhypothek.

Mit formwirksamer Abtretung der hypothekarisch gesicherten Forderung tritt der Erwerber auch hinsichtlich der Hypothek an die Stelle des bisherigen Gläubigers (§§ 398 S. 2, 1153 Abs. 1).

aa) Besonderheiten bei gesetzlichen Forderungsübergängen. Nach §§ 412, 401 bewirkt auch eine cessio legis den Übergang einer diese Forderung sichernden Hypothek. **1344**

Unproblematisch ist dies für den gesetzlichen Forderungsübergang nach § 1143 Abs. 1 S. 1 bei Zahlungen durch den vom Schuldner verschiedenen Eigentümer (vgl. § 1177 Abs. 2: es entsteht sog. Eigentümerhypothek); ebenso beim Übergang im Falle des Ablösungsrechts eines Dritten (§§ 1150, 268 Abs. 3 S. 1).

Auch der umgekehrte Fall der Befriedigung des Gläubigers durch den persönlichen Schuldner, der nicht zugleich der Eigentümer des mit der Hypothek belasteten Grundstücks ist, bewirkt dann einen Übergang der Hypothek auf ihn, sofern im Innenverhältnis zwischen Schuldner und Eigentümer der Eigentümer zur Erfüllung verpflichtet gewesen wäre. Fall dazu sind etwa §§ 329, 415 Abs. 3: der jetzige Eigentümer des Grundstücks hatte dieses unter Anrechnung der Hypothekenschuld auf den Kaufpreis vom Schuldner erworben. Hierbei erwirbt der zahlende Schuldner einen mit der Hypothek gesicherten Ersatzanspruch (§ 1164 Abs. 1 S. 1, Abs. 2 – es findet eine gesetzliche Forderungsauswechslung statt).

---

169 Für die Übertragung einer Briefhypothek gelten die Übergabesurrogate der §§ 929 ff. (§§ 1117 Abs. 1 S. 2, 1154 Abs. 1 S. 1). Soweit es dabei auf den guten Glauben des Zessionars ankommt, gelten die §§ 932 ff. wegen § 952 Abs. 2 nicht; der Rechtsscheinerwerb findet nur in den Grenzen der §§ 892 Abs. 1, 1138 statt.

1345 Zu Zufallsergebnissen würde hingegen der gesetzliche Forderungsübergang beim **Zusammentreffen mehrerer akzessorischer Sicherungsrechte** führen (vgl. z.B. auch § 774), als der zuerst den Gläubiger Befriedigende wegen §§ 401, 412 bei den weiteren Sicherungsgebern vollen Regress nehmen könnte, was zu einem Wettlauf der Sicherungsgeber führen müsste. Mehrere Sicherungsgeber werden deshalb im Zweifel (sofern keine Abrede über eine abgestufte Haftung besteht) wie Gesamtschuldner behandelt. Sie können sich daher untereinander (im Innenverhältnis) auf den Übergang des Forderungsrechts und der weiteren Sicherheiten nur hinsichtlich des Umfangs ihres Gesamtschuldnerausgleichs berufen. § 426 gilt entsprechend (vgl. Rn. 546, 554).

bb) Gutgläubiger Zweiterwerb (einer im Grundbuch eingetragenen Hypothek).

1346 Nach §§ 1138, 1155 ist wegen der dort angeordneten entsprechenden Geltung von insb. § 892 die Übertragung einer *im Grundbuch eingetragenen* Hypothek möglich, wenn zwar das Forderungsrecht, für welches sie bestellt wurde, besteht, die Bestellung der Hypothek aber unwirksam oder gar nicht erfolgt ist (**gutgläubiger Zweiterwerb**). Der Zessionar kann deshalb aus der Forderung und/oder aus der Hypothek vorgehen.

1347 Da §§ 1138, 1155 die Geltung von § 892 *„auch in Ansehung der Forderung"* anordnen, führt auch die rechtsgeschäftliche Abtretung einer zwar im Grundbuch eingetragenen, tatsächlich aber *nicht existenten Forderung* zum Übergang der hierfür bestellten Hypothek (welche aufgrund Akzessorietät ebenfalls nicht besteht). Ein gutgläubiger Zessionar wird dadurch Gläubiger einer *nicht-forderungsbekleideten* Hypothek (sog. **gutgläubiger Zweiterwerb einer nicht-forderungsbekleideten Hypothek**). Ein gutgläubiger Erwerb der Forderung findet dabei nicht statt, nur der Hypothek, die damit rechtlich eine Grundschuld ist. Dies meint „in Ansehung der Forderung".

Die Hypothekenklage des gutgläubigen Zessionars hat Erfolg, eine persönliche Klage gegen den vermeintlichen Schuldner jedoch nicht.

1348 Eine Besonderheit gilt für den gutgläubigen Zessionar einer *existierenden* Forderung mit wirksam bestellter Hypothek, die entgegen dem Grundbucheintrag in Wahrheit aber *nicht dem Zedenten, sondern einem Dritten zustehen*. Hier erwirbt der Zessionar gutgläubig nicht lediglich eine forderungsentkleidete Hypothek, sondern mit ihr ausnahmsweise auch die Forderung des Dritten (diese *„wird mitgerissen"*). Strenggenommen kann der Zedent die ihm fremde Forderung nicht abtreten, sie ist „bei ihm jedenfalls" nicht existent (gutgläubiger Forderungserwerb ist gesetzlich nicht vorgesehen), weshalb dieser Fall eigentlich dem unmittelbar vorangegangenen entspricht.[170]

1349 **cc) Prüfungsschema: Übertragung/Zweiterwerb der Hypothek.**

1. Abtretungsvertrag gem. §§ 398 S. 1, 1153 Abs. 1, 1154 Abs. 1 S. 1 (beachte: Formerfordernis des § 1154 BGB bei Briefhypothek)
2. Briefübergabe gem. § 1154 Abs. 1 S. 1 (bei Briefhypothek) bzw. Eintragung gem. §§ 1154 Abs. 3, 873 Abs. 1 (bei Buchhypothek)

170 Str.: Als Begründung des gutgläubigen Erwerbs (durch „Mitreißen") der fremden Forderung kann angeführt werden, dass die Forderung für Dritten wegen §§ 1160, 1161 meist wertlos wäre; in den übrigen Fällen bestünde die Gefahr der Verdoppelung der Gläubigerrechte, weshalb die Wiederherstellung der Akzessorietät erforderlich ist (§ 1153 Abs. 2).

3. Kein Ausschluss der Abtretung (z.B. §§ 399 f.)
4. Berechtigung bzgl. der gesicherten Forderung **und** der Hypothek
5. Ggf. Heilung der Nichtberechtigung gem. §§ 1155, 892 (hins. der Hypothek) bzw. § 1138 (hins. der Forderung)

j) Einwendungen und lastenfreier Erwerb der Hypothek

Folge des Übergangs einer Hypothek auf den Erwerber ist, dass Einwendungen und Einreden des persönlichen Schuldners wie des Eigentümers des belasteten Grundstücks auch dem neuen Hypothekengläubiger gegenüber wirksam sind. 1350

Für die *Gegenrechte des Schuldners* gilt dies bereits nach § 398, wonach ein gutgläubiger lastenfreier Erwerb nicht vorgesehen ist (korrespondierende Parallelvorschriften zu §§ 932 ff., insb. § 936 existieren nicht). Die gegen das Forderungsrecht bestehenden Einreden des Schuldners kann nach § 1137 auch der (schuldnerverschiedene) Eigentümer gegen die Hypothek geltend machen; gegen den Zessionar nach §§ 1138, 1140 jedoch nur, soweit Einwendungen und Einreden eingetragen sind (§ 891) oder dieser hinsichtlich nichteingetragener bei der Abtretung nicht gutgläubig war (§ 892). 1351

Dingliche Einreden, also solche des Eigentümers unmittelbar gegen die Hypothek selbst, setzen sich nach § 1157 S. 1 ebenfalls gegenüber dem Erwerber der Hypothek durch; wegen § 1157 *S. 2* mit §§ 892, 1140 jedoch wiederum nur, *wenn nicht* der Zessionar die *hypothekarisch gesicherte Forderung gutgläubig einredefrei* erworben hat. 1352

Besonderheiten bestehen für die zwingend im Grundbuch so zu bezeichnende Sicherungshypothek (§ 1184). Für diese ist insb. die Anwendung von § 1138 und damit der gutgläubige Erwerb einer solchen Sicherungshypothek ebenso wie der gutgläubige „Wegerwerb" persönlicher Einreden ausgeschlossen.

k) Rechtsgeschäftliche Bestellung einer Grundschuld, Zahlungen auf die Grundschuld und Abtretung einer Grundschuld

Nach § 1192 Abs. 1 gelten für eine Grundschuld die Vorschriften über die Hypothek entsprechend, „soweit sich nicht daraus ein anderes ergibt, dass die Grundschuld nicht eine Forderung voraussetzt". Als *abstrakte* Belastung ist sie in Entstehung, Übertragung und Tilgung von einer zu sichernden schuldrechtlichen Forderung unabhängig. 1353

Die Grundschuld entsteht durch Einigung und Eintragung (§ 873) als Buch- oder Briefgrundschuld, wobei letzterenfalls die Übergabe des Grundschuldbriefs zusätzlich vorausgesetzt ist (§ 1117). Das Entstehen einer Forderung ist irrelevant, unanwendbar ist also § 1163 Abs. 1 S. 1 wie S. 2.[171] (Für § 1163 Abs. 1 S. 2 gilt das natürlich nur hinsichtlich des Erlöschens des Forderungsrechts, nicht hinsichtlich der Tilgung der Grundschuld selbst; dazu sogleich).

171 Dagegen ist § 1163 Abs. 2 kein Ausdruck der Akzessorietät und führt zur (vorläufigen, verdeckten) Eigentümergrundschuld.

1354 **aa) Prüfungsschema: Ersterwerb der Grundschuld.**

1.	Einigung (§§ 1191 Abs. 1, 873 Abs. 1)
2.	Eintragung (§§ 873 Abs. 1, 1192 Abs. 1, 1115 Abs. 1)
3.	Briefübergabe (§§ 1192 Abs. 1, 1117 Abs. 1 S. 1, bzw. Ausschluss der Brieferteilung (§§ 1192 Abs. 1, 1116 Abs. 2 S. 1)
4.	Berechtigung, bzw. Heilung der Nichtberechtigung gem. § 892

1355 Wird eine Grundschuld (wie zumeist) zu Gunsten eines Forderungsgläubigers als Sicherheit vereinbart und bestellt, ändert dies an ihrer abstrakten Entstehung nichts. Die Sicherungsvereinbarung enthält dann jedoch die (jedenfalls konkludente) Pflicht zur Rückübertragung der Grundschuld falls die Forderung nicht entsteht oder nachdem sie getilgt wurde. Der Rückübertragungsanspruch ist ein vertraglicher.

Ist dagegen die Sicherungsvereinbarung (ausnahmsweise) unwirksam, entsteht ein bereicherungsrechtlicher Rückübertragungsanspruch (§ 812 Abs. 1 S. 1 Alt. 1), weil sie (und nicht etwa die zu besichernde Forderung) Rechtsgrund für die Bestellung ist.[172]

1356 Die Übertragung der Grundschuld erfolgt nach Hypothekenrecht (§§ 1154, 1155), also durch **Abtretung**. Gegenstand der Abtretung ist anders als bei der Hypothek jedoch *nicht die gesicherte Forderung*, sondern **die Grundschuld selbst** (§ 1153 ist unanwendbar).

Die **isolierte Abtretung einer Grundschuld** ist wirtschaftlich eine *Verwertung*, weil der Zessionar weder aus der Sicherungsvereinbarung und schon gar nicht aus einer besicherten Forderung gebunden und etwa zur Rückübertragung bei getilgter Forderung verpflichtet ist (Ausnahme für die dann so bezeichnende Sicherungsgrundschuld in § 1192 Abs. 1a).

1357 **bb) Prüfungsschema: Übertragung/Zweiterwerb der Grundschuld.**

1.	Abtretungsvertrag, §§ 398 S. 1, 413, 1192 Abs. 1, 1154 Abs. 1 S. 1 Inhalt: Abtretung *der Grundschuld* (Beachte: Formerfordernis des § 1154 bei Briefgrundschuld)
2.	Briefübergabe gem. §§ 1192 Abs. 1, 1154 Abs. 1 S. 1 (bei Briefgrundschuld) bzw. Eintragung gem. §§ 1192 Abs. 1, 1154 Abs. 3, 873 Abs. 1 (bei Buchgrundschuld)
3.	Kein Ausschluss der Abtretung (z.B. §§ 399 f.)
4.	Berechtigung (d.h. Innehabung der Grundschuld), ggf. Heilung der Nichtberechtigung gem. § 892

l) Zahlung auf die Grundschuld oder auf die Forderung

1358 Aufgrund der Abstraktheit der Grundschuld ist hinsichtlich der Tilgung „der Schuld" zwischen Zahlungen „auf die Grundschuld" und solchen „auf die Forderung" zu unterscheiden. Tilgungsleistungen des *schuldnerverschiedenen Eigentümers* sind regelmäßig

172 Beide Sachverhalte könnten durch auflösende Bedingungen (§ 158 Abs. 2) bei der Grundschuldbestellung vertragsgestalterisch geregelt werden. Das ist jedoch gänzlich unüblich. Und zwar bereits deshalb, weil Grundschulden typischerweise in der Bankenpraxis verwendet werden und dort kein Verhandlungsspielraum in den Formularen besteht.

als solche auf die Grundschuld zu verstehen und lösen die Belastung des Grundstücks ab. Es entsteht eine Eigentümergrundschuld *analog* § 1163 Abs. 1 S. 2 („Erlischt die Forderung" muss hier auf die dingliche Forderung aus der Grundschuld bezogen werden).

Leistet der *Schuldner* der gesicherten Forderung, tilgt er regelmäßig nur seine Verbindlichkeit, zahlt also „auf die Forderung" (worauf ihn die Sicherungsvereinbarungen gewöhnlich sogar ausdrücklich beschränken). Aus der Sicherungsvereinbarung entsteht dann der vertragliche Anspruch auf Rückgewähr, der inhaltlich nach Wahl des Bestellers der Grundschuld auf ihre Rückübertragung (§ 1154) oder auf Verzicht (§§ 1169, 1168) oder Aufhebung (§§ 875, 1183) gerichtet werden kann. 1359

Beispiel: Ist der Eigentümer zugleich der persönliche Schuldner, bleibt es Auslegungsfrage, worauf er zahlt: Entscheidend ist der Wille des Zahlenden, ggf. ein die Zahlungen als „auf die Forderung" erfolgend beschränkender Sicherungsvertrag (so die Bankenformulare); schließlich auch § 366. Als Richtschnur gilt, dass ratenweise Tilgungen nur auf die Forderung anzurechnen sind und nur die Zahlung der Gesamtsumme auf Forderung und Grundschuld (arg.: sonst entstünde sukzessiv eine Eigentümergrundschuld, die dem Zugriff anderer Gläubiger offen stünde)[173].

m) Einwendungen und Einreden gegen die Grundschuld

Der Rückgewähranspruch aus der Sicherungsvereinbarung kann nach § 1157 S. 1 als Einrede „gegen die Grundschuld" geltend gemacht werden, um eine doppelte Inanspruchnahme aus Forderung *und* Grundschuld zu verhindern. Dieser Einwendungsdurchgriff setzt jedoch voraus, dass Grundschuldgläubiger und persönlicher Gläubiger personenidentisch sind oder eine Einrede bereits vor (isolierter) Abtretung der Grundschuld bestanden hatte (so § 1157 S. 1). 1360

Tritt der Gläubiger die Grundschuld isoliert ab, erwirbt der Zessionar jedoch die Grundschuld einredefrei, wenn die Einrede im Grundbuch nicht eingetragen und er hinsichtlich ihrer gutgläubig war (§ 1157 S. 2).[174] Einreden, die nach der isolierten Abtretung entstehen, muss sich der neue Grundschuldgläubiger nach § 1157 S. 1 also nicht entgegenhalten lassen (so z.B. eine nach Abtretung erfolgte Tilgung der Forderung). 1361

§ 1192 Abs. 1a erweitert den Einwendungsdurchgriff des Eigentümers gegen den Zessionar auf solche Einwendungen aus der Sicherungsvereinbarung, die erst nach der isolierten Abtretung entstehen. Dies jedoch nur, wenn die Grundschuld ausdrücklich als Sicherungsgrundschuld im Grundbuch eingetragen wurde, der Zessionar also mit solchen Einreden rechnen musste. 1362

3. Sicherungsübereignung und Sicherungszession

Die Vertragspraxis hat weitere zur Verwertung von Vermögensgegenständen berechtigende Sicherheiten geschaffen, die gesetzlich nicht geregelt sind. Insb. *Sicherungsübereignung* oder *Sicherungszession* treten anstelle eines Fahrnispfandrechts bzw. eines Pfandrechts an einer Forderung. 1363

---

173 *Medicus/Petersen*, BR Rn. 501.

174 Die isolierte Abtretung einer Grundschuld ist mangels Geltung von § 1153 (vgl. § 1192 Abs. 1) dinglich wirksam. Ob ein Gläubiger die Grundschuld isoliert abtreten *darf*, bestimmt sich nach der Sicherungsvereinbarung und ist deshalb nur vertragskonform, wenn die Voraussetzungen der Verwertung der Grundschuld vorliegen, anderenfalls der Gläubiger sich *schadensersatzpflichtig* macht.

a) Wirtschaftliche Bedeutung

1364 Während das Pfandrecht die Übergabe der Pfandsache (§ 1205 Abs. 1) bzw. die Anzeige der Verpfändung an den leistungspflichten Schuldner (§ 1280) als Wirksamkeitsvoraussetzung hat, kann dem Gläubiger stattdessen das Vollrecht des Eigentums an der beweglichen Sache oder die vollständige Forderungszuständigkeit übertragen werden, ohne dies offenlegen zu müssen. Statt lediglich eines Verwertungsrechts erhält der Gläubiger dadurch zwar eine den Sicherungszweck weit überschießende Rechtsmacht (als Eigentümer der Sache oder Inhaber der Forderung im Gegensatz zum bloßen Pfandgläubiger).

Umgekehrt bleibt es dem *Schuldner* als Sicherungsgeber dabei möglich, **Besitz an der sicherungsübereigneten Sache** zu behalten (§ 930) bzw. die zedierte Forderung selbst einzuziehen (§ 185 Abs. 1; was dem Pfandgläubiger einer Forderung nur bei Pfandreife möglich ist, vgl. §§ 1282 Abs. 1, 1283 Abs. 3).

Beispiel: Eine Bank will den als Sicherheit übereigneten **Fuhrpark** eines Unternehmens gerade nicht in Besitz nehmen, was sie beim Pfandrecht müsste. Während umgekehrt der Unternehmer den Fuhrpark zur Auslieferung seiner Waren zwingend benötigt, würde das als Rückgabe nach § 1253 Abs. 1 zum Erlöschen des Pfandrechts führen. Auch will die Bank zur Sicherheit abgetretene **Forderungen** nicht selbst einziehen. Beide Male soll und will sie nur die *vereinbarten Tilgungsleistungen des besicherten Kredits* erhalten, während umgekehrt der Unternehmer den Cashflow aus den abgetretenen betrieblichen Forderungen zur Selbstfinanzierung genauso dringend benötigt, wie seinen Fuhrpark. *Erst bei Eintritt des Sicherungsfalles* geht es für den Sicherungsnehmer darum, das Sicherungsgut zu verwerten. Hierzu gewähren ihm die Sicherungsübereignung und -zession z.B. *im Falle der Insolvenz* des Sicherungsgebers ein Recht auf abgesonderte Befriedigung (§ 51 Nr. 1 InsO).

b) Sicherungsvereinbarung als Rechtsgrund und Innenverhältnis

1365 Im Innenverhältnis zwischen Sicherungsgeber und Sicherungsnehmer wird schuldrechtlich eine Sicherungsvereinbarung verabredet. Ihr Inhalt ist, dass der Gläubiger zur Verwertung der Sicherheit durch freihändigen Verkauf der Sache oder Einziehung des abgetretenen Forderungsrechts (nur) befugt sein soll, wenn der Sicherungsfall eintritt (also z.B. der besicherte Kredit nicht zurückbezahlt wird). Als Vollrechtsinhaber bedarf der Gläubiger zur Verwertung dann nicht erst eines Titels als Zwangsvollstreckungsvoraussetzung in den Gegenstand, sondern ist (als Sicherungseigentümer) bereits sachenrechtlich legitimiert.

1366 Wird die besicherte Forderung getilgt oder valutiert sie bereits anfänglich nicht, ergibt sich *aus der Sicherungsvereinbarung* jedenfalls konkludent *ein Rückgewähranspruch* des Sicherungsgebers. Eine unmittelbar dingliche Wirkung und damit der Rückfall des Eigentums oder der Forderungszuständigkeit an den Sicherungsgeber tritt dagegen nur ausnahmsweise ein, wenn die Sicherungsübereignung oder -zession unter der *auflösenden Bedingung* (§ 158 Abs. 2) der Rückzahlung etwa des besicherten Kredits vereinbart wurde.

Beispiele: Die auflösend bedingte Sicherungsübereignung ist für Fahrnis die Ausnahme und bedarf entsprechender Vereinbarung in der Sicherungsvereinbarung.

Bei der **Sicherungszession** von Forderungen unterstellt die Rechtsprechung hingegen häufiger, dass diese *auflösend bedingt* durch Rückzahlung etwa der besicherten Darlehensschuld erfolgt sei. Bedeutung hat diese Rechtsprechung aber nicht zum Schutz des Sicherungsgebers, der seine Sicherheit zurückerhält. Vielmehr dient diese **„dingliche Freigabeklausel“** der **Vermeidung**

nachträglicher Übersicherung und damit der Vermeidung einer Gesamtnichtigkeit der Sicherungszession wegen *Sittenwidrigkeit*. Geschützt wird dadurch also vielmehr der Sicherungsnehmer, meist eine Bank.

Bei der Sicherungsübereignung wie der Sicherungszession sind vier rechtliche Verhält- **1367**
nisse zu unterscheiden: (1) Die Übertragung des Vollrechts als dingliche Verfügung (ggf. unter auflösender Bedingung), (2) die Sicherungsvereinbarung als Rechtsgrund[175] der Übereignung oder Zession und schließlich (3) das Schuldverhältnis mit der besicherten Forderung. (4) daneben ein besteht viertes Rechtsverhältnis: bei der *Sicherungszession* dasjenige, aus dem sich die abgetretene Forderung ergibt; entsprechend das sicherungshalber übertragene Eigentum als rechtliches Verhältnis bei der *Sicherungsübereignung*. Einzelheiten wurden bereits oben (Rn. 1127, 1133) dargestellt.

4. Eigentumsvorbehalt und verlängerter Eigentumsvorbehalt

Der Eigentumsvorbehalt ist ein sicherungsrechtliches Verhältnis, bei dem die Übertra- **1368**
gung des Eigentumsrechts an einer verkauften beweglichen Sache mit dinglicher Wirkung von der vollständigen Zahlung des Kaufpreises abhängt. Der Vorbehaltsverkäufer erklärt die zur Übereignung nach §§ 929 ff. erforderliche dingliche Einigung entweder aufschiebend bedingt (§ 158 Abs. 1), selten auflösend bedingt, durch die Erbringung der Gegenleistung (vgl. § 449 Abs. 1). Vgl. dazu Rn. 844 und Rn. 131–134.[176]

Statt des sog. **„einfachen“ Eigentumsvorbehalts**, der die Übereignung einer Sache unter die Bedingung auf sie bezogener vollständiger *Kaufpreiszahlung* stellt, ist auch ein *„erweiterter“* zulässig, welcher auch auf frühere oder parallele Schuldverhältnisse der Parteien abstellt (z.B. als Kontokorrentvorbehalt). Unzulässig ist ein Drittvorbehalt (§ 449 Abs. 3), nicht aber ein *Konzernvorbehalt* hinsichtlich der mit dem Käufer verbundenen Unternehmen.

(Der Eigentumsvorbehalt ist Dauerthema des Wirtschaftsprüfungsexamens, z.B. Termine 2013/I, 2011/I.)

Beim sog. **verlängerten Eigentumsvorbehalt** wird darüber hinaus vereinbart, dass bei **1369**
Weiterveräußerung der Sache durch den Vorbehaltskäufer an einen Dritten der Kaufpreisanspruch gegen den Dritterwerber unmittelbar in der Person des Vorbehaltsverkäufers entstehen soll **(antizipierte Sicherungszession)**. Zweckmäßig kann ergänzend eine sog. Verarbeitungsklausel vereinbart werden, wonach der ursprüngliche Veräußerer bei Verarbeitung der bedingt übereigneten Sache durch den Vorbehaltskäufer das Eigentum der hergestellten neuen Sache erhält (vgl. dazu Rn. 1215 f.).

---

175 Nicht ist die besicherte Forderung der Rechtsgrund, so dass ihre *Tilgung* keinesfalls zu einer bereicherungsrechtlichen Rückübertragung führen müsste; vielmehr enthält die Sicherungsvereinbarung schuldrechtlich die Abrede der Rückgewähr der Sicherheit im Falle, dass sich der Sicherungszweck durch Tilgung erledigt. Dies gilt auch bei Vereinbarung einer aufschiebenden Bedingung der Sicherungsübereignung oder –zession, nur dass dann statt eines schuldrechtlichen Rückgewähranspruchs der (automatische) Rückfall des Eigentums oder der Forderungszuständigkeit erfolgt.

176 Der Eigentumsvorbehaltskäufer wird wirtschaftlicher Eigentümer, er bilanziert deshalb den Vermögensgegenstand und macht handels- und steuerrechtlich die Abschreibungen geltend. Zu einer bilanziellen Erfassung beim Vorbehaltsverkäufer kommt es mit der Verwertung des Eigentumsvorbehalts durch Herausgabeverlangen, etwa weil der Sicherungsgeber seinen Zahlungsverpflichtungen nicht nachkommt, *Beck'scher Bilanz-Kommentar*, § 246 HGB Rn. 19.

a) Verfügungsbefugnis und Einziehungsermächtigung

1370 Der Vorbehaltskäufer erhält für die Weiterveräußerung eine **Verfügungsbefugnis** (§ 185 Abs. 1). Diese ist regelmäßig auf solche Veräußerungen beschränkt (als auflösende Bedingung), die im ordnungsgemäßen Geschäftsbetrieb erfolgen. Wird die Vorbehaltsware etwa verschleudert, ist die Veräußerungsbefugnis aufgrund der Beschränkung für diese Verfügung unwirksam und der Dritterwerber kann allenfalls gutgläubig nach §§ 932 ff. Eigentum erwerben.

1371 Stets widerruflich wird dem Vorbehaltskäufer vom Verkäufer eine **Einziehungsermächtigung**[177] hinsichtlich der an ihn im Voraus abgetretenen Kaufpreisforderung gegen den Dritterwerber erteilt (gleichsam wie als teilweise Rückabtretung). Er kann die Forderung *im eigenen Namen* geltend machen, aber auf fremde Rechnung, nämlich des Vorbehaltsverkäufers. Der Dritterwerber, der von dem Eigentumsvorbehalt und der antizipierten Sicherungszession oft gar nichts weiß, zahlt zwar nicht an den richtigen Gläubiger (das wäre der Vorbehaltsverkäufer als Zessionar), aber dennoch an den Berechtigten.

Beispiel: Ohne Einziehungsermächtigung wäre der Dritterwerber bei der Zahlung an seinen Verkäufer in Unkenntnis der Vorausabtretung an den Vorbehaltsverkäufer **durch § 407 geschützt.**[178] Die Zahlung an den Nicht-Gläubiger hätte wegen § 407 trotzdem Tilgungswirkung. Der **Ausgleich** eines so trotz widerrufener Einziehungsermächtigung und damit unberechtigt, aber nach § 407 wirksam beim Dritten eingezogenen Kaufpreises würde zwischen Vorbehaltsverkäufer und Vorbehaltskäufer bereicherungsrechtlich **nach § 816 Abs. 2** erfolgen.

Die Einziehungsermächtigung erfolgt treuhänderisch (sog. Ermächtigungstreuhand). Sie ist nicht Inkassozession, sondern belässt die Gläubigerstellung beim Vorbehaltsverkäufer.

1372 Die **Rechtsstellung des Vorbehaltsverkäufers** ist im Vermögensverfall des Vorbehaltskäufers folgende:

Beispiel: Ein Fahrradhändler erwirbt sein Verkaufskontingent unter verlängertem Eigentumsvorbehalt vom Grossisten. Er vereinbart mit ihm die Vorausabtretung künftiger Forderungen aus der Weiterveräußerung, soll sie aber selbst bei den Kunden kassieren.

Sind die **Fahrräder noch im Laden**, hat der Händler aufgrund Übergabe und bedingter Übereignung (§§ 929 S. 1, 158 Abs. 1) ein Anwartschaftsrecht an den Fahrrädern. Sofern noch keine Anzahlung geleistet worden war, wird ein Insolvenzverwalter über das Vermögen des Händlers wohl „die Erfüllung ablehnen", also das Anwartschaftsrecht nicht zum Eigentum „aufzahlen" wollen (§ 103 Abs. 1 InsO). Der Grossist als Vorbehaltsverkäufer kann daher den *Rücktritt* wegen Zahlungsausfalls erklären (§§ 449 Abs. 2, 323 Abs. 1). Ihm steht dann ein *Aussonderungsrecht* (§ 47 InsO) in der Händlerinsolvenz zu.

Bereits **an Kunden auf Kredit veräußerte Fahrräder**, gehören den Kunden (sofern nicht auch insoweit Eigentumsvorbehalt vereinbart wurde). Der Händler hatte eine Weiterveräußerungsbefugnis gegen Vorausabtretung der Kaufpreisforderungen aus der Weiterveräußerung. Die Übereignung vom Händler an die Kunden erfolgt „im normalen Geschäftsgang" und ist wirksam nach § 929 S. 1, anderenfalls nach §§ 932 BGB, 366 Abs. 1 HGB an gutgläubige Abnehmer. Der Grossist hat an den *Forderungen* aus der Weiterveräußerung nur ein Recht auf *abgesonderte Befriedigung* nach § 51 Nr. 2 InsO.

---

177 Zur Einziehungsermächtigung vgl. Rn. 882. Im Unterschied zur Inkassozession erfolgt durch die Einziehungsermächtigung keine (Rück-) Übertragung der Forderung.

178 Obwohl die antizipierte Zession die Kaufpreisforderung nach heute h.M. unmittelbar beim Zessionar entstehen lässt, gilt der Zedent als „bisheriger Gläubiger" i.S.v. § 407. Dieser Wortlaut wäre umgekehrt gerade ein starkes Argument *gegen* die Entstehung der vorausabgetretenen Forderung *unmittelbar* beim Zessionar. Vgl. dazu bereits Rn. 873.

Vereinnahmte Kaufpreise aus Endkundengeschäften (aufgrund der Einzugsermächtigung des Vorbehaltskäufers) sind beim Händler Treugut seines Vorbehaltsverkäufers (str.[179]). Es tritt dingliche Surrogation (entsprechend § 1287) der Forderung durch vereinnahmte Gelder ein (§ 50 InsO). Erfolgt sodann aber *keine getrennte, entsprechend gekennzeichnete Aufbewahrung* (z.B. auf „Anderkonto"), tritt *Vermischung* nach § 947 Abs. 2 in der Ladenkasse (wechselnder Kassenbestand ist Hauptsache) ein. Der *Ersatzanspruch* des Vorbehaltsverkäufers nach §§ 951, 812 Abs. 1 S. 1 Alt. 2 ist normale Insolvenzforderung nach §§ 35, 38 InsO. – *Herausgabe* des Erlöses nach § 816 Abs. 2 kann der Vorbehaltsverkäufer vom Vorbehaltskäufer nur verlangen, wenn der Forderungseinzug nicht aufgrund § 185 Abs. 1 (Einzugsermächtigung) durch den berechtigten Händler erfolgte, sondern *nach Widerruf der Einzugsermächtigung*. § 816 Abs. 2 geht von Leistungen an einen Nichtberechtigten aus, wobei die Kunden (nur) aufgrund des Schuldnerschutzes nach § 407 (weil sie vom verlängerten Eigentumsvorbehalt einschließlich der Vorauszession nichts wussten) mit befreiender Wirkung an den falsche Gläubiger zahlen konnten. Auch dieser Anspruch wäre aber – wie die noch offene ursprüngliche Kaufpreisforderung sowieso – *normale Insolvenzforderung.*

Das Beispiel zeigt, dass der **Eigentumsvorbehalt** im Ergebnis eine **wirtschaftlich nur ungenügende Sicherheit** bietet. Auch *vertragsgestalterisch* bleibt stets das Problem, Schuldner in der Krise zuverlässig zur Führung von *Anderkonten* und *getrennten Kassen* zu bewegen. Vielmehr werden sie bereits bei der Weiterveräußerung häufig kaum **dokumentieren**, *welche* Forderungen daraus *welchem* Vorbehaltsverkäufer zugewiesen sind.

Ohne diesen Beweis kann der vermeintlich gesicherte Gläubiger ein Absonderungsrecht aber nicht anmelden. Der *Insolvenzverwalter* ist ihm keine Hilfe, sondern hat genau *entgegengesetzte* Interessen (und wird mangels Dokumentation nur die normale Insolvenzforderung aus dem Grundgeschäft zur Tabelle feststellen und die Kundengelder zur Masse einziehen).

Häufig geht der Eigentumsvorbehalt sogar *bereits mit Einlagerung* beim Vorbehaltskäufer **durch Vermischung** (§§ 948, 947) *unter*, wenn z.B. gleichartige Sachen unterschiedlicher Provenienz ununterscheidbar (ohne Kennzeichnung) gelagert werden. Gegenüber einem Verlust durch Verarbeitung (§ 950) kann sich der Vorbehaltsverkäufer immerhin mittels sog. *Verarbeitungsklausel* schützen.

b) Konflikt von Vorausabtretung mit Globalzession

Die Vorausabtretung der Kundenforderungen im Rahmen des **verlängerten Eigentums-** 1373
vorbehalts kann zu einem Konflikt mit einer vorausgegangenen **Globalzession** aller Forderungen aus dem Geschäftsbetrieb **an eine kreditgebende Bank** als Sicherungszession führen. Sachenrechtlich gilt der *Prioritätsgrundsatz*. Nach erster wirksamer Abtretung fehlt dem bisherigen Gläubiger die Verfügungsmacht über die (dann nicht mehr seine) Forderung, weshalb jede weitere Abtretung durch ihn unwirksam ist (gutgläubiger Forderungserwerb des zweiten Zessionars ist gesetzlich nicht möglich, weil §§ 398 ff. keine Heilungsvorschriften vergleichbar etwa zu §§ 932 enthalten).

Die doppelte Abtretung durch den Vorbehaltskäufer wäre aufgrund der typischen Chronologie regelmäßig zu Lasten des Warenkreditgebers (Vorbehaltsverkäufers) unwirksam, während/weil der zeitlich meist frühere Finanzkreditgeber wirksam gesichert wäre.

Die Rechtsprechung verlangt deshalb – ohne wirklich zwingende Grundlage im Gesetz – 1374
als Wirksamkeitsvoraussetzung jeder Globalzession eine sog. *dingliche Teilverzichtsklau-*

179 H.M. wohl, dass Sicherung endet und nur schuldrechtliche Pflicht zur Weiterleitung besteht. Vergleichbare Problematik im Kommissionsverhältnis, vgl. Rn. 428 f.

sel in der Sicherungszweckerklärung, wonach solche Forderungen des Zedenten von vornherein ausgenommen werden, die aufgrund eines verlängerten Eigentumsvorbehalts dem Warenlieferanten zustehen. Widrigenfalls sei die Globalzession wegen Sittenwidrigkeit unwirksam, da der Zedent mangels wirtschaftlicher Alternativen zum *Vertragsbruch* gegenüber seinem Vorbehaltsverkäufer gezwungen sein würde; der vermeintliche Global-Zessionar zöge die Forderungen als Nichtberechtigter ein.

Beachte: In diesem Fall zahlte der Schuldner in der Person des Global-Zessionars an den falschen. Durch die Nichtigkeit der Globalzession wäre die zeitlich spätere Vorausabtretung aufgrund des verlängerten Eigentumsvorbehalts (nun doch) wirksam. Der Schuldner wäre auch hier vor einer doppelten Inanspruchnahme schützenswert. Es handelte sich allerdings **um den zu § 408 umgekehrten Fall**, der vom Wortlaut dieser **Schuldnerschutzvorschrift** nicht umfasst ist. Aufgrund der dennoch vergleichbaren Situation kann aber entsprechender Fall der **mehrfachen Abtretung analog § 408** angenommen werden. Der Schuldner kann dann mangels besserer Kenntnis im Ergebnis an jeden der drei Beteiligten mit befreiender Wirkung leisten. Der **Ausgleich** zwischen dem *Empfänger* und dem *Berechtigten* erfolgt **nach § 816 Abs. 2**.[180]

1375 **aa) Inkurs: Globalzession.** Werden aber Forderungen in größerem Umfang an einen Zessionar abgetreten, z.B. sämtliche im Geschäftsbetrieb eines Schuldners gegenwärtigen und zukünftigen Forderungen gegen einen bestimmten Kundenkreis, spricht man von Globalzession. Da es sich bei der Abtretung um einer Verfügung handelt, gilt auch insoweit das **Spezialitätsprinzip**, wonach eine Verfügung stets nur *einen* dinglichen rechtlichen Gegenstand betreffen kann. „Die Globalzession“ ist sachenrechtlich eine *Vielzahl einzelner Abtretungen*. Es ist deshalb erforderlich, dass die je einzeln betroffenen künftigen und gegenwärtigen **Forderungen** aus Geschäften mit Dritten ausreichend bestimmt (oder jedenfalls ohne Weiteres **bestimmbar**) sind.

1376 Besonders bei formularmäßigen Globalzessionen besteht angesichts der weitreichenden Konsequenzen für den Sicherungsgeber die Gefahr, dass er geknebelt wird oder den Sicherungsnehmer übersichert. Beides führte zur Nichtigkeit der Globalzession wegen Sittenwidrigkeit (§ 138) oder wegen Verstoßes gegen die Inhaltskontrolle von Allgemeinen Geschäftsbedingungen (§ 307 Abs. 1, 2), weil der Sicherungsgeber durch die Globalzession seine gesamte wirtschaftliche Bewegungsfreiheit verlieren würde.

Beispiel: BGH NJW 1995, 1668 hat die Nichtigkeit der Globalzession und damit einen Anspruch nach § 816 Abs. 2 auf die vom Global-Zessionar vereinnahmten Beträge für den Fall bejaht, dass ein Unternehmer, dessen baldige Insolvenz wahrscheinlich ist, sicherungshalber seine gesamten – auch künftigen – Kundenforderungen und damit sein letztes pfändbares Vermögen an einen Gläubiger abtritt, ohne dass neue Mittel zugeführt werden. Eine solche Abtretung sei *sittenwidrig*, wenn sich der Gläubiger mindestens grob fahrlässig über die Erkenntnis der drohenden Insolvenz des Schuldners hinwegsetze.

Die Voraussetzungen des § 816 Abs. 2 seien nach dem Vorbringen des Klägers erfüllt. Die Beklagte habe als Nichtberechtigte gehandelt, als sie die Forderungen des Gemeinschuldners gegen seine Kunden eingezogen habe. Denn die individuell vereinbarte Abtretung sei wegen Sittenwidrigkeit gem. § 138 Abs. 1 nichtig gewesen (Gläubigergefährdung, Verleitung zum Vertragsbruch wegen bestimmungsgemäßer Erstreckung der Globalabtretung auf Forderungen, die von einem verlängerten Eigentumsvorbehalt erfasst werden).

---

180 Soweit die **Globalzession** materiell-rechtlich wirksam ist, bleibt die **insolvenzrechtliche Anfechtbarkeit** der jeweils eingezogenen Forderungen nach §§ 129 ff. InsO zu beachten. Vgl. z.B. BGHZ 174, 297; BGH ZIP 2013, 588: Globalzession ist als **kongruente Deckung** anfechtbar; maßgeblicher Zeitpunkt ist das Werthaltigmachen, wobei die zedierte Forderung regelmäßig dann werthaltig wird, wenn der Schuldner die von ihm geschuldete Leistung erbringt.

bb) Knebelung. Eine Knebelung, welche die Dispositionsfreiheit des Sicherungsgebers in einem *unzumutbaren Ausmaß einschränkt* ist nach § 138 sittenwidrig. Fehlte allerdings bereits vor der Kreditaufnahme die geschäftliche Bewegungsfreiheit des Kreditnehmers, scheidet eine Knebelung aus. 1377

cc) Gläubigerbenachteiligung. Nichtigkeit der Globalzession wegen *sittenwidriger Gläubigerbenachteiligung* besteht, wenn sich ein Kreditinstitut durch Globalzession *alle* künftigen Forderungen des Sicherungsgebers abtreten lässt, weil darunter auch solche wären, die dieser gewöhnlich an seine *Warenlieferanten im Wege des verlängerten Eigentumsvorbehalts* abtritt. 1378

Beispiel: Ein Unternehmer bezieht von seinem Warenlieferant Rohstoffe unter **verlängertem Eigentumsvorbehalt**, die er weiterverarbeitet. Beide vereinbaren eine **Verarbeitungsklausel**, wonach der Lieferant Eigentümer der verarbeiteten neuen Sache (des Fertigprodukts) wird. Für die Weiterveräußerung des Fertigprodukts erhält der Unternehmer eine **Veräußerungsbefugnis** vom Lieferanten-Eigentümer. Zugleich vereinbaren beide eine **Vorausabtretung** aller zukünftigen Forderungen des Unternehmers gegen seine Kunden aus dem Weiterverkauf. Hatte nun der Unternehmer daneben einen *Betriebsmittelkredit* aufgenommen und zur Sicherheit für den Rückzahlungsanspruch seinem Kreditinstitut *durch Globalzession* sämtliche zukünftige Forderungen aus der Geschäftstätigkeit abgetreten, wäre er gezwungen, „auf gut Glück“ (dass es unter wirtschaftlich stabilen Umständen niemand bemerken würde) die Vereinbarungen mit seinem Lieferanten fortlaufend zu verletzen (*Vertragsbruchtheorie*). Auch die Kunden hätten das Risiko, nur gutgläubig Eigentum zu erwerben, weil die Weiterveräußerungsbefugnis über das dem Lieferanten gehörende Fertigprodukt, von der wirksamen Vorausabtretung bedingungsmäßig abhängt.

Eine **Globalzession** ist deshalb nur dann **nicht sittenwidrig**, wenn es an einer verwerflichen Gesinnung der Bank fehlt (selten vorstellbar) oder sie dem verlängerten Eigentumsvorbehalt des **Warenlieferanten Vorrang einräumt** (Regelfall). Erforderlich ist eine **Teilverzichtsklausel** gegenüber Weiterverkäufern, die **dinglichen Charakter** haben muss (von vornherein Ausschluss von Forderungen, die unter eine Vorausabtretung aus verlängertem Eigentumsvorbehalt fallen). Eine *bloß schuldrechtliche* Teilverzichtsklausel genügt lt. Rechtsprechung *nicht*, weil damit der Warenlieferant als Vorbehaltsverkäufer zumindest einem Prozessrisiko ausgesetzt wäre.

dd) Übersicherung. Auch die Übersicherung des Gläubigers führt zur Sittenwidrigkeit einer Globalzession. Sie liegt vor, wenn ein erheblicher Unterschied zwischen dem Wert der Globalzession und der zu sichernden Gesamtforderung, für die sie abgegeben wurde, besteht. 1379

Übersicherung liegt – je nach Einzelfall – vor, wenn der realisierbare Wert der Sicherheiten von Anfang an den Kreditbetrag um mehr als 10 % übersteigt oder nachträglich etwa durch Tilgungen, der Nennwert der Sicherheiten auf deutlich über 150 % des besicherten Kreditbetrages steigt. Der Abschlag auf den Sicherheitenwert ist damit zu begründen, dass im Verwertungsfall mit Kosten in einer Größenordnung von 10 % der Valuta zu rechnen ist. Außerdem kann die künftige Werthaltigkeit der Sicherheiten im Zeitpunkt der Verwertung bei ihrer Bestellung nicht vorhergesehen werden, weshalb nach dem Maßstab des § 237 eine *Pauschalierung des Sicherungswertes auf zwei Drittel* angemessen ist.

Jeweils oberhalb dieser Wertgrenzen entsteht aus dem Treuhandcharakter der Globalzession als Sicherungsmittel ein **obligatorischer Freistellungsanspruch** des Sicherungsgebers, der nicht gesondert vereinbart zu werden braucht. Auch eine *dingliche Freigabeklausel* braucht insoweit *nicht* vereinbart zu werden (anders die früher h.M.). 1380

Allerdings darf der entstehende schuldrechtliche Freistellungsanspruch nicht ausgeschlossen oder pauschal auf höhere Sicherheitsabschläge beschränkt werden (in AGB Verstoß gegen § 307 mit der Folge Nichtigkeit nach § 306). Individuellen und konkreten Risiken der Wertentwicklung der abgetretenen Sicherheiten darf allerdings entsprochen werden.

c) Verlängerter Eigentumsvorbehalt und Factoring

1381 Eine ähnliche **Kollision** wie mit einer Globalzession kann die Vorausabtretung aufgrund verlängerten Eigentumsvorbehalts auch zum Factoring[181] erfahren. Bei der Globalzession dient die Forderung aus der Weiterveräußerung der Vorbehaltsware zur Besicherung einer Kreditfinanzierung eines Finanzkreditgebers. Nicht anders stellt sich das ***unechte*** **Factoring** dar, bei welchem der Factor keine Delkrederehaftung für die ihm veräußerten Forderungen übernimmt. Ein solcher Forderungsverkauf **dient der allgemeinen Kreditfinanzierung** des Vorbehaltskäufers.

Beispiel: Der Vorbehaltskäufer hat einem Factor alle künftigen Forderungen aus seiner Geschäftstätigkeit verkauft und im Voraus abgetreten. Trägt der Factorkunde das *Risiko des Ausfalls* der erworbenen Forderungen, handelt es sich um eine bankmäßige Geschäftstätigkeit des Factors (unechtes Factoring). Die Abtretung an ihn bedarf, um wirksam zu sein, einer **dinglichen Freigabeklausel** hinsichtlich derjenigen Forderungen aus Geschäften im Zusammenhang mit einem verlängerten Eigentumsvorbehalt, welche ausfallen.

1382 Beim **echten Factoring** handelt es sich dagegen um eine **Vorfinanzierung** der gegen den Erwerber entstandenen Forderung. Sie steht dem Forderungseinzug durch den Vorbehaltskäufer gleich, zu dem dieser regelmäßig **aufgrund** seiner **Einzugsermächtigung** aus dem verlängerten Eigentumsvorbehalt **berechtigt** ist. Der *Vorbehaltsverkäufer wird dadurch nicht benachteiligt*, weshalb die Grundsätze der Vertragsbruchtheorie nicht greifen. Entscheidend ist, dass der Factor die Delkrederehaftung trägt.[182]

Auch das **zeitlich spätere echte Factoring** geht also aufgrund der Einzugsermächtigung **dem früheren Eigentumsvorbehalt vor**.

VIII. Dingliche Erwerbsrechte

1383 Eine letzte Gruppe dinglicher Belastungen gibt dem Berechtigten ein subjektives Recht, zu bewirken, dass ein geschuldeter Erfolg herbeigeführt werde.

1384 Die **Vormerkung** (§§ 883 ff.) sichert akzessorisch einen persönlichen Anspruch auf Einräumung oder Aufhebung eines Rechts an einem Grundstück oder die Änderung des Inhalts einschließlich des Rangs eines solchen Rechts. Die Vormerkung hat insb. **rangwahrende Wirkung**, als das schuldrechtlich zu beanspruchende Recht mit seiner (späteren) Einräumung *an die Rangstelle der Vormerkung tritt* und damit nicht hinter zwischenzeitlich erfolgte Verfügungen zurücktreten müsste (§ 883 Abs. 2, 3).

---

181 Zum Factoring vgl. Rn. 144.

182 Dass die Delkrederehaftung wirtschaftlich über einen Risikoabschlag gegenüber der nominalen Höhe kalkuliert wird, nennt BGHZ 69, 254 eine „unerhebliche Einschränkung“ gegenüber der baren Vereinnahmung der Forderung.

Das **dingliche Vorkaufsrecht** (§§ 1094 ff.) ist eine Grundstücksbelastung mit dem Inhalt, dass der Berechtigte das subjektive dingliche Recht hat, das **Entstehen eines Kaufvertrags durch einseitige Erklärung** gegenüber dem Vorkaufsverpflichteten zu **bewirken** (§§ 1098 Abs. 1 S. 1, 464 Abs. 2). Voraussetzung ist das Zustandekommen eines wirksamen Kaufvertrags über das mit dem Vorkaufsrecht belastete Grundstück zwischen dem Vorkaufsverpflichteten *und einem dritten Käufer* (sog. *Vorkaufsfall*). Der im Vorkaufsfall infolge der *Ausübung* des Vorkaufsrechts entstehende Kaufvertrag zwischen Vorkaufsberechtigtem und Vorkaufsverpflichtetem kommt mit dem gleichen Inhalt zustande, wie ihn derjenige des Dritten hat. **1385**

Das dingliche Vorkaufsrecht hat sodann „die Wirkung einer Vormerkung zur Sicherung des durch die Ausübung des Vorkaufsrechts entstandenen Anspruchs auf Übertragung des Eigentums" (§ 1098 Abs. 2). Das dingliche Vorkaufsrecht sichert damit **rangwahrend** auch den entsprechenden Anspruch *aus* dem Vorkauf.

Schließlich soll das **Anwartschaftsrecht** hierher gezählt werden, als dieses dem Berechtigten ermöglicht, den Erwerbstatbestand eines dinglichen Rechts allein durch eigenes Handeln zu vervollständigen. **1386**

1. Vormerkung

Die Vormerkung sichert ein (schuldrechtliches) Forderungsrecht, das eine Verfügung der in § 883 Abs. 1 genannten Arten zum Gegenstand hat, und zwar in der Weise, dass zu **Gunsten des Vormerkungsgläubigers ein dinglicher Anspruch** entsteht, der **dem gesicherten Forderungsrecht inhaltlich entspricht**. Der Vormerkungsgläubiger kann vom Eigentümer des belasteten Grundstücks (bzw. vom Inhaber des belasteten Rechts an einem Grundstück) die Erfüllung des Anspruchs verlangen; und zwar aufgrund seiner *Dinglichkeit* auch *gegenüber einem Rechtsnachfolger* des Anspruchsgegners. **1387**

Inhalt der Vormerkung ist „die Sicherung des Anspruchs auf Einräumung oder Aufhebung eines Rechts an einem Grundstück oder an einem das Grundstück belastenden Recht oder auf Änderung des Inhalts oder des Ranges eines solchen Rechts" (§ 883 Abs. 1 S. 1). Die **Bedeutung** der Vormerkung folgt **aus dem Trennungsprinzip** des deutschen Rechts und entspricht dem Sicherungsbedürfnis eines (nur) schuldrechtlich Berechtigten. Er kann sich erst mit Vollzug der dinglichen Rechtsänderung der zu beanspruchenden Sache oder dem zu beanspruchenden Recht sicher sein. Verfügt sein Vertragspartner inzwischen anderweitig wirksam, bleibt er auf Leistungsstörungsrechte gegen ihn beschränkt. **1388**

Beispiel (Auflassungsvormerkung): Wird ein ihm verkauftes **Grundstück statt an den Käufer anderweitig einem Dritten übereignet** oder inzwischen von einem Gläubiger des Verkäufers in Beschlag genommen (§§ 866 Abs. 1, 869 ZPO, §§ 19, 20, 22, 23 Abs. 1 S. 1 ZVG) liegt regelmäßig kein Rechtsmangel des Grundstücks vor (§ 435 mit §§ 437 Nr. 3, 440, 283 S. 2; so nur bei einer Belastung des Grundstücks); Vielmehr wird die geschuldete Übereignung zumindest subjektiv dem Schuldner unmöglich (§§ 275 Abs. 1, 4, 283 S. 1: Der Erstkäufer als Gläubiger wäre auf Schadensersatz statt der Leistung beschränkt – und der Verkäufer wahrscheinlich zahlungsunfähig.

Wäre *zu Gunsten des Erstkäufers* zuvor eine **Vormerkung zur Sicherung seines Übereignungsanspruchs** (nach §§ 873, 925 durch Auflassung) bewilligt und eingetragen worden (im Wege nach § 873 Abs. 1), könnte er hingegen in jedem Fall vormerkungswidriger späterer Verfügung seinen **Vorrang wahren** (§ 883 Abs. 3) und jederzeit die **Beseitigung der nachrangigen Grundbucheintragung** des Dritten verlangen (§§ 883 Abs. 2, 888 Abs. 1).

Schuldrechtlich – ohne die Vormerkung also – könnte dem Erstkäufer hier, wenn er das Grundstück will und mit Schadensersatz nicht zufrieden ist, nur § 285 (stellvertretendes commodum) helfen. Der Verkäufer müßte ihm daraus wahlweise anstelle von Schadensersatz einen aus der Zweitveräußerung gezogenen Anspruch abtreten. Hätte also der *Dritterwerber aufgrund nichtigen Kaufvertrags* mit dem Veräußerer rechtsgrundlos erworben, könnte der leer ausgegangene Erstkäufer vom Veräußerer Abtretung der Kondiktion gegen den Dritten (§ 812 Abs. 1 S. 1 Alt. 1) verlangen – sofern diese nicht ihrerseits nach §§ 814, 817 S. 2 ausgeschlossen sein sollte. Denkbar ist nämlich, dass die Veräußerung an den Dritten z.B. wegen *Verleitung des Verkäufers zum Vertragsbruch* durch eine Zusage des Dritten *zur Übernahme entstehender Ersatzansprüche* des Erstkäufers *sittenwidrig* wäre. In diesem Fall bestünde zusätzlich sogar ein Direktanspruch des Erstkäufers gegen den Dritten aus §§ 826, 249 auf Naturalrestitution, also *auf Übereignung* des Grundstücks (vgl. Rn. 775).

Gut vertretbar erscheint dabei noch weitergehender, Sittenwidrigkeit von *Kausal- und Verfügungsgeschäft* mit dem Dritten anzunehmen (sog. *Doppelmangel*). Dann läge wiederum gar keine Unmöglichkeit im Erstverkauf vor, der Verkäufer wäre Eigentümer geblieben und die Eintragung des Dritten als Eigentümer im *Grundbuch* schlicht *unzutreffend* und deshalb *nach § 894 zu berichtigen*. Der Übereignungsanspruch des Erstkäufers bestünde noch fort. – Man sieht, von wieviel weniger Begründungsaufwand und Voraussetzungen die Sicherung durch eine dingliche Vormerkung nur abhängt.

1389 Durch Vormerkung gesichert werden kann nicht nur eine Forderung auf Einräumung eines Rechts (im Fall eines Grundstückserwerbs als sog. Auflassungsvormerkung), sondern auch ein (künftig erst fällig werdender) Anspruch auf Aufhebung und Löschung vorrangiger Belastungen an einem Grundstück. Dadurch wird ein einstweilen nachrangig Berechtigter darin gesichert, im Rang der Grundstücksbelastungen aufzurücken.

Beispiel: Wer ein dingliches Recht an einem Grundstück erwirbt oder auch eine schuldrechtliche Forderung auf ein solches Recht, wird bei bestehender Voreintragung eines Grundpfandrechts davon ausgehen, dass dieses früher oder später abgelöst würde und so sein eigenes (einstweilen nachrangiges) Recht im Rang aufrücke. Allerdings werden Grundpfandrechte regelmäßig nach Wegfall des Sicherungsinteresses nicht aufgehoben, sondern zu Eigentümerrechten (Eigentümergrundschuld, vgl. Rn. 1336). Nach § 883 ist die Löschung einer solchen Eigentümergrundschuld nur vormerkbar, wenn bereits endgültig ein Eigentümerrecht vorliegt.

Valutiert das Grundpfandrecht noch als Fremdrecht des dritten Gläubigers, erweitert deshalb § 1179 die Vormerkbarkeit des Löschungsanspruchs. § 1179 verlangt *keine Identität* des aus dem *vorgemerkten Anspruch Verpflichteten* mit dem eingetragenen *Berechtigten* des betroffenen (zu löschenden) Rechts.

Noch weitergehender gibt § 1179a bereits einen gesetzlichen Löschungsanspruch als Inhalt von nachrangig eingetragener Hypothek, Grund- und Rentenschuld mit vergleichbarer Wirkung wie eine Vormerkung (§ 1179a Abs. 1 S. 3).

a) Voraussetzungen, Übertragung und Erlöschen der Vormerkung

1390 § 885 lässt die Vormerkung entstehen durch (einseitige) Bewilligung des Inhabers des zu belastenden Rechts (oder durch Einstweilige Verfügung nach §§ 935 ff. ZPO) **und** Eintragung der Vormerkung im Grundbuch; die sonst nach § 873 Abs. 1 erforderliche *Einigung beider Teile* ist für die Vormerkung *nicht vorausgesetzt*. Als **streng akzessorische Belastung** entsteht die Vormerkung nicht ohne einen gültigen (gegenwärtigen oder künftigen, bedingten oder befristeten) Anspruch (regelmäßig eine *schuldrechtliche* Forderung)[183]. Besteht der zu sichernde Anspruch von vornherein nicht, so entsteht (trotz Eintragung) keine Vormerkung. Erlischt der Anspruch später, dann mit ihm auch die Vormerkung. Beidesmal ist das Grundbuch hinsichtlich der zu Unrecht eingetragenen Vormerkung unrichtig (vgl. § 894).[184] Eine Forderungsauswechslung (vgl. § 1180 bei der Hypothek) ist bei der Vormerkung nicht möglich.[185]

b) Prüfungsschema: Ersterwerb der Vormerkung

1. Bestehen eines vormerkungsfähigen Anspruchs (§ 883 Abs. 1 S. 1) **1391**
2. Bewilligung/einstweilige Verfügung (§ 885 Abs. 1 S. 1)
3. Eintragung ins Grundbuch (§§ 883 Abs. 1 S. 1, 885 Abs. 1 S. 1)
4. Berechtigung, ggf. Heilung der Nichtberechtigung gem. §§ 893, 892 (gutgläubiger Ersterwerb)

c) Prüfungsschema: Zweiterwerb der Vormerkung (§§ 401, 412)

1. Abtretungsvertrag über gesicherte Forderung gem. § 398 S. 1 **1392**
2. Kein Ausschluss der Abtretung (etwa § 399)
3. Berechtigung bzgl. der gesicherten Forderung **und**
4. Berechtigung bzgl. der bereits eingetragenen Vormerkung
5. ggf. Heilung der Nichtberechtigung bzgl. der Vormerkung gem. §§ 892 Abs. 1 S. 1, 893
(nach h.M. *kein gutgläubiger Zweiterwerb* von aufgrund Mängeln in der Bewilligung zu Unrecht eingetragener Vormerkung (vgl. 4.)[186]; jedenfalls *bei Fehlen der besicherten Forderung* (vgl. 3.) scheidet auf jeden Fall ein gutgläubiger Zweiterwerb der unwirksamen Vormerkung aus (strenge Akzessorietät).)

---

183 Dingliche Rechte am Grundstück bedürfen keiner Vormerkung, sondern werden selbst eingetragen. Der **Grundbuchberichtigungsanspruch** nach § 894 wird dagegen durch **Eintragung eines Widerspruchs** gegen eine unzutreffende Eintragung (§ 899) gesichert, nicht durch Vormerkung.
Das führt zu folgender **Unterscheidung**: (1) fehlt einer wirksamen Einräumung eines Grundstücksrechts der schuldrechtliche Rechtsgrund, ist der *bereicherungsrechtliche Rückübertragungsanspruch* durch Vormerkung zu sichern; (2) ergreift aber ein *Nichtigkeitsgrund zugleich* auch die dingliche Einigung (sog. *Doppelmangel*) und ist deshalb das eingetragene Recht *dinglich unwirksam*, muss die *Löschung* (und eben nicht eine Rückübertragung) *durch Widerspruch* gesichert werden.
Der **Widerspruch vermeidet** hierbei den **gutgläubigen Zweiterwerb** des zu löschenden Rechts durch einen Dritten im Vertrauen auf die Richtigkeit des Grundbuchs (§ 892 Abs. 1 S. 1: „… gilt der Inhalt des Grundbuchs als richtig, es sei denn, dass ein Widerspruch gegen die Richtigkeit eingetragen oder die Unrichtigkeit dem Erwerber bekannt ist“).

184 Ist der gesicherte Anspruch dagegen (entstanden und auch nicht erloschen, aber) einredebehaftet, genügt nicht lediglich Zustimmung zur Grundbuchberichtigung (§ 894), vielmehr muss der Begünstigte die Vormerkung beseitigen (§ 886).

185 Je Vormerkung kann nur ein Anspruch gesichert werden (Spezialitätsgrundsatz des Sachenrechts). Allerdings ist sowohl der einzelne *Rechtsgrund vormerkbar*, als auch der *geschuldete Rechtserfolg*. Letzterenfalls wären bestehende **Anspruchskonkurrenzen** ebenfalls von der Vormerkung umfasst und die Nichtigkeit einer Anspruchsgrundlage änderte nichts am vormerkungsgesicherten Anspruch aufgrund paralleler Anspruchsgrundlage.

186 §§ 892 wie 893 setzen für die Heilung eine darauf bezogene *Verfügung* voraus (**„Verkehrsgeschäft“**), wohingegen die Vormerkung nur mittels Abtretung der Forderung durch Gesetz übergeht (§§ 401, 412).

1393 Die Übertragung der Vormerkung erfolgt nur durch Abtretung oder mittels eines sonstigen Übergangs *des gesicherten Anspruchs* nach §§ 401, 412 auf den Zessionar. Der Zessionar kann sich jedoch weder auf den Bestand des gesicherten Rechts als Wirksamkeitsvoraussetzung einer Vormerkung verlassen (eine Parallelvorschrift etwa zu § 1138 fehlt für die Vormerkung), noch darauf, dass die eingetragene Vormerkung wirksam sei. Zwar schützt § 892 den guten Glauben an eingetragene Rechte, dies jedoch nur hinsichtlich rechtsgeschäftlicher Verfügungen, nicht aber für den gesetzlichen Erwerb nach § 401 (ebenfalls anders für die Hypothek wegen §§ 1154, 1155). Ausgeschlossen ist also der *gutgläubige Zweiterwerb* einer Vormerkung (str. unter Berufung auf allgemeinen Vertrauensschutz für eingetragene Rechte).

1394 Davon zu unterscheiden ist der *gutgläubige Ersterwerb* einer Vormerkung, indem ein im Grundbuch eingetragener Nichteigentümer diese bestellt (§§ 883, 885 mit 892, 893).

Beispiel: Durch gutgläubigen Ersterwerb einer Vormerkung kann auch der gutgläubige Zweiterwerb einer eingetragenen Hypothek gesichert werden. Dies im Fall, dass sich ein im Grundbuch eingetragener Hypothekengläubiger gegenüber einem Dritten zu ihrer Abtretung verpflichtet und ihm hierfür eine Vormerkung an der Hypothek bestellt, obgleich die durch Hypothek gesicherte Forderung längst berichtigt und die Hypothek zur Eigentümergrundschuld (§§ 1163 Abs. 1 S. 2, 1177) geworden war. Der redliche Dritte kann sich nach §§ 892, 893 (vgl. § 1138) auf den Rechtsschein aus der Eintragung des Hypothekengläubigers verlassen. Wird er in der Folge sodann als Hypothekar eingetragen (vgl. Rn. 1346), schadet ihm eine inzwischen erlangte Kenntnis der bereits früher erfolgten Umwandlung in eine Eigentümergrundschuld oder ein inzwischen eingetragener Widerspruch gegen die Richtigkeit des Grundbuchs bezüglich der Eintragung seines Zedenten auch für den Erwerb der Hypothek nicht mehr. Die Vormerkung bewirkt nach § 883 Abs. 2, 3 eine Vorverlagerung des maßgeblichen Zeitpunkts für die Gutgläubigkeit des Erwerbers (str., aber h.M.).

d) Erlöschen der Vormerkung

1395 Die Vormerkung erlischt mit dem *Untergang des gesicherten Anspruchs*, anderenfalls durch *Aufhebungserklärung* des Vormerkungsberechtigten und Löschung der Vormerkung im Grundbuch (§§ 875, 876 analog).

Bloße Löschung im Grundbuch allein führt nicht zum Untergang der Vormerkung, sondern nur zur Unrichtigkeit des Grundbuchs (mangels Aufhebungserklärung (§ 875)). Der Vormerkungsberechtigte kann nach § 894 Wiedereintragung der bloß gelöschten, aber nicht aufgehobenen Vormerkung verlangen; allerdings ist inzwischen ein „vormerkungsfreier" gutgläubiger Erwerb eines Dritten möglich (§ 892).

2. Dingliches Vorkaufsrecht

1396 Das dingliche Vorkaufsrecht ist eine Belastung eines Grundstücks dergestalt, dem Eigentümer gegenüber zum Vorkauf berechtigt zu sein. Sein Inhalt ist ein Anspruch darauf, im Fall des Zustandekommens eines wirksamen Kaufvertrags über das Grundstück zwischen dem Vorkaufsverpflichteten und einem Dritten (Käufer), **durch einseitige Erklärung** das Entstehen eines inhaltsgleichen Kaufs zwischen sich selbst und dem Vorkaufsverpflichteten zu bewirken (§§ 1098 Abs. 1 S. 1, 464 Abs. 2).

1397 Im **Unterschied zum persönlichen Vorkaufsrecht** (§§ 463 ff.) wirkt das dingliche Vorkaufsrecht nicht nur gegenüber dem Vorkaufsverpflichteten, sondern auch gegenüber seinen Einzelrechtsnachfolgern in das belastete Grundstück und gegenüber dem Dritten

(§ 1098 Abs. 2). Während sich das schuldrechtliche Vorkaufsrecht auf alle Sachen oder Rechte beziehen kann (vgl. § 463: „Gegenstand“, nämlich alles, was Gegenstand eines Kaufs sein kann), kann nach § 1094 Abs. 1 *nur ein Grundstück* belastet werden.

Das dingliche Vorkaufsrecht ist anders als die Vormerkung *keine akzessorische* Sicherung etwa des schuldrechtlichen Vorkaufsrechts, sondern ein *selbstständiges dingliches rechtliches Verhältnis*. **1398**

Beispiel: Ein **schuldrechtliches Vorkaufsrecht** kann **(nur) durch Vormerkung gesichert** werden. Persönlich Verpflichteter ist stets nur derjenige, der das schuldrechtliche Vorkaufsrecht bestellt hat; es kann daher **nur für den ersten Vorkaufsfall** wirken.

Das **dingliche Vorkaufsrecht** ist dagegen eine Belastung des Grundstücks, kann als solches auch **für mehrere Vorkaufsfälle** bestellt werden; Verpflichteter ist der **jeweilige Eigentümer**.

§ 1098 Abs. 2 gibt dem (dinglichen) Vorkaufsrecht „die Wirkung einer Vormerkung zur Sicherung des durch die Ausübung des Rechts entstehenden Anspruchs auf Übertragung des Eigentums“. Diese vormerkungsähnliche Wirkung bezieht sich auf den Erwerbsanspruch des Vorkaufsberechtigten, zu dessen Sicherung der **Eigentumserwerb des Dritten** dem Vorkaufsberechtigten gegenüber („**relativ**“) **unwirksam wird**, *wenn* der Vorkaufsberechtigte die dingliche Vorkaufsberechtigung *ausübt* (§ 883 Abs. 2). Der **Vorkaufsverpflichtete bleibt** dann **Eigentümer des Grundstücks** und schuldet dem Vorkaufsberechtigten die Übereignung des Grundstücks aus dem durch Ausübung des Vorkaufsrechts zustande gekommenen Kauf. **1399**

Ist der Dritte als neuer Eigentümer bereits im Grundbuch eingetragen, kann der Vorkaufsberechtigte von dem Dritten die Bewilligung zur Eintragung als Eigentümer verlangen (§ 888 Abs. 1).

Die Eintragung einer **vormerkungswidrigen Verfügung** ist **nicht absolut unwirksam** (vgl. § 883 Abs. 2) und macht das *Grundbuch daher nicht unrichtig*, so dass kein Berichtigungsanspruch nach § 894 besteht. Die vormerkungsähnliche Wirkung des dinglichen Vorkaufsrechts verhilft *lediglich dem Vorkaufsberechtigten* (relativ), sich über eine ihn beeinträchtigende spätere Verfügung hinwegsetzen zu können. **1400**

Wegen der dinglichen Wirkung kann das Vorkaufsrecht auch für mehrere oder für alle Vorkaufsfälle bestellt werden und wirkt dann auch zu Lasten neuer Eigentümer des Grundstücks (§ 1097). Vorkaufsberechtigter kann eine bestimmte Person sein (**subjektiv-persönliches Vorkaufsrecht**) oder auch der jeweilige Eigentümer eines anderen Grundstücks (**subjektiv-dingliches Vorkaufsrecht**, § 1094 Abs. 2). **1401**

Ein subjektiv-dingliches Vorkaufsrecht ist Bestandteil des anderen Grundstücks, zu Gunsten dessen jeweiligen Eigentümers es besteht (§ 96) und geht mit dem Eigentumsrecht an diesem Grundstück auf einen Erwerber über.

3. Anwartschaftsrechte, insb. das Anwartschaftsrecht des Vorbehaltskäufers

Bis zur vollständigen Übertragung eines (schuldrechtlich oder dinglich) zu beanspruchenden Rechts stehen dem Erwerber die Befugnisse aus dem Recht noch nicht zu. Abwehrrechte, Ersatzansprüche wegen Substanzverletzungen des Rechts sowie überhaupt die Nutzungs- und Verfügungsbefugnis, die ein dingliches Recht gibt, sind abhängig vom vollständigen Erwerb. **1402**

Beispiel: Der Käufer einer Sache ist lediglich Inhaber der auf Übereignung gerichteten Forderung (§ 433 Abs. 1). Zerstört ein Dritter die Sache vor ihrer Übereignung oder übereignet der Verkäufer-Eigentümer sie an einen Dritten, liegt darin eine Leistungsstörung des Kaufs (§ 275 Abs. 1, 4), die den Verkäufer ersatzpflichtig macht (der Dritte haftet allenfalls nach § 826). Der Käufer kann aber keine dinglichen Ansprüche (aus Eigentum) herleiten – und zwar unabhängig von seiner Kaufpreiszahlung. Hier eine dingliche Sicherung zu schaffen, ist die Bedeutung des Anwartschaftsrechts beim Eigentumsvorbehaltskauf (dingliche Vorstufe zum Eigentum).

Parallel beim Grundstückserwerb erfüllt diesen Zweck die (Auflassungs-) Vormerkung, wobei sich auch der Vormerkungsberechtigte nicht – etwa entsprechend §§ 1133–1135 wie der Hypothekengläubiger – gegen Verschlechterungen und Eingriffe durch Dritte dinglich erwehren kann.

1403 Ist der Entstehungstatbestand eines dinglichen Rechts mehraktig, sieht das BGB keinen graduellen Rechtserwerb vor. Gleichwohl kann dabei eine Rechtslage eintreten, wonach der **Veräußerer nicht mehr durch einseitige Erklärung die Rechtsposition des Erwerbers zerstören** kann und der **Erwerb des Vollrechts deshalb nur noch vom Erwerber abhängt**. Die einer solchen Rechtslage entsprechende Position des Erwerbers wird zumeist als *dingliches* **Anwartschaftsrecht** bezeichnet.

1404 Eine Bedeutung hat die Anerkennung eines solchen Anwartschaftsrechts nur, soweit über den gesetzlichen Schutz des Erwerbers in einer solchen Rechtslage hinaus die Position des Erwerbers gestärkt werden soll. In Abhängigkeit davon existiert deshalb kein einheitliches Rechtsinstitut, sondern sind unterschiedliche Fallgruppen relevant: das (hier allein darzustellende) **Anwartschaftsrecht des Eigentumsvorbehaltskäufers**; daneben dasjenige *des Auflassungsempfängers* bei der Grundstücksübereignung vor seiner Eintragung im Grundbuch; schließlich *des Hypothekars* vor Valutierung der gesicherten Forderung.

a) Anwartschaftsrecht des Eigentumsvorbehaltskäufers

1405 Die durch vollständige Kaufpreiszahlung bedingte Einigungserklärung des Veräußerers beim Eigentumsvorbehalt verhindert den Eigentumserwerb bis zum Bedingungseintritt, während der dingliche Erwerbstatbestand im Übrigen bereits erfüllt wird. Durch **§ 161 Abs. 1** wird der Erwerber dennoch davor geschützt, dass der Veräußerer durch Verfügungen über das bei ihm verbliebene Eigentum zu Gunsten eines Dritten (sog. **Zwischenverfügungen**) die Wirkungen des Bedingungseintritts beim Erwerber vereiteln könnte. Zwar erwirbt der Dritte (vorläufig) Eigentum vom Berechtigten, nach § 161 Abs. 1 S. 1 wird dieser Erwerb aber **mit Bedingungseintritt unwirksam**.

1406 Der **Zwischenerwerber** wird **durch § 161 Abs. 3** insoweit geschützt, als er *analog* §§ 932 ff. bei Gutgläubigkeit gegenüber der Verfügungsbeschränkung des Veräußerers das Eigentum endgültig erwerben kann (§§ 932 ff. sind *nicht direkt* anwendbar, weil der Veräußerer Eigentümer ist und der Erwerb also *vom Berechtigten* erfolgt).

Dennoch wird solcher **gutgläubiger Erwerb** selten vollständig eintreten, weil der Vorbehaltskäufer regelmäßig unmittelbarer Besitzer und damit *analog § 936 Abs. 3, 161 Abs. 3* geschützt ist: Der Dritte erwirbt nach § 936 Abs. 3 nur das mit dem Anwartschaftsrecht belastete Eigentum an dem Gegenstand.

Der **Eigentumsvorbehaltskauf** begründet *vor Bedingungseintritt* ein **Besitzmittlungsverhältnis** und der Vorbehaltsverkäufer kann den darin liegenden Herausgabeanspruch[187] *nach § 931* an einen Dritten abtreten, so dass ein Fall der *§§ 161 Abs. 3, 934 Fall 1 analog* vorliegt und der Dritte zwar *gutgläubig* Eigentum erwerben könnte – nach § 936 Abs. 3 jedoch *belastet* durch das dingliche „Anwartschaftsrecht" des Vorbehaltskäufers als (unmittelbarem) Besitzer und damit nur vorübergehend.[188] Mit Kaufpreiszahlung durch den Vorbehaltskäufer fällt das Eigentum deshalb dann abschließend diesem zu.

b) Anwartschaftsrecht als Recht zum Besitz (§ 986 Abs. 2)

Bis zum Eigentumserwerb des Anwartschaftsberechtigten (durch vollständige Kaufpreiszahlung) wird der Dritte zwischenzeitlich (vorübergehend) Eigentümer, aber auch für diese Schwebezeit bleibt das (*schuldrechtliche*) *Recht zum Besitz* des Vorbehaltskäufers (aus dem Vorbehalts-*Kauf*) nach § 986 Abs. 2 auch gegenüber dem Dritten bestehen. Solcher Schutz des Vorbehaltskäufers beruht bereits auf dem Gesetz (§ 986 Abs. 2 verweist explizit auf spätere Übereignungen nach § 931); die Bezeichnung als Anwartschaftsrecht vereinfacht hier lediglich die sprachliche Darstellung. **1407**

Umstritten ist dabei, ob sich das Anwartschaftsrecht als (schuldrechtliches) Recht zum Besitz nach § 986 Abs. 2 auch gegenüber Dritten durchsetzt, die nicht nach § 931 erwerben, sondern nach § 930. **1408**

Beispiele: **(1)** Z.B. gegenüber einer Bank als Sicherungseigentümerin (Erwerbstatbestand des § 930), wenn der Vorbehaltsverkäufer als (was für § 930 ja genügt) mittelbar besitzender Noch-Eigentümer eine Vorbehaltsware der Bank durch Begründung eines neuen weiteren Besitzmittlungsverhältnisses weiterübereignet.

(2) Vergleichbar ist die Lage, wenn in umgekehrter Reihenfolge ein Sicherungsgeber eine sicherungsübereignete Sache anschließend nochmals – nun als (unmittelbar besitzender) Nichteigentümer – und zwar unter Eigentumsvorbehalt veräußert und dem Vorbehaltskäufer übergibt (§§ 929 S. 1, 932 Abs. 1 i.V.m. 158 Abs. 1). Der Vorbehaltskäufer erwirbt mit Bedingungseintritt unstreitig Eigentum, wenn er jedenfalls bei Übergabe gutgläubig gewesen war.

In beiden Fällen kann der Vorbehaltskäufer nach dem Wortlaut des § 986 Abs. 2 sein Recht zum Besitz nicht der Bank als – bis zum Eigentumserwerb des Vorbehaltskäufers zwischenzeitliche – Rechtsnachfolgerin des Vorbehaltsverkäufers entgegenhalten (*sie* hat ja nicht gem. § 931 erworben), der er deshalb die Sache *für die Zwischenzeit* herauszugeben hätte. Um ein solches Hin-und-Her zu vermieden, liest die h.M. § 930 ebenfalls in § 986 Abs. 2 hinein).

Alternativ würde dasselbe Ergebnis in diesen Fällen (1) und (2) erreicht, wenn das Anwartschaftsrecht mit der h.M. als *dinglich* wirkendes *Recht zum Besitz* anerkannt würde, das sich von vornherein jedem Dritten gegenüber durchsetzt. Deshalb bedürfte es insoweit dann erst gar nicht des § 986 Abs. 2, der nur schuldrechtliche Einwendungen schützt. Für eine solche dingliche Belastung durch das Anwartschaftsrecht wäre allein maßgeblich, dass sie im Fall (1) nicht nach § 936 Abs. 3 gutgläubig wegerworben (s.o., mangels Besitzerlangung des Dritten unproblematisch) bzw. im Fall (2) gutgläubig erworben worden wäre (s. nachfolgend: nach § 932 ebenfalls unproblematisch).

Solches gilt dann auch gegenüber Gläubigern des Vorbehaltsverkäufers, welche die Zwangsvollstreckung in dessen Vermögen betreiben; der Vorbehaltskäufer hat mit einem **1409**

---

187 Aus §§ 346 Abs. 1, 323, 449 Abs. 2 als bedingter Anspruch: Im Falle der Nichtzahlung des Kaufpreises könnte der Vorbehaltsverkäufer zurücktreten und die Sache zurückverlangen.

188 Gäbe dieser die Sache allerdings dem Vorbehaltskäufer (z.B. zur Reparatur im Rahmen des Gewährleistungsrechts aus Kauf) zurück und übertrüge der Vorbehaltsverkäufer dann das Eigentum nach § 929 S. 1 an den Dritten, erwürbe der Dritte endgültig nach §§ 161 Abs. 3, 932 Abs. 1 S. 1 analog.

so verstandenen Anwartschaftsrecht die Drittwiderspruchsklage nach § 771 ZPO (sofern er nicht sowieso bereits nach § 809 ZPO geschützt ist).

1410 Damit hängt konsequenterweise auch der Schutz des Anwartschaftsrechts als „sonstiges Recht" nach § 823 Abs. 1 zusammen, was eine verschuldensabhängige Schadensersatzpflicht des Vollstreckungsgläubigers auch gegen den Anwartschaftsberechtigten bedeutet.[189] Auch ein Vollstreckungserlös kann dann ebenfalls vom Vorbehaltskäufer nach § 812 Abs. 1 S. 1 Fall 2 beim Vollstreckungsgläubiger kondiziert werden.

c) Anwartschaftsrecht des Vorbehaltskäufers in der Insolvenz

1411 Das Anwartschaftsrecht wird nach ganz h.M. auch insolvenzrechtlich geschützt. In der **Insolvenz des Verkäufers** setzt es sich nach § 107 Abs. 1 InsO gegenüber dem Wahlrecht des Insolvenzverwalters aus § 103 InsO durch.

1412 In der **Insolvenz des Vorbehaltskäufers** kann der Insolvenzverwalter nach § 103 Abs. 1 InsO ebenfalls die Erhaltung des Anwartschaftsrecht wählen und durch Zahlung des Restkaufpreises (als Masseschuld (§ 55 Abs. 1 Nr. 2 InsO) den Bedingungseintritt herbeiführen).[190] Sofern der Insolvenzverwalter hingegen die „Erfüllung ablehnt" (richtiger: das Anwartschaftsrecht nicht erhalten und nicht zum Vollrecht ausbauen will)[191], ist der Vorbehaltsverkäufer nach Rücktritt (§ 449 Abs. 2) aussonderungsberechtigt (§ 47 InsO), kann Schadensersatz jedoch nur als nichtbevorrechtigte Insolvenzforderung geltend machen (§ 103 Abs. 2 S. 1 InsO). Allerdings kann der Verkäufer ggf. mit bereits an ihn gezahlten Tilgungsraten aufrechnen, die er sonst infolge seines Rücktritts zurückzahlen müsste.

d) Übertragung des Anwartschaftsrechts

1413 Als von der h.M. anerkanntes dingliches Recht ist das Anwartschaftsrecht durch den Vorbehaltskäufer ohne Zustimmung des Vorbehaltsverkäufers übertragbar. Es wird jedoch nicht als Recht nach §§ 413, 398 übertragen, sondern in der **Form** der **Übertragung des Vollrechts**, dessen Erwerb das Anwartschaftsrecht dient. Beim Anwartschaftsrecht des Vorbehaltskäufers einer beweglichen Sache erfolgt also auch eine Weiterübertragung seines Anwartschaftsrechts wie des Eigentums nach §§ 929 ff.[192]

1414 Die Übertragung des Anwartschaftsrechts führt **bei Bedingungseintritt** zum **Direkterwerb** des (dann aktuellen) **Anwartschaftsberechtigten** vom ursprünglichen Eigentümer. Ein Zwischenerwerb der zwischenzeitlichen Anwartschaftsberechtigten findet nicht

---

189 Vgl. dazu die Darstellung in Rn. 774 (Fn. 83). Allerdings führt das zu einer Entwertung vollstreckungsrechtlicher Sicherheiten Dritter zugunsten eines „an sich" bloß obligatorischen Forderungsrechts eines Käufers auf Übereignung (nämlich nach § 433 Abs. 1).

190 Entscheidungskriterium des Insolvenzverwalters in der Käufer-Insolvenz zur Erhaltung des Anwartschaftsrechts ist die Gegenüberstellung des Wertes des Vorbehaltsgutes zum noch offenen Restkaufpreis.

191 Wenn das Anwartschaftsrecht an der Kaufsache ein *dingliches Recht* ist und es damit Gegenstand des Insolvenzvermögens darstellt, wählt der Verwalter konsequenterweise *seine* Erhaltung oder Nichterhaltung – und nicht wie beim obligatorischen Forderungsrecht diejenige des Schuldverhältnisses, (nur) kraft dessen es besteht. Ungenau insoweit auch die gesetzliche Formulierung in § 107 Abs. 1 S. 1 InsO.

192 Die Pfändung des Anwartschaftsrechts muss nach BGH im Wege der sog. **Doppelpfändung** erfolgen, wobei das Anwartschaftsrecht einerseits im Wege der *Rechtspfändung* nach §§ 857 Abs. 1, 829 ZPO dem Gläubiger überwiesen wird, ein Pfändungspfandrecht nach Bedingungseintritt sich an der Sache selbst aber nur fortsetzt, wenn andererseits zugleich diese im Wege der *Sachpfändung* nach § 808 ZPO gepfändet worden ist. Vgl. *Medicus/Petersen*, BR Rn. 485 f.

statt. Denn anders als bei einer Eigentumsübertragung durch antizipiertes Besitzkonstitut verfügt der Veräußerer hier nicht aus seinem (künftigen) Eigentum, sondern aus seinem Anwartschaftsrecht als (selbstständigem) dinglichem Recht.

Umgekehrt kann das Anwartschaftsrecht deshalb ggf. auch in den **Haftungsverbund** einer Hypothek oder Grundschuld fallen.

Beispiel: Erwirbt der Betreiber einer Autowaschanlage mobile Hochdruckreiniger, werden diese mit Verbringung auf das Grundstück Zubehör (§ 97) und fallen in den Haftungsverband einer Hypothek oder Grundschuld (§ 1120), die z.B. zugunsten einer den Bau der Anlage finanzierenden Bank auf seinem Betriebsgrundstück lastet. Hat der Betreiber die Zubehörstücke unter Eigentumsvorbehalt erworben, gilt das vorerst nicht (§ 1120 setzt Grundstückseigentum und Zubehöreigentum in einer Hand voraus). Es fällt allerdings sein *Anwartschaftsrecht in den Haftungsverband.*

Finanziert der Käufer die Geräte durch eine zweite Bank, könnte diese als Sicherheit die Übertragung des Anwartschaftsrechts (mittels des Besitzkonstituts der Sicherungsübereignung des Anwartschaftsrechts nach § 929 S. 1, 930) verlangen und erwarten, dass durch Überweisung der Kreditsumme an den Vorbehaltsverkäufer, das ihr übertragene Anwartschaftsrecht zum (Sicherungs-)Eigentum erstarkt.[193]

Hatte der Vorbehaltskäufer die Geräte vor vollständiger Kaufpreiszahlung aber auf sein Betriebsgrundstück verbracht, fielen die Zubehörstücke dann zwar nicht als Durchgangseigentum des Betreibers in den Haftungsverband (Durchgangserwerb findet bei der Übertragung des Anwartschaftsrechts nicht statt). Allerdings wird ja nach h.M. das Anwartschaftsrecht selbst eigenständiger Teil des Haftungsverbandes. Seine Grundpfandhaftung setzt sich durch dingliche Surrogation an den – nach Kaufpreiszahlung fremden – Zubehörstücken fort (wegen §§ 1121 Abs. 2 S. 1 *keine gutgläubige Enthaftung* möglich). Die Kaufpreisfinanzierung hätte also nicht zum Erwerb der Sicherheit für diese Bank, sondern zu einer Aufwertung der Sicherheit des Grundpfandgläubigers geführt.[194]

Vertragsgestalterisch vermeidbar ist das nur, indem die Sicherungsübereignung des Anwartschaftsrechts vor der Verbringung der Geräte auf das grundpfandbelastete Grundstück erfolgt. Deshalb müssen **Finanzierungsverträge stets zeitlich vor dem Kauf** geschlossen und die Kaufgegenstände vor der Auslieferung an den Käufer bezahlt werden (**kein Vorbehaltskauf**). Ein antizipiertes Besitzkonstitut hinsichtlich des Anwartschaftsrechts würde nicht genügen, sondern führte zum Durchgangserwerb (des Anwartschaftsrechts) beim Vorbehaltskäufer – ggf. im Zeitpunkt der Anlieferung auf seinem Grundstück. Das Anwartschaftsrecht fiele dann als bereits übertragenes, fremdes aufgrund der juristischen Sekunde doch wieder in den Haftungsverband.

e) Gutgläubiger Erwerb des Anwartschaftsrechts

Hierbei sind mehrere Fallgestaltungen zu unterscheiden: 1415

aa) Wo vom Nichtberechtigten nach §§ 932 ff. gutgläubig Eigentum erworben werden könnte, gilt das (selbstverständlich) auch für das Anwartschaftsrecht als wesensgleiches Minus zum Volleigentum. So z.B. wenn der Nichtberechtigte nicht unbedingt übereig-

---

193 Das Besitzkonstitut bezieht sich nur auf das Anwartschaftsrecht nicht auf das noch fremde Eigentum. Der Vorbehaltskäufer hat ohne weiteres Verfügungsbefugnis hinsichtlich seines Anwartschaftsrechts. Der Eigentumserwerb des Sicherungsnehmers erfolgt durch Bedingungseintritt mit der Zahlung des Kaufpreises aufgrund des Anwartschaftsrechts ohne Durchgangserwerb des Vorbehaltskäufers. – Hätte der Vorbehaltskäufer sicherungsweise über das ihm noch nicht übertragene Eigentum verfügt (vergleichbar dem „Fräsmaschinenfall" Rn. 1183 (Fn. 124)), wäre die Bank *mangels Übergabe* nicht nach §§ 930, 933 gutgläubig Eigentümerin geworden. Sie hätte aber auch dadurch jedenfalls das Anwartschaftsrecht sicherungshalber erworben (§ 930 analog i.V.m. § 140 oder aufgrund ergänzender Vertragsauslegung). Beide Varianten wären im Ergebnis gleich.

194 Ausf. *Medicus/Petersen*, BR Rn. 484.

net, sondern (im Rahmen eines Eigentumsvorbehaltskaufs) nur aufschiebend bedingt an den gutgläubigen Erwerber. Es handelt sich um **gutgläubigen Ersterwerb** des Anwartschaftsrechts.

1416 **bb)** Anders verhält es sich beim **gutgläubigen Zweiterwerb**, also ein Anwartschaftsrecht „abgetreten" (derivativer Erwerb nach §§ 929 ff.) werden soll. Das ist von vornherein **ausgeschlossen**, wenn kein Anwartschaftsrecht besteht, etwa sich ein bloßer Entleiher als Vorbehaltskäufer geriert und „sein Anwartschaftsrecht" veräußert. Mangels eines solchen, kann der Erwerber es nicht erlangen. Er erwirbt es auch nicht nach § 932, weil er nicht (gutgläubig) vom Eigentümer zu erwerben glaubt (sondern von Anwartschaftsberechtigten, also dem jedenfalls noch Nichteigentümer).

§ 5 Internationales Privatrecht

Volker Mayer

Übersicht

Das Internationale Privatrecht ist, wie jedes „Internationale Recht“, **Kollisionsrecht**, das darüber entscheidet, welches Recht (genauer: **welche Rechtsordnung**) auf einen Sachverhalt mit Auslandsberührung **anzuwenden ist**. Das internationale Recht ist *kein vereinheitlichtes Sachrecht* und daher *nicht zur Entscheidung über den Sachverhalt* an sich berufen. Es bestimmt nur die Rechtsordnung, nach der die Sachfrage beurteilt werden soll. **1417**

Die zur Anwendung auf eine bestimmte Materie **berufene Rechtsordnung** wird dabei als **1418** „**Statut**“ bezeichnet (Vertragsstatut, Gesellschaftsstatut, Personalstatut, Erbstatut etc.). Ist also aufgrund einer Kollisionsregel z.B. **deutsches Recht Vertragsstatut**, dann bedeutet das, dass sich *Zustandekommen, Durchführung, Leistungsstörungen und ggf. Rückabwicklung des vertraglichen Schuldverhältnisses* nach den Vorschriften des **BGB und/oder HGB** richten. Oder ist durch eine Kollisionsnorm französisches Recht zum *Erbstatut* berufen, richten sich *Erbfolge, letztwillige Verfügungen, Pflichtteilsrechte oder die Erbenhaftung für Nachlassverbindlichkeiten* nach diesem. Vergleichbar entscheidet z.B. das *Insolvenzstatut* über das *Insolvenzverfahren, seine Voraussetzungen und Wirkungen.*

1419 Das Kollisionsrecht bestimmt die zur Anwendung berufene Rechtsordnung (also das **„Statut“) durch** sog. **Anknüpfung**.

Die einzelnen Kollisionsnormen knüpfen das *auf eine bestimmte Materie* (den **Anknüpfungsgegenstand**) anzuwendende Statut, jeweils *an ein bestimmtes Moment* an (das sog. **Anknüpfungsmoment**), das die engste Verbindung des Sachverhalts zu der zu berufenden Rechtsordnung gewährleisten soll.

Beispiele: (1) *Anknüpfungsgegenstand* einer Kollisionsnorm ist im Hinblick auf das anzuwendende (deutsche, französische etc.) Gewährleistungsrecht eines Käufers bei Auslandsbezügen z.B. der *Kauf*. Das gesamte Kaufrecht kann die Kollisionsnorm dann etwa an *„den gewöhnlichen Aufenthalt des Verkäufers“* (so Art. 4 Abs. 1 lit. a) Rom I-VO) oder, *„wenn der Käufer Verbraucher ist, vielmehr an seinen gewöhnlichen Aufenthaltsort“* (so unter weitergehenden Voraussetzungen Art. 6 Abs. 1 Rom I-VO) als *Anknüpfungsmomente* (an-) knüpfen. Berufen ist danach diejenige Rechtsordnung (hier als „Vertragsstatut“ des Kaufs), welche an diesem Ort gilt.

(2) Anderes Beispiel ist Art. 21 Abs. 1 EuErbVO, wonach die gesamte Rechtsnachfolge von Todes wegen (Anknüpfungsgegenstand) dem Recht des Staates unterliegt („Erbstatut“), in dem der Erblasser im Zeitpunkt seines Todes seinen gewöhnlichen Aufenthalt (Anknüpfungsmoment) hatte. Vor Inkrafttreten der EuErbVO bzw. heute noch gegenüber Drittstaaten (Nicht-EU) knüpfte Art. 25 Abs. 1 EGBGB dafür an die Staatsangehörigkeit des Erblassers an.

1420 Das Internationale Privatrecht (IPR) ist Bestandteil einer konkreten z.B. der deutschen Rechtsordnung und **bindet die Rechtsanwendung** innerhalb dieser Rechtsordnung („**Forumsstaat**“: deutsche Gerichte wenden das Kollisionsrecht an, das in Deutschland gilt: es handelt sich – je nach Rechtsquelle – um rein *deutsches (autonomes)* IPR bzw. um *europäisches* IPR, das in Deutschland unmittelbare Geltung beansprucht, ggf. auch um *zwischenstaatliches* aufgrund internationaler Übereinkommen).

A. Rechtsquellen des Kollisionsrechts

1421 Kollisionsrechtliche Vorschriften bestehen auf verschiedenen Ebenen der Gesetzgebung. Besondere Bedeutung haben dabei das **europäische Gemeinschaftsrecht**, verschiedene Staatsverträge und im Übrigen das autonome nationale Recht. Unmittelbar anwendbare Vorschriften des Rechts der Europäischen Union (vgl. Art. 1 EUV) gehen nationalem Kollisionsrecht vor (vgl. Art. 3 Nr. 1 EGBGB). Vorrangig sind gegenüber dem autonomen nationalen Recht auch **Staatsverträge** (vgl. Art. 3 Nr. 2 EGBGB; über Art. 59 Abs. 2 GG wirken Staatsverträge wie Bundesgesetze). Das **autonome deutsche Kollisionsrecht** ist überwiegend im Einführungsgesetz zum Bürgerlichen Gesetzbuch (EGBGB) geregelt. Weitere autonome Kollisionsnormen finden sich z.B. in §§ 335 ff. InsO und anderen Gesetzen. Die supranationalen und internationalen Kollisionsregeln gehen dem autonomen deutschen Internationalen Privatrecht innerhalb ihres (sachlichen, persönlichen, zeitlichen, örtlichen) Anwendungsbereichs vor.

1422 Zentrale Rechtsquelle des **Internationalen Schuldrechts** sind die Verordnung (EG) Nr. 593/2008 über das auf *vertragliche Schuldverhältnisse* anzuwendende Recht (*Rom I-VO*) und die Verordnung (EG) Nr. 864/2007 über das auf *außervertragliche Schuldverhältnisse* anzuwendende Recht (*Rom II-VO*). Diese beanspruchen auch Vorrang gegenüber Staatsverträgen, an denen ausschließlich Mitgliedsstaaten der Europäischen Union beteiligt sind (Art. 25 Rom I-VO, Art. 28 Rom II-VO). Für das **Internationale Insolvenzrecht**

trat 2017 die neue EuInsVO in Kraft (Verordnung (EU) 2015/848 v. 20.5.2015 über Insolvenzverfahren). Zahlreiche weitere Verordnungen betreffen das Erb- und Familienrecht, z.B. zum Internationalen Scheidungsrecht, zum Unterhaltsrecht und seit 2019 zum Ehegüterrecht sowie die EuErbVO. Daneben existieren zahlreiche europäische Kollisionsverordnungen mit eher verfahrensrechtlichem Inhalt.

Beachte: Rechtsgrundlage des **europäischen Internationalen Privatrechts** ist seit dem Vertrag von Lissabon (vom 13.12.2007, in Kraft seit 1.12.2009) **Art. 81 AEUV über die Justizkooperation in Zivilsachen**. Der Vorrang auf dieser Grundlage erlassener Regelungen gegenüber nationalem deutschem Recht ergibt sich u.a. aus Art. 23 GG.

Schließlich sind Kollisionsnormen auch Bestandteil verschiedener internationaler Vereinbarungen (Staatverträge). Kollisionsrechtlich bedeutende Staatsverträge im Bereich des Wirtschaftsrechts bestehen v.a. für das **Transportrecht**, namentlich für den Straßengüterverkehr, den Eisenbahnverkehr und den Luftverkehr. Die Bedeutung dieser Staatsverträge ist aufgrund ihrer Inkorporation in das HGB praktisch gering. Wichtig sind internationale Übereinkommen im Prozess- und Vollstreckungsrecht. Am bekanntesten sind die dem *Internationalen Steuerrecht* zugehörigen Doppelbesteuerungsabkommen (DBA). **1423**

B. Einheitliches Sachrecht

Für nur wenige Bereiche existieren Vorschriften eines **vereinheitlichten Sachrechts** im Sinne eines international geltenden **Einheitsrechts** (z.B. das UN-Kaufrecht/CISG). Nur dieses enthält materiales Recht zur unmittelbaren Entscheidung über rechtliche Sachverhalte. Im Anwendungsbereich vereinheitlichten Sachrechts bedarf es keiner Verweisung auf eine anzuwendende Rechtsordnung; ein durch Internationales Privatrecht zu lösender *Conflict of Laws* besteht gerade nicht. Es ist deshalb stets **vorrangig** zu prüfen. **1424**

C. Anwendung von Kollisionsnormen

Kollisionsnormen des Internationalen Privatrechts bestehen aus einem Tatbestand und einer für den Fall seiner Verwirklichung angeordneten Rechtsfolge. Der **Tatbestand** gliedert sich in den **Anknüpfungsgegenstand** und das **Anknüpfungsmoment**. **1425**

Als **Rechtsfolge** ordnet die Kollisionsnorm die Anwendung eines bestimmten Bereichs einer durch sie berufenen Rechtsordnung (das **Statut**, z.B. das Vertrags-, Deliktsstatut oder das Sachenrecht des Belegenheitsorts der Sache – die *lex rei sitae*) an. Diese Rechtsfolge wird als **Verweisung** bezeichnet: **eine Kollisionsnorm verweist also z.B. auf deutsches Recht als Vertragsstatut**.

I. Ordnungsprinzip des Kollisionsrechts

Ordnungsprinzip des Internationalen Privatrechts ist die Unterscheidung nach dem Anknüpfungsgegenstand. **Anknüpfungsgegenstände** sind Systembegriffe, die rechtliche Erscheinungsformen (Kategorien) bezeichnen, z.B. Vertrag, Eigentum, ungerechtfertigte **1426**

Bereicherung, unerlaubte Handlung. Kollisionsnormen mit einem Anknüpfungsgegenstand aus dem bürgerlichen Recht können dabei unter dem Titel **Internationales Privatrecht i.e.S.**, solche mit einem Anknüpfungsgegenstand aus einem *Teilbereich hiervon* z.B. als *Internationales Sachenrecht*, *Internationales Deliktsrecht* zusammengefasst werden; Kollisionsnormen mit einem Anknüpfungsgegenstand aus dem Gesellschaftsrecht oder Insolvenzrecht als **Internationales Gesellschaftsrecht** bzw. **Internationales Insolvenzrecht** bezeichnet werden. Anknüpfungsgegenstand ist also ein Rechtsverhältnis oder ein Rechtsinstitut, auf dessen Grundlage über einen Lebenssachverhalt und eine daraus folgende Rechtsfrage zu entscheiden ist.

Beispiel: Liegt in einer Handlung – ein Taxifahrer verursacht einen Unfall, bei dem der Fahrgast verletzt wird – also zugleich eine vertragliche Pflichtverletzung (aus deutscher Sicht §§ 280 ff. BGB) und eine Körperverletzung (§ 823 BGB), sind – im Falle grenzüberschreitender Bezüge – parallel für die eine Haftung das Vertragsstatut, für die andere das Deliktsstatut maßgeblich, so dass unterschiedliche Rechtsordnungen berufen sein können.

II. Ermittlung des Anknüpfungsgegenstands durch Qualifikation

1427 Der sachliche Anwendungsbereich einer Kollisionsnorm wird durch sog. **Qualifikation** bestimmt. Qualifikation bezeichnet die **Auslegung des Anknüpfungsgegenstands** einer Kollisionsnorm und die Subsumtion des rechtlich zu beurteilenden Lebenssachverhalts darunter.

Beispiel: Ist vom Amtsgericht Düsseldorf über ein *Gewährleistungsproblem* zu entscheiden und welche Rechte ein belgischer Käufer bei Mängeln hat, so gehört das zum Kaufrecht und damit zu den vertraglichen Schuldverhältnissen, ist also **als vertraglicher Anknüpfungsgegenstand zu qualifizieren**. Auf vertragliche Schuldverhältnisse (als **Anknüpfungsgegenstand**) ist die europäische Rom I-VO anzuwenden und sie verweist, wenn nicht Art. 3 oder 6 als speziellere **Kollisionsnormen** einschlägig sind, in Art. 4 Abs. 1 lit. a) für Kaufverträge über bewegliche Sachen auf das Recht des Staates (als **Vertragsstatut**), in dem der Verkäufer seinen gewöhnlichen Aufenthalt (**Anknüpfungsmoment**) hat. Befand sich der beklagte Kaufladen also auf der „Kö“ ist als **Sachnorm** § 437 BGB einschlägig.

1428 Wesentliche Schwierigkeit der Qualifikation ist, dass sie aus dem Blickwinkel unterschiedlicher Rechtsordnungen verschieden ausfallen kann. Da unterschiedliche Kollisionsnormen andere Anknüpfungsmomente haben, führt die unterschiedliche Anknüpfung eines Gegenstands dazu, dass ggf. andere Rechtsordnungen berufen wären.

Beispiele: Die **Verjährung einer Forderung** gehört in manchen Rechtsordnungen zum materiellen Recht und unterliegt danach dem *Vertragsstatut* (so auch aus deutscher Sicht), in anderen Rechtsordnungen handelt es sich hingegen um *Prozessrecht.*

Häufig stellen sich Qualifikationsfragen in **Abgrenzung** des Internationalen Gesellschaftsrechts zum Insolvenzrecht (vgl. dazu Rn. 1512).

1429 Die Rechtsordnung, nach der qualifiziert wird, kann als Qualifikationsstatut bezeichnet werden. Eine gesetzliche Regelung zur Bestimmung des Qualifikationsstatuts fehlt allenthalben. Ein **Entscheidungseinklang** bei der Befassung unterschiedlicher nationaler Gerichte ist deshalb nicht immer gegeben. Grundsätzlich qualifiziert jede Rechtsordnung nach ihrer *lex fori* (lat.: Sachrecht am Gerichtsort) und ordnet eine rechtliche Problematik also so einem Anknüpfungsgegenstand zu, *wie nach eigenem Sachrecht üblich.*

Bei **Kollisionsnormen des europäischen Rechts** und bei **vereinheitlichtem Sachrecht** liefe eine solche unterschiedliche Qualifizierung dem Harmonisierungsziel des zwischen- und überstaatlichen Rechts zuwider, weshalb in diesen Fällen die Qualifikation nach der *lex fori* einer einheitlichen, nämlich **staatsvertraglich-autonomen** bzw. **europäisch-autonomen Qualifikation** weichen muss (Bsp.: Vorvertragliches Schuldverhältnis – vgl. § 311 Abs. 2 BGB – als aus Sicht des IPR gesetzliches Schuldverhältnis, was u.a. im Hinblick auf Art. 14 Abs. 2 Rom II-VO relevant ist).

Idealiter wäre darüber hinaus *in allen Fällen eine rechtsvergleichende Qualifikation* anzustreben, welche jedoch einerseits von der Harmonisierung der Rechtsbegriffe im internationalen Bereich und letztlich von international abgestimmten Kollisionsnormen abhängen würde, was kaum je in Sicht sein dürfte.

III. Subjektive und objektive Anknüpfung

Die Anwendung einer durch entsprechende Qualifikation des Anknüpfungsgegenstandes gefundenen **Kollisionsnorm** setzt das Vorliegen eines von ihr bestimmten **Anknüpfungsmoments** voraus. **1430**

1. Rechtswahl

Dies kann – v.a. im Bereich des Internationalen Vertragsrechts – meist eine zulässige Rechtswahl sein (subjektive Anknüpfung), wenn eine solche zwischen den Parteien getroffen wurde. **1431**

Beispiel: Die Rechtswahl erfolgt auch durch Vertragsschluss und zwar regelmäßig zusammen mit dem Hauptvertrag unter den sog. Schlussbestimmungen (dazu gehören meist doppelte Schriftformklausel, Gerichtsstandvereinbarung und – jedenfalls bei eventuell grenzüberschreitenden Sachverhalten – das *anwendbare Recht*). Die Rechtswahlvereinbarung unterliegt dem Recht des Staates, das die Parteien gewählt haben oder das zwingend anwendbar ist (Art. 3 Abs. 5, Art. 10 Rom I-VO). Die Rechtswahl kann auch in Allgemeinen Geschäftsbedingungen erfolgen (beachte dann insb. § 305c zu überraschenden Klauseln).

Bei Verbrauchergeschäften darf dadurch zwingendes Schutzrecht nicht umgangen werden (Art. 3 Abs. 5, Art. 10 i.V.m. Art. 6 Abs. 2 Rom I-VO).

2. Objektive Anknüpfungsmomente

Im Übrigen erfolgt die Anknüpfung an ein in der Kollisionsnorm vorgegebenes Moment, welches die Anwendung der sachnächsten Rechtsordnung gewährleisten soll (objektive Anknüpfung). Objektive Anknüpfungsmomente sind z.B.: **1432**

- die Staatsangehörigkeit (v.a. hinsichtlich des Personalstatuts für persönliche Rechtsverhältnisse);
- der Wohnsitz oder gewöhnliche Aufenthalt (z.B. bei vertraglichen Schuldverhältnissen, beim Verbraucherschutz);
- der Handlungsort (insb. bei Formfragen und für die Vollmacht);
- der Erfolgsort (etwa bei unerlaubten Handlungen);
- der Belegenheitsort (im Sachenrecht);
- der Gerichtsort (insb. im Insolvenzrecht) oder

- der Gründungsort bzw. Satzungssitz (so zur Bestimmung des Gesellschaftsstatuts im Anwendungsbereich der Niederlassungsfreiheit nach Art. 49 AEUV; im Übrigen wäre aus deutscher Sicht der Verwaltungssitz maßgebliches Anknüpfungsmoment für das Gesellschaftsstatut).

IV. Rechtsfolge der Kollisionsnorm

1433 Die Kollisionsnorm *verweist* auf das anzuwendende Recht (Rechtsordnung) als das bereichsbezogene *Statut* (z.B. Vertrags-, Delikts-, Sachenrechtsstatut).

1. Sachnormverweisungen und Gesamtverweisungen

1434 Zu jeder Rechtsordnung gehören sowohl ihr autonomes Kollisionsrecht, ebenso supranationale (etwa europäische) oder internationale Kollisionsvorschriften wie natürlich ihr Sachrecht. Als „Sachrecht" oder „materiales Recht" wird die Gesamtheit der in einem konkreten Sachverhalt streitentscheidenden Vorschriften bezeichnet, also z.B. das BGB oder HGB. Die Verweisung auf eine Rechtsordnung muss daher klarstellen, ob sie das Kollisonsrecht oder das Sachrecht meint. Ist *Verweisungsziel* die aus Sicht der Kollisionsnorm *eigene Rechtsordnung* sein, dann handelt es sich – logischerweise – um eine **Sachnormverweisung**, wonach unmittelbar das materiale Recht anzuwenden ist (z.B. so, wenn das deutsche Internationale Sachenrecht in Art. 43 Abs. 1 EGBGB auf das Recht des Belegenheitsortes (*lex rei sitae*) verweist und das betreffende Grundstück in Deutschland liegt).

Erfolgt eine Verweisung dagegen auf *ausländisches Recht*, ist zu entscheiden, ob sie direkt die Anwendung ausländischen Sachrechts anordnet **(Sachnormverweisung)** oder zuerst die Anwendung ausländischen Internationalen Privatrechts **(Gesamtverweisung)**, was dann ggf. zu *Weiter- oder Rückverweisungen* führen kann.

1435 Das Kollisionsrecht der EU-Verordnungen zum Schuldrecht (Rom I- und II-VO) enthält regelmäßig Sachnormverweisungen und vermeidet damit Rück- und Weiterverweisungen. Das gilt aufgrund ihrer universellen Anwendbarkeit auch dann, wenn Verweisungsziel das Recht eines Drittstaates ist.[1]

Ergibt die Anwendung der Kollisionsnorm dagegen eine Verweisung auf ausländisches Recht, handelt es sich bei autonomem Kollisionsrecht (nicht bei den EU Rom-VOen) häufig um eine *Gesamtverweisung* (vgl. Art. 4 Abs. 1 S. 1 EGBGB), wodurch die Verweisung auf das Recht eines anderen Staates zuerst dessen Internationales Privatrecht erfasst, also das Kollisionsrecht des fremden Staates anzuwenden ist.

2. Rück- und Weiterverweisungen (sog. renvoi)

1436 Dieses wiederum kann die Verweisung annehmen und auf das eigene – dann logischerweise – materiale Recht verweisen (als Sachnormverweisung) oder seinerseits nochmals auf eine zur Entscheidung berufene andere Rechtsordnung rück- oder weiterverweisen. Solche Rückverweisungen oder Weiterverweisungen entstehen dadurch, dass unter-

1 Beachte: Das CISG als einheitliches Sachrecht ist Bestandteil des innerstaatlichen Rechts (*nicht* des Kollisionsrechts) und damit ggf. Bestandteil des Vertragsstatuts aufgrund einer Sachnormverweisung; dazu nachfolgend.

schiedliche Kollisionsrechte *verschiedene Anknüpfungsmomente für identische Anknüpfungsgegenstände* bestimmten oder dass eine unterschiedliche Anknüpfung *Folge einer verschiedenen Qualifikation* ist.

Im Fall der **Rückverweisung** ordnet dann Art. 4 Abs. 1 S. 2 EGBGB eine Sachnormverweisung auf das materiale deutsche Recht an und unterbricht damit den Verweisungskreis. Im Fall der **Weiterverweisung** auf eine dritte Rechtsordnung kann hingegen je nach Maßgabe des verweisenden Kollisionsrechts wiederum eine Gesamtverweisung oder eine Sachnormverweisung auf das Recht des Drittstaates gegeben sein.

V. Anwendung des Sachrechts der berufenen Rechtsordnung

Sobald eine *Sachnormverweisung* materiales Recht (also z.B. das BGB, HGB oder GmbHG) zur Anwendung bringt, richtet sich die Rechtsanwendung – wie sonst in einem rein nationalen Sachverhalt – nach diesem. **1437**

Die Verweisung bezieht sich aber stets nur *auf den Anknüpfungsgegenstand* der Kollisionsnorm (nämlich z.B. vertragliche Schuldverhältnisse *oder* unerlaubte Handlungen *oder* bewegliche *oder* unbewegliche Sachen). Weitere Rechtsfragen eines einheitlichen Sachverhaltes sind je wieder neu zu qualifizieren.

1. Teilfragen

Zu beachten sind wiederum *normgeprägte Tatbestandselemente* des materiellen Rechts (z.B. Geschäftsfähigkeit, Formzwänge, Verjährungsregelungen) und in Bezug genommene Rechtsverhältnisse (z.B. das Nichtvorliegen eines *vertraglichen* Rechtsverhältnisses als Voraussetzung der – *gesetzlichen* – Geschäftsführung ohne Auftrag oder das Fehlen eines – etwa *vertraglichen* – Rechtsgrundes als Voraussetzung im – *gesetzlichen* – Bereicherungsschuldverhältnis). **1438**

Häufig sieht die jeweilige anzuwendende Rechtsordnung insoweit eine gesonderte Anknüpfung vor.

Beispiel: Die Klage aus einem Vertragsverhältnis richtet sich wohl meist nach dem *Vertragsstatut*; ist Schuldner eine Gesellschaft, bestimmt sich die Vorfrage des wirksamen Bestehens dieser Gesellschaft als präjudizielles Rechtsverhältnis nach ihrem *Gesellschaftsstatut*. Gleiches gilt, soll die persönliche Haftung des Gesellschafters (vgl. etwa §§ 128, 160 HGB) für Verbindlichkeiten der Gesellschaft geltend gemacht werden. Ob ein persönlich haftender Gesellschafter einer Personengesellschaft nicht nur mithaftet, sondern selbst Schuldner neben der Gesellschaft ist, etwa eine Konkurrenzschutzklausel in einem Mietvertrag nicht nur die Vermietungsgesellschaft daran hindern soll, benachbarte Räume an Wettbewerber des Mieters zu vermieten, sondern auch den Gesellschafter hinsichtlich in seinem Eigentum stehender Räume bindet, ist wiederum eine Frage der Vertragsauslegung und daher *vertragsrechtlich zu qualifizieren*.

Normgeprägte Tatbestandsmerkmale sind dabei meist als Teilfrage gesondert zu qualifizieren und unterliegen einem eigenen Statut. Teilfrage ist die Frage nach der Beurteilung wesentlicher Bestandteile einer Rechtsfigur (z.B. die Deliktsfähigkeit für die unerlaubte Handlung; die Geschäftsfähigkeit oder die Form für den Vertragsschluss), vgl. z.B. Art. 7 und 11 EGBGB, Art. 11 Rom I-VO. **1439**

Beispiel: Ist beim Verkehrsunfall zwischen zwei Deutschen im Ausland *Deliktsstatut* nach Art. 4 Abs. 2 Rom II-VO oder nach Art. 40 Abs. 2 EGBGB deutsches Recht, so sind dennoch *das Verschulden und die Widerrechtlichkeit des Verkehrsverhaltens* nach der ausländischen Straßenverkehrsordnung zu qualifizieren und die *Verkehrsvorschriften des Unfallorts* zugrunde zu legen.

1440 Die **Formwirksamkeit von Rechtsgeschäften** kann nach Art. 11 EGBGB ebenfalls als Teilfrage gesondert qualifiziert werden.

Beispiel: Grundstücksgeschäfte sind in Dänemark formlos möglich (anders als § 311b BGB). Die Formwirksamkeit ist Teilfrage und daher nicht nach der *lex causae* etwa des Art. 4 Abs. 1 lit. c) Rom I-VO (Vertragsstatut für die Veräußerung dinglicher Rechte an einer Liegenschaft), sondern gem. Art. 11 Rom I-VO selbstständig anzuknüpfen. Art. 11 Abs. 1 Rom I-VO verweist sodann (im Ergebnis doch wieder) auf die Form der *lex causae* oder aber *alternativ* auch auf die *Ortsform* des Staates, in welchem der Vertrag geschlossen wird. Obwohl sich also der Veräußerungsvertrag nach dem Belegenheitsrecht richtet, können deutsche Grundstücke entgegen § 311b BGB unter Anwendung der Ortsform formlos verkauft werden, wenn die Vertragsparteien den Kauf in Dänemark abschließen. Ein Fall der Gesetzesumgehung liegt darin nicht (vgl. BGHZ 73, 391).

2. Vorfragen

1441 Die von den Kollisionsnormen berufenen in- und ausländischen Sachnormen können als Bedingung für den Eintritt der Rechtsfolgen neben bloßen Tatsachen auch Rechtsverhältnisse oder Rechtslagen *voraussetzen*. Solche präjudiziellen Rechtsverhältnisse bezeichnet man als Vorfragen.

Beispiele: Das Erbstatut bestimmt die Erbteile der Ehefrau und der Abkömmlinge des Erblassers (als Hauptfrage). Ob jemand wirksam angetraute Ehefrau oder (z.B. als uneheliches Kind) Abkömmling i.S.d. berufenen Erbrechts ist, muss als Vorfrage entschieden werden.

Die Haftung als Bürge setzt eine Hauptverbindlichkeit voraus (vgl. § 765 BGB). Die besicherte Forderung unterliegt also nicht dem *Bürgschaftsstatut*, sondern als Vorfrage ihrem eigenen Statut (wird z.B. für einen Darlehensrückzahlungsanspruch gebürgt, dieser dem *Vertragsstatut*).

1442 Die für die Beantwortung der Vorfrage maßgebende Rechtsordnung ist regelmäßig wieder neu der Kollisionsnorm der *lex fori* zu entnehmen. Es handelt sich also um eine **selbstständige Anknüpfung der Vorfrage**.

Beispiel: Der Bestand der Ehe bzw. der Hauptverbindlichkeit im vorangestellten Beispiel ist auch nicht nach dem Kollisionsrecht zu ermitteln, das für die Erbschaft oder Bürgschaft ermittelt wurde, sondern ebenfalls selbstständig nach dem des Forums. Aus Sicht eines Forumsstaates wird damit z.B. der Darlehensrückzahlungsanspruch immer gleich beurteilt, egal, ob direkt über seine Durchsetzung zu entscheiden ist, oder er nur Vorfrage im Bürgschaftsprozess ist.

1443 Die selbstständige Anknüpfung von Vorfragen gewährleistet die einheitliche Beurteilung präjudizieller Rechtsverhältnisse aus *innerstaatlicher* Sicht. Allerdings können daraus aus zwischenstaatlicher Sicht sog. **hinkende Rechtsverhältnisse** entstehen, die im Ursprungsland gültig sind, am Ort der Entscheidung über die Vorfrage (entscheidend ist die *lex fori*) aber nicht (z.B. morganatische Ehen von Inländern des Forums, die im Ausland geschlossen wurden).

Lediglich für ganz wenige Bereiche muss das aus übergeordneten Gründen vermieden werden (z.B. im Staatsangehörigkeitsrecht, im Namensrecht). Nur insoweit werden Vorfragen etwa der Ehe, der Abstammung, der Einbürgerung unselbstständig nach dem Kollisionsrecht der *lex causae* angeknüpft. Nur in Ausnahmefällen erfolgt also nach h.M. eine (unselbstständige) Anknüpfung von Vorfragen nach den Kollisionsnormen des Statuts der Hauptfrage (*lex causae*).

3. Substitution

Bei der Anwendung des (eigenen oder ausländischen) Sachrechts in Folge entsprechender kollisionsrechtlicher Verweisung können oftmals *im Ausland verwirklichte Akte* unter die Tatbestandsmerkmale der Sachnorm zu subsumieren sein. Sind dies Realakte (etwa eine unerlaubte Handlung) oder rechtsgeschäftliche Erklärungen, steht der ausländische Handlungsort der Erfüllung des in der Vorschrift bestimmten Tatbestandselements nicht entgegen. **1444**

Das Problem der Substitution stellt sich als Wertungsfrage nur hinsichtlich einer „Gleichwertigkeit" fremder *Rechtserscheinungen*. Dies kann im Zusammenhang mit der Hauptfrage, mit einer Teil- oder Vorfrage sein. **1445**

Die *Formwirksamkeit* von Rechtsgeschäften, die nach Art. 11 EGBGB als Teilfrage gesondert zu qualifizieren ist, kann fraglich sein, wenn bestimmte Formen national gebunden sind. Liegen die Voraussetzungen des maßgeblichen Statuts oder ggf. Teilstatuts nicht vor, muss die Wirksamkeit des Geschäfts dennoch nicht von vornherein versagt bleiben, sondern besteht die Möglichkeit der Substitution nach der deutschen Formvorschrift. **1446**

Beispiel: Ist eine nach dem maßgeblichen Sachrecht erforderliche notarielle Beurkundung (vgl. § 128 BGB) vielmehr in einem Drittstaat erfolgt, fehlt es dem Beurkundenden jedenfalls an der amtlichen (deutschen) Bestellung als Notar. Das ist unproblematisch, wenn eine Kollisionsnorm für Teilfragen die Ortsform genügen lässt (z.B. Art. 11 Abs. 1–3 EGBGB). Ist die Ortsform dagegen nach Art. 11 Abs. 4 EGBGB im Sachenrecht oder nach h.M. im Gesellschaftsrecht jedenfalls hinsichtlich von Satzungsänderungen (vgl. § 53 Abs. 2 S. 1 GmbHG) nicht maßgeblich, stellt sich die Frage, ob die ausländische Form die geforderte inländische substituiert.

Voraussetzung der Substitution ist die funktionale Gleichwertigkeit der ausländischen Beurkundung. Diese ist z.B. für Notare der schweizerischen Kantone Basel-Stadt und Zürich Altstadt gerichtlich bestätigt[2].

Der BGH erkennt dazu, dass: „Die dem deutschen Richter obliegende Aufgabe ist es, die Vorschrift des ausländischen Rechts nach ihrem Sinn und Zweck zu erfassen, ihre Bedeutung vom Standpunkt des ausländischen Rechts zu würdigen und sie mit Einrichtungen der deutschen Rechtsordnung zu vergleichen. Auf der so gewonnenen Grundlage ist sie den aus den Begriffen und Abgrenzungen der deutschen Rechtsordnung aufgebauten Merkmalen der deutschen Kollisionsnorm zuzuordnen". **1447**

4. Anpassung

Aufgrund der Aufspaltung von Lebenssachverhalten im Internationalen Privatrecht dadurch, dass Rechtsordnungen stets nur bereichsspezifisch zur Anwendung berufen werden (als Vertrags-, Delikts-, Ehe-, Erb- etc. Statut), kann es vorkommen, dass die Regelungen der verschiedenen betroffenen Rechtsbereiche eines Lebenssachverhalts nicht „zusammenpassen". Es kann insoweit zu einem **Normenmangel** kommen, indem alle in Betracht kommenden Rechtsordnungen zur Unanwendbarkeit der einschlägigen Normen führen. **1448**

---

2 Vgl. OLG München GmbHR 1998, S. 46 (für die Anteilsübertragung nach § 15 Abs. 3, 4 GmbHG); BGH NJW 1981, S. 1160 (für die Satzungsänderung nach § 53 Abs. 2 GmbHG). Aufgrund des dort besonders günstigen Kostenrechts erfolgen gesellschaftsrechtliche Beurkundungen unter Nutzung dieser Möglichkeit der Substitution häufig dort.

Beispiel: Das berufene Deliktsstatut (Art. 4 Rom II-VO) mag Ersatzansprüche der Abkömmlinge bei Tötung eines Elternteils im Rahmen vererblicher Ansprüche des Getöteten zusprechen, das davon abweichende Erbstatut (Art. 25 EGBGB) mag diesen Anspruch im Deliktsrecht (vgl. § 844 BGB) regeln. Das zu versorgende deutsche Kind eines durch unerlaubte Handlung im entsprechenden Ausland getöteten Deutschen ginge danach leer aus. Das anzuwendende ausländische Deliktsrecht des Tatortes gewährt ihm keinen eigenen deliktischen Ersatz. Zwar würde das Erbrecht des Tatortes solches sehr wohl. Erbstatut des getöteten Deutschen ist aber nicht das ausländische, sondern deutsches Recht. Dieses gewährt seinerseits erbrechtlich keinen Ersatz, sondern solchen nur deliktisch. Deutsches Deliktsrecht ist aber nicht berufen. Obwohl also beide Rechtsordnungen je für sich genommen gleichermaßen Ersatz gewährten, käme man statutenbedingt doch zu einem negativen Ergebnis. Deshalb muss durch sog. Anpassung zumindest dasjenige zugesprochen werden, was beide Rechtsordnungen (mindestens) gewähren.

1449 In gleicher Weise kann auch eine **Normenhäufung** oder ein Normenwiderspruch eintreten. Beim Normenmangel kann die Anpassung auf kollisionsrechtlicher Ebene erfolgen, indem eine Verweisung ausnahmsweise auf die offene Frage erstreckt wird. Ansonsten muss eine Ergebniskorrektur durch Anpassung der Rechtsfolgen der anzuwendenden Sachrechte erfolgen.

VI. Statutenwechsel

1450 Bei der Anwendung einer berufenen Rechtsordnung kann es durch eine Änderung der anknüpfungserheblichen Umstände im Laufe der Zeit zu einem Wechsel des Statuts, also der berufenen Rechtsordnung, kommen.

1451 Ursache kann, insb. im Internationalen Sachenrecht, eine grenzüberschreitende Bewegung der Sache sein, wodurch das *Belegenheitsstatuts* nicht mehr das Recht des verlassenen, sondern des neu betretenen Staates ist.

Zum Statutenwechsel kann auch eine gesetzgeberische Änderung einer Kollisionsnorm führen.

1452 Für *Vorgänge vor dem Statutenwechsel* bleibt das frühere Sachrecht berufen, etwa ob ein Recht wirksam begründet worden war. Für die *Wirkung* bereits begründeter Rechte **(Wirkungsstatut)** wie für die Begründung neuer Rechte bzw. die Änderung oder Übertragung bestehender Rechte ist mit dem Statutenwechsel das neue Statut maßgeblich. Die Wirkungen von nach dem zuvor maßgeblichen Recht begründeten Rechten können jedoch unter der neuen Rechtsordnung schwierig zu bestimmen und können andere als im früheren Staat sein, wenn nämlich der Zuzugsstaat solche Rechte nicht kennt.

Beispiel: Das italienische Recht sieht z.B. als Sicherungsmittel an beweglichen Sachen u.a. eine Hypothek an einem Fahrzeug vor. Ist diese wirksam bestellt und wird das damit belastete Auto anschließend von Italien über den Brenner nach Deutschland verbracht, sind die Wirkungen dieser dem deutschen Recht unbekannten Mobiliarhypothek nach dem neuen Belegenheitsstatut zu bestimmen. Besonderheiten gelten bisweilen für eine *res in transitu*, weshalb für den österreichischen Streckenabschnitt zwischen Brenner und Kufstein nicht zwingend noch ein Statutenwechsel eintreten muss (vgl. aus deutscher Sicht Art. 45 f. EGBGB). Art. 43 Abs. 1 EGBGB beruft stets das Recht des Staates, in welchen sich die Sache gerade befindet (*lex rei sitae*). Gem. Art. 43 Abs. 2 EGBGB können bereits unter einer anderen Rechtsordnung begründete Rechte „nicht im Widerspruch zu der Rechtsordnung“ des anderen, neuen Belegenheitsortes „ausgeübt werden“ (numerus clausus der Sachenrechte). Ein solcher Widerspruch besteht jedoch dann nicht, wenn das der deutschen Rechtsordnung unbekannte dingliche Recht einem inländischen beschränkten dinglichen

Recht *funktionsäquivalent* ist; jenes wird dann in Deutschland wie dieses behandelt und hat dessen Rechtswirkungen (sog. **Transposition**). Die Fahrzeughypothek entspricht insofern einer Sicherungsübereignung im deutschen Recht und ist deshalb in ihren Wirkungen wie diese zu behandeln. Würde später das Fahrzeug zurück nach Italien verbracht, lebte dort die Hypothek wieder auf.

Problematisch kann v.a. sein, ob unbekannte ausländische Rechtsinstitute in einem anderen Staat die dort vorgesehenen Rechtsfolgen bewirken können. 1453

Beispiel: Ein Statutenwechsel tritt auch im Gesellschaftsrecht im Falle der Sitzverlegung ins Ausland ein, wenn der Zuzugsstaat nicht der Gründungstheorie, sondern der Sitztheorie folgt. Genügte die ausländische Gründung nicht den Vorschriften einer inländischen Gründung z.B. einer Kapitalgesellschaft im Zuzugsstaat (Problem der **Substitution**), wäre auch hier eine **Transposition** der juristischen Person in eine funktionsadäquate inländische Rechtsform vorzunehmen.

Die Rechtsform einer Gesellschaft ist z.B. Vorfrage bei einer Klage auf Vertragserfüllung oder Schadensersatz aus Vertragsverletzung. Die Passivlegitimation in einer vertraglichen Auseinandersetzung (Wer haftet dem Vertragspartner? Die handelnden Gesellschafter oder nur das Gesellschaftsvermögen?) hängt maßgeblich von der gesetzlichen Haftungsbegrenzung ab (vgl. etwa § 13 Abs. 2 GmbHG). Das Haftungsregime einer Person richtet sich nach ihrem Personalstatut (bzw. Gesellschaftsstatut). Das kann im Falle einer juristischen Person entweder das Recht am Gründungsort sein (sog. Gründungstheorie) oder dasjenige am Verwaltungssitz (sog. Sitztheorie). Im Gesellschaftsrecht gilt aus deutscher Sicht im Verhältnis zu außer-europäischen Staaten die sog. Sitztheorie. Danach ist für die Anerkennung der Rechtsform und für die daraus sich ergebenden Folgen (z.B. Rechtsfähigkeit als Träger eigener Vermögensrechte, Parteifähigkeit in gerichtlichen Verfahren, Haftungsbegrenzung auf das Gesellschaftsvermögen) diejenige Rechtsordnung am *tatsächlichen Verwaltungssitz* der Gesellschaft als Gesellschaftsstatut maßgeblich. Die Verlegung des Verwaltungssitzes führt danach zu einem Statutenwechsel. Eine ausländische „Briefkastenfirma" (Domizilgesellschaft), deren maßgebliche geschäftliche Entscheidungen und Tätigkeiten im Inland gefällt und entfaltet werden, ist dann nach Inlandsrecht zu beurteilen. Regelmäßig werden die strengen deutschen Gläubigerschutzvorschriften für die Gründung von Kapitalgesellschaften nicht erfüllt sein und die ausländische (Kapital-) Gesellschaft wird im Inland als solche nach inländischer Rechtsform als nicht wirksam begründet zu behandeln sein. Die Wirkung der ausländischen Rechtsform im Inland nach dem Zuzug (Statutenwechsel) bestimmt sich dann durch *Transposition*. Allerdings wird auch insoweit ausschlaggebend sein, dass Gläubigerschutzvorschriften im Rahmen der Finanzverfassung (Kapitalerhaltung etc.) eine funktionale Gleichsetzung nur mit einer nichtrechtsfähigen oder jedenfalls nicht haftungsbeschränkten Personengesellschaft rechtfertigen. Für eine britische Limited wird das nach „Brexit" mangels gesetzlichen Mindestkapitals eine GbR bzw. OHG oder ein Einzelunternehmen sein.

VII. Unanwendbarkeit ausländischen Sachrechts nach dem *ordre public*

Führt die Anwendung ausländischen Sach- oder Kollisionsrechts in einem konkreten Fall zu einem Ergebnis, das in einem schwerwiegenden Widerspruch zu den Grundgedanken der inländischen Regelungen steht, werden die von der ausländischen Rechtsordnung bestimmten Rechtsfolgen (ausnahmsweise) im Inland nicht beachtet; vgl. z.B. Art. 6 EGBGB, Art. 21 Rom I-VO und Art. 26 Rom II-VO, Art. 35, 59 Abs. 1, 61 Abs. 3 EuErbVO. 1454

Das ist v.a. der Fall, wenn *grundrechtlich geschützte Positionen* verletzt werden und der Lebenssachverhalt einen *hinreichenden Inlandsbezug* hat.

Hauptanwendungsfälle sind diskriminierende Regelungen ausländischen Ehe-, Unterhalts- und Erbrechts. Im Internationalen Sachenrecht soll dagegen z.B. eine nach ausländischem Recht entschädigungslos erfolgte privatnützige Enteignung mangels Inlandsbezugs auch dann restitutionslos bleiben, wenn Begünstigter und Enteigneter beide Deutsche sind. Ausgeschlossen sind auch ausländische Regelungen zu Strafschadenersatz („punitive damages"; so im WP-Examen 2017/I).

D. Schuldvertragsrecht bei Auslandsberührung

1455 Für vertragliche Schuldverhältnisse, die Beziehungen zu mehreren Rechtsordnungen aufweisen (sog. Auslandsberührung), bestehen kollisionsrechtliche Regelungen in der Rom I-VO; es handelt sich dabei um **Internationales Schuldvertragsrecht**.

Allerdings besteht im Hinblick auf den Warenkauf zwischen gewerblichen Vertragspartnern mit Niederlassung bzw. bei Einzelunternehmern mit gewöhnlichem Aufenthalt in verschiedenen Vertragsstaaten das **UN-Kaufrecht** (CISG) **als Einheitsrecht**, das in seinem Anwendungsbereich **vorrangig** ist. Das CISG ist *kein Kollisionsrecht* zur Bestimmung einer Rechtsordnung als Bereichsstatut, sondern enthält *unmittelbar geltendes Sachrecht* für den gewerblichen Warenkauf.

I. Grundzüge des CISG (als Einheitsrecht)

1456 Das UN-Kaufrecht[3] enthält materielles Kaufrecht. *Innerhalb seines Anwendungsbereichs* verdrängt es nationales Kollisions- und Sachrecht, sofern die Vertragsparteien das *CISG* nicht **durch Rechtswahl ausgeschlossen** haben.

Beispiel (Wirtschaftsprüfungsexamen Termin 2010/II): Eine **Rechtswahl** (vgl. z.B. Art. 3 Rom I-VO) etwa für *„deutsches Recht"* schließt die Anwendbarkeit des CISG *nicht* aus, da dieses nach Art. 59 Abs. 2 GG Bestandteil der deutschen Rechtsordnung ist. Erforderlich wäre die Wahl einer Rechtsordnung *„unter Ausschluss des CISG"* oder etwa explizit *„deutschen Sachrechts"*. Zwar gilt eine **Rechtswahl** regelmäßig als **Sachnormverweisung** (dazu z.B. Art 4 Abs. 2 EGBGB) und führt nicht zur Anwendung des jeweiligen Internationalen Privatrechts/Kollisionsrechts. Allerdings ist CISG Einheitsrecht, damit ebenfalls Sachnorm und eben nicht Kollisionsrecht, weshalb seine Geltung ggf. ausdrücklich auszuschließen ist.

1457 Der Anwendungsbereich des CISG ist in Art. 1–6 geregelt. Umfasst sind Kaufverträge über Waren (Art. 1 CISG), nach Art. 3 Abs. 1 CISG auch Werklieferungsverträge (nicht aber auf Werkleistungen; ebenso nicht auf Dienstleistungsverhältnisse, vgl. Art. 3 Abs. 2 CISG). Die Vertragsparteien müssen ihre Niederlassungen in verschiedenen Staaten im Geltungsbereich des CISG haben, aus denen heraus der Vertrag geschlossen und durchgeführt wird (vgl. Art. 1 Abs. 1 und 3, 10 CISG). Adressaten des CISG sind also nur Unternehmer, die aber nicht Kaufleute sein müssen; Kauf und Verkauf durch *Verbraucher* sind in Art. 2 lit a ausdrücklich *ausgenommen.* Sachlich regelt das CISG (Art. 4) nur einzelne Aspekte des Kaufrechts, nämlich *Abschluss* des Kaufvertrages und die aus ihm erwachsenden *wechselseitigen Rechte und Pflichten.*

---

3 Vom 11.4.1980, BGBl. 1989 II S. 588; engl.: United Nations Convention on Contracts for the International Sale of Goods – *CISG*; frz.: Convention des Nations Unies sur les contrats de vente internationale de marchandises – *CVIM*); nach dem Ort der Unterzeichnung auch *Wiener Kaufrecht* genannt.

Zu beachten ist, dass *nicht* beide von einem Sachverhalt betroffenen Staaten (Import und Exportland) Vertragsstaaten sein müssen (so Art. 1 lit. a CISG), sondern es genügt, wenn die Regeln des internationalen Privatrechts zur Anwendung des Rechts eines CISG-Vertragsstaats führen (Art. 1 lit. b CISG). **1458**

Beispiel: Nach Rom I-VO ist für die hier relevanten Fallgestaltungen *Vertragsstatut* regelmäßig das *Recht des Exportlandes* (Art. 4 Abs. 1 lit. a Rom I-VO). Es ist dann irrelevant, ob der Zielort der Lieferung ebenfalls in einen Vertragsstaat liegt.

Nicht-Vertragsstaat ist unter den EU-Mitgliedstaaten nur Portugal. Auf Lieferungen *aus* Portugal ist das CISG daher – ohne besondere Rechtswahl – nicht anwendbar, auf innergemeinschaftliche Lieferungen *nach* Portugal dagegen schon.

Diese Frage war identisch sowohl 2005/I wie 2010/II Gegenstand des Wirtschaftsprüfungsexamens.

Eine Liste aller Vertragsstaaten liegt unter der URL „http://www.cisg.law.pace.edu/cisg/countries/cntries.html".

1. Vertragsschluss

Der Kaufvertrag kommt durch Angebot und Annahme zustande (vgl. Art. 14, 18, 23 CISG). Anders als nach § 145 BGB sind Angebote nach Art. 16 Abs. 1 CISG bis zur Absendung der Annahmeerklärung zumeist frei widerruflich. Im Unterschied zu §§ 149, 150 Abs. 1 BGB ist mittels einer sog. Verspätungsmitteilung nach Art. 21 CISG ein wirksamer Vertragsschluss auch bei *verspäteter Annahme* möglich. Während nach § 150 Abs. 2 BGB jede *Annahme unter Einschränkung oder Erweiterung* des Angebots ihrerseits als neues Angebot zu behandeln ist, kommt nach Art. 19 CISG hingegen der Vertrag zustande, wenn die Abweichung nicht wesentlich ist. **1459**

Nach Art. 9 Abs. 2 CISG können aber die *Grundätze des kaufmännischen Bestätigungsschreibens* als Handelsbräuche anzuwenden sein.

Art. 11 CISG geht grundsätzlich von der Formfreiheit von Kaufverträgen aus, ermöglicht aber staatliche Vorbehalte (vgl. Art. 12, 96 CISG: z.B. Ungarn, Russland). Eine vertraglich vereinbarte Schriftformklausel ist jedoch nach Art. 29 Abs. 2 CISG zu beachten. **1460**

2. Rechte und Pflichten der Parteien

Hauptpflicht des Verkäufers ist seine Lieferpflicht (Art. 30 CISG: „die Ware zu liefern, die sie betreffenden Dokumente zu übergeben und das Eigentum an der Ware zu übertragen"). *Erfüllungsort* ist mangels anderweitiger Vereinbarung am Ort der Niederlassung des Leistungspflichtigen (Art. 31, 57 lit. a CISG entgegen § 269 BGB). *Fälligkeit* der Lieferpflicht tritt erst nach einer angemessenen Frist nach Vertragsschluss ein (Art. 33 lit. c, 52 Abs. 1 CISG entgegen § 271 Abs. 1 BGB). Der Verkäufer ist zu *Teilleistungen* berechtigt (Art. 51 Abs. 1 CISG entgegen § 266 BGB). **1461**

Das **Gewährleistungsrecht** ist in ein einheitliches Konzept von Rechtsbehelfen für die Verletzung von Vertragspflichten integriert. Eine Unterscheidung zwischen Haupt- und Nebenpflichten trifft das CISG hierbei nicht. **1462**

Besonders weitreichende Rechtsbehelfe wie die *Vertragsaufhebung* setzten vielmehr eine „wesentliche“ Vertragsverletzung (vgl. Art. 25 CISG) voraus, welche sowohl bei der Verletzung der Liefer-, Zahlungs- oder Abnahmepflicht wie auch bei der Verletzung von Nebenpflichten in Abhängigkeit von den konkreten Umständen des Einzelfalls vorliegen kann.[4]

1463 Die Lieferpflicht des Verkäufers bezieht sich nach Art. 35 Abs. 1 CISG auf eine **Beschaffenheit der Ware**, wie sie im Vertrag vereinbart wurde (im Übrigen ist die Tauglichkeit für den gewöhnlichen Gebrauch maßgeblich, Art. 35 Abs. 2 CISG). Maßgeblicher Zeitpunkt der Vertragsverletzung ist der Gefahrübergang (vgl. Art. 36 CISG: nämlich der Preisgefahr (vgl. Rn. 93). Zur Bestimmung des **Übergangs der Preisgefahr** sind vertragliche Risikoklauseln (im Unterschied zu bloßen Spesenklauseln) maßgeblich, etwa die Vereinbarung eines Distanz- bzw. Versendungskaufs (Art. 31 CISG) sowie insb. die INCOTERMS (aktuelle Version aus dem Jahr 2020).

1464 Die **Rechtsbehelfe des Käufers** wegen Vertragsverletzungen sind:

- das Nacherfüllungsverlangen (Art. 46 Abs. 2 und 3 CISG), das ähnlich dem BGB ein besonderer Tatbestand der Erfüllungsklage ist (Art. 46 Abs. 1 CISG),
- die Minderung (Art. 50 CISG) und
- die Vertragsaufhebung (Art. 49 CISG). Die Rechtsfolgen der Vertragsaufhebung sind in Art. 81–84 CISG bestimmt: Erlöschen der Leistungspflichten, Rückabwicklung, Verzinsung und Vorteilsausgleichung (vergleichbar dem Rücktritt nach §§ 323, 437 Nr. 2 BGB);
- zusätzlich Schadensersatz (Art. 74–77 CISG; wobei Schadensersatz neben der Leistung in Art. 37 S. 2, 47 Abs. 2 S. 2 und 48 Abs. 1 S. 2 CISG bestimmt ist);
- ein Zurückbehaltungsrecht folgt aus Art. 58, 72 CISG.

3. Systematik der Gewährleistungsrechte

1465 Der Käufer ist **zuerst** auf das **Nacherfüllungsverlangen** verwiesen. Dieser kann der Verkäufer regelmäßig durch Nachbesserung genügen, Nachlieferung kann der Käufer hingegen nur verlangen, wenn die Vertragswidrigkeit der Ware eine wesentliche Vertragsverletzung (vgl. Art. 25 CISG) darstellt.

Ist der Käufer auf Nachbesserung beschränkt, bleibt ihm ggf. parallel ein Schadensersatzanspruch (Art. 45 Abs. 2 CISG; etwa zum Ausgleich eines merkantilen Minderwerts nach einer Reparatur).

Das Recht zur Minderung hat der Käufer nach Art. 50 CISG; jedoch nur nachrangig zur Nacherfüllung.

a) Zusätzliche Voraussetzung der Vertragsaufhebung: Wesentliche Vertragsverletzung

1466 Vertragsaufhebung **(Rücktritt)** kann der Käufer nach Systematik des CISG nur als letztes Mittel erklären, wenn entweder der Verkäufer die Ware trotz Nachfrist nicht liefert (Art. 49 Abs. 1 lit. b CISG) oder im Falle sonstiger Nichterfüllung einer vertraglichen Pflicht durch den Verkäufer dies eine „*wesentliche Vertragsverletzung*“ darstellt (Art. 49 Abs. 1 lit. a CISG).

Das Verlangen nach Vertragsaufhebung ist zudem fristgebunden (Art. 49 Abs. 2 lit. b).

---

4 Vertragsgestalterisch ist die **Vereinbarung über die Wesentlichkeit** bestimmter Vertragspflichten zulässig und empfehlenswert (vgl. Art. 49 Abs. 1 lit. b CISG).

Nach Art. 82 CISG geht der Käufer eines Rechts auf Vertragsaufhebung oder Ersatzlieferung auch dann verlustig, wenn ihm die ordnungsgemäße Rückgabe einer bereits geleisteten Ware zurechenbar unmöglich ist. Im Unterschied zu § 346 Abs. 2 BGB (vgl. auch § 439 Abs. 4 BGB) wird damit noch weitergehender zu Gunsten des Verkäufers am Vertrag festgehalten. Das CISG geht sehr merkantilistisch vom Handelswert schuldrechtlicher Pflichten aus, weshalb Abweichungen von der Vereinbarung grundsätzlich durch Schadensersatz in Geld kompensiert werden sollen. Dem entspricht auch die in Art. 76 CISG zugelassene abstrakte Schadensberechnung anhand eines Marktpreises für den Fall der Nichtlieferung oder unterbliebenen Abnahme der Ware. 1467

b) Untersuchungs- und Rügeobliegenheit nach Art. 38 ff. CISG

Die Geltendmachung der Rechtsbehelfe im Falle von Sachmängeln ist z.T. ausgeschlossen, wenn der Käufer die ihn nach Art. 39 f. CISG treffende Untersuchungs- und Rügeobliegenheit verletzt. Lediglich das Recht zur Minderung und auf Schadensersatz (dann aber ohne Ersatz entgangenen Gewinns) verbleibt dem Käufer, wenn er die Rüge – unverschuldet – versäumt hat (vgl. Art. 44 CISG). 1468

Die Untersuchungs- und Rügeobliegenheit trifft den Käufer jedoch nicht für solche Sach- oder Rechtsmängel, welche der Verkäufer arglistig verschwiegen hatte oder die den Verkäufer auch nur hätten bekannt sein müssen (Art. 40 CISG). Im Übrigen gilt für die Untersuchung (Art. 38 CISG) und den Zeitpunkt und Inhalt der Rüge (Art. 39 CISG) vergleichbares wie nach § 377 HGB, wobei die Rüge jedoch nicht „unverzüglich", sondern nur *innerhalb angemessener Frist* erklärt werden muss; weiterhin muss sich der Käufer spätestens innerhalb angemessener Frist über die Art der Nacherfüllung erklären (Art. 46 Abs. 2, 3 CISG). 1469

c) Gegenleistungspflicht; Verkäuferrechte

Der Käufer ist zur Zahlung des Kaufpreises und zur Abnahme der Ware verpflichtet (Art. 53 CISG). Die Fälligkeit der Zahlung ist (mangels anderer Abrede der Parteien) an die Ablieferung der Kaufsache durch den Verkäufer gebunden (Art. 58 Abs. 1 CISG). Die dem Verkäufer gesetzlich gegebene Lieferfrist und das Recht des Käufers, eine vorzeitige Lieferung abzulehnen (Art. 33 lit. c, 52 Abs. 1 CISG), führen daher zu einer entsprechenden Frist der Zahlungsfälligkeit. 1470

Die **Rechtsbehelfe des Verkäufers** sind die *Zahlungsklage* (Art. 62 CISG) und Ersatz des *Verzugsschadens* (Art. 61 Abs. 1 lit. b, 74 CISG). Weitergehender *Schadensersatz* (Art. 75 CISG) sowie *Vertragsaufhebung* (Art. 63 f. CISG) sind an eine Nachfristsetzung und den fruchtlosen Ablauf einer Nachfrist gebunden (als dann wesentliche Vertragsverletzung). 1471

Regressansprüche des Verkäufers gegen seine Vorlieferanten in einer *Lieferkette* (vergleichbar zu § 445a BGB) kennt das CISG nicht; der jetzige Verkäufer ist insoweit auf seine Käuferrechte im vorausgegangenen Bezugsverhältnis verwiesen.

d) Schadensersatz (Arten und Voraussetzungen)

Schadensersatz können der Käufer (Art. 45 Abs. 2 CISG) und der Verkäufer (Art. 61 Abs. 2 CISG) stets neben anderen Rechtsbehelfen verlangen. Das gilt im wesentlichen für den Ersatz eines Verzugsschadens. 1472

Über die Höhe des Kaufpreises hinausgehender Schadensersatz ist nach Art. 74 f. an die Vertragsaufhebung und damit an eine Nachfrist gekoppelt.

1473 **aa) Verschuldensunabhängigkeit; Begrenzung auf Vorhersehbarkeit.** Ein Verschulden des Ersatzpflichtigen für die den Schadensersatz begründenden Umstände ist nicht vorausgesetzt. Der zum Schadensersatz Verpflichtete kann sich jedoch für den Fall mangelnder Vorhersehbarkeit des Schadensereignisses bzw. des Schadensumfangs nach Grund und Höhe auf Befreiungsgründe (vgl. Art. 79 CISG) berufen. Dem Grunde nach entspricht die Haftung in etwa derjenigen nach § 280 Abs. 1 S. 2 BGB, allerdings *der Höhe nach begrenzt* auf den bei Vertragsschluss *vorhersehbaren* Schaden.

1474 **bb) Verzugsbegründung stets ohne zusätzliche Mahnung.** Die zum Ersatz des Verzugsschadens führende verspätete Lieferung (Art. 33 CISG) oder Zahlung (Art. 58 CISG) stellen eine Vertragsverletzung dar, ohne dass es einer Mahnung bedürfte. Die Regelung ist ähnlich der in § 286 Abs. 2 Nr. 2 BGB. Hintergrund ist, dass entgegen § 271 Abs. 1 BGB weder Lieferung noch damit die Zahlung sofort fällig sind, sondern erst nach angemessener Frist (Art. 33 lit. c, 52 Abs. 1 CISG), Zahlung sogar erst nach bzw. Zug-um-Zug gegen Ablieferung der Kaufsache (Art. 58 Abs. 1 CISG). Dementsprechend können für Geldschulden auch Fälligkeitszinsen (Art. 78 CISG) beansprucht werden (ähnlich § 353 HGB).

Die Befreiungsgründe des Art. 79 CISG (fehlende Vorhersehbarkeit) sind auch auf den Verzugsschaden anzuwenden.

II. Internationales Schuldvertragsrecht – Vertragsstatut nach Rom I-VO

1475 Soweit nicht das Einheitsrecht des CISG Vorrang hat, ist im Bereich vertraglicher Schuldverhältnisse das Kollisionsrecht für alle Mitgliedstaaten der EU in der Rom I-VO harmonisiert. Die Rom I-VO ist auf **alle vertraglichen Schuldverhältnisse in Zivil- und Handelssachen** anzuwenden, die eine Verbindung zum Recht verschiedener Staaten aufweisen (sachlicher Anwendungsbereich nach Art. 1 Rom I-VO). Die **Rom I-VO gilt** dabei aber **universell** und ist **auch in Bezug auf Drittstaaten** außerhalb der EU anwendbar (Art. 2 Rom I-VO). Ihr zeitlicher Anwendungsbereich richtet sich nach Art. 28 Rom I-VO.

1. Rechtswahl

1476 Art. 3 Rom I-VO geht grundsätzlich von einer **subjektiven Anknüpfung** an eine von den Parteien durch ausdrückliche oder stillschweigende (konkludente) Vereinbarung (vgl. dazu bereits Rn. 1430 f.) getroffene **Rechtswahl** aus.

Nach Art. 3 Abs. 1 Rom I-VO muss eine „Rechtswahl ausdrücklich erfolgen oder sich eindeutig aus den Bestimmungen des Vertrags oder aus den Umständen des Falles ergeben".

Indizien für eine Wahl eines bestimmten Vertragsstatuts können sein z.B. Wohnsitz und gewöhnlicher Aufenthalt (eher als Staatsangehörigkeit der Parteien), die Vertragssprache (wobei Englisch als internationale Verkehrssprache weniger Gewicht hat als länderspezifische Sprachen), insb. auch die verwendete Vertragsterminologie, der Erfüllungsort und die Vereinbarung eines ausschließlichen Gerichtsstands (vgl. Erwägungsgrund 12 der Rom I-VO).

Das anzuwendende Recht kann auch nachträglich gewählt werden und führt dann zu einem Statutenwechsel (Art. 3 Abs. 2 Rom I-VO): z.B. in einem Rechtsstreit *durch übereinstimmend* (und zwar beidseits oder einseitig – auch unbedacht! – und von der Gegenseite unwidersprochen) *zugrundegelegtes Sachrecht* in den vorbereitenden Schriftsätzen. **1477**

Grenzen der Rechtswahl bestehen gegenüber zwingendem Recht (Art. 3 Abs. 3, 4, Art. 6 Abs. 2 S. 2, Art. 8 Abs. 1 S. 2 und Art. 9 Rom I-VO: u.a. Verbraucherschutz, Arbeitnehmerrechte). **1478**

Eine Rechtswahl ist stets **Sachnormverweisung**, sie führt also nicht zur Anwendung zuerst des jeweiligen Kollisionsrechts. Allerdings bleibt das *UN-Kaufrecht als Einheitsrecht anwendbar*, wenn seine örtlichen, sachlichen, persönlichen und zeitlichen Voraussetzungen erfüllt sind. Die Rechtswahl muss anderenfalls zusätzlich die Anwendung des CISG ausschließen (so Art. 6 CISG; z.B.: „der Vertrag unter liegt deutschem Recht unter Ausschluss des UN-Kaufrechts", vgl. Rn. 1456). **1479**

Die Wahl einer Rechtsordnung ist unabhängig davon möglich, dass der zugrundeliegende Sachverhalt keine weiteren Bezüge zu ihr hat. Allerdings dürfen **zwingende Vorschriften** derjenigen Rechtsordnung, auf welche der Sachverhalt nach objektiver Anknüpfung hinweist, **durch die Rechtswahl nicht umgangen** werden (Art. 3 Abs. 3 und 4 Rom I-VO). **1480**

Beispiel: Zwei deutsche Staatsbürger mit Wohnsitz in Deutschland können einen Kaufvertrag über ein in Deutschland belegenes Grundstück dem französischen Recht unterstellen. Obwohl das französische Recht für Grundstücksgeschäfte keine **Formvorschriften** kennt, ist trotz der Rechtswahl § 311b BGB zu beachten.

Davon zu *unterscheiden* ist die Geltung der *Ortsform als Teilfrage* beim Vertragsschluss (vgl. dazu Rn. 1440; für die Ortsform müssen sich die Parteien ins Ausland begeben) und die eventuell mögliche *Angleichung* ausländischer Formvorschriften (vgl. dazu Rn. 1444 ff.; wenn diese also qualitativ einer deutschen notariellen Beurkundung entsprechen).

2. Objektive Anknüpfung

Soweit keine wirksame Rechtswahl getroffen wurde, ist das Vertragsstatut durch objektive Anknüpfung nach Art. 4 Rom I-VO zu ermitteln. **Anknüpfungsmoment** ist nach Art. 4 Abs. 1 und 2 regelmäßig der gewöhnliche Aufenthalt (vgl. Art. 19 Rom I-VO) derjenigen Partei, welche die für den Vertrag charakteristische Leistung zu erbringen hat (also des Verkäufers, des Werkunternehmers etc.). **1481**

Für *Verträge über dingliche Rechte an Liegenschaften* gilt allerdings die *lex rei sitae* (Art. 4 Abs. 1 lit. c Rom I-VO).

Für *Verbraucherverträge* ist nach Art. 6 Abs. 1 an den gewöhnlichen Aufenthalt des Verbrauchers anzuknüpfen, sofern auch der unternehmerische Vertragspartner dorthin eine besondere geschäftliche Verbindung hat (Art. 6 Abs. 1 HS. 2 lit. a und b) und der Vertrag dieser Verbindung zuzurechnen ist. Weitere *Sonderanknüpfungen* bestehen nach Art. 5–8 Rom I-VO.

3. Reichweite des Vertragsstatuts

1482 Die Reichweite des **Vertragsstatuts** ist in Art. 12 Rom I-VO bestimmt; es handelt sich um ein **Gesamtstatut** für alle Rechtsfragen im Zusammenhang mit dem Vertrag. *Ausgenommen* sind lediglich einige *Teilfragen*, für welche ein Teilstatut gilt (vgl. Art. 11, 13).

Die Verweisung der Rom I-VO sind **Sachnormverweisungen** (Art. 20 Rom I-VO). Ausnahmen bestehen für Verträge über Pflichtversicherungen (Art. 7 Abs. 4 lit. b Rom I-VO).

a) Teilfragen

1483 Teilstatute gelten aufgrund besonderer Anknüpfung insb. für die *Rechts- und Geschäftsfähigkeit* einer Vertragspartei (Art. 7 EGBGB, 13 Rom I-VO). Diese sind vorbehaltlich eines Vertrauensschutzes des Vertragspartners (Art. 13 HS. 2: beschränkt auf Kenntnis oder Erkennbarkeit) nach dem Heimatrecht einer Person zu bestimmen (!).

Weitere Teilfragen betrifft das *Formstatut* (Art. 11 Rom I-VO), das sich regelmäßig alternativ nach der Ortsform des Vertragsschlusses oder der *lex causae* bestimmt. Lediglich hinsichtlich Verträgen über Liegenschaften gilt die *lex rei sitae* (Art. 11 Abs. 5 Rom I-VO). Außerdem richtet sich das Formstatut für Verbraucherverträge gem. Art. 11 Abs. 4 Rom I-VO nach dem gewöhnlichen Aufenthaltsort des Verbrauchers (vgl. Art 6 mit dortigen Einschränkungen).

Weitere Teilstatute für Teilfragen sind in Art. 14–18 Rom I-VO etwa für die *Abtretung von Forderungen* oder die *Aufrechnung* bestimmt.

b) Sonderanknüpfungen

1484 Nach Art. 5–8 Rom I-VO bestehen **Einschränkungen der freien Rechtswahl** für Beförderungs-, Verbraucher-, Versicherungs- und Individualarbeitsverträge. Außerhalb einer wirksamen Rechtswahl ist für diese Verträge ebenfalls eine besondere objektive Anknüpfung bestimmt (vgl. Art. 5 Abs. 1 für die Güterbeförderung und Abs. 2 für die Personenbeförderung, Art. 6 Abs. 1 für Verbraucherverträge, Art. 7 Abs. 3 S. 2 für „normale" Versicherungsverträge und Art. 8 Abs. 2–4 für Individualarbeitsverträge.

E. Internationales Schuldrecht betreffend gesetzliche Schuldverhältnisse – Rom II-VO

1485 Das **Internationale Deliktsrecht**, **Internationale Bereicherungsrecht** und die **Internationale Geschäftsführung ohne Auftrag** sind kollisionsrechtlich gem. Art. 3 Nr. 1 lit. a EGBGB vorrangig durch die ROM II-VO geregelt.

1486 Die Anwendbarkeit der Rom II-VO ist sachlich auf außervertragliche Schuldverhältnisse in Zivil- und Handelssachen (Art. 1 Abs. 1 S. 1 Rom II-VO) und zeitlich auf schadensbegründende Ereignisse nach ihrem Inkrafttreten (Art. 31 f. Rom II-VO) begrenzt. Voraussetzung ihrer Anwendung ist, dass die außervertraglichen Schuldverhältnisse eine Verbindung zum Recht verschiedener Staaten aufweisen (Art. 1 Abs. 1 S. 1 Rom II-VO). Sie ist **universell anwendbar**, so dass das Recht, auf welches sie verweist, nicht das eines Mitgliedstaates der EU sein muss.

Art. 14 Abs. 1 Rom II-VO geht vom **Vorrang einer subjektiven Anknüpfung** an eine wirksam getroffene **Rechtswahl** voraus, welche grundsätzlich *erst nach Schadenseintritt möglich und zulässig* ist. Mangels wirksamer (ggf. auch nachträglicher) Rechtswahl sieht die Rom II-VO dann zuerst eine **akzessorische Anknüpfung** an ein eventuell *bestehendes* (ggf. *auch unwirksames*) *Rechtsverhältnis* vor, wenn dieses im Zusammenhang mit dem gesetzlichen Schuldverhältnis steht (vgl. Art. 4 Abs. 3, 10 Abs. 4, 11 Abs. 4 Rom II-VO). Die akzessorische Anknüpfung an ein Rechtsverhältnis ist außerdem in Art. 12 Rom II-VO für die Haftung wegen Verschuldens bei Vertragsverhandlungen (*culpa in contrahendo*) bestimmt. **1487**

Sämtliche Verweisung der Rom II-VO sind **Sachnormverweisungen** (Art. 24 Rom II-VO).

I. Internationales Deliktsrecht

In ihrem Anwendungsbereich sieht die Rom II-VO (falls keine wirksame Rechtswahl getroffen wird) **vorrangige Sonderanknüpfungen** für bestimmte Deliktsarten vor; dies betrifft die *Produkthaftung* (Art. 5 Rom II-VO), *Wettbewerbsverstöße* (Art. 6 Rom II-VO), *Umweltdelikte* (Art. 7 Rom II-VO), *Immaterialgüterverletzungen* (Art. 8 Rom II-VO) und Schäden aus *Arbeitskampfmaßnahmen* (Art. 9 Rom II-VO). **1488**

Mangels vorrangiger Sonderanknüpfung aufgrund der Deliktsart sieht Art. 4 Abs. 2 Rom II-VO als **weitere Sonderanknüpfung** für alle anderen Deliktsarten einen **gemeinsamen gewöhnlichen Aufenthalt** von Schädiger und Geschädigtem vor (der Verkehrsunfall zwischen zwei Deutschen im Ausland kann also grundsätzlich nach deutschem Deliktsrecht beurteilt werden). **1489**

Scheidet schließlich auch die Anknüpfung an einen gemeinsamen Aufenthalt aus, bestimmt Art. 4 Abs. 1 Rom II-VO die **Regelanknüpfung** an den **Erfolgsort** der unerlaubten Handlung.

Die umfassende Reichweite des Deliktsstatuts folgt aus Art. 15 Rom II-VO („insb.").

Autonomes (nationales) Internationales Deliktsrecht ist nur für diejenigen Bereiche anzuwenden, welche nach Art. 1 Abs. 2 Rom II-VO **von ihrem Anwendungsbereich ausgenommen** sind. Dies betrifft im Recht der unerlaubten Handlungen insb. **Persönlichkeitsrechtsverletzungen** (Art. 1 Abs. 2 lit. g Rom II-VO). **1490**

In Deutschland sind darauf die Kollisionsnormen der Art. 40–42 EGBGB anzuwenden. Auch diese sehen eine nachträgliche *Rechtswahl* (Art. 42 EGBGB) vor und bestimmen anderenfalls die *Sonderanknüpfung* an einen gemeinsamen gewöhnlichen Aufenthalt (Art. 40 Abs. 2 EGBGB), ansonsten die *Regelanknüpfung* in Art. 40 Abs. 1 EGBGB. Allerdings gibt die Regelanknüpfung in Art. 40 Abs. 1 EGBGB dem Geschädigten eine Wahlmöglichkeit (sog. Ubiquitätsprinzip) zwischen der Anknüpfung an den *Handlungsort oder* den *Erfolgsort.*

II. Internationales Bereicherungsrecht

1491 Das Bereicherungsrecht ist jedenfalls hinsichtlich der **Leistungskondiktionen** eine deutsche Besonderheit, die aus dem hiesigen Trennungs- und v.a. dem Abstraktionsprinzip zwischen Schuld- und Sachenrecht folgt. Wenn in allen anderen Ländern das Schicksal des Schuldverhältnisses über die Wirksamkeit des Vollzugsgeschäfts entscheidet, könnte es zu widersprüchlichen Entscheidungen führen, müsste in die Rückabwicklung grenzüberschreitender Leistungen u.U. die deutsche Rechtsordnung einbezogen – und umgekehrt.

1492 Ist keine vorrangige Rechtswahl der Beteiligten (Art. 14 Rom II-VO) zu beachten, sieht deshalb Art. 10 Abs. 1 Rom II-VO **vorrangig** die **akzessorische Anknüpfung** an ein bestehendes, wirksames oder unwirksames oder auch nur beabsichtigtes *Rechtsverhältnis* („wie einen Vertrag oder eine unerlaubte Handlung“) vor, also an den (fehlenden) *Rechtsgrund der Leistung*. Das korrespondiert auch mit der Vorschrift in Art. 12 Abs. 1 lit. e Rom I-VO, welche die *Folgen der Nichtigkeit eines Vertrages dem Vertragsstatut* unterwirft.

1493 Daraus folgt, dass für die Fälle der *Leistungskondiktionen* nicht das Bereicherungsstatut, sondern das **Vertragsstatut** maßgeblich ist. Letztlich würde außerhalb Deutschlands eine entsprechende Rechtsfrage meist von vornherein nicht bereicherungsrechtlich, sondern unmittelbar vertraglich qualifiziert werden.

Beachte: Sachenrechtliche Wirkung hat das anzuwendende Vertragsstatut dadurch noch nicht. Der Erwerb und Verlust dinglicher Rechte an Sachen (anders für Verfügungen über Forderungen, vgl. Art. 10 Abs. 2, 3 Rom I-VO) bestimmt sich nach dem Sachenrechtsstatut, das üblicherweise der *lex rei sitae* folgt.

1494 Das **Bereicherungsstatut** gilt damit **nur für die Eingriffskondiktionen**. Es sieht eine *Sonderanknüpfung* an einen gemeinsamen gewöhnlichen Aufenthalt der Parteien (Art. 10 Abs. 2 Rom II-VO) und ansonsten die *Regelanknüpfung* an den Ort des Bereicherungseintritts nach Art. 10 Abs. 3 Rom II-VO vor; maßgeblich ist also der *Erfolgsort* des Bereicherungseintritts (nicht der Ort der Bereicherungshandlung). Das für die Eingriffskondiktionen geltende Bereicherungsstatut ist damit weitgehend mit dem Deliktsstatut identisch (Parallelität zu Art. 4 Abs. 1 und 2 Rom II-VO). Unterschiede zwischen Bereicherungsstatut und Deliktsstatut können sich nur in Bezug auf die in Art. 5–7 und Art. 9 besonders angeknüpften Sonderdelikte ergeben. Für *Verletzungen des geistigen Eigentums* ist wegen Art. 13 sogar *ausschließlich das Deliktsstatut* (Art. 8) maßgeblich.

1495 Die Kollisionsnormen der **Internationalen Geschäftsführung ohne Auftrag** in Art. 11 Rom II-VO sind denen des Internationalen Bereicherungsrechts vergleichbar. Das ist sachlich gerechtfertigt, weil die Geschäftsführung ohne Auftrag ein besonderer Tatbestand des Bereicherungsrechts ist.

F. Internationales Sachenrecht

1496 Für Rechte an Sachen gilt grundsätzlich die *lex rei sitae*, also das Recht am Belegenheitsort der Sache (Art. 43 Abs. 1 EGBGB). Eine **Rechtswahl** ist danach **ausgeschlossen**. Die *lex rei sitae* legt die Typen und den Inhalt der dinglichen Rechte fest und bestimmt die Voraussetzungen des Erwerbs, der Übertragung und der Belastung dinglicher Rechte. Ob ein Recht oder Rechtsverhältnis *dinglichen Charakter* hat und daher *als Anknüpfungsgegenstand* nach Art. 43 Abs. 1 EGBGB anzuknüpfen ist, ist durch **Qualifikation** zu ermitteln.

Das Qualifikationsproblem besteht vor allem für den **Erwerbstatbestand dinglicher Rechte**, welcher (nur) aus der Sicht der deutschen Rechtsordnung (als *lex fori*) vom schuldrechtlichen Verpflichtungsgeschäft getrennt angeknüpft werden muss (*Abstraktionsprinzip*). Auf der Rechtsfolgenseite der Kollisionsnorm kann dann je nach dem als Sachenrechtsstatut anwendbaren Recht für den Eigentumserwerb durchaus etwa die Wirksamkeit des Kaufvertrages maßgeblich sein, sofern nämlich das Statut des Belegenheitsortes kein Abstraktionsprinzip für Verfügungsgeschäfte anerkennt. Und umgekehrt. **1497**

Für **in Deutschland belegene Sachen** gilt für den deutschen Rechtsanwender nach Art. 43 Abs. 1 EGBGB als Sachenrechtsstatut deutsches Recht und damit der Eigentumserwerb durch abstrakt wirksames Verfügungsgeschäft. Da das Belegenheitsprinzips im Internationalen Privatrecht üblich ist, wird auch ein Rechtsanwender in einem Land, das für reine Inlandssachverhalte sachenrechtlich dem Kausalitätsprinzip (statt dem Abstraktionsprinzip) folgt, regelmäßig gezwungen sein, für in Deutschland belegenes Vermögen die Eigentumslage nach dem Abstarktionsprinzip zu beurteilen.

Beispiel: Probleme kann das bereiten für z.B. **rechtsgrundlos geleistete Sachen**, die in Deutschland liegen. Das deutsche Sachenrechtsstatut zwingt dann nämlich zu einer (quasi bereicherungsrechtlichen) Rückabwicklung, vergleichbar den Tatbeständen der Leistungskondiktionen des BGB; nämlich als schuldrechtliche Pflicht zur *Rückübereignung mittels Verfügungsgeschäfts*. Das heißt zwar weder, dass ein ausländischer Rechtsanwender die Rückabwicklung deshalb zwingend bereicherungsrechtlich qualifizieren müsste und erst recht nicht, dass die Rückabwicklung nach den §§ 812 ff. BGB erfolgen würde. Vielmehr entscheidet über die **Rückabwicklung eines Leistungserwerbs** stets *vorrangig das Vertragsstatut* (vgl. Art. 10 Abs. 1 und 12 Abs. 1 lit. e Rom I-VO).

Die Belegenheit der Sache ist jedoch für den **Vollzug der Rückabwicklung** relevant. Für in Deutschland belegene Sachen ist nämlich für jeden rechtsgeschäftlichen Eigentumswechsel ein Verfügungsgeschäft, heißt, eine (zusätzliche) dingliche Einigung nötig. Bei der Veräußerung war das noch unproblematisch. Ausländische Vertragspartner eines vertraglichen Schuldverhältnisses erklären diese wohl meist konkludent mit. Denn selbst wenn sie die Notwendigkeit der dinglichen Einigung nicht kennen, wollen sie bei der Besitzübertragung doch auch den Eigentumsübergang bewirken. – Problematisch wird erst die Rückabwicklung, von der die ausländischen Beteiligten nämlich annehmen, dass sie automatisch erfolge, wenn der zugrundeliegende Kauf etwa wegen Anfechtung unwirksam wird. Allerdings ist für die Wirksamkeit der Rückübereignung sachenrechtlich wiederum das Sachenrechtsstatut maßgeblich. Das Vertragsstatut kann also nur zu einer Rückübereignung zwingen, aber nicht einen automatischen Rückfall des Eigentums einer in Deutschland belegenen Sache bewirken (wie das dem Kausalitätsprinzip in einem nicht-deutschen Sachverhalt der Fall entspräche). Solange die Parteien also keine Rückübereignung rechtsgeschäftlich vornehmen, bleibt das Eigentum beim Erwerber. Das bedeutet vor allem: Dritte, die inzwischen (bis zur Besitzrückgabe, in die die Rückübereignung wieder hineingelesen werden kann) ein dingliches Recht an dieser in Deutschland belegenen Sache erworben haben oder noch erwerben, tun dies also vom Berechtigten und nicht nur gutgläubig.

Ein dem EGBGB vorrangiges Kollisionsrecht existiert im Internationalen Sachenrecht nicht. Auch umfasst das CISG gem. Art. 4 lit. b CISG nicht die dinglichen Wirkungen des Vertrages. Lediglich **für dingliche Rechte** (z.B. Pfandrechte) **an Forderungen** erklärt Art. 14 Abs. 3 Rom I-VO einen Vorrang und **eine akzessorische Anknüpfung**. **1498**

I. Statutenwechsel

1499 Bei der Anwendung des Sachrechts des Sachenrechtsstatuts kann es sodann zu einem Statutenwechsel kommen, wenn die Sache von einem Staat in einen anderen verbracht wird. Relevant kann dies v.a. für den Erwerb beweglicher Sachen sein; so etwa, wenn nach dem alten Statut ein gutgläubiger Erwerb ausgeschlossen, nach dem neuen Statut jedoch alle Voraussetzungen erfüllt sind. Ein bereits vollendeter Rechtserwerb wird durch einen Statutenwechsel hingegen nicht berührt.

1500 Für bereits begründete Rechte an einer beweglichen Sache kann ein Statutenwechsel eine sog. **Transposition** erforderlich machen, nach der ein diesem Recht unbekanntes Rechtsinstitut in seinen Rechtswirkungen wie ein der neuen Rechtsordnung bekanntes, funktionsäquivalentes Rechtsinstitut zu behandeln ist (vgl. dazu das Beispiel zur Autohypothek in Rn. 1452).

II. Internationaler Versendungskauf

1501 Besonderheiten gelten beim internationalen Versendungskauf, bei welchen die Rechtsordnungen der Durchgangsländer unbeachtlich bleiben, sofern dort keine Interessen Dritter betroffen sind. Auch für sachenrechtliche Verfügungen über eine Sache während ihres Transports (*res in transitu*) gilt die *lex rei sitae* des zukünftigen Bestimmungsortes und nicht das Belegenheitsrecht am (zufälligen) Aufenthaltsort im Zeitpunkt der Verfügung. Der (vorübergehende) Lageort bleibt lediglich für Zwangsvollstreckungsmaßnahmen und bei Rechtsgeschäften, die auf eben diesen Lageort bezogen sind, maßgeblich. Besonderheiten gelten schließlich für Transportmittel (Art. 45 EGBGB), nämlich für Rechte an Luft-, Wasser- und Schienenfahrzeugen.

III. Wertpapierstatuten

1502 Bei Wertpapieren entscheidet das Recht des Lageortes über das **Recht *am* Papier** (**Wertpapiersachstatut**). Das verbriefte **Recht *aus dem* Papier** unterliegt dagegen seinem jeweiligen Rechtsstatut, sei es das Forderungsstatut, Sachenrechtsstatut oder Gesellschaftsstatut (als **Wertpapierrechtsstatut**)[5].

1503 Das **Wertpapierrechtsstatut**, welches die Frage entscheidet, ob die entsprechende Urkunde überhaupt ein Wertpapier darstellt, ist auch für die weitere Frage maßgeblich, ob und inwieweit das verbriefte Recht durch das Eigentum am Papier beeinflusst wird und ob die Verfügung über das verbriefte Recht durch Verfügung über das verbriefende Wertpapier erfolgt. Ob, wie für Inhaber- und Orderpapiere schlagwortartig gesagt wird, das „Recht aus dem Papier dem Recht am Papier" folgt, ist also eine Frage des Wertpapierrechtsstatuts.

Die Rechtsnatur des Wertpapiers als Inhaber-, Order- oder bloßes Legitimationspapier entscheidet sich nach dem Wertpapierrechtsstatut, also derjenigen Rechtsordnung, die für das verbriefte Recht gilt. Handelt es sich um ein Mitgliedschaftsrecht in einer Akti-

5 Vgl. *S. Lorenz*, NJW 1995, S. 176.

engesellschaft, richtet sich das Aktienrechtsstatut nach dem Gesellschaftsstatut der jeweiligen Gesellschaft.

Wenn das Wertpapierrechtsstatut das rechtliche Schicksal des verbrieften Rechts an jenes der Urkunde bindet (z.B. deutsche Inhaberpapiere), ist das **Wertpapiersachstatut** dafür maßgeblich, wie die Übertragung, Erwerb und Verlust des Eigentums eines solchen echten Wertpapiers zu erfolgen hat. Das verbriefte Recht wird auch dann durch die Übereignung der Urkunde übertragen, wenn der Übereignungsvorgang lediglich den Sachnormen der *lex cartae sitae*, nicht aber denen des Wertpapierrechtsstatuts entspricht. 1504

Das **Wertpapier als solches** unterliegt der Belegenheitsregel des internationalen Sachenrechts (jetzt: Art. 43 Abs. 1 EGBGB). Danach gilt der Grundsatz, dass **Übertragung** und Erwerb dinglicher Rechte an Sachen dem Recht des jeweiligen **Belegenheitsortes** (*lex rei sitae*) unterliegen (entsprechend auch „*lex cartae sitae*“, *Wertpapiersachstatut* genannt).

Im Fall deutscher Orderpapiere nach §§ 448, 475g, 524 HGB für in Deutschland eingelagerte, geladene oder verschiffte Güter entscheidet ebenfalls die *lex cartae sitae* als Wertpapiersachstatut über das am Lageort erstellte Indossament. Ggf. sind dazu das Orderpapier und das Erfordernis des Indossaments zur Papierübereignung an die lokalen Formen am Lageort anzugleichen.

G. Internationales Gesellschaftsrecht

Die deutsche *lex fori* kennt weder eine europäische noch eine autonome gesetzliche Regelung zum Kollisionsrecht juristischer Personen und Personenvereinigungen. Das Gesellschaftsstatut ist nach *ungeschriebenem Kollisionsrecht* entweder durch Anknüpfung an den tatsächlichen Sitz der Hauptverwaltung der Gesellschaft (*Verwaltungssitz* als Anknüpfungsmoment; sog. Sitztheorie) oder an den Ort ihrer Gründung/*Satzungssitz* (sog. Gründungstheorie) zu ermitteln. 1505

I. Anknüpfung an den Verwaltungssitz („Sitztheorie“)

Für die international-privatrechtliche Anknüpfung an den Verwaltungssitz spricht ein Kontrollbedürfnis dieses Sitzstaats, der ein Interesse daran hat, das (Gesellschafts-) Recht seines Landes durchsetzen, welches von der Tätigkeit der Gesellschaft aufgrund ihres inländischen Sitzes normalerweise am stärksten betroffen ist. Die Anknüpfung an den Verwaltungssitz führt im Falle der **Sitzverlegung** ins Ausland zu einem **Statutenwechsel**. Die Gesellschaft besteht dann *im Zuzugsstaat* nur fort, wenn die konkrete Rechtsform (ggf. im Wege der **Transposition** in eine funktionsadäquate Rechtsform) dort anerkennt wird. Davon unabhängig kann der Wegzugsstaat für den Fall der Sitzverlegung ins Ausland die Auflösung der Gesellschaft anordnen (z.B. lassen § 4a GmbHG n.F. und § 5 AktG die Verlegung des Verwaltungssitzes ins Ausland inzwischen zu, so dass in Deutschland eine reine Domizilgesellschaft verbleiben kann). 1506

II. Anknüpfung an den Satzungssitz („Gründungstheorie")

1507 Wird das Anknüpfungsmoment im Gründungsort, also dem Satzungssitz einer Gesellschaft gesehen (sog. Gründungstheorie) ändert sich durch eine Sitzverlegung ins Ausland am Anknüpfungsmoment nichts, als die Gesellschaft ihr Gründungsrecht beibehält. Ein Statutenwechsel findet also nicht statt. Diese Anknüpfung fördert damit den Fortbestand der Rechtspersönlichkeit und begünstigt Investoren in der Gesellschaft; ermöglicht werden aber auch sog. Domizil- oder Briefkastenfirmen.

1508 Im Anwendungsbereich der **Niederlassungsfreiheit des Art. 49 AEUV** zwingt der Europäischen Gerichtshof (EuGH) im Falle grenzüberschreitender Verlegungen des Verwaltungssitzes **den Zuzugsstaat** zur Anerkennung der Gesellschaftsform nach den Regelungen des Gründungsstatuts. Die Anwendung der Sitztheorie wäre aus dieser Sicht ein Verstoß gegen das Bestreben nach **Liberalisierung des Binnenmarkts**. Das gilt gleichermaßen für sekundäre Niederlassungen (Errichtung von Betriebsstätten, Begründung der Zweigniederlassung) wie für primäre Niederlassungen (Zuzug in einen anderen Mitgliedsstaat durch Verlegung des Verwaltungssitzes) *innerhalb der Europäischen Union*. Gesellschaftsrechtliche Vorschriften des Niederlassungs- oder Zuzugsstaates dürfen damit auf eine in einem anderen Mitgliedsstaat wirksam gegründete Gesellschaft nicht angewendet werden.[6] Jede Gesellschaft „nimmt" also das an ihrem (innereuropäischen) Gründungsort geltende Recht auch im Falle einer Sitzverlegung „mit".

1509 Für **Wegzugsfälle** in einen anderen Mitgliedsstaat ist es jedoch dem **Gründungsstaat** unbenommen, die Auflösung der Gesellschaft vorzusehen. Die Wegzugsbeschränkung ist europarechtlich nicht determiniert, da das grenzüberschreitende Moment in diesem Zeitpunkt noch fehlt.[7]

1510 Der BGH folgt bislang der Sitztheorie; lediglich für die Verlegung des Verwaltungssitzes einer in einem anderen Mitgliedsstaat der EU gegründeten Gesellschaft nach Deutschland (Zuzugsfall) gilt europarechtskonform die Gründungstheorie.[8]

Beispiel: Die Verlegung des *satzungsmäßigen* Sitzes einer Gesellschaft in einen anderen Mitgliedsstaat ist dagegen in keinem Fall möglich; die Niederlassungsfreiheit fördert grenzüberschreitende wirtschaftliche, nicht aber gründungsrechtliche Vorgänge.

1511 Der EuGH qualifiziert jede Niederlassung einer in einem Mitgliedsstaat gegründeten Gesellschaft in einem anderen Mitgliedsstaat als Zweigniederlassung im Rahmen der Art. 49, 54 AEUV; dies insb. auch, wenn die Gesellschaft im Gründungsstaat gar keine Hauptniederlassung unterhält, dort also keine Geschäftstätigkeit ausübt. Obwohl nach Art. 54 AEUV der satzungsmäßige Sitz im Gründungsstaat genügen würde, die Auslandsniederlassung daher als Hauptniederlassung (Verwaltungssitz) qualifiziert werden könnte, geht der EuGH stets nur von einer Zweigniederlassung im Zuzugsstaat aus. Danach verbliebe jedenfalls eine *fiktive Hauptniederlassung im Gründungsstaat*. Die Anwendung des Rechts des Gründungsstaates ließe sich so auch nach der Sitztheorie begründen. Zusammengefasst entscheidet jedenfalls *innerhalb der Europäischen Union*

---

6 EuGH in den Rechtssachen „Überseering" (Slg. 2002, I-9919 = NJW 2002, S. 3614) und „Inspire Art" (Slg. 2003, I-10155 = NJW 2003, S. 3331).

7 EuGH in den Rechtssachen „Daily-Mail" (Slg. 1988, 5483 = NJW 1989, S. 2186) und „Cartesio" (Slg. 2008, I-9641 = NJW 2009, S. 569).

8 Der Zuzug etwa US-amerikanischer Gesellschaften nach Deutschland ist deshalb rechtlich ausgeschlossen. Für die Sitzverlegung (Wegzug) einer deutschen GmbH ist § 4a GmbHG zu beachten.

das Recht des Gründungsstaats über die Beibehaltung der Rechtsform einer Gesellschaft, die ihren Verwaltungssitz ins Ausland verlegt; Wegzugsbeschränkungen sind anders als Zuzugsbeschränkungen dagegen nicht gemeinschaftsrechtswidrig.

III. Gesellschaftsrechtliche Qualifikation (Gesellschaftsstatut)

Das **Gesellschaftsstatut** umfasst sodann die Rechtsfähigkeit (einschließlich Partei- und **1512** Prozessfähigkeit), Innen- und Außenrecht der Gesellschaft (Satzung, Rechtsstellung der Organe und Finanzverfassung einerseits, Haftungsfragen, die Vertretungsmacht oder die unternehmerische Mitbestimmung andererseits).

Gesellschaftsrechtlich zu qualifizieren sind die Kapitalaufbringung (§ 5 Abs. 1 GmbHG), die Kapitalerhaltung (§ 30 GmbHG) und die allgemeine Durchgriffshaftung (§ 128 HGB analog). Anwendbar ist hierfür das Gründungsstatut, so dass die Vorschriften nur auf deutsche Rechtsformen wie GmbH, AG, OHG etc. anzuwenden sind. Gleiches gilt für die Auflösung, Beendigung und Abwicklung der Gesellschaft.

Auch die Formgültigkeit gesellschaftsrechtlicher Akte, etwa von Satzungsänderungen oder der Übertragung von Anteilen, richtet sich nach h.M. als *unselbstständige Teilfrage* nach dem Gesellschaftsstatut (ansonsten als Sonderanknüpfung nach Art. 11 EGBGB).

Das **Zahlungsverbot** für GmbH-Geschäftsführer gem. **§ 64 GmbHG** ist jedoch *nicht* Bestandteil des Gesellschaftsstatuts, sondern des *Insolvenzstatuts* und damit auch auf ausländische Rechtsformen mit Verwaltungssitz in Deutschland anwendbar (EuGH v. 4.12.2014 – Rechtss. C-594/14 – Kohlhaas; betr. eine britische Ltd.). Die Haftung für Zahlungen nach Eintritt der Insolvenzreife sanktioniert im Grunde, dass der Geschäftsleiter den Insolvenzantrag nicht rechtzeitig gestellt hat. Zudem liegt der Zweck der Haftungsnorm darin, Masseverkürzungen zum Schutz der Gläubiger zu verhindern.

Die **Haftung für Insolvenzverschleppung** (**§ 15a InsO**) sollte aufgrund der Anbindung an die Insolvenzeröffnungsgründe und ihre Bedeutung für den Erhalt der Insolvenzmasse naheliegend *insolvenzrechtlich* qualifiziert werden.

Die Haftung von Gesellschaftern wegen **existenzvernichtenden Eingriffs** in das Gesellschaftsvermögen steht dagegen im Zusammenhang mit der Haftungsbegrenzung durch Errichtung einer selbstständig rechtsfähigen juristischen Person; die Existenzvernichtungshaftung ist deshalb *gesellschaftsrechtlich* zu qualifizieren.[9] Sachlich käme aber auch eine *deliktsrechtliche Qualifikation* (die Haftung wird im deutschen Sachrecht aus § 826 BGB entwickelt) oder eine *insolvenzrechtliche* in Betracht, weil der Haftungstatbestand die Insolvenz der Gesellschaft voraussetzt.

Beispiel: Bedeutung hat die Qualifikation dafür, ob der Haftungstatbestand auf eine ausländische Rechtsform in Deutschland überhaupt anwendbar ist. Mag sie hier auch ihren ausschließlichen Verwaltungssitz haben (sog. Domizil- oder Scheinauslandsgesellschaft bzw. Briefkastenfirma), kann sich kein Gläubiger auf die Kapitalaufbringung und -erhaltung entsprechend GmbHG (Haftung nach §§ 31 Abs. 6 oder 64 GmbHG) verlassen. Eine gesellschaftsrechtlich zu qualifizierende Existenzvernichtungshaftung ist ebenfalls ausgeschlossen; es gilt das Gründungsstatut.

---

9 Gegen das Deliktsstatut spricht insoweit auch Art. 1 Abs. 2 lit. b Rom II-VO, wonach dieses hinter das Gesellschaftsstatut zurücktritt.

Dagegen trifft eine *insolvenzrechtlich* zu qualifizierende Verschleppungshaftung nach deutschem Recht (§§ 15a Abs. 1 InsO, 823 Abs. 2 BGB) jeden Verwaltungsleiter einer Auslandsgesellschaft mit Sitz in Deutschland. Zwar sieht § 15a InsO die Insolvenzantragspflicht nur des „Geschäftsführers" vor. Im Wege der kollisionsrechtlichen *Substitution* trifft die Antragspflicht nach § 15a Abs. 1 InsO aber auch das Verwaltungsorgan im monistischen System.

§ 6 Gesellschaftsrecht einschließlich des Konzernrechts

Volker Mayer

Übersicht

A. Der Begriff des Gesellschaftsrechts

Gesellschaftsrecht ist das Recht der privatrechtlichen **Personenvereinigungen**, die zur Erreichung eines bestimmten **gemeinsamen Zwecks** durch Rechtsgeschäft begründet werden. 1513

Die Eigenart des Gesellschaftsrechts gegenüber dem sonstigen Privatrecht resultiert daraus, dass es nicht in erster Linie den Schutz und die Befriedigung selbstständiger Interessen von Einzelpersonen (Individualinteressen) anstrebt, sondern sich mit den gemeinsamen Interessen mehrerer Personen befasst.

Weiter einschränkend fallen unter das Gesellschaftsrecht aber nur Vereinigungen, welche das zielgerichtete Zusammenwirken auf Grund eines privatrechtlichen Vertrages zum Inhalt haben.

Charakteristikum aller Gesellschaften ist also allein die Verfolgung eines **gemeinsamen Zwecks (Gesellschaftszweck)**. Gründe für eine Gesellschaft können entweder wirtschaftliche Zwecke sein, zumeist der gemeinsame Betrieb eines Unternehmens, aber ebenso das Halten und Verwalten von Vermögen oder aber ideelle Ziele wie z.B. die Förderung von Kunst und Literatur. 1514

Beispiel: Der gemeinsame Zweck ist der Leitsatz jeder Gesellschaftstätigkeit, der den Charakter der Gesellschaft festlegt. Die überragende Bedeutung des Gesellschaftszwecks kommt in § 33 Abs. 1 S. 2 BGB zum Ausdruck, wonach seine Änderung stets der Zustimmung aller Gesellschafter bedarf und damit strengere Voraussetzungen hat, als eine sonstige Satzungsänderung (Dreiviertel-Mehrheit gem. S. 1 der Vorschrift). Diese Regelung gilt unabhängig von ihrer Verortung im Vereinsrecht für alle Gesellschaftsformen. Keine Zweckänderung in diesem Sinne sind aber Anpassungen von Zielen an veränderte Umstände oder auch Zweckergänzungen und -beschränkungen, die den Charakter der Gesellschaft nicht verändern.

Das Gesellschaftsrecht regelt zum einen die Rechtsbeziehungen der Mitglieder untereinander und zur Gesellschaft als solcher. Dieses **Innenrecht** bestimmt längerfristige, funktionsteilige Leistungspflichten und die Einhaltung bestimmter Verfahrensregeln, Verhaltensgrundsätze und Kompetenzverteilungen. 1515

Das Gesellschaftsrecht regelt aber auch das **Außenrecht**, nämlich die Rechtstellung der Gesellschaft gegenüber Dritten, insb. den Gesellschaftsgläubigern.

I. Unabhängige Gesellschaft und Konzern

1516 Das Gesellschaftsrecht ist ganz wesentlich auf die **unabhängige Gesellschaft** zugeschnitten, bei der die erfolgreiche Geschäftstätigkeit der Gesellschaft ein gemeinsames Interesse der Gesellschaft, der Gesellschafter und im Grunde auch der Gesellschaftsgläubiger ist.

1517 Häufig verbinden sich nun als Prozess einer **Unternehmenskonzentration** mehrere rechtlich selbstständige Gesellschaften zu einer wirtschaftlichen Einheit. Das geht über die finanzielle bis zur strategischen Beteiligung an einer anderen Gesellschaft, die, wenn sie über eine bestimmte Größenordnung hinaus aufgestockt wird, erheblichen Einfluss auf diese gibt. Entsteht auf diese Weise ein **abhängiges Unternehmen** und damit ein **faktischer Konzern**, muss das gesellschaftsrechtliche Folgen haben. Bei derart verbundenen Unternehmen ist nicht mehr ohne Weiteres gewährleistet, dass der selbst (anderweitig) unternehmerisch tätige Gesellschafter ausschließlich die Interessen der abhängigen Beteiligungsgesellschaft verfolgt. Eine Konzernierung bewirkt vielmehr, dass ein Unternehmen jedenfalls wirtschaftlich einer einheitlichen Leitung unterstellt wird. Es besteht die Gefahr, dass die Interessen des Unternehmens zugunsten der Interessen anderer verbundener Unternehmen oder zugunsten des Konzerninteresses vernachlässigt bzw. missachtet werden. Das Interesse des Gesellschafters deckt sich im Konzern nicht notwendig mit dem Interesse des Beteiligungsunternehmens. Diese bzw. konzerntypische Gefährdungslage wird auch als sog. „**Konzernkonflikt**" bezeichnet.

Das **Konzernrecht** als eine Teildisziplin des Gesellschaftsrechts beruht auf dieser vermuteten Interessendivergenz zwischen den verbundenen Gesellschaften und hält Regelungen vor für die durch ganz verschiedene Formen der Unternehmensverbindungen aufgeworfenen gesellschaftsrechtlichen Fragen. Obwohl nur im AktG geregelt, betrifft es alle Gesellschaftsformen.

II. Das Unternehmen – unterschiedliche Begriffsbestimmungen

1518 Das Gesellschaftsrecht im engeren Sinne besteht aus Rechtsnormen mit Bezug auf Personenvereinigungen (Gesellschaften) und knüpft damit an den **Rechtsträger des Gesellschaftsvermögens** an. Rechtsträger ist die OHG/KG, die GmbH oder AG, aber auch die GbR.

Dagegen bezieht sich das Konzernrecht als Teil des Gesellschaftsrechts auf **Unternehmen**.

1519 Begrifflich muss dabei unterschieden werden: Ein „Unternehmen" ist aus Sicht des Rechtsträgers jede wirtschaftlich planende und entscheidende Betätigung („*funktioneller Unternehmensbegriff*"). In diesem Verständnis wird das Unternehmen meist definiert als Gesamtheit von Sachen und Rechten, deren Inhaber die das Unternehmen tragende natürliche oder juristische Person, der Rechtsträger also, ist. Als Rechtsbegriff wird das „Unternehmen" u.a.[1] in § 14 Abs. 1 BGB verwendet und dabei verstanden als eine natür-

1 Verwendung findet der Begriff auch z.B. in §§ 1 Abs. 2, 282 und §§ 383 ff. HGB, §§ 1, 3e, 19 InsO, in § 2 WpHG, im GWB, MitbestG und im Steuerrecht mit jeweils unterschiedlicher Bedeutung bzw. Akzentuierung.

liche oder juristische Person oder eine rechtsfähige Personengesellschaft, die bei Abschluss eines Rechtsgeschäfts in Ausübung ihrer gewerblichen oder selbstständigen beruflichen Tätigkeit handelt („*institutioneller Unternehmensbegriff*" mit dem Fokus auf die gewerbliche Betätigung im Wirtschaftsleben und ein Mindestmaß an institutioneller Einrichtung).

Soweit dagegen das AktG den Begriff des Unternehmens verwendet, geschieht das nur **1520**
mit Blick auf die Gefährdung aus dem Konzernkonflikt, die sich für Minderheitsgesellschafter und Gesellschaftsgläubiger ergeben kann („*teleologischer*[2] *Unternehmensbegriff*"). Unternehmen bzw. Unternehmer und zwar insb. „herrschendes Unternehmen" bezieht sich daher nicht bloß auf Gesellschaften, sondern umfasst z.B. auch natürliche Personen oder Organisationsformen des öffentlichen Rechts, die keine Gesellschaften sind.

III. Abgrenzung der Gesellschaft von Gemeinschaften

Nicht jede Personenvereinigung ist indes eine Gesellschaft. Es gibt Gemeinschaften, die **1521**
keine Gesellschaften sind, etwa mangels gemeinsamer Zweckverfolgung oder weil sie nicht durch Rechtsgeschäft begründet werden:

1. **Körperschaften und sonstige Organisationsformen des öffentlichen Rechts**, z.B.: Staat, Gemeinden, Kirchen, sonstige Körperschaften und Anstalten des öffentlichen Rechts (z.B. staatliche Hochschulen, die BaFin, die meisten Sparkassen), staatliche Stiftungen, Krankenkassen, Berufsgenossenschaften, Industrie- und Handelskammern. Diese sind durch staatlichen Hoheitsakt oder durch öffentlich-rechtlichen Vertrag begründet, aber nicht durch Rechtsgeschäft.
2. **Familienrechtliche Gemeinschaften:** Sie beruhen entweder überhaupt nicht auf Rechtsgeschäft, oder sie werden nicht zu einem durch Rechtsgeschäft bestimmten, begrenzten Zweck begründet. Davon ist zu unterscheiden, dass auch zum Beispiel zwischen Ehegatten oder zwischen Eltern und Kindern ein Gesellschaftsvertrag zur gemeinsamen Verfolgung eines bestimmten Zweckes begründet werden kann (sog. Ehegattengesellschaft, Familiengesellschaft).
3. **Erbengemeinschaft:** Die Erbengemeinschaft (§§ 2032 ff. BGB) entsteht als solche kraft Gesetzes und nicht durch Rechtsgeschäft und wird auch nicht zu einem bestimmten Zweck begründet.
4. **Privatrechtliche Stiftung:** Privatrechtliche Stiftungen (§§ 80 ff. BGB) sind keine Personengemeinschaften, sondern nur rechtliches Sondervermögen. Sie haben keine Mitglieder, lediglich Destinatäre.
5. **Bruchteilsgemeinschaft/schlichte Rechtsgemeinschaft:** Von einer schlichten Rechtsgemeinschaft (§§ 741 ff. BGB) spricht man, wenn ein Recht mehreren Personen gemeinschaftlich zusteht, ohne dass sich die Beteiligten zu einem gemeinsamen Zweck verbunden haben.
   Beispiele hierfür sind:
   - Miteigentum infolge Verbindung oder Vermischung (§§ 947, 948 BGB)
   - Mitberechtigung bei gemeinsamer Erfindung (§ 6 Abs. 2 PatentG)
   - Wohnungseigentum (nach Wohnungseigentumsgesetz – WEG)

---

2 Am Sinn und Zweck (griech.: telos) orientierte Auslegung des Begriffs.

1522 Demgegenüber kann man die Gesellschaften als Zweckgemeinschaften bezeichnen. Schlichte Rechtsgemeinschaften entstehen regelmäßig ohne einen entsprechenden Willen der Beteiligten. Sie beruhen also nicht auf einem Vertrag, der einen gemeinsamen Zweck verfolgt („communio incidens“, also Zufallsgemeinschaft).[3]

Die Grenzen sind bisweilen nicht immer klar festzustellen, wie die sog. Partenreederei (§§ 489 ff. HGB a.F.) zeigt, die ihrer Struktur nach eine Bruchteilsgemeinschaft an einem Schiff ist mit strikter Bindung an dieses eine, während es gesetzlich als Gesellschaftsvermögen behandelt wird.

IV. Konzern- und Umwandlungsrecht

1523 Wie bereits erörtert, entstehen besondere Konstellationen und (Haftungs-)Gefahren, wenn sich Gesellschaften bzw. allgemein Unternehmen im konzernrechtlichen Begriffsverständnis an anderen beteiligen und ab einer bestimmten Größenordnung der Beteiligung und des Einflusses ein abhängiges und ein herrschendes Unternehmen („verbundene Unternehmen“) und damit ein „faktischer Konzern“ (§§ 311 ff. AktG) entstehen.

Ein solcher Konzentrationsprozess von Unternehmen kann bei Erreichen der satzungsändernden Mehrheit durch das Mehrheitsunternehmen vertieft werden durch Abschluss eines **Unternehmensvertrages** gem. §§ 291 ff. AktG, der dann einen sog. **Vertragskonzern** (in Abgrenzung zum faktischen Konzern) begründet. Hat das Mehrheitsunternehmen schließlich mehr als 95 % der Aktien der abhängigen Gesellschaft erworben, kann es die abhängige Gesellschaft noch weitergehender gem. §§ 319 ff. AktG eingliedern und ggf. die Minderheitsaktionäre nach Maßgabe der §§ 327a ff. AktG gegen angemessene Barabfindung „ausschließen“ (gesellschaftsrechtlicher Squeeze-out).

1524 Als letzter Schritt des Konzentrationsprozesses von Unternehmen kann schließlich durch **Verschmelzung** der abhängigen Gesellschaft auf die herrschende Gesellschaft gem. §§ 2 ff. UmwG (wieder) ein einheitliches Unternehmen entstehen. Auch das Umwandlungsrecht ist deshalb Teil des Gesellschaftsrecht und betrifft Strukturänderungen und Reorganisationen.

Das Umwandlungsrecht führt aber nicht nur zur Auflösung von Konzernstrukturen durch Verschmelzung, sondern ermöglicht auch deren Entstehung durch sog. **Spaltung**. Das kann die Ausgliederung von Tochtergesellschaften gem. §§ 123 ff. UmwG sein oder die Auf- bzw. Abspaltung in Schwestergesellschaften (vergleichbar einer Realteilung). Die **Spaltung** in ihren drei unterschiedlichen Formen stellt ein Mittel der Zerschlagung von (zuvor einheitlichen) Gesellschaften dar. Daneben ermöglicht das Umwandlungsrecht die eigentliche Umwandlung eines Rechtsträgers, den sog. **Formwechsel**.

V. Abgrenzung zum Kapitalmarktrecht

1525 Eine Gesellschaft, deren „Innenbeziehungen“ und Rechtsstellung gegenüber Dritten durch das Gesellschaftsrecht geregelt werden, bedient sich zur Beschaffung von Finanzmitteln unter Umständen des Kapitalmarkts (anstelle oder neben der Kreditaufnahme).

---

3 Ausf. dazu Rn. 555.

Zu diesem Zweck emittiert sie Aktien, Schuldverschreibungen oder andere Finanzinstrumente, die von Anlegern erworben werden. Der Markt für diese Finanzinstrumente ist Gegenstand des Kapitalmarktrechts. Insb. wenn die Finanzinstrumente an der Börse gehandelt oder zumindest der Öffentlichkeit zum Kauf angeboten werden, kommen die Anleger als zusätzlich zu berücksichtigende Interessengruppe ins Spiel. Zu ihrem Schutz sieht das Kapitalmarktrecht u.a. umfangreiche Informationspflichten auf Seiten der Gesellschaft vor, um das Informationsungleichgewicht zwischen Gesellschaft und Anlegern auszugleichen. Auch stellt das Kapitalmarktrecht zusätzliche Anforderungen betreffend das Innenrecht kapitalmarktbezogener Gesellschaften auf. Hier stellt sich regelmäßig die Frage, wo die entsprechenden Regelungen zu verorten sind, im Gesellschaftsrecht (z.B. im Aktiengesetz) oder in kapitalmarktrechtlichen Vorschriften (z.B. im WpHG). Die Handhabung des Gesetzgebers ist hier unterschiedlich.

Neben gesellschaftsbezogenen Regelungen enthält das Kapitalmarktrecht vor allem sol- **1526** che, die einen fairen Handel der Anleger untereinander und damit einen funktionierenden Kapitalmarkt sicherstellen sollen.

B. Die Gesellschaftsformen

I. Übersicht

Für die Gesellschaften hat der Gesetzgeber im BGB **zwei Grundtypen** als Rechtsträger **1527** zur Verfügung gestellt:

1. den Verein (§§ 21 ff. BGB); er ist der **Grundtyp der Körperschaften** und
2. die Gesellschaft (§§ 705 ff. BGB), auch als *Gesellschaft bürgerlichen Rechts* (GbR) oder *BGB-Gesellschaft* bezeichnet; sie ist der **Grundtypus der Personengesellschaften**.

Hinzu kommt eine Reihe weiterer Rechtsträger, nämlich von **Spezialformen**, die in **1528** gesonderten Gesetzen geregelt sind:

1. die Offene Handelsgesellschaft (OHG; §§ 105 ff. HGB)
2. die Kommanditgesellschaft (KG; §§ 161 ff. HGB)
3. die stille Gesellschaft (§§ 230 ff. HGB)
4. die Partnerschaftsgesellschaft, PartG/Partnerschaft mbB (für Angehörige freier Berufe; PartGG)
5. die Europäische Wirtschaftliche Interessenvereinigung (EWIV; EWIV-VO (EWG) und EWIVAG)
6. die Aktiengesellschaft (AG; §§ 1 ff. AktG)
7. die Kommanditgesellschaft auf Aktien (KGaA; §§ 278 ff. AktG)
8. die Europäische Aktiengesellschaft (Societas Europaea/SE; SE-VO (EG) und SEAG)
9. die Gesellschaft mit beschränkter Haftung (GmbH; GmbHG)[4] einschließlich der Unternehmergesellschaft (haftungsbeschränkt)

---

4 Als europäische Variante war bis 2018 eine haftungsbeschränkte Einpersonengesellschaft (Societas Unius Personae – SUP) in Planung. Die Aufgabe der SUP wird als möglicher Neubeginn für das Projekt der Schaffung einer Europäischen Privatgesellschaft (Societas Privata Europaea – SPE) diskutiert. Die Idee der SPE war bereits 2008 als *Europa-GmbH* von der EU-Kommission vorgeschlagen worden. Ebenso wie nun die SUP scheiterte der Vorschlag jedoch unter anderem am Veto Deutschlands und wurde 2014 offiziell zurückgenommen.

10. die eingetragene Genossenschaft, (e.G.; GenG)
11. die Europäische Genossenschaft (Societas Cooperativa Europaea/SCE; SCE-VO (EG) und SCEAG)
12. die Versicherungsvereinigung auf Gegenseitigkeit (VVaG; Gesetz über die Beaufsichtigung der Versicherungsunternehmen, §§ 15–53b VAG)

1529 Andere als die im Gesetz ausdrücklich geregelten Gesellschaftstypen sind rechtlich nicht zulässig. Insoweit sind der Vertragsfreiheit Grenzen gesetzt (sog. **numerus clausus der Gesellschaftsformen**). Bedeutung hatte das zuletzt für die britischen Limited Companies im Fall eines „Hard Brexit", weil deren europarechtliche Anerkennung (sog. Gründungstheorie) entfiel[5].

1530 Unbeschadet dessen besteht aber die Möglichkeit, verschiedene Gesellschaftstypen miteinander zu kombinieren (sog. Typenverbindung). Von besonderer praktischer Relevanz ist die Verbindung der GmbH und der KG zur *GmbH & Co. KG*.

II. Einteilung nach Art der Gesellschaftsorganisation

1. Verbandsstruktur und ihre Bedeutung

1531 Gesellschaften werden durch Abschluss eines Gesellschaftsvertrages begründet. Dieser ist ein Rechtsgeschäft, für das die §§ 145 ff. BGB Anwendung finden (Abschlusstechnik). Die Gründungsbeteiligten treffen eine Einigung insb. über den künftig gemeinsamen zu verfolgenden Zweck als das Charakteristikum aller Gesellschaften.

a) Wahl von Rechtsform und Organisationsform

1532 Daneben stellt sich ihnen aber auch die Entscheidung, in welcher Organisationsstruktur dies künftig geschehen soll. Dies ist nicht lediglich eine Frage der **Wahl einer Rechtsform**, sondern auch **der inneren Organisation**. Während Körperschaften, insb. Kapitalgesellschaften, gesetzliche Organisationsstrukturen vorgeben, die nur z.T. gesellschaftsvertraglichen Abweichungen zugänglich sind, und auch die Personenhandelsgesellschaften ein Mindestmaß an Verbandsstruktur aufweisen, kann die GbR sogar darauf ausgelegt sein, sich in jeder operativen Entscheidung stets neu finden zu müssen.

Der Unterschied liegt darin, ob sich die Gesellschaft gegenüber ihren Mitgliedern verselbstständigt (**korporative Struktur**) oder nicht (**personalistische Struktur**) bzw. zumeist eher: wieweit sie sich verselbstständigt. Eine nach außen auftretende Gesellschaft oder eine solche mit eigenem Vermögen muss dafür eine gewisse Verselbstständigung haben. Andere *Kriterien einer Verselbstständigung* des Verbandes sind z.B. Kompetenzverteilungen, insb. das Bestehen einer Geschäftsführung, im Gesetz oder Gesellschaftsvertrag vorgesehene Mehrheitsentscheidungen (statt Einstimmigkeitsprinzip), Regelungen zum Ausscheiden eines Gesellschafters etc., also das Bestehen einer Verbandssatzung – nicht notwendig i.S. e. verschriftlichten oder gesonderten Textes, sondern von Absprachen betreffend die innere Organisation.

---

5 Vgl. *Mayer/Kleinert*, EuZW 2018, 1011.

b) Abgrenzung zu bloßen Innengesellschaften (betrifft nur GbR)

Nur bei der GbR braucht der Gesellschaftsvertrag an sich, nämlich dann, wenn **reine Innengesellschaft**, keine solchen Satzungs-Inhalte zu haben (anders z.B. § 57 BGB für den Verein, § 23 AktG oder § 3 Abs. 1 GmbHG). 1533

Wirtschaftliche Relevanz als **BGB-Innengesellschaften**, die dann rein personalistisch strukturiert sind, haben hier v.a. Praxis- und Bürogemeinschaften von Angehörigen freier Berufe (im Unterschied zur Gemeinschaftspraxis bzw. Sozietät als Außengesellschaft), das sog. Meta-Geschäft bei Finanzierungen[6], weiterhin insb. auch die stille Gesellschaft und die Unterbeteiligung. 1534

Eine GbR kann als reine **Innengesellschaft** bestehen etwa mit dem Zweck, Kosten und Gewinne eines Projekts unter den Gesellschaftern intern aufzuteilen (also „heimlich", ohne Kenntnis z.B. des Auftraggebers, der Verträge mit je den einzelnen Beteiligten, nicht aber mit der Innengesellschaft, schließt). Diese Innengesellschaft ist dann selbst nicht rechtsfähig, weil sie nach dem Willen ihrer Gesellschafter nicht nach außen, also **nicht als Rechtssubjekt auftreten** soll; sie haftet und schuldet daher auch nicht gegenüber Dritten (keine Rechtsträger-Eigenschaft). 1535

Alle Regelungen in einer solchen Innengesellschaft sind dann nur verbindlich *als schuldrechtliche Vereinbarung* der in der Gesellschaft verbundenen Personen. Für solche Gesellschaften, wenn sie im Einzelfall ohne Verbandsstruktur sind, gelten dann neben den gesetzlichen Vorschriften ihrer Rechtsform weitgehend und allein schuldrechtliche Regelungen.

Im Übrigen sind Gesellschaften nahezu ausnahmslos Außengesellschaften, weil sie zumindest ein *gesellschaftseigenes* Bankkonto (Vertrag mit der Bank) als Gesellschaftsvermögen haben. 1536

Abgrenzungsmerkmale einer Außengesellschaft am Beispiel einer (freiberuflichen) Berufsausübungsgemeinschaft gegenüber Innengesellschaften (z.B. Bürogemeinschaften, Praxisgemeinschaften) sind, dass bei der Außengesellschaft

- die Angehörigen nach außen hin gemeinsam auftreten – und zwar z.B. *als Sozietät* von Berufsangehörigen;[7]
- die Aufträge *für die Gesellschaft angenommen* werden (in ihrem Namen);
- daher die Sozietät als solche die Erbringung der (freiberuflichen) Leistung *schuldet und abrechnet*, wobei die Aufträge gemeinsam bearbeitet werden können, aber nicht müssen;
- der erwirtschaftete *Gewinn der Gesellschaft* nach einem *vereinbarten Gewinnverteilungsschlüssel* zwischen den einzelnen Gesellschaftern verteilt wird.

---

6 Kreditgeschäft, das von zwei oder mehr Kreditinstituten (Metisten) gemeinsam abgewickelt wird; auch Konsortialkredit genannt. Gewinne und Verluste bzw. Aufwendungen und Erträge aus dem Metakredit werden entsprechend der Anteile auf die Partner verteilt. „Offenes" Metageschäft genannt, wenn der Schuldner über die konsortiale Kreditierung informiert wird, sonst „verdecktes".

7 Dafür genügt, dass sich die Beteiligten nach außen wie eine Sozietät darstellen (z.B. auf gemeinsamem Kanzleischild, Briefkopf). Sie werden dann als sog. Scheinsozietät und damit wie eine Außengesellschaft behandelt. Für Schäden aus der Schein-Gesellschaftstätigkeit und für die Verbindlichkeiten der Schein-Sozietät haftet dann die Scheinsozietät und über sie jedes einzelne Mitglied mit seinem gesamten Privatvermögen. Die Scheinsozietät wird haftungsrechtlich wie eine echte Sozietät behandelt (BGH v. 24.1.78, NJW 1978, 996). Vergleichbares gilt für Nichtgesellschafter (z.B. Angestellte, freie Mitarbeiter), die nach außen wie Sozien auftreten oder dargestellt werden.

Im Kern entscheidend ist aber nicht, dass die Gesellschaft tatsächlich als solche nach außen auftritt oder das Gesellschaftsverhältnis nach außen offengelegt wird, sondern dass sie es könnte; also dass sie nach dem Willen der Gründer *Rechtsträgerschaft besitzen* soll, *Träger von Rechten und Pflichten sein* kann.

1537 Nur für verbandsmäßig organisierte, also Außen-Gesellschaften greifen gesellschaftsrechtliche Sonderregelungen wie etwa die **Grundsätze der fehlerhaften Gesellschaft**. Ihre Gründung ist nicht lediglich die Schaffung eines (mehrseitigen) Schuldverhältnisses, sondern *Organisationsakt*. Der entstandene überpersonalistische Verband erlangt eine *Unabhängigkeit von seinem Gründungsakt*.

2. Personengesellschaften und Körperschaften

1538 Die Gesellschaftsformen können nach ihrer Verbandsstruktur in Gruppen eingeteilt werden. Danach unterscheidet man zwischen Personengesellschaften (= Gesellschaften im engeren Sinn) und Körperschaften (Vereine).

Die BGB-Gesellschaft (GbR) ist der Grundtyp der Personengesellschaften. Der rechtsfähige Verein ist der Grundtyp der Körperschaften. Die **Zuordnung einer Gesellschaft zu einem Grundtyp** hat nicht nur theoretische Bedeutung, sondern ist auch **für die Rechtsanwendung wichtig**: Fehlt es an einer gesetzlichen Regelung im Recht einer Gesellschaftsform, so ist an eine Analogie zu einer Vorschrift des bestreffenden Grundtyps zu denken.

1539 Dabei sind die Begriffe „Verein" und „Körperschaft" sachlich gleichbedeutend. Jeder privatrechtliche Verein ist eine Körperschaft, jede privatrechtliche Körperschaft ist nach ihrer Grundstruktur ein Verein. Grundtypus der Körperschaften ist der Verein (§§ 21 ff. BGB). Innerhalb der **Körperschaften** können Vereine (rechtsfähige und nicht rechtsfähige), Kapitalgesellschaften (GmbH, AG und KGaA) sowie Genossenschaften unterschieden werden.[8] Mit Ausnahme des nicht rechtsfähigen Vereins handelt es sich bei den Körperschaften um juristische Personen. **Juristische Personen** sind Gebilde, die von der Rechtsordnung mit eigenen Rechten und Pflichten ausgestattet worden sind.

1540 **Personengesellschaften** kennzeichnen sich durch die persönliche Verbundenheit und das persönliche gegenseitige Vertrauen ihrer Mitglieder, die unter Einsatz ihrer Arbeitskraft oder ihres Vermögens den gemeinsamen Zweck verwirklichen, wobei der Grundtypus die GbR ist. Personengesellschaften des Handelsrechts (daher: **Personenhandelsgesellschaften**) sind die OHG und die KG (§§ 105 ff., 161 ff. HGB).

Personengesellschaften werden *traditionell nicht als juristische Personen bezeichnet*, sondern gelten als **„teilrechtsfähig"**. Liest man allerdings § 124 Abs. 1 HGB, wird klar, dass diese Unterscheidung bedeutungslos und irreführend ist. GbR, OHG und KG, ebenso die PartG, können Träger eines Unternehmens sein und im eigenen Namen klagen und verklagt werden (lies § 14 Abs. 2 BGB). Lediglich die InsOunterscheidet (noch und etwas nebulös) zwischen juristischen Personen (§ 11 Abs. 1 S. 1 InsO) und Gesellschaften „ohne Rechtspersönlichkeit" (§ 11 Abs. 2 Nr. 1 InsO), die aber durchaus Rechtsfähigkeit besitzen können.

---

8 Vgl. daher auch die Begriffsdefinitionen in § 1 Abs. 1 KStG.

Der Begriff „juristische Person" in § 2 Abs. 2 Nr. 2 UStG umfasst dagegen auch Personengesellschaften, jedenfalls solche in der Rechtsform der *GmbH & Co. KG*[9]. 1541

3. Kapitalgesellschaften und Handelsgesellschaften

Eine *besondere Gruppe der Körperschaften* bilden die sog. **Kapitalgesellschaften**. Zu ihnen zählen die GmbH, die AG und die KGaA. Bei diesen Gesellschaften ist die Einzahlung eines *Mindestkapitals gesetzlich gefordert* und kann durch Gesellschaftsvertrag lediglich erhöht werden (vgl. § 3 Abs. 1 Nr. 3 GmbHG; §§ 1 Abs. 2, 7 AktG). 1542

Handelsgesellschaften sind die OHG und die KG. Sie sind Kaufleute kraft Handelsgewerbes, weil ihr Zweck auf den Betrieb eines *Handelsgewerbes* unter gemeinschaftlicher Firma gerichtet ist (vgl. §§ 105 Abs. 1, 161 Abs. 1 HGB).[10] Gem. §§ 3, 278 Abs. 3 AktG; 13 Abs. 3 GmbHG gelten die AG, KGaA und die GmbH ebenfalls als Handelsgesellschaften, unabhängig davon, ob ihr Zweck im Betrieb eines Handelsgewerbes liegt. Sie sind **Kaufleute kraft Rechtsform** (vgl. § 6 HGB). 1543

III. Wesentliche Unterschiede zwischen Personengesellschaften und Körperschaften

Der wesentliche Unterschied zwischen den Personengesellschaften und den Körperschaften/Vereinen ist die **körperschaftliche Verfassung**. Diese führt insb. dazu, dass Letztere – anders als die Personengesellschaften – nicht vom Bestand ihrer Mitglieder abhängig sind und die Geschäftsführung und Vertretung nicht den Gesellschaftern obliegen, sondern einem besonderen hierfür berufenen Organ. 1544

Gemeinsam ist den Körperschaften und den Personengesellschaften die *Förderungspflicht* der einzelnen Gesellschafter, die überwiegend in der Verpflichtung zur *Leistung einer Sach- oder Geldeinlage*, aber auch in der Verpflichtung zur Erbringung einer Arbeitsleistung für den gemeinsamen Zweck bestehen kann. Die Nähe beider Konstruktionen wird dadurch deutlich, dass das BGB in § 54 für den nichtrechtsfähigen Verein die Vorschriften über die Gesellschaft (§ 705 BGB) für entsprechend anwendbar erklärt. 1545

1. Strukturprinzipien von Personengesellschaften

Personengesellschaften sind auf eine kleine Mitgliederzahl hin angelegt. Ihr Zusammenschluss beruht allein auf dem persönlichen Vertrauen der Gesellschafter. 1546

9 (Vgl. BFH, Urt. v. 19.1.2016 – XI R 38/12, BFHE 252, 516 sowie Urteile vom 2./3.12.2015 – V R 67/14, BFHE 251, 547; – V R 15/14, BFHE 252, 158; – V R 36/13, BFHE 251, 556; – V R 25/13, BFHE 251, 534; EuGH, verb. Rs. C-108/14 und C-109/14 „Larentia + Minerva", EuZW 2015, 753.

10 Das HGB benutzt für das gewerbliche Unternehmen eines Kaufmanns (§§ 1 ff. HGB) bisweilen auch die Bezeichnung als *Handelsgeschäft* (vgl. z.B. in §§ 22 ff. HGB betreffend die Firma, §§ 230, 235 HGB für die stille Beteiligung). – Das darf nicht zu Verwechslungen mit den **Handelsgeschäften** gem. §§ 343 ff. HGB (Handelskauf, Kommission, Lagergeschäft etc.) führen, welche ihrerseits nicht das Unternehmen meinen, sondern besondere, handelsrechtliche Schuldverhältnisse sind (vgl. dazu § 2, insbes. Rn. 357 ff.). Die Vorschriften zur Buchführungspflicht (§§ 238 ff. HGB) verstehen unter Handelsgeschäften des Kaufmanns ebenfalls diese Schuldverhältnisse.

1547 Daraus ergeben sich folgende Konsequenzen:

- Das Ausscheiden eines Mitglieds führte bei der Personengesellschaft ursprünglich zu deren Auflösung (vgl. §§ 723 ff. BGB; anders aber §§ 131 Abs. 3, 161 Abs. 2 HGB).
- Die Willensbildung erfolgt grundsätzlich nach dem **Einstimmigkeitsprinzip** (§ 709 Abs. 1 BGB). Das heißt, nur wenn alle Gesellschafter zustimmen, kann ein Beschluss gefasst werden.
- Des Weiteren gilt der Grundsatz der **Selbstorganschaft**, d.h. die Mitglieder der Gesellschaft üben die Funktion der Organe aus, eine Bestellung Dritter als Organ ist unzulässig.
- Außerdem haftet für Gesellschaftsverbindlichkeiten nicht nur das Gesellschaftsvermögen, sondern es besteht daneben auch eine **persönliche Haftung der Gesellschafter** mit ihrem Privatvermögen.
- Für die **Entstehung** einer Personengesellschaft genügt grundsätzlich der Vertragschluss (einer – konstitutiven – Eintragung im Handelsregister bedarf es nur für Personenhandelsgesellschaften, wenn diese nicht bereits ein vollkaufmännisches Handelsgewerbe betreiben, vgl. § 123 Abs. 2 im Unterschied zu Abs. 1 HGB).

2. Strukturprinzipien von Körperschaften

1548 Körperschaften sind dagegen auf eine große Mitgliederzahl angelegt und ihr Zusammenschluss beruht nicht auf einem Vertrauen der Mitglieder untereinander.

1549 Daraus ergeben sich die, im Vergleich zu Personengesellschaften, umgekehrten Konsequenzen:

- Der **Bestand** der Gesellschaft ist unabhängig vom Ausscheiden einzelner Mitglieder (vgl. §§ 39, 41 BGB).
- Die Willensbildung erfolgt grundsätzlich nach dem **Mehrheitsprinzip** (vgl. § 32 Abs. 1 S. 2 BGB). Allerdings können die Gesellschafter selbstverständlich strengere Mehrheitserfordernisse im Gesellschaftsvertrag festlegen.
- Des Weiteren gilt der Grundsatz der **Drittorganschaft** (= Fremdorganschaft), d.h. die zu bestellenden Gesellschaftsorgane müssen nicht Mitglieder der Gesellschaft sein.
- Für Gesellschaftsverbindlichkeiten haften die Gesellschafter grundsätzlich nur mit dem Gesellschaftsvermögen und nicht daneben auch mit ihrem Privatvermögen (sog. **Trennungsprinzip**). Die durch die Haftungsbegrenzung auf das Gesellschaftsvermögen entstehenden Gefahren, die mit dem Erwerb der Rechtsfähigkeit entstehen, werden gesetzlich durch Regeln über die Kapitalausstattung und Kapitalerhaltung dieser Gesellschaften kompensiert (deshalb die Bezeichnung der AG und GmbH als Kapitalgesellschaften).
- Neben dem Erfordernis eines Vertragsschlusses muss eine Körperschaft für deren wirksame **Entstehung** in einem **öffentlichen Register eingetragen** werden (vgl. § 21 BGB).

1550 Ein **Gesellschaftsvermögen** kann immer, aber **muss nur bei den** (daher sog.) **Kapitalgesellschaften** vorhanden sein und – trotz Kapitalerhaltungsrecht – auch bei diesen *nur im Zeitpunkt der Gründung*. Später kann es z.B. durch Verluste aufgezehrt (sog. Unterbilanz) und sogar negativ werden (sog. Überschuldung).

1551 Da Gesellschaften als Personenvereinigung definiert werden, müssen bereits **begrifflich** stets **mindestens zwei Personen** vorhanden sein. Sinkt die Mitgliederzahl beim eingetragenen Verein auf unter drei Personen ab, wird ihm nach § 73 BGB die Rechtsfähigkeit entzogen; vergleichbar bei der Genossenschaft gem. § 80 Abs. 1 GenG. Fallen sämtliche Anteile einer Personengesellschaft in einer Hand zusammen (z.B. durch Erbschaft oder Austritt des vorletzten Gesellschafters), wird die Personengesellschaft automatisch zum **Einzelunternehmen**/-kaufmann. **Lediglich GmbH und AG** können auch durch nur eine natürliche oder juristische Person als alleiniger GmbH-Gesellschafter oder als alleiniger Aktionär gegründet werden oder bestehen mit nur einem Gesellschafter fort (**Ein-Mann-Kapitalgesellschaft**).

Die genannten Eigenschaften der Personengesellschaften bzw. Körperschaften sind lediglich die gesetzliche **Idealstruktur** der jeweiligen Gesellschaftsform. Allerdings kann diese Idealstruktur aufgrund der weitgehenden Vertragsfreiheit durch die Gesellschafter abbedungen werden. Zum Beispiel kann eine kapitalistische Personengesellschaft (= Personengesellschaft, welche die Organisationsmerkmale einer Körperschaft aufweist) oder eine personalistische Kapitalgesellschaft gebildet werden. Die **Realstruktur einer Gesellschaft** muss nicht mit der Idealstruktur übereinstimmen. Gerade dies führt zu der Komplexität und Vielfältigkeit des Gesellschaftsrechts. Vor allem hinsichtlich der Rechtsanwendung ergeben sich aus den **zahlreichen Mischformen** und **Kombinationsmöglichkeiten** erhebliche Schwierigkeiten, welche nur durch eine genaue Einzelfallbetrachtung der jeweiligen Gesellschaft gelöst werden können. **1552**

C. Entstehung von Gesellschaften

I. Personengesellschaften

1. Begriff

Eine Gesellschaft ist ein vertraglicher Zusammenschluss mehrerer Personen zu einem gemeinsamen Zweck (§ 705 BGB). Sie ist einerseits abzugrenzen von einem nicht auf vertraglicher Übereinkunft beruhenden Personenzusammenschluss, wie der gesetzlich begründeten Erbengemeinschaft (§§ 2032 ff. BGB), andererseits von zwar einverständlich vereinbarten Personenmehrheiten, bei denen die Beteiligten aber weiterhin individuelle Interessen verfolgen (Bruchteilsgemeinschaft, die stets nur an einem bestimmten Gegenstand besteht, vgl. §§ 741 ff. BGB und daher kein „Gesellschaftsvermögen" hat). **1553**

Personengesellschaften fehlt es an einer körperschaftlichen Organisation. Für sie ist charakteristisch die gemeinsame Entscheidungskompetenz aller Gesellschafter (§ 709 BGB), die Abhängigkeit der Gesellschaft vom Gesellschafterbestand (§ 727 BGB) sowie die Beendigung der Gesellschaft bei Zweckerreichung bzw. deren Unmöglichkeit (§ 726 BGB). **1554**

Grundform aller Personengesellschaften ist die GbR (§§ 705 ff. BGB). Soweit die Vorschriften der anderen Personengesellschaftsformen keine spezielleren Regelungen treffen, sind die Vorschriften über die GbR anwendbar. **1555**

Die praktisch wichtigsten Personengesellschaften sind die Personenhandelsgesellschaften (OHG und KG). Als Kaufleute ist auf sie, nicht unbedingt auf ihre Gesellschafter (für die Komplementäre umstritten), das Handelsrecht anwendbar.

I. Gesellschafts-vertrag	• Grds. formfreier Schuldvertrag • Gesellschafter: – natürliche oder juristische Personen, Personengesellschaften – GbR/nichtrechtsfähiger Verein bei GbR, GbR kann auch Kommanditistin (so BGH) oder Komplementärin (so OLG Celle) sein – Erbengemeinschaft nicht bei werbender, sondern nur bei Liquidationsgesellschaft, da nicht hinreichend rechtlich verselbstständigt
II. Förderungs-pflicht	• Zweckförderung i.d.R. durch Leistung der vereinbarten Beiträge, (§ 705 BGB)
III. Gemeinsamer Zweck	• Grds. jeder zulässige Zweck wirtschaftlicher oder ideeller Art • Qualifizierter Zweck bei OHG/KG: – Betrieb eines Handelsgewerbes unter gemeinschaftlicher Firma
IV. Zeitpunkt der Entstehung	• GbR: Abschluss des Gesellschaftsvertrags bzw. darin festgelegter Zeitpunkt • Personenhandelsgesellschaft: – Innenverhältnis: grds. Abschluss des Gesellschaftsvertrags bzw. darin festgelegter Zeitpunkt – Außenverhältnis: Eintragung im Handelsregister oder Aufnahme des Geschäftsbetriebs gem. §§ 23 Abs. 1, 2 HGB

2. Die Gesellschaft bürgerlichen Rechts

a) Allgemeines

1556 Gesellschaften bürgerlichen Rechts (GbR) sind in der Rechtswirklichkeit häufig anzutreffen und reichen von Lottotippgemeinschaften bis zu unternehmenstragenden Personenvereinigungen, z.B. Zusammenschlüsse zum Betrieb eines kleingewerblichen Handwerksbetriebs. Auch Anwalts- und Steuerberatersozietäten oder ärztliche Gemeinschaftspraxen sind häufig in Form einer GbR verfasst. Eheleute, welche gemeinsam ein Vermögen erwirtschaften wollen und bei denen sich die Mitarbeit des anderen Ehegatten nicht bloß auf das im Rahmen der ehelichen Lebensführung geschuldete Maß beschränkt, bilden u.U. eine Ehegatten-GbR.

b) Begriff

1557 Die GbR (§§ 705 ff. BGB) erfordert begrifflich einen Gesellschaftsvertrag. Vertragsinhalt muss die Verpflichtung sein, einen gemeinsamen Zweck durch Zusammenwirken zu erreichen. Gründer und Gesellschafter einer GbR können natürliche Personen und alle Gesellschaften sein, welche selbst zumindest teilrechtsfähig sind.

Wird ein auf Erreichung eines gemeinsamen Zwecks gerichteter Vertrag geschlossen, so liegt eine GbR vor, soweit nicht Sonderregeln, beispielsweise die §§ 105 ff., §§ 161 ff. HGB eingreifen (vollkaufmännische Personenhandelsgesellschaften) oder der Zusammenschluss körperschaftlichen Charakter hat. Über die Organisation braucht der Vertrag nichts zu enthalten, es greifen dann die gesetzlichen Regelungen. **1558**

Die Gesellschaftsgründung erfolgt durch rechtsgeschäftliche Einigung, §§ 145 ff. BGB (Abschlusstechnik des BGB). Die Gesellschaft ist, *sofern sie eine verbandsmäßige Organisation* hat, aber kein bloßes Schuldverhältnis. Ihre Gründung ist vielmehr auch ein *Organisationsakt*, durch den ein neuer Rechtsträger geschaffen wird. Grundsätzlich finden die Vorschriften des Allgemeinen Teils des BGB Anwendung, zu beachten sind jedoch die **Grundsätze der fehlerhaften Gesellschaft**. **1559**

Seit dem Urteil des BGH vom 29.1.2001[11] ist die GbR zumindest „teilrechtsfähig analog § 124 Abs. 1 HGB“, soweit sie durch Teilnahme am Rechtsverkehr eigene Rechte und Pflichten begründet, also nicht nur Innengesellschaft sein will. D.h.: Die Gesellschaft haftet für die Erfüllung vertraglicher Verbindlichkeiten, soweit sie wirksam vertreten wird. Verletzen Gesellschafter vertragliche Pflichten, muss sich dies die Gesellschaft (analog § 31 BGB bzw. nach § 278 BGB) zurechnen lassen. Unerlaubte Handlungen der Gesellschafter werden der Gesellschaft analog § 31 BGB zugerechnet. Die Gesellschafter der GbR haften nach der herrschenden Ansicht analog § 128 HGB für die Schulden der Gesellschaft. Die GbR ist wegen ihrer (Teil-)Rechtsfähigkeit parteifähig gem. § 50 ZPO, sie kann also klagen und verklagt werden. **1560**

Der Gesellschaftsvertrag der GbR ist grundsätzlich formfrei und kann *auch durch konkludentes Handeln* zustande kommen. Unbewußte Zusammenschlüsse als GbR sind daher möglich, weil den Beteiligten bei manchen gemeinsamen Zweckverfolgungen gar nicht bewußt wird, daß hierdurch eine Gesellschaft entsteht. Beispiel ist etwa die kurzfristige Zweckverfolgung bei Mitfahrgemeinschaften, sofern dies über eine reine Gefälligkeitsverbindung hinausgeht (Kriterien sind die Anlegung auf gewisse Dauer, die Teilung von Benzinkosten und die Bedeutung für die Beteiligten). Hier greift in Streitfällen die gesetzliche Regelung zur Gesellschaft. **1561**

Ein Formzwang für den GbR-Gesellschaftsvertrag kann sich aber aus dem Gegenstand der Einlage bzw. des Beitrags ergeben. **1562**

Beispiele: Im Gesellschaftsvertrag verpflichtet sich ein Gesellschafter, ein Grundstück in die (Außen-)[12] Gesellschaft einzubringen. Dann folgt der Formzwang – hier nämlich – aus § 311b Abs. 1 BGB.[13] Der gesamte Gesellschaftsvertrag muss in diesem Fall notariell beurkundet werden. Ebenso z.B. bei der Einbringung eines GmbH-Anteils in eine GbR (wegen § 15 Abs. 4 GmbHG).

11 BGHZ 146, 341 = NJW 2001, 1056.

12 Eine Innengesellschaft hat kein eigenes Gesellschaftsvermögen im zivilrechtlichen Sinne von Eigentum oder Inhaberschaft der Gesellschaft. Soll eine reine Innengesellschaft begründet werden unter Einlage eines Grundstücks, geht es nur um ein umfassendes Nutzungsrecht („wirtschaftliches Eigentum“). Formpflicht des Vertrages besteht aber, wenn für die Auseinandersetzung der Innengesellschaft eine bedingte *Übereignungspflicht an den/die Mitgesellschafter* übernommen wird.

13 § 311b Abs. 3 BGB mit einer Beurkundungspflicht für Verpflichtungsverträge über „das gegenwärtige Vermögen“ betrifft nicht Fälle, in denen Vermögensgegenstände einzeln aufgezählt werden und zwar auch dann nicht, wenn diese praktisch das ganze Vermögen ausmachen (Palandt/*Grüneberg*, BGB, § 311b Rn. 66). Ein Gesellschaftsvertrag wird aber immer nur zu einzeln benannten Einlagen verpflichten.

Formzwang gem. § 311b Abs. 1 BGB liegt dagegen nicht vor, wenn das Grundstück nur zur Nutzung eingebracht wird (bilanziell handelt es sich dann regelmäßig um sog. Sonderbetriebsvermögen des Gesellschafters); Gesellschaftsvermögen wird dann nur das Nutzungsrecht, ein Eigentumswechsel findet nicht statt.[14] Richtet sich der Gesellschaftszweck auf den Handel mit Grundstücken, besteht die Beurkundungspflicht hinsichtlich des Gesellschaftsvertrages nur, wenn bei seinem Abschluss bereits konkrete An- oder Verkaufsverpflichtungen eingegangen werden.

1563 Formfrei ist auch die Verpflichtung, Gesellschaftsanteile zu erwerben oder zu übertragen, und zwar auch dann, wenn das Gesellschaftsvermögen im Wesentlichen aus Grundbesitz besteht. Übertragen werden hierbei gerade keine Anteile am Gesellschaftsvermögen selbst (solche gibt es nicht; das Gesellschaftsvermögen gehört nicht den Gesellschaftern gemeinschaftlich etwa als Miteigentum, sondern allein der Gesellschaft), sondern GbR-Anteile.

c) Zweck der GbR

1564 Die GbR kann zu *jedem* erlaubten Zweck gegründet werden. Die GbR kann also sowohl wirtschaftliche als auch ideelle Zwecke verfolgen. Der Zweck kann dauernd, z.B. die ärztliche Gemeinschaftspraxis, oder vorübergehend sein, z.B. projektbezogene Arbeitsgemeinschaften von Baufirmen, Lottotippgemeinschaften.

1565 Der Zweck muss durch Zusammenwirken aller Gesellschafter – regelmäßig durch Beiträge – erreicht werden (§ 705 BGB; Förderpflicht). Die Beitragspflichten der Gesellschafter können durch gesellschaftsvertragliche Regelungen inhaltlich ausgestaltet sein als

- Geldzahlungen (Bareinlage),
- Übereignung von beweglichen und unbeweglichen Sachen (Sacheinlage) bzw.
- Abtretung von Forderungen,
- Gebrauchsüberlassung von Sachen (Nutzungseinlage, § 732 BGB) bzw.
- Nutzungserlaubnis[15] für Lizenzen und Patente,
- persönliche Dienstleistung (Verpflichtung, die eigene Arbeitskraft der Gesellschaft zur Verfügung zu stellen).

1566 Darin liegt ein wesentlicher Unterschied zu §§ 27 Abs. 2 Halbs. 2 AktG, 3 Abs. 2 Halbs. 2 GmbHG, wonach nur bilanzierungsfähige Wirtschaftsgüter als Einlage zur Kapitalaufbringung erbracht werden können. Personengesellschaften brauchen nämlich kein Kapital (zwecks Gläubigerschutzes) aufzubringen; es geht bei ihnen nur um die Förderung des Gesellschaftszwecks.

---

14 Soll ein Nießbrauch am Grundstück eingelegt werden, gilt für seine Bestellung davon unabhängig aber § 873 Abs. 1 BGB.

15 Regelmäßig wird bei einer Nutzungseinlage auch das wirtschaftliche Eigentum (§ 39 AO) nicht der Gesellschaft übertragen und deshalb der Gegenstand oder das Recht nicht im steuerlichen Betriebsvermögen zu bilanzieren sein, sondern im Sonderbetriebsvermögen. Zur Problematik, ob eine Nutzung ggf. ein selbstständiges Wirtschaftsgut darstellt, das dann durchaus der Gesellschaft wirtschaftlich zugeordnet wäre, vgl. BFH/NV 1994, 473 (Auskiesungsrecht). Hinzuweisen ist auf die Möglichkeit der Bestellung eines Nießbrauchs (§ 1030 BGB), auch Nießbrauch an Rechten (§ 1068 BGB), als dann selbstständiges Wirtschaftsgut (vgl. Rn. 1230 ff.).

d) Insb.: Betrieb eines Gewerbes

Der personale Zusammenschluss mehrerer Personen zum Betrieb eines Gewerbebetriebs ist nicht stets offene Handelsgesellschaft. Sofern das Unternehmen nach Art und Umfang nicht einen in kaufmännischer Weise eingerichteten Gewerbebetrieb erfordert (§ 1 Abs. 2 HGB) und nicht im Handelsregister eingetragen ist (§ 2 HGB), handelt es sich um eine Gesellschaft bürgerlichen Rechts. Betreibt die GbR ein Handelsgewerbe, dann wird sie also erst zu einer OHG, sobald das Unternehmen nach Art und Umfang einen in kaufmännischer Weise eingerichteten Geschäftsbetrieb erfordert (vgl. § 1 i.V.m. § 105 Abs. 1 HGB). Eine Gesellschaft bürgerlichen Rechts entsteht dementsprechend unabhängig von der Größe, wenn sich Freiberufler (Rechtsanwälte, Ärzte etc.) zu Berufsausübungsgemeinschaften zusammenschließen. Ihre Tätigkeit ist als solche niemals gewerblich. 1567

Beispiel: Die ARGE ist i.d.R. GbR und nicht oHG, weil es an den Merkmalen des Gewerbebegriffs fehlt. Die ARGE ist nicht planmäßig anbietend an einem Markt tätig, weil sie entweder gar nicht als Anbieter von Leistungen am Markt auftritt (Anbieter sind in diesem Fall die in der ARGE zusammengeschlossenen Gesellschaften) oder nur einmalig gegenüber einem einzigen Bauherrn. Vgl.: „Auftragnehmer für das Projekt A94 ist die Projektgesellschaft Isentalautobahn GmbH & Co. KG. (Diese) hat alle Planungs- und Bauleistungen für das Projekt A94 an die ARGE A94 Isentalautobahn übertragen. Die Bau-ARGE wird zu jeweils gleichen Teilen aus der B. Bau GmbH, der ARGE E. VI 1 GbR, bestehend aus der F. Bau GmbH, der H.W. Bau GmbH und der W. GmbH, und der W&F Ingenieurbau AG gebildet. Die ARGE A94 Isentalautobahn ist für die Planung und den Neubau des 33 km langen Abschnitts zwischen Pastetten und Heldenstein verantwortlich."

e) Das Gesellschaftsvermögen

Die ersten Aktiva des Gesellschaftsvermögens sind die Beitragsforderungen gegen die Gesellschafter, vgl. § 705 BGB. Der Anspruch auf die Beitragserbringung steht der Gesellschaft von Anfang an zu. 1568

Das Gesellschaftsvermögen stellt sich nach heutiger Rechtsauffassung nicht mehr nur als ein *dinglich gebundenes Sondervermögen* dar, das vom sonstigen Vermögen der Gesellschafter rechtlich zu unterscheiden ist, sondern es wird **der GbR übertragen** *und die* **GbR wird Inhaber***, im Fall der Übereignung von Sachen* **Eigentümer**. 1569

Auch im Falle mehrerer beteiligungsidentischer Gesellschaften ist eine eindeutige Zuordnung notwendig, sei es, dass eine Gesellschaft z.B. an einer Sache nur einen Miteigentumsanteil haben mag.

Aus einem wirksam abgeschlossenen Gesellschaftsvertrag sind die Gesellschafter verpflichtet, den Gesellschaftszweck zu fördern, was insb. durch die Leistung der versprochenen Beiträge erfolgen soll (§ 705 BGB). Bei Fehlen einer gesellschaftsvertraglichen Regelung sind die Beitragspflichten identisch (§ 706 BGB). Hat ein Gesellschafter die von ihm versprochene **Einlage** erbracht, ist er **zu Nachschüssen nicht verpflichtet** (§ 707 BGB); etwas anderes gilt nur bei einer *anderweitigen gesellschaftsvertraglichen Regelung* oder nach § 735 BGB bei der Auflösung der Gesellschaft. 1570

Auf die Beitragspflichten der Gesellschafter sind die §§ 320 ff. BGB grundsätzlich nicht anwendbar. Der Gesellschaftsvertrag ist kein gegenseitiger Vertrag. Die Gesellschafter leisten nämlich nicht, um eine Gegenleistung zu erhalten, sondern um den Gesell- 1571 schaftszweck zu fördern bzw. zu erreichen. Die **Beitragspflicht** besteht gegenüber der Gesellschaft (sog. **Sozialanspruch**), nicht im Verhältnis der Gesellschafter zueinander.

Etwas anderes kann bei zweigliedrigen Gesellschaften gelten.

Beispiel: Einlagen (Definition in § 4 Abs. 1 S. 8 EStG) sind bei der steuerlichen Gewinnermittlung (§ 2 Abs. 2 Nr. 1 EStG) gesondert zu erfassen. Unabhängig von der Ermittlungsart (vgl. § 4 Abs. 1 vs. Abs. 3 EStG) bilden die Entnahmen und Einlagen einen Korrekturposten und werden bei der Ermittlung des betrieblichen Ergebnisses eliminiert (vgl. auch „verdeckte Einlagen" Rn. 1950). Im Rahmen der Bilanzierung (Betriebsvermögensvergleich) erfolgt das gem. § 4 Abs. 1 S. 1 EStG durch Einstellen in das „(Eigen- oder Schluss-) Kapital"; bei der Gewinnermittlung nach § 4 Abs. 3 EStG (Einnahmen-Überschuss-Rechnung) durch Abzug als (fiktive) Betriebsausgabe. Einlagen müssen zum Zeitpunkt der Zuführung ins Betriebsvermögen mit dem Teilwert bewertet werden, nur ausnahmsweise höchstens mit den Anschaffungs- oder Herstellungskosten (vgl. § 6 Abs. 1 Nr. 5 EStG). Möglich sind auch die steuermindernde Einlage von Aufwendungen und außerbetrieblichen Leistungen (nicht aber die eigene Arbeitskraft des Inferenten, die gesellschaftsrechtlich dagegen durchaus eine Beitragspflicht sein kann). – Stille Reserven, die sich auf Einlagen bilden, sind beim Ausscheiden der Einlagen aus dem Betriebsvermögen zu realisieren und somit zu versteuern, sofern nicht die Grundsätze der Realteilung gelten (dazu Rn. 2036). Entsprechend können Wertverluste der Einlagen, wie z.B. Abschreibungen, gewinnmindernd berücksichtigt werden.

Werden statt einzelner Wirtschaftsgüter ganze Betriebe, Teilbetriebe oder Mitunternehmeranteile eingebracht (sog. „**Einbringung**" i.S.d. § 24 UmwStG), besteht ein Wahlrecht für den Wertansatz zur Fortführung des Buchwertes oder dem Ansatz mit dem Teil- oder einem Zwischenwert (vgl. Rn. 2618).

f) Handelsrechtliche und steuerliche Besonderheiten (Mitunternehmerschaft)

1572 Während Personengesellschaften, sofern sie Außengesellschaften sind aus zivilrechtlicher Sicht eine eigene Rechtspersönlichkeit besitzen, sieht sie das Steuerrecht für ertragsteuerliche Zwecke gerade nicht als Steuersubjekt an. Zwar kennzeichnet die Außengesellschaft gerade die Einkunftserzielung als Gesellschaft; sie tritt als solche nach außen auf, weil nur sie ein Zusammenschluss zur gemeinsamen Berufsausübung ist.

Beispiel: Sowohl die Büro- bzw. Praxisgemeinschaft als auch Gemeinschaftspraxis oder Sozietäten werden meist in der Form der GbR geführt. Die Büro-/Praxisgemeinschaft wird dabei als GbR-Innengesellschaft betrieben, die nach außen nur insoweit in Erscheinung tritt, als es für die Unterhaltung der gemeinschaftlichen Personal- und Sachmittel erforderlich ist (z.B. Unterhaltung eines gemeinsam genutzten Sekretariats oder Anmietung von parallel genutzten Räumlichkeiten zwecks besserer Auslastung und Kostenersparnis). Nur die Sozietät bzw. Gemeinschaftspraxis ist eine Berufsausübungsgemeinschaft (Außengesellschaft) und erzielt als solche selbst Einkünfte. Mangels eigener Einkünfte einer Innengesellschaft, sind (ertrag-)steuerlich nur Außengesellschaften von Belang.

1573 Anders als bei Körperschaften (vgl. § 1 KStG) ist im Fall von Personen-Außen-Gesellschaften entscheidend, ob sie eine **„Mitunternehmerschaft"** sind. Mitunternehmerschaft ist ein Zusammenschluss von Mitunternehmern zur Erzielung gewerblicher Einkünfte (Grundnorm ist § 15 Abs. 1 S. 1 Nr. 2 EStG). Der Gewerbebetrieb ist allgemein definiert in § 15 Abs. 2 S. 1 EStG und abgegrenzt zu freiberuflichen (§ 18 EStG) und land-/forstwirtschaftlichen Einkünften (§ 13 EStG). Ein Gewerbebetrieb liegt außerdem vor in den Fällen der gewerblichen Infektion (§ 15 Abs. 3 Nr. 1 EStG) bei einer nur teilweisen (nicht ganz unerheblichen) gewerblichen Tätigkeit innerhalb einer Personengesellschaft oder der Beteiligung an einer weiteren Mitunternehmerschaft und bei gewerblicher Prägung (§ 15 Abs. 3 Nr. 2 EStG; insb. die GmbH & Co. KG).

Obwohl eine GbR kein vollkaufmännisches Gewerbe führen kann, kann sie dennoch *gewerbliche Einkünfte* haben und daher Mitunternehmerschaft sein. Das Konzept der mitunternehmerschaftlichen Besteuerung gilt außerdem für freiberufliche und land-/forstwirtschaftliche Einkünfte entsprechend (Verweise in § 18 Abs. 4 S. 2 bzw. § 13 Abs. 7 EStG; während §§ 20 Abs. 8 S. 1, 21 Abs. 3 EStG die Einkünfte aus Kapitalvermögen und Vermietung, wenn sie zu einer anderen Einkunftsart gehören, als dann solche andere Einkünfte umqualifizieren). Nur im Fall der Mitunternehmerschaft (also gewerbliche oder entsprechend freiberufliche bzw. landwirtschaftliche) liegt steuerliches Betriebsvermögen vor (Abgrenzung insb. zur nur vermögensverwaltenden Personengesellschaft[16], die statt dessen Einkünfte v.a. nach §§ 20, 21 EStG aus steuerlichem Privatvermögen haben). **1574**

Die Mitunternehmer als Gesellschafter einer Mitunternehmerschaft wiederum sollen so besteuert werden, als wären sie Einzelunternehmer. Damit ein Gesellschafter einer Personengesellschaft auch „Mitunternehmer" ist (und damit Einkünfte nach § 15 Abs. 1 S. 1 Nr. 2 EStG erzielt) müssen als Voraussetzungen das Mitunternehmerrisiko und die Mitunternehmerinitiative vorliegen. Ein **Mitunternehmerrisiko** trägt, wer wenigstens die Gewinnchancen und das (beschränkte) Verlustrisiko eines Kommanditisten (§ 171 Abs. 1 HGB), **Mitunternehmerinitiative**, wer wenigstens die Kontroll- und Widerspruchsrechte eines Kommanditisten (§§ 164, 160 HGB), hat. **1575**

Beispiel: Untergrenze des Mitunternehmers ist das gesetzliche Leitbild eines Kommanditisten. Dieses ist nicht gegeben z.B. einerseits bei einer Haftungsfreistellung im Innenverhältnis oder andererseits der Zurückbehaltung von Stimmrechten, wie sie bei vorweggenommener Erbfolge des Öfteren vorgesehen wird.

Zum notwendigen Betriebsvermögen einer Personengesellschaft rechnen nach § 15 Abs. 1 S. 1 Nr. 2 i.V.m. § 4 Abs. 1 EStG zusätzlich zu den gem. § 718 BGB im zivilrechtlichen Gesamthandseigentum der Mitunternehmerschaft oder ergänzend dazu in ihrem wirtschaftlichem Eigentum (§ 39 Abs. 2 AO) stehenden Wirtschaftsgütern (i.e. zusammen das steuerliche Gesamthandsvermögen) auch solche Wirtschaftsgüter, die einem Mitunternehmer (als zivilrechtlicher oder wirtschaftlicher Eigentümer) gehören, wenn sie geeignet und bestimmt sind, dem Betrieb der Personengesellschaft (Sonderbetriebsvermögen I) oder der Beteiligung des Gesellschafters an der Personengesellschaft (Sonderbetriebsvermögen II) zu dienen. **1576**

Beispiel ist die mitunternehmerische, vertikale Betriebsaufspaltung einer Besitzpersonengesellschaft, welche die Anteile an der Betriebspersonengesellschaft (nicht Kapitalgesellschaft) hält.

Bedeutung hat das Sonderbetriebsvermögen u.a. für die Ermittlung des steuerlichen Gesamtgewinns der Mitunternehmerschaft. Dazu rechnen auch die Erträge aus den positiven wie negativen Wirtschaftsgütern des Sonderbetriebsvermögens des Mitunternehmers (Sonderbetriebseinnahmen und -ausgaben). Diese werden in Sonderbilanzen mit Sonder-Gewinn- und Verlustfeststellung erfasst und dadurch zu gewerblichen Einkünften umqualifiziert. Die Ergebnisse der Sonderbilanz I und II sind gem. § 15 Abs. 1 S. 1 **1577**

16 Vgl. §§ 105 Abs. 2, 161 Abs. 2 HGB i.V.m. § 2 HGB (Kann-Kaufmann). Der steuerliche Gewerbebetrieb entspricht dem Handelsgewerbe gem. § 1 Abs. 1 HGB, für das daher auch die Definition in § 15 Abs. 2 S. 1 EStG herangezogen werden kann.

Nr. 2 EStG (als sog. zweistufige Gewinnermittlung) wie die Ergebnisse aus der (Gesamthands-)Steuerbilanz der Personengesellschaft (inkl. Ergänzungsbilanzen) einheitlich und gesondert festzustellen (vgl. §§ 179 Abs. 2 S. 1, 180 Abs. 1 S. 1 Nr. 2 a) AO).

1578 Sonderbilanzen kennt das Handelsrecht nicht. In den handelsrechtlichen Abschluss fließen nur solche Wirtschaftsgüter (des Gesamthandsvermögens) ein, die der Personengesellschaft zivilrechtlich oder zumindest *wirtschaftlich gehören* (§ 246 Abs. 1 HGB). Die (steuerliche) Gesamthandsbilanz ist hinsichtlich der Vermögenszuordnung weitgehend mit der Handelsbilanz der Personenhandelsgesellschaft identisch (mögliche Abweichungen bestehen, weil nur die Handelsbilanz z.B. *steuerlich* aufgrund fehlender betrieblicher Nutzung einzelner Vermögensgegenstände *notwendiges Privatvermögen* erfassen kann; ebenso für gewillkürtes Betriebsvermögen). Die Bilanzansatz- und Bewertungsvorschriften von HGB und EStG unterscheiden sich für Handels- und Steuerbilanz allerdings erheblich.

1579 Die in einer Sonderbilanz (nur für steuerliche Zwecke) erfassten Wirtschaftsgüter, die hingegen *einem Gesellschafter* als (zivilrechtlicher oder wirtschaftlicher) Eigentümer zuzurechnen sind (also sein Sonderbetriebsvermögen), dürfen in der Handelsbilanz der Personengesellschaft nicht ausgewiesen werden.

1580 *Handelsrechtlich* (wie *steuerlich*) rechnen zum Vermögen der Gesellschaft allerdings nicht nur diejenigen Wirtschaftsgüter, die *zivilrechtlich zum Gesellschaftsvermögen* gehören (also z.B. der Gesellschaft übereignet wurden), sondern auch solche im sog. **wirtschaftlichen Eigentum** der Gesellschaft. § 246 Abs. 1 S. 2 Halbs. 2 HGB schreibt vor, dass derjenige, dem der Vermögensgegenstand wirtschaftlich zuzurechnen ist, diesen in seiner Bilanz auszuweisen hat. Dieser handelsrechtliche Begriff des wirtschaftlichen Eigentums ist an § 39 Abs. 2 Nr. 1 AO angelehnt und führt praktisch zu übereinstimmenden Ansätzen in der Handels- und Steuerbilanz.

Das Konzept des wirtschaftlichen Eigentums gilt ebenso für die – nur steuerlich existenten – Sonderbilanzen der Personengesellschaft; es führt aber nicht dazu, dass das steuerlich zu erfassende Sonderbetriebsvermögen der Mitunternehmer zugleich wirtschaftliches Eigentum der Gesellschaft würde (Wirtschaftsgüter sind entweder der Gesellschaft oder dem Gesellschafter zuzurechnen).

3. Die Offene Handelsgesellschaft (OHG)

1581 Die OHG ist eine Sonderform der GbR, gesetzlich geregelt in den §§ 105 bis 160 HGB. Soweit das HGB für einzelne Rechtsfragen der OHG keine spezielleren Regelungen bereithält, finden über die Verweisung in § 105 Abs. 3 HGB subsidiär die Regelungen über die GbR, §§ 705 ff. BGB, Anwendung.

a) Begriff

1582 Nach § 105 Abs. 1 HGB ist die OHG eine Gesellschaft, deren Zweck auf den Betrieb eines Handelsgewerbes unter gemeinschaftlicher Firma gerichtet ist, wenn bei keinem der Gesellschafter die Haftung gegenüber den Gesellschaftsgläubigern beschränkt ist.

1583 Bei der OHG handelt es sich um einen vertraglichen Zusammenschluss mehrerer Personen. Der gemeinsame Zweck besteht jedoch im – *vollkaufmännischen* (§ 1 Abs. 2 bzw. § 2 HGB) – Betrieb eines Handelsgewerbes unter gemeinschaftlicher Firma (vgl. § 105

Abs. 1 HGB). Die Gründung einer OHG gem. § 105 Abs. 2 HGB ist auch für *kleingewerbliche* Gesellschaften möglich (die nur einen minderkaufmännischen Geschäftsbetrieb haben) oder die nur eigenes Vermögen verwalten. Vermögensverwaltungsgesellschaften sind etwa Immobilienverwaltungsgesellschaften und Holdinggesellschaften aber auch Besitzgesellschaften im Rahmen von *Betriebsaufspaltungen*. Erforderlich ist dann eine konstitutive Eintragung der Gesellschaft im Handelsregister gem. § 2 HGB.

Gesellschafter einer OHG können natürliche oder juristische Personen, also insb. auch **1584**
Kapitalgesellschaften (z.B. GmbH, AG), außerdem andere OHGs, KGs sowie die GbR sein. Auch die Vor-GmbH kann Gesellschafterin einer OHG oder einer KG sein.

Zu Besonderheiten der Firmierung, wenn kein Vollhafter eine natürliche Person ist, vgl. § 19 Abs. 2 HGB (z.B. „GmbH & Co. OHG"); Vergleiche dann zu den Pflichtangaben auf Geschäftsbriefen der Gesellschaft § 125a Abs. 1 S. 2 HGB.

b) Die Entstehung der OHG

Die Entstehung der OHG vollzieht sich in drei unterschiedlich zu behandelnden Stufen: **1585**

aa) Der Abschluss des Gesellschaftsvertrages (§ 109 HGB).
bb) Die Aufnahme der Geschäfte der OHG vor Eintragung in das HR (§ 123 Abs. 2 HGB).
cc) Die Eintragung der OHG in das Handelsregister (§ 123 Abs. 1 HGB).

Zu aa): Der Abschluss des Gesellschaftsvertrages lässt die OHG im Innenverhältnis **1586**
entstehen. Dieses Innenverhältnis kann, wie § 109 HGB besonders betont, frei gestaltet werden.

Zu bb): Gem. § 123 HGB beginnt die **Wirksamkeit der OHG Dritten gegenüber** mit **1587**
der öffentlichen Bekundung der Gesellschafter, dass sie als OHG am Rechtsverkehr teilnehmen wollen. Eine solche Erklärung liegt stets in der Eintragung der Firma im Handelsregister (§ 123 Abs. 1 HGB). Da die Eintragung Wochen oder Monate dauert, erfolgt die Geschäftsaufnahme oftmals früher. Sie liegt darin, dass im Namen der Gesellschaft gehandelt wird und/wenn alle Gesellschafter damit einverstanden sind. Das können dem Gesellschaftszweck dienende, an Dritte gerichtete Handlungen sein (z.B. Umsatzgeschäft), insb. aber auch Vorbereitungshandlungen (z.B. Anmietung von Räumen, Anstellung von Personal, Eröffnung von Bankkonten).

Nimmt die Gesellschaft **vor Eintragung ihre Geschäftstätigkeit auf**, ist nach § 123 **1588**
Abs. 2 HGB zu unterscheiden, ob die Kaufmannseigenschaft nach § 1 Abs. 2 HGB zu bejahen ist oder ein Fall des § 2 i.V.m. § 105 Abs. 2 HGB gegeben ist:

Betreibt die Gesellschaft ein Handelsgewerbe i.S.d. § 1 Abs. 2 HGB, so ist die Eigenschaft als Handelsgesellschaft (§ 6 Abs. 1 HGB) durch die Aufnahme der Tätigkeit gegeben. Die spätere Eintragung hat nur noch *deklaratorische* Bedeutung. Liegt hingegen ein Unternehmen nach §§ 2, 3 bzw. 105 Abs. 2 HGB vor, so wird die Kaufmannseigenschaft erst mit der dann *konstitutiven* Eintragung erworben.

Zu cc): Spätestens mit Eintragung im Handelsregister, aber wie gesehen ggf. bereits **1589**
auch schon früher, entsteht die OHG Dritten gegenüber. Bedeutung hat das für einen handelnden Vertreter, der bei Geschäften vor Entstehung der OHG als vollmachtloser Vertreter agiert und nach §§ 177, 179 BGB ggf. selbst haftet, statt wie gemeint, die

Gesellschaft zu verpflichten. Unproblematisch ist das nur, wenn das Geschäft zugleich die OHG zur Entstehung bringt, was aber eben nur bei einem vollkaufmännischen Gewerbe der Fall ist. Ansonsten sollten Geschäfte erst nach Eintragung erfolgen, weil damit jedenfalls die Gesellschaft entstanden ist.

1590 Die OHG hat durch die Firma (§ 124 HGB) eine Position erreicht, die an sich nur bei juristischen Personen möglich ist. Sie tritt im Außenverhältnis unter ihrem Handelsnamen auf und wird so behandelt, als ob sie eine eigene Rechtspersönlichkeit hätte.

Im Innenverhältnis zwischen den Gesellschaftern bleibt die OHG jedoch gesamthänderisch geprägt. Die Gesamtheit der Rechte und Pflichten aus dem Innenverhältnis fasst man unter dem Begriff der Mitgliedschaft zusammen. Zu den Rechten gehören Mitverwaltungs-, Vermögens-, Informations- und Kontrollrechte, die wichtigsten Pflichten sind die Beitrags-, Geschäftsführungs- und Treuepflichten. Die Mitgliedschaft ist gegenüber der in einer Körperschaft also von vornherein (schon gesetzlich) etwas anders ausgestaltet.

Eine terminologische Einordnung der OHG als (trotzdem) juristische Person oder (bloß) teilrechtsfähiges Zwischending (Hybride) bringt dabei keinen Erkenntnisgewinn.

c) Haftung für Altschulden bei Eintritt in ein Einzelunternehmen (§ 28 HGB)

1591 Eine Gesellschaftsgründung kann auf einem bereits bestehenden Geschäft aufbauen. Durch Gesellschaftsvertrag kann ein Einzelkaufmann einen Dritten in sein Geschäft aufnehmen. In diesem Fall bringt der Einzelkaufmann sein (vollkaufmännisches bzw. eingetragenes) Unternehmen in die Gesellschaft als Einlage ein. Das bisherige Einzelunternehmen und die weitere Einlage des Dritten bilden dann das neue Gesellschaftsvermögen.

Nach § 28 Abs. 1 HGB **haftet das Gesellschaftsvermögen** der neu entstehenden Personenhandelsgesellschaft dann für die betrieblichen (nicht die privaten) Verbindlichkeiten des früheren Alleininhabers (Einzelunternehmers). Dabei ist irrelevant, ob durch den Eintritt eine OHG oder eine KG entsteht (das hängt allein von den Vereinbarungen der Gesellschafter ab; Sollen beide unbeschränkt haften, handelt es sich um eine OHG, soll einer der Gesellschafter beschränkt haften, also lediglich Kommanditist sein, handelt es sich um eine KG).

Ob die Firma (§§ 17 ff. HGB) des Einzelunternehmers durch die OHG/KG fortgeführt wird, ist für die Haftung nach § 28 HGB anders als bei den §§ 25 ff. HGB nicht entscheidend. § 28 Abs. 1 S. 1 HGB beruht allein auf dem Zusammenhang von Vermögen und Schulden; die Einbringung des Einzelunternehmens in die entstehende Gesellschaft erfolgt also gesetzlich samt Aktiva und Passiva (ein Haftungsausschluss ist aber nach § 28 Abs. 2 HGB durch Eintragung im Handelsregister möglich).

1592 Die **Haftung des neu eintretenden Dritten** folgt dann – wie stets bei Gesellschaftsverbindlichkeiten – aus § 128 HGB (bei der OHG; tritt er als Kommanditist ein, gilt die Haftungsbegrenzung gem. § 171 HGB). Der **bisherige Einzelunternehmer haftet** ebenfalls als Gesellschafter der neuen Gesellschaft gem. § 128 HGB (bzw. § 171 HGB), aber *daneben* – wie vor der Einbringung – auch als persönlicher Schuldner fort. Anders als ein Veräußerer im Falle der §§ 25, 26 HGB scheidet er nicht aus dem Unternehmen aus, so dass für eine Anwendung der zeitlichen Haftungsbegrenzung nach § 26 HGB kein Raum ist.

Umstritten und noch nicht höchstrichterlich entschieden ist, ob die handelsrechtliche Haftungsnorm des § 28 Abs. 1 S. 2 HGB analog anzuwenden ist, wenn durch die Beteiligung einer Person an dem Geschäft eines Einzelunternehmers, das – z.B. mangels ausreichenden Umfangs der gewerblichen Tätigkeit – kein Handelsgewerbe i.S.v. § 1 HGB ist, eine GbR, nicht eine OHG oder KG gegründet wird. 1593

Eine Minderheitenmeinung wendet § 28 Abs. 1 HGB analog an, weil nach Anerkennung der Rechtsfähigkeit der Außen-GbR auch die Gesellschaft selbst hafte und damit die Rechtsfolge des § 28 Abs. 1 HGB auch bei der GbR passe. Im Übrigen sei die Außen-GbR der OHG stark angenähert, so dass eine Gleichstellung und einheitliche Regelung für alle Personengesellschaften gerechtfertigt sei.[17] Dagegen wird eingewandt, eine Beschränkung der Haftung durch Eintragung nach § 28 Abs. 2 HGB könne bei einer GbR mangels GbR-Register nicht erfolgen, so dass letztlich die GbR schlechter als die OHG stünde, obwohl sie kein Handelsgewerbe betreibt. Der BGH hat die Frage bislang offengelassen, betont aber, dass § 28 Abs. 1 HGB ausdrücklich die *Kaufmannseigenschaft des Einzelunternehmers voraussetze*, was die Begründung einer GbR durch den Eintritt eigentlich ausschließt. Rechtsfolge der analogen Anwendung von § 28 Abs. 1 HGB wäre demgegenüber, dass (auch) die neu gegründete GbR für die Verbindlichkeiten des Einzelunternehmers haftet, was zwangsläufig auch die Haftung ihrer Gesellschafter über § 128 HGB analog nach sich zöge. Dies wäre für den neu Hinzugekommenen nachteilig, für den Einzelunternehmer hingegen keine weitere Belastung, da er für seine bisher begründeten Verbindlichkeiten ohnehin weiter haftet.

d) Unterschiede OHG und GbR

OHG und GbR sind ausgehend von § 124 HGB wesensverschieden dahin, dass 1594

- die OHG eine Firma führt. Die GbR tritt mit den Namen der Gesellschafter auf, und zwar mit allen Namen mit dem Zusatz „GbR“;
- die OHG in das Handelsregister eingetragen wird. Für die GbR gibt es kein Register. Zu beachten ist jedoch die Eintragung der GbR mit ihren sämtlichen Gesellschaftern gem. § 162 Abs. 1 S. 2 HGB, falls die GbR Kommanditistin einer KG ist;
- die OHG Prokuristen haben kann. Bei der GbR sind nur Handlungsbevollmächtigte möglich – und auch das nur, sofern sie ein (minderkaufmännisches) Kleingewerbe betreibt –, ansonsten nur BGB-Stellvertreter (vgl. § 164 BGB).

e) Exkurs: Firmenrecht

Nach § 17 HGB ist die Firma eines Kaufmanns der Name, unter dem dieser im Handel seine Geschäfte betreibt und die Unterschrift abgibt. Ein Kaufmann kann unter seiner Firma klagen und verklagt werden. 1595

Die handelsrechtliche Firma ist nur der Name, nicht aber das Unternehmen als solches. Auch ist die Firma der Name des Kaufmanns als Unternehmensträger (also des Rechtsträgers: des Einzelunternehmers oder der OHG/KG, GmbH etc.), nicht des von diesem betriebenen Unternehmens.

17 Noch weitergehender *K. Schmidt*, Handelsrecht (2014), § 7 Rn. 63 ff. (Zuweisung von Forderungen und Verbindlichkeiten an den jeweiligen Inhaber eines „Unternehmens“ durch die §§ 25 ff. HGB; rechtsformunabhängig).

Zulässig sind rechtsformunabhängig Personal-, Sach- oder Phantasiefirmen. Für die Bildung und Führung der Firma eines Kaufmanns sind nach § 17 ff. HGB bestimmte **Firmengrundsätze** zu beachten. Nach dem *Grundsatz der Firmeneinheit* darf ein Kaufmann für ein und dasselbe Unternehmen nur eine Firma führen. Organisatorisch voneinander getrennte Geschäfte desselben Kaufmanns können dagegen mehrere Firmen haben.

Die Firma muss nach § 18 Abs. 1 HGB (*Firmenunterscheidbarkeit*) zur Kennzeichnung geeignet sein („merkbar") und darüber hinaus Unterscheidungskraft besitzen (nicht bloßer Gattungsbegriff o.ä.). Fehlt eine Individualisierbarkeit aufgrund der Bezeichnung besteht insoweit ein Freihaltebedürfnis (unzulässig z.B. „Profi-Handwerker GmbH"; vgl. BayObLG DB 2003, 2382).

Nach § 30 Abs. 1 HGB (*Firmenausschließlichkeit*) muss sich die Firma darüber hinaus von allen an demselben Ort bereits bestehenden, eingetragenen Unternehmen deutlich unterscheiden, d.h. es darf keine Verwechslungsgefahr entstehen.

Der *Grundsatz der Firmenwahrheit* bedeutet schließlich, dass die Firma keine Angaben enthalten darf, die geeignet sind, über geschäftliche Verhältnisse, die für potenzielle Geschäftspartner wesentlich sind, irrezuführen (§ 18 Abs. 2 HGB). Ein Verstoß gegen das Irreführungsverbot besteht z.B. bei Bezeichnung als „Fabrik" für einen Handwerksbetrieb, „Deutsche ..." für eine nur lokale Tätigkeit. Dazu gehört auch das speziell geregelte Erfordernis des Rechtsformzusatzes bei allen Unternehmensträgern (§ 19 HGB), damit deutlich wird, ob die Firma eine natürliche Person oder eine Gesellschaft bezeichnet.

In Einzelfällen hat der *Grundsatz der Firmenbeständigkeit* Vorrang vor dem Gebot der Firmenwahrheit. So darf eine Firma unverändert bestehenbleiben, obwohl sie unrichtig (unwahr) geworden ist. Die Unrichtigkeit kann u.a. darauf beruhen, dass in der Firma der Name des Inhabers enthalten ist und sich dieser geändert hat (§ 21 HGB), der Inhaber des Handelsgeschäfts rechtsgeschäftlich oder kraft Erbfolge gewechselt hat und der bisherige Eigentümer oder seine Erben eingewilligt haben (§ 22 HGB) oder Gesellschafter ein- oder ausgetreten sind (§ 24 HGB). Scheidet ein Gesellschafter aus, kann sein Eigenname nur in der Firma bleiben, wenn er (oder seine Erben) eingewilligt haben (§ 24 Abs. 2 HGB). Für den Rechtsformzusatz gilt der Beständigkeitsgrundsatz selbstverständlich nicht.

1596 Auf allen **Geschäftsbriefen des Kaufmanns**, die an einen bestimmten Empfänger gerichtet sind, müssen seine Firma, der Rechtsformzusatz des § 19 HGB, der Ort seiner Handelsniederlassung, das Registergericht und die Nummer, unter der die Firma in das Handelsregister eingetragen ist, angegeben werden (§ 37a HGB). Diese Pflichten bestehen ebenso für die Handelsgesellschaften des HGB (OHG und KG) gem. §§ 125a, 177a HGB, für die Aktiengesellschaft gem. § 80 AktG, für die GmbH gem. § 35a GmbHG und für die Genossenschaft gem. § 25a GenG.

f) Exkurs: Handelsregister

1597 Das Handelsregister ist ein öffentliches Verzeichnis bestimmter für den Handelsverkehr rechtserheblicher Tatsachen und Rechtsverhältnisse. Es dient der Information (Publikationsfunktion), der Erleichterung der Beweisführung im Prozess

(Beweisfunktion) und dem Schutz des Rechtsverkehrs (Schutzfunktion). Es wird bei den Amtsgerichten geführt.

In das Handelsregister können nur die **eintragungsfähigen Tatsachen** eingetragen werden, also diejenigen Tatsachen, bei denen das Gesetz ausdrücklich bestimmt, dass sie eingetragen werden können. Z.B. gem. § 29 HGB ist der Kaufmann verpflichtet, seine Firma ins Handelsregister eintragen zu lassen. In aller Regel sind die eintragungsfähigen Tatsachen gleichzeitig auch **eintragungspflichtig**. Nur ausnahmsweise bestimmt das Gesetz, dass Tatsachen eingetragen werden können, aber nicht eingetragen werden müssen (z.B. der Haftungsausschluss bei Unternehmensübertragung nach §§ 25 Abs. 2, 28 Abs. 2 HGB). Andere als gesetzlich bestimmte Tatsachen sind nicht eintragungsfähig.

Gelegentlich sind auch Tatsachen zum Handelsregister „einzureichen", die nicht eingetragen werden, so beispielsweise jede Veränderung in den Personen der Gesellschafter der GmbH (§ 40 Abs. 1 S. 1 GmbHG); diese „Gesellschafterliste" wird beim Handelsregister nur verwahrt und hat eine eigenständig geregelte Vermutungswirkung (vgl. § 16 Abs. 1 GmbHG).

Von ihrer *Wirkung* her sind ferner **deklaratorische** und **konstitutive Eintragungen** zu **1598**
unterscheiden. Im Falle von **deklaratorischen Eintragungen** ist die Rechtswirkung nicht abhängig von der Eintragung. So hat z.B. ein Angestellter, dem Prokura (§ 48 HGB) vom Geschäftsinhaber erteilt worden ist, ab der Erteilung Vertretungsmacht in dem in § 49 HGB genannten Umfang. Die spätere Eintragung der Prokura im Handelsregister (§ 53 Abs. 1 HGB) sorgt nur noch für eine Klarstellung nach außen. Sie wird deshalb deklaratorisch (= rechtsbekundend) genannt. Deklaratorisch ist auch die Eintragung eines Kaufmanns i.S.d. § 1 Abs. 2 HGB. Erfordert das Unternehmen nach Art und Umfang einen in kaufmännischer Weise eingerichteten Geschäftsbetrieb, ist der Inhaber schon kraft Gesetzes Kaufmann; seine Eintragung stellt das lediglich klar.

Konstitutive Eintragungen sind hingegen solche, bei denen die Rechtswirkung erst mit der Eintragung beginnt. Die Eintragung ist damit rechtsbegründend. Dies ist z.B. bei den Kaufleuten der §§ 2, 3 HGB der Fall: Der Kleingewerbetreibende ist erst Kaufmann, wenn die Eintragung im Handelsregister erfolgt ist. Ebenso ist die Eintragung einer GmbH oder AG im Handelsregister konstitutiv. Die Gesellschaft entsteht erst mit der Eintragung (vgl. § 41 Abs. 1 AktG; § 11 Abs. 1 GmbHG).

Das Handelsregister schützt das Vertrauen derjenigen Personen, die sich auf die Richtig- **1599**
keit einer Registereintragung verlassen, § 15 HGB (Publizität des Handelsregisters). Stimmen Registerinhalt und Realität überein, setzt sich die jeweilige Tatsache auch gegen einen anderweitigen widersprechenden Rechtsschein durch (§ 15 Abs. 2 HGB). Das ist der Sinn jedes Registers.

Weitergehend regelt § 15 Abs. 1 HGB die **negative Publizität** des Handelsregisters. **1600**
Geschützt wird das Vertrauen Dritter

darauf, dass eintragungspflichtige Tatsachen ordnungsgemäß in das Handelsregister eingetragen wurden. Die Vorschrift bezieht sich also auf deklaratorische Eintragungen, bei denen die Wirksamkeit der einzutragenden Tatsache nicht davon berührt wird, dass die Eintragungspflicht verletzt wurde. § 15 Abs. 1 HGB schützt das Vertrauen des Dritten darauf, dass nicht eingetragene Tatsachen nicht bestehen.

Typische Anwendungsfälle des § 15 Abs. 1 HGB sind der Widerruf einer – ihrerseits eingetragenen oder auch nicht eingetragenen(!)[18] – Prokura (§ 53 HGB), der nicht eingetragene Ist-Kaufmann (§ 1 HGB) und das Ausscheiden eines Gesellschafters aus einer OHG (§ 143 Abs. 2 HGB).

Im Falle sog. *doppelwirksamer Tatsachen* ist in diesem Zusammenhang umstritten, ob sich der Dritte auch auf eine

Kombination von Elementen der wahren und der scheinbaren Rechtslage berufen kann („Rosinentheorie“): Das Ausscheiden eines OHG-Gesellschafters hat – dreifach – Bedeutung für die Vertretung der Gesellschaft, die nun trotz etwaiger Gesamtvertretung durch die verbliebenen Gesellschafter ohne ihn möglich ist, ggf. auch für den Bestand der Gesellschaft als solche, etwa, wenn nur ein Gesellschafter verbleibt und schließlich für den Wegfall seiner Mithaftung für künftige Verbindlichkeiten (§ 128 HGB).[19]

1601 § 15 Abs. 3 HGB regelt in Ergänzung zur negativen Publizität des Handelsregisters die sog. **positive Publizität** der Bekanntmachung nach § 10 HGB. Anders als bei der negativen Publizität des Handelsregisters selbst kann sich der Dritte hierbei auf den unrichtigen Inhalt der Bekanntmachung *berufen*. Geschützt wird also das Vertrauen des Dritten auf die Richtigkeit (= „das Reden“) der Bekanntmachung. Unerheblich ist, ob nur die Bekanntmachung oder auch schon die Eintragung falsch sind. § 15 Abs. 3 HGB erfasst somit drei Unterfälle, nämlich dass die Eintragung richtig, Bekanntmachung falsch ist; dass Eintragung und Bekanntmachung gleichlautend, aber beide falsch sind und dass eine Eintragung ganz fehlt, vielmehr etwas bekanntgegeben wird, das nicht eingetragen ist.

4. Die Kommanditgesellschaft (KG)

a) Grundzüge der Kommanditgesellschaft

1602 Für die KG gelten in erster Linie die Vorschriften der §§ 161 ff. HGB, ergänzend die Vorschriften über die OHG, §§ 105 ff. HGB, schließlich die Regelungen über die GbR, §§ 705 ff. BGB (§§ 161 Abs. 2, 105 Abs. 3 HGB).

1603 Bei der KG handelt es sich – wie bei der OHG und der GbR – um eine Personengesellschaft. Gem. § 161 Abs. 1 HGB ist eine Gesellschaft, deren Zweck auf den Betrieb eines Handelsgewerbes unter gemeinschaftlicher Firma gerichtet ist, eine KG, wenn bei einem oder bei einigen von den Gesellschaftern die Haftung gegenüber den Gesellschaftsgläubigern auf den Betrag einer bestimmten Vermögenseinlage beschränkt ist **(Kommanditisten)**, während bei dem anderen Teil der Gesellschafter eine Beschränkung der Haftung nicht stattfindet (phG = persönlich haftende Gesellschafter = **Komplementäre**).

1604 Folglich muss mindestens ein Gesellschafter (Komplementär) persönlich (voll) haften, während bei mindestens einem anderen Gesellschafter (Kommanditist) die Haftung auf die Einlage beschränkt ist. Kommanditisten haften nicht nach §§ 128 ff. HGB, sondern

18 Fehlende Voreintragung einer Tatsache (z.B. Prokuraerteilung) ändert nach h.M. nichts an der negativen Publizitätswirkung, wenn das spätere Erlöschen (Widerruf der Prokura) nicht eingetragen wird. Zwar stimmen anschließend Realität und Registerinhalt wieder überein, der Dritte kann aber von der voreintragungspflichtigen Tatsache auch trotz fehlender Voreintragung erfahren haben und daher auf ihren Fortbestand vertrauen.

19 Vgl. bereits Rn. 41.

beschränkt nach §§ 171 ff. HGB, d.h., sofern sie die – im Handelsregister zuvor eingetragene! (§ 176 HGB) – Einlage erbracht haben und diese ihnen nicht zurückgezahlt wurde o.ä., haften sie also gar nicht. Die §§ 171 bis 176 HGB (**Haftung des Kommanditisten**) bilden den **Kern des Rechts der KG**, die übrigen Vorschriften in den §§ 161 bis 170, 177 HGB, bringen durch diesen Hauptunterschied veranlasste weitere Abweichungen vom Recht der OHG.

Die Möglichkeit der Haftungsbeschränkung führt zu zahlreichen Abweichungen vom gesetzlichen Leitbild der KG, dem ein oder wenige vollhaftende und geschäftsführende Gesellschafter einerseits und ein oder wenige nur kapitalgebende, nicht geschäftsführende Gesellschafter andererseits zugrunde liegen. Sonderformen sind insb. die **1605**

- Publikums-KG mit vielen, in einer besonderen Organisation zusammengefassten Kommanditisten (angenähert der KGaA und weitverbreitet z.B. bei Kapitalanlagegesellschaften, sog. Fonds);
- KG mit juristischer Person als Komplementär (z.B. GmbH & Co. KG): Steuerlich ist das eine sog. „gewerblich geprägte" Personengesellschaft gem. § 15 Abs. 3 Nr. 2 EStG;
- kapitalistische KG: Die Kommanditisten halten das ganze bzw. fast das ganze Kapital und beherrschen die Gesellschafterversammlung (ähnlich Aktionären), der Komplementär führt die Geschäfte (ähnlich dem angestellten AG-Vorstand). Diese Form ist meist mit den beiden voran genannten verbunden.

Gesellschafter der KG können wie bei der OHG alle natürlichen und juristischen Personen sowie Personenhandelsgesellschaften sein. Das gilt auch für eine GbR, soweit es sich um eine Außengesellschaft handelt. In diesem Fall sind sämtliche Gesellschafter der GbR zur Eintragung in das Handelsregister gem. § 162 Abs. 1 S. 2 HGB i.V.m. § 106 Abs. 2 HGB anzumelden. Eheliche Gütergemeinschaften und Erbengemeinschaften können weder Komplementär noch Kommanditisten sein. **1606**

b) Die Entstehung der KG

Für die Entstehung der KG gilt das zur OHG Gesagte. Betreibt die KG ein Handelsgewerbe nach § 1 Abs. 2 HGB, also ein Gewerbe oberhalb der Schwelle des Kleingewerbetreibenden, oder übernimmt sie ein bereits eingetragenes Unternehmen, so entsteht sie bereits durch die Geschäftsaufnahme (§§ 161 Abs. 2, 123 Abs. 2 HGB); anderenfalls erst durch Eintragung. **1607**

Zu beachten ist allerdings, dass die **Haftungsbeschränkung der Kommanditisten** (§§ 171 ff. HGB) **erst mit Eintragung der KG und der Hafteinlage** greift (§ 176 Abs. 1 HGB), weshalb eine Geschäftsaufnahme vor HR-Eintragung keinesfalls sinnvoll ist. **1608**

5. Die GmbH & Co. KG

Die Form der GmbH & Co. KG wird gewählt, um einerseits eine Haftungsbegrenzung wie bei der Kapitalgesellschaft zu erreichen, andererseits aber die (v.a. steuerlichen) Vorteile von Personengesellschaften nutzen zu können. Es handelt sich dabei gar nicht um eine eigene Rechtsform, vielmehr ist allein die KG Träger des Unternehmens und damit des Gesellschaftsvermögens; sie betreibt das Gewerbe. **1609**

Der **zusammengesetzte Rechtsformzusatz** zeigt lediglich an, dass eine GmbH als Gesellschafterin der KG (und keine natürliche Person) vollhaftender Komplementär ist (vgl. § 19 Abs. 2 HGB). Die besondere Firmierung dient lediglich dem Gläubigerschutz, als nach der traditionellen Auffassung des HGB eine natürliche Person neben der KG-Beteiligung noch beträchtliches anderweitiges Vermögen hätte, das als sog. Haftungsschatten der Komplementäre noch dem Gläubigerzugriff unterläge, wenn die Gesellschaft selbst bereits vermögenslos wäre. Bei der GmbH als Komplementär ist das zwar nicht ausgeschlossen, aber eher weniger zu erwarten. Ähnliches gilt für Pflichtangaben auf Geschäftsbriefen (§§ 177a, 125a HGB) und das Zahlungsverbot in der Insolvenz der GmbH & Co.KG (§§ 177a, 130a Abs. 1 HGB).

a) Begriff

1610 Eine GmbH & Co. KG ist eine Personenhandelsgesellschaft, nämlich eine KG, an der eine GmbH als einziger Komplementär beteiligt ist. Als KG ist sie rechtlich eine Personengesellschaft (steuerlich eine gewerblich geprägte Mitunternehmerschaft, vgl. § 15 Abs. 3 Nr. 2 EStG), auf die grundsätzlich das Recht der Kommanditgesellschaften Anwendung findet. Weil persönlich haftender Gesellschafter eine GmbH ist, liegt eine sog. Grundtypenvermischung vor: Die GmbH haftet in der KG zwar persönlich und voll, aber als Kapitalgesellschaft eben nur mit ihrem GmbH-Gesellschaftsvermögen. Wirtschaftliche nähert sich diese Konstruktion stark an die Kapitalgesellschaften an.

Die **Vertretung** erfolgt durch eine Kette jeweils eigenständiger Vertretungsmacht: die Vertretung der KG (im Namen der KG) erfolgt durch die Komplementär-GmbH (vgl. §§ 161 Abs. 2, 125 HGB), die wiederum (im Namen der GmbH) durch den GmbH-Geschäftsführer vertreten wird (vgl. § 35 Abs. 1 GmbHG).

b) Die Entstehung der GmbH & Co. KG

1611 Die Errichtung der Hauptgesellschaft (KG) als auch der Komplementärgesellschaft (GmbH) richtet sich nach den jeweils für diese Gesellschaftsform geltenden Vorschriften, wobei die Gesellschaftsverträge regelmäßig aufeinander bezogen und abgestimmt werden.

1612 Häufig handelt es sich um eine sog. **beteiligungsidentische GmbH & Co. KG**, bei der die Kommanditisten (einer genügt) 100 % des Kapitals der KG halten und zugleich – im untereinander gleichen Verhältnis (sofern nicht überhaupt nur einer) – alleinige Gesellschafter der GmbH sind. Möglich ist dabei, dass überhaupt nur eine natürliche Person hinter dem gesamten Konstrukt steht.

1613 Soll bei mehreren Kommanditisten im Fall der Beteiligungsidentität verhindert werden, dass deren Beteiligungen an KG und parallel an der GmbH später auseinanderfallen können, so müssen Veräußerung, erbrechtliche Regelungen und Austritt in beiden Verträgen gekoppelt werden (sog. *„Gleichschaltungsklauseln"*). Verpflichten sich die Gesellschafter, beide Anteile nur derart gekoppelt zu veräußern, so bedarf dann allerdings auch der KG-Vertrag der Form des § 15 Abs. 4 GmbHG (notarielle Beurkundung).

1614 Bei der sog. **Einheitsgesellschaft** als Sonderform der GmbH & Co. KG werden die Anteile an der Komplementär-GmbH dagegen nicht von den Kommanditisten, sondern von der KG selbst gehalten (KG und Komplementär-GmbH sind wechselseitig beteiligt). Die Beteiligung der Kommanditisten an der Komplementär-GmbH ist daher nur eine mittelbare über die KG. Dadurch vermeidet diese Einheitsgesellschaft den erheblichen Gründungsmehraufwand infolge der Gleichschaltungsklauseln.

Die Komplementär-GmbH ist als bei der Einheits-GmbH & Co. KG alleiniger persönlich haftender Gesellschafter in der KG (allein) geschäftsführungsbefugt. Sie handelt dabei ihrerseits durch ihre Organmitglieder, also den/die GmbH-Geschäftsführer. Das gilt gleichermaßen für die Geschäftsführung im Innern, wie für das Vertretungshandeln nach außen. Dadurch können Interessenskonflikte entstehen, die besondere Regelungen im Gesellschaftsvertrag der KG erfordern (dazu Rn. 1714). Außerdem bestehen Besonderheiten im Insolvenzfall (dazu Rn. 1779 f.).

Wegen des *für die Kommanditisten* ansonsten drohenden Haftungsrisikos gem. § 176 **1615**
Abs. 1 HGB ist vor Geschäftsaufnahme – unabhängig vom möglichen Entstehen der KG gem. §§ 161 Abs. 2, 123 Abs. 2, 1 Abs. 2 HGB – die Anmeldung der KG beim HR wichtig. Zur Beschleunigung ist es möglich, dass die KG zur Eintragung im HR sofort nach Beitritt der GmbH i.Gr. angemeldet wird (§§ 161 Abs. 2, 106 Abs. 2 HGB), auch wenn zu diesem Zeitpunkt die GmbH mangels eigener Eintragung im HR noch gar nicht entstanden ist (s. § 11 GmbHG), sondern es sich erst um eine sog. Vor-GmbH handelt, die aber mit der späteren GmbH als rechtlich identisch gilt.

Zur Wahrung der Firmenklarheit (§ 30 Abs. 1 HGB) muss die am selben Registerort ein- **1616**
zutragende GmbH eine zur KG unterscheidbare Firma („Firmennamen") wählen. Deshalb firmiert die Komplementär-GmbH meist mit dem Zusatz „-Verwaltungs-GmbH". Das Gesamtgebilde firmiert z.B. als „A GmbH & Co.KG", der Komplementär „A-Verwaltungsgesellschaft m.b.H". Die Eintragung der KG erfolgt im Handelsregister Teil A (für Personengesellschaften), der GmbH in Teil B (Kapitalgesellschaften).

6. Die Partnerschaftsgesellschaft und die Partnerschaftsgesellschaft mit beschränkter Berufshaftung

Eine Partnerschaftsgesellschaft ist eine Gesellschaftsform ausschließlich für **Angehö- 1617**
rige freier Berufe zur gemeinsamen Berufsausübung (je nach Zulässigkeit entsprechend dem jeweiligen Berufsrecht). Partner können nur natürliche Personen sein. Voraussetzung einer Partnerschaftsgesellschaft ist nach § 1 Abs. 1 S. 1 PartGG die gemeinsame Berufsausübung. Darum handelt es sich nicht bei einer bloßen Bürogemeinschaft oder Praxisgemeinschaft, wenn also nur Ressourcen – wie etwa Räume, Apparate, Personal – gemeinsam genutzt werden. Begrifflich ist dabei je nach Berufsstand z.B. bei Rechtsanwälten und Architekten zwischen **Sozietät** einerseits und Bürogemeinschaft andererseits zu unterscheiden. Bei Ärzten oder Zahnärzten wird der Zusammenschluss zur gemeinsamen Berufsausübung als **Gemeinschaftspraxis** bezeichnet, für die gemeinsame Nutzung von Praxisräumen und anderen Ressourcen wird der Begriff Praxisgemeinschaft verwendet.

Die Partnerschaftsgesellschaft entsteht gem. § 7 Abs. 1 PartGG nach außen erst mit Ein- **1618**
tragung ins Partnerschaftsregister. Vorher existiert sie lediglich in der Rechtsform der GbR, wobei zwischen den Partnern untereinander schon das PartGG maßgebend ist.

Nach § 1 Abs. 4 PartGG gilt das Recht der GbR subsidiär, soweit durch das PartGG **1619**
keine speziellere Regelung getroffen wird. Für die Geschäftsführung und Vertretung gelten gem. § 6 Abs. 3 und § 7 Abs. 3 PartGG die Regelungen für die OHG, jedoch mit der Maßgabe, dass kein völliger Ausschluss eines Partners von der Geschäftsführung möglich ist (vgl. § 6 Abs. 2 PartGG).

1620 In Anwendung des § 8 Abs. 1 PartGG haften die Partner im Grundsatz genauso wie die OHG-Gesellschafter. Eine Ausnahme macht § 8 Abs. 2 PartGG für Schäden aus beruflichen Fehlern. Hier haften gem. der gesetzlichen Haftungsbeschränkung neben der Partnerschaft nur der/die Partner, der/die den jeweiligen Auftrag bearbeitet hat/haben.

1621 I.S.d. § 8 Abs. 2 PartGG (mit Haftungskonzentration auf den/die handelnden Partner) ermöglicht § 8 Abs. 4 S. 1 PartGG unter zusätzlichen Voraussetzungen eine Variante der Partnerschaftsgesellschaft, bei der die Haftung für berufliche Fehler noch weitergehender allein auf das Gesellschaftsvermögen beschränkt ist, also auch der handelnde Partner nicht persönlich haftet. Diese dann zwingend als **Partnerschaftsgesellschaft mit beschränkter Berufshaftung** (PartG mbB) firmierende Variante ist nur eine freiwillige Option neben der herkömmlichen Partnerschaftsgesellschaft mit Haftungskonzentration auf den handelnden Partner. Die Partnerschaftsgesellschaften können damit wählen, ob sie von der Haftungsbeschränkung auf das Gesellschaftsvermögen Gebrauch machen wollen oder es daneben bei der persönlichen Haftung des handelnden Partners verbleiben soll. Neben dem Namenszusatz, der in das Partnerschaftsregister eingetragen werden muss (§ 8 Abs. 4 S. 3 i.V.m. §§ 3 Abs. 2 Nr. 1, 4 Abs. 1 S. 2 PartGG), ist Voraussetzung für die Haftungsbeschränkung, dass die Partnerschaftsgesellschaft eine durch Gesetz vorgegebene Berufshaftpflichtversicherung abschließt (§ 8 Abs. 4 S. 1 PartGG). Der Gesetzgeber reagierte damit auf die Entwicklung, dass insb. größere Anwaltskanzleien zunehmend die englische **Limited Liability Partnership** (LLP) als Rechtsform wählten.

7. Die stille Gesellschaft

1622 Das HGB enthält keine Definition der stillen Gesellschaft. Aus den §§ 230 ff. HGB kann lediglich auf die Begriffsmerkmale geschlossen werden. Danach besteht die stille Beteiligung an dem Handelsgewerbe, das ein anderer betreibt, in einer Vermögenseinlage, die in das Vermögen des Inhabers des Handelsgeschäfts übergeht. Die Beteiligung muss also **an einem vollkaufmännischen Unternehmen** erfolgen (§ 230 Abs. 1 HGB); die Beteiligung an einem nicht kaufmännischen Unternehmen, z.B. die Beteiligung an einer freiberuflichen Tätigkeit, begründet keine stille Gesellschaft, sondern eine *BGB-Innengesellschaft*, auf die allerdings die Vorschriften des § 230 ff. HGB entsprechend anwendbar sind[20]. Es können nur Vermögensgegenstände eingelegt werden, die das **bilanzierte Betriebsvermögen vermehren**.[21] Die Hingabe eines Darlehens oder die Übernahme einer Bürgschaft für die Verbindlichkeiten des Unternehmens führen nicht zu einer Mehrung des Betriebsvermögens und sind deshalb nicht als Einlage i.S.d. § 230 HGB geeignet.

1623 Auf die stille Gesellschaft finden in erster Linie die Bestimmungen des Gesellschaftsvertrages, sodann die §§ 230–236 HGB und hilfsweise einzelne Regeln über die GbR (§§ 705 ff. BGB) Anwendung. Der Inhaber eines Handelsgeschäfts kann mit mehreren Personen eine stille Gesellschaft eingehen. Es handelt sich dabei um jeweils selbstständige Rechtsverhältnisse. Der stille Gesellschafter hat einen Anspruch darauf, dass der Betrieb des Geschäftsinhabers fortgeführt wird. Grundlegende Veränderungen muss der

---

20 BFH, Urt. v. 10.7.2001, BStBl II 2002, 339.

21 Sofern es sich bei der stillen Vermögenseinlage um eine Verbindlichkeit gegenüber Gesellschaftern handelt, ist gemäß § 42 Abs. 3 GmbHG eine solche Verbindlichkeit regelmäßig gesondert auszuweisen oder im Anhang anzugeben.

Geschäftsinhaber unterlassen, jedenfalls dann, wenn der Betrieb dadurch wesentlich verkleinert wird[22]. Eine Ausweitung des Geschäftsbetriebs durch weitere stille Beteiligungen oder eine sonstige Stärkung der Kapitalbasis kann der stille Gesellschafter aber nicht verhindern.

Die stille Gesellschaft ist ihrem Wesen nach selbst keine Handelsgesellschaft, denn sie betreibt kein Handelsgewerbe. Sie erfüllt jedoch alle Begriffsmerkmale einer GbR als einer Vereinigung mehrerer Personen, die keine eigene Rechtspersönlichkeit besitzt und deren Mitglieder sich durch den Gesellschaftsvertrag gegenseitig verpflichten, die Erreichung eines gemeinsamen Zweckes in der durch den Vertrag bestimmten Weise zu fördern (§ 705 BGB). Sie hat daher **keine Firma** und ist **nicht Kaufmann**. 1624

Stiller Gesellschafter kann dagegen jedermann sein, also Kaufleute wie Nichtkaufleute, jede Handelsgesellschaft (GmbH, AG etc.), auch eine GbR oder Erbengemeinschaft und ein Treuhänder. Der stille Gesellschafter ist an den Ergebnissen des Handelsgewerbes beteiligt, welches einer der Gesellschafter betreibt. Gem. § 231 Abs. 2 HS. 2 HGB ist zwingendes Merkmal der stillen Gesellschaft, dass der stille Gesellschafter **am Gewinn des Handelsgeschäftes beteiligt** ist. Eine *Verlustbeteiligung* dagegen ist möglich, aber *nicht zwingend.* 1625

Durch den Ausschluss der Gesellschaft vom Rechtsverkehr nach außen kennzeichnet sich die stille Gesellschaft als typische **Innengesellschaft**. Sie unterscheidet sich dadurch wesentlich von der OHG und der KG, die unter einer gemeinsamen Firma in den Rechtsverkehr treten, also typische Außengesellschaften sind. 1626

Beispiel: Lediglich steuerrechtlich relevant ist, ob die (dann sog. **atypische**) **stille Gesellschaft** eine Mitunternehmerschaft i.S.d. § 15 Abs. 1 Nr. 2 EStG ist. Dies setzt voraus, dass der stille Gesellschafter ein Mitunternehmerrisiko trägt und Mitunternehmerinitiative entfalten kann; beide Merkmale müssen vorliegen. Kennzeichnend für das Mitunternehmerrisiko des Gesellschafters einer Innengesellschaft ist, dass das Unternehmen im Innenverhältnis (d.h. mit schuldrechtlicher Wirkung) auf gemeinsame Rechnung und Gefahr des nach außen auftretenden Geschäftsinhabers geführt wird. Der Gesellschafter der Innengesellschaft muss daher nicht nur am laufenden Unternehmenserfolg (Gewinn und Verlust) beteilig sein; die Regelungen des Gesellschaftsvertrages müssen darüber hinaus die Gewähr dafür bieten, dass er grundsätzlich im Fall der Beendigung des Gesellschaftsverhältnisses entsprechend seinem Gewinnanteil Anspruch auf den Zuwachs an den stillen Reserven des Betriebsvermögens einschließlich des Zuwachses an dem – nach den üblichen Methoden des Geschäftsverkehrs ermittelten – Firmenwert hat. Ein mangels ausdrücklicher Beteiligung an den stillen Reserven (oder weil solche geschäftstypischer Weise gar nicht gebildet werden) eingeschränktes Mitunternehmerrisiko des stillen Gesellschafters kann dadurch kompensiert werden, dass seine Mitunternehmerinitiative durch ein ihm eingeräumtes Widerspruchsrecht, das ihm die Einflussnahme auf sämtliche Geschäfte des Unternehmens ermöglicht, besonders stark ausgeprägt ist. Mitunternehmerinitiative bedeutet dabei Teilhabe an unternehmerischen Entscheidungen zumindest in dem Umfang der Kontroll-, Stimm- und Widerspruchsrechte eines Kommanditisten.

Die stille Gesellschaft entsteht mit Abschluss des Gesellschaftsvertrages, weil der gemeinsame Zweck der stillen Gesellschaft allein schon in der Beteiligung des Stillen am Gewinn und ggf. auch am Verlust des Handelsgewerbes des Geschäftsinhabers zu sehen ist. Der Formmangel einer schenkweise zugewandten stillen Beteiligung (vgl. § 518 Abs. 1 S. 1 BGB) ist gem. § 518 Abs. 2 BGB bereits durch den (gerade formunwirksamen) Gesellschaftsvertrag selbst geheilt, wenn darin zugleich Mitgliedschafts- 1627

22 Vgl. BGH, WM 1963, 1210.

rechte (z.B. Stimmrechte) übertragen wurden, die eine Umqualifikation von einem bloßen Geflecht schuldrechtlicher Ansprüche in eine einem Stammrecht vergleichbare Rechtsposition rechtfertigen[23]; zur vergleichbaren Problematik bei der Unterbeteiligung nachf. Rn. 1631).

8. Die Unterbeteiligung

1628 Die Unterbeteiligung ist in erster Linie ein Schuldverhältnis, durch das ein Gesellschafter einer Personen- oder Kapitalgesellschaft eine andere Person an den aus seinem Gesellschaftsanteil fließenden Ergebnissen beteiligt. Aus diesem Rechtsverhältnis heraus wird der **Unterbeteiligte selbst nicht Gesellschafter der Hauptgesellschaft**. Der Unterbeteiligte kann aber gleichzeitig und *unabhängig* von der Unterbeteiligung die Stellung eines Gesellschafters in der Hauptgesellschaft einnehmen.

1629 Die Unterbeteiligung ist, auch wenn über die schuldrechtliche Berechtigung hinaus mitgliedschaftliche Rechte wie Verwaltungs- und Stimmrechte eingeräumt werden (dann sog. *atypische Unterbeteiligung*; „Beteiligung an einer Beteiligung"), eine reine **Innengesellschaft**. Sie wird begründet, indem der Hauptgesellschafter und der Unterbeteiligte miteinander einen entsprechenden Gesellschaftsvertrag abschließen. Diese Gesellschaft verfolgt den Zweck, den Anteil an der Hauptgesellschaft gemeinsam zu halten und Erträge hieraus zu erzielen. Als Innengesellschaft ist sie eine GbR, *entspricht wirtschaftlich* aber eher einer *stillen Beteiligung*.

1630 Es handelt sich stets lediglich um eine schuldrechtliche Beteiligung; der Unterbeteiligte ist an der Hauptgesellschaft (Beteiligung) *nicht dinglich berechtigt*. Daher hat die Unterbeteiligungsgesellschaft auch kein gemeinschaftliches Vermögen. Soweit der Unterbeteiligte eine Einlage leistet, geht diese in das Vermögen des Hauptgesellschafters über. Daher sind nach h.M. die §§ 230 ff. HGB analog unter teleologischer Reduktion der §§ 705 ff. BGB heranzuziehen (Münchener Kommentar vor § 705 Rz. 70 m.w.N.). Unter Umständen sind auch zusätzlich die §§ 161 ff. HGB anzuwenden, wenn nämlich der Unterbeteiligte eine Rechtsstellung erhält, die der eines Kommanditisten entspricht[24].

Beispiel: Unterbeteiligungen werden in der Praxis oftmals eingeräumt, wenn eine Verfügung über die Anteile durch Gesellschaftsvertrag ausgeschlossen ist (Vinkulierung). Umgekehrt schließen daher manche Gesellschaftsverträge auch die Unterbeteiligung aus. Umstritten ist, ob die Einräumung einer Unterbeteiligung eine steuerschädliche Verfügung i.S.v. § 13a Abs. 9 S. 1 Nr. 2 ErbStG ist (vgl. BFH, Urt. v. 16.1.2008 – II R 10/06, BFHE 220, 513 = BStBl II 2008, 631: die typische Unterbeteiligung nicht; eine atypische aber wohl schon).

1631 Die Einräumung einer Unterbeteiligung ist grundsätzlich formfrei möglich. Dies gilt auch dann, wenn die Unterbeteiligung an einem GmbH-Anteil begründet werden soll. § 15 Abs. 3 GmbHG findet hier keine Anwendung, da eine Abtretung des Anteils durch die Einräumung der Unterbeteiligung gerade nicht stattfindet.

Beispiel: Wenn die Unterbeteiligung schenkweise eingeräumt wird, ist gem. § 518 Abs. 1 BGB die notarielle Beurkundung erforderlich. Ein aus der Nichtbeachtung resultierender Formmangel wird zwar grundsätzlich durch die Vollziehung des Schenkungsversprechens geheilt (Abs. 2). Mangels äußerer Manifestation oder Registereintragung einer Unterbeteiligung würde die formunwirksame Einräumung einer Unterbeteiligung also wiederum die Einräumung einer Unterbe-

23 BFHE 246, 349 = ZIP 2014, 2131.
24 BFH, Urt. v. 18.3.1982 – I R 127/78, BStBl. II S. 546.

teiligung voraussetzen und wäre damit denklogisch nicht ohne Beurkundung möglich, es sei denn man ließe bereits die Ausübung der Unterbeteiligungsrechte als Vollzug genügen (so Urteil in BGHZ 191, 354, wonach die unentgeltliche Zuwendung einer durch den Abschluss eines Gesellschaftsvertrags entstehenden Unterbeteiligung, mit der dem Unterbeteiligten über eine schuldrechtliche Mitberechtigung an den Vermögensrechten des dem Hauptbeteiligten zustehenden Gesellschaftsanteils hinaus mitgliedschaftliche Rechte in der Unterbeteiligungsgesellschaft eingeräumt werden, mit dem Abschluss des Gesellschaftsvertrags i.S.d. § 518 Abs. 2 BGB vollzogen ist).

II. Kapitalgesellschaften

Die Körperschaften sind juristische Personen; sie haben eine eigene Rechtspersönlichkeit. Die Gesellschaft ist in diesen Fällen selbst Inhaberin (Eigentümerin) des Gesellschaftsvermögens und wird selbst – als juristische Person – berechtigt und verpflichtet (vgl. § 13 Abs. 1 GmbHG, § 1 Abs. 1 S. 1 AktG, § 17 Abs. 1 GenG). Auch im Grundbuch wird die Gesellschaft als Eigentümerin oder Inhaberin sonstiger Grundstücksrechte eingetragen. Körperschaften sind aufgrund ihrer rechtlichen Verselbstständigung (juristische Person) von der Struktur her klarer als Personengesellschaften. **1632**

1. Die Aktiengesellschaft (AG)

a) Allgemeines

Gem. § 1 AktG handelt es sich bei der AG um eine Kapitalgesellschaft mit eigener Rechtspersönlichkeit, deren Gesellschafter mit Einlagen auf das in Aktien zerlegte Grundkapital beteiligt sind, ohne persönlich für die Verbindlichkeiten der Gesellschaft zu haften. Für die Verbindlichkeiten der Gesellschaft haftet also nur das Gesellschaftsvermögen. **1633**

Die Aktiengesellschaft übernimmt eine volkswirtschaftlich sinnvolle Funktion in der recht unkomplizierten Ermöglichung einer Außen-/Eigenfinanzierung. Das Kapital der Aktionäre, die in der Praxis meist personenverschieden vom Vorstand sind, wird mit der unternehmerischen Kompetenz des Vorstands zusammengebracht. Diese Kapitalsammelfunktion kann die AG aber nur deshalb erfüllen, weil der Verlust der Aktionäre auf das eingebrachte Kapital beschränkt ist (Haftungsbeschränkung). **1634**

b) Das Grundkapital

Das Grundkapital ist: **1635**
- das Geschäftskapital der Gesellschaft im Zeitpunkt der Gründung,
- der Mindestbetrag, den sich die Gründer aufzubringen verpflichten und
- die Mindestgarantiesumme zum Schutz der Gläubiger der Gesellschaft *im Zeitpunkt der Gründung*.

Das Grundkapital ist eine in der Satzung festgeschriebene Größe, welche in einzelne Aktien zerlegt ist (§ 1 Abs. 2, § 23 Abs. 3 Nr. 3 AktG). Das Mindestgrundkapital beträgt gem. § 7 AktG 50.000 €. Aktien können in Nennbetrags- oder in Stückaktien ausgegeben werden (§ 8 Abs. 1 AktG). **1636**

1637 Bei der AG gibt es zusätzlich zum Grundkapital eine gesetzliche Rücklage. Diese und die Kapitalrücklage gem. § 272 Abs. 2 Nr. 1 bis 3 HGB bilden den gesetzlichen Reservefonds bei der AG.

1638 Das **Grundkapital** ist nicht zu verwechseln mit dem tatsächlich vorhandenen Gesellschaftsvermögen oder dem Unternehmenswert. Bereits im Gründungszeitpunkt hat die Gesellschaft im Idealfall ein tragfähiges Geschäftsmodell (Gewinnerwartungen) und eventuell damit verbunden bereits selbstgeschaffene immaterielle Wirtschaftsgüter, welche zwar nach § 248 Abs. 2 HGB einem Aktivierungswahlrecht oder -verbot unterliegen mögen, davon unabhängig aber den **Unternehmenswert** beeinflussen. Macht die Gesellschaft sodann Gewinne, die sie nicht ausschüttet (sondern „thesauriert“), erhöht sich das **Gesellschaftsvermögen**, die Bilanz der Gesellschaft verlängert sich. Bei Verlusten verringert sich ihr Vermögen. Gesellschaftsvermögen und damit der wirtschaftliche Wert der Aktien (vgl. § 1 Abs. 1 S. 2 AktG) sind mit dem Grundkapital (Nennbetrag) also zu keinem Zeitpunkt deckungsgleich.

1639 Der Mindestnennbetrag einer (Nennbetrags-)Aktie lautet gem. § 8 Abs. 2 AktG auf 1 €. Möglich ist auch die Ausgabe von Aktien verschiedener Nennbeträge (§ 23 Abs. 3 Nr. 4 AktG). Der Nennbetrag ist in der Satzung festzulegen (§ 23 Abs. 3 Nr. 4 AktG). Die Summe der Nennbeträge aller Aktien muss den Nennbetrag des Grundkapitals ergeben.

1640 Stückaktien lauten dagegen auf keinen Nennbetrag, sondern gewähren einen gleichen Anteil am Grundkapital (§ 8 Abs. 3 AktG). Der Anteil einer Stückaktie am Grundkapital ergibt sich allein aus der Zahl aller Stückaktien (§ 8 Abs. 4 AktG). Es wird also für die Aktie keine Quote ausgewiesen (die sonst etwa bei Kapitalerhöhungen auf allen Stücken stets geändert werden müsste).

Beispiel: Hat eine AG mit einem Grundkapital von 50.000 € 10.000 (Stück-)Aktien ausgegeben, entspricht jede Aktie (als rechnerische Quote) einem Anteil von 5 €. Wollte diese Gesellschaft statt Stück- Nennbetragsaktien im Nennbetrag von 5 € ausgeben, müsste sie 10.000 solcher Aktien ausgeben. Die Einführung der Stückaktien im Jahr 1998 stand im Zusammenhang mit der späteren Euro-Umstellung, um gebrochene („krumme“) Beträge bei der Umrechnung von DM-Nennbeträgen zu vermeiden.

1641 Traditionell stellt die Aktie als Urkunde über das Recht an der Aktie ein Wertpapier dar, welches ein Mitgliedschaftsrecht verbrieft. Das Mitgliedschaftsrecht selbst entsteht allerdings bereits mit der Eintragung der AG in das Handelsregister. Es hängt also nicht von der Ausstellung der Urkunde ab. Durch § 10 Abs. 5 AktG haben Aktiengesellschaften seit 1998 die Möglichkeit, den Verbriefungsanspruch des Aktionärs auszuschließen. Die wertpapierrechtliche Bedeutung von Aktien ist dadurch stark eingeschränkt. Der Aktionär hat im Rahmen der Girosammelverwahrung einer von der Gesellschaft ausgestellten Sammelurkunde nur noch buchmäßig vorhandenes Miteigentum an dieser Globalurkunde.

c) Die Aktie

1642 Aktien können nach dem Inhalt des Mitgliedschaftsrechts in Stammaktien und Vorzugsaktien unterteilt werden. Daneben können sie nach ihrer Übertragbarkeit in Inhaberaktien und Namensaktien unterteilt werden.

1643 Für die **Stammaktie** gilt der Grundsatz der Gleichberechtigung. Jede Stammaktie gewährt, bezogen auf Dividende und Stimmrecht, gleiche Rechte bezogen auf den verkörperten Anteil am Gesellschaftsvermögen. **Vorzugsaktien** sind Aktien besonderer Gattung, nämlich mit besonderen Berechtigungen namentlich bei der Verteilung des Gewinns und des Gesellschaftsvermögens (§ 11 AktG). Meist sind es Gewinnrechte der Art, dass die Vorzugsaktien vor den Stammaktien vorweg eine Dividende bis zu einer bestimmten Höhe erhalten, während Letztere bei nicht genügend hohem Gewinn mit ihrer Dividende ausfallen.

d) Gründung

Eine AG entsteht durch Umwandlung oder durch Gründung. Im Fall der Gründung sind **1644**
zwei Möglichkeiten zu unterscheiden:

- Bargründung
- Sachgründung (z.B. Einbringung eines Unternehmens).

Gründer der Gesellschaft sind die Aktionäre, die die Satzung festgestellt haben (§ 28 **1645**
AktG). Die konkreten Anforderungen an die Satzung sind in § 23 Abs. 3 AktG geregelt. In Deutschland gilt für den Inhalt der Satzung – ganz anders als z.B. in den USA – der Grundsatz der Satzungsstrenge (§ 23 Abs. 5 AktG). Dieser besagt, dass die Satzung von den Vorschriften des AktG nur dann abweichen darf, wenn dies im Gesetz ausdrücklich erlaubt ist.

Für die Errichtung einer Aktiengesellschaft sind mindestens ein Gründer (§ 2 AktG), drei Aufsichtsratsmitglieder (§ 95 S. 1 AktG) und ein Mitglied des Vorstandes (§ 76 Abs. 2 S. 1 AktG) notwendig. Der Gründer kann alternativ – nicht jedoch kumulativ – auch Mitglied des Aufsichtsrats oder des Vorstandes sein. Daher sind für die Gründung einer Aktiengesellschaft wenigstens vier Personen erforderlich.

Errichtet ist die Gesellschaft durch **Übernahme der Aktien** gem. § 29 AktG (sog. **1646**
Zeichnung). Die Übernahme ist nicht zu verwechseln mit der Ausgabe der Aktien. Übernahme bedeutet allein die Verpflichtung der Gründer zur Leistung der Einlagen. Die fertige AG entsteht erst mit der **Eintragung im Handelsregister** (§ 41 Abs. 1 AktG), die damit **konstitutiv** wirkt.

Für die Kapitalaufbringung gilt der Grundsatz der Bareinlagepflicht (§ 54 Abs. 2 AktG). **1647**
Als Ausnahme kennt das Aktienrecht die Sacheinlage (§ 27 AktG). Von der Einlagepflicht kann der Aktionär nicht befreit werden (§ 66 AktG). Es gilt der Grundsatz der **effektiven Mittelaufbringung**:

- Verbot einer Emission unter pari (§ 9 Abs. 1 AktG);
- Verbot der Aufrechnung (§ 66 Abs. 1 S. 2 AktG);
- Die Beträge müssen nach Einzahlung „zur freien Verfügung des Vorstands" stehen (Verbot der Hin- und Her-Zahlung; §§ 36 Abs. 2 S. 1, 54 Abs. 3 AktG;
- Bei Sacheinlagen besteht die Pflicht zur Deckung der Wertdifferenz, wenn der Gegenstand nicht dem angesetzten Wert der Aktien entspricht.

aa) Einlagefähige Wirtschaftsgüter als Sacheinlagen[25]**:** Gem. § 27 Abs. 2 Halbs. 1 **1648**
AktG kommen für eine Sacheinlage nur Vermögensgegenstände mit einem feststellbaren wirtschaftlichen Wert in Betracht. Als Sacheinlage kann der Gesellschafter daher leisten:

---

25 Vgl. zur steuerlichen Behandlung von Sacheinlagen s. Rn. 1571.

- Eigentum an beweglichen oder unbeweglichen Sachen,
- Forderungen, und zwar sowohl solche gegen Dritte als auch solche gegen die Gesellschaft selbst. Besonders relevant ist die Sacheinlage einer Forderung gegen die Gesellschaft im Rahmen einer Kapitalerhöhung: hier können die Gesellschafter insb. Gewinnauszahlungs- oder Darlehensrückzahlungsansprüche gegen die Gesellschaft als Sacheinlage erbringen,[26]
- Immaterialgüterrechte (z.B. Urheber-, Verlags- und Markenrechte) sowie Lizenzen an solchen Rechten,
- Unternehmen oder Unternehmensteile als Sach- und Rechtsgesamtheiten (vgl. zu solchen sog. „**Einbringungen**" i.S.d. § 20 UmwStG Rn. 2604),
- die Übernahme einer Schuld der Gesellschaft (§ 414 BGB).

1649 **bb) Nicht sacheinlagefähig sind demgegenüber:**

- eigene Dienstleistungen des Inferenten oder die Verpflichtung zu solchen (§ 27 Abs. 2 Halbs. 2 AktG analog); möglich ist aber, die Pflicht zu Dienstleistungen als sog. Nebenleistungspflicht im Gesellschaftsvertrag zu begründen (§ 55 AktG; § 3 Abs. 2 GmbHG)[27],
- ganz allgemein Forderungen gegen den Gesellschafter (Inferenten). Nicht möglich ist es also, dass der Gesellschafter als Sacheinlage verspricht, gegenüber der Gesellschaft eine (neue) Verbindlichkeit einzugehen, und seine Sacheinlageschuld sodann dadurch erfüllt, dass er die versprochene Verbindlichkeit tatsächlich zugunsten der Gesellschaft begründet.

1650 Die **Entstehung der AG** vollzieht sich in folgenden neun Schritten:

1. Feststellung der *Satzung* durch notarielle Beurkundung (§§ 2, 23 AktG). Zum *Mindestinhalt* vgl. § 23 Abs. 3 AktG.
2. Übernahme der Aktien durch die Gründer. Damit ist die AG **errichtet** (§ 29 AktG). Es entsteht die sog. *Vor-AG*.
3. Bestellung der ersten Organe. Die Gründer bestellen den ersten Aufsichtsrat und die ersten Abschlussprüfer in notarieller Beurkundung (§ 30 Abs. 1 AktG). Der Aufsichtsrat bestellt dann den ersten Vorstand (§ 30 Abs. 4 AktG).
4. Der Vorstand nimmt die *Mindestleistungen auf das Grundkapital* gem. §§ 36 Abs. 2, 36a AktG entgegen.
5. Die Gründer erstellen den Gründungsbericht (§ 32 AktG)
6. Vorstand, Aufsichtsrat und evtl. noch ein oder mehrere Gründungsprüfer nehmen die Gründungsprüfung vor (§§ 33 ff. AktG).
7. Alle Gründer, Vorstands- und Aufsichtsratsmitglieder melden die Gesellschaft zum Handelsregister an (§§ 36, 37 AktG).
8. Das Handelsregistergericht prüft nach § 38 AktG die Anmeldung und zwar sowohl formell als auch inhaltlich.
9. Ergeben sich keine Beanstandungen, trägt der Handelsregisterrichter die Gesellschaft als AG in das Handelsregister ein (§ 41 AktG). Damit **entsteht** die Gesellschaft als AG.

---

26 Vgl. zur Heilung einer verdeckten Sacheinlage durch Einbringung des Rückgewähranspruchs des Inferenten gegen die Gesellschaft im Rahmen einer späteren Sachkapitalerhöhung nachf. Rn. 1952 (zum GmbH-Recht; dort praktisch relevant).

27 Damit kann eine AG z.B. auf einen genossenschaftlichen Zweck (vgl. § 1 GenG) ausgerichtet werden. Eine vereinbarte Vergütung darf nach § 61 AktG auch in Verlustjahren gezahlt werden.

2. Kommanditgesellschaft auf Aktien (KGaA)

Gem. § 278 Abs. 1 AktG ist die KGaA eine Handelsgesellschaft mit eigener Rechtspersönlichkeit, bei der mindestens ein Gesellschafter für die Gesellschaftsschulden unbeschränkt haftet, während die übrigen Gesellschafter mit Einlagen an dem in Aktien zerlegten Grundkapital beteiligt sind, ohne persönlich für die Verbindlichkeiten der Gesellschaft zu haften. Diese übrigen Gesellschafter werden als Kommanditaktionäre bezeichnet. Bei der KGaA handelt es sich also um eine Sonderform der AG, eine Mischung von AG und Kommanditgesellschaft. Die KGaA steht aber der AG näher, da sie juristische Person ist. 1651

Die Kommanditgesellschaft auf Aktien kann auch mit einer beliebigen Kapitalgesellschaft, z.B. einer GmbH oder einer SE als persönlich haftender Gesellschafterin gegründet werden, wenn das Fehlen einer natürlichen Person in der Firma kenntlich gemacht wird (beispielsweise firmieren Bertelsmann und Fresenius als „SE & Co. KGaA"). Möglich ist auch die Ein-Mann-KGaA, bei der Kommanditist und einziger Kommanditaktionär personenidentisch ist. 1652

Für die KGaA gelten in erster Linie die §§ 278 bis 290 AktG, sodann für den Komplementär die Vorschriften über die KG (§ 278 Abs. 2 AktG i.V.m. § 161 Abs. 2, §§ 105 ff. HGB, §§ 705 ff. BGB) und schließlich für die Kommanditaktionäre und die KGaA im Übrigen die Vorschriften über die AG (§ 278 Abs. 3 i.V.m. §§ 1 bis 277 AktG). 1653

Als „Kommanditgesellschaft auf Aktien" firmieren z.B. Henkel, Merck und Fresenius, Bertelsmann, aber auch der Fußballklub Borussia Dortmund sowie namhafte Mittelständler. Die flexible Rechtsform der KGaA eignet sich insb. für familienkontrollierte, mittelständische Unternehmen. Sie verbindet die Vorteile der Kapitalgesellschaft (Haftungsbegrenzung und Börsenfähigkeit) mit denjenigen der Personengesellschaft (Freiheit bei der Satzungsgestaltung). Die Besonderheit der KGaA liegt in der starken Stellung des persönlich haftenden Gesellschafters. Er wird nicht wie der Vorstand der AG vom Aufsichtsrat bestellt, sondern ist kraft seiner Gesellschafterstellung geborenes Leitungsorgan. Auch eine Abberufung durch den Aufsichtsrat ist daher nicht möglich. 1654

Darüber hinaus richtet sich die Unternehmensverfassung der KGaA in weiten Teilen nach dem flexiblen Recht der KG. Anders als das Aktienrecht erlaubt es die Unternehmensverfassung, an den individuellen Bedürfnissen der Beteiligten auszurichten. Beispielsweise verlangt das Gesetz zwar für außergewöhnliche Geschäfte grundsätzlich die Zustimmung der Hauptversammlung. In der Satzung kann das Mitspracherecht aber abbedungen werden. Diese Flexibilität ermöglicht Organisationsformen, bei denen die Geschäftsführungsbefugnisse ausschließlich beim persönlich haftenden Gesellschafter konzentriert sind – aber auch solche, bei denen die Kommanditaktionäre entscheidende Mitspracherechte erhalten. 1655

Die KGaA bietet auch alternative Finanzierungsmöglichkeiten. Bei der AG können zwar ebenfalls Vorzugsaktien ohne Stimmrecht ausgegeben werden, jedoch nur bis zur Hälfte des Grundkapitals. Ein beherrschender Familiengesellschafter/-stamm muss bei der AG also mindestens eine Mehrheit über die andere Hälfte des Grundkapitals halten. Bei der KGaA können die Familiengesellschafter die Unternehmensführung dagegen unabhängig von der Höhe des Grundkapitals behalten, indem sie den persönlich haftenden Gesellschafter stellen. Auf dieselbe Weise genügt auch Borussia Dortmund der „50-plus-1-Regel", die eine Kontrolle der Bundesligavereine über ihre Profi-Abteilungen verlangt. 1656

1657 Steuerlich werden KGaA selbst und die Kommanditaktionäre als Kapitalgesellschaft beziehungsweise als Kapitalgesellschafter behandelt. Dagegen wird der persönlich haftende Gesellschafter als Mitunternehmer besteuert. Sein Gewinn- und Verlustanteil unterliegt somit keiner Beschränkung der Verlustverrechnung. Gerade bei Unternehmen in Aufbauphasen kann das Vorteile bieten. Aufgrund der flexiblen Struktur kann sogar ein Joint-venture mit gleichberechtigten Partnern errichtet werden, die unterschiedlichen Steuermodellen unterliegen.

3. Die Europäische Aktiengesellschaft (SE)

1658 Die Europäische (Aktien-)Gesellschaft (SE = Societas Europaea) ist eine supranationale Rechtsform. Sie beruht auf europäischen Rechtsgrundlagen, einerseits auf der Verordnung über das Statut der Europäischen Gesellschaft, andererseits auf einer Richtlinie, die ergänzend Fragen der Unternehmensmitbestimmung regelt. Die Verordnung enthält unmittelbar in den Mitgliedsstaaten der EG geltendes Recht und trat am 8.10.2004 in Kraft. Die SE unterliegt

- in erster Linie den Bestimmungen der Verordnung,
- soweit die Verordnung dies zulässt, den in der Satzung der SE getroffenen Bestimmungen,
- in den von der Verordnung nicht oder nur teilweise geregelten Bereichen den von den Mitgliedstaaten ergänzend erlassenen Bestimmungen (in Deutschland das *Gesetz zur Einführung der Europäischen Gesellschaft* (SEEG),
- schließlich den Bestimmungen des Sitzstaates über die jeweilige nationale Aktiengesellschaft (Art. 3 Abs. 1 SE-VO).

1659 Entgegen dem ursprünglichen Ansinnen gelten für die SE *lediglich* gewisse *Grundregeln* in allen Mitgliedstaaten der Europäischen Union gleichermaßen. Durch die ergänzenden nationalen Bestimmungen gibt es aber keineswegs „die eine" europäische SE. Selbst in Deutschland können die Gründer entscheiden, die SE entweder nach dem Vorbild der deutschen AG mit einem **dualistischen Leitungssystem** (Vorstand und Aufsichtsrat) oder nach anglo-amerikanischem Vorbild mit einem **monistischen Board-System** (= einheitlicher Verwaltungsrat) auszustatten. Die grundsätzlich mögliche freie Sitzverlegung von einem Mitgliedsstaat in einen anderen wird durch diesen Variantenreichtum faktisch doch wieder erschwert.

1660 Die SE ist auf die Beteiligung von Gesellschaften aus verschiedenen Mitgliedstaaten ausgerichtet. Die Gründung ist daher nur grenzüberschreitend möglich. Natürliche Personen können nicht Gründer sein. Inzwischen haben sich verschiedene bekannte Großunternehmen für die Rechtsform der SE entschieden (Beispiele: Allianz SE, BASF SE, Porsche SE). Grund dafür ist in erster Linie die flexiblere Regelung zur unternehmerischen Mitbestimmung der Arbeitnehmer und die insoweit bestehende Möglichkeit, die Größe des Aufsichtsrats zu reduzieren. Insoweit ist bisweilen von einer „Flucht aus der AG" in die Rechtsform der SE die Rede.

a) Monistisches und dualistisches System

1661 Das Charakteristikum des **dualistischen** Modells besteht darin (vgl. Art. 38 lit. b Alt. 1 SE-VO), dass die Personen, die über das Tagesgeschäft der Gesellschaft entscheiden (sog. **Leitungsorgan** als alleiniges Geschäftsführungsorgan), einer institutionalisierten

Kontrolle (als **Aufsichtsorgan** bezeichnet) unterliegen. Dadurch sollen Entscheidungen zum Nachteil der Gesellschaft und damit auch ihrer Aktionäre vermieden werden. Konsequent verlangt Art. 39 Abs. 3 SE-VO (vgl. auch § 105 AktG; § 16 SEAG) daher, dass in die Organe der Gesellschaft unterschiedliche Personen berufen werden müssen. Es gelten über Art. 3 Abs. 1 SE-VO weitgehend die §§ 76–116 AktG, inhaltliche Änderungen sehen die §§ 15–19 SEAG nicht vor.

Das **monistische** System beruht dagegen, wie der Name schon andeutet, vom Grundsatz 1662
her auf einem einzigen Organ – dem **Verwaltungsorgan** (vgl. Art. 38 lit. b Alt. 2 SE-VO). Es *bestimmt* (nach deutschem Recht) die grundlegende Ausrichtung der Tätigkeit der SE *und überwacht* ihre Umsetzung (§ 22 Abs. 1 SEAG).

Die Geschäftsführung (§ 40 Abs. 2 SEAG) und Vertretung (§ 41 Abs. 1 SEAG) der monistischen SE obliegt – für die in Deutschland gegründete SE (vgl. Art. 15 Abs. 1 SE-VO) bzw. dorthin sitzverlegte (vgl. Art. 8 SE-VO, insbes. Abs. 10) – allerdings einem oder mehreren *satzungsmäßigen Direktor(en)*, der/die damit *ebenfalls Organ* der Gesellschaft ist/sind. § 40 Abs. 1 S. 1 SEAG lässt zu, dass Verwaltungsratsmitglieder gleichzeitig satzungsmäßige Direktoren sein können, aber nur, „sofern die Mehrheit des Verwaltungsrats weiterhin aus nicht geschäftsführenden Mitgliedern besteht". Damit ist im **monistischen System deutscher Ausprägung** eine stärkere Einflussnahme des Verwaltungsrates in operative Grundsatzfragen möglich als beim (dualistischen) Aufsichtsorgan (vgl. Art. 40 Abs. 1 S. 2 SE-VO). Außerdem ist eine gewisse personelle Verschränkung der beiden Organe möglich; *beide Systeme sind einander aber doch weitgehend angenähert.*

b) Gründung einer SE und zugelassene Rechtsträger

Es sind fünf Gründungsformen festgelegt (**numerus clausus der Gründungsformen**). 1663
Alle Gründungsformen erfordern die Beteiligung einer oder mehrerer Kapitalgesellschaften; eine Gründung unmittelbar durch natürliche Personen ist ausgeschlossen. Aufgrund des Erfordernisses der Mehrstaatlichkeit müssen die Gründungsgesellschaften ihren Sitz grundsätzlich in mindestens zwei unterschiedlichen EU-Mitgliedsstaaten haben, wobei die EWR-Staaten Island, Liechtenstein und Norwegen den EU-Mitgliedstaaten insoweit gleichgestellt sind.

Eine SE kann durch Verschmelzung gegründet werden, wozu ausschließlich Aktiengesellschaften berechtigt sind (**Verschmelzungsgründung** zur Neugründung/zur Aufnahme). Alternativ kann eine gemeinsame **Holding-SE** von Aktiengesellschaften bzw. Gesellschaften mit beschränkter Haftung neugegründet werden; eine gemeinsame **Tochter-SE** kann von allen Gesellschaften nach Art. 54 Abs. 2 AEUV neugegründet werden (darunter fallen die Kapitalgesellschaften und Personengesellschaften sowie andere juristische Personen). Zulässig ist für eine Aktiengesellschaft mit EU-Tochtergesellschaft weiterhin der Formwechsel in eine SE (**Umwandlungsgründung**). Als fünfte Gründungsvariante sieht die SE-VO die Gründung einer Tochter-SE durch eine bestehende SE vor (**Sekundärgründung**).

Eine bestehende SE kann sich im Übrigen an allen Gründungsformen beteiligen.

4. Gesellschaft mit beschränkter Haftung (GmbH)

a) Allgemeines

1664 Die GmbH ist eine Kapitalgesellschaft mit eigener Rechtspersönlichkeit (§ 13 Abs. 1 GmbHG), deren Gesellschafter mit Einlagen auf das in Stammeinlagen zerlegte Stammkapital beteiligt sind, ohne persönlich für die Verbindlichkeiten der Gesellschaft zu haften.

1665 Für die Verbindlichkeiten der Gesellschaft haftet nur die GmbH selbst und unbeschränkt (§ 13 Abs. 2 GmbHG) mit ihrem Gesellschaftsvermögen. Die Gesellschafter hingegen haben nur der GmbH in Höhe der übernommenen Stammeinlagen die Einlageleistung zu erbringen. Nachschüsse werden nur geschuldet, wenn die Satzung das vorsieht oder sie von der Gesellschafterversammlung auf der Basis einer entsprechenden Satzungsregelung beschlossen werden können.

1666 Die **volkswirtschaftliche Funktion** der GmbH liegt nicht wie bei der AG in der Förderung einer Trennung von Kapital und Management. Der Sinn der Haftungsbeschränkung (auch bei Einpersonengesellschaften) liegt in der Investitionsförderung durch Ausschaltung der Risikoaversität natürlicher Personen bei Freihaltung ihres Privatvermögens von der Haftung. Durch die persönliche Haftungsfreistellung ist ein Gesellschafter eher bereit, in ökonomisch sinnvolle, aber risikoreiche Projekte zu investieren.

I. Allgemeines	• GmbH ist juristische Person und daher selbst Träger von Rechten und Pflichten (§ 13 Abs. 1 GmbHG) • GmbH ist Formkaufmann gem. § 13 Abs. 3 GmbHG i.V.m. § 6 HGB, so dass für Kaufleute geltenden Vorschriften Anwendung finden
II. Entstehung	• Errichtung einer Satzung in notarieller Form (§ 2 GmbHG), mit Mindestregelungen des § 3 GmbHG durch die Gesellschafter • Mindeststammkapital von 25.000,– €, § 5 Abs. 1 GmbHG • Ordnungsmäßige Anmeldung gem. §§ 7, 8 GmbHG
III. Die Gesellschafter	**Pflichten:** • Erbringung der übernommenen Stammeinlage, § 19 GmbHG • Treuepflicht gegenüber der Gesellschaft (gegenüber den anderen Gesellschaftern nur bei personalistisch strukturierter Gesellschaft) **Rechte:** • Möglichkeit zur Teilnahme an Gesellschafterversammlungen • Minderheiten- und Auskunftsrechte der §§ 50, 51a, 61 Abs. 2 GmbHG • Beteiligung an Gewinnen der Gesellschaft und Erlös bei Liquidation

IV. Die Organe der GmbH	• Gesellschafterversammlung: bestimmt die Grundlagen des Gesellschaftsverhältnisses, § 48 i.V.m. § 46 GmbHG – Insb. Bestellung, Kontrolle und Abberufung der Geschäftsführer und – Änderung der Gesellschaftssatzung, § 53 Abs. 1 GmbHG • Geschäftsführer, § 6 GmbHG: Übernahme der laufenden Verwaltung und im Außenverhältnis unbeschränkbare Vertretung der Gesellschaft, §§ 35 Abs. 1, 37 Abs. 2 GmbHG

b) Gesellschaftszweck der GmbH

GmbHs können gem. § 1 GmbHG zu jedem gesetzlich zulässigen Zweck durch eine oder mehrere Personen errichtet werden, also nicht nur zum Betrieb eines Handelsgewerbes. Dessen unbeschadet ist eine GmbH stets Handelsgesellschaft und damit Vollkaufmann (§§ 6 HGB, 13 Abs. 3 GmbHG). **1667**

c) Stammkapital und Geschäftsanteil

Das Stammkapital der GmbH entspricht in seiner Funktion dem Grundkapital bei der AG. Es stellt den Mindestbetrag dar, den sich die Gesellschafter bei der Gründung aufzubringen verpflichten. Es setzt sich aus den Stammeinlagen der Gesellschafter zusammen. **1668**

aa) Höhe des Stammkapitals. Die Höhe des Stammkapitals ist satzungsmäßig festzulegen und muss gem. § 5 Abs. 1 GmbHG mindestens 25.000 € betragen. Dies gilt für die „Standard-GmbH", die als GmbH firmiert. Um Unternehmensgründungen zu erleichtern wurde nicht das Mindeststammkapital herabgesetzt, sondern eine „Mini-GmbH" eingeführt, die als **„Unternehmergesellschaft (haftungsbeschränkt)"** firmiert und mit 1 € Mindestkapital gegründet werden kann. **1669**

In § 55a GmbHG wurde angelehnt an die AG ein genehmigtes Kapital eingeführt. Das genehmigte Kapital kann bei Gesellschaftsgründung oder später durch Satzungsänderung eingeführt werden. Es ist als eintragungspflichtige Tatsache ebenfalls ins Handelsregister einzutragen.

Die Anmeldung der Gesellschaft zur Eintragung in das Handelsregister darf u.a. erst erfolgen, wenn auf das Stammkapital die Hälfte des Mindeststammkapitals eingezahlt ist (§ 7 Abs. 2 GmbHG).

Nach § 5 Abs. 2 GmbHG hat der Nennbetrag eines Geschäftsanteils nur noch auf volle € zu lauten und ein einzelner Gesellschafter kann schon bei Errichtung der Gesellschaft mehrere Geschäftsanteile übernehmen. Die Höhe der Nennbeträge der einzelnen Geschäftsanteile kann verschieden sein. Die Summe der Nennbeträge aller Geschäftsanteile muss aber mit dem Stammkapital übereinstimmen. **1670**

Formulierungsbeispiel einer GmbH-Satzung. A und B wollen sich mit jeweils 25,5 %, zusammen also 51 % beteiligen, C mit 49 %:

„§ (...) Stammkapital

1. Das Stammkapital der Gesellschaft beträgt 25.000 €.
2. Auf dieses Stammkapital übernehmen
   a) A 6.375 Geschäftsanteile mit einem Nennbetrag von jeweils 1 € (Geschäftsanteile Nrn. 1 – 6.375)
   b) B 6.375 Geschäftsanteile mit einem Nennbetrag von jeweils 1 € (Geschäftsanteile Nrn. 6.376 – 12.750)
   c) C 12.000 Geschäftsanteile mit einem Nennbetrag von jeweils 1 € (Geschäftsanteile Nrn. 12.751 – 25.000).
3. Die Nennbeträge der Geschäftsanteile sind in bar zu erbringen und sofort fällig."

1671 **bb) Aufbringung des Stammkapitals.** Der Gesellschafter muss seine Einlage in der vereinbarten Art und Höhe erbringen (Grundsatz der **realen Kapitalaufbringung**). Dies wird durch Publizitätspflichten kontrolliert und muss in der Handelsregister-Anmeldung angegeben werden (§§ 7, 8 GmbHG).

1672 Auch wenn die strenge Regelung des § 54 Abs. 2 und 3 AktG auf die GmbH keine analoge Anwendung findet, muss bei der Bareinlage dennoch Bargeld zu Eigentum der Gesellschaft übertragen bzw. eine entsprechende Kontogutschrift erteilt werden. Die Einzahlung kann auch auf ein Konto der sog. Vor-GmbH erfolgen (nicht aber der Vorgründungs-GmbH, außer der Betrag geht später doch ungeschmälert auf die Vor-GmbH über).

Beispiel: Erreicht der Wert einer Sacheinlage objektiv nicht den Betrag der vereinbarten Einlage, so hat die Gesellschaft einen Einlagenergänzungsanspruch gem. § 9 GmbHG. Beruht die Wertdifferenz auf einem Sachmangel, hat die Gesellschaft parallel Ansprüche gem. dem analog anzuwendenden kaufrechtlichen Gewährleistungsrecht.

1673 Den Betrag seiner Einlage schuldet der Gesellschafter gem. § 14 Abs. 1 GmbHG der Gesellschaft. Eine Zahlung an die Gesellschaft führt nur dann zur Erfüllung, wenn die Geschäftsführer den Betrag zur endgültigen freien Verfügung erhalten (vgl. § 7 Abs. 3 und § 8 Abs. 2 GmbHG).

Beispiel: Einzahlungen auf ein debitorisches Konto genügen nur, wenn der Geschäftsführer über den Betrag etwa im Rahmen einer noch nicht ausgeschöpften Kreditlinie tatsächlich verfügen kann.[28] Eine endgültige Verfügungsbefugnis wird aber auch z.B. im Falle von Hin- und Her-Zahlungen verneint, d.h. wenn Geld auf ein Konto der GmbH gezahlt, von dieser aber nach kurzer Zeit wieder zurückgezahlt wird (BGH NJW 2001, 3781), auch wenn der Gesellschafter den zurückgezahlten Betrag als Darlehen erhält (BGHZ 165, 113 = BGH NJW 2006, 509) oder als „Treuhänder" für die GmbH halten soll (BGH NJW 2006, 906). Entsprechendes gilt, wenn die GmbH dem Gesellschafter Geld auszahlt und dieser es anschließend wieder einzahlt (BGH MDR 2004, 889).

Bei der GmbH & Co. KG liegt eine unzulässige Hin- und Her-Zahlung auch dann vor, wenn das eingezahlte Geld von der GmbH als Darlehen an die KG weitergegeben wird (BGHZ 174, 370 = NJW-RR 2008, 480).

---

28 Eine vergleichbare Problematik besteht im Rahmen der Geschäftsführerhaftung bei späterer Insolvenz. Zahlungen von Gläubigern auf ein debitorisches Konto begünstigen den Insolvenzgläubiger „Bank" und führen daher zu einer Haftung des Geschäftsleiters nach § 64 S. 1 GmbHG; §§ 92 Abs. 2, 93 Abs. 2, 3 Nr. 6 AktG und §§ 130a Abs. 2, 177a HGB (sofern jedenfalls die eingelöste Forderung nicht bereits wirksam an die Bank voraus abgetreten war).

cc) Verdeckte Sacheinlage, Hin-und-Her-Zahlen. Der Gesellschafter wird in solchen Fällen des Hin- und Her-Zahlens, insb. bei darlehensweiser Rückzahlung der Einlage, allerdings gem. § 19 Abs. 5 GmbHG *dennoch von seiner Einlagepflicht befreit*, wenn die Leistung an ihn durch einen vollwertigen *Rückgewähranspruch* gedeckt ist, der jederzeit fällig ist oder durch fristlose Kündigung durch die Gesellschaft fällig werden kann und wenn die Leistung an ihn (i.e. das Darlehen etc.) bereits *bei der Anmeldung* der Gesellschaft zum Handelsregister (§ 8 GmbHG) *angegeben* wurde. *Beide Voraussetzungen* müssen für § 19 Abs. 5 GmbHG vorliegen, anderenfalls die Einlage – trotz evtl. werthaltigen Ersatzanspruchs – als nicht erbracht gilt. **1674**

Für sog. verdeckte Sacheinlagen gilt nach § 19 Abs. 4 GmbHG ebenfalls eine Anrechnungsmöglichkeit und zwar auch ohne Offenlegung bei der Handelsregisteranmeldung. Zur Problematik verdeckter Sacheinlagen und vergleichbarer Gefahren vgl. Rn. 1950 ff. im Rahmen der Corporate Finance.

dd) Geschäftsanteil. Die Begriffe Stammeinlage und Geschäftsanteil sind Bezeichnungen für denselben Tatbestand. Der Geschäftsanteil (§ 14 GmbHG) kennzeichnet das Mitgliedschaftsrecht, entspricht also der Aktie als Verbriefung des Mitgliedschaftsrechts (wobei Geschäftsanteile anders als Aktien niemals in einem Wertpapier verkörpert werden). Die Stammeinlage besteht nach § 3 Abs. 1 Nr. 4 GmbHG aus der Gesamtheit der Geschäftsanteile, die jeder Gesellschafter gegen Einlage auf das Stammkapital übernimmt. **1675**

Auf jeden Geschäftsanteil ist eine Einlage zu leisten (§ 14 GmbHG). Die Höhe der zu leistenden Einlage richtet sich nach dem im Gesellschaftsvertrag festgesetzten Nennbetrag des Geschäftsanteils. Der Geschäftsanteil entsteht mit der Eintragung der Gesellschaft als GmbH in das Handelsregister.

d) Die Gründung einer GmbH

Die Gründung einer GmbH vollzieht sich herkömmlicherweise in folgenden Schritten: **1676**

- **Gründungsentschluss:** Die künftigen Gesellschafter entschließen sich, eine GmbH zu gründen. Dies kann durch formlose Absprache, aber auch durch einen schriftlichen (Vor-)vertrag geschehen. Durch den Gründungsentschluss entsteht eine sog. **Vorgründungsgesellschaft**.
- **Beurkundung der Satzung:** Bei mehreren Gründern schließen diese in notarieller Form (§ 2 GmbHG) den Gesellschaftsvertrag (= Satzung) mit dem Mindestinhalt gem. § 3 GmbHG. Zulässig ist aber auch die sog. Ein-Mann-Gründung (§ 1 GmbHG). Dabei gibt der Gründer in notarieller Form eine Errichtungserklärung über die Satzung ab. Es entsteht eine sog. **Vor-GmbH** (firmiert als **GmbH i.Gr.**). Die „fertige" GmbH existiert noch nicht (vgl. § 11 Abs. 1 GmbHG); die GmbH ist aber *errichtet.*
- **Bestellung des oder der ersten Geschäftsführer:** Gem. § 6 Abs. 3 S. 2 GmbHG erfolgt die Bestellung entweder im Gesellschaftsvertrag oder in einer Gesellschafterversammlung (vgl. § 46 Nr. 5 GmbHG), die i.d.R. direkt nach dem Abschluss des Gesellschaftsvertrags stattfindet.
- **Entgegennahme der Mindestleistungen durch den oder die Geschäftsführer, § 7 Abs. 2 und 3 GmbHG:** Bei der **Bargründung** sind auf jede Bareinlage mindestens 1/4 des statuarisch festgesetzten Einlagebetrages zu erbringen. Außerdem müssen insges. mindestens 12.500 € eingezahlt sein (§ 7 Abs. 2 GmbHG). Bei der **Sachgrün-**

dung sind die Sacheinlagen vor der Anmeldung an die (Vor-)Gesellschaft vollständig so zu bewirken, dass sie endgültig zur freien Verfügung der Geschäftsführer stehen (§ 7 Abs. 3 GmbHG). Bei der **Mischgründung** sind die Sacheinlagen vor der Anmeldung vollständig an die (Vor-)GmbH zu übertragen. Auf die Bareinlagen sind vor der Anmeldung 1/4 in die Gesellschaftskasse einzuzahlen. Sacheinlage und eingezahlte Geldeinlagen müssen zusammen bei der Anmeldung mindestens 12.500 € ergeben.

- Ein Gründungsbericht ist nur bei der Sachgründung erforderlich, sog. **Sachgründungsbericht**, der von den Gründern zu erstellen und auch von allen Gründern zu unterzeichnen ist (§ 5 Abs. 4 S. 2 GmbHG).
- **Anmeldung der Gesellschaft zum Handelsregister durch sämtliche Geschäftsführer (§§ 7, 8, 78 GmbHG).** Nach § 40 Abs. 2 S. 1 GmbHG muss der Notar, der bei der Gründung mitgewirkt hat, eine Gesellschafterliste erstellen und diese unterzeichnen und zum Handelsregister einreichen.
- Das **Handelsregistergericht prüft**, ob die **Voraussetzungen** für die Eintragung vorliegen. Hierbei prüft es sowohl formell als auch inhaltlich. Bei einer Bargründung darf das Gericht beispielsweise prüfen, inwieweit das Stammkapital im Zeitpunkt der Eintragung tatsächlich aufgebracht und nicht vorbelastet ist, bei Sachgründungen, ob eine Überbewertung erfolgt war.
- Ergeben sich keine Beanstandungen, **trägt das Registergericht die Gesellschaft als GmbH in das Handelsregister** ein, wobei auch die konkrete Vertretungsmacht des oder der Geschäftsführer einzutragen ist (§ 10 Abs. 1 S. 2 GmbHG). Erst durch die Eintragung in das Handelsregister wird die Gesellschaft zur „fertigen" GmbH. Die Eintragung wirkt also rechtsbegründend (= konstitutiv, § 11 Abs. 1 GmbHG). Die Bekanntmachung erfolgt im elektronischen Bundesanzeiger (§ 12 GmbHG).

1677 **aa) Gründung mit Musterprotokoll.** Daneben wurde durch das MoMiG 2008 ein vereinfachtes Gründungsverfahren eingeführt (§ 2 Abs. 1a GmbHG). Dieses ist zulässig, wenn die Gesellschaft höchstens drei Gesellschafter und einen Geschäftsführer hat. Für die Gründung im vereinfachten Verfahren ist ein Musterprotokoll zu verwenden, das in der Anlage zum GmbHG bestimmt ist (§ 2 Abs. 1a S. 2 GmbHG). Der Gesellschaftsvertrag darf darüber hinaus keine vom Gesetz abweichenden Bestimmungen treffen (§ 2 Abs. 1a S. 3 GmbHG). Das Musterprotokoll gilt zugleich als Gesellschafterliste i.S.v. § 40 GmbHG (§ 2 Abs. 1a S. 4 GmbHG). Im Übrigen sind auf das Musterprotokoll die Vorschriften des GmbHG über den Gesellschaftsvertrag entsprechend anzuwenden (§ 2 Abs. 1a S. 5 GmbHG).

Die Gründung mit Musterprotokoll soll erleichternd sein, da sie den Gesellschaftsvertrag, den Beschluss über die Geschäftsführerbestellung und die Gesellschafterliste in einem Dokument zusammenführt. Trotzdem erfordert sie eine notarielle Beurkundung dieses Dokuments, wenngleich zu reduzierten Gebühren. Die Musterprotokolle sind dabei aber auch einschränkend hinsichtlich des Stammkapitals, da die Übernahme mehrerer Geschäftsanteile und Sachgründungen ebenso unzulässig sind, wie das Versprechen eines (korporativen) Sachagio.

1678 **bb) Besonderheiten bei der Sachgründung.** Die Sachgründung ist daran geknüpft, dass Sacheinlagen vor der Anmeldung an die Gesellschaft bewirkt sein müssen (§ 7 Abs. 3 GmbHG). Ferner ist bei der Sachgründung ein Gründungsbericht durch die Gründer erforderlich (§ 5 Abs. 4 S. 2 GmbHG). Die Gesellschafter haben im Gründungsbericht die für die Angemessenheit der Leistungen für Sacheinlagen wesentlichen

Umstände darzulegen. Einzelangaben verlangt die Vorschrift nur bei Einbringung eines Unternehmens und zwar in Gestalt der Jahresergebnisse der letzten beiden Geschäftsjahre.

§ 8 Abs. 1 Nr. 5 GmbHG verlangt bei Sacheinlagen die Beibringung von Unterlagen darüber, dass der Wert der Sacheinlagen den Nennbetrag jedes übernommenen Geschäftsanteils erreicht.

5. Die Unternehmergesellschaft (haftungsbeschränkt)

Die durch das MoMiG eingeführte GmbH-Variante der Unternehmergesellschaft haftungsbeschränkt stellt keine eigene Rechtsform dar. Vielmehr handelt es sich um eine GmbH, für die derart viele Erleichterungen vorgesehen sind, dass ein deutlich abweichender Rechtsformzusatz „!Unternehmergesellschaft (haftungsbeschränkt)“ bzw. „UG (haftungsbeschränkt)“ erforderlich ist. Die Gründung durch Musterprotokoll gem. § 2 Abs. 1a GmbHG gilt auch hier. 1679

Das Stammkapital der Mini-GmbH kann zwischen 1 € und 24.999 € betragen, muss aber für die Eintragung ins Handelsregister in voller Höhe eingezahlt werden (§§ 7 Abs. 2, 5a Abs. 2 S. 1 GmbHG). 1680

Sacheinlagen sind nach § 5a Abs. 2 S. 2 GmbHG verboten. Hier ist also besonders auf die Gefahr von verdeckten Sacheinlagen zu achten. Einbringungen von z.B. bereits bestehenden Geschäftsbetrieben in eine UG sind dadurch nur eingeschränkt möglich, nämlich nicht zu Buchwerten gem. § 20 Abs. 1 UmwStG (das setzte entweder die Ausgabe neuer Anteile, also eine Sachgründung bzw. Sachkapitalerhöhung voraus oder jedenfalls eine Bargründung bzw. Barkapitalerhöhung mit korporativem, also gesellschaftsvertraglich verpflichtendem Sachagio, vgl. Rn. 2606).[29] 1681

Das Sacheinlagenverbot gilt auch in Umwandlungsfällen für die UG als Zielgesellschaft (übernehmender Rechtsträger[30]). Zwar ist die UG grundsätzlich ein umwandlungsfähiger Rechtsträger i.S.d. UmwG. Allerdings scheidet dadurch eine Umwandlung zur Neugründung einer UG aus. Gleiches gilt für Umwandlungen zur Aufnahme durch eine UG, solange diese dadurch das Stammkapital nicht auf den Mindestbetrag der GmbH erhöhen kann und erhöht.

Das Stammkapital einer UG kann auf 25.000 € oder mehr erhöht werden, mit der Folge, dass sie sich automatisch in eine GmbH verwandelt. Es handelt sich dabei nicht um eine Umwandlung. Eine Erhöhung des Stammkapitals auf 25.000 € ist auch durch eine Sachkapitalerhöhung möglich.

Anders als die reguläre GmbH ist die UG nach § 5a Abs. 3 GmbHG zur Bildung einer gesetzlichen Rücklage verpflichtet, um einen gewissen Ausgleich im Interesse des Gläubigerschutzes für das geringe Mindeststammkapital zu schaffen. Jedes Wirtschaftsjahr ist ein Betrag in Höhe von 1/4 des um einen Verlustvortrag aus dem Vorjahr geminderten Jahresüberschusses einzustellen. Die Rücklage darf im Wesentlichen nur zur Erhöhung des Stammkapitals verwendet werden (§ 5a Abs. 3 Nr. 1 GmbHG). Die Pflicht zur Rücklagenbildung entfällt dementsprechend erst, wenn das Mindeststammkapital auf 1682

29 Zu den Problemen beim Sachagio vgl. *Priester*, in: Festschrift für Lutter (2000) S. 617 (625 ff.); *Herchen*, Agio und verdecktes Agio im Recht der Kapitalgesellschaften (2004) S. 381 ff.

30 Vgl. BGH, Urt. v. 11.4.2011 – II ZB 9/10, NJW 2011, 1883.

25.000 € (durch Beschluss) erhöht worden ist. Dies ist durch eine **Umwandlung der gebildeten Rücklage in Stammkapital** oder eine **effektive Kapitalerhöhung** möglich. Die Rücklage füllt also nicht automatisch das Stammkapital auf, so dass der Zwang zu weiteren Rücklagenbildungen mittelbar auf die förmliche Umwandlung in Stammkapital zielt.

Somit ist die UG (haftungsbeschränkt) nur eine Starthilfe für Existenzgründer, die darauf angelegt ist, in eine Standard-GmbH umfirmiert zu werden.

III. Weitere juristische Personen

1. Die eingetragene Genossenschaft (eG)

1683 Eine weitere Gesellschaftsform ist die Genossenschaft nach dem Genossenschaftsgesetz. Als Genossenschaften bestehen häufig Kreditgenossenschaften, landwirtschaftliche Produktionsgenossenschaften oder Baugenossenschaften (vgl. auch die Aufzählung in § 1 GenG). Angeblich ist etwa jeder vierte Deutsche Mitglied einer Genossenschaft. Ein noch relativ neues Feld sind Ärztegenossenschaften, die z.B. als Einkaufsgenossenschaften (für Praxisausstattung, Laborbedarf, Versicherungen, Lohnbuchhaltung) oder als Vertriebsgenossenschaft für (als Großkunde rabattiert bezogene) Medikamente gewinnerzielend tätig sind oder teils sogar Versorgungsverträge mit gesetzlichen Krankenversicherern (neben bzw. anstatt den Kassenärztlichen Vereinigungen als Körperschaften öffentlichen Rechts im SGB V) schließen, um besondere Abrechnungsmodi für die Vertragsärzte zu vereinbaren.

1684 Die eingetragene Genossenschaft ist eine *juristische Person* und wird einer Handelsgesellschaft gleichgestellt (§ 17 GenG, § 6 HGB). Sie ist aber *keine* Kapitalgesellschaft, weil sie kein gesetzlich verpflichtendes Mindestkapital vorsieht (vgl. § 8a GenG).

Sie hat das **gesetzliche Ziel**, den Erwerb oder die Wirtschaft ihrer Mitglieder (Genossen) mittels gemeinschaftlichen Geschäftsbetriebes zu fördern (§ 1 GenG). Der Gesellschaftszweck einer Genossenschaft ist die Erreichung dieses durch die Mitglieder festgelegten Zieles. Dementsprechend ist das oberste Ziel der Genossenschaft nicht die Gewinnerzielung, sondern die Selbsthilfe der Mitglieder durch gegenseitige Förderung.

Gem. § 4 GenG sind nur mindestens drei Gründer erforderlich, wobei keine Begrenzung der Zahl nach oben besteht.

Nach § 5 GenG ist ein schriftlicher Gesellschaftsvertrag (Satzung) zu schließen, notarielle Beurkundung ist nicht erforderlich. Gem. § 10 GenG wird die Genossenschaft in das beim zuständigen Amtsgericht geführte Genossenschaftsregister eingetragen. Diese Eintragung wirkt konstitutiv (§ 13 GenG).

Die Mitglieder halten jeweils einen oder mehrere Geschäftsanteile, auf die Einzahlungen geleistet werden müssen (Mindesteinlage i.S.d. § 7 Nr. 1 GenG), die Höhe ist in der Satzung festzulegen. Das gezeichnete Kapital der Gesellschaft ist daher abhängig von der Mitgliederzahl; es kann ein, muss aber kein Mindestkapital vorgesehen werden (§ 8a GenG).

Organe der Genossenschaft sind die Generalversammlung (§ 43 GenG) oder eine Vertreterversammlung (§ 43a GenG), der Aufsichtsrat (§ 9 GenG), der bei nicht mehr als 20 genossenschaftlichen Mitgliedern entfallen kann, und der Vorstand (§§ 9 und 24 GenG).

Die Genossenschaft haftet nur mit ihrem Vermögen (§ 2 GenG).

Der Vorstand hat innerhalb von 5 Monaten nach Schluss eines Geschäftsjahres den Jahresabschluss aufzustellen. Dieser wird von der Generalversammlung/Vertreterversammlung festgestellt (§ 48 Abs. 1 GenG). Er ist bei bestimmten Genossenschaften zusammen mit dem Lagebericht und dem Aufsichtsratsbericht dem Genossenschaftsregister einzureichen. Zudem bestehen für den Jahresabschluss ab einer bestimmten Größenordnung umfangreiche Prüfungspflichten durch einen genossenschaftlichen Prüfungsverband (§ 53 Abs. 2 GenG). **1685**

Beendigung kann durch Zeitablauf (§ 79 GenG) oder durch den Beschluss der Generalversammlung (§ 78 GenG) erfolgen. Es folgt die Liquidation der Gesellschaft (§ 83 GenG). Durchgeführt wird sie grundsätzlich durch den Vorstand. Nach Ablauf eines Sperrjahres wird das Reinvermögen der Genossenschaft an die Mitglieder verteilt. **1686**

2. Die SCE – Europäische Genossenschaft

Die Europäische Genossenschaft ist eine juristische Person, die es Unternehmen ermöglicht, bestimmte Tätigkeiten gemeinsam auszuüben und dennoch eine Eigenständigkeit zu bewahren. Für die Europäische Genossenschaft gilt dieVerordnung (EG) Nr. 1435/2003 vom 22.7.2003 über das Statut der Europäischen Genossenschaft (SCE) sowie das dazu ergangene (deutsche) SCE-Ausführungsgesetz. **1687**

Ihre Gründung erfolgt durch: **1688**

- Neugründung von mindestens fünf natürlichen Personen, deren Wohnsitze in mindestens zwei Mitgliedsstaaten liegen oder von mindestens fünf natürlichen und juristischen Personen oder von mindestens zwei juristischen Personen, wobei mindestens zwei der natürlichen oder juristischen Personen in unterschiedlichen Mitgliedsstaaten ansässig sein müssen;
- Verschmelzung von mindestens zwei bestehenden Genossenschaften;
- Umwandlung einer bestehenden Genossenschaft, die seit mindestens zwei Jahren eine Niederlassung oder Tochtergesellschaft in einem anderen Mitgliedsstaat hatte.

Sie entsteht mit ihrer Eintragung in demjenigen Mitgliedstaat der EU, in dem sie ihren Sitz hat. In Deutschland wäre dazu die Eintragung in das Genossenschaftsregister notwendig. Das Mindestkapital muss 30.000 € betragen. Eintragung und Löschung müssen im Amtsblatt der Europäischen Union veröffentlicht werden. **1689**

D. Corporate Governance

Corporate Governance bezeichnet den rechtlichen und faktischen Ordnungsrahmen für die Leitung und Überwachung eines Unternehmens. Sie bezieht sich primär auf die *Binnenordnung des Unternehmens*. Darüber hinaus betrifft sie auch Fragen der (rechtlichen und faktischen) Einbindung des Unternehmens in sein Umfeld, namentlich den Kapitalmarkt. Dabei steht insges. die große börsennotierte (Aktien-)Gesellschaft im Mittel- **1690** punkt des Interesses, für die im Jahr 2005 auch der Deutsche Corporate Governance Kodex (DCGK) entwickelt wurde (s. dazu näher Rn. 2464). Allerdings werden zunehmend auch andere Rechtsformen und Unternehmen mittlerer Größenordnungen aus dem Blickwinkel ihrer spezifischen Anforderungen an die Corporate Governance analysiert. In einem solchen weiteren Sinne relevant sind für Unternehmen gesetzliche Regelungen insb. des Wettbewerbs-, Kapitalmarkt-, Verbraucherschutz-, Gesellschafts-, Arbeits- und Mitbestimmungsrechts aus kollektivvertraglichen Vereinbarungen wie Firmentarifverträgen und Betriebsvereinbarungen sowie privatautonomen Rechtssetzungen des Gesellschaftsvertrags (Satzung), den Geschäftsordnungen und die Bestimmungen in Unternehmensverträgen.

Corporate Governance umfasst also die interne formale Machtverteilung und die sie ergänzenden extern ansetzenden Regelungen zum Schutz wirtschaftlicher, finanzieller und auch politisch motivierter Interessen.

I. Innenrecht der Gesellschaften

1691 Das Innenverhältnis regelt die Beziehungen *zwischen den Gesellschaftern* und *zwischen Gesellschaftern und Geschäftsführung* (Geschäftsführungsbefugnis bei Fremdorganschaft), insb. Kompetenzregelungen sowie die Pflicht zur ordnungsgemäßen Buchführung und Bilanzierung (vgl. § 91 Abs. 1 AktG, § 41 GmbHG). Es wird in erster Linie durch den **Gesellschaftsvertrag** und ersatzweise durch dispositive gesetzliche Regelungen bestimmt. Der Gesellschaftsvertrag lässt z.B. die OHG im Innenverhältnis entstehen und regelt dieses Innenverhältnis (vgl. § 109 HGB), die §§ 110 bis 122 HGB gelten nur subsidiär. Vergleichbar richtet sich das Innenverhältnis der GmbH nach § 45 Abs. 1 GmbHG und nur in Ermangelung besonderer Bestimmungen des Gesellschaftsvertrages nach §§ 45 Abs. 2, 46 ff. GmbHG.

Stille Gesellschaften erschöpfen sich sogar im Innenverhältnis, Außenbeziehungen gibt es definitionsgemäß gar nicht (vgl. § 230 Abs. 2 HGB).

1. Grundlagen der Geschäftsleitung (Geschäftsführung)

1692 **Rechtliche Möglichkeiten zentraler Leitung von Unternehmen sind:**

1. Leitungsbefugnis aus Eigentum/Inhaberschaft *der Gesellschaft am Gesellschaftsvermögen*, insb. eine darauf bezogene Weisungsbefugnis und daraus abgeleitet die Geschäftsführungsbefugnis der Organe;
2. Leitungsbefugnis aus Beteiligung an einer Gesellschaft (Mitgliedschaftsrechte der Gesellschafter):
   a) aller Gesellschafter aufgrund ihrer Mitgliedschaft in der Gesellschaft, die ja für alle Rechtsformen als Personenvereinigung definiert ist, durch Beschlüsse der Gesellschaftermehrheit in zentralen wirtschaftlichen Belangen mit Bindungswirkung für die Geschäftsführung; Recht zur Auswahl und Abberufung der Mitglieder der Geschäftsführung; die Gestaltung der Unternehmensstatuten (Geschäftsordnung, Geschäftsverteilungsplan, Bestellung von Mitgliedern der Geschäftsführung);

b) bei mehrheitlicher Beteiligung eines anderen Unternehmens in Form des faktischen Konzerns (§§ 17 Abs. 2, 311 ff. AktG) zur Durchsetzung einer einheitlichen Leitung in einem Konzern.

3. Leitungsbefugnis aus Vertrag, insb. Unternehmensverträge (§§ 291, 292 AktG) zwischen verbundenen Unternehmen (Vertragskonzern):
   a) insb. der Beherrschungsvertrag: Die Konzernmutter kann dem Vorstand der Tochter direkt Weisungen erteilen, auch gegen Widerstand durchsetzen (§ 308 AktG).
   b) Konsortialverträge: Vertragliche Abmachungen zwischen den Gesellschaftern eines Unternehmens, um den Einfluss auf Unternehmenspolitik, Geschäftsführung bzw. personelle Zusammensetzung zu sichern; diese führen ähnlich einer Mehrheitsbeteiligung zur Abhängigkeit der Gesellschaft und damit zum faktischen Konzern (vgl. §§ 17 Abs. 1, 311 ff. AktG).
4. Schranken der Leitungsmacht bestehen in Bestimmungen zum Schutz von Aktionären und (Minderheits-) Gesellschaftern, von abhängigen Gesellschaften und von Gläubigern (z.B. Kapitalerhaltungs- und Rechnungslegungsvorschriften).

Leitungsbefugnisse und generell Satzungsbefugnisse Dritter, die diesen persönlich und also unabhängig von einer Organzugehörigkeit oder den Möglichkeiten aufgrund der vorbezeichneten Unternehmensverträge und Mitgliedschaftsrechte zustehen sollen, sind mit der Verbandsverfassung unvereinbar und damit unzulässig. **1693**

Beispiel: Das Franchising (dazu Rn. 441 ff.) ist dadurch gekennzeichnet, dass die gesamte Geschäftstätigkeit aller Franchisenehmer einer „Kette" (Außendarstellung, Einkauf, Verkauf, Buchhaltung etc.) einheitlich zu sein hat und jedenfalls aus Kundensicht den Eindruck eines Filialunternehmens machen soll. Der Franchisegeber nimmt dafür meist durch ein extrem detailliertes Betriebsführungshandbuch und entsprechende Kontrollen, aber auch finanziell in Form von laufenden Umlagen (jenseits der Nutzungsgebühr für die Marke) erheblichen Einfluss auf die juristisch als selbstständige Unternehmen handelnden Franchisenehmer (vgl. § 17 Abs. 1 AktG zur Definition abhängiger Unternehmen). In **Kapitalgesellschaften** wären solche Rechte nicht zu rechtfertigen und es läge daher stets ein qualifiziert-faktischer Konzern vor mit unabsehbaren Haftungsfolgen für den Franchisegeber (vgl. außerdem § 117 Abs. 1 AktG). Von daher dürfen Franchisenehmer stets **nur als Personen(handels)gesellschaften** (meist aus haftungsrechtlichen Gründen: GmbH & Co. KG) oder als Einzelunternehmer auftreten. Diese Rechtsformen kennen die Haftung aus Konzernierung in der Form nicht bzw. lassen eine Freizeichnung zu.

2. Die Geschäftsführungsbefugnis

Die Geschäftsführungsbefugnis ist die **Kompetenz zur Willensbildung der Gesellschaft nach innen**, also die **Leitungsmacht**. Ihre Legitimation erwächst aus der Mitgliedschaft in der Personenvereinigung, also der Eigentümerstellung in der Gesellschaft, als vom Leitungshandeln letztlich stets die mitgliedschaftlichen Interessen betroffen sind. Zwar liegt die Leitungsmacht nicht notwendigerweise bei den Gesellschaftern, sie bzw. die Gesellschaft werden aber von den Geschäftsführern repräsentiert. Geschäftsführung bedeutet selbstständiges Tätigwerden wirtschaftlicher Art zur Wahrnehmung fremder Interessen. Sie verlangt vom Geschäftsführer **vorbehaltlose Identifikation mit dem Interessenstandpunkt des Geschäftsherrn**, also der Gesellschaft und damit mit den mitgliedschaftlichen Interessen. **1694**

1695 Der **Geschäftsführeranstellungsvertrag** ist deshalb kein Dienst- oder gar Arbeitsvertrag, sondern ein **Geschäftsbesorgungsvertrag**, der eine Dienstleistung zum Gegenstand hat (§ 675 Abs. 1 BGB).[31] Die **Bestellung** zum Geschäftsführeramt (Organbestellung) in Körperschaften ist von der meist, aber nicht zwingend bestehenden parallelen Anstellung (= Abschluss eines Geschäftsbesorgungsvertrages mit dienstvertraglichen Elementen) zu unterscheiden. Die Bestellung ist der körperschaftliche Organisationsakt, durch den der Geschäftsführer zum Organ der Gesellschaft wird, also die Geschäftsführungsverantwortung nach innen und die Stellung als gesetzlicher Vertreter der Gesellschaft nach außen erlangt. Der **Anstellungsvertrag** zwischen Gesellschaft und Geschäftsführer gibt ihm hingegen vor, was er soll, darf und als Vergütung dafür bekommt.

1696 Die Bestellung des Vorstands einer AG erfolgt gem. § 84 Abs. 1 S. 1 AktG durch den Aufsichtsrat, des GmbH-Geschäftsführers gem. § 46 Nr. 5 GmbHG durch die Gesellschafterversammlung. Die Zuständigkeit zum Abschluss des Anstellungsvertrages richtet sich nach denselben Vorschriften (vgl. § 112 AktG).

1697 Der Unterschied zwischen der Bestellung und der Anstellung wirkt sich auch beim Widerruf – bezogen auf das Geschäftsführeramt – einerseits und Kündigung – hinsichtlich des Anstellungsvertrages – andererseits als verschiedene, rechtlich getrennt zu beurteilende Rechtsakte aus. Die Organstellung nach § 38 GmbHG ist im Allgemeinen **frei widerruflich** (§ 38 Abs. 1 GmbHG). Die Satzung kann das aber auf wichtige Gründe beschränken (§ 38 Abs. 2 GmbHG).

Bei der AG ist die Abberufung **immer nur aus wichtigem Grund** möglich (§ 84 Abs. 3 AktG). Was wichtige Gründe sein können, konkretisieren §§ 84 Abs. 3 S. 2 AktG, 38 Abs. 2 S. 2 GmbHG.

Beispiel: In einer Zwei-Mann-GmbH genügt für die Abberufung jedes Gesellschafter-Geschäftsführers, dass beide so zerstritten sind, dass eine Zusammenarbeit unmöglich ist. Auf Verursachungsbeiträge soll es dafür dann nicht ankommen (BGH ZIP 2009, 513 = NJW-RR 2009, 618). In der AG ist wichtiger Grund insb. ein Vertrauensentzug durch die Hauptversammlung in Form einer verweigerten Entlastung (§ 120 AktG).

1698 Zuständig für den **Widerruf der Bestellung** ist bei der AG der Aufsichtsrat (§ 84 Abs. 3 S. 1 AktG), bei der GmbH die Gesellschafterversammlung (§ 46 Nr. 5 GmbHG) oder aber ein anderes im Gesellschaftsvertrag für die Bestellung festgesetztes Organ. Dementsprechend hat auch *die Niederlegung des Amtes* als GmbH-Organ nicht gegenüber einem Mitgeschäftsführer zu erfolgen, sondern wird erst mit Zugang bei der Gesamtheit der Gesellschafter wirksam. Bei der Beschlussfassung über die „gewöhnlichen“ Abberufung eines Gesellschafter-Geschäftsführers in einer GmbH unterliegt dieser genausowenig einem Stimmverbot, wie bei der über die außerordentliche Kündigung seines Anstellungsvertrages[32].

1699 Der **parallele Anstellungsvertrag** endet nicht ohne Weiteres mit der Beendigung der Organstellung des Geschäftsführers (§ 38 Abs. 1 Halbs. 2 GmbHG). Hierfür muss die Gesellschafterversammlung den Anstellungsvertrag grundsätzlich ordentlich (§ 620 ff. BGB) oder außerordentlich aus wichtigem Grund (§ 626 BGB) **kündigen**. Obwohl der Geschäftsführer i.d.R. kein Arbeitnehmer ist, gilt für die ordentliche Kündigung die

---

31 Vgl. dazu ausf. Rn. 213.
32 BGH NJW-RR 2017, 808.

Frist des § 622 Abs. 1, 2 BGB. Das Kündigungsschutzgesetz (KSchG) ist hingegen nicht anwendbar (vgl. § 14 Abs. 1 KSchG). Eine außerordentliche Kündigung des Anstellungsvertrags setzt keine vorherige Abmahnung voraus. Auch im Fall, dass der Anstellungsvertrag unter die auflösende Bedingung der Abberufung als Organ gestellt wurde, läuft für diesen dennoch die ordentliche Kündigungsfrist des § 622 BGB, sofern die Abberufungsgründe nicht zugleich eine außerordentliche Kündigung des Anstellungsvertrages nach § 626 BGB rechtfertigen.

Änderungen des Bestandes oder der Organisation, also der Grundlagen der Gesellschaft, **1700**
gehen über den Umfang der Geschäftsführung hinaus (sog. **Grundlagengeschäfte**). Sie sind Vertragsänderung und bedürfen daher der Zustimmung aller Gesellschafter oder zumindest einer Mehrheitsentscheidung, wenn Letzteres im Gesellschaftsvertrag so vorgezeichnet und wirksam ist.

Betreffend Aktiengesellschaften sind zahlreiche Grundlagenentscheidungen schon gesetzlich der Hauptversammlung zugewiesen und bedürfen dort grundsätzlich einer Dreiviertelmehrheit: Satzungsänderungen und Kapitalmaßnahmen (§§ 119 Abs. 1 Nr. 5 und 6, 179, 182 AktG), Auflösung (§§ 119 Abs. 1 Nr. 8, 262 AktG), bestimmte Konzernierungsmaßnahmen (§§ 293, 319 AktG), Umwandlungen und Formwechsel (§§ 13, 193 UmwG). Gleiches gilt betreffend die Verwendung des Bilanzgewinns (§§ 119 Abs. 1 Nr. 2, 174 Abs. 1 AktG) und weitere Vorgänge im Zusammenhang mit Abschlüssen und Prüfungen. Wesentliche Kompetenzverlagerung auf Vorstand und Aufsichtsrat ist dabei allerdings die „Feststellung des Jahresabschlusses" (§§ 172 f. AktG) und die Entscheidung über die Bildung freier Rücklagen (§ 58 AktG); bei der GmbH ist dafür die Gesellschafterversammlung zuständig (§§ 46 Nr. 1, 29 Abs. 2 GmbHG).

Eine – außerhalb des AktG entwickelte – Kompetenzverlagerung auf die Hauptversammlung besteht für Umstrukturierungsmaßnahmen, die Satzungsänderungen nahekommen (vgl. „Holzmüller"- und „Gelatine"-Urteile, Rn. 1751 ff.). Eine Hauptversammlungszuständigkeit wurde dementsprechend für die Übertragung des gesamten Gesellschaftsvermögens einer AG in § 179a AktG (z.B. zur Vorbereitung einer Auflösung, vgl. Abs. 3) bestimmt.

Während die Geschäftsführungsbefugnis nach innen wirkt, ist sie dennoch gerichtet auf **1701**
die Entfaltung einer Tätigkeit gegenüber Dritten, also im sog. Außenverhältnis. Der Verpflichtung zur Leitung nach innen muss deshalb die Einräumung einer Rechtsstellung im Außenverhältnis entsprechen, die den Geschäftsführer zum wirksamen Handeln ermächtigt. Ist die Tätigkeit mit dem Abschluss von Rechtsgeschäften oder der Abgabe von Willenserklärungen oder der Vornahme rechtsgeschäftsähnlicher Handlungen im Namen des Mandanten verbunden, handelt es sich vor allem um das Recht zur Vertretung der Gesellschaft (vgl. §§ 164 Abs. 1, 180 S. 2 BGB; das gilt z.B. für Verpflichtungs- genauso wie für Verfügungsgeschäfte). Die gesetzlichen Regelungen zu den einzelnen Rechtsformen koppeln daher an die Geschäftsführungsbefugnis die organschaftliche Vertretungsmacht.

Beispiel: Der organschaftliche Geschäftsführer muss Arbeitsverträge mit den Belegschaftsmitgliedern schließen und kündigen können, ebenso Umsatzgeschäfte mit Lieferanten und Abnehmern und muss in Erfüllung dieser Verträge das Eigentum an Gütern empfangen und übertragen können etc. Eben diese „überschießenden" Möglichkeiten durch die Abstraktheit der Vertretungsmacht sind der besondere Gegenstand der treuhänderischen Bindung im Innenverhältnis. Er kann solche Maßnahmen im Außenverhältnis rechtlich weitgehend unbegrenzt vornehmen; er darf das aufgrund seiner Bindung im Innenverhältnis jedoch nur im Rahmen einer abgestimmten, sinnvollen Geschäftspolitik. Die Entschließung, von der Vertretungsmacht Gebrauch zu machen, ist in diesem Fall die Wahrnehmung der Leitungsmacht.

1702 Die Geschäftsführung umfasst sämtliche laufenden Maßnahmen zur Erreichung des Gesellschaftszwecks im Rahmen des bestehenden Gesellschaftsverhältnisses. Dazu rechnen beispielsweise die Entgegennahme von Beiträgen, die Anschaffung von Gegenständen, die Anstellung von Personen, die Anmietung von Räumen, die Führung von Geschäftsbüchern und andere Verwaltungshandlungen wie etwa alle internen Organisationsmaßnahmen und finanziellen, strategischen etc. Planungen.

3. Leitungsbefugnis in Personengesellschaften

a) Geschäftsführung in Personengesellschaften

1703 Der wesentliche Unterschied zwischen den Personengesellschaften und den Körperschaften/Vereinen ist die fehlende körperschaftliche Verfassung. Das führt insb. dazu, dass die Geschäftsführung bei Personengesellschaften den Gesellschaftern obliegt, bei Körperschaften hingegen einem besonderen, hierfür berufenen Organ. Die Personengesellschaft *hat* aufgrund ihrer stark mitgliedschaftlich organisierten Struktur *geborene* Geschäftsführer *in* der Gesellschaft, weshalb auch eine (gemeinsame) mitgliedschaftliche Organschaft (Geschäftsführung und Vertretung) nie wirksam ausgeschlossen sein kann (Prinzip der Selbstorganschaft bei Personengesellschaften). Kapitalgesellschaften sind dagegen vom Prinzip der Fremdorganschaft geprägt, so dass alle juristischen Personen erst mit Organträgern ausgestattet werden müssen, also bei der Gründung Geschäftsführer zu bestellen sind. Mitgliedschaftliche Organkompetenzen sind bei Kapitalgesellschaften nur ausnahmsweise als sog. Sonderrechte von Mitgliedern in der Satzung möglich.[33]

1704 **aa) Geschäftsführung in der GbR.** Die Geschäftsführungsbefugnis steht grundsätzlich allen Gesellschaftern gemeinschaftlich zu (§ 709 Abs. 1 BGB). Für jede Maßnahme (z.B. die Anschaffung eines Pkw für die Gesellschaft) ist nach dem Gesetz die Zustimmung aller Gesellschafter erforderlich **(Einstimmigkeitsgrundsatz)**. Die Regelung ist vertraglich abdingbar (disponibel), das heißt, der Gesellschaftsvertrag kann von der gesetzlichen Regelung abweichende Befugnisse vorsehen.

1705 Da die gesetzliche Regelung schwerfällig und unpraktisch ist, wird durch eine abweichende Regelung im Gesellschaftsvertrag regelmäßig eine an den praktischen Bedürfnissen orientierte Regelung getroffen. Soll danach die Stimmenmehrheit entscheiden **(Mehrheitsprinzip)**, so entscheidet im Zweifel die Mehrheit der an der Gesellschaft beteiligten Gesellschafter (§ 709 Abs. 2 BGB).

Wird zur weiteren Beschleunigung der Geschäftstätigkeit im Gesellschaftsvertrag jedem Einzelnen die Befugnis zur Geschäftsführung allein übertragen **(Einzelgeschäftsfüh-**

---

33 Anerkannt sind Sonderrechte durch § 35 BGB. Alle bedeutsamen organschaftlichen Sonderrechte sind aber durch §§ 12 Abs. 2, 23 Abs. 5, 84 Abs. 1 S. 1, 101 Abs. 2, 139 f. AktG ausgeschlossen. Relevant sind praktisch nur **Genussrechte**. Ein Genussrecht ist ein rein schuldrechtliches Kapitalüberlassungsverhältnis, das daher nur Vermögensrechte gewährt, aber keine Stimmrechte. Genussrechte können aber Schadensersatzansprüche gegen unzulässige Maßnahmen der Geschäftsführung der AG geben (WP-Examen 2015/II). Zur Erhöhung der Fungibilität können Genussrechte auch verbrieft werden (dann sog. **Genussscheine** als Inhaber-, Order- oder Namenspapiere).

rungsbefugnis), so kann zwar jeder einzelne Gesellschafter ohne Mitwirkung der anderen entscheiden, im Zweifel (also sofern nicht anders vereinbart) erhält aber jeder andere Gesellschafter ein **Widerspruchsrecht**, nach dessen Ausübung die Maßnahme unterbleiben muss (§ 711 BGB; vergleichbar zu § 115 Abs. 1 HGB, dazu sogleich). Ist im Gesellschaftsvertrag bestimmt, dass die Führung einem einzigen Gesellschafter oder mehreren von ihnen obliegt, so sind damit die übrigen Gesellschafter von der Geschäftsführung ausgeschlossen (§ 710 BGB).

bb) Geschäftsführung in der OHG und KG. Handelt es sich bei dem Zusammenschluss um eine OHG, obliegt die Geschäftsführung im Zweifel jedem einzelnen Gesellschafter (sog. Einzelgeschäftsführungsbefugnis, §§ 114 Abs. 1, 115 Abs. 1 HGB). Allerdings muss das Geschäft unterbleiben, wenn ein anderer geschäftsführender Gesellschafter widerspricht (§ 116 Abs. 1, §§ 114, 115 Abs. 1 HGB), es sei denn, der Widerspruch stellt sich als *Rechtsmissbrauch* dar. 1706

Beachte: Das **Widerspruchsrecht** entzieht die Einzelgeschäftsführungsbefugnis, nicht die daran geknüpfte Vertretungsmacht. Ein dem Widerspruch zuwiderhandelnder Vertreter haftet zwar der Gesellschaft nach § 280 Abs. 1 BGB (er darf so nicht handeln), das abgeschlossene Rechtsgeschäft wirkt aber trotzdem für und gegen die Gesellschaft (er konnte trotzdem rechtlich wirksam vertreten).

Im Gesellschaftsvertrag können abweichende Bestimmungen getroffen werden, z.B. kann die Geschäftsführungsbefugnis an alle gemeinsam oder an mehrere Gesellschafter zusammen delegiert werden (§ 115 Abs. 2 HGB). Es ist weiterhin auch möglich, die Geschäftsführungsbefugnis eines einzelnen Geschäftsführers zeitlich oder gegenständlich zu beschränken oder einem Gesellschafter die Befugnis zur Entscheidung allein über Geschäfte bestimmter Art oder mit geringem Geschäftswert einzuräumen. 1707

§ 116 HGB bestimmt schließlich, welche Art von Handlungen die Befugnis zur Geschäftsführung umfasst. Für alle **außergewöhnlichen Geschäfte** ist daher ein Beschluss sämtlicher Gesellschafter einzuholen (§ 116 Abs. 2 HGB). Dieser Beschluss muss einstimmig gefasst werden, wenn dafür der Gesellschaftsvertrag nichts anderes vorsieht (§ 119 HGB). Außergewöhnliche Geschäfte sind solche mit Ausnahmecharakter, und zwar nach Inhalt, Zweck, Bedeutung oder Risiko, bei Beachtung der besonderen Verhältnisse der Gesellschaft und der Zeitumstände (z.B. Errichtung von Zweigniederlassungen, Aufnahme stiller Gesellschafter etc.). 1708

§ 117 HGB regelt die Entziehung der Geschäftsführung. Einem (unvernünftigen) Gesellschafter kann die Geschäftsführungsbefugnis nicht allein durch einstimmigen Beschluss der Gesellschafter entzogen werden. Zum einstimmigen Beschluss der übrigen Gesellschafter muss noch das **gerichtliche Gestaltungsurteil** hinzukommen (§ 117 HGB). Ein solches Urteil ist im Parallelfall bei der GbR nicht erforderlich. 1709

cc) Geschäftsführung in der KG. Dieselben Grundsätze gelten, wenn die das Handelsgewerbe betreibenden Gesellschafter eine Kommanditgesellschaft gegründet haben, bei der im Unterschied zur OHG die Haftung bestimmter Gesellschafter (der Kommanditisten) auf den Betrag einer bestimmten Vermögenseinlage beschränkt wird. Bei der Kommanditgesellschaft sind nur die persönlich haftenden Gesellschafter (die Komplementäre) zur Geschäftsführung und Vertretung befugt (§§ 164 S. 1, 170 HGB). Im übri- 1710 gen gilt für die Komplementäre einer Kommanditgesellschaft das für die OHG Gesagte, da die Vorschriften der OHG bei der KG Anwendung finden (§ 161 Abs. 2 HGB).

1711 Soweit also die Geschäftsführung den *gewöhnlichen Betrieb* des Handelsgewerbes der KG betrifft, haben die **Kommanditisten** darauf keinen Einfluss (§ 164 S. 1 HS. 1 HGB). Gegen Geschäfte, welche *über den gewöhnlichen Betrieb* des Handelsgewerbes der Gesellschaft *hinausgehen*, haben die Kommanditisten allerdings nicht nur ein **Widerspruchsrecht** (§ 164 S. 1 HS. 2 HGB). Vielmehr bedarf es (entsprechend dem, was § 116 Abs. 2 HGB für nichtgeschäftsführende Gesellschafter der OHG bestimmt) eines Gesellschafterbeschlusses mit der **Zustimmung** der Kommanditisten.

1712 Der Gesellschaftsvertrag kann zur *Geschäftsführungsbefugnis* auch vorsehen, dass die Kommanditisten abweichend von § 164 HGB zur Führung der Geschäfte berechtigt und verpflichtet sind (§§ 163, 114, 115 HGB; der Ausschluss der Kommanditisten von der organschaftlichen Vertretung der KG, § 170 HGB, ist dagegen zwingend).

1713 Jeder Kommanditist hat im Übrigen die Kontrollrechte nach § 166 HGB, also das Recht auf laufende Jahresinformation (Abs. 1) und Sonderkontrollrechte (Abs. 3), wenn dafür ein wichtiger Grund vorhanden ist (etwa Anlass für die Annahme unredlicher Geschäftsführung)[34]. Ein Recht auf eine laufende Kontrolle ist von § 166 Abs. 3 HGB dagegen nicht umfasst.

1714 **dd) Besonderheit: Einheits-GmbH & Co.KG.** Bei einer Einheits-GmbH & Co. KG sind GmbH und KG wechselseitig aneinander beteiligt: Während die GmbH als persönlich haftende Gesellschafterin an der KG beteiligt ist, ist die KG ihrerseits Alleingesellschafterin der GmbH, d.h., die KG hält alle Anteile ihrer eigenen Komplementär-GmbH. Die Zulässigkeit dieser Rechtskonstruktion ist heute unbestritten. Der Gesetzgeber hat die Einheits-GmbH & Co. KG mittelbar in § 172 Abs. 6 HGB anerkannt (vgl. Rn. 1611 ff.).[35]

Die Komplementär-GmbH ist bei der Einheits-GmbH & Co. KG als alleiniger persönlich haftender Gesellschafter in der KG (allein) geschäftsführungsbefugt. Bei der Einheits-GmbH & Co. KG wird also die KG in der Gesellschafterversammlung der Komplementär-GmbH – sofern keine abweichenden Regelungen im Gesellschaftsvertrag existieren – von der Komplementär-GmbH, diese wiederum von ihren Geschäftsführern, vertreten. Dies kann zu **Interessenkollisionen bei der Willensbildung in der Komplementär-GmbH** führen. Denn ohne abweichende Regelungen wären die Geschäftsführer der Komplementär-GmbH z.B. dazu berufen, über ihre eigene Bestellung, Abberufung und Entlastung (§ 46 Nr. 5 GmbHG) zu entscheiden sowie das Weisungsrecht gegenüber sich selbst auszuüben (§ 37 Abs. 1 GmbHG). Problematisch würde das etwa bei Fremdgeschäftsführern in der GmbH oder wenn jedenfalls nicht alle Kommanditisten zugleich als GmbH-Geschäftsführer bestellt sind.

---

34 Die Sonderkontrollrechte aus wichtigem Grund können sich anders als die Jahresinformation auch auf Angelegenheiten von Tochter- und Enkelgesellschaften beziehen, vgl. OLG München, Urt. v. 22.3.2017 – 7 U 3356/16, ZIP 2017, 1112 = EWiR, 2017, 329.

35 Die gewerbliche Prägung (§ 15 Abs. 3 Nr 2 EStG) einer vermögensverwaltenden GmbH & Co. KG bleibt auch nach Überführung der Anteile an der Komplementär-GmbH in das Gesamthandsvermögen der KG (Einheits-GmbH & Co.KG) bestehen (BFH, Urt. v. 13.7.2017 – IV R 42/14, BStBl II 2017, 1126 = NZG 2017, 1397).

Nahezu zwingend ist daher eine Regelung im Gesellschaftsvertrag der KG, wonach „die Kommanditisten ihre Gesellschaftsrechte an der Komplementärin durch Beschlussfassung über die jeweilige Maßnahme ausüben“. Darin liegt kein Abweichen von §§ 164 S. 1 (Ausschluss der Kommanditisten von der Geschäftsführung in der KG) und kein Verstoß gegen § 170 HGB (Ausschluss von der organschaftlichen Vertretung der KG), weil es nicht um die Stellung in der KG geht, sondern um die Wahrnehmung der Gesellschafterrechte in der GmbH.

Umstritten sind die **Informationsrechte** der Kommanditisten in einer (Einheits-)GmbH & Co. KG. Solche stehen ihnen gegen die KG aus § 166 HGB zu, daneben aber grundsätzlich nicht auch gegen die Komplementär-GmbH nach § 51a GmbHG, wenn sie nicht zugleich auch deren Gesellschafter sind. Z.T. wird das bei einer Einheits-GmbH & Co. KG anders gesehen, weil das Informationsrecht in der Komplementär-GmbH sonst nur von deren Geschäftsführer ausgeübt werden könne. Das lehnte zuletzt das OLG Celle (ZIP 2017, 1761) ab: Zum einen bestehe kein Anlass, einem Gesellschafter, der lediglich Kommanditist an der KG sei, dieselben Rechte einzuräumen, als habe er sich zusätzlich unmittelbar an der GmbH beteiligt. Zum anderen bestehe auch kein Bedürfnis, einen Kommanditisten – gegen den Wortlaut des § 51a GmbHG – in dieser Weise besser zu stellen, nur, weil die KG, an der er sich beteiligt hat, alleinige Gesellschafterin ihrer Komplementärin ist. Vielmehr sei er in gleicher Weise in der Lage und gehalten, Informationsrechte – seiner selbst gewählten gesellschaftsrechtlichen Beteiligungsstufe entsprechend – auf dem vom Gesetz dafür vorgegebenen Weg des § 166 HGB, insb. dessen Abs. 3, zu verfolgen. Dieses Informationsrecht umfasse bei Vorliegen eines wichtigen Grundes zudem auch Auskünfte über die Geschäftsführung des Komplementärs und die damit im Zusammenhang stehenden Unterlagen der KG. 1715

Hat die GmbH über die Komplementärsfunktion hinaus keinen eigenen Geschäftsbetrieb, besteht der Geschäftsführer-Anstellungsvertrag (nicht die Organbestellung; zum Unterschied vgl. Rn. 1695) häufig auch zwischen der KG und dem GmbH-Geschäftsführer, der dadurch sein Gehalt direkt von der KG bezieht. Dies insb. dann, wenn er zugleich Kommanditist der KG ist und seine Vergütung für die Wahrnehmung der Geschäftsführung dann steuerlich sowieso als Sonderbetriebseinnahmen i.S.d. § 15 Abs. 1 S. 1 Nr. 2 EStG aus der KG gelten. Im Übrigen hat der Anstellungsvertrag mit der GmbH zugleich Schutzwirkung zu Gunsten der KG; z.B. für Ansprüche gegen den Geschäftsführer aus § 43 Abs. 2 GmbH, Rn. 1774 (WP-Examen 2019/I). 1716

b) Aufwendungsersatz und Geschäftsführervergütung

Während der Aufwendungsersatz in § 110 HGB gesetzlich geregelt ist, findet sich zur Geschäftsführervergütung keine gesetzliche Vorschrift. 1717

Unter den Begriff der Aufwendungen in § 110 Abs. 1 1. Fall HGB fallen nur *freiwillige* Vermögensopfer eines Gesellschafters, die er im Interesse der OHG und bei Wahrnehmung gesellschaftsrechtlicher Belange tätigt (z.B. Reisekosten, Auslagen für Einkäufe für die Gesellschaft etc.). Schäden, die ein Gesellschafter erleidet, waren nicht freiwillig übernommen worden und zählen daher – anders als z.B. Zufallsschäden in der Rechtsprechung zu § 670 BGB – nicht zu den Aufwendungen. Solche *unfreiwilligen* Vermögensopfer sind gem. § 110 Abs. 1 2. Fall HGB zu ersetzen, wenn der Gesellschafter das schadensstiftende Risiko gerade im Interesse der OHG eingegangen ist (z.B. Unfallschäden bei einer Geschäftsreise). Aufwendungsersatzansprüche bestehen ebenso für die Komplementär-GmbH für ihre Haftung in der GmbH & Co. KG.

1718 Eine *Geschäftsführervergütung* sieht das HGB dagegen nicht vor. Das korrespondiert mit der Einzelgeschäftsführungsbefugnis aller Gesellschafter (§§ 114 Abs. 1, 115 Abs. 1 HGB). Soll eine besondere Vergütung gezahlt werden, etwa, weil nicht alle Gesellschafter an der Geschäftsführung beteiligt werden, muss das im Gesellschaftsvertrag oder im Geschäftsführeranstellungsvertrag besonders vereinbart werden. Steuerlich handelt es sich dann allerdings um sog. *Sondervergütungen* (§ 15 Abs. 1 S. 1 Nr. 2 EStG). Im Übrigen sind alle, auch regelmäßige monatliche Zahlungen an die Gesellschafter, regelmäßig als *„Gewinn-Vorab"* auf dem Kapitalkonto abzuschreiben.

c) Befugnisse der Gesellschafterversammlung

1719 Gesellschafterbeschlüsse im Rahmen der Gesellschafterversammlung sind bei Grundlagengeschäften, Änderungen des Gesellschaftsvertrags und dann erforderlich, wenn sie von dem Gesellschaftsvertrag oder gesetzlich (§§ 709, 710 S. 2, 712, 715, 737 BGB, 116 Abs. 2 HGB) vorgesehen sind. Dabei sind grundsätzlich alle Gesellschafter zur Abstimmung befugt, außer das Gesetz sieht eine Abstimmung der „übrigen" Gesellschafter vor (z.B. §§ 712 Abs. 1, 715, 737 S. 2 BGB).

Ein **Stimmverbot** kann darüber hinaus – wie bei der GmbH – bei Interessenkonflikten oder dann gegeben sein, wenn der Gesellschafter durch seine Teilnahme an der Abstimmung zum *„Richter in eigener Sache"* würde.

1720 Sowohl bei der GbR (§ 709 Abs. 1 BGB) als auch bei der OHG (§ 119 Abs. 1 HGB) gilt nach der gesetzlichen Konzeption das Einstimmigkeitsprinzip. Gesellschafterbeschlüsse müssen demnach einstimmig gefasst werden, um wirksam zu sein, d.h. Rechtswirkungen zu entfalten. Als personalistisch geprägte Zusammenschlüsse sind ihre Gesellschafter grundsätzlich nur an Beschlüsse gebunden, denen sie selbst zugestimmt haben. Der Gesellschaftsvertrag kann aber grundsätzlich auch Mehrheitsbeschlüsse vorsehen. Im Zweifel wird die Mehrheit dann nach Köpfen berechnet (§§ 709 Abs. 2 BGB, 119 Abs. 2 HGB), es sei denn, der Gesellschaftsvertrag bestimmt, dass die Kapitalmehrheit maßgeblich sein soll.

1721 Um die Minderheit im Falle der Abweichung vom Einstimmigkeitsprinzip vor unerwarteten Verpflichtungen zu schützen und einem Machtmissbrauch der Mehrheit vorzubeugen, bedürfen Mehrheitsbeschlüsse bei Personengesellschaften besonderer Voraussetzungen:[36]

- Eine Mehrheitsentscheidung zu einem bestimmten Gegenstand ist von vornherein **(erste Stufe)** nur zulässig, wenn der Gesellschaftsvertrag diesen Beschlussgegenstand als durch Mehrheitsentscheidung regelbar bestimmt (formelle Voraussetzung). Dafür genügt, dass die Erstreckung des Mehrheitsprinzips auf den konkreten Gegenstand durch Auslegung des Gesellschaftsvertrages bestimmt werden kann. Die Auslegung erfolgt grundsätzlich subjektiv nach dem (damaligen) Willen der Gesellschafter, nur bei Publikums-KGs objektiv nach dem Wortlaut des Gesellschaftsvertrages.

---

36 BGH, Urt. v. 21.10.2014 – II ZR 84/13, BGHZ 203, 77 als Fortentwicklung gegenüber BGH, Urt. v. 15.1.2007 – II ZR 245/05, BGHZ 170, 283 „OTTO"; BGH, Urt. v. 24.11.2008 – II ZR 116/08, BGHZ 179, 13 „Schutzgemeinschaftsvertrag II".

– Als **zweite Stufe** muss ein Mehrheitsbeschluss aber auch den Schutz des einzelnen (Minderheits-) Gesellschafters (Individualschutz) berücksichtigen. Die angefochtene Mehrheitsentscheidung darf nicht die gesellschaftsrechtliche Treupflicht gegenüber den Minderheitsgesellschaftern verletzen. Bei Eingriffen in individuelle Gesellschafterrechte kommt es darauf an, ob diese im Gesellschaftsinteresse geboten und dem Gesellschafter zumutbar sind.

Diese Voraussetzungen gelten für sämtliche Beschlussgegenstände, also auch bei sog. 1722
Grundlagengeschäften oder Maßnahmen, die in den *Kernbereich der Mitgliedschaftsrechte* der Gesellschafter eingreifen, und auch für Eingriffe in schlechthin unverzichtbare oder relativ – d.h. nur mit Zustimmung des einzelnen Gesellschafters oder aus wichtigem Grund – entziehbare Mitgliedschaftsrechte.

Eine Treuepflichtverletzung wird im Falle von Eingriffen in absolut oder relativ unentziehbare Rechte durch Mehrheitsentscheidung grundsätzlich vermutet. Bei allen anderen Beschlussgegenständen muss dagegen die Minderheit den Nachweis einer Treuepflichtverletzung führen. Eingriffe in den Kernbereich der Gesellschafterrechte sind daher bei (formell wirksamer) Mehrheitsklausel ohne Zustimmung des Betroffenen möglich, wenn sie verhältnismäßig sind.[37] Nur im Fall „unentziehbarer Rechte" bedarf es (noch) der Zustimmung jedes betroffenen Gesellschafters.

Zwar kann nun jeder Gesellschafter **(Mehrheits-)Beschlüssen** auch über *unentziehbare* 1723
Rechte **bereits im Gesellschaftsvertrag** zustimmen. Diese **antizipierte Einigung** ist aber nur wirksam, wenn der Gesellschaftsvertrag nicht bloß den Beschlussgegenstand bestimmt, sondern auch *Ausmaß, Umfang und Grenzen* eines solchen „Freibriefes" unzweideutig festgelegt hat. Erforderlich ist dafür also nicht nur **Bestimmtheit**, sondern zusätzlich **inhaltliche Konkretheit**.

Beispiel: Eine antizipierte Zustimmung wird v.a. für **Nachschusspflichten** relevant. Hier gilt grundsätzlich, dass Kommanditisten nicht ohne ihre Zustimmung weitergehende Belastungen zu tragen haben als in ihrer Hafteinlage bestimmt (sog. Belastungsverbot). Eine wirksame antizipierte Zustimmung zur Begründung einer Nachschusspflicht durch Mehrheitsbeschluss enthält ein Gesellschaftsvertrag nach der Rechtsprechung des BGH daher nur, wenn Ausmaß und Umfang einer möglichen zusätzlichen Belastung erkennbar sind, indem der Vertrag eine Obergrenze oder sonstige Kriterien festlegt, die das Erhöhungsrisiko eingrenzen; die Gesellschafter sollen erkennen können, was „schlimmstenfalls" an neuen Verpflichtungen auf sie zukommen kann.

Da v.a. bei Publikums-KGs (häufig: Fonds zur Kapitalanlage) sinnvollerweise satzungsgemäß stets ausnahmslos „alle Entscheidungen" (= formelle Bestimmtheit) mit Mehrheit getroffen werden, gilt dort dann also materiell die Kernbereichslehre/Vermutung der Treuepflichtverletzung. Zwecks Nachschüssen wird deshalb häufig z.B. zwischen „Bareinlage" als Grundlage der Gewinnbeteiligung der Kommanditisten/Anleger und einer höheren „Hafteinlage" für den Verlustfall unterschieden werden. Die maximale Haftsumme muss im Gesellschaftsvertrag konkret benannt sein (und wird nach § 172 Abs. 1 HGB überdies im Handelsregister eingetragen)[38].

---

37 Die **frühere „Kernbereichslehre"** ist damit abgeschwächt zu einer in ihrer Reichweite noch weiter eingegrenzten *Vermutung*.

38 Die Kommanditistenhaftung von vornherein im Handelsregister auf den höheren Nachschussbetrag festzulegen, ist neben der Transparenz auch im Hinblick auf die dadurch ggf. zulässige Verlustverrechnung gem. § 15a Abs. 1 S. 2 EStG sinnvoll.

d) Rechtsstellung der Gesellschafter – Sozialansprüche und Sozialverpflichtungen

1724 Unter dem Begriff der Sozialansprüche bzw. -pflichten werden die gegenseitigen Rechtsbeziehungen der OHG und ihrer Gesellschafter zusammengefasst. Der Sozialanspruch eines Gesellschafters ist dabei umgekehrt stets Sozialverpflichtung der OHG (und umgekehrt). Welche Rechte und Pflichten konkret bestehen sollen, ist der Regelung im Gesellschaftsvertrag überlassen, nur subsidär bestehen einige (dispositive) gesetzliche sowie allgemein anerkannte Standards (vgl. § 109 HGB). Sozialanspruch ist z.B. der Anspruch auf Beitragszahlung aus § 705 BGB, Sozialverpflichtung der Anspruch des geschäftsführenden Gesellschafters auf Aufwendungsersatz, §§ 713 i.V.m. 670 BGB bei der GbR, § 110 HGB bei der OHG.

1725 Die allgemeine Sozialpflicht des Gesellschafters ist die Treuepflicht. Dazu können beispielsweise eine Zustimmungspflicht zu Gesellschafterbeschlüssen in bestimmten Einzelfällen, die Hinweispflicht auf drohende Gefahren für die Gesellschaft, Rücksichtnahme bei der Durchsetzung eigener Ansprüche gehören.

Durchgesetzt werden kann die Treuepflicht prozessual durch die Unterlassungsklage, ggf. die Klage auf Ersetzung einer Zustimmung oder durch eine Schadensersatzklage.

Die gesellschaftsvertragliche Sanktion bei Verstoß gegen die Treuepflicht besteht zunächst im Entzug der Organschaftsrechte im konkreten Fall sowie im Extremfall in der Ausschließung des betr. Gesellschafters.

§ 280 Abs. 1 BGB). Bei Personengesellschaften ist dabei allerdings § 708 BGB zu beachten.

1726 **aa) Wettbewerbsverbot.** Praktisch wichtigste Ausprägung der Treuepflicht ist das Verbot, in Wettbewerb mit seiner Gesellschaft zu treten, jedenfalls sofern das nicht bei Eintritt in die Gesellschaft oder später einvernehmlich zugestanden worden war. Für OHG-Gesellschafter sowie den Komplementär einer KG ordnet das Gesetz in §§ 112, 113 i.V.m. § 161 Abs. 2 HGB ausdrücklich ein Wettbewerbsverbot an.

Für **Kommanditisten** sollen diese Regelungen gem. § 165 HGB nicht gelten. Allerdings obliegt aber auch den Kommanditisten eine gesellschaftsrechtliche Treuepflicht. Die §§ 112, 113, 165 HGB sind deshalb lediglich Ausdruck eines Regel-Ausnahme-Verhältnisses aus der Treuepflicht: Für den persönlich haftenden Gesellschafter einer OHG oder KG ist das Bestehen des Wettbewerbsverbots die Regel, eine Befreiung von ihm die Ausnahme. Bei allen anderen Gesellschaftern ist Wettbewerbsfreiheit die Regel, während die Annahme eines Wettbewerbsverbots im Einzelfall aus der Treuepflicht abgeleitet werden muss. § 112 HGB ist daher entsprechend auf einen Kommanditisten anzuwenden, der im Innenverhältnis einem persönlich haftenden Gesellschafter weitgehend gleichgestellt ist, insb. also über Geschäftsführungsbefugnis verfügt (vgl. §§ 163, 114, 115 HGB).

1727 Das Wettbewerbsverbot der §§ 112, 113 HGB ist nicht an die Geschäftsführungsbefugnis gebunden (vgl. § 115 HGB), sondern betrifft alle persönlich haftenden Gesellschafter einer OHG oder KG. Als Ausdruck einer Treuepflicht erstreckt es sich auf alle, die in ihren Befugnissen den persönlich haftenden Gesellschaftern gleichstehen, also insb. auf offene Treugeber, Unterbeteiligte und Nießbraucher mit eigenen Mitsprache- und Informationsrechten. In einem mehrstufigen Konzern erstreckt sich das Wettbewerbsverbot auch auf eine nur mittelbar, über Zwischengesellschaften beteiligte Obergesellschaft.

bb) Actio pro socio. Ausfluss und Bewehrung der Treuepflicht ist auch die actio pro socio (lat. für: Klage *als Gesellschafter*)[39]. Sie beschreibt die Befugnis eines Gesellschafters, im *eigenen* Namen (nicht: im Namen der Gesellschaft; das wäre „normale" Vertretung) für Sozialansprüche der Gesellschaft gegen seine Mitgesellschafter Prozesse zu führen. Sie ist damit eine Form der gewillkürten Prozeßstandschaft. Materiell-rechtlich bezeichnet die „actio" einen **Anspruch gegenüber den Mitgesellschaftern auf gesellschaftstreues Verhalten** in einer konkreten Situation, die Klage ist dann nur ein Weg seiner Durchsetzung. Anspruch und Klage lauten dabei auf Erfüllung *an die Gesellschaft*, nicht an den Kläger, auch nicht hinsichtlich „seines Anteils" (den es am Gesellschaftsvermögen und seinen Bestandteilen gar nicht gibt, vgl. Rn. 2017). Der Gesellschafter klagt bei der actio pro socio allerdings auf eigenes (Kosten-)Risiko. 1728

Die *actio pro socio* bezweckt einen Schutz des von der Geschäftsführung ausgeschlossenen Gesellschafters bzw. des Minderheitsgesellschafters, der davor geschützt werden soll, dass die Gesellschaft ihr Vermögen dadurch schädigt, dass sie – etwa auf Druck des Mehrheitsgesellschafters – aus dem Gesellschaftsverhältnis resultierende Ansprüche („**Sozialansprüche**") gegen einen (Mehrheits-)Gesellschafter **nicht geltend macht**. 1729

Bedeutung erlangt die actio pro socio daher meist nur bei solchen Gesellschaftern, die aufgrund Gesetzes oder aufgrund des Gesellschaftsvertrages nicht zur (alleinigen) Vertretung der Gesellschaft befugt sind. Denn bei einer bestehenden Vertretungsbefugnis könnte er das Recht der Gesellschaft in *deren* Namen geltend machen und bedürfte daher der actio pro socio nicht.

Gegenüber sog. **Dritt-Ansprüchen** ist die actio pro socio **nicht** gegeben. Als Dritt-Ansprüche werden alle diejenigen bezeichnet, die nicht unmittelbar aus dem Gesellschaftsverhältnis bestehen, z.B. gegenüber gesellschaftsfremden Dritten, Kunden, Lieferanten, Arbeitnehmern oder Banken. Das gilt aber auch unabhängig davon, ob ein solcher Schuldner Mitgesellschafter ist oder nicht; er haftet insoweit eben nicht als Gesellschafter, sondern als Mieter, Käufer etc., weshalb keine Sozialpflicht vorliegt. Verfolgt die Gesellschaft solche Ansprüche nicht, sei es auch infolge eines treuwidrigen Mehrheitsbeschlusses, kann der einzelne (Minderheits-)Gesellschafter dagegen nichts tun. 1730

Eine Ausnahme besteht – entgegen früher bei der GbR – auch nicht nach § 432 (i.V.m. § 2039) BGB. Forderungen der GbR/OHG/KG sind aufgrund der ihnen zuerkannten (Teil-) Rechtsfähigkeit keine Gesamthandsforderungen der Gesellschafter. Damit besteht keine Gesamtgläubigerschaft und keine Klagebefugnis des Einzelnen auf Leistung an alle.

cc) Haftungsbegrenzung und -maßstab. Bei Schadenersatzansprüchen der Mitgesellschafter bzw. der Gesellschaft gegen einen Gesellschafter – nur betreffend die Verletzung von Sozialverpflichtungen des Gesellschafters (nicht: Dritt-Ansprüchen) – aus § 280 Abs. 1 BGB ist die Regelung in § 708 BGB zu beachten: ein Gesellschafter muss bei Erfüllung der ihm im Innenverhältnis obliegenden Pflichten nur die **eigenübliche Sorgfalt** anwenden (§ 708 BGB ist eine „anderweitige Regelung" der Verantwortlichkeit i.S.v. § 276 Abs. 1 BGB). § 708 BGB schließt nach § 277 BGB nicht die Haftung für grobe Fahrlässigkeit und Vorsatz aus. Die Haftungsprivilegierung resultiert aus der per- 1731

39 Nicht: „*pro societate*" (für die Gesellschaft).

sonalistischen Struktur der GbR mit dem Grundgedanken: „drum prüfe (scl. vorher), wer sich ewig binde". § 708 BGB gilt jedoch nicht im Straßenverkehr (dort ist kein Raum für individuelle Sorglosigkeit)[40], bei Publikumsgesellschaften (diese sind faktisch nicht personalistisch organisiert) und die Vorschrift greift von vornherein nicht im Verhältnis zu Dritten.

4. Leitungsbefugnis in Kapitalgesellschaften

1732 Die Aktiengesellschaft (AG) und die Gesellschaft mit beschränkter Haftung (GmbH) sind beide körperschaftlich verfasst. Es gilt deshalb der Grundsatz der Fremdorganschaft. Das bedeutet, dass nicht die Gesellschafter (bei der AG: die Aktionäre) die Geschäfte führen, sondern bei der AG der Vorstand (§ 76 Abs. 1 AktG) bzw. bei der GmbH der oder die Geschäftsführer (§ 35 GmbHG).

1733 Die gesetzliche Kompetenzverteilung zwischen Vorstand, Hauptversammlung und Aufsichtsrat (§ 111 AktG) ist bei der AG vom Gesetz zwingend vorgegeben und kann weder durch Satzung noch durch Mehrheitsbeschluss der Hauptversammlung abgeändert werden (§ 23 Abs. 5 AktG). Innerhalb eines mit mehreren Personen besetzten Vorstands entscheiden alle Vorstandsmitglieder grundsätzlich gemeinsam (§ 77 Abs. 1 S. 1 AktG). In der Praxis wird allerdings oft eine Einzelentscheidungsbefugnis der Vorstandsmitglieder durch Satzung oder Geschäftsordnung bestimmt.

1734 Bei der GmbH besteht eine größere Flexibilität (§ 45 GmbHG) als bei der AG. Dort kann der Gesellschaftsvertrag oder der Geschäftsführeranstellungsvertrag Beschränkungen der Geschäftsführung beinhalten.

a) Die Aktiengesellschaft

1735 **aa) Unternehmensverfassung.** Gesetzlich vorgeschriebene Organe der AG sind:
- Vorstand;
- Aufsichtsrat;
- Hauptversammlung.

1736 **bb) Der Vorstand.** Der Vorstand hat die Gesellschaft unter eigener Verantwortung zu leiten (§ 76 Abs. 1 AktG). Leitung bedeutet, dass der Vorstand die Richtlinien der Unternehmenspolitik festlegt und die geschäftlichen Initiativen ergreift, also die eigentliche unternehmerische Funktion wahrnimmt. Er handelt dabei unabhängig von Weisungen der Hauptversammlung oder des Aufsichtsrats. Gegenüber den im Unternehmen Beschäftigten und den Organen der Betriebsverfassung nimmt er die Funktionen des Arbeitgebers bzw. Unternehmers wahr.

Für das Zusammenwirken der Organe und die Funktionsfähigkeit des Unternehmens sind die Informationspflichten am wichtigsten, denn die Mitglieder der anderen Organe haben keine eigene Kenntnis der Unternehmensinterna und können daher ihre Aufgaben nur dann richtig erfüllen, wenn sie vom Vorstand alle dafür notwendigen Auskünfte erhalten. Gegenüber den Aktionären ist der Vorstand nach Maßgabe des § 131 AktG zu Auskünften in der Hauptversammlung verpflichtet.

---

40 Vgl. Rn. 597 (Fn. 25).

Die Bestellung ist für höchstens fünf Jahre möglich (§ 84 Abs. 1 S. 1 AktG). Eine Verlängerung – jeweils nur gleichfalls für höchstens fünf Jahre – bedarf ebenfalls eines Beschlusses des Aufsichtsrates (§ 84 Abs. 1 Sätze 2 und 3 AktG). Um ein Unterlaufen der 5-jährigen Amtszeit zu verhindern, verbieten § 84 Abs. 1 Sätze 3 und 4 AktG die vorzeitige Verlängerung über den Ablauf der Frist hinaus.

Vom körperschaftlichen Akt der Bestellung zum Vorstand ist der **Anstellungsvertrag** zu trennen. Als Anstellungsvertrag liegt regelmäßig ein Dienstvertrag (§§ 611 bis 630, 675 BGB) zugrunde, aus welchem aber keine dem Aktienrecht (§ 76 Abs. 1 AktG) widersprechende Weisungsgebundenheit des Vorstandes hergeleitet werden darf. Die Anstellung bezieht sich also auf das Innenverhältnis des Vorstandes zur AG. Aufgrund des Anstellungsvertrages wird der Vorstand tätig (vgl. § 84 Abs. 1 S. 5 und Abs. 3 S. 5 AktG). Der Anstellungsvertrag regelt vor allem die Vergütung des Vorstands (vgl. auch § 87 AktG) und evtl. Kündigungsfristen.

(1) Geschäftsführungsbefugnis des Vorstands. Der Vorstand führt die Geschäfte der 1737
AG. Nach dem Gesetz besteht Gesamtgeschäftsführungsbefugnis. Die Satzung oder die Vorstands-Geschäftsordnung, die ihrerseits einstimmig zu beschließen ist (§ 77 Abs. 2 S. 3 AktG), sieht zweckmäßigerweise Mehrheitsentscheidungen und für den Fall einer Pattsituation einen Stichentscheid des Vorsitzenden vor. Außerdem enthält die Geschäftsordnung häufig eine Aufteilung der Verantwortungsbereiche auf einzelne Vorstandsmitglieder, etwa für Produktion, Verkauf, Personalwesen, Finanzwesen usw.

Im Anwendungsbereich der Montanmitbestimmung (Eisen-/Stahlindustrie und Bergbau) sowie des Mitbestimmungsgesetzes 1976 (Kapitalgesellschaften mit mehr als 2000 Arbeitnehmern) wird ein Vorstandsmitglied von der Arbeitnehmerseite gestellt. Der sog. *Arbeitsdirektor* ist dabei für Personal- und Sozialangelegenheiten der nicht-leitenden Belegschaftsmitglieder zuständig.

Die dem Vorstand bzw. seinen Mitgliedern obliegende Leitung des Unternehmens 1738
umfasst Entscheidungen und Handlungen, die durch Gesetz, Satzung, Geschäftsordnung, Vertrag oder Beschluss der Gesellschaftsorgane vorgegeben sind **(„Pflichtentscheidungen")** und **„unternehmerische Entscheidungen"**, bei denen ein Handlungs- und Entscheidungsermessen besteht. Pflichtentscheidungen enthalten z.B. die §§ 91, 92 AktG. Das **Ob** des Handelns ist dann vorgegeben, das **Wie**, also die zu wählenden Mittel und die Ausgestaltung, ist auch insoweit regelmäßig wiederum eine unternehmerische Ermessensentscheidung.

„Stellvertretende Vorstandsmitglieder" unterscheiden sich gem. § 94 AktG grundsätz- 1739
lich nicht von anderen. Sie sind in ihrer unentziehbaren Geschäftsführungsbefugnis insb. nicht nur auf einen Vertretungs- oder Verhinderungsfall beschränkt. Möglich ist zwar, die Geschäftsführungsbefugnis eines stellvertretenden Vorstandsmitglieds *im Innenverhältnis* des Gesamtorgans darauf zu beschränken, dass es zur Besorgung gewisser Vorstandsgeschäfte nur anstelle wegfallender oder verhinderter ordentlicher Vorstandsmitglieder berechtigt sein soll. Verstöße gegen eine solche Geschäftsordnung wären dann zwar eine Pflichtverletzung mit ggf. Schadensersatzfolgen (vgl. § 280 Abs. 1 BGB), die getroffene Maßnahme wäre aber wirksam. Der eingeschränkte hierarchische Rang zeigt sich meist in einer nur kleineren Ressortverantwortung.

1740 **(2) Organhaftung der Vorstandsmitglieder.** Die Vorstandsmitglieder haben bei ihrer Geschäftsführung „die Sorgfalt eines ordentlichen und gewissenhaften Geschäftsleiters" einzuhalten (§ 93 Abs. 1 S. 1 AktG). Maßstab ist der pflichtbewusste, selbstständig tätige Leiter eines vergleichbaren Unternehmens, der nicht mit eigenen Mitteln wirtschaftet und daher wie ein Treuhänder fremden Vermögensinteressen verpflichtet ist. Der Vorstand hat daher insb. dafür Sorge zu tragen, dass

- die AG sich gegenüber Dritten *rechtmäßig verhält*,
- die *innere Organisation* der AG Gesetz und Satzung entspricht und
- die AG unter Beachtung der Regeln einer *sorgfältigen Unternehmensleitung* geführt wird (z.B. fortlaufend eine Unternehmensplanung erstellt, Risk-Management-Systeme gem. § 91 Abs. 2 AktG eingerichtet, Ansprüche der AG verfolgt werden etc.).

Die Beweislast für die Sorgfaltswaltung liegt nach § 93 Abs. 2 S. 2 AktG im Haftungsprozess bei jedem Vorstandsmitglied (Umkehr der Beweislast).

1741 Eine Haftungserleichterung (nur) für „unternehmerische Entscheidungen", also nicht für das Ob bei Pflichtentscheidungen, bestimmt § 93 Abs. 1 S. 2 AktG und regelt unter welchen Voraussetzungen haftungsausschließendes pflichtkonformes Verhalten des Vorstandes vorliegt. Liegen die Tatbestandsmerkmale der **Business Judgement Rule** des § 93 Abs. 1 S. 2 AktG vor, wird pflichtgemäßes Handeln unwiderruflich vermutet. Eine Haftung des Vorstands ist nach der Business Judgement Rule nur dann ausgeschlossen, wenn folgende fünf Voraussetzungen – *ex ante* betrachtet – gegeben sind:

- Es muss eine unternehmerische Entscheidung (keine Pflichtentscheidung) vorliegen.
- Das Vorstandsmitglied muss seine Entscheidungen gutgläubig im Hinblick auf das Unternehmenswohl getroffen haben.
- Das Handeln des Vorstandsmitglieds muss frei von Sonderinteressen und sachfremden Einflüssen sein.
- Das Vorstandsmitglied handelt zum Wohle der Gesellschaft.
- Das Vorstandsmitglied handelt auf Grundlage angemessener Informationen.

Liegen sie nicht vor, steht damit (haftungsbegründendes) pflichtwidriges Verhalten zwar noch nicht fest. Das Organmitglied, das den Test der Business Judgement Rule nicht besteht, muss jedoch im Streitfall wieder in vollem Umfang nachweisen, dass es seine Sorgfaltspflichten erfüllt hat (s.o., § 93 Abs. 2 S. 2 AktG: Umkehr der Beweislast).

Bei fehlerhafter Geschäftsführung haftet der Vorstand nach § 93 AktG gegenüber der Aktiengesellschaft auf Schadensersatz. Die AG wird bei derartigen Ansprüchen gegen den Vorstand durch den Aufsichtsrat vertreten (§ 112 AktG). Bei einer AG bedarf ein Haftungsvergleich zwischen Organmitglied und Unternehmen, und zwar schon ein *pactum de non petendo*, der Zustimmung der Hauptversammlung und kann erst drei Jahre nach Entstehung des Anspruchs abgeschlossen werden (§ 93 Abs. 4 S. 3 AktG).

Diese Haftungsnorm des § 93, wonach Vorstandsmitglieder (und parallel gem. § 116 AktG Aufsichtsratsmitglieder) auch für leichteste Fahrlässigkeit und im Umfang unbeschränkt haften und diese Haftung, die auch noch durch die Beweislastumkehr des § 93 Abs. 2 S. 2 AktG verschärft wird, weder vertraglich noch durch Satzungsregelungen beschränkt werden kann, gelten *im internationalen Vergleich* als übermäßig streng. Sie sind geeignet, risikobehaftetes unternehmerisches Handeln der Organmitglieder zu lähmen.

De lege ferenda wird eine Begrenzungsmöglichkeit der aktienrechtlichen Innenhaftung der Organmitglieder durch die Satzung gefordert, indem die Haftung für leichte Fahrlässigkeit ausgeschlossen wird und/oder Haftungshöchstgrenzen eingeführt werden können (vergleichbar wie es bei der GmbH möglich ist). Auch könnte die Rechtsprechung den überzogenen Haftungsmaßstab korrigieren und in Anlehnung an die im Arbeitsrecht entwickelten Grundsätze zur begrenzten Haftung von Arbeitnehmern (bei früher sog. gefahrgeneigter Arbeit, vgl. Rn. 236 ff.) eine entsprechende Haftungsmilderung für Organmitglieder erreichen.[41] 1742

§ 93 Abs. 1 AktG ist kein Schutzgesetz zugunsten der Gläubiger i.S.v. § 823 Abs. 2 BGB. 1743 Die Gläubiger haben also keinen eigenen Schadensersatzanspruch, sondern nur die AG (§ 93 Abs. 2 AktG). Gem. § 93 Abs. 5 AktG können die Gläubiger zwar den Anspruch der Gesellschaft geltend machen und auf Zahlung an sich selbst (nicht an die AG) klagen. Die Bedeutung einer solchen Klage durch Gläubiger ist jedoch gering, da einerseits vorausgesetzt ist, dass sie keine Befriedigung ihrer Forderungen von der AG erlangen, andererseits § 93 Abs. 5 S. 3 AktG das Verfolgungsrecht ausschließt, wenn die AG insolvent ist.[42]

(3) Compliance-Verantwortung des Vorstands. Die Aufgabe des Vorstands, die 1744 Gesellschaft zu leiten (§ 76 AktG), umfasst auch die Pflicht, dafür Sorge zu tragen, dass die Gesellschaft die ihr nach Gesetz und Satzung obliegenden Verpflichtungen erfüllt. Der Vorstand hat bei der Leitung der Gesellschaft uneingeschränkt alle – auch ausländische – Rechtsnormen, die ihn als Organ oder die Gesellschaft betreffen, einzuhalten. Diese sog. **Legalitätspflicht** beinhaltet auch, dass der Vorstand im Rahmen des Zumutbaren und Erforderlichen dafür zu sorgen hat, dass auch die Mitarbeiter des Unternehmens die rechtlichen Regeln einhalten, insb. keine **unternehmensbezogenen Straftaten** und **Schädigungen Dritter** begehen.[43] Diese Rechtstreue verbunden mit den zu ihrer Umsetzung erforderlichen organisatorischen Maßnahmen wird als „Compliance" bezeichnet. Ob die Legalitätspflicht auch gebietet, eine institutionalisierte „Compliance-Organisation", ein sog. „Compliance-Management-System" zu errichten, ist umstritten und höchstrichterlich bisher nicht entschieden. Die einzige bisher ergangene Entscheidung nimmt eine solche Pflicht jedenfalls bei Vorliegen einer „entsprechenden Gefährdungslage" an[44]. Eine Verletzung dieser Pflicht kann zu einer unbegrenzten Haftung nach § 93 Abs. 2 AktG führen. Umgekehrt sind in der Rechtsprechung erste Tendenzen erkennbar, ein effizientes Compliance-Management-System bei der Bemessung einer

41 *Hofmann-Becking*, ZHR 2017, 737.

42 Beachte dann allerdings § 15a InsO i.V.m. § 823 Abs. 2 BGB, wonach (Alt-)Gläubigern jedenfalls der Quotenschaden aufgrund – zumindest fahrlässig (vgl. § 15a Abs. 4 und 5 InsO) – verspäteter Insolvenzantragstellung zu ersetzen ist; Neugläubigern, die bei rechtzeitigem Antrag gar keine Geschäftsbeziehung mehr eingegangen wären, sogar der gesamte Ausfallschaden.

43 BGHZ 109, 297 – „Baustoff" (1989) bejahte eine **Garantenstellung des Geschäftsleiters** gegenüber Dritten allein aufgrund seiner Organstellung. Dagegen aber BGHZ 125, 366 und Z 194, 26: Organisationspflicht besteht nur *gegenüber der Gesellschaft* selbst. Das gilt entgegen BGH GRUR 2011, 1043, Rn. 70 – „TÜV II" und BGH GRUR 2012, 1145, Rn. 36 – „Pelikan" nun auch im Immaterialgüter- und Wettbewerbsrecht, vgl. BGH GRUR 2014, 883 – „Geschäftsführerhaftung": bloße Kenntnis des Geschäftsleiters von Rechtsverstößen und sein Nichthandeln begründen nicht seine Haftung im Außenverhältnis. **Außenhaftung** setzt also *eigene Deliktsverwirklichung* durch Geschäftsführer voraus. Etwas *typisierend* BGH GRUR 2015, 672 – „Videospiel Konsolen II" für das Urheberrecht und BGH GRUR 2016, 257 Rn. 113/117 – „Glasfasern II" für das Patentrecht.

44 LG München I, DB 2014, 766, 768.

nach § 30 OWiG gegenüber dem Unternehmen zu verhängende Verbandsgeldbuße zu berücksichtigen[45] .

1745 **cc) Der Aufsichtsrat.** Beim Aufsichtsrat handelt es sich um dasjenige Organ der AG, welches den Vorstand bestellt, absetzt, seine Geschäftsführung überwacht und die Gesellschaft bei Rechtsgeschäften mit den Vorstandsmitgliedern vertritt (§§ 84 Abs. 1, 111 Abs. 1, 112 AktG).

Der laufenden Überwachung der Geschäftsführung des Vorstandes dient eine spezielle Berichtspflicht des Vorstands sowie ein Einsichts- und Prüfungsrecht des Aufsichtsrats (§§ 90, 111 Abs. 2 AktG).

Der Aufsichtsrat kann dem Vorstand in einzelnen Geschäftsführungsangelegenheiten *keine* Weisungen erteilen. Die Satzung oder der Aufsichtsrat selbst muss jedoch bestimmte Arten von Geschäften von der Zustimmung des Aufsichtsrats abhängig machen (§ 111 Abs. 4 AktG).

Nach der Grundregel des § 95 AktG besteht der Aufsichtsrat aus mindestens 3 Mitgliedern. Die Satzung kann eine höhere, nach § 95 Sätze 2 ff. AktG genau zu ermittelnde Zahl festsetzen.

1746 **Organhaftung der Aufsichtsratsmitglieder:** Bei nicht ordnungsgemäßer Ausführung seiner Aufgaben haftet der Aufsichtsrat – wie der Vorstand – der Gesellschaft auf Schadensersatz (§ 116 AktG). Für die Aufsichtsratsmitglieder ist zu beachten, dass deren Aufgabe nicht die Leitung der Gesellschaft, sondern die Überwachung des Vorstands ist. Die Aufsichtsräte haben daher die Sorgfalt zu wahren, die für eine ordentliche und pflichtgemäße Überwachung notwendig ist. Hat der Aufsichtsrat (in Erfüllung seiner Verpflichtung aus § 111 Abs. 4 S. 2 AktG) bestimmte Geschäftsführungsmaßnahmen unter seinen Zustimmungsvorbehalt gestellt, darf er seine Zustimmung nur nach vorheriger sorgfältiger Prüfung der beabsichtigten Geschäftsführungsmaßnahme erteilen; der Aufsichtsrat verletzt seine Pflichten, wenn er ohne gebotene Information und darauf aufbauende Chancen- und Risikoabschätzung seine Zustimmung zu nachteiligen Investitionsentscheidungen erteilt. Im Fall der Insolvenz der AG, haftet der Aufsichtsrat, wenn er nicht darauf hinwirkt, dass der Vorstand rechtzeitig seiner Pflicht zur Stellung des Insolvenzantrags (§ 15a InsO) nachkommt.

1747 Er hat auch die Pflicht, das Bestehen von Schadensersatzansprüchen der AG gegenüber Vorstandsmitgliedern (auch bereits ausgeschiedenen) eigenverantwortlich zu überprüfen. Der BGH[46] hat die Verpflichtung des Aufsichtsrats festgestellt, den Vorstand bei Pflichtverletzungen auf jeden Fall in Anspruch zu nehmen, notfalls auch gerichtlich. Unterlässt der Aufsichtsrat eine solche Inanspruchnahme, macht er sich selbst schadensersatzpflichtig. Strittig ist, ob der Aufsichtsrat bei Gefährdung des Wohls der Gesellschaft von der Verfolgung von Schadensersatzansprüchen gegen Vorstandsmitglieder ausnahmsweise absehen darf, wenn gewichtige Interessen und Belange der Gesellschaft dafür sprechen. Dies wäre beispielsweise der Fall, wenn eine Inanspruchnahme eines Vorstands derartige „Verwerfungen" am Kapitalmarkt nach sich ziehen würde, dass das Unternehmen in seiner Existenz gefährdet wäre[47].

---

45 BGH, BB 2017, 1931 ff.

46 BGHZ 135, 244 – „ARAG/Garmenbeck" (1997).

47 So das LG Essen, Urt. v. 25.4.2012 – 41 O 45/10, ZIP 2012, 2061; die dagegen noch immer anhängige Berufung beim OLG Hamm – 8 U 73/12 wird wohl durch Vergleich erledigt werden.

dd) Die Hauptversammlung. Die Hauptversammlung ist die gehörig einberufene Versammlung der Aktionäre, die in dieser Versammlung ihr Recht ausüben, soweit das Gesetz nicht etwas anderes bestimmt (§ 118 AktG). Die Satzung kann auch eine Teilnahme per Videozuschaltung zulassen, § 118 Abs. 2 und 3 AktG, was die persönliche Anwesenheit entbehrlich macht. 1748

Mindestens einmal im Jahr findet eine sog. **ordentliche** Hauptversammlung statt, die u.a. über die Entlastung des Vorstandes und des Aufsichtsrates zu entscheiden hat (§ 120 AktG). Der **Aufsichtsrat** hat außerdem eine **außerordentliche** Hauptversammlung einzuberufen, wenn das Wohl der Gesellschaft es fordert (§ 111 Abs. 3 AktG) oder eine bestimmte Anzahl Aktionäre es verlangen (§ 122 AktG). Ist bei der AG ein Verlust in Höhe der Hälfte des Grundkapitals eingetreten, muss der **Vorstand** unverzüglich eine außerordentliche Hauptversammlung einberufen (§ 92 Abs. 1 AktG).

Bei Abstimmungen in der Hauptversammlung ist im Grundsatz die einfache Stimmenmehrheit entscheidend (§ 133 AktG). Qualifizierte Mehrheitserfordernisse gibt es z.B. bei Beschlüssen über Satzungsänderungen (§ 179 Abs. 2 AktG: ¾-Mehrheit); Hierzu rechnet auch die Übertragung des gesamten Gesellschaftsvermögens einer AG (§ 179a AktG).[48]

Es gilt das Prinzip der Teilung der Zuständigkeiten zwischen Vorstand und Hauptversammlung. Die Hauptversammlung ist für die in § 119 Abs. 1 AktG aufgeführten *Grundlagengeschäfte* und für ihr durch die Satzung zugewiesene Aufgaben zuständig. Über *Fragen der Geschäftsführung* kann die Hauptversammlung dagegen nur entscheiden, wenn der Vorstand es verlangt (§ 119 Abs. 2 AktG). 1749

Für die **„kleine“ AG**, nämlich solche mit beschränktem und bekanntem Aktionärskreis enthält das Gesetz vor allem Regeln zu einer vereinfachten Hauptversammlung (insbes. §§ 121 Abs. 4 und Abs. 6, 124 Abs. 1 S. 3 AktG). 1750

(1) Ungeschriebene Hauptversammlungszuständigkeiten. Wenn (noch) Minderheitsaktionäre vorhanden sind, müssen – ergänzend zu den gesetzlich geschriebenen Zuständigkeiten – nach der sog. **Holzmüller-/Gelatine-Rechtsprechung des Bundesgerichtshofs**[49] grundlegende Strukturveränderungen der Gesellschaft durch einen Beschluss der Hauptversammlung gebilligt werden. Das Zustimmungserfordernis eröffnet den Minderheitsaktionären die Möglichkeit, den erforderlichen Beschluss mit der Anfechtungsklage anzugreifen und kann so zu einer manchmal mehrjährigen Verzögerung der gewünschten unternehmerischen Maßnahme führen. 1751

Bei Entscheidungen von ganz grundlegender Bedeutung, die zwar formal von der (Außen-)Vertretungsmacht des Vorstands gedeckt sind, die aber dennoch „so tief in die Mitgliedsrechte der Aktionäre und deren im Anteilseigentum verkörpertes Vermögensinteresse eingreifen, dass der Vorstand vernünftigerweise nicht annehmen kann, er dürfe sie in ausschließlich eigener Verantwortung treffen, ohne die Hauptversammlung zu beteiligen“, ist der Vorstand verpflichtet, die Zustimmung der Hauptversammlung einzuholen. Der Vorstand würde in solchen Fällen seine Sorgfaltspflicht verletzen, wenn er

---

48 Neben dem **Mehrheitserfordernis** muss ein Beschluss, der erheblich in die Rechtsstellung der Aktionäre eingreift, auch nach seinem Inhalt **sachlich gerechtfertigt** sein (**materielle Beschlusskontrolle**), dazu sogleich unter Rn. 1756 lit. b).

49 BGH, Urt. v. 25.2.1982 – II ZR 174/80, BGHZ 83, 122 – „Holzmüller“; Urt. v. 26.4.2004 – II ZR 155/02, BGHZ 159, 30 – „Gelatine I“ und – II ZR 154/02, ZIP 2004, 1001 – „Gelatine II“.

von der Vorlagemöglichkeit des § 119 Abs. 2 AktG keinen Gebrauch machte. Aus dem Recht zur Vorlage an die Hauptversammlung wird – in eng begrenzten Ausnahmefällen, nämlich bei „satzungsnahen" Entscheidungen, – eine Pflicht. Ist danach – ausnahmsweise – die Zustimmung der Hauptversammlung für eine Geschäftsführungsmaßnahme einzuholen, bedarf diese einer Dreiviertel-Mehrheit des vertretenen Grundkapitals.

Beispiel: In der „Holzmüller-Entscheidung" hat der BGH auf die besonderen Gefahren für die Aktionäre der Obergesellschaft hingewiesen, die diesen drohen, wenn nach einer Ausgliederung des wertvollsten Teils des Betriebsvermögens auf eine zu diesem Zweck errichtete 100 %-ige Tochtergesellschaft später deren Kapital erhöht wird. Dadurch könne die Mitgliedschaft in der Obergesellschaft beeinträchtigt, ihr Wert verwässert, und ihre Bezugsrechte könnten ausgehöhlt werden. Aus diesem Grund sei die Obergesellschaft jedem ihrer Aktionäre gegenüber verpflichtet, für Kapitalerhöhungen in der Tochtergesellschaft die Zustimmung ihrer Hauptversammlung mit der Mehrheit einzuholen, die für eine entsprechende Maßnahme in der Obergesellschaft selbst erforderlich wäre – unbeschadet, ob die Obergesellschaft ihr Bezugsrecht bei der Kapitalerhöhung voll ausschöpft.

1752 Diese **ungeschriebene Sonderzuständigkeit** der Hauptversammlung hat eine qualitative und eine quantitative Komponente:

- Die Maßnahme muss **qualitativ von erheblicher Bedeutung** sein, z.B. bei Weggabe des einzigen werthaltigen Vermögensgegenstandes, Ausgliederung eines wesentlichen Betriebs auf eine Tochtergesellschaft, Veräußerung der einzigen Beteiligung oder aller wesentlichen Beteiligungen bis auf einen Restumsatz von 2 bis 3 %, Aufgabe wesentlicher Tätigkeitsbereiche, Veränderungen des Unternehmensgegenstandes (verdeckte Satzungsänderungen), Akquisitionen, die die Finanz-, Ertrags- und Risikolage des Unternehmens wesentlich verändern, Börsengang[50].
- Die Maßnahme muss zudem **quantitativ schwerwiegend** sein. Als Faustregel gilt, dass 75 bis 80 % des Gesellschaftsvermögens oder des Umsatzes von der jeweiligen Geschäftsführungsmaßnahme betroffen sein müssen.

1753 Bei einer „normalen" Veräußerung der Beteiligung an einer Tochtergesellschaft besteht in aller Regel keine Zustimmungspflicht der Hauptversammlung. Hierin liegt grundsätzlich keine Verkürzung der mitgliedschaftlichen Aktionärsrechte. Das in solchen Fällen greifende Ausgleichssystem der §§ 311 ff. AktG (faktischer Konzern, vgl. Rn. 1809 ff.) genügt grundsätzlich den verfassungsrechtlichen Anforderungen[51].

1754 **(2) Anfechtbarkeit und Nichtigkeit von Beschlüssen der Haupt- bzw. Gesellschafterversammlung.** Beschlüsse der Hauptversammlung können aufgrund von Fehlern betreffend das Verfahren ihres Zustandekommens oder aus inhaltlichen Gründen mangelbehaftet sein. Die Geltendmachung solcher Beschlussmängel richtet sich nach den §§ 241 ff. AktG. Danach ist zwischen nichtigen und bloß anfechtbaren Beschlüssen zu unterscheiden.

---

50 Eine (ungeschriebene) Hauptversammlungszuständigkeit wurde vom BGH zunächst außerdem für die Entscheidung über das Delisting einer börsennotierten AG bejaht (BGHZ 153, 47 = NJW 2003, 533 „Macrotron"). Nach einem Urteil des Bundesverfassungsgerichts, wonach die tatsächliche Verkehrsfähigkeit einer Aktie aufgrund einer Börsenzulassung nicht durch Art. 14 GG (Eigentumsrecht) geschützt ist, hat der BGH diese Auffassung aber revidiert (BGH NJW 2014, 146 – „Frosta"). Zum Delisting s. auch Rn. 2218 ff.

51 BVerfG, Nichtannahmebeschluss vom 7.9.2011 – 1 BvR 1460/10, ZIP 2011, 2094.

Nichtig sind Beschlüsse, die an besonders schwerwiegenden Verstößen leiden. Dafür kommen neben den in § 241 AktG einleitend aufgezählten Spezialvorschriften nur solche in Betracht, die in § 241 Nrn. 1–6 AktG abschließend (enumerativ) aufgezählt sind.

Beschlussnichtigkeit kann grundsätzlich jederzeit und von jedem Betroffenen – nicht **1755** nur durch Klage gem. § 249 Abs. 1 S. 2 AktG – geltend gemacht werden. Allerdings sieht § 242 AktG für bestimmte Mängel Heilungsvorschriften vor. Ohne Heilung folgt die Löschung einer eventuell darauf beruhenden Handelsregistereintragung von Amts wegen (§ 398 FamFG), auf die aber kein Anspruch besteht. Ein evtl. Freigabeverfahren nach § 246a AktG steht bei rechtskräftiger Feststellung auch einer Löschung nach § 398 FamFG entgegen, so dass eine spätere Nichtigkeitsfestellung, etwa durch Urteil nach § 249 Abs. 1 S. 2 AktG, keine Nichtigkeitsfolge mehr hätte.

Alle übrigen Rechtsverletzungen durch einen Hauptversammlungsbeschluss lassen diesen zunächst wirksam und machen ihn lediglich **anfechtbar** (§ 243 AktG).

Die Anfechtbarkeit eines Beschlusses kann nur durch Klage gem. §§ 245 ff. AktG geltend gemacht werden. Für die Klage gilt eine Monatsfrist (§ 246 Abs. 1 AktG), sie ist gegen die AG zu richten (Abs. 2 S. 2). Dabei wird die Gesellschaft gem. Abs. 2 S. 2 durch Vorstand und Aufsichtsrat gemeinsam vertreten (anders als § 82 Abs. 1 AktG). Die Klagebefugnis besteht bei einer Aktionärsklage nur, wenn dieser noch in der Hauptversammlung beim Versammlungsleiter „Widerspruch zur Niederschrift“ (§ 245 Nr. 1 AktG) erklärt hat (Ausnahmen: §§ 245 Nr. 2; Nr. 3 i.V.m. 243 Abs. 2 AktG).

Zulässige Anfechtungsgründe sind bestimmte Verfahrensfehler, wenn sie für das **1756** Abstimmungsergebnis kausal waren, und Inhaltsfehler.

(a) Einschränkungen bei der Geltendmachung von **Verfahrensfehlern** ergeben sich aus § 244 AktG (fehlerfreie Bestätigung eines Beschlusses) und § 243 Abs. 4 S. 1 AktG (nur „relevante“ Auskunftsverweigerung berechtigt zur Klage). Außerdem schließt ein gesetzlich vorgesehenes Spruchverfahren die Anfechtung aus (Abs. 4 S. 2); das betrifft abfindungsbezogene Informationsmängel z.B. im Zusammenhang mit einem Austrittsrecht bei Umwandlungen für die Höhe der Barabfindung gem. §§ 29 (vgl. auch Verweis in § 125 S. 1) und 207 UmwG (bei Verschmelzung, Spaltung und Formwechsel).

(b) Für **Inhaltsfehler** gelten besondere Bestimmungen in § 251 (für die Wahl von Aufsichtsratsmitgliedern), § 254 (betr. den Gewinnverwendungsbeschluss), 255 Abs. 2 AktG (hinsichtlich des Ausgabekurses junger Aktien bei Ausschluss des Bezugsrechts). § 243 Abs. 2 AktG bestimmt Näheres für die Anfechtung bei gesellschaftsfremden Sondervorteilen. Als inhaltliche Fehler sind zudem Verstöße gegen den Gleichbehandlungsgrundsatz (§ 53a AktG; Verbot willkürlicher Ungleichbehandlung) und die Treuepflicht der Aktionäre untereinander und gegenüber der Gesellschaft zu beachten (Missbrauchsverbot).

Inhaltlich fehlerhaft können auch unverhältnismäßige Beschlüsse sein. Hauptversammlungsbeschlüsse, die erheblich in die Rechtsstellung der Aktionäre eingreifen, stehen nicht im freien Ermessen der Mehrheit, sondern bedürfen im Rahmen einer **materiellen Beschlusskontrolle** einer **sachlichen Rechtfertigung** nach den Kriterien der Geeignetheit, Erforderlichkeit und Angemessenheit (BGHZ 71, 40, 43 ff.).

Beispiel[52]: Es klagt ein Minderheitsaktionär, der an der Beklagten des Ausgangsverfahrens (= frühere Moto Meter AG) beteiligt war. Beherrscht wurde die Beklagte von der Bosch GmbH, die zum Zeitpunkt der maßgeblichen Hauptversammlung knapp 99 % des Aktienkapitals hielt. Im Mai 1992 machte die Bosch GmbH den noch verbliebenen Minderheitsaktionären das Angebot, deren Aktien für 615 DM zu übernehmen. Unabhängig davon gründete die Bosch GmbH eine – später als Moto Meter GmbH firmierende – Gesellschaft mit beschränkter Haftung, an welche die Moto Meter AG sodann für einen Preis von 120 Mio. DM ihr gesamtes Vermögen verkaufte. Das entsprach aus Sicht der Moto Meter-Aktionäre einem Preis von 500 DM je Aktie. Zugleich beschloss die Bosch GmbH als Mehrheitsaktionärin der Moto Meter AG, diese zu liquidieren. – Gerichtliche Überprüfbarkeit der Abfindungshöhe?

Die Regelungen des Aktienrechts stehen einer gerichtlichen Kontrolle des vom Großaktionär gezahlten Preises für das Gesellschaftsvermögen dabei lt. BVerfG a.a.O. nicht entgegen.

(1) Nach der Systematik des Aktiengesetzes findet eine gerichtliche Wertkontrolle zwar vornehmlich im Rahmen eines Spruchverfahrens gem. § 306 AktG statt, der mit Blick auf die „übertragende Auflösung“ nach § 179a AktG keine unmittelbare Anwendung findet. Eine analoge Anwendung des § 306 AktG scheidet aber nicht zwingend aus, weil der Gesetzgeber bei der Novellierung der Vorschrift in § 179a AktG trotz Kenntnis des Problems auf die Regelung eines Abfindungsanspruchs und Spruchverfahrens verzichtet hat. Alternativ könnte (2) eine Prüfung der „übertragenden Auflösung“ auf eine sachliche Rechtfertigung hin erfolgen. Bestimmte Beschlüsse der Hauptversammlung von Aktiengesellschaften werden dem – ungeschriebenen – Erfordernis einer besonderen „sachlichen Rechtfertigung“ unterworfen. Das könnte auch für solche nach § 179a AktG im Hinblick auf den Abfindungsanspruch gefordert sein.

Aus dem Eigentumsgrundrecht (Art. 14 GG) folgt, dass Minderheitsaktionäre gegen den Missbrauch wirtschaftlicher Macht geschützt werden müssen (vgl. BVerfGE 14, 263, 283; 100, 289, 303). Ein Missbrauch wirtschaftlicher Macht kann nicht allein darin gesehen werden, dass ein Mehrheitsaktionär mit seiner Stimmenmehrheit das Ziel verfolgt, sich seiner wenigen verbliebenen Minderheitsaktionäre zu entledigen. Dafür kann es eine Reihe legitimer Gründe geben. Verfassungsrechtlich bedenklich ist es aber, wenn weder im Anfechtungsverfahren noch in einem Spruchverfahren die Festsetzung einer angemessenen Abfindung beantragt und geprüft werden kann, ob die Beklagte für ihr Gesellschaftsvermögen von der Mehrheitsaktionärin einen Preis erhalten hat, der dem Wert des arbeitenden Unternehmens entsprach.

1757 **ee) Die Rechtstellung der Aktionäre.** Die Aktionäre werden bisweilen als die *„Eigentümer“* der Gesellschaft bezeichnet. Eigentum als sachenrechtlicher Begriff kann nur an Sachen bestehen und ist im Gesellschaftsrecht also untechnisch zu verstehen.

Zudem trifft die alleinige Maßgeblichkeit eines „Eigentümerinteresses“ (vgl. § 903 BGB) in Bezug auf die mit dem Gegenstand zu erreichenden Ziele im Gesellschaftsrecht nicht zu. Rechtlich gesehen ist der Vorstand allein auf das **Gesellschafts- und Unternehmensinteresse** verpflichtet (vgl. § 76 AktG)[53]. Dazu, wie dieses in unternehmenspolitischen Entscheidungen zu verstehen sei, werden jedoch verschiedene Ausrichtungen erwogen. Besondere Aufmerksamkeit hat zuletzt die Ausrichtung auf den *Shareholder Value* und die *Orientierung an Kapitalmärkten* erlangt. Umgekehrt ist unstrittig, dass zahlreiche Vorschriften (insb. in der Unternehmensmitbestimmung) den Vorstand verpflichten, auch *Arbeitnehmerinteressen* einzubeziehen.

---

52 BVerfG NJW 2001, 279; vgl. auch BGH ZIP 1995, 1515. Vgl. Aufbauschema in Rn. 15.

53 Zum Begriff des Unternehmensinteresses BGHZ 64, 325, 329 = NJW 1975, 1412 – „Bayer“; BVerfGE 50, 290 = NJW 1979, 833.

Hinzu tritt, dass z.B. auch Interessen von Gläubigern nicht nur formal durch eine Kapitalbindung geschützt sind, sondern eine Verlässlichkeit der Gesellschaft als Vertragspartner, aber auch entferntere Interessen des gesellschaftlichen und natürlichen Umfelds („Corporate Citizenship"), ebenso die Motivation der Mitarbeiter, für die Reputation und damit die künftige Geschäftstätigkeit ausschlaggebend sind. Daraus nun etwa eine Festlegung des Gesellschaftsinteresses auf eine langfristige *Gewinnmaximierung* abzuleiten, ist wiederum nicht möglich, weil der dafür maßgebliche Zeithorizont kaum je klar abgrenzbar sein wird. In jedem Fall aber hat der Vorstand den **Bestand des Unternehmens** zu sichern und für eine **dauerhafte Rentabilität** zu sorgen, was dann mit einer Ausrichtung auf eine *„angemessene Gewinnerzielung"* einhergeht. **1758**

Das **„Unternehmensinteresse"** knüpft jedenfalls nicht an den Verband der Anteilseigner an, sondern am Unternehmen als Gegenstand zahlreicher Interessen. Es kann nicht allein im Sinne der Interessen der Anteilseigner verstanden werden.

Der Wahrung des Unternehmensinteresses dienen angesichts dieser Komplexität im Wesentlichen das richtige Maß an eingeholter Information und ihre Abwägung. Besondere Bedeutung erlangen damit gerade auch Verwaltungs- und Verfahrensrechte der Aktionäre.

Für die Rechtsstellung von Aktionären gegenüber der Gesellschaft (AG) sind zwei verschiedene Arten von Rechten zu unterscheiden: **1759**

- Mitverwaltungsrechte,
- Vermögensrechte.

Mitverwaltungsrechte der Aktionäre sind das Recht auf Teilnahme an der Hauptversammlung (§ 118 AktG), das Recht auf Auskunft in der Hauptversammlung (§ 131 AktG), das Stimmrecht (§ 134 AktG) sowie das Anfechtungsrecht (§ 245 AktG). Als Anfechtungsrecht bezeichnet man die Befugnis, (vermeintlich) gesetzwidrige Beschlüsse der Hauptversammlung gerichtlich überprüfen und ggf. aufheben lassen zu können. Leitungs- und Herrschaftskomponenten haben die Mitverwaltungsrechte für Kleinaktionäre regelmäßig nur in stark begrenztem Umfang. **1760**

Das wichtigste **Vermögensrecht** des Aktionärs ist der Dividendenanspruch (§§ 58 Abs. 4, 60 AktG), also das Recht auf Teilhabe an dem von der AG erwirtschafteten Bilanzgewinn. Außerdem steht den Aktionären der Liquidationserlös bei Beendigung der Gesellschaft zu (§ 271 AktG). **1761**

Die Hauptpflicht des Aktionärs besteht in der Leistung der versprochenen Sach- oder Bareinlage (§ 54 AktG).

(1) Treuepflicht und Schädigungsverbot. Bei der AG ist zwischen vertikaler Treuepflicht, also des Gesellschafters gegenüber der Gesellschaft, und horizontaler Treuepflicht (gegenüber Mitgesellschaftern) zu unterscheiden. Während seit jeher anerkannt ist, dass Gesellschafter aller Rechtsformen stets das Gesellschaftsinteresse zu wahren haben, sind Prinzipien zum Schutz von Minderheitsaktionären erst recht spät und auch nur begrenzt anerkannt worden. **1762**

Da die herrschaftsrechtliche Seite des Aktieneigentums für Kleinaktionäre ohnehin begrenzt ist und sie auf die Unternehmenspolitik regelmäßig keinen relevanten Einfluss nehmen können, ermöglicht ihnen das Aktieneigentum durch die Kapitalanlage v.a. eine **1763**

Sphäre individueller Freiheit in finanzieller Hinsicht[54]. Im Vordergrund steht also die Vermögenskomponente der Anlage, nämlich die Auswahlentscheidung des Aktieneigentümers hinsichtlich seiner Kapitalanlage. Die Annahme gegenseitiger Rechtsbeziehungen der Aktionäre untereinander, aus denen sich eine Haftung herleiten ließe, passt zu den typischerweise eher zeitlich begrenzten Anlageinteressen kaum. Nach Ablehnung jeder vertikalen Treuepflicht durch den BGH 1975[55], wurden seit 1988 Rücksichtnahmepflichten zumindest eines Mehrheitsaktionärs gegenüber der Minderheit anerkannt[56]. Begründet hat das der BGH damit, dass die der AG eigene körperschaftliche Verbandsstruktur nicht überbewertet werden dürfe.

1764 Erst 1995 wurde dann auch eine **begrenzte Treuepflicht** wechselseitig allen Aktionären auferlegt[57] , die allerdings nicht so weit reicht wie die Treuepflicht bei den Personengesellschaften und der GmbH. Die gesellschaftsrechtliche Treuepflicht setzt dem Aktionär bei der Ausübung seiner Mitgliedschaftsrechte heute folgende Schranken:

- Der Aktionär darf sein Frage- und Rederecht in der Hauptversammlung nicht so ausüben, dass er die ganze Versammlung für sich monopolisiert.
- Der Aktionär darf sein Stimmrecht nicht ausnutzen, um Beschlüsse herbeizuführen, die ihm einen Vorteil zu Lasten der AG oder der anderen Aktionäre bringen (vgl. § 243 Abs. 2 S. 1 AktG: Anfechtbarkeit solcher Beschlüsse). Entsprechende Stimmabgaben sind nach h.M. überdies nichtig.
- Aufgrund der mitgliedschaftlichen Treuepflicht unterliegen Mehrheitsbeschlüsse, die die Rechtstellung der überstimmten Minderheit beeinträchtigen (z.B. Kapitalerhöhung mit Bezugsrechtsausschluss), der Inhaltskontrolle, d.h. der Beschluss bedarf der sachlichen Rechtfertigung[58].
- Der Aktionär muss bei der Auswahl von Stimmrechtsvertretern die Interessen der Gesellschaft wahren, insb. darf er bei einem geschlossenen Aktionärskreis keine Vertreter von Konkurrenzunternehmen bevollmächtigen.
- Ein Aktionär darf nicht gegen einen Kapitalherabsetzungsbeschluss stimmen, wenn er dadurch den einzigen von den Gesellschaftsgläubigern akzeptierten Weg der Sanierung der AG blockiert.
- Ein Aktionär darf die Gesellschaft gegenüber Dritten nicht diskreditieren oder in ihrer Kreditwürdigkeit gefährden.
- Einem Aktionär ist die zu einer Liquiditätskrise führende Kündigung eines Gesellschafterdarlehens versagt.
- Ein Mehrheitsaktionär verstößt gegen die ihm gegenüber den anderen Aktionären obliegende Treuepflicht, wenn er mit dem Vorstand der AG einen nicht marktgerechten Preis für die Übernahme eines Geschäftsbereichs vereinbart.

1765 Schädigt ein Aktionär die AG durch Einflussnahme auf den Vorstand, Aufsichtsrat, einen Prokuristen oder Handlungsbevollmächtigten, ist er der Gesellschaft bei vorsätzlichem Verhalten gem. § 117 AktG schadensersatzpflichtig.

1766 Außerdem ist die **Treuepflicht** selbst ein **Schuldverhältnis** i.S.v. § 241 BGB. Ihre Verletzung führt daher zur Schadensersatzpflicht des Aktionärs nach § 280 Abs. 1 BGB. Bei

---

54 Vgl. BVerfGE 100, 289, 305.
55 BGH WM 1976, 449 – „Audi/NSU".
56 BGHZ 103, 184 – „Linotype" und nachf. NJW 1992, 3167, 3171 – „IBH/Scheich Kamel".
57 BGHZ 129, 136 – „Girmes".
58 Vgl. BGHZ 71, 40 – „Kali + Salz"; BGHZ 83, 321 – „Holzmann".

Verletzung der Treuepflicht gegenüber anderen Aktionären haben diese einen Schadensersatzanspruch, soweit bei ihnen ein Schaden entstanden ist (nur *Individualschaden*; vgl. § 117 Abs. 1 S. 2 AktG), der über die Wertminderung ihrer Anteile hinausgeht, der auf der Schädigung der Gesellschaft beruht. Analog § 117 Abs. 1 AktG ist die Ersatzpflicht eines Aktionärs *auf vorsätzliches Handeln beschränkt*[59] und verjährt analog § 117 Abs. 6 nach fünf Jahren. Bedeutung hat der Anspruch aus Treuepflichtverletzung daher nur, soweit § 117 Abs. 7 die Haftung aus § 117 AktG ausschließt.

(2) Actio pro socio. Die Rechtsfigur der *actio pro socio* stammt aus dem Personengesellschaftsrecht und bedeutet ursprünglich, dass der Gesellschafter Ansprüche der Gesellschaft gegen Mitgesellschafter geltend machen kann. Sie ist generell auch in der GmbH anerkannt. In der AG finden sich gesetzlich geregelte Anfechtungs- und Beschlussfeststellungsklagen, welche ihrerseits als Anwendungsfälle der *actio pro socio* gelten können (vgl. z.B. § 246 AktG). Darüber hinaus existiert die *actio pro socio* in der AG nicht (anders allerdings bei der KGaA)[60]. **1767**

b) Die GmbH

Die GmbH hat zwei stets notwendige Organe, nämlich den oder die Geschäftsführer sowie die Gesamtheit der Gesellschafter (Gesellschafterversammlung). Daneben kann, wenn es die Satzung (Gesellschaftsvertrag) vorsieht, ein Aufsichtsrat als weiteres freiwilliges Organ gebildet werden. **1768**

aa) Geschäftsführung in der GmbH. Es gilt das Prinzip der Fremdorganschaft. Geschäftsführer können aus dem Kreis der Gesellschafter bestimmt werden (sog. Gesellschafter-Geschäftsführer), müssen das aber nicht (§§ 6, 35 GmbHG). Geschäftsführer einer GmbH kann jede voll geschäftsfähige natürliche Person sein (§ 6 Abs. 2 GmbHG), sofern diese sich in den letzten fünf Jahren nicht bestimmter einschlägiger Straftaten schuldig gemacht haben (z.B. Insolvenzstraftaten gem. §§ 283 bis 283d StGB, falsche Angaben zum Stammkapital, Betrug oder Unterschlagung etc.) oder ihnen durch Entscheidung eines Gerichts oder Verwaltungsbehörde die Tätigkeit im Geschäftsbereich der GmbH untersagt wurde (§§ 6 Abs. 2, 66 Abs. 4 GmbHG). **1769**

Das Verhältnis der Geschäftsführer zur Gesellschafterversammlung ist grundsätzlich ähnlich dem des Vorstandes zur Hauptversammlung bei der AG. Jedoch haben die GmbH-Geschäftsführer kraft Gesetzes nicht eine dem Vorstand der AG vergleichbare selbstständige Stellung. Sie sind vielmehr den Gesellschaftern gegenüber **weisungsgebunden** und unterliegen deren Kontrolle. Die GmbH ist *nicht* durch das Prinzip der *Aufgabenteilung* (so dagegen die AG) geprägt, sondern durch ein **klares Über-/Unterordnungsverhältnis**: Die Gesellschafterversammlung ist das oberste Organ der GmbH und ihr sind die Geschäftsführer untergeordnet, wobei sich die Weisungen auch auf Details der Geschäftsführung beziehen können. Die Zuständigkeitsverteilung zwischen Geschäftsführung und Gesellschafterversammlung richtet sich im Übrigen nach dem Gesellschaftsvertrag (§ 45 GmbHG). **1770**

Ein Vorstand der AG ist grundsätzlich weisungs*un*gebunden. Ein GmbH-Geschäftsführer ist grds. weisungsgebunden, daher haben *Konzerntochterunternehmen* vorzugsweise die Rechtsform der GmbH.

---

59 BGHZ 129, 136, 162 ff. – „Girmes".
60 Vgl. MünchKommAktG/*Perlitt* AktG, § 278 Rn. 80–82.

Die Weisungsgebundenheit hat jedoch Grenzen; so muss der Geschäftsführer z.B. die Ausführung eines Beschlusses, der eine Auszahlung aus dem Stammkapital entgegen § 30 Abs. 1 GmbHG vorsieht, verweigern. Letztlich bleibt ihm praktisch aber nur seine Demission von der Bestellung als Geschäftsführer (nicht von seinem Anstellungsvertrag).

1771 **(1) Zuständigkeiten der Geschäftsführung.** Nur wenige Zuständigkeiten sind im Gesetz zwingend festgelegt:

- Die Geschäftsführer haben nach jeder Veränderung in den Personen der Gesellschafter oder des Umfangs ihrer Beteiligung die Gesellschafterliste zum HR einzureichen (§ 40 GmbHG).[61]
- Sie haben für eine ordnungsmäßige Buchführung zu sorgen (§ 41 GmbHG).
- Die Geschäftsführer sind grundsätzlich zuständig, die Gesellschafterversammlungen einzuberufen. Wenn sich aus der Jahresbilanz oder aus einer im Laufe des Geschäftsjahres aufgestellten Bilanz ergibt, dass die Hälfte des Stammkapitals verloren ist, haben sie unverzüglich eine Versammlung einzuberufen (§ 49 GmbHG).
- Bei Eintritt der Zahlungsunfähigkeit und bei Überschuldung haben sie unverzüglich die Eröffnung des Insolvenzverfahrens zu beantragen (§§ 15, 15a Abs. 1 InsO).

1772 **(2) Wettbewerbsverbot.** Fremdgeschäftsführer wie für Gesellschafter-Geschäftsführer unterliegen aufgrund ihrer organisationsrechtlichen Stellung einem umfassenden Wettbewerbsverbot *während ihrer Amtszeit*, auch wenn dies nicht ausdrücklich in der Satzung oder im Anstellungsvertrag bestimmt ist.

1773 Hingegen gibt es ein *nachvertragliches* Wettbewerbsverbot mit Beendigung der Organstellung des Geschäftsleiters grundsätzlich nicht. Es bedarf besonderer vertraglicher Vereinbarung, die i.d.R. bei der Abfassung des Geschäftsführeranstellungsvertrags zu Beginn seiner Tätigkeit für die GmbH getroffen wird.

Gleichwohl besteht ein nachvertragliches Wettbewerbsverbot für Geschäftsführer nicht schrankenlos. Ungeachtet einer von beiderseitigem Einvernehmen geprägten Verabredung des nachvertraglichen Wettbewerbsverbots bei Niederschrift des Anstellungsvertrags ist dieses nur gültig, wenn es *zeitlich, örtlich und gegenständlich angemessen begrenzt* ist. Erforderlich ist ein ausgewogenes Verhältnis der Interessen der Gesellschaft an der Wettbewerbsbeschränkung für den ausgeschiedenen Geschäftsführer mit dessen grundrechtlich geschützter Rechtsposition der freien Berufsausübung (Art. 12 und 2 GG). Anders als nach § 74 Abs. 2 HGB, der auf Arbeitnehmer mit Organstellung nicht anwendbar ist, ist ein mit ihnen vereinbartes nachvertragliches Wettbewerbsverbot *auch ohne Vereinbarung einer Karenzentschädigung* gültig.

1774 **(3) Geschäftsführerhaftung.** Mögliche Haftungstatbestände aus der Ausübung der Geschäftsführungstätigkeit bestehen gegenüber der GmbH, den Gesellschaftern sowie den Gläubigern:

- Gegenüber der GmbH besteht eine Haftung aus § 9a GmbHG bei falschen Angaben im Gründungshergang, etwa im Zusammenhang mit der Erbringung der Mindestleistungen auf das Stammkapital, den Wertangaben zu den Sacheinlagen oder aber auch bei Verschweigen von Vorverlusten.

---

61 Umstritten ist die Frage, ob die Gesellschafter entgegen dem allgemeinen Grundsatz, dass sie als Herren der Gesellschaft zu Weisungen an den Geschäftsführer befugt sind, zur Listenkorrektur keine Weisungen erteilen dürfen (offen gelassen in BGH, Beschl. v. 7.2.2017 – II ZR 28/15, GmbHR 2017, 519).

– Nach § 43 Abs. 2 GmbHG haftet der Geschäftsführer, der seine Obliegenheiten verletzt, der Gesellschaft solidarisch für den entstehenden Schaden. Das gilt auch, wenn er existenzvernichtende Weisungen der Gesellschaft befolgt. Den Verschuldensmaßstab legt § 43 Abs. 1 GmbHG fest, wonach Geschäftsführer die Sorgfalt eines ordentlichen Geschäftsmannes anzuwenden haben. Nicht anders als der Vorstand der AG (vgl. § 93 Abs. 1 S. 2 AktG) unterliegen die Geschäftsführer bei Ausübung ihres nicht immer einfachen, weil von Unsicherheiten der ex-ante-Beurteilung („Blick in die Zukunft") geprägten Amtes allerdings einer **Haftungsprivilegierung**, wenn sie sich im Rahmen ihres *unternehmerischen Ermessens* bewegen (sog. **Business Judgement Rule**):
  Erforderlich dafür ist allerdings immer eine *pflichtgemäße Ermessensausübung*. Dazu gehört, dass sie die Entscheidungsgrundlagen durch Auswertung verfügbarer Informationen und Abwägung der Vor- und Nachteile sorgsam ermittelt und dokumentiert haben (Beweislast für den Entlastungsgrund liegt beim Geschäftsführer). Das setzt eine sorgfältige Ermittlung aller denkbaren Entscheidungsgrundlagen voraus. Weiter erfordert es, dass der Geschäftsführer in konkreten Entscheidungssituationen alle verfügbaren Informationsquellen tatsächlicher und rechtlicher Art ausschöpft und auf dieser Grundlage die Vor- und Nachteile der bestehenden Handlungsoptionen sorgfältig abschätzt und den erkennbaren Risiken Rechnung trägt (BGH, NJW 2008, 3361 = DStR 2008, 1839 = NZG 2008, 751).
  Dem Geschäftsführer einer GmbH muss aber ein gewisser *Handlungsspielraum* zugestanden werden. Dabei lassen sich Fehlbeurteilungen und Fehleinschätzungen nicht immer vermeiden. Eine Schadensersatzpflicht kommt erst dann in Betracht, wenn jene Grenzen deutlich überschritten sind, in denen sich „ein verantwortungsbewusstes, ausschließlich am Unternehmensinteresse orientiertes, auf sorgfältigen Ermittlungen beruhendes Handeln" bewegen muss.

Beispiele: Verstöße gegen die dem Geschäftsführer obliegenden Sorgfaltspflichten und somit seine Haftung wurden bejaht für u.a.: Abschluss nutzloser bzw. falsch kalkulierter Verträge (BGH, ZIP 2008,736 = DStR 2008, 2026); Führung von schwarzen Kassen (BGH, NJW 2010, 3458 = GmbHR 2010, 1146 = NZG 2010, 1190); Begleichung nicht fälliger Forderungen der Gesellschaft (KG Berlin, NJW 2010, 64 = NZG 2009, 1385); Verstoß gegen die Buchführungspflicht des § 41 GmbHG (BGH, GmbHR 2012, 566 = ZIP 2012, 723 = NZG 2012, 464); Unrentable Investitionsentscheidung aufgrund fehlerhafter Ertragsprognose (BGH, NZG 2011, 549); Vergabe ungesicherter Großkredite ohne hinreichende Überprüfung der Kreditwürdigkeit des Geschäftspartners, ohne Berücksichtigung des Länderrisikos (z.B. Russlandkredite) und ohne Berücksichtigung des Wechselkursrisikos; Verkauf eines Grundstücks der Gesellschaft in der Weise, dass das Grundstück vorzuleisten und der Kaufpreisanspruch nicht abgesichert ist, für den der Gesellschaft hierdurch entstehenden Schaden; Auszahlung eines überhöhten Gehalts an sich selbst (BGH, NJW-RR 2008, 484 = ZIP 2008, 117 = NZG 2008, 104); Haftung des Geschäftsführers, der bei einer Geschwindigkeit von 170 km/h auf der Autobahn telefoniert und dadurch ein Firmenfahrzeug beschädigt.

Im Rechtsstreit um Schadensersatzansprüche gegen ihren Geschäftsführer aus § 43 1775
Abs. 2 GmbHG muss die GmbH nur darlegen und beweisen, dass und inwieweit ihr durch ein Verhalten des Geschäftsführers in dessen Pflichtenkreis ein Schaden erwachsen ist. Demgegenüber ist es *Sache des Geschäftsführers nachzuweisen*, dass er seinen aus § 43 Abs. 1 GmbHG folgenden Sorgfaltspflichten nachgekommen ist *oder* dass ihn

kein Verschulden trifft *oder* dass der Schaden auch bei pflichtgemäßem Verhalten eingetreten wäre[62]. Misslingt ihm dies, wird er zum Schadenersatz verurteilt werden:

- Nach § 43 Abs. 3 GmbHG haftet der Geschäftsführer für Schäden aus **unzulässigen Auszahlungen aus dem Stammkapital** (§§ 30, 31 GmbHG), dem unzulässigen Erwerb eigener Anteile (§ 33 GmbHG) oder Kreditvergaben unter Verstoß gegen § 43a GmbHG. Auf diesen im Gläubigerinteresse begründeten Ersatzanspruch kann die Gesellschaft grundsätzlich nicht verzichten (§§ 43 Abs. 3 S. 2, 9b Abs. 1 GmbHG). Soweit der Ersatz zur Befriedigung der Gläubiger der Gesellschaft erforderlich ist, entfällt diese Haftung nicht schon deshalb, weil der Geschäftsführer mit seiner Handlung einen Beschluss der Gesellschafter befolgt hat (§ 43 Abs. 3 S. 3 GmbHG). Für die Frage, ob eine Zahlung das zur Erhaltung des Stammkapitals erforderliche Vermögen angreift oder nicht, ist von der *Handelsbilanz* auszugehen. Das heißt, dass der Ansatz stiller Reserven sowie der Ansatz immaterieller Vermögensgegenstände des Anlagevermögens, die nicht entgeltlich erworben worden sind, gem. § 248 Abs. 2 HGB außer Betracht zu bleiben hat. Auch der originäre Firmenwert darf nicht für die Wertbestimmung angesetzt werden. Würde unter Zugrundelegung dessen durch eine Auszahlung eine sog. *Unterbilanz* eintreten oder vertieft, so liegt eine Verletzung des § 30 GmbHG vor. Nimmt er gleichwohl eine Zahlung vor (vgl. dazu auch Rn. 1964), entgeht der Geschäftsführer der Haftung nur, wenn der Empfänger die Leistung, wozu er gem. § 31 Abs. 1 GmbHG (außerdem gem. § 812 Abs. 1 S. 1 Alt. 1 BGB wegen Nichtigkeit des gegen § 30 GmbHG verstoßenden Beschlusses)[63] verpflichtet ist, erstatten kann und damit der Gesellschaft kein Schaden verbleibt. Ist dies nicht der Fall, haften zunächst auch gem. § 31 Abs. 3 GmbHG die übrigen Gesellschafter nach dem Verhältnis ihrer Gesellschaftsanteile auf Erstattung. Sie haben allerdings gem. § 31 Abs. 6 GmbHG die Möglichkeit, für die aufgrund dessen geleisteten Zahlungen den Geschäftsführer auf Schadensersatz in Anspruch zu nehmen, falls er bei den gegen § 30 GmbHG verstoßenden Leistungen schuldhaft gehandelt hat. Entgegen früherer Auffassung entfällt der einmal entstandene Erstattungsanspruch nicht dadurch, dass das so verminderte Stammkapital anderweitig wiederhergestellt wird. Die Erstattung der unter Verstoß gegen § 30 GmbHG erfolgten Auszahlung muss unabhängig von der Kapitalentwicklung im Übrigen (zusätzlich) erfolgen[64].
- Gem. § 64 S. 1 GmbHG haften Geschäftsführer der GmbH persönlich auf Erstattung aller **nach dem Zeitpunkt der Insolvenzreife noch geleisteten Zahlungen**, wobei der Haftungsumfang umstritten ist. Wird die Gesellschaft insolvent, ist sie also zahlungsunfähig i.S.v. § 17 InsO oder überschuldet i.S.v. § 19 InsO, müssen die Geschäftsführer – wie auch alle anderen Unternehmensleiter einer juristischen Person (z.B. der Vorstand einer AG) – gem. § 15a InsO spätestens nach drei Wochen einen Antrag auf Eröffnung des Insolvenzverfahrens beim zuständigen Amtsgericht stellen. Versäumen sie diese Pflicht, was in der Praxis sehr häufig vorkommt, unterliegen sie der so genannten Insolvenzverschleppungshaftung. Die Erstattungspflicht ist ausgeschlossen, wenn die konkrete Zahlung auch nach Insolvenzreife noch mit der Sorgfalt eines ordentlichen Geschäftsmanns vereinbar, sie insb. erforderlich war, um den Geschäftsbetrieb bis zur Übergabe an den Insolvenzverwalter aufrecht zu erhalten (§ 64 S. 2 GmbHG).

---

62 Vgl. BGH NJW 2003, 358 = GmbHR 2003, 113 = ZIP 2002, 2314.
63 Vgl. Rn. 653.
64 BGH, NZG 2012, 667 = ZIP 2012, 1071.

- Nach § 64 S. 3 GmbHG besteht eine Haftung für Zahlungen, durch die überhaupt erst die Zahlungsunfähigkeit der Gesellschaft i.S.v. § 17 InsO herbeigeführt wird. Diese **Insolvenzverursachungshaftung** nach § 64 S. 3 GmbHG entfällt nur dann, wenn der Geschäftsführer auch bei Beachtung der Sorgfalt eines ordentlichen Geschäftsmannes nicht erkennen konnte, dass die Zahlungen die Zahlungsunfähigkeit bewirken.
- Zu beachten sind die Strafvorschriften in den §§ 82 und 84 GmbHG bei falschen Angaben und Versicherungen sowie **Insolvenzverschleppung** und in § 85 GmbHG, wo die Offenbarung von Geheimnissen der Gesellschaft unter Strafe gestellt ist. Bei Insolvenzverschleppung droht den Geschäftsführern nicht nur die in § 64 GmbHG geregelte Erstattungspflicht gegenüber der Gesellschaft **(Binnenhaftung)**, sondern auch eine Schadensersatzpflicht gegenüber den Gläubigern **(Außenhaftung)**: Durch die Insolvenzverschleppung geschädigte Gläubiger haben Anspruch auf Schadensersatz gem. § 823 Abs. 2 BGB i.V.m. § 15a InsO (begrenzt auf den sog. Quotenschaden bzw. auf Neugläubiger).[65]
- Schadensersatz nach § 280 Abs. 1 BGB für **Pflichtverletzungen** aufgrund des Innenverhältnisses, insbes. bei Verstoß gegen die Beschlüsse der Gesellschafterversammlung oder gegen die Satzung. Eine Verletzung der dem Geschäftsführer obliegenden Sorgfaltspflichten ist insb. auch dann anzunehmen, wenn er gegen die Beschlüsse der Gesellschafterversammlung verstößt. Er hat etwaige Weisungen der Gesellschafterversammlung uneingeschränkt zu befolgen, soweit diese Weisungen oder Beschlüsse sich im Rahmen des Gesetzes, der Satzung und der guten Sitten halten. Lediglich dann, wenn er erkennen kann, dass Weisungen zu verbotenen Auszahlungen an Gesellschafter (Verstoß gegen §§ 30, 33, 43 Abs. 3 S. 1, 3 GmbHG) oder zur Existenzvernichtung oder jedenfalls zur Existenzgefährdung führen, schützt die Weisung nicht vor einer Haftungsinanspruchnahme. Gleiches gilt für verbotene Zahlungen nach Insolvenzreife (§ 64 S. 1 GmbHG), zu denen ebenfalls nicht angewiesen werden kann. Zu seinen Gunsten bedeutet dies wiederum, dass er sich für den Fall, dass er z.B. *auf Weisung der Gesellschafterversammlung* ein risikobehaftetes Geschäft abschließt und aufgrund des Abschlusses des Geschäftes der Gesellschaft ein Schaden entsteht, zu seiner **Entlastung** gegenüber einem Schadensersatzbegehren der Gesellschaft darauf berufen kann, dass er auf Weisung gehandelt hat[66]. Der Geschäftsführer kann auch präventiv tätig werden. Meint er, dass er sich bei Ausführung des Gesellschafterbeschlusses schadenersatzpflichtig machen würde, kann er gegen diesen Beschluss eine Anfechtungsklage erheben. Eine *Verfügung eines Alleingesellschafter-Geschäftsführers* einer GmbH über das Vermögen der Gesellschaft kann nur dann eine Schadensersatzpflicht nach § 43 Abs. 2 GmbHG auslösen, wenn der Geschäftsführer damit gegen ein Verbot verstößt, das – wie § 30 oder § 64 GmbHG – durch eine Weisung der Gesellschafterversammlung nicht außer Kraft gesetzt werden kann[67].

---

65 Sowohl § 64 GmbHG als auch die Insolvenzverschleppungshaftung sind auch auf den director einer engl. *Limited company* mit Geschäftssitz in Deutschland anwendbar, EuGH, 10.12.2015 – C-594/14, NJW 2016, 223.

66 BGH NJW 2000, 1571 = GmbHR 2000, 330 = NZG 2000, 544.

67 BGH NJW 2010, 64 = GmbHR 2010, 85 = NZG 2009, 1385 = DStR 2010, 63.

– Außerdem haftet ein Geschäftsführer gegenüber Gläubigern (im Außenverhältnis) u.U. aufgrund eines **Organisationsverschuldens** als (Überwachungs-)Garant für die Einhaltung von Verkehrssicherungspflichten (§ 823 Abs. 1 BGB[68]).[69] Für die Haftung des GmbH-Geschäftsführers reicht die faktische Organstellung[70]. Selbst dann, wenn die Bestellung zum GmbH-Geschäftsführer rechtsunwirksam sein sollte, haftet demgemäß der Geschäftsführer mit seiner Bestellung. Auch derjenige, der im Rechtsverkehr als Geschäftsführer auftritt, ohne jedoch der rechtmäßig bestellte Geschäftsführer zu sein, haftet als faktischer Geschäftsführer für etwaige Obliegenheitsverletzungen gegenüber der Gesellschaft, ebenso ein Strohmann.

(4) Gläubiger eines Haftungsanspruchs gem. § 43 Abs. 1, 2 GmbHG.

1776 **(a) Die Gesellschaft als Anspruchsberechtigte.** Als Anspruchsberechtigte für eine Inanspruchnahme des Geschäftsführers gem. § 43 GmbHG ist zunächst die Gesellschaft selbst berufen. Wenn sie beabsichtigt, den Geschäftsführer wegen eines Verstoßes gegen die von ihm zu erfüllenden Obliegenheiten in Anspruch zu nehmen, muss sie einen Beschluss gem. § 46 Nr. 8 GmbHG fassen, dass sie Haftungsansprüche gegenüber dem Geschäftsführer geltend machen möchte. Dieser Beschluss kann formlos bei einem Zusammentreffen der Gesellschafter gefasst werden. Dass eine Inhaftungnahme des GmbH-Geschäftsführers durch die Gesellschaft in der Praxis höchst selten vorkommt, ist darauf zurückzuführen, dass der Geschäftsführer sehr häufig Mehrheitsgesellschafter ist und dementsprechend seitens der Gesellschafter kein mehrheitlich gefasster Beschluss zustande kommt, diesen Geschäftsführer auf Schadensersatz in Anspruch zu nehmen. Zwar unterliegt in diesen Fällen gem. § 47 Abs. 4 GmbHG der GmbH-Geschäftsführer als Gesellschafter einem Stimmrechtsausschluss bei der Beschlussfassung. Rein tatsächlich wird es jedoch dennoch zu einer solchen Beschlussfassung gerade deshalb erst gar nicht kommen, weil dieser (Gesellschafter-)Geschäftsführer weiterhin für die Gesellschaft tätig sein wird und dementsprechend sich die Gesellschaft in dieser Situation nicht mit ihm in Bezug auf etwaige Haftungsansprüche wird auseinandersetzen wollen. Häufiger wird demgemäß eine Haftung des nicht mehr für die Gesellschaft tätigen, also ehemaligen Geschäftsführers in Betracht kommen, der dann jedoch von seinen Gesellschaftern meist um so rigoroser in Anspruch genommen wird.

In § 6 Abs. 5 GmbHG wurde zudem ein Schadenersatzanspruch eingeführt, nach dem die Gesellschafter gegenüber der Gesellschaft solidarisch haften, wenn vorsätzlich oder fahrlässig jemand zum Geschäftsführer bestellt wurde, der dieses Amt nicht ausführen kann (sog. Strohmann).

1777 **(b) Einzelne Gesellschafter als Anspruchsberechtigte.** § 43 GmbHG billigt der Gesellschaft, nicht einem Gesellschafter, die Ansprüche zu. Folglich muss der Gesellschafter, der meint, gegenüber dem Geschäftsführer einen Schadensersatzanspruch geltend machen zu können, zunächst darauf hinwirken, dass die Gesellschaft einen Gesellschafter-Beschluss nach § 46 Nr. 8 GmbHG fasst, wonach der Schadensersatzanspruch der Gesellschaft gegenüber dem Geschäftsführer geltend gemacht werden solle. Ohne

68 Vgl. BGHZ 194, 26 = NJW 2012, 3439 = ZIP 2012, 1552; ders. ZIP 2012, 723 und BB 2007, 1243.

69 Vgl. dazu Rn. 764, 780. Zur Kritik an der aus einem Verstoß gegen das Verschuldensprinzip folgenden Risikoaversivität vgl. auch Rn. 781.

70 OLG Brandenburg, Urt. v. 14.12.2011 – 7 U 205/10; OLG Frankfurt a.M. GmbHR 2009, 317.

solchen Beschluss fehlt der Geltendmachung eine materiell-rechtliche Voraussetzung und eine Klage wäre bereits deswegen als unbegründet abzuweisen.[71]

Gerade dann, wenn es sich bei diesem Gesellschafter um einen Minderheitsgesellschafter handelt, wird er jedoch möglicherweise in der Gesellschaft keine Mehrheit dafür finden, einen Schadensersatzanspruch gegenüber dem Geschäftsführer geltend zu machen. Für diesen Fall ist anerkannt, dass der Gesellschafter direkt gegen den GmbH-Geschäftsführer im Wege der sog. actio pro socio vorgehen kann. Immer dann, wenn eine Schadensersatzklage der Gesellschaft undurchführbar, sie durch den Schädiger selbst vereitelt worden oder es aufgrund der gesellschaftsrechtlichen Machtverhältnisse für den Gesellschafter unmöglich ist, Schadensersatzansprüche gegenüber dem Geschäftsführer geltend zu machen, soll ihm die Möglichkeit eröffnet werden, auf diese Weise unmittelbar (ohne vorherige Veranlassung der Gesellschaft zur Durchsetzung) gegen den Geschäftsführer vorgehen zu können[72]. 1778

(c) Die KG als Anspruchsberechtigte in der GmbH & Co. KG. Besteht die wesentliche Aufgabe einer GmbH darin, als persönlich haftende Gesellschafterin die Geschäfte einer KG zu führen, so wird durch eine Pflichtverletzung des Geschäftsführers dieser GmbH letztlich die KG geschädigt. Anspruchsberechtigt nach § 43 Abs. 2, 3 GmbHG wäre jedoch grundsätzlich die GmbH. Wenn zudem – wie meist – der Anstellungsvertrag zwischen ihr und dem Geschäftsführer abgeschlossen ist und daher auch keine vertraglichen Ansprüche (§ 280 Abs. 1 BGB) der KG zustehen, könnte es zu einem Auseinanderfallen von Anspruch und Schaden kommen. Daher wird zu Recht angenommen, dass die KG im Hinblick auf eine Haftung aus § 43 Abs. 2 GmbHG in den Schutzbereich des Anstellungsvertrages des GmbH-Geschäftsführers mit der GmbH (als sog. Vertrag mit Schutzwirkung für Dritte) einbezogen und damit unmittelbar daraus anspruchsberechtigt ist[73]. Besteht der Anstellungsvertrag zwischen GmbH-Geschäftsführer und KG, ist Letzteres ohnehin der Fall. 1779

(d) Der Insolvenzverwalter. Der Insolvenzverwalter hat gem. § 92 InsO die Ansprüche der Gläubiger, die diese gemeinschaftlich aufgrund einer Verminderung des zur Insolvenzmasse gehörenden Vermögens vor oder nach der Eröffnung des Insolvenzverfahrens haben, während der Dauer des Insolvenzverfahrens geltend zu machen. Zu diesen Ansprüchen der Gläubiger, die nur der Insolvenzverwalter während der Dauer des Insolvenzverfahrens geltend machen kann, gehören auch etwaige Ansprüche der Gesellschaft aus § 43 Abs. 2 GmbHG gegenüber dem GmbH-Geschäftsführer. 1780

(e) Die Gesellschaftsgläubiger. Einem Gesellschaftsgläubiger steht aus § 43 GmbHG unmittelbar kein Anspruch gegenüber dem Geschäftsführer der GmbH zu, da diese Vorschrift lediglich eine Haftungsnorm des Innenverhältnisses zugunsten der Gesellschaft, nicht zugunsten der Gesellschaftsgläubiger begründet und nach allgemeiner Ansicht 1781

71 Anders in der Einmann-GmbH, wenn der Gesellschafterwille z.B. gerade durch die Klage eindeutig ist; ebenso in der Zweipersonengesellschaft, wenn der zu verklagende andere Gesellschafter-Geschäftsführer von der Beschlussfassung ausgeschlossen wäre. Ein fehlender notwendiger Beschluss gem. § 46 Nr. 8 GmbHG kann bis zum Schluss der mündlichen Verhandlung im Schadensersatzprozess gegen den Geschäftsführer nachgeholt werden.

72 BGH ZIP 1982, 1203.

73 Vgl. BGH NJW-RR 2002, 965 = ZIP 2002, 984 = NZG 2002, 568; BAG, GmbHR 2003, 1208 = ZIP 2003, 1722 = NZA 2003, 1108.

§ 43 GmbHG auch kein Schutzgesetz i.S.d. § 823 Abs. 2 BGB ist. Hat jedoch ein Gesellschaftsgläubiger einen Titel, z.B. ein Urteil, gegen die GmbH erwirkt, und kann er sich daraus nicht durch Vollstreckung gegenüber der GmbH vollständig befriedigen, etwa weil diese insolvent ist, so besteht für ihn die Möglichkeit, den etwaigen Schadensersatzanspruch der GmbH gegenüber dem Geschäftsführer gem. § 43 GmbHG zu pfänden und sich zur Einziehung überweisen zu lassen, so dass auf diese Weise mittelbar ein Anspruch des Gesellschaftsgläubigers gegenüber der GmbH wegen eines Verstoßes gem. § 43 GmbHG begründet wird.

1782 **(f) Der Versicherer der GmbH.** Denkbar ist ebenfalls, dass der Versicherer einer GmbH (D&O-Versicherung)[74] den Geschäftsführer in Regress nimmt. Hat z.B. eine Versicherungsgesellschaft einer GmbH Schadensersatz geleistet aufgrund eines Haftungsfalles, den der Geschäftsführer verursacht oder zumindest mit verursacht hat, so geht in diesem Fall gem. § 67 VVG der Anspruch der Gesellschaft gem. § 43 GmbHG gegenüber dem Geschäftsführer auf die Versicherungsgesellschaft über. Um somit den GmbH-Geschäftsführer vor etwaigen Regressansprüchen der Versicherungsgesellschaft zu schützen, ist anzuraten, in dem zwischen der GmbH und der Versicherung abzuschließenden Versicherungsvertrag einen **Regressverzicht** seitens des Versicherers für etwaige Schadensersatzansprüche der Gesellschaft gegenüber dem Geschäftsführer aufzunehmen (im Fall der AG, ebenso bei KGaA und SE, besteht nach § 93 Abs. 2 S. 3 AktG ein *verpflichtender Selbstbehalt* von mindestens 10 % des Schadens bis mindestens zur Höhe des 1,5-fachen der festen jährlichen Vergütung des Vorstandsmitglieds).

1783 **(5) Entlastung der Geschäftsführer und Generalbereinigung.** § 46 Nr. 8 Alt. 1 GmbHG sieht (incidenter) vor, dass die Gesellschaft den Geschäftsführer per Gesellschafterbeschluss entlastet. Die Entlastung als Geschäftsführer ist eine einseitige Erklärung der Gesellschafter, welche die vergangene Amtsführung billigt (so auch § 120 Abs. 2 AktG). Die Entlastung im GmbH-Recht stellt den Entlasteten von allen Ersatzansprüchen[75] frei, die bei sorgfältiger Prüfung aller Unterlagen und Berichte für das Beschlussgremium *erkennbar* waren (ausdrücklich anders, nämlich ohne Präklusionswirkung § 120 Abs. 2 S. 2 AktG)[76]. Im Hinblick auf diese beschränkte Freistellungswirkung der Entlastung gem. § 46 Nr. 8 GmbHG auf erkennbare Ersatzansprüche ist es aus Sicht des Geschäftsführers u.U. sinnvoll, auf einen umfassenderen Verzicht der Gesellschaft hinsichtlich etwaiger Schadensersatzforderungen ihm gegenüber zu drängen. Nach (umstrittener) Ansicht ist es zulässig, einen sog. „Generalbereinigungsvertrag" abzuschließen. Dieser geht inhaltlich über die Entlastung hinaus. Die Generalbereinigung kann den Verzicht auf alle denkbaren Ersatzansprüche – unabhängig davon, ob sie

---

74 D&O-Versicherung (Directors-and-Officers-Versicherung, auch Organ- oder Manager-Haftpflichtversicherung) ist eine Vermögensschadenhaftpflichtversicherung, die ein Unternehmen für seine Organe und leitenden Angestellten abschließt.

75 Z.B. aus §§ 43, 64 GmbHG, aber auch aus § 687 Abs. 2 und/oder § 812 BGB, Wettbewerbsverstößen. Nicht umfasst sind dagegen sonstige Ansprüche etwa auf Darlehensrückzahlung.

76 Im Aktienrecht hat die **Entlastung** bzw. ihre Verweigerung neben rechtstatsächlicher Prestigewirkung bloß Bedeutung *als Grund für die Entziehung der Organstellung* gem. § 84 Abs. 3 S. 2, 3. Fall AktG. Der Unterschied zur GmbH rechtfertigt sich u.a. durch die beschränkteren Erkenntnismöglichkeiten der Aktionärs-Hauptversammlung gegenüber denjenigen der GmbH-Gesellschafter. Beachte auch das Stimmverbot des § 136 AktG für solche Organmitglieder, die zugleich Aktionäre sind; insbes. in der Einmann-AG, wenn der Alleinaktionär zugleich Vorstandsmitglied ist (ggf. nur dezidierte Einzelentlastung des/der weiteren Vorstandsmitglieder, keine Gesamtentlastung des Vorstands möglich).

überhaupt erkennbar waren – umfassen, soweit dem nicht Gesetz, insb. Gläubigerschutzvorschriften, oder Gesellschaftsvertrag entgegenstehen. Grenzen der Anspruchsbereinigung ergeben sich insb. aus § 43 Abs. 3 GmbHG und § 9b Abs. 1 GmbHG.

bb) Die Gesellschafterversammlung. Die Gesellschafter sind die „Eigentümer“ der GmbH. **Mitverwaltungsrechte** der GmbH-Gesellschafter sind insb. das Recht, an der Gesellschafterversammlung teilzunehmen und in ihr abzustimmen (§§ 45 ff. GmbHG), sowie das Auskunfts- und Einsichtsrecht (§ 51a GmbHG). Wesentliche **Vermögensrechte** sind die Ansprüche auf Teilhabe am Gewinn = Jahresüberschuss (§ 29 GmbHG) und am Liquidationserlös (§ 72 GmbHG). 1784

Ein konkreter Anspruch auf Auszahlung des Gewinns folgt aus dem allgemeinen mitgliedschaftlichen Gewinnteilhaberecht erst nach:
- Aufstellung des Jahresabschlusses durch die Geschäftsführer (§ 42a GmbHG),
- Feststellung des Jahresabschlusses durch die Gesellschafterversammlung (§ 46 Nr. 1 GmbHG),
- Ergebnisverwendungsbeschluss der Gesellschafterversammlung (§ 46 Nr. 1 GmbHG).

(1) Kompetenzen und Ablauf der Gesellschafterversammlung; Beschlussfassung und -anfechtung. In der Gesellschafterversammlung erfolgt die Willensbildung der Gesellschafter. Die Gesellschafterversammlung ist das oberste Willensbildungsorgan der GmbH (§ 48 Abs. 1 GmbHG). 1785

Ihre Zuständigkeit besteht nur punktuell, z.B. zum Abschluss körperschaftlicher Rechtsgeschäfte wie der Bestellung und Abberufung der Geschäftsführer, zur Übernahme einer Stammeinlage bei Kapitalerhöhungen, oder zur Beauftragung eines Sonderprüfers. Bestimmte Beschlussgegenstände sind der Gesellschafterversammlung **zwingend zugewiesen**:
- die Einforderung von Nachschüssen (§ 26 Abs. 1 GmbHG),
- Satzungsänderungen (§ 53 Abs. 1 GmbHG),
- die Auflösung der Gesellschaft (§ 60 Abs. 1 Nr. 2 GmbHG).

Welche sonstigen Gegenstände eines Gesellschafterbeschlusses bedürfen, bestimmt sich vorrangig **nach dem Gesellschaftsvertrag** (§ 45 Abs. 1 GmbHG). Trifft dieser keine Bestimmung, gilt § 46 GmbHG (vgl. § 45 Abs. 2 GmbHG). Danach gehören zu den Aufgaben der Gesellschafterversammlung unter anderem: 1786
- die Feststellung des Jahresabschlusses und die Verwendung des Ergebnisses (Nr. 1),
- die Einforderung von Einzahlungen auf die Stammeinlagen (Nr. 2),
- die Teilung, Zusammenlegung und Einziehung von Geschäftsanteilen (Nr. 4),
- die Bestellung und Abberufung von Geschäftsführern sowie deren Entlastung (Nr. 5),
- die Prüfung und Überwachung der Geschäftsführung (Nr. 6),
- die Bestellung von Prokuristen und Handlungsbevollmächtigten (Nr. 7),
- die Geltendmachung von Ersatzansprüchen, welche der Gesellschaft aus der Gründung oder Geschäftsführung gegen Geschäftsführer oder Gesellschafter zustehen, sowie die Vertretung der Gesellschaft in Prozessen, welche sie gegen die Geschäftsführer zu führen hat (Nr. 8).

Handlungsform der Gesellschafterversammlung sind **Beschlüsse**. Diese sind, sofern nicht im Gesellschaftsvertrag eine schriftliche Feststellung in einem Protokoll vorgese- 1787 hen ist, formlos wirksam. Eine Ausnahme besteht für alle **satzungsändernden Beschlüsse**, z.B. zur Kapitalerhöhung und Kapitalherabsetzung, die zu ihrer Wirksamkeit der notariellen Beurkundung (§ 53 Abs. 2 S. 1 GmbHG) sowie der Eintragung in das Handelsregister (§ 54 Abs. 3 GmbHG) bedürfen. Für einen Alleingesellschafter, in dessen Hand sich alle Geschäftsanteile der Gesellschaft befinden, gilt die Besonderheit, seine Gesellschafterbeschlüsse stets schriftlich niederlegen zu müssen (§ 48 Abs. 3 GmbHG).

1788 Der Geschäftsführer (vgl. §§ 49 Abs. 1, 51 Abs. 1 GmbHG) hat die Gesellschafterversammlung in den ausdrücklich bestimmten Fällen (i.e. Beschluss über einen Jahresabschluss; im Falle, dass die Hälfte des Stammkapitals verloren ist, vgl. § 49 Abs. 3 GmbHG; wenn Gesellschafter, deren Geschäftsanteile zusammen 10 % des Stammkapitals ausmachen, die Einberufung verlangen, vgl. § 50 Abs. 1 GmbHG) sowie dann **einzuberufen**, wenn es im Interesse der Gesellschaft erforderlich ist (§ 49 Abs. 2 GmbHG). Die Gesellschafterversammlung ist ohne Quorum stets **beschlussfähig**, es sei denn, der Gesellschaftsvertrag sieht eine Mindestanwesenheitsquote vor. Für eine wirksame Beschlussfassung genügt grundsätzlich eine einfache Kapitalmehrheit der abgegebenen Stimmen (§§ 47 Abs. 1 und 2 GmbHG). Bei Änderungen des Gesellschaftsvertrages (Satzungsänderung) bedarf der Beschluss ausnahmsweise einer ¾-Mehrheit (§ 53 Abs. 2 S. 1 GmbHG).

1789 Während das Recht zur Teilnahme an der Gesellschafterversammlung im Kern unentziehbar ist, sieht das Gesetz in § 47 Abs. 4 GmbHG für bestimmte Fälle einen Entzug des Stimmrechts vor, nämlich bei einem Beschluss über:
- die Entlastung des Gesellschafters,
- die Befreiung des Gesellschafters von einer Verbindlichkeit,
- den Abschluss eines Rechtsgeschäfts mit dem Gesellschafter,
- die Einleitung oder Erledigung eines Rechtsstreits gegenüber dem Gesellschafter.

1790 Aus § 47 Abs. 4 GmbHG wird über die ausdrücklich geregelten Fälle hinaus der allgemeine Grundsatz abgeleitet, dass das Stimmrecht eines Gesellschafters immer dann ausgeschlossen ist, wenn er **„Richter in eigener Sache“** wäre. Eine **Ausnahme vom Stimmverbot** gilt allerdings grundsätzlich bei körperschaftlichen Maßnahmen (sog. Sozialakte), wie z.B. der (eigenen) Bestellung zum Geschäftsführer oder der (eigenen) Abberufung; ein Stimmverbot gibt es aber ausnahmsweise doch auch bei solchen Sozialakten, nämlich dann, wenn sie aus wichtigem Grund erfolgen[77].

1791 Eine Regelung über fehlerhafte Gesellschafterbeschlüsse enthält das GmbHG nicht. Daher werden bei der GmbH die Vorschriften über die **Anfechtung von Beschlüssen** der Hauptversammlung einer AG (§§ 241 ff. AktG) entsprechend angewandt, wobei wegen der viel geringeren Formalisierung im Recht der GmbH auch insoweit geringere Anforderungen zu stellen sind.

Beispiel: Fehlerhaft sind Beschlüsse etwa dann, wenn aufgrund ihrer Treuepflicht von der Abstimmung ausgeschlossene Gesellschafter im Abstimmungsergebnis mehrheitsverändernd mitgezählt wurden oder wenn aufgrund Treuepflicht zur Zustimmung verpflichtete Gesellschafter diese verweigern und damit ein gefordertes Ergebnis verhindern.

---

77 Vgl. dazu zuletzt BGH NJW-RR 2017, 808 = NZG 2017, 700; OLG München ZIP 2018, 1630.

Sind Beschlussergebnisse nach den Statuten in einem Protokoll schriftlich niederzulegen und erfolgt dem zuwider keine Feststellung des Beschlussergebnisses durch einen Versammlungsleiter, ist die Wirksamkeit oder Unwirksamkeit des Beschlusses durch eine **positive Beschlussfeststellungsklage** nach § 256 ZPO festzustellen[78]. Eine positive Beschlussfeststellungsklage ist dabei nicht schon wegen des Verfahrensfehlers begründet, vielmehr ist der festzustellende Beschluss vom Gericht auch materiell-rechtlich zu überprüfen[79]. **1792**

(2) Anfechtung und Nichtigkeit von Beschlüssen. Mangels vergleichbarer Regelungen im GmbH-Recht werden die §§ 241 ff. AktG weitgehend entsprechend herangezogen. Das gilt auch für die Unterscheidung nichtiger und anfechtbarer Beschlüsse. Die Klagefrist für die Anfechtungsklage in § 246 Abs. 1 AktG gilt nur als Leitbild für den Maßstab einer zu wahrenden angemessenen Frist. **1793**

cc) Rechtsstellung der Gesellschafter, Treuepflicht. Die Hauptpflicht der GmbH-Gesellschafter besteht in der Pflicht zur Erbringung der auf den jeweiligen Geschäftsanteil versprochenen Stammeinlage (§ 14 S. 1 GmbHG). Eine Nachschusspflicht trifft die Gesellschafter nur, wenn sie im Gesellschaftsvertrag vereinbart ist (§ 26 GmbHG) oder nachträglich mit Zustimmung aller Gesellschafter begründet wurde (§ 53 Abs. 3 GmbHG). Von einer unbeschränkten Nachschusspflicht kann sich der Gesellschafter, der seine Stammeinlage vollständig erbracht hat, befreien, indem er seinen gesamten Geschäftsanteil aufgibt (§ 27 GmbHG). **1794**

Anerkannt ist, dass den einzelnen Gesellschafter auch **Treuepflichten** treffen, und zwar sowohl gegenüber der Gesellschaft als auch gegenüber den Mitgesellschaftern. Die Treuepflichten sind bei der GmbH tendenziell stärker ausgeprägt als bei der AG, weil die GmbH i.d.R. *stärker personalistisch geprägt* ist. Die Treuepflichten beinhalten:[80] **1795**

- ein Verbot, die Gesellschaft und die Mitgesellschafter zu schädigen; das verbietet u.U. auch, geringfügige Verstöße zum Anlass zu nehmen, die Abberufung des Mitgesellschafter-Geschäftsführers zu beschließen und durchzusetzen, wenn dieser dadurch um seine berufliche Existenz gebracht und an den Rand der Gesellschaft gedrängt zu werden droht[81];
- die Pflicht der Mehrheit, bei Abstimmungen auch die Interessen der Minderheit zu berücksichtigen; die gesellschaftsrechtliche Treuepflicht gebietet z.B. allen Gesellschaftern, der Abberufung eines Geschäftsführers zuzustimmen, in dessen Person wichtige Gründe vorliegen, die sein Verbleiben in der Organstellung für die Gesellschaft unzumutbar machen[82];
- im Einzelfall eine Pflicht zur Anpassung des Gesellschaftsvertrags an geänderte Umstände.

---

78 BGH, Beschl. v. 24.3.2016 – IX ZB 32/15, Rn. 32, juris, m.w.N.

79 BGH, Urt. v. 4.4.2017 – II ZR 77/16, NJW-RR 2017, 808 = NZG 2017, 700.

80 Die Auslegung des Gesellschaftsvertrages kann je nach faktischer Stellung des Gesellschafters in der GmbH ganz unterschiedliche Pflichten ergeben; z.B. ein entschädigungsloses Andienungsrecht für Patenterfindungen eines in der GmbH leitend tätigen Gesellschafters, der aber formal gar nicht Geschäftsführer ist (OLG Frankfurt/Main, Urt. v. 13.4.2017 – 6 U 69/16, ZIP 2017, 1163).

81 OLG Düsseldorf, Urt. v. 11.2.1993 – 6 U 43/92.

82 BGH, Urt. v. 19.11.1990 – II ZR 88/89; vgl. für den ähnlichen Fall des Ausschlusses von Gesellschaftern BGHZ 64, 253, 257 ff.; 68, 81, 82.

1796 Die Treuepflicht hat aber **enge Grenzen**. Dass eine Maßnahme im Interesse der Gesellschaft liegt, die Zwecke der Gesellschaft fördert und die Zustimmung dem Gesellschafter zumutbar ist, genügt nicht, um eine Zustimmungspflicht des Gesellschafters zu begründen oder eine entgegenstehende Stimmabgabe als unwirksam anzusehen. Vielmehr muss aufgrund der Treuepflicht nur dann in einem bestimmten Sinn abgestimmt werden, wenn durch die zu beschließende Maßnahme *wesentliche Werte* erhalten oder erhebliche Verluste vermieden werden und diese Maßnahme dazu *objektiv unabweisbar* erforderlich und den Gesellschaftern unter Berücksichtigung ihrer eigenen schutzwürdigen Belange zumutbar ist. Gesellschaftszweck und das Interesse der Gesellschaft müssen diese Maßnahme also *zwingend gebieten*[83].

1797 Verletzt der Gesellschafter einer GmbH seine gegenüber der Gesellschaft oder seinem Mitgesellschafter gegenüber bestehende Treuepflicht, haftet er der Gesellschaft auf Schadensersatz, § 280 Abs. 1 BGB[84].

1798 Auch bei einer GmbH ist jeder Gesellschafter berechtigt, im eigenen Namen gegen einen Mitgesellschafter Sozialansprüche der Gesellschaft geltend zu machen. Bei der GmbH kommt eine solche Gesellschafterklage **(actio pro socio)** nicht nur bei Beschlussanfechtungs- und Beschlussnichtigkeitsklagen, sondern auch dann in Betracht, wenn der eine Gesellschafter den anderen Gesellschafter wegen der treuwidrigen Schädigung des Gesellschaftsvermögens auf Leistung an die GmbH in Anspruch nimmt[85]. Allerdings ist eine solche Gesellschafterklage gegenüber einer von der Gesellschaft erhobenen bzw. zu erhebenden Klage **subsidiär** und daher nur zulässig, wenn eine Klage der Gesellschaft *undurchführbar*, durch den Schädiger selbst *vereitelt* worden oder infolge der Machtverhältnisse so *erschwert* ist, dass es für den betroffenen Gesellschafter ein *unzumutbarer Umweg* wäre, müsste er die Gesellschaft erst zu einer Haftungsklage zwingen[86].

1799 In einer **zweigliedrigen GmbH** würde ein solches Erfordernis eines auf Klageerzwingung gerichteten Gesellschafterbeschlusses gem. § 46 Nr. 8 GmbHG eine überflüssige Formalität darstellen, wenn der in Anspruch genommene Gesellschafter ohnehin gem. § 47 Abs. 4 S. 2 GmbHG von der Abstimmung ausgeschlossen ist[87]. Die *actio pro socio* ist dann unmittelbar zulässig.

1800 Die Befugnis für eine Gesellschafterklage steht aber nur einem nach § 16 Abs. 1 GmbHG zu bestimmenden Gesellschafter der GmbH zu[88]. Nach § 16 Abs. 1 GmbHG wird durch die im Handelsregister aufgenommene **Gesellschafterliste** bestimmt, wer Gesellschafter der GmbH ist. Das kann auch ein bereits ausgeschiedener sein, wenn keine berichtigte Gesellschafterliste zum Handelsregister eingereicht wurde. Voraussetzung ist stets ein im konkreten Fall bestehendes **rechtliches Interesse**[89]. Dieses Interesse kann bei einem ausgeschiedenen aber nicht gelöschten Gesellschafter etwa darin begründet sein, dass die Schädigung des Gesellschaftsvermögens mittelbar auch den Gesellschafter schädigt, weil sein Geschäftsanteil entsprechend weniger wert ist und er damit nur eine geringere Abfindung verlangen kann[90].

83 Zuletzt BGH, Urt. v. 12.4.2016 – II ZR 275/14, NJW 2016, 2739.
84 BGH, GmbHR 1975, 269.
85 BGH, Urt. v. 29.11.2004 – II ZR 14/03, GmbHR 2005, 301.
86 BGH, Urt. v. 29.11.2004 – II ZR 14/03, GmbHR 2005, 301.
87 BGH, Urt. v. 29.11.2004 – II ZR 14/03, GmbHR 2005, 301.
88 BGH, Beschl. v. 13.10.2008 – II ZR 112/07, Rz. 11, NJW 2009, 230.
89 BGH, Urt. v. 9.10.2006 – II ZR 46/05, Rz. 15, 17.
90 Vgl. BGH, Urt. v. 14.5.2013 – II ZR 176/10, GmbHR 2013, 931.

5. Konzernrechtliche Leitungsmacht – Entstehung und Rechtsfolgen

Leitungsmacht folgt auch aus der **Beherrschung** eines abhängigen Unternehmens (vgl. z.B. § 308 AktG, wonach die Geschäftsführung eines abhängigen Unternehmens im Vertragskonzern (§§ 291 ff. AktG) weisungsgebunden ist gegenüber dem herrschenden Unternehmen). Dies ist auch bei der GmbH aufgrund der starken Stellung der Gesellschafterversammlung und ihrer Möglichkeiten der Einflussnahme auf die Geschäftsführung im Hinblick auf einen Mehrheitsgesellschafter offensichtlich. Seine Beschränkungen durch notwendige Rücksichtsnahmen auf Minderheitsgesellschafter infolge der Treuepflichten wurden bereits behandelt. 1801

Ziel des Konzernrechts ist ein interessengerechter Ausgleich zwischen den Beteiligten und die mit der Konzernierung einhergehenden Gefahren zu minimieren. Durch die Unternehmensverbindung entstehen Gefahren im Innenverhältnis für die abhängige Gesellschaft, ihre Minderheitsgesellschafter sowie – dann das Außenverhältnis betreffend – ihre Gläubiger. Gleiches gilt aber auch für die Minderheitsgesellschafter in der herrschenden Gesellschaft. Das Konzernrecht soll dem entgegenwirken („Schutzrecht"). 1802

Der Konzern ist nach § 18 AktG ein Zusammenschluss mehrerer Unternehmen unter einheitlicher Leitung (= *wirtschaftliche Einheit*) in der Weise, dass die dabei zusammengeschlossenen Einzelunternehmen aber rechtlich selbstständig bleiben (= *rechtliche Vielheit der Rechtsträger*). Der Konzern ist also keine eigene Rechtsform, keine juristische Person und besitzt auch keine eigene Rechtspersönlichkeit. Demzufolge ist er nicht Rechtsträger der in ihm verbundenen Unternehmen und gibt es auch keine Organe des Konzerns. Konzernrecht ist also das Recht der Unternehmensverbindungen. 1803

Die Konzernbildung ist dabei nur eine von mehreren Erscheinungsformen **verbundener Unternehmen**. § 15 AktG enthält eine allgemeine Definition verbundener Unternehmen, auf die sich dann etwa Informationsrechte der Organe in jedem der verbundenen Unternehmen (z.B. §§ 90 Abs. 1 S. 3, Abs. 3 S. 1, 131 Abs. 1 S. 2 AktG), besondere Vorschriften der Rechnungslegung in verbundenen Unternehmen (sog. Konzernrechnungslegung, §§ 290 ff. HGB), aber auch konzernrechtliche Publikationspflichten (z.B. § 312 Abs. 1 S. 2 AktG) beziehen.

a) Abhängigkeit durch Mehrheitsbesitz als Grundtypus des Konzernrechts

Das AktG knüpft die wichtigsten Rechtsfolgen (vgl. §§ 311–318, 56 Abs. 2, 71d S. 2, 71d S. 4 i.V.m. 71b AktG) bereits an das **Vorliegen der Abhängigkeit**, nicht erst des Konzerns an – auf die einheitliche Leitung als besonderes Kennzeichen des Konzerns (§ 18 Abs. 1 AktG) kommt es also im Kern nicht an. Der Begriff **Konzernrecht** ist daher eigentlich zu eng und v.a. historisch begründet. In der Sache geht es um **das Recht verbundener Unternehmen**. Vereinfachend werden in der vorliegenden Darstellung verbundene Unternehmen nur in den Fallgruppen „Abhängigkeit (§ 17 AktG), insb. aufgrund „Mehrheitsbesitzes" und „durch Unternehmensvertrag (§§ 291, 292 AktG) verbunden" behandelt. 1804

Zentrales Tatbestandsmerkmal des Konzernrechts im hier interessierenden Umfang ist mithin allein die **Beherrschung** eines abhängigen und durch ein herrschendes Unternehmen. Herrschendes Unternehmen i.S.d. §§ 15 ff. AktG ist ohne Rücksicht auf seine Rechtsform jeder Gesellschafter, bei dem zu seiner Beteiligung an der Gesellschaft (1) noch *anderweitige wirtschaftliche Interessenbindungen* außerhalb der Gesellschaft hinzukommen (er muss selbst ein Unternehmen sein), die stark genug sind, um die ernste 1805

Besorgnis zu begründen, der Gesellschafter könne (2) um ihretwillen seinen *Einfluss zum Nachteil der abhängigen Gesellschaft* geltend machen. Und er muss (3) zumindest die Möglichkeit haben, beherrschenden Einfluss zu nehmen; das bedeutet: Die *Möglichkeit der Einflussnahme* muss beständig, umfassend und *gesellschaftsrechtlich begründet* sein. Die Abhängigkeit wird dabei nach § 17 Abs. 1 AktG bereits dadurch begründet, dass die bloße Möglichkeit der Einflussnahme eines anderen Unternehmens besteht („kann"). **Mehrheitsbesitz** begründet dafür die **widerlegbare Vermutung der Abhängigkeit** (§ 17 Abs. 2 AktG), d.h. es ist insoweit im Zweifel von der Abhängigkeit auszugehen.[91, 92]

1806 Solche Mehrheitsbeteiligung kann gem. § 16 Abs. 1 AktG eine Anteils- oder Stimmenmehrheit sein. Die Anteilsmehrheit wird nach § 16 Abs. 2 AktG berechnet, die Stimmenmehrheit nach § 16 Abs. 3 AktG. Die Zurechnungsvorschrift des § 16 Abs. 4 AktG betreffend Anteile Dritter soll dabei Umgehungen verhindern.

Beispiel: Bei börsennotierten Gesellschaften beträgt die HV-Präsenz teils dauerhaft nur 60 % der Anteile. Eine Mehrheit vermittelnde Beteiligung liegt dann auch bereits bei > 30 % vor. Hält ein Aktionär oder ein Aktienkonsortium (GbR) keine zusätzliche Beteiligung an weiteren Unternehmen und ist auch sonst nicht unternehmerisch tätig, ist es trotz einer Mehrheit der Anteile kein herrschendes Unternehmen. Einflussnahmemöglichkeiten von Banken oder Lieferanten aus Kredit- bzw. Lieferverträgen können zwar sehr umfassend sein, sind aber nicht gesellschaftsrechtlicher Art und führen daher nicht zur Abhängigkeit, solange sie nicht von einer Sicherungsübereignung der Mehrheitsanteile begleitet werden (vgl. Zurechnung in § 16 Abs. 4 AktG).

1807 Nach § 17 Abs. 2 AktG wird von einem im Mehrheitsbesitz stehenden Unternehmen vermutet, dass es abhängig ist. An die Abhängigkeit wiederum knüpft § 18 Abs. 1 S. 3 AktG die Vermutung, dass die beiden Unternehmen einen Konzern bilden. Mit anderen Worten: Im Mehrheitsbesitz stehende Unternehmen werden vermutlich einheitlich geleitet, bilden also einen Konzern.

1808 Die Vermutung der Abhängigkeit wird widerlegt, indem der Mehrheitsgesellschafter nachweist, dass er trotz seines beherrschenden Einflusses tatsächlich keine Leitungsmacht besitzt (nicht nur nicht ausübt), etwa, weil – wie nach gesetzlichem Standard in Personengesellschaften – Einstimmigkeit erforderlich ist oder er eine ihm zustehende Stimmenmehrheit nicht umfassend ausüben kann. Die daran anschließende Konzernvermutung greift nicht, wenn entweder die Abhängigkeit (§ 17 AktG) ausgeschlossen ist, sonst, wenn nachweislich keine finanzielle Koordination erfolgt (Holding ohne feststellbare Leitungsfunktion).[93]

---

91 Daran anschließend („Vermutungskaskade") werden nach § 18 Abs. 1 S. 3 AktG Konzernierung und damit die einheitliche Leitung für ein abhängiges Unternehmen **(widerleglich) vermutet**. Der rechtliche Unterschied zwischen Abhängigkeit und Konzern betrifft also bloß die (seltenen) Fälle der Widerlegung dieser Vermutung (i.e. wenn tatsächlich eine Koordination der Unternehmen im Sinne einer Gesamtkonzeption fehlt, d.h. die Bereiche Produktion, Verkauf und/oder Finanzen von den Unternehmen selbstständig und ohne Abstimmung geführt werden). Haben die betreffenden Unternehmen einen Beherrschungsvertrag (§ 291 Abs. 1 S. 1 AktG) geschlossen oder liegt eine Eingliederung nach §§ 319, 320 AktG vor, wird der Konzern nach § 18 Abs. 1 S. 2 AktG sogar **unwiderleglich vermutet**. – Bedeutung hat eine über die Abhängigkeit hinausgehende Konzernverbundenheit durch einheitliche Leitung explizit z.B. in § 5 MitbestG, § 11 PublG. Dagegen lassen §§ 290 ff. HGB bloße Abhängigkeit für die Pflicht zur Konzernrechnungslegung genügen.

92 Nur im Sonderfall der § 19 Abs. 2 und 3 AktG (wechselseitige Beteiligung) wird die Abhängigkeit unwiderleglich vermutet.

93 Daran anknüpfend wird teils auch gefolgert, dass die Abhängigkeit (§ 17 AktG) nicht nur zur Leitungsmacht berechtigt (vgl. §§ 311 AktG), sondern das herrschende Unternehmen auch dazu verpflichten soll (*Hommelhoff*, Die Konzernleitungspflicht, 1982; dazu *Emmerich*, NJW 1983, 269 f.).

b) Der faktische AG-Konzern

Besteht zwischen den beteiligten Unternehmen ein Abhängigkeitsverhältnis, ohne dass ein Beherrschungsvertrag oder eine Eingliederung vorliegt, so gelten für die abhängige AG die §§ 311 ff. AktG (vgl. insb. §§ 311 Abs. 1, 312 Abs. 1 S. 1, 317 Abs. 1 S. 1 AktG). **1809**

Die § 311 ff. AktG gestatten einem herrschenden Unternehmen die Einflussnahme auf das abhängige Unternehmen und dem Vorstand der abhängigen AG, entsprechenden Wünschen des herrschenden Gesellschafters auch gegen das Interesse der Gesellschaft nachzukommen. Dabei darf es sich aber (1) nur um eine solche (individualisierbare) Einflussnahme handeln, die einem Einzelausgleich des der AG jeweils entstehenden Nachteils nach § 311 AktG zugänglich ist; § 311 Abs. 1 AktG konkretisiert das Maß zulässiger konzernleitender Maßnahmen auf die Veranlassung einer abhängigen AG, „ein für sie nachteiliges Rechtsgeschäft vorzunehmen oder Maßnahmen zu ihrem Nachteil zu treffen oder zu unterlassen" und setzt (2) voraus, „daß die Nachteile ausgeglichen werden". **1810**

Anders als § 308 AktG im Vertragskonzern gibt § 311 AktG dem herrschenden Unternehmen allerdings kein Weisungsrecht, so dass damit eine Befolgungspflicht durch die abhängige Gesellschaft ebenfalls nicht besteht (daher der gesetzliche Wortlaut, eine abhängige AG „zu veranlassen"). Der verantwortliche Vorstand entscheidet gem. § 93 Abs. 1 S. 1 AktG eigenverantwortlich darüber, ob der Versuch einer Einflussnahme rechtmäßig ist und er ihr folgen will bzw. darf. Maßgeblich sind dabei insb. ihre möglichen Auswirkungen auf die Vermögens- und Ertragslage und die Ausgleichsfähigkeit etwaiger Nachteile. **1811**

Beispiele: Individualisierbare und dem Einzelausgleich zugänglich (also potenziell rechtmäßige) Einflussnahmen können z.B. im Verlangen nach besonderen Konzernverrechnungspreisen liegen (etwa zur Gewinnverlagerung zwischen den Beteiligten durch Über-/Unterschreiten des Marktpreises für Leistungen im Konzern), nach bestimmten Formen von Konzernfinanzierungen (Cash-pooling; nicht marktgerechte Darlehen zwischen Konzerngesellschaften) oder nach Konzernumlagen, die häufig sogar nicht einmal nachteilig sind, sondern pauschalisiert Vorteile aus einem zentralen Management abschöpfen.

Schwierig zu individualisieren und zu quantifizieren sind im Hinblick auf den erforderlichen Nachteilsausgleich dagegen Organisationsmaßnahmen im Konzern wie das Outsourcing bestimmter Betriebsfunktionen (v.a. Forschung und Entwicklung, Produktion, Vertrieb) auf andere Konzernunternehmen sowie überhaupt strategische Neuausrichtungen.[94]

Die §§ 311 ff. AktG gehen dabei als Grundtatbestand davon aus, dass: **1812**
- es sich bei der abhängigen Gesellschaft um eine inländische AG oder KGaA handelt; unerheblich ist, ob die abhängige Gesellschaft über außenstehende Aktionäre verfügt;
- Abhängigkeit der Gesellschaft nach § 17 AktG von einem (in- oder ausländischen) Unternehmen gleich welcher Rechtsform besteht; und
- kein Beherrschungsvertrag nach § 291 Abs. 1 S. 1 AktG besteht.
- § 111b AktG bestimmt seit 1.1.2020 eine Zustimmungspflicht des Aufsichtsrates der beherrschten AG, wenn eine Weisung die Wesentlichkeitsschwelle überschreitet.[95]

---

94 Strenggenommen ist für die *Zulässigkeit einer Weisung* nach § 311 AktG nur maßgeblich, dass die aus ihr folgenden **Nachteile individualisierbar** und ihr zuzuordnen sind (sonst rechtswidrig und Haftung über die Figur des qualifiziert-faktischen Konzerns analog § 302 AktG). Ob ein Nachteil dann für den **Ausgleich betragsmäßig quantifizierbar** ist, entscheidet „bloß" über die Schadensersatzhaftung nach §§ 317 f. AktG.

95 Vgl. zum ARUG II *Mayer/Kleinert*, EuZW 2019, 103.

1813 Für rechtmäßige Einflussnahmen modifizieren die §§ 311 ff. AktG die Vorschriften des AktG betreffend unverbundene Unternehmen dann in nicht unerheblicher Weise:

- Sie gehen den Kapitalerhaltungsvorschriften der §§ 57, 60, 62 AktG vor. An die Stelle der Rückgewährpflicht gem. § 62 AktG tritt die Verpflichtung zum Nachteilsausgleich nach § 311 Abs. 2 AktG. Unterbleibt dieser Nachteilsausgleich, haftet das herrschende Unternehmen nach § 317 AktG. Daneben finden dann allerdings die §§ 57, 60, 62 AktG uneingeschränkt Anwendung (Anspruchsgrundlagenkonkurrenz).
- Auch die Haftung gem. § 117 AktG tritt hinter die Verpflichtung zum Nachteilsausgleich gem. § 311 Abs. 2 AktG zurück, sofern es zum Nachteilsausgleich kommt. Unterbleibt der Nachteilsausgleich, lebt auch die Haftung gem. § 117 AktG wieder auf.
- Die Haftung des Mehrheitsaktionärs wegen Verletzung der Treuepflicht ist ausgeschlossen. Insb. im Falle nicht nur individualisierbarer und quantifizierbarer Einzelveranlassungen, sondern einer umfassenden einheitlichen Leitung durch das herrschende Unternehmen **(qualifiziert faktischer AG-Konzern)**, verbleibt es aber bei der Haftung wegen Treuepflichtverletzungen und einer analogen Anwendung der Regelungen der §§ 302 ff. AktG zum Vertragskonzern (vgl. dazu auch Rn. 1860 – **qualifiziert faktischer GmbH-Konzern**).

1814 **aa) Nachteilsausgleich und Schadenersatz.** Die Vorschriften der § 311 ff. AktG bezwecken den Schutz der abhängigen Gesellschaft, ihrer außenstehenden Aktionäre und ihrer Gläubiger.

§ 311 AktG ist selbst **keine Anspruchsgrundlage** der abhängigen Gesellschaft auf Nachteilsausgleich, sondern (nur) **Tatbestandsvoraussetzung** einer **rechtmäßigen Einflussnahme** auf die Geschäftsführung von außen. Der Ausgleich eines Nachteils aus der Einflussnahme durch das herrschende Unternehmen liegt in der Verantwortung des Vorstands und muss bis zum Ende des Geschäftsjahres erfolgen; das kann entweder durch direkte Kompensation, meist Zahlung, erfolgen, aber auch durch Vereinbarung eines schuldrechtlichen Ausgleichsanspruchs, meist also eines Zahlungsanspruchs (§ 311 Abs. 2 AktG).

Sind bis Ende des Geschäftsjahres weder der Ausgleich noch die Vereinbarung eines Ausgleichsanspruchs zu erreichen, begründet das einen Schadensersatzanspruch des abhängigen Unternehmens gegen das herrschende Unternehmen gem. § 317 Abs. 1 AktG, weil dessen Einflussnahme dadurch *unrechtmäßig geworden* ist. Der Vorstand der abhängigen AG ist dann nach § 93 Abs. 1 S. 1 AktG verpflichtet, den **Schadensersatzanspruch** gegen das herrschende Unternehmen geltend zu machen und im Jahresabschluss der abhängigen AG zu **aktivieren**, widrigenfalls dies zur Nichtigkeit des Jahresabschlusses gem. § 256 Abs. 5 S. 1 Nr. 2 AktG führt.

1815 Der Schadensersatzanspruch nach § 317 Abs. 1 AktG ist in erster Linie ein *Ersatzanspruch der Gesellschaft*. Zwar ist auch jeder Aktionär zur Geltendmachung des Ersatzanspruches befugt, kann aber nur Leistungen an die Gesellschaft fordern (§§ 317 Abs. 4 i.V.m. 309 Abs. 4 S. 2 AktG). Der Anspruch richtet sich gegen das herrschende, Einfluss nehmende Unternehmen. Neben die Haftung des herrschenden Unternehmens nach § 317 Abs. 1 AktG tritt die gesamtschuldnerische Haftung der gesetzlichen Vertreter, die die Gesellschaft zu dem Rechtsgeschäft oder der Maßnahme veranlasst haben (§ 317 Abs. 3 AktG).

Aktionäre haben ergänzend einen eigenen Anspruch nach § 317 Abs. 1 S. 2 AktG auf Ersatz, soweit sie, abgesehen von einem Schaden, der ihnen durch Schädigung der Gesellschaft zugefügt worden ist, geschädigt worden sind (*Individualschaden*). **1816**

Der Vorstand der abhängigen Gesellschaft ist auch verpflichtet, einen sog. **Abhängigkeitsbericht** aufzustellen (§ 312 AktG) und darin alle im Zusammenhang mit der Abhängigkeit erfolgten Maßnahmen und Rechtsgeschäfte zu dokumentieren. Es muss im Einzelnen nachvollziehbar sein, welche Leistungen und Gegenleistungen, Vor- und Nachteile dem abhängigen Unternehmen in diesem Zusammenhang erwachsen sind, welche Nachteilsausgleiche es erhalten hat und welche Ausgleichsansprüche mit dem herrschenden Unternehmen vereinbart wurden. Ebenso müssen nicht ausgeglichene Nachteile offengelegt werden. Der Abhängigkeitsbericht ist durch den Abschlussprüfer (§ 313 AktG) und den Aufsichtsrat (§ 314 AktG) zu prüfen. Die Aktionäre erlangen keine Kenntnis vom Inhalt des Abhängigkeitsberichtes, sondern nur vom Testat des Wirtschaftsprüfers (vgl. § 313 Abs. 2 AktG). Unter den Voraussetzungen des § 315 AktG können sie jedoch eine Sonderprüfung durchsetzen. **1817**

Verletzt der Vorstand der abhängigen Gesellschaft die Berichtspflicht nach § 312 AktG, erfolgt z.B. die Offenlegung nicht ausgeglichener Nachteile nur unzureichend, haften seine Mitglieder gem. § 318 Abs. 1 AktG neben den nach § 317 AktG Ersatzpflichtigen als Gesamtschuldner. Sie trifft insoweit die Beweislast für die Ordnungsmäßigkeit ihres Handelns (§ 318 I 2 AktG). Vergleichbares gilt für die Aufsichtsratsmitglieder nach § 318 Abs. 2 AktG. Für die Durchsetzung dieser Ansprüche durch Aktionäre sowie für deren eventuell darüber hinausgehende eigene Ansprüche gilt gem. §§ 318 Abs. 4, 309 Abs. 4 AktG dasselbe wie für den Anspruch aus § 317 AktG. **1818**

bb) Konzerneingangskontrolle. Die §§ 311 ff. AktG für den faktischen Konzern sehen keinen konzernrechtlichen Präventivschutz zugunsten der abhängigen Gesellschaft vor. Die Begründung eines Abhängigkeitsverhältnisses durch Erwerb der Mehrheit der Anteile setzt – außerhalb des Kapitalmarktrechts – weder eine besondere Veröffentlichung noch einen Hauptversammlungsbeschluss voraus (vgl. lediglich die Mitteilungspflicht gem. § 20 Abs. 4 AktG). Einem präventiven Konzernierungsverbot in der Satzung steht das Gebot der Satzungsstrenge aus § 23 Abs. 5 AktG entgegen. Dennoch kann die Satzung Vorkehrungen treffen, um die Unabhängigkeit der Gesellschaft zu schützen, nämlich u.a. durch: **1819**

- die Vinkulierung von Namensaktien gem. § 68 Abs. 2 AktG (vergleichbar § 15 Abs. 5 GmbHG). Eine nachträgliche Einführung bedarf einer Satzungsänderung mit Dreiviertel-Mehrheit des vertretenen Grundkapitals (§ 179 Abs. 2 AktG);
- die Einführung von Höchststimmrechten bei nicht börsennotierten Aktiengesellschaften gem. § 134 Abs. 1 S. 2 AktG;
- die Erhöhung des Mehrheitserfordernisses für Hauptversammlungsbeschlüsse (§§ 133 Abs. 1; bei nachträglicher Einführung gilt § 179 Abs. 2 AktG);
- die Normierung von Entsenderechten in den Aufsichtsrat gem. § 101 Abs. 2 AktG;
- die Statuierung eines Wettbewerbsverbotes für herrschende Unternehmensaktionäre;
- die Durchführung von Kapitalerhöhungen aus genehmigtem Kapital oder durch Bezugsrechtsausschluss erschweren oder können den Erwerb einer beherrschenden Stellung ggf. auch ohne aktuellen Hauptversammlungsbeschluss (sofern auf Vorrat

gefasst) verhindern. Allerdings sind die *Organe der AG insoweit zur Neutralität verpflichtet* (§§ 93, 116 AktG);
- eine börsennotierte AG kann zur Abwehr des Erwerbs einer beherrschenden Stellung durch ein bestimmtes Unternehmen ein konkurrierendes Angebot eines anderen Unternehmens („weißer Ritter") suchen. Weitere Elemente präventiver Kontrolle finden sich in den Regeln zur Beteiligungstransparenz (§§ 33 WpHG). Bei allen Maßnahmen des Vorstands einer börsennotierten AG ist jedoch das grundsätzliche *Verhinderungsverbot* des § 33 WpÜG zu beachten.

1820 In einer GmbH können auch Ankaufs- und Vorkaufsrechte der Gesellschafter für den Fall eines Anteilsverkaufs (in der Satzung oder außerhalb) vereinbart werden. Außerdem sind Satzungsregelungen zur Zwangseinziehung (§ 34 Abs. 2 GmbHG) oder der Ausschließung gegenüber demjenigen Gesellschafter möglich, der ohne Zustimmung der übrigen Gesellschafter herrschendes Unternehmen gem. § 15 AktG wird.

c) Vertragskonzern der abhängigen AG

1821 Während der *faktische Konzern* dem herrschenden Unternehmen keinerlei Weisungs*rechte* gegen die abhängige AG gibt und die rechtmäßige Einflussnahme im faktischen Konzern stets den Einzelausgleich von damit zusammenhängenden Nachteilen voraussetzt, mag es mit zunehmender Integration des Konzerns von Interesse sein, dem herrschenden Unternehmen die Leitung der abhängigen AG ganz oder in Bezug auf einzelne betriebliche Funktionen zu unterstellen und den Einfluss über Weisungsrechte durchzusetzen.[96] Der Einfluss ist dann nach seinem Umfang und in der Art der Einflussnahme ein anderer, als im faktischen Konzern nach § 311 ff. AktG zulässig. **Umfassender Einfluss auf die Leitung** setzt sich nicht mehr aus unterscheidbaren einzelnen Maßnahmen zusammen und die abhängige AG wird nicht bloß zur Umsetzung „veranlasst", sondern angewiesen. Umfassender Einfluss hat überdies zur Folge, dass ein nachvollziehbarer Nachteilsausgleich im Einzelnen unmöglich wird.

1822 **aa) Beherrschungsvertrag.** Voraussetzung für eine solche weitergehende Einflussnahme ist zwingend die Begründung eines Vertragskonzerns zwischen dem herrschenden und abhängigen Unternehmen. Grundform des Vertragskonzerns ist die Verbindung durch einen Beherrschungsvertrag gem. § 291 Abs. 1 S. 1 AktG. Durch ihn unterstellt eine AG oder eine KGaA mit (Verwaltungs-)Sitz im Inland die Leitung ihrer Gesellschaft einem anderen Unternehmensrechtsträger beliebiger Rechtsform mit Sitz im In- oder Ausland. Gem. § 18 Abs. 1 S. 2 AktG bilden beide Unternehmen damit einen sog. **Unterordnungskonzern**.

Der Beherrschungsvertrag hat nicht lediglich schuldrechtlichen Inhalt. Er ist ein sog. **Organisationsvertrag** und hat materiell satzungsändernden Charakter (daher bedarf er formell entsprechenden Mehrheiten wie eine Satzungsänderung)[97]. Er begründet nicht nur wechselseitige Rechte und Pflichten der Vertragsparteien (z.B. auf Verlustausgleich bei der abhängigen AG gem. § 302 AktG), sondern gesellschaftsrechtliche

96 Konzernleitung „von oben" ist im Fall der Unterstellung der Leitung durch die abhängige AG (§ 291 Abs. 1 S. 1, 1. Fall AktG) nicht nur im Interesse der Obergesellschaft, sondern auch deren Pflicht.

97 Diese gesetzliche Regelung für Zustimmungserfordernisse insb. der Hauptversammlung für Beschlüsse, die der Sache nach auf eine Satzungsänderung hinauslaufen (ohne den Wortlaut der Satzung zu ändern), war das Argument für vergleichbare weitere Beschneidungen der Vorstandszuständigkeit, vgl. „Gelatine"- und „Holzmüller"- Rechtsprechung, Rn. 1751.

Beziehungen zwischen den Vertragspartnern und infolgedessen auch zwischen der abhängigen AG und ihren außenstehenden Aktionären; sog. außenstehende Aktionäre sind dabei alle Aktionäre mit Ausnahme des anderen Vertragsteils sowie der von ihm abhängigen Aktionäre, die in ihrer Eigenschaft einen Anspruch auf Ausgleich (§ 304 AktG) oder Abfindung (§ 305 AktG) haben (Unternehmensverträge und ihre Folgen: WP-Examen 2017/II).

Besteht ein Aktienvertragskonzern, besitzt das herrschende Unternehmen gegenüber der abhängigen AG ein **Weisungsrecht** gem. § 308 AktG. Aufgrund des Beherrschungsvertrages ist das herrschende Unternehmen berechtigt, dem Vorstand des beherrschten Unternehmens Weisungen für die Leitung der Gesellschaft zu erteilen. Die Weisungen können für das beherrschte Unternehmen auch nachteilig sein, sofern sie nur im sog. *„Konzerninteresse"* erfolgen (§ 308 Abs. 1 S. 2 AktG). Der Vorstand ist grundsätzlich verpflichtet, die Weisungen zu befolgen (§ 308 Abs. 2 AktG). Die Organe der herrschenden Gesellschaft haben bei der Erteilung von Weisungen die Verantwortlichkeit nach § 309 AktG zu beachten. **1823**

Das Weisungsrecht steht nur der unmittelbar herrschenden Gesellschaft zu („anderer Vertragsteil"); in mehrstufigen Konzernen kann die Muttergesellschaft daher auch bei durchgängiger Kette von Beherrschungsverträgen keine unmittelbaren direkten Weisungen an die Enkelgesellschaft erteilen. Das dem herrschenden Unternehmen zustehende Weisungsrecht wird grundsätzlich durch seine gesetzlichen Vertreter ausgeübt (also rechtsformabhängig nach §§ 125, 126 HGB, § 37 GmbHG, § 78 AktG). Das Weisungsrecht kann zur Ausübung (namens des herrschenden Unternehmens) delegiert werden, aber nicht übertragen werden (Ausübung im eigenen Namen). **1824**

Der Beherrschungsvertrag **betrifft die Leitungsmacht** in der abhängigen AG und greift damit nur in die **Kompetenzen des Vorstandes** gem. § 76 AktG ein. Die Kompetenzen der anderen Gesellschaftsorgane, Hauptversammlung und Aufsichtsrat der abhängigen Gesellschaft können nicht weisungsgebunden sein. Der Umfang des Weisungsrechts richtet sich in erster Linie nach dem konkreten Beherrschungsvertrag (vgl. § 308 Abs. 1 AktG). Das Weisungsrecht kann sich damit auf den gesamten Bereich der Geschäftsführung und Vertretung der abhängigen Gesellschaft sowie auf die Kompetenzen des Vorstands gegenüber den weiteren Organen erstrecken (z.B. zur Einberufung einer Hauptversammlung; Vorbereitung einer Kapitalerhöhung). Aus dem Weisungsrecht des herrschenden Unternehmens folgt keine Vertretungsmacht für die abhängige Gesellschaft (z.B. gegenüber Kunden, Lieferanten oder in Bezug auf die Beschäftigung von Mitarbeitern), es kann nur der Vorstand zu entsprechendem Vertretungshandeln angewiesen werden. **1825**

Da durch die Weisung nicht in die Kompetenzen von Aufsichtsrat oder Hauptversammlung eingegriffen werden kann, darf der Vorstand das abhängige Unternehmen aber z.B. nicht zu Abschluss, Änderung oder Aufhebung von Unternehmensverträgen anweisen (vgl. § 299 i.V.m. §§ 293, 295, 296 AktG). **1826**

Auch eine Weisung zur Abführung des Gewinns ist unzulässig. Die Gewinnabführung verlangt einen gesonderten Unternehmensvertrag, sog. **Gewinnabführungsvertrag** (§ 291 Abs. 1 S. 1 Alt. 2 AktG), der wie der Beherrschungsvertrag der Zustimmung der Hauptversammlung der abhängigen AG bedarf (§ 293 Abs. 1 AktG). In der Praxis werden allerdings Beherrschungs- und Gewinnabführungsverträge im Hinblick auf die

Begründung einer körperschaftsteuerlichen Organschaft (§§ 14 ff. KStG) regelmäßig gemeinsam geschlossen.

1827 **bb) Gewinnabführungsvertrag.** Durch einen Gewinnabführungsvertrag nach § 291 Abs. 1 AktG verpflichtet sich eine AG oder KGaA mit Sitz im Inland, ihren gesamten Bilanzgewinn an ein anderes Unternehmen, gleich welcher Rechtsform und gleich welcher Nationalität, abzuführen. Der Vertrag muss darauf gerichtet sein, den gesamten Bilanzgewinn abzuführen, der sich ergäbe, wenn keine Gewinnabführung vereinbart wäre (vgl. § 301 AktG – *Höchstbetrag* der Gewinnabführung), wobei aber § 300 Nr. 1 die Dotierung einer besonderen gesetzlichen Rücklage vorschreibt. Der Gewinnabführungsvertrag ist wie der Beherrschungsvertrag ein Organisationsvertrag, er gibt aber keine Weisungsbefugnis gem. § 308 AktG.

Begründung, Änderung sowie Aufhebung und Kündigung erfolgen denselben Vorschriften der §§ 293 ff. AktG wie beim Beherrschungsvertrag. Das gilt ebenso für den Ausgleichs- und Abfindungsanspruch außenstehender Aktionäre sowie das Recht auf Sicherheitsleistung für die Gläubiger (§§ 304 ff. AktG).

1828 **cc) Zustandekommen von Unternehmensverträgen.** Beherrschungs- ebenso wie Gewinnabführungsverträge werden vom Vorstand der abhängigen Gesellschaft vorbereitet und abgeschlossen, wobei die Hauptversammlung gem. § 83 Abs. 1 S. 2 AktG ein Initiativrecht hat. Sie bedürfen der Schriftform (§ 293 Abs. 3 AktG, § 126 BGB). Der Vertrag bedarf zu seiner Wirksamkeit der Zustimmung durch die Hauptversammlung (§ 293 Abs. 1 S. 1 AktG) mit einer Mehrheit von mindestens drei Viertel des bei der Beschlussfassung vertretenen Grundkapitals (S. 2). – Ist auch das herrschende Unternehmen eine AG oder KGaA, muss gleichermaßen auch deren Hauptversammlung dem Vertrag zustimmen (§ 293 Abs. 2 AktG).

1829 Die Vorstände trifft gegenüber den beteiligten Hauptversammlungen eine ausführliche schriftliche Berichtspflicht, wonach der Abschluss des Unternehmensvertrags, der Vertrag im einzelnen und insb. Art und Höhe des Ausgleichs nach § 304 und der Abfindung nach § 305 rechtlich und wirtschaftlich erläutert und begründet werden müssen (§§ 293a ff. AktG). Der Unternehmensvertrag ist zusätzlich von gerichtlich zu bestellenden Vertragsprüfern zu prüfen, die ebenfalls schriftlich zu berichten haben (§ 293e AktG). Die Vorbereitung und Durchführung der Hauptversammlung ergeben sich nach §§ 293 ff. AktG.

1830 Der Vorstand der abhängigen Gesellschaft hat einen Beherrschungs- oder Gewinnabführungsvertrag zur Eintragung ins Handelsregister anzumelden (§ 294 Abs. 1 AktG). Erst mit der **Eintragung** wird der Vertrag **wirksam** (§ 294 Abs. 2 AktG). Unternehmensverträge, die an einem Wirksamkeitsmangel leiden, aber nach ihrer Eintragung gleichwohl durchgeführt wurden, sind nach den Grundsätzen der fehlerhaften Gesellschaft als wirksam zu behandeln. Sie können jederzeit, aber nur *ex nunc* außer Vollzug gesetzt werden.

1831 **dd) Änderung und Beendigung eines Beherrschungsvertrages.** Für Vertragsänderungen gelten die Voraussetzungen ihres Abschlusses entsprechend (§ 295 Abs. 1 AktG). Werden durch die Änderung die Rechte außenstehender Aktionäre berührt, bedarf es zusätzlich eines Sonderbeschlusses ihrerseits (Abs. 2). Umstritten ist, ob das auch für eine nachträgliche Laufzeitänderung oder Befristung des Unternehmensvertrages gilt, welche statt einer Aufhebung oder Verlängerung beschlossen werden.

Ein Unternehmensvertrag endet durch Zeitablauf (soweit er auf bestimmte Zeit abgeschlossen wurde), durch außerordentliche fristlose Kündigung (§ 297 AktG) oder durch Aufhebung (§ 296 AktG). Besondere Beendigungstatbestände gelten bei gerichtlichen Änderungen des angemessenen Ausgleichs (§ 304 Abs. 4 AktG) oder der angemessenen Abfindung an außenstehende Aktionäre (§ 305 Abs. 5 S. 4 i.V.m. 304 Abs. 4 AktG) sowie bei erstmaliger Beteiligung außenstehender Aktionäre während der Laufzeit (§ 307 AktG).

Die **Aufhebung** des Unternehmensvertrages erfolgt durch schriftliche Vereinbarung der Vertragsbeteiligten und liegt – anders als die Vertragsänderung gem. § 295 AktG – als Geschäftsführungsmaßnahme in der Zuständigkeit des Vorstandes (§§ 77 f. AktG) sowohl der herrschenden als auch der abhängigen Gesellschaft. Die Satzung einer AG kann ergänzend die Zustimmung des Aufsichtsrates gem. § 111 Abs. 4 S. 2 AktG vorsehen, die dann auch durch einen Zustimmungsbeschluss der HV ersetzt werden kann (§ 111 Abs. 4 S. 3 AktG). **1832**

Sind **außenstehende Aktionäre** betroffenen, bedarf es eines **Sonderbeschlusses** ihrerseits (§ 296 Abs. 2 AktG). Eine Aufhebung kann nur zum Ende eines Geschäftsjahres der abhängigen Gesellschaft vereinbart werden (außer dass eine Aufhebung zum Ende einer Abrechnungsperiode bereits unternehmensvertraglich vorgesehen wäre); Regelungszweck ist es, Abrechnungsschwierigkeiten und Gewinnmanipulationen vorzubeugen. Wird ein unzulässiger Aufhebungszeitpunkt vereinbart, ist diese Regelung gem. § 134 BGB nichtig. Alternativ kann ein Rumpfwirtschaftsjahr eingelegt werden, um die Vorgabe des § 296 AktG zu erfüllen.

Die **außerordentliche Kündigung** eines Unternehmensvertrages ist nach § 297 Abs. 1 AktG möglich. Sie bedarf der Schriftform (Abs. 3 AktG) und ist nur wirksam, wenn ein wichtiger Grund vorliegt. § 297 Abs. 1 S. 2 AktG nennt als Kündigungsgrund beispielhaft die voraussichtliche Leistungsunfähigkeit des anderen (also herrschenden) Vertragsteils zur Erfüllung der Verlustübernahme gegenüber der abhängigen AG (§ 302 AktG), des Ausgleichs oder der Abfindung gegenüber den außenstehenden Aktionären (§§ 304, 305 AktG). Daneben ist an schwerwiegende Vertragsverletzungen wie z.B. die fortgesetzte Erteilung rechtswidriger Weisungen zu denken und an die Insolvenz eines der Vertragsteile. **1833**

Ein **Recht zur ordentliche Kündigung** eines Unternehmensvertrages ist gesetzlich nicht vorgesehen. Ist eine solche einseitige Beendigungsmöglichkeit im Unternehmensvertrag vereinbart, gilt dafür dann ergänzend § 297 Abs. 2 AktG. **1834**

Beispiel: Wird eine konzerngebundene Tochtergesellschaft veräußert, liegt es normalerweise im Interesse der Parteien des Anteilskaufvertrages, einen Unternehmensvertrag zu beenden. Dazu bedürfen sie – wenn der zu beendende Beherrschungs- und/oder Gewinnabführungsvertrag für diesen Fall kein ordentliches Kündigungsrecht vorsieht – zwingend der Mitwirkung der zu veräußernden, abhängigen AG, weil eine Aufhebung nach § 296 AktG nur einvernehmlich möglich ist. Da außerdem eine Weisung an die abhängige Gesellschaft zur Aufhebung unzulässig ist (vgl. § 299 AktG), wäre in einem solchen Fall die Anteilsveräußerung davon abhängig, das Einvernehmen der abhängigen Gesellschaft zu erreichen. Würde die Anteilsveräußerung ohne Aufhebung des Vertragskonzerns erfolgen, läge darin kein wichtiger Grund für eine außerordentliche Kündigung durch das frühere oder neue herrschende Unternehmen. Ggf. müsste der Anteilskaufvertrag rückabgewickelt werden. Um den Anteilsverkauf und die Aufhebung des Unternehmensvertrages mit der zu veräußernden Tochtergesellschaft zu koordinieren, bleibt regelmäßig nur, dass die Tochtergesellschaft zugleich Partei des sie betreffenden Anteilsverkaufs wird (als dreiseitiger Vertrag).

1835 Weitere Beendigungstatbestände sind der Zeitablauf bei befristeten Unternehmensverträgen, sofern keine Verlängerung (str., ob insoweit als Neuabschluss oder als Vertragsänderung gem. § 295 AktG) erfolgt; ebenso die nachträgliche erstmalige Beteiligung außenstehender Aktionäre (§ 307 AktG) und jedenfalls bezüglich eines Beherrschungs- und Gewinnabführungvertrages auch die Auflösung eines Vertragsbeteiligten (§ 262 AktG) durch Insolvenzeröffnung (so noch zur Konkursordnung BGHZ 103, 1, 6 f. = NJW 1988, 1326).[98]

1836 **ee) Rechtsfolgen eines Beherrschungsvertrages.** Beherrschungs- (ebenso Gewinnabführungs-)verträge haben besondere Rechtsfolgen

- zwischen den Parteien des Unternehmensvertrages
- zum Schutz der Gläubiger des abhängigen Unternehmens und
- seiner Minderheitsaktionäre.

Zwischen den Beteiligten begründet (nur) der Beherrschungsvertrag ein **Weisungsrecht** des herrschenden Unternehmens gegenüber dem beherrschten. Dieses umfasst insb. auch nachteilige Weisungen (§§ 308, 309, 310); Weisungen können für das abhängige Unternehmen nachteilig sein (§ 308 Abs. 1 S. 2 AktG), sie müssen aber im Konzerninteresse liegen, also „den Belangen des herrschenden Unternehmens oder der mit ihm oder der (abhängigen) Gesellschaft konzernverbundenen Unternehmen" dienen.

In Konsequenz zulässiger nachteiliger Weisungen bestimmt § 291 Abs. 3 AktG eine **Lockerung der Kapitalerhaltungsvorschriften** betreffend die abhängige AG: Leistungen von ihr auf Weisung der herrschenden Gesellschaft gelten bei Bestehen eines (wirksamen) Beherrschungsvertrages auch ohne vollwertige Gegenleistung nicht als Verstoß gegen die §§ 57, 58 und 60 AktG (vgl. auch § 57 Abs. 1 S. 3 Alt. 1 AktG).

1837 **(1) Gläubigerschutz.** Dem Schutz der Gläubiger des abhängigen Unternehmens dienen die §§ 302 und 303 AktG. § 302 Abs. 1 AktG gibt einen schuldrechtlichen Anspruch der abhängigen gegen die herrschende Gesellschaft, „jeden während der Vertragsdauer sonst entstehenden Jahresfehlbetrag auszugleichen". Die Pflicht des herrschenden Unternehmens zum Verlustausgleich stellt damit sicher, dass die abhängige Gesellschaft ihre Verbindlichkeiten gegenüber Dritten erfüllen kann und während der Dauer eines Beherrschungs- oder Gewinnabführungsvertrages nicht überschuldet wird. Aufgrund des als Jahresabschlussbuchung einzubuchenden Ausgleichsanspruchs entsteht letztlich also gar kein Jahresfehlbetrag. Ob ein („sonst entstehender", also fiktiver) Jahresfehlbetrag infolge nachteiliger Weisungen entstanden sein würde, ist für die Ausgleichspflicht unerheblich. Ausgenommen sind lediglich „vororganschaftliche" Verluste aus Wirtschaftsjahren, welche vor Abschluss des Unternehmensvertrages beendet waren und solche aus Wirtschaftsjahren, die erst nach seiner Beendigung begonnen haben. Zur Erfüllung der Verlustausgleichspflicht können auf Weisung der herrschenden Gesellschaft bei der abhängigen Gesellschaft während der Vertragsdauer gebildete sog. andere Gewinnrücklagen gem. § 158 Abs. 1 S. 1 Nr. 4 d) AktG aufgelöst werden, nicht aber „vororganschaftlich" gebildete und solche nach § 158 Abs. 1 S. 1 Nr. 4 a) – c) AktG gebildete Gewinnrücklagen.[99]

---

98 Die insolvente Obergesellschaft kann der Verlustausgleichspflicht in § 302 AktG nicht mehr nachkommen. Eine Ausnahme wird nur für Fälle der Eigenverwaltung (§§ 270 ff. InsO) diskutiert.

99 Zur steuerlichen Problematik vororganschaftlich verursachter und organschaftlicher Mehr- bzw. Minderabführungen vgl. *Dötsch/Alber/Sell/Zenthöfer*, Körperschaftsteuer (18. Aufl. 2017) S. 340 ff.; *von Freeden*, Mehr- und Minderabführungen, in: Prinz/Witt, Steuerliche Organschaft (2. Aufl. 2019) Kap. 14 (S. 588 ff.).

Beispiel: §§ 302 AktG ist von bilanziellem Denken geprägt. Inwieweit davon auch ein Liquiditätsschutz umfasst ist, ist ungeklärt. In Frage kommen dafür ein unterjähriger Verlustausgleichsanspruch, aber auch eine Liquiditätshilfe. Jedenfalls ist in einer solchen Lage ein endjähriger Verlustausgleich nicht durch Aufrechnung zulässig[100].

Der Verlustausgleichsanspruch entsteht und wird auch fällig mit dem Bilanzstichtag bei **1838** der abhängigen Gesellschaft. Er ist von ihrem Vorstand geltend zu machen, im Falle ihrer Insolvenz (z.B. wegen Zahlungsunfähigkeit) durch den Insolvenzverwalter (§ 80 Abs. 1 InsO). Ein Klagerecht zur Geltendmachung des Verlustausgleichsanspruchs durch Aktionäre etwa analog §§ 309 Abs. 4, 317 Abs. 4 AktG als actio pro socio existiert in § 302 AktG nicht.

Unter den Voraussetzungen des § 303 AktG können die Gläubiger der abhängigen **1839** Gesellschaft von dem herrschenden Unternehmen *Sicherheitsleistung* (vgl. §§ 232 ff. BGB) verlangen. Das gilt nur für während der Laufzeit (und aus Gründen des Vertrauensschutzes bis zur registerrechtlichen Bekanntmachung der Beendigung) eines Beherrschungs- oder Gewinnabführungsvertrages entstandene Verbindlichkeiten, soweit diese bei Beendigung des Unternehmensvertrages noch offen sind; dazu ist erforderlich, dass der Gläubiger die Sicherheitsleistung binnen sechs Monaten nach der Bekanntmachung der Beendigung des Unternehmensvertrages im Handelsregister (= materiell-rechtliche Ausschlussfrist) beim (ehemals) herrschenden Unternehmen geltend macht. Eine Abwendungsbefugnis besteht durch Bürgschaftsübernahme nach § 303 Abs. 3 AktG.

Ist die abhängige Gesellschaft insolvent, können die Gläubiger vom ehemals herrschenden Unternehmen statt Sicherheit sofort Zahlung beanspruchen[101].

Beispiel: §§ 303 AktG bezieht sich nur auf Forderungen während der Laufzeit des Unternehmensvertrages. Endet dieser (z.B. durch Kündigung), ist die in § 298 AktG vorgeschriebene Eintragung keine Wirksamkeitsvoraussetzung der Beendigung. Für eine Haftung der Gesellschaft für neue Verbindlichkeiten bis zur registerrechtlichen Eintragung der Beendigung kann der Rechtsgedanke in § 15 Abs. 1 HGB herangezogen werden. Zwar ist § 303 AktG spezieller und schließt die Anwendung von § 15 HGB aus, wonach eine eintragungspflichtige Tatsache, wenn sie nicht im Handelsregister eingetragen wurde, einem Dritten nicht entgegengehalten werden kann. § 303 AktG ist aber gleichermaßen Ausdruck eines starken Vertrauensschutzes, so dass Vergleichbares gelten muss (vgl. BGHZ 116, 37 – „Stromlieferung").

(2) Sicherung der außenstehenden Aktionäre gem. §§ 304, 305 AktG. Minderheits- **1840** aktionäre können den Abschluss eines Unternehmensvertrages regelmäßig nicht beeinflussen oder gar verhindern. Durch den Verlust der unternehmerischen Selbstständigkeit der weisungsgebundenen AG verliert ihre Beteiligung am Gesellschaftsvermögen (zumindest faktisch) einen Marktwert und die freie Übertragbarkeit. Außerdem wird ihre Beteiligung am Unternehmensgewinn ausgehöhlt. Herrschaftsrechte aus der Beteiligung entfallen durch die Weisungsgebundenheit nahezu vollständig.

(a) Ausgleichsanspruch. Während der Gewinnabführungsvertrag das Entstehen eines **1841** Bilanzgewinns verhindert und dadurch für außenstehende Aktionäre das mitgliedschaftliche Dividendenrecht gem. § 58 Abs. 4 AktG ins Leere läuft, können beim Beherrschungsvertrag infolge von Weisungen gegenüber der abhängigen Gesellschaft vergleichbare Folgen eintreten. § 304 Abs. 1 S. 2 AktG i.V.m. dem Beherrschungs- oder

100 ThürOLG, ZIP 2005, 531.
101 Vgl. BGHZ 105, 168 – „HSW"; BGHZ 115, 187 – „Video"; BGHZ 116, 37 – „Stromlieferung".

Gewinnabführungsvertrag gibt den außenstehenden Aktionären der abhängigen Gesellschaft zur Kompensation solcher Einbußen einen Anspruch auf angemessenen Ausgleich gegen das herrschende Unternehmen. Der schuldrechtliche Anspruch ist unmittelbar im Unternehmensvertrag vorzusehen (echter Vertrag zugunsten Dritter).

Enthält der Unternehmensvertrag keine Regelungen über einen angemessenen Ausgleich, ist er gem. § 304 Abs. 1 S. 1 AktG nichtig, es sei denn, die abhängige Gesellschaft hat keine außenstehenden Aktionäre. Gleiches gilt, wenn nach dem Unternehmensvertrag die abhängige Gesellschaft statt der herrschenden den Ausgleich erbringen soll. Ist der Ausgleich im Unternehmensvertrag unangemessen (d.h. zu niedrig) bestimmt, ändert dies an der Wirksamkeit des Vertrages und des Zustimmungsbeschlusses der Hauptversammlung der abhängigen Gesellschaft nichts. Gem. § 304 Abs. 3 S. 2 AktG kann der Beherrschungs- oder Gewinnabführungsvertrag in diesem Fall nicht nach § 243 Abs. 1, 2 AktG angefochten werden; die außenstehenden Aktionäre können vielmehr die Festsetzung eines angemessenen Ausgleichs im Spruchverfahren gem. §§ 1 ff. SpruchG verlangen.

Als Ausgleich kann ein jährlich zu zahlender fester oder variabler Betrag gewährt werden. Zur Art des Ausgleichs und der Ermittlung seiner Höhe vgl. § 304 Abs. 2 AktG.[102]

1842 **(b) Abfindungsanspruch.** Neben der Ausgleichsverpflichtung gem. § 304 AktG muss der Unternehmensvertrag den außenstehenden Aktionären auch einen Anspruch auf Abfindung gem. § 305 AktG gewähren. Dadurch sollen die außenstehenden Aktionäre gegen die Beeinträchtigung ihrer aus der Mitgliedschaft folgenden Herrschaftsrechte gesichert werden. Sie erhalten die Möglichkeit, mit Abschluss des Unternehmensvertrages gegen Abfindung aus der beherrschten Gesellschaft auszuscheiden.

Die Abfindung hat nach § 305 Abs. 2 Nr. 1 AktG grundsätzlich in Aktien des herrschenden Unternehmens zu erfolgen, sofern dieses eine in der EU ansässige AG oder KGaA ist. Steht die herrschende AG/KGaA ihrerseits wiederum in Abhängigkeit oder Mehrheitsbesitz, entsprechend in Aktien dieses dritten Unternehmens oder in bar (Nr. 2). In allen anderen Fällen ist der Ausgleich in bar vorzunehmen (Nr. 3).

Die für den Ausgleich benötigten Aktien kann die herrschende AG entweder durch den Erwerb eigener Aktien (vgl. § 71 Abs. 1 Nr. 3 AktG) oder durch eine Kapitalerhöhung unter Ausschluss des Bezugsrechts (vgl. § 186 Abs. 4 und 4 AktG) beschaffen.

Für die Höhe des Ausgleichs bestimmt § 305 Abs. 3 S. 1 AktG als angemessen dasjenige Verhältnis, „in dem bei einer Verschmelzung auf eine Aktie der Gesellschaft Aktien der anderen Gesellschaft zu gewähren wären, wobei Spitzenbeträge durch bare Zuzahlungen ausgeglichen werden können“. Für Barabfindungen gilt nach S. 2 vergleichbar das Verhältnis der Ertragswerte der beteiligten Gesellschaften, wobei in allen Fällen der Börsenkurs der abhängigen Gesellschaft eine Untergrenze bildet.

1843 Fehlt der Abfindungsanspruch im Unternehmensvertrag oder wurde der vertragliche Anspruch im Spruchverfahren als unzulänglich beurteilt (vgl. § 305 Abs. 5 AktG, §§ 1 ff. SpruchG), gibt § 304 Abs. 1 einen **gesetzlichen Anspruch auf angemessene Abfindung**. Haben Aktionäre die vertraglich angebotene Abfindung angenommen, und wird

---

102 Dazu ausführlich *Hüffer*, AktG, § 304 Rn. 8 ff. und Emmerich/Habersack/*Emmerich*, Aktien- und GmbH-Konzernrecht, § 304 Rn. 29 ff., 45 ff.

im Spruchverfahren später eine höhere Abfindung festgesetzt, steht ihnen ein *Abfindungsergänzungsanspruch* zu (vgl. § 13 S. 2 SpruchG). Der Abfindungsergänzungsanspruch ist sodann durch Leistungsklage gegen das herrschende Unternehmen geltend zu machen (vgl. § 16 SpruchG). Eine im Spruchverfahren festgesetzte höhere Abfindung berechtigt das herrschende Unternehmen allerdings auch zur fristlosen Kündigung des Vertrages mit Wirkung ex nunc (§ 305 Abs. 5 S. 4 i.V.m. § 304 Abs. 4 AktG), wodurch Abfindungs- und Abfindungsergänzungsansprüche entfallen.

(3) Umgekehrter Haftungsdurchgriff. Die Konzernierung muss für die beherrschte Gesellschaft nicht nur zu Nachteilen führen, deren Kompensation das Konzernhaftungsrecht dient, sondern kann auch (unverdiente) Vorteile verschaffen. Die Verlustausgleichspflicht in § 302 AktG kann ein auf Basis eines stand-alone nicht überlebensfähiges Geschäftsmodell aufrechthalten und führt dann steuerlich zu verdeckten Einlagen. **1844**

Beispiel: Eine **verdeckte Einlage** ist v.a. ein Begriff des Steuerrechts (und hat nichts mit „verdeckten Sacheinlagen" im Gesellschaftsrecht zu tun, vgl. dazu Rn. 1950), wobei ein Gesellschafter oder eine ihm nahestehende Person der Körperschaft außerhalb der gesellschaftsrechtlichen (offenen) Einlagen einen einlagefähigen Vermögensvorteil zuwendet und diese Zuwendung durch das Gesellschaftsverhältnis veranlasst ist (vgl. R 8.9 KStR). Die verdeckte Einlage erhöht die Anschaffungskosten der Beteiligung und wirkt sich steuerlich bei deren Veräußerung aus. Einlagefähig sind nur Vermögensvorteile, welche auch Bestandteil der Gewinnermittlung durch Vermögensvergleich sein können (Erhöhung des bilanziellen Vermögens der Körperschaft durch den Ansatz oder die Erhöhung eines Aktivpostens oder durch Wegfall bzw. Minderung eines Passivpostens). Die unentgeltliche Gewährung von Nutzungsvorteilen (z.B. zinslose Darlehensgewährung) kann nicht Gegenstand einer verdeckten Einlage sein (Unterschied zum umgekehrten Fall der verdeckten Gewinnausschüttung, vgl. Rn. 1877).

Diese Problematik tritt regelmäßig bei Betriebsaufspaltungen auf, bei der der Leistungsaustausch zwischen Betriebsgesellschaft und Besitzgesellschaft oftmals nicht (rein) wirtschaftlich zu rechtfertigen sind. Dies kann zur Überlegung führen, darin verdeckte Gewinnausschüttungen einerseits bzw. verdeckte Einlagen andererseits anzunehmen (vgl. BGHZ 121, 31 ff.; BGH DStR 1995, 814). Bei der horizontalen Betriebsaufspaltung erfolgt die Zurechnung als verdeckte Ausschüttung bzw. Einlage allerdings nicht im Verhältnis von Besitz- und Betriebsgesellschaft, zwischen denen der vermögensverschiebende Leistungsaustausch schuldrechtlich erfolgt, sondern – im Dreiecksverhältnis – jeweils gegenüber dem gemeinsamen Anteilseigner (also einerseits als vGA an ihn und dadurch zugleich als vE von ihm bei der Schwestergesellschaft andererseits).

Zinslose Darlehen zwischen Schwestergesellschaften führen daher zwar zu einer verdeckten Gewinnausschüttung der Darlehensgeberin an den gemeinsamen Anteilseigner. Dieser steht aber keine verdeckte Einlage desselben an die Darlehensnehmerin gegenüber, weil es sich nicht um einen einlagefähigen Vermögensvorteil (Wirtschaftsgut) handelt (BFH, Beschl. v. 26.10.1987 – GrS 2/86, BStBl. 1988 II S. 348).

Eine solche Schädigung der Konzernobergesellschaft durch Vermögensverlagerung von ihr in eine Tochtergesellschaft ist ggf. insolvenzrechtlich relevant als Anfechtungstatbestand nach §§ 129 ff. InsO (ein Konzerninsolvenzverfahren[103] existiert ebenfalls nicht). Ein Ausgleichsanspruch der Obergesellschaft gegenüber dem abhängigen Unternehmen kann sich aus § 426 Abs. 1 S. 1 BGB ergeben, wenn beide für eine Verbindlichkeit gemeinsam hafteten und daher Gesamtschuldner sind[104]. **1845**

---

103 Vgl. aber seit 21.4.2018 §§ 2 Abs. 3, 3a–e, 56a/b, 269a–i InsO zu einem einheitlichen Insolvenzgerichtsstand für alle insolventen Gesellschaften einer Unternehmensgruppe, zur Bestellung desselben Insolvenzverwalters und zur Verfahrenskoordination bei Konzerninsolvenzen.

104 Vgl. Rn. 544 ff.; ein Beispiel zur analogen Anwendung im Organkreis aufgrund Steuerschuldnerschaft einerseits und als Haftungsschuldner andererseits ist BGHZ 120, 50 = GmbHR 1993, 92.

1846 Abhängige Unternehmen können dafür jedoch nicht etwa über § 302 AktG (analog) für die Schulden eines sie beherrschenden Gesellschafters in Anspruch genommen werden; ebenso scheidet ein Nachteilsausgleich durch die beherrschte Tochtergesellschaft (§ 311 AktG) aus. Ein solcher umgekehrter Haftungsdurchgriff ist mit dem Trennungsprinzip (vgl. § 1 Abs. 1 S. 2 AktG, § 13 Abs. 2 GmbHG) unvereinbar und kollidiert zudem mit den Kapitalerhaltungsvorschriften des AktG bzw. GmbHG, da er die Gesellschaft – und damit mittelbar ihre Gläubiger – mit Verbindlichkeiten belastet, die allein den Gesellschafter etwas angehen (st. Rspr.[105]).

Beispiel: Konzernvorteile der abhängigen Gesellschaft können daher nur über Umlagen abgeschöpft werden. Insb. für Steuerumlagen zum Ausgleich der Steuerschuldnerschaft des Organträgers in Fällen (nur) gewerbe- und umsatzsteuerlicher Organschaft ist dabei dann offen, wie diese zu bemessen sind, wenn der Nachteil „oben“ nicht mit dem Vorteil „unten“ korrespondiert, etwa weil der Organträger seine Steuerpflicht für Gewinne einer Tochtergesellschaft durch Verrechnung mit seinen eigenen Verlustvorträgen oder durch Ausgleich mit Erstattungsbeträgen aus anderen Organgesellschaften reduzieren kann (vgl. dazu einerseits BGHZ 120, 50, 59 und 141, 79: „Verteilungsmethode“, andererseits BGH, GmbHR 2013,318: „stand-alone-Methode“).[106]

1847 **ff) Andere Unternehmensverträge.** Beherrschungs- und Gewinnabführungsverträge (§ 291 AktG) sind Organisationsverträge, weil sie unmittelbar gesellschaftsrechtliche Beziehungen zwischen den Vertragspartnern sowie zwischen der abhängigen Gesellschaft und den außenstehenden Gesellschaftern gestalten. Die anderen, in § 292 AktG genannten Unternehmensverträge haben dagegen (nur) schuldrechtliche Wirkungen, begründen also wechselseitige Rechte und Pflichten der Vertragsparteien. Es sind dies:

- die Gewinngemeinschaft (§ 292 Abs. 1 Nr. 1 AktG),
- der Teilgewinnabführungsvertrag (§ 292 Abs. 1 Nr. 2, Abs. 2 AktG),
- der Betriebspacht- und der Betriebsüberlassungsvertrag (§ 292 Abs. 1 Nr. 3, Abs. 3 AktG).

1848 Hinzu kommt der gesetzlich nicht geregelte **Betriebsführungsvertrag**. Dieser berechtigt und verpflichtet die Betriebsführungsgesellschaft, „die Betriebsführung“ für den eigentlichen Rechtsträger zu übernehmen. Vertragsgegenstand ist die gesamte oder auch nur Teile der Managementleistung, die sonst Aufgabe des Vorstands bzw. der Geschäftsführung ist. Es handelt sich um einen *Geschäftsbesorgungsvertrag*; die Managementgesellschaft wird auf Rechnung und (meist) auch im Namen der geführten Gesellschaft tätig. Darin unterscheidet sich der Betriebsführungsvertrag von der Betriebspacht. Die Betriebspacht ist eine Gebrauchsüberlassung des Betriebes an den Pächter, bei der Betriebsführung kommt die Managementgesellschaft in den Betrieb. Auch das Entgelt fließt daher in die umgekehrte Richtung.

1849 Für diese Unternehmensverträge gelten die §§ 293 ff. AktG über die Begründung, Änderung und Beendigung.

Die **gesellschaftsrechtlichen Rechtsfolgen** der §§ 301 ff. AktG betreffend die Verlustübernahme, Sicherheitsleistung, Ausgleichs- und Abfindungsansprüche sind dagegen nur auf Organisationsverträge, *nicht* aber auf die anderen Unternehmensverträge in

---

105 Vgl. z.B. BGH DStR 1999, 1822, anders noch BGHZ 3, 316 ff.; 10, 205 ff.

106 Ausf. *Oesterwinter*, in: Prinz/Witt, Steuerliche Organschaft, 2. Aufl. 2019), 436, 456 ff. Besteht auch Organschaft gem. § 14 KStG, weil neben dem Beherrschungs- auch ein Gewinnabführungsvertrag besteht, wären Umlagen allerdings bedeutungslos und bloß eine Aufteilung der Gewinnabführung.

§ 292 AktG anzuwenden.[107] Gleiches gilt für die Vorschriften über die Leitungsmacht (Weisungsrechte) in §§ 308–310 AktG. Nimmt das herrschende Unternehmen Einfluss auf das abhängige, handelt es sich um einen faktischen Konzern (vgl. §§ 311 ff. AktG). Soll etwa beim Betriebsführungsvertrag der Betriebsführer das Eigentümerunternehmen von jedem Einfluss auf den Betrieb fernhalten (z.B. eine unwiderrufliche Generalvollmacht erhalten), ist eine solche Vereinbarung als isolierter Betriebsführungsvertrag unzulässig und bedarf zusätzlich des Abschlusses (mit Eintragung im Handelsregister, § 294 AktG) eines Beherrschungsvertrages.

d) GmbH-Konzern

aa) Anwendung des AktG. Die §§ 15 ff. AktG gelten unmittelbar für „Unternehmen". **1850**
Derart verbundene Unternehmen können daher ebenso GmbHs sein wie AGs.

Die §§ 291 ff. AktG enthalten zwar besondere Vorschriften über den Vertragskonzern mit AGs, beziehen sich aber nur auf die Rechtsform der AG als *abhängiges* Unternehmen. Sie gelten also unmittelbar in Bezug auf eine GmbH als herrschendes „Unternehmen".

bb) Die einfach faktisch konzernierte GmbH. Von einem GmbH-Konzern wird **1851**
jedoch gesprochen, wenn das beherrschte Unternehmen eine GmbH ist. GmbH-Konzerne sind zumeist faktische Konzerne. **Anders als bei der AG**, bei der der Vorstand an Weisungen der Aktionäre nicht gebunden ist und nicht gebunden werden kann (vgl. §§ 76 Abs. 1, 23 Abs. 5, 119 Abs. 2 AktG), kann bei der **GmbH als Konzerntochter** eine **Gesellschaftermehrheit** die GmbH **beherrschen**, ohne dass der Abschluss eines Beherrschungsvertrages erforderlich ist. Die Gesellschafterversammlung ist bereits **von Gesetzes wegen oberstes Willensbildungsorgan** der Gesellschaft und **befugt**, dem Geschäftsführer in allen Angelegenheiten **Weisungen zu erteilen** (§§ 46 Nr. 5 und 6, 37 Abs. 1 GmbHG).

Für die GmbH und damit die übrigen Gesellschafter nachteilige **Weisungen der** **1852**
Mehrheitsgesellschafter stellen allerdings bei der GmbH u.U. einen Verstoß gegen die **gesellschaftsrechtliche Treuepflicht** dar. Außerdem dürfen Beschlüsse der Gesellschafterversammlung nur unter Beachtung der **Kapitalbindung** (§§ 30 f. GmbHG) erfolgen. Minderheitsgesellschafter können dadurch gleichwohl geschädigt werden, insb. wenn § 31 GmbHG den Schaden für die GmbH nicht kompensieren kann. Solche Fälle betreffen z.B. eine Betriebsführung, die ganz nach Weisung erfolgt (also ohne isolierbare Nachteilszufügungen aus einzelnen Weisungen)[108], und insges. Schäden außerhalb der bilanziellen Eigenkapitalziffer.

Aufgrund des umfassenden Weisungsrechts der Gesellschafterversammlung gegenüber **1853**
der Geschäftsführung in der GmbH besteht weitgehend Einigkeit, dass die §§ 311 ff. AktG auf die nicht beherrschungsvertraglich gebundene faktisch konzernierte GmbH keine analoge Anwendung finden. §§ 311 ff. AktG gehen vielmehr vom Fehlen eines

---

107 Beachte allerdings die begrenzte Ausnahme in § 302 Abs. 2 AktG für Betriebspacht- und Betriebsüberlassungsverträge i.S.d. § 292 Abs. 1 Nr. 3 AktG bei unangemessener Gegenleistung; die Vorschrift ist nicht auf Betriebsführungsverträge übertragbar (weil dabei die geführte Gesellschaft kein Entgelt vom anderen Vertragsteil enthält).

108 Problematik des sog. qualifiziert faktischen Konzerns, vgl. Rn. 1813 (für AG), 1866 (GmbH).

Weisungsrechts aus und legitimieren den Vorstand der abhängigen AG im Einzelfall, einer Veranlassung durch einen Mehrheitsaktionär überhaupt nachzukommen.

Das Konzernrecht der „einfach faktisch konzernierten GmbH" ist daher (insb.) aus der allgemeinen gesellschaftsrechtlichen Treuepflicht zu entwickeln[109]. Nur in diesem Rahmen ist dem herrschenden Unternehmen als Mitglied der GmbH die Schädigung der beherrschten GmbH untersagt – und auch nur, sofern nicht alle Mitgesellschafter ihre Zustimmung zur Beeinträchtigung des Eigeninteresses der GmbH erteilen (vgl. zur einvernehmlichen Schädigung/Existenzvernichtungshaftung Rn. 1862 ff.) oder der Nachteil in den durch § 30 GmbHG geschützten, dem Einfluss der Gesellschafter entzogenen Vermögensbereich eingreift.

1854 **cc) Der GmbH-Vertragskonzern.** Es verbleibt damit auch in der GmbH ein Bedürfnis, durch einen **Beherrschungsvertrag** ein vertraglich legitimiertes, direktes Weisungsrecht des herrschenden Unternehmens gegenüber den Geschäftsführern der abhängigen GmbH hinsichtlich der Leitung ihrer Gesellschaft begründen zu können. Ein **unternehmensvertragliches Weisungsrecht** ermöglicht dann eine von den Verboten aufgrund der Treuepflicht befreite, wirtschaftlich sinnvolle Konzernierung (z.B. als Voraussetzung steuerlicher Organschaft, § 17 KStG) und legitimiert dabei auch die Erteilung nachteiliger Weisungen (gem. § 308 AktG analog) *ohne Rücksicht auf das Kapitalerhaltungsrecht* (vgl. die **ausdrückliche Bezugnahme in § 30 Abs. 1 S. 2 Alt. 1 GmbHG**). Die abhängige GmbH kann daher mit einem herrschenden Unternehmen einen Beherrschungs- und/oder Gewinnabführungsvertrag (§ 291 AktG) schließen, für den die §§ 293 ff. AktG (neben Vorschriften des GmbHG) weitgehend analog gelten[110]; relevant zudem für die körperschaftsteuerliche Organschaft (§ 14 KStG).

1855 **(1) Besonderheiten im GmbH-Vertragskonzern.** § 293 Abs. 1 AktG verlangt für Unternehmensverträge die Zustimmung der Hauptversammlung der abhängigen Gesellschaft mit satzungsändernder Mehrheit, also mangels eines gesellschaftsvertraglich höheren Quorums von drei Viertel der *anwesenden* Aktienstimmrechte. Vergleichbare Mehrheitserfordernisse sieht § 53 Abs. 2 HS. 2 GmbHG für Satzungsänderungen in der GmbH vor, allerdings nur bezogen auf die *abgegebenen* Stimmen. Unter Hinweis auf § 33 Abs. 1 S. 2 BGB (Änderung des Satzungszwecks nur einstimmig), auf § 53 Abs. 3 GmbHG (jede Einführung einer Nachschusspflicht nur einstimmig) und auf den Grundsatz der Gleichbehandlung aller Gesellschafter verlangt die (noch) h.M. im Fall des **GmbH-Vertragskonzerns** keine Dreiviertel-Mehrheit, sondern **Einstimmigkeit** und beabsichtigt damit den Schutz der max. 25 %-igen Minderheit.

Obwohl §§ 29, 125, 207 UmwG zeigen, dass der Gesetzgeber auch in der GmbH für Strukturänderungen satzungsändernde Mehrheiten vorschreibt und damit an sich keine besseren Argumente für eine strengere Handhabung im Hinblick auf § 293 Abs. 1 AktG bestehen, muss es *für die Praxis* aus Gründen der Rechtssicherheit einstweilen bei dem Einstimmigkeitserfordernis bleiben.

1856 Daran schließt notwendigerweise eine weitere Überlegung zu den **Rechtsfolgen** an. Stimmen alle Minderheitsgesellschafter zu, besteht für deren Schutz durch gesetzliche *Ausgleichs- und Abfindungsansprüche* (vgl. §§ 304 f. AktG) kein Bedarf. Es kann viel-

---

109 BGHZ 65, 15 – „ITT".
110 So BGHZ 105, 324.

mehr allein dem Inhalt des Unternehmensvertrages überlassen bleiben, von welcher Gegenleistung die Minderheit eine Zustimmung abhängig macht. Die h.M. lehnt in Konsequenz daher die analoge Anwendung der §§ 304 f. AktG ab. Auch eine Vertragsprüfung auf die Angemessenheit der Ansprüche entfällt damit.

Sieht man hingegen eine satzungsändernde Mehrheit in der GmbH als ausreichend an, ist die Angabe von Ausgleichs- und Abfindungsansprüchen im Unternehmensvertrag analog §§ 304 f. AktG gerade doch erforderlich und Grundlage einer gerichtlichen Überprüfungsmöglichkeit. Die Kontrolle von Beschlüssen erfolgt bei der GmbH jedoch nicht im Spruchverfahren wie bei der AG, sondern durch Anfechtungsklage nach § 243 AktG. Es ist dem Gericht in diesem Rahmen dann auch verwehrt, Anpassungen an einen angemessenen Ausgleichs- oder Abfindungsbetrag vorzunehmen, wie das im Spruchverfahren erfolgt. Unangemessene vertragliche Ansprüche führen daher bei der GmbH zur Nichtigkeit des Unternehmensvertrages. Ob dieses Risiko durch eine Schiedsgutachterklausel zugunsten der Minderheit vermieden werden kann, wonach zuerst eine schiedsgutachterliche Überprüfung und ggf. Anpassung der Ansprüche erfolgt, und sich die Minderheit darauf nach Treu und Glauben einlassen muss, bevor erst anschließend die Anfechtungsklage offensteht, ist bislang ungeklärt. 1857

Für die – zwischen den Vertragsbeteiligten einvernehmliche – Vertragsaufhebung nach § 296 Abs. 1 AktG (analog) und die ordentliche wie außerordentliche Kündigung nach § 297 Abs. 1 AktG (analog) stellen sich in der beherrschten GmbH ähnliche Fragen wie beim Abschluss. Während die Aufhebung und Kündigung bei einer abhängigen AG lediglich eine Geschäftsführungsmaßnahme ist, wird für die GmbH teils ein Gesellschafterbeschluss in der beherrschten GmbH gefordert[111], wobei die Frage nach der Beschlussmehrheit bzw. Einstimmigkeitserfordernis offen ist. Gibt der Unternehmensvertrag Ausgleichs- oder sind Abfindungsansprüche von der Aufhebung betroffen, bedarf es stets der Zustimmung der Betroffenen (Sonderbeschlüsse gem. §§ 296 Abs. 2 bzw. 297 Abs. 2 jeweils i.V.m. § 293 Abs. 1 S. 2 und 3 AktG analog). 1858

(2) Gläubigerschutz im GmbH-Konzern allgemein. Ohne Beherrschungsvertrag bleibt es für die Grenzen der Einflussnahme auf die Leitung der GmbH grundsätzlich beim – bilanziell organisierten – Kapitalerhaltungsrecht der §§ 30 f. GmbHG, ggf. ergänzt um die gesellschaftsrechtliche Treuepflicht gegenüber Minderheitsgesellschaftern. Soweit diese Grenzen nicht betroffen sind, wird eine (einvernehmliche) Verletzung einer ihrer GmbH gegenüber bestehenden Treuepflicht durch die Gesellschafter verneint (und damit also überhaupt das Bestehen einer solchen Treuepflicht gegenüber der Gesellschaft abgelehnt[112]; lediglich die existenzvernichtende Schädigung löst Haftungsfolgen aus, vgl. Rn. 1862 ff.). 1859

111 BGHZ 190, 45 Rn. 19 = NZG 2011, 902.

112 Der Alleingesellschafter oder bei der mehrgliedrigen GmbH alle einvernehmlich dürfen also die Gesellschaft nach Belieben schädigen, solange sie nur die Grenzen der §§ 30, 31 GmbHG und des existenzvernichtenden Eingriffs beachten. Sie machen sich insoweit weder haftbar noch strafbar; das gilt sogar für einen nur treuhänderisch agierenden (Allein-)Gesellschafter, vgl. LG München II, Urt. v. 26.1.2017 – 3 O 3420/15, ZIP 2017, 1668 = NZG 2017, 505). U.a. dieser Spielraum macht auch die Beliebtheit von **Rechtsformprivatisierungen** im Bereich öffentlicher Aufgabenwahrnehmung aus, weil die jeweilige Rathausmehrheit als „Alleingesellschafter" am öffentlichen Haushaltsrecht vorbei unkontrollierbare (nicht justiziable) Klientelpolitik betreiben kann.

1860 **dd) Konzernhaftungsrecht im qualifiziert faktischen GmbH-Konzern.** Abgelehnt wird damit seit der Trihotel-Entscheidung des BGH[113] insb. eine Haftung aus qualifizierter Konzernherrschaft (analog §§ 302 ff. AktG). Diese Analogie galt bis 2007 für die Haftung des herrschenden Unternehmers im Außenverhältnis in Form einer Durchgriffshaftung direkt gegenüber Gläubigern der GmbH. Sie setzte zum einen die Vernachlässigung der eigenen Belange der abhängigen Gesellschaft und zum anderen eine mangelnde Isolierbarkeit der verursachten Nachteile durch die Einflussnahme von Gesellschaftermehrheiten auf die Geschäfte der GmbH voraus. Maßstab war der Verlust der Funktionsfähigkeit des gesetzlichen Systems des isolierten Einzelausgleichs (vgl. §§ 311, 317 AktG) im faktischen Konzern – dessen Vorschriften auf die GmbH indes gar nicht angewandt werden (es ist GmbH-Gesellschaftern durch § 46 Nrn. 5–7 GmbHG von vornherein erlaubt, in die Geschäftsführung einzugreifen und nicht nur gegen Nachteilsausgleich).

1861 In einem solchen „qualifiziert faktischen" Konzern mit einer GmbH als abhängiger Gesellschaft sollte eine Verlustausgleichspflicht des herrschenden Unternehmens analog § 302 AktG bestehen. Ratio der Analogie zu § 302 AktG wäre, dass eine umfassende Steuerung der Geschäftsführung (nur) im Rahmen eines Beherrschungsvertrags zulässig sein sollte, der dann ebenfalls die entsprechenden Gläubigerschutzvorschriften bewirkt (die Analogie wäre eine Art Umgehungsschutz für die Vorschriften des Vertragskonzerns). Gläubiger der qualifiziert konzernierten Gesellschaft sollten im Falle eines Forderungsausfalls gem. §§ 303, 302 AktG analog sogar direkt auf das Vermögen des herrschenden Unternehmens (also des Mehrheitsgesellschafters) zugreifen können („Durchgriff"). Diese Verlustausgleichspflicht entstand dabei zwar nicht bereits, wenn der Entlastungsbeweis nicht geführt werden konnte, dass die entstandenen Verluste auf Umständen beruhen, die mit der Ausübung der Leitungsmacht nichts zu tun hätten (so aber die noch ältere sog. Konzernzustandshaftung[114]. Ein Durchgriff auf das herrschende Unternehmen scheiterte aber jedenfalls, wenn feststand, dass der pflichtgemäß handelnde Geschäftsführer einer selbstständigen GmbH deren Geschäfte unter den gegebenen Umständen nicht anders geführt hätte[115].

1862 **ee) Existenzvernichtender Eingriff.** Unabhängig von dem Vorliegen einer Konzernkonstellation schützt der BGH nunmehr die Gläubiger der GmbH durch seine Rechtsprechung zum sog. existenzvernichtenden Eingriff[116]. Während die Rechtsgrundlage der Existenzvernichtungshaftung zunächst offen blieb, handelte nach BGH in der „KBV"-Entscheidung derjenige Gesellschafter missbräuchlich, der existenzvernichtend in das Vermögen der GmbH eingreift. Ein solcher Missbrauch der Rechtsform der GmbH sollte entgegen § 13 Abs. 2 GmbHG zur Durchgriffshaftung als Außenhaftung gegenüber Gläubigern entsprechend § 128 HGB führen, war aber mit einer Subsidiaritätsklausel im Verhältnis zu den §§ 30, 31 GmbHG, also einem allfälligen Ersatzanspruch der GmbH, versehen.

1863 Seit der „Trihotel"-Entscheidung" 2007[117] begründet der BGH seine Rechtsprechung zur Existenzvernichtungshaftung nun nicht mehr als eigenständige gesellschaftsrechtliche

113 BGHZ 173, 246.
114 Vgl. BGHZ 115, 187 – „Video".
115 Vgl. BGHZ 122, 123 – „TBB".
116 Vgl. BGHZ 149, 10 – „Bremer Vulkan"; BGHZ 151, 181 – „KBV"; BGHZ 173, 246 – „Trihotel".
117 BGHZ 173, 246.

Haftungsfigur, die an den Missbrauch der Rechtsform anknüpft und zu einer Durchgriffs(außen)haftung des Gesellschafters gegenüber den Gesellschaftsgläubigern führen sollte, sondern als reine **Innenhaftung des Gesellschafters gegenüber der GmbH** auf Schadensersatz gem. § 826 BGB. Es handelt sich damit bei der Existenzvernichtungshaftung nunmehr um eine besondere *Fallgruppe der sittenwidrigen vorsätzlichen Schädigung* der Gesellschaft, die in keiner Konkurrenz zu den Kapitalerhaltungsvorschriften der §§ 30, 31 GmbHG steht.

Voraussetzung der Existenzvernichtungshaftung des Gesellschafters ist ein **missbräuchlicher**, zur **Insolvenz** der GmbH führender (oder diese vertiefender) **kompensationsloser Eingriff** in das zweckgebundene, der vorrangigen Befriedigung der Gesellschaftsgläubiger dienende **Gesellschaftsvermögen**. Ein bloßes Unterlassen einer hinreichenden Kapitalausstattung (entsprechend der anglo-amerikanischen Haftung für „Unterkapitalisierung") steht einem kompensationslosen Eingriff nicht gleich[118]. Bloße unternehmerische Fehlentscheidungen rechnen nicht hierher, sondern allein gezielte, betriebsfremde Eingriffe. **1864**

Ein solcher Eingriff ist sittenwidrig i.S.v. § 826 BGB, wenn es sich um einen *planmäßigen Entzug von Gesellschaftsvermögen* zu Lasten der Gläubiger und zum eigenen Vorteil des Gesellschafters handelt. Als subjektives Tatbestandsmerkmal muss dem Gesellschafter nach § 826 BGB (Eventual-)Vorsatz nachgewiesen werden. Dazu genügt, dass dem handelnden Gesellschafter diejenigen Tatsachen bewusst sind, welche die von ihm selbst oder mit seiner Zustimmung veranlassten Maßnahmen als sittenwidrige Schädigung des Gesellschaftsvermögens erscheinen lassen. Der Anspruch aus § 826 BGB ist (jedenfalls im Fall der Eröffnung eines Insolvenzverfahrens) vom Insolvenzverwalter geltend zu machen (§ 80 Abs. 1 InsO). **1865**

Beispiel: Ausgleichsloser Entzug der überlebensnotwendigen Liquidität, der trotz vollwertigem Rückzahlungsanspruch zur Insolvenz wegen Zahlungsunfähigkeit führt; Entzug des für die Aufrechterhaltung der Wettbewerbsfähigkeit unverzichtbaren Personals samt dessen spezifischen Know-hows mit der Folge, dass die (Konzern-)Tochter ihre Produkte nicht mehr marktadäquat fortentwickeln kann. Auch die systematische Verlagerung von Vermögen einer Betriebs-GmbH auf eine Schwester-/Besitzgesellschaft z.B. bei (horizontaler) **Betriebsaufspaltung** ist ein betriebsfremder Eingriff im Sinne der Existenzvernichtungshaftung. Ob Vermögensverlagerungen dabei etwa im Hinblick auf § 30 GmbHG zulässig sind, ist irrelevant (eine Haftung nach §§ 30, 31 GmbHG besteht ggf. parallel).[119]

Diese Grundsätze gelten auch in der Liquidationsphase einer GmbH, was u.a. einer Verlagerung des Geschäftsbetriebes einer angeschlagenen GmbH „auf kaltem Weg" in eine neugegründete Gesellschaft entgegensteht (zur Abgrenzung solcher „Selbstbedienung"[120]. Es genügt dabei bereits, dass der Vermögensentzug gegen das Sperrjahr nach § 73 Abs. 1 GmbHG verstößt[121] . **1866**

118 BGHZ 176, 204 = NJW 2008, 2437 – „GAMMA".

119 Z.B. durch überhöhte Entgelte für die Nutzungsüberlassung betriebsnotwendigen Vermögens an die Betriebsgesellschaft. Im Insolvenzfall der Betriebsgesellschaft bestehen dann aber zudem Anfechtungsrechte gem. §§ 129 InsO gegen die Besitzgesellschaft. Eine konzernrechtliche Haftung zwischen Besitz- und Betriebsgesellschaft untereinander scheidet regelmäßig aus, weil die dafür erforderliche Leitungsmacht der gemeinsame Anteilseigner, nicht aber die Besitzgesellschaft ausgeübt haben wird (vgl. zur Abhängigkeit § 17 AktG). Es kann aber zu einer **Haftungsgemeinschaft der Schwestergesellschaften** im qualifiziert faktischen Gleichordnungskonzern kommen, vgl. sogleich Fn. 128.

120 Vgl. BGHZ 193, 96 = WM 2012, 1034.

121 Vgl. BGHZ 179, 344 = NJW 2009, 2127 – „Sanitary".

1867 Reaktion des Gesetzgebers auf die Trihotel-Rechtsprechung ist § 64 S. 3 GmbHG mit einer zusätzlichen Haftung der Geschäftsführer (!) für Zahlungen an Gesellschafter, die erkennbar zur Zahlungsunfähigkeit der GmbH führen mussten. Aufgrund des vom Wortlaut der Norm geforderten engen Kausalzusammenhangs zwischen Auszahlung und Eintritt der Zahlungsunfähigkeit bleibt auch § 64 S. 3 GmbHG ein Ausnahmetatbestand für insb. Fälle gezielter Entkernungs- oder Stillegungsstrategien unter Missachtung der gesetzlichen Regeln ordnungsgemäßer Liquidation (klassische *„Ausplünderungsfälle“*).

e) Personengesellschafts-Konzern

1868 **aa)** Zivilrechtlich können alle Rechtsformen von Gesellschaften (als Obergesellschaft) Gesellschafter einer anderen Personengesellschaft (Untergesellschaft) sein. Auch die §§ 15 ff. AktG gelten für alle Unternehmen. Engagiert sich ein Mehrheitsgesellschafter, der auch herrschender Kommanditist sein kann, daneben auch noch anderweitig wirtschaftlich, ist er Unternehmer i.S.d. §§ 15 ff. AktG. Herrschendes Unternehmen kann dabei auch eine Personen(handels)gesellschaft, aber auch eine natürliche Person sein[122]. Es entsteht ein Konzern; beim *Personengesellschafts-Konzern* stellt der Begriff auf die *Rechtsform der abhängigen Gesellschaft* ab.

Beispiel: Wichtiger Anwendungsfall ist die (**vertikale**) **Betriebsaufspaltung**[123], bei der eine (meist) Besitz-Personengesellschaft Mehrheits- oder Alleingesellschafter der Betriebs-Kapitalgesellschaft ist, die aber eben gelegentlich auch in der Rechtsform der GmbH & Co. KG geführt wird (dann sog. **mitunternehmerische Betriebsaufspaltung**)[124]. Auch die **horizontale Betriebsaufspaltung** mit einem dann gemeinsamen „Eigentümer“ als Gesellschafter der Besitz- und der Betriebsgesellschaft, die dann Schwestergesellschaften sind, gehört hierher (sofern es sich um Personengesellschaften handelt).

1869 Allerdings verhindert bei Personengesellschaften das gesetzlich vorgeschriebene Einstimmigkeitsprinzip für die Willensbildung (§ 709 Abs. 1 BGB, §§ 119 Abs. 1, 161 Abs. 2 HG), dass Beschlüsse gegen den Willen einzelner Gesellschafter gefasst werden können. Die Kapital- und Stimmenmehrheit führt daher hier **nicht** zur Abhängigkeit der Gesellschaft (Widerlegung der Vermutung gem. § 17 Abs. 2 AktG).

1870 **bb)** Noch mehr als in der GmbH haben Personengesellschafter aber unabhängig von der konzernrechtlichen Abhängigkeit eine direkte Einflussmöglichkeit auf die Geschäftsführung und sind dabei insb. an eine gesellschaftsrechtliche Treuepflicht gebunden. Verstöße dagegen können die Mitgesellschafter i.S. e. Systems des Einzelausgleichs für Nachteile durch Schadensersatz- und Unterlassungsklagen, ggf. auch mit der außerordentlichen Kündigung bzw. dem Ausschluss verfolgen[125].

---

122 Zur Unternehmensqualität der Privatperson vgl. BGHZ 95, 330, 337; so erstmals BGHZ 69, 334, 337 f – „Veba-Gelsenberg“.

123 Teilweise bestritten, weil Besitzgesellschaft nach den zugrundeliegenden wirtschaftlichen Interessen kein „vollwertiges Unternehmen“ sei.

124 Steuerlich spricht man dabei von einer **doppelstöckigen Personengesellschaft**, wenn eine gewerblich tätige oder geprägte Personengesellschaft (Obergesellschaft) als Gesellschafter an einer (wiederum Personen-) Untergesellschaft beteiligt ist und darüber die Gesellschafter der Obergesellschaft durch eine ununterbrochene Mitunternehmer-Kette mit der Untergesellschaft verbunden sind (§ 15 Abs. 1 S. 1 Nr. 2 S. 2 EStG). Bedeutung hat das für die Erfassung des Sonderbetriebsvermögens und für Sondervergütungen in der Untergesellschaft. Diese Zurechnung kann auch über noch weitere Ebenen erfolgen, sog. Mehrstöckigkeit.

125 Vgl. BGHZ 65, 15 – „ITT“: Schadenersatz, *actio pro socio*.

cc) Wird dagegen die Grenze zum vertragslosen „qualifizierten Konzernverbund" überschritten, ist das herrschende Unternehmen – nach höchst umstrittener Ansicht – zum Verlustausgleich verpflichtet (vergleichbar zu § 302 AktG), soweit nicht der Nachweis pflichtgemäßen Verhaltens geführt werden kann. Eine Haftungserleichterung nach § 708 BGB für eigenübliche Sorgfalt kommt hierbei nicht in Betracht[126]. Allerdings besteht nach h.M. (anders als in § 302 AktG) die Möglichkeit, das herrschende Unternehmen durch Gesellschaftsvertrag oder einstimmigen Beschluss der abhängigen Personengesellschaft von der Verlustausgleichspflicht zu befreien.[127] 1871

Beispiel: Ein qualifizierter (faktischer) Konzernverbund kann etwa durch dauerhafte nachteilige Konzernleitung mit breitflächiger Schädigung der Tochtergesellschaft entstehen, unter Umständen aber bereits auch schon dadurch, dass die Geschäftsführung der abhängigen Gesellschaft nachhaltig unkontrollierbar ausgestaltet ist.

Nach der Entscheidung BAG ZIP 1999, 723 soll im Fall der horizontalen Betriebsaufspaltung aber auch die Besitzgesellschaft für Schulden der Betriebs-Schwestergesellschaft haften, die beide als GmbH & Co. KGs von derselben Verwaltungs-GmbH beherrscht wurden (nur bei vertikaler Aufspaltung und Beherrschung gerade durch die Besitzgesellschaft wäre diese Haftung als Unterordnungskonzern begründbar; ob dann eine Analogie zur Existenzvernichtungshaftung oder zu § 302 AktG zu ziehen wäre, ist ungeklärt). Richtigerweise handelt es sich in diesem Fall um ein Problem der Haftung im Gleichordnungskonzern (vgl. § 18 Abs. 2 AktG: „unter einheitlicher Leitung zusammengefasst").[128]

dd) Für Personengesellschaft als *herrschendes* Unternehmen gelten die §§ 291 ff. AktG grundsätzlich direkt. Unproblematisch ist das für Personengesellschaften oder auch natürliche Personen als herrschendes Unternehmen. Es ist aber ungeklärt, inwieweit Personengesellschaften als *abhängiges* Unternehmen Vertragsbeteiligte eines Vertragskonzerns sein können. Eine Sittenwidrigkeit (§ 138 BGB) des Unternehmensvertrages könnte darin liegen, wenn (trotz Pflicht zur Verlustübernahme entsprechend § 302 AktG) eine natürliche Person nach § 128 HGB unbeschränkt für die Schulden der abhängigen Personengesellschaft haftet und ihr dadurch ein Haftungsrisiko aufgebürdet wird für Schulden, die auf vertraglich eingeräumten Weisungsrechten Dritter beruhen. 1872

Beispiel: Unproblematisch ist deshalb typischerweise nur die GmbH & Co. KG als vertraglich beherrschte Personengesellschaft. Bei ihr kann Vertragspartner des Beherrschungsvertrages auch z.B. die Verwaltungs-GmbH sein. Es haftet keine natürliche Person daneben.

Sowohl für die künftig herrschende Personengesellschaft wie für die beherrschte stellt der Abschluss eines Beherrschungsvertrages ein außergewöhnliches Geschäft dar, das gem. § 116 Abs. 2 HGB eines einstimmigen Gesellschafterbeschlusses bedarf. 1873

6. Gewinn- und Verlustbeteiligung

a) Kapitalgesellschaften

Bei Kapitalgesellschaften stellt das Gewinnbezugsrecht (neben dem Stimmrecht) das wesentliche Mitgliedschaftsrecht der Gesellschafter dar. Es ist Aufgabe der Gesellschaf- 1874

126 Vgl. BGH NJW 1980, 231 – „Gervais-Danone".
127 Vgl. zum Problem z.B. beim Franchising Rn. 441 ff.
128 Für die *einheitliche Leitung* genügt nicht bereits derselbe Komplementär bei zwei Schwester-KGs. Die vertragliche oder qualifiziert faktische Gleichordnung unter einheitlicher Leitung kann dann aber zu einer *Haftungsgemeinschaft* von Schwestergesellschaften führen, vgl. *K. Schmidt*, ZHR 155 (1991), 423 ff.

terversammlung bzw. Hauptversammlung, den Jahresabschluss festzustellen und über die Verwendung des Bilanzgewinns zu beschließen. Gem. § 29 Abs. 1 S. 1 GmbHG haben die Gesellschafter „Anspruch auf den Jahresüberschuß zuzüglich eines Gewinnvortrags und abzüglich eines Verlustvortrags, soweit der sich ergebende Betrag nicht nach Gesetz oder Gesellschaftsvertrag, durch Beschluß nach Absatz 2 oder als zusätzlicher Aufwand auf Grund des Beschlusses über die Verwendung des Ergebnisses von der Verteilung unter die Gesellschafter ausgeschlossen ist". Vergleichbares regelt § 58 Abs. 4 AktG für die AG. Das Gewinnbezugsrecht jedes Anteilsinhabers, bei Aktionären die sog. Dividende, richtet sich also der Höhe nach prozentual nach dem Gewinnverwendungsbeschluss. Bezugsberechtigt ist der Inhaber im Zeitpunkt der Beschlussfassung.

Beispiel: Soweit ein Gewinnverwendungsbeschluss für zurückliegende Perioden noch nicht gefasst war, steht der später entstehende, gegen die Gesellschaft gerichtete Gewinnauszahlungsanspruch für jene Zeit also einem ggf. neuen Gesellschafter nach Anteilsübertragung zu. Von diesem kann der Veräußerer jedoch – sofern für das Gewinnbezugsrecht im Anteilskaufvertrag nichts anderes vereinbart ist – eine Ausgleichszahlung verlangen. Die Höhe dieser Ausgleichszahlung bemisst sich nach dem Gewinnanteil des ausscheidenden Gesellschafters, welcher der Dauer seiner Zugehörigkeit in der Abrechnungsperiode entspricht (§ 101 Nr. 2 HS. 2 BGB).

1875 Neben Bilanzierungsgrundsätzen bei der Aufstellung des Jahresabschlusses sind bei der Gewinnverwendung insb. Regelungen zur Dotierung von Gewinnrücklagen (vgl. § 58 Abs. 1–3 AktG) und Ausschüttungssperren (vgl. § 150 AktG und bei der Unternehmergesellschaft den besonderen Fall des § 5a Abs. 3 GmbHG) zu beachten. Die Ausschüttungsmöglichkeiten bei der GmbH (§ 30 Abs. 1 GmbHG) sind dabei deutlich großzügiger, als obligatorische Rücklagen und weitere satzungsmäßig zu bildende Gewinnrücklagen nicht aus dem Bilanzgewinn der GmbH abzuziehen sind.

1876 Verluste tragen GmbH-Gesellschafter und Aktionäre grundsätzlich nicht. Den Gläubigern haftet nur das Gesellschaftsvermögen (§ 1 Abs. 1 S. 2 AktG, § 13 Abs. 2 GmbHG).

Beispiel: Steuerlich fließen Gewinne von Körperschaften den Anteilseignern erst mit **Ausschüttung** zu und sind bei ihnen – sofern es sich um natürliche Personen handelt – Einkünfte aus Kapitalvermögen (§ 20 Abs. 1 Nr. 1 EStG), sofern die Anteile im Privatvermögen gehalten werden. Werden Anteile im Betriebsvermögen gehalten, sind Ausschüttungen gewerbliche Einkünfte (§§ 15 Abs. 1 Nr. 1, 20 Abs. 8 S. 1 EStG). Ist Anteilseigner ebenfalls eine Körperschaft, ist die Dividende bei ihr steuerfrei (§ 8b Abs. 1 KStG, sog. Schachtelprivileg), sofern die Beteiligung nicht kleiner 10 % des Grund-/Stammkapitals beträgt (§§ 8b Abs. 4 KStG; sonst sog. Streubesitzdividende). Nach § 8b Abs. 3 S. 2 KStG können im Fall des steuerfreien Schachtelprivilegs alle Ausgaben des Betriebs für die Beteiligung dennoch steuermindernd abgezogen werden, allerdings werden gem. § 8b Abs. 5 KStG 5 % der Gewinnausschüttung als nichtabziehbare Betriebsausgaben behandelt und unterliegen damit der Körperschaftsteuer.

1877 Grundsätzlich sehen § 29 Abs. 3 S. 1 GmbHG, § 60 Abs. 1 AktG die Verteilung des Gewinns nach dem Beteiligungsverhältnis vor. Anders als in der AG, bei der gem. § 60 Abs. 3 AktG nur die Satzung eine abweichende Gewinnausschüttung regeln kann, können sich die Gesellschafter einer GmbH im Gesellschaftsvertrag oder auch jederzeit durch Gesellschafterbeschluss für eine zurückliegende und/oder künftige Perioden auf Gewinnausschüttungen verständigen, die von ihren Beteiligungsverhältnissen abweichen (§ 29 Abs. 3 S. 2 GmbHG). Es geht dabei nicht um die Bildung von Rückstellungen, sondern um *disquotale (inkongruente) Gewinnbeteiligungen*. Dies kann bei der GmbH stets unter Zustimmung aller Gesellschafter erfolgen, im Falle einer entsprechenden Öffnungsklausel in der Satzung auch mit Mehrheitsbeschluss. Enthält die Satzung einer AG hingegen lediglich eine Öffnungsklausel für eine von der gesetzlichen Gewinnverteilung abweichende Verteilung, ist diese für die Wirksamkeit einer inkongruenten Gewinnausschüttung nicht ausreichend und ein entsprechender Beschluss der Hauptversammlung wäre wegen Kompetenzüberschreitung nichtig (vgl. § 241 Nr. 3 AktG).

Beispiel: Häufig wird im Zusammenhang mit dem Verkauf von Anteilen an der GmbH vereinbart, dass der verkaufende Gesellschafter am später festzustellenden Gewinn beteiligt werden soll, auch wenn er zu diesem Zeitpunkt nicht mehr Gesellschafter ist. Hintergrund ist, dass Verwendungsbeschlüsse und Ausschüttungen erst nach Feststellung des Jahresabschlusses möglich sind. Soll der Verkäufer von Geschäftsanteilen noch am Gewinn des Verkaufsjahres beteiligt werden, muss er durch den Kaufvertrag dafür Sorge tragen, dass zu seinen Gunsten ein Ausschüttungsbeschluss getroffen wird und zwar von den neuen Gesellschaftern. Auch insoweit liegt eine beteiligungsinkongruente Ausschüttung vor.

Inkongruente Gewinnausschüttungen treten ansonsten regelmäßig bei **verdeckten Gewinnausschüttungen** auf, z.B. als überhöhte oder nachträglich an einen höheren Gewinn angepasste Geschäftsführervergütung eines (mehrheitsbeteiligten) Gesellschafter-Geschäftsführers.[129] Verdeckte Gewinnausschüttungen (vGA) sind gesetzlich nicht definiert, sondern werden von § 8 Abs. 3 S. 2 KStG vorausgesetzt. Sie sind gegeben, wenn (vgl. R 8.5 Abs. 1 S. 1 KStR)

- bei der Kapitalgesellschaft eine Vermögensminderung bzw. verhinderte Vermögensmehrung vorliegt,
- die durch das Gesellschaftsverhältnis veranlasst ist und
- sich auf die Höhe des Unterschiedsbetrags i.S.d. § 4 Abs. 1 S. 1 EStG (des Einkommens) der Kapitalgesellschaft auswirkt und (gleichzeitig)
- in keinem Zusammenhang mit einer offenen Ausschüttung steht (also kein entsprechender Gewinnverwendungsbeschluss gefasst wurde).

b) Personengesellschaften

Trifft der Gesellschaftsvertrag einer OHG keine Regelung über die Gewinn- und Verlustverteilung, greift die gesetzliche Regelung des § 121 Abs. 1 und 2 HGB. Danach gebührt von dem Jahresgewinn jedem Gesellschafter zunächst ein Anteil in Höhe von 4 % p.a. seines Kapitalanteils als (dispositive) gesetzliche Mindestverzinsung des eingelegten oder stehengelassenen Kapitals. Reicht der Jahresgewinn hierzu nicht aus, so bestimmen sich die Anteile nach einem entsprechend niedrigeren Satz. **1878**

Derjenige Teil des Jahresgewinns, der die so berechneten Gewinnanteile übersteigt, sowie der Verlust eines Gesellschafters, wird nach § 121 Abs. 3 HGB unter den Gesellschaftern nach Köpfen verteilt. **1879**

Beispiel: Abweichend von dieser gesetzlichen Regelung können die Gesellschafter eine andere Gewinnverteilung im Gesellschaftsvertrag oder jederzeit einvernehmlich regeln. Dies kann sinnvoll sein, weil sich die Kapitalanteile durch Entnahmen und weitere Einlagen in den variablen Kapitalkonten unterschiedlich entwickeln können (vgl. § 121 Abs. 2 HGB) und die Gesellschafter dann v.a. geleitet vom allgemeinen Marktzins wären. Auch die weitere Verteilung nach Köpfen wird nicht in jedem Fall dem Umfang der Mitarbeit in der Gesellschaft gerecht. So könnten z.B. geschäftsführenden Gesellschaftern höhere Gewinnanteile zugeteilt oder einzelne Gesellschafter gänzlich von der Gewinnverteilung ausgeschlossen werden.

Für die Verlusttragung in der OHG gilt anders als für die Gewinnverteilung gem. § 121 Abs. 3 HS. 2 HGB in voller Höhe eine Verteilung nach Köpfen (dispositiv). Bei der KG **1880**

129 Vergütungen für Fremdkapital einer Körperschaft stellen unter den Voraussetzungen von § 8a Abs. 5 S. 1 i.V.m. Abs. 1 S. 1 Nr. 2 KStG stets eine vGA dar.

greift für die Gewinnverteilung eine der OHG identische (ebenfalls dispositive) Mindestverzinsung (§ 168 Abs. 1 i.V.m. § 121 Abs. 1 und 2 HGB). Überschießende Beträge sind nach § 168 Abs. 2 HGB jedoch nicht nach Köpfen, sondern, soweit nicht ein anderes vereinbart ist, angemessen zu verteilen (angemessen ist hierbei regelmäßig nach Kapitalanteilen). Das gilt auch für die Verlusttragung (vgl. § 168 Abs. 2 HS. 2 HGB, wobei Kommanditisten für Verluste nicht haften). § 167 Abs. 3 HGB schließt dabei nicht ein „negatives Kapitalkonto" eines Kommanditisten aus, sondern bloß dessen Nachschusspflicht bei Liquidation oder seinem Ausscheiden. Soweit §§ 120 Abs. 2, 167 Abs. 2 HGB von Zuschreibungen zum (bzw. Abschreibungen vom) Kapitalkonto sprechen, gehen sie von variablen Konten aus. Dem begegnen Mehrkonten-Modelle mit festem Kapitalkonto und variablem laufenden Konto. Der nicht einem Kapitalkonto zuzuschreibende Gewinnanteil ist auf dem variablen Privatkonto zu verbuchen und steht sofort zur Entnahme zur Verfügung.

Beispiel: Die Gewinnverteilungsabrede ist Gegenstand des Gesellschaftsvertrages zur Verteilung des Handelsbilanzgewinns. Werden daneben an Gesellschafter einer Personengesellschaft noch sog. **Sondervergütungen** gezahlt, zum Beispiel als Darlehensverzinsung, aufgrund eines Beratervertrages oder als Geschäftsführer, sind das zwar handelsrechtlich Betriebsausgaben (sofern nicht bloß als Vorab-Gewinnauszahlung unter späterer Anrechnung auf den Jahresüberschuss gezahlt). Bei der steuerlichen Gewinnermittlung erhöhen Sondervergütungen gem. § 15 Abs. 1 S. 1 Nr. 2 EStG den Gesamtgewinn der Personengesellschaft und sind bei der Verteilung des steuerlichen Gewinns diesem Gesellschafter vorweg wieder zuzurechnen. Erst dann erfolgt die Verteilung nach dem Gewinnverteilungsschlüssel im Gesellschaftsvertrag.

Ist Gesellschafter einer Personengesellschaft eine Kapitalgesellschaft sieht § 8a Abs. 5 S. 1 KStG 2002 betreffend Darlehenszinsen vor, dass die Regelungen zur verdeckten Gewinnausschüttung in Abs. 1 bis 4 entsprechend gelten, wenn das Fremdkapital einer Personengesellschaft überlassen wird, an der die Kapitalgesellschaft alleine oder zusammen mit ihr nahestehenden Personen unmittelbar oder mittelbar zu mehr als einem Viertel beteiligt ist. In diesen Fällen gilt das Fremdkapital steuerlich als der Kapitalgesellschaft überlassen (Abs. 5 S. 2).[130]

Zum Zusammenhang mit § 15a EStG vgl. das Beispiel unter Rn. 1915.

Für die GbR sieht § 722 Abs. 1 BGB grundsätzlich eine Verteilung von Gewinn und Verlust nur nach Köpfen vor, sofern die Gesellschafter keine abweichenden Regelungen getroffen haben.

c) Steuerliche Behandlung inkongruenter Gewinnausschüttungen

1881 Grundsätzlich besteht also die Möglichkeit, dass sich Gesellschafter einer **GmbH** und von **Personengesellschaften** auf Gewinnausschüttungen verständigen, die von ihren Beteiligungsverhältnissen abweichen. Früher wurden diese sog. inkongruenten Gewinnausschüttungen nur ausnahmsweise vom Finanzamt steuerlich anerkannt und setzten „gewichtige wirtschaftliche Gründe" voraus. Seit BMF-Schreiben vom 17.12.2013 Az. IC C 2 – S 2750 – a/11/10001) wird eine von den Beteiligungsverhältnissen abweichende (= inkongruente) Gewinnausschüttung bereits dann akzeptiert, wenn

– im Gesellschaftsvertrag der GmbH die abweichende Gewinnverteilung vereinbart ist und

130 Die Vorschrift ist möglicherweise verfassungswidrig (vgl. BFH, Beschl. v. 18.12.2013 – I B 85/13, BStBl II 2014, 947; dazu Nichtanwendungserlass des BMF v. 13.11.2014, BStBl I 2014, 1516). Der BFH hat die Frage mit Beschl. v. 14.10.2015 – I R 20/15 dem BVerfG zur Entscheidung nach Art. 100 Abs. 1 GG vorgelegt (dort anhängig unter Az. 2 BvL 1/16).

– die Gesellschafter auf der Grundlage einer Vereinbarung im Gesellschaftsvertrag jährlich über die abweichende Gewinnverteilung beschließen können.

Zuletzt hat das FG Köln[131] inkongruente Gewinnausschüttungen aus einer GmbH anerkannt, wenn diese jedenfalls zivilrechtlich wirksam beschlossen worden war. Der Gesellschaftsvertrag der GmbH hatte dabei zwar einen von § 29 Abs. 3 S. 1 GmbHG abweichenden Gewinnverteilungsschlüssel oder eine Öffnungsklausel nicht vorgesehen, der Beschluss über die abweichende Gewinnverteilung war aber unter Zustimmung aller Gesellschafter zustande gekommen. Sollte der BFH (Revision dort anhängig unter VIII R 28/16) die Ansicht des FG Köln bestätigen, könnten Ausschüttungen künftig inkongruent nach der steuerlichen Situation der jeweiligen Gesellschafter vorgenommen werden, insb. im Hinblick auf jeweils vorhandene Verlustvortragspotenziale gem. § 10d EStG. **1882**

Bei **Personengesellschaften** werden steuerlich keine Änderungen für den Gewinnverteilungsschlüssel betreffend ein laufendes oder abgeschlossenes Geschäftsjahr akzeptiert, obwohl eine rückwirkende Änderung zivilrechtlich zulässig wäre. Zudem muss jede Gewinnverteilungsabrede insb. bei Beteiligung nahestehender Personen (Familienangehörigen) oder sonstiger wirtschaftlicher Verflechtungen der Gesellschafter betrieblich veranlasst sein und deshalb unter betrieblichen Gesichtspunkten für alle Gesellschafter zu einem angemessenen Ergebnis führen[132]. Liegt keine Mitunternehmerschaft, sondern eine stille Beteiligung vor, muss die Gewinnbeteiligung ebenfalls wirtschaftlich angemessen sein, um steuerlich anerkannt zu werden[133]. **1883**

II. Außenrecht der Gesellschaften

Das Außenverhältnis regelt die Beziehungen der Gesellschaft zu gesellschaftsfremden Dritten (Geschäftspartnern). Hier gelten in erster Linie zwingende gesetzliche Vorschriften, der Gesellschaftsvertrag enthält nur subsidiäre Regelungen. Im Außenverhältnis entsteht die Gesellschaft nicht bereits mit der Errichtung des Gesellschaftsvertrags, sondern erst mit Eintragung in das Handelsregister, ausnahmsweise schon vorher durch Aufnahme des Geschäftsbetriebs (§ 123 Abs. 2 HGB; OHG). Die Unterteilung der Wirksamkeit der Gesellschaft im Innen- und Außenverhältnis ist bedeutsam im Hinblick auf den Verkehrsschutz. Erst wenn die Gesellschaft nach außen wirksam geworden ist, gilt das Gesellschaftsrecht im Hinblick auf Vertretung und Haftung in vollem Umfang. Insb. die gesetzlichen Haftungs- und Vertretungsregelungen sind im Interesse der Rechtssicherheit zwingend. **1884**

1. Vertretung

Von der Geschäftsführungsbefugnis ist die organschaftliche Vertretungsmacht zu unterscheiden.[134] Damit ist die Möglichkeit bezeichnet, die Gesellschaft (nicht: die Gesellschafter) im Außenverhältnis rechtlich wirksam zu verpflichten oder Rechte für sie zu **1885**

131 Urt. v. 14.9.2016 – 9 K 1560/14 = EFG 2016, 1875.
132 BFHE 162, 401 = BStBl II 1991, 172.
133 Für die typische stille Beteiligung BFHE 254, 127 = ZIP 2017, 16; für die atypisch stille Beteiligung BFHE 250, 121= BStBl II 2015, 935.
134 Zur Vertretungsmacht und ihren Beschränkungen s. Rn. 33–42.

erwerben (vgl. § 164 Abs. 1 BGB). Während daher die **Vertretungsmacht das rechtliche Können** (Wirksamkeit im Außenverhältnis) umschreibt, ist mit der **Geschäftsführungsbefugnis das rechtliche Dürfen (im Innenverhältnis)** geregelt.

Regelmäßig ist die für die rechtsgeschäftliche Tätigkeit nach außen (z.B. den Abschluss von Verträgen für die Gesellschaft mit Dritten) erforderliche organschaftliche Vertretungsmacht an die Geschäftsführungsbefugnis geknüpft (vgl. § 715 BGB).[135]

So führt die Befugnis zur Geschäftsführung in der GbR nach § 714 BGB im Zweifel auch zu einer entsprechenden Vertretungsmacht (für die GbR). Der Wortlaut von § 714 BGB („die Gesellschaft*er* zu vertreten") ist irreführend und nur historisch begründet.[136]

1886 Ist im Gesellschaftsvertrag keine nähere Bestimmung getroffen, so müssen entsprechend der Gesamtgeschäftsführungsregel in § 709 Abs. 1 BGB auch alle Gesellschafter zusammen auftreten, wenn sie mit Dritten rechtsgeschäftlich verkehren wollen (Grundsatz der Gesamtvertretung). Ist andererseits durch Gesellschaftsvertrag einem einzelnen Gesellschafter die Geschäftsführungsbefugnis übertragen, so ist damit regelmäßig auch die Möglichkeit eingeräumt, gesellschaftsbezogene Geschäfte mit Dritten allein vorzunehmen (Einzelvertretung).

1887 Die **Vertretungsmacht in der GbR** reicht nach § 714 BGB *„im Zweifel nicht weiter als die Befugnis zur Geschäftsführung"*, also bei Gesamtgeschäftsführungsbefugnis mehrerer besteht danach für diese auch nur Gesamtvertretung. Obwohl solche nach außen nicht erkennbar sind, gilt diese **Beschränkung** aber auch im Hinblick auf *alle gegenständlichen Beschränkungen* der Geschäftsführungsbefugnis sowie natürlich auf den Gesellschaftszweck.

1888 Für die **OHG** bestimmt § 125 Abs. 1 bis 3 HGB für jeden Gesellschafter, der nicht durch Gesellschaftsvertrag von der Vertretung ausgeschlossen oder als Gesamtvertreter an eine andere Person gebunden ist, Einzelvertretungsmacht. Gesamtvertretung kann im Gesellschaftsvertrag allen oder mehreren Gesellschaftern gemeinsam auferlegt werden (echte Gesamtvertretung, § 125 Abs. 2 HGB) oder einem Gesellschafter nur zusammen mit einem Prokuristen (unechte oder gemischte Gesamtvertretung, § 125 Abs. 3 HGB). Ist aber nur ein vertretungsberechtigter Gesellschafter vorhanden (also z.B. der vorletzte Gesamtvertreter aus der Gesellschaft ausgeschieden), kann er nicht an einen Prokuristen gebunden werden (**Grundsatz der Selbstorganschaft bei Personengesellschaften**). Identisches gilt für die Komplementäre einer KG (über § 161 Abs. 2 HGB).

Beispiel (WP-Examen 2019/II): Vertretungsverhältnisse der Gesellschaft sind gem. § 106 Abs. 2 Nr. 4 HGB im Handelsregister einzutragen und damit „eintragungspflichtige Tatsachen" im Sinne der Publizitätsvorschrift des § 15 HGB. Eine von der Grundregel des § 125 Abs. 1 HGB abweichende Vertretungsregelung kann Dritten daher nach Maßgabe des § 15 Abs. 1 HGB nicht entgegengehalten werden, wenn der entsprechende Eintrag im Handelsregister nicht erfolgt ist.

---

135 Ausnahmen bestehen insbes. für den Abschluss von Verträgen mit Organmitgliedern selbst.

136 Historisch betrachte das BGB die GbR als ein auf vertraglicher Grundlage beruhendes Schuldverhältnis der Gesellschafter, denen als organisatorisches Element das Gesellschaftsvermögen zur gesamten Hand zustehe (Gesamthandsvermögen bloß als Objekt). Dementsprechend sah man in den für die GbR tätigen Geschäftsführern die Vertreter aller Gesellschafter und ordnete diesen das Gesellschaftsvermögen als gemeinschaftliches Vermögen zu. Es hafteten folglich (nur) die Gesellschafter und zwar mit dem organisatorisch gebundenen Gesamthandsvermögen wie mit ihrem gesellschaftsfreien Privatvermögen (sog. Haftungsschatten).

Anders als bei der GbR (§ 714 BGB) haben **Beschränkungen** der Geschäftsführungsbefugnis z.B. nach § 115 Abs. 2 HGB für die Reichweite der Vertretungsmacht im Außenverhältnis keine Bedeutung. *Gegenständliche oder zeitliche Eingrenzungen* und andere Einschränkungen der ausgesprochen weitreichenden Vertretungsmacht, die § 126 Abs. 1 HGB jedem Gesellschafter einräumt, sind *Dritten gegenüber unwirksam* (§ 126 Abs. 2 HGB). **1889**

Eine nach § 125 Abs. 2, 3 HGB angeordnete Gesamtvertretung ist davon natürlich nicht betroffen, sie ist keine Frage des Umfangs der Vertretungsmacht.

Beispiel: Bei Regelungen zur sog. unechten Gesamtvertretung ist immer der Grundsatz der Selbstorganschaft zu beachten. Danach ist eine Gestaltung unzulässig, in der eine Vertretung nur unter Mitwirkung eines Nichtgesellschafters möglich ist. Dies wäre z.B. der Fall, wenn alle vertretungsberechtigten Gesellschafter an die Mitwirkung eines Prokuristen gebunden werden. Ordnet der Gesellschaftsvertrag (echte) Gesamtvertretung durch zwei Geschäftsführer an und ist das im Handelsregister ordnungsgemäß eingetragen, hat die Gesellschaft dann aber nur einen vertretungsberechtigten Gesellschafter, so gilt für diesen aufgrund des Prinzips der Selbstorganschaft dennoch Einzelvertretungsmacht. Hierauf kann sich ein Gläubiger unabhängig von § 15 HGB berufen.[137]

Zur Vertretung einer **KG** sind die *Kommanditisten* nach § 170 HGB nicht ermächtigt; auch dann nicht, wenn sie gem. §§ 164 mit 163, 114, 115 HGB durch besondere Regelung des Gesellschaftsvertrages *geschäftsführungsbefugt sind.* Das Vertretungsverbot bezieht sich aber nur auf die *organschaftliche* Stellung der Kommanditisten und kann insoweit auch im Gesellschaftsvertrag nicht abweichend vereinbart werden (§ 161 Abs. 2, § 126 Abs. 2 HGB). Einem Kommanditisten kann aber *rechtsgeschäftliche* Vertretungsmacht, also Prokura oder Handlungsvollmacht, erteilt werden. Ist eine solche Vertretungsmacht im Gesellschaftsvertrag vorgesehen, so kann sie dem betreffenden Kommanditisten nur aus wichtigem Grund entzogen werden. **1890**

Auch für die Stellvertretung der **AG** und **GmbH** gilt, dass sie nicht den Gesellschaftern selbst oder ihrer Versammlung obliegt, sondern dem Vorstand (§ 78 AktG) bzw. den Geschäftsführern (§ 35 GmbHG), also an die Geschäftsführung gekoppelt ist. Die Vertretungsmacht als solche ist für den Vorstand und den Geschäftsführer unbeschränkt und nicht – mit Wirkung im Außenverhältnis[138] – einschränkbar (§ 82 Abs. 1 AktG, § 37 Abs. 2 GmbHG). Bei mehreren bestellten Organmitgliedern ist gesetzlich Gesamtvertretung aller angeordnet (§ 78 Abs. 2 AktG, § 35 Abs. 2 GmbHG). Die Satzung kann aber Alleinvertretungsmacht jedes einzelnen Geschäftsführungsmitgliedes oder Gesamtvertretung von z.B. zwei Organmitgliedern eines mehrköpfigen Gremiums vorsehen. **1891**

Gesamtvertretung betrifft dabei stets nur die sog. **Aktivvertretung** (Abgabe einer Willenserklärung), aber nie die **passive Vertretung der Gesellschaft** beim Empfang von Willenserklärungen. Hier gilt zwingend immer Einzelvertretung. Jede Erklärung braucht immer nur *einem Gesamtvertreter* zuzugehen (§ 125 Abs. 2 S. 3 HGB; § 78 Abs. 2 S. 2 AktG, § 35 Abs. 2 S. 2 GmbHG). **1892**

---

137 Vgl. zur sog. „Rosinentheorie" Rn. 41 und dort auch Fn. 28.

138 Wohl aber im Innenverhältnis; missachtet der GmbH-Geschäftsführer eine solche Beschränkung seiner Vertretungsmacht, ist das Rechtsgeschäft zwar *wirksam* geschlossen (also kein Fall der §§ 177, 179 BGB), er macht sich aber gegenüber seiner Gesellschaft *schadensersatzpflichtig* (vgl. § 82 Abs. 2 AktG, § 37 Abs. 1 GmbHG i.V.m. § 280 Abs. 1 BGB).

2. Haftung der Gesellschaft

1893 Wird die Gesellschaft, Kapital- wie Personengesellschaft, wirksam vertreten, so werden dadurch für sie Rechte und Verbindlichkeiten begründet: die Gesellschaft haftet. Neben solcher rechtsgeschäftlichen Haftung können Haftungstatbestände der verschuldensunabhängigen Delikte (unerlaubte Handlungen), z.B. nach Produkthaftungsgesetz durch die Gesellschaft verwirklicht sein. Zu beachten sind außerdem Haftungen nach Spezialgesetzen (UWG, GWG, Kapitalmarktrecht etc.) sowie schließlich die *Haftung nach § 31 BGB* für Schäden, welche eines ihrer Organmitglieder (insbes. also ein Geschäftsführer) „durch eine in Ausführung der ihm zustehenden Verrichtungen begangene, zum Schadensersatz verpflichtende Handlung einem Dritten zufügt". Von der Haftung nach § 31 BGB umfasst sind insbes. Organverschulden (vom Geschäftsführer verwirklichte unerlaubte Handlung, § 823 Abs. 1 BGB), wodurch kompensiert wird, dass die Gesellschaft selbst nicht schuldhaft handeln kann. Da eine Verschuldenszurechnung nur nach §§ 276, 278 BGB existiert (für Erfüllungsgehilfen, was wiederum eine – meist schuldrechtliche – Verpflichtung gegenüber dem Dritten tatbestandlich voraussetzt), haftete die Gesellschaft ohne § 31 BGB deliktisch nur nach § 831 BGB und hätte stets den Exkulpationsbeweis (§ 831 Abs. 1 S. 2 BGB) für sorgfältige Auswahl und Überwachung des Verrichtungsgehilfen.

1894 Haftung setzt also Rechtsfähigkeit voraus. Diese wird seit BGHZ 142, 315 = NJW 1999, 3483; ausdrücklich in BGHZ 146, 341 = NJW 2001, 1056 auch der GbR, soweit diese Außengesellschaft, insb. also unternehmenstragende GbR ist, zuerkannt. Sobald eine GbR gegenüber Dritten im Rechtsverkehr als solche auftritt, spricht man von einer Außen-GbR (im Gegensatz zur Innen-GbR). Jede werbende GbR ist daher eine Außen-GbR. (**Zur Wiederholung:** Das Unternehmen als Inbegriff von Sachen und Rechten ist als solches kein Rechtssubjekt; Das unternehmerisch eingesetzte Vermögen wird bei allen Unternehmensarten dem sog. Vermögensträger oder Unternehmensträger zugeordnet; Unternehmensträger ist die natürliche oder juristische Person oder die rechtsfähige Personengesellschaft, welche das Unternehmen betreibt; der Unternehmensträger ist als Unternehmer (auch i.S.v. § 14 BGB) anzusehen.)

a) Kapitalgesellschaften

1895 Für die Kapitalgesellschaften, die wegen ihrer förmlichen Ausgestaltung als juristische Person Rechtsfähigkeit besitzen, ist die Haftungsfrage leicht beantwortet. So ist für die AG und die GmbH klar bestimmt, dass sie selbst Träger von Rechten und Pflichten sind. Das bedeutet, dass nicht die Aktionäre oder die GmbH-Gesellschafter als Inhaber des Gesellschaftsvermögens oder Schuldner der Gesellschaftsverbindlichkeiten anzusehen sind, sondern die Gesellschaft selbst.

1896 Die den juristischen Personen verliehene Rechtsfähigkeit bedeutet im Einzelnen, dass aufgrund des sog. **Trennungsprinzips** ihr Vermögen verselbstständigt, an den gemeinsamen Zweck der juristischen Person gebunden und vom Privatvermögen des Anteilseigners, des Mitglieds der juristischen Person, zu trennen ist. Dieser Unterschied zeigt sich auch bei den Verbindlichkeiten der juristischen Person: Schulden der AG oder GmbH sind nicht Schulden des einzelnen Aktionärs oder GmbH-Gesellschafters. Die Gläubiger der Kapitalgesellschaft können sich daher nur an die juristische Person als solche halten. Als Korrektiv für die Haftungsbeschränkung auf das Vermögen allein der juristischen Person müssen AG und GmbH (Kapitalgesellschaften) als kapitalistische

Handelsgesellschaften eine Kapitalbasis aufbringen, für die die Rechtsordnung bestimmte Regeln konstituiert.

Eine Haftung der Gesellschafter/Aktionäre für die Schulden der Kapitalgesellschaft gibt es grundsätzlich nicht. Die Gesellschafter solcher Organisationen haften daneben grundsätzlich nur dann, wenn sie sich *eigenständig verpflichtet* haben, so beispielsweise durch Übernahme einer Bürgschaft oder einer ähnlichen Haftung für eine Gesellschaftsschuld, wie sie freilich im Geschäftsleben von Kreditgebern kleinerer GmbH immer wieder verlangt werden. **1897**

Nur in bestimmten Ausnahmefällen kann es zu einer sog. *Durchgriffshaftung* des Gesellschafters kommen.

b) Personengesellschaften

Während die Zurechnung des Vermögens einer natürlichen und einer juristischen Person (AG, GmbH) wenig Schwierigkeiten bereitet, ist die Rechtslage bei den gesamthänderisch verfassten Personengesellschaften wesentlich differenzierender und schwieriger ausgestaltet. **1898**

Bei den Personenhandelsgesellschaften sind diese selbst Unternehmensträger. Für die OHG ist dies in § 124 HGB bestimmt, für die KG gilt dies über § 161 Abs. 2 HGB, ebenso bei der Partnerschaftsgesellschaft nach § 7 Abs. 2 PartGG.

Bei der GbR kann zwar im Regelfall ebenfalls davon ausgegangen werden, dass sie selbst Unternehmensträger ist. Mangels gesetzlicher Regelung bedarf die Eigenschaft der **GbR als Haftungssubjekt** einer Begründung: **1899**

Auch die Personengesellschaften werden von der Zivilrechtsordnung in gewissem Umfang als verselbstständigte Einheiten anerkannt, so dass es z.B. auch zwischen dem Gesellschafter und der Personengesellschaft zu Rechtsbeziehungen wie zwischen fremden Dritten kommen kann.[139] Der Grad der Verselbstständigung ist dabei beschränkt auf die Gesamthandsgemeinschaft – gegenüber dem Vermögen der Gesellschafter. Auf dem Gesamthandsprinzip aller Personen(handels)gesellschaften beruhen die §§ 718, 719 BGB, und es gilt über §§ 105 Abs. 3, 161 Abs. 2 HGB auch für die OHG und die KG. **1900**

aa) Gesamthandsprinzip. Entgegen der dem BGB historisch zugrundeliegenden Auffassung führt das Gesamthandsprinzip jedoch nicht zu einem Sondervermögen, dessen Zuordnungssubjekte die Personengesellschafter in ihrer gesamthänderischen Verbundenheit (Gesamthandsvermögen als Objekt), sondern zur **Gesamthand als Rechtssubjekt**, als Personengemeinschaft und damit auch als Trägerin der gesamthänderischen Aktiva und Passiva. **1901**

bb) § 124 HGB als gesetzliche Regelung. Da auch die GbR als Rechtssubjekt anzusehen ist, unterliegt sie aufgrund ihrer (Teil-)Rechtsfähigkeit den Regeln des § 124 HGB analog. Daher kann die GbR z.B. Eigentum an beweglichen und unbeweglichen Sachen erwerben, Schuldverträge abschließen und die daraus resultierenden Gläubigerrechte als Gesamthandsforderungen begründen. Die GbR ist grundbuchfähig (vgl. § 899a BGB), **1902**

139 Steuerlich werden Leistungsbeziehungen eines Gesellschafters zu seiner OHG, KG, GbR oder PartG jedoch nicht anerkannt, sondern führen zu sog. **Sonderbetriebseinnahmen** (§ 15 Abs. 1 S. 1 Nr. 2 S. 1 HS. 2 EStG).

kann Bankkonten eröffnen, als Vermieterin auftreten, Dienstverträge abschließen und die Stellung eines Arbeitgebers erlangen. In allen Fällen gehören die aus diesen Rechtsverhältnissen resultierenden Rechte nach § 718 Abs. 1 BGB zum Gesamthandsvermögen. Das gilt auch für die Begründung von Gesamthandsverbindlichkeiten. Auch sie unterliegen keinen rechtlichen Beschränkungen.[140] Gesamthandsvermögen, Aktiva wie Passiva, steht synonym für das verselbstständigte Gesellschaftsvermögen der GbR.

1903 **cc) Akzessorische Haftung der Gesellschafter von Personengesellschaften.** Allerdings haftet bei den Personengesellschaften der Gesellschafter für die Verbindlichkeiten der Gesellschaft zugleich auch noch persönlich (§ 128 HGB); ausgenommen sind lediglich Kommanditisten einer KG, welche stets nur begrenzt auf den Betrag ihrer Hafteinlage haften (§§ 171 ff. HGB – besser: Kommanditisten haften – außerhalb von § 176 HGB – gar nicht für Gesellschaftsverbindlichkeiten, sondern nur für die Erbringung ihrer Einlage). Im Gegensatz zu den Kapitalgesellschaften, bei denen durch Kapitalaufbringungs- und Kapitalerhaltungsregeln für eine hinreichende bzw. jedenfalls eine formalisierte Haftungsbasis für die Gesellschaftsgläubiger gesorgt ist, steht die Höhe der Vermögensausstattung der OHG im Belieben der Gesellschafter. Dieser Nachteil verminderter Kreditwürdigkeit der Personenhandelsgesellschaften wird durch die parallel bestehende uneingeschränkte persönliche Haftung der Gesellschafter kompensiert (§ 128 HGB).

1904 Die akzessorische Gesellschafterhaftung nach § 128 HGB erstreckt sich grundsätzlich auf alle Gesellschaftsverbindlichkeiten, unabhängig von deren Rechtsgrund (*nicht aber auf Sozialverpflichtungen*, also z.B. nicht auf den Aufwendungsersatzanspruch eines Mitgesellschafters nach § 110 HGB).

1905 Gleiches gilt in *analoger* Anwendung des § 128 BGB auch für die **Gesellschafter der GbR** (BGH, Urt. v. 27.9.1999, BGHZ 142, 315). Die GbR-Gesellschafter wie alle anderen Personengesellschafter haben deshalb neben rechtsgeschäftlichen Verbindlichkeiten auch für Ansprüche gegen die Gesellschaft aus § 311 Abs. 2 und 3 BGB (früher: c.i.c.), aus ungerechtfertigter Bereicherung und aus Produkt- oder Gefährdungshaftung einzustehen. Das gilt bereits aufgrund dieser zivilrechtlichen Regelung auch für Steuerschulden der OHG, KG oder GbR, ohne dass es hierzu auf eine besondere steuerrechtliche Haftungserstreckung (z.B. §§ 34, 69 AO) ankommt.

1906 Ob auch eine deliktische Haftung nach §§ 823 ff. BGB bestehen kann, ist in der GbR umstritten: Da die Gesellschaft selbst kein (verschuldensabhängiges) Delikt begehen kann, wäre für den Anspruch gegen die Gesellschaft nur § 31 BGB als Zurechnungsnorm einschlägig; diese gilt aber ausdrücklich nur für Vereine (Körperschaften). Eine Analogie zu § 31 BGB wird zwar im Recht der OHG/KG weithin bejaht (umstritten), im Recht der GbR eher weniger. Lehnt man die analoge Anwendung von § 31 BGB auf die GbR ab, kann keine deliktische Haftung der GbR entstehen und also auch nicht der Gesellschafter nach § 128 HGB (wohl aber eigenes Delikt durch einen Gesellschafter möglich).

---

140 Das rechtsgeschäftliche Handeln für die GbR sollte historisch grundsätzlich die gesamtschuldnerische Haftung *der Gesellschafter* („in ihrer gesamthänderischen Verbundenheit") nach §§ 421, 427 BGB begründen, und zwar sowohl mit ihrem Privatvermögen als auch mit dem Gesellschaftsvermögen. Ansprüche der Gläubiger gegen die GbR waren daher gegen die Gesellschafter als Beklagte einzuklagen mit der Vollstreckungsmöglichkeit nach § 736 ZPO. Heute wird zwingend *die GbR* (und ggf. zusätzlich die/ein Gesellschafter im Hinblick auf den Zugriff auf das Privatvermögen) *verklagt*.

Diese Haftung gem. § 128 HGB kann durch Vereinbarung der Gesellschafter *untereinander* nicht abbedungen werden (§ 128 S. 2 HGB).[141] Sie kann nur im Einzelfall durch individuelle Vereinbarung mit dem Gläubiger beseitigt werden. Zu beachten ist, dass die Gesellschafterhaftung nach § 128 HGB akzessorisch ist und sich folglich mit der jeweiligen Gesellschaftsschuld inhaltlich regelmäßig deckt. Entsprechendes gilt für die KG, soweit persönlich haftende Gesellschafter (Komplementäre) in Frage stehen. **1907**

Für die **Partnerschaftsgesellschaft** gelten ergänzend die Regelungen in §§ 7 f. PartGG. Darin ist insoweit einschränkend eine Haftungsbeschränkung für berufliche Fehler gem. § 8 PartGG auf die bearbeitenden Partner vorgesehen. **1908**

Zu beachten ist, dass es zwischen Gesellschaft und Gesellschaftern im Hinblick auf die Akzessorietät der Haftung an einem Gesamtschuldverhältnis fehlt und damit die Bestimmungen der §§ 422–425 BGB nicht anwendbar sind. Gesellschaft und Gesellschafter haften „wie" Gesamtschuldner und nicht „als" Gesamtschuldner, wobei die Haftung ähnlich ausgestaltet ist wie zwischen Bürgen und Hauptschuldner. **1909**

Wird ein Gesellschafter durch einen Gläubiger der Gesellschaft aus § 128 HGB (bzw. analog bei der GbR) persönlich in Anspruch genommen, hat er *gegen die Gesellschaft* einen **Rückgriffsanspruch** aus §§ 713, 670 BGB (GbR) bzw. § 110 HGB (OHG), da die Zahlung an den Gläubiger im Verhältnis zur Gesellschaft eine erstattungsfähige Aufwendung darstellt **(Haftungsregress)**. Für diesen Aufwendungsersatzanspruch haften die *Mitgesellschafter* dann allerdings nicht wiederum nach § 128 HGB (bzw. analog) persönlich, weil er eine Sozialverbindlichkeit der Gesellschaft ist. Für Sozialverbindlichkeiten haften die Mitgesellschafter nicht persönlich. Allerdings hat der betroffene Gesellschafter aber einen Anspruch gem. § 426 Abs. 1 BGB **(Gesamtschuldnerausgleich)**.[142] **1910**

Für die Haftung der (Mit-)Gesellschafter gegenüber einem **Gesellschafter-Gläubiger** (also für Ansprüche eines Mitgesellschafters gegenüber der Gesellschaft) ist von vornherein zwischen Sozial- und Drittverpflichtungen der Gesellschaft zu differenzieren: *Für Sozialverpflichtungen* haften die Mitgesellschafter grundsätzlich nicht nach § 128 HGB (bzw. analog bei der GbR) persönlich gegenüber dem Gesellschafter-Gläubiger, da sie dies im Ergebnis zu einem Nachschuss verpflichten würde, was dem Grundgedanken des § 707 BGB widerspricht. Hingegen haften die Mitgesellschafter dem Gesellschafter-Gläubiger für *Drittverbindlichkeit* (i.e. solche aus einem nicht-gesellschaftsrechtlichen Schuldgrund) nach h.M. analog § 128 HGB persönlich als Gesamtschuldner. An seine Mitgesellschafter kann sich der Gesellschafter-Gläubiger aber trotz der Drittverbindlichkeit wegen der zwischen den Gesellschaftern bestehenden Treuepflichten allerdings nur wenden, sofern der Rückgriff bei der Gesellschaft misslingt; weiterhin muss er von der Forderung seinen eigenen Verlustanteil abziehen. **1911**

---

141 Für eine *„GbRmbH"* wie sie früher (seit BGHZ 74, 240) nach der sog. Doppelverpflichtungstheorie möglich war, fehlt damit die dogmatische Grundlage. Eine Ausnahme soll aber für Bauherrenmodelle und geschlossene Immobilienfonds (Kapitalanlagegesellschaften) in der Rechtsform der GbR gelten, vgl. BGH, Urt. v. 21.1.2002, NJW 2002, 1642.

142 Das ist auch wirtschaftlich einzusehen, weil der Gesellschafter nicht über Gebühr belastet werden soll und der Gläubiger ebensogut jeden anderen Gesellschafter hätte in Anspruch nehmen können. Das Verhältnis von Gesellschaftern untereinander ist ein Gesamtschuldverhältnis.

1912 **Es ergibt sich folgendes Prüfungsschema für eine Gesellschafterhaftung:**
- **Haftung der Gesellschaft**: Dabei sind (ggf.) zu erörtern: Rechtsfähigkeit der Gesellschaft, wirksame Vertretung der Gesellschaft, Zurechnung von Handeln und Verschulden ihrer Gesellschafter analog § 31 BGB bzw. ihrer Erfüllungsgehilfen gem. § 278 BGB.
- **Haftung der Gesellschafter**: Anwendung der §§ 128–130 HGB (für GbR ggf. analog). Ist der Gläubiger ein Gesellschafter, sind die dann geltenden Besonderheiten (Differenzierung zwischen Sozial- und Drittverpflichtungen, bei Letzteren vorrangige Inanspruchnahme der Gesellschaft und Abzug des eigenen Verlustanteils) zu beachten. Untereinander sind die haftenden Gesellschafter Gesamtschuldner (§§ 421 ff. BGB); zur Haftung der Gesellschaft besteht ein Akzessorietätsverhältnis.

Beispiel: Zu beachten ist dabei **§ 93 InsO**. Die Vorschrift räumt dem Insolvenzverwalter bei Insolvenz einer Personengesellschaft oder einer KGaA die ausschließliche Befugnis ein, diese persönliche Haftung der Gesellschafter (gerichtlich) geltend zu machen und zur Masse zu ziehen. Zwar haben alle Gläubiger eigentlich immer noch die Ansprüche aus der persönlichen Haftung der OHG-Gesellschafter aus § 128 HGB, der Komplementäre einer KG aus §§ 161 Abs. 2, 128 HGB, der GbR-Gesellschafter aus § 128 HGB analog, der Partner einer PartG aus § 8 Abs. 1 S. 1 PartGG und der Komplementäre der KGaA aus § 278 Abs. 1 AktG. Allerdings müsste das in der Insolvenz zu einem Wettlauf der Gläubiger führen, der einer Gläubigergleichbehandlung (§ 1 S. 1 InsO) zuwiderliefe.

1913 **dd) Haftung der Kommanditisten.** Den KG-Gläubigern haftet die KG mit ihrem Gesellschaftsvermögen (§§ 124, 161 Abs. 2 HGB) sowie der Komplementär persönlich und unbeschränkt mit seinem Vermögen (§§ 128, 161 Abs. 2 HGB). Kommanditisten sind dagegen von einer Außenhaftung frei, wenn – kumulativ – sie (1) als solche im Handelsregister eingetragen sind, (2) ihre Kommanditeinlage vollständig und wirksam erbracht haben und (3) ihnen die Kommanditeinlage auch nicht zurückgezahlt wurde.

1914 Vor Eintragung der Haftungsbeschränkung haftet ein Kommanditist nach § 176 Abs. 1 S. 1 HGB persönlich und unbeschränkt; anders nur, wenn dem Gläubiger positiv bekannt war, dass der konkrete Gesellschafter ein Kommanditist ist und ein Fall nach §§ 161 Abs. 2, 123 Abs. 2 HS. 1 HGB gegeben ist, also die Geschäftsaufnahme vor Eintragung ein vollkaufmännisches Handelsgewerbe darstellt (sonst keine KG, sondern GbR mit allseits unbeschränkter persönlicher Haftung).

Beispiel: Das gilt auch im Fall einer GmbH & Co. KG i.Gr., bei der zwar die Kommanditistenstellung der GmbH als den Gläubigern bekannt gelten muss (das ist der Sinn dieser Grundtypenvermischung), aber die „gewerbliche Prägung“ durch die GmbH nicht von selbst bereits zu einem vollkaufmännischen Handelsgewerbe (§ 1 Abs. 2 HGB) führt; § 15 Abs. 3 Nr. 2 EStG ist handelsrechtlich ohne Bedeutung.

1915 Auch wenn eine KG ihre Geschäfte nicht vor Eintragung ins Handelsregister aufnimmt. Unabhängig von der Geschäftsaufnahme in der KG besteht eine auf die Höhe der Hafteinlage begrenzte Außenhaftung des Kommanditisten. Nach § 171 Abs. 1 HS. 1 HGB haftet der Kommanditist den Gläubigern der Gesellschaft bis zur Höhe seiner Einlage unmittelbar. Diese Haftung entfällt jedoch, wenn der Kommanditist die Einlage – wirksam – geleistet hat (§ 171 Abs. 1 HS. 2 HGB).[143]

143 Zur Erbringung der Kommanditeinlage durch Aufrechnung und zu den Problemen bei Insolvenz der KG (vgl. § 171 Abs. 2 HGB), vgl. BGH NJW 2017, 3232, 3234 ff.

Beispiel: An diese Haftungsbegrenzung schließt steuerlich § 15a EStG an, wonach solche Verluste aus einer KG, für die der Kommanditist nicht haftet, die ihm aufgrund des Transparenzprinzips aber zugerechnet würden, sein Einkommen nicht mindern dürfen. Steuerwirksam sind Verluste beim Komplementär deshalb nur, wenn sie entweder mit bereits versteuerten Gewinnen, die auf dem Kapitalkonto stehengelassen wurden (also nicht entnommen wurden; positives Kapitalkonto), verrechnet werden oder wenn es zu einer Haftungsinanspruchnahme gem. § 171 HGB kommt (also bis zur Höhe der Einlage). Anderenfalls führen Verluste zu einem sog. **negativen Kapitalkonto**, wo sie nur mit künftigen Gewinnen verrechnet werden können und sich auch steuerlich erst dann über entsprechend niedrigere Gewinnzuweisungen auswirken.

Gestalterisch kann sich zur Erlangung eines Diskontierungsvorteils die Erhöhung der Hafteinlage im Handelsregister empfehlen, um eine sofortige Verlustverrechnung auf Ebene des Kommanditisten zu ermöglichen, insb., wenn künftige Gewinne erwartet werden und die höhere Haftung daher mutmaßlich nicht zum Tragen kommt.

Nach § 172 Abs. 4 HGB gilt eine Einlage gegenüber den Gläubigern der KG allerdings **1916** als nicht geleistet, wenn sie dem Kommanditisten später wieder zurückgezahlt wird. Gleiches gilt, wenn ein Kommanditist Gewinnanteile entnimmt, obwohl sein Kapitalanteil durch Verluste unter den Betrag der geleisteten Einlage herabgemindert ist bzw. soweit dies durch die Entnahme erfolgt. Dabei sind nicht nur Zahlungsvorgänge, sondern Zuwendungen jeder Art an den Kommanditisten schädlich, mit denen der Gesellschaft Vermögenswerte ohne angemessenen Gegenwert entzogen werden.

3. Besonderheit: Haftung im Gründungsstadium und bei Fehlern in der Gründung

a) Personengesellschaften

Die Gründung der Gesellschaften erfolgt durch Abschluss eines Gesellschaftsvertrages. **1917** Liegt dabei ein Nichtigkeitsgrund bezüglich der Willenserklärung eines Gesellschafters vor (z.B. Anfechtung wegen Täuschung; Minderjährigkeit), so ergäbe sich als Rechtsfolge, dass damit auch der Gesellschaftsvertrag unwirksam wäre. Es entstünde also keine Gesellschaft und alle – vermeintlich durch sie – geschlossenen Rechtsverhältnisse wären hinfällig, die (handelnden) Gesellschafter wären nach Rechtsscheingrundsätzen verantwortlich.[144] Die allgemeinen Regeln über die Rechtsfolgen der Nichtigkeit von Schuldverhältnissen passen daher nicht zur Gesellschaftsgründung als **Organisationsakt**.

Eine in Vollzug gesetzte Gesellschaft, die Rechte und Pflichten erworben hat (Sozialansprüche, aber auch Dritt-Ansprüche, Eigentum etc.) kann nicht einfach als inexistent behandelt werden kann. Auch die Rückabwicklung der Mitgliedschaft in einer tatsächlich durchgeführten Gesellschaft ist nicht möglich, mit den Beiträgen (Geld, Dienste etc.) wurde gewirtschaftet.

Eine **fehlerhafte Personengesellschaft**, die bereits in Vollzug gesetzt wurde, wird des- **1918** halb *für die Vergangenheit* wie eine fehlerfrei gegründete Gesellschaft behandelt; sie ist **durch den Organisationsakt nach innen und nach außen voll wirksam** begründet und kann nicht rückwirkend (ex tunc) beseitigt werden. Die Gesellschaft ist, wenn auch

144 Vermeintliche Dritt-Geschäfte im Namen der inexistenten Gesellschaft wären nicht „nur" nichtig; Nichtigkeit bedeutet ja bloß: ohne Rechtswirkung, aber dennoch nach der Abschlusstechnik des BGB (Vertragschluss) geschlossen. Eine Rückabwicklung etwa nach § 812 Abs. 1 S. 1 Alt. 1 BGB (Leistungskondiktion) wäre ebenso nicht möglich, denn „die Gesellschaft" hätte ja nichts erlangt, es gäbe sie gar nicht.

fehlerhaft, uneingeschränkt rechtswirksam entstanden und kann nur *für die Zukunft (ex nunc)* aufgelöst werden. Bis zur Wirksamkeit der – auf den Gründungsfehler gestützten – Beendigung der Gesellschaft gelten für Innen- und Außenverhältnis die gesetzlichen Bestimmungen der entsprechenden Gesellschaftsform, ganz gleich, ob die Gesellschafter oder Dritte als Geschäftspartner die Fehlerhaftigkeit kannten oder nicht.[145]

1919 Die Gesellschafter können das Gesellschaftsverhältnis durch wirksame **außerordentliche Kündigung** aus wichtigem Grund (bei der GbR, vgl. § 723 Abs. 1 S. 2, 3 BGB) bzw. durch **Auflösungsklage** (bei OHG/KG, vgl. § 133 HGB) beenden. Fällt der Nichtigkeitsgrund nur einzelnen Gesellschaftern gegenüber anderen zur Last (hat z.B. ein Gesellschafter einen anderen im Zusammenhang mit dem Abschluss des Gesellschaftsvertrages arglistig getäuscht, etwa in dem er ihm besondere Geschäftsbeziehungen o.ä. vorspiegelte), kommt bei der OHG auch eine **Ausschließungs- bzw. Übernahmeklage** (§ 140 Abs. 1 HGB) in Betracht. Die Auseinandersetzung richtet sich anschließend nach den diesbezüglichen gesellschaftsvertraglichen Regelungen bzw. bei Fehlen solcher Regelungen nach den gesetzlichen Vorschriften (insbes. § 738 BGB betreffend die Auseinandersetzungsbilanz).

1920 Die Grundsätze der fehlerhaften Gesellschaft gelten auch für entsprechende Fehler bei späteren Änderungen eines (zuvor fehlerfreien) Gesellschaftsvertrages und für den fehlerhaften Beitritt zu sowie für den fehlerhaften Austritt aus einer bereits bestehenden Gesellschaft: Ein fehlerhaft beigetretener Gesellschafter ist uneingeschränkt Gesellschafter der Gesellschaft, sofern sein Beitritt in Vollzug gesetzt wurde (z.B. Beitragszahlung, Ausübung von Gesellschafterrechten); Eventuelle Schadensersatzansprüche, etwa wenn sein Beitritt auf Täuschung beruht, bestehen nur gegen den/die ihn täuschenden Mitgesellschafter (§§ 311 Abs. 2, 280 Abs. 1 BGB). Ein fehlerhaft Ausgeschiedener ist nicht mehr Gesellschafter und kann lediglich Schadensersatz bzw. u.U. seinen Wiedereintritt (für die Zukunft) verlangen.

1921 Die Grundsätze über die fehlerhafte Gesellschaft gelten allerdings **nicht** bei einer *fehlerhaften Übertragung des Gesellschaftsanteils durch Verfügung* über die Mitgliedschaft gem. §§ 413, 398 BGB, da die Anteilsübertragung den Gesellschaftsvertrag und damit die Organisationsstruktur nicht berührt, sondern lediglich ein Schuld- und Verfügungsgeschäft zwischen Alt- und Neugesellschafter ist (vgl. zur Anteilsübertragung unter Rn. 2043).

1922 **„Fehlerhafte Kapitalgesellschaften“** oder Genossenschaften kann es in diesem Sinne nicht geben. Die *Eintragung* im Handelsregister hat *konstitutiven Charakter* (vgl. § 11 Abs. 1 GmbHG); und auch eine zu Unrecht eingetragene Körperschaft genießt uneingeschränkten Bestandsschutz. Zwar kennen §§ 275 ff. AktG, 75 ff. GmbHG, 94 ff. GenG eine sog. **Nichtigkeitsklage** wegen schwerwiegender Mängel der Satzung. Es handelt sich dabei jedoch nicht um eine Feststellungsklage, sondern eine Gestaltungsklage, die *Wirkungen* ebenfalls *nur für die Zukunft* hat. Die Nichtigkeitsklage ist damit eine *Auflösungsklage*, die auf schwere Satzungsmängel beschränkt ist. Das stattgebende Urteil führt nach §§ 277 AktG, 77 GmbHG bzw. 97 GenG zur Auflösung der Gesellschaft.

145 Ausnahmen von diesen Grundsätzen sind dann zu machen, wenn ein weiteres Bestehen der Gesellschaft gegen höherrangige Interessen der Allgemeinheit oder Einzelner verstoßen würde. Dies wird insb. bei gesetzes- bzw sittenwidrigen Gesellschaftszwecken der Fall sein, so z.B. bei Verstoß gegen das GWB oder RBerG. Ebenso geht der Minderjährigenschutz vor (aber nur bezüglich der erbrachten Einlage, die dann kondiziert werden kann).

b) Kapitalgesellschaften am Beispiel der GmbH

Vergleichbare Problemstellungen einer fehlerhaften Gesellschaft wie bei Personengesell- 1923
schaften können bei Kapitalgesellschaften bereits deshalb nicht eintreten, weil diese – zumindest im Außenverhältnis – konstitutiv durch die Handelsregistereintragung entstehen. Bis zur Eintragung sind jedoch verschiedene Rechtsverhältnisse zu unterscheiden, welche zu besonderen Haftungsverhältnissen führen.

aa) Vorgründungsgesellschaft. Haftungsrechtlich sind bei der GmbH drei Phasen zu 1924
unterscheiden:

Eine Haftungsbeschränkung auf das Gesellschaftsvermögen für Verbindlichkeiten der Kapitalgesellschaft (GmbH gem. § 13 Abs. 2 GmbHG; AG gem. § 1 Abs. 2 AktG) greift erst mit der Eintragung der Gesellschaft im Handelsregister. Soweit für die spätere GmbH bereits vor der Eintragung gehandelt worden war, ist die Verantwortlichkeit für die Begleichung dieser Ansprüche neben der Handelndenhaftung des § 11 Abs. 2 GmbHG nach den von der Rechtsprechung aufgestellten Regelungen zu beurteilen. Da ein Geschäftsführer im eigentlichen Sinne des § 35 GmbHG erst mit Eintragung der „fertigen" GmbH existiert, gelten die folgenden Darstellungen für die (während der Gründungsphase die Geschäfte meist selbst führenden) Gesellschafter der künftigen GmbH.

Die Vorstufen der Kapitalgesellschaften (Bsp. GmbH)

1. Vorgründungsgesellschaft

- **Entstehungszeitpunkt**: Vereinbarung der Gründung einer GmbH
- **Rechtsnatur**: GbR, mit Zweck der Gründung einer GmbH
- **Vertretung** und **Haftung** nach den Regeln des GbR-Rechts (persönliche Haftung der Gründer!)
- **Beendigung**: Abschluss des Gesellschaftsvertrages der GmbH (denn damit Zweckerreichung, § 726 BGB) -> keine Identität mit der daran anschließenden Vor-GmbH: ggf. muss Forderungsübergang und Schuldübernahme gesondert geregelt werden (z.B. durch Einbringung)

2. Vorgesellschaft (Vor-GmbH)

- **Entstehungszeitpunkt**: notarieller Abschluss des Gesellschaftsvertrages (§ 2 GmbHG)
- **Rechtsnatur**: Organisation eigener Art, die z.T. bereits nach den gesellschaftsrechtlichen Vorschriften behandelt wird, welche für die spätere GmbH gelten,
  - ➢ Insbesondere Teilnahme der Vor-GmbH am Rechtsverkehr durch aktive und passive Partei-, Grundbuch- und Firmenrechtsfähigkeit
  - ➢ Unanwendbar sind dagegen diejenigen Regelungen, die auf die Eintragung der GmbH abstellen
- **Vertretung** der Vor-GmbH durch Geschäftsführer der späteren GmbH, Vertretungsmacht aber i.d.R. nicht unbeschränkt, sondern auf die mit der Gründung unmittelbar in Zusammenhang stehenden Rechtsgeschäfte beschränkt
- **Zur Haftung** vgl. im Text
- Mit Eintragung der GmbH im HR wird Vor-GmbH identitätswahrend zur GmbH

(1) Haftung des handelnden Gesellschafters einer Vorgründungsgesellschaft.
Durch den (formlosen) mit Rechtsbindungswillen gefassten Entschluss der künftigen 1925
Gesellschafter zur Gründung einer GmbH entsteht bereits eine gesellschaftsrechtliche

Verbindung. Gesellschaftsrechtlicher Zweck dieses Zusammenschlusses ist der Abschluss eines notariell zu beurkundenden Gesellschaftsvertrags (§ 2 GmbHG).

Hinweis: Um das ggf. ungewollte Entstehen der Vorgründungsgesellschaft zu vermeiden, sollte bei den Niederschriften von Gründungsverhandlungen stets der Zusatz angefügt werden: „ohne Rechtsbindungswille". Dieselbe Bedeutung hat es, wenn sie unter der Bezeichnung als sog. Letter of Intent (LOI) unterschrieben werden.

1926 Zwar ist kein Beteiligter verpflichtet, später tatsächlich einen Gesellschaftsvertrag (notariell) abzuschließen, weil die rechtliche Verpflichtung dazu ihrerseits nur in einer notariellen Urkunde erfolgen kann. Dennoch treten (v.a. vertragliche, etwa aus Kauf, Werk- oder Dienstverträgen) Haftungsfragen bereits in diesem Gründungsstadium auf, wenn die Beteiligten damit beginnen, z.B. Gründungsaufwendungen zu tätigen und Rechtsgeschäfte auf gemeinsame Rechnung der späteren GmbH abzuschließen. Dadurch, dass die Beteiligten dieses eigentlich nur auf Abschluss eines Gesellschaftsvertrages gerichteten Zusammenschlusses (bloße Innengesellschaft) dann gegenüber Dritten, also nach außen, auftreten, entsteht die Vorgründungsgesellschaft damit dann auch als Außengesellschaft. Auf diese ist sodann das Haftungsregime der GbR bzw. – soweit bereits ein vollkaufmännischer Geschäftsbetrieb (§ 1 Abs. 2 HGB) aufgenommen wurde – der offenen Handelsgesellschaft (OHG) anzuwenden, also insbes. § 128 HGB.

Beispiel:. Entschließt sich also eine einzelne Person zur Gründung einer GmbH (Ein-Mann-GmbH), so haftet sie für in dieser Phase begründete Verbindlichkeiten persönlich in voller Höhe (nämlich als Einzelkaufmann).

1927 Soweit in dieser Vorgründungsphase ein Handelsgewerbe mit kaufmännischem Geschäftsbetrieb aufgenommen wird, treten die beteiligten Gründer als OHG auf. Ihre Haftung folgt aus § 128 HGB als Außenhaftung. Für alle Verbindlichkeiten der OHG-Vorgründungsgesellschaft haben die Gründer den Gläubigern unbeschränkt persönlich einzustehen. Gleiches gilt für die Vorgründungsgesellschaft als BGB-Gesellschaft, also im Falle bloß minderkaufmännischer Tätigkeit oder sonstiger nichtkaufmännischer Gesellschaftszwecke (zur auch steuerlichen Haftung etwa BFH, in BFH/NV 2011, 1473).

1928 Voraussetzung der (akzessorischen) persönlichen Haftung der beteiligten Gründer ist die wirksame Entstehung einer Gesellschaftsschuld, § 124 HGB. Da weder die OHG noch die GbR selbst wirksam handeln kann, liegt stets ein Vertreterhandeln vor, § 164 BGB. Dieses ist der Gesellschaft nur zuzurechnen, wenn einerseits offenkundig für die Gesellschaft Rechtsgeschäfte getätigt werden **(unternehmensbezogene Geschäfte)** und andererseits diese durch entsprechende **Vollmacht** gedeckt sind.

Hierbei ist *in Bezug auf die OHG* aus rechtlichen und tatsächlichen Gründen grundsätzlich von Einzelvertretungsbefugnis (§ 125 HGB) der Gründer auszugehen, während *für die GbR* Beschränkungen der Vertretungsmacht zulässig wären, § 714 BGB, im Unterschied zu § 126 Abs. 2 HGB.

Hinweis: Die Aufnahme eines vollkaufmännischen Geschäftsbetriebs im Gründungsstadium ist in zweifacher Hinsicht kritisch: Die typische GmbH-rechtliche Haftungsbegrenzung greift noch nicht und zusätzlich ist eine wechselseitige Kontrolle erschwert durch zwingende Einzelvertretungsbefugnis jedes Mitgesellschafters einer OHG.

(2) Rechtsgeschäftliche Beschränkung der Haftung. Lediglich durch *einzelvertragliche* Vereinbarung *mit den Gläubigern* können die Gründer ihre Haftung beschränken. Eine Haftungsbeschränkung dahingehend, dass lediglich die Vorgründungsgesellschaft verpflichtet wird, kann insb. nicht dadurch erwirkt werden, dass der Handelnde im Namen einer »GmbH in Gründung« Verbindlichkeiten eingeht. In diesem Fall läge lediglich eine falsche Bezeichnung des Unternehmens vor, so dass aus diesen vorgenommenen betriebsbezogenen Rechtsgeschäften dennoch der wahre Rechtsträger, also die Vorgründungsgesellschaft, und somit letztlich die Gesellschafter (§ 128 HGB), verpflichtet würden (anders erst nach Abschluss des notariellen Gesellschaftsvertrages). **1929**

bb) Vorgesellschaft. Mit Abschluss des notariellen Gesellschaftsvertrags entsteht zunächst die Vor-GmbH. Sie ist *nicht* mit der vorausgegangenen Vorgründungsgesellschaft rechtlich *identisch* und – ohne besondere rechtsgeschäftliche Schuldübernahme – auch *nicht ihre Rechtsnachfolgerin*. Die zuvor dargestellte Haftung der Beteiligten wird durch das Entstehen der Vorgesellschaft also nicht berührt, sondern besteht unverändert fort. Die Begründung der Vorgesellschaft führt z.B. nicht dazu, dass automatisch die Verbindlichkeiten der Vorgründungsgesellschaft auf die Vorgesellschaft übergingen. Hierzu wäre vielmehr ein gesonderter Übertragungsakt erforderlich (*beachte* für eine befreiende Schuldübernahme §§ 414 ff. BGB: Zustimmung/Genehmigung der Gläubiger erforderlich); anderenfalls ist nur ein Schuldbeitritt möglich (vgl. auch § 415 Abs. 3 BGB). **1930**

Dies gilt auch in den Fällen, in denen durch die Begründung der Vorgesellschaft (wie zumeist wohl) der Beendigungstatbestand der Zweckerreichung in Bezug auf die Vorgründungsgesellschaft vorliegt (§ 726 Alt. 1 BGB), wie sich aus § 733 Abs. 1 S. 1 BGB ergibt.

(1) Rechtsnatur der Vor-GmbH. Die Vor-GmbH ist eine Gesellschaft eigener Art, auf die neben dem Gesellschaftsvertrag bereits das GmbHG weitgehend entsprechende Anwendung findet. Als solche kann die Vor-GmbH Rechte und Pflichten begründen. Das Aktiv- und Passivvermögen der Vor**gründungs**gesellschaft gehört jedoch nicht dazu (s.o.). Die Firma der Vor-GmbH (ihr Name) ist um den Zusatz „i.Gr." o.ä. zu ergänzen, um auf das Gründungsstadium hinzuweisen (§§ 18, 19 HGB, § 4 GmbHG). **1931**

Mit Eintragung der GmbH im Handelsregister wird die Vor-GmbH zur GmbH (*identitätswahrend*), so dass insoweit alle Rechte und Pflichten **der Vor-GmbH** auf die GmbH übergehen, ohne dass hierfür nun ein besonderer Übertragungsgrund vereinbart werden müsste.

Einer Auflösung und Liquidation der Vor-GmbH bedarf es deshalb regelmäßig nur bei Insolvenzeröffnung vor Eintragung oder Kündigung aus wichtigem Grund (§ 723 Abs. 2, S. 2, 3 Nr. 1 BGB analog).

(2) Haftungsverhältnisse bei der Vor-GmbH. Aufgrund der von der Rechtsprechung angenommenen Identität zwischen Vor-GmbH und (eingetragener) GmbH greift ein besonderes Haftungsbedürfnis nur in den eben genannten Fällen einer Liquidation der Vor-GmbH, wenn es also nicht zum Abschluss der GmbH-Gründung und endgültigen Haftung der GmbH kommt. **1932**

1933 **(3) Verlustdeckungshaftung.** Soweit die Vor-GmbH Verbindlichkeiten eingegangen ist, zu deren Berichtigung das Gesellschaftsvermögen bei Liquidation nicht ausreicht, schulden die Gesellschafter die *Deckung dieser Verluste*. Mangels eines Stammkapitals der Vor-GmbH (dieses wird erst durch Eintragung im Handelsregister garantiert) haben die Gesellschafter der Vor-GmbH nur, aber auch in voller Höhe, alle zur Tilgung von Verbindlichkeiten erforderlichen Mittel der Gesellschaft zur Verfügung zu stellen. Als Innenhaftung gegenüber der Gesellschaft[146] besteht diese Pflicht bei mehreren Gesellschaftern nicht gesamtschuldnerisch, sondern (bloß) anteilig im Verhältnis der Beteiligung am Gesellschaftsvermögen („proratarisch"[147])[148], insoweit aber dann unbeschränkt (betragsmäßig nicht auf die Höhe der vereinbarten Einlage begrenzt).

1934 Mit Eintragung der GmbH im Handelsregister enden diese Ansprüche und werden durch das (im Ergebnis für die Gläubiger faktisch vergleichbare) Haftungsregime der GmbH ersetzt (vgl. Rn. 1940 ff., dann als sog. **Vorbelastungshaftung** bezeichnet; der Unterschied ist bloß terminologisch).

1935 **(4) Ausnahme: Außenhaftung bei der (unechten) Vor-GmbH.** Weil die Vor-GmbH selbst aus den für sie wirksam eingegangenen Schuldverhältnissen berechtigt und verpflichtet ist und eine persönliche Haftung der Handelnden nur bei einem Forderungsausfall eintritt, der Grund für diese Haftung aber die unzureichende Kapitalausstattung ist und es sich daher nur um eine Innenhaftung handelt, bleibt den Gläubigern für ihre (allein) gegen die Vor-GmbH gerichteten Ansprüche nur der Umweg über die Pfändung der Ausgleichsansprüche der Vor-GmbH gegen die Gesellschafter, um bei diesen Befriedigung zu finden.

Zu bestimmten **Ausnahmefällen** gewährt die Rechtsprechung aber eine unmittelbare Außenhaftung der Gesellschafter, angelehnt an § 128 HGB. Dies betrifft bereits *anfänglich fehlenden Eintragungswillen* der Gesellschafter in Bezug auf die GmbH bzw. dessen späteren Wegfall bei Fortführung der (werdenden) Gesellschaft. Diese ist dann rechtlich keine Vor-GmbH, sondern eine GbR/OHG und muss wie eine solche haftungsrechtlich behandelt werden. Außerdem betroffen sind Fälle in Anlehnung an die Rechtsprechung zu § 738 BGB, wonach eine Durchsetzungssperre für Einzelansprüche im Rahmen der Liquidation bis zur Gesamtabrechnung dann entfällt, wenn klare Haftungsverhältnisse auch in tatsächlicher Hinsicht bestehen (nur *ein* Gläubiger oder es handelt sich um eine Ein-Mann-Vor-GmbH). Die zuletzt noch bestehende weitere Ausnahme der *vermögenslosen Vor-GmbH* (der hier diskutierte Verlustdeckungsanspruch bleibt dabei außer Betracht) ließe sich auch ohne gesellschaftsrechtliche Begründung (insolvenz-)strafrechtlich erreichen.

---

146 Anders als bei der Vorgründungsgesellschaft (= Personengesellschaft) gilt bei der Vor-GmbH nicht § 128 HGB (also keine Außenhaftung). Damit darf allerdings nicht der Fall verwechselt werden, dass bei **Gründung einer GmbH & Co. KG** die Vor-GmbH nach § 128 HGB haften kann, nämlich wegen Verbindlichkeiten der (schon oder noch nicht eingetragenen) KG die (in diesem Stadium noch) die Vor-GmbH als Komplementärin treffen. Diese Pflichten der Vor-GmbH gehen mit Eintragung der (endgültigen) GmbH auf diese über. Wenn also die Vor-GmbH aus § 128 HGB wegen der Verbindlichkeiten der KG einzustehen hatte, dann hat dies jetzt gleichermaßen die GmbH.

147 Vgl. BGHZ 134, 333.

148 Gem. § 24 GmbHG allerdings auch für den Ausfall von Mitgesellschaftern.

(5) Handelndenhaftung. Gem. § 11 Abs. 2 GmbHG (für die Vor-AG gem. § 41 Abs. 1 S. 2 AktG) haftet der Handelnde persönlich und solidarisch, soweit er vor der Eintragung im Namen der Gesellschaft gehandelt hat. Der „Gründungsgeschäftsführer" ist grundsätzlich dazu ermächtigt, alle Rechtsgeschäfte vorzunehmen, die zur Entstehung der GmbH notwendig sind. Ihm wird aber die umfassende und nach außen nicht beschränkbare Vertretungsmacht des § 37 Abs. 2 GmbHG nicht zugestanden. Für ihn gelten vielmehr die Grundsätze des unternehmensbezogenen Handelns für die Vorgesellschaft. Es wird allgemein als zulässig erachtet, dass er alle Rechtshandlungen, die für eine Sachgründung, z.B. durch Einbringen eines Unternehmens, oder für eine Bargründung erforderlich sind, vornimmt, wenn der Handelnde insoweit mit Zustimmung der Gesellschafter eine werbende Tätigkeit ausübt. Der Handelnde haftet also für sein *rechtsgeschäftliches oder rechtsgeschäftsähnliches Handeln* nur, soweit es nicht für die Entstehung der GmbH zwingend erforderlich ist **oder** nicht durch eine Zustimmung oder Genehmigung der Gesellschafter gedeckt wird. Im Übrigen haftet der Handelnde nicht für gesetzliche Ansprüche wie z.B. für die Zahlung von Sozialversicherungsbeiträgen, da diese eben gerade nicht auf einem rechtsgeschäftlichen Handeln beruhen. **1936**

In Übereinstimmung mit der Rechtsprechung des BGH[149] ist die Reichweite der Handelndenhaftung zudem auf Fälle beschränkt, in denen der Handelnde **keine Vertretungsmacht** hatte. Schutzzweck des § 11 Abs. 2 GmbHG ist eine *Haftung des Vertreters ohne Vertretungsmacht*, so dass in Anbetracht der Vorschrift des § 179 BGB der Regelungszweck mittlerweile entfallen ist, soweit nicht ohne Not und ohne zusätzlichen Gewinn ein Spezialitätsverhältnis zwischen beiden Vorschriften angenommen wird. **1937**

Die insoweit auf vollmachtloses Vertreterhandeln beschränkte Haftung des Handelnden (anstelle der Haftung der nicht wirksam vertretenen Vor-GmbH) *erlischt nicht mit Eintragung* der GmbH im Handelsregister. Wo die Vor-GmbH nicht haftete, geht eine Verbindlichkeit auf die dann eingetragene GmbH nicht über. Das Haftungsbedürfnis des Gläubigers bleibt vielmehr bestehen.

(a) Beschränkung der Handelndenhaftung. Höchstrichterlich anerkannt ist, dass die Handelndenhaftung stillschweigend ausgeschlossen werden kann. Ein solcher, stillschweigender Ausschluss ist jedoch nicht allgemein zu vermuten. Deshalb ist in diesem Stadium der Gründung anzuraten, eine klare Vereinbarung mit Dritt-Gläubigern dahingehend abzufassen, dass die Handelndenhaftung ausgeschlossen werden soll. **1938**

(b) (Handelnden-)Haftung bei Verwendung eines GmbH-Mantels bzw. einer Vorratsgesellschaft. In der Praxis hatte früher die Rechtsauffassung vorgeherrscht, dass man sich der Handelndenhaftung dadurch entziehen könne, dass man als Handelnder eine Mantelgesellschaft verwendet. Bei einer Mantelverwendung wird der wirtschaftliche Effekt einer Neugründung im Wege der Satzungsänderung auf der Grundlage eines bereits bestehenden („leeren") GmbH-Mantels erreicht, der kein Unternehmen mehr trägt. In der Praxis werden zu diesem Zweck auch häufig GmbHs auf Vorrat neu gegründet, die nur mit dem Mindeststammkapital ausgestattet sind und deren satzungsmäßiger Zweck zunächst allein in der Verwaltung des eigenen Vermögens besteht (Vorratsgesellschaft). **1939**

149 BGH, GmbHR 2004, 1151 = ZIP 2004, 1409 = NZG 2004, 773; Brandenbg. OLG, UPrax 2011, 169.

Früher wurde in diesen Fällen eine Handelndenhaftung gem. § 11 Abs. 2 GmbHG überwiegend verneint, da die juristische Person bereits eingetragen sei und dementsprechend gem. § 11 Abs. 1 GmbHG bestehe. Zwar ist der BGH zwischenzeitlich in zwei Entscheidungen davon ausgegangen, dass auch für diese Fälle eine analoge Anwendung des § 11 Abs. 2 GmbHG in Betracht kommt, weil bei einer Mantelverwendung die Gläubiger mindestens ebenso gefährdet und damit schutzwürdig seien wie bei einer rechtlichen Neugründung[150].

Die Rechtsprechung beschränkt die Handelndenhaftung (entsprechend dem neuen Verständnis von § 11 Abs. 2 GmbHG) nunmehr auf Fälle fehlender Zustimmung der Gesellschafter, also **fehlender Vertretungsmacht** des Geschäftsführers **vor Offenlegung der (wirtschaftlichen) Neugründung**[151].

Konsequent ist die Rechtsprechung des BGH sodann im Hinblick auf die Zuerkennung der **Vorbelastungshaftung bei Verwendung von Vorrats- und Mantelgesellschaften**, wenn die Offenlegung der Neugründung (worin diese auch immer gesehen wird[152]) der Eintragung der „fertigen" GmbH gleichgestellt wird (WP-Examen 2018/II).

1940 **cc) „Fertige" GmbH: Vorbelastungs-/Unterbilanzhaftung.** Mit Eintragung der GmbH im Handelsregister entsteht die juristische Person, das Rechtskleid der GmbH. Da Rechtsprechung und h.M. die Vorgesellschaft als Typus sui generis ansehen, auf den das GmbH-Recht bereits grundsätzlich anwendbar ist (im Unterschied zur Vorgründungsgesellschaft) und weiterhin annehmen, dass Vor-GmbH und (eingetragene) GmbH identisch sind (Kontinuitätsprinzip), bestehen alle wirksam für bzw. gegen die Vor-GmbH begründeten Rechte und Pflichten in der GmbH fort. Sie mehren oder schmälern das Kapital der GmbH. Die GmbH haftet. Eine danebenstehende Außenhaftung der Gesellschafter gegenüber den Gläubigern ist mit der Vorschrift des § 13 Abs. 2 GmbHG unvereinbar.

1941 **(1) Umfang der Vorbelastungshaftung.** Den Ausgleich schafft die in Analogie zu § 9 Abs. 1 GmbHG entwickelte Vorbelastungshaftung (auch als Unterbilanzhaftung bezeichnet), die dem Schutz des Stammkapitals im Zeitpunkt der Eintragung dient. Die Haftung umfasst in erster Linie **bilanzielle Verluste im Zeitpunkt der Eintragung**, die (offen) zu einem Verzehr bzw. einer Verminderung des satzungsmäßigen Stammkapitals führen. Gleiches gilt dann für stille Lasten, also solchen Vermögensminderungen, die zwar bereits angelegt, aber zumindest bilanziell noch nicht aufgedeckt sind (Verlustaufträge). Die Haftung reicht der Höhe nach bis zur Herstellung der Stammkapitalziffer und damit ggf. über die zuvor genannte Verlustdeckungshaftung hinaus (WP-Examen 2018/II).

1942 Die Gesellschafter haften für die entstandenen Vorbelastungen der Höhe nach entsprechend ihren Anteilen am Gesellschaftsvertrag; gem. § 24 GmbHG jedoch auch für den Ausfall von Mitgesellschaftern. Es handelt sich um eine Innenhaftung der Gesellschafter gegenüber der Gesellschaft. Die Haftung für Gründungsverluste entfällt später nicht etwa durch Verrechnung mit erzielten Gewinnen nach Eintragung der GmbH, sondern besteht trotz eventueller Wiederherstellung des Stammkapitals bis zur tatsächlichen Zahlung durch die Gesellschafter fort[153].

---

150 Vgl. insb. BGHZ 155, 318 = GmbHR 2003, 1125 = ZIP 2003, 1698 = NZG 2011, 1066 = DStR 2011, 1767 und BGHZ 153, 158 = NJW 2003, 892 = GmbHR 2003, 227.

151 Z.B. BGHZ 155, 318.

152 Vgl. BGH GmbHR 2012, 630 = ZIP 2012, 817.

153 BGH NJW 2000, 2577 = ZIP 2000, 1251 = NZG 2000, 883

(2) Geltendmachung der Vorbelastungshaftung. Insoweit ist die Verlusttragung und die daran anknüpfende Vorbelastungshaftung zwar eine Pflicht der Gesellschafter, dennoch kann auch der spätere Geschäftsführer in Regress genommen werden. Im Rahmen seines durch § 43 Abs. 1 GmbHG eingeräumten Ermessens hat der Geschäftsführer die Vorbelastungshaftung zu ermitteln durch Erstellen eines Vermögensstatus im Zeitpunkt der Eintragung (und außerdem im Rahmen seiner Versicherung nach § 8 Abs. 2 GmbHG über die freie Verfügung über die geleisteten Einlagen) und festgestellte Fehlbeträge gegen die Gesellschafter zu aktivieren und geltend zu machen. Versäumt er dies, droht Regress gem. § 43 Abs. 2 GmbHG. 1943

Hinweis: Der Geschäftsführer übernimmt mit Eintragung der GmbH eine Art „Garantie" für die Erstattung zuvor aufgelaufener Verluste aus der Gründungsphase. Versäumt er die Geltendmachung bei den Gesellschaftern, droht ihm ebenfalls eine Haftung.

Für die Geltendmachung der Vorbelastungshaftung bedarf es keines Gesellschafterbeschlusses. Insoweit greifen weder § 46 Nr. 8 GmbHG, weil diese Vorschrift nur Ansprüche aus fehlerhaftem Gesellschaftsverhalten betrifft, die Vorbelastung aber gerade auf einer korrekten Vertretung der Gesellschaft für nur wirtschaftlich nachteilige Geschäfte beruht (anders die Handelndenhaftung gem. § 11 Abs. 2 GmbHG); noch § 46 Nr. 2 GmbHG, der nur die Einforderung von ausstehenden Einlagen zum Stammkapital betrifft. Allerdings greift umgekehrt das Verbot des § 43 Abs. 3 S. 3 GmbHG, wonach Geschäftsführer durch weisungsgemäßes Handeln nicht von der Ersatzpflicht befreit werden können, soweit diese zur Gläubigerbefriedigung notwendig ist, hier nicht. 1944

Hinweis: Geschäftsführer können und sollten sich daher gegebenenfalls schriftlich anweisen lassen, die Vorbelastungshaftung nicht geltend zu machen.

(3) Vorbelastungshaftung bei Verwendung von Mantelgesellschaften oder von Vorratsgesellschaften. Die Grundsätze der Unterbilanzhaftung werden auch auf die **wirtschaftliche Neugründung** angewandt, jedoch war dies im Detail höchst umstritten. Die frühere Rechtsprechung stellte fest, dass die Unterbilanzierungshaftung bei einer unterbliebenen Offenlegung einer wirtschaftlichen Neugründung anzuwenden ist. So der BGH bisher: *„(Es) ist als maßgeblicher Stichtag für eine Unterbilanzhaftung der Gesellschafter bei der wirtschaftlichen Neugründung die – mit der Versicherung nach § 8 Abs. 2 GmbHG zu verbindende – Offenlegung (sowie Anmeldung der etwa mit ihr einhergehenden Satzungsänderungen) gegenüber dem Handelsregister anzunehmen."* Ist also die **Offenlegung** gegenüber dem Registergericht unterblieben und ist die Gesellschaft unterdessen insolvent geworden, bedeutete dies eine zeitlich sowie der Höhe nach unbeschränkte Verlustdeckungshaftung der Gesellschafter bis zur vollständigen Befriedigung aller Gläubiger. 1945

BGH NJW 2012, 1875 = NZG 2012, 539 rückte indes von dieser Entscheidung ab. So ist die Gesellschafterhaftung **bei unterlassener Offenlegung** nunmehr *„auf eine Unterbilanz begrenzt, die in dem Zeitpunkt besteht, zu dem die wirtschaftliche Neugründung entweder durch die Anmeldung der Satzungsänderungen oder durch die Aufnahme der wirtschaftlichen Tätigkeit erstmals nach außen in Erscheinung getreten ist*". Der BGH ist der Ansicht, dass sich das Haftungsmodell der rechtlichen Gründung „nicht uneingeschränkt auf die Situation der wirtschaftlichen Neugründung übertragen" lässt. Bei der wirtschaftlichen Gründung ist bereits eine eingetragene GmbH vorhanden, welche mit ihrem Gesellschaftsvermögen gem. § 13 Abs. 2 GmbHG haftet. Entsprechend darf eine 1946

Nicht-Offenlegung nicht mit einer zeitlich unbegrenzten Unterbilanzhaftung der Gesellschafter sanktioniert werden.

1947 Eine Sanktion der unterbliebenen Offenlegung erfolgt im Insolvenzfall damit nur durch eine Beweislastumkehr. So der BGH: „*Bei fehlender Offenlegung einer wirtschaftlichen Neugründung tragen die unter dem Gesichtspunkt der Unterbilanzhaftung in Anspruch genommenen Gesellschafter die Darlegungs- und Beweislast dafür, dass in dem Zeitpunkt, zu dem die wirtschaftliche Neugründung nach außen in Erscheinung getreten ist, keine Differenz zwischen dem Stammkapital und dem Wert des Gesellschaftsvermögens bestanden hat*“. Kann der Nachweis nicht erbracht werden, was in der Praxis keine Seltenheit ist, so haften die Gesellschafter persönlich für inzwischen eingetretene Verluste.

1948 Kritisch bleibt zu fragen, weshalb die gänzlich unterlassene Offenlegung der wirtschaftlichen Neugründung wesentlich anders zu beurteilen sein soll, als die (bloß) verspätete Offenlegung. Einheitliche Grundsätze für den maßgeblichen Beurteilungszeitpunkt sind sachlich und rechtlich gerechtfertigt. Ist das Stammkapital der Gesellschaft zu diesem Beurteilungszeitpunkt der tatsächlichen oder anzunehmenden Offenlegung der Neugründung nicht mehr oder nur teilweise vorhanden bzw. nachweisbar, haften die Gesellschafter nach den Grundsätzen der Unterbilanz. Und legt man als (spätesten) maßgeblichen Zeitpunkt zugrunde, wann die wirtschaftliche Neugründung „durch die Aufnahme der wirtschaftlichen Tätigkeit erstmals nach außen in Erscheinung getreten“ ist, so wäre das auch die konsequente Grenze der Handelndenhaftung nach § 11 Abs. 2 GmbHG. Ein Geschäftsführerhandeln (jedenfalls ein solches mit Zustimmung der Gesellschafter) entspräche der so verstandenen Offenlegung und soweit der Mantel-Geschäftsführer hingegen ohne Zustimmung handelt, kann er sich nach dem Gesamtbild der Gesellschaft mit gutem Grund weder auf ein unternehmensbezogenes Geschäft (der Mantel trägt definitionsgemäß kein Unternehmen) noch auf seine Geschäftsführungsbefugnis berufen, weil mantelgemäß keine Geschäfte zu führen sind.

E. Corporate Finance

1949 Nach ordnungsgemäßer **Kapitalaufbringung** bei der Gründung einer *Kapitalgesellschaft* greifen die Normen zum **Kapitalerhaltungsschutz**, bei der GmbH insb. §§ 30, 31 GmbHG. Auch das Vermögen der AG wird geschützt durch strenge Vorschriften über Kapitalaufbringung und Kapitalerhaltung. Alles, was keine zulässige Gewinn- oder Sachausschüttung ist (§ 58 AktG), ist verbotene Einlagenrückgewähr (§ 57 AktG) und verpflichtet den Aktionär zur Rückzahlung (§ 62 AktG).[154]

Weitere Schutznormen sind u.a. § 117 AktG (Schadensersatz zugunsten der AG bei jeder Art von schädigender Einflussnahme auf die Geschäftsführung) und § 92 AktG (Verluste zehren Vermögen auf).

Auch wenn das *Recht der Personengesellschaften* keine eigenständigen Kapitalerhaltungsvorschriften kennt, so folgt doch aus §§ 161 Abs. 2, 124 Abs. 2 HGB, dass das Vermögen der Personenhandelsgesellschaften allein zur Befriedigung der Gläubiger dieser Gesellschaft zur Verfügung stehen soll.[155]

---

154 Zu Zahlungen an ihn aus anderen Rechtsgründen (etwa als Arbeitnehmer, der zugleich Belegschaftsaktionär ist), vgl. nachfolgend Rn. 1953.

155 Etwa OLG Dresden NZG 2000, 32, 34.

I. Typische Probleme bei der Kapitalaufbringung

1. Verdeckte Sacheinlagen

Hauptproblem im Bereich der Kapitalaufbringung, gleich ob bei der erstmaligen oder einer späteren Kapitalerhöhung, sind die sog. verdeckten Sacheinlagen. Eine verdeckte Sacheinlage liegt nach der Legaldefinition in §§ 19 Abs. 4 S. 1 GmbHG, 27 Abs. 3 S. 1 AktG vor, wenn eine Geldeinlage eines Gesellschafters bei wirtschaftlicher Betrachtung und aufgrund einer im Zusammenhang mit der Übernahme der Geldeinlage getroffenen Abrede vollständig oder teilweise als Sacheinlage zu bewerten ist. In diesen Fällen sieht der Gesellschaftsvertrag eine Geldeinlagepflicht des Aktionärs vor, auf die er zunächst auch Geld einzahlt; allerdings haben die Aktionäre verabredet, dass die AG später mit dem eingezahlten Geld Sachen oder Rechte des Einlegers erwirbt (Austauschgeschäft). Objektiv wirtschaftlich betrachtet hat der Aktionär hier „nur“ eine Sacheinlage erbracht. Aber auch subjektiv war im wirtschaftlichen Ergebnis eine Sacheinlage gewollt, weil die Aktionäre das Austauschgeschäft verabredet haben. Vor dem Hintergrund der grundsätzlichen Unterscheidung zwischen Bar- und Sacheinlage ist dieser Vorgang rechtlich problematisch, weil wirtschaftlich eine Sacheinlage erbracht wird, aber die besonderen Vorschriften zu Sacheinlage (insb. § 27 Abs. 1 AktG, vgl. aber auch § 5 Abs. 4 und § 9 GmbHG) nicht eingehalten werden. Außerdem hat der Rechtsverkehr den falschen Eindruck einer Geldeinlage. 1950

Beispiel: Die **verdeckte Sacheinlage** ist ein Problem der korrekten Form der Kapitalaufbringung im Zusammenhang mit der Ausgabe von Gesellschaftsanteilen in Kapitalgesellschaften und nicht mit der verdeckten Einlage als Begriff des Körperschaftsteuerrechts (vgl. Rn. 1844) zu verwechseln. Die **verdeckte Einlage** als steuerlicher Begriff wird charakterisiert, dass der Einlegende für sie im Gegenzug keine Gesellschaftsrechte erhält. Die verdeckte Sacheinlage betrifft dagegen gerade die Gegenleistung für Kapitalanteile.

§ 19 Abs. 4 GmbHG und § 27 Abs. 3 AktG definieren zunächst die verdeckte Sacheinlage als einen Sachverhalt, bei dem eine Geldeinlage eines Aktionärs bei wirtschaftlicher Betrachtung und aufgrund einer im Zusammenhang mit der Übernahme der Geldeinlage getroffenen (Konnexitäts-)Abrede vollständig oder teilweise als Sacheinlage zu bewerten ist (S. 1). Der Tatbestand der verdeckten Sacheinlage ist also nicht schon deshalb erfüllt, weil objektiv wirtschaftlich betrachtet eine Sacheinlage vorliegt und damit die Sacheinlagevorschriften **objektiv** umgangen werden. Vielmehr muss das wirtschaftliche Ergebnis einer Sacheinlage auch **subjektiv** gewollt, nämlich in einer „im Zusammenhang mit der Übernahme der Geldeinlage getroffenen Abrede“ vereinbart sein. Eine solche Abrede wird nach der Rechtsprechung allerdings bereits dann vermutet, wenn ein **enger zeitlicher und sachlicher Zusammenhang** besteht zwischen der Leistung der Geldeinlage und ihrem Rückfluss an den Aktionär/Gesellschafter im Rahmen des Austauschgeschäfts.[156] Die Regeln zur verdeckten Sacheinlage sind nach der Rechtsprechung grundsätzlich auch dann anwendbar, wenn das Austauschgeschäft ein sog. „gewöhnliches Umsatzgeschäft im Rahmen des laufenden Geschäftsverkehrs“ ist. 1951

Ist der Tatbestand der verdeckten Sacheinlage verwirklicht, besteht die Geldeinlagepflicht fort (S. 1 in §§ 19 Abs. 4 GmbHG, 27 Abs. 3 AktG). Jedoch sind im Gegensatz zur früheren Rechtslage die über die Sacheinlage geschlossenen Verträge und die Erfül- 1952

156 Ausführlich und sehr differenziert OLG Dresden, Urt. v. 12.1.2017 – 8 U 332/16, ZIP 2017, 2355 = NZG 2017, 985.

lungsgeschäfte nicht unwirksam (S. 2). Auf die fortbestehende Geldeinlagepflicht des Aktionärs wird der Wert des – verdeckt eingelegten – Vermögensgegenstandes im Zeitpunkt der Anmeldung der Gesellschaft zur Eintragung in das Handelsregister oder im Zeitpunkt seiner Überlassung an die Gesellschaft, falls diese später erfolgt, angerechnet (S. 3). Die Anrechnung erfolgt mit der Überlassung an die Gesellschaft, aber nicht vor Eintragung der Gesellschaft in das Handelsregister (S. 4). Die Beweislast für die Werthaltigkeit des Vermögensgegenstandes im Zeitpunkt der Anrechnung trägt der Aktionär/Gesellschafter (S. 5).

Beispiel (nach BGH, Urt. v. 19.1.2016 – II ZR 61/15, ZIP 2016, 615): Eine verdeckte Sacheinlage einer Altforderung des Gesellschafters liegt z.B. im Rahmen einer Kapitalerhöhung sowohl dann vor, wenn erst die geschuldete Bareinlage eingezahlt und sodann zur Tilgung der Gesellschafterforderung zurückgezahlt wird (Fall 1), als auch dann, wenn in umgekehrter Reihenfolge erst die Gesellschafterforderung getilgt und der erhaltene Betrag sodann ganz oder teilweise als Bareinlage zurückgezahlt wird (Fall 2). Zwar bleibt beidesmal die Bareinlagepflicht fortbestehend offen, durch die tatsächlich erbrachte andere Leistung auf die Kapitalerhöhung ist aber eine Forderung des Gesellschafters gegen die GmbH aus ungerechtfertigter Bereicherung in entsprechender Höhe entstanden. Diese Rückzahlungsforderung hätte auf dem Wege einer offenzulegenden und der registergerichtlichen Prüfung zu unterwerfenden Sacheinlage eingebracht werden können.

Nach §§ 56 Abs. 2 und 19 Abs. 4 S. 3 GmbHG ist nun auf die wegen Umgehung der Sacheinlagevorschriften fortbestehende Bareinlagepflicht des Gesellschafters (§ 19 Abs. 4 S. 1, 3 GmbHG) der Wert der Bereicherungsforderung zu dem in § 19 Abs. 4 S. 3 GmbHG bezeichneten Zeitpunkt anzurechnen. Der Inferent muss dazu im Fall 1 nachweisen, dass seine ursprüngliche Forderung gegen die Gesellschaft im Zeitpunkt der Anmeldung der Kapitalerhöhung vollwertig war, im Fall 2 im Zeitpunkt der Rückzahlung. Gegen eine solche Vollwertigkeit spricht jeweils die Überschuldung der Gesellschaft, noch nicht unbedingt eine Unterbilanz.

1953 Gegenstand einer verdeckten Sacheinlage können nur **einlagefähige Gegenstände** sein. Hierzu gehören weder die Verpflichtung zu Dienstleistungen (§ 27 Abs. 2 HS. 2 AktG analog)[157] noch sonstige schuldrechtliche Ansprüche, die gegen den Gesellschafter gerichtet sind (Sozial- und Drittansprüche gegen den Gesellschafter).

Beispiel: Deshalb liegt keine verdeckte Sacheinlage vor, wenn ein Gesellschafter nach der Zahlung der Einlage für die Gesellschaft Dienstleistungen erbringt und hierfür eine Vergütung erhält – auch dann, wenn dies von vornherein so vereinbart war[158].

1954 Liegt danach keine verdeckte Sacheinlage vor, muss allerdings geprüft werden, ob die Geldeinlagepflicht des Aktionärs nach der Vorschrift des § 27 Abs. 4 AktG, § 19 Abs. 5 GmbHG fortbesteht. Das ist dann der Fall, wenn *kein werthaltiger*, jederzeit fällig zu stellender *Rückgewähranspruch* besteht **oder** eine schon bei Errichtung der Gesellschaft vereinbarte oder jedenfalls beabsichtigte Hin- und Her-Zahlung bei der Anmeldung der Gesellschaft zum Handelsregister *nicht angegeben* wurde (vgl. auch Rn. 1674).

Beispiel: Erbringt ein Gesellschafter eine entgeltliche Dienstleistung für die Gesellschaft und war die Vergütung auch von Anfang an vereinbart, handelt es sich nur dann um einen Fall nach § 27 Abs. 4 AktG, § 19 Abs. 5 GmbHG, wenn die Gesellschaft diese Dienste nicht sowieso und anderenfalls von einem Dritten hätte einkaufen müssen.

157 Dienstleistungen können im Gesellschaftsvertrag aber (als Nebenleistungspflichten) ergänzend zur Einlage als Gesellschafterpflicht vereinbart werden (vgl. § 3 Abs. 2 GmbHG).

158 Zur GmbH: BGHZ 180, 38 = NJW 2009, 2375 Rn. 9 ff. – „Qivive"; ebenso für die Aktiengesellschaft: BGHZ 184, 158 = NJW 2010, 1747 Rn. 14 ff. – „Eurobike".

§§ 27 Abs. 4 AktG, § 19 Abs. 5 GmbHG sollen nur die verdeckte Finanzierung der Einlage oder den bloßen Austausch von Forderungen verhindern.

2. Aufrechnungsverbot

Nach § 19 Abs. 2 GmbHG ist eine Aufrechnung durch den Gesellschafter gegen seine Einlageforderung unzulässig, sofern insoweit nicht von vornherein eine Sacheinlage der aufrechenbaren Forderung wirksam vereinbart war. Die Aufrechnung würde es dem Gesellschafter ermöglichen, sich ohne effektive Kapitalbeschaffung von seiner Einlageschuld zu befreien, wobei er u.U. lediglich eine gegenüber der GmbH bestehende, wertlose Forderung verliert. 1955

Nicht ausgeschlossen ist die Aufrechnung durch einen Gesellschafter, durch die Gesellschaft oder eine Aufrechnungsvereinbarung zwischen ihr und dem Gesellschafter, wenn die strengen Regeln der Kapitalaufbringung beachtet werden, insb. also die Gegenforderung vollwertig ist.[159]

Beispiel: Nach Jahren ist in der Krise der GmbH noch eine Restforderung auf die Einlage offen, weil der Gesellschafter anfänglich nur den Mindestbetrag gem. § 7 Abs. 2 GmbHG eingezahlt hatte (gegen diesen ist von vornherein jede Aufrechnung verboten, weil er effektiv und zur freien Verfügung der Geschäftsführer gezahlt werden muss). Hat der Gesellschafter inzwischen seinerseits Forderungen gegen die Gesellschaft erworben, aus Gesellschafterdarlehen oder Lieferungen und Leistungen an die Gesellschaft, sind diese regelmäßig nicht mehr vollständig vermögensmäßig gedeckt. Hier kann sich der Gesellschafter nun nicht durch Aufrechnung seiner (nicht voll werthaltigen) Forderungen gegen seine bestehende (werthaltige) Einlageschuld befreien.

Eine Erfüllung der Einlageforderung durch Aufrechnung ist einerseits in der Weise denkbar, dass der Gesellschafter *gegen* die Einlageforderung aufrechnet; andererseits kann auch die Gesellschaft *mit* der Einlageforderung aufrechnen, z.B., weil der Gesellschafter sie aufgrund seiner Stimmenmehrheit dazu veranlasst. Für diese gilt daher dasselbe. 1956

Bei der AG gilt jede Aufrechnung gegen bzw. mit einer Einlageforderung als (verdeckte) Sacheinlage (§ 27 Abs. 1 S. 2 AktG), so dass mangels satzungsmäßiger Vereinbarung und Anmeldung stets § 27 Abs. 3 AktG anzuwenden ist. 1957

II. Kapitalerhaltung in Kapitalgesellschaften

Die Vermögensbindung in der GmbH unterscheidet sich von derjenigen bei der AG. 1958

1. Kapitalerhaltung in der AG

Für die AG gilt der **Grundsatz einer strengen Kapitalbindung**. Gem. § 57 AktG dürfen Einlagen den Aktionären nicht zurückgewährt (§ 57 Abs. 1 S. 1), insb. keine festen Zinszusagen gegeben werden (Abs. 2). Die Ausschüttung an die Aktionäre wird auf den Bilanzgewinn der AG – unter Abzug gesetzlicher Rücklagen (§ 150 AktG) und satzungsmäßiger Gewinnrücklagen – beschränkt (§§ 57 Abs. 3 i.V.m. 58 Abs. 4 AktG). Dieses Ausschüttungsverbot knüpft – anders als im Recht der GmbH – *nicht an das zur* 1959

159 Bei zeitlichem Zusammenhang mit der Gründung kann eine nicht gem. § 5 Abs. 4 GmbHG angemeldete Aufrechnung allerdings eine verdeckte Sacheinlage darstellen.

Erhaltung des Grundkapitals erforderliche Gesellschaftsvermögen an, sondern **betrifft das gesamte Vermögen der AG**. § 57 Abs. 1 AktG verbietet nicht nur jede offene Ausschüttung außerhalb der Verteilung des Bilanzgewinns an Aktionäre, sondern auch jede „verdeckte Gewinnausschüttung".

Solche kommen in der Praxis z.B. als Austauschgeschäfte zwischen Aktionär und AG zu wertmäßig unangemessenen Konditionen vor oder durch Zahlung unangemessen hoher „Aufwandsentschädigungen", von „Beraterhonoraren" etc. ohne entsprechende Gegenleistung des Aktionärs. Dazu gehört auch ein Tätigwerden z.B. der Rechts- oder Steuerabteilung des Unternehmens in Angelegenheiten eines (Haupt-) Aktionärs.

Jeder Verstoß gegen die Kapitalbindung nach § 57 AktG bewirkt einen verschuldensunabhängigen Rückgewähranspruch der AG gegen den Aktionär (§ 62 Abs. 1 S. 1 AktG).

1960 Bei der AG fehlt eine solidarische Haftung der anderen Aktionäre. Die Vorstandsmitglieder haften daher gegenüber der Gesellschaft für alle verbotenen Zahlungen an Aktionäre gem. § 93 Abs. 3 Nrn. 1–9 AktG. Diese Haftung ist verschuldensunabhängig. Gegenüber der Gesellschaft besteht sie jedoch nicht, soweit sie auf einem Beschluss der Hauptversammlung beruht (Abs. 4). Soweit Gläubiger der Gesellschaft dadurch einen Ausfall erleiden, besteht die Haftung ihnen gegenüber (durch die AG unbeschränkbar und unverzichtbar) auch über die Beschränkung in Abs. 4 hinaus (Abs. 5).

2. Besonderheiten des GmbH-Rechts

1961 Während für die AG also eine umfassende, auf das ganze Gesellschaftsvermögen bezogene Vermögensbindung besteht, die gleichzeitig dem Gläubiger- und Minderheitenschutz dient, ist bei der GmbH zwischen der auf das Stammkapital beschränkten **Vermögensbindung im Gläubigerinteresse** (§§ 30, 31 GmbHG) und der umfassenden **Vermögensbindung im Interesse der Mitgesellschafter** (Verbot von Sondervorteilen als Gegenstand der Treuepflicht) **zu unterscheiden**.

Abgerundet wird die Kapitalerhaltung, wie bei der AG auch, indem die Gesellschaft eigene Anteile nur unter bestimmten Voraussetzungen (vgl. Rn. 1977) erwerben darf.

1962 § 30 Abs. 1 S. 1 GmbHG verbietet (nur) die Auszahlung des zur Erhaltung des Stammkapitals erforderlichen Vermögens an die Gesellschafter.[160] Offene und verdeckte Ausschüttungen sind bei der GmbH also nur soweit verboten, wie dadurch das Stammkapital angegriffen wird (also eine sog. Unterbilanz hergestellt oder vertieft wird). Nur in diesem Umfang trifft den GmbH-Gesellschafter im Interesse der auf das Stammkapital vertrauenden Gläubiger die verschuldensunabhängige Rückgewährpflicht des § 31 GmbHG. Ein Schutz auch von obligatorisch zu bildenden gesetzlichen Rücklagen (bei der AG verweist § 58 Abs. 4 AktG auch auf § 150 AktG) und weiteren satzungsmäßig zu bildenden Gewinnrücklagen (§ 58 Abs. 3 AktG) findet bei der GmbH anders als bei der AG nicht statt.

---

160 **Zahlungen** einer GmbH **an eine Schwestergesellschaft**, die gar nicht ihre Gesellschafterin ist, können dabei ebenfalls gegen § 30 GmbHG verstoßen, weil sie **dem (gemeinsamen) Gesellschafter zuzurechnen** sind; ebenso Zahlungen aus dem Vermögen einer GmbH & Co. KG an einen Gesellschafter der Komplementär-GmbH oder einen Kommanditisten bzw. an deren Gläubiger, BGH, Urt. v. 21.3.2017 – II ZR 93/16, NJW-RR 2017, 1069 = NZG 2017, 658. Dazu Fn. 190 (WP-Examen 2019/I).

War der Empfänger allerdings gutgläubig, wird die auf den Erhalt des Stammkapitals begrenzte Rückgewährspflicht zudem darauf beschränkt, in welcher Höhe sie zur Befriedigung der Gesellschaftsgläubiger erforderlich ist (§ 31 Abs. 2 GmbHG). Der Anspruch gem. § 31 GmbHG entfällt allerdings nicht nachträglich dadurch, dass das Nettovermögen zwischenzeitlich anderweitig, z.B. durch spätere Gewinne, bis zur Höhe der Stammkapitalziffer wiederhergestellt wäre.

a) Solidarhaftung der Gesellschafter

Gem. § 31 Abs. 3 GmbHG haften bei Ausfall die übrigen Gesellschafter solidarisch. Die **1963**
Gesellschafter, die gem. § 31 Abs. 3 GmbHG Beträge erstattet haben, können von Geschäftsführern, die ein Verschulden an den Zahlungen trifft, Ersatz verlangen (§ 31 Abs. 6 GmbHG).

Beispiel: Eine lehrreiche und lesenswerte Entscheidung zur Solidarhaftung von GmbH-Gesellschaftern nach §§ 30, 31 GmbHG enthält OLG Hamm, Urt. v. 13.3.2017 – 8 U 79/16, ZIP 2017, 1761 = NZG 2017, 741. Die durch Veruntreuungen und Unterschlagungen eines mittlerweile insolventen Gesellschafter-Geschäftsführers zulasten der GmbH bereits geschädigte Mitgesellschafterin lieferte im Rahmen ihrer Strafanzeige gegen ihn genau diejenigen Beweise für seine Vermögensbeschädigungen der GmbH, aufgrund derer dann sie selbst vom Insolvenzverwalter der inzwischen ebenfalls insolventen GmbH „solidarisch" auf Ersatz des Stammkapitals in Anspruch genommen wurde. Dass sie durch diese Ausfallhaftung doppelt belastet wird, sei hinzunehmen.

b) Geschäftsführerhaftung

Nach § 43 Abs. 3 GmbHG haftet zudem auch der Geschäftsführer, wenn entgegen § 30 **1964**
GmbHG Auszahlungen vorgenommen oder wenn entgegen § 33 GmbHG eigene Anteile erworben waren und daraus Schaden entstanden ist. Eine Schadensersatzpflicht besteht auch dann, wenn entgegen § 43a GmbHG aus gebundenem Vermögen Kredite an Geschäftsführer[161] gewährt worden waren und daraus ein Schaden entstanden ist, oder aber, wenn entgegen den §§ 30, 31 GmbHG gebundenes Vermögen an Gesellschafter ausgekehrt worden war und daraus Schaden entstanden ist, und vor allem, wenn entgegen § 15a Abs. 1 InsO nicht rechtzeitig das Insolvenzverfahren beantragt worden war, vielmehr weitergemacht worden war und dadurch weitere Verluste entstanden waren. Entsprechend wäre die Masse aufzufüllen.

Nach dieser Vorschrift ist – abweichend von § 30 Abs. 1 S. 2 GmbHG – der Darlehens- **1965**
rückzahlungsanspruch gegen den Geschäftsführer bei der Prüfung, ob die an ihn zu zahlende Darlehensvaluta aus ungebundenem Vermögen geleistet werden darf, als nicht werthaltig zu unterstellen und darf damit – insoweit – nicht aktiviert werden. Verboten ist nach § 43a GmbHG ein Darlehen, das bei – unter Berücksichtigung dieser Berechnungsweise – bestehender Unterbilanz ausgereicht wird oder durch dessen Ausreichung eine Unterbilanz entsteht. § 43a GmbHG ist nicht nur auf Kredite an Fremdgeschäftsführer, sondern auch an Gesellschafter-Geschäftsführer anwendbar (BGHZ 157, 72, 73 f. – „Novemberurteil").

Der Wirksamkeit eines unter Verstoß gegen § 43a GmbHG ausgereichten Kredits und damit der notwendigen Aktivierung des Rückzahlungsanspruchs gegen den Empfän-

161 Das gilt auch für Kredite an leitende Mitarbeiter, insb. an Prokuristen (§ 48 HGB) und Handlungsbevollmächtigte (§ 54 HGB).

ger – im Umfang, wie dieser wirtschaftlich werthaltig ist – steht das Verbot des § 43a GmbHG dann aber nicht entgegen.

c) Umfassende Vermögensbindung im Minderheitsinteresse

1966 Über die Erhaltung des Stammkapitals gem. § 30 GmbHG hinaus besteht ähnlich der AG eine umfassende Vermögensbindung, wenn Minderheitsgesellschafter einer GmbH vorhanden sind. Verschafft sich ein Gesellschafter durch eine offene oder verdeckte Vermögensverlagerung zu Lasten der Mitgesellschafter einen Sondervorteil[162], löst dies zwei verschiedene Ansprüche aus:

- einen verschuldensabhängigen Anspruch auf Schadensersatz wegen Treuepflichtverletzung (analog §§ 280 Abs. 1, 241 Abs. 2 BGB als Nebenpflicht aus dem Gesellschaftsverhältnis), sowie
- einen verschuldensunabhängigen, gesellschaftsrechtlichen oder bereicherungsrechtlichen (§ 812 Abs. 1 S. 1 Alt. 1 BGB) Anspruch auf Rückgewähr des Sondervorteils. Diesem Anspruch liegt die Wertung zugrunde, dass entweder solche verbotene Einlagenrückgewähr nichtig sein muss oder aber jedenfalls das Vermögen der Gesellschaft aufgrund der gemeinsamen Zweckbindung im Grundsatz allen Gesellschaftern in gleicher Weise zusteht und die Gesellschafter Anspruch auf Gleichbehandlung haben. Da die gemeinsame Zweckverfolgung nur durch Rückgewähr des Sondervorteils sichergestellt werden kann, folgt der Anspruch aus einer ergänzenden Auslegung des Gesellschaftsvertrags (zur Geschäftsführerhaftung vgl. Rn. 1964).

3. Ausnahmen bei AG und GmbH

1967 Wie bei der AG in § 57 Abs. 1 S. 3, 4 AktG ist der Anwendungsbereich des Kapitalerhaltungsgebots auch bei der GmbH in § 30 Abs. 1 S. 2, 3 GmbHG für bestimmte Ausnahmefälle eingeschränkt:

a) Vertragskonzern

1968 Das Zahlungsverbot besteht nicht, wenn die Leistung im Rahmen eines bestehenden **Beherrschungs- oder Gewinnabführungsvertrags** (§ 291 AktG) erbracht wird (§§ 57 Abs. 1 S. 3 Alt. 1, 291 Abs. 3 AktG; § 30 Abs. 1 S. 2 Alt. 1 GmbHG).

b) Wertmäßige Deckung

1969 Ebenso gilt das Zahlungsverbot nicht, wenn die Leistung durch einen vollwertigen Gegenleistungs- oder Rückgewähranspruch gegen den Gesellschafter gedeckt ist (§ 57 Abs. 1 S. 3 Alt. 2 AktG, § 30 Abs. 1 S. 2 Alt. 2 GmbHG). Besteht dabei die Leistung nicht in einer Kreditgewährung an Gesellschafter[163], sondern handelt es sich um ein Austauschgeschäft zwischen Gesellschaft und Gesellschafter zu Lasten des gebundenen Vermögens, liegt in seiner Erfüllung nur dann keine verbotene Auszahlung, wenn – im Fall einer Veräußerung von Gesellschaftsvermögen an einen Gesellschafter – der Kaufpreisanspruch der Gesellschaft (=„Gegenleistungsanspruch“) vollwertig ist und in der

---

162 Ein solcher kann auch in Zahlungen einer GmbH an eine Schwestergesellschaft liegen.

163 Für Kredite an Gesellschafter-Geschäftsführer geht § 43a GmbHG vor und fingiert die Wertlosigkeit des Rückzahlungsanspruchs abstrakt-generell, also unabhängig von der tatsächlichen Werthaltigkeit im Einzelfall.

Höhe nach dem objektiven Wert den Verlust des Gegenstandes „deckt“ (Vollwertigkeits- und Deckungsgebot); beim Erwerb von Gesellschaftsvermögen von einem Gesellschafter gilt das Gebot der Vollwertigkeit (des Gegenstandes) und der wertmäßigen Deckung (des Preises) entsprechend. Bei einem zu Lasten der Gesellschaft *wirtschaftlich unausgeglichenen Austauschgeschäft* handelte es sich um eine *verdeckte Gewinnausschüttung* an den Gesellschafter. Die Erstattungspflicht bei einer verdeckten Gewinnausschüttung besteht dann (nur) in Höhe der Wertdifferenz von Leistung und Gegenleistung; bei der GmbH noch weiter eingeschränkt nur insoweit, als die Wertdifferenz gerade das Stammkapital betrifft, also eine Unterbilanz herstellt oder vertieft.

c) Zahlungen auf nachrangige Gesellschafterforderungen (§ 135 InsO)

Gem. § 57 Abs. 1 S. 4 AktG, § 30 Abs. 1 S. 3 GmbHG ist das Zahlungsverbot schließlich nicht anzuwenden auf die Rückgewähr eines Gesellschafterdarlehens oder Leistungen auf Forderung aus Rechtshandlungen, die einem Gesellschafterdarlehen wirtschaftlich entsprechen[164] – allerdings nur bis zur Tilgungsgrenze des § 92 Abs. 2 S. 3 AktG, § 64 S. 3 GmbHG. Für Zahlungen auf solche nachrangigen Gesellschafterforderungen (früher sog. eigenkapitalersetzende Darlehen) gelten seit dem MoMiG (2008) ausschließlich die §§ 39, 44a und 135 InsO. Forderungen auf Rückgewähr eines Gesellschafterdarlehens und Forderungen aus Rechtshandlungen, die einem solchen Darlehen wirtschaftlich entsprechen, sind nachrangig (§ 39 Abs. 1 Nr. 5 InsO; Ausnahmen: das sog. *Sanierungsprivileg* gem. § 39 Abs. 4 S. 2 InsO und das sog. *Zwerganteilsprivileg* gem. § 39 Abs. 5 InsO). Hat der Gesellschafter/Aktionär eine Leistung auf seinen Darlehensrückgewähranspruch oder seine gleichgestellte Forderung von der Gesellschaft bereits erlangt hat, unterliegt diese Zahlung/Leistung der Insolvenzanfechtung durch den Insolvenzverwalter (§§ 135 Abs. 1 Nr. 2 InsO i.V.m. § 143 InsO), ist also zur Insolvenzmasse zu erstatten. **1970**

Hat des Weiteren ein Gesellschafter der Gesellschaft einen für die Fortführung des Betriebes notwendigen Gegenstand zur Nutzung überlassen (früher sog. eigenkapitalersetzende Nutzungsüberlassung), kann er seinen Aussonderungsanspruch (§ 47 InsO) für längstens ein Jahr nicht geltend machen (§ 135 Abs. 3 InsO). **1971**

Beispiel: Hat ein Gesellschafter zusätzlich zu seiner Beteiligung als Gesellschafter eine (typische) stille Beteiligung übernommen, stellt der Anspruch auf Rückgewähr der stillen Einlage eine einem Darlehen gleichgestellte Forderung dar. Sofern der Anfechtungsgegner unmittelbar am Haftkapital der Gesellschaft beteiligt ist, seine Beteiligung über das Kleinbeteiligungsprivileg des § 39 Abs. 5 InsO hinausgeht und kein Fall des § 39 Abs. 4 S. 2 InsO vorliegt, sind die Tatbestandsvoraussetzungen des § 135 Abs. 1 InsO in personeller Hinsicht erfüllt. In diesem Fall kommt es nicht darauf an, ob die Rechte des Anfechtungsgegners aus dem Darlehen oder der dem Darlehen gleichgestellten Forderung diesem für sich genommen eine Rechtsposition verschaffen, die der eines Gesellschafters entspricht. Dabei ist eine mittelbare Beteiligung am Haftkapital der Gesellschaft für eine Gesellschafterstellung ausreichend, wenn diese der unmittelbaren Beteiligung gleichsteht. Die von einem (mittelbaren) Alleingesellschafter zusätzlich übernommene stille Einlage ist als darlehensgleiche Leistung dieses Gesellschafters anzusehen.[165]

164 Das kann z.B. die Kreditvergabe einer Gesellschaft an ihre von einer gemeinsamen Mutter beherrschte Schwester-GmbH sein, bei der dieses u.U. als Gesellschafterdarlehen zu behandeln sein kann.
165 Beschl. v. 23.11.2017, NZG 2018, 109 = MDR 2018, 113.

4. Zahlungsverbot bei Insolvenz

1972 Ein *allgemeines Zahlungsverbot* besteht nach § 92 Abs. 2 S. 1 AktG, § 64 S. 1 GmbHG bei Eintritt der Insolvenzantragspflicht (§ 15a InsO).[166] Zeitlich früher sind nach § 92 Abs. 2 S. 3 HS. 1 AktG, § 64 S. 3 HS. 1 GmbHG zudem bereits Zahlungen *an Aktionäre/Gesellschafter* im Vorfeld der Insolvenzreife verboten, soweit sie zur Zahlungsunfähigkeit der Gesellschaft führen müssten (*Insolvenzverursachungsverbot*); dabei ist allerdings lediglich die Herbeiführung der Zahlungsunfähigkeit, nicht hingegen der Überschuldung erfasst.

1973 Ausgenommen von den Zahlungsverboten, dem allgemeinen wie dem Insolvenzverursachungsverbot, sind (nur) Zahlungen, die dann noch „mit der Sorgfalt eines ordentlichen Geschäftsmanns vereinbar" sind (§ 92 Abs. 2 S. 2 und S. 3 HS. 2 AktG, § 64 S. 2 und S. 3 HS. 2 GmbHG). Vgl. dazu auch die Business Judgement Rule s. Rn. 1741, 1774.

1974 § 64 S. 1, 2 GmbHG ist keine Schadenersatznorm, sondern enthält einen Ersatzanspruch eigener Art, der nur entfällt, soweit die durch die Zahlung verursachte Schmälerung der Masse in einem unmittelbaren Zusammenhang mit ihr ausgeglichen wird. Davon ist nach dem BGH[167] nur dann auszugehen, wenn ein dem Gläubigerzugriff unterliegender Vermögenswert zufließt, der für eine Verwertung durch die Gläubiger geeignet sei. Das sind Arbeits- oder Dienstleistungen i.d.R. nicht (ebenso nicht Verbrauchsgüter). Vergleichbar genügt dem OLG München[168] nicht, dass der Gesellschaft aufgrund des der Zahlung zugrundeliegenden Rechtsgeschäfts eine Forderung auf eine Gegenleistung zusteht. Die Regeln des Bargeschäfts nach § 142 InsO sind insoweit nicht entsprechend anwendbar.

1975 Dem allgemeinen Zahlungsverbot wie demjenigen an Aktionäre/Gesellschafter zuwider erfolgte (verbotene) Zahlungen führen zu einer Haftung der Geschäftsleiter gem. § 93 Abs. 3 Nr. 6 AktG, § 64 S. 1 GmbHG.[169] Diese Haftung kann in einer GmbH nicht durch Verzicht oder explizite Anweisung durch die Gesellschafter zur Zahlung erlassen werden (§ 43 Abs. 3 und 4 i.V.m. § 64 S. 4 GmbHG); sie verjährt in fünf Jahren. In einer AG entfällt die Vorstandshaftung, sofern die Zahlung auf einem gesetzmäßigen Hauptversammlungsbeschluss beruht (also insbes. bei ordnungsgemäßer Ausschüttung von Dividenden; vgl. § 93 Abs. 4 S. 1 AktG) oder bei einem Verzicht durch die Hauptversammlung unter den Voraussetzungen des § 93 Abs. 4 S. 3 AktG (drei Jahre; kein Widerspruch von mind. 10 % des Grundkapitals) oder S. 4 (Insolvenz des Vorstandsmitglieds und Regelung in einem Planverfahren). Die Verjährungsfrist besträgt fünf Jahre (bzw. zehn bei börsennotierten Gesellschaften).

1976 Aktionäre bzw. Gesellschafter als Empfänger solcher Zahlungen haften für die Rückgewähr nach § 62 Abs. 1 S. 1 AktG bzw. § 31 GmbHG, soweit die Zahlungen zugleich das zur Erhaltung des Grund-/Stammkapitals erforderliche Vermögen beeinträchtigt

---

166 Lt. BGH, Urt. v. 19.12.2017 – II ZR 88/16, NJW 2018, 1089 = NZG 2017, 343 sind bei der Feststellung der Zahlungsunfähigkeit gemäß § 17 Abs. 2 S. 1 InsO anhand einer Liquiditätsbilanz auch die innerhalb von drei Wochen nach dem Stichtag fällig werdenden und eingeforderten Verbindlichkeiten (sog. Passiva II) einzubeziehen (Ablehnung der sog. **Bugwellentheorie** bei der Abgrenzung zur bloßen Zahlungsstockung). Die Insolvenzantragspflicht liegt damit nun früher (vgl. Rn. 2805 ff.).

167 Urt. v. 4.7.2017 – II ZR 319/15, ZIP 2017, 1619 = NZG 2017, 1034.

168 Urt. v. 22.6.2017 – 23 U 3769/16, ZIP 2017, 1368 = NZG 2017, 1437.

169 Für diese Haftung gilt der Deckungsschutz durch D&O-Versicherungen nicht, so OLG Düsseldorf, Urt. v. 20.7.2018 – 4 U 93/16, ZIP 2018, 1542.

haben.[170] Im Übrigen haften die Empfänger verbotener Zahlungen gem. §§ 129 ff. InsO nur bei Vorliegen eines Anfechtungsgrundes (stets wohl zumindest nach § 130 InsO).

5. Erwerb eigener Anteile

Der Erwerb eigene Anteile kann *ausschließlich bei Kapitalgesellschaften* auftreten. Bei 1977
Personengesellschaften hingegen ist der Erwerb eigener Anteile durch die Gesellschaft nicht möglich, da hier das Anwachsungsprinzip gem. §§ 139, 142 HGB i.V.m. § 738 BGB gilt. Der Erwerb eigener Geschäftsanteile durch eine Kapitalgesellschaft ist eine Art der Einlagerückgewähr. Nach § 71 AktG, § 33 GmbHG ist der Erwerb eigener Anteile daher nur unter bestimmten Voraussetzungen zulässig.

Denkbare Gründe sind:
- Ein Gesellschafter scheidet aus dem Unternehmen aus, die verbleibenden Gesellschafter möchten jedoch keine privaten Mittel aufbringen um den Geschäftsanteil zu erwerben.
- Ein Gesellschaftsanteil muss eingezogen werden (Insolvenz des Gesellschafters o.ä.).
- Ein Gesellschaftsanteil wird von einem Gesellschafter verkauft (scheidet aus dem Unternehmen aus) und soll zu einem späteren Zeitpunkt einem etwaigen neuen Gesellschafter angeboten werden.

Vorteile gegenüber dem Erwerb der Anteile durch die verbleibenden Gesellschafter:
- Keiner der verbleibenden Gesellschafter muss eigene Mittel aufbringen und kommt dennoch in den Genuss eines höheren Beteiligungswertes.
- Die Erwerbskosten für den notariell beurkundeten Abtretungsvertrag (Formerfordernis wie beim üblichen „Erwerb" von Gesellschaftsanteilen an einer GmbH) gehen zu Lasten der Gesellschaft.
- Etwaige Finanzierungskosten gehen zu Lasten der Gesellschaft und wirken sich dort steuermindernd aus.

Bei Aktiengesellschaften hat der Erwerb eigener Aktien zumeist folgende Gründe:
- Kurssteigerung auf den Kapitalmärkten,
- Optimierung des Verhältnisses von Eigen- und Fremdkapital (Leverage-Effekt),
- Alternative zur Dividendenausschüttung,
- Gestaltung der Beteiligungsstruktur,
- Aufbau wechselseitiger Beteiligungen (eigene Anteile als Tauschobjekte),
- Erwerb für den Rückzug von der Börse (going private).

Die GmbH darf nur Geschäftsanteile erwerben, die in voller Höhe eingezahlt wurden 1978
(§ 33 Abs. 1 GmbHG). Die Gesellschaft kann zum Erwerb eigener Geschäftsanteile nur Mittel verwenden, die ihr über das Stammkapital und etwaiger gesellschaftsrechtlich vorgeschriebener Rücklagen hinaus zur Verfügung stehen (§ 33 Abs. 2 GmbHG). Schließlich muss noch mindestens ein Gesellschafter vorhanden sein, ansonsten wäre die GmbH zu liquidieren.

170 Umstr. ist, inwieweit diese Sonderregelung für Aktionäre auch für Zahlungen gilt, die nicht im Zusammenhang mit deren Aktionärsstellung erfolgt sind (z.B. Löhne und Gehälter an **Belegschaftsaktionäre**). Die h.M. bejaht die besondere Rückzahlungspflicht auch in diesen Fällen (RGZ 150, 28, 35; BGHZ 31, 258, 276; BGH NJW 1987, 1194, 1195; BGHZ 121, 31, 41 f = NJW 1993, 392, 394; BGH NJW 1996, 589; dagegen z.B. *Flume,* ZHR 144 (1980), 18, 19 ff., *Sieker,* ZGR 1995, 250, 261). Dieselbe Problematik stellt sich im Zusammenhang mit § 57 AktG.

1979 **Für die AG** ist der Erwerb eigener Aktien u.a. zulässig,

- wenn die Notwendigkeit besteht, einen schweren, unmittelbar bevorstehenden Schaden von der Gesellschaft abzuwenden (§ 71 Abs. 1 Nr. 1 AktG). Ein Schaden der Aktionäre genügt hier nicht, sondern entscheidend ist, dass der Schaden der AG drohen muss;
- um die Aktien Arbeitnehmern der Gesellschaft oder eines mit ihr verbundenen Unternehmens zum Erwerb anzubieten (§ 71 Abs. 1 Nr. 2 AktG);
- wenn dieser geschieht, um ausscheidende Aktionäre bei bestimmten gesellschaftsrechtlichen Strukturmaßnahmen abzufinden, so bei Eingehung eines Vertragskonzerns nach § 305 Abs. 2, § 320b AktG oder bei Verschmelzung nach § 29 Abs. 1, bei Spaltung nach § 125 S. 1 i.V.m. § 29 Abs. 1 und beim Formwechsel nach § 207 Abs. 1 S. 1 UmwG (§ 71 Abs. 1 Nr. 3 AktG);
- durch Gesamtrechtsnachfolge (§ 71 Abs. 1 Nr. 5 AktG): Eine Gesamtrechtsnachfolge soll nicht deswegen unzulässig sein, weil sie den Erwerb eigener Aktien mit sich bringt. Fälle der Gesamtrechtsnachfolge sind die Erbschaft nach § 1922 BGB und die Verschmelzung nach § 20 Abs. 1 Nr. 1 UmwG;
- aufgrund eines Beschlusses der Hauptversammlung zur Einziehung der Aktien nach den Vorschriften über die Herabsetzung des Grundkapitals (§ 71 Abs. 1 Nr. 6 AktG).

1980 Aus einem zulässigerweise erworbenen eigenen Geschäftsanteil kann die Gesellschaft **keine mitgliedschaftlichen Rechte** ausüben (§ 71b AktG). Da der § 47 GmbHG hierzu keine Regelung enthält, gilt § 71b AktG entsprechend. Die **Stimmrechte** fallen damit zwangsläufig den verbleibenden Gesellschaftern proportional zu ihren Geschäftsanteilen zu, soweit die Satzung hierzu keine andere Stimmrechtsregelung enthält. Bei einem späteren Verkauf der Anteile an einen Dritten, leben die Gesellschafterrechte wieder anteilmäßig auf.

1981 Nach § 71b AktG stehen der Gesellschaft aus eigenen Aktien damit auch keine Rechte auf einen Anteil am **Gewinn** der Gesellschaft zu. Auf die eigenen Aktien, die die Gesellschaft im Zeitpunkt des Gewinnverwendungsbeschlusses hält, kann sie keine Dividende beziehen. Auch einer GmbH steht aus eigenen Geschäftsanteilen kein Gewinnbezugsrecht zu. Der Jahresgewinn steht deshalb bei der Beschlussfassung über die Ergebnisverwendung insges. (d.h. einschl. des rechnerisch auf den eigenen Geschäftsanteil der GmbH entfallenden Teils) den übrigen Gesellschaftern zu.

a) Bilanzielle Konsequenzen

1982 Der Nennbetrag der eigenen Anteile ist in der Handelsbilanz stets auf der Passivseite in der Vorspalte offen von dem Posten „Gezeichnetes Kapital“ abzusetzen (§ 272 Abs. 1a S. 1 HGB). Auf Ebene der Gesellschaft sind der Erwerb und die Veräußerung eigener Anteile *nicht als Anschaffungs- oder Veräußerungsvorgang*, sondern wie eine **Kapitalherabsetzung** oder Kapitalerhöhung zu behandeln. Nach dem Erwerb ist die Gesellschaft verpflichtet, die nach § 272 Abs. 4 HGB zu bildende Rücklage (Eigenkapitalrücklage) gegen den Gewinnvortrag in Höhe des Kaufpreises des erworbenen eigenen Gesellschaftsanteils zu bilanzieren (**Gewinnverwendungssperre**). Die Aktivierung des erworbenen eigenen Anteils erfolgt im Umlaufvermögen (§ 266 Abs. 2 lit. B III Nr. 2 HGB „eigene Anteile“) nach den geltenden Bewertungsvorschriften (Niederstwertprinzip).

b) Steuerrechtliche Konsequenzen[171]

Auch in der Steuerbilanz sind der Erwerb und die Veräußerung eigener Anteile nicht als Anschaffungs- bzw. Veräußerungsvorgang, sondern wie eine Kapitalherabsetzung oder Kapitalerhöhung zu behandeln. 1983

Für den **Erwerb der Anteile** gilt:
- Behandlung wie eine Herabsetzung des Nennkapitals;
- entsprechende Anwendung von § 28 Abs. 2 KStG in Höhe des Nennbetrages, aber keine Minderung eines bestehenden Sonderausweises gem. § 28 Abs. 2 S. 1 KStG; dagegen
- über die Rückzahlung des herabgesetzten Nennkapitals hinausgehender Betrag: Minderung des steuerlichen Einlagekontos, soweit sie den maßgebenden ausschüttbaren Gewinn übersteigt;
  Erwerb zu (angemessenem) Kaufpreis unterhalb des Nennbetrags: keine Änderungen beim steuerlichen Einlagekonto und bei einem eventuellen Sonderausweis, der Differenzbetrag ist Kapitalherabsetzung ohne Auszahlung an den Gesellschafter (§ 28 Abs. 2 S. 1 KStG ist entsprechend anzuwenden: Differenzbetrag mindert einen bestehenden Sonderausweis, übersteigt der Differenzbetrag den Sonderausweis, erhöht sich insoweit der Bestand des steuerlichen Einlagekontos);
- Kapitalertragsteuer ist nicht einzubehalten und abzuführen;
- bei Zahlung eines überhöhten Kaufpreises kann vGA vorliegen (§ 20 Abs. 1 Nr. 1 S. 2 EStG), ggfs. ist hier Kapitalertragsteuer einzubehalten und abzuführen.

Bei **Weiterveräußerung der Anteile** gilt: 1984
- kein Veräußerungsvorgang, sondern Erhöhung des Nennkapitals;
- in Höhe des Nennbetrags: keine Auswirkungen auf den Bestand des steuerlichen Einlagekontos oder eines bestehenden Sonderausweises bzw.
- Nennbetrag übersteigender Betrag: erhöht Bestand des steuerlichen Einlagekontos;
- (Angemessener) Kaufpreis unterhalb des Nennbetrags: der Differenzbetrag ist als Kapitalerhöhung aus Gesellschaftsmitteln zu behandeln (§ 28 Abs. 1 KStG: der Differenzbetrag vermindert den Bestand des steuerlichen Einlagekontos und führt, soweit der Bestand nicht ausreicht, zur Bildung bzw. Erhöhung eines Sonderausweises);
- zu niedriger Kaufpreis: vGA kann vorliegen, ggf. ist Kapitalertragsteuer einzubehalten und abzuführen.

Beim Anteilseigner stellt der Erwerb eigener Anteile durch die Gesellschaft ein Veräußerungsgeschäft dar. Die Besteuerung erfolgt nach allgemeinen Grundsätzen (§§ 13–18, 20 und § 23 EStG, § 21 UmwStG); die Kapitalertragsteuer ist ggf. durch die auszahlende Stelle zu entrichten (§ 44 Abs. 1 S. 3 und 4 EStG); bei überhöhtem Kaufpreis liegt eine verdeckte Gewinnausschüttung vor und dem Anteilseigner ist in dieser Höhe ein Kapitalertrag i.S.d. § 20 Abs. 1 Nr. 1 S. 2 EStG zuzurechnen. 1985

c) Problem des Leveraged Buy-out

§§ 71 AktG, 33 GmbHG verbieten der Gesellschaft, eigene Anteile zu erwerben. § 71a Abs. 1 S. 1 AktG ergänzen ein **Verbot** jeder „**Financial Assistance**“ beim Erwerb von Aktien, also etwa die Kreditgewährung durch die AG an einen anderen zum Zweck des 1986

171 BMF-Schreiben v. 27.11.2013 (BStBl. I 2013, 1615).

Anteilserwerbs an dieser Gesellschaft. Dessen unbeschadet existieren verschiedene Akquisitionsmodelle, mittels derer Gesellschaften den Erwerb ihrer Anteile durch einen Investor (jedenfalls wirtschaftlich) dennoch selbst finanzieren. Inhaltlich geht es um einen kreditfinanzierten Kauf eines Unternehmens im Wege des Share-Deals[172], der umso attraktiver ist, je niedriger der Fremdkapitalzinssatz gegenüber der Gesamtkapitalrendite des Unternehmens ist (Ziel des Investors ist die Steigerung der Eigenkapitalrentabilität[173]).

Beispiel: Naheliegend wäre eine Kreditaufnahme direkt durch den Investor als Anteilserwerber, der seine Finanzierungskosten mit den künftigen Ausschüttungen amortisiert. Allerdings wird er als Fondsgesellschaft regelmäßig nicht gewillt oder auch nicht in der Lage sein, außer dem zu erwerbenden Aktienpaket andere Kreditsicherheiten zu stellen und ein darüber hinausgehendes (persönliches) Haftungsriskio zu tragen. Zudem stünde entweder der Steueranteil auf die Dividende (pauschal 5 % nichtabziehbare Betriebsausgaben, § 8b Abs. 5 KStG) je nach Verrechenbarkeit mit Verlusten für die Amortisation nicht zur Verfügung oder es würden umgekehrt höhere Finanzierungsaufwendungen mangels steuerpflichtiger Gewinne (vgl. § 8b Abs. 1 KStG) nicht steuermindernd genutzt werden können (beachte insoweit auch die Zinsschranke in § 8a KStG)[174].

1987 Das Interesse von sog. Equity-Investoren geht dahin, dass die „Zielgesellschaft", deren Anteile erworben werden, für die Kredite haftet und alle Zins- und Tilgungslasten der Anteilsfinanzierung trägt. Da die Zielgesellschaft die Kredite an den Investor wegen § 71a AktG nicht einfach selbst vergeben darf, muss die Kreditvergabe zur Anteilsfinanzierung durch eine Bank erfolgen. Um die Finanzierungslast anschließend der Zielgesellschaft zu übertragen, existieren verschiedene Modelle.

Der Erwerb der Anteile erfolgt dabei in allen Fällen durch eine vom Investor (Fondsgesellschaft) – bzw. über eine zwischengeschaltete Holdinggesellschaft – neu zu gründende Tochtergesellschaft (NewCo), die von ihm mit (geringem) Eigenkapital ausgestattet wird. Das Eigenkapital der NewCo entspricht dabei dem erforderlichen Eigenanteil am Kaufpreis für die Zielgesellschaft. Die NewCo nimmt dann zunächst das zum Erwerb erforderliche Darlehen auf und verpfändet dafür der finanzierenden Bank als Sicherheit die zu erwerbenden Anteile an der Zielgesellschaft.

1988 **aa) Merger Buy-out-Modell.** Beim sog. „Merger Buy-out"-Modell wird im nächsten Schritt die Zielgesellschaft zur Aufnahme mit der NewCo verschmolzen (also durch Up-Stream Merger auf die NewCo verschmolzen; §§ 2 ff. UmwG),[175] wodurch das gesamte Vermögen der Zielgesellschaft für das Darlehen haftet. Die somit verschmolzene neue Gesellschaft führt dann den fremdfinanzierten Kaufpreis nebst Zinsen letztlich aus den künftigen Free Cash Flows zurück. Unter Nutzung der in § 24 UmwG vorgesehenen Bilanzierungswahlrechte kann die verschmolzene Gesellschaft zudem einen tendenziell

172 „Investor" wird nachfolgend der Erwerber der Aktien bezeichnet und eine Beteiligungsgesellschaft (Fonds) in der Rechtsform einer Kapitalgesellschaft unterstellt. Zum Share-Deal vgl. Rn. 139; der Aktienerwerb erfolgt also zwischen dem bisherigen Aktionär und dem Investor, ohne Beteiligung der AG („Zielgesellschaft").

173 Daher die Bezeichnung LBO (fremdfinanzierte Unternehmensübernahme): Bei einem geringen Zinssatz für Fremdkapital kann die Eigenkapitalrendite durch Kredite „gehebelt" (engl. ein „Leverage" erzielt) werden.

174 Beachte: § 8a KStG ist zur Prüfung der Verfassungsmäßigkeit anhängig beim BVerfG, Az.: 2 BvL 1/16.

175 Dabei fällt Grunderwerbsteuer auf das ggf. übergehende Immobilienvermögen der übertragenden Zielgesellschaft an, wenn die NewCo mind. 95 % der Anteile an der Zielgesellschaft hält (vgl. § 1 Abs. 3 Nr. 4 GrEStG). V.a. bei großem Immobilienbesitz der Zielgesellschaft kann das durch die alternativen LBO-Modelle vermieden werden.

möglichst hohen Wertansatz der übernommenen Aktiva der Zielgesellschaft erreichen und dadurch zusätzliches Ausschüttungspotenzial an den Investor schaffen.

bb) Down-stream-Modell. Alternativ („Down-Stream Merger"-Modell) kann als zweiter Schritt (umgekehrt) die NewCo auf die Zielgesellschaft verschmolzen werden, wodurch die Darlehensverpflichtung ebenfalls auf diese übergeht, die den künftigen Kapitaldienst wiederum selbst zu erbringen hat. **1989**

cc) Asset Drop-Down-Modell. Ohne Verschmelzungen kann als zweiter Schritt auch ein Formwechsel (§§ 190 ff. UmwG) der Zielgesellschaft in eine Personengesellschaft (z.B. GmbH & Co. KG) erfolgen. Deren Gewinne kann die NewCo ohne Weiteres für den Kapitaldienst entnehmen (ohne Ausschüttung). Außerdem kann die formgewechselte Zielgesellschaft als weiteren, dritten Schritt Vermögen zur Neugründung von Tochtergesellschaften ausgliedern („Asset Drop-Down"-Modell). Auf die Ausgliederung ist wiederum § 24 UmwG (mögliche Aufdeckung stiller Reserven) anwendbar (vgl. Verweis in § 125 UmwG); der daraus entstehende Übertragungsgewinn kann dann ebenfalls von der NewCo entnommen werden. **1990**

dd) Rechtliche Problematik. (1) Soweit der Investor neben dem angestrebten hohen Verschuldungsgrad[176] der (verschmolzenen) Zielgesellschaft zusätzlich die Ausschüttung hoher Dividenden anstrebt (zur Amortisation seines Eigenanteils am gezahlten Kaufpreis bzw. sogar zur Erzielung einer Überrendite), ist **im Fall von Aktiengesellschaften** die strenge Vermögensbindung gem. § 57 AktG zu beachten. Für Ausschüttungen auch aus dem Eigenkapital wäre daher ein Beherrschungs- oder Gewinnabführungsvertrag (§§ 291, 57 Abs. 1 S. 3 AktG) erforderlich, der dann allerdings das Risiko des Fehlschlagens des LBO dem Gesellschafter überträgt (zwingende Verlustübernahme gem. § 302 AktG). Insofern wäre von Anfang an eine weitere Zwischengesellschaft (Holdinggesellschaft; HoldCo) zwischen dem Investor und der NewCo vorzusehen, welche nach Verschmelzen von NewCo und Zielgesellschaft als Gesellschafter/Vertragspartner des Unternehmensvertrages nach § 302 AktG haften würde. **1991**

Das Verbot der „Financial Assistance" in § 71a Abs. 1 AktG wird durch die geschilderten Modelle zwar dem wirtschaftlichen Sinn und der vergleichbaren Interessenlage nach umgangen, allerdings erfolgen Anteilserwerb und Übertragung der Finanzierungslast in exakt umgekehrter Reihenfolge zum Wortlaut der Vorschrift (zur vergleichbaren Problematik beim Wechsel von Kommanditisten Rn. 2046). Zum Tragen käme die Problematik für den Gesellschafter im Insolvenzfall der verschmolzenen Zielgesellschaft; im Übrigen nimmt auch § 71a Abs. 1 S. 3 AktG wiederum Rechtsgeschäfte im Vertragskonzern aus. Auch insoweit wäre also eine HoldCo als weitere Zwischengesellschaft zur Haftungsabschirmung des Investors vonnöten.

Im Übrigen wäre im Hinblick auf Dividendenausschüttungen das Gleichbehandlungsgebot aller Aktionäre in § 53a AktG zu beachten.

(2) Hat die **Zielgesellschaft die Rechtsform einer GmbH**, gelten für Ausschüttungen aus dem Stammkapital die §§ 30, 31 GmbHG für die Gesellschafterhaftung, daneben tritt die Haftung der Geschäftsführer nach § 43 Abs. 2 GmbHG; Relevanz haben diese **1992**

---

176 Die Problematik der Zinsschranke nach § 8a KStG ist hier ebenfalls zu beachten.

Haftungstatbestände nur im Insolvenzfall. Auch die „Financial Assistance“ durch die Zielgesellschaft m.b.H ist lediglich im Hinblick auf den Erhalt des Stammkapitals sowie – ebenfalls nur im eventuellen Insolvenzfall – der Gesellschafterhaftung für existenzvernichtende Eingriffe (vgl. dazu Rn. 1862 ff.) zu betrachten.

1993 **(3)** Zur Problematik der Vorstandshaftung in der AG (§ 93 Abs. 3 Nr. 6 AktG mit Entlastungsmöglichkeit gem. Abs. 4 S. 1 AktG) und der insoweit strengeren Geschäftsführerhaftung in der GmbH (ohne Entlastungsmöglichkeit, vgl. §§ 43 Abs. 3 und 4 i.V.m. § 64 S. 4 GmbHG) s. Rn. 1972 ff.: Zahlungsverbot in der Insolvenz.

1994 **(4)** Zunehmend werden auch börsennotierte Aktiengesellschaften zum Gegenstand von Leveraged Buy-outs. Ziel des Investors ist dabei grundsätzlich, (über die NewCo) die Gesellschaft vollständig zu übernehmen oder zumindest eine die Kontrolle vermittelnde Mehrheit zu erlangen, da andernfalls keines der oben beschriebenen Modelle von ihm allein umsetzbar ist. Als Konsequenz hat die NewCo zwingend ein an alle Aktionäre gerichtetes Übernahmeangebot nach Wertpapierübernahmegesetz (WpÜG) abzugeben, und zwar unabhängig davon, ob sie mindestens 30 % der Stimmrechte über einen Paketerwerb o.ä. erwirbt oder ob sie die Aktien (ohne zuvor eine kontrollierende Beteiligung an dem Unternehmen erworben zu haben) über ein öffentliches Angebot zu erlangen versucht.[177] Allen Aktionären ist im Rahmen des Angebots eine angemessene Gegenleistung anzubieten, § 31 WpÜG i.V.m. §§ 3 ff. WpÜG-AngebotsVO. Erwirbt die NewCo bereits vor Abgabe des Übernahmeangebots Aktien (sog. stake building), so legt der hierbei gezahlte Erwerbspreis zugleich den Mindestpreis für das Übernahmeangebot fest, sofern diese Vorerwerbe innerhalb von 6 Monaten vor Veröffentlichung des Angebots stattfinden (§ 31 WpÜG i.V.m. § 4 WpÜG-AngebotsVO). Sobald die NewCo mindestens 3 % der Stimmrechte hält, hat sie ihre Beteilgung transparent zu machen, §§ 33 ff. Wertpapierhandelsgesetz (WpHG).[178]

1995 Eine weitere Besonderheit aufgrund der Anwendbarkeit des WpÜG besteht darin, dass der Bieter, also die NewCo, bereits vor der Vorlage des Angebots sicherzustellen hat, dass ihm die zur vollständigen Erfüllung des Angebots (d.h. zum Erwerb *aller* Aktien) notwendigen Mittel bei Fälligkeit des Anspruchs auf die Gegenleistung zur Verfügung stehen. Die NewCo, die das Angebot abgeben soll, muss zudem eine schriftliche Bestätigung eines Wertpapierdienstleisters vorlegen, dass diese Voraussetzungen erfüllt sind (§ 13 Abs. 1 WpÜG). Um diese Bestätigung erhalten zu können, muss die geplante Finanzierungsstruktur, mit der im Ergebnis die Aquisitionsfinanzierung und die anfallenden Zinsen aus dem Cashflow der Zielgesellschaft zurückgeführt bzw. bedient werden soll, den o.g. rechtlichen Anforderungen entsprechen. Insb. darf kein Verstoß gegen § 71a oder 57 AktG vorliegen.

1996 Die Zielgesellschaft selbst hat während des gesamten Verfahrens ihre Pflichten zur Adhoc-Publizität im Auge zu behalten.[179] Marktsondierungen, d.h. Gespräche zwischen Investor und insb. Paketaktionären, um im Vorfeld die Erfolgsaussichten des Erwerbsangebots auszuloten, sind ohne Verstoß gegen insiderrechtliche Vorschriften im Rahmen der Vorgaben des Art. 11 MAR zulässig.[180]

---

177 S. dazu näher Rn. 2399.
178 S. dazu näher Rn. 2334.
179 S. dazu näher Rn. 2235.
180 S. dazu näher Rn. 2267 ff.

III. Kapitalerhöhung, -herabsetzung

Kapitalerhöhungen beruhen zumeist auf betriebswirtschaftlichen Ursachen und betreffen überwiegend Kapitalgesellschaften. Kapitalerhöhungen stellen eine wesentliche Quelle ihrer Finanzierung dar. Bei Personenhandelsgesellschaften besteht neben dem Vermögen der Gesellschaft die unbeschränkte Haftung des Privatvermögens der persönlich haftenden Gesellschafter, weshalb bei diesen die Finanzierung über Gesellschafterdarlehen gängiger ist. Auch in der GmbH-Praxis ist eine Gesellschafterfremdfinanzierung aufgrund der oftmals weitgehend personalistischen Struktur häufig eine Alternative zur Kapitalerhöhung. Daher sind Kapitalerhöhungen ausführlich nur im Aktiengesetz geregelt. **1997**

1. Arten der Kapitalerhöhung

Bei der Kapitalerhöhung sind zwei Fälle zu unterscheiden: **1998**

- **Effektive Kapitalerhöhung** = Kapitalerhöhung gegen Einlagen (§§ 182 ff. AktG, §§ 55 ff. GmbHG);
  Sie führt zu einer tatsächlichen („effektiven") Mittelzuführung an die Gesellschaft. Die effektive (auch „ordentliche") Kapitalerhöhung kann modifizierend als bedingte (§§ 192–201 AktG: zweckgebundene Erhöhung des gezeichneten Kapitals; nur für gesetzlich bestimmte Zwecke) oder genehmigte (§§ 202–206 AktG: Erteilung einer Vollmacht durch die Hauptversammlung zur späteren Erhöhung des gezeichneten Kapitals, also „auf Vorrat") Kapitalerhöhung beschlossen werden.
- **Nominelle Kapitalerhöhung** = Kapitalerhöhung aus Gesellschaftsmitteln (§§ 207 ff. AktG, §§ 57c–o GmbHG).
  Sie erfolgt z.B. durch Umwandlung von Rücklagen in Grundkapital, durch Anpassung des Soll- an das Ist-Kapital; die Kapitalbasis der Gesellschaft erhöht sich dadurch nicht, die Eigenkapitalziffer wird nur „nominell" erhöht. Den Aktionären stehen deshalb zwingend im Verhältnis ihrer Anteile am bisherigen Grundkapital Berichtigungsaktien zu, auch Zusatz- oder Gratisaktien genannt (der Ausgabekurs der neuen Aktien ist mit 0,00 € anzusetzen), da sich die Vermögenssituation des Aktionärs nicht ändern kann. Das vorhandene Eigenkapital wird dabei lediglich auf eine größere Anzahl von Aktien verteilt. Grund für die nominelle Kapitalerhöhung ist meist entweder eine Verbilligung der einzelnen Aktien und/oder die Erhöhung der Dividendenrendite pro Aktie.

Beispiel: Auch im Falle der Kapitalerhöhung aus genehmigtem Kapital ist die aufgrund der Ermächtigung durchzuführende Kapitalerhöhung von dem Vorstand gem. § 204 AktG inhaltlich zu bestimmen, aber nicht nochmals zum Handelsregister anzumelden und dort einzutragen. Erst nach dem Beschluss dürfen die Aktien gezeichnet werden. Nach der Zeichnung ist die Durchführung der Kapitalerhöhung zum Handelsregister anzumelden und die Durchführung einzutragen. Das Grundkapital der Aktiengesellschaft ist erst nach der Eintragung der Durchführung der Kapitalerhöhung im Handelsregister erhöht.

Der Vorteil des genehmigten Kapitals liegt in der Schnelligkeit des Handelns. Der Vorstand ist nicht darauf angewiesen, zunächst eine neue Hauptversammlung einberufen und abhalten zu müssen, bevor eine Kapitalerhöhung durchgeführt werden kann. Aus diesem Grunde werden vielfach mehrere Formen eines genehmigten Kapitals beschlossen, die auch mehrmals – jedoch nur in der gesetzlich zulässigen Gesamthöhe – ausgeübt werden können.

Es werden in der Praxis grundsätzlich drei verschiedene Arten des genehmigten Kapitals verwendet, nämlich das Genehmigte Kapital I, II und III. Insb. bei börsennotierten Aktiengesellschaften bedeutet das genehmigte Kapital I eine Ermächtigung zur Durchführung einer Kapitalerhöhung mittels Bareinlage, bei der den Aktionären ein Bezugsrecht zustehen soll. Das genehmigte Kapital II ist regelmäßig für die Expansion des Unternehmens gedacht, um Unternehmenskäufe zeitnah realisieren zu können. Aus diesem Grunde handelt es sich bei dem genehmigten Kapital II i.d.R. um eine Ermächtigung zur Durchführung einer Kapitalerhöhung im Wege der Sacheinlage, bei der das Bezugsrecht der Aktionäre ausgeschlossen ist. Das genehmigte Kapital III dient i.d.R. der Beteiligung von Mitarbeitern an dem Unternehmen im Rahmen eines Optionsprogramms.

1999 Die **effektive Kapitalerhöhung** führt zwar nicht zu einer Vermögensminderung bei den bisherigen Aktionären (für die neuen Aktien gilt u.a. das Verbot der unter-pari-Emission), aber zu einer „**Anteilsverwässerung**", nämlich einer Verringerung des Stimmrechtsanteils je Aktie, eventuell auch zum Verlust von Minderheitenrechten oder des steuerlichen Schachtelprivilegs. Daher ist den Altaktionären ein **Bezugsrecht** an den neuen Aktien einzuräumen (§ 186 Abs. 1, 2 AktG), sofern nicht die Hauptversammlung zugleich einen *Bezugsrechtsausschluss* mit dafür mindestens ¾-Mehrheit beschließt (Abs. 3–5; zur notwendigen *sachlichen Rechtfertigung* vgl. Rn. 1756 und das Aufbauschema in den Vorbemerkungen unter Rn. 15).[181]

2000 § 55 Abs. 2 GmbHG sieht dagegen für Gesellschafter einer **GmbH** *kein automatisches Bezugsrecht* wie bei Aktionären vor, wenn das Kapital erhöht wird. Vielmehr muss in dem nach § 53 GmbHG *erforderlichen Gesellschafterbeschluss* nicht nur der Betrag des erhöhten Stammkapitals angeben werden, sondern mit ebenfalls mindestens ¾-Mehrheit bestimmt werden, wer bezugsberechtigt für die neuen Anteile sein soll. Mit dem Beschluss der Gesellschafter, eine Kapitalerhöhung durchzuführen, entsteht hinsichtlich der neuen Anteile ein Bezugsrecht der Gesellschafter oder der sonst dazu zugelassenen Personen, das von diesen auch veräußert werden kann.

2. Verfahren

2001 Für Kapitalerhöhungen gelten die **Grundsätze zur Kapitalaufbringung** entsprechend (§ 188 Abs. 2 AktG; §§ 56 Abs. 2, 56a GmbHG). Obwohl die §§ 56, 56a GmbHG nicht ausdrücklich auf sie verweisen, gilt das auch im Hinblick auf die allgemeine Vorschrift in § 19 Abs. 2 S. 1 GmbHG (keine Befreiung des Gesellschafters von der Einlageleistung). Für die Verweisung des § 56 Abs. 2 GmbHG auf § 19 Abs. 2 S. 2 GmbHG (Beschränkung der Aufrechnung) ist gesetzestechnisch für die dortige Weiterverweisung zu beachten, dass die Vorgabe, die der von § 19 Abs. 2 S. 2 GmbHG in Bezug genommene § 5 Abs. 4 S. 1 GmbHG für die Gründung macht, für die Kapitalerhöhung spezieller in § 56 Abs. 1 S. 1 GmbHG festgeschrieben ist. Nach der *lex-specialis*-Regel bezieht sich § 19 Abs. 2 S. 2 GmbHG insoweit also auf § 56 Abs. 1 S. 1 GmbHG.

---

181 Weil das Bezugsrecht gem. § 186 Abs. 3, 4 AktG nur im Gesellschaftsinteresse begrenzbar ist, wird z.T. versucht, daran vorbei **faktische Bezugsrechtsausschlüsse** durchzusetzen, sei es, dass bestimmte unliebsame Bezugserklärungen vom Vorstand schlicht zurückgewiesen werden oder der Bezugspreis bereits von der Mehrheit der Hauptversammlung unangemessen hoch festgelegt wird. Solche *Bezugserschwerungen* durch die Hauptversammlung sind ebenfalls an § 186 AktG bzw. die erst durch den Vorstand auferlegten am vorangegangenen Hauptversammlungsbeschluss zu messen und ggf. rechtswidrig. Allerdings sind daraus sich für die übergangene Minderheit ergebende Nichtigkeitsfolgen nach zwischenzeitlich erfolgter Zeichnung der jungen Aktien nach den **Grundsätzen der fehlerhaften Gesellschaft** stark eingeschränkt.

Eine effektive Kapitalerhöhung (gegen Einlagen) wird bei der **AG** wie folgt durchgeführt: **2002**

- Satzungsänderung durch die Hauptversammlung (Mehrheit von drei Vierteln des bei der Beschlussfassung vertretenen Grundkapitals);
- Eintragung des Beschlusses ins Handelsregisters;
- Zeichnung der neuen Aktien („junge Aktien");
- Eintragung der Durchführung der Kapitalerhöhung ins Handelsregister, Kapitalerhöhung ist damit wirksam;
- Ausweis des erhöhten Kapitals in der Bilanz.
- Zum Verfahren, wenn die Aktien an der Börse zugelassen werden sollen, s. Rn. 2144.

Bei der **GmbH** geschieht eine effektive Kapitalerhöhung in folgenden Schritten: **2003**

- Änderung des Gesellschaftsvertrags (Mehrheit von drei Vierteln der abgegebenen Stimmen, notarielle Beurkundung);
- Übernahmeerklärung (Angabe der Person des Übernehmers, des Betrags der neu übernommenen Stammeinlage sowie der Art der zu erbringenden Einlage (Bar- oder Sacheinlage);
- Eintragung ins Handelsregister.

3. Kapitalerhöhung im Rahmen eines Debt Equity Swaps („Loan-to-own"-Strategie)

Befindet sich ein Unternehmen in einer präkeren finanziellen Situation, entsteht häufig das Bedürfnis, aus Fremdkapital Eigenkapital zu machen, also Gläubiger des Unternehmens in Gesellschafter „umzuwandeln". Hierdurch kann eine Unterbilanz oder Überschuldung beseitigt werden. Der Wegfall von Zahlungsverpflichtungen verbessert zusätzlich die Liquidität des Unternehmens. Damit handelt es sich bei einer solchen Umwandlung um ein wesentliches Instrument der **Unternehmenssanierung**. **2004**

Investoren ihrerseits können eine solche „Umwandlung" zu einem unbemerkten Anschleichen an das Unternehmen nutzen, indem sie (notleidende) Anleihe- oder Kreditforderungen gezielt am Markt aufkaufen, um mit der „Umwandlung" Gesellschafter zu werden („Loan-to-own"-Strategie). Im Regelfall streben sie an, auf diesem Wege eine Mehrheitsposition zu erlangen. Große praktische Relevanz hat diese Methode u.a., weil Kreditforderungen aus Leveraged Buy-out-Finanzierungen (s. Rn. 1986) in großem Umfang am Markt zur Verfügung stehen und (unter Umständen mit großen Abschlägen) an eben solche Investoren verkauft werden. **2005**

Der Begriff „Umwandlung" ist in diesem Zusammenhang untechnisch zu verstehen. Weder Anleihe- noch Kreditforderungen können durch bloße Vereinbarung zwischen Emittenten und Gläubigern über eine entsprechende Inhaltsänderung in Mitgliedschaftsrechte in einer Kapitalgesellschaft umgewandelt werden. Dem stehen die zwingenden Kapitalaufbringungsvorschriften (§§ 27 ff., 183 ff. AktG; §§ 7 f., 19, 56a f. GmbHG) entgegen. Die „Umwandlung" muss daher in der Weise erfolgen, dass das **Fremdkapitalinstrument als Sacheinlage in die Gesellschaft eingebracht** wird (womit die Rückzahlungs- und Zinsforderungen gegenüber der Schuldnerin erlöschen), und der Gläubiger im Austausch für seinen Anspruch Aktien oder einen GmbH-Anteil erhält. Die „Umwandlung" ist daher rechtlich gesehen ein Umtausch von Fremd- in Eigenkapital („Debt Equity Swap"). Die für den Umtausch benötigten Aktien schafft die Gesellschaft **2006** i.d.R. durch eine Kapitalerhöhung.[182] Es handelt sich dabei um eine **Sachkapitalerhöhung**, bei der die Forderungen als Sacheinlage eingebracht und entsprechend geprüft werden müssen. Zudem muss das Bezugsrecht der Altaktionäre ausgeschlossen werden. Eine *Alternative* zur Sachkapitalerhöhung besteht darin, dass bestehende Gesellschaftsbeteiligungen (Aktien, GmbH-Anteile) direkt an den Gläubiger gegen Verzicht auf die Forderungen übertragen werden. Für den Gläubiger birgt der Umtausch im Wege einer Sachkapitalerhöhung das Risiko der Differenzhaftung[183] wegen fehlerhafter Werthaltigkeit der eingebrachten Forderung sowie eine Eigenkapitalverstrickung etwaig verbleibender Restforderungen.

2007 Von besonderem Interesse ist ein solches Vorgehen im **Insolvenzverfahren**: Während außerhalb des Insolvenzverfahrens (je nach Art der Kapitalerhöhung) die Zustimmung der Hauptversammlung und im Fall der Umwandlung von Anleihen der Anleihegläubiger (mit qualifizierter Mehrheit, § 5 Abs. 4 S. 2 Schuldverschreibungsgesetz) erforderlich ist, können im Insolvenzverfahren – seit Inkrafttreten des Gesetzes zur weiteren Erleichterung der Sanierung (ESUG) – die erwerbswilligen Gläubiger den Debt Equity Swap auch gegen den Willen der Altgesellschafter **im Rahmen eines Insolvenzplans** umsetzen (§ 225a Abs. 2 InsO). Aufgrund der inzwischen weiten Verbreitung von Anleiheemissionen auch im Mittelstand spielen Debt Equity Swaps mittlerweile in den meisten Refinanzierungen oder Insolvenzen eine Rolle.

2008 Handelt es sich bei dem betroffenen Unternehmen um eine börsennotierte Aktiengesellschaft, sind verschiedene Punkte zusätzlich zu berücksichtigen: Da die im Wege der Kapitalerhöhung begebenen neuen Aktien ebenfalls an der Börse notiert werden müssen (§ 40 BörsG), ist für sie ein Wertpapierprospekt nach Wertpapierprospektgesetz zu erstellen.[184] Erlangt ein Gläubiger durch den Debt Equity Swap – wie meist angestrebt – mindestens 30 % der Stimmrechte, muss er den übrigen Aktionären an Angebot zur Übernahme ihrer Aktien nach Wertpapierübernahmegesetz machen (Pflichtangebot, § 29 Abs. 2, 35 Abs. 2 WpÜG).[185] Hiervon kann die BaFin im Zusammenhang mit einer Unternehmenssanierung allerdings auf Antrag eine Befreiung erteilen (§ 37 Abs. 1 WpÜG i.V.m. § 9 S. 1 Nr. 3 WpÜG-AngebotsVO). Weiterhin sind die Pflichten zur Abgabe von Beteiligungsmeldungen[186] und etwaige Ad-hoc-Publizitätspflichten[187] zu beachten.

2009 Schließlich hat ein Debt Equity Swap steuerliche, vor allem ertragssteuerliche Folgen sowohl auf Ebene der Zielgesellschaft als auch auf Ebene der (Neu-)Gesellschafter und zwar unabhängig davon, ob er außerhalb oder im Rahmen eines Insolvenzverfahrens erfolgt.[188]

---

182 Die Alternative wäre der Erwerb eigener Aktien am Markt, der aber mit Problemen verbunden ist (s. dazu Rn. 1977 ff.). Zudem ist dafür Liquidität erforderlich, die das Unternehmen oft nicht hat.
183 S. dazu auch Rn. 1647.
184 S. dazu näher Rn. 2155 ff.
185 S. dazu näher Rn. 2363 ff.
186 S. dazu Rn. 2366 ff.
187 S. dazu Rn. 2275.
188 Vgl. etwa FG München, Urt. v. 9.4.2018, Az. 7 K 729/17, NZG 2018, 1040.

4. Kapitalherabsetzung

Entsprechendes gilt umgekehrt für die Kapitalherabsetzung. Zu unterscheiden sind: 2010

- **Effektive Kapitalherabsetzung** (§§ 222 ff. AktG). Sie führt zur Herabsetzung des Grundkapitals durch Einzug von Aktien und Rückzahlung der Einlagen an die Aktionäre (in der Praxis sehr selten) und damit zu einem tatsächlichen Mittelabfluss aus der Gesellschaft. Sie kommt wirtschaftlich in Betracht, wenn den Gesellschaftern entweder Kapital zurückgezahlt werden soll, Geschäftsanteile im Zusammenhang mit dem Austritt oder Ausschluss von Gesellschaftern eingezogen werden sollen oder Gesellschaftern die Pflicht zur Leistung ausstehender Einlagen erlassen werden soll.
- **Nominelle Kapitalherabsetzung** (§§ 229 ff. AktG), etwa durch Verminderung des Grundkapitals, um nach Verlusten der Gesellschaft zukünftige Dividendenauszahlungen zu ermöglichen oder durch Anpassung des Soll- an das Ist-Kapital eine Unterbilanz zu beseitigen: Wenn der durch die Kapitalherabsetzung freiwerdende Betrag in eine Kapitalrücklage eingestellt wird, ergibt sich bei der GmbH keine Vermögensminderung. Das Eigenkapital bleibt unverändert. Die Rücklage kann sodann zum Ausgleich eines Jahresfehlbetrags, aber auch zugunsten des Bilanzgewinns aufgelöst und für eine Ausschüttung verwendet werden.

Die nominelle Kapitalherabsetzung kann auch als vereinfachte Kapitalherabsetzung 2011
beschlossen werden (§ 229 Abs. 1 AktG, § 58a Abs. 1 GmbHG). Eine Ausschüttung des Herabsetzungsbetrags an die Gesellschafter ist dann nicht zulässig. Daher besteht hierbei auch keine Verpflichtung zur Sicherheitsleistung gegenüber Gläubigern der Gesellschaft (§ 225 AktG, § 58 Abs. 1 Nr. 2 GmbH gelten nur für die ordentliche Kapitalherabsetzung). Die vereinfachte Kapitalherabsetzung ist nur zulässig, nachdem Kapital- und Gewinnrücklagen, die 10 % des nach der Herabsetzung verbleibenden Stammkapitals übersteigen, vorweg aufgelöst worden sind. Ferner darf ein Gewinnvortrag nicht vorhanden sein. Gesetzliche Regelungen finden sich für die GmbH in §§ 58a–58f GmbHG, für die AG in §§ 229–236 AktG.

Bei der vereinfachten Kapitalherabsetzung ist eine Gewinnausschüttung erst wieder 2012
zulässig, wenn (bei GmbH nach Ablauf von fünf Jahren nach der Beschlussfassung über die vereinfachte Kapitalherabsetzung) die Kapitalrücklage und die gesetzliche Rücklage (bei GmbH: Gewinnrücklage) zusammen wieder mindestens den Betrag von 10 % des herabgesetzten gezeichneten Kapitals betragen; Gewinnausschüttungen von mehr als 4 % des herabgesetzten gezeichneten Kapitals sind außerdem in den ersten zwei Geschäftsjahren nach Fassung des Kapitalherabsetzungsbeschlusses nur zulässig, soweit der Gläubigerschutz beachtet wurde.

Eine ordentliche Kapitalherabsetzung wird mit der Eintragung in das Handelsregister 2013
wirksam. Für die Anmeldung zum Handelsregister ist dabei eine Sperrfrist zu beachten. So darf die Anmeldung zum Handelsregister erst ein Jahr („Sperrjahr“) nach der letzten Veröffentlichung erfolgen (§ 58 Abs. 1 Nr. 3 GmbHG). In der Aktiengesellschaft gibt es eine (faktisch) entsprechende Sperrfrist nach Eintragung des Kapitalherabsetzungsbeschlusses, bevor das durch die Kapitalherabsetzung freigewordene Grundkapital an die Aktionäre ausgeschüttet werden darf („Auszahlungssperrfrist“); Gläubiger sind in dieser Zeit (sechs Monate ab Bekanntmachung) vorab zu befriedigen oder mit Sicherheiten zu versehen (§ 225 AktG).

Die vereinfachte Kapitalherabsetzung kann demgegenüber sogar mit Rückwirkung auf das letzte vorangegangene Geschäftsjahr beschlossen werden (§ 234 AktG, § 58e GmbHG).

5. Kapitalschnitt

2014 Als Kapitalschnitt wird die Verbindung von **nomineller Kapitalherabsetzung** und **effektiver Kapitalerhöhung** bezeichnet (vgl. §§ 58a Abs. 4, 58f GmbHG). Dieses Instrument wird vor allem in **Sanierungsfällen** genutzt. Ist beispielsweise durch einen vorherigen Verlust ein Großteil des Grundkapitals verloren und besteht jetzt aktueller Kapitalbedarf, dann wird durch den Kapitalschnitt verhindert, dass die alten Aktien durch das neue Kapital aufgewertet werden. Die Altgesellschafter tragen den Verlust durch die nominelle Herabsetzung des Grundkapitals auf den Betrag des nach den Verlusten tatsächlich noch vorhandenen Kapitals. Anschließend bringen die Neuaktionäre frisches Kapital im Wege der Einlage ein. Ferner wird durch die nominelle Herabsetzung des Grundkapitals die Schwelle der Ausschüttungssperre der aktienrechtlichen Kapitalerhaltungsvorschriften (§§ 57, 233 AktG) herabgesetzt. Der Beschluss eines Kapitalschnitts kann von der Rechtsprechung nur auf grobe Treuepflichtverletzungen überprüft werden, eine allgemeine Inhaltskontrolle findet nicht statt. Umgekehrt kann aus der Treuepflicht nicht nachschusswilliger Gesellschafter auch eine Zustimmungspflicht zu einem Kapitalschnitt bestehen (BGHZ 183, 1 = NJW 2010, 65 – „Sanieren oder Ausscheiden").

Beispiel: Das Grundkapital der P AG in Höhe von 8,0 Mio. € ist zu 75 % verloren. Zur nachhaltigen Sanierung benötigt die Gesellschaft 4,0 Mio. € frisches Kapital. Würde eine Erhöhung des Grundkapitals auf 12,0 Mio. € erfolgen, könnte einem Investor eine Beteiligung von ⅓ am Unternehmen eingeräumt werden (4/12). Verlangt der Investor aufgrund des geringen Unternehmenswertes eine höhere Beteiligungsquote, muss zunächst eine nominelle Kapitalherabsetzung (als vereinfachte Kapitalherabsetzung) durchgeführt werden, z.B. in Höhe von 6,0 Mio. € auf 2,0 Mio. €. Durch die anschließende effektive Kapitalerhöhung um 4,0 Mio. € erlangt der Investor eine Beteiligung von ⅔ (4/6).

IV. Kapitalmaßnahmen in anderen Rechtsformen

1. Personengesellschaften allgemein

2015 Das Recht der Personengesellschaften kennt *keine* eigenständigen Kapitalerhaltungsvorschriften. Dennoch folgt doch aus §§ 161 Abs. 2, 124 Abs. 2 HGB, dass das Vermögen der Personenhandelsgesellschaften allein zur Befriedigung der Gläubiger dieser Gesellschaft zur Verfügung stehen soll[189].[190] Dies zeigt sich auch bei Insolvenzeröffnung, wenn Zahlungen von Gläubigern auf ein debitorisches Konto den Insolvenzgläubiger „Bank" begünstigen und daher zu einer Haftung der Geschäftsführer einer OHG bzw. KG nach §§ 130a Abs. 2, 177a HGB führen.

---

189 Etwa OLG Dresden NZG 2000, 32, 34.

190 Zur Anwendung der §§ 30, 31 GmbHG bei GmbH & Co. KG, vgl. BGH, Urt. v. 21.3.2017 – II ZR 93/16, NJW-RR 2017, 1069 und Rn. 1962 (Fn. 160). Obwohl die Rückzahlung der Einlage (§ 172 Abs. 4 HGB) aus dem Vermögen der KG stammt, kann mittelbar die Komplementär-GmbH geschädigt sein. Etwa, weil ihr Stammkapital in die KG eingelegt war oder sie für die zu passivierenden Haftungsfolgen keinen realisierbaren Freistellungsanspruch (§ 110 HGB) aktivieren kann (WP-Examen 2019/I).

Bei Personengesellschaften müssen, soweit die Satzung nichts anderes vorschreibt, einer Kapitalerhöhung alle Gesellschafter in der Gesellschafterversammlung zustimmen (vgl. § 119 Abs. 1 HGB). Für die Anteilsverhältnisse der Gesellschafter ist dabei zu beachten, dass sowohl die Stimmrechtsverhältnisse in der Gesellschafterversammlung – jedenfalls *nach der gesetzlichen Regel* in § 119 Abs. 2 HGB – nicht nach Kapitalanteilen, sondern nach Köpfen erfolgt. Die Übernahme zusätzlicher Anteile durch Altgesellschafter erhöht danach also grundsätzlich nicht deren Stimmanteil, die Übernahme auch kleiner Beteiligungsquoten durch neue Gesellschafter gibt diesen umgekehrt ein überproportionales Mitspracherecht. Auch die Gewinnverteilung erfolgt nicht ausschließlich nach dem investierten Kapital (§ 121 Abs. 1, 2 HGB), sondern ebenfalls zum Teil nach Köpfen (§ 121 Abs. 3 HGB). **2016**

Danach erfolgt die Kapitalerhöhung durch formlose Zuschreibung der zugeführten Eigenkapitalbeträge auf dem variablen Eigenkapitalkonto der Gesellschafter (§ 120 HGB) oder durch die Nichtentnahme von Jahresüberschüssen.

Erhöhungen der nominell gebundenen Einlagen der Kommanditisten bedürfen hingegen der Eintragung ins Handelsregister (§ 175 HGB).

Kapitalerhöhungen durch Aufnahme neuer Gesellschafter führen für diese zu einer Mithaftung für die bisherigen Verbindlichkeiten der Gesellschaft (§§ 28, 130, 173 HGB).

2. Exkurs: Der Kapitalanteil in der Personengesellschaft

a) Gesellschaftsrechtliche Bedeutung

Anders als die im Gesellschaftsvertrag fixierten festen Kapitalanteile am gezeichneten Kapital von Kapitalgesellschaften, ist der Kapitalanteil in Personengesellschaften lediglich eine Rechengröße zur Verteilung von Gewinn und Verlust in der Gesellschaft (§§ 120, 121 HGB). Er ähnelt etwas dem Begriff des Anteils am Gesellschaftsvermögen (vergleichbar §§ 717 S. 2, 719 BGB) ohne damit gleichgesetzt werden zu können. Der Anteil am Gesellschaftsvermögen ist die vermögensrechtliche Seite der Mitgliedschaft (also des Gesellschaftsanteils) und von dieser daher auch untrennbar (vgl. § 719 BGB). Der Anteil am Gesellschaftsvermögen ist aber eben ein Vermögensrecht, nicht wie der Kapitalanteil in Personengesellschaften bloß eine Rechengröße. **2017**

Das HGB enthält keine Definition des Kapitalanteils. Aus § 120 Abs. 2 HGB lässt sich formelhaft seine Zusammensetzung darstellen als *Kapitalanteil = (Einlagen + Gewinne) ./. (Verluste + Entnahmen)*. Aus dem Bilanzrecht (§ 247 Abs. 1 HGB) ergibt sich weiter, dass der Kapitalanteil den bilanzrechtlich auf die einzelnen Gesellschafter entfallenden Anteil am Eigenkapital der OHG ausmacht. Also: *Eigenkapital = Summe aller Kapitalanteile.*

Er begründet somit auch keine Forderung des Gesellschafters gegen die Gesellschaft, wie umgekehrt ein negativer Kapitalanteil als solcher keinen Anspruch der Gesellschaft gegen den Gesellschafter auf Ausgleich begründet. Am besten zu verstehen ist der Kapitalanteil als das bei der Gesellschaft geführte (Eigenkapital-)Konto des Gesellschafters.

b) Bilanzierung des Kapitalanteils beim Gesellschafter in Handels- und Steuerbilanz

2018 Während der Kapitalanteil im Zusammenhang mit §§ 171 ff. HGB wie auch bezüglich der Ergebnisverwendung nach §§ 120 f. HGB daher das Kapitalkonto des Gesellschafters in der Personengesellschaft meint, stellt sich die davon zu unterscheidende Frage, wie der Gesellschaftsanteil beim Gesellschafter nach Handels- und Steuerrecht zu bilanzieren ist. Auch diese Beteiligung an der Personengesellschaft wird als Kapitalanteil bezeichnet.

2019 In der *Handelsbilanz* des Gesellschafters ist der Kapitalanteil an einer Personen- wie einer Kapitalgesellschaft ein selbstständiges Wirtschaftsgut, das nach dem Anschaffungskostenprinzip bilanziert wird. Seine Anschaffungskosten sind die Kapitaleinlage bei Gründung einer Personengesellschaft bzw. der Wert der Gegenleistung bei der Übernahme eines Gesellschaftsanteils durch Kauf. Die Anschaffungskosten begrenzen den Kapitalanteil in der Handelsbilanz dann nach oben. Spätere Einlagen oder Entnahmen können sich allerdings auch auf die Anschaffungskosten und damit den Handelsbilanzansatz auswirken.

2020 In der *Steuerbilanz* des Gesellschafters einer Personengesellschaft erfolgt die Bilanzierung des Kapitalanteils dagegen nach der sog. *Spiegelbildmethode*. Er wird nicht als ein eigenständiges Wirtschaftsgut verstanden, sondern er vermittelt Anteile an verschiedenen Wirtschaftsgütern und Schulden der Personengesellschaft. Der Bilanzansatz deckt sich steuerlich daher immer mit dem Kapitalkonto des Gesellschafters der Personengesellschaft; der Bilanzansatz „spiegelt" das Kapitalkonto wider. Steuerlich sind also Kapitalanteil und Kapitalkonto in der Personengesellschaft identisch.

Dies führt in der Steuerbilanz dazu, dass sämtliche Bewegungen auf dem Kapitalkonto des Gesellschafters bei der Bilanzierung des Anteils an der Personengesellschaft nachvollzogen werden. Werden einem Gesellschafter aus seiner Beteiligung an einer Personengesellschaft Verluste zugewiesen oder tätigt er Entnahmen, so mindern sie sein Kapitalkonto. Entsprechend kommt es zu einer Verminderung seines Bilanzansatzes für die Beteiligung an der Personengesellschaft. Die Bewertung der Beteiligung spielt dabei keine Rolle. Werden dem Gesellschafter Gewinnanteile auf seinem Kapitalkonto gutgeschrieben („Gewinnthesaurierung"), erhöht sich korrespondierend der Beteiligungsansatz des Gesellschafters, auch über die Anschaffungskosten, also z.B. seine ursprüngliche Einlage hinaus. Dasselbe gilt für die Einlage von Gesellschaftsmitteln.

3. Kommanditistenhaftung

2021 In einer KG haftet der Kommanditist mit ordnungsgemäßer Eintragung seiner Hafteinlage im Handelsregister für künftige Geschäfte der KG nur auf diese (§ 171 Abs. 1 HS. 1 HGB). Der Kommanditist haftet jedoch ausnahmsweise unbeschränkt nach § 176 HGB,

- wenn die KG nicht ins Handelsregister eingetragen ist, er dem Geschäftsbeginn zugestimmt hat und seine lediglich kommanditistische Beteiligung dem Gläubiger nicht bekannt war (§ 176 Abs. 1 HGB),
- wenn er in eine bestehende Handelsgesellschaft eintritt, aber noch nicht als Kommanditist eingetragen ist (§ 176 Abs. 2 HGB) (dazu Rn. 2040).

Nach Leistung seiner eingetragenen Einlage besteht *für künftige Geschäftsvorfälle* keine Haftung des Kommanditisten (§ 171 Abs. 1 HS. 2 HGB).

Im Fall der Rückgewähr der Einlage an den Kommanditisten tritt eine Haftung des Kommanditisten in Höhe der Einlage jedoch wieder ein (vgl. §§ 172 Abs. 4, 171 Abs. 1, HS. 1 HGB).

4. Kapitalerhöhung durch stille Gesellschafter

Die Aufnahme stiller Gesellschafter führt zu einem Mittelzufluss und ist in den §§ 230 **2022**
bis 236 HGB geregelt. Stille Gesellschafter brauchen nicht am Verlust, müssen jedoch am Gewinn beteiligt werden (§ 231 HGB). Eine Rechtsformänderung ist durch den Eintritt stiller Gesellschafter nicht erforderlich; die bestehende Rechtsform bildet mit dem stillen Gesellschafter eine **Innengesellschaft**, die nicht nach außen in Erscheinung tritt. Eine stille Beteiligung kann in der Gesamthandsbilanz *nur dann als Eigenkapital a*usgewiesen werden, wenn sie auch *an Verlusten teilnimmt*;[191] eine *bloße Gewinnbeteiligung führt zur Passivierung als Fremdkapital* (jeweils desjenigen, der das Handelsgeschäft betreibt, an dem die stille Gesellschaft besteht).

Aktienrechtlich ist der Vertrag über eine stille Gesellschaft als **Teilgewinnabführungsvertrag** nach § 292 Abs. 1 Nr. 2 AktG einzuordnen. Die stille Gesellschaft bedarf bei der Aktiengesellschaft der Zustimmung der Hauptversammlung (§ 293 Abs. 3 AktG).

F. Wechsel im Gesellschafterbestand

Änderungen im Bestand der Gesellschafter können sich entweder durch Erbgang oder in **2023**
verschiedener Weise durch Rechtsgeschäft (z.B. Veräußerung) vollziehen.

Die Geschäftsanteile an einer GmbH sind gem. § 15 Abs. 1 GmbHG grundsätzlich ver- **2024**
äußerlich und vererblich, sofern nicht im Gesellschaftsvertrag anderes bestimmt ist. Ebenso Aktien als Wertpapiere. Das gilt nicht nur für die heute üblichen Inhaberaktien (vgl. § 10 Abs. 1 S. 2 AktG). Bei Namensaktien handelt es sich um Orderpapiere, was aber nur die Form der Übertragung betrifft, die deshalb durch ein Indossament oder durch Abtretung der Rechte erfolgt (§ 68 Abs. 1 S. 1 AktG). Eine **Einschränkung der freien Übertragbarkeit** gilt hingegen für vinkulierte Aktien (§ 68 Abs. 2 AktG). Vinkulierte Aktien müssen immer Namensaktien sein (§ 68 Abs. 2 S. 1 mit Abs. 1 S. 1 AktG) und z.B. nicht vollständig einbezahlte Aktien müssen vinkuliert sein (§ 10 Abs. 2 AktG).

Anteile an einer GbR, OHG und Kommanditanteile sind nach h.M. und entgegen dem **2025**
Wortlaut der gesetzlichen Regelung in § 719 Abs. 1 BGB ebenfalls übertragbar und auch vererblich. Ihre Übertragung oder Vererbung bedarf jedoch der Zustimmung aller (übrigen) Gesellschafter, wenn nicht im Gesellschaftsvertrag abweichendes bestimmt ist. Wenn § 719 BGB Verfügungen über den „Anteil am Gesellschaftsvermögen“ ausschließt, betrifft das eben nicht die verbandsrechtliche Mitgliedschaft, den Gesellschaftsanteil, sondern stellt vielmehr klar, dass das Gesellschaftsvermögen allein der Gesellschaft gehört (ein Anteil des Gesellschafters *daran* existiert also so besehen gar

191 Zur Haftung des Stillen bei Beendigung in diesem Fall (Abweichung von §§ 232 Abs. 2, 236 Abs. 2 HGB) vgl. BGH, Urt. v. 16.5.2017 – II ZR 284/15, ZIP 2017, 1365 = NZG 2017, 907.

nicht). Zwar verbietet § 717 S. 1 BGB die Verfügung über Ansprüche aus dem Gesellschaftsverhältnis, meint damit aber ebenfalls nicht die Mitgliedschaft, also die Stellung im Ganzen des Gesellschafters in der Gesellschaft.

I. Der Gesellschafterwechsel bei Kapitalgesellschaften

1. Abtretung

2026 Ein rechtsgeschäftlicher Gesellschafterwechsel vollzieht sich durch Abtretung (§§ 413, 398 BGB) des Geschäftsanteils von einem Gesellschafter an einen anderen Gesellschafter oder einen außenstehenden Dritten. Auch die in einer Aktie verkörperten Mitgliedschaftsrechte können nach §§ 413, 398 BGB wie Forderungen abgetreten werden (bei heutzutage durchweg fehlenden Aktienurkunden ist dies zugleich die einzige Möglichkeit der Übertragung der Mitgliedschaft; auch § 68 Abs. 1 AktG, wonach Namensaktien statt durch Abtretung auch wie Orderpapiere durch Indossament übertragen werden können, ist daher obsolet geworden).[192]

2027 Während die Abtretung von Aktien und – soweit sie aufgrund des Gesellschaftsvertrages überhaupt übertragbar sind – von Anteilen an Personengesellschaften formlos erfolgt, ist die *Abtretung des GmbH-Geschäftsanteils* nur wirksam, wenn sie in einem *notariellen Vertrag* erfolgt (§ 15 Abs. 3 GmbHG). Auch eine *Verpflichtung zur Abtretung* eines GmbH-Geschäftsanteils – etwa im Rahmen eines Kauf- oder Schenkungsvertrags – kann nur in einem notariellen Vertrag wirksam begründet werden (§ 15 Abs. 4 S. 1 GmbHG). Ein etwaiger Formmangel des Verpflichtungsgeschäfts wird aber durch eine formgerechte Abtretung (§ 15 Abs. 3 GmbHG) geheilt (§ 15 Abs. 4 S. 2 GmbHG).[193]

2028 Der Erwerber gilt im Verhältnis zur Gesellschaft erst dann als Inhaber des Geschäftsanteils, wenn er in die aus Anlass der Abtretung neu erstellte Gesellschafterliste (vgl. § 40 Abs. 1 S. 1 GmbHG) eingetragen und diese ins Handelsregister aufgenommen ist (§ 16 Abs. 1 S. 1 GmbHG). Die Abtretung durch einen Gesellschafter kann im Gesellschaftsvertrag von der Zustimmung der Gesellschaft abhängig gemacht werden, sog. Vinkulierung (§ 15 Abs. 5 GmbHG). Für Inhaberaktien fehlt eine solche Regelung, nur bei der Übertragung von Namensaktien ist der Veräußerer aus dem Aktienregister zu löschen und der Erwerber in das Aktienregister einzutragen (§ 67 Abs. 3 AktG). Eine Vinkulierung ist ebenfalls nur bei Namensaktien möglich (§ 68 Abs. 3 AktG).[194] Bei Personengesellschaften kann der die Übertragung gestattende Gesellschaftsvertrag bzw. Gesellschafterbeschluss Formvorschriften vorsehen.

2029 Sind die Voraussetzungen in § 71 AktG bzw. § 33 GmbHG erfüllt, kann eine *Kapitalgesellschaft* auch selbst Erwerber sein (s.o., Erwerb eigener Anteile).

---

192 Zum Wertpapierrecht vgl. Rn. 1195; Sog. **Inhaberpapiere** werden als bewegliche Sachen nach den Vorschriften der §§ 929 ff. BGB übereignet. Somit ist auch ein gutgläubiger Erwerb möglich und zwar sogar dann, wenn das übertragene Wertpapier zuvor abhanden gekommen ist (vgl. § 935 Abs. 2 BGB). Beispiele für Inhaberpapiere sind etwa Inhaberschuldverschreibung, Inhaberscheck und Inhaberaktie; aber nur, sofern sie als „effektive Stücke" (Einzelurkunden) emittiert werden, während heute Aktien nur noch als Globalurkunde existieren.

193 Zum Share-Deal auch im Hinblick auf Gewährleistungsprobleme Rn. 139 f.

194 Zur wertpapierrechtlichen Bedeutung der Vinkulierung, vgl. Rn. 510.

Bei *Personengesellschaften* steht dem der *Anwachsungsgrundsatz* gem. §§ 139, 142 HGB i.V.m. § 738 BGB entgegen.

Möglich ist auch ein gutgläubiger rechtsgeschäftlicher Erwerb eines GmbH-Geschäftsanteils vom Nichtberechtigten (§ 16 Abs. 3 GmbHG). Rechtsscheinträger ist dabei die ins Handelsregister aufgenommene Gesellschafterliste (§§ 8 Abs. 1 Nr. 3, 40 GmbHG), in welche der Veräußerer als Inhaber des Geschäftsanteils eingetragen sein muss (§ 16 Abs. 3 S. 1 GmbHG; zu Einschränkungen des § 16 Abs. 3 GmbHG, der nicht als reiner Rechtsscheintatbestand ausgestaltet ist, sondern es vielmehr einer Zurechenbarkeit des falschen Rechtsscheins gegenüber dem Berechtigten bedarf, vgl. Abs. 3 S. 2–4). Vergleichbare Möglichkeiten gutgläubigen Erwerbs fehlen bei den anderen Rechtsformen der Personen- und Kapitalgesellschaften (mangels wertpapierrechtlicher Verbriefung der Aktie faktisch jedenfalls auch für diese). Ggf. kann eine Umwandlung darüber hinweghelfen (vgl. Rn. 2502, Fn. 1). **2030**

2. Erwerb von Vorratsgesellschaften; steuerliche Mantelkaufregelung

Neben unternehmerischen Gründen für den Erwerb von Kapitalgesellschaften (durch strategische Investoren, die das Geschäftsmodell weiterentwickeln wollen oder durch Finanzinvestoren, welche sich daraus eine rentierliche Kapitalanlage z.B. aus erwarteten Kurssteigerungen von Anteilen versprechen) bestehen auch steuerliche Gründe und rein haftungsrechtliche. **2031**

Der Erwerb sog. **Vorratsgesellschaften**, die regelmäßig nur zum Zweck der Veräußerung gegründet wurden und daher noch keine Geschäftstätigkeit entfaltet haben, führt oftmals schneller zur HR-Eintragung des neuen Gesellschaftszwecks für die künftige Verwendung und damit zum Eintritt der Haftungsbegrenzung auf das Gesellschaftsvermögen gem. § 13 Abs. 2 GmbHG bzw. § 1 Abs. 1 AktG, als das bei Durchlaufen des kompletten Gründungsverfahrens der Fall wäre. Der Erwerb von Vorratsgesellschaften stellt allerdings wirtschaftlich eine Neugründung dar, so dass die Gründungsvorschriften des Kapitalgesellschaftsrechts entsprechend anzuwenden sind und der Geschäftsleiter zumindest die Versicherung nach § 8 Abs. 2 mit § 7 Abs. 2 und 3 GmbHG bzw. § 37 Abs. 1 mit §§ 36, 36a, 54 Abs. 3 AktG mit der Anmeldung der Änderungen zum Handelsregister abzugeben hat.[195] **2032**

Als **Mantelkauf** wird dagegen der Erwerb von Kapitalgesellschaften, die im Wesentlichen über kein eigenes Vermögen (mehr), aber über steuerliche Verlustvorträge aus früherer Geschäftstätigkeit verfügen, bezeichnet.[196] Für die Umgründung gilt hinsichtlich der Anwendung der Gründungsvorschriften dasselbe wie beim Erwerb von Vorratsgesellschaften.[197] **2033**

Beispiel: Der Mantelkauf hat regelmäßig steuerliche Gründe. Der Erwerber kann einen „Verlustmantel" unter allerdings nur noch sehr eingeschränkten Umständen zur Steuerersparnis genutzen, indem die erworbenen Verlustvorträge mit eigenen, in die Mantelgesellschaft verlagerten Gewin-

195 BGHZ 153, 158 = NJW 2003, 2125.

196 Anderer Grund für den Mantelkauf kann auch eine vorhandene Börsenzulassung der Mantel-AG sein, welche dann sofort für die Finanzierung neu eingebrachten Geschäfts etwa im Rahmen einer Kapitalerhöhung zur Verfügung steht und damit Zeit (mindestens mehrere Monate) und erhebliche Kosten (in der Regel 5–9 % des Emissionsvolumens) gegenüber einer erstmaligen Beantragung spart.

197 BGH NJW-RR 2014, 416 = ZIP 2014, 15 und 418.

nen unter Beachtung von § 10d EStG[198] verrechnet werden. Diese Art der Verlustverwertung wird aber (auch weit über die Mantelkauf-Situation hinaus) durch § 8c KStG erheblich erschwert.[199] So führt eine Anteilsübertragung von mehr als 50% des Grundkapitals zum Untergang nicht genutzter Verluste aus (§ 8c Abs. 1 S. 1 HS. 1 KStG). Als Ausnahme vom schädlichen Beteiligungserwerb existiert – neben der Sanierungsklausel in § 8c Abs. 1a – § 8d KStG (ohne nennenswerten Anwendungsbereich; zu Start-ups vgl. Rn. 2099 (Fn. 233) und in § 8c Abs. 1 S. 4 KStG eine sog. Konzernklausel für 100 %-ige Beteiligungen.

Ein Erhalt nicht genutzter steuerlicher Verlustvorträge in Höhe der stillen Reserven ist nach § 8c Abs. 1 Sätze 5 ff. KStG möglich. Danach liegt kein missbräuchlicher Mantelkauf bei Vorliegen eigener Substanz der Körperschaft, deren Anteile erworben werden, in Form stiller Reserven vor. Insoweit geht der Gesetzgeber davon aus, dass den Verlusten künftige Gewinnerwartungen gegenüberstehen.

Außerdem wurde in § 8c Abs. 1a KStG eine **Sanierungsklausel** eingefügt. Durch die Sanierungsklausel wird die Mantelkaufregelung entschärft, so dass der Verlustvortrag in Sanierungsfällen weiterhin mit künftigen Gewinnen verrechnet werden kann. Der EuGH hat entschieden[200], dass die Sanierungsklausel zum Erhalt der Verlustvorträge im Rahmen des Anteilseignerwechsels bei Kapitalgesellschaften gem. § 8c Abs. 1a KStG keine unzulässige Beihilfe i.S.d. Art. 107 Abs. 1 AEUV und mithin rechtmäßig ist.

II. Der Gesellschafterwechsel in der Personengesellschaft

1. Anwachsung und Abwachsung

2034 Mit Zustimmung aller Gesellschafter ist jedem Gesellschafter ein **Austritt** aus der Personengesellschaft jederzeit möglich. Ebenso kann jederzeit ein weiterer Gesellschafter in die Gesellschaft aufgenommen werden **(Eintritt)**. Besondere Eintrittsklauseln finden sich dabei häufig im Zusammenhang mit Erbfolgeregelungen in Gesellschaftsverträgen und geben dann ein Eintrittsrecht im Umfang des Anteils des Erblassers, das meist keiner gesonderten Zustimmung bedarf. Für die Anmeldung des Gesellschafterwechsels zum Handelsregister gilt bei Personenhandelsgesellschaften § 107 HGB.

2035 Für den Fall, dass ein Gesellschafter aus der Gesellschaft **ausscheidet**, wird die Gesellschaft unter den verbleibenden Gesellschaftern fortgesetzt werden, wenn dies gesetzlich vorgesehen ist (so bei OHG/KG) oder die Gesellschafter dies im Gesellschaftsvertrag vereinbart haben oder es nachträglich beschließen. In diesem Fall erfolgt bei der GbR eine **„Anwachsung“** des Anteils des Ausscheidenden an die übrigen *Gesellschafter* (§ 738 Abs. 1 S. 1 BGB), die diesem zu einer Kompensation für den wertmäßigen Rechtsverlust verpflichtet sind (sog. Abfindungsverpflichtung, S. 2). Tritt in einer zweigliedrigen Gesellschaft der vorletzte Gesellschafter aus, ist die Personengesellschaft zwingend beendet und alles Gesellschaftsvermögen (nicht mehr der Anteil des Ausscheidenden) wächst dem verbliebenen Einzelunternehmer an.

---

198 Eine beabsichtigte neue Regelung in § 3a EStG-Entwurf enthält u.a. die vollständige Verrechnung der Verlustvorträge mit einem Sanierungsgewinn statt des nur beschränkten Verlustausgleichs gem. § 10d EStG im Rahmen der Mindestbesteuerung.

199 Zum Verstoß von § 8c Abs. 1 S. 1 KStG gegen den **Gleichheitsgrundsatz** in Art. 3 Abs. 1 GG, vgl. BVerfG, Beschl. v. 29.3.2017 – 2 BvL 6/11, NJW 2017, 2267 = NZG 2017, 828.

200 EuGH, Urt. v. 28.6.2018 – Rs. C-203/16 P u.a. = ZIP 2018, 1345.

Mit Ausscheiden eines Gesellschafters ist die vermögensmäßige Auseinandersetzung einer Personengesellschaft hinsichtlich seines Abfindungsguthabens nach dem Prinzip der **Gesamtsaldierung** zu ermitteln (§ 738 Abs. 1 S. 2 BGB). Einzelne Positionen sind nicht mehr gesondert durchsetzbar (Durchsetzungssperre). Grund für das Verbot der isolierten Durchsetzung von Einzelansprüchen ist, dass nur bei Gesamtabrechnung aller Ansprüche ermittelt werden kann, ob und gegebenenfalls in welcher Höhe der ausgeschiedene Gesellschafter in Summe einen Anspruch auf Abfindung hat oder seinerseits Ausgleich schuldet. Hierdurch wird auch sichergestellt, dass eine abschließende Abwicklung sämtlicher Ansprüche des Gesellschafters und der Gesellschaft erfolgt. Der Abfindungsanspruch entsteht sofort mit dem Ausscheiden, er wird aber erst nach angemessener Zeit zur Aufstellung der **Auseinandersetzungsbilanz** fällig.[201] **2036**

Beispiel: Die Abfindung muss nicht in Geld erfolgen; die Beteiligten können sich auch auf die Mitnahme von Wirtschaftsgütern verständigen. Waren Sacheinlagen von vornherein nur zur Nutzung durch die Gesellschaft eingelegt, hat der Ausscheidende normalerweise einen eigentums- und gesellschaftsrechtlichen Anspruch auf ihre Entnahme. Steuerlich gelten für die Mitnahme von mitunternehmerischem Vermögen die **Realteilungsgrundsätze** (sog. „unechte Realteilung"; zu behandeln wie die „echte Realteilung" bei Auflösung der Gesellschaft unter Betriebsaufgabe). Werden einzelne Wirtschaftsgüter in das jeweilige Betriebsvermögen einzelner, nämlich der ausscheidenden Mitunternehmer übertragen, handelt es sich nicht um eine (Sachwert-)Entnahme unter zwingender Aufdeckung stiller Reserven. Es genügt dabei individuell, dass einer der Realteiler eine der ihm zugeteilten Betriebsgrundlagen in ein eigenes Betriebsvermögen übernimmt (personenbezogene Betrachtung), wobei es sich auch um Sonderbetriebsvermögen bei einer anderen Mitunternehmerschaft handeln kann. Der Aufschub der Versteuerung anlässlich einer Betriebsaufgabe an sich aufzudeckender stiller Reserven soll jedoch nur insoweit (objektbezogene Betrachtung) erfolgen, als ein erhaltener Gegenstand des Betriebsvermögens tatsächlich in einem anderen eigenen Betriebsvermögen weitergenutzt wird.[202]

Mit Zustimmung aller Gesellschafter oder satzungsmäßig berufener Personen kann jederzeit ein Außenstehender in die Personengesellschaft **eintreten**. Im Fall des Eintritts eines Gesellschafters verringert sich der Gesellschaftsanteil der ursprünglichen Gesellschafter, es tritt eine **„Abwachsung"** ein. Den durch die Verringerung der Beteiligungsquote bei den bereits vorhandenen Gesellschaftern eintretenden Wertverlust ihrer Beteiligung hat der Eintretende entweder durch eine Zahlung an die übrigen Gesellschafter oder durch eine – dann allerdings nicht nur den Wertverlust ausgleichende, sondern um die eigene Beteiligungsquote erhöhte – Einlage in das Gesellschaftsvermögen auszugleichen. **2037**

a) Haftung für Altverbindlichkeiten bei Eintritt in eine Personengesellschaft

aa) Ein neu in die OHG eintretender persönlich haftender Gesellschafter haftet gem. § 130 Abs. 1 HGB auch für die Altverbindlichkeiten der Gesellschaft. Die Vorschrift ist gem. § 130 Abs. 2 HGB zwingend (lediglich der als Erbe eines persönlich haftenden Gesellschafters Eintretende kann seine Haftung gem. § 139 Abs. 1 HGB dadurch beschränken, dass er den Anteil des persönlich haftenden Gesellschafters in einen Kommanditanteil umwandelt; er haftet dann nur wie ein Kommanditist). **2038**

bb) Seit BGHZ 154, 370 = NJW 2003, 1803 steht für die Praxis fest, dass auch der *in eine GbR* eintretende Gesellschafter grundsätzlich für vor seinem Eintritt begründete (vertragliche und gesetzliche) Verbindlichkeiten der Gesellschaft persönlich und als

201 Vgl. zuletzt BGH, Urt. v. 6.12.2016 – II ZR 140/15, NZG 2017, 339.
202 BFH, Urt. v. 16.3.2017 – IV R 31/14, BFHE 257, 292 = ZIP 2017, 1714 = NZG 2017, 955.

Gesamtschuldner mit den Altgesellschaftern einzustehen hat. Die Rechtslage bei der GbR wurde also auch insoweit derjenigen bei der OHG angeglichen (Haftung für Altverbindlichkeiten analog § 130 HGB).

cc) Ein neu eintretender Kommanditist haftet für die Altverbindlichkeiten der Gesellschaft gem. §§ 173, 171, 172 HGB, allerdings nur beschränkt auf seine eingetragene Haftsumme.

2039 **dd) Exkurs: Haftung für Altschulden bei Eintritt in ein Einzelunternehmen (§ 28 HGB).** Eine verwandte Regelung zu § 130 HGB enthält § 28 HGB für den Eintritt als Gesellschafter in das Geschäft eines Einzelkaufmanns (**Neugründung** einer OHG oder KG).[203] § 28 HGB regelt speziell den Fall der Schuldenhaftung und des Forderungsübergangs für den Fall eines Eintritts, der die Gesellschaft erst konstituiert. Nicht erfasst ist der Fall, in dem ein neuer Gesellschafter in eine bereits bestehende Personenhandelsgesellschaft eintritt, die dort auftretenden Haftungsfragen regeln die §§ 130, 161 Abs. 2, 173, 176 Abs. 2 HGB.

b) Kommanditistenhaftung für Neuverbindlichkeiten bei Eintritt in eine KG

2040 Über die auf die Einlage begrenzte Haftung für Altverbindlichkeiten (§ 173 HGB) hinaus kann den eintretenden Kommanditisten eine unbeschränkte Haftung gem. § 176 Abs. 2 HGB für die zwischen dem Wirksamwerden seines Beitritts und seiner Eintragung in das Handelsregister begründeten Forderungen treffen. Diese unbeschränkte Haftung kann (im Hinblick auf die durchaus bedeutsame Bearbeitungsdauer beim Handelsregister) nur dadurch vermieden werden, dass der Beitritt des Kommanditisten „*unter der aufschiebenden Bedingung seiner Eintragung in das Handelsregister*" vereinbart wird.

c) Haftung bei Austritt aus einer Personengesellschaft

2041 Aber auch der Ausscheidende haftet für die bis zu seinem Ausscheiden begründeten Verbindlichkeiten weiter (sog. Nachhaftung). Seine Haftung nach § 128 HGB ist für diese wirksam entstanden und endet nicht durch Ausscheiden. § 160 Abs. 1 HGB *begrenzt* aber diese Nachhaftung auf Verbindlichkeiten,

- die im Zeitpunkt des Ausscheidens des Gesellschafters bereits entstanden waren,
- die vor Ablauf einer Frist von fünf Jahren nach dem Ausscheiden fällig geworden sind und bei denen

der Anspruch gegen den ausgeschiedenen Gesellschafter innerhalb dieser Frist rechtskräftig festgestellt, Gegenstand eines vollstreckbaren Vergleichs oder einer vollstreckbaren Urkunde ist oder zur Insolvenztabelle festgestellt wurde; Inzwischen eingeleitete Maßnahmen der Rechtsverfolgung (Klageerhebung) hemmen den Fristablauf (Abs. 1 S. 3).

2042 Im Recht der GbR findet sich in § 736 Abs. 2 BGB hinsichtlich der Nachhaftung der Verweis auf die für Personenhandelsgesellschaften geltenden Regelungen. Die Dauer der Nachhaftung beträgt fünf Jahre. Die Frist beginnt nach der gesetzlichen Bestimmung mit Ende des Tages, an dem das Ausscheiden des Gesellschafters in das Handelsregister eingetragen wird. Da eine vollkaufmännisch tätige OHG auch ohne Eintragung entste-

203 Vgl. zu § 28 HGB s. Rn. 1591.

hen kann (vgl. § 123 Abs. 2 HS. 1 HGB) und die Eintragung möglicherweise nicht nachgeholt wird bzw. eine GbR gar nicht eintragungsfähig ist, beginnt die Nachhaftung jedenfalls für solche Fälle, in denen ein Gläubiger Kenntnis von dem Umstand des Ausscheidens des Gesellschafters hat, entgegen dem Wortlaut des § 160 HGB im Zeitpunkt, zu dem der jeweilige Gläubiger vom Ausscheiden des Gesellschafters Kenntnis erlangt hat (BGHZ 174, 7 = NJW 2007, 3784).

2. Anteilsübertragung

Gesellschafterwechsel kann sich auch in der Form einer Anteilsübertragung zwischen **2043**
dem Ausscheidenden und dem Eintretenden nach den Regeln der §§ 398, 413 BGB auf Dritte vollziehen, wenn alle Gesellschafter zustimmen oder der Gesellschaftsvertrag die Übertragung ausdrücklich vorsieht. Die Anteilsübertragung betrifft den Kern der personalistischen Struktur der Gesellschaft und ist ein sog. *Grundlagengeschäft*. Daraus folgt, dass Wirksamkeitsvoraussetzung entweder die Zulassung der Anteilsübertragung im Gesellschaftsvertrag oder die Zustimmung regelmäßig aller Mitgesellschafter ist. **Zustimmungsbedürftig** bzw. notwendiger Gegenstand einer entsprechenden gesellschaftsvertraglichen Regelung **ist dabei das dingliche Verfügungsgeschäft**, also die Anteilsübertragung. Das zugrundeliegende Verpflichtungsgeschäft (z.B. der Anteilskauf) bedarf dagegen keiner Zustimmung (sollte aber im Hinblick auf die ansonsten eintretenden Unmöglichkeitsfolgen unter die aufschiebende oder auflösende Bedingung der Zustimmung zu seiner Erfüllung gestellt werden). Statt des Einstimmigkeitserfordernisses kann im Gesellschaftsvertrag auch vorgesehen sein, dass die Gesellschafterversammlung mit einer gesellschaftsvertraglich definierten Mehrheit einer Anteilsübertragung zustimmen kann. Die Zustimmung kann sogar auf einen einzelnen Gesellschafter, einen Beirat oder ggf. auch einen fremden Dritten delegiert werden. Ist die Anteilsübertragung nicht bereits im Gesellschaftsvertrag zugelassen, ist also eine Zustimmung der Gesellschafter erforderlich, ist die dingliche Übertragung bis zu ihrer Erteilung oder Versagung schwebend unwirksam.

Die Nachhaftung im Rahmen des § 128 HGB und ihre Begrenzung gem. § 160 Abs. 1 HGB gilt sinngemäß auch für den Zedenten (abtretender Altgesellschafter) bei der Anteilsübertragung.

Die Haftung des Zessionars (Neugesellschafter) für Altschulden der Gesellschaft folgt auch im Fall der Anteilsübertragung durch Abtretung (wie beim Eintritt in die Gesellschaft) vergleichbar aus § 130 HGB.

a) Haftung bei Übertragung eines Kommanditanteils

Mit der Abtretung eines Kommanditanteils *übernimmt der Zedent als neuer Kommanditist* hinsichtlich der Haftung gegenüber Gesellschaftsgläubigern diejenige Rechtsposi- **2044**
tion, die bis zur Abtretung der Zessionar als früherer Kommanditist innegehabt hatte. Gem. § 162 Abs. 2 HGB sind Austritt des Altkommanditisten und Rechtsnachfolge durch den Neukommanditisten im Handelsregister ausdrücklich zu vermerken. Hatte der Zessionar (Altkommanditist) seine Einlage voll erbracht und damit jede weitere Haftung ausgeschlossen (§ 171 Abs. 1 HS. 2 HGB), kommt auch eine unmittelbare persönliche Haftung des Zedenten (Neukommanditisten) nicht mehr in Betracht. Weder der Alt- noch der Neugesellschafter haften in diesem Fall persönlich (WP-Examen 2019/II).

2045 Hatte dagegen der Altkommanditist seine Einlage ganz oder teilweise noch *nicht* erbracht und haftete er den Gläubigern wegen des offenstehenden Betrags bis zur Höhe der eingetragenen Haftsumme, so *haftet nun der neue Kommanditist* den Gläubigern mit seinem Privatvermögen in gleicher Weise. Daneben bleibt für Altverbindlichkeiten weiterhin die unmittelbare Haftung des Altkommanditisten gem. §§ 171 Abs. 1 HS. 1, 160 HGB bestehen. Alt- und Neukommanditist haften in einem solchen Fall hinsichtlich der Altverbindlichkeiten als Gesamtschuldner in Höhe der einen Haftsumme.

Beispiel: Diese Haftungssituation besteht auch dann, wenn dem Altkommanditisten seine Einlage ganz oder zum Teil vor der Anteilsübertragung zurückgewährt wurde, da in diesem Fall die persönliche unmittelbare Haftung des Altkommanditisten gem. § 172 Abs. 4 S. 1 HGB wieder auflebt. Leistet der Neukommanditist dann die noch (bzw. wieder) ausstehende Einlage, kommt die Einlageleistung nach § 171 Abs. 1 HGB auch dem Altkommanditisten zugute. Sowohl für den Neu- als auch für den Altkommanditisten ist dann jegliche persönliche Haftung ausgeschlossen.

2046 Wird umgekehrt dem Neukommanditisten die Einlage zurückgezahlt, lebt für Altverbindlichkeiten auch die unmittelbare persönliche Haftung des Altkommanditisten über § 172 Abs. 4 HGB wieder auf, wenn dem Altkommanditisten dieser Plan bei seiner Anteilsübertragung bekannt war.

Beispiel: Zahlt der Erwerber (Neukommanditist) den Kaufpreis für die erworbenen Kommanditanteile an einen ausgeschiedenen Kommanditisten über ein Bankdarlehen und übernimmt später die KG das zur Finanzierung der Anteilsübertragung aufgenommene Akquisitionsdarlehen, stellt das eine Einlagenrückgewähr dar, aufgrund derer auch der Altkommanditist haftet. Der Kaufpreis ist durch diese Konstruktion (mittelbar) aus dem Vermögen der KG gezahlt worden. Eine mittelbare Einlagenrückgewähr genügt aber für das Wiederaufleben der Kommanditistenhaftung. Erfolgt die Rückgewähr dabei an den Neukommanditisten, haftet (ausnahmsweise) auch der bereits Ausgeschiedene, weil und wenn das eine bewusste Umgehung der Haftung gem. § 172 Abs. 4 HGB darstellen sollte. Die zum Wortlaut der Vorschrift umgekehrte zeitliche Reihenfolge von Austritt und Einlagenrückgewähr entlastet den Altkommanditisten nicht.[204]

2047 Fehlen im Handelsregister die Vermerke nach § 162 Abs. 2 HGB, dass der Neukommanditist seinen Anteil aufgrund einer Abtretung vom Altkommanditisten erworben hat **(Rechtsnachfolgevermerk)** und der Altkommanditist aus der Gesellschaft ausgeschieden ist **(Ausscheidensvermerk)**, hat dies für den Altkommanditisten **haftungsrechtliche Konsequenzen**. Mit der Anteilsübertragung geht das Recht des Altkommanditisten, sich auf seine Einlageleistung zu berufen, auf den Neukommanditisten vollständig über. Dadurch ist die im Handelsregister weiter eingetragene Haftsumme des Altkommanditisten durch seine frühere Einlageleistung fortan nicht mehr gedeckt. Infolgedessen kommt es zu einem Wiederaufleben seiner Haftung entsprechend § 172 Abs. 4 HGB. Diese Haftung besteht gegenüber sämtlichen Gesellschaftsgläubigern, wenn im Handelsregister nicht nur der Rechtsnachfolgevermerk fehlt, sondern auch der Austritt des Altkommanditisten als solcher nicht vermerkt ist. Aufgrund dieser Registerlage gilt der Altkommanditist gegenüber allen Gesellschaftsgläubigern unter den Voraussetzungen des §§ 15 Abs. 1, 162 Abs. 2 und Abs. 3 HGB als ein der Gesellschaft angehörender Kommanditist.

2048 Entsprechend besteht die Haftung nur gegenüber Altgläubigern, wenn lediglich der Rechtsnachfolgevermerk fehlt, der Austritt des Altkommanditisten aber eingetragen ist. In diesem Fall gilt der Altkommanditist gem. § 15 Abs. 1 HGB als ein aufgrund eines isolierten Austritts ausgeschiedener Gesellschafter.

204 LG Köln, Urt. v. 25.10.2012 – 22 O 300/12.

b) Steuerliche Ergänzungsbilanzen beim Gesellschafterwechsel in einer Personengesellschaft

Die Veräußerung einer Beteiligung an einer Personengesellschaft ist der Hauptanwendungsfall für Ergänzungsbilanzen. Der Kaufpreis, den der neu Eintretende bezahlt, stellt bei ihm die Anschaffungskosten für den Erwerb der Beteiligung dar und wird im Zweifel höher als das entsprechende Kapitalkonto in der Gesellschaft ausfallen. Das gilt gleichermaßen, ob der neu Eintretende durch Abtretung das Kapitalkonto des veräußernden Alt-Gesellschafters übernimmt, oder sich als zusätzlicher Gesellschafter beteiligt und den Kaufpreis an die Gesellschaft oder die übrigen Gesellschafter entrichtet. **2049**

Der entgeltliche Erwerb eines Mitunternehmeranteils ist aus steuerlicher Sicht – anders als gesellschaftsrechtlich – kein Erwerb eines Wirtschaftsguts „Mitunternehmer– bzw. Personengesellschaftsanteil" (so dagegen hinsichtlich einer Beteiligung an einer Kapitalgesellschaft), sondern die *entgeltliche Anschaffung von entsprechenden Anteilen an den einzelnen Wirtschaftsgütern* des Gesellschaftsvermögens. Da der Erwerber eines Mitunternehmeranteils die bestehenden Vermögensrechte aus der Beteiligung und damit auch das Kapitalkonto seines Vorgängers übernimmt, erfordert der bilanzielle Ausweis des Anschaffungspreises des Erwerbers für seinen Anteil an der Personengesellschaft, dass in einer für ihn aufzustellenden Ergänzungsbilanz das Kapitalkonto des Veräußerers in der Gesellschaftsbilanz auf den gezahlten Anschaffungspreis berichtigt wird. **2050**

Bei der Veräußerung einer Beteiligung divergieren regelmäßig der Buchwert der Beteiligung, der sich nach den Buchwerten der Aktiv- und Passivposten als Restitutivgröße berechnet und im Kapitalkonto widerspiegelt (vgl. zur Spiegelbildmethode Rn. 2020), und der am Marktwert des Unternehmens orientierte Kaufpreis. Dieser Mehrwert kann nicht im Kapitalkonto des Erwerbers in der Hauptbilanz berücksichtigt werden, da mit einem entsprechend höheren Kapitalausweis des Neu-Gesellschafters der Beteiligungswert der verbleibenden Gesellschafter sinken würde. Der Unterschiedsbetrag ist ein Übernahmeverlust und wird daher in einer (in diesem Fall positiven) Ergänzungsbilanz verhältnismäßig nach den darin liegenden stillen Reserven auf die übernommenen Wirtschaftsgüter der Gesamthandsbilanz verteilt und fortgeschrieben (als Mehrkapital der einzelnen Wirtschaftsgüter aus den anteilig aufgedeckten stillen Reserven bzw. als überschießender Firmenwert). **2051**

Wirtschaftlich führt der Übernahmeverlust dadurch zumeist steuerlich zu höheren Abschreibungen, die dem Gesellschafter dann als Verluste in der Ergänzungsbilanz zugerechnet werden. Vergleichbares gilt bei einem Übernahmegewinn umgekehrt durch eine negative Ergänzungsbilanz dieses Gesellschafters, welche für ihn die Ausgangsbasis von Abschreibungen der jeweiligen Wirtschaftsgüter verringert. **2052**

Beispiel: In Fällen der Einbringung eines Betriebsvermögens in eine bestehende oder dadurch neu zu begründende Personengesellschaft (§ 24 UmwStG) kann regelmäßig eine Buchwertfortführung (§ 24 Abs. 2 S. 2 UmwStG) nur über eine Ergänzungsbilanz betreffend den/die bisherigen Gesellschafter erreicht werden. Ob auch für den Einbringenden eine Ergänzungsbilanz erforderlich ist, hängt davon ab, ob seine Anschaffungskosten in der Handelsbilanz zutreffend abgebildet werden (so nur dann, wenn er sich mit Bargeld „einkauft" und keinen zusätzlichen Firmenwert bezahlen muss).

Die Ergänzungsbilanz ist somit nur ein Instrument des Steuerrechts und existiert weder handels- noch gesellschaftsrechtsrechtlich.

III. Einziehung und Ausschlussmöglichkeiten (insbes. in der GmbH)

2053 Neben den einvernehmlichen Möglichkeiten des Ein- und Austritts sowie der Abtretung von Anteilen sieht das Gesellschaftsrecht auch Zwangsmittel vor, um Gesellschaftern die Mitgliedschaft entziehen zu können.

Bei der GmbH sind im Wesentlichen zwei Instrumente zum zwangsweisen Ausschluss eines Gesellschafters zu unterscheiden:
- Der satzungsbasierte Ausschluss, vollzogen durch eine Zwangseinziehung (§ 34 GmbHG), sowie
- der Ausschluss aus wichtigem Grund durch gerichtliches Gestaltungsurteil, wenn die Satzung gar keine Regelung zur Einziehung aus wichtigem Grund enthält.

Die in § 21 GmbHG vorgesehene Kaduzierung und das Preisgaberecht nach § 27 GmbHG haben wegen ihres engen Anwendungsbereichs nur eine untergeordnete Bedeutung.

Nach § 34 GmbHG kann eine Einziehung (Amortisation) von Geschäftsanteilen erfolgen, wenn sie im Gesellschaftsvertrag zugelassen ist. Ohne die Zustimmung des betroffenen Gesellschafters findet eine Einziehung von Geschäftsanteilen gem. § 34 Abs. 2 GmbHG nur statt, wenn die Einziehungsgründe vor dem Erwerb im Gesellschaftsvertrag festgelegt waren. Für eine Zwangseinziehung von Geschäftsanteilen bedarf es daher einer gesellschaftsvertraglichen Regelung, die einen oder mehrere sachliche Gründe hierfür bestimmt.

2054 **Sachlich zulässige Einziehungsgründe** im Gesellschaftsvertrag sind z.B.:
- Veräußerung der Geschäftsanteile an Personen, die lt. Satzung nicht Gesellschafter der GmbH werden dürfen,
- Vererbung der Geschäftsanteile anlässlich des Todes eines Gesellschafters an satzungsmäßig nichtberechtigte Personen,
- Zwangsvollstreckung in Geschäftsanteile,
- Eröffnung des Insolvenzverfahrens über das Vermögen eines Gesellschafters,
- ein wichtiger Grund in der Person des Gesellschafters, der seinen Ausschluss aus der Gesellschaft rechtfertigen würde.

Unzulässig sind daher sog. „Hinauskündigungsklauseln", bei denen der betroffene Gesellschafter abhängig vom Wohlwollen der übrigen oder einzelner Mitgesellschafter wäre.

2055 Ein Ausschluss aus wichtigem, in der Person des Aktionärs liegendem Grund ist vergleichbar insb. in einer **personalistisch geprägten AG** als ultima ratio statthaft.[205] Denn bei personalistischen, auf die Mitarbeit aller Gesellschafter ausgerichteten Gesellschaften könne es sachlich gerechtfertigt sein, das Ende der Mitarbeit zum Anlass zu nehmen, um den betreffenden Gesellschafter durch Zwangsausschluss auch nicht mehr am künftigen Erfolg des Unternehmens zu beteiligen. Wann ein wichtiger Grund vorliege, muss dabei nicht zwingend in der Satzung selbst geregelt werden.

---

205 Vgl. OLG München NZG 2015, 1027.

1. Einziehung mittels Gesellschafterbeschlusses

Für die Einziehung von Geschäftsanteilen ist gem. § 46 Nr. 4 GmbHG ein Gesellschafterbeschluss der Gesellschafterversammlung notwendig. Der betroffene Gesellschafter hat hierbei gem. § 47 Abs. 4 GmbHG kein Stimmrecht. Der Einziehungsbeschluss ist dem betroffenen Gesellschafter bekanntzugeben, sofern er an der entsprechenden Gesellschafterversammlung nicht teilgenommen hat. **2056**

2. Rechtsfolgen der Einziehung

Durch die Einziehung von Geschäftsanteilen mittels Gesellschafterbeschluss werden diese unmittelbar vernichtet. Die damit verbundenen Rechte und Pflichten gehen ebenfalls unter. **2057**

Im Falle der Zwangseinziehung von Geschäftsanteilen steht dem betroffenen Gesellschafter eine **Abfindung** zu. Soweit im Gesellschaftsvertrag nichts Abweichendes geregelt ist, richtet sich die Abfindung nach dem Verkehrswert der Geschäftsanteile, basierend auf § 738 Abs. 1 S. 2 BGB wonach dem ausscheidenden Gesellschafter grundsätzlich eine dem wirklichen Wert seiner Anteile (Verkehrswert) entsprechende Abfindung zugebilligt wird. Ohne gesellschaftsvertragliche Regelung ist die Abfindung daher auf der Grundlage des „wirklichen Werts des Unternehmens einschließlich aller stillen Reserven und einschließlich des Goodwill des Unternehmens“ zu ermitteln.[206]

In den meisten Gesellschaftsverträgen finden sich jedoch solche abweichenden Regelungen, die eine Beschränkung der Abfindung der Höhe nach zum Ziel haben, z.B. eine Abfindung mit dem Buchwert **(„Buchwertklausel“)** oder mit dem Nominalwert. Dies birgt allerdings die Gefahr, dass im Laufe der Zeit ein grobes Mißverhältnis zwischen Verkehrswert und dem Abfindungsentgelt gem. Satzung entsteht. Unter Abwägung des Missverhältnisses zwischen Wert und Abfindungsklausel und der wechselseitigen Interessen am Ausscheiden, der Liquiditätsabhängigkeit des Fortbestands der Gesellschaft, der Dauer der Mitgliedschaft des Ausscheidenden etc. ist ggf. im Wege der *ergänzenden Vertragsauslegung eine Vertragsanpassung* (regelmäßig auf einen Mittelwert) vorzunehmend. **2058**

Grundsätzlich sind Abfindungsklauseln auch danach zu beurteilen, dass sie zu keiner Gläubigerbenachteiligung führen dürfen, etwa durch eine geringere Abfindung speziell im Falle des Ausscheidens wegen Anteilspfändung, und eine Gesellschaftergleichbehandlung sicherstellen. Dabei ist es nicht willkürlich, Gesellschaftern eine höhere Abfindung zu gewähren, deren Kapital der Gesellschaft über einen längeren Zeitraum zur Verfügung gestanden hat als denjenigen Gesellschaftern, die der Gesellschaft erst später beigetreten sind (durch vertraglich festgelegte prozentuale Abschläge auf das Abfindungsguthaben, die nach Dauer der Zugehörigkeit degressiv bemessen sind). **2059**

Besonders benachteiligende Abfindungsklauseln können im Einzelfall auch nichtig sein, so dass an ihre Stelle dann wieder die (für den Ausscheidenden besonders günstige) gesetzliche Regelung des § 738 BGB tritt. **2060**

Abfindungsbeschränkende Klauseln, die faktisch einem Ausschluss des Kündigungsrechts gleichkommen, sind unwirksam. Entscheidend ist, ob die Satzungsklausel typischerweise geeignet ist, einen kündigungswilligen Gesellschafter in seiner Entscheidung

---

206 BGHZ 17, 130, 136.

negativ zu beeinflussen. In der Sache geht es darum, die Regelung des § 723 Abs. 3 BGB nicht zu unterlaufen, wonach eine Vereinbarung nichtig ist, durch die das Kündigungsrecht eines Gesellschafters ausgeschlossen oder entgegen den gesetzlichen Vorschriften unangemessen beschränkt wird.

2061 Überlange Ratenzahlungs- und Stundungsregelungen ohne marktübliche Verzinsung können die Abfindungsklausel ebenfalls sittenwidrig machen, weil sie dem Ausgeschiedenen das Insolvenzrisiko der Gesellschaft aufbürden und er seine steuerlichen Verpflichtungen aus einem eventuellen Veräußerungsgewinn nicht bedienen kann.

2062 Die Angemessenheit des Abfindungsentgelts ergibt sich aus einer Gesamtschau der Umstände des Einzelfalls. Die in der höchstrichterlichen Rechtsprechung zur **GmbH** entwickelten Grundsätze, nach denen die Abfindung ausgeschlossener Gesellschafter unter bestimmten Voraussetzungen beschränkt werden kann und hierfür insb. zwischen mitunternehmerisch geprägten Gesellschaften und größeren Anlagegesellschaften zu differenzieren ist, sind auch auf die AG übertragbar. Die Begrenzung des Einziehungsentgelts auf den dreifachen Nennwert (im Gegensatz zum höheren Verkehrswert) ist daher bei einer **personalistisch geprägten AG** zulässig.[207]

2063 Zur Zahlung des Abfindungsanspruchs können u.U. die übrigen Gesellschafter persönlich verpflichtet sein, sofern die Gesellschaft die Abfindung nach §§ 34 Abs. 3, 30 Abs. 1 GmbHG (Kapitalerhaltung) nicht leisten kann. Mit BGH, NJW 2016, 2810 wurden der Zeitpunkt und die Voraussetzungen der persönlichen Haftung der Gesellschafter präzisiert: Es besteht nun Klarheit, dass die persönliche Haftung eines Gesellschafters nur in Betracht kommt, wenn dieser durch treuwidriges Verhalten verhindert, dass die Gesellschaft die Abfindungszahlung aus ihrem Vermögen leisten kann. Dies kann etwa im Falle der absichtlichen Herbeiführung der bilanziellen Überschuldung oder durch die Mitwirkung an einer treuwidrigen Fortsetzung der Gesellschaft trotz Insolvenzreife der Fall sein.

3. Wirksamkeit der Einziehung

2064 Die Zahlung einer Abfindung darf gem. § 34 Abs. 3 i.V.m. § 30 Abs. 1 GmbHG nicht dazu führen, dass das Stammkapital der GmbH berührt wird. Ein Einziehungsbeschluss ist entsprechend § 241 Nr. 3 AktG nichtig, wenn bereits bei Beschlussfassung feststeht, dass das Einziehungsentgelt nicht aus freiem, die Stammkapitalziffer nicht beeinträchtigenden Vermögen der Gesellschaft gezahlt werden kann.[208]

2065 Wenn ein Einziehungsbeschluss weder nichtig ist noch für nichtig erklärt wird (analog § 241 Nr. 5 AktG), wird die Einziehung mit der Mitteilung des Beschlusses an den betroffenen Gesellschafter und nicht erst mit der Leistung der Abfindung wirksam (BGHZ 192, 236).[209] Eine schnelle Einreichung der GmbH-Gesellschafterliste zum Handelsregister ist dann insb. wegen der Gefahr eines gutgläubigen Erwerbs der eingezogenen Geschäftsanteile gem. § 16 Abs. 3 GmbHG geboten. Für Schäden, die aufgrund einer nicht unverzüglich eingereichten Gesellschafterliste denjenigen, deren Beteiligung sich geändert hat, und den Gläubigern der Gesellschaft entstehen, haften anderenfalls die Geschäftsführer (§ 40 Abs. 3 GmbHG).

---

207 Vgl. OLG München NZG 2015, 1027.

208 BGH, Urt. v. 24.1.2012 – II ZR 109/11; Urt. v. 5.4.2011 – II ZR 263/08, ZIP 2011, 1104.

209 Dürfte der an sich weichende Gesellschafter infolge der Einziehung seines Anteils bis zum Erhalt seiner Abfindung in der Gesellschaft mitbestimmen, wie das teilweise vertreten wird, führte das zu hohem Konfliktpotenzial unter den Gesellschaftern.

Ist der Beschluss über die Einziehung hiernach wirksam, gehen die Geschäftsanteile unter, aber das Stammkapital bleibt unverändert. Dadurch tritt im Widerspruch zum sog. Konvergenzgebot in § 5 Abs. 3 S. 2 GmbHG eine Diskrepanz zwischen der Stammkapitalziffer und den bestehenden Geschäftsanteilen ein, die dadurch aufgelöst werden kann, dass die eingezogenen Geschäftsanteile den verbleibenden Gesellschaftern im Verhältnis ihrer Anteile anwachsen oder ein Geschäftsanteil ohne Kapitalerhöhung neu gebildet wird, der anschließend (idealerweise über dem Abfindungsentgelt) zu verwerten ist. BGHZ 203, 303 = NJW 2015, 1385 hat allerdings klargestellt, dass der Beschluss über die Einziehung eines GmbH-Geschäftsanteils nicht wegen Konvergenzverstoßes nichtig ist. Offen bleibt insoweit aber, ob das Registergericht die Änderung der Gesellschafterliste in diesem Fall ablehnen kann und damit mittelbaren Zwang zur Entscheidung über die Bildung eines neuen Anteils oder die effektive Kapitalherabsetzung ausüben kann. **2066**

4. Der Ausschluss eines Gesellschafters aus wichtigem Grund

Enthält die Satzung keine Einziehungsmöglichkeit oder einen Zwangsverkauf aus wichtigem Grund, kann ein Gesellschafter gleichwohl aus der Gesellschaft ausgeschlossen werden. Es bedarf dann allerdings zunächst eines Gesellschafterbeschlusses mit ¾-Mehrheit und sodann einer Ausschlussklage der Gesellschaft gegen den Gesellschafter, in der das Vorliegen eines wichtigen Grundes darzulegen und zu beweisen ist. Mit Rechtskraft des Ausschlussurteils und vollständiger Zahlung der Abfindung scheidet der betroffene Gesellschafter aus der Gesellschaft aus. **2067**

Als wichtiger Grund, der den übrigen Gesellschaftern die Fortsetzung des Gesellschaftsverhältnisses mit dem auszuschließenden Gesellschafter unzumutbar macht, sind anerkannt beispielsweise schwere Pflichtverletzungen sowie Straftaten zu Lasten der Gesellschaft oder der übrigen Gesellschafter. Haben sich alle Gesellschafter gleichermaßen Pflichtverletzungen zu Schulden kommen lassen, scheidet der Ausschluss eines Gesellschafters durch die anderen Gesellschafter aus. Schließlich kommt der Ausschluss nur als letztes und äußerstes Mittel (*ultima ratio*) in Betracht. **2068**

5. Rechtslage bei den Personen(handels)gesellschaften

Die Rechtslage bei den Personenhandelsgesellschaften unterscheidet sich von der bei der GmbH kaum. Auch bei ihr besteht die Möglichkeit, einen Gesellschafter gegen seinen Willen aus wichtigem Grund auszuschließen, §§ 140 Abs. 1 HGB, 161 Abs. 2 HGB i.V.m. § 133 Abs. 2 HGB. Konkretisierend ist eine Ausgestaltung des wichtigen Grundes im Gesellschaftsvertrag auch hier zulässig und im Hinblick auf die gerichtliche Entscheidung empfehlenswert. Eine Einziehung des Anteils ist dagegen nicht erforderlich; mit Rechtskraft des Urteils nach § 140 Abs. 1 HGB wächst der Anteil des ausscheidenden Gesellschafters den übrigen Gesellschaftern automatisch an (§§ 139, 142 HGB i.V.m. § 738 BGB). **2069**

Ein Ausschluss durch Beschluss nach § 131 Abs. 3 Nr. 6 HGB ist nur einstimmig möglich, gegen den Willen des Gesellschafters führt nur der Weg über § 140 HGB.

Handelt es sich um eine GmbH & Co. KG, bei der der betroffene Gesellschafter zugleich Kommanditist der KG und Gesellschafter der GmbH ist, müssen beide Ausschlussverfahren miteinander kombiniert werden.

2070 **Bei der GbR** ist der Ausschluss eines Gesellschafters aus der Gesellschaft aus wichtigem Grund („in dessen Person ein die übrigen Gesellschafter nach § 723 Abs. 1 S. 2 zur Kündigung berechtigender Umstand eintritt") nach § 737 BGB zulässig. Voraussetzung dafür ist aber zusätzlich, dass im Gesellschaftsvertrag eine sog. **Fortsetzungsklausel** gem. § 736 Abs. 1 BGB bestimmt ist, wonach die Gesellschaft unter den übrigen Gesellschaftern überhaupt fortbestehen soll, wenn ein Gesellschafter kündigt. Anders als bei allen anderen Rechtsformen ist bei der GbR der gesetzliche Regelfall, dass eine Kündigung nicht die Mitgliedschaft eines Einzelnen betrifft, sondern das Gesellschaftsverhältnis als Ganzes (vgl. § 723 Abs. 1 BGB); ebenso bewirken Tod eines GbR-Gesellschafters (§ 727 Abs. 1 BGB) oder die Eröffnung eines Insolvenzverfahrens auch über das Vermögen nur eines Gesellschafters (§ 728 Abs. 2 BGB) die Auflösung der Gesellschaft und nicht lediglich dessen Ausscheiden – sofern nicht eine auf den jeweiligen Auflösungstatbestand bezogene Fortsetzungsklausel im Gesellschaftsvertrag vereinbart wurde.

2071 Rechtsfolge des Ausscheidens eines Gesellschafters aus einer Personengesellschaft ist, dass seine Mitgliedschaft erlischt, sein Anteil am Gesellschaftsvermögen den übrigen Gesellschaftern zuwächst und er einen Zahlungsanspruch gegen die verbleibenden Gesellschafter in Höhe seiner Beteiligung am Gesellschaftsvermögen hat, § 738 Abs. 1 BGB, §§ 105 Abs. 3, 161 Abs. 2 HGB. Daneben hat der ausscheidende Gesellschafter gem. § 738 Abs. 1 S. 2 BGB Anspruch auf Befreiung von Schulden der Gesellschaft, soweit er für diese haftet. Für noch nicht fällige Verbindlichkeiten hat er Anspruch auf Sicherheitsleistung gem. § 738 Abs. 1 S. 3 BGB i.V.m. §§ 105 Abs. 3, 161 Abs. 2 HGB. Eine Haftungsfreistellung kann dabei nur im Innenverhältnis wirken und führt ohne Zustimmung des jeweiligen Gläubigers nicht zur Enthaftung im Außenverhältnis.

2072 Scheidet ein Namensgeber aus der (Personen-)Gesellschaft aus und verweigert die Zustimmung zu der Fortführung der Firma, muss diese geändert werden (§ 24 Abs. 2 HGB). V.a. bei Personengesellschaften sollte deshalb eine weitere (ggf. zeitlich begrenzte) *Namensführung bereits im Gesellschaftsvertrag vereinbart* werden. Für Sachfirmen von Kapitalgesellschaften, auch wenn sie den Namen eines Gründers enthalten, ist das firmenrechtlich nicht erforderlich, weil § 24 HGB über § 22 HGB nur für Personengesellschaften Anwendung findet. Der Namensgeber der Kapitalgesellschaft ist dann wegen der Firmenausschließlichkeit (§ 30 Abs. 1 und 2 HGB) und ggf. nach Wettbewerbsrecht (UWG; GWB) und Markenrecht gehindert, eine gleichlautende Firma seines Namens neu zu begründen.

IV. Mitgliedschaftsrechte und Erbrecht

1. Ausgangslage für den Erbfall

2073 Für die AG und GmbH gilt, dass die Existenz der juristischen Person als solche durch den Erbfall eines Gesellschafters unberührt bleibt. Während die Gesellschafterstellungen in einer GmbH oder AG sodann frei vererblich sind, gilt dies in Personengesellschaften nicht. Während eine GbR beim Tod eines Gesellschafters grundsätzlich sogar aufgelöst wird (§ 727 Abs. 1 BGB), scheidet der verstorbene Gesellschafter einer OHG/KG aus der Gesellschaft aus (§ 131 Abs. 3 Nr. 1 HGB), sofern im Gesellschaftsvertrag nichts anderes bestimmt ist. Sein Anteil wächst dadurch den verbliebenen Gesellschaftern an, während die Erben des Ausscheidenden abzufinden sind (§ 738 Abs. 1 BGB i.V.m. § 105 Abs. 3 HGB).

2. Kapitalgesellschaften

Da **Aktien** stets in den Nachlass fallen, stehen sie damit nach § 1922 BGB dem Erben bzw. im Falle mehrerer Erben der Erbengemeinschaft zur gesamten Hand zu (§ 2032 BGB). Bis zur Auseinandersetzung einer Erbengemeinschaft bestimmt sich das Rechtsverhältnis zur Gesellschaftinsoweit nach § 69 AktG. Die Satzung kann jedoch für den Fall des Todes eines Aktionärs eine Zwangseinziehung (§ 237 AktG) vorsehen. **2074**

Vergleichbares gilt für die Vererblichkeit des **GmbH-Geschäftsanteils**. Der Gesellschaftsvertrag kann und sollte dabei für den Fall des Todes eines Gesellschafters Regelungen treffen, wonach **2075**
- die Erben den ererbten Anteil an die Gesellschafter oder an einen Dritten abzutreten haben,
- der Geschäftsanteil gegen oder ohne eine Abfindung eingezogen werden kann,
- das Gewinnbezugsrecht in den Nachlass fällt, das Stimmrecht hingegen auf einen anderen übergeht oder
- mehrere Erben sich in der Gesellschafterversammlung von einer Person vertreten lassen müssen (§ 18 Abs. 1 GmbHG sieht anders als § 69 Abs. 1 AktG nur eine einheitliche Ausübung der Rechte vor).

3. Personengesellschaften

a) Grundsatz

Während es betreffend Anteile an Kapitalgesellschaften keinen Konflikt zwischen Gesellschaftsrecht und Erbrecht, weil das Vermögen einer AG oder GmbH als juristische Personen vom Vermögen der Anteilseigner getrennt ist, sind Personengesellschaften trotz ihrer weitgehenden Verselbstständigung als Gesamthandsgemeinschaft von der Idee geprägt, dass der Zusammenschluss regelmäßig vom Vertrauen und der gesellschaftsrechtlichen Zusammenarbeit der Gesellschafter des konkreten Gesellschafterkreises in seiner Zusammensetzung abhängig ist. **2076**

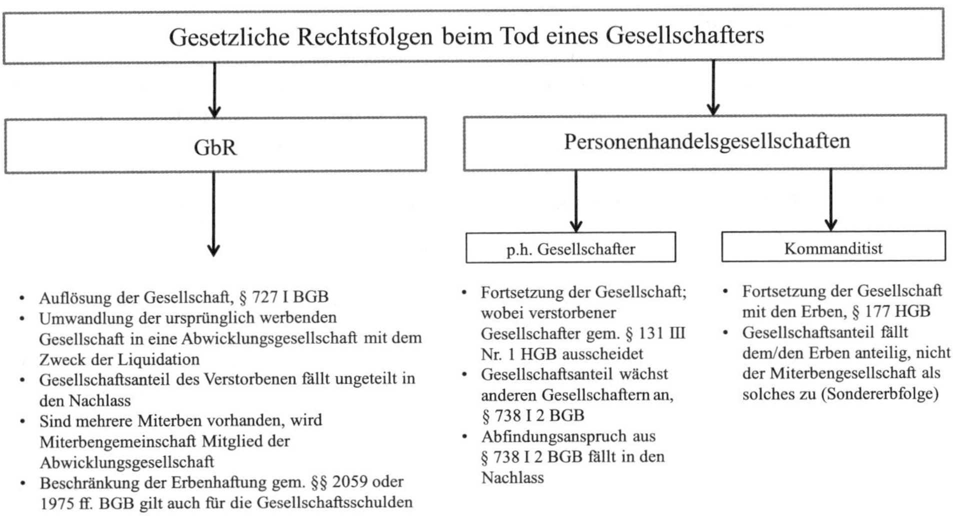

b) Regelung in der GbR

2077 Bei Auflösung der GbR folgen gem. § 727 Abs. 1 BGB der oder die Erben in die gesellschaftsrechtliche Position des Erblassers in der zu beendenden Auseinandersetzungsgesellschaft nach. Die überlebenden Altgesellschafter sind bei der Auflösung der Gesellschaft beim Tode eines Gesellschafters daher nicht berechtigt, einseitig die Auseinandersetzungsgesellschaft unter Abfindung der Erben des verstorbenen Gesellschafters fortzusetzen. Die **Fortsetzung der Gesellschaft** kann **nur einstimmig** mit dem oder den Erben beschlossen werden. Wollen diese dabei in der Gesellschaft verbleiben, werden sie ab sofort kraft dieser Vereinbarung Gesellschafter (mehrere Erben jedoch je einzeln, nicht als Erbengemeinschaft, die nach h.M. nicht Gesellschafter einer werbend tätigen Personen(handels)gesellschaft sein kann).

Auch der Gesellschaftsvertrag kann die Fortsetzung der Gesellschaft vorsehen. Enthält der Gesellschaftsvertrag eine Nachfolgeklausel (gleich welcher Art), so scheidet der Gesellschafter zwar bei seinem Tod aus der Gesellschaft aus, die Gesellschaft wird jedoch mit dem oder den Erben fortgeführt oder es steht einem anderen Bedachten ein Eintrittsrecht zu. Möglich ist aber auch, dass eine Fortsetzung der Gesellschaft (nur) unter den verbliebenen Gesellschaftern bestimmt ist, der Verstorbene also mit seinem Tode ausscheidet. Eine solche Regelung entspricht derjenigen in § 131 Abs. 3 S. 1 Nr. 1 HGB für die OHG/KG.

c) Die gesetzliche Regelung in der OHG

2078 Der Tod eines persönlich haftenden Gesellschafters (Komplementärs) ist anders als in der GbR nach § 727 BGB bei der OHG kein gesetzlicher Auflösungsgrund, sondern führt – falls nichts anderes vereinbart ist – zum Ausscheiden des Gesellschafters (§ 131 Abs. 3 S. 1 Nr. 1 HGB). Die Gesellschaft wird unter den verbleibenden Gesellschaftern fortgeführt. Der Anteil des Ausgeschiedenen wächst den verbleibenden Gesellschaftern in ihrer gesamthänderischen Verbundenheit zu (§ 738 Abs. 1 S. 1 BGB, § 105 Abs. 3 HGB). Die Erben des verstorbenen Gesellschafters haben dafür einen Abfindungsanspruch nach §§ 730 ff. BGB.

2079 Die gesellschaftsrechtliche Position, das Mitgliedschaftsrecht des verstorbenen Gesellschafters, ist im Zeitpunkt seines Todes erloschen und somit auch nicht Bestandteil des Nachlasses, sondern nur der schuldrechtliche Abfindungsanspruch gegen die verbleibenden Gesellschafter. In der Praxis ist die Vereinbarung von Abfindungsansprüchen, deren Wert unterhalb des Verkehrswerts des Gesellschaftsanteils des Erblassers liegt, üblich. Vielfach wird der Abfindungsanspruch auch vollkommen ausgeschlossen. Das ist nach ganz überwiegender Meinung für den Todesfall – unabhängig von den Diskussionen über die Zulässigkeit von Abfindungsklauseln bei lebzeitigem Ausscheiden – zulässig.[210]

Beispiel: Werden dabei Abfindungsansprüche für alle Gesellschafter derart ausgeschlossen, dass jeder der verbliebenen Gesellschafter die Chance hat, am Anteil verstorbener Gesellschafter beteiligt zu werden (sog. allseitige Abfindungsausschlussklausel), dann liegt ein gegenseitiger, entgeltlicher Vertrag vor (und keine Schenkung), der nicht formbedürftig ist.[211] Steuerlich wird die

---

210 OLG Köln ZEV 1997, 210.

211 Sog. aleatorischer Vertrag (mit Spielcharakter, weil jeder die Chance des Nachversterbens hat), aber umstr., weil die Gegenseitigkeit bloß Motiv, nicht echte Gegenleistung sei.

Anwachsung ohne Abfindung in § 3 Abs. 1 Nr. 2 ErbStG dennoch auch in diesem Fall als Schenkung behandelt, was möglich ist, weil das subjektive Merkmal der Unentgeltlichkeit für den konkreten Steuertatbestand nicht notwendig ist .[212] Daher besteht bei den üblichen allseitigen Abfindungsklauseln die Gefahr, dass der den Abfindungsbetrag übersteigende Wert des Gesellschaftsanteils den verbleibenden Gesellschaftern schenkungsteuerlich zugerechnet wird.

Sieht der Gesellschaftsvertrag hingegen einen Abfindungsausschluss nur für den Tod eines bzw. einzelner Gesellschafter vor (sog. einseitige Abfindungsausschlussklausel), so liegt darin mangels Gegenleistung ein Schenkungsversprechen und zwar von Todes wegen i.S.d. § 2301 BGB, das aufschiebend befristet ist durch das Vorversterben des betreffenden Gesellschafters und aufschiebend bedingt durch das Überleben des bzw. der übrigen Gesellschafter(s). Gem. § 2301 Abs. 1 BGB müsste ein solches Schenkungsversprechen derselben Form genügen wie eine Verfügung von Todes wegen (Testament nach §§ 1937, 2231, 2247 BGB). Eine Heilung dieses Formmangels ist aber durch Vollzug der Schenkung noch unter Lebenden gem. §§ 2301 Abs. 2, 518 Abs. 2 BGB möglich, waswegen der Zuwendung der Anwartschaft auf eben den Geschäftsanteil des Erblassers, die in dieser gesellschaftsvertraglichen Regelung bereits liegt, bejaht wird.[213]

Ist die einseitige Abfindungsausschlussklausel danach durch Heilung formwirksam, stehen dem bzw. den Erben wegen dieser Schenkung allerdings Pflichtteils- oder Pflichtteilsergänzungsansprüche (§§ 2303 ff., 2325 ff. BGB) gegen den/die Erben (§ 2325 Abs. 1 BGB) bzw. hilfsweise gegen den/die Beschenkten, also die verbliebenen Gesellschafter (§ 2329 BGB), zu. Bei allseitiger Ausgestaltung dagegen mangels Unentgeltlichkeit grundsätzlich nicht (andersnur bei offenkundig stark unterschiedlichen Lebenserwartungen der Gesellschafter, die die Klausel faktisch doch nur einseitig wirken ließe).

Da § 131 Abs. 3 HGB dispositiv ist, kann der Gesellschaftsvertrag auch vorsehen, dass 2080
der Anteil vererblich sein soll. Der Erblasser scheidet dann nicht aus der Gesellschaft aus, sondern je nach Ausgestaltung der Klausel folgen entweder unmittelbar (erbrechtlich) ein oder mehrere Erben in seinen Anteil nach – sog. **Nachfolgeklauseln** – oder es erhalten bestimmte Personen ein Eintrittsrecht in die Gesellschaft, womit sie den Anteil dann (rechtsgeschäftlich) übernehmen können – sog. **Eintrittsklausel**.

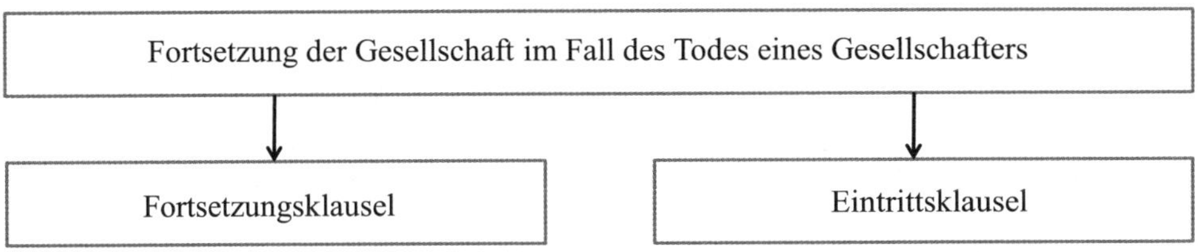

- Vereinbarung, dass Gesellschaft beim Tod eines Gesellschafters unter den übrigen Gesellschaftern fortgeführt wird
  - Verstorbener Gesellschafter scheidet aus Gesellschaft aus
  - Abfindungsanspruch der Erben gem. § 1922 BGB i.V.m. §§ 738 ff. BGB, der aber ausgeschlossen werden kann
- Fortsetzungsklausel nur sinnvoll bei GbR (Personenhandelsgesellschaften werden nach § 131 III Nr. 1 HGB sowieso fortgesetzt)

- Vereinbarung, dass Gesellschaft beim Tod eines Gesellschafters unter den übrigen Gesellschaftern fortgesetzt wird und dass eine bestimmte Person das Recht hat, in die Gesellschaft einzutreten
  - Ausscheiden des Verstorbenen aus der Gesellschaft
  - Abfindungsanspruch der Erben (wird i.d.R. ausgeschlossen)
  - Anspruch des Begünstigten auf Abschluss eines Aufnahmevertrages mit den verbliebenen Gesellschaftern
- Beachte: Da der verstorbene Gesellschafter bei der OHG/KG automatisch ausscheidet (§ 131 III HGB), muss hier nur ein Eintrittsrecht vereinbart werden

212 BFH BStBl II 1992, 912.
213 BGH WM 1971, 1338, 1339.

d) Eintrittsklausel

2081 Der Gesellschaftsvertrag kann – wenn die Fortsetzung der Gesellschaft sichergestellt ist – an das Ausscheiden des verstorbenen Gesellschafters anknüpfen und ein (rechtsgeschäftliches) Eintrittsrecht für einen neuen Gesellschafter vorsehen (sog. Eintrittsklausel[214]. Dabei vollzieht sich der Eintritt des bzw. der Eintrittsberechtigten einzeln durch Aufnahmevertrag mit den anderen Gesellschaftern. Bei dieser rein rechtsgeschäftlichen Lösung handelt es sich um einen echten (berechtigenden) Vertrag zugunsten Dritter auf den Todesfall (§§ 328 Abs. 1, 331 BGB).

Im Wege einer Eintrittsklausel kann der Gesellschaftsvertrag dabei vorsehen, dass an die Stelle des verstorbenen Gesellschafters ein Erbe oder ein Dritter treten soll. Auch das Bestimmungsrecht, welcher von mehreren Erben oder welcher Dritte eintrittsberechtigt sein soll, kann entweder bereits im Gesellschaftsvertrag getroffen worden sein oder ansonsten dem Erblasser zur testamentarischen Regelung überlassen bleiben.

Während die „Eintrittsklausel" rein rechtsgeschäftlich wirkt (und das schuldrechtliche Eintrittsrecht konsequenterweise jedermann zuwenden kann), führt eine „Nachfolgeklausel" unmittelbar zur (teilweisen) Gesamtrechtsnachfolge in die Gesellschafterstellung, muss dazu aber erbrechtlich ausgestaltet sein (kann also nur Erben berufen).

e) Nachfolgeklauseln

2082 Soll statt des schuldrechtlich ausgestalteten Eintrittsrechts ein automatischer Anteilserwerb im Zeitpunkt des Todes des Gesellschafters durch einen Nachfolger – in Gesamtrechtsnachfolge (§ 1922 BGB) – erfolgen, muss der Gesellschaftsvertrag eine Nachfolgeklausel vorsehen. Eine Nachfolge durch einen Nichterben (z.B. auch Vermächtnisnehmer) ist dabei nicht möglich.[215]

Es ist dabei rechtlich umstritten, auf welchem Wege Erben Nachfolger des verstorbenen Gesellschafters in den Gesellschaftsanteil werden. Nach der h.M. (sog. **erbrechtliche Lösung**) wird der betreffende (Personen)Gesellschaftsanteil durch die Nachfolgeklausel im Gesellschaftsvertrag erst „vererblich gemacht"[216]. Nur nach einer *Minderheitsmeinung (sog. gesellschaftsrechtliche Lösung)* würde der Erbe kraft gesellschaftsvertraglicher Nachfolgeklausel bzw. kraft Gesellschaftsrechts und nicht kraft Erbrechts Gesellschafter. Die gesellschaftsrechtliche Lösung deutet die Nachfolgeklausel als Rechtsgeschäft unter Lebenden, nämlich als Verfügung der Gesellschafter unter Lebenden auf den Todesfall zugunsten Dritter (i.e. des benannten Nachfolgers).[217]

Nach zutreffender erbrechtlicher Sichtweise beurteilt sich die Frage, wer auf welche Weise Nachfolger des verstorbenen Gesellschafters in den Gesellschaftsanteil wird, allein nach *Erbrecht*.

---

214 Vgl. MünchKommBGB/*Ulmer/Schäfer*, 5. Aufl., § 727 Rn. 53 ff.
215 BGHZ 68, 225.
216 BGH NJW-RR 1986, 28.
217 Wegen der mit der Gesellschafterstellung verbundenen Pflichten und Haftung wäre es allenfalls wirtschaftlich ein Vertrag zugunsten des Nachfolgers, *rechtlich* vielmehr ein *Vertrag zu seinen Lasten*. Seine Wirksamkeit hinge notwendig von der Zustimmung des Belasteten ab, die im Gesellschaftsvertrag logischerweise nicht herstellbar ist. Ohne solche Zustimmung kann eine rechtlich nachteilige Position nur im Rahmen gesetzlich angeordneter Gesamtrechtsnachfolge übergehen, wie z.B. nach § 1922 BGB auf die Erben. Daher kann eine „Nachfolgeklausel" nur im Rahmen des Erbrechts zur Geltung kommen. Außerhalb des Erbrechts ist nur möglich, dem „erhofften Nachfolger" ein – ihn nicht verpflichtendes – Eintrittsrecht zuzusprechen.

aa) Sondererbfolge. Bei der erbrechtlichen Lösung kommt es im Falle mehrerer Erben **2083** zu einem Konflikt zwischen Erb- und Gesellschaftsrecht: Es kann nämlich nach ständiger Rechtsprechung eine Erbengemeinschaft als Gesamthand (§§ 2032 ff. BGB) nicht Mitglied einer werbenden Personengesellschaft sein[218]. Die Rechtsprechung löst dieses Problem dadurch, dass sie abweichend von dem Prinzip der Gesamtrechtsnachfolge (Universalsukzession) des § 1922 BGB im Wege der Rechtsfortbildung eine Art Sondererbfolge annimmt (als *partielle Gesamtrechtsnachfolge nur in den Gesellschaftsanteil*). Diese Sonderrechtsnachfolge ist heute ganz überwiegend anerkannt[219]. Sie bewirkt, dass der Gesellschaftsanteil an der Erbengemeinschaft vorbei *unmittelbar und geteilt* entsprechend der *jeweiligen Erbquote* auf die einzelnen Erben übergeht. Jeder zur Nachfolge berufene Erbe wird einzeln Gesellschafter.

Beispiel: Die Sonderrechtsnachfolge wirft die Frage auf, ob der Gesellschaftsanteil überhaupt in den Nachlass fällt, was vor allem bei Anordnung von Testamentsvollstreckung bedeutsam ist. Die Mitgliedschaft an der Personengesellschaft soll aber trotz Sonderrechtsnachfolge und unabhängig davon, dass sie nicht der Erbengemeinschaft zustehen kann, in den Nachlass fallen[220]. Bei Anordnung einer Testamentsvollstreckung über den gesamten Nachlass ist auch dem Unternehmenserben insb. die Verfügung über den Gesellschaftsanteil entzogen. Die Testamentsvollstreckung ist dabei eine Verwaltungsvollstreckung über die vermögensmäßige „Außenseite" des Anteils. Die mitgliedschaftliche „Innenseite" des Anteils hingegen, also die mit dem Anteil verbundenen Mitverwaltungsrechte, kann der Testamentsvollstrecker nicht wahrnehmen, diese verbleiben dem Bedachten.

Erbrechtliche Nachfolgeklauseln in Gesellschaftsverträgen können entweder die Fortset- **2084** zung der Gesellschaft unspezifisch mit dem oder den Erben des verstorbenen Gesellschafters (sog. einfache oder allgemeine Nachfolgeklausel) vorsehen. Oder sie können die Fortsetzung der Gesellschaft nur mit einem oder einigen bestimmten von mehreren Erben (sog. qualifizierte Nachfolgeklausel) anordnen.

Nachfolgeklauseln (im Gesellschaftsvertrag)

- Vereinbarung, dass Gesellschaft nach dem Tod eines Gesellschafters mit dessen Erben fortgesetzt werden soll
- Zusätzliche Voraussetzung: Nachfolgermuss Erbe sein (erbrechtliche Lösung, h.M.) -> bei Testamentserrichtung beachten!

Einfache Nachfolgeklausel

Gesellschaftsanteil geht auf alle Erben über
- Alleinerbe tritt in volle Gesellschafterstellung ein, § 1922 BGB
- Miterben erwerben im Wege der Sondererbfolge einen ihrer Erbquote entsprechenden Anteil an der Gesellschafterstellung

Qualifizierte Nachfolgeklausel

Gesellschaftsanteil geht nur auf bestimmte Erben über
- Nur die in der Klausel Begünstigten treten in den Gesellschaftsanteil ein
- Eintritt in volle Gesellschafterstellung, nicht nur anteiliger Eintritt in Höhe der Erbquote
- Evtl. Ausgleichsanspruch der Erben untereinander, wenn der Wert der Beteiligung an der Gesellschaft die dem Begünstigten zustehende Erbquote übersteigt

218 BGH NJW 1983, 2376.
219 BGHZ 68, 225.
220 BGHZ 98, 48.

2085 **bb) Einfache Nachfolgeklausel.** Bestimmt der Gesellschaftsvertrag, dass die Gesellschaft mit dem oder den Erben des verstorbenen Gesellschafters fortgeführt werden soll, so spricht man von einer einfachen Nachfolgeklausel.[221] Bei mehreren Erben kommt es hier infolge der Sondererbfolge zur Aufspaltung des Gesellschaftsanteils entsprechend den Quoten der berufenen Miterben. Der im Wege der Sondererbfolge nachfolgende Erbe ist entgegen den Möglichkeiten des Erbrechts zur Haftungsbeschränkung für Nachlassverbindlichkeiten (vgl. §§ 1975 ff., 1993 ff. BGB) dem Risiko unbeschränkter persönlicher Haftung ausgesetzt, § 128 HGB. Als Ausweg bliebe nur die Ausschlagung der gesamten Erbschaft (§ 1953 BGB), da eine Teilausschlagung nur hinsichtlich des Gesellschaftsanteils nicht möglich ist. Deshalb sieht die zwingende Vorschrift des § 139 HGB vor, dass jeder einzelne Erbe (innerhalb von drei Monaten nach Kenntnis vom Anfall der Erbschaft, § 139 Abs. 3 HGB) seinen Verbleib in der Gesellschaft davon abhängig machen kann, dass ihm die Stellung eines Kommanditisten eingeräumt wird. Nehmen die übrigen Gesellschafter dieses Angebot zur Änderung des Gesellschaftsvertrags nicht an, bleibt dem Erben nur die Stellung des persönlich haftenden Gesellschafters oder, als zweite Möglichkeit, das Ausscheiden aus der Gesellschaft (ohne Einhaltung einer Kündigungsfrist, § 139 Abs. 2 HGB); letzterenfalls hat der Erbe dann einen Abfindungsanspruch gegen die Gesellschaft nach §§ 738 ff. BGB.

2086 **cc) Qualifizierte Nachfolgeklausel.** Sollen nach dem Gesellschaftsvertrag nicht alle, sondern nur einer oder einige der Erben in die Gesellschafterstellung des Verstorbenen nachrücken, schränkt die Nachfolgeklausel also die zur Nachfolge berufenen Erben ein, so liegt eine sog. qualifizierte Nachfolgeklausel vor.[222] Die konkrete Bestimmung des bzw. der Nachfolgeberechtigten kann dabei im Gesellschaftsvertrag selbst erfolgen (durch Festlegung persönlicher oder sachlicher Merkmale, z.B. „ältester Abkömmling" oder v.a. bei Freiberuflersozietäten „Zulassung als Wirtschaftsprüfer" bzw. „Approbation als Arzt"), aber auch dem Gesellschafter überlassen bleiben, der sie dann durch Verfügung von Todes wegen treffen kann.

Beispiel: §§ 18 EStG (Einkünfte aus selbstständiger Tätigkeit) verlangt zwingend, dass alle Gesellschafter entsprechend Berufsträger und auch tatsächlich freiberuflich tätig sind. Die Beteiligung eines „Nicht-Berufsträgers" führt stets in vollem Umfang zu gewerblichen Einkünften einer Personengesellschaft, ebenso z.B. eine rein kapitalmäßige Beteiligung. Die dann anfallende Gewerbesteuer kann sich trotz ihrer grundsätzlichen Anrechenbarkeit (§ 35 EStG) nachteilig auswirken, etwa im Fall von (sonstigen) Verlusten. Eine Nachfolgeklausel muss der gewerblichen Infektion durch Festlegung entsprechender Qualifikationsmerkmale vorbeugen.

2087 Im Falle einer qualifizierten Nachfolgeklausel stellt sich wiederum das Problem, wie sich der Erwerb durch die in der Klausel benannten Erben vollziehen soll. Die gesellschaftsrechtliche Theorie, die in der Nachfolgeklausel eine Zuwendung des Gesellschaftsanteils durch Verfügungsgeschäft unter Lebenden an einen Dritten sieht, hat keine Probleme, den Übergang des Gesellschaftsanteils auf die berufenen Erben zu erklären.

Schwierigkeiten bereitet dieser Übergang demgegenüber der von der h.M. und der Rechtsprechung favorisierten *erbrechtlichen Sichtweise*. Nach der Auffassung des BGH[223] fällt die Mitgliedschaft bei einer qualifizierten Nachfolgeklausel im Wege der

221 MünchKomm/*Ulmer*/*Schäfer*, BGB, § 727 Rn. 28 ff.
222 MünchKomm/*Ulmer*/*Schäfer*, BGB, § 727 Rn. 41 ff.
223 BGHZ 68, 225.

Sonderrechtsnachfolge mit dem Tod des Erblassers „unmittelbar im Ganzen" dem- oder denjenigen zu, den oder die die Klausel benennt. Damit erlangen die im Gesellschaftsvertrag bestimmten Erben die Gesellschafterstellung unmittelbar und unabhängig von der Erbrechtsquote, ganz wie bei der einfachen Nachfolgeklausel[224]. Ist nur ein Erbe bestimmt, so wird er also im Zeitpunkt des Erbfalls von selbst unmittelbar Gesellschafter mit dem ganzen Gesellschaftsanteil des Verstorbenen; sind mehrere Erben bestimmt, so fällt ihnen der Anteil im Verhältnis ihrer Erbteile zu.

Im Falle einer qualifizierten Nachfolgeklausel entsteht für die nicht zur Nachfolge berufenen Erben kein Abfindungsanspruch gegen die Gesellschaft. Will der Erblasser den Nachfolge-Erben vor den übrigen bevorzugen, so muss er dies in der letztwilligen Verfügung zum Ausdruck bringen, etwa durch ein Vorausvermächtnis. Ansonsten ist jedoch ein interner, erbrechtlicher Ausgleich unter den Miterben durchzuführen. **2088**

Beispiel 1: Bei der Gestaltung einer letztwilligen Verfügung eines Gesellschafters einer Personengesellschaft ist daher der Gesellschaftsvertrag auf die Vererblichkeit des Anteils zu prüfen und es ist testamentarisch klarzustellen, ob der konkret zur Nachfolge berufene Erbe den Gesellschaftsanteil im Wege eines (Voraus-)Vermächtnisses erhalten soll oder ob er Ausgleichszahlungen an die insoweit ausgeschlossenen Miterben zu leisten habe. Sieht der Gesellschaftsvertrag eine Nachfolgeklausel vor, muss der Erblasser überdies sicherstellen, dass der in Frage kommende Nachfolger tatsächlich Erbenstellung erhält. Anderenfalls läuft die Nachfolgeklausel ggf. ins Leere und es wäre zu überlegen, ob sie u.U. in eine Eintrittsklausel umgedeutet werden kann.

Beispiel 2: Im Fall einer (horizontalen) steuerlichen Betriebsaufspaltung in eine Besitzpersonen- und Betriebskapitalgesellschaft führt eine angeordnete Sondererbfolge zugunsten nur eines von mehreren Miterben zu einer Auflösung der personellen Verflechtung und damit der Betriebsaufspaltung (Entnahmetatbestand gem. § 6 EStG). Während der Anteil an der Personengesellschaft unmittelbar dem Erben zufällt, stehen die Kapitalgesellschaftsanteile der Miterbengemeinschaft zu. Eine isolierte Vererbung der Aktien oder GmbH-Anteile ist erbrechtlich nicht möglich, vielmehr ist die Einsetzung eines Miterben auf diese Kapitalgesellschaftsanteile lediglich eine Teilungsanordnung, welche die Erbengemeinschaft verpflichtet. Für mindestens eine logische Sekunde fallen damit die Anteilsinhaberschaften an beiden Gesellschaften auseinander. Zu umwandlungsrechtlichen Rettungsmöglichkeiten im Rahmen der Nachfolgeplanung vgl. Rn. 2510).

f) Besonderheit Kommanditgesellschaft

Beim Tod des **Komplementärs** gilt das zur OHG Gesagte entsprechend. Beim Tod eines **Kommanditisten** wird die Gesellschaft mit den Erben fortgesetzt (§ 177 HGB). Der Kommanditanteil ist also ohne Weiteres vererblich. Allerdings kann der Gesellschaftsvertrag die Vererblichkeit des Kommanditanteils ausschließen und die Nachfolge beliebig regeln. Schließt der Gesellschaftsvertrag die Vererblichkeit aus, so liegt darin eine lebzeitige Übertragung des Kommanditanteils auf den Komplementär. Die Übertragung steht bei einer natürlichen Person als Komplementär unter der aufschiebenden Bedingung, dass der Komplementär den Kommanditisten überlebt. Schließt der Gesellschaftsvertrag außerdem Abfindungsansprüche der Erben des Kommanditisten aus, gilt das zu den einseitigen Abfindungsausschlussklauseln Gesagte, ebenso im Falle mehrerer Erben das zur Sondererbfolge. **2089**

224 BayObLG MDR 1981, 587.

4. Steuerliche Auswirkungen (Erbschaftsteuer)

2090 Steuerlich haben beide Übertragungsvorgänge unterschiedliche Folgen. Die rechtsgeschäftliche Anteilsübertragung ist ertragssteuerlich relevant (§ 16 Abs. 1 Nr. 2 und 3 EStG). Das gilt zwar auch für die Anwachsung, soweit die den verbleibenden Gesellschaftern anwachsenden Anteile des ausscheidenden Gesellschafters mit einer Abfindung vergütet werden. Übersteigt jedoch der nach § 12 ErbStG ermittelte Wert des angewachsenen Gesellschaftsanteils den Wert des Abfindungsanspruches, so begründet dies gem. § 7 Abs. 7 S. 1 ErbStG einen steuerlich relevanten Schenkungstatbestand.

Bei Anteilen an PersGes liegt allerdings begünstigtes Vermögen gem. § 13b Abs. 1 ErbStG vor, wenn der Erblasser bzw. der ausscheidende Gesellschafter als Mitunternehmer anzusehen war (§ 15 Abs. 1 Nr. 2 EStG) und die Erwerber (Erben bzw. verbleibende Gesellschafter im Fall der Anwachsung) in die Mitunternehmerstellung eintreten. Dem Grunde nach begünstigungsfähiges Vermögen wird in folgenden Fällen übertragen:

- Im Fall der Fortsetzungsklausel erhalten die verbleibenden Gesellschafter begünstigungsfähiges Vermögen (Verschonung gem. §§ 13a ff. ErbStG), die Erben erhalten lediglich eine nicht begünstigte Abfindung im übrigen Vermögen.
- Bei der einfachen Nachfolgeklausel werden die auf den Anteil eingesetzten Erben entsprechend ihrer Erbquote Gesellschafter und erben daher entsprechend ihrer Erbquote begünstigungsfähiges Vermögen (§§ 13a ff. ErbStG).
- Im Fall der qualifizierten Nachfolgeklausel gilt die Verschonung nur für den bzw. die qualifizierten Erben; bei der Berechnung der Verschonung ist § 13a Abs. 5 S. 3 ErbStG zu beachten (sog. Begünstigungstransfer, sofern der qualifizierte Erbe nicht begünstigtes Vermögen auf die weiteren Erben überträgt). Für die nicht qualifizierten Erben gilt § 13a Abs. 5 ErbStG.

Neben der Verschonung nach §§ 13a ff. ErbStG ist – insb. im Rahmen der Fortsetzungsklausel – § 19a ErbStG zu beachten. Danach wird Erwerbern in den Steuerklassen II und III (vgl. § 15 Abs. 1 ErbStG) zusätzlich ein Entlastungsbetrag gewährt. Der Entlastungsbetrag wirkt wie eine Anwendung der günstigen Steuerklasse I auf das Betriebsvermögen (§ 19a Abs. 4 ErbStG).

G. Auflösung der Gesellschaft und Beendigung

2091 **Hinweis zur begrifflichen Unterscheidung:** Erst Auflösung – dann Liquidation – und nach Abschluss der Liquidation die Beendigung einer Gesellschaft.

2092 Die Auflösung einer Gesellschaft bedeutet, dass die werbende Tätigkeit der Gesellschaft eingestellt wird und ihre laufenden Geschäfte beendet werden. Mit der Auflösung tritt die Gesellschaft in ein Abwicklungsverfahren (Liquidation, vgl. etwa § 145 Abs. 1 HGB; § 730 BGB) ein, das dazu dient, ihre Forderungen einzuziehen und die Gesellschaftsverbindlichkeiten zu erfüllen. Dazu wird das Gesellschaftsvermögen veräußert (vgl. etwa § 149 HGB). Ein abschließend eventuell verbleibender Verwertungserlös, das Nettoreinvermögen also, ist an die Gesellschafter (bzw. deren Vollstreckungsgläubiger, Insolvenzverwalter) auszukehren (vgl. etwa § 155 Abs. 1 HGB). Nach der Auflösung besteht die Gesellschaft also weiterhin fort (vgl. § 730 Abs. 2 BGB; sie firmiert zwingend als Liquidationsfirma mit dem Zusatz „in Liquidation“ oder „in Abwicklung“, abgekürzt „i.L.“, vgl. § 153 HGB).[225] Die Liquidation nach Auflösung ist eine Verpflichtung zur Durchführung der entsprechenden Maßnahmen, die den dann als Liquidatoren bezeichneten Geschäftsführern (oder dafür besonders bestellten Organen) obliegt.

Die Auflösung ist zum Handelsregister anzumelden (§ 263 AktG; § 65 Abs. 1 GmbHG; § 143 Abs. 1 HGB). Im Falle von Kapitalgesellschaften sind zugleich die Gläubiger der Gesellschaft aufzufordern, sich mit ihren Forderungen bei der Gesellschaft zu melden (§ 267 AktG; § 65 Abs. 2 GmbHG). Erst nach der Schuldenbereinigung und frühestens ein Jahr nach der Aufforderung an die Gläubiger darf die Abwicklung mit der Auskehr des verbliebenen Vermögens an die Gesellschafter abgeschlossen werden (§§ 271, 272 Abs. 1 AktG; § 73 Abs. 1 GmbHG). Kein Sperrjahr gilt bei Personengesellschaften (vgl. § 155 Abs. 2 HGB). 2093

Erst mit Abschluss der Abwicklung (so bei Personengesellschaften) bzw. der anschließenden Löschung im Handelsregister (bei Kapitalgesellschaften konstitutiv) ist die Gesellschaft dann beendet (§ 273 AktG, § 74 GmbHG). Für Personengesellschaften existiert keine gesetzliche Regelung zur Beendigung, weil Gläubigerschutzbestimmungen wegen der persönlichen Haftung nicht erforderlich sind. Eine ggf. noch zu erfolgende Löschung im Handelsregister hat bei aufgelösten Personengesellschaften, die ja kein gewerbliches Unternehmen mehr betreiben (vgl. §§ 1 Abs. 2 und 2 HGB), lediglich noch deklaratorische Bedeutung im Hinblick auf § 5 HGB. 2094

Beispiel: Insolvente Kapitalgesellschaften kommen regelmäßig nicht zur Beendigung, weil die Liquidation erst mit Berichtigung aller Verbindlichkeiten abgeschlossen wäre. Mit Verteilung der vorhandenen Masse wird zwar ein Insolvenzverfahren aufgehoben, es tritt aber (anders als in der Privatinsolvenz natürlicher Personen, vgl. § 286 InsO) keine Restschuldbefreiung ein. Die Gesellschaft bestünde rechtlich „auf ewig" fort. Um das Handelsregister in solchen Fällen zu bereinigen, sieht § 394 Abs. 1 S. 2 FamFG eine Löschung und damit Beendigung von Amts wegen vor. Diese gilt auch für die GmbH & Co. KG (Abs. 4). Verstöße gegen das Sperrjahr nach § 73 GmbHG sind im Liquidationsstadium einer GmbH hinreichend für die Existenzvernichtungshaftung der Gesellschafter[226].

I. Auflösungstatbestände bei Kapitalgesellschaften

Gründe für eine Auflösung einer Kapitalgesellschaft können nach § 60 GmbHG, § 262 AktG (betreffend die AG) bzw. § 289 AktG (betreffend die KGaA) u.a. sein: 2095

- Beschluss der Haupt-/Gesellschafterversammlung mit Mehrheit von 75 % der abgegebenen Stimmen,
- Eröffnung des Insolvenzverfahrens (allerdings mit der Möglichkeit, alternativ zur Auflösung die Fortführung des Unternehmens zu beschließen (vgl. § 157 InsO))
- Löschung wegen Vermögenslosigkeit.

Bei einer Löschung der Gesellschaft wegen Vermögenslosigkeit bedarf es gem. § 264 AktG, § 66 Abs. 1, 5 GmbHG regelmäßig keiner Abwicklung, ebenso nicht im Fall des Insolvenzverfahrens.

---

225 Die Gesellschaft bewahrt ihre Identität und Rechtsfähigkeit auch gegenüber Dritten, BGH NZG 2016, 107 Tz. 12), nur der Gesellschaftszweck beschränkt sich auf die für die Liquidation erforderlichen Maßnahmen. Geschäftsführungs- und Vertretungsbefugnis ändern sich gem. § 730 Abs. 2 S. 2 BGB, § 146 Abs. 1 HGB, bei Kapitalgesellschaften allerdings nur, wenn das gesondert beschlossen wird (vgl. § 66 Abs. 1 GmbHG, § 265 Abs. 1, 2 AktG).

226 BGH, Urt. v. 9.2.2009 – II ZR 292/07, BGHZ 179, 344 Rn. 39 f. – Sanitary.

Dagegen führen die Vereinigung aller Anteile/Aktien in einer Person oder die Einstellung bzw. Veräußerung des von der Gesellschaft betriebenen Geschäftsbetriebes (also des Unternehmens) nicht zur Auflösung der Kapitalgesellschaft. Sie bleibt im ersten Fall als Ein-Mann-GmbH/AG bestehen, im zweiten als sog. Mantelgesellschaft. Die Auflösung einer Kapitalgesellschaft ist zur Eintragung im Handelsregister anzumelden; Dies gilt nicht bei Eröffnung eines Insolvenzverfahrens bzw. wenn eine Eröffnung des Insolvenzverfahrens mangels Masse abgelehnt wird (§ 263 AktG, § 65 Abs. 1 GmbHG).

II. Auflösungstatbestände bei Personengesellschaften

2096 Bei Personengesellschaften sind die Auflösungstatbestände zwischen GbR und OHG/KG unterschiedlich geregelt.

Bei der **GbR** führen bestimmte, im Gesetz genannte Umstände zur Auflösung der Gesellschaft. Dazu gehören bei den zeitgebundenen Gelegenheitsgesellschaften der schlichte Zeitablauf (§ 726 BGB), daneben die Kündigung durch einen Gesellschafter oder einen Gesellschaftergläubiger (§§ 723–725 BGB), der Tod (§ 727 BGB) sowie auch die Eröffnung des Insolvenzverfahrens über das Vermögen der Gesellschaft und/oder eines Gesellschafters (§ 728 BGB).

Selbstverständlich erfolgt die Auflösung der Gesellschaft auch im Falle eines Beschlusses der Gesellschafter.

Wollen die GbR-Gesellschafter bei Tod eines Gesellschafters, der Kündigung eines Gesellschafters oder der Eröffnung des Insolvenzverfahrens über das Vermögen eines Gesellschafters die Gesellschaft dennoch fortführen, so muss dies im Gesellschaftsvertrag vereinbart werden (sog. Fortsetzungsklausel), kann aber auch noch nachträglich unter den Fortsetzungswilligen einstimmig beschlossen werden. Gleiches gilt im Falle der Ausübung des Kündigungsrechts durch einen privaten Gesellschaftergläubiger, der im Wege der Zwangsvollstreckung auf das mit dem Anteil verbundene Auseinandersetzungsguthaben zugreifen will.

2097 Bei der **OHG** führen die oben genannten Gründe nicht zur Auflösung der Gesellschaft, sondern nur zu einem Ausscheiden des betroffenen Gesellschafters. Diese und weitere Gründe für den Austritt eines Gesellschafters können sich aus dem Gesetz (vgl. die Aufzählung in § 131 Abs. 3 HGB) oder dem Gesellschaftsvertrag ergeben. In der Praxis sind der Tod eines Gesellschafters (§ 131 Abs. 3 S. 1 Nr. 1 HGB) oder die Eröffnung des Insolvenzverfahrens über sein Vermögen (§ 131 Abs. 3 S. 1 Nr. 2 HGB), eine Kündigung durch einen Gesellschafter selbst oder durch dessen Privatgläubiger (§ 131 Abs. 3 S. 1 Nr. 3 und 4 HGB) häufige Gründe des Ausscheidens. Bevorzugen die Beteiligten in diesen Fällen die Auflösung der Gesellschaft, so müssen sie dies in ihrem Gesellschaftsvertrag vereinbart haben oder nachträglich beschließen.

Die Auflösung der Gesellschaft erfolgt dagegen zwingend auch bei der OHG/KG im Falle der Eröffnung des Insolvenzverfahrens über das Vermögen der Gesellschaft.

Beispiel: Existieren lediglich zwei Gesellschafter, so führt der Austritt eines Gesellschafters vor Eintritt eines Neugesellschafters als unvermeidliche Konsequenz dazu, dass die Gesellschaft erloschen ist. Anders als Kapitalgesellschaften muss eine Personengesellschaft wesensgemäß ununterbrochen mindestens zwei Gesellschafter haben. Daher muss darauf geachtet werden, dass in einer zweigliedrigen Gesellschaft zunächst ein neuer Gesellschafter in die Gesellschaft eintritt, die dann für eine logische Sekunde drei Gesellschafter hat, und erst im zweiten Schritt der andere Gesellschafter ausscheidet oder dass eine Übertragung der Mitgliedschaft durch Abtretung vom Ausscheidenden auf den Neugesellschafter erfolgt. Diese Problematik besteht insb. bei der Einmann-GmbH & Co. KG, wenn die Komplementär-GmbH insolvenzbedingt ausscheidet (§ 131 Abs. 3 S. 1 HGB). Umstritten ist das Ausscheiden allerdings im Fall der „Simultaninsolvenz" von GmbH und KG.[227]

H. Rechtsformwahl

Die Wahl der geeignetsten Rechtsform[228] gehört zu den konstitutiven Entscheidungen eines Unternehmens, welche die langfristig gültigen Rahmenbedingungen der Tätigkeit festlegen. Als Entscheidungsproblem stellt sich die Wahl einer Rechtsform vor allem bei der Unternehmensgründung. Sie ist jedoch auch eine laufende Frage bei Entscheidungen zur Anpassung an Veränderungen der Binnenstruktur oder der Umwelt. 2098

Als rechtsformrelevante Veränderungen in der Binnenstruktur sind etwa der Tod, das Ausscheiden oder die Aufnahme eines Gesellschafters, aber auch Betriebsgrößenveränderung durch das Wachstum des Unternehmens, Änderungswünsche hinsichtlich der Haftung und steuerliche Belastungsvergleiche nicht nur bei Strukturmaßnahmen zu bedenken. Äußere Einflüsse auf Rechtsformentscheidungen können aus Änderungen der Steuergesetzgebung, aus veränderten Rahmenbedingungen zu Haftungstatbeständen durch den Gesetzgeber oder die Rechtsprechung ebenso folgen, wie aus der Zulassung neuer Gesellschaftsformen.[229]

Die verschiedenen Rechtsformen unterscheiden sich – wie dargestellt – im Wesentlichen: 2099
- in der Zulässigkeit bzw. den Voraussetzungen (z.B. Handelsgewerbe, freie Berufe)[230];
- in der Rechtsfähigkeit (Frage nach dem Rechtsträger des Unternehmens);
- im Haftungsumfang;
- in der Geschäftsführungs- und Vertretungsbefugnis (z.B. Selbst-, Fremdorganschaft)[231];
- in den Einfluss- und Kontrollmöglichkeiten der Gesellschafter;
- in der Steuerbelastung (einmalig bzw. laufend; bezogen auf Gesellschaft und Gesellschafter);
- in der Zuordnung von Vermögen (zivilrechtlich aber auch steuerlich: Betriebs-, Privatvermögen);
- in den Kapitalbeschaffungsmöglichkeiten;
- in den Möglichkeiten der Mitarbeiterbeteiligung;
- in der Gewinn- und Verlustbeteiligung;
- in der Flexibilität der Gestaltung von Gesellschaftsvertrag/Satzung;
- in der Rechnungslegung, Prüfung und Publizität;
- in den Kosten der Gründung, Rechnungslegung und Verwaltung;

---

227 Gegen ein Ausscheiden *K. Schmidt* in ders./Uhlenbruck, GmbH in Krise und Insolvenz (2016), S. 680 ff.; so auch BFH DStR 2007, 1765. Anders dagegen BGH NZI 2014, 912; BGH NZI 2008, 612; BGH NZI 2005, 287.

228 Zur Rechtsformwahl *Klein-Blenkers*, Rechtsformen der Unternehmen (2016), passim.

229 Vgl. *K. Schmidt*, Gesellschaftsrecht (2002), § 5 II 2 m.w.N.

230 Vgl. z.B. § 8 ApothekenG, worin nur die Rechtsformen der GbR und OHG erlaubt sind.

231 Z.B. die Franchise-Problematik Rn. 446.

- in der Umwandlungsmöglichkeit bzw. Liquidation;
- in Insolvenzantragspflichten (vgl. § 15a InsO);
- in der Veräußerbarkeit von Anteilen;
- im Weiterbestand beim Ausscheiden eines Gesellschafters;
- und damit in den Nachfolgeregelungen in Familienunternehmen[232].
- Grenzüberschreitende Bezüge sind hinsichtlich der Anerkennung der Rechtsform, der Umwandlungsfähigkeit und der Besteuerung bzw. auch der Möglichkeiten der Steuergestaltung gesondert zu beachten.

Die danach maßgeblichen Kriterien konkurrieren miteinander. Die Rechtsformwahl wird sinnvoll kaum je nur von einer Zielsetzung abhängig gemacht werden können.

Beispiel: Start-ups sind im Hinblick auf Gründungs-/Verwaltungskosten und die sofortige steuerliche Verrechenbarkeit von Anfangsverlusten beim Gesellschafter oftmals sinnvollerweise als Personengesellschaft (statt z.B. UG haftungsbeschränkt) zu errichten. Handelt es sich – wie beim „E-Business" zumeist – um reine Vermittlungstätigkeiten, ist das auch aus haftungsrechtlicher Sicht gut vertretbar (jedenfalls sind Haftungsprobleme, -ausschlüsse betreffend die operative Tätigkeit – sowieso – vertragsgestalterisch oder in AGB zu regeln). Im Hinblick auf eine evtl. von Anfang an bestehende Veräußerungsabsicht eines Investors ist aus Sicht des steuerlichen Belastungsvergleichs (v.a. § 8b Abs. 2 und 5 KStG; beachte allerdings §§ 8c, aber auch 8d KStG[233] betreffend die Anfangsverluste) dagegen sogar eine Konzernstruktur aus Kapitalgesellschaften überlegenswert.

2100 Außerdem ist zu beachten, dass die charakteristischen Merkmale einzelner Rechtsformen rechtstatsächlich sehr oft durch Wechselwirkungen und Anforderungen der Praxis überlagert werden.

Beispiel: So steht in zivilrechtlicher Hinsicht häufig die Erwägung im Vordergrund, die Gewerbetreibenden haftungsrechtlich soweit wie möglich zu schützen. Die persönliche Haftung der Gesellschafter ist im Regelfall insb. bei einer Kapitalgesellschaft, aber auch bei einer Personengesellschaft in der Rechtsform einer GmbH & Co. KG ausgeschlossen. Allerdings verlangen insb. Kreditgeber gerade angesichts dieser beschränkten Haftung und zumindest in personalistisch geprägten Strukturen zusätzlich persönliche Bürgschaften und dingliche Sicherheiten. Bedeutsam bleibt die Haftungsbegrenzung damit für Ansprüche von Arbeitnehmern, Lieferanten und Kunden. Zudem zwingt die Haftungsbeschränkung in Kapitalgesellschaften zu einer besonders sorgfältigen Trennung der Vermögensmassen der Gesellschaft und des Gesellschafters und schafft besondere Haftungs- und Straftatbestände für die Beteiligten.

2101 Die Entscheidung über die erstmalige Wahl der geeignetsten Rechtsform wie die fortgesetzte Überprüfung der Notwendigkeit von Anpassungen wird sich daher an folgender Heuristik der **Vertragsgestaltung** ausrichten:[234]

- Ermittlung der Zielkriterien;
- Bewertung und Gewichtung der relevanten Kriterien;
- Entscheidung über die Rechtsform und notwendige (mögliche) individuelle Ausgestaltungen;
- laufende Beobachtung der Auswahlprämissen (ggf. Rechtsformwechsel und Umwandlung).

---

232 Vgl. Beispiel unter Rn. 2088 (Betriebsaufspaltung bei mehreren Erben).

233 Start-ups sind faktisch zugleich der nahezu einzige Anwendungsfall für § 8d KStG (Körperschaft darf seit Gründung bzw. seit vier Jahren ausschließlich denselben – einen – Geschäftsbetrieb unterhalten, vgl. Abs. 1 S. 1, Abs. 2; und zeitlich unbefristeter Untergang des verbliebenen „fortführungsbezogenen Verlustvortrags" bei Änderungen in diesem Geschäftsbetrieb gem. Abs. 3).

234 Vgl. *V. Mayer* in: Ott (Hrsg.), Steuergestaltung in der Unternehmensnachfolge (74. EL 2014), Kap. 2.

§ 7 Kapitalmarktrecht

Ursula Kleinert

Übersicht

A. Grundlagen

I. Begriff und Gegenstand

Kapitalmärkte sind Märkte, auf denen mittel- und langfristige Finanzierungshilfen (Kapital) in Form von Finanzinstrumenten gehandelt werden. Sie dienen der Aufnahme von Kapital (auf den sog. Primärmärkten) ebenso wie der Zirkulation bereits platzierter Finanzinstrumente (sog. Sekundärmärkte). Auch wenn deutsche Unternehmen – im Unterschied etwa zu den US-amerikanischen – als traditionell eher banken-, also kreditfinanziert gelten, spielt die Beschaffung von Finanzmitteln über den Kapitalmarkt für sie eine große Rolle. Dies gilt insb. für die Aufnahme von Eigenkapital durch die Emission von Aktien[1] oder von Fremdkapital über die Ausgabe von Schuldverschreibungen. In jüngerer Zeit wird von Start-up-Unternehmen zunehmend auch eine Finanzierung über die Ausgabe von Coins oder Token gewählt.[2] Für die Unternehmen, aber gleichermaßen für die öffentliche Hand und sogar die Banken selbst, die sich zumindest teilweise über die Ausgabe von Aktien und Anleihen (re)finanzieren, ist es daher von erheblicher Bedeutung, einen möglichst leichten Zugang zu einem gut funktionierenden 2102

1 Für weitere Einzelheiten s. die Studie von *Bendel/Demary/Voigtländer*, Entwicklung der Unternehmensfinanzierung in Deutschland, Institut der deutschen Wirtschaft, IW-Trends 1.2016.

2 Sog. Initial Coin Offerings (ICO) oder Security Token Offerings (STO). Näher zu diesen meist blockchainbasierten Instrumenten s. Rn. 2493 f.

Kapitalmarkt zu haben. Für ihre Entscheidung, den Kapitalmarkt anstelle einer Kreditfinanzierung zu nutzen, sind neben den erzielbaren Konditionen (Emissionspreis der Aktien, Verzinsung von Anleihe etc.) vor allem die anfallenden Kosten (zur Erfüllung u.a. von Dokumentations-, Prospekt– und Compliance-Pflichten) ein wesentliches Kriterium.

2103 Auf der Seite der Kapitalgeber findet sich ein breites Spektrum potenzieller Investoren vom privaten Kleinanleger bis hin zu institutionellen Investoren wie Pensionsfonds und Versicherungen. Ihr Engagement ist existenziell für die Funktionsfähigkeit des Kapitalmarktes. Um das Engagement zu gewährleisten, müssen die Investoren sich am Markt fair behandelt, insb. ausreichend informiert, fühlen; zudem sind die ihnen entstehenden Transaktionskosten möglichst gering zu halten.

2104 Die Interessen der Kapitalnehmer und der Kapitalgeber stehen in einem gewissen Spannungsverhältnis, das der Gesetzgeber über das sog. Kapitalmarktrecht zu bewältigen hat. Ist eine umfangreiche Information der Investoren beispielsweise zur Schaffung von Vertrauen in den Markt hilfreich, so bedeutet sie dagegen für die Kapitalnehmer erhöhte Kosten. Auch die Europäische Union ist sich dieser Interessenkollision durchaus bewußt. Durch ihre Initiative zur Kapitalmarktunion, die die gesetzlichen Vorgaben immer feiner ausjustiert, versucht sie, die Abhängigkeit der Unternehmen von Bankkrediten zu verringern, insb. für kleine und mittlere Unternehmen („KMU“) die Finanzierungsmöglichkeiten am Kapitalmarkt zu diversifizieren und KMU zu mehr Anleihe- und Aktienemissionen an öffenlichen Märkten zu veranlassen.[3]

2105 Die gesetzlichen Regeln setzten ursprünglich bei den beteiligten Institutionen an: Das Börsenrecht regelte die Organisation der Börsen und den dortigen Handel, das Gesellschafts-, insb. das Aktienrecht die Emission der Wertpapiere und das Bankrecht die Tätigkeit der Banken als eingeschaltete Intermediäre. Mit dem Hinzutreten neuer Marktplätze und der Entwicklung weiterer Finanzinstrumente hat sich im Laufe der Zeit eine mehr marktbezogene Betrachtungsweise entwickelt. Eine einheitliche Definition, was vor diesem Hintergrund nun unter „Kapitalmarktrecht“ zu verstehen ist, hat sich bisher allerdings nicht herausgebildet. Sehr anschaulich umschreibt *Kümpel*[4] es mit der *„Gesamtheit der Gesetzesbestimmungen, Geschäftsbedingungen und anerkannten Standards, die die Organisation des Kapitalmarkts, die marktbezogenen Dienstleistungen der Wertpapierdienstleistungsunternehmen sowie die marktbezogenen Verhaltenspflichten der Marktteilnehmer oder sonstiger Dritter regeln“*.

2106 Für den Wirtschaftsprüfer ist das Themengebiet in zweifacher Hinsicht von Bedeutung: Zum einen bei der Beratung und Prüfung von Unternehmen, die den Kapitalmarkt als Finanzierungsquelle nutzen (wollen). Dabei sind die gesetzlichen Anforderungen nicht für alle diese Unternehmen gleich, sondern unterscheiden sich danach, welche Arten von Finanzinstrumenten für die Finanzierung genutzt werden, auf welchen Märkten die Finanzinstrumente gehandelt werden bzw. zugelassen sind und natürlich, welche Rechtsform das Unternehmen hat. Zur Differenzierung finden sich verschiedene gesetzliche Begrifflichkeiten. Zum einen die sog. **kapitalmarktorientieren Unternehmen (§ 264d**

---

3 Erwägungsgrund 1 der Verordnung (EU) 2019/2115 des Europäischen Parlaments und des Rates vom 27. November 2019 zur Änderung der Richtlinie 2014/65/EU und der Verordnung (EU) Nr. 596/2014 und (EU) 2017/1129 zur Föderung der Nutzung von KMU-Wachstumsmärkten.

4 *Wittig*, in: Kümpel/Wittig, Rn. 1.10.

HGB), also Kapitalgesellschaften, die Wertpapiere[5] ausgeben, die an einem organisierten Markt[6] zugelassen sind. Neben Aktien fallen hierunter vor allem Schuldtitel (insb. Anleihen). Kapitalmarktorientierte Unternehmen müssen somit nicht zwingend in der Rechtsform der Aktiengesellschaft organisiert sein. So kann z.B. auch eine GmbH Schuldverschreibungen emittieren und am organisierten Markt notieren lassen. Von den kapitalmarktorientierten Unternehmen zu unterscheiden sind die **börsennotierten Unternehmen (§ 3 Abs. 2 AktG)**, also solche, deren Aktien an einem Markt zugelassen sind, der von staatlich anerkannten Stellen geregelt und überwacht wird.[7] Eine dritte Kategorie sind die sog. **Inlandsemittenten (§ 2 Abs. 14 WpHG)**, also Emittenten, deren Herkunftsstaat Deutschland ist oder deren Wertpapiere nur hier zum Handel an einem organisierten Markt zugelassen sind. Eine Kapitalmarktorientierung liegt faktisch – über diese drei gesetzlich definierten Arten hinaus – natürlich auch dann vor, wenn Wertpapiere ausgegeben werden, die an anderen als organisieren Märkten gehandelt oder in sonstiger Weise der Öffentlichkeit angeboten werden. Für alle Konstellationen sieht das Kapitalmarktrecht (z.T. voneinander abweichende) Regelungen vor, so dass jeweils sorgfältig auf den Anwendungsbereich der einzelnen Vorschrift zu achten ist.

Von besonderer Relevanz ist das Kapitalmarkrecht zudem bei der Prüfung von Banken 2107
und Wertpapierdienstleistungsunternehmen: Diese sind zum einen i.d.R. selbst kapitalmarktorientiert. Zum anderen ist ihr Wertpapierhandel jährlich nach § 89 WpHG zu prüfen. Die Prüfung übernehmen regelmäßig WP-Unternehmen, die aber nur dann als geeignete Prüfer angesehen, werden wenn sie hinsichtlich des Prüfungsgegenstandes über ausreichende Kenntnisse verfügen (§ 89 Abs. 1 S. 1 WpHG).

II. Rechtsquellen

Die Vorschriften zum Kapitalmarktrecht sind auf eine Vielzahl von Regelwerken ver- 2108
teilt. Sie sind überwiegend öffentlich-rechtlicher, nämlich aufsichtsrechtlicher Natur, enthalten aber auch zivil- und strafrechtliche Regelungen.

1. Nationale Ebene

Auf nationaler Ebene handelt es sich hierbei vor allem um folgende Gesetze: 2109

Gesetz	Wesentlicher Regelungsbereich den Kapitalmarkt betreffend	Betroffene Märkte (soweit relevant)
Börsengesetz (BörsG)	Betrieb und Organisation von Börsen; Zulassung von Handelsteilnehmern und Finanzinstrumenten, Rechten und Wirtschaftsgütern; Ermittlung von Börsenpreisen	Regulierter Markt und Freiverkehr

5 Begriff des § 2 Abs. 1 WpHG.
6 Definition in § 2 Abs. 11 WpHG. Näher dazu Rn. 2140.
7 Im Unterschied zum organisierten Markt i.S.d. § 2 Abs. 11 WpHG sind hiervon auch Märkte außerhalb der EU/des EWR erfasst.

Gesetz	**Wesentlicher Regelungsbereich den Kapitalmarkt betreffend**	**Betroffene Märkte (soweit relevant)**
Wertpapierhandelsgesetz (WpHG)	Pflichten für Wertpapierfirmen, Emittenten und sonstige Marktteilnehmer	Achtung: Bei den einzelnen Pflichten wird nach Handelsplätzen unterschieden! Daher ist stets zu prüfen, für welchen Handelsplatz die jeweilige Pflicht gilt!
Vermögensanlagengesetz (VermAnlG)	Pflichten von Anbietern in Bezug auf öffentlich angebotene Vermögensanlagen	außerbörslich
Kapitalanlagegesetzbuch (KAGB)	Sonderregeln für Investmentvermögen und deren Verwaltungsgesellschaften	
Wertpapierprospektgesetz (WpPG)	Prospektpflicht für Wertpapiere, die öffentlich angeboten oder zum Handel an organisiertem Markt zugelassen werden.	Organisierter Markt, Freiverkehr und außerbörslich
Wertpapierübernahmegesetz (WpÜG)	Angebot zum Erwerb von Wertpapieren	Organisierter Markt
Depotgesetz (DepotG)	Verwahrung und Anschaffung von Wertpapieren	
Teile des Handelsgesetzbuches (HGB)	Rechnungslegungsvorschriften (§§ 238 ff. HGB)	
AktG	Ausgabe von Aktien	
KapMuG	Musterverfahren wegen falscher, irreführender oder unterlassener Kapitalmarktinformation	

Schaubild: Gesetze Kapitalmarktrecht

2110 Die genannten Gesetze enthalten an diversen Stellen Verordnungsermächtigungen gem. Art. 80 GG, von denen das Bundesministerium der Finanzen als ermächtigte Behörde in den meisten Fällen auch Gebrauch gemacht hat. Ziel dieser Regelungstechnik ist, in den betroffenen Bereichen schneller und flexibler auf Veränderungen im tatsächlichen Bereich reagieren und die Regelungen ohne langwieriges Gesetzgebungsverfahren über Rechsverordnungen anpassen zu können.

Beispiel: Die Verordnung zur Konkretisierung der Verhaltensregeln und Organisationsanforderungen für Wertpapierdienstleistungsunternehmen („WpDVerOV“) konkretisiert einzelne Vorschriften des WpHG.

Von enormer praktischer Relevanz sind neben diesen Gesetzen im materiellen Sinn diverse Verlautbarungen der Bundesanstalt für Finanzdienstleistungsaufsicht (BaFin) als zuständige Aufsichtsbehörde, die diese in Form von Rundschreiben, Merkblättern u.ä. herausgibt. Hierin äußert die BaFin (lediglich) ihre Rechtsauffassung bzw. Verwaltungspraxis zu bestimmten Themen; rechtliche Verbindlichkeit haben die Verlautbarungen nicht. Obwohl damit ohne unmittelbare Außenwirkung, führen sie zu einer Selbstbindung der Verwaltung. Zum anderen werden die kundgetanen Rechtsauffassungen faktisch bei der Durchführung der Aufsicht und damit insb. auch bei der jährlichen Prüfung nach § 89 WpHG (sog. „WpHG-Prüfung“) zugrunde gelegt. Für das Kapitalmarktrecht von Bedeutung sind von den Verlautbarungen vor allem der „Emittentenleitfaden“ sowie die „Mindestanforderungen an Compliance und die weiteren Verhaltens-, Organisations- und Transparenzpflichten nach §§ 31 ff. WpHG für Wertpapierdienstleistungsunternehmen“ („MaComp“). **2111**

2. Europäische Einflüsse

Einen erheblichen Anteil am Kapitalmarktrecht haben europarechtliche Vorgaben. **2112**
Abhängig von der jeweils in Anspruch genommenen Ermächtigungsnorm im Vertrag über die Arbeitsweise der Europäischen Union („AEUV“) bzw. im EG-Vertrag, kann die EU Sekundärrecht in Form von Richtlinien und Verordnungen erlassen. Dabei sind die Richtlinien von den Einzelstaaten stets noch in nationales Recht umzusetzen, die Verordnungen hingegen gelten mit ihrem In-Kraft-Treten unmittelbar in den Mitgliedstaaten, Art. 288 Abs. 2 und 3 AEUV. Die oben genannten (nationalen) Gesetze gehen inhaltlich zu ca. 80 % auf europarechtliche Vorgaben zurück. So wurde das WpHG zuletzt durch die Umsetzung der „MiFID II“[8] massiv geändert. Um nationale Divergenzen möglichst gering zu halten und die wesentlichen Rechtsquellen des Kapitalmarktrechts zu einem einheitlichen europäischen Regelwerk zusammenzuführen,[9] greift der europäische Gesetzgeber seit einigen Jahren zunehmend auf den Erlass von Verordnungen (anstatt oder neben Richtlinien) zurück. Diese sind für die jeweiligen Adressaten unmittelbar rechtlich verbindlich und gleichermaßen wie die nationalen Gesetze zu beachten. Für das Kapitalmarktrecht wichtig sind insb.:

- Verordnung (EU) Nr. 600/2014 des Europäischen Parlaments und des Rates vom 15.5.2014 über Märkte für Finanzinstrumente und zur Änderung der Verordnung (EU) Nr. 648/2012 („MiFIR“)
- Verordnung (EU) Nr. 596/2014 des Europäischen Parlaments und des Rates vom 16.4.2014 über Marktmissbrauch (Marktmissbrauchsverordnung) und zur Aufhebung der Richtlinie 2003/6/EG des Europäischen Parlaments und des Rates und der Richtlinien 2003/124/EG, 2003/125/EG und 2004/72/EG der Kommission („MAR“)
- Verordnung (EU) Nr. 1095/2010 des Europäischen Parlaments und des Rates vom 24.11.2010 zur Errichtung einer Europäischen Aufsichtsbehörde (Europäische Wertpapier- und Marktaufsichtsbehörde), zur Änderung des Beschlusses Nr. 716/2009/EG und zur Aufhebung des Beschlusses 2009/77/EG der Kommission. Geändert durch Verordnung (EU) Nr. (2019/2175) des Europäischen Parlaments und des Rates vom 18.12.2019 zur Änderung der Verordnung (EU) Nr. 1093/2010 zur Errichtung einer

---

8 Richtlinie 2014/65/EU des Europäischen Parlaments und des Rates über Märkte für Finanzinstrumente sowie zur Änderung der Richtlinien 2002/92/EG und 2011/61/EU vom 15.5.2014 (ABl. L 173 S. 349, ber. 2015 ABl. L 74 S. 38), geändert durch Art. 71 V 909/2014/EU vom 23.7.2014 (ABl. L 257 S. 1).

9 Ziel ist eine „Europäische Kapitalmarktunion“ im Sinne eines echten Kapitalbinnenmarktes.

Europäischen Aufsichtsbehörde (Europäische Bankenaufsichtsbehörde), der Verordnung (EU) Nr. 1094/2010 zur Errichtung einer Europäischen Aufsichtsbehörde (Europäische Aufsichtsbehörde für das Versicherungswesen und die betriebliche Altersversorgung), der Verordnung (EU) Nr. 1095/2010 zur Errichtung einer Europäischen Aufsichtsbehörde (Europäische Wertpapier- und Marktaufsichtsbehörde), der Verordnung (EU) Nr. 600/2014 über Märkte für Finanzinstrumente, der Verordnung (EU) 2016/1011 über Indizes, die bei Finanzinstrumenten und Finanzkontrakten als Referenzwert oder zur Messung der Wertentwicklung eines Investmentfonds verwendet werden, und der Verordnung (EU) 2015/847 über die Übermittlung von Angaben bei Geldtransfers („ESMA-VO").
- Verordnung (EU) 2017/1129 des Europäischen Parlaments und des Rates vom 14.6.2017 über den Prospekt, der beim öffentlichen Angebot von Wertpapieren oder bei deren Zulassung zum Handel an einem geregelten Markt zu veröffentlichen ist und zur Aufhebung der Richtlinie 2003/71/EG („EU-ProspektVO")
- Verordnung (EG) Nr. 2273/2003 der Kommission vom 22.12.2003 zur Durchführung der Richtlinie 2003/6/EG des Europäischen Parlaments und des Rates – Ausnahmeregelungen für Rückkaufprogramme und Kursstabilisierungsmaßnahmen

2113 Um auch im Rahmen der europäischen Normsetzung schneller und flexibler auf veränderte Marktbedingungen reagieren zu können, findet seit einigen Jahren das sog. **„Lamfalussy-Verfahren"** Anwendung. (Ein Grundverständnis für dieses Verfahren ist unabdingbar für das Auffinden von und den Zugang zu den jeweils relevanten Rechtsakten.) Hierbei handelt es sich um einen vierstufigen Rechtsetzungsprozess, der auf der Grundlage des Vertrages von Lissabon wie folgt abläuft:

a) Level I

2114 Zunächst erlassen Parlament und Rat (im Rahmen ihrer Befugnisse als europäische Rechtsetzungsorgane) gem. Art. 294 ff. AEUV Richtlinien bzw. Verordnungen, die jedoch als bloße Rahmenvorschriften ausgestaltet sind, die die allgemeinen rechtlichen Grundprinzipien und die wichtigsten Vorschriften enthalten. (Wobei diese in der Praxis bereits eine beachtliche Detailtiefe erreichen!) Diese Rahmenrechtsakte delegieren die Umsetzungsbefugnis an das Verfahren auf Level II und bestimmen die Art sowie den Umfang der Umsetzungsmaßnahmen.

Beispiel: Zu den Rahmenregelwerken des Level I gehören insb.:
- Richtlinie 2014/65/EU des Europäischen Parlamentss und des Rates vom 15.5.2014 über Märkte für Finanzinstrumente sowie zur Änderung der Richtlinien 2002/92/EG und 2011/61/EU („MiFID II")
- Verordnung (EU) Nr. 600/2014 des Europäischen Parlaments und des Rates vom 15.5.2014 über Märkte für Finanzinstrumente und zur Änderung der Verordnung (EU) Nr. 648/2012 („MiFIR")
- Verordnung (EU) Nr. 596/2014 des Europäischen Parlaments und des Rates vom 16.4.2014 über Marktmissbrauch (Marktmissbrauchsverordnung) und zur Aufhebung der Richtlinie 2003/6/EG des Europäischen Parlaments und des Rates un der Richtlinien 2003/124/EG, 2003/125/EG und 2004/72/EG der Kommission („MAR").

b) Level II

2115 Auf Level II des Rechtsetzungsprozesses werden **Delegierte Rechtsakte** und **Durchführungsrechtsakte** durch die EU-Kommission erlassen. Gestützt auf eine Ermächtigung in Art. 290 AEUV werden hierdurch zum einen bestimmte, nicht wesentliche Vorschriften der Rahmenvorgaben von Level I konkretisiert (d.h. ergänzt oder geändert) durch sog. Delegierte Rechtsakte. Dies geschieht wiederum in Form von Richtlinien und Verordnungen, die aber auf dieser Stufe nicht von Parlament und Rat, sondern von der Kommission erlassen werden, die dabei von der Europäischen Wertpapier– und Marktaufsichtsbehörde ESMA und dem Europäischen Wertpapierausschuss ESC unterstützt wird. Erforderlich ist jeweils, da es sich letztlich um Rechtsakte der Exekutive handelt, eine entsprechende Ermächtigung in einem Rahmenregelwerk des Levels I.

Beispiel: Die Delegierte Richtlinie (EU) 2017/593 der Kommission vom 7.4.2016 zur Ergänzung der Richtlinie 2014/65/EU des Europäischen Parlaments und des Rates im Hinblick auf den Schutz der Finanzinstrumente und Gelder von Kunden, Produktüberwachungspflichten und Vorschriften für die Entrichtung beziehungsweise Gewährung oder Entgegennahme von Gebühren, Provisionen oder anderen monetären oder nicht-monetären Vorteilen wurde aufgrund der Ermächtigungen in Art. 16 Abs. 12 und Art. 24 Abs. 13 der Richtlinie 2014/65/EU („MiFID II“) erlassen.

Auf derselben Stufe ist die Kommission aufgrund einer Ermächtigung in Art. 291 **2116**
AEUV befugt, sog. **Durchführungsrechtsakte** zu erlassen. Hierdurch stellt sie einheitliche Durchführungsbedingungen für die auf Level I erlassenen Rahmenregelwerke auf, setzt also anstelle der Mitgliedstaaten Unionsrecht um. Auch hier ist eine konkrete Ermächtigung in einem Rechtsakt des Level I erforderlich. Die Durchführungsrechtsakte werden in Form von Verordnungen, Richtlinien oder ggf. Beschlüssen erlassen.

An manchen Stellen enthalten die Rahmenregelwerke der ersten Stufe **Aufträge** an die **2117**
ESMA, **Entwürfe** für sog. Technische Regulierungsstandards („RTS“) und Technische Durchführungsstandards („ITS“) zu bestimmten Einzelaspekten auszuarbeiten. Über diese Entwürfe entscheidet die Kommission nach öffentlicher Anhörung und Vorlage an das Europäische Parlament und den Rat und erlässt sie ihrerseits als Verordnung oder Beschluss.[10] Inhaltlich sind sie im Gegensatz zu sonstigen Delegierten- oder Durchführungsrechtsakten rein technischer Natur, geben also technische Standards vor. Aufgrund der Vorarbeiten werden die RTS und ITS faktisch von der ESMA erlassen.

Beispiel: Art. 27 Abs. 10 lit. b MiFID II überträgt der Kommission die Befugnis, nach Vorlage eines Entwurfs eines technischen Regulierungsstandards durch die ESMA eine delegierte Verordnung zu erlassen, die den Inhalt und das Format der zu den fünf wichtigsten Handelsplätzen und zur Ausführungsqualität zu veröffentlichenden Informationen näher ausführt. Die ESMA hat hierzu technische Regulierungsstandards entworfen, die die Kommission als „Delegierte Verordnung (EU) 2017/576 der Kommission vom 8.6.2016 zur Ergänzung der Richtlinie 2014/65/EU des Europäischen Parlaments und des Rates durch technische Regulierungsstandards für die jährliche Veröffentlichung von Informationen durch Wertpapierfirmen zur Identität von Handelsplätzen und zur Qualität der Ausführung“ erlassen hat.

c) Level III

Auf der dritten Stufe (Level III) schließlich erfolgen weitere Detailvorgaben und Kon- **2118**
kretisierungen zur Interpretation der Rechtsakte auf Level I und II durch die ESMA über sog. **Empfehlungen und Leitlinien**. Ihr Ziel ist es, kohärente, effiziente und wirksame Aufsichtspraktiken zu schaffen und eine gemeinsame, einheitliche und kohärente Anwendung des Unionsrecht sicherzustellen (Art. 16 Abs. 1 ESMA-VO). Dabei sind Adressaten der Leitlinien alle Behörden/Marktteilnehmer, Empfehlungen hingegen rich-

10 Art. 10 und 15 ESMA-VO.

ten sich an eine oder mehrere Behörde(n)/Marktteilnehmer. Aufträge an die ESMA zur Herausgabe von Empfehlungen und Leitlinien finden sich in den Rechtsakten der Level I und II. Zudem soll die ESMA grundsätzlich bei Anwendungsproblemen die Notwendigkeit eines Erlasses prüfen (Art. 9a ESMA-VO). Empfehlungen sind nicht verbindlich (Art. 288 Abs. 5 AEUV). Auch die Leitlinien haben keinen Gesetzescharakter. Dennoch sind die zuständigen Behörden und die Finanzmarktteilnehmer gehalten, alle erforderlichen Anstrengungen zu unternehmen, um den Leitlinien und Empfehlungen nachzukommen. Die Behörden (in Deutschland die BaFin), und, sofern die Leitlinie oder Empfehlung dies vorschreibt, auch die Finanzmarktteilnehmer haben zudem zu erklären, ob sie ihnen Folge leisten oder nicht, Art. 16 Abs. 3 ESMA-VO (sog. Comply-or-explain-Pflicht). Die ESMA veröffentlicht die Tatsache, dass eine Behörde einer Leitlinie oder Empfehlung nicht nachkommt oder nicht nachzukommen beabsichtigt.

2119 In der Praxis erheblichen Gebrauch macht die ESMA zudem vom sog. **Fragen- und Antwortmechanismus („Q&A")**, der nunmehr in Art. 16b der ESMA-VO ausdrücklich geregelt ist. Die Antworten, die die ESMA in diesen Katalogen gibt, können keine Rechtsverbindlichkeit beanspruchen. Sie bleiben in ihren Wirkungen auch hinter den Leitlinien und Empfehlungen zurück, da sie mangels Comply-or-explain-Mechanismus nicht einmal eine Befassungspflicht der Behörden auslösen. Nichtsdestotrotz hat die BaFin mitgeteilt, die Q&As der europäischen Aufsichtsagenturen der eigenen Aufsichtspraxis zugrunde zu legen, so dass sie de facto von den Marktteilnehmern zu befolgen sind. Weiterhin findet sich in § 6 Abs. 2 S. 2 i.V.m. § 2 Abs. 4 der Wertpapierdienstleister-Prüfungsverordnung (WpDPV) die Pflicht für die Wirtschaftsprüfer, die Beachtung der Q&As in den Prüfungsrahmen einzubeziehen und die Nichtbeachtung zwar nicht als Mangel, aber als „sonstige Erkenntnis" in den Prüfbericht aufzunehmen.

Zusätzlich kann ESMA gem. Art. 29 Abs. 2 ESMA-VO zur Förderung gemeinsamer Aufsichtskonzepte und –praktiken neue **praktische Hilfsmittel** und **Instrumente** entwickeln, die die Konvergenz erhöhen.

Die BaFin hat mitgeteilt, dass sie grundsätzlich die Leitlinien und Q&As der ESMA in ihre Verwaltungspraxis übernimmt. Ist dies ausnahmesweise einmal nicht der Fall, erklärt die BaFin das ausdrücklich und veröffentlicht eine entsprechende Information auf ihrer Internetseite. Auf diesem Wege entfalten Leitlinien, Empfehlungen, Q&As sowie Stellungnahmen der ESMA Wirkung auch für die Anwendung des Aufsichtsrechts im Aufsichtsbereich der BaFin. Im Einzelfall kann für die Übernahme in das deutsche Aufsichtsrecht ein Rechtsakt erforderlich sein (z.B. Anpassung einer deutschen Verordnung).

d) Level IV

2120 Auf dieser letzten Stufe **kontrollieren** Kommission und ESMA die Umsetzung der Rechtsakte in den Mitgliedstaaten.

Dieses gestufte Verfahren birgt nicht unerhebliche Anwendungsschwierigkeiten für die Marktteilnehmer: Schon die Anzahl der Delegierten- und Durchführungs-Rechtsakte (allein die MiFID II/MiFIR enthalten rund 100 Ermächtigungen) führt zu großer Unübersichtlichkeit der Regelungen. Dies ist um so gravierender, als sich für die Praxis wichtige Details häufig gerade in den Rechtsakten der Level II oder III verbergen. Über das Gebot europarechtskonformer Auslegung wirken alle drei Stufen zudem unmittelbar auf die Auslegung der deutschen Umsetzungsgesetze und -verordnungen – wobei zu beachten ist, dass, wie unter Rn. 2109 ff. ausgeführt, auch **auf nationaler Ebene drei Regelungsstufen** zu berücksichtigen sind (Gesetze, konkretisierende Verordnungen und Verlautbarungen der BaFin).

III. System der Kapitalmarktaufsicht

2121 Bei der Kapitalmarktaufsicht sind – ebenso wie bei den Rechtsquellen – die nationale und die europäische Ebene zu unterscheiden.

1. Nationale Ebene

2122 Auf nationaler Ebene existiert in Deutschland ein dreistufiges System der Kapitalmarktaufsicht bestehend aus der Bundesanstalt für Finanzdienstleistungsaufsicht (BaFin), den Börsenaufsichtsbehörden der Länder und den Handelsüberwachungsstellen der Börsen auf der untersten Stufe.

a) Bundesanstalt für Finanzdienstleistungsaufsicht (BaFin)

2123 Zentrale Aufsichtsbehörde für den börslichen und außerbörslichen Handel in Deutschland ist die BaFin, unter deren Dach seit dem 1.1.2002 die **früheren Bundesaufsichtsämter** für das Kreditwesen (BaKred), den Wertpapierhandel (BaWe) und das Versicherungswesen (BAV) vereint sind. Die Zusammenfassung der früher getrennten Behörden zu einer „Allfinanzaufsicht" erschien aufgrund der Entstehung von sektorübergreifenden Allfinanzkonzernen (wie z.B. Dresdner Bank/Allianz) und der zunehmenden Verschmelzung der Märkte für Bank- und Versicherungsprodukte sinnvoll. Neben sog. Querschnittsbereichen findet sich die frühere Untergliederung in den unterschiedlichen Aufsichtssäulen organisatorisch bei der BaFin nach wie vor wieder. Die BaFin unterliegt der unmittelbaren Rechts- und Fachaufsicht durch das Bundesministerium der Finanzen (§§ 1 Abs. 1 S. 1, § 2 FinDAG).

Ihr obliegt insb. die **Überwachung der Einhaltung der Vorschriften des WpHG**, der aufgrund des WpHG erlassenen Rechtsverordnungen sowie der in § 1 Abs. 1 Nr. 8 WpHG aufgeführten europäischen Verordnungen einschließlich der auf Grund dieser Verordnung erlassenen Delegierten Rechtsakte und Durchführungsrechtsakte der Europäischen Kommission, § 6 Abs. 2 S. 1 WpHG. Entsprechende (generelle) Aufgabenzuweisungen finden sich u.a. in § 5 KAGB und § 3 VermAnlG. Die BaFin hat zudem erklärt, dass sie grundsätzlich alle von der ESMA erlassenen Leitlinien und Q&A in ihre Verwaltungspraxis übernehmen will. Wenn dies ausnahmsweise nicht der Fall ist, veröffentlicht sie eine entsprechende Erklärung auf ihrer Homepage.

2124 Von der Überwachung durch die BaFin umfasst sind damit u.a. alle Geschäfte an den im WpHG aufgeführten Handelsplätzen im Hinblick auf die Regelungen des WpHG und die dort genannten europäischen Rechtsakte (insb. Insiderhandel und Marktmanipulation). Darüber hinaus beaufsichtigt die BaFin die Ordnungsmäßigkeit des Handels als solchen über multilaterale Handelssysteme und organisierte Handelssysteme, § 72 WpHG (mit Ausnahme des börslichen Freiverkehrs, der ebenfalls als multilaterales Handelssystem gilt, und der an Börsen betriebenen organisierten Handelssysteme, § 48

Abs. 2, 3, § 48b i.V.m. § 3 BörsG). Die Überwachung der Ordnungsmäßigkeit des Börsenhandels im Übrigen ist Aufgabe der Börsenaufsichtsbehörden.

2125 Darüber hinaus sind der BaFin zahlreiche Einzelaufgaben durch andere Gesetze zugewiesen (z.B. Prospektprüfung, Prüfung von Angebotsunterlagen).

b) Börsenaufsichtsbehörden der Länder

2126 Börsenaufsicht ist Ländersache. Sie obliegt gem. § 3 BörsG den zuständigen obersten Landesbehörden. Diese sind regelmäßig beim jeweiligen Wirtschaftsministerium oder Wirtschaftssenator angesiedelt. Der Börsenaufsicht unterliegen die Organe der Börsen einschließlich der Handelsüberwachungsstellen sowie die Börsenträger (§ 3 Abs. 1 S. 2 BörsG). Sie erstreckt sich auf die Einhaltung der börsenrechtlichen Vorschriften und Anordnungen, die ordnungsgemäße Durchführung des Handels sowie die ordnungsgemäße Erfüllung der Geschäfte (§ 3 Abs. 1 S. 3 BörsG). Sie ist Rechts- und Marktaufsicht. Die Börsenaufsichtsbehörden und die BaFin arbeiten eng zusammen und tauschen alle Informationen aus, die für die Wahrnehmung ihrer Aufgaben sachdienlich sind (§ 8 Abs. 1 BörsG).

c) Handelsüberwachungsstellen der Börsen

2127 Nach § 7 Abs. 1 S. 1 BörsG haben die Börsen unter Beachtung von Maßgaben der Börsenaufsichtsbehörden Handelsüberwachungsstellen als Börsenorgane einzurichten und zu betreiben, die den Handel an der Börse und die Börsengeschäftsabwicklung überwachen. Die Börsenaufsichtsbehörde kann der Handelsüberwachungsstelle Weisungen erteilen und die Ermittlungen übernehmen (§ 7 Abs. 1 S. 4 BörsG). Die Handelsüberwachungsstelle hat der Börsenaufsichtsbehörde regelmäßig zu berichten und sie beim Verdacht auf Rechtsverstöße oder Missstände unverzüglich zu informieren (§ 7 Abs. 2, 5 BörsG).

2. Europäische Ebene

2128 Die Finanzkrise von 2007 und 2008 brachte Mängel bei der Zusammenarbeit und der Koordinierung der nationalen Aufsichtsbehörden sowie bei der kohärenten Anwendung des Unionsrechts zutage (Erwägungsgrund 1 der ESMA-VO). Auf europäischer Ebene wurde deshalb zum 1.1.2011 das **Europäische System der Finanzaufsicht (ESFS)** in Kraft gesetzt, das sich aus europäischen und nationalen Aufsichtsbehörden zusammensetzt (Art. 2 Abs. 2 ESMA-VO): Neben den nationalen Aufsichtsbehörden besteht es aus dem Europäischen Ausschuss für Systemrisiken (ESRB) sowie drei europäischen Behörden: Der Europäischen Bankaufsichtsbehörde (EBA), der Europäischen Wertpapier– und Marktaufsichtsbehörde (ESMA) und der Europäischen Aufsichtsbehörde für das Versicherungswesen und die betriebliche Altersvorsorge (EIOPA), (zusammen die „ESAs“)[11]. Der ESRB ist dabei zuständig für die Makroaufsicht über das Finanzsystem: Seine Aufgabe besteht vor allem darin, Systemrisiken zu überwachen und zu bewerten, ggf. Risikowarnungen herauszugeben und Empfehlungen für Abhilfemaßnahmen zu

11 Diese haben die Ausschüsse CESR (für die Wertpapieraufsicht), CEBS (für die Bankenaufsicht) und CEIOPS (für die Versicherungsaufsicht), in denen die nationalen Aufsichtsbehörden bis dahin zusammengearbeitet hatten, ersetzt.

erkannten Risiken zu erteilen.[12] Aufgaben und Befugnisse der ESMA sind in der ESMA-VO festgelegt. Ihr obliegt es in erster Linie, einen Beitrag zur Festlegung qualitativ hochwertiger gemeinsamer Regulierungs- und Aufsichtsstandards und -praktiken zu leisten, indem sie insb. Leitlinien, Empfehlungen, Entwürfe für technische Regulierungs- und Durchführungsstandards sowie sonstige Maßnahmen, einschließlich Stellungnahmen ausarbeitet (Art. 8 Abs. 1 lit. a) ESMA-VO; s. auch Rn. 2117). Ihre Tätigkeit ist damit vorwiegend beratender Natur, wohingegen die (konkrete) Aufsicht über die Marktteilnehmer weiterhin grundsätzlich bei den nationalen Aufsichtsbehörden verblieben ist. Bei Verletzung von Unionsrecht und in Krisenfällen allerdings hat die ESMA auch Möglichkeiten, Maßnahmen unmittelbar gegenüber den nationalen Aufsichtsbehörden bzw. (subsidiär bei Untätigkeit der nationalen Aufsichtsbehörden über ein Durchgriffsrecht) den Marktteilnehmern zu ergreifen, Art. 17 und 18 ESMA-VO. Die alleinige Aufsicht hat die ESMA u.a. über Ratingagenturen. ESRB und die drei ESAs arbeiten regelmäßig und eng im Rahmen des Gemeinsamen Ausschusses zusammen (Art. 2 Abs. 3 ESMA-VO).

Die europäischen Rechtsverordnungen, die die Grundlage für die Tätigkeit der drei ESAs bilden, sehen eine **regelmäßige Überprüfung u.a. des rechtlichen Rahmens** unter Einbeziehung der Erfahrungen aus den Tätigkeiten der ESAs durch die Europäische Kommission vor. Das Ergebnis der letzten, 2017 angestoßenen, Überprüfung (ESA-Review) hatte ein Rechtsetzungsverfahren zur Folge, das Änderungen u.a. in der ESMA-Verordnung mit sich brachte. Die im Zuge des Reviews eingefügten Neuregelungen sehen u.a. vor, dass das Verhältnis der ESAs zu den nationalen Aufsichtsbehörden mithilfe eines Unionshandbuchs zur Beaufsichtigung von Finanzmarktteilnehmern in der Union und durch Festlegung Strategischer Aufsichtsprioritäten gestaltet werden soll (Art. 8 Abs. 1 lit a) aa) ESMA-VO. Das Unionshandbuch soll dabei bewährte Aufsichtspraktiken und besonders erfolgreiche Methoden und Verfahren enthalten, stellt aber kein „Supervisory Handbuch" in dem Sinne dar, dass die nationalen Aufsichtsbehörden ihr Aufsichtsprogramm daran ausrichten müssten. Zudem hat die ESMA eine zentrale Rolle bei der Aufsicht über Marktinfrastrukturen erhalten.

B. Handelsplätze i.S.d. WpHG

I. Überblick

Die Mechanismen, über die Geschäfte mit Finanzinstrumenten[13] ausgeführt werden, sind **2129** vielfältig. Bedingt vor allem durch technische Neuerungen und regulatorische Vorgaben sind in den vergangenen Jahren diverse Systeme hinzugekommen. Grundlegend zu unterscheiden ist zunächst nach multilateralen Systemen, also solchen Systemen oder Mechanismen, die die Interessen einer Vielzahl Dritter am Kauf und Verkauf von Finanzinstrumenten innerhalb eines Systems zusammenführen, § 2 Abs. 21 WpHG (also zu Vertragsschlüssen unmittelbar zwischen den Marktteilnehmern führen), und bilatera-

12 Art. 3 Verordnung (EU) Nr. 1092/2010 des Europäischen Parlaments und des Rates vom 24. November 2010 über die Finanzaufsicht der Europäischen Union auf Makroebene und zur Errichtung eines Europäischen Ausschusses für Systemrisiken.

13 Der Begriff „Finanzinstrumente" ist in § 2 Abs. 4 WpHG definiert. Wertpapiere i.S.d. § 2 Abs. 1 (also vor allem Aktien und Anleihen) sind eine Unterkategorie davon.

len Systemen, bei denen der Systembetreiber Kundenaufträge gegen seine eigenen Orders stellt. Zum bilateralen Bereich gehören neben dem klassischen Over-the-counter-Handel (OTC) die sog. Systematischen Internalisierer (§ 2 Abs. 8 S. 1 Nr. 2b WpHG). Die multilateralen Systeme umfassen neben den organisierten Märkten (§ 2 Abs. 11 WpHG)[14] die sog. multilateralen Handelssysteme (§ 2 Abs. 8 S. 1 Nr. 8 WpHG) sowie die organisierten Handelssysteme (§ 2 Abs. 8 S. 1 Nr. 9 WpHG)[15] als Auffangkategorie. Die drei Letztgenannten erfüllen den Begriff des Handelsplatzes i.S.d. WpHG (§ 2 Abs. 22 WpHG). In einer anderen Form als eines multilateralen Handelssystems (MTF), organisierten Handelssystems (OTF) oder eines organisierten Marktes darf ein multilaterales System nicht betrieben werden.

Organisierter Markt (§ 2 Abs. 11 WpHG)	Zusammenbringen der Interessen einer Vielzahl von Personen oder Förderung des Zusammenbringens	ohne Ermessen	Staatlich genehmigt, geregelt und überwacht; in Deutschland fallen darunter der **regulierte Markt an den Wertpapierbörsen sowie die Terminbörse Eurex.**
Multilaterales Handelssystem („MTF", § 2 Abs. 8 S. 1 Nr. 8 WpHG)	Zusammenbringen der Interessen einer Vielzahl von Personen	ohne Ermessen	Privatrechtlich organisiert; in Deutschland fällt insb. der **Freiverkehr an den Wertpapierbörsen darunter.**
Organisiertes Handelssystem („OTF", § 2 Abs. 8 S. 1 Nr. 9 WpHG)	Zusammenbringen der Interessen einer Vielzahl von Personen am Kauf oder Verkauf von Schuldverschreibungen, strukturierten Finanzprodukten, Emissionszertifikaten oder Derivaten	mit Ermessen	Privatrechtlich organisiert

Schaubild: Überblick multilateraler Handel (= Handelsplätze i.S.d. WpHG)

14 Der Begriff der organisierten Märkte entspricht dem der geregelten Märkte, wie er in den europäischen Richtlinien und Verordnungen verwendet wird. Der deutsche Gesetzgeber hat den Begriff des organisierten Marktes verwendet, da bei seiner Einführung mit „geregeltem Markt" bereits ein Börsensegment (§§ 49 ff. BörsG a.F.) bezeichnet wurde und Verwechslungen vermieden werden sollten.

15 Die Kategorie des organisierten Handelssystems durchbricht die klare Trennung von bilateralen und multilateralen Systemen allerdings ein Stück weit als der Betreiber eines organisierten Handelssystems unter bestimmten (engen) Voraussetzungen auch Geschäfte gegen das eigene Buch, also für eigene Rechnung tätigen kann. Im Unterschied dazu erfolgen die Geschäftsabschlüsse bei einem Systematischen Internalisieren allerdings ausschließlich mit dem Betreiber des Systems.

II. Börsen

1. Organisation

Börsen sind nach § 2 Abs. 1 BörsG **teilrechtsfähige Anstalten des öffentlichen Rechts,**[16] die multilaterale Systeme (s.o. unter I.) regeln und überwachen, welche die Interessen einer Vielzahl von Personen am Kauf und Verkauf von dort zum Handel zugelassenen Wirtschaftsgütern und Rechten innerhalb des Systems nach festgelegten Bestimmungen in einer Weise zusammenbringen oder das Zusammenbringen fördern, die zu einem Vertrag über den Kauf dieser Handelsobjekte führt. 2130

Die **Aufgaben** der Börse bestehen hauptsächlich in der Zulassung von Wertpapieren zum bzw. deren Einbeziehung in den Handel sowie der Feststellung eines Börsenpreises (§§ 23, 24 BörsG). 2131

Zur Liquiditätssicherung können sog. „Market-Maker" (an der Frankfurter Wertpapierbörse „Designated Sponsors" genannt, § 76f BörsO Ffm) eingesetzt werden. Diese garantieren fortlaufende Handelbarkeit der Wertpapiere, für die sie eingesetzt sind, indem sie auf Anforderung bzw. in den Auktionen regelmäßig verbindliche An- und Verkaufskurse („Quotes") stellen und zu diesen Quotes Geschäftsabschlüsse tätigen.[17] Bei ihnen handelt es sich i.d.R. um Banken oder Wertpapierhandelshäuser. 2132

2. Handelssegmente

a) Regulierter Markt

Der regulierte Markt ist ein Börsensegment, das – anders als der privatrechtlich organisierte Freiverkehr – im Hinblick auf Zulassungsvoraussetzungen, Folgepflichten der Teilnehmer sowie die Organisation des Handels selbst gesetzlich geregelt ist. Er ist ein durch staatliche Stellen genehmigtes, geregeltes und überwachtes multilaterales System und damit ein organisierter Markt i.S.d. § 2 Abs. 11 WpHG. 2133

Der Handel eines Wertpapiers im regulierten Markt setzt entweder eine vom Emittenten beantragte Zulassung zum oder eine Einbeziehung (von Amts wegen oder auf Antrag eines – beliebigen – Handelsteilnehmers) in dieses Marktsegment voraus (§§ 32, 33 BörsG). Über eine Einbeziehung ist der Emittent lediglich zu unterrichten (§ 33 Abs. 3 BörsG). Die damit einhergehenden Folgepflichten sind für den Emittenten dennoch zumutbar, da Voraussetzung für eine Einbeziehung u.a. ist, dass die Wertpapiere bereits an einer anderen (in- oder ausländischen) Börse zum Handel zugelassen sind, so dass ihm hierdurch kein erheblicher Mehraufwand entsteht.[18] 2134

Die Frankfurter Wertpapierbörse hat, entsprechend der durch § 42 BörsG eröffneten Möglichkeit, als Teilbereich ihres regulierten Marktes neben dem sog. General Standard den sog. Prime Standard geschaffen (§§ 48 ff. BörsO Ffm). Dieser zeichnet sich dadurch aus, dass die dort notierten Gesellschaften Zulassungsfolgepflichten, insb. internationale 2135

---

16 Die Börse als Marktveranstaltung ist zu unterscheiden vom Träger der Börse, der auch eine privatrechtliche Gesellschaft sein kann (z.B. die Deutsche Börse AG als Trägerin der Frankfurter Wertpapierbörse). Da die Börse selbst nur teilrechtsfähig ist, bedarf es eines solchen Zurechnungssubjekts, das Verträge schließen, Eigentum an Sacheinrichtungen erwerben kann etc. Dem Träger (und nicht der Börse!) wird auch die Betriebsgenehmigung erteilt.

17 S. dazu auch die Definition des Market-Makers in § 2 Abs. 8 S. 1 Nr. 2a WpHG.

18 Die erstmalige Zulassung zum regulierten Markt ist damit nur auf Antrag des Emittenten möglich.

Transparenzanforderungen, zu erfüllen haben, die deutlich über die gesetzlichen Mindestanforderungen des regulierten Marktes hinausgehen. Eine Zulassung im Prime Standard soll vor allem internationale Investoren ansprechen und ist Voraussetzung für eine Aufnahme in die Indizes DAX, M-DAX, Tec-DAX und S-DAX.

Wichtigste Börse in Deutschland ist die Frankfurter Wertpapierbörse in Frankfurt am Main. Daneben gibt es einige Regionalbörsen (z.B. Düsseldorf, München, Stuttgart, Hamburg).

b) Freiverkehr

2136 Der Freiverkehr ist – obwohl organisatorisch bei der Börse angesiedelt, deren Einrichtungen zu seiner Durchführung genutzt werden – ein privatrechtlich organisierter, außerbörslicher Markt. Die Börse kann den Betrieb eines Freiverkehrs durch den Börsenträger zulassen, wenn durch eine Handelsordnung sowie durch Geschäftsbedingungen eine ordnungsgemäße Durchführung des Handels und der Geschäftsabwicklung gewährleistet erscheint, § 48 Abs. 1 S. 1 BörsG. Erforderlich ist eine schriftliche Erlaubnis der Börsenaufsichtsbehörde, § 48 Abs. 3 S. 1 BörsG.

2137 Nach § 48a BörsG kann der Börsenträger unter bestimmen Voraussetzungen einen Freiverkehr bei der Börsenaufsichtsbehörde als Wachstumsmarkt für kleine und mittlere Unternehmen (KMU-Wachstumsmarkt) registrieren lassen. Die Europäische Union ist bemüht, durch regulatorische Erleichterungen die Nutzung von KMU-Wachstumsmärkten zu fördern.[19] Dazu gehören u.a. Erleichterungen beim Aufschub der Ad-hoc-Publizität (s. Rn. 2285), bei Insiderlisten (s. Rn. 2294) und bei der Prospektpflicht (s. Rn. 2176 f.).

2138 Die Einbeziehung (keine Zulassung!) von Wertpapieren zum Handel wird durch die **Geschäftsbedingungen** geregelt und kann auch ohne Zustimmung des Emittenten erfolgen (§ 48 Abs. 1 S. 3, 4 BörsG). Da ein Handel seiner Wertpapiere im Freiverkehr im Einzelfall ohne seine Zustimmung (oder sogar gegen seinen Willen!) stattfinden kann, gelten die Zulassungsfolgepflichten, die sich vor allem auch aus dem WpHG ergeben, für ihn nur teilweise. Auch ist eine Aktiengesellschaft nicht i.S.d. § 3 Abs. 2 AktG börsennotiert, wenn ihre Aktien lediglich im Freiverkehr gehandelt werden.

War für die Einbeziehung in den Freiverkehr lange kein Prospekt erforderlich, so muss ein solcher, sofern – was der Regelfall ist – gleichzeitig ein öffentliches Angebot erfolgt, heute nach § 3 Abs. 1 WpPG erstellt werden.

2139 An der Frankfurter Wertpapierbörse untergliedert sich der Freiverkehr (dort mit **„Open Market"** bezeichnet) in die Teilsegmente „Quotation Board" und ein KMU-Segment namens „Scale".[20] In den Handel im Quotation Board werden (neben Anleihen und Fonds) nur noch Aktien von Unternehmen einbezogen, die bereits an einem anderen in- oder ausländischen und von der Deutschen Börse AG anerkannten börsenmäßigen Handelsplatz zugelassen sind, § 12 Abs. 1 der AGB der Deutschen Börse AG für den Freiver-

---

19 S. nur die Verordnung (EU) 2019/2115 des Europäischen Parlaments und des Rates vom 27. November 2019 zur Änderung der Richtlinie 2014/65/EU und der Verordnung (EU) Nr. 596/2014 und (EU) 2017/1129 zur Förderung der Nutzung von KMU-Wachstumsmärkten.

20 S. Allgemeine Geschäftsbedingungen der Deutsche Börse AG für den Freiverkehr an der Frankfurter Börse (Stand 9.12.2019).

kehr.[21] Bei Scale handelt es sich um neues Segment für kleine und mittlere Unternehmen mit auf diese zugeschnittenen Einbeziehungsvoraussetzungen. Gegenüber dem Quotation Board sind deutlich höhere Transparenzanforderungen zu erfüllen.[22] Der Freiverkehr gilt als **multilaterales Handelssystem (MTF**, § 48 Abs. 3 S. 2 BörsG). Damit sind sämtliche (europäischen) Vorgaben für MTF einschließlich der Durchführungsbestimmungen auch auf ihn anwendbar. Entsprechend werden weite Teile des BörsG als auf ihn ebenfalls anwendbar erklärt (§ 48 Abs. 3 S. 5 BörsG).

III. Organisierte Märkte

Ein organisierter Markt ist ein im Inland, in einem anderen Mitgliedstaat der EU oder in **2140** einem anderen Vertragsstaat des Abkommens über den Europäischen Wirtschaftsraum betriebenes oder verwaltetes, durch staatliche Stellen genehmigtes, geregeltes und überwachtes multilaterales System, das die Interessen einer Vielzahl von Personen am Kauf und Verkauf von dort zum Handel zugelassenen Finanzinstrumenten innerhalb des Systems und nach nichtdiskretionären Bestimmungen in einer Weise zusammenbringt oder das Zusammenbringen fördert, die zu einem Vertrag über den Kauf dieser Finanzinstrumente führt, § 2 Abs. 11 WpHG. Das Hauptunterscheidungskriterium von anderen multilateralen Systemen liegt in der staatlichen Regulierung und Überwachung. In Deutschland fallen unter den Begriff (nur) die regulierten Märkte der Börsen (nicht der Freiverkehr!) sowie die Terminbörse Eurex. Märkte in Drittstaaten sind grundsätzlich nicht erfasst. Die europäische Wertpapieraufsichtsbehörde ESMA veröffentlicht auf ihrer Internetseite eine Liste der organisierten Märkte.

IV. Multilaterale und organisierte Handelssysteme

Bei den multilateralen („MTF", § 2 Abs. 8 S. 1 Nr. 8 WpHG) und organisierten („OTF", **2141** § 2 Abs. 8 S. 1 Nr. 9 WpHG) Handelssystemen handelt es sich um multilaterale, elektronische Handelssysteme oder Mechanismen, die im Grundsatz wie Börsen funktionieren. Der wesentliche Unterschied zwischen beiden Systemen liegt darin, dass bei den OTF keine nichtdiskretionäre Ausführung erforderlich ist. Das bedeutet, dass der Betreiber eines solchen Systems Ermessen bei der Zusammenführung von Aufträgen hat: Er hat zum einen einen Ermessenspielraum über die Einstellung in oder die Rücknahme eines Auftrags aus dem System. Gleiches gilt für die Entscheidung über die Zusammenführung von mehreren im System verfügbaren Aufträgen selbst. An OTFs werden keine Aktien, sondern lediglich Schuldverschreibungen, strukturierte Finanzprodukte, Emissionszertifikate und Derivate gehandelt. Zu den OTF gehören insb. die sog. Broker Crossing Networks.

Nach § 48b BörsG können nunmehr auch Börsen organisierte Handelssysteme betreiben, wofür allerdings eine Erlaubnis der Börsenaufsichtsbehörde erforderlich ist. Betreiber ist der Börsenträger.

---

21 Eine entsprechende Liste ist auf der Webseite der Deutschen Börse AG abrufbar.

22 Unterhalb des Segment Scale, das den früheren „Entry Standard" ersetzt hat, gibt es ein Basis-Segment, das sog. „Basic Board". Das Basic Board soll Entry Standard Emittenten, die die Einbeziehungsvoraussetzungen von Scale nicht erfüllen, die Möglichkeit geben, weiterhin an der Frankfurter Wertpapierbörse gelistet zu bleiben. Es wird nicht als Börsensegment gesondert ausgewiesen.

Der Freiverkehr an den Börsen gilt als MTF (§ 48 Abs. 3 S. 2 BörsG). Regeln, die sich auf an MTFs gehandelte Finanzinstrumente beziehen, gelten daher auch für Freiverkehrswerte. Sowohl der Betrieb eines multilateralen Handelssystems als auch eines organisierten Handelssystems ist erlaubnispflichtig (§ 1 Abs. 1a S. 2 Nr. 1b und 1d KWG). Die Anforderungen an den Betrieb eines solchen Handelssystems finden sich in § 72 WpHG. Listen zugelassener MTFs und OTFs können auf der ESMA-Webseite abgerufen werden.

V. Handelsverpflichtung für Banken und Wertpapierdienstleister

2142 Seit Umsetzung der ersten Finanzmarktrichtlinie (MiFID)[23] war es neben einer starken Zersplitterung des Marktes zu einem signifikanten Anteil des OTC-Handels (bezogen auf den Gesamtmarkt) gekommen.[24] Da im OTC-Handel keine öffentliche Preisfindung stattfindet, die für die Effizienz der Märkte wichtig ist, hat der europäische Gesetzgeber verschiedene **Handelsverpflichtungen** insb. für Banken und Wertpapierdienstleister eingeführt: Sie wurden verpflichtet, für den Handel von Aktien organisierte Märkte, MTFs, Systematische Internalisierer oder gleichwertige Drittlandhandelsplätze zu nutzen (Art. 23 MiFIR). Nach Art. 28 MiFIR sind bestimmte Derivate über organisierte Märkte, MTF, OTF oder entsprechende Drittlandhandelsplätze zu handeln.

C. Markteintritt

I. Allgemeines

2143 Beabsichtigt ein Unternehmen, Finanzmittel über den Kapitalmarkt zu beschaffen, so begibt es Wertpapiere im Rahmen einer sog. Emission. Hierbei kann es sich um Aktien, aber auch um Anleihen oder aktienverwandte Finanzinstrumente (equity linked oder hybrids) handeln. Abhängig von der Art des Finanzinstruments erhöhen die Erlöse aus der Emission das Eigen- oder das Fremdkapital des Unternehmens.

Grundsätzlich kann der Emittent die Emission selbst, d.h. ohne Einschaltung eines Kreditinstituts, durchführen, indem die Anleger die Aktien unmittelbar zeichnen. Aus Praktikabilitätsgründen wird gerade bei Aktienemissionen jedoch regelmäßig ein Kreditinstitut oder ein Konsortium aus mehreren Kreditinstituten zur Platzierung eingeschaltet.

II. Börsenzulassung von Aktien

2144 Sollen junge Aktien ausgegeben und zum Handel am regulierten Markt[25] zugelassen werden, sind zunächst zwei Fälle auseinanderzuhalten: Sind die Aktien einer Gesell-

---

23 Richtlinie 2004/39/EG des Europäischen Parlaments und des Rates vom 21.4.2004 über Märkte für Finanzinstrumente, zur Änderung der Richtlinien 85/611/EWG und 93/6/EWG des Rates und der Richtlinie 2000/12/EG des Europäischen Parlaments und des Rates und zur Aufhebung der Richtlinie 93/22/EWG des Rates.

24 Groben Schätzungen zufolge fand ungefähr 30 bis 50 % des gesamten Aktienhandels OTC statt.

25 Ein Antrag auf Einbeziehung in den Freiverkehr wird i.d.R. von anderen Marktteilnehmern gestellt.

schaft bereits börsennotiert, so verpflichtet § 40 BörsG den Emittenten, für später ausgegebene Aktien derselben Gattung (ebenfalls) die Zulassung zum regulierten Markt zu beantragen.[26] Handelt es sich dagegen um ein erstmaliges öffentliches Angebot verbunden mit der erstmaligen Zulassung dieser Aktien („initial public offering", „IPO")[27], so steht dem Emittenten die Entscheidung diesbezüglich frei. In jedem konkreten Einzelfall sind hier zunächst die Argumente für und gegen eine Börsenzulassung gegeneinander abzuwägen. Dagegen sprechen zunächst die **hohen gesetzlichen Anforderungen** an Publizität, Rechnungslegung und sonstige (gesellschafts- und kapitalmarktrechtliche) Folgepflichten, die mit erheblichem Aufwand und nicht unbeachtlichen Kosten verbunden sind. Zudem werden die Mitverwaltungsrechte der bisherigen Aktionäre ggf. verwässert. Auf der anderen Seite wird die **Fungibilität der Aktien** erhöht, wodurch sie für Anleger attraktiver werden. Durch die erhöhten Transparenzpflichten wird das Vertrauen der Investoren gestärkt, was die Kapitalaufnahme erleichtern kann. Die Entscheidung hängt im Ergebnis also maßgeblich von einer Kosten-Nutzen-Analyse ab.

1. Gesellschaftsrechtliche Voraussetzungen und Ablauf der Kapitalerhöhung

Zur „Schaffung" der anzubietenden und zuzulassenden Aktien[28] stehen die normalen aktienrechtlichen Wege der Kapitalerhöhung offen: Zum einen kann eine **ordentliche Kapitalerhöhung** entsprechend den §§ 182 ff. AktG durchgeführt werden, wobei unter den Voraussetzungen des § 186 Abs. 3, 4 AktG das Bezugsrecht der Altaktionäre ausgeschlossen werden kann. Aufgrund langer Vorbereitungszeiten und Einladungsfristen sowie höherer Anfechtungsrisiken findet dieses Verfahren in der Praxis – jedenfalls bei größeren Gesellschaften – relativ selten Anwendung.[29] Häufiger wird die **Kapitalerhöhung über genehmigtes Kapital** nach den Vorgaben der §§ 202 ff. AktG gewählt. Der Vorstand wird dabei durch die Satzung bzw. durch satzungsändernden Beschluss der Hauptversammlung für einen Zeitraum von höchstens fünf Jahren ermächtigt, das Grundkapital der Gesellschaft (nach Bedarf) durch Ausgabe neuer Aktien zu erhöhen (§ 202 Abs. 1, 2 AktG).[30] Über das konkrete „Ob" der Aktienausgabe und deren Bedingungen entscheidet im Rahmen seiner Ermächtigung der Vorstand, der hierzu der Zustimmung des Aufsichtsrates bedarf (§ 204 Abs. 1 AktG). Die Ermächtigung kann zudem vorsehen, dass der Vorstand auch über den Ausschluss des Bezugsrechts, der sich ebenfalls nach § 186 Abs. 3, 4 richtet, entscheidet, § 203 Abs. 1, 2 AktG.[31] 2145

Die Zulässigkeit eines **Bezugsrechtsausschlusses** erfordert im Falle des erstmaligen Börsengangs (oder der erstmaligen Einführung einer bestimmten Aktiengattung an der Börse) eine sachliche Rechtfertigung.[32] Hinsichtlich der Möglichkeit des vereinfachten Ausschlusses des Bezugsrechts nach § 186 Abs. 3 S. 4 AktG ist die in dieser Norm enthaltene Schranke, die bei der ordentlichen **Kapitalerhöhung** wie beim genehmigten Kapital Anwendung findet, zu beachten: Ein Bezugsrechtsausschluss ist danach insb. 2146

26 Antragsfrist und Ausnahmen ergeben sich aus §§ 7, 69 BörsZulVO.
27 Der Markt für die erstmalige Platzierung der Aktien wird entsprechend als „Primärmarkt" bezeichnet. Der weitere Handel der Aktien erfolgt dann auf dem sog. „Sekundärmarkt".
28 Daneben besteht natürlich die Möglichkeit, bereits existierende Aktien von Altaktionären über eine Börsenzulassung „umzuplatzieren".
29 *Baums*, Recht der Unternehmensfinanzierung, § 7 Rn. 1; § 6 Rn. 3.
30 Beachte die höhenmäßige Beschränkung in § 202 Abs. 3 AktG.
31 Ein Ausschluss des Bezugsrechts kann auch bereits durch den Beschluss der Hauptversammlung erfolgen (§§ 203 Abs. 1, 186 AktG).
32 S. eingehend dazu MünchKomm/*Schürnbrand*, AktG, Bd. 4, 4. Aufl. 2016, § 186 Rn. 89 ff., 118.

dann zulässig, wenn die Barkapitalerhöhung 10 % des Grundkapitals nicht übersteigt (und der Ausgabebetrag den Börsenpreis nicht wesentlich unterschreitet).[33]

2147 Aktien, die aus einer diese Schwelle überschreitenden Kapitalerhöhung stammen, werden daher (über den Weg des § 186 Abs. 5 AktG) nach Übernahme durch die Konsortialbanken i.d.R. zunächst den Altaktionären zum Bezug angeboten (sog. „mittelbares Bezugsrecht"), bevor sie an der Börse zugelassen werden.[34] Dieser Weg bietet sich auch deshalb an, weil die Abwicklung der Zeichnung neuer Aktien durch die emittierende Gesellschaft selbst praktisch meist nicht durchführbar ist, und deshalb i.d.R. ein Kreditinstitut (oder mehrere Kreditinstitute zusammengeschlossen als Konsorten) als sog. **Emissionsunternehmen** zwischengeschaltet werden muss (müssen).

2148 Die neuen Aktien werden dann zunächst von den Konsortialbanken gezeichnet (§ 185 AktG), wozu sich diese in der Praxis bereits vor dem Kapitalerhöhungsbeschluss im Rahmen eines sog. **Übernahmevertrages** („underwriting agreement") der Gesellschaft gegenüber verpflichten.[35] Aufgrund des Zeichnungsvertrages haben die Konsortial-/Emissionsbanken die Aktien zu übernehmen und die Mindesteinlage (d.h. mindestens eines Viertels des geringsten Ausgabebetrages gem. § 9 AktG, § 188 Abs. 2 i.V.m. § 36a AktG) zu leisten.

2149 Nach Zeichnung verkaufen die Konsortialbanken die Aktien dann zum sog. Emissionspreis an die Anleger (sog. **Platzierung**). Im Übernahmevertrag verpflichten sie sich, die Differenz zwischen Ausgabebetrag und Emissionspreis an die emittierende Gesellschaft abzuführen. Die Platzierung kann entweder im Wege einer Privatplatzierung (private placement) erfolgen, bei der die Aktien nur einem ausgewählten Investorenkreis angeboten werden, oder über ein **öffentliches Angebot** an einen unbestimmten Personenkreis. Zur Findung des Emissionspreises, der regelmäßig über dem Nennbetrag der Aktien und damit dem geringsten Ausgabebetrag, zu dem die Emissionsbanken die Aktien zeichnen, liegt, existieren verschiedene Verfahren: Erfolgt die Übernahme der Aktien durch die Bank im Rahmen eines sog. Firm Underwriting, d.h. einer festen Übernahme der Aktien durch die Bank, garantiert die Bank dem Unternehmen i.d.R. einen festgelegten Emissionspreis, der auf einer Analyse und Bewertung des Unternehmens basiert und mit diesem abgesprochen ist (sog. **Festpreisverfahren**). Häufiger findet allerdings das sog. **Bookbuilding-Verfahren** Anwendung. Dabei setzt zunächst der Emittent gemeinsam mit den Emissionsbanken nach der Einholung von Preiseinschätzungen durch potenzi-

---

33 In diesem Zusammenhang ist es unzulässig, den Vorstand zur Erhöhung des Kapitals um bis zu 50 % zu ermächtigen (vgl. § 202 Abs. 3 S. 1 AktG) und dann durch Aufteilung der Kapitalerhöhung in Tranchen von bis zu je 10% mehrfach hintereinander von der Privilegierung des § 186 Abs. 3 S. 4 AktG Gebrauch zu machen (OLG München AG 1996, 518). Zulässig dürfte es hingegen sein, ein genehmigte Kapital von über 10% zu beschließen und dabei in Höhe von 10% das Bezugsrecht auszuschließen (so *Baums*, Recht der Unternehmensfinanzierung, R. 8 Rn. 30; a.A. MünchKomm/*Schürnbrand*, AktG, Bd. 4, 4. Aufl. 2016, § 186 Rn. 131).

34 *Baums*, Recht der Unternehmensfinanzierung, § 8 Rn. 25. Die Alternative wäre ein „normaler" Bezugsrechtsausschluss nach § 186 Abs. 3 S. 1 AktG, wobei die Anforderungen an den dafür erforderlichen sachlichen Grund recht hoch sind.

35 Mit dem Übernahmevertrag verpflichtet sich das Kreditinstitut bzw. das Konsortium, die Aktien bzw. ein Mindestemissionsvolumen auf eigenes Risiko zur Platzierung zu erwerben (sog. „firm underwriting") oder es verpflichtet sich, die Wertpapiere bestmöglich zu platzieren, d.h. das von der Emissionsbank endgültig übernommene Emissionsvolumen wird erst auf der Grundlage der eingehenden Angebote der Investoren festgelegt (sog. „soft underwriting" oder „best-efforts-underwriting"). In einer dritten Variante, dem sog „bought deal", übernimmt der Konsortialführer bereits bei Abschluss des Vertrages die Aktien zu einem festen Preis.

elle Investoren eine Preisspanne fest. Im Anschluss werden die Anleger zur Abgabe von Angeboten innerhalb dieser Spanne bis zu einem bestimmten Zeitpunkt aufgefordert. Aus den gesammelten Angeboten wird nach Ablauf der Frist (Closing) der endgültige Emissionspreis ermittelt.

Die Angebote, die die Anleger im Rahmen des Bookbuilding-Verfahrens abgegeben haben, werden von der Emissionsbank angenommen, was mit dem Begriff der „Zuteilung" bezeichnet wird. Erst mit ihr kommen die Kaufverträge zwischen Emissionsbank und Anleger zustande. Da möglicherweise nicht alle Kaufangebote angenommen werden können (sog. **Überzeichnung der Emission**) müssen Kriterien für die Zuteilung in Abstimmung mit dem Unternehmen festgelegt werden. Häufig wird zusätzlich von einer Mehrzuteilungsoption, einem sog. **Greenshoe** Gebrauch gemacht. Der Emittent bzw. abgebende Altaktionäre räumen der Emissionsbank eine Kaufoption ein, die sie berechtigt, während einer festgesetzten Frist nach Zuteilung der Aktien weitere Aktien des Emittenten zum Emissionspreis zu erwerben. Ist die Emission überzeichnet, können diese zusätzlichen Aktien zum Emissionspreis an Anleger abgegeben werden. Ist ein Bezugsangebot an die Altaktionäre zu veröffentlichen (§ 186 Abs. 5 AktG), stellt dieses ein bindendes Angebot zum Abschluss eines Kaufvertrages dar, das die Altaktionäre annehmen können. Während des Laufs der Bezugsfrist können die Altaktionäre ihr Bezugsrecht verkaufen, wenn sie es nicht selbst ausüben möchten (sog. Bezugsrechtshandel). **2150**

Für die Zulassung der Aktien an der Börse ist – nach einem entsprechenden Beschluss – vom Emittenten (zusammen mit einem Kreditinstitut) ein Zulassungsantrag zu stellen (§ 32 Abs. 2 S. 1 BörsG, §§ 78, 76 AktG). Sofern die Satzung dies vorsieht, ist (im Innenverhältnis) zusätzlich ein Beschluss des Aufsichtsrats erforderlich. Umstritten ist, ob bei einem erstmaligen Börsengang (IPO)[36] zudem (im Innenverhältnis) die Hauptversammlung zustimmen muss und, wenn ja, mit welcher Mehrheit. Die wohl h.M. hält, gestützt auf die *Holzmüller-Entscheidung* des BGH[37], nach der ungeschriebene Hauptversammlungs-Kompetenzen im Fall von wesentlichen Strukturentscheidungen angenommen werden, sowie die *Gelatine-Entscheidungen* des BGH[38] eine Zustimmung mit einer ¾-Mehrheit des vertretenen Kapitals für erforderlich.[39] Für die Praxis ist die Frage weitgehend irrelevant, da die Mitwirkung regelmäßig über den erforderlichen Kapitalerhöhungsbeschluss erfolgt.[40] In diesem liegt regelmäßig die – zumindest konkludente – Zustimmung zur Börsenzulassung. Bedeutung erlangt die Streitfrage daher nur in den (wenigen) Fällen, in denen ausschließlich bereits existierende Aktien an die Börse gebracht werden sollen. **2151**

2. Zulassungsverfahren und Börseneinführung

Die börsenrechtlichen Voraussetzungen für die Zulassung zum Handel im regulierten Markt sowie das **Zulassungsverfahren** selbst sind im Börsengesetz sowie in der nach **2152**

36 Sind die Aktien einer Gesellschaft bereits börsennotiert, ist der Emittent nach § 40 BörsG verpflichtet, für später ausgegebene Aktien derselben Gattung aus einer Kapitalerhöhung ebenfalls die Zulassung zu beantragen.

37 BGH, Urt. v. 25.2.1982 – II ZR 174/80, BGHZ 83, 122.

38 BGH, Urt. v. 26.4.2004 – II ZR 154/02, NZG 2004, 575; BGH, Urt. v. 26.4.2004 – II ZR 155/02, NZG 2004, 571.

39 A.A. MünchKomm/*Kubis*, AktG, § 119 Rn. 84 mit zahlreichen Nachweisen auf die h.M. Rechtsprechung zu dieser Frage existiert, soweit ersichtlich, nicht.

40 S. nur MünchKomm/*Kubis*, AktG, Bd. 3, 4. Aufl. 2018, § 119 Rn. 84.

§ 34 BörsG erlassenen Börsenzulassungsverordnung (BörsZulV) geregelt. Neben Anforderungen an u.a. Mindestbetrag, Stückelung, Dauer des Bestehens des Emittenten etc. ist wesentliche Zulassungsvoraussetzung die Veröffentlichung eines Prospekts (§ 32 Abs. 3 Nr. 2 BörsG; s. dazu näher Rn. 2162, 2169). Den Antrag auf Zulassung hat der Emittent zusammen mit einem Kreditinstitut zu stellen (§ 32 Abs. 2 BörsG). Ist über den Zulassungsantrag entschieden, muss der Emittent einen weiteren Antrag auf Aufnahme der Notierung im regulierten Markt (Einführung) stellen. Näheres dazu regeln die Börsenordnungen. Nach der Aufnahme der Notierung können die Aktien am regulierten Markt gehandelt werden.

2153 Sind **Wertpapiere** bereits an einer anderen inländischen Börse zum Handel im regulierten Markt zugelassen (oder an einem organisierten Markt in einem anderen EU-/EWR-Staat oder einem vergleichbaren Markt in einem Drittstaat), so können sie auch auf Antrag eines anderen Handelsteilnehmers oder von Amts wegen in den regulierten Markt einbezogen werden; Einzelheiten dazu bestimmen die Börsenordnungen (§ 33 Abs. 1, 2 BörsG). Der betreffende Emittent ist hierüber (lediglich) zu unterrichten.

3. Einbeziehung in den Freiverkehr

2154 Der Handel im Freiverkehr erfordert keine Zulassung, sondern erfolgt über schlichte Einbeziehung, die in den (privatrechtlichen) Geschäftsbedingungen der Börsen geregelt wird. Einer Zustimmung des Emittenten bedarf es nicht. In den Freiverkehr können nur Wertpapiere einbezogen werden, die weder zum regulierten Markt zugelassen, noch in diesen einbezogen sind (§ 48 Abs. 1 S. 1 BörsG).

III. Prospektrecht

1. Überblick

2155 Zur Beurteilung eines Finanzinstruments sind (potenzielle) Anleger auf Informationen über den Emittenten (insb. seine Vermögens-, Finanz- und Ertragslage, Geschäftsrisiken etc.) und das jeweilige Finanzinstrument (z.B. die mit ihm verbundenen Rechte und rechtlichen Risiken) angewiesen. Gleiches gilt für Berater, die ihren Kunden Anlageempfehlungen geben wollen. Ein Informationsbedürfnis besteht in besonderem Maße, wenn ein Finanzinstrument auf dem sog. Primärmarkt erstmals angeboten wird. Die wichtigste Informationsquelle, um die Informationsasymmetrien zwischen Anlegern und Emittenten zu beseitigen, und gleichzeitig eines der wichtigsten Werkzeuge für Unternehmen, die sich EU-weit auf den Wertpapiermärkten Kapital beschaffen möchten, stellen **Prospekte** dar. Sie müssen den Leser daher in die Lage versetzen, sich ein umfassendes und zutreffendes Urteil über den Emittenten und das von ihm ausgegebene Finanzinstrument zu bilden. Umfangreiche Prospektpflichten sind allerdings mit Aufwand und Kosten für den Emittenten verbunden. In diesem Spannungsfeld bewegen sich die prospektrechtlichen Anforderungen, die darauf ausgerichtet sind, hier einen angemessenen Ausgleich herzustellen: Ein Prospekt ist nicht bei jedem Angebot von Finanzinstrumenten erforderlich; in bestimmten Fällen werden stattdessen andere Maßnahmen zum Anlegerschutz ergriffen (s. Rn. 2107, 2198 f.). Sind Prospekte fehlerhaft oder nicht vorhanden, entstehen zivilrechtliche Schadensersatzansprüche der Anleger (s. Rn. 2183 ff., 2206).

Für Wirtschaftsprüfer ist das Prospektrecht in mehrerlei Hinsicht von Bedeutung: Zum einen sind sie häufig als Berater bei der **Konzeption einer Emission** und/oder bei der Abfassung eines Prospekts eingebunden. Zum Teil werden sie auch als Prospektgutachter tätig. Zudem sind geprüfte Jahresabschlüsse und ggf. Bestätigungsvermerke Prospektbestandteile. Vom Abschlussprüfer der Gesellschaft wird erwartet, dass er einen sog. **Comfort Letter** zu den aufzunehmenden Finanzabschlüssen abgibt.[41] Die aus diesen Tätigkeiten resultierenden Haftungsrisiken sind angesichts der großen Volumina der Transaktionen beträchtlich. **2156**

Grundlegende Voraussetzung der gesetzlichen Prospektpflichten ist, dass ein Finanzinstrument zum Handel an einem organisierten Markt[42] (also am regulierten Markt oder an der Terminbörse Eurex) zugelassen oder (zumindest) **öffentlich angeboten** werden soll. **2157**

Ein öffentliches Angebot ist eine Mitteilung an die Öffentlichkeit in jedweder Form und auf jedwede Art und Weise, die ausreichende Informationen über die Angebotsbedingungen und die anzubietenden Wertpapiere enthält, um einen Anleger in die Lage zu versetzen, sich für den Kauf oder die Zeichnung jener Wertpapiere zu entscheiden.[43] Hierunter fallen rechtsverbindliche Verkaufs- oder Tauschangebote sowie auch eine rechtlich unverbindliche invitatio ad offerendum. Inhaltlich muss die Mitteilung allerdings so ausgestaltet sein, dass der Anleger über den Kauf der Aktien entscheiden kann. Sie muss eine konkrete Erwerbsmöglichkeit eröffnen. Das Angebot muss sich an die Öffentlichkeit und damit an das Publikum, also eine unbestimmte und nicht bestimmbare Zahl von Personen richten. Es ist somit abzugrenzen von der sog. Privatplatzierung, also dem Angebot an einen bestimmten, dem Anbietenden bekannten Personenkreis, das grundsätzlich keinen Prospekt erfordert. Sollen Finanzinstrumente zum Handel in den **Freiverkehr** oder an einem anderen MTF aufgenommen werden oder sollen lediglich Geld- und Briefkurse gestellt werden, handelt es sich nicht um eine Zulassung zum organisierten (= geregelten) Markt. Allerdings geht dies häufig mit einer Mitteilung einher, die ein öffentliches Angebot darstellt, so dass dennoch eine **Prospektpflicht** entsteht.

Die einzelnen Prospektpflichten sowie die entsprechenden Haftungsregeln finden sich in unterschiedlichen Gesetzen, deren Anwendbarkeit davon abhängt, welche Art von Finanzinstrument angeboten werden soll: **2158**

- Für Wertpapiere gilt die **EU-ProspektVO**[44] ergänzt durch das Wertpapierprospektgesetz (WpPG);
- Regelungen für Vermögensanlagen finden sich im Vermögensanlagengesetz (VermAnlG);
- Vorgaben für Investmentfonds macht das Kapitalanlagegesetzbuch (KAGB).

---

41 Ein solcher Comfort Letter dient dem Nachweis, dass die Emissionsbanken die im Prospekt enthaltenen Finanzangaben durch Einschaltung von Experten mit der gebotenen Sorgfalt geprüft haben.

42 Der organisierte Markt entspricht dem geregelten Markt im Sinne der europarechtlichen Terminologie der EU-Prospektverordnung und der MiFID II.

43 S. die Definition in Art. 2 lit. d. Verordnung (EU) 2017/1129.

44 Verordnung (EU) 2017/1129 des Europäischen Parlaments und des Rates vom 14.6.2017 über den Prospekt, der beim öffentlichen Angebot von Wertpapieren oder bei deren Zulassung zum Handel an einem geregelten Markt zu veröffentlichen ist und zur Aufhebung der Richtlinie 2003/71/EG.

2. Prospekte für Wertpapiere

2159 Am 21.7.2017 ist die EU-ProspektVO in Kraft getreten und hat seither schrittweise die EU-Prospektrichtlinie 2003/71/EG und die auf ihr beruhende nationale Umsetzung im WpPG abgelöst. Vollständig anwendbar ist die EU-Prospekt VO seit dem 21.7.2019. Einzelne ihrer Bestandteile, insb. die schwellenwertbasierten **Ausnahmen von der Prospektpflicht**, die z.T. auch Wahlmöglichkeiten für die Mitgliedstaaten vorsehen, waren hingegen bereits seit dem 21.7.2018 anwendbar. Der deutsche Gesetzgeber hat diese Wahlmöglichkeiten durch das „Gesetz zur Ausübung von Optionen der EU-Prospekt und zur Anpassung weiterer Finanzmarktgesetze“ vom 10.7.2018 ausgeübt und damit gleichzeitig das WpPG an die zu diesem Zeitpunkt bereits geltenden Vorschriften der Verordnung angepasst. Die weitere Anpassung des WpPG an die am 21.7.2019 in Kraft getretenen Regelungen der EU-ProspektVO hat der deutsche Gesetzgeber durch das „Gesetz zur weiteren Ausführung der EU-Prospektverordnung und zur Änderung von Finanzmarktgesetzen vom 8.7.2019“ vorgenommen, das in wesentlichen Teilen am 21.7.2019 in Kraft getreten ist. Damit finden sich die Vorschriften betreffend die Prospektpflicht für Wertpapiere nunmehr in der EU-ProspektVO, ergänzt durch das WpPG. Die Anforderungen an den Inhalt des Prospekts regelt im Wesentlichen die Delegierte Verordnung (EU) 2019/980.

a) Voraussetzungen der Prospektpflicht

2160 **aa) Wertpapiere.** Eine Prospektpflicht nach der EU-ProspektVO setzt zunächst voraus, dass Gegenstand des Angebots der Erwerb von Wertpapieren ist, wobei es sich sowohl um Dividendenwerte[45] als auch um Nichtdividendenwerte handeln kann. Unter den Wertpapierbegriff der Verordnung (Art. 2 lit. a) fallen *übertragbare* Wertpapiere, also solche *Kategorien* von Wertpapieren, die auf dem Kapitalmarkt *gehandelt* werden können.[46] Die Wertpapiere müssen damit drei einander bedingende Kriterien erfüllen: Sie müssen übertragbar und (zumindest eingeschränkt) handelbar und deshalb standardisiert sein. Auf eine Verbriefung kommt es dagegen nicht an.

2161 Erfasst sind somit insb.

- Aktien, daneben andere Anteile an Kapitalgesellschaften, Personengesellschaften und sonstigen Unternehmen, soweit sie Aktien vergleichbar sind, und Hinterlegungsscheine, die Aktien vertreten;[47]
- Schuldtitel, insb. Genussscheine sowie Inhaber- und Orderschuldverschreibungen;[48]
- Optionen, die zum Erwerb oder zur Veräußerung einer dieser beiden Arten von Wertpapieren berechtigen oder zu einer Barzahlung führen, die anhand von übertragbaren

---

45 Art. 2 lit. b EU-Prospekt VO: Aktien, Aktien gleichzustellende übertragbare Wertpapiere sowie übertragbare Wertpapiere, die das Recht auf Umwandlung oder Ausübung des verbrieften Rechts aus Aktien des Emittenten oder eines Konzern-Unternehmens des Emittenten verkörpern.

46 Die ProspektVO verweist insoweit auf die Definition in Art. 4 Abs. 1 Nr. 44 der MiFID II. Der Wertpapierbegriff entspricht daher inhaltlich der Definition in § 2 Abs. 1 WpHG.

47 Es muss sich also um Wertpapiere handeln, die ihrem Inhaber eine Position verleihen, die wirtschaftlich der eines Aktionärs vergleichbar ist. In Betracht kommen derzeit ausschließlich Anteile an ausländischen Gesellschaften. Nicht darunter fallen Anteile an deutschen Personengesellschaften, da diese weder standardisiert noch handelbar sind.

48 Namensschuldverschreibungen mangelt es an der freien Übertragbarkeit und in der Regel auch an der Standardisierung.

Wertpapieren, Währungen, Zinssätzen oder -erträgen, Waren oder anderen Indizes oder Messgrößen bestimmt wird (insb. also Optionen auf Aktien);[49]
- Options- und Wandelanleihen;
- Optionsscheine.

bb) Zulassung zum organisierten Markt oder öffentliches Angebot. Eine Prospektpflicht entsteht (nur) dann, wenn Wertpapiere zum Handel an einem organisierten Markt zugelassen oder **öffentlich angeboten** werden sollen (Art. 3 Abs. 1, 3 EU-Prospektverordnung s. Rn. 2157).[50] Auch jede spätere Weiterveräußerung von Wertpapieren (z.B. im Rahmen einer Vertriebskette) löst grundsätzlich eine Prospektpflicht aus, sofern die Weiterveräußerung den Tatbestand eines öffentlichen Angebots i.S.d. Art. 2 lit. d EU-ProspektVO erfüllt. Ein weiterer Prospekt ist entbehrlich, wenn die Weiterveräußerung oder endgültige Platzierung durch Finanzintermediäre erfolgt, für das vertriebene Produkt ein gültiger Prospekt (Gültigkeit 12 Monate, Art. 12 EU-ProspektVO) vorhanden ist und die schriftliche Zustimmung der für die Prospekterstellung verantwortlichen Person zu seiner Verwendung vorliegt (Art. 5 Abs. 1 EU-ProspektVO). 2162

Ein nach den Regeln der EU-ProspektVO gebilligter Prospekt ist in beliebig vielen weiteren Mitgliedstaaten der EU für ein öffentliches Angebot oder eine Zulassung zum Handel gültig (Art. 24 Abs. 1 S. 1 – „Europäischer Pass").

b) Ausnahmen

Die EU-ProspektVO sieht Ausnahmen von ihrer Anwendbarkeit insges. sowie daneben spezielle Ausnahmen von der Prospektpflicht für öffentliche Angebote bzw. die Zulassung von Wertpapieren vor. 2163

aa) Ausnahmen vom Anwendungsbereich der EU-ProspektVO. Die EU-ProspektVO findet zunächst keine Anwendung auf öffentliche Angebote von Wertpapieren mit einem **Gesamtwert** in der Union von weniger als 1.000.000 € innerhalb eines Zeitraums von 12 Monaten (Art. 1 Abs. 3 UAbs. 1 EU-ProspektVO).[51] Eine Prospektpflicht beginnt damit grundsätzlich erst für Angebote ab 1.000.000 €. Liegt der Gesamtwert des Angebots bei 100.000 € oder mehr, ist für ein öffentliches Angebot anstelle eines Prospekts aber ein sog. Wertpapier-Informationsblatt (s. dazu Rn. 2167) zu erstellen, § 4 Abs. 1 S. 2 WpPG. 2164

Ausgenommen vom Anwendungsbereich der EU-ProspektVO sind zudem **bestimmte Arten** von Wertpapieren (Art. 1 Abs. 2), darunter insb. Fondanteile[52] und Nichtdividendenwerte, die von einem Mitgliedstaat oder einer Gebietskörperschaft eines EU-Mitgliedstaates, von der EZB oder von Zentralbanken der Mitgliedstaaten ausgegeben oder uneingeschränkt und unwiderruflich von einem Mitgliedstaat oder einer Gebietskörperschaft eines Mitgliedstaates garantiert werden.

49 Nach str., aber zutreffender Ansicht können hierunter auch Derivate (z.B. Zinsoptionsscheine oder Währungsoptionsscheine) fallen, sofern sie bar zu erfüllen sind.

50 Anders als früher gibt es keine Unterscheidung mehr zwischen Verkaufsprospekten und Börsenzulassungsprospekten.

51 Diese seit dem 21.7.2018 geltende Schwelle hat den bis dahin geltenden Schwellenwert verzehnfacht.

52 Für sie richtet sich die Prospektpflicht nach dem KAGB.

2165 **bb) Ausnahmen von der Prospektpflicht für öffentliche Angebote.** Ausnahmen von der Prospektpflicht für öffentliche Angebote finden sich in Art. 1 Abs. 4 EU-ProspektVO. Hierunter fallen u.a. öffentliche Angebote,

- die sich ausschließlich an qualifizierte Anleger i.S.d. Art. 2 lit. e EU-ProspektVO (z.B. Versicherungen, Kreditinstitute oder Regierungen) richten,
- die sich an weniger als 150 nicht qualifizierte Anleger pro Mitgliedstaat richten,
- mit einem Mindestanlagebetrag von 100.000 € pro Anleger,
- im Rahmen bestimmter gesellschaftsrechtlicher Maßnahmen,[53]
- im Rahmen von Tauschangeboten,[54]
- im Rahmen von Belegschaftsaktienprogrammen, sofern die Organmitglieder/Arbeitnehmer ein Dokument mit Einzelheiten über das Angebot erhalten,
- im Rahmen von Daueremissionen von bestimmten Nichtdividendenwerten durch Kreditinstitute, wobei der Gesamtgegenwert weniger als 75.000.000 € innerhalb von 12 Monaten betragen muss.

2166 Im Rahmen einer durch Art. 3 Abs. 2 EU-ProspektVO eingeräumten Option nimmt Deutschland (CRR-)Kreditinstitute i.S.d. § 1 Abs. 3d S. 1 KWG[55] und Emittenten, deren Aktien bereits zum Handel an einem geregelten (= organisierten) Markt zugelassen sind, von der Prospektpflicht für öffentliche Angebote aus, wenn der Gesamtgegenwert für alle im EWR angebotenen Wertpapiere (innerhalb eines Zeitraums von 12 Monaten) nicht mehr als 8.000.000 € beträgt (§ 3 Nr. 1 WpPG).[56]

2167 Weiterhin hat Deutschland von der Möglichkeit Gebrauch gemacht, öffentliche Angebote bis zu einem Gesamtgegenwert von 8.000.000 € (innerhalb eines Zeitraums von 12 Monaten) von der Prospektpflicht auszunehmen (§ 3 Nr. 2 WpPG).[57] Zu beachten ist in diesem Zusammenhang, dass für Angebote mit einem Gesamtwert von unter 1.000.000 € die EU-ProspektVO insges. keine Anwendung findet (s. Rn. 2164), also auch kein Prospekt zu erstellen ist. Die Ausnahme ist daher nur für Angebote zwischen 1.000.000 und 8.000.000 € relevant. Sie soll insb. kleineren Unternehmen eine prospektfreie (und damit günstigere) Emission ermöglichen. Anforderungen an den Emittenten, wie sie für die Ausnahme des § 3 Nr. 1 WpPG gelten, enthält sie nicht. Sie kann daher grundsätzlich auch von Unternehmen in Anspruch genommen werden, deren Wertpapiere noch gar nicht oder nur im Freiverkehr an einer Börse gehandelt werden. Um dennoch dem Anlegerschutz Genüge zu tun, sind bei Inanspruchnahme dieser Ausnahmemöglichkeit **andere Pflichten** zu erfüllen:

---

53 So bietet für Wertpapiere, die anlässlich einer Verschmelzung angeboten werden, der Verschmelzungsbericht nach § 8 UmwG eine gleichwertige Informationsgrundlage.

54 Hierfür schreibt § 11 WpÜG stattdessen eine Angebotsunterlage vor. Allerdings muss ein nicht börsennotiertes Unternehmen, das im Anschluss an ein Tauschangebot eine Zulassung zum Handel auf einem geregelten Markt anstrebt, einen Prospekt veröffentichen (Art. 1 Abs. 6a EU-ProspektVO).

55 S. hierzu die Def. in § 2 Nr. 4 WpPG, die (ebenso wie § 1 Abs. 3d S. 1 KWG) über Art. 2 lit g der EU-ProspektVO auf die Definition in Art. 4 Abs. 1 Nr. 1 der Verordnung (EU) Nr. 575/2013 („CRR") verweist.

56 Diese Ausnahme galt nach bisheriger Rechtslage auch für den Fall der Börsenzulassung. Nach der Vorgabe des Art. 3 Abs. 2 EU-ProspektVO wurde sie auf den Fall des öffentlichen Angebots beschränkt und entsprechend in § 3 WpPG verortet. S. dazu auch § 32 Abs. 3 Nr. 2 BörsG.

57 Diese Ausnahme gilt entsprechend ihrer Verortung in § 3 Abs. 2 WpPG nur für öffentliche Angebote, nicht aber für die Zulassung von Wertpapieren zum Handel im regulierten Markt. Damit bleibt es bei der grundsätzlichen Prospektpflicht für die Zulassung, sofern kein anderer Ausnahmetatbestand anwendbar ist. Der praktische Anwendungsbereich der Ausnahme ist daher begrenzt.

- Beträgt der Gesamtgegenwert der Wertpapiere (berechnet wiederum über einen Zeitraum von 12 Monaten) 100.000 € oder mehr, ist vor dem öffentlichen Angebot ein sog. **Wertpapier-Informationsblatt** zu veröffentlichen (WIB), § 4 Abs. 1 WpPG.[58] Das WIB soll Anlegern als Informationsquelle für ihre Anlageentscheidung dienen. Es darf erst veröffentlicht werden, wenn die BaFin dies gestattet. Das Gestattungsverfahren entspricht weitgehend dem für das Vermögensanlagen-Informationsblatt (VIB) nach dem Vermögensanlagengesetz (s. Rn. 2204).
- Von der Ausnahme des § 3 Nr. 2 WpPG darf nur dann Gebrauch gemacht werden, wenn die Wertpapiere ausschließlich im Wege der **Anlageberatung oder Anlagevermittlung** über ein Wertpapierdienstleistungsunternehmen vermittelt werden, das bei Anlagen von nicht qualifizierten Anlegern die Einhaltung bestimmter Einzelanlageschwellen überprüft, § 6 WpPG.
- Des Weiteren kann für nach § 3 Nr. 2 WpPG von der Prospektpflicht befreite öffentliche Angebote bis 8.000.000 € der **Europäische Pass** nicht in Anspruch genommen werden (Art. 3 Abs. 2 lit. a EU-ProspektVO).

Zusammenfassend ergibt sich daraus – neben der Schwelle von 8.000.000 € für CRR- 2168
Kreditinstitute und Emittenten, deren Aktien bereits am organisierten Markt zugelassen sind – für das öffentliche Angebot von Wertpapieren folgende **Schwellensystematik:**

Gesamtgegenwert des Angebots:	**Anforderungen:**
> 8.000.000 €	Prospektpflicht
1.000.000 bis 8.000.000 €	Wertpapierinformationsblatt und Beschränkungen bei Angebot an nicht qualifizierte Anleger entsprechend § 6 WpPG
100.000 bis 1.000.000 €	Wertpapierinformationsblatt
< 100.000 €	keine der genannten Pflichten

cc) Ausnahmen von der Prospektpflicht für die Zulassung. Für den Fall der Zulas- 2169
sung von Wertpapieren zum organisierten Markt bestehen – anders als beim öffentlichen Angebot – keine schwellenwertbezogenen Ausnahmen. Von der Prospektpflicht ausgenommen sind lediglich bestimmte, in Art. 1 Abs. 5 EU-ProspektVO aufgelistete Instrumente. Ausgenommen werden dadurch insb. Wertpapiere, die mit bereits zum Handel am selben geregelten Markt zugelassenen Wertpapieren fungibel sind (sofern sie weniger als 20 % der bereits zugelassenen Wertpapiere ausmachen),[59] und bestimmte Nichtdividendenwerte im Rahmen von Daueremissionen durch Kreditinstitute, wobei der Gesamtgegenwert weniger als 75.000.000 € innerhalb von 12 Monaten betragen muss.

Eine weitere Ausnahme besteht unter bestimmten Voraussetzungen für die Zulassung von Aktien, die aus der Umwandlung oder dem Eintausch anderer Wertpapiere oder aus der Ausübung der mit anderen Wertpapieren verbundenen Rechte resultieren (Art. 1 Abs. 5 UAbs. 1 lit. b EU-Prospekt VO). Damit gemeint sind in erster Linie Wandel-, Options und Umtauschanleihen.[60]

---

58 Die inhaltlichen Anforderungen finden sich in § 4 Abs. 4 bis 8 WpPG. Weitere inhaltliche Vorgaben sind einer Verordnung vorbehalten, § 4 Abs. 9 WpPG. Das Angebot von Wertpapieren bis zu einem Gesamtgegenwert von weniger als 100.000 Euro ist prospekt- und WIB-frei.

59 Unter bestimmten Bedingungen auch Wertpapiere, die bereits an einem anderen geregelten Markt zugelassen sind.

60 Diese Ausnahme ist in der Praxis für die Zulassung von Aktien, die nach Ausübung von Wandlungs- und Bezugsrechten aus anderen Wertpapieren ausgegeben wurden, von großer Bedeutung.

Eine **freiwillige Prospekterstellung** ist stets zulässig und gewährt ebenfalls den „Europäischen Pass“. Ein freiwillig erstellter Prospekt muss jedoch den Anforderungen der EU-ProspektVO genügen und kann im Fall seiner Fehlerhaftigkeit oder Unvollständigkeit zu Schadensersatzansprüchen führen (Art. 4 EU-ProspektVO).

c) Inhalt

2170 Die – sehr detaillierten – inhaltlichen Anforderungen an den Prospekt für Wertpapiere ergeben sich aus den Art. 6 ff. und Art. 13 ff. EU-ProspektVO in Verbindung mit diversen delegierten Rechtsakten und technischen Regulierungsstandards der EU-Kommission, insb. der Delegierten Verordnung (EU) 2019/980. Hierin findet sich eine Vielzahl von Schemata und Formularen, aus denen sich die **notwendigen Mindestangaben** ableiten lassen.

2171 Ein wichtiger inhaltlicher Prospektbestandteil ist die Darstellung der **Risikofaktoren**. Sie wurde von den Emittenten in der Vergangenheit vor allem als Mittel zur Vermeidung zivilrechtlicher Haftungsansprüche gesehen, was zu sehr umfangreichen Risikodarstellungen geführt hatte. Die EU-ProspektVO verfolgt u.a. das Ziel, Prospekte nicht weiter mit Risikofaktoren zu überfrachten, die die wirklich relevanten Risiken verdecken. Es dürfen daher nur noch Risikofaktoren aufgenommen werden, die für den Emittenten und/oder die Wertpapiere spezifisch und im Hinblick auf eine fundierte Anlageentscheidung von wesentlicher Bedeutung sind (Art. 16 Abs. 1 EU-ProspektVO).[61] In die Zusammenfassung dürfen max. 15 Risikohinweise aufgenommen werden (Art. 7 Abs. 10 EU-ProspektVO).

2172 Es besteht ein **Wahlrecht**, den Prospekt als einziges Dokument oder in mehreren Einzeldokumenten zu erstellen, Art. 6 Abs. 3 EU-ProspektVO. Besteht der Prospekt aus mehreren Einzeldokumenten, unterteilen sich diese in ein Registrierungsformular, eine Wertpapierbeschreibung und eine Zusammenfassung: Das Registrierungsformular enthält Angaben zum Emittenten, die Wertpapierbeschreibung Angaben zu den Wertpapieren und die Zusammenfassung[62] Basisinformationen, die den Anlegern Aufschluss über Art und Risiken des Emittenten, des Garantiegebers und der Wertpapiere geben.

2173 Daueremittenten, also Unternehmen, die häufig Wertpapiere begeben, sollen Anreize dafür erhalten, ihren Prospekt in mehreren Einzeldokumenten zu erstellen, da dies die Kosten für die Prospekterstellung senken und die rasche Nutzung von Marktfenstern gestatten kann. Emittenten, deren Wertpapiere bereits zum Handel an einem geregelten Markt oder einem MTF zugelassen sind, haben daher die Möglichkeit, in jedem Geschäftsjahr ein Registrierungsformular in Form eines sog. **einheitlichen Registrierungsformulars** zu erstellen, das Angaben zu Organisation, Geschäftstätigkeiten, Finanzlage, Ertrag und Zukunftsaussichten, Führung und Beteiligungsstruktur des Unternehmens enthält (Art. 9 EU-ProspektVO).[63] Emittenten, die ihr einheitliches Registrierungsformular bei den Aufsichtsbehörden haben billigen lassen und es regelmäßig aktualisieren, können in den Genuss eines auf fünf Tage verkürzten Billigungsverfahrens kommen.

---

61 Nähere Vorgaben zu Bewertung, Einstufung und Darstellung der Risiken ergeben sich aus Art. 16 EU-ProspektVO i.V.m. Leitlinien der ESMA und Delegierten Rechtsakten der EU-Kommission.

62 Details für den Inhalt der Zusammenfassung ergeben sich aus Art. 7 EU-ProspektVO i.V.m. technischen Regulierungsstandards der EU-Kommission.

63 Es handelt sich um eine Art „Rahmenregistrierung“ mit allen erforderlichen Informationen über das Unternehmen.

Bestimmte Informationen können durch Verweis auf andere (zuvor oder gleichzeitig auf elektronischem Wege) veröffentlichte Dokumente aufgenommen werden, die die geforderten Informationen bereits enthalten (Art. 19 EU-ProspektVO).

Neben dem sog. **„Standardprospekt"** sieht die EU-ProspektVO verschiedene **weitere Formen von Prospekten** vor, mit denen den Besonderheiten der unterschiedlichen Arten von Wertpapieren, Emittenten, Angeboten und Zulassungen Rechnung getragen werden soll:

aa) Basisprospekt. Für Nichtdividendenwerte (einschließlich solche, die dauernd oder wiederholt oder im Rahmen eines Angebotsprogramms begeben werden), sowie Optionsscheine jeglicher Art besteht die Möglichkeit, einen sog. Basisprospekt zu erstellen, der Angaben zum Emittenten und den Wertpapieren enthält (Art. 8 EU-ProspektVO). Die endgültigen Angebotsbedingungen (insb. ISIN, der Ausgabepreis, das Fälligkeitsdatum, ein etwaiger Kupon und andere Bedingungen, die zum Zeitpunkt der Erstellung des Basisprospekts noch nicht bekannt waren) werden in einem gesonderten Dokument dargelegt oder in den Basisprospekt oder in Nachträgen dazu aufgenommen.[64] Danach wird die Zusammenfassung erstellt, die speziell die einzelne Emission betrifft. Auch ein Basisprospekt kann als einziges Dokument oder in mehreren Einzeldokumenten erstellt werden. Anwendung findet der Basisprospekt in der Praxis insb. bei dauerhaften oder wiederholten Emissionen von CRR-Kreditinstituten. 2174

bb) Großkundenprospekt für Nichtdividendenwerte. Bei der Zulassung von Nichtdividendenwerten ist eine Zusammenfassung entbehrlich, sofern diese ausschließlich an einem geregelten Markt oder einem bestimmten Segment eines solchen gehandelt werden sollen, zu dem nur qualifizierte Anleger zu Zwecken des Handels mit diesen Wertpapieren Zugang erhalten[65] oder sofern sie eine Mindeststückelung von 100.000 € haben, Art. 7 Abs. 1 UAbs. 2 EU-ProspektVO. Daneben hat ein solcher Großkundenprospekt geringere Mindestinformationspflichten zu erfüllen. 2175

cc) Vereinfachter Prospekt für Sekundäremissionen. Sobald eine Wertpapiergattung zum Handel an einem geregelten Markt zugelassen wurde, haben die Anleger Zugang zu einer Vielzahl von Kapitalmarktinformationen. Bei nachfolgenden öffentlichen Angeboten oder Zulassungen zum Handel ist der Bedarf an einem vollständigen Prospekt weniger groß, weshalb in diesem Fall ein vereinfachter Prospekt zulässig ist, der neben einer Zusammenfassung aus einem speziellen Registrierungsformular und einer speziellen Wertpapierbeschreibung besteht (Art. 14 EU-ProspektVO). Der vereinfachte Prospekt ist anwendbar durch Emittenten, die bereits seit mindestens 18 Monaten fortlaufend an einem geregelten Aktienmarkt oder einem KMU-Wachstumsmarkt[66] zugelassen waren. Er gilt für die Emission von Wertpapieren, die mit bereits zugelassenen Wertpapieren fungibel sind; die Emission von Nichtdividendenwerten oder Wertpapieren, die Zugang 2176

64 Wenn der endgültige Emissionskurs und/oder das endgültige Emissionsvolumen nicht im Prospekt genannt werden können, haben die Anleger entweder ein Widerrufsrecht, sobald diese Informationen bekannt werden oder im Prospekt müssen ersatzweise Höchstkurs und Höchstvolumen oder Bewertungsmethoden und oder Bedingungen nebst Erläuterung offengelegt werden.

65 Derartige Marktsegmente gibt es derzeit in Europa, wenn überhaupt, nur vereinzelt.

66 Dies ist ein als KMU-Wachstumsmarkt registriertes multilaterales Handelssystem (MTF), Art. 2 lit. b der EU-ProspektVO i.V.m. Art. 4 Abs. 1 Nr. 12 der MiFID II. Darunter fällt insb. das Segment „Scale" an der Frankfurter Wertpapierbörse.

zu Dividendenwerten geben, durch Emittenten, die bereits Dividendenwerte zugelassen haben; und für die Erhöhung eines bereits begebenen Wertpapiers. Seit dem 1.1.2020 gibt es die Möglichkeit eines vereinfachten Prospekts zudem für Emittenen, deren Wertpapiere der Öffentlichkeit angeboten wurden und seit mindestens zwei Jahren ununterbrochen zum Handel an einem KMU-Wachstumsmarkt zugelassen waren und die die Zulassung zum Handel an einem geregelten Markt für Wertpapiere beantragen, die mit den zuvor begebenen Wertpapieren fungibel sind (Art. 14 Abs. 1 UAbs. 1 lit. d).

2177 **dd) EU-Wachstumsprospekt.** Eines der Kernziele der Kapitalmarktunion besteht darin, KMU (Definition in Art. 2 lit. f EU-ProspektVO) die Finanzierung über die Kapitalmärkte der Union zu erleichtern. Da KMU im Vergleich zu anderen Emittenten meist geringere Beträge am Kapitalmarkt aufnehmen wollen, sind die Kosten für die Erstellung eines Standardprospekts schnell unverhältnismäßig hoch. Zugleich können KMU aufgrund ihrer Größe und ihrer möglicherweise kürzeren Existenzdauer ein spezielles Anlagerisiko beinhalten. Die EU-ProspektVO sieht daher einen speziellen EU-Wachstumsprospekt (Art. 15 EU-ProspektVO) vor, der durch seine inhaltlichen Anforderungen ein angemessenes Gleichgewicht zwischen kosteneffizientem Zugang zu den Finanzmärkten und dem Anlegerschutz herstellen soll („verhältnismäßige Offenlegung"). Es handelt sich um ein Dokument mit standardisierter Aufmachung (bestehend aus einem speziellen Registrierungsformular, einer speziellen Wertpapierbeschreibung und einer Zusammenfassung), das in leicht verständlicher Sprache abgefasst und für den Emittenten leicht auszufüllen ist. Ein solcher Prospekt ist nach seiner Billigung unionsweit gültig, allerdings beschränkt auf öffentliche Angebote. Er steht nicht zur Verfügung, wenn die Wertpapiere eines Unternehmens bereits zum Handel an geregelten Märkten zugelassen sind. An diesen Märkten solle es keinen „gestuften" Offenlegungsstandard geben, der von der Größe des Emittenten abhängt.

2178 Der EU-Wachstumsprospekt steht offen:

- KMU;
- Emittenten, die keine KMU sind, deren Wertpapiere aber an einem KMU-Wachstumsmarkt gehandelt werden (sollen), sofern ihre durchschnittliche Marktkapitalisierung während der letzten drei Kalenderjahre weniger als 500.000.000 € betrug;
- Emittenten, deren öffentliches Angebot von Wertpapieren einem Gesamtwert von höchsten 20.000.000 € (über Zeitraum von 12 Monaten gerechnet) entspricht, sofern keine Wertpapiere diese Emittenten an einem MTF gehandelt werden und die durchschnittliche Beschäftigtenzahl im letzten Geschäftsjahr bis zu 499 betrug;
- Seit 1.1.2020 zusätzlich für Emittenten, die erstmalig Wertpapiere mit einer voraussichtlichen Marktkapitalisierung von weniger als 200.000.000 € öffentlich anbieten möchten.

d) Prüfung, Billigung und Veröffentlichung

2179 Der Prospekt ist vor seiner Veröffentlichung von der BaFin zu prüfen und zu billigen; die Entscheidung hinsichtlich der Billigung hat grundsätzlich innerhalb von zehn Arbeitstagen zu erfolgen (Art. 20 Abs. 1 und 2 EU-ProspektVO).[67] Für Daueremittenten,

67 Abweichend beträgt die Frist 20 Arbeitstage für ein öffentliches Angebot von Wertpapieren eines Emittenten, dessen Wertpapiere noch nicht im geregelten Markt zugelassen sind und der zuvor noch keine Wertpapiere öffentlich angeboten hat.

die das einheitliche Registrierungsformular nutzen, verkürzt sich die Frist auf fünf Arbeitstage (Art. 20 Abs. 6 EU-ProspektVO). Reagiert die Behörde innerhalb dieser Frist nicht, gilt dies nicht als „stillschweigende“ Billigung.[68]

Die BaFin prüft den Prospekt auf Vollständigkeit, Verständlichkeit und Kohärenz (i.S.v. Plausibilität), nicht dagegen auf seine inhaltliche Richtigkeit oder die Bonität des Emittenten (Art. 20 Abs. 4 EU-ProspektVO). Entsprechend scheidet eine Haftung der Behörde für fehlerhafte Prospekte grundsätzlich aus.

Nach seiner Billigung ist der Prospekt der **Öffentlichkeit** spätestens mit Beginn des öffentlichen Angebots oder der Zulassung zur Verfügung zu stellen; im Falle eines öffentlichen Erstangebots einer Gattung von Aktien, die zum ersten Mal zum Handel an einem geregelten Markt zugelassen wird, muss der Prospekt spätestens sechs Arbeitstage vor dem Ende des Angebots zur Verfügung gestellt werden (Art. 21 Abs. 1 EU-ProspektVO). Eine Veröffentlichung ausschließlich in elektronischer Form ist ausreichend. Jedem potenziellen Anleger ist auf Verlangen kostenlos eine Version auf einem dauerhaften Datenträger oder in ausgedruckter Form zur Verfügung zu stellen (Art. 21 Abs. 11 EU-ProspektVO).

e) Nachtragspflichten

Der Prospekt ist bis zum Auslaufen der Angebotsfrist oder der Eröffnung des Handels richtig und aktuell zu halten. Entsprechend muss jeder wichtige neue Umstand, jede wesentliche Unrichtigkeit oder jede wesentliche Ungenauigkeit, die die Bewertung der Wertpapiere beeinflussen können und die zwischen der Billigung des Prospekts und dem Auslaufen der Angebotsfrist bzw. der Eröffnung des Handels auftreten oder festgestellt werden, unverzüglich in einem Nachtrag zum Prospekt genannt werden (Art. 23 Abs. 1 EU-ProspektVO). Es ist gleichgültig, ob es sich um neue Tatsachen handelt oder ob eine bereits anfänglich bestehende Unrichtigkeit nachträglich erkannt worden ist. Dieser Nachtrag ist ebenfalls von der BaFin zu billigen und im Anschluss zu veröffentlichen. 2180

Gegenstand einer Nachtragspflicht sind häufig **Insiderinformationen** (s. Rn. 2237 ff., 2277 ff., 2292), die eine **Ad-hoc-Publizitätspflicht** gem. Art 17 MAR zur Folge haben. Beide Pflichten sind grundsätzlich nebeneinander zu erfüllen, d.h. eine unverzügliche Veröffentlichung der Insiderinformation befreit nicht von der Nachtragspflicht.[69] 2181

Im Falle eines öffentlichen Angebots (nicht bei einer Zulassung) haben Anleger, die vor Veröffentlichung des Nachtrags den Erwerb oder die Zeichnung zugesagt haben, ein Widerrufsrecht innerhalb von zwei Arbeitstagen nach Veröffentlichung des Nachtrags, sofern der nachtragspflichtige Umstand vor dem Auslaufen der Angebotsfrist oder – falls früher – der Lieferung der Wertpapiere eingetreten ist oder festgestellt wurde.[70] 2182

---

68 In Betracht kommen dann ggf. Amtshaftungsansprüche gegen die Behörde. Zudem kann eine Untätigkeitsklage nach § 75 VwGO erhoben werden.

69 Dafür können ab dem Zeitpunkt der Erfüllung der Ad-hoc-Pflicht keine Prospekthaftungsansprüche mehr entstehen. S. dazu Rn. 2190.

70 Ein Widerruf ist somit noch möglich, wenn die erworbenen Wertpapiere schon vor Veröffentlichung des Nachtrags in das Depot des Anlegers eingebucht wurden, sofern der nachtragspflichtige Umstand vor dieser Erfüllung eingetreten ist.

f) Prospekthaftung

2183 Wurde ein Prospekt regelwidrig nicht oder fehlerhaft erstellt, so steht dem Anleger Schadensersatz in der Form zu, dass er die erworbenen Wertpapiere gegen Erstattung des Erwerbspreises zurückgeben kann.[71] Der Gesetzgeber unterstellt soweit, dass der Anleger seine Anlageentscheidung nicht getroffen hätte, wenn ein korrekter Prospekt vorgelegen hätte.

Das Gesetz ordnet eine Haftung zunächst für **fehlerhafte Prospekte** an. Das betrifft sowohl den Fall der Zulassung (sog. Börsenzulassungsprospekt), § 9 WpPG, also auch den des öffentlichen Angebots (sog. **Wertpapierverkaufsprospekte**), § 10 WpPG. Bei Wertpapierverkaufsprospekten wird zudem gehaftet, wenn ein erforderlicher Prospekt vollständig fehlt (§ 14 WpPG).[72]

2184 Seit dem 21.7.2018[73] hinzugekommen ist eine Haftung für **fehlerhafte bzw. fehlende Wertpapier-Informationsblätter**, die für Wertpapierangebote mit einem Gesamtgegenwert zwischen 100.000 € und 8.000.000 € anstelle des Prospekts erstellt werden müssen (§§ 11 und 15 WpPG).

2185 **aa) Voraussetzungen. – (1) Fehlerhafter Prospekt.** Fehlerhaft ist ein Prospekt, in dem für die Beurteilung der Wertpapiere wesentliche Angaben unrichtig oder unvollständig sind (§§ 9 Abs. 1, 10 Abs. 1 WpPG). Der Begriff der Angaben umfasst neben Informationen tatsächlicher Art auch Prognosen und Werturteile, soweit sie eine hinreichende Tatsachengrundlage haben, sowie das Gesamtbild, welches der Prospekt hervorruft.[74] **Wesentlich** sind solche Angaben, die ein durchschnittlicher, verständiger Anleger „eher als nicht" bei seiner Anlageentscheidung berücksichtigen würde.[75]

Unrichtig sind solche wesentlichen Angaben, wenn sie nicht den Fakten entsprechen. Dabei kommt es nicht allein auf die wiedergegebenen Einzeltatsachen, sondern wesentlich auch darauf an, welches Gesamtbild von den Verhältnissen des Unternehmens der Prospekt dem interessierten Publikum vermittelt.[76]

Beispiel: Bilanzwahlrechte werden rechtmäßig, aber in einer Art und Weise ausgeübt, dass insges. ein zu positives Gesamtbild entsteht.

2186 **Werturteile und Prognosen** sind dann unrichtig, wenn sie nicht mehr hinreichend durch Tatsachen gestützt und ex-ante kaufmännisch vertretbar sind.[77] Unschädlich ist allerdings, wenn eine – an diesen Maßstäben gemessen – ordnungsgemäß prognostizierte Entwicklung tatsächlich nicht eintritt.[78]

---

71 Im Fall von Aktien geht die h.M. von einem generellen Vorrang der Prospekthaftung gegenüber dem aktienrechtlichen Verbot der Einlagenrückgewähr aus.

72 Für das Fehlen von Börsenzulassungsprospekten existiert keine Haftungsregelung. Hintergrund ist, dass im Rahmen eines Zulassungsverfahrens das Vorliegen eines Prospektes von Amts wegen geprüft wird (§ 32 Abs. 3 Nr. 2 BörsG). Wurde der Emittent aufgrund einer fehlerhaften schriftlichen Darstellung fälschlicherweise im Rahmen des Zulassungsverfahrens von der Prospektpflicht befreit, haftet er für diese Darstellung (§ 21 Abs. 4 WpPG).

73 Durch das Gesetz zur Ausübung von Optionen der EU-Prospektverordnung und zur Anpassung weiterer Finanzmarktgesetze vom 10.7.2018.

74 BGH NJW 1982, 2823, 2826.

75 BGH NZG 2012, 1262, 1264, Rn. 24.

76 BGH NZG 2012, 1262, 1264, Rn. 23; BGH NJW 2012, 758; BGH NZG 2007, 660; BGH NJW 1992, 2823, 2823.

77 BGH WM 2009, 2303, 2305; BGH NJW 1982, 2823, 2826.

78 BGH WM 2009, 2303, 2305.

Eine Unterkategorie der Unrichtigkeit ist die **Unvollständigkeit**. Sie ist gegeben, wenn wesentliche, also entscheidungserhebliche Angaben fehlen. Leitlinie sind die inhaltlichen Anforderungen durch die EU-ProspektVO und die sie konkretisierenden Regelwerke.[79] Allerdings kann ein Prospekt ausnahmsweise vollständig sein, obwohl er diese Anforderungen nicht erfüllt; umgekehrt kann er trotz Erfüllung unvollständig sein, wenn der Anleger darüber hinausgehende Informationen erwarten darf.[80] **2187**

Für die Beantwortung der Frage, ob ein Prospekt unrichtig oder unvollständig ist, ist der Empfängerhorizont maßgeblich. Dabei ist nach ständiger Rechtsprechung des BGH auf die Kenntnisse und Erfahrungen eines durchschnittlichen Anlegers abzustellen, der als Adressat des Prospekts in Betracht kommt.[81] Es unterscheiden sich nach Ansicht des BGH die Adressaten eines Börsenzulassungsprospekts von denen eines sonstigen Wertpapierverkaufsprospekts: Bei einem Börsenzulassungsprospekt geht der BGH davon aus, dass die Anleger es verstehen, eine Bilanz zu lesen; andererseits brauchen sie nicht unbedingt mit der in eingeweihten Kreisen gebräuchlichen Schlüsselsprache vertraut zu sein. Bei einem sonstigen Wertpapierverkaufsprospekt komme es auf das Verständnis der mit dem Prospekt angesprochenen Interessenten an. Sei dies das unkundige und börsenunerfahrene Publikum, so sei davon auszugehen, dass es sich allein anhand der Prospektangaben über die Kapitalanlage informiere und über keinerlei Spezialkenntnisse verfüge.

(2) Haftungsbegründender Kausalzusammenhang. Zudem muss ein ursächlicher Zusammenhang zwischen dem fehlerhaften Prospekt und der Anlageentscheidung bestehen. Der BGH hatte bereits vor In-Kraft-Treten der gesetzlichen Prospekthaftungsregeln den Grundsatz entwickelt, dass die Veröffentlichung eines Prospekts zu einer positiven „Anlagestimmung“ führe.[82] Er hatte daher im Rahmen eines Anscheinsbeweises mit der Vermutung gearbeitet, dass Anleger, die ihre Wertpapiere innerhalb eines bestimmten Zeitraums nach Prospektveröffentlichung erwarben, dies aufgrund des Prospektinhalts getan hätten. Diese Vermutung der haftungsbegründenden Kausalität ist nunmehr in § 12 Abs. 2 Nr. 1 WpPG normiert. Der Schuldner des Anspruchs kann die Vermutung widerlegen, indem er nachweist, dass die Wertpapiere nicht aufgrund des Prospekts erworben wurden. Anknüpfend an die Rechtsprechung des BGH reicht es zudem aus, wenn er nachweist, dass zum Zeitpunkt des Wertpapiererwerbs keine Anlagestimmung (mehr) bestanden hat.[83] **2188**

Beispiele: Die Anlageentscheidung wurde bereits vor Prospektveröffentlichung getroffen. Oder es gab zwischen Prospektveröffentlichung und Erwerb zahlreiche negative Pressemeldungen.

Die Haftungsregelung für den fehlenden Wertpapierverkaufsprospekt (§ 14 WpPG) enthält keinen Verweis auf § 12 WpPG. Die **Beweislastumkehr** des § 12 Abs. 2 Nr. 1 WpPG wird jedoch analog angewendet.

(3) Verschulden. Die gesetzliche Prospekthaftung setzt grundsätzlich Verschulden in Form von **Kenntnis** oder **grob fahrlässiger Unkenntnis** hinsichtlich des Prospektman- **2189**

79 S.o. Rn. 2170 ff.
80 *Langenbucher*, § 14 Rn. 39.
81 BGH NZG 2012, 1262, 1265, Rn. 25; BGH NZG 2012, 107; BGH NZG 2007, 660; BGH NJW 1982, 2823.
82 BGHZ 139, 225, 233.
83 *Langenbucher*, § 14 Rn. 61; *Poelzig*, § 10 Rn. 288.

gels voraus. Wie bei der haftungsbegründenden Kausalität greift jedoch auch hier eine **gesetzliche Vermutung**, d.h. die Haftung ist nur dann ausgeschlossen, wenn der Anspruchsschuldner nachweist, dass er die Unrichtigkeit oder Unvollständigkeit der Angaben des Prospekts nicht kannte und diese Unkenntnis auch nicht auf grober Fahrlässigkeit beruht (§ 12 Abs. 1 WpPG). Im Rahmen der Haftung für fehlende Prospekte gem. § 14 WpPG wird § 12 Abs. 1 WpPG ebenfalls analog angewendet.

2190 **(4) Kein Ausschlussgrund.** Neben der Möglichkeit, die fehlende Kausalität oder das fehlende Verschulden nachzuweisen, finden sich weitere Haftungsausschlüsse in § 12 Abs. 2 WpPG. Von besonderer Bedeutung ist § 12 Abs. 2 Nr. 4 WpPG: So scheidet eine Haftung aus, wenn vor dem Abschluss des Erwerbsgeschäfts im Rahmen des Jahresabschlusses oder Zwischenberichts des Emittenten, einer **Ad-hoc-Meldung** nach Art. 17 MAR[84] oder einer vergleichbaren **Bekanntmachung** eine deutlich gestaltete Berichtigung der fehlerhaften Angaben veröffentlicht wurde. Gleiches gilt bei Veröffentlichung eines prospektaktualisierenden Nachtrags. Wird nach Prospektveröffentlichung festgestellt, dass die fehlerhafte Angabe als **Insiderinformation** einzustufen ist, so ist neben dem Nachtrag (s. Rn. 2180, 2292) eine Ad-hoc-Meldung zu veröffentlichen, die über § 12 Abs. 2 Nr. 4 WpPG ab dem Zeitpunkt ihrer Veröffentlichung die Entstehung weiterer Prospekthaftungsansprüche verhindern kann.

Hätte der Anleger seine auf dem fehlerhaften Prospekt beruhende Anlageentscheidung nach Veröffentlichung eines Nachtrags durch Widerruf noch korrigieren können, dies aber nicht getan, so **entfällt** ebenfalls sein Schadensanspruch.[85]

2191 **bb) Anspruchsberechtigte.** Anspruchsberechtigt ist, wer die Wertpapiere nach Veröffentlichung des Prospekts und innerhalb von sechs Monaten nach erstmaliger Einführung der Wertpapiere bzw. innerhalb von sechs Monaten nach dem ersten öffentlichen Angebot erworben hat. Entscheidend für den **Erwerbszeitpunkt** ist insoweit das Verpflichtungs-, nicht das Erfüllungsgeschäft. Zudem müssen die erworbenen Wertpapiere aus der konkreten Emission stammen, die der Prospekt betrifft. Um dem Erwerber den entsprechenden Nachweis, der sich in der Praxis häufig nicht führen lässt, zu ersparen, ordnet § 9 Abs. 1 S. 3 WpPG eine entsprechende Haftung an, wenn der Erwerber ausstattungsgleiche Wertpapiere in den Händen hält, die sich – insb. aufgrund identischer Wertpapierkennnummer (ISIN) – von den emittierten Wertpapieren nicht unterscheiden lassen.[86]

Wurden die Wertpapiere innerhalb der Sechsmonatsfrist weiterveräußert, sind Veräußerer und Erwerber (anteilig) schadensersatzberechtigt.[87]

2192 **cc) Anspruchsverpflichtete.** Der Schadensersatzanspruch richtet sich im Fall eines fehlerhaften Prospekts gegen diejenigen, die für den Prospekt die Verantwortung übernommen haben (sog. **Prospektverantwortliche**), und gegen diejenigen, von denen der Erlass des Prospekts ausgeht (sog. **Prospektveranlasser**), als Gesamtschuldner (§ 9 Abs. 1 S. 1 WpPG).

84 S.u. Rn. 2275 ff.
85 *Langenbucher*, § 14 Rn. 28.
86 Der Emittent kann diese Haftungserweiterung vermeiden, indem er die jungen Wertpapiere mit einer eigenen Wertpapierkennnummer versieht.
87 Dies ergibt sich aus der Regelung in § 21 Abs. 2 WpPG.

Prospektverantwortliche sind die **Unterzeichner** des Prospekts sowie sonstige im Prospekt **als Verantwortliche aufgeführte**. Zu den Unterzeichnern gehören jedenfalls der Emittent und – beim Börsenzulassungsprospekt – der antragstellende Emissionsbegleiter (Konsortialbank).[88] Hinzu können weitere Personen kommen, die die Verantwortung für die inhaltliche Richtigkeit des Prospekts übernommen haben und im Prospekt aufgeführt werden. Im Fall des Börsenzulassungsprospekts für Aktien stellt sich die Frage, ob im Übernahmevertrag zwischen dem Emittenten und den Emissions-/Konsortialbanken eine **Freistellung der Banken von der Prospekthaftung** (im Innenverhältnis) vereinbart werden kann. Bei der Zeichnung der Aktien durch die Konsortialbanken sind die aktienrechtlichen Grundsätze der Kapitalaufbringung zu beachten und damit auch das Verbot der Einlagenrückgewähr gem. § 57 AktG. Die Haftungsfreistellung könnte eine solche Einlagenrückgewähr an die zeichnenden und damit zur Leistung der Einlage verpflichteten Banken bedeuten. Überwiegend wird ein solcher Verstoß aber nur angenommen, wenn die Bank dadurch von der Haftung freigestellt wird, obwohl sie selbst für die Fehlerhaftigkeit des Prospekts verantwortlich ist.[89] 2193

Zu den **Prospektveranlassern** gehören Personen, die die Emission initiieren und ein eigenes **wirtschaftliches Interesse** an ihr haben, von denen also der Erlass des Prospekts ausgeht, die aber ihrerseits keine Prospektverantwortung übernehmen (sog. Hintermänner).[90] Veranlasser ist somit, wer hinter dem Emittenten steht und neben der Geschäftsleitung besonderen Einfluss ausübt, so dass er als tatsächlicher Urheber hinter dem Prospekt steht. Hierunter fallen insb. Konzernmütter oder Großaktionäre, die erheblichen Einfluss auf Emission und Prospekt der (Tochter)Gesellschaft nehmen.[91] Nicht entscheidend ist, ob eine Mitwirkung unmittelbar bei der Gestaltung des Prospekts gegeben ist; ausschlaggebend ist dagegen, ob der Prospekt mit Kenntnis des Verantwortlichen in den Verkehr gebracht worden ist.[92] Umstritten ist, ob Experten wie Wirtschaftsprüfer, die einen fehlerhaften Teil zum Prospekt beigetragen haben, haften. Da diese Personen nur für Teile des Prospekts, nicht aber für seinen gesamten Inhalt verantwortlich sind, haften sie nach ganz h.M. i.d.R. nicht nach §§ 9, 10 WpPG.[93] 2194

3. Prospekte für Vermögensanlagen

a) Anwendungsbereich

Eine **Prospektpflicht** besteht des Weiteren für Vermögenslagen i.S.d. § 1 Abs. 2 VermAnlG, die im Inland öffentlich angeboten werden (§ 6 VermAnlG). Unter den Begriff der Vermögensanlagen fallen **Beteiligungsanteile** (Anteile an einer GmbH oder Personengesellschaft und stille Beteiligungen), **Treuhandvermögensanteile** und **Genuss-** 2195

88 Bei einem Börsengang haftet daher jedenfalls die Konsortialführerin, die übrigen Konsortialbanken dann, wenn sie den Prospekt mitunterzeichnen oder anderweitig die Verantwortung für den Gesamtinhalt des Prospekts übernehmen.

89 *Langenbucher*, § 14 Rn. 43. Der BGH hat einen Verstoß gegen § 57 AktG angenommen, wenn Altaktionäre, deren Aktien umplatziert werden, im Innenverhältnis von der Haftung freigestellt werden (BGH NJW 2011, 2719).

90 BGH NZG 2012, 1262, 1266, Rn. 36.

91 BGH NZG 2012, 1262, 1266, Rn. 36.

92 BGH NZG 2012, 1262, 1266, Rn. 37.

93 Im Einzelfall kann jedoch eine Haftung als Prospektverantwortlicher in Betracht kommen. Zur Haftung nach den Regeln der bürgerlich-rechtlichen Prospekthaftung s. Rn. 2214. Als Prospektveranlasser kommen zudem verkaufende Altaktionäre in Betracht.

rechte[94] sowie **Namensschuldverschreibungen**[95], sofern sie kein Investmentvermögen i.S.d. KAGB sind,[96] **partiarische Darlehen**[97], **Nachrangdarlehen**[98] und sonstige Anlagen, „die eine Verzinsung und Rückzahlung oder einen vermögenswerten Barausgleich im Austausch für die zeitweise Überlassung von Geld gewähren oder in Aussicht stellen“[99]. Aufgrund der Sonderregelungen für Investmentvermögen im KAGB beschränkt sich der Anwendungsbereich des VermAnlG im Wesentlichen auf Anlagen des verbleibenden „grauen Kapitalmarkts“, z.B. Anteile an operativ tätigen Unternehmen außerhalb des Finanzsektors.

2196 Neben die Prospektpflicht tritt bei Vermögensanlagen die Pflicht zur Erstellung eines sog. **Vermögensanlagen-Informationsblattes** („VIB“) (§ 13 VermAnlG).

b) Voraussetzungen der Prospektpflicht

2197 Eine Prospektpflicht besteht für Vermögensanlagen, die im Inland öffentlich angeboten werden (§ 6 VermAnlG). Die Definition des öffentlichen Angebots von Wertpapieren[100] ist hier entsprechend anzuwenden.

c) Ausnahmen von der Prospektpflicht

2198 § 2 Abs. 1 VermAnlG nimmt einzelne Arten von Vermögensanlagen vom Anwendungsbereich großer Teile des VermAnlG aus. Darunter fallen u.a. Angebote, bei denen von derselben Vermögensanlage nicht mehr als 20 Anteile angeboten werden, deren Verkaufspreis insges. 100.000 € nicht übersteigt und solche, bei denen der Preis jedes Anteils mindestens 200.000 € je Anleger beträgt. Ausgenommen sind zudem Vermögensanlagen, die von bestimmten, insb. staatlichen Institutionen angeboten werden (EU-Mitgliedstaaten, sonstige EWR-Staaten, Bundesländer, aber auch Kredit- und Finanzdienstleistungsinstitute; vgl. § 2 Abs. 1 Nr. 7 VermAnlG).

2199 Eine weitere Ausnahme von der Prospektpflicht[101] besteht für Schwarmfinanzierungen (sog. **Crowdfunding**), sofern die Finanzierung über partiarische Darlehen, Nachrangdarlehen, Genussrechte oder sonstige Anlagen i.S.d. § 1 Abs. 2 Nr. 7 VermAnlG erfolgt und das Emissionsvolumen den Betrag von 6 Mio. € nicht übersteigt (§ 2a Abs. 1 VermAnlG). Die Inanspruchnahme der Ausnahme setzt weiterhin voraus, dass die Vermögensanlagen ausschließlich im Wege der Anlageberatung oder Anlagevermittlung über eine Internet-Dienstleistungsplattform vermittelt werden, die prüft, ob der Gesamtbetrag der Vermögensanlagen desselben Emittenten, die von einem einzelnen Anleger erworben werden können, bestimmte Schwellenwerte nicht überschreitet (§ 2a Abs. 3 VermAnlG).

---

94 Sofern sie verbrieft sind handelt es sich allerdings um Genussscheine und damit um Wertpapiere.

95 Inhaberschuldverschreibungen fallen unter den Begriff des Wertpapiers.

96 Bei solchen Investmentvermögen greifen die Prospektpflichten des KAGB. Der Anwendungsbereich des VermAnlG ist dadurch (nur noch) relativ klein.

97 Darlehen, bei dem üblicherweise das Entgelt für die Kapitalüberlassung ganz oder teilweise in einer Gewinn- oder Umsatzbeteiligung besteht.

98 Nicht verbrieftes Darlehen, das mit einem Rangrücktritt in der Insolvenz verknüpft ist.

99 Z.B. Direktinvestments in Sachgüter, wie einzelne Container oder Rohstoffe, mit einem Anspruch auf Rückzahlung und Verzinsung. Nicht erfasst vom Begriff der Vermögensanlagen sind Einlagen i.S.d. KWG (z.B. Sicht- oder Spareinlagen sowie Festgelder), da Anleger hier vor Verlusten ausreichend durch die Vorgaben des KWG geschützt sind.

100 S. Rn. 2157.

101 Vermögensanlagen-Informationsblätter müssen dennoch erstellt werden.

d) Inhalt, Billigung und Veröffentlichung

Der Verkaufsprospekt muss alle tatsächlichen und rechtlichen Angaben enthalten, die notwendig sind, um dem Publikum eine **zutreffende Beurteilung des Emittenten** und der **Vermögensanlage** selbst zu ermöglichen (§ 7 Abs. 1 S. 1 VermAnlG). Dazu gehört auch die Angabe der Anlegergruppe, auf die die Vermögensanlage abzielt (sog. **Zielmarkt**). Die Einzelheiten betreffend die inhaltlichen Anforderungen ergeben sich aus § 7 VermAnlG i.V.m. der Vermögensanlagen-Verkaufsprospektverordnung. Um Verwechslungen mit Investmentvermögen nach KAGB vorzubeugen, darf im Prospekt der Begriff „Fonds“ nicht verwendet werden. **2200**

Vor seiner Veröffentlichung ist der Prospekt von der BaFin zu billigen (§ 8 VermAnlG), wobei der Prüfungsumfang dem bei Wertpapierprospekten entspricht (s. Rn. 2179) Auch hier erfolgt keine Überprüfung der inhaltlichen Richtigkeit oder der Bonität des Emittenten. Nach der Billigung ist der Prospekt 12 Monate gültig (§ 8a VermAnlG). **2201**

Die Veröffentlichung selbst hat mindestens einen Werktag vor dem öffentlichen Angebot zu erfolgen (§ 9 VermAnlG). **2202**

Wie bei Wertpapierprospekten besteht eine Nachtragspflicht, wenn während der Dauer des öffentlichen Angebots neue wichtige Umstände oder wesentliche Unrichtigkeiten auftreten oder festgestellt werden (§ 11 VermAnlG). Anleger haben für die Dauer von zwei Werktagen nach Veröffentlichung des Nachtrags ein Widerrufsrecht, über das sie im Nachtrag zu belehren sind. **2203**

e) Vermögensanlageninformationsblatt

Neben dem Prospekt hat der Anbieter für jede Vermögensanlage ein Vermögensanlagen-Informationsblatt zu veröffentlichen (§ 13 VermAnlG), das dem Anleger den Vergleich der verschiedenen Vermögensanlagen ermöglichen soll. Das Informationsblatt muss **nicht** von der BaFin geprüft werden, ist aber bei ihr zu hinterlegen. **2204**

f) Ad-hoc-Mitteilungspflicht

Nach dem Ende des öffentlichen Angebots, d.h. nach Ablauf der Nachtragspflicht aus § 11 VermAnlG, ist der Emittent verpflichtet, die Öffentlichkeit über nicht öffentlich bekannte Tatsachen unverzüglich zu informieren, wenn diese geeignet sind, die Fähigkeit des Emittenten zur Erfüllung seiner Verpflichtungen gegenüber dem Anleger erheblich zu beeinträchtigen (§ 11a VermAnlG).[102] Einzelheiten zu dieser Ad-hoc-Mitteilungspflicht regelt die Vermögensanlagen-Veröffentlichungs- und MitteilungspflichtenVO. **2205**

g) Prospekthaftung

Die Regelungen zur Prospekthaftung (§§ 20 bis 22 VermAnlG) orientieren sich an den Haftungsregeln für Wertpapierprospekte.[103] Gehaftet wird auch hier für fehlerhafte, d.h. unrichtige oder unvollständige Prospekte sowie im Fall des Fehlens eines erforderlichen Prospekts. **2206**

---

102 Die Ad-hoc-Pflicht nach Art. 17 MAR (s. Rn. 2275 ff.) kommt bei Vermögensanlagen nicht zum Tragen, da diese nicht an geregelten Märkten oder an MTFs oder OTFs gehandelt werden.

103 S. dazu Rn. 2183 ff.

Der Anspruch richtet sich im Fall von fehlerhaften Prospekten gegen die Prospektverantwortlichen und die Prospektveranlasser als Gesamtschuldner.[104] Anspruchsberechtigt ist, wer die Vermögensanlagen nach Veröffentlichung des Prospekts und während des öffentlichen Angebots, spätestens jedoch innerhalb von zwei Jahren nach dem ersten öffentlichen Angebot, erworben, d.h. das Verpflichtungsgeschäft abgeschlossen hat (§ 20 VermAnlG).

Fehlt ein erforderlicher Prospekt, so sind Anspruchsverpflichtete der Anbieter und der Emittent als Gesamtschuldner. Den Anspruch geltend machen kann ein Anleger, wenn er die Vermögensanlage vor Veröffentlichung eines Prospekts und innerhalb von zwei Jahren nach dem erstmaligen öffentlichen Angebot erworben hat (§ 21 VermAnlG).

Neben die Haftung für den Prospekt tritt eine Haftung für unrichtige oder fehlende Vermögensanlagen-Informationsblätter (§ 22 VermAnlG). Hier haftet ausschließlich der **Anbieter**.

4. Prospekte für Investmentvermögen

a) Allgemeines

2207 Mit dem KAGB hat der deutsche Gesetzgeber zwei EU-Richtlinien in nationales Recht umgesetzt: Die OGAW-Richtlinie[105] und die AIFM-Richtlinie[106]. Hierdurch bedingt findet das KAGB Anwendung auf alle Arten von Investmentvermögen („Investmentfonds“). Hierbei handelt es sich um Konstrukte zur kollektiven Vermögensverwaltung, bei denen Kapital von einer Anzahl von Anlegern eingesammelt wird, um es in verschiedene Vermögensgegenstände (z.B. Wertpapiere, Immobilien, Schiffe, Windkraftträder) nach einer festgelegten Anlagestrategie zum Nutzen der Anleger zu investieren (§ 1 Abs. 1 KAGB).[107] Innerhalb des KAGB werden diese Investmentvermögen nach verschiedenen Kriterien differenziert, die maßgeblich sind u.a. für die jeweiligen Prospektpflichten:

OGAW	**Alternative Investmentfonds (AIF)**
„Organismen für gemeinsame Anlagen“, kurz OGWA, sind alle Investmentvermögen, die die Vorgaben der OGAW-Richtlinie erfüllen (§ 1 Abs. 2 KAGB). Es handelt sich stets um offene Fonds.	Alle Investmentvermögen, die keine OGAW sind, § 1 Abs. 3 KAGB; können offen oder geschlossen sein

104 Zu den Begriffen s. Rn. 2192 ff.

105 Richtlinie 2009/65/EG des Europäischen Parlaments und des Rates vom 13. Juli 2009 zur Koordinierung der Rechts- und Verwaltungsvorschriften betreffend bestimmte Organismen für gemeinsame Anlagen in Wertpapieren (OGAW).

106 Richtlinie 2011/61/EU des Europäischen Parlaments und des Rates vom 8. Juni 2011 über die Verwalter alternativer Investmentfonds und zur Änderung der Richtlinien 2003/41/EG und 2009/65/EG und der Verordnungen (EG) Nr. 1060/2009 und (EU) Nr. 1095/2010.

107 Es handelt sich zudem um Finanzinstrumente i.S.d. § 2 Abs. 4 Nr. 2 WpHG, und ggf. auch um Wertpapiere i.S.d. § 2 Abs. 1 WpHG, soweit sie fungibel und handelbar sind.

Offene Fonds	**Geschlossene Fonds**
Stehen beliebig vielen Anlegern offen, für die jeweils neue Anteile geschaffen werden.	Anzahl der Anleger ist begrenzt. Meist auf ein bestimmtes Projekt (z.B. Windpark) bezogen, das sich nicht beliebig vergrößern lässt. Es handelt sich immer um AIF. Geschlossene inländische Investmentfonds dürfen nur in der Rechtsform einer AG mit fixem Kapital oder einer KG aufgelegt werden (§ 139 KAGB).
Publikumsfonds Fonds, die grundsätzlich allen Anlegern offenstehen. Ein Fonds ist ein Publikumsfonds, soweit das Gesetz nicht etwas anderes regelt (§ 1 Abs. 6 S. 2 KAGB).	**Spezialfonds** Stehen nur professionellen und semi-professionellen Anlegern offen (§ 1 Abs. 6 S. 2 KAGB). Es handelt sich immer um AIF.
Inländische Investmentvermögen Fonds ist nach deutschem Recht organisiert (§ 1 Abs. 7 KAGB).	**EU- und ausländische Investmentvermögen** Investmentvermögen, die dem Recht eines anderen EU-/EWR-Staates (§ 1 Abs. 7 KAGB) oder dem eines Drittstaates (§ 1 Abs. 9 KAGB) unterliegen.

Schaubild: Prospekte für Investmentvermögen

Darüber hinaus kennt das KAGB zahlreiche spezielle Fondstypen, für die jeweils Sonderregeln zu beachten sind (z.B. Feederfonds, Hedgefonds, Dach-Hedgefonds etc.)

b) Prospektpflichten

Prospekte sind zu erstellen für 2208
- alle inländischen Publikumsfonds, egal ob offen oder geschlossen (§ 164 KAGB bzw. § 268 KAGB)
- EU-OGAW (§ 298 Abs. 1 S. 1 Nr. 3 KAGB) sowie EU-AIF und ausländische AIF (§ 299 Abs. 1 S. 1 Nr. 1 KAGB),

die im Inland ansässig sind oder deren Anteile im Inland vertrieben werden.

Von der Prospektpflicht ausgenommen sind nach Maßgabe des § 2 KAGB bestimmte AIF. Für Spezialfonds sind keine Prospekte zu erstellen; stattdessen gelten für sie spezielle **Informationspflichten** (§ 307 KAGB).[108]

Für prospektpflichtige Publikumsfonds ist neben dem Prospekt ein separates Dokument 2209
zur Anlegerinformation, das sog. **Key Information Document** („KID") zu erstellen.[109] Es soll den Anleger in die Lage versetzen, Art und Risiken des angebotenen Anlagepro-

108 Für Fehler in den Informationen wird in entsprechender Anwendung von § 306 KAGB gehaftet (§ 307 KAGB).

109 Für offene Publikumsfonds nach § 166 KAGB, für geschlossene Publikumsfonds nach § 270 KAGB.

dukts zu verstehen und auf dieser Grundlage eine fundierte Anlageentscheidung zu treffen. Zudem soll es dem Anleger den Vergleich von Fonds verschiedener Anbieter erleichtern. Die Informationen darin sind kurz zu halten und in allgemein verständlicher Sprache abzufassen.

Der gesetzlich vorgegebene Inhalt des Prospekts ist abhängig von der jeweiligen Art des Investmentvermögens. Ausgangsnorm für die Mindestangaben ist § 165 KAGB. Ergänzend geben Spezialvorschriften zusätzliche, typenspezifische **Mindestangaben** vor.[110]

2210 Anders als nach der EU-ProspektVO und dem VermAnlG ist im KAGB keine Billigung des Verkaufsprospekts und/oder des KID durch die BaFin vorgesehen. Prospekt und KID eines OGAW-Fonds sind lediglich bei der BaFin unverzüglich nach erstmaliger Verwendung einzureichen (§ 164 Abs. 4 KAGB). Stattdessen erfolgt mitunter eine freiwillige Prospektbeurteilung im Auftrag der Prospektverantwortlichen durch qualifizierte unabhängige Dritte, im Regelfall Wirtschaftsprüfer. Hierdurch möchte der Prospektverantwortliche zur Vorbeugung gegen spätere Prospekthaftungsansprüche (s. Rn. 2211 ff.) die Richtigkeit, Nachvollziehbarkeit und Klarheit der Angaben in den gesetzlichen Verkaufsunterlagen überprüfen lassen.[111]

c) Haftung

2211 Gehaftet wird für fehlerhafte Prospekte sowie für fehlerhafte KIDs (§ 306 KAGB).[112] Anspruchsverpflichtete sind neben der Verwaltungsgesellschaft – wie bei den Prospekten für Wertpapiere und für Vermögensanlagen – die sonstigen **Prospektverantwortlichen** und die **Prospektveranlasser** (s. Rn. 2192 ff.). Als weiterer Gesamtschuldner haftet derjenige, der die Anteile im eigenen Namen gewerbsmäßig verkauft hat (z.B. Bank oder Finanzdienstleister) (§ 306 Abs. 1 KAGB). Sofern er die Fehlerhaftigkeit kannte oder aufgrund grober Fahrlässigkeit nicht kannte, haftet auch, wer gewerbsmäßig den Verkauf der Anteile vermittelt oder die Anteile im fremden Namen verkauft (§ 306 Abs. 4 KAGB). Hinsichtlich Haftungsvoraussetzungen, Ausschlussgründen und Anspruchssteller entsprechen die Vorschriften im Wesentlichen denen des WpPG.[113] Allerdings kommt es anders als dort auf den Zeitpunkt des Kaufs nicht an.[114]

Der Ersatz des Schadens erfolgt durch Rücknahme der Investmentanteile gegen Erstattung des Erwerbspreises zzgl. sonstiger Erwerbskosten. Eine Deckelung des Betrags ist hier – anders als im WpPG und im VermAnlG – im Falle eines fehlerhaften Prospekts nicht vorgesehen.

Für fehlende Prospekte wird im Rahmen des § 306 Abs. 5 KAGB ebenfalls gehaftet. Abweichend ist hier die Höhe der Haftung allerdings begrenzt auf den ersten Erwerbspreis. Zudem muss der Kauf innerhalb von zwei Jahren nach dem ersten Anbieten oder Platzieren erfolgt sein. Eine Haftung für fehlende KIDs besteht nicht.

---

110 Z.B. § 173 Abs. 1 KAGB für sog. Feederfonds, § 228 KAGB für Dach-Hedgefonds, § 256 Abs. 1 KAGB für Immobilien-Sondervermögen.

111 S. dazu den IDW S 4: Grundsätze ordnungsgemäßer Begutachtung der gesetzlichen Verkaufsunterlagen von Alternativen Investmentfonds. Ein solches Gutachten schließt eine Haftung gegenüber Anlegern nicht aus, kann aber zu Regressansprüchen gegen den Gutachtenersteller führen.

112 Hinsichtlich der Fehlerhaftigkeit des Prospekts gelten die Ausführungen unter Rn. 2185 ff. entsprechend.

113 Der Gesetzgeber wollte hier einen Gleichlauf herstellen.

114 Eine zeitliche Begrenzung auf zwei Jahre nach dem ersten Anbieten oder Platzieren gilt nur bei fehlenden Prospekten (§ 306 Abs. 5 KAGB).

5. Bürgerlich-rechtliche Prospekthaftung

Vor In-Kraft-Treten der gesetzlichen Prospekthaftungsvorschriften hat die Rechtsprechung ein eigenes Haftungsregime, die sog. „bürgerlich-rechtliche Prospekthaftung" entwickelt, die aus zwei Säulen besteht: Der Prospekthaftung im weiteren und der Prospekthaftung im engeren Sinn. **2212**

Bei der **„Prospekthaftung im weiteren Sinn"** handelt es sich um einen Anwendungsfall der Haftung für **Verschulden bei Vertragsschluss**, insb. der Sachwalterhaftung (§§ 311 Abs. 2, 3, 241 Abs. 2, 280 Abs. 1 BGB): Vertragspartner, Anlageberater/-vermittler, für den Vertragspartner auftretende Vertreter oder Sachwalter nehmen unter Umständen bei ihrer Tätigkeit persönlich das Vertrauen der Anleger in Anspruch. Das ist der Fall, wenn sie über das normale Verhandlungsvertrauen hinausgehende persönliche Gewähr für die Seriosität und ordnungsgemäße Erfüllung des Vertrages übernehmen.[115] Anknüpfungspunkt der Prospekthaftung im weiteren Sinn ist dementsprechend nicht die Verantwortlichkeit für einen fehlerhaften Prospekt, sondern eine selbstständige Aufklärungspflicht als Vertragspartner oder Sachwalter aufgrund persönlich in Anspruch genommenen besonderen Vertrauens, zu deren Erfüllung er sich des Prospekts bedient.[116] Verwendet er also zur Beratung/Aufklärung den fehlerhaften Prospekt und macht ihn sich auf diese Weise zu eigen, so haftet er ggf. aus Verschulden bei Vertragsschluss. **2213**

Da die eigentlichen Verursacher der fehlerhaften Prospektangaben, d.h. diejenigen, die für den Prospekt verantwortlich sind, mangels Beteiligung am Vertragsschluss hierdurch nicht erfasst werden konnten, hat die Rechtsprechung den Schutz der Anleger durch die **„Prospekthaftung im engeren Sinn"** vervollständigt. Sie betrifft zwei Personengruppen: Zum einen die sog. „Hintermänner", zu denen insb. Prospektherausgeber, Gründer, Initiatoren und Gestalter der Gesellschaft, soweit sie das Management bilden oder beherrschen, sowie Personen, die hinter der Gesellschaft stehen und auf ihr Geschäftsgebaren oder die Gestaltung des konkreten Anlagemodells besonderen Einfluss ausüben, gehören,[117] und zum anderen die sog. „Prospektgaranten", d.h. an der Prospekterstellung beteiligte Experten.[118] In diese Personen investieren die Anleger zwar kein persönliches **2214**

115 Eine werbemäßige Nennung des Namens, und sei es auch mehrfach an prominenter Stelle im Prospekt, reicht hierfür allein nicht aus (BGH, Urt. v. 17.7.2018 – ZR 13/17, BB 2018, 2002, Rz. 13).

116 BGH, Urt. v. 17.7.2018 – II ZR 13/17, BB 2018, 2002, Rz. 12.

117 Solche „Hintermänner" müssen bei der Initiierung des Projekts eine Schlüsselposition besitzen, die mit derjenigen der Geschäftsleitung vergleichbar ist (BGHZ 191, 310, Rz. 17 – „Rupert Scholz"). Der Emittent selbst gehört nicht dazu.

118 Dies ist insb. die Gruppe der sog. beruflichen Sachkenner, z.B. Wirtschaftsprüfer, Rechtsanwälte, die den Prospekt geprüft oder gutachtliche Stellungnahmen abgegeben haben. Betroffen sind all diejenigen, die mit Rücksicht auf ihre allgemein anerkannte und hervorgehobene berufliche und wirtschaftliche Stellung oder ihre Eigenschaft als berufsmäßige Sachkenner eine Garantenstellung einnehmen, weil sie in die Gestaltung des Prospekts oder in das Vertriebssystem einbezogen sind und durch ihr nach außen in Erscheinung tretendes Mitwirken einen Vertrauenstatbestand schaffen und Erklärungen abgeben. Der Vertrauenstatbestand muss sich aus dem Prospekt ergeben, sofern nicht die Mitwirkung an der Prospektgestaltung auf andere Weise nach außen hervorgetreten ist. Die bloße Mitwirkung an der Herausgabe des Prospekts oder an dessen Gestaltung reicht ebenso wenig aus wie die nur in Teilbereichen ausgeübte Einflussnahme. So genügt ein Testat nur dann, wenn es eigens für die Prospektveröffentlichung gefertigt wurde (BGHZ 191, 310, Rz. 19; BGH, Beschl. v. 22.01.2019, II ZB 18/17; BGH, Hinweisbeschl. v. 21.11.2018, VII ZR 232/17). Wird in einem Prospekt der „gute Name" eines Projektpartners als Mittel der Werbung verwendet, begründet dies ohne Hinzutreten weiterer Umstände, aus denen sich eine Erklärung über das Fondsprojekt ergibt, ebenfalls noch keine Vertrauenshaftung aufgrund einer Garantenstellung (BGH Beschl. v. 22.1.2019, II ZB 18/17).

Vertrauen, sie nehmen jedoch ein typisiertes, allgemeines Vertrauen der Anleger in die Richtigkeit und Vollständigkeit der Prospektangaben in Anspruch. Für die Richtigkeit und Vollständigkeit des Prospekts soll nach der Prospekthaftung im engeren Sinn daher jeder einstehen, der durch den Prospekt auf den Entschluss des Kapitalanlegers Einfluss genommen habe, sofern seine Tätigkeit nach außen erkennbar geworden ist. Der Prospektgarant hat dabei (nur) für die ihm selbst zuzurechnenden Prospektaussagen einzustehen.

2215 In Bezug auf Prospekte nach EU-ProspektVO, VermAnlG und KAGB werden die Regeln der Rechtsprechung zur bürgerlich-rechtlichen Prospekthaftung im engeren Sinn[119] heute durch die **gesetzlichen Prospekthaftungsvorschriften** verdrängt. Nur für ältere Prospekte aus der Zeit vor In-Kraft-Treten der spezialgesetzlichen Regelungen zum 1.7.2012 sind sie nach wie vor von Bedeutung.[120] Umstritten ist, ob sie daneben weiterhin auf andere Publikationen (Werbeinformationen, Pressemitteilungen etc.), die nicht unter Begriff des „Prospekts" subsumiert werden können, angewendet werden können. Erforderlich für das Vorliegen eines Prospekts ist jedenfalls, dass es sich um eine marktbezogene schriftliche Erklärung handelt, die für die Anlage erhebliche Angaben enthält oder den Anschein eines solchen Inhalts erweckt. Sie muss dabei tatsächlich oder zumindest dem von ihr vermittelten Eindruck nach den Anspruch erheben, eine das Publikum umfassend informierende Beschreibung der Anlage zu sein.[121]

Beispiele: Kurzexposes, Zeitungsanzeigen, sofern sie die genannten Anforderungen erfüllen. Nicht dagegen Ad-hoc-Meldungen, die aus Sicht des Anlegers kein umfassendes Bild, sondern nur anlassbezogene Informationen liefern.

6. Deliktsrechtliche „Prospekthaftung"

2216 Nach § 16 Abs. 2 WpPG, §§ 20 Abs. 6 S. 2, 21 Abs. 5 S. 2, 22 Abs. 6 S. 2 VermAnlG, § 306 Abs. 6 S. 2 KAGB bleiben weitergehende Ansprüche, die nach den Vorschriften des BGB auf Grund von unerlaubten Handlungen erhoben werden können, unberührt. Neben der spezialgesetzlichen Prospekthaftung ist daher grundsätzlich eine deliktische Haftung sowohl der Gesellschaft als auch der Vorstandsmitglieder denkbar. Eine Haftung aus § 823 Abs. 1 BGB scheidet allerdings mangels Verletzung eines absoluten Rechtsguts von vornherein aus – fehlerhafte Prospekte führen regelmäßig zu reinen Vermögensschäden; mitgliedschaftliche Rechte der Anleger werden nicht verletzt. § 823 Abs. 2 BGB verlangt die Verletzung eines Schutzgesetzes. Ein solches stellen die prospektrechtlichen Vorgaben nach zutreffender Ansicht nicht dar. Theoretisch möglich bleibt daher allein eine Haftung aus § 826 BGB, die allerdings ein besonders verwerfliches Verhalten voraussetzt, das selten gegeben ist.[122] Die Fehlerhaftigkeit oder Unvollständigkeit des Prospekts allein führt nicht zur Sittenwidrigkeit. Gegen die guten Sitten verstößt ein Prospektverantwortlicher aber beispielsweise dann, wenn er Anlageinteressenten durch eine bewusste Täuschung zur Beteiligung bewegt, etwa dadurch, dass er einen ihm bekannten Umstand bewusst verschweigt.[123] Ist Haftungs-

119 Die Haftung für die Inanspruchnahme besonderen persönlichen Vertrauens, also die Propekthaftung im weiteren Sinn, kann dagegen im Einzelfall neben die gesetzlichen Tatbestände treten und kumulativ anwendbar sein.

120 So z.B. noch in BGH, Beschl. v. 22.01.2019, II ZB 18/17.

121 BGHZ 191, 310, Rz. 21. Näher zu der Thematik s. Rn. 2491 (Haftung für Kapitalmarktinformationen).

122 Zu den Anforderungen des § 826 BGB näher unter Rn. 2489.

123 BGH, Urt. v. 28.6.2016 – VI ZR 536/15, BB 2016, 2632, Rz. 17.

adressat eine juristische Person, so setzt die Haftung aus § 826 BGB i.V.m. § 31 BGB voraus, dass ein verfassungsmäßig berufener Vertreter den objektiven und subjektiven Tatbestand des § 826 BGB verwirklicht hat.[124] Eine Wissenszurechnung oder gar Wissenszusammenrechnung durch Berücksichtigung des Wissens anderer Mitarbeiter schließt der BGH ausdrücklich aus.

IV. Schon vor Börsenzulassung bzw. Einbeziehung in den Freiverkehr zu beachtende Verhaltenspflichten

Schon ab dem Zeitpunkt des Antrags auf Zulassung der Aktien zum Börsenhandel (d.h. zum Handel am organisierten Markt) bzw. des Antrags auf Einbeziehung der Aktien in den Freiverkehr sind eine Reihe vonVerhaltenspflichten zu beachten: Die Regelungen zur Ad-hoc-Publizität (s. dazu Rn. 2275 ff.), zum Verbot des Insiderhandels (s. dazu Rn. 2232 ff.), zum Führen von Insiderverzeichnissen (s. dazu Rn. 2294 ff.), zu Eigengeschäften von Führungskräften („directors'dealings") (s. dazu Rn. 2297 ff.) und zum Verbot der Marktmanipulation (s. dazu Rn. 2307 ff.).[125] **2217**

D. Marktaustritt (Delisting)

Delisting bezeichnet den Rückzug einer Aktiengesellschaft vom organisierten Markt.[126] Sonderfälle stellen das sog. **Downlisting** (auch als **Downgrading** bezeichnet) und das **„kalte" Delisting** dar. Ersteres meint einen (vollständigen) Wechsel vom organsierten Markt in den Freiverkehr. Letzteres umschreibt umwandlungsrechtliche Maßnahmen, die auf indirektem Weg zur Beendigung der Zulassung führen, wie zum Beispiel die Eingliederung in eine nicht börsennotierte Aktiengesellschaft. **2218**

Die Gründe für jede dieser Arten von Delisting können vielfältig sein. Sie liegen – abgesehen vom Fall eines durch die Börsengeschäftsführung erzwungenen Delistings (s. dazu Rn. 2219) – meist vor allem in den mit dem Listing verbundenen Kosten (z.B. für Quartalsberichtserstattung) sowie der Angst vor feindlichen Übernahmen.

I. Widerruf der Zulassung durch die Börsengeschäftsführung

Die Börsengeschäftsführung kann die Zulassung zum Handel im regulierten Markt widerrufen, wenn entweder ein ordnungsgemäßer Börsenhandel auf Dauer nicht mehr gewährleistet ist (z.B. wegen eines geringen Handelsumsatzes) oder der Emittent seine Zulassungsfolgepflichten auch nach einer angemessenen Frist nicht erfüllt (§ 39 Abs. 1 BörsG). Hierbei werden die Wertpapiere zwangsweise aus dem regulierten Markt entfernt. **2219**

---

124 BGH, Urt. v. 28.6.2016 – VI ZR 536/15, BB 2016, 2632, Rz. 13.

125 Die Vorschriften zur Beteiligungstransparenz dagegen gelten erst ab Zulassung der Aktien zum organisierten Markt.

126 BGH, Urt. v. 25.11.2002 – II ZR 133/01 – „Macrotron".

II. Delisting auf Antrag des Emittenten

2220 Die gesellschafts- und börsenrechtlichen Voraussetzungen, unter denen ein Widerruf der Zulassung auf Antrag des Emittenten zulässig ist, waren lange Zeit gesetzlich nur rudimentär geregelt. Während Aktien- und Umwandlungsgesetz überhaupt keine Vorgaben dazu enthielten, beschränkte sich § 39 Abs. 2 BörsG a.F. auf die Feststellung, dass ein solcher Widerruf möglich sei, dieser aber nicht dem Schutz der Anleger widersprechen dürfte. Die weitere Ausgestaltung war den Börsen überlassen.

2221 Der BGH hatte zunächst in seiner *„Macrotron"-Entscheidung*[127] entschieden, dass das reguläre Delisting wegen der damit verbundenen erheblichen Beeinträchtigung der Verkehrsfähigkeit der Aktie das Aktieneigentum beeinträchtige. Der Verkehrswert und die jederzeitige Möglichkeit seiner Realisierung seien Eigenschaften des Aktieneigentums. Daher bedürfe es eines Beschlusses der Hauptversammlung sowie eines Pflichtangebots der Aktiengesellschaft oder des Großaktionärs zum Kauf der Aktien der Minderheitsaktionäre. Zudem müsse eine Überprüfbarkeit des Kaufpreises im Spruchverfahren möglich sein. Dieser Rechtsprechung wurde in der Folge durch eine Entscheidung des Bundesverfassungsgerichts,[128] nach der der Widerruf der Börsenzulassung für den organisierten Markt den Schutzbereich des Eigentumsgrundrechts des Aktionärs nicht berührt, die Grundlage entzogen. Nach dieser Entscheidung nimmt der Widerruf der Börsenzulassung dem Aktionär keine Rechtsposition, die ihm von der Rechtsordnung als privatnützig und für ihn verfügbar zugeordnet sei; er lasse die Substanz des Anteilseigentums in seinem mitgliedschaftsrechtlichen und seinem vermögensrechtlichen Element unbeeinträchtigt. Zum von Art. 14 Abs. 1 GG geschützten Bestand zähle nur die rechtliche Verkehrsfähigkeit, während die tatsächliche Verkehrsfähigkeit eine schlichte Ertrags- und Handelschance sei. Der BGH hat dementsprechend in der „Frosta"-Entscheidung[129] seine frühere Rechtsprechung grundlegend revidiert und entschieden, dass weder ein Hauptversammlungsbeschluss noch ein Barabfindungsangebot an die Aktionäre Voraussetzung für ein Delisting sei.

2222 Im Nachgang zu der *„Frosta"-Entscheidung* war die Zahl der Emittenten, die einen Widerruf der Zulassung beantragt und den Rückzug vollzogen haben, stark angestiegen. Da ein Delisting aber zumindest eine Beeinträchtigung der Veräußerungschancen bedeutet und es zwischen der Ankündigung und dem Wirksamwerden des Delistings zu erheblichen Kursverlusten kommen kann, schien dem Gesetzgeber eine gesetzliche Verbesserung des Anlegerschutzes erforderlich.[130] Zum 27.12.2015 ist daher eine Neufassung des § 39 BörsG in Kraft getreten. Das Delisting von Wertpapieren i.S.d. § 2 Abs. 2 WpÜG, insb. von Aktien, ist seither nur noch zulässig, wenn (1) bei Antragstellung ein aktuelles Erwerbsangebot nach WpÜG vorliegt (d.h. eine entsprechende Angebotsunterlage bereits veröffentlich ist) oder (2) die Wertpapiere weiterhin an einer inländischen Börse zum Handel im regulierten Markt oder in einem anderen EU-/EWR-Staat zum Handel an einem organisierten Markt zugelassen sind, § 39 Abs. 2 S. 3 BörsG.

---

127 BGH, Urt. v. 25.11.2002 – II ZR 133/01 – „Macrotron".
128 BVerfG, Urt. v. 11.7.2012 – 1 BvR 3142/07, ZIP 2012, 1402.
129 BGH NJW 2014, 146.
130 Beschlussempfehlung und Bericht des Finanzausschusses (7. Ausschuss) zum Entwurf eines Gesetzes zur Umsetzung der Transparenzrichtlinie-Änderungsrichtlinie, BT-Drucks. 18/6220, S. 84.

Für ein vollständiges Delisting ist somit ein Erwerbsangebot nach WpÜG erforderlich, das auf den Erwerb aller Wertpapiere gerichtet sein muss, die Gegenstand des Angebots sind; Teilangebote sind nicht ausreichend.[131] In diesem Zusammenhang stellt sich die Frage, ob ein (erneutes) Erwerbsangebot auch dann abgegeben werden muss, wenn im Vorfeld des Delistings bereits ein Angebotsverfahren nach WpÜG durchgeführt wurde. Dem Wortlaut des § 39 Abs. 2 S. 3 Nr. 1 BörsG ist zweifelsfrei zu entnehmen, dass ein Erwerbsangebot zeitlich vor der Antragstellung gemacht werden muss. Der Wortlaut lässt allerdings offen, ob das Angebotsverfahren zum Zeitpunkt der Stellung des Delisting-Antrags auch bereits abgeschlossen sein darf. Vor dem Hintergrund des mit der Vorschrift bezweckten Anlegerschutzes sollte dies zulässig sein, sofern in dem Erwerbsangebot auf das beabsichtigte Delisting hingewiesen wurde und der zeitliche Abstand zwischen Abschluss des Angebotsverfahrens und dem Delisting eine gewisse Zeitspanne nicht überschreitet. Da die Geltung des § 31 WpÜG angeordnet ist, muss der Bieter den Aktionären eine angemessene Gegenleistung anbieten, die stets in einer Geldleistung in Euro bestehen muss; für die Bestimmung der Angemessenheit ist der gewichtete inländische Börsenkurs während der letzten sechs Monate maßgeblich. Eine Bemessung der anzubietenden Gegenleistung nicht anhand des Börsenkurses, sondern anhand einer Unternehmensbewertung hat nach § 39 Abs. 3 S. 3 Nr. 1 bzw. Nr. 2 BörsG dann zu erfolgen, wenn der Emittent eine Ad-hoc-Pflicht (s. Rn. 2275 ff.) verletzt oder gegen das Verbot der Marktmanipulation verstoßen hat. Das ist sachgerecht, da die Aussagekraft des Börsenkurses hierdurch regelmäßig beeinträchtigt wird.[132] Anhand einer Unternehmensbewertung hat die Bemessung auch dann zu erfolgen, wenn der Börsenkurs nach übernahmerechtlichen Maßstäben nicht in aussagekräftiger Weise festgestellt werden kann (§ 39 Abs. 3 S. 4 BörsG). **2223**

Darüber, wer das Angebot zu unterbreiten hat, verhält sich weder das Gesetz noch die Gesetzesbegründung. Im Regelfall dürfte dies der **Großaktionär** sein, der den Rückzug von der Börse herbeiführen möchte. Aber auch Dritte können ein solches Angebot unterbreiten. **2224**

Der Anleger kann die **Angemessenheit der Gegenleistung** in einem zivilrechtlichen Verfahren prüfen lassen. Durch die Geltung des § 31 WpÜG sowie die ausdrückliche Anordnung der Zahlungsansprüche in § 39 Abs. 3 S. 3 und 4 BörsG ist sichergestellt, dass jeder Anleger, der das Angebot angenommen hat, einen Anspruch gegen den Bieter auf Entrichtung einer angemessenen Gegenleistung hat, der vor den Zivilgerichten durchgesetzt werden kann. Hierdurch wird auf der anderen Seite auch gewährleistet, dass das Delisting-Verfahren durchgeführt werden kann, ohne durch Streitigkeiten über die Höhe der Abfindung belastet zu werden. **2225**

Keine besonderen Regeln zum Schutz der Anleger sind erforderlich, wenn das Delisting lediglich an einem Börsenplatz erfolgt, die Aktien aber an einem organisierten Markt im Inland oder innerhalb der EU/dem EWR und damit einem anderen gleichwertigen Handelsplatz weiter zum Handel zugelassen sind, sofern an diesem Handelsplatz entsprechende Voraussetzungen für ein Delisting gelten. Ein solches partielles Delisting ist **2226**

---

131 Beschlussempfehlung und Bericht des Finanzausschusses (7. Ausschuss) zum Entwurf eines Gesetzes zur Umsetzung der Transparenzrichtlinie-Änderungsrichtlinie, BT-Drucks. 18/6220, S. 84.

132 Ein solcher Verstoß muss allerdings durch die Behörden rechts- oder bestandskräftig festgestellt worden sein.

daher stets auch ohne Erwerbsangebot zulässig. Gleiches gilt bei bloßem Rückzug aus dem Freiverkehr; auch hier ist § 39 Abs. 2 BörsG nicht anwendbar.

2227 **Mitentscheidungsrechte** für die Aktionäre in Form von Hauptversammlungsbeschlüssen sind vor dem Hintergrund der kapitalmarktrechtlichen Schutzregeln des § 39 Abs. 2 BörsG nicht geboten.[133] Der Gesetzgeber hat sich damit gegen eine gesellschaftsrechtliche und für eine rein kapitalmarktrechtliche Verortung des Delisting entschieden. Zusätzliche gesellschaftsrechtliche Anforderungen in den Börsenordnungen sind damit ausgeschlossen.

III. Downlisting/Downgrading

2228 Die Anforderungen aus § 39 Abs. 2 BörsG gelten gleichermaßen für das bloße Downgrading, also den vollständigen Wechsel vom organisierten Markt in den Freiverkehr.[134]

IV. „Kaltes" Delisting

2229 Beim „kalten" Delisting, also der Durchführung von umwandlungsrechtlichen Maßnahmen, die auf indirektem Weg zu einer Beendigung der Zulassung führen, ist keine Barabfindung vorgesehen.[135] Eine Ausnahmeregelung enthält § 29 Abs. 1 S. 1 HS. 1 Fall 2 UmwG für den speziellen Fall der Verschmelzung einer börsennotierten Aktiengesellschaft auf eine nicht börsennotierte Aktiengesellschaft. In diesem Sonderfall hat der übernehmende Rechtsträger jedem Anteilsinhaber, der gegen den Verschmelzungsbeschluss des übertragenden Rechtsträgers Widerspruch zur Niederschrift erklärt, den Erwerb seiner Aktien gegen eine angemessene Barabfindung anzubieten.

E. Verhaltenspflichten am Kapitalmarkt: Wertpapierhandelsrecht

2230 Ein effizienter und transparenter Kapitalmarkt setzt Marktintegrität voraus, die durch marktmissbräuchliche Verhaltensweisen (Insidergeschäfte, unrechtmäßige Offenlegung von Insiderinformationen und Marktmanipulation) untergraben würde. Solche Verhaltensweisen verhindern vollständige und ordnungsgemäße Markttransparenz, die eine Voraussetzung dafür ist, dass alle Wirtschaftsakteure an den Finanzmärkten teilnehmen.[136] Sie sind daher zu unterbinden. Durch Melde- und Offenlegungspflichten (Beteiligungsmeldungen, Mitteilungs- und Offenlegungspflichten) soll zusätzlich der Informationsstand der Marktteilnehmer verbessert werden.

---

133 Beschlussempfehlung und Bericht des Finanzausschusses (7. Ausschuss) zum Entwurf eines Gesetzes zur Umsetzung der Transparenzrichtlinie-Änderungsrichtlinie, BT-Drucks. 18/6220, S. 86.

134 Beschlussempfehlung und Bericht des Finanzausschusses (7. Ausschuss) zum Entwurf eines Gesetzes zur Umsetzung der Transparenzrichtlinie-Änderungsrichtlinie, BT-Drucks. 18/6220, S. 84.

135 BGH, Beschl. v. 8.11.2013 – II ZB 26/12 – „Frosta", Rn. 8.

136 Erwägungsgründe 2 und 7 der MAR (Verordnung (EU) Nr. 596/2014 des Europäischen Parlaments und des Rates vom 16.4.2014 über Marktmissbrauch (Marktmissbrauchsverordnung) und zur Aufhebung der Richtlinie 2003/6/EG des Europäischen Parlaments und des Rates und der Richtlinien 2003/124/EG, 2003/125/EG und 2004/72/EG der Kommission).

Mit In-Kraft-Treten des **Ersten Finanzmarktnovellierungsgesetzes**[137] und der unmittelbaren Anwendbarkeit der **Marktmissbrauchsverordnung („MAR")** in den EU-Mitgliedstaaten seit dem 3.7.2016 wurde der Anwendungsbereich der Vorschriften zur Verhindern von Marktmissbrauch deutlich ausgeweitet und führte zu einschneidenden Veränderungen für Emittenten, deren Wertpapiere nur im Freiverkehr gehandelt werden. Bis dato galten dort nur die Insiderverbote (Rn. 2232 ff.) und das Verbot der Marktmanipulation (s. Rn. 2307 ff.). Seither sind auch Freiverkehrsemittenten zur Ad-hoc-Publizität (s. Rn. 2275 ff.), zur Mitteilung von Directors' Dealings (s. Rn. 2297 ff.) und zur Führen von Insiderverzeichnissen (s. Rn. 2294 ff.) verpflichtet. Die Vorschriften und Verbote der MAR schützen die in der Europäischen Union betriebenen Märkte. Unerheblich ist, ob die marktmissbräuchliche Handlung innerhalb oder außerhalb der Europäischen Union stattfindet. **2231**

I. Insiderrecht

Seit dem 3.7.2016 finden sich die Vorschriften zum Insiderrecht nicht mehr im WpHG, sondern in den Art. 7 bis 11, 14, 16, 21 MAR. Lediglich die Sanktionsvorschriften (Buß- und Straftatbestände) sind im WpHG verblieben. Ergänzt und konkretisiert werden diese Regelungen durch die Durchführungsverordnung (EU) 2016/1055,[138] die Delegierte Verordnung (EU) 2016/522,[139] die Durchführungsverordnung (EU) 2016/347[140] sowie verschiedene Leitlinien der ESMA[141]. Außerdem bestehen kommentierende Q&As der ESMA zur MAR,[142] sowie der Emittentenleitfaden der BaFin (Modul C, Regelungen aufgrund der Marktmissbrauchsverordnung (MAR), Stand 25.3.2020). **2232**

1. Betroffene Finanzinstrumente

Der Anwendungsbereich der Insiderverbote wurde durch die MAR gegenüber der früheren Rechtslage deutlich ausgeweitet. Gegenstand sind nunmehr nach Art. 2 Abs. 1 S. 1 lit. a–c MAR alle Finanzinstrumente (gemäß der Defintion in Art. 4 Abs. 1 Nr. 15 i.V.m. Anhang I Abschnitt C der MiFID II), die **2233**

- zum Handel an einem geregelten Markt zugelassen sind oder für die ein entsprechender Zulassungsantrag gestellt wurde,

137 BGBl. I 2016, S. 1514 ff.

138 Durchführungsverordnung (EU) 2016/1055 der Kommission vom 29.6.2016 zur Festlegung technischer Durchführungsstandards hinsichtlich der technischen Mittel für die angemessene Bekanntgabe von Insiderinformationen und für den Aufschub der Bekanntgabe von Insiderinformationen gemäß Verordnung (EU) 596/2014.

139 Delegierte Verordnung (EU) 2016/522 der Kommission vom 17.12.2015 zur Ergänzung der Verordnung (EU) 596/2014 im Hinblick auf eine Ausnahme für bestimmte öffentliche Stellen und Zentralbanken von Drittstaaten, die Indikatoren für Marktmanipulation, die Schwellenwerte für die Offenlegung, die zuständige Behörde, der ein Aufschub zu melden ist, die Erlaubnis zum Handel während eines geschlossenen Zeitraums und die Arten meldepflichtiger Eigengeschäfte von Führungskräften.

140 Durchführungsverordnung (EU) 2016/347 der Kommission vom 10.3.2016 zur Festlegung technischer Durchführungsstandards im Hinblick auf das genaue Format der Insiderlisten und für die Aktualisierung von Insiderlisten gemäß der Verordnung (EU) Nr. 596/2014 des Europäischen Parlaments und des Rates.

141 MAR-Leitlinien, Aufschub der Offenlegung von Insiderinformationen (ESMA/2016/1478DE); MAR-Leitlinien, Personen, die Marktsondierungen erhalten (ESMA/2016/1477DE); MAR-Leitlinien, Informationen über Warenderivate oder verbundene Spotmärkte im Hinblick auf die Definition von Insiderinformationen über Warenderivate (ESMA/2016/1480DE).

142 ESMA Questions and Answers on the Market Abuse Regulation (ESMA70-145-111).

- an einem multilateralen Handelssystem (MTF) gehandelt werden, zum Handel in einem MTF zugelassen sind oder für die ein entsprechender Zulassungsantrag gestellt wurde,
- oder die in einem organisierten Handelssystem (OTF) gehandelt werden.

2234 Unter den Begriff des Finanzinstruments fallen neben übertragbaren Wertpapieren, Geldmarktinstrumenten, Investmentfondsanteilen und Derivaten (auch Warenderivate insb. in Form von sog. „Stromderivaten) seit dem 3.1.2018[143] auch Emissionszertifikate. Ferner sind solche Finanzinstrumente erfasst, deren Kurs oder Wert von einem der vorstehend beschriebenen Instrumente abhängt oder sich darauf auswirkt (z.B. Kreditausfall-Swaps oder Differenzkontrakte (Art. 2 Abs. 1 S. 1 lit. d MAR).[144]

2. Adressaten

2235 Adressat der Insiderverbote ist jeder, der Kenntnis von einer Insiderinformation hat. Auch die strafrechtlichen Folgen unterscheiden, anders als früher, nicht mehr nach sog. Primär- und Sekundärinsidern (§ 119 Abs. 3 WpHG). Bei leichtfertiger Begehung sind die Taten für alle gleichermaßen als Ordnungswidrigkeiten ahndbar (§ 120 Abs. 14 WpHG).

3. Verbotstatbestände

a) Allgemeines

2236 Die insiderrechtlichen Verbote finden sich jetzt in Art. 14 MAR, die durch Art. 8 und 10 MAR näher konkretisiert werden.

Im Hinblick auf ihren Anwendungsbereich ist stets im Blick zu behalten, dass sie immer dann gelten, wenn durch eine unerlaubte Handlung eines der in Art. 2 Abs. 1 MAR aufgeführten Finanzinstrumente betroffen ist, unabhängig davon, ob sie auf einem Handelsplatz begangen wird oder nicht (Art. 2 Abs. 3 MAR).

Beispiel: Eine im geregelten Markt an der Frankfurter Wertpapierbörse notierte Aktie darf unter Nutzung von Insiderinformationen weder über den geregelten Markt noch außerbörslich gehandelt werden.

Unerheblich ist auch, ob die Handlung innerhalb der EU oder in einem Drittland begangen wird (Art. 2 Abs. 4 MAR)

Beispiel: Der außerbörsliche Handel unter Nutzung einer Insiderinformation über eine im regulierten Markt notierte Aktie wäre also auch verboten, wenn er in den USA stattfinden würde.

b) Insiderinformation

2237 Grundlage aller insiderrechtlichen Verbotstatbestände ist das Vorliegen einer Insiderinformation gem. Art. 7 MAR, wobei sich die für die Praxis wichtigste Definition in Art. 7 Abs. 1 lit. A MAR findet.[145] Danach handelt es sich bei einer Information um eine Insi-

---

143 In-Kraft-Treten großer Teile des Zweiten Finanzmarktnovellierungsgesetzes, BGBl. I, 2017. S. 1693.

144 Gem. Art. 2 Abs. 1 UAbs. 2 MAR gelten die Insiderverbote schließlich auch für die Versteigerung von Emissionszertifikaten und anderen hierauf bezogenen Auktionsobjekten über Versteigerungsplattformen, die als geregelte Märkte zugelassen sind, auch wenn die versteigerten Gegenstände nicht unter den Begriff der Finanzinstrumente fallen.

145 Die Definition der „Insiderinformation" hat sich gegenüber der vor dem 3.7.2016 geltenden Rechtslage nicht verändert. Er ist jedoch an verschiedenen Stellen präzisiert worden, insb. um die Rechtsprechung des EuGH zu kodifizieren. Einen nicht abschließenden Katalog typischer Insiderinformationen enthält der Emittentenleitfaden der BaFin.

derinformation, wenn sie folgende Voraussetzungen erfüllt: Sie ist (aa) nicht öffentlich bekannt, (bb) präzise, (cc) bezieht sich direkt oder indirekt auf einen oder mehrere Emittenten oder ein oder mehrere Finanzinstrumente und (dd) wäre, wenn sie öffentlich bekannt würde, geeignet, den Kurs dieses Finanzinstruments oder den Kurs damit verbundener Finanzinstrumente erheblich zu beeinflussen.[146] Dazu im Einzelnen:

aa) Nicht öffentlich bekannt. Zur Frage, wann eine Information öffentlich bekannt ist, sagt die MAR nichts. Nach Auffassung der BaFin[147] ist eine Insiderinformation erst dann öffentlich bekannt, wenn sie einem breiten Anlegerpublikum und damit einer unbestimmten Anzahl von Personen zugänglich gemacht wurde. 2238

Beispiel: Nicht ausreichend ist es, wenn die Information auf einer Pressekonferenz oder einer Hauptversammlung bekannt gegeben wurde. Sie muss vielmehr zeitgleich einem breiten Anlegerpublikum z.B. über die Medien, zugänglich sein.

Auch eine Information, die lediglich im Handelsregister abrufbar ist, gilt nicht als öffentlich bekannt.

Unerheblich ist, wer die Information öffentlich bekannt gemacht hat.

bb) Präzise. Entsprechend der in Art. 7 Abs. 2 MAR enthaltenen Definition setzt die Eigenschaft „präzise" zweierlei voraus: 2239

Zum einen muss es sich um einen Umstand oder ein Ereignis handeln, der/das **bereits gegeben** ist oder von dem vernünftigerweise erwartet werden kann, dass er/es **in Zukunft eintreten wird**. In Bezug auf künftige Umstände bedeutet das, dass eine umfassende Würdigung der bereits verfügbaren Anhaltspunkte ergeben muss, dass die Umstände in Zukunft existieren oder eintreten werden; es ist weder der Nachweis einer hohen Wahrscheinlichkeit erforderlich noch ist das Ausmaß der zu erwartenden Kurswirkung zu berücksichtigen.[148] Eine Eintrittswahrscheinlichkeit von über 50 % ist ausreichend. Das Ausmaß der Auswirkung auf den Kurs der betroffenen Finanzinstrumente oder auch die Richtung einer möglichen Auswirkung ist an dieser Stelle nicht zu berücksichtigen.

Beispiel: Der erwartete Abschluss eines wichtigen Vertrages kann eine Insiderinformation sein, sobald die Wahrscheinlichkeit, dass er abgeschlossen wird, bei über 50 % liegt.

Zum anderen muss die Information bereits **spezifisch genug** sein, um einen Schluss auf die mögliche Kursrelevanz zuzulassen. 2240

Beispiel: Der Inhalt des beabsichtigten Vertrages muss soweit konkretisiert sein, dass anhand des „Vernünftigen-Anleger-Tests" (s. Rn. 2242) festgestellt werden kann, ob der Vertrag den Kurs der Finanzinstrumente des vertragsschließenden Unternehmens erheblich zu beeinflussen geeignet wäre.

cc) Bezogen auf Emittenten oder Finanzinstrumente. Die Information muss direkt oder indirekt einen oder mehrere Emittenten oder ein oder mehrere Finanzinstrumente betreffen. Sie muss daher weder im Tätigkeitsbereich des Emittenten eingetreten sein, 2241

---

146 Spezielle Definitionen finden sich in Bezug auf Warenderivate und Emissionszertifikate sowie Personen, die mit der Ausführung von Aufträgen in Bezug auf Finanzinstrumente beauftragt sind, in Art. 7 Abs. 1 lit. b und c MAR.

147 S. Entwurf Emittentenleitfaden Modul C, S. 10 (Stand 25.3.2020)

148 EuGH RS C-19/11 „Geltl/Daimler AG", Rn. 46, 49, 50.

noch sich unmittelbar auf ihn oder das Finanzinstrument beziehen. Insiderinformationen können somit beispielsweise auch Informationen über für den Emittenten wichtige Rohstoffpreise sein oder über die Aufnahme eines Wertpapiers in einen Index. Eine den Emittenten nur mittelbar betreffende Insiderinformation löst die Insiderverbote aus, ist allerdings nicht ad-hoc-publizitätspflichtig nach Art. 17 MAR (s. dazu Rn. 2277 ff.).

2242 **dd) Geeignet zur erheblichen Kursbeeinflussung.** Als geeignet zu einer erheblichen Kursbeeinflussung erklärt Art. 7 Abs. 4 MAR Informationen dann, wenn sie „ein verständiger Anleger wahrscheinlich als Teil der Grundlage seiner Anlageentscheidung nutzen würde“. Verlangt wird damit eine diesbezügliche **ex-ante-Einschätzung**; ob sich der Preis nach Bekanntgabe der Information tatsächlich ändert, ist demgegenüber unerheblich. Ein verständiger Anleger würde die Information dann nutzen, wenn er sich davon einen wirtschaftlichen Vorteil versprechen würde, ihm das Geschäft also als lohnend erschiene. Ob dies der Fall ist, kann stets nur im konkreten Einzelfall entschieden werden. Die Prüfung hat anhand der dem Anleger zum Zeitpunkt der Anlageentscheidung zur Verfügung stehenden Informationen (also auf ex-ante-Basis) zu erfolgen und sollte auch die voraussichtlichen Auswirkungen der Information in Betracht ziehen.

Die Prüfung der Kurserheblichkeit einer Information sollte somit in zwei Schritten erfolgen:[149]

- Zunächst ist zu prüfen, ob der Umstand für sich betrachtet nach allgemeiner Erfahrung ein **Kursbeeinflussungspotenzial** haben kann.
- Sodann sind die konkreten Umstände des Einzelfalls zu berücksichtigen, die das Kursbeeinflussungspotenzial erhöhen oder vermindern können.

Beispiel: Ergeben sich in einem Unternehmen außergewöhnlich hohe Gewinne oder Verluste, so hängt das Kursbeeinflussungspotenzial dieses Umstandes davon ab, welche Informationen oder Prognosen das Unternehmen im Vorfeld bekannt gegeben hat und was der Markt auf dieser Grundlage erwartet.

2243 Darauf, ob sich der Preis nach Bekanntwerden der Insiderinformation tatsächlich verändert, kommt es nicht an. Eine tatsächliche eingetretene erhebliche Preisänderung kann aber als Indiz für das Preisbeeinflussungspotenzial der Information herangezogen werden.

Nicht erforderlich ist auch, dass es die Information mit hinreichender Wahrscheinlichkeit erlaubt, die Richtung zu bestimmen, in die sich der Kurs der betreffenden Finanzinstrumente verändern wird.[150] Auch muss die zu erwartende Kursbewegung nicht von Dauer sein; eine kurzfristige ist ausreichend, sofern sie **erheblich** ist.

c) Tathandlung nach Art. 14 MAR

2244 **aa) Tätigen von Insidergeschäften.** Ein Insidergeschäft liegt nach Art. 8 Abs. 1 S. 1 MAR vor, wenn eine Person unter Nutzung einer Insiderinformation Finanzinstrumente, auf die sich die Information bezieht, für eigene oder fremde Rechnung direkt oder indirekt erwirbt oder veräußert. Neben dem Erwerb stellt seit In-Kraft-Treten der MAR auch die Stornierung oder Änderung eines Auftrags ein Insidergeschäft dar, wenn der Auftrag vor Erlangen der Insiderinformation erteilt wurde.

149 S. Emittentenleitfaden Modul C, S. 12 (Stand: 25.3.2020).
150 EuGH C-628/13 vom 11.3.2015 – „Lafonta“.

Beispiel: Ein potenzieller Bieter beauftragt seine Bank, im Rahmen bestimmter Grenzen Aktien der Zielgesellschaft für ihn zu erwerben. Erlangt er nun ihm Rahmen der Due-Diligence negative Insiderinformation über die Zielgesellschaft, so darf er den Auftrag, wenn er noch nicht vollständig erfüllt ist, nicht unter Nutzung der erlangten Information abändern oder gar stornieren, sondern bleibt an ihn gebunden.

In der Praxis liegt regelmäßig die entscheidende Frage darin, wann eine Insiderinformation **„genutzt"** wird. Die MAR enthält keine Definition dieses Begriffs. Aus Art. 9 MAR lässt sich schließen, dass ein Insider eine Information nutzt, wenn er auf der Grundlage der Information handelt, diese also in seine Handelsentscheidung einfließt. Grundvoraussetzung ist damit stets, dass der Insider im Zeitpunkt der Ordererteilung (zum Kauf, Verkauf oder zur Stornierung) Kenntnis von der Insiderinformation hatte. Erteilt er mithin ohne Kenntnis der Insiderinformation eine verbindliche Order, so verwendet er auch dann keine Insiderinformation, wenn er noch vor Ausführung der Order durch den beauftragten Dienstleister Kenntnis von der Insiderinformation erlangt. Umgekehrt soll nach Erwägungsgrund 24 der MAR Personen, die im Besitz von Insiderinformationen sind, grundsätzlich unterstellt werden, dass sie die Insiderinformationen auch nutzen, wenn sie Finanzinstrumente, auf die sich diese Informationen beziehen, erwerben oder veräußern. Der **Besitz** der Information in diesem Sinne setzt voraus, dass die Person die Insiderinformation kennt (wobei unerheblich ist, ob sie sie selbst auch als Insiderinformation bewertet). Damit existiert zunächst eine Vermutung zu Lasten der Personen, die Kenntnis von einer Insiderinformation haben, dass sie diese bei ihren Geschäften auch „nutzen" – dies unabhängig davon, wie sie in den Besitz der Information gekommen sind. Gem. Erwägungsgrund 24 S. 2 zur MAR ist diese Vermutung jedoch widerleglich.[151] **2245**

Art. 9 MAR definiert eine Reihe sog. „legitimer Handlungen", hinter denen sich letztlich Konstellationen verbergen, in denen die Vermutungsregelung grundsätzlich nicht gelten soll:[152] **2246**

Die **Absätze 1 und 2** enthalten Durchbrechungen der Vermutungsregelung zugunsten der Tätigkeiten von Wertpapierdienstleistungsunternehmen, die für die Praxis von großer Relevanz sind: Nach Abs. 1 wird bei einer juristischen Person nicht angenommen, dass sie Insiderinformationen genutzt hat, wenn angemessene und wirksame interne Verfahren eingesetzt wurden, die sicherstellen, dass die natürliche Person, die für die juristische Person das konkrete Geschäft abschließt, keine Kenntnis von der Insiderinformation hat, und die juristische Person sie bei ihrer Entscheidung nicht beeinflusst hat. Hiermit ist die Einrichtung und Umsetzung von Vertraulichkeitsbereichen und Informationsbarrieren, sog. „Chinese Walls", gemeint.

Beispiel: Händler H der Bank B erwirbt für die B Aktien der X AG. Betreffend die X AG liegen dem Kreditbereich der B Insiderinformationen vor. Hat die B durch organisatorische Maßnahmen in Form von Vertraulichkeitsbereichen und Chinese Walls sichergestellt, dass die Insiderinformationen dem H nicht zur Kenntnis gelangen konnten, gilt die Vermutung zu Lasten der B, der Kauf sei unter Nutzung der Insiderinformationen erfolgt, (zunächst) als widerlegt. Das schließt natür-

---

151 Im Rahmen eines Verwaltungsprozesses führt diese Vermutungsregelung zu einer Umkehr der Beweislast zu Lasten des Insiders. Im Rahmen von Bußgeld- oder Strafverfahren ist dies nicht der Fall. Hier bleibt es bei einer Vermutung, die der Insider erschüttern kann.

152 Hierbei handelt es sich allerdings nicht um „safe harbours", d.h. die Aufsichtsbehörden können nach Art. 9 Abs. 6 MAR gleichwohl ein verbotenes Insidergeschäft annehmen, wenn sich dahinter nachweislich ein rechtswidriger Grund verbirgt.

lich einen gegenteiligen Nachweis, dass H im konkreten Fall doch an die Insiderinformationen gelangt ist, nicht aus (Art. 9 Abs. 6 MAR).

2247 **Art. 9 Abs. 2 MAR** enthält eine Ausnahme zugunsten von Personen, die als Market-Maker bzw. als Personen, die zur Ausführung von Aufträgen für Dritte zugelassen sind, in Ausübung ihrer beruflichen Aufgaben handeln.

2248 **Art. 9 Abs. 3 MAR** betrifft den Fall, dass eine Person, die im Besitz einer Insiderinformation ist, in dem betroffenen Finanzinstrument ein Geschäft tätigt, das allerdings auf einer (aus der Zeit vor Erhalt der Insiderinformation) eingegangenen Verpflichtung beruht.

2249 **Art. 9 Abs. 4 MAR** trifft schließlich eine Aussage für den Fall der Übernahme eines Unternehmens oder eines Unternehmenszusammenschlusses auf der Grundlage eines **öffentlichen Angebots**. Danach sind im Vorfeld bzw. im Rahmen eines Übernahmeangebots erlangte Insiderinformationen grundsätzlich unschädlich, sofern sie ausschließlich zur Durchführung der Übernahme oder des Zusammenschlusses verwendet werden. Ziel der Regelung ist es, den Informationsaustausch zwischen Bietergesellschaft und Emittent und die Durchführung des Übernahmeverfahrens nicht zu beeinträchtigen. Zielgesellschaften können daher alle Informationen im Rahmen einer Due-Diligence-Prüfung an den Bieter weitergeben. Zum Zeitpunkt der Genehmigung des Zusammenschlusses bzw. der Annahme des Angebots durch die Aktionäre müssen sie allerdings den Charakter als Insiderinformation z.B. durch Veröffentlichung verloren haben. Hierdurch wird gewährleistet, dass die Informationsasymmetrie zwischen dem Bieter und den Aktionären beseitigt wird und sämtliche Insiderinformationen in den Preis des Finanzinstruments einfließen können. Der Bieter kann durch die Kenntnis der Information keinen ungerechtfertigten Sondervorteil erlangen. Die Abgabe eines öffentlichen Übernahmeangebots ist daher erst dann möglich, nachdem der Emittent eine entsprechende Ad-hoc-Mitteilung veröffentlich hat. Nicht zulässig ist, dass der Bieter nach Erhalt der Insiderinformation sein Angebot ändert. Ein Beteiligungsaufbau ist von Abs. 4 nicht umfasst, d.h. hier bleibt es grundsätzlich bei der Vermutung, dass der Erwerber, der eine Insiderinformation erhält, diese auch benutzt. (Diese Vermutung müsste er nach den allgemeinen Regelungen widerlegen, indem er z.B. nachweist, dass er den Entschluss, Finanzinstrumente der Zielgesellschaft zu erwerben, bereits gefasst hatte, bevor er die Insiderinformation erhalten hat.)

2250 Auch die bloße Tatsache, dass eine Person beschlossen hat, Finanzinstrumente zu erwerben oder zu veräußern, und sie dieses Wissen beim Erwerb oder der Veräußerung dieser Finanzinstrumente nutzt, stellt für sich genommen noch keine unerlaubte Nutzung von Insiderinformationen dar, Art. 9 Abs. 5 MAR (sog. Umsetzung eigener Entscheidungen).

Von **Art. 9 Abs. 5 MAR** nicht erfasst sind dagegen sämtliche anderen selbst geschaffenen inneren Tatsachen, wie beispielsweise der Entschluss, anderen Handelsteilnehmern bestimmte Finanzinstrumente zum Kauf zu empfehlen.

In den Anwendungsbereich der Ausnahme fällt zudem nur der Handel aufgrund eigener Entschlüsse, nicht der in Kenntnis fremder Erwerbs- oder Veräußerungsentscheidungen.

Beispiel: Erwirbt ein potenzieller Bieter vor der öffentlichen Ankündigung seines Übernahmeangebots (das eine Insiderinformation darstellt) Aktien der Zielgesellschaft und setzt damit seine eigene Entscheidung um, so ist dies nach Art. 9 Abs. 5 MAR grundsätzlich zulässig, sofern der Bieter über keine weiteren Insiderinformationen verfügt (Umsetzung einer eigenen Entscheidung).

Erhält der potenzielle Bieter aber z.B. im Zuge einer Due-Diligence (weitere) Insiderinformationen, kommt ihm weder Abs. 5 noch Abs. 4 zu Gute. Es wird vielmehr vermutet, dass er, wenn er Aktien der Zielgesellschaft erwirbt, die erlangten Insiderinformationen nutzt und damit gegen das Insiderhandelsverbot verstößt. Diese Vermutung müsste er widerlegen, indem er nachweist, den Erwerbsentschluss bereits vor Erhalt der Insiderinformationen gefasst zu haben (was in der Praxis äußerst schwierig ist).

Die in Art. 9 MAR formulierten Ausnahmetatbestände orientieren sich erkennbar an der Rechtsprechung des EuGH und sind daher nicht als abschließend zu verstehen. Ausgehend vom Sinn und Zweck der Insiderhandelsverbote, nämlich zu verhindern, dass sich „Outsider" aus Angst vor Übervorteilung durch Insider vom Kapitalmarkt zurückziehen, ist vom „Nutzen" einer Insiderinformation immer dann nicht auszugehen, wenn diese Gefahr nicht besteht. Daraus folgt, dass auch in folgenden Konstellationen grundsätzlich keine Insiderinformation „genutzt" wird: 2251

Wenn der Insider die Finanzinstrumente auch dann zu demselben Zeitpunkt, in demselben Umfang und zu denselben Konditionen erworben oder veräußert hätte, wenn er keine Kenntnis der Insiderinformation gehabt hätte, sich das Insiderwissen also weder in dem Zeitpunkt noch in der konkreten Form des Geschäfts niederschlägt, liegt grundsätzlich keine Nutzung der Insiderinformation vor. 2252

Beispiel: Vorstandsmitglied V der im geregelten Markt notierten Z AG hat Kenntnis von der bevorstehenden Kündigung eines Vertrages durch einen wichtigen Kunden, was zu erheblichen Umsatzeinbrüchen bei der Z AG führen wird. Erwirbt er jetzt Aktien der Z AG, weil er „an diese glaubt", so liegt darin mangels Vorteil kein Insidergeschäft.

Wurde ein Auftrag erteilt, bevor der Auftraggeber die Insiderinformation erhalten hat, so führt es ebenfalls nicht zu einem Insidergeschäft, wenn das Geschäft durchgeführt wird (Erwägungsgrund 25 der MAR). 2253

Beispiel: Prokurist P der Z AG erteilt seiner Bank den Auftrag, den gesamten Inhalt seines Depots, darunter auch Aktien der Z AG zu veräußern, um damit den Erwerb einer Immobilie finanzieren zu können. Nach Erteilung, aber noch vor vollständiger Ausführung des Auftrags, erfährt P von der Vertragskündigung durch den Kunden. Sofern er den bereits erteilten Auftrag nicht mehr ändert, liegt in dessen Ausführung kein Insidergeschäft.

Weiter ist von einem „Nutzen" einer Insiderinformation nicht auszugehen, wenn das Insiderwissen keine Auswirkungen auf den Preis oder die sonstigen Konditionen des Geschäfts hat. 2254

Beispiele: Fasst ein Hauptaktionär aufgrund einer Insiderinformation den Entschluss, einen aktienrechtlichen Squeeze-Out durchzuführen, so ist diese ggf. kausal für den Entschluss als solchen, hat aber keine Auswirkungen auf die zu zahlende Abfindung.

Im Rahmen eines außerbörslichen Paket-Erwerbs, wenn beiden Parteien die Insiderinformation bekannt ist.

Handelt es sich bei der Insiderinformation um eine sog. selbstgeschaffene Information, so ist stets genau zu prüfen, ob diese tatsächlich genutzt wurde. Zu typischen Fallgruppen s. Rn. 2263 ff. 2255

bb) Empfehlung oder Anstiftung. Verboten ist weiterhin, einem Dritten zu empfehlen, ein Insidergeschäft zu tätigen, oder ihn zu einem solchen Geschäft anzustiften (Art. 14 lit. b MAR). Hierdurch sollen Umgehungsmöglichkeiten verhindert werden, die 2256 ansonsten dadurch entstehen könnten, dass ein Insider ein Insidergeschäft nicht selbst tätigt, sondern einen Dritten dazu veranlasst. Wie auch bei Geschäften durch den Insider selbst, kann sich die Veranlassung gleichermaßen beziehen auf den Erwerb oder die Veräußerung von Finanzinstrumenten wie auf die Stornierung oder Änderung entsprechender Aufträge (Art. 8 Abs. 2 MAR).

Die Nutzung solcher Empfehlungen oder Anstiftungen erfüllt daneben selbst den Tatbestand des Insidergeschäfts, wenn die Person, die die Empfehlung nutzt oder der Anstiftung folgt, weiß oder wissen sollte, dass diese auf Insiderinformationen beruht (Art. 8 Abs. 3 MAR). Beurteilungsmaßstab für das „Wissen-Sollen" ist dabei, was eine normale, vernünftige Person unter den gegebenen Umständen hätte wissen müssen (Erwägungsgrund 26 der MAR).

2257 **cc) Unrechtmäßige Offenlegung.** Nicht jede Weitergabe von Insiderinformationen ist verboten, sondern nur die unrechtmäßige Offenlegung, Art. 14 lit. c MAR. Nach der Definition in Art. 10 Abs. 1 MAR ist eine Offenlegung von Insiderinformationen jedoch stets unrechtmäßig, es sei denn, die Offenlegung geschieht im Zuge der normalen Ausübung einer Beschäftigung oder eines Berufs oder der normalen Erfüllung von Aufgaben. Diese Einschränkung ist nach der Rechtsprechung des EuGH[153] eng zu verstehen: Danach muss die Offenlegung im engen Zusammenhang mit der Ausübung einer Arbeit oder der Erfüllung einer Aufgabe stehen und hierfür insb. unerlässlich sein, sowie dem Gebot der Verhältnismäßigkeit genügen.

2258 Zu beachten ist, dass auch eine nach Art. 10 Abs. 1 MAR rechtmäßig weitergegebene Insiderinformation im Wege einer Ad-hoc-Meldung zu veröffentlichen ist (Art. 17 Abs. 8 MAR), es sei denn, die die Information erhaltende Person ist zur Verschwiegenheit verpflichtet. Um eine solche Offenlegungspflicht zu vermeiden, muss der Informationsempfänger daher im Zweifel vertraglich zur Verschwiegenheit verpflichtet werden.

Eine Spezialregelung existiert im Hinblick auf sog. Marktsondierungen. Dazu näher unter Rn. 2267 ff.

4. Problembereiche in der Praxis

2259 Die Feststellung, ob bzw. wann eine Insiderinformation vorliegt, insb. ab welchem Zeitpunkt eine Information bereits „präzise" genug ist, ist nicht nur für das Eingreifen der Insiderverbote des Art. 14 MAR von Bedeutung, sondern vor allem auch für das Auslösen einer Ad-hoc-Pflicht nach Art. 17 MAR (dazu Rn. 2275 ff.). Vor allem die folgenden Konstellationen bereiten in der Praxis Probleme:

a) Gestreckte Sachverhalte

2260 Ein Problem in der Praxis stellen regelmäßig die sog. „gestreckten Sachverhalte" dar, die sich über einen längeren Zeitraum hinziehen und häufig mehrstufige Entscheidungsprozesse durchlaufen müssen.

Beispiele: Die X AG, deren Aktien an der Frankfurter Börse im geregelten Markt notiert sind, zieht die Übernahme eines großen Konkurrenten in Betracht.

Der Vorstandsvorsitzende der D AG trägt sich mit dem Gedanken, sein Vorstandsmandat vorzeitig niederzulegen.

153 EuGH, Slg. 2005, I-9939 (9961), NZG 2006, 60 „Grøngaard&Bang"

Zur Kodifizierung der Rechtsprechung des EuGH[154] ist in Art. 7 Abs. 2 S. 2, Abs. 3 MAR festgelegt, dass jeder Zwischenschritt in einem gestreckten Vorgang für sich betrachtet eine Insiderinformation sein kann, soweit er deren Voraussetzungen erfüllt. Damit ist in den genannten Beispielen nicht allein auf das „Endziel" (Unternehmensübernahme, Ausscheiden aus dem Vorstand) abzustellen und dieses auf die Kriterien der Insiderinformation zu untersuchen. Vielmehr sind die entsprechenden Überlegungen bei jedem einzelnen Schritt (z.B. Unterzeichnung eines Letter of Intent, Fassung eines Gremienbeschlusses etc.) anzustellen. Es ist daher während des gesamten Prozesses zu prüfen, ob bereits eingetretene (oder bevorstehende) Zwischenschritte oder das Endergebnis selbst als zukünftiges Ergebnis eine Insiderinformation darstellen. Für das Kursbeeinflussungspotenzial des jeweiligen Zwischenschritts gilt dabei, dass es umso eher anzunehmen ist, je gewichtiger und wahrscheinlicher das Endergebnis ist; das Endergebnis selbst darf zumindest nicht unwahrscheinlich oder gar ausgeschlossen sein. **2261**

b) Gerüchte

Für die Praxis ebenfalls von Bedeutung ist die Frage, ob bzw. unter welchen Voraussetzungen ein Gerücht eine konkrete Information darstellen kann. Die MAR verhält sich dazu nicht. Die BaFin[155] geht, angelehnt an eine Entscheidung des Hessischen VGH[156], davon aus, dass jedenfalls Gerüchte, die einen Tatsachenkern enthalten, eine Insiderinformation sein können. In der Literatur ist diese Frage umstritten.[157] Sofern man von der grundsätzlichen Eignung von Gerüchten als Insiderinformation ausgeht, ist die entscheidende Frage die nach ihrer Kurserheblichkeit. Hier kommt es maßgeblich auf die Quelle sowie die dem Gerücht zugrundeliegenden nachprüfbaren Fakten an. **2262**

c) Eigene Absichten, Pläne, Vorhaben

Ob eine präzise Information vorliegt, ist auch dann fraglich, wenn es sich um selbst geschaffene innere Umstände handelt. **2263**

Beispiele: (1) „Börsenguru" B weiß, dass seine im Fernsehen gesendeten Börsentipps immer große Beachtung bei den Anlegern finden und sich nach Ausstrahlung regelmäßig auf die Kurse der betroffenen Wertpapiere auswirken. In der Absicht, in der Sonntagabendsendung die Aktie der X AG (notiert im geregelten Markt) zu empfehlen, erwirbt B freitags zuvor 1.000 Aktien der X AG, um diese nach dem zu erwartenden Kursanstieg am Montag wieder zu veräußern („Scalping").

(2) X beabsichtigt, insges. 10 % der Aktien an der Y AG (notiert im geregelten Markt) zu erwerben. Er weiß, dass bei Bekanntwerden dieses Plans der Kurs der Aktien steigen würde. Er erwirbt daher zunächst sukzessive Aktien über die Börse.

Den Beispielen ist gemeinsam, dass die potenzielle Insiderinformation jeweils vom Handelnden, der sich mit seinem Verhalten einen Vorteil gegenüber den anderen Marktteilnehmern verschafft, selbst geschaffen wurde. Es geht jeweils um einen eigenen Plan, ein eigenes Vorhaben. Nach der Rechtsprechung des EuGH,[158] die insofern von einem früher ergangenen Urteil des BGH[159] abweicht, können auch solche **selbstgeschaffenen** **2264**

---

154 EuGH RS C-19/11 „Geltl/Daimler AG".
155 Emittentenleitfaden Modul C, S. 14 (Stand 25.3.2020).
156 Beschl. v. 16.3.1998, AG 1998, 436.
157 S. zum Meinungsstand *Buck-Heeb*, in: Assmann/Schütze/Buck-Heeb, Handbuch des Kapitalanlagerechts, § 8 Rn. 64 f.
158 EuGH RS C 391/04 – „Georgakis", Rn. 35.
159 BGH NJW 2004, 302 ff.

Informationen den Tatbestand der Insiderinformation erfüllen. Sie dürfen daher weder unrechtmäßig offengelegt werden noch dürfen auf ihrer Grundlage Dritten Geschäfte empfohlen oder Dritte zu Geschäften angestiftet werden (Art. 14 lit. b und c MAR).

2265 Für die Frage, ob es sich um das Tätigen eines verbotenen Insidergeschäfts gem. Art. 14 lit. a MAR durch den Urheber der Information selbst handelt, ist entscheidend, ob die **Information durch das Geschäft i.S.d. Art. 8 Abs. 1 MAR ausgenutzt** wird. Erwägungsgrund 31 zur MAR führt dazu aus, dass, da dem Erwerb oder der Veräußerung von Finanzinstrumenten notwendigerweise eine entsprechende Entscheidung der Person vorausgehen müsse, die bloße Tatsache dieses Erwerbs oder dieser Veräußerung als solche nicht als Nutzung von Insiderinformationen gelten solle. Handlungen auf der Grundlage eigener Pläne und Handelsstrategien des Marktteilnehmers sollten nicht als Nutzung von Insiderinformationen gelten. Art. 9 Abs. 5 MAR bestimmt zudem, dass die bloße Tatsache, dass eine Person Wissen darüber, dass sie beschlossen hat, Finanzinstrumente zu erwerben oder zu veräußern, beim Erwerb oder der Veräußerung dieser Finanzinstrumente nutzt, an sich noch keine Nutzung von Insiderinformationen darstellt.

Im **Beispiel (2)** würde es sich damit nicht um ein Insidergeschäft handeln, da X durch den Erwerb lediglich seinen eigenen Entschluss umsetzt. Das gilt unabhängig davon, ob er sofort die gesamten 10 % erwirbt oder die Beteiligung sukzessive aufbaut.

Anders aber das **Beispiel (1):** Hier setzt B nicht lediglich seinen Erwerbsentschluss um, sondern er nutzt seine Kenntnis von der beabsichtigten Empfehlung und deren Wirkungen, die ebenfalls eine Insiderformation darstellt.

d) Außerbörslicher Pakethandel

2266 Sofern Kaufgegenstand Finanzinstrumente im Sinne der Insiderregeln sind (dazu s. Rn. 2233 f.), ist auch der außerbörsliche Pakethandel grundsätzlich vom Insiderhandelsverbot erfasst. Verfügen in einem solchen Fall allerdings Käufer und Verkäufer gleichermaßen über eine die Instrumente oder den Emittenten betreffende Insiderinformation, fehlt es auch hier an einer Nutzung derselben, da keine der Parteien einen ungerechtfertigen Vorteil für sich erzielen kann.[160] Eine solche Konstellation ist häufig gegeben, wenn der Käufer im Rahmen einer Due Diligence-Prüfung Kenntnis von Insiderinformationen erlangt. Um eine unzulässige Nutzung von Insiderinformationen würde es sich demgegenüber handeln, wenn der Käufer – über das ursprünglich beabsichtigte Paket hinaus – aufgrund des Erhalts von Insiderinformationen zusätzlich Wertpapiere von Dritten erwirbt (sog. **alongside purchases**).

e) Marktsondierungen

2267 Im Vorfeld von Transaktionen mit Finanzinstrumenten wie insb. Erst- oder Zweitplatzierungen kann es erforderlich sein, das Interesse potenzieller Anleger zu eruieren, um die Durchführbarkeit der Transaktion, die preisliche Gestaltung, den Umfang und die geplante Struktur abschätzen zu können. Um eine solche sog. Marktsondierung vornehmen zu können, ist es zwingend erforderlich, den potenziellen Anlegern gegenüber den Umstand der geplanten Transaktion, Transaktionsdaten und damit unter Umständen Insiderinformationen offenzulegen. Ggf. ist es auch erforderlich, weitere, nicht öffentliche Unternehmensinformationen zu übermitteln. Dabei dient die Übermittlung von Informationen in dieser Phase der Strukturierung und vollständigen Durchführung des

---

160 Ein solcher ist aber ein wesentliches Merkmal von Insidergeschäften, s. Erwägungsgrund 23 der MAR.

Geschäfts insges. und zielt nicht darauf ab, für ein im Voraus festgelegtes Geschäft das Interesse potenzieller Anleger abzuschätzen. Vor dem Hintergrund des insiderrechtlichen Offenlegungsverbots herrschte in der Vergangenheit Unsicherheit, ob bzw. unter welchen Voraussetzungen eine solche Offenlegung erfolgen durfte. Der europäische Gesetzgeber hat diese für die Praxis äußerst wichtige Konstellation aufgegriffen und hierzu mit Art. 11 MAR eine recht umfangreiche Regelung getroffen.[161]

Die wichtigsten Voraussetzungen, unter denen eine Marktsondierung zulässig ist, sind, dass die potenziellen Anleger, (1) damit einverstanden sind, dass sie Insiderinformationen erhalten, (2) davon in Kenntnis gesetzt werden, dass sie die Informationen nicht für Insidergeschäfte nutzen dürfen und (3) sich verpflichten, die Vertraulichkeit der Informationen zu wahren (Art. 11 Abs. 5 MAR).[162] Der offenlegende Marktteilnehmer seinerseits muss schriftliche Aufzeichnungen über den gesamten Prozess erstellen. Diese Anforderungen entsprechen im Wesentlichen denen, die sich bereits vor In-Kraft-Treten der MAR als „best practice“ herausgebildet hatten. **2268**

Auf die Regelungen des Art. 11 MAR berufen können sich Emittenten, unter bestimmten Bedingungen Zweitanbieter, Teilnehmer am Markt für Emissionszertifikate sowie Dritte, die im Auftrag oder für Rechnung für eine dieser Personen agieren (Art. 11 Abs. 1 MAR). Gleiches gilt für Erwerbsinteressenten, wenn sie die Absicht haben, ein **Übernahmeangebot** für die Anteile eines Unternehmens oder für einen Unternehmenszusammenschluss abzugeben (Art. 11 Abs. 2 MAR). **2269**

Verlieren offengelegte Informationen ihre Eigenschaft als Insiderinformation, so ist der Empfänger davon so rasch wie möglich in Kenntnis zu setzen, sog. **„cleansing“** (Art. 11 Abs. 6 MAR). **2270**

Ab dem 1.1.2021 müssen die besonderen Anforderungen an Marktsondierungen nicht mehr erfüllt werden, wenn es sich um ein Anleiheangebot handelt, das ausschließlich an qualifizierte Anleger i.S.d. EU-ProspektVO[163] gerichtet ist. In diesem Fall wird davon ausgegangen, dass die Offenlegung der Informationen grundsätzlich zulässig ist (Art. 11 Abs. 1a MAR in der ab dem 1.1.2021 geltenden Fassung).

f) Aktienrückkaufprogramme und Stabilisierungsmaßnahmen

Kauft ein Emittent eigene Aktien zurück oder führt er Maßnahmen zur Kursstabilisierung durch, besteht die Gefahr, dass er sich bei Vorliegen von Insiderinformationen dem Vorwurf eines verbotenen Insidergeschäfts aussetzt. Um dieses Risiko zu vermeiden, wurde mit Art. 5 MAR eine sog. „Safe-Harbor-Regelung“ geschaffen: Hält der Emittent sich an die dort und den dazu erlassenen technischen Regulierungsstandards festgelegten Voraussetzungen, ist ein Verstoß ausgeschlossen. **2271**

g) Informationsübermittlung an Journalisten und Ratingagenturen

Ratingagenturen benötigen möglichst vollständige Informationen, um die Bonität von Emittenten zutreffend beurteilen zu können. Vor diesem Hintergrund stellt es – unter Anwendung des Art. 10 MAR – keine unrechtmäßige Offenlegung dar, wenn der Emit- **2272**

161 Weitere Konkretisierungen ergeben sich aus der Delegierten Verordnung (EU) 2016/960 der Kommission vom 17.5.2016 sowie der Durchführungsverordnung (EU) 2016/959 der Kommission vom 17.5.2016.

162 Leitlinien, die die Pflichten der Personen, die Marktsondierung erhalten, näher konkretisieren, hat die ESMA entsprechend ihrer Ermächtigung in Art. 11 Abs. 11 MAR herausgegeben (ESMA/2016/1477).

163 Verordnung (EU) 2017/1129 (s. dazu näher Rn. 2165).

tent ihnen Insiderinformationen mitteilt, soweit sie diese tatsächlich zur Erfüllung ihrer Aufgaben benötigen.

An die Medien dürfen Insiderinformationen grundsätzlich nicht weitergegeben werden. Hier ist der gesetzlich vorgeschriebene Weg über eine **Ad-hoc-Meldung** (s. dazu Rn. 2275 ff.) einzuhalten. Dadurch kann sich jedoch im Einzelfall ein Konflikt mit der grundrechtlich geschützten Meinungs- und Pressefreiheit ergeben.

Beispiel: Mitarbeiter M des Pharmaunternehmens P erfährt, dass sich in klinischen Studien bei der Einnahme des Medikaments X in größerem Umfang gravierende, teilweise tödliche Nebenwirkungen gezeigt habe. P hält diese Information unter Verschluss, weil auf diesem Medikament 40% seines Umsatzes beruhen. Verstößt M gegen das insiderrechtliche Offenlegungsverbot, wenn er die Information an die Presse gibt?

2273 Um in derartigen Fällen einen Ausgleich zwischen dem Schutz der Kapitalmarktintegrität einerseits und dem Schutz der Presse- und Meinungsfreiheit anderseits herbeizuführen, sind nach Art. 21 MAR bei der Anwendung der Art. 10 und 12 MAR die Regeln zur Presse- und Meinungsfreiheit sowie die journalistischen Berufs- und Standesregeln zu berücksichtigen. Dogmatische Einbruchsstelle ist Art. 10 MAR, d.h. die Offenlegung ist bei Einhaltung dieser Regelungen grundsätzlich gestattet. Soweit diese Vorschriften keine spezifischen Regelungen zur Lösung des Zielkonflikts mit dem Insiderrecht enthalten, hat eine einzelfallbezogenen Interessenabwägung (Gefahr für die Marktintegrität auf der einen Seite, konkrete Bedeutung der Offenlegung der Information für die Öffentlichkeit auf der anderen Seite) zu erfolgen.[164] Im o.g. Beispielsfall dürfte diese Interessenabwägung dazu führen, dass M die Information an die Presse geben darf.

h) Monitoringsysteme und Verdachtsanzeigen (Art. 16 MAR)

2274 Zur Vorbeugung und Aufdeckung von Marktmissbrauch müssen Betreiber von Märkten und Wertpapierfirmen, die Handelsplätze betreiben, sowie Personen, die gewerbsmäßig Geschäfte in Finanzinstrumenten vermitteln, erteilen oder ausführen, Regelungen, Systeme und Verfahren zur Aufdeckung von Insiderhandel schaffen und aufrechterhalten. Verdächtige Geschäfte sind der zuständigen Behörde zu melden.

II. Ad-hoc-Publizität (Art. 17 MAR)

2275 Insiderinformationen, die den Emittenten unmittelbar betreffen, sind sobald wie möglich zu veröffentlichen (Art. 17 Abs. 1 S. 1 MAR).[165] Zweck dieser sog. Ad-hoc-Publizitäts-

---

164 *Klöhn/Büttner*, WM 2016, S. 2241 mit einer ausführlichen Behandlung der Thematik.

165 Nähere Konkretisierungen enthalten: Durchführungsverordnung (EU) 2016/1055 der Kommission vom 29.6.2016 zur Festlegung technischer Durchführungsstandards hinsichtlich der technischen Mittel für die angemessene Bekanntgabe von Insiderinformationen und für den Aufschub der Bekanntgabe von Insiderinformationen gemäß Verordnung (EU) 596/2014; Delegierte Verordnung (EU) 2016/522 der Kommission vom 17.12.2015 zur Ergänzung der Verordnung (EU) 596/2014 im Hinblick auf eine Ausnahme für bestimmte öffentliche Stellen und Zentralbanken von Drittstaaten, die Indikatoren für Marktmanipulation, die Schwellenwerte für die Offenlegung, die zuständige Behörde, der ein Aufschub zu melden ist, die Erlaubnis zum Handel während eines geschlossenen Zeitraums und die Arten meldepflichtiger Eigengeschäfte von Führungskräften; ESMA MAR-Leitlinien zum Aufschub der Offenlegung von Insiderinformationen sowie ESMA Final Report Guidelines on the Market Abuse Regulation – market soundings and delay of disclosure of inside information. ESMA Questions and Answers on the Market Abuse Regulation (ESMA70-145-111).

pflicht ist, durch eine schnelle und gleichmäßige Unterrichtung des Marktes einen gleichen Informationsstand der Marktteilnehmer sicherzustellen. Zugleich soll sie den Missbrauch von Insiderinformationen verhindern. Die Insiderinformationen sind daher so zu veröffentlichen, dass die Öffentlichkeit schnell auf sie zugreifen und sie vollständig, korrekt und rechtzeitig bewerten kann. Ad-hoc-Mitteilungen dürfen nicht mit Werbung verbunden werden.

1. Voraussetzungen und Folgen der Veröffentlichungspflicht

a) Emittent i.S.d. Art. 17 MAR

Betraf die Pflicht zur Ad-hoc-Publizität in der Vergangenheit nur Emittenten, deren Finanzinstrumente[166] zum Handel an einem organisierten Markt in der EU/EWR (in Deutschland also der geregelte Markt an einer Börse) zugelassen waren (bzw. die zumindest einen Antrag auf eine solche Zulassung gestellt hatten), so wurde der Adressatenkreis mit In-Kraft-Treten der MAR am 3.7.2016 bzw. des 2. Finanzmarktnovellierungsgesetzes am 3.1.2018 erheblich ausgeweitet: Er umfasst nunmehr auch Emittenten, deren Finanzinstrumente nur über ein multilaterales (MTF) oder organisiertes Handelssystem (OTF) gehandelt werden, wobei allerdings erforderlich ist, dass der jeweilige Emittent eine entsprechende Zulassung beantragt oder der Einbeziehung zumindest (wissentlich und willentlich) zugestimmt hat (eine bloße Kenntnisnahme reicht nicht).[167] Als wichtigste Folge dieser Erweiterung ist die Ad-hoc-Pflicht nun auch von Emittenten zu beachten, deren Wertpapiere lediglich (mit ihrer Zustimmung) im Freiverkehr gehandelt werden. **2276**

Beispiel: Hat eine nicht-börsennotierte AG oder eine GmbH Anleihen begeben und eine Einbeziehung der Anleihen in den Freiverkehr einer Börse beantragt oder dieser zumindest zugestimmt, unterliegt sie der Pflicht zur Ad-hoc-Publizität.

Seit dem 3.1.2018 besteht eine Verpflichtung zur Veröffentlichung von Ad-hoc-Meldungen zudem für Teilnehmer am Markt für Emissionszertifikate, die Luftverkehrstätigkeiten oder bestimmte Anlagen betreiben, in Bezug auf ihnen gehörende Emissionszertifikate, Art. 17 Abs. 2 MAR. Damit sind nun auch große Anlagen- und Luftverkehrsbetreiber im EU-Emissionshandelssystem meldepflichtig in Bezug auf kursrelevante anlage- bzw. luftverkehrsbezogene Geschäftstätigkeiten.

b) Insiderinformation, die den Emittenten unmittelbar betrifft

Der Begriff der Insiderinformation entspricht dem in Art. 7 MAR.[168] Aufgrund des zusätzlichen Erfordernisses der unmittelbaren Betroffenheit des Emittenten durch die Information lösen Informationen, die nur das Finanzinstrument betreffen, grundsätzlich keine Veröffentlichungspflicht aus. Zu einer unmittelbaren Betroffenheit führen jedenfalls Umstände, die im Tätigkeitsbereich des Emittenten eintreten. Bei unternehmensexternen Umständen ist zu differenzieren: Informationen, die ausschließlich das Finanzinstrument betreffen (z.B. Zusammensetzung des Aktienindex), lösen keine Ad-hoc- **2277**

---

166 Keine Beschränkung auf Aktien. Insb. auch Emittenten von Schuldverschreibungen können damit, unabhängig davon ob bzw. wo ihre Aktien gehandelt werden, ad-hoc-publizitätspflichtig sein.

167 Bei OTFs greift die Ad-hoc-Pflicht erst, wenn die Einbeziehung erfolgt ist, bei MTF beginnt sie, wie auch bei den geregelten Märkten, bereits ab Antragstellung.

168 Für Warenderivate und Emissionszertifikate sind dort jeweils eigene Definitionen enthalten.

Pflicht aus. Im Übrigen ist entscheidend, ob der Emittent durch den Umstand in besonderer Weise oder lediglich als Teil einer Gruppe betroffen ist.

Beispiel: Änderungen im Ölpreis betreffen den gesamten Markt und sind damit i.d.R. nicht veröffentlichungspflichtig. Etwas anderes kann aber gelten, wenn der Emittent hierdurch in besonderer Weise und stärker als die übrigen Marktteilnehmer betroffen ist (z.B. Fluggesellschaft bei erheblichen Änderungen des Kerosinpreises).

Beispiele für i.d.R. veröffentlichungspflichtige Informationen: Veräußerung von Kerngeschäftsfeldern, Rückzug aus oder Aufnahme von neuen Kerngeschäftsfeldern; Erwerb oder Veräußerung von wesentlichen Beteiligungen; Kapitalmaßnahmen.

Die Auswirkungen der US-Steuerreform vom Dezember 2017 wurden von vier Dax-Unternehmen (Daimler AG, BMW AG, Fresenius SE & Co. KGaA und Fresenius Medical Care AG & Co. KGaA) als ad-hoc-pflichtige Sachverhalte angesehen.

Beispiele für Informationen, die den Emittenten nur mittelbar betreffen: Orderlage in den Finanzinstrumenten; Entscheidungen über Regeln der Indexzusammensetzung; allgemeine Zinssatzentwicklungen; Informationen über allgemeine Wirtschaftsdaten.

2278 Für Teilnehmer am Markt für Emissionszertifikate bezieht sich die Offenlegungspflicht dabei allein auf ihre physischen (Betreiber-)Aktivitäten, betrifft aber nicht eigene Strategien oder Pläne zum Handel mit Emissionszertifikaten (Erwägungsgrund 51 der MAR). Explizit benennt die MAR für Anlagen die für deren Kapazität und Nutzung erheblichen Informationen, darunter die geplante oder ungeplante Nichtverfügbarkeit dieser Anlagen (Art. 17 Abs. 2 u. Abs. 1 S. 2 MAR). Der Teilnehmer hat daher zu prüfen, welche Maßnahmen oder Ereignisse in Bezug auf seine Anlagen oder seine Luftverkehrstätigkeit, wenn sie öffentlich bekannt würden, geeignet wären, den Kurs der Emissionszertifikate erheblich zu beeinflussen. Dazu gehören z.B. der (ungeplante) Ausfall, die teilweise oder endgültige Betriebsstilllegung, Investitionsentscheidungen im Hinblick auf die Errichtung neuer Anlagen, Änderungen in der Energieeffizienz von großen Anlagen oder der Wechsel von Brennstoffen innerhalb einer Anlage. Im Hinblick auf die Luftverkehrstätigkeit kommen als veröffentlichungspflichtige Insiderinformationen z.B. Flottenausfälle in Betracht.

c) Bekanntgabe „sobald wie möglich“

2279 Die Veröffentlichung einer den Emittenten selbst unmittelbar betreffenden Insiderinformation hat „sobald wie möglich“ zu erfolgen. Dies meint (ebenso wie der frühere Wortlaut „unverzüglich“) eine **Veröffentlichung ohne schuldhaftes Zögern** und ist unabhängig von etwaigen Börsenhandelszeiten. Jeder Adressat der Ad-hoc-Pflicht ist daher gehalten, organisatorische Vorkehrungen zu treffen, um eine notwendige Veröffentlichung unverzüglich herbeizuführen. Der Emittent darf sich dabei, gerade bei komplexen Sachverhalten, jedoch die Zeit nehmen, um sorgfältig zu prüfen, ob eine veröffentlichungspflichtige Information vorliegt. Die schließt auch die Einholung ggf. erforderlichen Rechtsrates ein.

Höchstrichterlich bisher nicht geklärt ist die Frage, in welchem Zeitpunkt die Informationspflicht, die unverzüglich zu erfüllen ist, zur Entstehung gelangt.

Beispiele: Reicht es, wenn die Kenntnis von Manipulationen von Abgaswerten ausschließlich bei Mitarbeitern unterer Ebenen im Unternehmen vorhanden ist oder muss dies dem Vorstand zur Kenntnis gelangt sein? Im ersteren Fall würde eine Wissenszurechnung stattfinden, die Wissensorganisationspflichten des Unternehmens nach sich ziehen würde, um die Ad-hoc-Meldung unverzüglich abgeben zu können.

Was ist mit externen Informationen, z.B. über Steuererhöhungen, die aufgrund ihres unmittelbaren Bezugs zum Emittenten Insiderinformationen darstellen, die dem Unternehmen selbst aber noch gar nicht bekannt sind?

Unstreitig ist im Wesentlichen, dass die bloße Existenz einer Information außerhalb des Unternehmens, das selbst aber keine Kenntnis von ihr hat, noch keine Veröffentlichungspflicht begründet. Auf der anderen Seite entsteht die Veröffentlichungspflicht aber jedenfalls dann, wenn der **Vorstand Kenntnis von der Information** hat. Im Übrigen ist unklar, unter welchen Voraussetzungen den Emittenten eine Veröffentlichungspflicht trifft, weil er bzw. der Vorstand die Information „hätte kennen müssen", wie weit also Wissenszurechnung und „Wissensbeschaffungspflichten" gehen. Das LG Stuttgart hat in seinem Vorlagebeschluss im Rahmen des gegen Porsche geführten „Dieselgate"-Haftungsprozesses insoweit Neigungen zur Berücksichtigung von Wissen nachgeordneter Beschäftigter angedeutet .[169] In die gleiche Richtung geht des OLG München,[170] das ausführt, wenn die Insiderinformation an einer Stelle des Unternehmens entstehe, die nicht berechtigt sei, über die Veröffentlichung zu entscheiden, durch unternehmensinterne Organisation sichergestellt sein müsse, dass die Information unverzüglich einer entscheidungsberechtigten Person oder einem Gremium zugeleitet werde.

2. Aufschub der Veröffentlichungspflicht

Die Veröffentlichung einer Insiderinformation kann negative Folgen für den Emittenten mit sich bringen. **2280**

Beispiel: Die A AG befindet sich in existenzbedrohenden, finanziellen Schwierigkeiten, ohne dass bereits ein Insolvenzgrund gegeben wäre. Erfolgversprechende Verhandlungen mit Investoren und Banken laufen. Müsste zu diesem Zeitpunkt eine Ad-hoc-Mitteilung erfolgen, wären der erfolgreiche Abschluss der Verhandlungen und damit die finanzielle Erholung der Gesellschaft gefährdet.

Nach Art. 17 Abs. 4 MAR kann der Emittent auf eigene Verantwortung die **Offenlegung aufschieben**, wenn (1) die unverzügliche Offenlegung geeignet wäre, die berechtigten Interessen des Emittenten zu beeinträchtigen, (2) die Aufschiebung nicht geeignet ist, die Öffentlichkeit irrezuführen und (3) der Emittent die Geheimhaltung der Information sicherstellen kann.[171] Dies gilt auch im Hinblick auf zeitlich gestreckte Vorgänge. Fällt eine der genannten Voraussetzungen weg, kann insb. die Vertraulichkeit nicht mehr gewährleistet werden, hat unverzüglich die Veröffentlichung zu erfolgen, und zwar unabhängig davon, ob die Vertraulichkeitslücke auf den Emittenten zurückgeht oder nicht. **2281**

Für Kredit- und Finanzinstitute gibt es einen zusätzlichen, speziellen **Befreiungstatbestand**, der der Wahrung der Stabilität des Finanzsystems dienen soll. Nach Art. 17 Abs. 5 MAR setzt dieser voraus, dass (1) die Offenlegung das Risiko birgt, dass die finanzielle Stabilität des Emittenten und des Finanzsystems untergraben wird, (2) der **2282**

169 WM 2017, 1451, 1470.
170 NZG 2015, 399.
171 Dies entspricht der schon vor In-Kraft-Treten der MAR geltenden Rechtslage. Zu den Fragen, wann ein berechtigtes Interesse vorliegt und wann der Aufschub die Öffentlichkeit irreführen würde, enthalten die Leitlinien der ESMA (20/10/2016 | ESMA/2016/1478 DE) eine nicht abschließende Liste solcher Fälle. Die BaFin hat ESMA mitgeteilt, diesen Leitlinien nachzukommen. Die BaFin zieht daher im Rahmen ihrer Verwaltungspraxis diese Leitlinien zur Konkretisierung der Voraussetzungen des Art. 17 Abs. 4 MAR heran.

Aufschub im öffentlichen Interesse liegt und (3) die Geheimhaltung der Information gewährleistet werden kann. Gedacht ist hier beispielsweise an zeitweilige Liquiditätsprobleme und den Bedarf an zeitweiliger Liquiditätshilfe. Möchte ein Institut diesen Befreiungstatbestand in Anspruch nehmen, so muss die zuständige Behörde (in Deutschland also die BaFin) zustimmen[172].

2283 Bei Inanspruchnahme eines Befreiungstatbestandes hat der Emittent einen entsprechenden Beschluss zu fassen, an dem mindestens ein Vorstandsmitglied mitwirken muss, diesen schriftlich zu begründen und fortlaufend zu kontrollieren, ob die Bedingungen der Selbstbefreiung noch erfüllt sind.[173]

Fällt eine der Voraussetzungen für den Aufschub weg, ist die Information unverzüglich zu veröffentlichen – sofern sie zu diesem Zeitpunkt noch die Qualität einer Insiderinformation aufweist. Um in einem solchen Fall schnell reagieren zu können, ist es geboten, entsprechende Vorkehrungen zu treffen, ggf. bereits den Entwurf einer Meldung vorzuhalten.

3. Vorabmeldung und Veröffentlichung

2284 Gem. § 26 Abs. 1 WpHG ist die Insiderinformation vor ihrer Ad-hoc-Veröffentlichung der BaFin sowie den Geschäftsführungen der Handelsplätze, an denen die betroffenen Finanzinstrumente zugelassen oder einbezogen sind, mitzuteilen. Eine Mitteilung an andere Handelsplätze wäre ein Verstoß gegen das Insiderverbot gem. Art. 14 lit. c MAR. Ziel ist es, den Handelsplätzen eine Entscheidung über eine etwaig erforderliche Handelsaussetzung zu ermöglichen.

Die Veröffentlichung selbst hat im Wege einer europaweiten Verbreitung zu erfolgen, d.h. die Information ist einem Medienbündel zur europaweiten Veröffentlichung zuzuleiten (Art. 17 Abs. 1 u. Abs. 2 S. 1, Abs. 10 lit. a MAR in Verbindung mit Art. 2 Durchführungsverordnung (EU) 2016/1055).

Schließlich sind die Insiderinformationen auf der Webseite des Emittenten zu veröffentlichen und dort fünf Jahre vorzuhalten sowie dem Unternehmensregister zur Speicherung zu übermitteln.

2285 Hatte der Emittent die Veröffentlichung der Information aufgeschoben, so hat er die zuständige Behörde (wenn er seinen Sitz in Deutschland hat, ist das die BaFin) unmittelbar, d.h. unverzüglich nach der Offenlegung der Information über den Aufschub zu informieren und schriftlich zu erläutern, inwieweit dessen Voraussetzungen erfüllt waren (Art. 17 Abs. 3 u. Abs. 3 MAR). Diese Erläuterungspflicht kann für Emittenten, deren Finanzinstrumente lediglich zum Handel an einem KMU-Wachstumsmarkt zugelassen sind, eine Belastung darstellen. Für sie gilt ab dem 1.1.2021 insofern eine Erleichterung, als dass sie nur noch auf Verlangen der BaFin eine Erläuterung mit Gründen für den Abschub abgeben müssen (Art. 17 Abs. 4 UAbs. 4 MAR in ihrer ab dem 1.1.2021 geltenden Fassung).

---

172 Nach Art. 6 der Delegierten Verordnung (EU) 2016/522 vom 17.12.2015 ist zuständig grundsätzlich die Behörde desjenigen Mitgliedstaates, in dem der Emittent registriert ist.

173 S. dazu auch Art. 4 der Durchführungsverordnung (EU) 2016/1055.

4. Typische Fallfragen

a) Umgang mit Gerüchten während des Aufschubs der Veröffentlichung

In der Praxis immer wieder problematisch ist die Situation, dass in dem Zeitraum, in dem der Emittent entschieden hat, die Veröffentlichung aufzuschieben, Teile der der Insiderinformation zugrunde liegenden Umstände als Gerücht kolportiert oder sogar Details oder die gesamte Information öffentlich bekannt werden, d.h. die für den Aufschub verlangte Vertraulichkeit nicht mehr gewährleistet ist. Während nach der früheren Verwaltungspraxis der BaFin eine sofortige Veröffentlichung nur dann erfolgen musste, wenn der Emittent wusste oder Grund zu der Annahme hatte, dass die Vertraulichkeitslücke in seiner Sphäre entstanden war, hält die BaFin hieran aufgrund von Vorgaben der ESMA nicht länger fest.[174] Daher muss der Emittent nunmehr grundsätzlich auf jedes „Durchsickern“ mit einer sofortigen Veröffentlichung reagieren, sofern das Gerücht so präzise ist, dass zu vermuten ist, dass die Vertraulichkeit der Information nicht mehr gewährleistet ist (Art. 17 Abs. 7 u. Abs. 2 MAR). 2286

Beispiel: Die X AG hat eine neue Maschine entwickelt, die in den kommenden Jahren den Gewinn des Unternehmens voraussichtlich erheblich steigern wird. Ein entsprechendes Patent ist noch nicht erteilt. Die X AG könnte grundsätzlich von der Aufschubmöglichkeit Gebrauch machen. Sollte die Information als Gerücht am Markt auftauchen, wäre sie allerdings zur unverzüglichen Veröffentlichung verpflichtet.

b) Gestreckte Sachverhalte

Im Rahmen von sog. gestreckten Sachverhalten (s. auch Rn. 2260 f.) stellt sich häufig die Frage, ob bzw. ab welchem Zeitpunkt von einer Insiderinformation Gebrauch gemacht werden kann. 2287

Beispiel: In dem der jetzigen Regulierung zugrunde liegenden Verfahren Gelt ./. Daimler[175] ging es um die Frage, wann die (beabsichtigte) Mandatsniederlegung des Vorstandsvorsitzenden Schrempp zu veröffentlichen war: Bereits mit einer ersten Erörterung der Absicht mit dem Aufsichtsratsvorsitzenden? Erst mit einem entsprechenden Beschluss des Aufsichtsrats? Oder zu irgendeinem Zeitpunkt dazwischen?

Die Art. 7 und 17 MAR haben die in diesem Verfahren ergangene Entscheidung des EuGH dahingehend kodifiziert, dass die Ad-hoc-Pflicht nicht erst mit der endgültigen Entscheidung entsteht, sondern jeder Zwischenschritt gesondert auf seine Eigenschaft als Insiderinformation hin zu untersuchen ist und dadurch eine Veröffentlichungspflicht auslösen kann. Hierdurch hat sich die Bedeutung der Möglichkeit eines Aufschubs noch verstärkt, um im Einzelfall den berechtigten Interessen des Emittenten an einer Geheimhaltung der Information Rechnung tragen zu können. 2288

c) Ad-hoc-Publizitätspflicht im Rahmen von Mergers & Acquisitions und Übernahmen

Bei der Übernahme einer anderen Gesellschaft („M&A-Transaktion“) kann sich sowohl bei der Ziel- als auch bei der Bietergesellschaft die Frage nach einer Pflicht zur Veröffentlichung einer Ad-hoc-Meldung stellen. Hier ist bei jedem einzelnen Verfahrens- 2289

174 BaFin, Art. 17 MAR – Veröffentlichung von Insiderinformationen (FAQs) (Stand: 22.5.2018).

175 Dazu BGH v. 22.11.2010 – II ZB 7/09, DStR 2011, 323; EuGH v. 28.6.2012 – C-19/11, NZG 2012, 784; BGH v. 23.4.2013 – II ZB 7/09, DStR 2013, 1613.

schritt (Entscheidung, Vorgespräche mit der Zielgesellschaft aufzunehmen; Erstellung eines unverbindlichen Angebotsschreibens; Abschluss eines Non-Disclosure-Agreement; Abgabe eines letter of intent etc.) zu prüfen, ob dieser (bereits) eine Insiderinformation darstellt und falls ja, ob ggf. die Veröffentlichung zunächst aufgeschoben werden kann.

2290 Die Regelungen zur Ad-hoc-Publizität sind auch zu beachten im Rahmen von Übernahmeverfahren nach WpÜG (s. dazu Rn. 2383 ff.). Die Erfüllung der nach WpÜG vorgesehenen Transparenzpflichten lässt etwaige (zusätzliche) Ad-hoc-Publizitätspflichten grundsätzlich unberührt. Etwas anderes gilt nur dann, wenn gesetzlich ausdrücklich etwas anderes angeordnet ist (so z.B. § 10 Abs. 6 WpÜG, der im Fall der Veröffentlichung einer Entscheidung zur Abgabe eines Angebots Art. 17 MAR für nicht anwendbar erklärt[176], und § 35 Abs. 1 S. 4 WpÜG, der die Pflicht, das Erreichen der Kontrollschwelle zu veröffentlichen, gegenüber Art. 17 MAR für vorrangig erklärt). Die Beachtung der Ad-hoc-Publizitätspflicht ist von besonderer Relevanz, wenn sich eine veröffentlichte Angebotsunterlage im Nachhinein als fehlerhaft (unrichtig oder unvollständig) herausstellt: Eine per Ad-hoc-Meldung veröffentlichte Berichtigung kann für nachfolgende Erwerbe (durch Unterbrechung des für eine Haftung nach § 12 WpÜG erforderlichen Kausalzusammenhangs) eine Schadensersatzhaftung ausschließen (§ 12 Abs. 3 Nr. 3 WpÜG).

d) Ad-hoc-Publizitätspflicht bei Börsengängen und Aktienplatzierungen

2291 Da die Ad-hoc-Pflicht gem. Art. 17 Abs. 1 UAbs. 3 MAR bereits mit dem Antrag auf Zulassung zum Handel an einem geregelten Markt oder einem multilateralen Handelssystem beginnt, ist sie schon im Vorfeld einer Platzierung zu beachten.

Als Insiderinformation kommt hier zunächst das Wissen um die Transaktion als solche in Betracht. Bei einem **initial public offering („IPO“)**, also bei einem noch nicht börsennotierten Emittenten, wird die Transaktion i.d.R. öffentlich angekündigt, bevor ein Zulassungsantrag gestellt wird, so dass die Information spätestens zu diesem Zeitpunkt ihren Charakter als Insiderinformation einbüßt und damit keine Ad-hoc-Pflicht entstehen kann. Demgegenüber sind **Kapitalerhöhungen** bereits börsennotierter Unternehmen i.d.R. als Insiderinformationen anzusehen. Da es sich bei einer Kapitalerhöhung um einen Prozess handelt, der eine ganze Reihe von Transaktionsschritten (Projektieren, Auswahl und Mandatierung von Emissionsbegleitern und Beratern, Durchführung einer Due Diligence des Emittenten etc.) beinhaltet und der sich über Wochen oder Monate hinziehen kann, handelt es sich wieder um einen gestreckten Sachverhalt, der entsprechend auf jeder einzelnen Stufe auf seine Ad-hoc-Pflichtigkeit zu untersuchen ist. Diese beginnt meist frühestens mit der Unterzeichnung des Übernahmevertrages durch die emissionsbegleitenden Banken.

2292 Ab Zulassungsantrag kann aber auch jede andere Insiderinformation (z.B. Preisspanne oder endgültiger Emissionspreis) ad-hoc zu veröffentlichen sein. Ist bereits ein Prospekt veröffentlicht, tritt die Pflicht zur Ad-hoc-Mitteilung neben die Pflicht, einen Nachtrag

---

176 Nach der Gesetzesbegründung (BT-Drucks. 14/7034, S. 40 f.) hängt der Vorrang des § 10 WpÜG vor Art. 17 MAR allerdings vom Inhalt der veröffentlichten Entscheidung ab. Vor allem, wenn im Rahmen der Veröffentlichung nach § 10 WpÜG die Eckdaten des Angebots nicht bekannt gegeben würden, solle – bei entsprechender Qualität der Informationen – eine Veröffentlichungspflicht nach Art. 17 MAR bestehen.

zum Prospekt zu veranlassen (s. dazu auch Rn. 2181). Auf die Erfüllung dieser Pflicht sollte in diesem Fall auch im eigenen Interesse des Emittenten besonders geachtet werden, weil durch die Ad-hoc-Mitteilung für nachfolgende Erwerbe die Kausalität zwischen fehlerhaftem Prospekt und Aktienerwerben und damit eine Prospekthaftung ausgeschlossen werden kann (s. dazu auch Rn. 2190).

e) Verhältnis zu anderen Transparenz- und Publizitätsvorschriften

Emittenten unterliegen neben der Pflicht zur Ad-hoc-Publizität einer Vielzahl weiterer Transparenz- und Publizitätspflichten. Exemplarisch genannt seien Veröffentlichungspflichten nach WpÜG, Mitteilungen bedeutender Stimmrechtsveränderungen etc. Sofern die jeweiligen Vorschriften nicht anderes ausdrücklich anordnen, bleibt die Ad-hoc-Pflicht von ihnen unberührt, d.h. sie sind weder vorrangig vor ihr zu erfüllen noch ersetzen sie sie. Die Ad-hoc-Pflicht ist damit stets zusätzlich zu prüfen. **2293**

Gleiches gilt für die **Regelpublizität** (Veröffentlichung von Jahresabschlüssen etc). Auch sie lässt die Ad-hoc-Pflicht, die im Einzelfall z.B. durch einzelne ergebniswirksame Geschäftsereignisse ausgelöst werden kann, unberührt.

Beispiel: Handelt es sich bei einem end- oder unterjährigen Geschäftsergebnis um eine Insiderinformation, ist diese unverzüglich, also unabhängig von bereits terminierten Veröffentlichungsterminen oder Pressekonferenzen, zu veröffentlichen.

III. Führung von Insiderlisten (Art. 18 MAR)

Dieselben Emittenten, die der Pflicht zur Veröffentlichung von Ad-hoc-Meldungen unterliegen, sind auch verpflichtet sog. Insiderlisten zu führen, zu aktualisieren und auf Ersuchen an die nationale Aufsichtsbehörde zu übermitteln (Art. 18 Abs. 1 u. 7 MAR).[177] Damit sind, anders als nach der bis 2.7.2016 geltenden Rechtslage, insb. auch Emittenten, deren Finanzinstrumente mit ihrem Einverständnis im Freiverkehr gehandelt werden, zur Listenführung verpflichtet. Darüber hinaus trifft die Pflicht, ebenso wie in der Vergangenheit, auch Personen, die im Auftrag oder für Rechnung des Emittenten handeln (sog. „Dienstleister", also z.B. Rechtsanwälte, Unternehmensberater, Steuerberater, Wirtschaftsprüfer, PR-Agenturen, aber auch Kreditinstitute, wenn sie über allgemeine Bankdienstleistungen hinaus für den Emittenten tätig werden, z.B. im Rahmen einer Kapitalmaßnahme). Seit dem 3.1.2018 müssen zudem auch Teilnehmer am Markt für Emissionszertifikate (s. Rn. 2276), Versteigerungsplattformen, Versteigerer und die Auktionsaufsicht eine Insiderliste erstellen. **2294**

Emittenten, deren Finanzinstrumente zum Handel an einem KMU-Wachstumsmarkt zugelassen sind, müssen eine Insiderliste nur auf Verlangen der BaFin erstellen (Art. 18 Abs. 6 MAR). Ab 1.1.2021 sieht die MAR vor, dass Emittenten, deren Finanzinstrumente zum Handel auf einem KMU-Wachstumsmarkt zugelassen sind, die Möglichkeit erhalten, nur für die Personen eine Liste zu führen, die aufgrund der Art ihrer Funktion oder Position bein Emittenten stets auf Insiderinformationen zugreifen können, wie Geschäftsführer, Mitglieder der Leitungsorgange oder interne Berater. Ob Deutschland

177 Details zu Format und Aktualisierung der Listen ergeben sich aus der Durchführungsverordnung (EU) 2016/347 der Kommission vom 10.3.2016.

von der in der MAR vorgesehenen Möglichkeit, von dieser Erleichterung abzuweichen, Gebrauch machen wird, ist derzeit noch offen.

2295 Die Verpflichteten müssen eine Liste aller Personen führen, die Zugang zu Insiderinformationen haben, sei es auf der Grundlage eines Arbeitsvertrages oder durch die Wahrnehmung anderer Aufgaben. Personen, die über einen Dienstleister Zugang zu Insiderinformationen haben, sind von diesem in die Insiderliste aufzunehmen. Auf Seiten des Emittenten reicht dann in seiner Liste insoweit in Hinweis auf die Einbindung des betreffenden Dienstleisters und Benennung eines Ansprechpartners des Dienstleisters. Aufzunehmen sind (nur) solche Personen, die aufgrund der ihnen entsprechend zugewiesenen professionellen Aufgaben Zugang zu Insiderinformationen erhalten, nicht dagegen solche, die zufällig, also bei Gelegenheit der Wahrnehmung ihrer Aufgabe Kenntnis von solchen Informationen erlangen.

Beispiel: IT-Mitarbeiter sind dann in die Liste aufzunehmen, wenn sie aufgrund eines konkreten Projekts Zugang zu Insiderinformationen erhalten, nicht aber, wenn sie beispielsweise über bloße Administratorenrechte über Datenbanken verfügen.

2296 Für jedes **Ereignis oder Projekt** ist ein eigener Abschnitt in der Insiderliste vorzusehen.[178] Zur Vermeidung von Mehrfachnennungen von Personen können Emittenten einen Abschnitt „permanente Insider“ einführen, in dem Personen erfasst werden, die jederzeit Zugang zu allen Insiderinformationen beim Emittenten haben (Art. 2 Abs. 2 Durchführungsverordnung (EU) 2016/347).[179] Eine Insiderliste ist insb. auch dann zu erstellen, wenn ein Emittent sich zum Aufschub einer Ad-hoc-Meldung nach Art. 17 Abs. 4 MAR entschieden hat.

Die in die Liste aufgenommenen Personen sind über insiderrechtliche Verpflichtungen zu **belehren**, die sie zudem schriftlich anzuerkennen haben (Art. 18 Abs. 2 MAR).

Die **Mindestinhalte** der Liste ergeben sich aus Art. 18 Abs. 3 MAR. Sie umfassen Vor- und Nachnamen, Grund der Aufnahme in die Liste, Datum und Uhrzeit des Informationszugangs sowie das Datum der Liste.[180] Für die Praxis von erheblicher Bedeutung ist, dass eine Bezugnahme auf andere Datenbanken, insb. Personaldatenbanken, nicht mehr zulässig ist.

IV. Eigengeschäfte von Führungskräfen (Directors‘ Dealings), Art. 19 MAR

2297 Personen, die auf Emittentenebene Führungsaufgaben wahrnehmen, sowie in enger Beziehung zu ihnen stehenden Personen, müssen dem Emittenten sowie der BaFin jedes Eigengeschäft in Aktien oder Schuldtiteln des Emittenten oder damit verbundenen Derivaten oder anderen Finanzinstrumenten melden (Art. 19 Abs. 1 S. 1 MAR).[181] Die **Mel-**

---

178 Die in der Vergangenheit bestehende Wahlmöglichkeit zwischen anlass- und funktionsbezogenen Insiderlisten existiert nicht mehr.

179 In der Praxis dürften hierunter allenfalls Vorstandsmitglieder fallen.

180 Nähere Details sowie Muster finden sich in der Durchführungsverordnung (EU) 2016/347 der Kommission vom 10.3.2016.

181 Weitere Details enthalten die Delegierte Verordnung (EU) 2016/522 der Kommission vom 17.12.2015 und die Durchführungsverordnung (EU) 2016/523. Zu beachten ist weiterhin, dass Art. 19 MAR durch Einfügung der Absätze 1a und Abs. 7 u. Abs. 3 gemäß Art. 56 Nr. 1 der Verordnung (EU) 2016/1011 nachträglich ergänzt wurde.

dungen sind unverzüglich, spätestens drei Tage nach dem Datum des Geschäfts, vorzunehmen. Diese Transparenz bezweckt nach der Intention des Verordnungsgebers zweierlei:[182] Zum einen stelle sie eine Maßnahme zur Verhütung von Marktmissbrauch und insb. von Insidergeschäften dar. Zum anderen sei die Bekanntgabe dieser Geschäfte auch eine höchst wertvolle Informationsquelle für Anleger.

Mit In-Kraft-Treten der MAR sind **periodische Handelsverbote** für den betroffenen Personenkreis neu hinzugekommen, die zusätzlich zu den regulären, zeitlich unbegrenzten Insiderhandelsverboten zu beachten sind.

1. Anwendungsbereich

Die von den Regelungen zum Directors´Dealings betroffenen Emittenten sind identisch mit denen, die der Pflicht zu Ad-hoc-Meldungen und zur Führung von Insiderlisten unterliegen. Insoweit kann auf die dortigen Ausführungen verwiesen werden (s. Rn. 2276). Auch hiervon sind insb. Freiverkehrsemittenten erstmals seit dem 3.7.2016 betroffen. **2298**

2. Meldepflichtige Personen

Zu den meldepflichtigen Personen gehören zum einen solche, die Führungsaufgaben beim Emittenten wahrnehmen, zum anderen in enger Beziehung zu ihnen stehende Personen. **2299**

Personen, die Führungsaufgaben wahrnehmen, sind nach Art. 3 Abs. 1 Nr. 25 MAR Personen innerhalb eines Emittenten, die einem Verwaltungs-, Leitungs- oder Aufsichtsorgan dieses Unternehmens angehören sowie höhere Führungskräfte, die zwar keinem dieser Organe angehören, aber regelmäßig Zugang zu Insiderinformationen haben und befugt sind, unternehmerische Entscheidungen über zukünftige Entwicklungen und Geschäftsperspektiven des Unternehmens zu treffen. Bei Letzteren geht es um **Führungskräfte im materiellen Sinn**: Sie müssen befugt sein, allein oder als Mitglied eines Kollektivorgans – ohne Zustimmungsvorbehalt oder Letztentscheidungsrecht der Geschäftsführung – strategische Entscheidungen zu treffen. In deutschen Aktiengesellschaften fällt allenfalls die Führungsebene direkt unterhalb der Geschäftsleitung (z.B. Generalbevollmächtigte oder Mitglieder eines sog. Erweiterten Vorstands) darunter.[183] **2300**

Zu den Personen, die zu den Personen mit Führungsaufgaben **in enger Beziehung stehen**, gehören nach Art. 3 Abs. 1 Nr. 26 MAR Ehepartner oder Partner, die nach nationalem Recht Ehepartnern gleichgestellt sind, unterhaltsberechtigte Kinder, Verwandte, die seit mindestens einem Jahr demselben Haushalt angehören, sowie juristische Personen, Treuhand- oder Personengesellschaften, wenn die Führungskraft oder eine verbundene Person bei ihnen Führungsaufgaben wahrnimmt oder aus näher bezeichneten Gründen ein wirtschaftlicher Interessengleichlauf gegeben ist. Die Meldepflicht besteht immer nur für die Person, die das zu meldende Geschäft tätigt, auch wenn sich ihre Meldepflicht darauf gründet, dass sie in enger Beziehung zu einer Person mit Führungsaufgaben steht. Die Führungskraft ist somit nicht für die Meldungen der Personen, die zu ihr in enger Beziehung stehen, verantwortlich. **2301**

---

182 S. Erwägungsgrund 58 zur MAR.
183 Emittentenleitfaden, Modul C, S. 66 f. (Stand 25.3.2020).

Meldepflichtige Person kann grundsätzlich nicht nur eine natürliche Person, sondern **auch eine juristische Person**, eine treuhänderisch tätige Einrichtung oder eine Personengesellschaft sein.[184] Diese Auslegung beruht darauf, dass die Meldepflicht nicht dadurch umgangen werden können soll, dass eine (natürliche) mitteilungspflichtige Person die Geschäfte über eine Gesellschaft tätigt. Geschäfte von Gesellschaften lösen daher dann eine Meldepflicht aus, wenn die Führungskraft oder eine mit ihr eng verbundene Person Führungsaufgaben in der die Geschäfte tätigenden Gesellschaft wahrnimmt und an der Entscheidung dieser Gesellschaft, Geschäfte in Finanzinstrumenten des Emittenten zu tätigen, teilhat oder diese Entscheidung beeinflusst. Gleiches gilt, wenn die meldepflichtige natürliche Person die Gesellschaft kontrolliert, diese zugunsten der natürlichen Person gegründet wurde oder wenn die wirtschaftlichen Interessen der Gesellschaft weitgehend denen einer solchen natürlichen Person entsprechen.[185]

2302 Die Emittenten haben eine Liste der betroffenen Personen zu erstellen und diese über ihre Verpflichtungen schriftlich in Kenntnis zu setzen (Art. 19 Abs. 5 MAR). Führungskräfte müssen die ihnen nahestehenden Personen über ihre Pflichten im Zusammenhang mit Eigengeschäften **schriftlich belehren** und eine Kopie dieses Dokuments aufbewahren.

3. Meldepflichtige Geschäfte

2303 Die unter Rn. 2299 ff. aufgeführten Personen müssen dem Emittenten jedes Eigengeschäft mit Anteilen oder Schuldtiteln dieses Emittenten oder damit verbundenen Derivaten oder anderen damit verbundenen Finanzinstrumenten (Art. 2 Abs. 1 lit. d MAR) melden (Art. 19 Abs. 1 MAR).[186] Durch die Erweiterung der Meldepflicht auf Schuldtitel sind nunmehr, anders als in der Vergangenheit, Führungskräfte z.B. von GmbHs, deren Schuldtitel an einem der genannten Märkte gehandelt werden, von der Regelung betroffen.

2304 Zu den **meldepflichtigen Geschäften** gehören nach Abs. 7 auch die Verpfändung und das Verleihen von Finanzinstrumenten, von Dritten im Auftrag des Meldepflichtigen unternommene Geschäfte, Geschäfte von Vermögensverwaltern sowie im Rahmen einer Lebensversicherung getätigte Geschäfte, sofern der Meldepflichtige als Versicherungsnehmer das Investitionsrisiko trägt und Investitionsentscheidungen in Bezug auf spezifische Finanzinstrumente treffen kann. Ein nicht abschließender Katalog meldepflichtiger Geschäftsarten findet sich in Art. 10 Abs. 2 Delegierte Verordnung (EU) 2016/522. Darunter finden sich u.a. die Ausübung von Aktienoptionen (auch im Rahmen von Vergütungsprogrammen), die Zeichnung von Kapitalerhöhungen sowie die Annahme von Erbschaften.

Die Meldepflicht entsteht nach der MAR grundsätzlich ab dem Zeitpunkt, an dem die innerhalb eines Kalenderjahres getätigten Geschäfte ein Gesamtvolumen von 5.000 € erreicht haben (Art. 19 Abs. 8 MAR). Die BaFin hat allerdings von einer Ermächtigung in Art. 19 Abs. 9 MAR Gebrauch gemacht und mit Wirkung zum 1.1.2020 den Schwellenwert auf 20.000 € angehoben.[187] Wird ein Geschäft getätigt, durch das der Schwellenwert im Kalenderjahr erreicht wird, muss nur das Geschäft mitgeteilt werden, mit dem der Schwellenwert erreicht wird, sowie alle nachfolgenden Geschäfte.

184 Näher dazu Emittentenleitfaden Modul C, S. 67 (Stand 25.3.2020).
185 ESMA Questions and Answers on the Market Abuse Regulation (ESMA70-145-111), Q7.7.
186 Eine Sonderregel für Investmentfondanteile findet sich in Art. 19 Abs. 1a MAR.
187 Allgemeinverfügung der BaFin vom 24.10.2019 (Geschäftszeichen WA 25-QB 4100-2019/0035).

Der Emittent selbst hat die eingegangenen Meldungen dann zu **veröffentlichen** (Art. 19 Abs. 3 MAR).

4. Periodisches Handelsverbot

Neuland in Deutschland sind die durch die MAR eingeführten periodischen Handelsver- **2305**
bote nach Art. 19 Abs. 11 und 12 MAR. Sie treten als eigenständige Verbotstatbestände neben das (allgemeingültige) Insiderhandelsverbot.

Nach Abs. 11 darf eine Führungskraft während eines Zeitraums von 30 Kalendertagen vor Ankündigung eines Zwischenberichts oder eines Jahresabschlusses, zu dessen Veröffentlichung der Emittent verpflichtet ist, weder (direkt oder indirekt z.B. über einen Vermögensverwalter) Eigengeschäfte in den betroffenen Finanzinstrumenten noch Geschäfte für Dritte ausführen.

Beispiel: Hat die Führungskraft einen Vermögensverwalter beauftragt, hat sie diesen auf das während der „closed period" geltende Handelsverbot hinzuweisen.

Unter **„Ankündigung"** ist in diesem Zusammenhang die Bekanntgabe der in den **2306**
Berichten enthaltenen Informationen, nicht etwa die bloße Ankündigung des Veröffentlichungsdatums zu verstehen.[188] Das kann die Veröffentlichung des Berichts ebenso sein wie die (vorgelagerte) Bekanntgabe vorläufiger Finanzzahlen.

Die nahestehenden Personen sind von dem Verbot grundsätzlich nicht betroffen, allerdings können Transaktionen, die über oder für eine eng verbundene Person ausgeführt werden, je nach den Umständen des Einzelfalls als indirekte Eigengeschäfte bzw. für Dritte getätigte Geschäfte angesehen werden.

Von dem strikten Handelsverbot darf der Emittent nach den Maßgaben von Abs. 12 im Einzelfall eine Befreiung erteilen.[189]

V. Verbot der Marktmanipulation

Weit verstanden fallen unter den Begriff der Marktmanipulation alle Praktiken, die einen **2307**
Preis herbeiführen, der nicht demjenigen entspricht, der bei einem unbeeinflussten Spiel der Marktkräfte erzielt worden wäre. Sie unterscheidet sich hierdurch grundsätzlich vom Insiderhandel, der sich dadurch auszeichnet, dass ein Insider aufgrund besonderer Kenntnisse um eine gegenwärtige Falschbewertung eines Finanzinstruments weiß und von der Differenz zwischen falschem und richtigem Kurs, welcher sich nach Bekanntwerden der Insiderinformation einstellt, profitieren will. Der Manipulator dagegen führt den falschen Kurs gerade erst herbei.

1. Wesentliche Manipulationstechniken

Die wichtigsten Manipulationstechniken lassen sich grob in vier Fallgruppen einteilen: **2308**

a) Verbreitung falscher Informationen und Empfehlungen

Auf Angebot und Nachfrage und darüber auf den Marktpreis eines Finanzinstruments **2309**
lässt sich zunächst durch die Verbreitung falscher oder zumindest irreführender Nachrichten oder Gerüchte einwirken.

188 ESMA Questions and Answers On the Market Abuse Regulation (ESMA70-145-111), Q7.2.
189 Nähere Einzelheiten dazu regeln die Art. 7 bis 9 der Delegierten Verordnung (EU) 2016/522.

Beispiel: Im April 2013 wurde über gefälschte Twitter-Meldungen die Nachricht verbreitet, es habe im Weißen Haus zwei Explosionen gegeben und US-Präsident Obama sei dabei verletzt worden. Der US-Leitindex Dow Jones sank daraufhin innerhalb weniger Minuten deutlich.

b) Fiktive Transaktionen

2310 Durch fiktive Transaktionen, also solche denen ein „normaler“ wirtschaftlicher Hintergrund fehlt, wird der Eindruck erhöhter Marktaktivität erweckt, der nicht der wirklichen Marktnachfrage entspricht, um dadurch den Kurs in die Höhe zu treiben.

Beispiel: Der an einer Kursänderung Interessierte erteilt gleichzeitig Kauf- und Verkaufsaufträge für dasselbe Papier zum selben Preis, tritt also zugleich als Käufer und Verkäufer am Markt auf. Um zu verdecken, dass kein Wechsel des wirtschaftlichen Eigentümers stattfindet, wird der Gegenauftrag z.B. durch einen Strohmann in den Markt gegeben.

c) Tatsächliche Handelsaktivitäten

2311 Auch durch effektive „echte“ Geschäfte kann, jedenfalls wenn sie ein gewisses Volumen erreichen, auf den Börsen- oder Marktpreis eines Finanzinstruments Einfluss genommen werden. Hier stellt sich die schwierige Frage nach einer Abgrenzung zwischen „normalem“, legitimen Handel und unerwünschten, manipulativen Handelsaktivitäten.

Beispiel: Unternehmen U steht unmittelbar vor einer Kapitalerhöhung. U und die eingeschaltete Emissionsbank E kaufen massiv die bereits gehandelten Altaktien, um deren Kurs in die Höhe zu treiben und dadurch die Platzierung der jungen Aktien zu erleichtern.

d) Veränderung des inneren Wertes eines Wertpapiers

2312 Kursänderungen können zudem durch Veränderungen des inneren Wertes eines Finanzinstruments herbeigeführt werden.

Beispiele: Angestellter A eines Wertpapierunternehmens hält Verkaufsoptionen auf die Aktie des Pharma-Unternehmens P. Um den Kurs der P-Aktie zu senken und seine Option gewinnbringend ausüben zu können, versetzt er Produkte der P mit Rattengift und informiert die Öffentlichkeit über diese Vergiftung.

A erwirbt Verkaufsoptionen auf Aktien des Fußballvereins Borussia Dortmund. Danach verübt er einen Anschlag auf den Mannschaftsbus des Vereins, um den Aktienkurs zum Absturz zu bringen und die Optionen gewinnbringend ausüben zu können.

2. Gesetzliche Tatbestände

a) Anwendungsbereich

2313 Vom Anwendungsbereich der Marktmanipulationsverbote sind zunächst dieselben Finanzinstrumente erfasst wie von den Insiderverboten (s. Rn. 2233 f.).

Art. 2 Abs. 2 MAR erweitert den Anwendungsbereich auf **Waren-Spot-Kontrakte** (Art. 3 Abs. 1 Nr. 15 MAR), bei denen Transaktionen oder Handlungen Auswirkungen auf den Kurs eines Finanzinstruments haben, auf Finanzinstrumente für die Übertragung von Kreditrisiken, bei denen das Geschäft Auswirkungen auf den Kurs eines solchen Waren-Spot-Kontrakts haben kann, sowie Referenzwerte.

b) Verbotene Handlungen

Rechtliche Regelungen zur Verhinderung von Marktmanipulation begegnen zwei grundlegenden Schwierigkeiten: Zum einen stellen die oben aufgeführten Manipulationstechniken lediglich **Grundmuster** dar. Die in der Praxis vorkommenden Methoden sind dagegen vielfältig und werden ständig weiterentwickelt, wozu vor allem die zunehmende Automatisierung des Handels beiträgt. Dies schließt eine umfassende gesetzliche Regelung aus. Zum anderen müssen **Abgrenzungskriterien** gefunden werden, um bei tatsächlichen Handelsaktivitäten „normale", kursbeeinflussende Geschäfte von manipulativen Verhaltensweisen zu unterscheiden. **2314**

Der europäische Gesetzgeber hat sich vor diesem Hintergrund für folgende Regelungstechnik entschieden: **2315**

Art. 15 MAR legt zunächst fest, dass Marktmanipulationen sowie der Versuch hierzu verboten sind.

Eine Definition, was unter dem **Begriff „Marktmanipulation"** zu verstehen ist, findet sich dann in Art. 12 Abs. 1 MAR. Hier werden im Wesentlichen drei Arten von Manipulation unterschieden, die die unter Rn. 2309 dargestellten Manipulationstechniken erkennen lassen:

aa) Art. 12 Abs. 1 lit. a und b MAR umschreiben die sog. **handelsgestützten Marktmanipulationen**, die vorgenommen werden können durch den Abschluss von Geschäften, die Erteilungen von Handelsaufträgen oder die Vornahme von sonstigen Handlungen, und die zu falschen oder irreführenden Signalen hinsichtlich Orderlage oder Preis bzw. zu einem künstlichen Kursniveau führen (können). Ein Kursniveau ist künstlich, wenn es gegen die wahren wirtschaftlichen Verhältnisse erhöht, abgesenkt oder auch nur stabilisiert wird.[190] Nicht erforderlich ist, dass der Kurs über einen gewissen Zeitraum hinaus auf einem künstlichen Niveau verbleibt.[191] **2316**

bb) Art. 12 Abs. 1 lit. c MAR definiert die Marktmanipulation durch die **Verbreitung falscher oder irreführender Informationen** insb. über die Medien einschließlich des Internets.[192] Der Informationsbegriff ist dabei weit auszulegen und erfasst alle Angaben und Äußerungen ohne jede Beschränkung sachlicher oder inhaltlicher Art. In Betracht kommen insb. Angaben in Ad-hoc-Mitteilungen, Meldungen von Eigengeschäften von Führungskräften, Stimmrechtsmeldungen, Geschäftsberichten und Prospekten, sowie Mitteilungen auf Pressekonferenzen.Von erheblicher praktischer Bedeutung ist, dass Manipulation durch **Fehlinformation** insb. auch durch absichtliches **Verschweigen** wesentlicher Sachverhalte begangen werden kann, sofern eine **Rechtspflicht zur Veröffentlichung** der betreffenden Information besteht.[193] In der Konsequenz können damit etwa auch unterlassene Ad-hoc-Mitteilungen zur Marktmanipulation führen. Ein rechtlich relevantes Verschweigen kann nicht nur dann gegeben sein, wenn der offenzulegende Umstand gar nicht aufgedeckt wird, sondern auch dann, wenn die Veröffentlichung nicht in der vorgesehenen Form oder verspätet erfolgt. **2317**

---

190 BGH, Urt. v. 27.11.2013, NJW 2014, 1399.

191 EuGH, Urt. v. 7.7.2001 – RS C-445/09 – „IMC Securities BV ./. Stichting Autoriteit Financiële Markten".

192 Erwägungsgrund 48 zur MAR stellt klar, dass zu den Informationsverbreitungskanälen insb. auch Webseiten, Blogs sowie soziale Medien gehören.

193 Erwägungsgrund 47 zur MAR.

2318 **cc)** Vor dem Hintergrund zahlreicher Fälle der Manipulation von Referenzzinsen wie Libor oder Euribor in den vergangenen Jahren hat die MAR in Art. 12 Abs. 1 lit. d als neuen Manipulationstatbestand zusätzlich die Manipulation von **Referenzwerten** (Art. 3 Abs. 1 Nr. 29 MAR) durch die Übermittlung falscher oder irreführender Angaben bzw. Bereitstellung falscher oder irreführender Ausgangsdaten aufgenommen.

2319 **dd)** Bei allen Tatbeständen des Art. 12 Abs. 1 MAR fällt die **generalklauselartige** und mit vielen unbestimmten Rechtsbegriffen bestückte Formulierung auf. Zur näheren Konkretisierung dieser Tatbestände findet sich in Abs. 2 ein (nicht abschließender) **Katalog von Regelbeispielen**, die eine Reihe konkreter Handlungen aufführen, die als Marktmanipulation gelten sollen. Hierunter finden sich – den technischen Entwicklungen entsprechend – algorithmische und Hochfrequenzhandelsstrategien, mit denen künstliche Kurse herbeigeführt werden.

2320 **ee)** Unbeschadet dieser Regelbeispiele wird in Anhang I der MAR eine Vielzahl von **sog. Indikatoren für manipulative Handlungen** i.S.d. Art. 12 Abs. 1 lit. a und b MAR aufgelistet. Auch diese Liste ist nicht erschöpfend (Art. 12 Abs. 3 MAR).

2321 Die Aufgabe der Präzisierung der Indikatoren aus Anhang I der MAR wird der EU-Kommission übertragen (Art. 12 Abs. 5 MAR). Dieser Auftrag wurde durch Erlass von Art. 4 i.V.m. Anhang II der Delegierten Verordnung (EU) 2016/522 erfüllt.

Beispiel: „Börsenguru" G weiß, dass seine sonntagsabends im Fernsehen abgegebenen Anlageempfehlungen bei den Anlegern große Wirkung zeigen. Die Kurse empfohlener Aktien steigen erfahrungsgemäß am folgenden Montag stark an. G erwirbt freitags die Aktien, die er sonntags empfehlen wird, um sie montags nach dem Kursanstieg mit Gewinn wieder zu verkaufen.[194] Dieses Vorgehen ist nach Art. 12 Abs. 1 lit. b i.V.m. Anhang I B. MAR i.V.m. Anhang II Abschnitt 2 Nr. 2a Delegierte Verordnung (EU) 2016/522 als verbotene Manipulation anzusehen.

2322 Eine Sonderregel findet sich – wie auch im Rahmen der Insiderverbote – in Bezug auf Kursstabilisierungen und Rückkäufe eigener Aktien, die häufig mit Auswirkungen auf den Kurs der betroffenen Finanzinstrumente einhergehen. Diese wirtschaftlich bedeutenden Maßnahmen fallen unter die „Safe-Harbour-Regelung" des Art. 5 MAR, d.h. sie sind auch unter dem Gesichtspunkt möglicher Kursmanipulation unbedenklich, sofern die dort genannten Bedingungen eingehalten werden. Zulässige Stabilisierungsmaßnahmen erfordern danach unter anderem, dass die Dauer der Stabilisierungsmaßnahme begrenzt ist, relevante Informationen zur Stabilisierung offengelegt und der zuständigen Behörde des Handelsplatzes gemeldet werden und in Bezug auf den Kurs angemessene Grenzen eingehalten werden. Zu den Voraussetzungen zulässiger Rückkaufprogramme gehört, dass die Einzelheiten des Programms vor dem Beginn des Handels vollständig offengelegt und die einzelnen Transaktionen im Zusammenhang mit dem Rückkaufprogramm der zuständigen Behörde des Handelsplatzes gemeldet und anschließend öffentlich bekannt gegeben werden. In Bezug auf Kurs und Volumen müssen angemessene Grenzen eingehalten werden. Zudem muss das Rückkaufprogramm einem der in Art. 5 Abs. 2 MAR genannten Zwecke dienen.

2323 Weiterhin ermächtigt Art. 13 MAR die zuständigen Behörden, zulässige Marktpraktiken festzulegen, die ebenfalls nicht als Marktmanipulation angesehen werden sollen. Die BaFin hat weder in der Vergangenheit noch aufgrund des Art. 13 MAR von dieser Befugnis bisher Gebrauch gemacht.

194 Eine solche Vorgehensweise wird als „Scalping" bezeichnet.

Vor dem Hintergrund der grundrechtlich garantierten Meinungs- und Pressefreiheit ist – wie auch bei den Insiderverboten – Art. 21 MAR zu beachten. Eine verbotene Manipulation ist aber in jedem Fall zu bejahen, wenn die Verbreitung der Information in der Absicht erfolgt, den Kurs eines Finanzinstruments oder die Nachfrage danach irrezuführen (Art. 21 lit. b MAR). 2324

c) Monitoringsysteme und Verdachtsanzeige (Art. 16 MAR)

Wie auch im Rahmen der Insiderverbote haben Betreiber von Märkten und Wertpapierfirmen, die einen Handelsplatz betreiben, sowie Personen, die gewerbsmäßig oder beruflich Geschäfte in Finanzinstrumenten vermitteln, erteilen oder ausführen Regelungen, Systeme und Verfahren zur Vorbeugung und Aufdeckung von Marktmanipulation zu schaffen und aufrechtzuerhalten. Bei Verdachtsmomenten ist die zuständige Behörde zu informieren. 2325

VI. Beteiligungstransparenz

1. Allgemeines

a) Hintergrund der Meldepflichten

Veränderungen bei Beteiligungs- bzw. Stimmrechtsquoten können auf eine Übernahmeabsicht, eine anstehende Neuausrichtung des betroffenen Unternehmens oder ähnliche wesentliche Umstände hinweisen und sind daher von Interesse für den Kapitalmarkt. Entsprechend erhöht ihre Bekanntmachung die Transparenz und hilft Investoren bei ihren Anlageentscheidungen. Ein unbemerktes „Anschleichen“ von Großinvestoren wird verhindert. Aus diesem Grund sind sowohl natürliche als auch juristische Personen verpflichtet, der BaFin und der betroffenen Gesellschaft Beteiligungsquoten bzw. Stimmrechtsanteile zu melden, sobald bestimmte Schwellenwerte über- oder unterschritten werden. Sodann hat die Gesellschaft die Mitteilung unverzüglich weiterzuleiten, und zwar an ein Bündel von Medien zur europaweiten Verbreitung und an das Unternehmensregister. 2326

Für börsennotierte Aktiengesellschaften finden sich die entsprechenden Regelungen in den §§ 33 ff. WpHG (die ergänzt/konkretisiert werden durch die Wertpapierhandelsanzeige- und Insiderverzeichnisverordnung (WpAIV) sowie die Delegierte Verordnung (EU) 2015/761[195]), für nicht börsennotierte in den §§ 20–22 AktG (auf die Vorschriften des AktG wird im Folgenden nicht weiter eingegangen).

b) Verhältnis zu anderen Transparenzvorschriften

Zu beachten ist, dass eine Überschreitung der in diesen Vorschriften genannten Schwellen zugleich eine Pflicht zur Abgabe einer **Ad-hoc-Mitteilung** (s. Rn. 2275 ff.) begründen kann, wenn der Meldepflichtige der Ad-hoc-Publizitätspflicht unterliegt. Die Abgabe einer Stimmrechtsmeldung befreit hiervon nicht. 2327

---

195 Delegierte Verordnung (EU) 2015/761 der Kommission vom 17.12.2014 zur Ergänzung der Richtlinie 2004/109/EG des Europäischen Parlaments und des Rates im Hinblick auf bestimmte technische Regulierungsstandards für bedeutende Beteiligungen. Weitere Konkretisierungen finden sich in verschiedenen Dokumenten der ESMA (indikative Liste aller betroffenen Finanzinstrumente, Meldeformular und Q&A-Liste), die zwar nicht unmittelbar, faktisch aber über die Verwaltungspraxis der BaFin Geltung entfalten.

Gleichermaßen nebeneinander anwendbar sind die §§ 33 ff. WpHG und die Pflicht zu sog. **„Wasserstandsmeldungen“** nach § 23 WpÜG im Rahmen von Übernahmeverfahren (s. Rn. 2381).

c) Anwendungsbereich der §§ 33 ff. WpHG

2328 Die Meldepflichten der §§ 33 ff. WpHG beziehen sich ausschließlich auf **Stimmrechte** an Emittenten, für die Deutschland der Herkunftsstaat ist (§ 2 Abs. 13 WpHG)[196] und deren Aktien an einem organisierten Markt zugelassen sind (§ 33 Abs. 4 WpHG). Nicht betroffen sind somit Anteile an Gesellschaften, deren Aktien lediglich in den Freiverkehr einbezogen sind.

2329 **Normadressat**, also meldepflichtig, kann jedermann sein, der Träger von Rechten und Pflichten sein kann, d.h. alle natürlichen oder juristischen Personen, Personengesellschaften und Körperschaften des öffentlichen Rechts (Bund, Länder, andere Staaten), unabhängig von Rechtsform, Alter, Staatsangehörigkeit oder (Wohn-)Sitz. Dazu gehören etwa auch ausländische Aktionäre mit (Wohn)Sitz im Ausland.[197]

d) Typische Anwendungsfälle in der Praxis

2330 Die Sachverhaltskonstellationen, bei denen in der Praxis auf die ordnungsgemäße Abgabe von Stimmrechtsmeldungen zu achten ist, sind vielfältig. Die Bedeutung der Meldepflichten ist dementsprechend hoch. Sie kommen vor allem in Betracht (Aufzählung nicht abschließend!):

- bei dem Erwerb oder der Veräußerung größerer Aktienpakete;
- bei M&A-Transaktionen;
- beim Beteiligungsaufbau („Anschleichen“);
- bei Übernahmen nach Wertpapiererwerbs- und -übernahmegesetz (WpÜG);
- bei der Emission von Aktien;
- bei Wertpapierleihegeschäften;
- beim Eigenhandel von Kredit- und Wertpapierdienstleistungsinstituten;
- bei Erbfällen.

e) Mögliche Folgen bei Pflichtverletzungen

2331 Die Rechtsfolgen, die bei einer nicht ordnungsgemäßen Erfüllung der Meldepflichten entstehen können, sind gravierend. Neben Bußgeldern[198] und Schadensersatzansprüchen[199] droht nach § 44 Abs. 1 WpHG vor allem für den Zeitraum bis zur Erfüllung der Meldepflichten ein **Verlust der Rechte aus den Aktien**, die von der Meldepflicht nach

---

196 Die Definition des (Aktien)Emittenten, für den die Bundesrepublik Deutschland der Herkunftsstaat ist, ist recht komplex. Sie umfasst vor allem Emittenten, die entweder ihren Sitz in Deutschland haben und deren Aktien an einem organisierten Markt in Deutschland oder einem anderen EU-/EWR-Staat zugelassen sind oder die ihren Sitz in einem Drittstaat haben, deren Aktien an einem organisierten Markt im Inland zugelassen sind und die Deutschland als Herkunftsstaat gewählt haben. Emittenten, deren Herkunftsstaat Deutschland ist, oder die Deutschland als Herkunftsstaat gewählt haben, haben dies nach § 5 WpHG zu veröffentlichen.

197 Emittentenleitfaden, Modul B, S. 9 (Stand: 30.10.2018).

198 Die (vorsätzliche oder leichtfertige) Verletzung der Meldepflicht aus § 33 Abs. 1 WpHG ist eine Ordnungswidrigkeit gem. § 120 Abs. 2 Nr. 2d WpHG.

199 Die §§ 33 ff. WpHG sind als Schutzgesetze i.S.d. § 823 Abs. 2 BGB anzusehen. Mögliche Anspruchsberechtigte sind andere Aktionäre und die Gesellschaft selbst.

§ 33 WpHG betroffen waren. Diese umfassen zum einen die Mitverwaltungs-, also insb. die Stimmrechte, zum anderen die Vermögensrechte, vor allem also die Dividendenrechte. Ein Verlust der Dividendenbezugsrechte aus § 58 Abs. 4 AktG setzt allerdings eine **vorsätzliche Verletzung der Meldepflicht** voraus (§ 44 Abs. 1 S. 2 WpHG), wohingegen im Übrigen Fahrlässigkeit auf Seiten des Meldepflichtigen ausreichend ist. In der Praxis dienen eine (vermeintliche) Verletzung der Meldepflicht und der damit einhergehende Stimmrechtverlust häufig als Anknüpfungspunkt für **Anfechtungsklagen** gegen Hauptversammlungsbeschlüsse, an denen der Meldepflichtige rechtswidrigerweise mitgewirkt hat.

2. Die Systematik der Beteiligungstransparenz nach §§ 33 ff. WpHG

Die Herstellung von Transparenz für den Kapitalmarkt erfolgt in zwei Stufen: In einem ersten Schritt werden die Inhaber von Stimmrechten (§ 33 WpHG) sowie die Inhaber bestimmter Finanzinstrumente (§ 38 WpHG) zu Meldungen an den jeweiligen Emittenten (und ergänzend an die BaFin) verpflichtet. Danach hat der Emittent die erhaltenen Informationen zu veröffentlichen und dem Unternehmensregister zur Speicherung zu übermitteln (§ 40 WpHG). Zusätzliche Informationen sind unter Umständen bei wesentlichen Beteiligungen (ab 10 %) zu melden und zu veröffentlichen (§ 43 WpHG).[200] **2332**

Die §§ 33 ff. WpHG enthalten insges. drei verschiedene Meldetatbestände: **2333**

§ 33 WpHG	Stimmrechte aus gehaltenen Aktien
§ 38 WpHG	Stimmrechte aufgrund des Haltens von Instrumenten
§ 39 WpHG	Summe von Stimmrechten aus Aktien und Instrumenten

Eine **Meldepflicht** wird ausgelöst, wenn in einem dieser Tatbestände eine der dort genannten Schwellen berührt, also erreicht, über- oder unterschritten wird. In der Meldung sind dann die einzelnen Bestände nach allen Tatbeständen offenzulegen.[201] Damit ergeben sich sämtliche Bestände eines Meldepflichtigen aus einer (einzigen) Meldung.

Für die Meldung existiert ein einheitliches, im Anhang der WpAIV befindliches Meldeformular, das verpflichtend zu verwenden ist (§ 17 Abs. 1 WpAIV).

3. Die einzelnen Meldetatbestände und ihr Zusammenspiel

a) Stimmrechte aus Aktien (§ 33 WpHG)

aa) Grundtatbestand des § 33 WpHG. Eine Meldepflicht (gegenüber dem Emittenten und der BaFin) entsteht, wenn jemand 3 %, 5 %, 10 %, 15 %, 20 %, 25 %, 30 %, 50 % oder 75 % der **Stimmrechte** aus ihm gehörenden Aktien erreicht, über- oder unterschreitet. Die Quote wird berechnet, indem die Anzahl der (selbst) gehaltenen Stimmrechte durch die Gesamtzahl der vorhandenen Stimmrechte dividiert wird. Die Gesamtzahl der Stimmrechte ist vom Emittenten zu veröffentlichen (§ 41 WpHG). Die letzte Veröffentlichung ist für die Berechnung maßgeblich (§ 17 Abs. 3 WpAIV). **2334**

Da es der Vorschrift darum geht, Transparenz hinsichtlich der Stimmverhältnisse in einer Gesellschaft herzustellen, stellen die Schwellenwerte bewusst auf die Anzahl der Stimmrechte und nicht auf die Kapitalquote (also die Anzahl der gehaltenen Aktien) ab. **2335**

---

200 Eine entsprechende Meldepflicht kann durch die Satzung ausgeschlossen werden (§ 43 Abs. 3 WpHG).
201 Emittentenleitfaden, Modul B, S. 8 (Stand: 30.10.2018). Beispiele s. Rn. 2354.

In den meisten Fällen ist diese Differenzierung ohne Bedeutung, da grundsätzlich jede Aktie das gleiche Stimmrecht gewährt (§ 12 Abs. 1 S. 1 AktG) und daher die Stimmrechtsanteile den Kapitalanteilen entsprechen. Es können aber auch stimmrechtslose Vorzugsaktien ausgegeben werden (§ 12 Abs. 1 S. 2 AktG), die dann – mangels Stimmrecht – bei der Berechnung unberücksichtigt bleiben.[202] Entscheidend ist einzig und allein, ob dem Aktieninhaber (grundsätzlich) Stimmrechte zustehen. Ob diese im Einzelfall tatsächlich ausübbar sind oder nicht, ist dagegen irrelevant (abstrakte Betrachtungsweise).[203]

Hält die Gesellschaft eigene Aktien, sind diese bei der Gesamtzahl der Stimmrechte zu berücksichtigen. Eine Mitteilungspflicht des Emittenten nach § 33 WpHG löst der Erwerb eigener Aktien jedoch auch bei Schwellenberührung nicht aus; für diesen Fall existiert statt dessen eine Veröffentlichungspflicht des Emittenten nach § 40 Abs. 1 S. 2 WpHG.[204]

Die Schwellenberührung kann durch Erwerb, Veräußerung oder auf sonstige Weise erfolgen.[205] Durch diesen weit gefassten Tatbestand können neben „normalen" Käufen und Verkäufen (egal ob börslich oder außerbörslich) auch zahlreiche andere Ereignisse eine Schwellenberührung auslösen: Unter Erwerb oder Veräußerung fallen alle auf einen Eigentümerwechsel gerichtete Rechtsgeschäfte oder Ereignisse, z.B. auch Wertpapierleihe, Sicherungsübereignung, Erbfall etc.

2336 **„Auf sonstige Weise"** kann sich die Stimmrechtsquote auch aufgrund von Änderungen in der Gesamtzahl der Stimmrechte verändern, obwohl die vom Meldepflichtigen selbst gehaltene Anzahl der Stimmrechte gleich geblieben ist, also letztlich ohne Zutun des Meldepflichtigen. Dies geschieht vor allem durch Kapitalmaßnahmen (Kapitalerhöhung/-herabsetzung), gesellschaftsrechtliche Umwandlungen (z.B. Verschmelzungen) oder das Wiederaufleben von Stimmrechten bei Vorzugsaktien. Schwellenberührung kann „auf sonstige Weise" (ohne eigenen Erwerb oder Veräußerung) auch dadurch ausgelöst werden, dass Zurechnungen nach § 34 WpHG begründet werden oder wegfallen.[206]

2337 Als **„Gehören"** gilt bereits das Bestehen eines auf die Übertragung von Aktien gerichteten unbedingten und ohne zeitliche Verzögerung zu erfüllenden Anspruchs, § 33 Abs. 3 WpHG.[207] Eine Meldepflicht entsteht daher zeitlich schon vor dem dinglichen Eigentumserwerb („Verfügungsgeschäft") mit dem Abschluss des zugrunde liegenden Kausalgeschäfts. Auslöser ist also nicht erst der vollzogene, sondern der bei regelmäßigem Lauf der Dinge anstehende Erwerb bzw. Verlust der Aktien. Erforderlich (aber auch ausreichend) ist, dass das Kausalgeschäft unbedingt und ohne zeitliche Verzögerung (also

202 Das Stimmrecht kann unter bestimmten Voraussetzungen wiederaufleben (§§ 140 Abs. 2, 141 Abs. 4 AktG) mit der Folge, dass die Vorzugsaktien dann wie stimmberechtigte Stammaktien zu behandeln sind.
203 Emittentenleitfaden, Modul B, S. 11 (Stand: 30.10.2018).
204 Emittentenleitfaden, Modul B, S. 11 (Stand: 30.10.2018).
205 Erworben und veräußert werden die Aktien, mit denen die Stimmrechte verbunden sind. Aufgrund des gesellschaftsrechtlichen Abspaltungsverbots ist eine getrennte Übertragung des Stimmrechts nicht möglich.
206 Emittentenleitfaden, Modul B, S. 14 (Stand: 30.10.2018).
207 Bis zum 26.11.2015 wurde abweichend hiervon auf den dinglichen Eigentumserwerb abgestellt. Aufgrund europäischer Vorgaben wurde das Schwellendatum auf den Zeitpunkt des Abschlusses des Kausalgeschäfts vorverlegt. Auswirkungen auf die sachenrechtliche Lage hat diese Änderung selbstverständlich nicht.

nach den Usancen innerhalb von 2 Börsentagen) zu erfüllen ist. Ist das Kausalgeschäft mit einer Bedingung versehen oder erst nach Ablauf von zwei Börsentagen zu erfüllen, so ist eine Meldepflicht als Instrument nach § 38 WpHG zu prüfen, s. Rn. 2350. Ob eine Mitteilungspflicht nach § 33 oder nach § 38 WpHG entsteht, hängt damit von der Ausgestaltung des Kausalgeschäfts ab. Im Einzelfall kann die Entscheidung, ob es sich um ein Instrument i.S.d. § 38 WpHG handelt oder eine Meldepflicht nach § 33 WpHG besteht, schwierig sein.

Beispiel: Verträge, die unter einem Kartellvorbehalt stehen, fallen nicht unter § 33 Abs. 1 WpHG. Stattdessen entsteht eine Mitteilungspflicht nach § 38 WpHG. Mit dem Wegfall des Kartellvorbehalts entstehen die Meldepflichten nach § 33 WpHG.

Zu beachten ist, dass das Gesetz ausdrücklich auf das Bestehen und nicht auf die Entste- **2338**
hung des Anspruchs abstellt. Eine Meldepflicht wird daher beispielsweise auch dann ausgelöst, wenn bei einem zunächst bedingten Anspruch die Bedingung eintritt.

Im **o.g. Beispiel** ist vertraglich vereinbart, dass die Aktien 30 Tage nach der Kartellfreigabe übertragen werden sollen. Eine Mitteilungspflicht nach § 33 Abs. 1 WpHG entsteht hier erst mit Ablauf der 30 Tage. (Vorher ist eine Meldung nach § 38 WpHG abzugeben, s. Rn. 2350 ff.)

Die Meldung hat **unverzüglich nach Kenntnis bzw. Kennenmüssen der Meldepflicht**, **2339**
spätestens innerhalb von vier Handelstagen zu erfolgen, wobei die Kenntnis spätestens zwei Handelstage nach Schwellenberührung unwiderleglich vermutet wird (§ 33 Abs. 1 S. 1, 3, 4 WpHG). Löst eine Veränderung der Gesamtzahl der Stimmrechte die Meldepflicht aus, so beginnt die Frist spätestens mit der Veröffentlichung der aktuellen Gesamtzahl (§ 33 Abs. 1 S. 5 WpHG).

Werden lediglich untertägig Bestände auf- oder abgebaut, d.h. wird innerhalb eines Tages eine Schwelle zunächst über- und dann wieder unterschritten oder umgekehrt, so lässt die BaFin eine Saldierung zu. Im Ergebnis muss keine Meldung abgegeben werden.[208]

Beispiel: Überschreitet ein Meldepflichtiger morgens die Schwelle von 5 % und unterschreitet er sie noch am selben Tag wieder, so entstehen keine Meldepflichten

bb) Zuzurechnende Stimmrechte, § 34 WpHG. Neben den Stimmrechten aus ihm **2340**
gehörenden Aktien können dem potenziell Meldepflichtigen auch Stimmrechte aus Aktien, die einem Dritten gehören, zugerechnet werden. Die Voraussetzungen, unter denen eine solche sog. Stimmrechtszurechnung erfolgt, ergeben sich aus § 34 WpHG. Wird durch Zusammenrechnung „eigener" Stimmrechte nach § 33 WpHG und zuzurechnender Stimmrechte nach § 34 WpHG eine der in § 33 WpHG genannten Schwellen berührt, hat eine Meldung zu erfolgen.

Zu den in der Praxis bedeutendsten Zurechnungstatbeständen zählen: **2341**

– Stimmrechte aus Aktien, die einem Tochterunternehmen (gem. § 35 WpHG) des Meldepflichtigen gehören. Unabhängig von der Höhe der Beteiligung am Tochterunternehmen werden die von diesem gehaltenen Stimmrechte in voller Höhe dem Mutterunternehmen zugerechnet.[209] Über § 34 Abs. 1 S. 2 WpHG wird diese Zurechnung auf

208 Emittentenleitfaden, Modul B, S. 17 (Stand: 30.10.2018).
209 Ausnahmen bestehen im Zusammenhang mit Wertpapierdienstleistungsunternehmen und Investment- bzw. Verwaltungsgesellschaften (§ 35 Abs. 2 bis 6 WpHG).

Enkelunternehmen ausgeweitet, indem dem Meldepflichtigen auch alle Stimmrechte in voller Höhe zugerechnet werden, die dem Tochterunternehmen selbst nach § 34 Abs. 1 S. 1 Nr. 2 bis 8 WpHG zugerechnet werden.
- Stimmrechte aus Aktien, die einem Dritten gehören und von ihm für Rechnung des Meldepflichtigen gehalten werden. Eine Zurechnung hiernach erfolgt insb. bei Treuhandverhältnissen (auf den Treugeber).
- Stimmrecht aus Aktien, die der Meldepflichtige einem Dritten als Sicherheit übertragen hat, sofern der Dritte nicht zur Ausübung der Stimmrechte – unabhängig von Weisungen des Meldepflichtigen – befugt ist. Relevant ist dieser Tatbestand für Sicherungsübereignungen sowie Verpfändungen (dazu näher Rn. 2357).
- Stimmrechte eines Dritten, mit dem der Meldepflichtige oder sein Tochterunternehmen sein Verhalten in Bezug auf den Emittenten abstimmt („acting in concert"). Ein abgestimmtes Verhalten liegt vor bei einer Verständigung über die Ausübung der Stimmrechte oder einem Zusammenwirken in sonstiger Weise mit dem Ziel einer dauerhaften und erheblichen Änderung[210] der unternehmerischen Ausrichtung des Emittenten, wobei Vereinbarungen in Einzelfällen grundsätzlich ausgenommen sind. Das Vorliegen eines Einzelfalls ist dabei rein formal zu bestimmen, d.h. bezogen auf die Häufigkeit des Abstimmungsverhaltens.[211] Ob das einmalige abgestimmte Verhalten für den Emittenten nachhaltige oder dauerhafte unternehmenspolitische Folgen nach sich ziehen würde, ist unerheblich. Wichtigster Anwendungsfall sind Stimmrechts- und Poolverträge. Neben vertraglichen Vereinbarungen sind aber auch alle anderen kommunikativen Vorgänge (z.B. gentlemenś agreements) auch außerhalb der Hauptversammlung erfasst, die in einer Verhaltensabstimmung münden. Rechtsfolge ist eine wechselseitige Zurechnung in voller Höhe auf alle Beteiligten.

2342 **cc) Nicht zu berücksichtigende Stimmrechte (§ 36 WpHG).** § 36 WpHG enthält eine Reihe von Ausnahmetatbeständen, nach denen bestimmte Stimmrechte bei der Berechnung des Stimmrechtsanteils nicht zu berücksichtigen sind. Stimmrechte aus nicht berücksichtigen Aktien dürfen grundsätzlich nicht ausgeübt werden.

2343 **(1) Handelsbuchausnahme.** Nach § 36 Abs. 1 WpHG bleiben Aktien mit einem Stimmrechtsanteil von bis zu 5 % unberücksichtigt, die ein Kreditinstitut oder Wertpapierhandelsunternehmen im Handelsbestand (im Unterschied zum Anlagebestand) hält, sofern sichergestellt ist, dass die Stimmrechte nicht ausgeübt und nicht anderweitig zur Einflussnahme auf die Geschäftsführung des Emittenten genutzt werden. Hintergrund dieser Ausnahme ist der ständige Wechsel in diesem Bestand und der Umstand, dass keine Daueranlage mit diesen Aktien verfolgt wird. Aufgrund der Bewegungen im Handelsbestand würden andernfalls laufend Mitteilungspflichten ausgelöst und damit die Erbringung von Wertpapierdienstleistungen erschwert. Ein Befreiungsantrag ist zur Nutzung der Handelsbuchausnahme nicht erforderlich.

2344 **(2) Aktien aus Stabilisierungsmaßnahmen.** Unter den gleichen Voraussetzungen wie Aktien im Handelsbestand sind nach Abs. 2 zur Stabilisierungszwecken erworbene Aktien von der Berechnung ausgenommen.

---

210 Ein Zusammenwirken mit dem Ziel, die bestehende Unternehmenspolitik des Vorstands zu unterstützen, führt demgegenüber nicht zu einem „acting in concert" (BGH, Urt. v. 25.09.2018, II ZR 190/17, ZIP 2018, 2214, Rn. 18.

211 BGH, Urt. v. 25.09.2018, II ZR 190/17, ZIP 2018, 2214, Rn. 34.

(3) Zum Zweck der Abrechnung und Abwicklung von Geschäften erworbene Aktien. Nicht zu berücksichtigen sind weiterhin Aktien, die ausschließlich für Zwecke der Abrechnung und Abwicklung von Geschäften für höchstens drei Handelstage gehalten werden, § 36 Abs. 3 WpHG. Diese Ausnahme findet vor allem im Rahmen von Emissionsprozessen Anwendung (s. dazu Rn. 2355). 2345

(4) Market Maker-Bestände. Für die Meldeschwellen von 3 % und 5 % (also bis 10 % minus ein Stimmrecht) bleiben ferner Aktien unberücksichtigt, die von einem Market Maker erworben oder veräußert werden, sofern der BaFin mitgeteilt wird, dass der Handelnde in den betreffenden Aktien als Market Maker tätig ist (§ 36 Abs. 5 WpHG). Market Maker ist nach dieser Vorschrift, wer an einem Markt dauerhaft anbietet, Aktien oder sonstige Finanzinstrumente im Wege des Eigenhandels zu selbst gestellten Preisen zu kaufen oder zu verkaufen. Entscheidend für die Einordnung ist nicht die Bezeichnung als Market Maker, sondern dass der Betreffende z.B. als Designated Sponsor die Merkmale eines Market Makers erfüllt. 2346

(5) Berechnung bei Stimmrechtsanteilen im Handelsbuch und im Market Maker-Bestand. Bei der Berechnung der nicht zu berücksichtigenden Handels- und Market Maker-Bestände sind Stimmrechte aus Aktien und sonstigen Instrumenten (nach § 38 WpHG) zusammenzurechnen, Art. 2 Delegierte VO (EU) 2015/761 (sog. horizontale Aggregation). 2347

Beispiel: Bank B hält im MarketMaker-Bestand 5 % der Stimmrechte und 6 % Finanzinstrumente. Sie hat damit die Überschreitung der 10%-Schwelle zu melden.

Auf Konzernebene werden die Beteiligungen von Tochter-, Enkel-, und Ur-Enkelgesellschaften zusammengerechnet, Art. 3 Delegierte VO (EU) 2015/761 (Berechnung von „unten" nach „oben", sog. vertikale Aggregation). Allerdings sind die Fälle des § 35 Abs. 2 bis 6 WpHG zu beachten, die Ausnahmen vom Mutter-Tochter-Verhältnis vorsehen.

Beispiel: B hält im Handelsbestand 4 % der Stimmrechte. Ihre Tochtergesellschaft T hält im Handelsbestand 3 % der Stimmrechte und 3 % Finanzinstrumente. B müsste das Überschreiten bzw. Erreichen der 5 % und 10 %-Schwellen melden, T das Überschreiten der 5 %-Schwelle.

Im Übrigen sind die Grenzen für Handels- und Market Maker-Bestände getrennt zu betrachten. Das bedeutet, ein Kreditinstitut, das sowohl Stimmrechte im Handelsbuch hält als auch in der Aktie als Market Maker tätig ist, kann die Höchstgrenzen der beiden Tatbestände jeweils in vollem Umfang in Anspruch nehmen.[212] 2348

Beispiel: Ein Kreditinstitut könnte ohne Auslösung einer Meldepflicht folgende Bestände an Finanzinstrumenten eines Emittenten halten:
- 3 % minus ein Stimmrecht im Anlagebestand,
- 5 % im Handelsbestand,
- 10 % minus ein Stimmrecht im Market Making-Bestand.

bb) Zusammenspiel der §§ 33, 34 und 36 WpHG. Zur Berechnung des Stimmrechtanteils aus Aktien nach § 33 Abs. 1 WpHG ist wie folgt vorzugehen: 2349

212 So die BaFin (Emittentenleitfaden, Modul B, S. 36 (Stand: 30.10.2018)). Auf europäischer Ebene ist dies in der Diskussion.

Eigene Stimmrechte ./. Gesamtzahl der Stimmrechte (§ 33 Abs. 1 WpHG)
minus nicht zu berücksichtigende Stimmrechte (§ 36 WpHG)
plus zugerechnete Stimmrechte nach § 34 WpHG

b) Halten von Instrumenten (§ 38 WpHG)

2350 Um Umgehungen der Meldepflicht, insb. durch den Einsatz von Derivaten (Optionen, Terminkontrakten etc.), und damit ein unbemerktes „Anschleichen" zu verhindern, sieht § 38 WpHG eine separate Meldepflicht (Eingangsmeldeschwelle bei 5 %) beim Halten von bestimmten Instrumenten vor, die zwar gegenwärtig kein Stimmrecht gewähren, den Erwerb eines solchen aber in der Zukunft (faktisch oder wirtschaftlich) ermöglichen.

Beispiel: Unternehmen U hält derzeit keine Anteile an der Aktiengesellschaft A und hat daher auch keine Stimmrechte. Durch den Erwerb einer Kaufoption sichert U sich das Recht, in drei Monaten 10 % der Aktien an A (die 10 % der Stimmrechte begründen) zu erwerben. Derartige Vorgänge sollen über § 38 WpHG transparent gemacht werden.

2351 Der Begriff des Instruments, der von § 38 WpHG bewusst **nicht definiert** wird, um alle denkbaren Umgehungsmöglichkeiten weitmöglichst abzudecken, ist sehr weitgehend:

Erfasst sind zum einen Instrumente, die ihrem Inhaber das Recht verleihen, einseitig im Rahmen einer rechtlich bindenden Vereinbarung Stimmrechte zu erwerben, § 38 Abs. 1 S. 1 Nr. 1 WpHG. Darunter fallen insb. Termin- und Optionsgeschäfte. Entscheidend für die Beurteilung, ob es sich bei einer Vereinbarung um ein Instrument i.S.d. Nr. 1 handelt oder nicht, ist, dass der Erwerb von mit Stimmrechten verbundenen Aktien fix oder allein vom Ermessen des Inhabers des Instruments (und nicht von äußeren Umständen wie der Preisentwicklung) abhängig sein muss.[213] Ob der Erwerb wirtschaftlich sinnvoll ist oder nicht (eine Option also im Geld ist oder nicht), ist dagegen nicht von Bedeutung. Da die Vorschrift Instrumente betrifft (und nicht auf Finanzinstrumente beschränkt ist), können beispielsweise auch Gesellschaftervereinbarungen, die eine Partei zum Erwerb von Aktien berechtigen, zu einer Meldepflicht führen.

2352 **Nr. 2** erweitert den Instrumentebegriff dahingehend, dass auch solche Instrumente erfasst sind, die – unabhängig von einem Anspruch auf physische Lieferung von Aktien – eine vergleichbare wirtschaftliche Wirkung haben, also faktisch oder wirtschaftlich den Erwerb von Stimmrechten in der Zukunft ermöglichen.

Beispiel (1) – Cash Settled Total Return Equity Swap: Unternehmen S möchte (unauffällig) eine möglichst hohe Beteiligung an der börsennotierten C AG erwerben. Zu diesem Zweck erwirbt S zunächst Aktien und Kauf-Optionen auf Aktien der C AG unterhalb der Meldeschwellen. Danach schließt S mit der Bank B folgenden Cash Settled Total Return Equity Swap ab:

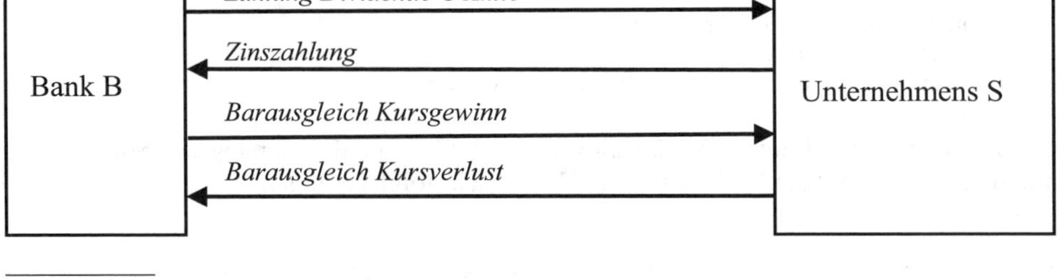

213 Geschäfte, bei denen lediglich ein Barausgleich vorgesehen ist, sind nicht erfasst.

Wirtschaftlich steht S aufgrund dieses Swaps wie der Eigentümer der C Aktie, hält diese jedoch nicht (hat daher auch keine Stimmrechte) und hat auch keinen Anspruch darauf, sie erwerben zu können. **Wirtschaftlich** betrachtet ist es nicht unwahrscheinlich, dass die B zur Absicherung des Swaps C Aktien oder Optionen darauf erwirbt, die sie nach Kündigung/Ablauf des Swaps zur Vermeidung offener Positionen wieder veräußern muss. In diesem Fall hat – wiederum **wirtschaftlich** gesehen – die S aufgrund des Swap-Geschäfts nach dessen Ablauf die Möglichkeit, von B die C Aktien zu erwerben. Daher ist – zur Vermeidung von der Unterlaufung der Meldepflichten – auch das Swap-Geschäft nach § 38 WpHG meldepflichtig.

Beispiel (2): Investor X möchte 10% der mit Stimmrechten verbundenen Aktien der A AG erwerben. Im Hinblick darauf beginnt die Bank B, Aktien der A AG am Markt aufzukaufen, um sie später an X übertragen zu können. Abhängig vom Inhalt einer zwischen X und der Bank B getroffenen Vereinbarung, sind die Stimmrechte dem X ggf. nach § 34 Abs. 1 S. 1 Nr. 2 WpHG zuzurechnen oder es handelt sich für X um ein Instrument i.S.d. § 38 Abs. 1 Nr. 2 WpHG.

Eine abschließende Aufzählung der von § 38 WpHG erfassten Instrumente ist nicht möglich. Eine indikative (nicht bindende und nicht abschließende) Auflistung erfasster Instrumente findet sich in § 38 Abs. 2 WpHG sowie in einer von der ESMA erstellten Liste.[214]

In die Berechnung nach § 38 WpHG einzubeziehen sind zunächst alle Instrumente, die der Meldepflichtige selbst und unmittelbar hält.

Über § 38 Abs. 1 S. 2 WpHG sind die Ausnahmetatbestände des § 36 WpHG auch auf die Instrumente anwendbar.

Kein Verweis findet sich hingegen auf die Zurechnungstatbestände des § 34 WpHG, die **2353**
daher im Rahmen des § 38 WpHG keine unmittelbare Anwendung finden. Nach § 38 Abs. 1 sind jedoch auch solche Instrumente zu berücksichtigen, die der Meldepflichtige lediglich mittelbar hält. Nach der Auslegungspraxis der BaFin,[215] die auf eine europäische Harmonisierung ausgerichtet ist, fallen hierunter auch Instrumente,

- die von Tochterunternehmen gehalten werden (entspricht § 34 Abs. 1 Nr. 1 WpHG);
- die einem Dritten gehören und für Rechnung des Meldepflichtigen gehalten werden (insb. Treuhand-Verhältnisse) entspricht § 34 Abs. 1 Nr. 2 WpHG);
- die einer Verhaltensabstimmung (d.h. einer Abstimmung hinsichtlich des koordinierten Erwerbs von mit Stimmrechten verbundenen Aktien über Instrumente) unterliegen (entspricht § 34 Abs. 2 WpHG);
- die dem Meldepflichtigen anvertraut sind, oder die er aufgrund Bevollmächtigung nach eigenem Ermessen ausüben kann (entspricht § 36 Abs. 1 Nr. 6 WpHG).

Durch diese Auslegung des Begriffs des mittelbaren Haltens finden die genannten Zurechnungstatbestände (trotz fehlenden Verweises auf § 34 WpHG) faktisch also dennoch Anwendung.

c) Summe von Aktien und Instrumenten (§ 39 WpHG)

Neben §§ 33 und 38 WpHG ergibt sich eine dritte Meldepflicht aus § 39 WpHG. Sie ent- **2354**
steht, wenn die Summe der nach § 33 WpHG und § 38 WpHG zu berücksichtigenden Stimmrechte an demselben Emittenten eine der in § 33 WpHG genannten Schwellen (außer der 3 %-Schwelle) berührt.

214 Eine abschließende Aufzählung von Instrumenten existiert nicht und ist auch nicht möglich.

215 FAQ zu den Transparenzpflichten des WpHG in den Abschnitten 6 (§§ 33 ff.) und 7 (§§ 48 ff.), S. 9 (Stand: 12.9.2019).

Beispiel (1):

Tag	Stimmrechte nach §§ 33, 34 WpHG	Stimmrechte nach § 38 WpHG	Summe nach § 39 WpHG	Erfüllte Meldetatbestände
1	4 %	–	4 %	§§ 33, 34 WpHG
2	4 %	2 %	6 %	§ 39 WpHG
3	4 %	7 %	11 %	§§ 38 und § 39 WpHG
4	7 % (Ausübung von 3 % der Finanzinstrumente nach § 38 WpHG)	4 %	11 %	§§ 33, 34 WpHG und § 38 WpHG
5	11 %	4 %	15 %	§§ 33, 34 und § 39 WpHG

Werden ein und dieselben Stimmrechte gleichzeitig von § 33 und von § 38 WpHG erfasst, so findet eine Summenbildung nach § 39 WpHG nicht statt, sondern die Stimmrechte werden – um eine doppelte Berücksichtigung zu vermeiden – nur einfach gezählt.

Beispiel (2): Unternehmen U hält 2 % der Aktien an der börsennotierten X AG, sein Tochterunternehmen TU 8 %. U und TU schließen ein Optionsgeschäft, das U die Möglichkeit sichert, die Aktien in einem halben Jahr von TU zu erwerben.

Meldepflichten von U: 10 % nach §§ 33, 34 Abs. 2 WpHG; 8 % nach § 38 WpHG aufgrund der Option und (nur) 10 % nach § 39 WpHG.

d) Wichtige Einzelsachverhalte

2355 **aa) Aktienemissionen/Aktienumplatzierungen.** Bei Zeichnung neuer Aktien durch Emissionsunternehmen werden diese Eigentümer der Aktien. Eine Meldepflicht entsteht für das Emissionsunternehmen dennoch nicht, da die Aktien nach der neueren Verwaltungspraxis der BaFin ausschließlich für Zwecke der Abrechnung und Abwicklung gehalten werden (Ausnahme des § 36 Abs. 3 Nr. 1 WpHG).[216]

Gleiches gilt bei der Übernahme von Altaktien zur Umplatzierung. Aktien, die Emissionsbanken im Rahmen von Stabilisierungsmaßnahmen erwerben oder veräußern, fallen unter den Ausnahmetatbestand des § 36 Abs. 2 WpHG und lösen daher grundsätzlich keine Meldepflichten aus.

2356 **bb) Wertpapierleihegeschäfte.** Mit dem Abschluss des Wertpapierleihvertrages entstehen bei Schwellenberührung Meldepflichten nach § 33 Abs. 1 WpHG für den Verleiher und den Entleiher. Der Verleiher muss eine Schwellenunterschreitung, der Entleiher eine Schwellenüberschreitung melden. Aufgrund des Rückübertragungsanspruchs muss der Verleiher zudem eine Meldung nach § 38 WpHG abgeben.[217]

---

216 FAQ zu den Transparenzpflichten des WpHG in den Abschnitten 6 (§§ 33 ff.) und 7 (§§ 48 ff.), S. 7 (Stand: 12.9.2019).

217 FAQ zu den Transparenzpflichten des WpHG in den Abschnitten 6 (§§ 33 ff.) und 7 (§§ 48 ff.), S. 10 f. (Stand: 12.9.2019).

cc) Sicherungsübereignungen. Nach § 34 Abs. 1 S. 1 Nr. 3 WpHG werden die sicherungsübereigneten Aktien dennoch dem Sicherungsgeber zugerechnet, es sei denn der Sicherungsnehmer ist zur Ausübung des Stimmrechts befugt und bekundet die Absicht, dieses unabhängig von den Weisungen des Sicherungsgebers auszuüben. Der Sicherungsgeber muss daher keine Schwellenunterschreitung nach § 33 Abs. 1 WpHG melden. Der Sicherungsnehmer, der mit der Sicherungsübereignung neuer Aktionär wird, hat bei Schwellenberührung eine Meldung nach § 33 Abs. 1 WpHG abzugeben. 2357

dd) Kapitalverwaltungsgesellschaften.

2358

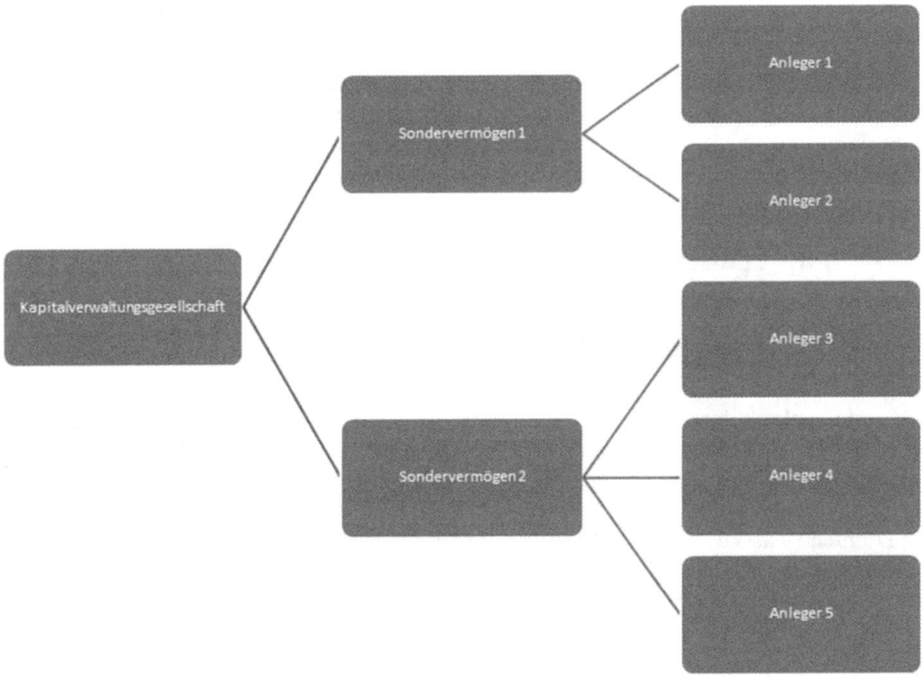

Schaubild: Kapitalverwaltungsgesellschaften

Eine Kapitalverwaltungsgesellschaft gem. § 17 KAGB ist hinsichtlich der zu den (rechtlich unselbstständigen) Sondervermögen gehörenden Instrumente meldepflichtig nach § 33 Abs. 1 oder § 38 WpHG. Eine Zurechnung über § 34 Abs. 1 S. 1 Nr. 1 auf die Muttergesellschaft der Kapitalverwaltungsgesellschaft erfolgt nicht, wenn die Voraussetzungen des § 35 Abs. 3–6 WpHG erfüllt sind, die Kapitalverwaltungsgesellschaft insb. hinsichtlich der Stimmrechtsausübung unabhängig vom Mutterunternehmen ist. 2359

Die Anleger an den Sondervermögen sind (gem. der Bereichsausnahme des § 1 Abs. 3 WpHG) von den Meldepflichten der §§ 33 ff. WpHG befreit, sofern es sich um Anteile und Aktien an sog. offenen Investmentvermögen i.S.d. § 1 Abs. 4 KAGB (also an OGAWs oder offenen Publikums-Alternativen-Investmentvermögen („AIF“)) handelt. Handelt es sich dagegen um geschlossene AIF oder um Spezial-AIF, werden die diesen gehörenden Instrumente den Anlegern bei einem Anteil an dem Investmentvermögen 2360 von 25 % oder mehr grundsätzlich nach § 34 Abs. 1 S. 1 Nr. 2 WpHG quotal zugerechnet bzw. als nach § 38 WpHG mittelbar von ihnen gehalten angesehen, so dass für die Anleger bei Schwellenberührung eine Meldepflicht besteht.[218]

Die einzelnen Sondervermögen sind mangels rechtlicher Selbstständigkeit selbst nicht meldepflichtig.

4. Die Erfüllung der Meldepflicht

2361 Eine Meldepflicht wird ausgelöst, wenn bei einem der Bestände nach §§ 33, 34 oder § 38 oder § 39 WpHG eine Schwelle berührt wird. In der Meldung, für die zwingend das Meldeformular im Anhang der WpAIV zu verwenden ist und die gegenüber dem Emittenten und der BaFin zu erfolgen hat, sind sämtliche aktuellen Bestände anzugeben.

2362 Bei Konzernen ist nach § 37 WpHG eine sog Konzernmeldung möglich. Das bedeutet, dass statt einer gesonderten Meldung pro Konzerngesellschaft eine einheitliche Meldung durch die oberste Muttergesellschaft abgegeben werden kann, die befreiende Wirkung für alle ebenfalls meldepflichtigen Tochterunternehmen entfaltet.

F. Wertpapierübernahmerecht

I. Grundlagen

1. Rechtsquellen

2363 Das erste spektakuläre Übernahmeverfahren in Deutschland, die Übernahme der Mannesmann AG durch die britische Mobilfunkgesellschaft Vodafone, ließ erkennen, dass die Regulierung solcher Verfahren allein durch den damals geltenden Übernahmekodex der Börsensachverständigenkommission, dem sich die Unternehmen freiwillig unterwerfen konnten (was viele aber nicht taten), unzureichend war. Zum 1.1.2002 trat daher das Wertpapiererwerbs- und Übernahmegesetz (WpÜG) in Kraft, das durch die Umsetzung der europäischen Übernahmerichtlinie[219] im Jahr 2006 an europäische Vorgaben angepasst wurde. Entsprechend finden sich die übernahmerechtlichen Vorgaben heute im WpÜG sowie diversen aufgrund des WpÜG erlassenen nationalen Verordnungen (von Bedeutung ist insb. die Angebotsverordnung, die Konkretisierungen hinsichtlich des Inhalts der Angebotsunterlage, der zu erbringenden Gegenleistung sowie Befreiungstatbestände für die Abgabe eines Pflichtangebots enthält).

2. Anwendungsbereich des WpÜG

2364 Voraussetzungen für die Anwendbarkeit des WpÜG sind, dass
- es sich um ein **Angebot**
- zum Erwerb von **Wertpapieren** handelt,
- die von einer **Zielgesellschaft** ausgegeben wurden
- und zum Handel an einem **organisierten Markt** zugelassen sind.

---

218 FAQ zu den Transparenzpflichten des WpHG in den Abschnitten 6 (§§ 33 ff.) und 7 (§§ 48 ff.), S. 8 f. (Stand: 12.9.2019).

219 Richtlinie 2004/25/EG des Europäischen Parlaments und des Rates vom 21.4.2004 betreffend Übernahmeangebote, ABl. EU Nr L 142 vom 30.4.2004. Die Richtlinie sollte bis 2011 evaluiert und ggf. überarbeitet werden. Ein Änderungsentwurf liegt aber bis heute nicht vor.

Damit beschränkt sich der Anwendungsbereich zunächst auf den Erwerb von Wertpapieren gem. § 2 Abs. 2 WpÜG. Zu den Wertpapieren zählen nach Nr. 1 zum einen Aktien bzw. mit Aktien vergleichbare Wertpapiere (also solche, die ebenfalls Mitgliedschaftsrechte verbriefen, insb. Zwischenscheine) und aktienvertretende Zertifikate (wie z.B. American Depository Receipts (ADRs)).[220] Zum anderen sind auch solche Wertpapiere erfasst, die den Erwerb der in Nr. 1 genannten Aktien, Aktien vergleichbaren Wertpapieren und aktienvertretenden Zertifikaten zum Gegenstand haben (§ 2 Abs. 2 Nr. 2 WpÜG). Hierunter fallen insb. Optionsanleihen und Wandelschuldverschreibungen, aber auch Optionsscheine, sofern Letztere zum Erwerb von Aktien berechtigen. Normale Schuldverschreibungen gehören nicht zum Anwendungsbereich, da hierdurch keine Beteiligungen und damit auch keine Einflussnahmemöglichkeiten auf das Unternehmen erlangt werden.

Die erfassten Wertpapiere müssen weiterhin von einer **Zielgesellschaft** (§ 2 Abs. 3 2365
WpÜG), d.h. einer AG oder KGaA mit Sitz im Inland oder einer Gesellschaft mit Sitz in einem anderen EWR-Staat, ausgegeben worden sein und an einem organisierten Markt im Inland oder in einem anderen EWR-Staat zugelassen sein (nicht erfasst sind daher im Freiverkehr gehandelte Aktien).[221] Der Erwerb von anderen Gesellschaftsbeteiligungen (z.B. GmbH-Anteile) wird vom WpÜG nicht geregelt.

Und schließlich muss es sich um ein **Angebot zum Erwerb**, also um ein **öffentliches** 2366
Kauf- oder Tauschangebot handeln. Angesichts der Vielgestaltigkeit möglicher Sachverhalte und um Umgehungsmöglichkeiten zu verhindern, hat der Gesetzgeber bewusst darauf verzichtet, zu definieren, wann ein solches „öffentliches" Angebot vorliegt.[222] Abgrenzungskriterien sind insb., ob ein begrenzter Personenkreis oder eine Vielzahl von Wertpapierinhabern angesprochen wird, sowie ob es sich um ein einseitig formuliertes oder ein individuell ausgestaltetes Angebot handelt. Nicht erforderlich ist, dass das öffentliche Angebot auf eine vollständige Übernahme des Unternehmens oder zumindest auf einen Kontrollerwerb gerichtet ist. Das WpÜG findet vielmehr auch Anwendung auf Angebote unterhalb der Kontrollschwelle und auf Angebote, die der Erhöhung einer bestehenden Kontrollbeteiligung dienen (**einfache Erwerbsangebote**, s. Rn. 2369).

Beachte: Das Erfordernis eines öffentlichen Angebots darf nicht zu dem Fehlschluss verleiten, 2367
die Regelungen des WpÜG seien unbeachtlich, solange nicht jemand beabsichtigt, Wertpapiere von einer Vielzahl von Wertpapierinhabern zu erwerben. Das WpÜG beinhaltet in Form des sog. Pflichtangebots auch ein Instrument, das den Inhaber einer Kontrollbeteiligung (d.h. von mindestens 30 % der Stimmrechte, unabhängig davon, wie diese erlangt wurden) zur Abgabe eines öffentlichen Angebots zwingt. Darüber hinaus ist für das Kapitalmarktrecht insges. und insb. auch für die Anwendbarkeit des WpÜG irrelevant, wie der Erwerber nach der Akquisition mit der Beteiligung weiter verfährt, ob er es also bei dem reinen Beteiligungserwerb belässt und das Unternehmen als eigenständiges (Tochter-)Unternehmen weiterführt oder ob es zu einer Verschmelzung (nach Umwandlungsgesetz) mit dem erwerbenden Unternehmen kommt.

---

220 Da die in § 8 Abs. 6 AktG geregelten Zwischenscheine ebenso wie ADRs nie an einem organisierten Markt i.S.d. WpÜG gehandelt werden, beschränkt sich der Anwendungsbereich fast ausschließlich auf Aktien.

221 Sind Aktien einer inländischen Gesellschaft betroffen, die nur in einem anderen EWR-Staat zugelassen sind, findet das WpÜG nur nach Maßgabe des § 1 Abs. 2 WpÜG (also im Ergebnis dessen Vorschriften mit gesellschaftsrechtlichem Gehalt) Anwendung, auf Wertpapiere ausländischer Gesellschaften mit inländischer Börsenzulassung nach Maßgabe des § 1 Abs. 3 WpÜG.

222 RegE eines Gesetzes zur Regelung von öffentlichen Angeboten zum Erwerb von Wertpapieren und von Unternehmensübernahmen (BT-Drucks. 14/7034, S. 33).

3. Allgemeine Verfahrensgrundsätze

2368 Ziel des WpÜG ist weder, Beteiligungserwerbe zu erschweren oder zu verhindern, noch sie zu fördern. Vielmehr geht es darum, ein **faires, geordnetes und transparentes Verfahren** auf Grundlage eines verlässlichen Rechtsrahmens zur Verfügung zu stellen, das die Interessen der Beteiligten zu einem Ausgleich bringt und das von der BaFin überwacht wird. Entsprechend sind die in § 3 WpÜG niedergelegten, allgemeinen **Verfahrensgrundsätze** ausgestaltet:

- Nach **Abs. 1** sind alle Inhaber von Wertpapieren der Zielgesellschaft, die derselben Gattung angehören, gleich zu behandeln. Sie sollen die Möglichkeit haben, sich zu gleichen Bedingungen von ihren Wertpapieren zu trennen. Verboten sind damit beispielsweise Angebote, die die Höhe der vom Bieter angebotenen Gegenleistung nach dem Zeitpunkt der Annahmeerklärung staffeln („Windhundrennen").
- **Abs. 2** verlangt, dass die Wertpapierinhaber über genügend Zeit und ausreichend Informationen zur Beurteilung des Angebots verfügen müssen, um eine sachlich fundierte Entscheidung treffen zu können.
- Auch während des Angebotsverfahrens müssen Vorstand und Aufsichtsrat der Zielgesellschaft im Interesse des Unternehmens handeln, **Abs. 3**, was insb. im Hinblick auf mögliche Abwehrmaßnahmen eine Rolle spielt.
- Angebotsverfahren führen zu einem Schwebestand und stellen für das Zielunternehmen und dessen operative Tätigkeiten sowie dessen Mitarbeiter eine große Belastung dar. Die gesetzlichen Vorgaben zielen daher – insb. durch zahlreiche Fristen – auf ein rasch durchgeführtes Verfahren **(Abs. 4)**.
- Schließlich darf es beim Handel der betroffenen Wertpapiere nicht zu Marktverzerrungen insb. durch Insiderhandel oder Marktmanipulation kommen.

II. Angebotsarten

2369 Das WpÜG unterscheidet drei Arten von öffentlichen Angeboten:

- **(Einfache, freiwillige) öffentliche Erwerbsangebote:** Ein solches Erwerbsangebot ist gerichtet auf den Erwerb einer Beteiligung unterhalb der Kontrollschwelle von 30 % der Stimmrechte (Einstiegsbeteiligung) oder auf die Aufstockung einer bereits bestehenden Kontrollbeteiligung.[223] Zur Erlangung einer Einstiegsbeteiligung wird kein Angebot zum Erwerb aller Aktien **(Vollangebot)** abgegeben, sondern das Angebot wird von vorne herein auf eine bestimmte Anzahl von Aktien beschränkt **(Teilangebot)**. Es ist dennoch – um die Gleichbehandlung der Aktionäre sicherzustellen – an alle Aktionäre zu richten. Geben die Aktionäre mehr Annahmeerklärungen ab, als der Bieter annehmen möchte, liegt eine sog. Überzeichnung vor.[224] In einem solchen Fall erfolgt kein Erwerb aller angebotenen Wertpapiere, sondern eine Zuteilung nach § 19 WpÜG.

  Bei der Formulierung eines solchen Erwerbsangebots ist Vorsicht geboten: Ist es nicht als Teilangebot ausgestaltet, sondern in einer Weise gefasst, dass seine vollständige Annahme zu einem Kontrollerwerb führen würde, so handelt es sich rechtlich

223 Nicht darunter fallen öffentliche Angebote zum Rückerwerb eigener Aktien.

224 Damit der Bieter nicht sämtliche Aktien erwerben muss, gibt er sein Erwerbsangebot unter der aufschiebenden Bedingung der Überzeichnung ab.

betrachtet um ein **Übernahmeangebot**, auch wenn der Bieter (eigentlich) nur eine Beteiligung unter 30 % erwerben will. Ob ein Kontrollerwerb angestrebt ist, ist insoweit also unbeachtlich. Es gelten dann die Vorschriften für Übernahmeangebote.
Möglich ist es, das Erwerbsangebot von der Erreichung der **Ziel- oder einer Mindestquote** abhängig zu machen.
Mindestpreise für die Gegenleistung sind bei dieser Angebotsart nicht vorgesehen.
- **(Freiwillige) Übernahmeangebote:** Diese zielen (objektiv) auf einen **Kontrollerwerb**, d.h. auf den Erwerb von mindestens 30 % der Stimmrechte. Ein Übernahmeangebot kann vom Erreichen einer Mindestquote (im Wege einer aufschiebenden Bedingung des Angebots) abhängig gemacht werden. Es muss aber zwingend als **Vollangebot**, also auf den Erwerb sämtlicher Aktien gerichtet, ausgestaltet sein. Eine Beschränkung auf 30 + x % ist somit nicht möglich. Der Bieter ist verpflichtet, den Aktionären eine **„angemessene" Gegenleistung** anzubieten (dazu s. Rn. 2402).
- **(Zwingende) Pflichtangebote:** Wer erstmals (unmittelbar oder mittelbar) mindestens 30 % der Stimmrechte erlangt hat (ohne, dass dies auf Grundlage eines vorherigen (freiwilligen) Übernahmeangebots erfolgt wäre), ist gezwungen, ein **Pflichtangebot an alle Aktionäre** abzugeben. Die Minderheitsaktionäre sollen so ihre Anteile zu einem **angemessenen Preis** veräußern können.

Der **Aufbau des Gesetzes** folgt dieser Einteilung. In §§ 10–28 WpÜG finden sich zunächst allgemeine Regeln, die für alle Arten von Angeboten gelten (für Ausnahmen s. § 34 und § 39 WpÜG). Danach stellen die §§ 29–34 WpÜG Sonderregeln für Übernahmeangebote auf, die §§ 35–39 WpÜG für Pflichtangebote. **2370**

III. Angebotsübergreifende Regelungen

1. Verfahrensablauf

Im Wesentlichen einheitlich für alle Angebotsarten ist zunächst das Verfahren geregelt: **2371**

a) Veröffentlichung der Entscheidung zur Abgabe eines Angebots

Das Verfahren beginnt, wenn entweder der Bieter die Kontrollschwelle von 30 % der Stimmrechte erreicht hat (dann Pflichtangebot, dazu näher Rn. 2406 ff.) oder der Bieter die Entscheidung zur Abgabe eines (einfachen oder Übernahme-)Angebots getroffen hat. Der Bieter hat seine Entscheidung bzw. das Erreichen der Kontrollschwelle **unverzüglich zu veröffentlichen** (§ 10 Abs. 1 S. 1 bzw. § 35 Abs. 1 S. 1 WpÜG).[225] Ziel ist es, die Öffentlichkeit frühzeitig über marktrelevante Daten zu informieren, um Insiderhandel und Marktmanipulation zu verhindern. **2372**

Ob bzw. wann die Kontrollschwelle erreicht ist und deshalb ein Pflichtangebot gemacht werden muss, richtet sich nach den §§ 29, 30 WpÜG (s. dazu näher Rn. 2407 ff.).

Fraglich ist, wann eine **„Entscheidung"** zur Angebotsabgabe (für ein einfaches Erwerbsangebot oder ein Übernahmeangebot) vorliegt, die nach § 10 Abs. 1 S. 1 WpÜG unverzüglich zu veröffentlichen ist. Ist Bieter eine natürliche Person, so muss der **innere**

225 Eine zusätzliche Ad-hoc-Mitteilung nach Art. 17 MAR ist – abhängig vom Inhalt der Meldung – grundsätzlich nicht erforderlich (§§ 10 Abs. 6, 35 Abs. 1 S. 4 WpÜG).

Meinungsbildungsprozess abgeschlossen und nach h.M. der **Angebotswille** gegenüber Dritten **kundgetan** worden sein.[226]

2373 Sofern Bieter eine **Gesellschaft** ist, liegt die Entscheidung grundsätzlich mit dem Abschluss des unternehmensinternen Entscheidungsprozesses auf Ebene der Geschäftsleiter vor. Ist der Geschäftsleiterbeschluss nach der internen Verfassung des Unternehmens Teil eines mehrstufigen Entscheidungsprozesses, ist also noch die Zustimmung eines weiteren Organs erforderlich, so ist zu unterscheiden. Nach der ausdrücklichen gesetzlichen Regelung besteht eine Veröffentlichungspflicht auch schon dann, wenn ein erforderlicher Beschluss der Gesellschafterversammlung noch nicht vorliegt, § 10 Abs. 1 S. 2 WpÜG. Die BaFin kann auf Antrag jedoch von der Veröffentlichungspflicht bis zum Vorliegen des Beschlusses befreien, wenn der Bieter durch geeignete Vorkehrungen sicherstellt, dass dadurch Marktverzerrungen nicht zu befürchten sind, § 10 Abs. 1 S. 3 WpÜG. Hinsichtlich einer etwaigen erforderlichen Zustimmung des Aufsichtsrats enthält das Gesetz keine Regelung. Ob (aufgrund der Entwicklung der Rechtsprechung zur parallelen Fragestellung betreffend die Ad-hoc-Publizitätspflicht, auf die die Gesetzesbegründung zu § 10 WpÜG verweist) hier bereits eine Veröffentlichungspflicht vor der Aufsichtsratsentscheidung besteht, ist offen.

2374 **Zivilrechtlich** gibt der Bieter mit der Veröffentlichung der Entscheidung nach § 10 WpÜG noch **kein rechtlich bindendes Angebot** ab. Das bindende Vertragsangebot von Seiten des Bieters liegt erst in der Veröffentlichung der Angebotsunterlage gem. §§ 11 Abs. 1, 14 Abs. 2 WpÜG. Eine zivilrechtliche Pflicht zur Durchführung des Angebots hat die Veröffentlichung nach § 10 WpÜG daher ebensowenig zur Folge wie Schadensersatzpflichten (s. dazu Rn. 2391). Da die §§ 11 Abs. 1, 14 WpÜG aufsichtsrechtlich jedoch eine Pflicht zur Erstellung und Veröffentlichung einer Angebotsunterlage vorsehen, ist mit einer Nichtdurchführung des angekündigten Angebots allerdings die Gefahr eines **Bußgeldes** (§ 60 Abs. 1 Nr. 1a WpÜG), einer **Untersagungsverfügung** der BaFin (§ 15 Abs. 1 WpÜG) sowie einer **Sperrfrist** nach § 26 WpÜG verbunden. Hatte der Bieter von vorneherein keine ernste Absicht zur Abgabe eines Angebots, kann er sich zudem dem Vorwurf einer Kursmanipulation ausgesetzt sehen. Bei Pflichtangeboten kommen Rechtsverluste nach § 59 WpÜG hinzu. Erzwungen werden kann die Durchführung jedoch auch mit aufsichtsrechtlichen Mitteln nicht.

2375 Die Entscheidung zur Angebotsabgabe sowie ihre nachfolgende Veröffentlichung sind nach § 10 Abs. 2, 4 WpÜG auch der BaFin sowie den Geschäftsführungen der betroffenen Börsen mitzuteilen. Um dem **Informationsbedürfnis** auf Seiten der Zielgesellschaft Genüge zu tun, ist die Entscheidung nach ihrer Veröffentlichung auch dem Vorstand der Zielgesellschaft unverzüglich schriftlich mitzuteilen, der seinerseits wiederum den Betriebsrat bzw. die Arbeitnehmer zu informieren hat (§ 10 Abs. 5 WpÜG). Der Bieter selbst hat seinen Betriebsrat bzw. seine Arbeitnehmer gleichermaßen in Kenntnis zu setzen (§ 10 Abs. 5 S. 3 WpÜG).

b) Erstellung und Veröffentlichung der Angebotsunterlage

2376 Erst im nächsten Schritt folgt das eigentliche, **zivilrechtlich bindende Angebot** (§ 145 BGB) an die Aktionäre durch die Veröffentlichung der sog. Angebotsunterlage. Es ist grundsätzlich **gegenüber allen Aktionären** abzugeben. Übernahme- und Pflichtange-

226 *Langenbucher*, § 18 Rn. 42 m.w.N.

bote dürfen zudem nicht als Teilangebote ausgestaltet werden, d.h. der Bieter kann sein Angebot nicht auf eine bestimmte Anzahl Aktien beschränken, sondern ist bei entsprechender Annahmequote u.U. zum Erwerb aller Aktien verpflichtet. Bevor die Angebotsunterlage veröffentlich werden darf, ist sie an die BaFin zu übermitteln und von dieser zu billigen.

aa) Anforderungen an die Angebotsunterlage. Die Angebotsunterlage muss als verbindliches Vertragsangebot ausgestaltet sein. Eine bloße invitatio ad offerendum, durch die zunächst einmal die Abgabebereitschaft der Aktionäre getestet werden könnte, ist nach § 17 WpÜG unzulässig. 2377

Die inhaltlichen Anforderungen selbst ergeben sich aus § 11 Abs. 2, 3 WpüG i.V.m. § 2 WpÜG-AngebotsVO und sollen eine informierte Entscheidung des Aktionärs ermöglichen.

Die Wirksamkeit von **freiwilligen** Angeboten (nicht Pflichtangeboten!) kann grundsätzlich von Bedingungen abhängig gemacht werden, auf die der Bieter während des Verfahrens aber jederzeit verzichten kann, um den Erfolg seines Angebots zu verbessern. Die Bedingungen müssen so bestimmt gefasst sein, dass anhand der Angebotsunterlage zweifelsfrei erkennbar ist, unter welchen Voraussetzungen das Angebot wirksam wird oder bleibt. § 18 WpÜG schränkt die **Zulässigkeit von Bedingungen** jedoch in zweierlei Hinsicht ein: Es darf sich zum einen nicht um Bedingungen handeln, deren Eintritt der Bieter oder ihm zuzurechnende Personen ausschließlich selbst herbeiführen können. Zum anderen darf keine Bedingung aufgenommen werden, die dem Bieter faktisch die Möglichkeit eröffnen würde, das Angebot zu widerrufen oder von ihm zurückzutreten. Für die Praxis relevante Bedingungen sind insb. **Kartellvorbehalte** und **Mindesterwerbsschwellen**. Auch Bedingungen dahingehend, dass im Fall der Übernahme keine wesentlichen Verträge aufgrund von Change-of Control-Klauseln gekündigt werden oder bis zum Ende der Angebotsfrist keine Compliance-Verstöße festgestellt werden, sind zulässig, sofern das Bestimmtheitserfordernis erfüllt ist. 2378

Die **Annahmefrist** muss mindestens vier und darf höchstens zehn Wochen betragen, § 16 WpÜG.

bb) Billigung durch die BaFin und Veröffentlichung. Die Angebotsunterlage ist vor ihrer Veröffentlichung der BaFin zur Prüfung zu übermitteln. Im Interesse der Verfahrensbeschleunigung hat diese Übermittlung innerhalb von vier Wochen nach der Veröffentlichung der Entscheidung zur Abgabe eines Angebots zu erfolgen (§ 14 Abs. 1 S. 1 WpÜG). 2379

Die BaFin prüft die Unterlage nicht auf inhaltliche Richtigkeit, sondern nur dahingehend, ob sie alle erforderlichen Angaben enthält und diese **nicht offensichtlich gegen rechtliche Anforderungen verstoßen** (s. § 15 Abs. 1 Nr. 1 und 2 WpÜG). Gestattet die BaFin die Veröffentlichung oder untersagt sie das Angebot nicht binnen zehn Werktagen nach Eingang der Angebotsunterlage, so ist die Unterlage unverzüglich zu veröffentlichen (§ 14 Abs. 2 S. 1 WpÜG). Auch hierüber ist der Vorstand der Zielgesellschaft und über diesen deren Belegschaft zu informieren.

Von den zuständigen Behörden anderer EWR-Staaten gebilligte Angebotsunterlagen werden im Inland ohne zusätzliche Billigung anerkannt (§ 11a WpÜG).

2380 **cc) Nachträgliche Änderungsmöglichkeiten.** Eine nachträgliche Änderung des Angebots nach seiner Veröffentlichung ist nur unter den engen Voraussetzungen des § 21 WpÜG möglich. Die in § 21 WpÜG aufgeführten Änderungsmöglichkeiten sind abschließend. Sie sollen dem Bieter Gelegenheit geben, während des Verfahrens die Attraktivität seines Angebots zu erhöhen, ohne den gesamten Prozess neu aufrollen zu müssen. Es handelt sich daher ausschließlich um **Änderungsmöglichkeiten zugunsten** der Veräußerer.

Im Einzelnen kann der Erwerber bis zu einem Werktag vor Ablauf der Annahmefrist die Gegenleistung erhöhen oder wahlweise eine andere Gegenleistung anbieten, die Mindestabnahmeschwelle herabsetzen oder auf Bedingungen verzichten. Um eine **Gleichbehandlung aller Aktionäre** sicherzustellen, soll die Änderung jedoch auch den Aktionären zugute kommen, die das Angebot zu diesem Zeitpunkt bereits angenommen haben. Ihnen wird daher ein **Rücktrittsrecht** eingeräumt; sie können das geänderte Angebot annehmen (§ 21 Abs. 4 WpÜG).[227]

Erfolgt die Veröffentlichung der Änderung in den letzten zwei Wochen der Angebotsfrist, verlängert sich diese um zwei Wochen (§ 21 Abs. 5 S. 1 WpÜG).

c) Publizitätspflichten während des Verfahrens

2381 **aa) Pflichten nach WpÜG.** Die speziellen übernahmerechtlichen Vorschriften sehen eine **Veröffentlichung** der Entscheidung zur Abgabe eines Angebots (§ 10 WpÜG, s. Rn. 2372 ff.) sowie der Angebotsunterlage (§ 14 Abs. 2 WpÜG) vor.

Um die Angebotsadressaten während der Annahmefrist über die Entwicklung der Beteiligungsverhältnisse und die Akzeptanz des Angebots auf dem Laufenden zu halten, muss der Bieter fortwährend[228] aktuelle Angaben über seinen Wertpapier- und Stimmrechtsbestand veröffentlichen („Wasserstandsmeldungen“, § 23 WpÜG). Dies umfasst sämtliche ihm, den mit ihm gemeinsam handelnden Personen und deren Tochterunternehmen zustehenden Wertpapiere einschließlich nach § 30 WpÜG zuzurechnende Stimmrechte, die Höhe der nach §§ 38 und 39 WpHG mitzuteilenden Stimmrechte aus Instrumenten sowie die aus den Annahmeerklärungen sich ergebende Anzahl Wertpapiere. Dieser **Offenlegungspflicht** kann eine besondere Bedeutung zukommen, wenn der Kapitalmarkt unsicher ist, ob eine vom Bieter vorgesehene Mindestannahmeschwelle zum Ablauf der Annahmefrist erreicht werden wird.

2382 Darüber hinaus ordnet § 23 Abs. 2 WpÜG eine dem Kontrollerwerb nachlaufende **Publizitätspflicht** an. Erwirbt der Bieter nach Kontrollerwerb weitere Anteile, haben Aktionäre, die das Angebot angenommen haben, unter Umständen Anspruch auf **Nachbesserung der Gegenleistung** aus (§ 31 Abs. 5 WpÜG). Um die Geltendmachung dieser Ansprüche zu ermöglichen, fordert § 23 Abs. 2 WpÜG eine entsprechende Offenlegung durch den Bieter.

---

227 Die h.M. geht sogar davon aus, dass die bereits abgeschlossenen Verträge *ex lege* eine Inhaltsänderung erfahren. S. nur *Scholl/Siekmann*, BKR 2013, 316, 317 m.w.N.

228 Nach Veröffentlichung der Angebotsunterlage wöchentlich sowie in der letzten Woche vor Ablauf der Annahmefrist täglich, unverzüglich nach Ablauf der Annahmefrist, unverzüglich nach Ablauf der weiteren Annahmefrist gem. § 16 Abs. 2 und unverzüglich nach Erreichen der für einen squeeze out nach § 39a WpÜG erforderlichen Beteiligungshöhe.

bb) Verhältnis zu anderen Transparenzpflichten. – (1) Verhältnis zur Ad-hoc-Publizität gem. Art. 17 MAR. In jedem Stadium vor und während eines Angebotsverfahren stellt sich die Frage, ob bzw. zu welchem Zeitpunkt auf Seiten des Bieters oder des Zielunternehmens, sofern sie jeweils der Ad-hoc-Publizitätspflicht unterliegen, Veröffentlichungspflichten nach Art. 17 MAR ausgelöst werden. Für das Verhältnis des Art. 17 MAR zu den Veröffentlichungspflichten nach WpÜG gilt grundsätzlich, dass sie parallel anzuwenden sind, sofern das Gesetz nicht selbst ausdrücklich etwas anderes bestimmt. Ob eine Information ad-hoc zu veröffentlichen ist, ist also während des gesamten Verfahrens nach den allgemein gültigen Regelungen (s. dazu Rn. 2275 ff.), unabhängig von (zusätzlichen) Veröffentlichungspflichten nach WpÜG zu beurteilen. Bezogen auf die unterschiedlichen Verfahrensstufen in einem Angebotsprozess bedeutet das Folgendes: 2383

Da jede Entscheidung im Rahmen eines mehrstufigen Entscheidungsprozesses ebenso wie Pläne, Vorhaben etc. nach Art. 17 MAR zu veröffentlichende **Insiderinformationen** sein können, sind mögliche Ad-hoc-Publizitätspflichten im Vorfeld eines Angebotsverfahrens besonders sorgfältig zu prüfen. In vielen Fällen wird die betreffende Information noch nicht präzise genug sein, also noch keine hinreichende Wahrscheinlichkeit für das Zustandekommen der betreffenden Transaktion bestehen. 2384

Beispiel: Werden Vorgespräche mit der Zielgesellschaft oder ihren Aktionären geführt oder werden Berater (z.B. Unternehmensberater, Rechtsanwälte, Banken) beauftragt, so handelt es sich noch um reine Vorbereitungshandlungen. Der Erfolg der Transaktion hängt zu diesem Zeitpunkt noch von einer Vielzahl von Faktoren ab.

Bei Abschluss eines sog. **„letter of intent"** hängt die Beurteilung hingegen schon vom Einzelfall ab: Werden hier die Eckpunkte des künftigen Vertrages bereits festgelegt und erscheint dessen Zustandekommen aus Sicht eines verständigen Anlegers als hinreichend wahrscheinlich, so kann bereits eine Insiderinformation vorliegen. 2385

Zudem ist – entsprechend den Regelungen zur Behandlung von gestreckten Sachverhalten (s. Rn. 2260 f., 2287) – stets zu prüfen, ob ein bestimmter Umstand (z.B. der Abschluss eines letter of intent) nicht schon für sich betrachtet, also ohne Rücksicht auf die Eintrittswahrscheinlichkeit des Endziels), die Merkmale einer **Insiderinformation** erfüllt.

Erfüllt ein Umstand bereits den Tatbestand der Insiderinformation, wird meist die Möglichkeit zum Aufschub der Veröffentlichung nach Art. 17 Abs. 4 und 5 MAR bestehen (s. auch Rn. 2280 ff.).

Ist die Entscheidung zur Abgabe eines Angebots gefallen, ist dies nach § 10 Abs. 1 S. 1 WpÜG unverzüglich zu veröffentlichen. Auch wenn dieser Umstand eine Insiderinformation darstellen kann, geht die **Veröffentlichung nach § 10 Abs. 1 S. 1 WpÜG** der Ad-hoc-Pflicht vor (§ 10 Abs. 6 WpÜG). § 10 WpÜG ist insoweit eine für den Bieter abschließende Sonderregelung. Auch die Pflicht, das Erreichen der Kontrollschwelle unverzüglich zu veröffentlichen, geht etwa bestehenden Ad-hoc-Mitteilungspflichten vor (§ 35 Abs. 1 S. 4 WpÜG). Dieser Vorrang gilt jedoch nicht uneingeschränkt, sondern ist abhängig vom Inhalt der konkreten Veröffentlichung: Zwingender Inhalt einer Veröffentlichung nach § 10 WpÜG ist lediglich, dass ein **Angebot beabsichtigt** ist und die **Benennung** der betroffenen Wertpapiere. Wenn Insiderinformationen in der Veröffentlichung nach § 10 WpÜG nicht enthalten sind, insb., wenn die Eckdaten des Angebots 2386

(Art und Höhe der Gegenleistung) noch nicht bekannt gegeben werden (können), lösen diese ggf. eine Ad-hoc-Mitteilungspflicht aus, sobald sie vorliegen.

2387 Von diesen gesetzlichen Sonderregelungen abgesehen, ist während des Verfahrens sowohl auf Seiten des Bieters als auch auf Seiten der Zielgesellschaft jeder neu eintretende Umstand auf eine Veröffentlichungspflicht nach § 17 MAR zu prüfen. Ein **Vorrang des WpÜG besteht nicht**.

2388 **(2) Verhältnis zu den Stimmrechtsmeldungen nach §§ 33 ff. WpHG.** Neben den „Wasserstandsmeldungen" nach § 23 WpÜG bleiben die Pflichten zu Stimmrechtsmeldungen nach §§ 33 ff. WpHG bei Berührung der entsprechenden Schwellenwerte anwendbar.

Beispiel: Wird zu einem von § 23 Abs. 1 WpÜG nicht erfassten Zeitpunkt eine Schwelle berührt, so ist unverzüglich eine Meldung nach §§ 33 ff. WpHG abzugeben.

2. „Heimliches Anschleichen"/Parallelerwerbe

2389 Die Bekanntgabe eines (geplanten) Übernahmeangebots führt gewöhnlich zu einem Anstieg des Börsenkurses des entsprechenden Wertpapiers. Der Bieter hat daher häufig ein Interesse daran, bereits im Vorfeld Aktien zu erwerben. Dem sind in mehrerlei Hinsicht **Grenzen** gesetzt:

Aufgrund der Vorschriften zur Beteiligungstransparenz (§§ 33 ff. WpHG, s. Rn. 2326 ff.) ist der Bieter bei Berührung der entsprechenden Schwellen (beginnend bereits bei 3 % der Stimmrechte) zu entsprechenden **Meldungen** an die Gesellschaft und die BaFin verpflichtet, die von der Gesellschaft zu veröffentlichen sind. Die Möglichkeiten, unbemerkt eine Beteiligung aufzubauen, sind dadurch extrem beschränkt.

Zudem ist nach § 10 WpÜG bereits die Entscheidung zur Abgabe eines Angebots zu veröffentlichen.

2390 Wird durch **Parallelerwerbe**, die in engem zeitlichen Zusammenhang mit einem einfachen Erwerbsangebot erfolgen, die Kontrollschwelle von 30 % erreicht, ist liegt ein **Übernahmeangebot** nach § 30 WpÜG vor.

3. Haftung

a) Nichtdurchführung des Angebotsverfahrens trotz Ankündigung nach § 10 WpÜG

2391 Hat ein Bieter seine Entscheidung zur Abgabe eines Angebots nach § 10 WpÜG veröffentlicht und betreibt das Angebotsverfahren danach nicht weiter, veröffentlicht also nicht die nach § 11 WpÜG erforderliche Angebotsunterlage, so stellt dies zwar einen Verstoß gegen öffentlich-rechtliche Pflichten dar, begründet aber **keine Schadensersatzansprüche** von Aktionären der Zielgesellschaft. Eine vertragliche Haftung nach den Grundsätzen der c.i.c. (§§ 280 Abs. 1, 311 Abs. 2, 241 Abs. 2 BGB) würde ein vorvertragliches Schuldverhältnis bzw. zumindest einen ähnlichen geschäftlichen Kontakt i.S.d. § 311 Abs. 2 Nr. 3 BGB zwischen Bieter und den Aktionären voraussetzen. § 10 WpÜG soll dafür Sorge trage, die Öffentlichkeit frühzeitig über marktrelevante Daten zu informieren, um damit Insiderhandel zu verhindern.[229] Ein geschäftliches Verhältnis zu den Aktionären ist damit nicht beabsichtigt. Entsprechend scheidet eine Haftung nach § 280 Abs. 1 BGB aus.[230] Da §§ 10, 11 und 14 WpÜG keine Verfahrensvorschriften und daher keine Schutzgesetze sind, scheidet auch eine Haftung nach § 823 Abs. 2 BGB aus.

b) Fehlerhaftigkeit der Angebotsunterlage (§ 12 WpÜG)

Stellt die BaFin im Rahmen ihrer begrenzten Prüfung die Fehlerhaftigkeit der Unterlage fest, untersagt sie das Angebot (§ 15 Abs. 1 WpÜG). Eine Haftung für fehlerhafte, also unrichtige oder unvollständige Angebote trifft die BaFin nicht. Ein Anspruch kommt gem. § 12 WpÜG nur in Betracht gegen diejenigen, die für die Angebotsunterlage die Verantwortung übernommen haben und diejenigen, von denen ihr Erlass ausgeht. **2392**

Eine Haftung nach § 12 WpÜG besteht nur für eine von der BaFin gebilligte und veröffentlichte Angebotsunterlage.[231]

In der Angebotsunterlage müssen **wesentliche Umstände unrichtig oder unvollständig** sein. Wesentlich sind Umstände, die objektiv für die Beurteilung des Angebots erforderlich sind, also vor allem die Höhe der angebotenen Gegenleistung und die Sicherstellung der Finanzierung.[232] Für die Beurteilung der Unrichtigkeit oder Unvollständigkeit ist – wie bei der Prospekthaftung – auf die **Perspektive eines durchschnittlichen Anlegers** abzustellen. Unrichtig sind Angaben, wenn sie unzutreffende Fakten enthalten oder es sich um Prognosen oder Werturteile handelt, die nicht hinreichend auf Tatsachen gestützt und kaufmännisch nicht vertretbar sind.[233] Unvollständig sind Angaben, wenn Entscheidungserhebliches fehlt.[234]

Hinsichtlich der Beurteilung der Fehlerhaftigkeit ist grundsätzlich der **Zeitpunkt** der Veröffentlichung der Angebotsunterlage maßgeblich. Ob die Unterlage durch Veränderungen der tatsächlichen Umstände während des Laufs der Annahmefrist unrichtig werden und damit eine Haftung auslösen kann, ist umstritten.[235] **2393**

Die erforderliche **Kausalität** zwischen Fehlerhaftigkeit der Angebotsunterlage und der Angebotsannahme wird vermutet (s. Wortlaut des § 12 Abs. 3 WpÜG). Die Vermutung wird z.B. dadurch widerlegt, dass vor Annahme des Angebots eine Berichtigung durch Ad-hoc-Mitteilung oder eine vergleichbare Veröffentlichung vorgenommen wurde (§ 12 Abs. 3 Nr. 3 WpÜG). **2394**

Aus § 12 Abs. 2 WpÜG, wonach nicht haftet, wer nachweist, dass er die Fehlerhaftigkeit der Angebotsunterlage nicht gekannt hat und diese Unkenntnis nicht auf grober Fahrlässigkeit beruht, ergibt sich, dass nur bei **Vorsatz und grober Fahrlässigkeit** gehaftet wird. Die Beweislast für das Fehlen von Kenntnis und grober Fahrlässigkeit liegt allerdings beim Anspruchsgegner. **2395**

---

229 RegE WpÜG, BT-Drucks. 14/7034, S. 39.
230 Str. ebenso *Buck-Heeb*, § 15 Rn. 1032; einschränkend *Scholl/Siekmann*, BKR 2013, 316, 316 m.w.N.
231 Eine Haftung für andere veröffentlichte Informationsmaterialien besteht nicht. Wurde die Unterlage nicht von der BaFin gebilligt, kommt eine Haftung aus § 12 WpÜG analog in Betracht.
232 *Langenbucher*, § 18 Rn. 60; *Buck-Heeb*, § 15 Rn. 1047.
233 *Langenbucher*, § 18 Rn. 61; *Buck-Heeb*, § 15 Rn. 1047.
234 *Langenbucher*, § 18 Rn. 61.
235 S. dazu näher *Langenbucher*, § 18 Rn. 62 m.w.N.

2396 Haftungsadressaten und damit **Anspruchsgegner** sind die Angebotsverantwortlichen sowie die Angebotsveranlasser. Darunter fallen in erster Linie der Bieter, aber auch sonstige, die durch ausdrückliche Erklärung die Verantwortung übernommen haben, sowie sonstige „Hintermänner", die ein eigenes wirtschaftliches Interesse am Angebot haben. Verfasser der Angebotsunterlage wie Wirtschaftsprüfer, Anwälte, Banken sind nicht erfasst.

2397 Als **Rechtsfolge** ordnet § 12 WpHG Schadensersatz für den Aktionär der Zielgesellschaft, der das Angebot aufgrund der fehlerhaften Angebotsunterlage angenommen hat, an. Dieser ist nach § 249 Abs. 1 BGB so zu stellen, wie er ohne die Veräußerung seiner Wertpapiere stünde **(Ersatz des negativen Interesses)**. Ist das Geschäft noch nicht erfüllt, kann der Aktionär Befreiung von seiner Verbindlichkeit verlangen. Ansonsten erfolgt **Rückabwicklung Zug um Zug** (zzgl. Transaktions- und Finanzierungskosten). Ist eine solche nicht möglich (z.B. weil die übertragenen Wertpapiere nach einer Verschmelzung nicht mehr existent sind), so ist der Schadensersatzanspruch auf **Geldersatz** gerichtet.

c) Mangelnde Finanzierung des Angebots (§ 13 WpÜG)

2398 Bei der Annahme von Barangeboten (im Gegensatz zu Tauschangeboten) ist für die Entscheidung der Aktionäre der Zielgesellschaft die Sicherstellung der Finanzierung von entscheidender Bedeutung. Entsprechend hat der Bieter nach § 13 Abs. 1 S. 2 WpÜG die notwendigen Maßnahmen dafür zu treffen, dass ihm die zur Erfüllung des Angebots notwendigen Mittel zur Verfügung stehen, und die schriftliche Bestätigung eines Wertpapierdienstleistungsunternehmens einzuholen, dass er diese Maßnahmen getroffen hat.[236] Wurden diese Maßnahmen nicht getroffen und stehen aus diesem Grunde die erforderlichen Mittel bei Fälligkeit nicht zur Verfügung, können Aktionäre, die das Angebot angenommen hat, das bestätigende Wertpapierdienstleistungsunternehmen auf Ersatz des ihnen aus der Nichterfüllung oder der nicht vollständigen Erfüllung entstandenen Schadens in Anspruch nehmen (§ 13 Abs. 2 WpÜG).

IV. Spezialvorschriften für Übernahmeangebote

2399 Übernahmeangebote sind Angebote, die auf den **Erwerb der Kontrolle gerichtet** sind (§ 29 Abs. 1 WpÜG). Kontrolle ist das Halten von **mindestens 30 % der Stimmrechte** (§ 29 Abs. 2 S. 1 WpÜG).[237] Ein Übernahmeangebot ist zwingend als Vollangebot, d.h. als auf den Erwerb sämtlicher Aktien gerichtet, auszugestalten, auch wenn der Bieter eigentlich nur 30 + x % der Stimmrechte erwerben möchte (§ 32 WpÜG). Es kann aber vom Erreichen einer bestimmten Annahmequote abhängig gemacht werden. In einem solchen Fall wird das Angebot unter die **aufschiebende Bedingung** gestellt, dass die angestrebte Mindestbeteiligung (z.B. 30 % oder 50 %) zustande kommt.

---

236 Es muss sichergestellt werden, dass die Mittel zur vollständigen Erfüllung des Angebots zur Verfügung stehen, die Finanzierung also auch in dem Fall ausreicht, dass das Angebot (planwidrig) von sämtlichen Aktionären angenommen wird.

237 Hintergrund der 30 %-Schwelle ist, dass aufgrund niedriger Hauptversammlungspräsenzen eine solche Beteiligung in der Regel ausreicht, um eine einfache Mehrheit des anwesenden Kapitals herbeizuführen.

1. Berechnung der Kontrollschwelle (§§ 29, 30 WpÜG)

Die Berechnung, ob die Kontrollschwelle von 30 % der Stimmrechte erreicht wird, erfolgt nach rein formalen Gesichtspunkten: Berücksichtigt werden zum einen alle Stimmrechte aus Aktien, die dem Bieter selbst gehören. Zum anderen werden dem Bieter nach Maßgabe des § 30 WpÜG **Stimmrechte Dritter zugerechnet.**[238] Ob die Stimmrechte ausgeübt werden können oder nicht, ist unerheblich. 2400

Die **Zurechnungstatbestände** in § 30 WpÜG sind wortgleich mit denen in § 34 WpHG, der die Zurechnung im Rahmen von Beteiligungsmeldungen regelt. Um Irritationen am Kapitalmarkt zu vermeiden, sind nach dem Willen des Gesetzgebers beide Zurechnungsnormen auch in derselben Weise auszulegen.[239] Daher kann auf die Ausführungen zu § 34 WpHG (s. Rn. 2340 f.) verwiesen werden. In der Praxis gilt ein besonderes Augenmerk dem **Zurechnungstatbestand des sog. „acting in concert"** (§ 30 Abs. 2 WpÜG). Eine gegenseitige Zurechnung der Stimmrechte zwischen Bieter und einem Dritten findet danach statt, wenn beide ihr Verhalten in Bezug auf die Zielgesellschaft – abgesehen von Einzelfällen – aufgrund einer Vereinbarung oder in sonstiger Weise abstimmen. Ein Abstimmen in diesem Sinne setzt voraus, dass sie sich über die Ausübung von Stimmrechten verständigen oder mit dem Ziel einer dauerhaften und erheblichen Änderung der unternehmerischen Ausrichtung der Zielgesellschaft in sonstiger Weise zusammenwirken. Bei jeglicher Art von Zusammenarbeit zwischen zwei Aktionären, die über Vereinbarungen im Einzelfall hinausgeht, ist daher Vorsicht geboten. Sie kann – auch wenn es sich nicht um eine vertragliche Vereinbarung, sondern lediglich um ein sog. „gentlemenś agreement, also ein **bewusst praktiziertes Zusammenwirken** handelt – nicht nur Meldepflichten nach §§ 33 WpHG auslösen, sondern ein **Erwerbsangebot zu einem Übernahmeangebot** machen bzw. den Bieter zur Abgabe eines **Pflichtangebots** (s. dazu Rn. 2407) zwingen. Auch ein Zusammenwirken außerhalb der Hauptversammlung kann erfasst sein. Typische Zurechnungsfälle sind **Poolvereinbarungen**, durch die Einfluss auf die Unternehmensleitung genommen werden soll. Nach Ansicht des BGH[240] sind auch bereits sog. **Interessenschutzklauseln** als kritisch anzusehen, in denen sich ein Aktionär verpflichtet, sein Stimmrecht nur unter Berücksichtigung der Interessen eines anderen Aktionärs auszuüben. 2401

2. Angemessenheit der Gegenleistung

Um dem Angebot zum Erfolg zu verhelfen, wird im Regelfall ein sog. **Paketzuschlag** und damit ein Preis über dem gegenwärtigen Börsenkurs angeboten. Davon unabhängig verlangt § 31 WpÜG i.V.m. §§ 3 ff. WpÜG-AngebotsVO die **Angemessenheit** der Gegenleistung und konkretisiert diese näher. 2402

Die Gegenleistung kann grundsätzlich in einer **Geldleistung in Euro** oder (bei einem sog. Tauschangebot) in **liquiden Aktien** bestehen, die zum Handel an einem organisierten Markt zugelassen sind (§ 31 Abs. 2 WpÜG). Aus Gründen der Gleichbehandlung aller Aktionäre ist zwingend eine Geldleistung anzubieten, wenn der Bieter oder mit ihm gemeinsam handelnde Personen im Zeitraum von sechs Monaten vor Veröffentlichung der Entscheidung zur Abgabe eines Angebots bis zum Ablauf der Annahmefrist mindes-

---

238 Die Regeln entsprechen in weiten Teilen den §§ 33 ff. WpHG.
239 RegE zum Risikobegrenzungsgesetz (BT-Drucks. 16/7438, S. 11).
240 BGH NZG 2014, 985, 991 („Postbank").

tens 5 % der Aktien oder Stimmrechte gegen Zahlung einer Geldleistung erworben oder hierauf gerichtete Optionsgeschäfte abgeschlossen hat (§ 31 Abs. 3, 6 WpÜG).

Die Gegenleistung muss mindestens dem gewichteten **durchschnittlichen inländischen Börsenkurs** während der letzten drei Monate vor der Veröffentlichung des Angebots entsprechen (§ 5 Abs. 1 WpÜG-AngebotsVO).[241] Bei Vorerwerben innerhalb von sechs Monaten vor Veröffentlichung des Angebots ist untere Grenze die höchste dabei vereinbarte Gegenleistung (§ 4 WpÜG-AngebotsVO). Ist ein verlässlicher Börsenkurs nicht feststellbar, ist eine **Unternehmensbewertung** erforderlich (§§ 5 Abs. 4, 6 Abs. 6 WpÜG-AngebotsVO).

2403 Kommt es nach Veröffentlichung der Angebotsunterlage zu **Parallelerwerben**, bei denen eine höhere als im Angebot genannte Gegenleistung gewährt wird, so erhöht sie die den Angebotsempfängern zu zahlende Gegenleistung automatisch um den Unterschiedsbetrag (§ 31 Abs. 4 WpÜG). Gleiches gilt, wenn innerhalb eines Jahres nach dem Übernahmeangebot Aktien außerbörslich zu einem höheren Preis als dem Angebotspreis erworben werden (§ 31 Abs. 5 WpÜG). Beides soll wiederum eine Gleichbehandlung der Aktionäre sicherstellen.

2404 Kontrollverfahren oder Sanktionen bei unangemessener Gegenleistung sieht das WpÜG nicht vor.[242] Den Aktionären steht aber ein – zivilrechtlich durchsetzbarer – Anspruch auf Zahlung des Differenzbetrages zwischen der angebotenen und der angemessenen Gegenleistung zu.[243]

3. Weitere Annahmefrist („Zaunkönigregelung"), § 16 Abs. 2 WpÜG

2405 Bei Übernahmeangeboten gibt § 16 Abs. 2 S. 1 WpÜG den Aktionären der Zielgesellschaft die Möglichkeit, das Angebot auch innerhalb von zwei Wochen nach Veröffentlichung der Stimmrechtsanteile gem. § 23 Abs. 1 Nr. 2 WpÜG noch anzunehmen **(weitere Annahmefrist)**. Sie sollen zunächst einmal abwarten können, wie die Resonanz auf das Angebot ist und ob es tatsächlich zu einem Kontrollwechsel kommt, um dann über ihren eigenen Verkauf zu entscheiden. Dies gilt nach S. 2 allerdings nicht, wenn der Bieter das Angebot von dem Erwerb einer Mindestquote abhängig gemacht hat und diese Quote nach Ablauf der (ursprünglichen) Annahmefrist nicht erreicht wurde.

V. Spezialvorschriften für Pflichtangebote

2406 Ein Kontrollwechsel bringt stets die Gefahr einer Änderung der Geschäftspolitik mit sich und berührt damit die ursprüngliche Investitionsentscheidung der Aktionäre. Ihnen soll daher die Gelegenheit gegeben werden, zu angemessenen Bedingungen aus der Gesellschaft auszuscheiden. Wurde der Kontrollwechsel, d.h. die Überschreitung der Kontrollschwelle von 30 %, durch ein Übernahmeangebot herbeigeführt, hatten – da ein solches als Vollangebot an alle Aktionäre auszugestalten ist – die Aktionäre bereits im

241 Für die Ermittlung des Börsenkurses gelten die §§ 5 bis 7 WpÜG.

242 Allerdings wird die BaFin ein solches Angebot nach § 15 Abs. 1 Nr. 2 WpÜG untersagen, wenn die Gegenleistung offensichtlich unangemessen ist. Der einzelne Aktionär hat jedoch – mangels drittschützender Wirkung der Vorschriften des WpÜG – keinen Anspruch auf eine solche Maßnahme der BaFin (OLG Frankfurt a.M, Beschl. v. 8.1.2018 – WpÜG 1/17).

243 BGH NJW-RR 2014, 1248, 1250 – „Postbank".

Rahmen dieses Verfahrens Gelegenheit, ihre Aktien zu veräußern. In einem solchen Fall löst die **Erreichung der 30 %-Schwelle** daher kein Pflichtangebot aus (§ 35 Abs. 3 WpÜG). Von dieser Ausnahme abgesehen hat grundsätzlich jeder, der unmittelbar oder mittelbar, also unter Berücksichtigung der nach § 30 WpÜG zuzurechnenden Stimmrechte, 30 % der Stimmrechte erlangt, ein Pflichtangebot gem. § 35 Abs. 1 WpÜG abzugeben. Eine Schwellenberührung kann nicht nur durch unmittelbare Aktienerwerbe seitens des Bieters herbeigeführt werden, sondern auch ohne sein Zutun z.B. durch Erbschaft, gesellschaftsrechtliche Umstrukturierungen oder Erwerb einer Gesellschaft, die ihrerseits die Kontrolle über weitere Gesellschaften hält.

1. Berechnung der Kontrollschwelle

Hinsichtlich der Berechnung, ob der Bieter die Kontrollschwelle erreicht hat, gelten die **2407** §§ 29, 30 WpHG. Es ist also nicht nur auf Stimmrechte aus Aktien abzustellen, die dem Bieter gehören, sondern auch auf solche, die ihm nach § 30 WpÜG zugerechnet werden. Die Dauer der Schwellenüberschreitung ist unerheblich; eine logische Sekunde ist grundsätzlich ausreichend. Wird die Schwelle durch reine Handelsaktivitäten erreicht, kann allerdings ein Befreiungsantrag nach §§ 20, 37 WpÜG gestellt werden.

Weiterhin ist für das Erreichen der Kontrollschwelle allein das Eigentum an den **2408** Aktien, also die **dingliche Rechtslage** entscheidend. Ein schuldrechtlicher Anspruch auf Eigentumsübertragung löst keine Kontrolle aus. Das ermöglicht dem Bieter ein sog. **„Creeping in"**, gibt ihm also die Gelegenheit, den Zeitpunkt, zu dem ein Pflichtangebot abgegeben werden muss, selbst zu bestimmen und ihn in einem für ihn günstigen Marktumfeld stattfinden zu lassen.

Da bei vorausgegangenem Übernahmeangebot überhaupt kein Pflichtangebot abgegeben **2409** werden muss, § 35 Abs. 3 WpÜG, bieten sich weiterhin Möglichkeiten, trotz Überschreitung der 30 %-Schwelle ein Pflichtangebot zu umgehen:

Beispiel: Bieter B erwirbt zunächst knapp unter 30% der Stimmrechte; ein Erwerb von 30 % oder mehr würde ein Pflichtangebot auslösen. Um die 30 %-Schwelle zu überschreiten, gibt B ein freiwilliges Übernahmeangebot an alle Aktionäre ab. Um im Rahmen dieses Übernahmeangebots nur so viele Aktien angeboten zu bekommen, wie zur Erreichung der 30 %-Schwelle erforderlich sind, wählt er einen für ihn günstigen, die Aktionäre aber uninteressanten Zeitpunkt und bietet lediglich den gesetzlich vorgeschriebenen Mindestpreis ohne Paketzuschlag an. Wird auf diese Weise die Kontrollschwelle von 30 % überschritten, so muss er trotzdem kein Pflichtangebot abgeben (§ 35 Abs. 3 WpÜG) und kann ggf. seinen Anteil durch weitere Zukäufe kostengünstig ausbauen.

2. Nichtberücksichtigung von Stimmrechten und Befreiungsmöglichkeiten (§§ 36, 37 WpÜG)

Wie oben ausgeführt kann eine Schwellenüberschreitung durch eine Vielzahl rechtlicher **2410** Vorgänge, unter Umständen sogar ohne Zutun des Bieters, ausgelöst werden. Nicht in allen diesen Fällen erschien dem Gesetzgeber ein Pflichtangebot als zwingende Rechtsfolge angemessen. Er hat daher in § 36 WpÜG Sachverhalte festgelegt, in denen Stimmrechte bei der Berechnung unberücksichtigt bleiben dürfen. Dies setzt allerdings einen entsprechenden Antrag bei der BaFin voraus. Diese betreffen zum einen **Erbfälle und Schenkungen unter nahen Angehörigen**, wodurch insb. die Fortführung von Familiengesellschaften ohne Belastung durch Pflichtangebote ermöglicht werden soll (§ 36 Nr. 1

WpÜG). Zum anderen geht es um Stimmrechtserwerbe durch **Rechtsformwechsel oder Umstrukturierungen innerhalb eines Konzerns**, bei denen aufgrund unveränderter materieller Kontrollsituation ein Pflichtangebot unnötig erscheint.

2411 Während § 36 WpÜG eine **gebundene Entscheidung** der BaFin vorsieht, steht ihr bei den in § 37 WpÜG aufgeführten Befreiungsgründen ein **Ermessen** zu, d.h. sie *kann* auf schriftlichen Antrag vom Pflichtangebot befreien. Konkretisierungen zum Antragsverfahren und den Befreiungstatbeständen finden sich in §§ 8 bis 12 WpÜG-AngebotsVO.

3. Rechtsfolgen bei unterlassenem Pflichtangebot

2412 Gibt der Bieter trotz einer entsprechenden Verpflichtung aus § 35 WpÜG kein Pflichtangebot ab, so bestimmen sich die Rechtsfolgen zunächst nach § 59 WpÜG: Für die Zeit, in denen die Pflicht nicht erfüllt wird, gehen die Rechte aus den Aktien verloren. Betroffen davon sind nicht nur der Bieter und seine Tochtergesellschaften, sondern auch die mit ihm gemeinsam handelnden Personen (§ 30 Abs. 2 WpÜG) und deren Tochtergesellschaften sowie die Inhaber von Aktien, deren Stimmrechte sich der Bieter, seine Tochterunternehmen, die mit ihm gemeinsam handelnden Personen und deren Tochterunternehmen nach § 30 Abs. 1 und 2 WpÜG zurechnen lassen müssen. Ausgenommen sind lediglich die Rechte auf Dividende und Abwicklungsüberschuss, sofern der Bieter das Angebot nicht vorsätzlich unterlassen und es nachgeholt hat.

Zudem ist der Bieter für die Dauer des Verstoßes zu Zinszahlungen an die Aktionäre der Zielgesellschaft verpflichtet (§ 38 WpÜG). Weiterhin begeht er eine bußgeldbedrohte Ordnungswidrigkeit, § 60 Abs. 1 Nr. 1a, Nr. 2a, b, Nr. 3, Nr. 4, Nr. 5 WpÜG.

2413 Nicht ausdrücklich vom Gesetz geregelt ist die Frage, ob bzw. von wem die **Abgabe eines Pflichtangebots erzwungen** werden kann. Die Rechtsprechung[244] sieht über § 4 Abs. 1 S. 3 WpÜG eine Befugnis der **BaFin**, eine Pflichtangebotsabgabe anzuordnen. Ein Anspruch der Aktionäre auf ein solches Einschreiten der BaFin besteht jedoch nicht: Diese nimmt nach § 4 Abs. 2 WpÜG ihre Aufgaben nur **im öffentlichen Interesse** wahr, so dass ein Drittschutz insoweit ausscheidet. Auch zivilrechtliche Ansprüche der Aktionäre gegen den Bieter sind abzulehnen.[245]

VI. Verhaltenspflichten für Vorstände und Aufsichtsräte sowie mögliche Abwehrmaßnahmen

1. Stellungnahmepflicht (§ 27 WpÜG)

2414 Um den Aktionären eine ausgewogene Entscheidung zu ermöglichen, soll auch die „Gegenseite" angehört werden. Aus diesem Grunde haben Vorstand und Aufsichtsrat der Zielgesellschaft eine begründete Stellungnahme zum Angebot und jeder Angebotsänderung abzugeben (§ 27 WpÜG). Sie muss sich insb. beziehen auf die angebotene Gegenleistung, die voraussichtlichen Folgen eines erfolgreichen Angebots, die vom Bieter verfolgten Ziele sowie die Absicht von Vorstands- und Aufsichtsratsmitgliedern, das Angebot in ihrer Eigenschaft als Aktionäre der Gesellschaft anzuneh-

---

244 OLG Frankfurt ZIP 2012, 270, Rn. 42.
245 BGH NJW-RR 1248, 1250 („Postbank"). S. hierzu näher *Buck-Heeb*, § 15 Rn. 1073 f.

men. Verstöße gegen diese Pflicht stellen eine Ordnungswidrigkeit dar (§ 60 Abs. 1 Nr. 1b, Nr. 2c WpÜG).

2. Kooperationspflichten

Zu der Frage, ob die Zielgesellschaft bzw. ihre Organe mit einem Bieter kooperieren müssen, z.B. eine Due-Diligence-Prüfung zulassen müssen, äußert sich das WpÜG nicht. Aktienrechtlich ist der Vorstand durch §§ 76, 93 AktG auf das **Unternehmenswohl** verpflichtet. Mögliche Kooperationspflichten hängen damit maßgeblich davon ab, ob die Übernahme dem Unternehmenswohl dienlich ist. Weiterhin erfordert das Unternehmensinteresse vor Due-Diligence-Prüfungen grundsätzlich den Abschluss einer Vertraulichkeitsvereinbarung.[246] 2415

3. Mögliche Abwehrmaßnahmen

a) Grundsatz: Verhinderungsverbot

Jedenfalls bei Übernahme- und Pflichtangeboten[247] trifft den Vorstand nach § 33 WpÜG ein sog. **Verhinderungsverbot**. Er darf zwischen Veröffentlichung der Absicht zur Abgabe eines Angebots bis zur Veröffentlichung der Annahmequote nach § 23 Abs. 1 S. 1 Nr. 2 WpÜG grundsätzlich keine Handlungen vornehmen, die den Erfolg des Angebots verhindern könnten.[248] 2416

Typische Maßnahmen, die eine Verhinderungsgefahr bergen, sind:

- Ausgabe neuer Aktien oder Erwerb oder Veräußerung eigener Aktien, da hierdurch die Übernahme für den Bieter verteuert werden kann;
- Veräußerung wesentlicher Beteiligungen oder Vermögensgegenstände **(„crown jewel defense“)**;
- Erwerb wesentlicher Beteiligungen, um kartellrechtliche Probleme zu schaffen **(„antitrust defense“)**;
- Vereinbarung von Kündigungsklauseln für den Fall eines Kontrollwechsels **(„change of control clauses“)** in zentralen Vertragsbeziehungen;
- Versuch der Zielgesellschaft, ihrerseits den Bieter zu übernehmen **(„pac man defense“)**.

Je nach Ausgestaltung können auch Vereinbarungen in Vorstandsverträgen, nach denen im Fall einer Übernahme ohne Weiterbeschäftigung eine Abfindungszahlung zu leisten ist **(„golden parachutes“)**, kritisch sein.[249]

b) Ausnahmen

Weiterhin zulässig sind Handlungen, die auch ein ordentlicher und gewissenhafter Geschäftsleiter einer nicht von einer Übernahme betroffenen Gesellschaft vornehmen 2417

---

246 Diese begegnet gleichzeitig auch möglichen insiderrechtlichen Problemen: Sollten im Rahmen der Prüfung Insiderinformationen an den Bieter weitergegeben werden, so ist dies eine befugte und damit zulässige Weitergabe.

247 Auf einfache Erwerbsangebote kann § 33 WpÜG analog angewendet werden.

248 Entscheidend ist ausschließlich die objektive Eignung der Handlungen. Ob der Vereitelungserfolg tatsächlich eintritt, ist ebenso unerheblich wie die hinter den Handlungen stehenden Motive des Vorstands.

249 Aktienrechtlich ist die Zahlung insb. an § 87 AktG zu messen. Zudem ist ein Verstoß gegen § 33d WpÜG möglich.

würde (§ 33 Abs. 1 S. 2 Alt. 1 WpÜG). Damit soll vor allem ermöglicht werden, das **Tagesgeschäft** sowie bereits eingeschlagene **Unternehmensstrategien** fortzuführen.

Gleichermaßen erlaubt ist die Suche nach einem konkurrierenden Angebot **(„white knight“**, § 33 Abs. 1 S. 2 Alt. 2 WpÜG).

Schließlich gestattet § 33 Abs. 1 S. 2 Alt. 3 WpÜG Handlungen, denen der Aufsichtsrat zugestimmt hat. Für die Unbedenklichkeit von Abwehrmaßnahmen reicht aber dennoch eine solche Zustimmung unter gesellschaftsrechtlichen Gesichtspunkten nicht in jedem Fall aus: Die Ausnahmetatbestände regeln lediglich die **Reichweite des Verhinderungsverbots** des § 33 Abs. 1 S. 1 WpÜG. Sie lassen aber die aktienrechtliche Kompetenzordnung als solche unberührt. Die Maßnahmen sind daher darüber hinaus **an §§ 76, 93 AktG zu messen**. Sie müssen von der Geschäftsführungsbefugnis des Vorstands (§ 77 AktG) gedeckt sein und nicht zusätzlich der Zustimmung der Hauptversammlung bedürfen.

2418 Abwehrmaßnahmen können darüber hinaus durch eine **Ermächtigung** seitens der Hauptversammlung legitimiert werden (**Vorratsbeschluss**, § 33 Abs. 2 WpÜG). Diese Ermächtigung unterliegt bestimmten Anforderungen:

- Sie muss vor der Veröffentlichung der Angebotsabsicht erteilt worden sein.
- Die Handlungen, zu denen ermächtigt wird, müssen in die Zuständigkeit der Hauptversammlung fallen.
- Die Handlungen müssen nach allgemeinen aktienrechtlichen Bestimmungen auf den Vorstand delegierbar sein.
- Die Handlungen müssen ihrer Art nach bestimmt werden. Blankettermächtigungen sind unzulässig.
- Die Ermächtigung kann für höchstens 18 Monate erteilt werden.
- Der Beschluss bedarf einer Dreiviertelmehrheit des bei der Beschlussfassung vertretenen Grundkapitals. Die Satzung kann eine größere Kapitalmehrheit und weitere Erfordernisse vorsehen.

Zu beachten ist, dass der Vorstand für die Durchführung von konkreten Maßnahmen aufgrund des Vorratsbeschlusses stets der (zusätzlichen) **Zustimmung des Aufsichtsrats** bedarf, § 33 Abs. 2 S. 4 WpÜG).

Liegt kein Vorratsbeschluss vor, kann die Ermächtigung durch die Hauptversammlung auch noch ad-hoc im laufenden Übernahmeverfahren eingeholt werden. Auch hier sind die allgemeinen aktienrechtlichen Anforderungen zu beachten. Hinsichtlich der Einberufung und Durchführung solcher Hauptversammlungen sieht § 16 Abs. 4 S. 1 WpÜG bestimmte Erleichterungen vor.

c) Europäisches Verhinderungsverbot und Europäische Durchbrechungsregel

2419 Die europäische Übernahmerichtlinie hat den Mitgliedstaaten erheblichen Regelungsspielraum im Hinblick auf mögliche Abwehrmaßnahmen gegen Unternehmensübernahmen eingeräumt. Der deutsche Gesetzgeber hat diesen genutzt und in § 33 WpÜG weitergehende Abwehrmaßnahmen für zulässig erklärt als die Übernahmerichtlinie selbst **(sog. „opt out“)**. Er hat jedoch gleichzeitig über § 33a WpÜG jedem Unternehmen die Möglichkeit gegeben, sich durch entsprechende Satzungsregelung selbst den **strengeren europäischen Verhinderungsverboten**, die sich in § 33a Abs. 2 WpÜG wiederfinden, zu unterwerfen **(„opt in“)**; § 33 WpÜG findet dann keine Anwendung. Die Hauptversammlung kann dies durch Beschluss unter den Vorbehalt stellen, dass für den Bieter ein gleichwertiges Regelwerk gilt (§ 33c WpÜG).

Neben möglichen Abwehrmaßnahmen können auch strukturelle Hindernisse bestehen, **2420**
die eine Übernahme erschweren. Dazu gehören satzungsmäßige Übertragungsbeschränkungen für Aktien (Vinkulierung) oder Mehrstimmrechte. Der deutsche Gesetzgeber hat – entsprechend der durch die Übernahmerichtlinie eingeräumten Möglichkeiten – keine Außer-Kraft-Setzung dieser Mechanismen im Falle eines Angebotsverfahrens vorgesehen. Er eröffnet den Unternehmen aber über § 33b Abs. 1 WpÜG wiederum die Möglichkeit, per Satzung die von europäischer Seite als fakultativ vorgesehenen Durchbrechungsregelungen, die in § 33b Abs. 2 WpÜG niedergelegt sind, anzuwenden. Der Bieter ist zu einer Entschädigung in Geld verpflichtet, soweit auf diese Weise Rechte von Aktionären entzogen werden (§ 33b Abs. 5 WpÜG).

d) Rechtsfolgen unzulässiger Abwehrmaßnahmen

Verstöße gegen § 33 Abs. 1 S. 1 WpÜG stellen eine Ordnungswidrigkeit dar (§ 60 Abs. 1 **2421**
Nr. 8, Abs. 3 WpÜG).

§§ 33 WpÜG beschränkt nicht die Vertretungsmacht des Vorstands. Unzulässige Abwehrmaßnahmen sind daher zunächst **rechtlich wirksam**. Greift der Vorstand durch die Maßnahme in die Kompetenz der Hauptversammlung ein, haben die Aktionäre analog §§ 1004, 823 Abs. 2 BGB einen **Unterlassungsanspruch gegen die Gesellschaft**.[250] Darüber hinaus kommen **Schadensersatzansprüche der Zielgesellschaft** aus § 93 Abs. 2 S. 1 AktG in Betracht, sofern ihr durch die Abwehrmaßnahme ein Schaden entstanden ist.

4. Verbot der Vorteile an Mitglieder von Vorstand und Aufsichtsrat

Die Gewährung von (persönlichen) Vorteilen durch den Bieter kann unter Umständen **2422**
Vorstands- und/oder Aufsichtsratsmitglieder der Zielgesellschaft zu einem nicht im Interesse des Unternehmens oder seiner Aktionäre liegenden Verhalten veranlassen. Dem Bieter und mit ihm gemeinsam handelnden Personen ist es daher verboten, ihnen im Zusammenhang mit dem Angebot ungerechtfertigte Geldleistungen oder andere ungerechtfertigte geldwerte Vorteile zu gewähren oder auch nur in Aussicht zu stellen. Dennoch gewährte Leistungen sind verboten i.S.d. § 134 BGB und unterliegen der Rückforderung nach § 812 Abs. 1 S. 1 Alt. 1 BGB. Um Umgehungen zu verhindern, sind auch Leistungen an nahestehende Personen erfasst. Ob Leistungen ungerechtfertigt sind, ist danach zu beurteilen, ob sie – nach aktienrechtlichen Maßstäben – von der Zielgesellschaft selbst hätten gewährt werden dürfen.

Beispiel: Wird dem Vorstand der Zielgesellschaft nach Übernahme eine Weiterbeschäftigung in Aussicht gestellt, so stellt dies eine gerechtfertigte Vorteilsgewährung dar.

---

250 Schadensersatzansprüche der Aktionäre kommen allenfalls – im Fall von strafrechtlich relevantem oder sittenwidrigem Verhalten – aus § 823 Abs. 2 BGB oder aus § 826 BGB in Betracht.

VII. Squeeze-out

2423 Minderheitsaktionäre haben aufgrund ihrer geringen Beteiligungsquote nur wenig Einfluss auf die Geschicke der Gesellschaft, können für diese aber trotzdem eine Belastung darstellen: Ihre Beteiligung erfordert die Durchführung einer öffentlichen Hauptversammlung; durch die Erhebung von Anfechtungsklagen können sie die Umsetzung von wichtigen Entscheidungen wie z.B. von Strukturmaßnahmen zumindest verzögern, wenn nicht gar vereiteln.

Vor diesem Hintergrund sehen sowohl das Aktienrecht als auch das Wertpapierübernahmerecht Möglichkeiten vor, Minderheitsaktionäre zwangsweise **aus der Gesellschaft herauszudrängen („squeeze-out")**. Beide Verfahren setzen zum einen eine 95 %ige Beteiligung sowie eine vollständige wirtschaftliche Kompensation der Minderheitsaktionäre voraus. Zulässig ist ein squeeze-out weiterhin im Fall einer Verschmelzung, wenn sich 90 % des Kapitals der übertragenden Kapitalgesellschaft in der Hand einer übernehmenden Aktiengesellschaft befinden.

1. Aktienrechtlicher squeeze-out

2424 Die Regelungen zum aktienrechtlichen squeeze-out finden sich in den §§ 327a bis 327f AktG.

a) Voraussetzungen

2425 Ein solches Ausschlussverfahren setzt zunächst voraus, dass einem Aktionär mindestens **95 % des Grundkapitals** gehören. Die Berechnung richtet sich dabei nach § 16 Abs. 2 und 4 AktG. Die Aktien müssen daher im Eigentum des Großaktionärs stehen oder ihm nach einem der in § 16 Abs. 4 AktG genannten Tatbestände zugerechnet werden.[251] An das Vorliegen bestimmter (rechtfertigender) Gründe ist das Verfahren nicht gebunden.

2426 Weiterhin ist ein – grundsätzlich mit einfacher Stimmenmehrheit zu fassender – **Hauptversammlungsbeschluss** erforderlich. Angesichts der für das Verfahren erforderlichen Kapitalquote von 95 % ist dieser Beschluss i.d.R. reine Formsache. Schwierigkeiten können sich hier allenfalls bei einer größeren Anzahl stimmrechtsloser Vorzugsaktien oder aufgrund von satzungsmäßigen Höchststimmrechten ergeben.

Um den Minderheitsaktionär für seinen Eigentumsverlust vollständig zu entschädigen, muss ihm eine **Barabfindung** gewährt werden (§ 327b AktG).

b) Verfahren

2427 Das Ausschlussverfahren wird eingeleitet durch ein entsprechendes **Verlangen** des Hauptaktionärs (§ 327a Abs. 1 S. 1 AktG). Die Bekanntgabe der Tagesordnung hat u.a. die festgelegte Barabfindung zu enthalten (§ 327c Abs. 1 Nr. 2 AktG).

2428 Der von der Hauptversammlung zu fassende **Beschluss** beinhaltet die Übertragung der Aktien der Minderheitsaktionäre auf den Hauptaktionär. Mit Eintragung des Beschlusses in das **Handelsregister** gehen die Aktien ex lege auf den Hauptaktionär über; eines

251 Nach der Rechtsprechung ist es ausreichend, wenn der Großaktionär die Schwelle mit Hilfe darlehensweise überlassener Aktien erreicht (BGHZ 180, 154).

zusätzlichen Übertragungsaktes bedarf es nicht. Mit dem Verlust der Aktionärsstellung entfällt gleichzeitig die Klagebefugnis für etwaige Anfechtungsklagen. Um sicherzustellen, dass der Hauptversammlungsbeschluss zum Zeitpunkt der Anmeldung bestandskräftig ist, hat der Vorstand entweder eine entsprechende Negativerklärung abzugeben (§§ 327e Abs. 2, 319 Abs. 5 AktG) oder es ist ein gerichtliches Freigabeverfahren zu durchlaufen (§§ 327e Abs. 2, 319 Abs. 6 AktG).

Mit der Einladung zur Hauptversammlung wird ein **bindendes Abfindungsangebot an die Minderheitsaktionäre** abgegeben. Da die Abfindung vollständig für den Anteilsverlust entschädigen soll, ist sicherzustellen, dass ihre Höhe angemessen bemessen und einer Überprüfung unterzogen wird. Eine Kontrolle findet in zwei Stufen statt: In einem schriftlichen Bericht an die Hauptversammlung ist die **Angemessenheit der Barabfindung** zu erläutern und zu begründen; sie ist zudem durch einen oder mehrere sachverständige Prüfer zu prüfen (§ 327c Abs. 2 S. 1 und 2 AktG). Danach ist die Abfindung einer gerichtlichen Prüfung im sog. **Spruchverfahren** zugänglich, § 327f S. 2 AktG, §§ 1 Nr. 3, 2 SpruchG (s. hierzu auch Rn. 2435 f.). Untergrenze für eine angemessene Abfindung ist i.d.R. der Börsenkurs, wobei der durchschnittliche Börsenkurs der letzten drei Monate vor Bekanntgabe der Strukturmaßnahme maßgeblich ist.[252] **2429**

2. Übernahmerechtlicher squeeze-out

Das WpÜG sieht in §§ 39a, b WpÜG die Möglichkeit vor, nach Abschluss eines Übernahme- oder Pflichtangebots die verbliebenen Minderheitsaktionäre per squeeze-out aus der Gesellschaft zu drängen. **2430**

Flankiert wird dieser übernahmerechtliche squeeze-out durch ein korrespondierendes **Andienungsrecht** der Aktionäre, die das Angebot im Rahmen des Übernahme- oder Pflichtangebots nicht angenommen haben: Nach § 39c WpÜG können sie innerhalb von drei Monaten nach Ablauf der Angebotsfrist das Angebot noch annehmen, sofern der Bieter seinerseits die Möglichkeit hätte, einen squeeze-out nach § 39a WpÜG durchzuführen.

a) Voraussetzungen

Einzige Voraussetzung eines solchen Ausschlussverfahrens ist, dass dem Bieter nach einem Übernahme- oder Pflichtangebot **mindestens 95 % des stimmberechtigten Grundkapitals** gehören. Für die Feststellung der erforderlichen Beteiligungshöhe ist auch hier § 16 Abs. 2 und 4 AktG maßgeblich (§ 39a Abs. 2 WpÜG).[253] Nach Auffassung des BGH muss die Beteiligungsquote zum Ende der weiteren Annahmefrist nach § 16 Abs. 2 WpÜG erfüllt sein.[254] **2431**

Auch in diesem Verfahren hat der Bieter eine **angemessene Gegenleistung** zu gewähren. Die Art der Abfindung hat der Gegenleistung des Übernahme- oder Pflichtangebots zu entsprechen, allerdings ist eine Geldleistung stets wahlweise anzubieten (§ 39a Abs. 3 S. 1 und S. 2 WpÜG). Nach der unwiderleglichen Vermutungsregelung des § 39a Abs. 3

---

252 BGH ZIP 2010, 1487.

253 Das Verfahren dient in erster Linie dem Ausschluss stimmberechtigter Aktien. Ein Ausschluss stimmrechtsloser Vorzugsaktien ist nur möglich, wenn dem Bieter zugleich Aktien in Höhe von 95 % des gesamten Grundkapitals der Gesellschaft gehören (§ 39a Abs. 1 S. 2 WpÜG).

254 BGH WM 2013, 303.

S. 3 WpÜG ist die im Rahmen des Angebotsverfahrens gewährte Leistung auch als angemessen anzusehen, wenn der Bieter aufgrund des Angebots mindestens 90 % des vom Angebot betroffenen Grundkapitals erworben hat (§ 39 Abs. 3 S. 3 WpÜG). Eine Überprüfung durch ein Spruchverfahren ist anders als im aktienrechtlichen Ausschlussverfahren nicht vorgesehen. Hierfür besteht keine Notwendigkeit, da der squeeze-out nicht von der Hauptversammlung beschlossen, sondern **auf Antrag des Bieters durch das Gericht angeordnet** wird (s. sogleich Rn. 2432), das gleichzeitig auch die angebotene Barabfindung prüft.

b) Verfahren

2432 Die Übertragung der Aktien der Minderheitsaktionäre auf den Bieter erfolgt auf Antrag des Bieters durch **Gerichtsbeschluss** (§ 39a Abs. 1 S. 1 WpÜG). Der Antrag ist innerhalb von drei Monaten nach Ablauf der Annahmefrist beim Landgericht Frankfurt am Main zu stellen (§ 39a Abs. 4 und 5 WpÜG). Mit Rechtskraft des Beschlusses gehen alle Aktien der übrigen Aktionäre auf den zum Ausschluss berechtigten Aktionär über (§ 39b Abs. 5 S. 3 WpÜG). Ein Hauptversammlungsbeschluss ist anders als beim aktienrechtlichen squeeze-out nicht erforderlich.

c) Verhältnis zum aktienrechtlichen squeeze-out

2433 Grundsätzlich hat der Großaktionär die Wahl zwischen aktien- und übernahmerechtlichem squeeze-out. Ist ein übernahmerechtlicher squeeze-out allerdings einmal beantragt, ist das aktienrechtliche Verfahren bis zum rechtskräftigen Abschluss des Ausschlussverfahrens unzulässig (§ 39a Abs. 6 WpÜG).

3. Verschmelzungsrechtlicher squeeze-out

2434 Befinden sich nach einer Verschmelzung 90 % des Stammkapitals einer übertragenden Aktiengesellschaft in der Hand einer übernehmenden Aktiengesellschaft, so kann die **Hauptversammlung** der übertragenden Aktiengesellschaft innerhalb von drei Monaten nach Abschluss des Verschmelzungsvertrages einen Beschluss über ein squeeze-out nach § 327a Abs. 1 S. 1 AktG fassen (§ 62 Abs. 5 UmwG).

G. Besondere Gerichtsverfahren im Kapitalmarktrecht

I. Spruchverfahren

2435 Gegen gesellschaftsrechtliche Strukturmaßnahmen können sich Aktionäre aus verschiedenen Gründen wehren wollen: Entweder sie halten die Strukturmaßnahme als solches nicht für rechtmäßig, oder aus ihrer Sicht sind die ihnen im Gegenzug angebotenen Ausgleichs- oder Abfindungszahlungen nicht angemessen. Im ersten Fall steht ihnen als Rechtsmittel gegen den der Strukturmaßnahme zugrunde liegenden Hauptversammlungsbeschluss das Instrument der **Anfechtungsklage** nach § 243 AktG zur Verfügung. Ihre Erhebung kann zur Folge haben, dass die Maßnahme für die Dauer des Verfahrens nicht umgesetzt werden kann, insb. erforderliche Handelsregistereintragungen nicht erfolgen können. Um derartige Verzögerungen bei Streit um die angemessene Höhe von Ausgleichs- und Abfindungszahlungen zu vermeiden, gibt es hier nicht die Möglichkeit einer Anfechtungsklage. Stattdessen erfolgt die Klärung von Bewertungsfragen (auch im Rahmen von aktienrechtlichen oder umwandlungsrechtlichen squeeze-outs) im sog. **Spruchverfahren**. Nach § 1 SpruchG ist ein solches Verfahren anzuwenden für die Bestimmung

- des Ausgleichs für außenstehende Aktionäre bei der Eingliederung von Aktiengesellschaften (§§ 304 und 305 AktG),
- der Abfindung von ausgeschiedenen Aktionären bei der Eingliederung von Aktiengesellschaften (§ 320b AktG),
- der Barabfindung von Minderheitsaktionären, deren Aktien durch Beschluss der Hauptversammlung auf den Hauptaktionär übertragen worden sind (§§ 327a bis 327f AktG),
- der Zuzahlung an Anteilsinhaber oder der Barabfindung von Anteilsinhabern anlässlich der Umwandlung von Rechtsträgern,
- der Zuzahlung an Anteilsinhaber oder der Barabfindung von Anteilsinhabern bei der Gründung oder Sitzverlegung einer SE,
- der Zuzahlung an Mitglieder bei der Gründung einer Europäischen Genossenschaft.

Der Antragsteller muss **konkrete Einwendungen** gegen die Angemessenheit der Kom- 2436
pensation oder den als Grundlage für die Kompensation ermittelten Unternehmenswert vortragen, § 4 Abs. 2 S. 2 Nr. 4 SpruchG. Das Gericht greift dabei für seine Entscheidung in erster Linie auf den Bericht des – generell von ihm zu bestellenden – sachverständigen Prüfers zurück, der regelmäßig vor der Durchführung der Strukturmaßnahme tätig wird und die Angemessenheit der Kompensation prüft. Streitige Einzelpunkte der Bewertung werden nochmals gezielt überprüft. Eine verfahrensrechtliche Besonderheit des Spruchverfahrens liegt darin, dass die Entscheidung des Gerichts für und gegen alle von der Strukturmaßnahme betroffenen Anteilsinhaber gilt, einschließlich derjenigen, die bereits gegen die ursprünglich angebotene Barabfindung oder sonstige Abfindung aus der Gesellschaft ausgeschieden sind (§ 13 S. 2 SpruchG – inter omnes-Wirkung).

II. Musterverfahren

Streitigkeiten im kapitalmarktrechtlichen Bereich sind von folgender Besonderheit 2437
geprägt: Falsche Darstellungen z.B. in Ad-hoc-Meldungen oder Prospekten verursachen in aller Regel Streuschäden mit vielen Geschädigten und vergleichsweise geringen Schadenssummen. Selbst bei einem letztlichen Obsiegen vor Gericht rechnet sich eine solche Klage für den einzelnen Anleger aufgrund nicht erstattungsfähigen Privataufwands und des Prozessverlustrisikos häufig nicht. Hinzu kommt, dass meist aufwändige Beweisaufnahmen mit teuren Sachverständigengutachten erforderlich sind, um die komplexen kapitalmarktrechtlichen Fragen zu klären. Das kann dazu führen, dass sich geschädigte Anleger von einer Klage abhalten lassen.

Um Abhilfe zu schaffen, hat der Gesetzgeber 2005 über das KapMuG die sog. **Kapital-** 2438
anleger-Musterverfahren zur Bündelung gleichgerichteter Ansprüche geschädigter Kapitalanleger eingeführt.[255] Zentrales Ziel des Gesetzes ist es, eine in verschiedenen

255 Das Gesetz wurde zunächst auf fünf Jahre befristet. Nach Reform und Verlängerung gilt es jetzt (zunächst) bis zum 31.10.2020 (§ 28 KapMuG). Zum Zeitpunkt der Drucklegung war eine Verlängerung bis zum 31.12.2023 geplant.

Prozessen gestellte Musterfrage einheitlich mit Breitenwirkung durch einen **Musterentscheid** klären zu lassen.

Beispiele: Bei Schadensansatzansprüchen wegen Prospekthaftung beruht die Haftungsfrage im Wesentlichen darauf, ob der Prospekt fehlerhaft ist oder nicht. Diese Frage kann nur einheitlich für alle Anleger beurteilt werden und nicht nach den individuellen Verhältnissen jedes einzelnen Anlegers. Sie soll daher einheitlich in einem Musterentscheid beantwortet werden können.

Bei der Geltendmachung von vertraglichen Erfüllungsansprüchen, die auf Angeboten nach dem WpÜG beruhen, soll sichergestellt werden können, dass diese Ansprüche hinsichtlich des Wertes der Gegenleistung einheitlich beurteilt werden.

Hierdurch wird gleichzeitig die Gefahr divergierender Entscheidungen der Gerichte zu ein und denselben Tatsachen- und Rechtsfragen vermieden.

2439 Gegenstand des Musterentscheids kann (nur) die Feststellung des Vorliegens oder Nichtvorliegens anspruchsbegründender/-ausschließender Tatsachen oder die Klärung von Rechtsfragen sein (§ 2 Abs. 1 S. 1 KapMuG). Nicht verallgemeinerungsfähige Tatsachen oder Rechtsfragen (z.B. individuelle Schäden der Anleger, individuelle Fragen der Kausalität oder des Mitverschuldens eines Anlegers) können ebenso wenig Gegenstand des Verfahrens sein, wie ein Anspruch insgesamt.

Beispiele: Unzulässiger Gegenstand wäre die Frage, ob der Anspruch von Anleger X besteht.

Gleichfalls unzulässig wäre ein Antrag dahingehend, festzustellen, dass ein Anspruch von Anleger X noch nicht verjährt ist.

2440 Durch Musterverfahren soll zudem eine Entlastung der Gerichte erreicht werden, die dann nicht über eine Vielzahl gleichgelagerter, komplizierter Rechts- und Tatfragen in parallelen Rechtsstreiten zu entscheiden haben.[256] Der Anwendungsbereich dieser Verfahren ist auf die Geltendmachung kapitalmarktrechtlicher Schadensersatzansprüche sowie vertraglicher Erfüllungsansprüche, die auf einem Angebot nach WpÜG (sowie eines Angebots aufgrund eines Delistings nach § 39 BörsG) beruhen, beschränkt (§ 1 KapMuG).

2441 **Das Verfahren selbst läuft wie folgt ab:** Eingeleitet wird es in einem erstinstanzlichen Verfahren – jeder geschädigte Anleger hat daher grundsätzlich zunächst einen eigenen Prozess anzustrengen – auf Antrag des Klägers und/oder des Beklagten (§ 2 Abs. 1 S. 2 KapMuG). Gegenstand des Antrags kann (nur) die Feststellung des Vorliegens oder Nichtvorliegens anspruchsbegründender/-ausschließender Tatsachen oder die Klärung von Rechtsfragen sein (s.o.). Einen zulässigen Antrag macht das Prozessgericht im Bundesanzeiger unter der Rubrik „Klageregister nach dem Kapitalanleger-Musterverfahrensgesetz" bekannt (§ 3 Abs. 2 S. 1 KapMuG). Hierdurch sollen andere geschädigte Anleger über das Verfahren informiert werden, um über eine eigene Beteiligung entscheiden zu können. Das zugrundeliegende Klageverfahren wird ab diesem Zeitpunkt unterbrochen (§ 5 KapMuG). Werden innerhalb von sechs Monaten mindestens neun weitere gleichgerichtete Klageanträge bekannt gemacht, wird durch Vorlagebeschluss des Prozessgerichts, bei dem der erste Musterverfahrensantrag gestellt wurde, ein Musterentscheid des übergeordneten Oberlandesgerichts über die Feststellungziele der Musterverfahrensanträge herbeigeführt (§ 6 KapMuG). Nach Anhängigkeit des Musterver-

256 Im Prospekthaftungsverfahren gegen die Deutsche Telekom AG waren vor dem LG Frankfurt knapp 15.000 Parallelverfahren anhängig.

fahrens beim Oberlandesgericht setzen die Prozessgerichte die bei ihnen rechtshängigen Rechtsstreite aus. Mit der Aussetzung soll für alle Rechtsstreite eine einheitliche Entscheidung erreicht werden. Auch das Musterverfahren selbst wird im Klageregister bekannt gemacht (§ 10 Abs. 1 KapMuG). Innerhalb einer Frist von sechs Monaten können dann weitere Geschädigte Ansprüche zum Musterverfahren anmelden, ohne selbst Klage erheben zu müssen (§ 10 Abs. 2 KapMuG). Hierdurch kann die Verjährung ihrer Ansprüche gehemmt werden. Das Oberlandesgericht erlässt den Musterbescheid durch Beschluss (§ 16 Abs. 1 S. 1 KapMuG), der für sämtliche Beteiligten des Musterverfahrens Bindungswirkung entfaltet. Nach erlassenem Musterentscheid werden die ausgesetzten Verfahren vor den Prozessgerichten fortgeführt. Der Inhalt des Musterentscheids ist für die Prozessgerichte bindend (§ 22 KapMuG).

H. Besonderheiten bei der Rechnungslegung von Unternehmen mit Kapitalmarktzugang

Jeder Kaufmann – von kleinen Kaufleuten i.S.d. § 241a HGB abgesehen – ist grundsätzlich buchführungs- und bilanzierungspflichtig (§§ 238, 242 HGB; vgl. zur Organzuständigkeit auch § 91 Abs. 1 AktG, § 41 GmbHG). Der von ihm zu erstellende **Jahresabschluss** setzt sich zusammen aus der **Bilanz und der Gewinn- und Verlustrechnung** (§ 242 Abs. 3 HGB). Für Kapitalgesellschaften gelten ergänzende Vorgaben (§§ 264 bis 335c HGB). 2442

Nehmen Unternehmen den Kapitalmarkt als Finanzierungsquelle in Anspruch, so hat das Auswirkungen auch auf ihre Rechnungslegung. Es gelten an vielen Stellen erhöhte inhaltliche Anforderungen verbunden mit **verschärften Offenlegungs- und Prüfpflichten**. Die Regelungen sind sehr ausdifferenziert, so dass genau auf den Anwendungsbereich der jeweiligen Vorschrift zu achten ist (z.B. kapitalmarktorientierte Unternehmen i.S.d. § 264d HGB[257], börsennotierte Unternehmen i.S.d. § 3 Abs. 2 AktG[258], Inlandsemittenten i.S.d. § 2 Abs. 14 WpHG etc.). Auf die Konzernrechnungslegung kapitalmarktorientierter (Mutter)Unternehmen in der EU sind die IFRS verpflichtend anzuwenden, die bei der weiteren Betrachtung aber außer Acht bleiben.

Über Kapitalgesellschaften hinaus sind von den Regelungen auch **offene Handelsgesellschaften** und **Kommanditgesellschaften** betroffen, bei denen nicht wenigstens ein persönlich haftender Gesellschafter eine natürliche Person oder eine Personengesellschaft mit einer natürlichen Person als persönlich haftendem Gesellschafter ist (§ 264a HGB). Einzelne Regelungen werden zudem auf Personengesellschaften, die unter das Gesetz über die Rechnungslegung von bestimmten Unternehmen und Konzernen (PublG) fallen, angewendet. 2443

Im Folgenden soll ein **Überblick** über die wesentlichen Besonderheiten gegeben werden.

---

257 Kapitalgesellschaft, wenn von ihr emittierte Wertpapiere (§ 2 Abs. 1 WpHG) am organisierten Markt (§ 2 Abs. 11 WpHG) im EWR-Raum zugelassen sind oder eine solche Zulassung beantragt ist.

258 Gesellschaft, deren Aktien an einem staatlich regulierten und überwachten Markt zugelassen sind.

I. Erweiterung des Umfangs der Rechnungslegungspflichten

2444 Eine kapitalmarktorientierte Kapitalgesellschaft gem. § 264d HGB[259] gilt stets als große Kapitalgesellschaft und kann daher von Erleichterungen, die das HGB für kleine und mittelgroße Kapitalgesellschaften sowie für Kleinstkapitalgesellschaften vorsieht, unabhängig von ihrer tatsächlichen Größe, keinen Gebrauch machen (§ 267 Abs. 3 S. 2 HGB). Damit entfallen für sie Erleichterungen bei der Aufstellung und Offenlegung sowie die Möglichkeit der Befreiung von der Pflichtprüfung. Begründet wird dies mit der Schutzbedürftigkeit des als Anleger angesprochenen breiten Publikums und des Funktionsschutzes des organisierten Marktes, an dem es keine zwei Klassen von Unternehmen geben soll.

2445 Inhaltlich haben Unternehmen, die den Kapitalmarkt in Anspruch nehmen, einige **zusätzliche Anforderungen** zu erfüllen:[260]

- Bei kapitalmarktorientierten Kapitalgesellschaften ist der Jahresabschluss um eine **Kapitalflussrechnung** und einen **Eigenkapitalspiegel** zu erweitern, die mit der Bilanz, der Gewinn- und Verlustrechnung und dem Anhang eine Einheit bilden (§ 264 Abs. 1 S. 2 HGB).[261] Fakultativ ist eine zusätzliche Erweiterung um eine **Segmentberichterstattung**.
- Börsennotierte Kapitalgesellschaften haben im Anhang alle **Beteiligungen an großen Kapitalgesellschaften** anzugeben, die 5 % der Stimmrechte überschreiten (§ 285 Nr. 11b HGB). Für den Konzernabschluss gilt Entsprechendes, wenn die Beteiligungen von einem börsennotierten Mutter- oder Tochterunternehmen oder einer für Rechnung eines dieser Unternehmen handelnden Person gehalten werden (§ 313 Abs. 2 Nr. 5 HGB).
- Im Lagebericht kapitalmarktorientierter Gesellschaften sind die wesentlichen Merkmale des **internen Kontroll- und des Risikomanagementsystems** im Hinblick auf den Rechnungslegungsprozess zu beschreiben (§ 289 Abs. 4 HGB). Gleiches gilt für den Konzernlagebericht, wenn das Mutterunternehmen oder ein in den Konzernabschluss einbezogenes Tochterunternehmen kapitalmarktorientiert ist (§ 315 Abs. 4 HGB).
  Ergänzende Angaben betreffend **Corporate Social Responsibility** (CSR) haben AGs und KGaAs, die einen organisierten Markt i.S.d. § 2 Abs. 7 WpÜG durch von ihnen ausgegebene stimmberechtigte Aktien[262] in Anspruch nehmen, in ihrem Lagebericht zu erfüllen (§ 289a HGB).[263] Gleiches gilt für den Konzernlagebericht, wenn die genannten Voraussetzungen beim Mutterunternehmen gegeben sind (§ 315a HGB). Börsennotierte Aktiengesellschaften (bzw. börsennotierte Mutter(Aktien)Gesellschaften haben im (Konzern)Lagebericht auch auf die **Grundzüge des Vergütungssystems** der Gesellschaft einzugehen, (§§ 289a Abs. 2, 315a Abs. 2 HGB).

---

259 Sofern sie nicht zur Aufstellung eines Konzernabschlusses verpflichtet ist.

260 Ausnahmen gelten z.T. für Gesellschaften, die zur Aufstellung eines Konzernabschlusses verpflichtet sind oder als Tochterunternehmen in den Konzernabschluss eines Mutterunternehmens mit Sitz im EU-/EWR-Raum einbezogen sind.

261 Dies gilt sinngemäß auch für Personengesellschaften, die unter das PublG fallen (§ 5 Abs. 2a PublG).

262 Nicht erfasst sind Unternehmen, die nur durch Schuldverschreibungen oder Genussscheine den organisierten Markt in Anspruch nehmen.

263 Hierdurch sollen potenzielle Bieter ein möglichst umfassendes Bild von der Gesellschaft, ihrer Struktur und über etwaige Übernahmehindernisse erhalten.

- Kapitalmarktorientierte Kapitalgesellschaften, die tatsächlich (und nicht nur über die Fiktion des § 267 Abs. 3 S. 2 HGB) die Größenkriterien der Großen Kapitalgesellschaft (§ 267 Abs. 3 S. 1 i.V.m. § 267 Abs. 2) erfüllen und im Jahresdurchschnitt mehr als 500 Arbeitnehmer beschäftigen, haben ihren Lagebericht um eine **nichtfinanzielle Erklärung** zu erweitern (§ 289b HGB). Die erforderlichen Inhalte ergeben sich aus § 289c HGB. Vergleichbares gilt für den Konzernlagebericht eines Mutterunternehmens, das ähnliche Voraussetzungen erfüllt (§ 315b HGB).
- Börsennotierte AGs und KGaAs sowie AGs, die ausschließlich andere Wertpapiere als Aktien zum Handel an einem organisierten Markt ausgegeben haben und deren ausgegebene Aktien auf eigene Veranlassung über ein multilaterales Handelssystem (insb. also den Freiverkehr) gehandelt werden, haben eine sog. **Erklärung zur Unternehmensführung** in ihren Lagebericht aufzunehmen (§ 289f HGB). In diese Erklärung sind u.a. aufzunehmen:
  - die Erklärung zum Deutschen **Corporate Governance Codex** (§ 161 AktG; s. näher Rn. 2464 ff.);
  - bei börsennotierten Aktiengesellschaften, ob die Zielgrößen zum **Frauenanteil** in Vorstand und Aufsichtsrat (§ 76 Abs. 3 und § 111 Abs. 5 AktG) erreicht bzw. warum diese nicht erreicht wurden (s. dazu näher Rn. 2475 f.);
  - bei börsennotierten Aktiengesellschaften bzw. börsennotierten Europäischen Gesellschaften (SE), ob die Gesellschaft bei der Besetzung des Aufsichtsrats mit Frauen und Männern jeweils die **gesetzlichen Mindestanteile** (§ 96 Abs. 2 und 3 AktG bzw. § 17 Abs. 2 oder § 24 Abs. 3 des SE-Ausführungsgesetzes) eingehalten hat (s dazu näher Rn. 2475 f.).

II. Pflicht zum Bilanzeid

Die gesetzlichen Vertreter einer Kapitalgesellschaft, die Inlandsemittent i.S.d. § 2 **2446**
Abs. 14 WpHG ist, haben bei der Unterzeichnung des Jahresabschlusses schriftlich zu versichern, dass nach bestem Wissen der Jahresabschluss ein den tatsächlichen Verhältnissen entsprechendes Bild der Vermögens-, Finanz- und Ertragslage der Gesellschaft vermittelt oder der Anhang abweichende Angaben enthält (§ 264 Abs. 2 S. 3 HGB). Anknüpfungspunkt für die Pflicht zu diesem „Bilanzeid“ sind damit „Inlandsemittenten“. Unter diesen vielschichtigen Begriff fallen vor allem Emittenten, die ihren Sitz im Inland haben und Aktien oder Schuldtitel emittieren, die (auch) an einem organisierten Markt im Inland zugelassen sind sowie Emittenten, die ihren Sitz in einem anderen EU-/EWR-Staat haben und Aktien oder Schuldtitel emittieren, die (nur!) im Inland zum Handel an einem organisierten Markt zugelassen sind.

Ausgenommen von der Verpflichtung sind Kapitalgesellschaften, die ausschließlich Schuldtitel mit einer Mindeststückelung von 100.000 € (oder entsprechendem Gegenwert in einer anderen Währung) begeben (§ 264 Abs. 2 S. 3 i.V.m. § 327a HGB).

Von der Verpflichtung betroffen sind hingegen auch die gesetzlichen Vertreter eines Mutterunternehmens, das den Konzernabschluss nach IAS/IFSR aufstellt (§ 315e Abs. 1 i.V.m. § 297 Abs. 2 S. 3, 264 Abs. 2 HGB).

III. Besonderheiten bei der Abschlussprüfung

2447 Regelungen über die Anforderungen an die Abschlussprüfung bei kapitalmarktorientierten Unternehmen i.S.d. § 264d HGB finden sich vorrangig in der (unmittelbar geltenden) **EU-AbschlussprüfungsVO 2014**[264]. Die Anforderungen werden daher weitgehend durch diese Verordnung bestimmt. Nur außerhalb ihres Anwendungsbereichs ist (ergänzend) auf die Vorschriften des HGB zurückzugreifen (§ 317 Abs. 3a HGB).

Daraus ergeben sich in Bezug auf die Prüfung kapitalmarktorientierter Unternehmen – aus Sicht des Unternehmens – insb. die nachfolgend dargestellten Besonderheiten.[265]

1. Einrichtung eines Prüfungsausschusses

2448 Kapitalmarktorientierte Unternehmen, die keinen die Voraussetzungen des § 100 Abs. 5 AktG erfüllenden Aufsichtsrat haben, müssen einen gesonderten Prüfungsausschuss einrichten, der insb. die Aufgaben nach § 107 Abs. 3 S. 2 und 3 AktG (u.a. Überwachung des Rechnungslegungsprozesses, der Wirksamkeit des internen Kontrollsystems, des Risikomanagementsystems und des internen Revisionssystems sowie der Abschlussprüfung) wahrnimmt (§ 324 HGB). Beabsichtigt der Abschlussprüfer, für das Unternehmen Steuerberatungsleistungen zu erbringen, muss der Prüfungsausschuss dem vorher zustimmen (§ 319a Abs. 3 HGB). Die Mitglieder des Prüfungsausschusses sind von den Gesellschaftern zu wählen.

2. Bestellung der Abschlussprüfer

2449 Das zu prüfende Unternehmen muss ein Auswahlverfahren durchführen, das bestimmte Vorgaben zu erfüllen hat (Art. 16 Abs. 3 EU-AbschlussprüfungsVO 2014). Im Anschluss legt der Prüfungsausschuss dem Aufsichtsorgan des zu prüfenden Unternehmens eine Empfehlung für die Bestellung der Abschlussprüfer vor.

Die EU-AbschlussprüfungsVO 2014 sieht bei kapitalmarktorientierten Unternehmen grundsätzlich Höchstlaufzeiten für Prüfungsmandate (Rotationsfristen) von maximal zehn Jahren vor, die der nationale Gesetzgeber unter bestimmten Voraussetzungen verlängern kann. Der deutsche Gesetzgeber hat von dieser Option für kapitalmarktorientierte Unternehmen, die keine Kreditinstitute oder Versicherungen sind, Gebrauch gemacht. Für sie kann die Höchstlaufzeit bei Einhaltung bestimmter Bedingungen auf 20 bzw. 24 Jahre ausgedehnt werden, indem sie sich entweder für eine den Vorgaben des Art. 16 Abs. 2 bis 5 der Verordnung folgende Ausschreibung oder für eine Bestellung mehrerer Prüfer zur gemeinsamen Durchführung der Abschlussprüfung (sog. **„Joint Audit“**) entscheiden (§ 318 Abs. 1a HGB).

---

264 Verordnung (EU) Nr. 537/2014 des Europäischen Parlaments und des Rates vom 16.4.2014 über spezifische Anforderungen an die Abschlussprüfung bei Unternehmen von öffentlichem Interesse und zur Aufhebung des Beschlusses 2005/909/EG der Kommission. Zu den von der Verordnung betroffenen „Unternehmen von öffentlichem Interesse“ zählen u.a. die kapitalmarktorientierten Unternehmen i.S.d. § 264d HGB.

265 Hinzu kommen zusätzliche Anforderungen durch die EU-AbschlussprüfungsVO 2014, die von Seiten der Prüfer zu beachten sind, betreffend Prüfungshonorare (Art. 4), Verbot der Erbringung von Nichtprüfungsleistungen (Art. 5), auftragsbegleitende Qualitätssicherungsprüfung (Art. 8), Bestätigungsvermerk (Art. 10), zusätzlicher Bericht an den Prüfungsausschuss (Art. 11), Bericht an die Aufsichtsbehörde (Art. 12), Veröffentlichung eines Transparenzberichts (Art. 13).

§ 319a Abs. 1 HGB sieht zusätzlich **besondere Ausschlussgründe** für Wirtschaftsprüfer von der Abschlussprüfung kapitalmarktorientierter Unternehmen vor. Die strengeren Regeln für diese Unternehmen haben ihren Grund im Kapitalanlegerschutz, im öffentlichen Interesse an Corporate Governance und im Schutz des Vertrauens in die Börsen. **2450**

3. Prüfungsumfang und Inhalt des Prüfungsberichts

Bei börsennotierten Aktiengesellschaften unterliegt auch die Erfüllung der Anforderungen des § 91 Abs. 2 HGB durch den Vorstand der Prüfung (§ 317 Abs. 4 HGB). Nach § 91 Abs. 2 AktG hat der Vorstand geeignete Maßnahmen zu treffen, insb. ein Überwachungssystem einzurichten, damit den Fortbestand der Gesellschaft gefährdende Entwicklungen früh erkannt werden. Der Prüfer muss daher beurteilen, ob der Vorstand die geforderten Maßnahmen in einer geeigneten Form getroffen hat und ob das Überwachungssystem seine Aufgaben erfüllen kann. **2451**

Hinsichtlich des Inhalts des Prüfungsberichts sind bei kapitalmarktorientierten Unternehmen neben § 321 HGB die Vorgaben des Art. 11 Abs. 2 UAbs. 1 EU-AbschlussprüfungsVO 2014 zu beachten.

4. Pflicht zur Abschlussprüfung für Emittenten von Vermögensanlagen

§ 25 VermAnlG ordnet eine eigenständige Pflicht zur Durchführung einer Abschlussprüfung an. Danach müssen inländische Emittenten von Vermögensanlagen und Emittenten mit Sitz außerhalb der EU und des EWR-Raums ihren Jahresabschluss und ihren Lagebericht durch einen Abschlussprüfer i.S.d. § 319 Abs. 1 HGB prüfen lassen. Jahresabschlüsse und Lageberichte von Emittenten mit Sitz in der EU/EWR sind von einem Abschlussprüfer nach den dort geltenden Prüfungsvorschriften zu prüfen. Im Einzelfall kann hierdurch die Prüfungspflicht auf sonst nicht prüfungspflichtige Unternehmen ausgedehnt werden. **2452**

IV. Offenlegung

Kapitalmarktorientierte Unternehmen, die nicht unter § 327a HGB fallen, haben die offenzulegenden Unterlagen innerhalb von vier Monaten nach dem Abschlussstichtag des Geschäftsjahres beim Betreiber des Bundesanzeigers einzureichen (§ 325 Abs. 4 HGB).[266] Entsprechend sind auch Konzernabschlüsse, sofern das Mutterunternehmen ein kapitalmarktorientiertes Unternehmen ist, in den ersten vier Monaten jedes Konzerngeschäftsjahres aufzustellen (§ 290 Abs. 1 S. 2 HGB). **2453**

V. „Enforcement-Verfahren“

Die Jahresabschlüsse und Lageberichte von Unternehmen, die als Emittenten von zugelassenen Wertpapieren i.S.d. § 2 Abs. 1 WpHG (Aktien oder Schuldtitel) die Bundesrepublik Deutschland als Herkunftsstaat haben, unterliegen seit dem 1.7.2005 einem besonderen Kontrollverfahren, dem zweistufigen sog. „Enforcement-Verfahren“.[267] **2454**

---

266 Die Frist beträgt ansonsten ein Jahr (§ 325 Abs. 1a HGB).

267 Nach einigen internationalen Bilanzskandalen (Enron, Parmalat) wollte der Gesetzgeber das Vertrauen der Anleger in die Richtigkeit von Unternehmensabschlüssen durch ein zusätzliches Verfahren zur Durchsetzung der Rechnungslegungsvorschriften stärken. Die Regelungen gehen nicht auf europäische Vorgaben zurück.

Wann Deutschland der Herkunftsstaat eines Emittenten ist, regelt – in sehr komplexer Form – § 2 Abs. 13 WpHG. Die **Wertpapiere** müssen an einem organisierten Markt (in Deutschland also dem regulierten Markt der Börse) **zugelassen** sein; die bloße Einbeziehung in diesen Markt reicht nicht aus. Es kommt grundsätzlich darauf an, dass die Zulassung zum Zeitpunkt der Einleitung des Enforcement-Verfahrens besteht. Das Verfahren setzt also grundsätzlich eine bestehende Notierung voraus. Eine bereits eingeleitete Prüfung kann aber trotz Wegfalls der Zulassung fortgesetzt werden, insb. dann, wenn Gegenstand der Prüfung ein Fehler ist, an dessen Bekanntmachung ein öffentliches Interesse besteht (§§ 342b Abs. 2 S. 7 HGB, 107 Abs. 1 S. 7 WpHG). Auch bei Wegfall der Zulassung noch vor einer Fehlerfeststellung kommt eine Fortsetzung des Verfahrens in Betracht, falls ein entsprechendes öffentliches Interesse besteht.[268]

2455 Gegenstand der Prüfung im Rahmen des Enforcement-Verfahrens sind grundsätzlich die in §§ 342b Abs. 2 S. 1 HGB, 107 Abs. 1 WpHG aufgeführten **Unterlagen**, nämlich der zuletzt festgestellte Jahresabschluss und der zugehörige Lagebericht, der zuletzt gebilligte Konzernabschluss und der zugehörige Konzernlagebericht, der zuletzt veröffentlichte verkürzte Abschluss und der zugehörige Zwischenlagebericht sowie der zuletzt veröffentlichte Zahlungs- oder Konzernzahlungsbericht, jeweils einschließlich der zugrunde liegenden Buchführung. Aber auch Abschlüsse und Berichte, die das davorliegende Geschäftsjahr zum Gegenstand haben, kommen als Prüfungsgegenstand in Betracht (§§ 342b Abs. 2a HGB, 107 Abs. 2 WpHG). Die Abschlüsse können auch bereits zu einer Zeit aufgestellt oder gebilligt worden sein, als die Wertpapiere noch nicht zugelassen waren.

2456 Prüfungsmaßstab sind die gesetzlichen Vorschriften einschließlich der Grundsätze **ordnungsgemäßer Buchführung** und den sonstigen durch Gesetz erlassenen **Rechnungslegungsstandards**. Der Begriff der „gesetzlichen Vorschriften" ist dabei nicht auf Gesetze im formellen Sinne beschränkt. Er umfasst vielmehr neben den Rechnungslegungsvorschriften des HGB und des AktG auch unmittelbar anwendbare EU-Verordnungen sowie für Konzernabschlüsse die IFRS.[269]

2457 **Die Prüfung selbst erfolgt zweistufig:**

Auf der **1. Stufe des Verfahrens** prüft die „Deutsche Prüfstelle für Rechnungslegung" – eine unabhängige, privatrechtlich organisierte, mit qualifizierten Experten besetzte Stelle –, auf der **2. Stufe** die – mit hoheitlichen Kompetenzen ausgestattete BaFin.[270]

Die Prüfstelle leitet ein Prüfverfahren der **1. Stufe** in drei Fällen ein (§ 342b Abs. 2 S. 3 HGB):

- wenn konkrete Anhaltspunkte für einen Verstoß gegen Rechnungslegungsvorschriften vorliegen, sofern ein öffentliches Interesse an der Prüfung besteht (die Fehler also nicht erkennbar belanglos sind),
- auf Verlangen der BaFin[271] oder
- ohne besonderen Anlass als Stichprobenprüfung.

---

268 OLG Frankfurt am Main, Beschl. v. 9.8.2016, WpÜG 1/16, WpÜG 2/16, AG 2017, 859.

269 Bei Unternehmen mit Sitz im außereuropäischen Ausland sind neben IFRS und ggf. US-GAAP die jeweiligen nationalen Gesetze maßgeblich.

270 Infolge der Wirecard-Skandals hat die Bundesregierung den Vertrag mit der Deutschen Prüfstelle für Rechnungslegung zum Ende 2021 gekündigt. Das Verfahren steht derzeit auf dem Prüfstand.

271 Ein solches Verlangen der BaFin setzt voraus, dass ihr konkrete Anhaltspunkte für Regelverstöße vorliegen. Für Hinweise an die BaFin hat diese eine eigene Hinweisgeberstelle eingerichtet.

Diese Überprüfung setzt – mangels hoheitlicher Befugnisse der Prüfstelle – eine **freiwillige Kooperation** des betroffenen Unternehmens voraus. Weigert sich das betroffene Unternehmen, an einer Prüfung mitzuwirken, berichtet die Prüfstelle der BaFin entsprechend. Wirkt das Unternehmen zunächst mit, so kann es später erneut frei entscheiden, ob es das von der Prüfstelle festgestellte Prüfungsergebnis anerkennt oder nicht. Das Unternehmen hat daher die Möglichkeit, durch schlichte Verweigerung der Mitwirkung oder der Anerkennung des Ergebnisses das Enforcement-Verfahren auf der ersten Stufe zu verhindern oder ohne nachteilige Folgen zu beenden. Eines besonderen Rechtsmittels bedarf es hierzu nicht.

Ein **hoheitliches Verfahren** kann durch die BaFin erst auf der **2. Stufe** eingeleitet werden. Möglich ist das erst, wenn (§ 108 Abs. 1 S. 2 WpHG): **2458**

- ein Unternehmen seine Mitwirkung bei einer Prüfung verweigert oder mit dem Ergebnis der Prüfung nicht einverstanden ist oder
- die BaFin erhebliche Zweifel an Prüfungsergebnis oder Prüfungsdurchführung auf der ersten Stufe hat.

Die BaFin führt dann selbst die Prüfung durch und kann die dafür erforderlichen Ermittlungen auch mit hoheitlichen Mitteln durchsetzen. Eine Verweigerung der Durchführung auf der 1. Stufe führt daher im Ergebnis allenfalls zu einer Verzögerung des Verfahrens, verhindert die Durchführung der Prüfung selbst aber nicht.[272] Soweit es sich bei den Maßnahmen der BaFin im Rahmen des Verfahrens (insb. Anordnung der Prüfung und Fehlerfeststellung) um **Verwaltungsakte** handelt, kann gegen sie **Widerspruch** eingelegt werden (§ 112 WpHG). Wird dem Widerspruch nicht (vollständig) abgeholfen oder enthält der Widerspruchsbescheid erstmalig eine Beschwer, kann das Unternehmen dagegen ein **gerichtliches Beschwerdeverfahren** vor dem Oberlandesgericht Frankfurt am Main betreiben (§ 113 Abs. 2 WpHG i.V.m. § 48 Abs. 4 WpÜG).

VI. Pflicht zur Finanzberichterstattung

Die Vorschriften zur Finanzberichterstattung in §§ 114 bis 118 WpHG gehen zurück auf die Umsetzung der europäischen **Transparenzrichtlinie**[273] sowie die europäische **Transparenzrichtlinie-Änderungsrichtlinie**[274], die die Harmonisierung der Transparenzanforderungen in Bezug auf Informationen über Emittenten von Wertpapieren, die den organisierten Markt in Anspruch nehmen, in der EU zum Ziel haben. Hierdurch sollen effiziente, transparente und integrierte Wertpapiermärkte auf dem europäischen Bin- **2459**

---

272 Dem Unternehmen können dann zudem die Kosten des Verfahrens auferlegt werden.

273 Richtlinie 2004/109/EG des Europäischen Parlaments und des Rates vom 15.12.2004 zur Harmonisierung der Transparenzanforderungen in Bezug auf Informationen über Emittenten, deren Wertpapiere zum Handel auf einem geregelten Markt zugelassen sind, und zur Änderung der Richtlinie 2001/34/EG (ABl. (EU) Nr. L 390, S. 38).

274 Richtlinie 2013/50/EU des Europäischen Parlaments und des Rates vom 22.10.2013 zur Änderung der Richtlinie 2004/109/EG des Europäischen Parlaments und des Rates zur Harmonisierung der Transparenzanforderungen in Bezug auf Informationen über Emittenten, deren Wertpapiere zum Handel auf dem geregelten Markt zugelassen sind, der Richtlinie 2003/71/EG des Europäischen Parlaments und des Rates betreffend den Prospekt, der beim öffentlichen Angebot von Wertpapieren oder bei deren Zulassung zum Handel zu veröffentlichen ist, sowie der Richtlinie 2007/14/EG der Kommission mit Durchführungsbestimmungen zu bestimmten Vorschriften der Richtlinie 2004/109/EG (ABl. (EU) Nr. L 294, S. 13).

nenmarkt gefördert werden. Gleichzeitig sollen zum Schutz der Anleger hohe Transparenzstandards gelten.

Die Bestimmungen des WpHG ergänzen die Rechnungslegungsvorschriften des HGB. Soweit das HGB bereits Regelungen enthält, werden die Bestimmungen des WpHG an mehreren Stellen verdrängt.

2460 Der Anwendungsbereich ist begrenzt auf Unternehmen, die als **Inlandsemittenten** i.S.d. § 2 Abs. 14 WpHG Wertpapiere begeben. Gemeinsames Merkmal aller Inlandsemittenten ist, dass die emittierten Wertpapiere an einem organisierten Markt in der Bundesrepublik Deutschland zugelassen sein müssen. Vom Anwendungsbereich ausgenommen sind nach § 118 WpHG Unternehmen, die ausschließlich Schuldtitel mit einer Mindeststückelung von 100.000 € (oder entsprechendem Gegenwert in anderer Währung) begeben haben sowie Kreditinstitute, die als Daueremittenten Schuldtitel begeben, deren Aktien aber nicht am organisierten Markt zugelassen sind.[275] Sofern ein Mutterunternehmen verpflichtet ist, einen Konzernabschluss und einen Konzernlagebericht zu erstellen, werden die Vorgaben zur Finanzberichterstattung nach Maßgabe des § 117 WpHG modifiziert.

2461 § 114 WpHG verlangt von Unternehmen, die als Inlandsemittent Wertpapiere begeben, die Erstellung eines **Jahresfinanzberichts**, der die in Abs. 2 aufgeführten Bestandteile (geprüfter Jahresabschluss, geprüfter Lagebericht, Bilanzeid und Bestätigung der Wirtschaftsprüferkammer) enthalten muss, und dessen **Veröffentlichung** binnen vier Monaten nach Ablauf jedes Geschäftsjahres. Für Unternehmen mit Sitz in Deutschland ergeben sich entsprechende Pflichten bereits aus den handelsrechtlichen Vorschriften, insb. § 325 HGB. § 114 WpHG nimmt daher für diese Unternehmen deklaratorisch auf die handelsrechtlichen Offenlegungsvorschriften Bezug, begründet für sie aber keine zusätzlichen Verpflichtungen. Für Unternehmen, die den handelsrechtlichen Vorschriften nicht unterfallen, insb. ausländische Unternehmen (sofern sie Inlandsemittent i.S.d. § 2 Abs. 14 WpHG sind) wird hingegen durch § 114 WpHG eine Verpflichtung zur Publikation ihres Jahresfinanzberichts in Deutschland begründet.

2462 Der Adressatenkreis für die **Halbjahresfinanzberichterstattung** nach § 115 WpHG[276] ist enger gefasst als bei der Jahresfinanzberichterstattung. Er beschränkt sich auf Unternehmen, die als Inlandsemittenten Aktien oder Schuldtitel i.S.d. § 2 Abs. 1 WpHG begeben. Inhaltlich muss ein solcher Bericht mindestens einen verkürzten Abschluss, einen Zwischenlagebericht und einen Bilanzeid enthalten (§ 115 Abs. 2 WpHG).

2463 Eine Besonderheit liegt darin, dass alle Inlandsemittenten, d.h. auch diejenigen, die nach den handelsrechtlichen Vorschriften zur Offenlegung verpflichtet sind, eine sog. Hinweisbekanntmachung darüber zu veröffentlichen haben, ab welchem Zeitpunkt und unter welcher Internetadresse die zu veröffentlichenden Unterlagen öffentlich zugänglich sind. Die Hinweisbekanntmachung hat vor dem erstmaligen öffentlichen Zurverfügungstellen der Rechnungslegungsunterlagen zu erfolgen. Sie ist gem. § 3a WpAV euro-

275 Weitere Ausnahme bei Mindeststückelung von 50.000 Euro, sofern die Titel bereits vor dem 31.12.2010 zugelassen waren.

276 Mit Umsetzung der überarbeiteten Transparenzrichtlinie zum 26.11.2015 würden die quartalsweisen Zwischenmitteilungen (§ 37x WpHG a.F.) abgeschafft. Die Frankfurter Wertpapierbörse hat als Reaktion hierauf ihre Börsenordnung geändert und die (international übliche) quartalsweise Berichterstattung für Emittenten mit Notierung im Prime Standard im Grundsatz weiterhin (allerdings in beschränkter Form) vorgesehen.

paweit über ein sog. Medienbündel zu veröffentlichen[277] und gleichzeitig der BaFin mitzuteilen. Hierdurch wird eine europaweite Information gewährleistet.

I. Weitere Zulassungsfolgepflichten

I. Deutscher Corporate Governance Kodex und Entsprechenserklärung

Kapitalgesellschaften sind grundsätzlich gekennzeichnet durch eine Trennung der Eigentümer des Unternehmens von der Unternehmensleitung (auch wenn es, wie z.B. bei einer 1-Personen-GmbH, im Einzelfall zu einer Personengleichheit kommen kann). Bei einer Aktiengesellschaft leisten die Aktionäre als Eigentümer die Kapitaleinlage, stellen also die Finanzmittel für die unternehmerische Tätigkeit zur Verfügung, während die Leitung des Unternehmens durch den Vorstand erfolgt. Die Aktionäre vertrauen dem Vorstand die Aufgabe der Unternehmensführung (und damit die Verwendung des zur Verfügung gestellten Kapitals) an und räumen ihm bei ihrer Erfüllung erhebliche Entscheidungskompetenzen ein. Beides setzt ein gewisses Maß an Vertrauen in den Vorstand voraus, zumal die (persönlichen) Interessen der Aktionäre und der Vorstandsmitglieder durchaus auseinanderlaufen können: Geht es den Aktionären vor allem um Gewinnmaximierung, so können bei Vorstandsmitgliedern u.a. auch das Streben nach Prestige, Selbstbereicherung oder Festigung der eigenen Position eine nicht unerhebliche Rolle spielen. Neben Vertrauen ist daher auch eine Überwachung der Tätigkeit des Vorstands erforderlich. Diese Überwachungstätigkeit übernimmt in der Aktiengesellschaft der Aufsichtsrat für die Aktionäre. **2464**

Der erforderliche Ordnungsrahmen für die (verantwortungsvolle) Leitung und Überwachung von Unternehmen wird als **„Corporate Governance"** bezeichnet und maßgeblich durch den Gesetzgeber und die Aktionäre als Eigentümer des Unternehmens festgelegt. Für die Aktiengesellschaft finden sich die entsprechenden Vorgaben vorwiegend im Aktiengesetz, das Abweichungen durch die Satzung nur eingeschränkt erlaubt („Satzungsstrenge", § 23 Abs. 5 AktG). Daneben finden sich aber auch weitere Regelungen über zahlreiche Gesetze verstreut (insb. WpHG, HGB und Mitbestimmungsgesetz). **2465**

Für börsennotierte Aktiengesellschaften und Aktiengesellschaften mit Kapitalmarktzugang i.S.d. § 161 Abs. 1 S. 2 AktG[278] wurde im Jahre 2001 der **Deutsche Corporate Governance Kodex (DCGK)** aufgestellt, der seither ständig überprüft und bei Bedarf angepasst wird. Im Jahr 2019 wurde er zuletzt grundlegend reformiert. Sein Urheber ist die „Regierungskommission Deutscher Corporate Governance-Kodex" und damit kein Gesetzgeber, sondern eine Selbstregulierungseinrichtung der Wirtschaft. Ziel des DCGK ist es, das Vertrauen vor allem internationaler Investoren in die deutsche Unternehmensverfassung zu stärken und damit den Finanzmarkt Deutschland für sie attraktiver zu machen. Er soll insb. das internationalen Anlegern häufig weniger vertraute **duale Führungssystem** mit der institutionellen Trennung von Leitung (Vorstand) und Überwachung (Aufsichtsrat) sowie der **Mitbestimmung im Aufsichtsrat** verständlich machen. **2466**

277 In der Praxis werden hier häufig, wie auch bei Ad-hoc-Meldungen, Dienstleister eingesetzt.

278 AG, die ausschließlich andere Wertpapiere als Aktien zum Handel an einem organisierten Markt ausgegeben hat und deren ausgegebene Aktien auf eigene Veranlassung über ein MTF (z.B. im Freiverkehr) gehandelt werden.

(Im internationalen Bereich findet sich demgegenüber verbreitet ein System der Unternehmensführung und Überwachung durch ein einheitliches Verwaltungsorgan.) Zum anderen ist es Aufgabe des Kodex, international und national anerkannte **Standards guter und verantwortungsvoller Unternehmensführung**, die im Gesetz keinen ausreichenden Niederschlag gefunden haben, als Best Practices festzuschreiben, um dadurch zur Steigerung der Qualität der Corporate Governance deutscher Unternehmen beizutragen.

2467 **Ziel** des Kodex ist daher, die wesentlichen gesetzlichen Vorgaben zusammenfassend darzustellen und um Standards einer guten Unternehmensführung zu ergänzen. Diese Ziele spiegeln sich in drei unterschiedlichen Arten von Regelungen im Kodex wider:

- Der Kodex gibt zum einen die wesentlichen gesetzlichen Vorschriften zur Leitung und Überwachung deutscher börsennotierter Gesellschaften (lediglich) wieder. Hierdurch soll das deutsche System transparent, überzeugend und nachvollziehbar gemacht werden. Im Unterschied zu früheren Fassungen wird seit 2019 auf die Wiedergabe kleinteiliger gesetzlicher Bestimmungen verzichtet. Entsprechend finden sich die wesentlichen rechtlichen Vorgaben nunmehr in Form von sog. **Grundsätzen,** die als neue Kategorie geschaffen wurden, im Kodex wieder. Sie bilden die Basis für die daraus abgeleiteten Empfehlungen und Anregungen.
- International und national anerkannte Standards guter und verantwortungsvoller Unternehmensführung wurden in Form von **Empfehlungen** berücksichtigt. Solche Empfehlungen sind im Text des Kodex durch die Verwendung des Wortes **„soll“** gekennzeichnet. Die Gesellschaften können hiervon abweichen, sind dann aber verpflichtet, dies jährlich offenzulegen und die Abweichungen zu begründen (sog. „Entsprechenserklärung, § 161 AktG). Dies ermöglicht den Gesellschaften die Berücksichtigung branchen- oder unternehmensspezifischer Bedürfnisse. Die Kodex-Empfehlungen haben damit nur eine eingeschränkte Verbindlichkeit.
- Daneben erhalten die Gesellschaften **Anregungen** für eine gute und verantwortungsvolle Unternehmensführung und –überwachung. Diese werden durch den Begriff **„sollte“** gekennzeichnet. Von ihnen können die Gesellschaften ohne Offenlegung abweichen.

2468 Neben der Darstellung der (aktien)rechtlichen Regelungen, die bereits ausführlich behandelt wurden (s. oben § 6), enthält der Kodex u.a. folgende **Empfehlungen**:

- Der Vorstand soll bei der Besetzung von Führungspositionen im Unternehmen auf **Diversität** achten.
- Der Vorstand soll für ein an der Risikolage des Unternehmens ausgerichtetes **Compliance Management System** sorgen und dessen Grundzüge offenlegen. Beschäftigten soll auf geeignete Weise die Möglichkeit eingeräumt werden, geschützt Hinweise auf Rechtsverstöße im Unternehmen zu geben („Whistleblowing“).
- Bei der Zusammensetzung des Vorstands soll der Aufsichtsrat auf die Diversität achten.
- Der Aufsichtsrat soll gemeinsam mit dem Vorstand für eine **langfristige Nachfolgeplanung** sorgen.
- Diverse Empfehlungen betreffen die Festlegung des **Vergütungssystems** für den Vorstand sowie seiner konkreten Gesamtvergütung. Dabei liegt ein besonderes Augenmerk auf der Höhe der variablen Vergütungsbestandteile. Zudem finden sich Regelungen zu den Leistungen bei Vertragsbeendigung.

- Zahlreiche Empfehlungen betreffen die **Zusammensetzung des Aufsichtsrats**. Insb. werden die Anforderungen an die Unabhängigkeit der Aufsichtsratsmitglieder konkretisiert.
- Der Aufsichtsrat soll fachlich qualifizierte **Ausschüsse** bilden, insb. einen Prüfungsausschuss (zuständig für die Überwachung von Rechnungslegung und internen Kontrollverfahren) und einen Nominierungsausschuss.
- Offenlegung von **Interessenkonflikten** von Vorstands- und Aufsichtsratsmitgliedern.

Es besteht keine Pflicht zur Befolgung der Empfehlungen.[279] Verstöße gegen Empfehlun- 2469
gen sind daher sanktionslos. Allerdings ist eine Nichtbeachtung in der sog. **Entsprechenserklärung** nach § 161 AktG zu benennen und zu erläutern. Die Pflicht, eine solche Entsprechenserklärung abzugeben, betrifft neben der nach deutschem Recht gegründeten Aktiengesellschaft (sofern sie börsennotiert ist oder Kapitalmarktzugang i.S.d. § 161 Abs. 1 S. 2 AktG hat) auch die SE und über den Verweis in § 278 AktG die KGaA. Keine Verpflichtung besteht hingegen für ausländische Gesellschaften, auch wenn diese an einer deutschen Börse notiert sind. Zweck der Erklärung ist es, vorhandene wie künftige Aktionäre darüber zu informieren, welche Führungs- und Überwachungsgrundsätze die Gesellschaft lebt, der sie ihr Kapital anvertraut haben oder anvertrauen wollen. Sie können dann selbst daraus Schlussfolgerungen für ihr Anlageverhalten ziehen. Zudem soll mit dem durch die Begründungspflicht bei Abweichungen flankierten Erklärungszwang eine möglichst weitgehende Standardisierung von „guten" Grundsätzen herbeigeführt werden. Die Entsprechenserklärung ist Bestandteil der Erklärung zur Unternehmensführung, die in den Lagebericht aufzunehmen ist, § 289f Abs. 2 Nr. 1 HGB.

Wird eine fehlerhafte oder unvollständige Entsprechenserklärung[280] abgegeben, fehlt die 2470
Begründung für Abweichungen oder wird eine später eintretende Abweichung nicht umgehend in der Erklärung berichtigt, so stellt sich die Frage nach den **rechtlichen Konsequenzen**, die hoch umstritten sind. Nur Einzelfragen wurden bisher höchstrichterlich geklärt. In Betracht kommen eine Anfechtbarkeit von Hauptversammlungsbeschlüssen, die von der fehlerhaften Erklärung beeinflusst wurden, sowie eine Schadensersatzhaftung der Gesellschaft und ihrer Organmitglieder.

§ 161 AktG verpflichtet zur Abgabe einer richtigen und vollständigen Entsprechenser- 2471
klärung, die bei Abweichungen eine Begründung enthalten muss. Bei später eintretenden Abweichungen ist die Erklärung umgehend zu berichtigen. Wird hiergegen verstoßen, liegt eine Gesetzesverletzung vor, die möglicherweise zu einer Anfechtbarkeit von Hauptversammlungsbeschlüssen, die von der fehlerhaften Entsprechenserklärung beeinflusst sind, nach § 243 Abs. 1 AktG führen kann. Die Frage wird von der Literatur unterschiedlich beantwortet. Der BGH bejaht ausnahmsweise eine Anfechtbarkeit jedenfalls von Entlastungsbeschlüssen nach § 243 Abs. 1 AktG, wenn die Unrichtigkeit der Erklärung einen nicht unwesentlichen Punkt betrifft und die Organmitglieder die Unrichtigkeit kannten oder kennen mussten.[281] Beruht die unrichtige Entsprechenserklärung auf unterbliebenen Informationen, so sei entscheidend, dass die unterbliebenen Informationen für einen objektiv urteilenden Aktionär zur sachgerechten Wahrnehmung seiner

279 Bei den Empfehlungen handelt es sich weder um Rechtsnormen noch um Handelsbräuche. Ihnen kommt auch keine normenkonkretisierende Wirkung zu.
280 Das vollständige Fehlen einer Entsprechenserklärung ist aufgrund ihrer Einbindung in die Rechnungslegungsvorschriften ein eher theoretischer Fall.
281 BGHZ 180, 9 – Kirch/Deutsche Bank.

Teilnahme- und Mitgliedschaftsrechte relevant sei.[282] In einer neueren Entscheidung, in der es um die Anfechtbarkeit von Aufsichtsratswahlen wegen nicht erklärter Abweichung des Wahlvorschlags von den Empfehlungen des DCGK ging, hat der BGH die Möglichkeiten der Anfechtung allerdings deutlich eingeschränkt:[283] Eine Anfechtung wegen mangelnder Information der Hauptversammlung scheide aus, da § 161 AktG keine Information der Hauptversammlung bezwecke. Zudem sei die Entsprechenserklärumg im Zeitpunkt der Beschlussfassung in der Hauptversammlung noch nicht unrichtig, sondern werde dies erst durch die Annahme der Wahl durch den (unter Verstoß gegen den DCGK) Gewählten.

2472 Da § 161 AktG eine Organpflicht für Vorstand und Aufsichtsrat begründet, kann eine Verletzung zu Schadensersatzpflichten von Vorstand und/oder Aufsichtsrat gegenüber der Gesellschaft nach § 93 Abs. 2 und § 116 AktG führen. Voraussetzung ist allerdings, dass sie diese Pflicht schuldhaft verletzt haben und der Gesellschaft daraus ein Schaden entstanden ist. An Kausalität und Schaden wird es in der Praxis regelmäßig fehlen. Die Nichtbeachtung der – nicht bindenden – Kodex-Empfehlungen selbst kann mangels Pflichtverletzung nicht zu Schadensersatzansprüchen führen, sofern die Empfehlungen nicht aufgrund einer Sonderverbindung (Geschäftsordnung, organschaftlicher Anstellungsvertrag) zum Pflichtenkanon des jeweiligen Organ(mitglied)s gemacht wurden.

2473 Schadensersatzansprüche Dritter gegen die Gesellschaft oder ihre Organmitglieder lassen sich allenfalls in Einzelfällen auf § 826 BGB oder – sofern ein Schutzgesetz (z.B. in Form einer Strafnorm)[284] verletzt wurde – auf § 823 Abs. 2 BGB stützen.

II. Aktienrechtliche Sonderpflichten

2474 Das Aktiengesetz kennt unterschiedliche Arten von Unternehmen, die sich der Finanzierung über den Kapitalmarkt bedienen, und legt ihnen zusätzliche Verpflichtungen auf: Dies sind zum einen die börsennotierten Gesellschaften gem. § 3 Abs. 2 AktG; zum anderen nimmt es auf den Begriff der kapitalmarktorientierten Unternehmen gem. § 264d HGB Bezug.[285] Die Sonderregelungen sind über das gesamte Aktiengesetz verstreut, betreffen aber vor allem Vorstand und Aufsichtsrat sowie die (Einberufung der) Hauptversammlung.

Exemplarisch sollen an dieser Stelle einige wichtige Vorschriften behandelt werden:

2475 Betreffend den **Vorstand** von börsennotierten Gesellschaften legt der Aufsichtsrat (nicht näher vorgegebene) Zielgrößen für den **Frauenanteil** an Vorstandsmitgliedern fest (§ 111 Abs. 5 AktG). Liegt der tatsächliche Frauenanteil zum Zeitpunkt der Festlegung der Zielgröße unter 30 %, so dürfen die Zielgrößen den jeweils erreichten Anteil künftig nicht mehr unterschreiten. Hinsichtlich der Vergütung des Vorstands ist zu beachten, dass die **Vergütungsstruktur** auf eine nachhaltige Unternehmensentwicklung auszurichten ist, wobei unter Vergütungsstruktur die Zusammensetzung verschiedener Vergütungselemente und ihr Verhältnis zueinander zu verstehen sind. Variable Vergütungsbe-

---

282 BGHZ 182, 272 – Umschreibungsstopp.
283 BGH, Urt. v. 9.10.2019 – II ZR 78, 17, ZIP 2019, 322.
284 § 161 AktG ist nach h.M. kein Schutzgesetz.
285 Zu den beiden Definitionen s. auch Rn. 2106.

standteile sollen daher eine mehrjährige Bemessungsgrundlage haben (und entsprechend auch an negativen Entwicklungen teilnehmen) und der Aufsichtsrat für außerordentliche Entwicklungen eine Begrenzungsmöglichkeit vereinbaren (§ 87 Abs. 1 S. 2 u. 3 AktG).[286] Schadensersatzansprüche gegen Vorstandsmitglieder börsennotierter Gesellschaften verjähren erst nach zehn Jahren (sonst fünf Jahre – § 93 Abs. 6 AktG).

Der **Aufsichtsrat** legt auch hinsichtlich seines eigenen **Frauenanteils Zielgrößen** fest (§ 111 Abs. 5 AktG). Unterliegt die börsennotierte Gesellschaft zugleich der Mitbestimmung nach dem Mitbestimmungsgesetz, dem Montan-Mitbestimmungsgesetz oder dem Mitbestimmungsergänzungsgesetz, muss der Aufsichtsrat zwingend zu mindestens je 30 % aus Frauen und Männern bestehen (§ 96 Abs. 2 AktG). Weitere Vorgabe an seine **Zusammensetzung** ist, dass ihm niemand angehört, der in den letzten zwei Jahren Vorstandsmitglied derselben Gesellschaft war (es sei denn seine Wahl erfolgt auf Vorschlag von Aktionären, die mehr als 25 % der Stimmrechte halten).[287] Bei kapitalmarktorientierten Gesellschaften i.S.d. § 264d HGB muss mindestens ein Aufsichtsratsmitglied über Sachverstand auf den Gebieten Rechnungslegung oder Abschlussprüfung verfügen; die Mitglieder in ihrer Gesamtheit müssen mit dem Sektor, in dem die Gesellschaft tätig ist, vertraut sein (§ 100 Abs. 5 AktG). Richtet der Aufsichtsrat einer solchen Gesellschaft einen Prüfungsausschuss ein, so müssen diese Anforderungen auch auf Ebene des Ausschusses erfüllt sein (§ 107 Abs. 4 AktG). **2476**

Zur **Förderung von Frauen** in Führungspositionen hat der Vorstand von börsennotierten Gesellschaften für den Frauenanteil in den beiden Führungsebenen unterhalb des Vorstands (nicht näher vorgegebene) Zielgrößen festzulegen. Liegt der tatsächliche Frauenanteil im Zeitpunkt der Festlegung der Quote unter 30 %, so darf die Zielgröße den jeweils erreichten Anteil nicht mehr unterschreiten (§ 76 Abs. 4 AktG). **2477**

Die Umsetzung der **2. Aktionärsrechterichtlinie**[288] hat zum 1.1.2020 weitere Pflichten für börsennotierte Gesellschaften mit sich gebracht:[289] Die Aktionäre haben Mitspracherechte in Bezug auf die Vergütung von Vorstand und Aufsichtsrat („say-on-pay“) erhalten, die Möglichkeiten zur Identifikation und Information der Aktionäre wurden verbessert („know-your-shareholder“), und es wurden Zustimmungs- und Offenlegungserfordernisse betreffend Geschäfte der Gesellschaft mit nahestehenden Unternehmen und Personen („related-party-transactions“) eingeführt.

III. Veröffentlichung notwendiger Informationen für die Wahrnehmung von Rechten aus Wertpapieren (§§ 48 ff. WpHG)

Wertpapieremittenten sollen – zur Förderung effizienter, transparenter und integrierter Wertpapiermärkte sowie zum Schutz der Anleger – durch regelmäßige Informationen ein angemessenes Maß an Transparenz für die Anleger gewährleisten. Basierend auf **2478**

286 Zu weitergehenden Anforderungen durch den DCGK s. Rn. 2467 f.

287 Zu weitergehenden Anforderungen an Zusammensetzung und Mitglieder des Aufsichtsrats durch den DCGK s. Rn. 2468.

288 Richtlinie (EU) 2017/828 des Europäischen Parlaments und des Rates vom 17.5.2017 zur Änderung der Richtlinie 2007/36/EG im Hinblick auf die Förderung der langfristigen Mitwirkung der Aktionäre.

289 Gesetz zur Umsetzung der zweiten Aktionärsrechterichtlinie (ARUG II) vom 12.12.2019, BGBl. I, S. 2637.

europäischen Vorgaben[290] regeln daher die §§ 48 ff. WpHG Pflichten kapitalmarktorientierter Unternehmen zu regelmäßigen und laufenden Informationen der Anleger. Diese sollen sicherstellen, dass EU-weit Anleger, insb. auch solche aus anderen Staaten als dem Herkunftsmitgliedstaat des Emittenten, alle für die Wahrnehmung ihrer Rechte erforderlichen Informationen erhalten.

Adressat der Informationspflichten sind Emittenten, deren Herkunftsstaat gem. § 2 Abs. 13 WpHG die Bundesrepublik Deutschland ist (§§ 48 und 49 WpHG) bzw. die Inlandsemittenten gem. § 2 Abs. 14 WpHG[291] sind (§ 50 WpHG).

Die **Informationspflichten** nach §§ 48, 49 WpHG betreffen u.a. alle Informationen, die die Wertpapierinhaber zur Ausübung ihrer Rechte benötigen, die Benennung einer Zahlstelle, die Einberufung der Hauptversammlung einschließlich Tagesordnung, Gesamtzahl der Aktien und Stimmrechte und Rechts der Aktionäre bezüglich der Teilnahme an der Hauptversammlung sowie Mitteilungen über die Ausschüttung und Auszahlung von Dividenden, die Ausgabe neuer Aktien und die Vereinbarung oder Ausübung von Umtausch-, Bezugs-, Einziehungs- und Zeichnungsrechten.

Verletzungen der Verpflichtungen nach den §§ 48 ff. WpHG sind nach § 120 WpHG bußgeldbewährt.

J. Haftung für fehlerhafte (Kapitalmarkt-)Informationen

I. Allgemeines

2479 Sowohl bei der erstmaligen Platzierung von Finanzinstrumenten (Primärmarkt) als auch beim nachfolgenden laufenden Handel bereits emittierter Finanzinstrumente (Sekundärmarkt) sind die Anleger aufgrund des bestehenden Informationsgefälles zum Emittenten auf zeitnahe und vollständige Information über wesentliche, den Emittenten betreffende Umstände angewiesen, um eine informierte und sachgerechte Anlageentscheidung treffen zu können. Daneben haben die Gläubiger von Kapitalgesellschaften ein berechtigtes Interesse, ein zutreffendes Bild von der Vermögenslage der Gesellschaft zu erhalten. Um das Recht des Anlegers, informiert über die Verwendung seines Vermögens zu entscheiden, und das Informationsbedürfnis der Gläubiger

---

290 Zunächst die Richtlinie 2004/109/EG des Europäischen Parlaments und des Rates vom 15.12.2004 zur Harmonisierung der Transparenzanforderungen in Bezug auf Informationen über Emittenten, deren Wertpapiere zum Handel auf einem geregelten Markt zugelassen sind, und zur Änderung der Richtlinie 2001/34/EG. Änderungen erfolgten durch Umsetzung der Richtline 2013/50/EU des Europäischen Parlaments und des Rates vom 22.10.2013 zur Änderung der Richtlinie 2004/109/EG des Europäischen Parlaments und des Rates zur Harmonisierung der Transparenzanforderungen in Bezug auf Informationen über Emittenten, deren Wertpapiere zum Handel auf einem geregelten Markt zugelassen sind, der Richtlinie 2003/71/EG des Europäischen Parlaments und des Rates betreffend den Prospekt, der beim öffentlichen Angebot von Wertpapieren oder bei deren Zulassung zum Handel zu veröffentlichen ist, sowie der Richtlinie 2007/14/EG der Kommission mit Durchführungsbestimmungen zu bestimmten Vorschriften der Richtlinie 2004/109/EG.

291 Inlandsemittenten sind danach Emittenten, deren Herkunftsstaat die Bundesrepublik ist, mit Ausnahme solcher Emittenten, deren Wertpapiere nicht im Inland, sondern lediglich in einem anderen EU/EWR-Staat zugelassen sind sowie Emittenten, für die nicht Deutschland, sondern ein anderer EU/EWR-Staat Herkunftsstaat ist, deren Wertpapiere aber nur in Deutschland zum Handel an einem organisierten Markt zugelassen sind.

sicherzustellen, sieht das Gesetz diverse Offenlegungs- und Transparenzpflichten vor. Diese untergliedern sich in Regel- und Anlasspublizitätspflichten und wurden in Rn. 2155 ff. (Prospektpflicht), 2275 ff. (Ad-hoc-Publizitätspflicht), Rn. 2326 ff. (Beteiligungstransparenz), 2459 ff. (Finanzberichterstattung) bereits ausführlich behandelt. Flankiert werden sie durch eine Schadensersatzhaftung für fehlerhafte, unvollständige oder pflichtwidrig unterbliebene Informationserteilung.[292] Einigen Informationspflichten sind spezialgesetzliche Anspruchsgrundlagen zugeordnet (z.B. für die Prospekthaftung §§ 21 ff. WpPG bzw. §§ 20 f. VermAnlG, für Ad-hoc-Mitteilungen §§ 97 f. WpHG). Wo solche nicht vorhanden sind, kommt ein Rückgriff auf allgemeine Anspruchsgrundlagen wie § 826 BGB oder §§ 311, 280 Abs. 1 BGB (*culpa in contrahendo*) in Betracht. Im Hinblick auf die möglichen Anspruchsverpflichteten gilt auch bei der Haftung für Kapitalmarktinformationen grundsätzlich das Konzept der Organinnenhaftung: Das bedeutet, die in Betracht kommenden Anspruchsgrundlagen führen grundsätzlich zunächst zu einer sog. Außenhaftung des Emittenten, nicht jedoch zu einer persönlichen Haftung von Vorstands- oder Aufsichtsratsmitgliedern gegenüber Dritten. Die im Außenverhältnis zum Schadensersatz verpflichtete Gesellschaft kann dann ggf. im Innenverhältnis (bei Verletzung entsprechender Organpflichten) ihre Organmitglieder gem. §§ 93, 116 AktG im Regressweg in Anspruch nehmen. Eine Außenhaftung von Vorstandsmitgliedern kommt lediglich bei (zumindest bedingt) vorsätzlichem Fehlverhalten in Betracht.[293] Zentrale Anspruchsgrundlagen für eine solche direkte Außenhaftung sind § 826 BGB und, sofern die entsprechende Informationspflicht ein Schutzgesetz ist und zudem eine eigene Verhaltenspflicht des Vorstandsmitgliedes begründet, § 823 Abs. 2 BGB i.V.m. dem entsprechenden Schutzgesetz.

Der Schadensersatz ist, ausgehend von den Grundsätzen der Naturalrestitution wie der **2480** Totalreparation gem. § 249 BGB, grundsätzlich in der Form zu leisten, dass das Erwerbsgeschäft Zug um Zug rückgängig zu machen ist. Dies wird weder über das Verbot der Einlagenrückgewähr (§ 57 AktG) noch über das Verbot des Erwerbs eigener Aktien (§ 71 Akt) begrenzt oder gar ausgeschlossen.[294]

II. Prospekthaftung

Die Haftungsfolgen im Fall fehlerhafter bzw. nicht erstellter Prospekte wurden bereits **2481** ausführlich dargestellt (s. Rn. 2183 ff., 2206 ff., 2211 ff.).

III. Haftung für fehlerhafte oder unterlassene Ad-hoc-Meldungen

Für unterlassene, verspätete oder fehlerhafte Ad-hoc-Meldungen, durch die Pflichten **2482** nach Art. 17 MAR verletzt werden, sehen die §§ 97 f. WpHG spezielle Anspruchsgrundlagen vor, die den veröffentlichungspflichtigen Emittenten zu **Schadensersatz** verpflichten. Er kann dieser nur entgehen, wenn er nachweist, dass die Unterlassung nicht

292 Hinzu kommen in bestimmten Fällen Ordnungswidrigkeiten- bzw. Straftatbestände, z.B. § 400 AktG, § 120 Abs. 1 Nr. 2–4 WpHG, § 120 Abs. 2 Nr. 4 lit. a, b WpHG.

293 Der Entwurf eines speziellen Kapitalmarktinformationshaftungsgesetzes mit erstmals enthaltender direkter Organaußenhaftung bereits bei grober Fahrlässigkeit wurde 2004 nach heftigen Protesten aus Wirtschaft und Wissenschaft zurückgezogen.

294 BGH, Urt. v. 13.12.2011 – XI ZR 51/10, NZG 2012, 263 Rn. 47 ff.; BGH, Urt. v. 7.1.2008 – II ZR 229/05, AG 2008, 252, Rn. 11. Die Literatur vertritt diesbezüglich teilweise abweichende Auffassungen.

auf Vorsatz oder grober Fahrlässigkeit beruht bzw. er die Unrichtigkeit der Information nicht gekannt hat und seine Unkenntnis auch nicht auf grober Fahrlässigkeit beruht. Es handelt sich hierbei um eine **gesetzliche Vermutung**, dass Vorsatz bzw. grobe Fahrlässigkeit vorgelegen hat, die der Emittent **widerlegen** muss. Damit obliegt dem Emittenten die **Beweispflicht** hinsichtlich bloßer (einfacher) Fahrlässigkeit.

2483 Wesentliche Voraussetzung der §§ 97 f. WpHG ist der Nachweis der haftungsbegründenden und haftungsausfüllenden **Kausalität**. (§ 97 Abs. 1 WpHG spricht insoweit vom „Ersatz des durch die Unterlassung entstandenen Schadens", § 98 Abs. 1 WpHG vom „Ersatz des Schadens …, der dadurch entsteht, dass der Dritte auf die Richtigkeit der Insiderinformation vertraut"). Der Inhalt des zu erbringenden Kausalitätsnachweises hängt – zumindest nach der Rechtsprechung des XI. Zivilsenats des BGH[295] – maßgeblich von der Art des geltend gemachten Schadensersatzes ab. Der BGH gesteht dem Anleger grundsätzlich einen Anspruch auf Rückabwicklung des von ihm getätigten Geschäfts zu.[296] Macht er diesen Anspruch auf Rückabwicklung geltend, muss er nachweisen, dass das pflichtwidrige Unterlassen der Veröffentlichung der Ad-Hoc-Mitteilung bzw. ihre Fehlerhaftigkeit ursächlich für seine Anlageentscheidung gewesen ist. Ihm kommen dabei grundsätzlich keine Beweiserleichterungen zugute, insb. greift weder eine „Vermutung aufklärungsrichtigen Verhaltens" noch ein Anscheinsbeweis bei Vorliegen einer besonderen „Anlagestimmung".[297] Alternativ hat der Anleger allerdings die Möglichkeit, statt Rückabwicklung den sog. Kursdifferenzschaden geltend zu machen, d.h. den Unterschied zwischen dem tatsächlichen gezahlten und dem hypothetisch Preis, der sich bei ordnungsgemäßer Ad-hoc-Mitteilung gebildet hätte. Der hypothetische Preis ist mit den Methoden der Finanzwirtschaft, ggf. mit Hilfe eines Sachverständigens zu ermitteln. Als Hilfsgröße kann auf die Kursveränderung unmittelbar nach bekannt werden der wahren Sachlage zurückgegriffen werden.[298] In diesem Fall muss er – zumindest nach der Rechtsprechung des XI. Zivilsenats des BGH – lediglich nachweisen, dass der Kurs zum Zeitpunkt seines Kaufs niedriger gewesen wäre, wenn die Ad-hoc-Mitteilung rechtzeitig bzw. richtig erfolgt wäre.

Beispiel:. Anleger A erwirbt zu einem Zeitpunkt, zu dem eine Ad-hoc-Mitteilung bereits hätte erfolgen müssen, Aktien zum Preis von je 15 €. Nach Bekanntwerden der Information (durch eine verspätete Ad-hoc-Meldung) sinkt der Kurs in kürzester Zeit auf 12 €. Um Rückabwicklung verlangen zu können, müsste A nachweisen, dass die unterlassene (rechtzeitige) Ad-hoc-Mitteilung ursächlich für seine Anlageentscheidung gewesen ist, er die Anlage also in Kenntnis der Information nicht getätigt hätte. Kann er diesen (schwierigen) Nachweis nicht erbringen, so steht ihm jedenfalls ein Anspruch auf die Kursdifferenz in Höhe von 3 € pro Aktie zu.

Der II. Zivilsenat des BGH verlangt dagegen auch für die Geltendmachung des Differenzschadens den vollen Nachweis, dass die Ad-hoc-Mitteilung ursächlich für die Anlageentscheidung gewesen ist.[299]

---

295 BGH, Urt. v. 13.12.2011 – XI ZR 51/10, NZG 2012, 263, Rn. 67.

296 BGH, Urt. v. 1.12.2011 – XI ZR 51/10, NZG 2012, 263, Rn. 47 ff.

297 BGH, Urt. v. 13.12.2011 – XI ZR 51/10, NZG 2012, 263, Rn. 61 ff. – IKB. Nur im Einzelfall könne sich – je nach Tragweite der Information – aus positiven Signalen einer Ad-hoc-Mitteilung eine regelrechte „Anlagestimmung" entwickeln, für deren Vorliegen aber wiederum der Anleger die Beweislast trage. (BGHZ 160, 134, Rn. 44 – Infomatec); OLG Frankfurt/M., v. 26.9.2017, ZIP 2018, 1632, 1634 – EM.TV).

298 BGH, Urt. v. 9.5.2005 – II ZR 287/02, NZG 2005, 672, 675 f. – EM.TV.

299 BGH, Beschl. v. 15.2.2006 – II ZR 246/04, ZIP 2007, 679, Rn. 9; OLG Frankfurt/M. v. 26.9.2017, ZIP 2018, 1632, 1634 – EM.TV.

Die Schadensersatzpflicht des Emittenten entfällt, wenn der Anleger die Insiderinformation bzw. deren Unrichtigkeit bei seiner Anlageentscheidung kannte (§§ 97 Abs. 3, 98 Abs. 3 WpHG). **2484**

Die §§ 97, 98 WpHG begründen eine Schadensersatzpflicht nur des Emittenten, nicht dagegen der Vorstandsmitglieder.[300] (Der Gesellschaft werden die Handlungen der Vorstandsmitglieder dabei allerdings nach § 31 BGB analog zugerechnet, da die Gesellschaft selbst nicht handlungsfähig ist.) Da aber der Vorstand für die Vorbereitung, die inhaltliche Gestaltung sowie die Veröffentlichung der Ad-Hoc-Mitteilung verantwortlich ist, wird der Emittent diesen häufig über § 93 AktG im Innenverhältnis in Regress nehmen können. **2485**

Nach §§ 97 Abs. 4 bzw. 98 Abs. 4 WpHG bleiben **weitergehende Ansprüche des BGB** aufgrund von Verträgen oder vorsätzlichen unerlaubten Handlungen unberührt. Zentrale Haftungsnorm in diesem Zusammenhang ist **§ 826 BGB**, der Schadensersatzansprüche unmittelbar gegen die Vorstandsmitglieder und über § 31 BGB auch gegenüber der Gesellschaft begründen kann. Der Tatbestand des § 826 BGB setzt eine sittenwidrige Handlung, einen dadurch entstandenen Schaden des Anlegers und Vorsatz des Handelnden voraus. Diese Anspruchsvoraussetzungen sind in der Praxis grundsätzlich schwer nachzuweisen. Sittenwidrig ist dabei ein Verhalten, das nach seinem Gesamtcharakter gegen das Anstandsgefühl aller billig und gerecht Denkenden verstößt.[301] Bezugspunkt sind insoweit die jeweiligen Verkehrskreise, für den Fall eines börsenrelevanten Verhaltens also der Kreis der am Börsenhandel Beteiligten.[302] Für die Sittenwidrigkeit genügt es nicht, dass der Handelnde vertragliche Pflichten oder das Gesetz verletzt oder bei einem anderen einen Vermögensschaden hervorruft. Vielmehr muss eine besondere Verwerflichkeit des Verhaltens hinzutreten, die sich aus dem verfolgten Zweck, den eingesetzten Mitteln, der zutage tretenden Gesinnung oder den eingetretenen Folgen ergeben kann.[303] Insoweit ist eine Gesamtbetrachtung des Verhaltens (ggf. unter Einbeziehung des Verhaltens der geschädigten Anleger) vorzunehmen.[304] Nach diesen Maßgaben kann eine Sittenwidrigkeit insb. bei einer direkt vorsätzlichen unlauteren Beeinflussung des Kapitalmarktpublikums durch (vor allem wiederholte) Veröffentlichung grob unrichtiger Ad-hoc-Mitteilungen indiziert sein, jedoch bedarf es immer einer Gesamtbetrachtung aller maßgeblichen Umstände.[305] Weiterhin muss eine Kausalität zwischen unrichtiger Publizität und Anlageentscheidung vorliegen und vom betroffenen Anleger nachgewiesen werden.[306] Auf den Nachweis der konkreten Kausalität für den Willensentschluss des Anlegers ist selbst bei extrem unseriösen Kapitalmarktinformationen nicht zu verzich- **2486**

300 In der Literatur wird z.T. versucht, eine Schadensersatzhaftung der Vorstandsmitglieder auf §§ 97, 98 WpHG i.V.m. § 830 Abs. 1 S. 1 BGB zu stützen, was im Ergebnis aber abzulehnen ist (s. dazu näher *Buck-Heeb*, § 6 Rn. 530).

301 BGH v. 4.6.2013, WM 2013, 1310; BGH v. 20.11.2012, WM 2012, 2377; OLG Stuttgart v. 26.3.2015. WM 2015, 875, 876 – Porsche/VW; anhängig beim BGH unter VI ZR 260/15.

302 OLG Stuttgart v. 12.1.2016 – 7 U 59/14, NZG 2016, 465, Rn. 46 – Porsche).

303 BGHZ 102, 68, 77 f.; OLG Stuttgart v. 26.3.2015, WM 2015, 875, 876 – Porsche/VW.

304 OLG Stuttgart v. 26.3.2015, WM 2015, 875, 876 – Porsche/VW.

305 BGH v. 13.12.2011 – XI ZR 51/10, NZG 2012, 263, Rn. 28 – IKB; BGH v. 7.1.2008 – II ZR 229/05, AG 2008, 252, Rn. 10 – ComROAD VI.

306 Nur im Einzelfall könne sich – je nach Tragweite der Information – aus positiven Signalen einer Ad-hoc-Mitteilung eine regelrechte „Anlagestimmung“ entwickeln, für deren Vorliegen aber wiederum der Anleger die Beweislast trage (BGHZ 160, 134, Rn. 44 – Infomatec).

ten.[307] Wie auch im Rahmen der §§ 97 f. WpHG lehnt der BGH hier jede Art von Beweiserleichterung kategorisch ab. Schließlich erfordert § 826 BGB einen (zumindest bedingten) Schädigungsvorsatz, also das Bewusstsein, dass das Handeln die ernstliche Möglichkeit des schädigenden Erfolgs haben werde. Der BGH vermutet diesen bei der wissentlichen Veröffentlichung falscher Ad-hoc-Mitteilungen:[308] Eine veröffentlichungspflichtige Insiderinformation liege definitionsgemäß nur dann vor, wenn diese zur erheblichen Preisbeeinflussung geeignet sei. Eine Preisbeeinflussung setze aber Reaktionen der Marktteilnehmer in Form von Anlageentscheidungen voraus. Kennen die Vorstände bzw. der Emittent die Unrichtigkeit der Ad-hoc-Mitteilung, so wissen sie auch, dass Wertpapierkäufe/-verkäufe auf fehlerhafter Tatsachengrundlage getätigt werden. Für das Vorliegen eines Eventualvorsatzes müssen die Organe nicht wissen, welcher Personenkreis im Einzelnen geschädigt wird.

Nach Ansicht der Rechtsprechung kann der Anleger als Schadensersatz im Rahmen des § 826 BGB (ebenso wie bei §§ 97 f. WpHG) im Wege der Naturalrestitution **Rückabwicklung des Anlagegeschäfts** verlangen.[309] Der BGH stellt klar, dass dem weder das Verbot der Einlagenrückgewähr (§ 57 AktG) noch das Verbot des Erwerbs eigener Aktien (§ 71 AktG) entgegenstehen.

2487 Ein **Anspruch aus § 823 Abs. 2 BGB** kommt nicht in Betracht, da die Vorschriften, die die Pflichten zu Ad-hoc-Mitteilungen begründen, von der h.M. nicht als Schutzgesetz angesehen werden.[310]

IV. Haftung für sonstige fehlerhafte (formlose) Mitteilungen

2488 Auf §§ 97 f. WpHG kann ein Schadensersatzanspruch nicht gestützt werden, wenn es um eine Mitteilung geht, bei der es sich nicht um eine Ad-hoc-Mitteilung nach Art. 17 MAR handelt. Mangels planwidriger Regelungslücke kommt eine analoge Anwendung der Vorschriften nicht in Betracht:[311] Der Gesetzgeber hat mit diesen Vorschriften bewusst und in Kenntnis des im Bericht der Regierungskommission „Corporate Governance – Unternehmensführung – Unternehmenskontrolle – Modernisierung des Aktienrechts" aus dem Jahr 2001 enthaltenen Vorschlags einer allgemeinen zivilrechtlichen Haftung bei fehlerhafter Information des Kapitalmarkts – z.B. auch durch Äußerungen bei Präsentationen, Analystenbesprechungen oder in der Hauptversammlung – allein die Haftung für fehlerhafte Ad-hoc-Mitteilungen geregelt. Zudem ist ein weitergehender Gesetzentwurf aus dem Jahr 2004 für ein Kapitalmarktinformationshaftungsgesetz zurückgezogen worden.

2489 Zentrale Anspruchsnorm für Schadensersatzansprüche (sowohl gegen die Gesellschaft als auch gegen Vorstandsmitglieder) ist daher auch hier **§ 826 BGB**. Die Frage der Sit-

---

307 BGHZ 160, 134 – Infomatec I; BGH v. 3.3.2008, WM 2008, 790 – ComROAD VIII; OLG Stuttgart v. 26.3.2015, WM 2015, 875, 880 – Porsche/VW; OLG Frankfurt/M. v. 26.9.2017, ZIP 2018, 1632, 1634 – EM.TV.

308 BGHZ 160, 149 – Infomatec II.

309 BGH v. 9.5.2005 – II ZR 287/02, NZG 2005, 672, 673 f. – EM.TV.

310 Noch zu § 15 WpHG a.F., der vor In-Kraft-Treten der MAR die Pflicht zur Ad-hoc-Publizität begründete, BGHZ 160, 134, Rn. 18 – Infomatec.

311 Noch zur Vorgängervorschrift des § 37c WpHG a.F. BGH, Urt. v. 13.12.2011 – XI ZR 51/10, NZG 2012, 263, Rn. 17 (IKB).

tenwidrigkeit fehlerhafter Kapitalmarktinformationen (außerhalb von Prospekten und Ad-hoc-Mitteilungen) richtet sich nach denselben Kriterien wie bei Ad-hoc-Mitteilungen (s. Rn. 2486). Für solche formlosen Mitteilungen an den Kapitalmarkt gilt kein strengerer Haftungsmaßstab.[312] § 826 BGB fordert neben dem Schädigungsvorsatz den (vom Anleger zu erbringenden) Nachweis der Kausalität zwischen fehlerhafter Marktinformation und Anlageverhalten. Auf den Nachweis der konkreten Kausalität für den Willensentschluss des Anlegers ist selbst bei extrem unseriösen Kapitalmarktinformationen nicht zu verzichten.[313] Eine „generelle" – unabhängig von der Kenntnis des potenziellen Anlegers postulierte – Kausalität einer falschen Information ist nach Ansicht des BGH unter Schutznormaspekten unvertretbar, da sie im Sinne einer „Dauerkausalität" auf unabsehbare Zeit jedem beliebigen Anleger zugute kommen würde, ohne dass dessen Willensentschließung überhaupt berührt wäre.[314] Dies gilt auch dann, wenn die fehlerhaften Angaben in einem Prospekt enthalten sind.[315]

Wird persönliches Vertrauen in Anspruch genommen, treten also etwa organschaftliche Vertreter einer kapitalsuchenden Gesellschaft Anlageinteressenten persönlich gegenüber (z.B. im Rahmen einer Präsentationsveranstaltung), dann kommt zudem eine Haftung für fehlerhafte oder unvollständige Angaben nach den Grundsätzen über **Verschulden bei Vertragsschluss (c.i.c.)** sowohl der Gesellschaft als auch der jeweiligen Vorstandsmitglieder in Betracht.[316] Die Kausalität der Falschangabe für die Entscheidung wird hier (identisch zum Fall der Prospekthaftung) vermutet. Inhalt des Schadensersatzanspruchs ist die Zahlung des Erwerbspreises Zug um Zug gegen Rückübertragung der Aktien auf die Organmitglieder. Im Ergebnis haften danach Organmitglieder für Falschinformationen schon aufgrund leichter Fahrlässigkeit. Betroffen sind alle freiwilligen Elemente der Kapitalmarktkommunikation (Interviews, Bilanzpressekonferenzen, Analystenkonferenzen etc.). Die bisherige Rechtsprechung betraf eine Information des Primärmarktes; inwiefern der BGH sie auf Äußerungen am Sekundärmarkt erstrecken wird, ist derzeit noch offen. **2490**

Umstritten ist, ob bei solchen Mitteilungen die Regeln zur **Prospekthaftung im engeren Sinn** (s. Rn. 2214) angewendet werden können. Mangels Spezialregelungen für diesen Bereich ist dies zu bejahen. Erforderlich ist jedoch, dass es sich bei der Mitteilung um einen „Prospekt" i.S.d. vom BGH entwickelten Rechtsprechung handelt: Es muss eine marktbezogene schriftliche Erklärung abgegeben worden sein, die für die Beurteilung der angebotenen Anlage erhebliche Angaben enthält oder den Anschein eines solchen Inhalts erweckt. Sie muss dabei tatsächlich oder zumindest dem von ihr vermittelten Eindruck nach den Anspruch erheben, eine das Publikum umfassend informierende Beschreibung der Anlage zu sein.[317] **2491**

312 OLG Stuttgart v. 26.3.2015, WM 2015, 875, 876 f. – Porsche/VW.

313 BGHZ 160, 134 – Infomatec I; BGH v. 3.3.2008, WM 2008, 790 – ComROAD VIII; BGH, Urt. v. 7.1.2008 – II ZR 229/05, AG 2008, 252, Rn. 16; OLG Stuttgart v. 26.3.2015, WM 2015, 875, 880 – Porsche/VW.

314 BGH, Urt. v. 4.6.2013 – VI ZR 288/12, NZG 2013,992, Rn. 25.

315 BGH, Urt. v. 7.1.2008 – II ZR 229/05, AG 2008, 252, Rn. 17.

316 BGH, Urt. v. 2.6.2008 – II ZR 210/06, AG 2008, 662 ff.

317 BGHZ 191, 310, Rz. 21.

V. Haftung für fehlerhafte Regelpublizität, für fehlerhaften Bilanzeid und fehlerhafte Entsprechenserklärung nach § 161 AktG

2492 Mangels spezialgesetzlicher Haftungsnormen kommt eine Haftung der Gesellschaft und/oder einzelner Vorstandsmitglieder für fehlerhafte Regelpublizität, fehlerhaften Bilanzeid oder eine fehlerhafte Entsprechenserklärung nur auf der Basis des **allgemeinen Deliktsrechts** in Betracht. Schadensersatzansprüche aus **§ 823 Abs. 2 BGB** setzen stets den Verstoß gegen ein Schutzgesetz voraus. Den **Rechnungslegungsvorschriften** sowie **§ 161 AktG** wird ganz überwiegend aber keine Schutzgesetzqualität zugesprochen. Ausnahme ist die Strafvorschrift des **§ 400 AktG**. Ein Verstoß gegen § 400 Abs. 1 Nr. 1 AktG liegt u.a. vor, wenn die Jahresabschlüsse vorsätzlich falsch aufgestellt werden. Der Schutzgesetzcharakter des § 400 Abs. 1 Nr. 1 AktG ist höchstrichterlich anerkannt.[318]

Unter den oben genannten Voraussetzungen ist daher allenfalls in Einzelfällen eine Haftung aus **§ 826 BGB** möglich.

K. Digitalisierung im Kapitalmarktrecht

I. Kapitalaufnahme über Coins/Token

2493 Die Digitalisierung und insb. die Nutzung der Blockchain-Technologie haben auch vor dem Kapitalmarktrecht nicht haltgemacht. So sind sog. Coin- oder Token-Emissionen[319] als neue Möglichkeit der Kapitalaufnahme zur Unternehmensfinanzierung hinzugekommen. Vor allem Start-up-Unternehmen machen zunehmend von dieser – gegenüber Aktien- und Anleiheemissionen günstigeren – Alternative Gebrauch.

Bei Coins und Token handelt sich sich um Rechte abbildende Einträge in blockchainbasierten Datenbanken. Eine Blockchain ist eine digitale Datenbank, die wie eine Art öffentliches, kollektives Buchhaltungssystem funktioniert. Sie ist nirgends zentral gespeichert, sondern dezentral auf den Rechnern aller Netzwerkteilnehmer. Durch redundante Spiegelung ihres gesamten Datenbestandes auf allen beteiligten Servern wird für Authentizität und Vollständigkeit der Information gesorgt. Der einzelne Datensatz („Block") enthält dabei neben den eigentlichen Daten unter anderem einen Zeitstempel und die Prüfsumme des letzten in die Datenbank eingefügten Blocks. Letzteres sorgt für die namensgebende Verkettung und dafür, dass die Blockchain nicht nachträglich geändert werden kann.[320] Token sind damit ausschließlich, einzigartig und nicht vervielfältigbar. Transferiert wird eine Coin oder ein Token dadurch, dass die Berechtigung über den entsprechenden Datenbankeintrag geändert wird. Übertragungen können so über eine Blockchain unmittelbar zwischen den Beteiligten (Peer-to-Peer") unter weitgehendem Ausschluss von Intermediären erfolgen.

Das Innovationspotenzial der Blockchain-Technologie für die Unternehmensfinanzierung ist gewaltig. Auf der anderen Seite birgt diese Art der Kapitalaufnahme die Gefahr

318 BGH, Urt. v. 13.12.2011 – XI ZR 51/10, NZG 2012, 263, Rn. 18; BGHZ 160, 134, Rn. 24; BGH, Urt. v. 9.5.2005 – II ZR 287/02, NZG 2005, 672, 673.
319 Die Begriffe Coin und Token werden im Folgenden wertgleich verwendet.
320 *Heckelmann,* NJW 2018, 504, 505.

von Betrug, Geldwäsche, illegalen Finanzierungen,[321] so dass sich hier in verschärftem Maße die Frage stellt, inwieweit sie bereits der bestehenden Regulierung unterfällt und wo ggf. Anpassungsbedarf besteht.

II. Kapitalmarktrechtliche Erfassung de lege lata

Bei dem Begriff **Token** handelt es sich um keinen gesetzlichen Begriff. Er ist weder im europäischen noch in deutschen Kapitalmarktgesetzen zu finden.[322] Token lassen sich definieren als „Verkörperung" digitaler Ansprüche und/oder Rechte, also digitale Werteinheiten („Crypot-Assets"). In der neueren juristischen Literatur und in der Aufsichtspraxis werden im Wesentlichen drei Arten von Token unterschieden (wobei allerdings auch Mischformen existieren):[323] 2494

- **Currency-Token** sind Kryptowährungen wie Bitcoin oder Ether und dienen als Zahlungsmittel bzw. Geldersatz.
- **Utility-Token** vermitteln dem Inhaber das Recht auf Bezug eines Produkts oder Inanspruchnahme einer Dienstleistung, typischerweise auf einer bestimmten Plattform, ähnlich einer Eintrittskarte oder eines Gutscheins.
- **Investment-Token** (auch zu finden unter den Bezeichnungen **Asset-Token, Security-Token** oder **Equity-Token**) sind Anlageinstrumente. Sie verkörpern vor allem Rechte an zukünftigen Gewinnen eines Unternehmens. Sie repräsentieren unter Umständen auch andere unternehmensbezogene Rechte (z.B. Stimmrechte betreffend bestimmte Entscheidungen), wobei in der Praxis durchweg schuldrechtliche Mitwirkungsrechte vorzufinden sind. Sie können fremd- oder eigenkapitalähnlich ausgestaltet sein.

Über ein sog. **Initial Coin Offering (ICO)** oder **Security Token Offering (STO)** können Unternehmen unmittelbar – ohne Zwischenschaltung von Intermediären, grenzüberschreitend und über digitale Kanäle – Kapital gegen die (Primär)Ausgabe von Token aufnehmen. Sie bieten öffentlich (über das Internet und soziale Medien) Token gegen die Zahlung von Currency-Token oder Geld an. Die Investoren erhalten die von den Initiatoren entwickelten Token. Die Abwicklung einer solchen Emission erfolgt automatisiert und digital über sog. **Smart Contracts**.[324] Dabei handelt es sich um in der Blockchain hinterlegte Programme, die die Rechtsbeziehungen zwischen dem Emittenten und den Investoren koordinieren und selbstständig auf die Einhaltung der in diesem Kontext geschlossenen Vereinbarungen hinwirken, indem sie für die automatische Ausführung einer Transaktion sorgen. Die Investoren erhalten die im Netzwerk generierten Token, sobald die verlangte Summe überwiesen ist. Ein ICO/STO ist damit deutlich günstiger und schneller als ein Börsengang.[325] 2495

---

321 Schätzungen zufolge sollen sogar 78% aller Transaktionen einen kriminellen Hintergrund haben (vgl. SMSG, Advice to ESMA, Own Initiative Report on Initial Coin Offerings and Crypto-Assets, ESMA22-106-1338, 19.10.2018, S. 7.

322 Seit den 1.1.2020 findet sich der Begriff „Kryptowert" als Unterkategorie des Finanzinstruments in § 1 Abs. 11 S. 1 Nr. 10 KWG.

323 Dazu näher *Hanten/Sacarcelik,* RdF 2019, 124, 124ff.

324 Derzeit wird hierfür am häufigsten die (weltweit führende) Plattform für Blockchains „Ethereum" genutzt.

325 *Hanten/Sacarcelik,* RdF 2019, 124, 125.

2496 Die emittierten Token können unterschiedlich ausgestaltet sein und dem Inhaber verschiedene Rechte gewähren. Welche individuellen Merkmale ein Token aufweist, ergibt sich – wie bei Anleihen – aus den „Tokenbedingungen“ (die sog. „White Papers“). Diese White Papers sind die primäre Informationsgrundlage für Investoren und ähneln inzwischen hinsichtlich Aufmachung, Struktur und Sprachstil zunehmend Verkaufsdokumenten.

Spezialgesetzliche Regelungen für Token, ihre Emission und den Handel mit ihnen existieren in Deutschland bislang nur ansatzweise.[326] Das bedeutet jedoch nicht, dass es sich um einen gänzlich unregulierten Bereich handeln würde. Die Anwendbarkeit der bestehenden kapitalmarktrechtlichen Vorschriften hängt maßgeblich davon ab, ob Token als Finanzinstrumente, Wertpapiere oder Vermögensanlagen i.S.d. jeweiligen Gesetzes[327] angesehen werden können. Von praktischer Relevanz sind insb. die Fragen nach einer etwaigen Prospektpflicht, einer Erlaubnispflicht nach Kreditwesengesetz (KGW) sowie der Verhaltensregeln des WpHG/der MAR.

Token können je nach Ausgestaltung im Einzelfall als Finanzinstrument i.S.d. § 2 Abs. 4 WpHG angesehen werden, In Betracht kommt eine Einordnung in eine der Unterkategorien Wertpapier (§ 2 Abs. 4 Nr. 1 i.V.m. § 2 Abs. 1 WpHG bzw. Art. 4 Abs. 1 Nr. 44 MiFID II), Anteil an einem Investmentvermögen (§ 2 Abs. 4 Nr. 2 WpHG i.V.m. § 1 Abs. 1 KAGB) oder Vermögensanlage (§ 2 Abs. 4 Nr. 7 WpHG i.V.m. § 1 Abs. 2 VermAnlG).[328]

2497 Der Wertpapierbegriff des WpHG wie auch der ProspektVO/des WpPG geht auf Art. 4 Abs. 1 Nr. 44 der MiFID II zurück. Damit Instrumente nach der dortigen Definition als Wertpapiere anzusehen sind, müssen sie übertragbar, standardisiert und handelbar sein (s. auch zum Prospektrecht Rn. 2160 f.). Der Token muss zudem mit wertpapierähnlichen Rechten ausgestattet sein.[329] Eine Verbriefung ist nicht erforderlich; ausreichend ist vielmehr, dass der **Inhaber** des Token und die im Token **verkörperten Rechte** beispielsweise anhand der Blockchain-Technologie jeweils dokumentiert werden können. Je nach Ausgestaltung werden die genannten Voraussetzungen von Token erfüllt; erforderlich ist aber stets eine Einzelfallprüfung.

Ist ein Token weder als Wertpapier, noch als Anteil an einem Investmentvermögen einzustufen, kann es sich um eine Vermögensanlage handeln. Abhängig von der rechtlichen Ausgestaltung kann ein Token u.a. als eine Unternehmensbeteiligung, als partiarisches Darlehen oder Nachrangdarlehen, als Genussrecht oder als sonstige Anlage anzusehen sein.

Grundsätzlich erfüllen sog. Currency-Token und Utility-Token nicht die Merkmale eines Wertpapiers oder einer Vermögensanlage; Investment-Token stellen dagegen im Regelfall Wertpapiere i.S.d. WpHG sowie der ProspektVO/des WpPG dar. Bei Mischformen

---

326 So wurde zum 1.1.2020 der sog. „Kryptowert“ als neue Unterkategorie des „Finanzinstruments“ in § 1 Abs. 11 S. 1 Nr. 10 KWG eingefügt und damit der Kreis der nach KWG erlaubnispflichtigen Tätigkeiten erweitert. Dazu näher *Kleinert/Mayer*, EuZW 2019, 857.

327 Es existieren verschiedene Wertpapierbegriffe im deutschen wie europäischen Recht, so dass der Begriff je nach Gesetz unterschiedlich auszulegen ist.

328 S. dazu auch das Hinweisschreiben der BaFin vom 20.2.2018 – WA 11-QB 4100-2017/0010

329 *BaFin,* Merkblatt Zweites Hinweisschreiben zu Prospekt- und Erlaubnispflichten im Zusammenhang mit der Ausgabe sog. Krypto-Token, GZ: WA 51-Wp 7100-2019/0011 und IF 1-AZB 1505-2019/0003.

ist nach Ansicht der BaFin entscheidend, auf welchen Funktionen der Schwerpunkt des jeweiligen Token liegt.[330]

Erfüllt ein Token die Voraussetzungen eines **Finanzinstruments** i.S.d. § 2 Abs. 4 WpHG,[331] insb. die eines Wertpapiers, so ist für sein öffentliches Angebot insb. ein Prospekt zu erstellen. Der für die Prospektpflicht erforderliche Inlandsbezug des Angebots ist nach Ansicht der BaFin bei einem Angebot im Internet dann zu bejahen, wenn in der Bundesrepublik ansässige Anleger angesprochen werden, wovon bei einem unbeschränkt zugänglichen öffentlichen Angebot im Internet grundsätzlich auszugehen sei.[332] **2498**

Soweit es sich um Token handelt, die nicht als Wertpapiere, Anteile an Investmentvermögen oder Vermögensanlagen zu qualifizieren sind (und für die daher keine Prospektpflicht besteht), die aber ähnlich wie Wertpapiere durch ein öffentliches Angebot vertrieben werden, sind im Hinblick auf die beim Vertrieb verwendeten Informationsunterlagen, insb. die sog. **White Papers**, die Grundsätze der sog. **bürgerlich-rechtlichen Prospekthaftung** zu beachten (s. dazu auch Rn. 2212 ff.). Für die Beurteilung, ob diese Haftungsgrundsätze zum Tragen kommen, ist das funktionsbezogene Verständnis des BGH zum Prospektbegriff zugrunde zu legen. Entscheidend ist danach, ob es sich beim jeweiligen White Paper um eine marktbezogene Erklärung handelt, die die für die Beurteilung der angebotenen Anlage erheblichen Angaben enthält oder den Anschein eines solchen Inhalts erweckt.

330 *BaFin,* Merkblatt Zweites Hinweisschreiben zu Prospekt- und Erlaubnispflichten im Zusammenhang mit der Ausgabe sog. Krypto-Token, GZ: WA 51-Wp 7100-2019/0011 und IF 1-AZB 1505-2019/0003.

331 Die Definition des „Finanzinstruments" im KWG weicht hiervon ab.

332 *BaFin,* Merkblatt Zweites Hinweisschreiben zu Prospekt- und Erlaubnispflichten im Zusammenhang mit der Ausgabe sog. Krypto-Token, GZ: WA 51-Wp 7100-2019/0011 und IF 1-AZB 1505-2019/0003.

§ 8 Umwandlungsrecht

Volker Mayer

Übersicht

A. Überblick

2499 Umwandlungsrecht ist Teil des Gesellschaftsrechts und beschreibt die Möglichkeiten der Umstrukturierungen und Reorganisation von Gesellschaften und Unternehmen.

Motive für Umwandlungen sind zumeist kaufmännische Vorteile aufgrund einer anderen Rechtsform, bessere Möglichkeiten der Kapitalbeschaffung, Sanierungen und steuerliche Motive. Insb. Verschmelzung und Spaltung gehen oft auch auf interne oder externe Organisationsmaßnahmen zurück wie der Schaffung oder Auflösung von Holdingstrukturen, Betriebsaufspaltungen oder als Modelle zur Durchführung von M&A-Transaktionen, etwa zur Integration von erworbenen Beteiligungen nach Investitionen bzw. als Vorbereitung von Desinvestionen von Betriebsteilen im Wege von Share-Deals. Zu denken ist etwa daran, ineffiziente oder zur Produktstruktur nicht passende Unternehmensteile abzuspalten und zu veräußern, umgekehrt dem Unternehmenskonzept entsprechende Gesellschaften und Unternehmen im Wege des Unternehmenskaufes zu erwerben und anschließend zu verschmelzen.

Beim **Share Deal** werden – auf Ebene der Anteilseigner – Anteile an einem Rechtsträger gegen Entgelt ge- bzw. verkauft und im Wege der **Einzelrechtsübertragung** an einen Erwerber übertragen, der Erwerber bekommt eine Beteiligung, übernimmt also eine Tochtergesellschaft. Der Share-Deal als Form des Unternehmenskaufs ist also ein Austauschverhältnis, dem ein Kaufvertrag zwischen Käufer und Verkäufer (auf Ebene der Gesellschafter) über die Anteile als Rechtsgrund zugrunde liegt (vgl. Rn. 137 ff.). **2500**

Bei der **Verschmelzung** wird dagegen – auf Ebene der Rechtsträger (also der „Unternehmen") – eine Vermögensgesamtheit (das Gesellschaftsvermögen der übertragenden Gesellschaft als Gesamtheit) übertragen auf den übernehmenden Rechtsträger und zwar nicht gegen Entgelt, sondern gegen Gewährung von Anteilen an die Anteilseigner des übertragenden Rechtsträgers. Die Verschmelzung ist also ein **gesellschaftsrechtlicher Organisationsakt**, der **Rechtsgrund und Vollzugsgeschäft zugleich** ist. Folge der Verschmelzung ist unmittelbar eine Beteiligung der Anteilsinhaber der übertragenden Gesellschaft am aufnehmenden Rechtsträger, ohne dass es einer gesonderten Anteilsübertragung bedürfte (vgl. § 20 Abs. 1 Nr. 3 UmwG). Eine Verschmelzung ohne vorausgehenden Anteilskauf auf Gesellschafterebene (Share-Deal) führt also zu einem Joint-Venture mit einer zusammengeführten Gesellschafterstruktur. **2501**

Letztlich findet sowohl beim Share Deal wie bei der Verschmelzung (oder auch Spaltung) ein Anteilsübergang statt. Vergleichbares könnte man zwar auch durch einen Anteilstausch erreichen. Allerdings wären dann die beiden Unternehmen noch nicht, wie bei der Verschmelzung, zu einer rechtlichen Einheit zusammengeführt.[1] **2502**

Beispiel: Anteilseigner der übertragenden Gesellschaft „verlieren" diesen Anteil, weil die Gesellschaft mit der Verschmelzung erlischt. Stattdessen sind sie im wertmäßig selben Umfang künftig an der aufnehmenden Gesellschaft beteiligt, auf welche das Gesellschaftsvermögen übergegangen ist. An dieser erhalten sie neue Anteile, die regelmäßig aus einer Kapitalerhöhung stammen. Aufgrund des eingebrachten Vermögens der übertragenden Gesellschaft kann die übernehmende das statuarische Eigenkapital entsprechend erhöhen. Genutzt wird diese Zusammenführung zweier Gesellschaften z.B. auch von Finanzinvestoren im Rahmen des Leveraged Buy-outs (s.o. Rn. 1986 ff.). Dadurch erreichen sie letztlich, dass eine zu übernehmende Gesellschaft die Fremdfinanzierung ihres eigenen Anteilserwerbs entgegen §§ 71a, 57 AktG trägt.

Verschmelzung und Spaltung sind besondere, eine Überführung von Vermögen auf neue Rechtsträger erfordernde Strukturänderungen, während beim Formwechsel

---

1 Außerdem überwindet die Verschmelzung und die Gesamtrechtsnachfolge eine fehlende Inhaberschaft an den untergehenden Anteilen, so dass Lücken oder Mängel in der Anteilshistorie der übertragenden Gesellschaft durch den Erwerb der Beteiligung an der Übernehmerin obsolet werden (vgl. § 20 Abs. 1 Nr. 3 UmwG; die Surrogation in S. 3 gilt nur für beschränkte dingliche Rechte wie z.B. Pfandrecht oder Nießbrauch, §§ 1075, 1287 BGB). Diese Bedeutung der Verschmelzung hat aber durch die Möglichkeit des **gutgläubigen Erwerbs von GmbH-Anteilen** gem. § 16 Abs. 3 GmbHG seit 2008 bzw. spätestens seit 1.11.2011 (vgl. § 3 Abs. 3 EGGmbHG) verloren.

kein Vermögensübergang erfolgt, sondern der bisherige Rechtsträger („bloß") seine Rechtsform wechselt.

Beispiel: Ertragsteuerlich wird der Wechsel der Rechtsform einer Kapital- in eine Personengesellschaft trotzdem als Vermögensübergang behandelt (vgl. § 9 UmwStG) und führt daher auch zur Besteuerung offener Rücklagen nach § 7 UmwStG („fiktive Dividende"). Der Formwechsel stellt aber dennoch als solcher z.B. keinen Verstoß gegen die Behaltensregelung in § 13a ErbStG dar (die „Ausschüttung" ist nur fiktiv; das Kapital muss anschließend aber stehengelassen werden).

I. Umwandlungen nach Umwandlungsgesetz

2503 Das UmwG unterscheidet folgende Umwandlungsarten:

- die Verschmelzung
- die Spaltung
- die Vermögensübertragung und
- den Formwechsel.

Es bestimmt damit eine abgeschlossene Zahl von Umwandlungsmöglichkeiten. Diese kommen nur für bei der Umwandlungsart jeweils benannte Rechtsträger mit Sitz im Inland in Betracht (§ 1 Abs. 1 UmwG).

2504 Das UmwG regelt im zweiten bis fünften Buch die einzelnen Formen von Umwandlungen. Dabei steht die **Verschmelzung** *als Grundfall* der Gesamtvermögensübertragung gegen Gewährung von Anteilen am übernehmenden Rechtsträger am Beginn des Gesetzes (zweites Buch, §§ 2–1221 UmwG). **Spaltung** (drittes Buch, §§ 123–173 UmwG) und Vermögensübertragung (viertes Buch, §§ 174–189 UmwG) werden *als Sonderregelungen der Verschmelzung* behandelt, die denselben Grundsätzen folgen. Systematisch definiert das UmwG für alle Formen der Umwandlung den Grundfall und die jeweils beiden Arten („zur Aufnahme"; „zur Neugründung") mit den spezifischen Verfahrensvoraussetzungen in einem **allgemeinen Teil** zu Beginn jedes dieser Bücher und schließt daran **rechtsformabhängige Besonderheiten** für die beteiligten Rechtsträger an. Dementsprechend beschränken sich die Spaltungsregelungen und die Regelungen über die Vermögensübertragung auf die Normierung der vom Grundfall der Verschmelzung abweichenden Regelungen und verweisen im Übrigen auf das Verschmelzungsrecht, z.B. in den §§ 125, 176, 184 Abs. 1 UmwG.

2505 In der Grundstruktur führt die Verschmelzung zwei (oder mehr) Rechtsträger auf einen zusammen, wobei der übertragende auf den anderen als aufnehmenden Rechtsträger verschmolzen werden kann oder beide zusammen auf einen neuzugründenden (dritten) Rechtsträger. Der/die übertragende Rechtsträger erlöschen dadurch ohne Liquidation und ihre Gesellschafter erhalten als Gegenleistung Anteile am aufnehmenden bzw. neu zu gründenden Rechtsträger. Bei der Verschmelzung zur Aufnahme ist hierfür das Kapital des aufnehmenden Rechtsträgers entsprechend zu erhöhen.

2506 Die Spaltung ist dem ganz vergleichbar, allerdings ist sie keine Verschmelzung des übertragenden Rechtsträgers im Ganzen, sondern *nur eines Teils* von ihm auf einen anderen Rechtsträger. Daher muss vorbereitend dieser Unternehmensteil erst – als virtuell selbstständiger – dargestellt/definiert werden, um dann auf einen übernehmenden Rechtsträger („zur Aufnahme" auf einen bestehenden oder „zur Neugründung" eines dadurch erst zu schaffenden) übertragen zu werden. Da es also nur um eine Teilübertragung geht, erwachsen dabei verschiedene Möglichkeiten: der übertragende Rechtsträger kann komplett in zwei (oder mehr) Unternehmensteile *„aufgespalten“* werden; er ist dann wiederum liquidationslos erloschen und statt seiner sind zwei oder mehr Schwestergesellschaften die aufnehmenden Rechtsträger. Der übertragende kann aber auch mit einem verbleibenden Unternehmensteil bestehenbleiben und ein oder mehrere Teile werden auf Schwestergesellschaften übertragen (*Abspaltung*). Schließlich können aber auch Unternehmensteile auf eine bestehende oder neu zu gründende Tochtergesellschaft übertragend werden (*Ausgliederung*). Ergänzend zum Recht der Verschmelzung muss die Spaltung daher bestimmen, welche Voraussetzungen für den zu übertragenden Teil gelten und berücksichtigen, wer die Anteile am übernehmenden Rechtsträger erhalten soll, ob also eine Schwestergesellschaft oder eine Tochtergesellschaft entstehen soll.

Beispiel: Die A GmbH kann in die B GmbH und C GmbH **aufgespalten** werden. Als Gegenleistung erhalten die Gesellschafter der A GmbH Anteile an der B GmbH und der C GmbH.

Es kann aber auch nur ein Geschäftsbereich der A GmbH auf die B GmbH **abgespalten** werden. Die A GmbH besteht dann mit ihren übrigen Geschäftsbereichen weiter. Als Gegenleistung für die Abspaltung erhalten die Gesellschafter der A GmbH entsprechend Anteile an der B GmbH.

Soll dagegen ein Geschäftsbereich der A GmbH auf die in diesem Zusammenhang ggf. neu zu gründndte Tochtergesellschaft B GmbH **ausgegliedert** werden, so bleibt die A GmbH mit ihren übrigen Geschäftsbereichen ebenfalls bestehen. Als Gegenleistung für die Ausgliederung erhält nun aber die A GmbH, nicht ihre Gesellschafter, die Anteile an der neu gegründeten B GmbH (dadurch wird sie zur Tochtergesellschaft).

Die Vermögensübertragung (§§ 174 ff. UmwG) stellt keine eigenständige Umwandlungs- **2507**
art im Umwandlungsrecht dar. Sie regelt vielmehr die Verschmelzung und Spaltung von solchen Rechtsträgern, die nicht als Rechtsträger der übrigen Umwandlungsarten erfasst werden (Beispiel: Versicherungsunternehmen untereinander und Übertragungen von Kapitalgesellschaften auf staatliche Gliederungen, vgl. § 175 UmwG).

II. Umwandlungen außerhalb des UmwG

Die Umwandlungen nach dem UmwG treten neben weitere Möglichkeiten der Struktur- **2508**
änderungen nach anderen Gesetzen.

So findet (automatisch) ein identitätswahrender gesetzlicher **Formwechsel** zwischen GbR, OHG und KG statt, wenn die Voraussetzungen der anderen Rechtsform erfüllt sind bzw. die der bisherigen wegfallen (i.e. kaufmännischer Geschäftsbetrieb nach §§ 1 Abs. 2, 2 HGB; Haftungsbegrenzung bei einem Gesellschafter).

Auch die **Anwachsung** einer Personengesellschaft an einen letzten verbliebenen Gesell- **2509**
schafter (etwa durch Austritt der übrigen) ist eine Form der verschmelzenden Gesamtrechtsnachfolge.

Beispiel: Ein Fall der Anwachsung ist das sog. erweiterte Einbringungsmodell zur Umwandlung einer Kapitalgesellschaft & Co. bzw. Stiftung & Co. in eine (reine) Kapitalgesellschaft bzw. Stiftung. Der „Austritt“ der Kommanditisten vollzieht sich dabei durch (Sach-)Kapitalerhöhung gegen Einbringung der Kommanditeinlagen in die (Komplementär-)Kapitalgesellschaft.

2510 Bei der Unternehmensspaltung nach UmwG liegt keine Teilliquidation des Unternehmens vor, sondern eine geteilte Fortführung, also eine Gesamtrechtsnachfolge in zwei oder mehr Teilen. Eine Unternehmensspaltung kann statt im Wege der Gesamtrechtsnachfolge nach UmwG aber auch im Wege der Einzelübertragung durchgeführt werden (dann ein sog. Asset-Deal). So können Vermögensgegenstände durch einzelne Übertragungsakte zivilrechtlich veräußert und als Gegenleistung Anteile an der erwerbenden Gesellschaft vereinbart werden. Es handelt sich dann etwa um eine Sacheinlage (Sachkapitalerhöhung) beim Erwerber.

Beispiel: Eine Betriebsaufspaltung aus Besitz-GbR und Betriebs-GmbH kann bei der Erbfolge steuerliche Probleme bereiten. So ist Voraussetzung für den Fortbestand einer Betriebsaufspaltung, dass die personelle Verflechtung ununterbrochen bleibt. Dies ist bei mehreren Erben problematisch: Wie unter Rn. 2088 dargestellt, gehen zwar die Anteile an einer Personengesellschaft bei qualifizierter Nachfolgeklausel unmittelbar in das Vermögen des Nachfolgers über. Die Anteile an einer Kapitalgesellschaft fallen jedoch stets in die Erbmasse und müssen im Fall einer Erbengemeinschaft in einem zweiten Schritt auf den vom Erblasser ausgewählten Nachfolger übertragen werden (§ 18 GmbHG). Bis dahin ist die Erbengemeinschaft Inhaber der GmbH-Anteile, so dass die personelle Verflechtung – wenn auch nur für kurze Zeit – entfallen kann. Folge wäre die Aufdeckung der stillen Reserven in der Besitzpersonengesellschaft. Von daher wäre eine Überlegung, die Betriebskapitalgesellschaft in die Besitzgesellschaft zu überführen.

Lösungen: Verschmelzungen und Spaltungen unter Beteiligung von GbR sind nach UmwG unzulässig. Soll eine Betriebsaufspaltung rückgängig gemacht werden und ist die lediglich vermietende Besitzpersonengesellschaft eine GbR[2], bleibt nur die Zusammenführung außerhalb des UmwG, nämlich über die Einzelübertragung der Wirtschaftsgüter gem. §§ 929 ff., 398, 414 ff. BGB. Damit Besitz- und Betriebsgesellschaft dabei steuerneutral zu einer einzigen Gesellschaft vereinigt werden können, müssen (unabhängig vom UmwG) entweder (bei Übertragung auf die Betriebskapitalgesellschaft) die Voraussetzungen des § 20 UmwStG zur Einbringung aus einer Personengesellschaft in eine Kapitalgesellschaft oder (für die Vereinigung in der Besitzpersonengesellschaft) nach Formwechsel der Kapitalgesellschaft (§ 190 UmwG) die Voraussetzungen des § 24 UmwStG zur Einbringung aus einer Personengesellschaft in eine Personenhandelsgesellschaft erfüllt sein. Als dritte Möglichkeit könnten die (notwendigerweise 100 % aller) Anteile an der Betriebskapitalgesellschaft in die Besitzgesellschaft eingebracht werden, wodurch eine vertikale Betriebsaufspaltung entstünde.

2511 Verschmelzung und Formwechsel in die Europäische Gesellschaft (SE) oder Verschmelzung und Formwechsel in eine Europäische Genossenschaft (SCE) sind ebenfalls außerhalb des UmwG in europäischen Verordnungen und dazu ergangenen nationalen Ausführungsgesetzen geregelt (SE-VO und §§ 5–8 SE-Ausführungsgesetz; SCE-VO und §§ 5–9 SCE-Ausführungsgesetz). Verschmelzungen und Formwechsel in eine SE lässt Art. 2 Abs. 4 SE-VO, welcher den Formwechsel als „Umwandlung bezeichnet, nur für die AG und nach h.M. auch für die KGaA zu. Eine entsprechende Einschränkung gilt auch nach § 2 Abs. 1 SCE-VO.

Schließlich wandelt sich eine KGaA durch Ausscheiden aller Komplementäre in eine AG.

---

2 Vgl. aber §§ 105 Abs. 2, 2 HGB (als Kannkaufmann durch Eintragung im Handelsregister zur OHG wandelbar). Ob z.B. die Vermietung nur eines Grundstücks dafür genügt, ist nicht ganz unumstritten, vgl. Staub/*Schäfer*, HGB § 105 Rn. 29 f.; bejahend MünchKomm/*K. Schmidt*, HGB, § 105 Rn. 64. Diese Variante (Umwandlung in OHG und anschließende Verschmelzung) ist daher nicht ganz ohne Risiko, aber wohl eine weitere (vierte) und die einfachste Möglichkeit zur Lösung.

Die Umwandlung einer GbR in eine Partnerschaftsgesellschaft vollzieht sich nach § 2 Abs. 2 HS. 2 PartGG i.V.m. § 24 Abs. 2 HGB.

III. Gesamtrechtsnachfolge

Größter rechtlicher Vorteil der Umwandlungen gegenüber einer Einzelrechtsübertragung 2512
ist die Gesamtrechtsnachfolge. Die Rechte und Pflichten des übertragenden Rechtsträgers gehen **kraft Gesetzes** in ihrer Gesamtheit auf den übernehmenden Rechtsträger über (vgl. § 20 Abs. 1 UmwG); Gläubiger und Vertragspartner müssen der Übertragung von Verbindlichkeiten oder Vertragsverhältnissen nicht zustimmen, was z.B. bei der Vielzahl von Lieferantenbeziehungen praktische Schwierigkeiten vermeidet (vgl. sonst §§ 414 ff. BGB). Eine rechtsgeschäftliche Übertragung einzelner Vermögensgegenstände ist nicht erforderlich, wie die ansonsten nur einvernehmlich mögliche Vertragsübernahme.

Beispiel: Es handelt sich bei der Verschmelzung somit nicht um eine Verfügung im rechtsgeschäftlichen Sinne. Daher greifen etwaige in der Satzung enthaltenen Beschränkungen bezüglich der Übertragbarkeit von Anteilen (Zustimmungserfordernis seitens der Gesellschaft; sog. Vinkulierung)[3] grundsätzlich nicht. Damit gehen alle operativ notwendigen Rechtsbeziehungen wie die durch § 613a BGB und § 323 UmwG erfassten Arbeitsverträge der betroffenen Mitarbeiter über; lediglich Rechtsverhältnisse mit ganz besonderer Vertrauensbindung können im Einzelfall ausgeschlossen sein. Zu beachten sind allerdings sog. change-of-control-Klauseln, welche nicht den Rechtsübergang hindern, aber ein Sonderkündigungsrecht geben oder einen Beendigungsgrund darstellen können.

Auch die **Spaltung** führt zu einer (partiellen) Gesamtrechtsnachfolge, nämlich 2513
beschränkt auf den dadurch zu übertragenden Vermögensteil. Allerdings haften den Gläubigern alle an der Spaltung beteiligten Rechtsträger fünf Jahre lang als Gesamtschuldner für alle Verbindlichkeiten des übertragenden Rechtsträgers, die vor der Spaltung begründet wurden (§ 133 UmwG). Das UmwG setzt der Gestaltungsfreiheit im Rahmen des Spaltungsvertrags und damit dem Umfang der partiellen Gesamtrechtsnachfolge keine expliziten Grenzen.

Bei der **Umwandlung** führt die (ggf. partielle) Gesamtrechtsnachfolge z.B. bei der 2514
Übertragung eines Teilbetriebs durch Abspaltung dazu, dass alle Vermögensgegenstände dieses Betriebes übertragen werden, auch wenn sie weder im Vertrag noch in der Bilanz aufgeführt sein sollten. Entscheidend ist also bei einer Einzelrechtsübertragung (Asset Deal) die gegenständliche Nennung, bei der Umwandlung genügt hingegen die Zugehörigkeit zum übertragenen Vermögensbestand.

1. Einschränkungen der Gesamtrechtsnachfolge

Durch Umwandlungen nicht übertragen werden können grundsätzlich höchstpersönliche 2515
Rechte und Pflichten. Höchstpersönlicher Natur und damit grundsätzlich nicht nachfolgefähig sind etwa Mitgliedschaften in Vereinen sowie Stellungen als GbR-Gesellschafter oder Komplementär.

---

3 Zu beachten ist auch, dass die Verschmelzung der Zustimmung aller (also auch nicht erschienener) Gesellschafter bei einer GmbH bedarf, wenn die Abtretung von Geschäftsanteilen an die *Zustimmung der Gesellschafter* geknüpft ist (vgl. § 50 Abs. 1 S. 2 UmwG). Nur eine *Vinkulierung der Anteile derart, dass die Gesellschaft zustimmen muss*, begründet hingegen keine besonderen Zustimmungspflichten.

Ein höchstpersönliches Recht kann sich aber auch aus bestimmten Verwaltungsakten ergeben. Nach der Rechtsprechung ist beispielsweise ein telekommunikationsrechtliches Wegerecht, das Recht Verkehrswege für die Verlegung von Telekommunikationsleitungen nutzen zu dürfen, nicht nachfolgefähig (beachte aber die Ausnahmen für Nießbrauch und beschränkte persönliche Dienstbarkeiten in §§ 1059a, insbes. Abs. 1 Nr. 1 und Abs. 2, 1090 Abs. 2 BGB und für Infrastrukturgesellschaften in § 1090 Abs. 3 BGB).[4] Unübertragbar ist auch das Urheberrecht, lediglich das Nutzungsrecht an urheberrechtlich geschützten Werken kann übertragen werden.

Weitere Einschränkungen können aus sachenrechtlichen Gründen bestehen. So sind absolute Verfügungsbeschränkungen ebenso zu beachten wie (insb. bei Spaltungen) die fehlende Trennbarkeit akzessorischer Rechte von ihrer zu sichernden Forderung.

Missbräuchlich ist nach Bundesarbeitsgericht (Urt. v. 11.03.2008 – 3 AZR 358/06, BAGE 126, 120) die durch Abspaltung erfolgte Übertragung von Pensionsverpflichtungen auf einen Rechtsträger, der seinerseits kein entsprechendes Aktivvermögen zu ihrer Erfüllung aufweist.[5]

2. Rechtsfolgen bei Übertragungshindernissen

2516 Übertragungshindernisse im Rahmen der (partiellen) Gesamtrechtsnachfolge hindern die Eintragung des Umwandlungsvorganges ins Handelsregister. Eine – zu Unrecht – dennoch erfolgende Eintragung der Umwandlung wirkt nach §§ 20, 131 UmwG konstitutiv und kann mit Rechtsmitteln auch nicht mehr angegriffen werden.

Für die betroffenen Vermögensbestandteile ist dann ihre Zuordnung nach Art der Umwandlung und Grund für die Unübertragbarkeit zu entscheiden. Bei Abspaltungen und Ausgliederungen erfolgt keine Rechtsübertragung von nicht übertragbaren Vermögensgegenständen auf den übernehmenden Rechtsträger. Unabhängig von den vereinbarten Regelungen im Spaltungsvertrag verbleiben diese beim übertragenden Rechtsträger. Anders verhält es sich bei der Aufspaltung. Hierbei erlischt der übertragende Rechtsträger grundsätzlich, so dass die nicht übertragbaren Vermögensgegenstände ihren ursprünglich zugeordneten Rechtsträger verlieren. Dementsprechend ist nach dem Grund für die fehlende Übertragbarkeit zu differenzieren: Vermögensgegenstände, die an einem Übertragungshindernis leiden, wie etwa höchstpersönliche Rechte und Pflichten, gehen unter; solche Vermögensgegenstände, die einem Trennungshindernis unterliegen, gehen auf denjenigen Rechtsträger über, dem das Hauptrecht zugeteilt worden ist.

---

4 Rn. 1251, 1265.

5 Die **Behandlung von Pensionszusagen** an v.a. bisherige Gesellschafter-Geschäftsführer ist bei Unternehmensveräußerungen jedweder Form ein rechtlich, bilanziell und steuerlich wichtiges Thema, weil diese meist nicht vom Erwerber übernommen werden sollen. So ist aus steuerlicher Sicht zu beachten, dass BFH, Urt. v. 12.4.2007 – VI R 6/02, BStBl. II 2007, 581, bei der Übertragung seiner Pensionszusage – etwa im Rahmen einer Unternehmensveräußerung – auf eine „Rentner-GmbH" (NewCo) durch Asset Deal unter bestimmten Umständen von einem Lohnzufluss beim Gesellschafter-Geschäftsführer ausgeht. BFH, Urt. v. 26.4.2012 – IV R 43/09, BFH/NV 2012, S. 1248 ermöglicht dafür aber eine steuerneutrale „Übertragung" einer Pensionsverpflichtung durch Schuldbeitritt einer Rentner-GmbH gegen entsprechende Ausgleichszahlung der bisher verpflichteten Gesellschaft. Der Aufwand aus der Ausgleichszahlung kompensiert den Ertrag aus der Auflösung der Pensionsrückstellung.

B. Die Verschmelzung

I. Arten der Verschmelzung; Voraussetzungen

Bei der Verschmelzung lassen sich zwei Arten unterscheiden (§ 2 UmwG): die „Verschmelzung zur Neugründung und die „Verschmelzung zur Aufnahme. In beiden Fällen wird der übertragende Rechtsträger ohne Abwicklung aufgelöst. **2517**

1. Verschmelzung zur Neugründung (quasi Sachgründung)

Bei der Verschmelzung zur Neugründung wird zugleich ein neuer Rechtsträger („NewCo") gegründet und das Vermögen des übertragenden Rechtsträgers auf die NewCo übertragen. Die Neugründung wird gesetzlich weitgehend behandelt wie eine Sachgründung. Dabei wird der übertragende Rechtsträger in die NewCo wie eine Einlage „eingebracht. Korrespondierend dazu erfordert diese Art der Verschmelzung die Errichtung einer Satzung der NewCo durch den Verschmelzungsvertrag (vgl. § 37 UmwG als Grundnorm für alle Rechtsformen der NewCo mit Besonderheiten für Kapitalgesellschaften in § 57 UmwG für eine GmbH; § 74 UmwG für die AG) und für Kapitalgesellschaften außerdem einen Sachgründungsbericht (§§ 58, 75 UmwG). Die NewCo ist schließlich im Handelsregister einzutragen (§ 38 Abs. 2 UmwG). **2518**

2. Verschmelzung zur Aufnahme (quasi Sachkapitalerhöhung)

Bei der Verschmelzung zur Aufnahme existiert der übernehmende Rechtsträger bereits. Auch hier wird das gesamte Vermögen inklusive aller Pflichten eines oder mehrerer Rechtsträger „eingebracht, und zwar i.d.R. gegen Gewährung neuer Anteile am übernehmenden Rechtsträger. Dieser Fall ist mit einer Sachkapitalerhöhung beim übernehmenden Rechtsträger vergleichbar und wird vom Gesetzgeber daher weitgehend auch so behandelt (vgl. §§ 55, 69 UmwG für eine aufnehmende GmbH bzw. AG). **2519**

Die zu gewährenden Geschäftsanteile werden i.d.R. durch eine Kapitalerhöhung bei der **übernehmenden Kapitalgesellschaft** geschaffen. Der Kapitalerhöhungsbeschluss wird dann meist gemeinsam mit dem Zustimmungsbeschluss zum Verschmelzungsvertrag gefasst. Notwendig ist eine solche Erhöhung, wenn die Gesellschaft keine eigenen Anteile hält. Hat sie eigene Anteile inne, so kann sie auch diese als Gegenleistung übertragen; Eine Kapitalerhöhung zur Schaffung neuer Anteile als Gegenleistung wird dadurch entbehrlich (Wahlrecht). **2520**

Bei **Personengesellschaften als aufnehmender Rechtsträger** bedarf es zur Anteilsgewährung von vornherein keiner Kapitalerhöhung.

Bei GmbH und AG folgt die **Kapitalerhöhung** vereinfachten Regeln (s. §§ 55 bzw. 69 UmwG). Bei der GmbH bedarf es insb. nicht der sonst notwendigen Übernahmeerklärung. Weiterhin ist ein Sachgründungsbericht nicht erforderlich, obwohl es sich der Sache nach bei der Verschmelzung um eine Sachkapitalerhöhung handelt. Zum Wertnachweis ist aber jedenfalls eine Bilanz des übertragenden Unternehmens beim Registergericht einzureichen, auch wenn dies vom Umwandlungsgesetz selbst nicht gefordert wird. Auch bedarf es keiner Erklärungen über die Erfüllung der Einlageverpflichtung. **2521**

2522 Ausnahmen von der grundsätzlichen Gewährung neuer Gesellschaftsanteile der aufnehmenden Kapitalgesellschaft (vgl. §§ 54 Abs. 1, 68 Abs. 1 UmwG) bestehen u.a. für sog. **Up-stream Verschmelzungen einer Tochter- auf ihre Muttergesellschaft**. Diese führen nur zu einer Art Aktivtausch bei der aufnehmenden Gesellschaft, die statt der Beteiligung an der verschmolzenen Tochtergesellschaft nunmehr unmittelbar deren Wirtschaftsgüter des Aktiv- und Passivvermögens übernimmt. In diesem Zusammenhang entfallen konsequenterweise auch Angaben im Verschmelzungsvertrag zum Umtausch der Anteile (§ 5 Abs. 2 UmwG; mangels Wertveränderung in der aufnehmenden Gesellschaft kann diese keine neuen Anteile ausgeben) sowie eine Verschmelzungsprüfung (§ 9 Abs. 2 UmwG) bzw. ein -bericht (§ 8 Abs. 3 UmwG). Im Fall der Verschmelzung einer 100 %igen Tochtergesellschaft auf die Muttergesellschaft ist also die Gewährung neuer Anteile überflüssig. Auch eine Kapitalerhöhung bei der übernehmenden Gesellschaft ist *insoweit* nicht zulässig nach § 54 Abs. 1 S. 1 Nr. 1 bzw. § 68 Abs. 1 S. 1 Nr. 1 UmwG (beachte das „soweit“: also nur im Umfang der bestehenden Beteiligung).

Beispiel: Eine überschuldete Gesellschaft oder ein sonst in der Krise befindliches Unternehmens kann – etwa zur Vermeidung einer Insolvenz im Hinblick auf den Reputationsverlust oder die Gefahr der Aufdeckung verwirklichter (Insolvenz-)Straftatbestände – i.d.R. nicht auf eine andere Gesellschaft verschmolzen werden, weil ihr Wert den Betrag der notwendigen und auch noch so geringfügigen Kapitalerhöhung bei der übernehmenden Gesellschaft nicht erreicht. Eine Verschmelzung kann dann jedoch dadurch ermöglicht werden, dass die übernehmende Gesellschaft zunächst alle Anteile der übertragenden Gesellschaft erwirbt, so dass ein 100 %-iges Mutter-Tochter-Verhältnis entsteht. Eine Verschmelzung ist dann – ohne Kapitalerhöhung – möglich.

2523 Als weitere Ausnahme vom Prinzip der grundsätzlichen Anteilsgewährungspflicht bei Umwandlungen *kann* bei einer Kapitalgesellschaft als übernehmender Gesellschaft auf die Gewährung von Gesellschaftsanteilen aber auch verzichtet werden, soweit es sich um einen **Down-stream-Merger (Verschmelzung der Mutter- auf die Tochtergesellschaft**; vgl. §§ 54 Abs. 1 S. 2 Nr. 2, 68 Abs. 1 S. 2 Nr. 2 UmwG) handelt oder wenn alle Anteilsinhaber des übertragenden (nicht auch des übernehmenden) Rechtsträgers diesen *Verzicht erklären* (§ 54 Abs. 1 S. 3 UmwG für die übernehmende GmbH; § 68 Abs. 1 S. 3 UmwG für die übernehmende AG). Übertragender Rechtsträger können dabei Personen- wie Kapitalgesellschaften oder andere umwandlungsfähige Personen sein.

Beispiel: Im Fall der Umwandlung auf eine beteiligungsidentische Schwestergesellschaft (z.B. Verschmelzung von Tochtergesellschaften im Konzern; sog. Side-step-Merger) liegt der Verzicht auf eine hier entbehrliche Kapitalerhöhung nahe. Allerdings sieht (ausnahmsweise) § 20 UmwStG für Umwandlungen von Personengesellschaften auf Kapitalgesellschaften (vgl. § 1 Abs. 3 UmwStG) und weitere Einbringungsvorgänge in Kapitalgesellschaften eine „steuerfreie Umwandlung“ durch Buchwertfortführung zwingend nur gegen Anteilsgewährung vor. Möglich – und dann steuerlich hinreichend – ist dabei auch ein „Teilverzicht“ auf die Ausgabe neuer Anteile mit Ausnahme eines Mini-Anteils, wenn alle zustimmen. Umwandlungen von Kapitalgesellschaften können demgegenüber auch steuerlich unschädlich auf Anteilsgewährungen verzichten (§ 11 Abs. 3 Nr. 3 UmwStG).

II. Verschmelzungsfähige Rechtsträger

2524 Umwandlungen sind nicht durch beliebige Rechtsträger durchführbar. Den abgeschlossenen Kreis der **teilnahmefähigen Rechtsträger** führt das UmwG jeweils auf. An einer Verschmelzung können nach § 3 Abs. 1 UmwG als übertragende, übernehmende oder neue Rechtsträger im Wesentlichen beteiligt sein: Personenhandelsgesellschaften (OHG, KG) und Partnergesellschaften, Kapitalgesellschaften (GmbH, AG, KGaA), eingetragene Genossenschaften und eingetragene Vereine. Ferner können nach § 3 Abs. 2 Nr. 2 UmwG „natürliche Personen (scl. beteiligt sein), die als Alleingesellschafter einer Kapitalgesellschaft deren Vermögen übernehmen".

Vorgesellschaften von Kapitalgesellschaften können nicht verschmolzen werden. Sie können jedoch den Verschmelzungsvertrag schließen und die nötigen Beschlüsse fassen. Die Verschmelzung kann dann jedoch erst im Handelsregister eingetragen werden, wenn die Kapitalgesellschaft selbst im Handelsregister eingetragen wurde.

Die Verschmelzung auf eine (übernehmende) **Aktiengesellschaft** ist allerdings eingeschränkt, wenn sie nicht bereits mindestens zwei Jahre im Handelsregister eingetragen war, es gelten besondere Vorschriften zur sog. Nachgründung (vgl. § 67 UmwG).

III. Verfahrensschritte

Die Verschmelzung wird chronologisch in folgenden **Schritten** durchgeführt (WP-Examen 2019/II): **2525**

- Der übertragende und der übernehmende Rechtsträger schließen einen notariell zu beurkundenden (§ 6 UmwG) **Verschmelzungsvertrag** mit dem Inhalt des § 5 UmwG. Zuständig sind die Vertretungsorgane beider Gesellschaften (§ 4 Abs. 1 UmwG).
  Der für alle Rechtsformen geltende Katalog wird durch Sonderregelungen in §§ 40, 45b, 46, 57, 80 und 110 UmwG ergänzt, wenn ein Rechtsträger der jeweils angesprochenen Rechtsform als übernehmender Rechtsträger beteiligt ist. § 5 Abs. 2 UmwG trifft Erleichterungen für den Fall, dass eine 100 %-ige Tochter- auf die Muttergesellschaft verschmolzen werden soll.
  Im Fall der Verschmelzung durch Neugründung muss der Verschmelzungsvertrag ergänzend den Gesellschaftsvertrag der zu gründenden aufnehmenden Gesellschaft enthalten (§ 37 UmwG).
  Der Verschmelzungsvertrag oder sein Entwurf ist spätestens einen Monat vor dem Tage der Gesellschafterversammlung, in der der Verschmelzungsbeschluss gefasst wird, dem zuständigen Betriebsrat der beteiligten Rechtsträger nach den Vorschriften des BetrVG zur Information zuzuleiten (§ 5 Abs. 3 UmwG).
- Grundsätzlich muss auch ein **Verschmelzungsbericht** erstellt werden (§ 8 UmwG), der auch durch einen Verschmelzungsprüfer **geprüft** werden muss (§§ 9–12 UmwG). Sofern alle Anteilsinhaber zustimmen (und beim Up-stream-Merger), kann jedoch auf die Erstellung eines Verschmelzungsberichts und den zugehörigen Prüfungsbericht verzichtet werden (§§ 8 Abs. 3, 12 Abs. 3 UmwG). Diese Verzichtserklärungen sind ebenfalls notariell zu beurkunden und können auch mit der notariellen Urkunde verbunden werden, die den Verschmelzungsvertrag und gegebenenfalls auch die Verschmelzungsbeschlüsse enthält.
  Im Verschmelzungsbericht sind insb. das Umtauschverhältnis sowie erforderlichenfalls eine Barabfindung ausführlich zu erläutern. Die Darlegung der Wertverhältnisse der beteiligten Rechtsträger soll dem Anteilseigner eine Nachprüfung der vorgesehenen Umtauschverhältnisse ermöglichen. Erforderlich sind daher tatsächliche Angaben

zur Bewertung der Gesellschaftsvermögen als Bewertungsgrundlagen für die Festlegung des Umtauschverhältnisses.

- Die Gesellschafter des übertragenden und des aufnehmenden Rechtsträgers müssen dem Verschmelzungsvertrag jeweils durch Gesellschafterbeschluss zustimmen (sog. **Verschmelzungsbeschluss**, vgl. § 13 UmwG).[6] Dieser Beschluss ist jeweils notariell zu beurkunden und kann mit der notariellen Urkunde, in der auch der Verschmelzungsvertrag enthalten ist, verbunden werden (§ 13 Abs. 3 UmwG). Für die Vorbereitung dieser Gesellschafterversammlung (Inhalt und Frist der Ladung) sowie die gesetzlichen Beschlussmehrheiten gelten für die beteiligten Rechtsträger jeweils ergänzend rechtsformabhängige Besonderheiten (z.B. §§ 49–51 UmwG für die GmbH; §§ 63–65 UmwG für die AG; §§ 42 f. UmwG für Personengesellschaften).
  Zur Vorbereitung der Gesellschafterversammlung/Hauptversammlung zur Beschlussfassung sind in den Geschäftsräumen der jeweiligen Rechtsträger neben dem Verschmelzungsvertrag und -bericht auch die letzten drei Jahresabschlüsse der beteiligten Rechtsträger nebst Lageberichten auszulegen (§§ 49 Abs. 2, 63 Abs. 1, 82 Abs. 1, 101 Abs. 1 UmwG). Bei Personengesellschaften ist dies allerdings nicht notwendig.
  Bei Konzernverschmelzungen ist ein Zustimmungsbeschluss einer übernehmenden AG nach § 62 Abs. 1 UmwG grundsätzlich bzw. nach Abs. 4 dieser Vorschrift ausnahmslos nicht erforderlich.

  Beispiel: Das UmwG sieht in bestimmten Fällen besondere Zustimmungserfordernisse oder Widerspruchsrechte einzelner Gesellschafter vor. Sieht z.B. der Gesellschaftsvertrag einer (übertragenden) Personenhandelsgesellschaft eine ¾-Mehrheit für den Zustimmungsbeschluss vor, ist einem persönlich haftenden Gesellschafter auf seinen Widerspruch hin in der übernehmenden Personenhandelsgesellschaft die Stellung eines Kommanditisten zu gewähren (§ 43 Abs. 2 UmwG). Bei der GmbH z.B. müssen Gesellschafter, denen bei der übertragenden Gesellschaft besondere Minderheitsrechte oder Geschäftsführungssonderrechte (z.B. Bestellungs- und Vorschlagsrechte für die Geschäftsführung) eingeräumt sind, der Verschmelzung gesondert zustimmen (§ 50 Abs. 2 UmwG).

- Die Verschmelzung wird **zum Handelsregister** beider Gesellschaften **angemeldet** (§§ 16 f. UmwG) und dort auch **eingetragen** (§ 19 UmwG). Der Anmeldung ist gem. § 17 Abs. 2 UmwG eine Bilanz des übertragenden Rechtsträgers beizufügen (handelsrechtliche Schlussbilanz). Diese Bilanz darf nicht älter sein als acht Monate. Entscheidend ist der Zeitraum zwischen dem Tag der Einreichung der Handelsregisteranmeldung und dem Stichtag der Bilanz.
  Mit der Eintragung der Verschmelzung im Register des übernehmenden Rechtsträgers wird die **Verschmelzung wirksam** (§ 20 Abs. 1 UmwG).

  Beispiel: Bei einem Wirtschaftsjahr der übertragenden Gesellschaft, das dem Kalenderjahr entspricht, ist die Anmeldung einer Verschmelzung zum Handelsregister nur bis Ende August möglich, widrigenfalls ein zusätzlicher Jahresabschluss notwendig ist, der seinerseits je nach Rechtsform etwa einer weiteren Durchführung einer Hauptversammlung zu seiner Feststellung bedarf (§ 173 AktG).

---

6 Die chronologische Reihenfolge von Vertrag und Zustimmung kann auch umgekehrt werden (§ 4 Abs. 2 UmwG). Dann ist nur ein Vertragsentwurf zur Beschlussfassung bzw. zur Abgabe der Verzichtserklärungen betreffend eine Beschlussfassung vorzulegen. Die Regelung dient der Ersparnis von Kosten der Beurkundung des Vertrages nach § 6 UmwG, wenn nicht sicher ist, ob die Zustimmung überhaupt oder nur unter inhaltlichen Änderungen des Vertrages erreicht wird.

1. Der Verschmelzungsvertrag

Der Verschmelzungsvertrag regelt die Verschmelzung zwischen den zu bezeichnenden beteiligten Rechtsträgern (§ 5 Abs. 1 Nr. 1 UmwG). Sein Inhalt ist nach § 5 Abs. 1 Nr. 2 UmwG zuerst die Übertragung des Vermögens der übertragenden auf den übernehmenden Rechtsträger. Als Gegenleistung dafür ist den Anteilseignern des/der übertragenden Rechtsträger eine gesellschaftsrechtliche Beteiligung (Anteile) am übernehmenden Rechtsträger einzuräumen (Nr. 2). **2526**

Dazu müssen v.a. das Umtauschverhältnis der Anteile (Nr. 3) und der Beginn des Gewinnbezugsrechts der zu gewährenden Anteile (Nr. 5) bestimmt werden. Diese Rechtsfolgen treten dann mit der Handelsregistereintragung (§ 20 Abs. 1 Nr. 1 und 3 UmwG) ein. Da insb. die dem vertraglich zu regelnden Umtauschverhältnis zugrundeliegende Unternehmensbewertung denknotwendig auf einen früheren Stichtag bezogen ist, ist ein (nur schuldrechtlich zwischen den Beteiligten relevanter) **Verschmelzungsstichtag** zu bestimmen (§ 5 Abs. 1 Nr. 6 UmwG). Der Verschmelzungsstichtag dient der Ergebnisabgrenzung und führt dazu, dass ab dem Stichtag getätigte Geschäfte der übertragenden Gesellschaft zwar nach wie vor **im eigenen Namen aber für Rechnung der Übernehmerin** getätigt werden (Treuhandverhältnis).

Beispiel: Jeder übertragende Rechtsträger muss eine handelsrechtliche Schlussbilanz aufstellen (§ 17 Abs. 2 UmwG), welche im Fall der Buchwertverknüpfung nach § 24 UmwG auch für die Wertansätze des zu übertragenden Vermögens beim übernehmenden Rechtsträger verbindlich sind. Datum der Schlussbilanz ist sachnotwendig (zumindest grundsätzlich) der Tag, der dem Verschmelzungsstichtag gem. § 5 Abs. 1 Nr. 6 UmwG vorausgeht. Für die Schlussbilanz gilt die Frist von längstens acht Monaten bis zum Datum der Handelsregisteranmeldung der Umwandlung (vgl. § 17 Abs. 2 S. 3 UmwG). Aus Kosten- und Vereinfachungsgründen wird meistens die Bilanz aus dem letzten Jahresabschluss als Schlussbilanz gewählt; ihr Stichtag ist dann zugleich den Unternehmensbewertungen im Hinblick auf das Umtauschverhältnis der Anteile zugrunde zu legen. Anderenfalls wäre ein Rumpfwirtschaftsjahr einzulegen. Datiert die handelsrechtliche Schlussbilanz damit meist auf den 31.12., ist als Verschmelzungsstichtag der 1.1. des Folgejahres zu bestimmen.

Der steuerliche Übertragungsstichtag (§ 2 Abs. 1 UmwStG), auf dessen Ablauf das Einkommen und das Vermögen der übertragenden Körperschaft sowie des übernehmenden Rechtsträgers für Zwecke der Besteuerung zu ermitteln sind, ist dann auch der 31.12. (vgl. Rn. 02.01 UmwSt-Erlass 2011). Die Besteuerung eines Übertragungsgewinns oder -verlusts, des Übernahmeergebnisses i.S.d. § 4 Abs. 4 bis 6 UmwStG sowie der Einnahmen i.S.d. § 7 UmwStG i.V.m. § 20 Abs. 1 Nr. 1 EStG erfolgt damit in dem Veranlagungszeitraum, in dem das Wirtschaftsjahr endet, in das der steuerliche Übertragungsstichtag fällt (bei Verschmelzungsstichtag 1.1.02 also noch im Jahr 01).

Seiner Rechtsnatur nach ist der Verschmelzungsvertrag in erster Linie ein **körperschaftlicher Organisationsakt**. Er enthält aber **auch schuldrechtliche Elemente** indem er z.B. zur Durchführung der Verschmelzung verpflichtet. Insoweit ist er ein gegenseitiger Vertrag (§ 320 BGB). Außerdem enthält er als **Vertrag zugunsten Dritter** (§ 328 Abs. 1 BGB) Ansprüche auf Anteilsgewährung am übernehmenden Rechtsträger, meist auch auf bare Zuzahlungen und auf Abfindungen (§§ 5 Abs. 1 Nr. 3 und 4, 29 UmwG). Bis zur Eintragung im Handelsregister gelten die allgemeinen rechtsgeschäftlichen Regelungen des BGB auch für das Zustandekommen, für Anfechtung und Nichtigkeit (vgl. etwa §§ 119 ff. und §§ 142, 117, 134, 138 BGB). Ein nichtiger Umwandlungsvertrag darf nicht zur Eintragung der Umwandlung in das Handelsregister führen. Geschieht die Eintragung aber dennoch, ist der Mangel gem. § 20 Abs. 2 UmwG geheilt. **2527**

2. Umtauschverhältnis, bare Zuzahlungen, Barabfindung

a) Umtauschverhältnis

2528 Das Umtauschverhältnis wird auf der Grundlage der Unternehmenswerte der an der Verschmelzung beteiligten Rechtsträger ermittelt (also nicht etwa auf der Grundlage der Bilanzwerte). Die Berechnung folgt dem Grundsatz, dass die Anteilsinhaber des übertragenden Rechtsträgers nach Durchführung der Verschmelzung Anteile an dem übernehmenden Rechtsträger halten, die einen identischen Wert haben wie die im Wege der Verschmelzung entfallenen Anteile an dem übertragenden Rechtsträger (vgl. § 12 Abs. 2 S. 1 UmwG).

2529 Die Unternehmensbewertung ist grundsätzlich durch überschussorientierte Bewertungsverfahren durchzuführen (zu Einzelheiten vgl. IDW S 1). Diesen liegt die Annahme zugrunde, dass nur künftige Unternehmenserfolge den Unternehmenswert zutreffend bestimmen können. Künftige Ergebnisse werden dafür mittels eines Kapitalisierungszinssatzes auf den Bewertungsstichtag abgezinst. Angewandt werden können dabei das Ertragswertverfahren und das DCF-Verfahren („Discounted Cash Flow-Verfahren").

2530 Bei Gesellschaften, deren Aktien in einem gesetzlich regulierten Börsensegment notiert sind, kann auch der Börsenkurs eine geeignete und vertretbare Schätzmethode sein[7]. IDW S 1 bestimmt insoweit, dass der Börsenkurs als Mindestwert heranzuziehen ist. Sinnvoll ist das jedenfalls in einem hoch liquiden Markt[8].

b) Bare Zuzahlung

2531 Ist das Umtauschverhältnis nicht in glatten Summen ausdrückbar, ist zusätzlich zur Gewährung von Anteilen ein Ausgleich mit baren Zuzahlungen zulässig (§ 5 Abs. 1 Nr. 3 UmwG). Anders als bei Verschmelzungen mit übernehmenden Rechtsträgern in Gestalt von Personengesellschaften, bei denen es keine gesetzliche Deckelung des Barausgleichs gibt, ist der Barausgleich bei Verschmelzungen mit Kapitalgesellschaften als übernehmende Rechtsträger gem. den §§ 54 Abs. 4 und 68 Abs. 3 UmwG zum Schutz der Anteilseigner der übertragenden Rechtsträger auf 10 % des gesamten Nennbetrags beschränkt.

c) Barabfindung für außenstehende Gesellschafter

2532 Nach § 15 UmwG können zudem Anteilsinhaber des übertragenden Rechtsträgers, die der Auffassung sind, das Umtauschverhältnis der Anteile sei zu niedrig bemessen, von dem übernehmenden Rechtsträger einen Ausgleich durch bare Zuzahlung verlangen. Die angemessene Zuzahlung wird auf Antrag gerichtlich im Spruchverfahren bestimmt. Die Obergrenze gem. den §§ 54 Abs. 4 und 68 Abs. 3 UmwG gilt dabei nicht (§ 15 Abs. 1 S. 1 HS. 2 UmwG).

Der Verschmelzungsvertrag muss ein Barabfindungsangebot enthalten, wenn die übertragende Gesellschaft außenstehende Gesellschafter hat und auf einen Rechtsträger anderer Rechtsform verschmolzen wird (vgl. § 29 UmwG).

---

7 Vgl. BVerfG, Beschl. v. 27.04.1999, ZIP 1999, 1436.

8 Vgl. zu den Kriterien, wie im Einzelfall der maßgebliche Börsenkurs zu ermitteln ist, BGH, Beschl. v. 12.3.2001 – II ZB 15/00, BB 2001, 1503 = ZIP 2001, 734 = DStR 2001, 754 = DB 2001, 969.

Für die Höhe der Barabfindung gilt der Grundsatz, dass der tatsächliche Wert der von dem Abfindungsberechtigten gehaltenen Anteile in Geld zu kompensieren ist; die Barabfindung ist deshalb auf der Grundlage des Unternehmenswertes der übertragenden Gesellschaft zu ermitteln. Die Barabfindung können nur diejenigen Anteilseigner des übertragenden Rechtsträgers verlangen, die gegen den Verschmelzungsbeschluss der Hauptversammlung Widerspruch zur Niederschrift erklärt haben.

3. Schutzregelungen

Die **Anteilsinhaber** sind in mehrfacher Hinsicht geschützt. Zuvorderst sind sie Betei- **2533**
ligte im Ablauf der Umwandlung (Adressaten des Umwandlungsberichts, Stimmberechtigte beim Umwandlungsbeschluss). Der Zustimmungsbeschluss zur Umwandlung bedarf dabei stets mindestens einer Mehrheit von drei Vierteln des vertretenen Grundkapitals sowie einer einfachen Stimmenmehrheit (§ 65 Abs. 1 S. 1 UmwG, § 133 Abs. 1 AktG; §§ 50 Abs. 1 S. 1 UmwG). Daneben erhalten sie gesellschaftsrechtliche Anteile an dem nach Umwandlung bestehenden Rechtsträger.

Nach §§ 29 ff. UmwG ist außerdem ein **Abfindungsangebot** in den Verschmelzungsvertrag aufzunehmen, wenn ein Rechtsträger im Wege der Verschmelzung durch einen Rechtsträger anderer Rechtsform aufgenommen wird. Das Abfindungsangebot ermöglicht außenstehenden Aktionären ein Ausscheiden.

§ 23 UmwG schützt Inhaber von dort aufgezählten Sonderrechten, denen gleichwertige Rechte bei dem übernehmenden Rechtsträger einzuräumen sind.

Gläubiger der an einer Verschmelzung beteiligten Rechtsträger werden individuell **2534**
durch § 22 UmwG geschützt. Sie können Sicherheitsleistung verlangen, sofern sie eine Gefährdung ihrer Forderungen glaubhaft machen und noch keine Befriedigung verlangen können. Daneben gilt zum Schutz der Gläubiger auch bei Umwandlungen das Kapitalerhaltungsrecht der jeweiligen Rechtsform.

Die **Anteilsinhaber** des übertragenden Rechtsträgers, seine **Gläubiger** und der **über-** **2535**
tragende Rechtsträger selbst, können gem. § 25 UmwG Schadensersatzansprüche für Schäden, die sie durch die Verschmelzung erleiden, geltend machen. Diese Ansprüche sind durch besondere Vertreter geltend zu machen (§ 26 UmwG). Für sie haften nach § 25 UmwG die Vertretungs- und Aufsichtsorgane der übertragenden Rechtsträger. Der übertragende Rechtsträger ist nach § 25 Abs. 2 UmwG für Schadensersatzansprüche auch nach Eintragung der Verschmelzung fortbestehend. Die Haftung des Verschmelzungsprüfers folgt auch § 11 UmwG.

Die Organe des übernehmenden Rechtsträgers haften nach § 27 UmwG. Diese Vor- **2536**
schrift enthält allerdings keine eigenständige Anspruchsgrundlage, sondern knüpft an Ansprüche an, die sich aus anderen, nicht näher bezeichneten Vorschriften ergeben. Als solche kommen insb. §§ 93, 116, 117, 309, 317, 318 AktG bzw. §§ 43, 52 GmbHG in Betracht. Entsprechende Versäumnisse beruhen dabei auf der Verschmelzung, wenn sie die Ermittlung des Umtauschverhältnisses betreffen, die Festlegungen im Verschmelzungsvertrag oder die Berichterstattung über die Verschmelzung.

C. Die Spaltung

I. Überblick der Spaltungsarten

2537 Abspaltung, Aufspaltung und Ausgliederung sind Arten der Spaltung. Die Voraussetzungen sind mit einigen Querverweisen zu den Verschmelzungsvorschriften im dritten Buch des Umwandlungsgesetzes in §§ 123–173 UmwG geregelt. Je nach Rechtsform der Beteiligten sind zusätzlich zu den allgemeinen Vorschriften noch die jeweiligen rechtsformabhängigen Besonderheiten zu beachten. Gemeinsam ist allen Arten der Unternehmensspaltung, dass Vermögensteile „als Gesamtheit auf einen oder mehrere Rechtsträger übertragen werden; Als Gegenleistung werden Anteile am übernehmenden Rechtsträger gewährt (§ 123 Abs. 1–3 UmwG). Die Unternehmensspaltung ist damit in gewisser Weise das Spiegelbild der Verschmelzung, bei der das Vermögen mehrerer Rechtsträger zusammengeführt wird.

Der übertragende Rechtsträger bleibt in den Fällen der Unternehmensspaltung durch Abspaltung und Ausgliederung als Rechtsträger bestehen. Nur bei der (vollständigen) Aufspaltung erlischt er ohne Abwicklung, da sein gesamtes Vermögen auf zwei oder mehrere andere Rechtsträger verteilt wird.

Der wesentliche Unterschied zwischen Abspaltung und Ausgliederung besteht darin, dass *bei der Ausgliederung* die Anteile oder Mitgliedschaften des übernehmenden Rechtsträgers nicht wie bei der Abspaltung den Anteilsinhabern des übertragenden Rechtsträgers gewährt werden (§ 123 Abs. 2 UmwG), *sondern dem übertragenden Rechtsträger selbst* (Abs. 3). Die Beteiligungsstruktur nach einer Abspaltung besteht aus Schwesterunternehmen des übertragenden Rechtsträgers, nach einer Ausgliederung besteht ein Tochterunternehmen des übertragenden Rechtsträgers.

Beispiel: Möglich ist dabei auch eine sog. Up-stream-Ausgliederung von einer Tochter- auf ihre Muttergesellschaft. Diese Form führt grundsätzlich zur wechselseitigen Beteiligung (weil die Ausgliederung ein „Tochter-Verhältnis" – diesfalls dann eben zur Muttergesellschaft – begründet).

2538 Bei allen drei Spaltungsarten kann der übertragende Rechtsträger entweder im Zuge der Spaltung neu gegründet werden (Spaltung zur Neugründung) oder er besteht schon (Spaltung zur Aufnahme). Kombinationen der drei Spaltungsarten und innerhalb der Spaltungsarten der jeweils beiden Arten „zur Neugründung"/„zur Aufnahme" sind ebenfalls möglich (§ 123 Abs. 4 UmwG).

2539 Vermögensteil im Rahmen einer Auf- oder Abspaltung und einer Ausgliederung kann grundsätzlich ein einzelner Gegenstand (bzw. eine Verbindlichkeit), mehrere Gegenstände, ein Teilbetrieb oder der gesamte Betrieb (bzw. das gesamte Vermögen) des übertragenden Rechtsträgers sein. Die Gegenstände müssen aufgrund des sachenrechtlichen Bestimmtheitsgrundsatzes hinreichend genau bezeichnet werden (§ 126 Abs. 1 Nr. 9, Abs. 2 UmwG).

Beispiel: Bilanzen genügen dem Bestimmtheitsgrundsatz i.d.R. nicht, soweit es sich nicht um eine sog. Totalausgliederung (Ausgliederung mit Ausnahme der Beteiligung am übernehmenden Rechtsträger) oder um eine Ausgliederung eines abgegrenzten Betriebes oder Teilbetriebes handelt, für die eine separate Rechnungslegung vorgenommen wird. Steuerlich begünstigt nach §§ 11–13 UmwStG ist allerdings nur die Spaltung in Bezug auf Betriebe oder Teilbetriebe (vgl. §§ 15 Abs. 1, 16 UmwStG).

II. Spaltungsfähige Rechtsträger

An einer Aufspaltung, Abspaltung oder Ausgliederung können gem. § 124 UmwG als übertragende, übernehmende oder neue Rechtsträger im Wesentlichen beteiligt sein: Personenhandelsgesellschaften (OHG, KG) und Partnergesellschaften, Kapitalgesellschaften (GmbH, AG, KGaA), eingetragene Genossenschaften und eingetragene Vereine. Ferner können an einer Ausgliederung als übertragende Rechtsträger insb. Einzelkaufleute beteiligt sein. **2540**

III. Spaltung zu Null und Spaltung ohne Gewährung von Anteilen; Ausgleich

Die Spaltung erfordert nach § 123 UmwG grundsätzlich, dass den Anteilseignern des übertragenden Rechtsträgers (oder bei der Ausgliederung diesem selbst) als Gegenleistung Anteile oder Mitgliedschaften an dem übernehmenden Rechtsträger gewährt werden. Allerdings müssen die dabei zu gewährenden Anteile oder Mitgliedschaften an dem übernehmenden Rechtsträger nicht zwingend in einem Verhältnis zugeteilt werden, welches der Beteiligungsquote der Anteilsinhaber am übertragenden Rechtsträger entspricht (sog. **nichtverhältniswahrende Spaltung**). Die nichtverhältniswahrende Spaltung ist in §§ 126 Abs. 1 Nr. 10 und 128 bzw. 135 Abs. 1 UmwG ausdrücklich durch den Gesetzgeber erwähnt und bedarf der Zustimmung aller Anteilsinhaber des übertragenden Rechtsträgers (§ 128 S. 1 UmwG). **2541**

Beispiel: Eine Schranke dieser Gestaltungsfreiheit findet sich jedoch in den Kapitalaufbringungsgrundsätzen. So ist die Übertragung von negativem Vermögen nicht möglich, wenn eine Kapitalerhöhung bei der aufnehmenden (Kapital-)Gesellschaft erforderlich ist.

Der Extremfall der nichtverhältniswahrenden Spaltung ist die **Unternehmensspaltung zu Null**. Sie kann etwa zur Aufteilung eines Familienunternehmens zwischen verschiedenen Familienstämmen dienen. Besteht der zu spaltende Rechtsträger aus mehreren Sparten oder gar Unternehmen (zur Unterscheidung zwischen Rechtsträger und betrieblichem Unternehmen vgl. Rn. 1518 ff.), können diese durch Auf- oder Abspaltung getrennt werden. Eine wechselseitige Beteiligung der Stämme kann dadurch ausgeschlossen werden. **2542**

Meist sind die verschiedenen Unternehmensteile allerdings wertmäßig nicht identisch und die verbleibenden Vermögensteile sind z.B. werthaltiger als die abgespaltenen. Dann ist ein **Ausgleich** notwendig. Dieser lässt sich wie folgt gestalten: **2543**

– **Ausgleich durch neutrale Vermögenswerte zwischen den Gesellschaften:** Entweder erhält der aufnehmende Rechtsträger (nicht der ausgleichsberechtigte Gesellschafter) Vermögenswerte, insb. betriebliche Barmittel, die keinem bestimmten der (Teil-)Betriebe notwendigerweise zuzuordnen sind oder aber er übernimmt entsprechend weniger Schulden, als es seinem Anteil am Vermögen des zu spaltenden Rechtsträgers entspricht; es werden also auch die Verbindlichkeiten zwischen den Gesellschaften ungleich aufgeteilt. Dies vermeidet Gewinnauswirkungen, weil die Ausgleichsleistung ihren Ausdruck im Geschäftsanteil findet. Soweit ein Ausgleich durch solche „neutralen Vermögenswerte“ nicht möglich oder nicht ausreichend ist, bietet sich vor der Spaltung eine (verdeckte) Bareinlage desjenigen Gesellschafters des ausgleichspflichtigen Teilbetriebs an, wodurch die „neutralen" freien Mittel der Gesellschaft vergrößert wären.

- **Ausgleich durch Barmittel an den Anteilseigner:** Umwandlungsrechtlich sind bare Zuzahlungen zulässig, soweit sie 10 v.H. der Gegenleistung nicht übersteigen (vgl. §§ 125 i.V.m. 54 Abs. 4 UmwG). Die Zuzahlungen erfolgen gem. §§ 5 Abs. 1 Nr. 3, 15 Abs. 1 S. 1 UmwG an den (ausgleichsberechtigten) Anteilseigner des aufnehmenden Rechtsträgers als weitere Gegenleistung. Steuerrechtlich besteht daher der Nachteil, dass „insoweit" die stillen Reserven im abgespaltenen Gesellschaftsvermögen aufzulösen sind (vgl. § 11 Abs. 1 S. 1 UmwStG bzw. den Verweis in § 15 Abs. 1 S. 1 UmwStG und unten Rn. 2595, 2601).

2544 In bestimmten Fällen kann von der **Gewährung von Anteilen** am übernehmenden Rechtsträger ganz abgesehen werden, so etwa bei der Abspaltung auf eine GmbH oder AG, wenn alle Anteilsinhaber des übertragenden Rechtsträgers notariell und einvernehmlich darauf **verzichten**. Dies erleichtert insb. die Spaltung innerhalb eines Konzerns. Nur bei der Sacheinlage im Wege der **Ausgliederung** verbleibt es bei der Pflicht zur Ausgabe neuer Anteile; die Option gem. den §§ 54 Abs. 1 S. 3, 68 Abs. 1 S. 3 UmwG auf die Durchführung einer Kapitalerhöhung zu verzichten, ist gem. § 125 S. 1 Alt. 3 UmwG bei der Ausgliederung ebensowenig anzuwenden wie die Wahlmöglichkeit beim Down-stream-Merger in § 54 Abs. 1 S. 2 Nr. 2 UmwG (auf eine übernehmende GmbH) bzw. in § 68 Abs. 1 S. 2 Nr. 2 UmwG (AG als übernehmender Rechtsträger).

Beispiel: Eine Up-stream-Ausgliederung auf eine Mutter-AG würde die übertragende Gesellschaft zwingen, Aktien der Mutter-AG zu erwerben (§ 131 Abs. 1 Nr. 3 S. 3 UmwG). Eine wechselseitige Beteiligung einer AG mit von ihr abhängigen bzw. beherrschten Gesellschaften ist nach §§ 56 Abs. 2, 71d S. 2 AktG (und obwohl in § 19 Abs. 2, 3 AktG vorausgesetzt) verboten. Der Verzicht auf Anteile wäre insoweit also aktienrechtlich zwingend. Allerdings gestatten §§ 71d i.V.m. 71 Abs. 1 Nr. 5 AktG u.a. eine Ausnahme für den Erwerb von Aktien der herrschenden Gesellschaft durch Gesamtrechtsnachfolge. Solche ist nicht nur die Verschmelzung (§ 20 Abs. 1 S. 1 Nr. 1 UmwG), sondern auch die Ausgliederung (§ 123 Abs. 3 UmwG) als partielle Gesamtrechtsnachfolge.[9]

IV. Stammkapitalangleichung beim spaltenden Rechtsträger

2545 Mit der Übertragung von Vermögensteilen auf den aufnehmenden Rechtsträger mindert sich das Gesamtvermögen des übertragenden Rechtsträgers. Wird eine Kapitalgesellschaft gespalten, bleibt ihr Stammkapital insoweit jedoch unverändert. Die dadurch ggf. fehlende Deckung in Höhe des abgegebenen Nettovermögens kann durch eine **Kapitalherabsetzung** in vereinfachter Form nach §§ 58a ff. GmbHG kompensiert werden (vgl. § 139 bzw. § 145 UmwG für die übertragende GmbH bzw. AG).

2546 Bei einer Aufspaltung erlischt die übertragende Gesellschaft, so dass sich Fragen der Kapitalerhaltung bei dieser Gesellschaft nicht stellen. Bei der Ausgliederung erhält die ausgliedernde Gesellschaft als Gegenleistung für die übertragenen Vermögensgegenstände Anteile an der aufnehmenden Gesellschaft (§ 131 Abs. 1 Nr. 3 S. 3 UmwG). Es findet damit ein Aktivtausch statt, so dass sich tendenziell keine Probleme der Kapital-

9 So MünchKomm/*Oechsler*, AktG, § 71d Rn. 155; KölnKomm/*Lutter/Drygalla*, AktG, § 71d Rn. 33; anders Kallmeyer/*Sickinger*, UmwG, § 125 Rn. 76 (ohne Begründung) und wohl auch *Hüffer/Koch*, AktG, § 71 Rn. 18.

erhaltung ergeben. Ein Verzicht auf die Anteilsgewährung ist gem. § 125 S. 1 Alt. 3 UmwG ausgeschlossen. Bei der **Abspaltung** hingegen geht ein Teil des Vermögens der übertragenden Gesellschaft auf eine bestehende oder neue Gesellschaft über, so dass auch das Kapital der übertragenden Gesellschaft im Hinblick auf die Kapitalerhaltungsgrundsätze betroffen sein kann. Auch ist bei der Abspaltung ein Verzicht auf Anteile an der übernehmenden Gesellschaft möglich (§ 125 S. 1 Alt. 2 UmwG im Hinblick auf die Anwendbarkeit der §§ 54, 68 UmwG möglich. Eine abspaltende oder ausgliedernde Kapitalgesellschaft (bzw. ihr Geschäftsführer oder Vorstand) muss daher gem. §§ 140, 146 UmwG sicherstellen und erklären, weiterhin den Grundsätzen der Kapitalbindung zu genügen. Ggf. kann deshalb eine Abspaltung nur bei gleichzeitiger Durchführung einer Kapitalherabsetzung – unter Beachtung der Mindesthöhe des gezeichneten Kapitals – vorgenommen werden.

V. Ablauf einer Spaltung

Auf die drei Arten der Spaltung sind die Vorschriften zur Verschmelzung grundsätzlich **2547** entsprechend anzuwenden. Dies gilt jedoch nur, soweit sich aus den Vorschriften zur Spaltung nichts anderes ergibt (§ 125 S. 1 UmwG).

Auf Grund dieser zentralen Verweisungsregelung des Spaltungsrechts bestehen weitgehende **2548** Parallelen zwischen dem Ablauf einer Verschmelzung und dem Ablauf einer Spaltung. So kann im Grundsatz auf den Ablauf der Verschmelzung vom Entwurf der Umwandlungsdokumentation bis zur Eintragung der Umwandlungsmaßnahme in das Handelsregister der beteiligten Rechtsträger Bezug genommen werden.

– Der eigentliche Ablauf beginnt wie im Fall einer Verschmelzung meist mit der Erstellung des **Spaltungs- oder Ausgliederungsvertrages** bzw. – *wenn es keinen Vertragspartner gibt, weil die Spaltung zur Neugründung erfolgt* – des **Spaltungs- oder Ausgliederungs*plans***. Der Inhalt des Spaltungsvertrages ergibt sich aus § 126 Abs. 1 UmwG, eines aufzustellenden Spaltungsplans aus §§ 135 Abs. 1 S. 1; 136 S. 1 i.V.m. 126 Abs. 1 Nr. 1–11 UmwG. Für den Inhalt des Spaltungsplans gilt ergänzend der Verweis auf § 37 UmwG betreffend den Gesellschaftsvertrag der zu gründenden aufnehmenden Gesellschaft.
  Die i.d.R. erforderlichen **Zustimmungsbeschlüsse** der beteiligten Rechtsträger werden auch bei spaltungsrechtlichen Maßnahmen meist zeitgleich entworfen, es sei denn ein solcher Beschluss ist gem. dem Konzernprivileg des § 62 UmwG (i.V.m. § 125 S. 1 UmwG) nicht erforderlich. Ferner Die Zustimmungsbeschlüsse und etwaige Verzichtserklärungen der Gesellschafter der beteiligten Rechtsträger sind beurkundungsbedürftig.
  Bei der Spaltung mit nicht verhältniswahrender Zuteilung von Geschäftsanteilen ist zu beachten, dass diese nur wirksam wird, wenn sämtliche Anteilsinhaber des übertragenden Rechtsträgers dem Spaltungsvertrag zustimmen (vgl. §§ 128, 135 UmwG).
– Hieran schließt § 127 UmwG wiederum die Erstellung eines **Spaltungs- bzw. Ausgliederungsberichts** und §§ 125, 9 UmwG die **Spaltungsprüfung** (betreffend die Auf- und Abspaltung) an. Die Möglichkeiten, hierauf zu verzichten, stimmen durch Verweisung auf §§ 8, 9 UmwG mit den Vorschriften zur Verschmelzung überein. Eine Prüfung von Ausgliederungen findet hingegen nicht statt (§ 125 S. 2 UmwG).

- **Anmeldung zum Handelsregister** und **Eintragung der Spaltung** gem. §§ 129 f. UmwG ist vergleichbar derjenigen bei der Verschmelzung. § 137 UmwG ergänzt ggf. die Pflicht zur Eintragung einer zur Aufnahme neu zu gründenden Gesellschaft. Die Wirkung der Eintragung nach § 131 UmwG entspricht derjenigen bei der Verschmelzung.

2549 Eine Besonderheit bei der Spaltung gegenüber Verschmelzungen ist lediglich die vorgeschriebene Reihenfolge der Handelsregistereintragung in § 130 UmwG zuerst bei der übernehmenden und dann erst bei der übertragenden Gesellschaft. Sie steht im Zusammenhang mit der (auf diese Weise „lückenlos" dokumentierten) gesamtschuldnerischen Haftung aller beteiligten Rechtsträger nach §§ 133 f. UmwG für die Verbindlichkeiten des spaltenden Rechtsträgers.

Im Falle notwendiger Kapitalangleichungen nach §§ 139, 146 UmwG sind diese ebenfalls noch vor der Spaltung beim übertragenden Rechtsträger einzutragen.

VI. Gläubigerschutz

2550 Der Gläubigerschutz ist in § 133 UmwG geregelt. Abs. 1 S. 1 der Vorschrift ordnet zunächst die gesamtschuldnerische Haftung aller an der Spaltung beteiligten Rechtsträger an. Zuerst haftet danach allerdings derjenige Rechtsträger, dem eine Verbindlichkeit im Spaltungsvertrag bzw. -plan zugewiesen wurde. Davon unabhängig haften, akzessorisch, alle an der Spaltung beteiligten Rechtsträger für die vor dem Wirksamwerden der Umwandlung begründeten Verbindlichkeiten – soweit ihnen eine Verbindlichkeit nicht zugewiesen wurde, allerdings begrenzt durch die fünfjährige Nachhaftungsfrist in § 133 Abs. 3 UmwG. Die Haftungsbegrenzung gilt auch für einen übertragenden Rechtsträger, dessen Haftung, sofern er nach der Spaltung fortbesteht (also bei Abspaltung und Ausgliederung), für die von ihm begründeten Altverbindlichkeiten nicht untergeht, unabhängig davon, ob sie einem übernehmenden oder neu zu gründenden Rechtsträger zugewiesen wurden.

2551 Einzige Ausnahme hiervon ist die Aufspaltung, da der übertragende Rechtsträger erlischt. Hier haftet allenfalls ein persönlich haftender Gesellschafter nach, etwa der Komplementär einer durch die Aufspaltung erloschenen Kommanditgesellschaft (nämlich nach §§ 128, 161 Abs. 2 HGB). Diese **Nachhaftung** kann im Einzelfall den Asset Deal, also die Einzelübertragung der Vermögensgegenstände, doch attraktiver machen als die Spaltung. Denn in einem solchen Vertrag kann die Haftung des Übertragenden begrenzt werden.

2552 Soweit § 133 Abs. 1 S. 2 UmwG auf die Haftung nach §§ 25, 26 und 28 HGB hinweist, soll dies grundsätzlich die freie Entscheidung im Rahmen der Spaltung einschränken, welchem Rechtsträger Verbindlichkeiten zugewiesen werden sollen. Passiva sind danach weiterhin dort zu bedienen, wo die zugehörigen Aktiva zugeordnet wurden. Soweit z.B. bei Finanzverbindlichkeiten keine eindeutige Zuordnung möglich ist, besteht eine Haftung aus der Unternehmenskontinuität infolge Firmenfortführung jedenfalls daneben.

VII. Minderheitenschutz

2553 § 125 UmwG verweist auf das Recht der Verschmelzung. Daher gelten die Vorschriften zu Beschlussmehrheiten und zum Austrittsrecht gegen Barabfindung bei der Spaltung ebenso. Lediglich im Fall der Ausgliederung entfallen Austrittsrecht und damit ein Angebot zur Barabfindung (§§ 125 S. 1 Alt. 3, 29 UmwG).

D. Formwechsel

Der Formwechsel (§ 1 Abs. 1 Nr. 4 UmwG) ist in den §§ 190 ff. UmwG geregelt. Beim Formwechsel nimmt der formwechselnde Rechtsträger eine neue Rechtsform unter Wahrung seiner rechtlichen und wirtschaftlichen Identität an und es findet **keine Vermögensübertragung** statt. Motive eines Formwechsels sind u.a. Haftungsbeschränkungen (Wechsel in eine Kapitalgesellschaft), bessere Möglichkeiten der Kapitalbeschaffungen (Wechsel in eine kapitalmarktfähige Rechtsform) oder steuerliche Gründe. Der Wechsel in eine KGaA reduziert die Möglichkeiten der Unternehmensmitbestimmung von Arbeitnehmervertretungen und ermöglicht Kapitalerhöhungen ohne das Risiko einer feindlichen Übernahme (durch stimmrechtslose Vorzugsaktien, vgl. §§ 12 Abs. 1 S. 2, 139 Abs. 1 AktG). **2554**

Der Formwechsel in eine SE (oder SCE) richtet sich dagegen vor allem nach der europäischen SE- bzw. SCE-Verordnung. Der Wechsel in eine SE oder eine andere europäische Rechtsform bietet ggf. Vorteile aus flexibleren Sitzverlegungen und erweiterten Möglichkeiten in der Unternehmensverfassung („monistisches System").

Keine Umwandlungen sind der Übergang der UG (haftungsbeschränkt) zur GmbH durch Stammkapitalerhöhung nach § 5a Abs. 5 GmbHG oder die Herstellung der PartGmbB aus der PartG durch Herbeiführung der Haftungsprivilegierung nach § 8 Abs. 4 PartGG.

Maßgeblicher Unterschied zu den anderen Formen der Umwandlung (Verschmelzung, Spaltung und Vermögensübertragung) ist, dass kein Vermögensübergang auf einen anderen Rechtsträger stattfindet. Vielmehr besteht die rechtliche und wirtschaftliche Identität des formwechselnden Rechtsträgers fort; er wechselt mit der Rechtsform lediglich sein „Rechtskleid" bei: **2555**

- grundsätzlicher Identität der am Rechtsträger beteiligten Anteilsinhaber,
- grundsätzlicher Identität der Anteilsverhältnisse und
- Identität des Vermögensbestandes vor und nach dem Formwechsel.

Ein Formwechsel „zu Null", also unter **Ausscheiden** eines bisherigen Gesellschafters ist daher unzulässig. Auch der **Eintritt** eines neuen Gesellschafters **kraft Formwechsel** ist nicht möglich. Allerdings ist die nicht-verhältniswahrende Umwandlung durch die zwingende Identität der Anteilsverhältnisse nicht ausgeschlossen, so dass der Umfang der Anteile vor und nach dem Formwechsel voneinander abweichen können (vgl. §§ 241 Abs. 1, 242 UmwG). Erforderlich ist dafür aber die Zustimmung der betroffenen Anteilsinhaber (gegen bare Zuzahlung gem. § 196 UmwG). **2556**

I. Zulässigkeit des Formwechsels

§ § 191 Abs. 1 UmwG enthält eine abschließende Aufzählung der Rechtsträger, die durch einen Formwechsel in einen Rechtsträger neuer Rechtsform umgewandelt werden können. Solche **„Ausgangsrechtsformen"** sind: **2557**

- Personenhandelsgesellschaften i.S.d. § 3 Abs. 1 Nr. 1 UmwG (OHG, KG, Kapitalgesellschaft & Co. und Stiftung & Co.) und Partnerschaftsgesellschaften,

- Kapitalgesellschaften i.S.d. § 3 Abs. 1 Nr. 2 UmwG (GmbH, AG, KGaA und wohl auch SE),
- eingetragene Genossenschaften,
- rechtsfähige Vereine,
- Versicherungsvereine auf Gegenseitigkeit sowie
- Körperschaften und Anstalten des öffentlichen Rechts.

2558 Als Rechtsformen, die für einen formwechselnden Rechtsträger als neue Rechtsformen in Betracht kommen **(„Ziel-Rechtsform")**, legt § 191 Abs. 2 UmwG ebenfalls abschließend fest:

- Gesellschaften des bürgerlichen Rechts,
- Personenhandelsgesellschaften i.S.d. § 3 Abs. 1 Nr. 1 UmwG (OHG, KG, Kapitalgesellschaft & Co., Stiftung & Co. und EWIV) und Partnerschaftsgesellschaften,
- Kapitalgesellschaften i.S.d. § 3 Abs. 1 Nr. 2 UmwG (GmbH, AG, KGaA, nicht aber SE, da die SE-Verordnung hier eine Sonderregelung enthält) und
- eingetragene Genossenschaften.

Beispiel: Ein Formwechsel in einen Geschäftsbetrieb eines Einzelunternehmens ist also ausgeschlossen. Ein solches Ergebnis kann aber durch Verschmelzung einer Kapitalgesellschaft auf eine natürliche Person „als Alleingesellschafter", die dadurch das Vermögen übernimmt (§ 3 Abs. 2 Nr. 2 UmwG) oder durch die Anwachsung einer Personengesellschaft an den verbliebenen letzten Gesellschafter erfolgen. Der Formwechsel einer Personenhandelsgesellschaft in eine UG (haftungsbeschränkt) kommt nicht in Betracht, da dieser Formwechsel einer Sachgründung gleichsteht. Da eine UG gem. § 5a Abs. 2 S. 2 GmbHG nicht mit Sacheinlagen gegründet werden darf, kann sie nicht Zielgesellschaft eines Formwechsels sein. Als Ausweg bliebe eine Bargründung der UG, verbunden mit der Einlage des Geschäftsbetriebes der Ausgangsgesellschaft als Sachagio (in die Kapitalrücklage, eben nicht in das Stammkapital). Die Einlage wäre zumindest als korporatives, nicht lediglich schuldrechtlich versprochenes Agio nach § 20 Abs. 1 UmwStG zu Buchwerten steuerneutral möglich[10].

2559 Welche Kombinationen des Formwechsels im Einzelnen zulässig sind, ergibt sich aus § 191 Abs. 1 und 2 UmwG nur zusammen mit den zugehörigen besonderen Vorschriften der §§ 214–304 UmwG. Eine GbR kann also z.B. kein formwechselnder Rechtsträger sein (vgl. § 191 Abs. 1 UmwG). § 228 UmwG ermöglicht aber den (umgekehrten) Formwechsel einer Kapitalgesellschaft auf eine GbR.

II. Ablauf des Formwechsels

2560 Im Gegensatz zur Verschmelzung und Spaltung kann der Formwechsel relativ frei geplant werden.

Statt eines Vertrages bzw. Vertragsentwurfes liegt einem Formwechsel (zwangsläufig) der Entwurf eines gesellschaftsintern zu fassenden **Beschlusses** über den Formwechsel zugrunde (§ 191 UmwG). Der Umwandlungsbeschlussentwurf muss die neue Satzung enthalten (§ 243 Abs. 1 i.V.m. § 218 UmwG). Die Organe des formwechselnden Rechtsträgers haben den Umwandlungsbeschluss zu entwerfen. Einzuhalten ist die Monatsfrist des § 194 Abs. 2 UmwG, wonach dem Betriebsrat einen Monat vor der Gesellschafterversammlung der Entwurf des Umwandlungsbeschlusses übersandt werden muss.

10 So BFH v. 7.4.2010 – I R 55/09, GmbHR 2010, S. 1104 = DStR 2010, S. 1780; s. auch UmwStE v. 11.11.2011, Rz. 20.09 i.V.m. 01.44.

Nach § 192 Abs. 1 UmwG haben die Vertretungsorgane des formwechselnden Rechtsträgers einen ausführlichen schriftlichen Bericht zu erstatten, in dem der Formwechsel und insb. die künftige Beteiligung der Anteilsinhaber an den Rechtsträgern rechtlich und wirtschaftlich erläutert werden. Zwar gibt es beim Formwechsel keinen Rückwirkungszeitraum auf einen Stichtag, der dann auch für die Wertverhältnisse maßgeblich wäre (vgl. zum Verschmelzungsstichtag § 17 Abs. 2 S. 4 UmwG). Die Rechtsprechung tendiert jedoch dazu, selbst die im Falle der Verschmelzung/Spaltung vorgegebene 8-Monatsfrist als zu lang anzusehen. Die Vermögensaufstellung in dem Bericht sollte daher auf einen Stichtag erfolgen, der nicht länger als ein bis drei Monate vor der Erstellung des Umwandlungsberichtes liegt. **2561**

Auch die sonstigen rechtsformtypischen Gründungsvorschriften hinsichtlich der Zielrechtsform sind zu beachten. So ist z.B. beim Wechsel in eine GmbH ein Sachgründungsbericht zu erstellen und sind entsprechende Wertnachweisunterlagen beim Handelsregister einzureichen. Auch die Vorschriften über die Gründerhaftung sind anwendbar. Die Geschäftsführer haben auch zu versichern, dass der Nennbetrag des Stammkapitals/Grundkapitals das nach Abzug der Schulden verbleibende Vermögen der formwechselnden Gesellschaft nicht übersteigt (vgl. § 8 Abs. 2 GmbHG, § 37 Abs. 1 AktG). Diese Versicherung ist jedoch entbehrlich, wenn von einer Kapitalgesellschaft in eine Kapitalgesellschaft anderer Rechtsform umgewandelt wird (§ 264 UmwG). **2562**

Eine Prüfung des Umwandlungsbeschlussentwurfs durch einen Abschlussprüfer ist beim Formwechsel grundsätzlich nicht erforderlich. Nach §§ 208 i.V.m. 30 Abs. 2 UmwG ist aber ein in den Umwandlungsbeschluss aufzunehmendes Barabfindungsangebot stets zu prüfen, soweit nicht alle Gesellschafter darauf in notariell beurkundeter Form verzichten. Damit ist im Falle notwendiger Barabfindung auch eine Unternehmensbewertung erforderlich. Da auf den Formwechsel die für die neue Rechtsform geltenden Gründungsvorschriften anzuwenden sind, bedarf des Weiteren der Wechsel in eine AG oder KGaA einer Gründungsprüfung. **2563**

Der Formwechsel setzt einen Beschluss der Gesellschafter gem. § 193 Abs. 1 UmwG über den Formwechsel voraus. Dieser ist nur in einer Gesellschafterversammlung, nicht im Umlaufverfahren zu fassen. Für den Beschluss sieht das UmwG eine **Mindestmehrheit von 75 %** der erschienenen Gesellschafter bzw. des erschienenen Grund- und Stammkapitals vor (§§ 217 Abs. 1, 233 Abs. 2, 240, 262 Abs. 1, 275 Abs. 2 UmwG). **2564**

Für viele Konstellationen sieht das UmwG jedoch **Zustimmungsrechte** einzelner Gesellschafter vor, deren Rechtsposition durch den Wechsel der Rechtsform erheblich berührt wird.

Ist der Beschluss erfolgt, so muss der Formwechsel nach den §§ 198 ff. UmwG in das **Handelsregister** zur Eintragung angemeldet werden (§ 246 Abs. 2 UmwG). § 199 UmwG benennt die hierzu beizufügenden Anlagen und Erklärungen.

III. Besonderheiten des Formwechsels

1. Formwechsel einer Kapitalgesellschaft in eine Personengesellschaft

Diese Fälle des Formwechsels sind in den §§ 228 bis 237 UmwG als Unterfälle des Formwechsels von Kapitalgesellschaften geregelt. **2565**

Beispiel: Das UmwG lässt den Formwechsel einer Kapitalgesellschaft in eine Kapitalgesellschaft & Co. KG zu. Allerdings verlangt das UmwG, dass beim Formwechsel grundsätzlich ein identischer Rechtsträger vorher wie nach der Umwandlung beteiligt sein muss (Gesellschafteridentität). Soll wie bei der GmbH & Co. KG üblich eine Kapitalgesellschaft nur als Komplementärin ohne Kapitalanteil beteiligt sein, ist das daher nur zu erreichen, indem die als Komplementärin vorgesehene GmbH vor dem Formwechsel an der formwechselnden Kapitalgesellschaft (treuhänderisch) mit einem Mini-Anteil beteiligt wird. Nach dem Formwechsel überträgt sie diesen nunmehr an der KG bestehenden Anteil an die Kommanditisten zurück.

2566 Der Beschluss zum Formwechsel in einer GbR oder OHG muss einstimmig erfolgen, da alle Gesellschafter nach dem Formwechsel persönlich haften. Dem Beschluss müssen auch die nicht erschienenen Anteilsinhaber zustimmen (§ 233 Abs. 1 UmwG). Die Umwandlung in eine KG erfordert mindestens eine 75 %-Mehrheit der Gesellschafter der GmbH bzw. Aktionäre einer AG.

2. Formwechsel einer Personengesellschaft in eine Kapitalgesellschaft

2567 Der Formwechsel führt zur Anwendung des Gründungsrechts der Kapitalgesellschaft (§ 197 UmwG). Es gelten insb. die Grundsätze der Gründerhaftung entsprechend § 9a GmbHG, § 46 AktG.

Außerdem ist der Formwechsel einer Personenhandelsgesellschaft nicht möglich, wenn das nach Abzug der Schulden verbleibende Vermögen das Nennkapital der angestrebten Kapitalgesellschaft nicht erreicht (§ 220 Abs. 1 UmwG). Durch diese Vorschrift wird ein Formwechsel bei Unterdeckung des Nennkapitals ausgeschlossen.

Beispiel: Maßgeblich ist die Kapitaldeckung nach Verkehrswerten, nicht nach Buchwerten und zwar unabhängig von einer eventuell zulässigen Buchwertfortführung in der formgewechselten GmbH/AG. Zu beachten ist allerdings, dass im Rahmen eines Formwechsels nur das zivilrechtliche Gesellschaftsvermögen „überwechselt“, nicht auch das Sonderbetriebsvermögen. Das ist auch steuerlich bedeutsam, sofern es sich um wesentliche Betriebsgrundlagen handelt (vgl. Rn. 1576–1580).

2568 Nach der Umwandlung haften die Anteilseigner der Personengesellschaft für Neuschulden nicht mehr persönlich. § 224 UmwG begrenzt die zeitliche Dauer dieser Nachhaftung der Gesellschafter für bestehende Verbindlichkeiten auf grundsätzlich fünf Jahre.

E. Wahl einer von mehreren möglichen Umwandlungsalternativen

2569 Bieten sich mehrere Umwandlungsarten an, so entscheidet die wirtschaftliche Zielvorstellung und damit v.a. der Aufbau, den das Unternehmen nach dem Umwandlungsvorgang erhalten soll. Soll z.B. ein Betriebsteil aus dem Unternehmen gelöst werden und selbstständig weiterbestehen, so bietet sich eine Abspaltung an, d.h. der Betriebsteil wird in Form einer neu gegründeten Gesellschaft fortgeführt. Die Anteile dieser neu gegründeten Gesellschaft stehen dabei den Anteilsinhabern des ursprünglichen Unternehmens zu. Strebt man jedoch durch die Herauslösung des vorgenannten Betriebsteils die Schaffung einer Konzernstruktur an, so sollte statt der Abspaltung die Ausgliederung gewählt werden, bei der die Anteile an der neu zu schaffenden Gesellschaft dem Unternehmen, aus dem der Betriebsteil herausgelöst wird, selbst zustehen und nicht dessen Anteilsinhabern. Soll der Betriebsteil einer schon bestehenden Tochtergesellschaft zugeordnet werden, so ist die Abspaltung (oder Ausgliederung; je danach, wer Anteile erhalten soll) zur Aufnahme zu wählen.

Die gleichen Überlegungen stellen sich genauso bei einer beabsichtigten Fusion von **2570** Unternehmen, wenn der Anteilsinhaber des zu erwerbenden Unternehmens noch in irgendeiner Form beteiligt bleiben soll. Hier kann der Inhaber eines Unternehmens das andere (zu erwerbende) Unternehmen dergestalt kaufen, dass er die überwiegende Beteiligung des zu erwerbenden Unternehmens erwirbt. Dann bestehen beide Unternehmen nach wie vor nebeneinander. Stattdessen kann er jedoch auch eine Mehrheitsbeteiligung des anderen Unternehmens durch sein Unternehmen kaufen. Dadurch entsteht dann bereits ein Konzernverhältnis. Schließlich kann aber auch beabsichtigt sein, dass der Veräußerer nicht an seinem Unternehmen beteiligt bleibt, sondern am Unternehmen des Erwerbs partizipiert. Dann kann das Unternehmen des Veräußerers im Wege der Sachkapitalerhöhung in das Unternehmen des Erwerbers eingebracht werden, wobei die durch die Kapitalerhöhung ausgegebenen Anteile (zum Teil) dem Veräußerer zustehen. Es kann jedoch auch eine Verschmelzung derart stattfinden, dass das Unternehmen des Veräußerers auf das Unternehmen des Erwerbers verschmolzen wird mit der Konsequenz, dass der Veräußerer die durch die Verschmelzung zu schaffenden Anteile des aufnehmenden Unternehmens (teilweise) erhält. Soll jedoch durch die Verschmelzung ein Konzernverhältnis hergestellt werden, so kann der Erwerber zunächst eine Tochtergesellschaft durch sein Unternehmen gründen. Anschließend wird vorgenannte Verschmelzung auf das Tochterunternehmen durchgeführt.

Für die Wahl eines Umwandlungsvorganges können auch Kostengründe ausschlagge- **2571** bend sein. Sollen z.B. zwei Gesellschaften aufeinander verschmolzen werden, von denen nur die eine Grundbesitz hat, so bietet sich – wenn nicht gewichtige andere Gründe entgegenstehen – eine Verschmelzung der Gesellschaft ohne Grundvermögen auf die Gesellschaft mit Grundvermögen an. Auf diese Weise fällt keine Grunderwerbsteuer an, was bei der Wahl der anderen Verschmelzungsrichtung (Gesellschaft mit Grundstück wird auf die Gesellschaft ohne Grundstück verschmolzen) der Fall wäre. Diese Überlegung kann auch dafür sprechen, eine Muttergesellschaft auf die Tochtergesellschaft zu verschmelzen (sog. Down-stream-Merger), wenn nämlich der Grundbesitz allein von der Tochtergesellschaft gehalten wird. Jedoch ist auch hier immer eine Betrachtung des Einzelfalls erforderlich. Insb. im letzten Fall kann der wesentlich einfachere und schnellere Ablauf dafür sprechen, trotz zusätzlicher Kosten die Tochter- auf die Muttergesellschaft zu verschmelzen (sog. Up-stream-Merger).

F. Handelsbilanzielle und steuerliche Auswirkungen von Umwandlungen

Wichtiger steuerlicher Aspekt von Umwandlungen ist die Möglichkeit, Vermögenswerte **2572** zu verlagern, ohne dabei stille Reserven aufdecken zu müssen **(Buchwertfortführung)**. In vielen Fällen ist es auch möglich, den Verlustabzug, der bei einer Gesellschaft entstanden ist, unter Einsatz des Umwandlungsrechtes zu nutzen. Die durch das Umwandlungsgesetz und Umwandlungssteuergesetz eingeräumten Kombinationsmöglichkeiten von Gesamt- und Sonderrechtsnachfolge ermöglichen verschiedene Nutzungen der Verluste innerhalb einer Unternehmensgruppe. Dazu sogleich unter Rn. 2587.

I. Rechnungslegung bei den beteiligten Gesellschaften

2573 Der übertragende Rechtsträger hat im Falle der Verschmelzung nach § 17 Abs. 2 UmwG eine Schlussbilanz aufzustellen, bei der es sich um eine Erfolgs- und nicht um eine Vermögensbilanz handelt; es gelten die §§ 242 ff. HGB. Die Schlussbilanz ist durch einen Abschlussprüfer zu prüfen, braucht aber nicht bekannt gemacht zu werden. Der Stichtag für die Bilanz darf maximal acht Monate vor der Anmeldung der Verschmelzung zur Eintragung in das Handelsregister liegen. Aus Vereinfachungs- und Kostengründen empfiehlt sich als Stichtag der Schlussbilanz der ordentliche Bilanzstichtag des übertragenden Rechtsträgers.

2574 Eine vereinfachte Zwischenbilanz einer übertragenden AG ist ergänzend nur aufzustellen, falls sich der letzte Jahresabschluss auf ein Geschäftsjahr bezieht, das mehr als sechs Monate vor dem Abschluss des Verschmelzungsvertrags oder der Aufstellung des Entwurfs abgelaufen ist und zwar auf einen Stichtag, der nicht vor dem ersten Tag des dritten Monats liegt, der dem Abschluss oder der Aufstellung vorausgeht (§ 63 Abs. 1 Nr. 3 UmwG).

2575 Mit Wahl der Buchwertfortführung durch den übernehmenden Rechtsträger oder im Umwandlungsvertrag gem. § 24 UmwG, bestimmt die Schlussbilanz des übertragenden Rechtsträgers auch die Wertansätze in der Bilanz des übernehmenden Rechtsträgers. Die aufnehmende Gesellschaft ist dann an die Schlussbilanz der übertragenden Gesellschaft gebunden.

2576 Der übernehmende Rechtsträger braucht im Fall der Verschmelzung zur Aufnahme keine Übernahmebilanz auf den **Verschmelzungsstichtag** aufzustellen. Nur bei der Verschmelzung zur Neugründung ist gem. §§ 238 Abs. 1 S. 1, 242 Abs. 1 HGB eine Eröffnungsbilanz dann aber auf den Tag des Wirksamwerdens der Verschmelzung (Verschmelzungsstichtag) aufzustellen (die Kapitalgesellschaft entsteht als solche nach § 11 Abs. 1 GmbHG und § 41 Abs. 1 S. 1 AktG zwar erst mit Eintragung im Handelsregister; durch den notariell beurkundeten Zustimmungsbeschluss, der auch die beizufügende Satzung umfasst, zuvor aber bereits als Vorgesellschaft).

2577 Bei der übernehmenden Gesellschaft entsteht ein Verschmelzungsgewinn oder -verlust aus dem anzusetzenden Wert (also ggf. Buchwert) des übernommenen Vermögens und dem davon abzuziehenden Wert der gewährten Gegenleistung (Nennwert der gewährten Anteile zuzüglich ggf. barer Zuzahlungen und Abfindungen). Ein Verschmelzungsgewinn ist als Agio zu behandeln und – soweit es sich bei dem übernehmenden Rechtsträger um eine Kapitalgesellschaft handelt – gem. § 272 Abs. 2 Nr. 1 HGB in die Kapitalrücklage einzustellen. Ist die Übernehmerin dagegen eine Personengesellschaft, kann das Agio entweder den Kapitalkonten der Gesellschafter entsprechend deren Beteiligungsverhältnissen zugewiesen oder aber wie bei Kapitalgesellschaften in gesamthänderisch gebundene Rücklagen eingestellt werden.

2578 Im Fall der Verschmelzung der Muttergesellschaft auf die Tochtergesellschaft („Downstream-Merger") erhalten die Gesellschafter des erlöschenden Mutterunternehmens Anteile an der Tochtergesellschaft. Als Anschaffungskosten der aufnehmenden Tochtergesellschaft dürfen alternativ zur Buchwertverknüpfung die übergehenden Aktiva mit dem Zeitwert der übergehenden Schulden bemessen werden (wenn dadurch der Zeitwert der Aktiva nicht überschritten wird) oder es dürfen Aktiva und Schulden zu Zeitwerten angesetzt werden. Setzt die Tochtergesellschaft das übernommene Reinvermögen mit einem positiven Wert an, so ist diese Vermögensmehrung als sonstige Zuzahlung nach § 272 Abs. 2 Nr. 4 HGB in die Kapitalrücklage einzustellen. Ein übernommenes nach Zeit-, nicht nach Buchwerten negatives Reinvermögen stellte eine Entnahme durch die Gesellschafter dar und ist als solche bei einer aufnehmenden Tochter-AG eine unzulässige Einlagerückgewähr nach § 57 Abs. 1 AktG.

II. Steuerliche Behandlung von Umwandlungsvorgängen

Das UmwStG ist terminologisch, nach seinem Aufbau und auch der Reichweite nicht auf das UmwG abgestimmt. Das UmwStG unterscheidet nicht nach den einzelnen Umwandlungsarten, sondern ist von der **steuerlich unterschiedlichen Behandlung** der juristischen Personen **(Trennungsprinzip)** und der natürlichen Personen bzw. Personengesellschaften **(Transparenzprinzip)** geprägt. Maßgeblich ist für das UmwStG neben der Frage des Vermögensübergangs zwischen Besteuerungssubjekten auch ein Wechsel eines Steuersubjekts zwischen beiden Besteuerungskonzepten. Ein Vermögensübergang ist dann nicht erforderlich, um eine Entstrickungsbesteuerung auszulösen; die nicht übertragenden Umwandlungen des Formwechsels zwischen Personen- und Kapitalgesellschaften (und umgekehrt) in §§ 9, 25 UmwStG werden deshalb für steuerliche Zwecke wie übertragende Umwandlungen behandelt. **2579**

Nach der Anwendungsvorschrift und Begriffsdefinition in § 1 UmwStG gelten die **§§ 3–19 UmwStG** (Zweiter bis Fünfter Teil des UmwStG) **für Verschmelzungen, Aufspaltungen und Abspaltungen von Körperschaften** *als übertragende Rechtsträger* (also „aus" Körperschaften); ebenso für einen Formwechsel einer Kapitalgesellschaft in eine Personengesellschaft. **2580**

Die **vom UmwG abweichende Konzeption** wird im Sechsten bis Achten Teil des UmwStG besonders deutlich. Die **§§ 20–25 UmwStG** (Sechster bis Achter Teil) gelten wiederum **für Verschmelzungen, Aufspaltungen und Abspaltungen** aber hier nun **von Personengesellschaften** *als übertragende Rechtsträger* (also „aus" Personengesellschaften); ebenso für einen Formwechsel einer Personengesellschaft in eine Kapitalgesellschaft. Die §§ 20 ff. UmwStG gelten außerdem für die **Ausgliederung i.S.v. § 123 Abs. 3 UmwG – und zwar ganz gleich aus welcher Rechtsform** – (umwandlungsrechtlich eine Spaltungsart). **Neben** diesen Fällen von **Gesamtrechtsnachfolge** nach UmwG gelten §§ 20 ff. UmwStG auch für die vom UmwG nicht erfassten „Umwandlungen" durch Einbringung von Betriebsvermögen in **Einzelrechtsnachfolge** und zwar in eine Kapitalgesellschaft, eine Genossenschaft oder eine Personengesellschaft (§ 1 Abs. 3 Nr. 4 UmwStG). **2581**

Das Umwandlungsteuerrecht knüpft seinerseits an § 17 Abs. 2 UmwG an und bestimmt, dass das Einkommen und Vermögen des übertragenden Rechtsträgers sowie des übernehmenden Rechtsträgers so zu ermitteln sind, als ob das Vermögen des übertragenden Rechtsträgers mit Ablauf des Tages, auf den die handelsrechtliche Schlussbilanz aufgestellt ist (= steuerlicher Übertragungsstichtag), auf den übernehmenden Rechtsträger übergegangen wäre (§ 2 Abs. 1 UmwStG). **2582**

Für den Formwechsel ergibt sich eine ähnliche Regelung aus § 9 S. 3 des UmwStG und für Einbringungsvorgänge aus § 20 Abs. 5 und 6 UmwStG.

Beispiel: Unabhängig von Umwandlungsvorgängen ist zu beachten, dass § 6 Abs. 1 Nr. 1 S. 4 und Nr. 2 S. 3 EStG ein Wertaufholungsgebot begründen, wenn nach vorangegangener Teilwertabschreibung der Grund für die Teilwertabschreibung inzwischen ganz oder teilweise weggefallen ist oder wegen vorübergehender Wertminderung eine solche nicht mehr zulässig ist und auch nicht beibehalten werden darf. Daher greift das Wertaufholungsgebot wegen des Anschaffungskostenprinzips nach § 253 Abs. 1 S. 1 HGB maximal bis zur Höhe der fortgeführten Anschaffungs- bzw. Herstellungskosten. Aufgrund des Maßgeblichkeitsprinzips (§ 5 Abs. 1 S. 1 EStG) ist eine solche Wertzuschreibung auch in der Steuerbilanz zu übernehmen, so dass insoweit beim übertragenden Rechtsträger ggf. ein steuerpflichtiger Gewinn entsteht. Ein so erhöhter Buchwert ist dann auch in der steuerlichen Schlussbilanz nach § 11 UmwStG anzusetzen.

1. Rückwirkung

2583 Die Schlussbilanz des übertragenden Rechtsträgers muss gem. § 17 Abs. 2 S. 4 UmwG auf einen Stichtag aufgestellt werden, der höchstens acht Monate vor dem Tag der Anmeldung der Verschmelzung zur Registereintragung liegt. § 2 Abs. 1 UmwStG schließt daran auch eine steuerliche Rückwirkung von acht Monaten an. Steuerliche Rückwirkung bedeutet, dass Einkommen und Vermögen des übertragenden Rechtsträgers bereits ab dem steuerlichen **Übertragungsstichtag** (vgl. Tz 02.01 – 02.04 UmwStE 2011) dem übernehmenden Rechtsträger zugerechnet werden.

Die Rückwirkung kann allerdings nicht als Gestaltungsmittel zur Verlustnutzung eingesetzt werden. Durch § 2 Abs. 4 S. 3 UmwStG wurde einschränkend bestimmt, dass ein Ausgleich oder die Verrechnung von positiven Einkünften des übertragenden Rechtsträgers im Rückwirkungszeitraum (die ja als solche des Übernehmenden gelten) mit verrechenbaren Verlusten, verbleibenden Verlustvorträgen und nicht ausgeglichenen negativen Einkünften des übernehmenden Rechtsträgers nicht zulässig ist. Außerdem darf nach S. 1 der Vorschrift auch eine Verlustnutzung noch beim übertragenden Rechtsträger nicht dadurch erfolgen, dass durch den Rückwirkungszeitraum „schlechtes Geschäft" übergeht und nur deshalb positive Ergebnisse übrigbleiben.[11]

Diese Einschränkungen der Verlustverrechnung schließen an das generelle Verbot der Übertragung von Verlustvorträgen durch Umwandlungen (§§ 12 Abs. 3 HS. 2, 4 Abs. 2 UmwStG) an. – Zur Rückwirkungsfiktion vgl. Tz 02.09 – 02.24 UmwStE 2011.

2. Umwandlung einer Kapitalgesellschaft in eine Personengesellschaft

2584 Die Umwandlung einer Kapitalgesellschaft in eine Personengesellschaft ist nach §§ 3 ff. UmwStG grundsätzlich steuerneutral möglich. Der vom Gesetz unterstellte Grundfall ist die Aufwärtsverschmelzung. Aufgrund des Wechsels des Besteuerungskonzepts (vom Trennungsprinzip zum Transparenzprinzip) sind allerdings auf Anteilseignerebene – bei Vorhandsein von offenen Reserven – steuerliche Konsequenzen nicht zu vermeiden.

---

11 Für Veranlagungszeiträume vor 2013 soll die rückwirkende Verschmelzung auf eine Verlustgesellschaft nicht als Gestaltungsmissbrauch gelten (§ 42 AO), so das Hess. FG, Urt. v. 29.11.2017 – 4 K 127/15; die Revision ist beim BFH unter I R 2/18 anhängig.

a) Aufstellung einer steuerlichen Schlussbilanz (Übertragungsgewinn)

Die übertragende Kapitalgesellschaft hat eine steuerliche Schlussbilanz aufzustellen. Auf Antrag können die übergehenden Wirtschaftsgüter in dieser Bilanz mit ihrem Buchwert angesetzt werden, um einen steuerneutralen Übergang zu ermöglichen. Alternativ ist der Ansatz mit dem gemeinen Wert oder einem Wert zwischen Buchwert und gemeinem Wert (Zwischenwert) möglich; dies ist z.B. sinnvoll, wenn (noch) vorhandene Verluste und Verlustvorträge zur Verrechnung mit stillen Reserven genutzt werden können. **2585**

Der Ansatz des Buchwerts oder Zwischenwerts ist gem. § 3 Abs. 2 UmwStG nur zulässig, soweit die übergehenden Wirtschaftsgüter (vgl. Tz 03.10 – 03.24 UmwStE 2011): **2586**

- Betriebsvermögen des übernehmenden Rechtsträgers werden und sichergestellt ist, dass sie später der Besteuerung mit Einkommensteuer oder Körperschaftsteuer unterliegen, und
- das Recht der Bundesrepublik Deutschland hinsichtlich der Besteuerung des Gewinns aus der Veräußerung der übertragenen Wirtschaftsgüter nicht ausgeschlossen oder beschränkt wird und
- eine Gegenleistung für die übertragenen Wirtschaftsgüter nicht gewährt wird oder in Gesellschaftsrechten besteht. Eine Gegenleistung ist insb. bei Leistungen barer Zuzahlungen (z.B. Spitzenausgleich) oder Gewährung anderer Vermögenswerte (z.B. Darlehensforderungen) durch den übernehmenden Rechtsträger gegeben; vgl. Beispiele in Tz 03.23 und 03.24 UmwStE 2011.

Der aus einer Aufstockung entstehende Übertragungsgewinn unterliegt bei der übertragenden Gesellschaft der Körperschaftsteuer und nach § 18 Abs. 1 S. 1 UmwStG auch der Gewerbesteuer. Eine Verrechnung mit festgestellten Verlustvorträgen und laufenden Verlusten ist zulässig. Diese können durch das dadurch erhöhte Abschreibungspotenzial wirtschaftlich auf die Übernehmerin übertragen werden (vgl. Tz 04.10 UmwStE 2011). **2587**

Beispiel: Bei einer Verschmelzung geht der – ggf. nach Aufstockung der Buchwerte und Verrechnung mit einem daraus entstandenen Übertragungsgewinn verbliebene – steuerliche Verlustvortrag der verschmolzenen, also der übertragenden Kapitalgesellschaft, unter (§ 4 Abs. 2 S. 2 UmwStG). Während ein handelsrechtlicher Verlustvortrag ohne Weiteres auf den übernehmenden Rechtsträger übergehen kann (als Verminderung des Eigenkapitals), sieht das Umwandlungssteuergesetz eine Übertragung von Verlustvorträgen nicht vor bzw. schließt eine solche ausdrücklich aus (ebenso in § 12 Abs. 3 HS. 2). Gestaltungsspielraum besteht neben (1) der Verlustnutzung durch die (teilweise) Aufdeckung stiller Reserven mit Hilfe eines Zwischenwertansatzes bei der übertragenden Körperschaft auch (2) in den engen Grenzen des § 8c KStG hinsichtlich der Wahl der Verschmelzungsrichtung (die Verschmelzung erfolgt dann auf die Verlustkapitalgesellschaft gem. §§ 20 ff. UmwStG; vgl. Rn. 2600).

Ein Verlustvortrag in einer aufnehmenden Personengesellschaft wird durch eine Umwandlung (also z.B. Verschmelzung auf eine Verlustpersonengesellschaft) nicht berührt (vgl. § 10d EStG). **2588**

b) Besteuerung des übernehmenden Rechtsträgers (Übernahmegewinn, -verlust)

§ 4 Abs. 1 S. 1 UmwStG schreibt vor, dass die Personengesellschaft die übertragenden Wirtschaftsgüter mit den Wertansätzen der steuerlichen Schlussbilanz der übertragenden Körperschaft übernimmt. **2589**

Der Übernahmegewinn bzw. Übernahmeverlust bei einer Umwandlung einer Kapitalgesellschaft in eine Personengesellschaft ergibt sich gem. § 4 Abs. 4 UmwStG als Differenz zwischen dem Buchwert der untergehenden Anteile an der Kapitalgesellschaft und dem übertragenen Eigenkapital auf der Grundlage der fortgeführten (Buch-)Werte. Der Buchwert der bereits am steuerlichen Übertragungsstichtag zum Betriebsvermögen des übernehmenden Rechtsträgers gehörenden Anteile an der übertragenden Körperschaft ist nach § 4 Abs. 1 S. 2 UmwStG zum steuerlichen Übertragungsstichtag vor der Ermittlung des Übernahmegewinns um steuerwirksame Teilwertabschreibungen vorangegangener Jahre, die nicht rückgängig gemacht worden sind, sowie um steuerwirksame Abzüge nach § 6b EStG und ähnliche steuerwirksame Abzüge bis zum gemeinen Wert der Anteile gewinnwirksam zu erhöhen (Beteiligungskorrekturgewinn)[12]. Für die Anteile, die nicht bereits am steuerlichen Übertragungsstichtag zum Gesamthandsvermögen oder Sonderbetriebsvermögen der übernehmenden Personengesellschaft gehören, sieht § 5 UmwStG eine Einlagefiktion vor. Nur für die Ermittlung des Übernahmeergebnisses wird fingiert, dass die Anteile in das Betriebsvermögen der übernehmenden Gesellschaft eingelegt wurden. Die Anschaffungskosten dieser Anteile mindern das Übernahmeergebnis. Technisch ist die Einlagefiktion außerhalb der doppelten Buchführung zu erfassen. Es kommt also zu einer „außerbilanziellen Ermittlung" des Übernahmeergebnisses.

Beispiel: In der Praxis ist der Übernahmeverlust die Regel, wenn es sich nicht um eine Gründungsbeteiligung handelt, sondern der Anteil später erworben wurde und so die im Anteil liegenden stillen Reserven beim Erwerb bezahlt wurden.

2590 Ein **Übernahmeverlust** ist nach § 4 Abs. 6 S. 1 UmwStG **unbeachtlich**, soweit er auf eine Kapitalgesellschaft als Anteilseignerin der übernehmenden Personengesellschaft entfällt. Es kommt zu einer außerbilanziellen Hinzurechnung. Bei einer natürlichen Person gilt für den Übernahmeverlust das Teileinkünfteverfahren (§ 4 Abs. 6 S. 4 UmwStG), allerdings gedeckelt in Höhe des zu versteuernden Teils (also 60 %) aus der fiktiven Rücklagenausschüttung gem. § 7 UmwStG.

2591 Entsteht ein Übernahmegewinn, ist dieser außerbilanziell in voller Höhe zu kürzen, wenn er auf ein Körperschaftsteuersubjekt entfällt (§ 4 Abs. 7 S. 1 UmwStG); durch die Anwendung von § 8b KStG kommt es aber zu einer Besteuerung von 5 % des Übernahmegewinns. Einer natürlichen Person steht die außerbilanzielle Kürzung nur anteilig entsprechend dem Teileinkünfteverfahren zu (§ 4 Abs. 7 S. 2 UmwStG i.V.m. § 3 Nr. 40, § 3c EStG).

c) Fiktive Rücklagenausschüttung

2592 Soweit bei der übertragenden Kapitalgesellschaft **offene Reserven** (= steuerbilanzielle Gewinnrücklagen) vorhanden sind, gelten diese gem. § 7 UmwStG – fiktiv – als am steuerlichen Übertragungsstichtag an ihre Anteilseigner als ausgeschüttet (Einzelheiten vgl. Tz 07.01 – 07.09 UmwStE 2011). Anderenfalls drohte eine Besteuerungslücke, weil die von einer Kapitalgesellschaft erwirtschafteten Gewinne erst mit Ausschüttung einer

12 Bedeutung hat die Korrektur insbes. im Hinblick auf § 6b-Rücklagen (vgl. § 6b Abs. 10 EStG). Zur Vermeidung eines doppelten Abzugs bei Up-stream-Mergers, vgl. Tz 04.06-04.08 und das ausführliche Beispiel zur Berechnung des Übernahmeergebnisses in Tz 04.27 UmwStE 2011. Aufgrund des daneben bestehenden (vorrangigen) Wertaufholungsgebots in § 6 Abs. 1 Nr. 2 S. 3 EStG hat sich die Bedeutung des Beteiligungskorrekturgewinns in Bezug auf Teilwertabschreibungen an sich erledigt.

Besteuerung beim Gesellschafter unterliegen. Der Gewinn einer Personengesellschaft wird ihren Gesellschaftern hingegen unmittelbar steuerlich zugerechnet und kann daher von diesen grundsätzlich ohne weitere steuerliche Konsequenzen entnommen werden.

Nach der Subsidiaritätsklausel in § 20 Abs. 8 EStG liegen hinsichtlich der fiktiven „Dividende" beim Anteilseigner regelmäßig gewerbliche Einkünfte vor. Ist nämlich die übernehmende Personengesellschaft bereits zum steuerlichen Übertragungsstichtag an der übertragenden Körperschaft beteiligt (d.h. die Anteile gehören zum Gesamthands- oder zum Sonderbetriebsvermögen eines Gesellschafters der Übernehmerin) oder gelten die Anteile nach § 5 Abs. 1 UmwStG als zum steuerlichen Übertragungsstichtag dem Betriebsvermögen der Personengesellschaft zugeordnet, so befinden sich die Anteile jeweils bereits vor der Umwandlung im Betriebsvermögen der Übernehmerin. Gleiches gilt nach § 5 Abs. 2 UmwStG für Anteile, die nicht zum Betriebsvermögen eines Gesellschafters der Übernehmerin gehören, als diese als an diesem Stichtag in das Betriebsvermögen der Übernehmerin zu Anschaffungskosten eingelegt gelten. Es gilt also für natürliche Personen stets das Teileinkünfteverfahren für die Einkünfte nach § 7 UmwStG. **2593**

3. Umwandlung von Kapitalgesellschaft in Kapitalgesellschaft

a) Verschmelzung

Die Verschmelzung einer Kapitalgesellschaft auf eine andere Kapitalgesellschaft unterliegt weitgehend ähnlichen Grundsätzen wie die Verschmelzung einer Kapitalgesellschaft auf eine Personengesellschaft. Sie ist grundsätzlich steuerneutral möglich. Aufgrund des fehlenden Wechsels des Besteuerungskonzepts (es bleibt beim Trennungsprinzip) bedarf es keiner Vollausschüttungsfiktion der offenen Reserven. **2594**

Grundsätzlich muss die übertragende Körperschaft die stillen Reserven im übertragenen Vermögen aufdecken (§ 11 Abs. 1 UmwStG). Diese Aufstockung in der Steuerbilanz der übertragenen Körperschaft führt zum sog. **Übertragungsgewinn**. Der Übertragungsgewinn ist als laufender Gewinn voll steuerpflichtig. Der Übertragungsgewinn wird in der Steuerbilanz ermittelt und löst daher keine außerbilanzielle Korrektur aus. Gem. § 11 Abs. 2 UmwStG besteht allerdings ein **Wahlrecht zur Buchwertfortführung** (wie nach § 3 Abs. 2 UmwStG). Pensionsrückstellungen sind davon unabhängig gem. § 11 Abs. 1 S. 2 UmwStG stets mit dem Teilwert gem. § 6 EStG anzusetzen. **2595**

Dabei besteht keine Maßgeblichkeit der Handelsbilanz gem. § 24 UmwG für die steuerliche Übertragungsbilanz. Dies folgt aus der Zulässigkeit des Ansatzes zu Zwischenwerten (vgl. Tz 03.04 UmwStE 2011).

Hält die übernehmende Kapitalgesellschaft Anteile an der übertragenden Kapitalgesellschaft, kommt es (insoweit) zu einem **Übernahmegewinn/-verlust** (§ 12 Abs. 2 S. 1 UmwStG; vgl. Beispiel in Tz 12.06 UmwStE 2011): Bei (konzerninterner) Verschmelzung der Tochtergesellschaft auf die Muttergesellschaft (Up-stream-Merger) ist es der aufnehmenden Kapitalgesellschaft untersagt, eine Kapitalerhöhung vorzunehmen (§ 54 Abs. 1 S. 1 Nr. 1 UmwG für die GmbH, § 68 Abs. 1 S. 1 Nr. 1 UmwG für die AG). Der Übernahmegewinn/-verlust besteht daher aus der Differenz zwischen den (Buch-) Werten des übernommenen Vermögens und dem Buchwert der Anteile an dem übertragenden Rechtsträger, die durch die Verschmelzung untergehen, § 12 Abs. 2 i.V.m. § 4 Abs. 4 **2596**

UmwStG (ggf. zuzüglich eines Beteiligungskorrekturgewinns[13] aus notwendiger Wertaufholung gem. §§ 12 Abs. 2 i.V.m. 4 Abs. 1 S. 2 UmwStG). Ein Übernahmeverlust schlägt sich im Jahresüberschuss nieder und ist außerbilanziell wieder hinzuzurechnen. Auf einen Übernahmegewinn ist § 8b KStG anzuwenden. Ein Übernahmegewinn wird daher nur zu 95 % außerbilanziell gekürzt (§ 12 Abs. 2 S. 2 UmwStG i.V.m. § 8b KStG).

2597 Entsprechendes gilt bei einem **Side-step-Merger** zweier Schwestergesellschaften, wenn wahlweise (vgl. §§ 54 Abs. 2, 68 Abs. 2 UmwG) keine Kapitalerhöhung durchgeführt wird (vgl. Tz. 12.07 UmwStE 2011).

2598 Im Fall einer Verschmelzung **mit Kapitalerhöhung** ergibt sich ebenfalls ein Gewinn oder Verlust aus der Differenz zwischen dem im Kapitalerhöhungsbeschluss festgesetzten Ausgabebetrag der neuen Anteile und dem Wert, mit dem das eingebrachte Vermögen angesetzt wird. Übersteigt der erzielte Betrag i.S.d. § 272 Abs. 1 Nr. 1 HGB den festgesetzten Ausgabebetrag, ergibt sich ein Agiogewinn. Dieser ist steuerlich kein Ertrag, sondern eine Einlage und als solche außerbilanziell zu berichtigen.

2599 Erreicht der buchmäßige Wert der Einlage nicht den Ausgabebetrag, kommt es zu einem „Agioverlust“. In diesem Fall wurde die Aufdeckung der stillen Reserven in der Handelsbilanz dazu genutzt, um die Nennkapitalerhöhung darzustellen. In der Steuerbilanz kann jedoch kein anderes Nennkapital ausgewiesen werden als in der Handelsbilanz. Werden die stillen Reserven in der Steuerbilanz daher auch insoweit nicht aufgelöst, wie dies in der Handelsbilanz zur Bildung des Nennkapitals geschehen ist, hat die Steuerbilanz buchmäßig den Charakter einer Unterbilanz. Um dies zu vermeiden, ist in der Steuerbilanz ein entsprechender aktiver Ausgleichsposten (als steuerliches Minderkapital) zu bilden oder der Verlust kann mit steuerlichem Mehrkapital verrechnet werden.

2600 Der Übergang von **Verlustvorträgen** ist durch Verweis auf § 4 Abs. 2 S. 2, 3 UmwStG in § 12 Abs. 3 HS. 2 UmwStG ausgeschlossen. Eine Gestaltung durch Änderung der Verschmelzungsrichtung, nämlich auf die Verlustkapitalgesellschaft, ist hierbei durch § 8c Abs. 1 KStG erheblich eingeschränkt,[14] in diesem Rahmen aber nicht missbräuchlich.[15] Es bleibt eine mögliche Verlustnutzung durch step-up (Buch- bzw. Zwischenwertansatz bei der übertragenden Gesellschaft zur Verlustverrechnung mit dem Übertragungsgewinn).

b) Auf- und Abspaltung

2601 Die **Aufspaltung** einer Kapitalgesellschaft und die **Abspaltung** von Vermögen einer Kapitalgesellschaft werden gem. § 15 UmwStG weitgehend nach den Grundsätzen für die Verschmelzung behandelt, sind also grundsätzlich steuerneutral möglich (vgl. das Beispiel zum Ausgleich bei nichtverhältniswahrender Spaltung unter Rn. 2541). Die **Ausgliederung**, bei welcher der ausgliedernde Rechtsträger selbst die neuen Gesell-

13 Der steuerfreie Übernahmegewinn durch den Up-stream-Merger darf nicht dadurch erhöht werden, dass bereits früher steuerlich wirksame Abschreibungen auf die untergehende Beteiligung vorgenommen wurden, wenn diese im Übernahmezeitpunkt nach dem gemeinen Wert der Beteiligung nicht mehr gerechtfertigt sind (vgl. Tz 12.03 UmwStE 2011). Beachte aber die vorangegangene Fn.

14 Ab 25 % Anteilswechsel gehen Verlustvorträge anteilig unter (§ 8c Abs. 1 S. 1 KStG), ab 50 % vollständig (Satz 2); nur Konzernverschmelzungen sind unschädlich (Satz 5). Außerdem bleibt ein durch übertragene stille Reserven gedeckter Verlustvortrag bestehen (Satz 6). Ein Sanierungsprivileg ist in Abs. 1a von § 8c KStG bestimmt.

15 BFH, Urt. v. 18.12.2013 – I R 25/12.

schaftsanteile erhält (vgl. § 123 Abs. 3 UmwG), wird steuerrechtlich dagegen als Einbringung behandelt (§ 1 Abs. 1 S. 2 UmwStG).

Eine **steuerneutrale Auf- und Abspaltung** erfordert (anders als § 123 Abs. 1 und 2 UmwG) das Übergehen eines sog. Teilbetriebs und im Falle der Abspaltung darüber hinaus auch das Zurückbleiben eines Teilbetriebs (**doppeltes Teilbetriebserfordernis**; vgl. § 15 Abs. 1 S. 2 UmwStG). Teilbetrieb ist die Gesamtheit der in einem Unternehmensteil einer Gesellschaft vorhandenen aktiven und passiven Wirtschaftsgüter, die in organisatorischer Hinsicht einen selbstständigen Betrieb, d.h. eine aus eigenen Mitteln funktionsfähige Einheit, darstellen. Er umfasst alle funktional wesentlichen Betriebsgrundlagen sowie ihm nach wirtschaftlichen Zusammenhängen zuordenbaren Wirtschaftsgüter. § 15 Abs. 1 S. 3 UmwStG stellt einen Mitunternehmeranteil und eine 100 %-Beteiligung an einer Kapitalgesellschaft einem Teilbetrieb gleich. Zur Missbrauchsvermeidung gelten verschiedene Einschränkungen (§ 15 Abs. 2 UmwStG). **2602**

Für die Aufspaltung oder Abspaltung einer Kapitalgesellschaft auf eine Personengesellschaft gelten ergänzend zu § 15 die Vorschriften in §§ 3–8 und 10 UmwStG zu einer entsprechenden Verschmelzung (vgl. § 16 UmwStG).

4. Umwandlung einer Personengesellschaft in eine Kapitalgesellschaft, Ausgliederungen und Einbringungen in Kapitalgesellschaften

Die Umwandlung von Personengesellschaften durch Verschmelzung, Spaltung oder Formwechsel und generell die Ausgliederung von Vermögen aus jedwedem Rechtsträger in eine Personen- oder Kapitalgesellschaft werden in den §§ 20 ff. UmwStG als sog. Einbringungen behandelt (§ 1 Abs. 3 und Abs. 1 S. 3 UmwStG). **2603**

a) Einbringung in eine Kapitalgesellschaft

Einbringungen in eine Kapitalgesellschaft können entsprechend dem Anwendungsbereich der §§ 20 ff. UmwStG z.B. **Gesamtrechtsnachfolgen** durch Verschmelzungen (nur)[16] von Personen- auf Kapitalgesellschaften sein, aber auch Ausgliederungen aus Personen- oder Kapitalgesellschaften in eine Kapitalgesellschaft.[17] §§ 20 ff. UmwStG gilt aber eben auch für Einbringungen in **Einzelrechtsnachfolge**. **2604**

Beispiel: Die (untechnisch!) „formwechselnde" Umwandlung einer „GmbH & Still" (i.e. einer stillen Beteiligung an einer GmbH) in eine direkte Beteiligung des stillen Gesellschafters an der GmbH. Die stille Gesellschaft ist kein formwechselfähiger (sogar gar kein) Rechtsträger und auch sonst besteht insoweit keine Gesamtrechtsnachfolge.

---

16 Die Verschmelzung zweier Kapitalgesellschaften fällt unter § 11 UmwStG (vgl. § 1 Abs. 1 Nrn. 1, 4 UmwStG).

17 Zur Feststellung des persönlichen Anwendungsbereichs bei Einbringungen gem. §§ 20 ff. UmwStG (insbes. bei Beteiligung von EU-Auslandsgesellschaften) ist § 1 Abs. 4 UmwStG zu beachten, wonach lediglich der Anteilstausch (§ 1 Abs. 3 Nr. 5 UmwStG) nur der Beschränkung hinsichtlich des übernehmenden Rechtsträgers unterliegt, während die Einbringungsvorgänge nach § 1 Abs. 3 Nr. 1–4 zusätzlich auch der Beschränkung hinsichtlich des übertragenden Rechtsträgers bzw. des Einbringenden unterliegen. Relevant ist das für die Ausgliederung einer Beteiligung i.S.v. § 21 Abs. 1 S. 1 UmwStG, die sowohl als Gesamtrechtsnachfolge gem. § 123 Abs. 3 UmwG als auch als Einzelrechtsnachfolge durch Anteilstausch denkbar ist. Für sie findet dann ggf. trotz Gesamtrechtsnachfolge nicht § 1 Abs. 3 Nr. 2 UmwStG Anwendung, sondern die objektbezogene und daher speziellere Vorschrift in § 1 Abs. 3 Nr. 5 UmwStG.

2605 Die vollständige oder teilweise steuerneutrale Einbringung in eine Kapitalgesellschaft erfordert grundsätzlich, dass ein Betrieb, Teilbetrieb oder Mitunternehmeranteil (jeweils zusammen mit allen funktional wesentlichen Betriebsgrundlagen) gegen Gewährung von (neuen) Gesellschaftsanteilen übertragen wird (§ 20 Abs. 1 UmwStG). Außerdem muss die Buchwertfortführung greifen (§ 20 Abs. 2 UmwStG), um einen Einbringungsgewinn bei der übertragenden Personengesellschaft aus der Aufdeckung stiller Reserven zu vermeiden.

2606 Grundvoraussetzung für die Fortführung der Buchwerte ist die Gewährung neuer Gesellschaftsanteile durch die aufnehmende Kapitalgesellschaft (§ 20 Abs. 1 UmwStG). Dies kann im Rahmen der Gründung oder einer Kapitalerhöhung erfolgen. Möglich ist auch, die Kapitalgesellschaft bar zu gründen und die durch § 20 UmwStG begünstigte Sacheinlage als Aufgeld (Sachagio) zu erbringen[18].

Beispiel: Das Absehen von der Gewährung von Anteilen gem. §§ 54 Abs. 1 S. 3, 68 Abs. 1 S. 3 UmwG steht einer Buchwertfortführung daher von vornherein entgegen.

2607 Unschädlich ist im Anwendungsbereich der §§ 20 und 21 UmwStG allerdings, wenn der Einbringende neben den neuen Anteilen noch weitere Gegenleistungen, z.B. bare Zuzahlungen oder Gesellschafterdarlehen erhält (vgl. Tz 20.11 UmwStE 2011; anders in §§ 3 Abs. 2 S. 1 Nr. 3, 11 Abs. 2 S. 1 Nr. 3 UmwStG). Nur wenn der Wert der weiteren Gegenleistungen den Buchwert des eingebrachten Betriebsvermögens übersteigt, muss das eingebrachte Betriebsvermögen gem. § 20 Abs. 2 S. 4 UmwStG mindestens mit dem gemeinen Wert der zusätzlich gewährten Gegenleistung angesetzt werden, was dann zu einem Zwischenwertansatz führt.

2608 Bei Sacheinlagen nach den handelsrechtlichen Vorschriften, nämlich bei der Verschmelzung, der Aufspaltung bzw. Abspaltung von Personengesellschaften und generell bei der Ausgliederung nach § 123 Abs. 1 bis 3 UmwG, knüpft § 20 Abs. 6 S. 1, 2 UmwStG an die handelsrechtliche Rückbeziehung des Umwandlungsstichtags an. Der Tag, auf den der übertragende Rechtsträger die Schlussbilanz aufstellt, ist zugleich der steuerliche Einbringungsstichtag in den Fällen der Rückbeziehung nach § 20 Abs. 5 S. 1 UmwStG. Es ist nicht erforderlich, dass die übernehmende Gesellschaft zu diesem Zeitpunkt gesellschaftsrechtlich bereits existiert hat (Tz 20.15 i.V.m. Tz 02.11 UmwStE 2011).

2609 § 23 UmwStG regelt daran anschließend die Steuerfolgen auf der Ebene der übernehmenden Gesellschaft für die verschiedenen Einbringungsfälle i.S.d. §§ 20 und 21 UmwStG (auch für die Fälle des § 22 UmwStG). Die Steuerfolgen für die verschiedenen Einbringungsfälle werden in den Abs. 1, 3, 4, 5 und 6 des § 23 UmwStG geregelt und hängen entscheidend davon ab, ob die übernehmende Gesellschaft im Einbringungszeitpunkt für das eingebrachte Betriebsvermögen den bisherigen Buchwert (ggf. Anschaffungskosten), einen Zwischenwert oder den gemeinen Wert ansetzt.

Setzt die übernehmende Gesellschaft das eingebrachte Betriebsvermögen zum Buchwert an, so kann sie gem. § 23 Abs. 1 UmwStG i.V.m. § 4 Abs. 2 S. 3 UmwStG insb. die Vorbesitzzeiten des Einbringenden anrechnen und tritt über § 12 Abs. 3 S. 1 UmwStG darüber hinaus in die steuerliche Rechtsstellung des Einbringenden ein in Bezug auf das ein-

---

18 So BFH v. 7.4.2010 – I R 55/09, GmbHR 2010, S. 1104 = DStR 2010, S. 1780; s. auch UmwStE v. 11.11.2011, Rz. 20.09 i.V.m. 01.44.

gebrachte Betriebsvermögen. § 23 Abs. 3 und 4 UmwStG modifizieren das für Zwischen- und Teilwertansätze.

Erfolgt die Einbringung zum Buchwert, errechnet sich kein Einbringungsgewinn. Beim Ansatz von Zwischenwerten bzw. gemeinen Werten erzielt der Einbringende einen Gewinn, der nach den allgemeinen Vorschriften zu versteuern ist (Tz 20.25 bzw. 21.16 UmwStE 2011).

Eine Besonderheit ist der Einbringungsfolgegewinn, der aus der Konfusion von Forderungen und Verbindlichkeiten entsteht, die zwischen den an der Einbringung beteiligten Rechtsträgern bestanden und durch die Einbringung erlöschen. Ein Einbringungsfolgegewinn darf nach § 23 Abs. 6 i.V.m. § 6 Abs. 1 und 3 UmwStG durch eine gewinnmindernde Rücklage neutralisiert werden.

b) Nachgelagerte Besteuerung eines Einbringungsgewinns (Sperrfrist)

Soweit eine Einbringung zum Buchwert oder Zwischenwert erfolgt ist, unterliegen die **2610** im Rahmen der Einbringung erhaltenen (früher sog. einbringungsgeborenen) Anteile einer siebenjährigen Sperrfrist (§ 22 Abs. 1 UmwStG). Grund hierfür ist, dass die Anteile – anders als das übertragene Betriebsvermögen – an der übernehmenden Kapitalgesellschaft eventuell steuerbegünstigt veräußert werden können (vgl. § 8b Abs. 2 KStG)[19]. Dadurch soll insb. eine Ausgliederung nicht als steuerlich vorteilhaftes Gestaltungsmittel und Zwischenschritt einer Veräußerung genutzt werden können. Wenn und soweit die sperrfristbehafteten Anteile veräußert werden, kommt es rückwirkend zur Aufdeckung der stillen Reserven (sog. Einbringungsgewinn I; vgl. § 22 Abs. 1 S. 3 UmwStG). Zur Abmilderung dieser Besteuerungsfolge ist vorgesehen, dass sich der rückwirkend zu besteuernde Gewinn pro Jahr um jeweils ein Siebtel vermindert. Anders als früher betreffen die Rechtsfolgen nicht die Besteuerung der durch die Einbringung entstandenen Anteile, sondern (nachgelagert und zeitanteilig) den Einbringungsvorgang.

Einbringender Rechtsträger ist dabei derjenige, der die neuen Anteile erhält (Tz 20.02 **2611** UmwStE 2011). Bei Einbringungen durch Personengesellschaften sind danach nicht stets die Gesellschafter als Einbringende anzusehen. Entscheidend ist, ob die Personengesellschaft nach der Einbringung fortbesteht (so bei Abspaltung und Ausgliederung) oder nicht (Aufspaltung). Besteht die Personengesellschaft fort und stehen ihr die Anteile am übernehmenden Rechtsträger zu, gilt sie selbst als einbringender Rechtsträger (Tz 20.03 UmwStE 2011).

Beim Einbringungsgewinn I handelt es sich um einen Gewinn i.S.v. § 16 EStG. Die Ver- **2612** günstigungen nach § 16 Abs. 4 und 34 EStG kommen dabei allerdings nicht zur Anwendung (§ 22 Abs. 1 S. 1 UmwStG).

Damit es im Rahmen des Anteilsverkaufs zu keiner Doppelbesteuerung kommt, regelt § 23 Abs. 2 S. 1 bzw. S. 3 UmwStG, dass sich bei der übernehmenden Kapitalgesellschaft im Wirtschaftsjahr der Veräußerung der Anteile auf Antrag der Wertansatz für das übernommene Betriebsvermögen bzw. die Anschaffungskosten für die eingebrachten

19 § 8b KStG findet dabei nicht nur auf Gewinne aus der Veräußerung von Anteilen an anderen Kapitalgesellschaften durch Kapitalgesellschaften Anwendung, sondern aufgrund des Transparenzprinzips auch auf Veräußerungen durch Personengesellschaften, soweit an diesen eine Kapitalgesellschaft als Gesellschafter beteiligt ist.

Anteile um den versteuerten Einbringungsgewinn I erhöhen. Voraussetzung dafür ist, dass die Versteuerung des Einbringungsgewinns durch Vorlage einer Bescheinigung des zuständigen Finanzamts nachgewiesen wird. Führt der Einbringungsgewinn aufgrund von Verlustvorträgen zu keiner zusätzlichen Steuer, tritt an die Stelle der Bescheinigung der geänderte Verlustfeststellungsbescheid (Tz 23.12 UmwStE 2011).

c) Anteilstausch und andere Einbringungsgegenstände

2613 § 20 Abs. 1 UmwStG behandelt die Einbringung von (Teil-)Betrieben aus einer Personengesellschaft. Gehören können zum Betriebsvermögen eines (Teil-)Betriebs einer Personengesellschaft auch Anteile an einer Kapitalgesellschaft und werden diese mit den übrigen Wirtschaftsgütern dieses Teilbetriebs übertragen, gilt auch für sie § 20 UmwStG.

Beispiel: Gehören zum eingebrachten Teilbetrieb Anteile an der übernehmenden Kapitalgesellschaft, würden diese durch die Einbringung zu sog. eigenen Anteilen. Der Erwerb eigener Anteile unterliegt jedoch gesellschaftsrechtlichen Beschränkungen. Außerdem erhielte der Einbringende dafür wiederum Anteile an ihr. Ausnahmsweise brauchen solche Anteile daher nicht miteingebracht zu werden (Tz 20.09 UmwStE 2011). Sie haben dennoch als aus der Sacheinlage erhaltene Anteile zu gelten mit den Beschränkungen gem. § 22 Abs. 1 UmwStG.

2614 Der Anteilstausch gem. § 21 UmwStG betrifft die isolierte Einbringung von Kapitalgesellschaftsanteilen. Nach § 21 Abs. 1 S. 2 UmwStG rechnen zu den begünstigten Einbringungsobjekten (mit Möglichkeit der Buchwertfortführung) mehrheitsvermittelnde Anteile an Kapitalgesellschaften, d.h. wenn die übernehmende Gesellschaft nach der Einbringung nachweislich unmittelbar die Mehrheit der Stimmrechte an der erworbenen Gesellschaft hält (Tz 21.09 UmwStE 2011; sog. qualifizierter Anteilstausch) – gegen Gewährung von Gesellschaftsanteilen. Begünstigt sind dabei neben Anteilen im Betriebsvermögen auch Anteile im Privatvermögen gem. § 17 EStG sowie einbringungsgeborene Anteile i.S.v. § 21 Abs. 1 UmwStG a.F. (Tz 21.02 UmwStE 2011).

Beim Anteilstausch besteht keine Rückbeziehungsmöglichkeit auf einen früheren wirtschaftlich maßgeblichen Einbringungsstichtag (UmwStE 2011, Rn. 21.17).

2615 Ebenso wie bei der Einbringung nach § 20 UmwStG sieht § 22 Abs. 2 UmwStG auch beim qualifizierten Anteilstausch nach § 21 UmwStG gem. § 22 Abs. 2 UmwStG das Konzept der nachgelagerten Besteuerung der Einbringung vor (sog. Einbringungsgewinn II). Die nachträgliche Besteuerung nach § 22 Abs. 2 UmwStG tritt jedoch nur ein, soweit beim Einbringenden der Gewinn aus der Veräußerung der eingebrachten Anteile im Einbringungszeitpunkt nicht nach § 8b Abs. 2 KStG steuerfrei gewesen wäre. Eine Sperrfrist kommt vor diesem Hintergrund vor allem bei natürlichen Personen als Einbringende in Betracht. Für den Einbringungsgewinn II gilt im Übrigen das zum Einbringungsgewinn I Gesagte.

2616 Lediglich als eine Veräußerung nach § 6 Abs. 6 EStG gilt eine offene Sacheinlage durch Einbringung von einzelnen Wirtschaftsgütern in eine Kapitalgesellschaft gegen Gewährung von Gesellschaftsrechten. § 20 UmwStG geht der Einlage nach § 6 EStG zwar vor und bietet ebenfalls die Möglichkeit, außerhalb der Möglichkeiten des UmwG Wirtschaftsgüter zum Buchwert in eine Kapitalgesellschaft einzubringen. Danach kann eine Sacheinlage in eine Kapitalgesellschaft aber nur zu Buchwerten durchgeführt werden, wenn der Einbringende für die Sacheinlage Gesellschaftsrechte an der aufnehmenden GmbH erhält und er als Einlage einen Betrieb, Teilbetrieb oder Mitunternehmeranteil leistet.

Beispiel: In der Teilbetriebsvoraussetzung liegt meist ein Problem, wenn nur einzelne Wirtschaftsgüter eingebracht werden. Bilden die z.B. in einem anderen Betriebsvermögen zurückbehaltenen Wirtschaftsgüter eine wesentliche Betriebsgrundlage, so kann die Übertragung zu Buchwerten nicht auf § 20 UmwStG gestützt werden, weil für die Übertragung eines Betriebs oder Betriebsteils alle wesentlichen Betriebsgrundlagen übertragen werden müssen.

Besteht im Rahmen einer Betriebsaufspaltung das Betriebsvermögen einer Besitz-GbR nur aus einem Grundstück, handelt es sich isoliert betrachtet ebenfalls nicht um einen Teilbetrieb, denn sie wird nur vermögensverwaltend tätig. In diesem Fall gilt das Betriebsvermögen der Besitzgesellschaft allerdings immer als ein Betrieb i.S.v. § 20 UmwStG. Damit kann eine Betriebsaufspaltung u.a. durch Einlage des Vermögens aus der Besitzgesellschaft in die Betriebskapitalgesellschaft steuerfrei rückgängig gemacht werden. Eine Verschmelzung würde in diesem Fall ausscheiden, weil eine GbR nach § 3 UmwG kein verschmelzungsfähiger Rechtsträger ist.

Nur für Fälle des § 20 UmwStG besteht dann eine Möglichkeit zur Rückbeziehung auf **2617** einen früheren Einbringungsstichtag (§ 20 Abs. 6 S. 3 UmwStG). Die Einbringung einzelner Wirtschaftsgüter in eine Personengesellschaft ist prinzipiell ebenso gem. § 20 UmwStG möglich. Allerdings bestimmt § 6 Abs. 5 S. 3 EStG dafür ausdrücklich, dass die Einbringung zum Buchwert zu erfolgen hat, sodass ein Veräußerungsgewinn nicht entstehen kann.

d) Einbringung in eine Personengesellschaft (§ 24 UmwStG)

Die vollständige oder teilweise steuerneutrale Einbringung in eine Personengesellschaft **2618** (nämlich aus einer anderen Personengesellschaft oder durch Ausgliederung aus einer Personen- oder Kapitalgesellschaft) erfordert nach § 24 Abs. 1 UmwStG grundsätzlich, dass ein Betrieb, Teilbetrieb oder Mitunternehmeranteil (jeweils zusammen mit den funktional wesentlichen Betriebsgrundlagen) unter Begründung einer Mitunternehmerstellung des Einbringenden übertragen wird. Eine 100 % Kapitalbeteiligung wird (wie in § 15 Abs. 1 S. 3 UmwStG) in diesem Zusammenhang als Teilbetrieb akzeptiert (Tz 24.02 UmwStE 2011).

Beispiel: Zur Begründung einer stillen Beteiligung kann auch die Einbringung eines ganzen Betriebes, eines Teilbetriebes oder Mitunternehmeranteils vereinbart werden; das Wahlrecht des § 24 UmwStG gilt dann allerdings nur für einen atypisch stillen Gesellschafter, weil nur dieser weiterhin mitunternehmerisch beteiligt ist[20].

Der Antrag auf Buchwertfortführung bzw. Ansatz eines Zwischenwerts ist unter den **2619** Voraussetzungen des § 24 Abs. 2 UmwStG (vergleichbar zu § 20 Abs. 2 UmwStG) möglich und von der übernehmenden Personengesellschaft zu stellen. Für einen Einbringungsgewinn bei der übernehmenden Gesellschaft gilt § 23 UmwStG entsprechend (vgl. § 24 Abs. 4 UmwStG).

Beispiel: Das zum notwendigen Teilbetrieb gehörende Vermögen kann auch teilweise in das Sonderbetriebsvermögen des Einbringenden in der übernehmenden Personengesellschaft eingebracht werden (Tz 24.05 UmwStE 2011). So ist es etwa möglich, bei der Zusammenlegung zweier StB-Kanzleien (Gründung einer Sozietät) nur den Mandantenstamm in das Gesamthandsvermögen einzubringen, die als Firmensitz dienende Immobilie aus der einen Kanzlei dagegen in das Sonderbetriebsvermögen dieses Gesellschafters. Im Umfang, wie der Einbringende anschließend

---

20 BFHE 159, 410 = BStBl II 1990, 561.

an der aufnehmenden Personengesellschaft beteiligt ist, stellt sich eine Einbringung zu Werten über dem Buchwert (zwecks „Parität" der Kapitalkonten der Gesellschafter) insoweit als „Veräußerung an sich selbst" dar. Der Einbringungsgewinn ist in diesem Umfang dann nicht nach §§ 16, 34 EStG begünstigt (Verweisung auf § 16 Abs. 2 S. 3 EStG in § 24 Abs. 3 S. 3 UmwStG). Der betreffende Gesellschafter hat aber über eine positive Ergänzungsbilanz in Höhe der Aufstockungsbeträge künftig ggf. ein erhöhtes Abschreibungsvolumen.

2620 Nach § 24 UmwStG darf die übernehmende Personengesellschaft das eingebrachte Vermögen in ihrer Bilanz einschließlich der Ergänzungsbilanzen für ihre Gesellschafter mit seinem Buchwert im Zeitpunkt der Einbringung oder mit einem höheren Wert, höchstens mit dem gemeinen Wert ansetzen. Der Wert mit dem das eingebrachte Betriebsvermögen in der Bilanz der Personengesellschaft einschließlich der Ergänzungsbilanzen für ihre Gesellschafter angesetzt wird, gilt für den Einbringenden als Veräußerungspreis sowie als Anschaffungskosten der Gesellschaftsanteile (Wertverknüpfung).

Beispiel: Bei der Einbringung eines Betriebes usw. in eine Personengesellschaft werden vielfach die Buchwerte des eingebrachten Betriebsvermögens in der Bilanz der Personengesellschaft aufgestockt, um die Kapitalkonten der Gesellschafter im richtigen Verhältnis zueinander auszuweisen. Es kommt auch vor, dass ein Gesellschafter als Gesellschaftseinlage einen höheren Beitrag leisten muss, als ihm in der Bilanz der Personengesellschaft als Kapitalkonto gutgeschrieben wird. In diesen Fällen können die Gesellschafter der Personengesellschaft Ergänzungsbilanzen aufstellen, durch die die sofortige Versteuerung eines Veräußerungsgewinns für den Einbringenden vermieden werden kann. Die Ergänzungsbilanzen sind bei der künftigen Gewinnermittlung zu berücksichtigen und korrespondierend weiterzuentwickeln. Dabei kann sich z.B. gegenüber der Bilanz der Personengesellschaft für den einen Gesellschafter aus seiner (positiven) Ergänzungsbilanz ein zusätzliches AfA-Volumen, für den anderen Gesellschafter aus seiner (negativen) Ergänzungsbilanz eine Minderung seines AfA-Volumens ergeben.

2621 Eine Sperrfrist besteht nach § 24 Abs. 5 UmwStG allein für unter dem gemeinen Wert (mit-) eingebrachte Kapitalgesellschaftsanteile. Sie unterliegen einer siebenjährigen Veräußerungssperrfrist, vorausgesetzt der Einbringende hätte die Anteile nicht bereits genauso steuerbefreit (§ 8b Abs. 2 KStG) veräußern können, wie es im Rahmen einer Veräußerung durch die übernehmende Personengesellschaft möglich ist (nämlich, wenn an ihr eine Kapitalgesellschaft als Gesellschafter beteiligt ist).

e) Besonderheiten beim Formwechsel

2622 Obwohl zivilrechtlich beim Formwechsel (nach §§ 190 ff. UmwG) einer Personengesellschaft in eine Kapitalgesellschaft kein Vermögensübergang vorliegt, wird dieser *ertragsteuerlich wie eine Einbringung* behandelt, sodass die §§ 20 bis 23 UmwStG entsprechend anzuwenden sind (§ 25 S. 1 UmwStG; vgl. bereits § 1 Abs. 3 Nr. 3 UmwStG, weshalb § 25 UmwStG als reine Verweisungsvorschrift eigentlich überflüssig ist). Der Formwechsel ermöglicht eine Buchwertfortführung bzw. eine Aufstockung auf einen Zwischenwert oder den gemeinen Wert; Letzteres (nur) zur Verrechnung mit etwaigen gewerbesteuerlichen Verlustvorträgen der übertragenden Personengesellschaft. Ist wesentliches Betriebsvermögen im Sonderbetriebsvermögen (meist nur im Sonderbetriebsvermögen (SBV) I) vorhanden, muss dieses – zeitlich parallel – gesondert auf die aufnehmende GmbH übertragen werden (vgl. Tz 20.06 und auch 15.04 UmwStE 2011). Das Sonderbetriebsvermögen steht zivilrechtlich im Eigentum des Gesellschafters der formwechselnden Personengesellschaft und wird daher vom Formwechsel nicht erfasst. § 25 S. 1 UmwStG stellt aber eine Rechtsgrundverweisung auf die §§ 20–23 UmwStG dar und bezieht sich damit u.a. auf Teilbetriebsvoraussetzung bzw. einen (vollständigen)

Mitunternehmeranteil. Die Einbringung solchen wesentlichen Sonderbetriebsvermögens in Einzelrechtsnachfolge richtet sich dann unmittelbar nach § 20 UmwStG.

Beispiel: Scheitert die Buchwertfortführung bei einem Formwechsel (z.B., weil die formwechselnde Personengesellschaft steuerlich keine Mitunternehmerschaft ist oder nicht alle funktional wesentlichen Betriebsgrundlagen im Zusammenhang mit dem Formwechsel eingebracht werden), kann der Formwechsel als Anteilstausch nach § 21 UmwStG zu qualifizieren sein, wenn und soweit es sich bei dem Vermögen der formwechselnden Personengesellschaft um Anteiel an einer Kapitalgesellschaft handelt.

Sind beim Formwechsel mehrheitsvermittelnde Kapitalgesellschaftsanteile Bestandteil **2623** des übergehenden Betriebsvermögens, gehören diese zum steuerlichen Sacheinlagegegenstand „Mitunternehmeranteil". Wurde der Mitunternehmeranteil durch eine Kapitalgesellschaft eingebracht, ist ein späterer Gewinn aus der Veräußerung der durch die Umwandlung entstandenen Anteile insoweit gem. § 8b Abs. 2 KStG steuerfrei, als er auf die miteingebrachten Kapitalgesellschaftsanteile entfällt (vgl. § 22 Abs. 2 S. 1 UmwStG; insoweit liegt kein Einbringungsgewinn II vor).

§ 9 Insolvenzrecht

Hans Haarmeyer/Christoph Hillebrand

Übersicht

A. Ausgangspunkt der Insolvenz: Die Krise

I. Determinanten einer Krise

1. Krisenstadien

Der Ausgangspunkt für eine erfolgreiche Implementierung von Sanierungsmaßnahmen ist, sich zuvor und währenddessen mit den Krisenstadien genau auseinanderzusetzen, da nur eine stadiengerechte Sanierung dauerhaft erfolgsversprechend ist. 2624

Strukturell unterscheiden sich im Wesentlichen drei Krisenstadien: die strategische Krise, die Erfolgskrise und die Liquiditätskrise.[1]

1 Weiterführende Literatur: *Hermanns*, in: Buth/Hermanns, Restrukturierung, Sanierung, Insolvenz, 4. Aufl. 2014, § 6 Rn. 15–18; *Axhausen/Rieser*, in: Beck'sches Handbuch der GmbH, 5. Aufl. 2015, § 15 Rn. 28–49.

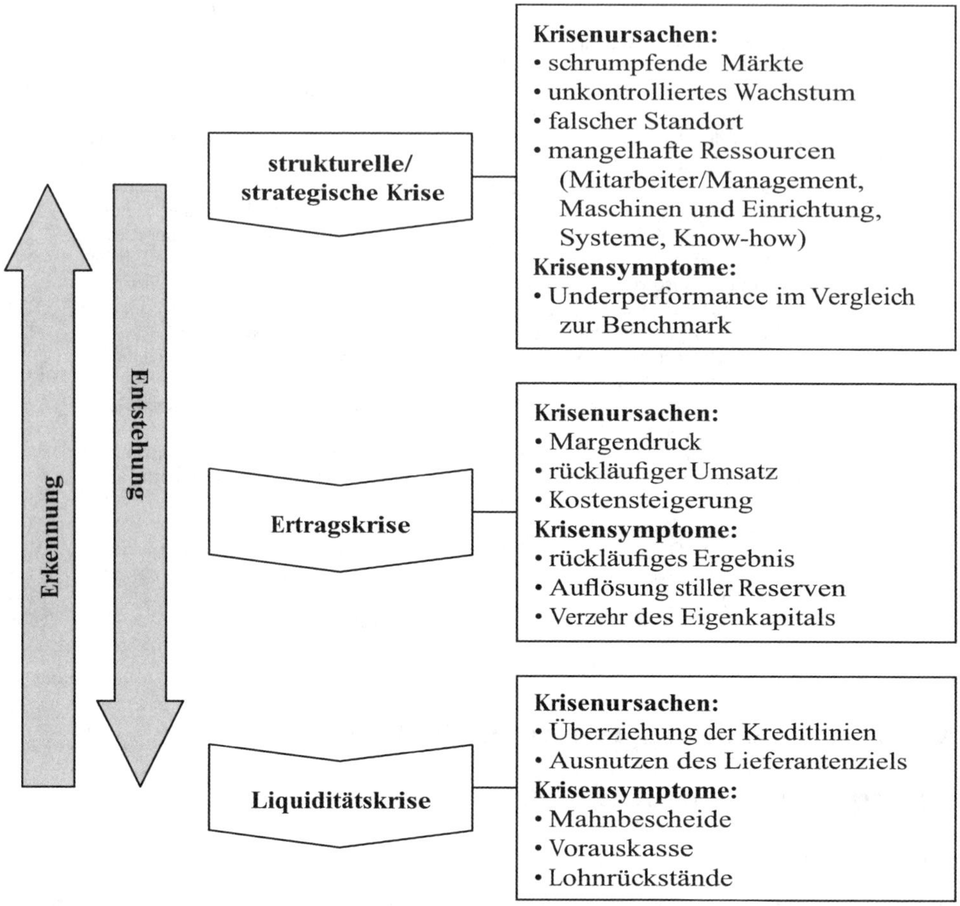

Schaubild: Krisenstadien (Quelle: Niering/Hillebrand, Wege durch die Unternehmenskrise, 4. Aufl. 2020)

Die Krisenstadien bauen aufeinander auf. Die zeitliche Abfolge ist den nachstehenden Ausführungen zu entnehmen.

a) Die strategische Krise

2625 „Dreh- und Angelpunkt“ einer jeden Krise ist die strategische Krise. Kennzeichnend für dieses Stadium ist, dass das Management nicht engagiert und gewissenhaft handelt.

2626 Als „Strategie“ versteht sich im unternehmerischen Sinne ein langfristig ausgerichtetes Anstreben eines Ziels. Dabei handelt es sich um einen Zeitraum von drei bis fünf Jahren, der die Grundlage für zukünftige Unternehmenserfolge bilden sollte. Gelingt eine solche Strategie nicht, sind unternehmerische Fehlentscheidungen die Folge. Dann verschlechtert sich über kurz oder lang die Ertrags- und Liquiditätssituation, was im „worst case“ existenzbedrohende Auswirkungen hat. Trügerisch ist, dass diese Nachlässigkeiten nur als vorübergehend identifiziert werden, obwohl sie zu sinkenden Erträgen führen. Typisch ist, dass Veränderungen in der Vermögens-, Finanz- und Ertragslage in diesem

Stadium nicht hinterfragt werden. Langfristig wirkende Erfolgspotenziale des Unternehmens, wie etwa umsatzstarke Produkte, qualifizierte Mitarbeiter oder ein funktionierendes Vertriebsnetz, sind gestört oder zerstört, wodurch ein Verlust an Wettbewerbsfähigkeit eintritt.[2] Die strategische Krise kann daher auch oft der Ursprung einer Insolvenz sein, ohne dass dies auf den ersten Blick erkennbar ist. Die Verschlechterung des Ertrags und dem folgend die Liquiditätssituation, die zum Teil existenzbedrohende Auswirkungen der unternehmerischen Fehlentscheidungen sind, kommen erst viel später zu Tage. Fehlende Neu- oder Weiterentwicklung von Produkten, die Konzentration auf einen oder nur wenige Großkunden oder die unzureichende Marktbeobachtung sind häufig auftretende Fehler. Bei der fehlenden Neuentwicklung von Produkten oder Dienstleistungen bzw. deren fehlender Weiterentwicklung stellt sich die strategische Krise meistens spiegelbildlich in geringeren Marktanteilen oder einer rückläufigen Betriebsleistung dar. Die Weltwirtschaftskrise hat verdeutlicht, wie drastisch sich strategische Krisen und Fehler mit einem Schlag nicht nur zu einer Erfolgs-, sondern oftmals zu einer dramatischen oder sogar existenzvernichtenden Liquiditätskrise entwickeln können. Unternehmen, die ihre Angebotspalette im Wesentlichen nur auf einen Auftraggeber ausgerichtet haben, sind besonders gefährdet. Etwa outgesourcte Unternehmensteile größerer Konzerne, die nach dem Outsourcing keine neuen Kunden akquirieren konnten, oder auch Bauunternehmen, die nahezu ausschließlich nur für einen Auftraggeber, etwa einen Bauträger, arbeiten, sind betroffen. Ist der Hauptauftraggeber krisen- oder insolvenzbehaftet, nimmt er eine neue strategische Ausrichtung vor oder ordnet er einen Auftragsstopp an, wirkt sich dies unmittelbar und meistens auch zeitnah auf das in dem Fall strategisch falsch ausgerichtete Unternehmen aus. Die strategische Krise entwickelt sich weiter zur Erfolgs- und Liquiditätskrise.

Ein „ordentlicher Kaufmann“ setzt sich frühzeitig und zeitnah mit der Situation seines Unternehmens auseinandersetzt, um eine strategische Krise frühzeitig zu erkennen und mit Gegenmaßnahmen zu reagieren. Dafür benötigt er eine Unternehmensplanung[3], die als integrierte Unternehmensplanung alle Unternehmensbereiche aufzeigt und ein frühzeitiges Reagieren ermöglicht. **2627**

b) Erfolgskrise

Die Erfolgskrise wird im Gegensatz zur strategischen Krise durch sinkende Jahresergebnisse, eine schrumpfende Eigenkapitalquote und damit eine stärkere Fremdfinanzierung deutlich. Die Veräußerung von nicht betriebsnotwendigem Betriebsvermögen oder die Auflösung von Rückstellungen als Rettungsversuche führen lediglich zu kurzfristigen Ertragssteigerungen. Die Erfolgskrise wirkt sich nicht nur negativ auf das Ergebnis für die Gesellschafter aus, sondern alarmiert regelmäßig auch die beteiligten Banken und Kreditversicherer. Die Erfolgskrise stellt sich letztendlich regelmäßig – wie anfangs bei der strategischen Krise erwähnt – als die logische Konsequenz strategischer oder unternehmerischer Fehlentscheidungen dar. Wenn erst in diesem Stadium der Negativentwicklung entgegengewirkt wird, bedeutet dies, dass bereits wertvolle Zeit verstrichen ist. Eine erfolgreiche Sanierung ist zwar noch möglich, aber die Entwicklung und Umsetzung der Sanierungsmaßnahmen stehen dann bereits unter einem massiven Zeitdruck. Dieser Zeit- und Handlungsdruck steigt an, wenn insb. die Unternehmen die Ergebnisse **2628**

2 *Müller*, Krisenmanagement in der Unternehmung, 2. Aufl. 1986, S. 25 f.

3 BDU, Grundsätze ordnungsgemäßer Planung (GoP), Version 2.1, 3. Aufl. 2009, S. 6 ff.

der eigenen Controllinginstrumente etwa in Form der monatlichen BWA (betriebswirtschaftliche Auswertung) ignorieren oder aber sich erst aufgrund der von Dritten erarbeiteten Jahresabschlüsse auf die eingetretene Situation eingehen. Dann steht das Unternehmen schon kurz vor oder ist bereits in einer Liquiditätskrise.

c) Liquiditätskrise

2629 Kennzeichnend für die darauffolgende Liquiditätskrise ist zumeist die kontinuierliche Ausschöpfung eingeräumter Kreditlinien oder die Überschreitung eingeräumter Zahlungsziele. Der sog. negative Cashflow führt zu Liquiditätsengpässen. Regelmäßig wird erst jetzt der Ernst der Lage erkannt, da nun die Banken weitere Kreditgewährungen verweigern. Im „worst case" kann die Liquiditätskrise auch schon erheblichen Einfluss auf den Geschäftsbetrieb haben, wenn beispielweise Lieferanten nicht mehr liefern wollen und/oder die Weiterbelieferung entweder vom Ausgleich fälliger Forderungen oder von einer Zahlung auf Vorkasse abhängig machen. Dann steht das Krisenunternehmen am Scheidepunkt, an welchem die Verantwortlichen zu entscheiden haben, ob das Unternehmen aus sich selbst heraus überlebt oder ggf. die Insolvenz ein letzter „Rettungsanker" ist. Die gesetzlichen Vorschriften, wie bspw. die Insolvenzantragspflicht gem. § 15a InsO und die fehlende Kreditwürdigkeit bei Banken und Lieferanten zwingen das Unternehmen zu „blitzartigem" Handeln und radikalen Maßnahmen, um die Insolvenz noch abzuwenden. Interveniert die Geschäftsleitung dagegen nicht, wird äußerst wahrscheinlich Insolvenz eintreten.

2630 Die Literatur und Praxis kennen noch weitere Krisenstadien: die Stakeholder- sowie die Produkt- und Absatzkrise, die im Sinne eines Gesamtkrisenszenarios zu beachten sind.

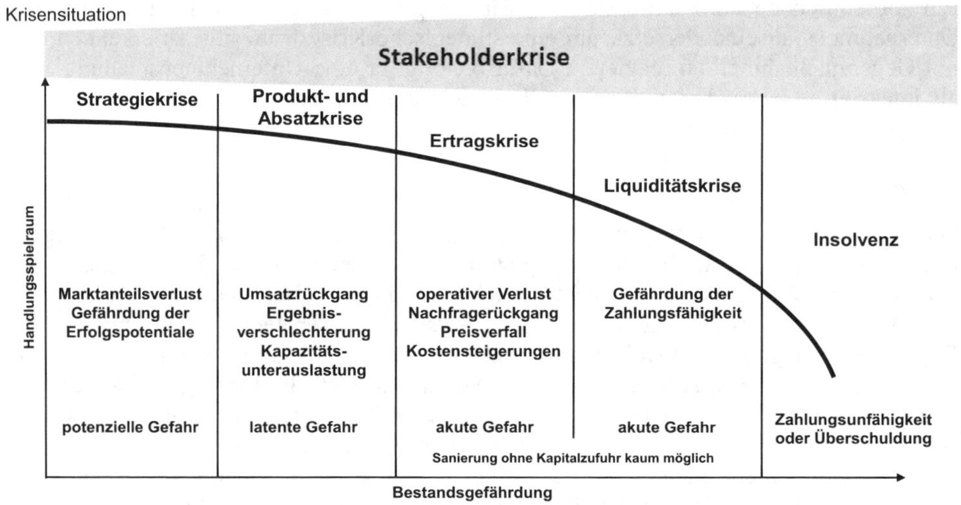

Schaubild: Stakeholderkrise

2631 Bei der Stakeholderkrise ist ein verändertes Führungsverhalten des Managements, der Gesellschafter sowie der Überwachungsorgane (Beirat, Aufsichtsrat) kennzeichnend, die zu Konfliktsituationen unter den vorgenannten Gruppen führen und den Krisenbildungsprozess verstärken. Dabei wird oft das Unternehmensleitbild verworfen und die Unternehmenskultur vernachlässigt. Insofern siedelt sich die Stakeholderkrise vor der Strategiekrise an.[4]

Zwischen strategischer Krise und der Erfolgskrise bildet sich noch die Produkt- und Absatzkrise heraus. Für diese ist eine rückläufige Nachfrage nach Produkten des Unternehmens typisch, die aus Sortimentsschwächen, unzureichenden Vertriebskanälen sowie Einbußen in der Qualität resultiert.[5] **2632**

2. Krisenursachen

Eine sachgemäße Ursachenforschung ist äußerst wichtig, damit die Krise nicht erst in einem akuten Krisenstadium erkannt wird und ausreichend Zeit zur Verfügung steht. Eine **Krisenursachenanalyse** befasst sich damit, wie die Krise zustande gekommen ist. Die Krisenursachen stellen spiegelbildlich die im Unternehmen vorhandenen Risikofaktoren dar. Dabei sind Art, Umfang und Komplexität dieser Risikofaktoren vielfältig von individuellen bis allgemeinen Risikofaktoren abhängig. **2633**

Grundsätzlich ist zwischen endogenen und exogenen Krisenursachen zu differenzieren. Bei endogenen Krisenursachen handelt es sich um im Unternehmen selbst entstandene Ursachen, wie bspw. nicht wettbewerbsfähige Produkte, Fehlkalkulationen oder Qualitätsmängel. Exogene Krisenursachen sind Ursachen, die von außerhalb auf das Unternehmen einwirken,[6] etwa rechtliche Veränderungen oder auftretende Rohstoffmängel. **2634**

Von Banken werden als Indikatoren für eine negative Entwicklung folgende Krisenursachen herangezogen, die mit nach außen erkennbaren Symptomen auftreten: **2635**

- fehlende Investitionsbereitschaft,
- Veränderungen der Zahlungsweise,
- erheblicher Anstieg der Lieferantenverbindlichkeiten,
- erheblicher Anstieg von Kundenforderungen/Vorräten,
- verminderte Kapitalausstattung und verminderte Ertragskraft.

Liegen solche Indikatoren vor, ist es üblich, dass die Banken zusätzliche Sicherheiten von der Unternehmensleitung einfordern oder die Einreichung von Sanierungsgutachten verlangen, die das Fortbestehen des Unternehmens nachweisen.

Zentral für eine erfolgreiche Sanierung ist, wie bei jeder „Krankheit" die wahren Krisenursachen zu ermitteln. Das „Herumdoktern" an Krisensymptomen ist nur kurzzeitig erfolgsversprechend. Zunächst sind Ursache-Wirkungs-Ketten ggf. auf verschiedenen Unternehmensstufen herauszufinden und zu analysieren. Im nächsten Schritt werden die Ursachen gewichtet. Dann wird eine Ursachenhierarchie gebildet, um an den entscheidenden, sanierungsbedürftigen Punkten ansetzen zu können. **2636**

---

4 Vgl. allgemein zum Begriff Stakeholder: *Schuppisser*, Stakeholder Management, 1. Aufl. 2002, S. 3 ff.; weitere Literatur zur Stakeholderkrise: *Hermanns*, in: Buth/Hermanns, Restrukturierung, Sanierung, Insolvenz, 4. Aufl. 2014, § 6 Rn. 15–18.

5 FAQ IDW S6, Fragen zu Abschnitt 1; *Hermanns*, in: Buth/Hermanns, Restrukturierung, Sanierung, Insolvenz, 4. Aufl. 2014, § 6 Rn. 15–18.

6 Vgl. *Uhlenbruck/Zipperer*, in: Uhlenbruck, InsO, 15. Aufl. 2019, § 156 Rn. 8.

2637 Das nachfolgende Beispiel soll die verschiedenen Ursache-Wirkungs-Ketten verdeutlichen:

Beispiel: Die Unternehmensführung ist der Meinung, dass die Liquiditätskrise allein auf dem Ausfall einer Forderung eines größeren Kunden beruhe. Welche Fragen hierbei bedeutsam seien können, zeigt der nachstehende Fragenkatalog:

- Ist im Unternehmen eine aussagefähige Offene-Posten-Buchhaltung vorhanden?
- Bestehen Mechanismen im Unternehmen, wenn Zahlungsziele nicht verwirklicht werden können?
- Welche Informationsmechanismen sind implementiert, wenn Zahlungsziele in einem bestimmten Umfang überschritten werden?
- Wer ist verantwortlich und entscheidet, wie mit überschrittenen Zahlungszielen umgegangen wird?
- Wer wird informiert, wenn Zahlungsziele überschritten werden? In Betracht kommen hier der Vertrieb, die Produktion etc. Und wenn ja, erfolgt dies automatisch?
- Existiert ein Lieferungs-/Dienstleistungsstopp, wenn die Zahlungsziele überschritten sind?
- Wird die Geschäftsführung/Buchhaltung vom Vertrieb/Außendienst über wirtschaftliche Schwierigkeiten der Kunden informiert?
- Werden die Kundenbeziehungen permanent im Auge behalten, um bei Negativentwicklungen intervenieren zu können?
- Ist ein Plan vorhanden, wie auf die Krise eines Kunden reagiert wird? Wie werden Ansprüche sichergestellt oder welche Stundungs- und Ratenzahlungsvereinbarungen sind sinnvoll?
- Gibt es einen allgemeingültige Verhaltenskodex, wie mit einem krisenbehafteten Kunden verfahren wird?
- Verfügt das Unternehmen über detaillierte Planungsunterlagen, um bei Fehlentwicklungen bspw. dem Ausfall einer Kundenforderung, sofort gegensteuern zu können?
- Ist eine zeitnahe Finanzbuchhaltung im Unternehmen vorhanden?
- Wird aus der Finanzbuchhaltung auf Wochen- bzw. Monatsbasis eine Zukunftsplanung gegliedert nach Rentabilitäts- und Liquiditätsplanung aufgestellt?

Dieser **Fragenkatalog** soll darstellen, dass es niemals einen einzigen Grund oder nur wenige Gründe für eine Krisenursache gibt, sondern immer die Interaktion mehrerer Gründe für eine Unternehmenskrise ursächlich ist. Folgende Ursachen-Wirkungskette ist festzuhalten: Hätten die Sicherungsmechanismen gegriffen, wäre der Ausfall der Kundenforderung für das Unternehmen mit Sicherheit negativ, aber nicht existenzbedrohend gewesen.

2638 Es empfiehlt sich daher, einzelne **Krisenursachen in ihrer Wechselwirkung** zu analysieren. Werden Schwachstellen ignoriert oder verharmlost, führt dies früher oder später zum Scheitern des gesamten Sanierungsprozesses. Es sind dabei alle Unternehmensbereiche (die überbetrieblichen, die zwischenbetrieblichen wie auch die innerbetrieblichen Unternehmensbereiche) zu analysieren, zu strukturieren und zu bewerten. Zentral ist, dass die Suche vorbehaltlos unter Einbeziehung aller Beteiligten durchgeführt wird. Dabei ist die Vorbehaltlosigkeit der Mitarbeiter und der Unternehmensleitung unabdingbar für eine erfolgreiche Analyse. Ansonsten suchen sie die Ursachen nicht bei sich selbst, sondern im Markt, bei wenig flexiblen Mitarbeitern oder einer allgemein zurückgehenden Konjunktur. Nicht selten sind die für die Ursachenanalyse Verantwortlichen Teil der Krisenursache selbst. Dass „der Bock zum Gärtner“ gemacht wird, soll durch den betrauten Steuerberater/Wirtschaftsprüfer/Rechtsanwalt unterbunden werden, indem er aufgrund seiner Unternehmenskenntnisse oder aber auch allein aufgrund seiner externen Sichtweise auf die erforderliche Offenheit der Ursachenforschung drängt.

3. Krisenverantwortung

Im Rahmen einer Unternehmenskrise ist die essenzielle Frage nach der **Verantwortung** 2639
bzw. den Verantwortlichen von der wenig sinnvollen Schuldzuweisung zu unterscheiden. Ein erster Schritt aus der Krise ist die Suche nach den Verantwortlichen. Von Dritten wird meistens der Unternehmer oder das Management für die Unternehmenskrise verantwortlich gemacht. Der Unternehmer und das Management werden diese Schuldzuweisungen mit veränderten Marktbedingungen oder externen Einflüssen oder von ihnen vorgefundenen und nicht ohne Weiteres veränderbaren Unternehmens- bzw. Produktionsstrukturen von sich weisen. Beides ist sicherlich berechtigt, dennoch belegen wissenschaftliche Untersuchungen/statistische Erhebungen, dass rund zwei Drittel der existenzbedrohenden Krisen auf Managementfehler zurück zu führen sind.[7]

Typisch sind **fehlende Marktbeobachtungen** und falsche Ausrichtungen des **Produktions- bzw. Dienstleistungsangebots**. Die lahmende Konjunktur oder ein plötzlicher Ausfall eines Großkunden als Rechtfertigung lenkt von eigenen Schwächen ab. Solche Entwicklungen fallen nicht „vom Himmel“, sondern zeichnen sich vorher ab. 2640

Beispiel: Als Zulieferer von Fördertechnik im Braunkohletagebau muss man wachsam sein, ob neue Abbaugebiete genehmigt werden oder politische Rahmenbedingungen sich verändern. Dagegen sind Ereignisse wie der 11.9.2001 oder die Folgen der *Lehman-Krise* von ihrer weltpolitischen und wirtschaftlichen Auswirkung die große Ausnahme und stellen nur Krisenbeschleuniger dar. Die zentrale Aufgabe des Managements ist daher die rechtzeitige Vorsorge vor zu geringer Kapitalausstattung, einseitiger Marktausrichtung und vorhandenen Überkapazitäten sicherzustellen.

Vom Berater wird ein besonderes Spitzenfingergefühl verlangt, wenn das Kernproblem 2641
der Krise in der Person der Unternehmensleitung ursächlich ist. Man muss sich klar machen, dass die besten Sanierungsansätze scheitern, wenn in einer solchen Situation nicht gleichzeitig auch die Unternehmensleitung wenigstens ergänzt oder ausgewechselt wird. Der Berater muss sich zwingend fragen, ob die Unternehmensleitung auf Dauer in der Lage ist, nicht nur den Sanierungsprozess zu unterstützen, sondern diesen auch dauerhaft fortzuführen. Eine schwierige Konfliktsituation entsteht, wenn bei einem inhabergeführten Unternehmen die Unternehmensleitung der unmittelbare Ansprechpartner/der Mandant ist und gleichzeitig nur ein Wechsel in der Unternehmensleitung einen erfolgreichen Sanierungsprozess ermöglichen wird. In der Regel wird die Unternehmensleitung dies nicht so beurteilen und eine Selbstbeschuldigung ohne Widerstand direkt hinnehmen. Der Berater gerät in eine schwierige psychologische Situation, weil ein zu nachgiebiges Auftreten gegenüber der Unternehmensleitung eine Gefahr für den Sanierungsprozess darstellt und ein zu direkter Hinweis auf die unternehmerischen Fehlentscheidungen häufig zur Beendigung des Mandats führt. Für diese Konfliktsituation gibt es häufig keine hundert prozentig zufriedenstellende Lösung. Wichtig ist sich als Berater klarzumachen, dass es essenziell für eine erfolgreiche Sanierung ist, den richtigen Zugang zur Unternehmensleitung zu finden. Ratsam ist es, sich zur Begründung seiner Vorgehensweise an den Forderungen der beteiligten Banken oder Großgläubiger zu orientieren, die ihre Unterstützung häufig von einem baldigen Wechsel der Unternehmensleitung oder einem Verkauf des Unternehmens abhängig machen. Selbst wenn die Unternehmensleitung nicht von vorneherein auf die Vorschläge des Beraters reagiert, wird bei ihr ein Denkprozess angeregt, den der Berater aktiv und damit gestaltend insb. in Bezug auf die Frage „Sanieren oder zerschlagen?“ begleiten soll. In dieser Phase

7 *Niering/Hillebrand*, Wege durch die Unternehmenskrise, 4. Aufl. 2020, S. 10.

muss der Berater der Unternehmensleitung verdeutlichen, welche Konsequenzen mit einem Verbleiben der bisherigen Unternehmensführung einhergehen. Anders als bei seinem Bemühen um den Erhalt des Unternehmens muss er dann in erster Linie auf die Person der abzulösenden Unternehmensleitung und diese bezüglich deren persönliche Interessenlage beraten. Dabei muss der Berater selbst über genügend Kenntnisse für eine sachgerechte Krisenanalyse verfügen und seine Nähe zum Unternehmen bzw. Unternehmer einem professionellen Vorgehen nicht entgegenstehen. Im Zweifel muss er das Mandat niederlegen bzw. einen sachkundigen Dritten heranziehen.

4. Krisenfrüherkennung

2642 Wird eine Krise frühzeitig erkannt, wird der Aufwand für eine Beseitigung der Krise so gering wie möglich gehalten. Massenweise haben Untersuchungen jedoch belegt, dass die Krisensymptome vom Krisenmanagement oft viel zu spät wahrgenommen und adäquate Maßnahmen zur Abwendung der Krise getroffen werden. Die durchschnittliche Krisenreaktionszeit liegt erfahrungsgemäß bei weniger als zwei Jahren, wobei viele Unternehmen auch rund zwei Jahre nicht reagieren. Man kann festhalten, dass große Unternehmen grundsätzlich schneller einer Krise als mittelständische Unternehmen entgegentreten. Es muss sich vor Augen geführt werden, dass eine Unternehmenssanierung durchschnittlich zwischen zwölf und achtzehn Monate beansprucht. Der Faktor „Zeit“ ist daher maßgeblich für eine erfolgreiche Sanierung.[8] Es gilt grundsätzlich, dass je schneller auf die Krise reagiert wird, desto größer der Handlungsspielraum für das Management und desto kürzer die Dauer der Sanierung ist.

2643 Ein qualifizierter Berater kann selbst bei komplexen Krisenursachen nachträglich noch die Ursachen und die dafür Verantwortlichen identifizieren. Somit stellt sich die Frage nach der Möglichkeit der Krisenfrüherkennung. Vordergründig geht es nicht um eine wissenschaftliche Diskussion, sondern um ein Bedürfnis aller internen und externen Beteiligten, das auch der Gesetzgeber kodifiziert hat.

2644 Für die Aktiengesellschaft ist dies im „Gesetz zur Kontrolle und Transparenz im Unternehmensbereich“, KonTraG, bzw. in § 91 Abs. 2 AktG geregelt. Die wechselseitigen **Pflichten für Vorstand und Aufsichtsrat** stellen sich wie folgt dar: Die §§ 90 f. AktG übertragen zunächst dem Vorstand Berichts-, Buchführungs- und Überwachungspflichten. Danach muss der Vorstand in regelmäßigen Zeitabständen den Aufsichtsrat über die gegenwärtige und zukünftige Vermögens-, Finanz- und Ertragslage der Unternehmung sowie wesentliche Einzelmaßnahmen informieren. Dem Aufsichtsrat wird in diesem Zusammenhang gem. § 111 AktG eine Überwachungs- und Beratungsfunktion auferlegt. Der deutsche Corporate Governance Kodex fordert eine gemeinsame und enge Zusammenarbeit des Vorstands und Aufsichtsrats zum Wohle des Unternehmens. Vorstand und Aufsichtsrat haben dabei die Regeln ordnungsgemäßer Unternehmensführung zu berücksichtigen. Neben der Berichtspflicht des Vorstands gem. § 90 AktG besteht spiegelbildlich eine Einforderungs-, Plausibilisierungs- und Ergänzungspflicht des Aufsichtsrats. Dieses **„Risikofrüherkennungssystem“** ist ein Instrument, das die Krisensituation rechtzeitig erkennen soll, um zielgerichtet gegensteuern zu können. Der Aufsichtsrat ist dazu verpflichtet, dass ein solches Überwachungssystem gem. § 91 Abs. 2 AktG eingerichtet wird. Er kann sich nicht mit dem Argument entziehen, dass er aus-

8 *Mausbach*, NWB-BB 8/2015, 241.

schließlich auf die Verpflichtung des Vorstands hinweist. Der Aufsichtsrat hat aktiv eine Berichtsdarstellung einzufordern, da er sonst die Aufgaben eines ordentlichen und gewissenhaften Aufsichtsrats nicht erfüllen kann. „Von dem organschaftlichen Vertreter wird erwartet, dass er sich über die wirtschaftliche Lage der Gesellschaft stets vergewissert. Hierzu gehört insb. die Prüfung der Überschuldung und der Zahlungsunfähigkeit. Er handelt daher fahrlässig, wenn er sich nicht rechtzeitig die erforderlichen Informationen und die für die Insolvenzantragspflicht erforderlichen Kenntnisse verschafft".[9] Der Aufsichtsrat „muss sich ein genaues Bild von der wirtschaftlichen Situation der Gesellschaft verschaffen und insb. in einer Krisensituation alle ihm nach §§ 90 Abs. 3, 111 Abs. 2 AktG zur Verfügung stehenden Erkenntnisquellen ausschöpfen".[10]

Das Gesetz macht allerdings keine Ausführungen zum Begriff der „Krise". Wann rechtlich eine Krise besteht, wird auch nicht ausgeführt. Damit stellt sich die Frage, welche **Indizien** auf eine Krisensituation in einem Unternehmen hinweisen? Als alarmierendes internes Krisenfrüherkennungszeichen gilt der hälftige Verlust des Stamm- bzw. Grundkapitals (§ 49 Abs. 3 GmbHG; § 92 Abs. 1 AktG). In einem solchen Fall bedarf es der Einberufung einer Gesellschafter- bzw. Hauptversammlung. In rechtlicher Hinsicht stellt dies einen Hinweis auf eine Krise des Unternehmens dar.

Weitergehende Anforderungen betreffen **einzelne Wirtschaftszweige**. Der Banken- und **2645**
Versicherungssektor hat bspw. den von der Bundesanstalt für Finanzdienstleistungsaufsicht (BaFin) herausgegebenen Mindestanforderungen an das Risikomanagement zu genügen. Dabei handelt es sich um Konkretisierungen für ein umfassendes, angemessenes und wirksames Risikomanagement unter Berücksichtigung der Risikotragfähigkeit. Insb. wird die Festlegung von Strategien sowie der Einrichtung interner Kontrollverfahren fokussiert.

Der Gesetzgeber fordert darüber hinaus die Festlegung der Unternehmenspolitik bzw. **2646**
die strategische Ausrichtung. Dieses frühzeitig einzusetzende Risikomanagementsystem teilt sich in ein internes Überwachungssystem, Controlling und Frühwarnsystem auf. In diesem Zusammenhang spricht man auch von **unternehmensinternen Informationssystemen**, die so aufgebaut sein sollen, dass sie Risiken für das Unternehmen so rechtzeitig erkennen lassen, dass eine Risikoabwehr noch möglich ist.

Der Grund dafür, dass die Ansprüche des Gesetzgebers in der Praxis oftmals nicht oder nur sehr eingeschränkt umgesetzt werden, liegt darin, dass die Frühwarnsysteme sich nur eingeschränkt standardisieren lassen und kein Standardsoftwarepaket dazu geeignet ist. Eine Schlüsselpostion lastet vielmehr auf dem Unternehmer selbst, der durch Offenheit, ein wachsames Auge für den Markt, intensive Auseinandersetzung mit den Geschäftspartnern, sowie intensive Kommunikation zwischen allen unternehmerischen Bereichen diese Frühwarnsysteme entwickeln muss. Wer diese Grundprinzipien befolgt und umsetzt, würdigt zu seinen eigenen Gunsten die vom Gesetzgeber gewünschten Frühwarnsystem.

In der Praxis reagieren die Unternehmer – wie eingangs bereits erörtert – erst auf ihre Ertragskrise oder oftmals erst auf später eintretende Liquiditätskrisen. Geht man davon aus, dass ein Unternehmer erst durch den testierten Jahresabschluss seines Wirtschafts-

9 BGH, Urt. v. 14.5.2007 – II ZR 48/06, DB 2007, 1455.
10 BGH, Urt. v. 16.3.2009 – II ZR 280/07, BB 2009, 961.

prüfers alarmiert wird, hat er das Gegensteuer negativer Entwicklungen mindestens um zwölf bis achtzehn Monate „verschlafen".

Die gleichen Überlegungen sind auch für Außenstehende wie Geschäftspartner, die aufgrund der Geschäftsbeziehung die Krisensituation ihres Gegenübers möglichst früh erkennen wollen, um negative Auswirkungen für ihr eigenes Unternehmen abzuwenden und sich gegebenenfalls nach anderen liquiden Geschäftspartnern umzuschauen, relevant. Die Krise betrifft daher nicht nur das besagte Unternehmen selber, sondern färbt auch auf die strategischen Entscheidungen der Geschäftspartner ab.

Beispiel: Gerade Mittelständler kämpfen damit, dass ihre Kunden Rechnungen des Öfteren schleppend und manchmal erst nach Zahlungserinnerungen begleichen. Geht der Kunde irgendwann pleite, gelten die früheren Mahnungen als Kenntnis des Lieferanten von der Zahlungsunfähigkeit seines Kunden (vgl. § 133 InsO), selbst wenn dieser nach wie vor seine Rechnungen letztlich doch bis zum Schluss bezahlt hatte. Der über das Vermögen des Kunden bestellte Insolvenzverwalter fordert in solchen Fällen Zahlungen der letzten bis zu 10 Jahre von den Lieferanten zurück – und reißt die Lieferanten damit ebenfalls in die Insolvenz. – Rücksichtsvoll geduldete Lieferantenkredite können so zum Insolvenzrisiko des Lieferanten werden.

2647 Für eine interne Krisenfrüherkennung sind nicht nur der Vorstand und Aufsichtsrat oder die Geschäftsführung, sondern alle am Unternehmensprozess Beteiligten verantwortlich. Entscheidend ist, dass alle Mitarbeiter eines Unternehmens in ihrem jeweiligen Fachbereich sensibel für negative Entwicklungen sind, diese Wahrnehmungen kommunizieren und analysieren.

Nur sehr selten werden die Geschäftspartner von der existenzbedrohenden Unternehmenskrise überrascht. Der schleppende Ausgleich offener Rechnungen, das Hinausverhandeln von Zahlungszielen oder aber die zurückgehende Nachfrage sind deutliche Indizien zumeist für das Ende der Geschäftsbeziehung. Es empfiehlt sich insb. bei großen finanziellen Risiken oder starker Abhängigkeit von einem Geschäftspartner sich intensiver mit dem Geschäftspartner und dessen Umfeld auseinanderzusetzen.

2648 Dazu sollten alle Informationsquellen genutzt werden. Im Rahmen des **Ratings (Basel II und III)** sowie der **Neuorganisation des Kreditgeschäfts (MAK)** stützen die Banken ihre Kreditentscheidung nicht nur auf die Vergangenheits-, sondern nun auch auf Gegenwarts- und Zukunftsdaten. Danach muss keine vergangenheitsorientierte Bestandsanalyse, sondern eine zukunftsorientierte Veränderungsanalyse aufgestellt werden. Neben dem Jahresabschluss müssen den Banken daher nun Rentabilitäts- und Liquiditätsplanungen für mindestens die nächsten vierundzwanzig Monate eingereicht und in regelmäßigen Abständen Soll-Ist-Vergleiche mit einer entsprechenden Abweichungsanalyse vorgelegt werden. Trotz dieser Vorsichtsmaßnahmen sind unter anderem die Banken immer wieder vom Kriseneintritt ihres Kunden überrascht. Das liegt daran, dass der zuvor beschriebene Anspruch und die Wirklichkeit divergiert, was vielfach aus den unzureichend vorhandenen Informationsquellen der Geschäftspartner resultiert, auf die die Analyse aufbaut oder aber gerade bei mittelständischen Unternehmen diese gar nicht erst regelmäßig und/oder nicht mit Nachdruck eingefordert werden.

5. Eintritt der Zahlungsunfähigkeit als Insolvenzauslöser/Antragspflicht

2649 Zu Beginn des Insolvenzverfahrens muss ein Insolvenzantrag gestellt werden. Daran schließt sich das Insolvenzantragsverfahren an, mittels dessen über die Eröffnung oder

Nichteröffnung des Insolvenzverfahrens durch das Insolvenzgericht entschieden wird. Ab Antragstellung wird das krisenbehaftete Unternehmen als Insolvenzschuldner bzw. Schuldner bezeichnet.

Für die Anhängigkeit des Insolvenzverfahrens als reines Antragsverfahren bedarf es, wie bereits erläutert, eines **Insolvenzantrags**. Ein staatliches Antragsrecht oder ein Recht, das Verfahren aufzugreifen, wie etwa im Strafverfahren, besteht nicht. Das **Antragsrecht** steht sowohl dem Krisenunternehmen, welches in der Insolvenzordnung (InsO) durchgängig als Schuldner bezeichnet wird, als auch jedem Gläubiger zu. Sowohl der Schuldner als auch der Gläubiger kann seinen Insolvenzantrag, abhängig von der Rechtsform, entweder auf den Insolvenzgrund der **Zahlungsunfähigkeit**, § 17 InsO, oder auf den der **Überschuldung**, § 19 InsO, stützen.[11] Nur für den Schuldner besteht die weitere Möglichkeit, im Falle der **drohenden Zahlungsunfähigkeit** i.S.v. § 18 InsO einen Insolvenzantrag zu stellen. Die zwingende Verpflichtung einen Antrag auf Eröffnung des Insolvenzverfahrens zu stellen, besteht für juristische Personen und gleichgestellte Gesellschaften ohne Rechtspersönlichkeit nach § 15a InsO, sofern Zahlungsunfähigkeit oder Überschuldung eingetreten ist. Droht dagegen nur die Zahlungsunfähigkeit, hat die Geschäftsleitung die Möglichkeit dazu, eine Verpflichtung besteht indes nicht. Zweck dieser Regelung ist, dass zu einem möglichst frühen Zeitpunkt der Insolvenzantrag gestellt wird, um eine bessere Voraussetzung für die Sanierung des Krisenunternehmens zu schaffen. Als Hilfestellung kann hierbei **IDW S 11** (WPg Supplement 2/2015, S. 108 ff., FN-IDW 4/2015, S. 202 ff., Stand: 29.1.2015) herangezogen werden, welcher die **Beurteilung der Insolvenzreife** thematisiert.[12] 2650

Der allgemeine Insolvenzeröffnungsgrund der **Zahlungsunfähigkeit** ist in § 17 Abs. 1 InsO geregelt. Danach ist der Schuldner zahlungsunfähig, wenn er nicht in der Lage ist, die fälligen Zahlungspflichten zu erfüllen. Zahlungsunfähigkeit ist regelmäßig gegeben, wenn der Schuldner seine Zahlungen eingestellt hat.[13] Die höchste Stufe der Zahlungsunfähigkeit, die Zahlungseinstellung, liegt vor, wenn das Krisenunternehmen seine Zahlungen nach außen hin erkennbar eingestellt hat. Ob es sich um den Ausgleich nur geringfügiger Zahlungsverpflichtungen handelt, ist unbeachtlich.[14] Typische Anzeichen für eine Zahlungseinstellung stellt IDW S 11 unter Rn. 16 dar. Dabei handelt es sich etwa um die Nichtbegleichung von Sozialversicherungsbeiträgen, dauerhafte schleppende Zahlungsweise und zurückgegebene Lastschriften. Die Zahlungseinstellung ist liegt nicht mehr vor, wenn der Schuldner seine Zahlungen an die Gesamtheit der Gläubiger wieder leistet.[15] Liegt eine Zahlungseinstellung vor, ist eine weitere Beurteilung entbehrlich ist.[16] Besteht dagegen Streit über die Verbindlichkeit, ist eine Zahlungseinstellung zu verneinen.[17] 2651

Zur Ermittlung der Zahlungsfähigkeit/-unfähigkeit ist eine stichtagsbezogene Gegenüberstellung der verfügbaren Zahlungsmittel einerseits und der fälligen Verbindlichkei- 2652

---

11 *Burk/Bange*, Insolvenz erkennen – Insolvenz bewältigen: Wege aus der Krise für Unternehmer (2014), S. 29.
12 Kritische Stellungnahme zu IDW S 11, vgl. *Frystatzki*, NZI 2014, 840 ff.
13 BGH, Urt. v. 24.5.2005 – IX ZR 123/04, ZInsO 2005, 807.
14 Vgl. *Kayser*, in: Kirchhof/Stürner/Eidenmüller, MüKo-InsO, 4. Aufl. 2019, Bd. 2, § 130 Rn. 27–30.
15 IDW S 11, Rn. 20.
16 IDW S 11, Rn. 19.
17 IDW S 11, Rn. 21.

ten andererseits erforderlich.[18] Es sind zum einen bei den verfügbaren Zahlungsmitteln nur die vorhandenen, liquiden Mittel, d.h., die ggf. vorhandenen Bankguthaben, die Kasse sowie der ggf. nicht ausgeschöpfte Teil des bestehenden Kontokorrentkreditrahmens aufzuführen. Dagegen sind der Forderungsbestand oder andere Aktiva des Krisenunternehmens davon ausgeschlossen. Zum anderen sind nur die Verbindlichkeiten zu berücksichtigen, die zum Stichtag tatsächlich fällig sind. Nicht fällig gestellte Kredite oder ausdrücklich gestundete Zahlungsverpflichtungen sind nicht zu berücksichtigen. Ergibt sich aus dieser Gegenüberstellung, dass die fälligen Verbindlichkeiten aus den zur Verfügung stehenden Zahlungsmitteln nicht beglichen werden können, liegt Zahlungsunfähigkeit vor. Dabei wird allerdings nach der Rechtsprechung[19] eingeräumt, dass ganz geringfügige Liquiditätslücken von weniger als 10 % in Bezug auf die Gesamtverbindlichkeiten noch keine Zahlungsunfähigkeit i.S.v. § 17 InsO auslösen.

2653 Die bloße **Zahlungsstockung** ist von der Zahlungsunfähigkeit zu unterscheiden. Erstere liegt vor, wenn zwar zum Stichtag die Zahlungsunfähigkeit festgestellt wird, aber durch kurzfristig eingehende Zahlungseingänge oder aber einen entsprechenden Abbau der fälligen Verbindlichkeiten die Zahlungsfähigkeit kurzfristig wiederhergestellt werden kann. Sie stellt keinen Insolvenzgrund dar und berechtigt nicht zum Insolvenzverfahren. Zur Feststellung der Zahlungsstockung müssen daher in einem Liquiditätsplan die Entwicklung der zur Verfügung stehenden Zahlungsmitteln einerseits und der fälligen Zahlungsverpflichtungen andererseits aufgelistet werden. Kann innerhalb der im Liquiditätsplan dargestellten Periode, die Zahlungsfähigkeit der Schuldnerin wiederhergestellt werden, ist von einer bloßen Zahlungsstockung auszugehen. Geringfügige Unterdeckungen von weniger als 10 %, gerechnet auf die Gesamtverbindlichkeiten sind auch hier unerheblich. Bei einer Lücke von mehr als 10 % der fälligen Verpflichtungen muss diese im weiteren Prognosezeitraum mit an Sicherheit grenzender Wahrscheinlichkeit wieder geschlossen werden können. Besteht eine Lücke von weniger als 10 %, ist zur Lückenschließung nur eine geringe Wahrscheinlichkeit erforderlich.[20] In diesem Zusammenhang spricht man von der sog. Bugwelle. Der BGH hat in seiner Entscheidung vom 24.5.2005[21] noch offen gelassen, ob eine dauerhafte Bugwelle zur Zahlungsunfähigkeit und gleichsam zur Insolvenzantragspflicht führt.

2654 Der BGH hat im Rahmen seiner Grundsatzentscheidung aus dem Jahr 2005 einen Zeitraum von **maximal drei Wochen zur Wiederherstellung der Zahlungsfähigkeit** eingeräumt.[22] Kann die Zahlungsfähigkeit in diesem Zeitraum nicht wiederhergestellt werden, so ist von einer Zahlungsunfähigkeit auszugehen. D.h., dass innerhalb eines Zeitraums von maximal drei Wochen die Zahlungsfähigkeit wiederhergestellt werden muss. Ist dies nicht der Fall, so ist von einer Zahlungsunfähigkeit auszugehen. Besteht die Liquiditätslücke bereits mehrere Tage, verkürzt sich diese Dreiwochenfrist entsprechend.[23] Hierbei sind dann allerdings auch alle in diesem Zeitpunkt fälligen Verbindlichkeiten/Forderungen der Gläubiger mit einzubeziehen, da nur anhand dieser erkennbar ist, ob nach Ablauf des dreiwöchigen Zeitraums die Zahlungsfähigkeit wiederhergestellt ist.

---

18 Zum Nachweis der Zahlungsunfähigkeit im Rahmen der Insolvenzanfechtung gem. § 133 InsO, vgl. BGH, Urt. v. 26.3.2015 – IX ZR 134/13, NJW 2015, 1824.
19 BGH, Urt. v. 24.5.2005 – IX ZR 123/04, ZInsO 2005, 807.
20 *Steffan/Solmecke*, ZInsO 2015, 1367 ff.
21 S. Fn. 19.
22 BGH, Urt. v. 24.5.2005 – IX ZR 123/04, ZInsO 2005, 807.
23 *Steffan/Solmecke*, WPg 2015, 432.

Nach IDW S 11 ist eine bestehende Liquiditätslücke von weniger als 10 % zum Ende der drei Wochen innerhalb eines weiteren Prognosezeitraums von drei Monaten, in Ausnahmefällen von längstens sechs Monaten vollständig zu schließen.[24] Dies wurde von der bisherigen Rechtsprechung des BGH noch nicht ausdrücklich bestätigt, sodass hier eine richterliche Klärung der Frage wünschenswert wäre.[25] Als Bezugsgröße für die Berechnung der Liquiditätslücke wird das Ergebnis aus der am Ende des Prognosezeitraums sich ergebenden Deckungslücke auf die fälligen Verbindlichkeiten am Beginn des Prognosezeitraums herangezogen.[26] Wie bei der Überschuldung soll durch den Schuldner eine Zukunftsprognose im Rahmen eines **Finanzplans** aufgestellt werden.[27] Bei dem Hinweis auf die zuvor zitierte BGH-Entscheidung (Überschreiten des Schwellenwerts von 10 %) handelt es sich um einen absoluten Ausnahmetatbestand, der nur in besonders gelagerten Einzelfällen anwendbar ist. Der Schuldner und der Berater müssen im Rahmen einer Zukunftsprognose ähnlich wie im Falle der Überschuldung sehr genau prüfen, ob diese Voraussetzungen eines Einzelfalls tatsächlich vorliegen und daher ein Insolvenzantrag unterbleiben kann. Es gilt: „Je höher die anfängliche Unterdeckung ist, umso größere Gewissheit ist für die Annahme einer eingetretenen Besserung der Liquiditätslage zu fordern".[28] Scheint es also möglich die Liquiditätslücke innerhalb von drei bis maximal sechs Monaten wieder zu schließen, besteht keine Insolvenzantragspflicht. **2655**

Abschließend ist daher Folgendes festzuhalten: Die Geschäftsführung unterliegt einer permanenten **Selbstprüfungspflicht**. Hat die Geschäftsführung festgestellt, dass keine Zahlungsunfähigkeit vorliegt, jedoch sich das Unternehmen in einer Liquiditätskrise befindet, so hat die Geschäftsführung in regelmäßigen Abständen ihr Urteil auf gegenwärtige Richtigkeit zu überprüfen, indem sie immer wieder einen Finanzstatus und ggf. ergänzend einen Finanzplan aufstellt bzw. die aufgestellten Rechenwerke fortschreibt. Als Ergebnis entsteht eine in sich schlüssige, lückenlose Dokumentation der Liquiditätsentwicklung, die ggf. im Rahmen eines Insolvenzverfahrens oder bei einer strafrechtlichen Überprüfung zur Exkulpation als Beweis dient. **2656**

II. Sanierung

1. Sanierungswege

Ausgehend von einer Vielzahl von Sanierungswegen bestimmen sie sich im Wesentlichen durch folgende Fragestellungen: **2657**

- Sanierung innerhalb oder außerhalb des Insolvenzverfahrens?
- Erhalt des Unternehmens im Ganzen oder nur des Unternehmenskerns?
- Sanierung unter Erhalt der bisherigen Eigentümerstrukturen oder durch Verkauf?

Welcher Sanierungsansatz zweckmäßig ist, richtet sich nach dem Voranschreiten der Krise bzw. des Insolvenzverfahrens.

---

24 IDW S 11, Rn. 17.
25 *Zabel/Pütz*, ZIP 2015, 917.
26 IDW S 11, Rn. 24.
27 So nach IDW S 11; anders BGH: Erstellung einer Liquiditätsbilanz; verschiedene Methoden, aber gleiches Ergebnis; *Steffan/Solmecke*, ZInsO 2015, 1367.
28 *Steffan/Solmecke*, ZInsO 2015, 1365.

Sanierungsweg / Zeitpunkt	Sanierung von innen	share deal	asset deal
vor Insolvenz	geeignet	geeignet	ungeeignet
Insolvenz-antragsphase	geeignet	geeignet	ungeeignet
eröffnetes Insolvenz-verfahren	bedingt geeignet	bedingt geeignet	geeignet

Schaubild: Sanierungswege (Quelle: Niering/Hillebrand, Wege durch die Unternehmenskrise, 4. Aufl. 2020)

a) Sanierung aus sich selbst heraus

2658 Das non plus ultra der Unternehmenssanierung besteht ohne Zweifel in der **Restrukturierung** des bisherigen Unternehmensträgers ohne Insolvenzverfahren. Auf diesem Weg kann nicht nur die Durchführung eines Insolvenzverfahrens vermieden, sondern auch die bisherige Eigentümerstruktur erhalten bleiben. Das Ziel dieses Sanierungswegs ist somit die dauerhafte finanzielle Konsolidierung sowohl auf der Ertrags- als auch auf der Liquiditätsseite.

2659 Im Fokus steht die Umsetzung kurzfristig zu realisierender Maßnahmen. Gleichzeitig darf aber nicht übersehen werden, dass für eine dauerhafte Restrukturierung auch eine Vielzahl von internen Sanierungsmaßnahmen, die erst mittelfristig wirken, erforderlich sind. Dazu zählen etwa die Verbesserung der technischen Ausstattung, die Optimierung von Produktionsabläufen sowie die Strukturierung von Einkaufs- und Verkaufsabläufen. Primär beschäftigt sich der nachfolgende Abschnitt damit, welcher Sanierungsprozess regelmäßig nur durch Unterstützung verschiedener Dritter, wie etwa Banken, Arbeitnehmer und Lieferanten, möglich sein wird.

2660 Der Weg über die sog. **außergerichtliche Sanierung** gelingt nur dann, wenn die an der Sanierung Beteiligten hierzu auch bereit sind. Es gibt jedoch keine zwingenden Möglichkeiten, die Beteiligten über ihre gesetzlichen oder vertraglichen Verpflichtungen hinaus in den Sanierungsprozess miteinzubinden. Häufig wird das Ziel darin bestehen, von allen beteiligten Gläubigern oder von bestimmten Gläubigergruppen einen **Forderungsverzicht** zu erwirken. Dabei muss beachtet werden, dass regelmäßig alle Gläubiger oder zumindest alle Gläubiger einer Gläubigergruppe in den **Vergleich** mit einbezogen werden müssen und auch deren Zustimmung zum Vergleich erforderlich ist. Die Gläubiger dürfen daher nicht ohne ihr Wissen im Rahmen des Vergleichs ungleich behandelt werden. Eine solche nicht kommunizierte Ungleichbehandlung bewirkt, dass der dem Vergleich zustimmende Gläubiger bei späterer Kenntnisnahme der Ungleichbehandlung den vollen Forderungsbetrag verlangen kann.[29] Daher ist hier nicht nur aus Gründen eines auch zukünftig guten Verhältnisses zwischen Unternehmen und jeden an

29 BGH, Urt. v. 29.1.1964 – Ib ZR 197/62, NJW 1964, 1319 ff.

der Sanierung mitwirkenden Gläubiger, sondern bereits aus rechtlichen Gründen auf eine größtmögliche Transparenz erforderlich.

Beispiel: Die Lieferanten des sich in der Krise befindenden Unternehmens werden gebeten, einem Forderungsverzicht von 50 % zuzustimmen. Der Großteil der beteiligten Lieferanten stimmt diesem Forderungsverzicht zu. Der hierdurch erzielte Sanierungsbeitrag reicht aus, um das krisengefährdete Unternehmen finanziell zu konsolidieren. Dann ist die Versuchung groß, die Forderungen der nicht zustimmenden Lieferanten in voller Höhe zu bedienen, ohne die dem Vergleich zustimmenden Gläubiger hierüber zu informieren. In diesem Fall räumt die Rechtsprechung den zustimmenden Gläubigern das Recht ein, bei Kenntnis der Ungleichbehandlung trotz ihres vorherigen Verzichts nun den vollen Forderungsbetrag einzufordern.

Angesicht des Anfechtungsrisikos durch die zustimmenden Gläubiger sollten alle Gläu- 2661
biger über eine mögliche Ungleichbehandlung bereits vor dem Vergleichsabschluss in Kenntnis gesetzt werden. Möglich ist dann, den Vergleichsabschluss davon abhängig zu machen, dass mindestens eine bestimmte Anzahl der Gläubiger, regelmäßig mindestens 75 %, dem Vergleich zustimmt. Damit ist von vornherein klargestellt, dass 25 % der Lieferanten durchaus auf einer vollen Befriedigung bestehen können, ohne dass hierdurch die zustimmenden Gläubiger nachträglich ihre Zustimmung gerichtlich anfechten und den vollen Forderungsbetrag verlangen können.

Dies heißt letztendlich, dass vor allem eine auf den Sanierungsbeitrag Dritter, etwa 2662
Stundung, Forderungsverzicht, Neukredite etc., gestützte Sanierungsmaßnahme von der Überzeugungskraft des Sanierungskonzepts und der für die Umsetzung Verantwortlichen abhängt. Gleichzeitig werden etwa den Finanzbehörden bereits gesetzlich die Möglichkeiten genommen, außergerichtlich einen wesentlichen Sanierungsbeitrag zu leisten. Insoweit sind nur Stundungsvereinbarungen oder eine Verständigung über die tatsächlichen Besteuerungsgrundlagen möglich. Ein Vergleich im eigentlichen Sinn steht den Finanzbehörden nach der Abgabenordnung (vgl. § 38 AO) nicht zu. So können nicht nur fehlende finanzielle Mittel, sondern oftmals die Ablehnung nur einiger weniger oder sogar nur eines bestimmten Gläubigers die außergerichtliche Sanierung verhindern.

Mit der sich zuspitzenden Rentabilitäts- und Liquiditätssituation geht auch ein steigen- 2663
der Handlungsdruck einher. Insb. die Geschäftsführer oder Vorstände juristischer Personen sind dabei schon zur Abwendung ihrer persönlichen Haftung verpflichtet. Binnen einer maximalen Frist von drei Wochen nach Eintritt des Insolvenzgrundes muss ein Antrag auf Eröffnung des Insolvenzverfahrens gestellt werden. Der Gesetzgeber hat mit dieser Insolvenzantragspflicht sehr bewusst eine **Deadline für die außergerichtlichen Sanierungsbemühungen** gesetzt, damit auch noch die begründete Hoffnung bestehen sollte, dass die Sanierungsbemühungen zu einem positiven Abschluss gebracht werden können. Sinn dieser Fristsetzung ist zu vermeiden, dass durch ein weiteres Zuwarten das Unternehmensvermögen weiter geschmälert wird.

b) Rettung durch Verkauf/Eintritt eines Investors

Oftmals ist eine Sanierung des Unternehmens aus sich selbst heraus nicht möglich. 2664
Damit stellt sich die Frage, ob nicht ein Verkauf[30] des Unternehmens im Ganzen oder zumindest wesentlicher Bestandteile das Unternehmen vor einer Zerschlagung bewahren kann. Hier bestehen zwei Möglichkeiten:

30 Weiterführende Literatur bei *Nüsser/Nacken*, Kauf und Verkauf mittelständischer Unternehmen (2005).

- Verkauf des Unternehmens im Ganzen
- Verkauf der wesentlichen Vermögensbestandteile.

Beim Verkauf des Unternehmens im Ganzen im Rahmen einer GmbH, AG oder ähnlichen Rechtsform ist die Rede von einem **Geschäftsanteilsverkauf bzw. Share Deal**. Dabei wird das Unternehmen in seiner Gesamtheit, also einschließlich aller Vermögenswerte und auch Verbindlichkeiten, veräußert. Dadurch verändert sich zunächst die wirtschaftliche Situation des Krisenunternehmens nicht. Dagegen werden bei einem Verkauf oder einer Übertragung der wesentlichen Vermögensgegenstände, dem sog. **Asset Deal**, nur die Betriebsgrundlagen übertragen, ohne dass – ausnahmsweise – die mit dem Unternehmen verbundenen Verpflichtungen und Verbindlichkeiten übernommen werden müssen.

Diese beiden Grundformen werden in der Fachliteratur je nach Art und Zeitpunkt der Gestaltung auch als übertragende Sanierung, Übertragung an Auffanggesellschaften oder **Distressed Mergers & Acquisitions** bezeichnet. Ziel dieser Verkaufs- und Übertragungsbemühungen besteht darin, das Unternehmen entweder mit all seinen Rechten und Pflichten oder aber nur gezielt und damit begrenzt auf vorher definierte Rechte und Pflichten zu übertragen.

2665 Welche Art des Verkaufs oder der Übertragung zweckmäßig ist, hängt schließlich von der Art der operativen Tätigkeit sowie auch von dem Zeitpunkt des Verkaufs oder der Übertragung ab. Hierbei wird unterschieden zwischen einem Verkauf des Unternehmens an einen Dritten oder aber der Übertragung auf eine i.d.R. durch die bisherigen Unternehmensinhaber initiierte Auffanggesellschaft.

Auf einen solchen Notverkauf, also „Distressed Mergers & Acquisitions", sind zunächst dieselben wirtschaftlichen und rechtlichen Grundsätze, wie für jeden anderen Unternehmenskauf anwendbar. Allerdings gelten aufgrund der Krisen- bzw. Insolvenzsituation Besonderheiten. Der Verkauf bringt je nach Zeitpunkt der Übernahme unterschiedliche Chancen und Risiken mit sich. Hier ist eine einzelfallabhängige Abwägung erforderlich, in welcher rechtlichen Form und zu welchem Zeitpunkt der Verkauf erfolgen soll. Ein bewusstes Kaufen in der Insolvenz kann genauso richtig oder falsch sein, wie die Insolvenz um jeden Preis verhindern zu wollen. Nicht selten werden auch die beteiligten Banken und zunehmend auch die Hedgefonds[31], auf einen kurzfristigen Verkauf drängen. Dies liegt besonders nahe, wenn das Management nicht mehr das Vertrauen der Banken genießt oder aber ein für die Sanierung notwendiger finanzieller Beitrag von Gesellschafterseite aufgrund der dort fehlenden Kapitalstärke nicht erwartet werden kann.

2666 Der Druck der Finanzinvestoren auf einen Verkauf über ein Insolvenzverfahren bzw. ein Insolvenzplanverfahren wird zukünftig ggf. noch zunehmen, weil nach dem geltenden Recht, die Forderung von Gläubigern in Anteils- oder Mitgliedschaftsrechte am Schuldner umgewandelt werden können, wenn es sich bei dem Schuldner um eine juristische Person handelt, vgl. §§ 217, 225a Abs. 2 InsO. Diesen Vorgang bezeichnet man als **Debt Equity Swap**. Dadurch wird erstmalig auch gegen den Willen des Unternehmensinhabers eine Veränderung in der **Gesellschafterstruktur** ermöglicht.

31 *Niering*, Non performing loans – Herausforderungen für den Insolvenzverwalter, NZI 2008, 146 ff.

Den enormen zeitlichen Druck bekommen die bisherigen Unternehmensinhaber zu spüren, wenn sie die Möglichkeit eines Unternehmensverkaufs erst in einer sich zuspitzenden Rentabilitäts- oder Liquiditätskrise angehen. Der bis zum Eintritt der Zahlungsunfähigkeit oder Überschuldung und damit der Verpflichtung zur Insolvenzantragstellung verbleibende Zeitrahmen ist dann äußerst eng bemessen. Anders als außerhalb einer Unternehmenskrise sind in der Unternehmenskrise Unternehmensverkäufe innerhalb von wenigen Wochen zu konzipieren und auch umzusetzen. Nach der Insolvenzantragstellung oder nach der Eröffnung des Insolvenzverfahrens steht der Unternehmensverkauf gleichsam unter einem nicht unerheblichen Zeitdruck; dies ist vor allem dann anzunehmen, wenn durch die Insolvenz schwindende Kundenzahlen oder zurückgehende Umsätze zu beobachten sind. **2667**

c) Wer kauft?

Für den Kauf kommen im Wesentlichen drei Käufergruppen in Betracht: **2668**
- Übernahme durch leitende Mitarbeiter, Management-Buy-out;
- Erwerb durch Mitbewerber;
- Erwerb durch Beteiligungsgesellschaft in Form von Venture-Capital-Gesellschaften, Fondsgesellschaften, Private Equity, professionellen Aufkäufern, Übernahme durch Hedgefonds.

Auch wenn dem Verkäufer bei einem Notverkauf vor oder aus der Insolvenz kaum eine Auswahlmöglichkeit bleibt, an wen er verkauft, ist für erfolgreiche Verkaufsverhandlungen die richtige **Auswahl der Interessenten** von erheblicher Bedeutung. Maßgeblich sind auf der Käuferseite verschiedene Faktoren, wie vor allem Finanzstärke, Marktkenntnis und Schnelligkeit der Entscheidung.

aa) Venture-Capital-Gesellschaften, also Gesellschaften mit Risikokapital, Fondsgesellschaften oder auch kommunale oder überregionale Beteiligungsgesellschaften sind finanzstarke Partner, welche regelmäßig die finanziellen Engpässe bei einer Beteiligung ausgleichen können. Kritisch muss man sehen, dass die Entscheidungsprozesse oftmals sehr langwierig und in Hinblick gerade auf einen Verkauf in der Krise oder sogar nach Eintritt der Insolvenzantragspflicht in zeitlicher Hinsicht nicht verwirklicht werden können. Darüber hinaus werden diese Beteiligungsgesellschaften vielfach keine Lösung für ggf. neben der finanziellen Krise auch bestehende Managementdefizite anbieten können. **2669**

bb) Anders sieht das bei **Konkurrenzunternehmen** oder aber bisherigen **leitenden Mitarbeitern** des Krisenunternehmens aus, die die erforderlichen Managementqualitäten zur Restrukturierung und Sanierung des Unternehmens mitbringen. Ist allerdings die Sanierung nicht ohne erhebliche zusätzliche finanzielle Mittel erfolgreich umsetzbar, fehlen dem Management zumeist die hierfür erforderlichen finanziellen Kapazitäten. Nur ausnahmsweise werden öffentliche Fördermittel, wie etwa Existenzgründungsdarlehen, abhelfen können, weil diese Abläufe zwischen Antragstellung und Bewilligung bzw. auch Auszahlung dieser Mittel zumeist die durch die Sanierung gesetzten Zeitgrenzen überschreiten. Auch beim Verkauf an ein Konkurrenzunternehmen muss sichergestellt werden, dass dieses finanziell in der Lage ist, den Restrukturierungsprozess erfolgreich finanziell zu begleiten. Gerade in einer angespannten gesamtwirtschaftlichen Lage kann dies nicht als selbstverständlich angesehen werden. Schließlich sind auch bei grö- **2670**

ßeren mittelständischen Mitbewerbern oder Großkonzernen die dortigen Entscheidungsstrukturen zu beachten. Welche ähnlich wie die Beteiligungsgesellschaften für Übernahmeaktivitäten unter engen zeitlichen Rahmenbedingungen zu schwerfällig organisiert sind.

2671 **cc)** Daneben haben sich in den letzten Jahren **professionelle Aufkäufer** am Markt etabliert und auf den Erwerb von Unternehmen aus der Krise oder Insolvenz spezialisiert. Einerseits haben sie die notwendigen Entscheidungsstrukturen an die Besonderheiten des Unternehmenserwerbs aus der Krise angepasst. Andererseits sind diese Aufkäufer darauf ausgelegt, bei möglichst geringen Einstiegskonditionen über eine Sanierung des Unternehmens kurz- bis mittelfristig ihren geschäftlichen Erfolg zu realisieren. Das hat die Folge, dass diese Gesellschaften zumeist einen Erwerb zum Niedrigstpreis bzw. zu einem eher symbolischen Kaufpreis, anstreben und dabei auch eine Insolvenz des Krisenunternehmens bewusst als Risiko einkalkulieren. Darüber hinaus werden sie selbst bei günstigsten Verkaufskonditionen auch noch einen Beitrag der beteiligten Gläubiger, insb. der Hausbanken, verlangen, welche auf Seite der Banken in einer Tilgungsaussetzung, Zinsreduzierung oder sogar einem teilweisen Forderungsverzicht bestehen kann. Manchmal wird auch die Finanzierung über eine Landesbürgschaft zur Voraussetzung für eine Übernahme gemacht. Regelmäßig werden die professionellen Aufkäufer aber zumindest eine weitere Unterstützung durch die bisherigen Hausbanken erwarten, da sie es ihnen i.d.R. an der Finanzkraft mangelt, um das bisherige Kreditengagement abzulösen oder bei einem Erwerb aus der Insolvenz die für die Restrukturierung erforderlichen Finanzmittel zur Verfügung zu stellen. Der Verkauf an professionelle Aufkäufer zumeist erwähnenswert, wenn die beteiligten Gläubiger und insb. die Hausbanken aufgrund einer fehlerhaften oder nur an der Fortführung des Geschäftsbetriebs orientierten Absicherung ihrer bisherigen Kredite keine andere Wahl haben. Professionelle Aufkäufer stellen somit meistens den letzten Ausweg vor einer ansonsten unausweichlichen Zerschlagung des Unternehmens dar.

2672 **dd)** Noch komplizierter wird die Situation bei einem „Verkauf“ an einen durch Übernahme der Bankkredite in das Kreditengagement eingetretenen **Hedgefonds**. Anders als bei einem regional aufgestellten Kreditinstitut nehmen die Hedgefonds nach dem Erwerb der notleidenden Kredite – auch „Non-performing Loans“ genannt – keine Rücksicht auf den Erhalt des Unternehmens im Ganzen, der Eigentümerstrukturen oder gar der Arbeitsplätze. Ihre Unternehmensstrategie ist allein auf die **bestmögliche Verwertung der übernommenen Kredite** ausgelegt. Häufig wird nicht nur auf einen schnellen Verkauf an einen finanzstarken Partner drängen, sondern auch die Übernahme des Unternehmens im Rahmen eines Debt Equity Swaps in Erwägung gezogen. Im Rahmen des Debt Equity Swap wird letztendlich die Kreditforderung in Eigenkapital umgewandelt und so das Unternehmen im Ganzen oder zumindest in Teilen durch den Hedgefonds übernommen. Bisher stand der Debt Equity Swap nur im Verhandlungswege und damit über eine einvernehmliche Einigung zwischen den Beteiligten zur Verfügung. Dies hat sich nun aber durch § 225a InsO geändert. Danach kann ein Hedgefonds seine Forderungen in Anteils- oder Mitgliedschaftsrechte an dem von der Insolvenz betroffenen Unternehmen **auch ohne dessen Zustimmung** umwandeln. Das bedeutet, dass über das Insolvenzplanverfahren damit auch ohne den Willen der bisherigen Gesellschafter eine Umwandlung der Kreditforderung in Eigenkapital möglich ist. Die enorme Energie, die von den Hedgefonds ausgeht, setzen häufig auch die im Übrigen am Sanierungsprozess beteiligten Banken unter Druck.

d) Wie wird verkauft?

2673 Grundsätzlich orientieren sich die Verkaufsabläufe an denselben „Spielregeln" wie auch Unternehmensverkäufe außerhalb einer Unternehmenskrise. Der Verkauf ist isoliert betrachtet nur in Ausnahmefällen das Allheilmittel für die Restrukturierung bzw. den Sanierungsprozess. Zumeist wird deshalb der Verkaufsprozess parallel von der Entwicklung eines Sanierungskonzepts bzw. dessen Umsetzung begleitet. Letztendlich ist die Erarbeitung eines tragfähigen und auch erfolgversprechenden Sanierungskonzepts ein entscheidender Baustein für erfolgreiche Verkaufsverhandlungen, weil dem Käufer aufgezeigt wird, was das Unternehmen bei einer erfolgreichen Restrukturierung “abwerfen“ kann. Daher sind die Sanierung und der Verkauf des Unternehmens eng miteinander verbunden.

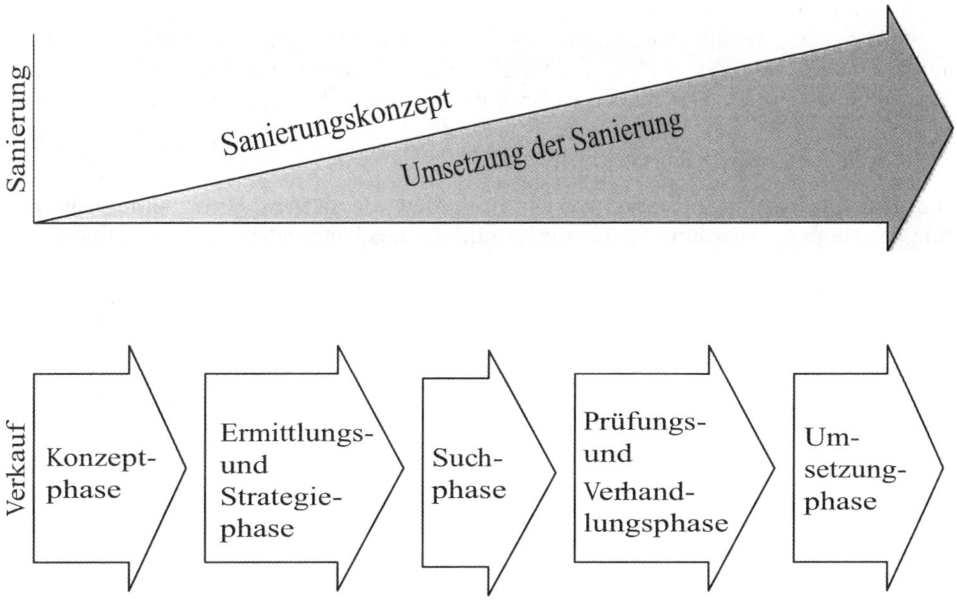

Schaubild: Sanierung durch Verkauf (Quelle: Niering/Hillebrand, Wege durch die Unternehmenskrise, 4. Aufl., Köln 2020)

2674 Im Rahmen der Entwicklung des Sanierungskonzepts ist als einer der möglichen Restrukturierungsstrategien auch der Verkauf des Unternehmens mit einzuplanen und sind Vor- und Nachteile eines solchen Verkaufs zu analysieren. Zieht man einen Verkauf ernsthaft in Erwägung, müssen in der **Ermittlungsphase** die Vorbereitungen für die Verkaufsverhandlungen getroffen werden. Dazu gehören die Ermittlung des Unternehmenswerts, die Identifizierung möglicher Käufer, die Erarbeitung aussagekräftiger Unterlagen, Aufbau der Verhandlungspositionen und Verhandlungsstrategien, Auswahl der Handelnden sowie der unterstützenden Berater.

2675 Wurden die Grundlagen ermittelt, die Strategie abgesprochen und auch das Team gebildet, kann dann mit der Suche begonnen werden. Sollte die Unternehmenskrise etwa aufgrund eines Insolvenzantrags bereits bekannt sein, kann mit der Suche potenzieller Interessenten sehr offensiv umgegangen werden. Hierbei kann man auf den Verkauf von

Krisenunternehmen **spezialisierten M&A-Beratern** zurückgreifen, die nicht nur national, sondern auch international den Markt sondieren und zur Entlastung des zumeist in die Sanierung eingebundenen Managements auch die entsprechenden Vorgespräche mit den Kaufinteressenten durchführen.

2676 Hat sich ein engerer Kreis von Kaufinteressenten herausbildet, mit welchem sodann die Verhandlungs- und Prüfungsphase beginnt, werden parallel zu tiefergehenden Verkaufsverhandlungen die potenziellen Käufer eine **Due Diligence** im Unternehmen anhand der zur Verfügung gestellten Unterlagen durchführen.

2677 Am Ende dieser Verhandlungen und auch der Due Diligence steht der **Unternehmenskaufvertrag**, der alle wesentlichen Vertragsgrundlagen abschließend regelt. Dabei sollte diese Phase zeitlich nicht unterschätzt werden, da oftmals erst anhand der schriftlichen Ausarbeitung der vertraglichen Regelungen eine Reihe von wesentlichen Detailfragen erstmals geklärt werden müssen. Nicht mit dem Abschluss des Unternehmenskaufvertrags, sondern erst aufgrund des Erwerbs und der damit zur Verfügung gestellten Management- und Finanzkapazitäten wird der Restrukturierungsprozess angekurbelt.

e) Zu welchem Preis wird verkauft?

2678 Die **Kaufpreisfindung** bestimmt sich nach den klassischen **Unternehmensbewertungsmethoden**. Allerdings ist für die Ermittlung des Unternehmenswerts verbleibende Zeit meist zu knapp. Vorzugswürdig ist es daher den Unternehmenswert in einer summarischen Prüfung zu ermitteln. Diese Wertermittlung stellt allerdings nur ein Anhaltspunkt für den Unternehmenswert nach oben dar.

Der **Erwerber** wird sich den Notverkauf zunutze machen, was vor allem bei einer Übernahme des Unternehmens im Ganzen – beim Share Deal – durch geringen Kaufpreis zum Tragen kommt. Der Käufer wird sich dabei auf die mit der Übernahme verbundenen Risiken und die nicht abschließend kalkulierbaren Restrukturierungsaufwendungen berufen. Darüber hinaus ist es nicht unüblich, dass der Erwerber von den bisherigen Unternehmensinhabern auch noch weitere Opfer bzw. Unterstützungsleistungen, wie etwa Stehenlassen von Gesellschafterdarlehen, deren Stundung oder Verzicht, erwarten. Auch wenn nur die wesentlichen Vermögenswerte im Wege des Asset Deals ohne die damit verbundenen Verbindlichkeiten übernommen werden, ist der Erwerber selten bereit, einen aus Sicht des Verkäufers angemessenen Kaufpreis zu zahlen. Das Kaufpreisangebot wird sich weniger an den Fortführungswerten unter going-concern-Gesichtspunkten, sondern eher an den **Zerschlagungswerten** orientieren. Aus Sicht des Erwerbers ist dieser Ansatz gerechtfertigt, da die Restrukturierung des Unternehmens erhebliche finanzielle Aufwendungen nach sich zieht, die abschließend noch nicht bewertet werden können.

2679 Die Risiken einer Zerschlagung, d.h. Insolvenz, bewertet der bisherige **Unternehmensinhaber** anhand der sich für ihn persönlich ergebenden finanziellen Folgen einer Insolvenz. Dazu zählen bspw. die Inanspruchnahme aus Bürgschaften, der Ausfall des Hauptmieters im Fall der klassischen Betriebsaufspaltung oder auch der Verlust von Gesellschafterdarlehen.

Parallel zu diesen unmittelbar erkennbaren finanziellen Belastungen muss insb. auch der miteingebundene Berater die sich aus der Insolvenz ergebenden weiteren Haftungsrisiken erkennen und quantifizieren. Hierzu gehören neben den persönlichen **Haftungsrisi-**

ken für die geschäftsführenden Gesellschafter in straf- und zivilrechtlicher Hinsicht auch Haftungsansprüche unter dem Gesichtspunkt des Eigenkapitalersatzes. Diese eher versteckten Risiken sind den meisten Unternehmern, leider aber auch vielen Beratern, unbekannt. Wer aber diese Risiken kennt und auch richtig quantifiziert, wird sehr schnell für sich den finanziellen „worst case" definieren können. Mittels dieser sich nach unten hin orientierenden Skala wird der bisherige Unternehmensinhaber das Kaufangebot des Verhandlungspartners zu überprüfen haben. Letztendlich wird er bei einer drohenden Insolvenz und mangels anderer Handlungsalternativen bereits aus eigenem Antrieb heraus das Angebot annehmen, wenn dieses sich vorteilhafter darstellt als der zuvor ermittelte „worst case". Festzuhalten bleibt daher, dass sich die Akzeptanz des Kaufpreisangebots nicht nach dem objektiven Wert des Unternehmens richtet, sondern vorrangig nach den Folgen des Scheiterns der Verkaufsbemühungen und damit einer Zerschlagung des Unternehmens.

In der Praxis stellen sich neben den Ermittlungs- und Berechnungsschwierigkeiten insb. **2680** emotionale Hürden auf Seiten der bisherigen Unternehmensinhaber, die es zu überwinden gilt. Kaufpreisangebote, die sich an dem worst case orientieren, tragen dazu bei, dass sich der bisherige Unternehmensinhaber nicht selten durch das Kaufangebot genötigt oder sogar beleidigt fühlt. Es gilt ihm vor Augen zu führen, dass er die für ihn bestehenden Risiken möglichst gering halten sollte.

Aus dem engen Zusammenhang von Unternehmenskrise mit den Unternehmensinteres- **2681** sen ergibt sich eine Kluft zwischen den Interessen des Unternehmensinhabers und des Krisenunternehmens. Der bisherige Unternehmensinhaber wird auf der einen Seite versuchen, bei den Verkaufsverhandlungen für sich selbst möglichst günstige Verkaufsbedingungen auszuhandeln. Auf der anderen Seite wird das Unternehmen bestrebt sein, die Finanzkraft des Erwerbers auf die Finanzierung der Restrukturierungsmaßnahmen zu konzentrieren.Vor Aufnahme von Verkaufsgesprächen sollten diese Interessengegensätze, auch solche zwischen verschiedenen Gesellschaftern, insb. bei tätigen und nicht tätigen Gesellschaftern, aufeinander abgestimmt werden und ein gemeinsames Vorgehen geplant werden. Bereits die fehlende Einbindung nur eines einzigen Gesellschafters kann den Verkauf und damit letztendlich auch die Sanierung zum Scheitern bringen. Unternehmen sind nicht selten allein aufgrund der Blockadehaltung eines der Gesellschafter oder einer bestehenden Gesellschafterauseinandersetzung handlungsunfähig geworden, sodass sie gezwungen wurden, einen Antrag auf Eröffnung des Insolvenzverfahrens zu stellen. Zwar trotz der Insolvenz das operative Geschäft bzw. das Unternehmen im Kern gerettet werden, allerdings ist der Unternehmenswert dann für alle Gesellschafter irreparabel verloren. In diesem Zusammenhang werden die Kaufinteressenten vor der Aufnahme intensiverer Verkaufsgespräche eine Vollmacht der Handelnden dahingehend verlangen, dass diese auch die übrigen Mitgesellschafter vertreten dürfen.

f) Verkauf im Ganzen oder in Teilen?

Nicht jede Übertragungsart ist auch für jede Krisenphase geeignet. Jede Krisenphase hat **2682** eine zu bevorzugende Übertragungsart, wenngleich auch eine Abkehr von diesen als ideal zu betrachtenden Übertragungsarten möglich ist. Einer solchen Abkehr sollte allerdings eine sorgsame Überlegung und Umsetzung zugrunde liegen.

aa) Vor einem Insolvenzantrag ist primär die **Übertragung des Unternehmens im** **2683** **Ganzen**, also durch einen **Share Deal**, sinnvoll. Dadurch wird sichergestellt, dass alle wesentlichen Betriebsgrundlagen und Vertragsverhältnisse uneingeschränkt übertragen werden. Dies ist vor allem bei solchen Unternehmen relevant, deren operatives Geschäft auf laufenden Vertragsbeziehungen mit Dritten basiert. Dazu zählen etwa Einzelhandelsketten, die ihre Geschäfte in angemieteten Räumlichkeiten betreiben, oder auch Kabelnetzbetreiber und Telekommunikationsunternehmen gehören, welche laufende Verträge einer großen Anzahl von Kunden unterhalten. Zu beachten ist allerdings, dass diese Verträge nach deutschem Recht nicht ohne die Zustimmung des Vertragspartners, d.h. hier des Kunden oder des Vermieters, auf einen Dritten übertragen werden können. Davon zu unterscheiden ist, dass der Share Deal allerdings keinen Wechsel des Vertragspartners darstellt, da hier nur die Eigentumsverhältnisse auf Seiten des bisherigen Vertragspartners wechseln, nicht aber der Vertragspartner selbst ausgetauscht wird.

Der Nachteil eines Share Deal ist die Verpflichtung zur Übernahme der bestehenden Verbindlichkeiten. Letztendlich wird insb. bei einem bereits stark verschuldeten Unternehmen, d.h. bei hohen Bank- oder Lieferantenverbindlichkeiten oder ggf. auch hohen Gewährleistungsrisiken, auf Seiten des Erwerbers Interesse bestehen, auch diese zu übernehmen. Das Gleiche gilt, wenn die Zeit für eine fundierte Due Diligence nicht ausreicht, um die mehr oder minder versteckten Risiken zu erkennen. Diese Defizite werden üblicherweise über umfangreiche Garantien der bisherigen Unternehmensinhaber aufgefangen. Dabei ist allerdings darauf zu achten, dass auch die Gesellschafter sich in einer finanziell stark angespannten Situation befinden; die Garantien von Seiten finanzschwacher Gesellschafter kein adäquates Mittel darstellen, um dem Sicherungsbedürfnis der Unternehmenserwerber gerecht zu werden.

2684 Die Akquisitionsphase kann durch intensive Verhandlungen mit den beteiligten Gläubigern begleitet wird. Hier kann der Kaufinteressent den Erwerb von Zugeständnissen der beteiligten Gläubiger, vor allem Banken oder Arbeitnehmern, abhängig machen. Auch hier kommt das Sanierungskonzept wieder zum Tragen. Die Zugeständnisse der Gläubiger basieren vor Eröffnung des Insolvenzverfahrens allerdings auf einer rein freiwilligen Entscheidung, sodass es sich schwierig gestaltet, wenn nicht alle Gläubiger den Sanierungsvorschlägen zustimmen und letztendlich die für einen erfolgreichen Verkauf geforderten Sanierungsbeiträge nicht erbracht werden können.

2685 **bb)** Auch **nach dem Insolvenzantrag** besteht grundsätzlich noch die Möglichkeit, das Unternehmen im Rahmen des Share Deals zu übertragen. Die Gesellschafter können unabhängig vom vorläufigen Insolvenzverwalter in dieser Phase uneingeschränkt über den Verkauf ihrer Geschäftsanteile verhandeln, da sich das Insolvenzverfahren und damit auch die vorläufige Sicherung nie auf die Geschäftsanteile, sondern nur auf die Vermögenswerte des Unternehmens erstreckt. Gelingt es in diesem Zeitraum, einen Erwerber zu gewinnen, kann dieser die zur Beseitigung der Insolvenzgründe erforderlichen finanziellen Mittel dem insolventen Unternehmen zur Verfügung stellen, sodass die Unternehmensleitung den Insolvenzantrag zurücknehmen bzw. bei einem Gläubigerantrag für eine Antragsrücknahme sorgen kann.

2686 **cc)** Schließlich ist **nach Eröffnung des Insolvenzverfahrens** grundsätzlich ein Share Deal noch möglich. Allerdings steht der verbundene Zeit- und Organisationsaufwand außer Verhältnis zu dem damit verbundenen Ziel einer Übertragung des Unternehmens im Ganzen. Ausnahmsweise ist dem nicht so, wenn der Geschäftsbetrieb auf einer Vielzahl nicht übertragbarer Vertragsbeziehungen basiert. Dann wird allerdings der Share Deal mit einem Insolvenzplanverfahren einer Verfahrensbeendigung durch Zustimmung aller Gläubiger gem. § 213 InsO oder aber durch Wegfall des Eröffnungsgrunds gem. § 212 InsO kombiniert werden müssen.

dd) Aus den vorgenannten Gründen werden viele Käufer von einem Share Deal Abstand nehmen wollen und eine **Übertragung durch einen Asset Deal** veranlassen wollen. Die Haftung aus der Unternehmensakquisition bleibt dabei für den Erwerber auf ein Minimum beschränkt. Nur ausnahmsweise ist bei rückständigen Gehaltsansprüche der Arbeitnehmer (§ 613a BGB) oder rückständigen Steuerverbindlichkeiten (§ 75 AO) eine Mithaftung kraft Gesetzes gegeben, ohne dass dies vertraglich geregelt sein müsste. Verkäufer und Käufer können sich aber bezogen auf das Innenverhältnis auf eine andere Lastenverteilung einigen. Gegenüber dem begünstigten Dritten, etwa den Arbeitnehmern oder den Finanzbehörden, haften sie als Gesamtschuldner nebeneinander. Weitergehende Haftungsansprüche sind entweder mit Einführung der InsOabgeschafft worden, so z.B. § 419 BGB, oder, wie etwa bei der Übernahme des Unternehmensnamens – der Firma –, nach § 25 HGB auch in rechtlicher Hinsicht risikofrei gestaltbar. **2687**

Bei einem Asset Deal müssen daher nur die Vermögenswerte übernommen werden, die auch tatsächlich zur Weiterführung des operativen Geschäfts dringend erforderlich sind. Die Verbindlichkeiten gegenüber den verschiedenen Gläubigern, insb. Banken und Lieferanten, verbleiben, sofern sie nicht in irgendeiner Weise, wie etwa durch Eigentumsvorbehaltsrechte oder Grundpfandrechte, gesichert sind, bei dem verkaufenden Unternehmen. Ziel ist es damit aus dem Kaufpreis die verbliebenen Verbindlichkeiten zu bedienen.

Handelt es sich um ein operatives Geschäft, erscheint eine Übertragung im Wege des Asset Deals angesichts der in der Unternehmenskrise bestehenden engen zeitlichen Vorgaben als der ideale Übertragungsweg. Problematisch ist allerdings, wenn der erzielte Verkaufserlös nicht ausreicht, um alle im Restunternehmen verbleibenden Verbindlichkeiten zu tilgen. Gelingt es nicht und lassen sich die verbliebenen Gläubiger nicht auf Vergleichsvereinbarungen ein bzw. stehen keine anderweitigen Mittel mehr zur Verfügung, muss die Eröffnung des Insolvenzverfahrens zu beantragt werden. **2688**

Der **in der Krise** abgeschlossene Asset Deal gerät ggf. in den Sog des Insolvenzverfahrens, wenn der Insolvenzverwalter Vermögensübertragungen, welche kurz vor Insolvenzantragstellung erfolgt sind, mittels seines **Anfechtungsrechts** rückgängig macht. Diese Anfechtungsmöglichkeiten bezwecken, dass das insolvente Unternehmen vor Vermögensverschlechterungen zu Lasten der beteiligten Insolvenzgläubiger geschützt wird. Davon sind nicht nur unlautere Vermögensverschiebungen erfasst, sondern alle Vermögensübertragungen, auch wenn ein vermeintlich adäquater Kaufpreis aufgebracht wurde.

Angesichts dieses Anfechtungsrechts ist bei einer sich abzeichnenden Insolvenz des Verkäufers die Vertragsgestaltung sehr umsichtig auf die insolvenzrechtlichen Anfechtungsrechte abzustimmen. Bis zur Eröffnung des Insolvenzverfahrens bestehen für den Erwerber die Haftungsrisiken in Hinblick auf § 75 AO und § 613a BGB, da der Insolvenzantrag zunächst nicht in die Rechtsposition des insolventen Unternehmens eingreift, sondern dessen Handlungen mit der Bestellung eines vorläufigen Insolvenzverwalters nur unter besondere Beobachtung stellt. **2689**

Davon zu unterscheiden ist die Situation, wenn der Asset Deal **nach dem Insolvenzantrag** mit Zustimmung des vorläufigen Insolvenzverwalters oder nach Eröffnung des Insolvenzverfahrens mit dem Insolvenzverwalter selbst abgeschlossen wird. Durch einen **2690**

Kauf nach Insolvenzantragstellung und unter Einbeziehung des vorläufigen Insolvenzverwalters gewinnt der Käufer die notwendige Sicherheit für sein Neuengagement und muss insoweit nicht mehr befürchten, dass diese Übertragung nachträglich noch durch die Anfechtung gefährdet wird. Erst mit der Eröffnung des Insolvenzverfahrens können die finanziellen Belastungen aus der Mithaftung nach § 613a BGB begrenzt werden bzw. entfallen die Risiken aus den Haftungsvorschriften nach § 75 Abs. 2 AO.

g) Wer bekommt den Kaufpreis?

2691 Im Rahmen eines Share Deals bekommen den Kaufpreis immer die veräußernden Gesellschafter. Beim Asset Deal kommt der hieraus erlöste Kaufpreis nur im Fall eines Einzelunternehmens unmittelbar dem Unternehmensinhaber zugute. Bei einem Verkauf im Wege des Asset Deals durch eine GmbH oder Aktiengesellschaft (AG) muss der Kaufpreis in das Vermögen des verkaufenden Unternehmens fließen. Ausnahmsweise kann ein sog. Liquidationsüberschuss an die Gesellschafter ausgezahlt werden, §§ 72 ff. GmbHG, wenn der Kaufpreis ausreicht, um auch alle im Restunternehmen verbliebenen Verbindlichkeiten abzulösen.

2692 Reicht der Verkaufserlös nicht für alle Verbindlichkeiten aus, dann wird von Veräußererseite häufig der Versuch unternommen, aus dem Kauferlös gerade solche Kreditverbindlichkeiten oder Verpflichtungen zu bedienen, für die die Gesellschafter oder Geschäftsführer persönlich haften. Hierbei sind allerdings die allgemeinen straf- und zivilrechtlichen Haftungsfragen wegen der darin enthaltenen Gläubigerbegünstigung und der partielle Schuldenausgleich gerade bei einer GmbH oder AG unter dem Gesichtspunkt des Eigenkapitalersatzes, der nicht zu einer dauerhaften Entlastung auf Gesellschafterseite führt, zu berücksichtigen. Im Fall des nicht ausreichenden Verkaufserlöses bei sich anschließendem Insolvenzverfahren wird der Insolvenzverwalter statt der befriedigten Gläubiger sodann diese Forderung geltend machen und zur Insolvenzmasse ziehen wollen.

2693 Wird der Asset Deal in der Insolvenzantragsphase oder nach Eröffnung des Insolvenzverfahrens geschlossen, so wird der Kaufpreis uneingeschränkt **zur Insolvenzmasse** gezogen werden. Er wird zunächst zur Abdeckung der Verfahrenskosten bzw. der von dem Insolvenzverwalter zu übernehmenden bzw. begründeten Verbindlichkeiten herangezogen. Im Anschluss daran erhalten die Insolvenzgläubiger ggf. eine Quote auf die von ihnen angemeldeten Insolvenzforderungen. Erst nach vollständiger Befriedigung der Insolvenzgläubiger können auch die sog. nachrangigen Insolvenzgläubiger nach § 39 InsO, d.h. vor allem die Gesellschafter mit ihren Darlehensforderungen oder sonstigen Ansprüchen, mit einer quotalen Zahlung auf ihre Ansprüche rechnen. Ein an die Gesellschafter zu verteilender Überschuss nach § 199 InsO wird am Ende des Insolvenzverfahrens eher selten sein und die Gesellschafter einer AG oder GmbH im Insolvenzfall leer ausgehen.

h) Kauf und Verkauf nie ohne Berater!

2694 Bei einem Unternehmenskauf außerhalb der Krise sollten Verkäufer und auch Käufer auf professionelle Unterstützung von Steuerberatern, Wirtschaftsprüfern und vor allem Rechtsanwälten zählen. Dies gilt nicht nur in Anbetracht der zum Teil sehr komplexen Haftungs- und Aufklärungspflichten für den Unternehmenskauf, sondern in Anbetracht der drohenden Insolvenz auch eine Vielzahl von insolvenzrechtlichen Besonderheiten zu beachten sind. Die Nichtbeachtung kann sowohl auf Verkäufer- als auch auf Käuferseite den vermeintlich gelungenen Vertragsabschluss nachträglich existenziell gefährden.

Auf Verkäuferseite betroffen sind vor allem die Einhaltung von Aufklärungs- und Informationspflichten sowie die Beachtung etwaiger Haftungsansprüche beim Verkauf im Wege des Asset Deals. Gleichgültig ob es sich um einen Share Deal oder Asset Deal handelt, so darf etwa der Verkäufer, die angespannte finanzielle Situation und erst recht eine ggf. schon eingetretene Zahlungsunfähigkeit und/oder Überschuldung dem Käufer gegenüber nicht verschweigen. Ratsam ist daher eine umfassende und auch schriftlich dokumentierte Aufklärung, um nicht später Gefahr zu laufen, dass der Käufer nach Übernahme des Geschäftsbetriebs im Nachhinein vom Kaufvertrag zurücktritt bzw. von seinem Anfechtungsrecht Gebrauch macht.[32]

Insb. wird auch der Käufer auf professionelle Hilfe angewiesen sein, um so die von ihm zu übernehmenden Risiken einschätzen und auch vertraglich oder faktisch ausschließen zu können. Haftungsfragen wie etwa die Übernahme von Arbeitnehmerverbindlichkeiten nach § 613a BGB für rückständige Urlaubs- und Gehaltsansprüche, die eingeschränkten Garantien bei einem Verkauf vom Insolvenzverwalter oder einem finanzschwachen Verkäufer sind schon Anlass genug, einen sachverständigen Dritten zu konsultieren. Dies gilt umso mehr, als die Zeit für eine ausführliche und sachgerechte Due Diligence vor allem bei einem Erwerb vor einem Insolvenzverfahren sehr knapp bemessen ist.

Auch der Berater sollte sich qualifizierter Hilfestellung bedienen, sofern er nicht durch den täglichen Umgang mit der Unternehmenskrise oder der InsOvertraut ist, da die Rechtsprechung in dieser Materie äußerst umfangreich ist und sich gleichsam einem. Außenstehenden nicht immer ohne Weiteres erschließt. Angesichts der engen Zeitvorgaben ist es auch nicht möglich, sich dieses Wissen kurzfristig anzueignen, da in der Unternehmenskrise oft in nur Stunden oder Tagen zur Verfügung stehen, um zweckmäßig zu reagieren. **2695**

aa) Vorinsolvenzliche Sanierung. Die Sanierung soll grundsätzlich zur vollständigen Wiederherstellung der Ertragskraft des Unternehmens und des operativen Geschäftsbetriebes führen. **2696**

Das Verhalten der Stakeholder in der Insolvenz, aber auch das Eigenleben des Insolvenzverwalters oder das besondere Verhalten von Großgläubigern haben schon oft dazu geführt, dass eine durchaus aussichtsreiche Sanierung scheiterte. Viele sprechen dann auch vom Stigma der Insolvenz und befürworten ein vorinsolvenzliches Sanierungsverfahren. Nach dem Wegfall der Vergleichsordnung ist ein solches Verfahren zurzeit nicht gesetzlich geregelt. Trotzdem versuchen viele Unternehmen und Sanierer, ein solches Verfahren durchzuführen. Es hat gegenüber dem Insolvenzverfahren den großen Vorteil, dass viele Dinge stillschweigend quasi hinter verschlossenen Türen ablaufen und individuelle Regeln gefunden werden können. Der große Nachteil ist, dass es nicht gesetzlich geregelt ist und vor allem alle Gläubiger dem Sanierungsvergleich zustimmen müssen, was erhebliches Störer- und Erpressungspotenzial für entschlossene Gläubiger bietet. Oft scheitert eine solche Sanierung dann an einem kleinen Gläubiger, der seine Zustimmung von überhöhten Forderungen abhängig macht. Die Zustimmung der einzelnen

32 BGH, Urt. v. 4.4.2001 – V III ZR 32/00, ZIP 2001, 918.

Gläubiger kann auch nicht erzwungen oder eingeklagt werden. Die einzelnen Gläubiger müssen ihre Ablehnung auch nicht begründen. So erfordert eine solche vorinsolvenzliche Sanierung vielmehr psychologisches Geschick als rechtliche Durchsetzungskraft.

Viele Gläubiger haben auch Angst bzw. große Bedenken, einem solchen außergerichtlichen **Sanierungsvergleich** zuzustimmen, da sie für das Scheitern der Sanierung die insolvenzrechtliche Anfechtung fürchten.

2697 All dies zeigt, dass ein gesetzlich geregeltes vorinsolvenzliches Sanierungsverfahren dringend erforderlich ist. Nach den Vorstellungen der EU-Kommission sollen künftig markt- und sanierungsfähige Unternehmen in Europa neben der freien außergerichtlichen Sanierung einen besonderen Rechtsraum und einen Anreiz erhalten, sich im Schutze einer gesetzlichen Regelung nachhaltig zu sanieren. Entscheidungen über die Sanierung eines Unternehmens in der Krise sollen auf der Grundlage eines Sanierungs- oder Restrukturierungsplans künftig auch mit qualifizierten Mehrheit beschlossen werden können, wenn die Pläne des Unternehmens Aussicht auf eine nachhaltige Beseitigung der Krise bieten und die Gläubiger sich mehrheitlich darauf verständigen. Die EU-Kommission wird noch im Laufe des Jahres 2016 ihre Pläne vorlegen, sodass ab 2017 der deutsche Gesetzgeber an die Umsetzung gehen kann. Mit einem solchen Verfahren wäre auch in Deutschland endlich der Weg in eine neue Sanierungskultur eröffnet, denn dann hätte ein Unternehmen in der Krise optimale außergerichtliche Handlungsoption und würde dafür nicht mehr in ein Insolvenzverfahren gezwungen.

2698 **bb) Auffanggesellschaft, übertragende Sanierung.** Unter einer Auffanggesellschaft versteht sich regelmäßig eine Gesellschaft, die eigens zu dem Zweck gegründet wurde, das operative Geschäft des Krisenunternehmens zu übernehmen.

Die Initiatoren dieser Auffanggesellschaften sind häufig die bisherigen Unternehmensinhaber oder auch ihnen nahestehende Personen. Letztendlich wird zwischen der neugegründeten Auffanggesellschaft und dem Krisenunternehmen die Übertragung des Geschäftsbetriebs in einem Asset Deal geregelt, so dass hierfür die gleichen Grundsätze gelten wie im vorstehenden Abschnitt erläutert. Die Übertragung auf eine Auffanggesellschaft ist jederzeit, auch nach Eröffnung des Insolvenzverfahrens, noch möglich. In der Insolvenz wird in diesem Zusammenhang meistens von der **„übertragenden Sanierung“** gesprochen. Ziel dieses Verkaufs ist die Erhaltung des operativen Geschäfts. Der Erwerber, auf den das Unternehmen übertragen wird, soll dieses sodann sanieren.

2699 Kritisch stehen solche Gläubiger der Auffanggesellschaft gegenüber, die bei dieser Vorgehensweise keine oder keine vollständige Zahlung auf ihre offene Forderung erhalten. Denn meistens werden die Auffanggesellschaften am bisherigen Ort, mit den bisherigen Kunden- und Lieferbeziehungen sowie oftmals auch unter einer ähnlichen Firmierung weiter am Markt tätig. Allerdings ist es dem bisherigen Unternehmensinhaber nicht verwehrt, bei einer solchen Auffanglösung mitzuwirken und selbst aus der Insolvenz heraus den Geschäftsbetrieb über diese Auffanggesellschaft fortzuführen.

Nicht nur bei den beteiligten Gläubigern, sondern auch bei dem späteren Insolvenzverwalter wird eine solche Lösung immer die Frage aufwerfen, ob dem Krisenunternehmen als Gegenleistung für das operative Geschäft ein ausreichend hoher Kaufpreis gezahlt wurde. Schließlich achtet der alte und zugleich auch neue Unternehmensinhaber hier mehr auf die zukunftsorientierten Interessen der neugegründeten Auffanggesellschaft mit der Konsequenz, dass der zu zahlende Kaufpreis am unteren Rand des Vertretbaren oder unterhalb dessen liegt.

Auch hier ist die straf- als auch zivilrechtliche **Verantwortung des Geschäftsführers oder Vorstands** zu berücksichtigen. Eine Auffanglösung ist zu empfehlen, wenn aus dem Kaufpreis die im Krisenunternehmen verbleibenden Restverbindlichkeiten vollständig abgelöst werden können oder, wenn dies nicht der Fall ist, die Übertragung auf eine Auffanggesellschaft über ein Insolvenzverfahren gestaltet wird. Denn bei einem Erwerb aus dem Insolvenzverfahren gilt nicht nur die begrenzte Haftung, sondern die Auffanggesellschaft entgeht auch möglichen zivil-, straf- und anfechtungsrechtlichen Risiken. **2700**

Zu berücksichtigen ist allerdings, dass in diesem Fall der bisherige Unternehmer keinen Einfluss mehr auf die Verkaufsentscheidungen des Insolvenzverwalters ausüben kann. Gerade bei im Kern durchaus profitablen Unternehmen besteht daher das Risiko, dass Konkurrenten ein besseres Übernahmeangebot abgeben und somit die bisherigen Unternehmensinhaber beim Verkauf nicht berücksichtigt werden.

cc) Insolvenzplanverfahren (ESUG). Die seit 1999 geltende Insolvenzordnung bietet zwar viele Möglichkeiten, aber es wird nach wie vor einer Sanierung außerhalb des Insolvenzverfahrens der Vorrang einzuräumen sein. Auch wenn die Schutzschirmverfahren tolle Möglichkeiten bieten, lässt sich die Tendenz erkennen, dass Unternehmen innerhalb der Insolvenz es scheuen zu sanieren, sondern die Verantwortlichen zuvor alles unternehmen, um nicht in die Insolvenz zu kommen. Das Insolvenzverfahren ist als mögliche Sanierungsform in Erwägung zu ziehen, wenn vor allem zeitliche oder auch finanzielle Grenzen der Sanierung im Weg stehen. Liquiditätshilfen wie die Zwischenfinanzierung über das Insolvenzausfallgeld oder die Bereinigung von aufgelaufenen Verbindlichkeiten können eine Hilfestellung bieten. **2701**

Durch das Gesetz zur weiteren Erleichterung der Sanierung von Unternehmen, ESUG wurden verbesserte Rahmenbedingungen für das Insolvenzplanverfahren nach §§ 217 ff. InsO und das Eigenverwaltungsverfahren nach §§ 270a, b InsO geschaffen. Insb. das Schutzschirmverfahren nach § 270b InsO eröffnet dem Unternehmer bzw. seinem Berater die Möglichkeit, den Eintritt in das Insolvenzverfahren und gleichzeitig auch den Sanierungserfolg kalkulierbarer zu machen.[33]

dd) Sanierung unter Insolvenzschutz/Eigenverwaltung. Diese Möglichkeiten stehen allerdings nur dem Schuldner offen, der zum Zeitpunkt der Antragsstellung nur drohend zahlungsunfähig i.S.v. § 18 InsO, wohl aber überschuldet ist. Bei bereits eingetretener Zahlungsunfähigkeit i.S.v. § 17 InsO ist zwar eine Eigenverwaltung noch möglich, die sich durch das Schutzschirmverfahren ergebenen weitergehenden Gestaltungsmöglichkeiten bestehen nicht mehr. **2702**

Erforderlich ist zunächst ein **Antrag** des Schuldners auf Anordnung der Eigenverwaltung. Die Anordnung der Eigenverwaltung setzt nach § 270 Abs. 2 Nr. 2 InsO voraus, dass die Anordnung nach den vorliegenden Umständen zu keinen Nachteilen für die Gläubiger führen. Die Verantwortung hat im Regelinsolvenzverfahren bei einer antragsgemäßen Anordnung der Eigenverwaltung nicht ein vorläufiger Insolvenzverwalter, son- **2703**

33 Weiterführende Literatur zur Bescheinigung zum Schutzschirmverfahren in: IDW S 9, WPg Supplement 4/2014, S. 45 ff., FN-IDW 11/2014, S. 615 ff.

dern ein vorläufiger Sachwalter. Er kontrolliert die eigenverwaltende Tätigkeit der bisherigen Unternehmensleitung.

2704 Sollte die Eigenverwaltung auf drohende Zahlungsunfähigkeit oder Überschuldung gestützt werden, so ermöglicht das sog. **Schutzschirmverfahren** nach § 270b Abs. 2 InsO dem Schuldner nunmehr erstmalig, die Person des Sachwalters und bei einem Scheitern der Sanierungsbemühungen damit auch den Insolvenzverwalter zu bestimmen. Nach dem Willen des Gesetzgebers soll ein Anreiz geschaffen werden, möglichst frühzeitig einen Insolvenzantrag zu stellen.

2705 Der Antrag des insolventen Unternehmens auf Eigenverwaltung bei gleichzeitigem Vorschlag eines **Sachwalters** hat als Voraussetzung, dass die Bescheinigung eines in Insolvenzsachen erfahrenen Steuerberaters, Wirtschaftsprüfers, Rechtsanwalts oder einer Person mit vergleichbarer Qualifikation vorzulegen ist „aus der sich ergibt, dass drohende Zahlungsunfähigkeit oder Überschuldung, aber keine Zahlungsunfähigkeit vorliegt und die angestrebte Sanierung nicht offensichtlich aussichtslos ist“. Die bloße Behauptung der Sanierungsfähigkeit und der Zahlungsunfähigkeit sind nicht ausreichend, um in den Genuss des Schutzschirmverfahrens zu gelangen. Vielmehr ist eine nachvollziehbare und aussagekräftige Bescheinigung eines von Berufswegen qualifizierten Dritten erforderlich, welcher auch für das Insolvenzgericht nachvollziehbar sowohl die Sanierungsfähigkeit als auch die Zahlungsfähigkeit des in der Krise befindlichen Unternehmens bescheinigt.

Das Gesetz sieht keine Vorgaben für den Inhalt der Bescheinigung vor. Eine Hilfestellung bietet dabei IDW S 9.

2706 Um eine Interessenkollision auf Seiten des die Bescheinigung nach § 270b InsO ausstellenden qualifizierten Dritten und des zu bestellenden vorläufigen Sachwalters zu vermeiden, müssen sie personenverschieden sein. Für den Sachwalter gelten dieselben Anforderungen an die Unabhängigkeit seiner Person, wie auch für den Insolvenzverwalter bzw. den vorläufigen Insolvenzverwalter gelten (vgl. § 274 Abs. 1 InsO). Hiermit soll sichergestellt werden, dass trotz aller Gestaltungsmöglichkeiten zugunsten des Schuldners das Vertrauen der von der Insolvenz betroffenen Gläubiger in die Unabhängigkeit des Sachwalters nicht in Frage gestellt wird.

2707 Der sich selbstverwaltende Schuldner hat innerhalb der dort vorgesehenen Höchstfrist von drei Monaten die Möglichkeit, den von ihm angestrebten Insolvenzplan auszuarbeiten bzw. die für die Umsetzung erforderlichen Verhandlungen mit den beteiligten Gläubigern fortzuführen (vgl. § 270 Abs. 1 InsO). Das Insolvenzgericht kann Sicherungsmaßnahmen, insb. die Einstellung der Zwangsvollstreckung gem. § 270b Abs. 2 InsO anordnen und auf diesem Weg die Rahmenbedingungen für eine erfolgreiche Sanierung verbessern.

§ 270b InsO enthält eine Einschränkung, dass auch vor Ablauf der durch das Insolvenzgericht gesetzten Frist die Maßnahmen nach § 270b Abs. 1 InsO aufgehoben werden, wenn die angestrebte Sanierung aussichtslos geworden ist und der vorläufige Gläubigerausschuss die Aufhebung beantragt. Jeder absonderungsberechtigte Gläubiger oder Insolvenzgläubiger kann die Aufhebung beantragen, wenn ein vorläufiger Gläubigerausschuss durch das Insolvenzgericht nicht bestellt ist, sofern Umstände bekannt werden, die „erwarten lassen, dass die Anordnung zu Nachteilen für die Gläubiger führen wird“.

Ob und in welchem Umfang das Gericht das Vorliegen die materiellen Voraussetzungen selbst überprüfen muss oder sich mit einer Plausibilitätskontrolle der Bescheinigung zufrieden geben kann, wurde bisher noch nicht geklärt.[34] Hat der Richter an der vorgelegten Bescheinigung Zweifel, muss er sie beanstanden und dem Schuldner eine Frist zur Behebung der Beanstandung zu setzen; leistet der Schuldner dem nicht ab, wird der Antrag auf Anordnung des Schutzschirms zurückgewiesen.[35] Sollte das Insolvenzgericht dem Antrag des Schuldners auf Eigenverwaltung nicht folgen wollen, so muss das Insolvenzgericht diesen frühzeitig darauf hinweisen (§ 270a Abs. 2 InsO). Von Bedeutung ist dies vor allem für solche Unternehmen, deren Insolvenzantrag ohne eine gesetzliche Verpflichtung gestellt wird, also nur auf die drohende Zahlungsunfähigkeit nach § 18 InsO gestützt wird. Diesen Unternehmen soll Gelegenheit gegeben werden, sich durch eine Rücknahme des Insolvenzantrages die Möglichkeiten einer außergerichtlichen Sanierung zu offen zu lassen. 2708

Fazit: Nach einer Vielzahl von unterschiedlichen Sanierungswegen ist Folgendes festzuhalten: Je nachdem, in welcher Krisenphase sich das Unternehmen befindet, sind diese Wege mehr oder minder geeignet oder sogar äußerst haftungsträchtig. Durch den Insolvenzantrag oder die Eröffnung des Insolvenzverfahrens wird die Sanierung nicht ausgeschlossen, sondern gerade. Über ein Insolvenzplanverfahren können Sanierungslösungen gefunden werden, die außerhalb der Insolvenz nicht realisierbar wären. Die Möglichkeit des Schutzschirmverfahrens und damit der Eigenverwaltung sind daher in die Sanierungsüberlegungen mit einzubeziehen. 2709

2. Sanierungskonzept i.S.v. IDW S 6

Zentral für eine in sich schlüssige Darstellung der Sanierungsfähigkeit eines Unternehmens ist die Erarbeitung eines Sanierungskonzepts.[36] Das Sanierungskonzept ist daher eines der herausragenden Bestandteile im erfolgreichen Sanierungsprozess.[37] Gleichzeitig beinhaltet es die schriftliche Dokumentation der gesamten Sanierung. Den an der Sanierung Beteiligten soll die Möglichkeit eröffnet werden, sich umfassend im Rahmen des Sanierungskonzepts über die Chancen und Risiken der Sanierung zu informieren, um auf dieser Grundlage eine Entscheidung über die Unterstützung der Sanierung zu treffen. Das Sanierungskonzept muss daher den Erwartungen der verschiedenen Sanierungsbeteiligten gerecht werden, damit diese in der Lage sind, eine „richtige“ Entscheidung zu treffen. 2710

a) Ziel des Sanierungskonzepts

Um zu verhindern, dass sozusagen „gutes Geld schlechtem Geld hinterhergeworfen“ wird, muss ein Sanierungskonzept insb. auf folgende Fragen beantworten:[38] 2711

- In welchem Krisenstadium befindet sich das Unternehmen?
- Welche Ursachen hat die Unternehmenskrise?
- Wo liegen die Stärken und Schwächen des Unternehmens und mit welchen Maßnahmen können die Schwachstellen eliminiert werden?

---

34 S. näher etwa *Beth*, ZInsO 2015, 369 ff.
35 So *Vallender*, GmbHR 2012, 453.
36 Weiterführende Literatur: *Vater*, BBK 15/2013, S. 727; *Mujkanovic*, WP Praxis 11/2014, 280.
37 S. auch IDW S 6, IDW Life 8/2018, S. 813 ff.
38 S. auch *Hillebrand*, BB 2009, 90.

- Wie stehen die Chancen zur Realisierung des turn around? Wie können die Maßnahmen eingeführt und umgesetzt werden?
- Welchen Beitrag leistet das Unternehmen bzw. der Unternehmer zur Sanierung?
- Was müssen die Gläubiger zur Sanierung beitragen?
- In welchem Umfang besteht ein zusätzlicher Finanzierungsbedarf, damit die Sanierungsmaßnahmen umgesetzt werden können?
- Welche Chancen und Risiken bestehen hinsichtlich der Realisierung des geplanten Sanierungskonzepts?

2712 Im Jahr 1991 hat das Institut der Wirtschaftsprüfer IDW erstmals **Mindestanforderungen an Sanierungskonzepte** in der Stellungnahme FAR 1/1991 aufgestellt.[39] Diese IDW-Stellungnahme wurde umfassend im Jahr 2012 überarbeitet und löst den IDW-Standard S 6 „Anforderungen an die Erstellung von Sanierungskonzepten“ von 2008 ab.[40] In der vorgenannten wurde unter Bezugnahme auf die konkrete Rechtsprechung ausdrücklich klargestellt, dass ein Sanierungskonzept nach IDW-Vorgaben den von der Rechtsprechung aufgezeigten rechtlichen Anforderungen entspricht. Danach wurde der IDW-Standard S 6 im Jahr 2018 nochmals aktualisiert. Der Beweggrund für die Überarbeitung des Standards war das Urteil des BGH vom 12.5.2016 (IX ZR 65/14). Dort heißt es: *„Ein Sanierungsplan, der zu einer Verneinung des Gläubigerbenachteiligungsvorsatzes des Insolvenzschuldners führt, muss dagegen nicht bestimmten formalen Erfordernissen entsprechen, wie sie etwa das Institut für Wirtschaftsprüfer e.V. in dem IDW Standard S 6 (IDW S 6) oder das Institut für die Standardisierung von Unternehmenssanierungen (ISU) als Mindestanforderungen an Sanierungskonzepte (MaS) aufgestellt haben. Die Einhaltung der dort für erforderlich gehaltenen Voraussetzungen mag für eine erfolgreiche Sanierung i.d.R. eine positive Prognose ermöglichen. Sie ist aber nicht zwingend erforderlich und vor allem bei kleinen Unternehmen nicht immer in vollem Umfang geboten. Auch dort muss jedoch die Prüfung der wirtschaftlichen Lage des Schuldners im Rahmen seiner Wirtschaftsbranche analysiert und müssen die Krisenursachen sowie die Vermögens-, Ertrags- und Finanzlage erfasst werden (BGH, Urt. v. 4.12.1997, aaO).“*[41]

Zunächst hat das IDW ein Fragen-und-Antworten-Papier (**F & A zu IDW S 6**) zu betriebswirtschaftlichen Fragestellungen veröffentlicht, welches die Anwendung des Standards erleichtert. Mit der finalen Verabschiedung des neugefassten IDW S 6 im August 2018 wurde nochmals eine ergänzte Neufassung der F & A veröffentlicht. Der IDW S 6 n.F. soll dem Anwender einen Überblick über die Anforderungen an Sanierungskonzepten aufzeigen und ergänzend über die betriebswirtschaftlichen Zusammenhänge aufklären. Welche inhaltlichen Änderungen mit dem IDW S 6 n.F. einhergehen, können dem nachfolgenden Abschnitt entnommen werden:

2713 Im IDW S 6 n.F. wurden die Ausführungen zu Krisenstadien, zu Maßnahmen zur Überwindung der Krisenstadien oder zum Leitbild des sanierten Unternehmens verkürzt bzw. gestrichen. Der IDW S 6 a.F. bezieht sich nun auf die folgenden sanierungsrelevanten Themen für die Erstellung eines Sanierungskonzepts:

39 FAR 1/1991: Anforderungen an Sanierungskonzepte (ersetzt durch IDW S 6).
40 Anforderungen an die Erstellung von Sanierungskonzepten: IDW Life 8/2018, S. 813 ff.
41 BGH, Urt. v. 12.5.2016 – IX ZR 65/14, Rn. 23.

- Beschreibung von Auftragsgegenstand und -umfang (vgl. Tz. 25 ff.)
- Basisinformationen über die wirtschaftliche und rechtliche Ausgangslage des Unternehmens in seinem Umfeld, einschließlich der Vermögens-, Finanz- und Ertragslage (vgl. Tz. 45 ff.)
- Darstellung und Analyse des Unternehmens sowie des Krisenstadiums (vgl. Tz. 52 ff.)
- Ausrichtung am Leitbild des sanierten Unternehmens (vgl. Tz. 54 ff.)
- Sanierungsmaßnahmen für die Bewältigung der Unternehmenskrise
- Integrierte Sanierungsplanung (vgl. Tz. 62 ff.)
- Zusammenfassende Einschätzung der Sanierungsfähigkeit (vgl. Tz. 59 ff.)
- Dokumentation und Berichterstattung

Der IDW S 6 n.F. beinhaltet keine Änderungen der materiellen Anforderungen an Sanierungskonzepte, dennoch umfasst er die nachfolgenden hilfreichen Neuerungen/Klarstellungen: Fortan richtet sich der Umfang von Sanierungskonzepten nach dem jeweiligen konkret bestehenden Krisenstadium anstatt nach formalen Kriterien. Es soll damit verhindert werden, dass Sanierungskonzepte inhaltlich überladen werden; es gilt hier den Grundsatz der Wesentlichkeit einzuhalten. Der Grundsatz der Wesentlichkeit zielt auf die Detailtiefe der Analyse der Krisenstadien bzw. der wirtschaftlichen Ausgangslage und der Berichterstattung ab. Der Ersteller des Sanierungskonzepts hat diesen Grundsatz zu beachten und daran zu bemessen, welche Inhalte für die Beurteilung der Sanierungsfähigkeit des Unternehmens relevant sind. „*Von der aktuellen Krise ausgehend, ist im Einzelfall zu analysieren, welche vorgelagerten Krisenstadien im Sanierungskonzept auch zu berücksichtigen sind.*“ (IDW S 6, Tz. 23) In diesem Zusammenhang soll sich der Umfang der Analyse und der Berichterstattung über die wirtschaftliche Ausgangslage schwerpunktmäßig auf vergangenheitsorientierte Sachverhalte konzentrieren, die für die Ableitung der Sanierungsmaßnahmen maßgeblich sind. (vgl. IDW S6, Tz. 36) „*Bei kleineren Unternehmen sind das Ausmaß der Untersuchung und die Berichterstattung an die ggf. geringere Komplexität des Unternehmens anzupassen.*“ (IDW S 6, Tz. 31) **2714**

Die **Phasen des Sanierungsprozesses** lassen sich anhand von zwei Stufen beschreiben: „*Zur Abwendung einer drohenden Insolvenz*[42] *sind in dem Konzept Maßnahmen zur Herbeiführung bzw. Sicherstellung einer positiven insolvenzrechtlichen Fortbestehensprognose im Regelfall für das laufende und das folgende Jahr vorzusehen (Stufe 1 gemäß Abb. 1; vgl. IDW S 11). Darüber hinaus muss für den relevanten Planungszeitraum des Sanierungskonzepts die Finanzierung mit überwiegender Wahrscheinlichkeit sichergestellt sein.*“ (IDW S6, Tz. 15) In diesem Zusammenhang gilt es Haftungsrisiken zu minimieren und die Einrichtung eines Krisenfrüherkennungssystems in Angriff zu nehmen, damit bereits auf die sich anbahnende Krise mit Gegenmaßnahmen reagiert werden kann. Grundsätzlich gilt für die Krisenerkennung: Je früher, desto besser! Das Controlling System muss individuell an die spezifischen Strukturen im Unternehmen angepasst werden. Es gibt verschiedene Faktoren für die Krisenfrüherkennung. Dazu zählen etwa starke Umsatzrückgänge, Verminderung der Investitionstätigkeit, geringe Eigenkapitalquote und schlechte Zahlungsmoral.

42 Vgl. BGH, Urteil vom 12.05.2016 – IX ZR 65/14, Rz. 35.

Im zweiten Schritt geht es um die Umsetzbarkeit der Sanierungsmaßnahmen und die Wettbewerbsfähigkeit. Für die Entscheidung der Stakeholder ist es maßgeblich, ob die Sanierungsmaßnahmen überhaupt noch umsetzbar sind. *„Es ist darzulegen, wie das zu sanierende Unternehmen eine nachhaltige Fortführungsfähigkeit erreichen kann. Dies setzt voraus, dass das Unternehmen auf seinem relevanten Markt über Wettbewerbsfähigkeit verfügt oder sich mit überwiegender Wahrscheinlichkeit diese Fähigkeit erarbeiten kann.“* (IDW S 6, Tz. 16) Die Wettbewerbsfähigkeit eines Unternehmens hängt von unterschiedlichen Faktoren. So ist etwa das Ressourcenpotenzial, die Entwicklung innovativer Produkte/Dienstleistungen, das Mitarbeiterknowhow und deren Fähigkeiten entscheidend.

Der IDW S6 bezieht sich auch auf die Frage, ob für einen Steuerberater oder Wirtschaftsprüfer im Falle einer parallelen Befassung als Abschlussprüfer ein die Unabhängigkeit gefährdender Ausschlussgrund vorliegt, ist einzelfallabhängig und anhand der §§ 319 ff. HGB, Berufssatzung WP/vBP sowie die nationalen und internationalen Prüfungsgrundsätze zu beurteilen. *„Die Erstellung eines Sanierungskonzepts oder von Teilen eines solchen Konzepts – insb. der Planung – ist mit der späteren Tätigkeit als Abschlussprüfer unvereinbar, da der Abschlussprüfer die Voraussetzung der Unternehmensfortführung (§ 252 Abs. 1 Nr. 2 HGB) zu beurteilen hat und dabei nicht eine von ihm selbst erstellte Unterlage zum Gegenstand der Prüfung machen darf. Wird das Konzept nicht vom Abschlussprüfer erstellt, sondern lediglich beurteilt, führt dies nicht zu einem Ausschluss als Abschlussprüfer.“* (IDW S 6, Tz. 29)

„Im Falle der Erstellung eines Sanierungskonzepts für einen Konzern sind nicht nur die wirtschaftliche Struktur des Konzerns, sondern auch die finanz- und leistungswirtschaftlichen Verflechtungen innerhalb des Konzerns, insb. die Sicherstellung der Zahlungsfähigkeit der Konzerngesellschaften zu berücksichtigen.“ (IDW S 6, Tz. 47)

2715 Das IDW hat mit dem IDW S 6 einen **praxisorientierten Leitfaden** veröffentlicht, der für den Anwender mehr Klarheit und Übersicht schafft. Ergänzend stehen dem Ersteller von Sanierungskonzepten die F & A bei der Beurteilung als Hilfestellung zur Seite. Inhaltlich bleiben die materiellen Anforderungen an die Sanierungskonzepte bestehen. Neu ist, dass der Umfang von Sanierungskonzepten anhand des jeweiligen Krisenstadiums zu beurteilen ist. Welche Inhalte für die Beurteilung der Sanierungsfähigkeit des Unternehmens unter Berücksichtigung des Wesentlichkeitsgrundsatz relevant sind, hat nun der Ersteller selbst zu bestimmen und zu verantworten. Insges. wird sich der Umfang von Sanierungskonzepten für KMU daher deutlich reduzieren und zu einer erheblichen Erleichterung für den Ersteller von Sanierungskonzepten führen.

b) Die wesentlichen Inhalte

2716 Die Aussagekraft des Sanierungskonzepts hängt maßgeblich vom Konzeptersteller ab. Das bedeutet, dass ein durch die Unternehmensleitung selbst erstelltes Konzept, anders zu beurteilen sein wird, als ein von der Hausbank in Auftrag gegebenes Sanierungskonzept, das von einem unbeteiligten Dritten verfasst wurde.

In der Praxis haben sich Standards herausgebildet, die für jedes professionelle Sanierungskonzept ein „Muss“ sind. Dazu zählen die vom „ISU – Institut für die Standardisierung von Unternehmenssanierungen“ (www.isu-institut.com) statuierten Grundsätze ordnungsgemäßer Sanierungskonzepte, GoS und Mindestanforderungen an Sanierungskonzepte, MaS wie auch der überarbeitete IDW-Standard S 6.

Das „ISU – Institut für die Standardisierung von Unternehmenssanierungen“ hat Grundsätze ordnungsgemäßer Sanierungskonzepte (GoS) veröffentlicht.[43] Den Begriff **GoS** kennt man auch aus dem Bereich der Finanzverwaltung. Dort bedeutet GoS übersetzt die Grundsätze ordnungsgemäßer Speicherbuchführung. Sie sind eine Ergänzung der Grundsätze ordnungsgemäßer Buchführung. Diese Grundsätze gelten auch hier. Sie gehören zwar zu den klassischen Berufsgrundsätzen der Wirtschaftsprüfer und Steuerberater und sollten demnach allseits bekannt sein.[44] Dennoch möchten wir diese hier kurz nennen: 2717

- Grundsatz der Dokumentation;
- Grundsatz der Flexibilität;
- Grundsatz der Klarheit und Übersichtlichkeit;
- Grundsatz der Richtigkeit;
- Grundsatz der Sicherstellung des Sanierungsmanagements;
- Grundsatz der Vollständigkeit und Aktualität;
- Grundsatz der Wesentlichkeit – Grundsatz der Angemessenheit;
- Neutralität und Qualifikation des Gutachters.

aa) Analyse des Unternehmens. Bereits in Rn. 2624 ff. wurden die **Krisenstadien** und in Rn. 2633 ff. die verschiedenen **Krisenursachen** sowie die Bedeutung der Ursachenanalyse dargestellt. Deshalb umfasst die Analyse des Unternehmens hauptsächlich die Untersuchung der Bereiche, die sich aus dem vorhandenen Datenmaterial nicht auf den ersten Blick ergeben. Hierunter fallen insb. die Befragung von Unternehmensbeteiligten sowie die objektivierte Bewertung ihrer Aussagen. Dies kann anhand der **Szenarioanalyse**, **Portfoliomethoden** sowie **Praktikermethode**n erfolgen.[45] Letztere ist auf die persönliche Befragung und objektivierte Bewertung angelegt. Ein „Bauchgefühl“ darf danach erste hilfreiche Anhaltspunkte geben. 2718

Wesentlicher Gegenstand ist die **Krisenursachenanalyse**. Dabei werden im Rahmen des Sanierungskonzepts die verschiedenen Krisenursachen analysiert, gewertet und in geeigneter Form dargelegt, welche Ursache mit welcher relativen Bedeutung zur Krise des Unternehmens beigetragen hat.[46] Das Management nimmt bei der Analyse der Krisenursachen eine zentrale Rolle ein, indem es nicht nur als unterstützendes Element, sondern selber Gegenstand der Analyse ist. In der Praxis sind häufig das Management und die begangenen Managementfehler die eigentliche Ursache der Krise. Gefährlich ist es daher, wenn das Management selber die Krisenursachenanalyse betreibt oder den Auftrag hierzu gegeben hat, da womöglich kein objektivierbares Urteil erzielt wird. Parallel dazu werden durch eine systematische Lagebeurteilung des Unternehmens als Ganzes die Interdependenzen sowie die Ursache-Wirkungs-Ketten dargestellt. In diesem Zusammenhang spricht man daher auch von einer Stärken-/Schwächen-Analyse. Der Konzeptersteller sollte sich neben einer vergangenheitsorientierten Betrachtung hauptsächlich auf die Zukunft konzentrieren. 2719

43 *Cranshaw/Denkhaus*, Mindestanforderungen und Sanierungskonzepte (MaS), ISU-Standard für das Erstellen, Umsetzen und Prüfen von Sanierungskonzepten und Sanierungsgutachten, 2. Aufl. 2012.

44 Weiterführende Literatur: *Portisch*, Sanierung und Insolvenz aus Bankensicht, 4. Aufl. 2018, S. 168.

45 Weiteres hierzu: *Groß*, WPg 5/2009, S. 236.

46 So auch schon BGH, Urt. v. 4.12.1997 – IX ZR 47/97, BB 1998, 1023.

2720 Die verschiedenen **Krisenstadien** (s. hierzu Rn. 2624) sind zu analysieren und festzustellen, in welchem konkreten Stadium sich das Unternehmen befindet, in welchen Stadien es sich in der Vergangenheit befunden hat und wie viel Zeit es circa in den einzelnen Stadien verbracht hat, um ggf. hieraus Rückschlüsse auf das Eintreten des nächsten Krisenstadiums zu ziehen. Wenn bereits Stakeholder-/Strategie-/Produkt- und Absatz- sowie Liquiditätskrise eingetreten sind und die Gefahr besteht, dass die Liquiditätskrise nicht mehr überwunden werden kann, besteht möglicherweise der Insolvenzgrund der Zahlungsunfähigkeit nach § 17 InsO, der drohenden Zahlungsunfähigkeit nach § 18 InsO oder der Überschuldung nach § 19 InsO. Insofern muss dann das vordergründige Ziel sein, die Insolvenzreife bzw. die Insolvenzantragspflicht durch die Geschäftsleitung zu vermeiden oder aber direkt darzulegen, wie eine Sanierung im Rahmen eines Insolvenzverfahrens erfolgreich durchgeführt werden kann. Wie bereits erwähnt, kann die Insolvenzantragstellung durchaus ein geeignetes Mittel zur Unternehmenssanierung sein. Ist hingegen nur die Beseitigung der Insolvenzreife Gegenstand des Sanierungskonzepts, so spricht man auch häufig vom **Sanierungskonzept erster Stufe**. Anhand des Sanierungskonzepts lässt sich durch die Beurteilung des Unternehmens und seiner Krisenentwicklung einschätzen, wodurch die Unternehmenskrise entstanden ist. Dabei erfolgt eine Ursachenanalyse systematisch durch die Eingrenzung der kritischen Geschäftsbereiche, die sodann mit Hilfe der vorgenannten Krisenstadien zu analysieren und darzulegen sind. Unternehmenskrisen entstehen nicht von einem auf den anderen Tag, sondern stellen ein Resultat mehrstufiger Ursache-Wirkungs-Ketten mit mehreren zusammenwirkenden, sich verstärkenden oder abschwächenden Ursachen dar.

2721 Entscheidend ist, dass nicht nur die Unternehmensleitung, sondern auch zumindest die zweite Führungsebene einbezogen werden, da gerade das der Unternehmensleitung untergeordnete Management regelmäßig über die notwendige fachliche Kompetenz und den erforderlichen Einblick in die Betriebsabläufe, die zur Erstellung des Sanierungskonzepts von wesentlicher Bedeutung sind, verfügt.

2722 Das **Sanierungsgutachten** kann nur erfolgreich umgesetzt werden, wenn dahinter ein an sich überzeugendes Sanierungskonzept steht, das auf Informationen kompetenter Beteiligter basiert. Die Krisenursachenanalyse soll dabei das Unternehmen ganzheitlich erfassen, indem sie Zusammenhänge innerhalb eines Unternehmens gleichermaßen wie dessen Beziehungen mit seiner Umwelt hinterfragt. Im Rahmen dieser Betrachtungsweise werden die Interdependenzen sowie die Ursache-Wirkungs-Ketten auf Unternehmensebene und auch auf Ebene des Markts aufgedeckt. In diesem Zusammenhang steht die sog. **Stärken-Schwächen-Analyse**.

2723 Sofern das Sanierungskonzept die Prüfung der Insolvenzreife umfasst, sind die Aufstellung eines Finanzstatus und ggf. eines Finanzplans erforderlich. Kommt der Konzeptersteller innerhalb der Krisenanalyse zu dem Ergebnis, dass (drohende) Zahlungsunfähigkeit bzw. Überschuldung vorliegt, muss er unverzüglich das Management darüber informieren, damit deren insolvenzrechtlichen Antragspflichten gem. § 15a InsO eingehalten werden können. Falls nach der Begutachtung Insolvenzantragsgründe vorliegen, muss der Wirtschaftsprüfer seine Tätigkeit gem. § 49 WPO vorzeitig beenden/versagen.

2724 **bb) Leitbild des sanierten Unternehmens.** Das Motto „Jedes Tun braucht ein Ziel" steht in unmittelbaren Zusammenhang mit der Sanierung, denn das Ziel jeder Sanierung ist das Leitbild des sanierten und wieder gesundeten Unternehmens.[47] Das Leitbild des sanierten Unternehmens stellt den Sollzustand des Unternehmens nach Abschluss bzw. Durchführung der einzelnen Sanierungsmaßnahmen dar. Im Fokus steht nicht nur, dass sich das Unternehmen am Markt behaupten kann, sondern auch dass es über das Streben nach Wettbewerbsvorteilen in die Lage versetzt wird, eine Eigenkapitalrendite zu erreichen und auf diese Weise wieder attraktiv für Eigen- und Fremdkapitalgeber wird.[48] Erst wenn die Renditefähigkeit des Unternehmens gegeben ist, kann auf die Sanierungsfähigkeit geschlossen werden. Das Leitbild des sanierten Unternehmens sollte daher als Grundlage ein realisierbares und zukunftsfähiges Geschäftsmodell aufbauen.[49]

Die Eckdaten eines solchen Modells gliedern sich wie folgt: **2725**

- die Hauptgeschäftsfelder des Unternehmens, wie Produkt- und Marktkombinationen,
- die langfristigen Zielvorstellungen und Grundstrategien des Unternehmens,
- die zu beachtenden Wertvorstellungen,
- Grundregeln und Verhaltensweisen,
- die zukünftige Wettbewerbsposition bzw. die Wettbewerbsvorteile für den Kunden,
- die dafür erforderlichen besonderen Ressourcen und Fähigkeiten.[50]

cc) Stadiengerechte Bewältigung der Unternehmenskrise mithilfe von Sanierungsmaßnahmen. Die Sanierungsmaßnahmen sollen ausgehend vom festgestellten Ist-Zustand zum Leitbild der Sanierung (Sollzustand) verhelfen. Welche konkreten Maßnahmen ergriffen werden, bestimmt sich wiederum nach dem jeweiligen Krisenstadium. Sofern eine Insolvenzantragspflicht besteht, sind Maßnahmen, die die Insolvenzgründe nicht beheben, nicht zielführend. Darüber hinaus bewirken Maßnahmen zur Beseitigung der Insolvenzgründe keine nachhaltige langfristige Sanierung bzw. die Wiedergewinnung der Wettbewerbsfähigkeit. Wie erfolgreich die einzelnen Sanierungsmaßnahmen sind, hängt von den zeitlichen und finanziellen Vorgaben ab.[51] Im Konzept sind daher die für die Maßnahmen erforderlichen zeitlichen und finanziellen Vorgaben sowie die verantwortlichen Personen darzustellen. Je nach Krisenstadium wird unterschieden zwischen Maßnahmen zur **2726**

- Überwindung der Insolvenz,
- Überwindung der Liquiditätskrise,
- Überwindung der Erfolgskrise,
- Überwindung der Produkt- und Absatzkrise,
- Überwindung der Strategiekrise,
- Überwindung der Stakeholderkrise.

Zur Überwindung der Insolvenz muss eine **positive Fortbestehensprognose** möglich sein, da ansonsten von einer Überschuldung auszugehen ist. Die Insolvenz stellt selbst keinen Ausschlussgrund für die Bejahung der Sanierungsfähigkeit dar. Die Sanierung des Unternehmens kann – wie bereits erörtert – im Rahmen eines Insolvenzplanverfahrens oder durch übertragende Sanierung bzw. Sanierung durch Auffanggesellschaft erfolgen. **2727**

---

47 *Niering/Hillebrand*, Wege durch die Unternehmenskrise, 4. Aufl. 2020, S. 49.
48 Weiterführende Literatur: *Mujkanovic*, WP Praxis 11/2014, 280.
49 OLG Köln, Urt. v. 24.9.2009 – 18 U 134/05, NZI 2010, 49.
50 IDW S 6 Rn. 65.
51 Zur objektiv geeigneten Maßnahme, s. BGH, Urt. v. 21.11.2005 – II ZR 277/03, NJW 2006, 1283.

2728 Wie bereits dargelegt, verbleibt den Verantwortlichen mit Feststellung eines Insolvenzgrundes ein Zeitraum von maximal drei Wochen, um durch geeignete Sanierungsmaßnahmen die Einleitung des Insolvenzverfahrens zu verhindern. In diesem Zeitraum geht es darum, die die Zahlungsfähigkeit durch Zuführung von Liquidität und/oder Hinausschieben von Zahlungsfälligkeiten, z.B. durch Ratenvereinbarungen/Stundungsvereinbarungen, wiederherzustellen. Durch ausreichende Zurverfügungstellung von Eigenmitteln wie auch durch Verzichts- und Rangrücktrittserklärungen kann eine insolvenzrechtliche Überschuldung abgewendet werden. Inwiefern das Unternehmen in dieser Phase fortführungsfähig ist, ist von den Realoptionen abhängig.

2729 Zur Überwindung der **Liquiditätskrise** ist es erforderlich, sämtliche vorhandenen Liquiditätspotenziale zu aktivieren. Ob das Unternehmen die Kreditfähigkeit wieder gewinnen kann, ist davon abhängig, ob das Unternehmen ausreichende eigene **Sicherheiten** oder auch solche aus dem Gesellschafterkreis oder der öffentlichen Hand stellen kann.

2730 Die Überwindung der **Erfolgskrise** stellt regelmäßig einen mittel- bis langfristigen Unternehmensprozess dar, der ein durchgreifendes Sanierungskonzept erfordert, um mindestens eine nachhaltige branchenübliche Umsatzrendite erreichen zu können. Notwendige Sanierungsmaßnahmen können sein:

- Aufgabe einzelner Geschäftsbereiche,
- Bündelung von Funktionen/Prozessen,
- Bündelung von Geschäftsbereichen,
- Reduzierung der Fertigungstiefe,
- Straffung des Leistungssortiments.

Eine Kombination der folgenden Maßnahmen zur Verbesserung der Kostenstruktur kann erfolgsversprechend sein:

- Abbau von Lehrkosten/Senkung der Stückkosten,
- Optimierung der Verbrauchsmengen,
- Personalabbau,
- Reduktion und Bereinigung der Artikelvielfalt,
- Senkung der Bezugspreise,
- Senkung der Lagerkosten und Kapitalbindungskosten,
- Senkung und Flexibilisierung der Fixkosten,
- Veränderungen der Vergütungsstruktur im Personalbereich,
- Verminderung der Ausschussquote.

Schließlich werden diese Maßnahmen wiederum durch Maßnahmen zur Steigerung der Umsatzerlöse, bspw. durch stärkere Fokussierung auf Kundenbedürfnisse oder Verbesserung von Marketing und Vertrieb aufgestockt.

2731 Für die Überwindung der **Produkt- und Absatzkrise** ist die Untersuchung entscheidend, ob diese von vorübergehender oder nachhaltiger Natur ist und ob die Krisenursachen mehr im Produkt- oder mehr im Absatzbereich liegen. Liegt eine Krise von vorübergehender Natur vor, müssen lediglich die Maßnahmen identifiziert werden, um diese Schwächephase zu überwinden. Ist hingegen der Absatz schon deutlich und nachhaltig gestört, ist grundsätzliche Neuausrichtung zu überlegen.

Liegen die Krisenursachen aus dem Bereich der Leistungserbringung vor, etwa unzureichende Liefertreue, falsche Preispolitik, mangelnde Qualität der Produkte, Sortimentsschwächen, müssen in diesem Bereich Maßnahmen zur Verbesserung herausgearbeitet und in Angriff genommen werden. In diesem Zusammenhang ist zusätzlich zu klären, inwieweit vorübergehende Rendite- und Gewinneinbußen zusätzlich in Kauf genommen werden müssen. Produkte, die grundsätzlich marktfähig sind, müssen einer Überprüfung der Absatzmöglichkeiten unterzogen werden und ggf. durch Sonderaktionen, Rabatte und Werbung und die Beseitigung von Schwächen in Marketing und Vertrieb, attraktiver werden.

Im Rahmen einer **Strategiekrise** ist ein Sanierungskonzept im umfassendsten Sinne not- **2732**
wendig, da letztendlich nur eine vollständige strategische Neuausrichtung des Unternehmens erfolgsversprechend ist. Ziel des Sanierungskonzepts soll das Wiedererlangen einer nachhaltigen **Wettbewerbsfähigkeit** sein. Entscheidend hierfür sind nicht nur die Liquiditäts- und Erfolgsaussichten, sondern auch die Wettbewerbsstrategie aus den Bereichen

- Kosten-/Preiswettbewerb,
- Qualitäts-/Leistungswettbewerb,
- Wettbewerb um Zeitvorteile,
- Innovations-/Technologiewettbewerb und
- Wettbewerb um die beste Wertschätzungsarchitektur.

Für die Beurteilung von Wettbewerbsvorteilen ist die Sicht der Kunden mit einzubeziehen. Dazu versetzt man sich in die Rolle des Kunden und bewertet aus dieser Perspektive die verschiedenen Ressourcen und Fähigkeit des Unternehmens. Dabei sind folgende Unternehmenspotenziale unter Effektivitäts- und Stimmigkeitsaspekten zu fokussieren:

- Belegschaft
- Belegschaftsstärke, Qualifikation, Arbeitszeitmodelle, Vergütung, Lernprogramme, Motivation
- Finanzen
- Kapitalbedarf, Rating, Kapitalstruktur, Eigenkapital, Rentabilität und Cashflow
- Forschung und Entwicklung
- Fähigkeiten, Innovations- und Ideenmanagement, Vermarktungsprozess, Patente, Lizenzen
- Führungs- und Fachkräfte
- quantitatives und qualitatives Potenzial, Motivation, Anreiz, Systeme
- Organisation
- Organigramm, Abläufe, Führungs- und Entscheidungsprozesse, lernende Organisation, Unternehmenskultur
- Produktion und Beschaffung
- Ausstattung, Kapazitäten, Standorte, Technologie, Abläufe, Bestände, Lieferbeziehungen
- Produktions- und Absatzprogramm
- Breite, Tiefe, Funktion, Design, Qualität
- Marketing und Vertrieb
- Segmentierung, Positionierung, Branding, Distribution, Service, Werbung, Kontrahierung, Pricing

- Unterstützungssysteme
- IT, Rechnungswesen, Controlling, Shared Services.

Die strategische Neuausrichtung konzentriert sich damit auf den Bereich der **Geschäftsfeldplanung** und der **Ressourcenneuordnung**, der klassischerweise eine Aufgabe der Unternehmensführung ist.

2733 Um die **Stakeholderkrise** überwinden zu können, muss man sich verdeutlichen, woraus diese Krise resultiert. Das Verhältnis zwischen den verschiedenen Interessengruppen im Unternehmen bzw. zwischen dem Unternehmen und seinem betrieblichen Umfeld prägt oft dieses Krisenstadium. Ein dauerhafter Konsens und eine vertrauensvolle Zusammenarbeit aller Interessengruppen spielen eine wichtige Rolle. Sollte Verhältnis der verschiedenen Interessengruppen sehr stark emotional belastet sein, kann es sinnvoll sein, einen externen Mediator hinzuzuziehen.

2734 **dd) Umsetzbarkeit der Sanierungsmaßnahmen.** Das Sanierungskonzept soll die Frage beantworten, in welcher Form die Sanierungsmaßnahmen umsetzbar sind und welche Chancen und Risiken sich hierbei ergeben.[52] Eingangs sind dafür die durch die Maßnahmen geplanten Umsatz- und Ergebnisverbesserungen darzustellen. Eine Prognose, welche Kapazitäts-, Umsatz-, Aufwands-, Ergebnis- und Finanzwirkungen daraus resultieren, ist dafür ebenfalls erforderlich. Wichtig ist auch, dass die Maßnahmen sachgerecht koordiniert und in eine zeitliche Abfolge gebracht werden, um das vorgenannte Ziel der Sanierung so schnell wie möglich zu erreichen. Es darf nicht übersehen werden, dass nicht nur Interdependenzen zwischen einzelnen Krisenursachen, sondern auch zwischen einzelnen Sanierungsmaßnahmen bestehen. Oft werden diese sogar vertraglich in der Form fixiert, dass etwa einzelne Gläubiger ihr Verhalten in Abhängigkeit zu dem Verhalten anderer Gläubiger stellen.

2735 **ee) Integrierte Sanierungsplanung.** Zum wesentlichen Inhalt jedes Sanierungskonzepts gehören die **Planverprobungsrechnungen**, die den Erfolg einer Sanierung mittels Plangrößen/Zahlen aufzeigen.[53]

Dabei bilden die Ist-Lage und die identifizierten Problem- und Verlustbereiche die Ausgangspunkte. Im nächsten Schritt sind die Maßnahmeneffekte zu quantifizieren und in einer integrierten Unternehmensplanung zusammenzuführen.[54] Dann ist das Zahlenwerk durch die Entwicklung geeigneter **Kennzahlen** im Planungszeitraum zu plausibilisieren.[55] Die Darstellung der Ist-Lage und der identifizierten Problem- und Verlustbereiche umfassen die Ergebnisse der kritischen Bereiche. Hierbei sollte zur besseren Übersicht eine sinnvolle Strukturierung in Form einer Gliederung etwa nach Geschäftsfeldern, Produktbereichen, Produktionsstandorten, erfolgen. Das Augenmerk liegt weniger auf der Beschreibung der gegenwärtigen Lage und der Entwicklung der jüngeren Vergangenheit als vielmehr auf der Abschätzung der zukünftigen Entwicklung ohne die Berücksichtigung der Sanierungsmaßnahmen.[56] Eine Hilfestellung bietet hierbei die bisherige Unternehmensplanung der Geschäftsleitung, weil darin i.d.R. eine Fortschreibung

52 BGH, Urt. v. 21.11.2005 – II ZR 277/03, NJW 2006, 1283.
53 OLG Köln, Urt. v. 24.9.2009 – 18 U 134/05, WPg 2011, 442.
54 IDW S 6 Rn. 72.
55 IDW S 6 Rn. 72.
56 IDW S 6 Rn. 74

der Vergangenheit in die Zukunft vorgenommen wird. Mindestens für das laufende und das folgende Planjahr sollen dann die Auswirkungen der einzelnen Sanierungsmaßnahmen auf die Vermögens-, Finanz- und Ertragslage dargestellt und quantifiziert werden.[57] Für das erste Quartal sollte die Planung auf Wochenbasis, für das zweite Quartal auf Monatsbasis und für die Folgezeit auf Quartalsbasis.[58] Bei jeder Maßnahmen wird vermerkt, ob diese bereits eingeleitet, mit welchem Grad sie realisiert sind und welche Personen für die Umsetzung im Einzelnen verantwortlich sind.[59] Sofern für die Umsetzung der Sanierungsmaßnahmen die Mitwirkung Dritter erforderlich ist, bspw. Kreditinstitute oder Gesellschafter, dürfen die Maßnahmeneffekte auch ohne vorliegende rechtliche Bindung in die Planung eingebunden werden.

Die Planungsverprobungsrechnung haben die Planung der auf dem Sanierungsplan **2736**
beruhenden zukünftigen Aufwendungen und Erträge zum Inhalt.. Die Detailpläne, wie etwa Absatzplanung, Investitionsplanung, Personalkostenplanung, die alle Eingang in die Rentabilitätsplanung finden, stellen die Basis dar. Für den Nachweis der Plausibilität dieser **Rentabilitätsplanung** empfiehlt sich diese mit Vergangenheitswerten des krisenbehafteten Unternehmens, und sofern verfügbar, mit Branchenwerten zu vergleichen.

Die nachfolgenden kritischen Prämissen sind in der Planung besonders wichtig:

- Entwicklung von Rohstoffpreisen,
- Fortsetzung wichtiger Verträge (Großkunden, Mietverträge),
- Preisentwicklung auf der Nachfrageseite,
- Stabilität der Rechtslage (Steuerquote),
- das Wachstum von Auslandsmärkten,
- Wechselkursveränderungen,
- Wettbewerbsentwicklung.

Das Aufstellen von Alternativrechnungen (Best Case, Worst Case, Real Case) empfiehlt sich, um Planungsunsicherheiten einzugrenzen.

Der **Liquiditätsplan** gibt Auskunft darüber, welcher Finanzbedarf für eine erfolgreiche **2737**
Sanierung notwendig ist und wie dieser Finanzbedarf gedeckt wird. Hierbei sind das **Zahlungsverhalten** der Vergangenheit, das Zahlungsverhalten der Branche, wie auch besondere **Zahlungsmodalitäten**, die möglicherweise bei den Sanierungsmaßnahmen ausgehandelt wurden, darzustellen.

Ausgehend von einem aktuellen Vermögensstatus, welcher die Vermögenssituation zum **2738**
Zeitpunkt der Konzepterstellung wiedergibt, werden auf der Basis der vorgenannten Rentabilitäts- und Liquiditätsplanung die Planbilanzen fortgeschrieben.

Die integrierte Unternehmensplanung muss um Kennzahlen erweitert werden. Dies **2739**
erleichtert den internen und externen Betriebsvergleich im Sinne einer relativen Betrachtung. Folgende Kennzahlen sind dabei von Relevanz:[60]

- **Ertragskennzahlen** wie Gesamtkapitalrentabilität, Eigenkapitalrentabilität, Umsatzrentabilität, Materialfremdleistungsquote, Personalaufwandsquote, EBIT-DA in Prozent vom Umsatz;

57 IDW S 6 Rn. 74.
58 IDW S 6 Rn. 74.
59 IDW S 6 Rn. 71.
60 IDW S 6 Rn. 28.

- **Liquiditätskennzahlen** wie Liquiditätsgrade I–III, Cashflow in Prozent vom Umsatz, Schuldentilgungsdauer in Jahren, Kapitaldienstdeckungsfähigkeit;
- **Vermögenskennzahlen** wie Eigenkapitalquote, Verschuldungsgrad, Anlagendeckung, Working Capital, Debitorenlaufzeit (DSO Days Sales Outstanding), Kreditorenlaufzeit (DPO Days Payable Outstanding), Vorratsreichweite (DIH Days Inventory on Hand).

Die Entwicklung dieser Kennzahlen und deren Kommentierung zeigen nicht nur den geplanten Sanierungsverlauf auf, sondern sind gleichzeitig auch Kontrollgrößen, inwieweit mit dem Sanierungskonzept schon sein Ziel erreicht wurde. Daneben stellen sie die Eckpunkte für ein umfassendes Sanierungscontrolling der Unternehmensleitung sowie Dritter zur Verfügung.[61]

Im Hinblick auf den Planungshorizont ist folgender Grundsatz zu beachten: Je weiter Planungsdaten in der Zukunft liegen, desto ungewisser sind sie. Es empfiehlt sich daher, die Probleme der nahen Zukunft step by step zu lösen.

3. Sanierungsplan

a) Insolvenzplan

2740 Seit der Einführung der InsObesteht die Möglichkeit, Insolvenzverfahren auch über ein Insolvenzplanverfahren zu gestalten. Im Rahmen der Regelung des Gesetzes zur weiteren Erleichterung der Sanierung von Unternehmen (ESUG) wurden zum 1.3.2012 diese Regelungen noch weiter konkretisiert und erleichtert. Auch wenn die Zahl der Insolvenzpläne durch diese Gesetzesinitiative bisher nicht drastisch gestiegen ist, rücken die gesetzgeberischen Maßnahmen, insb. die Stärkung des zuvor beschriebenen Schutzschirmverfahrens, den Insolvenzplan mehr in das Interesse der Sanierungsbemühungen. Gem. § 217 InsO kann „die Befriedigung der absonderungsberechtigten Gläubiger und der Insolvenzgläubiger, die Verwertung der Insolvenzmasse und deren Verteilung an die Beteiligten sowie die Verfahrensabwicklung und die Haftung des Schuldners nach der Beendigung des Insolvenzverfahrens“ in einem Insolvenzplan abweichend von den gesetzlichen Vorschriften geregelt werden. Diese weitreichenden Gestaltungsmöglichkeiten des Insolvenzplans sind an die Einhaltung bestimmter Formalien und gläubigerschützender Mindeststandards gebunden.

b) Schuldner oder Insolvenzverwalter als Planersteller

2741 Gem. § 218 InsO kann der Insolvenzverwalter und der Schuldner den Insolvenzplan vorlegen. Dies gilt auch bei der Eigenverwaltung für den Sachwalter (vgl. § 284 InsO). Der Insolvenzverwalter und auch der Sachwalter verfügen über ein selbstständiges **Planinitiativrecht** und bedürfen nicht der ausdrücklichen Beauftragung durch die Gläubigerversammlung. Bei der Aufstellung des Plans soll ein bestellter Gläubigerausschuss, der Betriebsrat und auch der Schuldner beratend mitwirken (vgl. § 218 Abs. 3 InsO). Dazu wird regelmäßig der Insolvenzverwalter oder der Schuldner den ausgearbeiteten Plan den vorgenannten Gremien zur Prüfung und Genehmigung vorlegen.

61 IDW S 6 Rn. 85.

c) Inhaltliche Anforderung an den Insolvenzplan

Inhalt und Umfang des Insolvenzplans sind trotz der klaren gesetzlichen Vorgaben auch von der Größe des von der Insolvenz betroffenen Unternehmens und von der Frage, wie weitreichend von den Vorgaben zum Regelverfahren abgewichen werden soll, abhängig. **2742**

Der Insolvenzplan besteht aus einem darstellenden und einem gestaltenden Teil. Im **darstellenden Teil** hat der Planersteller darzustellen, „welche Maßnahmen nach der Eröffnung des Insolvenzverfahrens getroffen worden sind oder noch getroffen werden sollen, um die Grundlagen für die geplante Gestaltung der Rechte der Beteiligten zu schaffen" (vgl. § 220 InsO). Zudem enthält der Insolvenzplan u.a. allgemeine Ausführungen zum schuldnerischen Unternehmen, zur Marktsituation. Ebenfalls gilt hier der Grundsatz, dass der Insolvenzplan selbst der Größe des Unternehmens angemessen formuliert wird. In der Praxis werden bei Unternehmen mit nur geringer wirtschaftlicher Bedeutung die Insolvenzpläne häufig mit zu vielen Formalien überfrachtet. Grundsätzlich gilt, dass neben der Einhaltung der rechtlichen Rahmenbedingungen vor allem die Überzeugungskraft gegenüber den Gläubigern in den Mittelpunkt gerückt werden sollte. Ein klar gegliederter und auch nicht zu umfangreicher Insolvenzplan überzeugt häufig mehr als ein überfrachteter Insolvenzplan, bei welchem der Kern der abweichenden Regelung oftmals nicht mehr erkennbar ist. Daran ist besonders bei solchen Insolvenzplänen zu denken, bei denen wie häufig ein Dritter finanzielle Mittel zur Verfügung stellt, aus denen sodann die Befriedigung der Gläubiger erfolgen soll. Dann wäre nur die Erklärung des Dritten, etwa des Gesellschafters oder einer nahestehender Person beizubringen (vgl. § 230 Abs. 3 InsO). Die Anforderungen sind bezüglich der beizubringenden Anlagen und der Ausführungen im darstellenden Teil erhöht, wenn die Gläubiger aus den zukünftigen Einnahmen des Schuldners bzw. des schuldnerischen Unternehmens befriedigt werden sollen. Gem. § 229 InsO sind in diesem Fall dem Insolvenzplan auch eine Vermögensübersicht sowie eine Ergebnis- und Finanzplanung beizulegen.

Im **gestaltenden Teil** des Insolvenzplans wird dargelegt, wie in die Rechtstellung der Gläubiger eingegriffen werden soll. Dabei gilt es folgenden Grundsatz zu beachten: Je weitreichender und von den gesetzlichen Vorschriften stärker abweichend eine solche Regelung ausfallen soll, desto detailliertere Ausführungen sind hierzu erforderlich. Bezieht sich der Insolvenzplan lediglich auf die bessere Quotenerwartung durch die Zahlung eines Dritten, kann der gestaltende Teil des Insolvenzplans kurz gefasst werden. **2743**

Die Abstimmung über den Insolvenzplan erfolgt nicht durch die Gläubiger in ihrer Gesamtheit, sondern innerhalb von einzelnen Gruppen (vgl. § 243 InsO). Der Insolvenzplan wird, mit der Mehrheit der abstimmenden Gläubiger innerhalb jeder Gruppe, wenn die Ansprüche der zustimmenden Gläubiger mehr als die Hälfte der Summe der Ansprüche der in dieser Gruppe abstimmenden Gläubiger erreicht, beschlossen. Die Einteilung der Gläubigergruppen erfolgt nach gleichartigen wirtschaftlichen Interessen. Dabei müssen die Gruppen sachgerecht voneinander abgegrenzt und die Kriterien der Abgrenzung im Insolvenzplan erläutert werden. Dadurch sollen völlig willkürliche Gruppeneinteilungen und eine damit einhergehende Verzerrung des Abstimmungsergebnisses vermieden werden. **2744**

d) Gestaltungsmöglichkeiten

2745 Der Planersteller ist nicht völlig frei bei der Gestaltung, sondern muss einige wichtige **Grenzen** bei der Erstellung des Insolvenzplans beachten. Hierzu zählen insb.

- Rechte der absonderungsberechtigten Gläubiger (§ 223 InsO),
- Gleichbehandlung der Beteiligten (§ 226 InsO),
- Obstruktionsverbot (§ 245 InsO).

Die zuvor erläuterte Gruppeneinteilung ist auch insoweit bedeutsam, als die Beteiligten einer Gruppe gem. § 126 Abs. 1 InsO gleich zu behandeln sind. Eine Ungleichbehandlung ist nur bei Zustimmung aller in dieser Gruppe betroffenen möglich, was i.d.R. nicht der Fall sein dürfte.

2746 Der Insolvenzplan darf nicht in **Aussonderungsrechte**, also Rechte der Leasinggeber, Vermieter etc. eingreifen. Auch ein Eingriff in die Rechte der absonderungsberechtigten Gläubiger bedarf sowohl der ausdrücklichen Regelung im Insolvenzplan (vgl. § 223 InsO) als auch der gesonderten Abstimmung über den Insolvenzplan (vgl. § 238 InsO). Relevant wird dies beim Einzug der zur Sicherheit an die Bank abgetretenen Forderungen oder bei weiterer Verwendung der zur Sicherung übereigneten Betriebs- und Geschäftsausstattung.

2747 Eine wichtige Rolle spielt das sog. **Obstruktionsverbot** des § 245 InsO. Das Obstruktionsverbot bezweckt, dass die dem Insolvenzplan nicht zustimmenden Gläubiger durch die Regelungen des Insolvenzplans nicht schlechter gestellt werden, als sie bei einer Abwicklung nach den gesetzlichen Regelungen stünden. Mit dem Insolvenzplan sollte für die Gläubiger grundsätzlich keine Schlechterstellung einhergehen. Das heißt, dass das wirtschaftliche Ergebnis für die Gläubiger zumindest gleich oder besser ausfallen sollte. Diese Gegenüberstellung des wirtschaftlichen Ergebnisses gehört zwingend in den Insolvenzplan und beinhaltet für die beteiligten Gläubiger die aus ihrer Sicht allein entscheidende Kernbotschaft. Neben der Höhe der zur Auszahlung gelangenden Quote ist besonders bedeutsam, wann die Zahlung erfolgt und mit welcher Sicherheit der Gläubiger mit einer Zahlung rechnen kann. Kritisch stehen die Gläubiger solchen Insolvenzplänen gegenüber, die eine Zahlung an die beteiligten Gläubiger allein oder im wesentlichen Umfang aus den zukünftigen Erträgen vorsehen. Vorteilhafter für die Gläubiger sind solche Insolvenzpläne, bei welchen der Gläubiger in einer nachvollziehbaren Weise eine Quote in Form einer Einmalzahlung erhält, die höher anfällt als bei der gesetzlich vorgesehenen Abwicklung des Insolvenzverfahrens. Dies lässt sich in der Praxis wohl aber nur bei kleineren oder mittleren Unternehmen realisieren.

2748 Der Insolvenzplanersteller kann auch gesellschaftsrechtlich gestaltend tätig werden. Seit dem 1.3.2012 ist es möglich, in die Anteilsrechte einzugreifen (vgl. § 225a InsO). Damit hat nunmehr der **Debt Equity Swap** Eingang in die InsO gefunden. Das bedeutet, dass Forderungen von Gläubigern in Anteils- und Mitgliedschaftsrechte am schuldnerischen Unternehmen umgewandelt werden können. Die Umwandlung darf sich nicht gegen den Willen des betroffenen Gläubigers aber gegen den Willen des Anteilseigners wenden. Hierbei ist zu beachten, dass zwar die Inhaber von Anteils- und Mitgliedschaftsrechten in diesem Fall mit einer eigenen Gruppe an der Abstimmung über den Insolvenzplan beteiligt sind, aber der Insolvenzplan angenommen wird, wenn die Mehrheit der beteiligten Gruppen diesem zustimmt. Im Ergebnis sind letztendlich auch ein Überstimmen dieser Gruppe und ein Wechsel gegen den Willen der Alt-Gesellschafter möglich.

e) Prüfung durch das Insolvenzgericht

Die Prüfung des Insolvenzplans erfolgt durch das Insolvenzgericht (vgl. § 231 InsO). 2749
Weist das Insolvenzgericht diesen nicht zurück, leitet es ihn nach § 232 InsO zur Stellungnahme an den Gläubigerausschuss sowie den Betriebsrat weiter, sofern diese am Verfahren beteiligt sind, an den Schuldner, wenn der Insolvenzverwalter den Plan vorgelegt hat und an den Insolvenzverwalter, wenn der Schuldner den Plan vorgelegt hat. Die Prüfung durch das Insolvenzgericht sowie auch die Stellungnahmen der Beteiligten sollen sehr kurzfristig, d.h. innerhalb von zwei Wochen erfolgen. Stehen auch nach den Stellungnahmen und der Prüfung durch das Insolvenzgericht dem Insolvenzplan keine grundsätzlichen Bedenken entgegen, wird dieser i.d.R. nicht nur in der Geschäftsstelle nach § 234 InsO niedergelegt, sondern durch den Planersteller an die beteiligten Gläubiger weitergeleitet. Bei sehr umfangreichen Plänen ist es auch sinnvoll, den Gläubigern eine Zusammenfassung des Insolvenzplans auszuhändigen.

f) Annahme und Bestätigung des Insolvenzplans

Die Entscheidung über die Annahme des Insolvenzplans erfolgt gem. § 235 InsO 2750
durch das Insolvenzgericht im **Erörterungs- und Abstimmungstermin**. Gem. § 237 InsO dürfen an der Abstimmung alle Insolvenzgläubiger teilnehmen, deren Forderung zur **Insolvenztabelle** festgestellt wurde. Im Vorfeld der Abstimmung wird der Insolvenzplan regelmäßig nochmals in seinen wesentlichen Grundzügen durch den Planersteller dargelegt und ggf. zwischen den anwesenden Gläubigern diskutiert. Diese Erörterung findet i.d.R. noch im selben Termin mit der Abstimmung über den Insolvenzplan statt. Die Abstimmung nach § 243 InsO erfolgt grundsätzlich in Gruppen. Die Mehrheit der beteiligten Abstimmungsgruppen muss dem Insolvenzplan zustimmen. Innerhalb jeder Gruppe gilt die Zustimmung als erteilt, sofern die Mehrheit der abstimmenden Gläubiger, also der Anwesenden oder aber durch Vollmacht vertretenen Gläubiger dem Insolvenzplan zustimmt. Darüber hinaus muss die Summe der Ansprüche der zustimmenden Gläubiger mehr als „die Hälfte der Summe der Ansprüche der abstimmenden Gläubiger betragen" (§ 244 Abs. 1 InsO). Man spricht in diesem Zusammenhang daher von Kopfmehrheit und Summenmehrheit. Eine strategisch gut geplante Gruppenbildung ist hierbei von Bedeutung, da so anders als außerhalb des Insolvenzverfahrens, auch wirtschaftlich wesentlich beteiligte Insolvenzgläubiger überstimmt werden können.

Beispiel zur Verdeutlichung: Vor Eröffnung des Insolvenzverfahrens scheiterten die Sanierungsbemühungen an der fehlenden Vergleichsbereitschaft oder fehlenden Vergleichsmöglichkeiten der Steuerbehörden. Im Rahmen des Insolvenzplans werden nunmehr drei Gruppen gebildet. Die Gruppe der Steuergläubiger bildet eine von drei Gruppen. Sollten die Steuergläubiger weiterhin den Sanierungsbemühungen und damit dem Insolvenzplan ablehnend gegenüberstehen, würde dies nunmehr unerheblich sein. Relevant ist lediglich, dass die beiden anderen Gruppen dem Insolvenzplan zustimmen; dann hat die Mehrheit der Gruppen dem Insolvenzplan zugestimmt, so dass dieser auch gegen den Willen der Steuergläubiger angenommen wurde.

In der Praxis ist allerdings auch nicht unüblich, dass bei für alle Gläubiger nachvollziehbaren Insolvenzplänen, auch solche Insolvenzgläubiger dem Insolvenzplan zustimmen, die sich vor einem Eröffnungsantrag noch ablehnend gegenüber den Sanierungsbemühungen gezeigt haben. Das hängt damit zusammen, dass der Insolvenzverwalter bzw. bei der Eigenverwaltung der Sachwalter als ein die Interessen der Gläubiger wahrnehmender Dritter den Plan initiiert oder zumindest grundlegend überprüft hat. Zustimmungsquoten von über 90 % sind daher keine Seltenheit.

g) Umsetzung und Wirkung des Insolvenzplans

2751 Damit die nicht zustimmenden Gläubiger die Umsetzung des Insolvenzplans und damit die erfolgreiche Sanierung für einen langen Zeitraum nicht beliebig verzögern können, wurden mit den zum 1.3.2012 in Kraft getretenen Gesetzesänderungen die weitgehenden Beschwerderechte dieser Gläubiger deutlich begrenzt. Das Rechtsmittel der sofortigen Beschwerde nach § 253 Abs. 1 InsO besteht für den Insolvenzgläubiger nur noch, wenn er dem Insolvenzplan spätestens im Abstimmungstermin schriftlich oder zu Protokoll widersprochen hat und darüber hinaus glaubhaft macht, dass er durch den Insolvenzplan wesentlich schlechter gestellt wird, als er ohne einen Insolvenzplan stünde. Weiter muss der beschwerdeführende Gläubiger noch auf nachvollziehbare Weise darlegen, dass die nunmehr nach § 251 Abs. 3 InsO hinterlegte Sicherheitsleistung nicht ausreicht, um den von ihm dargelegten Nachteil auszugleichen.

2752 Nach der Abstimmung wird das Insolvenzgericht den Insolvenzplan gem. § 254 Abs. 1 InsO bestätigen. Mit der gerichtlichen Bestätigung erhalten die im gestaltenden Teil des Insolvenzplans dargelegten Regelungen ihre Geltung für und gegen alle Beteiligten. Danach können vor allem die beteiligten Insolvenzgläubiger ihre in den Insolvenzplan einbezogenen Forderungen gegenüber dem Schuldner nicht mehr geltend machen.

2753 Das Insolvenzverfahren wird erst mit der Verfahrensaufhebung, welche allerdings erst erfolgen kann, wenn der Insolvenzverwalter nach § 258 InsO die unstreitig fälligen Masseverbindlichkeiten zahlt und für streitige oder noch nicht fällige Masseansprüche Sicherheit geleistet hat, abgeschlossen. Es ist nach der derzeitigen Gesetzeslage allerdings auch möglich den Ausgleich der noch nicht fälligen Masseansprüche dergestalt zu regeln, dass diese gemäß dem Insolvenzplan beigelegtem Finanzplan nach Aufhebung des Insolvenzverfahrens beglichen werden.

2754 Bei einem laufenden Geschäftsbetrieb kann so der oftmals nicht mögliche Vorfinanzierungsaufwand für den Ausgleich noch nicht fälliger Verbindlichkeiten, insb. von Lieferantenverbindlichkeiten verhindert werden. Grundsätzlich hat auch beim Insolvenzplanverfahren der Insolvenzverwalter am Ende des Verfahrens gegenüber dem Insolvenzgericht bzw. den Gläubigern Rechnung zu legen, wenn nicht ausnahmsweise im Insolvenzplan auf diese Verpflichtung zur Rechnungslegung verzichtet wurde (vgl. § 66 Abs. 1 S. 2 InsO).

Die gerichtliche Aufhebung des Insolvenzverfahrens führt dazu, dass der Schuldner/das schuldnerische Unternehmen seine Entschuldung und vollständige Souveränität erlangt. Dies gilt nicht, wenn der Insolvenzplan vorsieht, dass den Schuldner über die Aufhebung des Insolvenzverfahrens hinaus noch Verpflichtungen treffen; in diesem Fall wird häufig der Insolvenzverwalter bzw. der Sachwalter als Planüberwacher im Interesser der Gläubiger eingesetzt (vgl. § 260 ff. InsO).

2755 Festzuhalten ist, dass die InsOdie Durchsetzung und Befriedigung der verschiedenen Gläubigerrechte regelt und damit ein **Gesamtvollstreckungsrecht** darstellt. Neben den Entscheidungs- und Mitbestimmungsrechten der Gläubiger, die zunehmend gestärkt werden, werden deren Interessen hauptsächlich vom Insolvenzverwalter wahrgenommen, welcher unter gerichtlicher Aufsicht seine Aufgaben erfüllt.

h) Grobkonzept im Schutzschirmverfahren

Im sog. **Schutzschirmverfahren** nach § 270b InsO stellt der Schuldner einen Eröffnungsantrag bei drohender Zahlungsunfähigkeit oder Überschuldung, beantragt die Eigenverwaltung und legt im Rahmen des Verfahrens einen Insolvenzplan vor. Ziel ist die vollständige Gesundung des Unternehmens. 2756

Das Institut der Wirtschaftsprüfer hat seine Sicht in dem IDW Standard S 9[62] (Bescheinigung nach § 270b InsO) dargelegt.

Die Bescheinigung nach § 270b InsO ist eine gutachterliche Stellungnahme i.S.d. § 2 Abs. 3 Nr. 1 WPO, in der der in Insolvenzsachen erfahrene Wirtschaftsprüfer darlegt, dass drohende Zahlungsunfähigkeit oder Überschuldung vorliegt, aber keine Zahlungsunfähigkeit, und die angestrebte Sanierung nach Einschätzung des Bescheinigers nicht offensichtlich aussichtslos ist.[63]

Es war lange umstritten, welche Informationen und Unterlagen der Bescheiniger für die Feststellung der Sanierungsfähigkeit des Unternehmens zugrunde zu legen hat. Viele Stimmen haben gefordert, dass hierfür ein vollständiges Sanierungskonzept i.S.d. IDW S 6 (s. Rn. 2711 ff.) erforderlich ist. Andere Stimmen haben dargelegt, dass der Gesetzgeber eine solch hohe Anforderungsnorm nicht gewollt hat.[64] In der Praxis hat sich zwischenzeitlich die Auffassung durchgesetzt, dass der Bescheinigung ein Sanierungsgrobkonzept beizufügen ist.[65] 2757

Das **Sanierungsgrobkonzept** umfasst die Analyse der Krisenursachen, die Darstellung der aktuellen wirtschaftlichen Situation, die Skizzierung des Leitbildes des Unternehmens und die grobe Beschreibung der geplanten Sanierungsmaßnahmen und deren finanzielle Auswirkungen. Die skizzierten Maßnahmen für eine erfolgreiche Sanierung sind überschlägig einzuschätzen und die Realisierungswahrscheinlichkeit der einzelnen Maßnahmen qualitativ zu erläutern.[66]

Im Rahmen seiner gutachterlichen Tätigkeit hat der Wirtschaftsprüfer sich ein Bild von der Gesellschaft, ihren Leistungsprozessen, ihrer historischen Geschäftsentwicklung und insb. der Krisenursachen zu verschaffen. Dabei hat er Jahresabschlüsse, Prüfungsberichte, Monatsreporting wie auch Feststellungen zur Liquidität und Zahlungsfähigkeit seiner Begutachtung zugrunde zu legen.[67] Der Wirtschaftsprüfer muss die **Schlüssigkeit** des Grobkonzeptes und seine Annahmen prüfen[68] und feststellen, dass keine offensichtlichen Hinderungsgründe ersichtlich sind, die der Umsetzung des Sanierungsgrobkonzeptes entgegenstehen[69]. 2758

Weiterhin hat der Bescheiniger sich ein Bild davon zu machen, ob die wesentlichen Gläubiger dem angedachten Sanierungsgrobkonzept und den geplanten Sanierungsmaßnahmen auch zustimmen werden, oder ob offensichtliche Hinderungsgründe entgegenstehen.[70]

62 IDW S 9, WPg Supplement 4/2014, S. 45 ff.
63 IDW S 9, Tz. 3, WPg Supplement 4/2014, S. 45 ff.
64 *Graf-Schlicker*, Kommentar zur InsO, 4. Aufl. 2014, Tz. 10 zu § 270 b.
65 IDW S 9, Tz. 23, WPg Supplement 4/2014, S. 45 ff.
66 IDW S 9, Tz. 24, WPg Supplement 4/2014, S. 45 ff.
67 IDW S 9, Tz. 25, WPg Supplement 4/2014, S. 45 ff.
68 IDW S 9, Tz. 26, WPg Supplement 4/2014, S. 45 ff.
69 IDW S 9, Tz. 27, WPg Supplement 4/2014, S. 45 ff.
70 IDW S 9, Tz. 27–28 WPg Supplement 4/2014, S. 45 ff.

All diese Anforderungen hat der Bescheiniger in seiner Bescheinigung entsprechend zu dokumentieren und sich gleichzeitig von der Geschäftsleitung eine Vollständigkeitserklärung geben zu lassen.[71]

2759 Die Berichterstattung erfolgt im Rahmen der sog. **Bescheinigung i.S.d. § 270b InsO**.[72] Die Bescheinigung sollte den Finanzstatus, den Finanzplan, den Überschuldungsstatus und zumindest das Grobkonzept umfassen. Hierfür trägt der Wirtschaftsprüfer/Bescheiniger die Verantwortung.

Das Datum der Bescheinigung deckt sich mit den zu diesem Zeitpunkt verarbeiteten Informationen. Es sollte möglichst nahe am Zeitpunkt der Antragstellung liegen nicht älter als eine Woche alt sein.[73] Viele Gerichte fordern eine Bescheinigung i.S.d. § 270b InsO auf den Tag der Antragstellung. In diesen Fällen muss der Finanzstatus sowie der Finanzplan unter Anwendung angemessener Schätzungsmaßnahmen auf den Zeitpunkt der Antragstellung fortgeschrieben werden, da die verschiedenen Informationen zum Zeitpunkt der Antragstellung nicht bekannt sein können.

Ein Muster für die Gliederung einer **Bescheinigung nach § 270b InsO** ist als Anlage V (Rn. 3160 ff.) beigefügt.

4. Fazit

2760 Die Frage der Sanierung oder Zerschlagung und der gewählte Sanierungsweg müssen in jeder Phase der Konzepterstellung und Konzeptumsetzung neu hinterfragt werden. Dies liegt darin begründet, dass es sich bei der Sanierung um einen dynamischen Prozess handelt, der von der Entscheidung vieler Beteiligter und äußerer Einflüsse abhängt. Der Berater darf sich nicht auf die Abwicklung eines einmal vorgegebenen und entwickelten Sanierungskonzepts beschränken, sondern das entwickelte Sanierungskonzept dient lediglich als roter Faden bzw. Orientierungshilfe, welcher an die veränderten Gegebenheiten immer wieder angepasst werden muss. Der Weg aus der Krise ist geebnet, wenn die wesentlichen Krisenursachen ermittelt werden. Je früher das Unternehmen und auch der Berater die Tatsache erkennen, dass sich das Unternehmen in der Krise befindet, desto größer sind die Chancen für eine erfolgreiche Sanierung. Die Aufgabe des Beraters ist es daher das Unternehmen intensiv zu begleiten und zeitnah bei Negativentwicklungen zu intervenieren.

B. Insolvenzrechtliche Grundlagen

I. Insolvenzverfahren

2761 Das 1999 reformierte Insolvenzrecht hat den Versuch unternommen, die Insolvenz vom Makel der „Pleite“ zu befreien. Die InsO wurde dafür als ein Instrument ausgerichtet, das auch in die **unternehmensstrategische Planung von Unternehmen** mit einbezogen werden kann. Voraussetzung ist, dass diese bemüht sind, Krisenentwicklungen, die in jeder marktwirtschaftlichen Ordnung eintreten können, frühzeitig zu erkennen und zum

71 IDW S 9, Tz. 29ff, WPg Supplement 4/2014, S. 45 ff.
72 IDW S 9, Tz. 32, WPg Supplement 4/2014, S. 45 ff.
73 IDW S 9, Tz. 35, WPg Supplement 4/2014, S. 45 ff.

Anlass zu nehmen, sich über eine Sanierung oder eine Neustrukturierung des Unternehmens auch unter Insolvenzschutz Gedanken zu machen. Auch wenn die Erzwingung des Marktaustritts nicht lebensfähiger Unternehmen und die Freisetzung der in ihnen gebundenen Produktionsfaktoren bedeutsam ist, erhält doch auch für den Fall der Insolvenz die Möglichkeit der Sanierung erhaltenswerter Unternehmen einen hohen Stellenwert, da in ihnen nicht nur Produktionsmittel gebunden, sondern auch viele Arbeitsplätze gesichert sind.

Das Insolvenzrecht in Form der InsO enthält Vorschriften, die bestimmen, bis zu welchem Punkt die Wirtschaft und der Gesetzgeber bereit sind, die Teilnahme von Unternehmen und Personen am Marktgeschehen zu akzeptieren. Es stellt daher zusammengefasst die wichtigsten Regelungen jeder marktwirtschaftlichen Ordnung dar. Voraussetzung für die Teilnahme am Marktgeschehen ist demnach das Vorhandensein von **Liquidität** („Geld hat man zu haben"), um zu verhindern, dass durch liquiditätsschwache Unternehmen andere Marktteilnehmer „infiziert" und ebenfalls in die Insolvenz getrieben werden.

1. Überblick

Das materielle Insolvenzrecht – also die Bestimmungen in der InsO – bildet eine **Sonderrechtsordnung**, die zur Erreichung der insolvenzrechtlichen Zielsetzungen in subjektive Rechte zwangsweise eingreift und den wirtschaftlichen Erwägungen unterordnet. Insolvenzrecht ist im übertragenen Sinne „Wirtschaftskriegsrecht", denn es greift zur Erreichung seiner spezifischen Zwecke und Funktionen massiv in die Rechte der Gläubiger ein, ein Rechtszustand der außerhalb der insolvenzrechtlichen Regelungen im normalen Geschäftsverkehr undenkbar wäre. Das damit verfolgte wirtschaftspolitische Ziel liegt in der Erhaltung und Sanierung noch marktfähiger Unternehmen und damit der Vermeidung volkswirtschaftlicher Schäden. Um dieses Ziel zu erreichen wird ein grundsätzlich sanierungsfähiges Unternehmen unter den „Schutzschirm" der InsO gestellt und erhält für eine vorübergehende Zeit massive Liquiditäts- und Vertragshilfen, um es wirtschaftlich wieder auf festen Grund zu stellen. **2762**

Verfahrensrechtlich ist das Insolvenzverfahren Teil des vornehmlich in der Zivilprozessordnung (ZPO) geregelten **Vollstreckungsrechts**, zu dem auch die Einzelzwangsvollstreckung, die Zwangsversteigerung oder auch die Zwangsverwaltung etc. gehören. Anders jedoch als diese auf einzelne Vermögensteile gerichteten Vollstreckungsmaßnahmen ist das Insolvenzverfahren ein Verfahren der **Gesamtvollstreckung**, bei dem zugunsten aller Gläubiger gemeinsam in das ganze Vermögen des Schuldners vollstreckt wird. Das Insolvenzverfahren führt zwischen allen Gläubigern eines Schuldners eine „Zwangsgemeinschaft" herbei. Eine wesentliche Folge dieser Zwangsgemeinschaft ist, dass die Gläubiger des insolventen Schuldners ihre individuellen Vollstreckungsrechte verlieren und ihre Ansprüche nur noch nach den Regeln des Insolvenzrechts verfolgen und durchsetzen können. Ausdruck dessen ist der in § 89 InsO geregelte Vollstreckungsstopp. Als „Gegenleistung" übernimmt es der Staat durch die Insolvenzgerichte einen rechtlichen Rahmen zu schaffen, der verhindert, dass sich während der Dauer des Verfahrens die Befriedigungsaussichten der einzelnen Gläubiger dadurch nachteilig verändern, dass z.B. Bestandteile des den Gläubigern haftenden Vermögens des insolventen Schuldners beiseite geschafft oder auf andere Weise dem Zugriff entzogen werden. **2763**

2764 Gem. § 15a InsO besteht für die Organe einer juristischen Person oder GmbH & Co. KG eine strafbewehrte **Pflicht zur Insolvenzantragstellung**, wenn der Insolvenzgrund der **Zahlungsunfähigkeit** (§ 17 InsO) oder der **Überschuldung** (§ 19 InsO) eintritt. Die im Gesetz genannte Drei-Wochenfrist des § 15a Abs. 1 S. 1 InsO dient lediglich dazu, den Organen noch die Möglichkeit zu geben, Sanierungsversuche durchzuführen. Der Insolvenzantrag ist bereits früher zu stellen, wenn sich schon vor Ablauf der Drei-Wochenfrist ersehen lässt, dass mit einer fristgerechten Sanierung oder einer entsprechenden Beseitigung der Insolvenzgründe nicht ernstlich zu rechnen ist. „Hoffnungen“ auf Besserung oder nicht faktenbasierte Erwartungen wie „Man kriege das schon hin“ begründen weder eine Verkürzung der Drei-Wochen-Frist, noch entlasten sie Geschäftsführer oder Vorstände.

2765 Die straf- und haftungsrechtlich besonders scharf ausgestaltete Sanktionierung der Geschäftsleitung bei Verstößen gegen die gesetzliche Insolvenzantragspflicht ist die Kehrseite der beschränkten Haftung juristischer Personen. Während die juristische Person in ihrer Haftung auf das Gesellschaftsvermögen beschränkt ist, greift diese Beschränkung für Geschäftsführer und Vorstände nicht, vielmehr haften diese bei entsprechenden Verstößen mit ihrem gesamten Vermögen, also auch dem Privatvermögen. Gerade bei Insolvenzverschleppungen hilft eine D & O-Versicherung nur selten weiter, sodass Jahr für Jahr mehrere tausend Geschäftsleiter juristischer Personen straf- und haftungsrechtlich in existenzgefährdender Weise in Anspruch genommen werden.

a) Ziele des Insolvenzrechts

2766 § 1 InsO definiert die Ziele des Insolvenzverfahrens. An den hier festgelegten prinzipiellen Zielrichtungen hat sich das ganze Verfahren zu orientieren:

> Das Insolvenzverfahren dient dazu, die Gläubiger eines Schuldners gemeinschaftlich zu befriedigen, indem das Vermögen des Schuldners verwertet und der Erlös verteilt oder in einem Insolvenzplan eine abweichende Regelung insb. zum Erhalt des Unternehmens getroffen wird. Dem redlichen Schuldner wird Gelegenheit gegeben, sich von seinen restlichen Verbindlichkeiten zu befreien.

2767 In § 1 der InsO ist mithin als ungeschriebene Maßgabe der InsO die **Sanierungs- und die Ordnungsfunktion** angelegt. Zusätzlich wurde durch die InsO die Möglichkeit geschaffen, dass die natürliche Person als Schuldner Restschuldbefreiung erlangen kann (§ 1 S. 2 InsO).

2768 Während die **Sanierung** als ein mögliches Verfahrensziel auf die Erhaltung des Unternehmens ausgerichtet ist, soll über die **Ordnungsfunktion** sichergestellt werden, dass keine Unternehmen am Wettbewerb teilnehmen, die nicht in der Lage sind, eingegangene Verpflichtung zu erfüllen und dadurch auch andere Unternehmen in ihrem Bestand zu gefährden. Für nicht mehr marktfähige Unternehmen sieht die InsO daher die „Zwangsliquidation“ im Rahmen eines Insolvenzverfahrens vor. Während dies in mehr als 95 % aller Insolvenzverfahren am Ende erreicht wird, gelingt nur in 3–5 % von Verfahren über bereits insolvente Unternehmen eine Sanierung – was maßgeblich dadurch bedingt ist, dass in Deutschland Insolvenzanträge i.d.R. erst ca. 1 Jahr nach Eintritt der Zahlungsunfähigkeit gestellt und mithin massiv verschleppt werden.

b) Funktionsbestimmung des Insolvenzverfahrens

Die vollständige und zwangsweise Entziehung der Verfügungsbefugnis des Schuldners über sein Vermögen und dessen Übertragung auf den Insolvenzverwalter (§ 80 InsO) charakterisiert nicht nur die Wirkung der Beschlagnahme durch die Eröffnung des Verfahrens, sondern zugleich auch eine spezifische insolvenzrechtliche Haftungsordnung, die das insolvenzbefangene Vermögen des Schuldners der Gesamtheit der Gläubiger zur bestmöglichen Befriedigung zuweist. **2769**

Das Insolvenzverfahren folgt damit einer eigenen, wirtschaftlich orientierten **Haftungsordnung**, die in vielen Bereichen von den Regelungen anderer Gesetze abweicht und zugleich schuldrechtliche und dingliche Rechtspositionen, die außerhalb des Insolvenzverfahrens Bestand haben, verändert oder gar aufhebt. Das bedeutet im Ergebnis, dass man nicht darauf vertrauen darf, dass eine bestimmte Rechtsposition auch im Insolvenzverfahren Bestand hat, es sei denn, sie ist „insolvenzfest" begründet worden. So werden z.B. im Insolvenzverfahren die Geldkreditgeber anders behandelt als die Warenkreditgeber, was sich darin zeigt, dass der Eigentumsvorbehalt dem Gläubiger das Recht auf die Herausgabe „seines" Gegenstandes (Aussonderung) nach § 47 InsO sichert, während der Sicherungseigentümer oder Sicherungszessionar lediglich einen Anspruch auf Teilhabe am Verwertungserlös (Absonderung) nach § 51 Nr. 1 InsO hat. **2770**

Die Besonderheiten der spezifischen insolvenzrechtlichen Haftungsordnung zeigen sich auch im **Anfechtungsrecht der §§ 129 ff. InsO**. Danach können bereits abgeschlossene Vermögensbewegungen, die zivil- und materiell-rechtlich bereits vor Jahren bestandskräftig geworden sind (Übereignung, Übertragung von Grundeigentum, Einräumung von Sicherheiten etc.), unter den Voraussetzungen der Anfechtungsregelungen wieder rückgängig gemacht werden – eine Rechtsfolge, die außerhalb des Insolvenzverfahrens undenkbar ist. **2771**

Durch die insolvenzrechtliche Anfechtung verlagern sich zugleich Risiken des Geschäftsverkehrs mit einem Unternehmen in der Krise weit vor das spätere Insolvenzverfahren selbst und „treffen" sich dort mit Regelungen, die z.B. die Nichtigkeit einer Globalzession in Insolvenznähe[74] den Wirkungen der Sittenwidrigkeit nach § 816 Abs. 2 BGB unterwerfen. Kann ein Unternehmen in krisenfreien Zeit weitgehend autonom agieren, so werden bei fortschreitender Krise die Risiken späterer Anfechtbarkeit immer größer, um die Gewährung von Sondervorteilen für besonders „clevere" Gläubiger rückgängig zu machen.

Die InsO geht bei ihrer Zielbestimmung von einem Gleichrang von Liquidation, übertragender Sanierung und Sanierung des Schuldners bzw. Unternehmens aus, je nachdem auf welchem Wege die beste Befriedigung der Gläubiger erreicht werden kann. So erlaubt die InsO durch die Einführung des Insolvenzplanverfahrens (§§ 217–269 InsO) auch einen Wettbewerb um die beste Verwertungsart. Mit dem am 1.3.2012 in Kraft getretenen Gesetz zur weiteren Erleichterung der Sanierung von Unternehmen (ESUG) ist dieser Wettbewerb noch einmal deutlich verstärkt und insb. mit den Möglichkeiten der Eigenverwaltung und des Schutzschirmverfahrens (§§ 270, 270b InsO) auch verbessert und für vorausschauend planende Unternehmen wie für Gläubiger deutlich attraktiver geworden. **2772**

---

74 BGH NJW 1995, 1688.

2773 Die – im Gesetz nicht ausdrücklich geregelte, aber z.B. in § 208 Abs. 3 InsO vorausgesetzte – **Ordnungsfunktion** gewährleistet eine ordnungsgemäße **Abwicklung des Schuldnervermögens**, und zwar auch dann, wenn keine Verteilungsperspektive vorhanden ist. So sorgt der Insolvenzverwalter etwa für die Erstellung von betrieblichen Arbeitspapieren, die Erledigung von Buchhaltungsarbeiten, die Anfertigung von Steuererklärungen und die Einlagerung von Akten; auch die Gewährleistung einer geordneten Rückgabe gemieteter Räumlichkeiten sowie einer geordneten Abholung von Eigentumsvorbehaltsware durch Lieferanten ist in diesem Kontext zu nennen.[75]

Zum anderen ist es Ausdruck der Ordnungsfunktion, dass **insolvenzwidrige Minderungen** der Vermögensmasse des insolventen Unternehmens in der Krise und im Vorfeld der Insolvenz rückabgewickelt werden können. Dies wird u.a. gewährleistet durch die Maßnahmen des Gesetzgebers gegen die Massearmut und deren Fortbildung durch die Rechtsprechung des BGH. Als **„Werkzeuge“ des Insolvenzverwalters** sind hier bspw. das insolvenzrechtliche Anfechtungsrecht (§§ 129 ff. InsO), die Stammeinlagenprüfung, die Gründerhaftung und das Eigenkapitalersatzrecht zu nennen. Diese Institute haben vornehmlich das Ziel, Vermögensverschiebungen in kritischer Zeit oder unter kritischen Rahmenbedingungen rückgängig zu machen, wenn diese die Insolvenzgläubiger benachteiligt haben. Dabei kommt es z.B. für § 133 InsO nicht darauf an, dass die Beteiligten die Schädigung der anderen Gläubiger wollten, sondern dass Vorteile in kritischer Zeit oder unter kritischen Umständen gewährt worden sind, sei es in Form von Verträgen, Zahlungen, Hingabe von Sicherheiten etc. Ausdruck der Ordnungsfunktion ist es daher, dass solche insolvenzzweckwidrige Vermögensverschiebungen im Vorfeld der Krise rückabgewickelt werden können.[76]

2774 Voraussetzung der Wirksamkeit der Ordnungsfunktion ist jedoch, dass das Verfahren überhaupt zur Eröffnung gelangt. Eine möglichst hohe Zahl von Eröffnungen war daher Ziel des Gesetzgebers[77]. Dies wird einerseits durch einen engen Verfahrenskostenbegriff gem. § 54 InsO sichergestellt, da nur diese Verfahrenskosten bei der Eröffnungsentscheidung prognostisch als gedeckt zu prüfen sind (§ 26 InsO) und wird andererseits begleitet von einer Kostenvorschusspflicht (§ 26 Abs. 4 InsO) für antragspflichtige Organe, wenn sie es versäumen, rechtzeitig einen Insolvenzantrag zu stellen. Lag die Eröffnungsquote für Unternehmen während der Geltung der Konkursordnung noch bei ca. 25 % so beträgt sie heute ca. 75 %, sodass insoweit von einer Zweckerreichung der Insolvenzrechtsreform ausgegangen werden kann.

2775 Anders als es der formale **Gläubigergleichbehandlungsgrundsatz** aus § 1 S. 1 InsO vermuten lässt, gibt es tatsächlich eine solche Gleichbehandlung aller Gläubiger eines insolventen Schuldners im Prinzip nicht, was den vollstreckungsrechtlichen Charakter des Verfahrens noch einmal unterstreicht. Es gibt vielmehr Gläubiger unterschiedlicher Ordnung, die in höchst unterschiedlicher Weise am Verfahrenserfolg partizipieren. Das ist eine Folge der gesetzgeberischen Akzeptanz von Sicherungsrechten, die vor dem

---

75 *Schmidt*, HambKomm-InsO, 7. Aufl. 2018, § 1 Rn. 167; AG Hamburg, Beschl. v. 1.10.2001 – 67 g IN 195/01, ZIP 2001, 1885.

76 BGH, Beschl. v. 17.7.2008 – IX ZB 225/07, NZI 2008, 557 = ZInsO 2008, 859: „Bei strikter Befolgung der schon ab Überschuldung eingreifenden Insolvenzantragspflicht dürfte es regelmäßig nicht zu einer masselosen Insolvenz kommen.“.

77 BegrRegE, BT-Drucks. 12/2443, S. 71 Ziff. I.3.b, 80, 84 f.

Eintritt der Insolvenz begründet worden sind und deren Bestand auch durch die Einleitung des Verfahrens nicht mehr tangiert werden soll.

Daher können zunächst die **Aussonderungsberechtigten nach § 47 InsO** die Herausgabe der ihnen gehörenden Vermögenswerte beanspruchen und die **Absonderungsberechtigten** (§§ 49 ff. InsO) die Herausgabe des vom Insolvenzverwalters erzielten Erlöses für deren Sicherungsgut, woran allerdings die Gläubigergesamtheit mit einer 9 %igen Kostenpauschale bei Feststellung und Verwertung des Sicherungsgutes durch den Insolvenzverwalter (§§ 171, 172 InsO) partizipiert. Wenn dann auch noch die Verfahrenskosten des § 54 InsO sowie die vom Insolvenzverwalter begründeten Masseverbindlichkeiten (§ 55 InsO) vorab befriedigt worden sind und dann immer noch verteilungsfähiges Vermögen vorhanden ist (was nach neueren Statistiken nur noch in ca. 30 % aller eröffneten Unternehmensinsolvenzverfahren der Fall sein soll), dann erst sind die „einfachen", die ungesicherten Insolvenzgläubiger an der Reihe. Diese werden dann entsprechend ihrer Forderungshöhen gleichbehandelt und prozentual gleich befriedigt. Daher kann es auch nicht verwundern, dass diese Insolvenzgläubiger im englischen Sprachraum als „forgotten men" bezeichnet werden, wobei man ehrlicherweise einräumen muss, dass ihre nur quotale Befriedigung auch das Resultat unzureichender Sicherung des eigenen Anspruchs ist, maßgeblich aber durch den fortgeschrittenen Vermögensverzehr infolge der Verschleppung der Insolvenzantragspflicht bestimmt wird. 2776

Weitere **Einschränkungen** des Gleichbehandlungsgrundsatzes finden sich in der Privilegierung einzelner Ansprüche, so der vertragliche Bestands- und Forderungsschutz der Arbeitnehmer (§§ 108, 55 Abs. 1 Nr. 2 InsO), wobei auch Sozialplanansprüche in einer eigenen Klasse vor anderen Ansprüchen rangieren (§ 123 Abs. 2 InsO). 2777

c) Unterschiedliche Verfahrenswege und typische Anläufe

aa) Die Verfahrenswege. Anders als in anderen Rechtsordnung gibt es in Deutschland zwar nur eine gesetzliche Grundlage für Insolvenzverfahren, aber es gibt innerhalb dieses Systems unterschiedliche Verfahrenswege für unterschiedliche Betroffene. Ein Insolvenzverfahren teilt sich grundsätzlich in vier Verfahrensarten auf: 2778

- das „klassische" Unternehmensinsolvenzverfahren **(„Regelinsolvenz")** über das Vermögen juristischer Personen und gleich behandelter gesellschaftlich verfasster Vermögensmassen (z.B. Gesellschaft bürgerlichen Rechts, Nachlassinsolvenz, etc.) mit einem „klassischen" Insolvenzverwalter;
- ein Unternehmensinsolvenzverfahren ohne einen Insolvenzverwalter **(„Eigenverwaltung")**, bei dem der Schuldner das Verfahren selbst steuert und sein Vermögen unter Aufsicht verwaltet;
- das Insolvenzverfahren über die natürlichen Personen und Selbstständigen **(Privatinsolvenzverfahren)**, welches sich wieder in
- das **Verbraucherinsolvenzverfahren** und dasjenige Verfahren, das bei unternehmerisch tätigen Personen dem Regelinsolvenzverfahrensrecht folgt, aufteilt.

bb) Die Verfahrensabschnitte. Grundsätzlich beinhaltet jedes Insolvenzverfahren drei Verfahrensabschnitte, die es wegen der unterschiedlichen rechtlichen Wirkungen sorgfältig zu unterscheiden gilt: 2779

(1) Insolvenzverfahren werden nur auf **schriftlichen Antrag** eröffnet, je nach Insolvenzgrund sind zur Antragstellung der Schuldner sowie die Gläubiger des Schuldners berechtigt (§§ 13, 14 InsO). Neben den bekannten Eröffnungsgründen der Zahlungsunfähigkeit und Überschuldung, kann auch der Schuldner selbst für den Fall einer nur drohenden Zahlungsunfähigkeit einen Insolvenzantrag stellen (§ 18 InsO) und sich damit unter den Schutz der InsO begeben.

2780 **(2)** Liegt ein zulässiger Antrag vor, so beginnt danach das eigentliche **Insolvenzeröffnungsverfahren**, das maßgeblich der gerichtlichen Feststellung und Prüfung der Eröffnungsvoraussetzungen dient. Zudem prüft das Gericht, ob genügend Masse vorhanden ist, um zumindest die Verfahrenskosten (§ 54 InsO) zu decken, denn dies ist eine weitere Voraussetzung für die Eröffnung des Verfahrens, ansonsten muss die Eröffnung mangels Masse (§ 26 Abs. 1 InsO) abgelehnt werden. Die Feststellungen zur Kostendeckung werden regelmäßig durch einen gerichtlich bestellten Sachverständigen getroffen (§ 5 Abs. 1 InsO). In dieser Phase entscheidet das Gericht auch, ob es notwendig ist, zum Schutz der Masse vorläufige (Sicherungs-)Maßnahmen nach §§ 21 ff. InsO anzuordnen und auch darüber ggf. einen vorläufigen Gläubigerausschuss einzusetzen. Zu den Sicherungsmaßnahmen gehört insb. auch die Möglichkeit, einen vorläufigen Insolvenzverwalter einzusetzen.

2781 **(3)** Ist der Antrag begründet und sind die Kosten des Verfahrens gedeckt, so wird mit einem gerichtlichen Beschluss **(Eröffnungsbeschluss)** das **eigentliche Insolvenzverfahren** eröffnet. In dem Beschluss wird regelmäßig zugleich ein Insolvenzverwalter ernannt sowie der Berichtstermin (§ 29 Abs. 1 Nr. 1, 156 InsO) und ein Prüfungstermin für die angemeldeten Forderungen (§ 29 Abs. 1 Nr. 2 InsO) bestimmt. Die Termine können zusammen oder getrennt abgehalten werden. Jedenfalls soll der Berichtstermin nicht später als drei Monate nach der Eröffnung stattfinden (§ 156 InsO). Damit die wichtigen gerichtlichen Verfahrensentscheidungen allgemein bekannt gemacht werden können, hat der Gesetzgeber für zahlreiche Entscheidungen zwingend eine Veröffentlichung mit Zustellwirkung vorgesehen, die seit 2001 ausschließlich im Internet erfolgt (§ 9 InsO) auf der Seite www.insolvenzbekanntmachungen.de.

2782 **cc) Die Wirkungen der Eröffnung.** Mit dem Eröffnungsbeschluss wird das gesamte Vermögen des Schuldners beschlagnahmt (§§ 80, 148 InsO) und der Insolvenzverwalter tritt nunmehr als „Treuhänder fremden Vermögens" an die Stelle des Schuldners – ohne dessen Vertreter zu sein – und ist von nun an auch für die Erfüllung von dessen Pflichten etwa als Arbeitgeber, Steuerzahler, Vertragspartner, aber auch für die Einhaltung umweltrechtlicher Regelungen etc. verantwortlich.

2783 Mit dem Eröffnungsbeschluss geht zugleich das **Verwaltungs- und Verfügungsrecht** über das beschlagnahmte Vermögen des Schuldners, die Insolvenzmasse, auf den Insolvenzverwalter über (§ 80 InsO). Zu diesem Vermögen gehören auch Werte, die erst im Laufe des Verfahrens zur Masse gezogen werden, wie z.B. Ansprüche aus Anfechtung. Der Verwalter nimmt unverzüglich die Masse in Besitz. Er prüft und verwaltet die Bestände (§§ 148 ff. InsO), entscheidet über die Fortsetzung oder Beendigung schwebender Prozesse (§§ 85 ff. InsO), die Erfüllung oder Ablehnung von Verträgen (§§ 103 ff. InsO) und prüft, ob er Vermögensbestandteile, die in der Vergangenheit in anfechtbarer Weise aus dem Schuldnervermögen entfernt worden sind, im Wege der Insolvenzanfechtung zur Masse zurückholen kann (§§ 129 ff. InsO).

Über die Frage, ob das Verfahren im Wege einer Liquidation oder als Planverfahren mit dem Ziel der Sanierung etc. fortgeführt werden soll, entscheidet eigentlich erst die Versammlung der Gläubiger, die jedoch aufgrund der normativen Kraft des Faktischen vielfach nur noch über den inzwischen eingetretenen Zustand beraten und beschließen kann. Hat die Gläubigerversammlung z.B. einer Liquidierung zugestimmt, so schließt sich unmittelbar an diese Entscheidung die Verwertung des Schuldnervermögens (§§ 159 ff. InsO) an. Dies kann auf zweierlei Wegen erfolgen: entweder durch Zerstückelung der Masse in ihre einzelnen Vermögensbestandteile und deren Verkauf/Versteigerung oder durch die Veräußerung des gesamten schuldnerischen Unternehmens bzw. funktionsfähiger Teile davon. 2784

2785

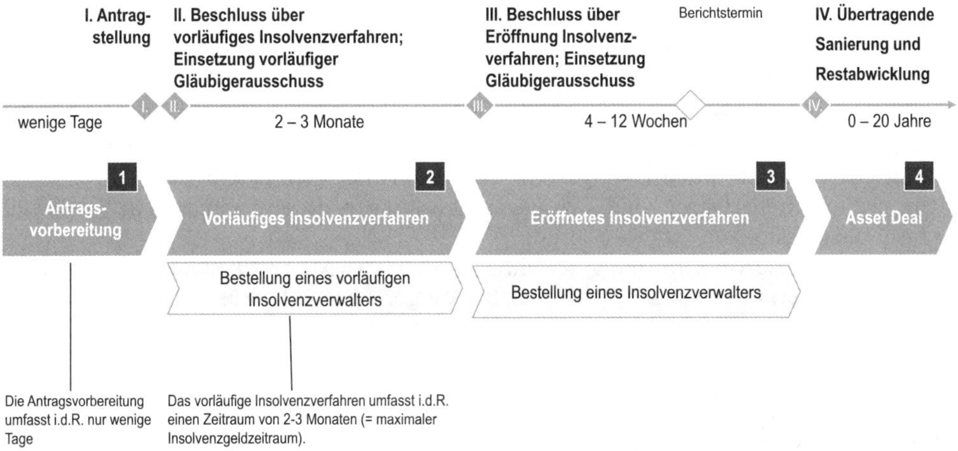

Schaubild: Ablauf eines Regelinsolvenzverfahrens (Quelle: Buchalik Brömmekamp Rechtsanwälte/Steuerberater)

Sieht das Regelinsolvenzverfahren die Übertragung der Verfügungsmacht über das Vermögen des Schuldners auf einen Insolvenzverwalter vor, so wird der Schuldner im Rahmen der Eigenverwaltung (§§ 270 ff. InsO) sein eigener Insolvenzverwalter und bei der Wahrnehmung dieser Aufgabe nur von einem Sachwalter (der in aller Regel von der Qualifikation ein Insolvenzverwalter ist) überwacht. Vgl. dazu ausf. Rn. 2789 ff. 2786

dd) Sanierung unter Insolvenzschutz. Führte das Eigenverwaltungsverfahren bis zum Inkrafttreten des ESUG nur ein Schattendasein, so ist es seit 2012 zu einer durchaus attraktiven Option für Unternehmen im Insolvenzverfahren ausgebaut und entwickelt worden. Die Möglichkeiten einer Sanierung unter Insolvenzschutz in Deutschland gehören seitdem vom rechtlichen Rahmen her zu den attraktivsten Regularien weltweit und sind daher als strategische Option auch für Steuerberater und Wirtschaftsprüfer notwendig Teil der Beratung von Unternehmen in der Krise. 2787

Das gerichtliche Insolvenzverfahren kann insb. dann und von vornherein die richtige Wahl sein, wenn ein schlüssiges Sanierungskonzept vorliegt, bei dem aber eine Zustimmung aller Gläubiger nicht zu erwarten ist. Wenngleich das Verfahren mit einem Verlust der Einflussnahme der Gesellschafter und Geschäftsführer verbunden ist, kann dem durch ein insolvenztaugliches Sanierungskonzept und die Möglichkeit der Anordnung der Eigenverwaltung entgegengewirkt werden. Dies gilt gerade auch für Freiberufler und Kleinbetriebe, bei denen es besonders auf die persönliche Leistungsfähigkeit ankommt. Die Nachteile und Risiken der außergerichtlichen Abwicklung sind im Übrigen die Vorteile der gerichtlichen Abwicklung, denn in diesem Rahmen können z.B. die sog. Akkordstörer überstimmt und ein Sanierungsplan auch nur mit einfacher Mehrheit aber mit Bindung für alle Gläubiger angenommen werden. Aus diesem Grunde lassen sich gerichtliche Lösungen bei guter Vorbereitung fast immer umsetzen. Durch das aus dem amerikanischen Recht kommende Zustimmungsersetzungsverfahren („Cramdown-Verfahren") des § 245 InsO kann die Zustimmung einzelner, sich dem Plan widersetzender (obstruierender) Gläubiger oder Gläubigergruppen gerichtlich herbeigeführt werden (sog. Obstruktionsverbot).

2788 Darüber hinaus bietet das gerichtliche Verfahren für das in der Krise befindliche Unternehmen eine Vielzahl von weiteren **Vorteilen**:

– Die Rückschlagsperre des § 88 InsO verschafft dem Schuldnerunternehmen erhebliche Liquidität, wenn Gläubiger innerhalb des letzten Monats vor Antragstellung das Betriebsvermögen durch Zwangsvollstreckungsmaßnahmen blockiert haben.
– Im eröffneten Verfahren sind Zwangsvollstreckungen der Gläubiger gem. §§ 89, 90 InsO unzulässig.
– Bereits im Insolvenzeröffnungsverfahren besteht die Möglichkeit der einstweiligen Einstellung und Untersagung von Vollstreckungen nach § 21 Abs. 2 Nr. 2 InsO.
– Die Zwangsversteigerung eines Betriebsgrundstücks kann im Eröffnungsverfahren und im eröffneten Verfahren auf Antrag des Insolvenzverwalters einstweilen eingestellt werden (vgl. § 30d ZVG) mit der Folge, dass das Schuldnervermögen nicht vorzeitig zerschlagen und eine Sanierung vereitelt wird.
– Wird ein Unternehmen oder ein in der Gliederung des Unternehmens gesonderter Betrieb im Ganzen übereignet (übertragende Sanierung), so haftet der Erwerber (die Übernahmegesellschaft) anders als bei Unternehmensverkäufen außerhalb eines Insolvenzverfahrens nicht für Steuern, bei denen sich die Steuerpflicht auf den Betrieb des Unternehmens gründet (vgl. § 75 Abs. 2 AO).
– Die Kündigungsfristen für Arbeitnehmer werden im Insolvenzverfahren gem. § 113 InsO auf maximal drei Monate verkürzt.
– Der Insolvenzverwalter (bei Eigenverwaltung der eigenverwaltende Schuldner) kann sich gem. §§ 103 ff. InsO einseitig von wirtschaftlich lästigen oder nachteiligen vertraglichen Bindungen lösen.
– Die Sozialplanansprüche der Arbeitnehmer werden durch eine gesetzliche absolute und relative Obergrenze kalkulierbar (vgl. § 123 InsO).
– Mit Verfahrenseröffnung tritt zunächst ein Zahlungs- und Zinsstopp ein, was dem Schuldnerunternehmen Liquidität verschafft.
– Sicherungsgläubiger sind gem. §§ 166 ff. InsO gehindert, das Sicherungsgut selbst zu verwerten.
– Lieferanten, die unter Eigentumsvorbehalt geliefert haben, sind durch die Regelung in § 107 Abs. 2 InsO gehindert, vor dem Berichtstermin das Eigentum herauszuholen.
– Schon im Insolvenzeröffnungsverfahren kann das Gericht das Herausholen von Vorbehaltsware untersagen oder eine Vollstreckung einstweilen einstellen (vgl. § 21 Abs. 2 Nr. 3 und Nr. 5 InsO).
– Bei Anordnung der (vorläufigen) Eigenverwaltung (§§ 270 ff. InsO) behält z.B. der Schuldner oder der Geschäftsführer grundsätzlich die Verwaltungs- und Verfügungs-

macht. Er ist sozusagen sein eigener Insolvenzverwalter und steht nur unter der Aufsicht eines sog. (vorläufigen) Sachwalters.
- Das Insolvenzplanverfahren führt bei Bestätigung des Insolvenzplans zu einer Haftungsbeschränkung persönlich haftender Gesellschafter, wenn der Plan nichts anderes vorsieht (vgl. § 227 InsO). Im gestaltenden Teil des Plans kann sogar vorgegeben werden, dass auch die organschaftlichen Vertreter von dieser Haftungsbefreiung erfasst werden.
- Im Rahmen einer Betriebsfortführung im Insolvenzverfahren ist einer der großen Vorteile die Vorfinanzierung der Arbeitslöhne durch das sog. Insolvenzgeld (§§ 165 ff. SGB III), das in aller Regel einen Zeitraum von bis zu drei Monaten vor der Eröffnung umfasst und damit erhebliche Liquidität für das Unternehmen freisetzt. Das ist auch eine erhebliche kalkulatorische Hilfestellung, denn Fehlkalkulationen mit dem Ergebnis, dass die Einnahmen nicht mehr die Ausgaben decken, sind in dieser Konstellation kaum noch vorstellbar.

Allein diese schon nach bisherigem Recht gegebenen und aufgezeigten Vorteile der Gestaltung eines Verfahrens unter Insolvenzschutz machen deutlich, dass dem in der Krise befindlichen Unternehmen ein starkes unternehmensstrategisches Instrument zur Seite gestellt worden ist. Das Verfahren ermöglicht es, ohne den Zeitdruck einer außergerichtlichen Sanierung, aber mit Hilfe eines entsprechend kompetenten Beraters bzw. Insolvenzverwalters, eine Neustrukturierung und Sanierung des Unternehmens unter Rahmenbedingungen vorzubereiten und durchzuführen, die unter den normalen gesellschaftsrechtlichen und sonstigen Rahmenbedingungen nicht vorstellbar wären. Insolvenz ist daher nicht erst seit 1999 die unter allen Umständen zu vermeidende „Endstation" eines Unternehmens, sondern bei geschickter und qualifizierter Ausnutzung der rechtlichen Rahmenbedingungen die Chance für eine Neuausrichtung und einen Neustart in ein zukunftsfähiges Unternehmen.

d) Stärkung der Eigenverwaltung (ESUG)

Das ESUG hat die Spielregeln des Insolvenzrechts zu Gunsten der Sanierung krisenbefangener Unternehmen vollständig verändert und verlagert die Aufgaben und Möglichkeiten für Unternehmen wie für Berater in das Vorfeld einer drohenden Insolvenz. Damit bezieht der Gesetzgeber zum ersten Mal die betrieblichen Probleme eines Unternehmens in der Krise in seine Überlegungen ein und öffnet diesem ein Fenster, das es in der mehr als 130-jährigen Geschichte des Insolvenzrechts in Deutschland nicht gegeben hat – die vom Schuldner planbare und verfahrenssicher auszugestaltende **Sanierung im Schutz des Insolvenzverfahrens**. Sei es mithilfe eines isolierten Insolvenzplans oder aber in der Kombination mit einer gleichzeitigen Eigenverwaltung unter dem Dach eines bis zu drei Monate währenden Schutzschirms. In dieser Zeit wird das Schuldnerunternehmen vor den Zugriffen seiner Gläubiger geschützt und erhält die Möglichkeit, die Mehrheit der Gläubiger von den eigenen Sanierungszielen zu überzeugen und im Rahmen eines Insolvenzplans zu einer konsentierten Lösung zu gelangen. **2789**

Mit dem ESUG erhielt § 270 InsO, der die Eigenverwaltung regelt, insb. durch die Vorschriften der §§ 270a/b InsO eine materielle Neuorientierung und dient dem gesetzgeberischen Ziel, weitere Anreize für eine frühzeitige Insolvenzantragstellung zu geben, die Eigenverwaltung deutlich zu stärken und die Aussichten des Schuldners auf Eigenverwaltung spürbar zu erhöhen. An die Erlangung dieser Möglichkeiten werden aber deut- **2790** lich höhere Anforderungen im Rahmen des Antragsverfahrens gestellt, „belohnt" werden soll aus der Sicht des Gesetzgebers der vorsorgend die Insolvenz planende Unternehmer, der zumindest in der letzten Phase der Vorbereitungen auch seine wichtigsten Gläubiger einbezieht. Schuldner hingegen, die ihre Gläubiger mit einem plötzlichen Antrag „überraschen", sollen von vornherein nicht zum Kreis der Begünstigten des neuen Rechts gehören.

2791 Eine Eigenverwaltung kann eingerichtet werden als eine **„einfache" Eigenverwaltung** nach §§ 270 ff. InsO oder in der besonderen Form eines **Schutzschirmverfahrens** nach § 270b InsO, in beiden Varianten bleibt der Schuldner über sein Vermögen weiterhin verfügungsberechtigt. Erreicht worden ist die Stärkung der Eigenverwaltung durch drei wesentliche, gesetzliche Änderungen:

- Die Eigenverwaltung soll für vorsorgend agierende Unternehmen künftig die **Regel** und nicht mehr die Ausnahme sein, es sei denn, sie ist offensichtlich aussichtslos (§ 270a InsO).
- Ein Schuldnerantrag auf Eigenverwaltung ist nunmehr auch möglich, wenn ein Gläubiger dem Schuldner zuvorgekommen ist und Insolvenzantrag gestellt hat. Bislang war dann eine Blockade der Eigenverwaltung durch den Gläubiger möglich, denn der musste dem Schuldnerantrag zustimmen.
- Der Einfluss der Gläubiger auf die Eigenverwaltung soll in Zukunft durch einen **vorläufigen Gläubigerausschuss** ausgeübt werden (vgl. § 270 Abs. 3 InsO). Mit seinem einstimmigen Votum kann z.B. für das Gericht bindend festgestellt werden, dass die Anordnung nicht zu Nachteilen für die Gläubiger führen wird.

Im Zuge des ESUG wurde zudem das Insolvenzplanverfahren (§§ 217 ff. InsO) deutlich verschlankt und die Möglichkeiten zur Verhinderung des Inkrafttretens eines Plans wurden verringert. Erstmals können auch die Gesellschafter des insolventen Unternehmens in einen Plan einbezogen werden – mögliche Veränderungen der Gesellschafterstruktur inbegriffen. Die Gläubiger des Schuldners erhalten außerdem die Möglichkeit, ihre Forderungen in Gesellschaftsanteile zu tauschen (debt-to-equity-swap) und auf diese Weise am Sanierungserfolg teilzuhaben. Damit wird ein weiteres Fenster in Richtung eines konsensualen, langfristigen Zusammenwirkens von Gläubigern und Schuldnern geöffnet.

2792 **aa) Allgemeines zur Eigenverwaltung.** Mit der Eigenverwaltung unter der Aufsicht eines Sachwalters ist der Gesetzgeber neue, dem bisherigen Recht nicht bekannte Wege gegangen. Es kommt nicht zum Übergang des Verfügungsrechts auf einen gerichtlich bestellten Verwalter (§ 80 InsO), sondern der Schuldner kann das Heft des Handelns grundsätzlich selbst in der Hand behalten. Der Gesetzgeber hat sich bei der Einführung des Rechtsinstituts der Eigenverwaltung davon leiten lassen, dass der Schuldner seine Kenntnisse besser einbringen kann, über die er in seinem Geschäftsbereich verfügt. Die Einarbeitungszeit eines Verwalters kann vermieden, die Kosten des Verfahrens gesenkt und der Anreiz für eine rechtzeitige Insolvenzantragstellung erhöht werden.

2793 Ist der Antrag des Schuldners auf Eigenverwaltung nicht offensichtlich aussichtslos, so soll das Gericht bereits einer **vorläufigen Eigenverwaltung** zustimmen (§ 270a InsO). Anstelle des vorläufigen Insolvenzverwalters wird ein vorläufiger Sachwalter bestellt (§ 270a Abs. 1 S. 2 InsO). Mit dieser Regelung ist ein entscheidender Schritt des Gesetzgebers in eine größere Rechtssicherheit für den Schuldner in Bezug auf die Eigenverwaltung vorgenommen worden. Bei § 270a InsO handelt es sich deswegen um die Anordnung einer „vorläufigen Eigenverwaltung" und damit um die Vorverlagerung der Eigenverwaltung in das Eröffnungsverfahren.

Dem Ziel, die Eigenverwaltung deutlich zu stärken und die Chancen des Schuldners auf Eigenverwaltung spürbar zu erhöhen, dient auch das in § 270b InsO eingeführte **Schutzschirmverfahren**. Liegt lediglich drohende Zahlungsunfähigkeit oder Überschuldung vor, eröffnet es dem Schuldner die Möglichkeit, unter einem Schutzschirm in Eigenverwaltung einen **Sanierungsplan** zu erarbeiten. Dieses Verfahren eröffnet dem Schuldner gegenüber der bloßen Eigenverwaltung nach § 270 InsO in Verbindung mit der vorläufigen Eigenverwaltung nach § 270a InsO auf den ersten Blick noch größere Freiräume zur Sanierung seines Unternehmens. Mit dem § 270b InsO soll dem Schuldner für den Zeitraum zwischen Eröffnungsantrag und Verfahrenseröffnung nach den Vorstellungen des Gesetzgebers ein eigenständiges Sanierungsverfahren zur Verfügung gestellt werden. **2794**

bb) Voraussetzungen. Die Eigenverwaltung wird nur **auf Antrag** angeordnet. Antragsberechtigt sind der Schuldner (§ 270 Abs. 2 Nr. 1 InsO) und die Gläubigerversammlung (§ 271 InsO). In der Praxis steht der Schuldnerantrag im Vordergrund. Die dafür vorzubereitenden Unterlagen sind in § 13 InsO bestimmt und erfordern notwendig eine zeitlich sehr intensive Vorbereitung der Antragstellung. Nach den Erfahrungen der vergangenen Jahre bedarf es hierzu einer professionellen, gerichtserfahrenen Begleitung durch spezialisierte ESUG-Berater. **2795**

Die eigentliche Anordnung des Verfahrens erfolgt durch das Gericht im **Eröffnungsbeschluss**. Durch das ESUG wurde die Möglichkeit der Eigenverwaltung bereits im Eröffnungsverfahren neu eingeführt. Damit fällt die eigentliche Entscheidung über die Befürwortung der Eigenverwaltung in Verfahren mit laufendem Geschäftsbetrieb bereits bei der Frage, ob ein vorläufiger Insolvenzverwalter oder ein vorläufiger Sachwalter eingesetzt wird. **2796**

Die Vorschrift des § 270a Abs. 1 InsO setzt dafür – im Gegensatz zu § 270 Abs. 2 InsO – als Hürde nur, dass die Anordnung der Eigenverwaltung **„nicht offensichtlich aussichtslos"** erscheinen darf. Notwendig sind eine gute Vorbereitung des Eigenverwaltungsantrages und die Darlegung, dass der Schuldner bzw. seine Organe den Anforderungen des Verfahrens gewachsen sind.[78] **2797**

Der Schuldner wird den Antrag auf Anordnung der Eigenverwaltung i.d.R. bereits zusammen mit seinem eigenen Insolvenzantrag stellen. Ein solcher Antrag hat gem. § 270 Abs. 2 Nr. 2 InsO lediglich zur Voraussetzung, dass dem Gericht oder den Gläubigern keine Umstände bekannt sind, die erwarten lassen, dass die Anordnung zu Nachteilen für Gläubiger führen wird. Durch diese negative Formulierung hat der Gesetzgeber klargestellt, dass die Anordnung der Eigenverwaltung der Regelfall sein soll, wenn auch die weiteren Voraussetzungen erfüllt sind. Nur wenn tatsächlich negative Umstände konkret bekannt sind, kann das Gericht ausnahmsweise die Anordnung der Eigenverwaltung ablehnen. Solche Umstände können etwa sein: **2798**

- massiv verspätete Insolvenzantragstellung,
- Nichtvorhandensein einer aktuellen Buchführung,

78 AG Hamburg, Beschl. v. 19.12.2013 – 67c IN 501/13, ZInsO 2014, 363; BAKinso, ZInsO 2013, 2549; *Haarmeyer*, ZInsO 2013, 2345.

- gläubigerschädigende Handlungen im Vorfeld der Insolvenzantragstellung,
- mangelnde Erfahrung des Schuldners bzw. seiner Organe mit dem Instrument der Eigenverwaltung,
- Unzuverlässigkeit und mangelnde Transparenz im Insolvenzeröffnungsverfahren.

2799 **cc) Der Ablauf.** Das Insolvenzeröffnungsverfahren wird für den Fall eines Antrags auf Anordnung der Eigenverwaltung dahingehend modifiziert, dass von der Bestellung eines vorläufigen Insolvenzverwalters mit Verfügungsbefugnis ebenso abgesehen werden soll wie von der Anordnung eines Zustimmungsvorbehalts zugunsten eines vorläufigen Insolvenzverwalters, wenn der Antrag auf Anordnung der Eigenverwaltung nicht offensichtlich aussichtslos ist (§ 270a Abs. 1 S. 1 InsO). Stattdessen soll in diesem Fall gem. § 270a Abs. 1 S. 2 InsO ein vorläufiger Sachwalter bestellt werden, auf den die Vorschriften über den Sachwalter (§§ 274, 275 InsO) entsprechende Anwendung finden. Über diese Verweisung kommt auch § 56 InsO zur Anwendung, sodass auch eine Gläubigerbeteiligung an der Auswahl des Sachwalters möglich ist. I.d.R. ist diese Mitbestimmung bei der Auswahl des „richtigen" Sachwalters einer der wesentlichen Treiber für den Gang in ein Eigenverwaltungsverfahren.

2800 In der Phase zwischen Antragstellung und Eröffnung – und nur in dieser Phase – sind **zwei Verfahrenswege** denkbar. Einmal die „einfache" vorläufige Eigenverwaltung und zum anderen das Schutzschirmverfahren, eine besondere Form der Eigenverwaltung. Einzelheiten der vorläufigen Eigenverwaltung sind in § 270a InsO, das Schutzschirmverfahren ist in § 270b InsO geregelt. Mit Eröffnung des Insolvenzverfahrens enden vorläufige Eigenverwaltung und auch immer das Schutzschirmverfahren. Mit Eröffnung geht das Verfahren dann über in ein **eröffnetes Insolvenzverfahren in Eigenverwaltung** nach § 270 InsO. Insofern ist kein Unterschied zum alten Recht, denn auch nach Geltung der InsO 1999 war mit Eröffnung des Insolvenzverfahrens die Anordnung einer Eigenverwaltung nach § 270 InsO möglich.

Die Eigenverwaltung mündet im Normalfall immer in einem **Insolvenzplan**. Zwar sind auch hier Liquidation und übertragende Sanierung denkbare Varianten, die Liquidation sollte aber nicht im Fokus einer Eigenverwaltung stehen, die übertragende Sanierung kann jedoch in Einzelfällen durchaus eine Variante auch in der Eigenverwaltung sein.

Ein ganz wesentlicher Erfolgsfaktor für eine erfolgreiche Sanierung des Unternehmens im Wege eines Insolvenzplanverfahrens in Eigenverwaltung ist die schnelle Durchführung des Verfahrens und damit eine frühzeitige Abstimmung der Gläubiger über den Plan, um bei den Kunden und Lieferanten wieder das notwendige Vertrauen herzustellen. Im Erörterungs- und Abstimmungstermin wird über den Insolvenzplan abgestimmt (vgl. dazu Rn. 3001 ff.) und im Idealfall bestätigt das Gericht den Plan bereits im Termin. Zwei Wochen später ist das Verfahren beendet, wenn bis dahin keine Rechtsmittel eingelegt werden. Da die Chancen, Rechtsmittel einzulegen, durch das ESUG deutlich begrenzt sind, ist im Regelfall auch dann schon die Aufhebung des ganzen Verfahrens möglich.

2801

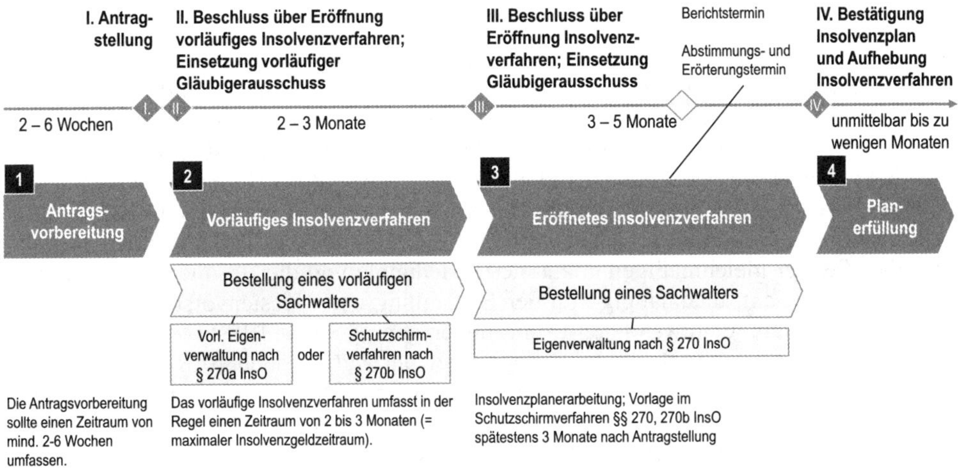

Schaubild: Ablauf Insolvenzverfahren in Eigenverwaltung (Quelle: Buchalik Brömmekamp Rechtsanwälte/ Steuerberater)

Der Ablauf gestaltet sich wie folgt: Der Schuldner verwaltet das den Gläubigern haftende Vermögen selbst und erstellt Masse-, Gläubiger- und Vermögensverzeichnis (§ 281 InsO). Er hat sein Handeln allerdings an den vorrangigen Rechten der Gläubiger auszurichten, in deren Interesse er tätig wird. Er verwertet das Sicherungsgut (§ 282 InsO), prüft die Forderungen mit (§ 283 InsO) und entnimmt die für seine Lebensführung notwendigen Mittel selbst der Masse (§ 278 InsO). Der Sachwalter beaufsichtigt dies und kann ggf. von der Gläubigerversammlung mit Zustimmungsbefugnissen versehen werden (§ 277 InsO). Die Rechnungslegung des Schuldners ist wie die Schlussrechnung vom Insolvenzgericht zu prüfen. Bei juristischen Personen ist die Vergütung der organschaftlichen Vertreter nicht im Kompetenzentscheidungsbereich des Insolvenzgerichts, sondern Sache des Anstellungsvertrages.[79] 2802

In den §§ 274 bis 285 InsO ist im Einzelnen normiert, wie die Aufgaben, die im Regelinsolvenzverfahren vom Insolvenzverwalter wahrgenommen werden, zwischen dem Schuldner und dem Sachwalter aufgeteilt sind. Die Regelung ist von dem Grundgedanken geprägt, dass der Schuldner die **laufenden Geschäfte** führt, während der Sachwalter diese Geschäftsführung kontrolliert und überdies die **insolvenztypischen Aufgaben** wahrnimmt. 2803

Außer mit der allgemeinen Beendigung des Insolvenzverfahrens endet die Eigenverwaltung mit der gerichtlichen Aufhebung gem. § 272 Abs. 1 InsO, wenn dies die Gläubigerversammlung (Nr. 1), der Schuldner (Nr. 3) oder ein einzelner (absonderungsberechtigter) Gläubiger (Nr. 2) beantragt. Im letzten Fall ist neben dem Antrag erforderlich, dass die materiellen Voraussetzungen der Anordnung der Eigenverwaltung (§ 270 Abs. 2 Nr. 2 InsO) entfallen sind und dem Antragsteller durch die Eigenverwaltung erhebliche Nachteile drohen. Ein eigenes Aufhebungsrecht des Insolvenzgerichts sieht das Gesetz nicht vor. 2804

79 AG Duisburg, Beschl. v. 4.10.2005 – 60 IN 136/02, NZI 2006, 112.

2. Insolvenzantrag und Insolvenzgründe

2805 Das Insolvenzverfahren ist ein staatlich geregeltes Gesamtvollstreckungsverfahren das nur auf Antrag eingeleitet wird, der bestmöglichen Verwertung des Schuldnervermögens dient und durch die Bezugnahme in § 4 InsO auf die analoge Geltung der Regelungen der ZPO grundsätzlich der streitigen Gerichtsbarkeit zuzuordnen ist. Sofern die InsO also nicht spezifische verfahrensrechtliche Regelungen enthält, kommen subsidiär die Bestimmungen der ZPO zur Anwendung. Das Insolvenzeröffnungsverfahren ist seiner Natur nach ein „quasi-streitiges Parteiverfahren“, das durch den Eilcharakter des Verfahrens, das Ziel der gleichmäßigen Gläubigerbefriedigung und die Besonderheit bestimmt ist, dass das Gericht, unabhängig von der Einzahlung eines Kostenvorschusses alle zur Entscheidungsfindung notwendigen Ermittlungen gem. § 5 Abs. 1 InsO von Amts wegen durchzuführen hat, wodurch die InsO gegenüber der ZPO besondere Regelungen zum Untersuchungsgrundsatz enthält. Das Verfahren ist seiner Natur nach stets eilbedürftig[80] und setzt voraus, dass einer der vom Gesetzgeber festgelegten Insolvenzgründe vorliegt bzw. von einem Antragsteller schlüssig vorgetragen wird.

a) Zahlungsunfähigkeit

2806 Allgemeiner Insolvenzgrund, der für alle insolvenzfähigen Rechtsträger gilt, ist die **Zahlungsunfähigkeit**. Nach § 17 Abs. 2 S. 1 InsO ist zahlungsunfähig, wer nicht in der Lage ist, seine fälligen Zahlungspflichten zu erfüllen. Diese Definition bedarf nach allgemeiner Meinung Einschränkungen in quantitativer und zeitlicher Hinsicht. Zum einen vermögen geringfügige Liquiditätslücken eine Zahlungsunfähigkeit nicht zu begründen. Als solche hat der BGH in einer Grundsatzentscheidung[81] Deckungslücken von weniger als 10 % der fälligen Gesamtverbindlichkeiten angesehen. Zum anderen bedeutet eine bloße sog. Zahlungsstockung noch keine Zahlungsunfähigkeit. Dem Schuldner ist nach dieser Grundsatzentscheidung des BGH vielmehr in Anlehnung an die Insolvenzantragsfrist des § 15a Abs. 1 S. 1 InsO grundsätzlich ein Zeitraum von drei Wochen einzuräumen, um eine die 10 %-Grenze übersteigende Liquiditätslücke auf unter 10 % zu reduzieren.

2807 Der BGH sieht sowohl die quantitative als auch die zeitliche Grenze allerdings nur als **widerlegbare Vermutungen** an, die Raum lassen für eine flexible Rechtsanwendung im Einzelfall. Auch bei einer Deckungslücke von weniger als 10 % kann daher eine Zahlungsunfähigkeit vorliegen, wenn bereits absehbar ist, dass die Lücke demnächst mehr als 10 % erreichen wird. Umgekehrt kann bei einer Deckungslücke, die 10 % oder mehr beträgt, eine Zahlungsunfähigkeit abzulehnen sein, wenn Umstände vorliegen, die mit an Sicherheit grenzender Wahrscheinlichkeit erwarten lassen, dass die Liquiditätslücke demnächst vollständig oder fast vollständig beseitigt wird und den Gläubigern ein Zuwarten nach den besonderen Umständen des Einzelfalls zumutbar ist. Unter „demnächst“ dürfte eine Zeitspanne von drei bis sechs Monaten zu verstehen sein.

2808 Nach der widerleglichen Vermutung des § 17 Abs. 2 S. 2 InsO ist Zahlungsfähigkeit i.d.R. anzunehmen, wenn der Schuldner seine Zahlungen eingestellt hat (sog. **Zahlungseinstellung**). Diese liegt vor, wenn durch ein Verhalten des Schuldners nach außen erkennbar wird, dass er nicht mehr in der Lage ist, seine Zahlungsverpflichtungen im

80 BVerfG, Beschl. v. 26.11.2009 – 1 BvR 339/09 – ZInsO 2010, 35.
81 BGH, Urt. v. 12.10.2006 – IX ZR 228/03, ZInsO 2006, 1210 = ZIP 2006, 2222 = NZI 2006, 36.

Allgemeinen zu erfüllen. Die tatsächliche Nichtzahlung eines erheblichen Teils der Verbindlichkeiten reicht aus. Die gilt auch dann, wenn tatsächlich geleistete Zahlungen beträchtlich sind, aber im Verhältnis zu den fälligen Gesamtschulden nicht den wesentlichen Teil ausmachen. Die Vermutung hat vor allem Bedeutung für Gläubiger, die im Rahmen eines Insolvenzantrags den Insolvenzgrund der Zahlungsunfähigkeit glaubhaft machen müssen.

b) Drohende Zahlungsunfähigkeit

Die **drohende** Zahlungsunfähigkeit ist nur bei einem Eigenantrag des Schuldners ein Insolvenzgrund (§ 18 Abs. 1 InsO). Bei juristischen Personen und Gesellschaften ohne Rechtspersönlichkeit setzt der Antrag zur Vermeidung von Missbräuchen abweichend von der Regelung des § 15 Abs. 1 InsO voraus, dass der Antragsteller **vertretungsberechtigt** ist, wenn nicht alle Mitglieder des Vertretungsorgans bzw. alle persönlich haftenden Gesellschafter oder Abwickler den Antrag gestellt haben (§ 18 Abs. 3 InsO). Dieser Insolvenzgrund ist eingeführt worden, um bei Krisenunternehmen die Sanierungschancen durch frühzeitige Verfahrenseinleitung zu verbessern. **2809**

Der Begriff der drohenden Zahlungsunfähigkeit stellt auf eine zukünftige Liquiditätssituation ab, die durch einen entsprechenden Liquiditätsplan glaubhaft zu machen ist. Die Beurteilung der drohenden Zahlungsunfähigkeit erfolgt auf gleichem Wege wie bei der Fortbestehensprognose. Der Prognosezeitraum bemisst sich nach dem letzten Fälligkeitstermin einer bereits entstandenen Zahlungsverpflichtung, begrenzt auf das laufende und das folgende Geschäftsjahr. Entgegen dem Gesetzeswortlaut („bestehenden Zahlungspflichten“) sind auch die in dem Prognosezeitraum neu entstehenden und fällig werdenden Verbindlichkeiten zu berücksichtigen.

In der Praxis spielte dieser Eröffnungsgrund bislang nur insoweit eine Rolle, als auch bereits zahlungsunfähige Unternehmen Eigenanträge gerne mit nur drohender Zahlungsunfähigkeit begründen. Beabsichtigt ein Krisenunternehmen eine Sanierung über ein Insolvenzverfahren, so ist allerdings eine frühzeitige Antragstellung unter Inanspruchnahme dieses Eröffnungsgrundes der drohenden Zahlungsunfähigkeit sinnvoll. Die Einleitung des **Schutzschirmverfahrens** setzt voraus, dass der Schuldner den Insolvenzantrag wegen drohender Zahlungsunfähigkeit oder Überschuldung stellt, also **noch keine Zahlungsunfähigkeit** eingetreten ist (§ 270b Abs. 1 S. 1 InsO).

c) Überschuldung

Die **Überschuldung** (§ 19 Abs. 1 InsO) ist Insolvenzgrund nur für beschränkt haftende Rechtsträger, also juristische Personen und gleichgestellte Personengesellschaften (z.B. GmbH & Co. KG). Die Überschuldung hängt maßgeblich von der **Fortbestehensprognose** ab. Nach jetzt geltendem Recht liegt bei positiver Prognose der Insolvenzgrund der Überschuldung nicht vor, ohne dass ein Überschuldungsstatus aufzustellen ist. Nach altem Recht war auch in diesem Fall ein Überschuldungsstatus zu erstellen. Dieser wies aber i.d.R. ein erheblich höheres Reinvermögen aus als der Überschuldungsstatus unter Zerschlagungshypothese, der auch heute bei negativer Fortbestehensprognose aufzustellen ist. **2810**

Eine Fortbestehensprognose ist auch nach § 19 Abs. 2 InsO in der seit Inkrafttreten des Finanzmarktstabilisierungsgesetzes am 18.10.2008 gültigen Fassung anzustellen. Eine **2811** positive Fortbestehensprognose führt danach allerdings nicht lediglich zum Ansatz von Fortführungswerten im Rahmen des Überschuldungsstatus, sondern macht eine Überschuldungsprüfung ganz entbehrlich. Ein **Überschuldungsstatus** ist nur noch zu erstellen, wenn die Fortbestehensprognose negativ ausfällt.

2812 Das Gesetz ist mit dieser Regelung zum sog. **modifiziert zweistufigen Überschuldungsbegriff** zurückgekehrt, der bereits vor Inkrafttreten der InsO dem herrschenden Verständnis entsprach.

Zahlungsunfähigkeit (ZU) (§ 17 InsO)	Schuldner ist nicht in der Lage, die **fälligen Zahlungspflichten zu erfüllen** (Deckungslücke von 10% genügt). (Dies ist zu unterscheiden von einer bloßen Zahlungsstockung, bei der die Liquiditätslücke binnen drei Wochen geschlossen werden kann (Liquiditätslücke <10% der fälligen Gesamtverbindlichkeiten)).	Eine Antragstellung ist durch Gläubiger und Schuldner möglich.
Drohende Zahlungsunfähigkeit (§ 18 InsO)	Schuldner wird voraussichtlich nicht in der Lage sein, die bestehenden Zahlungspflichten zum Zeitpunkt ihrer Fälligkeit zu erfüllen. Es besteht keine Insolvenzantragspflicht nach § 15a InsO bei Vorliegen von drohender Zahlungsunfähigkeit.	Nur Schuldner kann Insolvenzantrag stellen.
Überschuldung (§ 19 InsO)	Vermögen des Schuldners deckt bestehende Verbindlichkeiten nicht. Fortführung ist nach den Umständen überwiegend wahrscheinlich (Nachweis durch Fortführungsprognose eines unabhängigen Dritten).	Eine Antragstellung ist durch Gläubiger und Schuldner möglich.

Schaubild: Insolvenzgründe

d) Ordnungsgemäße Antragstellung und Zulässigkeit

2813 Insolvenzverfahren in Deutschland setzen, anders als zB in Frankreich, immer den **schriftlichen** Insolvenzantrag eines Berechtigten voraus, von Amts wegen findet ein Insolvenzverfahren daher auch nicht statt. Der Insolvenzantrag ist bei dem **zuständigen Insolvenzgericht** zu stellen.

Zuständig ist grundsätzlich die Insolvenzabteilung desjenigen **Amtsgerichts** am Sitz des Landgerichts für den Bezirk dieses Landgerichts (§ 2 Abs. 1 InsO). Diese Konzentration der Zuständigkeiten ist z.B. in NRW strikt eingehalten, während in einigen Bundesländern wie z.B. Rheinland-Pfalz, Hessen, Niedersachsen, Schleswig-Holstein allerdings abweichende Regelungen bestehen. Wegen der fehlenden durchgängigen Konzentration gibt es in Deutschland mehr als 180 Insolvenzgerichte, davon eine Vielzahl, bei denen die Insolvenzabteilung nur zu einem kleinen Bruchteil mit Insolvenzverfahren ausgelastet sind. Innerhalb der Insolvenzabteilung ist bis zur Eröffnung des Insolvenzverfahrens, also während des Insolvenzeröffnungsverfahrens, und im Insolvenzplanverfahren der **Richter**, danach (also im eröffneten Insolvenzverfahren) grundsätzlich der **Rechtspfleger** funktionell zuständig (vgl. § 18 Abs. 1 RPflG).

2814 Die **örtliche** Zuständigkeit richtet sich für Unternehmer nach dem **Mittelpunkt ihrer Tätigkeit** (§ 3 Abs. 1 S. 2 InsO). Im Übrigen ist der allgemeine Gerichtsstand des Schuldners maßgebend (§ 3 Abs. 1 S. 1 InsO i.V.m. §§ 13 ff. ZPO). Bei unternehmenstragenden Gesellschaften hängt die örtliche Zuständigkeit also davon ab, ob sie (noch) operativ tätig sind. In diesem Fall ist der Mittelpunkt der Tätigkeit, anderenfalls – falls keine operative Tätigkeit mehr besteht – der **gesellschaftsvertragliche Sitz** (§ 17 ZPO) ausschlaggebend. Der Eingang des Insolvenzantrags bei Gericht ist der maßgebliche Zeitpunkt für die Zuständigkeitsbestimmung.

Eine **Fristerfordernis** gibt es grundsätzlich nicht. Zu beachten ist allerdings die Insolvenzverschleppungshaftung. Zur Erfüllung der Insolvenzantragsverpflichtung besteht bei juristischen Personen und gleichgestellten Gesellschaften ohne Rechtspersönlichkeit maximal eine **Dreiwochenfrist** (§ 15a Abs. 1 InsO). Eine Verletzung dieser Pflicht führt zwar nicht zur Unzulässigkeit des Insolvenzantrags, kann aber eine zivil- und strafrechtliche Haftung der Gesellschaftsorgane nach sich ziehen. **2815**

Schließlich ist für die Zulässigkeit des Insolvenzantrags erforderlich, dass er sich auf einen **insolvenzfähigen** Schuldner bezieht. Gem. § 11 InsO sind insolvenzfähig: **2816**

- natürliche Personen (§ 11 Abs. 1 S. 1 InsO),
- juristische Personen (§ 11 Abs. 1 S. 1 InsO),
- nicht rechtsfähige Vereine (§ 11 Abs. 1 S. 2 InsO),
- Gesellschaften ohne Rechtspersönlichkeit (OHG, KG, Partnerschaftsgesellschaft, GbR, Parteienreederei, EWIV, § 11 Abs. 2 Nr. 1 InsO),
- Nachlass eines Verstorbenen und Gesamtgut einer ehelichen Gütergemeinschaft (§ 11 Abs. 2 Nr. 2 InsO).

Nicht als solche insolvenzfähig sind die stille Gesellschaft (§ 230 HGB) und die Bruchteilsgemeinschaft (§§ 741 ff. BGB).

Die Anforderungen an einen sog. **Eigenantrag des Schuldners** sind aufgrund der Regelungen des § 13 Abs. 1 InsO sehr hoch und orientieren sich zugleich an dem mit dem Antrag verfolgten Ziel. Will der Schuldner eine Sanierung unter Insolvenzschutz und in Eigenverwaltung erreichen, sind die Voraussetzungen für einen zulässigen Antrag sehr viel höher, als wenn der Schuldner die Liquidation des bereits eingestellten Geschäftsbetriebs erreichen will. Der sehr unübersichtliche Regelungsgehalt des § 13 InsO lässt sich dahin zusammenfassen, dass jeder Schuldner seinem Eigenantrag u.a. Folgendes beizufügen hat: **2817**

- ein Gläubigerverzeichnis (§ 13 Abs. 1 S. 3 InsO) und
- die Versicherung, dass dieses richtig und vollständig ist (§ 13 Abs. 1 S. 7 InsO).

Der Schuldner unterliegt weiteren **Angabepflichten**, wenn der Geschäftsbetrieb noch nicht eingestellt ist. Dann sind weiter einzureichen: **Angaben zu finanz- und personalwirtschaftlichen Größenmerkmalen gem. § 13 Abs. 1 S. 5 InsO**.

Liegen schließlich die Voraussetzungen des § 13 Abs. 1 S. 6 InsO vor, hat der Schuldner also Eigenverwaltung beantragt, die Größenmerkmale des § 22a Abs. 1 InsO erfüllt oder die Einsetzung eines vorläufigen Gläubigerausschusses beantragt, so sind schließlich zwingend: **Angaben zur Gläubigerstruktur gem. § 13 Abs. 1 S. 4 InsO.**

Soweit der Schuldner diesen weiteren Angabepflichten nach § 13 Abs. 1 S. 3 und 4 unterliegt, hat sich die Versicherung der Richtigkeit und Vollständigkeit gem. § 13 Abs. 1 S. 7 InsO hierauf zu erstrecken.

In Insolvenzverfahren, die mit der Absicht der Unternehmenssanierung betrieben werden, sind regelmäßig alle vorgenannten Angaben erforderlich. Sie dienen einer frühzeiti- **2818** gen Einbeziehung der Gläubiger in das Insolvenzverfahren und sollen insb. die Ein- und Besetzung des vorläufigen Gläubigerausschusses vorbereiten.

2819 Die **Glaubhaftmachung** eines Insolvenzgrundes wird – anders als beim Gläubigerantrag – beim Schuldnerantrag grundsätzlich nicht verlangt. Die Rechtsprechung fordert jedoch für die Zulässigkeit eines Antrags, dass ein **Eröffnungsgrund in nachvollziehbarer Form dargelegt** wird. Es müssen in dem Insolvenzantrag also Tatsachen vorgetragen werden, die die wesentlichen Merkmale eines Eröffnungsgrundes erkennen lassen.

Die Glaubhaftmachung eines Insolvenzgrundes ist jedoch auch beim Schuldner in dem Sonderfall erforderlich, dass das Antragsrecht mehreren Personen zusteht und der Antrag nicht von allen Berechtigten gestellt wird (§ 15 Abs. 2 S. 1 InsO). Ein solcher Fall kann sich bei juristischen Personen und Gesellschaften ohne Rechtspersönlichkeit ergeben, wo jedes Mitglied des Vertretungsorgans bzw. jeder persönlich haftende Gesellschafter antragsberechtigt ist (§ 15 Abs. 1 S. 1 InsO), und zwar unabhängig von der allgemeinen Vertretungsregelung.

2820 Auch jeder **Gläubiger**, dem gegen den Schuldner eine fällige Forderung zusteht, kann einen Insolvenzantrag stellen. Im Fall des Gläubigerantrags ist **glaubhaft zu machen**, dass

- eine Forderung gegen den Schuldner besteht und
- ein Insolvenzgrund vorliegt.

Außerdem muss der Gläubiger ein **rechtliches Interesse** an der Eröffnung des Insolvenzverfahrens haben (§ 14 Abs. 1 InsO).

Regelmäßig werden die Forderungen durch Vorlage eines (nicht notwendig rechtskräftigen) Schuldtitels (z.B. Vollstreckungsbescheid) und der Insolvenzgrund durch Vorlage eines Ausdrucks des vom Schuldner an Eides Statt versicherten Vermögensverzeichnisses glaubhaft gemacht. Vorherrschend sind hier Gläubigeranträge von Sozialversicherungsträgern und Finanzbehörden, die ihre Forderungen selbst titulieren. Die Glaubhaftmachung der Forderung erfordert ansonsten ohne Titel konkrete Angaben über die Höhe der Forderung und ggf. Nebenforderungen (z.B. Zinsen, Vollstreckungskosten) die Vorlage von Urkunden (Schuldtitel, Schuldschein, Schuldanerkenntnis, Wechsel, Kontoauszug, Rechnung, Lieferschein, Bescheinigung über eine ergebnislose Pfändung etc.) und die Versicherung der Einredefreiheit. Die bloße schriftliche Behauptung einer angeblichen Forderung genügt hingegen nicht für deren schlüssige Darlegung.

Die **Mittel der Glaubhaftmachung** sind gem. § 294 ZPO: Urkunden, präsente Zeugen (kommt beim Insolvenzantrag nicht vor) und die eidesstattliche Versicherung. Die Glaubhaftmachung bedeutet einen geringeren Grad als der Beweis, denn für sie reicht es aus, dass das Bestehen einer behaupteten Tatsache überwiegend wahrscheinlich ist.

2821 Wird das Insolvenzverfahren durch einen Gläubigerantrag eingeleitet, ist es i.d.R. zu spät, um das Insolvenzverfahren zu einer Unternehmenssanierung zu nutzen.

2822 Nur bis zur Entscheidung über die Eröffnung oder der rechtskräftigen Abweisung kann nach der Regelung in § 13 Abs. 2 InsO der Antrag jederzeit zurückgenommen werden, wobei zur Rücknahme grds. der jeweilige Antragsteller berechtigt ist. Diese zeitliche

Grenze gilt sowohl für den Gläubiger, als auch für den Schuldnerantrag.[82] Der Antrag eines Gläubigers kann daher nur bis zum Wirksamwerden des Eröffnungsbeschlusses zurückgenommen werden, wenn dieser also aufgehört hat, eine innere Angelegenheit des Gerichts zu sein.[83] Von dem Moment an, in dem der Eröffnungsbeschluss vom Richter unterschrieben, zur weiteren Veranlassung an die Geschäftsstelle des Gerichts gegangen und in irgendeiner Form nach außen entäußert ist, der Eröffnungsbeschluss also wirksam wird, scheidet eine Rücknahme aus. Ein einmal eröffnetes Verfahren kann nur nach besonderen Bestimmungen der InsO z.B. mit Zustimmung aller Gläubiger (§ 213 InsO) oder wegen späteren Wegfalls des Eröffnungsgrundes eingestellt werden, was äußerst selten vorkommt.

e) Weichenstellung: Eigenverwaltung oder Fremdverwaltung

Die wichtigste Weichenstellung für den Ablauf und die Gestaltung eines Insolvenzverfahrens erfolgt angesichts der gesetzlich gegebenen Möglichkeiten bereits mit der Antragstellung. Strebt der Schuldner ein Verfahren in Eigenverwaltung an, so sind hohe Antragshürden zu überwinden, denn in einem Verfahren nach den §§ 270 ff. InsO wird der Schuldner zu seinem eigenen Insolvenzverwalter und gestaltet dessen Ablauf maßgeblich selbst. In allen anderen Fällen wird eine Fremdverwaltung des Vermögens durch einen Insolvenzverwalter eingeleitet, der an die Stelle des Schuldners tritt und die Verwaltung und Verfügung über dessen Vermögen bis zum Abschluss des Verfahrens übernimmt. **2823**

f) Insolvenzverwalterauswahl – Überblick

Die Auswahl des „richtigen" Insolvenzverwalters (vgl. dazu ausf. Rn. 2942 ff.) für das jeweilige Verfahren ist auch weiterhin die Schicksalsfrage für das schuldnerische Unternehmen schlechthin. Je nachdem wie sanierungserfahren oder risikoorientiert die jeweilige Person ist, desto größer oder kleiner sind die Möglichkeiten für einen Erhalt des Unternehmens trotz Insolvenz. In mehr als 90 % aller Verfahren stellt sich diese Frage jedoch nicht, da die Unternehmen bereits ihre Markttätigkeit eingestellt haben und nur noch die Verwertung des Vermögens den Gegenstand des Verfahrens bildet. Gleichwohl spielt auch bei dieser Frage das wirtschaftliche Können und die Breite der Erfahrung eine wesentliche Rolle, denn auch bei der bloßen Liquidation des Schuldnervermögens haben die Gläubiger einen Anspruch auf bestmögliche Befriedigung ihrer Interessen. **2824**

Bereits im Eröffnungsverfahren sucht das Gericht faktisch den späteren Insolvenzverwalter aus, da ein Wechsel mit Eröffnung des Verfahrens in der Praxis kaum stattfindet und auch zumeist wegen des bereits gewonnenen Wissens untunlich wäre. Die Auswahl orientiert sich an den Maßstäben nach § 56 InsO, auf den § 21 Abs. 2 Ziff. 1 InsO verweist. Die Insolvenzgerichte führen zum Überblick über die zur Übernahme bereiten Personen sog. **Vorauswahllisten**. Auf diese können sich für geeignet haltende Personen im Justizverwaltungsverfahren gem. §§ 23 ff. EGGVG bewerben. Jeder Insolvenzrichter kann seine eigene Liste führen und ist vom BVerfG dazu aufgefordert, die Anforderungen an einen Verwalter zusammenzustellen und zu verifizieren; dies erfordert ein qualitätsorientiertes Prüfungs- und Zugangsverfahren. Im konkreten Insolvenzverfahren muss **2825**

82 BGH, Urt. v. 27.7.2006 – IX ZB 204/04, ZInsO 2006, 1051 = ZVI 2006, 564.
83 BGH, Beschl. v. 13.6.2006 – IX ZB 88/05, ZVI 2006, 565.

der Richter nicht zwingend aus seiner Liste auswählen, z.B. wenn es auf Spezialkenntnisse ankommt. In der Praxis sind die Entscheidungen der Gerichte faktisch nicht nachprüfbar und auch nicht angreifbar. Gerade bei kleineren Insolvenzgerichten findet die Auswahl auf einer Beziehungsebene statt, die nicht rechtlich, sondern eher tatsächlich determiniert ist.

2826 In größeren Insolvenzverfahren, die das Gesetz in § 22a Abs. 1 InsO nach „Schwellenwerten" definiert, ist die Gläubigerschaft an der Auswahl bereits im Eröffnungsverfahren in Gestalt eines **vorläufigen Gläubigerausschusses** zu beteiligen, indem dieser angehört wird (§ 56a InsO). Stimmt dieser einstimmig für eine bestimmte Person, so ist das Gericht daran gebunden, es sei denn diese Person ist ungeeignet oder nicht unabhängig. Diese Rechte können aber auch bei Einsetzung eines Ausschusses auf Antrag nach § 22a Abs. 2 InsO in allen anderen Regelinsolvenzverfahren von den Gläubigern wahrgenommen worden.

3. Zwischen Insolvenzantrag und Insolvenzeröffnung

2827 Im **„eigentlichen" Eröffnungsverfahren** – das bis zu 3 Monate und im Einzelfall länger dauern kann (Ermessen des Gerichts) – steht die Sicherung des schuldnerischen Vermögens, die Prüfung der Insolvenzgründe sowie der Sanierungsfähigkeit des Unternehmens im Vordergrund. Mit dem ESUG ist aber auch die frühzeitige Einbindung und Beteiligung der Gläubiger an den maßgeblichen wirtschaftlichen Entscheidungen in den Fokus gerückt. Die Sicherung des schuldnerischen Vermögens in der risikobehafteten Zeit zwischen dem Eingang eines zumindest zulässigen Insolvenzantrags beim Insolvenzgericht und dessen Entscheidung über die Eröffnung ist für die Unternehmensinsolvenzen die zentrale gesetzliche Zweckbestimmung der „Sicherungsregelungen" in den §§ 21, 22 InsO – nicht jedoch die alleinige Funktion des Eröffnungsverfahrens moderner Prägung.

2828 Nach dem Willen des Gesetzgebers soll der vorläufige Verwalter – anders als der vormalige Sequester nach der Konkursordnung (KO) – nicht lediglich zurückhaltend sichernd tätig sein und damit eine passive Rolle im Eröffnungsverfahren einnehmen. Er soll stattdessen auch **aktiv** das Insolvenzeröffnungsverfahren befördern, ein noch am Markt befindliches Unternehmen fortführen, die Sanierungswürdigkeit prüfen und erhalten (§ 22 Abs. 1 Ziff. 2 InsO). Er hat die Insolvenzmasse nach Möglichkeit anzureichern, Außenstände einzuziehen, übertragende Sanierungen vorzubereiten, Lastschriften zu widerrufen. Er muss Anfechtungs- und Haftungstatbestände ermitteln, mit potenziellen Investoren Vorverhandlungen führen, betriebliche Sanierungsmaßnahmen einleiten, Insolvenzgeld vorfinanzieren, mit Absonderungsberechtigten verhandeln etc. Kurz, er soll ein Verfahren bereits in diesem frühen Stadium mit allen ihm zur Verfügung stehenden Möglichkeiten – wenn nötig auch rechtlich und betriebswirtschaftlich – gestalten. Wegen dieser umfassenden und den weiteren Gang des Verfahrens prägenden Kompetenzen hat der Gesetzgeber mit dem ESUG die Möglichkeiten einer frühzeitigen Beteiligung der Gläubiger an diesem Prozess besonders gestärkt. Insb. mit den Möglichkeiten eines vorläufigen Gläubigerausschusses (§ 22a InsO) soll dieser Einfluss auch durchaus bestimmend sein können.

2829 Da das Insolvenzgericht gem. § 5 Abs. 1 InsO die Aufgabe hat „von Amts wegen alle Umstände zu ermitteln, die für das Insolvenzverfahren von Bedeutung sind", ist es an die Darlegungen im Insolvenzantrag nicht gebunden, sondern hat diese mit den ihm als geboten erscheinenden Mitteln auf ihre Richtigkeit zu überprüfen.

Das Gericht kann bei einem **Eigenantrag des Schuldners** regelmäßig davon ausgehen, dass ein Insolvenzgrund vorliegt. Es sollte dabei aber stets beachten, dass vielfach auch Eigenanträge mit dem Ziel gestellt werden, sich aus Verpflichtungen gegenüber Dritten, insb. vertraglichen Beziehungen, auch tariflichen Bindungen, zu lösen oder gar eine Abweisung mangels Masse (§ 26 Abs. 1 InsO) zu erreichen, um dadurch Vermögensmanipulationen in der Vergangenheit zu verdecken. Das gelingt wegen unzureichender und unsystematischer Ermittlungen trotz offenkundiger Rechtsverstöße immer wieder. Die **Abweisung mangels Masse** wird von registerpflichtigen juristischen Personen immer wieder erstrebt, weil Folge dieser insolvenzgerichtlichen Entscheidung die Löschung der Gesellschaft im Handelsregister ist (und damit häufig „Ruhe" für die organschaftlichen Vertreter einkehrt). Vielfach dient eine angeblich „vor kurzer Zeit" oder „im vergangenen Monat" eingetretene Zahlungsunfähigkeit nur dazu, eine schon seit langer Zeit eingetretene materielle Insolvenz zu verschleiern. Auch wenn der Schuldner daher auf Grund der von ihm überreichten Unterlagen den Eröffnungsgrund scheinbar belegt und seine Zahlungsunfähigkeit einräumt, bedarf es stets der Prüfung der eingereichten Unterlagen und der sich daraus ergebenden Überzeugungsbildung des Gerichts.

Weil das Gericht regelmäßig nicht selbst über die Mittel und Zeit verfügt, um etwa die **2830** Bewertung eines schuldnerischen Unternehmens allein vorzunehmen oder die zur drohenden Zahlungsunfähigkeit vorgetragenen Gründe zu überprüfen, bedient es sich i.d.R. der gutachterlichen Hilfe eines **Sachverständigen** nach § 5 Abs. 1 S. 2 InsO. Dieser wird entweder im Rahmen eines gesetzlichen Gutachtenauftrags zugleich als vorläufiger Verwalter nach § 22 Abs. 1 S. 2 Nr. 3 InsO tätig oder ihm wird gesondert dazu die Aufgabe eines Sachverständigen auf Grund insolvenzgerichtlicher Beschlussfassung angetragen.

Ist aber das Vorliegen eines Insolvenzgrundes für das Insolvenzgericht bereits auf Grund der vorgelegten Unterlagen feststellbar, ohne dass daran ein vernünftiger Zweifel besteht, so bedarf es – schon aus Kostengründen – nicht der Prüfung durch einen Sachverständigen, sondern das Verfahren ist aufgrund der eigenen Erkenntnislage des Gerichts zügig zu eröffnen, so z.B. sehr häufig im Verbraucherinsolvenzverfahren.

Bei **Gläubigeranträgen („Fremdanträgen")** ist eine besondere Überprüfung des Insol- **2831** venzgrundes immer dann geboten, wenn der Schuldner das Vorliegen von Zahlungsunfähigkeit oder und/oder Überschuldung bestreitet. In diesen Fällen hat die Überprüfung sorgfältig und, wegen der für den Schuldner weitreichenden Wirkungen einer Insolvenzeröffnung, unter Zuhilfenahme eines Sachverständigen zu erfolgen. Gleiches gilt aber aus den o.g. Gründen natürlich auch bei einem freimütigen Einräumen der Insolvenz durch den Schuldner.

Die eigentliche Aufgabe des Sachverständigen ist die Beibringung von Informationen und der Prüfung und Untersuchung der Insolvenzvoraussetzungen mittels Sichtung der Geschäftsunterlagen, Gesprächen mit Schuldner/organschaftlichen Vertretern und Sichtung sämtlicher das schuldnerische Unternehmen betreffender Unterlagen.[84] Die Haftung des Sachverständigen ist in § 839a BGB geregelt.

84 Die einzelnen Schritte bei der Vorgehensweise des Sachverständigen zeigen auf: Checkliste des BAKInsO e.V. ZInsO 2009, 22 ff. = NZI 2009, 37; *Vallender*, ZInsO 2010, 1457; *Titz/Tötter*, ZInsO 2006, 976.

2832 Von mindestens ebenso großer Bedeutung wie der materielle Insolvenzgrund ist schon für die Eröffnungsentscheidung auch die Frage des Zeitpunktes des Eintritts der materiellen Insolvenz, denn an diesem Ereignis macht sich fest, welche Ansprüche der Masse, für welche Zeiträume und gegen wen zustehen und wie konsequent die Ausrichtung des Insolvenzverfahrens an seinem Ziel der Verringerung bzw. Rückgängigmachung des Verschleppungsschadens erfolgt. Da Insolvenzanträge juristischer Personen statistisch i.d.R. fast ein Jahr nach dem tatsächlichen Eintritt der materiellen Insolvenz gestellt und die Zahlungsunfähigkeit anhand von äußerlich erkennbaren Indikatoren relativ leicht feststellbar ist, sind hierzu schon im Eröffnungsgutachten Ausführungen unentbehrlich.

So ist z.B. der Zeitpunkt des Eintritts der Zahlungsunfähigkeit für anfechtungs- und haftungsrechtliche Ansprüche im Rahmen eines Insolvenzverfahrens wesentliche Anspruchsvoraussetzung. Ab diesem Zeitpunkt sind wegen der bekanntlich regelmäßig verspäteten Antragstellung haftungs- aber auch anfechtungsrelevante Handlungen, insb. der §§ 130–133 InsO, genau zu prüfen. Schon der Gutachter bzw. vorläufige Insolvenzverwalter ist daher nach der Rechtsprechung des BGH,[85] gehalten, bereits im Eröffnungsverfahren zu prüfen, ob die Geltendmachung von Insolvenzanfechtungs- oder Haftungsansprüchen in Betracht kommt, da daraus ggf. erst eine die Kosten deckende Masse und damit die Eröffnung des Verfahrens realisiert werden kann.

2833 Durch die Einführung der Vorschusspflicht in § 26 Abs. 4 InsO ist die Ermittlung nun auch mittelbar gesetzlich bestimmt, denn auch der von einem Organ zu erlangende Vorschussanspruch ist Teil der künftigen Insolvenzmasse und daher auch zur Kostendeckung heranzuziehen.

a) Sicherung der Masse

2834 Die gerichtliche Prüfung, ob der vom Antragsteller nur glaubhaft gemachte Insolvenzgrund zur gerichtlichen Überzeugung vorliegt und eine die Verfahrenskosten deckende Vermögensmasse vorhanden ist, nimmt stets einige Wochen in Anspruch, in Einzelfällen sogar Monate. Dabei besteht die Gefahr, dass der Schuldner in der Zwischenzeit ungehindert über sein Vermögen rechtsgeschäftlich verfügt (z.B. Verringerung der Vermögensmasse durch Betriebsspaltungen, Verkäufe unter Wert), neue Verbindlichkeiten eingeht, eine Obstruktionshaltung einnimmt, oder Straftaten in Bezug auf das schuldnerische Vermögen begeht, sodass sich die Vermögenssituation immer weiter verschlechtert. Daneben droht der Gesamtheit der Gläubiger eine Gefahr insoweit, als einzelne Gläubiger sich noch kurzfristig eine Sicherung oder Befriedigung im Wege der Einzelzwangsvollstreckung verschaffen. Aus diesem Grund ist das Gericht berechtigt – und bei konkreten Anhaltspunkten der Gefährdung von schuldnerischem Vermögen, wie auch generell bei laufendem Geschäftsbetrieb, auch verpflichtet – ihm notwendig erscheinende **Sicherungsmaßnahmen anzuordnen**, wenn Vermögenswerte des Schuldners ersichtlich sind.

In § 21 Abs. 2 Nr. 1–4 InsO ist beispielhaft aufgeführt, welche Einzelmaßnahmen in Betracht kommen können:

- die Bestellung eines vorläufigen Insolvenzverwalters (Nr. 1),
- die Anordnung eines allgemeinen Verfügungsverbots oder eines allgemeinen Zustimmungsvorbehalts (Nr. 2),

85 BGH, Beschl. v. 17.7.2008 – IX ZB 225/07, ZInsO 2008, 859.

- die Untersagung oder einstweilige Einstellung der Einzelzwangsvollstreckung in das bewegliche Vermögen (Nr. 3),
- die Anordnung einer vorläufigen Postsperre (Nr. 4), sowie
- der Vollstreckungsstopp gegenüber Aus- und Absonderungsberechtigten (Nr. 5).

Durch das Wort „insb." zu Beginn des § 21 Abs. 2 InsO hat der Gesetzgeber zum Ausdruck gebracht, dass die nachfolgende Aufzählung nur beispielhaft ist, sodass das Insolvenzgericht über den Regelungsbereich der §§ 21 ff. InsO hinaus Maßnahmen anordnen kann, die im Einzelfall erforderlich sind, eine nachteilige Veränderung in der Vermögenslage des Schuldners zu verhindern. Aus dem Begriff „alle Maßnahmen" folgt, dass das Gericht Sicherungsmaßnahmen je nach Erforderlichkeit einzeln oder kombiniert anordnen kann. **2835**

Die nachfolgende Darstellung gibt einen Überblick über die wichtigsten Sicherungsmaßnahmen im Regelinsolvenzverfahren. Mit der Änderung der InsO zum 1.3.2012 im Wege des ESUG hat der Gesetzgeber die Vorschrift des § 21 InsO abändernd mit „vorläufige Maßnahmen" überschrieben, um zu verdeutlichen, dass der in § 21 Abs. 2 Nr. 1a InsO genannte vorläufige Gläubigerausschuss keine Sicherungsmaßnahme ist.

aa) Erlass eines allgemeinen Verfügungsverbots. Mit dieser Maßnahme nach § 21 Abs. 2 Nr. 2 Alt. 1 InsO wird dem Schuldner jede Möglichkeit genommen, Verfügungen über sein Vermögen zu treffen, er wird insoweit faktisch verfügungsrechtlich „entmündigt", und an seine Stelle tritt ein **vorläufiger Insolvenzverwalter**, der die Verfügungsbefugnis für den Schuldner im Interesse der Gesamtgläubigerschaft wahrnimmt. Der für den Fall des Erlasses eines allgemeinen Verfügungsverbotes bestellte vorläufige Insolvenzverwalter wird als sog. „starker" vorläufiger Insolvenzverwalter bezeichnet. Er begründet gem. § 55 Abs. 2 InsO gegenüber allen Gläubigern fortan Verbindlichkeiten gegenüber der Masse. Das Verfügungsverbot wird **öffentlich bekanntgemacht** (§ 9 InsO) und ins Handelsregister sowie das Grundbuch eingetragen (§ 23 InsO). **2836**

bb) Erlass eines sog. Zustimmungsvorbehalts. Bei dieser Konstellation nach § 21 Abs. 2 Nr. 2 Alt. 2 InsO behält der Schuldner zwar grundsätzlich die Verfügungsbefugnis über sein Vermögen, ist aber für die Wirksamkeit solcher Verfügungen an die Zustimmung eines vorläufigen Insolvenzverwalters gebunden, den man für diesen Fall als „schwachen" vorläufigen Insolvenzverwalter bezeichnet. Dieser muss Verfügungen zustimmen, um sie wirksam zu machen (§§ 24 Abs. 1, 81 InsO). **2837**

cc) Anordnung eines Verfügungsverbots hinsichtlich einzelner Vermögenswerte.
Das Gericht kann auch, was in der Praxis kaum vorkommt, ein Verfügungsverbot für bestimmte Vermögensgegenstände des Schuldners erlassen, ohne eine vorläufige Insolvenzverwaltung anzuordnen, z.B. für Guthaben oder Forderungen des Schuldners, auch die Verfügung einer Kontensperre. **2838**

dd) Verwertungs- und Einziehungsverbot („Stopp-Anordnung"). Hierzu gehört nach § 21 Abs. 2 Nr. 5 InsO insb. das Verbot an den Schuldner, Gegenstände, die z.B. unter Eigentumsvorbehalt geliefert worden sind, an den Vorbehaltseigentümer herauszugeben, wenn nur auf diese Weise sichergestellt werden kann, dass das **betriebsnotwen-** **2839**

dige Vermögen bis zur Entscheidung über die Eröffnung **zusammengehalten** wird.[86] Mit einer solchen umfassenden Anordnung kann der Schutz aller im Betrieb vorhandenen Werte erreicht werden, wenn diese für den Fortgang unerlässlich sind. Alle der Anordnung unterfallenden Gegenstände können zweckgemäß im Betrieb verwendet werden, Umlaufvermögen veräußert und Betriebsmittel verbraucht werden.[87] Durch diesen umfassenden Schutz soll die Lebensgrundlage des Betriebs erhalten werden, denn regelmäßig sind alle werthaltigen Bestandteile des Vermögens mit Sicherungsrechten unterschiedlichster Art belastet. Die Anforderung darf nicht pauschal erfolgen. Der als Kompensation zu leistende **Nutzungsersatzanspruch** entsteht nach §§ 21 Abs. 2 S. 1 Nr. 5, 169 S. 2 InsO erst nach drei Monaten. Daneben gibt es dann auch einen **Anspruch auf Ausgleich des Wertverlustes** für eine zwischenzeitlich eingetretene Verschlechterung der Sache. Die Norm gilt auch für Aussonderungsberechtigte.

2840 **ee) „Stopp-Anordnung“ für Forderungen.** Zugleich kann angeordnet werden, dass z.B. im Wege einer Globalzession abgetretene Forderungen nicht mehr vom Forderungsinhaber, sondern nur noch vom vorläufigen Insolvenzverwalter geltend gemacht werden können und die Schuldner dieser Forderung nur durch eine Zahlung an den Insolvenzverwalter von ihren **Verpflichtungen befreit** werden. Damit werden die zwischen Schuldner und Gläubiger geltenden Regelungen außer Kraft gesetzt, ebenso wie der Grundstückseigentümer gehindert wird, sein Vermieterpfandrecht z.B. an der gemieteten Betriebsimmobilie geltend zu machen. Eingezogene Forderungen darf der vorläufige Verwalter nicht zur Betriebsfortführung ohne Vereinbarung mit dem Zessionar nutzen.[88] Alle der Anordnung unterfallenden Gegenstände können zweckgemäß im Betrieb verwendet werden, Umlaufvermögen veräußert und Betriebsmittel verbraucht werden.

2841 **ff) Einstweilige Einstellung von Zwangsvollstreckungsmaßnahmen.** Obwohl bis zum Zeitpunkt der Eröffnung grundsätzlich Zwangsvollstreckungsmaßnahmen gegen den Schuldner möglich sind, kann das Insolvenzgericht nach § 21 Abs. 2 S. 1 Nr. 3 InsO verhindern, dass im Wege der Zwangsvollstreckung oder Zwangsversteigerung (§§ 30d, 30e ZVG) das Vermögen auseinandergerissen wird. Zugleich wird der Vollstreckungsdruck vom Schuldner genommen und sichergestellt, dass sich nicht einzelne Gläubiger noch aus der Insolvenzmasse im Wege der Zwangsvollstreckung befriedigen. Im Insolvenzeröffnungsverfahren kann der vorläufige Insolvenzverwalter einen Antrag nach § 30d Abs. 4 ZVG stellen. Voraussetzung ist eine nachteilige Veränderung in der Vermögenslage des Schuldners. Damit soll verhindert werden, dass **der Insolvenzmasse vorzeitig Gegenstände entzogen** werden, die für die Betriebsfortführung bzw. Sanierung erforderlich sind. Nach Insolvenzeröffnung richtet sich der Einstellungsantrag nach § 30d Abs. 1 ZVG. Im Zwangsverwaltungsverfahren richtet sich die einstweilige Einstellung nach § 153b ZVG. Voraussetzung ist, dass die Nutzung der Insolvenzmasse durch die Fortsetzung der Zwangsverwaltung wesentlich erschwert wird (§ 153b Abs. 1 ZVG).

---

86 Kritische Erläuterung bei *Kirchhof*, ZInsO 2007, 227; *Kuder*, ZIP 2007, 1690; *Ganter*, NZI 2007, 549 ff.; *Marotzke*, ZInsO 2008, 1108; *Heublein*, ZIP 2009, 11.

87 *Haarmeyer*, in: MüKo-InsO, 4. Aufl. 2019, § 21 Rn. 99.

88 BGH, Beschl. v. 15.3.2012 – IX ZR 239/09, ZInsO 2012, 694; *Stapper*, NZI 2012, 367.

gg) Schließung und Siegelung von Räumen, Gebäuden; Beschlagnahme von Geschäftsunterlagen. Durch diese Maßnahme soll erreicht werden, dass niemand Vermögensgegenstände aus Gebäuden oder sonstigen Lagerstätten entfernen kann, was in der Situation der eingetretenen Insolvenz häufig stattfindet. Erfolgt eine solche Schließung und Siegelung, so ist ein Verstoß dagegen regelmäßig zugleich auch eine Straftat. Für die Ermittlung der Vermögensmasse und die Aufdeckung der Geschehnisse, die zur Insolvenz geführt haben, ist es für den vorläufigen Insolvenzverwalter wie für den endgültigen notwendig, sich möglichst vollständig in den **Besitz von Geschäftsunterlagen** zu setzen. Hierzu gehört nicht nur der gesamte Brief- und Geschäftsverkehr, sondern auch Kontoauszüge, Verträge, Urkunden jeglicher Art etc. Dafür gilt der entsprechende Beschluss des Gerichts zugleich als **Vollstreckungstitel**. 2842

hh) Anordnung einer Postsperre. Die (vorläufige) Postsperre nach §§ 21 Abs. 2 S. 1 Nr. 4, 99 InsO im Eröffnungsverfahren gilt nicht nur für jede Form der **Briefpost**, sondern auch für **E-Mails** und **Patienten-/Verteidigerpost**. Sie erstreckt sich ggf. gem. § 101 Abs. 1 S. 1 InsO auch auf organschaftliche Vertreter. Diese Maßnahme, die bei unkooperativen Schuldnern oder verschwundenen organschaftlichen Vertretern angeordnet wird, führt dazu, dass an den Schuldner gesandte und für ihn bestimmte Post beim vorläufigen Insolvenzverwalter ankommt und von diesem dahingehend überprüft wird, ob sie für das Unternehmen wichtige Informationen enthält. Es müssen konkrete Anhaltspunkte dafür bestehen, dass durch das Verhalten des Schuldners wesentliche Belange der Masse gefährdet sind und diesen bei einer Abwägung der beiderseitigen Interessen der Vorrang vor dem **Schutz des Briefgeheimnisses** gebührt. Besonders wichtig für die Anordnung einer Postsperre ist die Abwägung aller maßgeblichen Umstände des Einzelfalles.[89] 2843

ii) Durchsuchung und Vorführung. Die Auskunftspflicht des Schuldners bzw. seiner Organe aus §§ 20 Abs. 1, 97, 101 InsO ist umfassend[90] und besteht auch im Eröffnungsverfahren (§ 20 InsO). Sie umfasst auch die Pflicht, die Auskunft mit Hilfe von Belegen zu erteilen[91]. Dazu gehört auch, von sich aus (aktive Auskunftspflicht) wesentliche Änderungen der Vermögenslage – auch im eröffneten Verfahren – dem Verwalter mitzuteilen[92]. Der Verpflichtete ist auch gehalten, Vorarbeiten zu erbringen, z.B. die Zusammenstellung von Unterlagen. 2844

jj) Inhaftierung des Schuldners, Haftgründe. Sie sind gem. § 98 InsO: Nichtauskunft, Flucht- und Verdunkelungsgefahr.[93] Das Insolvenzgericht hat im Haftbefehl die vom Schuldner zu erfüllenden **Mitwirkungspflichten** so bestimmt zu bezeichnen, dass dieser erkennen kann, durch welche Handlungen er diesen Pflichten genügen kann. 2845

---

89 OLG Celle, Beschl. v. 11.9.2000 – 2 W 87/00, NJW-RR 2001, 634 = ZInsO 2000, 557; OLG Celle, Beschl. v. 6.11.2000 – 2 W 109/00, NZI 2001, 148; OLG Celle, Beschl. v. 17.12.2001 – 2 W 133/01, ZIP 2002, 578 = ZInsO 2002, 131; OLG Köln, Beschl. v. 13.6.2000 – 2 W 86/00, NZI 2001, 154 = ZInsO 2000, 616.

90 *Uhlenbruck*, NZI 2002, 401.

91 BGH, Beschl. v. 17.2.2005 – IX ZB 62/04, ZIP 2005, S. 726; BGH, Beschl. v. 19.1.2006 – IX ZB 14/03, ZInsO 2006, 265.

92 BGH, Beschl. v. 17.11.2008 – NotZ 130/07, ZInsO 2009, 235 = ZIP 2009, 675.

93 Zusammenfassend *Frind*, NZI 2010, 749.

2846 **kk) Auskunftsverpflichtung.** Gem. § 101 InsO erstreckt sich die Auskunftspflicht bei juristischen Personen auf deren organschaftliche Vertreter, auf die ausgeschiedenen, organschaftlichen Vertreter der letzten zwei Jahre (§ 101 Abs. 1 S. 2) und auf Angestellte und frühere Angestellte innerhalb von zwei Jahren (§ 101 Abs. 2 InsO). Weiterhin ist auch ein „faktischer" Geschäftsführer auskunftsverpflichtet. Es handelt sich dabei um eine Person, die auf Dauer anstelle der entweder nicht vorhandenen oder abgetretenen organschaftlichen Vertreter mit Einverständnis maßgeblicher Gesellschafter Geschäftsführungsaufgaben wahrgenommen hat.[94]

Für strafrechtlich relevante Erkenntnisse aus den Zwangsmaßnahmen gilt das **Beweisverwendungsverbot** in § 97 Abs. 1 S. 3 InsO.[95]

2847 **ll) Andere Sicherungsmaßnahmen.** Wie die Formulierung in § 21 Abs. 2 („insbesondere") ausdrückt, kann sich das Gericht auch mit anderen Maßnahmen begnügen oder diese zusätzlich anordnen soweit es erforderlich erscheint. Denkbar ist z.B., dass das Gericht eine Kontensperre verhängt, um damit während der Zeit der Eröffnung ein Guthaben gegen den Einzelzugriff, auch des Kreditinstitutes, durch Aufrechnung oder Verrechnung zu verhindern. Dies kann auch gegen mittelbar Beteiligte angeordnet werden[96].

b) Anordnung der vorläufigen Verwaltung – schwacher/starker vorläufiger Insolvenzverwalter

2848 Die in aller Regel wirksamste – allerdings auch kostenintensivste – Sicherungsmaßnahme stellt die Anordnung der vorläufigen Verwaltung dar, denn durch die Bestellung eines starken oder schwachen Verwalters wird der Schuldner schon im Eröffnungsverfahren **faktisch unter Aufsicht gestellt** und ihm die (alleinige) Verfügungsbefugnis vollständig entzogen. In der Praxis ist bei Unternehmensinsolvenzen statt einzelner Sicherungsmaßnahmen oder der Bestellung eines isolierten Sachverständigen die **Bestellung eines vorläufigen Verwalters** mit **Anordnung eines allgemeinen Zustimmungsvorbehalts**, die sog. **„schwache" vorläufige Insolvenzverwaltung**, der **Regelfall** geworden. Demgegenüber wird die sog. „starke" vorläufige Verwaltung, also die vollständige Übertragung der Verwaltungs- und Verfügungsbefugnis auf den vorläufigen Verwalter und damit die Vorverlagerung der Wirkung des eröffneten Verfahrens auf das Eröffnungsverfahren, nur höchst selten praktiziert. Dies deshalb, weil alle vom starken vorläufigen Verwalter begründeten Verbindlichkeiten nach § 55 InsO zu Masseverbindlichkeiten im eröffneten Verfahrens werden, bei deren Nicht-Erfüllung aus der Masse der Verwalter persönlich haftet (§ 61 InsO).

2849 Spätestens bei der Anordnung der vorläufigen Insolvenzverwaltung sucht das Gericht faktisch bereits den späteren Insolvenzverwalter aus, da ein Wechsel mit Eröffnung des Verfahrens in der Praxis kaum stattfindet und auch zumeist wegen des bereits gewonnenen Wissens untunlich wäre. Die Auswahl orientiert sich an den Maßstäben nach § 56 InsO, auf den § 21 Abs. 2 Ziff. 1 InsO verweist. Die Insolvenzgerichte führen zum Über-

---

94 BGH, Urt. v. 23.1.2013, ZInsO 2013, 721 m.w.N.; BGH, Urt. v. 13.12.2012, ZInsO 2013, 443; BGH, Urt. v. 11.7.2005 – II ZR 235/03, ZInsO 2005, 878; *Fleischer*, GmbHR 2011, 337; LG Stade, Urt. v. 5.8.2010 – 8 O 24/10, ZInsO 2010, 1797; zu den Merkmalen auch *Haas*, NZI 2006, 494.

95 Zur Reichweite des Verwendungsverbotes: *Haarmeyer*, ZInsO 2016, 545; *Laroche*, ZInsO 2015, 1469; *Bader*, NZI 2009, 416 ff.; *Diversy*, ZInsO 2005, 180 ff.; *Hohnel*, NZI 2005, 152 f.

96 AG München, Urt. v. 20.7.2006 – 1507 IN 1932/06, ZIP 2006, 1961.

blick über die zur Übernahme bereiten Personen sog. **Vorauswahl-Listen**. Auf diese können sich für geeignet haltende Personen im Justizverwaltungsverfahren gem. §§ 23 ff. EGGVG bewerben. Jeder Insolvenzrichter kann seine eigene Liste führen und ist vom BVerfG dazu aufgefordert, die Anforderungen an einen Verwalter zusammenzustellen und zu verifizieren; dies erfordert ein qualitätsorientiertes Prüfungs- und Zugangsverfahren. Im konkreten Insolvenzverfahren muss der Richter nicht zwingend aus seiner Liste auswählen, z.B. wenn es auf Spezialkenntnisse ankommt.

In größeren Insolvenzverfahren, die das Gesetz in § 22a Abs. 1 InsO nach „Schwellenwerten" definiert, ist die Gläubigerschaft an der Auswahl bereits im Eröffnungsverfahren in Gestalt eines **vorläufigen Gläubigerausschusses** zu beteiligen, indem dieser **angehört** wird (§ 56a InsO). Stimmt dieser einstimmig für eine bestimmte Person, so ist das Gericht daran gebunden, es sei denn diese Person ist ungeeignet oder nicht unabhängig. Diese Rechte können aber auch bei Einsetzung eines Ausschusses auf Antrag nach § 22a Abs. 2 InsO in allen anderen Regelinsolvenzverfahren von den Gläubigern wahrgenommen worden. **2850**

c) Eigenverwaltung und Schutzschirmverfahren – vorläufiger Gläubigerausschuss

Gem. § 21 Abs. 2 S. 1 Nr. 1a InsO kann das Insolvenzgericht einen vorläufigen Gläubigerausschuss einsetzen, für den die Regelungen über den endgültigen Gläubigerausschuss mit Ausnahme der §§ 67 Abs. 1, 68 InsO entsprechend gelten. Ein solcher Gläubigerausschuss besteht i.d.R. aus fünf Personen und hat im Wesentlichen die Aufgabe, die Gläubigermitwirkung bei der Auswahl des (vorläufigen) Insolvenzverwalters sicherzustellen. **2851**

Über diese in seinem Ermessen liegende Befugnis hinaus ist das Insolvenzgericht gem. § 22a Abs. 1 InsO sogar verpflichtet, einen vorläufigen Gläubigerausschuss einzusetzen, wenn der Schuldner in dem vorangegangenen Geschäftsjahr mindestens zwei der drei nachstehenden Merkmale erfüllt hat:

- mindestens 6.000.000 € Bilanzsumme nach Abzug eines auf der Aktivseite ausgewiesenen Fehlbetrags i.S.v. § 268 Abs. 3 HGB;
- mindestens 12.000.000 € Umsatzerlöse in den zwölf Monaten vor dem Bilanzstichtag;
- im Jahresdurchschnitt mindestens fünfzig Arbeitnehmer.

Auch für den Fall, dass diese **Schwellenwerte** nicht überschritten sind, gewährt § 22a Abs. 2 InsO darüber hinaus dem Schuldner, dem vorläufigen Insolvenzverwalter und den Gläubigern ein **Antragsrecht** auf Einsetzung eines vorläufigen Gläubigerausschusses. Voraussetzung ist lediglich, dass dem Insolvenzgericht geeignete Personen benannt werden und dem Antrag die Einverständniserklärungen der benannten Personen beigefügt werden. Liegen die Voraussetzungen vor, so „soll" das Insolvenzgericht einen vorläufigen Gläubigerausschuss einsetzen. Das Gericht ist also keineswegs zur Einsetzung eines Gläubigerausschusses verpflichtet, sondern dies verbleibt letztlich in seinem ihm bereits durch § 21 Abs. 2 S. 1 Nr. 1a InsO eingeräumten **Ermessen**. Allerdings soll sich das Gericht nicht ohne wichtigen Grund weigern dürfen. Auch bei der Auswahl der Personen, mit denen der Gläubigerausschuss besetzt wird, ist das Gericht nicht an die Vorschläge des Antragstellers gebunden.

2852 Unabhängig vom Erreichen der Schwellenwerte ist ein vorläufiger Gläubigerausschuss gem. § 22a Abs. 3 InsO **nicht** einzusetzen, wenn

- der Geschäftsbetrieb des Schuldners bereits eingestellt ist,
- die Einsetzung des vorläufigen Gläubigerausschusses im Hinblick auf die zu erwartende Insolvenzmasse unverhältnismäßig ist oder
- die mit der Einsetzung verbundene Verzögerung zu einer nachteiligen Veränderung der Vermögenslage des Schuldners führt.

Der vorläufige Gläubigerausschuss ist erst 2012 durch das ESUG eingeführt worden, um den Einfluss der Gläubiger vor allem auf die Bestellung des (vorläufigen) Insolvenzverwalters zu stärken. Dementsprechend hat das Insolvenzgericht vor der Bestellung eines (vorläufigen) Verwalters dem vorläufigen Gläubigerausschuss Gelegenheit zu geben, sich zu den an den Verwalter zu stellenden Anforderungen und zur Person des Verwalters zu äußern, soweit dies nicht offensichtlich zu einer nachteiligen Veränderung der Vermögenslage des Schuldners führt (§ 56a Abs. 1 InsO – ggf. i.V.m. § 21 Abs. 2 S. 1 Nr. 1 InsO).

2853 Gem. § 56a Abs. 2 InsO (ggf. i.V.m. § 21 Abs. 2 S. 1 Nr. 1 InsO) ist das Gericht an einen einstimmigen Vorschlag des vorläufigen Gläubigerausschusses zur Person des (vorläufigen) Verwalters grundsätzlich gebunden und darf hiervon nur abweichen, wenn die vorgeschlagene Person für die Übernahme des Amtes i.S.v. § 56 Abs. 1 S. 1 InsO nicht geeignet ist. Einigt sich der Gläubigerausschuss nicht auf einen einheitlichen Vorschlag, so können die Gläubigerausschussmitglieder mit einfacher Kopfmehrheit allgemeine Anforderungen, die an die Person des (vorläufigen) Verwalters zu stellen sind, beschließen. Das Gericht hat diese bei der Auswahl des (vorläufigen) Verwalters zugrunde zu legen (§ 56a Abs. 2 S. 2 InsO ggf. i.V.m. § 21 Abs. 2 S. 1 Nr. 1 InsO).

2854 Hat das Insolvenzgericht von einer Anhörung des vorläufigen Gläubigerausschusses im Hinblick auf eine nachteilige Veränderung der Vermögenslage des Schuldners abgesehen, so hat der vorläufige Ausschuss gem. § 56a Abs. 3 InsO (i.V.m. § 21 Abs. 2 S. 1 Nr. 1 InsO) das Recht, in seiner ersten Sitzung einstimmig eine andere Person als die gerichtlich bestellte zum vorläufigen Insolvenzverwalter zu wählen. In dem parallelen Fall, dass das Gericht aus diesem Grund noch vor Bestellung eines vorläufigen Gläubigerausschusses gem. § 22a Abs. 3 Var. 3 InsO einen vorläufigen Insolvenzverwalter einsetzt, besteht dieses Recht dagegen nicht.

2855 Will der sanierungswillige Schuldner die Bestellung eines vom Insolvenzgericht ausgewählten vorläufigen Insolvenzverwalters vermeiden, so muss er folglich alle erdenklichen Verzögerungsmöglichkeiten ausschalten. Er sollte daher bereits im Vorfeld mit seinen Gläubigern abstimmen, wer bereit ist, Mitglied des vorläufigen Gläubigerausschusses zu werden, und sich mit diesen auf einen vorläufigen Verwalter einigen. Mit Stellung des Insolvenzantrags wird dann dem Gericht der **Vorschlag des mutmaßlichen Gläubigerausschusses** präsentiert und das Gericht gebeten, diese Person unverzüglich zum vorläufigen Verwalter zu bestellen. Wird dies mit dem Hinweis verbunden, anderenfalls drohe eine Betriebsstilllegung, wird auf das Gericht ein erheblicher Bestellungsdruck ausgeübt. Rechtlich ist das Gericht aber weder verpflichtet, die vorgeschlagene Person zum vorläufigen Verwalter, noch überhaupt die vorgeschlagenen Mitglieder des Gläubigerausschusses zu bestellen.

d) Unternehmensfortführung

Gem. § 22 Abs. 1 Nr. 2 InsO hat der vorläufige Insolvenzverwalter mit Verwaltungs- und Verfügungsbefugnis ein Unternehmen, das der Schuldner betreibt, bis zur Entscheidung über die Eröffnung des Insolvenzverfahrens fortzuführen. Das dürfte vergleichbar auch dann gelten, wenn das Gericht den vorläufigen Verwalter gem. § 22 Abs. 2 InsO ausdrücklich zur Betriebsfortführung bestimmt hat, ohne ihm zugleich die Verwaltungs- und Verfügungsbefugnis zu übertragen. Auch der vorläufige „schwache" Verwalter hat die Betriebsfortführung zu fördern. Aber auch ohne eine ausdrückliche Ermächtigung ist die Fortführung des noch am Markt befindlichen schuldnerischen Betriebes der Regelfall und die zustimmungsbedürftige Stilllegung die Ausnahme, denn die Fortführung sorgt dafür und sichert, dass das Unternehmen als Vermögensgegenstand erhalten bleibt und seinen Wert behält. Von daher hat auch der BGH[97] die „mittelbare" Fortführung des Unternehmens durch einen „schwachen" Verwalter als eine von der Vergütungspflicht umfasste Tätigkeit angesehen. 2856

Die Fortführung mit dem gesetzgeberisch intendierten Ziel, den Verfahrensorganen und allen am Insolvenzverfahren Beteiligten in der ersten Gläubigerversammlung eine sachgerechte Entscheidung über Einzel- oder Gesamtliquidation des Vermögens oder Reorganisation des Unternehmensträgers zu ermöglichen, ist als Zielsetzung zwar anerkennenswert. Nach betriebswirtschaftlichen Erfordernissen ist die Zielsetzung jedoch faktisch nicht immer erfüllbar, weil mit der Fortführung im Eröffnungsverfahren bereits notwendig eine **strategische Ausrichtung** und damit eine **Zielbestimmung der Fortführung** erfolgen muss, die in einem Monate später folgenden Berichtstermin nur noch sehr begrenzt verändert oder gar neu orientiert werden kann. Ein nicht fortführungswürdiges Unternehmen darf nicht auf Kosten der Masse fortgeführt werden. 2857

Die Betriebsfortführung berechtigt und verpflichtet den vorläufigen Verwalter alle Maßnahmen zu ergreifen, die ein **ordentlicher Kaufmann** in einer vergleichbaren Situation veranlassen würde, um die Fortführung erfolgreich zu gestalten und damit zugleich alles zu unterlassen, was dieser Zielsetzung zuwiderläuft. Dabei verläuft die Grenze des rechtlichen Dürfens aufgrund des dem vorläufigen Verwalter zustehenden wirtschaftlichen Ermessens und der betriebswirtschaftlichen Spielräume im Rahmen jedweder Unternehmensführung erst jenseits der Insolvenzzweckwidrigkeit einzelner Maßnahmen. Das Insolvenzgericht hat im Rahmen seiner Aufsicht (§ 58 InsO) die Zweckmäßigkeit von Maßnahmen des Verwalters nicht zu prüfen. 2858

Gleichwohl erfordern die mit der Fortführung verfolgten Ziele, die voraussichtliche Dauer der Fortführung, die prognostizierte Ergebnisverbesserung oder auch nur die mittels Fortführung angenommene Werterhaltung und die diesen Aufgaben zu Grunde liegenden Berechnungen die Entwicklung eines **Fortführungskonzeptes** durch den vorläufigen Insolvenzverwalter. Eine Fortführung des Geschäftsbetriebes ohne plausible und nachvollziehbare Fortführungskonzeption ist pflichtwidrig und vom Insolvenzgericht im Rahmen seiner Aufsichtspflicht zu unterbinden. Die Entwicklung eines solchen Konzeptes setzt zunächst eine Analyse der Insolvenzursachen und die Feststellung der noch vorhandenen betrieblichen Potenziale voraus, um überhaupt die Kriterien für eine Betriebsfortführung unter Berücksichtigung des angestrebten Verfahrensziels erarbeiten zu können. Insb. eine Liquiditätsbedarfsplanung hat zu belegen, dass die Fortführung nicht zu einer erheblichen Vermögensminderung führt und die vom vorläufigen Insolvenzverwalter begründeten Verbindlichkeiten aus den Fortführungserträgen oder notfalls auch aus den vorhandenen Vermö-

97 BGH, Beschl. v. 16.6.2005 – IX ZB 264/03, ZInsO 2005, 804.

genswerten gedeckt werden können. Insoweit ist die Prüfung der Fortführungsaussichten regelmäßig identisch mit der Prüfung der Sanierungsfähigkeit, denn ein Unternehmen ist nur dann sanierungs- und fortführungsfähig, wenn es nach Durchführung von Sanierungsmaßnahmen nachhaltig einen Überschuss der Einnahmen für die Ausgaben erwirtschaften kann. Für die Stilllegung des Betriebes benötigt der vorläufige Insolvenzverwalter die Zustimmung des Insolvenzgerichts (§ 22 Abs. 1 Nr. 2 InsO).

2859 Allerdings können Prüfungen der Möglichkeiten für eine Betriebsfortführung oder der Möglichkeiten für eine Massemehrung ein Hinauszögern der Eröffnungsentscheidung trotz gegebener Eröffnungstatbestände gebieten.[98] Der Gesetzgeber hat eine gewisse Verzögerung der Eröffnung bei Nutzen für die Gläubiger ausdrücklich als zulässig angesehen[99].

Sachgerecht ist ein Hinauszögern der Verfahrenseröffnung bei gegebenen Eröffnungsvoraussetzungen aber nur, wenn die Fortdauer des Eröffnungsverfahrens eine Mehrung der Masse verspricht und keine Schädigung von möglichen Massegläubigern eintritt. Dies kann mit der Anordnung der vorläufigen „starken" Insolvenzverwaltung oder mit „Einzelermächtigungen" weitgehend verhindert werden. Die Verzögerung der Eröffnung darf aber nicht gezielt in die Rechte Dritter (denen eine Beteiligungsmöglichkeit am Verfahren fehlt) eingreifen bzw. zwischen Schuldner und Dritten geltende Rechtsnormen außer Acht lassen.

2860 Für die Fortführung des Unternehmens wird allerdings **Liquidität** benötigt, die i.d.R nicht mehr vorhanden ist. Grundsätzlich könnte man zwar Betriebsausgaben „sparen", da für drei Monate die Löhne der Arbeitnehmer im Rahmen des Insolvenzgeldes beglichen werden, diese Löhne werden allerdings eben erst mit Eintritt des Insolvenzereignisses, also regelmäßig der Eröffnung des Insolvenzverfahrens, gezahlt. Aus diesem Grund wurde das Instrumentarium der sog. **„Insolvenzgeldvorfinanzierung"** geschaffen (§§ 188 ff. SGB III), mit der eine Möglichkeit eröffnet wurde, die Löhne bei Fälligkeit zu zahlen und dennoch nicht auf die Liquidität durch das Insolvenzgeld zu verzichten.

Bei der Insolvenzgeldvorfinanzierung nimmt der vorläufige Insolvenzverwalter bei einer Bank (regelmäßig die Hausbank des schuldnerischen Unternehmens) ein Darlehen auf, mit dem die Nettolöhne für 3 Monate beglichen werden können. Gleichzeitig lässt er sich von allen Arbeitnehmern eine Erklärung unterschreiben, wonach diese die Ansprüche auf das Insolvenzgeld an den vorläufigen Verwalter abtreten.

e) Nichteröffnung mangels Masse oder aus anderen Gründen

2861 Sind die voraussichtlich für die Durchführung des Verfahrens notwendigen Kosten aus den vorhandenen oder noch zu erwartenden Zuflüssen nicht gedeckt und ist auch kein Beteiligter bereit einen Vorschuss auf die Kosten einzuzahlen, dann hat das Gericht trotz bestehender Insolvenz die Eröffnung des Verfahrens mangels Masse abzuweisen. Damit bleiben dann notwendig auch Vermögensverschiebungen und Anfechtungen unentdeckt, denn das Unternehmen wird in diesem Fall **gesellschaftsrechtlich liquidiert** und zwar von den Trägern des Unternehmens selbst.

2862 Das Insolvenzgericht darf eine Entscheidung „Abweisung mangels Masse" (§ 26 Abs. 1 InsO) nur auf ein sorgfältiges, in sich widerspruchsfreies Gutachten stützen und muss

98 Z.B. Erhalt einer massehaltigen Position der Schuldnerin, Ausschöpfen des Insolvenzgeldzeitraumes; vgl. AG Hamburg, Beschl. v. 1.10.2001 – 67 g IN 195/01, ZIP 2001, 1885; AG Hamburg, Beschl. v. 1.6.2004 – 67 g IN 97/04, ZInsO 2004, 630; hierzu *Frind*, ZInsO 2012, 1357; *Münzel*, ZInsO 2006, 1238.

99 BT-Drucks. 12/7302, S. 158.

das Ergebnis selbstständig prüfen.[100] Die insolvenzrechtlichen Gutachten sind auch wichtiges Erkenntnis- und Ermittlungsmaterial für die Staatsanwaltschaft, sofern ein kompetenter Sachverständiger eingeschaltet wird, der die Angaben der Schuldner(-organe) nicht ungeprüft übernimmt. Strafbar macht sich ein „schlechter" Gutachter aber nicht. In diesem Kontext zwingend zu prüfen ist immer auch eine mögliche Vorschusspflicht nach § 26 Abs. 4 InsO. Stellt der Gutachter eine **Insolvenzverschleppung** fest, kann das Gericht die Vorschusspflicht eines Organs auch durch Beschluss feststellen.[101]

In einer erheblichen Anzahl von Fällen erledigt sich der Insolvenzantrag im laufenden Eröffnungsverfahren aber auch, bevor eine verfahrensabschließende Entscheidung ergeht. Dies kann seinen Grund z.B. darin haben, dass der Schuldner (oder ein Dritter im Interesse des Schuldners) die Forderung begleicht, eine Ratenzahlungsvereinbarung getroffen wird oder ein vollstreckbares Anerkenntnis abgegeben wird. **2863**

Wird der Insolvenzantrag zurückgenommen, was nur bis zur Eröffnung zulässig ist (§ 13 Abs. 2 InsO), trifft das Gericht nur auf Antrag noch eine **Kostenentscheidung**. Diese wird gem. § 269 ZPO i.V.m. § 4 InsO i.d.R. zu Lasten des Antragstellers ausfallen. **2864**

Stellt sich im Verlauf des Verfahrens, insb. auf Grund der Ermittlungen, Einwendungen des Schuldners oder Gegenglaubhaftmachungen heraus, dass die vom Gericht angenommenen **Zulässigkeitsvoraussetzungen** (z.B. Zuständigkeit, Rechtsschutzinteresse, Insolvenzfähigkeit) nicht oder nicht mehr bestehen, so ist der gestellte Insolvenzantrag durch begründeten Beschluss als unzulässig mit einer Kostenbelastung des Antragstellers zurückzuweisen. **2865**

Die Zurückweisung des Eröffnungsantrages als **unbegründet** erfolgt in all den Fällen, in denen sich im Rahmen der Amtsermittlungen des Gerichts oder auf Grund der Einwendungen des Schuldners, der Feststellungen des Sachverständigen oder des vorläufigen Verwalters ergibt, dass weder der vom Antragsteller behauptete noch ein anderer Insolvenzgrund vorliegt oder sich ein solcher nicht zur Überzeugung des Gerichts feststellen lässt. Ein offenes Beweisergebnis, ein „non liquet", geht immer zu Lasten des Antragstellers, der insoweit die Darlegungs- und Beweislast für den Fall des Bestreitens hat. **2866**

In allen anderen Fällen endet das Eröffnungsverfahren mit dem **Beschluss des Insolvenzgerichts über die Eröffnung** des Insolvenzverfahrens – sei es unter Eigenverwaltung durch den Schuldner oder unter Fremdverwaltung durch den Insolvenzverwalter. Erst mit diesem Zeitpunkt treten dann auch die sog. Vollwirkungen der InsO ein, die nachstehend näher erläutert werden. **2867**

4. Das eröffnete Insolvenzverfahren

Mit der Vorlage des Berichts des vorläufigen Verwalters oder eines Gutachtens des Sachverständigen erhält das Gericht alle zur Entscheidung über die Eröffnung maßgeblichen Fakten. Nach der Rechtsprechung des BGH ist geklärt, dass die Eröffnung des Insolvenzverfahrens einen Insolvenzgrund im **Zeitpunkt der Eröffnung (Eröffnungs-** **2868**

100 BGH, Urt. v. 15.1.2009 – IX ZR 56/08, ZInsO 2009, 433; BGH, Beschl. v. 17.6.2003 – IX ZB 476/02, ZIP 2003, 2171 (2172) = ZInsO 2003, 706; *Haarmeyer*, ZInsO 2009, 1335.

101 *Foerste*, ZInsO 2012, 532.

stunde) voraussetzt und dessen nachträglicher Wegfall nur im Verfahren des § 212 InsO geltend gemacht werden kann.[102] Dies hat der BGH, neben anderen Erwägungen, auch daraus hergeleitet, dass in der Eröffnungsentscheidung nach § 27 Abs. 2 Nr. 3 InsO die Stunde der Eröffnung anzugeben ist und hierdurch jeglicher Zweifel ausgeschlossen werden soll, wann die Wirkungen der mit der Eröffnung verbundenen Eingriffe in die Rechte des Schuldners und in die Rechte Dritter eintreten. Bezogen auf diesen Zeitpunkt ist daher gem. § 17 InsO auch die **Zahlungsunfähigkeit** des Schuldners festzustellen.[103]

2869 Den zwingenden **Inhalt** des Eröffnungsbeschlusses regelt § 27 InsO (Daten über das schuldnerische Unternehmen, Verwalterbestellung, Berichts- und Prüfungstermin, Tagesordnung). Der Eröffnungsbeschluss hat zumindest schlagwortartig die auf der Gläubigerversammlung zu behandelnden Tagesordnungspunkte anzugeben, eine Paragrafenkette genügt nicht, sonst ist der Beschluss unwirksam.[104] Mit der Eröffnung verändert sich nicht nur die Rechtsstellung des Schuldners und die ihm bis dahin ggf. noch verbliebene Verfügungsmacht, sondern auch die der anderen Beteiligten, aber auch die Rechts- und Aufgabenstellung des Insolvenzgerichts.

2870 Das Insolvenzgericht entscheidet aber weder über die Verwertung der Masse noch über die Zukunft des Unternehmens, sondern ist allein für die Gewährung des rechtlichen Rahmens des Insolvenzverfahrens verantwortlich. Ihm obliegen z.B. die Entscheidungen bezüglich Verfahrenseröffnung, Verfahrensterminierungen und Verfahrensbeendigung sowie die allgemeine Verfahrensleitung. Im eröffneten Insolvenzverfahren hat das Gericht vorwiegend überwachende und verfahrensleitende Funktionen.

Im Übrigen obliegt es dem Gericht im Wesentlichen, die Eröffnung des Insolvenzverfahrens ordnungsgemäß bekannt zu machen, für die Eintragung in Register, Grundbuch etc. zu sorgen und auf diese Weise die Publizitätswirkung des Insolvenzverfahrens zu garantieren. Dem Gericht kommt auch die Einberufung und Leitung der Gläubigerversammlung zu, es hat aber kein Stimmrecht, soweit es um dort zu beschließende Entscheidungen geht, da ihm nur die Aufsicht, nicht aber die Mitbestimmung obliegt. Nach der Eröffnung des Insolvenzverfahrens werden die Tätigkeiten des Insolvenzgerichts im Wesentlichen durch den Rechtspfleger wahrgenommen, der aufgrund seiner Qualifikation das Verfahren selbstständig führt und vom Zeitpunkt der Eröffnung das Insolvenzgericht im Verfahren repräsentiert (§ 18 RPflG).

a) Rechtswirkungen der Insolvenzeröffnung

2871 Mit dem wirksamen Erlass des Eröffnungsbeschlusses und seiner öffentlichen Bekanntmachung im Internet tritt auch das Insolvenzverfahren in ein neues Stadium ein, mit unterschiedlichen unmittelbaren Wirkungen auf die Vermögenssphären, die Rechte von Gläubigern und Schuldnern, die vollstreckungsrechtlichen Kompetenzen und die Zuweisung von Ansprüchen an die Masse. Anstelle der außerhalb von Insolvenzverfahren geltenden Regelungen des Rechts- und Geschäftsverkehrs tritt mit der **InsO nun eine Sonderrechtsordnung in Kraft**, die alle Beteiligten in unterschiedlicher Weise trifft, letztlich aber dafür sorgt, dass mit den spezifischen insolvenzrechtlichen Mitteln und

102 BGH, 27.7.2006 – IX ZB 204/04, BGHZ 169, 17, 25; BGH v. 12.7.2007 – IX ZB 32/07, LNR 2007, 34928.

103 BGH, Beschl. v. 27.7.2006 – IX ZB 204/04, ZInsO 2006, 1051 = BGHZ 169, 20 ff.

104 BGH, Beschl. v. 20.3.2008 – IX ZB 104/07, ZInsO 2008, 504.

Rechten das Verfahrensziel überhaupt erreicht und umgesetzt werden kann. So greifen erst mit der Eröffnung des Verfahrens spezielle Regelungen, wie die Lösung von noch nicht erfüllten Verträgen durch einfache Erklärung nach den §§ 103 ff. InsO, die besonderen arbeitsrechtlichen Bestimmungen der §§ 108 ff. InsO oder die Möglichkeit der Anfechtung und Rückabwicklung bereits abgeschlossener Rechtshandlungen bis zu fünf Jahren vor Insolvenzantragstellung nach den §§ 129 ff. InsO.

Diese Sonderrechtsordnung prägt das Verhalten aller Beteiligten und stellt im Interesse der Gesamtgläubigerschaft sicher, dass nur die in der InsO gesetzlich besonders bestimmten individuellen Rechte (z.B. Aus- und Absonderungsrechte) zum Tragen kommen. Ansonsten finden sich die Beteiligten mit der Eröffnung in einer „Zwangsgemeinschaft" wieder, bei der die individuelle Rechtsverfolgung des einzelnen Gläubigers hinter die **kollektive Bündelung der Rechte und Pflichten** im Rahmen einer „organschaftlichen" Vertretung der Gesamtinteressen durch die Gläubigerversammlung zurücktritt. Im Übrigen steht dem Insolvenzverwalter bei der Gestaltung und Abwicklung des Verfahrens ein enorm großer Entscheidungsspielraum zu, um seine eigene Strategie des Insolvenzverfahrens mit dem Ziel der bestmöglichen Befriedigung der Insolvenzgläubiger zu verfolgen – letztlich bestimmt er. Dies gilt in gleichem Maße auch für den eigenverwaltenden Schuldner, der im Rahmen der Eigenverwaltung nach §§ 270 ff. InsO sein eigener Insolvenzverwalter wird. **2872**

Die Eröffnung statuiert zugleich die Beschlagnahme der Masse (§§ 80, 148 InsO) zu Gunsten der Gläubiger, die der Verwalter unverzüglich in Besitz zu nehmen und im Interesse der Gläubiger zu verwalten und ggf. zu verwerten hat.

aa) Die vermögensrechtlichen Auswirkungen. Die notwendige und wichtigste Wirkung der Eröffnung des Insolvenzverfahrens, nämlich die **Beschlagnahme des Vermögens** des Schuldners, ergibt sich nicht unmittelbar aus dem Gesetz, sie ist aber notwendige Folge des in § 80 Abs. 1 InsO postulierten **Verlustes des Verwaltungs- und Verfügungsrechts** des Schuldners. Dem Verwalter wird nach § 148 InsO als Verpflichtung aufgegeben, das gesamte zur Insolvenzmasse gehörende Vermögen nach der Eröffnung sofort in Besitz und Verwaltung zu nehmen und die nachfolgenden Regelungen der §§ 149 ff. InsO konkretisieren diese Verpflichtung bis hin zur Buchführungspflicht nach § 155 InsO. **2873**

Zum **Vermögen des Schuldners** und damit zur Insolvenzmasse gehören Grundstücke, Rechte an Grundstücken, Eigentumsanwartschaften, Forderungen, Ansprüche aus Versicherungsverträgen, Steuererstattungsansprüche sowie Vermögen im Ausland etc. Zu dem in Besitz zu nehmenden Vermögen gehört nach § 35 Abs. 1 InsO auch der Neuerwerb, also die Vermögenswerte, die der Schuldner im Laufe des weiteren Verfahrens nach der Eröffnung erlangt, nicht jedoch unpfändbare Gegenstände (§ 36 Abs. 1 InsO i.V.m. §§ 811 ff., 850 ff. ZPO). **2874**

Das Ziel, die Insolvenzmasse für die Gläubiger als Instrument der Haftungsverwirklichung zu erhalten, erfordert, dass sowohl dem Schuldner wie auch dessen Gläubigern spätestens mit der Eröffnung die Möglichkeit genommen wird, vermögensmindernd oder -gefährdend auf die Haftungsmasse einzuwirken. Zu Recht nimmt daher § 80 Abs. 1 InsO dem Schuldner mit der Eröffnung die Kompetenz, das zur Insolvenzmasse (§§ 35–37 InsO) gehörende Vermögen zu verwalten oder darüber zu verfügen und überträgt diese Kompetenz auf den Insolvenzverwalter. Damit einher geht die Regelung des § 81 Abs. 1 InsO, wonach alle gegen das Verfügungsverbot verstoßenden **Verfügungen** **2875**

des Schuldners absolut unwirksam sind. Maßgeblicher Zeitpunkt ist der im Eröffnungsbeschluss genannte Zeitpunkt. Die Wirkung tritt mit der Unterzeichnung des Eröffnungsbeschlusses durch den Insolvenzrichter ein, auf eine Zustellung dieses Beschlusses an den Schuldner kommt es nicht an. **„Bewirkt"** wird die Eröffnung mit der gem. §§ 9, 30 InsO vorgeschriebenen Bekanntmachung im Internet. Ihre Geltung ist dann von Jedermann mit Ablauf des übernächsten Tages gem. § 9 Abs. 1 S. 3 InsO zu kennen.

2876 Wer nach Verfahrenseröffnung eine bewegliche Sache vom Schuldner erworben hat, erwirbt mithin vom **Nichtberechtigten** und kann daher auch nicht Eigentümer werden, es sei denn, der Insolvenzverwalter genehmigt eine solche Verfügung nach § 185 Abs. 2 BGB. Hat der Schuldner sich zwar mit dem Gläubiger vor der Eröffnung geeinigt, jedoch die Übergabe erst nach der Eröffnung vollzogen, so tritt ebenfalls kein Eigentumsübergang ein, es sei denn die Voraussetzungen des § 161 Abs. 1 S. 2 BGB sind gegeben.

2877 Die absolute Wirkung der Eröffnung und ihre scharfen Folgen zeigen sich auch in den Regelungen zur **Gegenleistung** desjenigen, der durch eine verbotswidrige Verfügung des Schuldners etwas erlangt hat. Denn § 81 Abs. 1 S. 3 InsO bestimmt, dass die von ihm nach Eröffnung erbrachte Gegenleistung nur dann durch den Insolvenzverwalter zurück zu gewähren ist, wenn der Schuldner der Masse diese Gegenleistung herausgegeben hat und diese daher i.S.d. § 55 Abs. 1 Nr. 3 InsO noch bereichert ist. Ansonsten verbleibt nur ein Anspruch gegen den Schuldner nach §§ 812 ff., 459 ff. oder aus § 823 BGB.

2878 Ausgenommen sind allein **Verfügungen über unbewegliches Vermögen (Immobilien)**, die zu einem gutgläubigen Erwerb nach §§ 892, 893 BGB führen können, allerdings relativiert durch die Regelung des § 32 InsO, sodass ein gutgläubiger Erwerb nach Eintragung der Verfahrenseröffnung im Grundbuch ausgeschlossen ist. Sofern im Ausnahmefall die Regelungen zum **Gutglaubensschutz** nicht unmittelbar den Erwerb beeinträchtigen, kann dieser gleichwohl nach den Regelungen des § 147 InsO angefochten werden. Vorverlagert werden kann dieser Schutz vor belastenden Verfügungen des Schuldners durch § 22 bereits in das Eröffnungsverfahren. Liegt bei mehraktigen Rechtshandlungen (z.B. einer Grundschuldbestellung) bereits eine dingliche Einigung vor, die vor Eröffnung getroffen worden ist, vollzieht sich jedoch der weitere Erwerb z.B. durch die Eintragung ins Grundbuch nach der Eröffnung, so bleibt die Verfügung des Schuldners nach § 878 BGB i.V.m. § 91 Abs. 2 InsO wirksam. Denn diese Regelung behält ausdrücklich die Wirksamkeit des Rechtserwerbs vor, der sich nach Verfahrenseröffnung gem. § 878 BGB vollzieht.

2879 Unwirksam werden mit der Eröffnung auch Verfügungen des Schuldners über **künftige Bezüge** (§ 81 Abs. 2 InsO). Unberührt bleibt jedoch dessen Recht zur Abtretung dieser Bezüge an einen Insolvenzverwalter oder Treuhänder im Privatinsolvenzverfahren (§§ 114, 287 Abs. 2 InsO), denn dieses dient zum einen der gemeinschaftlichen Befriedigung der Insolvenzgläubiger und ist im Rahmen der Neuordnung des Insolvenzrechts zur Erreichung auch der Restschuldbefreiung oder zur Gestaltung eines Schuldenbereinigungsplans unverzichtbar.

2880 Das Spektrum des Masseschutzes wird erweitert durch die Regelung des § 91 InsO, die ausschließt, dass nach der Eröffnung des Insolvenzverfahrens in anderer Weise Rechte an Gegenständen der Insolvenzmasse erworben werden. So verhindert die Regelung in

§ 91 Abs. 1 InsO, dass z.B. ein Gläubiger, dem vor der Eröffnung eine künftige Forderung zur Sicherung abgetreten worden ist, mit der Entstehung dieser Forderung nach Verfahrenseröffnung ein Absonderungsrecht erwirbt.

Nach § 89 Abs. 1 InsO führt die Eröffnung des Insolvenzverfahrens zu einem **Einzelvollstreckungsverbot**, die Insolvenzgläubiger können während der Dauer des Insolvenzverfahrens weder in die Insolvenzmasse noch in das freie Vermögen des Schuldners vollstrecken, denn die Insolvenz als Gesamtvollstreckung schließt die Einzelvollstreckung aus. 2881

Sicherungsrechte, die vor der Verfahrenseröffnung, also z.B. in der Zeit zwischen der Eröffnung und einem Monat vor dem Eröffnungsantrag im Wege der Zwangsvollstreckung erworben wurden, werden allein infolge der Eröffnung unwirksam (§ 88 InsO, **sog. Rückschlagsperre**). Im Verbraucherinsolvenzverfahren hat die Rückschlagsperre sogar einen Zeitraum von 3 Monaten (§ 312 Abs. 1 S. 3 InsO). Die Rückschlagsperre ist unangenehm und unkalkulierbar für die Gläubiger, weil bis zum Eröffnungsbeschluss kein Vollstreckungsgläubiger genau wissen kann, ob die von ihm durchgeführte Vollstreckungsmaßnahme Bestand haben wird, sodass nur ein möglichst schneller Abschluss der Vollstreckungsverfahren hilfreich sein kann. Soweit nämlich der Gläubiger schon Teilleistungen aus der Vollstreckung empfangen hat, darf er sie behalten. Ein für den Gläubiger entstandenes Pfändungspfandrecht erlischt. 2882

Einschneidende Konsequenzen hat die Verfahrenseröffnung auch in **gesellschaftsrechtlicher** Hinsicht. Für sämtliche juristischen Personen hat die Eröffnung, ebenso wie die Nichteröffnung mangels Masse, die Auflösung und die sich daran regelmäßig anschließende Löschung in dem Register, in dem die juristische Person verzeichnet ist, zur Folge. In der Konsequenz bedeutet dies auch, dass ein Insolvenzverfahren über das Vermögen einer juristischen Person nicht mit der Verteilung des Verwertungserlöses, sondern erst mit der Vollbeendigung der Gesellschaft, also deren Vermögenslosigkeit, endet. Bei Personengesellschaften können gesellschaftsrechtliche Ansprüche nach Eröffnung nur durch den Insolvenzverwalter geltend gemacht werden (§ 93 InsO). 2883

Mit der Eröffnung des Verfahrens werden **anhängige Prozesse gem. § 240 ZPO unterbrochen**, wobei sich die Befugnis zur Aufnahme der Rechtsstreitigkeiten für den Insolvenzverwalter aus den Regelungen der §§ 85–87 InsO ergibt. Voraussetzung einer Unterbrechung ist, dass der **Streitgegenstand** die Insolvenzmasse betrifft. Die Unterbrechungswirkung tritt auch schon im Eröffnungsverfahren ein, wenn das Gericht einen vorläufigen „starken" Verwalter (s. Rn. 2836) mit gesetzlicher Kompetenzzuweisung gem. § 22 Abs. 1 Nr. 2 InsO einsetzt. Die Unterbrechung gilt auch bei Eröffnung des Verfahrens mit Eigenverwaltung,[105] nicht aber bei nur vorläufiger Sachwaltung. Der Insolvenzerwalter kann nach §§ 85, 86 InsO das Verfahren ggf. aufnehmen. Unternimmt der Schuldner, der nicht zur Aufnahme berechtigt ist, Prozesshandlungen, sind diese ohne Rechtswirkung. 2884

Eine Unterbrechung findet ferner statt bei der Eröffnung eines Verfahrens nach der **EuInsVO** in einem anderen Land des Geltungsbereiches der EuInsVO (Art. 4, 16 EuInsVO).[106] Bei Insolvenzverfahren außerhalb des Geltungsbereichs der EuInsVO gilt 2885

105 BGH, Beschl. v. 7.12.2006 – V ZB 93/06, ZInsO 2007, 100.
106 OLG Köln, Beschl. v. 17.10.2007 – 16 W 24/07, ZIP 2007, 2287.

die Unterbrechungswirkung des § 352 Abs. 1 InsO. Sie gilt auch bei der Eröffnung eines amerikanischen Reorganisationsverfahrens gem. Chapter 11 gem. §§ 352 Abs. 1 S. 1, 343 Abs. 1 S. 2 Nr. 1 und Nr. 2 InsO.[107]

2886 **bb) Die Auswirkungen auf den Schuldner.** Mit der Eröffnung des Insolvenzverfahrens verliert der Schuldner im Regelinsolvenzverfahren die Befugnis, sein zur Insolvenzmasse gehörendes Vermögen zu verwalten und darüber zu verfügen (§ 80 InsO). Der Schuldner ist nach Eröffnung auch nicht mehr berechtigt, Leistungen Dritter, wie z.B. Zahlungen auf eine zur Insolvenzmasse gehörende Forderung, anzunehmen (§ 82 InsO).

2887 Obwohl der Schuldner in Bezug auf die Insolvenzmasse mithin keinerlei Befugnisse mehr hat, kommt ihm in der Unternehmensinsolvenz insofern eine wichtige Rolle zu, als er – im Gegensatz meist zum Insolvenzverwalter – über das Know-how zur **Leitung des operativen Geschäfts** verfügt. In der Praxis führt daher der Schuldner das Unternehmen oft unter **Aufsicht des Insolvenzverwalters** weiter. Eine Alternative für den Insolvenzverwalter ist die Beschäftigung eines branchenerfahrenen **Interim-Managers**, die jedoch meist sehr viel höhere Kosten für die Insolvenzmasse verursacht.

2888 In Unternehmensinsolvenzen handelt es sich bei dem Schuldner meist um Handelsgesellschaften, insb. Kapitalgesellschaften (GmbH, AG) oder gleichgestellte Personengesellschaften (GmbH & Co. KG). Deren Geschäftsführer nehmen die Rechte und Pflichten der Schuldnerin wahr, sind Ansprechpartner des Insolvenzverwalters und führen das Unternehmen unter seiner Aufsicht weiter. Die Gesellschafter der Schuldnerin zählen als solche im Regelinsolvenzverfahren nicht zu den formell Verfahrensbeteiligten. Nur soweit sie Forderungen gegen die schuldnerische Gesellschaft haben, nehmen sie als – i.d.R. gem. § 39 Abs. 1 Nr. 5 nachrangige – Insolvenzgläubiger am Verfahren teil. Anders ist dies im Insolvenzplanverfahren, wenn durch den Insolvenzplan in die Rechte der Gesellschafter eingegriffen wird, was seit den Änderungen des Verfahrens durch das ESUG möglich ist. An einem solchen Insolvenzplanverfahren sind die Gesellschafter zu beteiligen.

2889 Außerdem gehören die Gesellschafter zu den dem Schuldner **nahestehenden Personen** i.S.v. § 138 Abs. 2 Nr. 1 InsO, wenn sie zu mehr als 25 % am Kapital beteiligt sind. Dies kann zwei Auswirkungen haben:

- Im Insolvenzanfechtungsrecht ist eine Geltendmachung von Ansprüchen gegen nahestehende Personen unter erleichterten Voraussetzungen möglich.
- Im Rahmen einer übertragenden Sanierung auf eine Auffanggesellschaft kann die Qualifikation als nahestehende Person das besondere Zustimmungserfordernis nach § 162 Abs. 1 InsO auslösen: Ist der Altgesellschafter nahestehende Person, also zu mehr als 25 % am Kapital der schuldnerischen Gesellschaft beteiligt, so ist die Auffanggesellschaft eine „besonders Interessierte" i.S.v. § 162 Abs. 1 InsO, wenn der Altgesellschafter gleichzeitig zu mindestens 20 % an der Auffanggesellschaft beteiligt ist.

Die gesellschaftsrechtlichen Befugnisse der Gesellschafter bleiben durch die Eröffnung des Insolvenzverfahrens über das Vermögen der Gesellschaft unberührt. Ihnen bleibt also insb. die Bestellung und Abberufung von Geschäftsführern vorbehalten. Ein Recht

107 BGH, Urt. v. 13.10.2009 – X ZR 79/06, ZInsO 2009, 2145.

allerdings, dass sie gegen den Willen des Insolvenzverwalters kaum mit Aussicht auf Erfolg werden durchsetzen können.

Die Eröffnung des Insolvenzverfahrens hat aber gegenüber dem Schuldner nicht nur vermögensrechtliche Wirkungen. Vielmehr können sich z.B. auch Beschränkungen in der **Berufsausübung** (insb. für z.B. Rechtsanwälte, Patentanwälte, Notare, Steuerberater und Wirtschaftsprüfer) bis hin zum Widerruf der Zulassung ergeben (§ 14 Abs. 2 Ziff. 7 BRAO; § 7 Ziff. 9 BRAO; §§ 50 Abs. 1 Nr. 6 u. 8, 54 Abs. 2 Nr. 2 BNotO; § 46 Abs. 2 Nr. 4 StBerG). Zur Erhaltung der Zulassung von Kammerberuflern wird in jüngerer Zeit das Insolvenzplan-Verfahren immer wieder genannt, da dies die Möglichkeit bietet, einerseits in kurzer Zeit wieder in geordnete Vermögensverhältnisse zu gelangen und andererseits aber auch „Störer" einzubinden bzw. zu überstimmen.[108] **2890**

Der Schuldner behält seine bürgerlichen Rechte (passive und aktive Wählbarkeit), sollte aber während der Dauer des Insolvenzverfahrens nicht zum Schöffen berufen oder als Vormund, Betreuer oder Pfleger bestellt werden. Die Eröffnung des Verfahrens wird nach den „MIZI" (Mitteilungen in Zivilsachen) regelhaft dem Familien-, Betreuungs- und Strafgericht mitgeteilt. Ist im Einzelfall eine Gefährdung des Vermögens seiner Kinder zu befürchten, kann das zuständige Familiengericht oder das zuständige Vormundschaftsgericht tätig werden und ihm die Vermögenssorge als gesetzlicher Vertreter minderjähriger Kinder etc. entziehen. **2891**

Tritt nach der Eröffnung ein **Erbfall** zugunsten des Schuldners ein, so gehört auch dieses Erbe zur **Insolvenzmasse**, allerdings bleibt das höchstpersönliche Recht des Schuldner-Erben, die Erbschaft auszuschlagen, unberührt. Eine Erbausschlagung ist daher für den Schuldner nicht nachteilig, kann aber im Rahmen der Restschuldbefreiung zu negativen Folgewirkungen führen. **2892**

Da im Insolvenzverfahren auch der sog. **Neuerwerb** zur Insolvenzmasse gehört, verbleibt dem Schuldner i.d.R. kaum freies Vermögen. Die Person oder die Arbeitskraft des Schuldners ist kein Vermögensobjekt, wohl aber z.B. die Anwaltskanzlei oder die Arztpraxis. Auch bei Aufnahme einer selbstständigen Tätigkeit oder der Fortführung einer solchen im Insolvenzverfahren gehört der Gewinn zur Insolvenzmasse, es sei denn, der Insolvenzverwalter gibt die gesamte Tätigkeit nach der neuen Regelung in § 35 Abs. 2 InsO „frei". Dann werden fortan bei Verpflichtungen aus dieser Tätigkeit Masseverbindlichkeiten nicht mehr begründet. Eine solche **Freigabe** beendet automatisch alle Vertragsverhältnisse zu Lasten der Masse.[109] **2893**

Der Schuldner als natürliche Person ist auf das unpfändbare Einkommen beschränkt. Hierzu verweist die InsO in § 36 Abs. 1 InsO zur Definition auf die Vollstreckungsregelungen der ZPO (§§ 850c ff. ZPO). **2894**

Mit der Eröffnung trifft den Schuldner eine allgemeine und umfassende **Auskunfts- und Mitwirkungspflicht** (§§ 97, 98 InsO). Die Pflicht des Schuldners zur Auskunftserteilung bezieht sich auf alle tatsächlichen, wirtschaftlichen und rechtlichen Verhältnisse, die mit dem Insolvenzverfahren im Zusammenhang stehen. **2895**

---

108 Vgl. *Frind*, Praxishandbuch Privatinsolvenz, Rn. 639 f.; *Ehlers*, NJW 2008, 1480 ff.; Muster-Insolvenzplan: *Ehlers/Schmidt-Sperber*, ZInsO 2008, 879.
109 BGH, Urt. v. 9.2.2012 – IX ZR 75/12, ZInsO 2012, 481.

Beispiel: Nach § 97 InsO muss der Schuldner auch Auskunft erteilen, wenn er hierdurch begangene Straftaten oder Ordnungswidrigkeiten preisgibt. Er hat beispielsweise Auskunft zu geben über illegale Beschäftigung von Arbeitnehmern oder über Handlungen, die den Straftatbestand des Betruges oder der Untreue erfüllen können, soweit diese masserelevant sind. Zum Schutz des Schuldners sieht allerdings die gleiche Regelung ein strafrechtliches Verwertungsverbot vor (§ 97 Abs. 1 S. 3 InsO).

2896 Im Übrigen trifft den Schuldner eine **allgemeine Mitwirkungspflicht** gegenüber dem Insolvenzverwalter bei Erfüllung von dessen Aufgaben (z.B. der Erstellung von ausstehenden Steuererklärungen), der sich die Schuldner in der Praxis allerdings häufig entziehen. Regelmäßig bezieht der Insolvenzverwalter den Schuldner in die Forderungsprüfung mit ein, jedoch ist dieser nicht verpflichtet, umfassend und ständig beim Insolvenzverwalter oder innerhalb des Unternehmens mitzuarbeiten, hierzu ist er nach allgemeiner Ansicht nur punktuell verpflichtet. Allerdings muss er sich auf Anordnung des Gerichtes jederzeit zur Verfügung halten.

2897 Zur Herbeiführung wahrheitsgemäßer Aussagen kann der Schuldner auch verpflichtet werden, eine **eidesstattliche Versicherung** abzugeben. Der Schuldner hat hier die Vollständigkeit und Richtigkeit der von ihm erteilten Auskünfte an Eides statt zu versichern. Die Abnahme der eidesstattlichen Versicherung erfolgt auf Anordnung des Gerichtes. Einschneidendste Zwangsmaßnahme gegen den Schuldner ist der Erlass eines **Haftbefehls** für die Vorführung beim Insolvenzgericht zur Auskunftserteilung und bei Verweigerung derselben die Inhaftierung. Die genannten Beschlüsse können regelmäßig vom Schuldner mit der sofortigen Beschwerde angefochten werden.

2898 In das eröffnete Insolvenzverfahren kann der Schuldner nur dort eingreifen, wo die InsO es ausdrücklich zulässt. So ist er z.B. berechtigt, an der Gläubigerversammlung teilzunehmen, hat aber kein eigenes Rederecht, sondern muss warten, bis das Gericht ihm das Wort erteilt. Als Schuldner des Insolvenzverfahrens hat er **kein Stimmrecht** bei Beschlussfassung der Gläubigerversammlung. Beschlüsse der Gläubigerversammlung sind für den Schuldner bindend und nicht anfechtbar. Der Schuldner hat jedoch gegenüber dem Insolvenzverwalter einen allgemeinen Anspruch auf Auskunftserteilung, denn der Insolvenzverwalter ist als Verwalter fremden Vermögens auch dem Schuldner gegenüber **rechenschaftspflichtig**. Einen Antrag auf Entlassung des Insolvenzverwalters kann der Schuldner nicht stellen (§ 59 Abs. 1 S. 1 InsO).

2899 Weiterhin kann der Schuldner beim Insolvenzgericht Anträge zur Klarstellung des Umfangs der Masse und zur Bestimmung des pfändbaren Betrags stellen (§ 36 Abs. 4 InsO), wenn er diesbezüglich keine Einigung mit dem Insolvenzverwalter findet. Der Schuldner hat keinen einklagbaren Anspruch auf Gewährung von Unterhalt aus der Insolvenzmasse, sondern ist nach § 100 InsO darauf angewiesen, dass die Gläubigerversammlung über seinen Antrag oder auf Anregung des Insolvenzverwalters entscheidet. Der Insolvenzverwalter kann mit Zustimmung des Gläubigerausschusses dem Schuldner vorläufig einen **notwendigen Unterhalt** gewähren, über dessen Höhe nach Maßgabe des Sozialhilfebedarfs zu entscheiden ist. Im Übrigen kann der Schuldner während der Dauer des Insolvenzverfahrens die Untersagung der Stilllegung des Geschäftsbetriebs durch den Insolvenzverwalter beantragen oder auch die Vornahme bedeutender Rechtshandlungen zu verhindern versuchen (§ 158 Abs. 2 InsO).

2900 Er selbst kann bis zum Schlusstermin einen eigenen Insolvenzplan in das Verfahren einbringen (§ 218 InsO) und mit dem Insolvenzantrag (oder auch nach der Insolvenzantragstellung durch einen Gläubiger) die Eigenverwaltung beantragen. Ganz wesentlich ist für ihn die Befugnis, die Erteilung der **Restschuldbefreiung** nach Maßgabe der §§ 286 ff. InsO zu beantragen, was in jedem Fall bis zur Eröffnung des Verfahrens, verbunden mit einem eigenen Insolvenzantrag, erfolgt sein muss (§ 287 Abs. 2 InsO) (Rn. 3118 ff.).

Das Gericht hat den Schuldner vor dem Erlass gerichtlicher Entscheidung regelmäßig **anzuhören**, das gebietet schon der Verfassungsgrundsatz des rechtlichen Gehörs. Dies sollte insb. immer dann geschehen, wenn durch eine Entscheidung unmittelbar in seine Rechte eingegriffen wird. Der Schuldner ist als Beteiligter des Insolvenzverfahrens auch jederzeit berechtigt, in die Akten und in die bei Gericht niedergelegte Insolvenztabelle **Einsicht** zu nehmen (§§ 4 InsO, 299 Abs. 1 ZPO). **2901**

cc) Die Auswirkungen auf die Arbeitnehmer. Nachhaltige Veränderung bringt die Eröffnung eines Insolvenzverfahrens naturgemäß für die Beschäftigten des insolventen Unternehmens mit sich, weil nahezu jede Sanierung eines in die Insolvenz geratenen Unternehmens mit einem Abbau von Arbeitsplätzen verbunden ist. Nur wenn es zur Verfahrenseröffnung kommt, können die Vorteile des neuen Insolvenzrechts überhaupt genutzt werden. Für die Arbeitnehmer erwachsen aus einer geordneten Insolvenzabwicklung jedoch auch wesentliche Vorteile, da an die Stelle des bisherigen Arbeitgebers der Insolvenzverwalter als Arbeitgeber und Ansprechpartner (auch des Betriebsrats) tritt, wodurch regelmäßig die Chancen auch für die Erhaltung des Betriebs und seiner Arbeitsplätze verbessert werden. **2902**

Auch nach der Eröffnung ist der Arbeitnehmer verpflichtet, seine vertraglich geschuldete **Arbeitsleistung** zu erbringen und behält seinen Anspruch auf die **Vergütung**, selbst wenn er von der Erbringung der Arbeitsleistung durch den Insolvenzverwalter freigestellt wird. Mit Verfahrenseröffnung ist der insolvente Arbeitgeber nicht mehr berechtigt, die Rechte und Pflichten aus dem Arbeitsverhältnis auszuüben, sodass eine Kündigung durch ihn absolut unwirksam wäre. Vielmehr steht dem Insolvenzverwalter als neuem Arbeitgeber auch die Kündigungsbefugnis zu. Nach § 113 Abs. 1 InsO können alle Arbeitsverhältnisse jederzeit gekündigt werden, eine Frist zur Ausübung der Kündigung besteht nicht. Die Kündigungsfrist wird durch die InsO in jedem Falle auf die gesetzliche Mindestfrist reduziert (§ 113 S. 2 InsO, i.d.R. 3 Monate). Stellt der Insolvenzverwalter nach Eröffnung einen Arbeitnehmer neu ein oder beschäftigt ihn ausdrücklich zu Lasten der Insolvenzmasse weiter, so begründet er damit unmittelbar ein Arbeitsverhältnis zu Lasten der Insolvenzmasse. Viel häufiger kommt es aber dazu, dass der Insolvenzverwalter alle oder einen Teil der Arbeitnehmer von ihrer Arbeitsverpflichtung freistellt und von seinen Kündigungsmöglichkeiten Gebrauch macht. **2903**

Abweichend von den normalen Kündigungsregelungen kann unter den Bedingungen der Insolvenz jedes Arbeitsverhältnis bis zum Ablauf einer Frist von maximal drei Monaten durch den Insolvenzverwalter gekündigt werden. Darüber hinausgehende Lohn- und Gehaltsansprüche (z.B. wegen einer vertraglich vereinbarten Kündigungsfrist von 12 Monaten) können nur als einfache Insolvenzforderungen zur Tabelle angemeldet werden und lassen allenfalls eine geringe Quote erwarten.

Lohn- und Gehaltsrückstände für Zeiträume vor der Eröffnung können nur als **einfache Insolvenzforderungen** zur Insolvenztabelle angemeldet werden; es sei denn der Arbeitnehmer ist ohne Insolvenzgeldvorfinanzierung von einem „starken" vorläufigen **2904**

Verwalter zur Weiterarbeit in Anspruch genommen worden, dann ist er Massegläubiger. Betreffen die Rückstände die letzten drei Monate vor Eröffnung, kann der Arbeitnehmer **Insolvenzgeld** beantragen. Das Insolvenzgeld sichert die Arbeitnehmer zumindest hinsichtlich ihrer Ansprüche auf Bezüge aus dem Arbeitsverhältnis für die letzten drei Monate vor Eintritt des Insolvenzereignisses = Insolvenzeröffnung oder Abweisung mangels Masse ab. Insolvenzgeld wird in Höhe des Nettoarbeitsentgeltes geleistet, das sich ergibt, wenn das Arbeitsentgelt um die gesetzlichen Abzüge vermindert wird.

2905 Im Rahmen der Insolvenz gelten für die Arbeitsverhältnisse spezielle gesetzliche Regelungen, die es insb. erlauben, einen Personalabbau bzw. eine Anpassung des vorhandenen Personals über einen **Interessenausgleich** relativ schnell zu bewirken.[110] In diesem Zusammenhang sind auch die außerhalb des Insolvenzverfahrens geltenden strengen Regelungen für die Sozialauswahl weitgehend abgemindert,[111] sodass es dem Insolvenzverwalter i.d.R. möglich ist, die Arbeitsverhältnisse so umzugestalten, dass das Arbeitskräftepotenzial des Unternehmens „optimiert" wird. Im Rahmen des neuen Insolvenzrechts hat sich bereits eine sehr differenzierte Rechtsprechung zum **Insolvenzarbeitsrecht** entwickelt, das im Ergebnis dazu geführt hat, dass man heute das Insolvenzarbeitsrecht bereits als einen Sonderrechtsbereich des allgemeinen Arbeitsrechts anerkennt.[112]Vergleichbar gilt dies inzwischen auch für das Insolvenzsteuerrecht sowie das Insolvenzgesellschaftsrecht.

b) Die Gläubiger im Insolvenzverfahren

2906 Anders als gemeinhin vermutet gibt es „die Gläubiger" im Insolvenzverfahren nicht, sondern Gläubiger haben im Verfahren unterschiedliche Rechte und folgen überwiegend auch höchst unterschiedlichen Interessen, maßgeblich bestimmt durch die Zugehörigkeit zu einer bestimmten Gruppe von Gläubigern.

Durch die Eröffnung des Verfahrens entstehen hinsichtlich der Gläubiger **unterschiedliche Gruppen von Gläubigern**, die es sorgfältig zu unterscheiden gilt und die nachfolgend näher erläutert werden. Sie haben sowohl im Verfahren als auch in ihrer Teilhabe an den Verwertungserlösen unterschiedliche Rechtsstellungen.

2907 **aa) Insolvenzgläubiger/nachrangige Insolvenzgläubiger.** Insolvenzgläubiger sind persönliche Gläubiger des Schuldners, die einen zur Zeit der Eröffnung des Insolvenzverfahrens begründeten Vermögensanspruch gegen den Schuldner haben (§ 38 InsO). Sie sind aus der um die Verfahrenskosten und Masseverbindlichkeiten bereinigten Insolvenzmasse quotal zu befriedigen und können ihre Forderungen nur noch nach den Vorschriften des Insolvenzverfahrens, d.h. im Anmelde- und Feststellungs- (§§ 174 ff. InsO) sowie dem Verteilungsverfahren (§§ 187 ff. InsO) geltend machen. Die Insolvenzgläubiger haben mannigfache Mitwirkungsrechte, die sie allerdings im Wesentlichen über die Gläubigerversammlung ausüben müssen.

2908 Eine Sonderfigur sind die in § 39 InsO definierten **„nachrangigen" Insolvenzgläubiger**, dazu gehören neben den in den Nr. 1–4 genannten Forderungen auch Rückgewähransprüche aus **Gesellschafterdarlehen** oder Forderungen aus Rechtshandlungen, die

---

110 BAG, Urt. v. 19.1.2000 – 4 AZR 70/99, ZInsO 2000, 568; BAG, Urt. v. 20.9.2006 – 6 AZR 249/05, LNR 2006, 31577.
111 BAG, Urt. v. 20.3.2003 – 8 AZR 97/02, ZInsO 2003, 1057.
112 *Schmidt/Lambertz*, ZInsO 2007, 699.

einem solchen Darlehen wirtschaftlich entsprechen. Nachrangige Insolvenzgläubiger können nur anmelden, wenn sie hierzu vom Insolvenzgericht besonders aufgefordert werden. Dies geschieht jedoch nur sehr selten, da es voraussetzt, dass die im Rang vorgehenden „einfachen" Insolvenzgläubiger vollständig befriedigt werden. Noch hinter den in § 39 Abs. 1 genannten Nachrangforderungen sind gem. § 39 Abs. 2 InsO Forderungen einzustufen, die mit einem Rangrücktritt versehen sind, sofern nicht die Parteien – privatautonom – einen anderen Rang vereinbart haben. Der Rangrücktritt ist ein Instrument, mit dem bei beschränkt haftenden Gesellschaften eine insolvenzrechtliche **Überschuldung** beseitigt werden kann (vgl. § 19 Abs. 2 S. 2 InsO). Gem. § 74 Abs. 1 S. 2 InsO sind Nachranggläubiger in der Gläubigerversammlung nicht stimmberechtigt.

bb) Vertragsgläubiger. In nahezu allen Insolvenzverfahren greift die Eröffnung eines Insolvenzverfahrens in noch laufende Vertragsverhältnisse ein, seien es Dauerschuldverhältnisse wie Miete oder Pacht, in noch nicht erfüllte Liefer- oder Kaufverträge ebenso wie in Bauverträge etc. In all diesen Fällen noch nicht vollständig erfüllter Verträge kann der Insolvenzverwalter nach der Eröffnung des Verfahrens gem. § 103 InsO Erfüllung wählen oder nicht. Der Vertragsgläubiger kann ihn zur diesbezüglichen Erklärung nur auffordern, ausüben kann das Wahlrecht allein der Verwalter. Der vorläufige Verwalter im Eröffnungsverfahren hat kein Wahlrecht i.S.d. § 103 InsO[113] und ist damit nicht der richtige Adressat eines Erfüllungswahl-Verlangens, selbst wenn er später zum Insolvenzverwalter ernannt wird. **2909**

Das Insolvenzrecht räumt damit dem Insolvenzverwalter die Befugnis ein, jenseits vertraglicher Verpflichtungen auszuwählen, welche Vertragsbeziehungen für die Masse sinnvoll sind und welche nicht. Die Entscheidung unterfällt dem wirtschaftlichen Ermessen des Insolvenzverwalters. Die Begrenzung der Masseverbindlichkeiten ist immer oberstes Gebot, kann jedoch mit der Pflicht zum Erhalt von Sanierungsaussichten kollidieren. Der das allgemeine Zivilrecht beherrschende Grundsatz der „pacta sunt servanda" gilt daher im Insolvenzfall nicht, sodass z.B. auch langfristige Miet- oder Lieferverträge durch eine Insolvenz ihre abrupte Beendigung erfahren können.

Wählt der Verwalter die Nicht-Erfüllung, wandelt sich die noch offene Forderung in einen Schadenersatzanspruch um, der wiederum aber nur eine Insolvenzforderung ist, sodass der Vertragsgläubiger am Verfahren als einfacher Insolvenzgläubiger teilnimmt und am Ende nur eine Quote erhält.

Beispiel: Leasingraten werden nach „Kündigung" mittels Nicht-Erfüllungserklärung nicht mehr gezahlt, der Leasinggegenstand kann abgeholt werden. Die restlichen Monatsraten wandeln sich in Schadenersatzforderungen als Insolvenzforderungen um (§ 103 Abs. 2 S. 1 InsO).[114]

Wählt der Insolvenzverwalter die Erfüllung eines noch nicht vollständig erfüllten Vertrages, so wandelt dies die Forderung des Vertragsgläubigers in eine Masseverbindlichkeit um. Der Vertragsgläubiger wird damit zum Massegläubiger und neben der Insolvenzmasse haftet ihm dann auch der Insolvenzverwalter persönlich für die Erfüllung (§ 61 InsO). **2910**

---

113 BGH, Urt. v. 8.11.2007 – IX ZR 53/04, ZInsO 2007, 1275.

114 OLG Düsseldorf, Urt. v. 7.4.2005 – I-10 U 161/04, ZInsO 2005, 820.

2911 **cc) Massegläubiger.** Massegläubiger sind Gläubiger, deren Ansprüche aus der Masse vor den Ansprüchen der Insolvenzgläubiger und unabhängig vom allgemeinen Verteilungsverfahren zu befriedigen sind. § 53 InsO unterscheidet zwischen den Kosten des Insolvenzverfahrens und den sonstigen Masseverbindlichkeiten. Die Kosten des Verfahrens umfassen gem. § 54 InsO die Gerichtskosten, also die Gebühren und Auslagen des Gerichts, und die Vergütungen und die Auslagen des vorläufigen Insolvenzverwalters, des Insolvenzverwalters und der Mitglieder des Gläubigerausschusses.

Die Abgrenzung der Masseverbindlichkeiten von einfachen Insolvenzforderungen ist für den betroffenen Gläubiger von eminenter Bedeutung. Während auf Insolvenzgläubiger im Durchschnitt aller Verfahren eine Quote von 3 Prozent bis 5 Prozent entfällt, kann der Massegläubiger mit einer vollen Befriedigung seiner Forderung rechnen, wenn nicht das Verfahren masseunzulänglich ist. Selbst im masseunzulänglichen Verfahren setzt sich die Besserstellung fort: Der einfache Insolvenzgläubiger erhält nichts, während der Massegläubiger immerhin mit einer quotalen Befriedigung rechnen kann.

2912 Der Massegläubiger erwirbt seine Stellung gem. § 55 Abs. 2 InsO auch durch Inanspruchnahme seitens des vorläufigen „starken" Verwalters oder des „schwachen" vorläufigen Verwalters mittels „Einzelermächtigung bzw. gem. § 55 Abs. 1 InsO durch Handlungen des endgültigen Verwalters oder „in anderer Weise" (z.B. Duldung).

Der Massegläubiger kann direkt gegen den Verwalter und damit gegen die Masse auf Befriedigung seiner Forderung vorgehen (§ 53 InsO). Klagen betreffend die Befriedigung aus der Masse sind gegen den Insolvenzverwalter kraft Amtes im Gerichtsstand des § 19a ZPO am Sitz des Insolvenzgerichtes (aber nicht beim Insolvenzgericht!) zu erheben. Weiterhin kann Massegläubigereigenschaft entstehen durch

- „andere Weise" (§ 55 Abs. 1 Ziff. 1 Alt. 2): z.B. „oktroyierte Verbindlichkeiten". Verwalter muss diese gegen die Masse gelten lassen, obwohl nicht durch seine Handlungen veranlasst (Gebührentatbestände, Kammerbeiträge, Altlasten; Löhne bis Kündigung, Wohngeldforderungen, etc.),
- gegenseitige Verträge (§ 55 Abs. 1 Ziff. 2 InsO),
- ungerechtfertigte Bereicherung der Masse (§ 55 Abs. 1 Ziff. 3 InsO).

2913 **dd) Aussonderungs-/Absonderungsgläubiger.** Aussonderungsberechtigte Gläubiger können geltend machen, dass ein Vermögensgegenstand nicht zur Insolvenzmasse gehört, sie sind daher keine Insolvenzgläubiger (§ 47 InsO).

Beispiel: Der Schuldner S hat ein Kfz beim Autovermietungsunternehmen A gemietet, das sich bei Insolvenzeröffnung noch in seinem Besitz befindet. A kann vom Insolvenzverwalter des S Aussonderung, d.h. Herausgabe des Kfz verlangen.

2914 Neben dem Aussonderungsrecht haben sie aber oft auch **persönliche Ansprüche** gegen den Schuldner, mit denen sie Insolvenzgläubiger sind. Mit der Aussonderung wird die „Ist-Masse" zur „Soll-Masse" bereinigt, indem nicht massezugehörige Gegenstände „ausgesondert" werden. Ob ein solcher Aussonderungsanspruch besteht und wie er geltend zu machen ist, bestimmt sich gem. § 47 S. 2 InsO nach den außerhalb des Insolvenzverfahrens geltenden Gesetzen. Insges. gibt es mehr als zwanzig ganz verschiedene Aussonderungsrechte. Grundfall der Aussonderung ist die Verfolgung des Herausgabeanspruchs des Eigentümers (§ 985 BGB).

In der Praxis steht das Aussonderungsverlangen des Verkäufers, der unter **Eigentumsvorbehalt** geliefert hat, im Vordergrund. Allerdings kann der Insolvenzverwalter den Aussonderungsanspruch beseitigen, indem er gem. § 103 InsO in den zugrundeliegenden Kaufvertrag eintritt. Hierbei ist der Aussonderungsstop des § 107 Abs. 2 InsO zu beachten, der dem Insolvenzverwalter zur Entscheidung über den Eintritt in den Kaufvertrag Zeit bis nach dem Berichtstermin einräumt. **2915**

Sind Gegenstände, deren Aussonderung hätte verlangt werden können, unberechtigterweise veräußert worden, kann der Aussonderungsberechtigte gem. § 48 InsO im Wege der sog. **Ersatzaussonderung** die Abtretung des Rechts auf Gegenleistung verlangen.

Absonderungsberechtigte Gläubiger haben nur ein **Recht auf vorzugsweise Befriedigung** aus Gegenständen, die sich im Vermögen des Schuldners befinden (§§ 49 ff. InsO). Soweit ihnen der Schuldner auch persönlich haftet, sind sie gleichzeitig Insolvenzgläubiger. In diesem Fall richtet sich ihre anteilsmäßige Befriedigung jedoch nicht nach dem vollen Forderungsbetrag, sondern nach der Höhe eines etwaigen nach Verwertung der Sicherheit verbleibenden Forderungsausfalls (§ 52 InsO). Mit der Absonderung kann also – in Abgrenzung zur Aussonderung – nicht die Herausgabe eines Gegenstandes, sondern nur die vorzugsweise Befriedigung aus einem zur Insolvenzmasse gehörenden Gegenstand geltend gemacht werden. Der Absonderungsberechtigte kann sich – vorbehaltlich der Kostenbeiträge nach den §§ 170 f. InsO – aus dem Verwertungserlös in vollem Umfang befriedigen. Ein Überschuss aus der Verwertung gebührt der Insolvenzmasse. **2916**

Der **Kreis der Absonderungsberechtigten** ist gesetzlich beschränkt. Nach den §§ 49, 50 InsO zählen die Inhaber von Pfandrechten an unbeweglichen und beweglichen Gegenständen dazu. § 51 InsO stellt diesen die Sicherungseigentümer und Sicherungszessionare sowie die Inhaber von Zurückbehaltungsrechten wegen nützlicher Verwendungen oder nach HGB gleich. Ebenfalls nur Absonderungsrechte und nicht etwa Aussonderungsrechte vermitteln die Sonderformen des Eigentumsvorbehalts, wie etwa der verlängerte oder erweiterte Eigentumsvorbehalt.

Zur Verwertung der mit Absonderungsrechten belasteten Gegenstände ist nach Maßgabe der §§ 165 ff. InsO grundsätzlich der Insolvenzverwalter berechtigt. Bei beweglichen Sachen setzt das **Verwertungsrecht** voraus, dass der Insolvenzverwalter diese – wie beim Sicherungseigentum i.d.R. – im **Besitz** hat (§ 166 Abs. 1 InsO). **Forderungen** darf der Insolvenzverwalter nur einziehen, wenn sie zur Sicherheit abgetreten, nicht aber verpfändet sind (§ 166 Abs. 2 InsO). **2917**

Soweit dem Insolvenzverwalter nach § 166 InsO das Verwertungsrecht zusteht, hat er den Absonderungsgläubiger vor einer Verwertung gem. § 168 Abs. 1 InsO über seine Veräußerungsabsicht zu informieren. Der Gläubiger ist gem. § 168 Abs. 1 S. 2, Abs. 2 InsO berechtigt, dem Insolvenzverwalter binnen Wochenfrist eine günstigere Verwertungsmöglichkeit zu benennen, die gem. § 168 Abs. 3 S. 1 InsO auch in der Übernahme des Gegenstands durch den Gläubiger liegen kann (sog. **Eintrittsrecht**). Beachtet der Insolvenzverwalter die günstigere Verwertungsmöglichkeit nicht, muss er den Gläubiger so stellen, als hätte er sie wahrgenommen (§ 168 Abs. 2 InsO). Überlässt der Verwalter die Verwertung dem Absonderungsgläubiger, so hat dieser den Feststellungskostenbeitrag und die Umsatzsteuer an die Masse abzuführen (§ 170 Abs. 2 InsO). Hiervon zu unterscheiden ist der Fall des Selbsteintritts des Absonderungsgläubigers, der in Bezug auf die Pauschalen einer Verwertung des Verwalters i.S.v. § 170 Abs. 1 InsO gleich steht. **2918**

2919 Soweit der Insolvenzverwalter verwertet, stehen ihm aus dem Erlös vorweg zu befriedigende Ansprüche auf Erstattung der **Feststellungs- und Verwertungskosten** zu (§ 170 Abs. 1 InsO). Die Feststellungskosten sind gem. § 171 Abs. 1 InsO pauschal mit 4 % des Bruttoerlöses abzurechnen. Für die Verwertungskosten sieht § 171 Abs. 2 S. 1 InsO eine Pauschale von 5 % des Bruttoerlöses vor, allerdings nur, soweit nicht die tatsächlichen Verwertungskosten erheblich abweichen (§ 171 Abs. 2 S. 2 InsO).

2920 **ee) Massegläubiger bei Masseunzulänglichkeit: Neu-Massegläubiger.** In nicht wenigen Insolvenzverfahren stellt sich nach der Eröffnung heraus, dass die ursprünglichen Erwartungen an den Ablauf des Verfahrens sich nicht erfüllen. Sei es, dass die prognostizierten Erträge weitaus geringer oder die für die Verwaltung und Verwertung anzusetzenden Kosten deutlich höher als geplant ausfallen und die Masse daher nicht groß genug ist oder wird, um die am Verfahren teilnehmenden Gläubiger zu befriedigen und die Kosten abzudecken. Diesen Fall einer nachträglichen eintretenden fehlenden Masse bezeichnet man als **Masseunzulänglichkeit** oder auch – salopp ausgerückt – die Insolvenz der Insolvenz. Für diesen Fall ändern die Regelungen der §§ 207 ff. InsO nicht nur den Ablauf des Verfahrens, sondern auch die **Befriedigungsreihenfolge** der Gläubiger neu. Tritt Masseunzulänglichkeit ein, ist der Verwalter verpflichtet dies dem Gericht sofort anzuzeigen und öffentlich bekannt zu machen.

Durch die Anzeige der Masseunzulänglichkeit wandelt sich die Befriedigungsreihenfolge um: Nunmehr werden vorrangig Massegläubiger befriedigt, die danach noch ihre Forderungen begründet haben (§ 209 InsO). Diese Gläubiger sind solche, die nach Eintritt der Anzeige der Masseunzulänglichkeit (§ 208 InsO) noch für die Masse in Anspruch genommen werden und gem. § 209 Abs. 2 InsO dann vorrangig zu befriedigen sind. Es entsteht das in § 209 InsO geregelte „neue" Rangverhältnis der Forderungen. Damit können „Altmassegläubiger" i.d.R. nur noch eine Quote erhalten, da sie auf Rang Nr. 3 kommen. Eine Leistungsklage gegen die Masse ist nicht mehr möglich.

Zu unterscheiden ist somit im Falle der angezeigten Masseunzulänglichkeit (§ 208 InsO) zwischen Altmasseverbindlichkeiten und Neumasseverbindlichkeiten (§ 209 Abs. 1 Ziff. 2, Abs. 2 InsO). Die Begründung von Neumasseverbindlichkeiten des Ranges Nr. 2 setzt den erklärten Willen des Verwalters voraus, die Gegenleistung in Anspruch zu nehmen. Für die Abgrenzung ist der Zeitpunkt der Begründung der Masseverbindlichkeit maßgebend, nicht der Entstehungsgrund der Forderung.

2921 **ff) Neugläubiger.** Neugläubiger erwerben ihre Forderung erst im eröffneten Verfahren ohne Massegläubiger zu sein oder in der Wohlverhaltensperiode, d.h. ihre Leistung wird nicht vom oder mit Wissen/Willen des Insolvenzverwalters in Anspruch genommen. In der Regel passiert dies, wenn der Schuldner auch nach Eröffnung weiterwirtschaftet, weil z.B. der Insolvenzverwalter eine selbstständige Tätigkeit gem. § 35 Abs. 2 InsO freigegeben hat (Veröffentlichung der Erklärung im Internet). Trotz Insolvenz schließen neue und alte Lieferanten mit dem Schuldner neue Verträge über weitere Lieferungen (Material, Strom, Gas, Wasser, Telefon, etc.). Sie werden nicht Massegläubiger, sondern nur Neugläubiger. Sie können im laufenden Insolvenzverfahren zunächst gar nicht (§ 89 InsO), auch nicht in das „sonstige" (= freigegebene) Vermögen und nach Abschluss des Verfahrens nur in das übrig gebliebene oder freigegebene Vermögen vollstrecken.[115]

115 BGH, Beschl. v. 12.2.2009 – IX ZB 112/06, ZInsO 2009, S. 830.

Der einzig verbleibende Ausweg in solchen Fällen ist der Abschluss von Bargeschäften mit dem Schuldner.

c) Die Anmeldung von Forderungen

Die einzige Möglichkeit für die Insolvenzgläubiger (§ 38 InsO), Vermögensansprüche gegen den Schuldner im eröffneten Insolvenzverfahren geltend zu machen, besteht in der **Anmeldung der Insolvenzforderungen zur Insolvenztabelle** nach § 174 InsO. Die Anmeldung gewährt dem Gläubiger verschiedene Rechte und hemmt die Verjährung. Die Tabelle bzw. der dem Gläubiger später erteilte Tabellenauszug gilt als Titel und dient ggf. – bei Nichtbefriedigung im Verfahren – der weiteren Vollstreckung. Die – ordnungsgemäße! – Anmeldung gewährt dem Gläubiger verschiedene Beteiligungsrechte und hemmt die Verjährung (§ 204 Abs. 1 Nr. 10 BGB), soweit die Forderung individualisiert mit Rechtsgrund angemeldet wird. Die ordnungsgemäße Anmeldung im Insolvenzverfahren schafft daher für den Gläubiger einen „vollstreckbaren Titel" und das Verfahren hat daher im Ergebnis die gleiche Wirkung wie ein gerichtliches Urteil nach einem streitigen Verfahren. **2922**

Die Anmeldung der Forderungen erfolgt gem. §§ 174 ff. InsO beim Insolvenzverwalter, der die Tabelle bis zum Prüfungstermin führt. Die Insolvenzgläubiger melden ihre Forderungen getrennt nach **Haupt- und Nebenforderung(en)** an. Der Anmeldung sollen die Urkunden, aus denen sich die Forderung ergibt, in Kopie sowie die Titel im Original wegen des Feststellungsvermerks (§ 178 Abs. 2 S. 3 InsO) beigefügt werden. Die Vorlage der Originaltitel kann nicht erzwungen werden. Mit der Anmeldung sind der Grund und der Betrag (in EUR) der Forderung sowie ggf. Tatsachen für das Privileg „Forderung aus vorsätzlich begangener unerlaubter Handlung" (§ 302 InsO) anzugeben. **2923**

Die Forderungsanmeldung erfolgt grundsätzlich **schriftlich** (möglich ist auch die Übermittlung der Forderungsanmeldung per Telefax oder E-Mail) und in deutscher Sprache beim Insolvenzverwalter, dem die Führung der Insolvenztabelle (§ 175 InsO) obliegt, binnen der vom Gericht im Eröffnungsbeschluss bestimmten **Frist** (§ 28 InsO), nämlich zwei Wochen bis höchstens drei Monate ab Eröffnung (Anmeldefrist). Diese Frist ist keine Ausschlussfrist.

Anmeldeberechtigt sind die Insolvenzgläubiger, absonderungsberechtigte Gläubiger, soweit ihnen der Schuldner auch persönlich haftet, sowie die Gläubiger nicht fälliger Forderungen (§ 41 InsO), auflösend bedingter Forderungen (§ 42 InsO) und von Forderungen, für die den Gläubigern mehrere Personen haften (§ 43 InsO). **2924**

Die Prüfung der **Zulässigkeit** und **Plausibilität** der Anmeldung obliegt zunächst grundsätzlich dem Insolvenzverwalter, wobei die eigentliche finale Entscheidung das Insolvenzgericht trifft. Der Insolvenzgläubiger kann seine Anmeldung bis zur Feststellung (§ 178 Abs. 3 InsO) zurücknehmen, bis zum Ablauf der Anmeldefrist korrigieren und auch den Betrag erhöhen. Nach Ablauf der Anmeldefrist sind Korrekturen der Anmeldung, eine Erhöhung des Betrages der Forderung oder auch eine Nachmeldung des Privilegs „Forderung aus vorsätzlich begangener unerlaubter Handlung" wie eine nachträgliche Anmeldung zu behandeln. Der nachgemeldete Erhöhungsbetrag wird deshalb unter einer neuen laufenden Nummer in die Tabelle eingetragen und muss in einem nachträglichen Termin, regelmäßig im schriftlichen Verfahren, geprüft werden. **2925**

2926 Bestreitet der Verwalter die Forderung (seltener ist das Bestreiten durch Schuldner oder einen Insolvenzgläubiger), hat der Gläubiger, nachdem im Prüfungstermin die bestrittene Forderung „einzeln erörtert" wurde (§ 176 S. 2 InsO), nach Zugang des Tabellenauszugs die **Feststellungsklage** zu erheben (§ 180 InsO), sofern kein Titel vorliegt, ansonsten muss der bestreitende Widersprechende klagen (§ 179 Abs. 2 InsO) – eine Frist gibt es nicht.

d) Die Organe der Gläubiger und ihre Rechte

2927 Der zwangsweise Zusammenschluss aller Gläubiger im Insolvenzverfahren erfordert die Einrichtung von Strukturen in denen die gemeinsamen Recht verfolgt und wichtige Entscheidungen für das Verfahren getroffen werden können. Für diese Zwecke sieht die InsO die Gläubigerversammlung und den Gläubigerausschuss als Organe der Gesamtgläubigerschaft vor.

2928 **aa) Die Gläubigerversammlung.** Die in §§ 74 ff. InsO geregelte Gläubigerversammlung ist das „oberste Organ" des Insolvenzverfahrens. Die Versammlung wird im **Eröffnungsbeschluss** das erste Mal einberufen als Berichts- und/oder zugleich Prüfungstermin (§ 156 InsO). Die für das Verfahren und die Verwertung des Vermögens des Schuldners maßgeblichen Beschlüsse soll die Gläubigerversammlung treffen, deshalb besteht für verfahrenswichtige Entscheidungen (z.B. Unternehmensverkauf, Teil-Stilllegungen, Darlehensaufnahme, Rechtstreite zugunsten der Masse, etc.) ein diesbezüglicher Vorbehalt (§ 160 InsO).

2929 Weitere Versammlungen werden bei Bedarf von Amts wegen oder auf Antrag des Verwalters, des Gläubigerausschusses oder eines Quorums der Gläubiger (§ 75 Abs. 1 Ziff. 3 InsO) binnen drei Wochen vom Insolvenzgericht einberufen (§ 75 InsO). Die Versammlung kann vom Verwalter jegliche Auskunft verlangen (§ 79 InsO), woraus im Umkehrschluss folgt, dass ein einzelner Gläubiger dies nicht verlangen kann, er ist ggf. auf die Akteneinsicht verwiesen/beschränkt.

2930 Voraussetzung für eine **Beschlussfassung** (§ 76 Abs. 2 InsO) ist zunächst, dass die Gläubigerversammlung beschlussfähig ist. Dies ist gegeben, wenn mindestens ein stimmberechtigter Gläubiger anwesend ist. In der Praxis nehmen an den allermeisten Gläubigerversammlungen kaum Gläubiger teil, die Regel ist häufig die „Leerversammlung". Daher hat der Gesetzgeber in § 160 Abs. 1 S. 3 InsO auch bestimmt, dass die Versammlung, wenn in der Einladung darauf hingewiesen wird, auch ohne einen anwesenden Gläubiger einen „Beschluss" fassen kann, der in der Tagesordnung angekündigt ist, damit das Verfahren nicht behindert wird. Die Regelung wird als „Offenbarungseid" für die Praxis der Gläubigermitverwaltung des Verfahrens angesehen. Mit den Neuregelungen der InsO zum 1.3.2012 (ESUG) erhofft der Gesetzgeber eine vermehrte und verstärkte Gläubigerbeteiligung und hat dafür die notwendigen Instrumente geschaffen.

2931 Die **Stimmberechtigung** in der Versammlung ergibt sich aus § 77 InsO. Bestrittene Forderungen geben zunächst kein Stimmrecht, daher ist dann eine Einigung vorgesehen. Die Stimmrechtsfestsetzung in streitigen Fällen (bestrittene Forderungen) ist zuweilen die wirklich verfahrenseingreifende Tätigkeit des Gerichts (Rechtspfleger); eine Überprüfung erfolgt gem. § 18 Abs. 3 RPflG auf Antrag durch den Richter. Die von der Gläubigerversammlung gefassten Beschlüsse sind grundsätzlich nicht anfechtbar. Unter besonderen Voraussetzungen kann eine **Aufhebung** nach § 78 InsO erfolgen, wenn der

Beschluss dem Interesse der Gesamtgläubigerschaft zuwiderläuft. Dies muss aber noch in der Versammlung beantragt werden.

Die Beschlüsse der Gläubigerversammlung haben **Bindungswirkung für alle Gläubiger**, unabhängig davon, ob sie anwesend waren oder gegen einen Beschluss gestimmt haben. Den Insolvenzverwalter binden sie nur im Innenverhältnis. Im **Außenverhältnis** sind seine Vertragsschlüsse, Entscheidungen, etc. auch wirksam, wenn sie gegen Entscheidungen der Gläubigerversammlung verstoßen sollten (§ 164 InsO). Weicht er im Außenverhältnis von einem Beschlussgegenstand ab, macht er sich u.U. gegenüber den Gläubigern schadensersatzpflichtig. **2932**

bb) Der Gläubigerausschuss. Der Gläubigerausschuss ist quasi das Vertretungs- und Kontrollorgan der Gläubiger im Eröffnungsverfahren und eröffneten Verfahren gegenüber dem Insolvenzverwalter und ist in §§ 21 Abs. 2 Ziff. 1a, 67 ff. InsO geregelt. Der Ausschuss ist ein **inneres Organ des Verfahrens**, nach außen hat er kaum Kompetenzen, er begründet z.B. keine Masseverbindlichkeiten, kann und nimmt aber maßgeblichen Einfluss auf den Ablauf und die Entscheidungen des Insolvenzverwalters. **2933**

Für das Eröffnungsverfahren ist in § 21 Abs. 2 Ziff. 1a InsO seit dem 1.3.2011 die generelle Möglichkeit zur Bestellung eines **vorläufigen Gläubigerauschusses** geregelt. Er hat die Pflichten und Kompetenzen wie im eröffneten Verfahren gem. §§ 69–73 InsO; im Eröffnungsverfahren kommen ihm wesentliche Mitwirkungs- und Steuerungsfunktionen zu, sodass seine Bedeutung nicht unterschätzt werden darf. Eine besondere Bedeutung erlangt der Ausschuss im Eröffnungsverfahren durch die Möglichkeit, den vorläufigen Insolvenzverwalter/Sachwalter auszuwählen (§ 56a InsO). **2934**

Der Ausschuss soll gesetzlich eigentlich nur aus **vier Mitgliedern** bestehen (§ 67 Abs. 2 InsO) (Absonderungsgläubiger, Großgläubiger, Kleingläubiger, Arbeitnehmervertreter); es ist zur Vermeidung von Stimmengleichheiten aber besser, drei oder fünf Mitglieder zu bestellen. Das Gericht darf auf die endgültige Besetzung und Zusammensetzung von selbst keinen unmittelbaren Einfluss nehmen. **2935**

Mit **Eröffnung** hat das Gericht neu darüber zu entscheiden, ob bis zur ersten Gläubigerversammlung ein Ausschuss eingesetzt werden soll. Die Gläubigerversammlung kann andere Mitglieder wählen (§ 68 InsO). Die Gläubigerversammlung kann den Ausschuss in späteren Terminen erweitern oder ihm ein selbstständiges Kooptationsrecht zubilligen. Einfluss auf seine Entscheidungen kann sie nicht nehmen. Ein Weisungsrecht besteht nicht, denn der Ausschuss ist **kein Exekutivorgan** der Gläubigerversammlung. **2936**

Der Ausschuss soll den Verwalter unterstützen (z.B. durch sachkundige Hinweise betreffend die jeweilige Branche), ist aber nicht weisungsbefugt (dies wäre nur ein Beschluss der Gläubigerversammlung). Er hat Einsicht in die Bücher und Geschäftspapiere des Verwalters zu nehmen, den Bar- und Buchgeldbestand zu prüfen, sowie die damit zusammenhängenden Geschäftsvorfälle und Kontenbewegungen belegmäßig nachzuvollziehen. Zum Pflichtenkreis gehört es auch, die Sinnhaftigkeit der Weiterführung des Schuldnerunternehmens zu prüfen. Im Mittelpunkt steht die **Zweckmäßigkeitskontrolle des Verwalterhandelns**, während die Rechtsmäßigkeitskontrolle dem Gericht obliegt. Bei der Prüfung sind insb. nicht nur nicht belegte, sondern auch nicht gerechtfertigte Ausgaben des Verwalters, z.B. Auslagerung von originären Verwalteraufgaben auf Dritte zu Lasten der Masse, zu untersuchen. **2937**

2938 Die Ausschussmitglieder haben die Verpflichtung zur unparteiischen, eigenverantwortlichen Wahrnehmung ihres Amtes. Sie verfolgen nicht „ihre“ Interessen als Gläubiger, sondern das **Gesamtinteresse aller Gläubiger**. Die Mitglieder haben einen Anspruch auf Abschluss einer Haftpflichtversicherung zu Lasten der Insolvenzmasse. Die Bestimmung der endgültigen Einsetzung obliegt der ersten Gläubigerversammlung (§ 68 InsO).

2939 Im Eröffnungsverfahren hat der vorläufige Gläubigerausschuss über die Verweisung in § 21 Abs. 2 Ziff. 1a i.V.m. §§ 22a, 56a InsO, sowohl entweder bereits bei der Auswahl des vorläufigen Verwalters oder zumindest bei der Kontrolle des vorläufigen Insolvenzverwalters gem. § 69 InsO mitzuwirken, insb. im Bereich der Betriebsfortführungsverfahren (arg. § 22a Abs. 1, 3 InsO). In dem neu geschaffenen **Schutzschirmverfahren gem. § 270b InsO** kann der vorläufige Ausschuss gem. § 270b Abs. 4 Ziff. 2 jederzeit mit Bindungswirkung für das Gericht die Aufhebung dieses Verfahrens ohne Angabe von Gründen beantragen.

2940 Für die Weichenstellungen im Verfahrensverlauf am bedeutsamsten sind die **Zustimmungsregelungen** in §§ 158, 160 InsO. Danach kontrolliert der Ausschuss die Stilllegung des Betriebes vor dem Berichtstermin (§ 158) und verfahrenswichtige Entscheidungen (§ 160 InsO). Die Mitglieder des Gläubigerausschusses trifft bereits bei leichter Fahrlässigkeit eine Haftungsgefahr für Verstöße gegen ihre Pflichten in den Grenzen des § 71 InsO. Sie können aus wichtigem Grund vom Insolvenzgericht entlassen werden (§ 70 InsO).

2941 Die gesetzliche **Vergütung** für die Mitglieder folgt aus der InsVV (Insolvenzverwaltervergütungsordnung) (§ 73 InsO, §§ 17, 18 InsVV) und ist eine Tätigkeitsvergütung mit einem gedeckelten Stundensatz (bis zu 95 €). Dieser kann jedoch entsprechend den höheren Anforderungen an ein Verfahren oder der Wahrnehmung herausgehobener Tätigkeiten auch deutlich überschritten werden. In besonders komplexen Verfahren sind für einzelne Mitglieder auch bereits Stundensätze von 500 € festgesetzt worden.

e) Der Insolvenzverwalter als Herr des Insolvenzverfahrens

2942 Der Insolvenzverwalter ist – außer im Verfahren der Eigenverwaltung – die zentrale Figur der Insolvenzabwicklung. Er ist das alleinige Exekutivorgan, das mit unmittelbarer Außenwirkung im allgemeinen Rechtsverkehr das Ziel der optimalen Gläubigerbefriedigung durch die auf ihn übergegangene Verfügungsbefugnis verwirklicht. Dabei handelt der Insolvenzverwalter nach der herrschenden Amtstheorie im eigenen Namen, „kraft Amtes“ jedoch mit Wirkung für und gegen die Masse. Insoweit ist er zugleich auch Dienstleister für die Interessen der Gläubiger und ist insoweit auch diesen gegenüber in einer dienenden Funktion, da das Vermögen des Schuldners den Gläubigern zur Befriedigung zugewiesen worden ist.

2943 Der Verwalter wird **vom Insolvenzgericht im Eröffnungsbeschluss bestellt** (§ 27 Abs. 1 S. 1 InsO). Dabei bedient sich das Insolvenzgericht regelmäßig des bereits im Eröffnungsverfahren tätigen vorläufigen Insolvenzverwalters/Sachverständigen, sodass die Auswahlentscheidung letztlich bereits bei dessen Bestellung fällt. Ist allerdings ein vorläufiger Gläubigerausschuss eingesetzt, so ist dies nur möglich, wenn die Bestellung des vorläufigen Verwalters auf einem Vorschlag des Ausschusses beruht. Sonst ist der vorläufige Gläubigerausschuss an der Auswahl des Insolvenzverwalters nach Maßgabe von § 56a InsO zu beteiligen.

Ist kein vorläufiger Gläubigerausschuss bestellt, so trifft das Insolvenzgericht seine **Auswahlentscheidung** autonom anhand der gesetzlichen Vorgaben. Nach § 56 Abs. 1 InsO ist eine für den jeweiligen Einzelfall geeignete, insb. geschäftskundige und von den Gläubigern und dem Schuldner unabhängige natürliche Person zu bestellen. Nach der Regelung des § 56 Abs. 1 S. 3 InsO büßt der Verwalter seine Unabhängigkeit nicht dadurch ein, dass er vom Schuldner oder von einem Gläubiger vorgeschlagen worden ist (Nr. 1) oder den Schuldner vor dem Antrag in allgemeiner Form über den Ablauf eines Insolvenzverfahrens und dessen Folgen beraten hat (Nr. 2). Hierdurch erhöht sich der Spielraum für den Gläubigerausschuss bei seinem Vorschlag an das Gericht nach § 56a Abs. 2 InsO. Aufgrund dieser Vorschrift können mithin auch Personen bestellt werden, die vorbefasst waren. **2944**

In der Praxis greifen die Insolvenzrichter auf **Vorauswahllisten** zurück, die überwiegend aus in der Insolvenzabwicklung erfahrenen Rechtsanwälten, aber auch Steuerberatern und Wirtschaftsprüfern gebildet werden. Während diese Listen früher mehr oder weniger geschlossen waren („closed shops“), sind sie unter dem Eindruck neuerer Verfassungsgerichtsrechtsprechung mittlerweile auch für neue Bewerber geöffnet. Die Kriterien für diese Vorauswahlentscheidung differieren von Gericht zu Gericht. Vorschlägen von Schuldnern oder Gläubigern standen die Insolvenzgerichte bislang eher reserviert gegenüber, da sie Zweifel an der erforderlichen Unabhängigkeit des Bewerbers befürchteten. Aufgrund der Stärkung der Mitwirkungsrechte der Gläubiger durch das ESUG und der bereits angeführten Regelung des § 56 Abs. 1 S. 3 Nr. 1 InsO zeichnet sich bei vielen Gerichten jedoch eine Aufweichung dieser Handhabung ab. **2945**

Die Gläubiger können gem. § 57 InsO in der ersten Gläubigerversammlung, die auf die Bestellung folgt, mit Summen- und Kopfmehrheit den vom Gericht bestellten Verwalter abwählen und eine andere Person wählen. Das Gericht kann dessen Bestellung nur versagen, wenn er ungeeignet ist. **2946**

Der Insolvenzverwalter hat gem. § 63 InsO Anspruch auf **Vergütung** für seine Geschäftsführung und auf Erstattung angemessener Auslagen, die vom Insolvenzgericht festgesetzt werden (§ 64 InsO). Einzelheiten regelt die auf Basis der Ermächtigung des § 65 InsO erlassene **Insolvenzrechtliche Vergütungsverordnung (InsVV)**. Berechnungsgrundlage der Vergütung ist gem. den §§ 63 S. 2 InsO, 1 InsVV der Wert der Insolvenzmasse zum Zeitpunkt der Beendigung des Verfahrens (wobei die Sonderregelungen des § 1 Abs. 2 InsVV zu beachten sind). Das Vergütungsrecht des Insolvenzverwalters basiert im Wesentlichen auf dem Konzept einer betragsorientierten gerichtlichen Festsetzung, die sich an verschiedenen, in der InsVV geregelten (pauschalen) und meist am Umfang der Insolvenzmasse ausgerichteten, degressiv gestalteten Regelsätzen orientiert. Dabei liegt dem System der InsVV schon aus Gründen der vereinfachten Handhabbarkeit und leichteren Festsetzungsfähigkeit der zentrale Gedanke einer pauschalen Abgeltung einer Vielzahl von nicht vorhersehbaren und vorbestimmbaren Einzeltätigkeiten zugrunde, die durch eine betragsbezogene und gerichtlich festgesetzte Pauschalierung nach §§ 1, 2 InsVV erfolgt und die in Ausnahmefällen durch ebenfalls pauschalierte Zuschläge nach § 3 InsVV ergänzt werden kann. Die Notwendigkeit einer grundlegenden Reform des Vergütungsrechts ist wegen einer Vielzahl von Auswüchsen und fehlender gerichtlicher Kontrolle seit vielen Jahren unbestritten.[116] **2947**

116 Vgl. dazu umfassend *Haarmeyer/Mock*, InsVV, 6. Aufl. 2019, Vorbem. vor § 1 Rn. 24 ff.

2948 Rechtshandlungen des Insolvenzverwalters treffen die Insolvenzmasse und stellen **Masseverbindlichkeiten** dar (§ 55 InsO), sind also vorab aus der Masse zu bereinigen. Eine **persönliche Haftung** des Insolvenzverwalters kommt daneben nur in Betracht, wenn er

- ausnahmsweise Pflichten als persönliche ausdrücklich übernimmt, insb. einen Vertrauenstatbestand schafft, an dem er sich persönlich festhalten lassen muss,
- einen Tatbestand nach allgemeinem Deliktsrecht (§§ 823 ff. BGB) erfüllt,
- öffentlich-rechtliche, etwa steuerliche Pflichten (§ 69 AO), nicht beachtet oder
- insolvenzspezifische Pflichten (§§ 60, 61 InsO) verletzt.

Die persönliche Haftung nach §§ 60, 61 InsO ist „scharf" ausgestaltet und ist das Gegenstück zur faktisch unbeschränkten Verfügungsmacht über fremdes Vermögen.

2949 **aa) Die Verwertung der Insolvenzmasse.** Nach Durchführung des **Berichtstermins** beginnt die Verwertung der Insolvenzmasse, soweit nicht die Gläubigerversammlung etwas anderes (z.B. die Fortführung des Unternehmens) beschlossen hat (§ 159 InsO). Der Insolvenzverwalter nimmt die Insolvenzmasse zwar schon mit der Eröffnung des Insolvenzverfahrens in Besitz und Verwaltung (§ 148 Abs. 1 InsO) und ist ab dann gem. § 80 InsO auch bereits verfügungsbefugt. Zur Wahrung der Gläubigerautonomie hat er jedoch erst die Entscheidung der Gläubigerversammlung über den Fortgang des Verfahrens (§ 157 InsO) abzuwarten. Eine Ausnahme von diesem Grundsatz ist etwa für verderbliche Waren oder für nicht betriebsnotwendiges Vermögen anzuerkennen, dessen Veräußerung zur Aufrechterhaltung der Liquidität erforderlich ist. Eine gesetzliche Ausnahme regelt § 158 Abs. 1 InsO. Demnach darf der Insolvenzverwalter ein in der Insolvenzmasse befindliches Unternehmen mit Zustimmung eines Gläubigerausschusses schon vor dem Berichtstermin veräußern (oder auch stilllegen).

2950 Gibt es bereits Kaufinteressenten, so kann der Insolvenzverwalter das Unternehmen im Wege der **Gesamtverwertung** veräußern, sofern ihm dies die Gläubigerversammlung gem. § 160 Abs. 2 Nr. 1 InsO genehmigt hat. Anderenfalls muss er eine **Einzelverwertung** vornehmen. Das körperliche Mobiliarvermögen wird regelmäßig über professionelle Verwerter versteigert. Grundstücke kann der Insolvenzverwalter – mit Zustimmung der Gläubigerversammlung (§ 160 Abs. 2 Nr. 1 InsO) – zwangsversteigern lassen (vgl. § 165 InsO) oder aber auch auf dem Immobilienmarkt freihändig veräußern.

2951 Gem. § 35 InsO umfasst die **zu verwertende Insolvenzmasse** das gesamte Vermögen, das dem Schuldner zur Zeit der Verfahrenseröffnung gehört und – sog. Neuerwerb – das er während des Verfahrens erlangt. Dabei gehören Gegenstände, die nach den zwangsvollstreckungsrechtlichen Vorschriften (§§ 811 ff., 850 ff. ZPO) unpfändbar sind, gem. § 36 Abs. 1 InsO nicht zur Masse. Im Übrigen wird zwischen der „Ist-Masse" und der „Soll-Masse" unterschieden. Die „Ist-Masse" umfasst alle Gegenstände, die der Insolvenzverwalter beim Schuldner vorfindet. Als „Soll-Masse" verbleibt die Insolvenzmasse i.S.v. § 35 InsO. Die „Ist-Masse" ist zu diesem Zweck wie folgt zu bereinigen:

- Zunächst sind auch die nicht beim Schuldner vorgefundenen massezugehörigen Gegenstände zur Masse zu ziehen.
- Sodann sind nicht massezugehörige Gegenstände auszusondern oder, bei Unpfändbarkeit, an den Schuldner freizugeben.
- Schließlich kann der Insolvenzverwalter auch massezugehörige Gegenstände mit der Wirkung freigeben, dass sie nicht mehr dem Insolvenzbeschlag unterliegen.

Die **Freigabe** nach § 35 Abs. 2 InsO ist eine formfreie Erklärung, die mit Zugang beim Schuldner – unwiderruflich – wirksam wird. Der freigegebene Gegenstand wird ohne Weiteres insolvenzfreies Vermögen des Schuldners. Dies gilt auch in der Insolvenz einer Gesellschaft, die ebenfalls insolvenzfreies Vermögen haben kann. Der Insolvenzverwalter gibt i.d.R. Gegenstände dann frei, wenn sie wertlos sind oder Kosten verursachen, die den zu erwartenden Verwertungserlös übersteigen. Dies kommt in der Praxis etwa bei wertausschöpfend belasteten oder kontaminierten Immobilien vor. Von einer modifizierten Freigabe wird gesprochen, wenn die Freigabe mit der Vereinbarung verbunden wird, dass der Schuldner den Erlös aus dem freigegebenen Gegenstand an die Masse abführen muss.

bb) Schlussverteilung und die Beendigung des Verfahrens. Ist die Insolvenzmasse vollständig verwertet, so hat der Insolvenzverwalter die Schlussverteilung zu beantragen (vgl. § 196 Abs. 1 InsO). Insb. aufgrund der vom Insolvenzverwalter zu führenden Gerichtsverfahren zur Einziehung von streitigen Forderungen und Ersatzansprüchen können bis dahin mitunter mehrere Jahre vergehen. **2952**

Die Schlussverteilung ist die abschließende quotale Verteilung der in Geld umgesetzten Insolvenzmasse an die Insolvenzgläubiger, nachdem der Insolvenzverwalter die vorweg auszugleichenden Masseverbindlichkeiten, darunter insb. die Verfahrenskosten (§ 53 InsO) berichtigt und die bevorzugt zu berücksichtigenden Absonderungsgläubiger (§§ 49 ff. InsO) befriedigt hat. Mit dem Antrag auf Genehmigung der Schlussverteilung hat der Insolvenzverwalter beim Insolvenzgericht einzureichen:

- seinen Schlussbericht,
- die Schlussrechnung (vgl. § 66 Abs. 1 InsO),
- das abschließende Verteilungsverzeichnis i.S.v. § 188 InsO (sog. Schlussverzeichnis),
- seinen Vergütungsantrag (vgl. §§ 63, 64 InsO).

Nach Prüfung des **Schlussberichts** und der **Schlussrechnung** (§ 66 Abs. 2 InsO) genehmigt das Insolvenzgericht die Schlussverteilung (§ 196 Abs. 2 InsO) und bestimmt einen Termin für die abschließende Gläubigerversammlung (sog. **Schlusstermin**, § 197 InsO). Nach Abhaltung des Schlusstermins hat der Verwalter die Schlussverteilung vorzunehmen, nach deren Vollzug das Insolvenzgericht die Aufhebung des Insolvenzverfahrens beschließt (§ 200 Abs. 1 InsO).

Mit der Aufhebung des Verfahrens erhält der Schuldner die Verfügungsbefugnis über sein Vermögen zurück. Insolvenzgläubiger können ihre Ansprüche uneingeschränkt gegen den Schuldner geltend machen, wenn sich nicht ein Restschuldbefreiungsverfahren nach §§ 286 ff. InsO anschließt. Hierzu können sie einen **vollstreckbaren Tabellenauszug** beantragen, der einem vollstreckbaren Urteil gleichsteht (§ 201 InsO). Ist der Schuldner eine Kapitalgesellschaft, Personengesellschaft ohne unbeschränkt haftende natürliche Personen oder Genossenschaft, so führt die Aufhebung des Verfahrens dagegen zur **Löschung** im betreffenden Register von Amts wegen (§ 394 Abs. 1 S. 2, Abs. 4 FamFG). **2953**

Das Gesetz kennt vier Fälle, in denen es nicht zu einer regulären Verfahrensbeendigung, sondern vielmehr zu einer vorzeitigen **Einstellung des Verfahrens** kommt: **2954**

- **Einstellung mangels Masse:** Stellt sich im Laufe des Insolvenzverfahrens heraus, dass die Insolvenzmasse entgegen der der Verfahrenseröffnung zugrundeliegenden

Annahme nicht ausreicht, um die Kosten des Verfahrens zu decken, so ist das Verfahren gem. § 207 Abs. 1 S. 1 InsO – regelmäßig auf Anregung des Verwalters – von Amts wegen mangels Masse einzustellen (sog. **Massearmut**).

- **Einstellung nach Anzeige der Masseunzulänglichkeit:** Sind zwar die Kosten des Verfahrens, nicht aber die sonstigen Masseverbindlichkeiten gedeckt, so hat der Verwalter dem Gericht die sog. Masseunzulänglichkeit gem. § 208 Abs. 1 S. 1 InsO anzuzeigen, und zwar auch bereits wenn die Masseunzulänglichkeit nur droht (§ 208 Abs. 1 S. 2 InsO). Die Anzeige der Masseunzulänglichkeit führt zu einem Verbot der zwangsweisen Geltendmachung für diejenigen Masseverbindlichkeiten, die zum Zeitpunkt der Anzeige bestanden (§§ 210, 209 Abs. 1 Nr. 3 InsO, sog. Altmasseverbindlichkeiten).
- In der Praxis eher selten anzutreffen ist die Einstellung des Insolvenzverfahrens wegen **Wegfalls des Eröffnungsgrundes** (§ 212 InsO).
- Dasselbe gilt schließlich für die Einstellung des Verfahrens mit **Zustimmung der Gläubiger** (§ 213 InsO). Gerade in Verfahren mit wenigen Gläubigern kann diese Option aber anstelle eines langen Verfahrens zu einer schnellen Beendigung führen. Leider wird diese Möglichkeit in der Praxis viel zu wenig genutzt. Gerade ein gut und professionell beratener Schuldner sollte stets auf diese schnelle Verfahrensbeendigung hingewiesen werden.[117]

f) Das Schuldnerunternehmen als eigener Insolvenzverwalter

2955 Grob dargestellt, lässt sich die Rolle des eigenverwaltenden Schuldners im Rahmen einer Unternehmensinsolvenz (in Verbraucherinsolvenzen gibt es keine Eigenverwaltung!) mit einer Doppelfunktion begründen. Das Unternehmen bzw. die das Unternehmen führenden Organe rücken im Rahmen der Eigenverwaltung in die Stellung des Insolvenzverwalters und sind insoweit auch **Verwalter in eigener Sache** – was notwendig zu Interessenkonflikten führt. Einerseits ist der eigenverwaltende Schuldner (i.d.R. der Eigentümer bzw. der Geschäftsführer/Vorstand) Verwalter des eigenen Unternehmens und andererseits übernimmt er die Rolle eines Insolvenzverwalters als Wahrer der Gläubigerinteressen. Der klassische Insolvenzverwalter fehlt in diesem Verfahren, an seine Stelle tritt ein lediglich **überwachender Sachverwalter** – der regelmäßig ein erfahrener Insolvenzverwalter ist – mit Kontroll- und Überwachungsfunktion.

2956 In vielen Fällen werden Eigenverwaltungen auch dadurch vorbereitet, dass ein erfahrener Sanierer oder auch ein entsprechend qualifizierter Insolvenzverwalter in die Organstellung eintritt und dann das Unternehmen in und durch das Insolvenzverfahren als sog. CRO führt – auch für diesen Fall gelten jedoch die gleichen nachfolgenden Pflichtenbildungen.

Die **Pflichten** und **Aufgaben** des in der **Eigenverwaltung** tätigen Schuldnerunternehmens ergeben sich im Grundsatz aus der gesetzlichen Bezugnahme des § 270 Abs. 1 S. 2 InsO auf die allgemeinen Regeln. Der Eigenverwalter tritt gleichsam an die Stelle eines in einem Regelinsolvenzverfahren eingesetzten (vorläufigen) Insolvenzverwalters. Ausgenommen davon bleiben die Aufgaben, die einem Sachwalter exklusiv vorbehalten sind, wozu bspw. die Ausübung des insolvenzrechtlichen Anfechtungsrechts zählt. Der eigenverwaltende Schuldner behält die **Verwaltungs- und Verfügungsbefugnis** über

117 Vgl. dazu umfassend *Haarmeyer*, ZInsO 2009, S. 556 ff.

sein Vermögen. Er hat dabei dieses Vermögen als Masse zu sichern, zu verwalten und das Unternehmen grundsätzlich bis zum 1. Berichtstermin nach der Eröffnung des Verfahrens fortzuführen. Der Berichtstermin findet frühestens drei Wochen nach Eröffnung des Insolvenzverfahrens statt. D.h. aber auch, dass der eigenverwaltende Schuldner die Rolle des Insolvenzverwalters im Berichtstermin wahrzunehmen hat. Er hat folglich gem. § 156 InsO objektiv über die wirtschaftliche Lage des Schuldners und ihre Ursache zu berichten. Er hat darzulegen, ob Aussichten bestehen, das Unternehmen im Ganzen oder im Teil zu erhalten, und welche Möglichkeiten für einen Insolvenzplan bestehen, bzw. welche Auswirkungen jeweils für die Befriedigung der Gläubiger eintreten würden.

Er hat auch die für die Unternehmensfortführung notwendigen Zahlungen zu veranlassen, den Zahlungsverkehr abzuwickeln und zu organisieren, es sei denn, dass der (vorläufige) Sachwalter die Kassenführung nach § 275 Abs. 2 InsO an sich gezogen oder vom Gericht übertragen bekommen hat. Wenn möglich sollte das allerdings vermieden werden, weil damit die Geschäftskonten beim (vorläufigen) Sachwalter geführt werden, alle Zahlungsausgänge aufwändig mit ihm abgestimmt werden müssen und ein erheblicher Teil der Flexibilität eines Eigenverwaltungsverfahrens verlorengeht.

Im Übrigen treffen den eigenverwaltenden Schuldner eine Vielzahl **insolvenzspezifischer Pflichten**. Dazu gehört es, den Bericht für die erste Gläubigerversammlung (§ 156 InsO) zu erstellen und dort Bericht zu erstatten. Außerdem übt er anstelle des Sachwalters das Wahlrecht nach § 103 InsO aus. Ist also ein gegenseitiger Vertrag zur Zeit der Eröffnung des Insolvenzverfahrens vom Schuldner und vom anderen Teil nicht oder noch nicht vollständig erfüllt, so kann er den Vertrag erfüllen oder die Erfüllung vom anderen Teil verlangen. Sollte er die Erfüllung ablehnen, so kann der Vertragspartner seine Forderung wegen der Nichterfüllung nur als einfacher Insolvenzgläubiger geltend machen. Fordert der Vertragspartner den eigenverwaltenden Schuldner zur Ausübung seines Wahlrechts auf, so hat er unverzüglich, spätestens 2 Wochen nach dem Berichtstermin, zu erklären, ob er die Erfüllung verlangen will oder ob er es nicht tun will. Unterlässt er dies oder verzögert er die Abgabe der Erklärung schuldhaft, so kann er auf der Erfüllung nicht bestehen. Daneben hat er auch Aus- und Absonderungsrechte zu beachten, was wiederum mit einer Vielzahl von besonderen Pflichten verbunden ist. Dazu gehört unbedingt die gesonderte Inventur bei Antragstellung, um überhaupt festzustellen, welche Aus- und Absonderungsrechte bestehen. Für den Fall, dass er über die Aus- und Absonderungsrechte verfügen will, hat er wie ein Insolvenzverwalter sicherzustellen, dass diese Rechte beachtet werden und dass dem Aus- oder Absonderungsberechtigten kein Schaden entsteht. **2957**

Im **Schutzschirmverfahren** hat er zudem sein Handeln auf das Verfahrensziel, die Ausarbeitung eines **Insolvenzplans** auszurichten. Daneben gehört es zu seinen Pflichten, eine etwaig eingetretene Zahlungsunfähigkeit gem. § 270b Abs. 4 S. 2 InsO anzuzeigen. Das führt wiederum dazu, dass er selbstständig verpflichtet ist, einen regelmäßigen, normalerweise wöchentlichen Liquiditätsstatus zu erstellen, um dieser Pflicht nachzukommen und den Liquiditätsstatus an den vorläufigen Gläubigerausschuss, den vorläufigen Sachwalter und das Insolvenzgericht zu kommunizieren. Zwar wird bei Eintritt der Zahlungsunfähigkeit das Schutzschirmverfahren normalerweise fortgesetzt und nicht, wie es ursprünglich im Gesetzesentwurf vorgesehen war, beendet, allerdings ist Sinn und Zweck der Anzeigepflicht, das Gericht und die Gläubiger auf die verschärfte Risikosituation hinzuweisen. **2958**

2959 Der eigenverwaltende Schuldner ist im Rahmen der Eigenverwaltung gleichzeitig in der Rolle des (vorläufigen) Insolvenzverwalters. Folglich obliegt es ihm, darauf zu achten, dass es nicht zu insolvenzzweckwidrigen Handlungen kommt. Das wäre beispielsweise der Fall, wenn er im Verfahren Altverbindlichkeiten erfüllt, die einfache Insolvenzforderungen sind, weitere Verbindlichkeiten unabgestimmt mit dem (vorläufigen) Gläubigerausschuss eingeht, obwohl Masseunzulänglichkeit angezeigt worden ist, Auszahlungen, die nicht vom (vorläufigen) Gläubigerausschuss und (vorläufigen) Sachwalter genehmigt worden sind an sich selbst vornimmt und/oder unabgestimmte sonstige die Insolvenzmasse schädigende Handlungen vornimmt.

2960 Generell ist davon auszugehen, dass den eigenverwaltenden Schuldner explizite **Haftungsrisiken** bei Nichtbeachtung seiner insolvenzrechtlichen Pflichten treffen. Sollte durch eine Nichtanzeige oder verspätete Anzeige im Schutzschirmverfahren den Gläubigern ein Schaden entstehen, kann hierfür genauso die persönliche Haftung greifen, als wenn er Masseschmälerungstatbestände erfüllt oder aber Aus- und Absonderungsrechte nicht beachtet. Dies erfordert i.d.R., dass für die Aufgabenerfüllung auch eine besondere Versicherung abgeschlossen wird, die gerade das Risiko im Rahmen einer Eigenverwaltung auch abdeckt, anders als dies regelmäßig in den „normalen" D & O-Versicherungen für Unternehmensführer enthalten ist.[118]

g) Verwertungsalternativen in der Eigenverwaltung

2961 Der eigenverwaltende Schuldner ist auch im Rahmen der Eigenverwaltung dem wichtigsten Ziel des § 1 InsO, der bestmöglichen Gläubigerbefriedigung verpflichtet. Zwar steht dies nicht so ausdrücklich in § 1 InsO, vielmehr führt § 1 InsO aus, dass das Insolvenzverfahren dazu dient, die Gläubiger eines Schuldners gemeinschaftlich zu befriedigen, indem das Vermögen des Schuldners verwertet und der Erlös verteilt oder in einem Insolvenzplan eine abweichende Regelung insb. zum Erhalt des Unternehmens getroffen wird. Beide Varianten haben aber das Hauptziel der bestmöglichen Gläubigerbefriedigung im Fokus, nur der Weg kann unterschiedlich sein. Welcher Weg der „richtige" im jeweiligen Verfahren ist, entscheiden letztlich die Gläubiger. Lassen sie jedoch den Insolvenzverwalter gewähren, ohne ihm eine bestimmte Verwertungsart oder -alternative vorzugehen, wird dieser i.d.R. auch eigenen wirtschaftlichen Überlegungen folgen und die Verwertungsvariante wählen, die ihm möglichst wenig Arbeit und Haftungsrisiken auferlegt, zugleich aber auch eine betriebswirtschaftlich auskömmliche oder gar sehr gute Vergütung sichert.

2962 Aus den Gesetzesmaterialien zu § 1 InsO ergibt sich, dass sich dies immer an der bestmöglichen Gläubigerbefriedigung zu orientieren hat. Ein Verfahrensziel „Unternehmenserhalt" um jeden Preis gibt es jedenfalls nicht, sondern es gibt nur die **Verfahrensziele** Verwertung des Schuldnervermögens zur Gläubigerbefriedigung oder Unternehmenserhalt zur Gläubigerbefriedigung, wobei dabei die Varianten von der vollständigen Zerschlagung mit Einzelverkauf aller Vermögensgegenstände bis hin zu einer Übertragung des Unternehmens auf einen neuen Rechtsträger unter Fortführung des bisherigen Geschäftsmodells reichen.

2963 **Bestmögliche Gläubigerbefriedigung** heißt demnach aber auch nicht zwingend, die Erzielung einer höchstmöglichen Quote für die Gläubiger. Das Interesse der Gläubiger

118 Zur Eigenverwaltung umfassend Buchalik (Hrsg.), Sanieren statt Liquidieren, 2. Aufl. 2015.

kann ganz anders ausgerichtet sein. So wollen die Arbeitnehmer ihren Arbeitsplatz erhalten, die Bundesagentur für Arbeit ist nicht daran interessiert Arbeitslosengeld zu zahlen, sondern hat ebenfalls großes Interesse am Bestand des Unternehmens, und auch die Lieferanten wollen im Regelfall den Kunden weiter erhalten, um ihre Produkte dort absetzen zu können. Bei einer Liquidation ist das nicht mehr der Fall, sie müssten sich um andere Kunden bemühen, was in Zeiten hart umkämpfter Märkte schwierig ist. Vor diesem Hintergrund **entscheiden** letztendlich die **Gläubiger** im Rahmen der Abstimmung in der Gläubigerversammlung oder über einen Insolvenzplan darüber, welche Form der bestmöglichen Befriedigung gewählt wird und ob es auf die höchstmögliche Quote im Rahmen einer Liquidation ankommen soll oder nicht. Auch dies muss der eigenverwaltende Schuldner im Auge behalten. Sollten sich die wesentlichen Gläubiger für den Unternehmenserhalt entscheiden, obwohl die Liquidation voraussichtlich eine höhere Befriedigung bringt, muss für die Gläubiger, die sich dadurch benachteiligt fühlen und sich darauf berufen, im Insolvenzplan ggf. ein Ausgleich geschaffen werden (sog. **Minderheitenschutz**, § 251 InsO).

Obwohl die Verwertung im Rahmen einer übertragenden Sanierung nichts mit einer leistungswirtschaftlichen Sanierung zu tun hat, hat sich dieser Begriff in den vergangenen Jahren in der Insolvenzverwaltung etabliert, täuscht aber darüber hinweg, dass es nichts weiter ist als die besondere Variante eines (Teil)Unternehmensverkaufs und letztlich der Verwertung und nicht der Sanierung zuzuordnen ist. **2964**

Als **übertragende Sanierung** wird der Verkauf und die Übertragung des schuldnerischen Unternehmens auf einen anderen Rechtsträger unter Zurückbehalt der Verbindlichkeiten bezeichnet. Hierzu schließen der Insolvenzverwalter und der Käufer einen Unternehmenskaufvertrag, der die Übertragung des gesamten Aktivvermögens des schuldnerischen Unternehmens im Wege eines Asset Deals zum Gegenstand hat. Bei dem Käufer handelt es sich i.d.R. um eine speziell zu diesem Zweck gegründete sog. Auffanggesellschaft. Im Unterschied zum „normalen" Asset Deal werden die Verbindlichkeiten nicht mit übertragen, sondern verbleiben in der Insolvenzmasse. Die Sanierung besteht also darin, dass Aktiva und Passiva des Schuldners getrennt werden und nur die Aktiva auf einen neuen Rechtsträger übergehen. Saniert wird nicht der Schuldner als Rechtsträger, sondern das schuldnerische Unternehmen als solches, das von einem neuen Rechtsträger betrieben wird. Auch der Verkauf von Unternehmensteilen im Wege des Asset Deals wird noch unter den Begriff der übertragenden Sanierung subsumiert. **2965**

Eine Variante der übertragenden Sanierung stellt die Gestaltung dar, dass der Insolvenzverwalter die Auffanggesellschaft (sog. **Betriebsübernahmegesellschaft**) gründet und die Assets des schuldnerischen Unternehmens auf diese – regelmäßig im Wege der Sachgründung – überträgt, um dann schlussendlich die Anteile an der Auffanggesellschaft im Wege eines Share Deals auf einen Investor zu übertragen. **2966**

Der wesentliche Unterschied des **Unternehmenskaufs aus der Insolvenz** im Vergleich zum „normalen" Unternehmenskauf liegt im Bereich der Beschaffenheitsvereinbarungen und Garantien. Außerhalb einer Insolvenz stellt dies einen zentralen Regelungskomplex eines jeden Unternehmenskaufvertrags dar. Der typische Unternehmenskaufvertrag enthält ganze Garantiekataloge zu praktisch allen erdenklichen unternehmensrelevanten Daten und Umständen. Der Insolvenzverwalter übernimmt dagegen i.d.R. keinerlei Garantie, sondern schließt ganz im Gegenteil die Haftung im Rahmen des gesetzlich Zulässigen weitestgehend aus. Dies führt im Ergebnis dazu, dass der Preis beim Kauf **2967** aus der Insolvenz sich in der Praxis an den vom Insolvenzverwalter im Rahmen der Erstellung des Verzeichnisses der Massegegenstände ermittelten **Fortführungswerten** (§ 151 Abs. 2 S. 2 InsO) orientiert. Es kann schon als Verhandlungserfolg des Verwalters angesehen werden, wenn es ihm gelingt, für die in diesem Verzeichnis mangels Einzelverwertbarkeit regelmäßig nicht aufgeführten immateriellen Vermögensgegenstände, wie etwa Wert der schuldnerischen Handelsfirma, Kundenstamm, Know-how etc., einen Kaufpreisteil zu erhalten. Ein höherer Preis lässt sich in der Insolvenz nur dann realisieren, wenn entweder ein Bieterwettstreit entsteht oder aber das in der Insolvenz fortgeführte Unternehmen als solches überlebens- und ertragsfähig ist.

2968 Nicht zuletzt wird der Haftungsausschluss für den Käufer auch dadurch abgemildert, dass das gesetzliche Haftungsregime eines Unternehmenserwerbs in der Insolvenz weitgehend nicht gilt: Die Vorschriften über die **handelsrechtliche Haftung** des Firmenübernehmers nach §§ 25 ff. HGB finden nach allgemeiner Meinung bei einer Übernahme aus der Insolvenz keine Anwendung. Die Haftung des Betriebsübernehmers für **Steuerverbindlichkeiten** nach § 75 Abs. 1 AO gilt nicht für Erwerbe aus der Insolvenz (§ 75 Abs. 2 AO). Auch die Folgen des Übergangs der **arbeitsrechtlichen Pflichten** nach § 613a BGB sind in der Insolvenz zumindest eingeschränkt und können mit dem Instrumentarium der §§ 125 ff. InsO weiter abgemildert werden.

5. Betriebsfortführung und Sanierung trotz Insolvenz

2969 Das Stigma der Insolvenz als bürgerlicher Tod des Kaufmanns hat tiefe Spuren im öffentlichen Bewusstsein und in den Köpfen der unternehmerisch Handelnden hinterlassen. Mehr als 20 Jahre nach der Reform des Insolvenzrechts und seiner vorsichtigen **Hinwendung von der Liquidierung zur Sanierung** gilt dies leider noch immer. Obwohl die Instrumentarien einer Sanierung im Schutze der Insolvenz in Deutschland einzigartig und hervorragend sind, dominiert die Angst vor gesellschaftlichem und sozialem Abstieg das Handeln der Unternehmensführer. Hinzu gekommen ist die Unkalkulierbarkeit eines Insolvenzverfahrens, so dass heute die langfristige Verschleppung von Insolvenzen die Regel und die frühzeitige Hinwendung zu einer Sanierung im Insolvenzverfahren die große Ausnahme ist – und mit jedem Tag der Verzögerung sinken die Chancen einer Sanierung massiv.

2970 Diese bittere Realität hat der Gesetzgeber mit dem Gesetz zur weiteren Erleichterung der Sanierung von Unternehmen (ESUG) zur Kenntnis genommen und eine Reform vollendet, die geeignet ist, die wesentlichen Probleme nicht vorhandener Insolvenz- und Sanierungskultur zu überwinden. Damit kann Deutschland endlich Anschluss an Entwicklungen in anderen Industrieländern finden. Das ESUG ist zum 1.3.2012 in Kraft getreten. Fast 8 Jahre ESUG haben dem neuen Recht mit seinen vielfältigen Gestaltungsoptionen weitgehend zum Durchbruch verholfen.

Das ESUG verändert die Spielregeln des Insolvenzrechts zu Gunsten der Sanierung krisenbefangener Unternehmen auch unter Schutz des Insolvenzrechts vollständig und verlagert die Aufgaben und Möglichkeiten für Unternehmen wie für Berater in das **Vorfeld einer drohenden Insolvenz**. Damit bezieht der Gesetzgeber zum ersten Mal die betrieblichen Probleme eines Unternehmens in der Krise in seine Überlegungen ein und öffnet diesem ein Fenster, das es in der mehr als 130-jährigen Geschichte des Insolvenzrechts in Deutschland nicht gegeben hat – die vom Schuldner planbare und verfahrenssicher auszugestaltende **Sanierung im Schutz des Insolvenzverfahrens**. Sei es mithilfe eines isolierten Insolvenzplans oder aber in der Kombination mit einer gleichzeitigen Eigenverwaltung unter dem Dach eines bis zu drei Monate währenden Schutzschirms. In dieser Zeit wird das Schuldnerunternehmen vor den Zugriffen seiner Gläubiger geschützt und erhält die Möglichkeit, die Mehrheit der Gläubiger von den eigenen Sanierungszielen zu überzeugen und im Rahmen eines Insolvenzplans zu einer konsentierten Lösung zu gelangen.

Mit dem ESUG hat § 270 InsO, der die **Eigenverwaltung** regelt, insb. durch die Vorschriften der §§ 270a/b InsO eine materielle Neuorientierung erhalten und dient dem gesetzgeberischen Ziel, weitere Anreize für eine frühzeitige Insolvenzantragstellung zu geben, die Eigenverwaltung deutlich zu stärken und die Aussichten des Schuldners auf Eigenverwaltung spürbar zu erhöhen. An die Erlangung dieser Möglichkeiten werden aber deutlich höhere Anforderungen im Rahmen des Antragsverfahrens gestellt, „belohnt" werden soll aus der Sicht des Gesetzgebers der vorsorgend die Insolvenz planende Unternehmer, der zumindest in der letzten Phase der Vorbereitungen auch seine wichtigsten Gläubiger einbezieht. Schuldner hingegen, die ihre Gläubiger mit einem Antrag „überraschen", sollen von vornherein nicht zum Kreis der Begünstigten des ESUG gehören. **2971**

Erreicht werden soll dies durch drei wesentliche gesetzliche Änderungen: **2972**

- Die **Eigenverwaltung** soll für vorsorgend agierende Unternehmen künftig die **Regel** und nicht mehr die Ausnahme sein, es sei denn, sie ist offensichtlich aussichtslos (§ 270a InsO).
- Ein **Schuldnerantrag** auf Eigenverwaltung ist nunmehr auch möglich, wenn ein Gläubiger dem Schuldner zuvorgekommen ist und Insolvenzantrag gestellt hat. Bislang war dann eine Blockade der Eigenverwaltung durch den Gläubiger möglich, denn er musste dem Schuldnerantrag zustimmen.
- Der Einfluss der Gläubiger auf die Eigenverwaltung soll durch einen **vorläufigen Gläubigerausschuss** ausgeübt werden (vgl. § 270 Abs. 3 InsO). Mit seinem einstimmigen Votum kann z.B. für das Gericht bindend festgestellt werden, dass die Anordnung nicht zu Nachteilen für die Gläubiger führen wird.

Mit der Einführung dieses Verfahrens ist die Hoffnung des Gesetzgebers verbunden, zumindest einen Teil der Sanierungsfälle abzudecken, die in anderen Staaten mit vorinsolvenzlichen Sanierungsverfahren bewältigt werden. Für die Akzeptanz des Insolvenzverfahrens und für die Schaffung einer besseren „Insolvenzkultur" in Deutschland ist es von erheblicher Bedeutung, dass dieses angestrebte Ziel mit der **vorläufigen Eigenverwaltung** (§ 270a InsO) oder dem **Schutzschirmverfahren** (§ 270b InsO) auch erreicht wird. Diese Verfahren eröffnen dem Schuldner gegenüber der bloßen Eigenverwaltung nach § 270 InsO noch größere Freiräume zur Sanierung seines Unternehmens durch Insolvenz. Die Nachteile der vorherigen Regelung, bei der die Eigenverwaltung erst im eröffneten Verfahren angeordnet werden konnte und der Insolvenzschuldner bis dahin großer Rechtsunsicherheit ausgeliefert war, werden durch die Vorverlagerung der Eigenverwaltung in das Antragsverfahren beseitigt. **2973**

Im Zuge des ESUG wurde zudem das **Insolvenzplanverfahren** (§§ 217 ff. InsO) deutlich **verschlankt** und die Möglichkeiten zur Verhinderung des Inkrafttretens eines Plans werden verringert. Erstmals können auch die Gesellschafter des insolventen Unternehmens in einen Plan einbezogen werden – mögliche Veränderungen der Gesellschafterstruktur inbegriffen. **2974**

2975 Die Gläubiger des Schuldners erhalten außerdem die Möglichkeit, ihre Forderungen in Gesellschaftsanteile zu tauschen **(Debt-to-Equity-Swap)** und auf diese Weise am Sanierungserfolg teilzuhaben. Damit wird ein weiteres Fenster in Richtung eines konsensualen, langfristigen Zusammenwirkens von Gläubigern und Schuldnern geöffnet. Das ESUG bedeutet, endlich Abschied zu nehmen von der bloßen Abwicklung und Zerschlagung von krisenbefangenen Unternehmen, und die Sanierung im Rahmen der Insolvenz als eine strategische Option für Krisenunternehmen zu verstehen. Dies ist auch für die gesamte Beraterbranche eine neue Herausforderung. Gerade für die Unternehmensberater verändert das ESUG das Beratungsspektrum völlig. Konnte man bisher eine Sanierung über die Insolvenz wegen der Unwägbarkeiten nicht wirklich empfehlen, so verändert sich dies grundlegend: Eine Sanierungsberatung ohne die strategische Option der Insolvenz muss künftig wohl schon als ein Beratungsfehler betrachtet werden, ebenso wie die Missachtung des Planverfahrens für Insolvenzverwalter.

2976 Von der Qualität und der Kompetenz eines Insolvenzverwalters wie eines Sanierungsberaters hängt es schon heute maßgeblich ab, ob ein Unternehmen wieder auf die Beine kommt. Wenn ein solches Unternehmen sich nicht hundertprozentig auf „seinen“ Sanierungsberater verlassen kann oder es einem Insolvenzverwalter am notwendigen unternehmerischen Denken und Mut fehlt, ist jedes Unternehmen unmittelbar der Gefahr ausgesetzt, wieder in die nächste Krise zu schlittern. Das ESUG verlangt von den Beteiligten eine sorgfältige Vorbereitung in der letzten Phase, eine rechtzeitige Einbeziehung der wichtigsten Gläubigergruppen, sorgsam gefertigte Antragsunterlagen und ein gemeinsam abgestimmtes Vorgehen gegenüber dem Gericht. Gelingt dieses gemeinsame Vorgehen – trotz aller Interessengegensätze im Einzelfall – dann können die Geschäftsführer und Vorstände nicht nur künftig die Insolvenz des Unternehmens im Rahmen der Eigenverwaltung selbst gestalten, sondern sie können auch „ihren“ Sanierungsberater als Sachwalter mit in das Verfahren bringen. Dieser muss jedoch über die qualitativen Voraussetzungen, insb. Erfahrung in Insolvenzsachen, verfügen. Diesem nachhaltigen Paradigmenwechsel von der Fremdbestimmung zur Selbstbestimmung kommt für den Erfolg der Reform eine entscheidende Bedeutung zu.

6. Insolvenzanfechtung

2977 Zweck der insolvenzrechtlichen Anfechtung ist es, sachlich ungerechtfertigte Vermögensverschiebungen, welche die spätere Masse verkürzt haben, rückgängig zu machen und damit die **Soll-Masse wiederherzustellen**, die den Gläubigern bei rechtmäßigem Verhalten des Schuldners und bei einer rechtzeitigen Antragstellung zur Verfügung gestanden hätte. Das Insolvenzanfechtungsrecht versetzt den Insolvenzverwalter daher rechtlich in die Lage, wirksame Rechtshandlungen des später insolvent werdenden Schuldners aus der Vergangenheit anzugreifen und damit nachträglich wirkungslos zu machen. Ziel der Maßnahmen des Verwalters ist die Mehrung der Insolvenzmasse zu besseren gleichmäßigen Befriedigung der Insolvenzgläubiger. Dem Gläubiger, der innerhalb einer bereits erkennbaren „Krise“ eine Befriedigung oder Sicherung seiner Forderung vom späteren Insolvenzschuldner erlangt hat, die ihm gegenüber. anderen Gläubigern eine bessere Situation im Verfahren verschafft, soll diese genommen werden. Er wird in seinem Vertrauen auf den Bestand nicht geschützt, wenn ihm Umstände bekannt waren oder hätten bekannt sein können, aus denen für ihn erkennbar die Benachteiligung anderer Gläubiger deutlich geworden ist. Der Anfechtungsgegner hat an die Insolvenzmasse zurückzugeben, was dieser zuvor in anfechtbarer Weise entzogen worden ist. Die Anfechtung kommt mithin nur dann in Betracht, wenn die spätere Masse geschmälert und dadurch die übrigen Insolvenzgläubiger benachteiligt worden sind.

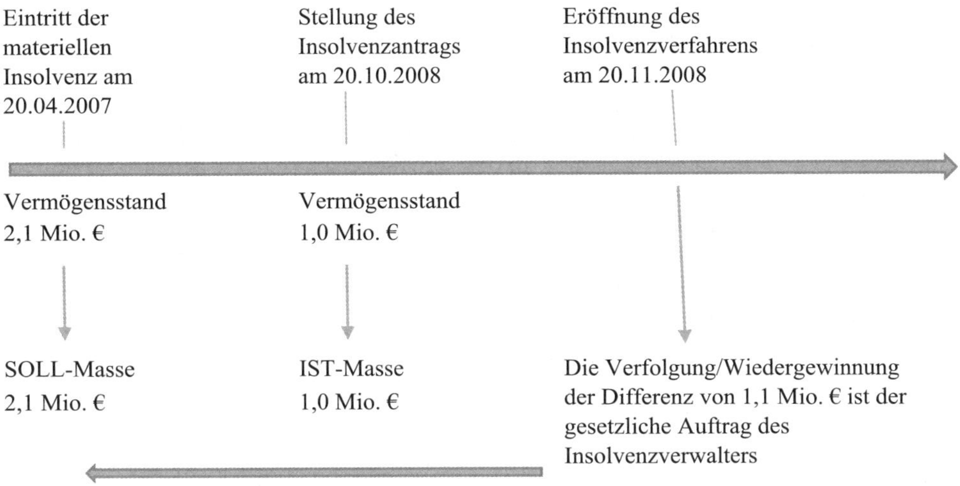

a) Die Grundlagen

Der Anfechtungsanspruch entsteht erst mit der Verfahrenseröffnung und unterfällt damit auch nicht der Vermögensverwaltung durch den vorläufigen Insolvenzverwalter. Dieser kann und sollte aber die notwendigen Ermittlungen schon in einer möglichst frühen Phase beginnen, auch um auf diese Weise notwendige Beweise zu sichern bzw. Informationen von auskunftsbereiten Beteiligten zu erlangen. Der Insolvenzanfechtung unterfallen grds. alle **Rechtshandlungen in der Krise**, d.h. in dem Zeitraum in dem der Schuldner angesichts einer bereits drohenden Insolvenz Vermögen auf Dritte überträgt, verschleudert, „ihm nahe stehende" Personen bzw. ihn besonders bedrängende Gläubiger befriedigt oder einfach nur fällige Forderungen einzelner Gläubiger erfüllt, obwohl er zur Befriedigung aller Gläubiger schon nicht mehr in der Lage ist. **2978**

Entsprechend dem Zweck der Insolvenzanfechtung ist der **Anspruch gem. § 143 InsO gerichtlich geltend zu machen**, und sein Inhalt ist gerichtet auf die Pflicht zur Rückgewähr dessen, „was durch die anfechtbare Handlung aus dem Vermögen des Schuldners veräußert, weggegeben oder aufgegeben ist." Dieser Anspruch geht grds. auf Rückgewähr in Natur **(Primäranspruch)**. Allerdings kann der Verwalter auch vorprozessual wirksam mit dem Anfechtungsgegner vereinbaren, dass dieser – statt Rückgewähr des Erlangten – **Wertersatz** leisten soll. **2979**

Anfechtungsberechtigt ist im Regelinsolvenzverfahren (§§ 1–216 InsO) gem. § 129 Abs. 1 InsO nur der Insolvenzverwalter; bei Doppelinsolvenzen kann es aber zur Konkurrenz der Anfechtungsberechtigung verschiedener Insolvenzverwalter kommen. Den Insolvenzgläubigern steht ein Anfechtungsrecht auch dann nicht zu, wenn der Insolvenzverwalter dessen Ausübung ablehnt; ist das pflichtwidrig, so kommt eine Haftung in Betracht. **2980**

Gem. § 129 Abs. 1 InsO setzt eine jede Anfechtung eine **Rechtshandlung vor Insolvenzeröffnung** voraus, die zu einer Gläubigerbenachteiligung geführt hat. Der Begriff **2981** der Rechtshandlung wird seit jeher weit ausgelegt. Es reicht jedes wissentliche und willentliche Handeln, das eine rechtliche Wirkung auslöst. § 129 Abs. 2 InsO stellt Unterlassungen den Rechtshandlungen gleich.

Eine **Gläubigerbenachteiligung** tritt ein, wenn durch die Rechtshandlung entweder die Schuldenmasse vermehrt oder die Aktivmasse verkürzt wird, sodass sich die Befriedigungsmöglichkeiten der Insolvenzgläubiger ohne die Handlung bei wirtschaftlicher Betrachtungsweise günstiger gestaltet hätten. Eine Gläubigerbenachteiligung tritt nicht ein, wenn der Empfänger der Leistung an dem erhaltenen Vermögensgegenstand bei der Eröffnung des Insolvenzverfahrens ein Aus- bzw. Absonderungsrecht hätte beanspruchen können, es sei denn, die Entstehung des Aus- oder Absonderungsrechts ist ihrerseits anfechtbar. Grundsätzlich reicht für die Anfechtung eine lediglich mittelbare Gläubigerbenachteiligung aus. Lediglich die Tatbestände der §§ 132, 133 Abs. 2 InsO verlangen eine unmittelbare Gläubigerbenachteiligung.

2982 Um den Schuldner in der Krise nicht gänzlich vom Geschäftsverkehr auszuschließen, nimmt § 142 InsO sog. **Bargeschäfte** von der Anfechtung aus, soweit nicht ein Fall der Vorsatzanfechtung nach § 133 Abs. 1 InsO vorliegt. Ein Bargeschäft liegt vor, wenn für die Leistung des Schuldners unmittelbar eine gleichwertige Gegenleistung in das Vermögen des Schuldners gelangt. Da es in diesen Fällen regelmäßig bereits an einer unmittelbaren Gläubigerbenachteiligung fehlt, ist die Vorschrift nur bei den Anfechtungstatbeständen relevant, in denen eine mittelbare Gläubigerbenachteiligung ausreicht. Welcher Zeitraum zwischen Leistung und Gegenleistung zur Erfüllung des Unmittelbarkeitserfordernisses noch als zulässig angesehen werden kann, hängt von dem konkreten Rechtsgeschäft ab. Für die Erbringung insolvenznaher Beratungsleistungen, für die die Vorschrift besondere Bedeutung hat, zieht die Rechtsprechung die Grenze bei einem Zeitraum von maximal 30 Tagen zwischen Leistungsbeginn und Zahlung.

2983 Da sämtliche Anfechtungstatbestände voraussetzen, dass die anfechtbare Rechtshandlung innerhalb einer im jeweiligen Tatbestand genannten **Frist vor dem Insolvenzeröffnungsantrag** (oder nach diesem) vorgenommen worden ist, kommt dem Zeitpunkt der Vornahme einer Rechtshandlung entscheidende Bedeutung zu. Nach § 140 Abs. 1 InsO ist maßgeblich, wann die rechtlichen Wirkungen der Handlung eintreten.

2984 **Prüfungsschema für Anfechtungsanspruch (Checkliste):**[119]

1. Ein Anfechtungsanspruch setzt als **„Allgemeiner Teil" der Insolvenzanfechtung** voraus:
   - eine **Rechtshandlung**, also ein aktives Tun oder Unterlassen (§ 129 InsO), das **vor Insolvenzeröffnung** vorgenommen wurde (§ 140 InsO), sofern nicht ausnahmsweise auch eine nach Insolvenzeröffnung vorgenommene Rechtshandlung anfechtbar ist (§ 147 InsO), wobei nicht nur Rechtshandlungen des Schuldners, sondern auch solche Dritter und von Vertretern oder des schwachen vorläufigen Insolvenzverwalters in Betracht kommen (sofern nicht der konkrete Anfechtungstatbestand – wie §§ 133, 134 InsO – eine Rechtshandlung des Schuldners fordert);

119 *Haarmeyer/Huber/Schmittmann*, Handbuch der Insolvenzanfechtung, 2. Aufl. 2016, Kap. 1, Rn. 52 ff.

- eine dadurch herbeigeführte **objektive Gläubigerbenachteiligung**, also eine objektive Verkürzung der (späteren) Masse, wobei grds. eine mittelbare Gläubigerbenachteiligung genügt und (nur) §§ 132, 133 Abs. 2 InsO eine unmittelbare Gläubigerbenachteiligung verlangen, sofern nicht ein grds. **unanfechtbares Bargeschäft** gem. § 142 InsO vorliegt, bei dem nur eine **Vorsatzanfechtung** nach § 133 Abs. 1 InsO oder eine – weil der Begriff des Bargeschäfts Kongruenz der ausgetauschten Leistungen voraussetzt – **Inkongruenzanfechtung** gem. § 131 InsO möglich sind.

2. Ein Anfechtungsanspruch setzt weiter als **„Besonderer Teil" der Insolvenzanfechtung** das Eingreifen eines **Anfechtungstatbestands** voraus, wobei man unterscheidet:
- die sog. **„besondere Insolvenzanfechtung" nach §§ 130–132 InsO** (Kongruenzanfechtung, Inkongruenzanfechtung, Anfechtung unmittelbar nachteiliger Rechtshandlungen), deren Kennzeichen es ist, dass im Zeitpunkt der Vornahme der nun anzufechtenden Rechtshandlung schon „Vorboten der Insolvenz" aufgetreten waren (Zahlungsunfähigkeit oder Eröffnungsantrag),
- die **Vorsatzanfechtung nach § 133 InsO**, wenn der Schuldner mit dem Vorsatz handelte, seine Gläubiger zu benachteiligen,
- die **Anfechtung unentgeltlicher Leistungen („Schenkungsanfechtung") nach § 134 InsO** mit dem Merkmal der Unentgeltlichkeit der Zuwendung,
- die **Anfechtbarkeit bei Gesellschafterdarlehen (§ 135 InsO)**, wenn ein Gesellschafter wegen seiner Forderung auf Rückgewähr eines Darlehens oder einer gleichgestellten Forderung Sicherung oder Befriedigung erhalten hat,
- die **Anfechtbarkeit bei stiller Gesellschaft (§ 136 InsO)**, wenn die Rückgewähr der Einlage eines stillen Gesellschafters angegriffen wird,

Das Konkurrenzverhältnis ist grds. offen, es besteht also kein Ausschließlichkeitsverhältnis zwischen den einzelnen Anfechtungstatbeständen, mit Ausnahme zwischen Deckungsanfechtung (§§ 130, 131 InsO) und Anfechtung unmittelbar nachteiliger Rechtshandlungen (§ 132 InsO), weil Deckungsgeschäfte nur den zuerst genannten Bestimmungen unterliegen.
- die **Verwirklichung der jeweiligen Tatbestandsmerkmale in objektiver Hinsicht**, also die Vornahme einer Rechtshandlung (s.o. „Allgemeiner Teil") innerhalb der konkreten, nach § 139 InsO zu berechnenden **Anfechtungsfrist** mit der Folge einer **objektiven Gläubigerbenachteiligung** (s.o. „Allgemeiner Teil"),
- und in **subjektiver Hinsicht** gemäß den jeweiligen ganz unterschiedlichen Anforderungen, wobei einzelne Tatbestände für die Anfechtung ggü. nahestehenden Personen (§ 138 InsO) **Erleichterungen** vorsehen, nämlich §§ 130 Abs. 3, 131 Abs. 2 S. 2, 132 Abs. 3, 133 Abs. 2 S. 1 InsO.

b) Die besonderen Anfechtungsgründe

Ziel der besonderen Insolvenzanfechtung ist eine Vorverlagerung des insolvenzrechtlichen **Gläubigergleichbehandlungsgrundsatzes**, indem die Korrektur von Rechtshandlungen, die in den letzten drei Monaten vor dem Eröffnungsantrag vorgenommen wurden, zugunsten der Gläubigergesamtheit ermöglicht wird. **2985**

Im Mittelpunkt steht die sog. **Deckungsanfechtung gem. §§ 130, 131 InsO**. Elementar ist insoweit die Unterscheidung zwischen kongruenten und inkongruenten Deckungshandlungen, da inkongruente Deckungen unter erheblich leichteren Voraussetzungen angefochten werden können als kongruente. Kongruent ist eine Deckung immer dann, wenn der Empfänger einen Anspruch auf die Rechtshandlung zu der Zeit und in der Form gehabt hat, in der sie vorgenommen wurde, hingegen ist eine Rechtshandlung inkongruent wenn diese Voraussetzungen nicht oder nicht vollständig gegeben sind. Nachfolgend werden zum Grundverständnis nur die wichtigsten Anfechtungstatbestände erläutert. Das Anfechtungsrecht selbst hat sich innerhalb der insolvenzrechtlichen Regelungen durch eine äußerst differenzierte Rechtsprechung des BGH zu einem eigenständigen und extrem komplexen Rechtsgebiet entwickelt, das in der Praxis nur von Spezialisten bearbeitet und bewältigt werden kann.

2986 Die InsO regelt mehrere mögliche **Anfechtungszeiträume**: zehn Jahre (§§ 133, 135 InsO (Kapitalersatzanfechtung)), vier Jahre (§ 134 InsO (Schenkungsanfechtung)), zwei Jahre (§ 133 Abs. 2 InsO), ein Jahr (§ 135, 136 InsO); drei Monate, ein Monat und nach dem Antrag (§§ 130, 131 InsO). Je weiter die Zeiträume zurückliegen, desto höher sind die Anforderungen an die Anfechtbarkeit.

2987 In den §§ 130, 131 InsO ist die „gesetzliche Krise“ mit einem Zeitraum von drei Monaten vor der Insolvenzantragstellung definiert. Der Gesetzgeber geht damit davon aus, dass in diesem Zeitraum in erster Linie anfechtungsrelevante Sachverhalte stattgefunden haben. Eine Unterlassung steht einer Rechtshandlung gleich (§ 129 Abs. 2 InsO). Auch der Rechtsnachfolger muss ggf. die Anfechtung gegen sich gelten lassen (§ 145 Abs. 1 InsO, z.B. Erbe/Gesamtrechtsnachfolger).

2988 Nach § 138 InsO ist eine Anfechtung gegenüber dem schuldnerischen Vermögen nahe stehenden Personen erleichtert, da diesen Personen das Wissen des Schuldners aufgrund des Näheverhältnisses zugerechnet wird (z.B. Ehegatten, Steuerberater, Sanierungsberater).

2989 **aa) Kongruenzanfechtung nach § 130 InsO in kritischer Zeit.** Die Regelung befasst sich mit der „kongruenten Deckung“, also der Erbringung einer rechtmäßig geschuldeten Leistung, die jedoch in der kritischen Zeit der letzten drei Monate vor dem Verfahrensbeginn oder nach dem Antrag z.B. in Form einer Zahlung erbracht worden ist.

Die Zahlung muss **aus dem Vermögen des Schuldners** stammen. Der Leistungsaustausch fällt zeitlich mehr als 30 Tage auseinander (sonst handelt es sich möglicherweise um ein unanfechtbares Bargeschäft gem. § 142 InsO!). Der Anfechtungsgegner kennt die Zahlungsunfähigkeit des späteren Insolvenzschuldners oder hat Kenntnis der Umstände. Über die Indizvorschrift in § 130 Abs. 2 InsO steht die Kenntnis von Umständen gleich, die auf Zahlungsunfähigkeit zwingend schließen lassen, d.h.: Tatsachen kennen, bei deren zutreffender Bewertung sich die Zahlungsunfähigkeit ergibt. Solche Umstände liegen vor, wenn der Gläubiger seine ausstehende Forderung über einen längeren Zeitraum vergeblich eingefordert hat, der Außenstand verhältnismäßig hoch ist und der Gläubiger keine begründete Erwartung haben kann, dass der Schuldner demnächst flüssige Geldmittel zur Erfüllung haben wird.

2990 Gelingt dem Verwalter der entsprechende Nachweis, findet eine **Beweislastumkehr** statt: Der Gläubiger muss nachweisen, dass er berechtigt die Zahlung annehmen durfte, nämlich, dass er davon ausgehen durfte, dass die Zahlungsunfähigkeit beseitigt ist; d.h., dass der Schuldner in der Lage ist, sämtliche Verbindlichkeiten nunmehr vollständig zu befriedigen, was meist unmöglich ist.[120]

bb) Inkongruenzanfechtung nach § 131 InsO in kritischer Zeit. Diese Regelung bestimmt die sog. **inkongruente Deckung**. Der Gläubiger erhält Sicherung oder Befriedigung innerhalb der drei Monate bis zur Insolvenzantragstellung, aber nicht das, was ursprünglich vereinbart war und hat zu dieser Zeit darauf keinen Anspruch, ggf. benachteiligt die Verfügung die Gläubigergesamtheit (§ 131 Abs. 1 Ziff. 3 InsO). Wegen der Inkongruenz kommt es auf eine Kenntnis der Zahlungsunfähigkeit hier nicht an. Daher ist diese Anfechtungsnorm ein noch schärferes „Schwert" als § 130 InsO, da der anfechtende Insolvenzverwalter weniger vortragen/beweisen muss. 2991

Maßgeblich für Inkongruenz ist das **Merkmal „nicht in der Art/nicht zu der Zeit"**. In der „gesetzlichen Krise", die durch die Dreimonatsfrist gekennzeichnet ist, soll sich kein Gläubiger mehr Vorteile durch Zwangsvollstreckung vor anderen Gläubigern verschaffen. Der BGH nimmt – trotz fälliger Forderung – „Inkongruenz" bei Zahlungen innerhalb von drei Monaten vor dem Antrag unter Vollstreckungsdruck an, da „zu der Zeit" kein Anspruch bestand.[121] Dieser Begriff wird i.d.R. auf die Frage der Durchführung von oder der Drohung mit der staatlichen Zwangsvollstreckung zu reduzieren sei.[122] Schon eine Vollstreckungsankündigung genügt aus objektivierter Sicht des Schuldners. Damit ist die Regelung des § 131 InsO eine am schwersten mit dem Rechtsgefühl zu vereinbarende insolvenzrechtliche Anordnung, weil etwas zurückgezahlt werden muss, dass mit staatlichen Zwangsmitteln aufgrund eines Titels erlangt wurde. § 141 InsO nimmt aber ausdrücklich Rechtshandlungen, die aufgrund eines Titels erfolgen, nicht von der Anfechtung aus.

Inkongruenz kann auch durch eine andere, nicht vereinbarte Form der Erfüllung, nämlich **„nicht in der Art"**, bewirkt werden. So ist z.B. die Abtretung einer Kundenforderung nebst Stundung der Forderung (§ 222 Abs. 2 AO) durch den bekanntermaßen zahlungsunfähigen Schuldner inkongruent.[123]Auch die Sicherungsabtretung der einem Scheck zugrundeliegenden Forderung an die den Scheck einziehende Bank ist als inkongruente Sicherung anfechtbar; hingegen ist nicht inkongruent die Verrechnung, wenn sie einer vorherigen Absprache mit dem Schuldner entsprach.[124] 2992

cc) Ausnahme von der Anfechtbarkeit (§ 142 InsO) – Bargeschäft. Bargeschäft ist der Austausch von gleichwertigen Leistungen im unmittelbaren zeitlichen Zusammenhang. Maßgebend ist der jeweilige Handelsbrauch und Leistung/Gegenleistung aufgrund fester Absprache. Die Beurteilung erfolgt nach konkreten Erfüllungsmöglichkeiten und handelsüblichen Bräuchen. Die Regelung des § 142 InsO nimmt Bargeschäfte von der Anfechtbarkeit aus, da letztlich ein Aktivtausch erfolgt, der Schuldner gibt zwar etwas weg, aber an diese Stelle tritt eine wirtschaftlich gleichwertige **Gegenleistung**, sodass die den Gläubigern haftende Insolvenzmasse nicht verkürzt wird. 2993

---

120 BGH, Urt. v. 21.3.2000 – IX ZR 138/99, ZIP 2000, 898 = ZInsO 2000, 333; BGH, Urt. v. 20.11.2001 – IX ZR 48/01, ZIP 2002, 87 (90 f.) = ZInsO 2002, 29; BGH, Urt. v. 13.1.2005 – IX ZR 457/00, ZInsO 2005, 373.

121 BGH, Urt. v. 9.9.1997 – IX ZR 14/97, BGHZ 136, 309 (311); BGH, Urt. v. 11.4.2002 – IX ZR 211/01, ZIP 2002, 1159 f. = ZInsO 2002, 581.

122 *Kirchhof*, ZInsO 2004, 1168 (1171); *Kreft*, DStR 2005, 1232 (1233).

123 BGH, Urt. v. 29.9.2005 – IX ZR 184/04, ZInsO 2005, 1160.

124 BGH, Beschl. v. 11.2.2010 – IX ZR 42/08, ZInsO 2010, 519.

Keinen Schutz bietet das Bargeschäft bei der Vorsatzanfechtung, Ausnahme ist die Anfechtung nach § 133 InsO, die auch gegenüber Bargeschäften wirkt.

2994 **dd) Vorsatzanfechtung nach § 133 InsO.** Durch die Tatbestände des § 133 InsO sollen **gezielte Gläubigerbenachteiligungen** des Schuldners rückgängig gemacht werden können. Der Grundtatbestand des § 133 Abs. 1 InsO erfasst Rechtshandlungen des Schuldners innerhalb der letzten zehn Jahre vor dem Eröffnungsantrag.

Zentrales Tatbestandsmerkmal des § 133 Abs. 1 InsO ist der **Gläubigerbenachteiligungsvorsatz** des Schuldners, der zum einen beim Schuldner vorliegen und zum anderen **dem Gläubiger bekannt** sein muss. Der Schuldner handelt dann mit Benachteiligungsvorsatz, wenn er die Benachteiligung der Gläubiger im Allgemeinen als Erfolg seiner Rechtshandlung will oder als mutmaßliche Folge erkennt und billigt. Er muss also entweder wissen, dass er neben dem Anfechtungsgegner nicht alle Gläubiger befriedigen kann, bzw. sich diese Folge zumindest als möglich vorgestellt, sie aber billigend in Kauf genommen haben, ohne sich durch die Vorstellung von seinem Handeln abhalten zu lassen.

2995 Nur auf den ersten Blick scheint der subjektive Tatbestand des § 133 Abs. 1 InsO, der auf beiden Seiten des anfechtbaren Geschäfts vorliegen muss, eine hohe Hürde für den Insolvenzverwalter zu bilden. In der Praxis ist dies nicht der Fall, da die Rechtsprechung dem Insolvenzverwalter mit einer Reihe von **Vermutungsregeln** hilft. Im Ergebnis muss der Insolvenzverwalter nur die drohende Zahlungsunfähigkeit des Schuldners zum Zeitpunkt der Vornahme der Rechtshandlung (retrograd) dartun sowie die Kenntnis des Anfechtungsgegners von der drohenden Zahlungsunfähigkeit mit Indiztatsachen unterlegen. Als **Indizien für eine Kenntnis** von der (drohenden) Zahlungsunfähigkeit erkennt die Rechtsprechung etwa folgende Umstände an:

- Die Verbindlichkeiten des Schuldners bei dem Anfechtungsgegner sind über einen längeren Zeitraum hinweg ständig in beträchtlichem Umfang nicht ausgeglichen worden.
- Der Schuldner zahlt nur auf drohende Zwangsvollstreckungsmaßnahmen.
- Der Schuldner erfüllt strafbewehrte Lohnnebenforderungen (also die Arbeitnehmeranteile zu den Sozialversicherungsbeiträgen) über einen längeren Zeitraum nicht.
- Lastschriften werden mangels Deckung zurückgegeben.

Selbst wenn der Insolvenzverwalter die drohende Zahlungsunfähigkeit nicht dartun kann, steht ihm als weiteres von der Rechtsprechung anerkanntes starkes Beweisanzeichen sowohl für den Gläubigerbenachteiligungsvorsatz wie auch für die entsprechende Kenntnis des Anfechtungsgegners das Vorliegen einer **inkongruenten Deckung** zur Verfügung. Dem liegt die Überlegung zugrunde, dass derjenige, der seinem Gläubiger etwas zur Verfügung stellt, was dieser nicht zu beanspruchen hat, regelmäßig nicht nur eine Verpflichtung erfüllen, sondern den Gläubiger bevorzugen möchte. Dabei ist die Leistung auf einen (angedrohten) Insolvenzantrag stets als inkongruente Deckungshandlung anzusehen, während die Leistung auf eine (angedrohte) Maßnahme der Einzelzwangsvollstreckung außerhalb des Dreimonatszeitraums der Deckungsanfechtung keine Inkongruenz begründet. Bei einer kongruenten Deckungshandlung sind an den Nachweis des Benachteiligungsvorsatzes dagegen erhöhte Anforderungen zu stellen, da der Schuldner im Regelfall nur seine Verbindlichkeiten begleichen will.

Diese den Anwendungsbereich des § 133 Abs. 1 InsO über Vermutungsregeln und Beweisanzeichen ausdehnende Rechtsprechung ist in die Kritik geraten, weil die Vorsatzanfechtung demnach leichter erscheint als die Deckungsanfechtung. Da im Rahmen des § 133 Abs. 1 InsO das Bargeschäftsprivileg des § 142 InsO nicht gilt, sind bei dieser Normanwendung alle Lieferanten, die Kenntnis von Zahlungsschwierigkeiten ihres Vertragspartners haben, Anfechtungsrisiken ausgesetzt. Dies gilt namentlich für Sanierungsberater, die notwendig über die wirtschaftliche Lage ihres Auftraggebers informiert sind. Auf die Kritik hat der BGH reagiert, indem er anerkennt, dass der Gläubigerbenachteiligungsvorsatz i.d.R. fehlt, wenn der Schuldner eine kongruente Gegenleistung für eine von ihm empfangene Leistung erbringt, die zur Fortführung des Unternehmens nötig ist und damit den Gläubigern im Allgemeinen nutzt. Dies soll insb. dann gelten, wenn die Leistungen des Schuldners unter den Voraussetzungen des Bargeschäfts erbracht wurden (sog. **bargeschäftsähnliche Lage**). Damit sind Beraterhonorare in der Krise jedenfalls dann anfechtungsfest, wenn ihnen eine für den Schuldner nützliche Tätigkeit zugrunde liegt, sie angemessen sind und die Bargeschäftsvoraussetzungen vorliegen. **2996**

Ein weiteres Problemfeld stellen insoweit **Ratenzahlungsvereinbarungen** dar. Die Bitte um eine Ratenzahlung ist nach der Rechtsprechung des BGH als solche zwar noch kein Indiz für eine Zahlungsunfähigkeit. Dies soll aber nur gelten, wenn sie sich im Rahmen der Gepflogenheiten des üblichen Geschäftsverkehrs hält und insb. nicht mit einer Erklärung verbunden ist, die Verbindlichkeiten anders nicht begleichen zu können. Diese Grenze ist schnell überschritten. **2997**

Erleichtert ist die Vorsatzanfechtung gem. § 133 Abs. 2 InsO, wenn es sich um den Abschluss entgeltlicher Verträge mit nahestehenden Personen i.S.v. § 138 InsO innerhalb der letzten zwei Jahre vor dem Insolvenzantrag handelt. In diesem Fall wird dem Anfechtungsgegner die **Beweislast** für den fehlenden Gläubigerbenachteiligungsvorsatz bzw. dessen Kenntnis aufgebürdet. **2998**

7. Die Aufrechnung im Insolvenzverfahren

Nach den §§ 94–96 InsO sind auch Aufrechnungen eingeschränkt und ebenfalls dem Anfechtungsrecht der InsO unterworfen. Diese Form der Gegenüberstellung fälliger Forderungen ist im Geschäftsverkehr häufig und grundsätzlich in §§ 387–396 BGB geregelt. Die insolvenzrechtlichen Anfechtungsvorschriften finden nicht nur auf **Aufrechnungen**, sondern auch auf **Verrechnungen** Anwendung. **2999**

Die Aufrechnungs*verbote* der InsO betreffen in erster Linie Fallgestaltungen bei denen der Aufrechnungsgläubiger bei wirksamer Aufrechnung mehr erhalten würde, als er als Insolvenzgläubiger erhalten würde. Wiederum wird dadurch der Gleichbehandlungsgrundsatz durchgesetzt. Der Verwalter kann sich unmittelbar auf die Vorschrift berufen, einer „Anfechtung" bedarf es nicht. **3000**

- Die **Regelung des § 95 Abs. 1 InsO** begrenzt dabei die zulässigen Aufrechnungen nur auf solche, deren Voraussetzungen wirklich bei Eröffnung des Verfahrens vorliegen und schließt bedingte, nicht fällige und ungleichartige Forderungen aus.
- Die **Regelung des § 96 Abs. 1 Ziff. 1 InsO** bezieht sich z.B. nur auf Aufrechnungslagen, die nach Eröffnung entstehen, auch wenn im Eröffnungsverfahren ein vorläufiger Verwalter bestellt wurde. Verfügungs- und Vollstreckungsverbote schließen die

Aufrechnung nicht aus. Die Beweislast dafür, dass die aufzurechnende Forderung bereits bei Eröffnung bestand, trägt der aufrechnende Insolvenzgläubiger.
- Die **Regelung des § 96 Abs. 1 Ziff. 2 InsO** betrifft den Aufrechnungsversuch eines Insolvenzgläubigers, der seine Forderung, mit der er aufrechnen will, erst nach Eröffnung des Verfahrens erworben hat. Dieser versucht also mittels einer nachträglich eingetretenen „Verbesserung" seiner Vermögenssituation Vollbefriedigung zu erlangen.
- Die am häufigsten zur Anwendung gelangende Aufrechnungseinschränkung stellt die **Vorschrift des § 96 Abs. 1 Ziff. 3 InsO** dar. Sie umfasst auch die Herstellung und Erklärung von Aufrechnungslagen vor Eröffnung.[125]

Rechtsfolge der anfechtbaren Aufrechnung ist deren **Unzulässigkeit**. In § 96 Abs. 1 Nr. 3 InsO kommt die Wertung zum Ausdruck, dass das Vertrauen des Gläubigers auf den Bestand einer durch eine anfechtbare Rechtshandlung geschaffenen Aufrechnungslage nicht schutzwürdig ist. Die Aufrechnungslage ist in diesen Fällen deshalb inkongruent, weil der Gläubiger nur Anspruch auf Zahlung seiner Forderung in Geld hatte und keinen Anspruch auf Befriedigung durch Aufrechnung.

8. Insolvenzplanverfahren und Sanierung unter Insolvenzschutz

a) Strukturen des Insolvenzplanverfahrens

3001 Das in den §§ 217–269 InsO geregelte Insolvenzplanverfahren soll Pendant zum amerikanischen „Chapter 11-Verfahren" sein und eine gläubigerbestimmte Abwicklung mittels Zwangsvergleich garantieren, sodass sich bietende Sanierungsoptionen auch mit Mehrheit durchgesetzt werden können. Der Insolvenzplan als Kernstück der Insolvenzrechtsreform ermöglicht daher den Beteiligten, jenseits der rechtlichen Rahmenbedingungen der InsO zu einer individuellen Regelung zu gelangen, die den Besonderheiten des Unternehmens und den spezifischen Interessen der unterschiedlichen Beteiligten gerecht wird. In der Gestaltung sind die Beteiligten von Bindungen weitgehend frei, entscheidend ist allein, dass sich im Ergebnis eine möglichst breite Mehrheit hinter den Regelungen des Plans versammelt.

3002 **aa) Ziele und Grenzen.** In einem auf Sanierung ausgerichteten Insolvenzplan ist, neben den gesetzlich geforderten rechtlichen Spezifikationen, aufzuzeigen, auf welchem Weg und mit welchen Maßnahmen das Unternehmen wieder nachhaltig überlebensfähig aufgestellt und die Planverbindlichkeiten befriedigt werden können. Neben der **bilanziellen Sanierung** (Bereinigung der Passivseite der Bilanz) durch die Insolvenz ist im Regelfall eine umfangreiche **operative Sanierung des Unternehmens** durchzuführen. Um die beteiligten Gläubiger für den Insolvenzplan zu gewinnen (Zustimmung der Gläubiger zum Insolvenzplan im Erörterungs- und Abstimmungstermin) müssen die Auswirkungen von Liquidation, Asset Deal und Insolvenzplan unter Berücksichtigung von (Aus-/Absonderungs-) Rechten der Gläubiger analysiert und aufgezeigt werden.

Es ist für den Erfolg eines Insolvenzplanes entscheidend, dass möglichst zeitnah ein **Sanierungskonzept** vorliegt bzw. direkt vorgelegt wird, welches die betriebswirtschaftlichen Potenziale und Maßnahmen des betroffenen Unternehmens aufzeigt. Im Idealfall

---

125 BGH, Urt. v. 28.9.2006 – IX ZR 136/05, ZInsO 2006, 1215; BGH, Urt. v. 29.11.2007 – IX ZR 30/07, ZInsO 2008, 91.

wird – auch wenn dem Unternehmen durch das ESUG Zeit für die operative und strategische Neuausrichtung gegeben werden soll – bereits mit Antragstellung ein **vorläufiger Insolvenzplan (Prepackaged Plan)** mit dem Sanierungskonzept eingereicht. Diese Unterlagen werden u.a. verwendet, um den Verfahrensbeteiligten frühzeitig eine erste Vorstellung vom Sanierungsverlauf zu geben.

Nach der gesetzlichen Regelung können auch die Liquidation des Rechtsträgers (sog. **Liquidationsplan**) und die übertragende Sanierung (sog. **Übertragungsplan**) Gegenstand eines Insolvenzplans sein. In der Praxis stehen jedoch Sanierungspläne im Vordergrund, auf deren Basis der insolvente Rechtsträger saniert und nach Aufhebung des Verfahrens weitergeführt werden soll. 3003

bb) Vorteile und Risiken. Insolvenzpläne bieten vielfältige Handlungsalternativen, wenn es um die Restrukturierung eines Unternehmens geht. Ein großer Gestaltungsspielraum bietet aber nicht nur Chancen, sondern auch Risiken, denen eine kompetente Sanierungsberatung begegnen kann. Aus Gesellschaftersicht bestehen die wesentlichen Chancen darin, dass das Unternehmen erhalten bleibt, aus Gläubigersicht besteht im Rahmen eines Insolvenzplanverfahrens die große Chance, wesentlich weniger als in einer Liquidation zu verlieren oder positiv ausgedrückt: Deutlich mehr zu bekommen. Darüber hinaus bleiben Arbeitsplätze erhalten, der Lieferant behält seinen Kunden und die Bundesagentur für Arbeit muss kein Arbeitslosengeld zahlen, wenn die Arbeitsplätze teilweise oder weitgehend erhalten bleiben. 3004

Wesentliche **Risiken** des Insolvenzplanverfahrens bestehen aber in seiner Komplexität und der daraus folgenden Parallelität der Bearbeitungsschritte auf den unterschiedlichen rechtlichen wie unternehmerischen Ebenen. Die Gläubiger müssen vom Sinn des Verfahrens überzeugt werden, die notwendige Liquidität muss sichergestellt sein und es muss nachgewiesen werden, dass auch über die Aufhebung des Verfahrens hinaus das Unternehmen nicht nur operativ sanierungsfähig ist, sondern darüber hinaus auch in der Lage ist, die Planverbindlichkeiten zeitgerecht zu erfüllen. 3005

Besondere **Vorteile** bietet das Insolvenzplanverfahren gegenüber einer übertragenden Sanierung in folgenden Konstellationen: 3006

- Das Unternehmen soll dem Unternehmen bzw. den Anteilseignern erhalten werden.
- Entschuldung und wiederzugewinnenden finanzielle Spielräume sollen genutzt werden.
- Der Schuldner verfügt nur über einen einzigen wesentlichen Vermögensgegenstand.
- Der Schuldner ist Inhaber nicht übertragbarer Rechte.
- Der Schuldner hat langfristige lukrative Verträge abgeschlossen.
- Dem Schuldner droht bei „normaler" Insolvenz der Zulassungsentzug (insb. bei Freiberuflern).
- Natürlichen Personen, die eine Restschuldbefreiung anstreben, soll das mehrjährige gesetzliche Restschuldbefreiungsverfahren erspart werden.

Durch das ESUG wurde die Möglichkeit eingeführt, die Anteils- oder Mitgliedschaftsrechte der am Schuldner beteiligten Personen im Wege eines **Debt-Equity-Swaps** in den Insolvenzplan einzubeziehen (§ 217 S. 2 InsO). Damit werden die Altgesellschafter zu Beteiligten des Planverfahrens, in deren Rechte durch den gestaltenden Teil des Insolvenzplans eingegriffen werden kann (§ 221 InsO). Gemäß der ergänzenden Vorschrift des § 225a Abs. 3 InsO kann durch den Plan jede Regelung getroffen werden, die gesellschaftsrechtlich zulässig ist, insb. die Fortsetzung einer aufgelösten Gesellschaft oder die Übertragung von Anteils- oder Mitgliedschaftsrechten. Durch diese Regelung wurde ein wesentliches Hindernis des Insolvenzplanverfahrens in der Sanierungspraxis beseitigt.

3007 Ein wesentlicher Gesichtspunkt zur Schaffung bzw. zur Verbesserung des Eigenkapitals im Rahmen eines Insolvenzplans ist der **Eingriff in die Rückstellungen**. Insb. Pensionsrückstellungen sind meist unbesichert, auf sie entfällt im Rahmen des Planverfahrens lediglich eine Quote. Ebenfalls erheblich zur Eigenkapitalbildung tragen einige Verbindlichkeiten bei, die während des Verfahrens zwischen Antragstellung und Aufhebung entstehen. Dazu zählen vor allen Dingen die Verbindlichkeiten gegenüber der Bundesagentur für Arbeit im Rahmen der Gewährung von Insolvenzgeld, auf die wiederum auch nur eine Quote entfällt, in gleicher Weise die Verbindlichkeiten gegenüber dem Finanzamt, z.B. aus nicht gezahlter Umsatzsteuer oder sonstigen Verbindlichkeiten.

3008 **cc) Der Insolvenzplan.** Mit einem Insolvenzplan wird – ggf. auch gegen den ausdrücklichen Willen eines Betroffenen – in bestehende Rechte und Forderungen eingegriffen, wobei die Legitimation des Eingriffs in bestehende Rechtsverhältnisse einerseits aus der Mehrheitsentscheidung der Gläubiger und andererseits aus der gerichtlichen Bestätigung dieser Eingriffe folgt. Letztlich hat der Insolvenzplan Strukturen eines Zwangsvergleichs, bei dem sich die Zwangseingriffe aus dem übergeordneten Ziel des Erhalts eines Unternehmens und der darin gebundenen personellen wie sachlichen Infrastruktur ergeben.

3009 Nach § 219 S. 1 InsO besteht ein Insolvenzplan aus einem darstellenden und einem gestaltenden Teil sowie einigen vorgeschriebenen Anlagen (§§ 229, 230 InsO).

3010 Sinn des **darstellenden Teils** ist die ausführliche Information aller Beteiligten, damit eine aussagekräftige Grundlage für die Entscheidung über die Annahme des Plans vorliegt (§ 220 Abs. 2 InsO). Dazu enthält er alle Angaben zu den Grundlagen und den Auswirkungen des Plans, die für die Zustimmung und gerichtliche Bestätigung notwendig sind. Es muss also zunächst die Vermögens-, Finanz- und Ertragslage beschrieben werden, denn diese bietet die Basis für alle Maßnahmen. Ferner wird die Verwertungsart festgelegt, also die Liquidation, die Sanierung oder die „übertragende Sanierung". Notwendig ist eine Vergleichsrechnung, aus der ersichtlich ist, welche Befriedigung die Gläubiger ohne den Insolvenzplan zu erwarten hätten. Denn nur wenn eine Schlechterstellung nicht zu erwarten ist, werden sich die Gläubiger auf den Plan einlassen. Das Sanierungskonzept ist zu erläutern. Dazu gehört die Darstellung der bereits vorgenommenen oder noch vorzunehmenden Betriebsänderungen und anderer organisatorischer und personeller Maßnahmen. Zusätzlich ist in diesem Zusammenhang auch die Verfahrensweise für die Arbeitnehmer aufzunehmen (§ 123 InsO).

3011 Entscheidender Bestandteil des Insolvenzplans ist der **gestaltende Teil**. Denn nach § 221 InsO ist hier festzulegen, wie sich die Rechtsstellung der Beteiligten durch den Plan ändern soll. Beteiligte in diesem Sinne sind der Schuldner sowie die absonderungsberechtigten Gläubiger, die Anteilseigner und die Insolvenzgläubiger. Ausgenommen sind somit die aussonderungsberechtigten Gläubiger und die Massegläubiger, die aber natürlich einen freiwilligen Sanierungsbeitrag leisten können. Die Massegläubiger sind generell voll zu befriedigen (Ausnahme: der Plan bei Masseunzulänglichkeit (§ 210a InsO)).

Im Insolvenzplan können fakultativ auch **Regelungen zur Geltendmachung oder Nichtgeltendmachung von Anfechtungs-, Erstattungs- oder Haftungsansprüchen** getroffen werden, sofern hier eine transparente Darstellung gegenüber den Gläubigern im Plan erfolgt. Insoweit sind auch diese Ansprüche dann plandispositiv. In Einzelfällen kann die Nichtgeltendmachung durchaus gerechtfertigt sein, etwa dann, wenn die Gesellschafter Sanierungsbeiträge nach dem Plan leisten sollen, die sie nur erbringen können, wenn hinsichtlich im Raum stehender Anfechtungsansprüche Planungssicherheit herrscht. Hier ist es Aufgabe der Planersteller im Rahmen einer Vergleichsrechnung deutlich zu machen, dass die wirtschaftlichen Vorteile der Nichtgeltendmachung solcher Ansprüche die zu erwartenden Zuflüsse aus der Geltendmachung übersteigen, was i.d.R. dann unproblematisch sein dürfte, wenn aufgrund der nachhaltigen Sanierung des insolventen Unternehmens langfristige Umsätze der betroffenen Gläubiger generiert werden können. 3012

Die **Gläubiger** werden nach ihrer Rechtsstellung in **Gruppen** eingeteilt (§ 222 InsO). Vorgeschrieben sind je eine Gruppe für die **absonderungsberechtigten Gläubiger**, die **nicht nachrangigen Insolvenzgläubiger**, die **nachrangigen Insolvenzgläubiger** nach ihrer Rangklasse und die **Arbeitnehmer**, sofern diese mit nicht unerheblichen Forderungen beteiligt sind. Darüber hinaus können trotz gleicher Rechtsstellung einzelne Gruppen für Gläubiger mit ähnlichen wirtschaftlichen Interessen gebildet werden, wenn eine sachgerechte Abgrenzung möglich ist (§ 222 Abs. 2 InsO). Die **Anteilseigner** erhalten eine oder mehrere Gruppen, je nach Beteiligungsart und vorgesehenen Regelungen. Die Gläubiger können durch den debt-to-equity-swap zu Anteilseignern werden.[126]Sinn ist die Sicherstellung der Gläubigergleichbehandlung. Nur innerhalb der Gruppen gilt der Gleichbehandlungsgrundsatz (§ 226 Abs. 1 InsO), sofern nicht alle betroffenen Beteiligten Abweichungen zustimmen. Die Sonderbehandlung einzelner Gläubiger außerhalb des Insolvenzplans ist stets nichtig (§ 226 Abs. 3 InsO). 3013

Ist im Insolvenzplan nichts anderes vorgesehen, wird der Schuldner und persönlich haftende Gesellschafter gem. § 227 InsO von den restlichen Verbindlichkeiten befreit. Es kann die Ermächtigung erteilt werden (§ 259 Abs. 3 InsO), dass der Verwalter anhängige Anfechtungsprozesse für Rechnung des Schuldners fortführt; diese müssen allerdings dann bis zur Verfahrensaufhebung rechtshängig sein.[127] 3014

b) Der Ablauf des Planverfahrens

Das Insolvenzplanverfahren lässt sich in **sechs Verfahrensabschnitte** aufteilen: 3015

- Vorlage des Insolvenzplans (§ 218 InsO),
- gerichtliches Vorprüfungsverfahren (§§ 231 ff. InsO),
- Annahme des Insolvenzplans im Erörterungs- und Abstimmungstermin (§§ 235 ff. InsO),
- gerichtliche Bestätigung des Insolvenzplans (§§ 248 ff. InsO),
- Aufhebung des Insolvenzverfahrens (§ 258 InsO),
- fakultativ: Überwachung der Planerfüllung (§ 260 ff. InsO).

aa) Zur **Vorlage eines Insolvenzplans** sind der Insolvenzverwalter und der Schuldner berechtigt (§ 218 Abs. 1 S. 1 InsO). Den Gläubigern steht kein eigenes Vorlagerecht zu. 3016

126 Musterformulierungen bei *Weber/Schneider*, ZInsO 2012, 374.
127 BGH, Urt. v. 11.4.2013 – IX ZR 122/12, ZInsO 2013, 985.

Sie können allerdings den Insolvenzverwalter beauftragen, einen Plan vorzulegen (§§ 157 S. 2, 218 Abs. 2 InsO). Im Verfahren der Eigenverwaltung ist der Auftrag an den Sachwalter oder den Schuldner zu richten (§ 284 Abs. 1 InsO). Der Schuldner kann die Vorlage mit seinem Antrag auf Insolvenzeröffnung verbinden (§ 218 Abs. 1 S. 2 InsO). Letzter Zeitpunkt für die Vorlage eines Plans ist der Schlusstermin (§ 218 Abs. 1 S. 3 InsO).

3017 **bb)** Nach Vorlage des Plans hat das Insolvenzgericht eine **Vorprüfung** durchzuführen. Der Maßstab der gerichtlichen Prüfung hängt davon ab, wer den Plan vorgelegt hat. Ein Verwalterplan ist nur auf die Einhaltung der gesetzlichen Mindesterfordernisse hin zu überprüfen und nur bei deren Nichteinhaltung zurückzuweisen (§ 231 Abs. 1 Nr. 1 InsO). Ein Schuldnerplan ist dagegen auch dann zurückzuweisen, wenn er entweder offensichtlich keine Aussicht auf Annahme durch die Gläubiger, auf Bestätigung durch das Gericht hat (§ 231 Abs. 1 Nr. 2 InsO) oder offensichtlich nicht erfüllbar ist (§ 231 Abs. 1 Nr. 3 InsO). Besteht der vorgelegte Plan die gerichtliche Vorprüfung, so leitet das Gericht den Plan unter Fristsetzung den in § 232 InsO genannten Personen und Organen zur Stellungnahme zu.

3018 **cc)** Nach Niederlegung des Plans mit den eingegangenen Stellungnahmen auf der Geschäftsstelle des Gerichts bestimmt gem. § 234 InsO das Insolvenzgericht einen **Erörterungs- und Abstimmungstermin** (§ 235 InsO), der nicht vor dem allgemeinen Prüfungstermin stattfinden, aber mit diesem verbunden werden darf (§ 236 InsO). In der Praxis eher selten ist demgegenüber die Bestimmung eines gesonderten Abstimmungstermins (§ 241 InsO), an dem die Gläubiger ihr Stimmrecht dann schriftlich ausüben können (§ 242 InsO). Zu dem Termin stellt der Planinitiator den Plan vor, der anschließend – ebenso wie die Stimmrechte der Gläubiger – erörtert werden soll. Gem. § 240 InsO hat der Initiator das Recht, aufgrund der Erörterung noch im Termin einzelne Regelungen des vorgelegten Plans zu ändern. Im Anschluss an die Erörterung wird über den – ggf. geänderten – Plan abgestimmt, nachdem eine Stimmliste erstellt worden ist (§ 239 InsO).

Im Hinblick auf die Stimmrechte der Insolvenzgläubiger gibt § 237 InsO vor, dass sich insofern das Stimmrecht der Insolvenzgläubiger nach dem **Stimmrecht in einer Gläubigerversammlung** richtet. Absonderungsberechtigte Gläubiger dürfen an der Abstimmung nur teilnehmen, wenn der Schuldner ihnen gegenüber persönlich haftet und sie auf die abgesonderte Befriedigung verzichten oder ausfallen würden, in Höhe des Ausfalls nehmen sie dann auch an den Abstimmungen teil. Gläubiger haben hingegen gem. § 237 Abs. 2 InsO kein Stimmrecht, sofern sie durch den Insolvenzplan nicht berührt werden. Die jeweiligen Stimmrechte der Gläubiger werden in einer Stimmliste festgehalten, die gem. § 239 InsO vom Urkundsbeamten der Geschäftsstelle geführt wird. Die Abstimmung über den Insolvenzplan selbst erfolgt in Gruppen. Gem. § 243 InsO stimmt dabei jede Gruppe gesondert über den Insolvenzplan ab. Die Einteilung der Gruppen ergibt sich wiederum aus dem Insolvenzplan. In jeder Gläubigergruppe muss die Mehrheit dem Insolvenzplan zustimmen. Nach § 244 Abs. 1 InsO sind dabei sowohl Kopfmehrheit als auch Summenmehrheit erforderlich. Die Summe der Ansprüche und der zustimmenden Gläubiger muss mehr als die Hälfte der Summe der Ansprüche der abstimmenden Gläubiger betragen (§ 244 Abs. 1 InsO).

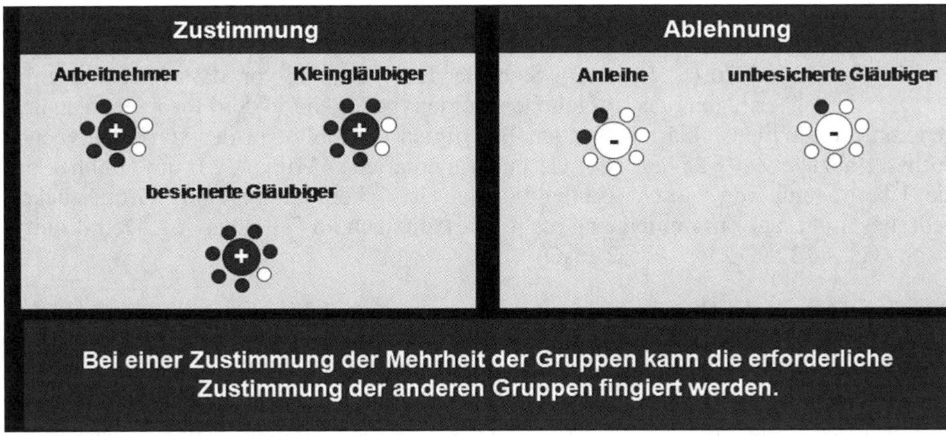

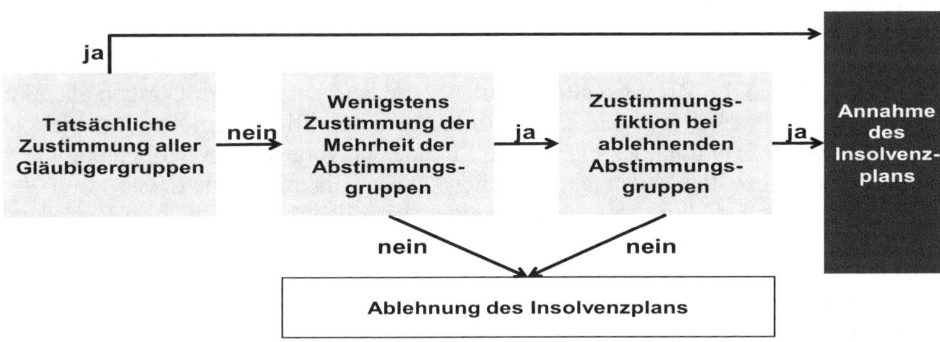

Nach § 245 InsO gilt die Zustimmung zu einem Insolvenzplan als erteilt, wenn die Verweigerung zur Zustimmung des Plans einen Missbrauch darstellen würde **(Obstruktionsverbot).** Gem. § 245 Abs. 1 InsO gilt danach eine Zustimmung als erteilt, wenn die Gläubiger dieser Gruppe durch den Insolvenzplan voraussichtlich nicht schlechter gestellt werden, als sie ohne einen Plan stünden, außerdem die Gläubiger dieser Gruppe angemessen an dem wirtschaftlichen Wert beteiligt werden, der auf der Grundlage des Plans den Beteiligten zufließen soll, und die Mehrheit der abstimmenden anderen Gruppen dem Plan mit den erforderlichen Mehrheiten zugestimmt hat. Liegen diese Voraussetzungen vor, so wird die verweigerte Zustimmung durch einen **gerichtlichen Beschluss** ersetzt. **3019**

Es bedarf im Übrigen der Schuldnerzustimmung für den Plan (§ 247 InsO), wobei die Zustimmung als erteilt gilt, sofern er nicht spätestens im Abstimmungstermin widerspricht. Der Widerspruch ist aber unbeachtlich, wenn der Schuldner durch den Plan nicht schlechter gestellt wird und kein Gläubiger einen Wert erhält, der den Betrag seines Anspruchs übersteigt (§ 247 Abs. 2 InsO). **3020**

dd) Schließlich folgt die **gerichtliche Bestätigung**. Dies ist die letzte Hürde, denn nach § 250 InsO gilt ein Einhaltungsgebot für Verfahrensvorschriften und gem. § 251 **3021**

InsO ein Minderheitenschutz. Es gilt, dass mit der rechtskräftigen Bestätigung durch das Insolvenzgericht die im gestaltenden Teil des Insolvenzplans vorgesehenen **Wirkungen unmittelbar eintreten** (§ 254 InsO). Sieht der Insolvenzplan vor, dass Rechte begründet, geändert, übertragen oder aufgehoben werden, gelten die in dem Insolvenzplan aufgenommenen Willenserklärungen allen Beteiligten gegenüber in der vorgeschriebenen Form als abgegeben (§ 254a InsO). Gesonderte notarielle Verträge, z.B. im Hinblick auf die Übertragung von Geschäftsanteilen oder der Übereignung eines Grundstückes, bedarf es in diesem Zusammenhang nicht. Dies gilt auch im Fall eines sog. Debt-Equity-Swap (vgl. §§ 225a, 254a Abs. 2 InsO).

Das Gericht kann die Bestätigung versagen, wenn ein Gläubiger spätestens im Abstimmungstermin widersprochen hat und durch die Bestimmungen des Insolvenzplans schlechter gestellt wird, als er ohne den Plan stünde („Vergleichsrechnung"). Gerade diese Feststellung ist für das Gericht schwierig. Eine Orientierung sollte erfolgen an der Vergleichsrechnung (Rn. 3010). Der Gläubiger muss glaubhaft machen, dass seine Schlechterstellung wahrscheinlicher ist als seine Nicht-Schlechterstellung.

3022 Gem. § 257 Abs. 1 InsO können Insolvenzgläubiger, deren Forderungen festgestellt wurden, aus dem rechtskräftig bestätigten Insolvenzplan in Verbindung mit der Eintragung in die Tabelle wie aus einem vollstreckbaren Urteil ihre Forderung gegenüber dem Schuldner im Wege der **Zwangsvollstreckung** beitreiben. Dies gilt im Übrigen auch für eine Zwangsvollstreckung gegen einen Dritten, der schriftlich dem Insolvenzgericht gegenüber für die Erfüllung des Plans ohne Einrede der Vorausklageverpflichtung übernommen hat. Wird die Vollstreckung seitens eines Gläubigers betrieben, weil der Schuldner mit der Erfüllung seiner planmäßigen Verpflichtung erheblich in Rückstand geraten ist, hat der Gläubiger zur Erteilung der Vollstreckungsklausel auch noch die Mahnung und den Ablauf der nach Fristsetzung entsprechend glaubhaft zu machen. Für die Erteilung der Vollstreckungsklausel ist ausschließlich das Insolvenzgericht gem. §§ 257 Abs. 1, 202 Abs. 1 Nr. 1 InsO zuständig.

3023 **ee)** Das **Insolvenzverfahren** ist nach der rechtskräftigen Bestätigung gem. § 258 InsO **aufzuheben**; der Insolvenzverwalter hat die unstreitigen Masseansprüche zu berichtigen und für die streitigen Sicherheit zu leisten. Die Ämter des Insolvenzverwalters und des Gläubigerausschusses erlöschen. Der Schuldner erhält das Recht zurück, über die Masse frei zu verfügen (§ 259 Abs. 1 InsO). Vor allem im Rahmen eines Sanierungsplans wird allerdings häufig die Überwachung der Planerfüllung vorgesehen, die i.d.R. Sache des Insolvenzverwalters ist (§§ 260, 261 InsO). Die Überwachung ist aufzuheben, wenn der Plan erfüllt oder dessen Erfüllung gewährleistet ist oder drei Jahre verstrichen sind (§ 268 InsO).

c) Strategische Überlegungen zur Rolle des Gerichts

3024 Ein ganz wesentlicher Faktor für die erfolgreiche Sanierung eines Unternehmens im Wege des Insolvenzplanverfahrens in Eigenverwaltung (Sanierung unter Insolvenzschutz) ist die schnelle Durchführung des Verfahrens und damit eine möglichst frühzeitige Abstimmung der Gläubiger über den Insolvenzplan, um bei den Kunden und Lieferanten Vertrauen in die Wiederherstellung des „normalen geschäftlichen Alltags" herzustellen.

Um dies bewerkstelligen zu können, hat es sich in der Praxis bewährt, den Zeitpunkt der Einreichung des finalen Plans bei Gericht zusammen mit den Abstimmungsterminen von Anfang an mit dem zuständigen Insolvenzgericht vorab mündlich zu besprechen. Da der Erörterungs- und Abstimmungstermin nach § 236 InsO nicht vor dem Prüfungstermin stattfinden darf, sollte auf eine möglichst frühzeitige Terminierung des Berichts- und Prüfungstermins hingewirkt werden und die Gerichte zeigen sich insoweit auch durchweg als sehr kooperationsbereit. Nach den §§ 28 Abs. 1 S. 2, 29 Abs. 1 Nr. 2 InsO, 30, 9 Abs. 1 S. 3 InsO können diese Termine frühestens drei Wochen nach erfolgter Bekanntmachung der Verfahrenseröffnung stattfinden. Die weitere Abstimmung mit dem Insolvenzgericht ist bis zur Aufhebung des Verfahrens eng zu führen. Im Interesse einer Beschleunigung des Verfahrens sollte sichergestellt werden, dass zwischen Bestätigung des Insolvenzplanes und Aufhebung des Verfahrens nicht zu viel Zeit verlorengeht.

Falls der Plan nun im Rahmen eines § 270a InsO-Verfahrens unmittelbar nach Verfah- 3025
renseröffnung beim Gericht eingereicht wird (oder bei § 270b InsO-Verfahren innerhalb der Frist des § 270b Abs. 1 InsO), besteht die Möglichkeit, dass der Richter nach Zulassung des Plans den Erörterungs- und Abstimmungstermin ebenfalls auf den gleichen Tag des vorher festgesetzten Berichts- und Prüfungstermins anberaumt (vgl. § 236 S. 2 InsO). In einem beim AG München (Az.: 1507 IN 4021/13) durchgeführten Planverfahren konnte auf diese Weise das Planverfahren schon nach viereinhalb Monaten nach Antragstellung beendet werden. Das eröffnete Insolvenzverfahren dauerte gerade einmal zweieinhalb Monate. Freilich wird dies zunächst nur bei eher einfachen Insolvenzplänen mit überschaubaren Gläubigergruppen gelingen, aber es zeigt, wie in einem dialogorientierten Miteinander Sanierungsszenarien im Interesse aller Beteiligten zügig umgesetzt werden können. Was im Ergebnis dann natürlich auch dazu führt, dass die gerichtliche Bearbeitung des Verfahrens bereits nach wenigen Monaten und nicht erst nach mehreren Jahren ad acta gelegt werden kann. Wirtschaftlich ein auch für die Justiz sehr effektiver Weg, denn die gerichtlichen Gebühren decken den Aufwand unabhängig von der Dauer ab, sodass auch insoweit ein enormer Kosten-Nutzen-Effekt aufgrund der schnellen Abarbeitung eintritt.

Verfahren A				**Verfahren B**			
Datum	**Aktion**	**Zeitspanne in Tagen**	**Dauer in Tagen**	**Datum**	**Aktion**	**Zeitspanne in Tagen**	**Dauer in Tagen**
18.3.2010	Antrag auf Eröffnung		0	22.10.2010	Antrag auf Eröffnung		0
18.3.2010	Anordnung Sicherungs-maßnahmen	0	0	22.10.2010	Anordnung Sicherungs-maßnahmen	0	0
1.6.2010	Eröffnung	75	75	31.12.2010	Eröffnung	70	70
6.7.2010	Vorlage Insolvenz-plan	35	110	10.3.2011	Berichts-Prü-fungstermin	69	139
4.8.2010	Berichts-Prüfungs-termin	29	139	26.5.2011	Vorlage Insol-venzplan	77	216
4.8.2010	Abstim-mung Insolvenz-plan	0	139	26.5.2011	Abstimmung Insolvenzplan	0	216

Verfahren A				**Verfahren B**			
Datum	**Aktion**	**Zeitspanne in Tagen**	**Dauer in Tagen**	**Datum**	**Aktion**	**Zeitspanne in Tagen**	**Dauer in Tagen**
28.10.2010	Bestätigung Insolvenzplan	85	224	10.8.2011	Bestätigung Insolvenzplan	76	292
1.12.2010	Aufhebung Insolvenzverfahren	34	258	1.10.2011	Aufhebung Insolvenzverfahren	52	344

Schaubild: Typische zeitliche Abläufe von Insolvenzplanverfahren

II. Insolvenzrechnungslegung

3026 Mit der Eröffnung des Insolvenzverfahrens werden die **Rechnungslegungspflichten** auf den Insolvenzverwalter übertragen. Hierbei muss zwischen der insolvenzrechtlichen Rechnungslegung (internen Rechnungslegung) und der Fortführung der handelsrechtlichen Rechnungslegung (externen Rechnungslegung) unterschieden werden. Die insolvenz-, handels- und steuerlichen Rechnungslegungspflichten bestehen nebeneinander, sodass man in diesem Zusammenhang auch von dem dualen bzw. zweifachen Rechnungslegungserfordernis spricht. Die Darstellung darf daher nicht in einem Rechenwerk erfolgen.[128]

1. Externe Rechnungslegung

3027 Die handelsrechtlichen Rechnungslegungspflichten sind in den §§ 238 ff. HGB geregelt. Sie betreffen den schuldnerischen Unternehmer, sofern er buchführungs- und rechnungslegungspflichtig ist. Anders als die interne Rechnungslegung dient die externe Rechnungslegung hauptsächlich der Öffentlichkeit etwa potenziellen Erwerbern, Kreditgebern, Lieferanten und dem Fiskus. Darüber hinaus ist sie aber auch für Gläubiger, Schuldner und im Falle einer Insolvenz für das Insolvenzgericht relevant.[129]

a) Besondere Rechnungslegungspflichten in der Insolvenz

3028 Bei den externen Rechnungslegungswerken handelt es sich um die Schlussbilanz der werbenden Gesellschaft, die handelsrechtliche Eröffnungsbilanz ggf. mit Erläuterungsbericht, die handelsrechtlichen Jahresabschlüsse, die handelsrechtliche Schlussbilanz der insolventen Gesellschaft und die Konzernabschlüsse und Konzernlageberichte.[130]

3029 Zur Erstellung von handelsrechtlichen Jahresabschlüssen ist der Insolvenzverwalter auch nach Eröffnung des Insolvenzverfahrens verpflichtet, sofern es den von ihm verwalteten Teil des Vermögens betrifft (vgl. § 155 InsO).[131] Die handelsrechtlichen Vorschriften, insb. nach §§ 238 ff. HGB sind daher zu berücksichtigen, soweit sie die Insolvenzmasse betreffen. Die vorgenannten Vorschriften beschäftigen sich mit der Führung

128 *Hillebrand*, BBB 9/2007, 266 ff.
129 Weiteres dazu in: IDW RH HFA 1.012, WPg Supplement 2/2014, S. 22 ff., FN-IDW 6/2014, S. 385 ff.; *Litta*, in: Reul/Heckschen/Wienberg, Insolvenzrecht in der Gestaltungspraxis, 2. Aufl. 2018, Rn. 214–218.
130 *Hillebrand*, WPg 8.2016, S. 465 ff.
131 BGH, Urt. v. 16.9.2010 – IX ZR 121/09, ZIP 2010, 2164.

von Handelsbüchern für Kaufleute im Allgemeinen und für Kapitalgesellschaften im Besonderen. Der Insolvenzverwalter muss danach die **handelsrechtliche Rechnungslegung** mit den im Folgenden genannten Ausnahmen in vollem Umfang weiterführen. Ausnahmsweise ist dem nicht so, wenn eine Rechnungslegung nicht möglich ist, weil etwa überhaupt keine Buchhaltungsunterlagen vorhanden sind; dann liegt ein Fall der Unmöglichkeit vor.

Eine Pflicht des Insolvenzverwalters zur handelsrechtlichen Rechnungslegung bezieht sich auch auf die Buchführungspflichten vor Insolvenzeröffnung, soweit diese bis zum Zeitpunkt der Eröffnung des Insolvenzverfahrens noch nicht erfüllt wurden.[132]

Die externe (handels- und steuerrechtliche) Rechnungslegung, die vom Insolvenzverwalter für den Schuldner erstellt wird, dient neben den Beteiligten des Unternehmens auch der breiten Öffentlichkeit und der Finanzverwaltung als Informationsgrundlage. Für Kapitalgesellschaften gelten spezielle Vorschriften unter anderem § 270 AktG und § 71 GmbHG, die zwar explizit nur für die Liquidation gelten, aber nach h.M. wohl auch die Weiterführung der handelsrechtlichen Rechnungslegung in der Insolvenz beinhalten.[133]

Mit der **Eröffnung des Insolvenzverfahrens** beginnt nach § 155 Abs. 2 S. 1 InsO stets **3030**
ein neues **Geschäftsjahr**.[134] Dieses Geschäftsjahr besteht von der Eröffnung für maximal zwölf Monaten. Um dem Kalenderjahr oder dem bisherigen Wirtschaftsjahr treu zu bleiben, kann es auf ein sog. **Rumpf-Geschäftsjahr** verkürzt werden. Von einem Rumpf-Geschäftsjahr spricht man auch in Bezug auf das vor der Insolvenzeröffnung abschließende Geschäftsjahr. Ausnahmsweise gilt dies nicht, wenn das Datum der Insolvenzeröffnung zufällig auf das Ende des regulären Geschäftsjahrs fällt.[135] Im Beschluss vom 14.10.2014 stellt der BGH klar, dass der Insolvenzverwalter nach Eröffnung des Insolvenzverfahrens auf das bisherige Geschäftsjahr zurückkehren und infolgedessen ein Rumpfgeschäftsjahr bilden darf. Für die Rückkehr zum satzungsmäßigen Stichtag bedarf es keiner Zustimmung der Gesellschafterversammlung oder Hauptversammlung. Bei Kapitalgesellschaften besteht die zusätzliche Voraussetzung, dass eine Anmeldung zur Eintragung in das Handelsregister – angesichts des Grundsatzes der Registerwahrheit – erfolgt. Nach der jüngsten Rechtsprechung des BGH ist dies aber noch zu einem späteren Zeitpunkt möglich, wenn eine sonstige Mitteilung zur Information an das Registergerichts innerhalb von zwölf Monaten ab Insolvenzeröffnung erfolgt.[136] Das hat zur Folge, dass die Handelsregistereintragung nicht konstitutiv wirkt und die Rückkehr zum satzungsgemäßen Geschäftsjahr bereits mit der Mitteilung an das Registergericht wirksam ist.

Bisher wurde noch nicht durch höchstrichterliche Rechtsprechung geklärt, ob der Insol- **3031**
venzverwalter ohne Gesellschafterbeschluss auch ein vom satzungsmäßigen Stichtag

---

132 IDW RH HFA 1.012, Externe (handelsrechtliche) Rechnungslegung im Insolvenzverfahren (Stand: 11.9.2015), Rn. 4.

133 IDW RH HFA 1.012, Externe (handelsrechtliche) Rechnungslegung im Insolvenzverfahren (Stand: 11.9.2015), Rn. 16 ff.

134 Unabhängig davon, ob es sich um ein Regel- oder Planverfahren bzw. ein fremd- oder eigenverwaltetes Verfahren handelt.

135 Weiterführende Literatur: *Hancke/Schildt*, NZI 2012, 127.

136 Vgl. BGH, Beschl. v. 14.10.2014 – II ZB 20/13, DStR 2015, 178; zuvor anders: OLG Frankfurt, Beschl. v. 21.5.2012 – 20 W 65/12, ZIP 2012, 1617.

abweichendes Datum wählen darf. Diese Konstellation sollte jedoch nicht sehr praxisrelevant sein. In diesem Fall ist wohl bei Kapitalgesellschaften ein satzungsändernder Gesellschafterbeschluss erforderlich, da der Insolvenzverwalter in Zukunft sowohl von den gesellschaftsvertraglichen als auch von den in § 155 Abs. 2 InsO getroffenen Regelungen abweichen möchte.

3032 Wollen die Verantwortlichen das von der Satzung **abweichende Geschäftsjahr** nach der Beendigung des Insolvenzverfahrens aufrechterhalten, ist dafür ein satzungsändernder Gesellschafterbeschluss erforderlich.[137] Wenn das Unternehmen nach Beendigung des Insolvenzverfahrens fortgeführt wird, erfolgt die Rückkehr zum ursprünglichen Geschäftsjahresrhythmus automatisch und es beginnt ein neues Rumpf-Geschäftsjahr.[138]

Es empfiehlt sich, vor dem Hintergrund der Maßgeblichkeit der handelsrechtlichen Rechnungslegung für die steuerliche Rechnungslegung sowie die Umsatzsteuer, möglichst schnell zum Kalenderjahr als Geschäftsjahr zurückzukehren.

3033 Gem. § 155 Abs. 2 S. 2 InsO wird der Zeitraum von der Insolvenzeröffnung bis zum Berichtstermin nicht in die Fristberechnung für die Aufstellung und Offenlegung der handelsrechtlichen Rechenwerke einbezogen. Die Frist kann im Umfang von sechs Wochen bis zu drei Monaten verlängert werden. Diese Verlängerung ist damit zu begründen, dass dem Insolvenzverwalter so eine Doppelbelastung durch Erstellung interner und externer Rechnungswerke erspart bleibt.[139]

3034 Das eigenverwaltete Verfahren gem. §§ 270 ff. InsO unterscheidet sich nach IDW RH HFA 1.012 nur unwesentlich von den allgemeinen Voraussetzungen.[140] Zunächst nimmt § 155 InsO keine Unterscheidung zwischen **Eigen- und Fremdverwaltung** vor. Darüber hinaus bleiben mangels eines Insolvenzverwalters die Verwaltungs- und Verfügungsbefugnis beim Schuldner und die Rechnungslegungspflichten bei den Organen. Wird gegen die Rechnungslegungspflichten verstoßen, zeigt der Sachwalter dies dem Gläubigerausschuss und dem Insolvenzgericht an.

3035 Hinsichtlich der Aufstellung von Konzernabschlüssen in der Insolvenz sind die **Konzernrechnungslegungsvorschriften** nach §§ 290 ff. HGB und §§ 11 ff. PublG uneingeschränkt anwendbar. Ein Tochterunternehmen braucht gem. § 296 Abs. 1 Nr. 1 HGB in den Konzernabschluss nicht einbezogen zu werden, wenn erhebliche und andauernde Beschränkungen die Ausübung der Rechte des Mutterunternehmens in Bezug auf das Vermögen oder die Geschäftsführung dieses Unternehmens nachhaltig beeinträchtigen. Dies setzt voraus, dass durch das Mutterunternehmen ein beherrschender Einfluss nach § 290 Abs. 2 HGB vorliegt. Davon kann einzelfallabhängig unwiderlegbar ausgegangen werden, wenn das Mutterunternehmen die Stimmrechtsmehrheit an der insolventen Tochtergesellschaft hält, das Recht besteht, die die Finanz- und Geschäftspolitik bestimmenden Verwaltungs-, Leitungs- oder Aufsichtsorgane zu bestellen oder sie einen beherrschenden Einfluss aufgrund eines abgeschlossenen Beherrschungsvertrags ausüben kann. Wann der beherrschende Einfluss jedoch beschränkt wird, ist streitig. Ob bereits im vorläufigen Insolvenzverfahren der beherrschende Einfluss eingegrenzt wird und von einem Einbeziehungs-/Konsolidierungswahlrecht auszugehen ist oder dieses

137 IDW RH HFA 1.012, Rn. 11.
138 IDW RH HFA 1.012, Rn. 11.
139 IDW RH HFA 1.012, Rn. 33.
140 IDW RH HFA 1.012, Rn. 47 ff.

von der Ausgestaltung der Rechte des vorläufigen Insolvenz- bzw. Sachwalters abhängt, wurde bei der Überarbeitung des IDW RH HFA 1.012 diskutiert. Der IDW vertritt die Auffassung, dass bereits mit Eröffnung des Antragsverfahrens die Interessen des Mutterunternehmens zurücktreten müssen,[141] um eine bestmögliche Gläubigerbefriedigung ermöglichen zu können. Das Mutterunternehmen hat daher mit Eröffnung des vorläufigen Verfahrens nach § 296 Abs. 1 Nr. 1 HGB ein Wahlrecht, das insolvente Tochterunternehmen einzubeziehen.

aa) Schlussbilanz der werbenden Gesellschaft. Als abschließende Rechnungslegung der werbenden Unternehmung besteht die Verpflichtung nach §§ 238, 242 Abs. 1 S. 1, 264 HGB und den Grundsätzen ordnungsgemäßer Buchführung auf den Tag vor Insolvenzeröffnung eine Schlussbilanz inklusive einer Gewinn- und Verlustrechnung (GuV) und ggf. einen Anhang und einen Lagebericht aufzustellen. Obwohl es der Terminus „Schlussbilanz" anders vermuten lässt, handelt es sich hierbei um einen **vollwertigen Jahresabschluss**. **3036**

Mit der Eröffnung des Insolvenzverfahrens geht die Rechnungslegungspflicht gem. § 80 InsO von den Gesellschaftsorganen auf den Insolvenzverwalter über.

Die Schlussbilanz der werbenden Gesellschaft wird nach den allgemeinen **Bilanzierungsvorschriften des HGB** aufgestellt. Der Ansatz und Bewertung richten sich danach, ob das **„Going Concern"-Prinzip** nach dem vom Insolvenzverwalter aufgestellten Unternehmenskonzept anwendbar ist. Dabei ist folgende Faustregel zu beachten: Wenn der Insolvenzverwalter beabsichtigt, das Unternehmen länger als zwölf Monate fortzuführen, kann „Going Concern" angenommen werden. Ist dem nicht so, erfolgen der Ansatz und die Bewertung nach Zerschlagungsgesichtspunkten.

bb) Eröffnungsbilanz und Erläuterungsbericht. Daneben muss eine handelsrechtliche Eröffnungsbilanz auf den Tag der Insolvenzeröffnung aufgestellt werden.[142] Laut h.M. sind die Geschäftsvorfälle nicht nach der genauen Uhrzeit der Insolvenzeröffnung abzugrenzen.[143] Es findet aufgrund insolvenzrechtlicher Besonderheiten der Grundsatz des **Bilanzzusammenhangs** gem. § 252 Abs. 1 Nr. 1 HGB keine Anwendung. **3037**

Es muss eine **Rückstellung** für drohende Verluste aus der Abwicklung gebildet werden, welche folgende Aufwendungen beinhaltet: Gerichtskosten, Aufwendungen für den vorläufigen Insolvenzverwalter, den Insolvenzverwalter, den Gläubigerausschuss und die Freisetzung von Arbeitnehmern (Sozialplan, Abfindung). Zu berücksichtigen ist, dass die Eröffnungsbilanz und die Schlussbilanz der werbenden Gesellschaft bei der Insolvenzeröffnung nicht mehr identisch sind. **3038**

Zur Erstellung der **Eröffnungsbilanz** müssen alle Vermögensgegenstände durch körperliche Bestandsaufnahme und die Schulden durch Buchinventur nach den Grundsätzen ordnungsgemäßer Inventur erfasst werden. Man geht von einer umfassenden Stichtagsinventur aus. Das Inventurvereinfachungsverfahren i.S.d. § 241 HGB kommt hier nicht zur Anwendung. Die Eröffnungsbilanz wird dabei mit dem Verzeichnis der Massegegen- **3039**

---

141 Eine andere Ansicht will das Wahlrecht von der Ausgestaltung der Rechte des vorläufigen Insolvenz- bzw. Sachwalters abhängig machen.

142 Weiterführende Literatur: *Schmitt/Möhlmann-Mahlau*, NZI 2007, 703.

143 IDW Abteilung Rechnungslegung.

stände gem. § 151 InsO und dem Gläubigerverzeichnis gem. § 152 InsO abgestimmt.[144] Bei Kapitalgesellschaften gilt die Besonderheit, dass die Eröffnungsbilanz um einen die Bilanz erläuternden Bericht zu ergänzen ist (vgl. § 270 Abs. 1 AktG bzw. § 71 Abs. 1 GmbHG analog). Dabei sollen die Eröffnungsbilanz und insb. die insolvenzspezifischen Besonderheiten, wie etwa eine abweichende Gliederung, Ausführungen zum Verfahrensstand, zur Dauer des Verfahrens und geplante bzw. ergriffene Maßnahmen, dargelegt werden. Sämtliche Bilanzposten müssen nicht aufgeführt werden. Nur wesentliche Posten, die in ihrer Höhe bedeutsam sind oder auf das Insolvenzverfahren eine erhebliche Bedeutung ausüben, sind darzustellen. Einzelne Bilanzpositionen müssen erläutert werden, wenn eine Abweichung von den allgemeinen Ansatz- und Bewertungsvorschriften gegeben ist. Der Grundsatz der Wesentlichkeit ist auch hier zu beachten.

3040 **cc) Handelsrechtliche Jahresabschlüsse während des Insolvenzverfahrens.** Für handelsrechtliche Jahresabschlüsse während des Insolvenzverfahrens gilt, dass zu jedem Geschäftsjahresende eine **Bilanz, eine Gewinn- und Verlustrechnung** aufzustellen ist. Die Gesetze wie z.B. § 42a GmbHG bestimmen, dass die Feststellung der Jahresabschlüsse die Aufgabe der **Gesellschafterversammlung** und nicht des Insolvenzverwalters ist. Der Insolvenzverwalter muss nur, sofern erforderlich, dafür sorgen, dass eine ordnungsgemäße Feststellung durch die Gesellschafter erfolgt.

Auch hier gilt die Umstellung des Geschäftsjahres auf das Insolvenzgeschäftsjahr, welche gem. § 4a Abs. 1 S. 2 Nr. 2 S. 2 EStG ohne Zustimmung des Finanzamtes möglich ist.

3041 Bei Vorliegen einer Kapital- und Personenhandelsgesellschaft i.S.d. § 264a Abs. 1 HGB ist daneben, mit Ausnahme von kleinen Kapitalgesellschaften, ein **Anhang und Lagebericht** erforderlich. Der Insolvenzverwalter darf den Lagebericht auch als „Sprachrohr" seiner erfolgreichen Tätigkeit verwenden, wenn er über die rechtlichen Besonderheiten sowie den bisherigen Verfahrensablauf, soweit dies für die Beurteilung in der gegenwärtigen Lage bedeutsam ist, berichtet. Darüber hinaus muss der Lagebericht Ausführungen über die Auswirkungen der Verfahrenseröffnung auf den betrieblichen Leistungsprozess enthalten.

3042 **dd) Die Zwischenbilanz.** Läuft das Verfahren länger als zwölf Monate, muss der Insolvenzverwalter, Zwischenbilanzen zu jedem Jahresende, also zwölf Monate nach Insolvenzeröffnung bzw. zum Ende des Geschäftsjahres, aufstellen. Hierbei sind die allgemeinen handelsrechtlichen Grundsätze zu beachten. Das bedeutet, dass Kapitalgesellschaften zur Aufstellung von Anhang und Lagebericht neben der Bilanz und der GuV verpflichtet sind. Zu jedem Stichtag erfolgt eine erneute Prüfung, ob die Grundsätze des „Going Concern" noch gegeben sind.

3043 **ee) Die handelsrechtliche Schlussbilanz.** Mit Beendigung des Insolvenzverfahrens hat der Insolvenzverwalter eine handelsrechtliche Schlussbilanz inklusive GuV sowie für Kapitalgesellschaften und Personenhandelsgesellschaften gem. § 264a Abs. 1 HGB ggf. einen Anhang und Lagebericht gem. § 242 HGB bzw. § 264 HGB zu erstellen. Der Stichtag für die Aufstellung bemisst sich nicht nach dem Tag der Aufhebung oder Einstellung des Verfahrens, da zu diesem Zeitpunkt das Amt des Verwalters endet (§ 215

---

144 Weiteres dazu in: IDW RH HFA 1.010, WPg Supplement 3/2008, S. 37 ff., FN-IDW 8/2008, S. 309 ff.

Abs. 2 InsO). Maßgeblich ist der diesem vorangehende Tag. Die Erträge und Aufwendungen für den Zeitraum zwischen Beendigung und Aufhebung durch das Gericht sind durch den Insolvenzverwalter als Prognosewerte aufzuführen. Im Falle der Unternehmensfortführung sind die gesetzlichen Vertreter des Unternehmens zur Aufstellung der Schlussbilanz wie auch der Eröffnungsbilanz[145] verpflichtet. Verwechseln Sie die Schlussbilanz dabei nicht mit der internen Pflicht des Insolvenzverwalters zur Erstellung einer Schlussrechnung!

b) Besonderheiten der externen Rechnungslegung in der Krise

Besonderheiten bei der externen Rechnungslegung in der Krise hinsichtlich Ansatz und Bewertung ergeben sich abhängig davon, ob sich die Verantwortlichen für ein „Going Concern" oder „Break-up" entscheiden. **3044**

aa) „Going Concern" oder „Break-up". Der Begriff „Going Concern"[146] bedeutet Fortführung des Unternehmens. Das Rechnungswesen und die ihm zugrundeliegenden Prinzipien sind vom Grundsatz „Going Concern" geprägt. Davon werden die Ansatzvorschriften in der Buchhaltung und in der Bilanz beeinflusst.[147] Ob weiter von einer Fortführung des Unternehmens ausgegangen werden kann, ist dafür bedeutend.[148] Eine sog. Fortbestehensprognose ist durchzuführen, wenn bereits Anzeichen bestandsgefährdende Risiken vorliegen. **3045**

Folgendes einfache **Beispiel** verdeutlicht den Einfluss des „Going Concern" auf den Ansatz von Vermögen und Schulden in der Bilanz: Wird das Unternehmen fortgeführt, brauchen Rückstellungen für zukünftige Sozialplanverpflichtungen an Arbeitnehmer nicht in der Bilanz ausgewiesen werden. Ist dagegen eine Fortführung ausgeschlossen, spricht man von „break-up". Sodann ist ein Bilanzausweis verpflichtend.

Ein **weiteres Beispiel** zeigt, dass „Going Concern" aber nicht nur Einfluss auf den Ansatz, sondern auch auf die Bewertung einzelner Vermögensgegenstände hat. Es ergeben sich (deutliche) Wertveränderungen, wenn von der Fortführung der Unternehmenstätigkeit nicht mehr ausgegangen werden kann: Ein Warenbestand, der der Produktion des Unternehmens diente, wird anders bewertet, wenn die Produktion zukünftig eingestellt wird. Eine Betriebsimmobilie hat einen ganz anderen (Ertrags-)Wert abhängig davon, ob sie dem Unternehmen als Produktionsstätte dient, vermietet ist oder an einen Investor verkauft wird.

Gem. § 252 Abs. 1 Nr. 2 HGB wird grundsätzlich von der **Fortführung der Unternehmenstätigkeit** ausgegangen. Danach ist bei der Bewertung von der Fortführung der Unternehmenstätigkeit auszugehen, wenn dem nicht tatsächliche oder rechtliche Gegebenheiten entgegenstehen. Eine Ausnahme gilt, wenn entweder eine abweichende Beschlussfassung der Unternehmensorgane vorliegt oder die wirtschaftlichen Verhältnisse eine Fortführung des Unternehmens nicht gewährleisten. Verantwortlich für die Beurteilung der Fortführungsfähigkeit sind die gesetzlichen Vertreter. Die Fortführung kann angenommen werden, wenn das Unternehmen in der Vergangenheit profitabel war und das Unternehmen leicht auf finanzielle Mittel zurückgreifen kann. Die Fortführung

---

145 Bei der Aufstellung einer Eröffnungsbilanz nach Beendigung des Insolvenzverfahrens ist zu beachten, dass das steuerliche Sonderbetriebsvermögen nicht Teil der Insolvenzmasse ist.

146 Weiterführende Literatur: *Zwirner*, in: Pelka/Petersen, Beck'sches Steuerberater-Handbuch 2019/2020, 17. Aufl. 2019, Rn. 410 ff.

147 IDW RH HFA 1.010, WPg Supplement 3/2008, S. 37 = FN-IDW 2008 S. 309, Rn 33; *Hillebrand*, BB 5/2007, S. 153.

148 IDW PS 270 Tz. 8, WPg Supplement 4/2010, S. 1 ff., FN-IDW 10/2010, S. 423 ff.

der Unternehmenstätigkeit kann insb. aus finanziellen, betrieblichen und/oder sonstigen Umständen zweifelhaft sein.[149]

3046 **Finanzielle Anzeichen** können folgende sein:

- angespannte finanzielle Situation im Konzernverbund oder bei Unternehmen des gleichen Cash-Pools;
- Anzeichen für den Entzug finanzieller Unterstützung durch Lieferanten oder andere Gläubiger;
- Ausschüttungsrückstände oder/Aussetzen der Ausschüttung;
- Die Schulden übersteigen das Vermögen oder die kurzfristigen Schulden übersteigen betragen mehr als das Umlaufvermögen;
- Einsatz von Finanzinstrumenten außerhalb der gewöhnlichen Geschäftstätigkeit;
- erhebliche Betriebsverluste oder erhebliche Wertminderungen bei betriebsnotwendigem Vermögen;
- In der Vergangenheit eingetretene oder zukünftig erwartete negative Zahlungssalden aus der laufenden Geschäftstätigkeit;
- Kredite zu mit festen Laufzeiten, die sich dem Fälligkeitsdatum nähern, ohne realistische Aussichten auf Verlängerung oder Rückzahlung;
- Lieferantenkredite stehen nicht mehr zur Verfügung;
- übermäßige kurzfristige Finanzierung langfristiger Vermögenswerte;
- Unfähigkeit, Darlehenskonditionen einzuhalten;
- Unfähigkeit, Kredite ohne Sicherheitenstellung von außerhalb zu beschaffen;
- Unfähigkeit, Zahlungen an Gläubiger bei Fälligkeit zu leisten;
- ungünstige finanzielle Schlüsselkennzahlen;
- Unmöglichkeit, Finanzmittel für wichtige neue Produktentwicklungen oder andere wichtige Investitionen zu beschaffen.

3047 **Betriebliche Anzeichen** können folgende sein:

- der Abgang von Schlüsselpersonal ohne adäquaten Ersatz;
- Engpässe bei der Beschaffung wichtiger Vorräte;
- gravierende Personalprobleme;
- Kündigung von bedeutenden Franchise-Verträgen;
- nicht ausreichend kontrollierter Einsatz von Finanzinstrumenten;
- Verlust eines Hauptabsatzmarkts oder von wichtigen Patenten;
- Verlust von Hauptlieferanten oder wesentlichen Kunden.

3048 **Sonstige Anzeichen** können folgende sein:

- Änderungen in der Gesetzgebung oder Regierungspolitik, von denen negative Folgen für das Unternehmen erwartet werden;
- betrieblich verursachte Streiks;
- Eigenkapitalunterdeckung, Verstoß gegen Eigenkapitalvorschriften;
- Rechtsstreitigkeiten mit hohen Ansprüchen gegen das Unternehmen.

Diese Anzeichen bedeuten nicht automatisch eine Abkehr vom „Going Concern"-Grundsatz. Vielmehr muss sorgfältig geprüft werden, ob Gegenmaßnahmen kurzfristig Abhilfe schaffen. Es lassen sich etwa zu hohe Steuerfestsetzungen oder die Zahlungs-

---

149 IDW Positionspapier zum Zusammenwirken von handelsrechtlicher Fortführungsannahme und insolvenzrechtlicher Fortbestehensprognose, FN-IDW 9/2012 Rn. 8.

schwierigkeiten eines wichtigen Schuldners mit Einzelmaßnahmen schnell unter Kontrolle bringen.[150]

Daneben bestehen aufgrund rechtlicher Verpflichtungen folgende spezielle Anlässe zur Erstellung einer Fortführungsprognose: **3049**

Die Geschäftsführung muss sich im Rahmen der Finanzbuchhaltung spätestens 1x bei der Jahresabschlusserstellung damit befassen, ob nach § 252 Abs. 1 Nr. 2 HGB die Bewertung des Aktivvermögens unter „Going-Concern"-Prämissen erfolgen kann.

Gem. § 90 Abs. 1 S. 1 Nr. 1 AktG hat der Vorstand an den Aufsichtsrat über grundsätzliche Fragen der Unternehmensplanung zu berichten. Hierzu gehören laut h.M. auch die künftige Liquiditätsentwicklung und die Maßnahmen zur Wahrung des finanziellen Gleichgewichts. Schließlich fordert § 91 Abs. 2 AktG den Vorstand auf, ein Überwachungssystem einzurichten, damit dem Fortbestand der gesellschaftsgefährdenden Liquiditätsentwicklungen frühzeitig und noch mit geeigneten Maßnahmen gegengesteuert werden kann.

Der Abschlussprüfer ist gem. § 321 Abs. 1 HGB verpflichtet, im Prüfungsbericht darauf einzugehen, ob bei der Prüfung Tatsachen festgestellt worden sind, die den Bestand des geprüften Unternehmens gefährden oder seine Entwicklung wesentlich beeinträchtigen können. Hierbei muss er gem. § 322 Abs. 3 HGB im Bestätigungsvermerk auf Risiken, die den Fortbestand des Unternehmens gefährden können, gesondert hinweisen. Kurzum besteht eine sog. Redepflicht des Abschlussprüfers.

Sofern aus Sicht des Verantwortlichen die Fortführung der Unternehmenstätigkeit gefährdet, hat sich der Unternehmer bzw. die Unternehmensführung (die gesetzlichen Vertreter) mit den **Insolvenzgründen** auseinanderzusetzen. Dabei ist der Nachweis, dass kurzfristig keine Zahlungsunfähigkeit besteht, verpflichtend. Bei juristischen Personen muss zusätzlich eine insolvenzrechtliche **Fortbestehensprognose** aufgestellt werden,[151] um sicherzustellen, dass die Fortbestehensprognose so früh wie möglich aufgestellt und ggf. eine frühzeitige Insolvenzantragstellung ermöglicht wird. Die insolvenzrechtliche Fortbestehensprognose befasst sich damit, ob durch die festgestellten Annahmen und deren Auswirkung auf die Ertrag- und Liquiditätslage ausreichend Finanzkraft vorhanden sind, um die jeweils fälligen Verbindlichkeiten bedienen zu können.[152] Der Wirtschaftsprüfer bzw. Abschlussprüfer muss sich daher im Rahmen der Durchführung der gesetzlichen Jahresabschlussprüfung vom Grundsatz der Fortführung der Unternehmenstätigkeit überzeugen. Er hat ggf. von seiner Redepflicht gem. § 322 Abs. 2 S. 2 HGB Gebrauch zu machen. Besteht ein Dissens, wird er sein Prüfungsurteil einschränken bzw. versagen. Hilfestellung bei der Beurteilung bieten IDW PS 270 und IDW S 11. Damit können Sie beurteilen, ob der für die Rechnungslegung zentrale Grundsatz des „Going-Concern" unterstellt werden darf. Dieser Going-Concern-Check sollte aus Gründen der Rechtfertigung bereits dann durchführt werden, wenn die Fortführungsfähigkeit des Unternehmens leicht zweifelhaft ist. **3050**

---

150 IDW Positionspapier zum Zusammenwirken von handelsrechtlicher Fortführungsannahme und insolvenzrechtlicher Fortbestehensprognose, FN-IDW 9/2012 Rn. 9 f.

151 IDW Positionspapier zum Zusammenwirken von handelsrechtlicher Fortführungsannahme und insolvenzrechtlicher Fortbestehensprognose, FN-IDW 9/2012 Rn. 17.

152 IDW Positionspapier zum Zusammenwirken von handelsrechtlicher Fortführungsannahme und insolvenzrechtlicher Fortbestehensprognose, FN-IDW 9/2012 Rn. 25.

3051 **bb) Fortbestehensprognose.** Unter der Fortbestehensprognose versteht sich die begründete Aussage, ob das Unternehmen seine Aktivitäten unter Einhaltung der Zahlungsverpflichtungen nachhaltig fortführen kann. Damit stellt sie eine **Zahlungsfähigkeitsprognose** dar: Ausschlaggebend ist nicht die Rentabilität, sondern die Liquidität. Eine Fortbestehensprognose sollte erstellt werden, wenn sich für die Fortführung des Unternehmens aus eigener Kraft Zweifel ergeben. Damit wird nicht automatisch festgestellt, ob Insolvenz vorliegt oder nicht, weil trotz negativer Prognose Zahlungsunfähigkeit und/oder Überschuldung nicht zwingend gegeben sein muss. Eine Verbindung der Fortbestehensprognose mit den **Insolvenzgründen** Zahlungsunfähigkeit, drohende Zahlungsunfähigkeit und Überschuldung lässt sich allerdings nicht leugnen.

3052 **(1) Nachhaltigkeit der Fortführungsfähigkeit.** Als Erstes setzt die Fortbestehensprognose die **Nachhaltigkeit** der Fortführungsfähigkeit voraus.[153] Zu hinterfragen ist daher, ob das Unternehmen und damit der wirtschaftliche Geschäftsbetrieb nicht nur vorübergehend, sondern dauerhaft erhalten werden kann. Im Sinne der Begründung zum Regierungsentwurf der InsO ist für die Glaubhaftmachung der drohenden Zahlungsunfähigkeit die gesamte Entwicklung aller bestehenden Verbindlichkeiten zu berücksichtigen. Das heißt, dass der Prognosezeitraum mit der spätesten Fälligkeit aller bestehenden Verbindlichkeiten beendet ist. Dies gilt allerdings nur eingeschränkt, da sich mit zunehmender Reichweite die Aussagefähigkeit und Zuverlässigkeit der Prognoserechnung verringert. Über die Frage, wie lange dieser Prognosezeitraum reicht, besteht Uneinigkeit. Der erste Bericht der Kommission für Insolvenzrecht begrenzt den Prognosezeitraum auf „die nächsten Monate", der BGH fordert eine mittelfristige Fortführung, und das Institut der Wirtschaftsprüfer (IDW) schließt hieraus auf einen Prognosezeitraum, der das laufende und das folgende Geschäftsjahr umfasst.[154] Ausgehend von einem Jahresabschluss 2015, der im Juni 2016 aufgestellt wird, erstreckt sich der Prognosezeitraum bis zum Dezember 2017.

3053 **(2) Überwiegende Wahrscheinlichkeit der Fortführung.** Der Gesetzgeber fordert, dass bei der positiven Fortbestehensprognose die Aufrechterhaltung der Zahlungsfähigkeit innerhalb des Prognosezeitraums mit überwiegender Wahrscheinlichkeit begründet ist.[155] Dies ist auch sachgerecht, weil jede Planungsrechnung mit Unsicherheiten verbunden ist und niemand Garantien übernehmen kann, wie sich das Unternehmen und sein Umfeld in der Zukunft entwickeln wird. Laut der Literatur und dem BGH ist dafür erforderlich, dass im Rahmen einer Beweiswürdigung mehr dafür als dagegen sprechen muss. In diesem Zusammenhang spricht man daher auch von einer komparativen Hypothesenwahrscheinlichkeit, da es sich nicht um ein statistisches Ergebnis handelt. Die Realisierungsaussichten des Unternehmenskonzepts unter Einbindung aller Beteiligten (Stakeholder) sind primär zu bewerten. Der Wille und die Möglichkeit zur Umsetzung müssen daher zwingend gegeben sein.[156]

3054 **(3) Fortbestehensfehlprognose.** Wie bei jeder Prognose besteht auch bei der Fortbestehensprognose als Aussage über die zukünftigen Chancen des Unternehmens das

153 *Winnefeld*, Bilanz-Handbuch, 5. Aufl. 2015, Rn. 821.
154 IDW Positionspapier zum Zusammenwirken von handelsrechtlicher Fortführungsannahme und insolvenzrechtlicher Fortbestehensprognose, FN-IDW 9/2012 Rn. 17.
155 *Mock*, in: Uhlenbruck, InsO, 15. Aufl. 2019, § 19 Rn. 221 f.
156 BGH, Beschl. v. 9.10.2006 – II ZR 303/05, ZIP 2006, 2171.

Risiko, dass die tatsächliche von der prognostizierten Entwicklung abweicht. Die hieraus folgende **Fortbestehensfehlprognose** steht oft in Zusammenhang mit einer **Insolvenzverschleppungshaftung** der Geschäftsführung. Sollte eine Unternehmenskrise nicht mehr außergerichtlich bewältigt werden können, ist fraglich, ob die Geschäftsführung den Insolvenzantrag rechtzeitig gestellt hat oder aber sich für eine Insolvenzverschleppung verantworten muss. Laut der höchstrichterlichen Rechtsprechung ist für die Insolvenzverschleppung die Erkennbarkeit der Insolvenzreife erforderlich. Diese Vermutung ist die darlegungs- und beweispflichtige Geschäftsführung dadurch widerlegbar, indem sie eine in sich überzeugende, positive Fortbestehensprognose vorlegt. In einem Rechtsstreit wegen Insolvenzverschleppung trägt die Geschäftsführung die Darlegungslast für eine positive Fortbestehensprognose. Sogleich trägt die Geschäftsführung auch die Beweislast für alle in die positive Fortbestehensprognose aufgenommenen relevanten Tatsachen. Zur Vermeidung haftungs- und strafrechtlicher Konsequenzen, empfiehlt es sich daher, die positive Fortbestehensprognose stichhaltig zu begründen und zu dokumentieren. Eine gesonderte Sicherung und Aufbewahrung der notwendigen Daten ist ratsam. Um eine Fortbestehensprognose aufstellen zu können, ist neben einer abgestimmten, aktuell geführten Finanzbuchhaltung, auch ein leistungsfähiges Controlling mitsamt einem entsprechenden Früherkennungs- und Risikomanagementsystem erforderlich.

(4) Inhalt der Fortbestehensprognose. Die Fortbestehensprognose muss von der Geschäftsführung mit gesetzlich vorgegebener Sorgfalt unter Anwendung anerkannter Kenntnisse und Erfahrungsgrundsätze aufgestellt werden. Dabei geht es nicht nur um eine rein rechnerisch richtige Zusammenstellung von Tabellen mit Zukunftsdaten in Form von **Rentabilitäts- und Liquiditätsplänen**, sondern um ein mit den Realitäten abgestimmtes **schlüssiges Unternehmenskonzept**. Es ist nicht ausreichend, dass sich die Geschäftsführung auf nicht durch Fakten begründete Hoffnungen beruft und annimmt, es werde sich schon in naher Zukunft bessern. Vielmehr muss die Fortbestehensprognose auf systematischer Grundlage auf sachgerechten Kriterien basieren und für sachverständige Dritte nachvollziehbar sein. Inhaltlich ähnelt die Fortbestehensprognose im Wesentlichen einem Sanierungskonzept.[157] 3055

Eine **Fortbestehensprognose** sollte sich idealerweise daher mit folgenden Punkten auseinandersetzen, um einer späteren gerichtlichen Überprüfung ohne Weiteres standhalten zu können: 3056

I. Auftrag und Auftragsdurchführung
1. Vertragsparteien
2. Ausgangssituation
3. Auftrag, Aufgabe und Zweck des Sanierungsgutachtens

II. Grundlagen des Unternehmens
1. Beschreibung des Unternehmens (Unternehmens-/Konzernstruktur)
2. Unternehmensentwicklung
3. Rechtliche Verhältnisse
4. Finanzwirtschaftliche/steuerliche Verhältnisse

157 *Winnefeld*, Bilanz-Handbuch, 5. Aufl. 2015, Rn. 821 ff.

III.	**Marktanalyse**
	1. Analyse der wirtschaftlichen Rahmenbedingungen
	2. Darstellung der Marktstruktur
	3. Darstellung der Wettbewerbssituation
	4. Analyse der Entwicklungstendenzen
VI.	**Analyse des Unternehmens**
	1. Darstellung der Produkte bzw. des Leistungsprogramms
	2. Allgemeine organisatorische Grundlagen
	3. Analyse der leistungswirtschaftlichen Bereiche
	4. Analyse der finanzwirtschaftlichen Entwicklung
	5. Übersicht Fremdfinanzierung
	6. Haftungsverhältnisse/sonstige finanzielle Verpflichtungen
	7. Relevante Rechtsstreitigkeiten
V.	**Zusammenfassung der Analyseergebnisse**
	1. Krisenstadium und -ursachen
	2. Lagebeurteilung/SWOT-Profil
VI.	**Sanierung-/Unternehmenskonzept**
	1. Ziel des Sanierungskonzepts/Leitbild des sanierten Unternehmens
	2. Maßnahmen zur Sanierung des Unternehmens
	3. Integrierte Unternehmensplanung (Ergebnis-, Finanz- und Vermögensplan)
VII.	**Beurteilung der nachhaltigen Sanierungsfähigkeit**
	1. Beurteilung des Sanierungskonzepts
	2. Beurteilung des Durchsetzungsmanagements
	3. Beurteilung des Umsetzungsmanagements
	4. Beurteilung des Koordinationsmanagements
VIII.	**Kritische Prämissen**
IX.	**Prognoseergebnis**

3057 **(5) Beurteilung und Prüfung der Fortbestehensprognose.** Es ist ratsam, die Fortbestehensprognose von einem unabhängigen Dritten, häufig einem Wirtschaftsprüfer bzw. Steuerberater, prüfen zu lassen. Der Wirtschaftsprüfer muss dabei die berufsständischen Vorschriften, insb. die folgenden Stellungnahmen berücksichtigen:

- IDW S 2 „Anforderungen an Insolvenzpläne“,
- IDW S 6 „Anforderungen an Sanierungskonzepte“,
- IDW S 11 „Beurteilung des Vorliegens von Insolvenzeröffnungsgründen“,
- IDW PS 270 „Beurteilung der Fortführung der Unternehmenstätigkeit“,
- IDW S 11 „Beurteilung des Vorliegens von Insolvenzeröffnungsgründen“,
- IDW RS HFA 17 „Auswirkungen einer Abkehr von der Going-Concern-Prämisse auf den handelsrechtlichen Jahresabschluss“,
- IDW Positionspapier zum Zusammenwirken von handelsrechtlicher Fortführungsannahme und insolvenzrechtlicher Fortbestehensprognose[158].

3058 Schwerpunktmäßig ist die **Nachvollziehbarkeit**, **Sachgerechtigkeit** und **Folgerichtigkeit** der Prognoseaussagen zu überprüfen. Darüber hinaus soll er zur Tragfähigkeit und

158 Vgl. FN-IDW 9/2012, S. 463 ff.

Sicherheit der zukünftigen Gesamtfinanzierung unter Berücksichtigung aller Interessen der Stakeholder (Eigentümer, Kreditgeber, Arbeitnehmer) Stellung beziehen.

Je nachdem, ob man zu dem Ergebnis „Going Concern" oder „Break-up" kommt, beeinflusst es die einzelnen Vermögensgegenstände und Schulden einer Unternehmung ganz unterschiedlich. Im Folgenden sollen die Einflüsse auf wesentliche Positionen der Aktiv- und Passivseite dargestellt werden: **3059**

Going Concern	**Break-up**
Anschaffungskosten-, Einzelbewertungs-, Imparitäts- und das Realisationsprinzip	Keine Wirkung
	Für Vermögensgegenstände der Aktivseite gilt der Liquidations- bzw. der Zerschlagungswert, oft auch als Zeitwert bezeichnet, der unter oder über dem Buchwert liegen kann.
	Verwertbare Kostenvorteile für Dritte, z.B. ein günstiger langfristiger Mietvertrag, geschaffene immaterielle Werte (Patente, Markenrechte, Gebrauchsmuster, Lizenzen und Konzessionen) oder ein Firmenwert, können – sofern sich ein nachvollziehbarer Wertansatz ergibt, erfasst werden.
	Für unfertige und fertige Erzeugnisse richtet sich die Bewertung nach den zukünftig realisierbaren Werten, i.d.R. dem vereinbarten Verkaufspreis.
	Eigenkapitalersetzende Darlehen sind grundsätzlich Verbindlichkeiten, bekommen jedoch bei Vorlage einer qualifizierten Rangrücktrittserklärung Eigenkapitalcharakter.
	Für stille Einlagen besteht grundsätzlich Passivierungspflicht als Verbindlichkeiten, es sei denn, dass eine qualifizierte Rangrücktrittserklärung vorliegt.
	Passivierung der Sozialplan- und Auslaufaufwendungen/ Liquidationskosten
	Passivierung von Eventualverbindlichkeiten, wenn mit ihrer Inanspruchnahme nach dem Unternehmenskonzept im Beurteilungszeitraum zu rechnen ist.

Schaubild: Going Concern oder Break-up (Quelle: Niering/Hillebrand, Wege durch die Unternehmenskrise, 4. Aufl., 2020)

Die hier dargestellten Ansatz- und Bewertungsvorschriften[159] sind nicht identisch mit denen im Überschuldungsstatus. Es ist ratsam, die verschiedenen Werte in einer mehrspaltigen Übersicht gegenüberzustellen, damit das Mengengerüst plausibel ist.

159 Weiterführende Literatur zu den Ansatz- und Bewertungsgrundsätzen bei negativer Fortbestehensprognose: *Winnefeld*, Bilanz-Handbuch, 5. Aufl. 2015, Rn. 845; *Drukarczyk/Schüler*, in: Kirchhof/Stürner/Eidenmüller, MüKo-InsO, 4. Aufl. 2019, § 19 Rn. 103 ff.; bei positiver Fortbestehensprognose s. *Drukarczyk/Schüler*, in: Kirchhof/Stürner/Eidenmüller, MüKo-InsO, 4. Aufl. 2019, § 19 Rn. 129 ff.

3060 **cc) Besondere Vorschriften zur Aktivierung und Passivierung.** In der Insolvenz sind für Anfechtungs- und Haftungsansprüche, Verfahrenskosten und Vorsteuerberichtigungen besondere Vorschriften zur Aktivierung bzw. Passivierung zu beachten.

3061 **(1) Aktivierung von Anfechtungs- und Haftungsansprüchen.** Das Insolvenzanfechtungsrecht ist in den §§ 129 ff. InsO geregelt, vgl. Rn. 2977 ff. Dieses Anfechtungsrecht steht dem Insolvenzverwalter zu, um ungerechtfertigte Vermögensverschiebungen, durch die die Insolvenzmasse innerhalb eines kritischen Zeitraums verkürzt wurde, wieder rückgängig zu machen und somit die Masse teilweise in erheblichem Umfang wieder anzureichern. Weil Insolvenzanfechtungsansprüche jeweils ein eröffnetes Insolvenzverfahren voraussetzen und auch hier das Stichtagsprinzip gilt, sind diese Ansprüche in einer vom Schuldner/Unternehmen selbst erstellten Überschuldungsbilanz nicht zu aktivieren.[160] Allerdings sind in der handelsrechtlichen Schlussbilanz auf den Zeitpunkt der Insolvenzeröffnung derartige Ansprüche durchaus aufzunehmen. Darüber hinaus werden diese Ansprüche vom Bilanzersteller bewertet, sodass eine Aktivierung in Betracht kommt, sofern der konkrete Anspruch mit hinreichender Sicherheit durchsetzbar erscheint. Als nächstes ist die Bonität zu prüfen und eine Bewertung des Anspruchs vorzunehmen, wenn die soeben erläuterten Voraussetzungen gegeben sind.

Sollte eine Aktivierung vorzunehmen sein, wird im Gegenzug der Anspruch des Anfechtungsgegners passiviert. Dies liegt darin begründet, dass der Anspruch des Anfechtungsgegners im Falle einer erfolgreichen Anfechtung gem. § 144 InsO wieder auflebt.[161]

3062 Auch Haftungsansprüche gegen die persönlich haftenden Gesellschafter einer Personengesellschaft einschließlich des Kommanditisten sind in der Höhe seiner Kommanditeinlage zu berücksichtigen. Schon außerhalb des Insolvenzverfahrens sind diese Ansprüche gem. § 264c Abs. 2 HGB zu aktivieren. Im Insolvenzverfahren werden derartige Ansprüche gem. § 93 InsO vom Insolvenzverwalter geltend gemacht und unterliegen daher weiterhin der Aktivierungspflicht.

3063 **(2) Passivierung der Verfahrenskosten.** Ein Insolvenzverfahren erfolgt nicht kostenfrei, daher sind folgende Verfahrenskosten zu passivieren:[162]

- Kosten vor Verfahrenseröffnung:
- Kosten für den gerichtlich bestellten Gutachter (Honorar und Auslagen) als Teil der Gerichtskosten;
- sonstige Gerichtskosten und -auslagen für das Eröffnungsverfahren nach dem Gerichtskostengesetz;
- Kosten und Auslagen für den vom Gericht bestellten vorläufigen Insolvenzverwalter/vorläufigen Sachwalter.

---

160 Denn zu einem solchen Zeitpunkt gibt es noch keinen Anfechtungsanspruch.

161 Kapitalnutzungszinsen des Anfechtungsanspruchs können grds. nach §§ 818, 100 BGB vom Anfechtungsgegner gefordert werden und sind, soweit die Ansprüche zum Bilanzstichtag entstanden sind, auch zu aktivieren.

162 Aufzählung nach *Breck/Hölzle*, in: Bork/Koschmieder, Fachanwaltshandbuch Insolvenzrecht, Teil 30, Rn. 30.116.

Kosten nach Verfahrenseröffnung:
- Gerichtskosten und -auslagen für das eröffnete Insolvenzverfahren gem. Gerichtskostengesetz;
- Honorar und Auslagen des Insolvenzverwalters/Sachwalters;
- Honorar und Auslagen der Mitglieder eines etwaigen Gläubigerausschusses.

Bei Verfahrenseröffnung unterstehen die vor Verfahrenseröffnung bereits entstandenen Verfahrenskosten und die durch die Insolvenzeröffnung bereits entstandenen Verfahrenskosten (Gerichtskosten und Verwalterhonorar) der Passivierungspflicht. Auslagen können dagegen noch nicht passiviert werden, da sie im Gegensatz zu den vorgenannten Verfahrenskosten zu diesem Zeitpunkt noch nicht entstanden sind. Weil die Höhe dieser Verfahrenskosten noch nicht feststeht, erfolgt eine Passivierung im Rahmen einer Rückstellung.

(3) Passivierung von Vorsteuerberichtigungsansprüchen. Vorsteuerrückforderungs- **3064**
ansprüche wegen Uneinbringlichkeit der gegen den Schuldner gerichteten Forderungen (§ 17 Abs. 1 Nr. 2 i.V.m. Abs. 2 Nr. 1 UStG), werden im eröffneten Verfahren regelmäßig vom Finanzamt geltend gemacht (vgl. § 17 UStG). Gem. § 17 Abs. 2 Nr. 1 UStG hat der leistende Unternehmer (Lieferant) den für seine Leistung geschuldeten Umsatzsteuerbetrag und der Leistungsempfänger (späterer Insolvenzschuldner) den entsprechenden Vorsteuerabzug zu berichtigen, wenn das vereinbarte Entgelt für die steuerpflichtige Lieferung uneinbringlich geworden ist.

Beispiel: Die A-GmbH liefert (ohne Eigentumsvorbehalt) am 12.9.2015 eine Baumaschine an die spätere Insolvenzschuldnerin U und stellt hierfür gleichzeitig Rechnung i.H.v. 100.000 € zzgl. USt 19.000 €. Beide Unternehmen führen ansonsten keine steuerpflichtigen Leistungen aus und unterliegen der Sollbesteuerung. Am 15.10.2015 wird über das Vermögen der U das Insolvenzverfahren eröffnet. Das Entgelt ist noch nicht bezahlt. Ein vorläufiger Insolvenzverwalter ist hier vorher nicht bestellt worden, um nicht noch zusätzlich das Problem des § 55 Abs. 4 InsO erörtern zu müssen.

Für den VZ 9/15 hat die A-GmbH zunächst den Umsatzsteuerbetrag an das Finanzamt abzuführen. U kann im VZ 9/15 die Vorsteuer ziehen.

Folgeschritt: Mit Eröffnung des Insolvenzverfahrens am 15.10.2015 wird das Entgelt aufseiten der A-GmbH uneinbringlich. Uneinbringlichkeit liegt nicht nur dann vor, wenn die Forderung schlechthin keinen Wert mehr hat, sondern auch dann, wenn sie für geraume Zeit nicht durchsetzbar ist. Insoweit ist es auch unschädlich, wenn nachträglich – etwa durch den Insolvenzverwalter – noch Zahlungen auf diese Forderung beim Gläubiger eingehen (so z.B. bei einer Quotenzahlung).

Der Insolvenzverwalter muss den bereits vorgenommenen Vorsteuerabzug berichtigen. Sofern Forderungen durch die Eröffnung des Insolvenzverfahrens bzw. vorher uneinbringlich werden, ist der Rückforderungsanspruch des Finanzamts bereits vor Eröffnung des Insolvenzverfahrens begründet, da die den Vorsteuerabzug begründende Tatsache – Bezug einer Leistung für das Unternehmen – bereits zum Zeitpunkt der Insolvenzeröffnung verwirklicht war. Aus der Vorsteuerkorrektur entsteht ein Insolvenzforderungen nach § 38 InsO, die das Finanzamt zur Insolvenztabelle anzumelden hat.

Über die in voller Höhe zu passivierenden Lieferantenverbindlichkeiten (inkl. der in den Rechnungen ausgewiesenen USt) hinaus sind die Berichtigungsansprüche des Finanzamts nach § 17 Abs. 1 Nr. 2 i.V.m. Abs. 2 Nr. 1 UStG als Verbindlichkeiten zu passivieren.

c) Auswirkungen einer Abkehr von der Going-Concern-Prämisse

3065 Wird das Unternehmen weitergeführt, bestehen keine wesentlichen Abweichungen gegenüber der „regulären" handelsrechtlichen Rechnungslegung.

Sollte ein Liquidationsszenario in Betracht gezogen werden, ist streitig, ob die handelsrechtlichen Vorschriften über den Jahresabschluss anzuwenden sind. Nach einer Auffassung in der Literatur[163] sollen auch bei Liquidation der Gesellschaft auf die Eröffnungsbilanz die handelsrechtlichen Vorschriften über den Jahresabschluss anzuwenden sein (§ 270 Abs. 2 S. 2 AktG, § 71 Abs. 2 S. 2 GmbHG). Nach meiner Auffassung treten die gesellschaftsrechtlichen Rechnungslegungsvorschriften der § 270 AktG, § 71 GmbHG nicht an die Stelle der handels- und steuerrechtlichen Rechnungslegungsvorschriften, sondern die gesellschaftsrechtlichen Rechnungslegungsvorschriften für die Abwicklung der Kapitalgesellschaft sind allenfalls ergänzend anwendbar.[164] Die gesellschaftsrechtlichen Rechnungslegungsvorschriften fordern, dass nach der Auflösung der Gesellschaft die Abwicklung stattfindet. Die Abwicklung der Aktiengesellschaft erfolgt nicht, wenn nach der Auflösung das Insolvenzverfahren über ihr Vermögen eröffnet wurde (vgl. § 264 Abs. 1 AktG). Da alle Handelsgesellschaften auch nach ihrer Auflösung Kaufmann i.S.d. HGB bleiben, sind sie weiterhin die buchführungs- und inventaraufstellungspflichtig (§§ 238 bis 241 HGB).

3066 Die abwicklungs- bzw. liquidationsspezifischen gesellschaftsrechtlichen Rechnungslegungsvorschriften folgen nicht aus dem Abwicklungs- bzw. Liquidationsstatus der Gesellschaft, sondern aus dem Auftrag der Liquidatoren als Verwalter fremden Vermögens gegenüber den Gesellschaftern (vgl. § 270 AktG, § 71 GmbH).[165] Zwar ist Insolvenzverwalter weder Abwickler noch Liquidator i.S.d. gesellschaftsrechtlichen Rechnungslegungsvorschriften, aber er kann diese Vorschriften insoweit anwenden, wie dort vorgesehen ist, dass das Registergericht von der Prüfung des Jahresabschlusses und des Lageberichts durch einen Abschlussprüfer absehen kann.[166] Die Anwendung der gesellschaftsrechtlichen Rechnungslegungsvorschriften für die Abwicklung bzw. Liquidation in der Insolvenz ist schon deshalb nicht vorgesehen, weil die Insolvenzeröffnung anders als die Auflösung der Kapitalgesellschaften nicht zwingend die Liquidation des Schuldners zur Folge hat. Gem. § 1 S. 1 InsO ist die Erhalt des schuldnerischen Unternehmens ein Ziel der InsO. Eine Stilllegung des Unternehmens durch den Insolvenzverwalter bedarf der ausdrücklichen Zustimmung des Insolvenzgerichts oder des Gläubigerausschusses (§§ 157 S. 1, 158 InsO). Die Insolvenzeröffnung ist somit grundsätzlich nicht als Liquidationsbeginn aufzufassen. Die Insolvenz ist aber sodann als ansatz-, bewertungs- und ausweisrelevanter Tatbestand im Rahmen der handels- und steuerrechtlichen Bilanzierung und Bewertung zu würdigen.[167]

Dabei sind wertaufhellende Umstände zu berücksichtigen, wenn sie zum Bilanzstichtag bereits objektiv vorlagen und nach dem Bilanzstichtag, aber vor dem Tag der Bilanzerstellung bekannt bzw. erkennbar wurden.[168] Dies gilt gleichermaßen für nega-

163 *Förschle/Deubert*, DStR 1996, 1743.
164 So auch *Kunz/Mundt*, DStR 1997, S. 664 ff.; *Scherrer/Heni*, Liquidationsrechnungslegung (2009), S. 15 ff.
165 *Budde/Förschle*, in: Winkeljohann/Förschle/Deubert, Sonderbilanzen, 5. Aufl. 2015, S. 899 ff.
166 Begr. RegE zu § 174, in: Balz/Landfermann, Die neuen Insolvenzgesetze (1999), S. 263.
167 IDW RH HFA 1.012, WPg Supplement 3/2008, S. 59 = FN-IDW 2008, S. 336. IDW Verlautbarungen zur Sanierung und Insolvenz, IDW RH HFA 1.010, IDW RH HFA 1.010 und IDW RH HFA 1.012.
168 BFH, Urt. v. 27.4.1965 – I 324/62 S, NJW 1965, 1879.

tive und positive Tatsachen. Dagegen werden die wertbegründenden Tatsachen, d.h. also Ereignisse, die nach dem Bilanzstichtag eingetreten sind, von der Bilanzierung ausgeschlossen.

Eine Abkehr vom „Going-Concern" ist nur möglich, wenn tatsächliche oder rechtliche Gegebenheiten entgegenstehen.[169] Welche handelsrechtlichen Pflichten nach dem Wegfall der Going-Concern-Annahme zu beachten sind, ist in der Verlautbarung IDW RS HFA 17 detailliert erläutert. Aufgrund der Einführung des BilMoG wurden die Ausführungen zum Ansatz und zur Bewertung von Schulden bei Wegfall der Going-Concern-Annahme neu zusammengefasst. Daneben wurde die Verlautbarung IDW RH HFA 1.012 an die aktuelle Rechtsprechung angepasst. 3067

aa) IDW RS HFA 17. Nach dem Entfall der Going-Concern-Annahme findet grundsätzlich das Anschaffungskosten- und Realisationsprinzip Anwendung. Der IDW RS HFA 17[170] verweist auf die durch das BilMoG eingeführten Bewertungsvorschriften zum Deckungsvermögen und für Finanzinstrumente des Handelsbestands bei Kreditinstituten. 3068

(1) Änderungen in der Bilanz. 3069

– **Aufwendungen für die Ingangsetzung und Erweiterung:** Seit der Einführung des BilMoG sind die Vorschriften zu den Ingangsetzungsaufwendungen in § 269 HGB weggefallen. Im Rahmen des Beibehaltungswahlrechts gem. Art. 67 Abs. 5 EGHGB gelten die bisherigen Vorschriften fort, sodass ein Abschluss, der nicht unter der Going-Concern-Annahme erstellt wird, für unzulässig erklärt wird.

– **Immaterielle Vermögensgegenstände des Anlagevermögens:** Nach § 248 Abs. 2 S. 1 HGB sind selbst geschaffene immaterielle Vermögensgegenstände des Anlagevermögens zu aktivieren; dies gilt jedoch vorbehaltlich des Aktivierungsverbots gem. § 248 HGB Abs. 2 S. 2 HGB, das auf firmenwertähnliche Vermögensgegenstände Anwendung findet. Das vorgenannte Aktivierungsverbot gilt auch dann, wenn eine Veräußerung dieser Vermögensgegenstände vorgesehen ist. Gleiches gilt für Geschäfts- oder Firmenwerte. 3070

Eine Nachaktivierung von Aufwendungen für immaterielle Vermögensgegenstände für Vorjahre ist ausgeschlossen, sofern sie ausgehend von der geänderten Einschätzung nicht selbst genutzt werden und die für das Aktivierungswahlrecht gem. § 248 Abs. 2 S. 1 HGB in der Vergangenheit nicht in Anspruch genommen wurden und die nunmehr dem Umlaufvermögen zuzuordnen sind.

Fällt die Fortführungsprämisse weg, muss die Bilanzierung, die auf dem Aktivierungswahlrecht gem. § 248 Abs. 2 S. 1 HGB gründet, überprüft werden. Der Ansatz kann fortgeführt werden, wenn das Wahlrecht über einen längeren Abwicklungszeitraum in Betracht kommt. Somit ist eine genaue Prüfung der Voraussetzung zur Aktivierbarkeit zwingend.

Hinsichtlich der **Aktivierung von Entwicklungskosten** ist zu hinterfragen, ob das zu erreichende Ergebnis des Entwicklungsprozesses noch erfüllt werden kann. 3071

169 IDW PS 270 WPg 4/2010 = FN-IDW 10/2010, S. 423 ff.
170 Vgl. IDW RS HFA 17 = WPg 3/2001, S. 37 = FN-IDW 2011, S. 438 (Stand 10.6.2011).

– **Sonderposten mit Rücklageanteil:** Mit der Einführung des BilMoG wurde § 247 Abs. 3 HGB ebenso aufgehoben. Danach war es möglich Passivposten, die zum Zwecke der Steuern vom Einkommen und vom Ertrag zulässig sind, in der Bilanz zu bilden und als Sonderposten mit Rücklageanteil auszuweisen. Gem. Art. 67 Abs. 3 EGHGB wird unter Anwendung des Beibehaltungswahlrechts ein fortgeführter Sonderposten mit Rücklageanteil aufgelöst, wenn die Gesellschaft abgewickelt bzw. liquidiert wird. Dabei ist gem. § 11 Abs. 1 KStG der im Zeitraum der Abwicklung erzielte Gewinn der Besteuerung maßgeblich.[171]

3072 – **Rückstellungen:** Nach den Vorschriften zu den Rückstellungen im neuverfassten Abschnitt „Latente Steuern“ hat der Insolvenzverwalter die Rückstellung erst nach Eröffnung des Insolvenzverfahrens zu bilanzieren. Die Vergütungshöhe des Insolvenzverwalters richtet sich nach der Insolvenzmasse; die Grundlage hierfür bildet die InsVV.

Ist das Beibehaltungswahlrecht nach Art. 67 Abs. 3 EGHGB für Aufwandsrückstellungen angewendet worden, muss dieser Ansatz überprüft; dabei müssten aufgrund des Vorsorgecharakters der Aufwandsrückstellungen für zukünftige Belastungen diese infolge der Änderung des Unternehmenszwecks regelmäßig aufgelöst werden.

3073 – **Latente Steuern:** Hinsichtlich der latenten Steuern sieht IDW RS HFA 17 weitere Überarbeitungen vor. Die bilanzierten latenten Steuern sollten auf ihren Ansatz kritisch überprüft werden. Dies gilt insb. bei aktivierten latenten Steuern für Vorteile aus steuerlichen Verlust- und Zinsvorträgen; diese sollten kritisch daraufhin analysiert werden, welche Beträge zeitweise bis zur Liquidation noch genutzt werden können. Passive latente Steuern in Form der Rückstellung sind von den Unternehmen anzuwenden, wenn auf sie § 274 HGB nicht anwendbar ist; vorausgesetzt der Tatbestand des § 249 Abs. 1 S. 1 HGB ist erfüllt. Bei der Berechnung dieser Rückstellungen müssen auch solche Differenzen berücksichtigt werden, die bisher als ständig zu betrachten gewesen sind, wenn sich das Unternehmen bei einer künftigen Steuerbelastung im Hinblick auf deren Liquidation nicht mehr entziehen konnte.

3074 – **Gesellschafterdarlehen:** Nach der Abkehr von der Going-Concern-Prämisse werden die Gesellschafterdarlehen stets unter den Verbindlichkeiten passiviert. Dies erfolgt unabhängig von der geänderten Behandlung bestimmter Gesellschafterdarlehen als nachrangige Insolvenzforderung.

3075 **(2) Änderungen in der Bewertung.** Grundsätzlich ist nach dem Wegfall der Going-Concern-Annahme die Zerschlagung des Unternehmens durch Liquidation oder Abwicklung vorrangig. Bei der Schuldenbewertung ist zu beachten, dass sich möglicherweise eine frühere Rückzahlung als geplant ergeben wird. Der dann verbleibende Zeitraum wird bei einer bevorstehenden Abwicklung der Gesellschaft i.d.R. deutlich geringer sein als zunächst vermutet. Es ist daher zu unterscheiden, welche Rückstellungen als langfristig und welche als kurzfristig zu kategorisieren sind. Gem. § 253 HGB n.F.[172] ist bei der Bewertung der **zukünftige Erfüllungsbetrag** zugrunde zu legen; langfristige Rückstellungen sind laufzeitadäquat abzuzinsen. Zu beachten ist eine frühere Rückzahlung von ungewissen Verbindlichkeiten bei der Ermittlung des nach vernünftiger kaufmännischer Beurteilung erforderlichen Erfüllungsbetrages und der

171 Vgl. IDW RS HFA 17, Rn. 11.
172 Geändert im Zuge der Einführung des BilMoG.

Bestimmung des der voraussichtlichen Restlaufzeit entsprechenden Abzinsungssatzes.[173] Bezüglich des Einzelbewertungsgrundsatzes wird auf die Ausnahme bei Vorliegen von Bewertungseinheiten gem. § 254 HGB hingewiesen.[174]

bb) IDW RH HFA 1.012. Wie bereits unter Rn. 3026 ff. erläutert, sind vom Schuldner bzw. Insolvenzverwalter handels- und steuerrechtliche Pflichten zur Buchführung und zur Rechnungslegung zu erfüllen (vgl. §§ 155 Abs. 1 S. 1; 2 InsO). Wie die handelsrechtliche Rechnungslegung im Insolvenzverfahren auszulegen ist, wird in der Verlautbarung IDW RH HFA 1.012 erläutert.[175] Die darin enthaltenen Praxishinweise sollen den Wirtschaftsprüfern bei der Erstellung und Überprüfung handelsrechtlicher Rechnungslegung helfen. Die Regelungen im IDW RH HFA 1.012 dürfen vom Gläubigerausschuss und Insolvenzverwalter zur Konkretisierung ihrer gesetzlichen Rechte und Pflichten berücksichtigt werden. Kernpunkte sind hierbei die Schlussbilanz der werbenden Gesellschaft, die handelsrechtliche Eröffnungsbilanz ggf. mit Erläuterungsbericht, die handelsrechtlichen Jahresabschlüsse, die handelsrechtliche Schlussbilanz der insolventen Gesellschaft und die Konzernabschlüsse und Konzernlageberichte. Im Insolvenzverfahren finden gemäß der vorgenannten Verlautbarung weiterhin die allgemeinen Ansatz-, Bewertungs- und Gliederungsvorschriften Anwendung. 3076

2. Interne Rechnungslegung

Die insolvenzrechtlichen Vorschriften zur Rechnungslegung bezwecken, dass der Insolvenzverwalter unter Zuhilfenahme der internen Rechnungswerke, also des **Masseverzeichnisses** (§ 151 InsO), des **Gläubigerverzeichnisses** (§ 152 InsO) und der **Vermögensübersicht** (§ 153 InsO) die Gläubigerversammlung im Berichtstermin (§ 156 InsO) über die wirtschaftliche Lage des Unternehmens unterrichten kann. 3077

a) Rechnungslegungspflicht des Insolvenzverwalters

Die interne Rechnungslegung trägt der Rechenschaftspflicht des Insolvenzverwalters gegenüber den Insolvenzgläubigern, dem Insolvenzschuldner und dem Insolvenzgericht im Insolvenzverfahren Rechnung.[176] Daneben dient sie für die Gläubigerversammlung als Entscheidungsgrundlage, um über **„Going Concern" oder „Break-up"** entscheiden zu können.[177] Darüber hinaus bringt sie den Nachweis für die **ordnungsgemäße Wahrnehmung der insolvenzrechtlichen Pflichten** des Insolvenzverwalters.[178] Ausgehend von der Tatsache, dass die Insolvenz des Unternehmens keinen Dauerzustand darstellt, sind die internen Rechnungslegungspflichten keine periodischen Pflichten, sondern bestehen, wenn das Insolvenzgericht, die Gläubigerversammlung oder -ausschuss diese 3078

173 Vgl. IDW RS HFA 17, Rn. 18.

174 Vgl. IDW RS HFA 17, Rn. 22.

175 Erstmalig wurde dieser Rechnungslegungshinweis vom Fachausschuss Recht (FAR) und dem Hauptfachausschuss (HFA) am 13.6.2008 verabschiedet. Es wurden durch den HFA nach Abstimmung mit dem Fachausschuss Sanierung und Insolvenz (FAS) am 10.6.2011, am 26.2.2014 und zuletzt am 11.9.2015 Änderungen vorgenommen; WPg 03/2016, S. 147 ff.

176 *Fischer-Böhnlein/Körner*, BB 2001, 191; *Hillebrand*, BBB 2007, 266.

177 Weiterführende Literatur: *Pelka/Niemann*, Praxis der Rechnungslegung in Insolvenzverfahren, 4. Aufl. 1997, S. 1 ff.; *Kraemer/Vallender/Vogelsang*, Handbuch zur Insolvenz, Stand: 2019, Fach 5, Kap. 3; *Depré/Dobler*, in: Beck/Depré, Praxis der Insolvenz, 3. Aufl. 2017, Rn. 1–9.

178 *Möhlmann*, DStR 1999, S. 163, *Eickes*, Zum Grundsatz der Unternehmensfortführung in der Insolvenz, 1. Aufl. 2014, S. 78.

vom Insolvenzverwalter gem. §§ 58 Abs. 1, 66 Abs. 3, 69, 79 InsO fordert. Zwar sieht das Gesetz keine Schriftform für die (Zwischen-)Berichte vor, was angesichts des Zeit- und Kostenmanagements auch in mündlicher Form erfolgen kann,[179] allerdings empfiehlt es sich, auch **schriftliche Berichte** anzufertigen, um im Streitfall einen **Beweis** für die ordnungsgemäße interne Rechnungslegung vorlegen zu können. Eine Harmonisierung mit der externen Rechnungslegung erscheint im Hinblick auf den überschaubaren Adressatenkreis, dem die Daten zugänglich gemacht werden, problematisch und nicht sachgerecht. Die verschiedenen Zielsetzungen der externen und internen Rechnungslegung stützen die vorgenannte Ansicht.[180]

3079 Gem. § 58 InsO unterliegt die Einhaltung der Buchführungs- und Rechnungslegungspflichten durch den Insolvenzverwalter der **Aufsicht des Insolvenzgerichts**. Handelt er zuwider, so kann das Insolvenzgericht gegen ihn gem. § 58 Abs. 2 S. 1 InsO Zwangsgeld festsetzen und ihn gem. § 59 InsO aus dem Amt entlassen. In der Praxis kann das Insolvenzgericht nur auf diese Weise seiner umfassenden Aufsichtspflicht über die Amtsführung insges. nachkommen. Die Einhaltung der externen handelsrechtlichen Rechnungslegungspflichten hat dagegen i.d.R. für das Insolvenzgericht keine Relevanz.

3080 Bei der Verletzung externer Buchführungs- und Rechnungslegungspflichten, also **insolvenzspezifischer Pflichten** i.S.v. § 60 InsO kann sich der Insolvenzverwalter gegenüber den Verfahrensbeteiligten schadenersatzpflichtig machen. Dies gilt insb. dann, wenn damit die Nichterfüllung steuerlicher Pflichten verknüpft ist. Werden Steuern von den Finanzbehörden auf einen höheren Betrag geschätzt, als den sie bei ordnungsgemäßer Erfüllung der Rechnungslegungspflichten gehabt hätten, besteht seitens des Insolvenzverwalters eine Schadensersatzpflicht – Ersatz der Insolvenzmasse –, die in der Erhöhung die Schuldenmasse und der damit einhergehenden Verkürzung der Insolvenzquote der Gläubiger liegt. Der Insolvenzverwalter kann auch gegenüber dem Insolvenzschuldner schadensersatzpflichtig sein, wenn der Insolvenzschuldner seinen durch die Insolvenz eingetretenen Verlust infolge der Nichterstellung von Bilanzen nicht geltend machen kann.[181]

3081 Neben die insolvenzrechtliche Haftungsvorschrift des § 60 InsO tritt gegenüber dem Fiskus die **steuerliche Haftung** aus § 69 AO, weil der Insolvenzverwalter **Vermögensverwalter** i.S.v. § 34 Abs. 3 AO ist. Dabei ist § 69 AO lex specialis, da sonst dessen auf Vorsatz und grobe Fahrlässigkeit beschränkte Haftung unzulässig ausgedehnt würde.[182] Ausnahmsweise ist dies nicht so, wenn es um die Geltendmachung von Insolvenzforderungen durch die Finanzverwaltung geht. Dann hat das Insolvenzrecht aufgrund der Vorschrift des § 87 InsO Vorrang, sodass der Insolvenzverwalter dem Fiskus, wie jedem anderen Gläubiger auch, nach § 60 InsO bspw. zum Ersatz des Zinsschadens verpflichtet ist, den dieser infolge der verspäteten Schlussrechnungslegung und Quotenzahlung erleidet.[183]

3082 Die Finanzbehörden können dem Insolvenzverwalter auch über § 328 AO ein **Zwangsgeld** auferlegen, damit dieser die Buchführungs- und steuerlichen Erklärungspflichten erfüllt. Darüber hinaus stellt die vorsätzliche oder leichtfertige Nichterfüllung von Buch-

179 *Eickes*, Zum Grundsatz der Unternehmensfortführung in der Insolvenz, 1. Aufl. 2014, S. 78.
180 *Eickes*, Zum Grundsatz der Unternehmensfortführung in der Insolvenz, 1. Aufl. 2014, S. 78.
181 Vgl. BGH, Urt. v. 29.5.1979 – VI ZR 104/78, BGHZ 74, 316.
182 So *Brandes/Schoppmeyer* in: MüKo-InsO, 4. Aufl. 2019, § 60 Rn. 81.
183 Vgl. BGH, Urt. v. 1.12.1988 – IX ZR 61/88, BGHZ 106, 134.

führungs- und Aufzeichnungspflichten gem. § 379 Abs. 1 S. 1 Nr. 3 AO auch eine Ordnungswidrigkeit dar, sofern dadurch die Verkürzung von Steuern oder die Erlangung nicht gerechtfertigter Steuervorteile ermöglicht wurde (sog. **Steuergefährdung**).

b) Beschränkung auf die Insolvenzmasse

Die Insolvenzmasse ist in § 35 InsO legal definiert. Danach besteht die Masse aus dem gesamten Vermögen, das dem Schuldner zurzeit der Eröffnung des Verfahrens gehört bzw. welches der Schuldner während des Verfahrens erlangt.[184] Diese sog. „Ist – Masse“[185] wird durch die §§ 36 und 37 InsO eingeschränkt. Danach sind Gegenstände, die nicht der Zwangsvollstreckung unterliegen, etwa unpfändbar sind,[186] von der Insolvenzmasse ausgeschlossen.[187] Sortiert man diese Gegenstände aus, spricht man von der sog. **„Soll-Masse“**.[188] Diese dient der gemeinschaftlichen Befriedigung aller Insolvenzgläubiger der **Quote** nach, die zum Zeitpunkt der Eröffnung des Verfahrens einen Vermögensanspruch gegenüber dem Schuldner geltend machen.[189] **3083**

Der Insolvenzverwalter nimmt gem. § 148 InsO nach Insolvenzeröffnung das zur Insolvenzmasse gehörende Vermögen in Besitz und Verwaltung. Bei Weigerung des Schuldners ist die Herausgabe der betreffenden Sache aufgrund einer vollstreckbaren Ausfertigung des Eröffnungsbeschlusses im Wege der Zwangsvollstreckung erzwingbar.[190] Bestehen Streitigkeiten über den Umfang der Insolvenzmasse, ist das Prozessgericht zuständig.[191] **3084**

c) Verzeichnis der Massegegenstände (§ 151 InsO)

Nach Verfahrenseröffnung hat der Insolvenzverwalter gem. § 151 InsO ein Verzeichnis der Massegegenstände anzufertigen. Hier erfolgt eine art- und mengenmäßige Erfassung der einzelnen Gegenstände in tabellarischer Form. Diese Bestandsaufnahme bezweckt die **Sichtung der Insolvenzmasse**, ihre systematische **Bewertung** und Darstellung gegenüber den Insolvenzgläubigern, dem Schuldner und dem Insolvenzgericht.[192] Daneben zielt die Bestandsaufnahme bezogen auf das gesamte Verfahren auf Folgendes ab: **3085**

- die Dokumentation der Vermögensverhältnisse des Schuldners;
- die Gewährleistung einer ordnungsgemäßen Verteilung der Insolvenzmasse;
- die Grundlage für die für das Planverfahren zu erstellenden Rechnungslegungswerke;
- die Grundlage für die Kontrolle der Tätigkeit des Insolvenzverwalters durch den Gläubigerausschuss und das Insolvenzgericht;
- Information über den Massebestand zur Vorbereitung der Entscheidung über die Fortsetzung oder Einstellung des Verfahrens mangels Masse;
- Information über die zu erwartende Insolvenzquote.

---

184 Welche Gegenstände im Einzelnen dazu gehören, vgl. *Lüdtke*, in: Schmidt, Hamburger Kommentar zum Insolvenzrecht, 7. Aufl. 2019, § 35 InsO Rn. 71 ff.

185 *Huhnold*, in: Haarmeyer/Wutzke/Förster, PräsenzKommentar, 2. Aufl. 2012, § 35 InsO Rn. 14.

186 § 36 InsO gilt grds. nur im Insolvenzverfahren natürlicher Personen, vgl. *Lüdtke*, in: Schmidt, Hamburger Kommentar zum Insolvenzrecht, 7. Aufl. 2019, § 36 InsO Rn. 5 ff.

187 *Huhnold*, in: Haarmeyer/Wutzke/Förster, PräsenzKommentar, 2. Aufl. 2012, § 36 InsO Rn. 6 ff.

188 *Weitzmann*, in: Schmidt, Hamburger Kommentar zum Insolvenzrecht, 7. Aufl. 2019, § 60 InsO Rn. 11; *Huhnold*, in: Haarmeyer/Wutzke/Förster, PräsenzKommentar, 2. Aufl. 2012, § 35 InsO Rn. 14.

189 *Huhnold*, in: Haarmeyer/Wutzke/Förster, PräsenzKommentar, 2. Aufl. 2012, § 35 InsO Rn. 14.

190 *Huhnold*, in: Haarmeyer/Wutzke/Förster, PräsenzKommentar, 2. Aufl. 2012, § 35 InsO Rn. 14 f.

191 *Huhnold*, in: Haarmeyer/Wutzke/Förster, PräsenzKommentar, 2. Aufl. 2012, § 35 InsO Rn. 14.

192 Weiteres dazu: *Füchsl/Weishäupl/Jaffé*, in: Kirchhof/Stürner/Eidenmüller, MüKo-InsO, Bd. 2, 4. Aufl. 2019, § 151 Rn. 1–30.

3086 Die Aufstellung des Mengengerüsts hat nach den handelsrechtlichen Grundsätzen **ordnungsgemäßer Inventur** zu erfolgen, dabei müssen die insolvenzspezifischen Besonderheiten berücksichtigt werden. Es sind folgende Grundsätze zu beachten:

- Einzelerfassung der Bestände;
- Klarheit, Nachprüfbarkeit und Dokumentation der Bestandsaufnahme;
- Vollständigkeit der Bestandsaufnahme;
- Wahrheit, Richtigkeit und Willkürfreiheit der Bestandsaufnahme.

Ratsam ist es, bereits bei der **Bestandsaufnahme** hinreichend ausführliche Aufzeichnungen über alle für die Bewertung relevanten Informationen festzuhalten. Die Erfassung erfolgt wie üblich mittels Messen, Zählen und Wiegen auf den Zeitpunkt der Verfahrenseröffnung. Hierbei gilt der Grundsatz der Einzelerfassung und Einzelbewertung. Daneben erfolgt die Bestandsaufnahme durch Urkunden, Verträge oder Saldenbestätigungen, sofern eine körperliche Erfassung ausgeschlossen ist. Es sind grundsätzlich alle Vermögensgegenstände, die der Insolvenzverwalter tatsächlich in Besitz nimmt (§§ 80, 81 InsO), aufzuführen. Von dieser Ist-Masse ist die Soll-Masse, also die Gesamtheit all jener Vermögensgegenstände, die auch rechtlich zur Befriedigung der Insolvenzgläubiger dienen (§§ 35, 36 InsO) zu unterscheiden. Da zur Insolvenzmasse auch Anfechtungsansprüche nach den §§ 129 ff. InsO gehören, sind auch diese im Masseverzeichnis zu erfassen.[193]

3087 Der Insolvenzverwalter darf dabei auf ein vom Schuldner aufgestelltes Inventar oder sonstige Aufzeichnungen zurückgreifen. Er hat diese jedoch ausführlich zu prüfen und eigene Erhebungen anzustellen. Gem. §§ 35, 36 Abs. 1 und 3, 37 InsO umfasst die Insolvenzmasse das gesamte pfändbare Vermögen des Schuldners, soweit es ihm zur Zeit der Eröffnung des Verfahrens gehört. Irrelevant ist, ob die Gegenstände mit Absonderungsrechten belastet sind oder ob es sich um handels- und steuerrechtlich bilanzierungsfähige Vermögensgegenstände handelt. Es sind alle Gegenstände, auch das Privatvermögen bei einem Einzelkaufmann, zu erfassen, sofern der Insolvenzverwalter diese berechtigterweise verwerten kann.

Bei mangelnder Verwertbarkeit eines Gegenstands ist dieser dennoch aufzunehmen, auch wenn er später voraussichtlich vom Insolvenzverwalter wieder freigeben wird.

3088 Neue Erkenntnisse bis zum Zeitpunkt der Niederlegung in der Geschäftsstelle des Amtsgerichts gem. § 154 InsO sind in das Verzeichnis aufzunehmen. In diesem Zusammenhang wird daher auch von einer **Wertaufhellung** gesprochen. Das Verzeichnis der Massegegenstände wird grundsätzlich auf den **Zeitpunkt der Eröffnung des Verfahrens** erstellt. Anders ist dies nur, wenn ein vorläufiger Insolvenzverwalter bestellt oder ein Gutachterauftrag erteilt wird. Dennoch muss der Insolvenzverwalter grundsätzlich auf den Zeitpunkt der Verfahrenseröffnung eine entsprechende Inventur durchführen. Eine Ausnahme ist davon zu machen, wenn zu einem früheren Zeitpunkt eine vollständige Inventuraufnahme vorliegt und eine in sich schlüssige und vollständige Fortschreibung dieser Inventur durch den Insolvenzverwalter vorgenommen wurde. Die Hinzuziehung des Schuldners sowie die Verlagerung auf Dritte ist bei der Durchführung der Inventur möglich, allerdings trägt der Insolvenzverwalter als Inventurpflichtiger für alle Delegati-

193 *Füchsl/Weishäupl*, in: Kirchhof/Stürner/Eidenmüller, MüKo-InsO, 4. Aufl. 2019, Bd. 2, § 151 Rn. 29; *Uhlenbruck/Maus*, in: Uhlenbruck, InsO, 15. Aufl. 2019, § 151 Rn. 3.

onsfälle die Verantwortung der vollständigen Inventurerfassung und muss diese durch entsprechende organisatorische Maßnahmen gewährleisten.

Das Verzeichnis der Massegegenstände wird mit der Finanzbuchhaltung bzw. der Aktivseite der Eröffnungsbilanz plausibilisiert, um auf diese Weise die Vollständigkeit zu sicherzustellen. **3089**

Ein Muster für ein Verzeichnis der Massegegenstände ist als **Anlage I** (Rn. 3156) beigefügt.

d) Gläubigerverzeichnis (§ 152 InsO)

Das Gläubigerverzeichnis ist, wie der Name schon vorgibt, ein tabellarisches übersichtliches Verzeichnis aller Gläubiger; dieses hat der Insolvenzverwalter im Zeitpunkt der Verfahrenseröffnung aufzustellen. Es ist die Grundlage für weitere Rechenwerke.[194] Das Gläubigerverzeichnis sollte wie das Verzeichnis der Massegegenstände auch mit der Finanzbuchhaltung bzw. der Passivseite der Eröffnungsbilanz plausibilisiert werden. Die notwendigen Daten für das Gläubigerverzeichnis muss der Insolvenzverwalter den Büchern und Geschäftspapieren bzw. den ihm zur Verfügung stehenden Informationsquellen entnehmen und ggf. gezielt Nachforschungen anstellen. Der Schuldner muss ihm dabei zur Seite stehen und mitwirken. Er kann auch gem. § 98 InsO aufgefordert werden, eine **Versicherung an Eides statt** für die Richtigkeit und Vollständigkeit des Gläubigerverzeichnisses abzugeben. Der Aufbau und der Inhalt des Gläubigerverzeichnisses richten sich im Wesentlichen nach § 152 Abs. 2 und 3 InsO. **3090**

Die Gläubiger sind jeweils gem. §§ 38 ff. und 53 InsO entweder **3091**
- nicht nachrangige Insolvenzgläubiger,
- nachrangige Insolvenzgläubiger,
- absonderungsberechtigte Gläubiger oder
- Massegläubiger.

Es ist ratsam, neben den Pflichtangaben auch die Anschrift von Verfahrensbevollmächtigten und die Höhe der zur Tabelle angemeldeten Forderungen in das Gläubigerverzeichnis anzugeben.

Erkennt der Insolvenzverwalter, dass auf die nachrangigen Gläubiger eine Quote entfallen wird, teilt er dies regelmäßig dem Insolvenzgericht mit, wenn nicht das Insolvenzgericht nach den Berichten des Insolvenzverwalters selbst erkennt, dass eine 100 %-Quote ausgezahlt werden kann. Das Gericht fordert dazu auch die nachrangigen Gläubiger gem. § 174 Abs. 3 S. 1 InsO gesondert zur Forderungsanmeldung auf. Daneben sind daher immer die einzelnen Rangklassen der nachrangigen Gläubiger darzulegen. Bezüglich der absonderungsberechtigten Gläubiger sind zusätzlich die Gegenstände, an denen das jeweilige Absonderungsrecht besteht, aufzuführen. Hier ergibt sich eine Verbindung zum Verzeichnis der Massegegenstände. **3092**

Der Posten Masseverbindlichkeiten stellt anders als die sonst absolut stichtagsbezogene Darstellung auch die künftigen Aufwendungen des Insolvenzverfahrens bezüglich der Angaben zu den Verfahrenskosten nach § 54 InsO und der Verfahrenskosten nach § 55 InsO dar. **3093**

194 Weiteres dazu: *Füchsl/Weishäupl/Jaffé*, in: Kirchhof/Stürner/Eidenmüller, MüKo-InsO, 4. Aufl. 2019, Bd. 2, § 152 Rn. 1–21.

Sollte gem. §§ 94 ff. InsO eine Aufrechnung möglich, erfolgt eine entsprechende Angabe im Gläubigerverzeichnis. Hier gilt das Bruttoprinzip.

Ein Vorschlag eines Gläubigerverzeichnisses ist als **Anlage II** (Rn. 3157) beigefügt.

e) Vermögensverzeichnis (§ 153 InsO)

3094 Auf den Zeitpunkt der Eröffnung hat der Insolvenzverwalter aus dem Verzeichnis der Massegegenstände und dem Gläubigerverzeichnis eine **geordnete Vermögensübersicht** zu erstellen.[195] Sie dient als Planungsinstrument und Prognoserechnung für die Verfahrensbeteiligten und gleichzeitig als Basis für die erwartete Quote, als Kontrollinstrument für den Verwalter, das Insolvenzgericht und die Gläubiger. Die Vermögensübersicht gem. § 153 InsO ist nicht identisch mit der Schlussbilanz der werbenden Gesellschaft oder der handelsrechtlichen Eröffnungsbilanz. Unterschiede ergeben sich insb. bezüglich Ansatz und Bewertung einzelner Vermögensgegenstände und Schuldposten. Das bedeutet für die Vermögensübersicht, dass originäre **immaterielle Vermögensgegenstände** sowie **stille Reserven** aufgedeckt werden. Ihr Ziel ist es, Informationen mit **Vermögensverteilungscharakter** zu geben. Sie ähnelt deshalb eher der Liquidationsbilanz als der Handels- oder Steuerbilanz. Aus diesem Grund ist eine Übernahme der handelsrechtlichen Gliederungsvorschriften nicht ohne Weiteres möglich. Die allgemeinen Grundsätze der **Richtigkeit**, **Vollständigkeit** und **Klarheit** sind trotzdem zu berücksichtigen.

3095 Hinsichtlich der **Passivseite** hat der Verwalter die Gliederung des Gläubigerverzeichnisses zwingend zu übertragen. Die Gestaltung der **Aktivseite** ist davon abhängig, ob das Unternehmen weitergeführt wird. Erfolgt eine Fortführung, sollte sich der Ausweis an der Handelsbilanz orientieren. Ist dies nicht der Fall, muss die Gliederung am Grad der Liquidierbarkeit der einzelnen Vermögensgegenstände ausgerichtet werden.

3096 Die Vermögensübersicht ist anders als die Handelsbilanz nicht einwertig, sondern enthält als Ist-Status auf den Zeitpunkt der Eröffnung **Angaben zu den Liquidations- und den Fortführungswerten**. Sollte ein Vermögensgegenstand noch nicht erfasst werden sein, wirkt dies nicht präkludierend, da die Vermögensübersicht wie das Verzeichnis der Massegegenstände und das Gläubigerverzeichnis vorläufig ist und sich im Laufe des Verfahrens neue Erkenntnisse ergeben können. Die Vermögensgegenstände werden zu Fortführungs- und zu Stilllegungswerten nebeneinander bewertet. Für die Bewertung der Schuldposten sind die rechtlichen Tatbestände ausschlaggebend.

Alle drei Rechnungslegungswerke müssen bis spätestens eine Woche vor dem Berichtstermin der ersten Gläubigerversammlung vom Insolvenzverwalter auf der Geschäftsstelle des Insolvenzgerichts zur Einsicht hinterlegt werden.

Ein Vorschlag einer Vermögensübersicht ist als **Anlage III** (Rn. 3158) beigefügt.

f) Schlussverzeichnis

3097 Das Schlussverzeichnis ist nicht direkter Bestandteil der Schlussrechnung, sondern lediglich eine notwendige Ergänzung, wenn es zu einem **Verteilungsverfahren** kommt. Es muss zahlenmäßig mit der Insolvenztabelle und den im Schlussbericht festgestellten

195 Weiteres dazu: *Andres*, in: Andres/Leithaus, Insolvenzordnung, 4. Aufl. 2018, § 153 Rn. 1–5; *Füchsl/Weishäupl/Jaffé*, in: Kirchhof/Stürner/Eidenmüller, MüKo-InsO, 4. Aufl. 2019, Bd. 2, § 153 Rn. 1–28.

Forderungen übereinstimmen. Der darin enthaltene Vergütungsantrag des Insolvenzverwalters wird nach der insolvenzrechtlichen Vergütungsordnung ermittelt.[196] Nach der aktuellen Rechtsprechung des BGH[197] verletzt die Festsetzung nach den Regelsätzen des § 2 Abs. 1 InsVV derzeit noch nicht den Anspruch des Verwalters auf eine seiner Qualifikation und seiner Tätigkeit angemessene Vergütung. Bedenken ergeben sich diesbezüglich wegen der Geldentwertung seit dem Inkrafttreten der Insolvenzrechtlichen Vergütungsverordnung von 1999. Als Schuldposten der Insolvenzmasse hat er Einfluss auf die zu verteilende Quote. Auch die Schlussrechnung wird grundsätzlich durch das Insolvenzgericht überprüft.

Ein Vorschlag eines Schlussberichts ist als **Anlage IV** (Rn. 3159) beigefügt.

g) Besonderheiten im Insolvenzplanverfahren

Das Insolvenzplanverfahren[198] als „Herzstück" des ESUG findet bis heute leider nur eingeschränkt Anwendung. Die Rechenwerke im Insolvenzplanverfahren sind: 3098

- die Planrentabilitätsrechnung,
- die Planliquiditätsrechnung und
- die Planbilanz.

Erstreckt sich das Insolvenzplanverfahren über einen Zeitraum von mehr als zwölf Monaten, beinhalten die o.g. Pläne mehrere **Perioden**. Auch hierbei gelten die allgemeinen Grundsätze der Klarheit, Wahrheit und der Übersichtlichkeit, sodass die Pläne von einem sachverständigen Dritten ohne große Hilfsmittel nachvollzogen werden können. Die einzelnen Zahlenwerke müssen kompatibel sein, das bedeutet, dass die Beziehungen zwischen Liquidität und Rentabilität sowie den jeweiligen Bestandsgrößen nachvollziehbar sind. Es ist empfehlenswert, wesentliche Prämissen verbal darzulegen.

Sieht der Insolvenzplan vor, dass Gläubiger aus den Erträgen des fortgeführten Unternehmens befriedigt werden sollen, ist dem Insolvenzplan gem. § 229 InsO eine Vermögensübersicht beizulegen. Anders als bei der namensgleichen Vermögensübersicht nach § 153 InsO werden hier keine Wertalternativen aufgestellt, sondern den Verbindlichkeiten werden die Vermögensgegenstände mit ihrem Wert, wie sie sich bei einem Wirksamwerden des Plans voraussichtlich ergeben, gegenübergestellt. Sofern der Schuldner den Plan selbst erstellt hat, bezwecken die vom Insolvenzverwalter zu fertigenden **Rechnungslegungsinstrumente** der Überprüfung und Kontrolle der Angaben im Insolvenzplan. Sie dienen den Gläubigern somit als wesentliche Entscheidungshilfe. Bei Umsetzung des Insolvenzplans erfolgen in der Umsetzungsphase regelmäßige – mindestens jährliche – Planverprobungsrechnungen in Form von Soll-Ist-Vergleichen. Bei wesentlichen Änderungen der Planungsprämissen muss der Plan mit seinen verschiedenen Detailplänen entsprechend fortgeschrieben werden. 3099

Da der Insolvenzplan als Rechnungslegungsinstrument der **internen Rechnungslegungspflicht** unterliegt, bilden folgende **Unterlagen** der internen und externen Rechnungslegung die Grundlage für Insolvenzpläne[199]: 3100

---

196 Zur Vergütung eines Sonderinsolvenzverwalters, vgl. BGH, Beschl. v. 26.3.2015 – IX ZB 62/13, ZIP 2015, 1034.

197 BGH, Beschl. v. 4.12.2014 – IX ZB 60/13, ZIP 2015, 138.

198 Zu den Problemen des Insolvenzplans in Kleinverfahren, *Blankenburg*, ZInsO 2015, 1293.

199 Weiteres dazu auch in: IDW S 2, WPg 6/2000, S. 285 ff., FN IDW 3/2000, S. 81 ff.

- Verträge und sonstige Unterlagen zu den wirtschaftlichen und finanziellen Grundlagen,
- Jahresabschlüsse und Lageberichte mindestens der letzten drei Jahre,
- Unternehmenskonzept,
- Überschuldungsstatus,
- aktuelle Finanz- und Liquiditätsplanung,
- Masseverzeichnis gem. § 151 InsO,
- Gläubigerverzeichnis gem. § 152 InsO,
- Vermögensübersicht gem. § 153 InsO.

3101 Zwischen den einzelnen Informationsinstrumenten bestehen vielfältige Vernetzungen und Interdependenzen, die gerade im Insolvenzplanverfahren zu überprüfen und plausibilisieren sind. Dabei handelt es sich um Folgende:

Die Grundlage des Überschuldungsstatus bilden die **Mengen- und Wertgerüste der Handelsbilanz**. Das Unternehmenskonzept und der darauf basierende Ergebnisplan liegen der Fortbestehensprognose zu Grunde. Bezüglich des Masseverzeichnisses umfassen die Handelsbilanz und der Überschuldungsstatus die erforderlichen Ausgangsinformationen. Das **Rechnungswesen** sowie die **Handelsbriefe** und sonstigen Angaben stellen die Informationsgrundlage für das Gläubigerverzeichnis dar. Die Vermögensübersicht basiert auf dem Masseverzeichnis und dem Gläubigerverzeichnis. Die Vermögensübersicht des Insolvenzplanverfahrens gem. § 229 InsO ist eine Planbilanz. Hierbei handelt es sich um abgeleitete Werte der Vermögens- und Schuldposten. Die auf den Zeitpunkt des Inkrafttretens des Insolvenzplans fortgeschriebene Handelsbilanz zeigt die Ausgangswerte für den Ergebnis- und den Finanzplan auf.

3102 Nach §§ 153, 229 InsO sind die **betriebswirtschaftlichen Planungsrechnungen** aufzustellen und dem Insolvenzplan als Anlagen beizufügen. Das Gesetz unterscheidet zwischen Plananlagen auf den **Zeitpunkt der Verfahrenseröffnung** und Plananlagen auf den **Zeitpunkt des Inkrafttretens** des Insolvenzplans in chronologischer Sicht.

Die Plananlagen zum Zeitpunkt der **Verfahrenseröffnung** beinhalten:
- Vermögensübersicht gem. § 153 InsO,
- Handelsbilanz auf den Zeitpunkt der Verfahrenseröffnung,
- Überleitungsrechnung für den Zeitraum zwischen Verfahrenseröffnung und Inkrafttreten des Insolvenzplans.

Die Plananlagen zum Zeitpunkt des **Inkrafttretens** des Insolvenzplans sind:
- Vermögensübersicht gem. § 229 InsO als Planbilanz,
- Planbilanzen auf der Basis des Handelsrechts,
- Ergebnisplanung/Rentabilitätsplanung auf der Basis des Handelsrechts,
- Finanzplan (Liquiditätsplanung).

Vorstehende Planungsrechnungen müssen widerspruchsfrei sein. Darüber hinaus müssen sie – sofern die Quote nicht mit einer Einmalzahlung bedient wird – den **Zeitraum bis zur vorgesehenen Gläubigerbefriedigung** umfassen. Schließlich sollten die einzelnen Planungsrechnungen jeweils phasengleich sein. Es ist ratsam, im zeitlichen Raster ab dem Zeitpunkt des Inkrafttretens des Plans phasenweise von monatlicher zu quartalsweiser zu jährlicher Strukturierung überzugehen.

Gem. §§ 226, 230 InsO sind in besonders gelagerten Fällen **zusätzliche Plananlagen** erforderlich, wenn **3103**

- die zustimmende Erklärung der Betroffenen, sofern Beteiligten unterschiedliche Rechte angeboten werden,
- die Zustimmung des Schuldners zur Fortführung,
- die Erklärung der betroffenen Gläubiger, sofern Anteils- oder Mitgliedschaftsrechte oder Beteiligungen übernommen werden, sowie
- die Erklärung des Dritten, falls dieser für den Fall der Bestätigung des Insolvenzplans Verpflichtungen gegenüber den Gläubigern übernimmt.

h) Rechnungslegungspflichten bei Massearmut im Insolvenzverfahren

Im Fall der Massearmut verfügt der Insolvenzverwalter nicht über die Mittel, um Wirtschaftsprüfer und Steuerberater zu bezahlen. Nach h.M. bestehen jedoch auch bei Massearmut des Insolvenzverfahrens die Buchführungs- und Rechnungslegungspflichten weiter.[200] Auch sieht die InsO **keine Erleichterungen oder Lockerungen für die handelsrechtliche Rechnungslegung** vor. Dies liegt darin begründet, dass das Unternehmen durch die Einhaltung der Rechnungslegungspflichten im Rahmen des Schuldenbereinigungsverfahrens geordnet aus dem Markt ausscheiden soll. Bei der Unternehmensfortführung muss die Erfüllung der handelsrechtlichen Buchführungs- und Bilanzierungsvorschriften zur Dokumentation gegenüber den Gläubigern zwingend erfolgen. Bei Zerschlagung nach Insolvenzeröffnung muss man ebenfalls allen handelsrechtlichen Buchführungs- und Bilanzierungspflichten nachkommen, da nur so eine ordnungsgemäße Schlussrechnungslegungsprüfung durch das Insolvenzgericht sichergestellt wird.[201] Um die Insolvenzmasse vollständig zu erfassen, muss der Insolvenzverwalter die handelsrechtliche Buchführung des Gemeinschuldners überprüfen und ggf. aufarbeiten. Darüber hinaus legt eine ordnungsgemäße Schlussrechnung dar, welche Vermögensgegenstände aus- und abgesondert wurden, freigegeben und mit welchem Ansatz verwertet wurden. Auch zu berücksichtigen ist, wie schwebende Prozesse abgewickelt und welche Werte durch Aufrechnung zur Masse hinzugezogen werden konnten. Schließlich soll ein nahtloses Bild der Geschäftsführung von der Eröffnungsbilanz über die Zwischenbilanz bis zur Schlussbilanz entstehen. Ausgehend von einer ordnungsgemäßen handelsrechtlichen Buchführung ist im Falle der Verfahrenseinstellung wegen Masselosigkeit nach § 207 InsO der Insolvenzverwalter zur Schlussrechnungslegung verpflichtet und das Insolvenzgericht sodann verpflichtet, diese zu prüfen. **3104**

Festzuhalten ist, dass die handels- und steuerrechtlichen Verpflichtungen für den Insolvenzverwalter nach § 155 InsO gelten; hiervon besteht derzeit **keine Ausnahme**. Hierdurch wird ein Nachweis der ordnungsgemäßen Tätigkeit dokumentiert, welcher gleichzeitig als Chance begriffen werden sollte, die Leistung des Insolvenzverwalters gegenüber den am Verfahren Beteiligten positiv zu dokumentieren. **3105**

---

200 S. auch Rechtsprechung zum Auslagenersatzanspruch des Insolvenzverwalters: BGH, Urt. v. 22.7.2004 – IX ZB 161/03, WPg 2004, 1091.

201 Aktuell umstritten die Übertragung der Schlussrechnungsprüfung auf Sachverständige (Verfassungsbeschwerde anhängig, BVerfG, 2 BvR 212/15): *Lissner*, ZInsO 2015, 1184.

i) Möglichkeiten der Standardisierung der Rechnungslegung

3106 Wie bereits dargelegt dient die insolvenzspezifische Rechnungslegung des Insolvenzverwalters gem. § 66 InsO als Grundlage zur **Information** der Gläubiger, des Schuldners, des Insolvenzgerichtes und des Insolvenzverwalters. Die InsO bestimmt die Voraussetzungen einer ordnungsgemäßen Rechnungslegung nur unzureichend; die Beteiligten sind sich daher mit der Umsetzung weitgehend selbst überlassen. Deshalb wurde am RheinAhrCampus in Remagen ein Forschungsprojekt (ZEFIS)[202] entwickelt, welches sich an der empirischen Erhebung tatsächlicher Verfahrensabläufe und deren Bewertung unter tatsächlichen und rechtlichen Aspekten orientiert.[203] Der daraus entstandene Standardkontenrahmen SKR-InsO ist heute bundesweit in der Anwendung und allseits akzeptiert; vgl. dazu ZInsO 2017, 1309 ff.

III. Privatinsolvenz – Restschuldbefreiung und Verfahren natürlicher Personen

3107 Jede natürliche Person (Einzelunternehmer, Freiberufler, Privatpersonen/Verbraucher, Gesellschafter, Geschäftsführer, Vorstände, etc.) hat die Möglichkeit, nach Durchlaufen eines Insolvenzverfahrens die **Restschuldbefreiung** zu erlangen (§§ 286 ff. InsO). Die Erteilung der Restschuldbefreiung bedeutet keinen Schuldenerlass im juristischen Sinne; mit Erteilung der Restschuldbefreiung werden jedoch die sodann noch bestehenden (Rest-)Verbindlichkeiten dauerhaft undurchsetzbar. Das bedeutet, dass eine Beitreibung der Forderungen nach Erteilung der Restschuldbefreiung insb. nicht mehr im Wege der Zwangsvollstreckung erfolgen kann.

Sowohl Regel- als auch Verbraucherinsolvenz können für die natürliche Person zur Restschuldbefreiung (RSB) führen. Voraussetzung ist ein eigener Insolvenzantrag (§§ 20, 287 InsO) sowie ein Antrag auf Erteilung der Restschuldbefreiung. Juristische Personen gehören immer in das Regelinsolvenzverfahren. Deren Restverbindlichkeiten nach einem Insolvenzverfahren gehen mit der Löschung der juristischen Person im Handelsregister unter, sodass sie keiner Restschuldbefreiung bedarf.

3108 Im Übrigen spricht man bei Insolvenzverfahren für natürliche Personen ganz allgemein vom Privatinsolvenzverfahren, welches sich wiederum in das Verbraucherinsolvenzverfahren und das Regelinsolvenzverfahren für natürliche Personen aufteilt. **Abgrenzungsprobleme** zwischen den Verfahrensarten stellen sich nur bei natürlichen Personen. Maßgeblich ist hier die Regelung in § 304 InsO. Vgl. dazu Rn. 2778 ff.

3109 Für Personen, die **nie eine selbstständige wirtschaftliche Tätigkeit** ausgeübt haben, sind immer die Vorschriften über das Verbraucherinsolvenzverfahren anzuwenden (§§ 304 ff. InsO).

---

202 ZEFIS = Rheinland-pfälzisches Zentrum für Insolvenzrecht und Sanierungspraxis.

203 Die Bemühungen des ZEFIS waren erfolgreich; man könnte sie auch als Durchbruch in der insolvenzrechtlichen Rechnungslegung auffassen. Nähere und weitergehende Informationen zu dem Forschungsprojekt ZEFIS finden Sie auf der Homepage http://www.zefis.org. Dort haben Sie Zugriff auf das kostenlos downloadbare ZEFIS-Kontierungshandbuch (Standardisierte Schlussrechnungslegung – Erläuterungen zur Schlussrechnungsübersicht und zum Kontenrahmen) sowie eine Excel-Tabelle, woraus sich der Standardkontenrahmen, die Struktur der Unterkonten sowie die entsprechenden Erläuterungen ergeben.

Für Personen, die bei Antragstellung eine **selbstständige wirtschaftliche Tätigkeit** ausüben, sind immer die Vorschriften über das **Regelinsolvenzverfahren** anzuwenden. Es gilt für die Beurteilung der Zeitpunkt des Antragseingangs bei Gericht.

Die Restschuldbefreiung kann bei regulärem Verfahrensablauf **sechs Jahre nach Eröffnung** des Insolvenzverfahrens erreicht werden. Unter bestimmten Voraussetzungen ist dies bereits nach drei oder fünf Jahren möglich.

Zwei mögliche Alternativen, die eine deutlich frühzeitigere Befreiung von den restlichen Verbindlichkeiten ermöglichen können, sind das Insolvenzplanverfahren (§§ 217 ff. InsO) oder die Einstellung des Verfahrens mit Zustimmung aller Gläubiger (§ 213 InsO). Gerade das Insolvenzplanverfahren für natürliche Personen hat deutlich zugenommen, da hier die Möglichkeit besteht schon mit einer eher „kleinen" Zahlung in kurzer Zeit einen „großen" Berg an Schulden hinter sich zu lassen und sich wirtschaftlich auf neue Füße zu stellen. **3110**

1. Eckpunkte des Verbraucherinsolvenzverfahrens

Die Verfahrensart (Regelinsolvenzverfahren oder Verbraucherinsolvenzverfahren) kann nicht gewählt werden, sondern ist durch die in § 304 InsO normierten **Abgrenzungskriterien** festgelegt. Der Schuldner ist daher gehalten, seinen Antrag auf die richtige Verfahrensart hin auszurichten und die im Verbraucherinsolvenzverfahren für die Antragstellung vorgeschriebenen Formulare zu verwenden. **3111**

Unproblematisch ist die Abgrenzung für Personen, die nicht selbstständig tätig sind und es nie waren. Für wirtschaftlich nicht selbstständig tätige Personen (Angestellte, Beamte, Arbeitslose, Sozialhilfeempfänger, Rentner, Schüler, Auszubildende und Studenten) ist das vereinfachte Insolvenzverfahren (Verbraucherinsolvenz) die richtige Verfahrensart.

Auch ehemals Selbstständige mit überschaubaren Vermögensverhältnissen sind auf das Verbraucherinsolvenzverfahren zu verweisen. Der maßgebliche Zeitpunkt für die Feststellung, ob eine Person „ehemals" selbstständig war, ist die Insolvenzantragstellung. Übt der Antragsteller zum Zeitpunkt des Eingangs des Insolvenzantrags bei Gericht **aktiv keine selbstständige Tätigkeit** mehr aus, ist er „Verbraucher" i.S.d. § 304 InsO. Auf evtl. Registereintragungen kommt es nicht an. Zudem müssen die Vermögensverhältnisse des ehemals Selbstständigen überschaubar sein. Überschaubar sind die Vermögensverhältnisse, wenn die **Anzahl der Gläubiger** maximal 19 beträgt (§ 304 Abs. 2 InsO). Abzustellen ist auf die Anzahl der Gläubiger, nicht auf die Anzahl der einzelnen Forderungen. Es handelt sich um eine gesetzliche Orientierung. Ein Regelinsolvenzverfahren kann das Gericht daher auch bei weniger als 19 Gläubigern eröffnen, wenn die Verschuldungsstruktur des Schuldners in ihrem Gesamterscheinungsbild nicht den Verhältnissen eines Schuldners in abhängiger Beschäftigung entspricht. Auch dürfen gegen den Schuldner keine Forderungen aus Arbeitsverhältnissen (insb. Lohn- und Gehaltsansprüche, Lohnsteuerforderung der Finanzverwaltung, Sozialversicherungsansprüche, Beitragsforderungen von Berufsgenossenschaften) bestehen.

Ist der Schuldner zum Zeitpunkt der Insolvenzantragstellung **aktiv selbstständig tätig**, ist er immer dem Regelinsolvenzverfahren zuzuordnen. Die Struktur der Verbindlichkeiten oder die Anzahl der Gläubiger ist in diesem Fall nicht maßgeblich. Auch eine selbstständige Nebentätigkeit ist als Selbstständigkeit zu verstehen, wenn sie einen nennens- **3112** werten Umfang erreicht und sich organisatorisch verfestigt hat. Übt der Schuldner indes nur gelegentlich eine Nebentätigkeit selbstständig aus, liegt keine selbstständige Tätigkeit vor. Anhaltspunkte für die Abgrenzung gibt hier die Bagatellgrenze des § 3 Nr. 26 EStG.

Ein Gesellschafter einer Personengesellschaft ist selbstständig im vorbeschriebenen Sinne, sofern er persönlich haftet (Gesellschafter einer OHG, GbR, Komplementäre eine KG). Selbstständig ist auch der geschäftsführende Alleingesellschafter einer Ein-Mann-GmbH oder ein Mehrheitsgesellschafter einer juristischen Person, sofern er Gesellschaftsanteile von mehr als 50 % hält.

3113 Die Entscheidung, welche **Verfahrensart** die richtige ist, obliegt dem **Insolvenzgericht**. Zweifelt das Insolvenzgericht die vom Schuldner beantragte Verfahrensart an, erteilt es dem Schuldner einen entsprechenden Hinweis und räumt ihm die Gelegenheit zu weiteren Ausführungen bzw. zur Umstellung des Antrages ein. Ein (ggf. nach Korrektur) nicht auf die richtige Verfahrensart ausgerichteter Antrag ist als unzulässig zurückzuweisen. Dies erfolgt vor dem Hintergrund des unterschiedlichen Verfahrensablaufs von Regel- und Verbraucherinsolvenzverfahren, der jedenfalls bis zur Entscheidung über die Eröffnung anders strukturiert verläuft.

3114 Ist das Verbraucherinsolvenzverfahren die richtige Verfahrensart, schreibt der Gesetzgeber als Zulässigkeitsvoraussetzung für einen Antrag auf Eröffnung eines solchen Verfahrens vor, dass der Schuldner zunächst einmal einen **außergerichtlichen Schuldenbereinigungsversuch** unternehmen muss, bevor das Gericht angerufen wird. Erst wenn dieser außergerichtliche Schuldenbereinigungsplan gescheitert ist, ist ein Antrag auf Eröffnung des Verbraucherinsolvenzverfahrens zulässig. Das Scheitern ist durch eine sog. **„geeignete Stelle oder Person"** zu bescheinigen (vgl. § 305 InsO). Als „geeignete Stelle" sind als solche zugelassene Schuldnerberatungsstellen, Schuldnerberater und auch Rechtsanwälte anzusehen. Diese unterstützen den ratsuchenden Schuldner auch bei der Durchführung des außergerichtlichen Schuldenbereinigungsverfahrens und stellen die Weichen für den richtigen Weg in das Insolvenzverfahren. Ist der Schuldner nicht selbstständig, sollte daher bei Einleitung eines Insolvenzverfahrens der erste Weg zum Schuldnerberater führen, der Auskunft über die richtige Verfahrensart geben bzw. das außergerichtliche Schuldenbereinigungsverfahren durchführen und Hilfestellung bei der Antragstellung geben kann.

2. Das Antragsverfahren

3115 Ein Antrag auf Erteilung der Restschuldbefreiung soll mit einem Eigenantrag des Schuldners auf Eröffnung des Insolvenzverfahrens verbunden werden. Wird er nicht mit diesem verbunden, weist das Gericht darauf hin, dass er innerhalb von zwei Wochen (bzw. bei Verbraucherinsolvenzverfahren binnen 1 Monats (vgl. § 305 Abs. 3 S. 2 InsO)) nach dem Eigenantrag zu stellen ist. Diese Frist gilt nicht bei einem Gläubigerantrag. Der Schuldner kann in diesem Fall bis zur Eröffnungsentscheidung einen Eigenantrag, verbunden mit einem Restschuldbefreiungsantrag, stellen. Ist der gerichtliche Hinweis unterblieben, kann der Schuldner die Restschuldbefreiung ausnahmsweise ohne eigenen Antrag nach Eröffnung noch beantragen.

Dem Restschuldbefreiungsantrag ist eine Erklärung beizufügen, mit der er die pfändbaren Bezüge auf die Dauer von sechs Jahren an den gerichtlich bestellten Treuhänder abtritt (Abtretungserklärung gem. § 287 Abs. 2 InsO). Für den Antrag auf Eröffnung des Insolvenzverfahrens gelten keine besonderen Voraussetzungen.

Sind die **Verfahrenskosten** aus dem Vermögen des Schuldners **nicht gedeckt** und wurde kein Vorschuss geleistet, besteht die Möglichkeit der **Verfahrenskostenstundung** auf Antrag des Schuldners, wenn dieser die Erteilung der Restschuldbefreiung beantragt hat (§ 4a InsO). Dadurch ist gewährleistet, dass auch einem vermögenslosen Schuldner die Restschuldbefreiung ermöglicht werden kann. Die Stundung der Verfahrenskosten bedeutet nicht, dass diese Kosten von der Staatskasse übernommen werden und das Verfahren für den Schuldner kostenlos ist. Sämtliche Erlöse, die nach Insolvenzeröffnung aus der Verwertung der Insolvenzmasse resultieren, werden vielmehr zunächst auf die Deckung der Verfahrenskosten verwendet (vgl. § 53 InsO). Reicht die Insolvenzmasse zur Deckung der Verfahrenskosten nicht aus, wird das Verfahren nach Eröffnung nicht mangels Masse eingestellt, wenn die Verfahrenskostenstundung bewilligt wurde. Vielmehr ist der Schuldner am Ende des Verfahrens gehalten, den nicht gedeckten Differenzbetrag zu zahlen. Dieser ungedeckte Teil der Verfahrenskosten wird von der Gerichtskasse zur Zahlung angefordert. Ist der Schuldner weiterhin vermögenslos, kann die Stundung bis zu vier Jahre verlängert bzw. eine Begleichung in Raten beschlossen werden. Erst dann entscheidet das Gericht abschließend, ob die Kosten endgültig niedergeschlagen und damit nicht mehr eingefordert werden. Die Verfahrenskosten werden nur dann niedergeschlagen, wenn weiterhin andauernde Vermögenslosigkeit anzunehmen ist. Anzulegen sind die Maßstäbe für die Bewilligung von Prozesskostenhilfe (PKH). 3116

Schließlich ist die grundsätzliche Möglichkeit der Erlangung der Restschuldbefreiung an die **Redlichkeit** der natürlichen Person geknüpft. Die Restschuldbefreiung soll Personen versagt werden, die sich vor oder während des Verfahrens in einer bestimmten Weise gläubigerschädigend verhalten haben (§§ 290, 296 ff. InsO). 3117

3. Der Ablauf des Restschuldbefreiungsverfahrens

Im Rahmen der Antragstellung hat der Schuldner zu erklären, ob ihm in den letzten zehn Jahren vor dem Antrag auf Eröffnung des Insolvenzverfahrens oder nach diesem Antrag Restschuldbefreiung erteilt oder die Restschuldbefreiung in den letzten fünf Jahren vor dem Antrag auf Eröffnung des Insolvenzverfahrens oder nach diesem Antrag nach § 297 InsO versagt worden ist. Er muss angeben, ob ihm in den letzten drei Jahren vor dem Antrag auf Eröffnung des Insolvenzverfahrens oder nach diesem Antrag Restschuldbefreiung nach § 290 Abs. 1 Nr. 5, 6 oder 7 InsO (ggf. i.V.m. § 297a InsO) oder nach § 296 InsO versagt worden ist. Auf der Basis dieser Erklärung stellt das Insolvenzgericht durch Beschluss fest, dass der Schuldner Restschuldbefreiung erlangt, wenn er die Obliegenheiten erfüllt und die Voraussetzungen für eine Versagung der Restschuldbefreiung nicht vorliegen **(Eingangsentscheidung gem. § 287a InsO).** 3118

Fehlt die Erklärung oder ist sie unvollständig, fordert das Gericht den Schuldner unter Fristsetzung zur entsprechenden Ergänzung oder Korrektur auf. Kommt der Schuldner dieser Aufforderung nicht nach, ist der Restschuldbefreiungsantrag als unzulässig zurückzuweisen. Zudem hat der Schuldner die Richtigkeit und Vollständigkeit der Erklärung zu versichern. Bei vorsätzlich oder grob fahrlässig unrichtigen oder unvollständigen Angaben droht die **Versagung der Restschuldbefreiung** gem. § 290 Abs. 1 Nr. 6 InsO. 3119

Die Eingangsentscheidung wird noch **vor** der Eröffnung des Insolvenzverfahrens getroffen. Hegt das Insolvenzgericht Zweifel, kann es vor Eröffnung durch einen Sachverständigen prüfen lassen, ob die Voraussetzungen der Restschuldbefreiung voraussichtlich gegeben sind bzw. ob Anhaltspunkte vorliegend, die die Versagung einer Restschuldbefreiung rechtfertigen könnten.

3120 Nach Eröffnung des Insolvenzverfahrens nimmt das Verfahren – unabhängig davon, ob es als Verbraucher- oder Regelinsolvenzverfahren eröffnet wurde – den **regulären Verfahrensgang**. Das bedeutet im Wesentlichen, dass die Gläubiger ihre Forderungen und Sonderrechte gegenüber dem Insolvenzverwalter geltend machen bzw. zur Tabelle anmelden können, die dann in einem Prüfungstermin geprüft werden. Der Insolvenzverwalter erstellt die Verzeichnisse (§§ 151 ff. InsO) und erstattet Bericht über den Verfahrensgang. Sind die Vermögensverhältnisse überschaubar, wird das Verfahren i.d.R. schriftlich durchgeführt. Die Gläubiger können in die Ergebnisse der **Insolvenztabelle** und den **Bericht** des Insolvenzverwalters beim Gericht Einsicht nehmen.

3121 Der Insolvenzverwalter verwertet zudem das **pfändbare Vermögen**. Dem Schuldner verbleibt der unpfändbare Teil des Vermögens, insb. stehen ihm die laufenden Einkünfte aus Erwerbstätigkeit oder sonstigen Bezügen im Rahmen der **Pfändungsfreigrenzen** zur Verfügung. Die Höhe dieser unpfändbaren Einkünfte bestimmt sich nach den Regeln der Zivilprozessordnung (§§ 35, 36 Abs. 1 InsO, §§ 850 ff. ZPO) und ist einerseits abhängig von der Anzahl der gesetzlichen Unterhaltspflichten des Schuldners sowie der Höhe des Einkommens. Vereinfacht ausgedrückt kann man folgenden Grundsatz aufstellen: Je höher das Einkommen des Schuldners, desto größer ist der ihm verbleibende unpfändbare Anteil.

3122 Nach Abschluss der Verwertung, Klärung aller Gläubigerforderungen und Sonderrechte sowie Verteilung der Insolvenzmasse wird das Insolvenzverfahren aufgehoben und in die sog. **Wohlverhaltensphase/Restschuldbefreiungsphase** übergeleitet. Von Eröffnung bis zur Entscheidung über die Restschuldbefreiung dauert das Verfahren insges. regelmäßig sechs Jahre. Wie lange die einzelnen Abschnitte (das eröffnete Verfahren und die Wohlverhaltensphase) dauern, ist abhängig von den Umständen und der Komplexität des jeweiligen Verfahrens und daher völlig unterschiedlich. Für beide Verfahrensabschnitte sind Einzelzwangsvollstreckungsmaßnahmen für einzelne Insolvenzgläubiger unzulässig (vgl. §§ 89, 294 InsO). Treffen die Gläubiger Sonderabkommen mit dem Schuldner, die ihnen eine bevorzugte Befriedigung gewähren, so sind solche Abkommen nichtig.

Mit Überleitung des Verfahrens in die Wohlverhaltensphase enden das Amt des Insolvenzverwalters und der Massebeschlag. An die Stelle des Insolvenzverwalters tritt ein **gerichtlich bestellter Treuhänder**, der regelmäßig personenidentisch mit dem Insolvenzverwalter des eröffneten Verfahrens ist. Der Treuhänder ist verpflichtet, die ihm vom Schuldner abgetretenen pfändbaren Einkommensanteile (§ 287 Abs. 2 InsO) und die Hälfte des Vermögens, welches der Schuldner wegen eines in der Wohlverhaltensphase eingetretenen Erbfalls von Todes wegen erwirbt, einzubehalten. Die einbehaltenen Gelder schüttet der Treuhänder regelmäßig an die Gläubiger aus.

3123 Nach Ablauf der Abtretungsfrist entscheidet das Gericht nach Anhörung der Insolvenzgläubiger, des Insolvenzverwalters oder Treuhänders und des Schuldners über die **Erteilung der Restschuldbefreiung durch Beschluss**. Die Abtretungsfrist dauert regelmäßig sechs Jahre, gerechnet ab dem Zeitpunkt der Eröffnung des Insolvenzverfahrens. Sie kann jedoch auf drei bzw. fünf Jahre verkürzt werden, wenn nach Deckung der Verfahrenskosten und sonstigen Masseverbindlichkeiten eine Befriedigung der Forderungen der Insolvenzgläubiger in Höhe von mindestens 35 % möglich ist (drei Jahre) oder die Kosten des Verfahrens berichtigt/gedeckt sind (fünf Jahre). Sollte eine Beendigung nach drei Jahren in Frage kommen, hat der Schuldner zusätzlich einen Herkunftsnachweis der Gelder zu erbringen.

Jederzeit ist eine **vorzeitige** Erteilung der Restschuldbefreiung dann möglich, wenn kein Insolvenzgläubiger eine Forderung angemeldet hat oder wenn die Forderungen der Insolvenzgläubiger befriedigt sind und der Schuldner die sonstigen Masseverbindlichkeiten berichtigt hat.

Alternativ kann der Schuldner eine Befreiung von den Restverbindlichkeiten durch **3124** einen **Insolvenzplan** erreichen. Dies ist seit der Reform des Verbraucherinsolvenzrechts im Jahre 2014 auch im Verbraucherinsolvenzverfahren möglich für alle Verfahren, in denen zum 1.7.2014 noch kein Schlusstermin stattgefunden hat. Das Insolvenzplanverfahren bietet insoweit einen Vorteil, als die **Höhe** der Quotenzahlung an die Gläubiger sowie der **Stichtag**, zu dem einen bestimmte Quote erreicht werden sollte, nicht vorgeschrieben, sondern frei bestimmbar sind.

4. Erteilung und Wirkung der Restschuldbefreiung

Die Restschuldbefreiung wird gem. § 300 Abs. 1 InsO durch Beschluss des Insolvenzge- **3125** richts nach Anhörung der Insolvenzgläubiger, des Treuhänders und des Schuldners erteilt. Die rechtskräftige Erteilung der Restschuldbefreiung wirkt grundsätzlich gegen alle Insolvenzgläubiger, auch wenn sie ihre Forderungen nicht zur Insolvenztabelle angemeldet haben (§ 301 Abs. 1 InsO).

Soweit die Gläubiger im Insolvenzverfahren keine Quotenzahlung erhalten haben, die **3126** Forderungen als noch offen sind, werden diese zu sog. **unvollkommenen Verbindlichkeiten** (Naturalobligationen (§ 301 Abs. 3 InsO)). Der Schuldner kann zwar freiwillig Zahlungen leisten. Die Forderungen können vom Gläubiger jedoch **nicht mehr zwangsweise** durchgesetzt werden. Soweit ein Gläubiger Zwangsvollstreckungsmaßnahmen einleitet, kann der Schuldner diesen mit der Vollstreckungsgegenklage begegnen.

Die Restschuldbefreiung erfasst jedoch **nicht alle Forderungen**. So entfaltet sie keine **3127** Wirkungen hinsichtlich der Forderungen von Neugläubigern, der Rechte der Insolvenzgläubiger gegen Mitschuldner und Bürgen des Schuldners sowie der dinglichen Sicherheiten der Gläubiger (§ 301 Abs. 2 S. 1 InsO).

Ausgenommen von der Restschuldbefreiung sind zudem Verbindlichkeiten des Schuldners aus einer vorsätzlich begangenen unerlaubten Handlung (**Deliktforderungen**, § 302 Nr. 1 InsO), Verbindlichkeiten aus rückständigem gesetzlichen **Unterhalt**, den der Schuldner vorsätzlich pflichtwidrig nicht gewährt hat (§ 302 Nr. 1 InsO) sowie **Steuerverbindlichkeiten**, sofern der Schuldner im Zusammenhang damit wegen einer Steuerstraftat nach den §§ 370, 373, 374 AO rechtskräftig verurteilt worden ist (§ 302 Nr. 1 InsO). Gleiches gilt für Geldstrafen, Geldbußen, Ordnungsgelder und Zwangsgelder sowie solche Nebenfolgen einer Straftat oder Ordnungswidrigkeit, die zu einer Geldzahlung verpflichten (§ 302 Nr. 2 InsO) und für Verbindlichkeiten aus zinslosen Darlehen, die dem Schuldner zur Begleichung der Kosten des Insolvenzverfahrens gewährt wurden (§ 302 Nr. 3 InsO).

Forderungen aus einer vorsätzlich begangenen unerlaubten Handlung des Schuldners (Deliktforderungen) werden von der Restschuldbefreiung nicht erfasst, sofern der Gläubiger diese als solche Deliktforderungen angemeldet und die Tatsachen angegeben hat, aus denen nach seiner Einschätzung folgt, dass es sich um eine deliktische Forderung handelt. Der Schuldner kann diesem Deliktcharakter widersprechen. In diesem Fall ist der Gläubiger gehalten, in einem zivilgerichtlichen Feststellungsstreit außerhalb des Insolvenzverfahrens die Delikteigenschaft der Forderung durchsetzen (§ 201 Abs. 2 InsO). Die Delikteigenschaft berührt nicht den Bestand der Forderung bzw. deren Feststellung zur Tabelle an sich.

Die Delikteigenschaft ist unabhängig von der Frage der Begründetheit der Forderung zu beurteilen. Die Forderung kann also in voller Höhe zur Tabelle festgestellt worden und im Rahmen der Verteilung berücksichtigt worden sein, ohne dass die Delikteigenschaft hierauf Einfluss hätte. Letztere betrifft lediglich die Frage der Erfassung von der Restschuldbefreiung.

5. Versagung der Restschuldbefreiung

3128 Die Restschuldbefreiung kann nach dem Willen des Gesetzgebers **nur einem redlichen Schuldner** erteilt werden (§ 1 S. 2 InsO). Der Gesetzgeber hat daher mit der Erteilung der Restschuldbefreiung Obliegenheiten verknüpft, die der Schuldner als **„Pflichten im eigenen Interesse“** einhalten muss.

3129 Korrespondierend hierzu definiert der Gesetzgeber einen Katalog von **Versagungstatbeständen**, die sich in unterschiedlichen Paragrafen finden und einerseits für das Hauptverfahren (Eröffnung bis Aufhebung), andererseits für das Restschuldbefreiungsverfahren (Wohlverhaltensphase) gelten. Verstößt der Schuldner gegen eine dieser Obliegenheiten, läuft er Gefahr, dass die Restschuldbefreiung versagt wird.

3130 Für das **eröffnete Verfahren** finden sich die Tatbestände, die auf Antrag eines Gläubigers zur Versagung führen können in § 290 InsO. Ein **Versagungsantrag** kann in den Verfahren, die bis zum 30.6.2014 beantragt wurden, nur im Schlusstermin gestellt werden. Danach kann ein Antrag bis zum Ablauf der Wohlverhaltensperiode nur noch auf die §§ 295 ff. InsO gestützt werden. In den Verfahren, die ab dem 1.7.2014 beantragt wurden, können Versagungsgründe gem. § 290 InsO bis zum Schlusstermin, sowie unter den Voraussetzungen des § 297a InsO auch nach Aufhebung/Einstellung des Verfahrens geltend gemacht werden, sofern der Versagungsantrag eines Insolvenzgläubigers spätestens sechs Monate nach Kenntnis vom nachträglichen Vorliegen eines Versagungsgrundes nach § 290 Abs. 1 InsO gestellt wird. Der Versagungsgrund ist jeweils glaubhaft zu machen.

3131 1. Die Restschuldbefreiung ist auf Antrag eines Gläubigers zu versagen, wenn der Schuldner innerhalb der letzten fünf Jahre vor Insolvenzantragstellung oder nach dem Antrag wegen einer **Insolvenzstraftat** oberhalb der Erheblichkeitsschwelle rechtskräftig verurteilt wurde (§ 290 Abs. 1 Nr. 1 InsO i.d.F. ab dem 1.7.2014). Die rechtkräftige Verurteilung muss bei Geltendmachung des Versagungsgrundes vorliegen. Erfolgt die rechtskräftige Verurteilung nach dem Schlusstermin, liegt kein Versagungsgrund nach § 290 Abs. 1 Nr. 1 InsO vor (vgl. § 290 Abs. 2, 297a Abs. 1 InsO). Dennoch kann ein Versagungsgrund gegeben sein. Wird der Schuldner zwischen dem Schlusstermin und der Aufhebung des Insolvenzverfahrens oder in dem Zeitraum zwischen Beendigung des Insolvenzverfahrens und dem Ende der Abtretungsfrist rechtskräftige verurteilt, kann auf Antrag eine Versagung gem. § 297 InsO erfolgen. Liegt ein Versagungsgrund gem. § 290 Abs. 1 Nr. 1 InsO vor, kann die Stundung der Verfahrenskosten nicht bewilligt oder die bewilligte Stundung aufgehoben werden (vgl. § 4a InsO bzw. § 4c InsO). Ein erneuter Stundungsantrag im selben Verfahren ist dann unzulässig.

2. Hat der Schuldner in den letzten drei Jahren vor dem Antrag auf Eröffnung des Insol- 3132
venzverfahrens oder nach dem Antrag vorsätzlich oder grob fahrlässig schriftlich **unrichtige oder unvollständige Angaben über seine wirtschaftlichen Verhältnisse** gemacht, um einen Kredit zu erhalten, Leistungen aus öffentlichen Mitteln zu beziehen oder Leistungen an öffentliche Kassen zu vermeiden, liegt der Versagungsgrund des § 290 Abs. 1 Nr. 2 InsO vor.

3. Gem. § 290 Abs. 1 Nr. 4 InsO (i.d.F. ab dem 1.7.2014) liegt ein Versagungsgrund vor, 3133
wenn der Schuldner in den letzten drei Jahren vor dem Antrag auf Eröffnung des Insolvenzverfahrens oder danach vorsätzlich oder grob fahrlässig die Befriedigung der Insolvenzgläubiger dadurch beeinträchtigt hat, dass er **unangemessene Verbindlichkeiten begründet** oder Vermögen **verschwendet** oder ohne Aussicht auf eine Besserung seiner wirtschaftlichen Lage die Eröffnung des Insolvenzverfahrens **verzögert** hat. Praktisch hat die Vorschrift nur in Einzelfällen Bedeutung, da eine Versagung regelmäßig an der Beeinträchtigung der Gläubigerbefriedigung scheitert.

4. Im Insolvenzverfahren treffen den Schuldner umfassende **Auskunfts- und Mitwir-** 3134
kungspflichten. Verletzt er diese oder macht er **Falschangaben**, gefährdet er die Erteilung der Restschuldbefreiung (§ 290 Abs. 1 Nr. 5, 6 InsO). Zu beachten ist, dass der Schuldner unaufgefordert Auskünfte erteilen muss. Einer besonderen Aufforderung des Insolvenzverwalters oder des Gerichts bedarf es hierzu nicht. Verschweigt der Schuldner Vermögenswerte oder verschleiert er seine Einkommensverhältnisse, kann die Versagung der Restschuldbefreiung drohen. Auch ist darauf zu achten, dass im Eröffnungsantrag alle Gläubiger vollständig erfasst sind, da auch die Nichtangabe eines Gläubigers im Eröffnungsantrag einen Versagungsgrund darstellen kann.

5. In den Verfahren mit Antragstellung ab dem 1.7.2014 besteht bereits im eröffneten 3135
Verfahren eine **Erwerbsobliegenheit** des Schuldners (§ 287b InsO). Danach obliegt es dem Schuldner, eine angemessene Erwerbstätigkeit auszuüben bzw. sich im Fall der Erwerbslosigkeit um eine solche zu bemühen. Eine zumutbare Tätigkeit sollte er nicht ablehnen. Verstößt er gegen diese Obliegenheit, ist dies ein Grund, die Restschuldbefreiung gem. § 290 Abs. 1 Nr. 7 InsO (i.d.F. ab dem 1.7.2014) zu versagen.

6. Ist der Schuldner selbstständig tätig und ist die selbstständige Tätigkeit aus dem 3136
Insolvenzbeschlag freigegeben (§ 35 Abs. 2 InsO) trifft ihn eine **Abführungspflicht** hinsichtlich eines fiktiv zu berechnenden pfändbaren Einkommensanteils (§ 295 Abs. 2 InsO in entspr. Anwendung). In der Wohlverhaltensphase besteht eine mindestens jährliche Abführungspflicht. Der Schuldner ist gehalten, die Höhe der abzuführenden Beträge selbstständig zu ermitteln. Es erfolgt weder einer Vorgabe durch den Insolvenzverwalter noch durch das Insolvenzgericht. Das Gesetz gibt hierzu nur wenig Anhaltspunkte: Es besteht – unabhängig von der Höhe der tatsächlich erwirtschafteten Gewinne – eine Abführungspflicht in Höhe der Beträge, die pfändbar wären, wenn der Insolvenzschuldner abhängig beschäftigt wäre (Fiktivberechnung).

3137 7. In der **Wohlverhaltensphase** kann das Insolvenzgericht die Restschuldbefreiung auf Antrag eines Insolvenzgläubigers versagen, wenn der Schuldner in dem Zeitraum zwischen Beendigung des Insolvenzverfahrens und dem Ende der Abtretungsfrist eine seiner **Obliegenheiten verletzt** und dadurch die **Befriedigung der Insolvenzgläubiger beeinträchtigt**. Eine Versagung erfolgt nicht, wenn den Schuldner kein Verschulden trifft. Der Antrag kann nur binnen eines Jahres nach dem Zeitpunkt gestellt werden, in dem die Obliegenheitsverletzung dem Gläubiger bekannt geworden ist und nur zulässig, wenn der Versagungsgrund und die Kenntniserlangung glaubhaft gemacht werden.

3138 8. Bei einem Verstoß gegen die in § 295 InsO normierten Obliegenheiten droht dem Schuldner die Versagung der Restschuldbefreiung. Die Verletzung muss darüber hinaus zu einer Beeinträchtigung der Gläubigerbefriedigung geführt haben; auch dies ist vom Gläubiger glaubhaft zu machen. Auch in der Restschuldbefreiungsphase trifft den Schuldner eine Erwerbsobliegenheit (§ 295 Abs. 1 Nr. 1 InsO). Die damit verbundenen Kriterien sind identisch mit den bereits beschriebenen.

3139 9. In der Wohlverhaltensphase obliegt dem Schuldner zudem die Herausgabe der Hälfte des Vermögens, das er **von Todes wegen erworben** hat (§ 295 Abs. 1 Nr. 2 InsO). Der Schuldner ist verpflichtet, das Vermögen zu versilbern und ggf. eine Erbauseinandersetzung zu betreiben, um den hälftigen Erlös an den Treuhänder abzuführen. Das höchstpersönliche Recht der Ausschlagung verbleibt dem Schuldner weiterhin. Schlägt er eine Erbschaft aus, ist dies kein Versagungsgrund.

Bei einem Wohnsitz- oder Arbeitsplatzwechsel obliegt es dem Schuldner, dies unverzüglich dem Insolvenzgericht und dem Treuhänder anzuzeigen (§ 295 Abs. 1 Nr. 3 InsO).

3140 Der Schuldner hat gem. § 295 Abs. 1 Nr. 4 InsO Zahlungen zur Befriedigung der Insolvenzgläubiger nur an den Treuhänder zu leisten und **keinem Insolvenzgläubiger einen Sondervorteil** zu verschaffen.

3141 Wurde für den Verfahrensabschnitt des Restschuldbefreiungsverfahrens keine Verfahrenskostenstundung (§ 4a InsO) bewilligt und ist die Mindestvergütung für das vorangegangene Jahr der Tätigkeit des Treuhänders aus den an diesen abgeführten Beträgen nicht gedeckt, hat der Schuldner den fehlenden Betrag zu zahlen. Die Mindestvergütung für ein Jahr beträgt 100 € (netto). Der Treuhänder muss einen Antrag auf Versagung der Restschuldbefreiung stellen, wenn der Schuldner nicht leistet, obwohl der Treuhänder ihn schriftlich zur Zahlung binnen einer Frist von mindestens zwei Wochen aufgefordert und ihn dabei auf die Möglichkeit der Versagung der Restschuldbefreiung hingewiesen hat.

3142 Auch nach der Erteilung der Restschuldbefreiung kann diese **nachträglich widerrufen** werden. Stellt ein Gläubiger innerhalb eines Jahres bzw. im Fall des § 303 Abs. 1 Nr. 3 InsO binnen sechs Monaten nach der Rechtskraft der Restschuldbefreiung einen Widerrufsantrag, weil sich nach Erteilung der Restschuldbefreiung herausgestellt hat, dass der Schuldner seine Obliegenheitspflichten während der Wohlverhaltensperiode vorsätzlich verletzt hatte und hierdurch die Befriedigung der Insolvenzgläubiger erheblich beeinträchtigt worden war, kann die einmal erteilte Restschuldbefreiung widerrufen werden. Auch dieser Antrag ist begründet, wenn das Vorliegen der Voraussetzungen glaubhaft gemacht wird. Nach dem Widerruf können alle Gläubiger ihre sodann wieder durchsetzbaren Forderungen verfolgen.

IV. Internationales Insolvenzrecht – Überblick

Das internationale Insolvenzrecht regelt Insolvenzen, bei denen das Schuldnervermögen auf mehrere Länder verteilt ist. Erforderlich ist dafür nur ein **„grenzüberschreitender Bezug" des Insolvenzsachverhaltes**, d.h., dass sich ein Sachverhalt unter eine Regelung der **EuInsVO** subsumieren lässt, z.B. genügt bereits das Vorhandensein eines Gläubigers in einem anderen Mitgliedsstaat zur Bejahung des Bezuges (Art. 39 EuInsVO). Auf EU-Ebene laufen derzeit Reformüberlegungen für ein in den wesentlichen Grundzügen einheitliches Insolvenzrecht, sodass für alle Unternehmen in der EU zumindest bestimmte einheitliche Standards gegeben sind, da die nationalen Regelungen teilweise sehr weit auseinanderliegen und von kaum vergleichbaren Standards ausgehen. **3143**

1. Die EuInsVO

Für internationale Sachverhalte gilt in der Europäischen Union seit Mai 2002 die Europäische Insolvenzverordnung (EuInsVO, Verordnung (EG) Nr. 1346/2000 des Rates v. 29.5.2000 über Insolvenzverfahren) für alle EU-Staaten mit Ausnahme von Dänemark. In Art. 102 sind Ausführungsbestimmungen zur EuInsVO für Deutschland geregelt. Im Verhältnis zu außereuropäischen Drittstaaten gelten die §§ 335 ff. InsO. Diese Vorschriften gelten auch, wenn EuInsVO und Art. 102 EGInsO bestimmte Fragen nicht regeln (z.B: § 341 Abs. 3 InsO) („Ergänzungsverhältnis"). Die Regelungen der EuInsVO gelten für deren Anwendungsbereich im Verhältnis zum autonomen deutschen internationalen Insolvenzrecht (§§ 335 ff. InsO) daher prioritär (BGH, Beschl. v. 3.2.2011 – V ZB 54/10, ZInsO 2011, S. 925 = ZIP 2011, S. 926). Die §§ 335 ff. InsO ergänzen die EuInsVO nur insoweit, wie sie deren Regelungen nicht entgegenstehen. Generell gilt gem. Art. 102 § 1 EGInsO, dass im Inland das inländische Vermögen betreffende Insolvenzverfahren über ausländische Schuldner möglich sind. Gem. Art. 102 § 3 EGInsO gilt das Prioritätsprinzip für mehrere Anträge. **3144**

Gem. Art. 16 EuInsVO sind die Wirkungen einer Eröffnung in jedem anderen Mitgliedsstaat zu beachten. Eine Eröffnung in einem anderen Mitgliedstaat führt daher auch in Deutschland zu einer Unterbrechung hiesiger Zivilverfahren nach § 240 ZPO. Die Eröffnung eines Verfahrens in einem anderen Mitgliedsstaat führt eine Sperre für eine zweite Insolvenzeröffnung in einem anderen Mitgliedsstaat über das Vermögen des gleichen Rechtsträgers als Hauptinsolvenzverfahren herbei. **3145**

Gem. Art. 4 Abs. 1 EuInsVO gilt für ein nach der EuInsVO eröffnetes Verfahren die **„lex fori concursus"**, also das jeweils nationale Insolvenzrecht des Eröffnungsstaates, welches in den Anhängen A und B für die verschiedenen Verfahrensarten benannt ist. **3146**

Art. 4 Abs. 2 EuInsVO zählt Beispiele für den Geltungsbereich auf. Somit gelten für die Kostentragung, Forderungsanmeldung, Masseverbindlichkeiten, Anmeldung, Prüfung, Feststellung, Erlösverteilung und Anfechtungsrecht die nationalen insolvenzrechtlichen Regelungen des Eröffnungsstaates. Praxisrelevante Folge der „lex fori concursus" ist beispielsweise die Anwendung des deutschen Insolvenzanfechtungsrechtes, sofern das Verfahren als Hauptinsolvenzverfahren nach der EuInsVO eröffnet worden ist.[204]

---

204 EuGH v. 12.2.2009 – C-339/07, ZInsO 2009, 493; BGH, Urt. v. 19.5.2009 – IX ZR 39/06, ZInsO 2009, 1270.

3147 Für dinglich gesicherte Gläubiger gilt die **Durchbrechung** gem. Art. 5 EuInsVO. Bezüglich unbeweglicher Gegenstände, Zahlungssysteme, Finanzmärkte, Arbeitsverträge, eintragungspflichtige Rechte, Verfügungen nach Eröffnung gegen Entgelt über unbewegliche Gegenstände und Eintragungspflichtgüter und anhängige Rechtsstreite greifen Artt. 8 bis 11, 14, 15 EuInsVO: Es gilt das Recht des Belegenheitsstaates. Während nach Art. 10 EuInsVO das Recht des Mitgliedsstaates berufen ist, welches auf den Arbeitsvertrag anzuwenden ist, gilt im Rahmen von Art. 30 EGBGB in Deutschland das Recht des Arbeitsortes.

3148 Der vom zuerst angerufenen Gerichte bestellte **Hauptinsolvenzverwalter** hat gem. Art. 18 Abs. 1 EuInsVO Sicherungs-, Beschlagnahme-, sowie Verbringungsrechte. Auch der vorläufige Insolvenzverwalter nach deutschem Recht hat Sicherungsbefugnisse im ausländischen EuInsVO-Mitgliedsstaat, wenn das Verfahren durch das eröffnende Gericht ausdrücklich als Verfahren nach der EuInsVO bezeichnet wird.

2. Das Primärinsolvenzverfahren

3149 Das **Primärinsolvenzverfahren** ist ein insolvenzrechtliches Hauptverfahren über ein schuldnerisches Unternehmen im Geltungsbereich der EuInsVO (der sog. **Belegenheitsstaat**). Gem. Art. 3 Abs. 1 der EuInsVO ist das Insolvenzgericht zuständig, wo der Schuldner den „Mittelpunkt seiner hauptsächlichen Interessen" **(center of main interest = COMI)** hat. Nach Erwägungsgrund Nr. 13 der Verordnung ist dies der Ort, an dem der Schuldner „gewöhnlich der Verwaltung seiner Interessen nachgeht und damit für Dritte feststellbar ist". Die Prüfung der Zuständigkeit erfolgt von Amts wegen.

Bei natürlichen Personen ist dieser Mittelpunkt regelmäßig der Wohnsitz zur Zeit der Antragstellung. Bei gewerblicher Haupttätigkeit der natürlichen Person bei Antragstellung ist allerdings die Zuständigkeit am Ort dieser gewerblichen Tätigkeit begründet. Bei juristischen Personen, insb. Konzernen, ist die Zuständigkeitsfrage äußerst wichtig, denn gem. Art. 4 EuInsVO gilt bei der Eröffnung eines Hauptinsolvenzverfahrens das Insolvenzrecht des Eröffnungsstaates für die meisten Rechtsbeziehungen, die Festlegung der Kompetenzen des Insolvenzverwalters und die Abwicklungsmodalitäten und die erste Eröffnung sperrt weitere.

3. Das Sekundärinsolvenzverfahren

3150 Das **Sekundärinsolvenzverfahren** findet in dem Mitgliedsstaat statt, in dessen Grenzen Vermögenswerte vorhanden sind und ist beschränkt auf dieses Vermögen bzw. über eine im jeweiligen Land bestehende Niederlassung. Es kann nur eröffnet werden, wenn zuvor ein Hauptinsolvenzverfahren eröffnet wurde und bei einer im jeweiligen Land bestehenden **„Niederlassung"** (Art. 27 EuInsVO mit Art. 3 Abs. 2 EuInsVO). Sofern ein Primärinsolvenzverfahren bereits in einem anderen Land eröffnet ist, ist jedes andere Verfahren automatisch Sekundärverfahren (Art. 3 Abs. 3, Art. 16 Abs. 2 EuInsVO).

Der Begriff der „Niederlassung" in Art. 3 Abs. 2 EuInsVO ist nicht vollständig geklärt. Allein das Vorhandensein eines Vermögensgegenstandes genügt nicht. Erforderlich ist Mindestmaß an Organisation und gewisse Stabilität; einzelne Vermögenswerte oder Bankkonten genügen daher für sich genommen auch nicht.

3151 Das Antragsrecht richtet sich nach Art. 29 EuInsVO. Der Insolvenzgrund wird nicht mehr geprüft (Art. 27 EuInsVO). Antragsbefugt ist gem. Art. 29 lit. a. EuInsVO der

Hauptinsolvenzverwalter des Hauptverfahrens oder gem. lit. b. jede sonstige nach dem Recht des Antragsstaates berechtigte Person.

Anzuwendendes Recht ist dasjenige des Antragsstaates (Art. 28 EuInsVO). Dadurch besteht mit der Einschränkung des Art. 33 (Aussetzung der Verwertung) die Möglichkeit, durch Beantragung eines Sekundärinsolvenzverfahrens einen „Filialbetrieb" des schuldnerischen Hauptunternehmens aus dem Geltungsbereich des Hauptinsolvenzverfahrens „herauszuschneiden". **3152**

Es besteht eine gewisse Konkurrenz zum Primärinsolvenzverfahren: Die führende Rolle des Primärverfahrens folgt aus Erwägungsgrund Nr. 20 S. 3 der EuInsVO. Der Verwalter des Hauptverfahrens kann gem. Art. 31 Abs. 3 EuInsVO Verwertungsvorschläge machen und gem. Art. 33 Abs. 1 EuInsVO beim Insolvenzgericht des Sekundärverfahrens die Aussetzung der Verwertung von dessen Vermögensgegenständen beantragen. **3153**

4. Das Partikularinsolvenzverfahren

Partikularinsolvenzverfahren sind Insolvenzverfahren, die in einem Niederlassungsstaat zeitlich vor Eröffnung eines Hauptinsolvenzverfahrens in einem anderen Mitgliedstaat eröffnet werden. Anders als für Sekundärinsolvenzverfahren enthält die EuInsVO keine Beschränkung von Partikularinsolvenzverfahren auf „Liquidationsverfahren". **3154**

Das Partikularinsolvenzverfahren ist in Art. 3 Abs. 2 und 4 EuInsVO geregelt und erfordert eine „Niederlassung im Gebiet eines Mitgliedsstaates". Sein Geltungsbereich ist beschränkt auf die **dortigen Vermögenswerte**. D.h. die Eröffnung eines solchen Verfahrens gewährt nur den Zugriff auf das Vermögen, das sich in der jeweiligen Niederlassung befindet. Art. 3 Abs. 4 EuInsVO setzt voraus, dass die Eröffnung eines Primärinsolvenzverfahrens am COMI rechtlich nicht möglich ist oder dass ein Gläubigerantrag des Niederlassungsgläubigers oder des Sitzgläubigers vorliegt.

Antragsberechtigt ist nach Art. 3 Abs. 4 lit. b EuInsVO grds. nur ein Gläubiger, „der seinen Wohnsitz, gewöhnlichen Aufenthalt oder Sitz in dem Mitgliedstaat hat, in dem sich die betreffende Niederlassung befindet, oder dessen Forderung auf einer sich aus dem Betrieb der Niederlassung ergebenden Verbindlichkeit beruht." Abzugrenzen sind Partikularinsolvenzverfahren nach der EuInsVO von solchen gem. § 354 Abs. 2 InsO, die eine Zuständigkeit für ein Hauptverfahren in einem außereuropäischen Bereich voraussetzen: Wohnt der Schuldner im außereuropäischen Ausland, wo nach Ansicht des Gerichtes weder ein Insolvenzverfahren noch eine stabile politische Lage existieren, kann ein Partikularinsolvenzverfahren nach § 354 Abs. 2 InsO beantragt werden. **3155**

Der Partikularinsolvenzverwalter hat nur eingeschränkte Befugnisse. Z.B. darf er keine vermeintlichen Haftungsansprüche der Insolvenzgläubiger gegen die Gesellschaft geltend machen, da weder Art. 32 EuInsVO oder § 93 InsO analog anwendbar sind.

3156

C. Anlagen

Anlage I: Muster eines Verzeichnisses der Massegegenstände nach § 151 InsO

Insolvenzverfahren über das Vermögen von .... *(komplette Anschrift)*

Amtsgericht ....

Geschäftsnummer: ....

Insolvenzverwalter: .... *(Name und Anschrift)*

Bezeichnung	Bilanzwert (Liquidation)	Bilanzwert (Fortführung)	Fremdrechte (Liquidation)	Fremdrechte (Fortführung)	Kostenbeitrag (Liquidation)	Kostenbeitrag (Fortführung)	Freie Masse (Liquidation)	Freie Masse (Fortführung)	Erklärungen/ Hinweise/ Nachweise
Aktiva									Anlage Aktiva
A. Ausstehende Einlagen									Anlage A
B. Anlagevermögen									Anlage B
I. Immaterielle Vermögensgegenstände									Anlage B I
1. Konzessionen, gewerbliche Schutzrechte									Anlage B I 1
2. Geschäfts- oder Firmenwert									Anlage B I 2
3. Geleistete Anzahlungen									Anlage B I 3
4. Verschmelzungswert									Anlage B I 4
II. Sachanlagen									Anlage B II
1. Grundstücke und grundstücksgleiche Rechte									Anlage B II 1
2. Technische Anlagen und Maschinen									Anlage B II 2
3. Betriebs- und Geschäftsausstattung									Anlage B II 3
4. Einrichtungen									Anlage B II 4
5. Werkzeuge									Anlage B II 5
6. Büroausstattung									Anlage B II 6
7. Kraftfahrzeuge									Anlage B II 7
8. Geringwertige Wirtschaftgüter									Anlage B II 8
III. Finanzanlagen									Anlage B III
1. Beteiligungen									Anlage B III 1
2. Wertpapiere, Inhaberschuldverschreibungen, Aktien									Anlage B III 2
3. Ausleihungen mit Laufzeiten > 4 Jahre									Anlage B III 3

Bezeichnung	Bilanzwert (Liquidation)	Bilanzwert (Fortführung)	Fremdrechte (Liquidation)	Fremdrechte (Fortführung)	Kostenbeitrag (Liquidation)	Kostenbeitrag (Fortführung)	Freie Masse (Liquidation)	Freie Masse (Fortführung)	Erklärungen/ Hinweise/ Nachweise
C. Umlaufvermögen									Anlage C
I. Vorräte									Anlage C I
1. Roh-, Hilfs- und Betriebsstoffe									Anlage C I 1
2. Unfertige Erzeugnisse und Waren									Anlage C I 2
3. Fertige Erzeugnisse und Waren									Anlage C I 3
II. Andere Gegenstände des Umlaufvermögens									Anlage C II
1. Geleistete Anzahlungen									Anlage C II 1
2. Forderungen									Anlage C II 2
3. Kassenbestand									Anlage C II 3
4. Guthaben bei Kreditinstituten									Anlage C II 4
D. Sonstige Vermögenswerte									Anlage D
I. Anfechtungsansprüche									Anlage D I
II. Schadensersatzansprüche									Anlage D II
III. Ansprüche aus Kapitalersatzvorschriften									Anlage D III
1. Streitige Ansprüche									Anlage D III 1
2. Unstreitige Ansprüche									Anlage D III 2
IV. Bereicherungsansprüche									Anlage D IV
V. Sonstige Massezuflüsse									Anlage D V
1. aus Vermietung									Anlage D V 1
2. aus Lizenzverträgen									Anlage D V 2
3. aus Überschuß Betriebsfortführung									Anlage D V 3
VI. Sonstige Vermögenswerte									Anlage D VI
VII. Steuern									Anlage D VII
1. Steuerguthaben									Anlage D VII 1
2. Vorsteuer									Anlage D VII 2
3. Umsatzsteuererstattung									Anlage D VII 3
Summe Aktiva									

(Quelle: Niering/Hillebrand, Wege durch die Unternehmenskrise, 3. Aufl., Köln 2012)

3157 Anlage II: Muster eines Gläubigerverzeichnisses

Gläubigerverzeichnis gem. § 152 InsO Insolvenzverfahren

Amtsgericht, Az:

Gläubiger ohne Absonderungsrechte und ohne Nachrang							
	Name	Anschrift	Forderungsgrund	Wert der Forderung	Aufrechnungsmöglichkeit/ Aufrechnungsgrund	Wert der Hauptforderung	Erläuterungen/ Hinweise/Nachweise
1							Anlage ....
2							Anlage …
3							Anlage …
4							Anlage …
Gläubiger mit Absonderungsrechten							
	Name	Anschrift	Forderungsgrund	Wert der Forderung ohne Nachrang	Wert der Forderung mit Nachrang		Wert der Hauptforderung
1							
2							
3							
4							
	Absonderungsgegenstand		Liquidationswert	Fortführungswert	Mutmaßlicher Ausfall Liquidationswert ohne/ mit Nachrang	Mutmaßlicher Ausfall Fortführungswert ohne/ mit Nachrang	Erläuterungen/ Hinweise/Nachweise
1							Anlage …
2							Anlage …
3							Anlage …
4							Anlage …
Gläubiger mit Nachrang nach § 39 Abs. 1 Ziff. 1 InsO ohne Absonderungsrechte							
	Name	Anschrift	Forderungsgrund	Wert der Forderung	Aufrechnungsmöglichkeit/ Aufrechnungsgrund	Wert der Hauptforderung	Erläuterungen/ Hinweise/Nachweise
1							Anlage …
2							Anlage …
Gläubiger mit Nachrang nach § 39 Abs. 1 Ziff. 2 InsO ohne Absonderungsrechte							
	Name	Anschrift	Forderungsgrund	Wert der Forderung	Aufrechnungsmöglichkeit/ Aufrechnungsgrund	Wert der Hauptforderung	Erläuterungen/ Hinweise/Nachweise
1							Anlage …
2							Anlage …

Gläubiger mit Nachrang nach § 39 Abs. 1 Ziff. 3 InsO ohne Absonderungsrechte							
	Name	Anschrift	Forde-rungs-grund	Wert der Forderung	Aufrechnungs-möglichkeit/ Aufrechnungs-grund	Wert der Hauptforde-rung	Erläuterungen/ Hinweise/Nach-weise
1							Anlage …
2							Anlage …
Gläubiger mit Nachrang nach § 39 Abs. 1 Ziff. 4 InsO ohne Absonderungsrechte							
	Name	Anschrift	Forde-rungs-grund	Wert der Forderung	Aufrechnungs-möglichkeit/ Aufrechnungs-grund	Wert der Hauptforde-rung	Erläuterungen/ Hinweise/Nach-weise
1							Anlage …
2							Anlage …
Gläubiger mit Nachrang nach § 39 Abs. 1 Ziff. 5 InsO ohne Absonderungsrechte							
	Name	Anschrift	Forde-rungs-grund	Wert der Forderung	Aufrechnungs-möglichkeit/ Aufrechnungs-grund	Wert der Hauptforde-rung	Erläuterungen/ Hinweise/Nach-weise
1							Anlage …
2							Anlage …
Gläubiger mit Nachrang nach § 39 Abs. 2 InsO ohne Absonderungsrechte							
	Name	Anschrift	Forde-rungs-grund	Wert der Forderung	Aufrechnungs-möglichkeit/ Aufrechnungs-grund	Wert der Hauptforde-rung	Erläuterungen/ Hinweise/Nach-weise
1							Anlage …
2							Anlage …
Verfahrenskosten und sonstige Masseverbindlichkeiten							
	Name	Anschrift	Forde-rungs-grund	Wert der Forderung	Aufrechnungs-möglichkeit/ Aufrechnungs-grund	Wert der Hauptforde-rung	Erläuterungen/ Hinweise/Nach-weise
1							Anlage …
2							Anlage …
3							Schätzung
4							Schätzung

Quelle: Niering/Hillebrand, Wege durch die Unternehmenskrise, 4. Aufl. 2020

3158

Anlage III: Vermögensübersicht

Verzeichnis nach § 153 InsO

Insolvenzverfahren über das Vermögen von .... *(komplette Anschrift)*

Amtsgericht ....; Geschäfts-Nr. ....;
Insolvenzverwalter .... *(Name und Anschrift)*

Bezeichnung	Bilanzwert (Liquidation)	Bilanzwert (Fortführung)	Fremdrechte (Liquidation)	Fremdrechte (Fortführung)	Kostenbeitrag (Liquidation)	Kostenbeit (Fortführung)	Freie Masse (Liquidation)	Freie Masse (Fortführung)	Erklärungen/ Hinweise/ Nachweise
Aktiva									Anlage Aktiva
A. Ausstehende Einlagen									Anlage A
B. Anlagevermögen									Anlage B
I. Immaterielle Vermögensgegenstände									Anlage B I
1. Konzessionen, gewerbliche Schutzrechte									Anlage B I 1
2. Geschäfts- oder Firmenwert									Anlage B I 2
3. Geleistete Anzahlungen									Anlage B I 3
4. Verschmelzungswert									Anlage B I 4
II. Sachanlagen									Anlage B II
1. Grundstücke und grundstücksgleiche Rechte									Anlage B II 1
2. Technische Anlagen und Maschinen									Anlage B II 2
3. Betriebs- und Geschäftsausstattung									Anlage B II 3
4. Einrichtungen									Anlage B II 4
5. Werkzeuge									Anlage B II 5
6. Büroausstattung									Anlage B II 6
7. Kraftfahrzeuge									Anlage B II 7
8. Geringwertige Wirtschaftgüter									Anlage B II 8
III. Finanzanlagen									Anlage B III
1. Beteiligungen									Anlage B III 1
2. Wertpapiere, Inhaberschuldverschreibungen, Aktien									Anlage B III 2
3. Ausleihungen mit Laufzeiten > 4 Jahre									Anlage B III 3
C. Umlaufvermögen									Anlage C
I. Vorräte									Anlage C I
1. Roh-, Hilfs- und Betriebsstoffe									Anlage C I 1
2. Unfertige Erzeugnisse und Waren									Anlage C I 2
3. Fertige Erzeugnisse und Waren									Anlage C I 3

Bezeichnung	Bilanzwert (Liquidation)	Bilanzwert (Fortführung)	Fremdrechte (Liquidation)	Fremdrechte (Fortführung)	Kostenbeitrag (Liquidation)	Kostenbeit (Fortführung)	Freie Masse (Liquidation)	Freie Masse (Fortführung)	Erklärungen/ Hinweise/ Nachweise
II. Andere Gegenstände des Umlaufvermögens									Anlage C II
1. Geleistete Anzahlungen									Anlage C II 1
2. Forderungen									Anlage C II 2
3. Kassenbestand									Anlage C II 3
4. Guthaben bei Kreditinstituten									Anlage C II 4
D. Sonstige Vermögenswerte									Anlage D
I. Anfechtungsansprüche									Anlage D I
II. Schadensersatzansprüche									Anlage D II
III. Ansprüche aus Kapitalersatzvorschriften									Anlage D III
1. Streitige Ansprüche									Anlage D III 1
2. Unstreitige Ansprüche									Anlage D III 2
IV. Bereicherungsansprüche									Anlage D IV
V. Sonstige Massezuflüsse									Anlage D V
1. aus Vermietung									Anlage D V 1
2. aus Lizenzverträgen									Anlage D V 2
3. aus Überschuss Betriebsfortführung									Anlage D V 3
VI. Sonstige Vermögenswerte									Anlage D VI
VII. Steuern									Anlage D VII
1. Steuerguthaben									Anlage D VII 1
2. Vorsteuer									Anlage D VII 2
3. Umsatzsteuererstattung									Anlage D VII 3
Summe Aktiva									

Bezeichnung	Lfd. Nr.	Ange- meldet	Bilanzwert	Sicherheit/ Aufrechnung			Ausfall (Liquida- tion)	Ausfall (Fort- führung)	Erklärungen/Hin- weise/ Nachweise
				Bes. Gut/ Aufr.	Betrag (Liq)	Betrag (Fort) Aufr.			
Passiva									Anlage Passiva
A. Kreditgläubiger (§§ 264 I S. 1, 266 InsO)									Anlage A
B. Insolvenzgläubiger									Anlage B
1. Gläubigermit Fibu-Forderung ohne Anmeldung									Anlage B 1
2. Insolvenzgläubiger § 38 InsO									Anlage B 2
3. Nachrangige Insolvenzgläubiger § 39 I Nr. 1-5, § 39 II									Anlage B 3
C. Massegläubiger									Anlage C
1. Massekosten									Anlage C 1
2. Sonstige Masseverbindlichkeiten									Anlage C 2
3. Neumasseverbindlichkeiten									Anlage C 3
4. Sozialplanansprüche									Anlage C 4
5. Steuerrückstellungen									Anlage C 5
6. Umsatzsteuer									Anlage C 6
7. Vorsteuererstattungen									Anlage C 7
D. Gläubiger ohne Forderung									Anlage D
Summe Passiva									

(Quelle: Niering/Hillebrand, Wege durch die Unternehmenskrise, 4. Aufl. 2020)

Anlage IV: Schlussbericht **3159**

Quelle: Niering/Hillebrand, Wege durch die Unternehmenskrise, 4. Aufl. 2020

I. Allgemeines

1. Verlauf der Abwicklung
   a) Verfahrensdaten
   b) Ausgangssituation
   c) Schwerpunkte der Abwicklung
   d) Veräußerung des Geschäftsbetriebs
2. Abwicklung von Sicherungsrechten
   a) Eigentumsvorbehaltsrechte
   b) <Name und Ort der Bank oder Banken>
   c) Vermieterpfandrecht zugunsten <Name>
   d) Unternehmen <Name, Ort>
3. Personalabwicklung
   a) Allgemeines
   b) Ansprüche aus der Zeit vor der Verfahrenseröffnung
   c) Ansprüche aus der Zeit nach der Verfahrenseröffnung
   d) Sozialplan
4. Abwicklung von Dauerschuldverhältnissen
5. Gläubigerausschuss
6. Rechtsstreitigkeiten
   a) Aktivprozesse
   b) Passivprozesse
7. Buchführung, Bilanzierung
   a) Handels- und steuerrechtliches Rechnungswesen
   b) Verfahrensbuchführung
   c) Steuererstattungen
8. Aufbewahrung von Geschäftsunterlagen

II. Verwertung der Verfahrensmasse

1. Ausstehende Einlagen
2. Grundstücke und Gebäude
3. Maschinen, maschinelle Anlagen
4. Fuhrpark
5. Betriebs- und Geschäftsausstattung
6. Beteiligungen
7. Roh-, Hilfs- und Betriebsstoffe
8. Warenbestände
9. Fertigungserzeugnisse
10. Forderungen aus Lieferungen und Leistungen
11. Kassenbestand, Postbankguthaben
12. Guthaben bei Kreditinstituten
13. Sonstiges Vermögen
    a) Unternehmensveräußerung
    b) Forderung gegen den Arbeitnehmer <Name>
    c) Erstattungsanspruch gegen den Gesellschafter <Name>
    d) Forderung gegen <Name>

   e) Forderung gegen die Bank <Name>
   f) Zinsen
   g) Umsatzsteuer – Erstattungsansprüche
   h) Kfz-Steuererstattungen
   i) Versicherungserstattungen
   j) Mehrwertserlöse
   k) Übrige Erlöse

14. Anfechtungsansprüche
   a) Gegen Dritte
   b) Gegen Gesellschafter
15. Sonstige Masseschulden
16. Drittrechte

III. Schlussrechnung

IV. Noch nicht liquidiertes Vermögen

1. Unverwertbars Vermögen
   a) Kundenanforderungen
   b) Forderung gegen den Gesellschafter <Name>
   c) Sonstiges unverwertbares Vermögen
2. Noch zu bewertendes Vermögen
   a) Grundstücke und Gebäude
   b) Kundenanforderungen
   c) Bankzinsen
   d) Umsatzsteuererstattungsansprüche
   e) Anspruch gegen Arbeitnehmer <Name>
   f) Freistellungsansprüche <Name>
3. Überweisung zur Einziehung

V. Ergebnis der Verfahrensabwicklung und Quoten für die Gläubiger

1. Verteilungsfähige Restmasse
2. Restliche sonstige Masseverbindlichkeiten
3. Festgestellte Forderungen
4. Abwicklungsergebnis
5. Ausschüttungsermächtigung

VI. Schlusstermin und Aufhebung des Insolvenzverfahrens

VII. Restschuldbefreiung

Anlage V: Muster Gliederung einer Bescheinigung nach § 270b InsO 3160

1. Auftrag und Auftragsdurchführung
2. Anforderungen an die Person des Bescheinigers
   2.1 Allgemeines
   2.2 Sanierungskonzepte
   2.3 Insolvenzverfahren
   2.4 Mitgliedschaften in Fachgremien
   2.5 Veröffentlichungen
3. Bescheinigung gem. § 270b Abs. 1 S. 3 InsO
4. Feststellungen zur Zahlungsfähigkeit
   4.1 Zahlungsunfähigkeit nach § 17 InsO
   4.2 Drohende Zahlungsunfähigkeit nach § 18 InsO
   4.3 Überschuldung nach § 19 InsO
   4.4 Analyse der Zahlungsunfähigkeit
   4.5 Analyse der Überschuldung
   4.6 Analyse der drohenden Zahlungsunfähigkeit
5. Darlegung, dass die angestrebte Sanierung nicht offensichtlich aussichtslos ist
   5.1 Kurze Darstellung der wirtschaftlichen Entwicklung des Unternehmens der letzten drei Jahre sowie Darstellung der Strategie und des Markt- und Wettbewerbsumfelds
   5.2 Analyse der Krisenursachen und der Krisenstadien gem. IDW S 6
   5.3 Sanierungsansätze und Maßnahmen zur Beseitigung der Krisenursachen
   5.4 Identifizierung von offensichtlichen Sanierungshemmnissen und erwartetes Verhalten der wichtigsten Stakeholder (Banken, Gesellschafter, Kunden, Lieferanten etc.)
   5.5 Integrierte Sanierungs-/Businessplanung für das laufende Wirtschaftsjahr und Folgejahre (Ergebnis-, Finanz- und Vermögensplanung)
   5.6 Erste Skizze des Leitbildes des sanierten Unternehmens
6. Schlussbemerkung

Anlage VI: Muster Bescheinigung nach § 270b InsO 3161

An die [Auftraggeber], [Ort]

Im Rahmen einer Antragstellung nach § 270b InsO bin ich von den gesetzlichen Vertretern der [Name des Mandanten] (nachfolgend auch „Gesellschaft") beauftragt worden zu beurteilen, ob

1. für die Gesellschaft der Insolvenzantragsgrund der drohenden Zahlungsunfähigkeit nach § 18 InsO,
2. ggf. der Insolvenzantragsgrund der Überschuldung nach § 19 InsO,
3. nicht aber der Insolvenzantragsgrund einer bereits eingetretenen Zahlungsunfähigkeit nach § 17 InsO vorliegt und
4. die angestrebte Sanierung im Rahmen einer Eigenverwaltung nicht offensichtlich aussichtslos ist.

Verantwortung der gesetzlichen Vertreter

Die Beurteilung des Vorliegens von Insolvenzgründen erfolgt auf Grundlage der mir vorgelegten Unterlagen und Auskünfte. Meine Einschätzung erfolgt im Wesentlichen auf der Grundlage des mir vorgelegten Finanzstatus und der Planungsunterlagen sowie weiterer Nachweise, die den Eintritt künftiger Zahlungszuflüsse begründen.

Verantwortung des Wirtschaftsprüfers

Meine Aufgabe als in Insolvenzsachen erfahrener Wirtschaftsprüfer ist es, auf der Grundlage der von mir durchgeführten Tätigkeiten eine mit Gründen versehene Bescheinigung nach § 270b Abs. 1 S. 2 InsO zu erstellen.

Ich habe meine Beurteilung unter Beachtung des *IDW Standards: Bescheinigung nach § 270b InsO (IDW S 9)* vorgenommen. Danach habe ich auf der Grundlage der mir vorgelegten Unterlagen und erteilten Auskünfte eine Beurteilung vorzunehmen, ob drohende Zahlungsunfähigkeit oder Überschuldung, jedoch derzeit keine Zahlungsunfähigkeit vorliegt, und ob die angestrebte Sanierung nicht offensichtlich aussichtslos ist.

Meine Beurteilung stellt weder eine Abschlussprüfung noch eine prüferische Durchsicht dar. Auch handelt es sich bei meiner Tätigkeit nicht um eine Zusicherung der Sanierungsfähigkeit.

Anforderungen an die Person des Bescheinigers

Die vorliegende Bescheinigung wurde vom Unterzeichner erstellt. Der Unterzeichner ist zugelassener Steuerberater, Wirtschaftsprüfer, Rechtsanwalt etc. und weist folgende Erfahrungen im Insolvenz- und Sanierungsbereich auf.

[Hinweis: Auflistung über bereits erstellte Bescheinigungen nach § 270b InsO und Tätigkeitsnachweise im Bereich der Sanierungs- und Insolvenzberatung.]

Grundlage für die Beurteilung des Vorliegens von Insolvenzgründen

Die Beurteilung, ob Zahlungsunfähigkeit i.S.d. § 17 InsO vorliegt oder i.S.d. § 18 InsO droht, habe ich nach dem *IDW Prüfungsstandard: Beurteilung eingetretener oder drohender Zahlungsunfähigkeit bei Unternehmen (IDW PS 800)* bzw. nach dem *IDW Entwurfstandard: Beurteilung des Vorliegens von Insolvenzeröffnungsgründen (IDW ES 11)* vorgenommen. Meine Einschätzung erfolgt im Wesentlichen auf der Grundlage des mir vorgelegten Finanzstatus und der Planungsunterlagen (Ertrags- und daraus abgeleitete Liquiditäts- und Vermögensplanung) [*soweit zutreffend*:] sowie weiterer Nachweise, die den Eintritt künftiger Zahlungszuflüsse begründen.

[*Soweit zutreffend*:] Die Beurteilung, ob Überschuldung i.S.d. § 19 InsO vorliegt, habe ich nach der *IDW Stellungnahme: Anforderungen an die Erstellung von Sanierungskonzepten (IDW S 6)* bzw. nach dem *IDW Entwurfstandard: Beurteilung des Vorliegens von Insolvenzeröffnungsgründen (IDW ES 11)* vorgenommen.

Grundlage für die Beurteilung, dass die angestrebte Sanierung nicht offensichtlich aussichtslos ist

[Hinweis: Die im Folgenden aufgeführten Informationsquellen und Tätigkeiten sind an den konkreten Einzelfall anzupassen.]

Die Beurteilung, ob die Sanierung nicht offensichtlich aussichtslos ist, ist das Ergebnis vor allem folgender Tätigkeiten:

1. Ich habe mir ein Bild von der Geschäftstätigkeit der Gesellschaft, z.B. in Bezug auf ihre Leistungsprozesse, Produkte und Absatzwege, sowie vom Verlauf der zurücklie-

genden Geschäftsentwicklung, insb. durch Einblick in Jahresabschlüsse, Prüfungsberichte, Monatsberichterstattung etc., verschafft.
2. Weiter habe ich mir von den gesetzlichen Vertretern darlegen lassen, warum es zu einer akuten Insolvenzbedrohung gekommen ist und aus welchen Gründen zuvor ergriffene umsteuernde Maßnahmen nicht erfolgreich waren.
3. Ich habe mir mittels eines von den gesetzlichen Vertretern vorgelegten Grobkonzepts das Ziel der angestrebten Sanierung und die dafür wesentlichen Maßnahmen darlegen lassen und diese Informationen kritisch gewürdigt. Hierbei haben mir die gesetzlichen Vertreter erklärt, dass derzeit keine Umstände bestehen, die die Fortführung der Geschäftstätigkeit ausschließen, dass ihnen keine Anzeichen dafür bekannt sind, dass die Sanierung offensichtlich aussichtslos ist, und dass sie gewillt sind, die Gesellschaft zu sanieren.
4. Ich habe das von den gesetzlichen Vertretern vorgelegte Grobkonzept auf seine grundsätzliche Schlüssigkeit hin gewürdigt.
5. Ebenso habe ich beurteilt, ob offensichtliche Hinderungsgründe vorliegen, die der Umsetzung des Grobkonzepts entgegenstehen.
6. [*Soweit zutreffend:*] Ferner habe ich Vertreter des Aufsichtsgremiums über deren Beurteilung der Chancen einer Sanierung der Gesellschaft befragt.

Schlussfolgerung

Auf Grundlage meiner durchgeführten Tätigkeiten komme ich zu dem Ergebnis, dass bei der Gesellschaft zum Stichtag drohende Zahlungsunfähigkeit und Überschuldung vorliegt. Die Gesellschaft ist jedoch i.S.d. § 17 Abs. 2 InsO nicht zahlungsunfähig, da die Gesellschaft über ausreichende Liquiditätsmittel verfügt.

Vor dem Hintergrund der Darlegungen der gesetzlichen Vertreter, der mir vorgelegten Unterlagen und meiner Untersuchungshandlungen bin ich zu der Schlussfolgerung gekommen, dass die angestrebte Sanierung nicht offensichtlich aussichtslos ist.

Abschließende Hinweise

Dem Prüfungsauftrag lagen die beigefügten Allgemeinen Auftragsbedingungen für Wirtschaftsprüfer und Wirtschaftsprüfungsgesellschaften vom 1. Januar 2002 zugrunde.

[*Ggf. Aufnahme von Hinweisen und Regelungen zur Haftung*].

Die vorliegende Bescheinigung ist ausschließlich zur Vorlage beim Insolvenzgericht im Zusammenhang mit dem Antrag auf Eigenverwaltung nach § 270b InsO bestimmt.

Ort, Datum

Wirtschaftsprüfungsgesellschaft

Vorname Name

Wirtschaftsprüfer[in]

§ 10 Europarecht (Grundzüge)

Ursula Kleinert/Volker Mayer

Übersicht

A. Entwicklung des Europäischen Einigungsprozesses

1950 Schumann-Plan: „Montanunion als erste Etappe der Europäischen Föderation" **3162**
1951 Gründung der Europäischen Gemeinschaft für Kohle und Stahl (EGKS)
1957 Gründung der Europäischen Wirtschaftsgemeinschaft (EWG) und Europäischen Atomgemeinschaft (EAG, EURATOM) („Römische Verträge")
1957 Organfusionierung: Europäisches Parlament und EuGH für alle drei Gemeinschaften
1965 Fusionsvertrag: Fusionierung der Organe der Gemeinschaften (ein Rat, eine Kommission)
1986 Einheitliche Europäische Akte: Verwirklichung des Binnenmarktes
1992 Maastricht-Vertrag: Gründung der EU; EWG wurde zur EG, Aufnahme neuer Aufgaben, Ziele und Politikbereiche (GASP/ZBJI) („3-Säulen-Modell")
1997 Vertrag von Amsterdam: Stärkung der Rechte des EP (Mitentscheidungsverfahren ausgebaut),
2001 Vertrag von Nizza: Institutionelle Änderungen (Ost-Erweiterung)
2002 Ausgabe von Euro-Bargeld (feste Wechselkurse seit 1999)

2002 Auflösung der EGKS
2004 „Vertrag über eine Verfassung für Europa“ (gescheitert)
2007 Vertrag von Lissabon (in Kraft seit 1.12.2009)

B. Der Vertrag von Lissabon

3163 Der vollständige Titel des Vertrages lautet „Vertrag von Lissabon zur Änderung des Vertrags über die Europäische Union und des Vertrags zur Gründung der Europäischen Gemeinschaft“, zuletzt bekanntgemacht durch Abdruck der konsolidierten Textfassungen im ABl. 2012/C 326/01. Ein 2004 unterzeichneter, aber nie in Kraft getretener EU-Verfassungsvertrag beabsichtigte noch, alle bestehenden EU-Verträge aufzuheben und durch einen einheitlichen Text mit der Bezeichnung „Verfassung“ zu ersetzen. Durch eine Verfassung hätte die EU zumindest den Anschein eigener Staatlichkeit und damit Souveränität gehabt.[1] Nachdem der Verfassungsvertrag jedoch 2005 durch Referenden in Frankreich und den Niederlanden gescheitert war, wurde dieses Ziel von den Mitgliedstaaten ausdrücklich aufgegeben. Stattdessen wurde die Substanz des Verfassungsvertrags in das bereits existierende Vertragswerk eingearbeitet.

- Die bisherige (nicht rechtsfähige) EU und die EG werden aufgelöst; Rechtsnachfolgerin ist die neu gegründete Europäische Union (EU; Art. 1 Abs. 3 EUV);
- Begründung der Rechtspersönlichkeit der Europäischen Union (Art. 47 EUV);
- Der „Vertrag zur Gründung der Europäischen Gemeinschaft“ (EGV) wird umbenannt in „Vertrag über die Arbeitsweise der Europäischen Union“ (AEUV);
- Beitritt der Europäischen Union zur EMRK (Art. 6 Abs. 2 EUV);
- Rechtsverbindlichkeit der Grundrechtecharta (Art. 6 Abs. 1 EUV) als Teil des Primärrechts.
- Aufnahme eines ausdrücklichen Zuständigkeitskatalogs der Europäischen Union (Abgrenzung der Zuständigkeiten zwischen Europäischer Union und Mitgliedstaaten) (Art. 2 ff. AEUV).
- Stärkung des Subsidiaritätsprinzips (Art. 5 Abs. 3 EUV);
- Ausweitung der gesetzgeberischen Zuständigkeiten des Europäischen Parlaments, das nun in den meisten Politikbereichen dem Rat der Europäischen Union vergleichbare Rechte hat (Art. 14 EUV);
- Einführung eines hauptamtlichen Präsidenten des Europäischen Rates (Art. 15 EUV);
- Verzicht auf die Einführung eines Außenministers der Union (vgl. Art. 18 EUV);
- Im Gesetzgebungsverfahren tagt der Rat künftig öffentlich (Art. 16 Abs. 8 EUV);
- Aufnahme einer Austrittsklausel (Art. 50 EUV).

1 Als weitere Zeichen dieser Art waren z.B. Regelungen über eine Europaflagge, -hymne und einen Europatag vorgesehen gewesen. Auch das durch die Verfassung einzurichtende Amt eines „Außenministers der Union“ hätte eine eigenständige Politik der EU impliziert und wurde daher im Vertrag von Lissabon in einen „Hohen Vertreter für Außen- und Sicherheitspolitik“ umbenannt. Als Rechtsakte erlässt die EU aus demselben Grund keine „Europäischen Gesetze“ (sondern Verordnungen) oder „Europäischen Rahmengesetze“ (sondern Richtlinien).

C. Der Europäische Einigungsprozess

1952 Gründungsmitglieder: Belgien, Deutschland, Frankreich, Italien, Luxemburg, Niederlande 3164
1973 GB, Irland, Dänemark
1981 Griechenland
1986 Spanien, Portugal
1995 Finnland, Schweden, Österreich
2004 Osterweiterung: Estland, Lettland, Litauen, Polen, Tschechien, Slowakei, Slowenien, Ungarn, Malta, Zypern
2007 Rumänien, Bulgarien
2013 Kroatien (damit derzeit 28 Mitgliedstaaten)

Beitrittskandidaten: Albanien, Bosnien u. Herzegowina, Montenegro, Kosovo (potenziell)

Beitritts(vor)verhandlungen: Türkei, Mazedonien, Serbien

Beitrittsanträge ruhen (Schweiz 1992) bzw. wurden zurückgezogen (Island 2015)

Beitrittsanträge abgelehnt: Marokko (1987)

Austritt Großbritanniens am 31.1.2020 (mit Übergangsphase bis 31.12.2020, in der das EU-Recht in GB grundsätzlich weiterhin gilt und GB Teil des Binnenmarktes und der Zollunion bleibt)

Das Beitrittsverfahren wird in Art. 49 EUV bestimmt. **Beitrittskriterien** sind (Art. 49 Abs. 1, Art. 2 EUV): **Politisches** (Stabilität, Demokratie, Rechtsstaatlichkeit, Wahrung der Menschrechte, Minderheitenschutz), **wirtschaftliches** (funktionierende Marktwirtschaft; Wettbewerbsfähigkeit im EU-Binnenmarkt) und **Besitzstandskriterium** (Übernahme des „gemeinschaftlichen Besitzstandes", acquis communautaire); zudem: Aufnahmefähigkeit der EU. 3165

Eine Suspendierung einer Mitgliedschaft ist gem. Art. 7 EUV möglich.

Der Austritt aus der Europäischen Union erfolgt nach Art. 50 EUV.

D. Die Rechtsnatur der EU

Rechtsnatur der EU ist ein „Staatenverbund" (ursprünglich kein Rechtsbegriff; geprägt 1993 durch BVerfGE 89, 155 – „Maastricht-Urteil": kein Bundesstaat, aber auch nicht bloß ein Staatenbund; die Mitgliedstaaten bleiben souverän). 3166

Kennzeichnend ist ein **supranationaler** Bereich der EU (EUV, AEUV, Grundrechtscharta; parallel zur EU so auch EAG): Verbindlichkeit des Unionsrechts für die Mitgliedstaaten und unmittelbare Verbindlichkeit in den Mitgliedstaaten, Vorrang des Unionsrechts vor dem Recht der Mitgliedstaaten. Daneben besteht ein **intergouvernementaler** Bereich der EU (GASP, Art. 23–46 EUV): Einstimmigkeit, keine Gesetzgebungsakte (vgl. Art. 31 Abs. 1 EUV).

E. Die Unionsorgane (Art. 13 EUV)

3167 Institutioneller Rahmen (Art. 13 Abs. 1 S. 1 EUV):
- Europäisches Parlament (Art. 14 EUV, Art. 223 ff. AEUV)
- Europäischer Rat (Art. 15 EUV, Art. 235 ff. AEUV)
- Rat (Art. 16 EUV, Art. 237 ff. AEUV)
- Kommission (Art. 17 EUV, Art. 244 ff. AEUV)
- Gerichtshof der Europäischen Union (Art. 19 EUV, Art. 251 ff. AEUV)
- Europäische Zentralbank (Art. 282 ff. AEUV)
- Rechnungshof (Art. 285 ff. AEUV)

I. Kompetenz und Zusammenarbeit der Organe

3168 Prinzip der organschaftlichen Einzelermächtigung (Art. 13 Abs. 2 S. 1 EUV): Danach dürfen die am Gesetzgebungsprozess beteiligten Organe der EU nur dann Gesetze („Rechtsnormen") erlassen, wenn sie durch die europäischen Verträge hierzu **ausdrücklich ermächtigt** sind. Da die EU also nicht eigenmächtig Kompetenzen an sich ziehen kann, besitzt sie keine sog. Kompetenz-Kompetenz. Die rechtlichen Grundlagen, wie sie in den Verträgen für ein Tätigwerden der EU enthalten sind, werden vom EuGH allerdings nach dem Prinzip des **„effet utile"** (dt.: wirksame Durchsetzung) meist weit ausgelegt.

Pflicht der loyalen Zusammenarbeit der Organe (Art. 13 Abs. 2 S. 2 EUV)

II. Weitere Institutionen der EU

3169
- Präsident des Europäischen Rates (Art. 15 Abs. 5 und 6 EUV)
- Hoher Vertreter für Außen- und Sicherheitspolitik (Art. 18 EUV)
- Wirtschaft- und Sozialausschuss (Art. 13 Abs. 4 EUV, Art. 300 Abs. 1 AEUV; nur beratend)
- Ausschuss der Regionen (Art. 13 Abs. 4 EUV, Art. 300 Abs. 1 AEUV; nur beratend)
- Europäische Investitionsbank (Art. 308 f. AEUV)

III. Der Europäischer Rat (Art. 15 EUV)

3170 „Der Europäische Rat gibt der Union die für ihre Entwicklung erforderlichen Impulse und legt die allgemeinen politischen Zielvorstellungen und Prioritäten hierfür fest. Er wird nicht gesetzgeberisch tätig" (Art. 15 Abs. 1 EUV). Sein Sitz ist in Brüssel (seit 2004); mindestens zwei Tagungen pro Halbjahr.

Vorsitz: Präsident des Europäischen Rates (gewählt vom Europäischen Rat; aber nicht aus seiner Mitte, vgl. Art. 15 Abs. 6 UAbs. 3 EUV)

1. Zusammensetzung

- Staats- und Regierungschefs der Mitgliedstaaten **3171**
- Präsident des Europäischen Rates (ohne Stimmrecht)
- Präsident der Kommission (ohne Stimmrecht)
- Hoher Vertreter der Union für Außen- und Sicherheitspolitik; nimmt an den Arbeiten teil, ohne selbst Mitglied zu sein und ohne Stimmrecht (Art. 15 Abs. 2 S. 2 EUV)

2. Beschlussverfahren

Grundsatz: „Konsens" (Art. 15 Abs. 4 EUV). Ausnahmen für im EUV bestimmte förmliche Abstimmungen, dann gilt: **3172**

- Einstimmigkeit (Art. 235 Abs. 1 und Abs. 3 AEUV), so z.B. gem. Art. 31 Abs. 1 EUV, Art. 48 Abs. 6 und Abs. 2 EUV, Art. 86 Abs. 4 AEUV
- qualifizierte Mehrheit (Art. 235 Abs. 1 u. Abs. 2 AEUV), so z.B. gem. Art. 18 Abs. 1 EUV
- einfache Mehrheit, so z.B. gem. Art. 48 Abs. 3 EUV

Der Europäische Rat besitzt weder Gesetzgebungsbefugnisse noch die Befugnis, völkerrechtliche Abkommen im Namen der EU zu schließen. Der Europäische Rat war in den Jahren nach 1970 als Kaminzimmergespräch gestartet und ist inzwischen zu medial inszenierten „EU-Gipfeln" geworden. Durch seine Aufwertung zum Organ der Union (bereits durch Art. 13 EUV a.F.) war es folgerichtig, seine Handlungen, soweit sie – als Leitentscheidungen – Rechtswirkung gegenüber Dritten haben, der Kontrolle des EuGH zu unterwerfen (vgl. Art. 263 Abs. 1 AEUV).

IV. Der Rat (Art. 16 EUV, Art. 237–243 AEUV)

„Der Rat wird gemeinsam mit dem Europäischen Parlament als Gesetzgeber tätig und übt gemeinsam mit ihm die Haushaltsbefugnisse aus. Zu seinen Aufgaben gehört die Festlegung der Politik und die Koordinierung nach Maßgabe der Verträge" (Art. 16 Abs. 1 EUV). Sein Sitz ist in Brüssel; in den Monaten April, Juni und Oktober in Luxemburg. **3173**

Er besteht aus je einem **Vertreter** jedes Mitgliedstaates auf Ministerebene (in wichtigen Angelegenheiten auch die Staats- und Regierungschefs – ohne deswegen zum Europäischen Rat zu werden). Im allgemeinen Sprachgebrauch wird der Rat daher auch „Rat der EU" bzw. „Ministerrat" genannt.

Er tagt in verschiedenen **Zusammensetzungen** (je nach **Fachressort**; dann z.B. als „Rat der Finanzminister" etc. bezeichnet): Art. 16 Abs. 6 EUV („Allgemeine Angelegenheiten", „Auswärtige Angelegenheiten") und Art. 236 AEUV (weitere Ratsformationen).

Den **Vorsitz** hat in der Ratsformation „Auswärtige Angelegenheiten" der Hohe Vertreter der Union für Außen und Sicherheitspolitik (Art. 18 Abs. 3, Art. 27 Abs. 1 EUV); in den übrigen Ratsformationen jeweils der Vertreter desjenigen Mitgliedstaates, das für jeweils sechs Monate nach einem System der gleichberechtigten Rotation den Vorsitz innehat (Art. 16 Abs. 9 EUV).

Abstimmung grundsätzlich mit qualifizierter Mehrheit (Art. 16 Abs. 3 und 4 EUV; Art. 238 AEUV): Erforderlich ist regelmäßig eine **doppelt-qualifizierte Mehrheit** (55 % der Ratsmitglieder, die 65 % der EU-Bürger repräsentieren), ergänzt um eine **Sperrminorität** (mindestens vier Gegenstimmen für eine Ablehnung).

1. Exkurs: Die im Rat vereinigten Vertreter der Regierungen der Mitgliedstaaten

3174 Es handelt sich nicht um ein Organ der EU, sondern eine **Konferenz** von Vertretern der Regierungen der Mitgliedstaaten, die aber im AEU-Vertrag vorgesehen ist (vgl. z.B. Art. 253 Abs. 1 AEUV; Art. 341 AEUV). Die Beschlüsse der im Rat vereinigten Vertreter der Regierungen der Mitgliedstaaten sind völkerrechtliche Vereinbarungen zwischen den Mitgliedstaaten und keine Beschlüsse des Rates (sog. **„uneigentliche Ratsbeschlüsse“**).[2]

2. Exkurs: Der Europarat

3175 Der Europarat ist von der EU gänzlich verschieden und eine am 5.5.1949 gegründete eigenständige internationale Organisation mit Sitz in Straßburg und eigenen Organen (z.B. Europäischer Gerichtshof für Menschenrechte). Der Europarat hat u.a. die Europäische Menschenrechtskonvention (EMRK) vom 4.11.1950 verabschiedet.

V. Die Europäische Kommission (Art. 17 EUV, Art. 244–250 AEUV)

3176 „Die Kommission fördert die allgemeinen Interessen der Union und ergreift geeignete Initiativen zu diesem Zweck. Sie sorgt für die Anwendung der Verträge sowie der von den Organen kraft der Verträge erlassenen Maßnahmen. Sie überwacht die Anwendung des Unionsrechts unter der Kontrolle des Gerichtshofs der Europäischen Union. Sie führt den Haushaltsplan aus und verwaltet die Programme. Sie übt nach Maßgabe der Verträge Koordinierungs-, Exekutiv- und Verwaltungsfunktionen aus. Außer in der Gemeinsamen Außen- und Sicherheitspolitik und den übrigen in den Verträgen vorgesehenen Fällen nimmt sie die Vertretung der Union nach außen wahr. Sie leitet die jährliche und die mehrjährige Programmplanung der Union mit dem Ziel ein, interinstitutionelle Vereinbarungen zu erreichen“ (Art. 17 Abs. 1 EUV).

Ihr Sitz ist in **Brüssel**; die Zusammensetzung ist bestimmt in Art. 17 Abs. 5 und Abs. 1 EUV (davon jedoch gem. HS. 2 abweichend durch Beschluss des Europäischen Rates seit 2013 je ein Vertreter aller Mitgliedstaaten).

Die Ernennung der Kommission erfolgt nach Art. 17 Abs. 7 EUV: Zuerst schlägt der Europäische Rat einen Präsidenten vor mit anschließender Wahl durch das Europäische Parlament. Anschließend Vorschlag der weiteren Kommissionsmitglieder durch die Mitgliedstaaten, Annahme der Kandidatenliste durch Rat und Präsident, anschließend

---

2 So z.B. die „Erklärung EU-Türkei“ zur Rückführung aus der Türkei nach Griechenland eingereister Migranten (Presseerklärung vom 18.3.2016 auf der gemeinsamen Website des Europäischen Rates und des Rates der Europäischen Union). Sie ist entgegen der allgemeinen Darstellung und Wahrnehmung kein Deal der EU, sondern allein der Mitgliedstaaten als völkerrechtliche Akteure (vgl. Beschluss des EuG vom 28.2.2017, verb. Rs. T-192/16, T-193/16, T-257/16, zur Unzuständigkeit des EuG für Klagen gegen den Flüchtlingsdeal).

Zustimmungsvotum des Parlaments zur gesamten Kommission einschließlich des Hohen Vertreters der Union für Außen- und Sicherheitspolitik.

Die **Amtszeit** der Kommission beträgt fünf Jahre (Abs. 3). Ein Misstrauensvotum gegen die Kommission ist möglich (Art. 234 AEUV).

VI. Das Europäische Parlament (Art. 14 EUV, Art. 223–234 AEUV)

Sitz des Parlaments ist (ursprünglich und *de iure*) Straßburg, dort finden auch monatlich Plenartage statt; *de facto* Sitz ist Brüssel mit der Mehrzahl aller Plenartage. **3177**

„Das Europäische Parlament wird gemeinsam mit dem Rat als Gesetzgeber tätig und übt gemeinsam mit ihm die Haushaltsbefugnisse aus. Es erfüllt Aufgaben der politischen Kontrolle und Beratungsfunktionen nach Maßgabe der Verträge. Es wählt den Präsidenten der Kommission“ (Art. 14 Abs. 1 EUV).

Seine **Zusammensetzung** ist in Art. 14 Abs. 2 EUV (max. 751 Mitglieder), die Wahl seiner Mitglieder in Abs. 3 und des Präsidenten des Parlaments in Abs. 4 geregelt.

VII. Der Gerichtshof der Europäischen Union (Art. 19 EUV, Art. 251–281 AEUV)

Der Gerichtshof der Europäischen Union umfasst den (Europäischen) Gerichtshof (EuGH), das Gericht (EuG) und Fachgerichte. Er sichert die Wahrung des Rechts bei der Auslegung und Anwendung der Verträge. Fachgerichte existieren z.Zt. nicht, seit das Gericht für den öffentlichen Dienst der Europäischen Union (EuGöD) seine Tätigkeit im Jahr 2016 eingestellt hat. **3178**

1. Der Gerichtshof (EuGH)

Der EuGH (Art. 19 EUV, Art. 251–253 AEUV) setzt sich aus **einem Richter je Mitgliedstaat** (also 28 Richtern) und derzeit acht (vgl. Art. 252 Abs. 1 AEUV) **Generalanwälten** zusammen. Sie werden auf sechs Jahre durch die Regierungen der Mitgliedstaaten im gegenseitigen Einvernehmen ernannt. Zuvor ist ein Nominierungsausschuss ist anzuhören (Art. 255 AEUV). **3179**

Die Zuständigkeit des EuGH ergibt sich im Wesentlichen aus Art. 258 AEUV (Vertragsverletzungsverfahren auf Klage der Kommission), Art. 259 AEUV (Vertragsverletzungsverfahren auf Klage eines Mitgliedstaates), aus Art. 262 AEUV (Patentstreitigkeiten u.ä.), Art. 263 AEUV (Nichtigkeitsklage durch EU-Organe und Mitgliedstaaten), Art. 265 AEUV (Untätigkeitsklage durch EU-Organe und Mitgliedstaaten) und nach Art. 267 AEUV (Vorabentscheidungsverfahren). Zu den Klageverfahren s. Rn. 3273.

2. Europäisches Gericht (EuG; Art. 19 EUV, Art. 254–256 AEUV)

Das Gericht ist gem. Art. 256 Abs. 1 UAbs. 1 AEUV zuständig für Entscheidungen im ersten Rechtszug insb. über die in den Artikeln 263 und 265 AEUV genannten Klagen von Bürgern von Mitgliedstaaten und für Schiedsverfahren unter Beteiligung der EU **3180**

(Art. 272 AEUV) sowie (nach Art. 256 Abs. 3 UAbs. 1 AEUV) in besonderen in der Satzung festgelegten Sachgebieten für Vorabentscheidungen nach Art. 267 AEUV.

F. Rechtsquellen des Europäischen Unionsrechts

3181 Das Unionsrecht besteht aus den Gründungsverträgen, dem sog. Primärrecht, und dem von den Unionsorganen erlassenen sog. Sekundärrecht. Außerdem ist die Union Partei völkerrechtlicher Verträge mit Drittstaaten und Internationalen Organisationen; diese völkerrechtlichen Verträge sind ebenfalls Bestandteil des Unionsrechts. Die Rechtsprechung des EuGH zur Auslegung von Primär- und Sekundärrecht ist eine weitere wichtige Rechtsquelle. EU-Recht sind vor allem das primäre Unionsrecht (EUV, AEUV, Grundrechtscharta) und das sekundäre Unionsrecht (Rechtsakte der Europäischen Union).

I. Das Primärrecht

3182 Die Union beruht auf **völkerrechtlichen Verträgen**, die von den Mitgliedstaaten geschlossen wurden, dem EU-Vertrag, dem Euratom-Vertrag und dem AEU-Vertrag. Bestandteil völkerrechtlicher Verträge und daher auch Bestandteil des Primärrechts sind die Protokolle, die bei Abschluss der Verträge unterzeichnet werden. Diese Gründungsverträge bilden die **Grundordnung** der EU; sie werden zunehmend als „Verfassung" bezeichnet [erstmals EuGH, Rs. 294/83 (Les Verts), Slg. 1986, S. 1139, Rn. 23; s. auch Gutachten 1/91 (EWR), Slg. 1991, I-6079, Rn. 21].

3183 Primäres Unionsrecht sind die Gründungsverträge, welche die Mitgliedstaaten geschlossen haben, dazu gehören zurzeit:

- Vertrag über die Europäische Union (EUV)
- Vertrag über die Arbeitsweise der Europäischen Union (AEUV)
- Anhänge und Protokolle zu den Verträgen (vgl. Art. 51 EUV)
- Charta der Grundrechte der Europäischen Union (vgl. Art. 6 Abs. 1 EUV)
- Beitrittsabkommen
- Änderungsverträge
- ggf. Europäisches Gewohnheitsrecht
- ggf. allgemeine Rechtsgrundsätze des Europäischen Unionsrecht.

Das Primärrecht der Union legt die **Maßstäbe** für das Handeln der Organe fest. Es steht daher in der Normenhierarchie über den von den Unionsorganen geschlossenen völkerrechtlichen Verträgen und dem von den Unionsorganen erlassenen Sekundärrecht.

3184 Zwar erlangen völkerrechtliche Verträge im Regelfall nur dadurch Geltung in der innerstaatlichen Rechtsordnung der Vertragsparteien, dass ein nationaler Akt ihnen diese Geltung zuspricht (so z.B. Art. 25 GG). Aber obwohl das Primärrecht der Union aus völkerrechtlichen Verträgen zwischen den Mitgliedstaaten besteht, beansprucht es sog. **unmittelbare Geltung**. Das Unionsrecht stellt eine eigenständige, d.h. vom Recht der Mitgliedstaaten unabhängige Rechtsordnung dar, seine Geltung ist nicht abhängig von einem staatlichen Umsetzungsakt.

Verschiedene Vorschriften der (nach vorstehendem also unmittelbar geltenden) EUV und AEUV verleihen den Unionsbürgern Rechte. Namentlich sind das vor allem die **Grundfreiheiten**, die **Freizügigkeit** der Unionsbürger und das **Diskriminierungsverbot**. Der EuGH hat, zuerst für das Verbot von Zöllen im Urteil „Van Gend & Loos" aus dem Jahr 1963 (Rs. 26/62, Slg. 1963, 1 ff.), den individuellen Rechten des damaligen EWG-Vertrages die sog. **unmittelbare Anwendbarkeit** zugesprochen. Die unmittelbare Anwendbarkeit ist inzwischen eine Rechtsfigur des Europarechts, die es Einzelpersonen ermöglicht, ihre unmittelbar betroffenen Rechte vor dem EuGH bzw. hauptsächlich vor dem EuG einzuklagen. Die Unionsbürger können sich seither vor nationalen Behörden und Gerichten direkt auf das Primärrecht berufen (auch auf das Sekundärrecht, vgl. Art. 288 AEUV; dazu sogleich). **3185**

Voraussetzung der unmittelbaren Anwendbarkeit von Primärrecht ist die Begründung einer echten Rechtspflicht (nicht lediglich einer Bemühenspflicht):

- die primärrechtliche Norm muss (formal und inhaltlich) „unbedingt" formuliert sein, d.h., dass es keiner Ausgestaltung ihres Tatbestandes oder der Rechtsfolgen durch erst noch zu erlassende Rechtsakte mehr bedarf;
- sie muss in sich vollständig sein, so dass zu ihrer Erfüllung keine weitere Handlung eines Unionsorgans oder Mitgliedstaates erforderlich ist.

II. Das Sekundärrecht

Sekundäres Unionsrecht sind diejenigen Rechtsakte, welche die EU im Rahmen der ihr durch das primäre Unionsrecht gesetzten Kompetenzen erlassen hat. „Für die Ausübung der Zuständigkeiten der Union nehmen die Organe Verordnungen, Richtlinien, Beschlüsse, Empfehlungen und Stellungnahmen an. **3186**

Die **Verordnung** hat allgemeine Geltung. Sie ist in allen ihren Teilen **verbindlich** und **gilt unmittelbar** in jedem Mitgliedstaat. Die Verordnung (Art. 288 UAbs. 2 AEUV) ist die Form des „Europäischen Gesetzes" als

- abstrakt-generelle Regelung, die
- in allen Teilen verbindlich ist und
- allgemein verbindlich, auf die sich also jeder berufen kann.

Die **Richtlinie** ist **für jeden Mitgliedstaat**, an den sie gerichtet wird, **hinsichtlich des zu erreichenden Ziels** verbindlich, überlässt jedoch den innerstaatlichen Stellen die Wahl der Form und der Mittel (...)". Die Richtlinie (Art. 288 UAbs. 3 AEUV) ist eine Art „Europäisches Rahmengesetz". Sie enthält

- abstrakt-generelle Regelungen wie die Verordnung, ist aber nur
- hinsichtlich des Ziels verbindlich und auch nur
- an Mitgliedstaaten gerichtet, wirkt also keinesfalls zwischen Bürgern oder Unternehmen. Erst die Umsetzung der Richtlinie durch innerstaatliches nationales Recht (in Deutschland meist: Bundesgesetz) ist allgemein verbindlich.

Beschlüsse nach Art. 288 UAbs. 4 AEUV (früher: Entscheidungen) entsprechen etwa „Europäischen Verwaltungsakten" und regeln **konkret-individuelle** Sachverhalte verbindlich. Sind sie – wie zumeist – an bestimmte Adressaten gerichtet, so sind sie (nur) für diese verbindlich. Empfehlungen und Stellungnahmen (UAbs. 5) sind nicht verbindlich.

1. Verordnungen

3187 Verordnungen werden je nach ihrem Gegenstand aufgrund einer der in den Verträgen vorgesehenen Verfahren erlassen. Es wird zwischen Gesetzgebungsakten, Durchführungsverordnungen der Kommission und delegierten Verordnungen unterschieden.

Verordnungen, die Gesetzgebungsakte sind (als der typische Fall einer Verordnung), werden i.d.R. auf Vorschlag der Europäischen Kommission vom Rat der Europäischen Union und dem Europäischen Parlament nach dem ordentlichen Gesetzgebungsverfahren gemeinsam erlassen. In bestimmten, explizit in den Verträgen vorgesehenen Fällen sind besondere Gesetzgebungsverfahren vorgesehen.

Rechtsakte ohne Gesetzescharakter, insb. delegierte Rechtsakte und die Durchführungsrechtsakte, beruhen auf Ermächtigungen (teilweisen Kompetenzübertragungen) in Gesetzgebungsakten oder aber direkt auf den Verträgen.

3188 Zur Entlastung von Gesetzgebungsverfahren von ansonsten zu verhandelnden Detailregelungen, sieht der Vertrag von Lissabon die Schaffung delegierter Rechtsakte vor. Der Rat und das Parlament können in Gesetzgebungsakten die Kommission ermächtigen, delegierte Rechtsakte zu erlassen (Art. 290 AEUV). Sie entsprechen damit etwa den Rechtsverordnungen im deutschen System der Rechtsquellen und werden oft zur Ergänzung oder Änderung nicht wesentlicher Punkte des Gesetzgebungsaktes erlassen.

Auch im Falle der delegierten Gesetzgebung verbleibt den eigentlichen Gesetzgebungsorganen das Recht, der Kommission die Befugnis im Einzelfall zu entziehen oder durch Erhebung von Einwänden einen Beschluss der Kommission nicht in Kraft treten zu lassen.

3189 Verordnungen, die bis 30.11.2009 erlassen wurden, tragen den Titel „Verordnung (EG) …“ (Verordnung der Europäischen Gemeinschaft) und Verordnungen, die bis 1.11.1993 erlassen wurden, den Titel „Verordnung (EWG) …“ (Verordnung der Europäischen Wirtschaftsgemeinschaft), obwohl sie mittlerweile als Verordnungen der Europäischen Union gelten. Seit 2015 wird neuen Verordnungen außerdem die Jahreszahl der fortlaufenden Numerierung vorangestellt. Die aktuelle Bezeichnung lautet also z.B. Verordnung (EU) 2015/2421[3].

2. Richtlinien

3190 Wie auch bei Verordnungen wird zwischen Gesetzgebungsakten, Durchführungsrichtlinien der Kommission und delegierten Richtlinien unterschieden.

Richtlinien, die Gesetzgebungsakte sind, werden i.d.R. auf Vorschlag der Europäischen Kommission vom Rat der Europäischen Union und dem Europäischen Parlament nach dem ordentlichen Gesetzgebungsverfahren gemeinsam erlassen. In bestimmten Fällen sind jedoch besondere Gesetzgebungsverfahren vorgesehen.

3191 Im Gegensatz zu den Verordnungen sind Richtlinien **nicht unmittelbar wirksam und verbindlich**, sondern müssen durch nationale Rechtsakte **umgesetzt** werden, um wirk-

3 Das gewählte Beispiel ist die Verordnung über ein „europäisches (Gerichts-)Verfahren für geringfügige Forderungen“ bis 5.000 Euro in grenzüberschreitenden Zivil- und Handelssachen, das mit besonderem Klageformular vor den nationalen Gerichten eingeleitet und dessen Urteil in einem anderen Mitgliedstaat (ohne sonst notwendiges Exequaturverfahren) vollstreckt werden kann.

sam zu werden. Daraus ergibt sich ein **zweistufiges Rechtsetzungsverfahren**: Nach Erlass der Richtlinie auf der Ebene der Union folgt in einer zweiten Stufe der Erlass nationalen Rechts. Die Richtlinie ist das klassische Instrument zur Harmonisierung der innerstaatlichen Rechtsordnungen durch Angleichung, da sie den Mitgliedstaaten (anders als die VO) einen gewissen Spielraum einräumt. Die Mitgliedstaaten bestimmen im Regelfall selbst über Form und Mittel, das von der Richtlinie vorgegebene verbindliche Ziel zu erreichen, sofern nicht die Richtlinie im Einzelfall die Einführung konkreter Berechtigungen oder Verpflichtungen verlangt. Nach deutschem Recht ist zur Umsetzung einer Richtlinie i.d.R. ein förmliches Gesetz oder eine Verordnung erforderlich.

Richtlinien setzen für ihre Umsetzung in innerstaatliches Recht regelmäßig eine **Frist**. Mit der Umsetzung in einem nationalen Rechtsakt wird der Inhalt der Richtlinie dann Teil der nationalen Rechtsordnung.

a) Richtlinienkonforme Auslegung

Bei Richtlinien gilt die Pflicht zur **richtlinienkonformen Auslegung** des nationalen Rechts jedenfalls ab dem Tag, an dem die Umsetzungsfrist abgelaufen ist. Diese Pflicht betrifft zum einen natürlich die nationalen Vorschriften, die zur Umsetzung der Richtlinie erlassen wurden, sie gilt aber für das gesamte nationale Recht, egal ob es vor oder nach Erlasse der Richtlinie in Kraft getreten ist.[4] **3192**

b) Schadensersatzpflicht wegen Nichtumsetzung

Im Fall nicht fristgerechter Umsetzung einer Richtlinie kann sich eine **Schadensersatzpflicht des Mitgliedstaats**[5] gegenüber denjenigen, welche durch die Richtlinie hätten begünstigt werden sollen, ergeben. Sie sind dann so zu stellen, wie sie stünden, wenn ihnen entsprechend der Richtlinie nationale Rechte eingeräumt worden wären. **3193**

c) Unmittelbare Anwendung von Richtlinienbestimmungen

Unabhängig von Schadensersatzpflichten sollen die Mitgliedstaaten ihren Bürgern durch eine verzögerte Umsetzung nicht unionsrechtlich vorgesehene Rechte vorenthalten können. Um dies zu verhindern, geht der EuGH von der **unmittelbaren Anwendung von Richtlinienbestimmungen**[6] aus. Das **effet utile-Gebot (Effizienzgebot)** und der ***bona-fide*-Grundsatz** als Auslegungskriterien des EuGH dienen dem Ziel, das EU-Recht möglichst effektiv und rasch umzusetzen. Dazu soll auch ermöglicht werden, Rechtsverletzungen möglichst rasch einklagen zu können. **3194**

Hat ein Mitgliedstaat eine Richtlinie, die den Einzelnen begünstigt, trotz Ablauf der Umsetzungsfrist nicht in nationales Recht umgesetzt, dann kann sich daher der Einzelne gegenüber dem Mitgliedstaat **unmittelbar** auf die Richtlinie berufen. Voraussetzung dafür ist allerdings, dass die Richtlinie nach ihrem Inhalt unbedingt (keinen Ermessensspielraum eröffnet) und hinreichend bestimmt ist, um im Einzelfall angewendet werden **3195**

---

4 Vgl. EuGH, Rs. 14/83 „Colson & Kamann", Rn. 26 – in Bezug auf das RL-Umsetzungsrecht; EuGH Rs. C-106/89 „Marleasing", Rn. 8 – in Bezug auf das gesamte nationale Recht.

5 Die Haftung der Mitgliedstaaten richtet sich nach der „Francovich"-Rechtsprechung (EuGH Rs. C-479/93 „Francovich", Slg. 1995, I-3843).

6 Nicht zu verwechseln mit der unmittelbaren Anwendbarkeit des Primärrechts (vgl. Rn. 3184). Die Terminologie ist nicht immer einheitlich.

zu können (vgl. insb. EuGH, Rs. 41/74 „Van Duyn“, Slg. 1974, 1337, Rn. 12 und Rs. 8/81 „Becker“, Slg. 1982, 53, Rn. 17 ff.; ebenso BVerfGE 75, 223/235 ff. „Kloppenburg“).

Voraussetzungen der unmittelbaren Anwendbarkeit sind also:
- Ablauf der Umsetzungsfrist;
- der Mitgliedstaat hat die Richtlinie nicht in innerstaatliches Recht umgesetzt;
- die Richtlinie muss die Einräumung eines subjektiven Rechts eines Bürgers/Unternehmens vorsehen (korrespondierend einer Rechtspflicht des Mitgliedstaates);
- Richtlinie muss zum Vollzug geeignet sein (inhaltlich unbedingt und hinreichend bestimmter Tatbestand);
- die unmittelbare Anwendung soll zugunsten eines Bürgers und zulasten des säumigen Mitgliedstaates greifen – keinesfalls zulasten eines Bürgers und auch nicht im Verhältnis zwischen Bürgern[7] (also keine „horizontale Drittwirkung“[8]).[9]

III. Wirksamkeit von Sekundärrecht

3196 Welches Organ der EU welche Sachverhalte durch welche Form von Sekundärrecht regeln darf, ist eine Frage (1.) der Zuständigkeiten der Europäischen Union (im Verhältnis zu den Mitgliedstaaten) und sodann (2.) innerhalb der Union der Organzuständigkeit. Das danach zuständige Organ muss diese Zuständigkeit in der Form eines nach dem jeweiligen Sachgebiet eröffneten und geeigneten Rechtsaktes und unter Wahrung der einschlägigen Verfahrensweise („Gesetzgebungsverfahren“) ausüben.

Die Wirksamkeit von Sekundärrecht hängt also ab von:
- Abgrenzung der Kompetenzen zwischen Mitgliedstaaten und Union (begrenzte Verbandskompetenz der Union),
- Abgrenzung der Kompetenzen zwischen den Unionsorganen (begrenzte Organkompetenz),
- Festlegung auf bestimmtes Rechtsetzungsverfahren beim Erlass von Sekundärrecht (z.B. ordentliches Gesetzgebungsverfahren, besonderes Gesetzgebungsverfahren),
- Festlegung auf bestimmte Rechtsaktform (z.B. Verordnung, Richtlinie etc.).

IV. Anwendungsvorrang des Unionsrechts

3197 Das gesamte Unionsrecht hat einen **höheren Rang** als alles nationale Recht (vgl. Art 23 Abs. 1 S. 2 GG: zulässige Übertragung nationaler Souveränität auf die EU). Folge ist die

7 Unionsbürger sind nach Art. 9 EUV und Art. 20 AEUV nicht nur natürliche Personen als Staatsangehörige eines Mitgliedstaates, sondern ebenso alle Rechtsformen von Gesellschaften (Unternehmen).

8 Vgl. EuGH, Rs. C-91/92 „FacciniDori“, Rn. 20 ff.

9 Problematisch sind Dreieckskonstellationen, in denen sich ein Bürger gegenüber dem Staat auf eine Richtlinie beruft, deren Anwendung allerdings zulasten eines anderen Bürgers gehen würde, z.B. bei Vergabeverfahren, in denen die Anwendung einer Vergaberichtlinie zugunsten des erfolglosen Bewerbers denjenigen belastet, der richtlinienwidrig den Zuschlag erhalten hat, oder bei richtlinienwidrigen Baugenehmigungen, deren Aufhebung den Nachbarn begünstigen, aber den Bauherren belasten. „Bloße negative Auswirkungen“ auf einen anderen Bürger z.B. durch den Wegfall einer Genehmigung sollen dabei der unmittelbaren Anwendung nicht entgegenstehen (vgl. EuGH, Rs. C-201/02 „Delena Wells“, Slg. 2004, I-723, Rn. 56 f.; ebenso EuGH, Rs.C-443/98 „Unilever“, Slg. 2000, I-7535, Rn. 45 ff.). Handlungspflichten eines Dritten in Folge der unmittelbaren Anwendung wären dagegen unzulässig.

Pflicht nationaler Behörden und Gerichte, das nationale Recht **unionsrechtskonform** auszulegen[10] und unionswidriges nationales Recht nicht anzuwenden.

Der Anwendungsvorrang ist (neben dem Geltungsvorrang) eine der beiden Formen, eine Normenkollision aufzulösen. Eine solche Kollision mit innerstaatlichem Recht kann deshalb entstehen, weil das EU-Primärrecht unmittelbare Geltung in allen Mitgliedstaaten beansprucht und das Sekundärrecht (vgl. Art 288 AEUV und mit Ausnahme von Empfehlungen und Stellungnahmen) ebenfalls verbindlich ist. Der **Anwendungsvorrang des Unionsrechts** bedeutet, dass „die Verträge und das von der Union auf der Grundlage der Verträge gesetzte Recht [...] Vorrang vor dem Recht der Mitgliedstaaten" haben.[11] Nationale Behörden und Gerichte sind also verpflichtet, die Vorschriften des Unionsrechts auch und gerade dann anzuwenden (aber natürlich nur im Rahmen ihres Anwendungsbereichs, also bei grenzüberschreitenden Sachverhalten), wenn eine Vorschrift des nationalen Rechts dem entgegensteht. So ist jedes nationale Gericht befugt und verpflichtet, unionsrechtswidriges nationales Recht für unanwendbar zu erklären, die Verwerfungskompetenz unionsrechtswidrigen Rechts ist also dezentralisiert[12].[13]

Ein **Geltungsvorrang** des Unionsrechts besteht dagegen nicht. Beim Geltungsvorrang 3198
würde der verdrängte Rechtssatz seine Geltung verlieren, das heißt außer Kraft gesetzt und damit nichtig werden. Der Unterschied zwischen Anwendungs- und Geltungsvorrang besteht in Bezug auf solche Sachverhalte, welche nicht in den Anwendungsbereich des EU-Rechts fallen, also hinsichtlich rein nationaler Sachverhalte ohne grenzüberschreitenden Bezug zwischen Mitgliedstaaten. Der bloße Anwendungsvorrang europäischen Rechts lässt die von ihm verdrängte Norm im Übrigen, also außerhalb seines Anwendungsbereichs, in Kraft.

Damit hängt dann die sog. **Inländerdiskriminierung** zusammen (nachf. Rn. 3241), weil 3199
eine konkrete europarechtswidrige nationale Norm zwar im grenzüberschreitenden Rechtsverkehr nicht anzuwenden ist, in rein innerstaatlichen Sachverhalten dagegen schon – und zwar uneingeschränkt und ohne jeden Makel. Dadurch kann einem Inländer verwehrt sein, was einem EU-Ausländer aus einem anderen Mitgliedstaat in derselben Situation gestattet ist. Es obliegt dem nationalen Gesetzgeber, ggf. darauf zu reagieren und die nationalen Bestimmungen ebenfalls zu lockern.

---

10 Zur unionsrechtskonformen Auslegung vgl. EuGH, Rs. C-106/89 „Marleasing", Slg. 1990, S. I-4135, Rn. 8, 13.

11 So ausdrücklich die der Schlussakte zum Vertrag von Lissabon beigefügte Erklärung Nr. 17 unter Bezugnahme auf die Rechtsprechung des EuGH. Der Anwendungsvorrang des Unionsrechts erfasst allerdings keine Verwaltungsakte (konkret-individuelle Entscheidungen); diese sind nach den nationalen Vorschriften aufzuheben.

12 So EuGH, Urt. v. 9.3.1978 – Rs. C-106/77 „Simmenthal II".

13 Das ist eine Besonderheit; die Zentralisierung bei einem Gericht dient dem Schutz des Gesetzgebers. In den meisten nationalen Rechtsordnungen liegt daher die Verwerfungskompetenz bezüglich der vom Parlament erlassenen Gesetze allein beim jeweiligen Verfassungsgericht (vgl. z.B. Art. 100 GG für die alleinige Verwerfungskompetenz des BVerfG für nachkonstitutionelle formelle Bundesgesetze). Auch die Verwerfungskompetenz in Bezug auf sekundäres EU-Recht behält sich der EuGH gestützt auf Art. 267 AEUV allein vor (vgl. Urt. v. 22.10.1987 „Foto-Frost", Rs. C 314/85; bestätigt etwa im Urt. v. 18.7.2007, Rs. C-119/05 Rn. 53).

1. Ausnahmen vom Anwendungsvorrang

3200 Eine kaum zu überschätzende Rolle für das Recht der Europäischen Union spielt die **Rechtsprechung des EuGH**. Die Supranationalität des Unionsrechts[14] findet ihren Ausdruck vor allem in der unmittelbaren Geltung und im Anwendungsvorrang. Beide Rechtsfiguren hatte der EuGH entwickelt. Er ist nach Art. 19 EUV das Organ, dem die verbindliche Auslegung des Unionsrechts obliegt. Seine enorme Bedeutung für die europäische Integration ist aber vor allem Folge seines Selbstverständnisses als „Motor der Integration". So formulierte der EuGH als Zielsetzung die Beseitigung jeder sonst drohenden „Gefahr für die Verwirklichung der in [Art. 4 Abs. 3 UAbs. 3 EUV] aufgeführten Ziele des Vertrags und [...] Diskriminierungen [...], wenn das Gemeinschaftsrecht je nach der nachträglichen innerstaatlichen Gesetzgebung von einem Staat zum anderen verschiedene Geltung haben könnte"[15].

3201 Das **Bundesverfassungsgericht** begründet seinerseits den Anwendungsvorrang des Unionsrechts mit der „verfassungsrechtlichen Ermächtigung" des Art. 23 Abs. 1 S. 2 GG. Diese Regelung habe zur Folge, dass der „Herrschaftsanspruch der Bundesrepublik Deutschland im Geltungsbereich des Grundgesetzes zurückgenommen und der unmittelbaren Geltung und Anwendung eines Rechts aus anderer Rechtsquelle innerhalb des staatlichen Herrschaftsbereichs Raum gelassen wird"[16]. Supranationale Rechtsakte wirken damit unmittelbar auf den innerstaatlichen Bereich ein und haben Auswirkungen auf die im nationalen Mitgliedstaat befindlichen Rechtsunterworfenen[17].

2. Reservekompetenz des Bundesverfassungsgerichts

3202 Während der EuGH ausgehend von seiner Auffassung von der Supranationalität des Europarechts von einem umfassenden Anwendungsvorrang ausgeht, behält sich das BVerfG eine grundsätzliche Prüfungskompetenz vor. Beruht die autonome EU-Rechtsordnung danach auf dem in Art. 23 Abs. 1 GG geregelten Rechtsanwendungsbefehl des Grundgesetzes, bleibt sie von dieser Ermächtigung, insb. den Grenzen dieser Ermächtigungsnorm, auch später noch abhängig. Daraus folgt dann aber eine **Reservekompetenz des BVerfG** zu prüfen, ob EU-Rechtsakte diese äußerste Grenze einhalten (vereinfachend: das EU-Recht kann nicht über seine Ermächtigungsgrundlage hinauswachsen und diese verdrängen). Allerdings sieht sich auch das BVerfG aufgrund des in der Präambel des Grundgesetzes und in Art. 23 GG ausgesprochenen **Grundsatzes der Europarechtsfreundlichkeit** an der Ausübung seiner Prüfungskompetenz gehindert bzw. auf Ausnahmen beschränkt. Es übt seine Prüfungskompetenz nur dann aus, wenn es zur Gewährung der im Grundgesetz niedergelegten unabdingbaren Werte erforderlich ist[18]; es handelt sich um ein Verhältnis wechselseitigen Vertrauens und der Kontrolle zwischen EuGH und BVerfG).[19]

---

14 Erstmals betont in EuGH Rs. 8/55, „Fédéchar", Slg. 1955/56, S. 295 (312); zuletzt bestätigt etwa im Urt. vom 18.7.2007, Rs. C-119/05.

15 EuGH, Rs. 6/64 „Costa/E.N.E.L.", Slg. 1964, S. 1251, 1269.

16 Vgl. BVerfGE 37, 271, 280 – „Solange I".

17 Vgl. BVerfGE 89, 155, 174 – „Maastricht".

18 Ausf. z.B. *Voßkuhle*, NVwZ 2010, 1.

19 Eine vergleichbare Reservekompetenz erkennt der EuGH in völkerrechtlichem Zusammenhang auch für sich selbst an (vgl. EuGH verb. Rs. C-402/05 und 415/05 – „Kadi").

Dabei ist die Frage einer Kollision von (a) Sekundärrecht mit nationalem Verfassungsrecht zu unterscheiden von der Kollision (b) des Primärrechts mit dem Verfassungsrecht.

a) Kollision von sekundärem Unionsrecht mit dem Grundgesetz

Hinsichtlich einer möglichen **Kollision von sekundärem Unionsrecht mit dem Grundgesetz** überprüft das BVerfG Sekundärrecht (nur) auf dessen Vereinbarkeit mit nationalen Grundrechten nach Maßgabe der sog. Solange-II-Rechtsprechung und es untersucht, ob die Europäische Union überhaupt die Kompetenz hatte, den Rechtsakt zu erlassen (sog. **ultra-vires-Kontrolle**). **3203**

Im Solange-II-Beschluss stellte das BVerfG bereits 1986 klar, dass es seine Gerichtsbarkeit gegenüber Gemeinschaftsrechtsakten im Hinblick auf Grundrechtsverletzungen nicht ausüben wird, *solange*[20] die Rechtsprechung des EuGH ihrerseits einen wirksamen Grundrechtsschutz gewährleistet, der dem vom Grundgesetz her gebotenen Schutz im Wesentlichen entspricht[21]. Dass dem so ist (vgl. insb. Charta der Grundrechte und Art. 6 Abs. 1 EUV), hat das BVerfG inzwischen mehrfach und zuletzt im Urteil zur Überprüfung des Lissabon-Vertrages bestätigt[22]. Diese Ausnahme ist damit faktisch obsolet; entsprechende Vorlagen zum BVerfG nach Art. 100 GG und auf eine Grundrechtsverletzung durch EU-Rechtsakte gestützte Verfassungsbeschwerden nach Art. 93 Abs. 1 Nr. 4a GG werden von vornherein[23] als unzulässig abgewiesen. **3204**

Die praktisch sehr viel bedeutsamere **ultra-vires-Kontrolle** dient der Wahrung des Prinzips der begrenzten Einzelermächtigung (vgl. auch Art. 5 Abs. 2 EUV). Die Europäische Union darf Hoheitsrechte danach nur ausüben, wenn und soweit ihr die nötige Kompetenz durch die Mitgliedstaaten übertragen wurde. Auch diese Prüfung obliegt (nach Ansicht des EuGH sowieso, aufgrund der Europarechtsfreundlichkeit des Grundgesetzes nach Auffassung des BVerfG zumindest vorrangig) dem EuGH (z.B. in einem Vorabentscheidungsverfahren nach Art. 267 AEUV). Verneint der EuGH einen Verstoß, prüft das BVerfG wiederum auch nur, ob eine Kompetenzüberschreitung der Gemeinschaftsorgane hinreichend qualifiziert ist. Das ist nach BVerfGE 126, 286, 303 ff. – „Honeywell" nur der Fall, wenn der Kompetenzverstoß offensichtlich ist und schwerwiegend in das Kompetenzgefüge zwischen Mitgliedstaaten und Europäischer Union eingreift (zuletzt ganz explizit BVerfG v. 5.5.2020 betr. Anleihekäufe der EZB).[24] Das BVerfG anerkennt hierbei also eine Einschätzungsprärogative (Fehlertoleranz) des EuGH. **3205**

---

20 Daher die Namensgebung des Urteils. *Solange* – zuvor – der Rechtsschutz auf EU-Ebene in nicht hinnehmbarer Weise hinter dem Niveau des Grundgesetzes zurückblieb, behielt sich das BVerfG in der Solange-I-Entscheidung (1974) vor, Gemeinschaftsrechtsakte uneingeschränkt am Maßstab der Grundrechte zu messen (BVerfG NJW 1974, 1697 – „Solange I").

21 BVerfGE 73, 339 (Leitsatz Nr. 2) – „Solange II".

22 Vgl. BVerfGE 89, 155, 174 f. – „Maastricht"; 102, 147, 167 – „Bananenmarktordnung"; 123, 267, 334 f. – „Lissabon".

23 Erforderlich wäre nicht nur ein möglicher individueller Grundrechtsverstoß durch Sekundärrecht, sondern die plausible Darlegung, dass auf EU-Ebene allgemein kein vergleichbarer Grundrechtsschutz zu erreichen wäre.

24 BVerfG vom 5.5.2020 – 2 BvR 859/15, NJW 2020, 1647; zuvor bereits die Entscheidung über die Anleihekäufe von anderen EU-Mitgliedstaaten durch die EZB (sog. OMT-Programm, Outright Monetary Transactions; vgl. BVerfGE 142, 123 – „OMT-Programm", vorgehend den Vorlagebeschluss durch BVerfGE 134, 366 (OMT-Programm Vorlagebeschluss) und die Antwort des EuGH NJW 2015, 2013 (OMT-Programm Antwort). Abzuwarten bleibt, wie sich die zuletzt sehr explizite Positionierung des EuGH (Gutachten 2/15 „Freihandelsabkommen mit Singapur", EWS 2017, 152) zu impliziten Kompetenzen der EU auf die Rechtsprechung des BVerfG auswirkt.

b) Verletzung deutschen Verfassungsrechts durch EU-Primärrecht

3206 Im Falle einer behaupteten **Verletzung deutschen Verfassungsrechts durch EU-Primärrecht** prüft das BVerfG nur, ob die Grenzen des Art. 79 Abs. 3 GG (sog. **Ewigkeitsgarantie**) beachtet werden, wie es Art. 23 Abs. 1 S. 3 GG ausdrücklich klarstellt. Jede Übertragung von Hoheitsrechten bedarf nach Art. 23 Abs. 1 S. 2 GG eines Zustimmungsgesetzes mit den Mehrheiten gem. Art. 79 Abs. 2, 23 Abs. 1 S. 3 GG, das als nationales Gesetz der Kontrolle durch das BVerfG unterliegt. Dieses prüft hierbei, ob der **unantastbare Kern der Verfassungsidentität** des Grundgesetzes beschnitten wird (auch als Identitätskontrolle bezeichnet[25].

3207 Der Anwendungsvorrang des EU-Rechts gilt als anerkannter Grundsatz auch nach der Rechtsprechung des BVerfG und ist nur eingeschränkt durch die Ausnahmen der Solange-II- und v.a. der ultra-vires-Kontrolle („Honeywell") einerseits und der Identitätskontrolle („Lissabon") andererseits.

V. Rechtsetzung

1. Kompetenzabgrenzung zwischen EU und Mitgliedstaaten

3208 Der Vertrag über die Europäische Union („EUV") und der Vertrag über die Arbeitsweise der Europäischen Union („AEUV") bilden die Verträge, auf die sich die Union gründet.

Die EU hat keine Allzuständigkeit für die Gesetzgebung. Nach Art. 5 Abs. 2 EUV wird sie nur innerhalb der Grenzen der Zuständigkeiten tätig, die die Mitgliedstaaten ihr in den Verträgen übertragen haben (Grundsatz der begrenzten Einzelermächtigung). Alle der Union nicht in den Verträgen übertragenen Zuständigkeiten verbleiben bei den Mitgliedstaaten.

Der AEUV enthält keinen „Katalog" der Rechtssetzungsbefugnisse der Union. Die Kompetenzgrundlagen sind vielmehr über die Verträge verstreut. Der AEUV gliedert die Kompetenzen aber grundlegend nach ausschließlichen, koordinierenden und unterstützenden Kompetenzen (Art. 2 bis Art. 6 AEUV). Die in Art. 2 bis Art. 6 AEUV enthaltende Auflistung von Kompetenzbereichen ist allerdings nicht abschließend.

3209 Im Bereich der **ausschließlichen Unionskompetenz** kann nur die Union gesetzgeberisch tätig werden und verbindliche Rechtsakte erlassen; die Mitgliedstaaten dürfen nur tätig werden, wenn sie von der Union hierzu ermächtigt werden, oder um Rechtsakte der Union durchzuführen (Art. 2 Abs. 1 AEUV).[26] Eine Auflistung von Bereichen mit ausschließlicher Unionszuständigkeit findet sich in Art. 3 AEUV.

Beispiele: Die EU ist danach ausschließlich zuständig u.a. für die Bereiche Zollunion, Währungspolitik für die Mitgliedstaaten der Eurozone und gemeinsame Handelspolitik.

3210 Regelfall ist die sog. **geteilte Kompetenz** der Union, die immer dann vorliegt, wenn ihr die Verträge Zuständigkeit in einem Bereich übertragen, der weder unter Art. 3 AEUV (ausschließliche Kompetenz) noch unter Art. 6 AEUV (Unterstützungskompetenz) fällt

25 BVerfGE 123, 267, 344 – „Lissabon".
26 Darüber hinaus darf ein Mitgliedstaat nur bei Vorliegen eines Gesetzgebungsnotstandes tätig werden, also wenn die Union trotz dringenden Handlungsbedarfs nicht tätig wird.

(Art. 4 Abs. 1 AEUV). Die Hauptbereiche, auf die sich die geteilte Kompetenz erstreckt, sind in Art. 4 Abs. 2 AEUV aufgelistet. In Bereichen der geteilten Zuständigkeit können Union und Mitgliedstaaten gesetzgeberisch tätig werden und verbindliche Rechtsakte erlassen (Art. 2 Abs. 2 S. 1 AEUV). Die Union hat aber eine Art erstes Zugriffsrecht: Sofern und soweit die Union ihre Kompetenz ausgeübt hat, entfällt das Recht der Mitgliedstaaten, auf diesem Gebiet Gesetze zu erlassen (Art. 2 Abs. 2 S. 2 AEUV). Sofern und soweit die Union entschieden hat, ihre Kompetenz nicht auszuüben, können die Mitgliedstaaten (wieder) tätig werden (Art. 2 Abs. 2 S. 3 AEUV).

Beispiele: Betroffen sind insb. die Bereiche Verbraucherschutz, Verkehr, Umwelt. Hier existieren sowohl rein nationale Vorschriften als auch solche der EU.

Ein Spezialfall der geteilten Kompetenz ist die **parallele Unionkompetenz** für die in Art. 4 Abs. 3 und 4 AEUV aufgeführten Bereiche. Sie unterscheidet sich von der „normalen" geteilten Kompetenz dadurch, dass das „Erstzugriffsrecht" der Union entfällt. In den hier aufgeführten Bereichen sind Union und Mitgliedstaaten gleichzeitig und gleichermaßen zur Rechtsetzung befugt. Bei inhaltlichen Kollisionen werden diese durch den Anwendungsvorrang[27] des Unionsrechts zugunsten des Unionsrechts gelöst. **3211**

Schließlich hat die Union **Kompetenzen zur Unterstützung, Koordinierung oder Ergänzung** der Maßnahmen der Mitgliedstaaten in den in Art. 6 AEUV aufgeführten Bereichen. **3212**

Auch wenn nach dem Grundsatz der begrenzten Einzelermächtigung Unionsorgane grundsätzlich nur nach Maßgabe der ihnen in den Verträgen ausdrücklich zugewiesenen Befugnisse Recht setzen dürfen, war den Parteien der Verträge bei deren Abschluss klar, dass nicht alle regelungsbedürftigen Sachverhalte vorhersehbar waren und die Befugnisse daher nicht abschließend festgelegt werden konnten. Art. 352 AEUV erlaubt es daher dem Rat mit Zustimmung des Parlaments, auch dann Rechtsakte zu erlassen, wenn ein Tätigwerden erforderlich ist, um eines der Vertragsziele zu erreichen. Insoweit werden die Kompetenzen der EU ergänzt. **3213**

Darüber hinaus kann sich die Verbandskompetenz der EU im Einzelfall aus ungeschriebenen Kompetenztiteln ergeben, die dadurch entstehen, dass geschriebene Kompetenztitel weit ausgelegt werden (sog. **implied-powers-Theorie**). Hierdurch sollen Vertragslücken ausgefüllt werden.

a) Prinzip der begrenzten Einzelermächtigung

Wie in Rn. 3208 bereits ausgeführt, besagt das in Art. 5 Abs. 2 AEUV festgelegte Prinzip der begrenzten Einzelermächtigung zunächst, dass die EU nur innerhalb der Grenzen der Zuständigkeiten Recht setzen darf, die die Mitgliedstaaten ihr in den Verträgen übertragen haben. Das Prinzip erschöpft sich aber nicht in dieser **Begrenzung der Verbandkompetenz**, sondern hat weitere Wirkungen: **3214**

Es beinhaltet zum einen zusätzlich eine **Begrenzung der Organkompetenz**, die ausdrücklich auch in Art. 13 Abs. 2 S. 1 EUV geregelt ist. Danach darf innerhalb der Union jedes Organ nur nach Maßgabe der ihm eigens zugewiesenen Befugnisse handeln.

---

27 S. dazu auch Rn. 3197 ff.

Weiterhin folgt daraus, dass die Organe, wenn die jeweilige Einzelermächtigung eine bestimmte Art von Rechtsakt vorsieht, diese auch verwenden müssen und sie insofern keine Wahlfreiheit haben.

Sie sind gleichermaßen auf bestimmte Rechtssetzungsverfahren festgelegt, sofern EUV oder AEUV bestimmte verfahrensrechtliche Regelungen enthalten.

b) Subsidiaritätsprinzip

3215 Das Subsidiaritätsprinzip regelt, unter welchen Voraussetzungen die Europäische Union von einer ihr eingeräumten Kompetenz Gebrauch machen darf, wenn neben ihr auch die Mitgliedstaaten für diese Materie zuständig sind.

Es ist festgelegt in Art. 5 Abs. 3 EUV und besagt, dass die Union in den Bereichen, die (1.) nicht in ihre ausschließliche Zuständigkeit fallen, nur tätig wird, sofern und soweit (2.) die Ziele der in Betracht gezogenen Maßnahmen von den Mitgliedstaaten weder auf zentraler noch auf regionaler oder lokaler Ebene ausreichend verwirklicht werden können, sondern vielmehr wegen ihres Umfangs oder ihrer Wirkungen (3.) auf Unionsebene besser zu verwirklichen sind. Nur wenn diese drei Voraussetzungen alle erfüllt sind, darf die Union von einer ihr neben den Mitgliedstaaten eingeräumten Kompetenz Gebrauch machen.[28]

Das Subsidiaritätsprinzip ist damit wichtig für die Frage, „ob“ und „wie“ die EU (im Rahmen der ihr übertragenen Zuständigkeiten) tätig werden darf.

c) Grundsatz der Verhältnismäßigkeit

3216 Ergänzt wird das Subsidiaritätsprinzip durch den in Art. 5 Abs. 4 EUV niedergelegten Grundsatz der Verhältnismäßigkeit. Danach gehen die Maßnahmen der Union inhaltlich wie formal nicht über das zur Erreichung der Ziele der Verträge erforderliche Maß hinaus. Der Grundsatz der Verhältnismäßigkeit betrifft damit die Frage, „wie“ die Union tätig werden darf, also die Art und Intensität ihres Handelns.

Damit eine Maßnahme dem Verhältnismäßigkeitsgrundsatz entspricht, muss sie zur Erreichung der zulässigerweise verfolgten Ziele geeignet und erforderlich sein. Stehen also mehrere gleich geeignete Handlungsoptionen zur Verfügung, muss die am wenigsten belastende Option, also die am wenigsten in die Kompetenzen der Mitgliedstaaten eingreifende, gewählt werden. Ferner müssen die mit der Maßnahme verbundenen Belastungen in einem angemessenen Verhältnis zu den angestrebten Zielen stehen.[29]

2. Rechtsetzungsverfahren

3217 Nach dem AEUV – der Vertrag von Lissabon hat das Rechtsetzungsverfahren grundlegend reformiert – sind begrifflich zunächst Gesetzgebung und (sonstige) Rechtsetzung zu unterscheiden. Rechtsakte, die gemäß einem Gesetzgebungsverfahren angenommen wurden, sind Gesetzgebungsakte (Art. 289 Abs. 3 AEUV).

---

28 Der EuGH räumt allerdings den Unionsorganen diesbezüglich einen weiten Beurteilungsspielraum ein (Rs. C-58/08, Slg. 2010, S. I-4999, Rn. 72 ff. – Vodafone). *Streinz*, EUV AEUV Kommentar, 2018, Art. 263 AEUV Rn. 40 verweist auf nur einen Fall, in dem der EuGH das Subsidiaritätsprinzip überhaupt ‚angesprochen‚ habe („‚geprüft‚ wäre zuviel gesagt“).

29 EuGH, Rs. 265/87, Slg. 1989, S. 2237, Rn. 21 – Schräder.

Alle Verfahren zeichnen sich dadurch aus, dass mehrere Organe der Union zusammenwirken müssen. Das sind in erster Linie das Europäische Parlament und der Rat. Weitere Beteiligte sind die Kommission und ggf. der Wirtschafts- und Sozialausschuss und der Ausschuss der Regionen.

a) Gesetzgebung

Der AEUV sieht zwei Arten von Gesetzgebungsverfahren vor: Das ordentliche Gesetzgebungsverfahren (Art. 289 Abs. 1, Art. 294 AEUV) und besondere Gesetzgebungsverfahren. Welches Verfahren zur Anwendung kommt, bestimmt jeweils die Norm, die die Union zum Erlass der betreffenden Vorschrift ermächtigt. Sofern diese Norm nicht ein besonderes Gesetzgebungsverfahren ausdrücklich anordnet, werden Gesetzgebungsakte (Richtlinien, Verordnungen und Beschlüsse) im ordentlichen Gesetzgebungsverfahren erlassen. **3218**

aa) Ordentliches Gesetzgebungsverfahren. – (1) Ablauf. Die Regelungen zum ordentlichen Gesetzgebungsverfahren finden sich in Art. 294 AEUV. Es wird immer dann angewendet, wenn in den Verträgen hinsichtlich der Annahme eines Rechtsaktes darauf verwiesen wird. Das Verfahren kann, wie auch das deutsche Gesetzgebungsverfahren, bis zu drei Lesungen umfassen und gliedert sich in folgende Schritte: **3219**

Das **Initiativrecht** liegt bei der EU-Kommission.[30] Ihr obliegt es, dem Europäischen Parlament und dem Rat einen Gesetzgebungsvorschlag zu unterbreiten (Art. 294 Abs. 2 AEUV). In Einzelfällen ist vorgeschrieben, dass Stellungnahmen, z.B von bestimmten Ausschüssen, einzuholen sind, bevor der Entwurf für einen Rechtsakt dem Europäischen Parlament und dem Rat zugeleitet wird. Unterbleibt dies, ist Folge die Nichtigkeit des Gesetzgebungsaktes. **3220**

Danach findet die **erste Lesung** im Europäischen Parlament statt. Es legt seinen Standpunkt fest und übermittelt ihn dem Rat. **3221**

Danach ist der **Rat** am Zug. Von seinem Verhalten hängt der weitere Verfahrensablauf ab. **Billigt er den** Vorschlag des Parlaments, was ihm mit qualifizierter Mehrheit möglich ist, ist der Rechtsakt in der Fassung des Standpunkts des Europäischen Parlaments erlassen (Art. 294 Abs. 4 AEUV). Der Rechtsakt ist damit bereits nach der ersten Lesung zustande gekommen. **Billigt er den Vorschlag nicht**, so übermittelt er seinen Standpunkt dem Europäischen Parlament, das er in allen Einzelheiten über seine Gründe zu unterrichten hat (Art. 294 Abs. 5 und 6 AEUV). **3222**

Der Rechtsakt geht dann in die **zweite Lesung** beim Europäischen Parlament (Art. 294 Abs. 7 AEUV). Hier gibt es nun drei Varianten: **3223**

- Billigt das Europäische Parlament den Standpunkt des Rates oder äußert es sich nicht, ist der Rechtsakt in der Fassung des Rates erlassen (Art. 294 Abs. 7 lit. a AEUV).
- Lehnt es den Standpunkt des Rates mit der Mehrheit seiner Mitglieder ab, so ist das Gesetzgebungsverfahren gescheitert (Art. 294 Abs. 7 lit. b AEUV).

---

30 Europäisches Parlament und der Rat besitzen lediglich ein mittelbares Initiativrecht. Sie können die Kommission auffordern, eine Initiative einzubringen. Ob die Kommission dieser Aufforderung nachkommt, liegt aber in ihrem Ermessen. In Einzelfällen weisen die Verträge auch anderen Unionsorganen das Initiativrecht zu.

– Schlägt es Änderungen vor, wird die abgeänderte Fassung dem Rat und der Kommission zugeleitet (Art. 294 Abs. 7 lit. c AEUV). Die Kommission gibt hierzu eine Stellungnahme ab.

Der Rat kann die Änderungen billigen. Dann ist der Rechtsakt erlassen (Art. 294 Abs. 8 lit. a AEUV). Andernfalls ruft er den Vermittlungsausschuss an (Art. 294 Abs. 8 lit. b AEUV).

3224 Der **Vermittlungsausschuss**, der aus den Mitgliedern des Rates oder deren Vertretern und ebenso vielen das Europäische Parlament vertretenden Mitgliedern besteht, hat die Aufgabe, eine Einigung auf der Grundlage der Standpunkte des Europäischen Parlaments und des Rates in zweiter Lesung zu erzielen (Art. 294 Abs. 10 AEUV). Die Kommission nimmt an den Arbeiten des Vermittlungsausschusses teil und ergreift alle erforderlichen Initiativen, um auf eine Annäherung der Standpunkte hinzuwirken (Art. 294 Abs. 11 AEUV). Billigt der Vermittlungsausschuss keinen gemeinsamen Entwurf, ist das Gesetzgebungsverfahren gescheitert (Art. 294 Abs. 12 AEUV).

Dieses Vermittlungsverfahren, das auch als **formeller Trilog** bezeichnet wird (zu unterscheiden vom **informellen Trilog**, s. Rn. 3226 f.), ist die letzte Gelegenheit, sich über den Rechtsakt zu einigen. Es soll verhindern, dass das Gesetzesvorhaben wegen letzter verbleibender Diskrepanzen in diesem fortgeschrittenen Stadium noch scheitert.

3225 Der Vorschlag des Vermittlungsausschusses kann dann entweder von Europäischem Parlament und Rat in **dritter Lesung** angenommen werden, oder das Gesetzgebungsvorhaben ist **gescheitert** (Art. 294 Abs. 13 AEUV).

3226 **(2) Informeller Trilog.** Um das recht lange dauernde ordentliche Gesetzgebungsverfahren (die Durchschnittsdauer liegt bei etwa 19 Monaten)[31] zu verkürzen, wird in der Praxis sehr häufig[32] der sog. **informelle Trilog** genutzt. Als informeller Trilog werden **dreiseitige informelle Treffen** bezeichnet, an denen Vertreter des Parlaments, des Rates und der Kommission teilnehmen. Diese Treffen, die nach Übermittlung des Legislativvorschlags durch die Kommission in allen Stadien des Gesetzgebungsprozesses bis zum Beginn des formellen Vermittlungsverfahrens stattfinden können, insb. noch vor der 1. Lesung, erfolgen in dem Bestreben, rasch Einvernehmen über ein Bündel von für das Parlament und den Rat akzeptablen Änderungen zu erzielen und so einen gemeinsamen Kompromiss über den Kommissionsvorschlag zu finden.[33] Faktisch wird hierdurch das eigentlich erst für den Vermittlungsausschuss zwischen 2. und 3. Lesung vorgesehene Vermittlungsverfahren (also das formelle Trilogverfahren, s. Rn. 3224) vor die 1. Lesung vorverlegt.

Der informelle Trilog ist primärrechtlich nicht geregelt. Nur wenige Regeln für den Ablauf dieser informellen Vermittlung wurden 2007 in einer Gemeinsamen Erklärung von Europäischem Parlament, Rat und EU-Kommission festgehalten.[34]

---

31 Concilations and Codecision Secretariat European Parliament, in: 20 Years of Codecision: Conference Report", 2013, S. 26.

32 In etwa 70-80 % der Gesetzgebungsverfahren.

33 Die erzielte Einigung muss im Anschluss von den Organen in ihren entsprechenden internen Verfahren gebilligt werden.

34 Gemeinsame Erklärung des Europäischen Parlaments, des Rates und der Kommission vom 13.6.2007 zu den praktischen Modalitäten des neuen Mitentscheidungsverfahrens (Art. 251 EGV), zu finden als Anlage XIX GO-EP.

Das Verfahren bewirkt zwar, die durchschnittliche Dauer der ordentlichen Gesetzgebungsverfahren auf etwa 15 Monate zu verkürzen und die ansonsten im formellen Trilog erforderliche Kompromissfindung zu vereinfachen, bringt jedoch auch Probleme mit sich: Ihm wird entgegengehalten, das Gesetzgebungsverfahren für die Öffentlichkeit intransparenter zu machen, da die Treffen unter Ausschluss der Öffentlichkeit stattfinden, was zu Zweifeln der Bürger hinsichtlich der Legitimität des gesamten Entscheidungsprozesses führen könne. Es sei anfälliger für „Deals" zwischen den Organen und verschiebe im Ergebnis auch das institutionelle Gleichgewicht zu Gunsten der Kommission. Das Gericht der Europäischen Union (nicht zu verwechseln mit dem EuGH!) hat deshalb auch in einem Urteil vom 22.3.2018 entschieden, dass die Öffentlichkeit – auch während laufenden Gesetzgebungsverfahren – auf Antrag Zugang zu den in diesen Verfahren erstellten Dokumenten erhalten müsse, es sei denn, das betreffende Organ stelle fest, dass bei vernünftiger und nicht nur rein hypothetischer Prognose der umfassende Zugang zu diesen Dokumenten seinen Entscheidungsprozess tatsächlich konkret beeinträchtigen könnte.[35] **3227**

bb) Besondere Gesetzgebungsverfahren. Besondere Gesetzgebungsverfahren kommen nur dann zur Anwendung, wenn sie in der jeweiligen Ermächtigungsnorm ausdrücklich angeordnet werden. Die Norm, die das Verfahren anordnet, regelt dieses auch. Eine zentrale Norm wie Art. 294 AEUV für das ordentliche Gesetzgebungsverfahren gibt es nicht. **3228**

Die besonderen Gesetzgebungsverfahren unterscheiden sich vom ordentlichen Gesetzgebungsverfahren vor allem dadurch, dass bei ihnen Rat und Europäisches Parlament nicht gleichberechtigt mitwirken. Entweder erfolgt die Annahme des Rechtsakts durch das Europäische Parlament mit Beteiligung des Rates oder umgekehrt (Art. 289 Abs. 2 AEUV).

Unterteilen lassen sich die besonderen Gesetzgebungsverfahren in Anhörungsverfahren und Zustimmungsverfahren.

(1) Anhörungsverfahren. Die Beschlussfassung erfolgt in diesen Verfahren allein durch den Rat. Das Europäische Parlament und ggf. weitere Organe können lediglich eine Stellungnahme abgeben. **3229**

Beispiel: Nach Art. 127 Abs. 6 AEUV kann der Rat einstimmig durch Verordnungen gemäß einem besonderen Gesetzgebungsverfahren und nach Anhörung des Europäischen Parlaments und der Europäischen Zentralbank besondere Aufgaben im Zusammenhang mit der Aufsicht über Kreditinstitute und sonstige Finanzinstitute mit Ausnahme von Versicherungsunternehmen der Europäischen Zentralbank übertragen. Auf Basis dieser Ermächtigung hat der Rat die Verordnung (EU) Nr. 1024/2013 („SSM"-Verordnung) erlassen.

(2) Zustimmungsverfahren. Im Zustimmungsverfahren wird der Rechtsakt entweder vom Europäischen Parlament oder vom Rat erlassen. Das betreffende Organ benötigt dafür allerdings die Zustimmung des jeweils anderen Organs. Anders als im ordentlichen Gesetzgebungsverfahren beschränkt sich die Mitwirkung des anderen Organs auf die Erteilung oder Verweigerung der Zustimmung. Möglichkeiten zur inhaltlichen Gestaltung oder sonstige Einflussnahmemöglichkeiten bestehen nicht. **3230**

---

35 EuG Rs. T-540/15 – De Capitani.

b) „Sonstige" Rechtsetzung

3231 Unter die sonstige Rechtssetzung fallen alle die Rechtsakte, die nicht in einem wie oben beschriebenen Gesetzgebungsverfahren erlassen werden, aber dennoch rechtlich verbindlich sind. Neben verschiedenen Sonderrechtsakten fallen hierunter insb. die sog. Delegierten Rechtsakte und die Durchführungsrechtsakte.[36] Diese werden von der Kommission erlassen und bedürfen daher, vergleichbar der deutschen Verordnungsermächtigung, einer besonderen Ermächtigung der Kommission in einem im Gesetzgebungsverfahren erlassenen Rechtsakt.

Beispiel: Rat und Parlament haben eine EU-Verordnung oder eine EU-Richtlinie im Wege des ordentlichen Gesetzgebungsverfahrens erlassen. In der EU-Verordnung oder der EU-Richtlinie kann nun eine Ermächtigung an die Kommission enthalten sein, einen Delegierten Rechtsakt oder einen Durchführungsrechtsakt zu erlassen. Dieser kann die Rechtsform einer Verordnung, einer Richtlinie oder ggf. eines Beschlusses haben.

3232 **aa) Delegierte Rechtsakte.** Nach Art. 290 Abs. 1 AEUV kann in Gesetzgebungsakten (also solchen, die ein oben beschriebenes Gesetzgebungsverfahren durchlaufen haben) der EU-Kommission die Befugnis übertragen werden, Rechtsakte ohne Gesetzescharakter mit allgemeiner Geltung zur Ergänzung oder Änderung bestimmter nicht wesentlicher Vorschriften des betreffenden Gesetzgebungsaktes (sog. Delegierte Rechtsakte) zu erlassen. Hierdurch kann der Kommission insb. die Aufgabe übertragen werden, im Gesetzgebungsverfahren erlassene wesentliche (Grund)Regeln näher zu konkretisieren. Hierduch sollen die Gesetzgebungsorgane der EU entlastet und das Rechtsetzungsverfahren flexibler gemacht werden. Zu erkennen sind diese Rechtsakte an dem Wort „delegiert" im Titel.

3233 **bb) Durchführungsrechtsakte.** Mit den sog. Durchführungsrechtsakten gem. Art. 291 AEUV werden durch die Kommission einheitliche Bedingungen für die Durchführung der verbindlichen Rechtsakte der Union (Gesetzgebungsakte und andere Rechtsakte einschließlich Delegierte Rechtsakte) geschaffen. Wird also im (ordentlichen) Gesetzgebungsverfahren ein Bedürfnis nach einheitlichen Bedingungen für die Durchführung dieser Gesetze in den Mitgliedstaaten festgestellt, erhält die Kommission über diese Gesetze die Befugnis, die entsprechenden Durchführungsrechtsakte zu erlassen. Dies erfolgt wiederum über Verordnungen, Richtlinien und ggf. Beschlüsse.

G. Grundfreiheiten

3234 Ziel der EU ist die Verwirklichung des Binnenmarktes, der durch die Grundfreiheiten gekennzeichnet ist, nämlich den freien Verkehr von Waren, Personen, Dienstleistungen und Kapital (Art. 3 lit. b und Art. 26 AEUV). Die Grundfreiheiten unterscheiden sich nach ihrem Gegenstand in **Warenverkehrsfreiheit** (Art. 34 AEUV), **Arbeitnehmerfreizügigkeit** (Art. 45 AEUV), **Niederlassungsfreiheit** (Art. 49 AEUV), **Dienstleistungsfreiheit** (Art. 56 AEUV), **Kapital- und Zahlungsverkehrsfreiheit** (Art. 63 AEUV). Sie erfassen den Marktbürger als Subjekt wirtschaftlicher Tätigkeit.

---

36 S. hierzu für den kapitalmarktrechtlichen Bereich auch Rn. 2115 ff.

Ergänzt werden die Grundfreiheiten um **weitere individuelle Rechte**, die nicht wirtschaftsbezogen sind, so die Unionsbürgerschaft (Art. 20 AEUV), die Freizügigkeit bei der Wohnsitznahme (Art. 21 AEUV), das Diskriminierungsverbot bezüglich der Staatsangehörigkeit (Art. 18 AEUV; allgemein Art. 19 AEUV) und die Grundrechte (Art. 6 EUV).

Die Grundfreiheiten sind immer schon dann in ihrem spezifischen Kontext verletzt, wenn der EU-Ausländer (im grenzüberschreitenden Fall) strengeren Anforderungen unterworfen wird, als der Inländer (im rein inländischen Fall). Die Grundfreiheiten enthalten damit besondere **Diskriminierungsverbote** in Bezug auf die Staatsangehörigkeit, die grundsätzlich vorrangig zu Art. 18 AEUV zu prüfen sind.

I. Liberalisierung des Binnenmarktes

Der Wortlaut der einschlägigen Vorschriften ist hinsichtlich seiner Zielsetzung unklar: **3235**

- Art. 34, 35 AEUV: Verbot von mengenmäßigen Ein- und Ausfuhrbeschränkungen und Maßnahmen gleicher Wirkung.
- Art. 45 Abs. 2 AEUV: Verbot der unterschiedlichen Behandlung der Arbeitnehmer.
- Art. 49 Abs. 2 AEUV: Verbot der unterschiedlichen Behandlung von Unternehmen bei der Niederlassungsfreiheit.
- Art. 56 AEUV: Verbot aller Beschränkungen des freien Dienstleistungsverkehrs.
- Art. 57 Abs. 3 AEUV: Anspruch auf Erbringen der Dienstleistung unter den Voraussetzungen, die für eigene Staatsangehörige gelten.

Aber mit Ausnahme des Art. 35 AEUV (Kontrolle der Ausfuhr von Waren) behandelt der EuGH heute alle Grundfreiheiten auch als **Beschränkungsverbote** (Cassis de Dijon, Bosman, etc.). Die Grundfreiheiten geben damit nicht nur einen Anspruch auf Gleichbehandlung eines grenzüberschreitenden mit dem inländischen Fall (Diskriminierungsverbot), sondern unterwerfen darüber hinaus das nationale Recht der Mitgliedstaaten auch einer inhaltlichen Überprüfung (Beschränkungsverbot; **Liberalisierung des Marktes**).

Ziel der Grundfreiheiten ist damit – neben dem bloßen Diskriminierungsverbot – der Abbau staatlich verursachter rechtlicher wie tatsächlicher Hemmnisse für den Wirtschaftsverkehr zwischen den Mitgliedstaaten und eine Verbindung der nationalen Märkte sowohl auf Anbieter- als auch auf Nachfragerseite.

II. Adressaten der Grundfreiheiten

1. Die Grundfreiheiten binden als Primärrecht zum einen **die Unionsorgane** bei der Setzung von Sekundärrecht. Sie wirken insoweit ähnlich den Grundrechten des GG als Abwehr- und Freiheitsrechte der Bürger. Andererseits formuliert der AEUV an zahlreichen Stellen auch eine Aufgabe zur Verwirklichung und Gewährleistung des Binnenmarktes bzw. der ihn konstituierenden Grundfreiheiten (vgl. z.B. Art. 26 Abs. 1, 46, 50 Abs. 1, 58 Abs. 2, 59 Abs. 1 AEUV). Unter anderem aus diesem Liberalisierungsauftrag leitet der EuGH im Sinne seiner „*implied-powers-Lehre*" seit jeher zusätzliche Kompetenzen der EU und ihrer Organe her, die so von den Mitgliedstaaten nicht (ausdrücklich) übertragen worden waren.[37] **3236**

37 Zu **impliziten Kompetenzen der EU** zuletzt grundlegend und mit hoher Intensität im Singapur-Gutachten vom 16.5.2017, EuGH Gutachten 2/15 „Freihandelsabkommen mit Singapur", EWS 2017, 152; erstmals Rs. 8/55 „Fédéchar", Slg. 1955/56, 295 (312). Vgl. Rn. 3203 ff.

3237 2. Die Grundfreiheiten binden zum anderen auch **die Mitgliedstaaten**. Wie für das gesamte primäre (auch das sekundäre) EU-Recht gilt für die Grundfreiheiten die unmittelbare Anwendbarkeit.[38] Diese ermöglicht dem nationalen Richter, auf entsprechende Klagen von Bürgern und Unternehmen hin Fragen zur Auslegung und Anwendung der Grundfreiheiten dem EuGH vorzulegen (Art. 267 AEUV). Damit wirken sich die Grundfreiheiten doppelt auf die politischen Gestaltungsspielräume in den Mitgliedstaaten aus: Der Liberalisierungsauftrag an die EU-Organe erlaubt diesen, im Bereich des Binnenmarktes weitreichende Sekundärrechtsnormen zu setzen, welche die Mitgliedstaaten *aufgrund des Anwendungsvorrangs* des EU-Rechts binden. Aber auch dort, wo noch kein (sekundäres) EU-Recht erlassen wurde, sind alle nationalen Vorschriften *aufgrund der unmittelbaren Anwendbarkeit* der Überprüfung anhand der Grundfreiheiten durch (in letzter Instanz) den EuGH unterworfen, mit der Folge, dass sein Selbstverständnis als „Motor der Integration" ihn zu einer Art von Ersatzgesetzgeber macht. Die Verwerfung nationaler Handelshemmnisse und sonstiger Beschränkungen durch den EuGH führt mindestens genauso zu einer Liberalisierung wie der Erlass liberalisierenden Sekundärrechts durch den EU-Gesetzgeber.

3238 Zwar werden nationale Vorschriften und sonstige Maßnahmen im Zusammenhang mit dem Binnenmarkt nur dann vom Unionsrecht erfasst, wenn sie eine Bedeutung für grenzüberschreitende Sachverhalte zwischen Beteiligten verschiedener Mitgliedstaaten haben oder haben könnten. Aber nur, wenn die nationalen Maßnahmen ausschließlich Inländer betreffen, die sich dauernd im Inland befinden bzw. im Inland hergestellte Waren oder Dienstleistungen betreffen, die nicht exportiert werden sollen, fehlt ein **grenzüberschreitender Bezug**. Dem EuGH genügen dabei bereits eher lose Bezüge, aufgrund derer negative Auswirkungen auf grenzüberschreitende Sachverhalte vorstellbar sind, wenn nicht dieses Kriterium bisweilen sogar gänzlich vernachlässigt wird.

3239 3. Schließlich finden sich Entscheidungen des EuGH, wonach die Grundfreiheiten jedenfalls staatlich mit einer gewissen Satzungsbefugnis beliehene private Verbände binden (z.B. EuGH, Rs. C-415/93 – „Bosman", Slg. 1995, I-4921, Rn. 69 ff., betr. vom belgischen Fußballverband aufgestellte Regeln zum Transfer von Fußballspielern; Rs. C-414/16 „Egenberger", NJW 2018, 1869 und Rs. C-68/17 „IR", NJW 2018, 3086 jeweils zum kirchlichen Arbeitsrecht in Krankenhäusern). Es finden sich (vereinzelt und wohl nur in Bezug auf das Arbeitsrecht und betreffend das allgemeine Gleichbehandlungsgebot) aber auch solche, welche schlicht eine **horizontale Drittwirkung** (also zwischen Privaten, zu denen insb. Unternehmen rechnen) annehmen (vgl. EuGH Rs. C-281/98 „Agonese", Slg. 2000, I-4139, Rn. 36 betreffend eine privatwirtschaftliche Bank; Rs. C-94/07 „Raccanelli", Slg. 2008, I-5939, Rn. 46 betreffend die private Max-Planck-Gesellschaft e.V.).[39]

---

38 Eine Einschränkung galt ursprünglich nach Art. 67 EGV a.F. in Bezug auf die Kapitalverkehrsfreiheit, die nur die Mitgliedstaaten band, ohne dass der einzelne Bürger sich darauf hätte berufen können; das ist durch Art. 63 Abs. 1 AEUV (und bereits seit 1994) anders.

39 Ausf. *Müller-Graff*, Die horizontale Direktwirkung der Grundfreiheiten, EuR 2014, 3 m.w.N. (online abrufbar).

III. Eingriffe

Verboten sind zuerst sog. **offene/unmittelbare Diskriminierungen**, d.h. Ungleichbehandlungen, die ausdrücklich an die Herkunft einer Ware oder die Staatsangehörigkeit einer Person etc. anknüpfen. Gleiches gilt aber auch für **versteckte/mittelbare Diskriminierungen**. Dabei handelt es sich um Regelungen, die zwar nicht ausdrücklich an die Herkunft anknüpfen, aber typischerweise die Stellung ausländischer Personen, Waren, Dienstleistungen etc. verschlechtern (z.B. ist eine Autobahnmaut dann eine mittelbare Diskriminierung aufgrund der Staatsangehörigkeit, wenn keine Kurzzeit-Vignette vorgesehen ist, weil Bürger anderer Mitgliedstaaten die Mautstrecken typischerweise nur kurzzeitig nutzen und die Jahresmaut sie damit verhältnismäßig höher belastete; ebenso die Beschränkung der Produktbezeichnung Bier auf das deutsche Reinheitsgebot, weil ausländische Brauereien dieses üblicherweise nicht beachten[40]. **3240**

Das Problem der Inländerdiskriminierung: Inländerdiskriminierung (auch „umgekehrte Diskriminierung" oder „discrimination à rebours") ist die Diskriminierung des Inländers im Vergleich zum Ausländer, zu der es kommt, weil die Grundfreiheiten in ihrer Funktion als Beschränkungsverbote nur auf grenzüberschreitende Fälle Anwendung finden (zum Anwendungsvorrang vgl. Rn. 3197 ff.). **3241**

Beispiel: Nach der Rechtsprechung des EuGH ist das deutsche Reinheitsgebot für Bier als versteckte/mittelbare Diskriminierung nicht mit der Warenverkehrsfreiheit (Art. 34 AEUV) vereinbar. In anderen Mitgliedstaaten gebrautes Bier mit nach dem Reinheitsgebot unzulässigen Zutaten darf daher in Deutschland trotz des Verstoßes gegen das entsprechende Verbot der deutschen Bierverordnung unter der Bezeichnung „Bier" vertrieben werden. Der deutsche Bierbrauer muss sich aber weiterhin an das Verbot halten.

Das sog. „Herkunftslandprinzip" verlangt, dass wer über einen bestimmten beruflichen Abschluss in einem EU-Mitgliedstaat verfügt, diesen Beruf damit auch in jedem anderen Mitgliedstaat sollte ausüben dürfen. Das Gesetz über die Tätigkeit europäischer Rechtsanwälte in Deutschland – EuRAG ermöglicht deshalb, eine anwaltliche Tätigkeit unter der erworbenen EU-ausländischen Berufsbezeichnung jederzeit auch auf dem deutschen Rechtsberatungsmarkt und unter der deutschen Berufsbezeichnung „Rechtsanwalt" nach einer dreijährigen Praxistätigkeit und einer bestandenen Gleichwertigkeitsprüfung auszuüben).

Nach ständiger Rechtsprechung des EuGH ist die Inländerdiskriminierung – unionsrechtlich – grundsätzlich zulässig, weil bzw. wenn darin keine zumindest potenzielle (mehr als nur hypothetisch mögliche) Behinderung grenzüberschreitender Niederlassung, grenzüberschreitenden Warenhandels etc. liegt.[41, 42] Der BGH GRUR 1985, 886 – „Cocktail-Getränk" sieht darin auch – national – keine Verletzung etwa des Gleichheitsgrundrechts (Art. 3 Abs. 1 GG), weil die Ungleichbehandlung sachlich durch den Gesetzeszweck der nationalen Vorschrift gerechtfertigt werden könne. Zudem erfolgt die Ungleichbehandlung durch verschiedene Hoheitsträger. Allerdings äußerte BVerfG, DVBl. 2006, 244 (245) Zweifel, ob der sog. „große Befähigungsnachweis" (Meisterprüfung) für Handwerksleistungen angesichts zunehmender Konkurrenz mit Anbietern aus dem EU-Aus- **3242**

---

40 Vgl. EuGH C-178/84 „Reinheitsgebot", Slg. 1987, 1227.

41 *Streinz*, Europarecht, 2016, Rn. 281 f. sieht allerdings einen Widerspruch gegen den Binnenmarktgedanken, wenn auch nicht formal gegen Unionsrecht.

42 Ein Leistungserbringer kann sich gegenüber dem Staat, in dem er ansässig ist, dagegen auf Grundfreiheiten berufen, sofern die Leistungen an Leistungsempfänger erbracht werden, die in einem anderen Mitgliedstaat ansässig sind (vgl. EuGH Rs. C-384/93 – „Alpine Investments", Slg. 1995, I-1141). Zur Abgrenzung zum internationalen Gesellschaftsrecht (Wegzugsfälle) s. Rn. 1509.

land im Hinblick auf das Berufs- und das Eigentumsgrundrecht (Art. 12, 14 GG) noch ohne Weiteres zulässig (verhältnismäßig) ist. In diesem Zusammenhang wurde der Meisterzwang in Deutschland für zahlreiche Handwerkszweige abgeschafft (vgl. §§ 1 Abs. 1, 7 Handwerksordnung).

IV. Rechtfertigung von Eingriffen

3243 Der AEUV schränkt die Wirkung der einzelnen Grundfreiheiten an einigen Punkten ausdrücklich ein, indem er entweder bestimmte Situationen von ihrem Anwendungsbereich ganz ausnimmt oder verschiedene **Rechtfertigungsgründe** ausdrücklich anerkennt. Bei Ausnahmen von Grundfreiheiten ist der Schutzbereich der Grundfreiheit erst gar nicht eröffnet, es erfolgt also keine Prüfung der nationalen Regelung anhand der Grundfreiheit, sondern anhand des Ausnahmetatbestandes, der zutreffend ausgefüllt sein muss und nicht etwa überdehnt worden sein darf. lm Fall von (nur) gerechtfertigten Eingriffen in Grundfreiheiten ist der Schutzbereich der Grundfreiheit dagegen eröffnet und betroffen, die Regelung ist aber trotzdem zulässig. Die Prüfung von Ausnahmen und Rechtfertigungsgründen erfolgt also auf ganz unterschiedlichen Ebenen, wird aber vom EuGH nicht dogmatisch strikt unterschieden.

3244 Wichtige **Ausnahmen** enthalten Art. 45 Abs. 4 AEUV für die Arbeitnehmerfreizügigkeit und Art. 51 AEUV für Dienstleistungs- und Niederlassungsfreiheit. Sie erlauben es den Mitgliedstaaten, in engen Grenzen Unionsbürger in der öffentlichen Verwaltung bzw. bei Tätigkeiten, die mit der Ausübung öffentlicher Gewalt verbunden sind, offen zu diskriminieren (z.B. nur Staatsangehörige als Soldaten oder Richter zu verwenden).

3245 Geschriebene Rechtfertigungsgründe finden sich in Art. 36 (Warenverkehrsfreiheit), Art. 45 Abs. 3 (Arbeitnehmerfreizügigkeit), Art. 52 (Niederlassungs- und Dienstleistungsfreiheit) und Art. 65 AEUV (Kapitalverkehrsfreiheit). Sie setzen eine Übereinstimmung der an sich diskriminierenden nationalen Maßnahme bzw. Regelung mit der (eng zu verstehenden)[43] Zielsetzung des jeweiligen Rechtfertigungsgrundes voraus und verlangen außerdem, dass die nationale Maßnahme bzw. Regelung verhältnismäßig ist. **Verhältnismäßigkeitsgrundsatz** verlangt dabei, dass die vorgesehene Maßnahme zur Erreichung des Rechtfertigungszieles geeignet sein muss, weiterhin, dass sie erforderlich sein muss (also insb. kein milderes Mittel gewählt werden kann, das zur Zielerreichung gleichermaßen effektiv wäre) und dass sie schließlich verhältnismäßig im engeren Sinne, angemessen, ist (also nicht übermäßig belastend im Verhältnis zur Bedeutung des zu erreichenden Ziels).

1. Das Verhältnismäßigkeitsprinzip

3246 Die tatbestandliche Erfüllung eines Rechtfertigungsgrundes reicht für die Zulässigkeit der Maßnahme nicht aus.

Vielmehr muss die Maßnahme auch „verhältnismäßig" sein. Die Verhältnismäßigkeit setzt voraus, dass die gewählte Maßnahme

- zur Erreichung des Schutzziels geeignet ist, und
- sie zur Erreichung des Ziels auch erforderlich ist, also keine weniger beschränkende, aber zumindest genauso effektive Maßnahme zur Verfügung steht.

---

43 Wahrung der „öffentlichen Sicherheit" verlangt z.B., dass Regelungsziel ein „*staatliches Interesse von fundamentaler Bedeutung, das die Grundinteressen der Gesellschaft berührt*", darstellt.

Anders als in der Rechtsprechung des BVerfG zu den Grundrechten des Grundgesetzes wird die Angemessenheit formal nicht als eigener Prüfungspunkt behandelt, sondern es wird vom EuGH im Rahmen der **Erforderlichkeit** geprüft, ob die Maßnahme bei Abwägung des verfolgten Ziels mit dem Interesse an der Grundfreiheit angemessen ist.

Neben den in Art. 36 AEUV im Rahmen der Warenverkehrsfreiheit ausdrücklich genannten Rechtfertigungsgründen kommen auch ungeschriebene Rechtfertigungsgründe in Betracht. Nach der sog. *Cassis de Dijon-Formel* können **zwingende Erfordernisse des Gemeinwohls** die Anwendung des nationalen Rechts rechtfertigen (immanente Schranken des Art. 34 AEUV). **3247**

Beispiel: Der Zweck des Umweltschutzes kann grundsätzlich rechtfertigen, dass Waren aus dem Ausland und dem Inland denselben Anforderungen unterworfen werden.

Als ungeschriebene Rechtfertigungsgründe sind in der Rechtsprechung des EuGH seit Langem auch der **Schutz der Grundrechte als allgemeine Rechtsgrundsätze des Unionsrechts** anerkannt. Dabei stützt sich der EuGH auf die gemeinsamen Verfassungstraditionen der Mitgliedstaaten und die von den Mitgliedstaaten internationalen Abkommen (insb. die Europäische Menschenrechtskonvention – EMRK). Diese Rechtsprechung findet mittlerweile eine ausdrückliche Anerkennung in Art. 6 Abs. 3 EUV. Seit Inkrafttreten der Grundrechte-Charta der EU sind auch deren Bestimmungen als primäres Unionsrecht unmittelbar zu berücksichtigen (Art. 6 Abs. 1 EUV). Zwar bindet dieser unionsrechtliche Grundrechtsschutz zunächst aber nur die Organe der EU, es ist allerdings traditionell anerkannt, dass der unionsrechtliche Grundrechtsschutz auch Bedeutung für das Handeln der Mitgliedstaaten erlangt, soweit diese EU-Recht „durchführen" (vgl. auch Art. 51 Abs. 1 Grundrechtscharta). Hierzu gehören die beiden Fälle (1.) der Umsetzung von Richtlinien sowie (2.) der Berufung auf Ausnahmen von Vorschriften des Unionsrechts. Zu zweiten Fallgruppe zählt auch die Anerkennung von Grundrechten als Rechtfertigungsgründe für nationale Beschränkungen der Grundfreiheiten. **3248**

Diese (ungeschriebene) Rechtfertigungsmöglichkeit besteht grundsätzlich bei allen Grundfreiheiten. Bei anderen Grundfreiheiten als der Warenverkehrsfreiheit spricht der EuGH meist von **zwingenden Gründen des Allgemeininteresses**. Der Verhältnismäßigkeitsgrundsatz gilt auch für diese Rechtfertigungsgründe.

2. Die vier Voraussetzungen der Rechtfertigung („Gebhard-Formel")

In der Rechtsprechung des EuGH erfolgt die Rechtfertigungsprüfung bei allen Grundfreiheiten heute standardmäßig nach der „Gebhard-Formel"[44] als allgemeinem Prüfungsansatz. Danach sind nationale Vorschriften, die die Ausübung der Grundfreiheiten behindern unter vier Voraussetzungen gerechtfertigt: **3249**

1. Sie dürfen nicht in diskriminierender Weise angewandt werden.
2. Es müssen zwingende Gründen des Allgemeininteresses vorliegen.
3. Sie müssen geeignet sein, die Verwirklichung des verfolgten Ziels zu gewährleisten.
4. Sie dürfen nicht über das hinausgehen, was zur Erreichung dieses Ziels erforderlich ist.

44 S. EuGH, Rs. C-55/94 „Gebhard", Slg. 1995, I-4165, Rn. 37.

V. Prüfungsschema der Grundfreiheiten nach dem AEUV

3250 **I. Anwendungsbereich**
1. Sachlicher und persönlicher Schutzbereich
2. Keine Bereichsausnahme

II. Eingriff
1. Handeln (teilweise auch pflichtwidriges Unterlassen) eines Verpflichteten (Mitgliedstaaten, Unionsorgane, z.T. Private)
2. Unterscheidung zwischen Beeinträchtigungen des Bestimmungsstaates und solchen des Herkunftsstaates (zulässige Inländerdiskriminierung)
3. Diskriminierung
   a) Offene Diskriminierung
   b) Versteckte Diskriminierung
4. Beschränkung des Marktzugangs oder der Marktaktivitäten durch unterschiedslose Maßnahme
   a) Dassonville-Formel
   b) Keine Ausklammerung i.S.d. **Keck-Formel** (bestimmte Vertriebs- bzw. Verkaufsmodalitäten, die den Marktzugang oder die Marktaktivitäten nicht behindern)

III. Rechtfertigung
1. Geschriebene Rechtfertigungsgründe (Schranken)
2. Ungeschriebene Rechtfertigungsgründe (Schranken)
   a) **Cassis de Dijon-Formel** („zwingende Gründe des Allgemeininteresses"): gelten nur für hoheitliche Beschränkungen durch *unterschiedslose* Maßnahmen (str., ob auch für versteckte Diskriminierungen; jedenfalls keine Anwendung auf offene Diskriminierungen)
   b) EU-Grundrechte (insbes. staatliches Handeln/Unterlassen in Anbetracht des Schutzes von Grundrechten Dritter): gelten für hoheitliche und private Eingriffe
   c) Sachliche Gründe bei Eingriffen durch Private (betrifft nur Fälle der unmittelbaren Drittwirkung)
3. „Schranken-Schranken" (Grenzen der Rechtfertigungsgründe)
   a) kollidierende EU-Grundrechte
   b) Verhältnismäßigkeitsgrundsatz (Gebhard-Formel)

H. Freier Warenverkehr (Art. 28 ff., 34 ff. AEUV)

3251

Art. 28 AEUV

(1) Die Union umfasst eine Zollunion, die sich auf den gesamten Warenaustausch erstreckt; sie umfasst das Verbot, zwischen den Mitgliedstaaten Ein- und Ausfuhrzölle und Abgaben gleicher Wirkung zu erheben, sowie die Einführung eines Gemeinsamen Zolltarifs gegenüber dritten Ländern.

(2) (Artt. 34 ff.) gelten für die aus den Mitgliedstaaten stammenden Waren sowie für diejenigen Waren aus dritten Ländern, die sich in den Mitgliedstaaten im freien Verkehr befinden.

Art. 34 AEUV

Mengenmäßige Einfuhrbeschränkungen (Ausfuhr-) sowie alle Maßnahmen gleicher Wirkung sind zwischen den Mitgliedstaaten verboten.

Art. 36 AEUV

Die Bestimmungen der Artikel 34 und 35 stehen Einfuhr-, Ausfuhr- und Durchfuhrverboten oder -beschränkungen nicht entgegen, die aus Gründen der öffentlichen Sittlichkeit, Ordnung und Sicherheit, zum Schutze der Gesundheit und des Lebens von Menschen, Tieren oder Pflanzen, des nationalen Kulturguts von künstlerischem, geschichtlichem oder archäologischem Wert oder des gewerblichen und kommerziellen Eigentums gerechtfertigt sind. Diese Verbote oder Beschränkungen dürfen jedoch weder ein Mittel zur willkürlichen Diskriminierung noch eine verschleierte Beschränkung des Handels zwischen den Mitgliedstaaten darstellen.

I. Anwendungsbereich der Warenverkehrsfreiheit

1. Eröffnung des Anwendungsbereichs

a) Ware i.S.d. Art. 28 Abs. 1 AEUV

Waren sind alle bewegliche Gegenstände, die Geldwert haben und Gegenstand von Handelsgeschäften sein können (vergleichbar wie in § 377 Abs. 1 HGB: *Handelbarkeit*). **3252**

b) Unionsware gem. Art. 28 Abs. 2 AEUV

Der freie Warenverkehr schützt die aus einem Mitgliedstaat stammende Ware sowie diejenige aus dritten Ländern (Nicht-EU-Ländern), die sich in einem Mitgliedstaat im freien Verkehr befindet (Definition „freier Verkehr in einem Mitgliedstaat" in Art. 29 AEUV). **3253**

Beispiel: Bei Re-Importen von z.B. Pkw oder Arzneimitteln in das ursprüngliche Produktionsland ist Herkunftsland der Ware derjenige Mitgliedstaat, aus dem der Re-Import erfolgt. Re-Importe sind also bei ihrer Wiedereinführung Unionsware (und nicht Inlandsware).

c) Grenzüberschreitender Warenverkehr („zwischen den Mitgliedstaaten", vgl. Art. 28 Abs. 1 AEUV)

Es darf kein rein nationaler Sachverhalt gegeben sein, die Ware muss also (potenziell) über die Grenze hinweg gehandelt werden (Abgrenzung zu bloßer Inländerdiskriminierung, vgl. zuvor Rn. 3241). **3254**

2. Bereichsausnahmen

- Art. 346 AEUV (für „wesentliche Sicherheitsinteressen" eines Mitgliedstaates) **3255**
- Art. 38 Abs. 2 AEUV (für „landwirtschaftliche Erzeugnisse")

II. Eingriff

3256 Adressat sind in erster Linie die Mitgliedstaaten; Gegenstand der Überprüfung muss also eine mitgliedstaatliche Maßnahme sein. Das kann **mitgliedstaatliches Handeln** sein, aber auch **mitgliedstaatliches Unterlassen**, wenn gem. Art. 4 Abs. 3 EUV eine Pflicht zum Tätigwerden besteht.

Beispiel (Unterlassen)[45]**:** In Frankreich wurde seit 1985 regelmäßig durch Proteste von Landwirten der Vertrieb von Obst und Gemüse aus anderen Mitgliedstaaten behindert. Trotz mehrfacher Beschwerde gehen die französischen Behörden gegen Gewalttaten französischer Landwirte nicht vor. Die Kommission ist der Auffassung, dass die französische Regierung gegen Art. 34 AEUV und Art. 4 Abs. 3 EUV verstoßen hat, indem sie nicht in angemessener Weise gegen strafbare Handlungen Privater vorgegangen ist. Die französische Regierung beruft sich darauf, dass in Einzelfällen Straftaten verfolgt und die Opfer in allen Fällen entschädigt worden seien. Die Kommission klagt gegen Frankreich nach Art. 258 AEUV.

Der EuGH stellte dazu fest, „dass die Maßnahmen, die die französische Regierung getroffen hat, angesichts der Häufigkeit und Schwere der von der Kommission aufgeführten Vorfälle offenkundig nicht ausreichten, um den freien innergemeinschaftlichen Handelsverkehr mit landwirtschaftlichen Erzeugnissen in ihrem Gebiet dadurch zu gewährleisten, dass sie die Urheber der fraglichen Zuwiderhandlungen wirksam an deren Begehung und Wiederholung hinderten" (Rz. 52). „Die Befürchtung, es könne zu internen Schwierigkeiten kommen, ist (...) keine Rechtfertigung dafür, dass ein Mitgliedstaat die korrekte Anwendung des Gemeinschaftsrechts unterlässt" (Rz. 55). „Eine Entschädigung ist zwar geeignet, den von den betroffenen Wirtschaftsteilnehmern erlittenen Schaden zumindest teilweise auszugleichen, kann aber die Vertragsverletzung des Mitgliedstaates nicht beseitigen" (Rz. 60).

3257
- Erhebung von Zöllen und Abgaben gleicher Wirkung (Art. 30 AEUV)
- Mengenmäßige Ein-/Ausfuhrbeschränkungen (Art. 34 AEUV),
  i.e. sämtliche mitgliedstaatliche Maßnahmen, die die Ein-, Durch- oder Ausfuhr einer Ware der Menge oder dem Wert nach begrenzen.
  - Maßnahmen gleicher Wirkung wie mengenmäßige Ein-/Ausfuhrbeschränkungen
  - **Dassonville-Formel** (versteckte Diskriminierungen): *„Maßnahme gleicher Wirkung ist jede mitgliedstaatliche Maßnahme, die geeignet ist, den innergemeinschaftlichen Handel unmittelbar oder mittelbar, tatsächlich oder potenziell zu behindern"*[46].
  - Ausklammerung von reinen Verkaufs-/Vertriebsmodalitäten durch die **Keck-Formel**: *„Keine Maßnahme gleicher Wirkung und damit keinen Eingriff stellen nationale Bestimmungen dar, die lediglich bestimmte Verkaufs-/Vertriebsmodalitäten beschränken oder verbieten (Abgrenzung zu produktbezogenen Regelungen), sofern diese Bestimmungen für alle betroffenen Wirtschaftsteilnehmer gelten, die ihre Tätigkeit im Inland ausüben, und sofern sie den Absatz inländischer Erzeugnisse und der Erzeugnisse aus anderen Mitgliedstaaten rechtlich wie tatsächlich in der gleichen Weise berühren"*[47].

---

45 EuGH Rs. C-265/95 – „Kommission gegen Frankreich", Slg. 1997, I-6959.
46 EuGH, Rs. 8/74 – „Dassonville", Slg. 1974, 837.
47 EuGH, verb. Rs. C-267/91 u. C-268/91 – „Keck und Mithouard", Slg. 1993, I-6097.

III. Rechtfertigung des Eingriffs

- **Geschriebene** Rechtfertigungsgründe (Art. 36 AEUV) 3258
- **Ungeschriebene** Rechtfertigungsgründe
  Cassis de Dijon-Formel: *„Ein Eingriff ist gerechtfertigt, wenn die mitgliedstaatliche Maßnahme (1.) nicht offen diskriminierend ist, also unterschiedslos wirkt bzw. lediglich versteckt diskriminiert, (2.) einem zwingenden Erfordernis des Allgemeininteresses dient (z.B. wirksame steuerliche Kontrolle, Lauterkeit des Handelsverkehrs, Verbraucherschutz, Umweltschutz, Aufrechterhaltung der Medienvielfalt, erhebliche Gefährdung des finanziellen Gleichgewichts des Systems der sozialen Sicherheit, Gemeinschaftsgrundrechte) und (3.) verhältnismäßig ist"*[48].
- Rechtfertigung durch **Grundrechtswahrnehmung**

Beispiel: Umweltschützer blockieren für 30 Stunden die Brenner-Autobahn als Transitstrecke zwischen Österreich und Italien. Ein betroffener Spediteur klagt gegen die Republik Österreich auf Schadensersatz (entsprechend der „Francovich"-Rechtsprechung), da diese nichts unternommen habe, um die Blockade aufzuheben.

Der EuGH (Rs. C-112/00 „Schmidberger", Slg. 2003, I-5659) urteilte dazu, dass zwar „der Schutz der Umwelt und der Gesundheit der Bevölkerung insb. in dieser Region unter bestimmten Umständen ein dem Allgemeininteresse dienendes legitimes Ziel darstellen kann, das geeignet ist, eine Beschränkung der durch den Vertrag gewährleisteten Grundfreiheiten, zu denen der freie Warenverkehr gehört, zu rechtfertigen". Allerdings sind die spezifischen Ziele dieser Versammlung als solche (vorliegend) nicht erheblich (...), da dieser Verstoß aus dem Umstand hergeleitet wird, dass die nationalen Stellen die Behinderung des Verkehrs auf der Brenner-Autobahn nicht verhinderten" (Rz. 66). „Für die Beurteilung der Voraussetzungen eines Haftungsanspruchs gegen einen Mitgliedstaat und insb. für die Frage, ob dieser gegen Gemeinschaftsrecht verstoßen hat, ist nämlich allein das Handeln oder Unterlassen dieses Mitgliedstaats in Betracht zu ziehen" (Rz. 67). „Hier ist daher allein das Ziel zu berücksichtigen, das die nationalen Stellen mit der stillschweigend erteilten Genehmigung bzw. der Nichtuntersagung dieser Versammlung verfolgten" (Rz. 68). Dies waren die „Achtung der Grundrechte der Demonstranten auf Meinungsäußerungs- und Versammlungsfreiheit" (Rz. 69). „Da die Grundrechte demnach sowohl von der Gemeinschaft als auch von ihren Mitgliedstaaten zu beachten sind, stellt der Schutz dieser Rechte ein berechtigtes Interesse dar, das grundsätzlich geeignet ist, eine Beschränkung von Verpflichtungen zu rechtfertigen, die nach dem Gemeinschaftsrecht, auch kraft einer durch den Vertrag gewährleisteten Grundfreiheit wie dem freien Warenverkehr, bestehen" (Rz. 70). Allerdings können auch die Grundrechte „keine uneingeschränkte Geltung beanspruchen" (Rz. 80), „demgemäß sind die gegenseitigen Interessen abzuwägen" („Gleichgewicht zwischen den Interessen gewahrt", Rz. 81). Weil zudem „diese öffentliche Demonstration nicht den Zweck hatte, den Handel mit Waren einer bestimmten Art oder Herkunft zu beeinträchtigen [Abgrenzung zu Kommission gegen Frankreich] (Rz. 86)", können die Nachteile auf die Freiheit des Verkehrs grundsätzlich hingenommen werden (Rz. 82).

I. Arbeitnehmerfreizügigkeit (Art. 45 ff. AEUV)

I. Anwendungsbereich

Eröffnung des Anwendungsbereichs: Arbeitnehmer ist, wer während einer bestimmten Zeit für einen anderen nach dessen Weisung in unselbstständiger Tätigkeit eine Leistung erbringt, für die er als Gegenleistung i.d.R. eine Vergütung erhält. 3259

48 EuGH, Rs. 120/78 – „Cassis de Dijon", Slg. 1979, 649.

Der persönliche Schutzbereich ist beschränkt auf Staatsangehörige der Mitgliedstaaten (Art. 45 AEUV). Der EuGH eröffnet den Anwendungsbereich auch für den Arbeitgeber mit Sitz in der EU, der im Mitgliedstaat seiner Niederlassung Angehörige eines anderen Mitgliedstaats als Arbeitnehmer beschäftigen will (Rs. C-350/96 „Clean Car“, Slg. 1998, I-2521). Daher können ohne Weiteres EU-Ausländer Geschäftsführer einer deutschen GmbH sein.

II. Eingriff

3260 Adressaten der Grundfreiheit sind zuerst die Mitgliedstaaten. Sie schützt daher insb. vor mitgliedstaatlichen Maßnahmen (s.o.).

Adressaten sind aber auch bestimmte private Organisationen (s.o.). Es erfolgt daher eine Zurechnung privaten Handelns (z.B. Uefa, Gewerkschaften usw.), wenn es mit staatlicher Billigung erfolgt und die Vorschrift der kollektiven Regelung unselbstständiger Arbeit dient („Walrave“, „Bosman“).

Schließlich kann die Arbeitnehmerfreizügigkeit auch horizontale Wirkung im Verhältnis zwischen Privatpersonen entfalten („Angonese“), um eine Umgehung des effektiven Arbeitnehmerschutzes zu verhindern, wenn z.B. nationalstaatliche Reglementierungen für diskriminierungsfreie Einstellungsverfahren von Arbeitnehmern fehlen.

Entsprechend der *Dassonville-Formel* können z.B. Anforderungen zur Vorlage bestimmter Sprachzertifikate diskriminierungsgleiche Wirkung haben.

In entsprechender Anwendung der *Keck-Formel* stellt es dagegen wiederum keinen Eingriff dar, wenn eine Maßnahme unterschiedslos wirkt und nicht den Berufs-/Arbeitsplatzzugang als solchen betrifft, sondern nur die Berufsausübung.

III. Rechtfertigung des Eingriffs

3261
- Offene Diskriminierungen nach Art. 45 Abs. 2 AEUV können nach h.M. nie gerechtfertigt werden.
- Geschriebene Rechtfertigungsgründe (Art. 45 Abs. 3 AEUV)
- Ungeschriebene Rechtfertigungsgründe, vgl. Cassis-Formel (s.o)

Rechtfertigungsgründe müssen entsprechend der *Gebhard-Formel* **verhältnismäßig** sein.

J. Niederlassungsfreiheit (Art. 49 ff. AEUV)

I. Anwendungsbereich

1. Eröffnung des Anwendungsbereichs

3262 Niederlassung meint jede *dauerhafte*[49] wirtschaftliche Integration in einen anderen Mitgliedstaat, sei es durch die Aufnahme und Ausübung selbstständiger Erwerbstätigkeiten oder die Gründung und Leitung von Unternehmen in anderen Mitgliedstaaten.

49 Nur vorübergehende Tätigkeiten unterfallen den Dienstleistungsfreiheit (vgl. Art. 57 UAbs. 3 AEUV).

Geschützt sind die primäre Niederlassung (Unternehmensgründung im EU-Ausland, Verlagerung des Sitzes) wie die sekundäre Niederlassung (Errichtung einer Betriebsstätte im EU-Ausland).

Die Grundfreiheit gilt für Unionsbürger; Art. 54 Abs. 1 AEUV stellt aber Gesellschaften gleich.

Es muss sich um einen grenzüberschreitenden Sachverhalt handeln (Abgrenzung zur bloßen Inländerdiskriminierung).

2. Bereichsausnahmen

Zu Bereichsausnahmen vgl. Art. 51 AEUV (Ausübung öffentlicher Gewalt). **3263**

II. Eingriff

Adressat sind im Wesentlichen die Mitgliedstaaten, geschützt wird vor mitgliedstaatlichen Maßnahmen. Trotz des letzten Halbsatzes in Art. 49 AEUV gilt die Niederlassungsfreiheit als Diskriminierungsverbot (Liberalisierung), nicht bloß als Beschränkungsverbot.[50] **3264**

In entsprechender Anwendung der *Keck-Formel* stellt es wiederum keinen Eingriff in die Niederlassungsfreiheit dar, wenn eine Maßnahme unterschiedslos wirkt und nicht den Marktzugang (primäre oder sekundäre Niederlassung) als solchen betrifft, sondern nur das Betreiben des Geschäfts (Registrierungspflichten im Handelsregister, Pflichtversicherungen für bestimmte Berufe, allgemeine Besteuerungsregelungen, Mitbestimmungsregelungen etc.).

III. Rechtfertigung des Eingriffs

- Geschriebene Rechtfertigungsgründe (Art. 52 AEUV) **3265**
- Ungeschriebene Rechtfertigungsgründe, insb. *Cassis-Formel.*

Rechtfertigungsgründe müssen entsprechend der *Gebhard-Formel* **verhältnismäßig** sein.

K. Dienstleistungsfreiheit (Art. 56 ff. AEUV)

I. Anwendungsbereich

Eröffnung des Anwendungsbereichs: Die Dienstleistungsfreiheit ist subsidiär zur Waren- und Kapitalverkehrsfreiheit sowie zur Freizügigkeit der Person (Art. 57 UAbs. 1 AEUV). **3266**

50 Zur Problematik des Gesellschaftsstatuts bei Anwendung der Sitz- bzw. Gründungstheorie für den Zuzug von Unternehmen mit EU-ausländischen Rechtsformen in andere Mitgliedstaaten, vgl. Rn. 1507 ff.

Nach der Definition in Art. 57 sind Dienstleistungen die vorübergehende (UAbs. 3) Aufnahme und Ausübung selbstständiger, gewerblicher, handwerklicher oder kaufmännischer Tätigkeiten (UAbs. 2) in anderen Mitgliedstaaten, die i.d.R. gegen Entgelt erbracht werden (UAbs. 1).

Die Grundfreiheit ist eröffnet für Unionsbürger; Art. 62 i.V.m. 54 Abs. 1 AEUV stellt Gesellschaften gleich.

Umfasst sind:
- **Positive Dienstleistungsfreiheit:** Dienstleistungserbringer begibt sich zum Empfänger in einen anderen Mitgliedstaat;
- **Negative Dienstleistungsfreiheit:** Dienstleistungsempfänger begibt sich zum Erbringer in einen anderen Mitgliedstaat oder Empfänger nimmt Dienstleistung in Anspruch, die der Erbringer im Heimatstaat des Empfängers leistet;
- **Korrespondenzdienstleistung:** Nur die Leistung überschreitet die Grenze (z.B. bei Rechtsanwalts- und Steuerberatertätigkeiten häufig der Fall).

II. Eingriff und Rechtfertigung

3267 Wie bei übrigen Grundfreiheiten, insbes. Rechtfertigung aus Gründen der öffentlichen Ordnung, Sicherheit oder Gesundheit (Art. 62 i.V.m. Art. 52 Abs. 1 AEUV).

L. Kapitalverkehrsfreiheit (Art. 63 ff. AEUV)

I. Anwendungsbereich

1. Eröffnung des Anwendungsbereichs

3268 Die Kapitalverkehrsfreiheit verbürgt insbes. das Recht auf sog. **Direktinvestitionen**, d.h. die Beteiligung an einer Gesellschaft in einem anderen EU-Mitgliedstaat (Grenzüberschreitung) durch den Erwerb von Anteilen, um dauerhafte und direkte Wirtschaftsbeziehungen zu schaffen oder aufrechtzuerhalten, die es ermöglichen, sich effektiv an der Verwaltung oder der Kontrolle des Unternehmens zu beteiligen[51]. Erfasst werden aber auch sog. Portfoliobeteiligungen, die der reinen Geldanlage dienen. Geschützt ist dabei auch der Kapitalverkehr mit Drittstaaten (Art. 56 Abs. 1 Alt. 2 AEUV) sowie ergänzend der Zahlungsverkehr zwischen den Mitgliedstaaten sowie zwischen Mitgliedstaaten und Drittstaaten (Abs. 2).

2. Ausnahmen vom Anwendungsbereich

3269 **Abgrenzung** zur Niederlassungsfreiheit (Art. 65 Abs. 2, 49 Abs. 2 AEUV): Die Kapitalverkehrsfreiheit ist einschlägig, wenn eine Beteiligung den Erwerbern *nicht* einen gewissen Einfluss auf die Entscheidungen der Gesellschaft verleiht und sie deren Tätigkeiten *nicht* bestimmen können[52]; es geht in der Sache also um kleinere Aktienpakete).

---

51 EuGH, Rs. C-112/05 – „VW Gesetz“, Slg. 2007, I-8995 (Rz. 54).
52 Vgl. EuGH Rs. C-208/00 – „Überseering“, Slg. 2002, I-9919 (Tz. 77).

Umgekehrt greift die **Niederlassungsfreiheit** (und nicht die Kapitalverkehrsfreiheit), wenn die Beteiligung einen sicheren Einfluss auf die Entscheidungen der Gesellschaft verleiht und es den Erwerbern ermöglicht, die Tätigkeiten der Gesellschaft zu bestimmen, es sich also um **Unternehmenskäufe** handelt.[53]

Abgrenzung zur Dienstleistungsfreiheit (vgl. Art. 57 Abs. 1 AEUV und Art. 58 Abs. 2 AEUV betreffend Bank- und Versicherungsdienstleistungen).

II. Eingriff

Die Kapitalverkehrsfreiheit garantiert die Möglichkeit, sich an der Verwaltung der Gesellschaft und an deren Kontrolle insb. durch die Ausübung des Stimmrechts zu beteiligen. Die Freiheit wird daher tangiert, wenn nationale Vorschriften den Anteilserwerb erschweren oder ausländische Investoren durch Stimmrechtsbeschränkungen etc. vom Erwerb inländischer Anteile abhalten. **3270**

Beispiele: (1) Das belgische, das französische und das portugiesische Recht enthalten jeweils Regelungen, welche den vom Staat gehaltenen Anteilen an Energieversorgungsunternehmen bestimmte Sonderrechte einräumen (sog. goldene Aktien). Dadurch soll erreicht werden, dass ein unerwünschter Kontrollerwerb durch ausländische Anteilsinhaber verhindert werden kann, um die Sicherung der nationalen Energieversorgung zu gewährleisten.

Der EuGH (verb. Rs. C-367/98, C-483/99, C-503/99 „Goldene Aktie I – III", Slg. 2002, I-4731) akzeptierte dabei nur solche gesetzlichen Regelungen als gerechtfertigt, die der Behörde den nachträglichen Widerspruch gegen einen Anteilserwerb erlauben, wenn dieser an strenge und gerichtlich nachprüfbare Voraussetzungen geknüpft ist (Goldene Aktien I, Tz. 49 ff. – betr. Belgien); eine von behördlichem Ermessen abhängige Zustimmungspflicht wurde dagegen verworfen, wenn das behördliche Ermessen in keiner Weise eingegrenzt war (Goldene Aktien II, Tz. 50 f. – betr. Frankreich).

Zur Verhältnismäßigkeit des Widerspruchs ist die Gebhard-Formel zu beachten.

(2) § 101 Abs. 2 S. 5 AktG a.F. billigte dem Land Niedersachsen und der Bundesrepublik Deutschland besondere Entsenderechte in den Aufsichtsrat der VW AG zu. Diese waren nach Ansicht des EuGH (Rs. C-112/05 „VW Gesetz", Slg. 2007, I-8995) ebenfalls geeignet, ausländische Investitionen zu behindern, weil die Stimmverhältnisse dadurch verzerrt werden konnten, dass die staatlichen Aktionäre überproportionales Gewicht zu ihrer Beteiligungshöhe erhalten können. Eine Rechtfertigung aus Gesichtspunkten des Schutzes von Arbeitnehmern oder Minderheitsaktionären lehnte der EuGH ab. Das anschließend geänderte VW-Gesetz ist nunmehr europarechtskonform (EuGH, Rs. C-95/12, NJW 2014, 290).

Keine Eingriffe sind es, durch Satzungsregelungen der Gesellschaft Höchststimmrechte zu verankern (vgl. § 134 Abs. 1 S. 2 AktG) oder einzelne Aktien mit dem Recht auf die Entsendung von Aufsichtsratsmitgliedern (vgl. § 101 Abs. 2 AktG: max. ein Drittel) oder einem Vetorecht bei Satzungsänderungen (vgl. § 179 Abs. 2 S. 3 AktG) zu versehen. Eine (Wieder-) Einführung von Mehrstimmrechten (vgl. das Verbot in § 12 Abs. 2 AktG) könnte dagegen europarechtlich bedenklich sein. **3271**

53 Begriff und Abgrenzung des Unternehmenskaufs s. Rn. 137 ff.

III. Rechtfertigung (Art. 65 AEUV)

3272 – Zulässige Anwendung der einschlägigen Bestimmungen des Steuerrechts (Art. 65 Abs. 1 lit. a AEUV)
– Rechtfertigung gem. Art. 65 Abs. 1 lit. b AEUV:
  – Verhinderung von Zuwiderhandlungen gegen innerstaatliche Rechts- und Verwaltungsvorschriften oder
  – Einführung von Meldeverfahren für den Kapitalverkehr zwecks administrativer oder statistischer Information oder
  – aus Gründen der öffentlichen Ordnung oder Sicherheit
– Cassis-Formel (Nur bei unterschiedslos anwendbaren Beschränkungen der Kapitalverkehrsfreiheit).

M. Klageverfahren

I. Übersicht der Klagebegehren

3273 Die Rechtschutzverfahren unterscheiden sich nach dem Klagebegehren:
– Im **Vorabentscheidungsverfahren** (Art. 267 AEUV) kann ein nationales Gericht bei entsprechenden Zweifeln überprüfen lassen, ob eine nationale Norm mit Unionsrecht vereinbar ist.
– Die **Nichtigkeitsklage** (Art. 263 AEUV) dient der Überprüfung eines Sekundärrechtsaktes, der gegen Primärrecht verstoßen könnte;
– Unterfall ist die **Subsidiaritäts-(Nichtigkeits-)klage** (Art. 8 des Protokolls über die Anwendung der Grundsätze der Subsidiarität und der Verhältnismäßigkeit vom 13.12.2007 (ABl. Nr. C 306/150; vgl. auch Art. 23 Abs. 1a S. 1 GG).
– Mit der **Untätigkeitsklage** (Art. 265 AEUV) kann gerügt werden, dass der Erlass eines Sekundärrechtsaktes unterlassen wurde.
– Das **Vertragsverletzungsverfahren** (Art. 258, 259 AEUV) ist einschlägig, wenn ein Mitgliedstaat gegen Primärrecht verstoßen haben soll (z.B. wegen Nichtumsetzung einer Richtlinie);
– **Schadensersatzklage** gegen die Union (Art. 268 AEUV).

II. Das Vorabentscheidungsverfahren (Art. 267 AEUV)

3274 Zahlenmäßig wohl häufigste, noch mehr aber für die Fortentwicklung des Unionsrechts und damit für den Binnenmarkt bedeutendste Klageart ist die **„Richtervorlage“** zum EuGH. Das Vorabentscheidungsverfahren schützt das EU-Recht (bzw. den EU-Gesetzgeber) davor, dass jedes Gericht eigenständig über die Anwendbarkeit (Nichtigkeit) bzw. Reichweite (Auslegung) entscheiden könnte. So besteht insb. ein Verwerfungsmonopol des EuGH für alle Unionsrechtsakte, also v.a. für das gesamte sekundäre EU-Recht („Der Gerichtshof sichert die Wahrung des Rechts bei der Auslegung und Anwendung dieses Vertrages“, Art. 19 EUV).

Möglicher Vorlagegegenstand ist „die **Auslegung** der Verträge“, also des Primärrechts (vgl. Art. 267 Abs. 1 lit. a AEUV).[54] Die Kognitionsbefugnis erstreckt sich weiterhin auf „die **Gültigkeit** und die **Auslegung** der Handlungen der Organe, Einrichtungen oder sonstigen Stellen der Union“ (lit. b; sekundäres Unionsrecht).

Das Vorabentscheidungsverfahren dient dabei nicht der Überprüfung nationalen Rechts, **3275**
sondern allein der Auslegung und Anwendung des Primär- bzw. Sekundärrechts der EU. Der EuGH nimmt lediglich eine abstrakte (vom zugrundeliegenden Rechtstreit losgelöste) Auslegung des Unionsrechts vor und hat auch keine Rechtsprechungskompetenz über das nationale Recht. Dennoch bindet seine Entscheidung das vorlegende nationale Gericht und die Rechtsanwendung auch darüber hinaus, was zu einer Harmonisierung der verschiedenen Rechtsordnungen insb. im Bereich des Binnenmarktes führt.

Beispiel: Eine zulässige Vorlagefrage kann daher sinngemäß nur lauten: „Steht Art. xy des EUV einer nationalen Regelung entgegen, wonach yz gilt (vgl. Paragraf des nationalen Gesetzes)?“

Zulässig ist auch die Frage, ob eine Norm des Sekundärrechts einer nationalen Vorschrift entgegenstehe. Unzulässig wäre dagegen die Vorlagefrage, ob eine nationale Vorschrift gegen eine Bestimmung des primären oder sekundären Europarechts verstoße (europarechtswidrig sei). Der EuGH behält sich vor, die Frage ggf. umzuformulieren.

Das Vorabentscheidungsverfahren setzt einen bei einem vorlageberechtigten Gericht **3276**
anhängigen (nationalen) Rechtsstreit voraus, für dessen Entscheidung die (Nicht-)Anwendung einer vorlagegegenständlichen Norm erheblich ist, die möglicherweise europarechtswidrig sein könnte. Der EuGH entscheidet dann aber abstrakt, also losgelöst vom nationalen Ausgangsverfahren.

Die **Zulässigkeit des Vorabentscheidungsverfahrens** ist wie folgt zu prüfen:

1. Zuständiges Gericht ist der EuGH (Art. 256 AEUV)

Von der Möglichkeit einer Zuweisung an das Gericht (EuG) nach Art. 256 Abs. 3 AEUV **3277**
wurde bislang kein Gebrauch gemacht.

2. Vorlageberechtigung des nationalen Gerichts

Vorlageberechtigt sind gem. Art. 267 Abs. 2 AEUV nur Gerichte der Mitgliedstaaten, **3278**
wobei der Begriff des „Gerichtes“ gemeinschaftsautonom zu bestimmen ist (z.B. nicht Registergerichte in Grundbuch- und Handelssachen, weil diese nicht streitig verhandeln; kein „Rechtsprechungscharakter“).

Jedes nationale Gericht im vorgenannten Sinne, welches eine Entscheidung des EuGH für die Entscheidung des nationalen Ausgangsverfahrens für erforderlich hält (Entscheidungserheblichkeit des Vorlageersuchens), ist vorlageberechtigt.

Zur Vorlage verpflichtet sind unter diesen Voraussetzungen dann alle nationalen Gerichte, deren Entscheidung nicht mehr mit Rechtsmitteln angefochten werden kann (Art. 267 Abs. 3 AEUV); für die Letztinstanzlichkeit ist eine funktionelle Betrachtungsweise anzulegen (also in Bezug auf den konkreten Rechtsstreit, nicht auf die allgemeine

54 Nicht die Gültigkeit des Primärrechts (Gründungsverträge, Beitrittsverträge etc.), vgl. oben Rn. 3182 f. Das Primärrecht ist Maßstab im Rahmen des Vorabentscheidungsverfahrens; es bleibt aber völkerrechtlicher Vertrag der Mitgliedstaaten und ist nicht Rechtsakt der Union.

Gerichtsorganisation, so dass z.B. bei geringen Streitwerten auch ein Amtsgericht letztinstanzliches und damit vorlagepflichtiges Gericht sein kann). Zur Vorlage verpflichtet sind außerdem alle nationalen Gerichte, die einen Unionsrechtsakt für ungültig halten und diesen unangewendet lassen wollen.

3279 Eine Ausnahme von der Vorlagepflicht kommt in Frage, wenn die zugrundeliegende Frage vom EuGH bereits anderweitig entschieden ist oder sonst, wenn die Antwort auf diese Frage allgemein keinem ernstlichen Zweifel unterliegen kann (**„acte-claire"-Doktrin**).

3. Vorlagegegenstand und zulässige Vorlagefrage

3280 **Vorlagegegenstand** ist gem. Art. 267 Abs. 1 lit. a: das gesamte **Primärrecht** der EU und allg. Rechtsgrundsätze (nicht unmittelbar erfasst jedoch Normen, deren Anwendung der Kommission obliegt, also etwa die Zulässigkeit einer staatlichen Beihilfe, vgl. Art. 108 AEUV); und gem. Art. 267 Abs. 1 lit. b: das gesamte **Sekundärrecht** der EU (Art. 288 AEUV) sowie von der Gemeinschaft geschlossene völkerrechtliche Verträge (Rang zwischen Primär- und Sekundärrecht s. Art. 216 AEUV)

3281 Die **Vorlagefrage** darf dementsprechend nur auf **Auslegung** einer bestimmten Norm des **primären Unionsrechts** oder auf die **Gültigkeit oder Auslegung des Sekundärrechts** zielen (s.o.). Die dabei in Rede stehende nationale Vorschrift und der zugrundeliegende Rechtstreit sind lediglich als konkreter Anlass für das Vorlageersuchen an den EuGH wichtig (Entscheidungserheblichkeit).

III. Die Nichtigkeitsklage (Art. 263 AEUV), einschl. der Subsidiaritätsklage

3282 Die **Zulässigkeit der Nichtigkeitsklage** ist wie folgt zu prüfen:

1. Zuständiges Gericht

3283
- **EuGH** für die Klage eines Unionsorgans gem. Art. 13 EUV oder eines Mitgliedstaates (Art. 263 Abs. 2, 256 Abs. 1 AEUV).
- **EuG** für Klagen natürlicher oder juristischer Personen („Individualklage", Art. 263 Abs. 4, 256 Abs. 1 AEUV).

2. Beteiligtenfähigkeit

3284 Die Nichtigkeitsklage hat keine abstrakte Rechtsauslegung wie das Vorabentscheidungsverfahren zum Gegenstand, sondern ist ein streitiges (kontradiktorisches) Verfahren. Es bedarf der aktiven Beteiligtenfähigkeit des Klägers zu ihrer Erhebung und der passiven Beteiligtenfähigkeit des Beklagten[55].

55 Seine Passivlegitimation ist dann einer Frage der Begründetheit der Klage; zulässig ist die Klage, wenn sie gegen einen möglichen Beklagten erhoben wurde, ob es der richtige Beklagte ist, wird also erst im Zusammenhang mit der Prüfung des konkreten Rechtsverstoßes relevant.

Aktive Beteiligtenfähigkeit haben:
- jeder Mitgliedstaat, das Europäische Parlament, der Rat („Ministerrat") und die Kommission (Art. 263 Abs. 2 AEUV),
- als EU-Institutionen der Rechnungshof, die EZB, der Ausschuss der Regionen (Art. 263 Abs. 3 AEUV),
- natürliche und juristische Personen (Art. 263 Abs. 4 AEUV).

Passiv beteiligtenfähig (mögliche Klagegegner) sind:
- Rat,
- Kommission,
- EZB,
- Europäisches Parlament und
- seit 2009 (Lissabon) auch der Europäische Rat (Art. 263 Abs. 1 AEUV).

Das folgt der axiomatischen Vorstellung, dass kein Akt öffentlicher Gewalt der gerichtlichen Kontrolle entzogen sein dürfe (allerdings bestehen Lücken in Teilen der Gemeinsamen Außen- und Sicherheitspolitik)[56].

3. Klagegegenstand

Tauglicher Gegenstand der gerichtlichen Überprüfung sind nach Art. 263 Abs. 2 und 3 AEUV alle EU-Rechtsakte des Sekundärrechts mit bindender Außenwirkung (vgl. zur Verbindlichkeit Art. 288 Abs. 1–4 AEUV: Verordnung, Richtlinie und Beschluss; nicht aber: Empfehlung und Stellungnahme nach Abs. 5). **3285**

Zu beachten ist Art. 263 Abs. 4 AEUV, wonach die Klagebefugnis für Individualklagen natürlicher oder juristischer Personen grundsätzlich auf Beschlüsse nach Art. 288 Abs. 4 AEUV beschränkt ist. Verordnungen (Europäische Gesetze) werden ihnen gegenüber regelmäßig durch Beschlüsse oder nationale Verwaltungsakte etc. umgesetzt („Durchführungsmaßnamen", vgl. Art. 263 Abs. 4 Alt. 2 AEUV; Rn. 3186), gegen welche dann jeweils erst vorgegangen werden kann.

4. Klagegrund

Die Nichtigkeitsklage setzt im Rahmen der Zulässigkeitsprüfung voraus, dass eine Verletzung höherrangigen Unionsrechts geltend gemacht wird. Die Verletzung braucht nur plausibel dargelegt zu werden, ob der/ein Rechtsverstoß wirklich vorliegt, ist erst im Rahmen der Begründetheit zu prüfen. **3286**

a) Die allgemeine Nichtigkeitsklage

Art. 263 Abs. 2 AEUV nennt für die Nichtigkeitsklage vier Klagegründe (vgl. oben Rn. 3196 zur Rechtmäßigkeit sekundären Unionsrechts): **3287**

---

56 Art. 24 Abs. 1 UAbs. 2 S. 6 HS. 1 EUV, Art. 275 Abs. 1 AEUV nimmt grundsätzlich sämtliche Bereiche der Außenpolitik sowie sämtliche Fragen im Zusammenhang mit der Sicherheit der Union, einschließlich der schrittweisen Festlegung einer gemeinsamen Verteidigungspolitik, aus der gerichtlichen Kontrolle aus (vgl. Art. 24 Abs. 1 UAbs. 1 EUV). Rechtschutz wird im Rahmen der GASP nur im Bereich nach Art. 24 Abs. 1 UAbs. 2 S. 6 HS. 2 EUV i.V.m. Art. 40 EUV sowie i.V.m. Art. 275 Abs. 2 und 215 AEUV gewährt (z.B. gegen das Einfrieren von Konten, die Unterbindung von Kapitaltransfer oder das Verhängen eines Embargos).

- Fehlende Verbands- oder Organkompetenz;
- Verletzung wesentlicher Formvorschriften, wobei auch die Verletzung von Verfahrensnormen erfasst ist (z.B. Art. 294, 296, 297 AEUV); Wesentlichkeit bedeutet, dass ein Einfluss auf den Inhalt des Rechtsaktes möglich ist.
- Verletzung der Verträge oder der bei „seiner" Durchführung anzuwendenden Rechtsnormen (unbeschadet des grammatikalisch falschen Bezugs ist Prüfungsmaßstab das gesamte primäre und sekundäre EU-Recht einschl. völkerrechtlicher Verträge der EU und des ungeschriebenen EU-Rechts),
- Ermessensmissbrauch.

b) Subsidiaritätsklage

3288 Über die Klagegründe in Art. 263 Abs. 2 AEUV hinaus, erweitert Art. 8 des Protokolls über die Anwendung der Grundsätze der Subsidiarität und der Verhältnismäßigkeit (Bestandteil des Vertrags von Lissabon vom 13.12.2007) die zulässigen Klagegründe um:

- „Klagen wegen Verstoßes eines Gesetzgebungsakts gegen das Subsidiaritätsprinzip" (vgl. Art. 5 Abs. 1 S. 2 EUV).

3289 Klagebefugt für die Subsidiaritätsklage sind die Mitgliedstaaten und entsprechend der jeweiligen innerstaatlichen Rechtsordnung jeder Mitgliedstaat auch „im Namen seines nationalen Parlaments oder einer Kammer dieses Parlaments" (vgl. für den Deutschen Bundestag und den Bundesrat Art. 23 Abs. 1a GG und § 12 – Integrationsverantwortungsgesetz – IntVG); u.U. auch der Ausschuss der Regionen (vgl. Art. 307 AEUV).

5. Klagebefugnis („Betroffenheit")

3290 **Privilegierte Kläger**, nämlich Mitgliedstaaten, Europäisches Parlament, Rat und Kommission (Art. 263 Abs. 2 AEUV) benötigen keine Klagebefugnis. In diesen Fällen handelt es sich um ein „objektives Verfahren". Insb. die EU-Organe tragen die Verantwortung für die Wahrung des Unionsrechts und zwar auch dann, wenn sie am Zustandekommen mitgewirkt haben.

Nichtprivilegierte Kläger sind:

- Rechnungshof u. EZB (Art. 263 Abs. 3 AEUV); sie müssen „auf die Wahrung ihrer Rechte abzielen";
- natürliche und juristische Personen (Art. 263 Abs. 4 Alt. 1 AEUV); sie müssen Adressat eines Beschlusses nach Art. 288 Abs. 4 AEUV oder sonst (etwa durch eine Verordnung) *unmittelbar und individuell* betroffen sein.

6. Klagefrist (Art. 263 Abs. 6 i.V.m. Art. 297 AEUV)

3291 Die Klagen sind binnen zwei Monaten zu erheben; diese Frist läuft von der Bekanntgabe der betreffenden Handlung, ihrer Mitteilung an den Kläger oder von dem Zeitpunkt an, zu dem der Kläger von dieser Handlung Kenntnis erlangt hat.

IV. Das Vertragsverletzungsverfahren (Art. 258, 259 AEUV)

1. Zulässigkeit

a) Zuständiges Gericht

Zuständig ist der EuGH (Art. 256 Abs. 1 und zwar sowohl für Vertragsverletzungsverfahren der Kommission nach Art. 258 wie für solche durch einen Mitgliedstaat nach Art. 259 AEUV). **3292**

b) Klagegegenstand

Die Klage muss die Vertragsverletzung eines Mitgliedstaates (durch Handeln oder Unterlassen), d.h. einen Verstoß gegen primäres oder sekundäres Gemeinschaftsrecht, geltend machen. Z.B.: **3293**
- die Nichtumsetzung einer Richtlinie (Art. 288 Abs. 3 AEUV);
- die Nichtanwendung von EU-Recht;
- die unterbliebene Anpassung nationalen Rechts an EU-Recht.

c) Beteiligtenfähigkeit

- **Aktiv** beteiligtenfähig sind die Kommission (Art. 258 Abs. 1 AEUV) als Hüterin der Verträge und die Mitgliedstaaten (Art. 259 Abs. 1 AEUV). **3294**
- **Passiv** beteiligtenfähig sind ausschließlich die Mitgliedstaaten. Die Kompetenzverteilung innerhalb eines Mitgliedstaates (vgl. etwa Art. 70 GG für die Gesetzgebungszuständigkeit von Bund und Ländern in Deutschland) ist insoweit unerheblich.

d) Überzeugung von einer Vertragsverletzung

Erforderlich ist für die Klageerhebung die Überzeugung der Kommission bzw. des klagenden Mitgliedstaates von einer Vertragsverletzung des (anderen) Mitgliedstaates; bloße Zweifel oder ein „für möglich halten,, genügen nicht. **3295**

e) Ordnungsgemäßes Vorverfahren

Vor Klageerhebung ist ein obligatorisches Vorverfahren durchzuführen. Es dient der Sicherstellung rechtlichen Gehörs des Mitgliedstaates. Verfahrensfehler im Vorverfahren führen zur Unzulässigkeit der Klage. **3296**

aa) Vorverfahren der Kommission (Art. 258 AEUV).
- Aufforderung an den Mitgliedstaat zur Äußerung (Art. 258 UAbs. 1 HS. 2 AEUV) unter entsprechender Fristsetzung; **3297**
- Begründete Stellungnahme der Kommission (Art. 258 Abs. 1 HS. 1 AEUV) mit angemessener Fristsetzung zur Abhilfe (vgl. Art. 258 Abs. 2 AEUV).
- Nach Abschluss des Vorverfahrens steht die Klageerhebung im pflichtgemäßen Ermessen der Kommission (keine Pflicht zur Klageerhebung[57]).

57 EuGH Rs. C-247/87 – „Star Fruit Comp./Kommission“.

bb) Vorverfahren durch Mitgliedstaat (Art. 259 Abs. 2–4 AEUV).

3298
- Vorherige Befassung der Kommission mit der Angelegenheit (Art. 259 Abs. 2 AEUV)
- Aufforderung der Kommission an die beteiligten Mitgliedstaaten (potenzieller Kläger und Beklagter) zur Äußerung in einem kontradiktorischen Verfahren (Art. 259 Abs. 2 HS. 2 AEUV);
- begründete Stellungnahme der Kommission (Art. 259 Abs. 3 HS. 1 AEUV);
- nach Abschluss des Vorverfahrens kann Klage durch Mitgliedstaat erhoben werden; gibt die Kommission nicht binnen drei Monaten eine Stellungnahme ein, kann ebenfalls Klage erhoben werden (Art. 259 Abs. 4 AEUV).

2. Besonderheiten

3299 Ein **Verschulden des Mitgliedstaates** an der Vertragsverletzung ist **nicht** erforderlich („objektives Verfahren").

Im Falle der Begründetheit der Klage stellt der EuGH die Vertragsverletzung durch Urteil fest; der betroffene Staat muss Abhilfe durch Ergreifen der Maßnahmen schaffen, die sich aus dem Urteil des Gerichtshofs ergeben (Art. 260 Abs. 1 AEUV).

Nach erneuter Anhörung des Mitgliedstaates und auf Antrag der Kommission an den EuGH kann von diesem ein **Zwangsgeld** verhängt werden, Art. 260 Abs. 2 UAbs. 1 und 2 AEUV. Ein im Verfahren nach Art. 259 AEUV obsiegender Mitgliedstaat kann kein Zwangsgeld beantragen, sondern nur *in einem erneuten Verfahren* nach Art. 259 AEUV die Nichtbefolgung des ersten Urteils feststellen lassen. Im Vertragsverletzungsverfahren auf Antrag der die Kommission (Art. 258 AEUV) und nur, wenn es die Nichtumsetzung einer Richtlinie zum Gegenstand hat, kann die Kommission die Festsetzung eines Zwangsgeldes bereits im Urteilsspruch veranlassen (Art. 260 Abs. 3 AEUV).

V. Die Schadensklage (Art. 268 i.V.m. Art. 340 Abs. 2 und 3 AEUV)

3300 Die EU haftet für Unionsorgane, wenn sie gegen Unionsrecht verstoßen (Art. 340 Abs. 2 AEUV; nach Abs. 3 haftet abweichend davon die EZB für Verstöße in ihrem Bereich selbst).

Voraussetzung des Anspruchs ist, dass (1) eine Handlung eines Unionsorgans oder Bediensteten in Ausübung seiner Amtstätigkeit (legislative und exekutive Tätigkeiten) (2) gegen primäres oder sekundäres Unionsrecht (scil. das Individualinteressen des Anspruchstellers schützt) in qualifizierter Weise verstößt (d.h. im Falle eines Ermessensspielraums die Grenzen seiner Befugnisse offenkundig und erheblich überschreitet) und (3) einen Schaden (4) kausal dadurch verursacht hat.

Einzelheiten zur Klage und zum Anspruch ergeben sich aus der Satzung des EuGH.

VI. Exkurs: Außervertragliche Haftung der Mitgliedstaaten

3301 Die Haftung der Mitgliedstaaten für Schäden aus der Verletzung von Unionsrecht und ihre klageweise Durchsetzung ist grundsätzlich Angelegenheit des nationalen Rechts.

Einen (zur nationalen Amtshaftung zusätzlichen) – europarechtlich begründeten – Anspruch auf Schadensersatz einer natürlichen oder juristischen Person gegen einen Mitgliedstaat hat der EuGH erstmals in der Sache *Francovich* angenommen für Fälle, dass durch einen Verstoß eines Mitgliedstaates gegen das Unionsrecht ein Schaden verursacht wird[58].

Diese ungeschriebene Anspruchsgrundlage greift bei staatlichem Handeln der legislativen und exekutiven Gewalt, aber auch für (nur) letztinstanzliche Gerichtsurteile[59] und bei Verstößen (letztinstanzlicher Gerichte) gegen eine Vorlagepflicht zur Einleitung eines Vorabentscheidungsverfahrens[60].

Die **Voraussetzungen** des unionsrechtlichen Schadensersatzanspruchs formuliert der EuGH[61]: *„Unter derartigen Umständen erkennt das Gemeinschaftsrecht (Unionsrecht) einen Entschädigungsanspruch an, sofern drei Voraussetzungen erfüllt sind, nämlich dass die Rechtsnorm, gegen die verstoßen worden ist, bezweckt, dem Einzelnen Rechte zu verleihen, dass der Verstoß hinreichend qualifiziert ist und schließlich, dass zwischen dem Verstoß gegen die dem Staat obliegende Verpflichtung und dem den geschädigten Personen entstandenen Schaden ein unmittelbarer Kausalzusammenhang besteht" (Rn. 51).* 3302

Zum **Merkmal** des „hinreichend qualifizierten Verstoßes": *„Um festzustellen, ob ein hinreichend qualifizierter Verstoß vorliegt, sind alle Gesichtspunkte zu berücksichtigen, die für den dem nationalen Gericht vorgelegten Sachverhalt kennzeichnend sind. Zu diesen Gesichtspunkten gehören u.a. das Maß an Klarheit und Genauigkeit der verletzten Vorschrift, die Frage, ob der Verstoß oder der Schaden vorsätzlich begangen bzw. zugefügt wurde oder nicht, die Entschuldbarkeit oder Unentschuldbarkeit eines etwaigen Rechtsirrtums und der Umstand, dass das Verhalten eines Gemeinschaftsorgans möglicherweise dazu beigetragen hat, dass nationale Maßnahmen oder Praktiken in gemeinschaftsrechtswidriger Weise eingeführt oder aufrechterhalten wurden. Jedenfalls ist ein Verstoß gegen das Gemeinschaftsrecht offenkundig qualifiziert, wenn er trotz des Erlasses eines Urteils, in dem der zur Last gelegte Verstoß festgestellt wird oder eines Urteils im Vorabentscheidungsverfahren oder aber einer gefestigten einschlägigen Rechtsprechung des Gerichtshofes, aus denen sich die Pflichtwidrigkeit des fraglichen Verhaltens ergibt, fortbestanden hat" (Rn. 56f.).*

Prozessual ist der Schadensersatz allein im Rahmen der **nationalen Amtshaftung** sicherzustellen. Eine besondere Klagemöglichkeit (Leistungsklage auf Schadensersatz) zum EuGH/EuG besteht nicht (die vorgenannten Entscheidungen zu den Anspruchsvoraussetzungen sind dementsprechend in Vorabentscheidungsverfahren auf Vorlage nationaler Gerichte betreffend die Frage einer Ersatzpflicht ergangen). 3303

58 EuGH, verb. Rs. C-6/90 u. C-9/90 – „Francovich", Slg. 1991, I-5357.
59 EuGH, Rs. C-224/01 – „Köbler", Slg. 2003, I-10.239.
60 EuGH, Rs. C-173/03 – „TDM", Slg. 2006, I-5177.
61 EuGH, verb. Rs. C-46/93 u. C-48/93 – „Brasserie du pêcheur", Slg. 1996, I-1029.

N. Finanzmarktregulierung

I. Entwicklung

3304 Unter dem Begriff der Finanzmarktregulierung ist die Gesamtheit der Regelwerke zu verstehen, mit denen der Staat Finanzinstitutionen (also Banken, Wertpapierdienstleister und Versicherungen) lenkt, beaufsichtigt und kontrolliert. Die Zuständigkeit für den Erlass solcher Regelwerke lag in der Vergangenheit allein bei den einzelnen Mitgliedstaaten der (heutigen) EU. Von ihr wurde in Deutschland Gebrauch gemacht insb. durch das Kreditwesengesetz (KWG) für den Bankensektor und das Versicherungsaufsichtsgesetz (VAG) für den Versicherungssektor.

3305 In den 1960er Jahren begann die **Europäisierung des Rechtsrahmens**. In ihrer ersten Phase erfolgte – unter dem Einfluss europäischer Bemühungen um die Errichtung eines einheitlichen Binnenmarktes – eine Harmonisierung, indem die EU (damals noch EWG) Richtlinien erließ, die in nationale Gesetze umgesetzt werden mussten. Am Anfang standen Jahren mehrere Richtlinien aus dem Bereich der Versicherungsaufsicht, 1977 folgte die Bankenregulierung mit der Ersten Bankrechtskoordinierungsrichtlinie.[62] Das „Schlusslicht" bildete insoweit der Wertpapierhandel: Erst 1994 wurden – mit erheblicher Verspätung – mit dem Zweiten Finanzmarktförderungsgesetz, durch das u.a. das Wertpapierhandelsgesetz (WpHG) erlassen wurde, die Beteiligungstransparenzrichtlinie[63] sowie die Insiderrichtlinie[64] umgesetzt.

3306 Seit 2004 ist die Unionsrechtsetzung im Bereich der Finanzmarktregulierung durch ein neues, vierstufiges Rechtsetzungsverfahren, das sog. **Lamfalussy-Verfahren** (dazu näher Rn. 2113 ff.), geprägt, das schnell und flexibel Regeländerungen und damit rasche Reaktionen auf sich ändernde Marktgegebenheiten ermöglicht.

Eine zweite Phase der Europäisierung der Finanzmarktregulierung wurde ausgelöst durch die Pleite der internationalen Bank *Lehman Brothers* im September 2008 und die folgende Finanzkrise. Es folgte ein regelrechter „Regulierungstsunamie", der neben der Fülle der Neuregelungen vor allem durch den vermehrten Einsatz von – in den Mitgliedstaaten ohne weitere Umsetzung unmittelbar geltenden – EU-Verordnungen anstelle von EU-Richtlinien gekennzeichnet war. Beispielhaft genannt sei hier nur die Credit Requirement Regulation („CRR").[65]

Allein seit 2008 wurden EU-seitig über 40 Regelwerke verabschiedet u.a. um die Boni der Banker zu beschneiden, die Bargeldreserven der Banken aufzustocken oder das Gebaren der Hedgefonds transparenter zu machen. Andere betrafen Ratingagenturen, zentrale Gegenparteien, komplexe Finanzgeschäfte und auch den Verbraucherschutz (dazu s. unten).

---

62 Erste Richtlinie 77/70/EWG des Rates vom 12.12.1977 zur Koordinierung der Rechts- und Verwaltungsvorschriften über die Aufnahme und Ausübung der Tätigkeit der Kreditinstitute.

63 Richtlinie 88/627 EWG vom 12.12.1988 über die bei Erwerb und Veräußerung einer bedeutenden Beteiligung an einer börsennotierten Gesellschaft zu veröffentlichenden Informationen.

64 Richtlinie 89/592/EWG vom 13.11.1989 zur Koordinierung der Vorschriften betreffend Insidergeschäfte.

65 Verordnung (EU) Nr. 575/2013 des Europäischen Parlaments und des Rates vom 26.6.2013 über Aufsichtsanforderungen an Kreditinstitute und Wertpapierfirmen und zur Änderung der Verordnung (EU) Nr. 646/2012.

Ziel aller Regulierungsmaßnahmen war und ist es, ein stabiles und verantwortungsvolles Finanzsystem zu schaffen.

II. Regulierung der Banken

1. Europäische Bankenunion

Neben den durch die EU vereinheitlichten Regeln für die Tätigkeit der Banken („single **3307**
rulebook"), wurde die Errichtung einer europäischen Bankenunion in Angriff genommen. Durch sie wurden neue Strukturen für die Aufsicht und die Abwicklung von Banken und neue Regeln geschaffen, die die Banken stabiler, ihre Abwicklung risikoärmer und die Einlagen sicherer machen sollen.

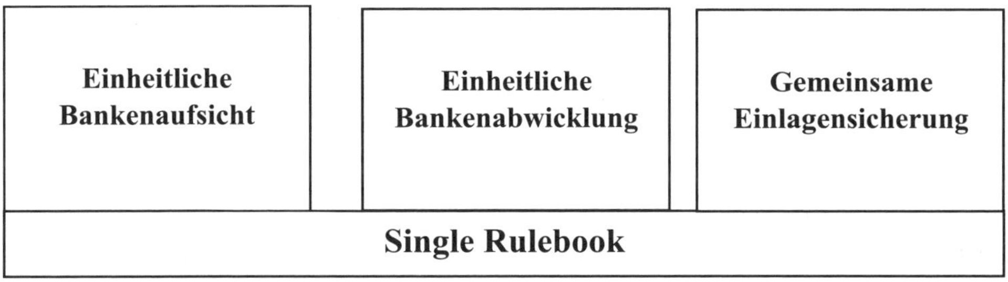

a) Single Rulebook

Quasi das Fundament der Europäischen Bankenunion stellt ein einheitliches **Regelwerk** **3308**
für die Banken und andere Finanzmarktakteure (sog. Single Rulebook) dar. Wie oben bereits ausgeführt, existieren europäische Vorgaben bereit seit den 1960er Jahren, die das sog. **„Bankaufsichtsrecht"** im Laufe der Zeit immer stärker europäisiert haben.

Ein wesentlicher Bestandteil dieses Regelwerks sind Anforderungen an die Eigenkapitalausstattung der Banken. Nur wenn bei der Realisierung von Verlusten ein ausreichendes Eigenkapital zur Verfügung steht, kann ein Durchschlagen der Verluste auf die Einlagen der Kunden vermieden bzw. eine Insolvenz des Instituts verhindert werden. Geistiger Urheber der Eigenkapitalanforderungen ist der Basler Ausschuss für Bankenaufsicht mit Sitz bei der Bank für Internationalen Zahlungsausgleich in Basel. Dem Ausschuss gehören hochrangige Vertreter/inner der nationalen Zentralbanken und Aufsichtsbehörden aus 28 Jurisdiktionen an. Er erarbeitet Standards für die Bankenaufsicht, insb. in Bezug auf die Eigenkapitalausstattung. Diese Standards, die bekannt sind unter den Begriffen **„Basel I"** (von 1988), **„Basel II"** (von 2004) und **„Basel III"** (von 2010), haben keinen formalrechtlichen Charakter, sind also rechtlich nicht zwingend. Aufgrund einer **freiwilligen Selbstverpflichtung** werden sie jedoch von je her in die Gesetze der beteiligten Staaten übernommen.

Die EU hat die Standards regelmäßig in **EU-Richtlinien** überführt. Die Basel III-Vorga- **3309**
ben wurden durch eine EU-Richtlinie (Capital Requirements Directive IV, „CRD IV") und eine EU-Verordnung (Capital Requirements Regulation, „CRR") umgesetzt. Die CRR ist, wie alle EU-Verordnungen, in Deutschland unmittelbar geltendes Recht; die Vorgaben der CRD IV fanden Eingang in das Kreditwesengesetz (KWG). Die neuen

Eigenkapitalregeln, die bis 2019 schrittweise umzusetzen waren, haben die Anforderungen an das vorzuhaltende Eigenkapital sowohl in quantitativer als auch in qualitativer Hinsicht deutlich erhöht.

b) Einheitliche Bankenaufsicht

3310 Die erste Säule der Bankenunion besteht aus einer **einheitlichen Bankenaufsicht (Single Supervisory Mechanism – „SSM")**. Die Banken sollen nicht nur europaweit nach denselben Regeln arbeiten müssen, sondern auch einer gemeinsamen Aufsicht unterliegen. Der Europäischen Zentralbank (EZB) wurden deshalb mit der „SSM"-Verordnung[66] bestimmte Aufgaben aus dem Bereich der Bankenaufsicht als ausschließliche Zuständigkeit übertragen. Auf dieser Grundlage hat die EZB am 4.11.2014 die (unmittelbare) Aufsicht über die „signifikanten" Einlagenkreditinstitute des Euroraums übernommen. Signifikant sind die Institute dann, wenn ihre Bilanzsumme mehr als 30 Mrd. € beträgt oder mehr als 20 % des nationalen Bruttoinlandsprodukts ausmacht. Zudem fallen darunter die drei größten Banken jedes Mitgliedstaats sowie die Banken, die bereits Hilfe aus Rettungsfonds erhalten haben. Bei nicht signifikanten Banken erfolgt die Überwachung weiterhin durch die nationalen Aufseher, allerdings unter der Aufsicht der EZB.

c) Einheitliche Bankenabwicklung

3311 Gerät eine Bank trotz aller Präventionsmaßnahmen in eine Schieflage, soll der einheitliche Abwicklungsmechanismus (Single Resolution Mechanism – „SRM") eine schnelle und geordnete Abwicklung unter Vermeidung von Gefahren für die Finanzstabilität ermöglichen, ohne zu Lasten der Steuerzahler auf Staatsmittel zurückgreifen zu müssen. Letzteres soll sichergestellt werden durch eine vorrangige Haftung von Eigentümern und Gläubigern des Instituts.

3312 Nach der Bankensanierungs- und Abwicklungsrichtlinie von 2014 **(Bank Recovery and Resolution Directive –„BRRD")**[67], die das materielle Recht für die Abwicklung beinhaltet, werden im Fall einer Abwicklung zunächst Eigentümer und Gläubiger in Höhe von mindestens 8 % der Bilanzsumme des Instituts an den Kosten beteiligt. Nach einer „Haftungskaskade" haften dabei zuerst die Eigentümer (Aktionäre), anschließend die nachrangigen Fremdkapitalgeber und zuletzt die sonstigen Fremdkapitalgeber unter Wahrung der Einlagensicherung **(sog. „bail-in")**. Sollte danach noch Kapitalbedarf bestehen, kann der Europäische Abwicklungsfonds genutzt werden. Neben den materiell-rechtlichen Vorgaben für die Sanierung und Abwicklung. Enthielt die BRRD auch bereits Vorgaben für die institutionelle und organisatorische Ausgestaltung der nationalen Abwicklungsrechte. Eine Vergemeinschaftung der Zuständigkeit und der Verfahren fand durch sie jedoch noch nicht statt. In Deutschland wurden die Vorgaben der Richtlinie durch das Sanierungs- und Abwicklungsgesetz (SAG) umgesetzt.

---

66 Verordnung (EU) Nr. 1024/2013 des Rates vom 15.10.2013 zur Übertragung besonderer Aufgaben im Zusammenhang mit der Aufsicht über Kreditinstitute auf die Europäische Zentralbank.

67 Richtlinie 2014/59/EU des Europäischen Parlaments und des Rates zur Festlegung eines Rahmens für die Sanierung und Abwicklung von Kreditinstituten und Wertpapierfirmen und zur Änderung der Richtlinie 82/891/EWG des Rates, der Richtlinien 2001/24/EG, 2002/47/EG, 2004/25/EG, 2005/56/EG, 2007/36/EG, 2011/35/EU, 2012/30/EU und 2013/36/EU sowie der Verordnungen (EU) Nr. 1093/2010 und (EU) Nr. 648/2012 des Europäischen Parlaments und des Rates.

Parallel kamen Forderungen nach einem "Einheitlichen Abwicklungsmechanismus" auf, der mit den notwendigen Befugnissen ausgestattet sein sollte, um sicherzustellen, dass jede Bank im Euroraum mit geeigneten Mitteln abgewickelt werden kann.[68] Neben der Aufsicht (1. Säule) sollte damit auch die Abwicklungszuständigkeit (also die institutionelle und organisatorische Seite der Bankenabwicklung) vergemeinschaftet werden. Einer der Hauptstreitpunkte waren die Einzelheiten der Finanzierung der Abwicklung, insb. die Überführung der bis dahin nationalen Abwicklungsfonds in einen Gemeinschaftsfonds, den sog. **Single Resolution Fund („SRF")**.[69] Ergebnis war der Erlass der „SRM"-Verordnung[70], die vollständig zum 1.1.2016 in Kraft getreten ist. Für den Euroraum wurde damit der Einheitliche Abwicklungsmechanismus als zentrale Entscheidungsinstanz geschaffen, der sich zusammensetzt aus einer europäischen Agentur (dem **Single Resolution Board – „SRB"**) und den nationalen Abwicklungsbehörden (in Deutschland seit 2018 angesiedelt bei der BaFin). **3313**

d) Gemeinsame Einlagensicherung

Einlagensicherungssysteme dienen dazu, die Bankkunden bei einer Insolvenz ihrer Bank vor einem Verlust ihrer Einlagen zu schützen. Die ersten europarechtlichen Richtlinien-Vorgaben in diesem Bereich stammen aus den 1990er Jahren. Die Finanzkrise von 2008 hat auch hier Reformbedarf erkennen lassen. Die Einlagensicherungsrichtlinie wurde daher überarbeitet und mit Wirkung zum 3.7.2015 in deutsches Recht umgesetzt. **3314**

Die Einlagensicherungsrichtlinie gibt im Wesentlichen gleiche Regeln für die Einlagensicherungssysteme in allen EU-Mitgliedstaaten vor. Aufgrund des Erfordernisses ihrer Transformation in nationale Gesetze weichen die einzelstaatlichen Regeln in der Praxis dennoch im Detail voneinander ab. Zudem hat nach wie vor jeder Mitgliedstaat seine eigenen Sicherungssysteme und damit vor allem seine eigenen Fonds, die für die Entschädigung der Anleger der Banken in dem betreffenden Land im Bedarfsfall zu Verfügung stehen. Die tatsächlich vorhandenen finanziellen Mittel sind daher von Staat zu Staat sehr unterschiedlich. **3315**

Im November 2015 hat die Europäische Kommission einen Vorschlag[71] für die Schaffung eines (gemeinsamen) Europäischen Einlagensicherungssystems für alle Banken im Euroraum vorgelegt, dessen Einführung am Widerstand u.a. Deutschlands bisher gescheitert ist. Die Bundesregierung sieht in der angestrebten Vergemeinschaftung vor allem einen Transfer von Risiken der Banken auf die Europäische Ebene, wodurch falsche Anreize für die Banken gesetzt würden, mehr Risiken zu Lasten eines gemeinsa- **3316**

---

68 Europäischer Rat, Tagung v. 13./14.12.2012, Schlussfolgerungen (EUCO 205/12).

69 Im Wege eines Kompromisses einigte man sich auf den Abschluss eines zusätzlichen Internationalen Abkommens (Intergovernmental Agreement). Kernpunkte dieses Abkommens sind die Verpflichtung der Mitgliedstaaten, die nach nationalem Recht von den Banken erhobenen Beiträge auf den SRF zu übertragen, sowie die sukzessive Vergemeinschaftung der Beiträge bei Inanspruchnahme des SRF während eines Übergangszeitraums bis 2023.

70 Verordnung (EU) Nr. 806/2014 des Europäischen Parlaments und des Rates zur Festlegung einheitlicher Vorschriften und eines einheitlichen Verfahrens für die Abwicklung von Kreditinstituten und bestimmten Wertpapierfirmen im Rahmen eines einheitlichen Abwicklungsmechanismus und eines einheitlichen Abwicklungsfonds sowie zur Änderung der Verordnung (EU) Nr. 1093/2010.

71 Vorschlag für eine Verordnung des Europäischen Parlaments und des Rates zur Änderung der Verordnung (EU) Nr. 806/2014 im Hinblick auf die Schaffung eines europäischen Einlagensicherungssystems v. 24.11.2015, COM(2015) 586final.

men europäischen Fonds einzugehen. Die Verhandlungen stocken derzeit, werden aber von Zeit zu Zeit immer wieder aufgenommen.

2. Anlegerschutz

3317 Die Regulierung der Banken betrifft auch den privatrechtlichen Bereich, also die Rechtsverhältnisse zwischen der Bank und ihren Kunden. Zur Schaffung eines einheitlichen europäischen Zahlungsraums **(Single Euro Payments Area – „SEPA")** mit gleichen Regularien in allen Euro-Mitgliedstaaten wurden zwei Zahlungsdiensterichtlinien erlassen, die Regelungen zu allen Arten des unbaren Zahlungsverkehrs enthalten. Mit der EU-Zahlungskontenrichtlinie wurde u.a. ein Anspruch von Jedermann auf ein Zahlungskonto mit Basisfunktionen geschaffen.

III. Regulierung der Wertpapiermärkte

1. Europäische Kapitalmarktunion

3318 Für gute Finanzierungsbedingungen der Wirtschaft ist es unerlässlich, dass Unternehmen neben der Kreditaufnahme bei Banken alternative, d.h. kapitalmarktbasierte Finanzierungsquellen zur Verfügung stehen (s. dazu Rn. 2102 ff.). Die Europäische Kommission hat es sich zur Aufgabe gemacht, europaweit zusätzliche Finanzierungsmöglichkeiten für Unternehmen zu schaffen und den freien Kapitalverkehr in der Europäischen Union sicherzustellen (Kapitalmarktunion). Ein besonderes Augenmerk liegt dabei auf kleinen und mittleren Unternehmen.

Zu den ergriffenen Maßnahmen gehören u.a.:
- die Schaffung von einfachen, transparenten und standardisierten Verbriefungen;
- die Vereinfachung von Prospektanforderungen und die Verringerung von Verwaltungslasten, damit die Kapitalbeschaffung für Unternehmen, insb. für kleine und mittlere, günstiger wird.
- die Stärkung der europäischen Märkte für Wagniskapitalfinanzierungen durch ein Maßnahmenpaket.

2. Anlegerschutz

3319 Für effiziente Kapitalmärkte ist der Anlegerschutz von grundlegender Bedeutung. Ohne besondere Schutzmechanismen würden die Anleger aus Angst vor Übervorteilung dort gar nicht oder nur bei Zahlung erheblicher Risikoprämien investieren. Entsprechend wird auch dem Anlegerschutz von Seiten des Gesetzgebers große Bedeutung zugemessen.

Das Kapitalmarktrecht war bis in die 1980er Jahre rein „rechtsform- und institutionenbezogen". D.h. es umfasste Regelungen, die sich auf Beteiligungen an Aktiengesellschaften und die an der Emission solcher Beteiligungstitel mitwirkenden Institutionen bezogen. Dabei handelte es sich um rein nationale Vorschriften.

3320 Mit der EG-Richtlinie vom 17.4.1989 zur Koordinierung der Bedingungen für die Erstellung, Kontrolle und Verbreitung des Prospekts, der im Fall öffentlicher Angebote von Wertpapieren zu veröffentlichen ist, umgesetzt durch das deutsche (inzwischen außer Kraft getretene) **Verkaufsprospektgesetz**, setzte, ausgehend von der EU, ein erster Schritt in die Richtung einer marktbezogenen Regelung des Kapitalmarktrechts ein, also eines Kapitalmarktrechts, das den Kapitalmarkt als solchen zum Gegenstand hat. Der größte Schritt in diese Richtung folgte 1994 mit dem Inkrafttreten des **Wertpapierhandelsgesetzes (WpHG)**, mit dem u.a. die EG-Insiderrichtlinie und die EG-Transparenz-Richtlinie umgesetzt wurden.

Seither ist das Kapitalmarktrecht durch eine Fülle weiterer europäischer Richtlinien und **3321**
EU-Verordnungen weiter stark europäisiert worden, so dass inzwischen der ganz überwiegende Teil aller Regelungen in diesem Bereich auf europäische Vorgaben zurückgeht. Die jüngsten gravierenden Änderungen wurden vollzogen durch die **Finanzmarktrichtlinie II (MiFID II)**[72] , übertragen ins deutsche Recht durch das **Zweite Finanzmarktnovellierungsgesetz**, das zu erheblichen Veränderungen im WpHG geführt hat, und die dazugehörige EU-Verordnung MiFIR.[73] Hierdurch wurde der Anlegerschutz noch einmal deutlich verstärkt.

Hinzu kommt, dass seit Anwendung des sog. **Lamfalussy-Verfahrens** (s. dazu **3322**
Rn. 2113 ff.) die Europäische Wertpapieraufsichtsbehörde **ESMA** (dazu näher Rn. 2128) maßgeblichen Einfluss auf die Auslegung und Anwendung der Regelungen hat. Sie erlässt eine Vielzahl von Leitlinien und Empfehlungen, denen die deutsche Aufsichtsbehörde **BaFin** ganz überwiegend folgt und die sie zur Grundlage ihrer Aufsichtspraxis macht.

O. Wirtschafts- und Währungsunion

Gegenstand der europäischen Wirtschafts- und Währungsunion („WWU“) ist die Koor- **3323**
dinierung der Wirtschafts- und Fiskalpolitik sowie die gemeinsame Währungspolitik der Mitgliedstaaten.

I. Historische Entwicklung

Heute findet sich in Art. 3 Abs. 4 EUV die Aussage, dass die Union eine Wirtschafts- **3324**
und Währungsunion (WWU) errichtet, deren Währung der **Euro** ist. Der Weg bis hierhin war lang.

In den **Römischen Verträgen von 1957** war die Schaffung einer gemeinsam europäi- **3325**
schen Währung nicht vorgesehen. Auch die Wirtschaftspolitik wurde den Mitgliedstaaten selbst überlassen.

Währungsturbulenzen in der Gemeinschaft in den 1960er Jahren gefährdeten den erreichten Integrationsstand. Im Jahr 1969 fassten die Staats- und Regierungschefs in Den Haag deshalb den Beschluss zur beschleunigten Integration, zur **Einführung der Wirtschafts- und Währungsunion (WWU)** bis 1980 und zur politischen Zusammenar-

72 Richtlinie 2014/65/EU des Europäischen Parlaments und des Rates über Märkte für Finanzinstrumente sowie zur Änderung der Richtlinien 2002/92/EG und 2011/61/EU vom 15.5.2014.

73 Verordnung (EU) Nr. 600/2014 des Europäischen Parlaments und des Rates über Märkte für Finanzinstrumente und zur Änderung der Verordnung (EU) Nr. 648/2012.

beit. Diese Initiative fand allerdings bereits im Zusammenhang mit dem Zusammenbruch des Bretton-Woods-Systems 1973, das seit 1944 den Wechselkurs jeder Landeswährung gegenüber dem Dollar festgelegt hatte, ihr Ende. Die angestrebte Realisierung der WWU bis 1980 war danach nur noch Vision.

1972 wurde der **Europäische Währungsverbund**[74] gegründet, ein Wechselkurssystem, bei dem die Wechselkurse der Mitgliedsländer in einem festen Verhältnis zueinander mit einer Bandbreite von ± 2,25 % zu halten waren, während sie gegenüber dem Dollar frei schwankten.

Der Europäische Währungsverbund wurde 1979 abgelöst durch **Inkrafttreten des Europäischen Währungssystems (EWS)**. Hierbei handelte es sich um ein System im Prinzip fester, im Bedarfsfall aber anpassungsfähiger Wechselkurse. Bei Überschreiten eines durch Bandbreiten festgelegten Schwankungsspielraums der Währungen zueinander waren die Notenbanken zur Intervention verpflichtet. Zur Sicherstellung der Funktionsfähigkeit des EWS wurden drei Steuerungselemente konstruiert: Der ECU (European Currency Unit als Europäische Währungseinheit), das Wechselkurs- und Interventionssystem und verschiedene Kreditmechanismen. Die Wechselkursregelung sollte den Waren-, Dienstleistungs- und Kapitalverkehr zwischen den Mitgliedstaaten vor Wechselkursrisiken bewahren und dadurch erleichtern. Zudem sollte sie den Weg zu einer Europäischen Währungsunion ebnen.

1988 bildete der Europäische Rat einen Ausschuss unter Leitung von Jacques Delors, dem damaligen Präsidenten der EG-Kommission, der den Auftrag erhielt, Vorschläge zur Errichtung einer Wirtschafts- und Währungsunion (WWU) vorzulegen. Ergebnis war der **sog. „Delors-Bericht“ aus dem Jahre 1989**, wonach die WWU in drei Stufen verwirklicht werden sollte. Auf Grundlage dieses Abschlussberichts beschloss der Europäische Rat noch im selben Jahr, zum 1.7.1990 in die erste Stufe einer europäischen Wirtschafts- und Währungsunion einzutreten. Auf dieser Stufe sollte – noch innerhalb des bestehenden institutionellen Rahmens – eine verstärkte Abstimmung der nationalen Wirtschafts- und Währungspolitiken erfolgen.

Mit dem **Maastrichter Vertrag**, der im Dezember 1991 beschlossen wurde und am 1.12.1993 in Kraft getreten ist, wurde das Ziel einer gemeinsamen Wirtschafts- und Währungsunion erstmals in den Primärverträgen verankert. Die Wirtschafts- und Währungsunion bildet ein Kernstück des Vertrages. Er enthält Vorgaben zu Beginn und Ausgestaltung der 2. und 3. Stufe.

3326 Auf der **2. Stufe der WWU** ging es vor allem um die Koordinierung der Geldpolitiken der Mitgliedstaaten, die Überwachung des Europäischen Währungssystems sowie die organisatorische Vorbereitung des Eintritts in die 3. Stufe und die damit verbundene Einrichtung einer Europäischen Zentralbank. In dieser Zeit blieben die Zentralbanken der Mitgliedstaaten uneingeschränkt entscheidungsbefugt. Der Mastrichter Vertrag legte u.a. auch die sog. Konvergenzkriterien, d.h. fiskalische und monetäre Vorgabewerte an die Mitgliedstaaten **(„Maastrichter-Kriterien“)**, fest. Ihr Ziel ist es, die Leistungsfähigkeiten der einzelnen Mitgliedstaaten zu harmonisieren und damit die wirtschaftliche Stabilität und Solidität der EU insb. im Hinblick auf die (damals noch entstehende Währungsunion) zu fördern. Ihre Einhaltung ist Voraussetzung für

74 Beteiligt waren Deutschland, Frankreich, die Beneluxländer, Italien und Dänemark.

den Beitritt zur Währungsunion. Sie einzuhalten sind die Mitgliedstaaten aber auch nach ihrem Eintritt in die Währungsunion verpflichtet. Bei den Konvergenzkriterien[75] handelt es sich um: (1) hoher Grad an Preisstabilität,[76] (2) keine übermäßigen Defizite in den öffentlichen Haushalten,[77] (3) Einhaltung der normalen Bandbreiten des Wechselkursmechanismus des Europäischen Währungssystems[78] und (4) Konvergenz der Zinssätze[79].

Da für die Einhaltung der Konvergenzkriterien vor allem das Maß der Staatsverschuldung von Bedeutung ist, wurde 1997 ein **Stabilitäts- und Wachstumspakt** beschlossen, der aus mehreren Rechtsakten besteht und u.a. auf die Haushalte der Mitgliedstaaten und deren Überwachung abzielt.

Nach Errichtung der Europäischen Zentralbank (EZB) im Jahr 1998 sind dann zum 1.1.1999 die Mitgliedstaaten, die die Voraussetzungen für die Einführung einer gemeinsamen Währung, insb. die Konvergenzkritierien, erfüllt hatten, in die **3. Stufe der WWU** eingetreten.[80] (Großbritannien und Dänemark haben allerdings von ihrem Recht auf Nichtteilnahme Gebrauch gemacht.) Für Deutschland hat das BVerfG in seiner „Maastricht-Entscheidung"[81] festgestellt, dass dies kein durch den Maastricht-Vertrag begründeter „Automatismus" sei, sondern dass zur Wahrung des deutschen Demokratieprinzips zusätzlich eine demokratische Legitimation durch eine „parlamentarisch zu beeinflussende Zustimmung der Bundesregierung", mithin also ein Zustimmung auch des deutschen Gesetzgebers erforderlich sei. Mit Beginn der 3. Stufe wurde der Euro als Buchgeld eingeführt. Für die Mitgliedstaaten, deren Währung der Euro wurde („Euro-Gruppe"), wurden die unwiderruflichen Umrechnungskurse ihrer Währungen festgelegt sowie die unwiderruflichen Umrechnungskurse in den Euro. Das bis dahin bestehende Europäische Währungssystem (EWS), das bis dahin für stabile Wechselkurse sorgen sollte, wurde durch den sog. Wechselkursmechanismus abgelöst, an dem auch Nicht-Euromitglieder freiwillig teilnehmen können. **3327**

Mit Eintritt in die 3. Stufe wurden die Koordinierung der Geldpolitiken der Mitgliedstaaten sowie die Überwachung des gesamten Systems von einem unabhängigen **Europäischen System der Zentralbanken (ESZB)** übernommen, dem die EZB sowie die Zentralbanken der Mitgliedstaaten angehören. Art. 88 S. 2 GG sieht seither vor, dass die Aufgaben und Befugnisse der Deutschen Bundesbank im Rahmen der Europäischen Union der EZB übertragen werden können.

Zum 1.1.2002 wurde der **Euro auch als Bargeld** eingeführt.

---

75 Heute zu finden in Art. 126 und 140 AEUV i.V.m. dem Protokoll über die Konvergenzkriterien (BGBl. 1992 II S. 1309).

76 Die Inflationsrate eines EU-Staates darf max. 1,5 Prozentpunkte über der durchschnittlichen Rate der drei Mitgliedsländer mit der niedrigsten Inflation liegen.

77 Das Defizit darf max. 3 % und die Schuldenquote max. 60 % des Bruttoinlandprodukts betragen.

78 Ein EU-Staat muss zwei Jahre dem Europäischen Währungssystem angehören und darf seine Währung in dieser Zeit nicht eigenständig abwerten.

79 Die langfristigen Zinsen in einem EU-Mitgliedstaat dürfen max. 2 Prozentpunkte über dem durchschnittlichen Zinssatz der drei Mitgliedstaaten mit den niedrigsten Zinsen liegen.

80 Das waren zunächst elf Mitgliedstaaten: Deutschland, Frankreich, Italien, Belgien, die Niederlande, Luxemburg, Spanien, Portugal, Irland, Österreich und Finnland.

81 BVerfGE 89, 155 (Maastricht).

II. Die Finanzkrise ab 2008

3328 Die globale Banken- und Finanzkrise, die 2007 begann und ihren Höhepunkt im Zusammenbruch der Bank *Lehman Brothers* im Herbst 2008 fand, machte milliardenschwere staatliche Rettungspakete zugunsten von Banken erforderlich und trieb die in vielen EU-Mitgliedstaaten ohnehin schon hohe Staatsverschuldung noch einmal deutlich in die Höhe. Erschwerend hinzu kam die ständige Verschärfung der Situation durch einen deutlich zutage tretenden Teufelskreis: Die steigende Staatsverschuldung ließ die Werte der von den betroffenen Staaten ausgegebenen Staatsanleihen sinken, was wiederum zu einer Verschlechterung der Bilanzen der Banken führte, die diese Papiere selbst in großen Umfang hielten und deren Bilanzen sich dadurch weiter verschlechterten. Um diesen Teufelskreis zu durchbrechen und insb. die Steuerzahler vor weiteren Rettungsaktionen in der Zukunft möglichst zu schützen, wurde von gesetzgeberischer Seite ein ganzes Maßnahmenpaket zur Bankenregulierung auf den Weg gebracht (s. Rn. 3306 ff.). Zudem wurde der 1997 geschlossene Stabilitäts- und Wachstumspakt reformiert. Dieser verpflichtet die Euro-Staaten u.a. zur Vorlage sog. **Stabilitätsprogramme**, mit denen die dauerhafte Einhaltung der Konvergenzkriterien sichergestellt werden soll und deren Umsetzung der Rat überwacht. In diesem Zusammenhang wurde auch 2011 das sog. **„Europäische Semester"** eingeführt. Unter dem „Europäischen Semester" versteht man einen mit dem Jahresbeginn einsetzenden Sechsmonatszyklus, in dem die Koordinierungsprozesse im Rahmen des Stabilitäts- und Wachstumspaktes aufeinander abgestimmt werden und die Mitgliedstaaten im Vorfeld ihrer nationalen Haushaltsverfahren politische Leitlinien und Empfehlungen erhalten. Die nationalen Haushalte können damit im Ergebnis, bereits bevor sie in den Mitgliedstaaten beschlossen werden, auf ihre Vereinbarkeit mit den europäischen Vorgaben überprüft werden.

3329 Diese gesetzgeberischen Maßnahmen konnten Wirkung nur für die Zukunft entfalten. Den durch die Bankenkrise in eine Staatsschuldenkrise geratenen Staaten musste jedoch akut geholfen werden, um ihre Zahlungsunfähigkeit abzuwenden. Zu diesem Zweck sind verschiedene Rettungsschirme aufgespannt und Rettungspakete für einzelne Mitgliedstaaten geschnürt worden. Fast alle dieser Maßnahmen sind durch das BVerfG überprüft worden.

1. Griechenlandhilfen und EFSM

3330 Im Mai 2010 stellten die Mitgliedstaaten der Euro-Gruppe auf Antrag Griechenlands im Zusammenhang mit einem dreijährigen Programm des Internationalen Währungsfonds (IWF) erhebliche Finanzhilfen bereit und versprachen, Griechenland mit bilateralen Darlehen zu unterstützen. Um die erforderlichen Maßnahmen auf nationaler Ebene zu treffen, verabschiedete der Deutsche Bundestag ein Gesetz **(Währungsunions-Finanzstabilitätsgesetz, „WFStG")**, das das Bundesfinanzministerium ermächtigte, Gewährleistungen bis zur Höhe von insges. 22,4 Milliarden € für Kredite an Griechenland zu übernehmen. Im Nachgang wurde diskutiert, ob diese Finanzhilfen, obwohl sie freiwillig gewährt wurden, einen Verstoß gegen Art. 125 Abs. 1 S. 2 AEUV darstellen, wonach ein Mitgliedstaat nicht für die Verbindlichkeiten eines anderen Mitgliedstaats haftet.

3331 Ebenfalls noch im Mai 2010 vereinbarten die Staats- und Regierungschefs der Euro-Gruppe, dass die EU-Kommission einen europäischen Stabilisierungsmechanismus zur Wahrung der Finanzmarktstabilität in Europa vorschlagen sollte **(„Euro-Rettungs-**

schirm"). Beschlossen wurde daraufhin die Schaffung eines **europäischen Stabilisierungsmechanismus**, der sich zusammensetzt aus dem auf eine EU-Verordnung gestützten **europäischen Finanzstabilisierungsmechanismus (EFSM)**, der bis zum 31.6.2013 befristet wurde, und aus der **europäischen Finanzstabilisierungsfazilität (EFSF)**. Die ESFS ist eine Zweckgesellschaft zur Gewährung von Darlehen und Kreditlinien, die auf einer zwischenstaatlichen Vereinbarung der Mitgliedstaaten der Euro-Gruppe beruht. Die dem EFSM zugrundeliegende Verordnung stützt sich ihrerseits auf Art. 122 Abs. 2 AEUV, wonach einem Mitgliedstaat, der aufgrund außergewöhnlicher Ereignisse, die sich seiner Kontrolle entziehen, von Schwierigkeiten betroffen oder von gravierenden Schwierigkeiten ernstlich bedroht ist, ein finanzieller Beistand der EU gewährt werden kann. Um auf nationaler Ebene die Voraussetzungen für die Leistung finanziellen Beistands über die EFSF zu schaffen, verabschiedete der Deutsche Bundestag am 22.5.2010 das **Stabilisierungsmechanismusgesetz („StabMechG")**. Dieses Gesetz ermächtigt das Bundesfinanzministerium, Gewährleistungen zur Absicherung von Krediten bis zu einer Höhe von 147,6 Milliarden € zu übernehmen, die die EFSF aufnimmt.

Sowohl der Euro-Rettungsschirm als auch die Griechenland-Hilfe wurden mit **Verfassungsbeschwerden** angegriffen, die u.a. damit begründet wurden, dass das Wahlrecht aus Art. 38 Abs. 1 GG verletzt sei, insb. unter den Aspekten einer Verletzung des Demokratieprinzips und einer Beeinträchtigung der Haushaltsautonomie des Deutschen Bundestages. Das BVerfG hat die Verfassungsbeschwerden mit seinem **Euro-Rettungsschirm-Urteil**[82] als unbegründet zurückgewiesen:[83] Art. 38 GG fordere in Verbindung mit den Grundsätzen des Demokratieprinzips, dass die Entscheidungen über Einnahmen und Ausgaben der öffentlichen Hand als grundlegender Teil der demokratischen Selbstgestaltungsfähigkeit in der Hand des Deutschen Bundestags blieben. Insofern sei es dem Deutschen Bundestag untersagt, finanzwirksame Mechanismen zu begründen, die zu nicht überschaubaren haushaltsbedeutsamen Belastungen ohne erneute konstitutive Zustimmung des Bundestags führen könnten. Insoweit sei es auch dem Bundestag verwehrt, dauerhafte völkerrechtliche Mechanismen zu etablieren, die auf eine Haftungsübernahme für Willensentscheidungen anderer Staaten hinausliefen, vor allem, wenn sie mit schwer kalkulierbaren Folgewirkungen verbunden seien. Allerdings habe das Bundesverfassungsgericht seine Überprüfung hinsichtlich des Umfangs der Gewährleistungsübernahme auf evidente Überschreitungen äußerster Grenzen zu beschränken. Dem Gesetzgeber komme hinsichtlich der Wahrscheinlichkeit, für Gewährleistungen einzustehen, insofern ein Einschätzungsspielraum zu, den das Bundesverfassungsgericht zu akzeptieren habe. Vor diesem Hintergrund seien beide Maßnahmen mit dem Grundgesetz vereinbar. Es könne nicht festgestellt werden, dass die Höhe der übernommenen Gewährleistungen die haushaltswirtschaftliche Belastungsgrenze derart überschritten, dass die Haushaltsautonomie praktisch vollständig leerliefe. Auch begründe oder verfestige keines der Gesetze einen Automatismus, durch den der Bundestag sich seines Budgetrechts entäußern würde. Der Bundestag habe sein Budgetrecht daher nicht in verfassungsrechtlich unzulässiger Weise entleert und den substanziellen Bestimmungsgehalt des Demokratieprinzips nicht missachtet. Zur Gewährleistung der parlamentarischen Haushaltsautonomie bedürfe es allerdings einer verfassungskonformen Auslegung der Gesetze dahingehend, dass die Bundesregierung grundsätzlich verpflichtet sei, vor 3332

82 BVerfGE 129, 124 – Euro-Rettungsschirm.
83 S. Pressemitteilung Nr. 55/2011 des BVerfG vom 7.9.2011.

Übernahme von Gewährleistungen jeweils die vorherige Zustimmung des Haushaltsausschusses (nicht zwingend des ganzen Bundestages) einzuholen.

3333 Das nach dem Urteil **reformierte StabMechG** sah danach zunächst vor, dass in Fällen besonderer Eilbedürftigkeit oder Vertraulichkeit die Beteiligungsrechte des Bundestages durch ein neunköpfiges Sondergremium ausgeübt werden konnten. Das Bundesverfassungsgericht[84] sah hierin einen Verstoß gegen Art. 38 Abs. 1 S. 2 GG. Es dürfe nur in eng begrenzten Ausnahmefällen, konkret, wenn es um den Ankauf von Staatsanleihen auf dem Sekundärmarkt gehe, eine Unterdelegation auf ein solches Sondergremium stattfinden. Zudem müsse das Sondergremium die Kräfteverhältnisse im Bundestag widerspiegeln.

2. ESM und Fiskalpakt

3334 Der ESFS wurde am 1.7.2013 abgelöst durch den im Oktober 2012 errichteten, permanenten **Europäischen Stabilitätsmechanismus („ESM")**, der langfristig zur Stabilisierung des Euro-Raums beitragen soll. Der ESM wurde durch völkerrechtlichen Vertrag[85] als internationale Finanzinstitution mit Sitz in Luxemburg gegründet. Zweck des ESM ist es, Finanzmittel zu organisieren und diese in Schwierigkeiten geratenen Mitgliedstaaten der Eurozone unter strikten wirtschaftspolitischen Auflagen durch verschiedene Finanzierungsinstrumente zur Verfügung zu stellen, wenn dies unabdingbar ist, um die Stabilität des Euro-Währungsgebietes insges. zu wahren. Als Instrumente kommen in Betracht die Bereitstellung von Kreditlinien bei kurzfristigen Finanzierungsschwierigkeiten, Darlehen zur Überbrückung von Finanzierungsschwierigkeiten, direkte oder indirekte Bankenrefinanzierung und die Beteiligung am Ankauf von Staatsanleihen des betreffenden Mitgliedstaates auf dem Primär- oder Sekundärmarkt. Hilfsanträge werden bewertet durch die Europäische Kommission, in Absprache mit der Europäischen Zentralbank und ggf. dem Internationalen Währungsfonds (sog. Troika). Die Troika überwacht im Nachgang auch die Einhaltung der an die Finanzhilfe geknüpften wirtschafts- und finanzpolitischen Bedingungen.

Der ESM verfügt über ein Stammkapital von ca. 705 Milliarden €. Der Finanzierungsanteil der Mitgliedstaaten entspricht dem Anteil ihrer jeweiligen Beteiligung an der EZB. Der Anteil Deutschlands liegt damit bei ca. 190 Milliarden €.

3335 Die Gewährung von Finanzhilfen durch den ESM ist an die Ratifizierung und Umsetzung des sog. **Fiskalvertrages**[86] gekoppelt. Mit dem Fiskalvertrag vom 2.3.2012 haben sich alle EU-Staaten außer dem Vereinigten Königreich und Tschechien verpflichtet, einheitliche und dauerhafte verbindliche Haushaltsregeln in ihre nationalen Rechtsordnungen aufzunehmen, insb. sog. Schuldenbremsen einzuführen. Die Anforderungen gehen deutlich über die des Stabilitäts- und Wachstumspaktes hinaus. Finanzhilfe aus dem ESM kann nur erhalten, wer die Bestimmungen zur Schuldenbremse in seine nationale Rechtsordnung umgesetzt hat.

---

84 BVerfGE 130, 318 (Sondergremium).

85 Vertrag zur Errichtung des Europäischen Stabilitätsmechanismus vom 2.2.2012.

86 Vertrag über Stabilität, Koordinierung und Steuerung in der Wirtschafts- und Währungsunion vom 2.3.2012. Es handelt sich hierbei um einen völkerrechtlichen Vertrag. Die ursprüngliche Absicht, diese Regelungen durch eine Änderung der Unionsverträge einzuführen, war aufgrund des Widerstands des Vereinigten Königreichs nicht realisierbar.

Auch gegen diese Maßnahmen wurden Klagen vor dem BVerfG erhoben. Das BVerfG[87] hat die Teilnahme Deutschlands unter der Auflage für rechtmäßig erklärt, dass die Zahlungsverpflichtungen die vereinbarten ca. 190 Milliarden € nicht übersteigen dürften. Zudem müsse der Bundestag jeweils beteiligt werden. Dieser dürfe einem nicht an strenge Vorgaben gebundenen und in seinen Auswirkungen nicht begrenzten Bürgschafts- oder Leistungsautomatismus nicht zustimmen, der – einmal in Gang gesetzt – seiner Kontrolle und Einwirkung entzogen sei. Das Demokratieprinzip gebiete es zudem, dass der Bundestag an diejenigen Informationen gelangen müsse, die er für die Abschätzung der wesentlichen Grundlagen und Konsequenzen seiner Entscheidung benötigt. Nur so bleibe das Haushaltsrecht des Bundestages gewahrt. Zudem habe der Bundestag, um eine durch Zahlungsverzug begründete Aussetzung der Stimmrechte im ESM zu vermeiden, nicht nur den anfänglich einzuzahlenden (Teil)Kapitalanteil im Haushalt bereitzustellen, sondern sicherzustellen, dass etwaige weitere Kapitalanteile jederzeit fristgerecht und vollständig eingezahlt werden können. **3336**

Um einen Verstoß des Vertrages gegen Art. 125 Abs. 1 AEUV (keine Haftung für andere Mitgliedstaaten) zu verhindern, wurde in Art. 136 AEUV ein neuer Abs. 3 eingefügt, der es den Mitgliedstaaten erlaubt, einen dauerhaften Stabilitätsmechanismus aufgrund eines völkerrechtlichen Vertrages zu errichten. **3337**

3. Anleihekäufe der EZB

Als im Zuge der Finanzkrise 2007/2008 diverse EU-Mitgliedstaaten in Not gerieten (s. Rn. 3328 ff.), begann das Europäische System der Zentralbanken, dem neben der EZB die Zentralbanken der Mitgliedstaaten angehören, – zunächst im Rahmen seines sog. **„Securities Markets Programme“ („SMP“)** – ab Mai 2010 Anleihen von Euro-Staaten aufzukaufen, die ihren Finanzbedarf nicht mehr vollständig am Kapitalmarkt decken konnten. **3338**

Am 6.9.2012 beschloss der Rat der EZB das **„Outright Monetary Transactions“-Programm („OMT“)**, das das SMP ablöste und das Europäische System der Zentralbanken ermächtigt, Staatsanleihen von Euro-Krisenstaaten in unbegrenzter Höhe an den Sekundärmärkten zu erwerben. Voraussetzung ist, dass der betreffende Staat an einem mit der Europäischen Finanzstabilitätsfazilität (EFSF, s. Rn. 3331) oder dem Europäischen Stabilitätsmechanismus (ESM, s. Rn. 3334 f.) vereinbarten Reformprogramm teilnimmt. Das OMT-Programm soll Störungen des geldpolitischen Transmissionsmechanismus beheben, die durch die besondere Situation der Staatsanleihen bestimmter Mitgliedstaaten hervorgerufen werden, und die Einheitlichkeit der Geldpolitik sicherstellen. **3339**

Nachdem mehrere **Verfassungsbeschwerden** beim BVerfG wegen der Mitwirkung der Deutschen Bundesbank (als Teil des Europäischen Systems der Zentralbanken) an dem Programm anhängig gemacht worden waren (mit dem Argument, es handele sich um einen Ultra-vires-Akt (dazu s. Rn. 3203, 3205)), hat das BVerfG im **Vorabentscheidungsverfahren** den EuGH angerufen und um Klärung gebeten, ob das OMT-Programm mit den Unionsverträgen vereinbar sei. **3340**

---

87 BVerfGE 132, 195 (ESM/Fiskalpakt I (Ablehnung einer einstweiligen Anordnung), BVerfGE 135, 317 (ESM/Fiskalpakt II (Urteil im Hauptsacheverfahren)).

3341 Mit seinem Urteil vom 16.6.2015[88] hat der EuGH das OMT-Programm als mit den Unionsverträgen vereinbar erklärt, sofern bedingte Bedingungen eingehalten sind. Die EZB halte sich mit dem Programm im Rahmen ihrer Befugnisse, da es in Anbetracht seiner Ziele und der zu ihrer Erreichung vorgesehenen Mittel zum Bereich der Währungspolitik gehöre und nicht der Wirtschaftspolitik zuzurechnen sei. Zur Frage, ob das Programm gegen das Verbot der monetären Finanzierung von Mitgliedstaaten aus Art. 123 Abs. 1 AEUV[89] verstoße, führt der EuGH aus, die Vorschrift verbiete grundsätzlich nur den unmittelbaren Erwerb von Staatsanleihen (d.h. den Erwerb auf dem Primärmarkt), nicht aber den Erwerb von Gläubigern des betreffenden Mitgliedstaates (d.h den Erwerb auf dem Sekundärmarkt). Allerdings dürfe der Erwerb an den Sekundärmärkten nicht die gleiche Wirkung haben wie der unmittelbare Erwerb der Anleihen am Primärmarkt. Auch dürften solche Ankäufe nicht eingesetzt werden, um das mit dem Verbot der monetären Finanzierung von Mitgliedstaaten verfolge Ziel zu umgehen. Die gleiche Wirkung wie durch Primärmarktkäufe könne eintreten, wenn die Marktteilnehmer, die Staatsanleihen auf dem Primärmarkt erwerben, die Gewissheit hätten, dass das ESZB diese Anleihen binnen eines Zeitraums und unter Bedingungen ankaufen würde, die es diesen Marktteilnehmern ermöglichten, faktisch als Mittelsperson des ESZB für den unmittelbaren Erwerb dieser Anleihen zu agieren. Dies müsse durch die Bedingungen des Programms ausgeschlossen sein, was hier der Fall sei. Zu den Bedingungen gehört, dass

- die Ankäufe nicht angekündigt werden,
- das Volumen der Ankäufe im Voraus begrenzt ist,
- zwischen der Emission eines Schuldtitels und seinem Ankauf durch das ESZB eine im Voraus festgelegte Mindestfrist liegt, die verhindert, dass die Emissionsbedingungen verfälscht werden,
- nur Schuldtitel von Mitgliedstaaten erworben werden, die einen ihre Finanzierung ermöglichenden Zugang zum Anleihemarkt haben,
- die erworbenen Schuldtitel nur ausnahmsweise bis zu Endfälligkeit gehalten werden und
- die Ankäufe begrenzt sind oder eingestellt werden und erworbene Schuldtitel wieder dem Markt zugeführt werden, wenn eine Fortsetzung der Intervention nicht erforderlich ist.

Unter der Maßgabe, dass diese Bedingungen erfüllt sein müssen, hat im Anschluss auch das BVerfG die Beteiligung der Deutschen Bundesbank an der Durchführung des Programms für zulässig erklärt.[90] Das OMT-Programm in der Auslegung des EuGH berge auch kein verfassungsrechtlich relevantes Risiko für das Budgetrecht des Bundestages.

3342 Das OMT-Programm in seiner ursprünglich beschlossenen Form kam in der Praxis nie zum Einsatz. Ab März 2015 wurde es auf Anleihen des Öffentlichen Sektors **(Public**

88 Az. C-62/14 – Gauweiler u.a.

89 Art. 123 Abs. 1 AEUV: Überziehungs- und andere Kreditfazilitäten bei der Europäischen Zentralbank oder den Zentralbanken der Mitgliedstaaten (im Folgenden als „nationale Zentralbanken" bezeichnet) für Organe, Einrichtungen oder sonstige Stellen der Union Zentralregierungen, regionale oder lokale Gebietskörperschaften oder andere öffentlich-rechtliche Körperschaften, sonstige Einrichtungen des öffentlichen Rechts oder öffentliche Unternehmen der Mitgliedstaaten sind ebenso verboten wie der unmittelbare Erwerb von Schuldtiteln von diesen durch die Europäische Zentralbank oder die nationalen Zentralbanken.

90 BVerfGE 142, 123.

Sector Purchase Programme, „PSPP")[91] sowie ab Juni 2016 auf Unternehmensanleihen **(Corporate Sector Purchase Programme, „CSPP")**[92] erweitert und etwas modifiziert. Anders als das OMT wurde dieses neue, sog. **„Quantitative Easing"** ab März 2015 tatsächlich angewendet. Das Programm unterscheidet sich vom OMT insoweit, dass die Käufe begrenzt sind (auf 60 Milliarden € monatlich), anderseits aber nicht auf die Anleihen von Krisenländern beschränkt sind, sondern nach festen Länderquoten erfolgen. Auch gegen dieses Programm wurden Verfassungsbeschwerden erhoben. Gerügt wurde – wie auch bei den Klagen gegen das OMT-Programm – seine Primärrechtskonformität, insb. dass es sich um verbotene monetäre Haushaltfinanzierung handele und damit einen Verstoß gegen Art. 123 Abs. 1 AEUV. Zudem wurde wiederum geltend gemacht, Bundestag und Bundesrat müssten Maßnahmen gegen das Programm ergreifen. Das Bundesverfassungsgericht[93] setzte die Verfahren aus und legte die aufgeworfenen Fragen dem EuGH im Wege eines Vorabentscheidungsverfahrens (Rn. 3274 ff.) zur Klärung vor. Es selbst bezweifelt die Unionsrechtskonformität des Programms, da die vom EuGH im OMT-Verfahren (s. Rn. 3341) aufgestellten Bedingungen nicht erfüllt seien. Es treffe zwar zu, dass die Marktteilnehmer keine rechtliche Gewissheit hätten, dass eine bestimmte Anleihe durch das Eurosystem aufgekauft würde. Aus den ausdrücklich angekündigten Modalitäten des PSPP und den Modalitäten, die sich aus der Praxis der Anleihekäufe ableiten ließen, könnte für die Marktteilnehmer jedoch eine hinreichende faktische Gewissheit bestehen, dass emittierte Staatsanleihen vom Eurosystem erworben werden. Außerdem sei die Ausgestaltung der vom EuGH geforderten Sperrfrist zwischen Emission und Erwerb auf den Sekundärmärkten nicht hinreichend transparent. Ferner seien keine im Rahmen des PSPP erworbenen Staatsanleihen wieder verkauft worden. Es spreche daher einiges für eine monetäre Staatsfinanzierung und damit einen Verstoß gegen Art. 123 Abs. 1 AEUV. Das Mandat der EZB sei zudem durch das erhebliche wirtschaftspolitische Gewicht der Maßnahme überschritten; die EZB dürfe jedoch nur Geldpolitik, keine Wirtschaftspolitik betreiben. Schließlich sei durch die mangelhafte primärrechtliche Determinierung der Risikoverteilung für den Anleiheerwerb die haushaltspolitische Gesamtverantwortung des Bundestages in Gefahr.

Der EuGH hat das Programm allerdings für zulässig erklärt.[94] Ungeachtet dieser Entscheidung hat das BVerfG im Anschluss die Beschlüsse der EZB zum Staatsanleihenkaufprogramm für kompetenzwidrig erklärt.[95]

Im Dezember 2018 wurden die Nettoankäufe im Rahmen des Programms vorläufig **3343**
beendet. Zwischen Januar und Oktober 2019 erfolgten keine Nettoankäufe mehr, jedoch wurden Beträge aus fälligen Anleihen reinvestiert. Seit November 2019 werden wieder Nettoankäufe in einem monatlichen Umfang von rund 20 Milliarden Euro durchgeführt. Ende Juni 2020 belief sich der Bestand aufgekaufter Anleihen auf 2.775 Milliarden Euro.[96] Zur Bekämpfung der Folgen der Corona-Krise hat die EZB ein weiteres Programm im Umfang von zunächst 750 Milliarden Euro zum Kauf von Staats- und Unter-

91 Erster Beschluss der EZB vom 4.3.2015.
92 Erster Beschluss der EZB vom 1.6.2016.
93 BVerfG, Beschl. v. 18.7.2017, NJW 2017, 2894.
94 EuGH, Urt. v. 11.12.2018, EuZW 2019, 162.
95 BVerfG, Urt. v. 5.5.2020, NJW 2020, 1647.
96 https://de.statista.com/statistik/daten/studie/427660/umfrage/bestand-des-erweiterten-anleihenkaufprogramms-der-ezb/.

nehmensanleihen aufgelegt, das im Juni 2020 auf insg. 1,35 Billionen Euro aufgestockt wurde (Pandemic Emergency Purchase Programme, „PEPP“). Es hat eine Laufzeit bis (aktuell) Ende Juni 2021.

P. Handels- und Investititonsschutzabkommen

I. Handelsabkommen

3344 Innerhalb der Europäischen Union gehören die **Freiheit des Waren- und Dienstleistungsverkehrs** zu den Grundfreiheiten. Es existiert ein Binnenmarkt in Gestalt eines einheitlichen Wirtschaftsraums, in dem Personen, Waren, Dienstleistungen und Kapital gemäß den Bestimmungen der Verträge frei zirkulieren können (Art. 3 Abs. 3 UAbs. 1 S. 1 EUV, Art. 26 Abs. 2 AEUV). Die Grundlagen der Freiheit des Warenverkehrs sind die Zollunion (keine Binnenzölle und gemeinsame Zolltarife gegenüber Drittstaaten) und die Beseitigung mengenmäßiger Ein- und Ausführbeschränkungen sowie Maßnahmen gleicher Wirkung im Handel zwischen den Mitgliedstaaten.[97] Die Freiheit des Dienstleistungsverkehrs umfasst den zwischenstaatlichen Austausch von Dienstleistungen.[98]

Diese Freiheiten existieren im Verhältnis zu Drittländern nicht. Die EU schließt daher besondere Handelsabkommen zur Gestaltung der Handelsbeziehungen zu einzelnen Drittländern, um hierdurch bessere Handelsmöglichkeiten mit diesen Ländern zu schaffen und Handelshemmnisse zu beseitigen. Die EU-Handelspolitik wird außerdem als Instrument zur Förderung europäischer Grundsätze und Werte eingesetzt, zu denen Demokratie und Menschenrechte sowie Umweltschutz und soziale Rechte zählen.

1. Zuständigkeiten

3345 Gem. Art. 207 Abs. 1 AEUV wird die gemeinsame Handelspolitik nach einheitlichen Grundsätzen gestaltet. Nach Art. 3 Abs. 1 lit. e AEUV liegt die gemeinsame Handelspolitik im ausschließlichen Zuständigkeitsbereich[99] der Europäischen Union. Seit dem Inkrafttreten des Vertrags von Lissabon am 1.12.2009 fällt damit die Handelspolitik in die alleinige **Zuständigkeit der Europäischen Union**. Die Mitgliedstaaten sind somit nicht mehr befugt, eigene Handelsabkommen abzuschließen. Sie haben sich damals darauf geeinigt, die Mandate für die Aushandlung von Vertragswerken mit Drittstaaten und anderen internationalen Organisationen der EU-Kommission zu übertragen. Das heißt konkret, die EU-Kommission verhandelt, der Rat, das Europäische Parlament und ggf. auch zusätzlich die Mitgliedstaaten beschließen.

3346 Eine zusätzliche Beteiligung der Mitgliedstaaten ist erforderlich, wenn ein Abkommen auch Gegenstände betrifft, die nicht vollständig von der handelspolitischen Kompetenz der Union abgedeckt werden **(sog. gemischte Abkommen)**. Was unter die gemeinsame Handelspolitik der Union und damit in deren ausschließlichen Kompetenzbereich fällt, zählt Art. 207 Abs. 1 S. 1 HS. 2 AEUV in nicht abschließender Weise („insb.“) auf. Dazu zählen die Änderung von Zollsätzen, der Abschluss von Zoll- und Handelsabkommen, die den Handel mit Waren und Dienstleistungen betreffen, die

97 S. dazu näher Rn. 3252 ff.
98 S. dazu näher Rn. 3266 ff.
99 S. dazu auch Rn. 3209.

Handelsaspekte des geistigen Eigentums, die ausländischen Direktinvestitionen, die Vereinheitlichung der Liberalisierungsmaßnahmen, die Ausfuhrpolitik sowie die handelspolitischen Schutzmaßnahmen, zum Beispiel im Fall von Dumping und Subventionen. Mit in den Kompetenzbereich der EU fallen nach Art. 207 Abs. 4 AEUV Abkommen über den Dienstleistungsverkehr.

Keine Kompetenz hat die EU in Bezug auf Streitbeilegungsregeln, die Streitigkeiten zwi- **3347**
schen Investoren und Mitgliedstaaten betreffen und solche Streitigkeiten der gerichtlichen Zuständigkeit der Mitgliedstaaten entziehen, sowie in Bezug auf Bestimmungen über andere ausländische Investitionen als Direktinvestitionen.[100] In einem solchen Fall handelt es sich daher um ein gemischtes Abkommen. Bei Vorliegen eines gemischten Abkommens ist dieses zusätzlich durch die Mitgliedstaaten zu ratifizieren. Der Rat hat vor diesem Hintergrund am 22.5.2018 neue Schlussfolgerungen über die Aushandlung und den Abschluss von EU-Handelsabkommen angenommen.[101] In diesen Schlussfolgerungen nimmt der Rat die Absicht der Kommission zur Kenntnis, eine Aufteilung in getrennte Abkommen zu empfehlen, die einerseits die Bestimmungen über Investitionen umfassen, die von der EU und allen ihren Mitgliedstaaten gebilligt werden müssen, und andererseits sonstige Handelsbestimmungen, die in die ausschließliche Zuständigkeit der EU fallen.

2. Grundsätze und Ziele

Die gemeinsame Handelspolitik wird im Rahmen der Grundsätze und Ziele des auswär- **3348**
tigen Handelns der Union gestaltet (Art. 207 Abs. 1 S. 2 AEUV). Zu diesen Grundsätzen und Zielen gehört nach Art. 205 AEUV, Art. 21 Abs. 2 lit. e EUV, die **Integration** aller Länder in die **Weltwirtschaft** zu fördern, unter anderem durch den schrittweisen **Abbau internationaler Handelshemmnisse.** Nach Art. 206 AEUV trägt die Union im gemeinsamen Interesse zur harmonischen Entwicklung des Welthandels, zur schrittweisen **Beseitigung der Beschränkungen im internationalen Handelsverkehr** und bei den ausländischen Direktinvestitionen sowie zum Abbau der Zollschranken und anderer Schranken (z.B. Exportbeschränkungen oder Importquoten) bei. Ziel der Handelspolitik ist damit im Ergebnis die Schaffung eines fairen Ausgleichs zwischen den Interessen der Union und denen des Welthandels. Im Herbst 2015 hat die Europäische Kommission ihre neue Strategie „Handel für alle" vorgestellt.[102] Diese Strategie setzt auf eine ausgewogene und effektive, auf Werte und Nachhaltigkeitsprinzipien beruhende Handelspolitik. Mit dieser wertebasierten Handelspolitik verfolgt die EU das Ziel, Wirtschaftswachstum mit sozialer Gerechtigkeit, Menschenrechtsstandards und Normen in den Bereichen Arbeits-, Gesundheits- und Umweltschutz und Sicherheit zu verbinden und Rechtsstaatlichkeit sowie gute Regierungsführung zu fördern.

3. Klassifizierung der Handelsabkommen

Die EU unterscheidet drei Arten von Handelsabkommen. **3349**

a) Wirtschaftpartnerabkommen

Wirtschaftspartnerabkommen sind Handelsabkommen für Entwicklungsländer (konkret **3350**
die Staaten Afrikas, des karibischen Raums und des Pazifischen Ozeans („AKP-Staa-

100 EuGH, Gutachten 2/15, ECLI:EU:C:2017:376 (Freihandelsabkommen EU-Singapur).
101 S. Pressemitteilung des Rates 266/18 vom 22.5.2018.
102 http://ec.europa.eu/trade/policy/in-focus/new-trade-strategy/index_de.htm.

ten“)). Die Abkommen wurden – angepasst an die jeweilige Region – gemeinsam mit den AKP-Staaten ausgearbeitet, um ihre Handelsdefizite auszugleichen und ihre Handelsbeziehungen an die WTO-Regeln anzupassen. Die Staaten, die ein solches Abkommen abgeschlossen haben, können ihre Waren zoll- und kontigentfrei, also ohne jede Beschränkung, in die EU einführen. Umgekehrt können Waren, die die EU in diese Staaten einführt, (mindestens noch für eine Übergangszeit von 15 bis 25 Jahren) mit Zöllen und mit Ausnahmeregelungen belegt werden. Die AKP-Staaten behalten dadurch die Möglichkeit, ihre Produzenten von wichtigen und sensiblen Gütern wie insb. Lebensmitteln zu schützen. Um die lokalen Märkte insb. für Agrarprodukte zu stabilisieren, hat die EU 2014 zudem beschlossen, keine Exporte in diese Länder mehr zu subventionieren.

Die EU unterstützt die Länder zudem dabei, ihre Industrialisierung und Warenhandelskapazitäten voranzutreiben. Die Abkommen enthalten damit auch eine entwicklungspolitische Komponente.

b) Freihandelsabkommen

3351 Freihandelsabkommen ermöglichen eine gegenseitige Marktöffnung (Freihandel) mit Industrieländern und Schwellenländern, indem ein bevorzugter Zugang zu den Märkten gewährt wird. Zölle und nichttarifäre Handelshemmnisse wie Exportbeschränkungen, Importquoten oder nationale Normen und Standards werden abgeschafft. Auch andere staatliche Eingriffe wie Subventionen oder Beteiligungen an Unternehmen können eingeschränkt werden. Gegenstand von Freihandelsabkommen kann zudem auch der Investitionsschutz (s. dazu Rn. 3356) sein.

3352 **Partner**, mit denen wichtige Freihandelsabkommen bereits beschlossen wurden bzw. mit denen die Verhandlungen kurz vor dem Abschluss stehen[103]:

- Kanada („CETA“, vorläufig in Kraft getreten am 21.9.2017, Ratifizierungsverfahren in den Mitgliedstaaten laufen noch);
- Japan (in Kraft seit 1.2.2019);
- Singapur (in Kraft seit 21.11.2019);
- Südkorea (seit 2011);
- Vietnam (in Kraft seit 1.8.2020).

Die Verhandlungen über die Transatlantische Handels- und Investitionspartnerschaft (TTIP) mit den USA liegen derzeit auf Eis. Diverse weitere Verhandlungen laufen noch.[104]

c) Assoziierungsabkommen

3353 Assoziierungsabkommen stützen umfassendere politische Übereinkünfte. Es handelt sich hierbei um völkerrechtliche Verträge, mit denen sich ein Drittstaat an die EU bindet, ohne deren Mitglied zu werden. Ihm werden durch den Vertrag Rechte eingeräumt, aber auch Pflichten auferlegt. Ein solches Abkommen besteht u.a. mit dem EU-Beitrittskandidaten Türkei.

103 Vollständige Liste unter: https://bnwi.de/Redaktion/DE/Artikel/Aussenwirtschaft/Freihandelsabkommen-der-eu.html.

104 Der aktuelle Stand ist zu finden unter http://trade.ec.europa.eu/doclib/docs/2006/december/tradoc_118238.pdf.

4. Mitgliedschaft in der Welthandelsorganisation (WTO)

Die Welthandelsorganisation (WTO) ist eine 1994 gegründete, internationale Organisation mit Sitz in Genf, deren Ziel der Abbau von Handelshemmnissen ist. Sie ist die Dachorganisation des Allgemeinen Zoll- und Handelsabkommens **(GATT)**, des Allgemeinen Übereinkommens über den Handel mit Dienstleistungen **(GATS)** und des Übereinkommens über handelsbezogene Aspekte der Rechte des geistigen Eigentums **(TRIPS)**. Ihre Kernaufgaben liegen in der Koordination der Wirtschaftspolitiken ihrer Mitgliedstaaten und in der Streitschlichtung zwischen den Mitgliedstaaten. Sie hat derzeit 164 Mitglieder, darunter sowohl die Europäische Union selbst, die seit dem Vertrag von Lissabon rechtsfähig ist, als auch die EU-Mitgliedstaaten. 3354

Die Mitglieder der WTO (und damit auch die Europäische Union) haben sich in den Verträgen der WTO verpflichtet, die Abkommen bei der Ausgestaltung ihrer Regelwerke und ihrer Außenhandelsbeziehungen zu beachten.

Das **GATT** als wichtigstes Vertragswerk basiert auf vier Grundprinzipien: 3355
- dem Verbot staatlicher Handelsbeschränkungen (Art. XI GATT),
- der Festschreibung sowie der kontinuierlichen Senkung von Zollsätzen (Art. II GATT),
- der Meistbegünstigung (Art. I GATT)
- und der Inländerbehandlung (Art. III GATT).

In einem Widerspruch zu den Handelsabkommen der EU scheint auf den ersten Blick das **Prinzip der Meistbegünstigung** zu stehen, wonach sämtliche Vorteile und Vergünstigungen, die ein Mitgliedstaat einem anderen gewährt, unverzüglich und bedingungslos auch allen anderen WTO-Mitgliedstaaten eingeräumt werden müssen. Der Grundsatz der Meistbegünstigung unterliegt jedoch einer Reihe von Ausnahmen, von denen vor allem Art. XXIV zugunsten von Zollunionen (wie der EU) und Freihandelszonen von Bedeutung ist. Grundsätzlich sind plurilaterale Verträge wie Freihandelsverträge oder Zollunionen nach den WTO-Prinzipien eigentlich unerwünscht und nur unter bestimmten Voraussetzungen zulässig, da von ihnen immer nur einige Länder, aber nicht der gesamte Welthandel profitieren.

II. Investitionsschutzabkommen

Mit Investitionsschutzverträgen sichern Staaten Investoren jeweils **völkerrechtlichen Schutz** im jeweiligen Gaststaat zu. Die rechtlichen und tatsächlichen Gegebenheiten entsprechen nicht in allen Ländern rechtsstaatlichen Vorstellungen vom Investorenschutz. Ohne besondere Investitionsschutzverträge wäre ein Investor zum Beispiel im Fall einer entschädigungslosen Enteignung ggf. auf unsichere Klagewege im jeweiligen Gaststaat angewiesen. Neben materiellen Regelungen wie Schutz gegen Enteignung ohne Entschädigung, Schutz gegen den Bruch staatlicher Zusagen, uneingeschränkten Transfer von Kapital und Erträgen etc. sehen manche Investitionsschutzverträge daher auch zur Beilegung von Streitigkeiten sog. Investor-Staat-Schiedsverfahren vor. Diese ermöglichen es dem Investor, seine Rechte unabhängig von nationalen Gerichten und diplomatischen Interventionen durchzusetzen. 3356

3357 Deutschland hat seit 1959 mehr als 130 bilaterale Investitionsschutzverträge geschlossen.[105] Das Vorliegen eines Investitionsschutzvertrages ist Voraussetzung für die Übernahme von Bundesgarantien für deutsche Direktinvestitionen im Ausland zur Absicherung politischer Risiken.

3358 Mit dem Vertrag von Lissabon ist 2009 die (ausschließliche) Zuständigkeit für ausländische Direktinvestitionen auf die EU übergegangen (Art. 207 Abs. 1, Art. 3 Abs. 1 lit. e AEUV). Grundsätzlich sind die EU-Mitgliedstaaten also nicht mehr befugt, selbst Investitionsschutzabkommen mit nicht-EU-Staaten abzuschließen. Soweit allerdings von der EU ausgehandelte Verträge Regelungsbereiche betreffen, die nicht in die Zuständigkeit der EU fallen (**„gemischte Verträge“**, s. auch Rn. 3346), ist zusätzlich die Zustimmung der einzelnen Mitgliedstaaten erforderlich. Zudem gelten bestehende bilaterale Investitionsschutzverträge der EU-Mitgliedstaaten fort, solange keine Verträge der EU und der EU-Mitgliedstaaten mit Drittstaaten über Investitionsschutz abgeschlossen sind.[106]

3359 Anders zu beantworten ist die Frage nach dem Fortbestand der in der Vergangenheit zwischen einzelnen EU-Staaten abgeschlossenen Investitionsschutzabkommen. Durch das Bestehen der EU und die Teilnahme am EU-Binnenmarkt tangieren diese Abkommen Unionsrecht. Sie stehen in einem Spannungsverhältnis und unter Umständen Widerspruch zum Unionsrecht, insb. zur Niederlassungsfreiheit (Art. 49 ff. AEUV, s. auch Rn. 3262 ff.), zur Dienstleistungsfreiheit (Art. 63 ff. AEUV, s. auch Rn. 3266 ff.), zum EU-Beihilfenrecht und zum EU-Kartellrecht. So hat der EuGH[107] entschieden, dass Schiedsklauseln in bilateralen Investitionsschutzabkommen unter Umständen gegen Bestimmungen des AEUV verstoßen können, wenn damit ein Mechanismus zur Beilegung von Streitigkeiten geschaffen worden sei, der nicht sicherzustellen vermöge, dass über diese Streitigkeiten ein zum Gerichtssystem der Union gehörendes Gericht befinde, wobei nur ein solches Gericht in der Lage sei, die volle Wirksamkeit des Unionsrechts zu gewährleisten. Die Schiedsklausel beeinträchtige daher die Autonomie des Unionsrechts und sei daher mit ihm nicht vereinbar. Vor dem Hintergrund dieser Entscheidung hat die EU-Kommission am 19.7.2018 Erläuterungen zum Umgang mit dem Schutz von Investitionen innerhalb der Europäischen Union veröffentlicht.[108] EU-Investoren können sich danach nicht mehr auf EU-interne bilaterale Investitionsschutzabkommen berufen. Gewährleistet wird der Schutz der Rechte von EU-Anlegern daher (ausschließlich) durch die nationalen Gerichte und den Europäischen Gerichtshof sowie durch die Kommission, insb. mittels Vertragsverletzungsverfahren (s. dazu Rn. 3273, 3252 ff.).

---

105 Artikel des Bundesministeriums für Wirtschaft und Energie (https://www.bmwi.de/Redaktion/DE/Artikel/Aussenwirtschaft/investitionsschutz.html). Abgerufen am 17.9.2018.

106 Verordnung (EU) Nr. 1219/2012 des Europäischen Parlaments und des Rates vom 12.12.2012 zur Einführung einer Übergangsregelung für bilaterale Investitionsschutzabkommen zwischen den Mitgliedstaaten und Drittländern.

107 EuGH, Urt. v. 6.3.2018, Rs. C-284/16 (Slowakische Republik/Achmea BV).

108 http://ec.europa.eu/info/publications/180719-communication-capital-movements_en.

Stichwortverzeichnis

Die Fundstellen beziehen sich auf die **Paragrafen** und die Randnummern des Handbuchs.